1682 J.B. METZLER

Metzler Lexikon der deutsch-jüdischen Literatur

Jüdische Autorinnen und Autoren deutscher Sprache von der Aufklärung bis zur Gegenwart

Andreas B. Kilcher (Hrsg.)

2., aktualisierte und erweiterte Auflage
mit 299 Abbildungen

Verlag J.B. Metzler
Stuttgart · Weimar

Gedruckt mit Unterstützung
der Georges und Jenny Bloch-Stiftung

Redaktion: Stefanie Leuenberger

MIX
Papier aus verantwortungsvollen Quellen
FSC www.fsc.org FSC® C013736

Gedruckt auf chlorfrei gebleichtem, säurefreiem und alterungsbeständigem Papier

Bibliografische Information der Deutschen Nationalbibliothek
Die Deutsche Nationalbibliothek verzeichnet diese Publikation in der Deutschen Nationalbibliografie; detaillierte bibliografische Daten sind im Internet über http://dnb.d-nb.de abrufbar.

ISBN 978-3-476-02457-2

www.metzlerverlag.de
info@metzlerverlag.de

Einbandgestaltung: Willy Löffelhardt/Melanie Frasch
Satz: typopoint GbR, Ostfildern
Druck und Bindung: Kösel GmbH, Krugzell
www.koeselbuch.de

Printed in Germany
Dezember 2012

Verlag J.B. Metzler Stuttgart · Weimar

Inhalt

Vorwort

Seit dem Erscheinen der ersten Auflage des *Metzler Lexikons der deutsch-jüdischen Literatur* im Jahr 2000 hat sich in der gesellschaftlichen Wahrnehmung, vor allem aber in der Forschung zur jüdischen Literatur und Kultur im deutschsprachigen Europa sehr viel verändert. Im Nachhall des Holocaust bestand vor allem in Deutschland bis in die 1990er Jahre noch eine spürbare Berührungsangst vor dem Judentum. Das machte auch die historische Beschäftigung mit der deutsch-jüdischen Geschichte sowie insbesondere der Kultur und der Literatur immer wieder schwierig. Daher musste Ende der 90er Jahre noch begründet werden, weshalb der historisch ansonsten fest verankerte Begriff »deutsch-jüdisch« überhaupt bzw. wieder verwendet werden könne, mehr noch: dass überhaupt von »jüdischer« Literatur die Rede sein kann. Und so hat denn auch die Einleitung zur ersten Auflage dieses Lexikons einen gewissen legitimatorischen Gestus, ja sie musste es wohl haben.

Wir stehen heute nicht mehr an demselben Punkt: Die gesellschaftliche Wahrnehmung mag sich vielleicht nicht so sehr verändert haben – dazu bedarf es womöglich längerer Zeiträume –, aber doch die wissenschaftliche Forschung zu dem Gebiet: In den vergangenen 10–15 Jahren hat sich zur deutsch-jüdischen Literatur ein internationales Forschungsgebiet ausdifferenziert. Zahlreiche Tagungsbände, Promotionen und Habilitationen sind erschienen, ja auch Handbücher und Literaturgeschichten. Der Begriff der deutsch-jüdischen Literatur wurde damit gewissermaßen pragmatisch gewendet: Jenseits von Apologie oder Polemik geht es schlicht darum, ein konkretes historisches Feld zu benennen. Der Begriff selbst ist dabei wenig bestimmend, schon gar nicht im Sinne einer supponierten »deutsch-jüdischen Symbiose« (die es tatsächlich nie gegeben hat), noch im Sinne eines Ausgrenzungsgebarens (vor dem es nicht mit vorauseilendem Gehorsam zu kapitulieren gilt, als dürften nur diejenigen über das Judentum reden, die es ausgrenzten). Vielmehr ist der Begriff offen und gerade auf diese Weise hochgradig und vielfältig interpretierbar, indem er den Zwischenraum für unterschiedlichste Vorstellungen und Projektionen des jüdischen Schreibens in deutscher Sprache öffnet. Es kann also (damals wie heute) nicht darum gehen, mit einem begrifflichen Kompositum irgendetwas fest- oder vorzuschreiben, sondern vielmehr eben diese vielfältigen und kontroversen Interpretationen einer 250-jährigen Geschichte seit der Aufklärung zu untersuchen. Das braucht keine Legitimation (denn es geht um ein historisches Faktum), sondern eine kulturanalytische historische Forschung, die das komplexe Feld der Interpretationen und Konstruktionen in unterschiedlichen Konstellationen untersucht.

***

Was für das Lexikon in der ersten Auflage galt, gilt auch für die zweite: Es ist ein Gemeinschaftswerk, zu dessen Gelingen viele ihren Beitrag geleistet haben. An erster Stelle gilt der Dank Stefanie Leuenberger, die die Redaktion der Überarbeitung geleitet hat. Dank gilt sodann auch allen weiteren Mitarbeitern aus dem Team in Zürich, die in unterschiedlicher Form an dem Lexikon mitgewirkt haben, namentlich Eva Edelmann-Ohler, Jörg Marquardt und Philipp Theisohn. Und erneut gilt der Dank auch Sabine Matthes und vor allem Oliver Schütze vom Metzler-Verlag, der, wie schon die erste, die vorliegende zweite Auflage als Lektor betreut hat.

Zürich, im November 2012
Andreas B. Kilcher

Aus der Einleitung zur ersten Auflage

Dieses Lexikon ist von Anfang an auch ein Gemeinschaftswerk; erst im Vollzug eines unverzichtbaren Austauschs und Gesprächs mit jedem einzelnen der Mitarbeiter hat es seine vorliegende Gestalt angenommen. Besonderer Dank gilt darüber hinaus Detlef Kremer und Claudia Lieb (Institut für deutsche Philologie II, Münster) sowie Monika Brand (Köln), die auf je eigene Weise die Realisation dieses Lexikons mitermöglichten. Dank gilt schließlich auch Gabriele Aichele (Bildredaktion) und insbesondere Oliver Schütze vom Metzler-Verlag, der das Vorhaben in seiner Entstehungszeit mit vielfältigem Rat begleitet hat.

Köln/Münster im Dezember 1999
Andreas B. Kilcher

Einleitung

Die deutschsprachige jüdische Literatur ist auf dem Boden der europäischen Aufklärung entstanden. Sie bildete sich in Mittel- und Osteuropa im Zuge einer partiellen Annäherung zweier Kulturen, die zuvor durch die Mauern des Ghettos unter höchst ungleichen Verhältnissen weitgehend getrennt waren: der deutschen und der jüdischen Kultur. Allerdings war diese transkulturelle Verbindung weder klar abgesteckt noch selbstverständlich oder gar wechselseitig und gleichberechtigt. Vielmehr bildete sie einen ebenso ungleichen wie unsicheren und verletzlichen Zwischenraum.

So wurde die deutschsprachige jüdische Literatur seit ihren Anfängen Gegenstand vielfältiger und kontroverser Interpretationen, und zwar sowohl außerhalb als auch innerhalb des Judentums. Seit dem Auftreten der ersten deutschsprachigen jüdischen Lyrik und Prosa um 1770 wurde dieses Schreiben von nichtjüdischer Seite beobachtet, infrage gestellt, am radikalsten im Vor- und Umfeld der NS-Zeit. Zugleich hat sie sich in produktiven Konstellationen entfalten können wie auch schwierige überstanden – auch den elementaren zivilisatorischen Bruch des Nationalsozialismus. Aber auch innerhalb des Judentums war die deutschsprachige jüdische Literatur keineswegs selbstverständlich oder einförmig gegeben. Vielmehr war sie auch hier das unsichere Ergebnis vielstimmiger Interpretationen eben dieses konfliktreichen und ungleichen kulturellen Zwischenraums, der symbolisch durch den Bindestrich zwischen »deutsch« und »jüdisch« angezeigt ist: ein Zwischenraum von Imagination und Projektion, von Kontroversen und Zuschreibungen, von Verstehen und Missverstehen, von Möglichkeiten und Unmöglichkeiten – mithin ein Spiegel der deutsch-jüdischen Geschichte seit der Aufklärung überhaupt.

Was es somit zu verstehen und darzustellen gilt, sind die konfliktreichen transkulturellen Konstellationen des deutschsprachigen jüdischen Schreibens in sich wandelnden historisch-politischen Kontexten seit der Aufklärung. Das Lexikon leistet dies formal grundsätzlich in der fragmentarischen und vorsichtigen Form von Artikeln zu singulären historischen Schreibkonstellationen einzelner Autoren und Werke. Die Einleitung dagegen leistet den notwendigen Versuch, diese Bausteine in den Kontext einer größeren Geschichte zu stellen, ohne zu suggerieren, dass es ein lineares Narrativ gebe. Was im Folgenden aufgezeigt werden soll, ist vielmehr ihre kontroverse und vielstimmige diskursive Verhandlung in unterschiedlichen historisch-politischen Konstellationen seit der Aufklärung.

Anfänge in der Aufklärung

Konfliktreich ist schon die Herausbildung des deutschsprachigen jüdischen Schreibens in der Aufklärung. Grundsätzlich setzte es eine soziale und kulturelle Öffnung voraus, die durch die ideellen wie die sozialen Parameter der Aufklärung ermöglicht wurde. In der Vormoderne waren die Grenzen zwischen der jüdischen und der nichtjüdischen Welt von beiden Seiten her nur wenig durchlässig, ein Austausch nur historisch, geographisch und sozial begrenzt oder aber nach regulierten Formen möglich, die von unterschiedlichen theologischen, rechtlichen und politischen Machtgefällen bestimmt waren. Wo die realen und symbolischen Mauern des Ghettos in Humanismus und Barock durchlässiger wurden, war dies auf elitäre Kreise beschränkt, etwa an Universitäten durch humanistische Gelehrte wie Johannes Reuchlin oder an Höfen wie demjenigen Rudolf II. in Prag um 1600 oder des Pfalzgrafen Christian August in Sulzbach um 1670. Dabei blieb auch das philosemitische Interesse am Judentum (wie etwa bei Christian Knorr von Rosenroth oder Johann Christoph Wagenseil) höchst ambivalent, indem es mehr oder weniger direkt auf seine Konversion abzielte.[1] Gleichzeitig wurden Grenzüberschreitungen zur nichtjüdischen Welt auch aus jüdischer Sicht als problematisch erachtet, indem sie religiöse Überlieferung und Bestände infrage zu stellen drohten, wie im Fall Uriel da Costas und Baruch Spinozas in Amsterdam um 1650. Die einsetzende Moderne – etwa in Gestalt der historischen Bibelkritik, des kartesianischen Rationalismus, der lateinischen Sprache – erschien noch unter dem bedrohlichen Vorzeichen der Häresie.

---

1 Vgl. etwa *Die Juden in der Oberpfalz*, hg. Michael Brenner und Renate Höpfinger, München 2009; Andreas Kilcher, Philologie und Theologie des Philosemitismus im Barock. Johann Christoph Wagenseil und die christliche Verteidigung des jüdischen Buches, in: *Morgen-Glantz. Zeitschrift der Knorr von Rosenroth-Gesellschaft* 19 (2009), 201–234.

Das änderte sich im deutschsprachigen Mitteleuropa nach ca. 1750, indem unter den neuen ideellen, dann auch politischen Bedingungen der Aufklärung die Grenzen zwischen dem jüdischen und dem nichtjüdischen Europa zunehmend durchlässiger wurden. In eben dieser Konstellation bildete sich auch jener neue kulturelle Zwischenraum heraus, innerhalb dessen das deutschsprachige jüdische Schreiben möglich wurde. Während die vormoderne *aschkenasische*, d. h. »deutsche« jüdische Literatur Europas, trotz philosophischer und wissenschaftlicher Ausweitung in der Neuzeit, nicht deutschsprachig, sondern weitgehend auf die hebräische und aramäische Traditionsliteratur beschränkt war und für den breiteren alltäglichen Gebrauch die jiddische Sprache und Literatur verwendete, insgesamt also einen weitgehend geschlossenen jüdischen Sprach-, Kultur- und Religionsraum ausbildete, begannen jüdische Aufklärer nach der Mitte des 18. Jahrhunderts, ihr Wissen in Richtung der modernen, europäischen Philosophie und Wissenschaften auszuweiten und dabei auch die deutsche Sprache zu verwenden.[2] Dieser zunächst auf kleinere intellektuelle Kreise beschränkten Öffnung folgten breiter angelegte soziale und kulturelle Programme von Emanzipation, wie sie etwa der preußische Jurist Christian Wilhelm von Dohm in seiner Schrift *Ueber die bürgerliche Verbesserung der Juden* (1781) gefordert hatte und wie sie in den liberalen Verhältnissen Preußens unter Friedrich II. zunächst ideell umgesetzt wurden. Politisch realisiert wurde die Emanzipation erstmals 1782 im »Toleranzpatent« Kaiser Joseph II., das die Ghettos aufhob und den Juden Gewerbefreiheit zusprach, zugleich aber, wie alle Emanzipationsprogramme, von den Juden die kulturelle und soziale Anpassung einforderte, dabei auch den Besuch deutschsprachiger (d. h. christlicher) Schulen. Die Französische Revolution wiederum brachte nicht nur 1791 den Juden Frankreichs Bürgerrechte und Bürgerpflichten; nach 1808 wurden diese durch Napoleon auch in deutschen Gebieten durchgesetzt, etwa im preußischen *Edikt betreffend die bürgerlichen Verhältnisse der Juden* (1812). Die Emanzipation der Juden in Europa war jedoch keine einmal gegebene Errungenschaft, vielmehr wurde sie wiederholt durch Gegentendenzen eingeschränkt. Im politisch heterogenen deutschsprachigen Europa wurde sie erst in der zweiten Hälfte des 19. Jahrhunderts großflächiger realisiert: 1862 im liberalen Großherzogtum Baden, 1864 in der Stadt Frankfurt, 1867 in Österreich und Ungarn, 1869 im Norddeutschen Bund, 1871 im geeinten Kaiserreich.

Wenn mittel- und osteuropäische Juden zunächst auf dem intellektuellen, noch voremanzipatorischen Boden der Aufklärung begannen, die deutsche Sprache zu erlernen, dann mit Blick auf eine allgemeine Idee von Aufklärung als »Cultur« und »Bildung«[3], von Wissenschaft und Philosophie im Besonderen, aber auch von »schönen Wissenschaften und Künsten«, von Ästhetik und Literatur. Das galt etwa für Moses Mendelssohn, der 1743 von Dessau nach Berlin kam und dort im Umkreis von Lessing und Friedrich Nicolai zur Leitfigur der jüdischen Aufklärung wurde, oder für Salomon Maimon, der 1776 aus Litauen nach Berlin kam und dessen Philosophie, Ästhetik und Psychologie an Immanuel Kant und Karl Philipp Moritz geschult war. Zugleich aber war schon diese philosophische Haskala nicht nur polyglott, nämlich deutsch wie auch hebräisch, sondern auch literarisch. Ein mehrsprachiger Aufklärer wie Isaac Euchel etwa übersetzte nicht nur 1786 Gebete ins Deutsche und edierte mit dem *Ha-Me'assef* (»Der Sammler«, ab 1784) das hebräische Organ der Aufklärung schlechthin, sondern schrieb auch literarische Texte wie u. a. die hebräischen *Briefe des Meschulam*, nach dem Modell von Montesquieus *Lettres Persanes*.[4] Salomon Maimon wiederum, der ansonsten philosophische Texte schrieb, legte mit seiner *Lebensgeschichte* (1792/93) die erste moderne jüdische Autobiographie vor, deren Bedeutung u. a. darin liegt, dass sie exemplarisch eben jene Transgressionen vom traditionellen jüdischen hin zu einem modernen europäischen Wissen und Schreiben thematisiert.

Was Lessing und Nicolai für Mendelssohn, was Kant und Moritz für Maimon waren, das war für den wohl ersten deutsch-jüdischen Dichter, den 1770 aus Litauen nach Berlin gekommenen Medizinstudenten Isachar Falkensohn Behr, der »preußische Horaz« Karl Wilhelm Ramler. Behrs *Gedichte von einem pohlnischen Juden* (1772) waren der Versuch einer kulturellen Integration über ein deutsches und zu-

2 Vgl. Stefan Braese, *Eine europäische Sprache. Deutsche Sprachkultur der Juden 1760 bis 1930*, Göttingen 2010; Andreas Kilcher, Deutsch, in: *Enzyklopädie jüdischer Geschichte und Kultur*, hg. Dan Diner, Bd. 2, Stuttgart/Weimar 2012, 100–107.

3 Moses Mendelssohn, Über die Frage: Was heißt Aufklären?, in: *Berlinische Monatsschrift* 4 (September 1784).

4 Vgl. Andrea Schatz, *Sprache in der Zerstreuung. Die Säkularisierung des Hebräischen im 18. Jahrhundert*, Göttingen 2009.

gleich anakreontisch-antikisierendes Literaturmuster. Nicht um Originalität ging es ihm, sondern um Akkulturation. Die Gedichte sollten zugleich partikular und universal lesbar sein, das lyrische Ich als Mensch und zugleich als »polnischer Jude« verstehbar werden. Dabei begründete Behr die Emergenz des deutsch-jüdischen Schreibens in einem einleitenden »Schreiben an einen Freund«: »In meinem Büchlein wird schwerlich neues zu finden seyn, es wäre denn der Titel: Lieder eines pohlnischen Juden. In der That mögen diese Worte wohl in ein paar tausend Jahren nicht beysammen gestanden haben; und die Herren Kunstrichter werden vielleicht so gütig seyn, und mir wegen dieser Seltenheit alle Fehler übersehen. Allein ist es dann damit abgethan? [...] Denkt und fühlt ein pohlnischer Jude nicht wie ein Mensch?«[5] Diese kulturelle Standortbestimmung des deutsch schreibenden Juden behauptet zugleich Integration in und Kontrast zu den universalistischen Kulturnormen der westeuropäischen, protestantischen Aufklärung. Behr evoziert dabei zwar die vorherrschende westeuropäische Vorstellung des polnischen Juden als Inbegriff des vormodernen, Jiddisch sprechenden, auf Talmud und Tora beschränkten aschkenasischen Kaftan-Juden aus dem Stetl. Zugleich aber hinterfragt er eben diese Vorstellung als Stereotyp: »Erregen nicht die Worte: pohlnischer Jude, in der Seele das Bild eines Mannes, schwarzvermummt, das Gesicht verwachsen, die Blicke finster, und rauh die Stimme?«[6] Das neo-anakreontische Literaturmuster der *Gedichte von einem pohlnischen Juden* wird damit als ein Versuch lesbar, aus der kulturellen Differenz heraus die universale Sprache der Aufklärung zu sprechen. Als polnischer Jude deutsche Gedichte zu schreiben, das war Behrs Ambition.

Das jüdische Schreiben in deutscher Sprache trat hier zugleich mit einem Kommentar auf, der seine Bedingungen und Möglichkeiten, seine Gesetze und Grenzen verhandelt und zeigt, wie sich dieses Schreiben in seiner Genese behauptete.[7] Dieser nebenherlaufende Begründungsdiskurs lässt sich im Fall von Behrs Gedichten nicht nur im einleitenden Brief festmachen, sondern auch extern an der Rezension des Gedichtbands durch keinen anderen als den jungen Goethe in den *Frankfurter Gelehrten Anzeigen* im September 1772. Die Rezension lotet die Bedingungen des bisher ungekannten deutsch-jüdischen Schreibens aus der Außenperspektive höchst ambivalent aus. Tatsächlich ist sie nicht zufällig von eben jenen Stereotypen geleitet, gegen die Behr gerade angeschrieben hatte: Goethes Missmut galt dem Umstand, dass diese deutschen Gedichte keine genuin jüdische Semantik einlösten; er warf dem jüdischen Anakreontiker »die Göttern und Menschen verhaßte Mittelmäßigkeit« einer deutschen Rokoko-Lyrik vor: »Es ist recht löblich ein polnischer Jude sein, der Handelschaft entsagen, sich den Musen weihen, Deutsch lernen, Liederchen ründen; wenn man aber in allem zusammen nicht mehr leistet, als ein christlicher Etudiant en belles Lettres auch, so ist es, deucht uns, übel gethan, mit seiner Judenschaft ein Aufsehen zu machen.«[8] Goethes von binären kulturellen Differenzen geleitete Kritik zielt ex negativo auf den Kern von Behrs Unternehmen der literarischen Akkulturation. Die Schaffung eines kulturellen Zwischenraumes zwischen der deutschen und der jüdischen Kultur – deutsche Gedichte von einem polnischen Juden – widersprach Goethes Vorstellung von literarischer Kultur. Während Behr selbst *als Jude* leisten wollte, was auch *Deutsche* tun, z. B. dichten oder heilen, durfte er nach Goethe nur entweder Jude oder Deutscher (bzw. Mensch) sein, nicht aber beides zugleich. Auf symptomatische Weise missverstand damit der Frankfurter Patriziersohn, was der ostjüdische Medizinstudent mit seinem Gedichtband versuchte: unter dem aufsehenerregenden Titel Worte zusammenzubringen, »die wohl in ein paar tausend Jahren nicht beysammen gestanden« hatten und damit ein zugleich deutsches *und* jüdisches Schreiben in einem scheinbar konventionellen literarischen Raum zu begründen.

Goethe dagegen machte seine Rezension zum Sprachrohr des alteuropäischen Diskurses über die Juden, der noch im Zeitalter der Aufklärung gegenüber der entstehenden deutsch-jüdischen Moderne den Ton angab bzw. gerade da eine neue Dialektik entfaltete, wie Hannah Arendt in ihrem Aufsatz *Aufklärung und Judenfrage* (1932) treffend bemerkte.[9]

5 Isachar Falkensohn Behr, *Gedichte von einem pohlnischen Juden*. Mit Behrs Lobgedicht auf Katharina II. und Goethes Rezension der ›Gedichte‹ hg. Gerhard Lauer, St. Ingbert 2002, 11.

6 Ebd., 11 f.

7 Vgl. Andreas Kilcher, Deutsch-jüdische Literaturgeschichte schreiben? Perspektiven historischer Diskursanalyse, in: *Dialog der Disziplinen: Jüdische Studien und Literaturwissenschaft*, hg. Eva Lezzi u. a. Berlin 2009, 351–382.

8 Behr, *Gedichte von einem pohlnischen Juden*, 87.

9 Vgl. Hannah Arendt, Aufklärung und Judenfrage, in: *Zeitschrift für die Geschichte der Juden in Deutschland 4* (1932), 65–77.

Diese Dialektik, die den universalen Humanismus der Aufklärung sowie die daraus hervorgehende Forderung der Emanzipation der Juden als Überwindung partikularer Kultur und Sprache verstand, vom Judentum also eine weitgehende Selbstaufgabe verlangte, lässt das jüdische Schreiben in deutscher Sprache nicht so sehr in seinen Möglichkeiten als vielmehr in seinen Unmöglichkeiten erscheinen: der Unmöglichkeit, zugleich deutsch *und* jüdisch zu sein.

Jüdische Weltliteratur im 19. Jahrhundert

Vor diesem Hintergrund blieb die deutschsprachige jüdische Literatur auch im fortschrittsoptimistischen 19. Jahrhundert von Ambivalenzen geprägt. Von jüdischer Seite her wurden die Möglichkeiten dieses neuen Schreibens im Aufbruch in ein liberales Zeitalter jedoch zunächst denkbar optimistisch eingeschätzt. Begründet wurde es mit einem ebenso markanten wie einflussreichen Literaturmodell, das im Umfeld des aufklärungsnahen reformorientierten Judentums des 19. Jahrhunderts entwickelt wurde, genauer der »Wissenschaft des Judentums« – einem um 1820 entstandenen wissenschaftlichen Paradigma, das die jüdische Geschichte und Religion erstmals mit modernen wissenschaftlichen, nämlich historisch-philologischen Methoden beschrieb. In diesem Kontext etablierten sich säkulare Begriffe »jüdischer Geschichte« und »jüdischer Philosophie«, aber auch »jüdischer Literatur«. Dieser Begriff nun stellte sich nicht nur gegen den traditionellen religiösen jüdischen Literaturbegriff des rabbinischen Judentums, sondern gleichermaßen auch gegen das zeitgenössische europäische Modell der Nationalliteratur, wie es sich im 19. Jahrhundert durchsetzte und das deutsche Romantiker wie Jacob und Wilhelm Grimm, Clemens Brentano und Achim von Arnim – basierend u. a. auf Johann Gottfried Herders Kulturthese, wonach jede Nation ihre eigene Sprache und Literatur habe – für die deutsche Literatur behaupteten. Gegen das Modell der Nationalliteratur bildete sich schon zu Beginn des 19. Jahrhunderts ein zweites, kosmopolitisches Modell von Literatur, von Kultur überhaupt, an das sodann auch und gerade die »jüdische Literatur« – scheinbar paradox – anschließen konnte: Der sprachlichen Vereinheitlichung stellte es Mehrsprachigkeit, der Nationalisierung die Internationalität von Literatur entgegen. In diesem Sinne hielt beispielsweise Friedrich Schlegel 1803/04 in Köln und Paris Vorlesungen zur *Geschichte der europäischen Literatur* oder entwarf der alte Goethe zwischen 1827 und 1829 ein höchst wirkungsmächtiges Konzept von Literatur, das gerade nicht auf nationale Abgrenzung, sondern auf Berührung und Kontakt zwischen einzelnen Literaturen basierte: das der »Weltliteratur«. Gegen nationalliterarische Eingrenzung öffnete dieses den Blick auf die Wechselverhältnisse zwischen Literaturen, auf Austausch und Übersetzung.

Eben dieses Konzept der Weltliteratur hatte eine besondere Bedeutung auch und gerade für die Entstehung eines säkularen Begriffs »jüdischer Literatur« im 19. Jahrhundert.[10] Während der junge Goethe in seiner Rezension von Behrs Gedichten jüdische und deutsche Kultur getrennt wissen wollte, wurde das Weltliteratur-Modell des alten Goethe anschlussfähig für die jüdischen Intellektuellen der Wissenschaft des Judentums und ihr neues Modell einer jüdischer Literatur, das wesentlich auf Transkulturalität, Übersetzung und Austausch baute. Die Rede ist von den Pionieren der jüdischen Literaturwissenschaft wie Leopold Zunz und Moritz Steinschneider, die in programmatischen Schriften den Begriff »jüdische Literatur« begründeten, aber auch von Literaturhistorikern wie Gustav Karpeles, der 1886 als Erster eine umfassende *Geschichte der jüdischen Literatur* vorgelegt hatte, oder dem Germanisten Ludwig Geiger, der in *Die deutsche Literatur und die Juden* (1910) als einer der ersten die deutsch-jüdischen Literaturbeziehungen erforschte. Symptomatisch dafür ist, dass der Begriff »Welt-Literatur« nur 15 Jahre, nachdem ihn Goethe formuliert hatte, in jenem Essay auftauchte, der die jüdische Literaturwissenschaft als moderne historische und philologische Disziplin begründete: in dem Aufsatz *Die jüdische Literatur* (1845) von Leopold Zunz. Er begründet damit das Modell der jüdischen als einer Literatur zwischen den Nationen, Kulturen und Sprachen, mithin als ein Schreiben jenseits fester nationalkultureller Identitäten, in dem sich Eigenes und Fremdes, Partikulares und Universales, »jüdische« und »allgemeine« Sprache und Kultur überkreuzen und verbinden: »Eine solche von der Weltgeschichte anerkannte historische Besonderheit sind die Juden nach Volkstum und Bekenntnis ein Ganzes, dessen Richtungen von einheitlichen, mit ihren Wurzeln in das tiefste Alterthum hineinragenden,

10 Vgl. Andreas Kilcher, »Jewish Literature« and »World Literature«: Wissenschaft des Judentums and its Concept of Literature, in: *Modern Judaism and Historical Consciousness: Identities, Encounters, Perspectives*, hg. Andreas Gotzmann u. a. Leiden 2007, 294–320.

Gesetzen gelenkt werden, und dessen geistige Erzeugnisse, bereits über zwei Jahrtausende, eine Lebensfaser unzerreißbar durchzieht. Dies die Berechtigung zur Existenz, die Begründung der Eigenthümlichkeit einer *jüdischen Literatur*. Aber sie ist auch aufs Innigste mit der Cultur der Alten, dem Ursprung und Fortgang des Christentums, der wissenschaftlichen Thätigkeit des Mittelalters verflochten, und indem sie in die geistigen Richtungen von Vor- und Mitwelt eingreift, Kämpfe und Leiden theilend, wird sie zugleich eine Ergänzung der *allgemeinen Literatur*; aber mit eigenem Organismus, der nach allgemeinen Gesetzen erkannt, das Allgemeine wiederum erkennen hilft. Ist die Totalität der geistigen Betriebsamkeit ein Meer, so ist einer von den Strömen, welche jenem das Wasser zuführen, eben die *jüdische Literatur.*«[11]

Die »jüdische Literatur« erweist sich dem liberalen und historisierenden Blick der Wissenschaft des Judentums nicht etwa als ein nationales, sondern als ein transkulturelles und vielsprachiges dialektisches Gefüge von Identität und Alterität, von Universalität und Partikularität. Zugleich über Goethes bürgerlichen Begriff der »Weltliteratur« hinausgehend, entwickelte Zunz aber auch einen Begriff von Transkulturalität, der aus der jüdischen Geschichte entspringt, genauer der Diasporageschichte: Insbesondere dem Judentum der zweitausendjährigen Diaspora ist die Sprache keine nationale geschlossene Form, sondern vielmehr ein austauschbares Medium, in dem sich Eigenes und Fremdes überkreuzen. Die diasporischen Juden sind entsprechend »Vermittler«, die »Culturverhältnisse« herstellen und den interkulturellen »Weltverkehr« in Zirkulation versetzen, so Karpeles mit einem weiteren Ausdruck Goethes.[12] Den Begriff »Welt-Literatur« selbst verwendet Zunz für eben diese transkulturelle Vermittlungsleistung der Sprache in der vielsprachigen jüdischen Literatur, hier bezogen auf die arabisch-jüdische Literatur: »Die Sprache ward nun abermals die Vermittlerin zwischen der jüdischen und einer Welt-Literatur [...].«[13] Wie die Mehrsprachigkeit der Juden in der Diaspora nicht trennend, sondern verbindend ist, so vermittelt auch die deutsche Sprache seit dem 18. Jahrhundert zwischen deutscher und jüdischer Kultur. Die jüdische Literatur erscheint auch hier – wie insgesamt – als eine heterogene, plurikulturelle, assimilative: »Alles assimiliert sich dieser Literatur«[14], alle Sprachen, alle Gattungen, alle Stoffe – so charakterisierte Karpeles die jüdische Literatur in der Epoche von Emanzipation und Integration der Juden in Deutschland.

Damit standen die jüdischen Literaturwissenschaftler Zunz und Karpeles keineswegs allein. Auch der Wiener Prediger und Historiker Adolph Jellinek, um ein letztes Beispiel zu geben, folgte dieser optimistischen liberalen Interpretation der jüdischen als einer kosmopolitischen und transkulturellen Literatur. Auf der Basis von Hegels Dialektik verstand auch er die jüdische Literatur in der Diaspora als ein Hybrid von jüdischer (partikularer) und nichtjüdischer (universaler) Kultur – von der griechisch-jüdischen Antike über das arabisch-jüdische Mittelalter bis in die deutsch-jüdische Moderne: »Die Literatur der Juden ist trotz ihres hebräischen particularistischen Gewandes universalistisch, kennt Plato und Aristoteles ebenso gut wie Alfarabi und Avicenna, wie Albertus Magnus und den heiligen Thomas von Aquino, wie Kant und Hegel, wie Schiller und Lessing. Sie legt Zeugnis ab, dass der jüdische Stamm sehr leicht und sehr gern von den Geistern aller Völker aufnimmt und es mit dem Judenthum zu verarbeiten sucht. Daher Synkretismus [...] die Formel ist, durch welche das geistige Schaffen des jüdischen Stammes in der Zerstreuung bezeichnet werden kann.«[15]

Der affirmative Begriff des Synkretismus unterstreicht nicht nur die Möglichkeit, dass der deutsche Humanismus jüdischen Aufklärern zum Garant von Freiheit, kultureller Integration und rechtlicher Emanzipation werden konnte,[16] sondern auch das Verständnis der jüdischen als einer

11 Leopold Zunz, Die jüdische Literatur (1845), in: ders., *Gesammelte Schriften*, Bd. 1, hg. Curatorium der »Zunzstiftung«, Berlin 1875, Nd. Hildesheim 1976, 42.

12 Karpeles verwendet den Begriff des »Weltverkehrs« in einer bemerkenswerten positiven Umdeutung des babylonischen Exils nach dem Untergang des Salomonischen Königreichs: »Ein frisches Culturleben beginnt nun für Israel, ein Weltverkehr von großer Bedeutung, der die Blüthe der Kunst und Wissenschaften im Gefolge hat.« Gustav Karpeles, *Ein kurzer Blick in die jüdische Literatur*, Prag 1895, 16.

13 Zunz, *Die jüdische Literatur*, 45.

14 Gustav Karpeles, *Geschichte der jüdischen Literatur* (1886), Zweite Auflage, Bd. 1, Berlin 1909, 2.

15 Adolph Jellinek, *Der jüdische Stamm. Ethnographische Studie*, Wien 1869, 13.

16 Vgl. dazu auch Samuel Meisels, *Deutsche Klassiker im Ghetto*, Wien 1922; Andreas Kilcher, *Geteilte Freude. Schiller-Rezeption in der jüdischen Moderne.* Mit einer Edition der hebräischen und jiddischen Übersetzungen der Ode An die Freude, München 2007.

national, kulturell und sprachlich höchst heterogenen Literatur. Mehr noch: Auch Jellinek leitete diesen Welt-Begriff jüdischer Literatur aus affirmativen Konzepten von Diaspora und Assimilation ab, wonach die Juden im »Durchgang durch die Völker« das je Fremde aufgenommen (»assimiliert«) haben. Ja, dem Wiener Reformprediger gilt selbst die Bibel als ein synkretistisches Werk, in dem sich schon in diesem vermeintlich »nationalen« jüdischen Text der ganze heterogene Orient widerspiegelt: »In der Literatur hat er [der jüdische Stamm] seine primären Gebilde, an die er seine fortschreitende Entwicklung ansetzt. Was er auf seinen Wanderungen erfahren, gesammelt, errungen hat, griechische und arabische Philosopheme, Resultate der lateinischen Scholastik, dies Alles lagert sich an die Bibel an.«[17] Dasselbe gilt erst recht für die moderne jüdische Literatur, die sich im deutschsprachigen Europa auf analoge Weise u. a. am Schreiben Lessings und Schillers bildete und ihre eigene Produktivität im Austausch mit der deutschen und der europäischen Literatur erst entfaltete.

Deutscher Affekt gegen jüdische Literatur

Was die Vertreter der Wissenschaft des Judentums optimistisch als literarischen Idealtypus formulierten, war jedoch schon Heinrich Heine, um 1822/23 selbst Mitglied des Berliner »Vereins für Cultur und Wissenschaft des Judentums«, unter problematischeren Vorzeichen lesbar. Tatsächlich erfuhr und beschrieb Heine das Projekt der jüdischen Moderne im restaurativen Deutschland deutlich kontroverser. Heines Konversion etwa ist auch vor dem Hintergrund des Verbots der Lehrberufe und der Entlassung der Juden aus den Staatsdiensten in Preußen im Jahr 1822 zu verstehen, ein Rückschlag in der Emanzipation, wie ihn die Hep-Hep-Krawalle 1819 vorbereiteten, als Handwerker, Händler und Studenten gewalttätig gegen die (wirtschaftliche) Gleichberechtigung der Juden vorgingen. Heines Charakterisierung seiner Konversion als »Entréebillet zur europäischen Kultur« ist in eben diesem Kontext zu verstehen: Auch er hatte – als Jurist – bürgerliche Berufschancen nur durch die Taufe, die er 1825 unmittelbar nach dem Doktorexamen vollzog. Als exterritorialer, unter gesellschaftlichem Zwang getaufter und damit gewissermaßen marranischer jüdischer Schriftsteller hingegen, der von da an weder im Judentum noch im Christentum heimisch war, machte er eben diese Konflikte im Deutschland der Restauration – auch gegen die Zensur – zum Thema, unter anderem in einer Poetik des Schmerzes im Romanfragment *Der Rabbi von Bacherach* (1823/1841) sowie mit den Mitteln des Witzes in den *Reisebildern* (1826–1831).

Der Optimismus von Bildung und Fortschritt, von kultureller und gesellschaftlicher Integration, der das liberale Judentum des frühen 19. Jahrhunderts geleitet hatte, geriet erst recht nach 1850 unter Druck, dies auch und gerade da, wo die rechtliche Emanzipation durchgesetzt wurde. Als Affekt gegen die Integration der Juden bildete sich das, was man als post-emanzipatorischen Antisemitismus bezeichnen kann: die von nichtjüdischer Seite mit Argusaugen beobachtete Assimilation, die auf der einen Seite als übermäßige und falsche Anpassung zurückgewiesen, ja als »Verstellungskunst« und »Täuschung« perhorresziert wurde, auf der anderen Seite aber bis hin zur Selbstaufgabe des Judentums eingefordert wurde. Richard Wagners Schrift *Das Judenthum in der Musik* (1850) etwa ist von dieser Ambivalenz geleitet, indem er den Juden in der Kultur – Musikern wie Mendelssohn Bartholdy und gleichermaßen Schriftstellern wie Heine – eine eigene Sprache und damit jede Originalität abspricht: »Ich sagte oben, die Juden hätten keinen wahren Dichter hervorgebracht. Wir müssen nun hier Heinrich Heines erwähnen. Zur Zeit, da Goethe und Schiller bei uns dichteten, wissen wir allerdings von keinem dichtenden Juden: zu der Zeit aber, wo das Dichten bei uns zur Lüge wurde, unsrem gänzlich unpoetischen Lebenselemente alles Mögliche, nur kein wahrer Dichter mehr entsprießen wollte, da war es das Amt eines sehr begabten dichterischen Juden, diese Lüge, diese bodenlose Nüchternheit und jesuitische Heuchelei unsrer immer noch poetisch sich gebaren wollenden Dichterei mit hinreißendem Spotte aufzudecken. [...] keine Täuschung hielt bei ihm vor: von dem unerbittlichen Dämon des Verneinens Dessen, was verneinenswerth schien, ward er rastlos vorwärtsgejagt, durch alle Illusionen moderner Selbstbelügung hindurch, bis auf den Punkt, wo er nun selbst wieder sich zum Dichter log, und dafür auch seine gedichteten Lügen von unsren Componisten in Musik gesetzt erhielt.«[18] Der These des Täuschungscharakters der jüdischen Literatur steht auch bei Wagner die Forderung der (Selbst)-Auflösung des

17 Jellinek, *Der jüdische Stamm*, 25.

18 Richard Wagner, *Das Judenthum in der Musik*, Leipzig 1869, 31 f.

Judentums an der Seite, in die Wagner – nun auf Ludwig Börne bezogen – seine Schrift münden ließ: »Gemeinschaftlich mit uns Mensch werden, heißt für den Juden aber zu allernächst so viel als: aufhören, Jude zu sein. [...] Nehmt rücksichtslos an diesem, durch Selbstvernichtung wiedergebärenden Erlösungswerke theil, so sind wir einig und ununterschieden! Aber bedenkt, daß nur Eines eure Erlösung von dem auf euch lastenden Fluche sein kann: die Erlösung Ahasvers, – der *Untergang!*«[19]

Damit waren bereits einige jener Argumente formuliert, die verstärkt in den Gründerjahren im wilhelminischen Deutschland und von da ausgehend bis in die Weimarer Republik hinein ein völkisches und dezidiert antisemitisches Verständnis der deutsch-jüdischen Literatur geleitet haben. Die Debatte etwa, die auf den streitbaren Aufsatz *Unsere Aussichten* (1879) des konservativen preußischen Historikers Heinrich von Treitschke folgte und als »Berliner Antisemitismusstreit« in die Geschichte eingegangen ist, war von eben jener Ambivalenz gegenüber Emanzipation und Assimilation geleitet: Auch Treitschke hielt den Juden mangelnde und zugleich übermäßige oder scheinhafte Assimilationsbereitschaft vor. Nicht integrierte Deutsche, sondern »Deutsch redende Orientalen« glaubte Treitschke in den Juden zu sehen und verlangte daher: »Sie sollen Deutsche werden [...]; denn wir wollen nicht, daß auf die Jahrtausende germanischer Gesittung ein Zeitalter deutsch-jüdischer Mischcultur folge.«[20]

Dass damit ein Misstrauensvotum insbesondere gegenüber den deutschsprachigen jüdischen Schriftstellern ausgesprochen war, bestätigen zahlreiche Exponenten des post-emanzipatorischen Antisemitismus bis in die NS-Zeit. Dabei wurden zunehmend auch sozialdarwinistische und rassische Argumente eingesetzt, Kultur zu einer »Rassenfrage« gemacht, beispielsweise in Eugen Dührings Schrift *Die Judenfrage als Racen-, Sitten- und Culturfrage* (1881). Dühring nach gehört es zur Strategie der Juden, ihr Wesen hinter angenommenen Identitäten täuschend zu verbergen, um sich so der europäischen Kultur zu bemächtigen, ein verschwörungstheoretisches Argument, wie es sodann in den *Protokollen der Weisen von Zion* (1903 russisch, 1920 deutsch) im Zentrum stand. Dührings Gegenprogramm bestand darin, die deutsche Literatur von allem Naturalismus, Ästhetizismus, Modernismus, und das hieß nach seiner Überzeugung, von den »verderblichen Eigenschaften« der »Judenrace« zu »reinigen«. »Keiner Nation ist es«, so klagte Dühring über »das literarische Auftauchen des Hebräertums«, »so handgreiflich übel gegangen, wie [...] den Deutschen. In dem Maße wie die ihrige wurde keine der europäischen Literaturen von Judennichtigkeiten absorbiert.«[21] Damit machte Dühring die rassische Ideologie zum Programm der deutschen Literaturwissenschaft: »Die Abwehr dieser antiarischen Verschlechterungsmache sollte allerdings im Antisemitismus einen Stützpunkt finden; aber dieser muß sich praktisch und äußerlich noch erst in das Literaturgebiet hinein verpflanzen.«[22]

Das von Dühring geforderte antisemitische Literaturprogramm hat vielleicht am konsequentesten der Publizist Adolf Bartels umgesetzt, der Schöpfer des Begriffs »Heimatkunst«. Sein Vorhaben einer »antisemitischen Literaturgeschichtsschreibung«[23] formulierte er in polemischen Schriften wie *Das Judentum in der deutschen Literatur* (als Anhang zu *Kritiker und Kritikaster*, 1903), *Judentum und deutsche Literatur* (1910) und *Jüdische Herkunft und Literaturwissenschaft* (1925). Bartels' Ideologie ist ebenso simpel wie feindlich: Sie beruht auf der These, dass Kulturen und Literaturen rassisch, ethnisch und national bedingte Systeme sind. Deshalb bestehe die eigentliche Aufgabe der deutschen Literaturwissenschaft in der »reinlichen Scheidung von Juden und Deutschen, Deutschtum und Judentum«.[24] Die Verbindung der beiden in einer deutsch-jüdischen Literatur dagegen erscheint ihm nicht nur, wie Treitschke, als »unrein«, sondern, wie Dühring, verschwörungstheoretisch als Usurpation der deutschen Kultur durch die Juden. In dem sie »nachempfinden« und »nachahmen«, »bemächtigen sich die Juden der Kultur der Völker«.[25] Um so wichtiger erscheint ihm daher die Aufgabe, das »jüdische Element« in der deutschen Literatur gerade dort an den Tag zu bringen, wo es

19 Ebd., 32.

20 Heinrich von Treitschke, Unsere Aussichten, in: *Der Berliner Antisemitismusstreit*, hg. Walter Boehlich, Frankfurt a.M. 1988, 10.

21 Eugen Dühring, *Die Größen der modernen Literatur*, 2 Bde., Leipzig 1893, Bd. 2, 277.

22 Ebd., 389.

23 Adolf Bartels, *Jüdische Herkunft und Literaturwissenschaft*, Leipzig 1925, 10.

24 Ebd., 11.

25 Adolf Bartels, *Kritiker und Kritikaster, pro domo et pro arte; mit einem Anhang: Das Judentum in der deutschen Literatur*, Leipzig 1903, 104.

sich verbirgt: »Aber wenn das gesamte ›Material‹ vorliegt und gründlich geprüft wird, dann ist eine Täuschung darüber, ob ein Dichter Jude war, oder nicht, kaum möglich, ja selbst den Halbjuden wird man in der Regel noch erkennen.«[26] Daher gilt für den antisemitischen Literaturhistoriker«: er »hat zu zeigen, was die unter uns lebenden produzierenden Juden von den Deutschen aufnehmen, wie sie das gemäß ihrem Rassencharakter verändern, was sie eigenes geben und wie sie durch das so entstandene Produkt auf das deutsche Volk wirken.«[27] Demnach lässt sich das verborgene »jüdische Wesen« gerade an der Sprache ablesen. Das »geübte Auge« des Antisemiten wird am Schreibstil und an der Sprechweise die jüdischen Eigenschaften erkennen. An der »sprachlichen, phonetischen Wesensart«, so Bartels, genauer am unwillkürlichen »Mauscheln«, »im modernen Zeitungsstil«, »ganz abgesehen davon, dass die Juden als Fremde Fehler machen«,[28] zeige sich der jüdische Charakter ihrer deutschen Literatur.

Kernpunkt dieses post-emanzipatorischen Kultur- und Literatur-Antisemitismus, der bis in die 1930er Jahre immer neu wiederholt wurde, seit den 1920er Jahren auch massenhaft in der NS-Propaganda wie im *Völkischen Beobachter*,[29] ist damit der Vorwurf, dass sich die Juden im Zuge der Assimilation die deutsche Sprache und Literatur illegitim angeeignet hätten und folglich ein Gebiet »verwalteten«, das ihnen – qua »Rasse« – nicht zustehe. Damit verbunden ist die These der Unproduktivität und Unoriginalität der Juden, wonach die Juden keine eigene Sprache hätten und keine genuine Literatur zustande brächten, sondern sich stets bei anderen Kulturen bedienten. Dies mündet schließlich in die methodische Annahme, dass die Juden ihr »Wesen« zwar stets verbergen würden, die »jüdische Eigenart« sich jedoch an der Sprache dennoch unwillkürlich zeige. Das »jüdische Sprechen« versuchte Wilhelm Stapel mit Berufung auf Eduard Sievers in den 1930er Jahren daher mit »Schallanalysen« wissenschaftlich zu belegen, worauf schon Bartels verwies: »Inzwischen hat sich auch eine Möglichkeit aufgetan, jüdische Dichtung aufgrund ihrer sprachlichen, phonetischen Wesensart zu erkennen, in der Sieversschen Schallanalyse mit ihren Sprachkurven.«[30] Im Anschluss an Bartels wurde dies in der völkischen Germanistik zu einer Leitmethode, etwa bei Wilhelm Stapel. In seinem Aufsatz *Die literarische Vorherrschaft der Juden in Deutschland 1918–1933* (1937) sah er in der Sprache das wichtigste Kriterium zur Bestimmung des jüdischen Einflusses in der deutschen Literatur. Die Juden, so Stapel, verändern und verfälschen unwillkürlich die deutsche Sprache bei ihrem Versuch, sich unter ihrem Schutz in die deutsche Literatur und Kultur »einzuschleichen«: »[…] das feinere Ohr verspürte doch, daß von den jüdischen Literaten nur eine scheinbar deutsche Sprache gesprochen wurde. Eine Untersuchung der deutsch-jüdischen Literatur auf das Sprachliche hin zeigt, daß das Judendeutsch einer anderen Innervation, einem anderen Gestus, einem anderen Klang, einem anderen Verhältnis zu Bild und Abstraktion, einem anderen Gemüth entstammt. Solange die jüdischen Dichter noch ihren Ehrgeiz in der Nachahmung vorgebildeter deutscher Sprach- und Dichtformen suchen, fällt die Diskrepanz weniger auf. Sobald sie aber […] ganz sich selbst zu sein wagen, tritt eine schauerliche Barbarisierung der deutschen Sprache ein.«[31]

Zuspitzung der Debatten nach 1900

Nicht erst in der NS-Zeit, sondern spätestens gegen Ende des 19. Jahrhunderts war klar, dass die optimistische Vorstellung des liberalen Judentums vom Beginn des Jahrhunderts nicht realisierbar war. Der post-emanzipatorische Antisemitismus zeigte, dass das Projekt der jüdischen Moderne im deutschsprachigen Europa zu scheitern drohte. Das wurde gerade den kulturell schaffenden deutschsprachigen Juden immer deutlicher. Symptomatisch dafür war die Zunahme und Radikalisierung von Debat-

26 Ebd., 105.

27 Bartels, *Judentum und deutsche Literatur*, Berlin 1910, 5.

28 Bartels, *Jüdische Herkunft und Literaturwissenschaft*, 42.

29 Vgl. Sander Gilman, *NS-Literaturtheorie*, Frankfurt a. M. 1971; ders., *Jüdischer Selbsthaß. Antisemitismus und die verborgene Sprache der Juden*, Frankfurt a. M. 1993.

30 Bartels, *Judentum und deutsche Literatur*, 22. Eduard Sievers hat seine linguistisch begründete Literaturanalyse, wonach Autoren in verschiedene »Typen der Melodisierung« klassifizierbar seien, um 1900 ausformuliert. Vgl. dazu *Über Sprachmelodisches in der deutschen Dichtung* (1901) oder *Über ein neues Hilfsmittel philologischer Kritik* (1903), wieder abgedruckt in *Rhythmisch-melodische Studien. Vorträge und Aufsätze*, Heidelberg 1912.

31 Wilhelm Stapel, *Die literarische Vorherrschaft der Juden in Deutschland 1918–1933*, in: *Schriften des Reichsinstituts für Geschichte des neuen Deutschlands*, Hamburg 1937, 13–31, wieder in: *Forschungen zur Judenfrage* (1943), 146–174, hier: 172.

ten über deutsch-jüdische Kultur und Literatur um und nach 1900. Sie wurde zum Streitfall zahlreicher publizistischer und essayistischer Schriften und Debatten, unter denen die sogenannte »Kunstwart-Debatte« nur die bekannteste war, ausgelöst von Moritz Goldsteins Aufsatz *Deutsch-jüdischer Parnaß*, der 1912 im *Kunstwart* erschienen war. »›Die Juden in der deutschen Literatur‹, das ist eines von den heikelsten Dingen, die nicht in den Mund genommen werden dürfen, will man sich nicht heillos kompromittieren«[32], so Goldstein mit Rekurs auf Kultur-Antisemiten wie Bartels. Ähnlich sah es Gustav Krojanker, als er zehn Jahre später seine Aufsatzsammlung *Juden in der Deutschen Literatur* vorlegte: »Das Unternehmen dieses Buches, den Juden innerhalb des deutschen Kulturkreises als eine Sondererscheinung zu sehen; mehr noch: diesen Gesichtspunkt in den geheiligten Bezirk der Literatur zu tragen, wo, wenn irgendwo, der gute Europäer gilt – es ist ein ungemein verdächtiges Unternehmen. Denn es scheint in diesem Deutschland fast nicht anders denkbar, als daß die Geschäfte einer finsteren Reaktion betreibt, wer das Wesen des Juden als ein unterschiedliches überhaupt nur zu betrachten wagt. [...] Kurz: das Problem des jüdischen Menschen im deutschen Kulturkreis, die Frage nach dem Unterschiedlichen seines Wesens ist bis heute vorwiegend dem Antisemitismus überlassen worden.«[33]

Wenn jüdische Intellektuelle nach 1900 das deutsch-jüdische Schreiben verteidigten, dann taten sie dies zwar auf sehr unterschiedliche Weise, dennoch zugleich in Übereinstimmung darin, dass Literatur überhaupt – gegen die antisemitische Behauptung – nicht national, schon gar nicht rassisch definierbar sei. Als der Literaturwissenschaftler Ludwig Geiger, ein Wortführer des deutschen liberalen Judentums und damit aus anderer Perspektive als Goldstein und Krojanker, in seiner 1903/04 in Berlin gehaltenen Vorlesung unter dem Titel *Die Juden und die deutsche Literatur* die Frage nach der deutsch-jüdischen Literatur stellte, behauptete er das transkulturelle Verständnis von Literatur der Wissenschaft des Judentums gegen seine ideologische Infragestellung. Gegen das Konzept der (deutschen oder aber jüdischen) Nationalliteratur verteidigte er das Programm einer allgemeinen Literatur jenseits kultureller und nationaler Grenzen. Mehr noch: Gerade die deutsche Literatur wollte er als eine kosmopolitische verstanden wissen: »Wer die deutsche Literatur und Kunst [...] betrachtet, der wird geradezu sagen müssen, daß es eine ausschließlich deutsche Kunst fast niemals gegeben hat.«[34] Dem verlieh Krojanker Nachdruck, indem auch er gegen einen puristischen literarischen »Normalbegriff, der zwischen deutsch und undeutsch leichthin scheidet«, einen »weiteren und wahreren«, nämlich einen »Europa«-Begriff von Literatur hielt. Auch Krojanker galt gerade die deutsche Literatur »als Inbegriff recht verschiedenartiger Prägungen«[35] kultureller Stimmen. So stimmen Geiger und Krojanker darin überein, dass sie in einer Zeit zunehmender Nationalisierung Literaturen gerade nicht als monokulturelle nationale Phänomene erachteten, sondern als polyphone Felder, auf denen sich verschiedene Kulturen überkreuzen und verbinden – ein interkulturelles Dispositiv, das sie mit dem Namen »Europa« versehen haben.[36] Mehr noch: Insbesondere die deutsch-jüdische Literatur galt ihnen als das plausibelste Beispiel dieser interkulturellen und kosmopolitischen Konstitution von Literatur: Sie ist weder »jüdisch« noch »deutsch«, sondern beides – in seiner jeweiligen Vielfalt.

Bei genauerem Hinsehen wird allerdings deutlich, dass Geiger, Goldstein und Krojanker die deutsch-jüdische Literatur auf sehr unterschiedliche Weise verstanden: Geiger argumentierte mehr von der deutschen, Krojanker mehr von der jüdischen Kultur her, während Goldstein dazwischen zu liegen scheint. Tatsächlich lassen sich in den Antworten der deutschsprachigen Juden auf die Herausforderung des post-emanzipatorischen Antisemitismus drei Muster unterscheiden: ein assimilatives, ein kulturzionistisches und ein diasporisches. Das assimilative Modell (Geiger) setzt das Programm des liberalen Judentums fort, indem es das Schreiben als vorzügliches Medium kultureller Integration behauptet, nun aber als Antwort auf die antisemitische Infragestellung der Emanzipation die Radikalisierung der Anpassung bis an die Grenzen der Konversion hin fordert. Dagegen formierte der zionistische Literatur- und Kulturbegriff seit

32 Moritz Goldstein, *Deutsch-jüdischer Parnaß*, in: *Kunstwart* 25 (März 1912), 281–294, hier: 281.

33 Krojanker, *Juden in der deutschen Literatur*, 7.

34 Ludwig Geiger, *Die deutsche Literatur und die Juden*, Berlin 1910, 5.

35 Gustav Krojanker, *Die Juden in der deutschen Literatur*, Berlin 1922, 10.

36 Sigrid Thielking, *Weltbürgertum: kosmopolitische Ideen in Literatur und politischer Publizistik seit dem achtzehnten Jahrhundert*, München 2000; Amir Eshel, Cosmopolitanism and searching for the sacred space in Jewish literature, in: *Jewish Social Studies* 9 (2002/2003), 121–138.

dem späten 19. Jahrhundert die Gegenposition, indem hier die Assimilation nicht als Ausweg aus, sondern vielmehr als Ursache der Anfeindungen erachtet wurde. Im Gegenzug wurde die deutsch-jüdische Literatur bestenfalls als Vorbereitung einer neuen, nämlich hebräischsprachigen Nationalliteratur und damit in ihrer Funktion innerhalb einer allgemeinen zionistischen »Renaissance« verstanden. Während das assimilative Modell die deutsch-jüdische tendenziell als Teil der *deutschen* Literatur verstand, rechnete sie das kulturzionistische letztlich der *jüdischen* zu. Gleichermaßen gegen diese beiden Muster positionierte sich sodann ein drittes, diasporisches Literaturmodell, das die Transkulturalität und Exterritorialität der deutsch-jüdischen Literatur in den Vordergrund stellte, ja diese als ihre eigentliche »Sendung« für eine Epoche jenseits der Ideologeme von Nationalstaat und Nationalliteratur behauptete. Diese drei Interpretationen der deutsch-jüdischen Literatur im Zeitraum zwischen ca. 1890 und 1933 sind im Folgenden etwas genauer aufzuzeigen.

Apologie der Assimilation

Ludwig Geiger zählte zu jenen deutsch-jüdischen Intellektuellen, die den post-emanzipatorischen Antisemitismus als Folge einer nach wie vor mangelhaften Assimilation interpretierten. Vielleicht am radikalsten formulierte dies jedoch der jüdische Industrielle und Politiker Walther Rathenau 1897 in Maximilian Hardens *Die Zukunft* in dem Essay *Höre Israel!*. Verstörend war nicht nur die Adressierung der Juden als Fremdkörper, die Erklärung des Judenhasses als selbstverschuldet und darauf aufbauend die eindringliche Forderung weitestgehender Assimilation, sondern auch der Umstand, dass er dies teilweise in der Sprache des Diskurses der »deutschen Judenfrage« (Treitschke) formulierte. So greift Rathenaus Beschreibung der Exterritorialität der Juden – ostentativ gegen »die Philosemiten« gerichtet – Treitschkes Rede von den Juden als »Deutsch redende Orientalen« in der Wendung »auf märkischem Sand eine asiatische Horde« auf: sie seien »kein lebendes Glied des Volkes, sondern ein fremder Organismus in seinem Leibe«, so Rathenaus Diagnose.[37] Zugleich diagnostizierte er bei den Juden eine falsche Assimilation, die er mit sozialdarwinistischen Begriffen als »Mimikry«, als tierische Anpassung degradierte, wobei er ihnen vorwarf, »die Trachten der hageren Angelsachsen zu parodieren, in denen ihr aussieht, wie wenn ein Teckel einen Windhund kopirt« und »am Strande durch Seemannskleider, in den Alpen durch Wadenstrümpfe die Natur rebellisch [zu] machen.«[38] Gegen diese bloß physische Anpassung forderte Rathenau in polemischen Wendungen eine höhere, nämlich geistige Assimilation, Bildung also: »Was also muß geschehen? Ein Ereignis ohne geschichtlichen Vorgang: die bewußte Selbsterziehung einer Rasse zur Anpassung an fremde Anforderungen. Anpassung nicht im Sinne der ›*mimicry*‹ Darwins, welche die Kunst einiger Insekten bedeutet, sich die Lokalfarbe ihrer Umgebung anzugewöhnen, sondern eine Anartung in dem Sinne, daß Stammeseigenschaften, gleichviel ob gute oder schlechte, von denen es erwiesen ist, daß sie den Landesgenossen verhaßt sind, abgelegt und durch geeignetere ersetzt werden. Könnte zugleich durch diese Metamorphose die Gesamtbilanz der moralischen Werthe verbessert werden, so wäre das ein erfreulicher Erfolg. Das Ziel des Prozesses sollen nicht imitierte Germanen, sondern deutsch geartete und erzogene Juden sein.«[39]

Dieses Plädoyer für Integration und Bildung teilte mit Rathenau generell der 1893 gegründete »Centralverein deutscher Staatsbürger jüdischen Glaubens«, der die Abwehr des Antisemitismus und die Verteidigung der Emanzipation zum Programm erhob, sowie in Bezug auf die Literatur und weitaus weniger radikal formulierend als Rathenau u.a. Ludwig Geiger. Dabei reagierte er insbesondere auf Adolf Bartels, von dem er wiederum polemisch angefeindet wurde. Gegen Bartels' antisemisches Literaturkonzept und dessen grobschlächtige Methode, »Schriftsteller zu Juden zu stempeln«, verteidigte Geiger die Akkulturation als ein europäisches Vorhaben. Geiger tat dies insbesondere in seiner Vorlesung *Die Juden und die deutsche Literatur*, die er 1903/04 in Berlin gehalten und 1910 unter dem Titel *Die deutsche Literatur und die Juden* veröffentlicht hatte.[40] Der hier entwickelte Begriff der deutsch-jüdischen Literatur ist allerdings nur zum Teil als Kritik der antisemitischen Kulturpolitik der »reinlichen Scheidung« gemeint. Er bewegte

37 Walther Rathenau, Höre Israel!, in: *Deutschtum und Judentum. Ein Disput unter Juden aus Deutschland*, hg. Christoph Schulte, Stuttgart 1993, 28 f.

38 Ebd., 34.

39 Ebd., 32 f.

40 Ludwig Geiger, *Die deutsche Literatur und die Juden*, Berlin 1910, 5.

sich aber auch innerhalb eines jüdischen Diskurses, wenn er seine Position zugleich als Abgrenzung gegen den zeitgleich entstehenden Kultur- und Literaturbegriff des Zionismus formulierte. Ihm wirft er vor, ein jüdisches Selbstbewusstsein zu konstruieren, das auf einem neuerlichen, nunmehr jüdischen kulturellen Purismus beruht: »Nicht minder weise ich als völlig unwissenschaftlich alle Bemühungen und Anschauungen von mir, die, durch die Unzufriedenheit mit den augenblicklichen Verhältnissen, durch Kränkungen, die der einzelnen Person oder der Glaubensgemeinschaft zugefügt wurden, entstanden, ein jüdisches Stammesbewußtsein konstruieren und den Traum einer jüdischen Nationalität oder gar eines jüdischen Staates darstellen, oder sich direkt bemühen, ihn in die Wirklichkeit umzusetzen. Ich beklage die zahlreichen Romane, Gedichte und Dramen, die in neuerer Zeit von deutschen Juden veröffentlicht worden sind, alle von dem Streben erfüllt, ein neues Ghetto zu errichten, viel drückender als das alte, weil es ein selbstgeschaffenes ist, und weil es nicht diejenigen zurückdämmt, die durch Kleidung, Sprache und Gesittung sich von ihren Stadt- und Landgenossen unterscheiden, sondern weil es die durch die gesamte Kultur Geeinten, nur durch den Glauben Getrennten gänzlich voneinander zu scheiden sucht.«[41]

Gegen antisemitische Polemik und gleichermaßen gegen zionistische Apologie – gegen jede nationalkulturelle Grenzziehung – forderte Geiger von der deutschsprachigen jüdischen Literatur die Intensivierung kultureller Integration in Deutschland: »Nicht Antisemitismus und Zionismus [...] können in mir die Überzeugung nicht vernichten, daß der deutsche Gelehrte und Schriftsteller jüdischen Glaubens voll und ganz in Sprache und Gesinnung ein Deutscher ist, wohl berechtigt und befähigt, die Juden in der deutschen Literatur zu betrachten.«[42] Als letztes Kriterium jüdischer Identität gilt deshalb gemäß Geiger – im Einklang mit dem Centralverein – eine säkulare Religion. Die Unterscheidungsmerkmale jedoch, mit der der Kultur-Antisemitismus die Differenz zwischen deutscher und jüdischer Literatur behauptete, Sprache und Kultur, galten in der assimilatorischen Kulturtheorie als Garant der Einheit: »Wir deutsche Gelehrte jüdischen Glaubens haben stets unsere Ehre und unseren Stolz darin gefunden, voll und ganz in unserer Sprechweise, in unserer Kultur, in unserem Denken und Fühlen, in unserer Art zu arbeiten, Deutsche zu sein.«[43] Indem sich die Juden im deutschen Kulturraum so weit akkulturieren, dass sie letztlich »voll und ganz« in der deutschen Kultur aufgehen, erscheint die deutsch-jüdische Literatur als Teil eines allgemeinen »völkergeschichtlichen Problems«. Eben dieses historisch zu beschreiben, ist gemäß Geiger die eigentliche Aufgabe der jüdischen Literatur in deutscher Sprache sowie auch ihrer Erforschung: »[...] es ist ein völkergeschichtliches Problem, den Gang einer Glaubensgemeinschaft durch die Jahrhunderte, durch die Geschichte eines ursprünglich fremden Volkes zu verfolgen, zu zeigen, wie die Mitglieder dieser Glaubensgemeinschaft sich mit den Angehörigen des Volkes assimilierten, wie sie die Sprache und Geistesrichtung jener Nation annahmen und zu dieser Entwicklung ihr Eigenes beitrugen.«[44] Die deutsch-jüdische Literatur ist demnach Ergebnis und zugleich Dokument einer historisch gewachsenen Symbiose zweier Völker und Kulturen. In dieser Absicht forderte Geiger auch einen »deutsch-jüdischen Roman«: »Sollten unsere jüdischen Schriftsteller nicht geneigt sein, uns auch einmal einen deutsch-jüdischen Roman zu geben? Man möchte meinen, unsere Zeit fordere dringend dazu auf. Antisemitismus und Zionismus, Begeisterung für deutsche Gesittung und Ablehnung angeblicher deutscher Forderungen und Ansprüche – das ganze sehnsüchtige Verlangen, sich ganz dem Volke zu vereinen, dem man durch Jahrhunderte lange Kultur und Gesittung angehört, und daneben der pietätvolle Zug, der die Einen zum Orient, die Anderen zu den althergebrachten Sitten zieht, was gäbe das einem Dichter für einen Stoff!«[45]

Analog dazu schlägt Geiger für die wissenschaftliche Beschreibung dieser Literatur drei Aspekte vor: erstens die »aktive Beteiligung der Juden an der deutschen Literatur«, zweitens die passive »Rolle in ihrer Beurteilung durch die deutschen Schriftsteller« und drittens die »kausative Wirkung und Beeinflussung der deutschen Literatur durch die Juden«.[46] Nicht also um eine apologetische Bestandsaufnahme des jüdischen Beitrags zur deut-

41 Ebd., 11.
42 Ebd.

43 Ebd., 10.
44 Ebd.
45 Ludwig Geiger, Zwei jüdische Erzählungen, in: *Allgemeine Zeitung des Judentums* 62 (1898), 366–368, hier: 368. Vgl. ders.: Jüdische Romane, in: *AZJ* 68 (1904), 607–610.
46 Geiger, *Die deutsche Literatur und die Juden*, 12.

schen Literatur geht es Geiger, sondern vielmehr um die Herausarbeitung der wechselseitigen Relation, Beobachtung und Beeinflussung der deutschen und der jüdischen Kultur. Gegenstand seines Interesses ist mithin die deutschsprachige jüdische Literatur ebenso wie die Darstellung jüdischer Stoffe und Figuren in der deutschen Literatur.[47]

Kulturzionistische Literaturmodelle

Geigers Vorstellung einer wechselseitigen Relation der deutschen und der jüdischen Literatur sowie der Verhandlung und Beförderung von Modernisierung und Assimilation im Medium des literarischen Schreibens in deutscher Sprache – das ist präzise, was Gustav Krojanker in seiner Aufsatzsammlung *Juden in der deutschen Literatur* (1922) all jenen vorhielt, die jüdische Identität zugunsten eines assimilatorischen Universalismus aufzugeben vorschlugen. Krojanker stellte diesen Universalismus unter den Verdacht der Verinnerlichung antisemitischer Ausgrenzung. Assimilation erschien ihm als eine Form des jüdischen Selbsthasses, als vorauseilender Gehorsam nämlich gegenüber der Forderung nach Aufgabe jüdischer Partikularität. Das »Kennzeichen« des assimilierten Juden »ist die entscheidende Betonung des Allgemein-Menschlichen, des von Bedingungen Unabhängigen. [...] In Wahrheit aber ist diese seine Einstellung durch die Gegebenheit seiner besonderen Situation bedingt. Er hat sich [...] durch das unmaßgebliche Urteil der anderen, seine Bedingungen, wenn auch unbewußt, setzen lassen. [...] Er wünscht Gleichheit nicht für das Besondere individueller Eigenart, sondern das Allgemeine menschlichen Wertes schlechthin.«[48]

Während gemäß der Akkulturationstheorie die »jüdische Identität« auf die Religion reduziert wird und zugunsten der deutschen Kultur gegen Null strebt, wird gemäß dem Kulturzionismus, dem Krojanker in Anlehnung an Martin Buber nahe stand, die Qualität der deutschen zugunsten der jüdischen Kultur minimiert. Dabei waren im Einzelfall große graduelle Unterschiede möglich. Krojanker selbst beantwortet die Frage vergleichsweise offen: Er lokalisierte die Differenz zwischen der deutschen und der jüdischen innerhalb des »Kreises der deutschen Kultur«: »Innerhalb der Grenzen deutscher Kultur also wird hier geschieden; und diese Scheidung geschieht nicht um des Wertes, sie geschieht um der ritterlichen Abgrenzung willen.«[49] Krojanker forderte zwar eine kulturelle »Abgrenzung« als Ausdruck einer jüdischen Identität, nicht aber ohne nochmals die Vision zu formulieren, dass »der Deutsche im Juden den Mitbürger gerade auch wegen seiner Andersartigkeit schätzt.«[50]

Die kulturzionistische Position ließ sich freilich weitaus radikaler formulieren, und zwar pessimistischer hinsichtlich der Möglichkeit einer deutschen Akzeptanz der jüdischen Literatur und damit auch einer deutsch-jüdischen Verständigung, optimistischer und selbstbewusster hinsichtlich der Konstruktion einer jüdischen kulturellen Identität. Die Argumentationsmuster, die sich unter dem Begriff des Kulturzionismus subsumieren lassen, können nach zwei Typen unterschieden werden. Gemäß dem engeren Begriff jüdischer Kultur gilt die hebräische Sprache als das entscheidende Kriterium. Jüdische Literatur kann nur hebräischsprachig sein, nicht aber deutschsprachig; gefordert wird daher mit einer hebräischen »Nationalliteratur« auch die Überwindung der diasporischen jüdischen Sprachen und Literaturen, insbesondere der deutschen. Diese Option vertraten gegen Ende des 19. Jahrhunderts die neuhebräischen russisch-jüdischen Intellektuellen wie Achad Haam und Chaim Nachman Bialik oder aber – im deutschsprachigen Europa – Heinrich Loewe, der zu den ersten deutschen Zionisten zählte und mit kulturzionistischen Institutionalisierungen wie dem Verein *Chowewe Sefat Ewer* (»Liebhaber der hebräischen Sprache«, 1891), dem Verein »Jung Israel« (1892) oder der »Vereinigung jüdischer Studierender« (1895) hervortrat und zugleich die Gründung einer jüdischen Nationalbibliothek forderte, die die weltweit verstreuten jüdischen Bücher einsammeln sollte.[51] Dieses kulturalistische zionistische Programm wurde zum Hauptinhalt der sogenannten »Demokratischen Zionistischen Fraktion«, die sich Ende 1901 im Vorfeld des fünften Zionistenkongresses gebildet hatte und zu der u. a. Martin Buber sowie die Schriftsteller und Künstler Berthold Feiwel, Adolph Donath

47 Vgl. Geiger, *Die deutsche Literatur und die Juden*, 25 ff; 63 ff.

48 Gustav Krojanker, *Juden in der deutschen Literatur*, Berlin 1922, 8 f.

49 Ebd., 11.

50 Ebd., 12.

51 Vgl. Heinrich Loewe, *Eine jüdische Nationalbibliothek*, Berlin 1905. Vgl. auch Heinrich Loewe, *Die Sprachen der Juden*, Köln 1911.

und Ephraim Moses Lilien zählten.[52] Im *Programm und Organisations-Statut der Demokratisch-Zionistischen Fraktion* (1902) formulierten sie allerdings – Kennzeichen des deutschen Zionismus – einen weniger strikten, also nicht ausschließlich, wenn auch hauptsächlich hebräischsprachigen zionistischen Literaturbegriff: Zur zionistischen Arbeit gehört demnach nicht nur die politische, sondern wesentlich auch die »national-kulturelle Thätigkeit«, die zwar »stets als Synthese zwischen jüdischem Geist und allgemeiner Kultur aufzufassen« sei, dennoch seien »von besonderer Bedeutung« »diejenigen Arbeiten […] welche unmittelbar zur Förderung des geistigen Niveaus führen. […] 1. Die Erlernung der hebräischen Sprache. 2. Das Studium der jüdischen Geschichte. 3. Die Förderung der hebräischen Nationallitteratur. 4. Die Förderung der jüdisch-nationalen Litteratur in jüdisch-deutschem Dialekte und in den verschiedenen europäischen Kultursprachen […].«[53] Wo in dieser Aufzählung die Prioritäten liegen, macht auch die Schrift des zionistischen Statistikers Alfred Nossig *Moderne jüdische Dichtung* (1907) deutlich. Auf der einen Seite sieht auch er die Mehrsprachigkeit als Charakteristik der jüdischen Literatur: »Vergebens würden wir uns nach einer anderen literarisch tätigen Nation umsehen, deren Harfe so viele Saiten aufweist und in so zahlreichen Idiomen erklingt. In sämtlichen germanischen, slavischen, romanischen Sprachen, ungarisch und arabisch dichten heute die Juden.«[54] Zwar hebt er dabei vor allem die »jungjüdischen Dichter« im Berlin seiner Zeit hervor, darunter Martin Buber, Berthold Feiwel, Adolf Donath und Theodor Zlocisti. Dennoch hält er selbst gegen diese die Literatur in den eigentlichen jüdischen »Nationalsprachen«: der jiddischen und vor allem der hebräischen. Im Verhältnis zu ihr nämlich erachtet er alle anderen jüdischen Literaturen bloß als »Einübung« und »Verheißung«, während der hebräischen Literatur allein die »Erfüllung« zukomme. Die »Fülle« und »Vielsprachigkeit« der jüdischen Literatur wird in der zionistischen Moderne dergestalt einer »Verjüngung« unterzogen: einer Rückführung auf ihre »Originalität«, die in der hebräischen Sprache allein garantiert ist.[55] Die Literatur der »deutsch schreibenden Juden« ist demnach weder ursprünglich noch zukunftsfähig, sondern eine vorübergehende Expansion der jüdischen Literatur, die – so Nossig dennoch bewundernd – namentlich in der Berliner Moderne »fast den ganzen äußeren Apparat der Dichtung, das Theaterwesen und die Kritik« bestimmt.[56]

Von diesem strikteren zionistischen Literaturkonzept lässt sich ein offeneres unterscheiden, das die Vielsprachigkeit der jüdischen Literatur nicht bloß als Übergangsphänomen erachtet, sondern als ein genuines Merkmal, um damit auch der Deutschsprachigkeit der jüdischen Literatur eine Berechtigung zuzusprechen. Während die engere zionistische Kulturtheorie die jüdische Literatur an die (hebräische) Sprache bindet, begründet sie die offenere mit dem »Stoff« der Literatur. Dies entspricht dem Programm, das Moritz Goldstein formulierte, und zwar nicht erst in dem vielbeachteten Aufsatz *Deutsch-jüdischer Parnaß* (1912), sondern bereits in dem weniger bekannt gewordenen Aufsatz *Geistige Organisation des Judentums*, der 1906 in der kulturzionistischen »Monatsschrift für modernes Judentum« *Ost und West* erschienen war. Entsprechend dem Programm dieser Zeitschrift, die mit Beiträgen u. a. von Buber und Achad Haam an der Herausbildung eines Begriffs »jüdischer Kunst« maßgebend mitgewirkt hatte, machte Goldstein die Bildung einer nationalen Identität von einer kulturellen bzw. »geistigen Organisation« des Judentums abhängig. Zu diesem Zweck forderte er eine dezidiert »jüdische Wissenschaft«, eine »jüdische Musik«, eine »jüdische Kritik« und als »wichtigstes Kampfmittel« eine »jüdische Literatur« in deutscher Sprache, die Bildung nämlich »einer Art jüdischer Dichterschule in Deutschland«.[57]

Dieses Programm einer nationalen jüdischen Kultur in Deutschland erwies sich Goldstein allerdings aus zwei Gründen zunehmend als revisionsbedürftig. Zum einen verschärfte es die »seelische Not des deutschen Juden«, nie »ganz jüdisch oder ganz deutsch zu werden«.[58] Zum anderen wurde es von der Erfahrung des post-emanzipatorischen Antisemitismus mit seiner Logik der Exklusion alles »Jüdischen« infrage gestellt. An Wagner und

52 Vgl. Andreas Kilcher: Kafka, Scholem und die Politik der jüdischen Sprachen, in: *Politik und Religion im Judentum*, hg. Christoph Miething, Tübingen 1999, 79–115.

53 *Programm und Organisations-Statut der Demokratisch-Zionistischen Fraktion*, Berlin 1902, 16.

54 Alfred Nossig, *Moderne jüdische Dichtung*, Berlin 1907, 2.

55 Ebd., 4.

56 Ebd., 7.

57 Moritz Goldstein, Geistige Organisation des Judentums, in: *Ost und West. Illustrierte Monatsschrift für modernes Judentum* 6 (1906), 514–526.

58 Moritz Goldstein, *Berliner Jahre. Erinnerungen 1880–1933*, München 1977, 103.

Bartels stellte Goldstein exemplarisch fest, dass die Deutschen »uns im Tempel ihrer Kultur als eine Gefahr [...] betrachten.«[59] Wie können sich angesichts dessen, so Goldstein, die Juden in der deutschen Kultur definieren. Als mögliche Antwort prüfte er zunächst den Literaturbegriff der Assimilation, freilich nur, um ihn zurückzuweisen. Den »Herren Poeten, die sich als ›deutsche Dichter‹ unter dem Weihnachtsbaum photographieren und veröffentlichen lassen«, wirft er die »Naivität« einer deutsch-jüdischen Symbiose vor, die er als eine auf tragische Weise einseitige und »unglückliche Liebe« analysiert.[60] Die jüdische Kultur bindet er deshalb an die hebräische Sprache zurück: »Ich komme zu der Erkenntnis, daß die geistige Organisation der deutschen Juden ein Traum ist und daß nur mit Hilfe der hebräischen Sprache und international eine jüdische Kultur zu finden ist.«[61]

Der »Zionismus für die Kunst«, die »Wiederbelebung hebräischer Sprache und Poesie«[62], bleibt für Goldstein dennoch bloßes Postulat. Den kulturzionistischen »Sprung in die neuhebräische Literatur« erachtet er insbesondere für die deutsch-jüdischen Literaten, damit auch für sich selbst, als letztlich nicht einlösbar: »Wir deutschen Juden [...] können ebensowenig hebräische Dichter werden, wie wir nach Zion auswandern.«[63] Stelle man nämlich die »jüdische Nationalliteratur« unter die Bedingung der jüdischen Sprachen, sei es des Hebräischen oder des Jiddischen, hätten »wir Westeuropäer freilich nicht mitzureden,«[64] so Goldstein auch in seinem großen Essay *Begriff und Programm einer jüdischen Nationalliteratur* (1913). Er forderte deshalb, und dies ist der Kernpunkt seines Programms, »eine Nationalliteratur zu begründen ohne Nationalsprache«.[65] Es war dies das Programm eines bewusst »westjüdischen« oder »europäischen« Kulturzionismus. Damit unterschied er sich vom engeren Kulturbegriff des Zionismus wie auch von der Akkulturationstheorie, wonach »deutsche Werke deutscher Juden zur deutschen Literatur und nicht zur jüdischen [gehörten], ungeachtet aller jüdischen Stoffe.«[66] Beiden hielt Goldstein entgegen, dass die deutsch-jüdische Literatur nicht über die Sprache, sondern über die »Stoffe« als »jüdisch« gelten kann: »Unter den produktiven Juden Deutschlands und Westeuropas hat nun die Behandlung jüdischer Stoffe in jüngster Zeit ungeheuer zugenommen. Einer nach dem anderen setzt sich, mehr oder weniger bestimmt, mit dem Judenproblem auseinander, einer nach dem anderen entdeckt das Judenproblem als sein Problem. Und das ist das letzte und vielleicht wirksamste Palliativ, das ich vorzuschlagen weiß.«[67] Wenn Goldstein deshalb einen »Judenroman« und ein »Judendrama« forderte, dann ganz anders als Geigers »deutsch-jüdischer Roman«: Letzterer hatte eine literarische Verarbeitung des Assimilationsprozesses vor Augen, Goldstein hingegen die Begründung einer kulturellen jüdischen Identität.

Die Problematik von Goldsteins Konzept ist leicht abzusehen: Es erlaubt zwar einen weiteren, geradezu europäischen Literaturbegriff, setzt diesen aber dennoch in einen nationalen Funktionszusammenhang. Goldsteins Programm wurde nicht nur aus der Sicht der Assimilation, sondern auch aus der eines konsequent gedachten Zionismus, ganz zu schweigen von völkischer Seite,[68] kritisiert. In der kontroversen Diskussion nach seinem Kunstwart-Aufsatz lassen sich vor allem zwei Positionen unterscheiden. Die Position der Assimilation, die Ernst Lissauer, Jakob Löwenberg und Ludwig Geiger vertraten, forderte gegen die Zwischenlösung einer deutschsprachigen jüdischen »Nationalliteratur«: »entweder auswandern; oder: deutsch werden. Dann aber: sich eingraben, einwurzeln mit aller Kraft, mit allen Muskeln sich zum Deutschen erziehen.«[69] Vor allem gegen Lissauer richtete sich

59 Goldstein, *Deutsch-jüdischer Parnaß*, 283.

60 Ebd., 287/ 292. Vgl. Gershom Scholem: Wider den Mythos vom deutsch-jüdischen Gespräch (1964), in: *Judaica 2*, Frankfurt a. M. 1970, 7–11, hier: 10.

61 Moritz Goldstein, Texte zur jüdischen Selbstwahrnehmung aus dem Nachlaß, in: *Aschkenas* 7 (1997), 79–135, hier: 131.

62 Goldstein, *Deutsch-jüdischer Parnaß*, 290.

63 Ebd., 290 f.

64 Moritz Goldstein, *Begriff und Programm einer jüdischen Nationalliteratur*, Berlin 1913, 2.

65 Ebd., 5.

66 Ebd., 6.

67 Goldstein, *Deutsch-jüdischer Parnaß*, 293.

68 Avenarius gab Philipp Stauff das Wort, der sich in Goldsteins Aufsatz darin bestätigt fühlte, dass die Juden die deutsche Kultur, Presse, Literatur, Kunst »beherrschen«. Stauff: *Die Juden in Literatur und Volk*, 215–259.

69 Ernst Lissauer, Deutschtum und Judentum, in: *Der Kunstwart* 25 (April 1912), 6–12, hier: 12. Der Beitrag von Jakob Löwenberg erschien im Augustheft 1912, 245–249. Vgl. auch Ludwig Geiger, Der Kunstwart und die Judenfrage, in: *Allgemeine Zeitung des Judentums* 76 (1912), 541–543; 553–555. Vgl. im weiteren die Kritik aus der Sicht des »Centralvereins« von Julius Goldstein, Moritz Goldsteins »Deutsch-jüdischer Parnaß«, in: *Im deutschen Reich* 18 (1912), 437–450.

wiederum Ludwig Strauß, der gegen die deutsch-jüdische »Zwitterkultur« den zionistischen »Übergang zur neuhebräischen Literatur« forderte.[70] Goldsteins Programm erachtete Strauß nach dem etablierten zionistischen Muster als bloße Etappe auf dem Weg zur hebräischen Literatur. So galten Goldsteins differenzierende Überlegungen allen eindeutigen Positionen als unentschlossen und halbherzig, und deshalb letztlich als inakzeptabel.

Diaspora-Literatur

Goldsteins offener jüdischer Literaturbegriff ließ sich allerdings noch weiter von einer zionistischen Politisierung abrücken, um daraus eine Alternative jenseits von Assimilation wie auch Zionismus zu begründen. Das leistete ein Kultur- und Literaturbegriff, der die Diaspora zum ästhetischen Paradigma erhob und vom Expressionismus bis ins Exil eine zunehmend tragende Rolle spielte.

Die Ausformulierung dieses literarischen Modells der Diaspora zeichnete sich in einer weiteren Debatte ab, die anlässlich des Erscheinens von Martin Bubers Zeitschrift *Der Jude* sich entfaltete. Auslöser war Max Brod, der im Mai 1916 Buber nahelegte, in seiner kulturzionistisch orientierten Zeitschrift auch »der Poesie«, insbesondere aber der deutschsprachigen Literatur der »westjüdischen Dichtung« eine »Heimstätte« zu geben.[71] Die westjüdischen Schriftsteller nämlich sollten, wie Brod schon zwei Jahre zuvor in seinem Aufsatz *Der jüdische Dichter deutscher Zunge* gefordert hatte, über den Umweg der deutschen Sprache nationale »Einheit fühlen«, was zunächst Goldsteins deutsch-jüdischer »Nationalliteratur« entsprach. Buber nahm in diesem Disput die hebraistisch-kulturzionistische Position ein, indem er die Möglichkeit einer jüdischen Literatur in deutscher Sprache überhaupt in Abrede stellte. Er gestand Brod zwar zu, »daß es in der deutschen Literatur Elemente spezifisch jüdischen Geistes in einer eigenartigen Synthese mit dem deutschen gibt [...]; aber die Werke, in denen sie zu finden sind, gehören darum doch nicht der ›jüdischen Literatur‹ an. [...]. Die Sprache bleibt nun einmal das konstruktive Prinzip der Literatur. Eine jüdische Gruppe, eine jüdische Farbe werden Sie innerhalb der deutschen Literatur aufzeigen können, aber nicht mehr: Sie haben recht, der jüdische Geist wird auch hier, in der fremden Sprache laut; aber er wird hier nicht zu einem Organismus, zum ›Schrifttum‹.«[72]

In diesen Disput griff auch Stefan Zweig ein, indem er, wie Brod, von Bubers *Der Jude* den Einbezug der Literatur forderte. Zweigs Vorschlag ist nicht nur deshalb signifikant, weil er von allen deutsch-jüdischen Autoren ein »Bekenntnis« über ihr Verhältnis zum Judentum forderte, sondern auch, weil er für sich selbst eine Position formulierte, die sich zum Zionismus und zur Assimilation gleichermaßen alternativ verhielt. Mit kritischem Blick auf Brods »nationales« Literaturprogramm bekannte er sich zu einem Diaspora-Begriff der deutsch-jüdischen Literatur, in dem er eine »weltbürgerliche allmenschliche Berufung« sah: »Ich finde den gegenwärtigen Zustand den großartigsten der Menschheit: dieses Einssein ohne Sprache, ohne Bindung, ohne Heimat nur durch das Fluidum des Wesens.«[73] Noch in seiner Autobiographie *Die Welt von Gestern* (1942) beschwor Zweig, aus dem Exil rückblickend, jenes multinationale Europa, wie es schon im Ersten Weltkrieg am Auseinanderbrechen war, dies verbunden mit einer Anklage gegen »jene Erzpest, den Nationalismus, der die Blüte unserer europäischen Kultur vergiftet hat«, und dagegen einem emphatischen Plädoyer für das jüdische Existential der »Heimatlosigkeit«, das sich noch in der Not des Exils als letzter Garant der europäischen Kultur erweist: »Gerade der Heimatlose wird in einem neuen Sinne frei, und nur der mit nichts mehr Verbundene braucht auf nichts mehr Rücksicht zu nehmen.«[74]

Zweigs Programm einer Diaspora-Literatur ließ sich nicht nur konservativ begründen. Vergleichbare Modelle folgten unterschiedlichen Perspektiven: einem aufgeklärten, humanistischen Kosmopolitismus ebenso wie einem literarischen Ästhetizismus, einem sozialistischen Internationalismus und einem anarchistischen Anti-Nationalismus ebenso wie einem katholischen Universalismus, einem real erfahrenen ebenso wie einem metaphorisch transzendierten Exil. Die Varianten dieses ästhetischen Modells der Diaspora bewegen sich somit im Spannungsfeld zwischen konservativ-humanistischen

70 Franz Quentin [=Ludwig Strauß], Aussprache zur Judenfrage, in: *Der Kunstwart* 25 (August 1912), 236–244, hier: 243 f.

71 Martin Buber, *Briefwechsel aus sieben Jahrzehnten*, hg. Grete Schaeder, 3 Bde., Heidelberg 1972, Bd. 1, 429; 432.

72 Ebd., 459 f.

73 Ebd., 463.

74 Stefan Zweig, *Die Welt von Gestern. Erinnerungen eines Europäers*, Frankfurt a. M. 1946, 9 f.

(Zweig und Joseph Roth) und progressiv-sozialrevolutionären Formen (Albert Ehrenstein, Anton Kuh, Alfred Wolfenstein, Lion Feuchtwanger).

Albert Ehrenstein z. B., um auch ein Beispiel der letzteren Gruppe zu geben, stellte gegen Assimilation wie Zionismus das jüdische Modell der Diaspora anhand der Ahasver-Figur, verstanden als Modell einer neuen, antibürgerlichen internationalen jüdischen Moderne. Polemisch diagnostizierte er 1917 im *Zeit-Echo* das Soziogramm der Assimilation, und auch er tat dies zugleich gegen die mögliche zionistische Alternative: »So wurde der Assimilant, der Vollblutaffe mit Monokel und eisernem Kreuz, gezüchtet, das Protzensöhnchen, das früh anhob mit den Worten ›Gestern hab ich den ganzen Nietzsche geschenkt gekriegt‹ oder ›Mein Vater ist Sammler; er hat sechstausend Spazierstöcke‹ [...]. Trotzdem: Exzessiver Zionismus ist für mich nicht der Weg zur Erfüllung. Ein jüdischer Nationalpark, ein Indianerterritorium, eine Reservation, in der statt wilder Bisons gemäßigte Israeliten verwahrt werden [...] – das wäre Fluch, Flucht ins Herbarium. Und neue freiwillige Kasernierung, Uniformierung des Judentums.«[75] Den assimilierten deutschen Juden wie den Zionisten hält Ehrenstein deshalb entgegen: »Man jammere nicht allzusehr über die Diaspora!«[76], und fährt – etwa in seiner kritischen Studie *Nationaljudentum* (1927) – fort: »Jedes Vaterland ist ein Ghetto. Zionismus ist Heimweh nach einem größeren Ghetto. [...] Gewiß ist der Ahasverismus, die Heimatlosigkeit, ein bitteres Schicksal dem Einzelnen, aber sie ist ein Grund der verhältnismäßig großen Leistungen vieler Juden [...]. Ich habe Respekt vor Juden – als einer fast unbegrenzten Entwicklungspotenz: sie haben die größte Möglichkeit zum internationalen, übernationalen Menschen.«[77] »Die Lebensform«, und mehr noch, so Ehrenstein auch in der Aufsatzsammlung *Menschen und Affen* (1926), »die Kunstform des echten Juden ist Ahasverismus.«[78]

Vergleichbar damit ist der psychologisch-politische Diaspora-Begriff von Anton Kuhs *Juden und Deutsche* (1921) oder der literarische von Alfred Wolfensteins *Jüdisches Wesen und neue Dichtung* (1922). Auch Wolfensteins revolutionär gedachte jüdische Diaspora-Literatur widersetzt sich jeder Nationalisierung, sei es als Assimilation oder Zionismus: »Vom schwächlichen Assimilanten bis zum mutigsten Zionisten wünschen sie sich: Boden.«[79] Gegen den Wunsch nach »Boden« hielt er für den im »Buch« bzw. in der Literatur beheimateten Juden als »Nomaden« der Schrift entgegen:[80] »Vielleicht begann die Diaspora, wie nach der Zerstörung Jerusalems und nach dem Fall des Ghettos, von neuem Jetzt. Sie ist freilich diesmal eine allgemeiner menschliche, eine verbundenere Zerstreuung. Doch ich glaube, der Jude ist zu ihr [...] für immer berufen.«[81] Die Gegenwart der Moderne werde deshalb »nur noch entschiedener« die jüdische »spirituelle Sendung zu erkennen geben. [...] Viele wünschen sich neuen Boden. Herrlicher ist die Unabhängigkeit einer neuen jüdischen Gestalt. Der Boden kann verloren gehn, das Geschick kann sich wütend immer wiederholen, weil man es nicht kennt, ewige Zerstreuung, – Jerusalem kann wieder zerstört werden: die schwebende Sendung nicht. Sie fühlt grenzenlos durch Länder hindurch die unverwehrte Welt.«[82]

Das ästhetisch-politische Programm der Diaspora, das mit expressionistischen Parametern wie Internationalismus, Weltverbrüderung und Pazifismus zwischen 1910 und 1920 entwickelt wurde, gewann angesichts der zunehmenden Nationalisierung und Ethnisierung gegen Ende der 20er Jahre an neuer Bedeutung. Lion Feuchtwanger etwa appellierte 1930 in dem Aufsatz *Der historische Prozeß der Juden* an eben jene »Sendung« der Diaspora: »Was früher den Juden von ihren Gegnern als ihre verächtlichste Eigenschaft vorgeworfen wurde, ihr Kosmopolitentum, ihr Nichtverwurzeltsein mit dem Boden, auf dem sie lebten, das erweist sich plötzlich als ungeheurer Vorzug.«[83] Dieser liegt nicht nur an der politischen Aktualität im »Internationalismus«, sondern auch an seiner kulturellen Implikation. Denn nicht der Boden ist die »Heimat«

75 Albert Ehrenstein, Menschlichkeit, in: *Das Zeit-Echo* 3 (1917), 1. und 2. Juniheft, 14–19, hier: 16.

76 Ebd.

77 Albert Ehrenstein, Nationaljudentum, in: *Internationale Zeitschrift für Individualpsychologie* 5 (1927), 198–206, hier: 199 ff.

78 Albert Ehrenstein, Zion, in: ders., *Menschen und Affen*, Berlin 1926, 41–43, hier: 43.

79 Alfred Wolfenstein, *Jüdisches Wesen und neue Dichtung*, Berlin 1922, 9.

80 Vgl. Andreas Kilcher, »Volk des Buches«. Zur kulturpolitischen Aktualisierung eines alten Topos in der jüdischen Moderne, in: *Münchner Beiträge zur jüdischen Geschichte und Kultur* 2 (2009), 43–58.

81 Wolfenstein, *Jüdisches Wesen und neue Dichtung*, 8.

82 Ebd., 54.

83 Lion Feuchtwanger, Der historische Prozeß der Juden (1930), in: *Centum Opuscula*, Rudolstadt 1956, 472–478, hier: 477.

bzw. das Medium der Juden, sondern zunächst das heilig gewordene »Buch«, dann aber die »Literatur« im modernen Sinne überhaupt. »Zweitausendfünfhundert Jahre wurden sie« – die Juden – »einzig und allein durch ein Buch zusammengehalten – durch die Bibel. [...] Ehrfurcht [...] vor der Literatur wurde zu einem Teil ihres Daseins. Literarische Tätigkeit sahen sie als den höchsten aller Berufe an.«[84] Die jüdische Literatur wird damit zur ästhetischen Form einer postnationalen Moderne, indem sie die Substitution von territorialem Land durch das exterritoriale Buch immer schon vollzieht.

Es liegt auf der Hand, dass das Diaspora-Modell erst recht im Exil nach 1933 an neuer Bedeutung gewann. So forderte Joseph Roth eine Politisierung der Literatur und zugleich eine Metaphorisierung des Exils in der Literatur, dies nachdem er schon in den Romanen *Hotel Savoy* (1924) und *Flucht ohne Ende* (1927) sowie im Essay *Juden auf Wanderschaft* (1927) eine kosmopolitische Heimatlosigkeit als jüdisches Existential der Moderne beschworen hatte. Dabei war Roths Horizont wie bei Zweig eine eher konservative Idealisierung des multikulturellen, österreichischen Vielvölkerstaates; darin besteht Roths »katholischer« Universalismus. Das ästhetische Modell der Diaspora freilich erhielt auch bei Roth im Exil nach 1933 eine dringendere Funktion. Im Kampf gegen Hitlers Deutschland, so Roth im Essay *Autodafé des Geistes* (1933), falle gerade den »deutschen Schriftstellern jüdischer Abstammung« eine entscheidende Aufgabe zu. Als Opfer, und nicht Operatoren eines übermächtig gewordenen Nationalismus, sei ihnen die Rettung des alten Europa überantwortet: »Wir Schriftsteller jüdischer Herkunft sind [...] die einzigen Repräsentanten Europas, die nicht mehr nach Deutschland zurückkehren können. [...] In einer Zeit, da Seine Heiligkeit, der unfehlbare Papst der Christenheit, einen Friedensvertrag, ›Konkordat‹ genannt, mit den Feinden Christi schließt, da die Protestanten eine ›Deutsche Kirche‹ gründen und die Bibel zensieren, bleiben wir Nachkommen der alten Juden, der Ahnen der europäischen Kultur, die einzigen legitimen Repräsentanten dieser Kultur.«[85] Das war nicht Apologie, sondern Appell an die moralisch-politische Aufgabe, die das Exil für die deutsch-jüdischen Schriftsteller bedeutete: Gegen allen Nationalismus die europäische Kultur zu retten. In einem weiteren, vielbeachteten Essay feierte Roth deshalb das Exil geradezu als *Segen des ewigen Juden*, so der Titel, und forderte »gegen den Chauvinismus der modernen Nationen« einen neuen »Kosmopolitismus«. »Wie nötig hätten wir jetzt ein paar Millionen Kosmopoliten«,[86] und präzisierend in dem als Replik auf seine Kritiker gehaltenen Artikel *Jedermann ohne Pass*: »Es gibt keine andere Möglichkeit als daß die, die nicht in ihren Ländern ›aufgehen‹, und jene, die nicht nach Palästina gehen und die dennoch Juden bleiben, die Träger des Gedankens vom allgemeinen Vaterland werden. Unser Vaterland ist die ganze Erde.«[87]

Ohne ausdrückliche Apologeten der Diaspora zu sein, folgten bis in die Exilzeit zahlreiche deutsch-jüdische Schriftsteller diesem Modell, indem sie weder der zionistischen Nationalisierung von Literatur noch dem bürgerlich-liberalen Judentum der assimilierten Elterngeneration folgen wollten. Vielmehr lokalisierten diese ihr Schreiben eben in jenem unsicheren, transkulturellen Zwischenraum zwischen der deutschen und der jüdischen Kultur, sei dieser auch noch so prekär geworden. Dabei loteten sie diesen Zwischenraum sowohl in seinem schöpferischen Potential als auch in seinen Konflikten und Spannungen aus. Das taten etwa Ludwig Jacobowski in seinem Roman *Werther, der Jude* (1892), Jacob Wassermann in *Die Juden von Zirndorf* (1897) sowie – in aller Schärfe und Not – in seinem Essay *Mein Weg als Deutscher und Jude* (1921), Arthur Schnitzler in seinem Roman *Der Weg ins Freie* (1908) und in seinem Drama *Professor Bernhardi* (1912) oder auch Franz Kafka, in seinem literarischen Werk allerdings nie direkt, sondern parabolisch verschlüsselt in Erzählungen wie *Bericht für eine Akademie* (1917) oder *Forschungen eines Hundes* (1922).[88]

Vor allem im Umfeld des Expressionismus – auch vor dem Hintergrund des Ersten Weltkriegs und der Russischen Revolution – verstanden nicht wenige deutsch-jüdische Schriftsteller ihr Judentum als eine antibürgerliche, avantgardistische, teils revolutionäre Position, als literarische und »geistige« Diaspora jenseits der bürgerlichen Werte, wie sie Assimilation und Zionismus gleichermaßen versprachen. Else Lasker-Schüler etwa konstruierte in ihren *Hebräischen Balladen* (1912) sowie in ihrer

84 Feuchtwanger, Nationalismus und Judentum (1933), in: *Centum Opuscula*, 479–499, hier: 495.

85 Joseph Roth, *Werke*, Bd. 3, Köln 1989, 494f.

86 Ebd., 532.

87 Ebd., 544f.

88 Vgl. Andreas Kilcher, Das Theater der Assimilation. Kafka und der jüdische Nietzscheanismus, in: *Für alle und keinen. Lektüre, Schrift und Leben bei Nietzsche und Kafka*, hg. Friedrich Balke u.a., Zürich/Berlin 2009, 201–229.

Prosa den Mythos der orientalischen, »wilden Juden« (*Die Nächte der Tino von Bagdad*, 1907, *Der Prinz von Theben*, 1914), Alfred Döblin folgte zeitweise Nathan Birnbaums Territorialismus, Yvan Goll verstand, wie Ehrenstein, Wolfenstein und Feuchtwanger, nicht nur sein eigenes Schreiben, sondern die Literatur überhaupt als Korrelat jüdischer Diasporaexistenz, das jeglicher bürgerlichen Normalität und Sicherheit widerstehen muss. Mit dem Ersten Weltkrieg und dem Zusammenbruch der Habsburgermonarchie wurden zudem auch die Ostjuden in Westeuropa zum Vorbild eines antibürgerlichen, ursprünglicheren und halb-orientalischen Judentums, gegen das das europäisierte Westjudentum als verloren und aufgelöst erschien. Das beschrieben auch diejenigen, die im Krieg an der Ostfront gedient hatten, so etwa Arnold Zweig (*Das ostjüdische Antlitz*, 1920) und Joseph Roth (*Juden auf Wanderschaft*, 1927).

Schreiben angesichts der Verfolgung

Wer nach 1933/1945 von der deutsch-jüdischen Literatur sprechen wollte, befand sich gegenüber der breiten literarischen Produktion im Alten Österreich, im Wilhelminischen Kaiserreich und der Weimarer Republik in einem völlig veränderten Dispositiv: Dass es jüdisches Schreiben in deutscher Sprache nicht mehr geben könne, aber auch, mit Blick auf die barbarisierte deutsche Sprache, nicht mehr geben dürfe, wurde in Form einer Katastrophe bewusst. Schon im Herbst 1933 bilanzierte Arnold Zweig: »Die Sache der deutschen Juden [...] ist rund, abgeschlossen darstellbar«, wie er insbesondere für die Partizipation der Juden an der deutschen Literatur zeigte.[89] Auch Siegmund Kaznelson, Leiter des »Jüdischen Verlags« bis in die 1950er Jahre, konzipierte sein »Sammelwerk« *Juden im deutschen Kulturbereich*, das schon bei der Drucklegung im Jahr 1935 verboten wurde, als eine »Schlussbilanz des deutschen Judentums«. Ähnlich formulierte es Robert Weltsch, als er Kaznelsons »Denkmal für die untergegangene deutsche Judenheit« 1959 in erweiterter Form veröffentlichte: »Dieses Sammelwerk unternimmt den Versuch eines historischen Rückblicks auf den Anteil, den die deutschen Juden am wissenschaftlichen, künstlerischen, politischen, wirtschaftlichen, kurz: kulturellen und sozialen Leben des deutschen Sprachgebiets bis 1933 genommen haben.«[90] Was Arthur Eloesser in seinem umfangreichen Beitrag zur deutsch-jüdischen Literatur in diesem Sammelband vor Augen führte, liest sich als Apologie des jüdischen Beitrags zur deutschen Literatur angesichts von Verfolgung und Vernichtung.[91] Im selben Jahr brachte dies Kaznelson in einem weiteren Sammelband, *Jüdisches Schicksal in deutschen Gedichten – eine abschließende Anthologie* (1959), zum Ausdruck, indem er das jüdische Schreiben testamentarisch vom deutschen Sprachraum verabschiedete: »Diese Sammlung wird als ›abschließend‹ bezeichnet, [...] weil nach menschlichem Ermessen die deutschsprachige Dichtung jüdischen Inhalts mit unsrer oder vielleicht der nächsten Generation zu Ende geht. So ist diese Anthologie ein Mahnruf, ein Vermächtnis [...] des untergegangenen deutschen Judentums an die Überlebenden.«[92]

Das Ende der deutsch-jüdischen Literatur sah ein Großteil der Exilanten nach 1933 als unvermeidbar. Die größte Zahl ging zunächst ins europäische Exil (nach Prag und Wien bis zum Anschluss 1938, danach nach Frankreich, England, Holland und Italien bis zum Kriegsbeginn, in die Schweiz teilweise bis 1945), um von da aus in die USA oder nach Mexiko (z. B. Anna Seghers) und Südamerika oder aber in den fernen Osten bis hin nach Neuseeland (Karl Wolfskehl) zu gelangen. Und nicht so sehr aus zionistischer Überzeugung, sondern als deutsche Flüchtlinge gelangten einige auch nach Palästina (u. a. Leo Perutz, Werner Kraft, Else Lasker-Schüler, Sammy Gronemann). Unter schwierigsten materiellen, physischen und politischen Umständen fanden sich diejenigen, die bis 1933 zur Avantgarde der deutschen Literatur gehörten, als Opfer der kulturellen, intellektuellen und physischen Zerstörung Europas. Unter ebenso schwierigen Umständen schrieben sie deutschsprachige Texte außerhalb der deutschsprachigen Welt, ja verstanden sich als letzte Vertreter einer alten humanistischen deutschen Kultur (Joseph Roth).

89 Arnold Zweig, *Bilanz der deutschen Judenheit 1933*, Berliner Ausgabe, Berlin 1998, 8. Zu den Juden in der deutschen Literatur vgl. 182–190.

90 *Juden im deutschen Kulturbereich. Ein Sammelwerk*, hg. Siegmund Kaznelson, 2. Aufl., Berlin 1959, XII.

91 Arthur Eloesser, Literatur, in: *Juden im deutschen Kulturbereich. Ein Sammelwerk*, hg. Siegmund Kaznelson, 2. Aufl., Berlin 1959, 1–67.

92 Siegmund Kaznelson, *Jüdisches Schicksal in deutschen Gedichten. Eine abschließende Anthologie*, Berlin 1959, 14. Vgl. ähnlich die von Karl Otten herausgegebenen Anthologien *Prosa jüdischer Dichter*, Stuttgart 1959; *Schofar. Lieder und Legenden jüdischer Dichter*, Neuwied 1962.

Doch nicht alle deutsch-jüdischen Schriftsteller konnten oder wollten 1933 ins Exil gehen. Wenn auch unter zunehmender Bedrohung, war es in Deutschland bis 1938/39 möglich, zu schreiben und in – nunmehr dezidiert jüdischen – Verlagen zu publizieren (Schocken-Verlag, Philo-Verlag, Jüdische Buchvereinigung), dies auch gemäß dem Willen der nationalsozialistischen Kulturpolitik, die auf Ghettoisierung drängte und die jüdische Literatur von der deutschen getrennt wissen wollte.[93] Für diejenigen, die noch nach 1938/39 in Deutschland blieben, wurde das Schreiben zu einem Ansturm gegen das Äußerste, so etwa für Gertrud Kolmar, Paul Kornfeld, Georg Hermann, Erich Mühsam oder Arno Nadel, einem Äußersten, das nicht wenige deutsch-jüdische Autoren in den Tod in der Gaskammer, aber auch in den Selbstmord getrieben hatte (Egon Friedell, aber auch Exilanten wie Ernst Toller, Kurt Tucholsky, Ernst Weiss, Alfred Wolfenstein, Stefan Zweig).

Unter dem Vorzeichen der negativen Symbiose

Nach 1945 wog die Tatsache des systematisch geplanten und durchgeführten Massenmordes an den europäischen Juden schwer und es kam der Zweifel auf, nicht nur in deutscher Sprache, sondern überhaupt je wieder dichterisch schreiben zu können, wo Kultur – so Adorno und Horkheimer – in Barbarei umschlug. Mit dieser Unmöglichkeit rang nach 1945 die Generation der Holocaust-Überlebenden, deren Schreiben zu einem Versuch wurde, in einer wie auch immer aufgebrochenen deutschen Sprache und in einer Gesellschaft, die das nicht hören wollte, das unsagbar Gewordene dennoch zu sagen (z. B. Paul Celan, Nelly Sachs, Rose Ausländer, Wolfgang Hildesheimer, Jurek Becker).[94]

Unter veränderten und verkomplizierten Bedingungen setzte sodann die »zweite Generation«, die Kinder der Holocaust-Überlebenden, diesen Versuch fort. Angesichts dessen aber, dass jüdisches Leben in Deutschland ausgelöscht werden sollte, verschärften sich diese Bedingungen aufs Äußerste. Paradigmatisch zeigt sich dies daran, dass die von jüdischer Seite vormals erhoffte kulturelle »Symbiose« in eine Konstellation umgeschlug, die Dan Diner treffend als »negative Symbiose« bezeichnet hat,[95] Deutsche und Juden nämlich unauflöslich aneinander gebunden, ineinander verkeilt waren in den Konsequenzen und Nachwehen einer Katastrophe. Um so dringender stellt sich deshalb für die jüngere Generation einer deutsch-jüdischen Literatur die Frage nach den Möglichkeiten und Unmöglichkeiten des eigenen Schreibens an einem prekär gewordenen Ort und in einer prekär gewordenen Sprache. Die Antworten lassen sich als zwei Formen kultureller Exterritorialität unterscheiden:[96] Eine erste basiert auf einer neuen Emigration; außerhalb Deutschlands wird nicht nur eine unproblematischere jüdische Existenz möglich, sondern auch die Identifikation mit einer klassischen deutschen Literaturtradition (z. B. Barbara Honigmann, Chaim Noll). Eine zweite Form der Exterritorialität ist bewusst vor Ort lokalisiert und entspricht einem Schreiben, das sich den Schwierigkeiten der ›negativen Symbiose‹ direkt aussetzt und dabei gegenüber der deutschen Literatur eigene Schreibweisen entwickelt (z. B. Doron Rabinovici, Robert Schindl, Maxim Biller). Es sind dies Schreibweisen, die den Unmöglichkeitsbedingungen einer jüngeren Generation entsprechen, angesichts des historischen und kulturellen Bruchs wieder jüdische Literatur in deutscher Sprache zu schreiben. In diesem Sinne beschreibt Rabinovici in seinem Roman *Suche nach M.* (1997) den Begründungsnotstand des Schreibens der zweiten Generation anhand der Figur eines Sohnes von Holocaust-Überlebenden: »Dani konnte den vielfältigen Erwartungen nicht nachkommen: Er sollte ein Bursche sein wie alle anderen seiner Klasse, doch durfte er sein Herkommen nicht vergessen, sollte den anderen seine Gleichwertigkeit und die der Juden schlechthin beweisen, sollte mithalten in der deutschen Sprache, ja besser noch als all die übrigen

93 Vgl. Kerstin Schoor, *Vom literarischen Zentrum zum literarischen Ghetto. Deutsch-jüdische literarische Kultur in Berlin zwischen 1933 und 1945*, Göttingen 2010; *Zwischen Rassenhass und Identitätssuche. Deutsch-jüdische literarische Kultur im nationalsozialistischen Deutschland*, hg. Kerstin Schoor, Göttingen 2010.

94 Vgl. Stephan Braese, *Die andere Erinnerung. Jüdische Autoren in der westdeutschen Nachkriegsliteratur*, Berlin 2001.

95 Vgl. Dan Diner, Negative Symbiose. Deutsche und Juden nach Auschwitz, in: ders., *Ist der Nationalsozialismus Geschichte? Zu Historisierung und Historikerstreit*, Frankfurt a. M. 1987, 185–197. Vgl. auch Sander L. Gilman, Negative Symbiosis: The Reemergence of Jewish Culture in Germany after the Fall of the Wall, in: *The German-Jewish Dialogue Reconsidered: A Symposium in Honour of George L. Mosse*, hg. Klaus L. Berghahn, New York 1996, 207–232.

96 Vgl. Andreas Kilcher, Exterritorialitäten. Zur kulturellen Selbstreflexion der aktuellen deutsch-jüdischen Literatur, in: *Deutsch-jüdische Literatur der neunziger Jahre*, hg. Sander Gilman/Hartmut Steinecke, Berlin 2002, 131–146.

sein, und gleichzeitig Hebräisch studieren, sollte die Dichter und Denker herbeten können, doch nie an sie glauben, sollte das Fremde sich aneignen, ohne sich dem Eigenen zu entfremden.«[97] Es werden, mit anderen Worten, von jener jüngeren Generation Erklärungen darüber erwartet, wie sie ihr eigenes kulturelles, politisches und ästhetisches Dispositiv begründet, wie sie ihr prekäres Schreiben in deutscher Sprache dennoch behauptet.

Wissenschaftliche Möglichkeiten des Lexikons

Dieses neue jüdische Schreiben in deutscher Sprache wurde sehr unterschiedlich eingeschätzt: als Rückkehr eines unproblematischen jüdischen Schreibens auf der einen und als Ausgriff in ein Unmögliches auf der anderen Seite. Sander Gilman und Jack Zipes im *Yale Companion to Jewish Writing and Thought in German Culture* (1997) auf der einen Seite beobachten nach 1945 eine zwar veränderte, nicht aber gebrochene Tradition des jüdischen Schreibens in deutscher Sprache.[98] Indem sie nicht nur eine »Jewish continuity in German language«, sondern auch eine aktuelle »Jewish cultural renascence in Germany« erkennen, relativieren sie die unter dem Eindruck der Katastrophe stehenden »Schlussbilanzen« des jüdischen Schreibens in deutscher Sprache und explizit auch Adornos berühmtes Diktum von 1949/51, »nach Auschwitz ein Gedicht zu schreiben, ist barbarisch«.[99] Damit standen sie im Gegensatz zu Ernst Gombrichs zeitgleicher »Diskussionsbemerkung« *Jüdische Identität und jüdisches Schicksal* (1997), der jede noch so ›gut gemeinte‹ Rede von einer deutsch-jüdischen Kultur in moralischer und politischer Hinsicht zurückwies.[100] Ja, wer von deutsch-jüdischer Kultur spreche, begebe sich auf das Argumentationsniveau des Nationalsozialismus und der Nürnberger Gesetze. Gemäß Gombrich tradiert der Begriff der deutsch-jüdischen Literatur unweigerlich die nazistische Ideologie einer jüdischen Sonderliteratur mit allen gewaltsamen politischen Implikationen der Ausgrenzung.

Nicht aber solche Verweigerung, sondern vielmehr das Bewusstsein über die historisch gewachsenen Schwierigkeiten des jüdischen Schreibens in deutscher Sprache muss leitend sein für die weitere Erforschung der deutsch-jüdischen Literatur. Grundlegend ist das Bewusstsein über die Ungleichheiten und Machtverhältnisse ebenso wie die irreduzible Mehrdeutigkeit dessen, was als jüdisches Schreiben in deutscher Sprache gelten kann. Ideologisch wird die Rede von der deutsch-jüdischen Literatur umgekehrt genau da, wo so etwas wie »jüdische Identität« eindeutig und totalisierend festzulegen unternommen wird. Eindeutig bedeutet entweder kollektiv, als handle es sich um eine soziologische Invariante, objektiv, als handle es sich um einen messbaren und klassifizierbaren Gegenstand, oder essentialistisch, als handle es sich um eine metaphysische Qualität. Zweifel an der Möglichkeit der Rede von der jüdischen Kultur bzw. Literatur ist also genau da notwendig, wo sie auf potentiell ideologischen Zuweisungen beruht, die von ihr als einer Eindeutigkeit, einem Kollektiv oder einer Essenz ausgehen. Dagegen eröffnet umgekehrt der Blick auf die Konstruktion und Interpretierbarkeit dessen, was als »jüdisch« gelten kann, das Feld einer nicht-objektivierenden, nicht-totalisierenden und nicht-reduktiven Rede auch von der (deutsch-)jüdischen Literatur. Nur so lässt sich vermeiden, dass der seit dem 19. Jahrhundert polemisch, ideologisch und apologetisch verwendete Begriff perpetuiert, was ihn geprägt hat: Dass er eben keine wie auch immer wertfreie ästhetische und literaturtheoretische Kategorie ist, vielmehr eine kulturpolitische: In der Rede von der deutsch-jüdischen Literatur überkreuzen sich auf eine für das Phänomen der Literatur irritierende Weise ästhetische und ethische Argumente.

Diese Mehrdeutigkeit nun gelangt genau dann in den Blick, wenn nach dem Selbstverständnis dessen, was deutsch-jüdische Literatur sei, gefragt wird. Ein Modell dieser Fragerichtung hat Stefan Zweig vorgeschlagen, als er von Martin Bubers Zeitschrift *Der Jude* den Einbezug auch der Literatur forderte. Zweigs Vorschlag ist signifikant: Er regte an, dass alle deutsch-jüdischen Autoren in Bubers Zeitschrift eine Stellungnahme zu ihrem Verständnis des Judentums formulieren sollten: »Was die Stellung zum Judentum betrifft – wäre es nicht die Aufgabe gerade ihrer Revue in einer Art großzügigen Rundfrage von jedem deutschen Autor jüdischen Ursprungs ein Bekenntnis seiner Stellung zu verlangen? Es wäre für jeden vielleicht Entlastung, gezwungen zu sein, sich selbst gegenüber

97 Doron Rabinovici, *Suche nach M.*, Frankfurt a. M. 1997, 36.
98 Sander L. Gilman, Jack Zipes (Hg.), *Yale Companion to Jewish Writing and Thought in German Culture, 1096–1996*, New Haven 1997, xxiif.
99 Theodor W. Adorno, *Kulturkritik und Gesellschaft* (1951), in: *Gesammelte Schriften*, hg. Rolf Tiedemann, X.I, Frankfurt a. M. 1977, 30.
100 Ernst Gombrich, *Jüdische Identität und jüdisches Schicksal. Eine Diskussionsbemerkung*, Wien 1997.

Farbe zu bekennen und andererseits ein ungeheures Dokument für spätere Zeiten.«[101] Das entscheidende Moment in Zweigs Vorschlag ist nicht der Bekenntnischarakter, sondern die Selbstbefragung: sie ersetzt verallgemeinernde Zuschreibungen durch selbstreflexive Standortbestimmungen singulärer Schreibakte. Analog dazu kann es nicht die Aufgabe der Literaturwissenschaft sein, selbst zu bestimmen, was deutsch-jüdische Literatur (oder Judentum) sei; es geht nicht darum, selbst Bestimmungen vorzunehmen oder gar Normen und Kriterien wie Herkunft, Substanz, Stoffe, Motive, Sprache, Stil vorzugeben; dies wäre erneut objektivierend und totalisierend. Die Aufgabe einer wissenschaftlichen Beschreibung wird vielmehr darin bestehen, ihrerseits literarische Selbstbestimmungsdiskurse zum Gegenstand zu machen und zu fragen, mit welchen argumentativen Verfahren in den verschiedenen historischen Debatten, letztlich aber in jedem einzelnen Schreibakt, in jedem einzelnen Text, der irreduzibel vieldeutige transkulturelle Raum der deutsch-jüdischen Literatur konstruiert und interpretiert wird.

Das Medium, das diese Perspektive auf die deutsch-jüdische Literatur besonders angemessen darzustellen vermag, ist das Lexikon. Die lexikographische Fragmentierung eines literaturgeschichtlichen Zusammenhangs in einzelne Profile kultureller Schreiborte ist förmlich die schreibtechnische Antwort auf die Frage nach der Selbstpositionierung der einzelnen Autoren im Schreibraum der deutsch-jüdischen Interkulturalität. In dieser fragmentierten Gestalt wollen die Porträts sichtbar machen, dass und wie die deutschsprachigen jüdischen Autorinnen und Autoren in ihren literarischen wie autobiographischen Schriften den Diskurs über den transkulturellen Schreibort der deutschsprachigen Juden formiert und an ihm teilgenommen haben. Folglich erscheinen die einzelnen Autorinnen und Autoren in diesem interkulturellen Feld weniger, weil sie jüdischer Herkunft sind oder weil sie jüdische Stoffe thematisieren, sondern um zu fragen, wie sie mit ihrem Schreiben auf je eigene und unterschiedliche Weise an der (jüdischen) Selbstbestimmung der Moderne partizipiert haben. Dabei können allgemeine Positionen der vielgestaltigen Debatten seit der Aufklärung nur den weitesten Rahmen abstecken. Das gilt etwa für die Debatten über verschiedene Formen jüdischer religiöser Identität wie Neo-Orthodoxie, Chassidismus, Reformjudentum und das Problem der Konversion; für die politischen Debatten über den Europabegriff, Deutschnationalismus, Zionismus, Bundismus und sozialistische Internationale; für die kulturellen Debatten über Wissenschaft des Judentums, Akkulturation und Kulturzionismus sowie über die kulturelle Differenz zwischen Westjudentum und Ostjudentum; schließlich für Debatten über historische Ereignisse und Erfahrungen wie Emanzipation und Assimilation, Antisemitismus und Verfolgung, Exil und Shoah, das Verhältnis zum Staat Israel und zu Deutschland nach 1945 etc. Die Singularitäten der Interpretationen manifestieren sich also nicht in diesen Topoi jüdischer Identität in der Moderne selbst, sondern werden erst in der je eigenen Befragung zu und in der Art und Weise der Teilnahme an jenen Debatten manifest. Die Möglichkeiten reichen von aktiver und engagierter Stellungnahme (etwa bei Arnold Zweig oder Max Brod) über eine mehr oder weniger indirekte, parabolisch verschlüsselte und allusiv verfahrende Zitierweise, die eine eindeutige Positionsbestimmung gerade vermeidet (etwa bei Franz Kafka), bis hin zu expliziten Verweigerungen der Teilnahme an einem jüdischen Diskurs, sei es in einer polemischen Auseinandersetzung mit den Möglichkeiten jüdischer Identität in der Moderne (z. B. bei Karl Kraus oder Anton Kuh) oder aber durch Konversion (z. B. Heine und Börne) sowie einen demonstrativen Austritt (etwa bei Kurt Tucholsky). Auch daran wird deutlich, dass es nicht darum gehen kann, einzig nach den Bejahungen und Identifikationen oder apologetischen Literarisierungen des Judentums zu fragen. Die Frage nach der Interpretation des Judentums muss vielmehr in einer möglichst komplexen Form gestellt werden, die nicht nur Identifikationen und explizite Stellungnahmen wahrnehmbar macht, sondern auch und gerade Traditionsbrüche, Fremdheitserfahrungen, Differenzen, Distanzen und parabolische Transformationen. Denn die jüdische Moderne seit der Aufklärung, der die deutsch schreibenden jüdischen Autoren angehören, besteht wesentlich in einem Bruch mit Traditionalismus und Konformismus. Sie erweist sich immer schon als eine Vielfalt verschiedener Formen der Transformation und Transgression von jüdischen Traditionen, von Tradition überhaupt.

Das vorliegende Lexikon hypostasiert in seinen Einzeldarstellungen damit auch keine gesonderte deutsch-jüdische Geschichte, sondern bildet

101 Martin Buber, *Briefwechsel aus sieben Jahrzehnten*, hg. Grete Schaeder, 3 Bde., Heidelberg 1972, Bd. 1, 431.

gleichsam ein Mosaik aus singulären Porträts, die am Leitfaden von Lebensläufen und literarischen wie autobiographischen Texten die mehr oder weniger expliziten Formationen und Perzeptionen des vielstimmigen Diskurses über das Judentum sichtbar machen. Deutsch-jüdische Literatur ist in diesem präzisen Sinne eine historisch und politisch-geographisch deterritorialisierte Literatur, eine Literatur zwischen Ereignissen, Nationen und Politiken. Deshalb will das Lexikon statt begrifflicher Totalisierung der deutsch-jüdischen Literatur die irreduzible Pluralität singulärer Interpretationsakte sichtbar machen, statt historiographischer Linearisierung Momentaufnahmen geben, statt geographisch-nationalliterarischer Territorialisierung die Atomisierung und »Exilierung« in je aktuelle Schreiborte vor Augen führen.

Wenn das Lexikon auf diese Weise Zusammenhänge und Ganzheiten vermeidet, dann gilt dies schließlich auch für das Korpus der Artikel: Vollständigkeit kann und will es nicht anstreben. Aus pragmatischen Gründen kann es dies nicht, denn ein annähernd vollständiges, also enzyklopädisches Lexikon der deutsch-jüdischen Literatur müsste um ein Mehrfaches umfangreicher sein und eine andere historische Forschungslage zur Voraussetzung haben; aus konzeptuellen Gründen will es dies nicht, denn es gibt schlechterdings keine vertretbaren Auswahlkriterien, die so etwas wie Vollständigkeit in der Bestandsaufnahme jüdischer Autoren deutscher Sprache erlaubten. Es wird deshalb nicht zu vermeiden sein, dass einzelne Namen vermisst werden, die bisher, wenn überhaupt, nur in rein faktographischen Nachschlagewerken aufgeführt sind.[102] Dennoch bedeutet dies gewiss nicht, dass das vorliegende Lexikon nur die bekanntesten Namen berücksichtigt. Die Frage nach der jüdischen Selbstbestimmung bzw. der Partizipation an jüdischen Selbstbestimmungsdiskursen der Moderne gilt gerade auch einer großen Anzahl von wenig bekannten Namen, Namen also, die im Zuge der Katastrophe des 20. Jahrhunderts zu denen zählen, die nicht nur »verboten« und »verbrannt«, sondern auch »vergessen« und »verkannt« waren.[103]

Dabei wird sich zeigen, dass Bekanntheit ein Maß für »Bedeutung« nicht sein kann. Im Gegenteil: die Aufmerksamkeit – dies das eigentliche Movens dieses Vorhabens – gilt gerade einem Unbekannten, einem Unbekannten nicht nur bei vergessenen, sondern auch bei bekannten Autoren, einem Unbekannten nämlich, das mit ihrem Judentum aufs Engste zusammenhängt, einem Unbekannten damit unserer eigenen europäischen Kultur. In dem Maß aber, wie das Lexikon in dieses Unbekannte vordringt, mag es dazu beitragen, das Feld der deutschen Literatur zu öffnen und mit einem im 20. Jahrhundert gewaltsam aus ihrem Bereich ausgeschlossenen Schreiben neu bekanntzumachen: dem Schreiben der deutsch-jüdischen Literatur.

102 Eine etwas größere Auswahl kurzer bio-bibliographischer Artikel auf älterem Stand enthält Desider Stern, *Werke jüdischer Autoren deutscher Sprache. Eine Bio-Bibliographie*, 3. Aufl., Wien 1970. Die größte Auswahl bietet – allerdings als reine Namenliste – die *Bibliographia Judaica. Verzeichnis jüdischer Autoren deutscher Sprache*, 3 Bde. und ein Ergänzungsband, bearbeitet v. Renate Heuer, Frankfurt a. M. 1982–1995. Eine Auswahl dieser Liste erscheint – hier wiederum nicht als ausformulierte Lexikoneinträge, sondern als bio-bibliographische Stichworte – im mehrbändigen *Lexikon deutsch-jüdischer Autoren. Archiv Bibliographia Judaica*, redaktionelle Leitung: Renate Heuer, München u. a. 1992 ff. Der Begriff des »Autors« ist in diesen beiden Lexika allerdings sehr weit gefasst und meint neben belletristischen auch philosophische und wissenschaftliche Autoren aller Disziplinen. Zu weiteren Lexika vgl. die weiterführende Bibliographie (S. 569 ff.).

103 Vgl. *Verboten und Verbrannt. Deutsche Literatur – 12 Jahre unterdrückt*, hg. Alfred Kantorowicz, Berlin 1947; Hans Schütz, *Ein Deutscher bin ich einst gewesen. Vergessene und verkannte Autoren des 20. Jahrhunderts*, München 1988.

Artikelverzeichnis

Verzeichnis der neuen Artikel

Adler, Friedrich

Geb. 13.2.1857 in Amschelberg (Böhmen); gest. 2.2.1938 in Prag

A. war eine der prägenden Gestalten im kulturellen Leben des deutschsprachigen Prag in der Generation vor der Gruppe »Jung-Prag« um Max Brod und Franz Kafka. Im Literaturverein »Concordia«, den er leitete, lasen u.a. Gerhart Hauptmann, Arthur Schnitzler und Detlev Liliencron. Bekannt geworden ist A. zu Beginn des Jahrhunderts durch seine erfolgreiche Übertragung von Calderons Komödie *Zwei Eisen im Feuer* (1900), die ins Repertoire des Wiener Burgtheaters aufgenommen wurde.

Neben seinem Jurastudium an der Prager Karlsuniversität, das sich der früh verwaiste Sohn eines Seifensieders und Gastwirts vom Mund absparte, betrieb A. Sprachstudien, vor allem in der Romanistik. Während er dichtete und übersetzte, betrieb er seine bürgerliche Karriere, promovierte 1883 zum Dr. iur. und wurde nach einigen Jahren Rechtsanwaltstätigkeit 1896 zum Sekretär des Prager Handelsministeriums gewählt. Er wurde außerdem Lehrbeauftragter für romanische Studien an der Deutschen Universität in Prag und fungierte 1918 als Dolmetscher der tschechoslowakischen Nationalversammlung.

A. übersetzte aus nicht weniger als sieben Sprachen. Neben einfühlsamen Übertragungen aus dem Tschechischen, insbesondere der Werke von Jaroslav Varicky sowie von Smetanas *Verkaufter Braut*, hat er viel aus romanischen Literaturen übersetzt: Werke von Arnoldo Fusinato, Tirso de Molina, Breton und Iriarte. Seine Übertragung von H.W. Longfellows Gedicht *Der Tag entschwand* wurde 1892 im Rahmen eines Übersetzerwettbewerbs ausgezeichnet.

Erste Gedichte A.s erschienen 1885 in der von Wilhelm Arent herausgegebenen Lyrik-Anthologie *Moderne Dichtercharaktere*. Traditionelle Formen wahrend, behandeln sie in frühnaturalistischer Manier soziale Probleme im Zeitalter der Industrialisierung. Die 1893 erschienenen *Gedichte* versammeln *Stimmungen und Erlebtes* und *Gestalten und Bilder*, im letzten Teil des Bändchens freie Übertragungen von Gedichten aus nahezu allen europäischen Sprachen. 1899 veröffentlichte A. *Neue Gedichte*, in denen er Alltagsmotive wie *Mein Teekessel*, *Spatzen* oder *Die Uhr* verarbeitete. Sind diese beiden Gedichtbände von einer sentimentalen Stimmung geprägt, so trägt der Band *Vom goldenen Kragen* durchaus satirische Züge. Alle dreißig Gedichte sind in Sonettform verfasst; gewissermaßen als Kolophon teilt das letzte die Poetologie des Dichters mit: »Ein Streiter gegen Flitterschein und Lüge,/ Die frevelhaft der Menschen Auge blendet,/ So hab' ich meine Verse ausgesendet/ Als Mahnungswort und eifervolle Rüge. [...] Doch trieb mich nun Entrüstung, nicht zu schweigen,/ Und gegen Schwächen, die vors Aug' mir kamen/ Als Weltverbesserer zu Roß zu steigen? – / Nun ja, die Verse sind wohl auch ein Rahmen –/ Ob's glückt, ob nicht, das soll sich eben zeigen –/ Schön zu umranden meinen eignen Namen.«

Aus den spärlichen Überlieferungen über A. erschließt sich das Bild eines Mannes, der in der deutschen Sprache und Kulturtradition aufgewachsen ist und sich als Mitgestalter des kulturellen Lebens des deutschsprachigen Prag, seiner Heimat, versteht. Er ist jüdischen Glaubens, vor allem aber Dichter deutscher Sprache und tschechischer Staatsbürger. Deshalb wendet er sich explizit gegen das Bild des heimatlosen, ewig wandernden Juden, des »Ahasver«. Explizit formuliert dies der Sprecher in dem Gedicht *Der deutsche Jude*: »Zu sehr an Dir mit allen Ranken/ Hängt meine Seele, deutsches Heim./ In deutscher Rede lernt' ich träumen,/ Die Brust erzittert ihrem Wort,/ Und zu den fernsten Himmelsräumen/ Trug mich das deutsche Denken fort./ So fühl' ich in mir ernste Weihe –/ Trag meines Volkes Leid und Lust/ Kehrt sich von mir der Brüder Reihe/ Ich schreite fort, des Ziels bewußt/ Und während lautestes Getriebe/ Mit Schlag und Losungswort nicht kargt,/ Berg' ich im Herzen stumm die Liebe,/ Zu Hoch und heilig für den Markt.« Das Gedicht schließt den Kreis zu A.s Übersetzertätigkeit aus den romanischen Sprachen, denn der »Ahasver« ist der aus Spanien/Portugal vertriebene Jude, der noch immer der Melodie der »alten Lieder« folgt, zugleich aber auch der Vermittler zwischen Kulturen der europäischen Länder ist.

Der aus Prag stammende Maler Carl Thiemann begegnete A. 1933 in Karlsbad ein letztes Mal. Auf Wunsch von A. wurde die langjährige Korrespondenz abgebrochen, um eine Gefährdung Thiemanns durch die Nationalsozialisten zu verhindern. A. selbst blieb von der nationalsozialistischen Verfolgung verschont, doch seine Frau Regine, mit der er seit 1895 verheiratet war, starb 1943 in Theresienstadt; die Töchter Lise (geb. 1896) und Gertrude (geb. 1897) wurden ebenfalls nach Theresienstadt deportiert, von dort nach Zamość in Polen, wo sich ihre Spur verliert.

Werke: Gedichte, Prag 1893; Neue Gedichte, Prag 1899; Sport, Prag 1899; Moderne Lyrik, Prag 1900; Freiheit (3 Einakter: Freiheit; Der Prophet Elias; Karneval), Prag 1904; Vom goldenen Kragen, Prag 1907; Der gläserne Magister, Stuttgart 1910; Kriegsgedichte, Prag 1916.
Literatur: C. Thiemann, F.A., in: Sudetendeutscher Kulturalmanach, Bd. 5, hg. J. Heinrich, München 1963, 47–51.

Jutta Dick

Adler, H[ans] G[ünther]

Geb. 2.7.1910 in Prag-Karolinenthal;
gest. 21.8.1988 in London

Das Lebenswerk A.s steht ganz im Zeichen der Verarbeitung seiner Erfahrungen der Jahre 1941–45. Ganz gleich, ob man ihn als den »ersten Holocaustforscher« (H. Ritter), als »KZ-Adler« (H. Broch) oder als den »jüdischen Dichter der Verfolgung« (K. Briegleb) apostrophiert: All diese Prädikate suchen die außergewöhnliche Komplexität zu charakterisieren, mit der A. seine wissenschaftliche und dichterische Reaktion auf Konzentrationslager und Vernichtungsandrohung als komplementäre Teile zu einem »Gesamtkunstwerk« (J. Serke) verschmolz. Der wissenschaftliche Diskurs dient dem Literaten zur theoretischen Durchdringung des Stoffes. Dies spiegelt sich vor allem in der Motivik wider. »Ich sehe ihn«, schreibt P. Demetz im Nachwort zur Neuausgabe des Romans *Panorama* (1988), »in der Epoche der Shoah, als Verbündeten Primo Levis und Elie Wiesels.« Jeremy Adler, sein Sohn, kommentiert den Kosmos der wissenschaftlichen wie literarischen Zeugenschaft so: »Wenn A.s Zeugnis darin besteht, den Verfolgungen mit seinem Zeugnis zu begegnen, so schreibt er einmal als Jude, der sich zum Gott der Hebräer bekennt und damit den Verfolger bannt, dann aber auch als Wissenschaftler, der die Welt des Unterdrückers durch die genaue Darstellung des Geschehens verneint.«

Aufgewachsen war A. im ethnischen Schmelztiegel Prag als Spross einer assimilierten Familie: »Das Elternhaus war jüdisch«, berichtet A. in *Nachruf zu Lebzeiten*, »aber fast alles Jüdische einschließlich dem religiösen war kaum zu spüren, ein milder humanitärer Fortschrittsglaube herrschte vor.« A., der sich der *Dichtung der Prager Schule*, so der Titel eines Essays, zuordnete und als Teil dieser »deutsch-jüdischen Symbiose« begriff, sah sich, wie er F. Kobler mitteilte, als Autor, dem »die Vermittlung des Jüdischen, wie er es versteht, eine der vornehmsten Aufgaben ist«. Von seinem im Vorkriegs-Prag entworfenen jüdischen Selbstbild wich A. auch nach 1945 kaum ab. Keinen Platz hatte darin der Zionismus, den er, wie er F.B. Steiner einmal schrieb, als »Fiktion oder Konstruktion« verwarf.

Ein Brief an seine erste Frau G. Klepetar (20.10.1939) gibt eine umfangreiche Definition vom Verständnis seines weder orthodox noch zionistisch geprägten Judentums: »Jude bin ich aus Schicksal, deutsch spreche ich durch Fügung, Mensch bin ich in meiner Art durch meinen Willen.« Die Juden begriff er als »das antipolitische Volk«, denn, so A., »wo es Politik für andere oder auch für sich übt, wird es immer bald Schiffbruch erleiden, früher als andere Völker, die in eine ›stabilere‹ Staatlichkeit hineingeboren sind«. Seinen »›jüdischen‹ Akzent« fasste er in eine Art Bekenntnis zum stets vermittelnden Humanismus jüdischer Herkunft: »Judentum ist eine Möglichkeit, und ich liebe die Möglichkeit dieses Volkes der Möglichkeiten. Und ich selbst habe eine jüdische Verpflichtung zu leben und zu erfüllen, so weit sie schlicht vereinbar mit meinem Menschentum und meiner menschlichen Verpflichtung ist. […] Die Pendelschläge zwischen Deutschtum und Ziontum, beides Möglichkeiten, die mir ohne Zweifel prinzipiell immer offenstanden, habe ich ausgeglichen.«

Diese frühe Position war prägend für A.s Gesamtwerk – und sie sollte dafür sorgen, dass sowohl seine wissenschaftlichen als auch seine literarischen Beiträge nicht ohne Widerspruch von zionistischer Seite blieben. Seine universale Reflexion der Lagerzeit begann bereits 1942 in Theresienstadt, als A. anfing, Unterlagen für eine wissenschaftliche Beschäftigung mit dem Lager zu sammeln. Im gleichen Jahr noch verfasste er seine ersten Gedichte, die er unter dem Titel *Theresienstädter Bilderbogen* vereinigte. A. sorgte sich auch um die Erhaltung jüdischer Literatur und Musik aus den Lagern und rettete u. a. Dokumente von H. Kolben, P. Kien oder V. Ullmann. Er durchlief später die Lager Auschwitz-Birkenau, Niederorschel und Langenstein-Zwieberge. Nach 1945 machte sich A., der sein Überleben nicht als Schuld, sondern als Auftrag empfand, unmittelbar an die wissenschaftliche Darstellung des Erlebten. Das Motiv des Holocaust-Forschers findet sich im Roman *Die unsichtbare Wand* (entstanden 1954/61) wieder: »Die Dinge sind mir gegenwärtig als Erlebnisse und als Bild«, berichtet A.s Alter Ego, »und ich will sie auch erforschen, weil ich anders gar nicht kann. Bevor nicht alles durchgedacht und aufgewiesen ist, werde ich nicht rasten, geschweige denn Ruhe finden.« Das Buch *Theresienstadt 1941–1945*, dessen Erscheinen in Deutschland Th.W. Adorno durchsetzte, ist bis heute ein Standardwerk, das A. selbst als »Kafka-Roman mit umgekehrten Vorzeichen« und H.L. Goldschmidt als »Stimme jüdischer Selbstbesinnung und Selbstprüfung« bezeichnete. A. bezichtigte zionistische Mitglieder der jüdischen Selbstverwaltung des Lagers der Kollaboration. Deshalb behauptete H. Arendt in *Eichmann in Jerusalem* fälschlicherweise, dass die Staatsanwaltschaft absichtsvoll auf A.s Buch als Beweismittel verzichtet habe. In Wahrheit fungierte A. im Eichmann-Prozess als Gutachter der Anklage.

A. wurde nach 1955 zu *dem* »Historiker und Soziologen des Untergangs der Juden« (Th. Heuss), der vor allem mit Funkarbeit viel für das deutsch-jüdische Verhältnis tat: »Das Interesse für jüdische Dinge aller Art«, schreibt er F. Kobler (5.3.1958), »nimmt in Deutschland immer mehr zu und wächst sich zu einem der erstaunlichsten Ereignisse in der Wirkungsgeschichte des Judentums aus.«

Mit seinem komplementären Schaffen stellt A. das personifizierte Gedächtnis des Holocaust dar. In dem hochartifiziellen Text *Eine Reise* (entstanden 1950/51) literarisiert A. das Ghetto Theresienstadt; das 9. Bild von *Panorama* (entstanden 1948) gibt einen erschütternden Einblick in das »Zigeunerlager« Birkenau. Die Romane vermeiden strikt eine Typisierung in Verfolger und Opfer, in Juden und Nichtjuden, um die Menschlichkeit in den Mittelpunkt zu stellen. Einen Schlussstein in A.s Schaffen bildete die Studie *Der verwaltete Mensch*, ein »umfassendes Lexikon der Deportation«, so H. Böll im *Spiegel*.

Werke: Theresienstadt 1941–1945, Tübingen 1955; Die verheimlichte Wahrheit, Tübingen 1958; Die Juden in Deutschland, München 1960; Auschwitz, Wien u. a. 1962; Panorama, Olten u. a. 1968; Der verwaltete Mensch, Tübingen 1974; Die Freiheit des Menschen, Tübingen 1976; Die unsichtbare Wand, Wien u. a. 1989; Der Wahrheit verpflichtet, hg. J. Adler, Gerlingen 1998; Eine Reise, Wien 1999; H. G. A. und Hermann Broch. Zwei Schriftsteller im Exil, Briefwechsel, hg. R. Spiers u. a., Göttingen 2004; Theresienstadt 1941–1945, Repr. der 2. Aufl. 1960, hg. J. Adler, Göttingen 2005; Über Franz Baermann Steiner. Brief an Chaim Rabin, hg. J. Adler und C. Tully, Göttingen 2006; Andere Wege. Gesammelte Gedichte, hg. K. M. Kohl und F. Hocheneder, Klagenfurt 2010; Die Dichtung der Prager Schule, Wuppertal 2010; Zeugen der Vergangenheit. Briefwechsel 1936–1952 (mit F. B. Steiner), hg. C. Tully, München 2011.

Literatur: Buch der Freunde, hg. W.P. Eckert u. a., Köln 1975; Zu Hause im Exil, hg. H. Hubmann u. a., Wiesbaden u. a. 1987; M. Atze, »Ortlose Botschaft«. Der Freundeskreis H.G.A., E. Canetti und F.B. Steiner im englischen Exil, Marbach 1998; J. Adler, »Die Macht des Guten im Rachen des Bösen«. H. G. A., T. W. Adorno und die Darstellung der Shoah, in: Merkur 54 (2000), 6, 475–486; H. G. A., hg. H. L. Arnold, Text + Kritik, H. 163, München 2004; F. Hocheneder, H. G. A. (1910–1988), Privatgelehrter und Schriftsteller, Wien u. a. 2009; J. Kosta: H. G. A.s opus magnum über das Ghetto Theresienstadt, in: Zeitschrift für Politik 58 (2010), 105–133; F. Ottmann, H. G. A.s *Theresienstadt 1941–1945*, in: Die ersten Stimmen, hg. R. Vogel-Klein, Würzburg 2010, 113–126; H. G. A. – Dichter, Gelehrter, Zeuge, Special Issue, hg. K. L. Berghahn, Monatshefte für deutschsprachige Literatur und Kultur 103 (2011), 2; M. Atze, Peter Weiss liest H. G. A., in: Lesespuren – Spurenlesen oder Wie kommt die Handschrift ins Buch?, hg. M. Atze u. a., Wien 2011, 282–302.

Marcel Atze

Adler, Paul

Geb. 4.4.1878 in Prag;
gest. 8.6.1946 in Zbraslav bei Prag

Zu den Eigentümlichkeiten des Mystikers gehört es, dass es ihm stets bewusst bleibt, dass sein extremer Aufschwung zu Gott hin auch im Nichts enden kann. Paradoxerweise erscheint ihm dann dieses Nichts sogar als eine ebenso intensive Erfahrung des Göttlichen. In seinem dichterischen und essayistischen Werk ist A. ein solcher Mystiker gewesen. Die juristische Laufbahn und damit ein bürgerliches Leben hat A. schon nach wenigen Jahren der Berufstätigkeit aufgegeben. Von 1903 an reiste er gemeinsam mit Jakob Hegner viele Jahre lang durch Italien. 1912–20 war er Mitglied der Künst-

lerkolonie Hellerau, in die er 1923 noch einmal zurückkehrte. In Hegners Hellerauer Verlag ist 1914–16 A.s erzählerisches Werk erschienen. »Das religiöse Problem ist nach allen Seiten hin unermeßlich, auch nach der des Unheils, des Abfalls hin«, heißt es in seinem Aufsatz *Glauben aus unserer Zeit* (1916), der die Leitgedanken seines religiösen Denkens enthält. Für A. besitzt das Religiöse eine antinomische Struktur, die es dem Menschen beinahe unmöglich macht zu erkennen, welcher Seite, ob der des Gottes oder der des Abgrundes, er sich in seinem religiösen Streben zuwendet. Denn »alles im Menschen kann als gottgewollt ebenso sehr wie als Sünde gegen den heiligen Geist angesehen werden«.

Zweimal hat A. in seinem erzählerischen Werk den biblischen Schöpfungsbericht dichterisch reformuliert. Beide Male deutet er die Schöpfung nicht als eine positive Erschaffung der Welt und des Menschen, sondern als Werk der Zerstörung. In seinem Roman *Die Zauberflöte* (1916) wird in Anlehnung an die mystische Tradition der lurianischen Kabbala die Erschaffung des Menschenpaares als Zerbrechen eines Tongefäßes beschrieben, aufgrund dessen der Mensch, der zuvor als einzelnes Geschöpf seine ursprüngliche Ganzheit besessen hat, für immer von den »ganzgebliebenen« Göttern getrennt bleibt. »Wer spielte mit diesem gehöhlten roten Ton, derart daß er ein Leck erhielt?« In der Erzählung *Elohim* (1914) aus dem gleichnamigen Erzählband regiert der Begriff »Abgrund« die Nacherzählung des Schöpfungsberichts. Im Mittelpunkt von A.s erzählerischem Werk steht dieses diffizile Verhältnis zwischen dem Menschen und dem Göttlichen. Die Alternative einer nichtreligiösen, auf »reiner Humanität« gegründeten Existenz, die Gott höchstens im Sinne des Deismus zulässt, hat A. verworfen. »Alles ist, im Ernste genommen, transzendent religiös.« Der Gott, auf den A. den Menschen treffen lässt, ist jedoch nicht ausschließlich der Gott des monotheistischen Glaubens des Judentums. Auch die Göttervielfalt des mythischen Zeitalters, gegen die sich der Gott Israels durchzusetzen hatte, ist in A.s Werk gegenwärtig und lebendig. A.s »Mythen-Synkretismus« (Egyptien) führt jedoch nicht zu einer neuen Offenbarung des Gottes am Ende eines urzeitlichen Götterkampfes, sondern zu paradoxen, oft grotesken Konstellationen im Verhältnis zwischen dem Menschen und den Göttern. In *Nämlich* (1915) beschreibt A. den psychischen Zusammenbruch seines Protagonisten Paolo Sauler, den er zu Beginn des Romans erklären lässt: »Ich bin ein Mensch, dem einiges unklar ist. [...] Etwas ist mir verloren gegangen, ich weiß selbst nicht von welcher Art.« Diese Unklarheit des modernen Menschen über seine Existenz gründet in der ambivalenten Gestalt des Religiösen, die sowohl den religiösen Phänomenen als auch der Realität insgesamt eine antinomische Struktur verschafft. So sieht sich der Protagonist auf der einen Seite von einem Bild, das Christus als Teufelsaustreiber zeigt, bedroht, während er auf der anderen Seite in seinem Wahnsinn Christus als den Freund begrüßt, der ihn an seinem Krankenbett besucht. Christus ist aber nicht der Erlöser der leidgeplagten Welt, sondern geradezu der Garant einer solchen Wirklichkeit. »Es ist alles gar nichts, wenn er nicht da ist. Dann ist Nichts in der Welt.« Doch diese Wirklichkeit ist zugleich vom Bösen und vom Unglück übermächtigt. »Ein unermeßliches Unglück ist die Welt. [...] Eine Kette ohne Ende bildet das Böse.« Eine Welt, in der das antinomische Element durch Christus nicht überwunden, sondern manifestiert wird, endet notwendigerweise in der Groteske oder der Narretei, die auch den Gott erfasst. »Gottes Sohn ist Narr geworden.« Der Protagonist landet schließlich in einem Irrenhaus. In seiner religiösen Wahnwelt ist es Christus, der dieses Haus leitet. Der Roman endet mit Saulers Verzweiflung darüber, täglich Schweinefleisch vorgesetzt zu bekommen, das zu essen er sich jedoch weigert. In seinen »Klagen eines Hungernden« manifestiert sich der unermessliche Abgrund dieser religiösen Wirklichkeit. Das nach jüdischem Glauben unreine, treifene Schweinefleisch symbolisiert hier die perfide Ironie der religiösen Welt, an die Paolo Sauler also vergeblich seine Hoffnung auf Erlösung anzuknüpfen versucht hat.

Alle drei Erzählwerke A.s besitzen einen kreishaften Aufbau. A. vermag in ihnen angesichts der Vielfalt und Ambivalenz der religiösen Phänomene die religiöse Frage des Menschen nicht zu lösen. Die Dämonen, die den Menschen verwirren (»Der Dämon redet aus ihm, der seine Gedanken verwirrt«), können auch der Gott und seine Boten nicht vertreiben, so dass das Ende einer jeden Erzählung auf ihren Anfang zurückverweist. A. hat jedoch dieser polytheistischen Welt seiner poetischen Werke auch die Erkenntnis eines »einfachen Glaubens an Gott« gegenübergestellt.

Dieser Glaube unterscheidet sich von der dogmatischen, im theologischen Denken fundierten Religion. Nach A.s Überzeugung kann nämlich die »religiöse oder gar metaphysische Natur des einzelnen Gläubigen (nicht) kontradiktorisch verschieden sein«. Eigentlich müsste das Religiöse eine allen Menschen gemeinsame Form sein, die dann auch zu einem einheitlichen Ausdruck gelangt. »Oh, daß alle Frommen ein einziges Haupt hätten!«, wünscht sich der Protagonist aus *Nämlich*. Doch in seinem poetischen Werk hat A. gezeigt, dass dieser Erlösungssehnsucht letztlich eine Erfüllung nicht gewährt wird.

Werke: Nämlich, Die Zauberflöte, in: Prosa jüdischer Dichter, hg. K. Otten, Stuttgart 1959, 150–201.

Literatur: L. Abicht, P.A., ein Dichter aus Prag, Wiesbaden u.a. 1972; J. Egyptien, Mythen-Synkretismus und apokryphes Kerygma. P.A.s Werk als Projekt einer Resakralisierung der Welt, in: Expressionismus in Österreich, hg. K. Amann, Wien 1994, 379–395; D. Hoffmann, »Eine Vision von jüdischer Art«. P.A.s Roman »Die Zauberflöte von 1916«, in: Trumah 13, Heidelberg 2003, 209–226; A. Teufel, Der ›unverständliche‹ Prophet: P.A., ein deutsch-jüdischer Dichter, Dresden [im Druck].

Daniel Hoffmann

Aichinger, Ilse

Geb. 1.11.1921 in Wien

Die Auseinandersetzung mit jüdischer Existenz und Tradition steht in A.s literarischem Werk im Zeichen der Zerstörung. Was man als jüdisch bezeichnen könnte, findet sich einzig noch in der Form einer bruchstückhaften Hinterlassenschaft. Es geht nicht mehr darum, es konstruktiv zu interpretieren oder in die eigene Gegenwart zu

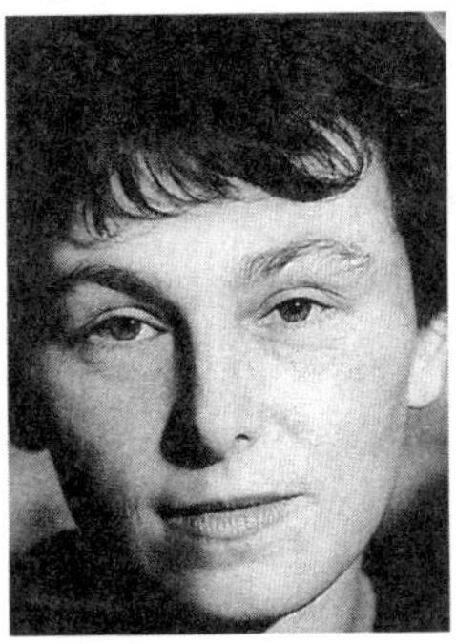

integrieren, sondern darum, es als eine vernichtete Welt zu erinnern. Spuren der gewaltsam unterbrochenen jüdischen Tradition findet A. immer wieder in der Landschaft ihrer Kindheit. Die Topographie »spielt ja viele, manchmal auch geheimnisvolle Rollen«, heißt es in *Der 1. September 1939* (1987). In diesem autobiographisch gefärbten Text zum Kriegsausbruch ist es der Wiener Aspangbahnhof, der für die familiäre Geborgenheit genauso steht wie für das Zerreißen dieser Familiengemeinschaft. »Viel früher soll auch meine Großtante manchmal dort gefahren sein, um uns zu besuchen, aber nur wenig später stieg meine Großmutter dort ein oder wurde in einen Güterwaggon verladen.« Die Großmutter mütterlicherseits war jüdischer Herkunft. A.s Mutter, Berta Kremer, trat nach dem Ersten Weltkrieg zum Katholizismus über. Sie heiratete 1920 den nichtjüdischen Lehrer Ludwig Aichinger. Bereits ein Jahr später kamen A. und ihre Zwillingsschwester Helga zur Welt. Nach der Scheidung der Eltern 1927 verbrachten die Schwestern einen großen Teil ihrer Kindheit bei der Großmutter. Die Schulzeit machte sie mit dem katholischen Milieu vertraut. Beide besuchten das Gymnasium des Klosters Sacré Coeur und das der Ursulinen. Helga A. konnte in Begleitung einer Tante im Sommer 1939 nach England emigrieren. A.s Mutter war nach den Nürnberger Gesetzen so lange vor der Verfolgung geschützt, bis die »halbjüdische« Ilse erwachsen war. Mutter und Tochter waren bis zum Ende des Zweiten Weltkriegs dienstverpflichtet. Die Angehörigen der Mutter sind in Vernichtungslagern ermordet worden. 1945 beginnt A. ein Medizinstudium in Wien, das sie 1947 abbricht, um den Roman *Die größere Hoffnung* fertigzustellen. 1952 erhält sie in Niendorf für die *Spiegelgeschichte* den Preis der Gruppe 47. Ein Jahr später heiratet sie den bundesdeutschen Schriftsteller Günter Eich und lebt mit ihm in Bayern, später in der Nähe von Salzburg. 1954 kommt A.s Sohn Clemens, 1957 die Tochter Mirjam zur Welt. Nach dem Tod von Eich (1972) und dem Tod der Mutter (1983) übersiedelt A. nach Frankfurt a.M., 1988 kehrt sie nach Wien zurück. A. ist für ihr Werk mit wichtigen Preisen ausgezeichnet worden (u.a. Nelly-Sachs-Preis, Preis der Stadt Wien für Literatur, Österreichischer Staatspreis, Petrarca-Preis, Kafka-Preis). Nach ihrem Erstling, dem Roman *Die größere Hoffnung* (1948), schrieb sie Kurzprosa, Hörspiele, Dialoge und Lyrik.

Thema ihres einzigen Romans ist die existenzielle Erfahrung des »Dazwischen«, geschildert am Schicksal des wie A. selbst halbjüdischen Mädchens Ellen. Ihre Erfahrungen mit den Mechanismen des Antisemitismus im nationalsozialistischen Wien treiben ihr Bewusstsein von jüdischer Identität und deren Tragweite erst hervor. In der Art eines sich zuspitzenden Stationendramas scheitern zahlreiche Versuche Ellens, diese Identität in kindlichem Spiel positiv zu bestimmen, etwa beim Versteckspiel auf dem jüdischen Friedhof. »›Wer weiß, ob wir überhaupt hier sind‹, sagte Leon. ›Wir haben keine Toten, die uns beweisen. Unsere Großeltern sind verächtlich, unsere Urgroßeltern bürgen nicht für uns.‹« Beim Spielen der Weihnachtsgeschichte erfahren Ellen und ihre jüdischen Freunde, dass die Lehre des Christentums – Nächstenliebe und Erlösung – keine Geltung für sie haben kann. Die Furcht vor der drohenden Deportation sickert in die Aufführung ein und transformiert die Erlösungsbotschaft in ihr Gegenteil, in eine Kunde vom Unheil, dem bevorstehenden Abtransport. »Der Engel verstummt vor dem Mißtrauen auf den nächtlichen Feldern, vor den blassen Gesichtern der Ausgelieferten. Er wußte nicht weiter. […] Unten durch die enge Gasse fuhr ein schwerer Lastwagen.« Szenisch verstärkt durch die kindliche Arglosigkeit und Unwissenheit der Erzählperspektive, erlangt das Judentum bei A. eine primär auf Angst fixierte Bedeutung. A. selbst hat diese Angst als ein beherrschendes Lebensgefühl und als kulturelle Konstante bezeichnet. Die Angst komme von »vielen Generationen her«. Bei den Überlebenden der Shoah sei zu dieser Angst ein Schuldgefühl gekommen. Man werde »das nie los, dieses Gefühl, daß die anderen weg mußten und man zurückgeblieben ist« (Gespräch mit Manuel Esser, 1986).

Im Verlust der Großmutter konzentriert sich in A.s Werk die gewaltsame Unterbrechung jüdischer Tradition. Im Kapitel »Tod der Großmutter« in *Die größere Hoffnung* versucht Ellen, den Selbstmord der Großmutter zu verhindern, mit dem diese sich dem Zugriff der Nationalsozialisten entziehen will. Dazu beschwört sie die Großmutter, ihr eine Geschichte zu erzählen. »Es war einmal, Großmutter, es war einmal! Irgendwann muß doch etwas gewesen sein, etwas, von dem noch niemand weiß als du, Großmutter.« Die Großmutter kann die Sehnsucht der Enkelin nach Weitergabe von Geschichte und Tradition nicht mehr stillen. Ihre Angst ist übermächtig geworden und beraubt sie ihrer Autorität über die Historie. Die Enkelin muss selbst in die Rolle derer schlüpfen, die von Vergangenem berichten, auch wenn sie – bis auf ihre Angst um die Familie – nur wenig zur Überlieferung beitragen kann. So beginnt sie das Märchen vom Rotkäppchen zu erzählen, das hier statt mit der Rettung mit dem Tod der Großmutter endet. Damit ist in dieser Szene nicht nur die Unmöglichkeit idyllischen Erzählens gestaltet, sondern auch der Bruch in der Vermittlung jüdischer Geschichte und Tradition (Hetzer). Auch im Gedicht *Winterantwort* (1963) steht die Großmutter für eine ganze Erfahrungswelt, die der Enkelin verschlossen geblieben ist. »Großmutter, wo sind deine Lippen hin,/ um die Gräser zu schmecken,/ und wer riecht uns heute den Himmel zu Ende,/ wessen Wangen reiben sich heute/ noch wund an den Mauern im Dorf?«

Die private Erfahrung korrespondiert mit den politisch zu wertenden Aussagen, wonach die Anstrengungen um eine deutsch-jüdische Symbiose gescheitert sind. In unmittelbarer Nachbarschaft von Adalbert Stifters »ehemaliger Wohnung in Wien« und dem »jüdischen Tempel« habe sich die »Residenz der geheimen Staatspolizei« befunden (*Nach der weißen Rose*, 1987). Es bleibt im gesamten Werk A.s in der Regel bei Andeutungen und der Feststellung des topographisch gestörten Gleichgewichts. Der Leser ist aufgefordert, aus diesen Indizien selbst seine Schlüsse zu ziehen. Ihre doppelte Zugehörigkeit zum österreichisch-katholischen und -jüdischen Milieu lässt A. angesichts des Ungeheuerlichen verstummen. So lässt sich als Konsequenz deuten, dass A. in ihrer Rede zur Verleihung des Franz-Kafka-Preises, *Die Zumutung des Atmens* (1983), christliche und jüdische Sinnangebote zurückweist. Deren jeweilige Ausschließlichkeit sei aufgrund der historischen Erfahrung unmöglich geworden. »Sollte ich gerade jetzt, wo ich den Schergen dieser Welt entronnen war, mein Herz dem Schutz einer Macht aussetzen, […] die doch ihre Geschöpfe in solche zu ihrer Rechten und solche zu ihrer Linken schied, wenn es darauf ankam? […] Oder sollte ich – noch viel weiter- und viel naheliegender – mich fügen in die Rolle derer, die keine Schweine essen durften, nicht aus Ehrfurcht, sondern aus Grauen vor ihnen, und selbst unter unserem kühlen Himmel nicht, denen aber das Mästen und Schlachten anderer Tiere niemals verboten worden war?«

Aus der Erfahrung ihres Lebens heraus ist die Religion für A. – wie auch jede politische Ideologie – fragwürdig geworden. Das schlägt sich nieder in einer Schreibweise, die immer radikaler und fundamentaler auf die Entlarvung von vermeintlichen Gewissheiten aus ist. Von daher nährt sich auch die Kritik an einem Judentum, das die biblische Gesetzmäßigkeit verabsolutiert hat. »Sollte ich eine jener lebensfrohen Mütter werden, die ihre Urenkel als Glück erwarteten, ihre Urenkel, die sie doch schlachten und verbrennen mußten, wenn der Mächtige es befahl?« (*Die Zumutung des Atmens*). Eine ebenso kritische Bilanz der Assimilation zieht A. im Denkbild *Judengasse* in der Sammlung *Plätze und Strassen* (1954). Assimilation bedeutet nicht nur eine Veränderung des einst stolzen Judentums, sondern auch dessen langsames Verschwinden im bürgerlichen Umfeld Europas. Was von der jüdischen Tradition übriggeblieben ist, sind Straßennamen und Leerstellen. »Was unsere Strassen schmückt, sind nicht mehr die Schädel der Opfertiere. Unser Stolz ist vergangen. [...] Da rauscht kein rotes Meer. Nur unsere Wäsche trocknet noch im Ostwind. [...] Und hier ist die Stelle, an der wir müde wurden, hier bauten wir Häuser. Hier ging die Sonne unter, hier krümmten wir uns, ohne uns zu beugen. Seither wächst Gras zwischen den Steinen.«

Der Ideologieverdacht A.s macht auch vor der Sprache nicht Halt. Eine grundsätzliche Skepsis gerade dem Deutschen gegenüber ist in vielen Texten formuliert. Dies führt zur Konzeption einer deutsch-jüdischen Literatur, die von einem unmöglichen Schreibort geprägt ist. Ihre Sprache sei eine »kleine Sprache«, die »nicht weit reicht« und die »gegen ihren Willen weiter kommt«, heißt es in *Meine Sprache und ich* (1968). Diese Sprache neige zu »Fremdwörtern«, die »von weit her« geholt werden. Das erzählende Ich und seine Sprache haben sich in »Meeresnähe« und in Sichtkontakt mit den »Zöllnern« niedergelassen und schweigen einander an. Die Wortkargheit und der Stillstand der Sprache entpuppen sich als Versuch, gegen den sprachimmanenten Zwang zur Herstellung von Zusammenhängen vorzugehen. Das Einrichten in der Selbstnegation aber macht die Sprache »verdächtig«, womit zugleich ihr unmöglicher Ort skizziert ist. In *Schlechte Wörter* (1976) rückt das Sprechen von diesem Ort aus ins Zentrum. »Ich kann mich heraushalten, ich kann mich sogar leicht heraushalten. [...] Ich schaue zu, wie alles und jedes seine rasche, unzutreffende Bezeichnung bekommt.« Mit dem bewussten Gebrauch der »schlechten Wörter« wird gegen ein Erzählen Stellung bezogen, dass die »schlechte Welt« besser darzustellen versucht, als sie wirklich ist. In diesen zwei sprachkritischen Texten entwirft A. implizit eine »kleine Literatur« im Sinne Kafkas (Rosenberger). Der unmögliche Ort der »kleinen Literatur« von Kafka ist wie die »kleine Sprache« des erzählenden Ichs in *Meine Sprache und ich* an eine starke Exilierung gebunden. Bei A. ist diese eng mit der Erfahrung der nationalsozialistischen Verfolgung verknüpft.

Werke: Plätze und Strassen, in: Jahresring 54 (1954), 19–24; Materialien zu Leben und Werk, hg. S. Moser, Frankfurt a. M. 1990; Werke. Taschenbuchausgabe in 8 Bdn., hg. R. Reichensperger, Frankfurt a. M. 1991–2005; »... weil der Anlaß benutzt wurde« I. A. an Paul Celan – ein Brief und ein Entwurf, hg. B. Wiedemann, in: Berliner Hefte zur Geschichte des literarischen Lebens 9 (2010), 69–78.

Literatur: M. Karnick, Die größere Hoffnung. Über ›jüdisches Schicksal‹ in deutscher Nachkriegsliteratur, in: Juden in der deutschen Literatur, hg. St. Mosès u. a., Frankfurt a. M. 1986, 366–383; N. Rosenberger, Poetik des Ungefügten. Zur Darstellung von Krieg und Verfolgung in I. A.s Roman »Die größere Hoffnung«, Wien 1998; T. Hetzer, Kinderblick auf die Shoah. Formen der Erinnerung bei I. A., Hubert Fichte und Danilo Kiš, Würzburg 1999; I. A., hg. R. Berbig, München 2007; J. Oetker, Keine Erinnerung an Mauthausen: das Motiv der Konzentrationslager in A.s später Prosa, in: Berliner Hefte zur Geschichte des literarischen Lebens 9 (2010), 143–156; C. Ivanovic, Absprung zur Weiterbesinnung: Geschichte und Medien bei I. A., Tübingen 2011.

Nicole Rosenberger

Aloni, Jenny

Geb. 7.9.1917 in Paderborn;
gest. 30.9.1993 in Ganei Yehuda bei Tel Aviv

»Um zu erleben, was Geschichte ist, muß man Jude sein«, notierte die 21-jährige Jenny Rosenbaum am 8. 11. 1938 – am Tag vor dem Pogrom – hellsichtig und besorgt zugleich in ihr Berliner Tagebuch. »Nur hier«, so sagte sie ein halbes

Jahrhundert später in Israel, »kann ich vergessen, daß ich Jüdin bin und doch voll Jüdin sein.« Judentum bedeutete für A. zunächst die Erfahrung der Ausgrenzung. Eine Ur-Szene ihrer Kindheit – die Abweisung durch eine Schulfreundin, das Gefühl, als Fremde, »wie eine Ausgestoßene« behandelt zu werden – kehrt in mehreren Werken und in unterschiedlichen Gestaltungen wieder, vor dem zeitgeschichtlichen Hintergrund eines Ritualmord-Prozesses 1932 (*Die braunen Pakete*, 1983, entstanden 1965) und der Machtergreifung (*Der Fackelzug*, 1994, entstanden 1944; *Die Synagoge und der Dom*, 1963, entstanden 1954).

Obwohl A. aus einem assimilierten bürgerlichen Elternhaus stammte und eine katholische Klosterschule besuchte, wurde sie bereits vor 1933 mit Bubers Schriften und zionistischen Ideen bekannt und erkannte darin ihre Zukunft. 1935 verließ sie das Gymnasium und beschloss, nach Israel auszuwandern. 1935/36 verbrachte sie 15 Monate in einem Hachscharah-Lager der Jugend-Alijah (Gut Winkel), in dem Kinder und Jugendliche auf die Auswanderung ohne Eltern vorbereitet wurden. Neben der Vermittlung praktischer Fähigkeiten gehörten Palästinakunde und Hebräisch zu den Unterrichtsfächern. 1936–39 arbeitete A. in zionistischen Organisationen in Berlin. Sie war 1937–38 Gasthörerin der »Hochschule für die Wissenschaft des Judentums« (Nationalökonomie, Sozialkunde) und legte Anfang 1939 ihr Abitur an dem letzten nicht verbotenen jüdischen Gymnasium (der »Adaß Jisroel«) ab. Daneben und danach arbeitete sie als Lehrerin mit jüdischen Jugendgruppen, 1939 im Alijah-Lager Schniebinchen/Niederlausitz. Ende 1939 gelang ihr die Auswanderung als Leiterin eines Kindertransports.

A.s seit 1935 (und bis zu ihrem Tod) geführte Tagebücher zeigen die weltanschaulichen Kämpfe der jungen Frau, die Lösung von den Bindungen ihrer Jugend, die immer wieder von Zweifeln begleitete Beschäftigung mit dem kulturellen und politischen, selten dem religiösen Zionismus. Da sie sich seit ihrer Schulzeit als Schriftstellerin fühlte, bedeutete die politische Entscheidung für die Auswanderung das Problem, Sprachwelt und Kulturkreis zu wechseln. Sie befasste sich intensiv mit hebräischer Sprache und Literatur (Achad Haam, Seew Orbach), zweifelte jedoch lange Zeit an der »Literaturfähigkeit« des Iwrit und fürchtete, zwischen den Sprachen heimatlos zu werden. Nach ihrer Ankunft in Israel konnte sie feststellen: Das Land »macht mich nicht stumm«. Aber auch später blieb dies längere Zeit ein Problem. Obwohl Deutsch als Sprache der Mörder verfemt war, entschied sich A. seit den 50er Jahren bewusst für die deutsche Sprache, nicht zuletzt, weil sie sich in erster Linie an deutsche Leser wenden wollte. Das gilt zunächst für ihre Werke, die im Deutschland der Nazizeit spielen. Bereits am 18. Juni 1939 hatte sie in ihr Tagebuch notiert: »man müßte einer späteren Generation Bericht geben […] von dem inneren und äußeren Erleben hier.« Erzählungen wie *Kristall und Schäferhund* (1963) mit atmosphärisch dichten Schilderungen von Szenen vor und nach der Pogromnacht oder *Zwei Inschriften* (1967) über die Deportation jüdischer Kinder zeigen eindrucksvoll, wie ihr dies gelang. Das Deutschland der Nachkriegszeit, das sie öfter besuchte, wurde Gegenstand von Erzählungen, Gedichten, Aufzeichnungen, die das Thema der Schuld umkreisen: die Schuld der Deutschen, die sich ihrer Verantwortung entziehen wollen (*Besuch 1947*, 1994, entstanden 1967), wie auch, traumatisch, die eigene Schuld, überlebt zu haben, »wo andre starben, erschossen, totgeprügelt, vergast, verhungert […] Millionen andere, nur ich nicht […] Warum?« Viele Deutsche haben vergessen, ihr Gedenken ist staatlich verordnet; viele überlebende Juden müssen vergessen, um nicht von der Vergangenheit erdrückt zu werden, und können es doch nicht – diese komplexe Dialektik beschäftigt A. in ihren Werken immer wieder: »Sie sagen gedenken gedenken/ weil sie immer vergessen/ ich sage vergessen vergessen/ weil ich immer gedenke« (20.4.1983).

Auch in den fünf Romanen und den zahlreichen Erzählungen, die in Israel spielen, wird immer wieder vergangene Geschichte eingeblendet, weil die meisten der dort lebenden Personen eine europäische Vergangenheit mitgebracht haben, seit der Jahrhundertwende geflohen waren vor Pogromen und Armut, in der Nazizeit dann vor Verfolgung und den Todeslagern. Die Vergangenheit wirft so ihre langen Schatten in die geschilderte Gegenwart. Durch deren häufig detailreiche, viele aktuelle Fragen und Probleme aufgreifende Behandlung wird A. auch zu einer Chronistin der Geschichte und des Alltags des entstehenden (*Zypressen zerbrechen nicht*, 1961) und des jungen Staates (*Der blühende Busch*, 1964), seiner Hoffnungen und der Konflikte zwischen den Generationen und den Bewohnern unterschiedlicher Herkunft. Bereits nach wenigen Jahren in Israel hatte A. festgestellt: »Erez Jisrael hat mir ein wertvolles Geschenk vermacht: ein selbstverständliches fragloses Judesein. […] alles was ich tue ist jüdisch, ohne daß ich mich bemühen muß, eine künstlich jüdische Färbung hineinzubringen« (24.7.1942). Das hat zur Folge, dass dem Leser oft gar nicht bewusst wird, in welchem Maße A. über jüdische Themen schreibt; denn sie stellt den Alltag in Israel mit seinen Menschen und Problemen dar, wo das »Judesein« selbstverständlich und fraglos ist. Aber ihr Bekenntnis zum Judentum und zu der neuen Heimat gibt ihr zugleich die Freiheit zur Kritik, die immer wieder deutlich zum Ausdruck kommt: am wachsenden Nationalismus, am Einfluss der Orthodoxie, vor allem am Verhalten gegenüber den Arabern. Und mehr als für die Helden interessiert sie sich für die Außenseiter: die sozial Schwachen, die psychisch Labilen und Kranken, die Einsamen, die unter den Kriegen und Vertreibungen Leidenden.

A. wurde in den 60er Jahren als wichtigste Stimme der jungen deutschsprachigen Literatur Israels zunehmend auch in Deutschland beachtet und seit dem Erscheinen der Werkausgabe in den 90er Jahren (wieder) vermehrt gelesen. Ihr Werk, das von zwei Kulturen geprägt ist, wurde zum Teil dieser beiden Kulturen.

Werke: Gesammelte Werke in Einzelausgaben, hg. F. Kienecker und H. Steinecke, 10 Bde., Paderborn u. a. 1990–1997; »Ich muss mir diese Zeit von der Seele schreiben«. Die Tagebücher 1935–1993: Deutschland – Palästina – Israel, hg. H. Steinecke u. a., Paderborn u. a. 2006
Literatur: H. Steinecke, »Um zu erleben, was Geschichte ist, muß man Jude sein.« J.A. – Lebensweg und Werk, in: J.A., H. Steinecke, »… man müßte einer späteren Generation Bericht geben«. Ein literarisches Lesebuch zur deutsch-jüdischen Geschichte, Paderborn u. a. 1995, 131–165; ders., Fremde Heimat. Die »westfälischen« Erzählungen der Droste-Preisträgerin J.A., in: Literatur in Westfalen, hg. W. Gödden, Paderborn u. a. 1998, 199–217; »Warum immer Vergangenheit?« Leben und Werk J.A.s (1917–1993), hg. H. Steinecke, Münster 1999; P. Renneke, Das verlorene, verlassene Haus. Sprache und Metaphorik in der Prosa J.A.s, Bielefeld 2003; J. Engelhorn, Die neue »Heimat« als überwundene Fremde? Literarische Akkulturation in J.A.s Roman *Zypressen zerbrechen nicht*, in: Exil ohne Rückkehr. Literatur als Medium der Akkulturation nach 1933, hg. S. Becker u. a., München 2010, 201–221; H. Steinecke, J.A.: Abschied von Europa. Literalisierung einer Lebensentscheidung, in: Abschied von Europa. Jüdisches Schreiben zwischen 1930 und 1950, hg. A. Bodenheimer u. a., München 2010, 53–66.

Hartmut Steinecke

Altenberg, Peter (eigentl. Richard Engländer)

Geb. 3.3.1859 in Wien; gest. 8.1.1919 in Wien

A., Sohn des wohlhabenden Kaufmanns Moritz Engländer und dessen Frau Pauline, erhielt als Kind Privatunterricht und machte seine Matura 1878 im zweiten Anlauf. Er begann erst ein Jurastudium, dann ein Studium der Medizin. 1879 brach er das Studium für eine Lehre als Buchhändler in Stuttgart ab, die er ebenso aufgab. Nach einem erneuten Versuch des Jurastudiums in Graz fand ein vom Vater hinzugezogener Arzt A. ungeeignet zum Ergreifen eines Berufs und konstatierte eine »Überempfindlichkeit des Nervensystems«. Andauernde Depressionen und Nervenkrisen führten dazu, dass der u. a. mit E. Friedell, K. Kraus, A. Loos, R. Musil, A. Polgar, A. Schnitzler und G. Klimt befreundete A. ab 1910 mit Unterbrechungen in Nervenheilanstalten lebte, zum Teil gegen den eigenen Willen auf Veranlassung seines Bruders. Einer gesunden vegetarischen Lebensweise und einer Nähe zu nietzscheanischer Diätetik und Reformkultur stand ein exzessiver Alkohol- und Tablettenkonsum gegenüber. »Ästhetik ist Diätetik! Schön ist, was gesund ist! Alles andere ist teuflische Irrlehre!«, so A. in *Pròdromos* (1905), über das A. Ehrenstein schrieb, dass es ein Buch sei, welches die mosaischen Speisevorschriften reformieren und ein »Evangelium der Verdaulichkeit« predigen wolle.

A., der wie viele deutschsprachige Autoren jüdischer Herkunft seinen jüdisch klingenden Familiennamen Engländer für den Künstlernamen P.A. aufgab, veröffentlichte sein erstes Buch *Wie ich es sehe* erst mit 37 Jahren. Es folgten elf weitere Bücher, ein dreizehntes wurde gerade korrekturgelesen, als er starb. Der Künstlername geht auf einen Besuch des Zwanzigjährigen bei der Familie Lecher im Dorf Altenberg an der Donau zurück, bei dem er sich in die dreizehnjährige Bertha Lecher verliebte, die von ihren Brüdern gedemütigt und unter dem Namen ›Peter‹ zu Dienstleistungen genötigt wurde. A.s Entsetzen und Identifikation mit dem Mädchen drücken sich auch darin aus, dass ihr Bild zeit seines Lebens über dem Bett seines Zimmers im Graben-Hotel hing. A., der voller Einfühlung immer wieder junge Mädchen, Dienstboten und Prostituierte beschrieb, wurde in bewusster Reduktion ein Meister der Prosaskizzen und -gedichte, der Minidramulette und berühmter – noch kaum veröffentlichter – Briefe. Sein Ruf bei heute bekannteren Wiener Zeitgenossen war legendär.

Sein Verhältnis zum Judentum war hochgradig ambivalent. Viele seiner Zeitgenossen schilderten, dass er immer wieder Preisreden auf Jesus Christus sowie Wutreden antisemitischer Färbung von sich gab. In *Wie ich es sehe* (1896) findet sich folgende kleine Skizze, die Letzteres veranschaulicht: »*Semitische Rasse*. Es wird soviel herumphilosophiert

– – – und es ist doch so einfach! Sie haben eben die *perfide Lebens-Sehnsucht*! sie wünschen es, das dieses *Kapital* ›Leben‹ sich mit *100 Prozent* verzinse! Die Anderen begnügen sich mit 3!« Wie sehr solche halb verächtliche, halb stolze Selbstbezichtigung auch mit dem Urteil anderer zu tun hat, mag die folgende Tagebuchnotiz von Thomas Mann bezeugen: »Dieser Herr Peter ist natürlich auf dieselbe Art wie die Juden Kerr und Lessing mein geborener Feind, ein notwendiger Verächter oder doch Verächtlichmacher meiner Existenz [...] Natürlich hat der Typus Altenberg von Hause aus keinen Sinn für den Wert konservativer, Continuität-bewahrender Existenz und ist zur Beurteilung meines Werkes nicht berufen« (*Tagebücher* 1918–21). Gleichwohl vollzieht A. keineswegs nur eine Identifikation mit dem Aggressor, sondern beobachtet auch die Psychologie der sozialen Ausgrenzung. Dennoch konvertierte er im Jahre 1900 zum Christentum und ließ sich katholisch begraben, was nicht nur Mimikry, sondern offenbar auch Überzeugung war.

Bedeutsam ist in diesem Zusammenhang die Skizze *Der Primitive*, wo A. von Gebhardts Stich *Heiliges Abendmahl* beschrieben wird. Auf diesem Bild schaut Judas durch eine halbgeöffnete Tür, und dort, wo Judas' Gesicht sein sollte, befindet sich eine goldene Münze mit dem Porträt des Philosophen Spinoza. Über dieses Bild sagt der Revolutionär Albert Königsberg zu einer Prostituierten, die er mit aufs Zimmer nahm: »Dieser tilgt die Schmach jenes. Er deckt ihn mit seinem puren Golde, wetzt die Scharte aus.« Beim Abschied schenkt er dem Mädchen auf dessen Verlangen die goldene Münze mit dem Spinozakopf. Das Mädchen, welches nun den Judas erblickt, sagt: »Auch ein Zerstörer – – –!« Der Revolutionär antwortet ihr darauf: »Wieso auch?! Es ist immer derselbe. Der liegt in uns und der ›andere‹ auch. Das verstehen Sie aber nicht. Immer ist einer in uns, der den ›Ideal-Menschen‹ in uns verrät, verkauft, tötet – – –!« Und das heißt: keineswegs nur in den Juden, sondern in allen Menschen. Eine weitere Pointe der Geschichte liegt darin, dass Spinoza zu Lebzeiten aus der jüdischen Gemeinde verstoßen wurde und bis heute bei gläubigen Juden wie Christen als Atheist gilt. Dies wirft ein Licht auf A.s Vorstellung des ›wahrhaftig‹ gläubigen Menschen, der keineswegs im Glanz lebt.

Gleichwohl ist A. weit davon entfernt, die Mechanismen der Ausgrenzung und Verstoßung zu glorifizieren. Er sieht durchaus, dass der Ausgegrenzte nicht nur eine ›revolutionäre‹ destabilisierende Wirkung hat, sondern dass er ebenso wohl durch seine polare Andersartigkeit zu einer falschen Stabilisierung schlechtester Verhältnisse beitragen kann: »Wieso, weshalb sind gewisse ›Künstler‹ im Varieté, im ›Kabarett‹, die ihre *Andersrassigkeit* noch *absichtlich* betonen und verstärken im ›Rampenlicht‹, gerade in Wien, dieser Metropole des ›*organischen Antisemitismus*‹ der Welt, dieser ›lebendigeren und geschickteren Ausnützung der anderen‹, der sogenannten ›Nächsten‹ gerade in Wien *so allgemein beliebt*?!? Weil man *darüber* befriedigt ist, dass sie *öffentlich*, durch ihre ganze Art und Weise, wenn auch amüsant, interessant, den *Beweis liefern*, dass ›*diese*‹ Rasse eben *trotz* allem eine andere, verschiedene Rasse sei! Man gönnt ihnen ihre kleinen Lacherfolge, weil sie dadurch eine ganze Rasse *demaskieren*, nein, nur *kompromittieren*! Der ›Wiener‹ hat es nämlich nicht gern, sich ehrlich, anständig sagen zu müssen: ›Schau, schau, der is ja doch grad a so wie Unsereiner!‹ Das hat er nicht gern. Lieber sagt er: ›Er ist zwar a Jud', aber amüsant ist er, der Kerl, das muß man gerechterweise zugeben!‹« (*Rezept*).

Als A. 1919 zwei Monate vor seinem sechzigsten Geburtstag starb, hinterließ er, der ›ewige Schnorrer‹, zum Erstaunen vieler seiner Zeitgenossen, die damals recht beträchtliche Summe von 107.834 Kronen, die er der Wiener Kinder-Schutz- und Rettungs-Gesellschaft vermachte. Auf seinem vom Freund A. Loos entworfenen Grab steht seinem Wunsch gemäß: »Er liebte und sah.«

Werke: Wie ich es sehe, Berlin 1896; Was der Tag mir zuträgt, Berlin 1901; Pròdromos, Berlin 1905; Die Auswahl aus meinen Büchern, Berlin 1908; Das Buch der Bücher von P.A., zusammengestellt v. K. Kraus, hg. R. Gerlach, 3 Bde., Göttingen 2009; Die Selbsterfindung eines Dichters: Briefe und Dokumente 1892–1896, hg. L. Lensing, Göttingen 2009.
Literatur: A. Ehrenstein, P.A., in: Juden in der deutschen Literatur, hg. G. Krojanker, Berlin 1922, 193–197; L.A. Lensing, P.A. Rezept die Welt zu sehen, Wien 1995; A. Barker, Telegrammstil der Seele, Wien u. a. 1998; P. Simfors, Extrakte des Schweigens: zu Sprache und Stil bei P.A., Tübingen 2009.

Arpe Caspary

Améry, Jean (eigentl. Hans Mayer)

Geb. 31.10.1912 in Wien;
gest. 17.10.1978 in Salzburg

»Ich war, als ich die Nürnberger Gesetze gelesen hatte, nicht jüdischer als eine halbe Stunde zuvor« – so brachte A. Wendepunkt und Widerspruch seiner Existenz einmal auf den Punkt. Die erste große Verfügung zur Ausgrenzung der Juden im

Machtbereich Hitler-Deutschlands sollte aus dem jungen Österreicher bald einen »Toten auf Urlaub« machen. Der dies so lakonisch formulierte, war nicht gewappnet gegen die Ereignisse, die scheinbar unversehens über ihm zusammenstürzten, obwohl Selbstauskünften zufolge seine vielseitige Jugendlektüre auch das ganze Spektrum völkischer und antisemitischer Programmschriften umfasst hatte. Aber 1935 verband A. nichts mit dem Kollektiv von Menschen, die per Dekret von den Parkbänken und Lehrstühlen gejagt und später in die Ghettos und Vernichtungslager deportiert wurden. A. war Intellektueller, Agnostiker und Bohemien, er hatte eine Buchhändlerlehre absolviert und lebte als angehender Schriftsteller in Wien. Mit einem Mal rückte das für ihn bis dahin völlig unbedeutende Detail seiner Biographie – die jüdische Herkunft – ins Zentrum seines Lebens. Über sein Judentum, das er so als Zuweisung erfuhr, konnte er nur reflektieren, indem er »Zwang und Unmöglichkeit, Jude zu sein«, zueinander in Beziehung setzte – so nannte er seinen ersten großen Versuch, sich schreibend mit dem oktroyierten Widerspruch seiner Existenz auseinanderzusetzen. Dies geschah im Rahmen seiner »Bewältigungsversuche eines Überwältigten« – so der Untertitel seiner bedeutenden Sammlung von Funk-Essays, die unter dem Titel *Jenseits von Schuld und Sühne* 1966 in Buchform erschien. Für eine Sendereihe des Süddeutschen Rundfunks dachte A. Mitte der 70er Jahre noch einmal über *Mein Judentum* nach, das er zunächst auf sich zu nehmen hatte und sich später aneignete, das aber niemals »selbsterworbene Identität« werden konnte.

A.s Jugendjahre waren von Suchbewegungen im Widerspiel von Geist und Provinzialität geprägt. Er stand in regem Austausch mit der Mutter (sein Vater war im Ersten Weltkrieg gefallen), und so wie sein Umfeld christlich war, so war es auch seine Sicht auf die Welt: »Man unterschlug mir nichts, nur war das Jüdische kein Thema.« So wird man hier nicht einmal von einem assimilierten Judentum sprechen können; Bindungen waren nicht gekappt worden, sie bestanden niemals. Den Satz Jean-Paul Sartres aus seinen *Reflexionen über die Judenfrage*, dass ein Jude jemand sei, den andere als Juden ansehen, konnte A. ganz auf sich selbst beziehen. Erst nach dem Erlass der Nürnberger Gesetze, da er dem »von der Gesellschaft über mich verhängten Judesein« nirgendwo entfliehen konnte, begann er, sich »als Jude zu konstituieren«.

Nach dem »Anschluss« Österreichs an das Dritte Reich entkam A. nach Belgien und Frankreich. Als Deutscher, nicht als Jude, wurde der Flüchtling in französischen Konzentrationslagern interniert. Er konnte von dort fliehen, um nach dem Sieg Hitler-Deutschlands über Frankreich erneut ein Gejagter zu sein. Kleine Hilfeleistungen für die Résistance – ein »unbewußt vollzogener letzter Versuch, dem Judesein, das ich intellektuell längst auf mich genommen hatte, mich zu entziehen« – führten zu seiner Inhaftierung in einem belgischen Gestapo-Gefängnis. In eben jener Funktion als Widerstandskämpfer wurde er der Folter (in A.s Diktion: der »Tortur«) unterworfen, um Informationen aus ihm zu pressen; als Geheimnisträger war er völlig unbedeutend, doch während der Folter wurde seine jüdische Abstammung entdeckt, und so führte sein weiterer Weg in einem Deportationszug nach Auschwitz. Dort musste sich endgültig die Vorstellung seines »Judeseins« – wie er in bewusster Vermeidung des Wortes ›Judentum‹ sagte – als formale Zuweisung in ein Kollektiv ausprägen, dessen Lebens- und Denkformen und dessen Religion er zeitlebens nur aus intellektueller Distanz zur Kenntnis zu nehmen vermochte.

Mit dem jüdischen Volk und seinem jungen, gefährdeten Staat verband ihn stets ein grundlegendes Gefühl der Solidarität, aber keines der Zugehörigkeit. »Die Existenz Israels hat auch jenen Juden, die mit diesem Lande beziehungsweise mit dem jüdischen Glauben und der jüdischen Kultur gar nichts zu tun haben, ihre Selbstachtung zurückgegeben«, schrieb A. 1976 in einem Brief, der einmal mehr seine distanzierte Anteilnahme dokumentiert. Hier wie in seinem gesamten Werk verbietet er sich jede Unaufrichtigkeit und überlässt nichts dem Zufall einer unpräzisen Formulierung. Sehr genau wusste er zwischen Empathie und Sentiment zu trennen – mit bedrückendem Ergebnis: »Das immerwährende Exil, das ich wählte, war die einzige Authentizität, die ich mir erringen konnte – das Judesein verlegte mir alle anderen Auswege.«

Heute gilt A. als Inbegriff des Intellektuellen, des *homme de lettres*. Dabei hat der Schriftsteller A. kein belletristisches Werk hinterlassen; noch sein einziges veröffentlichtes Prosabuch, *Lefeu oder Der Abbruch*, nennt sich im Untertitel *Roman-Essay*. Dennoch ist A. unbestritten einer der wichtigsten Vertreter der Literatur »nach Auschwitz«. In der anglo-amerikanischen Forschung zur »Holocaust-Literatur« ist A. fester Bestandteil des Kanons wie neben ihm nur noch Primo Levi, Elie Wiesel und Tadeusz Borowski. »Wollte er, daß die Scham ihn überlebte, dann mußte er die Scham gut beschreiben und das Beschriebene in eine bleibende Form gießen, das heißt, er mußte ein guter Schriftsteller werden«, so benannte Imre Kertész, seinerseits Auschwitz-Überlebender und ungarisch-jüdischer Schriftsteller, den Zusammenhalt in A.s Erinnerungsarbeit. Im Zentrum seines Schreibens stand die genaue Erfassung der Opfer-Existenz unter den Bedingungen existenziellen Bedrohtseins – ihre »Kondition«, wie der seit seiner Befreiung in Brüssel lebende A. in charakteristischer Verschmelzung von französischer und deutscher Diktion sagte. Er vermied die fiktional grundierte, ästhetische Gestaltung seiner bitteren Erfahrungen, arbeitete stattdessen zeitlebens an einer hochreflektierten, oft peinvollen Selbsterkundung, die auch ausführliche Essays *Über das Altern* (1968) und den Freitod (*Hand an sich legen*, 1976) einschloss. Das ihm am 15. September 1935 mit Erlass der Nürnberger Gesetze aufgenötigte Judentum blieb dabei ein Akzidens, es konnte ihm später nicht hilfreich sein bei seinen Versuchen, des irreversiblen Verlusts seines »Weltvertrauens« Herr zu werden. 1978, während einer Lesereise, legte A. Hand an sich selbst.

Werke: Jenseits von Schuld und Sühne. Bewältigungsversuche eines Überwältigten, München 1966; [Mein Judentum], in: Mein Judentum, hg. H.J. Schultz, Stuttgart 1978, 78–89; Örtlichkeiten, Stuttgart 1980; Werke, hg. I. Heidelberger-Leonard, Stuttgart 2002–2008.

Literatur: J.A., Text + Kritik 99 (1988); E. Pulver, J.A., in: KLG 37 (1991); I. Kertész, Der Holocaust als Kultur, in: Sinn und Form 4 (1994), 561–570; I. Heidelberger-Leonard, J.A. Revolte in der Resignation. Biographie, Stuttgart 2004.

Jan Strümpel

Anders, Günther (eigentl. Günther Stern)

Geb. 12.7.1902 in Breslau;
gest. 17.12.1992 in Wien

In seinen 1982 publizierten *Ketzereien*, einer Sammlung fiktiver Dialoge und politisch-philosophischer Miniaturen, bezeichnete A. es als »eine der größten Begünstigungen« seines Lebens, »als Sohn von ganz und gar ungläubigen und traditionslosen

Juden großgeworden zu sein«. Das Spannungsverhältnis von Distanz und leidenschaftlich bekannter Nähe zum Judentum, das sich durch das gesamte Lebenswerk des vielseitigen Philosophen, Schriftstellers und Kulturkritikers zieht, findet darin seinen bezeichnenden Ausdruck. Als Sohn des Kinderpsychologen William Stern und seiner Frau Clara in Breslau aufgewachsen, einer Familie, die sich ungleich stärker deutsch als jüdisch fühlte, aber aus Stolz die Taufe, die einer Universitätskarriere des Vaters förderlich gewesen wäre, ablehnte, erfuhr A. eine Erziehung, in der jüdische Traditionen keinerlei Rolle spielten. Jugenderfahrungen wie antisemitisch motivierte Peinigungen während seines Einsatzes in einem paramilitärischen Schülerverband in Frankreich 1917 und seine vom Vater abgelehnte Freundschaft zu einem zionistisch inspirierten »Ostjuden« führten zu einem stärkeren Bewusstsein seiner jüdischen Herkunft. Als Student gehörte er zusammen mit Hans Jonas und Hannah Arendt, die er 1929 heiratete, zum Kreis der Schüler Edmund Husserls und Martin Heideggers, von dessen Nihilismus er sich später scharf distanzierte. 1930 musste er – als marxistisch orientierter Journalist, der für den Berliner *Börsen-Courier* schrieb – angesichts des Aufstiegs des Nationalsozialismus seinen jüdischen Nachnamen aufgeben und wählte das symbolträchtige Pseudonym »Anders«. 1933, mitten in seiner Arbeit an dem – bis 1992 unveröffentlicht gebliebenen – antifaschistischen Roman *Die Molussische Katakombe*, einer Parabel über totalitäre Herrschaftsmechanismen, floh A. ins Pariser Exil; es folgten die Trennung von Hannah Arendt, vermutlich nicht unbeeinflusst von ideologischen Auseinandersetzungen über ihre damaligen zionistischen Neigungen, und die Emigration in die USA, wo er für die New Yorker deutsch-jüdische Emigrantenzeitschrift *Aufbau* Gedichte schrieb, seine Existenz aber mit Gelegenheitsjobs sichern musste und zu keiner Zeit in der akademischen Philosophie Fuß zu fassen vermochte. 1950, in der McCarthy-Ära, kehrte A. den USA den Rücken und siedelte als freier Autor nach Wien über.

In der Folgezeit beschrieb A., einer der bedeutendsten Philosophen der modernen technischen Zivilisation, in einer Vielfalt literarischer Formen die *conditio humana* des 20. Jahrhunderts, die für ihn im Zeichen des Grauens von Auschwitz und der historischen Zäsur des Abwurfs der ersten Atombombe auf Hiroshima 1945 stand. Das zunehmend pessimistische Denken des Mitinitiators der Anti-Atombewegung kreiste seither um die »Apokalypseblindheit« einer im moralischen Nihilismus befangenen Menschheit, deren Untergang er – ohne Mut, Hoffnung und Trost – als »Prophet« und Mahner zu bekämpfen trachtete. Der jüdisch-messianisch inspirierten Hoffnungsphilosophie Ernst Blochs setzte A. das kritische Prinzip entgegen, »ohne Hoffnung zu leben«, in radikaler Kritik des sich als Herrn der Schöpfung verstehenden, aber der Vernichtungskapazität der eigenen technischen Macht unterworfenen modernen Menschen. Neben diesem zentralen Aspekt seiner Wirksamkeit begegnet ein weiteres Lebensthema – der innere Zusammenhang zwischen Auschwitz und der technischen Hybris der Moderne, verkörpert durch die selbstinszenierte Apokalypse von Hiroshima. Immer wieder finden sich Reflexionen über die Unvorstellbarkeit der singulären Verbrechen der Shoah, die A. jedoch in ihrer den Abwurf der Atombomben von Hiroshima und Nagasaki übertreffenden moralischen Entsetzlichkeit nicht als einzigartige Entgleisung der Geschichte erschien, sondern als Ausdruck und innere Tendenz der technischen Rationalität. Das »Prinzip Auschwitz« steht für die Wirklichkeit einer industriell praktizierten Vernichtung von Millionen Menschen, Hiroshima, eine weitere Episode des »Monströsen« der modernen Technik, verweist auf die Möglichkeit der Vernichtung der Menschheit schlechthin. Symbolisch versuchte er dies auszudrücken, als er Klaus Eichmann, den Sohn des 1963 in Jerusalem zum Tode verurteilten Adolf Eichmann, in einem offenen Brief unter dem Titel *Wir Eichmannsöhne* aufforderte, die Distanzierung vom Vater durch sein Engagement für die Anti-Atombewegung sichtbar zu machen, umgekehrt aber die Gesellschaft davor warnte, sich selbst dem Geist Eichmanns, der Dynamik technokratischer Vernichtung auszuliefern.

In seiner auf einer Polenreise entstandenen Tagebuchsammlung *Besuch im Hades* (1966) brachte A. die persönliche Dimension seines Nachdenkens über die Shoah zur Sprache, indem er sich in radikal selbstquälerischer Weise mit dem eigenen Entkommensein auseinandersetzte. Das Bewusstsein, »zufällig nicht ermordet worden zu sein«, begegnet überall dort als Leitmotiv, wo er sein Selbstverständnis als Jude explizit thematisiert. Die Frage, ob das Ungeheuerliche der Shoah überhaupt kommunizierbar war, beantwortete er in seinen *Philosophische Stenogrammen* mit folgendem Imperativ: »Wenn Du von Auschwitz sprichst, dann vermeide Feierlichkeit. Der feierliche Tonfall ziemt sich nicht, er ist noch zu human, er könnte noch so klingen, als wenn es irgendwo doch noch eine Möglichkeit von Sinn oder Versöhnung gebe [...]. Wie tief dich das auch erschrecken mag, [...] die einzige der Millionen Entwürdigten würdige Rede ist die zynische.« Zu dieser Einsicht gehörte für ihn zugleich das Bewusstsein, dass die bisherigen religiösen und philosophischen Ethiken ausnahmslos und restlos obsolet geworden seien – »sie sind in Hiroshima mitexplodiert und in Auschwitz mitvergast worden«. Religiöse Bindungen gehörten für den bewussten Atheisten A., der in seinen *Ketzereien* seinen Nicht-Glauben mit der Empörung über die »Würdelosigkeit« derer begründete, die nach Auschwitz »einem, der *dies* zugelassen hat, im Gebet nahen«, ebenso wenig zu seiner jüdischen Identität wie ein nationales Zugehörigkeitsgefühl. Daher stand A. auch der Politik des Staates Israel, den er trotz mancher Skepsis gegenüber dessen »theokratischen Resten« und der Verführungskraft politisch-militärischer Macht grundsätzlich bejahte, kritisch gegenüber und trat 1982 aus Protest gegen den Libanonkrieg aus der Wiener Israelitischen Kultusgemeinde aus, ohne dies allerdings als Distanzierung vom Judentum verstehen zu wollen.

Am klarsten gab A. 1978 in einem Rundfunkessay über sein Verständnis des Judentums Auskunft, dem er sich mit Stolz zugehörig fühlte. Biographisch verstand er sich als »einen der Letzten in einer Reihe von deutschen Juden«, die Deutschland »als ihre Heimat, *die* Heimat, die deutsche Sprache als *die* Sprache, die deutsche Musik als *die* Musik« angesehen hatten, bis die Nazis dem ein Ende machten. »Nach uns kommt keiner mehr, der sich als deutscher Jude bezeichnen und fühlen oder gar in die deutsche Geschichte eingehen wird.« Das »spezifische Judentum des Atheisten A.« war mit seiner Erfahrung als Heimatloser, als Entkommener der Vernichtung verbunden. Sein Ideal war – nach dem Plausibilitätsverlust der religiösen Tradition – ein modernes, säkulares, übernationales und humanistisches Judentum, das – in seinem im Bilderverbot wurzelnden Widerwillen gegen Idole und in seinem Widerspruch gegen zerstörerische Nationalismen – in einer Zeit apokalyptischer Bedrohung das »Salz der Erde« sein könne. Die Existenz dieser Gestalt des Judentums erlebte A. als etwas im Grunde Anachronistisches und zutiefst Erstaunliches: schon immer habe er »Verwunderung über die Tatsache« empfunden, »daß er überhaupt noch als Jude zur Welt gekommen« sei und dass es die Juden noch gab, »deren Vorgeschichte und Geschichte ja aus einer niemals abreißenden ›Kette von Rissen‹, nämlich von Wanderungen, Fluchten und Massakern bestanden hat«. In dem Bewusstsein, die Bedeutung seines Jude-Seins kaum noch wirklich definieren zu können, war A. von diesem Wunder des Überlebens fasziniert, davon, selbst zum »Rest des Restes des Restes« zu gehören, und empfand den Gedanken, die »so blutig erkauften Rettungen« könnten zuletzt vergeblich gewesen sein, als unerträglich. »Also nenne ich mich einen Juden und bin entschlossen, als ein solcher, wenn gewiß auch ohne Rabbi und an einem ganz zufälligen Platze, begraben zu werden.« Die Distanz, ja Verachtung gegenüber der jüdischen Glaubenstradition scheint unter dem Eindruck der leidenschaftlichen Bejahung der Fortexistenz des Judentums relativiert zu werden, wo der »Ketzer« A., der »den Jom Kippur niemals gefeiert« hat, im Rückblick auf die Begegnung mit einem orthodoxen Juden in Jerusalem – seinem »bärtigen Bruder im Kaftan« – die über die Jahrhunderte hinweg Identität bewahrende Kraft dieser ihm selbst so fremden religiösen Dimension des Jude-Seins dankbar würdigt.

Werke: Philosophische Stenogramme, München 1965; Besuch im Hades, Auschwitz u. a. 1966; Die Schrift an der Wand. Tagebücher 1941 bis 1966, München 1967; Nach »Holocaust« 1979, München 1979; Ketzereien, München 1982; Wir Eichmannsöhne. Offener Brief an Klaus Eichmann, München [2]1988; [Mein Judentum], in: Mein Judentum, hg. H.J. Schultz, Stuttgart 1978, 58–76.
Literatur: E. Adunka, G.A. und das jüdische Erbe, in: G.A. kontrovers, hg. K.P. Liessmann, München 1992, 72–80; E. Schubert, G.A. mit Selbstzeugnissen und Bilddokumenten dargestellt, Hamburg 1992; M. Lohmann, Philosophieren in der Endzeit. Zur Gegenwartsanalyse von G.A., München 1996; K.P. Liessmann, G.A.: Philosophieren im Zeitalter der technologischen Revolutionen, München 2002; C. Dries, G.A., München 2009.

Christian Wiese

Auerbach, Berthold (eigentl. Moses Baruch A.)

Geb. 28.2.1812 in Nordstetten/Schwarzwald; gest. 8.2.1882 in Cannes

Die Lebensdaten A.s umfassen Beginn und Niedergang der »deutsch-jüdischen Weggemeinschaft« im Zeichen des Liberalismus (Toury): In seinem Geburtsjahr 1812 setzten die ersten preußischen Emanzipationsgesetze ein Signal, das in Deutschland – von 1848 abgesehen – erst mit den Verfassungen des Norddeutschen Bundes 1869 bzw. des Reichs 1871 eingelöst wurde. Im Jahr seines Todes 1882, also nach erfolgter rechtlicher Gleichstellung, wurde die gesellschaftliche Integration durch den sich verstärkenden Antisemitismus in einer Weise infrage gestellt, die auf die Exstirpation der deutschen und europäischen Juden im Dritten Reich vorausdeutet. A.s immer wieder zitierte, an den Verwandten und Freund Jakob Auerbach gerichtete Klage angesichts dieser Entwicklung, »Vergebens gelebt und gearbeitet!« (23. November 1880), verdichtet formelhaft die Erfahrungen, die am Ende seines Lebens die Hoffnungen auf eine Integration der Juden als deutsche Bürger zunichte zu machen schienen. A.s gesamtes Werk spricht in autobiographischer Unterströmung offen oder verdeckt, direkt oder indirekt von dem prekär bleibenden Versuch, seine Identitäten als religiös freidenkender Jude, als regional gebundener Süddeutscher und als liberaler kleindeutsch-preußischer Patriot in ein lebensfähiges und akzeptiertes Gleichgewicht zu bringen.

Entscheidend für A.s Selbstverständnis ist seine Herkunft aus dem bei Horb im schwäbischen Schwarzwald gelegenen Nordstetten, einem früher zu Vorderösterreich gehörenden und damit sozusagen noch josephinisch geprägten Dorf mit katholischer und jüdischer Bevölkerung, das er in seinen *Schwarzwälder Dorfgeschichten* als ein überregionales Modell deutsch-jüdischer Harmonie, als Inbegriff von »Heimat« schlechthin verklärt – ein utopischer Entwurf, dessen harmonisierende Tendenz freilich angesichts nicht seltener Zusammenstöße zwischen Christen und Juden, von denen A. in privaten Zeugnissen berichtet, fast nach »erpreßter Versöhnung« aussieht. A.s Sozialisation zu Beginn des 19. Jahrhunderts ist nicht untypisch: Moses Baruch Auerbacher (der sich seit 1830 Berthold Auerbach nennt) wird als neuntes Kind des Händlers Jakob Auerbacher und seiner Frau Edel, geb. Frank, geboren. Erst nachdem Bernhard Frankfurter nach Nordstetten berufen wird – ein besonders tüchtiger jüdischer Lehrer, der später Anregungen für die ersten Dorfgeschichten gibt –, eröffnen sich für den jungen A. über die dörfliche Sphäre hinausreichende Perspektiven: Er soll wie sein Großvater Rabbiner werden und bezieht deshalb 1825 die traditionelle Hechinger Talmudschule. Bereits 1827 verlässt er die offensichtlich als Belastung empfundene Jeschiwa – froh darüber, zu einem Onkel nach Karlsruhe übersiedeln und sich dort auf das Stuttgarter Gymnasium vorbereiten zu können, zu dem er nach einem vergeblichen Anlauf im Sommer 1830 Zugang erhält. 1832 beginnt er in Tübingen ein Jurastudium, siedelt 1833 aus politischen Gründen aber nach München über, wo er gleichwohl auf Antrag des Tübinger Oberamtsgerichts als Burschenschafter verhaftet, verhört und schließlich dazu gebracht wird, sich in Tübingen den Richtern zu stellen. Die Relegation von der Universität Ende 1833 bringt A. dazu, sich 1834 in Heidelberg zu immatrikulieren. Obwohl formal immer noch Student der »jüdischen Theologie« – in Wirklichkeit hörte er bei allen möglichen Fachvertretern, insbesondere bei Philosophen, Historikern und Literaturwissenschaftlern –, beginnt A. nun seine schriftstellerische Laufbahn und ist wohl nicht ganz unglücklich darüber, dass seine Nähe zu den Burschenschaften ihm die Zulassung zum Rabbinatsexamen vollends unmöglich macht. Denn als neue Religion gilt ihm, wie für so viele sich akkulturierende Juden vor ihm, säkulare Bildung in Gestalt deutscher und europäischer Literatur. Ende 1836 ereilt A. die Strenge der Demagogenverfolgung: er wird zu zweimonatiger Festungshaft auf dem Hohenasperg verurteilt. Die Haft hindert ihn aber nicht daran, sich mit allen Konsequenzen als freier Schriftsteller zu etablieren; er nutzt sie zur Niederschrift seines ersten Romans über Spinoza.

Bevor also A. zu Beginn der 40er Jahre zum Modell einer »Heimatliteratur« mit nationaler und universal-menschheitlicher Programmatik findet, das in Gestalt der detailrealistischen »Dorfgeschichte« sozusagen zu seinem literarhistorischen Markenzeichen wird und ihn berühmt macht, versucht er über mehrere Jahre hinweg, sich als dezidiert jüdischer Autor einen Namen zu machen. Sein Versuch, im Essay (*Das Judenthum und die neueste Literatur*, 1836) und in zwei historischen Romanen (*Spinoza*, 1837; *Dichter und Kaufmann*, 1840) das Leben der Juden in einer Zeit des Umbruchs zu reflektieren – weitere Werke sollten den geplanten »Ghetto«-Zyklus ergänzen –, erwies sich freilich als Misserfolg. Im Essay von 1836 wandte sich A. einerseits gegen den Materialismus und Sensualismus des politisch verfolgten Jungen Deutschland, insbesondere gegen Heine, andererseits aber auch gegen Wolfgang Menzels Denunziation dieser liberalen Richtung als des »Jungen Palästina«. Hellsichtig erkannte er zugleich, wie ambivalent die Einstellung vieler nichtjüdischer liberaler Schriftsteller gegenüber den Juden war, die sie letztlich nur als Verbündete akzeptieren wollten, wenn sie alles Jüdische ohne Rest abgelegt hätten. Im *Spinoza*-Roman schrieb A. gleichsam eine maskierte Wunsch-Autobiographie. Die historische Figur Spinoza in ihrer Auseinandersetzung mit der jüdischen Orthodoxie wird zum Exempel religiöser Freizügigkeit im Zeichen eines aufgeklärt-human definierten Reformjudentums, wie es etwa der Freund Abraham Geiger propagierte. Dagegen steht der Lebensweg von Moses Ephraim Kuh im Roman *Dichter und Kaufmann* für die großen Schwierigkeiten der Juden, in der ersten Phase der Emanzipation aus dem inneren wie äußeren Ghetto auszubrechen und im Verein mit den ebenfalls noch unter dem Absolutismus leidenden Christen freie Bürger zu werden. Ausschließlich »Bildung« heißt die Devise, nicht – wie noch für den Reisenden in Lessings frühem Lustspiel *Die Juden* – Besitz und Bildung. Der Geldgeist von Juden wie Christen erscheint dem jungen A. – ganz ähnlich wie etwa auch Ludwig Börne – geradezu als Inbegriff einer gegenbürgerlichen Gesinnung, die überwunden werden muss, wenn das ideal gedachte Gemeinwesen entstehen soll.

Der ausbleibende Erfolg der beiden »jüdischen« Romane hinterließ bei A. einen Stachel: bis zu seinem Lebensende machte er Pläne für verschiedene »Judenerzählungen« und einen bis zur Gegenwart reichenden »Judenroman«, ohne dass mehr als fragmentarische Aufzeichnungen entstanden wären. Die Wendung zur Dorfgeschichte nach 1840 (die erste Sammlung erscheint 1843) muss wohl zumindest partiell als eine Transponierung deutsch-jüdischer Existenzproblematik in den allgemeineren Bereich der Dialektik von Fremde und Heimat interpretiert werden, wie sie dann in *Schrift und Volk* (1846) theoretisch entfaltet wird. Während im jüdischen Milieu der frühen Romane zugleich Menschheitsfragen behandelt wurden, wird nun umgekehrt im nichtjüdischen Milieu die Sache der Juden mit verfochten. A. bekennt sich allerdings nicht als religiöser Jude, sondern als zugehörig zur historischen Traditions- und Schicksalsgemeinschaft im Zeichen einer schnell fortschreitenden Säkularisierung. Jüdische Nebenfiguren vertreten in den vormärzlichen Dorfgeschichten die Instanz humaner Vernünftigkeit. Aber auch eine nichtjüdische Figur wie Vefele (*Des Schloßbauers Vefele*, 1843) – als Tochter eines dörflichen Außenseiters und als Körperbehinderte im doppelten Sinn stigmatisiert – dient dazu, die Sozio- wie Pathogenese von Vorurteilen darzustellen, und es ist nicht zufällig der Handelsjude Marem, der der verzweifelten Frau vor ihrem Freitod einen letzten Liebesdienst erweist. Eine ähnliche Verknüpfung von allgemeiner gesellschaftlicher und jüdischer Problematik findet sich auch in der Erzählung *Die Sträflinge* (1846), während die Wendung gegen die jüdische Orthodoxie im Ringen des katholischen Priesteradepten Ivo gespiegelt wird, der sich zu einer Abkehr von den Dogmen positiver Religion im Sinne aufgeklärt-universaler Religiosität durchringt (*Ivo, der Hajrle*, 1843). Den hohen Stellenwert konkreter kultureller Erfahrung und damit zusammenhängend die Relativierung eines abstrakten Idealismus vermittelt schließlich die Erzählung *Der Lauterbacher* (1843); nur auf diese Weise lassen sich Vorurteile gegenüber der Welt der Bauern wie der Juden abbauen.

Die Programmatik des sich im Genre der Dorfgeschichte manifestierenden frühen Detailrealismus wird von A. zugleich als Instrument einer bewussten Förderung deutsch-jüdischer Integration genutzt. Auch nach der Revolution von 1848, für die sich der Autor engagiert, weil er sie als entscheidende Chance begreift, mit der Emanzipation aller Bürger auch die der Juden zu erreichen, behält A. diesen Blickwinkel bei. Die zunehmende Idyllisierung der dörflichen Welt, die von der Kritik als Flucht in eine bloße Wunschwelt bemängelt wird, lässt sich auch als forcierter Ausdruck eines Appells deuten, doch endlich die »Heimkehr« aller Außenseiter zu ermöglichen. Das Dorf ist eben doch nur idealiter der Ort der erstrebten Sozialharmonie. In Wirklichkeit gibt es das Phänomen sozialer Ausgrenzung, das inhumane Wirkungen zeitigt. Exemplifiziert wird diese Ausgrenzung in aller Regel an nichtjüdischen Figuren, wie etwa an der schwarzen Marann und den beiden Waisen Amrei und Dami in der berühmtesten nachrevolutionären Dorfgeschichte A.s, *Barfüßele* (1856). Die drei Figuren sind im eigenen Heimatdorf »wie in der Fremde verirrt«, und der Entschluss der Waisen, ins Elsass auszuwandern, macht den Bezug zur jüdischen Problematik deutlich, insofern im Elsass wie in ganz Frankreich den Juden gleiche bürgerliche Rechte eingeräumt sind. Standen zur Zeit der Veröffentlichung dieser Erzählung wie auch der zwischen 1846 und 1869 erscheinenden didaktischen Kalendergeschichten A.s die Chancen für eine Integration der Juden in die majoritär christliche Gesellschaft nicht schlecht, so sah dies bereits ganz anders aus, als A. 1876 eine weitere Sammlung von Dorfgeschichten *Nach dreißig Jahren* und 1880 seine letzte Dorfgeschichte *Brigitta* erscheinen ließ. Trotz mittlerweile erreichter rechtlicher Gleichstellung war eine bis dato nicht gekannte gesellschaftliche Ausgrenzung der Juden im Gang, angesichts derer die wiederholten narrativen Beschwörungen des Gemeinsinns illusorisch anmuten.

Die Hinwendung A.s zum Zeit- und Gesellschaftsroman ist motiviert durch das Scheitern der bürgerlichen Revolution von 1848/49. Ästhetisch gesehen bleibt A. allerdings dem jungdeutschen Reflexions- und Ideenroman verhaftet, so dass er angesichts des Paradigmenwandels zum programmatischen Realismus mit seinem Romanwerk anachronistisch anmutet und jedenfalls als Romancier nicht an den Erfolg seiner Dorfgeschichten anknüpfen kann. A. greift zentrale Themen der nachmärzlichen Gesellschaft auf: in *Neues Leben* (1851) das Thema der bürgerlich-humanen pädagogischen Tat im amerikanischen Exil und im nachrevolutionären ländlichen Deutschland, in *Auf der Höhe* (1865) die Frage der Harmonisierung der Stände (Adel, Bürgertum, Bauern) im Begriff des guten Menschen sowie die Frage der Religionsfreiheit, in *Das Landhaus am Rhein* (1869) das Problem der bürgerlichen Integration von Minoritäten und Fremden (Hugenotten, Juden, Schwarze), in *Waldfried* (1874) schließlich das Problem des Zusammenwachsens von Juden und Nichtjuden im Prozess der nationalen Einigung, durch den endlich die Parabel vom jüdischen »Stiefkind im Stiefvaterlande« positiv aufgelöst wird. Der Satz einer jüdischen Nebenfigur dieses Romans, die gebildeten Juden seien »nicht sowohl Juden, als vielmehr Nichtchristen«, zeigt an, wie wenig an positiver religiöser Substanz in A.s Begriff eines säkularisierten Judentums noch bewahrt ist, und so ist der Einspruch des Reformrabbiners Ludwig Philippson gegen diesen Satz verständlich, er sei als Ausdruck von A.s »Confessionslosigkeit« zu werten, die sich durchaus vom Bekenntnis zum wie auch immer philosophisch reflektierten jüdischen Monotheismus bei anderen gebildeten Juden unterscheide (*Allgemeine Zeitung des Judenthums* 39, 1875, 466). Eben diese »Confessionslosigkeit« mag A.s positive Aufnahme beim allgemeinen gebildeten Publikum gefördert haben. Bei aller Anerkennung in bürgerlichen und adligen Kreisen aber kam dem – von 1860–81 mit einer kriegsbedingten zweijährigen Ausnahme in Berlin ansässigen, aber häufig umherreisenden – Autor immer wieder neu zu Bewusstsein, dass er auch als Protegé des höchsten Adels ein Außenseiter blieb – der »Hofjude«, wie er von einer antisemitischen Revue der preußischen Junkerpartei geschmäht wurde, der »Salontiroler«, wie ihn sein früherer liberaler Bundesgenosse Heinrich von Treitschke ironisierte. Konsequenzen für seine unmittelbare schriftstellerische Arbeit zog A. allerdings nur zögernd. Während er sich in mehreren Artikeln seit 1875 gegen die zunehmende neuartige Judenhetze wandte und vor allem in den Briefen an Jakob Auerbach kein Blatt vor den Mund nahm, blieb er in den poetischen Werken bei der schon lange praktizierten Methode, nur beiläufig, indirekt, maskiert von der Problematik deutsch-jüdischer Integration zu handeln. Die emphatische Berufung auf den Geist des *Nathan* bei der Säkularfeier von Lessings Tod 1881 konnte nicht darüber hinwegtäuschen, dass die aufklärerische Utopie einer versöhnten Gesellschaft zu diesem Zeitpunkt hoffnungslos anachronistisch anmutet. Die Dissoziation von harmonisierender Fiktion und wenigstens partiell realhistorischer Einsicht musste auch ästhetisch fatale Konsequenzen haben, und so haben bereits die bedeutenderen zeitgenössischen Erzähler wie Keller, Fontane und Raabe den Vorwurf trivialliterarischer Verschleierung erhoben – ein Verdikt, das freilich das spezifisch ethische Problem des Autors, wie deutsch-jüdische Identität im Vollsinn des Doppelbegriffs festzuhalten sei, völlig außer Acht lässt.

Werke: Das Judenthum und die neueste Literatur, Stuttgart 1836; Spinoza, Stuttgart 1837; Dichter und Kaufmann, 2 Bde., Stuttgart 1840, Repr. Tübingen 1980; Schwarzwälder Dorfgeschichten, 2 Bde., Mannheim 1843; Barfüßele, Stuttgart u. a. 1856; Waldfried, 3 Bde., Stuttgart 1874; Die Genesis des Nathan, Berlin 1881; Ausw. hg. J. Hein, Stuttgart 1994; Briefe an seinen Freund Jakob Auerbach. Ein biographisches Denkmal, 2 Bde. Frankfurt a. M. 1884; Schwarzwälder Dorfgeschichten. Ausw. und Nachw. J. Hein, Stuttgart 1994.
Literatur: A. Bettelheim, B.A., Stuttgart u. a. 1907; M. Pazi, Revolution und Demokratie im Leben und Werk von B.A., in: Geschichte und Literatur, hg. J. H. Schoeps u. a., Duisburg 1979, 355–374; J. Katz, B.A.'s Anticipation of the German-Jewish Tragedy, in: Hebrew Union College Annual 53 (1982), 215–240; T. Scheuffelen, B.A. 1812–1882, Marbacher Magazin Sonderheft 36/1985; H. O. Horch, Heimat – Fremde – ›Urheimat‹. Zur Funktion jüdischer Nebenfiguren in B.A.s »Dorfgeschichten«, in: Confrontations/Accommodations. hg. M. Gelber, Tübingen 2004, 149–171; K. Sarnetzki, Erfolgreich gescheitert. B.A. und die Grenzen der jüdischen Emanzipation im 19. Jh., Oldenburg 2006; H. Kinder, B.A. Eine Collage, Tübingen 2011.

Hans Otto Horch

Ausländer, Rose

Geb. 11.5.1901 in Czernowitz;
gest. 3.1.1988 in Düsseldorf

Nach einer glücklichen Kindheit und Jugend in der Bukowina, die das ganze Leben hindurch Gegenstand liebevoller Erinnerung und Motiv ihrer Lyrik bleibt, widmet sich A. von 1919–20 im sog. *Ethischen Seminar* in Czernowitz dem Studium Platons, Spinozas und vor allem des jüdischen Philosophen Constantin Brunner. Nach dem Tod ihres Vaters wandert sie 1921 auf Drängen der Mutter aus wirtschaftlichen Gründen gemeinsam mit ihrem späteren Ehemann Ignaz Ausländer (Heirat 1923; Scheidung 1930) in die USA aus. Dort arbeitet sie als Zeitungsredakteurin und Bankangestellte und publiziert Gedichte und feuilletonistische Beiträge in deutschsprachigen Zeitungen. 1939 kehrt sie nach Czernowitz zurück und durchlebt von 1941–44 eine Zeit der Verfolgung und der Todesnot im Ghetto dieser

von den Deutschen besetzten Stadt. Ab 1946 lebt sie wieder in den USA, übersiedelt jedoch 1965 in die Bundesrepublik Deutschland.

In rascher Folge erscheinen hier ihre Gedichtbände, für die sie zahlreiche Preise, Auszeichnungen und Ehrungen empfängt. »Mein/ aus der Verzweiflung/ geborenes Wort« – mit diesen Zeilen gibt A. selbst einen Einblick in den Motivationshintergrund ihrer im Vergleich zu ihrer früheren Dichtung (*Der Regenbogen,* 1939) formal und inhaltlich neuartigen, etwa seit 1956 entstehenden lyrischen Bild- und Ausdruckswelt, mit der sie in ihrer Sammlung *Blinder Sommer* (1965) zum ersten Mal an die Öffentlichkeit tritt. Mit dem Wort »Verzweiflung« deutet sie auf die tiefe Krise ihres Selbst- und Wirklichkeitsverständnisses hin, aus der ihr Werk hervorgeht: Aufgrund der »alpdruckhaft beklemmenden Erfahrungen« im Ghetto von Czernowitz, aber auch der Vernichtung von Millionen deutscher und europäischer Juden durch die Nationalsozialisten droht sich für sie der Glaube an einen transzendentalen Sinn der Welt aufzulösen, der bis dahin die Leitlinie ihres Lebens und Schreibens gebildet hat. Ihr Weltbild wie ihre lyrische Bildwelt sind seither geprägt von der Spannung zwischen dem Vertrauen auf diesen universalen Sinn der Schöpfung und der Verzweiflung über die Sinnleere der geschichtlichen Erfahrungswelt. Um ihr einen poetisch adäquaten Ausdruck geben zu können, adaptiert sie während der ersten zehn Jahre nach dem Zweiten Weltkrieg die Schreib- und Kompositionsformen moderner Lyrik. Dabei orientiert sie sich vor allem an englischsprachigen Lyrikern – etwa an R. Frost, W.C. Williams, W. Stevens, T.S. Eliot, M. Moore und E.E. Cummings, aber auch an G. Ungaretti, P. Neruda, G. Eich, N. Sachs und P. Celan. Dennoch gliedert sie sich damit nicht in die auf der Traditionslinie Rimbaud – Mallarmé – Celan gelegene »absolute« Lyrik der Moderne ein. Aufgrund ihres Bestrebens, trotz des drohenden Sinnverlustes am Bild einer ganzheitlichen, in die Sphäre des Transzendentalen hineinreichenden Welt festzuhalten, bleibt ihre Lyrik bei aller formalästhetischen Modernität, sprachartistischen Brillanz und reflektorischen Intensität letztlich doch mimetisch orientiert: Sie ist Deutung der Welt im Sinne der traditionellen Darstellungsästhetik.

A. hat sich ihre ganzheitliche Weltsicht bereits im *Ethischen Seminar* in Czernowitz angeeignet, wo Grundgedanken der Philosophie Brunners zu Fundamenten ihres Denkens geworden sind. Für Brunner gibt es ein einheitlich in allen Menschen wirkendes, wahrheitsorientiertes Denken nicht. Er unterscheidet vielmehr zwischen dem Geist (dem absoluten Denken) und dem Analogon (dem fiktiven Denken); das eine richtet sich auf die Erkenntnis der absoluten Wahrheit; das andere geht aus Beobachtungen partieller Bereiche oder aus fiktiven Deutungen der Erfahrungswelt hervor, tritt aber dennoch mit dem doktrinären Anspruch auf absolute Gültigkeit auf, wie es etwa bei Geboten, Verboten und Dogmen der Religionen, bei Mythologien oder Ideologien der Fall ist. Die Geschichte erscheint dadurch als permanenter Antagonismus des Prinzips des Geistigen und des Ungeistig-Analogen. Letztlich bleibt sie aber doch trotz ihrer tragisch anmutenden Widersprüchlichkeit auf einen teleologischen Sinn ausgerichtet. Dieser Antagonismus bildet auch die Grundstruktur der neuen lyrischen Bildwelt A.s. Sie gestaltet ihn mithilfe des der biblischen Schöpfungsgeschichte entnommenen Bildmaterials: Die archetypische Urszene der antagonistischen Entzweiung der Welt und der Menschheitsgeschichte liegt für sie im Sündenfall-Mythos: Mit seinem Erkenntnisverbot erweist sich der biblische Gott als prototypische Manifestation des analogen, doktrinären Denkens. Mit seiner Strafe für den Sündenfall verbannt er den auf Erkenntnis des Absoluten angelegten Menschen in den Bereich des Begrenzten, der Zeit, der Sterblichkeit und des Todes: »Wir erkennen dich/…/ an deiner heimlichen Hand/ die den Zeiger zückt/ gegen das Schmetterlingsherz/ gegen unser Herz.« An seinem Wirkpotential, das A. durch funktionsspezifische Bilder – etwa »Dorn«, »Schwert«, »Feuer«, »Rauch«, »Schatten«, »Finsternis« – imaginativ zur Geltung bringt, zeigt sich das analoge Denken als Quelle des die Geschichte durchziehenden Bösen: der Intoleranz, des Terrors, des in den Holocaust einmündenden Rassismus. Auch zeitgeschichtliche Ereignisse werden aufgrund dieser Sehweise als mythische Vorgänge verstanden: »Sie kamen/ mit scharfen Fahnen und Pistolen/ schossen alle Sterne und den Mond ab/ damit kein Licht uns liebe/ damit kein Licht uns bliebe// Da begruben wir die Sonne/ Es war eine unendliche Sonnenfinsternis.« Dem um den biblischen Gott gelagerten Prinzip des analogen Denkens stellt A. in eklatanter Abänderung der biblischen Vorlage Eva als nicht von ihm erschaffene, autarke Protagonistin des Prinzips des Geistigen, der Wahrheit und der Liebe gegenüber (»Aus Himmelsrippen geschält/ Sonne ewige Eva«). Ihr Sündenfall und ihre fortdauernde Bereitschaft zur Sünde sind Zeichen des Willens zur

Selbstbehauptung des der Wahrheit verpflichteten Menschen gegenüber dem Herrschafts- und Vernichtungswillen des totalitären analogischen Denkens. Eva wird – in deutlichem Kontrast zur Dunkelheitsmetaphorik des analogen Prinzips – umgeben mit einer Aura von Licht- und Sonnenmetaphern, die letztlich wohl auf die Erscheinungsweise der Idee des Guten im platonischen Sonnengleichnis verweist. Sie erscheint dadurch als paradigmatische Leitfigur, die Sinngewissheit verbürgt und als Drang zur Wahrheit, zur Menschlichkeit und zu selbstbestimmtem Handeln fortlebt und weiterwirkt: »Laßt uns Sünder sein/ verbotene Worte lieben/ und Menschen/ unter drohendem Himmel.«

Mit dieser Akzentuierung der sinnstiftenden Kraft des als das Weibliche gesehenen Geistig-Absoluten gegenüber allem Ideologisch-Doktrinären der unter männlicher Dominanz stehenden geschichtlichen Erfahrungswelt schafft sich A. die Basis für ihre neue dichterische Existenz: Sie gründet sich auf »der verzweifelten Hoffnung/ daß Dichten/ noch möglich sei«. Aus dem in der Leitfigur Eva repräsentierten Willen zur Wahrheit, zur Liebe und zur Menschlichkeit erhält sie ihre Legitimation: »Ich sing das verbotene/ Apfellied/ das vor der Geburt erlernte.« In einer Art von Anamnesis an eine vorgeburtliche Existenz im Sinne Platons deutet sie ihr poetisches Tun als Verwirklichung ihres innersten Wesens und als Zurückweisung jeder Art von analogisch begründetem Herrschaftsanspruch. Sie begreift es als Bekenntnis zur – im Sinne Spinozas – vom Geist, vom »Wort« durchwirkten Welt und zum ganzheitlichen Menschen, der in ihr als in seinem »Mutterland« leben kann.

Werke: Gesammelte Werke in sieben Bänden und einem Nachtragsband, hg. H. Braun, Frankfurt a. M. 1984 ff.
Literatur: H. Braun, »Ich bin fünftausend Jahre jung« – R.A. Zu ihrer Biographie, Stuttgart 1999; »Weil Wörter mir diktieren: schreib uns« – Literaturwissenschaftliche Texte zu R.A., hg. H. Braun, Köln 1999; M. Behre, »Eva, wo bist du?« Wirkungsmacht des Weiblichen im Werk R.A.s, Schriftenreihe der Rose-Ausländer-Stiftung, Bd. 16, hg. H. Braun, Berlin 2005; »Blumenworte welkten«. Identität und Fremdheit in R.A.s Lyrik, hg. J. Birkmeyer, Bielefeld 2008.

Josef Billen

Bab, Julius

Geb. 11.12.1880 in Berlin;
gest. 12.2.1955 in Roslyn Hights/New York

Das Verhältnis zwischen Judentum und Deutschtum ist für B. zeit seines publizistischen Lebens eine wichtige Fragestellung. Er studiert Germanistik, Philosophie und Geschichte in Berlin und Zürich. Seit 1901 arbeitet er als Theaterkritiker und gelangt schnell zu Ansehen. Ab 1905 schreibt er für die *Schaubühne* und arbeitet als Theatertheoretiker und -pädagoge u. a. in M. Reinhardts Schauspielschule und 1919 als Leiter des schauspielerischen Seminars der Volksbühne. Daneben veröffentlicht er zahlreiche Studien zum Theater (*Wege zum Drama*, 1906; *Der Mensch auf der Bühne*, 1911; *Die Chronik des deutschen Dramas*, 1921–26).

Seine öffentliche Auseinandersetzung mit dem Judentum erhält durch die politischen Entwicklungen der Weimarer Republik und die Erfahrungen der nationalsozialistischen Verfolgung ein besonderes Gewicht innerhalb seines Werkes. Frühe Spuren dieser Auseinandersetzung finden sich aber auch in den beiden größeren Nachlassteilen im Bab-Archiv der Akademie der Künste und im New Yorker Leo-Baeck-Archiv als Konstante (Rogge-Gau). Schon 1910 reflektiert B. über den *Anteil der Juden* (so der Titel des Artikels) an der deutschen Dichtung der Gegenwart. Dabei verknüpft er das Judentum hier noch mit dem Begriff der Rasse, deren »ererbte Eigenschaften« er sich selbst zuschreibt, »wenn es auch nie in eine bindende Definition zu bringen ist, was jüdisches Wesen sei«. Die Aufgabe der Juden innerhalb der deutschen Literatur sieht er in deren Vermittlung an ein breites Publikum, etwa durch Übersetzungen, durch journalistische Beiträge, durch dramaturgische Bearbeitungen, Theaterproduktionen oder Verlegertätigkeit. Jüdischen Autoren spricht B. – von wenigen Ausnahmen abgesehen – die dichterische Schaffenskraft ab. Er begründet dies – und teilt damit Positionen, wie sie zur gleichen Zeit auch in der antisemitischen Propaganda vorkommen – durch eine fehlende Nähe der jüdischen Dichter zur Natur. Die Juden seien »nicht

Söhne, sondern Enkel der Natur, sie kommen nur auf kulturellem Umwege zu ihr« (Manuskript im B.-Archiv, Akademie der Künste).

Als der Erste Weltkrieg ausbricht, äußert sich B. wiederholt mit patriotischem Pathos und ergreift Partei für Deutschland, bevor er selbst als Soldat einrückt. So dichtet er programmatisch: »Und liebst Du Deutschland? Frage ohne Sinn!/ Kann ich mein Haar, mein Blut, mich selber lieben?/ Ist Liebe nicht noch Wagnis und Gewinn?/ Viel wahllos tiefer bin ich mir verschrieben/ und diesem Land, das ich, ich selber bin./ [...] Ich steh' und fall' mit Deutschland, das ich bin« (*Schaubühne*, 27.8.1914). Die Identifizierung mit Deutschland ist symptomatisch für zahlreiche Juden aus B.s Generation, die mit solchen Äußerungen auch implizit auf den antisemitischen Vorwurf reagieren, Landesverräter und Drückeberger zu sein und keine Vaterlandsliebe zu empfinden. Derlei Hetzkampagnen werden seit Beginn des Krieges vor allem vom »Alldeutschen Verband« lanciert, mit dem Erfolg, dass das Kriegsministerium im Oktober 1916 die Erfassung aller wehrpflichtigen jüdischen Deutschen anordnet. Diese als »Judenstatistik« bekannt gewordene Volkserhebung bedeutet besonders für die jüdischen Frontkämpfer einen Affront, der die Erfolge der Emanzipation infrage stellt und bei zahlreichen deutschen Juden eine Identitätsdiskussion in Gang setzt, in deren Kontext auch der Zionismus zunehmend an Boden gewinnt. B. wendet sich allerdings schon 1915 in der *Schaubühne* gegen den Zionismus, den er für »Gift« hält, da dieser, wie der Antisemitismus auch, auf der Rassentheorie fuße. »Wenn also den Juden ihre Geschichte irgendeine Verpflichtung auferlegt, so ist es die Pflicht, dieses erschütternde und immer noch zukunftsträchtige Beispiel der reinen Geistesgewalt, diese messianische Sendung aufrecht zu erhalten, ja, lieber unterzugehen, als vor der staatspolitischen Zwangsidee zu kapitulieren« (*Zur jüdischen Frage*, SB 22.4.1915). Diese Haltung dominiert B.s Positionen auch nach dem Ersten Weltkrieg. Mit aufklärerischen Beiträgen versucht er der Zeitung des »Centralvereins deutscher Staatsbürger jüdischen Glaubens« der vielfach antisemitisch motivierten These entgegenzutreten, dass der Literatur- und Theaterbetrieb jüdisch dominiert sei (*Vom deutschen Theater*, 1927; *Literarischer Kulturkampf?*, 1929 in *C.V.-Zeitung*). Zugleich bemüht er sich, über die positive Wechselwirkung deutsch-jüdischen Zusammenlebens aufzuklären, etwa in seiner Abhandlung von 1926, *Goethe und die Juden*.

Anders als zahlreiche seiner Kollegen und Glaubensgenossen entscheidet sich B. 1933, in Deutschland zu bleiben. Als Gründungsmitglied und Mitarbeiter des »Jüdischen Kulturbundes« sieht er seine Aufgabe darin, sich der von den Nationalsozialisten erzwungenen Ausgrenzung zu widersetzen, indem er versucht, den deutschen Juden die deutsche Kultur zu erhalten: »Man kann uns verbannen aus dem aktiv-bürgerlichen Leben Deutschlands, aber nicht aus dem geistigen deutschen Leben und aus der Welt, in der wir nun seit mehr als fünf Generationen wurzeln und wachsen. [...] Wir können und wir wollen nicht aufhören, [...] in den Werken von *Lessing* und *Goethe*, von *Kant* und *Humboldt*, von *Rembrandt* und *Beethoven* den Urgrund unseres Wesens und Handelns zu sehen«, formuliert B. im August 1933. Mit diesem Programm stößt er vielfach auf Kritik, denn im »Centralverein« gibt es eine stark zionistisch beeinflusste Richtung, die eine Rückbesinnung auf genuin jüdische Werte und Kultur fordert. Vielfach reflektiert B. über die Gefährdung der deutsch-jüdischen Identität, die aufzugeben er nicht bereit ist. »Wir haben unsere Kraft aus einer zweifachen Wurzel gezogen, wir waren Juden und Deutsche, und wir sind es noch. Aber wir spüren, wie die Axt an diese Wurzel gelegt wird; unser Deutschtum ist bedroht und gerade im tiefsten, im geistigen Sinne« (*Kulturbund Deutscher Juden*, in: *Der Schild, 1933*). Im März 1935 wird B. aus der Reichsschrifttumskammer ausgeschlossen. Die Erfahrungen und Erkenntnisse dieser Jahre fließen ein in B.s Abhandlung *Leben und Tod des Deutschen Judentums* (veröffentlicht 1988). Er beginnt die Niederschrift Anfang 1939 im Pariser Exil und bezeichnet sie als »Nekrolog« auf das deutsche Judentum, dessen Tod er mit der Pogromnacht vom 9. November 1938 datiert. B. will diesen Tod aber nicht absolut verstanden wissen, denn unter Bezugnahme auf die Judenverfolgung im Mittelalter resümiert er: »Ja, das deutsche Judentum ist schon einmal, und zwar vor einem halben Jahrtausend getötet worden. Aber eigentlich gestorben ist es nicht.« B. zeichnet hier die Emanzipation der deutschen Judenheit nach, beschreibt zahlreiche fruchtbare Beziehungen zwischen Juden und Nichtjuden und versucht mit der Betonung ihrer Leistungen für die deutsche Kultur-, Wirtschafts- und Geistesgeschichte dem antisemitischen Vorurteil einer destruktiven Wirkung der Juden entgegenzutreten. Dabei wird deutlich, dass die Entwicklung nicht zwangsläufig in die Katastrophe der Verfolgung hätte münden müssen. B.s Betrachtungen enden mit einer Schilderung der Pogromnacht und der nachfolgenden Wochen, die er selbst noch in Berlin erlebt hat. Trotz seiner pessimistischen Zukunftsprognosen hält er 1939 noch an der Vorstellung einer »tiefen Wesensbeziehung zwischen Deutschtum und Judentum« fest, die er in »jener innersten religiösen Kraft« sieht, »die aus bloßen Kreaturen Individuen macht«. Deshalb sei das deutsche Judentum nicht zerstörbar. Im 1942/43 entstandenen Nachwort zu diesem Buch, für das B. in den USA keinen Verlag finden konnte, deutet er die Ermordung der europäischen Juden in den Konzentrationslagern an – damit sieht er auf Generationen die Möglichkeit jüdischen Lebens in Deutschland zerstört.

Im Exil – B. war über Frankreich in die USA geflohen – gelingt es ihm nicht, eine neue geistige Heimat zu finden. Mit seinen Vorträgen und Beiträgen in deutschsprachigen Zeitungen erreicht er fast ausschließlich Emigranten; die Integration in einen amerikanischen Kontext fällt ihm – aufgrund seines Lebensalters und der amerikanischen Sprache – sehr schwer. 1947 stellt er in einem Brief an P. Fechter über die USA fest: »Ich studiere dieses Land mit Staunen, mit Bewunderung, sogar mit Liebe [...] aber ich gehöre nicht im mindesten dazu – weil ich eben ein ›Deutscher‹ bin – Und dies bei der, mehr noch inneren als äußeren Unmöglichkeit Deutschland je wieder zu betreten, ist der Tod-Punkt meiner Existenz« (an P. Fechter, 13.7.1947). In seinem Aufsatz *Heimat in Goethe* (1948) präzisiert er dieses Verständnis seines Deutschtums, das er losgelöst von Volk oder Nation als Verwurzelung in der deutschen Kulturtradition versteht: »Und noch heute mag mancher, der mit weniger Freiwilligkeit [...] vom deutschen Lande abgerissen worden ist und nun zwischen den Völkern lebt, Heimat des Herzens finden – in Goethe.« 1951 und 1953 reist B. besuchsweise in die Bundesrepublik; er stirbt 1955 im amerikanischen Exil.

Werke: Goethe und die Juden, Berlin 1926; Rembrandt und Spinoza. Ein Doppelbildnis im deutsch-jüdischen Raum, Berlin 1934; Über den Tag hinaus, hg. C.F.W. Behl, Darmstadt 1960; Leben und Tod des deutschen Judentums, hg. K. Siebenhaar, Berlin 1988.

Literatur: K. Siebenhaar, »Denn um Abschied geht es ja nun.« J.B., die deutsche Kultur und die »Judenfrage«, Nachwort zu: B., Leben und Tod des deutschen Judentums, Berlin 1988, 147–154; S. Rogge-Gau. Die doppelte Wurzel des Daseins. J.B. und der Jüdische Kulturbund Berlin, Berlin 1999.

Stefanie Oswalt

Badt-Strauss, Bertha (Bath Hillel)

Geb. 7.12.1885 in Breslau;
gest. 20.5.1970 in Chapel Hill/USA

Anders als bei vielen ihrer jüdischen Zeitgenossen muss man bei B. nicht nach dem »(Deutsch)-Jüdischen« suchen. Sie war orthodoxe Jüdin, überzeugte Zionistin und selbstbewusste deutsche Bildungsbürgerin. Fast ihr gesamtes literarisches und publizistisches Werk beschäftigte sich mit jüdischen, deutsch-jüdischen und deutschen Themen und Literaturen. B. selbst hätte sich eine solch holzschnittartige Einordnung ihrer Person verbeten und mit einem Zitat ihres Vaters Benno Badt gekontert: »Ich gehöre der Badt'schen Linie an!« Im Kontext ihrer Zeit entfalten diese stolzen Worte ihre Bedeutung. B. stammte aus einer bekannten Familie jüdischer Gelehrter, ihre Eltern bewegten sich in einem Kreis, den der Rabbiner Leo Baeck als den »Mittelpunkt des jüdischen Breslau« bezeichnete, der aber weit über die deutschen Grenzen hinausging und zu dem die maßgebenden jüdischen Gelehrten der Zeit zählten: Mit dem Historiker Heinrich Graetz – um nur einige zu nennen – kurte man in Bad Reichenhall, der Philosoph Hermann Cohen, ein besonders enger Freund der Familie, und Salomon Schechter, der Entdecker der Kairoer Geniza aus New York, waren gern gesehene Gäste. Es war diese intellektuelle und zugleich religionsaffine Atmosphäre, die B. ein Wissen über die Geschichte und die Kultur des Judentums vermittelte, das weit über das hinausging, was die institutionalisierte jüdische Erziehung für Mädchen vorsah. B.s Übersetzungen fremdsprachiger jüdischer Texte zeugen davon.

Ihre Ausbildung absolvierte B. an den Universitäten Breslau, Berlin und München, wo sie Literatur, Sprachen und Philosophie studierte. Als eine der ersten Frauen in Preußen überhaupt promovierte sie 1909 mit einer Arbeit über »Annette von Droste-Hülshoff, ihre dichterische Entwicklung und ihr Verhältnis zur englischen Literatur«. Talent, Ehrgeiz, die nötigen Kontakte und eine gewisse finanzielle Unabhängigkeit ermöglichten B., aus der für eine Jüdin eher ungewöhnlichen Fächerkombination einen Brotberuf zu machen und erfolgreich als freie Literaturwissenschaftlerin und Publizistin zu arbeiten. Seit 1913 lebte sie mit ihrem Ehemann, dem Germanisten und Mendelssohnexperten Bruno Strauss, in Berlin, wo 1921 auch ihr einziger Sohn Albrecht geboren wurde. Kurz darauf erkrankte sie an Multipler Sklerose und umso außergewöhnlicher erscheint die lange Liste ihrer Arbeiten, die mehr als 600 Buchpublikationen, Essays und Buchrezensionen umfasst. Sie gab die erste wissenschaftliche Ausgabe der Werke Annette von Droste-Hülshoffs mit heraus (1925–30), übersetzte und edierte Arbeiten von Christoph Marlowe (1911), Gertrud Marx (1919), Gustav Flaubert (1920), Heinrich Heine (1923), Rahel Varnhagen (1912 und 1928), Louise von François (1925), Achim von Arnim (1927), Fanny Lewald und Moses Mendelssohn (alle 1929). Mit ihren Übersetzungen der *Lieder des Süßkind von Trimberg* (1920), Leon da Modenas *Eldad und Medad* und Profiat Durans *Sei nicht wie Deine Väter* (beide 1920) und William Rosenaus *Jüdische Sitten und gottesdienstliche Gebräuche* (1929) reihte sich B. in die Bemühungen ein, jiddische und hebräische Texte ins Deutsche zu übertragen. Die Bibelübersetzung Bubers und Rosenzweigs war sicher das ehrgeizigste und bekannteste Projekt in dieser Reihe, aber auch weniger prominente Texte wie die von B. bearbeiteten ermöglichten einer breiten Bevölkerungsschicht, sich mit jüdischen Texten auseinanderzusetzen, ohne eine jahrelange Ausbildung in den entsprechenden Fächern absolviert zu haben. B. verfasste Beiträge für das *Jüdische Lexikon* und die *Encyclopaedia Judaica*, veröffentlichte den Kurzgeschichtenband *In Bene Berak und andere Erzählungen* (1920), die Kollektivbiographie *Jüdinnen* (1937) und zusammen mit dem Fotografen Nachum Tim Gidal den Bildband *Jüdische Kinder in Erez Israel* (1936). Ihre letzte große Arbeit in Deutschland war eine gemeinsam mit ihrem Mann herausgegebene Anthologie der Briefe Hermann Cohens (1938). Neben ihren Buchprojekten schrieb sie zahlreiche Artikel und Rezensionen sowohl für führende deutsche Tageszeitungen wie die *Vossische Zeitung* und das *Berliner Tageblatt* als auch für jüdische Zeitschriften wie die *Jüdische Rundschau*, *Der Jude* und *Der Morgen*.

B. fühlte sich bereits vor dem Ersten Weltkrieg von den Ideen der kulturzionistischen Bewegung angezogen, die sich u. a. um Martin Buber gruppierte. Wöchentlich nahm sie bei Buber am Bibelstudium teil. Es waren sie und ihr Bruder Hermann Badt, die im Rahmen dieser Bibelstunden den Kontakt zwischen Franz Rosenzweig und Buber herstellten und so eine der fruchtbarsten intellektuellen Freundschaften dieser Zeit ermöglichten. In Berlin führten B. und ihr Mann – wie schon ihre Eltern in Breslau – ein offenes Haus und machten es zu einem Ort, wo prominente Vertreter der »Jüdischen Renaissance« wie der Historiker Ismar Elbogen, der Orientalist Eugen Mittwoch oder der Rabbiner und Philosoph Julius Guttmann gern und oft zu Gast waren und manche Buchprojekte (z. B. die Jubiläumsausgabe der Werke Moses Mendelssohns) vorantrieben. In ihrer Interpretation einer kulturellen Erneuerung des Judentums ging B. jedoch einen eigenen Weg. Während u. a. Buber, Jakob Wassermann und Kurt Tucholsky nach der Enttäuschung des Ersten Weltkriegs das angeblich assimilierte Westjudentum verdammten und als Ideal das in ihren Augen unverbildete Ostjudentum priesen, interpretierte B. die oft resignierte Rückkehr prominenter »abtrünniger« Juden wie Heinrich Heine und Rahel Varnhagen zu ihren jüdischen Wurzeln als selbstbestimmten Schritt in die richtige Richtung. Damit holte sie die verfemten Apostaten wieder zurück in die jüdische Gemeinschaft und bot gleichzeitig realistische Rollenmodelle für die verunsicherten deutschen Juden an. B. ging es dabei vor allem um die Frauen, deren Mitwirken an der Neugestaltung einer jüdischen Gemeinschaft ihr essenziell erschien. In diesem Kontext und nur bedingt aus einem feministischen Bewusstsein heraus ist B.s intensive literarische Beschäftigung mit jüdischen Frauen zu lesen. Von den männlichen Protagonisten der »Jüdischen Renaissance« – viele von ihnen hatten erst kürzlich ihr Judentum wiederentdeckt – konnten die deutschen Jüdinnen keine Unterstützung bei der spirituellen Sinnsuche erwarten. Vielmehr machte man sie für Auflösungstendenzen im Judentum wie Konversionen, Mischehen und die fallende Geburtenrate verantwortlich und hielt ihnen als erstrebenswertes Ideal die vermeintlich traditionellen osteuropäischen Jüdinnen entgegen. Als religiöse, emanzipierte deutsche Jüdin war es B. nicht nur unmöglich, sich selbst in diesem holzschnittartigen Gegensatzpaar wiederzufinden, sie empfand auch diese Verdammung der »Westjüdin« als nicht hilfreich, die Frauen für das Judentum zurückzugewinnen. In ihren Artikeln und Büchern präsentierte sie ein Reihe von jüdischen Frauen aus Vergangenheit und Gegenwart, ohne deren Lebensweg zu verurteilen. Nur so könne man »die merkwürdige Doppelheit [der jüdischen Frau], die sie uns sowohl als Hüterin wie als Zerstörerin altjüdischer Volkswerte zeigt«, verstehen. Eines hatten die von B. beschriebenen Frauen gemeinsam: Sie waren überzeugte Jüdinnen oder zum Judentum zurückgekehrt, manche nach Erez Israel. B. legte weder die Art fest, wie eine solche »Rückkehr« auszusehen hatte, noch wie die Rolle der Frau im Judentum und im Jischuw aussehen sollte. Vielmehr lud sie die Frauen ein, mit ihren individuellen Lebensentwürfen die jüdische Gemeinschaft mitzugestalten, auch wenn diese den strengen männlichen Vorstellungen einer authentischen jüdischen Weiblichkeit widersprachen. Mit der Machtergreifung der Nationalsozialisten wurden solche positiven Möglichkeiten, sich mit dem Judentum zu identifizieren, umso wichtiger. B. engagierte sich im Jüdischen Lehrhaus Berlin. Sie leitete Arbeitsgruppen u. a. über »Die jüdische Familie im jüdischen Buch« oder gemeinsam mit Julius Bab »Jüdische Gegenwartskunde im Roman« und hielt im Auftrag des Jüdischen Kulturbundes literaturwissenschaftliche Vorträge im gesamten Deutschen Reich.

Es war nicht nur ihrer Krankheit geschuldet, sondern entsprach auch dem Wunsch ihres Mannes, der seine beruflichen Aussichten als Philologe in Palästina realistisch einschätzte, dass B. 1939 mit ihrer Familie in die USA emigrierte. Dort konnte ihr Mann in Shreveport, Louisiana als Professor am Centenary College lehren. Obwohl oder gerade weil sie weit abseits der großen Exilantenzentren an der Ostküste lebte, gelang es B., ihre Arbeit erfolgreich fortzusetzen. Dass ihre ambivalenten Erlebnisse und Gefühle als Emigrantin zwar in ihren Texten mitschwangen, dennoch nicht zentraler Bestandteil waren, mag dazu beigetragen haben, dass B. in den USA wieder zur begehrten Essayistin und Rezensentin avancierte. Sie publizierte sowohl in der Exilpresse als auch in amerikanisch-jüdischen Zeitschriften, u. a. im *Aufbau*, in *The Menorah Journal*, *The National Jewish Monthly* oder im *Jewish Frontier*. Etablierte Schriftsteller wie Jacob Picard, Karl Wolfskehl und Friedrich Torberg, die außerhalb des deutschen Sprachraums nur schwer Fuß fassen konnten, bemühten sich bei B. um eine Besprechung ihrer Arbeiten. B.s zentrales Thema im Exil war die untergegangene Welt des europäischen Judentums. Ihre Texte u. a. über *My world and how it crashed* (1951) und *Eine jüdische Gelehrtenrepublik* (1955) dienten neben der Selbstvergewisserung einem weiteren Zweck: Sie sind als eine klare Positionierung in der Nachkriegsdebatte über das Schicksal der europäischen Juden zu lesen. Dabei setzte B. wieder sehr individuelle Akzente und stimmte nicht in den Chor derjenigen ein, welche die Geschichte der europäischen Juden als krisenhaft beschrieben und in der Shoah die letztlich zwingende Konsequenz der Assimilation sehen wollten. B. setzte dieser pauschalen Verurteilung das differenzierte Bild eines zwar geplagten, aber kreativen Judentums entgegen. Ihre letzte große Arbeit *White Fire. The Life and Work of Jessie Sampter* (1956), eine Biographie der prominenten amerikanischen Zionistin, die trotz widrigster Umstände ein Kinderheim in Palästina gründete, geriet B. zu einer Hommage an den zionistischen Traum, den sie selbst nie gelebt hatte.

Werke: Annette von Droste-Hülshoff, ihre dichterische Entwicklung und ihr Verhältnis zur englischen Literatur, Leipzig 1909; In Bene Berak und andere Erzählungen, Berlin 1920; Jüdinnen, Berlin 1937; White Fire. The Life and Works of Jessie Sampter, New York 1956.

Literatur: B. Hahn, B.B. (1885–1970). Die Lust am Unzeitgemäßen, in: Frauen in den Kulturwissenschaften, hg. B. Hahn, München 1994, 152–164; M. Steer, »My world and how it crashed« – Eine deutsch-jüdische Apologetik in den USA, in: Transversal. Zeitschrift des Centrums für Jüdische Studien an der Karl-Franzens-Universität Graz 5/2 (2004), 39–50; dies., B.B. (1885–1970). Eine jüdische Publizistin, Frankfurt a. M. 2005.

Martina Steer

Balázs, Béla (Herbert Bauer)

Geb. 4.8.1884 in Szeged;
gest. 17.5.1949 in Budapest

B. gehört zu den herausragenden Vertretern einer Generation von Exilautoren, deren Leben und Schreiben unauflöslich mit den politischen Verwerfungen und Katastrophen ebenso wie mit den ästhetisch-kulturellen Suchbewegungen des 20. Jahrhunderts verbunden ist. Dass er im deutschsprachigen Raum zumeist nur noch als Wegbereiter der filmästhetischen Theorie (neben Eisenstein, Arnheim oder Kracauer) erinnert wird, hat nicht zuletzt mit den Wechselfällen eines Lebens zu tun, dem die politischen, sozialen und kulturellen Bindungen sukzessive verloren gingen, bis die Bindungslosigkeit selbst zur programmatischen Ausrichtung seines literarischen Schaffens führte. Die jüdische Diaspora liefert dabei das existenzielle

Dispositiv, in dem die Erzählungen von Entwurzelung, Wanderschaft und Transgression – ins Metaphorische gewendet – entworfen und durchgespielt werden.

Als Sohn eines ungarisch-jüdischen Vaters und einer deutsch-jüdischen Mutter stand B. von vornherein und in vielfacher Hinsicht quer zu den nationalstaatlich territorialen und ideologischen Grenzziehungen. Sowohl der Name Herbert, den ihm die germanophile Mutter gegeben hatte, als auch die deutschsprachige Erziehung waren dazu angetan, den Jungen von den Kindern seiner südungarischen Heimatregion abzusetzen. Aufgewachsen in einem assimilierten Elternhaus, das sich der deutschen Literatur und Kultur sehr verbunden fühlte, wurde ihm das Judentum zuallererst unter der Chiffre des Andersseins bewusst. In dem autobiographischen Roman *Die Jugend eines Träumers* (1947) beschreibt B. rückblickend, wie der Ausschluss vom evangelischen Religionsunterricht einer fundamentalen Entortung gleichkam: »Daß ich aus einer Gemeinschaft ausgeschlossen war, ohne zu einer andern zu gehören, daß ich also schon in meiner frühesten Kindheit jenseits der Gemeinden stand, von keiner abgestempelt, als isoliertes, einsames Individuum – das bestimmte meine Haltung und mein Schicksal für das ganze Leben.« Diese Randstellung zu verschiedenen Kulturen bildete später den Eckstein einer Poetik, die in der eigenen kulturellen Hybridität nicht länger eine defizitäre Ausgangslage, sondern einen privilegierten Zugang zu ungeahnten kreativen Ressourcen erkannte.

Die Absicht, ein ungarischer Dichter zu werden, verdankte sich zunächst dem Wunsch nach Zugehörigkeit und Teilhabe an einer romantisch verklärten, von antisemitischen Anfeindungen ungetrübten Volkskultur. Schon das Pseudonym B. B., das er zu Beginn seiner poetischen Ambitionen bei einer Lokalzeitung erhalten hatte und 1913 auch formell annahm, unterstrich diese Tendenz. »Herbert Bauer, ein so deutscher Name paßt für einen ungarischen Dichter nicht«, heißt es dazu lakonisch in der Autobiographie. Ferner diente auch B.s ausdauernde Suche nach Volksliedern und Märchenstoffen in der ungarischen Provinz der identitätsstiftenden Rückbindung an ein zu erneuerndes Ungarntum. Jedoch schon während des Studiums der ungarischen und deutschen Literatur in Budapest, insbesondere aber unter dem Eindruck der Studienaufenthalte in Berlin bei Georg Simmel und in Paris bei Henri Bergson entwickelte sich B.s dichterisches Modell zusehends in Richtung auf eine hybride, von deutscher, französischer wie russischer Literatur gleichermaßen beeinflusste Poetik. Wegweisend für sein künftiges Schaffen war hier die Vorstellung vom Dichten als Einübung in ein »anderes Sehen« (Bergson), das hinter den disparaten Erscheinungen der Welt das Zusammenhängende zu erkennen vermag und gerade aus dem Verlust einer ursprünglichen Fülle heraus produktiv wird. Von Simmel her war er mit einer Typologie des »Fremden« vertraut, der willentlich zu der ihn umgebenden Gesellschaft auf innerliche Distanz geht, um so eine herausgehobene intellektuelle Position zu erlangen. Diese Fremdheitssemantik entfaltete B. später zu einem universalen anthropologischen Programm, das insbesondere die deutschen Schriften der Wiener und Berliner Exiljahre wie ein Generalbass grundiert.

Mit der Gründung des »Sonntagskreises«, einer informellen Gruppe von Intellektuellen, die ab 1915 diskussionsreiche Soireen in B.s Wohnung abhielt, unter ihnen der Literaturtheoretiker Georg Lukács und der Soziologe Karl Mannheim, bemühte sich B. um eine strategische Vernetzung von Gleichgesinnten. Der weniger akademische als spirituell-kultische Charakter ihrer Zusammenkünfte entsprach ganz und gar B.s feierlicher, von der Lebensphilosophie beeinflusster Weltanschauung und leistete seinem Beitritt zur Kommunistischen Partei 1918 in gewisser Hinsicht Vorschub. Denn den Kommunismus betrachtete er als eine dezidiert metaphysische Mission, von der er sich die Umgestaltung des Menschen und seiner Lebensformen nach dem Bild der Dichtung erhoffte. Das brachte ihm zuerst den Widerspruch und bald darauf die Abwendung seines Freundes und politischen »Waffenbruders« Lukács ein. Die Emigration nach Österreich 1919 infolge der Niederschlagung der Räterepublik bedeutete in mehrfacher Hinsicht einen radikalen Bruch: Der damals 35-jährige B. fiel nicht nur aus der literarischen und politischen Öffentlichkeit heraus, die ihn als Autor anerkannt hatte, vielmehr wurde er von der ungarischen Sprache als Medium seiner Dichtung abgeschnitten. Auch wenn er im Exil die Arbeit an ungarischen Werken teilweise fortsetzte, musste ein Großteil dieser Texte unveröffentlicht bleiben oder konnte erst Jahre später erscheinen. Auf die Erfahrung von sozialer Fremdheit und Exklusion, wie er sie als assimilierter Jude in der ungarischen Kultur erlebt und poetologisch fruchtbar gemacht hatte, folgte ein fast drei Jahrzehnte andauerndes Exil. Er war gezwungen, zur Sprache des Elternhauses zurückzukehren, um nun als Feuilletonist und Filmkritiker der neuen Wiener Tageszeitung *Der Tag* eine zweite Karriere anzutreten. Aus dem ungarischen Poeten wurde ein deutscher Schriftsteller, dem es gelang, den Mangel an sprachlicher und kultureller Zugehörigkeit in die Quelle einer Ästhetik umzuwandeln.

Zu den herausragenden Arbeiten der 20er Jahre gehören die in Wien und dann nach dem Umzug 1926 in Berlin entstandenen Feuilletons, ergänzt um den 1925 veröffentlichten *Phantasie-Reiseführer/Das ist ein Baedeker der Seele für Sommerfrischler*. Wie ein roter Faden zieht sich die Erfahrung des Exils, des Herausfallens aus allen gesellschaftlichen Koordinaten durch diese sprachlich brillanten und geistreichen Prosaminiaturen. Der *Baedeker der Seele* transponiert die konkreten Gegebenheiten der exilischen Situation in den Rang einer Lebensform, die das Exil nicht mehr als einen Ausnahmezustand, sondern als einen Regelfall betrachtet. Damit steht B. in der Tradition einer jüdischen Kulturpoetik: Das diasporische Schicksal von Vertreibung und Fremdheit wird unter ästhetischen Vorzeichen als ein Prinzip der »Wanderschaft«, als eine transgressive Bewegung zwischen den Polen von Assimilation und Ursprungsbezogenheit neu verhandelt. So zeichnet sich der »Wanderer« vor allen anderen Menschen dadurch aus, »kein Heim« zu haben, »aus dem er einen Ausflug macht«, und auch kein »Ziel auf dieser Erde, die darum so schön ist. Gleich fremd sind ihm alle Orte.« Assimilieren muss sich der »geborene Fremdling« zuvorderst an eine Lebensform, die ihm entspricht: »Der Wanderer ist nur auf offener Landstraße zu Hause, er findet seine Ruhe nur im Wechsel. [...] In jeder Ruhe und Beständigkeit ist sein Schwerpunkt verschoben, und wenn er die Straße betritt, so löst sich nur die Spannung eines Mißverhältnisses.« Trotzdem ist es ihm nicht möglich, jemals an ein Ziel zu kommen: »Der Wanderer ist einer, der nie fertig ist.« Die Spuren des Exils sind dem »inneren Zustand« des Wanderns unauslöschlich eingeschrieben, weil das Erleben stets auf die Erfahrung von Fremdheit bezogen bleibt.

Parallel zu den feuilletonistischen Arbeiten legte B. mit *Der sichtbare Mensch* 1924 eine der ersten filmtheoretischen Abhandlungen überhaupt vor, worin er leidenschaftlich für den Film als Kunstform eintrat. Darüber hinaus verfasste er zahlreiche Drehbücher, von denen dasjenige zu *Das blaue Licht* (1932) von Leni Riefenstahl – mit B. als Co-Regisseur – am bekanntesten geworden ist. Dieser Film markierte wenig später den unheilvollen Endpunkt von B.s bis dahin erfolgreicher Schriftstellerkarriere im deutschsprachigen Raum: Nach der Machtübertragung an die Nationalsozialisten 1933 hatte Riefenstahl ihre Kontakte zum antisemitischen Publizisten Julius Streicher dazu benutzt, berechtigte Geldforderungen des »Juden B. B.« abzuweisen. Da es ihm unter diesen Umständen unmöglich war, weiter in Deutschland zu arbeiten, kehrte er von einem Aufenthalt in der Sowjetunion nicht mehr nach Berlin zurück. Im Moskauer Exil konnte B. noch den ersten Teil einer auf mehrere Bände angelegten Autobiographie, die schon genannte *Jugend eines Träumers*, in deutscher Sprache fertigstellen. Zwei Jahre später, im Mai 1949, starb er nach kurzer Krankheit in Budapest.

Das in den letzten Jahren zunehmende Interesse an B. im Allgemeinen und an seinem feuilletonistischen und essayistischen Werk im Besonderen mag auch darauf zurückzuführen sein, dass mit dem Zusammenbruch der Ostblock-Staaten und der Öffnung der europäischen Grenzen einerseits und mit der technologischen Innovation grenzüberschreitender Kommunikation andererseits eine gesellschaftliche Konstellation entstanden ist, die zumindest ansatzweise den Bewegungs- und Wahrnehmungsmustern von B.s »Wanderer« entspricht.

Werke: Ausgewählte literarische Werke in Einzelausgaben, 4 Bde, hg. H. Loewy, Berlin 2001–2005; Der sichtbare Mensch oder die Kultur des Films, Frankfurt a. M. 2001; Der Geist des Films, Frankfurt a. M. 2001.
Literatur: J. Zsuffa, B.B.: The Man and the Artist, Berkeley u. a. 1987; H. Meixner, Der verratene Traum: B.B., in: Träumungen, hg. B. Dieterle, St. Augustin 1998, 13–22; H. Loewy, Medium und Initiation – B.B.: Märchen, Ästhetik, Kino, Frankfurt a. M. 1999; G. Frank, Assoziationen/Dissoziationen – Von den »stummen Künsten« (Hofmannsthal) zum »sichtbaren Menschen« (B.), in: Tanz-Zeichen, hg. E.W.B. Hess-Lüttich, Tübingen u. a. 2003, 225–241; G. Petrie, Bertolt Brecht and B.B.: Paradoxes of Exile, in: Canadian Journal of Film Studies 13 (2), 2004, 2–21; G. Frank, Musil contra B. – Ansichten einer »visuellen Kultur« um 1925, in: Musil-Forum 2005, 105–152; M. Hein, Zu einer Theorie des Erlebens bei B.B., Würzburg 2011.

Jörg Marquardt

Bauer, Alfredo

Geb. 14.11.1924 in Wien

»B. ist Kommunist. Das ist unfein, überhaupt jetzt. Er ist Jude, gehört sich auch nicht. Und er ist Österreicher in der argentinischen Emigration. Drei Gründe, warum er in seiner alten Heimat so gut wie unbekannt ist. Seine Bücher – Romane,

Reiseerzählungen, Essays – sind auf deutsch nur in der DDR erschienen«, so beschrieb Erich Hackl 1990 den Ort von B.s Schreiben in Westeuropa. Der vielseitige B., Arzt, Dramatiker, Lyriker, Erzähler, Journalist, Essayist in spanischer und deutscher Sprache, Übersetzer und politischer Aufklärer, ist nicht, wie ein Jorge Luis Borges, »heterodox«, sondern universalistisch orientiert. Ihm laufen nicht verschiedene Stränge angespannter Aufmerksamkeit nebeneinander, er versucht vielmehr, in einem lebenslangen Ringen die verschiedenen Seiten, nach denen er in die Welt ausgreift, zu verbinden. Die Grundlage dieser universalistischen Orientierung, so sehr sie im europäischen Humanismus tradiert erscheint, ist dennoch eine besondere: Es ist die Gemeinschaft der Exilierten (in Argentinien organisiert in Bildungsvereinen wie der Asociación Vorwärts oder dem Ateneo Argentino Alejandro von Humboldt, dessen Vizepräsident B. war), die B. die Gelegenheit gab, auf den verschiedensten Gebieten tätig und kundig zu werden – und werden zu müssen. Wenn auch die literarische Situation exilierter Schreibender vergleichbar scheint mit der Lage einer kulturell interessierten Gruppe in einer kleineren Stadt, so ist doch die absolute Unprovinzialität des Tuns der Exilierten zu vermerken: die Weite der Gesichtspunkte, die Rückhaltlosigkeit und Kontinuität des Eintretens für das einmal für richtig Befundene, die Verbundenheit mit einer großen Kultur des Widerstandes und der Menschenliebe, sowie die leidenschaftliche Diskussion über deren Inhalte und Ziele.

In seinem Roman *El hombre de ayer y el mundo* (1990, dt. *Der Mann von gestern und die Welt. Ein biographischer Roman um Stefan Zweig*, 1993) versucht B. nach dem Zusammenbruch des ›realen Sozialismus‹ und in Auseinandersetzung mit Stefan Zweig und dessen Selbstmord in Brasilien (1942) eine Klärung seines eigenen, prekär gewordenen Humanismus-Begriffes. B. interessieren die Widersprüche in Zweigs Persönlichkeit, zwischen Weltgewandtheit und Unbeholfenheit der eigenen Frau gegenüber, aber mehr noch die Widersprüche seines Humanismus: Zweigs Verwurzelung im alten Österreich-Ungarn, der »Welt von gestern«, und die daraus entspringende Vision eines nicht-nationalen Zusammenlebens der Völker, eine Vision, die er im multiethnischen, multikulturell anmutenden Brasilien verwirklicht glaubt. In der Konfrontation Zweigs mit der Neuen Welt wird der Humanismus-Diskurs weitergeführt und vertieft. Der Widerspruch des liberalen Humanismus mit seiner eigenen Grundlage, der aufstrebenden kapitalistischen Produktionsweise und deren »ursprünglicher Akkumulation« von Kapital, wird sichtbar; die Ausplünderung der menschlichen und natürlichen Ressourcen Süd- und Mittelamerikas stellte das wohl grausamste Kapitel der »ursprünglichen Akkumulation« dar. B. tritt nicht für einen radikalen Bruch ein, sondern für eine Aufklärung und Bereicherung des Humanismus selbst durch die Erfahrungen der Völker der Peripherie.

Viele Verwandte B.s waren dem NS-Massenmord zum Opfer gefallen. Der 15-jährige B. konnte mit seinen Eltern noch 1939 nach Argentinien ausreisen; schon als Jugendlicher war er in verschiedenen Emigrantenorganisationen aktiv. Er zog aus der Shoah die Schlussfolgerung, es wäre nun eine Welt zu schaffen, in der die Wiederholung des Geschehenen schon strukturell unmöglich sei. B. wurde Mitglied der KP Argentiniens, studierte Medizin, arbeitete als Kinderarzt und Gynäkologe, schrieb eine populärwissenschaftliche Geschichte der Juden für das argentinische Publikum, verfasste gynäkologische und sexologische Ratgeber.

Eines der großen literarischen Vorbilder B.s ist der am 16. Februar 1939 (just dem Tag, an dem B. in Buenos Aires ankam) im KZ Buchenwald verstorbene Jura Soyfer, nicht nur bei seinen frühen Versuchen, Szenen und Stücke für Kleinkunstbühnen zu schreiben, sondern auch bei der Arbeit an seinem Ende der 60er Jahre begonnenen, in spanischer Sprache geschriebenen fünfteiligen Romanzyklus *Los compañeros antepasados*, der bislang nur zum Teil auf Deutsch erschienenen Familiensaga einer Wiener jüdischen Familie von der 1848er Revolution bis zum Exil in Argentinien. »Über den Band, der die Emigration schildert, habe ich als

Motto einen Satz von Jura Soyfer geschrieben, daß es nämlich nicht dann eine neue Welt gibt, wenn ein Volk ein fremdes Land entdeckt und erobert, sondern wenn ein jedes Volk sich selbst entdeckt und sein eigenes Land erobert.« B.s Romanzyklus schildert diese letztlich gescheiterte Selbstentdeckung und Selbsteroberung am österreichischen Beispiel. Die Geschichte des Landes, mit den Erfolgen und Niederlagen der demokratischen und sozialen Bewegungen, denen sich B. und seine »Genossen Vorfahren« verbunden fühlen, gerät zu einer Vorgeschichte der Vertreibung. Der Kampf um die Gleichberechtigung der jüdischen Bewohner des Landes erweist sich als Schlüssel zu zentralen geschichtlichen Zusammenhängen. B., der sich ungern auf sein Judentum zurückgeworfen sieht (im Sinne eines Definiertwerdens durch die jüdische Herkunft), will sich doch das Recht nicht nehmen lassen, in seinem eigenen Schicksal und dem seiner Vorfahren die Widerspiegelung des ganzen Weltzustandes aufzuspüren. Zuletzt wandte sich B. vermehrt autobiographischem Schreiben (»Eine Reise«, »Verjagte Jugend«) und dramatischer Kleinkunst zu (»Anders als die anderen«, »Mythen-Szenen«), welche ihm Stellungnahmen in pointierter Form ermöglicht.

Werke: La esperanza trunca, Buenos Aires 1976 (dt. Verlorene Hoffnung, Berlin 1985); El falso auge, Buenos Aires 1977 (dt. Trügerischer Glanz, Berlin 1986); El hombre de ayer y el mundo, Buenos Aires 1990 (dt. Der Mann von gestern und die Welt. Ein biographischer Roman um Stefan Zweig, Wien 1993); Hexenprozeß in Tucumán und andere Chroniken aus der Neuen Welt, hg. und Vorwort E. Hackl, Wien 1996; Geliebteste Tochter. Marie Louise von Habsburg, Wien 1997; Antikoloniale Kleinkunststücke, St. Ingbert 2000; Verjagte Jugend, Wien 2004; Anders als die anderen, Wien 2004; Eine Reise, Brugg 2005; Mythen-Szenen, Mainz 2009; Die Vorgänger, Wien 2012.

Literatur: A.B. Mit einer Bibliographie und Gedichten, in: Mit der Ziehharmonika 5 (1988), 3–5; K. Kaiser, Ein Mann in seinem Widerspruch, in: Mit der Ziehharmonika 10 (1993), 2; M. Tschuggnall, Das lateinamerikanische Exil von A.B. und Paul Engel und dessen Darstellungen in ihren Werken, Wien 2010.

Siglinde Bolbecher

Baum, Oskar

Geb. 21.1.1883 in Pilsen;
gest. 1.3.1941 in Prag

»Der Jude Baum verlor sein Sehvermögen als Deutscher«, so Franz Kafka über seinen Freund B., in dessen Person er ein trauriges Symbol der deutschen Juden in Prag sah. Seit der Geburt auf einem Auge blind, verlor B. als Siebenjähriger bei einer Prügelei mit nationalistischen tschechischen Jugendlichen auch das andere Auge. Eine Ausbildung auf dem jüdischen Blindeninstitut Hohe Warte in Wien (1894–1902) ermöglichte B. eine selbständige Existenz als Lehrer für Orgel und Klavier. Nach seiner Rückkehr nach Prag konnte er sich seinen Lebensunterhalt als Organist in einer Synagoge verdienen, später erteilte er Klavierunterricht. Erst in den 20er Jahren wurde er Mitarbeiter der *Prager Presse* und lebte von seiner schriftstellerischen Tätigkeit. Doch schon zuvor hatte B. zahlreiche Novellen, Gedichte, Rezensionen und Kritiken in verschiedenen Zeitschriften veröffentlicht.

1905 erschien B.s erste erzählerische Arbeit im *Prager Tagblatt*, allerdings ohne sein Wissen. Sein Vater war von der kleinen Erzählung *Lebensgeschichte eines Lächelns* so angetan, dass er das Manuskript einem Redakteur weitergab, welcher es im Feuilleton veröffentlichte. B. wurde freier Mitarbeiter bei verschiedenen Blättern; er schrieb u. a. für die *Wochenschau für Blinde* des Blindeninstitutes Hohe Warte, für die jüdischen Zeitschriften *Herder-Blätter* und *Die Selbstwehr* sowie für die expressionistischen Zeitschriften *Der Friede*, *Der Anbruch* oder *Der Mensch*. 1908 erschien B.s erste selbständige Publikation, eine Sammlung von drei Novellen unter dem Titel *Uferdasein*. Obwohl B. auch Gedichte und Theaterstücke verfasste, liegt der Schwerpunkt seines Schaffens auf erzählerischem Gebiet; es sind elf Romane und zahlreiche Erzählungen und Novellen überliefert. Darüber hinaus hatte der blinde Schriftsteller in den 20er Jahren auch damit begonnen, Filmexposés zu verfassen und Vorträge und Lesungen im »Deutschen Rundfunk der tschechoslovakischen Republik« ebenso wie im Berliner und Stuttgarter Rundfunk zu halten.

Vermutlich 1903 lernte B. Max Brod kennen und zählte von da an, zusammen mit Brod und Felix Weltsch, zu den engsten Freunden Franz Kafkas. Als Einziger dieses »Prager Kreises« war B. in einer nicht-assimilierten Familie aufgewachsen; er kannte die jüdische Religion, ihre Gottesvorstellung, ihre Bräuche. In seinen Werken erweist sich B. auch als Kritiker jeder Art von Assimilation. Bereits in seinem 1913 erschienenen Roman *Die böse Unschuld* zeigt sich diese Haltung: Es ist die Geschichte des deutsch-jüdischen Studenten Julius Budweiser, der sich von der religiösen Tradition seines Großvaters entfernt hat. Aus dem Wunsch heraus, dennoch mehr über die eigenen ostjüdischen Wurzeln zu erfahren, knüpft Julius in einem tschechischen Provinzort Kontakte zur ostjüdischen Familie Beinstein. Als die Tochter anscheinend von Julius geschwängert wird, prallen die stark unterschiedlichen Einstellungen der assimilierten, rational handelnden Familie Budweiser und der religiösen Familie Beinstein aufeinander. Diese Gegensätze werden noch verstärkt durch die in dem Provinzort herrschenden antisemitischen und nationalen Strömungen: Deutsche gegen Tschechen, Tschechen und Deutsche gegen Juden, Westjuden gegen Ostjuden. B. stellt die verschiedenen Gruppen differenziert dar, wobei immer deutlich wird, dass Assimilation kein gangbarer Weg für die Juden sei. Dabei war B. zumindest vor dem Ersten Weltkrieg dem Zionismus gegenüber eher ablehnend. Er entsprach darin der Position der Herder-Vereinigung bzw. deren Organ, den *Herder-Blättern*, in denen B. 1911 und 1912 zwei Prosatexte (*Die Melodie der Stille*; *Die Erlösung*) veröffentlichte. Die Maxime der Herder-Vereinigung – Ablehnung von Assimilation bei gleichzeitiger Ablehnung eines jüdischen Staates – findet sich in vielen von B.s Erzählungen.

Eine erste Annäherung an den Zionismus steht wohl im Zusammenhang mit der Begegnung mit Felix Weltsch, dem Redakteur der Prager zionistischen Wochenschrift *Die Selbstwehr*; Weltsch dürfte B. in seiner Themenwahl beeinflusst haben. B.s erste Veröffentlichung in der *Selbstwehr*, die Novelle *Die Geopferten* (1915), hat, ebenso wie später *Das unerwartete Erbhindernis* (1933), das Assimilationsproblem zum Gegenstand: ein ostjüdischer Student lässt sich um der Karriere willen taufen, wird aber dennoch nicht in die nichtjüdische Gesellschaft integriert, sondern verliert alles, auch das Erbe seiner jüdischen Verwandten. Von der anderen Seite her blickend stellt B. in *Die Gott verachtet* (1936) die ostjüdische Frömmigkeit, im Einklang mit der kulturzionistischen Sicht, als Ideal dar. Eine unmittelbar zionistische Fragestellung greift B. auch in denjenigen Novellen auf, die die Probleme von Einwanderern in Palästina thematisieren: *Das Märchen von den zwei Welten* (1924) schildert die Eingewöhnungsschwierigkeiten einer jungen Frau in Palästina, *Die Braut des Narren* (1925) thematisiert die privaten Probleme von Einwanderern in einem Kibbuz. Anzeichen einer Annäherung an eine zionistische Position war schließlich auch B.s Wahl der jüdischen Nationalität, als es nach dem Zusammenbruch der k.u.k. Monarchie den Bürgern des neuen tschechischen Staates freistand, sich für die tschechische, deutsche oder jüdische Nationalität zu entscheiden.

Prägend für B.s Begriff des Zionismus war, wie für viele Prager jüdische Intellektuelle, die Auseinandersetzung mit Martin Buber. B. lernte ihn vermutlich schon vor 1910 kennen, also noch bevor Buber seine vielbeachteten *Reden über das Judentum* in Prag gehalten hatte; der Briefwechsel zwischen Buber und B. jedenfalls beginnt im Jahr 1910. Wie Buber betrachtete B. die hebräische Sprache als konstitutiv für die jüdische Kultur, was sich auch in seinem Eintritt in die »Hebräische Sprachgesellschaft« zeigt. Insbesondere Bubers Forderung, dass die jüdischen Lehrinhalte nicht nur passiv rezipiert, sondern aktiv gelebt werden sollten, hat B. eingeleuchtet. Diese Forderung prägt beispielsweise B.s Roman *Das Volk des harten Schlafs* (1937): Mit dem historischen Vorbild vor Augen erzählt B. die Geschichte der Chasaren, einem Turk-Volk, welches etwa im 8. Jahrhundert den jüdischen Glauben angenommen hatte und daraufhin eine wirtschaftliche und politische Blütezeit erlebte. B. beschreibt den jüdischen Nachfolgestaat des Chasarenreiches als Musterbeispiel eines gerechten, multinationalen Reiches, in welchem keine der Nationalitäten den anderen gegenüber Machtansprüche haben. Entscheidend ist dabei der Wille zur Tat: Aktive Nächstenliebe und Mut zur Tat können ein ganzes Volk retten. Die Chasaren bekehren sich freiwillig zum Judentum, da sie darin, durch das Beispiel des jüdischen Führers Bulan, den besseren Weg erkennen. Entscheidend für eine Aktualisierung dieser historischen Geschichte ist die These des Romans, dass die Nachkommen der jüdischen Chasaren teilweise in den osteuropäischen Juden zu finden seien. Damit drückt B. die Hoffnung aus, dass in Europa der

›chasarische Geist‹ fortlebt und zu einer Erneuerung des jüdischen Selbstbewusstseins führen kann. Wie dringend B. eine solche tatkräftige Erneuerung erschien, zeigt auch sein Satz in *Vom Wesen der jüdischen Energie* (1936): »Das Geheimnis der jüdischen Energie ist das Wissen vom nahen Untergang«, ein Aufruf zum aktiven Kampf gegen diesen drohenden Untergang.

Nach 1938 war es B. angesichts der politischen Verhältnisse fast unmöglich, literarisch tätig zu sein; seine Mitarbeiterschaft bei der *Prager Presse* wurde gekündigt. Veröffentlichungsmöglichkeiten bot lediglich noch das *Jüdische Nachrichtenblatt*. Ein Versuch, nach England zu emigrieren, scheiterte. Die Leiden eines Konzentrationslagers blieben ihm jedoch erspart; B. starb Anfang März 1941 im Prager jüdischen Krankenhaus an den Folgen einer Operation.

Werke: Die böse Unschuld. Ein jüdischer Kleinstadtroman, Frankfurt a. M. 1913; Das Volk des harten Schlafs, Berlin 1937; Die Tür ins Unmögliche, hg. J. Serke, Wien 1988.

Literatur: S. Dominik, O.B., ein Schriftsteller des Prager Kreises, Würzburg 1988; E. Reichmann, Der blinde Schriftsteller O.B., in: Das Jüdische Echo 47 (1996), 195–203.

Eva Reichmann

Baum, Vicki (eigentl. Hedwig Baum)

Geb. 24.1.1888 in Wien;
gest. 29.8.1960 in Hollywood

»I am not religious, so I do not consider myself a Jewess – nor have I been accepted as such« – so B. 1931 bei ihrem ersten Besuch in Amerika in einem Interview, das am 1. Mai 1931 in der *Jewish Times* erschien. Im Interview lehnt die erfolgreiche Konzertharfenistin, Journalistin und Schriftstellerin, deren Eltern im Geburtenregister der Wiener israelitischen Kultusgemeinde als ›mosaischen Glaubens‹ registriert sind, auch die Einladung zu einer jüdischen Wohltätigkeitsveranstaltung ab: »I can't do it. That would be entering into politics. No, I am not an anti-Semite, but I cannot identify myself with any element.« Nebst der klaren Distanzierung von einer jüdischen Zugehörigkeit wird in dieser Ablehnungshaltung auch deutlich, dass B. das Judentum nicht als Frage einer gegebenen Herkunft verstehen wollte, sondern als politische und religiöse Entscheidung. Dies kommt auch in B.s Autobiographie *Es war alles ganz anders* (1962) zum Ausdruck. B. beschreibt ihre Verwandtschaft sarkastisch als »verfeinerte und ihrer Umgebung sorgsam angepaßte österreichische und deutsche Juden«, die Jiddisch-Sprechen als Schande empfinden. Sich selbst schildert sie an keiner Stelle der Biographie in irgendeiner persönlichen Beziehung zu Aspekten des Judentums. B.s Entwicklung liest sich vielmehr als die einer Frau, die sich bereits früh von allem, was mit ihrem Elternhaus zusammenhängt, distanzierte. So schildert sie gleich zu Beginn ihrer Erinnerungen, wie ihr schon »als kleinem bezopftem Gnom aus der Grundschule [...] die Idee eines Gottes [...] unsinnig vorkam«. Die Frage nach einer jüdischen Identität scheint also für die in zweiter Ehe mit dem katholischen Komponisten Richard Lert verheiratete Erfolgsautorin und Mutter zweier evangelisch getaufter Kinder mit der Entscheidung zur eigenen Konfessionslosigkeit erledigt. Doch so unwichtig B. ihre jüdische Herkunft auch einstufte, wurde diese im antisemitischen Lager selbstredend betont. So insistierte etwa Hans Hauptmann in *Der Jud ist schuld...? Diskussionsbuch über die Judenfrage* (1932) darauf, dass die »Jüdin Vicky Baum-Levy«, gerade weil sie in Deutschland so erfolgreich sei, der ›deutschen Kultur‹ schade. Konservativ-patriarchalische Ablehnung von B.s »amoralischen Sensationsromanen«, die die traditionelle Stellung der deutschen Frau verunglimpfen würden, vermischt sich hier mit dem dezidiert antisemitischen Vorwurf, dies trage bei zur »systematischen Vernichtung der arischen Kulturgüter«.

Solch feindliche Stimmen dürften gleichermaßen wie B.s Begeisterung für Amerika ausschlaggebend gewesen sein, als B., die bereits 1931 für fast sieben Monate in Hollywood gearbeitet und am Broadway mit *Menschen im Hotel* Erfolge gefeiert hatte, Ende März 1932 – noch vor Hitlers Machtergreifung – nach Amerika emigrierte; im selben Jahr verließen auch B.s Mann und ihre zwei Söhne Deutschland Richtung Amerika. Trotz diesem ambivalenten Status zwischen Exil und Emigration hatte B. in Amerika später viele Kontakte zu Exilierten wie etwa zu Thomas Mann und dessen Familie, zu Salka Viertel, Ernst Lubitsch und insbesondere zu Gina Kaus, die sie von den Berliner Jahren her kannte. Im Gegensatz zu vielen Exilautoren konnte B., deren Bücher in Deutschland 1933 verboten und verbrannt wurden, auch von Amerika aus ein deutschsprachiges Publikum erreichen, was sich an den hohen Auflagen ihrer Bücher im niederländischen Exilverlag Querido zeigt. Gleichzeitig gelang B. der Einstieg in den amerikanischen Literaturmarkt. Das lag nicht nur an ihrer Bekanntheit durch *Menschen im Hotel*, sondern auch an der Tatsache, dass B. – unzufrieden mit den Übersetzungen ihrer Bücher – ab 1941 auf Amerikanisch schrieb. Auch in diesen Texten sind die Protagonisten meist Europäer, oft Exilierte, und die Geschichten spielen an den verschiedensten Orten auf der Welt. Dass in B.s Schreiben oft ein Hotel handlungskonstitutiv und titelgebend ist, war mehr als eine Fortsetzung des Erfolgs von *Menschen im Hotel*, ermöglicht doch dieser transitorische und kosmopolitische Ort das Interagieren der unterschiedlichsten Menschen.

Dabei wurde eine frühe Tendenz in B.s Schreiben zunehmend prägend: eine irritierende Ambivalenz zwischen dem Bedienen nationaler und antisemitischer Stereotype bei gleichzeitigem Hinweisen auf das supranational Menschliche. Dies ist bereits in B.s frühen Erzählungen *Im alten Haus* (1910) und *Rafael Gutmann* (1911) sichtbar, die schon dadurch hervortreten, dass sie einen jüdischen Kontext haben. Beide schließen an das Genre der Ghettonovelle an und wurden in der kulturzionistischen Monatsschrift *Ost und West* erstveröffentlicht. Bemerkenswert ist dabei nicht nur, dass es die ersten Veröffentlichungen sind, die nicht unter einem Pseudonym erschienen, sondern auch, dass B. damit noch vor ihren großen Erfolgen eine der ersten Frauen war, die in *Ost und West* zu Wort kamen (Brenner 1998). *Im alten Haus* handelt von einer Familie, die dort, »wo früher das Ghetto war«, in einem der wenigen übriggebliebenen »alten Ghettohäuser« lebt und eine Mikwe betreibt. Als die hypochondrische Frau Blum, das Oberhaupt des Hauses, in dem drei Generationen unter einem Dach leben, erblindet, erlernt sie, sich in der vertrauten Umgebung auch ohne Augenlicht zurechtzufinden. Die Geschichte endet dennoch tragisch mit dem Selbstmord der alten Frau, die sich ertränkt, als sie erfährt, dass sie aus dem Haus ausziehen müssen, da dieses und »die Mikwe laut Beschluss der Kultusgemeinde neuerbaut und mit allem Komfort der Neuzeit ausgestattet werden müsse«. Auffällig in dieser Kurzgeschichte mit jiddischen Einschüben ist die Ambivalenz, mit der das Ghetto beschrieben wird: Einerseits werden stereotype negative Bilder von geizigen und betrügerischen Ghettobewohnern, veralteten religiösen Bräuchen und ungepflegten Anwesen und Menschen erzählt. Andererseits sind diese durchzogen von der liebevollen Schilderung einer nostalgischen Umgebung mit einem funktionierenden sozialen Leben und einer Welt, in der die Menschen noch »zu Haus sind« – »allen Neubauten zu Trotz!«. Ist diese Erzählung weniger auf eine spezifisch jüdisch konnotierte Konfliktsituation als vielmehr auf den Topos einer problematischen Zäsur zwischen Modernität und vertrauter Vergangenheit ausgerichtet, konturiert sich in *Rafael Gutmann* spezifischer ein Assimilationsproblem: Rafael, ein musikalisch talentierter Adoleszenter, der in der Judengasse, einem »seltsamen, verkümmerten Ghettorest inmitten der brausenden Großstadt« aufwächst, findet seinen Weg nicht zwischen den Richtungen, die ihn entweder anziehen oder in die er von seinem Umfeld gedrängt wird. Sein orthodoxer Vater will ihn zum zurückgezogenen Leben im Ghetto zwingen: »Du geherst in der Gassen und werst nicht auf ä Vertlstund erauskümmen!« Rafael hingegen zieht es zur Musik und damit auch in die Stadt (»ich geh zugrund, wenn ich nicht da heraus kann«), wo er dank seiner Freundschaft mit Menkis, dem blinden Chororganisten der Synagoge, und dessen Freundin, der christlichen Sängerin Corinna, die Welt der Oper und insbesondere Wagners »Meistersinger« kennenlernt. Die durchgängige Metaphorik eines unsicheren Wegs für Rafaels Entwicklung verleiht dessen Orientierungslosigkeit zwischen Dissimilationsdruck und Assimilationswunsch Nachdruck: »›Wohin geht es mit mir – – wohin…?‹« Nachdem er ein letztes Mal verbotenerweise in der Oper war und sich eingestehen muss, dass er »ohne Weg« ist, lässt Rafael sich auf die Bahnschienen sinken. Die Erzählung schließt düster: »Vor ihm lag weglos die verschneite Heide und hinter ihm her kam der Sturm und das Brausen des nahenden Zuges.« Der tödliche Ausgang der Erzählung scheint die anti-assimilatorische Haltung von Rafaels Vater zu verurteilen. Dies und die Schwäche des Protagonisten wurden in der Forschung in Verbindung gebracht mit misogynen Diskursen Weiningerscher Prägung und damit mit dem Phänomen des ›jüdischen Selbsthasses‹ (Brenner 1998). Allerdings ist die Erzählung letztlich zu ambivalent, um daraus eine moralische, allgemeingültige Aussage zum Leben in der Diaspora zu gewinnen (Capovilla 2004). So vermittelt die Erzählung mit der Ehe zwischen dem jüdischen Menkis und der christlichen Corinna nicht nur einen glücklichen Entwurf von Assimilation, sondern erwähnt gewissermaßen als Gegenbeispiel auch Rafaels Schulkamerad Salomon Rosenblüh, der zufrieden im Ghetto lebt und sich in seiner Zurückgezogenheit geborgen fühlt. Ob in der Diaspora Assimilation oder Dissimilation der richtige Weg sei, ist damit nicht als essenzielle, sondern als individuelle Frage verhandelt und zudem geöffnet auf eine adoleszente Orientierungslosigkeit hin, die nicht nur in einem jüdischen Umfeld Konfliktpotential birgt.

Diese Tendenz, Fragen des jüdischen Lebens in der Diaspora als allgemeine *conditio humana* zu erzählen, findet ihren deutlichsten Ausdruck in B.s 1939 im Querido Verlag erschienenen Erfolgsroman *Hotel Shanghai*: Fünf Lebensgeschichten von Personen aus Ländern von China bis Deutschland werden hier mit unübersehbaren Parallelen zwischen den unterschiedlichsten Konstellationen gezeigt und zuletzt im Hotel Shanghai zusammengeführt, wo eine Bombe sie alle tötet. Das Schicksal des im Exil lebenden Dr. Hain, der nicht nur als Offizier im Ersten Weltkrieg dient und die Tochter eines hohen deutschen Militärs heiratet, sondern bis zur Ermordung seines Sohns Roland durch Nazis gänzlich vergessen zu haben scheint, dass seine Großeltern Rosenhain hießen und den Sabbath feierten, wird neben den anderen erzählten Lebensgeschichten lesbar als eindrückliche Verifizierung des pazifistischen Mottos von *Hotel Shanghai*: »Ein Hund im Frieden ist besser als ein Mann im Krieg.« Auch in diesem Roman konstituiert sich eine Spannung zwischen dem Verwenden zeitgemäßer nationaler Stereotypen (»Deutsche, zäh und arbeitsam« steht etwa neben einem »Achselzucken, das resigniert und sehr jüdisch war«) und deren pazifistisch-humanistischem Unterlaufen. Dies ist nicht zuletzt eine konsequente Umsetzung von B.s poetischem Programm gegen die »einfältige Schwarzweißmalerei von Gut und Böse« (*Es war*).

Werke: Im alten Haus, in: Ost und West 10, H. 1 (1910), 15–32; Rafael Gutmann, in: ebd. 11, H. 1 u. 2 (1911), 37–50, 131–144; Hotel Shanghai, Amsterdam 1939; Es war alles ganz anders. Erinnerungen, Berlin u. a. 1962.
Literatur: H. Hauptmann, Die systematische Vernichtung der arischen Kulturgüter, in: Der Jud ist schuld...? Diskussionsbuch über die Judenfrage, Basel u. a. 1932, 151–165; D. Brenner, Marketing Identities. The Invention of Jewish Ethnicity in ›Ost und West‹, Detroit 1998; A. Capovilla, Entwürfe weiblicher Identität in der Moderne, Oldenburg 2004.

Sarah Mohi-von Känel

Beck, Karl Isidor

Geb. 1.5.1817 in Baja (Ungarn);
gest. 9.4.1879 in Währing bei Wien

Der Lyriker und Erzähler B. gehörte in den 30er und 40er Jahren des 19. Jahrhunderts zum Kreis der politisch und sozial engagierten Literaten im Umfeld des Jungen Deutschland. Sein Trauerspiel *Saul* hatte ihn 1840 mit einem Schlag berühmt gemacht. Karl Gutzkow nannte ihn euphorisch einen »deutschen Byron« und Friedrich Engels sah in ihm ein Genie.

In eine wohlhabende Kaufmannsfamilie im böhmischen Baja hineingeboren, siedelte B. mit seiner Familie in die ungarische Hauptstadt über. Dies lässt vermuten, dass B.s Eltern zur kleinen Gruppe der böhmischen und mährischen Juden gehörten, die mit der »Haskala« sympathisierten. Entscheidend war auch hier Bildung im Sinne des klassisch-humanistischen Gymnasiums nach deutschem Vorbild und in deutscher Sprache. Als sich in den 40er Jahren eine ungarische Nationalbewegung formierte, stand gerade die Tatsache, dass viele ungarische Juden Deutsch sprachen, im Zentrum antisemitischer Angriffe. Für B. jedenfalls wurde die Ausbildung an einem deutschsprachigen Gymnasium in Pest prägend; denn als er 1848 das Angebot erhielt, an der dortigen Universität zu lehren, lehnte er ab, da er in ungarischer Sprache unterrichten sollte. Nach dem Wunsch der Eltern sollte B. Arzt werden; 1833 begann er das Studium, allerdings in Wien. B. verkehrte hier auch in literarischen Kreisen; seinen Lebensunterhalt verdiente er als Hauslehrer. Die restaurative Politik Österreichs, die zunehmend mit Zensurauflagen einherging, zwang viele österreichische Intellektuelle zur Flucht; ein großer Teil floh nach Leipzig, wo sich eine demokratisch gesinnte Emigrantenkolonie bildete; die Zeitgenossen sprachen von Leipzig als

»Klein-Wien«. Auch B. begab sich nach Leipzig, wo er sich seit 1837 ganz seinen dichterischen Arbeiten widmete. Aufschlussreich für B.s intellektuelle Position zu dieser Zeit ist eine Beschreibung B.s von Julius Seidlitz aus dem Jahr 1836: »Es war im Sommer 1835, als mir im Rosenthale bei Leipzig ein junger Mann von höchstens einundzwanzig Jahren mit revolutionären weiten Hosen und blondem polizeiwidrigem Wallensteiner (Knebelbart) gezeigt wurde, der träumerisch den blauen Cigarrendampf in die Luft blies. Man nannte ihn Karl Beck.« In seinem Äußeren und seinem Verhalten hat sich B. zu dieser Zeit ebenso weit von seiner jüdischen Umgebung in Ungarn wie vom christlichen Bürgertum seiner Zeit entfernt; er war ganz Opposition.

1838 erschien B.s erster Lyrikband *Nächte. Gepanzerte Lieder*, eine nach dem Vorbild der Erzählungen aus *1001 Nacht* in 75 Nächte gegliederte Sammlung. Die geistige und künstlerische Nähe dieser Gedichte zu Heinrich Heine und Ludwig Börne brachte B. u.a. die Anerkennung Friedrich Engels' ein. Über die Kreise der österreichischen Emigranten hinaus bekannt machte B. aber erst sein 1840 erschienenes Trauerspiel *Saul*. Obwohl sich B. inhaltlich an die biblische Vorgabe hielt, wurde die Hauptfigur nicht als biblische oder gar jüdische Figur gezeigt, sondern als Figur, die die Befindlichkeit der oppositionellen Jugend repräsentierte; zerrissen zwischen emotionalen Extremen scheitert Saul an sich selbst und seiner Aufgabe. Der Erfolg öffnete B. die literarischen Salons. Er knüpfte Kontakte zu Varnhagen von Ense, A. von Humboldt, A.W. Schlegel, F. Freiligrath und G. Herwegh und pflegte zahlreiche Freundschaften. Von anderen jungen Lyrikern seiner Generation unterschied sich B. weniger durch die Wahl seiner Sujets als durch die Tatsache, dass er sie nicht vor dem Horizont humanistischer Allgemeinbildung ausarbeitete, sondern vielmehr vor dem Hintergrund jüdischer Bildungstradition und Erfahrung. Schon im *Saul* konnte die Titelfigur von den Zeitgenossen als Sinnbild einer problematischen Künstler- bzw. Intellektuellennatur verstanden werden, ohne dass der jüdische Hintergrund im ideologischen Sinne zum Tragen kam. Ebenso konnten die zahlreichen Verweise auf Figuren der jüdischen Geschichte im Zyklus *Gepanzerte Lieder* als Bestandteil der alttestamentarischen und christlichen Überlieferung ins Allgemeine übertragen werden. Jüdische Erfahrung wurde so nicht als besonderer, sondern als allgemeiner Fall behandelt. Sein Judentum interpretierte B. entsprechend als einen Zufall des Schicksals (»So schafft es eine Seele tatensprühend/ Mit Kraft beseelt, zum Gott sich aufzuringen/ Und läßt sie dann erglühend und verglühend/ Dem Schosse eines Judenweibs entspringen«). Gerade diese Zufälligkeit aber machte, zusammen mit der von B. als Topos verwendeten Heimatlosigkeit der Juden, das Tragische der jüdischen Existenz aus.

Daneben griff B. auch unmittelbar zeitgenössische Themen auf. So beschreibt das in den *Gepanzerten Liedern* erschienene Gedicht *Die Eisenbahn* diese neueste technische Errungenschaft als Sinnbild für den auch geistigen Fortschritt. Mit diesem Fortschrittsglauben stand B. im Gegensatz zu Autoren wie Karl Immermann, die den Rückzug auf »ein grünes Plätzchen abzäunen und diese Insel so lange wie möglich gegen den Sturz der vorbeirauschenden industriellen Wogen befestigen« (*Die Epigonen*, 1836). Umgekehrt aber sah auch Friedrich Engels seine Hoffnung, in B. einen Dichter für die wirtschaftlich Unterdrückten gefunden zu haben, enttäuscht. Nach der Veröffentlichung des Kommunistischen Manifests kritisierte Engels an B.s Lyrik vor allem, dass sie mit dem Mittel des Mitleids versucht, auf das Los der Armen aufmerksam zu machen. In diesem Sinne stand B. dem philosophischen Kommunismus eines Moses Hess wesentlich näher als dem von Engels. Enttäuscht zeigte sich Engels auch von B.s *Gedichten vom armen Mann* (1846), deren Vorwort eine Anklage an die Familie Rothschild war (»Wer nie Brot mit Thränen aß«). Unabhängig von Engels' Kritik jedoch steht diese Sammlung in einer Reihe mit sozialkritischen Werken der 40er Jahre, wie etwa Georg Weerths Gedicht *Die Industrie* (1841) oder Ernst Dronkes *Polizeigeschichten* (1846).

B.s Leipziger Jahre zählen zu seinen produktivsten. Neben dem Versroman *Janko, der ungarische Roßhirt* (1841) entstanden vor allem lyrische Werke. Doch wie zahlreiche österreichische Emigranten kehrte B. 1848 nach Wien zurück, wo er bis zu seinem Tod lebte. 1848 schrieb B. das Gedicht *Taufe* – er selbst war 1843 zum Christentum übergetreten. Ob B. allerdings wie Heine die Taufe als »Entréebillet zur europäischen Kultur« verstand oder ob er damit einen Trennstrich zum Judentum seiner Kindheit ziehen wollte, lässt sich nicht entscheiden. Anlass des Gedichtes *Taufe* war 1845 ein Artikel in der *Allgemeinen Zeitung des Judentums*, der von einer Begebenheit in der Marine des Zaren berichtet hatte. Darin ging es um zwei jüdische Matrosen, die wegen ihres Mutes befördert werden sollten, die jedoch in den Tod sprangen, als sie erfuhren, dass ihre Beförderung von ihrem Übertritt zum Christentum abhing. B. hält sich in seinem Gedicht ganz an diesen Vorgang und lässt es mit den Worten enden: »Was Bräuche geheiligt, es ist kein Wahn/ Den Glauben, die Sprache, das Kleid/ Was auch der Enkel ererbt vom Ahn/ Er liebt es, und wär's zu seinem Leid.« B. selbst hatte sich innerlich von den Gesetzen der Väter getrennt und äußerlich durch die Taufe das Judentum verlassen, doch verleugnete er nie seine Herkunft und war sich der Taufproblematik bewusst.

Nach seiner Rückkehr nach Wien schrieb B. zwar weiterhin Gedichte (etwa die *Geschichten*, 1861), doch seinen Lebensunterhalt verdiente er mit journalistischen Arbeiten. Gegen Ende seines Lebens war B. fast vollständig auf die Hilfe seiner Freunde angewiesen. Josef Strauss übernahm 1867 den Titel von B.s Gedicht *An der schönen blauen Donau* für seinen später weltberühmten Walzer. 1855 war B. Herausgeber eines »schönwissenschaftlichen Jahrbuches« mit dem Titel *Frische Quellen*. Darin findet sich auch das Gedicht *Der Judenfriedhof*, in dem B. das Bild traditioneller Juden zeichnet, deren »Leben ohne Sang und Klang« verstreicht und die auf der Flucht vor Kränkung immer in Eile sind (»Geschwinde, daß nicht ein leichtsinniger Bube, ihn kränke nach altgewohnter Art«). Es ist die Tragik dieser Existenz, die B. festhält, die existenzielle wie historische Heimatlosigkeit der Juden: »Wie Ihr hinaus durchs grüne Thor getreten, so habt ihr keine, keine Heimat mehr.« Das jüdische Existenzial der Heimatlosigkeit beschäftigte B. bereits in seinem Lyrik-Zyklus *Nächte*; in dem *Junges Palästina* überschriebenen Teil hat er – mit autobiographischen Bezügen – die Identitätsproblematik der jungen jüdischen Generation beschrieben, die auf der einen Seite das orthodoxe Judentum und seine Lebensweise ablehnte, auf der anderen Seite aber ihren Weg in die säkulare bürgerliche Gesellschaft nicht als Alternative zum Judentum erkannte.

Wie viele Intellektuelle der Epoche des Vormärz und des Jungen Deutschland, die große gesellschaftliche Hoffnungen mit einer Revolution verbanden, hatte sich B. nach 1848 zwar nicht von der literarischen Produktion, doch aber vom politischen Engagement zurückgezogen. In späteren Jahren wurde B. sich immer stärker bewusst, wie wenig die Taufe oder die aufklärerisch begründete Ablehnung der Orthodoxie ihn tatsächlich von seinem Judentum der Kindheit entfernen konnte.

Werke: Nächte. Gepanzerte Lieder, Leipzig 1838; Lieder vom armen Mann, Leipzig 1846; Saul, Leipzig 1849.
Literatur: S. Liptzin, Lyric Pioneers of Modern Germany, New York 1928; R. Kestenberg-Gladstein, K.B. – Identitätsprobleme der ersten Assimilationsgeneration in deutscher Sprache, in: Bulletin des Leo-Baeck-Instituts 60 (1981), 51–66; W. Häusler, Politische und soziale Probleme des Vormärz in den Dichtungen K.B.s, in: Revolution und Demokratie in Geschichte und Literatur, hg. J. Schoeps u. a., Duisburg 1979, 235–258. R. Robertson, K.B.: From Radicalism to Monarchism, in: Leo Baeck Institute Year Book 46 (2001), 81–91; Handbuch österreichischer Autoren und Autorinnen jüdischer Herkunft. 18. bis 20. Jahrhundert, Bd. 1, hg. Österreichische Nationalbibliothek, Wien 2002, 83.

Heidelore Riss

Becker, Jurek (eigentl. Jerzy)

Geb. 30.9.1937 in Lodz;
gest. 14.3.1997 in Sieseby/Schleswig-Holstein

B. wurde 1937 in Lodz geboren, seine Familie entstammte der jüdischen Mittelklasse und sprach polnisch. Lodz war zu dieser Zeit eine Stadt mit jüdischer Präsenz, die ihre Wurzeln in einer neuen polnischen Identität hatte. Nach der Shoah, deren

erste literarische Aufarbeitung in der DDR er mit *Jakob der Lügner* (1969) leistete, gestand B. sein Selbstverständnis als Jude ein, niemals aber fühlte er sich als Pole; der Antisemitismus in Polen in der Vor- und Nachkriegszeit bestimmte sein Verhältnis zu seiner polnischen Identität. B.s neue deutsche Identität in der DDR war geradezu die Antithese zu seiner polnischen. B. (als Zweijähriger) und seine Eltern überlebten das Ghetto von Lodz. Später wurden er und seine Mutter in die Lager Sachsenhausen und Ravensbrück verlegt. Langeweile und Angst bestimmten die Welt des Kindes, aber auch die sich ständig verschlechternde Gesundheit seiner Mutter, die, wie viele im Ghetto in Lodz, an Tuberkulose litt. Sie starb kurz nach der Befreiung von Ravensbrück; Jurek, so Jerzys Spitzname, wurde in einem Kinderlager untergebracht. Das Rote Kreuz machte seinen Vater, der selbst in Auschwitz befreit worden war, im Jahr 1945 ausfindig. Vater und Sohn zogen in den russischen Sektor Berlins. B.s Erinnerungen als Deutscher und Jude beginnen mit diesem Umzug nach Berlin und dem Erwerb der deutschen Sprache. »Da ich in einen Kreis hineingewählt worden bin, unter dessen Aufgaben die pflegliche Behandlung der deutschen Sprache ganz vornean steht, sollte ich wohl erwähnen, daß meine Muttersprache polnisch ist. Als ich acht Jahre alt war, hörte mein Vater, der letzte nach dem Krieg mir verbliebene Verwandte, von einem Tag zum nächsten auf, mit mir polnisch zu sprechen; seine Absicht war die beste, er vermutete, daß mir dann gar nichts anderes übrigbleiben würde, als im Handumdrehen deutsch zu lernen. Was er nicht bedacht hatte, war, daß ich das Polnische viel schneller vergaß, als ich die neue Sprache lernte. So mußte ich einige Zeit buchstäblich sprachlos leben. Das ist vorbei, der Lernprozeß ist inzwischen gut vorangekommen, wenn ich ihn auch längst nicht für abgeschlossen halte« (*Ende*). Auch in der DDR bewahrte B. Distanz zu irgendeiner Form von jüdischer Identität. Er hatte, ebenso wie sein Vater, jeden Glauben an die jüdisch-polnische Identität verloren. Der Kommunismus wurde das Gegenmittel nicht nur gegen den Faschismus, sondern auch gegen das Versagen der säkularen jüdischen Identität.

Nach dem Rudolph Slansky-Prozess in Prag, den Nachwehen des Anschlags auf Stalin (1953), v.a. aber nach dem Merker-Prozess (1955) wurde es in der DDR wieder zum Problem, jüdisch zu sein. Merker war aus dem mexikanischen Exil mit der Überzeugung zurückgekehrt, dass Antisemitismus und Shoah Themen im Kampf für ein sozialistisches Deutschland sein müssten. Der Prozessverlauf zeigte jedoch, dass die Erinnerung an die Shoah politisch nicht gewollt war. Merker wurde aufgrund eines Gesetzes verurteilt, das eigentlich ein Wiederaufleben des Nazismus im Nachkriegsdeutschland verhindern sollte. In einer Welt, in der der Anspruch auf eine »universale« marxistische, über nationale und religiöse Definitionen hinausgehende Identität nur eine Identifikationsebene erlaubte, nämlich den neuen Staat, wurde jüdische oder gar zionistische Identität zu einem politischen Merkmal »doppelter Loyalität«. Auch B. verurteilte 1977 das »zionistische Projekt«, ein Begriff, mit dem er sich der Rhetorik der DDR anschloss, als nazistisch und deshalb kriminell. Im Jahr 1996 zog er diesen Kommentar allerdings als »übertrieben und falsch« zurück; er war zu der Überzeugung gelangt, dass in diesem Kontext Antizionismus identisch mit Antisemitismus war.

1965 legt B. der DEFA sein erstes »ernsthaftes« Drehbuchprojekt vor, nachdem er eine Reihe leichter, komischer Filmskripts geschrieben hatte: *Jakob der Lügner*. Der Plot spielt in einem namenlosen Ghetto in Polen und ist die Geschichte eines Juden namens Jakob Heym. Heym hört einige Neuigkeiten mit an, als er im deutschen Revier festgehalten wird. Als er diese weitererzählt, tut er so, als hätte er ein Radio. Die Existenz eines Radios, von den Deutschen verboten, lässt die Ghettobewohner ihren Optimismus zurückgewinnen. Bei der letzten Lagerräumung wird Jakob nach Osten abtransportiert. B. hält zwei Schlüsse der Geschichte bereit – beim zweiten Schluss überlebt Jakob. In der ersten Version wird Jakobs Tod von einer erzählenden Stimme berichtet, derjenigen eines Freundes, der offensichtlich die Shoah überlebte. Dieser Kunstgriff verweist auf die Möglichkeit, in einer Welt nach der Shoah zu leben; der Überlebende kann schreiben, weil er überlebt hat.

Der Film schien B. dazu das beste Medium zu sein, weil er ihm ermöglichte, das größtmögliche Publikum zu erreichen. Als Folge der politischen Krisen 1965 wurde das Drehbuch von der DEFA nicht akzeptiert, wie auch bis dahin kein Film und kein Buch über Juden in der Shoah publiziert wurde. Typisch für die Repräsentation der Shoah in der DDR in Kino und Literatur war Bruno Apitz' *Nackt unter Wölfen* (1958), das später von Frank Beyer verfilmt wurde (1963). Die Geschichte spielt in Buchenwald, doch »der Jude« ist nur als Kind präsent, das von den politischen Gefangenen, von denen keiner jüdisch ist, vor den Nazis versteckt wird. Jedoch einen Film zu drehen, in dem ein Jude und der Mord an Juden im Zentrum stehen, wurde 1965 als politisch inakzeptabel betrachtet. Nach der Zurückweisung des Drehbuchs schrieb B. das Skript in einen Roman um, der 1969, im Westen 1970, unter dem Titel *Jakob der Lügner* erschien. Es war einer der ersten Romane über die Shoah, der sich nicht einfach auf Pathos als Weg des Verständnisses verließ. In der Retrospektive schrieb B. über *Jakob der Lügner*: »Die Geschichte war, so meinte ich, gut genug für einen ersten Roman, [...] weil einer über so schreckliche Dinge wie Ghetto und Judenverfolgung nicht mit der gewohnt tränenerstickten Stimme erzählte, sondern gar komisch zu sein versuchte« (*Ende*). Es war die Stimme des Juden, der für sich selbst spricht, eine Stimme, die bislang in der DDR nicht zu Wort gekommen war, weder als Autor noch als Figur. Nach seiner Publikation in der BRD erhielt der Roman zahlreiche Preise – und wurde 1974 von der DEFA doch noch gedreht, mehr noch: er erhielt den Nationalpreis zweiter Klasse (1975) in der DDR.

B. arbeitete daraufhin an einer großen Trilogie über jüdisches Leben in Mitteleuropa. *Der Boxer* (1976), der zweite Teil nach *Jakob der Lügner*, ist die Geschichte eines Vaters und seines Kindes, die beide die Shoah überlebt haben. Der Vater findet seinen Sohn in einem Waisenhaus, nimmt ihn mit nach Ostberlin und erzieht ihn als jungen Deutschen, indem er seinen Namen von Aron in Arno umwandelt. Die Unfähigkeit des Vaters, mit seinem Sohn zu kommunizieren, führt dazu, daß der Junge aufwächst, ohne zu wissen, wer er ist. Während des Sechs-Tage-Kriegs aber verschwindet der junge Kommunist nach Israel, um den jüdischen Staat zu verteidigen – und stirbt dort. Der Vater kann nur mutmaßen, was seinen Sohn zu einem Juden gemacht hat. Seine Frage ist nicht: »Was macht aus meinem Sohn einen guten Bürger der DDR?« B.s eigener Vater sprach nur von »den Deutschen«, als er nach 1945 »zurück« in Deutschland war. Er pflegte B. zu fragen: »Wie behandeln dich *die Deutschen* in der Schule?« (*Ende*). *Der Boxer* ist B.s Versuch, sich in literarischer Form mit dieser Frage auseinanderzusetzen. Auch der letzte Band der Trilogie, *Bronsteins Kinder* (1986), thematisiert die Shoah und das deutsch-jüdische Verhältnis. B. hatte die DDR nach der Biermann-Affäre 1976 verlassen, aber er behielt ein Visum, das ihm ermöglichte, die DDR regelmäßig von Westberlin aus, wo er sich niedergelassen hatte, zu besuchen. Dieser Roman zur Frage der jüdischen Identität, geschrieben nach dem Verlassen der DDR, sollte zunächst heißen: *Wie ich ein Deutscher wurde.* Er spielt in der DDR um 1973, als Walter Ulbricht starb. B.s eigener Vater war ein Jahr zuvor gestorben. Es war eine Zeit, in der die Versprechen des sozialistischen Modells sich hätten erfüllen können. In dem Roman geht es wiederum um einen Überlebenden und seinen Sohn. Die Mutter ist tot und die Schwester ist in einer Anstalt untergebracht wegen eines Traumas, das sie erlitt, als sie während der Shoah von einem polnischen Bauern versteckt wurde. Die Handlung erfährt eine Wendung, als der Sohn entdeckt, dass sein Vater und zwei seiner Freunde einen ehemaligen Wächter des Lagers Neuengamme entführt haben und gefangen halten, des Lagers, das sie selbst überlebt hatten. *Bronsteins Kinder* ist ein Roman über das Versagen und den Verlust des Vaters. Die abwesende Mutter ist ein Gegengewicht zu dem Vater-Sohn-Konflikt. Der Vater ist keinesfalls »gut genug«; seine elterlichen und menschlichen Fähigkeiten wurden durch die Erfahrungen in den Lagern zerstört. Die Väter in *Der Boxer* und in *Bronsteins Kinder* sind »schlechte« Väter, weil ihre Verbindung zur »Menschlichkeit« durch die Erfahrung der Shoah erschwert wurde. Die zentrale Frage in *Bronsteins Kinder,* wie in allen Romanen B.s, »wie wurde ich ein Deutscher?«, wird zur Frage »was ist deutsch?«. Wie also ist es möglich, Deutscher und zugleich ein Mensch, ein Vater zu sein? Und was, wenn dieser »Deutsche« ein »Jude« ist? Dies ist eine Frage, die von außerhalb gestellt wird: sie gilt der Position des Insiders als Outsider, ob Jude, Ostler oder Autor, einer Position mit dem Bewusstsein der Marginalität. In *Bronsteins Kinder* ereignet sich eine Szene, die sich in einer Reihe von B.s Arbeiten wiederholt. Der Sohn wird in einen Film über die Shoah involviert, in dem seine jüdische Freundin die Rolle einer Jüdin im KZ spielt. Die Verwirrung von Rolle und Repräsentation ist zentral, nicht nur für B.s literarische Arbeit, sondern auch für sein Selbstverständnis.

B.s Trilogie, ebenso wie seine Erzählung *Die Mauer*, ist das literarische Zeugnis des Überlebens der Juden im kommunistischen Deutschland. B.s Deutschland war die DDR und er überlebte als Kind. Diese »Tatsachen« stellen die Bestimmung dessen, was »jüdisch« ist in seinem Werk, in einen komplexen und widersprüchlichen Kontext. Sogar nach 1976, als er in den Westen gezogen war, ist er niemals sicher, ob »Jüdischsein« Teil seiner vergessenen (wenngleich gelebten) Vergangenheit, Teil seiner neuen westlichen Identität oder aber ein Stigma ist, das es um jeden Preis zu vermeiden gilt. B.s Romane sind keine Berichte über die Shoah, sondern vom Überleben, Berichte der Neubegründung eines jüdischen Lebens, wie fragmentarisch und missverstanden auch immer, in beiden Teilen Deutschlands.

Werke: Jakob der Lügner, Berlin 1969; Irreführung der Behörden 1973; Der Boxer, Rostock 1976; Schlaflose Tage 1978; Nach der ersten Zukunft 1980; Aller Welt Freund 1982; Bronsteins Kinder, Frankfurt a. M. 1986; Amanda herzlos 1992; Warnung von dem Schriftsteller 1990; Ende des Größenwahns, Frankfurt a. M. 1996; Briefe, hg. C. Becker und J. Obrusnik, Frankfurt a. M. 2004. Literatur: I. Heidelberger-Leonard, J.B., Frankfurt a. M. 1992; S.L. Gilman, Jüdischer Selbsthaß, Frankfurt a. M. 1993; F.-J. Kopka, Von der Unübertrefflichkeit des ersten Buches. J.B.: »Jakob der Lügner«, in: Verrat an der Kunst?, hg. K. Deiritz u. a., Berlin 1993, 156–160; F.D. Hirschbach, »1945 World War II Ends, and Eight-Year-Old J.B. Is Freed from a Concentration Camp and Begins to Learn

German«, in: Yale Companion to Jewish Writing and Thought in German Culture, hg. S.L. Gilman u. a., New Haven 1997, 621–626; S.L. Gilman, J.B.: Die Biographie, Berlin 2002.

Sander L. Gilman (Übersetzung: Alix Brand)

Beer, Fritz (Peter Alter, K. Friedrich, P. Laufer, Hans Stein)

Geb. 26.8.1911 in Brünn;
gest. 4.9.2006 in London

Ein junger Jude fordert Gott zu einem Existenzbeweis heraus, indem er an Jom Kippur im Brünner Synagogenhof ostentativ das Fasten bricht – so beschreibt B. 1992 in *Hast du auf Deutsche geschossen, Grandpa?* eine Szene, die für ihn kennzeichnend ist: Zweifel, Selbstbefragung, Aufbegehren und »Ketzertum« ziehen sich durch sein Leben.

Die Zweifel an der Religion zeigten auch eine Charakterisierung seiner familiären Herkunft: »Meine Eltern waren liberale Juden, die aus alter Gewohnheit und weil ein frommer Großvater [...] mit uns lebte, manche jüdischen Bräuche einhielten. [...] Wir gingen jeden Sonnabend und an den Festtagen in die Synagoge, und die qualvolle Langeweile [...] in dem für mich unverständlichen Hebräisch [...] hat wohl meine ersten Gottzweifel ausgelöst.« B.s Familie stammte mütterlicherseits aus Trebitsch auf der Böhmisch-Mährischen Höhe. Sein Vater war Sägewerksbesitzer, was in Brünn bürgerliche Lebensverhältnisse sicherte. Der Großvater, den B. in der Erzählung *Eine Stütze der Gesellschaft* porträtiert, hielt als Letzter streng an jüdischen Gebräuchen fest, die z. B. die Verbindung der Mutter mit einem Nichtjuden noch undenkbar erscheinen ließen. B. löste sich bald nach der Bar Mitzwa (1924) von seiner Religion und wandte sich einem weltlichen Judentum zu. 1926 wurde er Mitglied des zionistischen Jugendbunds *Blau-Weiß* (Techelet-Lawan) und trat mit der Gründung der Monatszeitschrift *Itenu* (»Unsere Welt«) erstmals publizistisch hervor. B.s Weg führte jedoch aus dem *Blau-Weiß* über die Tramp-Bewegung – eine rebellische Spielart des Wandervogels – Ende 1929 in die KPTsch. Dafür waren zwei Motive ausschlaggebend: der damals noch eher progressive Charakter der Partei, der B.s Bewusstsein für soziale Missstände entsprach; hinzu kam die anziehende Außenseiterposition der KP in der Tschechoslowakei. Zudem spielte der ältere Bruder Kurt Konrad (1908–1941), später ein wichtiger marxistischer Theoretiker, bereits eine aktive Rolle in der Partei. Aus der kritischen Rückschau bewertete B. seinen Schritt jedoch als den Eintritt in eine Gemeinschaft, die sich – als atheistische – einer Art Ersatzreligion verschrieben hatte und mit Zweiflern ähnlich rigoros verfuhr wie Religionsgemeinschaften.

Zunächst verdankte B. der KP, dass er als Journalist mit nur 19 Jahren ein Forum bekam und dann 1932 eine erste selbständige Veröffentlichung hatte. Es folgten Sozialreportagen, die 1933 B.s Aufnahme in den Kreis der *Arbeiter Illustrierte Zeitung* und den Anschluss an Emigrantenzirkel in Prag bedeuteten, ihn mit F.C. Weiskopf, John Heartfield, Wieland Herzfelde, Kisch, Brecht, Ernst Ottwalt, Anna Maria Jokl u. a. ins Gespräch brachten; enger Weggefährte war der Karlsbader kommunistische Dichter Louis Fürnberg. Die Prosa *Schwarze Koffer* mit »Antikriegs-Erzählungen« und Anklängen an die Michael Kohlhaas-Thematik brachte B. 1934 eine Auszeichnung und als Preis das Erscheinen im Moskauer Verlag für fremdsprachige Literatur ein. B.s Lebensumstände bedingten jedoch, dass das Schreiben in den Hintergrund trat: die Beschlagnahme von Manuskripten durch die Polizei 1933, der Grundwehrdienst in der tschechoslowakischen Armee (1936–1938), schließlich 1939 die Flucht über Polen ins britische Exil. Der Hitler-Stalin-Pakt wurde zum entscheidenden Anstoß, die KP zu verlassen, nachdem B. 1933 bei innerparteilichen Debatten und angesichts der Moskauer Prozesse Zweifel noch unterdrückt hatte. Die Aufarbeitung seiner eigenen Rolle als Mitläufer war Ausgangspunkt seines kritischen Umgangs mit dem Kommunismus. Sie wurde für sein Leben ebenso prägend wie die Beschäftigung mit der Shoah.

Aus idealistischen Gründen – Loyalität mit der ČSR; Vorleben eines »Anderen Deutschland« – entschied sich B., als Freiwilliger in Frankreich gegen Hitler zu kämpfen. Seine Erfahrungen im *Drôle de guerre,* dann 1940 während des Zusammenbruchs und 1944/45 als Teil der siegreichen alliierten Truppen bilden den Hintergrund für die oft autobiographischen Erzählungen in *Das Haus an der Brücke* (1949/2011). Diese Texte, teilweise ab 1941 im Exil publiziert, fragen nach den Handlungsspielräumen und der Verantwortung des Einzelnen in einer Kriegssituation. Sie verweigern sich voreiligen Zuschreibungen von Etiketten wie »Täter« und »Opfer«, »Held« oder »Kollaborateur«. Nach der Evakuierung der Tschechoslowakischen Auslandsarmee aus Frankreich 1940 spielte B., nun von Kommunisten angefeindet, eine aktive Rolle im englischen Exil, mit Kontakten zu u. a. Alfred Marnau, Kurt Kersten, Bernhard Menne, Karl Anders und Jesse Thoor sowie zur Tschechoslowakischen Exilregierung, für die er im Oktober 1943 eine Studie »Zur demokratischen Um-Erziehung der Deutschen in der ČSR« verfasste – ein Konzept, das Rache und Vertreibung entgegenstand.

Die unmittelbare Nachkriegszeit ist Gegenstand von Erinnerungstexten im Sammelband *Kaddisch für meinen Vater*, darunter *Thomas Mann und der jüdische Autoschlosser*, worin B. sich mit dessen Ressentiments gegenüber Juden und mit Wilhelm Sternfeld beschäftigt. Mit der Ermordung nahezu seiner ganzen Familie konfrontiert, traf B. eine Lebensentscheidung: »Wie schwer es auch manchmal sein wird – ich muss für die Aussöhnung zwischen Juden und Deutschen eintreten, damit es so etwas nie wieder gibt.« Als Vortragender in POW-Kriegsgefangenenlagern, als Reporter für die BBC und Korrespondent deutscher Zeitungen trug er dazu bei. In seiner Beschäftigung mit politischen Themen verband B. – »kein Deutscher [...], deutschsprachiger Jude aus der Tschechoslowakei mit britischer Staatsbürgerschaft« (*Heimat, Exil, Sprache*, 1996) – kluge Analyse mit persönlichem Erfahrungshintergrund. Das gilt auch für seinen Blick auf die Tschechoslowakei. Im Reportagebuch *Die Zukunft funktioniert noch nicht* machte er 1969 den dort als »Antizionismus« verbrämten Antisemitismus zum Thema, verglich die Haltung des Großteils der Bevölkerung während der »starken und dunklen Zeit der stalinistischen Unterdrückung« mit der »der großen Mehrheit der Deutschen im Dritten Reich« und beklagte die in der ČSSR zu lange ausgebliebene »Abrechnung mit der Vergangenheit«.

Als Schriftsteller im engeren Sinne wurde B. erst 1992 mit *Hast du auf Deutsche geschossen, Grandpa?* wahrgenommen, einer auch in der Selbstkritik beeindruckenden Autobiographie. Als Präsident des 1934 gegründeten PEN deutschsprachiger Autoren im Ausland schaltete sich B. als Nachfolger von Hans Keilson von London aus in die politischen Debatten ein, die sich ab 1989/90 insbesondere um den Umgang mit der DDR und der Stasi entzündeten. Nachdem Chaim Noll 1992 *Nachtgedanken über Deutschland* veröffentlicht hatte, wies B. – »so wie Sie, Jude und Exilant« – dessen kritisches Deutschlandbild in öffentlicher Diskussion als überzogen zurück. Die Meinungsverschiedenheiten zwischen den beiden setzten sich fort, als B. angesichts von Altersstruktur und Mitgliederschwund Ende 2001 die geordnete, würdige Selbstauflösung des Auslands-PEN durchsetzen wollte. In zahlreichen Reden und Essays unterstrich er die Notwendigkeit einer nonkonformistischen, »ketzerischen« Literatur und der Auseinandersetzung mit der »roten und braunen Vergangenheit«. War das B.s zentrale Forderung, so gestand er jedoch ein, selbst Mühe damit zu haben, wie er in dem Briefessay *Warum ich nicht erinnern will* – an Renate Lasker-Wallfisch – schreibt. Im Essay *Kaddisch für meinen Vater* setzt sich B. mit einer der für ihn heikelsten Fragen auseinander: dem quälenden Verdacht, sein Vater könnte in Lebensgefahr zum Handlanger der Nazis geworden sein. Dieser Alterstext, ein Friedensschluss mit seiner verdrängten Vergangenheit, ist zugleich eine erneute Einlassung des »Nicht-Gläubigen in einer jüdischen Familie« auf sein Jüdischsein; er beschließt ihn mit einem Kaddisch für seinen Vater, für alle Opfer – und für die, die sich zu Tätern machen ließen.

Werke: Die Zukunft funktioniert noch nicht. Ein Porträt der Tschechoslowakei 1948–1968, Frankfurt a. M. 1969; Hast du auf Deutsche geschossen, Grandpa? Fragmente einer Lebensgeschichte, Berlin/Weimar 1992; Kaddisch für meinen Vater. Essays, Erzählungen, Erinnerungen, Wuppertal 2002; Das Haus an der Brücke, Wuppertal 2011.
Literatur: F.B. In: Bolbecher/Kaiser (Hg.), Lexikon der österreichischen Exilliteratur, Wien 2000, 71 f.; Ch. Haacker, Ein ketzerischer ›Grandpa‹. Zum 90. Geburtstag des Schriftstellers und Journalisten F.B., in: Zwischenwelt 18 (2002), 25–28; ders., F.B., in: Lexikon deutschmährischer Autoren, hg. I. Fiala-Fürst, Olomouc 2002.

Christoph Haacker

Beer, Michael

Geb. 19.8.1800 in Berlin;
gest. 22.3.1833 in München

Als jüngster Sohn des Bankiers und Zuckerfabrikanten Jacob Herz Beer und dessen Frau Amalia Beer verbrachte B. seine Kindheit in einem wohlhabenden, aufgrund seiner Kunstliebe in

Berlin sehr angesehenen Elternhaus. Bereits in der Jugend ist B. durch dichterische Begabung aufgefallen; 1819 verhalfen bekannte Schauspieler seiner Tragödie *Klytemnästra* durch eine Inszenierung am Königlichen Theater zu einem Achtungserfolg. Finanziell unabhängig, ließ sich B. nach dem Studium der Philosophie und Geschichte, unterbrochen von zumeist längeren Aufenthalten in Frankreich und Italien, 1824 in München nieder. Der Zusammenhalt der Familie – B.s ältester Bruder war der Komponist G. Meyerbeer – war stets gegeben.

B. war mit seiner literarischen Intention, die tragischen Dimensionen der *condition humaine* zu artikulieren, der deutschen Klassik verpflichtet. Die Kunst und »nicht allein eine welthistorische Stimmritze« politischen Aufruhrs sollte gerade auch den Bedürfnissen des Volkes gerecht werden, schreibt B. in einer Reflexion zu Mozarts Oper *Don Giovanni*. Die kathartische Wirkung, die »Tonblitze« dieses »tragischen Gedichtes«, seien den modernen Versuchen, die antike Tragödie neu zu beleben, weit überlegen (an K. Immermann, 8.12.1829). Wie wenig B. der Verwirklichung dieses Ideals in seinen Trauerspielen und Tragödien nahegekommen ist, blieb ihm zeitlebens schmerzlich bewusst. Allein mit dem Einakter *Der Paria* (1823), einer dramatisch-elegischen Verschlüsselung jüdischen Leids, konnte B. für kurze Zeit beachtliche Bühnenerfolge erzielen. Die Transposition des Motivs der Diskriminierung und Bedrohung der Juden in die Welt der fernen Kastengesellschaft Indiens stellte jüdisches Schicksal symbolisch als ein allgemeinmenschliches dar und fand dadurch die Anerkennung Goethes. Doch der rührenden Wirkung des Stücks, dem Appell an die Menschlichkeit des Publikums, lag zugleich die Ausschaltung der Erinnerung jüdischer Traditionen und jüdischen Selbstverständnisses zugrunde. Dieser Preisgabe jüdischer Erfahrungen durch ihre Ästhetisierung korrespondieren Ideen des deutschen Bildungsromans, insbesondere Goethes Postulate in *Wilhelm Meisters Wanderjahren* (3. Buch, 11. Kapitel), denen zufolge Juden und jüdische Tradition bei der Konstituierung der idealen Gesellschaft auszuschließen seien. Übergroße Vorsicht in der Behandlung der jüdischen Frage kritisierte H. Heine an B.s Werk. Erst in dem bürgerlichen Trauerspiel *Struensee* (1828) habe B. dem Kampf um eine menschliche Gesellschaft ganz seine poetische Stimme geliehen. Ein einziges Mal brachte B. ein jüdisches Thema direkt zur Darstellung. In der Ballade *Der fromme Rabbi* erscheint die Orthodoxie als verzweifelt-aggressives Relikt des Judentums, das sich durch abstrakte Gesetzestreue selbst ad absurdum führt. Im Kampf gegen die Judenfeindschaft – der »Risches« (Judenhass), heißt es in einem frühen Brief, sei »wie der liebe Gott: er war, er ist und er wird sein« (an G. Meyerbeer, 13.5.1818) – lehnte B. die Radikalisierung der Massen durch die demokratischen Schriftsteller ab und hoffte stattdessen auf wirksame Reformen durch die bestehenden Regierungen.

Trotz der Anerkennung durch Goethe, trotz der freundlichen Aufnahme in die Hofgesellschaft König Ludwig I. von Bayern, der sich für die Aufführung des *Struensee* in München einsetzte, fühlte sich B. in der Gesellschaft zunehmend einsam und isoliert. Über die Hintergründe seines frühen Todes aufgrund eines Nervenfiebers besteht keine Klarheit. In einer seiner nur spärlich überlieferten intimen Mitteilungen bringt B. seine Produktionshemmungen einmal unmittelbar mit seiner prekären Lage als Jude in Deutschland in Verbindung: »Mir ist, als zittere der Grund unter mir (der deutsche nämlich), als wäre es leichter, von der Zukunft große Tragödien zu erwarten, als selber welche zu schreiben« (an K. Immermann, 27.12.1831).

Werke: Sämmtliche Werke, hg. E. Schenck, Leipzig 1835; Briefwechsel, hg. E. Schenck, Leipzig 1837; G. Meyerbeer, Briefwechsel und Tagebücher, hg. H. Becker, Bd. 1, Berlin 1960.
Literatur: H. Heine, Struensee von M.B., in: H. Heine, Sämtliche Schriften, Bd. 1, hg. K. Briegleb, Frankfurt a. M. 1981, 430–444; J. Stenzel, Assimilation durch Klassik. M.B.s ›Der Paria‹, Heine, Goethe, in: Jahrbuch des freien deutschen Hochstifts 1987, 314–335.

Horst Olbrich

Beer-Hofmann, Richard

Geb. 11.7.1866 in Wien;
gest. 26.9.1945 in New York

Als Lyriker, Dramatiker und Romanautor gehört B.-H. zu den Autoren der Wiener Moderne. Noch bevor er selbst zu schreiben begann, spielte er in der Literatengruppe *Jung Wien*, deren Treffpunkt das berühmte Café Griensteidl auf dem Wiener Mi-

chaelerplatz war, eine hervorragende Rolle (vgl. K. Kraus, *Die demolirte Literatur*). Durch Hugo von Hofmannsthal und Arthur Schnitzler ermuntert, begann er zu schreiben und eroberte sich schnell und kampflos eine bedeutende Stellung in der Öffentlichkeit (E. von Kahler). Dass sein nicht umfangreiches, von den Zeitgenossen hoch geschätztes Werk nach dem Krieg in den deutschsprachigen Ländern weitgehend vergessen wurde, verschuldet der durch die nationalsozialistische Vertreibungs- und Vernichtungspolitik verursachte kollektive »Gedächtnisverlust«. Unter den Autoren der Wiener Moderne, von denen ein Großteil jüdischer Herkunft war, kann B.-H. als »homo judaicus« (H. Zohn) gelten, da er als Einziger sich in seinem Werk seit der Jahrhundertwende konsequent mit dem Judentum auseinandersetzte, es vermutlich auch in jungen Jahren nie ignoriert hat. Andererseits spiegelt sein Werk fast prototypisch sämtliche literarischen Spielarten der Wiener Moderne.

Die ökonomische, politische und sozialhistorische Krisenerfahrung, auf die seine Generation mit oft beschriebenen Bewusstseinsphänomenen reagierte: die durch den Empiriokritizismus des Physikers Ernst Mach inspirierte, von Hermann Bahr programmatisch verkündete krisenhafte Ich-Erfahrung bei gleichzeitiger Steigerung der sinnlichen Reizbarkeit, der sublime Ästhetizismus, die Todesverfallenheit angesichts eines als bedrohlich erlebten Totalitätsverlustes. Potenziert musste sich diese Situation der jüdischen Jugend dieser Generation darstellen: Wie an keinem anderen Ort Europas stieß in Wien die liberal-bürgerliche Emanzipation auf einen durch verkrustete gesellschaftliche Strukturen beförderten Antisemitismus, der ein Klima schuf, das den antisemitischen Bürgermeister Lueger hervorbrachte und den jungen Hitler prägte. Als Antwort auf diese latente antisemitische Feindseligkeit lassen sich vier für die moderne jüdische Identität typische Haltungen beschreiben: a) die Verleugnung der jüdischen Herkunft und das Insistieren auf der engen Verbundenheit mit der deutsch-österreichischen Sprache und Kultur, wie sie u. a. bei Hofmannsthal anzutreffen ist, b) die seit O. Weininger als jüdischer Selbsthass diskutierte Adaption antisemitischer Stereotype, sodann c) die bewusst nationale Identifizierung im Zionismus (Th. Herzl, *Der Judenstaat*, 1896), schließlich d) das als jüdische Renaissance bekannte bewusste Bekenntnis zu einem kulturell-geistig verstandenen Judentum, wie es Martin Buber, Achad Haam, aber auch B.-H. in je verschiedener Weise vertraten.

Aus einer österreichisch-jüdischen Fabrikanten- und Juristenfamilie stammend, stand B.-H. mit dem Jurastudium und der erfolgreich abgeschlossenen Promotion am Beginn einer klassischen bürgerlichen Karriere, als er sich um 1890 für die Lebensweise des Dandys und Literaten entschied. Die große sprachliche Sensibilität und Virtuosität seiner Texte – man nannte ihn einen »Hexenmeister der Sprache« – hat er mit den Autoren der Sprachkrise der Jahrhundertwende gemein, neben Kraus und Mauthner ist sein Freund H. von Hofmannsthal zu nennen, dessen legendärer *Chandosbrief* (1902) zum programmatischen Text wurde. Wie Schnitzler griff B.-H. die epochale Herausforderung der Psychoanalyse auf und experimentierte, durch die *Traumdeutung* Sigmund Freuds inspiriert, mit den Phänomenen des Unbewussten, der Hypnose, des Traums. 1892 entstand seine Pantomime *Pierrot Hypnotiseur* (zuerst veröffentlicht in Hank, 1984), in der gleichermaßen mit der sprachlosen gestischen Darstellungsweise der Pantomime wie mit der Hypnose als Bewusstseinserweiterung experimentiert wird. Traumhaftes und erinnerndes Bewusstsein werden derart ineinander verschränkt, dass innere und äußere Wirklichkeit gegeneinander verschwimmen. Noch das im Andenken an seine Frau Paula Lissy im New Yorker Exil geschriebene *Paula. Ein Fragment* arbeitet mit dem Freudschen Konzept der Deckerinnerung.

Zunächst aber ist es das Milieu des Wiener Großbürgertums, aus dem die Stoffe seiner frühen Novellen stammen. 1893 erscheinen die von B.-H. später nicht mehr zur Publikation freigegebenen Novellen *Camelias* und *Das Kind*, deren Protagonisten jenen Typus des vollendeten Ästheten und Dandys darstellen, den B.-H. zu jener Zeit selbst verkörperte. Perfekter noch als das französische Vorbild alles Dandytums, so ironisiert Kraus, wähle er seine Freunde nach den Farben ihrer Anzüge aus (*Demolirte Literatur*). Ebenso wird in der Erzählung *Camelias* das aus künstlichen Reizen konstruierte Selbst des »schönen Freddy« durch seine Phantasien über die begehrte junge und an lebensreformerischen Idealen orientierte Thea entlarvt, vor der er sich resignativ zu der sein konstruiertes

Selbst nicht gefährdenden »gemieteten« Camelien-Geliebten zurückzieht. Konsequenter findet die Auseinandersetzung mit dem Ästhetizismus in der zweiten Novelle *Das Kind* statt, wo an der psychischen Reaktion des Protagonisten Paul auf den Tod seines mit einem Dienstmädchen gezeugten, ungeliebten Kindes Schuldhaftigkeit und Sinnlosigkeit des ästhetizistischen Lebensentwurfs thematisiert werden. Als einer der Ersten wendet B.-H. schon in diesen frühen Novellen die für die literarische Moderne charakteristischen Techniken der erlebten Rede und des inneren Monologes an.

Vollends in dem berühmten Roman *Der Tod Georgs* (1900) wird der Ästhetizismus des Helden Paul durch den plötzlichen Tod des vitalen Freundes radikal infrage gestellt. Der einsam nur in den Sinneswahrnehmungen seines Bewusstseins lebende Ästhet gerät durch den Tod des Freundes in eine psychische Krise, in der er am erinnerten oder bloß phantasierten Tod der geliebten Frau die Leere und Sinnlosigkeit seines eigenen Lebensentwurfs erlebt, was ihn zu der plötzlichen Erkenntnis des »Gesetzes« führt, eines am zeitgenössischen Monismus orientierten Gesetzes der Natur – und der »Gerechtigkeit« als der Forderung des Gottes der Juden: »Gerechte Lose! – Das Wort traf und schreckte ihn als wäre es vom Himmel herab, schwer und eisern, gefallen und läge nun, ein Fremdes, inmitten seiner Gedanken.« Ein gleichermaßen organizistisch und jüdisch verstandenes Gesetz weist dem Ästheten Paul seinen Ort im Zusammenhang alles Lebendigen und reiht ihn ein in die Kette seiner Ahnen. Er habe in diesem Roman »dem Ästheten mit den Mitteln des Ästhetizismus ein Ende bereiten« wollen, bemerkte B.-H. dazu gegenüber W. Vordtriede (*Gespräche*, 1952). Ähnlich heißt es in dem schon vor seiner Veröffentlichung wegen seiner sprachlichen Schönheit berühmten *Schlaflied für Mirjam* (geschrieben 1897 für seine Tochter Mirjam) programmatisch: »Blut unsrer Väter, voll Unruh und Stolz«. Der biographische Anstoß für diese Neuorientierung ist wohl in der Begegnung B.-H.s mit seiner späteren Frau Paula Lissy zu sehen, die seinethalben zum Judentum übertrat. Das Judentum bildet von nun an eine konstante Bezugsgröße in B.-H.s Selbstverständnis.

Eine wichtige Übergangsfunktion nimmt das Drama *Der Graf von Charolais* ein, der Bearbeitung einer Vorlage von Masinger und Fried aus dem 17. Jahrhundert (1904 unter der Regie von Max Reinhardt im Neuen Theater, Berlin, uraufgeführt), das zu B.-H.s erfolgreichstem Bühnenwerk wurde. Der historische Stoff, die Geschichte des Grafen Charolais, der seinen Vater entsühnen will, durch das Mitleid seines Richters gerettet wird und dessen Tochter zur Frau erhält, dann aber angesichts eines vermeintlichen Ehebruchs der Frau sich als unerbittlich rachedurstig erweist, stieß bei der Kritik vielfach auf Unverständnis, während die Figur des Roten Itzig unmissverständlich als Stellungnahme zum virulenten Antisemitismus gelesen wurde. Der Rote Itzig (in Reinhardts Inszenierung von diesem selbst verkörpert) als einer der Gläubiger des Grafen beharrt auf dem ihm zustehenden Recht des Gläubigers, den Leichnam zu beschlagnahmen. Hartnäckig widersetzt er sich der gräflichen Aufforderung, »ein guter Mensch« zu sein – aus Treue zu seinen Vorfahren und ihrem jahrhundertealten Leid. Der Monolog des Roten Itzig wurde zurecht als Neu-Interpretation des Shylock-Monologs gelesen, eine jüdische Perspektive indes, die die Möglichkeit der individuellen Emanzipation nicht zulässt. Bei der Wiener Erstaufführung des Stückes im Jahre 1922 kam es zu hitzigen anti-semitischen Debatten.

Eine deutliche Zeitspanne liegt zwischen diesem Drama und der Uraufführung von *Jaákobs Traum* (abgeschlossen 1915) am 5. April 1919 im Wiener Burgtheater. Das Stück, das als »Vorspiel« zu dem geplanten Zyklus *Die Historie von König David* konzipiert worden war, ist die Frucht einer langjährigen Auseinandersetzung B.-H.s mit der biblischen Überlieferung. Mit *Jaákobs Traum* nimmt B.-H. das umstrittene Thema der Auserwähltheit des jüdischen Volkes auf: Jaákob, der durch eine List seiner Mutter Rebekah den Segen Jitzchaks erhielt, erkennt im Traum, in der Auseinandersetzung mit den Erzengeln, seine Erwählung und nimmt sie an. Auch die anderen Stücke dieses Zyklus' von Versdramen folgen dem biblischen Stoff, wobei von dem projektierten Gesamtzyklus mit »Ruth und Boas«, »Der junge David«, »König David« und »Davids Tod« nur *Jaákobs Traum*, *Der junge David. Sieben Bilder* (1933) und das *Vorspiel auf dem Theater zu König David* (1936) abgeschlossen und veröffentlicht wurden. Von dem weit verzweigten Produktionsprozess zeugt eine Vielzahl von Entwürfen, Fragmenten, Kommentaren. B.-H. hat sie, entgegen seiner sonstigen großen Veröffentlichungsscheu, in den 20er und 30er Jahren zum großen Teil erscheinen lassen und damit wohl ganz bewusst die Rolle angenommen, die ihm durch seine früheren Stellungnahmen in der öffentlichen Diskussion um das jüdische Selbstverständnis angesichts des immer rabiater werdenden Antisemitismus seit der Jahrhundertwende zugewachsen war. Das Projekt, die biblischen Erzählungen in heutiger Weltsicht zu reformulieren, ist auch als der Versuch zu sehen, der jüdischen Geschichte von ihren Anfängen her neuen Sinn zu verleihen, eine durchaus zeittypische gründungsmythische Perspektive, mit der Richard Wagners Musikdramen äußerst erfolgreich waren. Manches in der Ausführung verweist auch auf B.-H.s Vorliebe für Goethe; mit *Iphigenie* und *Faust* hatte er sich als Dramaturg und Regisseur bei Max Reinhardt beschäftigt. Bei allem aber ist das existenzielle Motiv der Sinngebung »jüdischer Erlebnisart«, wie Theodor Reik formuliert hatte, und das »Seid nicht so sicher« aus dem Rechtfertigungsschreiben an Hofmannsthal, den *Charolais* betreffend (Briefwechsel, 1972) vorherrschend. Die Kluft zwischen jüdischer Verheißung und der stets gegenläufigen geschichtlichen Erfahrung soll durch ein neues jüdisches Selbstverständnis ausgemessen werden. »Jaákobs« träumende Begegnungen zunächst mit den Erzengeln, dann mit Gott transferieren die alten Konzepte der »Erwählung«, der »Verheißung« und der »Treue« in eine moderne dialogische Beziehung. Dem Sprachskeptiker B.-H. reichen indes die sprachlichen Ausdrucksmittel des Dramas für seine existenzielle Intention nicht aus. Mit dem Konzept der »plastischen Vergegenwärtigung« biblischer Motive zielt er auf das gesamte Wahrnehmungsvermögen des Menschen, alle seine Sinne sollen sinfonisch angesprochen werden. Penibel genau werden daher Bühnenbilder, Szenen, Gesten, Bewegungsabläufe, Stimm-Modulationen vorgegeben, um eine »organischere, gottgewolltere Relation zwischen allem Geschauten, Geatmeten, Gerochenem, Getastetem, Geschwiegenem, Getanem und dem schließlich dann Gesprochenen herzustellen« (an Erich von Kahler, 1933) – ein synästhetisches Konzept des Erinnerns, in dem die Spannung zwischen der barocken Sinnlichkeit des österreichischen Katholizismus und der jüdischen Verpflichtung auf das Wort nicht größer sein könnte. Es kommt darin auch zum Ausdruck, wofür B.-H. mit seinem Leben zeugte: die gleichgewichtige Präsenz des Jüdischen und des Österreichischen. Obgleich er alles, was er während seiner Palästinareise (1936) erfuhr, mit positiven Kommentaren begleitete, kam eine Auswanderung nach Palästina für ihn auch dann nicht infrage, als seiner österreichischen Existenz in einem sich immer mehr nazifizierenden Österreich der Boden entzogen wurde. Die Flucht in die Vereinigten Staaten wird unausweichlich, in Zürich stirbt die geliebte Frau Paula, die Adressatin des *Davids*-Zyklus. In New York, wo ihm die Töchter ein bescheidenes Domizil in altösterreichischem Stil schaffen, führt eine andere Wirklichkeit die Feder. In kurzer Zeit entsteht *Paula. Ein Fragment*, Erinnerungen an und für die geliebte Frau. Auch in der neuen Welt hält er an der Polarität seiner Existenz als Österreicher und Jude fest: »Wenn ich nicht mehr bin, und wenn die, die dann Deutsch lesen, mich zu den ihren zählen wollen, dann werde ich eben ein deutscher Dichter gewesen sein. Eines aber werde ich vor vielen anderen voraus haben – daß ich mich anlehnen kann an eine so lange Reihe von Vorfahren, die unter Bedrängnissen aller Art ihren Gott nie preisgegeben haben.«

Werke: Gesammelte Werke, hg. O. Kallir, Frankfurt a. M. 1963; Briefwechsel H. von Hofmannsthal – R. B.-H., hg. E. Weber, Frankfurt a. M. 1972; Briefwechsel A. Schnitzler – R. B.-H., hg. K. Fliedl, Wien 1992; Große R. B.-H. Werkausgabe in sechs Bdn., hg. G. Helmes u. a., Paderborn 1993 ff.
Literatur: G. Lukács, Der Augenblick und die Formen: R.B.-H., in: ders., Die Seele und die Formen, Berlin 1911, 229–263; Th. Reik, R.B.-H., Leipzig 1912; R. Hank, Mortifikation und Beschwörung. Zur Veränderung ästhetischer Wahrnehmung in der Moderne am Beispiel des Frühwerks R.B.-H.s, Frankfurt a. M. 1984; St. Beller, Wien und die Juden (1867–1938), Wien u. a. 1993; R.B.-H. »Zwischen Ästhetizismus und Judentum«, hg. D. Borchmeyer, Paderborn 1996; T. Krechting, R.B.s jüdisches Denken, Hamburg 2009.

Hanna Delf von Wolzogen

Behr, Isachar Falkensohn (Gabriel Grigorjewitsch)

Geb. 1746 in Salantin (Litauen);
gest. 1817(?) in Kamenez-Podolsk

B. vollzieht – wie nach ihm Salomon Maimon und viele andere – den typischen Weg eines aus orthodoxer Sozialisation sich lösenden Juden von Osten nach Westen: Sehr jung verheiratet, verlässt der Litauer 1766 seine Familie in Richtung der größeren Handelsstadt Hasenpoth (heute Aizpute/Lettland), ein Jahr später lässt er sich als Händler in Königsberg nieder. Die Krönung dieser »Hedschra« ist Berlin, wo er mit Wohlwollen des Kreises um Mendelssohn und Lessing ein Dichter im Stil seines Vorbilds und Gönners K.W. Ramler wird. Zwischen 1769 und Dezember 1771 entstehen insgesamt 34

Gedichte und eine Kantate. Diese *Gedichte von einem pohlnischen Juden* erscheinen anonym mit einem aufschlussreichen Vorwort zur Ostermesse 1772 in Leipzig. Bereits im September 1770 waren vier Gedichte in Ch. H. Schmids *Almanach der deutschen Musen auf das Jahr 1771* veröffentlicht worden.

Entgegen seinem ursprünglichen Plan, sich in Wien literarisch fortzubilden, entscheidet sich B. im Mai 1772 für die Fortführung eines Medizinstudiums. Nach einigen Monaten in Leipzig beendet er im Dezember 1772 mit Dissertation und Rigorosum das Medizinstudium in Halle. 1775 hofft B. offenbar auf eine Anstellung als Arzt im Breslauer jüdischen Krankenhaus, wird jedoch als Abtrünniger und Freidenker von der orthodoxen Gemeinde der Stadt einige Zeit in Arrest gehalten. Im selben Jahr praktiziert B. dann bereits in Hasenpoth und wandert noch nach Mohilew aus, kehrt also in den Osten zurück. Im Reich der Zarin Katharina scheint angesichts einer gewissen Liberalisierung ein sozialer Aufstieg nun auch für Juden möglich; so erhält B. in St. Petersburg 1781 das Recht zur Praxis in den weißrussischen Gebieten und dankt der Monarchin mit dem Gedicht *Am Geburtstagsfest der Großen Kayserin Katharina der Zweyten, den 21. April 1781, St. Petersburg.* Acht Monate später konvertiert B. zum russisch-orthodoxen Glauben, was 1782 zur Zulassung als Arzt in ganz Russland führt. Ende 1795 steigt B. zum Hofrat und Quarantänearzt auf und praktiziert seitdem bis zu seinem Tod 1817 (?) in dem erst 1795 zu Russland gekommenen Kamenez-Podolsk.

Als deutschsprachiger Dichter ist B. allein durch die *Gedichte von einem pohlnischen Juden* bekannt. Diese Episode bleibende Produktivität gewinnt eine besondere Pointe durch Goethes Rezension des Gedichtbandes in den *Frankfurter Gelehrten Anzeigen.* Gemäß seinem Maßstab der »Originalität« kann Goethe nur zu dem Urteil kommen, es sei hier »durchgehends die Göttern und Menschen verhasste Mittelmäßigkeit« zu beklagen. Goethe konnte aus der Sicht eines Frankfurter Patriziersohnes nicht verstehen, was B. selbst im Vorwort zu seinem Gedichtband betont: dass die »Originalität« seiner Sammlung vor allem in den Worten des Titels liege, »die wohl in ein paar tausend Jahren nicht beysammen gestanden« hätten: »Erregen nicht die Worte: pohlnischer Jude, in der Seele das Bild eines Mannes, schwartzvermummt, das Gesicht verwachsen, die Blicke finster, und rauh die Stimme? wird die angewöhnte misverstandene Frömmigkeit einiger zärtlichen Leserinnen das Bild nicht gräßlicher malen, als es meine armen Landesleute wirklich sind? und wird dieses lebhafte Bild meinen Liedern nicht nachtheilig seyn?«

Deutschsprachige weltliche Poesie und (orthodoxes) polnisches Judentum standen in der Tat bis ins 18. Jahrhundert hinein für sich völlig ausschließende Bereiche. Faktisch beginnt hier also der Prozess des Eintritts eines Ostjuden in die deutsche Literatur. Nicht Originalität in Sprache und Ausdruck ist zunächst das Mittel dieser Akkulturation, sondern möglichst bruchlose Anpassung an die Muster der säkularen Wunschkultur – ohne Rückgriff auf die hebräische oder jiddische Sprache, »vollkommen deutsch und vollkommen zeitgenössisch« (Benyoëtz). Mit seiner »Judenschaft« aber hätte B. nach Goethes Meinung nur dann »ein Aufsehn« machen dürfen, wenn er mehr geleistet hätte »als ein christlicher etudiant en belles lettres auch«. Goethe, der zeit seines Lebens ein ambivalentes Verhältnis zu Juden und Judentum hatte, war sich sicher der Problematik seiner Forderung nicht voll bewusst: Bemühte sich ein Jude im Zeitalter der Emanzipation um Akkulturation, galt er als vorlaut und zugleich unlauter, weil er sein Judentum zu verbergen suchte, blieb er in Aussehen und Sprache als traditioneller Jude kenntlich, wurde ihm mangelnder Sinn für Kultur vorgeworfen. In der Konstellation Behr/Goethe deutet sich also eine Dialektik der Emanzipation an, die auch nach Erreichen der gesellschaftlichen Gleichstellung nicht an Brisanz verlor: die Dialektik der Aufklärung im schaurigen Scheitern der erhofften deutsch-jüdischen Symbiose.

Werke: [Anon.], Gedichte von einem pohlnischen Juden, Mietau u. a. 1772; Neuausgaben: hg. G. Lauer, St. Ingbert 2002; hg. A. Wittbrodt, Göttingen 2002.
Literatur: J.W. Goethe, [Rezension], in: Frankfurter Gelehrte Anzeigen Nr. 255, Stück 70, 1.9.1772; E. Benyoëtz, Letzte Morgenstunden der Aufklärung oder Goethes ganz privater Ahasver, in: Juden in der deutschen Literatur, hg. S. Mosès u. a., Frankfurt a. M. 1986, 387–394; C. Wagenknecht, I.F.B.s Gedichte von einem pohlnischen Juden, in: ebd., 77–87; W. Kraft, Gedichte von einem Polnischen Juden, in: ders., Goethe, München 1986, 7–15; G. Alexander, I.F.B. (1746–1817), in: Aufklärung und Haskala in jüdischer und nichtjüdischer Sicht, hg. K. Gründer u. a., Heidelberg 1990, 57–69; A. Wittbrodt, Nachwort, in: Neuausgabe 2002, 65–102; H. Bosse, »Gedichte von einem pohlnischen Juden« (1772). I. F. B. und sein Verleger Jakob Friedrich Hinz, in: Baltische Literaturen in der Goethezeit, hg. H. Bosse, Würzburg 2011, 187–229.

Hans Otto Horch/Eva Varga

Behrens, Katja

Geb. 18.7.1942 in Berlin

Wie bei einer ganzen Reihe von Autoren und Autorinnen ihrer Generation ist die Auseinandersetzung mit dem Judentum auch in B.s Schreiben eng mit dem Holocaust und dessen Wirkungen in der Gegenwart verknüpft. Viele ihrer Zeitgenossen,

wie B. Honigmann, E. Dischereit und R. Seligmann, bemühen sich, ein Verständnis jüdischer Identität zu entwickeln, das sich über die Identifikation mit den Opfern der Judenvernichtung hinaus vor allem an jüdischer Kultur, Tradition und Religion orientiert. B. stellte dagegen bereits 1983 in einem Interview mit Manuela Reichart fest: »Diese Identifikation habe ich [...] versucht. Sie ist nicht gelungen.« Wenn B. Jüdisches zum Thema wählt, sind es die Spätfolgen des Holocaust bei Überlebenden und Nachgeborenen und seine gesellschaftlichen und politischen Nachwirkungen in der Gegenwart. Im Vordergrund steht dabei weniger die Einzigartigkeit des historischen Geschehens als vielmehr das Aufspüren erlernter Verhaltensmuster, die den Umgang mit der Vergangenheit und den Umgang miteinander in der Gegenwart erschweren. Die Ohnmacht und ängstliche Passivität der von ihr dargestellten Überlebenden des Massenmords wird nicht allein auf deren Verfolgungserfahrungen zurückgeführt, sondern in den allgemeineren Kontext überkommenen Rollenverhaltens gestellt: »Ich erzähle [...] davon, wie Menschen von Generation zu Generation bestimmte Verhaltensweisen, Denkweisen weitergeben, von den Müttern an die Töchter. [...] Dinge, die vielleicht längst überholt sind, die zurückgehen auf uralte Schmerzen, die irgendjemand einmal erlitten hat und an denen die Enkel immer noch zu leiden haben.« In ihrem 1983 erschienenen ersten Roman *Die dreizehnte Fee*, auf den sich B. hier in einem Interview mit Christian W. Schmitt bezieht, stellt sie heraus, dass solches von Generation zu Generation weitergegebenes Leiden nur überwunden werden kann, wenn die benommene Passivität, für die B. das auf den erlösenden Prinzen wartende Dornröschen als Metapher wählt, zugunsten der »Suche nach der dreizehnten Fee« aufgegeben wird, also zugunsten einer Auseinandersetzung mit der Vergangenheit und ihren Wirkungen in der Gegenwart. Das kollektive Gedächtnis dieses Volkes, erläutert sie in dem zuerst zitierten Interview, wolle eben nicht wissen, was war, und könne deswegen auch nicht wirklich lernen. Der fortgesetzten Ohnmacht auf jüdischer Seite steht demnach auf nichtjüdischer Seite die durch die Generationen weitergegebene ›Unfähigkeit zu trauern‹ gegenüber. Das in dieser Formel von Alexander und Margarete Mitscherlich 1967 zusammengefasste Phänomen wird in seinen psychologischen und gesellschaftlichen Dimensionen vor allem in den Erzählungen *Alles normal* und *Arthur Mayer oder Das Schweigen* thematisiert, die 1993 zusammen mit anderen *Jüdischen Geschichten* in dem Band *Salomo und die anderen* erschienen. In einem Essay, den B. der Anthologie *Abschiedsbriefe* (1987) voranstellte, weist sie darüber hinaus auf staatliche Mechanismen der Verdrängung und Instrumentalisierung der nationalsozialistischen Vergangenheit hin: »Die Überhöhung, die schönen Worte, mit denen die Staatsmacht den Schmerz in ihren Dienst stellt.« Unschwer ist diesen Seiten die Stellungnahme zu der seit etwa 1985 mit verstärkter Vehemenz geführten ›Schlussstrichdebatte‹ zu entnehmen. Wenn B. einen Neuanfang ohne Auseinandersetzung mit der Vergangenheit für nicht möglich hält, so bezieht sie dieses Wissen aus ihrer persönlichen Lebensgeschichte als Enkelin einer jüdischen Großmutter und Tochter eines nichtjüdischen Vaters ebenso wie aus ihren Erfahrungen mit dem eigenen Schreiben. Die Ohnmacht ihrer Protagonistinnen in *Die dreizehnte Fee* ist den Kindheitserlebnissen B.s nachempfunden. Der Roman selbst und sämtliche zwischen 1982 und 1994 entstandenen Erzählungen sind als B.s eigene »Suche nach der dreizehnten Fee« zu lesen, ein literarisches Forschen nach den Ursachen der eigenen Angst und des Fremdheitsgefühls ebenso wie der Ängste und Verdrängungsmechanismen in der sie umgebenden Gesellschaft. Der Frage nach der Lebenssituation von Juden im gegenwärtigen Deutschland widmet sich auch ein von B. im Jahr 2002 herausgegebener Sammelband mit dem Titel »Ich bin geblieben – warum?«, der Stellungnahmen von Schriftstellern und anderen bekannten Persönlichkeiten des öffentlichen Lebens vereinigt. B. wandte sich in dieser Zeit aber auch anderen, weniger autobiographisch motivierten Themen zu, z. B. im Roman *Die Vagantin*: Die Situation weiblicher Protagonistinnen in einer von Männern dominierten Welt verdichtete sie hier anhand der Geschichten zweier Frauengestalten aus unterschiedlichen Epochen. Beide Frauen sind Außenseiterinnen der Gesellschaft; die Erzählung ihrer Reisen durch europäische Städte und Landschaften ermöglicht die spielerische Verhandlung von Möglichkeiten und Grenzen weiblicher Emanzipation in der jeweiligen Zeit.

Die schwierige Situation der Frauen zwischen Abhängigkeit und notwendiger Anpassung einerseits und dem Wunsch nach Eigenständigkeit und Selbstbestimmung anderseits thematisierte B. auch in einer weiteren Publikation, in der sie die Lebensläufe von sechs prominenten Romantikerinnen anhand der Lektüre ihrer Briefe rekonstruierte. Besonders diskutiert wird dabei das Verhältnis dieser Frauen zu ihren Ehemännern und Geliebten: Aus Vernunftgründen eingegangene Ehen mit ungeliebten Männern, stürmische Liaisons sowie die gesellschaftliche Ausgrenzung und angespannte finanzielle Lage der geschiedenen Frauen prägen diese Viten. Einer mehrfachen sozialen Stigmatisierung waren diejenigen Frauen ausgesetzt, die als Jüdinnen geboren wurden, Rahel Varnhagen und Dorothea Veit-Schlegel, die beide konvertieren mussten, um einen Christen zu heiraten. Obwohl nicht jede Ehe dieser sechs Protagonistinnen unglücklich war, blieben die Abhängigkeitsverhältnisse bestehen: dies gerade bei Rahel Varnhagen, die ihrem christlichen Mann mit den von B. als exemplarisch hervorgehobenen Worten dankte: »Von Dir hab ich ja erfahren, dass auch ich geliebt und gehegt werden kann, wie ich andre hege und liebe; dass ich kein verzaubertes *monstre* bin« (90).

B.s Anliegen, geschichtliche Zusammenhänge zu vermitteln und die Erinnerung an historisches Geschehen für nachfolgende Generationen lebendig zu halten, kennzeichnet auch ihre Jugendbücher: Eines davon beschreibt die Ankunft des jungen Moses Mendelssohn in Berlin und die Anfänge seines dortigen Wirkens. Dass dieses Anliegen wie auch B.s Arbeit insgesamt gewürdigt wird, zeigte die Verleihung des Kinder- und Jugendbuchpreises LUCHS wie auch der Eugen Viehof-Ehrengabe der Deutschen Schillerstiftung im Jahr 2002.

Werke: Die dreizehnte Fee, Düsseldorf 1983; Von einem Ort zum andern, Pfaffenweiler 1987; Abschiedsbriefe, Düsseldorf 1987; Salomo und die anderen. Jüdische Geschichten, Frankfurt a. M. 1993; Die Vagantin, Frankfurt a. M. 1997; Ich bin geblieben – warum? Juden in Deutschland – heute, hg. K.B., Gerlingen 2002; »Alles aus Liebe, sonst geht die Welt unter«. Sechs Romantikerinnen und ihre Lebensgeschichte, Weinheim 2006; Der kleine Mausche aus Dessau. Moses Mendelssohns Reise nach Berlin im Jahre 1743, München 2009.

Literatur: M. Reichart, ›Es kommt kein Prinz‹. Interview, in: Die Zeit, 12.10.1983; W.Ch. Schmitt, ›Der Ausstieg, der ein neuer Anfang war‹. Interview, in: Börsenblatt, 12.7.1983; C.v. Maltzan, »Die Angst davor, daß es rauskommt.« Über das Schweigen von Opfern und Tätern bei K.B. und Bernhard Schlink, in: Jews in German Literature since 1945, hg. P. O'Dochartaigh, Amsterdam 2000, 463–476; E. Tunner: Eine private Geschichte? K.B., ›Die dreizehnte Fee‹ (1983), in: Der deutsche Roman der Gegenwart, hg. W. Freund, München 2001, 101–106; A. Huml: ›Ziehende Landschaft[en]‹: generationsspezifische Remigration in der Dichtung jüdischer Schriftstellerinnen nach 1945, in: Fremdes Heimatland, hg. I. von der Lühe, Göttingen 2005, 217–236; E. Kennedy: »Aber ich bin wirklich!« Identity proliferation and picaresque subversion in K.B.'s ›Die Vagantin‹, in: Local, Global Narratives, hg. R. Rechtien, Amsterdam 2007, 163–181.

Cornelia Schnelle/Stefanie Leuenberger

Ben-Chorin, Schalom (bis 1931 Fritz Rosenthal)

Geb. 20.7.1913 in München;
gest. 7.5.1999 in Jerusalem

B. erlangte seine größte Bekanntheit als Philosoph und Theologe im jüdisch-christlichen Dialog nach 1945. Mit Büchern wie *Bruder Jesus. Der Nazarener in jüdischer Sicht* (1967), *Paulus: Der Völkerapostel in jüdischer Sicht* (1970) und *Mutter Mirjam: Maria in jüdischer Sicht* (1971) tat er viel dafür, den zivilisatorischen Bruch nach der Shoah auf theologischer Ebene zu überwinden. B. selbst verstand sich jedoch bis um 1940 primär als jüdischer Schriftsteller und Journalist, publizierte schon vor dem Krieg zahlreiche literarische Texte – Prosa, Drama wie Lyrik – und engagierte sich nach seiner Auswanderung nach Palästina 1935 für die deutschsprachige jüdische Literatur, sowohl als Schriftsteller und Journalist wie auch als Buchhändler und Verleger.

B. wuchs in einer assimilierten Familie in München auf. Der Vater Richard, ein Handelsreisender, beschränkte sein Judentum auf wenige jüdische

Feiertage, während zugleich Weihnachten gefeiert wurde. Wenige Jahre nach dem frühen Tod des Vaters 1924 entschloss sich der 15-jährige Gymnasiast zu einer rebellischen Wende: gegen »den Widerspruch, die Unlogik, die Illusion«, die er in der Assimilation sah, so B. in der Autobiographie *Jugend an der Isar* (1974). Weihnachten 1928 zog er in das Haus eines orthodoxen Bekannten, mit dem Vorsatz, nicht nur drei, sondern »dreihundertfünfundsechzig Tage im Jahr meines Judentums bewußt zu sein«. 1931 wählte er den hebräischen Namen, der sein Lebensprogramm wurde: »Ben-Chorin«, »Sohn der Freiheit«, später kam noch »Schalom«, »Friede« hinzu. Das Judentum, das B. dabei für sich entdeckte, war allerdings nicht nur dasjenige des Religionsgesetzes. Es war auch das des Zionismus: Er trat der zionistischen Jugendbewegung Kadimah bei, »in der wir begannen, Hebräisch zu lernen und das Land der Juden mit der Seele zu suchen« (ebd.). Sein Judentum war aber auch das des deutsch-jüdischen Schreibens, in dem er Zionismus und Religion verband. Tatsächlich trat er, noch als Fritz Rosenthal, zunächst als Schriftsteller auf. Als Buchhändlerlehrling in der jüdischen Ewer-Buchhandlung in München, wo er die Neuerscheinungen der jüdischen Verlage kennenlernte, publizierte er einen ersten Band mit fiktiven (nicht-überlieferten) chassidischen Legenden, *Die seltsame Gemeinde* (1931), der »Martin Buber, dem Weisenden«, gewidmet war und von seiner Nacherzählung chassidischer Literatur ausging, wie auch Bubers kulturzionistische »Renaissance des Judentums« B.'s Denken die entscheidende Richtung gab. Seine weiteren literarischen Bände folgten – mit jüdischen Themen – formal großen Mustern der deutschen Moderne: Rilke, George, Hofmannsthal. So war etwa das »dramatische Mysterium« *Das Messiasspiel* (1933) an Hofmannsthals *Jedermann* angelehnt, machte aber »die Sendung Israels« zum Thema, während die beiden Lyrikbände *Die Lieder des ewigen Brunnens* (1934) und *Das Mal der Sendung* (1935) im Stil an Rilke und George anschlossen; dabei verteidigte er auch George gegen die Anklage als »Vorläufer« des »Kulturfaschismus« (durch Adolf Leschnitzer). Wenn diese frühen Gedichte eine jüdische Position einnahmen, so waren sie auch durch die Erfahrung der Verfolgung durch den Nationalsozialismus gezeichnet. Damit schloss er auch an den jüdischen George-Trabanten Karl Wolfskehl an, dessen Gedichtband *Die Stimme spricht* (1934) nach B. »unsere Situation bleibend ausgesprochen« hat (*Ich lebe in Jerusalem*): die Situation der deutschen Juden am Vorabend eines neuen Exils. B. verstand seine eigenen Gedichte analog als »Aufbruchsfanale« an das »Volk, das am Abgrund lebt« (*Das Mal der Sendung*).

Tatsächlich kam B. selbst im nationalsozialistischen München nach 1933 wiederholt in Konflikt mit den neuen NS-Behörden: Am 1. April 1933 wurde er von der SA blutig geschlagen und im Münchner Polizeigefängnis in »Schutzhaft« genommen, was sich bis 1935 wiederholte. Das gleichzeitig mit der Buchhändlerlehre 1931 in München begonnene Studium der Germanistik, Kunstgeschichte, Theater- und Religionswissenschaft musste er 1934 wegen des »Arierparagraphen« abbrechen. Er nahm in der Folge an den Veranstaltungen des jüdischen Kulturbundes teil, schrieb für dessen Marionettentheater Puppenspiele, etwa über die legendäre jüdische Narrengestalt des Hersch Ostropoler. Zugleich schrieb er Prosatexte wie die unter dem Pseudonym Tony Brook 1936 erschienene Erzählung *Begegnung mit dem Golem*, die anlässlich eines Besuchs in Prag bei Max Brod Ende 1934 entstanden war. In dieser Zeit arbeitete er auch an einem Roman über das Leben des Kabbalisten Isaak Luria, den er im Sommer 1935 auf der Insel Elba abschloss und aus dem er unmittelbar darauf in Zürich las; gedruckt wurde er jedoch erst 1972 in englischer Sprache (*Hear o Israel. A Mystic Novel on Yitzhak Luria, the Lion of Safed*).

Der Gang ins Exil war unausweichlich. Während B. von seiner Schwester Visum und Fahrkarte nach Argentinien erhalten hatte, folgte er jedoch dem »Kompass meines Herzens« in Richtung Jerusalem, wohin er im September 1935 von Triest aus reiste, nachdem er noch im August als Berichterstatter für Nathan Birnbaums Zeitschrift *Der Ruf* den 19. Zionistenkongress in Luzern besucht hatte. Ein »Grenzgänger zwischen Literatur und Journalistik« blieb B. auch in Jerusalem; »erst im Laufe der Jahre« wurde aus diesem noch ein »Grenzgänger zwischen diesen Gebieten und der Theologie« (*Ich lebe in Jerusalem*). Tatsächlich arbeitete er in Jerusalem als Journalist, zunächst für jüdische Zeitungen in Deutschland wie die *Jüdische Rundschau* sowie nach deren Verbot 1938 für Exilzeitschriften in Paris und Prag. Zugleich schrieb er auch für hebräische und – nach 1939 – insbesondere für deutsche Zeitungen in Palästina, die nach der Einwanderung von deutsch-jüdischen Flüchtlingen gegründet wurden, namentlich für *Blumenthals Neueste Nachrichten*. Darüber hinaus gründete er 1936 in Jerusalem die Buchhandlung »Heatid« (»Die Zukunft«)

und betrieb um 1940 den kurzlebigen deutschsprachigen Romema-Verlag.

Auch wenn B. nach seiner Einwanderung nach Palästina primär von seiner Arbeit als Journalist lebte, sah er sich doch nach wie vor als Schriftsteller. Wie zahlreiche aus NS-Deutschland geflohene Autoren in Palästina – etwa Else Lasker-Schüler, Arnold Zweig, Gerson Stern, Max Brod und Werner Kraft, um nur einige Namen aus seinem Bekanntenkreis in Palästina zu nennen –, kam B. nicht nur als zionistischer Einwanderer, sondern auch als deutscher Schriftsteller, der tief in der deutschen Sprache und Kultur verwurzelt war, was im zionistischen Erez Israel, das auf die Renaissance einer hebräischen Sprache und Kultur abzielte, Konfliktpotential barg. Dabei betätigte sich B., wie Brod, auch als Förderer deutsch-jüdischer Autoren, u. a. durch anthologische Editionen wie das gemeinsam mit Adolf Chajes 1936 herausgegebene »Sammelheft jüdischer Dichtung« *Die Ernte* sowie den gemeinsam mit Gerson Stern herausgegebenen Band *Menora. Eine Auswahl literarischen Schaffens in Erez-Israel* (1941), die beide auch Texte von B. enthielten. Neben diesen Anthologien publizierte er die satirischen »Miniaturen« *Jerusalem Blackout* (1940) sowie in seinem Verlag einen weiteren Lyrikband: *In dieser Zeit* (1942), »Gedichte aus neun Jahren Not-Zeit« über »Vertreibung, Krieg und Gewinnung einer neuen Heimat«. Der dritte Aspekt sollte in einem eigenen Band *Heilige Landschaft. Palästina-Gedichte* eine Fortsetzung finden, die jedoch nie erschien.

Gleichzeitig mit diesem Engagement für die deutschsprachige Journalistik und Literatur in Palästina, die er auch nach der Staatsgründung Israels 1948 fortsetzte, warf er zunehmend theologische Fragen auf. So vertrat er, im Anschluss auch an Buber, eine Alternative zwischen antizionistischer wie nationalreligiöser Orthodoxie auf der einen und säkularem Zionismus auf der anderen Seite. Er fand sie später im liberalen Reformjudentum, wie er im Essay *Jenseits von Orthodoxie und Liberalismus. Versuch über die jüdische Glaubenslage der Gegenwart* (1939) ausführte; 1958 gründete er die Jerusalemer Reformgemeinde »Har El«. Daneben äußerte er sich bereits um 1940 zu jener theologischen Grundfrage, die ihn später hauptsächlich bekannt machte: dem jüdisch-christlichen Dialog, etwa in *Die Christusfrage an den Juden* (1941), wobei allerdings bereits der Gedichtzyklus »Der Rabbi von Nazareth« (in: *Das Mal der Sendung*) diese Frage stellte. Bis zu seinem Tod 1999 wirkte B. unermüdlich im Dialog über den Bruch nach dem Holocaust zwischen Juden und Christen, Juden und Deutschen hinweg (vgl. etwa *Weil wir Brüder sind*, 1988), im Zuge dessen die Heimkehr-Trilogie über Jesus, Paulus und Mirjam entstand und er zur Formel fand: »Der Glaube Jesu einigt uns, aber der Glaube an Jesus trennt uns.« Zugleich wurde B. zu einem theologischen Deuter des Holocaust (vgl. etwa *Die Antwort des Jona*, 1956). Als Lyriker war er jedoch kaum noch aktiv; der 1966 erschienene Band *Aus Tiefen rufe ich. Biblische Gedichte* enthält zum großen Teil ältere Gedichte.

B. wurde zu Lebzeiten vielfach geehrt, u. a. 1981 mit der Buber-Rosenzweig-Medaille, 1988 mit einem Ehrendoktorat durch die Evangelisch-Theologische Fakultät der Universität München und 1993 durch die Katholisch-Theologische Fakultät der Universität Bonn. 2009 wurden das bis dahin in seinem Jerusalemer Haus befindliche Archiv und seine Bibliothek nach Deutschland gebracht; der handschriftliche Nachlass ging in das Deutsche Literaturarchiv Marbach, Bibliothek und Arbeitszimmer wurden im Münchner Stadtarchiv aufgebaut.

Werke: Die seltsame Gemeinde, Radolfzell 1931; Das Messiasspiel, München 1933; Die Lieder des ewigen Brunnens, Wien 1934; Das Mal der Sendung. Der Lieder des ewigen Brunnens neue Folge, München 1935; Jenseits von Orthodoxie und Liberalismus. Versuch über die jüdische Glaubenslage, Tel Aviv 1939 (Neuausgabe 1991); In dieser Zeit. Gedichte aus neun Jahren, Jerusalem 1942; Aus Tiefen rufe ich. Biblische Gedichte 1966; Jugend an der Isar, München 1972 (Neuausgabe Gütersloh 2001); Ich lebe in Jerusalem, München 1972 (Neuausgabe Gütersloh 2003); Der Engel mit der Fahne, München 1989; Gedichte, hg. G. Ott, München 2007.
Literatur: Israel hat dennoch Gott zum Trost, Festschrift, hg. G. Müller, Trier 1978; Der Mann, der Friede heißt, Festschrift, hg. H. Bleicher, Gerlingen 1983; W. Homolka, B. Ein Leben für den Dialog, Gütersloh 2000.

Andreas Kilcher

Bendavid, Lazarus

Geb. 18.10.1762 in Berlin;
gest. 28.3.1832 in Berlin

B. war gelernter Glasschleifer, gab Mathematikunterricht – u. a. dem jungen Ludwig Börne – und übernahm als Pädagoge und Administrator in der Nachfolge David Friedländers die Jüdische Freyschule in Berlin. Vor allem aber war er Philosoph, und in zahlreichen Büchern und Aufsätzen erläu-

terte er nicht nur philosophische Probleme der Mathematik oder Fragen der Sprachphilosophie, sondern immer wieder die Werke Immanuel Kants. Die Titel seiner Bücher hielten sich nahe an den zu erläuternden Schriften. So verfasste B. die *Vorlesungen über die Critik der reinen Vernunft* (1796), *Vorlesungen über die Kritik der praktischen Vernunft* (1796), *Ueber die Kritik der Urtheilskraft* (1795) und die *Beyträge zu einer Kritik des Geschmacks* (1797). Heinrich Heine nannte ihn einen »Weisen nach antikem Zuschnitt, umflossen vom Sonnenlicht griechischer Heiterkeit, ein Standbild der wahrsten Tugend und pflichtgehärtet, wie der Marmor des kategorischen Imperativs seines Meister Kant«.

B. fühlte sich der Aufklärung verbunden, und als Denker gewann er Ansehen über die jüdische Gemeinde hinaus. Zur Zeit der Abfassung der genannten Werke wohnte B. allerdings nicht mehr in seiner Heimatstadt Berlin, sondern in Wien. Als Jude blieb ihm in Preußen eine Universitätslaufbahn verschlossen, im liberaleren Wien jedoch begann er Vorlesungen im Hause des Grafen Harrach zu halten. Er wurde ebenfalls zu einem populären Gast der aristokratischen Salons. Vielleicht war es dieses neue Sozialleben, das B. den Anstoß gab, sich nun auch in der Literatur zu versuchen. 1794 erschien sein Roman *Ferdinand und Madame Weber* in zwei Folgen in der *Österreichischen Monatsschrift*. Diese Liebes- und Spionagegeschichte ist ein bewusst populär gehaltenes Werk und enthält keine Reflexion über das Judentum. Der im orthodoxen Judentum aufgewachsene B. hatte sich inzwischen auch weitgehend von der Orthodoxie entfernt. In seiner noch in Berlin verfassten Schrift *Etwas zur Characteristick der Juden* (1793) kritisierte er die Riten des Judentums als einen Aberglauben, der die wahre Religion, die von der Bibel bestimmt wird, verstellt. B. dachte dabei an keine Bekehrung zum Christentum. Stattdessen entwarf er Reformen für das Judentum, für die das Werk Moses Mendelssohns als Beispiel gelten sollte, obwohl Mendelssohn selbst sich dem orthodoxen Judentum verbunden fühlte.

Neue österreichische Fremdengesetze zwangen B. bald, nach Berlin zurückzukehren, wo er mit der Publikation philosophischer Werke fortfuhr. Sein *Versuch einer Geschmackslehre* erschien 1798, der *Versuch einer Rechtslehre* 1802. Er widmete sich Problemen der Ästhetik wie auch Fragen der jüdischen Religion; seine Aufsätze erschienen in vielen Zeitschriften und wurden in Büchern wie den *Aufsätzen verschiedenen Inhalts* (1800) gesammelt. Im Jahre 1799 gewann er den Preis der Preußischen Akademie mit seinem Aufsatz *Ueber den Ursprung unserer Erkenntnis*. Es war wahrscheinlich diese Auszeichnung, die M.S. Lowe veranlasste, B.s Selbstbiographie in seine Sammlung der *Bildnisse jetztlebender Berliner Gelehrten* aufzunehmen. Sie erschien 1806, im gleichen Jahr, in dem B. die Berliner Freyschule übernahm. Er öffnete sie auch christlichen Kindern, musste diese Praxis allerdings 1819 aufgrund eines Regierungsdekrets wieder aufgeben; die Schule selbst schloss 1826. B.s Erinnerungen, die er für Lowes Reihe schrieb, sind an Karl Philipp Moritz' Begriff der Selbstbeobachtung geschult. B. hatte auch 1792 zwei Fallstudien für dessen *Magazin zur Erfahrungsseelenkunde* geliefert. Die Selbstbiographie zeigt seinen Lebensweg auch als Beispiel für die von ihm geforderten Reformen des Judentums. Er beschreibt seine Erziehung als liberal und sein Elternhaus der nichtjüdischen Umgebung aufgeschlossen: »[Meine Eltern] schrieben beyde sehr richtig jüdisch und deutsch, sprachen beyde gut französisch, und besonders machte mein Vater sehr schöne kaufmännische Aufsätze und besaß eine große Belesenheit in den französischen classischen Schriftstellern. Ihre Religionsbegriffe waren nach einem ihnen eignen System geformt, und wichen ziemlich vortheilhaft von denen der mehrsten Juden damahliger Zeit ab.« B. wandte sich schon bald nach seiner Bar-Mitzwa endgültig von einem strengen »Ceremonialgesetzen« verpflichteten Judentum ab, wie er schrieb, und er illustrierte den Entschluss mit einem Zitat der Ringparabel aus Lessings *Nathan der Weise*. B. fuhr fort: »Mit Aufgebung alles Positiven, behielt ich den Glauben an Gott, an Unsterblichkeit und eine beßre Zukunft; und nicht nach und nach, sondern mit einmahl hörten meine jüdischen Andachtsübungen auf, beobachtete ich kein einziges Ceremonialgesetz mehr, besuchte ich die Synagoge nur dann, wenn meine Eltern es verlangten, und ging in christliche Kirchen, um mein Ohr an dem herzerhebenden [sic!] der Orgel und meinen Geist an den Reden der Prediger zu weiden.« Der »sittliche, ordentliche Lebenswandel«, zu dem seine Eltern ihn einst anhielten, wurde für ihn zu einem Leitbild der Religion. Allerdings scheiterte B.

daran, die jüdische Gemeinde als solche zu reformieren. Bezeichnend für seine Erinnerungen sind ebenfalls seine Versuche einer Begründung seines frühen Interesses für die Ästhetik. So gleicht sein Text bisweilen auch einer pietistischen Selbstbiographie, die nicht die Konversion zum wahren Christentum hervorhebt, sondern die Konversion zur Philosophie. »Erzieher!«, heißt es anlässlich der Schilderung eines »moralisch-häßlichen Anblicks«, der sein Interesse für die Ästhetik prägte, »wie sehr würde euch euer Geschäft erleichtert werden, wenn viele Menschen gewissenhaft die frühern Anlagen aufgezeichnet hätten, auf denen sich dann ihr Charakter als vollendetes Gebäude zeigte!«

B. übte sich jedoch nicht nur als Romanschriftsteller und Autobiograph. Er schrieb ebenfalls Gedichte, eine kurze Farce über ein Begräbnis eines reichen Mannes und das Lustspiel *Sophia, oder Rache machte ihn tugendsam*. Der Autor bereitete das Drama für den Druck vor, aber es wurde nicht veröffentlicht und befindet sich in B.s Nachlass an der Jewish National Library in Jerusalem. Während B.s kurze Farce jüdische Figuren enthält, gleicht das Lustspiel zeitgenössischen populären Produktionen. Hier tritt – wie vordem beim Roman – B.s Interesse am Judentum zurück.

In Berlin gehörte B. als Gründungsmitglied der Gesellschaft der Freunde der Humanität an sowie weiteren Gesellschaften wie der Philomathischen Gesellschaft, der Berlinischen Gesellschaft für deutsche Sprache oder dem Schachverein Gottfried Schadows. Trotzdem blieb B. ein Einzelgänger; er lebte allein und heiratete nie. Als die philosophischen Werke der Romantiker an Popularität gewannen, hörte er einfach auf, weitere Erläuterungen zu Kant zu publizieren; der Aufklärung blieb er sein Leben lang verbunden. Die Vertreter des neugegründeten Vereins, der die »Wissenschaft des Judentums« fördern sollte, wählten ihn zu einem Ehrenmitglied. Für sie war er der Vertreter einer älteren Generation, der die Orthodoxie einst kritisierte, jedoch am Judentum festhalten wollte. 1823 steuerte er Beiträge zu ihrer Zeitschrift bei. B.s literarisches Werk ist insgesamt schmal. Es ergänzt allerdings seine philosophischen Schriften in seinem Bemühen, als Schriftsteller der Aufklärung ein weiteres Publikum zu erreichen.

Werke: Etwas zur Characteristick der Juden, Leipzig 1793; Ferdinand und Madame Weber, in: Österreichische Monatsschrift I,II (1794), 71–95 u. 120–151; Philotheos, oder Ueber den Ursprung unserer Erkentniss, in: Ueber den Ursprung unserer Erkenntnis. Zwei Preisschriften von Lazarus Bendavid und Block, Berlin 1802, 9–104; [Selbstbiographie], in: Bildnisse jetztlebender Berliner Gelehrten mit ihren Selbstbiographien, 2. Sammlung, Berlin 1806, 1–72; Vorlesungen über die Critik der reinen Vernunft, Brüssel 1968. Ein Teil des Nachlasses ist digitalisiert unter http://www.jewish-archives.org.

Literatur: J. Guttmann, L.B., in: Monatsschrift für Geschichte und Wissenschaft des Judentums 61 (1917), 26–50, 176–204; B. Weiner, L.B.s Ästhetik und ihre geschichtliche Bedingtheit, Diss. Wien 1927; W. Sauer, B.s Wiener Kantvorlesungen, in: ders., Österreichische Philosophie zwischen Aufklärung und Restauration, Amsterdam 1982, 191–205; D. Bourel, A l'origine du kantisme juif: L.B., in: La Philosophie allemande dans la pensée juive, hg. G. Bensussan, Paris 1997, 67–79; L. Weissberg, Fußnoten. Zum Ort der ästhetischen Erfahrung in L.B.s Selbstbiographie, in: Berliner Aufklärung, hg. U. Goldenbaum u. a., Hannover 1999, 231–253; D. Bourel, L.B.s Bildungsweg und seine Tätigkeit als Direktor der jüdischen Freischule in Berlin, in: Jüdische Aufklärung und preußische Schulreform, hg. B. Behm u. a., Münster 2002, 359–368; L. Weissberg, L.B. schreibt ein Lustspiel, in: Lessing Yearbook 29 (2012).

Liliane Weissberg

Ben-Gavriêl, Mosche Ya'akov (eigentl. Eugen Hoeflich)

Geb. 15.9.1891 in Wien;
gest. 17.9.1965 in Jerusalem

Mit seinem Frühwerk, das er unter seinem ursprünglichen Namen Eugen Hoeflich veröffentlicht hat, profilierte sich B.-G. als oppositioneller zionistischer Publizist und als expressionistischer Schriftsteller, der die Zivilisationskritik der »Literatur-Revolution« mit der kulturzionistischen Zielsetzung einer Erneuerung des Judentums in Einklang zu bringen versuchte. 1917 wurde er als österreichisch-ungarischer Offizier für mehrere Monate nach Palästina beordert und fühlte sich nach der Rückkehr »völlig fremd« in Europa. In der orientalischen Lebenswelt hatte er Themen und Motive für sein literarisches Schaffen, aber auch eine Perspektive seines politischen Engagements gefunden, das er fortan in

den Dienst der Rückkehr des jüdischen Volkes nach Zion stellte. Unter anderem war er im Frühjahr 1918 maßgeblich an der Gründung der Wiener Gruppe des zionistischen Geheimbundes »Olej Zion« beteiligt. 1919 regte er die Konstituierung einer Sektion der palästinensischen »volkssozialistischen« Arbeiterpartei »Hapoel Hazair« in Wien an, mit deren Ziel der Schaffung eines sozial gerechten jüdischen Staates in Palästina er sich identifizierte. Des Weiteren redigierte er die jüdischen Zeitschriften *Esra* (1919/20) und *Das Zelt* (1924/25) und nahm, zum Teil gemeinsam mit seiner Ehefrau, der Schauspielerin Mirjam Schnabel, aktiven Anteil am jüdischen Theaterleben (Organisation des Gastspiels der »Wilnaer Truppe« in Wien 1921/22 und Mitwirkung an der jiddischen Kleinkunstbühne »di gildene pawe« 1924/25). Eine Zusammenstellung seiner Palästina-Erinnerungen erschien 1918 unter dem Titel *Der Weg in das Land* (erw. 1923: *Die Pforte des Ostens*). Darüber hinaus thematisierte er den Konflikt zwischen Asien und Europa in den expressionistischen Prosaskizzen *Feuer im Osten* (1920) und dem Lyrikband *Der rote Mond* (1920).

Literarisch und publizistisch vertrat B.-G. die Idee des »Panasiatismus«, die er mit zionistischen Oppositionellen wie M. Buber, H. Kohn, R. Weltsch oder N. Goldmann ebenso wie mit führenden asiatischen Intellektuellen diskutiert hat. Darunter verstand er eine Judentum, Arabien, Indien, China und Japan umfassende Erneuerungsbewegung. »Asien« stellte für B.-G. nicht nur einen geographischen Begriff, sondern vor allem eine geistige Kategorie der Ursprünglichkeit und Religiosität dar, die er zu einer Gegeninstanz zu den Entfremdungserscheinungen Europas – Industrialisierung, Entindividualisierung etc. – stilisierte. Angesichts der Selbstzerstörung Europas im Ersten Weltkrieg, der Pogrome, der nationalistischen Agitation und des Aufstiegs des Nationalsozialismus proklamierte B.-G. die Rückkehr des Judentums zu seinen östlichen Ursprüngen, die Wiedereinfügung in eine einheitliche, auf religiöser Grundlage beruhende Lebensordnung. Im »Aufstand des Ostens gegen die westliche technische Macht« sah er die Chance einer »wahren Revolution der Zukunft«, die sich gegen Imperialismus und Kapitalismus richtet. Dieses Programm barg durchaus auch politische Sprengkraft. B.-G. interpretierte die indische Befreiungsbewegung unter Ghandi, die national-türkische Bewegung in Anatolien, den Aufstieg Japans, die islamische Renaissance und Selbständigkeitsbestrebungen in Afghanistan, Ägypten, Arabien etc. als Zeichen jener zukünftigen Einigung Asiens.

Damit geht einher, dass er die jüdische Diaspora mit den Begriffen Fremdheit und Ruhelosigkeit umschrieb: »Fremder Zonen fremde Söhne/ wanken wir taumelnd durch die Gänge/ fremden Geistes./ Ziellos« (*Ex oriente lux*). Der Weg nach Erez Israel dagegen eröffnete sich ihm als Ausweg aus der von Krieg, Pogromen, Antisemitismus und Nationalismus beherrschten Lebenswirklichkeit in Europa, aber auch als Möglichkeit zur Gestaltung einer auf der Grundlage eines »anderen« Nationalismus und eines »anderen« Sozialismus aufgebauten Gemeinschaft. Als Voraussetzung für das Gelingen des jüdisch-arabischen Friedensprozesses betonte B.-G., der Mitte der 20er Jahre als Erster das Konzept eines binationalen Staates in Palästina vertreten hat, die Notwendigkeit des Studiums der arabischen Sprache, Kultur und Mentalität. B.-G.s Utopie sah die Errichtung eines »Bruderbundes arabischer und jüdischer Gemeinschaften im freien arabisch-jüdischen Palästina« vor.

1927 zog er die Konsequenz aus seinen Ideen, übersiedelte nach Palästina und nahm den hebräischen Namen B.-G. (= Sohn Gabriels, abgeleitet vom Namen seines Vaters Gabriel H.) an. Seinen Lebensunterhalt verdiente er hauptsächlich als Korrespondent des Deutschen Nachrichtenbüros (bis 1933), außerdem schrieb er Artikel für die *Literarische Welt* und veröffentlichte Palästina-Berichte für europäische und amerikanische Periodika. Er setzte seine Kontakte zu arabischen Intellektuellen fort, sympathisierte mit dem Brith Schalom, engagierte sich aber auch in der jüdischen Untergrundbewegung Haganah. Im Zweiten Weltkrieg diente er in der britischen Armee, 1948 nahm er am israelischen Unabhängigkeitskrieg und 1956 am Sinaifeldzug teil. In Jerusalem führte er auch seine Tagebücher fort (erhalten 1915–56), die die konfliktreiche Geschichte des Aufbaus des jüdischen Staates aus der Perspektive eines um Ausgleich mit den Arabern bemühten Zionisten schildern und zugleich ein Panorama der intellektuellen Atmosphäre in Palästina/Israel wiedergeben. Das Haus der B.-G.s war ein vielbesuchter Treffpunkt des geistigen Lebens Jerusalems. Um den europäischen Palästina-Reisenden die Geschichte und Kultur sowie die Konflikte des Landes und die Aufbauarbeit des Zionismus zu vermitteln, veröffentlichte er 1938 das *Kleine Palästinabuch für empfindsame Reisende*.

Der literarische Durchbruch gelang B.-G. in den 50er und 60er Jahren mit Romanen und Erzählungen über das Leben im Nahen Osten, die in hoher Auflage verbreitet wurden. Den Anfang machte der

Roman *Frieden und Krieg des Bürgers Mahaschavi* (1952), der die Abenteuer eines jüdischen Arztes – sein Name ist vom hebräischen Wort »machschava« (= Gedanke) abgeleitet – als britischer Soldat im Zweiten Weltkrieg erzählt. *Das anstößige Leben des Großen Osman* (1955) führt in die Zeit der türkischen Verwaltung Palästinas und erzählt vom täglichen Überlebenskampf der Bettler und Gauner von Jaffa. Die unter dem Titel *Kumsits* (1956) zusammengefassten »Geschichten aus der Wüste« wie auch der Roman *Der Mann im Stadttor* (1960) berichten anekdotenreich über das Leben in Israel als Kreuzungspunkt westlich-europäischer und östlich-orientalischer Kultur. Eine jüdische Detektivin namens Thamar Dor, die bereits im *Mahaschavi*-Roman aufgetreten war, wählte B.-G. als Heldin des Erzählzyklus *Die sieben Einfälle der Thamar Dor* (1962). In seiner letzten Buchveröffentlichung *Kamele trinken auch aus trüben Brunnen* (1965) setzte er der untergehenden Nomaden-Kultur der Beduinen ein literarisches Denkmal. Mit der Geschichte der Juden Europas setzte sich B.-G. im autobiographischen Roman *Die Flucht nach Tarschisch* (1963) und in dem – von Kurt Hoffmann verfilmten – Roman *Das Haus in der Karpfengasse* (1958) auseinander. B.-G. betreute im Übrigen auch den Nachlass des Schriftstellers Albert Ehrenstein, mit dem er seit seiner Jugend befreundet war; die ausführliche Korrespondenz der beiden nimmt häufig auf Fragen des Judentums und des Zionismus Bezug. Auf zahlreichen Vortragsreisen in Deutschland, Österreich und der Schweiz bewährte sich B.-G. als deutsch-israelischer Kulturvermittler, aber auch als mahnende Stimme gegen das Verdrängen der nationalsozialistischen Vergangenheit.

Werke: Die Pforte des Ostens. Das arabisch-jüdische Palästina vom panasiatischen Standpunkt aus, Berlin u. a. 1923; Die Flucht nach Tarschisch. Ein autobiographischer Bericht, Hamburg 1963; Tagebücher 1915–1927, hg. A.A. Wallas, Wien u. a. 1999; Feuer im Osten – Der rote Mond, hg. A.A. Wallas, Klagenfurt 1999.

Literatur: J. Schmidt, Der Unterhaltungsschriftsteller M.Y.B.-G., Bonn 1979; A.A. Wallas, E.H./M.Y.B.-G., in: Literatur und Kritik 28 (1993), 101–106; ders., Der Pförtner des Ostens. E.H. – Panasiat und Expressionist, in: Von Franzos zu Canetti. Jüdische Autoren aus Österreich, hg. M.H. Gelber u. a., Tübingen 1996, 305–344; A.A. Wallas: Deutschsprachige jüdische Literatur im 20. Jahrhundert, Wuppertal 2003; ders.: E.H. (M.Y.B.-G.) und die jiddische Kultur in Wien, in: Jiddische Kultur und Literatur aus Österreich, hg. A. Eidherr, Klagenfurt 2003, 72–102.

Armin A. Wallas

Benjamin, Walter

Geb. 15.7.1892 in Berlin;
gest. 26.9.1940 in Port Bou

Von dem 23-jährigen B. überlieferte sein Freund Gershom Scholem den Satz: »Wenn ich einmal meine Philosophie haben werde, so wird es irgendwie eine Philosophie des Judentums sein.« Obwohl sich B. nie als Experte in Fragen des Judentums fühlte, lassen sich seine Schriften als Kommentar zu der Frage lesen, was eine »Philosophie des Judentums« sein könnte. Dies gilt für die zum größten Teil erst postum veröffentlichten frühen Texte ebenso wie für die längeren Abhandlungen, z. B. die literaturkritischen Essays. In seinen philosophischen Kritiken über *Hölderlin* (entstanden 1914), *Goethes Wahlverwandtschaften* (1924/25), *Karl Kraus* (1930) oder *Franz Kafka* (1934) bildet der Bezug auf das Jüdische den geheimen Fluchtpunkt dessen, was B. – als Zentrum seiner kritischen Arbeit – das »rettende Moment« nannte. Dass dies auch noch für das *Passagenwerk* gilt, an dem B. die letzten dreizehn Jahre seines Lebens arbeitete, bezeugt ein Brief aus dem Jahr 1939 an Theodor W. Adorno. In ihm beschreibt er sein Vorgehen in dem im Zusammenhang mit dem *Passagenwerk* geplanten Buch über Baudelaire als Dialektik mit jüdischen Vorzeichen: »Ich lasse meinen christlichen Baudelaire von lauter jüdischen Engeln in den Himmel heben. Es sind aber die Anstalten schon getroffen, daß sie ihn im letzten Drittel der Himmelfahrt, kurz vor dem Eingang in die Glorie, wie von ungefähr fallen lassen.«

B. kannte die jüdische Tradition kaum und er hat sich ihr, trotz aller Bemühungen seines Freundes Gershom Scholem, nie um ihrer selbst willen genähert. Immer standen Fragen im Vordergrund, die etwa die Erkennbarkeit und die Darstellbarkeit der Wahrheit betreffen, den Status der vergänglichen Erfahrung, die Bedeutung der Sprache oder die Möglichkeit einer Philosophie der Geschichte. »Philosophie des Judentums« meint weder eine Philosophie, deren Geltung sich auf das Judentum beschränkte, noch eine Aufhebung der jüdischen Tradition in philosophische Erkenntnis. Vielmehr geschieht die Zusammenführung von Philosophie und Judentum vor dem Hintergrund der Krise, in die die Philosophie um die Jahrhundertwende geraten war. Auf der Suche nach einem eigenen Standpunkt, der auch die Fragen berücksichtigt, die sich ihm aufgrund seiner jüdischen Herkunft stellten, fand der junge B. einen Anknüpfungspunkt im Werk des Neukantianers Hermann Cohen (1842–1918). Cohen hatte in Radikalisierung der kantischen Religionsphilosophie die Kritische Philosophie mit dem Judentum verbunden. War für Kant das Christentum die universale Religion, so setzte ihm Cohen das Judentum entgegen. Er stellte die starke These auf, dass das Judentum fundamental, universal ethisch sei. An Cohens Verbindung von Kritischer Philosophie und Judentum anknüpfend entwarf B. 1912 in vier Briefen an Ludwig Strauß das Konzept eines »Kultur-Zionismus, der die jüdischen Werte *allerorten* sieht und für sie arbeitet«. Die Briefe an Strauß sind im Zuge einer intensiven Auseinandersetzung mit dem Zionismus entstanden, in deren Verlauf B. sich Klarheit verschaffte über sein Verhältnis zum Judentum. Was er bis dahin von diesem kannte, war, wie er an Strauß schreibt, »wirklich nur der Antisemitismus und eine unbestimmte Pietät«. B.s Beschäftigung mit seinem Judentum fand im Zusammenhang mit der entstehenden zionistischen Jugendbewegung statt, die sich in nicht geringem Maß vom Charisma Martin Bubers und dessen *Drei Reden zum Judentum* (1911) nährte. Dem Zionismus war B. im Sommer 1912 in Gesprächen mit Kurt Tuchler, einem Mitbegründer der neuen Bewegung, begegnet und zwar so, dass »zum ersten Male Zionismus und zionistisches Wirken als Möglichkeit und damit vielleicht einmal als Verpflichtung mir entgegengetreten« ist.

Wie die meisten der jugendlichen Anhänger des Zionismus, stammte auch B. aus einer wohlhabenden liberalen Familie, in der das Weihnachtsfest als »deutsches Volksfest« gefeiert wurde. B.s vollständiger Name lautete Walter Bendix Schoenflies Benjamin. Bendix ist der Vorname des Großvaters väterlicherseits, Schoenflies der Name der Familie seiner Mutter. Über seine Großmutter väterlicherseits Brunella Benjamin, geb. Mayer war B. mit Heinrich Heine verwandt. Sie war die Einzige in der Familie, die die jüdische Tradition kannte und nach ihr lebte. Mit ihrer gebildeten Tochter, seiner Tante Friederike, verheiratete Joseephi, verband B. eine innige emotionale und intellektuelle Beziehung. Friederike Joseephi war um 1900 der Mittelpunkt eines Kreises, zu dem Künstler und Schriftstellerinnen wie Else Lasker-Schüler, Lily Braun und Doris Davidsohn, die Mutter des expressionistischen Dichters Jakob van Hoddis gehörten. Selbst Schülerin von Jules Crépieux-Jamins, brachte sie ihrem Neffen die Handschriftenkunde bei. Sie unterstützte ihn in Konflikten mit seinem Vater, setzte gegen dessen Willen durch, dass B. sein Abitur machen konnte und überließ dem von B. mitbegründeten »Sprechsaal der Jugend« 1913/14 ihre Wohnung für Zusammenkünfte. 1916 nahm sie sich, unter starken Depressionen leidend, das Leben. Einer ihrer Enkel war Günther Stern, später Günther Anders. Freundschaftlich verbunden war B. auch mit seiner Cousine, der Dichterin Gertrud Kolmar.

Eingebettet in diese wohlhabende und weltoffene Familie, reagierte der Neunjährige auf den Eintritt in die wilhelminische Schuldisziplin schockiert. B. war oft krank und wurde 1904 in eine Reformschule im thüringischen Haubinda geschickt, wo er den Schulreformer Gustav Wyneken kennenlernte. Wynekens Idee der Jugend kam den Bedürfnissen B.s sehr entgegen. Er mutete den Schülern anspruchsvollste Literatur zu und forderte sie zum Selbstdenken und -handeln auf. B. wurde zu einem seiner treuesten Anhänger und blieb dies, bis er sich 1915 in einem Brief offiziell von ihm lossagte. Diese Erfahrung, die B. ein führendes Mitglied der »Jugendkulturbewegung« werden ließ, unterschied ihn von den jungen jüdischen Leuten, die im Zionismus eine Möglichkeit der Selbstfindung sahen. B. aber brachte der Zionismus, der ihm aufgrund seiner jüdischen Herkunft als »Möglichkeit« oder sogar als »Verpflichtung« entgegentrat, in einen Loyalitätskonflikt zwischen seinem Judentum und der Bindung an den Kreis um Wyneken. Aus diesem Konflikt suchte er in den Briefen an Ludwig Strauß eine Lösung. Dabei ist auffällig, dass er sich bereits zu diesem Zeitpunkt ganz entschieden vom Zionismus »mit dem Nationalismus als letztem Wert« und ebenso entschieden vom Buberschen jüdischen »Erlebnis« distanzierte. Die kritische Haltung gegenüber Buber blieb prägend für sein Verhältnis zum Zionismus und beeinflusste auch seinen späteren Freund Gershom Scholem. In den intensiven Gesprächen, die die beiden im Sommer 1916 über jüdische Fragen führten, notierte Scholem B.s Bemerkung, man müsse dem Zionismus drei Dinge abgewöhnen: »Die Ackerbau-Einstellung, die Rassen-Ideologie und die Buber'sche Blut- und Erlebnisargumentation.« Im Kafka-Aufsatz, von dem ein Teilabdruck 1934 in der *Jüdischen*

Rundschau erschien, verwehrt sich B. ausdrücklich gegen eine zu vordergründige Deutung Kafkas durch die »existentielle Theologie«. Auf Buber direkt zielt seine Kritik von Max Brods *Kafka* in einem Brief aus dem Jahr 1938: »Wenn Brod von Kafka aussagt, daß dieser etwa auf der Linie von Buber gestanden habe, so heißt das, den Schmetterling in dem Netz suchen, über das er im Hin- und Herflattern seinen Schatten wirft.«

Ebenso deutlich wie den Prager Zionismus verwarf B. – auch dies schon in seinen Briefen an Strauß – die Vorstellung einer deutsch-jüdischen Symbiose, der anstelle des jüdischen der deutsche Nationalismus als letzter Wert gälte. Anstelle einer Assimilation, die, wie sowohl der erstarkende Antisemitismus als auch die durch Moritz Goldstein ausgelöste Kunstwart-Debatte im ersten Halbjahr 1912 deutlich zeigten, immer illusionär bleiben musste, plädierte B. dafür, »zweiseitig« zu sein – deutsch und jüdisch – und dafür, diese »Zweiheit« gleichmäßig in sich auszuprägen. Aus dieser Zweiseitigkeit leitete er die Forderung nach einem doppelten Blick ab.

Noch in den 30er Jahren beschrieb er diesen Scholem gegenüber als sein »Janusgesicht«. Janusgesichtig hielt er auch an seiner Position zwischen Judentum und marxistischem Materialismus fest, die sich in jener Zeit in seinen Beziehungen zu Scholem einerseits und Brecht andererseits spiegelte. Diese Zwischenposition spitzte sich im Verlauf seiner Arbeit am Kafka-Aufsatz bis zum Äußersten zu. In seinen Briefen warf ihm Scholem Verrat an den jüdisch-theologischen Überzeugungen vor, während ihm Brecht, in dessen dänischem Exil er den Sommer 1934 verbrachte, unterstellte, mit seiner Kafka-Deutung dem »jüdischen Faschismus Vorschub zu leisten« – »jüdischer Faschismus« meinte im marxistischen Jargon Zionismus. Doch keine der Vorwürfe brachten B. dazu, auf den doppelten Blick zu verzichten. Denn allein der doppelte Blick befähige zur Aufgabe, die »der Grund des deutschen Volkstums so gut wie des jüdischen« sei: der Aufgabe und der Forderung nach einer »Aufmerksamkeit«, in die »alle Kreatur eingeschlossen« ist.

In den Briefen an Strauß sieht B. die geforderte Zweiseitigkeit in den »Literaten« am gleichmäßigsten ausgebildet. Die literarische Bewegung erschien ihm als die zukunftsvollste, weil sie zum einen dem Internationalismus und zum anderen einer »dualistischen Lebensauffassung« – und damit dem kantischen Primat der Ethik – verpflichtet war. Beide Momente unterschied die literarische Bewegung gleichermaßen vom politischen Zionismus wie von der Vorstellung der deutsch-jüdischen Symbiose. Mit dem Ausdruck »intellektueller Literaten-Juden« nimmt B. bewusst einen Begriff aus dem Diskurs des Antisemitismus auf, nicht um ihn einfach umzuwerten, sondern um ihn, mit doppelten, mit deutschen und jüdischen Augen zu sehen. Unter diesem Blick tritt zutage, dass die »Idee des Literaten« beinhaltet, was vordem die überkommenen Religionen verwalteten: das Eingeständnis der eigenen, der menschlichen Unvollkommenheit. Sie wurde von den jungen expressionistischen Dichtern zum eigentlichen Inhalt ihrer Literatur erhoben. An sie dachte B. in erster Linie, wenn er von den Literaten sprach. Die Gleichsetzung von Judenmit Literatentum führte ihn zu einer Positionierung des Jüdischen, die diesem sowohl die Bewahrung des religiösen Gefühls als auch die Idee einer dem Internationalismus verpflichteten Ethik anvertraut. Das Jüdische wird zu einem Synonym für das Moralische. Damit entspricht es jenem »kulturellen Bewußtsein«, »das uns verbietet, *ideell* die Kultur jemals auf irgend einen Menschen*teil* zu beschränken«. Das an den Internationalismus gebundene Literaten-Judentum sah B. im politischen Zionismus schlecht aufgehoben. Deshalb setzte er dem politischen einen »Kultur-Zionismus« entgegen, der die angeführten »jüdischen Werte allerorten« sehe. Mit diesem »Kultur-Zionismus« stand B. Hermann Cohens Deutung des Judentums als »universal ethisch« und als »allgemeiner Religion« näher als Achad Haam, dem eigentlichen Erfinder des Begriffes »Kultur-Zionismus«. Wie tragfähig diese Verbindung des Jüdischen mit der »Idee des Literaten« ist, bewies B. in seinem Essay über Karl Kraus, der 1930 in Folgen in der *Frankfurter Zeitung* erschien.

Betonte er im Kafka-Aufsatz das universale Moment, indem er den Grund von Kafkas Schreiben im deutschen ebenso gut wie im jüdischen Volkstum fand, so stellt er im Fall des konvertierten Literaten Karl Kraus mehrfach das jüdische Erbe in dessen Schreiben und Denken heraus. Dieses jüdische Erbe prägt sich in Kraus' Haltung zur Sprache, seiner Orientierung am Ideal der Humanität und in der Aufmerksamkeit auf die Verschränkung von Sprache und Gerechtigkeit aus. So ist es nach B. nicht nur »jüdische Gewißheit«, die Kraus vor Stefan Georges »Sprachkultus«, dessen Vergottung des Leibs und der Theurgie des »Wortleibs« bewahrte. Vielmehr bezeichnet B. Kraus' Versuch, das »Bild der göttlichen Gerechtigkeit als Sprache – ja in der deutschen selber – zu verehren«, als den »echten jüdischen Salto mortale«. Es ist dieser »echt jüdische Salto mortale«, den B. selbst hundertfach wagte.

Überaus wichtig waren die Gespräche und Korrespondenz über jüdische Fragen mit Gershom Scholem, den er 1915 in Berlin kennengelernt hatte. Da wir die Geschichte dieser Freundschaft nur aus Scholems Perspektive kennen, ist es schwer zu sagen, wer von beiden wen, worin und in welchem Ausmaß beeinflusste. Gerade in Bezug auf das Verhältnis von B. zum Judentum, dem die meisten der Texte von Scholem über B. gelten, ist es wichtig, nicht zu vergessen, dass sie die Sicht von Scholem wiedergeben, dies umso mehr, als Scholem selbst die Vorliebe B.s zur Geheimniskrämerei bezeugt. So hat B. dem fünf Jahre jüngeren Scholem nie von seiner intensiven Auseinandersetzung mit dem Zionismus erzählt, die ihrer Bekanntschaft vorausging. Von der Existenz der Briefe an Ludwig Strauß erfuhr Scholem erst, als sie in Strauß' Nachlass zu Beginn der 70er Jahre gefunden wurden.

Einig waren sich die Freunde in der scharfen Kritik der Kriegsbegeisterung, auch der deutschen Juden und selbst der Zionisten. Scholem betont in seinen Erinnerungen, dass B.s Gründe dafür nicht pazifistische gewesen seien, und Immanuel Birnbaum überlieferte aus einem Gespräch aus dem Jahr 1914 den Satz: »Ich sage ihm, daß ich mich gerade kriegsfreiwillig gemeldet hatte, worauf er kühl erwiderte, dieser Krieg interessiere ihn nicht: ›Ja, wenn es ein jüdischer Krieg wäre‹.« Die Beziehung zwischen den Freunden erfuhr einen ersten Höhepunkt in den gemeinsamen Diskussionen, die sie im Sommer 1916 in Seeshaupt in München im Beisein von Dora Pollak-Kellner, der späteren Frau B.s führten. B. war kurz zuvor von Buber zur Mitarbeit an der Zeitschrift *Der Jude* eingeladen worden. Nach dem Treffen schrieb er seinen berühmten Brief an Buber, in dem er seine Ablehnung mit der Skepsis gegenüber allem »politisch wirksamen Schrifttum« begründete. Der Brief endet mit dem selbstbewussten Satz: »Ich glaube nicht, daß meine Gesinnung in diesem unjüdisch ist.« Mehr als ein Jahr verbrachten Scholem und B. in der Schweiz. In diese Zeit, den Sommer 1918, fiel die gemeinsame Lektüre von Cohens Buch *Kants Theorie der Erfahrung*. 1921, als B. seine Dissertation beendet hatte und wieder in Berlin war, begann er das erste Mal mit dem Studium des Hebräischen, was Scholem hoffen ließ, dass die Wendung »zur intensiven Beschäftigung mit dem Judentum direkt vor der Tür stünde«. Diese Hoffnung hegte Scholem nicht nur dieses Mal vergeblich. Groß war die Enttäuschung, als B. trotz mehrfachen Versprechens, bereits eingeleiteter Vorbereitungen und geleisteter Vorauszahlung seinen geplanten Aufenthalt an der hebräischen Universität in Jerusalem so lange hinauszögerte, bis es zu spät war. 1927 hatte Scholem bei einem Besuch in Paris B. mit Judah Leon Magnes, dem damaligen Kanzler der hebräischen Universität zusammengebracht. Man kam überein, dass B. Hebräisch lernen sollte, um in Jerusalem am Aufbau einer geisteswissenschaftlichen Fakultät mitzuwirken. Mehr als zwei Jahre vertröstete B. seinen Freund, um schließlich »jenes angespannte Zögern« als Grund anzuführen, »das mir in allen wichtigsten Lagen meines Daseins Natur ist«. B. hat auch in dieser Zeit nicht Hebräisch gelernt. Stattdessen schrieb er im Herbst 1929 einen Artikel für die *Encyclopaedia Judaica* zu dem Thema »die deutschen Juden im Geistesleben des 19. und 20. Jahrhunderts als Unterabteilung unter dem Stichwort ›Deutschland‹«, der seine Zeit »ganz und gar [...] in Anspruch« nahm. Der fertiggestellte Text war jedoch, wie Scholem – wohl zu Recht – vermutete, von den »damals beliebten Erwartungen so weit entfernt und trug den Stempel völliger Unabhängigkeit so sehr«, dass er nur in völlig umgearbeiteter Form und der Unterschrift von drei Autoren veröffentlicht wurde: neben B.s Initialen erscheinen unter dem gedruckten Artikel die Initialen J. (für Benno Jacob) und G. (für Nachum Goldmann). B.s ursprünglicher Text ist verloren. Dass der überlieferte nicht nur nicht mit jenem übereinstimmt, sondern vielfach das Gegenteil von dem sagt, was B. geschrieben hatte, beteuert Scholem. Von B. selbst wissen wir aus einer handgeschriebenen Marginalie, dass er stark gekürzt, von allem Wesentlichen gereinigt und an verschiedenen Stellen weder von ihm geschrieben noch korrigiert sei.

Diese Geschichte erinnert nicht von ungefähr an die jüdischen Engel, mit deren Hilfe B. den »christlichen Baudelaire in den Himmel« gehoben, um ihn – wofür die Zeit nicht mehr blieb – im dritten Teil des geplanten Buchs »wie von ungefähr fallen zu lassen«. Diese jüdischen Engel hat er im letzten Abschnitt des Essays über Karl Kraus beschrieben: Es sind jene, »welche nach dem Talmud, neue jeden Augenblick in unzähligen Scharen, geschaffen werden, um, nachdem sie vor Gott ihre Stimme erhoben haben, aufzuhören und in Nichts zu vergehen«. Diesen »schnell verfliegenden Stimmen« ist nicht nur, wie B. schreibt, das Werk von Kraus nachgebildet, sondern auch sein eigenes. B.

hat sich am 26. September 1940 im spanischen Grenzort Port Bou auf der Flucht vor den Nazis das Leben genommen.

Werke: Gesammelte Schriften, unter Mitwirkung v. Th.W. Adorno u. G. Scholem hg. R. Tiedemann u. a., Frankfurt a. M. 1972 ff.; W.B./G. Scholem, Briefwechsel, Frankfurt a. M. 1980; Gesammelte Briefe, hg. Th.W. Adorno Archiv, Frankfurt a. M. 1995 ff.
Literatur: G. Scholem, W.B. – die Geschichte einer Freundschaft, Frankfurt a. M. 1975; ders., W.B. und sein Engel, Frankfurt a. M. 1983; St. Mosès, Der Engel der Geschichte. Franz Rosenzweig, W.B., Gershom Scholem, Frankfurt a. M. 1994; A. Deuber-Mankowsky, Der frühe W.B. und Hermann Cohen. Jüdische Werte, Kritische Philosophie, vergängliche Erfahrung, Berlin 2000; Benjamin-Handbuch. Leben – Werk – Wirkung, hg. B. Lindner, Stuttgart/Weimar 2006; S. Weigel, »Angelus Novus«, in: Enzyklopädie jüdischer Geschichte und Kultur, hg. D. Diner, Bd. 1, Stuttgart/Weimar 2011, 94–100.

Astrid Deuber-Mankowsky

Benyoëtz, Elazar

Geb. 24.3.1937 in der Wiener Neustadt

Unter den deutschsprachigen jüdischen Aphoristikern des 20. und 21. Jahrhunderts ist B. eine Ausnahme: Kaum ein Werk ist so ausschließlich von der jüdischen Tradition und der deutsch-jüdischen Geschichte geprägt. Der Autor hatte in Israel 1959 ein Rabbiner-Examen absolviert, während er seit 1957 seine ersten Versuche als hebräischer Lyriker unternahm. Es folgte 1960 eine Tätigkeit als Archivar in Jerusalem, wo sich B. besonders mit literarischen Zeitschriften der Weimarer Republik beschäftigte. Daraus erwuchs der Wunsch, Zeugen und Zeuginnen der deutsch-jüdischen Kultursymbiose wie Margarete Susman persönlich kennenzulernen. 1964 kam er im Rahmen des Programms »Artists in Residence« der Ford-Foundation nach Berlin-West und gründete dort 1965 das Archiv Bibliographia Judaica, das heute der Universitätsbibliothek Frankfurt am Main angeschlossen ist. Literarische Früchte dieser Zeit sind u. a. ein Buch über Annette Kolb (*A.K. und Israel*, 1970).

Seit seiner Rückkehr nach Israel 1968 publiziert B. ausschließlich in deutscher Sprache: in den 70er und 80er Jahren noch Aphorismen, seit *Treffpunkt Scheideweg* (1990) auch Gedichte, Briefe und collagenartige Schreibverfahren. Es gehört zu B.' literarischem Selbstverständnis, dass er, allerdings im Bewusstsein der gescheiterten Assimilation, die jüdische Überlieferung in deutscher Sprache nach 1933/45 fortschreibt. Mit der Aphoristik stellt er sich in die Tradition nicht nur der hebräischen Spruchdichtung, sondern auch der deutsch-jüdischen Literatur des späten 19. Jahrhunderts, genauer derjenigen Juden, die einen »dritten Weg« zwischen Assimilation und orthodoxer Abgrenzung suchten. B.' erster Aphorismenband bezieht sich auf das heikle deutsch-jüdische Verhältnis: *Sahadutha.* »Jegar Sahadutha« bedeutet auf Aramäisch »Steinhaufen des Zeugnisses« und meint einen wichtigen jüdischen Gedächtnisort: Es ist der »Steinhaufen« von *Gen* 31, 44–54, wo der exilmüde jüdische Gastarbeiter Jakob mit seinem autoritären Schwiegervater Laban Frieden schließt. Der Steinhaufen wird zum Symbol einer Identität, die sich in einem fremden Sprach- und Rechtsraum behauptet. In den *Variationen über ein verlorenes Thema* arbeitet B. die Bedeutung dieses Worts »Sahadutha« für Jakob – und für seine eigene deutsch-jüdische Dichtung – heraus: »Mit dieser Benennung [...] werden das Gehör Jakobs und seine Verantwortlichkeit auf die Probe gestellt. Bei dem, was ihm bevorsteht, kommt es allerdings auf die Nuance an. Zwanzig Jahre hatte er keine andere Sprache gehört, und nun trat dieses eine Wort, wie aus jener Sprache herausgeschnitten, vor seine Seele: ein Fremdwort, eine einzige Herausforderung, ein Signal; in dem Augenblick kehrt sein Geist in den von ihm verlassenen Sprachkörper zurück, der Bund wird also hebräisch besiegelt: Gal'es nennt Jakob den Steinhaufen, das heißt Steinhaufen des Zeugnisses.« Die Aphoristik erscheint bei B. als geeignete Form, um das Scheitern der von vielen Juden erhofften deutsch-jüdischen Symbiose zu vergegenwärtigen. Jüdische Religion und deutsch-jüdische Geschichte sind auch die zentralen Gegenstände von B.' Aphoristik: »Rom wie Jerusalem sind nur noch über Auschwitz zu erreichen.« Deutlicher wird diese thematische, über die aphoristische Gattung jedoch hinausweisende Orientierung seit *Treffpunkt Scheideweg* (1990) – gemeint ist die Assimilation, für B. eine »Identitäuschung«. Die collagenartige Verbindung von Gedichten, kurzen Essays, eigenen und fremden Briefen und Zitaten, die er hier umsetzte, erweist sich als eine neuartige Form nicht-psychologisierender Erinnerungsprosa.

Von Anfang an bezieht B. seine wortbewusste Schreibweise auf die jüdische Tradition: »Der Jude hält sich ans Wort, ist aber nicht wortgläubig.« Der mehrdeutige Titel *Worthaltung* (1977) weist etwa auf die skeptische Spruchdichtung im Buch *Kohelet*, dem das Motto entnommen ist: »Sei nicht schnell mit deinem Munde/ und laß dein Herz nicht eilen,/ etwas zu reden von Gott: denn Gott ist/ im Himmel und du auf Erden;/ darum laß deiner Worte wenig sein.« Was *Kohelet* Aktualität verleiht, ist auch in B.' Aphoristik zu finden: Die Desavouierung von billigen Trostreden und die Aufwertung des Vergänglichen. E. Blochs Wort, dass das Buch *Kohelet* den »oppressiv gebrauchten Jenseitsschreck wegnimmt«, gilt auch für B. Religion und Utopie erweisen sich so als ästhetischer Vorschein einer besseren Welt: »Das Geglaubte bleibt nicht aus, es ist das Ausbleibende.« Dass das Geglaubte das Ausbleibende sei, lässt sich als ironische Reflexion auf ein zentrales Verfahren religiöser und utopischer Dichtungen auffassen: auf das Durchbrechen topographischer und, seit der Aufklärung, auch zeit- und faktizitätsbezogener Erwartungen. Diese Vorstellung entspricht dem Bilderverbot, auf das B. seine Poetik des Sachprosa-Fragments begründet: »Aller Kult tendiert zu künstlerischer Vollendung. Dieser wird notwendig zur Vollendung des Gottesbildnisses, das somit entlarvt wird. Was man in Handwerk und Kunstfertigkeit vollenden will, wird als Vollendung im Bilde (Gottes) geglaubt. Die Kunst macht glauben und läßt den Menschen im Bilde dieses Glaubens allein sein.«

Theologiegeschichtlich knüpft B. an Versuche einer ethischen Begründung der Ontologie an, wie sie vor 1933 in Deutschland Buber und Rosenzweig, nach 1945 von Frankreich aus Lévinas versucht haben. Auch bei B. ist die Idee der Verantwortung als Neubegründung des göttlichen Beistandsversprechens zentral: »Mit dem Versagen Adams begann die Ansprechbarkeit Gottes«, schreibt B. und antwortet damit auf Rosenzweigs Deutung von *Gen* 3,8 f., wo Gott den sündigen Adam fragt: »Wo bist du?« Bei Rosenzweig heißt es: »Das Ich entdeckt sich in dem Augenblick, wo es das Dasein des Du durch die Frage nach dem Wo des Du behauptet.« Auch B. konkretisiert das Dialogische Prinzip des Alten Bundes an zwischenmenschlichen Beziehungen. Die Suche Adams soll vergegenwärtigen, dass das Ich ohne die Kategorie des Du defizient ist, dass auch die Gottes-Idee auf diesem Dialogischen Prinzip beruht und dass schließlich die Ich-Du-Beziehung in der Sprache angelegt ist. B.' Sprachbegriff erweist sich auch als Fortführung der sprachbezogenen Aphorismen von K. Kraus: »Meine Sprache macht mit mir, was ich will«, das ist B.' Antwort auf Kraus' Aphorismus: »Ich beherrsche nur die Sprache der anderen. Die meinige macht mit mir, was sie will.« In diesem Sinne versteht B. auch die Genesis als Entstehung von Verantwortung durch Sprache: »Sprache macht die Schöpfung zur Welt, den Schöpfer zum Gott, für diese Welt verantwortlich.«

Zu B.' Theologie gehört auch seine Umdeutung des Sündenfalls. Er versteht ihn nicht allein als Verdammung, sondern geradezu als Vollendung der Schöpfung des Menschen: »Aus dem Paradies verbannt – zur Welt gekommen.« Die Vertreibung aus dem Paradies ist kein Geschehen für sich, sondern gehört zur Erschaffung des Menschen. Mit der ersten Frage des Schöpfers an sein Geschöpf begann das Paradies zu schwinden, in der Vernehmlichkeit seiner Stimme ist es für immer versunken. B. verbindet den Sündenfall so mit dem Dialog zwischen Menschen und Gott: »Mit dem Versagen Adams begann die Ansprechbarkeit Gottes.« Auch in der Sterblichkeit, dem Resultat des Sündenfalls, sieht B. einen Vorzug: »Es kann keine Hoffnung geben, wo es den Tod nicht gibt. Um ihrer Hoffnung willen vertrieb Gott Adam und Eva aus dem Paradies; in die Hoffnung, in den Tod – von seiner Schöpfung, zu ihrer Zeugung.« In dieser Absage an den abendländischen Mythos vom Paradies und der Überwindung des Todes widerspricht B. Elias Canetti, zu dessen dichterischen Anliegen ebenfalls ein »unerschütterter Haß gegen den Tod« zählt. Gegen Canetti hält B. ein »Gedankenexperiment«: Ein Leben ohne Tod wäre das Ende der »Zeugung und der Hoffnung«. Schließlich verknüpft B. auch den Zionismus mit der Idee des Sündenfalls: »Jüdische Hartnäckigkeit: das Paradies just da zu suchen, wo es der erste Mensch verloren hat.«

Zu den stilistischen Bezügen auf die jüdische Tradition gehört auch die poetische Überformung des Aphorismus mit dem biblischen Mittel des gleichförmigen Satzbaus, das in der modernen Poetik von Herder (*Vom Geist der Ebräischen Poesie*) über Goethe (*Noten und Abhandlungen zum besseren Verständnis des west-östlichen Divans*) bis hin zu Roman Jakobson als Keimzelle prominenter Versformen, ja als Muster von Dichtung überhaupt gilt. B. zieht auch die hebräische Semantik ein, um wechselnde Bindungen von Ausdruck und Inhalt zu produzieren. Nur so wird die Assoziation »Ein Wort, ein Kuß, eine Lippenstiftung« möglich. Sie beruht auf dem hebräischen Nomen »Safa«, das Sprache und Lippe bedeutet. Die Metapher erinnert an *Sprüche Salomonis* 24, 26, wo es heißt: »Eine richtige Antwort ist wie ein lieblicher Kuß.«

Goethe hat den Spruch wörtlich in seine *Maximen und Reflexionen* aufgenommen. Auch diese intertextuelle Möglichkeit nutzt B., um deutsch-jüdische Tradition – und die jüdischen Quellen der deutschen Literatur und Sprache – zu vergegenwärtigen.

Neben der deutsch-jüdischen Geschichte bleibt auch die Religion selbst ein wichtiges, wenn auch – nach dem Titel von 1997 – »verlorenes« Thema (*Variationen über ein verlorenes Thema*), aber auch als Maßstab für die beiden zentralen Ereignisse der Moderne: die Französische Revolution und den Holocaust. Das Buch *Brüderlichkeit. Das älteste Spiel mit dem Feuer* nimmt Brüderlichkeit zum Anlass einer Reflexion über das wohl berühmteste Brüderpaar der Weltliteratur: Kain und Abel. Auf die deutsch-jüdische ist die Geschichte vom biblischen Brudermord für B. allerdings nur bedingt zu beziehen: »Kain für Nazi zu setzen, ist biblisch wie sprachlich eine Roheit, moralisch wie religiös ein Frevel.« Allerdings ist für eine Institution wie die »Woche der Brüderlichkeit« viel vom biblischen Brüderpaar zu lernen: B. deutet die Geschichte von Kain und Abel als Eifersuchtsgeschichte. Kain habe demnach Abel für dessen höheres Ansehen bei Gott gehasst und getötet: »Gegen Vorzüge eines anderen ist man wehrlos; machen sie sich bemerkbar, sind Entsagung oder Totschlag ihr Resultat.« Auf die Beziehung von Deutschen und Juden verweist auch eine Definition des Judentums in Form eines Wortspiels, das so wohl nur in der deutschen Sprache möglich ist: »Die Geschichte des Judentums und sein Denken dreht sich um dieses Wortpaar ›verlassen und Verlaß‹, beide haben sie ihren Ursprung in Abraham.«

B. schätzt die jüdische Literatur deutscher Sprache nicht bloß als Kunst, sondern »als eine Art babylonischen Talmud« (*Allerwegsdahin*, 94). Ihren Untergang im Nationalsozialismus begreift er als »Amputation« (ebd., 51). B. schöpft seine rastlose Produktivität aber nicht allein aus dem starken Bezug zur Vergangenheit, der sich vor allem in Zitaten vergessener Zeugen der jüdisch-deutschen Geschichte und in Kontrafakturen der Literatursprache der Klassischen Moderne ausdrückt. Zunehmend wird in seinem Werk auch das Verhältnis zu seinen – mittlerweile immer jüngeren – Lesern und Kommentatoren bestimmend. Beides zusammen genommen erst bildet das, was im jüdischen Horizont »Tradition« genannt wird. Am deutlichsten zeigt dies die Auswahl der Briefe aus den Jahren 1958 bis 2007. Entsprechende Spuren finden sich aber mit zunehmendem Alter des Autors auch in seinem aphoristischen Montagewerk. Damit steht er auch in der reichen, spezifisch jüdischen Tradition der epistolographischen Selbstprüfung und Beratung des Gesetzes.

Werke: Treffpunkt Scheideweg, München 1990; Brüderlichkeit. Das älteste Spiel mit dem Feuer, München 1994; Variationen über ein verlorenes Thema, München 1997; Die Zukunft sitzt uns im Nacken, München 2000; Allerwegsdahin. Mein Weg als Israeli und Jude ins Deutsche, Hamburg/Zürich 2001; ›Vielzeitig‹. Briefe 1958–2007, Bochum 2009; Fraglicht. Aphorismen 1977–2007, Wien 2010; Olivenbäume, die Eier legen, Wien 2012; Sandkronen, Wien 2012.

Literatur: Ch. Grubitz, Der israelische Aphoristiker E.B., Tübingen 1994; ders., Eine Gattung im Exil. Adorno, Canetti, B. und die deutsche Aphoristik nach 1933, in: Fragment(s), Fragmentation, aphorisme poétique, hg. M.-J. Ortemann, Nantes 1998, 61–75; W. Mieder, »Des Spruches letzter Schluss ist der Widerspruch«. Zu den redensartlichen Aphorismen von E.B., in: Modern Austrian Literature 31 (1998), 104–134; F. Spicker, Der deutsche Aphorismus im 20. Jahrhundert. Spiel, Bild, Erkenntnis, Tübingen 2004, 786–808; R. Dausner, Schreiben wie ein Toter. Poetologisch-theologische Analysen zum deutschsprachigen Werk des jüdisch-israelischen Dichters E.B., Paderborn u. a. 2007.

Christoph Grubitz

Beradt, Martin (Marsyas, Beatus)

Geb. 26.8.1881 in Magdeburg;
gest. 26.11.1949 in New York

Als der deutsche Schriftsteller und bekannte Berliner Anwalt, Notar und Verfasser bedeutender justizkritischer Werke B. am 12. August 1940 von Großbritannien aus das New Yorker Exil erreicht, hat der damals fast 59-Jährige ein noch unveröffentlichtes Manuskript bei sich, das ihn wie kein anderes in seinem Leben beschäftigt hat. B.s Roman über ostjüdische Emigranten im Berliner Scheunenviertel der Jahre 1927/28 unter dem Titel *Beide Seiten einer Strasse* sei »das Stärkste unter seinen erzählerischen Werken […], an Rang am

Nächsten den ›Schipper an der Front‹, die ich für sein bleibendes Hauptwerk halte«, unterstrich der jüdische Schriftsteller Emanuel Bin Gorion 1950 nach einer Lektüre des Textes. Nach ersten Notizen B.s, die in das Jahr 1912 zurückgehen und denen sich Reisen nach Polen und in die Slowakei anschlossen, in die Ghettos der Großstädte und in die kleinen ostjüdischen Landgemeinden, wo B. ostjüdische »Legenden, Mythen, Witze, wahre Geschichten für sein Buch« sammelte (Beradt 1989), erhielt sein Roman erst 1939 im Londoner Exil seine endgültige Form. Noch im nationalsozialistischen Deutschland hatte B. an dem Manuskript gearbeitet, das er selbst als »Nachklang einer frommen Jugend« bezeichnete. Der Roman sei ursprünglich geschrieben »nicht aus Sympathie, sondern sogar aus Liebe für die Ostjuden [...], weil mich ihre Ablehnung in Deutschland immer gekränkt hat«, schreibt er am 12. Februar 1942 an Ismar Elbogen. Er selbst habe sich »immer ebenso sehr als West- wie als Ostjude gefühlt« und »die Grenzziehung, die meine Eltern diesseits und mich jenseits der Grenze geboren werden ließ, für rein zufällig« gehalten (zit. nach Steffen 1999). Aus diesem Gefühl heraus und dem Selbstverständnis einer doppelten Perspektive, die auch dem Titel seines Romans in übertragenem Sinne eingeschrieben ist, schuf B. eines seiner wohl außergewöhnlichsten Werke. Es stellt in seiner Anlehnung an moderne Erzählformen in Aufbau, Handlungsführung, Sprache und Bildwelt eine Art Gegenstück zu seinem Anti-Kriegsroman *Schipper an der Front* (1919/29) dar. Bewusst oder unbewusst einer Tradition jüdischer Ghettogeschichten verbunden, fand der Autor in diesem Roman nicht nur zu einem neuen Erzählstil, sondern entwarf darüber hinaus – in einer Synthese ostjüdischen Erzählens mit Stil- und Darstellungsmitteln des westeuropäischen Romans – eine neue Form der Ghettogeschichte im 20. Jahrhundert.

B.s Kindheit und Jugend waren gleichermaßen von deutscher und jüdischer Kultur geprägt. Seine Eltern, Otto Beradt und Clara, geb. Weyl, waren 1880 von Posen nach Magdeburg übergesiedelt. B. wurde ein Jahr später dort geboren und besuchte das Magdeburger Domgymnasium. 1892 zog die Familie mit dem damals Elfjährigen und seiner jüngeren Schwester nach Berlin in die Jüdenstrasse 51/52, in unmittelbare Nähe des Scheunenviertels. Die Geschichte der Bewohner dieses Hauses thematisierte B. Jahrzehnte später in seiner autobiographischen Exil-Erzählung *Söhne aus einem Haus* (engl. 1941; dt.: *Aufbau* 1.1.1943; *Deutsche Rundschau* 1957), die der Freund, Schriftsteller und ehemalige Lektor des Rowohlt-Verlags, Paul Mayer, als »ein unzerstörbares Denkmal deutscher Sprache« bezeichnet hat (zit. nach Beradt 1989). In B.s Elternhaus herrschte eine streng orthodox-jüdische Erziehung. B. lernte vom Vater und in den Betschulen der Grenadierstraße (der heutigen Almstadtstraße) Hebräisch, von der Mutter Deutsch und machte am Berliner Grauen Kloster Abitur (vgl. die Erzählung *Die Kenntnisse für das Leben*). 1899 verließ der damals schon stark kurzsichtige B. die Schule mit einem hervorragenden Abschluss und studierte Jura in Berlin, München und Heidelberg. 1903 übersiedelte B.s Familie nach Charlottenburg in den assimilierten Berliner Westen. Als B. ein Jahr später sein Referendariat in Bitterfeld (Sachsen) und Berlin absolvierte, hatte er sich aus dem orthodoxen Elternhaus bereits unter schweren Erschütterungen gelöst. »Die Frömmigkeit meiner Eltern hatte ich abgestreift, als ich meine Studien auf der Universität beendet hatte, ja, die religiöse Entspannung führte nach langen Kämpfen fast bis zur Verneinung, so fest mein Zusammenhang mit dem Judentum selber immer blieb«, erinnert sich der Autor noch im amerikanischen Exil (*Söhne aus einem Haus*). Die Konversion hatte er damals abgelehnt, obgleich ihm damit mit großer Wahrscheinlichkeit der Eintritt in das höhere Richteramt verwehrt war.

Nachdem 1902 im Feuilleton der *Frankfurter Zeitung* der erste Artikel B.s erschienen war, folgten seit dem Frühjahr 1905 literarische Beiträge u. a. in der Berliner Zeitschrift *Die Gegenwart*. Ein Jahr später promovierte B. zum Dr. jur. an der Universität in Freiburg/Br. Er begann eine produktive Verbindung von literarischem Schreiben und juristischem Beruf, wählte die Doppelexistenz als Anwalt und Schriftsteller für sich bewusst als Lebensform: Einem »Nur-Schriftstellerdasein« sei er nicht gewachsen. »Nur Literat«, schrieb B. an Charlotte Aaron (1901–1986), die er 1938 heiratete, »ich würde verrückt werden« (Beradt 1989). B. begann 1906 ein zweijähriges Referendariat am Berliner Kammergericht, das er 1908 mit dem Assessorexamen abschloss. Als Jurist mit Anwaltspraxis und auch als

Schriftsteller wurde er schnell zu einer bekannten Berliner Persönlichkeit. Bereits 1910 war er an der Gründung eines literarischen Stammtischs beteiligt (seit 1914 »Donnerstagsgesellschaft«), dem bedeutende Künstler, Politiker und Gelehrte angehörten, darunter B.s Freunde Moritz Heimann und Oskar Loerke, außerdem Richard Dehmel, Martin Buber, Micha J. Bin Gorion, Walther Rathenau, die Künstler Eduard Stucken und Emil Orlik. B. wurde Syndikus des Deutschen Automobilhändler-Verbandes und vertrat große Automobilhandelsfirmen. Er war spezialisiert auf Urheberrecht und erledigte als Anwalt u. a. von Walther Rathenau, Heinrich Mann und Hermann Stehr Streitfälle nicht nur auf literarischem Gebiet. Er führte die Literaturprozesse der Strindbergschen Erben, vertrat Ernst Toller bei Verlagsverträgen ebenso wie bei dessen Festungsgefangenschaft in Niederschönenfeld und gehörte zu den Mitbegründern und Rechtsberatern des Schutzverbandes Deutscher Schriftsteller. Zu seinen juristischen Fachpublikationen gehört die Monographie *Der Richter*, die auf Anregung Martin Bubers hin entstanden war und 1909 in dessen Reihe *Die Gesellschaft* erschien (1930 in erweiterter Form als *Der deutsche Richter*); sie zählt zu den heftig diskutierten justizkritischen Schriften der Weimarer Republik, die viele Aspekte der modernen Justizsoziologie vorwegnahm und 1933 sofort verboten wurde.

Der literarische Durchbruch gelang B. mit seinem 1908 bei S. Fischer veröffentlichten Erstlingsroman *Go*, der Geschichte eines jugendlichen Selbstmörders, die in impressionistischer Schreibweise zeittypische Themen und Figuren – einen Schülerselbstmord, eine scheiternde Ehe, eine neurasthenische Frau (*femme fragile*) – verarbeitet und mit der sich B. über Berlin hinaus einen Namen machte. Geistige Nähe verband den Autor mit seinem Verleger Samuel Fischer, bei dem auch seine beiden folgenden Romane (*Eheleute* 1910, *Das Kind* 1911) erschienen. Im Herbst 1915 wurde B. als Armierungssoldat (Schipper) eingezogen und an die Westfront geschickt. Als er Anfang 1916 wegen eines schweren Augenleidens wieder entlassen wurde, entstand im selben Jahr unter dem Eindruck seiner Fronterlebnisse eines der wohl nachdrücklichsten Anti-Kriegsbücher jener Jahre: *Erdarbeiter – Aufzeichnungen eines Schanzsoldaten*. Sein Vorabdruck in einer Tageszeitung wurde von den Militärbehörden verboten. Es erschien erst 1919, im gleichen Jahr wie B.s expressionistisch gefärbter Erzählungsband *Die Verfolgten*, und wurde 1929 unter dem Titel *Schipper an der Front* als eines der wichtigsten Werke B.s erneut veröffentlicht.

B. bekam in seinem Leben nach eigenen Äußerungen (*Haben Sie mich gehasst?*) bis 1933 Antisemitismus kaum zu spüren. Die Machtübernahme der Nationalsozialisten in Deutschland bedeutet für ihn zunächst den Verlust des Notariats, dem 1938 die erzwungene Aufgabe der Anwaltschaft folgte. Nach dem Erlass des »Gesetzes zur Wiederherstellung des Berufsbeamtentums« im April 1933 verlagerte B. notgedrungen den Schwerpunkt seiner beruflichen Existenz. Doch auch seine Bücher fielen der Gleichschaltung kulturellen Lebens zum Opfer. Mit den Massenausschlüssen von Autoren jüdischer Herkunft aus der Reichsschrifttumskammer im Frühjahr 1935 schlossen sich auch für B. die letzten Türen im offiziellen deutschen Kulturbetrieb. Er integrierte sich dennoch nicht in das sich seit dem Sommer 1933 in Berlin im Rahmen des Kulturbunds deutscher Juden entwickelnde jüdische kulturelle Leben der Stadt. Als Schriftsteller zwar anerkannt, aber nur mit seinen Jugendwerken einem breiteren Publikum bekannt geworden, geriet B. bald in Vergessenheit.

1933 emigrierte er zunächst nicht. Er fürchtete die existenziellen Unsicherheiten des Exils, fühlte sich gesundheitlich durch sein Augenleiden beeinträchtigt und wollte auch die in Deutschland lebende Mutter nicht verlassen. Gegen die herrschenden politischen Realitäten arbeitete er weiter an seinem Roman *Beide Seiten einer Strasse*. In diesen narrativen Miniaturen bewahrt er literarisch einen ostjüdischen Mikrokosmos im Berlin der Weimarer Republik, beschreibt auf unsentimentale und dennoch liebevolle Weise die Charaktere der ostjüdischen Bewohner der Grenadierstraße in allen menschlichen Schattierungen. Der Roman endet in der Weimarer Zeit mit einer Szene, in der die jüdische Figur des Philosophen Tauber die katastrophengewohnten, von der Polizei verängstigten Bewohner der Straße, die von Abtransport und Austreibung flüstern, mit einem Gleichnis von der Allmächtigkeit Gottes zu beruhigen versucht. Ein handschriftlich überlieferter kurzer Epilog zum Roman unter dem Titel »Schatten« berichtet dagegen vom letzten Besuch B.s vor seiner Emigration 1939 in der Grenadierstraße. Thematisiert werden die Abschiebung von 28 000 polnischen Juden am 29. Oktober 1938 aus ganz Deutschland sowie die sich anschließende und gegen die gesamte deutsche Judenheit gerichteten Ausschreitungen der sogenannten »Reichskristallnacht«. Das Zentrum ostjüdischen Lebens in Berlin war jetzt nahezu menschenleer. B. selbst wird im Text zur literarischen Figur. Der Epilog wurde von B. wahrscheinlich wegen seines eher dokumentarischen Charakters nicht in den Roman integriert. Während der Roman erst über ein halbes Jahrhundert später unter dem (aus verkaufstechnischen Erwägungen) geänderten Titel *Die Straße der kleinen Ewigkeit* (1965) im Heinrich Scheffler Verlag einen Publikationsort fand, wurde der Epilog erstmals 1993 in der von Eike Geisel besorgten späteren Ausgabe des Romans mit abgedruckt. Dabei ist die Entstehungs- und Veröffentlichungsgeschichte des Romans symptomatisch – auch für den Lebensweg seines Verfassers: Der Text wurde ein Opfer der Emigration, der aus dem öffentlichen Bewusstsein verdrängten Erinnerungen in der NS-Zeit und des Vergessens in der frühen Bundesrepublik.

B. hat Deutschland 1939, nach dem Tod seiner Mutter, gemeinsam mit seiner Frau Charlotte für immer verlassen. Beide kamen am 13. Juli 1939 in Großbritannien an und erreichten ein gutes Jahr später New York. Zahlreiche Exilerzählungen B.s thematisieren die gesetzlichen Ausgrenzungen der jüdischen Bevölkerung in Deutschland. Viele erzählen vom Leben deutsch-jüdischer Exilanten, nur eine vom Leben in den USA. Die ästhetische Qualität dieser Texte hält seinem früheren Werk jedoch nicht Stand. In der zweiten Hälfte der 40er Jahre war B. körperlich anfälliger geworden. Zu seinem Augenleiden kam eine Darmkrankheit, die den Autor zunehmend schwächte. Weitgehend unbekannt und nahezu erblindet starb B. am 26. November 1949 68-jährig in einem New Yorker Krankenhaus.

Werke: Erdarbeiter – Aufzeichnungen eines Schanzsoldaten, Berlin 1919 (Neuausgabe u.d.T. Schipper an der Front, Berlin 1929); Beide Seiten einer Strasse (entst. 1912–1939/1940; u.d.T. Die Straße der kleinen Ewigkeit, hg. Ch. Beradt, Frankfurt a. M. 1965; u.d.T. Beide Seiten einer Strasse, hg. E. Geisel, Berlin 1993; u.d.T. Die Straße der kleinen Ewigkeit als Bd. 190 in: Die Andere Bibliothek, Frankfurt a. M. 2001).

Literatur: Ch. Beradt, M.B., in: Deutschsprachige Exilliteratur seit 1933, Bd. 2, hg. J. Strelka und J.M. Spalek, Bern 1989, 83–96; K. Steffen, »Haben Sie mich gehasst?« Antworten für M.B. (1881–1942), Schriftsteller, Rechtsanwalt, Berliner jüdischen Glaubens, Oldenburg 1999; B.M. Lehner, M.B. – Jurist und Dichter in Berlin, Frankfurt (Oder) 2000.

Kerstin Schoor

Berdyczewski, Micha Josef (Bin Gorion)

Geb. 19.8.1865 in Międzyboż (Podolien); gest. 18.11.1921 in Berlin

B.s Werk zeugt von einer multiperspektivischen Annäherung an den Gegenstand ›Judentum‹ und ›jüdisches Volk‹, die sich in einem mehrsprachigen Werk (Deutsch, Jiddisch, Hebräisch) und in der Vielfalt der Genres (Erzählung, Roman, Reportage, Studie, Anthologie) und wissenschaftlichen (philologischen und anthropologischen) Herangehensweisen äußert. Gerade an B.s deutschsprachigem Werk, das nicht in toto überliefert und nur in der hebräischen Übersetzung umfassend ediert ist, lässt sich B.s facettenhafter und aporetischer Begriff jüdischer Heimat bzw. jüdischen Exils aufzeigen. Die tentative Bezeichnung B.s als deutsch-jüdischer Schriftsteller führt dabei in den Kern seiner Beschäftigung mit dem Judentum: Während B. die beiden Entitäten ›deutsch‹ und ›jüdisch‹ zeitweise als unvereinbar erachtete, brachte er sie in seinen Anthologien *Die Sagen der Juden* und insbesondere in *Der Born Judas* gerade in ein symbiotisches Verhältnis, das auf die Schöpfung einer weltlich-jüdischen Literatur angelegt zu sein scheint.

Bereits an B.s intellektueller Biographie lässt sich eine Vielfalt von Herangehensweisen an das Judentum erkennen, die für B.s gesamtes Werk charakteristisch ist. Als ältester Sohn eines berühmten Rabbinergeschlechts bereits in seiner Jugend zum Rabbinat vorgesehen, wandte sich B. zunächst der in seinem Umfeld verpönten Haskala-Literatur zu, studierte danach an der litauischen Woloschiner Jeschiwa, an der Lehranstalt für die Wissenschaft des Judentums in Berlin, an der Veitel-Heine-Ephraim'schen Lehranstalt (bei Moritz Steinschneider) und an den Universitäten Breslau, Berlin (u. a. bei Georg Simmel und Hermann Grimm) und Bern, wo er mit der Qualifikationsschrift *Über den Zusammenhang von Ethik und Ästhetik* 1896 promoviert wurde. Nach Studienende lebte er als freischaffender Publizist von 1896 bis 1902 in Berlin, von 1902 bis 1911 in Breslau und 1911 bis 1921 wieder in Berlin.

Trotz seiner Lebensmittelpunkte in Deutschland schrieb B. vorwiegend für osteuropäische hebräische Zeitschriften und verkehrte weniger mit den deutsch-jüdischen Schriftstellern und Literaten seiner Generation als mit osteuropäischen Intellektuellen wie Mordechai Ehrenpreis, Jehoschua Tehon, Mordechai Zeev Braude, David Neumark, Zwi Malter, Shmuel Abraham Poznanski und David Zwi Farbstein, die sich ebenfalls in Deutschland niedergelassen hatten. Von seinen deutsch-jüdischen Kollegen sollten Moritz Heimann, Efraim Frisch und Martin Buber wichtige Unterstützer seines Werkes werden. Berühmt geworden für seine in der hebräischen Presse 1897 geführte Polemik gegen Achad Haams Kulturzionismus und als hebräischer Autor angesehen, sah B. dennoch zeitlebens gerade im Schreiben in der ›fremden‹ Sprache Deutsch eine poetologische Notwendigkeit. In einem Brief an Mordechai Ehrenpreis vom 10. Januar 1898 argumentierte B., dass er sich zur Beschreibung ›unseres [i.e. des Volkes Israel, A.A.] schönen Leids, unseres tiefen Leids‹ erst ›vom hebräischen Publikum und dem hebräischen Willen‹ lösen müsse; ansonsten könne er weder ›objektiv‹ sein noch die ›höchsten poetischen Stufen‹ erklimmen, sei dies doch nur in ›ihrer‹ Sprache möglich (zit. nach Holtzman 1995; aus dem Hebr. A.A.). Mit seinen deutschsprachigen Erzählungen und Essays, die B. stets zu jüdischen Themen verfasste, gelang es ihm jedoch lange nicht, die Breitenwirkung seiner hebräischen Schriften zu erreichen. Nach anfänglichem Erfolg mit einer kurzen Erzählung (»Daneben«, erschienen im August 1898 in der *Neuen Deutschen Rundschau*) versuchte sich B. mit Hilfe seiner Freunde Heimann und Frisch an einem Roman mit dem Arbeitstitel »Aus den Zelten Israels« (später: »Der Abtrünnige«), der jedoch vom S. Fischer-Verlag, der Wirkstätte Heimanns, wegen sprachlicher Mängel abgelehnt wurde. Fragmente dieses Projekts veröffentlichte B. später unter dem Titel *Zwei Generationen* (1918); das Romanmanuskript ist nicht erhalten.

Bei der Wahl der für sein poetisches Anliegen adäquaten Sprache stieß B. jedoch auch auf fundamentale Probleme. Diese kommen in einer Artikelserie zur jiddischen Literatur zum Ausdruck, die B. unter dem abwertenden Titel »Über Jargonliteratur« in der zionistischen *Welt* publizierte. Die Ausgangslage, das Deutsche als ›fremde‹ Sprache anzusehen, führt B. dazu, dem Jiddischen, das sich ›bisweilen ins Deutsch verlaufe‹, die Berechtigung abzusprechen, ›jüdisch‹ genannt zu werden. Durch die rückwirkende Aberkennung der Bezeichnung ›jüdisch‹, anfänglich für die gesprochene Sprache, dann aber für die vermeintliche Heimat, profanisiert B. seine durchwegs vom Jiddischen geprägte und vermeintlich ›jüdische‹ Kindheit, wo unversehens »eine fremde Sprache«, also das Deutsche, »zur Heimat« geworden sei: »[W]ir wussten es nicht mehr, dass wir nicht im eigenen Land leben ....« (*Die Welt* 26, 1902). Zugleich räumt B. im selben Text jedoch ein, dass Deutschland, das Land seiner frühkindlichen Sehnsucht »nach dem Geiste der Völker«, wohl das »Mutterland meiner Sprache« sei. Dem an Nietzsche geschulten B. zeigt sich so ein stets präsentes Spannungsverhältnis zwischen den Kategorien Heimat und Exil – eine Ansicht, die die damals geläufige kulturzionistische Prämisse von der Ursprünglichkeit des Ostjudentums ad absurdum führt. Diese Auffassung des Begriffs ›Heimat‹ als aporetisch, widerständig und dennoch unverzichtbar spiegelt sich in der Insistenz, mit der B. zeit seines Lebens – und, im Falle der deutschen Sprache, erst nach den Universitätsjahren – parallel in drei verschiedenen, einander ›fremden‹ Sprachen (Hebräisch, Jiddisch, Deutsch) und also multiperspektivisch sich schreibend der Frage nach dem Wesen des Judentums und dem eines jüdischen Volkes annähert, das sich im Verlauf der Geschichte seine Partikularität zu bewahren sucht. Folgerichtig skeptisch positionierte sich B. gegenüber der Grundidee des Centralvereins deutscher Staatsbürger jüdischen Glaubens, in einem symbiotischen deutsch-jüdischen Verhältnis das Judentum unverändert bewahren zu können. So notierte er am 27. Februar 1906 anlässlich seines Besuches einer Mitgliederversammlung in sein – stets auf Deutsch gehaltenes – Tagebuch (*Chronik*): »Alles schrie: ›deutsch, wir sind nur ein Glied der großen deutschen Nation. Unser Goethe.‹«, worauf die sarkastische Bemerkung folgt: »Goethe ist unser; das Judentum ist gewiß unser; das Christentum ist nicht unser; und die Deutschen, deren Kultur auf den Grundlagen des Christentums aufgebaut und ohne die garnicht denkbar ist, was sind sie: unser oder nicht unser?« (Ginze Micha Yosef, The M.Y. Berdyczewski Archive, Holon).

Die Jahre 1904 bis 1907 waren für das östliche Judentum dramatisch. Im Umfeld der russischen Revolution fanden Pogrome statt, die tausende von Opfern forderten und große Fluchtbewegungen nach Westeuropa auslösten. Mit dem prekären Dasein der Juden in Osteuropa hätte sich das sogenannte ›Ghetto-Buch‹ auseinandersetzen sollen, das von B. in Zusammenarbeit mit Buber projektiert worden war. Unter dem Titel *Vom östlichen Judentum. Religiöses/Literarisches/Politisches* konnte es aber erst 1918 – und wohl in Abweichung von den ursprünglichen Plänen – publiziert werden. In einem zwischen Narration und Beschreibung schwankenden Duktus nähert sich der jüdische Erzähler seinem Gegenstand gleichsam »anthropologisch« (Holtzman) an: Einerseits zeigt er den soziopolitischen Kontext des Judentums in Russland, Litauen und Polen auf, andererseits sucht er zu ergründen, wie die Zugehörigkeit zum jüdischen Volk über die ›Wirkung‹ von ›jüdischen‹ Riten und Gebräuchen konstituiert wird, die aus so entgegengesetzten ›Richtungen‹ wie dem Chassidismus und dem litauischen Judentum stammen oder von den Traditionen des ›Durchschnittsjuden‹ herrühren. Diese Suche nach dem ›Wesen‹ des jüdischen Volkes schließt die Suche nach der ihm adäquaten Kultur ein, die der Erzähler in Ansätzen bereits herausgebildet sieht: Mit dem Blick des Folkloristen deutet er den Transfer von ›Sprüchen‹ im Talmud zum ›Sprachgut des Volkes‹ an und stellt so gerade eine weltliche Lektüre dieses kanonischen Textes als Bedingung einer entsprechend weltlich-jüdischen Kultur dar. Diese Grundlage scheint, in Desillusion, in der Charakterisierung des Zionismus auf, der als Kulmination der Darstellungen aller ›Richtungen‹ des Judentums »Satz für Satz [hätte] *nein* sagen sollen zu allem, was ihm vorangegangen war«.

Der Transfer vom kanonischen Text zum ›Sprachgut des Volkes‹, der in *Vom östlichen Judentum* angedeutet worden war, wird in den zeitgleich erschienenen Anthologien *Die Sagen der Juden* (1913–1927) und *Der Born Judas* (1916–1922) zum Programm. In diesen Anthologien versammelte B. aus dem ›jüdischen Schrifttum‹ (*Der Born Judas* 1: Von Liebe und Treue) eine Vielzahl hebräischer und aramäischer Narrative von der nachbiblischen Zeit bis zum Chassidismus. Diese Einzeltexte ließ er sodann von seiner Frau Rahel Ramberg ins Deutsche übersetzen. Das Auswählen und Zusammenstellen der Narrative zu einer Sammlung ist gemäß B.s Programmatik ein Weg, das Wesen des jüdischen Volkes im Verlauf der Zeiten zu beschreiben, nicht zuletzt, weil gerade »Volksgeschichten, die sich von Geschlecht zu Geschlecht fortgepflanzt […], in allen Fährnissen des Lebens erzählt wurden […], zur Erhaltung des Volkstums in gleichem Maße beigetragen haben wie Lehre und Gesetz, Synagoge und Kultus« (*Der Born Judas* 1: Von Liebe und Treue). Das Volk trägt gemäß B. rebellische Züge: Stets habe es Erzählstoffe aufgenommen und verarbeitet ohne darauf Rücksicht zu nehmen, ob diese den gerade autoritativen Vorstellungen in Bezug auf Moral, Rechtskonformität oder Kanonizität entgegenstanden oder nicht. Um dieses Charakteristikum adäquat wiederzugeben, entwirft B. eine Poetik mit dem rekonstruktiven Ziel, aus den vorliegenden Narrativen »die Fäden zu suchen, die sich durch die verschiedenen Geschichten ziehen, und verlorengegangene Zusammenhänge wieder herauszufinden«, »getrennte Teile organisch zu verbinden, Volksbücher im Sinne der Alten zu konstruieren« (*Der Born Judas* 2: Vom rechten Weg). Realisiert wird diese Poetik über ein komplexes System von lexikalischen und semantischen Verkettungen der einzelnen ins Deutsche übersetzten Narrative, wodurch es der Rekonstruktion gerade ein ›exilisches‹, deutsches System zugrundelegt. Das Verfahren, die Sammlungen »im Sinne der Alten« in eine jüdische Tradition einzugliedern, verweist demnach performativ darauf, dass B.s Anthologien, ohne die diesem Unternehmen inhärente Aporie zu verneinen, die Schaffung einer weltlichen deutsch-jüdischen Literatur aus dem Geist des hebräischen und aramäischen Schrifttums anstreben.

Die Sammlungen, die von Buber und Heimann an die Verlage Rütten und Loening bzw. Insel vermittelt worden waren, wurden zu B.s großem und erfolgreichem Werk in deutscher Sprache. Die weite, über B.s Tod im Jahre 1921 hinausgehende Rezeption in deutsch-jüdischen und deutschen Publikationen würdigte B.s Sammeltätigkeit, die viele unbekannte Quellen des Judentums neu erschlossen habe, ging aber kaum auf die Poetik der Textordnung ein oder tadelte gar deren historisch vermeintlich fragwürdige Unabhängigkeit vom jeweiligen Textträger (Meir Wiener in *Der Jude* 4, 1917/18).

Werke: Über den Zusammenhang zwischen Ethik und Ästhetik, Bern 1896; Daneben – eine Erzählung, in: Neue Deutsche Rundschau 9/8 (1898), 826–847; Der Born Judas, 6 Bde., Leipzig 1916–1922; Die Sagen der Juden, 5 Bde., Frankfurt a. M. 1913–1926; Vom östlichen Judentum, Berlin/Wien 1918; Zwei Generationen – Erzählungen, Wien/Berlin 1918; Collected Works, 10 Bde., hg. A. Holtzman u. a., Tel Aviv, 1996 ff. (hebr.).
Literatur: D. Ben-Amos, Mimekor Yisrael: Selected Classical Jewish Folktales, by M.J.B., Bloomington 1990; A. Holtzman, Towards the Tear in the Heart. M.J.B. – The Formative Years (1886–1920), Jerusalem 1995 (hebr.); D. Miron, Verschränkungen. Über jüdische Lite-

raturen, Göttingen 2007; K. Neuburger, Fiktion und Wirklichkeit – M.J.B.s Leben und Werk in Berlin (1912–1921), in: Transit und Transformation. Osteuropäisch-jüdische Migranten in Berlin 1918–1939, hg. V. Dohrn und G. Pickhan, Göttingen 2010; W. Cutter, The Buber and B. Correspondence, in: Jewish Social Studies 6/3 (2000); A. Holtzman, B., Jerusalem 2011 (hebr.).

Alexander Alon

Bernstein, Aaron (A. Rebenstein)

Geb. 6.4.1812 in Danzig;
gest. 12.2.1884 in Berlin

B. ist bis heute vor allem als Verfasser zweier Ghettoerzählungen, *Vögele der Maggid* (1857) und *Mendel Gibbor* (1858), im Gedächtnis geblieben. Darüber gerät jedoch leicht in Vergessenheit, dass die Aktivitäten des noch ganz traditionell in einer

Jeschiwa in Fordon erzogenen und erst zu Beginn der 1830er Jahre nach Berlin übergesiedelten B. mit dem Begriff »Ghettodichter« nur sehr unzureichend umschrieben sind. B. war nach seiner Ankunft in Berlin zunächst gezwungen, sich die deutsche Sprache im Selbststudium beizubringen, doch schon nach knapp zwei Jahren veröffentlichte er unter dem anagrammatischen Pseudonym Rebenstein erste Beiträge zu politischen, geschichtsphilosophischen und literarischen Themen in Zeitschriften, darunter in so renommierten Periodika wie *Der Freimüthige*, herausgegeben von Willibald Alexis, oder in dem von Friedrich Wilhelm Gubitz edierten *Gesellschafter*. Bereits diese frühen Veröffentlichungen weisen auf B.s spätere Interessengebiete hin. Neben literarischen und literaturkritischen Veröffentlichungen beschäftigte sich B. hauptsächlich mit der Reformierung des Judentums. Er gab sich schon früh als engagierter Anhänger Heinrich Heines zu erkennen, und eine seiner ersten Veröffentlichungen war eine Bearbeitung und Übersetzung des Hohenliedes (*Das Lied der Lieder, oder das Hohe Lied Salomo's*, 1834), die von Leopold Zunz mit Anmerkungen und einem Vorwort versehen wurde, eine Veröffentlichung, die bereits deutlich von jener Bewegung geprägt war, die unter dem Begriff »Wissenschaft des Judentums« in die Kulturgeschichte eingehen sollte.

B. beschäftigte sich auch mit naturwissenschaftlichen und vor allem seit der Revolution von 1848 mit politisch-demokratischen Fragen; 1849 gründete er die *Urwähler-Zeitung*, deren tägliche Leitartikel er bis zu seinem Tod verfasste. In diesen Leitartikeln wurden vor allem tagespolitische und weniger jüdische Fragen behandelt. Dennoch galt B. seinen jüdischen Zeitgenossen weniger als politischer Journalist, sondern vielmehr als führender Kopf bei der Gründung der jüdischen Reformgemeinde in Berlin. Bereits Ende der 1830er Jahre hatte B. sich zum ersten Mal in einem Artikel öffentlich zu Fragen der inneren Reform des Judentums geäußert, in dem er das Wandelbare als grundlegendes Prinzip des Judentums postulierte. Dieses Engagement, das in späteren Jahren auch in die Beschäftigung mit bibelkritischen Themen münden sollte, brachte B. in Kontakt mit den führenden Reformern seiner Zeit, u. a. mit Abraham Geiger und David Honigmann, der schließlich den Auslöser dafür bildete, dass B. jene beiden Novellen veröffentlichte, die ihm einen Platz in der deutsch-jüdischen Literaturgeschichte sicherten. Im Jahre 1857 war der Sekretär der Jüdischen Gemeinde Berlin, Philipp Wertheim, an B. mit der Bitte herangetreten, an Stelle von Honigmann einen Beitrag für den von Wertheim herausgegebenen *Kalender und Jahrbuch für die jüdischen Gemeinden Preußens* zu verfassen. Anstelle eines geplanten Artikels über Statistik verfasste B. die Ghettonovelle *Vögele der Maggid*, der ein Jahr später an gleicher Stelle die Erzählung *Mendel Gibbor* folgte. Schauplatz der Handlung ist in beiden Erzählungen die jüdische Gemeinde »F.. .«, die bereits von den Zeitgenossen B.s als das in unmittelbarer Nähe von Bromberg gelegene Städtchen Fordon identifiziert wurde, in dem B. als junger Mann für einige Jahre die Talmudschule besucht hatte. Sowohl in *Vögele der Maggid* als auch in *Mendel Gibbor* evoziert B. ein jüdisches Ghetto, in dem die präemanzipatorische Einheit des Judentums noch von keinerlei Veränderungen bedroht scheint. Im Zentrum der ersten Novelle steht die Liebesgeschichte der beiden Schwestern Vögele und Golde zu den Talmudstudenten Kosminer und Zempelburger, während in *Mendel Gibbor* der gleichnamige Protagonist wegen illegalen Hausierens in Konflikt mit der Obrigkeit gerät. In beiden Erzählungen ist die Handlungsebene verbunden mit einem verborgenen Handlungsstrang: dem sukzessiven und unausweichlich erscheinenden Aufeinandertreffen von jüdischer Tradition und deutscher Moderne. Anders als in seinen Artikeln und Manifesten wird hier von B. die Widersprüchlichkeit des jüdischen Akkulturationsprozesses zwar aufgezeigt, zugleich jedoch in beiden Texten die Möglichkeit eines weitgehend konfliktfreien Übergangs von der Tradition zur Moderne dargestellt. Während von der älteren, traditionsbewussten Generation die Maßnahmen der Behörden als Repression angesehen werden, bleibt es einer jüngeren Generation vorbehalten, die jüdischen Traditionen zu bewahren und doch den Schritt in ein neues Zeitalter zu wagen. So brechen Zempelburger und Kosminer auf, um den Rat Vögeles zu befolgen, sich als Lehrer auszubilden, die den Kindern im Ghetto sowohl jüdische wie weltliche Bildung vermitteln. Mendel Gibbor hingegen sieht sich am Ende veranlasst, nicht mehr wie seine Vorfahren dem Hausiererberuf nachzugehen, sondern eine Existenz als jüdischer Bauer zu wagen – eine Entscheidung, die der traditionellen Ghettoexistenz nur scheinbar kontrapunktisch entgegenzustehen scheint. Die zahlreichen ironisierenden, wiewohl niemals kritischen Einlassungen B.s trugen maßgeblich dazu bei, dieser Epoche des Übergangs einen versöhnlichen Charakter zu geben, eine Haltung, die sich auch in B.s differenzierter Erzählsprache ausdrückt, in der er das aus deutschen, jüdisch-deutschen und hebräischen Elementen gebildete Idiom der jüdischen Bevölkerung in der Provinz Posen ohne pejorativen Beiklang aufgriff. B. hat allerdings in späteren Auflagen, die sich auch an ein nichtjüdisches Publikum richteten, beide Werke gerade in sprachlicher Hinsicht zum Teil erheblich überarbeitet, indem er die jüdisch-deutschen sowie die hebräischen Begriffe durch deutsche ersetzte.

Dennoch hatte B. mit den Novellen ganz offensichtlich den Geschmack seines Publikums getroffen. Bereits 1860 erschienen beide Erzählungen in einer gemeinsamen Buchausgabe, die Anfang der 1890er Jahre in achter Auflage vorlag. In den 1860er und 1870er Jahren erschienen zudem Übersetzungen ins Dänische, Jiddische, Niederländische und Polnische. 1885 trug Paul Heyse noch einmal zur Kanonisierung von *Mendel Gibbor* als Bestand auch der deutschen Literatur bei, indem er den Text in die von ihm edierte Reihe *Neuer Deutscher Novellenschatz* aufnahm. Entscheidend hat auch ein anderer Ghettoautor, Karl Emil Franzos, dazu beigetragen, den Autor B. und seine Novellen im Bewusstsein des jüdischen Publikums zu bewahren. In einem mehrteiligen Artikel *Über A. Bernstein*, der 1895 in der renommierten *Allgemeinen Zeitung des Judenthums* erschien, lieferte Franzos eine differenzierte Analyse von B.s Werk, in der er auch ausführlich auf den Konnex zwischen jüdischer Identität und dem in beiden Novellen vorherrschenden Sprachduktus einging. Ausdrücklich stellte Franzos die Originalfassung über die späteren Bearbeitungen. Den Versuch, diese Originalfassung sprachlich wieder zu rekonstruieren, unternahm schließlich Mitte der 1930er Jahre Hans Bach im Auftrag des Schocken-Verlages. Er trug damit auch der Tatsache Rechnung, dass die Werke mittlerweile zum pädagogisch sanktionierten Kanon jüdischer Jugendlektüre zählten. Der Klassiker der deutschen Ghettoliteratur wurde nun zu einem Literaten jüdischer Identitätsbewahrung, der in Zeiten der Ausgrenzung und Diskriminierung die Kontinuität jüdischer literarischer Traditionen demonstrieren sollte.

Werke: Das Lied der Lieder, Berlin 1834; Ghettogeschichten, hg. J.H. Schoeps, Berlin 1994; A.B. in seiner Zeit. Briefe und Materialien, hg. J.H. Schoeps, Hildesheim 2010.

Literatur: J.H. Schoeps, Bürgerliche Aufklärung und liberales Freiheitsdenken. A.B. in seiner Zeit, Stuttgart 1992; Lexikon deutsch-jüdischer Autoren, Bd. 2, hg. R. Heuer, München 1993, 289–300; G.v. Glasenapp, Aus der Judengasse. Zur Entstehung und Ausprägung deutsch-sprachiger Ghettoliteratur im 19. Jahrhundert, Tübingen 1996; J. Golec, Jüdische Identitätssuche in A.B.s Ghettogeschichten und Leopold Komperts Roman *Am Pflug*, in: ders., Jüdische Identitätssuche, Lublin 2009, 13–26.

Gabriele von Glasenapp

Bettauer, Hugo

Geb. 18.8.1872 in Baden bei Wien;
gest. 26.3.1925 in Wien

Leben und Tod B.s haben mehr Aufmerksamkeit auf sich gezogen als sein literarisches Werk. Sein erratischer Lebensgang und der »Fall Bettauer« machten ihn zu einer der schillerndsten Figuren der österreichischen Zwischenkriegszeit. Der Sohn eines Lemberger Börsianers trat als 18-Jähriger zum Protestantismus über, ging 1890 als Einjährig-Freiwilliger zur Armee, um nach fünf Monaten zu desertieren, flüchtete darauf nach Zürich, begann dort ein Philosophiestudium, heiratete seine Wiener Geliebte, reiste mit ihr nach Amerika aus, verlor dort durch eine Fehlinvestition sein gesamtes Erbe, ließ

sich scheiden und kehrte 1899 als amerikanischer Staatsbürger nach Berlin zurück. Dort als Journalist bei der Berliner Morgenpost tätig, wurde er wegen seiner Kritik an der Polizei aus Preußen ausgewiesen. Danach hielt er sich in München und Hamburg auf, wanderte wiederum nach Amerika aus, wo er diesmal bis 1908 blieb und als Journalist bei deutschsprachigen Zeitungen und als Romancier (dessen Thema hauptsächlich Auswandererschicksale waren) einigen Erfolg hatte. Zurück in Wien, fand er bei der *Zeit* und der *Neuen Freien Presse* Anstellung und veröffentlichte seine ersten Romane *Faustrecht* und *Hemmungslos* (beide 1920), die ein Jahr nach ihrem Erscheinen auch verfilmt wurden.

Durch eine Reihe von Wiener Zeitromanen machte Bettauer in den 20er Jahren seinen Namen einem noch größeren Lesepublikum bekannt. In *Der Kampf um Wien* (1923), *Die freudlose Gasse* (1923), *Das entfesselte Wien* (1924) stellt er nur leicht verschlüsselt Figuren des politischen und literarischen Establishments dar. Er verwebt dünne Handlungsfäden mit ausführlichen und oft sehr bösen Schilderungen der sozialen Verhältnisse, wobei er besonders genüsslich skandalträchtige Themen wie Prostitution und Kokainsucht aufgreift. Er versteht sie als Symptome einer Gesellschaft, die in eine degenerierte und egoistische Besitzschicht und eine Unterschicht, die unter Armut, Arbeitslosigkeit, Unbildung, Wohnungsnot und anderen sozialen Problemen leidet, zerfällt. 1924 gründete er die Zeitschrift *Er und Sie. Wochenschrift für Lebenskultur und Erotik*, in der er zu Fragen wie Abtreibungsrecht, Homosexualität, Schutz unehelicher Kinder Stellung bezog. Gegen diese Publikation wurden sofort Zensurmaßnahmen eingeleitet; die folgenden Auseinandersetzungen reichten auch in politische Kreise hinein und gipfelten in einer Kuppelei-Anklage gegen B. aufgrund der Kontaktanzeigen, die sein Blatt führte. Am 1. März 1925 schoss der Zahntechnikergehilfe Otto Rothstock auf B., der kurz danach seinen Wunden erlag. Der Mordfall polarisierte die Öffentlichkeit noch mehr, wobei nationalsozialistische und christlich-soziale Kreise sich zur Verteidigung des Mörders (der selbst NSDAP-Mitglied war) aufschwangen und dazu auch antisemitische Argumente gegen sein Opfer ins Feld führten.

Judentum ist für B. primär ein soziales Phänomen. In zahlreichen seiner Romane treten jüdische Gestalten aus allen Lebensbereichen auf, die als Teil der dargestellten Gesamtgesellschaft kritisch und satirisch gezeichnet sind. Der Roman B.s, der insofern am deutlichsten zum Bereich der deutsch-jüdischen Literatur gehört, als die Rolle der Juden im Wirtschafts- und Gesellschaftsleben hier zentrales Thema ist, ist *Die Stadt ohne Juden* (1922). In diesem Roman unternimmt B. das Gedankenspiel, was wohl nach einer Ausweisung aller Juden aus Österreich geschehen würde: Nach kurzen Flitterwochen, in denen sich die Bevölkerung über billigen ›jüdischen‹ Wohnraum freut, Zeitungen ohne ›subversive‹ jüdische Beiträge liest und sich an christlich-deutscher Kunst delektiert, rutscht Wien in ein wirtschaftliches Chaos mit Massenarbeitslosigkeit und Hyperinflation ab, und es legt sich eine ökonomische und kulturelle Lähmung über die Metropole, die ein Kaffeehausbesucher in die unnachahmlichen Worte fasst: »Wien versumpert ohne Juden.« Mit der Hilfe sozialistischer Gesinnungsgenossen gelingt es einem jungen jüdischen Künstler, der sich als Franzose getarnt nach Wien zurückgewagt hat, den Ausweisungsbeschluss rückgängig zu machen. So entsetzlich klarsichtig diese Prophezeiung im Prinzip auch war, im Detail benutzte B. Argumente, die den Antisemiten in die Hände spielen mussten: Der wirtschaftliche Kollaps bestätigt implizit die Schlüsselstellung von Juden im Wirtschaftsleben, die Sehnsucht der süßen Mädel Wiens nach potenten jüdischen Liebhabern die Sexualstereotype vom ›geilen Juden‹. B. kann in seinem Roman diesem Zustand komische Seiten abgewinnen. Heute kann man seinen Toleranzaufruf nicht mehr lesen, ohne das Gedankenspiel an der Realität zu messen, vor der es warnen sollte: In *Die Stadt ohne Juden* verläuft die ›Säuberung‹ friedlich, auch die hellsichtigste dichterische Einbildungskraft konnte die Katastrophe nicht voraussehen. B. wurde selbst ein frühes Opfer einer Gewalt, mit der sich eben diese Katastrophe ankündigte.

Werke: Gesammelte Werke, 6 Bde., Salzburg 1980; Die Stadt ohne Juden, Wien 2008.
Literatur: M.G. Hall, Der Fall B., Wien 1978; ders., Der Fall B. Ein literatursoziologisches Kapitel der Zwischenkriegszeit, in: Jahrbuch der Grillparzer-Gesellschaft 3 (1978), 141–158; F. Krobb, »Vienna goes to pot without Jews«. H.B.'s Novel ›Die Stadt ohne Juden‹ (The City without Jews), in: The Jewish Quarterly 42 (1994), 17–20;

B.S. Noveck, H.B.s Vienna 1918–1925, in: Jura Soyfer and His Time, hg. D.G. Daviau, Riverside 1995, 366–387; Die Stadt ohne Juden, hg. G. Geser, Wien 2000; O. Mörth, Die Filmadaption des Romans ›Die Stadt ohne Juden‹ (1924), in: Maske und Kothurn 43 (2000), 73–92; H. Eichner, City with Jews. H.B.'s Vienna, in: Against the Grain, hg. R. Symington, Bern 2003, 341–363.

Florian Krobb

Biller, Maxim

Geb. 25.8.1960 in Prag

Bekannt wurde B., der ein Literaturstudium und eine Journalistenausbildung absolviert hat, zunächst durch seine *100 Zeilen Hass*-Kolumnen in dem Zeitgeistmagazin *Tempo*, die in einer Auswahl auch in dem Band *Die Tempojahre* (1991) veröffentlicht wurden. In diesen provokanten Artikeln über

prominente und weniger prominente Juden und Nichtjuden verstand B. Hass als eine Quelle der Wahrheit und Ehrlichkeit. »Haß gibt einem die Kraft, immer das zu sagen, was man denkt, ohne sich um all die feigen, kleinbürgerlich-bequemen Übereinkünfte zu kümmern, die jede Gruppe und jede soziale Schicht, egal wie elitär oder primitiv, zu ihrem eigenen Schutz aufstellt«, resümiert B. in seiner Kolumne *Alle meine Feinde* (März 1993). Durch wohlinszenierte Tabubrüche hoffte er, die »Harmoniediktatur« in Deutschland aufbrechen und zu einem unverklemmteren Umgang zwischen Nichtjuden und Juden beitragen zu können. Den kritischen Blick auf seine jüdischen und deutschen Mitbürger sowie auf aktuelle politische und kulturelle Ereignisse behält B. auch in späteren Kolumnen – so etwa in der FAZ – bei, auch wenn er sich nun weniger von Hass denn von Ironie, die zu einem guten Teil Selbstironie meint, lenken lässt. In Buchform abgedruckt sind ein Teil dieser Kolumnen sowie weitere »Kürzesterzählungen« in *Moralische Geschichten* (2005). In seinem 2009 publizierten Selbstporträt *Der gebrauchte Jude* distanziert sich B. sogar von seiner ehemaligen Kolumne *100 Zeilen Hass*, die ihn in die Rolle eines von den Deutschen gebrauchten Juden gezwungen habe: »Wenn ein Jude eine Kolumne schreibt, die 100 Zeilen Hass heißt, dann macht er die Verdrehung freiwillig mit. Hass ist ein Naziwort, und wird es zu seinem Programm, lässt ihn das in den Augen der Verdreher automatisch zu einem jüdischen Nazi werden, in dessen publizistischer Lederjacke zwei Hass-Runen eingenäht sind.« Ohnehin bietet dieses *Selbstporträt* eine persönliche Kontextualisierung und neue Perspektivierung gerade der frühen Werke B.s.

Bereits mit dem Genrewechsel zu seinen Geschichten in den Erzählbänden *Wenn ich einmal reich und tot bin* (1990) und *Land der Täter und Verräter* (1994) hat sich nicht nur der Tonfall seiner Texte abgemildert. Sein »poetisches Interesse« gilt in diesen Erzählbänden primär den Juden. Ein Movens seines Schreibens ist dabei die mehrfache geographische und sprachliche Entwurzelung in seiner persönlichen Geschichte – als Sohn aus der Sowjetunion emigrierter Juden wurde B. in der Tschechoslowakei geboren und kam im Alter von zehn Jahren nach Deutschland: »Für einen Juden aber, der mit dem Bewusstsein lebt, an keinen Ort der Welt wirklich gebunden zu sein [...], ist die Geschichte seiner Leute die einzige feste Heimat, die er hat. Was das heißt? Daß man als jüdischer Autor nicht nur ununterbrochen auf der Suche nach sich selbst durch diese Geschichte flaniert und stolpert und hetzt, sondern daß man sich zugleich auch die Heimat durch das Schildern dieser Suche immer wieder von neuem zu erschreiben versucht« (*Geschichte schreiben*). In seinen stark autobiographischen Geschichten sind die zumeist männlichen Ich-Erzähler Schriftsteller und Journalisten, die ihren schreibenden Beruf nutzen, um über den Standort junger und alter Juden in Deutschland zu reflektieren. In der Regel wird, wie für B. selbst, nicht die jüdische Identität der säkularen Protagonisten infrage gestellt, sondern es geht eher darum, wie sich jüdische Identität im Land der Täter konstituieren und konsolidieren kann. So wird das eigene Judesein bewusst auch im Kontrast zur nichtjüdischen Mehrheitsgesellschaft in Deutschland wahrgenommen. Deutsche und Juden stehen sich für B. unvereinbar gegenüber: »Wir leben mit ihnen, wir arbeiten mit ihnen, wir lachen mit ihnen – aber wir werden auf immer geschiedene Leute sein.« Diese deutlich markierte Grenze zwischen Juden und Nichtjuden möchte B. auch keineswegs aufgehoben sehen, denn genau in diesem Bereich liegt der Stoff für die jüdische Literatur der Gegenwart, daraus zieht er für seine schriftstellerische Tätigkeit einen regelrechten Lustgewinn. Die Unvereinbarkeit von jüdischem und nichtjüdischem Leben in Deutschland personifiziert sich in zwei Kinderfiguren seines ersten Romans *Die Tochter* (entstanden 1998/99). Die Deutschen, mit denen es die beiden jüdischen Hauptfiguren Motti Wind und der allwissende Ich-Erzähler im München der Gegenwart zu tun haben, werden als gespenstische Gestalten, als lebende Tote wahrgenommen – Deutschland ist folglich das »Totenland«. Beide Männer haben jeweils eine Tochter mit einer zum Judentum konvertierten deutschen Frau. Mottis von Geburt an lethargische Tochter Nurit, die nur der Form nach aus einer jüdischen Beziehung stammt, hat kaum eine Überlebenschance: Die deutsche Mutter kümmmert sich nicht um sie, vom Vater wird sie sehr früh schon und in massiver Form sexuell missbraucht und schließlich aus dem Fenster der Wohnung in den Tod gestürzt. Der Ich-Erzähler hingegen hat eine lebendige, selbstbewusste, gesunde kleine Tochter, bis er erfährt, dass nicht er, sondern ein nichtjüdischer Freund seiner Frau der biologische Vater des Kindes ist. Ab diesem Moment verwandelt sich auch diese Tochter in den Augen des Ich-Erzählers in ein stumpfsinniges, blutleeres, eben deutsches Mädchen.

Zu Beginn seines Schreibens hatte sich B. noch an amerikanisch-jüdischen Autoren wie Philip Roth, Saul Bellow oder Raymond Federman und deren offensivem Umgang mit jüdischen Themen orientiert. Die Voraussetzungen für »originäre, selbstbestimmte jüdische Literatur« sieht er jedoch nur noch in Israel und in Deutschland gegeben: »Daß man als Jude in Deutschland nicht leben und schreiben sollte, ist logischerweise gleich der erste und triftigste Grund dafür, warum man ausgerechnet als Jude in Deutschland besonders bewußt jüdisch lebt und schreibt«, äußert B. 1995 in seinem Artikel *Goodbye Colombus. Randlage oder: über die Voraussetzungen jüdischer Literatur*.

B.s Erzählungen spielen auch in Tel Aviv, Prag und New York, doch vom Ort unabhängig sind zumal die frühen Erzählungen überschattet vom Thema Holocaust bzw. dessen Folgen: »[...] und eigentlich ist es nicht der Holocaust selbst, der mich interessiert und bewegt, sondern viel mehr das, was er mit den Menschen, egal ob Täter oder Opfer, gemacht hat und immer noch macht, und vor allem aber mit ihren Nachkommen. B.s jüdische Figuren sind jedoch keineswegs ausschließlich Opfer. In einem Interview in der *Szene Hamburg* (1990) betont B., dass »Juden [genauso] funktionieren [...] wie alle anderen Menschen« und er sie in seinen Erzählungen dementsprechend mit allen menschlichen Stärken und Schwächen darstellt. Gleichzeitig begreift er aber »das Jüdischsein als eine verdichtete Form des Menschseins«, weil die Juden aufgrund ihrer Minderheitenposition und der vielen gewalttätigen Angriffe im Laufe der Geschichte zwangsläufig schneller, bewusster und entschiedener reagieren mussten, um zu überleben, als die Nichtjuden. Heimat muss sich B. in seinen Geschichten zwar immer wieder neu erschreiben, für ein Land, in dem er leben möchte, hat er sich aber längst entschieden, was gerade im Hinblick auf die Bedeutung Israels für sein Bewusstsein als nachgeborener Jude deutlich wird. »Ich, das weiß ich genau, werde immer in Deutschland bleiben, denn es gibt Orte, die sind für die Gegenwart da, und es gibt Orte, die sind für die Erinnerung«, lautet sein Fazit in *Drei Partien Scheschbesch* (entstanden 1998).

Neben dem Thema Holocaust und dem kritischen Blick auf das Zusammenleben von Deutschen und Juden ist es das Thema Liebe – und das heißt bei B. meist auch Sex –, das den Autor umtreibt. Dabei verknüpften der frühe groteske Kurzroman *Harlem Holocaust* (aus dem Band *Wenn ich einmal reich und tot bin* von 1990) oder etwa die Erzählung *Esther liebt Ernst* (aus dem Band *Bernsteintage* von 2004) beides: Die Erinnerung an den Holocaust und erotisches Verlangen zwischen Juden und nichtjüdischen Deutschen. Doch bereits der Roman *Die Tochter* zeigt, dass heutige Beziehungen zwischen Juden und Deutschen nicht nur von der nationalsozialistischen Vergangenheit, sondern auch von späteren Ereignissen geprägt sind. So wird Motti, der israelische Protagonist, von seinen Erinnerungen an den Libanon-Krieg und dabei auch an eigene verbrecherische Taten heimgesucht. Im Kurzgeschichten-Band *Liebe heute* (2007) spielen erotische Beziehungen zwischen Juden und Nichtjuden kaum noch eine Rolle, und wenn, sind sie – wie in der Erzählung *Melody* – nicht belasteter oder ambivalenter als andere Paarkonstellationen in einer globalisierten Welt. In seinem zweiten Roman *Esra* (2003) wechselt B. zu einer Liebesgeschichte zwischen einer in Deutschland lebenden Frau türkischer Herkunft und einem aus Prag stammenden Juden. Dieser Roman, der aufgrund eines richterlichen Urteils vom Juli 2003 zum Schutz der Persönlichkeitsrechte von B.s ehemaliger Geliebter nur noch mit Textauslassungen veröffentlicht werden darf, wird einerseits abwertend als »Schlüssellochroman« (Dickmann) rezipiert, andererseits als poetisch gelungene Darstellung unterschiedlicher Minoritäten in Deutschland. Geschrieben ist die scheiternde Liebesgeschichte aus der Ich-Perspektive Adams. Für ihn erscheinen die Deutschen primär als erotische Konkurrenten um seine Geliebte; so heißt es beispielsweise über Thorben: »Er sah sehr deutsch aus, doch das konnte man ihm natürlich nicht zum Vorwurf machen.« Auch für Esra sind die Deutschen die dritten Anderen, die sie und ihren jüdischen Geliebten jedoch eher näher zusammenbringen. So meint Esra bei einer der ersten Liebesbegegnungen in Adams Wohnung: »Bei den Deutschen gibt es nie Wassermelone…« Verglichen mit dem Holocaust, verglichen aber auch mit Rassismus und Antisemitismus, ist dies eine schwebend leichte Differenz, wie sie in dem Roman ein Spiel mit den unterschiedlichen Identitäten und Alteritäten erlaubt.

Werke: Wenn ich einmal reich und tot bin. Erzählungen, Köln 1990; Land der Väter und Verräter, Köln 1994; Geschichte Schreiben. Über den Unterschied von jüdischer und deutscher Literatur, in: Süddeutsche Zeitung, 4.1.1995, 11; Goodbye Colombus. Randlage oder: über die Voraussetzungen jüdischer Literatur, in: Frankfurter Rundschau, 2.3.1995, 9; Die Tochter, Köln 1999; Deutschbuch, München 2001; Esra. Roman, Köln 2003; Bernsteintage. Sechs neue Geschichten, Köln 2004; Moralische Geschichten, Köln 2005; Menschen in falschen Zusammenhängen. Komödie, Lengwil 2006; Liebe heute. Short stories, Köln 2007; Der gebrauchte Jude. Selbstporträt, Köln 2009.

Literatur: Th. Nolden, Junge jüdische Literatur, Würzburg 1995; H. Schruff, Wechselwirkungen. Deutsch-Jüdische Identität in erzählender Prosa der ›Zweiten Generation‹, Hildesheim u. a. 2000; D. Dickmann, Schlüssellochroman. M.B. besichtigt das wahre Leben, in: Neue Zürcher Zeitung, 19.3.2003, Nr. 65, 26; St. Taberner, Germans, Jews, and Turks in M.B.s Novel Esra, in: German Quarterly 79 (2006), 234–248; K. Remmler, M.B. Das Schreiben als »Counter-Memory«, in: Shoah in der deutschsprachigen Literatur, hg. N.O. Ette u. a., Berlin 2006, 311–320; A. Seidel Arpaci, Better Germans? »Hostipitality« and Strategic Creolization in M.B.s Writings, in: M. Aydemir u. a., Migratory Settings, Amsterdam 2008, 159–180; V. C. Dörr, M.B.s verbotenes Buch »Esra«, in: Zeitschrift für deutsche Philologie, 129 (2010), 271–283; E. McGlothin, Generations and German-Jewish Writing: M.B.s Representation of German-Jewish Love from »Harlem Holocaust« to »Liebe heute«, in: Generational Shifts in Contemporary German Culture, hg. L. Cohen-Pfister u. a., Rochester 2010, 27–55.

Helene Schruff/Eva Lezzi

Birnbaum, Nathan (jidd.: Nosn Birnbaum; Mathias Acher, Dr. N. Birner, Mathias Palme, Anton Skart, Theodor Schwarz, Pantarhei)

Geb. 16.5.1864 in Wien;
gest. 2.4.1937 in Scheveningen (Niederlande)

Der Philosoph Franz Rosenzweig bezeichnete B. als »in all seinen Wandlungen gewiss so etwas wie ein lebendiger Exponent der jüdischen Geistesgeschichte der letzten Jahrhunderte«. Obwohl heute beinahe vergessen, war B. tatsächlich ein ein-

flussreicher Vordenker von mindestens drei gegensätzlichen ideologischen Strömungen des modernen Judentums: Zionismus, Diaspora-Nationalismus und Neo-Orthodoxie. In allen Phasen war B. auch literarisch tätig. Bereits 1885 veröffentlichte er in der von ihm mitgegründeten und geleiteten Zeitschrift *Selbst-Emancipation* (1885–1891) einen Fortsetzungsroman (*Simson Rafaelowitsch*) und in den folgenden Jahren einige Novellen, kurze Theaterstücke im Stil des von ihm bewunderten Ibsen sowie Gedichte. In B.s Nachlass ist auch der Entwurf zu einem »Bibelfilm« mit dem Titel *Um Ninive* überliefert.

Einen roten Faden von B.s »Wandlungen« bildet die Ablehnung der Assimilation bzw. des Verständnisses des Judentums als einer bloßen Konfession. B.s erste selbständige Publikation, die er 1883 in Wien als 19-Jähriger veröffentlichte, trägt denn auch den Titel *Die Assimilationssucht. Ein Wort an die sogenannten Deutschen, Slaven, Magyaren etc. mosaischer Konfession. Von einem Studenten jüdischer Nationalität.* In dieser frühen Phase war B. eine zentrale Figur der zionistischen Bewegung vor dem Auftreten Theodor Herzls. Sogar der Begriff Zionismus wird von B. wesentlich geprägt, namentlich in seiner Zeit als Redaktor der *Selbst-Emancipation.* B. war sodann auch Mitbegründer der ersten zionistischen Studentenverbindung Kadimah in Wien, betätigte sich in verschiedenen zionistischen Organisationen und war einer der Hauptredner auf dem ersten Zionistenkongress 1897 in Basel, wo er sich in Opposition zu Herzl mit dem Titel seines Referats für *Zionismus als Kulturbewegung* einsetzte und damit ein vorwiegend kulturelles, nicht primär politisches Verständnis des jüdischen Nationalerwachens propagierte.

Parallel zur zunehmend konfliktreichen und schließlich abgebrochenen Beziehung zu Herzl wandte sich B. seit etwa 1900 endgültig von der Idee der Besiedlung Palästinas ab. Politisch setzte er sich nun für eine jüdische Autonomie in der Habsburgermonarchie Österreich-Ungarn ein, wobei er der jiddischen Sprache als Volksmerkmal zentrale Bedeutung zusprach. B. übersiedelte um 1905 nach Czernowitz, damals die Hauptstadt der österreich-ungarischen Provinz Bukowina. In diese Phase des Diaspora-Nationalismus fällt auch der Versuch, einen Gegenroman zu Herzls zionistischer Utopie *Altneuland* zu schreiben. In dem kurzen Romanfragment *Nach tausend Jahren*, das 1906 verfasst und 1910 in den *Ausgewählten Schriften zur jüdischen Frage* publiziert wurde, schildert B. eine Zukunftswelt, in der keine territorial verfassten Nationalstaaten existieren. In dem Fragment werden die Juden als prosperierende Nation beschrieben, die in verschiedenen Zentren in Nordamerika, in Osteuropa, Wien, Jerusalem, Istanbul, London und »Neu-Babylon« siedeln und eine gemeinsame politische Struktur, eine Art Commonwealth, besitzen. B. geht davon aus, dass das deutsche Judentum in der Zukunft nicht mehr existieren und für das Judentum insgesamt bedeutungslos sein würde. In einer Rezension von Herzls *Altneuland* (1902) hatte B. explizit kritisiert, dass die kulturelle Tradition der osteuropäischen Juden, die zu Beginn des 20. Jahrhunderts die Mehrheit des Judentums bildeten, vom vorwiegend deutschen Projekt des Zionismus ignoriert wurde. Das Romanfragment *Nach tausend Jahren* impliziert diese Kritik, indem es eine Alternative aufzeigt: Ein transnationales, osteuropäisch geprägtes Judentum widersteht dort der »Bodenständigkeit« - so der Titel eines Essays von 1909 - und schöpft gerade daraus seine kulturelle Energie. Zu dieser »interterritoriellen Kultur des jüdischen Volkes« gehört auch ein Festhalten am Jiddischen als für B. authentischem Ausdruck des Judentums – eine Sprache, die B. selbst erst im Lauf seines Lebens erlernte. B.s Vorstoß blieb jedoch nicht bei der Literatur. Eine von ihm 1908 maßgeblich mitorganisierte Konferenz in Czernowitz erklärte das Jiddische zu einer der jüdischen Nationalsprachen. Die Teilnehmer, Schriftsteller und Delegierten verschiedener politischer und kultureller Organisationen, beabsichtigten die Förderung des Jiddischen in Schulen, an Universitäten und in der Kunst. Aufgrund unterschiedlicher Ansichten und fehlender finanzieller Mittel blieb die Konferenz jedoch ohne konkrete Wirkung. Trotz dieses Engagements für das Jiddische verfasste B. seine wenigen literarischen Arbeiten wie auch alle wichtigen Essays auf Deutsch. Herausragend ist ein Gedichtzyklus zur Figur Ahasvers, des Wandernden Juden, der zwischen 1902 und 1904 entstand. Das lyrische Ich dieser am Jugendstil geschulten und auf den Expressionismus hinweisenden Gedichte ist Ahasver in einem Dialog mit Gott. Nach einem Topos der deutsch-jüdischen Literatur porträtierte B. Ahasver dabei als Allegorie einer entfremdeten jüdischen Identität. Im Gedicht »Ahasver und Acher« bot B. jedoch noch eine zweite Figur auf, nämlich den Typus des Häretikers des Judentums: Elischa ben Abuja, der den Beinamen »Acher«, also »der Andere« trägt. »Acher« ist auch ein seit seiner Jugend häufig benutztes Pseudonym B.s und verweist auf ein neues, gewissermaßen ketzerisches Anderssein, das psychologisch-biographisch wie auch theologisch-politisch gedeutet werden kann. Dem Judentum, als dessen Repräsentant das Ich des Gedichts erscheint, wird die Qualität des Immer-Anders-Seins zugeschrieben. Der Text spricht von einer unheimlichen Differenz zwischen dem lyrischen Ich und dessen Spiegelbild im Meer: »Ich bin es nicht!/ Ein andrer ist mein Spiegelbild,/ Bin selbst ein andrer –/ Acher bin ich,/ Elischa ben Abuja,/ Bin Ahasver und Acher,/ Beide sind wir eins,/ Jahrtausende schon eins …« Im Bild des Anderen im Spiegel zeigt das Gedicht die moderne Selbstwahrnehmung eines in sich disparaten Ichs, die an Rimbaud oder Trakl erinnert.

Kurz vor dem Ersten Weltkrieg bekannte sich B. in einer weiteren Wende zum gesetzestreuen Judentum und zog nach Berlin, wo er 1919–1922 Generalsekretär der *Agudas Jisroel* wurde, der politischen Vereinigung der »Orthodoxie« (ein Wort, das B. selbst vermied). War er am Anfang seiner Karriere überzeugter Materialist, so pries er nun das Weltbild der religiösen Tradition und die Halacha (das jüdische Religionsgesetz). Zusammen mit dem jungen orthodoxen Rabbiner Tuvia Horowitz entwickelte B. mitten im Ersten Weltkrieg in Wien das Projekt der »Aulim« (»Aufsteiger«), einer Art spiritueller Liga zum Aufbau einer religiösen Jugend, das allerdings nicht realisiert wurde. Seine Bekehrung beschrieb B. 1919 im Essay *Vom Frei-*

geist zum Gläubigen als einen stetigen Prozess des Begreifens. Die »Tatsache des Volkstums« sei »materialistisch nicht zu erklären«, sondern nur aus der Offenbarung begreifbar; Gott selbst habe das Judentum »zum Anderssein bestimmt«. Diese Auffassung formulierte B. in Publikationen wie *Gottes Volk* (1918), *Um die Ewigkeit* (1920) sowie in der von ihm geleiteten Zeitschrift *Der Aufstieg* (Berlin 1930–1933).

Obwohl B. nach seiner religiösen Wende kaum mehr literarisch arbeitete, blieb er ein Kommentator der kulturellen Szene und korrespondierte ohne ideologische Scheu mit ›säkularen‹ Autoren wie Max Brod, Willy Haas oder Alfred Döblin. Gerade der kurze, aber äußerst aufschlussreiche Briefwechsel mit Döblin von 1934 an bis zu B.s Tod zeigt, dass auch B.s spätes Werk trotz der religiösen Wende dezidiert im Kontext der literarischen und intellektuellen Avantgarde gelesen werden muss. Die religiös ausgerichtete Zeitschrift *Der Ruf* (1934–1937), dessen Herausgeber und Redaktor B. war, diente Döblin, der sich zu dieser Zeit in Zürich und Paris im Exil aufhielt, als Publikationsforum seiner Essays zum Judentum – auf der anderen Seite war auch B. sehr um Döblin als Mitarbeiter bemüht, wenn er auch ihm häretisch erscheinende Formulierungen strich oder abmilderte. Gegen Ende seines Lebens vertrat B. das Konzept der »Verländlichung« des Judentums, seiner Agrarisierung auf religiöser Grundlage. Mit dieser letzten, überraschenden Wendung verstand sich B. wohl besser mit dem Schriftsteller Döblin, der sich ebenfalls für eine jüdische Kolonie in der Diaspora engagierte, als mit seinen orthodoxen Mitstreitern. An dieser letzten »Wandlung« wird damit sichtbar, dass das Immer-Anderssein für B. nicht nur das Judentum überhaupt charakterisierte, sondern auch ein Gesetz seines Lebens und Schreibens war.

Werke: Die jüdische Moderne. Frühe zionistische Schriften, Augsburg 1989; Ausgewählte Schriften zur jüdischen Frage, Czernowitz 1910; Um die Ewigkeit, Berlin 1920.
Literatur: J.A. Fishman, Ideology, Society and Language. The Odyssey of N.B., Ann Arbour 1987; M. Kühntopf-Gentz, N.B. Biographie, Düsseldorf 1990; J. Olson, Jews, Nation and Religion in Crisis, Stanford 2012.

Caspar Battegay

Birnbaum, Uriel

Geb. 13.11.1894 in Wien;
gest. 9.12.1956 in Amersfoort (Niederlande)

Selbstporträt 1924

Kunst steht für B. im Zeichen der Gottes-Offenbarung. Kompromisslos polemisierte er im Essay *Gläubige Kunst* (1919) gegen Expressionisten, Pazifisten, Gesellschaftsreformer und Revolutionäre, denen er Götzendienst, Utopismus, Lüge und Verbrechen vorwarf. In der Pose eines Kämpfers gegen zeitgenössische Modeerscheinungen stilisierte er die »gläubige Kunst« zur »Kampfansage an alle, die mit der Kunst mehr verfolgen – das heißt: weniger verfolgen! – als den einzig berechtigten Zweck: Gott zu dienen!« Maßgeblich beeinflusst wurde B. von seinem Vater, dem jüdischen Publizisten Nathan Birnbaum, einem der Pioniere des österreichischen Zionismus vor Herzl, der sich in späteren Lebensjahren vom Zionismus distanzierte und der jüdischen Orthodoxie zuwandte. B. griff die – etwa in der Schrift *Gottes Volk* (1918) verkündete – Forderung seines Vaters auf, das Kommen des Messias durch eine an den Geboten der Tora ausgerichtete Lebensführung zu beschleunigen. Im Unterschied zur Orthodoxie und im Widerspruch zum Bilderverbot der jüdischen Tradition erkannte B. jedoch gerade der Kunst die Aufgabe zu, die Messias-Sehnsucht zu erwecken. Besonders vehement distanzierte er sich von den Zukunftsentwürfen des Sozialismus und des Zionismus, denen er das Bekenntnis zur religiösen Messias-Idee entgegensetzte. Als Doppelbegabung – Dichter und Maler – stellte B. sein Schaffen in den Dienst des »Strebens nach dem Absoluten«, abgeleitet aus einem religiösen Erlebnis seiner Jugend (1913) und der programmatischen Deutung seines Vornamens »Uriel« (= Mein Licht ist Gott). Als Identifikationsfigur wählte B. den Propheten Elias (*Elija der Profet*, 1920), bevorzugt jedoch den Gotteskünder Mose, mit dem er sich in einem fünfzigteiligen Bildzyklus und Essay (1924), einer Monographie (1928) und mehreren Sonetten auseinandergesetzt hat. Der »Menschen-Bildhauer« Mose, der die Idee »von dem ewigen Gotte des gerechten Gesetzes« der Menschheit vermittelt, wird zum Begründer eines Judentums, dessen Mission ins Universale weist: »Die ganze Menschheit, die ganze Welt sollte Gottes werden – und darum nahm Moses das Volk in die Hand, das Gott ihm dafür überantwortet hatte und marterte es und modelte es und rottete aus, was ihm widerstand und schnitt, ein gewaltiger Arzt, aus Sklaven jedes Gelüstes willensstarke Knechte Gottes [...].« In diesem Sinne erfährt im Gedicht *Berufung* (1913) das lyrische Ich von Gott den Auftrag, die Schrecken der irdischen und die Schönheiten der jenseitigen Welt zu verkünden. Indem der Dichter zum Seher und Propheten stilisiert wird, wird der Literatur und der Kunst eine metaphysische Funktion zugesprochen. Obwohl B. an der expressionistischen Literaturbewegung beteiligt war – 1915/16 erschienen mehrere Gedichte in der Zeitschrift *Die Aktion* –, distanzierte er sich von der »Literatur-Revolution« und hielt am Reim als dem traditionellen Element der (literarischen) Ordnung fest. Er thematisierte zwar die Strukturkrise des modernen Subjekts, wies jedoch der Literatur die Kraft zu, eine imaginäre Gegenordnung zum Chaos der modernen Wirklichkeit zu etablieren.

Zum Ersten Weltkrieg, in dem er schwer verwundet wurde, nahm B. ebenfalls eine vielfach auf Unverständnis stoßende Haltung ein, indem er sich ebenso vehement gegen die patriotische Kriegsbegeisterung wie gegen den Pazifismus wandte – als gläubiger Jude fasste er den Krieg als Ausdruck der Unvollkommenheit des irdischen Lebens und somit als Teil der göttlichen Ordnung auf. In den Sonetten des Bandes *In Gottes Krieg* (1921) beschreibt er die Verzweiflung, die Ängste und die Sehnsüchte der von der Kriegsmaschinerie erfassten Menschen, wobei er besondere Aufmerksamkeit der jüdischen Thematik zuwandte. Im Abschnitt *Jom Kippur 1916* verarbeitet er den überwältigenden Eindruck einer chassidischen Jom Kippur-Feier in Galizien, vor allem die Begegnung mit der ekstatisch-mystischen Religiosität des Ostjudentums; im Zyklus *Pogrom Lemberg 1918* entwirft er Schreckensbilder der antisemitischen Ausschreitungen am Ende des Weltkriegs, die im lyrischen Ich das Schuldgefühl des Überlebenden erwecken.

Die Zwischenkriegszeit verbrachte B., von ständigen Existenzsorgen bedrängt, in Wien. Unter anderem veröffentlichte er 1924 das Märchen *Der Kaiser und der Architekt*, eine Parabel vom Scheitern gesellschaftspolitischer Utopien. Seine gegen Aufklärung, Liberalismus, Sozialismus und Pazifismus polemisierende Haltung verstärkte seine Außenseiterrolle. 1932 erschien der Essay *Volk zwischen Nationen*, der von den Herausgebern des Sammelbandes *Der Jud ist schuld...? Diskussionsbuch über die Judenfrage* (1932) zurückgewiesen und daraufhin von B. im Selbstverlag herausgegeben wurde. In dieser Schrift polemisiert er gegen die Assimilation und fordert die Rückkehr zu den religiösen Grundlagen des Judentums. 1939 emigrierte er in die Niederlande, wo er die NS-Verfolgung überleben konnte und am unveröffentlicht gebliebenen Roman *Habsburgische Utopie* arbeitete, einer monarchistisch-konservativen Utopie, die von der Restitution der multinationalen Österreich-Idee handelt. Die Bemühungen des 1951 in den USA gegründeten »Uriel Birnbaum Committee«, dem u. a. Franz Theodor Csokor und Leo Perutz angehörten, eine B.-Werkausgabe zu veröffentlichen, schlugen fehl.

Werke: Gläubige Kunst, Wien u.a 1919; In Gottes Krieg. Sonette, Wien u. a. 1921; Gedichte, Amsterdam 1957; Von der Seltsamkeit der Dinge. Essays, hg. Ch. Schneider, München 1981.

Literatur: R. Henkl, U.B., Wien 1919; Th. Biene, U.B., in: Österreichische Exilliteratur in den Niederlanden 1934–1940, hg. H. Würzner, Amsterdam 1986, 127–143; U.B. 1894–1956, hg. G. Schirmers, Hagen 1990; A.A. Wallas, »Die Zeit soll ihren Seher finden«. Zum hundertsten Geburtstag von U.B., in: Literatur und Kritik 29 (1994), 28–35.

Armin A. Wallas

Blass, Ernst

Geb. 17.10.1890 in Berlin;
gest. 23.1.1939 in Berlin

Was B. in einem für Gustav Krojankers Band *Juden in der deutschen Literatur* (1922) verfassten Essay für Alfred Döblin konstatierte, kann in paradigmatischer Weise auch für B.' eigene literarische Produktion und Person gelten: »Döblin ist kein typischer Jude. [...] Auch der Jude mag in ihm sein, aber er spielt keine Rolle, auch nicht unterdrückt. Weltstädter, Arbeiter, losgelöst, frei, ohne Heimat, aber auf der Welt, froh der Ungebundenheit und der Fähigkeit, sich zurücklassend zu schaffen, neuer Welt zugewandt, Entdecker, Eroberer, eine Zentrifugalkraft –: es wäre denkbar, daß nur ein Jude so stark ein Nicht-Angehöriger eines Volkes sein kann.«

Tatsächlich hat B. weder seine jüdische Existenz literarisch verarbeitet, noch bemühte er sich um eine jüdische Bestimmung seiner Literatur. Explizi-

te Bezugnahmen auf die jüdische Literatur und Tradition oder dezidiert jüdische Fragestellungen lassen sich in B.s Werk, auch in seinen autobiographischen und brieflichen Teilen, kaum ausmachen. B.' frühexpressionistische Gedichte (*Die Straßen komme ich entlang geweht*, 1912) ließen sich zwar ihrer skeptisch-kritischen Haltung wegen mit Paul Zechs Worten als eine durch die »Hysterie des jüdischen Gebrochenseins« gekennzeichnete Lyrik beschreiben. Auch könnte man den »sarkastischen Witz«, den Karl Otten – er nahm B.' Erzählung *Der Blinde* in die Sammlung *Das leere Haus. Prosa jüdischer Autoren* (1959) auf – in dessen Schreiben beobachtete, als eine spezifisch jüdische Ausdrucksweise geltend machen. B. selbst hat in einem Essay über Alfred Kerr diese Form des jüdischen Witzes als eine Methode umrissen, mittels derer »ein wahrer Sachverhalt in so extremer Weise konstatiert wird, daß das Wahre daran heiter wird, nicht schwer und ernst bleibt« und dementsprechend ein bestehendes Verhältnis »scharf und gesalzen, [...] durchdringend, auf den Kern dringend« herausgearbeitet werde. Auf eine umfassende literarische, politische oder journalistische Auseinandersetzung mit seiner jüdischen Existenz oder dem Judentum aber hat B. verzichtet, autobiographische Äußerungen über die jüdische Identität und seinen jüdischen Glauben liegen ebenfalls nicht vor. Dem entspricht, dass B. z. B. die Gelegenheit, sich in einer Rezension von Max Brods Roman *Jüdinnen* (Berlin 1911) zum Thema Judentum zu äußern, ungenutzt lässt. Er bespricht das Werk gleich zweimal, 1911 in der *Aktion* und 1912 für *Die neue Rundschau*; doch obwohl Brods Roman Grundsätzliches zum Judentum thematisiert, kommt B. mit keinem Wort auf solche Aspekte zu sprechen.

B. wurde 1909 durch Kurt Hiller in die Künstlervereinigungen um den »Neuen Club« eingeführt. Innerhalb dieser frühexpressionistischen Zirkel war das Judentum kaum Gegenstand der Diskussion. Auch wenn mit Erwin Loewenson ein jüdischer Autor maßgeblich an der Gründung des Neuen Clubs beteiligt war, spielen jüdische Identität, Tradition und Thematik in den Debatten, soweit sie sich aus den Schriften und Briefen der Mitglieder rekonstruieren lassen, keine große Rolle. Dies gilt auch für seine Heidelberger Zeit, B.' zweiter Schaffensperiode. Seine literarische Produktion steht nun wesentlich unter dem Einfluss Georges, B. wandelt sich vom frühexpressionistischen Großstadtdichter zum naturverbundenen Neuklassizisten. Unter dem Eindruck der süddeutschen Landschaft schreibt er Natur- und Stimmungslyrik (*Die Gedichte von Trennung und Licht*, 1915; *Die Gedichte von Sommer und Tod*, 1918). In diese Zeit fällt auch die Herausgabe der literarisch-philosophischen Zeitschrift *Die Argonauten* (1914–21), an der u. a. Ernst Bloch, Walter Benjamin, Rudolf Borchardt, Franz Blei, Max Brod, Carl Sternheim, Franz Werfel, Franz Jung und Robert Musil mitarbeiten.

Mit den wenigen in den 20er Jahren entstandenen Gedichten schließlich kehrt B. zu seinen expressionistischen Anfängen zurück. Wieder sind die Großstadt und das urbane Milieu, großstädtische Lebensform und Mentalität seine Themen, ergänzt durch die Motive Einsamkeit und existenzielle Gefährdung, die sicherlich mit B.' Vereinsamung infolge seiner Erblindung nach 1930 zu tun haben. B. arbeitet in diesen Jahren an fast allen bedeutenden literarischen Publikationsorganen mit, Beiträge von ihm – im Stil der Neuen Sachlichkeit gehaltene Gedichte, Erzählungen, literarische Porträts, Buch- und Filmrezensionen – erscheinen im *Berliner Tageblatt*, in der *Literarischen Welt*, im *Tage-Buch*, im *Querschnitt* und der *Weltbühne*.

Auch für das von B. Pollak herausgegebene *Jüdische Magazin* schreibt er 1929 ein kurzes Filmporträt zu Elisabeth Bergner. Nach 1933 entfallen diese Publikationsmöglichkeiten, 1938 erscheint im Schocken Verlag B.' letzte Publikation, eine Übersetzung von Lord Byrons *Kain. Ein Mysterium* (89. Band der »Bücherei im Schocken Verlag«).

B. darf als eine zentrale Figur des Frühexpressionismus gelten: Mit seinem 1911 erschienenen Gedichtband *Die Straßen komme ich entlang geweht* avanciert er zum bedeutendsten Vertreter frühexpressionistischer Großstadtlyrik und zu einem der entschiedensten Repräsentanten und Wortführer der auf der Basis eines großstädtischen Intellektualismus entstandenen »fortgeschrittenen Lyrik der großen Städte«, so eine Formulierung Alfred Kerrs. Der Kategorie des Jüdischen kommt innerhalb dieser »Verstandeslyrik« keine wesentliche Bedeutung zu, jüdische Themen und Fragestellungen spielen zumindest keine tragende Rolle. Zwar verweist B. im Vorwort seines Gedichtbandes auf die »Doppelbödigkeit der menschlichen Existenz«. Doch damit möchte er nicht etwa seine als problematisch empfundene jüdische Identität ansprechen; sein Anliegen ist es vielmehr, der Ambivalenz der modernen, großstädtischen Lebensform Ausdruck zu verleihen, sein Buch handele, notierte B. 1924, »von mir und von Berlin, d. h. von der Seele und vom Schicksal, vom Geist und von der Materie. Das Nebeneinander realer und idealer Kräfte ist das eigentliche Thema dieses Buchs.« Dieser »Zwiespalt«, der Zwang, »auf doppeltem Boden zu stehen«, sei das »Schicksal auch des fühlenden modernen Menschen«.

Wenn B. etwas an der jüdischen Problematik interessierte, so ist es eben jener Dualismus, den er auch im Hinblick auf jüdische Denkstrukturen diagnostizierte. Er fand ihn, »neben Georges Form, die Welt und Ich verbindet«, in Alfred Kerrs »Diesseitigkeit mit dem ›Ewigkeitszug‹« und in Ernst Blochs »Rationalismus des Irrationalen«.

Bereits zwei Jahre zuvor hatte sich B. in seinem zweiten Beitrag zu Krojankers Band *Juden in der deutschen Literatur* über Kerr geäußert. Der Essay verdeutlicht, dass B. in einem solchen Dualismus etwas »für das Judentum Charakteristisches« erkannte, den er, ähnlich wie Döblins »Nicht-Angehörigkeit«, auch für seine eigene literarische Produktion geltend machte. Nicht die von Martin Buber erarbeiteten »Ideen der Einheit, der Tat, der Zukunft« seien die »Hauptideen des Judentums«. Gemessen an diesen Kriterien schreibe Kerr, so B.' Urteil, in keiner »sonderlich jüdischen Form«. Anders als Buber sei Kerr »kein Mythoszeuger, kein Mose, kein Posaunenschall«. Das Jüdische zeigt sich für B. vielmehr in Kerrs »westeuropäischer Zivilisiertheit«, die ihn von deutscher »metaphysischer Spekulation« unterscheide und stattdessen seine Nähe zu Heinrich Heine und Jacques Offenbach zeige. Auch die fehlende »Bodenständigkeit« akzeptiert er nicht als eine typisch jüdische Eigenschaft, denn, so seine Überzeugung, »auch andere, nichtjüdische Geister haben auf der Erde keine bleibende Statt, sondern suchen die zukünftige«. Demgegenüber sieht er allerdings in der »Verbindung von alter Kultur mit unermüdet jugendlichem Drängen ins Zukünftige« und der »Überlegenheit ältesten Adels mit den Gaben des wesentlichen Durchschauens, der Weisheit, des Witzes – und das jugendliche Zugreifen, Erneuern, Durchsetzen« eine »jüdische Eigenschaft« gegeben, die er wenn auch nicht für alle Juden, so doch offensichtlich auch für sich reklamieren möchte.

Werke: Alfred Kerr, in: Juden in der deutschen Literatur, hg. G. Krojanker, Berlin 1922, 41–54: Alfred Döblin, in: ebd., 71–75; Die Straßen komme ich entlang geweht, hg. Th.B. Schumann, München 1980.

Literatur: S. Becker, »Ultra-intellektuell und asphalten«. Zu E.B.' Gedicht »An Gladys«, in: Wir wissen ja nicht, was gilt. Interpretationen zur deutschsprachigen Lyrik des 20. Jahrhunderts, hg. R. Marx u. a., St. Ingbert 1995, 11–24; Angela Reinthal, »Wo Himmel und Kurfürstendamm sich berühren«. Studien und Quellen zu E.B. (1890–1939). Mit einer umfänglichen Bibliographie der Primär- und Sekundärliteratur, Oldenburg 2000.

Sabina Becker

Blum, Klara

Geb. 27.11.1904 in Czernowitz;
gest. 4.5.1971 in Guangzhou (Kanton)

Geboren wurde B. in Czernowitz, als Tochter jüdischer Eltern. Sie wuchs in Wien auf, wo sie bis 1934 journalistisch und literarisch tätig war. Mit dem Gedicht *Ballade vom Gehorsam* gewann sie den Literaturpreis der »Internationalen Vereinigung Revolutionärer Schriftsteller«, eine zweimonatige Studienreise in die Sowjetunion. Aus zwei Monaten wurden elf Jahre. In Moskau lernte sie den chinesischen Kommunisten und Theaterregisseur Zhu Xiangcheng kennen, verliebte sich in ihn und verbrachte vier glückliche Monate mit ihm. Dann verschwand er spurlos und für immer. Sie vermutete, dass er von der kommunistischen Partei nach China zurückberufen worden sei. Um ihn zu finden, schlug sie sich durch die halbe Erde durch, ging nach Shanghai, seiner Heimatstadt. Doch sie fand ihn auch in China nicht und beschloss trotzdem, in seinem Land zu bleiben. Aus der Dichterin B. wurde die Professorin Zhu Bailan. Mehr als 30 Jahre suchte sie unbeirrbar und hartnäckig nach ihrem verschollenen Geliebten. Ihre Suche musste jedoch vergeblich bleiben, denn dieser war vom Sicherheitsdienst Stalins wegen Spionage verhaftet worden und bereits 1943 in einem sibirischen Lager gestorben.

B. hat einen Roman, sechs Gedichtbände, fünf Novellen, zahlreiche Gedichte, Reportagen, Buchbesprechungen und Nachdichtungen aus verschiedenen Sprachen publiziert. Zwei unveröffentlichte Romane fanden sich im Nachlass. Ein Teil ihrer Lyrik und Prosa ist in Zeitungen und Zeitschriften mehrerer Länder und Kontinente verstreut.

Vier Kulturen sind in der Biographie und in den Werken B.s vereinigt. Das Geflecht des Jüdischen, des Altösterreichischen, des Sowjetischen und des Chinesischen kreuzen einander. Drei ideologische Perspektiven treffen hier zusammen: die zionistische, die sozialistische und die feministische. In vielfältigen literarischen Gattungen – Lyrik, Publizistik und Erzählprosa – werden verschiedene Epochen reflektiert: das galizische Stetl mit seinen Märchen und Mythen, das Rote Wien der 20er und beginnenden 30er Jahre, Moskau vor, in und nach dem Zweiten Weltkrieg, die kommunistische Machtübernahme in China. Der Schwerpunkt ihrer journalistischen Arbeit liegt in der Wiener Zeit, der ihres lyrischen Schaffens in der Moskauer Zeit, der ihres Erzählwerkes in der Zeit in China. Die einzigartigen Erfahrungen, die sie als Europäerin im Reich der Mitte machte, verbunden mit ihrer authentischen Liebesgeschichte, sind in B.s Roman *Der Hirte und die Weberin* (entstanden 1951) dokumentiert.

Anfang der 20er Jahre fing sie an, als Journalistin und Lyrikerin zu publizieren.

Die meisten dieser Arbeiten sind in verschiedenen jüdischen Zeitungen erschienen, wie *Ostjüdische Zeitung* (Czernowitz), *Jüdische Rundschau* (Berlin), *Menorah* (Wien) oder *Wiener Morgenzeitung*. Sie befassen sich hauptsächlich mit jüdischen Themen und versuchen, einerseits von der zionistischen Bewegung beeinflusst, andererseits in Abwehr des radikalen Wiener Antisemitismus, eine eigene jüdische Identität zu finden und zu behaupten. Als überzeugte Zionistin war B. eine Zeitlang Mitarbeiterin der Czernowitzer *Ostjüdischen Zeitung*, des offiziellen Organs der zionistischen Landesorganisation der Bukowina. Sie engagierte sich für die Ziele des Zionismus und berichtete begeistert über die Fortschritte der zionistischen Bewegung. Während viele deutschsprachige jüdische Schriftsteller sich zur totalen Identifikation mit dem Deutschtum bekannten, zeigte B. als »jüdische Dichterin« in ihren frühen Arbeiten, paradigmatisch in *Venezianische Sonette* (1926), eine beinahe fanatische Zuneigung zum Judentum und zum Zionismus. B. skizzierte immer wieder jüdische Traditionen, Festtage und die spezifisch ostjüdische Atmosphäre, so etwa in *Kol Nidre* (1925), *Die Seidenen Zures* (1926), *Warum ich meine Braut nicht bekommen habe* (1924), *Chanukahlichter und Klassenbewußtsein* (1930).

Der Roman *Der Hirte und die Weberin* kann als B.s erzählerisches Hauptwerk gelten. Es ist eine annähernd autobiographische Geschichte: Die aus Galizien stammende Jüdin Hanna Bilkes lernt in Moskau den chinesischen Kommunisten Nju-Lang kennen. Die beiden erleben vier Monate des Glücks. Dann verschwindet der Chinese spurlos. Die Jüdin schlägt sich nach China durch, um ihren Geliebten zu finden. Nach jahrelangen Bemühungen findet sie ihn schließlich in Peking. Aber sie darf ihn nur für eine Nacht treffen: »Da stand sie nun, am Ziel und doch nicht am Ziel, eingeschlossen im köstlichen Ring der Umarmung, den sie elf Jahre lang entbehrt hatte und morgen wieder entbehren sollte, vielleicht monatelang, vielleicht jahrelang und vielleicht bis ins Alter und vielleicht bis in den Tod.« Eine chinesische Legende wird B. zum Symbol dieses Schicksals: »Der Hirte« und »die Weberin« sind, so die Legende, zwei liebende Sternbilder, doch wohnen sie auf verschiedenen Seiten der Milchstraße. Nur einen Tag im Jahr können sie sich treffen, worauf die beiden das ganze Jahr über warten. Im Hintergrund dieser Legende stehen bei B. allerdings zeithistorische Verhältnisse: die Judenverfolgung in Europa, das Emigrantenmilieu in Moskau und Shanghai, der Bürgerkrieg in China.

B. änderte nicht nur häufig ihre Wohnorte, sondern auch mehrmals ihre Staatsangehörigkeit: von der altösterreichischen zur rumänischen, von der sowjetischen zur chinesischen. Doch an ihrer jüdischen Identität hat sie immer festgehalten. In einem Gedicht aus der Moskauer Zeit bringt sie ihre ständige Exilsituation und ihr gleichzeitiges Festhalten am Judentum prägnant zum Ausdruck: »Ich bin nicht heimatlos. Ich bin zuhaus/ In Ost und West, in jeder Judengasse.« In einem 1955 von ihr ausgefüllten Formular ist unter der Spalte »Volksgruppe« zu lesen: »jüdisch«. Die Doppelidentität als Chinesin und Jüdin ist kennzeichnend für B.s Leben in China: »I am a little Mandarin/ und komm direkt aus China./ In Wirklichkeit bin ich ein Jud/ Und aus der Bukowina.«

Werke: Kommentierte Auswahledition der österreichisch-jüdischen Schriftstellerin, hg. Z. Yang, Wien 1999.
Literatur: Z. Yang, K.B. – Zhu Bailan (1904–1971). Leben und Werk einer österreichisch-chinesischen Schriftstellerin, Frankfurt a. M. 1996.

Zhidong Yang

Blumenthal, Hermann J. (eigentl. Hersch Ber)

Geb. 28.10.1880 in Bołechów (Galizien); 1959 von der IKG Wien für tot erklärt

Das umfangreiche literarische Werk von B. ist untrennbar mit seiner jüdischen Herkunft aus dem galizisch-proletarischen Milieu verbunden. Dabei hatte B. nur wenige Jahre in seiner Heimatstadt zugebracht, bereits 1891 begann er eine dreijährige

Lehre in Lemberg, um dann nach Wien überzusiedeln. Nach der Jahrhundertwende lebte er als Schriftsteller, Journalist und Theaterkritiker abwechselnd in Berlin und Wien, den Beginn des Ersten Weltkrieges erlebte er wiederum in Galizien.

Sowohl in Wien als auch in Berlin war B. in engen Kontakt zu zionistisch ausgerichteten Kreisen getreten, darunter auch zu dem Publizisten Berthold Feiwel, in dessen *Jüdischem Almanach* er 1902 seine erste und später wiederholt nachgedruckte Erzählung *Ein Frühlingsopfer* veröffentlichte. Sie enthält bereits die erzählerischen Elemente, die konstitutiv für B.s späteres literarisches Werk sein sollten: Die Herkunft des jüdischen Protagonisten aus ärmlichsten Ghettoverhältnissen sowie der von Beginn an zum Scheitern verurteilte Versuch, diesem Elend zu entkommen. Der Schauplatz der Handlung ist meist ein galizisches Städtchen im Osten, das trotz unterschiedlicher Schreibweisen immer als B.s Geburtsort zu identifizieren ist. Dem Scheitern des jüdischen Individuums wird wiederholt die Utopie einer besseren (zionistischen) Zukunft entgegengesetzt, eine Utopie, die jedoch vielfach keinen Einfluss auf die realen Lebenswelten von B.s Protagonisten auszuüben vermag. Nur in der Vision erscheint der todkranke Bruder dem jugendlichen Protagonisten in *Ein Frühlingsopfer* als Inkarnation des Messias, dessen Erscheinen zugleich das Ende allen Elends ankündigt. Am Ende bleibt jedoch offen, ob allein die Metapher des Frühlings sich als tragfähig erweisen wird, den Aufbruch in ein neues jüdisches Zeitalter zu symbolisieren. Diese Zweifel sind auch handlungskonstituierend für B.s wichtigstes Werk, die 1907–10 veröffentlichte Roman-Trilogie *Der Weg der Jugend*. B. schildert hier, wiederum mit autobiographischen Reminiszenzen, den Lebensweg des jungen David Segensreich aus dem galizischen Palechow, das noch geprägt ist von den traditionellen Konflikten zwischen Orthodoxie und Aufklärung, Davids Schuljahre in Lemberg und schließlich seine Lehrzeit in Wien. Hier schließlich gerät David in Kontakt mit allen innerjüdischen Richtungen seiner Zeit, wobei der Darstellung des Zionismus und des Nationaljudentums Raum gegeben wird. David verharrt jedoch in der Position des passiven Beobachters, der sich in keiner der innerjüdischen Richtungen wiederzuerkennen vermag. Erst die antisemitisch motivierte Schikane eines Nichtjuden zwingt David zum Handeln: Er endet durch Selbstmord.

So sind B.s Protagonisten zwar keine revolutionären Helden, wohl aber Außenseiter, die sich Visionen hingeben, an den Anforderungen des realen Lebens jedoch scheitern. Das gilt sowohl für seine jüdischen als auch für seine nichtjüdischen Gestalten, wie etwa für den populären galizischen Räuberhauptmann Oleksa Dowbusch, der wie Robin Hood die Reichen beraubt und die Armen beschenkt, dem B. in dem Roman *Der Herr der Karpathen* (1917) ein Denkmal setzte. Und auch der Gelehrte Elieser, der zu Beginn des 18. Jahrhunderts isoliert von seiner Umwelt lebt, geht zugrunde bei dem Versuch, ein normales Leben zu führen. Ruhelos und getrieben zieht er durch die Welt und findet Erlösung erst in ›jener Welt‹ (*Gilgul. Ein Roman aus dieser und jener Welt*, 1923). Eine analoge Haltung findet sich auch in B.s zahlreichen Erzählungen, die er 1919 in dem Band *Polnische Judengeschichten* veröffentlichte.

Während B. in einem Großteil seiner Erzählungen und Romane vielfach auch Elemente des Genres der traditionellen deutsch-jüdischen Ghettoliteratur aufgriff, war er zugleich immer auch ein aktiver Förderer der zeitgenössischen jiddischen Literatur. Vor allem als Übersetzer der Texte von David Pinski (*Ausgewählte Erzählungen*, 1920) war er maßgeblich daran beteiligt, das Werk dieses russisch-jüdischen Autors in Deutschland bekannt zu machen. B.s Engagement für die jiddische Literatur mündete schließlich in die Zusammenarbeit mit dem Publizisten Artur Landsberger. Landsberger hatte 1914 und 1916 zwei äußerst erfolgreiche Anthologien mit Ghettoerzählungen vor allem von damals in Deutschland noch weitgehend unbekannten ostjüdischen Autoren herausgegeben (*Das*

Ghettobuch. Die schönsten Geschichten aus dem Ghetto; Das Volk des Ghetto). B. hatte einen Großteil dieser Erzählungen ins Deutsche übersetzt und gehörte gleichzeitig zu den wenigen zeitgenössischen deutsch-jüdischen Autoren, dessen Texte von Landsberger in seine Anthologie aufgenommen wurden. Diese Zusammenarbeit wurde schließlich auch nach außen sichtbar, als B. 1916 als Mitherausgeber von *Das Volk des Ghetto* in Erscheinung trat.

In den Jahren des Ersten Weltkriegs kam diesem Engagement für osteuropäische jüdische Literatur auch eine dezidiert politische Bedeutung zu, denn das erwachende Interesse des deutschen Judentums für die Kultur der osteuropäischen Juden wurde sehr bald von der deutschen Regierung instrumentalisiert, als man beim Vordringen in russische Territorien in den dort lebenden Juden deutsche Bundesgenossen zu entdecken glaubte. B. selbst hatte bereits in dem 1915 erschienenen Band mit dem programmatischen Titel *Galizien. Der Wall im Osten* diesen politischen Antagonismus in mehreren von ihm ausdrücklich als »Kriegserzählungen« bezeichneten Texten thematisiert. Wie sehr diese Erzählungen die politische Stimmung der Zeit wiedergeben, verdeutlicht eine Rezension, in der der Kritiker die Texte als deutliche Hinweise dafür liest, »wo westeuropäische Kultur nach Kriegsende die gefährlichen Feinde aufzusuchen haben wird, denen die Vernichtungsschlacht [...] angeboten und geliefert werden muß«. Die Ausführungen sind zum einen Beleg für das ausschließlich ideologische Potential dieser Texte, sie verdeutlichen aber auch, dass B. nicht einfach, wie verschiedentlich geschehen, unter die Rubrik »Ghettoerzähler« subsumiert werden kann. Zwar weisen seine Romane und Erzählungen zahlreiche Elemente dieses Genres auf, gleichzeitig ist der Einfluss der neueren osteuropäischen und vor allem jiddischen Literatur immer deutlich sichtbar. Immer jedoch spricht aus den Werken eine tiefe Skepsis des Autors, sich vollständig mit einer der vielfältigen innerjüdischen Richtungen zu identifizieren, eine Skepsis, die zugleich auch ein Indiz für die lebenslange Suche nach einer individuellen spezifisch jüdischen Identitätsform darstellt. Diese Suche manifestierte sich bei B. auch in den Jahren nach dem Ersten Weltkrieg im Aufgreifen ganz unterschiedlicher literarischer Formen: Dem kurzen Roman *Die Abtrünnige* (1923), in dem sich eine jüdische Frau taufen lässt, um ihren christlichen Geliebten heiraten zu können, und am Ende erkennen muss, dass sie und ihr Mann sich letztlich immer fremd geblieben sind, folgt nur ein Jahr später eine Sammlung von Anekdoten (*Die besten jüdischen Anekdoten. Perlen des Humors*), in dem B., wie er im Vorwort schrieb, »die große Öffentlichkeit mit dem ureigenen Humor und tieferen Sinn der jüdischen Anekdote bekannt« machen wollte. Dennoch scheint B. von einer zunehmenden Desillusionierung geprägt, deren Grund möglicherweise auch darin zu suchen ist, dass er sich allen innerjüdischen Bewegungen, wie sein Alter Ego David Segensreich, nur sehr lose verbunden fühlte. Ein offensichtlich Anfang der 1920er Jahre konzipierter Roman (*Ahasver in Wien*) wird nicht mehr realisiert, und nach 1932 publiziert B. gar nichts mehr. Diesem Verstummen entspricht auch B.s eigenes Schicksal: Er wird 1942 deportiert und zu einem unbekannten Zeitpunkt in einem unbekannten Konzentrationslager ermordet.

Werke: Ein Frühlingsopfer, in: Jüdischer Almanach, hg. B. Feiwel, Berlin 1902, 164–167; Der Weg der Jugend, Berlin 1907–10; Galizien, München 1915; Das Volk des Ghetto, hg. H. Blumenthal u. a., München 1916; Der Herr der Karpathen, München 1917; Polnische Judengeschichten, Wien 1919; David Pinski, hg. H. Blumenthal, Wien 1920; Die Abtrünnige, Wien 1923; Gilgul, Wien 1923; Die besten jüdischen Anekdoten, Wien 1924.

Literatur: G. Kohlbauer-Fritz, Gilgul und Galizien. Der Schriftsteller H.B., in: Das jüdische Echo (1991), 140–144; G.v. Glasenapp, Aus der Judengasse. Zur Entstehung und Ausprägung deutschsprachiger Ghettoliteratur im 19. Jahrhundert, Tübingen 1996; M. Ikenaga, Die Ghettogeschichten von Hermann Schiff und H.B., Frankfurt a. M. 2000.

Gabriele von Glasenapp

Blumenthal, Oskar

Geb. 13.3.1852 in Berlin;
gest. 24.4.1917 in Berlin

Als bedeutender Lustspielautor, als Literaturkritiker und Feuilletonist sowie als Gründer des Berliner Lessing-Theaters gehört B. zu den herausragenden Persönlichkeiten des kulturellen Lebens um die Jahrhundertwende. Seine Biographie repräsentiert eine deutsch-jüdische Erfolgsgeschichte, wie sie in dieser Weise ungebrochen nur zu B.s Lebzeiten in Deutschland vorkommen konnte: Der in Berlin geborene Sohn aus einer orthodoxen Breslauer Rabbinerfamilie avanciert zum meistgespielten Bühnenautor seiner Zeit. Sein Studium der Philologie

und Literaturgeschichte schließt B. 1875 in Rostock mit einer Promotion über Ch.D. Grabbe ab, dessen Werke er in einer ersten kritischen Gesamtausgabe ein Jahr zuvor herausgegeben hat. In der Wahl dieses Themas zeigt sich B.s durchaus eigenständiges Engagement für eine bis dahin wenig geschätzte Dramenliteratur – negative Urteile darüber fällten Gervinus und Scherer in ihren Literaturgeschichten –, in der geschichtliche Stoffe meist in der von B. bevorzugten Verschmelzung von »Scherz, Satire, Ironie und tieferer Bedeutung« (dies ein Titel Grabbes) bearbeitet werden.

B. beginnt seine literarische Karriere wie viele Juden seiner Zeit, denen eine akademische Laufbahn im Staatsdienst häufig verschlossen bleibt, als Journalist. Er gründet die Zeitschrift *Deutsche Dichterhalle*, die später unter dem Titel *Neue Monatshefte für Dichtkunst und Kritik* bis 1877 erscheint. Wegen seiner Schärfe als Kritiker und Leiter des Feuilletons am *Berliner Tageblatt* erhält er bald den Namen »Blutiger Oskar«. Ab 1876 beginnt er, Lustspiele zu schreiben. Mit Stücken wie *Der Probepfeil*, *Die große Glocke* und *Ein Tropfen Gift*, die am Deutschen Theater aufgeführt werden, erlangt er binnen kurzem große Popularität. Der damit verbundene ökonomische Erfolg ermöglicht ihm Gründung und Bau des Lessing-Theaters, das 1888 eingeweiht wird und das er bis 1898 leitet. 1898 schreibt B. gemeinsam mit G. Kadelburg seinen erfolgreichsten Schwank *Im weißen Röß'l.* Mit insgesamt mehr als 3000 Aufführungen seiner Stücke ist B. mit Abstand der meistgespielte Autor der Saison. Es gelingt B., über Jahre hinweg Unterhaltungstheater zu produzieren, bei dem die religiös-kulturelle Zugehörigkeit des Publikums keine Rolle spielte. In B.s Anknüpfung an die »bequemste deutsche Familienschwanktradition« (J. Bab über B. im *Jüdischen Lexikon*) artikuliert sich ein Verständnis kultureller Einheit, das die Frage der eigenen jüdischen Identität nicht aufgreift, weil sie sich für B. nicht stellt, denn sie hat sich seiner Auffassung nach mit dem Beginn der jüdischen Emanzipation erübrigt. Nicht umsonst hat er sein Theater nach Lessing benannt, als Mahnmal für die Toleranz gegenüber den verschiedenen Religionen und Völkern. B. selbst hat sich an diesem Ideal orientiert. Er fühlte sich einer aufgeklärten Literatur und Gesellschaft verpflichtet und richtete sein Leben im Sinne unbedingter Integration in die deutsch-österreichische Kultur ein. So gibt es in B.s erhaltenen Texten auch keine nennenswerte explizite Auseinandersetzung mit dem Judentum oder jüdischen Themen, auch wenn Juden gelegentlich vorkommen, wie etwa in einer *Bekehrungsgeschichte*, die eine christlich-jüdische Heirat thematisiert. Das Judentum erscheint hier als tradierte Religionszugehörigkeit: Als Pointe der Erzählung wechseln sowohl die jüdische Braut wie der lutherische Bräutigam ihre Konfession – was aber einer Ehe schließlich nicht im Wege steht (*Für alle Wagen- und Menschen-Classen*, 1875).

Dabei ist B. gerade als Direktor des Lessing-Theaters durchaus mit jüdischen Autoren und Stücken konfrontiert worden. Dokumentiert sind etwa die Versuche Th. Herzls von 1893, sein Stück *Das Ghetto* (später *Das neue Ghetto*) im Lessing-Theater unterzubringen. Herzl, der mit dem Stück die jüdischen Existenzbedingungen zur öffentlichen Diskussion stellen und für eine Befreiung der Juden aus ihrem inneren Ghetto beitragen wollte, findet bei B. allerdings kein Gehör. B. hat in den vorausgegangenen Jahren wiederholt Herzls Stücke gespielt, ist mit dem Autor persönlich bekannt, aber er lehnt dieses Stück mit einem vorgedruckten Schreiben ab. Herzl hatte sogar unter einem Pseudonym versucht, B. unter Hinweis auf dessen eigenes Judentum für die Thematik seines Stücks zu sensibilisieren (Herzl, *Briefe und Tagebücher*). Herzls Stück habe wenig in das Repertoire des Lessing-Theaters gepasst, so meint J. Wilcke 1958 in einer Arbeit über das Theater. Sozialkritischen Stücken sei kein Interesse entgegengebracht worden. Dem widerspricht allerdings die Tatsache, dass B. besonders die Dramen von Hermann Sudermann begünstigte, in denen gerade Sozialkritik und neue gesellschaftliche Ideen die Inhalte ausmachten. Sie richteten sich gegen die Verderbtheit der Börsianer und Neureichen, votierten für eine Neuorientierung der Moral, ohne Anbiederung an staatliche Vorgaben. Dies entsprach B.s eigenen Wünschen. Unter seiner Intendanz wurden verschiedene Stücke Sudermanns aufgeführt, und beim Verbot von *Sodoms Ende* 1890 durch die kaiserliche Zensurbehörde, der »die ganze Richtung nicht paßte«, erstritt B. sich dennoch das Aufführungsrecht. Möglicherweise hat B. Herzls Stücke nie gelesen.

In zahlreichen Epigrammen und Feuilletons, für deren literarische Berechtigung er sich zeitlebens vehement einsetzte, stellt B. vor allem Bezüge zur deutschen Literatur her. Dabei demonstriert er durch die Verwendung von Zitaten prominenter deutscher Autoren (etwa Schopenhauer, Schiller, Marie v. Ebner-Eschenbach) seine Beheimatung in der deutschen Literatur- und Geistesgeschichte. Gleichzeitig belegen seine autobiographisch anmutenden gesellschaftlichen Plaudereien etwa über die Tradition eines *Jour fixe* (*Bummelbriefe*) oder das mehrstrophige Reimgedicht *Ich und mein Frack* (*Von der Bank der Spötter*, 1884) seine Zugehörigkeit zur gehobenen deutschen Gesellschaft. Seine Erfolge ermöglichen B. 1895 den Bau einer Sommerresidenz in Bad Ischl. Seit 1898 verpachtet B. das Lessing-Theater und widmet sich in den folgenden Jahren vermehrt dem Schreiben. Bis zu seinem Tod entstehen etwa 30 Publikationen, darunter neue Theatertexte wie *Der tote Löwe* (1904), in dem B. auf den Konflikt zwischen Wilhelm II. und Bismarck anspielt. Vor allem aber publiziert B. Sammlungen seiner heiter-melancholischen Aphorismen und Betrachtungen, etwa *Satirische Gesänge* (1905), *Vom Weib und vom Manne* (1909) oder *Das Buch der Sprüche* (1909).

Am 24. April 1917 stirbt B. in Berlin und wird auf dem jüdischen Friedhof in Weißensee beigesetzt. Das *Israelitische Familienblatt* referiert im Jahre 1917 postum eine Passage aus B.s Stück *Die Streitaxt*, in dem er sich – als Reaktion auf die während des Ersten Weltkrieges entstehende antisemitische Stimmung – gegen Volksverhetzung ausspricht und eine deutsch-patriotische Zukunftsvision formuliert: »Keiner wird je wieder wagen dürfen, an die lebendigen Wurzeln zu rühren, aus denen die Einheit des Volksgefühls treibt, das uns unüberwindlich gemacht hat.«

Werke: Für alle Wagen- u. Menschen-Classen. Plaudereien von Station zu Station, Leipzig o.J. [1875]; (mit G. Kadelburg), Im weißen Röß'l. Lustspiel in 3 Aufzügen, Berlin 1898; O.B. über Klassen- und Rassenhaß, in: Israelitisches Familienblatt 20 (1917), 3.

Literatur: J. Wilcke, Das Lessingtheater unter O.B. (1888–98), Berlin 1958; Th. Herzl, Briefe und Tagebücher, hg. A. Bein u.a. 1983 ff.

Stefanie Oswalt

Blumenthal-Weiss, Ilse (Ilse Weiss)

Geb. 14.10.1899 in Berlin; gest. 10.8.1987 in Greenwich (USA)

B.-W.' Lyrik, ihre Briefe wie auch ihre publizistischen und autobiographischen Texte tragen deutlich das Signum der »bewußten und stolzen Jüdin«. Wenn sie diese Bezeichnung wiederholt für sich wählte, so setzte sie sich damit, etwa in ihrem Vortrag über *Rilke und das Judentum* (gehalten 1951), in Opposition zu jenen jüdischen Zeitgenossen, die vor 1933 die »äußerste Assimilation erstrebt« hatten: »Diese Juden am Rande [...], deren Ehrgeiz es war, vor allem als Deutsche, resp. Österreicher, als Vertreter deutschen Geistesguts zu gelten, liefen mit Scheuklappen herum. Sie bemerkten nicht die Stichflammen des Antisemitismus, die zu allen Zeiten in Deutschland und Österreich herumflackerten.« Die Kritik an der jüdischen Assimilation und ihren Vertretern, hier explizit auf Franz Werfel, Karl Kraus und Ernst Lissauer gemünzt, gründete sich bei B.-W. nicht erst auf die leidvolle Erfahrung der nationalsozialistischen Verfolgung. Obwohl sie selbst aus assimiliertem Elternhaus stammte, hatte sie der Möglichkeit einer deutsch-jüdischen Symbiose schon früh eine tiefe Skepsis entgegengebracht. Bereits ein Gedicht der Zwölfjährigen mit dem Titel *Wir Juden* zeugt von dem ausgeprägten Bewusstsein für die Benachteiligung der Juden. In den 20er Jahren, inzwischen verheiratet und Mutter eines Sohnes, begeisterte sich B.-W. für Richard Beer-Hofmanns lyrisches Bekenntnis zum Judentum, *Schlaflied für Mirjam* (1897), und bearbeitete in ihren Gedichten häufig jüdische, besonders alttestamentarische Motive, so etwa in dem 1924 an Rilke gesandten vierstrophigen Gesang *Propheten*. In ihrem 1929 erschienenen ersten Gedichtband *Gesicht und Maske*, der ganz der Auslotung individueller und gesellschaftlicher Maskierungen gewidmet war, findet sich allerdings keines dieser Gedichte.

Rilke gegenüber äußerte sie häufiger ihre Besorgnis über den wachsenden Antisemitismus, so etwa 1922: »Ist es möglich [,] daß ein Demonstrationszug durch die belebten Straßen ziehen kann, unablässig rufend: ›schlagt die Juden tot, nieder mit den Juden‹? Ja, es ist möglich, es ist noch viel mehr bei den Deutschen möglich, diesen Bureaukraten und Chauvinisten.« Rilkes Antwort, eine für ihn selten ausführliche Stellungnahme zum Judentum, zeigt eine auch in seinen Werken erkennbare Mischung aus Idealisierung des Judentums und selektivem Antisemitismus, der B.-W. scharf widersprach: »Um alles gleich zusammenzufassen: nein, tausendmal nein, der Antisemitismus ist *nie – niemals* berechtigt.« Sie sah die Ursache für negative Pauschalurteile, wie Rilke sie in seinem Brief zum Teil äußerte, in der »übergroßen Aufmerksamkeit«, die den Juden als Minderheit zuteil würde. Den einzigen »erlösenden Ausweg« aus dieser Situation bot ihrer Meinung nach der Zionismus: »Vielleicht heute und morgen noch nicht absolut durchführbar; jedoch im Laufe der Jahre und Jahrzehnte [...] uns Juden Befreiung aus der furchtbaren Knechtschaft verheißend.« Sie besuchte die Versammlungen der »Zionistischen Vereinigung für Deutschland« und las, wie sie Rilke berichtete, die Tagebücher Th. Herzls, »die mir sehr interessant und lehrreich waren«. Ihr Verständnis des Zionismus ist allerdings eher in der Nähe des Kulturzionismus M. Bubers anzusiedeln: Es ging ihr in erster Linie um die Belebung jüdischer Kultur und jüdischen Selbstverständnisses in Deutschland und erst in zweiter Linie um die Errichtung eines jüdischen Staates. Ob sie Bubers Schriften zu diesem Zeitpunkt bereits kannte, ist nicht klar. Spätere, nach 1950 entstandene Aufsätze beweisen jedoch eine profunde Kenntnis seiner Religionsphilosophie. Sie korrespondierte in den 50er Jahren mit ihm und besuchte ihn einige Male in Israel, wohin Buber 1938 emigriert war.

B.-W. selbst wanderte 1937 mit ihrer Familie in die Niederlande aus, wo die Nazis sie 1941 einholten. Der Sohn wurde im selben Jahr in Mauthausen erschossen, der Ehemann 1944 in Auschwitz vergast. B.-W. überlebte die Lager Westerbork und Theresienstadt gemeinsam mit ihrer Mutter und ihrer Tochter. 1947 emigrierte sie nach New York. Dazu schrieb sie in ihrem autobiographischen Fragment *Nachträgliches Tagebuch – Die endliche Heimkehr*?: »In einer Welt, die nichts weiß vom Schrecken und Mord und Grauen und Stacheldraht werde ich meine Erinnerung aufbrauchen. [...] Es wird mir gut tun. Ich will, daß es mir gut tut. Ich muß ja wieder leben.« Solch entschiedene Hinwendung zum Leben trotz aller Leidenserfahrungen ist sowohl Leitmotiv als auch Motivation für einen großen Teil ihrer Nachkriegslyrik. Bereits die drei im Herbst 1945 im New Yorker *Aufbau* erschienenen Gedichte *Heimkehr aus dem Konzentrations-Lager* standen im Zeichen dieser »urjüdischen Leidbejahung«. Wie die Freundin Margarete Susman in ihrem *Buch Hiob und das Schicksal des jüdischen Volkes* (1946) suchte B.-W. nach möglichen Erklärungen, wie Nelly Sachs, mit der sie ebenfalls in engem Kontakt stand, nach Ausdrucks- und Begreifensformen für die Verfolgungen des jüdischen Volkes. Sie verstand das Wort Hiobs, »Der Herr hat's gegeben, der Herr hat's genommen; der Name des Herrn sei gelobt!« (*Hiob* 1,21), als Aufforderung zur Tat, wie sie in *Rilke und das Judentum* schrieb: »Denn erst, wenn aus dem bloßen Leidhinnehmen tätiges Leid, d. h. Leidgestalten [sic] wird: [...] erst dann führt Leiden ›zu unendlicher Zustimmung und immer noch Zustimmung zum Da-Sein‹.« Auf diese Weise akzeptierte sie jegliches Leid als von Gott gesandt und ging doch gleichzeitig von der individuellen Schuld der Verursacher, der Mörder der Juden, aus. Wie für Leo Baeck, mit dem sie in Theresienstadt häufige Gespräche führte, gehörte solche Widersprüchlichkeit für B.-W. zur spannungsreichen Ganzheit des konkreten Judentums. Innerhalb dieses Spannungsfeldes bewegen sich vor allem ihre drei nach 1945 entstandenen Gedichtbände *Das Schlüsselwunder* (1954), *Mahnmal* (1960) und *Ohnesarg* (1984).

Werke: Das Schlüsselwunder. Gedichte, Zürich 1954; Mahnmal. Gedichte aus dem KZ, Darmstadt u. a. 1960; Ohnesarg. Gedichte und ein dokumentarischer Bericht, Hannover 1984; Werke, hg. B.M. Pollack, Maryland 1994. Literatur: G. Niers, Frauen schreiben im Exil. Zum Werk der nach Amerika emigrierten Lyrikerinnen M. Kollisch, I.B.-W., V. Lachmann, Frankfurt a. M. 1988; C. Schnelle, Ein Mahnmal gegen das Vergessen. Der Holocaust in der Dichtung von I.B.-W., in: Perspektiven der Frauenforschung, hg. R.v. Bardeleben u.a, Tübingen 1998, 195–203.

Cornelia Schnelle

Börne, Ludwig (eigentl. Löw Baruch)

Geb. 18.5.1786 in Frankfurt a. M.;
gest. 13.2.1837 in Paris

Wie seine Zeitgenossen Moritz Gottlieb Saphir und zum Teil auch Heinrich Heine betrachtete der Journalist B. seine jüdische Herkunft als zufällige Nebensache, die ihn zwar manchen gesellschaftli-

chen Vorurteilen und Einschränkungen aussetzte, die aber auch durch Teilnahme an der durch Hochdeutsch definierten Öffentlichkeit überwunden werden konnte. Auf sowohl indirekte als auch direkte Weise, in Kulturkritiken sowie in politischen Polemiken, engagierte sich B. für die gesetzliche Emanzipation deutscher Juden als Teil einer umfassenden Liberalisierung der deutschen Gesellschaft. B.s witzige, anekdotenhafte Schreibweise erschöpfte sich jedoch nicht in treffenden Plädoyers für die Gleichberechtigung aller Bürger der etwas vage konzipierten deutschen Nation, sondern prägte darüber hinaus einige satirische Porträts des eingeschränkten jüdischen Lebens im Ghetto. Aufgrund seiner schriftstellerischen Provokationen wurde B. zu einer äußerst kontroversen Figur, die von seiner Nachwelt wegen seines politischen Engagements gelobt, aber auch wegen seines anscheinenden ethnischen Selbsthasses verurteilt wurde.

Die Spannung zwischen B.s Identifikation mit der deutschen Öffentlichkeit und seiner jüdischen Herkunft zieht sich wie ein roter Faden durch seine Schriften. Von Anfang an befasste sich B. in seiner publizistischen Tätigkeit mit der problematischen Stellung der Juden in der deutschen Gesellschaft. Zu seinen frühesten Artikeln gehören drei Berichte über die Umstände in Frankfurt, in dessen Judengasse B. geboren und teilweise aufgewachsen ist. Im Gegensatz zu Christian Wilhelm Dohms Emanzipationsbewegung (*Über die bürgerliche Verbesserung der Juden*, 1781) entwarf der als Jurist ausgebildete B. keinen systematischen Plan für politische Reformen. Stattdessen warb B., der während seiner Studienzeit in Berlin im Hause von Henriette Herz gewohnt und an ihrem Salon teilgenommen hatte, für Veränderungen der jüdischen Zustände durch belletristische Schilderungen der allgemeinen Misere des Ghettos.

Die Absicht war, seine Leserschaft gleichzeitig zu unterhalten und zu reformistischem Denken zu provozieren. Diese Schreibweise begründete B. mit Einsichten in die Psychologie des Antisemitismus: »Die, auf welche ich wirken möchte, denken nicht. Ihr Haß und ihre Verachtung der Juden, das ist ein angeborener oder anerzogener Trieb, der nie zur Klarheit gekommen und vor sich selber Rechenschaft gefordert. Diesen aufzuwecken durch irgendeinen Stoß oder Druck der Rede, darum allein ist mir zu tun.« Aus den mit teils bösartigen Anekdoten durchdrungenen Ghettoschilderungen, die das Resultat dieses Ansatzes waren, hätten seine Leser zu dem Schluss gelangen sollen, dass die traditionellen Einschränkungen in Bezug auf Wohn- und Gewerberecht die deutschen Juden in einer primitiven, u. a. durch das Sprechen von Jiddisch gekennzeichneten Halbkultur hielten und demzufolge möglichst rasch aufzuheben seien. B.s Vorliebe für witzige Anekdoten und pointierte Wortspiele wies allerdings mehr Affinität zu der Sprache des Ghettos auf, als der auf Hochdeutsch schreibende, 1817 zur evangelischen Kirche übergetretene Journalist vielleicht hätte zugeben wollen.

B.s Schreibpraxis und seine zweideutige Haltung gegenüber dem Judentum des jiddischsprechenden Ghettos setzten sich 1819–30 in einer Reihe kulturkritischer Artikel für Cottas *Morgenblatt für gebildete Stände* fort. Da das Judentum oft, und zwar nicht selten auf antisemitische Weise, im zeitgenössischen Theater und im gedruckten Wort thematisiert wurde, hatte B. zahlreiche Gelegenheiten, seine Ansichten über die Assimilation deutscher Juden zu entfalten und zu verbreiten. Besonders interessant in dieser Hinsicht ist eine Kritik der dramatischen Posse *Unser Verkehr* von Karl Borromäus Sessa, die in einem Bastard-Jiddisch vorgetragen worden war und in der zahlreiche jüdische Typen satirisch dargestellt wurden. In seiner Kritik zog B. einen kontroversen Vergleich zwischen der öffentlichen Begeisterung für das Stück und dessen »widerlichem« Dialekt und der berüchtigten, B. als Perversion geltenden Homosexualität des Schauspielers Albert Wurm. Einige spätere B.-Kritiker haben in solchen Argumenten eine Tendenz zum »jüdischen Selbsthaß« gesehen (Gilman). Dabei wird aber B.s rhetorische Anwendung von Spott und Witz, der als »jüdisch« rezipiert wurde, als Instrument gegen antisemitische Vorurteile ignoriert und die eigentliche Zielscheibe von B.s Satire, nämlich die ungerechten Ein- und Beschränkungen der deutschen Juden, gänzlich verkannt. Heine benützte 1829 eine beinahe identische Gleichstellung von Homosexualität und Antisemitismus zu rhetorisch-satirischem Zweck in seiner berühmten Fehde mit Graf August von Platen. Die satirische Polemik, die auch gegen die Persönlichkeit einzelner Gegner gerichtet werden konnte, war nicht nur Mittel, Denkprozesse zu provozieren, sie war auch eine hybride Diskursart, die den mit der Ghettosprache verwandten Witz mit der deutschen Essayistik verband.

1830 brachte einen Einschnitt in B.s Leben und schriftstellerischer Tätigkeit. Kurz nach der Juli-Revolution übersiedelte er nach Paris und widmete sich der »direkten« politischen Polemik (Labuhn) in seinen von Campe in Buchform veröffentlichten *Briefen aus Paris*. In dieser mehrbändigen Korrespondenz versuchte B., seiner Leserschaft zur antimonarchistischen Revolte, dabei u. a. auch zu einer Reform des jüdischen Staatsbürgerschaftsrechts, zu raten, indem er deutsche politische Passivität und kulturelle Belanglosigkeit gnadenlos verhöhnte. Besondere Aufmerksamkeit erregte eine Anekdote, worin B. erzählte, wie er einmal als junger Mann einen Pass mit der erniedrigenden Anmerkung »juif de Francfort« erhalten und sich damals geschworen hatte, eines Tages einen »eigenen Paß zu schreiben«. Die scharfe Kritik, mit der B. seine deutschen Mitbürger überhäufte, rief aber eine antisemitische Gegenkampagne hervor, die manche Ähnlichkeiten mit dem Berliner Pamphleten-Krieg gegen Saphir einige Jahre zuvor aufwies. In seiner Erwiderung griff B. auf die Technik persönlicher Attacke aus der *Unser-Verkehr*-Zeit zurück, um seine Kontrahenten lächerlich zu machen und seine eigene sprachliche Überlegenheit zu demonstrieren. Damit landete B. trotz seiner angekündigten Absicht, sich direkt und ernsthaft auf politische Themen zu konzentrieren, wieder im Bereich der skandalumwitterten Feuilletonistik, deren ernsthafter Hintergrund manchen Lesern verborgen blieb.

Obwohl »jüdische« Schreibmodalitäten wie Spott, Satire und Witz B. zu einem gefürchteten und manchmal sehr effektiven Polemiker gemacht hatten, blieb der Autor gegenüber dem Humor sowie dem Judentum gespalten. B. versuchte niemals, seine jüdische Herkunft zu verleugnen, und reagierte prompt auf die zahlreichen antisemitischen Pamphlete der 1830er Jahre. Gleichzeitig schrieb er aber in erster Linie als liberales Mitglied des immer stärker die deutsche Öffentlichkeit bestimmenden Bürgertums. In Antwort auf den Vorwurf, er würde sich nur für jüdische Angelegenheiten interessieren, proklamierte er zum Beispiel: »Daß diese Toren mich noch daran erinnern […], was mich zu vergessen lassen ihnen noch wichtiger sein müßte, als es mir gleichgültig ist, ob sie es vergessen oder nicht! Wenn ich nicht kämpfte für das geschändete Recht und die mißhandelte Freiheit aller Menschen, dürfte ich ein Herz haben für die Leiden eines Volkes, eines Geschlechts, für meine eigenen allein.« Trotz der breiten Feindseligkeit gegenüber seinen Ansichten und seiner Ausdrucksweise glaubte B. immer noch an die Möglichkeit einer Integration deutscher Juden in die deutsche Gesellschaft, insofern diese nach den humanistischen Idealen der Aufklärung reformiert werden konnte.

B.s Toleranz ging allerdings nicht so weit, dass er es unterließ, die anzugreifen, die seine Erwartungen enttäuscht hatten. Bei der Lektüre der *Briefe aus Paris* entsteht zuweilen der Eindruck, dass die Deutschen, obwohl sie B.s eigentliches Publikum waren, immer mehr zur Zielscheibe wurden. B. benutzte auch gelegentlich die Argumente seiner Kritiker gegen andere Schriftsteller jüdischer Herkunft, hauptsächlich gegen Heine, mit dem er sich am Anfang seiner Pariser Zeit vergebens um eine Zusammenarbeit bemühte. Die Ablehnung Heines führte zu einem heftigen Streit und veranlasste B. zu polemischen Bemerkungen, in denen das Judentum weniger Gegenstand bürgerlicher Befreiung als vielmehr Instrument satirischer Kritik wurde: »Heine ist ein vollkommener *Bacher*! [jiddisch für Talmudschüler, d.i. ein frommer jüdischer Jüngling ohne Manieren]«, schrieb er privat an seine langjährige Freundin, Jeanette Wohl. »Er hat ganz die jüdische Art zu witzeln und opfert einem Witz nicht bloß das Recht und die Wahrheit, sondern auch seine eigene Überzeugung auf.« Ähnliche, nur wenig moderatere Positionen vertrat B. in seinen öffentlichen Schriften. Wie seine Gegner griff auch B. zu krassen Stereotypen, wenn er glaubte, sein eigenes Bestreben und seine eigene Stellung als Anwalt der Unterdrückten bedroht zu sehen. Dies war die ausgrenzende Kehrseite seines Insistierens auf einer repräsentativen Öffentlichkeit und der Allgemeingültigkeit seiner eigenen Ansichten.

Der 1835 ausbrechende Konflikt mit seinem früheren Freund und Apologeten Wolfgang Menzel, dem notorischen Denunzianten des »Jungen Deutschland«, führte zu einer letzten Umorientierung B.s in Bezug auf die Öffentlichkeit und seine Rolle als journalistischem Humoristen und Provokateur. Zuvor immer aus der Überzeugung schreibend, dass die eigene rhetorische und argumentative Überlegenheit seine Leser dazu bringen würde, die Richtigkeit seiner Reformvorschläge und seine gesellschaftliche Zugehörigkeit anzuerkennen, fing B. jetzt an, an der Öffentlichkeit als Garant für national-liberale Gleichberechtigung zu zweifeln. Seine früheren demagogischen Ansprüche, einen allgemeinen öffentlichen Konsens mitbestimmen zu dürfen, gab er zugunsten eines eher französisch-amerikanischen, negativen Begriffs der politischen Freiheit auf. Da seine Gegner, wie er es 1837 in seinem letzten Werk *Menzel, der Franzosenfresser* formulierte, jedesmal zum »Notanker *Baruch*« griffen, wenn die Argumentation sie im Stich ließe, sei nicht viel von der deutschen Öffentlichkeit bzw. von einem deutschen Nationalstaat zu erwarten. Aus diesem Grund schien ihm eine Konstitution nach französisch-amerikanischem Muster erforderlich, um Außenseiter, die nie völlig von der Gesellschaft akzeptiert sein würden, vor chauvinistischen Übergriffen zu schützen. Mit seinem satirisch-rhetorischen Ton war dieses letzte Werk B.s früheren Schriften verwandt, dennoch war sein Glaube an die völlige Assimilation des Judentums in eine neue deutsch-nationale Identität deutlich abgeschwächt. »Die Freiheit kann ein Volk nicht umwandeln«, argumentierte er, »sie kann ihm nicht die Tugenden und Vorzüge verschaffen, die ihm seine Natur versagt: sie kann ihm die Fehler nicht nehmen, die ihm angeboren, die sein Klima, seine Erziehung, seine Geschichte oder sein unglückliches Gestirn verschuldet; die Freiheit ist nichts und dennoch alles, denn sie ist die Gesundheit der Völker.« Damit wurde der Akzent vom Nationalen aufs Liberale verschoben, und der daraus entstehende Konflikt mit der Deutschtümelei früherer Alliierten wie Menzel zeigte sich als paradigmatisch für die Spaltung der deutschen Linken in »nationale« und »liberale« Fraktionen. Wie B. erkannte, war ab 1835 die Emanzipationsbewegung liberales, aber nicht mehr nationalistisches Programm.

Nach seinem Tod wurde B. abwechselnd zum Vorbild des engagierten Demokraten sowie zum Hauptanstifter einer deutschlandfeindlichen, jüdischen Verschwörung erkoren, Letzteres meistens in Zusammenhang mit Heine. Wegen seiner nicht gerade schmeichelhaften Schilderungen des Ghettolebens zieht er bis heute heftige Kritik von Verteidigern deutsch-jüdischer Partikularität auf sich. Es darf aber nicht vergessen werden, dass die von B. postulierte völlige Assimilation deutschsprachiger Juden zu seinen Lebzeiten eine viel plausiblere Möglichkeit war, als dies in der Zeit nach Nazi-Deutschland erscheinen mag. B. war ein wortkräftiger und schlagfertiger Verfechter eben dieses Assimilationsbestrebens und hat eine hybride deutsch-jüdische Diskursart miterfunden, die den satirischen Judenwitz popularisiert und dadurch einen neuen Ton in die deutsche Öffentlichkeit eingeführt hat. B. erweist sich nach wie vor als ein umstrittener Autor, eben weil er sich auf dem Gebiet bewegte, wo das liberale Ideal des Schmelztiegels mit dem Wunsch nach dem Erhalten der kulturellen Autonomie ethnischer Minderheiten in Konflikt gerät, ein Konflikt, der allerdings im 20. Jahrhundert ebenso wenig wie im 19. Jahrhundert gelöst werden konnte.

Werke: Sämtliche Schriften, hg. I. und P. Rippmann, Düsseldorf 1964–68.
Literatur: W. Labuhn, Literatur und Öffentlichkeit im Vormärz: Das Beispiel L.B., Königstein 1980; S. Gilman, Jüdischer Selbsthaß. Antisemitismus und die verborgene Sprache der Juden, Frankfurt a. M. 1993; J.S. Chase, Inciting Laughter: The Development of »Jewish Humor« in Nineteenth-Century German Culture, Berlin u. a. 1999; L.B., Deutscher, Jude, Demokrat, hg. F. Stern u. a., Berlin 2003; W. Jasper, L.B. – keinem Vaterland geboren. Eine Biographie, aktualis. Neuausgabe, Berlin 2003; B. Greiner, »Zwischen wandernden und hausenden Komödianten die Mitte«. B.s theatralisches Schreiben, in: L.B. – Deutscher, Jude, Demokrat, hg. F. Stern, Berlin 2003, 172–191.

Jefferson S. Chase

Borchardt, Rudolf

Geb. 9.6.1877 in Königsberg;
gest. 10.1.1945 in Trins am Brenner

B. entstammt einer Königsberger bürgerlichen Familie jüdischer Herkunft, die im frühen 19. Jahrhundert zum Protestantismus übergetreten war. B. selbst bezeichnete noch 1933 die jüdische Herkunft seiner Familie verlegen als »meine familiengeschichtlichen Umstände« und verbat es sich grundsätzlich, als Jude bezeichnet zu werden, da dies – auf ihn, den Protestanten, angewendet – nur ein Rassenbegriff sei; außerdem: »Was am Juden jüdisches Volk ist, ist mir völlig fremdartig« (an Werner Kraft, 13. April 1933). B. wuchs in Berlin, Marienburg und Wesel auf, studierte ab 1895 in Berlin, Bonn und Göttingen klassische Philologie und Archäologie, vollendete aber, trotz Aussicht auf eine glänzende akademische Karriere, nie seine Dissertation, schrieb

erste Gedichte und Essays und lebte ab 1901 in Italien, von wo er erst 1914 bei Ausbruch des Krieges zurückkehrte, um sich als Soldat zu melden. Nach dem Krieg heiratete er zum zweiten Mal (eine Nichte Rudolf Alexander Schröders) und siedelte nach 1921 endgültig nach Italien über, von wo er nur noch zu Vortragsreisen nach Deutschland zurückkehrte. 1944 wurde B., der in relativer Verborgenheit in Saltocchio bei Lucca lebte, von den Nazis gezwungen, sich mit seiner Familie auf den Weg nach Deutschland zu machen; er starb in Trins am Brenner an einem Schlaganfall.

Für B.s kulturhistorisches Denken und seine Konzeption von Dichtung waren Herder, Hofmannsthal und George die entscheidenden Einflüsse. In schroffer Wendung gegen den Naturalismus und gegen eine feuilletonistische Beliebigkeit in der Dichtung fühlte B. sich in seinen Gedichten strenger Form verpflichtet; die »schöpferische Restauration«, die er propagierte, sollte sich an der griechisch-lateinischen Antike und der dichterischen und formalen Überlieferung des (späten) Mittelalters und der großen deutschen Dichtung um 1800 orientieren. B. setzt sich von der Moderne (Impressionismus, Expressionismus etc.) entschieden ab und will seine Dichtung vor dem »Verfall« bewahren, jener Formlosigkeit, die er schon bei Lenz und Büchner glaubt diagnostizieren und geißeln zu können, und der formalen und weltanschaulichen Beliebigkeit der – insgesamt vom Feuilletonismus infizierten – Literatur um 1900. In der *Rede über Hofmannsthal* (1905) und in dem *Gespräch über Formen und Platons Lysis deutsch* (1905) lieferte B. eine Diagnose der dichterischen Situation der Zeit und begründete seine Auffassung von künstlerischer Form und von den Aufgaben eines schöpferischen, neue Traditionen stiftenden Übersetzens. Zugleich legte B. in jenen Jahren vor dem Ersten Weltkrieg mit dem siedlungs- und architekturgeschichtlichen Essay *Villa* (1908) sowie dem in der Sprache der Lutherschen Bibel erzählten *Buch Joram* (1907) erste große Beispiele seiner kulturgeschichtlichen und dichterischen Intentionen vor.

Ein wichtiger Teil seines Wirkens waren die Reden, die er vom Anfang des Jahrhunderts bis in die frühen 1930er Jahre hielt (insgesamt weit über 100 Auftritte, aber nur wenige der Texte sind nachweisbar bzw. gedruckt). Die geistige und rhetorische Präsenz und der Ideenreichtum dieser Reden müssen ganz außerordentlich gewesen sein. Sein Programm einer geistigen Erneuerung Deutschlands und der Etablierung eines literarischen Kanons versuchte er außerdem in mehreren Anthologien darzulegen. 1925 erschien *Deutsche Denkreden*, 1926 die eigenwillige Gedichtsammlung *Ewiger Vorrat deutscher Poesie* und 1927 die Zeugnisse der Landschafts- und Naturbeschreibung versammelnde Anthologie *Der Deutsche in der Landschaft*. Schon früh begann B. auch Texte aus mehreren Sprachen zu übersetzen.

Bereits in dem von ihm, Hofmannsthal und Schröder herausgegebenen Jahrbuch *Hesperus* veröffentlichte er 1909 Proben seiner Übersetzung von Dantes *Divina Commedia*; später folgten u. a. *Tacitus: Deutschland* (1922), *Altionische Götterlieder* (1924) und schließlich 1930 die vollständige Übersetzung der *Commedia*, *Dante deutsch*, in einem synthetischen, halb historisierenden, halb kühn modernen, erdachten Oberdeutsch des 15. Jahrhunderts.

B., der viele seiner Arbeiten zunächst nur in Privatdrucken vorlegte und erst später auf eine größere Öffentlichkeit Wert legte, geriet in den 1930er Jahren, als ihm die Wirkungsmöglichkeit in Deutschland fast abgeschnitten war, in immer größere Isolation. Sein Konservatismus hätte ihn in die Arme der Nazis führen können, hätte er nicht als Jude 1933 gleich erkennen müssen, dass die Nazis mit ihren Rassentheorien Ernst machen wollten. Nachdem er gewisse Hoffnungen mit der nationalsozialistischen »Bewegung« verknüpft hatte, wurde ihm Mitte der 1930er Jahre entsetzlich klar, welche Mörderbande nun Deutschland in der Hand hatte. Der mörderische Grad und die Verbreitung des deutschen Antisemitismus sind B. allerdings wohl kaum bewusst geworden, und er gewann selten eine konsistente Haltung zum Judentum, vielleicht am ehesten in dem späten Fragment *Zur deutschen Judenfrage* (wahrscheinlich 1943). Hier finden sich anlässlich einer Auseinandersetzung mit der neuesten Auflage von Josef Nadlers *Literaturgeschichte* auf den ersten drei Seiten einige grundlegende Ausführungen, die analytisch scharfsinnig die Dimension und die Bedeutung der nazistischen Judenverfolgung als »Katastrophe« für die deutsche Nation bezeichnen. Erst sehr spät folgt ein Hinweis darauf, dass das, was B. unter dem altmodischen Begriff »Judenfrage« fasst, doch wahrscheinlich auch für ihn eine langjährige Beunruhigung dargestellt hatte: »[...] der geistige und geschichtliche Gehalt der Judenfrage für Deutschland [bleibt] ein gewissenhafterweise nicht auszuschlagender, ein höchst reizbarer und schmerzlicher, man darf wohl sagen ein tragischer Krisenpunkt im nationalen Aufbau«.

In der Form antiker Strafgedichte in der Tradition des Horaz verlieh er seinem Abscheu vor der Niedrigkeit nazistischen Denkens und Handelns und dem Zustand Deutschlands Ausdruck in den *Jamben* (1935; erstmals veröffentlicht 1967), einer Gruppe von Gedichten, die so traditionalistisch wie experimentell ein modernes Sujet in klassischer Form bewältigen und wütend, von hoher Warte und dröhnend hilflos ein »langgespartes Donnerwetter« in Richtung Deutschland loslassen.

In den späten 1930er Jahren arbeitete B. vor allem an dem großen kulturhistorischen Entwurf *Der leidenschaftliche Gärtner* (1951), Zeugnis einer ungewöhnlichen Passion für Blumen und Gärten, die er anthropologisch und historisch in ihrer Verbindung mit dem Menschen, zur Kunst, zum Ornament und zur Poesie darstellt und feiert. B.s Formulierungen, die sonst von herrischem, bisweilen geradezu martialischem Pathos durchdrungen sind und in der Polemik oft in ein fast »tobsüchtiges Wüten« (Kraft) gegen seine Gegner übergehen, sind in dieser umfangreichen kulturhistorischen Studie zärtlicher und resignierter geworden. Die Auseinandersetzung mit der Erscheinung des von B. ja Anfang des Jahrhunderts noch hoch geschätzten George allerdings, die ebenfalls in den späten 1930er Jahren entstand und die unter dem Titel *Aufzeichnung Stefan George betreffend* erst 1998 publiziert wurde, führt noch einmal B.s sämtliche Register des psychologischen Scharfsinns sowie der hemmungslosen Verdammung eines Gegners vor, dem er den verderblichsten, geradezu satanischen Einfluss auf die intellektuelle Jugend in Deutschland vorrechnet.

B.s Werk ist das Zeugnis einer Moderneverweigerung auf höchstem Niveau, die zugleich von einer einschneidend erfahrenen Moderne zeugt. Es ist der Versuch einer Restitution einer kulturellen Einheit, deren Bild an der Romantik und an den Leistungen der deutschen Universität des 19. Jahrhunderts gewonnen ist und in der Dichtung und Philologie, kulturgeschichtliche Studie und politische Stellungnahme gleichwertig sind. Ein solches Werk mit elitärem Gestus und einer emphatischen Hochschätzung des Dichterischen, imprägniert von einer außerordentlichen Gelehrsamkeit und zugleich nach Wegfall aller historischer und gesellschaftlicher Voraussetzungen für den B.schen Kulturnationalismus überholt und fast bizarr wirkend, hatte nach 1945 kaum die Chance einer Wirkung, obwohl Theodor W. Adorno, Helmut Heissenbüttel, Werner Kraft und Botho Strauß immer wieder auf die Bedeutung von B.s Schriften hinwiesen und insbesondere B.s Prosa in den obersten Rang der deutschen Literatur des 20. Jahrhunderts hoben.

Werke: Gesammelte Werke in Einzelbänden, 14 Bde., Stuttgart 1955–90; R. B.s Leben von ihm selbst erzählt, Frankfurt a. M. 2002; »Anabasis«. Aufzeichnungen, Dokumente, Erinnerungen 1943–1945, hg. C. Borchardt in Verbindung mit dem R.B. Archiv, München/Wien 2003; Deutsche Renaissancelyrik. Aus dem Nachlass rekonstruiert und hg. von S. Knödler, München 2008.

Literatur: W. Kraft, R.B., Hamburg 1961; H. Dummel, R.B. Interpretationen zu seiner Lyrik, Frankfurt a. M. 1983; J.M. Fischer, Autobiographie und Judentum, in: R.B. 1877–1945. Referate des Pisaner Colloquiums, hg. H.A. Glaser, Frankfurt a. M. 1987, 29–48; R.B. und seine Zeitgenossen, hg. E. Osterkamp, Berlin u. a. 1997; K. Kauffmann, R. B. und der »Untergang der deutschen Nation«. Selbstinszenierung und Geschichtskonstruktion im essayistischen Werk, Tübingen 2003; A. Kissler, »Wo bin ich denn behaust?« R.B. und die Erfindung des Ichs, Göttingen 2003; Das wilde Fleisch der Zeit. R.B.s Kulturgeschichtsschreibung, hg. K. Kauffmann, Stuttgart 2004.

Jörg Drews

Brasch, Thomas

Geb. 19.2.1945 in Westow/Yorkshire;
gest. 3.11.2001 in Berlin

B. gehört zu der Generation, die man die zweite nennt, die Kinder also der Überlebenden der nationalsozialistischen Judenverfolgung. B.s Eltern waren nach Großbritannien emigriert, wo er geboren wurde, seine drei jüngeren Geschwister wurden

nach der Rückkehr der Eltern nach Deutschland geboren. Sein Vater machte in hohen Staats- und Parteifunktionen in der DDR Karriere, während seine Mutter, eine Wienerin, wohl in der DDR nie recht ihren Platz fand. 1956–60 wurde B. in der Kadettenanstalt der Nationalen Volksarmee der DDR erzogen. Zweimal begann er ein Studium, Journalistik in Leipzig und später Dramaturgie an der Filmhochschule Babelsberg; beide Male wurde er »relegiert«. Aus diesen Eckpunkten seiner Biographie speist sich sein ganzes späteres Werk. Die Auflehnung gegen den Vater und die Autorität, die dieser vertrat, gab ihm, wie so vielen Söhnen vorher, den Stoff, aus dem seine Kunst gemacht ist. Er identifizierte sich vom ersten Anfang seines Schreibens mit allen rebellischen Helden der Geschichte und der Kunst, auch wenn er später, im Titel seines bekanntesten und erfolgreichsten Prosabandes (1977), konstatieren wird: *Vor den Vätern sterben die Söhne.*

Eine wirkliche Auseinandersetzung mit dem Judentum, die er auch im größten Teil seines Lebens nicht suchte, wird man in B.s Werk nicht finden. Seine jüdische Emigrantenherkunft war ihm eine selbstverständliche Identität, die ihm einen etwas anderen Blick auf die deutschen Zustände erlaubte. In der Nachfolge von Brecht und Heiner Müller sah er sich in politischer Verstrickung mit der Gegenwart und Vergangenheit des Landes, Deutschlands, das er, auch geteilt, als seine Heimat ansah.

Seine Auflehnung galt zunächst den bedrückenden Verhältnissen in der DDR und später der Beliebigkeit im Westen, der er sich dort ausgesetzt sah. In der DDR veröffentlichte er bis zu seiner Ausreise 1976 nur einen schmalen Band mit Gedichten, der mit einer bitteren Bilanz schließt: »Wer sind wir eigentlich noch./ Wollen wir gehen. Was wollen wir finden./ Welchen Namen hat dieses Loch,/ in dem wir, einer nach dem anderen,/ verschwinden.« 1968 verteilte B. mit Freunden Flugblätter gegen den Einmarsch der Warschauer-Pakt-Truppen in die Tschechoslowakei, wurde daraufhin zu einer 27-monatigen Haftstrafe verurteilt, aus der er vorzeitig entlassen wurde. Helene Weigel verschaffte ihm eine Stelle im Brecht-Archiv, die allerdings nach ihrem Tod nicht verlängert wurde, so dass er bis zu seiner Ausreise aus der DDR als freischaffender Künstler in prekärer Lage lebte; Projekte und Veröffentlichungen kamen nicht mehr zustande.

Das änderte sich nach der Übersiedlung, die er gerne zu einem »Umzug« herunterspielte. Wegen des Problems der Veröffentlichung seines ersten Prosabandes stünden ihm nur drei Alternativen zur Verfügung: »Manuskript zurückziehen, und alles ist vergessen. Das zweite war [...] juristische Konsequenzen [...] also Bestrafung, so hieß es in meiner Phantasie, ob es tatsächlich so gewesen wäre weiß ich nicht, ist auch egal. Wieder einen Prozess und wieder ein Gefängnis, dazu hatte ich keine Lust. [...] Und die dritte Alternative hieß: gehen sie dahin, wo das Buch gedruckt wird. Unter diesen drei Übeln schien mir das letzte Übel das geringste zu sein. Es war ja nicht so, daß ich mit fliegenden Fahnen und Hurra gekommen war« (*Arbeitsbuch T.B.*, 1987). Das Buch *Vor den Vätern sterben die Söhne* wurde 1977 gedruckt, in schneller Folge entstanden danach *Kargo. 32. Versuch auf einem untergehenden Schiff aus der eigenen Haut zu kommen* (1977) und *Der schöne 27. September*, Gedichte (1980), die Theaterstücke *Rotter* (Uraufführung Stuttgart 1977), *Lovely Rita* (Uraufführung Berlin 1978), *Lieber Georg* (Uraufführung Bochum 1980) sowie die Filme *Engel aus Eisen* (1981), *Domino* (1982) und *Mercedes* (1981). Er erhielt zahllose Literaturpreise, 1987 den Kleistpreis, der eine Dekade schöpferischer Explosion krönte und gleichzeitig beendete. Gemeinsam mit Jurek Becker schrieb er 1988 den Film *Der Passagier – Welcome to Germany*, drehte ihn mit dem alternden jüdischen Hollywood-Star Tony Curtis und umkreiste in diesem Film die ihm wichtigen Themen der deutschen Geschichte, der Judenverfolgung und damit zusammenhängend der Überlebensschuld und der Erinnerung.

B.s Sondertalent einer politisch und persönlich geprägten Kunst, in der er alle Formen und Genres, Prosa und Film, Theater und Gedicht, und nicht zu vergessen die Selbstinszenierung, miteinander mischte, ließ ihn während einer Dekade in einer in der Kunstszene damals ungewöhnlichen Art brillieren, bevor sein Stern zu verglühen begann und er sich in eine große Prosaarbeit verlor, die nie zu Ende kam. Ein kleiner Ausschnitt aus dem ozeanischen Werk wurde 1999 veröffentlicht, *Mädchenmörder Brunke*. Nach der Wiedervereinigung zog er nach Ostberlin und lebte die letzten zehn Jahre seines Lebens neben dem Berliner Ensemble, in dem seine Übersetzungen zahlreicher Shakespeare-Stücke von Claus Peymann aufgeführt wurden, der ihm damit einen mehr oder weniger regelmäßigen Lebensunterhalt verschaffte.

B. verlor sich zunehmend in seinem ausufernden Werk, in Drogen und in dem Gefühl der Unbehaustheit und des Verlustes. Angst, Furcht und Trauer ziehen sich durch sein ganzes Werk, tauchen aber später vermehrt auf: »Weil ich das Eigene verloren habe// kann ich nichts mehr schreiben. Jeder/ meiner Gedanken ist mir ganz fremd/ und unnütz. Deshalb lasse ich ihn/ gleich versinken, wenn er auftaucht./ Zu viel geredet./ Zu selten geschwiegen./ [...]/ Und immer der Gedanke an Sterben./ Als meine Mutter meine Hand nahm im Auto/ am Tag bevor ich ins Internat abfuhr und/ ich wußte im gleichen Moment, daß ich/ in einen Weg einbog, der mich wegtrieb und/ wollte zurück aber da ging es nicht mehr.« Den Wunsch nach Rückkehr zu seiner Mutter mag man als ein Gefühl der Trauer um den Verlust seines, im Grunde ihm unbekannten, Judentums lesen, so wie man in den Titel *Vor den Vätern sterben die Söhne* eine Anspielung auf Kafkas Söhne-Trilogie hineinlesen kann; er würde diesen Lesarten wohl nicht widersprechen. B.s Vater kommt in seinem Werk nicht vor; B. überlebte ihn nur um zwölf Jahre und starb 56-jährig, so wie auch seine beiden Brüder früh verstarben. In einem Gedicht aus dem Nachlass resümiert er seine Dichterexistenz voller Bitterkeit: »Ich habe gestern Nacht geträumt/ mir wäre das Dichten egal:/ du Heine, du Brecht, du Ruhm, träumte ich./ du Brasch/ Ich habe nichts geträumt heut nacht/ und wache auch nie mehr auf.«

Werke: Vor den Vätern sterben die Söhne. Prosa, Berlin 1977; Kargo. 32. Versuch auf einem untergehenden Schiff aus der eigenen Haut zu fahren, Frankfurt a. M. 1977; Der schöne 27. September, Gedichte, Frankfurt a. M. 1980; Lovely Rita, Rotter, Lieber Georg, Theaterstücke, Frankfurt a. M. 1989; Drei Wünsche, sagte der Golem, Gedichte, Prosa und Theaterstücke, Leipzig 1990; Wer durch mein Leben will, muß durch mein Zimmer, Gedichte, Frankfurt a. M. 2002.
Literatur: Arbeitsbuch T.B., hg. M. Hässel und R. Weber, Frankfurt a. M. 1987; M. Hanf, K. Schulz, T.B. Das blanke Wesen, Berlin 2004; I. Wilke, Ist das ein Leben. Der Dichter T.B., Berlin 2010.

Barbara Honigmann

Broch, Hermann

Geb. 1.11.1886 in Wien;
gest. 30.5.1951 in New Haven

B. ist einer der wichtigsten Schriftsteller der klassischen Moderne und hat sich zeit seines Lebens intensiv mit ästhetischer und politischer Theorie und Kritik auseinandergesetzt. Dabei griff er auch immer wieder auf jüdische Diskurse und Fragen zurück; bemerkenswert sind dabei die Vielfalt der Bezüge und die Komplexität ihrer Einbettung in literarische oder theoretische Diskurse.

1886 als Kind einer assimilierten Fabrikantenfamilie geboren, ließ sich B. 1909 taufen und arbeitete, nach einem Studium der Textiltechnik und des Textilmaschinenbaus, zunächst als Direktor in der väterlichen Textilfirma in Teesdorf bei Wien. 1927 verkaufte er die Firma, studierte Mathematik, Philosophie und Physik in Wien und widmete sich von da an der Literatur: 1931–32 erschienen seine Romantrilogie *Die Schlafwandler* sowie weitere Romane, Theaterstücke und Essays. 1938 emigrierte B. zunächst nach England bzw. Schottland, dann nach wenigen Wochen – auf Thomas Manns Vermittlung – nach Amerika, wo er in Princeton und New Haven bis zu seinem Tod 1951 lebte und neben mehreren Romanen – *Der Tod des Vergil* (1945), *Die Schuldlosen* (1950), *Bergroman* (postum 1953, in anderen Fassungen auch *Die Verzauberung* oder *Demeter*) – auch ein umfängliches theoretisches Werk schrieb, das zum allergrößten Teil erst aus dem Nachlass veröffentlicht worden ist.

In einem dieser Aufsätze, *Hofmannsthal und seine Zeit* (entstanden 1947/48), beschreibt B. das Wien des frühen 20. Jahrhunderts und damit auch seine Herkunft. Im Rahmen eines Panoramas der europäischen Geistesgeschichte erscheint hier Wien als »Zentrum des Wert-Vakuums« und »Metropole des Kitsches«: Hier wird die Kultur zur »Operettenweisheit«, »und unter dem Schatten des nahenden Unterganges, wurde sie geisterhaft, wurde sie zu Wiens fröhlicher Apokalypse«. B. entwickelt dabei auch eine Theorie der Assimilation: Die Wiener Juden seien durch einen »zweistufigen Narzissmus« geprägt, weil sie nicht nur auf die erreichte soziale Stellung, sondern auch auf die Assimilationsleistung stolz seien. Gerade darum werde auch der demütigende Ausgangspunkt dieser Assimilation nicht vergessen: Es handelte sich um einen »Überkompensations-Mechanismus [...], der die ursprünglichen Minderwertigkeitsgefühle nicht wegschafft, sondern zu konservieren trachtet, auf daß hierdurch die Kompensationsfreude sich erhöhe«. Diese Überkompensation erkläre den verbreiteten jüdischen Antisemitismus und sei entscheidend für die künstlerische Produktivität assimilierter Juden. Denn weil das Bürgertum den Künstler immer als Außenseiter behandle, müsse die künstlerische Karriere als »Verrat« an der Assimilationsleistung der Väter erscheinen und löse ein Schuldgefühl aus, das wiederum ein übertriebenes Streben nach künstlerischer Anerkennung auslöse: gewissermaßen den Versuch einer »zweiten Assimilation«, also der sozialen Integration auf dem symbolischen Weg künstlerischen Erfolges. Offensichtlich hat B. damit mehr ein psychologisches Selbstporträt als eine Darstellung Hofmannsthals geschrieben, mit dessen Werk der Text – unter dem Einfluss von Karl Kraus – äußerst scharf ins Gericht geht.

Die Diagnose einer apokalyptischen Krise der Moderne entstammt dabei nicht erst der Exilzeit. Schon die *Schlafwandler* schilderten in drei formal und inhaltlich weitgehend distinkten Zeitromanen die sich steigernde symbolische Krise der Moderne und entwickelten in theoretischen Exkursen auch geschichtsphilosophische und kulturkritische Spekulationen. Beeinflusst von Max Scheler und Carl Schmitt wird darin die Moderne als ›Verfall der Werte‹ und als Auflösung einer (mittelalterlichen) Einheitskultur beschrieben. Als treibende Kräfte dieser Auflösung fungieren (mit Max Weber) der Protestantismus und (mit Werner Sombart) das Judentum: »Der Jude, kraft der abstrakten Strenge seiner Unendlichkeit, der moderne, der ›fortgeschrittenste‹ Mensch kat'exochen: er ist es, der sich mit absoluter Radikalität dem einmal gewählten Wert- und Berufsgebiet hingibt.« An anderer Stelle figuriert sich einer der Erzähler des Romans in einem Gedicht selbst als Ahasver (»zum Schreien geboren, ich Ahasver!/ verjagt aus dem Ursprung, in Klüfte gejagt,/ im Wissen erhoben, im Zweifel zernagt«). Die verschiedenen Formen der Bezugnahme (dritte und erste Person; Essay, Gedicht etc.) ebenso wie ihr metafiktionaler Charakter (der Autor der kommentierenden Essays enthüllt sich selbst als fiktive Figur) zeigt, dass der moderne Roman inhaltlich wie formal höchst synkretistisch mit seinem Material umgeht. Das legt nahe, B.s »polyhistorischen Roman« weniger als Ausdruck einer Weltanschauung denn als Diskursroman zu lesen, der die geläufigen zeitdiagnostischen und kulturkritischen Topoi ästhetisch verarbeitet.

Seit seiner Emigration spielt die Figur des Exils für B. eine zentrale Rolle. In einem Brief vom Juni 1947 heißt es, ihn störe die oft beklagte »Heimatlosigkeit« nicht: »Da bin ich viel israelitischer, denn ich habe mich tatsächlich, bei aller Liebe zu manchen Landschaften, mein ganzes Leben lang ausschließlich diasporesk gefühlt.« Die Existenz im Exil manifestiert sich dabei nicht nur in einer umfangreichen, ja ausufernden Korrespondenz – das Korpus von B.s Briefen gehört wohl zu den größten und schönsten der deutschen Literatur. Sie schlägt sich auch in ästhetischen Reflexionen über die Krise der Kunst in der Gegenwart nieder, über das, was B. die Nutzlosigkeit des »Geschichtel-Erzählens« nennt. Insbesondere *Der Tod des Vergil* entwickelt bis in die Sprachlichkeit hinein eine negative Poetik, in der sich die Kunst selbst infrage stellt: In an Joyce geschulten endlosen Monologen mit hochkomplexer Syntax löst sich die Erzählung permanent auf. Wie schon in den *Schlafwandlern* geschieht das mit massiven christlichen Konnotationen: Der sterbende Vergil will sein Werk verbrennen, weil seine Welt zu Ende geht und eine neue Welt des ›Kindes‹ bevorsteht – auch das ist wesentlich für den Diskurssynkretismus des modernen Romans.

B. versucht diese Erfahrung des Exils auch theoretisch zu beschreiben und gehört zu den Ersten, die dem Antisemitismus und der Vernichtungspolitik eine zentrale Stellung bei der Analyse des Nationalsozialismus einräumten. Während seiner Emigration in England und den USA bemerkte B. immer wieder den latenten Antisemitismus und die großen Sympathien für den Nationalsozialismus, der auch die Demokratien gefährde. Das veranlasste ihn zu umfänglicher und aufreibender politischer Arbeit in verschiedenen Emigranteninitiativen und zur Erarbeitung einer Theorie des »Massenwahns«, an der er u.a. 1942–1944 an der New School for Social Research, damals in Princeton, arbeitete. Das aus dem Nachlass herausgegebene Projekt einer *Massenwahntheorie*, die nicht nur den Erfolg des Nationalsozialismus erklären, sondern auch Mittel zu seiner Bekämpfung ableiten sollte, ist eine höchst eigenwillige Verbindung von Philosophie, Psychologie, Anthropologie, Soziologie und Politik; generell läuft es parallel mit der Theorie des ›Totalitarismus‹ von Hannah Arendt, mit der B. in den 40er Jahren in intensivem Kontakt stand. Für B. beruht die Faszination des Totalitarismus auf der »Magie der Versklavung« und auf dem »teuflischen Spaß des Lynchens«, sie ist damit ein Rückfall in archaischen Opferkult. Mit ihm bewältigen die modernen Massen ihr Unbehagen an der Gegenwart: Die Verfolgung und Vernichtung eines Feindes ist der »Opferakt eines Irren, der sich von seiner Angst befreien will, damit er wieder ›normal‹ werden kann (und tatsächlich werden die Leute nach einem Lynchakt wieder seltsam ›normal‹, und zwar ohne jegliche Reue ob des Geschehenen)«. Bereits 1941 warnte B. dabei, dass gerade die tatsächliche Ausrottung der Juden den Glauben an den Nationalsozialismus unwiderlegbar machen werde; weil die Demokratien sich das nicht vorstellen könnten, stünden sie der Faszination des Totalitarismus hilflos gegenüber. B. entwickelte daher eine neue politische Anthropologie, die vom negativen Axiom ausgeht: »Die im Konzentrationslager so grässlich paradigmatisch verkörperte Voll-Versklavung darf nicht stattfinden.« In dieser auch als »Irdisch-Absolutes« bezeichneten Forderung, die B. im Rekurs auf biblische und pagane Mythologie, auf Babel, Prometheus und das Bilderverbot entwickelte, verbinden sich auf erneut höchst idiosynkratische Weise die Analyse des Totalitarismus und eine negative Politische Theologie. B. zog auch konkrete Folgen aus seinen Analysen – so forderte er die Abschaffung der Todesstrafe – und entwarf ein detailliertes Programm der »Gegenbekehrung«, um die westlichen Demokratien vor der »Ansteckungsgefahr« des Massenwahns zu schützen. Dabei scheute er sich nicht, eine »demokratische Propaganda« oder eine »totalitäre Demokratie« zu fordern: Offensichtlich hält der Text keine stabile Distanz zu seinem Gegenstand, sondern lässt sich selbst von ihm anstecken, und gerade darum ist er symptomatisch für die Schwierigkeiten, den Zivilisationsbruch der Shoah denkerisch zu bewältigen. Literarisch wird eine solche Ansteckung in B.s *Bergroman* dargestellt, der von der Verführung eines Bergdorfes erzählt, die schließlich in einem Menschenopfer und in der Vertreibung eines als Juden charakterisierten Händlers gipfelt. Dabei trägt nicht nur das betont archaische Setting der Geschichte Züge der kritisierten totalitären Ideologie – das hat die Forschung B. oft vorgeworfen –, sondern auch die Erzählperspektive: Die Erzählung aus der Sicht der Dorfarztes ist zunächst skeptisch distanziert, wird aber mehr und mehr von dem Berichteten in Bann gezogen.

In B.s späten Texten werden unter dem Einfluss Kafkas die parabolischen Elemente stärker. Den *Schuldlosen* stellt er die an chassidische Texte angelehnte *Parabel von der Stimme* voraus und fügt als *Stimmen* betitelte Gedichte hinzu, von denen einige ebenfalls parabolisch zu lesen sind. So fordert das sogenannte *Prophetengedicht* auf, der Opfer zu »gedenken«, sich keine »Götzen« zu machen und sich dem Mitmenschen zuzuwenden: »sei fromm um meinetwillen, selbst ohne Zugang zu mir;/ das sei dein Anstand, die stolze Demut,/ die dich zum Menschen macht./ Und siehe, das genügt.« Allerdings stehen diese pathetischen Beschwörungen im Sinne des »Irdisch-Absoluten« neben impressionistischen und schwer deutbaren Erzählungen, auch werden sie schließlich durch einen nüchterneren und ironischeren Ton ersetzt: »wir wollen – es ist an der Zeit – uns/ daranmachen den Berg Pisgah zu erklimmen,/ (ein wenig atemlos zwar wie auch sonst/ in unserem Alter) aber immerhin wir werden/ es schaffen, und dann auf dem Gipfel Nebo/ da wollen wir rasten.« B. beschreibt hier, im Jahr 1950, das Ende des Exils, das keinesfalls das Ende der Aufgaben ist, sondern allenfalls eine Aussicht auf das Gelobte Land eröffnet.

In einer Korrespondenz vom Juli 1945 erklärte B., dass er vorerst nicht nach Deutschland zurückkommen wolle. Er betrachte sich zwar nicht persönlich als Opfer: »Aber unpersönlich bin ich ein Opfer. U.z. als Jude.« Der Adressat, der befreundete Emigrant Hermann von Zühlsdorff, antwortete scharf, B. ziehe ja selbst eine rassistische Unterscheidung, die Deutschen seien doch nicht alle Nazis gewesen, heute seien sie doch selbst Opfer von Krieg und Vertreibung etc. Es ist erschreckend zu sehen, wie hier bereits unmittelbar nach dem Krieg und unter befreundeten Emigranten jene Diskursmuster zutage treten, die das Verhältnis zwischen Deutschen und Juden im Nachkriegsdeutschland so fatal beeinflussen sollten. Es ist aber auch interessant, wie B. hier seinerseits sein Judentum ins Spiel bringt: nicht als persönliches Bekenntnis, sondern als eine ›unpersönliche‹ Situation, nicht als Naturgegebenheit, sondern als politische und historische Tatsache.

Werke: Kommentierte Werkausgabe, 13 Bde., hg. P.M. Lützeler, Frankfurt a. M. 1974 ff.
Literatur: P.M. Lützeler: H.B. Eine Biographie, Frankfurt a. M. 1988; H. Steinecke: »›Unpersönlich bin ich ein Opfer‹. Jüdische Spuren im Spätwerk H.B.s«, in: ders. Von Lenau bis B. Studien zur österreichischen Literatur – von außen betrachtet, Tübingen/Basel 2002, 171–183; P.M. Lützeler (Hg.): H.B. Visionary in Exile, Rochester 2003.

Daniel Weidner

Brod, Max

Geb. 27.5.1884 in Prag;
gest. 20.12.1968 in Tel Aviv

Obwohl B. vor allem als Nachlassverwalter und Biograph seines Freundes Kafka bekannt geworden ist, muss er als einer der wichtigsten deutsch-jüdischen Autoren betrachtet werden, der unter dem Einfluss des Kulturzionismus stand. Der Sohn eines Bankdirektors, der nach dem Besuch einer christlichen Grundschule und des Stephan-Gymnasiums in seiner Heimatstadt Prag Jura studierte, verdankte die wichtigsten »Richtlinien« seines Lebens der Vermittlung durch den nur wenig älteren Hugo Bergmann. Wie andere Mitglieder der Prager Hochschülervereinigung »Bar Kochba« hatte dieser

auf die Frage nach dem Sinn des Judeseins in der modernen Zeit in Martin Bubers *Reden über das Judentum* eine Antwort gefunden.

Als Zeugnis des Übergangs aus dem »Nichts an Überlieferung« zu einem positiven Verständnis des Judentums kann B.s Zeitroman *Die Jüdinnen* (1911) betrachtet werden. Die Koketterie der heiratswilligen Großstadtjüdin Irene Popper, die die Bekanntschaft von Adligen, »Ariern« oder öffentlich angesehenen Männern sucht, dient B. zur Kritik am assimilierten Bürgertum. Demgegenüber verkörpert die aus der böhmischen Provinz stammende Olga Großlicht den Idealtyp eines »naturhaften Landmädchens« mit »mütterlichen Instinkten«.

Gegen anderslautende Behauptungen moderner Theoretiker betonte B. in seinem Essay *Der jüdische Dichter deutscher Zunge* (entstanden 1913), dass die »national empfindenden jüdischen Dichter«, die sich mit dem hebräischen Schrifttum der Bibel und der jiddischen Literatur der Ostjuden vertraut gemacht hatten, zu »großer dichterischer Gestaltung« fähig seien. Die Stärke des »echten jüdischen Romans« sei nicht die konfliktreiche Gestaltung z. B. der Taufe, des Zionismus oder der Assimilation, sondern »das Dichterische»: »Überflüssig zu sagen, daß ich auch die nationale Begeisterung, die mystische Versenkung in die Tiefen des Judentums für hervorragende dichterische Stoffe halte. [...] Nicht nur das Judenproblem: der ganze Jude ist mir dichterisches Problem.«

Dieses kulturzionistische Programm zeigt sich erstmals deutlich im historischen Roman *Tycho Brahes Weg zu Gott* (entstanden 1915), in dem der Prager Hofastronom auch die Problematik der modernen Juden verkörpert, die am Verlust einer sinnvollen göttlichen Ordnung leiden. B. macht die Arbeitsweise von Brahes Schüler Johannes Kepler, der sich auf die Sammlung immer neuer Einzelbeobachtungen beschränkt, zur Herausforderung, durch die er das Verlorengegangene schrittweise zurückgewinnt. Während Brahe durch das Christentum erkennt, dass die Welt unerlöst ist, bekommt er durch den legendären Rabbi Löw den Weg aus der Krise gezeigt: Der gerechte Mensch dürfe nicht auf Erlösung warten, sondern könne sie durch den Dienst am Werk Gottes herbeiführen. »Gott ist nicht um des Gerechten willen da, um ihm zu dienen und ihn zu stützen, sondern der Gerechte ist da, um Gott zu dienen und um ihn zu stützen. [...] Nicht für sich selbst sollte und durfte er klug sein [...], sondern im Namen Gottes, zur Aufrichtung und Erlösung der Welt.«

Seit dem Ersten Weltkrieg vertrat B. eine messianische und universell ausgerichtete Auffassung vom Zionismus. In Bubers *Der Jude* kritisierte er die »west-jüdischen Literaten« aus dem Umkreis des Aktivismus, weil sie sich nicht der neuen jüdischen Gemeinschaft anschlossen, welche die Befreiung der ganzen Menschheit bewirken könne (*Unsere Literaten und die Gemeinschaft*). In einer Replik auf Franz Werfel erklärte er die »Durchdringung des Weltlichen mit Göttlichem« zum Kern des Judentums (*Franz Werfels »christliche Sendung«*). Mit der Zeitschrift *Der Jude* sah B. *Die dritte Phase des Zionismus* (entstanden 1917) beginnen, die unter dem Einfluss des Odessaer Kulturzionisten Achad Haam stand. Palästina sollte eine »›Heilstätte‹ für den jüdischen Geist« werden, die notwendige »soziale und kulturelle Volksarbeit« müsse jedoch auch in der Diaspora geleistet werden. Der jüdische Nationalismus habe im Unterschied zum Chauvinismus anderer Völker einen kosmopolitischen, völkerverbrüdernden Zug. B.s Verständnis des Judentums war ein »Bekenntnis zur Menschheit« und trug modernekritische Züge: »Gerade weil ich kosmopolitisches universales Fühlen für ein wesentliches Merkmal jüdischer Eigenart halte, muss es mein Wunsch sein, diese Eigenart an einem bestimmten Punkt der Erdkugel zu konzentrieren, ihr einen Körper zu geben und sie auf diese Art aus Zerflossenheit und Dekadenz zu realer, sichtbarer Wirkung zu bringen« (*Im Kampf um das Judentum*). Darüber hinaus verlieh B. seinen zionistischen Überzeugungen im Lyrikband *Das gelobte Land. Ein Buch der Schmerzen und Hoffnungen* (1917) und in den Essays der Bände *Sozialismus im Zionismus* (1920) sowie *Zionismus als Weltanschauung* (gemeinsam mit Felix Weltsch, 1925) Ausdruck.

Bei Diskussionen mit Weltsch und Kafka setzte er sich 1917/18 mit der Freiheit menschlichen Handelns auseinander und erklärte das Judentum zum »Diesseitswunder«, das von der Gnade Gottes abhängig sei. In Abwendung von seinen aktivistischen Positionen postulierte er im zweibändigen Essaybuch *Heidentum Christentum Judentum* zwei menschliche Seinsbereiche und formulierte eine

Lehre, die er im Prinzip bis zum Ende seines Lebens vertrat. Während der Mensch im Bereich des »unedlen Unglücks« – zu dem die Politik gehöre – für sein Handeln voll verantwortlich sei, könne er im Bereich des »edlen Unglücks« – der Sphäre der Triebe und Leidenschaften – ohnmächtig sein. Schon das vitalistische Erlösungsdrama *Eine Königin Esther* (1918), in dem er sein Ideal der jüdischen Frau zu dem einer Heldin entwickelte, die ihr Volk rettet, zeigt das veränderte Konzept: Nun können auch egoistische Leidenschaften zur Verwirklichung der Ethik dienen. Im utopischen Roman *Das große Wagnis* (1919) wird von einer jüdischen Gemeinschaft erzählt, deren Individuen ihre egoistischen Interessen nicht zu unterdrücken vermögen. Weil der Mensch zum Sündigen verurteilt scheint, ist das große Wagnis einer neuen Gesellschaft vor allem ein individuelles Problem. In Umdeutung der Geschichte David Reubenis wird dieses Thema in *Reubeni, Fürst der Juden* (1925) noch weiter gehend behandelt. Weil auch die Sünde etwas Gutes bewirken kann, kann sich der Krieger gegen das »unedle Unglück« des jüdischen Volkes auflehnen.

Beim Besuch der Aufführungen der jiddischen Schauspielgruppe, die seit 1910 im Prager Café Savoy gastierte, hatte B. eine erste Bekanntschaft mit einem noch ursprünglichen jüdischen Volkstum gemacht. Während des Ersten Weltkrieges beteiligte er sich an der Bildungsarbeit für Flüchtlinge aus Osteuropa (*Erfahrungen im ostjüdischen Schulwerk*, in: *Der Jude* 1916). Nach Gründung der Republik bemühte er sich um den Aufbau eines hebräischen Schulwesens in der Tschechoslowakei (*Die jüdische Schule*, in: *Der Jude* 1920/21). B.s universelles Verständnis vom Zionismus prägte sein Engagement für die jüdische Partei, zu deren Mitbegründern er gehörte. Als Vizepräsident des Jüdischen Nationalrates überreichte er dem tschechoslowakischen Nationalausschuss kurz vor Ausrufung der ČSR ein Memorandum, das nicht nur die Gleichberechtigung der Juden, sondern auch die Anerkennung ihrer Nation und kulturelle Autonomie forderte. In *Juden, Deutsche und Tschechen. Ein menschlich-politisches Bekenntnis* erklärte er sich im Juli 1918 zum Freund des ihm durch Sprache und Erziehung kulturverwandten Deutschtums, und des ihm »kulturfremden« Tschechentums (*Im Kampf um das Judentum*).

In *Die Frau, die nicht enttäuscht*, einem Roman, der von Juli 1932 bis Februar 1933 spielt, hat B. seine Beziehung zum »Deutschtum« auf den Begriff der »Distanzliebe« gebracht. Der jüdische Schriftsteller Justus Spira bekennt sich zwar zum Zionismus, liebt in einer Deutschen aber auch die deutsche Kultur, Landschaft und Natur: »deutsches Wesen aus der Distanz zu erkennen, zu verstehen, zu lieben – das kann mir nicht verwehrt werden [...] nur der Sehnsüchtige erfaßt den ganzen Wert der geliebten Wesenheit [...]«, schrieb B. unmittelbar nach der nationalsozialistischen Machtübernahme. Dem entspricht, dass er Heine in einer fünfhundertseitigen Biographie zu einem »jüdischen Dichter« erklärte, der Deutschland unglücklich, weil distanzlos geliebt habe (*Heinrich Heine*, 1934). Vehement verteidigte B. in *Rassentheorie und Judentum* (1934) die nationalhumanistische Basis des Zionismus und widerlegte die Theorie von der Superiorität der »nordischen Rasse«.

Als B. mit dem letzten Zug vor Einmarsch der deutschen Wehrmacht Prag in Richtung Palästina verließ, war das für den Zionisten nicht nur eine Emigration, sondern auch eine »Heimkehr«. Unter dem Eindruck der aktuellen Entwicklungen verteidigte er in *Das Diesseitswunder oder Die jüdische Idee und ihre Verwirklichung* (1939) das Judentum als weltlich und geistig wirksamen Faktor und bezeichnete die Verfolgung der Juden als Verbrechen an der ganzen Menschheit. Nach intensivem Nachdenken suchte er in Reaktion auf die Shoah mit *Diesseits und Jenseits* (1947/48) nach einer Erklärung, warum Gott so viel Leiden geschehen ließ. Während sich der Mensch auf die irdische Wirklichkeit stützen müsse, sei das göttlich Vollkommene unzerstörbar, was keine Frage menschlicher Vernunft, sondern des uneingeschränkten Glaubens an göttliches Geschehen sei. Gott habe die Welt ganz offensichtlich geschaffen, um selbst zu leiden. Dennoch müsse der Mensch das Leiden bekämpfen, wodurch der Anbruch der messianischen Zeit schon im Diesseits möglich sei. Von diesem Glauben war auch die sehr fragwürdige Deutung geprägt, die B. in *Franz Kafkas Glauben und Lehre* (1948) zum Vermächtnis seines Freundes vorgelegt hat. In Kafka sah er »einen religiösen Helden vom Range eines Propheten«, dessen »Lehre« er geradezu messianische Funktion zusprach: »Würde die Menschheit Kafkas Lehre annehmen, so würde dies das Antlitz der ganzen Erde verändern.« Der traditionellen Begriffen verpflichtete B. wollte an die göttliche Vollkommenheit der Welt glauben, deren Verwirklichung er zeit seines Lebens lehrte. Neben *Unambo. Roman aus dem jüdisch-arabischen Krieg* (1949) veröffentlichte er mit *Galilei in Gefangenschaft* (1948) und *Der Meister* (1952) weitere historische Romane, die jüdischen Geistestraditionen verpflichtet waren.

Werke: Jüdinnen, Berlin-Charlottenburg 1911; Tycho Brahes Weg zu Gott, Leipzig 1915; ImKampf um das Judentum, Wien u. a. 1920; Heidentum Christentum Judentum, 2 Bde., München 1921; Reubeni, Fürst der Juden, Leipzig 1925; Die Frau, die nicht enttäuscht, Amsterdam 1933; Streitbares Leben. 1884–1968, München u. a. 1969. Literatur: M.B. 1884–1984, hg. M. Pazi, New York u. a. 1987; C.-E. Bärsch, M.B. im Kampf um das Judentum, Wien 1992; E. Bahr, M.B. as a Novelist. From the Jewish ›Zeitroman‹ to the Zionist Novel, in: Von Franzos zu Canetti. Jüdische Autoren aus Österreich, hg. M.H. Gelber u. a., Tübingen 1996, 25–36; G. Vassogne, M.B. in Prag, Tübingen 2009; H.-G. Koch, M.B.: ein jüdischer Dichter deutscher Zunge, in: Deutsche – Tschechen – Böhmen, hg. St. Höhne und L. Udolph, Köln 2010, 129–135.

Andreas Herzog

Broder, Henryk M.

Geb. 20.8.1946 in Kattowitz, Polen

B. wurde 1946 im polnischen Kattowitz geboren und kam 1958 mit seiner Familie nach Deutschland, lebte zunächst in Köln, um hier Volkswirtschaft und Jura zu studieren, später in Berlin, wo er bis heute als Kolumnist, Publizist und vor allem

Kulturkritiker mit erkennbarer Neigung zu Polemik und Sarkasmus tätig ist. Ende der 60er Jahre übernahm B. zusammen mit Günter Wallraff und dem Fotografen Günter Zint die Hamburger *St. Pauli-Nachrichten*, um aus diesen eine politische Agitprop-Zeitung für die Hamburger Arbeiterschaft zu machen. In den 70er Jahren schrieb er für das Satiremagazin *Pardon*, ging 1981 kurzzeitig nach Israel, publizierte aber weiterhin für *Die Zeit*, für *profil*, die *Weltwoche* und die *Süddeutsche Zeitung*. Heute schreibt B. vor allem für das Magazin *Der Spiegel* und die Berliner Tageszeitung *Der Tagesspiegel*, zudem ist er gemeinsam mit Hilde Recher Mitherausgeber des *Jüdischen Kalenders*, einer jährlich erscheinenden Text- und Zitatensammlung zu deutsch-jüdischer Politik, Kultur und Geschichte. Neben diesen klassischen Printmedien nutzt B. mit seiner Homepage *www.henryk-broder.de* auch Medien wie Internet oder Fernsehen: In den 80er Jahren moderierte er u. a. gemeinsam mit Elke Heidenreich die SFB-Talkshow *Leute* aus dem Café Kranzler in Berlin, seit 2010 ist seine politische Satiresendung *Entweder Broder – Die Deutschland-Safari* bekannt, die gemeinsam mit Hamed Abdel-Samad für das Fernsehprogramm der ARD produziert wurde.

1970 kam es zu ersten Auseinandersetzungen B.s mit Teilen der deutschen Linken, die auf deren enge Beziehungen zur damaligen palästinensischen Befreiungsbewegung zurückzuführen sind. Zum endgültigen Bruch führte seine 1986 in *Der ewige Antisemit* prägnant formulierte These, nach welcher der deutsche, im Grunde gar der europäische Antisemitismus nach 1945 weiterhin bestehen blieb. Die bundesdeutsche Vorstellung, nach Auschwitz könne und dürfe es keinen Antisemitismus mehr geben, erweise sich als falsch, wenn man wisse, was Antisemitismus nach 1945 ist: »Der Antisemitismus, den die Juden in Europa und Amerika heute erleben, zielt auf sie, aber er macht bei ihnen nicht halt. Was früher das Weltjudentum war, das ist heute der Zionismus und seine Zentrale: Israel.« B.s Deutung des heutigen Antisemitismus orientiert sich also nicht an den rechtsradikalen Rändern, sondern vielmehr an den vordergründigen, häufig eben linkspolitischen Philosemitismen der politisch-publizistischen Prominenz der BRD. Nach B. bestehe deren Antisemitismus darin, dass man zum einen den Holocaust verurteile, zum anderen aber die Politik Israels oder Amerikas kritisiere. In einem offenen Brief in *Die Zeit* mit dem Titel *Ihr bleibt die Kinder Eurer Eltern* identifizierte B. den linken Antizionismus daher als subtile Variante des klassischen Antisemitismus. Dies erklärt jene Begründung, mit welcher B. 1993 seinen zeitweiligen Abschied von der Bundesrepublik erklärte: »Ich hatte einfach die Nase voll, mich mit linken Antisemiten à la Schwarzer und Paczensky herumzuschlagen.«

Vorgetragen wird diese hintergründige Kritik linker Antisemitismen im – auch von großen Vorläufern der deutsch-jüdischen Moderne wie etwa Heine, Kraus oder Tucholsky gepflegten – Stil der personalsatirischen Polemik. So etwa richtet sich der Band *Volk und Wahn* von 1996 höhnisch gegen den Typus des politisch-korrekten Gutmenschen »von Friedrich Schorlemmer bis Margarethe Schreinemakers, von Horst-Eberhard Richter bis Ulrich Wickert, von Christa Wolf bis Lea Rosh.«

Der Bruch mit der bundesdeutschen Linken geht jedoch nicht nur aus B.s Oppositionshaltung zum Antiamerikanismus bzw. zum israelkritischen Kurs der 70er Jahre, sondern auch aus seinem Widerspruch gegen den von bundesdeutschen Linksintellektuellen bedauerten Zusammenbruch der DDR hervor. Galt ihm die DDR im Essayband *Schöne Bescherung! Unterwegs im Neuen Deutschland* als ein »Nationalsozialismus mit menschlichem Antlitz«, so deutete B. das Festhalten deutscher Linksintellektueller an den sozialistischen Idealen der ehemaligen DDR mit Blick auf Günter Grass als »intellektuellen Kolonialismus«. Die »Krux, Deutscher zu sein« beinhalte den »Hang zum moralischen Größenwahn« in einer »Diktatur der Sozialarbeiter«, das »Jammern und Klagen« im Sinne der »Deutschen Lei*d*kultur« oder die »Ostalgie«, eine Ansicht, die B. in der BRD seit der Wiedervereinigung eine zunehmende Realsatire erkennen ließ: »Die Lage der Nation war noch nie so komisch und wird tagtäglich komischer.«

Grundlage dieser Entlarvung einer bundesrepublikanischen Kulturlüge ist aber der als politisch naiv entlarvte Glaube, Philosemitismus und Antiamerikanismus ließen sich vereinbaren: Ganz im Gegenteil sei jeder Antiamerikanismus letztlich auch ein Antisemitismus. Entsprechend unterstützte B. von Anfang an den Irak-Krieg und den Sturz des israelfeindlichen Regimes von Saddam Hussein, seine sarkastische Glosse »Unser Kampf« analysierte den Antiamerikanismus nach dem Golfkrieg, das 2002 erschienene Buch *Kein Krieg nirgends: Die Deutschen und der Terror* dokumentierte zudem die antiamerikanische Stimmung nach dem 11. September 2001, aber auch die latente Sympathie der Deutschen für die Attentäter. Diese Sorge um Israel führte speziell in den letzten Jahren zu einer intensiven Beschäftigung mit Islamismus und islamistischem Terrorismus bzw. der nach Ansicht B.s nur halbherzigen Kritik an diesen Phänomenen in Teilen der europäischen Gesellschaft und Medien. B. ist also im Unterschied zu Vorläufern wie etwa Tucholsky kein linker Satiriker, gerade weil er die bundesrepublikanische Vergangenheitsbewältigung um einen entscheidenden Faktor zu erweitern versucht: »Der Boden der deutschen Geschichte reicht bis nach Palästina.« Vor diesem Hintergrund ist auch jene Satire zu sehen, für die B. im Oktober 1989 den Hauptpreis des 5. Internationalen Publizistikwettbewerbs in Klagenfurt gewann: *Das 12. Bundesland*, ein teils grotesker, teils ernstgemeinter Vorschlag, Israel solle das zwölfte Bundesland der Bundesrepublik Deutschland werden.

Werke: Der ewige Antisemit. Über Sinn und Funktion eines beständigen Gefühls, Frankfurt a. M. 1986; Schöne Bescherung! Unterwegs im Neuen Deutschland, Augsburg 1994; Volk und Wahn, Hamburg 1997.
Literatur: B. Meyer-Sickendiek, Die unheimliche Wiederkehr des jüdischen Witzes: H.M.B., in: ders.: Was ist literarischer Sarkasmus? Ein Beitrag zur deutsch-jüdischen Moderne, Paderborn 2009, 567–571; T.G. Schneiders, Die dunkle Seite der Islamkritik. Darstellung und Analyse der Argumentationsstrategien von H.M.B., Ralph Giordano, Neçla Kelek, Alice Schwarzer und anderen, in: Islamfeindlichkeit: wenn die Grenzen der Kritik verschwimmen, hg. T.G. Schneiders, Wiesbaden 2009, 403–431.

Burkhard Meyer-Sickendiek

Bruckner, Ferdinand (eigentl. Theodor Tagger)

Geb. 26.8.1891 in Sofia;
gest. 5.12.1958 in Berlin

Als Sohn des aus Österreich stammenden Kaufmanns Ernst T. und seiner französischen Gattin Claire wuchs B. in einem weltoffenen Familienklima auf. Seine Schuljahre verbrachte er in Wien und Graz, wobei starke musische Interessen zutage traten. Sein künstlerischer Werdegang ist zunächst durch ein Musikstudium in Paris und Berlin geprägt (daher das Pseudonym), nimmt aber im Kontakt mit den Berliner Expressionisten eine Wende zu Literatur und Dramatik. In diese Phase, in der er die Literaturzeitschrift *Marsyas* herausgibt, fallen weitere Entscheidungen.

Nach brieflichem Austausch mit Martin Buber sagt er sich von der traditionellen Religion los, deren Festlegungen ihm zu einschränkend erscheinen, und schließt auch ein direktes Engagement in der jüdischen Erneuerungsbewegung für sich aus. Für religiöse Fragen zieht er sich – wie viele Literaten seiner Generation – auf Kierkegaard zurück, dessen Kampf gegen offiziöse Kirchlichkeit als generell verstanden wird, vor allem aber auf Pascal.

B.s 1918 in München erschienenen Übertragungen der *Pensées* (XVIII–XXI) stehen unter dem Titel *Größe und Nichtigkeit des Menschen* (1918). In seiner Einleitung bekennt B.: »Ich kann nur anerkennen, die suchen indem sie seufzen.« Gemäß diesem Grenzwert von Religion beschäftigt sich B. freilich intensiv mit dem Alten Testament.

Außer einer Reihe von Gedichten in Kurt Wolffs programmatischer Anthologie *Der jüngste Tag* (1918) veröffentlicht er im selben Jahr *Psalmen Davids. Ausgewählte Übertragungen*, in denen sich – vor Buber und Rosenzweig – expressionistischer Sprachduktus und Anklänge an die althebräische Originalstilistik überlagern.

Gleichzeitig formuliert B. sein ›Ethos der Tat‹, etwa in der Erzählung *Auf der Straße* (1920). Die spontane Rettung einer lebensmüden Frau schafft für sie wie für den Retter die Möglichkeit eines neuen, sinnbezogenen Lebens. Bezeichnenderweise wird dieses Geschehen von B. auf ein literarisches ›Urbild‹ bezogen: die Rettungstat des Templers in Lessings *Nathan der Weise*. Mit diesem Ethos der Tat, die bedingungslos dem Notruf folgt, grenzt sich B. von der utopischen, aber abstrakt pathetischen Selbsternennung expressionistischer Retterfiguren ab. Dies führt ihn auf den Weg zum ›Zeitstück‹. Über das ›Modell‹ *Nathan* bleibt B. aber auch dem liberalen deutschen Judentum verbunden, welches in diesem Stück – bis hin zur Eröffnung des Kulturbundtheaters 1933 – eine Art Garantieerklärung für das Gelingen der ›Symbiose‹ sah.

Zwischen Pascal und Lessing spannt sich der geistige Bogen B.s auch in den folgenden Jahren, wenn er sich mit allgemeinen Problemen wie der Bedeutung und Funktion des Rechts im sozialen und kulturellen Leben befasst. Er neigt zu einem Rechtsgedanken, welcher naturrechtliche Wurzeln erkennen lässt und damit aller historischen Rechtskodifizierung kritisch gegenübersteht. Nach einer psychologisch minutiösen Analyse der Desorientierung der Nachkriegsgeneration, *Die Krankheit der Jugend* (1926), konfrontiert B. das Rechtssystem der 20er Jahre mit den Lebensbedürfnissen der Gegenwart in dem breiten sozialen Spektrum von *Die Verbrecher* (1928). Politisch gewendet wird der Gegensatz in B.s historischem Drama *Elisabeth von England* (1930), das gleichwohl die traumatischen Erfahrungen von 1914–18 anklingen lässt. Die politische Rivalität zwischen Machtsystemen, die ideologisch-religiös und politisch-rechtlich auf analoge Weise verfestigt sind, führt zwischen England und Spanien zum katastrophalen Weltkrieg.

Dank seiner Erfahrung als Dramatiker und Theaterleiter (Renaissance-Theater, Berlin) gelingt B. im Herbst 1933 das erste antinazistische Exildrama, *Die Rassen*, das 1934 am Züricher Schauspielhaus – mit europäischem Fanaleffekt – aufgeführt wird. In der Figurenkonstellation zeigt sich B.s reaktivierte Bindung an das Judentum. Die Vater- und Kapitalistengestalt des Stückes hat kein entschieden jüdisches Selbstverständnis entwickelt und fällt dem Nationalsozialismus zunächst als ›Mitläufer‹, dann als Opfer anheim. Die jüngere Generation des studentischen Freundeskreises verhält sich differenziert. Einer von ihnen, der durch nazistische Übergriffe gedemütigt und so zum Märtyrer geworden ist, entscheidet sich für die Alijah. Das deutsch-jüdische Liebespaar widersetzt sich dem Terror, was der deutsche Mann nach einem Mordanschlag auf einen Naziführer mit dem Leben büßt, während die jüdische Frau zu einem humanistisch geprägten jüdischen Selbstverständnis findet, welches sie durch die ›Tat‹ der Emigration verwirklicht. In New York dient das Stück *Die Rassen* – knapp zehn Jahre später – den Emigranten (Berthold Viertel) zur Werbung für den amerikanischen Kriegseintritt mit dem Ziel, durch die Vernichtung des Nationalsozialismus das Überleben des ›anderen Deutschlands‹ zu sichern. Analoge Ziele verfolgt B. selbst, der, seit 1939 in New York, für Erwin Piscators Studiobühne 1941 ein *Nathan*-Projekt plant. Mit dem politischen Zweck verbindet sich eine bekenntnishafte Darlegung seines eigenen Religionsverständnisses, mit Blick auf ein amerikanisches Publikum. Nathans souveräne Position in der Religionsfrage hat mit den Jahrhunderten der Galuth-Erfahrung zu tun: »There is no question, that a Jewish brain/ will not discuss.« Die Überzeugungskraft der Ringparabel wird mit religionsphilosophischen Thesen erläutert, die teils an Schleiermacher erinnern, teils an den kategorischen Imperativ und die Postulatenlehre Kants, wenn es heißt, »that God is involved in every act/ which proves the greatness of men's reason/ regardless of the creed behind it.« Weitere metaphysische Spekulation ist unzulässig, gemäß Lessings berühmter, in B.s Textbearbeitung zitierter *Duplik*: Der Besitz der ewigen Wahrheit steht allein Gott zu, während dem Menschen nur die sehnsüchtige Suche zukommt.

Lessings *Nathan* hat für das liberale Judentum das »Krongut des deutschen Geistes« bedeutet (Israelitischer Gemeindebund 1879). B. beruft sich im Exil darauf, denn dieses Gut vertritt – im Gegensatz zum Nazistaat – jene deutsch-jüdische Gemeinsamkeit, von der aus sich eine Brücke zur Tradition der amerikanischen Demokratie und der Proklamation der *human rights* schlagen lässt. Gemäß diesem Credo bleibt B. auch weiterhin politischer Autor und verfasst – im Blick auf die Zeit danach – weitere ›Zeitstücke‹, die der Auseinandersetzung mit dem Nationalsozialismus und der Wiedererlangung humaner Lebensformen dienen (*Denn seine Zeit ist kurz, Die Befreiten*, 1945). B. selbst kehrt 1951 nach Deutschland zurück und versucht als Dramaturg am Schiller- und Schlossparktheater in Berlin im genannten Sinne zu wirken.

Werke: Dramen unserer Zeit. Die Befreiten. Denn seine Zeit ist kurz, Zürich 1945; Dramatische Werke, 2 Bde., Berlin 1948; Elisabeth von England. Timon und das Gold. Pyrrhus und Andromache. Napoleon der Erste. Heroische Komödie, Köln u.a. 1956; Zwei Tragödien. Der Tod einer Puppe. Der Kampf mit dem Engel, Köln u.a. 1956.
Literatur: D. Engelhardt, F.B. als Kritiker seiner Zeit. Standortsuche eines Autors, Aachen 1984; J.G. Pankow, Versuche aus der Ohnmacht. F.B.s Konzeption eines politischen Exildramas, in: Exiltheater und Exildramatik 1933–1945, hg. E. Koch, Maintal 1991, 232–250; H.-P. Bayerdörfer, Nathan am Broadway. F.B.s Lessing-Inszenierung – Gastgeschenk eines deutschen Juden an ein Immigrationsland, in: Deutsch-jüdische Exil- und Emigrationsliteratur im 20. Jahrhundert, hg. I. Shedletzky u.a., Tübingen 1993, 165–183; C. Jakobi, F.B.: Die Rassen, in: ders., Der kleine Sieg über den Antisemitismus – Darstellung und Deutung der nationalsozialistischen Judenverfolgung im deutschsprachigen Zeitstück des Exils 1933–1945, Tübingen 2005, 127–142.

Hans-Peter Bayerdörfer

Buber, Martin

Geb. 8.2.1878 in Wien;
gest. 13.6.1965 in Jerusalem

Von den vielfältigen literarischen Aktivitäten, die B. lebenslang betrieb, stellt die Entdeckung des Chassidismus seine wohl größte Leistung dar. Sie überragt die mit Franz Rosenzweig begonnene, dann allein fortgesetzte und abgeschlossene Bibel-Übersetzung, die Archaismen, Exotismen und Primitivismen stark benutzt. Siegfried Kracauer schrieb 1926 über sie, ihre »Problematik« sei die »der religiösen Erneuerung überhaupt. [...] Denn der Zugang zur Wahrheit ist jetzt im Profanen«. Dorthin wagte sich B. mit seinen Texten vom und zum Chassidismus, wenn auch zögerlich und eingeschränkt. Aber er hat in ihnen doch die religi-

öse Trennung zwischen heilig und profan zugunsten von Übergängen aufgehoben und überschritten, was ihm zufolge ein Charakteristikum des Chassidismus selbst sei. Unter B.s Texte können vor allem die Chassidica beanspruchen, Weltliteratur zu sein. In ihnen (be-)schrieb er gewissermaßen ein Judentum für die Völker. B. machte im deutschsprachigen Westeuropa die jüdischen Mystiker Osteuropas bekannt, die seit der Mitte des 18. Jahrhunderts in Litauen, Polen, Russland und der Ukraine auftraten, dort in den folgenden Jahrzehnten zunehmend Anhänger fanden, trotz erbitterter Gegnerschaft in manchen Gebieten. Durch B. wurde der Chassidismus als ein geistiges Zentrum innerhalb der europäischen und nach 1950 auch der amerikanischen Kulturgeschichte fest verankert. Die populären Bräuche der Chassidim, ihre (meist auf Jiddisch verfassten) Legenden sowie die lehrhaften Sprüche ihrer Meister, der Zaddikim, wurden in B.s Bearbeitung einem breiteren Publikum zugänglich und fanden Eingang sogar in die populäre Kultur. Der Baal Schem Tow, der Maggid von Mesritsch, Nachman von Bratzlaw und andere, die bis dahin einzig frommen Juden geläufig waren, wurden so in den literarischen und kulturellen Kanon aufgenommen. B.s Nacherzählungen chassidischer Literatur formten das, was zum Narrativ über das ostjüdische Stetl, seine Bewohner, ihre Sitten und Frömmigkeit werden sollte. So hat B. als Erster eine Europäisierung des Ostens im Jüdischen geleistet, die allgemeine, weit über jüdische Kreise hinausgehende Anerkennung fand. Jüdische Traditionen und Gehalte wurden von ihm dabei transformiert. Gerade darum ist er aber auch einer der Erneuerer des Judentums im 20. Jahrhundert.

Seine Kindheit verlebte B. von klein auf in Galizien bei den Großeltern väterlicherseits; er wurde nie müde zu betonen, was er ihnen verdanke, so in seinen *Autobiographischen Fragmenten* (1963), einer Sammlung lose aneinandergereihter Reflexionen, von denen er Teile auch in andere Veröffentlichungen wie die dreibändige Werkausgabe aufnahm – dies seine andere, die autobiographische, selbstreflexive Seite seiner literarischen Tätigkeit, die er stets ausübte. Salomon, der Großvater, war Großgrundbesitzer und Getreidehändler wie nebenbei aber auch Herausgeber noch heute gültiger Editionen von Midraschim. B. ging ihm bei dieser Tätigkeit manchmal zur Hand. Adele, die Großmutter, las hingegen als junges Mädchen heimlich deutsche Bücher, was ihr als traditionell erzogener Jüdin als Ungehörigkeit erscheinen musste. Von daher resultierte ihre Liebe »zum echten Wort«, die auch den Enkel prägte. Ihnen gegenüber blieben die Eltern blass. Die abwesende Mutter erschien B. sogar als Muster und Inbegriff dessen, was er »Vergegnung« nannte, »das Verfehlen einer wirklichen Begegnung zwischen Menschen«, die er sich doch zum Ziel für Leben und Werk gesetzt hatte. Der Vater, ebenfalls Großgrundbesitzer und Unternehmer, wird immerhin als ein »elementarer Erzähler« charakterisiert, der es verstanden habe, »die schlichte Begebenheit ohne alles Nebenwerk« zu berichten, »nichts weiter als das Dasein menschlicher Kreaturen und was sich zwischen ihnen begibt«. Mit ihm besuchte der junge B. öfter Sadagora, wo es eine Gemeinde von Chassidim gab, deren Feiern er beiwohnte. In kritischer Distanz zu den Vätern – so etwa in den wiederholten Protesten gegen Theodor Herzls Politik, der die kulturelle Erneuerung des Judentums gering zu schätzen schien – war B. von ihnen doch nie ganz getrennt. Mit den Müttern verhielt es sich anders, komplizierte Ersetzungen mussten gefunden und entwickelt werden. B. war nie Einzelgänger: weder im Leben noch in seinen vielfältigen Aktivitäten, weder in seinem Interesse für die jüdische Folklore noch in seinem Engagement für die jüdische Erneuerung als Renaissance (Treml). Diese von B. selbst unternommene und hier nachgezeichnete Darstellung seiner literarischen Formung in Gestalt des Familienromans ist nicht zufällig, sondern entspricht einem Prozess in der Dialektik der Säkularisierung, als dessen *eines* Resultat das Judentum als eine lebende Tradition angesehen und als ein von Generation zu Generation weitergegebenes Erbe in den Vordergrund gestellt wird – so im Zionismus jener Jahre –, während es im 19. Jahrhundert als »jüdische Religion« (Batnitzky) erfunden worden war.

Diese allgemeinen kultur- und ideengeschichtlichen Bedingungen vorausgesetzt, erfolgte B.s Einstieg in die deutsch-jüdische Literatur unter besonderen Vorzeichen. Als eben Zwanzigjähriger hatte er begonnen, öffentlich in Deutschland und Österreich aufzutreten, war als Redner, Publizist, Journalist tätig, vor allem für das von ihm mit anderen seit 1899 vertretene und an Achad Haam angelehnte Vorhaben des Kulturzionismus, das vieles umfasste: die Gründung einer jungjüdischen Bühne, einer Hochschule, eines Verlags, einer Zeitschrift. Letztere realisierte B. später mit *Der Jude*, der von 1916 bis 1922 regelmäßig erschien und zum führenden Periodikum des deutschen Judentums wurde. In ihm sollten »alle ›lebendigen Kräfte‹ des Judentums« gesammelt werden, wie B. in einem Brief an Max Brod 1916 erklärte, ausdrücklich auch das Ostjudentum. Der junge B. hatte aber auch Gedichte zu jüdischen Themen mit Anklängen an die von ihm zu jener Zeit bewunderten Stefan George und Hugo von Hofmannsthal verfasst. Er war von der Figur des antiken Häretikers Elischa ben Abuja besonders angezogen, auch »Acher«, »der Andere« genannt, dessen Gestalt und Schicksal B. in einem Hybrid aus Bibel- und Talmudzitaten im Zeichen des Jugendstils darstellt (Witte). Nach dem Abschluss seines Studiums an der Universität Wien mit einer Arbeit zu Nikolaus von Kues und Jakob Böhme (bisher nur in Auszügen in der Festgabe zu seinem 50. Geburtstag veröffentlicht) zog er sich für einige Zeit aus der Öffentlichkeit zurück, versehen mit einer einjährigen Finanzierung durch die Großmutter. Ursprünglich bestand der Plan einer Habilitation in Kunstgeschichte, wofür Florenz in mehrfacher Hinsicht ein hervorragender Ort gewesen wäre. Dazu kam es aber nicht, denn der Plan einer akademischen Weiterqualifikation wurde schon bald fallengelassen. Ab Winter 1905/06 arbeitete B. mit seiner Frau Paula zuerst in Florenz, dann in Zehlendorf bei Berlin gemeinsam an seinen ersten Büchern: *Die Geschichten des Rabbi Nachman* (1906) und *Die Legende des Baal Schem* (1908). Sie und die Sammlung mystischer Zeugnisse der Religionen der Welt, *Ekstatische Konfessionen* (1909), begründeten B.s literarischen Ruhm um 1910, als er zur wichtigsten Autorität für die deutsch-jüdische Jugend geworden war. Alle drei Bücher zeichnen sich dadurch aus, dass sie nicht nur Anthologien sind – ein Genre, dem B. zeitlebens treu blieb und das er mit anderen wichtigen Vertretern der Jüdischen Renaissance teilte (Urban) –, sondern dass sie auch an Übergängen situiert sind und an vielfältigen Transformationsprozessen teilhaben. U.a. dies macht ihre Bedeutung noch hundert Jahre später aus. Moderne und Zeitgenossenschaft treffen bei B. auf Tradition und Erbe. Religiöses wird ästhetisiert, was sich auch an der Ausstattung durch Emil R. Weiss erkennen lässt, einen der führenden Graphiker seiner Zeit. Bei den beiden chassidischen Bänden handelt es sich um freie Kompilationen der Überlieferungen, weil B. sich als einer verstehen wolle, der ein Glied dieser Kette sei. So erklärt er in der Vorbemerkung zu seinem Erstling: »Ich habe die Geschichten des Rabbi Nachman nicht übersetzt, sondern ihm nacherzählt, in aller Freiheit, aber aus seinem Geist, wie er mir gegenwärtig ist.« Zu klären wäre noch der Anteil von Paula Buber, die unter dem Pseudonym Georg Munk später selbst Erzählungen und Romane schrieb, ihrerseits mit dem ersten Buch *Die unechten Kinder Adams* (1912) ein Pendant zu den frühen Chassidica vorlegte, in dem sich vor dem alpinen Panorama Südtirols Heidnisches mit Christlichem mischt. B. selbst hat diese Zusammenarbeit anerkannt und seiner Frau in einem Gedicht dafür gedankt, das paarweise gereimt ist und das Beisammensein von Ich und Du als Hauptthema benennt. Darin erinnerte er sie an »ein gegenseitig reges Schildern« (*Weißt du es noch ...?*, 1949): die gemeinsame Arbeit an den Chassidica.

Was die in diesen Büchern vorgetragene Lehre angeht – die zu haben B. übrigens stets bestritt: »Ich habe keine ›Lehre‹. Ich habe nur die Funktion auf solche Wirklichkeiten hinzuzeigen« (*Gog und Magog*, 1941/1949) –, so bestand sein Vorhaben in jenen Jahren darin, das Judentum als anderen Weltreligionen ebenbürtig vor- und auf der Ebene religiöser Phänomene gleichzustellen. Dabei hat er es stark nach dem christlichen Modell geformt, das seit Schleiermacher vor allem am Gefühl ausgerichtet war, dem auch Rudolf Ottos folgenreiche Definition des Heiligen verpflichtet war. Dieser Vorherrschaft des Gefühls, das es zu erleben gelte, näherte B. nun das Judentum möglichst weit an, um es zugleich aber vom Christentum selbst wieder abzugrenzen. Zwar übernahm er in seine Zeichnung manches von Kritikern oder sogar Antisemiten, suchte es aber positiv zu wenden und produktiv zu machen. So galt das Judentum als trockene Verstandesreligion, die weder Mythos noch Mystik kenne. Demgegenüber behauptete B. in seiner religionshistorischen Einleitung in *Die Geschichten des Rabbi Nachman*, die »mystische Anlage« sei »den Juden von Urzeiten her eigen, und ihre Äußerungen sind nicht, wie es gewöhnlich geschieht, als eine zeitweilig auftretende bewusste Reaktion gegen die Herrschaft der Verstandesordnung aufzufassen«. Im Gegenteil würden sich »die Extreme bei ihm [dem Juden, M.T.] aneinander entzünden, schneller und mächtiger, als bei irgendeinem anderen Menschen«. So gehörten die Juden einem von zwei Menschentypen an, dem von B. so genannten »motorischen«, der im Unterschied zum »sensorischen« (und – so ist hinzuzufügen – christlichen) »in seinem ganz innerlichen geistigen Leben sehr viel intensiver« reagiert, »als er empfängt«. Er schaffe Begriffe, keine Bilder, habe »einen geringeren Sinn für die ganze Wirklichkeit eines Baumes, eines Vogels, eines Menschen«, kompensiere diesen Mangel aber durch eine andere Eigenschaft, die sich zwar nicht definieren, aber benennen lasse: das Pathos. »Will man es immerhin umschreiben, so darf man es vielleicht als das Wollen des Unmöglichen bezeichnen.« Pathos hätten Moses und die Propheten, Jesus und Paulus, Spinoza, Philo, die Kabbalisten besessen – Kronzeugen, auf die B. immer wieder zurückkommen wird und unter denen die großen Rabbinen Israels ganz fehlen. Wie auch sonst wird in *Die Geschichten des Rabbi Nachman* der Talmud nur dann zitiert, wenn es sich um Legenden handelt – oder wenn es um messianische Zusammenhänge geht. »Schon im Talmud heißt es, der Messias werde kommen, wenn alle Seelen in das leibliche Leben eingetreten sein würden.«

In B.s intellektueller Biographie sind durch lebensgeschichtliche Kontingenz Ost- *und* Westjudentum in einer besonderen Weise verwoben, weitaus stärker als bei vielen anderen jüdischen Intellektuellen aus den Metropolen West- und Mitteleuropas. Zwar war er nie fromm gewesen und war zeitlebens skeptisch gegenüber dem Heilsversprechen der Tora. Ihre Lehre galt ihm als ein Wissen, dessen Erwerb allein keine Erlösung brachte, so dass er der Hochschätzung des Studiums, das im Judentum sonst begegnet, nur einen vergleichsweise geringen Raum gab. In seinen chassidischen Erstlingen ab 1906 galt B. das erfahrene Erlebnis als allein rettend, in den Arbeiten seit den 1930er Jahren aber die erzählte Legende oder »legendäre Anekdote«, die tief im Mündlichen wurzelt. »Sie hat sich nicht aus literarischen Voraussetzungen auf dem Weg literarischer Versuche entwickelt, sondern aus der schlichten Notwendigkeit, einer objektiven Wirklichkeit den ihr zukommenden sprachlichen Ausdruck zu verschaffen« (*Der Chassidismus und der abendländische Mensch*, 1956). Vor allem in den Büchern, die er in Jerusalem verfasste, entwickelte B. eine narrative Theologie, in der die Performanz religiöser Rede besonders gewürdigt wird. Hierfür orientierte er sich an dem legendenhaften Erzählton eines Joseph Wittig, Professor für Alte Kirchengeschichte an der Katholischen Fakultät der Universität Breslau, der 1926 exkommuniziert wurde, weil er sich als religiöser Schriftsteller nicht an die Vorstellungen Roms gebunden wusste. Im selben Jahr gründeten B., Wittig und Viktor von Weizsäcker – »ein Jude, ein Katholik und ein Protestant« – die interreligiöse Zeitschrift *Die Kreatur*, von der drei Jahrgänge erschienen sind. Ursprünglich sollte sie – einer Idee Florens Christian Rangs folgend – »Grüße aus den Exilen« heißen. Denn aus den jeweiligen Exilen, als die die drei Herausgeber auch die Religion begriffen, der sie jeweils selbst angehörten, gebe es »keine andere Befreiung [...] als die messianische« (Geleitwort zu *Die Kreatur*, 1926).

B. sagte von sich selbst, er sei lange »dem ganzen Judentum« entfremdet gewesen (*Mein Weg zum Chassidismus*, 1917). Doch anders als etwa sein Freund Gustav Landauer oder sein akademischer Kritiker Gershom Scholem war er seit Kindertagen mit jüdischer Lebenswirklichkeit bekannt, mit dem, was er – darin seinem Lehrer Georg Simmel folgend – »Religiosität« im Unterschied zur »Religion« nannte. Auch in seinen *Reden über das Judentum* (zuerst 1911) kehrte B. diese Unterscheidung stark hervor. Viele von ihnen hielt er zuerst 1909–1911 vor dem Verein jüdischer Hochschüler Bar Kochba in Prag, mit dessen Vertretern er seit 1901 in Kontakt stand. Hugo Bergmann, Robert Weltsch und andere wurden dort seine ersten Schüler und verhalfen ihm zur schnellen Berühmtheit unter der jüdischen Jugend. In seine Reden trug er bis in die Definition von Grundbegriffen einen Generationenkonflikt ein, darin seinem Wiener Erbe des intellektuellen »Patrizid« (Carl Schorske) treu bleibend. »Es ist also Religiosität das schaffende, Religion das organisierende Prinzip; Religiosität beginnt neu mit jedem jungen Menschen, den das Geheimnis erschüttert, Religion will ihn in ihr ein für allemal stabiliertes Gefüge einzwingen; Religiosität meint Aktivität – ein elementares Sichinverhältnissetzen zum Absoluten –, Religion meint Passivität – ein Aufsichnehmen des überlieferten Gesetzes; Religiosität hat nur ihr Ziel, Religion hat Zwecke; aus Religiosität stehen die Söhne wider die Väter auf, um ihren selbeignen Gott zu finden, aus Religion verdammen die Väter die Söhne, wie sie sich ihren Gott nicht auferlegen ließen; Religion bedeutet Erhaltung, Religiosität bedeutet Erneuerung« (*Jüdische Religiosität*, 1916).

Wenn B. in seinen ersten Büchern Mythos und Mystik herausstellte, so teilte er das mit vielen Zeitgenossen. Aber nicht deshalb erschien ihm der Chassidismus als wichtig und wertvoll, sondern weil er das Beste im Judentum selbst verkörpere: »Nicht das Wissen entscheide über den Rang eines Menschen, sondern die Reinheit und Weihe seiner Seele, das ist: seine Gottesnähe« (*Die Geschichten des Rabbi Nachman*). Er schloss daraus: »Nirgends in den letzten Jahrhunderten hat sich die Seelenkraft des Judentums so kundgegeben wie im Chassidismus«, wenngleich dieser zu seiner eigenen Zeit längst »in wüstes Sektenwesen aus[geartet]« sei. »Aber all ihr Treiben vermag das angeborene Leuchten ihrer Stirn nicht zu verdunkeln, die angeborene Erhabenheit ihrer Gestalt nicht zu verzerren: ihr unwillkürlicher Adel spricht zwingender als ihre Willkür« (*Mein Weg zum Chassidismus*). Fernab einer Beschreibung tatsächlichen ostjüdischen Gemeindelebens im Zeichen der Mystik hat B. mit seinen Chassidim religiöse Typen konstruiert, die jedoch umso mächtiger wirkten. Später bekannte er, er habe »etwas, was im Chassidismus steckte und in die Welt hinaus wollte oder vielmehr sollte«, zur Überschreitung der »Grenzen der jüdischen Überlieferung« verholfen (*Der Chassidismus und der abendländische Mensch*). Im Zentrum stehe »die Dwekuth, das ›Haften‹ der Seele an Gott« (*Zur Darstellung des Chassidismus*, 1963).

Dabei erfolgte B.s Deutung der chassidischen Literatur und Lebensweise wesentlich vor dem Hintergrund der jüdischen Erneuerung durch den Zionismus. Das gilt auch für das Frühwerk, wenngleich dieses den Geist des Wiener Fin de siècle und des internationalen Jugendstils atmet. In seinen Anfängen bewunderte B. etwa die knappe Prosa des Bohemien Peter Altenberg, mit dem er Ende der 1890er Jahre in persönlichem Austausch stand und den er in *Zur Wiener Literatur* (1897, einem seiner ersten Aufsätze überhaupt) lobend besprochen hatte. Im Laufe des Ersten Weltkriegs – den er wie viele enthusiastisch begrüßt hatte – und mehr noch nach der Ermordung Landauers durch weiße Truppen während der Münchener Räterepublik 1919 wandte sich B. enttäuscht und geläutert dem religiösen Expressionismus innerhalb der Dialogischen Philosophie zu, die er selbst mitbegründete.

In seinen Chassidica verläuft die Spur anders, retardierend, mäandernd, immer neue Anläufe suchend. Zwar war B. hier wie auch anderswo sein eigener Revisionist, der Texte um- oder neu schrieb, ganze Kapitel, gar Bücher verwarf, um sie später wieder aufzunehmen, mal stillschweigend, mal Änderungen proklamierend – eine kritische Ausgabe existiert bisher nur im Falle von *Gog und Magog* (2009) –, aber einen scharfen Schnitt zum Frühwerk wird man hier vergeblich suchen. Doch die Auseinandersetzung mit Bibel und Bibelwissenschaft, der kulturelle Kampf gegen den Nationalsozialismus, dem B. sich verschrieb, bis er 1938 Deutschland mit den Seinen endlich verlassen konnte – die britische Mandatsmacht hatte bis zuletzt die Herausgabe der Visa an die beiden Enkelinnen verweigert –, schließlich die Erfahrung der Alijah und des Arbeitens in Jerusalem, dies alles trug dazu bei, Überlegungen einer politischen Theologie stärkere Bedeutung auch im Verständnis des Chassidismus zu geben. Er begrüßte die revolutionäre Macht des Charismas und ihrer Träger uneingeschränkt und wollte sie fördern, auch in der Figur des Zaddik – der in jeder chassidischen Gemeinde im Mittelpunkt steht – und bis hin zur Identifikation mit diesen Wunderheilern und -tätern. So setzte B. auf die späte jüdische Mystik und volkstümliche Weisheit des Chassidismus, die nicht die »Gesetzesherrschaft« (*Die Geschichten des Rabbi Nachman*) der rabbinischen Tradition war, sondern »Führer« und »Gemeinde« (*Mein Weg zum Chassidismus*) kannte. Aber er hat betont, dass es »negatives Charisma« gibt. Dessen Kennzeichen sei das »Streben nach Macht um der Macht willen« (*Volk und Führer*, zuerst 1942 auf Hebräisch). Sein Ideal war der religiöse Sozialismus, den er in Menschen wie Landauer verkörpert, in Institutionen wie den Kibbuzim verwirklicht, im Chassidismus aber vorweggenommen sah.

Eine Sonderstellung im Werk nimmt *Gog und Magog* ein, der apokalyptische Roman der Kriegsjahre (hebräisch 1941, deutsch 1949), in dem B. zwei Formen von Zaddikim vor dem Hintergrund der Kriege Napoleons und messianischer Erwartungen zeigt, den Seher von Lublin und seinen Schüler, den Jehudi. Während der Seher das Kommen des Messias magisch beschleunigen will, sucht der Jehudi die Umkehr (*teschuwa*) der Menschen zu bewerkstelligen und wird sich am Ende durchsetzen. B.s Kritik an der Magie ist nicht so sehr gegen »Zauberjuden« (Gary Smith) um 1900 wie Oskar Goldberg gerichtet, sondern bezieht Position gegen die charismatischen Führer der politischen Bewegungen Europas.

In Israel lehrte B. an der Hebräischen Universität in Jerusalem als Professor für Sozialphilosophie und verkehrte mit deutsch-jüdischen Schriftstellern wie Ludwig Strauß (seinem Schwiegersohn), Werner Kraft und anderen. Im Unterricht las er nicht ab, sondern sprach frei und suchte schnell ins Gespräch zu kommen, eine Leidenschaft schon seit seinen ersten öffentlichen Auftritten um 1900. Wiewohl er seine Lehre jetzt in Hebräisch hielt, bekannte er noch 1949 in einem Brief an Nahum Glatzer: »eine Liebschaft wie die meine mit der deutschen Sprache ist eben ein objectives Faktum«. In Israel selbst war er umstritten, denn viele nahmen ihm übel, wie schnell er nicht nur Europa wieder bereiste, sondern auch mit dem offiziellen Deutschland das Gespräch suchte. Bei der Nachricht vom Tod B.s brachen die Bratzlawer Chassidim – über deren Gründer er sein erstes Buch geschrieben hatte – in Jubel aus. Die Hebräische Universität hat ihn jedoch wiederholt geehrt und 1972 das Zentrum für Erwachsenenbildung auf dem Skopusberg nach ihm benannt.

Werke: Die Geschichten des Rabbi Nachman, nacherzählt v. M.B., Leipzig 1906 (Gütersloh 1999); Die Schrift, zu verdeutschen unternommen von M.B. gemeinsam mit Franz Rosenzweig, Berlin 1925–1937; Werke, 3 + 1 Bd., München/Heidelberg 1962–1964; M.B. Werkausgabe, Gütersloh 2001 ff. (bisher 7 Bde. erschienen).
Literatur: S. Kracauer, Die Bibel auf Deutsch, in: ders., Aufsätze 1915–1926, hg. I. Mülder-Bach, Frankfurt a. M. 1990; B.Witte, Die Renaissance des Judentums aus dem Geist der Moderne – M.B., in: ders., Jüdische Tradition und literarische Moderne, München 2007, 251–259; M. Treml, Einfache Form, Pathosformel, Nachleben der Renaissance. M.B.s Entdeckung der jüdischen Mystik als Figuration (des Ostens) Europas, in: Jüdische Literatur als europäische Literatur, hg. C. Battegay und B. Breysach, München 2008, 101–123; M. Urban, Aesthetics of Renewal. M.B.'s Early Representation of Hasidism as Kulturkritik, Chicago/London 2008.

Martin Treml

Canetti, Elias

Geb. 25.7.1905 in Rustschuk (Bulgarien);
gest. 14.8.1994 in Zürich

Bei jedem Versuch, C.s Verhältnis zum Judentum zu beschreiben, wird man mit jenen frappanten Zitaten aus der *Provinz des Menschen* (1973) beginnen müssen, in denen sich gleichzeitig ein anderes Verhältnis gebieterisch aufdrängt: das zum Deutschtum, genauer: zur deutschen Sprache. Im Gegensatz zu Kafkas pessimistischem Urteil über die deutsch-jüdische Literatur, die sich vom Ödipus-Komplex nähre, der nicht so sehr den »unschuldigen« leiblichen Vater als das »Judentum des Vaters« betreffe, stellt C. der »Unmöglichkeit, deutsch zu schreiben«, im finstersten Moment der deutsch-jüdischen Geschichte 1944 das Bekenntnis

entgegen: »Die Sprache meines Geistes wird die deutsche bleiben, und zwar weil ich Jude bin. Was von dem auf jede Weise verheerten Land übrig bleibt, will ich als Jude in mir behüten. Auch *ihr* Schicksal ist meines; aber ich bringe noch ein allgemein menschliches Erbteil mit. Ich will ihrer Sprache zurückgeben, was ich ihr schulde. Ich will dazu beitragen, daß man ihnen für etwas Dank hat.« Das steht geschrieben in den *Aufzeichnungen 1942–1948*, in denen C. immer wieder das deutsch-jüdische Verhältnis und seine eigene Stellung zum Judentum, im Besonderen zum Alten Testament, bedenkt, z. B. in der häufig zitierten Aufzeichnung, die das Jahr 1944 eröffnet: »Die größte geistige Versuchung in meinem Leben, die einzige, gegen die ich sehr schwer anzukämpfen habe, ist die: ganz Jude zu sein. [...] Ich habe meine Freunde verachtet, wenn sie sich aus den Lockungen der vielen Völker losrissen und blind wieder zu Juden, einfach Juden wurden.« Doch die »neuen Toten, die lange vor ihrer Zeit Toten, bitten einen sehr, und wer hat das Herz, ihnen nein zu sagen«. Aber C. setzt dieser »Versuchung« am Ende die Frage entgegen: »Kann ich nicht weiterhin allen gehören, wie bisher, und doch Jude sein?«

Die Frage der Identität in C.s Werk ist vielschichtig. Sie wird erschwert durch die bewusste Enthaltung des Autors von jeder öffentlichen Stellungnahme in dieser Sache. Die erste Schicht ist die biographische. C.s Autobiographie hat als Mittelpunkt das Verhältnis zur Mutter. Sie hat ihm die deutsche Sprache und den Zugang zur europäischen Kultur vermittelt. Sie hat die enge Welt der sephardischen Gemeinde in Rustschuk verlassen, gemeinsam mit dem Vater hat sie durch die Wahl des Namens Georg für den jüngsten Sohn ein symbolisches Zeichen gegen die Tradition gesetzt, sie ist die universal gebildete Kosmopolitin, die trotz ihres Kastenstolzes die sephardische Tradition fast ebenso verachtet wie die in Wien ankommenden aschkenasischen »Ostjuden«. Während die frühe Kindheit C.s immerhin noch von der Ausübung jüdischer Riten und Feste geprägt ist (Purim, Pessach, Beschneidung des jüngeren Bruders) und der Großvater durchsetzt, dass der kleine Elias in Wien Unterricht in der Talmud-Thora-Schule nimmt, setzt die Mutter alles daran, um die spezifisch jüdischen Gebote und Verbote, z. B. das Verbot, Schweinefleisch zu essen, zu enttabuisieren. In diesem Kampf zwischen Mutter und Großvater unterliegt der Patriarch, der seinen eigenen Sohn verflucht hat.

Aus den Aufzeichnungen von 1944 geht C.s Abneigung auch gegen den Zionismus deutlich hervor. Die einzige ausführlichere Überlegung dazu findet sich in der *Fackel im Ohr* (1980) im Kapitel *Der Redner*. Bei seinem letzten Besuch in Bulgarien erlebt C. 1924 den Aufbruch zahlreicher Familien nach Palästina. Führer dieses Auszugs ins gelobte Land ist C.s Cousin Bernhard Arditti. Dieser versucht C. für die zionistische Sache zu gewinnen und sagt »unmutig« zu C.s Plan, Dichter in deutscher Sprache zu werden: »Wozu? Lern Hebräisch! Das ist unsere Sprache. Glaubst du, daß es eine schönere Sprache gibt?« Das Phänomen der zionistischen Massenbegeisterung wird für C. allerdings weniger Anlass zu einer Reflexion über das politische Phänomen als zu Betrachtungen über das Verhältnis von Führer und Masse. Ein Detail springt allerdings ins Auge: Über die Knaben der Auswandererfamilie heißt es: »Alles bei [ihnen] war auf körperliche Tätigkeit angelegt, von Büchern war nie die Rede, wohl aber von Sport. Es waren kräftige, aktive Burschen [...].« Zur körperlichen Ertüchtigung tritt als noch entscheidenderes Element die Verachtung des Geldes, die u. a. den »Führer« auszeichnet. Die zionistische Bewegung erscheint also wie die stolze Antwort auf die gängigen antisemitischen Klischees Feigheit, Intellektualität und Geldgier. In verschlüsselter Form behandelt C. im Kapitel *Backenroth* auch das Phänomen des galizischen chassidischen Judentums, das als faszinierender Gegenpol zur szientistischen, »mathematischen« Moderne erscheint.

Das Gegenstück zum Zionismus, die Assimilation, spielt in Autobiographie und Werk eine viel einschneidendere Rolle. Dabei muss bei C. auch nach dem Stellenwert Otto Weiningers gefragt werden. Er erwähnt ihn zweimal in der *Fackel im Ohr*, jedes Mal in Zusammenhang mit Karl Kraus und dem modischen Antifeminismus, ohne den jüdischen Antisemitismus zu berühren, der gleichfalls in der *Fackel* weiterwirkte. Bedenkt man die Bedeutung, die Kraus für C. bis zuletzt gehabt hat, ist es umso erstaunlicher, dass nirgends ausdrücklich von Kraus' Judentum die Rede ist. Indirekt wird das Problem jedoch zweimal subtil verschleiert behandelt: zum einen hält Veza Taubner-Calderon, C.s Frau, dem »Sklaven« von Kraus, den er als seine

»Bibel« ausruft, eine Bibel mit den Worten »*Das* ist meine Bibel!« entgegen; zum anderen erfolgt der Loslösungsprozess von Kraus über seinen »Doppelgänger« Dr. Sonne. Diesem gelang, was Veza versucht hatte: »Die Befreiung kam durch dieses Gesicht, das so sehr dem des Unterdrückers glich [...]. Statt Shakespeare und Nestroy bekam ich die Bibel [...].« Kraus war ein Beispiel des weiningerschen »jüdischen Selbsthasses«. Bedenkt man C.s Distanz zum Zionismus und zur religiösen Tradition, so liegt die Folgerung nahe, in ihm einen Assimilanten in der Tradition des liberalen Judentums zu sehen. Dagegen spricht allerdings vehement C.s Roman *Die Blendung* (1930/31 abgeschlossen, 1935 veröffentlicht). Darin wird im zweiten Teil das Schicksal des buckligen Juden Siegfried Fischer, genannt Fischerle, dargestellt.

Schon die Wahl des Vornamens verweist auf die Assimilation und Wagneridolatrie à la Weininger. Fischerle wirkt wie eine antisemitische Karikatur, seine »Erziehung« kann als Parodie der Assimilation gelten. Es handelt sich um die Herstellung einer neuen Identität, die auch vor einer Schönheitsoperation nicht zurückschreckt. Dieser Traum wird grausame Wirklichkeit: Fischerle wird ermordet und sein Buckel abgeschnitten. Es ist fraglich, ob C. die antisemitische Erzählung Oskar Panizzas *Der operierte Jud* und die Replik Mynonas *Der operierte Goy* gekannt hat. Jedenfalls kann die Fabel Fischerles schwerlich anders gelesen werden denn als Widerruf der Assimilation und der deutsch-jüdischen Symbiose aus dem Geist der Aufklärung. Als C. den Roman dem Urteil Abraham Sonnes unterwarf, bekam er Hinweise auf mögliche »Angriffe« gegen die *Blendung*, die sich beide auf Weininger zurückführen lassen, nämlich den Vorwurf des Antifeminismus und des Antisemitismus. Allerdings: »Er wies mir auf präzise Weise das Gegenteil nach«, und diese »frühe Rechtfertigung« blieb C.s »Zuflucht«, als er tatsächlich mit diesen Vorwürfen konfrontiert wurde.

Die Masse war seit den 20er Jahren der Hauptgegenstand von C.s Erkenntnisinteresse. An der zionistischen Bewegung in Bulgarien hatte ihn vorrangig das Verhältnis von Führer und Masse fasziniert. In seiner *Komödie der Eitelkeit* (1933/34) hat sich die Bücherverbrennung niedergeschlagen, symbolisch gesteigert zu einem totalen Spiegelverbot und Ichverlust. Als Autor hat C. faktisch von 1934 bis 1960, dem Erscheinungsjahr von *Masse und Macht*, geschwiegen. Er hat selbst zu verstehen gegeben, dass *Masse und Macht* trotz seines anscheinend ahistorischen Charakters ein Buch über den Nationalsozialismus ist. Ausdrücklich geht C. auf die Juden im Abschnitt *Masse und Geschichte* ein. Einerseits definiert er ihr Massensymbol: »man muß sich fragen, worin denn diese Menschen Juden bleiben, was sie zu Juden macht, was das letzte, das allerletzte ist, das sie mit anderen verbindet, wenn sie sich sagen: Ich bin Jude. Dieses letzte steht am Anfang ihrer Geschichte und hat sich mit unheimlicher Gleichmäßigkeit im Laufe dieser Geschichte wiederholt: es ist der *Auszug aus Ägypten*.« In der *Geretteten Zunge* (1977) wird anlässlich der Beschreibung der Rolle des Kindes beim Pessach-Fest die Nachbildung dieser »uralten Erzählung« hervorgehoben. Andererseits sucht C. einen Grund für die Shoah. Er findet ihn in der deutschen Inflation von 1922/23: »In der Behandlung der Juden hat der Nationalsozialismus den Prozess der Inflation auf das genaueste wiederholt.« Das der Inflation zugrunde liegende Phänomen der Entwertung überträgt sich auf die Menschen, die als daran schuldig angesehen werden.

Insgesamt also werden von C. alle historischen Lösungen (Zionismus, Assimilation, Orthodoxie) verworfen. 1970 reflektiert er, was die Orthodoxie betrifft, über den »Gottesgehorsam der Juden«, dessen abschreckendstes Beispiel für ihn seit jeher Abraham war, und sieht in ihm das Urmodell des Gehorsams auch vor den »*sichtbaren* Herren«. C. ist ungläubig, er nimmt auch an, dass der absolute Kenner der hebräischen Bibel und ihr dichterischer Übersetzer ins Deutsche, Dr. Sonne, »nicht gläubig« gewesen sei. Worin also besteht für C. »sein« Judesein? Das »Vorbild« Sonne ist ausgezeichnet durch seine »Meisterschaft über die hebräische Bibel«. Doch: »Das Wort ›Jude‹ hat er weder von sich noch von mir gebraucht. Es war ein Wort, das er auf sich beruhen ließ. Als Anspruch ebenso wie als Zielscheibe gehässiger Meuten war es seiner unwürdig. Von der Überlieferung war er erfüllt, ohne sich etwas auf sie zugute zu halten.« C. spricht ihm »Schonung jedes Lebens« zu, er war einer, der »Achtung [...] für jeden Menschen« hatte. In *Masse und Macht* betrachtet C. die »Nationen, als wären sie *Religionen*. Sie haben die Tendenz, von Zeit zu Zeit wirklich in diesen Zustand zu geraten. Eine Anlage dazu ist immer da, in Kriegen werden die nationalen Religionen akut.« Er formuliert das Verhältnis zu Religionen wie Nationen so: »Man muß jede von ihnen geistig so in sich aufgehen lassen, als wäre man dazu verurteilt, ihr für einen guten Teil seines Lebens wirklich anzugehören, daß man ihr auf Kosten aller übrigen ausgeliefert ist.« Denn für

C. ist der Mensch ein Verwandlungswesen und der Dichter »der Hüter der Verwandlung«.

Eine aufmerksame Lektüre jener Stellen, wo er von der Bibel spricht, macht deutlich, dass er sie vor allem als große Dichtung liest und nicht als »Gesetz«. Das schließt ein tiefliegendes Zugehörigkeitsgefühl nicht aus, wie es etwa in den *Stimmen von Marrakesch* (entstanden 1954) Sprache wird. Es ist dort am stärksten, wo es mit dem Thema des Exils verbunden ist. Meine eindrucksvollste Erinnerung an C., der die beiden Sprachen des jüdischen Exils (das Spanische und das Deutsche) sprach, sei deshalb an den Schluss gestellt: Er sagte mir über das, was die israelische Armee in Sabra und Chatila getan hatte, unter Tränen: »Auch sie!«

Werke: Gesammelte Werke, 10 Bde., München 1992–2005; Über die Dichter, München 2004; Totenbuch, München 2007; Liebhaber ohne Adresse: Briefwechsel 1942–1992. E.C. und M.-L. von Motesiczky, hg. I. Schlenker und K. Wachinger, München 2011.

Literatur: M. Bollacher, Mundus liber. Zum Verhältnis von Sprache und Judentum bei E.C., in: E.C.s Anthropologie und Poetik, hg. St.H. Kaszyński, München 1985, 47–67; N. Riedner, C.s Fischerle, Würzburg 1994; J. Le Rider, Anamnèse d'une identité juive, in: E.C., hg. C. Geoffroy, G. Stieg, Paris 1995, 45–50; M. Bollacher, C. und das Judentum, in: »Ein Dichter braucht Ahnen«. E.C. und die europäische Tradition, hg. G. Stieg u. a., Bern u. a. 1997, 37–47; G. Stieg, Die Fackel und die Sonne, in: ebd., 267–281; S. Hanuschek, E.C.: Biographie, München 2005; D. Lorenz (Hg.), A Companion to the Works of E.C., Woodbridge 2009.

Gerald Stieg

Canetti, Veza (geb. Venetiana Taubner-Calderon; Veza Magd, Veronika Knecht, Martha, Martina u. Martin Murner)

Geb. 21.11.1897 in Wien;
gest. 1.5.1963 in London

Im Fokus von C.s Schreiben stehen die aufgrund ihrer sozialen, ethnischen und religiösen Zugehörigkeit Marginalisierten der herrschenden Machtdiskurse. Mit der biographischen Zäsur der Exilierung lässt sich eine Verschiebung der thematischen Akzentuierung von sozial deklassierten Figuren hin zu dezidiert jüdischen exkludierten Figuren konstatieren, nicht jedoch ein Bruch in der literarischen Kontinuität. C.s Werk zeichnet sich nicht durch eine explizite Bezugnahme auf jüdische Diskurse aus, sondern inszeniert jüdische Identität und Tradition als ›das abwesend Anwesende‹, dessen Spuren sich als Gedächtnisspuren lesen lassen und die C.s Schreiben als fragmentarisches prägen. C. entwickelt eine Poetik des ›fremden Blicks‹, der die Erfahrung des Bruchs im eigenen jüdischen Selbstverständnis als Folge der kollektiven Emanzipations- und Akkulturationsprozesse sowie der antisemitischen Verfolgung eingeschrieben ist und die diesen Bruch in und mit der Tradition als kreatives Potential adaptiert.

C. wurde 1897 als Venetiana Taubner-Calderon in Wien geboren und wuchs dort bei ihrer sephardischen Mutter Rachel Calderon, ihrem Vater Hermann Taubner und ihrem Stiefvater Menachem Alkaley auf. Über C.s Biographie liegen nur wenige Zeugnisse vor. Inwiefern die literarische Repräsentation C.s in den autobiographischen Aufzeichnungen ihres Ehemannes, Elias C., eine adäquate Rekonstruktion ihrer Biographie ermöglicht, wird in der Forschung kontrovers diskutiert. Über C.s jüdische Sozialisation und Disposition lassen sich daher keine verlässlichen Aussagen treffen. Bevor C. in den 1990er Jahren unter dem Namen V.C. als deutsch-jüdische Autorin wieder- bzw. neuentdeckt wurde, hatte sie in den 1930er Jahren unter verschiedenen Pseudonymen, die Aufschluss über den soziohistorischen Kontext wie über C.s dezidiert sozialkritisches poetologisches Verständnis geben, Erzählungen in zumeist der österreichischen Sozialdemokratie nahestehenden Publikationsorganen veröffentlicht. 1931 trat C. aus der israelitischen Kultusgemeinde in Wien aus, revidierte diese Entscheidung jedoch 1934. Der Austritt lässt sich als Zeichen der Säkularisation und Akkulturation interpretieren, der mit C.s politischer Überzeugung korrespondiert. Der Wiedereintritt könnte ebenso als politischer Akt des Widerstandes, als Reaktion auf den zunehmenden Antisemitismus, gedeutet werden, der mit C.s poetologischem Verständnis koinzidiert. 1938 flüchtete sie über Paris nach London. Im Bezug zu der antisemitischen

Schandschrift *Der ewige Jude*, die C. im Exil als Manifest ihrer Verfolgung diente, steht ihr biographisches und poetologisches Bekenntnis zum jüdischen Gebot des Zeugens von Vertreibung. »Ich kann nicht vergessen. Ich kann nicht vergessen, wie sie ihre Gesichter verwandelten und wie Freunde uns nachts besuchen mußten, aus Angst, dabei ertappt zu werden, daß sie zu Juden gingen [...], welches Leid, welche Erniedrigung«, schreibt C. 1945. Sie starb 1963 im Londoner Exil, ohne je in ihre Heimatstadt Wien zurückzukehren.

In ihrem Roman *Die gelbe Straße* entwirft C. ein Panorama der Wiener Gesellschaft der Zwischenkriegszeit, der auch jüdische Figuren, die jedoch nicht explizit als solche markiert werden, angehören. »Es ist eine merkwürdige Straße, die gelbe Straße. Es wohnen da Krüppel, Mondsüchtige, Verrückte, Verzweifelte und Satte.« Im Zentrum stehen gesellschaftliche Außenseiterfiguren, deren groteske physiognomische Überzeichnung als Spiegel ihrer psychischen Verfasstheit fungiert. Mit den Mitteln der Groteske übt C. sowohl Gesellschafts- als auch Sprachkritik, die sie als Satirikerin in der Tradition Karl Kraus' ausweisen. C.s Sprachverständnis steht mit Walter Benjamins Versuch in Einklang, Kraus' Auffassung von Gesellschaftskritik als Sprachkritik in der jüdischen Tradition zu verorten, insofern Gerechtigkeit und Sprache untrennbar miteinander verbunden sind.

Das poetologische Verfahren C.s, das sich durch die Markierung des Judentums als ›das abwesend Anwesende‹ auszeichnet, wird an zwei signifikanten Stellen durch die explizite Referenz auf eine jüdische Thematik aufgebrochen. Entgegen der Dichotomisierung von Eigenem und Fremdem, der faschistischen Stigmatisierung des ›Jüdischen‹ als dem ›Anderen‹, für die die Figur des Pilatus Vlk exemplarisch steht, deren Name auf die biblische Figur des Christenrichters und ersten Judenfeindes verweist, konstatiert C. die Ununterscheidbarkeit von ethnischen und religiösen Zugehörigkeiten und entlarvt Vlks Antisemitismus als verfälschte Wahrnehmung eines Paranoiden (B. Bannasch). Ebenso demaskiert C. eines der ältesten judenfeindlichen Klischees, das den männlichen Juden als Frauen- und Kinderschänder brandmarkt, als antisemitischen Wahnsinn. Mit dem Leitmotiv der titelgebenden Farbe Gelb, dessen Assoziationsspektrum von der Referenz auf Geld über Lederballen und Hundekot bis hin zu Vlks Gelbsucht reicht, umkreist C. zudem »verdeckt das Judentum« (H. Göbel) und widersetzt sich somit jeglichen stereotypen antisemitischen Stigmatisierungsversuchen.

Auch in C.s Erzählband *Geduld bringt Rosen* aus den 1930er Jahren finden sich keine expliziten Referenzen auf jüdische Diskurse. Den aufgeklärten Idealen des liberalen Judentums von Erziehung, Bildung und Emanzipation, wie sie insbesondere von deutsch-jüdischen Autoren vertreten werden, setzt C. in der Kurzgeschichte »Der Sieger« die Geschichte des Scheiterns der von den herrschenden Machtdiskursen paralysierten weiblichen Figuren an diesen Idealen entgegen. Der rassistische und misogyne Diskurs der Zeit, der die Naturalisierung von ethnischer und geschlechtlicher Alterität propagiert, wie Otto Weiningers Engführung von Effeminierung und Judaisierung der Gesellschaft in *Geschlecht und Charakter* (1903) belegt, wird als essentialistische Reduktion kritisiert.

In ihrem Roman *Die Schildkröten*, der Ende der 1930er Jahre im Londoner Exil entstand, zeichnet C. ein heterogenes Bild der jüdischen Gemeinschaft in Wien nach dem »Anschluss« Österreichs, in dem sich divergierende Interpretationen jüdischer Identität manifestieren. Der propagierten nationalsozialistischen Rassenideologie, die von der Lesbarkeit körperlicher Merkmale ausgeht, setzt C. die »Dekonstruktion des Sichtbarkeitsparadigmas« (A. Strohmaier) entgegen, indem sich die Körper der jüdischen Figuren als nicht dechiffrierbar erweisen und einer eindeutigen Kategorisierung entziehen.

Dem Gefühl der Fremdheit und der Entfremdung, das die Welt der jüdischen Figuren prägt, entspricht der Verlust von sozialer und kultureller Zugehörigkeit. Sie werden als Parias inszeniert, die flüchtend, verfolgt und verstoßen weder im öffentlichen noch im privaten Raum Zuflucht finden, sondern in einem transitorischen Raum zwischen Leben und Tod gefangen sind. Das Erzählen in jüdischer Tradition, dem insbesondere eine Erinnerungsfunktion zukommt, erfährt in diesem Zusammenhang eine Transformation. Das Gebet an Jom Kippur, dem jüdischen Versöhnungstag, wird durch eine säkularisierte Form des Erzählens von Geschichten der Hoffnung und Rettung substituiert, deren Funktion für das Zwangskollektiv der jüdischen Figuren in Anlehnung an die Tradition novellistischen Erzählens als Überlebensstrategie, als narratives Ritardando des Todes lesbar wird. In einer Zeit der Krise avanciert das Erzählen selbst zu einer sinnstiftenden Kulturtechnik, die es erlaubt, Widerstand gegen die nationalsozialistische Deformation des eigenen Selbstverständnisses zu artikulieren, die Selbstachtung in der Sprache und im Denken und damit die menschliche Würde in unmenschlichen Zeiten zu wahren.

C. entwirft divergierende Heimat- und Exilkonzepte, die eine Bedeutungsfixierung unterminieren. Die Vorstellung von Heimat jenseits territorialer Verortung exemplifiziert ein in der Sprache verorteter Heimatbegriff, den der Schriftsteller Kain illustriert: »Am schwersten überfällt es den Dichter. Die Sprache ist seine Seele, die Figuren, die er gestaltet, sind sein Körper. Er kann Atem schöpfen, wo seine Sprache lebendig ist, und sein Leben erlischt, wo er nicht mehr versteht und verstanden wird.« Durch die Allegorisierung der Schildkröte, die immer neue Verweise, Transformationen und Transgressionen von Bedeutung eröffnet, wird ein Bezug zu jüdischen Exil- und Heimatvorstellungen sowie zur jüdischen Geschichte hergestellt. So fungiert die Schildkröte als Allegorie der Heimat in der Heimatlosigkeit, als Ausdruck der jüdischen Diaspora und symbolisiert darüber hinaus die Geschichte des Judentums als Geschichte des Leids und der Verfolgung sowie als Geschichte unzerstörbarer Humanität.

Durch die Verfahren der Inversion und der Groteske transformiert C. in ihrem Exilroman alttestamentarische und mythische Erzählungen, Motive und Figuren. Im Zuge ihrer Re-Lektüre adaptiert C. die Figur des Lot, die Geschichte von Kain und Abel sowie die Exilierung Kains, ebenso wie die Ur-Erzählung des Exils, die Vertreibung aus dem Paradies. Die Inversion der Messiasfigur, die der Erlösung durch eine transzendente Instanz die Eigenverantwortung des Menschen entgegenstellt, akzentuiert C.s ethischen Impetus. Der Rekurs auf biblische und mythische Motive sowie die Parodie religiösen Sprachduktus' dienen der Demaskierung der pervertierten Welt des Nationalsozialismus und charakterisieren als rekurrierende Elemente C.s poetologisches Verfahren der Verfremdung.

Das Gefühl des irreversiblen Verlusts der Humanität, das die Exilierung und das Trauma der Shoah bei C. auslösen, führt zu einer Transformation von C.s jüdischem Selbstverständnis. Durch die explizite Markierung ihrer jüdischen Identität ab 1955 durch den Buchstaben ›J‹ auf ihren Briefköpfen wertet C. das ihr aufoktroyierte faschistische Stigma in ein Solidaritätsbekenntnis mit dem jüdischen Volk um. Diesen Akt der Solidarisierung erweist sie in ihrem Schreiben allen Leidenden und Ausgestoßenen der Gesellschaft. C.s Texte dekonstruieren reduktionistische und essentialistische Identitätsentwürfe und damit auch die Vorstellung einer spezifischen *conditio judaica*. 1945 schreibt C.: »Denn ich breche lieber, als dass ich mich beuge. Ich breche den ganzen Tag.«

Werke: Die gelbe Straße. Roman, München 1990; Geduld bringt Rosen. Erzählungen, München 1992; Die Schildkröten. Roman, München 1999; Der Fund. Erzählungen und Stücke, München 2001; V.C. u. E. Canetti, Briefe an Georges, hg. K. Laurer und K. Wachinger, München 2006.

Literatur: H. Göbel, Gelb. Bemerkungen zum verdeckten Judentum in V.C.s »Die Gelbe Straße«, in: »Ein Dichter braucht Ahnen«. Elias Canetti und die europäische Tradition, hg. G. Stieg und J.-M. Valentin, Bern u. a. 1997, 267–282; B. Bannasch, Zittern als eine Bewegung des Widerstands. V.C.s frühe Erzählung »Geduld bringt Rosen« und der Roman »Die Gelbe Straße«, in: V.C., hg. H. Göbel, München 2002, 30–47; I.v.d. Lühe, »Zum Andenken an die fröhlichste Stadt Zentraleuropas«. V.C.s »Die Schildkröten« im Kontext der deutschsprachigen Exilliteratur, in: V.C., hg. H. Göbel, München 2002, 65–81; A. Strohmaier, Groteske Physiognomien. Zum semiotischen Konzept des Körpers in den Texten V.C.s, in: V.C., hg. I. Spörk und A. Strohmaier, Graz/Wien 2005, 121–150.

Gerhild Rochus

Caspari, Hedwig (geb. Joseph)

Geb. 1.5.1882 in Berlin;
gest. 19.8.1922 in Berlin

»Herr, ich habe dein Volk erkannt:/ Sie sind nicht die Auserwählten.« Es ist die Figur Moses', der dieses überraschende Urteil in einem 1919 publizierten Gedicht C.s fällt. Dieser Moses erinnert zwar noch an die biblische Gestalt, hat aber den biblischen Gehalt umgekehrt. In C.s Text stellt Moses den Sinn des Aufbruchs aus der ägyptischen Gefangenschaft in das gelobte Land infrage. Es sei die »Qual der Sehnsucht«, die das jüdische Volk konstituiere, und nicht das Ankommen im heiligen Land: »Kann denn ein Land Verheißung sein? Ist nicht ein jedes/ Erde, Wasser nur, Bäume, Felsen und Felder, […] Verheißung ist nur dort,/ Wohin der Mensch Erfüllung mit sich trägt,/ Und die Erfüllung ist das reine Wollen/ Zu Dir!« Das Gedicht stammt aus C.s erstem Gedichtband; die Klimax »Zu Dir!« verweist auf dessen Titel: *Elohim*, die hebräische Bezeichnung für den einzigen Gott. Die Deutung und Umdeutung der jüdischen Tradition ist denn auch eng verbunden mit der Poetik dieser Autorin, die eine solche zwar nie explizit formuliert, aber implizit durchaus zum Ausdruck gebracht hat.

Über C.s Biographie ist so gut wie nichts bekannt, außer dass sie ihr ganzes Leben im Berliner Stadtteil Wilmersdorf verbrachte. In einem Nachruf schreibt die Prager Schriftstellerin Auguste Hauschner, dass C. eine Erscheinung »von zarter blonder Mädchenhaftigkeit« gewesen sei. Wie als Kontrast dazu sei sie von inneren Gegensätzen zerrissen worden: durch »Familie, Ehepflicht und Mutterliebe bürgerlich gebunden« und gleichzeitig »von künstlerischer Besessenheit gejagt«. Obwohl sich diese stereotyp wirkenden Äußerungen nicht durch andere Quellen belegen lassen und sich über die Befindlichkeit dieser Dichterin kaum etwas sagen lässt, verlief C.s Leben zweifellos tragisch, wie die bloßen Lebensdaten zeigen: Zwischen dem Erscheinen ihres ersten Gedichtbandes und ihrem Suizid liegen nicht einmal drei Jahre.

Die beiden Pole, zwischen denen sich die Lyrik, aber auch die 1920 erschienene »Handlung in neun Vorgängen«, *Salomos Abfall*, bewegt, sind das Judentum und der Expressionismus, was sich auch in den Publikationsorganen zeigt, in denen C. ihre ersten Gedichte veröffentlicht: Ab 1918 erscheinen sie in den expressionistischen Zeitschriften *Die schöne Rarität*, *Saturn* und *Der Friede*. Das erste Gedicht von *Elohim* trägt den Titel »Schrei«, was nicht zufällig Edvard Munchs expressionistisches Urbild »Der Schrei« zitiert. Dieses Gedicht beginnt mit der Apostrophe an eine Muse oder Gottheit um des Schreibens willen: »Ein Werk, ein Werk!/ Schenke ein Werk mir lebendige Kraft [...].« Das letzte Gedicht des Bandes richtet sich unter dem biblischen Titel »Psalm« ausdrücklich an einen personalen, den biblischen Gott. Grundsätzlich bleibt dieser Gott ein »Unverstandener«, und doch möchte das lyrische Ich dessen »Minnesänger« sein. Am Schluss heißt es: »Meine Hymnen umbranden dich.« Das am Anfang eingeforderte »Werk« soll also immer in Beziehung zu Gott stehen. Dies zeigt ein prinzipiell religiöses Verständnis von Literatur, auch wenn diese Religiosität nicht auf etablierten rabbinischen Autoritäten beruht.

Mit diesem Verständnis von ›Jüdisch-Sein‹ – mehr als von ›Judentum‹ – reiht sich C. ein in eine seit Anfang des 20. Jahrhunderts wirkungsmächtige Bewegung der »jüdischen Renaissance«. In der Kunst und der Literatur – auch und gerade in der deutschen Literatur – sollten als ›jüdisch‹ empfundene Stoffe bearbeitet werden. So griffen unterschiedliche Autoren wie Arnold oder Stefan Zweig, Max Brod oder Franz Werfel Motive der biblischen Tradition auf, die sie mit zionistischen Intentionen verbanden. Populär war etwa Micha Josef Bin Gorions Sammlung *Die Sagen der Juden*, die eine Art jüdische Volksmythologie konstituieren sollte. Auf solche Diskurse bezieht sich auch C. in ihren poetischen Arbeiten, die nicht nur inhaltlich, sondern auch mit ihrem Pathos deutlich daran anknüpfen. Ihre beiden zu Lebzeiten publizierten Bücher erschienen im Welt-Verlag in Berlin, einem zionistisch orientierten Unternehmen, das für seine bibliophilen Drucke und Buchgestaltungen bekannt war. Der Welt-Verlag setzte offenbar gewisse Hoffnungen auf C. In einer ebenfalls 1920 dort erschienenen Anthologie unter dem Titel *Lyrische Dichtung Deutscher Juden* waren einige ihrer Gedichte zusammen mit Gedichten von damals etablierten Autorinnen und Autoren wie Brod, Werfel, Wolfenstein und Lasker-Schüler abgedruckt.

Im Vergleich mit der um 13 Jahre älteren Lasker-Schüler fällt auf den ersten Blick eine Konvergenz der Themen auf; beide bearbeiten u.a. biblische Stoffe von den fünf Büchern Mose bis zu den verschiedenen Schriften. Wie Lasker-Schüler in den frühen 20er Jahren scheint auch C. dem Zionismus skeptisch gegenüberzustehen. Auf der anderen Seite fällt bei C. eine stärkere, explizit religiöse Motivation dieser Bearbeitungen auf. So erzählt die dramatische Dichtung *Salomos Abfall* von einer Schlüsselzeit des Judentums, nämlich vom Bau des ersten Tempels unter König Salomo. Im Unterschied zur Vorlage aus dem Buch der Könige, die Salomos Sünde mit seiner Polygamie und seiner Hinwendung zu den fremden Göttern begründet, ist in C.s Text die Sünde wider Gott paradoxerweise bereits im Bau seines Tempels angelegt. Die Ambivalenz Salomos zwischen Weisem und Sünder ist bereits in der Bibel enthalten. C. bringt sie in eine dialektische Spannung, indem der Tempelbau selbst in eine Art babylonisches Projekt umschlägt. Salomo wird von geheimnisvoll-unheimlichen Stimmen gelenkt. Er hört nicht mehr auf die Stimme Gottes, sondern verabsolutiert den Bau des Tempels so weit, dass das Bauwerk Gott zu ersetzen scheint. Schließlich sieht sich der wahnsinnig gewordene Salomo Gott als Schöpfer gleichgestellt und regiert als genusssüchtiger Diktator. Die Verbindung von orgiastischer Ästhetik und Elend wird in barocker, oft martialischer Bildlichkeit geschildert: »Wie Aussatz auf grindiger Haut/ Blüht immer neu der Wahnwitz Salomos/ Und schlägt als Pracht/ Aus dürrgesogenen Landes Kruste.«

Aus der Perspektive des zeitgenössischen Judentums hat *Salomos Abfall* eine klare Botschaft. So wenig allein das Land das Judentum ausmachen kann, so wenig kann es auch der Tempel. Vielmehr führt eine Fixierung auf Orte und materielle Symbole zur Pervertierung des Judentums. *Salomos Abfall*, dessen Regieanweisungen völlig unausführbar sind und eigentliche Prosagedichte darstellen, kann als expressionistische Unheilsvision einer solchen Perversion gedeutet werden. Was letztlich das Judentum für C. und ihre Dichtung über die Inspirationsquelle hinaus bedeutet, ist aber nicht eindeutig zu fassen. Im Moses-Zyklus aus *Elohim* schreibt sie: »Unstet sind wir/ Treibsand der Wüste// Wir treiben, wir treiben [...]/ Vom ewigen zum goldenen Baal/ Und zurück zum Glauben unserer Verheißung.« Doch um diese Verheißung ist es ebenfalls schlecht bestellt. Das Unstete und Schwankende ist gerade das konstituierende Moment von C.s Verständnis von Judentum: »Wir sind der Augenblick,/ Hingeworfen/ Zwischen zwei Atemzüge der Ewigkeit./ Uns gehört keine Zeit./ Unsre Verheißung verweht/ Im Sand der Wüste.« Mit diesem antihistorischen Gestus war C. wiederum nahe an Positionen der jüdischen Renaissance in der frühen Weimarer Republik, etwa den theologisch-politischen Thesen Franz Rosenzweigs, die dem Judentum ebenfalls eine Zeitenthobenheit attestierten. Ihre zutiefst melancholische Negation jeglicher Erlösung macht sie jedoch zu einer Einzelgängerin der deutsch-jüdischen Literatur.

Werke: Elohim. Gedichte, Berlin 1919; Salomos Abfall. Eine Handlung in neun Vorgängen, Berlin 1920.

Literatur: A. Hauschner, H.C., in: Das Zelt. Eine jüdische illustrierte Monatsschrift, H. 3, März 1924, 101; A. Bodenheimer, Wandernde Schatten. Ahasver, Moses und die Authentizität der jüdischen Moderne, Göttingen 2002, 112–119.

Caspar Battegay

Celan, Paul (eigentl. Paul Antschel)

Geb. 23.11.1920 in Czernowitz;
gest. (30.)4.1970 in Paris

C. schreibt im Februar 1970 an den israelischen Verleger Gershom Schocken, »daß für mich, zumal im Gedicht, das Jüdische mitunter nicht so sehr eine *thematische* als vielmehr eine *pneumatische*

Angelegenheit ist. Nicht daß ich das Jüdische nicht auch thematisch artikuliert hätte: auch in dieser Gestalt ist es gegenwärtig, in wohl jedem meiner Gedichtbände; meine Gedichtbände implizieren mein Judentum.« Der Vorrang des Pneumatischen vor dem Thematischen kennzeichnet wohl am grundlegendsten Celans Verhältnis zum Judentum. Es ist der Vorrang eines umfassenden geistigen Prinzips vor der thematischen Konturierung. Aber die Preisgabe eines verlässlichen Referenzsystems, eines einzelnen, eindeutig umrissenen Themas macht zugleich den Rang und die Bedeutung von Celans Lyrik überhaupt aus. Sie steht von Band zu Band fortschreitend im Zeichen der Auflösung von Eindeutigkeit, der dezidierten Mehrdeutigkeit, einer poetischen Vieldeutigkeit, die der historischen Präzision dient. Jedem Gedicht sei sein »20. Jänner« eingeschrieben, sagt C. im *Meridian*, seinem poetologischen Hauptwerk, der Rede, die er 1960 bei der Entgegennahme des Büchner-Preises hielt. Mit dem »20. Jänner« zitiert C. nicht allein Georg Büchners *Lenz*, sondern nennt auch den 20. Januar 1942, als in der Wannsee-Villa die »Endlösung der Judenfrage« vorbereitet wurde.

Das Pneumatische in C.s Verhältnis zum Judentum prägt alle Ebenen seines Werkes: die Biographie und Herkunft des Dichters; die Geschichte des 20. Jahrhunderts, in ihrer Mitte die Shoah; die Erfahrung des Exils; sein übersetzerisches Werk; seine Vielsprachigkeit; der Weg, den seine Lyrik im Laufe ihrer Entwicklung über zwanzig Jahre zurücklegte; Namen und Orte, Personen und Ereignisse, die er zitiert, vor allem aber auch seine Lektüren. So geht der Begriff des »Pneumatischen« auf Franz Rosenzweigs Auslegung des biblisch-hebräischen »ruach«, Geist, Wind, zurück.

C. wurde am 23. November 1920 in Czernowitz geboren, in der Vielvölkerstadt der Bukowina – »es war eine Gegend, in der Bücher und Menschen lebten«. Die Mutter Friederike stammte aus dem benachbarten chassidischen Zentrum Sadagora; der Vater Leo war überzeugter Zionist. Der Spross des deutschsprachigen jüdischen Mittelstands besuchte die Ssafa-Iwrija-Grundschule, in der er Bibelunterricht erhielt und in hebräischer Sprache unterrichtet wurde. In der Nacht vom 9. zum 10. November 1938 reiste der Abiturient durch Deutschland und kommt am Morgen nach der Reichspogromnacht in Berlin an: »Über Krakau/ bist du gekommen, am Anhalter/ Bahnhof/ floß deinen Blicken ein Rauch zu,/ der war schon von morgen«, heißt es 1963 im Zyklus *Die Niemandsrose*. In Tours beginnt C. das Studium der Medizin. Aus den Sommerferien 1939 kehrt C. nach Ausbruch des Zweiten Weltkriegs nicht mehr aus Czernowitz nach Tours zurück, sondern studiert in seiner Heimatstadt romanische Sprachen. 1941, nach der deutschen Invasion in der Sowjetunion, wird das Ghetto von Czernowitz errichtet, in dem die Familie interniert wird. Am 27. Juni 1942 werden die Eltern C.s ins Lager Michailowka in der Ukraine deportiert, wo sie, vermutlich im gleichen Jahr, ermordet werden. Von den frühesten bis zu seinen nachgelassenen Gedichten nimmt der Autor diesen Tod auf: *Nähe der Gräber* heißt ein Gedicht aus seinem frühesten Band *Der Sand aus den Urnen*: »Kennt noch das Wasser des südlichen Bug,/ Mutter, die Welle, die Wunden dir schlug«, und das Gedicht schließt: »Und duldest du, Mutter, wie einst, ach, daheim,/ den leisen, den deutschen, den schmerzlichen Reim?« Und in dem großen nachgelassenen Gedicht *Wolfsbohne* verbindet C. die Erinnerung an die tote Mutter mit seiner Erfahrung in Nachkriegsdeutschland: »Weit, in Michailowka, in/ der Ukraine, wo/ sie mir Vater und Mutter erschlugen: was/ blühte dort? was/ blüht dort? Welche/ Blume, Mutter,/ tat dir dort weh/ mit ihren Namen?// Mutter, dir,/ die du *Wolfsbohne* sagtest, nicht: Lupine.// Gestern/ kam einer von ihnen und/ tötete dich/ zum andern Mal in/ meinem Gedicht.// Mutter,/ Mutter, wessen/ Hand hab ich gedrückt,/ da ich mit deinen/ Worten ging nach Deutschland? [...]«

Den unmittelbaren Anstoß zu diesem Gedicht gab eine im Herbst 1959 veröffentlichte Kritik von Günter Blöcker, C.s Lyrik sei von Wirklichkeitsferne bestimmt. »Ach, Sie wissen nicht«, schreibt C. am 26. Oktober 1959 an Nelly Sachs in Stockholm, »wie es in Deutschland tatsächlich wieder aussieht. Sehen Sie – ach, ich weiß, wie sehr ich Sie damit belaste, aber ich muß es Sie wissen lassen – die jüngste meiner Erfahrungen.« Und C. legt die Kritik und seine Erwiderung bei.

1948 erscheint C.s erster (später wegen zahlreicher Druckfehler zurückgezogener) Gedichtband *Der Sand aus den Urnen*, 1952 *Mohn und Gedächtnis*, 1955 *Von Schwelle zu Schwelle*, 1959 *Sprachgitter*, vier Jahre später *Die Niemandsrose*. Preise und Auszeichnungen folgen. Zugleich zeigt sich die Ambivalenz des Erfolgs: Anfang 1960 erhebt Claire Goll den – haltlosen – Vorwurf, C. plagiiere Gedichte ihres verstorbenen Mannes, des Lyrikers Yvan Goll; die nachfolgende öffentliche Auseinandersetzung setzte C. sehr zu. Berühmt gemacht hat C. das Gedicht *Todesfuge* mit den bekannten Zeilen »Schwarze Milch der Frühe wir trinken sie abends/ wir trinken sie mittags und morgens wir trinken sie nachts/ wir trinken und trinken/ wir schaufeln ein Grab in den Lüften da liegt man nicht eng/ [...]« und einer Wendung, die seit den 50er Jahren zu einem geflügelten Wort wurde: »[...] der Tod ist ein Meister aus Deutschland«. Die bereitwillige, vielleicht allzu bereitwillige Rezeption des Gedichts, das, wie es nicht nur C. schien, »Artistische« daran hat schließlich dazu geführt, dass C. dieses Gedicht in späteren Jahren gemieden hat, es nicht mehr las und den Abdruck verweigerte.

C.s Werk lässt sich in drei Epochen einteilen: die vom Symbolismus geprägten ersten Bände bis zum Band *Die Niemandsrose*, der eine Zäsur in der Entwicklung von C.s Werk bedeutet. Er versammelt Motive und Themen der frühen Bände – die Erfahrung des Verlusts von Sprache und Heimat, das Pariser Exil, die Erinnerung vor allem an die getötete Mutter – und gibt diesen Themen doch zugleich eine Wendung zu einer Skepsis ins Ausdrucksvermögen der Sprache überhaupt. Darin weist *Die Niemandsrose* auf das Spätwerk voraus. Und in diesem Band nimmt C. explizit jüdische Themen auf, auch wenn er etwa früher, in *Von Schwelle zu Schwelle* ein Gedicht *Schibboleth* betitelt, das Schibboleth aber auf den spanischen Bürgerkrieg und den Widerstand gegen die austrofaschistische Diktatur vom Februar 1934 bezieht. Das »Schibboleth«, das Aussprechen und Preisgeben der Zugehörigkeit zum Judentum, ist von Beginn an ein bestimmendes Motiv in C.s Werk; die Explizitheit tritt erst später zutage.

In dem zuvor erschienenen *Sprachgitter* veröffentlicht C. das große, nach dem Fugenmuster komponierte Gedicht *Engführung*, das mit der Strophe beginnt: »Verbracht ins/ Gelände/ mit der untrüglichen Spur«. Peter Szondi hat in seinem letzten auf Französisch verfassten Aufsatz gezeigt, wie dieses Gedicht den Weg durch das Vernichtungslager der Shoah beschreitet, ein textueller Weg, keineswegs eine Abbildung des grauenvollen Ortes, Realisation, doch nicht Repräsentation der Vergangenheit. Das Gedicht entstand Mitte der 50er Jahre, als C. die deutschsprachige Fassung zu dem Film *Nuit et brouillard* von Alain Resnais erstellte, einem Dokumentarfilm über die deutschen Konzentrationslager. Es gibt zahlreiche Entsprechungen zwischen den Bildsequenzen, dem Kommentar zu diesem Film und schließlich C.s Gedicht.

Die Explizitheit jüdischer Thematik seit der *Niemandsrose* zeigt sich besonders deutlich in »Eine Gauner- und Ganovenweise/ gesungen zu Paris emprès Pointoise/ von Paul Celan/ aus Czernowitz bei Sadagora« – »wo bleibt mein Bart, Wind, wo/ mein Judenfleck, wo/ mein Bart, den du raufst?«, in dem Gedicht über Rabbi Löw *Einem, der vor der Tür stand*, in *Benedicta*, das beginnt: »Ge-/ trunken hast du,/ was von den Vätern mir kam/ und von jenseits der Väter:/ – – Pneuma« und als Motto die Zeilen aus einem jiddischen Lied trägt: »Zu ken men arojfgejn in himel arajn/ Un fregn baj got zu's darf asoj sajn?«, in *Hawdalah*, ein Gedicht, das den Segen zum Sabbatausgang im Titel führt und ausführt. Das Gedicht *Chymisch* kehrt zu C.s Grundthema der Erinnerung zurück: »Schweigen, wie Gold gekocht, in/ verkohlten/ Händen.// Große, graue,/ wie alles Verlorene nahe/ Schwestergestalt:// Alle die Namen, alle die mit-/ verbrannten/ Namen. Soviel/ zu segnende Asche. Soviel/ gewonnenes Land/ über/ den leichten, so leichten/ Seelenringen.«

Zürich, Zum Storchen heißt das Gedicht aus *Niemandsrose*, das C. Nelly Sachs gewidmet hat. Am 26. Mai, dem Himmelfahrtstag des Jahres 1960, traf C. mit Nelly Sachs zusammen. Die Dichterin war auf dem Weg zur Verleihung des Annette-von-Droste-Hülshoff-Preises in Meersburg am Bodensee. Im Hotel »Zum Storchen«, mit Blick auf die Limmat und das Großmünster, unterhielten sich C. und Nelly Sachs. Wieder nach Paris zurückgekehrt, verfasst C. das Gedicht, in dem er sich an jenes Gespräch erinnert. Es wurde zuerst in einem Sammelband abgedruckt, der 1961 zu Ehren von Nelly Sachs erschien. Es ist ein Gedicht über die jüdische Religion, »von/ Jüdischem, von/ deinem Gott« war die Rede. Doch lässt sich, wie in vielen Texten C.s, das Thema des Gedichts nicht eindeutig ausmachen. Welches »Zuviel«, welches »Zuwenig« kommt am Beginn des Gedichts zur Sprache? »Vom Zuviel war die Rede, vom/ Zuwenig. Von Du/ und Aber-Du, von/ der Trübung durch Helles, von/ Jüdischem, von/ deinem Gott.« In diesem Gedicht über ein Gespräch ist noch jemand Drittes gegenwärtig: die damals in Zürich lebende Margarete Susman, mit der C. bekannt war. Die Schriftstellerin hat davon in ihrer Autobiographie berichtet, C. ihr zwei Gedichte gewidmet. Am Ende des Zweiten Weltkriegs hatte Margarete Susman den Versuch unternommen, die Geschichte des jüdischen Volkes aus dem Buch Hiob zu erklären. Über die Shoah schreibt Susman: »Wohl ist diesem Geschehen gegenüber jedes Wort ein *Zuwenig* und ein *Zuviel* [...].« Susmans Hiobdeutung, die sie zuerst 1929 in einem Aufsatz über Franz Kafka vorbrachte, hat Martin Buber, Walter Benjamin, Gershom Scholem – und ebenso C. – beeinflusst. Es gebe, so Susman, keine große Leistung des Judentums im Exil, die nicht im Kern eine Theodizee, der Versuch einer Rechtfertigung Gottes vor seinem Volk oder einer Rechtfertigung des Volkes vor Gott wäre. In C.s fragendem, skeptischem Versuch einer Theodizee – denn über den Versuch geht das Gedicht nicht hinaus – führen die Schlüsselworte auf Susmans Hiob-Buch zurück.

Sowohl »das Herz, das ich hatte« als auch das von C. hervorgehobene »hoffen« sind Topoi von Susman. Der ganze Hiobskampf sei eine Frage der Macht, »*dieser* Macht: der Kraft des Herzens«; und »Die Hoffnung« ist das Schlusskapitel von Susmans Buch betitelt. Das Zentrum des ganzen Gedichts ist »sein/ haderndes Wort«, das nicht genannt wird, Hiobs Hadern mit Gott, von dem er kein Wort, kein Zeichen seiner Gerechtigkeit vernimmt. C.s radikale, entschiedene Skepsis kommt in den Schlusszeilen zum Ausdruck: »wir/ wissen ja nicht,/ was/ gilt ...« C.s Lyrik nimmt Abstand von Positionen, von Konfessionen und geschlossenen Sinnhorizonten. Sein Gedicht *Zürich, Zum Storchen* schließt sich nicht zu einer Theodizee. Es hält Fragen jüdischer Überlieferung offen, genauer: Es setzt diese Überlieferung in Frageform. Dieses Prinzip der aufgelösten Tradition, der fragwürdig gemachten Gewissheiten, der diskontinuierlich bestimmten Zeiterfahrung bestimmt ebenso C.s Rezeption von Hölderlins Dichtung, um diese wesentliche Traditionslinie seines Werkes zu nennen, wie die Terminologie der Botanik und der modernen Naturwissenschaften, die in seinen Gedichten Eingang finden.

Gewidmet hat C. die *Niemandsrose* dem Andenken von Ossip Mandelstam (1891–1938), dem russischen Dichter, dessen Werk er ebenso wie die Gedichte von Sergej Jessenin oder Anna Achmatowa, um nur sie zu nennen, ins Deutsche übersetzte. Im Vorwort zu seiner Übertragung heißt es: »Der geistesgeschichtliche Kontext der Dichtung Ossip Mandelstamms[!], an der neben Russischem auch Jüdisches, Griechisches und Lateinisches teilhat, die in ihnen mitsprechende religiöse und philosophische Gedankenwelt, ist bislang zu großen Teilen noch unerschlossen.« C. fühlte sich dem russisch-jüdischen Dichter, der in der sibirischen Verbannung starb, besonders nahe. Seine Reflexionen über Mandelstams Werk entstehen zu fast gleicher Zeit und in großer inhaltlicher Nähe zum *Meridian*. »Zum Erinnerten« gehöre für Mandelstam, so C. in einem Rundfunkessay vom Mai 1960, »auch das Jüdische«, und er zitiert ein Gedicht von Mandelstam in seiner Übersetzung: »Diese Nacht: nicht gutzumachen,/ bei euch: Licht, trotzdem./ Sonnen, schwarz, die sich entfachen/ vor Jerusalem.// Sonnen, gelb: größres Entsetzen –/ schlaf, eiapopei./ Helles Judenhaus: sie setzen/ meine Mutter bei.// Sie, die nicht mehr priesterlichen,/ gnad- und heilsberaubt,/ singen aus der Welt, im Lichte,/ eines Weibes Staub.// Judenstimmen, die nicht schwiegen,/ Mutter, wie es schallt./ Ich erwach in meiner Wiege,/ sonnenschwarz umstrahlt.«

Die Niemandsrose leitet die Wendung zu C.s späterem Werk ein: zur semantischen Skepsis und zur poetischen Hermetik, die auch zum Gestaltungsprinzip seiner Gedichte wird, die Jüdisches aufnehmen oder die Shoah aufnehmen wie *Die fleissigen* aus dem Zyklus *Fadensonnen* von 1968, das historische Präzision und poetische Rätselhaftigkeit verbindet: »DIE FLEISSIGEN/ Bodenschätze, häuslich,// die geheizte Synkope,// das nicht zu enträtselnde/ Halljahr,// die vollverglasten/ Spinnen-Altäre im alles-/ überragenden Flachbau,// die Zwischenlaute (noch immer?),/ die Schattenpalaver,// die Ängste, eisgerecht,/ flugklar,// der barock ummantelte,/ spracheschluckende Duschraum,/ semantisch durchleuchtet,// die unbeschriebene Wand/ einer Stehzelle:// hier// leb dich/ querdurch, ohne Uhr.« Auch hier wird die Verfolgung und Ermordung der Juden im Nationalsozialismus nicht zu einem Thema und dessen argumentativer, rhetorischer Anordnung; C.s Lyrik ist ein Werk »im Angesicht der Shoah« (Amir Eshel).

Im Herbst 1969 besuchte C., auf Einladung des Hebräischen Schriftstellerverbandes, Israel und hielt am 14. Oktober eine Ansprache: »Ich bin zu Ihnen nach Israel gekommen, weil ich das gebraucht habe. Wie nur selten eine Empfindung, beherrscht mich, nach allem Gesehenen und Gehörten, das Gefühl, das Richtige getan zu haben – ich hoffe, nicht nur für mich allein. Ich glaube, einen Begriff zu haben von dem, was jüdische Einsamkeit sein kann, und ich verstehe, inmitten von so vielem, auch den dankbaren Stolz auf jedes selbstgepflanzte Grün, das bereitsteht, jeden, der hier vorbeikommt zu erfrischen; wie ich die Freude begreife über jedes neuerworbene, selbsterfühlte erfüllte Wort, das herbeieilt, den ihm Zugewandten zu stärken – ich begreife das in diesen Zeiten der allenthalben wachsenden Selbstentfremdung und Vermassung. Und ich finde hier, in dieser äußeren und inneren Landschaft, viel von den Wahrheitszwängen, der Selbstevidenz und der weltoffenen Einmaligkeit großer Poesie. Und ich glaube mich unterredet zu haben mit der gelassen-zuversichtlichen Entschlossenheit, sich im Menschlichen zu behaupten. Ich danke all dem, ich danke Ihnen.« Dass Jerusalem eine Zäsur in seinem Leben sein würde, schrieb er später der Freundin Ilana Shmueli, habe er zuvor gewusst. Der nachgelassene, postum erschienene Band *Zeitgehöft* nimmt die Begegnung mit der Stadt vielfältig auf: topographisch, historisch, geographisch. Das hebräische Lied *Hachnissini* wird zitiert, die Tore der Heiligen Stadt, »das Dänenschiff,/ dem wir dankten«, die Erinnerung an die dänischen Fischer, die im Herbst 1943 die Juden des Landes vor der Deportation retteten. Die Begegnung mit einer jüdischen Gesellschaft in einem jüdischen Land, auch mit der hebräischen Sprache hat C. nachhaltig beeindruckt. Ende April nahm sich der Dichter in Paris das Leben. Wenige Wochen zuvor hat C. unter dem Eindruck seiner Reise die Wendung geprägt, sein Verhältnis zu Jüdischem sei eine pneumatische Angelegenheit, eine Angelegenheit, die alle einzelnen Momente, Stationen, Themen und Motive seiner Lyrik einschließt und über sie hinausreicht.

Werke: Gesammelte Werke in fünf Bdn., hg. B. Allemann u. a., Frankfurt a. M. 1983; Historisch-kritische Ausgabe der Werke, hg. B. Allemann u. a., Frankfurt a. M. 1986 ff.; Tübinger Ausgabe, hg. J. Wertheimer u. a., Frankfurt a. M. 1995 ff.

Literatur: P. Mayer, P.C. als jüdischer Dichter, Heidelberg 1969; J. Derrida, Schibboleth. Für P.C., Wien 1986; T. Sparr, C.s Poetik des hermetischen Gedichts, Heidelberg 1989; »Fremde Nähe«. C. als Übersetzer. Katalog der Ausstellung des Deutschen Literaturarchivs, hg. A. Gellhaus u. a., Marbach a.N. 1997; L. Koelle, Paul Celans pneumatisches Judentum. Gott-Rede und menschliche Existenz nach der Shoah, Mainz 1997; W. Werner, Textgräber. Paul Celans geologische Lyrik, München 1997; A. Eshel, Zeit der Zäsur. Jüdische Dichter im Angesicht der Shoah, Heidelberg 1999; Celan-Handbuch, hg. Markus May u. a., Stuttgart/Weimar ²2012.

Thomas Sparr

Cohn, Emil Bernhard

Geb. 18.2.1881 in Berlin;
gest. 28.2.1948 in Los Angeles

Aus einem bürgerlichen Elternhaus (der Vater war Arzt in Berlin) stammend, hatte sich C. bereits als Student dem Zionismus zugewendet. Seine Positionen, die er auch öffentlich, vor allem in zionistischen Periodika, vertrat, brachten ihn bald in heftige Konflikte mit dem Berliner Gemeindevorstand, der ihn im Mai 1907 nach kaum einjähriger Amtszeit dazu veranlasste, seine Stelle als Prediger der Berliner Gemeinde aufzugeben. Es folgten Rabbinerstellen in Kiel, Essen und Bonn, bevor C. 1925 nach Berlin zurückkehrte und Rabbiner an der orthodoxen Grunewald-Synagoge wurde. Während C. und seine Frau in den 20er Jahren in Berlin ein offenes Haus führten und Kontakte zu den wichtigsten Persönlichkeiten des kulturellen Lebens unterhielten – darunter zu Albert Einstein, Else Lasker-Schüler und Alexander Granach –, wurde C. nach 1933 mehrfach verhaftet, bevor ihm 1936 unter abenteuerlichen Umständen die Flucht zunächst in die Niederlande, dann in die USA gelang.

Kurz nach der Jahrhundertwende trat C. als Herausgeber der Zeitschrift *Der jüdische Student* (1901), aber auch als Autor u. a. der »Tendenzsatire« *Amtsgerichtsrat David Markus* (1903) in Erscheinung. Einer größeren Öffentlichkeit wurde er jedoch bekannt als Verfasser zweier Streitschriften über seine Auseinandersetzungen mit dem Berliner Gemeindevorstand: *Mein Kampf ums Recht* (1907) und *Die Geschichte meiner Suspension* (1907), auf die der Gemeindevorstand umgehend mit der Veröffentlichung einer eigenen Version der Ereignisse reagierte. In den folgenden Jahren publizierte C. etliche Arbeiten über religiöse Fragen wie *Suchet mich, so lebet ihr* (1907) sowie über den gegenwärtigen Zustand des Judentums, etwa *Probleme im modernen Judentum* (1910) und *Judentum, ein Aufruf an die Zeit!* (1923). Gleichzeitig begann er mit der Veröffentlichung literarischer Texte; zu seinem Selbstverständnis als deutsch-jüdischer und zugleich dezidiert zionistischer Autor, der sich in den 20er Jahren zunehmend orthodoxen Einflüssen öffnete, hat sich C. selbst mehrfach geäußert. So notierte er in seinem Tagebuch: »Aber so erfolgreich ich auch war als Rabbiner und als Schriftsteller, immer hat der Rabbiner dem Schriftsteller, und der Schriftsteller dem Rabbiner im Wege gestanden, immer hat der Rabbiner über den Schatten des Rabbiners springen müssen.« Und an seinen Bochumer Kollegen Moritz David schrieb er 1913: »Mein Judentum ist mir über alles lieb, und mein Deutschtum ist mir über alles lieb. Ich pflege da keine Abstufungen zu machen.« Diese für das akkulturierte deutsche Judentum des 19. und beginnenden 20. Jahrhunderts gleichsam prototypische Haltung findet ihren Niederschlag auch in C.s vielfältigem literarischen Oeuvre, so in seinen Dramen mit historischer, religiöser, politischer und auch jüdischer Thematik, darunter *Salomo. Ein Festspiel* (1913), *Anna Boleyn* (1921), *Die Jagd Gottes* (1925), *Das reissende Lamm* (1926), *Hotel Eden* (1931), die in der Öffentlichkeit, u. a. in Inszenierungen durch Max Reinhardt, große Beachtung fanden, sowie in seiner Auswahl von Gedichten des jüdischen Dichters Jehuda Halevi (1920). Ab Mitte der 20er Jahre begann C. damit, erzählende Werke mit jüdischen Themen für jüdische Kinder und Jugendliche zu veröffentlichen. Die Anregung dafür erhielt C. offensichtlich durch seine jüngere Schwester Helene Hanna Cohn (1886–1954), die als Sekretärin des Hauptausschusses für jüdische Kulturarbeit sowie als Mitarbeiterin der Zeitschrift *Der Jude* seit Beginn der 20er Jahre eng in die zionistische Kulturpolitik eingebunden war und selbst bereits an mehreren zionistisch ausgerichteten Kinder- und Jugendbüchern mitgewirkt hatte. Als erstes Werk, das auch jugendlichen Lesern zur Lektüre empfohlen wurde, veröffentlichte C. eine Sammlung von *Legenden*, die aufgrund ihres Erfolges in den nächsten Jahren z. T. auch in Separatausgaben erschienen. Mit den Legenden griff C. auf ein innerhalb der jüdischen Literatur erfolgreiches Genre zurück und zugleich auf Themen und Motive, in denen sich ein religiöses Weltbild manifestiert. Zugleich jedoch werden sie säkular gewendet, indem C. die Erzählungen in eine historische Überlieferung einbettete, etwa den Bar Kochba-Aufstand, und diese Überlieferungen gleichzeitig erzählerisch ausschmückte.

C.s publizistisch bedeutendstes und zugleich innovativstes Projekt war jedoch der von ihm seit 1928 herausgegebene *Jüdische Kinderkalender*. Insgesamt erschienen in unregelmäßigen Abständen sechs Jahrgänge mit wechselnden Titeln (und damit Adressaten): Der erste Jahrgang trug den Titel *Jüdischer Kinderkalender*, die Jahrgänge zwei bis vier die Bezeichnung *Jüdischer Jugendkalender*, während die letzten beiden Jahrgänge unter dem Titel *Jüdisches Jugendbuch* veröffentlicht wurden. Obwohl der Almanach ein jüdisches wie nichtjüdisches Kalendarium enthielt, hatte er aufgrund seiner über die Jahre beibehaltenen inhaltlichen Vielfalt eher den Charakter einer Anthologie. Wie die Anthologien enthielten auch die Jahrgänge des Kalenders eine Vielfalt an Gattungen – Kurzgeschichten, historische Erzählungen, Märchen, Legenden, Bildgeschichten, Gedichte, Theaterstücke für Kinder, aber auch Bastelanleitungen, Preisrätsel, Biographien sowie Berichte aus der jüdischen Jugend- und Sportbewegung und aus Palästina. Seine Kind- bzw. Jugendgemäßheit sowie seinen innovativen Charakter demonstrierte der Kalender in der Vielzahl an Illustrationen, die in ihrem Stil an aktuelle Entwicklungen der zeitgenössischen deutschen wie russischen Kunst anknüpften, in dem Aufruf an die Leser, sich an Text und Illustrationen mit eigenen Beiträgen zu beteiligen – hierfür wurde auf analoge Praktiken in anderen jüdischen (Jugend-) Zeitschriften zurückgegriffen – und nicht zuletzt in der ausgewogenen Mischung von historischen und aktuellen Beiträgen. So wurden die Leser in Beiträgen (vor 1933) dazu ermutigt, sich gegen antisemitische Verhaltensweisen zur Wehr zu setzen. Nach der Machtübergabe an die Nationalsozialisten näherten sich die Inhalte des Kalenders zunehmend zionistischen Positionen, was sich u. a. durch eine Zunahme der Berichte über Palästina als zukünftigen Lebensraum des deutschen Judentums zeigt. Die Ausnahmeposition dieses Kalenders innerhalb der jüdischen Kinder- und Jugendliteratur der Weimarer Republik wird nicht zuletzt dadurch unter Beweis gestellt, dass er von Beginn an, trotz seiner zunächst eindeutig reformorientierten Positionen, uneingeschränkte Zustimmung auch von zionistischer wie auch von neo-orthodoxer Seite erhielt, eine positive Resonanz, die sogar von nichtjüdischen Vermittlern geteilt wurde, wie an Rezensionen u. a. in der *Vossischen Zeitung* abzulesen ist.

Neben der Redaktion des Kalenders veröffentlichte C. nach 1933 vor allem (an Jugendliche wie an Erwachsene gerichtete) Sachtexte, darunter eine Fibel zum Erlernen des Neuhebräischen, ein Lexikon über das Judentum, einen Abriss über die jüdische Geschichte sowie – bereits im niederländischen Exil – eine Biographie über David Wolffsohn. Obwohl C.s Name bis heute vorwiegend in Verbindung gebracht wird mit den publizistischen Auseinandersetzungen zwischen ihm und der jüdischen Gemeinde Berlin sowie mit dem *Jüdischen Kinder-Kalender*, zeigt ein Blick auf sein publizistisches wie literarisches Gesamtwerk jedoch, dass er als einer der vielseitigsten zionistischen Autoren vor und während der Weimarer Republik gelten kann.

Werke: Der Brief des Uria. Bonn 1919; Judentum. Ein Aufruf an die Zeit. München 1923 (2. Aufl. 1934); Das reissende Lamm. Drama, Berlin 1926; Jüdischer Kinder-/ Jugendkalender, Jg. 1–6, Berlin 1928–36; Die Legende von Rabbi Akiba, Frankfurt a. M. 1928; Die jüdische Geschichte. Ein Gang durch Jahrtausende, Berlin 1936 (Neuausgabe u.d.T. Von Kanaan nach Israel München 1986); David Wolffsohn. Herzls Nachfolger. Amsterdam 1939; Four Jewish Plays, hg. H.F. Rubinstein, London 1948; Stories and Phantasies of the Jewish Past, Philadelphia 1951.
Literatur: B. Cohn, E.C. – Fighter and Poet (1881–1948), in: Paul Lazarus Gedenkbuch, hg. S.F. Rülf, Jerusalem 1961, 101–109; A. Völpel, The First Issue of the Jewish Children's Calendar, in: Yale Companion to Jewish Writing and Thought, 1096–1996, hg. S.L. Gilman and J. Zipes, New Haven 1997, 485–491; D. Horner, E.B.C. Rabbi, Playwright and Poet, Teetz 2009.

Gabriele von Glasenapp

David, Jakob Julius

Geb. 6.2.1859 in Mährisch-Weißkirchen;
gest. 20.11.1906 in Wien

Wie bei so vielen seiner Generation führte D.s Lebensweg von der Peripherie des Habsburger Reiches in dessen Metropole Wien. Nach dem Besuch der Gymnasien in Teschen, Toppau und Kremsier (der frühe Tod des Vaters zog diesen häufigen Ortswechsel der Familie nach sich) zog D. 1877 nach Wien, zunächst zum Studium, später arbeitete er als Privattutor und Journalist. Nach seiner Promotion (in Pädagogik) und ersten schriftstellerischen Erfolgen ließ D. sich 1891 taufen, um die Katholikin Juliane Christiane Ostruszka zu heiraten.

Land und Leute seiner mährischen Heimat und das akademische

Großstadtproletariat der Bummelstudenten und Gelegenheitsjournalisten in Wien (ein Milieu, das in Theodor Herzls *Altneuland* [1902] als Argument für eine zionistische Alternative figuriert) liefern die beiden Hauptstoffe für sein Werk, und in diesen beiden Lebensbereichen begegnen auch die wenigen jüdischen Figuren seiner Texte. Ein Hauptanliegen von D.s Darstellung jüdischer Figuren bildet die Untersuchung des Verhältnisses von Erbanlage und Umwelteinfluss. In seiner ersten Großerzählung *Das Höferecht* (1890) macht D. zwei Faktoren für die unheilvolle Rolle verantwortlich, die die junge Jüdin in der Dorfgemeinschaft spielt: den Religionsfanatismus des Vaters und die lächerlichen gesellschaflichen Aufstiegsaspirationen der Mutter. Für die junge Jüdin ist Sexualität der Weg, sich aus ihrer bedrückenden Situation zu befreien; dabei wird sie selbst schuldig – weswegen D. diese Figur als »ewige Jüdin« bezeichnet hat. Einen männlichen, ebenfalls schuldhaften Weg der Auflehnung gegen die eigene jüdische Lage beschreibt D. in dem Roman *Das Blut* (1891), in der ein schwächlicher, geprügelter Judenjunge als Lebensmotto formuliert: »Wer aber gut rechnen kann, der weiß von jeder Sache, was sie werth ist, und kann kaufen und verkaufen, ohne daß man ihm schaden kann. Beides muß man verstehen, und wer es so gut kann wie sonst keiner, der wird der Reichste. [...] und die unten werden schauen und buckeln.« In seiner deterministischen Bestandsaufnahme der zeitgenössischen Conditio Judaica – das Milieu prägt das individuelle Schicksal – zeigt sich D. der Gedankenwelt des Naturalismus verhaftet. In seinem Großstadtroman *Am Wege sterben* (1900) verteidigt D. dann allerdings die Entscheidungsautonomie des Einzelnen, sich aus vermeintlich vorbestimmten Bahnen zu befreien. Hier ist es der jüdische Armenarzt Simon Siebenschein, der als Einziger aus einer Gruppe (ansonsten nichtjüdischer) Bummelstudenten nicht sozial und moralisch verkommt, sondern durch tätige Mitmenschlichkeit eine Alternative zu dem ahasverischen Teufelskreis aufweist, der das Judenbild in *Das Höferecht* bestimmt hatte. Dieser individuelle Ausweg ist aber bar jedes jüdischen Charakters, er löst die jüdische Tragik der früheren Texte D.s in einer sozialromantischen Vision auf. In seinen späten Texten figurieren die wenigen jüdischen Nebenfiguren dann als integraler Bestandteil der ländlich-kleinstädtischen mährischen Welt; eine Auseinandersetzung mit einer speziellen jüdischen Problematik ist hier nicht mehr vorhanden.

Werke: Gesammelte Werke, hg. E. Heilborn u. a., München 1908 f.; Verstörte Zeit. Erzählungen, hg. F. Krobb, Göttingen 1990.

Literatur: P. Goldammer, J.J.D. – Ein vergessener Dichter, in: Weimarer Beiträge 5 (1959), 323–368; F. Krobb, Zur jüdischen Problematik bei J.J.D., in: Bulletin des Leo Baeck Instituts 85 (1990), 5–14; L. Pouh, Wiener Literatur und Psychoanalyse. Felix Dörmann, J. J. D. und Felix Salten, Frankfurt a. M. 1997, 81–156; F. Krobb, J.J.D., in: Major Figures of Nineteenth-Century Austrian Literature, hg. D.G. Daviau, Riverside 1998, 187–220; W. Beutin, Subversive Potentiale in den Dichtungen J. J. D.s, in: Radikalismus, demokratische Strömungen und die Moderne in der österreichischen Literatur, hg. J. Dvorák, Frankfurt a. M. 2003, 175–196; C. Peck, »Paralysis progressiva«. Zur Figuration des Bildungsproletariats in J. J. D.s Wien-Roman *Am Wege sterben*, in: Internationales Archiv für Sozialgeschichte der deutschen Literatur 35 (2010), 2, 37–60.

Florian Krobb

Deutschkron, Inge

Geb. 23.8.1922 in Finsterwalde

1945 gehörten D. und ihre Mutter zu den nur knapp 1500 Berliner Juden, die in der Illegalität überlebt hatten. In ihren Jugenderinnerungen *Ich trug den gelben Stern* (1978) schildert D. die Umstände ihres Überlebens. Der Text, aber auch die

von V. Ludwig und D. Michel erstellte Dramatisierung, die unter dem Titel *Ab heute heißt Du Sarah* seit vielen Jahren am Berliner Grips-Theater und anderen Bühnen aufgeführt wird, wurden zu einem großen Publikumserfolg. D.s Jugendbiographie wurde zum ›Modellfall‹ einer Berliner Überlebensgeschichte. 1955 begann sie ihre Tätigkeit als freie Journalistin, sie berichtete auch über den Frankfurter Auschwitzprozess und arbeitete in Bonn u. a. als Deutschlandkorrespondentin der israelischen Zeitung *Maariv*.

D. stammt aus einem sozialdemokratischen Elternhaus. Der Vater geriet 1933 in politische Bedrängnis und wurde aus rassischen und politischen Gründen aus dem Schuldienst entlassen. »Ich sehe ihn noch heute vor mir, wie er erblaßte und jeden

Satz, jedes Komma dieses Schreibens genau studierte, als könnte er in ihm doch noch einen anderen Sinn finden.« Seine preußische Gesetzestreue überwindend, entzog er sich der bevorstehenden Verhaftung und bekannte sich zur Schicksalsgemeinschaft der verfolgten Juden. D. wurde wie alle jüdischen Schüler diskriminiert und lernte an jüdischen Schulen in der Hoffnung weiter, in nächster Zukunft, »nach dem Nazireich«, das Gymnasium nachzuholen. Sie erfuhr von Verhaftungen und Auswanderungen und erlebte 1938 den Novemberpogrom: »Das Klirren der Scheiben am 9. November hatte das Ausland nicht dazu veranlaßt, seine Einwanderungspolitik auch nur um ein Jota zu verändern. Für die deutschen Juden, auch die deutschesten unter ihnen, wurden die Geschehnisse des 9. November zum Alarmsignal.« 1939 floh der Vater nach England, zusammen mit der Mutter bezog D. ein möbliertes Zimmer. Der Kriegsbeginn machte es ihnen unmöglich, dem Vater zu folgen. D.s Überleben in Berlin wurde durch zahlreiche Hilfeleistungen im weiteren Freundeskreis ermöglicht; so arbeitete sie in der Blindenwerkstatt O. Weidts, der vielen Juden half. Mithilfe von Freunden tauchte sie als »geflitzte Jüdin« in wechselnden Wohnungen unter und entging so mehrfach der bereits verfügten Deportation. In den Wirrnissen der Bombardierung Berlins teilte sie das Schicksal der Ausgebombten und erlebte die Stimmung der Bevölkerung angesichts der lange verdrängten Realität des Luftkriegs. Mit falschen Ausweispapieren und viel Glück konnte sie zusammen mit der Mutter das Kriegsende erleben.

Ich trug den gelben Stern zeichnet in einem unprätentiösen, sachlich-nüchternen Stil ein differenziertes Bild der Berliner Gesellschaft der Kriegsjahre. Der selbstbewusste Gestus des kämpferischen Ichs bildet ein Gegenstück zu den Aufzeichnungen der ermordeten Anne Frank und hat das Bild der Juden als Opfer des Nationalsozialismus in der deutschen Literatur verändert. Mit Blick auf ein jugendliches Publikum akzentuiert das Theaterstück die Beziehung der Hauptfigur zu jüdischen und ›arischen‹ Gleichaltrigen und zeigt Inges Mut, aber auch ihre Ängste und Skrupel, wenn ein anderer an ihrer Stelle deportiert wird. Mit *Unbequem. Mein Leben nach dem Überleben* (1992) setzt D. ihr autobiographisches Schreiben fort, der Zeit von 1945 bis Ende der 80er Jahre zugewandt. D. schreibt als kritische Journalistin, der gewählte Ton ist bitterer als in der Jugendbiographie. »Niemand ist mehr am Leben«, schrieb die 23-Jährige am 5. Februar 1946 dem Vater, der wie viele Exilierte keine Vorstellung vom Ausmaß der Vernichtung hatte. Die erste jüdische Hochzeit nach Kriegsende in der einzigen intakten Synagoge beschreibt D. symbolisch als Trauerfeier für die Ermordeten. Als Mitarbeiterin der Zentralverwaltung für Volksbildung wird sie zur Zeugin der ideologischen Gleichschaltung in der sowjetisch besetzten Zone und damit von Ereignissen, »die dem System der Nazi-Diktatur ähnelten«. Aufschlussreich ist ihr Bild des Bonner politischen Establishments und des verkrampften Versuches, versöhnliche Beziehungen zu Israel aufzubauen. 1966 erwarb D. die israelische Staatsbürgerschaft; mit Beginn der 70er Jahre geht sie nach Israel, wird zur kritischen und anteilnehmenden Beobachterin des Landes, die auch die israelisch-arabischen Kontroversen aus nächster Nähe beobachtet und beschreibt. Die von D. 2006 gegründete »I. Deutschkron-Stiftung« setzt sich gegen Rechtsradikalismus ein, für Zivilcourage und für das Gedenken an die »stillen Helden« im nationalsozialistischen Deutschland, die Lebensretter vieler Juden.

Werke: (als Hg.) … denn ihrer war die Hölle. Kinder in Gettos und Lagern, Köln 1965; Ich trug den gelben Stern, Köln 1978; Milch ohne Honig. Leben in Israel, Köln 1988; Unbequem. Mein Leben nach dem Überleben, Bielefeld 1992; Emigranto. Vom Überleben in fremden Sprachen, Berlin 2001; Papa Weidt : er bot den Nazis die Stirn, Kevelaer 2001; Das verlorene Glück des Leo H., Frankfurt a. M. 2002; Offene Antworten: meine Begegnungen mit einer neuen Generation, Berlin 2004.

Barbara Breysach

Dischereit, Esther

Geb. 23.4.1952 in Heppenheim a.d.B.

Die Erfahrung ihrer Mutter, die »mitten unter den Nazis überlebte, eine von diesen unwahrscheinlichen 5000«, hat das politische und literarische Selbstverständnis von D. geprägt. »Sie hörte die ›normalen‹ Vorurteile eines Buchhalters mit Todesfolge, spürte die Macht der Lebensmittelkartenbesitzerin, die Augen der Blockwarte.« Die Verfolgungsgeschichte der Mutter im nationalsozialistischen Deutschland, ihre gesundheitlichen Schäden und sozialen Ängste im Nachkrieg werden für die Autorin zum Prüfstein der deutschen Gegenwart. In Deutschland, in der Kultur der »Mehrheitsdeutschen«, zu leben und zu arbeiten, bedeutet für D. Herausforderung und Reibungsverlust.

Nach einem Lehrerstudium, der Ausbildung zur Setzerin, anschließender mehrjähriger Berufsausübung und Gewerkschaftsarbeit veröffentlicht D. seit 1988 literarische Arbeiten. In den Prosabüchern *Joëmis Tisch* und *Merryn* wird ein erzählerisches Vexierspiel zwischen der Geschichte der Mutter und der eigenen Lebenssituation in der Bundesrepublik entfaltet. Sätze wie »Ihr nicht gelebtes Leben soll in mir leben« und »Ich bin das einzige Kapital einer armen Frau« sprechen von der Bindung an die traumatische Verfolgungs- und Überlebensgeschichte. Dabei verlässt die Autorin die raumzeitliche Logik und stellt dem Leben in der Illegalität eine subversive Erzählstrategie zur Seite. Vor dem Hintergrund der Shoah und ihrer Konsequenzen heute fragen D.s Prosatexte im Sinne Adornos ganz konsequent, ob es für Juden in Deutschland »ein richtiges Leben im falschen« geben könne. Die Einsicht in die erstarrten Reglements der deutsch-jüdischen Verständigung ist ein entscheidender Anstoß für D.s Werk, das aus Essays, erzählender Prosa, Hör- und Theaterstücken und Gedichten besteht. »Bundesdeutsche Realität ist eine Erörterung des Jüdischen, so, als sei dem Deutschen ein kollektiver Patient zugewachsen, dessen Krankheit noch gesucht – zögernd ertastet werde, begleitet mit viel Gespräch, viel Verständnis.« *Joëmis Tisch* beschreibt den Ausbruch aus einer linken, an der Arbeiterbewegung orientierten Existenz und die Wendung hin zu einer deutsch-jüdischen Identität. Diese Sinnsuche bleibt ein Unternehmen mit offenem Ausgang, festgehalten und zugespitzt in Gesprächssituationen. Für den Großteil der deutschen Gesellschaft ist die Verständigung mit der jüdischen Frau Begegnung mit einem Tabu. D. spürt die pathologischen Beziehungsstrukturen von Juden und Deutschen auf, die auch als »negative Symbiose« erkannt wurden (Diner). Sie konfrontiert mit einem Bild der deutschen Gesellschaft, in der es nach wie vor nicht normal ist, »überhaupt jüdisch zu sein und zu leben«. Zugleich gehen D.s Texte gegen das stereotype Bild von Jüdischsein und Judentum in der deutschen Öffentlichkeit an, das andere, soziale und sexuelle, Realitäten ausschließt. Kritiken, die ihre Darstellung des Judeseins wegen »Vermischung mit einer Weiblichkeit, mit Sexualität, mit Gewaltphantasien« ablehnen, benutzt D. zunehmend als Stimulans ihrer Gegen-Ästhetik. Dabei bedient sie sich offener Werkformen, die die Differenz von Autor- und Erzählinstanz unterlaufen. In *Merryn* werden jüdisches und weibliches Schicksal als untrennbar körperliche Traumata greifbar. Die Fremdheit der 16-jährigen Heldin in der rohen Männergesellschaft ist doppelt konnotiert und lässt jede Begegnung zur Verletzung werden. »So lag sie in der Berührung wie sprödes Holz und splitterte dabei.« In *Merryn* hat D. zu einem Hyperrealismus gefunden, die Dingwelt offenbart sich als Verbündete der gesellschaftlichen Machtstrukturen, in deren Negation sich das erzählende Ich sucht.

Die Gedichte des Bandes *als mir mein golem öffnete* (1996) knüpfen an die Erkenntnis an, dass, als Jüdin zu sprechen, »prostitutive« Eigenschaften annehmen kann: »an meinen schwarzen Haaren/ euer Glied gerieben«. Im freien Rhythmus und ohne Reim geschrieben, erlauben diese Gedichte der Autorin mehr sprachliche Freiheit und körperliche Konkretion: »Ich ziehe mir die Farben/ aus der Haut/ lege meine Blöße aus.« Sich unkenntlich zu machen, wäre nur ein Scheinausweg aus dem schmerzhaften Exponiertsein als Anderer und Opfer, dessen Überwindung das Engagement von D.s Gesamtwerk gilt.

Ästhetisch nehmen D.s Hörspiele mit ihrer Nähe zum gesprochenen Wort und zur Welt der Töne und Geräusche einen zentralen Ort in ihrem Werk ein. In *Anschriften* (1999) weigert sich eine Angestellte, mit ihrem Betrieb in die Provinz nach Chelmbach zu ziehen, einem Wortspiel aus Chełmno/Kulmbach. Ihre Idiosynkrasie gilt dem Konservieren von Geschichte in Museen. Dass diese Opposition auf Unverständnis stößt, ist eng verbunden mit der drohenden Wiederkehr von Vergangenheit, die von der Hauptfigur als etwas Unsagbares erlebt wird. Als ganzheitliches Wesen ist der Mensch für D. nie nur sprachlich vermittelbares Sein. In Wort-Klang-Installationen mit Jazz-Musikern und Vertretern der Neuen Musik hat D. die Musikalität von Sprache entdeckt und für ihre Selbstfindung als jüdische Künstlerin in der Bundesrepublik fruchtbar gemacht: »Das Wort war ein Mann/ ihm gab ich meinen Namen/ der Körper brach sich daran/ Ich verzieh nicht/ daß er das Wort nicht war/ so gab ich schließlich/ dem Wort meinen Körper.« D. sucht in ihren literarischen und essayistischen Äußerungen ihren unverwechselbar jüdischen und weiblichen Namen. Hatte jüdische

Intellektualität im deutschen Sprachraum vor 1933 ihre Kraft noch aus der Moderne und der Erfahrung der Negativität der Offenbarung geschöpft, so sieht D. sich angesichts der Erfahrung der Shoah einem Nicht-Sein von Judentum in Deutschland ausgesetzt, dessen Aporien sie sich kompromisslos zuwendet. D. beharrt auf ihrem »schwachen, sich im Deutschen suchenden Ich«. Als streitbare und konfrontative Partnerin der jüdisch-deutschen Annäherungen, der kulturpolitischen Debatten der Nachwendezeit (etwa Walser-Bubis-Debatte), aber auch als kritische Beobachterin der politischen Redekultur wendet sich D. gegen alle Formen sozialer Kälte.

2006 entstand in polnisch-deutscher Koproduktion der Film *Ein Kleid aus Warschau* (zusammen mit Michał Otłowski). Im Auftrag der Stadt Dülmen (Westfalen) realisierte D. im Herbst 2008 eine Klanginstallation zum Gedächtnis für die ermordeten und vertriebenen jüdischen Bürger: 55 »Klangzeichen« kommen nach dem Zufallsprinzip zu Gehör, sie evozieren Exil, Deportation, Enteignung, Mord und den Untergang einer ehemals selbstverständlichen Lebenswelt: »Dann reichte meine Mutter dem Metzger die Kasserolle über die Theke, und er wog das Fleisch vom Rind und die Leber vom Rind, gab alles durch den Fleischwolf, vermengte die Masse, gab Gewürze hinzu, so wie sie es sagte, und füllte sie in die Form. Anderntags kamen wir wieder und holten sie ab.«

Als ein künstlerischer Impuls erweist sich bei D. der Zweifel an der Muttersprache, an einem nur scheinbar unhintergehbaren Eigentum, das sich in Zeiten geraubter Staatsbürgerrechte als zweifelhaftes ›Gastgeschenk‹ entpuppt, – ähnlich, wie dies in Jacques Derridas Reflexionen zur »Einsprachigkeit des Anderen« zum Ausdruck kommt. 2009 erhielt D. den Erich-Fried-Preis; sie wurde immer wieder durch Stipendien und Gastdozenturen geehrt.

Werke: Joëmis Tisch. Eine jüdische Geschichte, Frankfurt a. M. 1988; Merryn, Frankfurt a. M. 1992; als mir mein golem öffnete. Gedichte, Passau 1996; Übungen jüdisch zu sein. Aufsätze, Frankfurt a. M. 1998; Rauhreifiger Mund oder andere Nachrichten, Berlin 2001; Mit Eichmann an der Börse. In jüdischen und anderen Angelegenheiten, München 2001; Im Toaster steckt eine Scheibe Brot. Gedichte, Berlin 2007; Vor den Feiertagen gab es ein Flüstern und Rascheln im Haus. Dülmen Eichengrünplatz, Berlin 2009.
Literatur: Reemerging Jewish Culture in Germany, hg. S.L. Gilman u. a., New York 1994; E. Lezzi, Geschichtserinnerung und Weiblichkeitskonstruktion bei E.D. und Anne Duden, in: Aschkenas. Zeitschrift für Geschichte und Kultur der Juden 1 (1996), 117–148; I. Shedletzky, Eine deutsch-jüdische Stimme sucht Gehör – Zu E.D.s Romanen, Hörspielen und Gedichten, in: In der Sprache der Täter. Neue Lektüren deutschsprachiger Nachkriegs- und Gegenwartsliteratur, hg. St. Braese, Opladen u. a. 1998, 199–225; H. Schruff, Wechselwirkungen. Deutsch-jüdische Identität in erzählender Prosa der zweiten Generation, Hildesheim 2000; Contemporary German Writers. E.D., hg. K. Hall, Cardiff 2007.

Barbara Breysach

Döblin, Alfred

Geb. 10.8.1878 in Stettin;
gest. 26.6.1957 in Emmendingen

»Ich will nicht vergessen: ich stamme von jüdischen Eltern.« Diese knappen Worte über seine jüdische Herkunft, von D. in die für das Archiv der Preußischen Akademie der Künste handschriftlich verfassten Personalnachrichten eingefügt, komprimieren einen Zusammenhang, der in Leben und Werk des Autors tiefe Spuren hinterlassen hat. D. ist zu dieser Zeit – im Februar 1928 – längst kein Mitglied der Jüdischen Gemeinde mehr, die er bereits 1912 verlassen hat, und beantwortet die Frage nach seiner Religionszugehörigkeit demnach zutreffend mit »keine«. Andererseits fühlt er sich Juden und Judentum nach wie vor in einer komplexen Weise eng verbunden: kritisch gegenüber den assimilierten »Dreitagejuden« seiner eigenen westlichen Umgebung, fasziniert von der sicht- und spürbaren Identität der Ostjuden.

Es wäre freilich verfehlt, D.s vielfältiges Gesamtwerk hauptsächlich unter jüdischer Perspektive zu interpretieren. Dies gilt nicht nur wegen des nach langem religiösem Ringen erfolgten Übertritts zur katholischen Kirche im amerikanischen Exil 1941, sondern vor allem angesichts einer Bildungsgeschichte, zu deren frühen Identifikationsangeboten so disparate Einflüsse gehören wie Kleist und Hölderlin, Augustinus und Spinoza, Hegel und Schopenhauer, Nietzsche und Dostojewski.

Hinzu kommen nicht nur die Naturwissenschaften einschließlich Medizin und vor allem Psychiatrie, sondern auch die Bildende Kunst und vor allem der Bereich der Musik, der für D.s poetologische Programmatik von zentraler Bedeutung ist (*Gespräche mit Kalypso*, 1910). Im Umkreis des Berliner Expressionismus, insbesondere im *Sturm*-Kreis um Herwarth Walden, entwickelt D. seinen ›Döblinismus‹, der sich gegen jede dogmatische Fixierung wendet und in der Tat im Lauf seines Lebens zu einer ästhetisch so unterschiedlichen literarischen Produktion geführt hat, dass es sehr schwer ist, einen gemeinsamen Nenner des Lebenswerks zu finden. So fasziniert D. zu dieser Zeit der fernöstliche Taoismus, der erste wichtige Roman (*Die drei Sprünge des Wanglun*, 1915) wird folgerichtig im China des 18. Jahrhunderts angesiedelt. Als frühes Bekenntnis zu einer neuen Epik kann das »Berliner Pro-gramm« *An Romanautoren und ihre Kritiker* (1912) gelten, das sich gegen den herkömmlichen psychologischen Roman wendet und stattdessen die Darstellung der kollektiven Natur mittels »Tatsachenphantasie« fordert. Nicht nur *Wanglun*, sondern auch der 1920 erscheinende Roman *Wallenstein* folgt dieser Positionierung moderner Epik. Der um die beiden Hauptfiguren Wallenstein und Kaiser Ferdinand angesiedelte Roman ist zugleich eine stellvertretende Auseinandersetzung mit dem Ersten Weltkrieg. Dass D. freilich immer auch das Schicksal der Juden mit im Blick hat, zeigt eine von einem geradezu magischen Realismus bestimmte Episode im Vierten Buch: die Verbrennung eines (getauften) Juden, dem Hostienschändung vorgeworfen wird. Nicht nur das Recht des Gemarterten zu brüllen (Adorno) wird hier in allen Einzelheiten seelischer und körperlicher Qualen vorgeführt, sondern zugleich auch die kalte Mitleidlosigkeit eines gemischten Publikums, für das die Exekution nichts ist als Befriedigung eigener sadistischer Gelüste.

In den 20er Jahren wird u. a. Arno Holz zum Gewährsmann eines neuen sozialethisch wie individualistisch-anarchistisch fundierten Naturalismus, dessen Kernstück die Lehre vom »Ich als Stück und Gegenstück der Natur« ist. Dieser Naturalismus beeinflusst bis in die 30er Jahre das dichterische Werk, so auch *Berlin Alexanderplatz* (1929), D.s größter Erfolg und einer der großen Romane der europäischen Moderne. Im gleichzeitig entstehenden Vortrag *Der Bau des epischen Werks* (1928) entwickelt D. seine Theorie des modernen Epos weiter, indem er nun mit ethisch-didaktischer Zielrichtung neben der personalen Erzählhaltung auch den auktorialen Erzähler wieder in seine Rechte einsetzt, um die Überwindung des alten und die Entstehung des neuen Menschen am Fall des Berliner Transportarbeiters Franz Biberkopf darstellen zu können. Zugleich wird die Großstadt in ihrer Vielstimmigkeit mittels eines virtuos gehandhabten Montageverfahrens als Bedingung moderner Existenz vorgeführt. Die thematische wie formale Eigenart des Romans ist wesentlich auch von jüdischen Traditionen religiöser Sinnsuche und ihrer erzählerischen Vermittlung bestimmt: einmal durch eine Vielzahl zentraler biblischer Motive (Genesis, Jeremia, Prediger Salomo, Hiob, Esther, aus dem Neuen Testament die auf Jeremia bezogene Johannes-Apokalypse), zum andern durch die von zwei Ostjuden des Scheunenviertels erzählte Geschichte vom Zannovich gleich zu Beginn des Romans, die strukturbildend für das ganze Werk ist und deutliche Stilformen der jiddischen Lehrerzählung verwendet. Sinn ist immer kommunikativ zu konstruieren, nie dogmatisch zu fixieren – diesem Prinzip jüdischer Hermeneutik ist auch D.s Roman verpflichtet. Dass bereits im Bericht *Reise in Polen* (1926) wichtige Strukturelemente des Romans experimentierend vorformuliert sind, unterstreicht die nicht nur weltanschauliche, sondern auch artistische Bedeutung, die die Entdeckung der Ostjuden als eines Volks mit bei aller Varietät erstaunlich eindeutiger Identität für D. gehabt hat. Gerade die widersprüchlichen Eindrücke in Polen machen den Gewinn dieser Reise aus und schlagen sich im Bericht auch formal nieder. So kann sich D. in seiner später, in *Unser Dasein* (1933), formulierten Einsicht bereits jetzt bestätigt fühlen, dass die »Spannung des Widerspruchs« das menschliche Leben bestimmt und jeder Versuch, »die Welt glatt und einwandfrei logisch verstehen zu können«, illusorisch ist. Die Spannungslosigkeit des westlichen Assimilationsparadigmas erhält in der höchst gespannten Existenz ostjüdischer Lebensweise ihre lebensnotwendige Korrektur.

Das durch das Dritte Reich unabwendbar gewordene Exil führt D. mit seiner Familie zunächst nach Zürich, dann seit Ende 1933 nach Paris, wo in erstaunlich kurzer Zeit der Roman *Babylonische Wandrung oder Hochmut kommt vor dem Fall* (1934) zu Ende geführt wird – ein Werk von geradezu kosmischer Komik, die angesichts der bedrohlichen Weltlage das vielleicht einzige Mittel einer geistigen Bewältigung darstellt. Eine Art autobiographischer Rechenschaft ist der Roman *Pardon wird nicht gegeben* (1935), in dem zugleich das ethische Versagen des Bürgertums als Grund für den Einbruch des Faschismus dargestellt wird. Der seit 1935 entstehende *Amazonas*-Roman ist ein eindrücklicher Beleg für die Revision der noch in den 20er Jahren erhofften Einheit von mystischem Naturbegriff und materialistisch-technischer Zivilisation, wie sie den Roman *Berge, Meere und Giganten* (1924, neue Kurzfassung *Giganten*, 1932) bestimmt hat. Noch vor Kriegsbeginn erscheint der erste Teil der großen Roman-Tetralogie *November 1918* (*Bürger und Soldaten 1918*, 1938), die vollständig erst nach D.s Tod in einer vorläufigen (1978) und einer endgültigen Gesamtausgabe (im Rahmen der *Ausgewählten Werke*, 1991) erscheinen konnte. 1940 wird das Jahr einer grundsätzlichen Wende, die – längst vorbereitet durch die Reise nach Polen und nun befördert durch eine Art mystischen Erlebnisses in der Verlassenheit des französischen Fluchtorts Mende – zu dem 1941 in den USA vollzogenen Übertritt zum Katholizismus führt. Dieser Schritt bedingt allerdings keineswegs eine kirchliche Dogmatisierung D.s: Er bleibt, was er immer gewesen ist, ein religiöser Mensch ohne das Bedürfnis vermittelnder Instanzen zum Göttlichen. Nicht nur der zu Ende geführte *November*-Roman, sondern vor allem der letzte große Roman, *Hamlet oder die lange Nacht nimmt ein Ende* (1946 vollendet, 1956 in der DDR erschienen), zeugt von der religiösen Wendung, steht aber auch in der autobiographischen Kontinuität des Gesamtwerks, das vom Motiv der Heimkehr, vom Vater-Sohn-Konflikt und einer ebenfalls keineswegs unproblematischen Mutter-Sohn-Bindung bestimmt ist. Die letzten Lebensjahre seit der Rückkehr nach Europa 1945 werden zu einer einzigen Odyssee zwischen Paris und der unheimisch gewordenen Heimat Deutschland, wo der Schriftsteller D. angesichts der restaurativen Grundstimmung keinen Platz mehr hat.

Im breiten Spektrum des D.schen Werks finden sich eine ganze Reihe Schriften, in denen Probleme jüdischer Existenz und Kultur thematisiert werden. Bei ihrem Entstehen spielt der seit dem Ersten Weltkrieg rabiat anwachsende Antisemitismus eine entscheidende Rolle; das Judentum als religiöser Komplex lässt ihn künftig ebenso wenig gleichgültig wie die immer prekäre Existenz der Juden – sei es als identifizierbares Volk im Osten oder als um Akkulturation oder Assimilation bemühte Gruppe im Westen. Vom Beginn der 20er bis zum Ende der 30er Jahre bilden Aufsätze und Schriften zur jüdischen Kultur und jüdischen Existenz einen wesentlichen Teil des schriftstellerischen Engagements, wobei die Jahre 1923–25 einerseits, 1932–37 andererseits die Schwerpunkte ausmachen.

Bereits in den frühen Äußerungen zu jüdischen Fragen (etwa *Zion und Europa*, 1921) fällt auf, dass D. scharf zwischen Westjuden und Ostjuden trennt: Was den einen an Eigentümlichkeit und vitaler Kraft fehlt, haben die anderen im Übermaß. Noch allerdings ist D. von der Unausweichlichkeit des Verschwindens der Juden durch Assimilation überzeugt, und er scheint diesem prognostizierten Prozess kaum negative Seiten zuzuschreiben. Zionismus jedenfalls ist kein Programm, das er zu diesem Zeitpunkt unterstützen könnte. Zum unmittelbaren Anlass für eine nähere Beschäftigung D.s mit Zionismus und Territorialismus werden die pogromartigen Ausschreitungen gegen die Ostjuden des Scheunenviertels am 5. und 6. November 1923. Bereits zuvor hatte D. mehrfach – und wieder im Gegensatz zu der Öde herkömmlicher Kulturtradition – auf Leistungen ostjüdischer Theater und Autoren hingewiesen und damit seine Faszination durch diese fremde und vitale Welt kundgetan. Nun muss D. feststellen: »Große Verängstigung unter den Juden vor den nächsten Tagen; Das ›Exil‹ wird vielen wieder deutlich.« Mit diesem Satz fasst D. bündig die charakteristische Existenzform der Juden seit ihrer Zerstreuung zusammen: Das ›Exil‹ ist und bleibt – trotz aller Bestrebungen, über die Emanzipation in die jeweilige Majorität integriert zu werden – ihr Ort, und der immer wieder aufflammende Antisemitismus, die permanente Pogromdrohung ist das Menetekel, das sie an diese Existenzform des ›Galuth‹ leidvoll erinnert. Ihm selbst hat diese Erfahrung den Anstoß gegeben, sich über jüdische Alternativen näher zu informieren. D. lernt in Berlin namhafte Vertreter des Zionismus und Territorialismus kennen und bezieht 1924 in einem Vortrag über *Zionismus und westliche Kultur* Stellung zu diesen alternativen Lösungen der ›Judenfrage‹. Gegenüber »Rabbinismus und der Jahwereligion« bleibt D. skeptisch und befürwortet für den Osten eine nationale Existenz des jüdischen Volkes auf territorialistischer Grundlage. Die *Reise in Polen* (1926) wird von J. Roth zu Recht als eine »Reise zu den Juden« verstanden, deren nationale ostjüdische Identität von D. nun stets der entfremdeten westjüdischen Existenz polemisch und in gleichsam pädagogischer Absicht entgegengesetzt wird. Zugleich aber zeigt sich D. fasziniert vom polnischen Katholizismus – zwischen Judentum und Christentum wird der Autor künftig seinen eigenen religiösen Weg suchen.

Erst 1932 beginnt eine neue Phase des jüdischen Engagements, dessen sozial-philosophische Grundlage das siebte Buch von *Unser Dasein* enthält (erschienen noch April 1933). »Wie lange noch, jüdisches Volk-Nichtvolk?« – der Titel verweist auf den Tenor der nun beginnenden Aktivität D.s in Zürich und Paris bis 1937; nicht von ungefähr erscheint das überarbeitete siebte Buch unter dem Titel *Jüdische Erneuerung* im November 1933 separat als erste selbständige Veröffentlichung des Exils. Die ›theokratische‹ Phase der ausschließlichen Konzentration auf Bibel und Talmud ist für D. ebenso ein Notbehelf zum Überleben im Ghetto wie der traditionelle Messianismus eine Ausprägung falscher Hoffnung auf die Zukunft; es geht vielmehr angesichts der Bedrohung durch den Faschismus darum, wieder an die alte Stärke des Volkes Israel vor der Zerstreuung in alle Welt anzuknüpfen – Gegenwart als Volk, wo immer sie zu realisieren ist, ist die Parole. Dabei müssen alle Illusionen über den Prozess der Emanzipation aufgegeben werden, die nun lebensgefährlich geworden sind. Sofern überhaupt in diesem Zusammenhang ›Religion‹ wichtig ist, dann eine Menschheitsreligion, bei der »Diesseitslehre, Weltlichkeit und Gerechtigkeit« im Mittelpunkt stehen.

Als Lösung der »Judennot« plädiert D. für jüdische Massensiedlungen in aller Welt; Palästina wird also keineswegs als einziges Zufluchtsland gesehen. Damit schließt D. an den Neoterritorialismus an, für dessen Institutionen (vor allem die internationale Freilandliga) er organisatorisch tätig ist. Eine auch religiös intensive Beziehung verbindet D. seit Mai 1934 mit Nathan Birnbaum, in dessen Zeitschriften *Der Ruf* und *Der jüdische Volksdienst* er mehrere Beiträge veröffentlicht. 1935 erscheint als literarische Summe von D.s jüdischem Engagement *Flucht und Sammlung des Judenvolks*, ein Band mit Prosa und zwei Erzählungen, der wesentliche Beiträge aus den Jahren 1934 und 1935 enthält. Nun sieht D. realistischerweise – wie die Zionisten – Palästina als einzig möglichen Fluchtort für die Juden; wichtiger aber ist ihm – wie dem Kulturzionismus, aber auch vom religiös-orthodoxen Standpunkt her Nathan Birnbaum – eine Neubesinnung auf die »Jiddischkeit« der Juden.

Resümiert man D.s jüdisches Engagement, so ist dessen Ehrlichkeit ebenso wenig zu bestreiten wie die notgedrungen eingeschränkten Mittel, über die der Autor verfügt. So ist nicht zu übersehen, dass er sich – schon aus Mangel an Kenntnissen im Hebräischen – bezüglich der jüdischen Quellen auf sehr dünnem Eis bewegt: Seine Hauptquellen sind die großen historischen Darstellungen von Heinrich Graetz und Simon Dubnow, außerdem die Luther-Bibel und die Übersetzung des Babylonischen Talmud durch Lazarus Goldschmidt. D. verfährt mit seinem Quellenmaterial wie immer sehr frei, kompiliert, verkürzt und scheut gelegentlich auch nicht vor einer Verkehrung von zitierten Passagen ins Gegenteil des Textsinns zurück. Entscheidend ist immer die eigene Darstellungsabsicht – ein Verfahren, das dem Autor nicht vorgeworfen werden kann: Sein Ehrgeiz ging nicht auf wissenschaftlichen Lorbeer aus, sondern er wollte angesichts der voraussehbaren Katastrophe der europäischen Judenheit ein Zeichen für eine Neubesinnung setzen, zu dessen Propagierung ihm alle argumentativen Mittel recht waren. Diese Neubesinnung sollte auch die Nichtjuden aus ihrer geistigen Lethargie wecken, da nur in einer solidarischen Gesellschaft aller die Atavismen menschlicher Entwicklung zu tilgen sein würden.

Spätestens nach dem Tod Birnbaums (April 1937), der den Autor als ernsthaften Sucher des ›ganzen‹ Judentums akzeptiert, zugleich aber seine religiöse Krisis hellsichtig diagnostiziert hat, gibt D. sein jüdisches Engagement auf; sein Nachruf auf einen der »selbständigsten Köpfe und Temperamente, den das europäische Judentum in der letzten Zeit hervorgebracht hat«, wird zu einer Art Epilog dieser Phase seiner Aktivität. Die Gründe liegen oberflächlich sicher in Querelen mit anderen Aktivisten, aber auch im völligen Unverständnis nicht nur kommunistischer Kritiker, sondern auch linksliberaler Freunde wie Ludwig Marcuse für seine angeblich »völkischen« Ziele. Am 5. Mai 1938 erscheint in der jüdisch-französischen Zeitschrift *Ordo* unter dem Titel *Von Führern und Schimmelpilzen* D.s öffentliche Absage an den sozusagen unter die Politiker gefallenen Territorialismus. Es versteht sich allerdings von selbst, dass D. sich auch nach seiner Abkehr und nach seinem Übertritt zum katholischen Christentum (das er als »reine Blüte des Judentums« versteht) zum Recht der Juden auf eine territoriale Heimat bekennt und das Entstehen des Staates Israel mit Sympathie begleitet. Der ›Döblinist‹ hat auch jetzt nichts von seinen früheren Standpunkten und Einsichten zu revidieren, die eine notwendige Stufe in einem an Wandlungen reichen Leben und Werk darstellen.

Werke: Ausgewählte Werke in Einzelbänden, in Verb. mit den Söhnen hg. W. Muschg, weitergef. H. Graber u. a., Olten u. a. 1960 ff. [Taschenbuchausgabe: München 1970 ff.], darin insbes.: Schriften zu jüdischen Fragen, hg. H.O. Horch, 1995; Reise in Polen, hg. H. Graber, Olten 1968; Berlin Alexanderplatz, hg. W. Stauffacher, Olten 1996.
Literatur: H.-P. Bayerdörfer, »Ghettokunst«. Meinetwegen, aber hundertprozentig echt. A.D.s Begegnung mit dem Ostjudentum, in: Im Zeichen Hiobs, hg. G. Grimm u. a., Königstein 1986, 161–177; K. Müller-Salget, A.D., Bonn 1988; T. Isermann, Der Text und das Unsagbare. Studien zu Religionssuche und Werkpoetik bei A.D., Idstein 1989; M. Prangel, A.D.s Konzept von der geistigen Gesamterneuerung des Judentums, in: Interbellum und Exil, hg. S. Onderdelinden, Amsterdam 1991, 162–180; H.O. Horch, Alfred Döblin und der Neo-Territorialismus, in: Internationales Alfred-Döblin-Kolloquium 1993, Bern u. a. 1995, 25–36; G. Sander, »eine Fahne, die ich nicht halten konnte«: Alfred Döblin und das Judentum, in: Else-Lasker-Schüler-Jahrbuch 1 (2000), 217–235; Alfred Döblin – Judentum und Katholizismus, hg. K. Sauerland, Berlin 2010.

Hans Otto Horch

Dohm, Hedwig (geb. Jülich)

Geb. 20.9.1831 in Berlin;
gest. 1.6.1919 in Berlin

D. muss, obwohl viele ihrer Werke nach ihrem Tod in Vergessenheit geraten sind, zu den literarischen Wegbereitern der Frauenemanzipation in Deutschland gerechnet werden. Trotz ihrer deutsch-jüdischen Herkunft nahm sich D. kaum als Jüdin wahr und so spielte das Judentum nur eine untergeordnete, dennoch aber eine erkennbare Rolle in ihrem Werk.

D. wurde 1831 als Marianne Adelaine Hedwig Jülich in Berlin geboren. Sie war das dritte von achtzehn Kindern von Wilhelmine Henriette Jülich und Echanan Cohen Schlesinger. Die Eltern heirateten erst 1838; ab diesem Zeitpunkt trug D. den Familiennamen Schlesinger. 1851 wurde dieser dann in den weniger jüdisch klingenden Namen Schleh geändert. In *Kindheitserinnerungen einer alten Berlinerin* (1912) beschreibt sie ihre familiäre Herkunft folgendermaßen: »[…], daß ich drei Rassen entstamme. Mein Großvater mütterlicherseits war Franzose, meine Mutter Germanin, mein Vater semitischer Abstammung.« Die christliche Mutter wurde, wie ein Teil ihrer Kinder später auch, unehelich geboren. Die Herkunft des Großvaters bleibt, trotz Hinweisen auf eine französische Abstammung, unklar. Der jüdische Vater konvertierte 1817 zum evangelischen Glauben und nannte sich Gustav Adolph Gotthold Schlesinger. D. erfuhr, aufgrund der Konversion und ständigen Abwesenheit des Vaters, keine jüdische Erziehung und auch die Mutter orientierte sich wenig an den Normen der christlich-bürgerlichen Gesellschaft. Der Besuch einer höheren Töchterschule zeigt, dass der religiöse Einfluss auf ihre Erziehung daher weder in der Familie noch in der Schule nachzuweisen ist. So sah D. ihre spätere vorurteilsfreie Denkart im liberalen Umgang ihrer Eltern mit sozialen, politischen und religiösen Fragen begründet.

Auf einer Spanienreise 1851/52 lernte D. den Schriftsteller Friedrich Wilhelm Ernst Dohm kennen, den sie 1853 heiratete und mit ihm fünf Kinder hatte, darunter Gertrude Hedwig Anna, später verheiratete Pringsheim und Schwiegermutter von Thomas Mann. Trotz des protestantisch geprägten Elternhauses heirateten drei ihrer vier getauften Töchter in assimilierte jüdische Familien ein. D.s Ehemann Ernst Dohm wiederum, ursprünglich Elias Levy, hatte sich 1828 taufen lassen und nach dem christlichen Vordenker der Judenemanzipation Christian Wilhelm von Dohm umbenannt. Er war Chefredakteur der satirischen Zeitschrift *Kladderadatsch* in Berlin. Dohm war es auch, der seiner Frau später den Auftrag zu ihrer ersten wissenschaftlichen Arbeit *Die spanische National-Litteratur in ihrer geschichtlichen Entwicklung* (1865) vermittelte. Die Eheleute schufen mit ihrem Montagssalon in ihrer Berliner Wohnung seit Ende der 1850er Jahre ein Zentrum des kulturellen Lebens. Der Salon war ein toleranter und nicht religiös beeinflusster gesellschaftlicher Raum, der jüdische und nichtjüdische Intellektuelle zusammenführte. Neben Alexander von Humboldt und Theodor Fontane verkehrten hier auch Ferdinand Lassalle, Fanny Lewald, Franz Liszt, Fritz Reuter, Karl August Varnhagen und Maximilian Herden. Der intellektuelle Kreis, in dem sich D. bewegte, wurde durch die Bekanntschaft mit jüdischen Frauenrechtlerinnen wie Adele Schreiber, Else Fürst und Marie Baum später noch erweitert.

Zur Vorkämpferin der Emanzipation wurde D. mit Arbeiten wie *Die wissenschaftliche Emancipation der Frau* (1874), *Der Frauen Natur und Recht* (1876) oder *Die Antifeministen* (1902) sowie der Mitarbeit an *Mutterschutz. Zeitschrift für Reform der sexuellen Ethik* und diversen Beiträgen in weiteren Frauenzeitschriften. Sie setzte sich für das Frauenwahlrecht ein und plädierte für bessere Bildungsmöglichkeiten wie Gymnasialbildung, Universitätsstudium und Ausbildung in wissenschaftlichen und wirtschaftlichen Berufen. Zum Judentum jedoch äußerte sich D. in den Anfangsjahren ihrer frühen schriftstellerischen Tätigkeit eher selten. Erst um die Jahrhundertwende, vielleicht aufgrund eines zunehmenden Antisemitismus, begann sie sich mit der ›Judenfrage‹ auseinanderzusetzen. In ihrem Beitrag *Die Mütter* (1903) zeigt sie bemerkenswerte Parallelen auf zwischen der Juden- und der Frauenemanzipation, besonders in der Frage der Gleichberechtigung: »Es geht den armen Frauen gerade wie den Juden. Tut ein Jude Böses, so tut er es nicht als böser Mensch, sondern als Jude, und die ganze Rasse wird für sein Tun verantwortlich gemacht. Lässt eine Frau sich in einem Beruf etwas zu Schulden kommen, so tut sie es nicht als Frl. Schulze oder Frau Müller, nein, es wird auf das Konto ihres Weibtums gesetzt.« Die Parallelen beider politischer Tendenzen, des Antisemitismus und des Antifeminismus, kritisiert sie auch durch sarkastische Überzeichnung: »Man sagt wohl, daß die Juden noch antisemitischer gesinnt sind als die Antisemiten. So denken auch viele Frauen antifeministischer als die Männer [...].«

Neben der Kritik antifeministischer und antisemitischer Vorstellungen thematisierte D. vor allem in ihren späteren Werken, etwa im Erzählband *Sommerlieben. Freiluftnovellen* (1910), die komplexe kulturelle Lage der Juden in der Moderne. Sie lieferte dabei weniger eine Auseinandersetzung mit dem assimilierten Judentum im wilhelminischen Deutschland als vielmehr detaillierte Beobachtungen ihrer gesellschaftlichen und kulturellen Umgebung. So beschreibt sie in *Kinder, Tanten und allerhand Leute in der Sommerfrische* die Neugründung eines Ortes, das »neue Jerusalem«, in den Juden zur »Hebräerentlastung« des Kurortes Salentin umgesiedelt werden sollen. Dahinter steht wohl auch die eigene Erfahrung antisemitischer Anfeindungen bei Kuraufenthalten (Fassmann). Auch in der Erzählung *Naphtalin* finden sich Hinweise auf D.s Auseinandersetzung mit dem Antisemitismus: Das Liebespaar Lilian und Engelbert entfernt sich aufgrund einer antisemitischen Hetzschrift und ihrer unterschiedlichen Einstellungen dazu immer weiter voneinander, da die Frau, Tochter einer Halbjüdin, Engelberts Zustimmung zu den antisemitischen Verleumdungen nicht akzeptieren kann. Mit der fiktiven antisemitischen Zeitung »Ambos« spielt D. auf den Einfluss der antisemitischen Presse im Kaiserreich an, etwa auf Theodor Fritschs *Der Hammer – Blätter für deutschen Sinn* (1902–1940). Trotz der Verurteilung des Antisemitismus und D.s öffentlicher Stellungnahme in Bezug auf diese Thematik stand sie auch dem Judentum nicht unkritisch gegenüber. Beispielsweise in *Die Antifeministen* weist sie auf eine konservative Haltung zur Rolle der Frau hin, deren Ursprung auf die jüdische Tradition zurückzuführen sei. Insgesamt liegt jedoch der Fokus von D.s Arbeiten weniger auf der Juden- als auf der Frauenemanzipation. Es ist daher umso auffälliger, dass jüdische Dichterinnen wie Else Lasker-Schüler öffentlich D.s Aufmerksamkeit, Urteil und Anerkennung suchten, die D. in Briefen aus den Jahren 1906 bis 1916 erwähnt. Lasker-Schüler hat ihr Rezensionsexemplare etwa des *Peter-Hille Buchs* (1906) oder von *Mein Herz* (1912) zugesandt; D. hat daraufhin auch einige Besprechungen für Berliner Tageszeitungen verfasst. D. war jedoch nicht nur in der deutsch-jüdischen Literaturszene bekannt. Sie zählte, wie Fanny Lewald und Lasker-Schüler selbst, zu den wenigen Dichterinnen deutsch-jüdischer Herkunft, die um 1900 innerhalb wie außerhalb des Judentums wahrgenommen wurden.

Werke: Kindheitserinnerungen einer alten Berlinerin, in: Als unsere großen Dichterinnen noch kleine Mädchen waren. Selbsterzählte Jugenderinnerungen von Ida Boy-Ed, H.D., Enrics von Handel-Mazzetti, Charlotte Niese, Clara Viebig, Leipzig 1912, 17–57; Sommerlieben. Freiluftnovellen, Berlin 1910; Die Antifeministen, Berlin 1902; Die wissenschaftliche Emancipation der Frau, Berlin 1874.
Literatur: I.M. Fassmann, Jüdinnen in der deutschen Frauenbewegung 1865–1919, Hildesheim 1996, 107–123; N. Müller, H.D. (1831–1919). Eine kommentierte Bibliografie, Berlin 2000; I. Rohner, Spuren ins Jetzt. H.D. – eine Biografie, Sulzbach im Taunus 2010; G. Pailer, H.D., Hannover 2011.

Anika Reichwald

Domeier, Lucie (eigentl. Esther Bernard)

Geb. um 1767 in Breslau;
gest. nach Okt. 1833 in London

Unter den Schriftstellerinnen ihrer Zeit fällt D. auf, weil sie zwar selten, doch ausgesprochen selbstbewusst auf Elemente jüdischer Kultur rekurriert. So erwähnt sie in ihrem Brief an Jean Paul vom 12. Juni 1800 nicht nur das Fest beim Beenden des Studiums eines Talmudtraktats, den *Sijjum*, aschkenasisch *Sijjem*, sondern erklärt es spielerisch zum Gegenstand eines allgemeinen Kanons des Wissens: »Die Juden stellten ein Gastmahl an, wenn sie ein wichtiges Werk beendigt hatten; sie nannten es, oder nennen es noch: einen *Ziem*. Wußten Sie das nicht geliebtester Schriftsteller?« Bei D. erscheint das Judentum nicht als ursprüngliches Hindernis intellektueller Selbstentfaltung. Vielmehr erklärt sie, dass jüdische Lebenszusammenhänge diese gerade in besonderer Weise befördern, wenn sie am 7. Februar 1801 an Rahel Varnhagen über Caroline Mayer, Jean Pauls künftige Frau, schreibt: »sie ist die klügste Christin, die ich je kennen lernte. Wenn die unter uns gelebt hätte, ich weiß nicht, was nicht alles aus ihr geworden wäre.« Die Gegenwart des Judentums interpretiert D. als eine der »Veränderung«, die nur wenig vom »Judaismus« übrig lässt. Ihre Kritik trifft aber nicht vor allem die jüdische Gesellschaft, sondern die der Antisemiten, und greift die Vorstellung an, Antisemitismus sei ein Vorurteil: »denn was jetzt noch überall vom Judaismus übrig geblieben ist, kann kaum dem vorurtheiligsten Vorurtheil einer Anfeindung werth scheinen. Aber die Missgunst will von dieser Veränderung nichts wissen, um keinen Vorwand zu verlieren, einem Theil des Menschengeschlechts zu schaden.«

In ihren frühesten Veröffentlichungen bezieht sich Esther Bernard mit der ihr eigenen Deutlichkeit und ironischen Schärfe auf die Verweigerung rechtlicher Gleichstellung für Juden in Preußen. In späteren Schriften stehen Rechte der Frauen, insbesondere auf Bildung und Anerkennung als Intellektuelle im öffentlichen Raum, im Vordergrund. Hier werden bisweilen Denkfiguren der Emanzipationsdebatte in die neuen Zusammenhänge »übersetzt«, so etwa, wenn sie – ähnlich wie Christian W. Dohm über Juden – nun über Frauen schreibt: »[W]ann wird man einsehen lernen: daß die Weiber achtungswürdiger sein würden, wenn sie geachteter wären?« Beide Aspekte ihrer Schriften wurden in nichtjüdischen wie jüdischen Kontexten wahrgenommen. Eine »biographische Skizze« aus Johann Gottlieb Schummels Breslauer Almanach (1801) wurde – durch Vermittlung des Prager jüdischen Aufklärers Peter Beer – in der jüdischen Zeitschrift Sulamith (1817) wiederabgedruckt.

D.s Veröffentlichungen in verschiedenen Zeitschriften und ihre selbständig erschienenen Werke werden von ihr in der Regel autorisiert: als Werke einer Frau und, wenn sie fast immer »geb. Gad« hinzufügt und das »E.« ihres Vornamens beibehält, als Werke einer geborenen Jüdin. Die Tochter des Raphael Gad, eines generalprivilegierten Juden in Breslau, und Enkelin des berühmten Hamburger Oberrabbiners Jonathan Eybeschütz, die 1791 mit Samuel Bernard zum ersten Mal verheiratet war, 1796 geschieden wurde und 1801 nach der Konversion den christlichen Arzt Wilhelm Friedrich Domeier heiratete, mit dem sie Reisen nach Malta und Portugal unternahm und schließlich nach England übersiedelte, konnte ihre jüdische Familiengeschichte offenbar in ihren Autornamen aufnehmen. Dieser wird aus verschiedenen Elementen immer neu zusammengesetzt und zeigt die Möglichkeit vielfacher Identifikationen an. Deren Summe zieht D., wenn sie sich in einem Brief an Rahel Varnhagen vom 9. Februar 1816 als ein »*vielgewanderter* weiblicher Ulisses« vorstellt – kein Bild des Bruchs und der Flucht, sondern der Reise, des Aufenthalts im Wechsel der geographischen, sozialen und kulturellen Positionen. In D.s Schriften verbindet sich die Forderung, als Jüdin respektiert zu werden, mit der, auch anders denn als Jüdin auftreten zu dürfen, weil Positionswechsel ermöglicht und anerkannt werden.

Werke: Einige Aeußerungen über Hrn. Kampe'ns Behauptungen, die weibliche Gelehrsamkeit betreffend, in: Der Kosmopolit 3 (1798), 577–590; Briefe während meines Aufenthalts in England und Portugal an einen Freund, Hamburg 1802; Neue Reise durch England und Portugal. In Briefen an einen Freund. II. Theil, Hamburg 1803; Gesammelte Blätter. I. Theil, Leipzig 1805; Kritische Auseinandersetzung mehrerer Stellen in dem Buche der Frau von Staël über Deutschland. Mit einer Zueignungsschrift an den Herrn Jean Paul Richter, Hannover 1814.
Literatur: K. Rudert, Die Wiederentdeckung einer deutschen »Wollstonecraft«: Esther Gad Bernard Domeier für Gleichberechtigung der Frauen und Juden, in: Quaderni del Dipartimento di Lingue e Lettere Straniere, Università di Lecce 10 (1988), 213–261; B. Hahn, »Geliebtester Schriftsteller«. Esther Gads Korrespondenz mit Jean Paul,

in: Jahrbuch der Jean-Paul-Gesellschaft 25 (1990), 7–42; dies., Brief und Werk. Zur Konstitution von Autorschaft um 1800, in: Autorschaft. Genus und Genie in der Zeit um 1800, hg. I. Schabert u. a., Berlin 1994, 145–156; A.G. Martin, Moving Scenes. The Aesthetics of German Travel Writing on England 1783–1830, London 2008, 68–77; N. Goldberg-Naimark, »Ha-nefesh netulat min hi« – Esther Gad we-ha-ne'orut (»Die Seele hat kein Geschlecht« – Esther Gad und die Aufklärung), in: Historia 22 (2009), 75–104.

Andrea Schatz

Domin, Hilde (eigentl. Löwenstein, verheiratete Palm)

Geb. 27.7.1912 in Köln, gest. 22.2.2006 in Heidelberg

Wenn D. sich anlässlich der Entgegennahme des Dortmunder Nelly Sachs-Preises 1983 bewusst zu den »deutschen Dichtern jüdischen Schicksals« rechnete, zu jenen wenigen, die »aus der Verfolgung als Boten der Versöhnung, nicht des Hasses, heimgekehrt sind ins Sprachzuhause«, so spiegeln sich darin die biographischen Erfahrungen von Vertreibung und Verfolgung, Exil und Rückkehr, die ihr Leben und Denken prägten und zu zentralen Topoi, ja zur Essenz ihres gesamten schriftstellerischen Schaffens wurden. Tatsächlich definierte sie ihr »Judesein« in dem Essay *Hineingeboren* (1978), einer der wenigen expliziten Reflexionen über ihr Selbstverständnis als Jüdin, nicht im Sinne einer religiösen oder ethnischen Identität, sondern als Zugehörigkeit zu einer »Schicksalgemeinschaft«: »Ich bin hineingestoßen worden, ungefragt wie in das Leben selbst.« Als Tochter eines Rechtsanwalts und einer Sängerin in einem assimilierten bürgerlichen Elternhaus aufgewachsen, in dem gelebter jüdischer Glaube weitgehend fehlte und durch christliche Kulturelemente wie den Weihnachtsbaum und das Ostereiersuchen ersetzt worden war, verstand sich D. stets als »emanzipierte« Jüdin, die sich allerdings verpflichtet sah, sich um ihrer Menschenwürde willen nicht vor ihrem Schicksal zu »drücken«, sondern dem Judentum die Treue zu bewahren. Ihr prägendes biographisches Erlebnis, die Odyssee ihrer Flucht vor dem Nationalsozialismus, deutete sie als existenzielle Folge dieser unausweichlichen Solidarität.

D. hatte 1929 in Heidelberg Studien in Jura, später Nationalökonomie und – als Schülerin von Karl Mannheim und Karl Jaspers – Soziologie und Philosophie aufgenommen, Studienjahre in Köln und Berlin absolviert und sich einer sozialistischen Studentengruppe angeschlossen. Der Sozialismus und die Konfrontation mit wachsendem Antisemitismus in ihrem Alltag verliehen ihr eine besondere politische Wachsamkeit für den aufkommenden Nationalsozialismus. 1932 – später interpretierte sie ihre frühe Emigration als individuellen Akt einer dem Zwang zuvorkommenden Freiheit – verließ sie Deutschland gemeinsam mit ihrem späteren Mann, dem Kunsthistoriker Erwin Walter Palm, der aus einer jüdisch-orthodoxen Familie kam, sich jedoch vom Judentum distanziert hatte und D. drängte, jüdische Wörter und Idiome aus ihrem Sprachgebrauch zu verbannen. D. lebte seit ihrer Emigration in ihren »Fluchtwohnungen, Zufluchtwohnungen«, zunächst in Rom, von wo aus sie 1939 vor der Bedrohung durch den Antisemitismus des faschistischen Italiens über Paris nach London floh, wohin auch ihre Eltern emigriert waren. Die Furcht vor einem Einmarsch Hitlers in England trieb sie dann 1940 in die Dominikanische Republik, das letzte Land, das jüdischen Emigranten Zuflucht bot. In der Exilsituation in Santo Domingo, wo sie als Übersetzerin und Architekturfotographin, seit 1948 als Dozentin für deutsche Sprache an der Universität tätig war, begann sie zu schreiben – eine Neugeburt nach einer durch den Tod der Mutter ausgelösten existenziellen Krise. »Ich, H.D., bin erstaunlich jung. Ich kam erst 1951 auf die Welt [...] Als ich die Augen öffnete, verwaist und vertrieben, da stand ich auf und ging heim, in das Wort. ›*Ich richtete mir ein Zimmer ein in der Luft/ Unter den Akrobaten und Vögeln.*‹ Von wo ich unvertreibbar bin. Das Wort aber war das deutsche Wort. Deswegen fuhr ich wieder über das Meer, dahin, wo das Wort lebt. Es war drei Jahre nach meiner Geburt. Ich war 22 Jahre weg gewesen.« In diesem Erleben liegt der Schlüssel zu D.s biographischem Weg und zu ihrer literarischen Entwicklung einer nach Deutschland und in die deutsche Sprache zurückgekehrten Dichterin. 1955–1961 lebte sie sporadisch in München und Frankfurt, unterbrochen von langjährigen Aufenthalten in Spanien, bevor sie 1961 nach Heidelberg zog, in die »erste [Wohnung], die keine Fluchtwohnung war seit 1936«. Ihre frühe Lyrik – 1959 erschien der erste Gedichtband *Eine Rose als Stütze* – reflektiert vor allem die Unbehaustheit und Ohnmacht des Exils, die Suche nach einem bewohnbaren Ort, die Problematik der existenziellen Zugehörigkeit, das Leid der aufgrund ihrer jüdischen Herkunft Verfolgten. In ihrem späteren Werk trat das Motiv der »Rückkehr« in den Vordergrund, der versöhnungsbereiten Rückkehr in die Heimat, vor allem aber in die deutsche Sprache, die ihr im Exil half, ihre Identität zu bewahren – »das Unverlierbare, nachdem alles andere sich als verlierbar erwiesen hatte. Das letzte, unabnehmbare Zuhause.« D. war sich der »Paradoxien des Exils« bewusst, zu denen die Liebe des Exilierten zu seiner Sprache gehört, »durch die er lebt und die ihm Leben gibt. In der ihm doch sein Leben beschädigt wurde.« Ihre späteren Gedichtzyklen – *Rückkehr der Schiffe* (1962) oder *Hier* (1964) – lassen aus der Perspektive der Verfolgten und Unbehausten D.s Zweifel an der Vertrauenswürdigkeit der wiedergewonnenen Heimat, aber auch die der Fremdheit abgerungene Hoffnung spürbar werden, die dagegen protestiert, Flucht und Exil, Schmerz und Furcht als menschliche Realität widerspruchslos hinzunehmen. Der 1968 veröffentlichte Roman *Das zweite Paradies*, der die seelischen Verletzungen seit der Emigration thematisiert, lässt erkennen, dass Deutschland aus Sicht der zurückgekehrten Jüdin noch längst nicht wieder in Frieden bewohnbar war, weil der Weg zum »zweiten Paradies«, dem Land der Herkunft, durch das »verweinte Labyrinth zwischen Henker und Opfer« führte und antisemitische Ausschreitungen wie die Schändungen jüdischer Friedhöfe 1960/61 die Dichterin mit Schmerz und Angst erfüllten. Noch 1978, als D. in ihrem Essay *Hineingeboren* bekannte: »Die Rückkehr, nicht die Verfolgung, war das große Erlebnis meines Lebens«, verstand sie diese Rückkehr in das »Land, in dem unsagbare Furchtbarkeiten unter dem Schweigen und Wegsehen aller geschehen war«, als ein »Erlebnis von äußerster Zerbrechlichkeit«.

Als Vertreterin »dieser endgültig letzten Generation deutsch-jüdischer Dichter«, wie sie in einem fiktiven Interview mit Heinrich Heine formulierte, ringt D. in ihrer Dichtung immer wieder neu, oft aber indirekt und verborgen, mit dieser Spannung von Exil und Heimkehr, deutscher Sprache und Existenz. Eine unmittelbare literarische Auseinandersetzung mit der Shoah findet sich bei D. nicht; allerdings veranlasste sie die Begegnung mit dem poetischen Werk von Nelly Sachs, deren feinfühlige Interpretin sie wurde, dazu, ihr anfänglich in Schweigen gehülltes »nicht mitteilbares« Entsetzen über die Realität von Vernichtung und Tod zur Sprache zu bringen. In einem *Offenen Brief an Nelly Sachs* (1960) würdigte sie die Dichterin, die den Ermordeten ein Grab in der Erinnerung schuf, widersprach aber jeglicher Theodizee auf mystisch-religiöser Grundlage, die – mit Sachs' poetischem Aufschrei »An uns übt Gott Zerbrechen« – einen Gott dachte, der dem jüdischen Volk gegenüber Leid und Grausamkeit zuließ. »Ich glaube nicht, daß wir da sind, damit die conditio humana an uns auf offener Bühne wieder und wieder vollstreckt werde, stellvertretend und ohne Milderung« – stattdessen konstatierte D. »mit Grauen« die »sehr irdische Tatsache«, dass die Juden in Deutschland von Menschen, Mördern, Schweigenden und Wegsehenden der Vernichtung preisgegeben worden seien. Das Hineingeborensein in das Schicksal des in der Geschichte so oft der Gewalt ausgelieferten Judentums birgt nach D.s Empfinden allerdings auch positive Aspekte: Als Jüdin weiß sie sich »mitbedroht im jeweiligen geschichtlichen Opfer, in jedem, dem Unrecht geschieht«, solidarisch mit allen Ohnmächtigen in der Gegenwart. Das Jüdinsein der Lyrikerin, die sich scheute, in Synagogen zu lesen, die ihren Standpunkt als vom Judentum emanzipiert beschrieb und die Identifikation als jüdische Autorin explizit zurückwies (an Peter Szondi schrieb sie 1963: »Verkehrt ist, dass ich ein jüdischer Lyriker sei. Ich bin es ja gerade nicht«), war, ihrer Biographin Marion Tauschwitz zufolge, »Zugehörigkeit zu einer Schicksalsgemeinschaft, die sie nicht gewählt hat«, zugleich aber Verpflichtung, für die Verfolgten zu zeugen und der Inhumanität dichtend zu widerstreiten. Der Zusammenhang dieser Dimension ihrer jüdischen Identität mit ihrem in poetologischen Arbeiten entworfenen und in ihrer politischen Lyrik bewährten Anspruch, die Literatur müsse die Aufgabe einer ästhetisch-humanistischen Erziehung des Menschen gegen Unmenschlichkeit in der modernen Gesellschaft übernehmen und Solidarität mit der immer größer werdenden »Bruderschaft der Verfolgten« üben, ist erst noch zu entdecken. Die Publikation des nach D.s Tod aufgefundenen umfangreichen Briefwechsels mit Erwin Walter Palm, ein »Lebensgespräch« und zugleich ein Spiegel ihrer zwiespältigen Liebesbeziehung zu ihrem Mann, birgt dafür eine Fülle interpretatorischen Materials.

Werke: Gesammelte Gedichte, Frankfurt a. M. 1987; Gesammelte Essays. Heimat in der Sprache, München 1992; Gesammelte autobiographische Schriften. Fast ein Lebenslauf, Frankfurt a. M. 1993; Das zweite Paradies, Frankfurt a. M. [3]1999; Sämtliche Gedichte, hg. N. Herweg u. a., Frankfurt a. M. 2009; Die Liebe im Exil. Briefe an Erwin Walter Palm aus den Jahren 1931–1959, hg. J. Bürger u. a., Frankfurt a. M. 2009.
Literatur: M. Braun, Exil und Engagement. Untersuchungen zur Lyrik und Poetik H.D.s, Frankfurt a. M. 1993; E. Vallaster, »Ein Zimmer in der Luft«: Liebe, Exil, Rückkehr und Wort-Vertrauen. H.D.s lyrischer Entwicklungsweg und Interpretationszugänge, Frankfurt a. M. 1994; B. Lermen/M. Braun, H.D. »Hand in Hand mit der Sprache«, Bonn 1997; B.v. Wangenheim, Vokabular der Erinnerungen. Zum Werk von H.D., Frankfurt a. M. [2]1998; I. Scheidgen, H.D.: Dichterin des Dennoch, Lahr 2006; M. Tauschwitz, H.D.. Dass ich sein kann, wie ich bin. Biografie, Mainz 2010.

Christian Wiese

Donath, Adolph

Geb. 9.12.1876 in Kremsier;
gest. 27.12.1937 in Prag

Im Jahre 1895, bevor die moderne zionistische Bewegung unter der Ägide Theodor Herzls ins Leben gerufen wurde, veröffentlichte der 19-jährige D. seine Gedichtsammlung *Judenlieder*, die erst Jahre später als der wahre poetische Ausdruck des jungjüdischen, modern-zionistischen Menschen gefeiert wurde. Durch diese spezifische Rezeption wurde D. zum wichtigen Dichter des Frühzionismus in Wien. Er wurde aber mehr noch zu einer jüdischen Kulturpersönlichkeit überhaupt; seine Gedichte wurden in mehrere Sprachen übersetzt, sein Name wurde weit über die Grenzen der zionistischen Bewegung hinaus bekannt.

Als Student des Rechts und der Philosophie in Wien kam er mit anderen gleichgesinnten jungen Dichtern und Intellektuellen in einem Kreis von jungjüdischen Poeten und Künstlern zusammen, der kurzfristig ein fruchtbares Verhältnis zum Zionismus aufbaute. Auf gewisse Weise wurden D.s Lieder als jüdische Volksdichtung rezipiert, die musikalisch die besondere, natürliche Rhythmik und die einfache Lebensweise des Volkes getreu wiedergab. D.s Literaturproduktion wurde infolgedessen vom Kulturzionismus absorbiert, während er selbst einen wesentlichen Beitrag zum kulturzionistischen Programm beisteuerte. Er war ein Fixpunkt der literarischen und kulturellen Abende der jungjüdischen Bewegung im Wien der Jahrhundertwende. Bei diesen Treffen wurde jüdisch-nationale Dichtung auf Deutsch und Jiddisch, manchmal auch auf Hebräisch vorgetragen sowie deren Vertonungen gespielt und gesungen. In einer ausführlichen kritischen Analyse der dichterischen Leistung D.s verglich ihn der Literatur- und Kulturkritiker Samuel Lublinski 1899 mit Jehuda Halevi und Heinrich Heine. Einzelne »Judenlieder« D.s wurden wiederabgedruckt in der von Herzl gegründeten *Die Welt*, dem offiziellen Organ der zionistischen Bewegung; 1902–03 war D. selbst als Redakteur der *Welt* tätig. Sein *Judenlied VIII* z. B. wurde 1901 dort wiederabgedruckt; die ersten Zeilen artikulieren einen ausgeprägten jüdischen Stolz, sowie die nationale Selbstbehauptung angesichts von Judenhass und modernem Antisemitismus: »Ich bin ein Jude! Stark und frei/ Ertönt des Volkes Jubelschrei.« Die balladische Musikalität seiner Zeilen boten jungjüdischen Komponisten häufig Gelegenheit, D.s Gedichte zu vertonen. James Rothstein, der als der begabteste jungjüdische Tondichter in der Bewegung gefeiert wurde, veröffentlichte 1903 seine Vertonung von D.s Gedicht *War ein kleines stilles Haus* in der kulturzionistischen Zeitschrift *Ost und West*. D.s Gedichte wurden auch in den ersten kulturzionistischen Anthologien veröffentlicht, wie etwa in dem von Berthold Feiwel, Martin Buber und E.M. Lilien herausgegebenen, aufsehenerregenden *Jüdischen Almanach 5663* (1902) sowie in der von Feiwel herausgegebenen Sammlung *Junge Harfen, eine Sammlung jungjüdischer Gedichte* (1903). Zwei weitere Gedichtsammlungen, *Tage und Nächte* (1898), mit einer Vorrede von Georg Brandes, und *Mensch und Liebe* (1902), konnten allerdings den großen Erfolg seiner früheren *Judenlieder* nicht erreichen.

D. entwickelte früh ein starkes Interesse an Kunst und Kunstgeschichte und entschied sich für eine Karriere als Kunstkritiker und Kunsthistoriker. Schon während seiner intensiven Mitwirkung am Kulturzionismus war er daran beteiligt, Max Liebermann für den Zionismus zu gewinnen. Außerdem schrieb er enthusiastisch über die Kunstproduktion von E.M. Lilien und Lesser Ury, die als wichtige jüdische Künstler den Begriff einer jüdischen Kunst mitbestimmen sollten. D. zog wie mehrere jungjüdische Protagonisten von Wien nach Berlin um. Allmählich distanzierte sich D. von den jüdisch-nationalen und zionistischen Kreisen, während er wesentlichen Erfolg als Kunstkritiker und Verfasser von Monographien über Künstler wie Hermann Struck, Erich Wolfsfeld und Lesser Ury genoss. Seit 1918 war er Herausgeber und Chefredakteur der Halbmonatsschrift *Der Kunstwanderer* und seit 1921 Herausgeber des *Jahrbuchs für Kunstsammler*. Zuvor schon verfasste er eine populäre Studie über die *Psychologie des Kunstsammelns* (1911), die in wenigen Jahren zahlreiche Auflagen erreichte, 1925 folgte seine Schrift *Technik des Kunstsammelns*. Nach der Machtübernahme der Nationalsozialisten zog D. von Berlin nach Prag, der ersten Zufluchtsstätte von Emigranten nach 1933, wo er, etwa mit seiner Schrift *Wie die Kunstfälscher arbeiten* (1937), weiterhin über Kunst publizierte.

Werke: Die jüdische Moderne, in: Die Gesellschaft 12 (1898), 1110; Tage und Nächte, Berlin 1898; Der Künstler Lilien, in: Die Waage, 23.9.1901; Mensch und Liebe, Berlin 1902; Max Liebermann über den Zionismus, in: Die Welt 43 (1902), 3; Judenlieder, Wien ²1920; Lesser Urys Stellung in der modernen deutschen Malerei, Berlin 1921.
Literatur: M. Gelber, The jungjüdische Bewegung: an Unexplored Chapter in German-Jewish Literary and Cultural History, in: Leo Baeck Institute Year Book 31 (1986), 105–119.

Mark Gelber

Drach, Albert

Geb. 17.12.1902 in Wien;
gest. 27.3.1995 in Mödling

Am ausführlichsten hat sich D. der jüdischen Thematik in seinem ersten Roman *Das große Protokoll gegen Zwetschkenbaum* gewidmet, den er bald nach seiner 1938 erfolgten Flucht aus Österreich niederschrieb, der aber erst 1964 erschien. Bereits

1919 hatte D. einen Gedichtband mit dem Titel *Kinder der Träume* publiziert und in der Zeit der 1. Republik Dramen und Erzählungen verfasst. Nach seiner Promotion in Jura 1926 war er am Gericht in Wien tätig, bevor er sich als Anwalt in Mödling niederließ. Auf die nationalsozialistische Machtergreifung in Deutschland reagiert D. 1935 mit dem *Kasperlspiel vom Meister Siebentot*, in dem er Hitler als eine wesenlose Puppe entwirft, in der sich Phrasen und Ressentiments massenwirksam verdichten. Seine Herkunft aus einer großbürgerlichen assimilierten Familie mag erklären, dass D. hierbei dem Antisemitismus keine besondere Funktion zumisst und erst nach der persönlichen Konfrontation mit massiver Gewalt im letzten Moment ins Exil geht. *Das große Protokoll gegen Zwetschkenbaum* kann als Reaktion auf die bis dahin zurückgestellte Identität als Jude gesehen werden. Der Roman spielt zu Beginn der 1. Republik in der ländlichen Umgebung Wiens. Im Mittelpunkt steht der ostgalizische Jude Schmul Leib Zwetschkenbaum, ein hinkender obdachloser Talmudschüler, der nur Hebräisch spricht. Er wird unter dem Verdacht des Obstraubs verhaftet und erlebt eine Odyssee durch Gefängnisse, Irren- und Krankenanstalten. Schmuls Identität beruht allein auf seiner tiefen Religiosität, die ihn selbst unter den widrigsten Umständen den Ritus streng befolgen und zugleich sein Schicksal in Demut ertragen und alle Misshandlungen in tröstenden Gleichnissen auslegen lässt. Seine Passivität macht ihn zu einer Hiobsfigur, die das leidbeladene Volk Israel personifiziert. Zu seinen leidvollen Erfahrungen zählt auch der Antisemitismus der katholischen Landbevölkerung, auf den Schmul wie ein Seismograph reagiert. Mehrfach versetzen ihn Beleidigungen in Ohnmachten, an die sich allegorische Visionen seines privaten und des jüdischen Loses insgesamt anschließen. Mit Schmuls Irrfahrt durch staatliche Verwahranstalten und seiner Konfrontation mit Judenhass ging es D. nicht allein um eine Parabel auf die prekär gewordene Existenz der Juden im Österreich der Zwischenkriegszeit. Dem steht zum einen der nicht minder manifeste Antisemitismus der konvertierten ›westlichen‹ Juden gegenüber, die aggressiv auf Schmul reagieren, weil er sie an die eigene und als überwunden behauptete Herkunft und Identität erinnert. Zum anderen lässt D. seinen simplizianischen Helden erst straffällig werden, als zwei Wiener Juden ihn zum Vertrieb ihrer Hehlerware missbrauchen. Es ist auffällig, dass Schmuls Verderbnis als Resultat einer Verwandlung erscheint, die sich nach seiner Entlassung aus der unverdienten Haft vollzieht. Er tritt in Beziehung zu einer heiratswilligen Frau, die ihn mit sanfter Gewalt einem Prozess der ›Verwestlichung‹ unterwirft. Schmuls schrittweise erfolgende Assimilation beraubt ihn mit der kulturellen Identität auch seiner visionären Empfänglichkeit und Gottesnähe. Die Entfernung des (Ost-)Judentums von seinen kulturellen Wurzeln wird somit als Selbstverlust gedeutet, der die Existenz auch ihrer metaphysischen Dimension beraubt.

In dem Roman *Z.Z. das ist die Zwischenzeit* (1968) taucht noch einmal die Erinnerung an einen gepeinigten Ostjuden auf, von dem es heißt, er könne »nicht nur der Jude an sich, sondern Gott selbst gewesen sein«. Dieser Roman schließt historisch an *Das große Protokoll gegen Zwetschkenbaum* an, indem er die Phase des österreichischen Ständestaats von 1934 bis 1938 behandelt. Er trägt ebenfalls die Gattungsbezeichnung ›Ein Protokoll‹ und bedient sich der für D.s Erzählstil typischen verfremdeten juristischen Diktion. In diesem Roman wird die erkennbar autobiographische Hauptfigur des Sohns zum Gegenstand eines Schuld und Unschuld prüfenden Protokolls. Für den Sohn, einen assimilierten jüdischen Rechtsanwalt, spielt die kulturelle Sphäre, die Schmul Zwetschkenbaum repräsentierte, zunächst keine Rolle. Das eher visionäre Auftreten eines mit Schmul wohl identischen ostjüdischen Hausierers löst in ihm dennoch die Ahnung aus, diese Begegnung habe die Funktion, »ihn an Dinge zu erinnern, die er längst vergessen hatte«. Er tritt mit einem Rabbiner in Verbindung, setzt aber dennoch sein bisheriges Privatleben, das vornehmlich aus erotischen Eroberungen besteht, fort. D. verknüpft diese Sphäre mit religiösen und politischen Motiven, wenn er den Sohn am Tag nach der Abdankung Schuschniggs von einer noch unbezwungenen ›Walküre‹ küssen lässt. Dieser symbolische Judaskuss macht aus dem Jäger einen Gejagten und eröffnet die Judenhatz. Der Sohn flieht nach antisemitischen Pöbeleien schließlich nach Jugoslawien, die zurückgelassene Mutter stirbt kurz darauf.

Dieser Tod ist die Gelenkstelle zwischen *Z.Z. das ist die Zwischenzeit* und dem sich chronologisch anschließenden autobiographischen Roman *Unsentimentale Reise*, in dem D. seine Erlebnisse im französischen Exil schildert. D. wurde nach Beginn des deutschen Einmarschs in Frankreich in dem Lager Les Milles interniert, wo er in Kontakt mit W. Hasenclever und L. Feuchtwanger stand. Nach Flucht und neuerlicher Verhaftung kommt er ins Lager Rives Altes, dessen Insassen den Deutschen übergeben und in ein Konzentrationslager verbracht werden. D. gelingt es, vorher seine Entlassung zu erreichen, indem er der französischen Lagerleitung weismachen kann, der Eintrag I.K.G. in seinem Pass bedeute ›Im katholischen Glauben‹ (statt ›Israelitische Kultusgemeinde‹). D. bzw. sein Alter Ego Peter Kucku begibt sich nun nach Nizza, wo sein Überleben nicht zuletzt aus dem absurden Wechselspiel zwischen Franzosen, faschistischen und nach Mussolinis Tod nicht-faschistischen Italienern, welche die behördliche Gewalt ausüben, resultiert. Als die Deutschen Nizza einnehmen, weicht D. in das Gebirgsdorf Caminflour aus, wo er bis zum Kriegsende bleibt. Auch hier hat er mehrere gefährliche Situationen zu überstehen, auf die D. alias Peter Kucku mit einer Art Persönlichkeitsspaltung in den verfolgten Exilanten und den distanzierten Beobachter reagiert. D. setzt seine Exilerfahrungen durch den Titel *Unsentimentale Reise* in Beziehung zu Sternes *Sentimental Journey*. Sternes Gefühlskult stellt D. die Erfahrung der Absurdität und der Unterwerfung des Einzelnen unter anonyme Mächte gegenüber.

In D.s Texten über die Zeit nach 1945 und in seinen späten Schriften treten jüdische Problemstellungen wieder in den Hintergrund. Sie spielen als biographischer Kontext noch eine Rolle in dem tagebuchartigen Romanfragment *Das Beileid*, das die Zeit von 1946–1952 behandelt. Ausgangspunkt ist die gescheiterte ›Selbstvergasung‹ nach einer privaten Niederlage im Mai 1946, die D. in eine »posthume Existenzweise« übertreten lässt. Der Text verfolgt die Phase seines Wiedergängertums bis zur Heirat 1952, die ihn wieder ins Leben zurückführt. D. schildert die Nachkriegszeit in Nizza, in der ihn Nachrichten über den KZ-Tod zahlreicher Verwandter und Bekannter erreichen. Er schreibt in dieser Zeit Artikel über die Judenverfolgung. In seiner *Lösung der Antisemitenfrage* geht er in satirischer Form auf den Projektionsmechanismus ein, der den Juden zur Verkörperung eigener »Schlechtigkeit« macht. Noch auf seiner Fahrt von Nizza nach Wien wird D. mit dem massiven Antisemitismus französischer und österreichischer Mitreisender konfrontiert, in Österreich angekommen schließlich mit einer Verdrängungshaltung gegenüber der Mitschuld am Holocaust.

Werke: Gesammelte Werke, 8 Bde., München u.a. 1964–72; Das Beileid. Nach Teilen eines Tagebuchs, Graz u.a. 1993; Ironie vom Glück. Kleine Protokolle und Erzählungen, München u.a. 1994; Werke in zehn Bdn., Wien 2002ff.

Literatur: S. Gilman, Zwetschkenbaum's Competence, in: Modern Austrian Literature 26 (1993), 1–34; In Sachen A.D., hg. B. Fetz, Wien 1995; A.D., hg. G. Fuchs u.a., Graz u.a. 1995; J. Egyptien, Im Schatten des Zwetschkenbaums. Judentum in A.D.s literarischem und essayistischem Werk, in: Das Jüdische Echo 48 (1999), 54–61; E. Schobel, A.D. Ein wütender Weiser, Salzburg u.a. 2002; J. Egyptien, A.D. und das Judentum, in: Walter-Hasenclever-Gesellschaft Jahrbuch 2005/2006, 89–106; M. Cosgrove, Bodies of Violence, Violated Bodies. The Victimized Victimizer in A.D.s Holocaust Autobiography, in: Violence, Culture and Identity. Essay on German and Austrian Literature, Politics and Society, hg. H. Chambers, Frankfurt a. M. u. a. 2006, 259–270; E. Lenhar, »Der scheue und unsichere Blick«. Die Wahrnehmung des ›Jüdischen‹ in Österreich am Beginn des 20. Jahrhunderts am Beispiel von A.D.s »Das große Protokoll gegen Zwetschkenbaum«, in: MAL 43 (2010) 4, 41–60.

Jürgen Egyptien

Edvardson, Cordelia

Geb. 1.1.1929 in München
gest. 29.10.2012 in Stockholm

Als uneheliche Tochter der Schriftstellerin Elisabeth Langgässer und des jüdischen Staatsrechtlers Hermann Heller wurde die streng katholisch erzogene E. von den Nürnberger Gesetzen 1935 als »Volljüdin« eingestuft. Wenig später zwang die

Gestapo das junge Mädchen, mit deutlicher Drohung gegen die als »Mischling ersten Grades« ebenfalls gefährdete Mutter, auf ihre inzwischen erlangte spanische Staatsbürgerschaft zu verzichten und sich den »Maßnahmen« der deutschen Behörden gegen die jüdische Bevölkerung zu unterwerfen. 1944 wurde sie von Berlin zunächst nach Theresienstadt und von dort nach Auschwitz deportiert.

Nach 1945 lebte sie als Journalistin in Schweden, während des Jom-Kippur-Krieges 1974 übersiedelte sie nach Israel, wo sie v. a. als Journalistin arbeitete.

Ihre literarischen Texte veröffentlichte E. aus zwei Gründen in schwedischer Sprache. Zum einen hatte sich für E. das Deutsche als Sprache der Täter gründlich diskreditiert, auch insofern es in der stark stilisierten Literatursprache der Mutter die Illusion von Sicherheit und Geborgenheit erzeugte, im Ernstfall jedoch keinerlei Schutz vor der Verfolgung bot. Zum anderen wurde in deutscher Sprache nach 1945 der industrielle Massenmord von vielen nicht nur verleugnet, das Verhältnis von Tätern und Opfern wurde oftmals in infamer Weise verkehrt. E.s Texte erzählen die Geschichte ihrer gewaltsamen Konversion vom katholischen deutschen Mädchen zum jüdischen Opfer der rassistischen Vernichtungspolitik. Dabei ist die Auseinandersetzung mit der Konstruktion ihres Judentums durch die Nationalsozialisten einerseits und ihrer freigewählten jüdischen Identität andererseits mit der schmerzhaften Ablösung von der »geliebten, gehaßten« Mutter eng verwoben.

Der Roman *Gebranntes Kind sucht das Feuer* (schwedische Originalausgabe 1984) – »eigentlich habe ich das Buch vierzig Jahre lang geschrieben« – bildet in diesem Zusammenhang eine Art verspätete Nachschrift zu Langgässers letztem Roman *Märkische Argonautenfahrt*, in dem sich diese der Geschichte ihrer Tochter bemächtigt. Aus deren Sicht besteht das Unverzeihliche weniger in der literarischen Vermarktung als vielmehr in der Weise der Aneignung, in der, wie E. es beschreibt, die Vernichtung der europäischen Juden als Teil der Heilsgeschichte, das Schicksal der Tochter als Opfergang, Auschwitz als Fegefeuer interpretiert wird. Diese Form der »Bewältigung« aber wiederholt die Auslöschung der Opfer. In der Interpretation ihrer Mutter erkennt sie die eigene Geschichte nicht wieder: »Es war sowohl zuviel als auch zuwenig. Es wurde vom Feuer gesprochen, aber von der Asche geschwiegen.«

Doch eine Lektüre, die E.s Texte ausschließlich in Abhängigkeit vom Werk der berühmten Mutter wahrnimmt, kann nur eine erste Annäherung darstellen. Wichtiger ist der Beitrag E.s zur ›Literatur des Holocaust‹, ihre Verpflichtung zur Zeugenschaft und die Arbeit an einer Poetik des Unsagbaren, die sie mit Primo Levi, Jean Améry, Ruth Klüger, Imre Kertész u. a. verbindet. Ob autobiographischer Bericht (*Die Welt zusammenfügen*, schwedische Originalausgabe 1988) oder explizite Fiktionalisierung im Roman und in den Gedichten – die Texte durchbrechen den Gestus der legitimen autobiographischen Rede und rücken das erzählende Subjekt aus dem Zentrum. Durch die intertextuelle Verknüpfung des eigenen Schreibens mit der literarischen Tradition und der Dichtung der Mutter – vor allem dem 1933 erschienenen Roman *Proserpina* – thematisiert E. nicht nur die Rolle der Literatur für das Überleben, sie reflektiert zugleich die Grenzen der poetischen Sprache in einer Wirklichkeit, in der »alles möglich« ist (H. Arendt). Dabei geht es nicht um den Bericht der kalten Fakten – die Leerstellen der Erinnerung bleiben bestehen –, sondern darum, für diese Kälte eine literarische Form zu finden: »hart und klar wie das Licht der Bogenlampen am Stacheldrahtzaun von Auschwitz«. E.s Texte kreisen um die paradoxe Verortung einer im Grunde unmöglichen literarischen Position, der, im Unterschied zur »großen, elementaren Dichtung« der Mutter, das Scheitern eingeschrieben ist. Die literarische Darstellung der Tatsache, dass wirklich alles geschehen kann, muss misslingen, sie bedeutet selbst immer schon Grenzüberschreitung und markiert das Unbeschreibliche nur als Spur. »Da ist keine Sprache, da sind keine Worte, mit deren Hilfe Du das Unsagbare sagen […] könntest.«

Die Texte E.s haben die Provokation des Äußersten zum Gegenstand; die Aporien dieses Erzählens – als Überlebende von den Toten zu zeugen, das Undarstellbare darzustellen, die Erfahrung der Vernichtung einerseits zu vermitteln, andererseits einzukapseln, um sie vor Funktionalisierung zu schützen – erfordern eine Literatur jenseits von Mimesis und Sinnstiftung, jenseits der Alternative von »fact and fiction«. Dabei wird zugleich das psychoanalytische Konzept der Erzählung als »Bewältigung eines Traumas« durch wiederholendes Durcharbeiten zurückgewiesen. Es gibt keine Heilung, nur die Schrift des Verdrängten, die Opfer und Täter zugleich trennt und aneinanderkettet und stets aufs Neue die Gegenwärtigkeit des Vergangenen manifestiert. Am Ende steht keine Identität, sondern nur die Einsetzung des »ganzen« Namens: »A3709 Cordelia Maria Sara«, sowie der Auftrag, die heillos zerstörte Welt wiederherzustellen: »tikkun ha-olam.«

Subtil wird in den Texten E.s die unscheinbare Verschiebung des Vertrauten ins Ungeheuerliche, die Konsequenz einer »Logik der Schritte« (I. Kertész) nachvollzogen. Von besonderer Brisanz erweist sich dabei, dass die Grenze zwischen Opfern und Tätern innerhalb der eigenen Lebensgeschichte, innerhalb der eigenen Familie verläuft. Das Bewusstsein, nie vorbehaltlos ins ›normale‹ Leben zurückkehren zu können, verband E. mit der Weigerung, »das ewige Opfer zu spielen«. Die Revolte gegen das Vergessen verknüpfte die schwedische Staatsbürgerin mit der Konstitution ihrer jüdischen Identität als uneingeschränkte Solidarität mit dem Staat Israel, der den überlebenden Opfern ihre Selbstachtung zurückgegeben hat und über die jüdische Tradition des Eingedenkens ein Ritual besitzt, das den Toten gerecht zu werden sucht. Deshalb stand E.s Parteinahme bei aller Problematisierung israelischer Politik nicht infrage: »Das Dazugehören […] ist ganz und unteilbar […] Man kann nicht auswählen und verwerfen.«

Werke: Gebranntes Kind sucht das Feuer, München u. a. 1986; Die Welt zusammenfügen, München u. a. 1989; Jerusalems Lächeln. Gedichte, München u. a. 1993.
Literatur: H. Kraft, Verlassene Töchter und die Asche des Muttermythos, in: Mütter – Töchter – Frauen. Weiblichkeitsbilder in der Literatur, hg. H. Kraft u. a., Stuttgart u. a. 1993, 193–213; U. El-Akramy, Wotans Rabe. E. Langgässer, ihre Tochter C. und die Feuer von Auschwitz, Frankfurt a. M. 1997; C. Finnan, Gendered Memory?: C.E.'s »Gebranntes Kind sucht das Feuer« und Ruth Klügers »Weiter leben«, in: Autobiography by Women in German, Oxford u. a. 2000, 273–290; D. Hoffmann, Ariadnefaden und Auschwitznummer: C.E.s Errettung aus E. Langgässers Mythenkosmos, in: Arcadia 38 (2003) 1, 39–54.

Manuela Günter

Ehrenstein, Albert

Geb. 23.12.1886 in Wien;
gest. 8.4.1950 in New York

Als Chiffre jüdischer Fremdheitserfahrung wählte E. bevorzugt die Ahasver-Figur. In seinen Essays *Menschen und Affen* (1926) bekannte er sich zur Grenzen auflösenden, antinationalen Existenz der Diaspora: »Die Lebensform, die Kunstform des echten Juden ist Ahasverismus.« Die Literarisierung der Ahasver-Figur steht bei E. in der Ambivalenz zwischen dem Leiden an der Heimatlosigkeit und dem Aufbruch in eine freie, nationale Abgrenzungen überwindende Zukunft. Im Gedicht *Ahasver* (in: *Mein Lied*, 1932) kehrte er die traditionelle (in einem antijüdischen Kontext entstandene) Legende vom Ewigen Juden um, indem er Ahasver zu einem ewigen Zeugen der Verfolgung der Juden durch die Christen erklärte. Das Werk E.s wird von ahasverischen, exterritorialen Gestalten bevölkert. Die Protagonisten seiner Erzählungen – zusammengefasst, teilweise variiert in den Bänden *Der Selbstmord eines Katers* (1912), *Nicht da nicht dort* (1916), *Bericht aus einem Tollhaus* (1919), *Zaubermärchen* (1919), *Die Nacht wird* (1921), *Ritter des Todes* (1926) – sind allesamt Außenseiter, Lebensflüchtlinge. Bereits seine erste Veröffentlichung, das Gedicht *Wanderers Lied*, erschienen 1910 in der *Fackel*, evoziert die Lebenssi-

tuation der Ortlosigkeit, ein Thema, das E. in den Lyrikbänden *Die weiße Zeit* (1914), *Die Gedichte* (1920), *Wien* (1921), *Herbst* (1923) und *Mein Lied* (1931) weiter variierte.

E. wuchs in der Wiener Vorstadt Ottakring auf und studierte an der Universität Wien Geschichte und Geographie. Bei seinen ersten Publikationen wurde er von Karl Kraus gefördert, Ende des Ersten Weltkriegs wandelte sich jedoch die Freundschaft mit Kraus in erbitterte Feindschaft. Von November 1915 bis April 1916 wirkte E. als Lektor bei Kurt Wolff in Leipzig, danach bis November 1916 beim S. Fischer-Verlag in Berlin. Als Wortführer des literarischen Expressionismus etablierte sich E. mit der Erzählung *Tubutsch* (1911). Der Titelheld fühlt sich ausgeliefert der »Leere« und »Öde«, die »um mich, in mir herrscht« und durchstreift ahasvergleich die Hinterhöfe, Mietskasernen und Vororte Wiens, auf diesem Wege die Untergründe der Vorkriegsgesellschaft protokollierend. Hinter der Analyse der Krise des Subjekts, der Orientierungs- und Ruhelosigkeit und der Auflösung überkommener Werte verbirgt sich E.s Diagnose der jüdischen Identitätskrise, wie B. Viertel 1912 in der *Neuen Rundschau* festgestellt hat: »Dieses Buch hat viel erlebt, bevor es geschrieben wurde. Ich möchte zu behaupten wagen, daß es jahrhundertelang den Passionsweg des Judentums mitgemacht hat. Als Titel könnte darüber stehen: Ahasver.« Die jüdische Lebensform der Diaspora – die er im Titel eines 1916 veröffentlichten Novellenbandes als Situation des »Nicht da nicht dort« umschrieben hat – erweitert sich für E. in globale Dimensionen: »Wir haben kein Heim, keinen Halt. Hin und her gestoßen müssen wir wandern in den Ländern, unter Menschen, die wir nicht lieben. Heimat? Ich weiß nicht, wo und wann ich lebe.«

In die Nachfolge des Ewigen Juden tritt auch der Ich-Erzähler der *Briefe an Gott* (1922): »Ich bin der Wanderer, der ausgestoßen ist aus allen Sippen, ich bin der Freie, ich bin der Wilderer, der ewige Fremdling, der in der Luft schwebt wie die Sterne über der Wüste.« Im Duktus des biblischen Buches Kohelet entfaltet sich die Klagerede eines unter der Sinnlosigkeit des Daseins leidenden Individuums. Der Ich-Erzähler unternimmt es, »Briefe an Gott zu schreiben, den ich nicht kenne«, unbeantwortete Klagen, Polemiken, »trostlose Rufe in die Leere« (E. Weiss), die nicht nur sein eigenes Leid, sondern auch die Nöte seiner Zeit beschwören (Enttäuschung über das Misslingen des revolutionären Aufbruchs der Jahre 1918/19, Krieg, Nationalismus, soziale Ungerechtigkeit). Wenngleich er an der Existenz seines imaginären göttlichen Ansprechpartners zweifelt, setzt er dennoch seinen verzweifelten Versuch fort, den »heiligen Namen«, »ha-Schem«, zu entziffern. Wie stets bei E. ist auch das Strukturprinzip der *Briefe an Gott* von Ambivalenz geprägt: Der »ewige Fremdling« verkörpert nicht nur eine Leidensgestalt, sondern auch eine Inkarnation des »freien« Menschen, der aus seiner »exterritorialen« Position die Fähigkeit gewinnt, Unrecht zu erkennen und dagegen anzukämpfen. Wer sich sozial, existenziell und metaphysisch im Exil befindet, wird nach Ansicht E.s zum Träger revolutionärer Gesellschaftsveränderung. Dementsprechend nimmt der Ich-Erzähler der *Briefe an Gott* den Gestus eines biblischen Propheten an und formuliert seine Revolutionshoffnung in Form der messianischen Sehnsucht nach der Ankunft eines »Weltordners«, »der die kommunistische Erdgemeinschaft schaffen wird« und der »einreitet in das entmenschte Europa, und Gleichheit der Geburt, der Erziehung und des Erbes gibt den kommenden Kindern«. Die jüdisch-messianische Erlösungssehnsucht wird säkularisiert und im Kontext der sozialistisch-revolutionären Bestrebungen der Zwischenkriegszeit aktualisiert.

Auch E.s Selbstverständnis als Jude ist von Ambivalenz geprägt. Als Kind erlebte er das Judentum als Ensemble von »heiligen Klängen« und »ergreifenden Zeremonien«. Dem in assimilierten Verhältnissen aufgewachsenen Knaben blieben jedoch die Inhalte der jüdischen Religion weitgehend verschlossen. Wie viele Angehörige seiner Generation erlebte der in einem radikalisierten antisemitischen Milieu aufgewachsene E. sein Judesein zunächst als Ausgrenzung: »Bittere Erinnerung lebt auf in mir der Tage des Volksschülers, den auf dem Wege zur Schule schuldlos das ›Geh zum Teufi, Saujud vafluchta‹ der Kameraden traf und durchstach.« Das Konzept jüdischer Identität, das er sich schließlich erarbeitet hat (im Essay *Zionismus*, in: *Menschen und Affen*, 1926), distanziert sich gleichermaßen von Assimilation und Zionismus. An den jüdischen Assimilanten kritisierte E. die Anpassung an negative Erscheinungsformen der europäischen Zivilisation, konkret: die Identifizierung mit dem Deutschnationalismus und die patriotische, kriegsbejahende Haltung im Ersten Weltkrieg, sowie ihre Blindheit gegenüber der antisemitischen Bedrohung. Seine Polemik steigert sich zur Invektive gegen die »Assimilanten, Vollblutaffen mit Monokel und eisernem Kreuz«, deren Selbsttäuschung er

»am Pogromtag unter dem losgelassen ›Dö Juden san schuld‹ brüllenden Hunger und Blutdurst« enden sieht. Dem zionistischen Projekt sprach er zwar die Berechtigung zu, in Palästina eine Zufluchtsstätte für Vertriebene einzurichten, die Idee eines »jüdischen Nationalparks«, wie E. sarkastisch vermerkt, lehnte er jedoch ab. In der kritischen Studie *Nationaljudentum*, die 1927 in der *Internationalen Zeitschrift für Individualpsychologie* erschien, präzisierte er seine zionismuskritische Haltung folgendermaßen: »Jedes Vaterland ist ein Ghetto. Zionismus ist Heimweh nach einem größeren Ghetto. [...] Gewiß ist der Ahasverismus, die Heimatlosigkeit, ein bitteres Schicksal dem Einzelnen, aber sie ist ein Grund der verhältnismäßig großen Leistungen vieler Juden [...]. Sie haben die größte Möglichkeit zum internationalen, übernationalen Menschen.« Der zionistischen »Flucht« nach Palästina stellte er eine offensive Konzeption jüdischer Identität entgegen, die auf dem Bekenntnis zur nomadisch-ungebundenen Lebensform der Diaspora beruht, um so »allen wahren: antinationalen Europäern« ein Vorbild zu sein. Die Diaspora-Juden sind für E. die potenziellen Träger der Revolution, ihr Messianismus ist die Verpflichtung zum Kampf gegen soziale Ungerechtigkeit und nationalistische Unterdrückung.

Den hohen Anteil von Juden am kulturellen Leben erklärte E., so im Essay *Vom deutschen Adel jüdischer Nation* (in: *Menschen und Affen*, 1926), aus der eigenen Schriftkultur, verstärkt noch durch den Ausschluss aus dem öffentlichen Leben: »Ein Volk, dem durch viele Jahrhunderte das Wort, die Schrift heilig war, seit zweitausend Jahren in einer politischen Depression lebend, auf die Bibel und deren mystische und sophistische Kommentare als einzige Geistesquelle zurückgeworfen, vor jedem Studierenden Achtung hegend wie nur noch die Chinesen – ein solches Volk, durch Neigung, Erziehung und Zwang lange abgedrängt von allen militärischen, politischen Berufen und Staatsanstellungen, musste in der Kunst die fast einzige Möglichkeit erblicken, sich gegen allen Rassenhaß, über Myriaden Hemmnisse und Erschwerungen hinweg, ehrenvoll Geltung zu schaffen.« Dabei forderte E. die Juden jedoch auf, aus ihrem intellektuell-künstlerischen Refugium herauszutreten, um sich in den Dienst der Revolution zu stellen.

Diesem Kampf widmete er sich in seinen während des Ersten Weltkriegs – den er 1916–18 im Schweizer Exil verbracht hatte – entstandenen, in den Bänden *Der Mensch schreit* (1916), *Die rote Zeit* (1917) und *Den ermordeten Brüdern* (1919) veröffentlichten Anti-Kriegs-Gedichten. Sein Hass gegen »das sterbende Barbaropa«, gegen »Hetzmarschälle«, »Heimatkünstler« und »Kriegsberichter«, die Europa in eine »Blutsintflut« verwandelt hatten (*Ode*), konkretisierte sich im revolutionären Engagement. Unter anderem beteiligte er sich an der 1915 von Franz Pfemfert gegründeten »Antinationalen Sozialisten-Partei«. Trotz seines revolutionären Elans zweifelte er jedoch an der Wirkung des literarischen Protests. Die Niederlage der revolutionären Experimente der Jahre 1918/19, zusätzlich erschwert durch das Scheitern seiner Liebesbeziehung zu der Schauspielerin Elisabeth Bergner, bewirkte Anfang der 20er Jahre eine Schaffenskrise. In dieser Phase arbeitete E. ältere Texte um und befasste sich mit der Nachdichtung von Werken der griechischen (*Lukian*, 1918, 1925; *Longos*, 1924) und chinesischen (u. a. *Schi-King*, 1922; *Pe-Lo-Thien*, 1923; *China klagt*, 1924; *Räuber und Soldaten*, 1927; *Das gelbe Lied*, 1933) Literatur. Mittels einer Ineinanderverschränkung von Hellas, Zion und China konstruierte E. eine »andere Antike« (Gauß), die ihm als Medium der Zeitkritik diente. Daneben wirkte er 1919 als Mitbegründer des Genossenschaftsverlags in Wien und als Herausgeber der Schriftenreihe *Die Gefährten* (1920/21). Bis 1932 lebte er großteils in Berlin und Wien.

Ende der 20er Jahre, als Reaktion auf die zunehmenden Erfolge von Faschismus und Nationalsozialismus, aber auch im Widerstand gegen die imperialistische Politik der europäischen Großmächte, etablierte sich E. erneut mit kritisch-engagierten Texten. Unter anderem verarbeitete er in Gedichten und Erzählungen die Eindrücke einer Orientreise, die er 1929 gemeinsam mit Oskar Kokoschka unternommen hatte und die ihn auch nach Palästina geführt hatte. Seit 1932 lebte er in der Schweiz, mit Schreibverbot und Ausweisungsdrohungen der Fremdenpolizei belegt. 1941 gelang ihm die Emigration nach New York, wo er – unter ständigen Existenzsorgen, enttäuscht von Erfolglosigkeit, verbittert und verarmt – 1950 verstarb. Unter seinen letzten, unvollendeten Arbeiten ragt das Romanprojekt *Die Jungfrau von New Orleans* (1942) hervor, eine satirische Zukunftserzählung, die von der Selbstzerstörung des kriegsverwüsteten Europas und der Überwindung der Männerherrschaft durch ein weltweites Matriarchat erzählt; bis zuletzt variierte E. sein Leiden an den Katastrophen »Barbaropas«.

Werke: Werke in fünf Bdn., hg. H. Mittelmann, Göttingen 2004.
Literatur: J. Drews, Die Lyrik A.E.s, München 1969; A. Beigel, Erlebnis und Flucht im Werk A.E.s, Frankfurt a. M. 1972; K.-M. Gauß, Wann endet die Nacht. Über A.E., Zürich 1986; U. Laugwitz, A.E., Frankfurt a. M. u. a. 1987; A.A. Wallas, A.E. Mythenzerstörer und Mythenschöpfer, München 1994.

Armin A. Wallas

Einstein, Carl (eigentl. Karl)

Geb. 26.4.1885 in Neuwied;
gest. 5.7.1940 bei Lestelle-Bétharram/Pyrenäen

E. war das zweite Kind des Ehepaares Daniel Einstein und Sophie Lichtenstein. Seit 1888 hatte der Vater die Stelle eines Direktors am Israelitischen Landesstift zu Karlsruhe und Sekretärs des Großherzoglichen Oberrats der Israeliten inne. Er

besaß die »Autorisation zur Ausübung rabbinischer Funktionen« (Penkert). Der Vater verstarb 1899 in geistiger Umnachtung. Nach Abbruch einer Banklehre immatrikulierte sich E. im Wintersemester 1904/05 an der Berliner Friedrich-Wilhelms-Universität in den Fächern Philosophie, Kunstgeschichte, Geschichte und Altphilologie. Er verließ die Universität ohne Abschluss, gleichwohl finden sich zahlreiche Spuren seines Studiums bei Georg Simmel, Heinrich Wölfflin u. a.

Die Auswirkungen der jüdischen Herkunft und Sozialisation auf E.s Leben und Werk, die im Übrigen kaum erforscht sind, hat E. selbst in seiner *Kleinen Autobiographie* (1930) völlig, um nicht zu sagen: signifikant, übergangen. Auch die autobio-, besser: thanatographischen Notizen der 30er Jahre rücken sein Judentum nicht ins Zentrum, so sehr es E.s Jugend bestimmt haben muss. Es ist mehrfach von Widerstand die Rede: »das kind will nicht beten«, »nicht glauben«. Ohne Zweifel hat E. auch Hebräisch gelernt, Unterweisung in Talmud und Thora erhalten. Bei seiner Verhaftung durch die bayerische Polizei im Jahr 1919 wird E., wohl nach eigenen Angaben, als »früherer Israelit« registriert (Heißerer). Im Briefwechsel mit Tony Simon-Wolfskehl, die 1923 beinahe »Madame Einstein« geworden wäre, distanziert er sich mehrfach von »dem ganzen Milieu«. Nach dem Tod der Mutter bricht er alle Verbindungen ab – »Dann merde aux Juifs…« Gewiss hätte er sich seiner Liebe wegen mit dem jüdischen »Aristokratentum«, dem die Frankfurter Kaufmanns- und Bankierstochter entstammte (Defoort), arrangiert. Nicht zuletzt scheiterte die Verbindung aber an Tonys Vater: »ich habe«, so zitiert ihn E., »nicht ein Leben gearbeitet und alles meinen Kindern geopfert, dass ein Kommunist das ganze versäuft.« Tonys späterer Selbsteinschätzung, E. habe sich bei ihr »zu Hause« gefühlt, weil sie Jüdin sei, widerspricht die Tatsache, dass dieser seit 1916, und auch während seiner Beziehung zu Tony, mit Aga von Hagen, die dem preußischen Adel entstammte, zusammenlebte – die Mésalliance von Juden- und Preußentum im Zeichen Afrikas wird von C. Sternheim in seiner Novelle *Ulrike* (1917) genüsslich porträtiert.

E.s Verachtung gegenüber den »Börsenjuden« oder »Kurfürstendammjuden« kontrastiert dem Faktum, dass er selbst mit dem jüdischen Kunsthandel gute Geschäfte machte (Paul Cassirer, Alfred Flechtheim u. a.) und vor allem Daniel-Henry Kahnweiler in respektvoller Freundschaft verbunden blieb. Beider Judentum, sogar die gemeinsame Karlsruher Jugend, war im Übrigen nie Thema der langjährigen Korrespondenz. Etliche von E.s Verlegern stammten aus jüdischen Familien. Sein Bekanntenkreis zeigt die zeittypische Mischung, die aus nationaler oder konfessioneller Zugehörigkeit kein Aufhebens machte.

Als »frecher« Jude wurde E. freilich immer wieder in der deutschen Öffentlichkeit bezeichnet, und zwar seit dem Gotteslästerungsprozess aus Anlass des erst 1994 in Deutschland uraufgeführten Dramas *Die schlimme Botschaft* (1921). Der auch im Briefwechsel mit Moïse Kisling erwähnte Antisemitismus, »qui nous laisse attendre des pogromes« (Sommer 1923), führte dann zu seiner vorgezogenen Emigration nach Paris im Jahre 1928: »hier pöbeln keine nazis« (an Wasmuth, 1931). Am 18. Februar 1933 notiert der »jude ohne gott«: »nun bin ich durch Hitler zu völliger heimatlosigkeit und fremdheit verurteilt.« Das Intensivum »völlig« weist auf seine Fremdheit als Künstler und Intellektueller schon in Deutschland zurück, auf seine Entfremdung von Familie und religiösem Hintergrund. Die Nazis missbrauchen E.s *Kunst des 20. Jahrhunderts*, die 1931 ihre dritte und letzte Auflage erlebt und die Kahnweiler zufolge »absolut

Endgültiges über die Kunst unserer Zeit« bringt, um »entartete« Künstler zu identifizieren. Als ausgebürgerter Deutscher wird er 1940 in französischen Lagern interniert. Als Jude auf der Flucht vor den Deutschen und als Spanienkämpfer (aufseiten Durrutis) nicht in der Lage, sich nach Francos Sieg über die spanische Grenze in Sicherheit zu bringen (Kröger), nimmt sich der 55-Jährige das Leben.

Soweit in Quellen nachzuweisen, beginnt E. erst nach 1933 sein Judentum vertieft zu reflektieren – notgedrungen. Er sieht in seiner Kindheit und Jugend jedoch nichts spezifisch Jüdisches, auch wenn sich auf etlichen Notizzetteln des *BEB II*-Projekts familiäre Szenen finden, vielmehr eine Primitive im Konflikt mit der Zivilisation der Erwachsenen. Da das geplante »Totenbuch des Ich« nicht um E. selber kreist, sondern um seine »Erlebnisgestalt« Bebuquin, und aus editorischer Sicht keinerlei Einheit besitzt, stehen gelegentliche Psychogramme des Juden wie »Analysenangst«, »Heimatlosigkeit«, »Selbstauslöschung«, »Dialektik infolge Vergleichs mit den anderen Rassen«, »Ichspaltung« usw. in keinem systematischen Zusammenhang. Begriffe wie »Eklektizismus«, »proteushafte Verwandlungsfähigkeit«, »kritische Begabtheit des Juden, der oft eher vermittelt oder umschreibt als ursprünglich schafft«, wendet er schon 1927 auf den Bühnenbildner des »Ballet russe« Leon Bakst an. In einer Notiz zum *Handbuch der Kunst* (um 1930) schreibt er zu Sigmund Freud: »Es ist verständlich, dass das Unbewusste gerade von einem Juden wieder entdeckt wurde, also dem Mitglied eines Volkes, das durch lange Versteinerung seiner Tradition und dauernde Analyse überintellektualisiert war und auch infolge seiner sozialen Lage eine besonders große Masse von Verdrängungen aufgespeichert hatte.« In diesen verstreuten Notizen zeichnet sich gleichwohl ein Psychodrama ab, das E.s Leben und Werk zusammenschließt: Es ist zunächst die Tragödie des Vaters »mit der zu hohen bildung [mehrfach wird Spinoza genannt], der sich daran überanstrengt und ein pedantisches original wird, bis er verrückt wird« und 1899 Selbstmord begeht, ob in Karlsruhe – »erhängter vater im torbogen« – oder in der Heil- und Pflegeanstalt Illenau, ist nicht bekannt. Wahnsinn und Tod des den »Judengott« repräsentierenden Vaters scheinen den 14-jährigen Gymnasiasten geradezu traumatisiert zu haben.

»Tod Gottes«, epochales Erlebnis seit Nietzsche, Suizid, Wahnsinn – »immer [...] das einzig vermutbare Resultat« – sind schon zentrale Motive von *Bebuquin oder die Dilettanten des Wunders* (1906–12) und werden aus der narrativen Darbietung im genannten Romanerstling (Sorg) zu einer umfassenden Ich- und Kulturanalyse ausgebaut, in der schon die Geburt »als selbstmord aller möglichkeiten« figuriert und das »bebleben« (= Leben des Bebuquin) als »kette des beständigen suicide« erscheint. Neben den üblichen Herleitungen des Namens Bebuquin aus »bébé«, »bébête«, »Ubu«, »mannequin«, »bouquin« usw. findet sich auch eine hebräische: »be-buqin«: »in Flaschen«, d. h. im übertragenen Sinn »absurd, alogisch« (Kleinschmidt). Allerdings nähert sich der junge Autor im Schoße der »Franz-Blei-Clique« (Hiller) einem »literarisch-jüdischen Neokatholizismus« (Haecker) an, in dem sich Judentum und Christentum ununterscheidbar mischen. Diese verschmelzen zu einem durchaus virulenten Begriff von Religion und Mythos, den E. unter dem Einfluss der französischen Ethnologie seit der *Negerplastik* (1915) bis hin zur *Fabrikation der Fiktionen* (nach 1933) entwickelt.

Dass die jüdische Herkunft Rosa Luxemburgs, an deren Grab er eine Rede hält, für den Spartakisten keine Rolle spielt, mag weniger erstaunen, als dass sein schon genanntes dramatisches »Dysangelium«, eine Modernisierung der Leidensgeschichte, eher christlicher Inspiration ist, selbst in seiner kirchenkritischen Tendenz – der missionarische Eiferer Paulus zu Jesus: »Es gibt zwei Wege: Leben und Menschsein; Sterben und göttlich werden. Unser Glaube bedarf der Vergottung.« Juden sehen die Kreuzigung als Geschäft: »Wir werden seine Garderobe an ein Museum verkaufen.« Auftretende »Odinsmanne« wiederum halten es für selbstverständlich, dass »ein Jude gekreuzigt« wird, ja: »Man müßte die Kerls [...] an die Wand stellen.«

In der *Kunst des 20. Jahrhunderts* wird 1926 Marc Chagall, wie folgt, eingeführt:

»Chagall [...] wuchs auf in diesem fast ethnographisch fremden Leben der Juden, deren Jahr fromm episch abläuft, nach Sabbat und Festen geregelt. Das Jüdische wird der Mann nicht vergessen.« Dass E. sein Judentum nicht vergaß, dafür sorgten andere, Deutsche. Zu E.s persönlicher Tragik gehört, dass er nach 1933 nicht nur vom deutschen Publikum, sondern von der deutschen Sprache abgeschnitten war, die ihm fehlt »wie ein Stück Brod [sic]« (an Wasmuth, 1929): »unsere Heimat ist die Sprache.« Allerdings scheint sich E. mit seinen Sprachreflexionen in ebensolche Widersprüche zu verwickeln wie im Falle seines vergeblichen »trainings gott zu vergessen«. Resigniert er hier und durchaus im Selbstbezug: »die juden sind [...] von gott gezeichnet«, so stellt der Emigrant fest: »immer in einer fremden sprache leben, ist auf die dauer tödlich.« Zugleich ist aber auch die Muttersprache »von lähmender Heredität angefüllt«, ist also selber »tödlich«, wie es in der *Fabrikation der Fiktionen* heißt. Diese fortgesetzte Negation, die gleichwohl nicht loskommt vom (jüdischen) Gott und von der (deutschen) Sprache, verschafft E.s »écriture« eine differenzielle Dynamik, eine metamorphotische Kraft ohnegleichen, macht auch seine ständige Suche nach »Gesetz«, »Bindung« und »Ersatz« verständlich. Der »juif errant« hat sein Werk nicht zu Ende bringen dürfen; im *Handbuch der Kunst* ist er dem Rätsel seines Judentums zumindest auf die Spur gekommen: »Geschichte ist nicht nur dialektisch; der landfremde Jude denkt in abrupten Gegensätzen, die – nihilistisch sich negierend – einander aufheben.«

Nach dem Krieg war E. lange Zeit ein »halbvergessener« (Heißenbüttel). Nicht zuletzt dank der 1984 gegründeten Carl-Einstein-Gesellschaft/Société-Carl-Einstein rückt mehr und mehr ins Bewusstsein: E. war der bedeutendste Theoretiker und Kritiker der europäischen Avantgarde, wie es schon Benn bezeugte: »An Einstein denke ich oft und lese in seinen Büchern, der hatte was los, der war weit an der Spitze« (an Wasmuth, 1951).

Werke: Die Fabrikation der Fiktionen, hg. S. Penkert, Reinbek 1973; C.E./D.-H. Kahnweiler, Correspondance 1921–1939, hg. L. Meffre, Marseille 1993; Werke, hg. H. Haarmann u. a., Berlin 1992–96; Lettres de C.E. à Moïse Kisling (1920–1924), hg. L. Meffre, in: Les Cahiers du Mnam 62 (1997), 75–123.
Literatur: K.H. Kiefer, Diskurswandel im Werk C.E.s, Tübingen 1994; C.E.-Kolloquium 1994, hg. K.H. Kiefer, Frankfurt a. M. u. a. 1996; L. Meffre, Orientation bibliographique, in: Etudes Germaniques 53 (1998), 256–263; L. Meffre, C.E. (1885–1940). Itinéraire d'une pensée moderne, Paris 2000; W. Portmann u. S. Wolf, C.E. (1885–1940), dunkler Aufklärer zwischen Gott und Nichts. Eine Spurensuche, in: diess., »Ja, ich kämpfte«. Von »Luftmenschen«, Kindern des Shtetls und der Revolution. Biographien radikaler Jüdinnen und Juden, Münster 2006, 130–194; A. Ruiz, De Paris au camp de Bassens et au Gave de Pau: l'ultime parcours de C.E. pendant la »drôle de guerre«, in: C.E. im Exil. Kunst und Politik in den 1930er Jahren, München 2007, hg. M. Kröger und H. Roland, 57–112; M. Kröger, C.E. als »jüdischer Autor«? Überlegungen zu einem neuen Forschungsparadigma, in: dies., »Jüdische Ethik« und Anarchismus im Spanischen Bürgerkrieg. Simone Weil – C.E. – Etta Federn, Frankfurt a. M. u. a. 2009, 63–159.

Klaus H. Kiefer

Eliasberg, Alexander

Geb. 22.7.1878 in Minsk (Weißrussland); gest. 26.7.1924 in Berlin

E. wurde in erster Linie als Übersetzer bekannt: seine Übertragungen zum einen aus der modernen russischen, zum anderen aus der modernen jiddischen Literatur prägten entscheidend die Kenntnis und Wahrnehmung dieser beiden Literaturen im

deutschen Sprachraum. Vor allem seine seit 1916 erschienenen, bis in die Gegenwart immer wieder neu aufgelegten Übersetzungen jiddischer Erzählungen und Romane sowie Volks- und Theaterliteratur trugen, zusammen mit den Übersetzungen u. a. von Martin Buber, Salomo Birnbaum und Efraim Frisch, in hohem Maß dazu bei, die ostjüdische Literatur in Westeuropa bekanntzumachen. Damit wurde E., so Arnold Zweig im Nachruf auf E., zum ersten »Botschafter des östlichen Judentums bei der deutschen Sprache und Kultur. [...] So bleibt sein Name noch langehin verknüpft mit jener Vermittlung jüdisch-östlicher Werte und Werke, von der das westliche Judentum am meisten profitiert hat: konnte es doch immer, wenn Angriffe die Möglichkeit original-jüdischer Schöpfung leugneten, auf den ganzen Kulturkreis verweisen, den zuerst A.E.s Übersetzungen den deutsch Lesenden erschlossen hatten.«

Nach dem Gymnasium im weißrussischen Minsk begann der Sohn eines wohlhabenden Kaufmanns in Moskau mit dem Studium der Mathematik und Physik, kam aber schon 1901 als Student nach München, wo er zum Doktor der Philologie promovierte und für den größten Teil seines Lebens mit seiner Familie lebte. Seine ersten Publikationen von 1907 bis ca. 1915, aber auch darüber hinaus, bestanden in rund 80 Übersetzungen aus der russischen Literatur. E. übersetzte u. a. Tolstoi, Dostojewski, Turgenjew, Gogol, Tschechow, Kusmin, Puschkin und Dimitri Mereschkowski für die Münchner Verlage Georg Müller und C.H. Beck sowie für den Leipziger Insel Verlag, für den er mit seinem Bruder David 1922 die Lyrikanthologie *Russischer Parnass* edierte. Damit zog E. auch das Interesse von Stefan Zweig und insbesondere Thomas Mann auf sich, mit dem er in freundschaftlichem Umgang stand, wie Manns Briefe an E. zwischen 1914 und 1923 bezeugen. Mann gehörte auch zu den Lesern von E.s *Russischer Literaturgeschichte in Einzelporträts* (1922), seiner Arbeit über die *Russische Baukunst* (1922) und der *Bildergalerie zur russischen Literatur* (1922), zu der er einen einleitenden Brief beisteuerte.

Im Februar 1915 publizierte E. in den *Süddeutschen Monatsheften* einen Aufsatz, der nicht mehr der russischen Literatur, sondern der Lage der Juden in Russland gewidmet war. Damit partizipierte E. an dem aktuellen Interesse an den osteuropäischen Juden, die im Zuge des Ersten Weltkriegs in großer Zahl in westeuropäische Städte emigrierten. »Sein volles Interesse gewann die jiddische Literatur im Kriege, als ›meine lieben Juden‹ und die ›Jiden fin Polin‹ salonfähig wurden«, so der damalige Leiter des »Jüdischen Verlags« Ahron Eliasberg über seinen Cousin E. Vor diesem Horizont wandte sich E. auch dem Zionismus zu; bis zu seinem Tod blieb er Mitglied der Organisation, ohne jedoch den politischen Implikationen des Zionismus zu folgen. »Seine Zugehörigkeit zur Organisation war einfach ein Bekenntnis zur Judenheit«, so Ahron Eliasberg. Das Februarheft der *Süddeutschen Monatshefte* von 1916, das im Wesentlichen von E. zusammengestellt wurde, war dann auch ganz den *Ostjuden* – so der Titel – und ihrer Kultur gewidmet. E. verfasste für dieses Heft mehrere Beiträge, u. a. einen Aufsatz über den *Chassidismus*, in dem er über Leben und Lehre des Baal Schem Tov berichtete, und einen Beitrag über das mystisch-kabbalistische Verständnis der hebräischen Schriftzeichen, die E. noch »für den modernen, national gesinnten Juden« als bedeutungsvoll erachtete.

In demselben Jahr nahm E. auch, u. a. zusammen mit Hermann Cohen, die Herausgabe der *Neuen Jüdischen Monatshefte* (1916–1920) auf. Weitaus größere Beachtung fanden aber – ebenfalls 1916 – E.s drei Bände mit Übersetzungen jiddischer Literatur: Bei Gustav Kiepenheuer in Weimar erschien der Band *Ostjüdische Erzähler. J.L. Perez/ Scholem-Alejchem/Scholem Asch*, bei Georg Müller in München die *Sagen polnischer Juden* und im Insel-Verlag in Leipzig *Jüdische Geschichten von Jizchok Leib Perez*. Mit diesen und zahlreichen weiteren Übersetzungen u. a. von Perez, Mendele Moicher Sforim, Scholem Alechem und David Bergelson machte E. die bis dahin im deutschen Sprachraum noch kaum bekannte jiddische Literatur zu einem Begriff, nicht nur für zionistische Leser. Auch Franz Kafka ließ sich von E.s Übersetzungen inspirieren; sein *Landarzt*-Band zeigt deutlich Spuren der Lektüre von E.s *Sagen polnischer Juden*. Und auch nichtjüdische Leser wie Thomas Mann waren geradezu »begierig« (an E. 19.8.1916) auf E.s jiddische Literatur. Der populäre Charakter von E.s in hohen Auflagen erschienenen Übersetzungen ging allerdings einher mit teilweise gravierenden philologischen Mängeln, die der junge Gershom Scholem in einer Rezension (*Zum Problem der Übersetzung aus dem Jiddischen. Auch eine Buchbesprechung*, in: *Jüdische Rundschau*, Januar 1917) schonungslos offenlegte. Scholem beurteilte E.s Arbeit aus der strengen Sicht des jüdischen Historikers, wenn er in ihr das Produkt eines den »jüdischen Dingen entfremdeten Westjuden« sah: »Viele werden vielleicht diese Bücher begrüßen, wie man sich gewöhnt hat, alles, was sich mit jüdischen Dingen beschäftigt, mit halben und darum ungültigen Maßstäben zu messen. Ich kann es nicht.« E. wies in seiner Antwort (*Jüdische Rundschau*, 26.1.1917), die philologischen Vorwürfe des »Herrn Scholem« zurück, indem er seinen Anspruch klarstellte: »Ich wollte«, so E.s Standpunkt, »eine dem nichtjüdischen Leser verständliche Übersetzung liefern.« Scholem freilich konnte sich damit nicht zufriedengeben und reagierte erneut, wie auch Nathan Birnbaum in die »Polemik zwischen Herrn Alexander Eliasberg und Herrn Gerhard Scholem« involviert wurde (*Jüdische Rundschau*, 23.2.1917). Andere Rezensenten beurteilten E.s Übersetzungen weniger streng; Ludwig Geiger lobt E.s Auswahl in der *Allgemeinen Zeitung des Judenthums* (1917, 383), wenn ihn auch die »seltsame Welt«, die E. vorstellte, »eher abstößt als anzieht«; Alfred Lemm wiederum feiert E.s Übertragungen in den *Neuen Jüdischen Monatsheften* (Mai, Oktober 1917) in der Diktion Martin Bubers: »Man fühlt das Nacherlebnis beim Übertragen im Tonfall, so daß die Seelen und Schilderungen einem nahekommen.«

Unter E.s weiteren Übersetzungen aus dem Jiddischen ist seine Anthologie *Ostjüdische Volkslieder* (1918) hervorzuheben, in der sich E. explizit bemühte, »möglichst nahe an die Originale« zu kommen und insgesamt philologisch genauer zu arbeiten: E. edierte die Lieder sowohl in transkribiertem Jiddisch wie in deutscher Übersetzung. 1920 erschien außerdem die zweibändige Übersetzung *Jüdisches Theater. Eine dramatische Anthologie ostjüdischer Dichter*, die einen Einblick in das »moderne jüdische Theater« gibt (J.L. Perez, Abraham Goldfaden, Jakob Gordin, Schalom Asch, Scholem Alejchem), das in westeuropäischen Städten auf großes Interesse stieß. Ebenfalls 1920 erschien im Jüdischen Verlag E.s Übersetzung des zweiten Bandes von Simon Dubnows *Die neueste Geschichte des jüdischen Volkes*.

Im Herbst 1923, in den Tagen der bayerischen Reaktion, wurde E., der seit 1917 staatenlos und »geistig eher Kadett und Konservativer war« (Zweig), wegen vermeintlicher »bolschewistischer Gesinnung« und deutschfeindlicher Äußerungen seiner Frau in München verhaftet und nach einem Prozess aus Bayern ausgewiesen. In Russland wiederum stand er, als Übersetzer von Mereschkowski, auf der schwarzen Liste der Sowjetregierung. Mittellos und krank fand E. in Berlin bei Freunden Asyl, wo er im folgenden Jahr verstarb.

Werke: Die Juden in Rußland, in: Süddeutsche Monatshefte 12 (Feb. 1915), 638–649; Die heiligen Schriftzeichen, in: ebd. 13 (Feb. 1916), 819–819; Ostjüdische Erzähler, Weimar 1916; Sagen polnischer Juden, München 1916; Jüdische Geschichten von Jizchok Leib Perez, Leipzig 1916; Ostjüdische Volkslieder, München 1918; Ostjüdische Novellen, München 1918; Jüdisches Theater, 2 Bde., Berlin 1920.

Literatur: A. Zweig, A.E., in: Jüdische Rundschau 29, Nr. 68 (26.8.1824), 491 f.; A[hron]Eliasberg, A.E. Zu seinem 50. Geburtstag, in: Blätter des Heine-Bundes 1, Nr. 2 (1928), 1–5; A.E., in: Lexikon deutsch-jüdischer Autoren, Bd. 6, hg. R. Heuer, München 1998, 310–324; C. Sippl, Thomas Mann und A.E., in: Zvezda (St. Petersburg 2004), Nr. 9, 169–179 (russisch); dies., Der Übersetzer A.E. und die russischen Literaten im Exil, in: Die russische Diaspora in Europa im 20. Jahrhundert, hg. A.J. Davids und F.B. Poljakov, Frankfurt a. M. 2008, 195–213.

Andreas Kilcher

Eloesser, Arthur (Marius Daalmann)

Geb. 20.3.1870 in Berlin;
gest. 14.2.1938 in Berlin

»Wir waren alle weicher erzogen als unsere Umgebung [...] wir waren gewohnt, mehr Anteil aneinander zu nehmen, mehr ineinander hineinzusehen: jeder Jude möchte, daß der andere weiß, wie ihm zumute sei, und nicht zuletzt, wenn er sich über irgend etwas zu beklagen hat« (*Jüdische Rundschau* 2.11.1934). Es ist diese pragmatische, am Leitfaden des eigenen Leibes geprüfte ethische Diktion, die E.s Werk nicht nur in seinen Erinnerungen und Flaneurtexten, sondern als Ganzes auszeich-

net. Aufgewachsen als Sohn einer assimilierten Kaufmannsfamilie im Osten Berlins, scheiterte E.s Wunsch, nach dem Studium der Germanistik bei E. Schmidt eine akademische Karriere zu beginnen, an E.s Ablehnung der Taufe. Nach einer Orientierungsphase in Paris und ersten schriftstellerischen Erfahrungen galt E. nach dem Eintritt in die Feuilletonredaktion der *Vossischen Zeitung* (1899) mit seiner moderateren Intonierung neben A. Kerr bald als die andere repräsentative Stimme der Berliner Kritik. Mit dem Blick vor allem auf die historisch-politischen Hintergründe und die soziale Funktion von Literatur nahm E. im Verlauf von vier Jahrzehnten fast zum gesamten Spektrum der Literatur und des Theaters seiner Zeit Stellung. Daneben war Berlin als großstädtisches Paradigma neuer demokratischer und ästhetischer Lebensformen fortwährend Gegenstand von E.s Reflexionen. Hier propagierte E. vor 1914 besonders die Literatur Georg Hermanns, des Chronisten jüdisch-berliner Geschichte, als Vorbild: »Wenn wir in unserer Literatur und Kunst zusammen erst ein Dutzend Georg Hermanns haben, wird Berlin eine lebendige Persönlichkeit sein und nicht mehr geschlechts- und physiognomielos aus toten Augen starren« (*Literarisches Echo* 14, 1911–12, 95). E. publizierte seine Kritiken und Essays u. a. in der *Neuen Rundschau*, dem *Literarischen Echo*, Jacobsohns *Weltbühne*, der *Frankfurter Zeitung* und gab die Werke O. Ludwigs, H.v. Kleists, Shakespeares und F. Wedekinds heraus. 1925 schrieb er Thomas Manns erste Biographie, 1926 eine biographische Hommage an Elisabeth Bergner. Mit seinem Hauptwerk *Die deutsche Literatur vom Barock bis zur Gegenwart* (1930/31) unternahm E. den Versuch, in den Krisenjahren der Weimarer Republik einem breiten Publikum das Reservoir der divergierenden literarischen Traditionen als gemeinsames Erbe »des immer noch unerkannten, beängstigenden, verwirrenden Volkes unter den Völkern« (Nachwort) neu zu erschließen. In der Darstellung jüdischer Autoren der Moderne gibt E. hier der Psychoanalyse S. Freuds mit ihrem Anspruch auf Wissenschaftlichkeit gegenüber der spätromantischen nationalreligiösen Prophetie M. Bubers den Vorzug.

Auf den Schock der Machtergreifung durch die Nationalsozialisten reagierte E. durch seine Mitarbeit als Theaterkritiker und Vortragender im Kulturbund Deutscher Juden. Die »alte Einpflanzung« der Juden »in das deutsche Geistesleben« ist für E. »ein Schicksal aus inneren Gründen und darum ein unwiderrufliches geworden«; es sei der »unentreißbare seelische Besitz« der deutschen Sprache, »Gabe aus der Väter und aus Gottes Hand«, der unter den neuartigen Bedingungen der Ghettoisierung das Beharren und den Widerstand gegen die brutale Ausschließung der Juden aus dem staatlichen und kulturellen Leben Deutschlands zugrunde liege: »und wenn man uns die Zunge ausschnitte, würde dieses Innerste unserer Seelenkraft noch stumm fortleben« (*Judentum und deutsches Geistesleben*, 1933). E. schrieb für das 1934 mit Publikationsverbot belegte apologetische Sammelwerk *Juden im deutschen Kulturbereich* den enzyklopädischen Beitrag zur deutsch-jüdischen Literatur; 1936 konnte er in der Jüdischen Buch-Vereinigung seine deutsch-jüdische Literaturbilanz von M. Mendelssohn bis B. Auerbach mit dem Schwerpunkt auf dem Wirken H. Heines unter dem Titel *Vom Ghetto nach Europa* publizieren. E. hält sich in diesem Buch an die erzählerische Darstellung der historischen Fakten und Leistungen; seine auch hier betont pragmatische Encadrierung des »jüdischen Elements« bringt er in Wendungen wie »Weltoffenheit, vorurteilslose Menschenkenntnis aufgrund eines elastischen Einfühlungsvermögens« zum Ausdruck. Von 1933 bis 1938 (seit 1934 unter dem Pseudonym Marius Daalmann) hat E. auch in der niederländischen Zeitschrift *Elseviers geillustraded Maandsblad* Essays zur jüdischen und deutschen Kunst veröffentlicht. Parallel zu seinem Engagement im Kulturbund deutscher Juden hat E. mehrfach die Möglichkeiten der Emigration erkundet. In seinem Bericht über seine erste Palästinareise hatte er bei der jüngeren Generation für die »Rückkehr« nach Erez Israel geworben und dem Projekt der Gründung eines jüdischen Staates die Verpflichtung ins Gedächtnis gerufen, »das alte Gesetz zu erfüllen, das in den schützenden Klammern nationaler und religiöser Sicherungen von vornherein eine soziale, sittliche, eine der Menschheit zugeteilte Aufgabe bedeutet hat« (*Jüdische Rundschau*, 12.6.1934). Von seiner zweiten Palästinareise 1937 kehrte E. schwer erkrankt nach Berlin zurück und ist dort im Jüdischen Krankenhaus gestorben.

Werke: Literarische Portraits aus dem modernen Frankreich, Berlin 1904; Die Straße meiner Jugend. Berliner Skizzen, Berlin 1919; Die deutsche Literatur vom Barock bis zur Gegenwart, 2 Bde., Berlin 1930–31; Judentum und deutsches Geistesleben, in: Kulturbund Deutscher Juden, Monatsblätter 1 (Oktober 1933), 4–7; Erinnerungen eines Berliner Juden, in: Jüdische Rundschau Nr. 76/77 (21.9.1934), Nr. 92 (16.11.1934); Vom Ghetto nach Europa. Das Judentum im geistigen Leben des 19. Jahrhunderts, Berlin 1936; Wiedereröffnung. Berliner Feuilletons 1920–1922, Berlin 2011; Die frühen Feuilletons von 1900 bis 1913, Berlin [in Vorber.].

Literatur: K. Schoor: Vom literarischen Zentrum zum literarischen Ghetto. Deutsch-jüdische Kultur in Berlin zwischen 1933 und 1945, Göttingen 2010, 306–321.

Horst Olbrich

Feiwel, Berthold (Told)

Geb. 15.8.1875 in Pohrlitz (Mähren); gest. 29.12.1937 in Jerusalem

Als Student des Rechts und der Nationalökonomie in Brünn (Brno) zeigte F. früh jüdisch-nationale Tendenzen; er gründete die »Veritas«, die erste jüdisch-nationalistische Studentenorganisation an der Brünner Universität. In einer Rede, gehalten in

Brünn gegen Ende Dezember 1896, behauptete er, dass weder geographische Konzentration noch gemeinsame Sprache für eine nationale Identität entscheidend sei, denn beides fehlte im Fall des modernen Judentums; das wichtigste Kriterium dafür sei vielmehr »die Bluts- und Stammeszusammengehörigkeit«, aber auch Antisemitismus, eine gemeinsame Vergangenheit und gemeinsames Leid spielten eine Rolle. F. plädierte für das Duell als Mittel jüdischer Selbstbehauptung angesichts antisemitischer Verleumdungen und Beleidigungen. Die jüdischen Studenten sollten nach F. Satisfaktion verlangen, falls sie beleidigt wurden, um dann ihre Ehre mit der Klinge zu gewinnen.

Als zionistischer Aktivist und einer der ersten studentischen Jünger Theodor Herzls zog F. nach Wien, vorgeblich um Jura zu studieren, in Wahrheit jedoch, um näher bei Herzl zu sein und um ihn bei der Organisation des Ersten Zionistischen Kongresses in Basel 1897 zu unterstützen. In seinen frühen polemischen Schriften und Reden vermittelte F. eine begeisterte zionistische Botschaft in vollkommener Übereinstimmung mit seinem Mentor Herzl. Um die Jahrhundertwende übernahm F. die Herausgabe von *Die Welt*, der von Herzl als vorrangiges journalistisches Instrument der aufkommenden zionistischen Bewegung gegründeten Wochenzeitung. Er war verantwortlich für die Entwicklung der Zeitung von einem schmalen politischen Bulletin zu einer wichtigen literarischen und kulturellen Zeitschrift. Seine *Welt*-Nummer zum Hanukah-Fest 1900 (14.12.1900) und zum Passah-Fest 1901 (13.4.1901) sind glänzende Beispiele dieser Tendenz. Sie dokumentieren darüber hinaus F.s kulturzionistische Position. F. wurde schon im Sommer 1901 von diesem oppositionellen Lager innerhalb des größeren nationalistisch-zionistischen Spektrums angezogen und identifizierte sich von dieser Zeit an mit dem Kulturzionismus. Er schloss sich der zionistischen Kulturbewegung an, die kreative jüdische Kunst und jüdisch-nationale Erziehung als ergänzende, vorrangige, wenn nicht sogar als wichtigste Aktivitäten zur Verwirklichung der jüdisch-nationalen Ziele ansah. Er organisierte jungjüdische literarische Abende in Berlin, um die Ziele des Kulturzionismus zu fördern. F. trat außerdem auch als Verteidiger der feministischen Position im Zionismus auf. Er hielt mehrere Vorträge in zionistischen Frauenvereinen über die Sonderrolle der jüdischen Frau im Zionismus.

Zwangsläufig distanzierte sich F. von Herzl; er verließ seinen Posten als Herausgeber von *Die Welt* und half bei der Gründung einer demokratischen Fraktion innerhalb der zionistischen Organisation, die gegen Herzls Führerschaft auftrat. Sie vereinigte verschiedene junge und energische Figuren wie Martin Buber, Chaim Weizmann und E.M. Lilien und stellte auf dem Fünften Zionistischen Kongress ein entschieden kulturell und erzieherisch orientiertes zionistisches Programm vor. Am wichtigsten jedoch: F. zog nach Berlin und gründete dort zusammen mit Buber, Lilien und Davis Trietsch den Jüdischen Verlag, der sich bald zum dynamischsten unter den Verlagen mit einem jüdisch-nationalen Programm in Mitteleuropa entwickelte. Das breite Spektrum jüdischer Literatur, veröffentlicht in deutscher Sprache vom Jüdischen Verlag, hatte weitreichende kulturelle und politische Folgen auch während der Nazi-Zeit. Außerdem vertrat der Verlag das ästhetische Programm der jungjüdischen Bewegung, die viele junge Talente um die jüdisch-nationale Idee vereinigte. F. selbst inspirierte ein reiches literarisches, dichterisches und künstlerisches Schaffen, das zusammen mit den Arbeiten von Buber und Lilien eine moderne jüdische Renaissance proklamierte. Als Herausgeber aufsehenerregender Anthologien, vor allem des *Jüdischen Almanach 5663* (1902, rev. 1904) und *Junge Harfen* (1903), kombinierte F. in ästhetisch-evokativer Form moderne hebräische und jiddische Literatur (in deutscher Übersetzung) mit jüdischen Werken auf Deutsch und in anderen »nichtjüdischen Sprachen«. Nicht nur, dass F. seine eigene Poesie beisteuerte, er übersetzte auch zahlreiche jiddische Gedichte für diese Anthologien ins Deutsche. Darüber hinaus war er Übersetzer und Herausgeber der *Lieder des Ghetto* von Morris Rosenfeld, erschienen 1902 im Jüdischen Verlag, und verfasste dazu eine ausführliche Einleitung über die Geschichte und Bedeutung der jiddischen Sprache und Literatur im modernen jüdischen Bewusstsein. Während das Jiddische vor allem im zionistischen Lager, etwa durch Herzl, meist als korrumpierter Jargon verleumdet wurde, galt es F. geradezu als eine Weltsprache. F.s Verteidigung des Jiddischen ist ein unentbehrlicher Teil seines jüdischen Nationalismus, der vor allem auch ein Engagement für die unterdrückten und benachteiligten Massen des osteuropäischen Judentums bedeutet. Dieses Engagement kam auch in seinem unter dem Pseudonym »Told« veröffentlichten Buch *Die Judenmassacres zu Kischinew* (1903) ergreifend zum Ausdruck, das auf einer Vor-Ort-Reportage vom Kischinew-Pogrom von 1903–04 basierte.

F. zog 1919 nach London und arbeitete zusammen mit Chaim Weizmann an der Realisierung der zionistischen Bewegung. Von seiner Gründung im Jahr 1919 bis 1926 war er geschäftsführender Direktor des »Keren Hayesod«, des Jüdischen Nationalfonds, und war zeit seines Lebens hochrangiges Mitglied der zionistischen Organisation. 1933 emigrierte er nach Jerusalem und verbrachte die letzten Jahre seines Lebens in Palästina.

Werke: Modernes Judentum, Brünn 1897; Die Universität, in: Die Welt 4 (1897), 4–6; B.F./R. Stricker, Zur Aufklärung über den Zionismus, Brünn 1898; Zionismus zu Hause, in: Die Welt 26 (1901), 1–2; B.F./M. Buber, E.M. Lilien (Hg.), Jüdischer Almanach 5663, Berlin 1902 (revidiert 1904); (Hg.), Junge Harfen. Eine Sammlung jungjüdischer Gedichte, Berlin 1903.
Literatur: M. Gelber, The jungjüdische Bewegung: an Unexplored Chapter in German-Jewish Literary and Cultural History, in: Leo Baeck Institute Year Book 31 (1986), 105–119.

Mark Gelber

Feuchtwanger, Lion

Geb. 7.7.1884 in München;
gest. 21.12.1958 in Pacific Palisades (Kalifornien)

Kaum ein deutsch-jüdischer Autor des 20. Jahrhunderts hat so viele Leser gefunden wie der Weltbürger F., der in zahlreichen Romanen und Essays ein universelles und geistiges Verständnis vom Judentum vertreten hat. Er wollte weder als jüdischer noch als deutscher, sondern als internationaler Schriftsteller gelten. Dennoch betonte er, dass seine Inhalte »jüdisch« seien und sein Herz »jüdisch« schlage.

Das erste von neun Kindern eines Fabrikanten wurde orthodox erzogen, musste sich dem täglichen Studium der hebräischen Bibel und des Talmud widmen und die jüdischen Traditionen befolgen. »Meine Eltern hielten darauf, daß ich die umständlichen, mühevollen Riten rabbinischen Judentums, die auf Schritt und Tritt ins tägliche Leben eingreifen, minuziös befolgte« (*Aus meinem Leben*, in: *Neue Texte*, 1963). Durch die Einhaltung der Sabbat-Gesetze – sonnabends trug ihm das Kindermädchen die Bücher zur Schule – zog sich F. den Spott seiner katholischen Klassenkameraden zu und machte die Erfahrungen eines Außenseiters. Mit Beginn des Studiums der Germanistik, Geschichte und Philosophie löste er sich von der Orthodoxie, was jedoch nicht zu einer Abwendung vom Judentum führte. Der Schriftsteller begann mit Einaktern über biblische Figuren wie *König Saul*, promovierte über Heines *Der Rabbi von Bacherach* (1907), wobei ihm die Kenntnis der jüdischen Traditionen und Sprachen gute Dienste leistete. Jiddische Autoren wie Jizchok Leib Perez und Scholem Alejchem las F. im Original. Zeit seines Lebens beschäftigte er sich mit jüdischen Stoffen und Problemen, während er fürchtete, der Zionismus könne zu einem »jüdischen Chauvinismus« führen.

Im Essay *Die Verjudung der abendländischen Literatur* (1920) begründete F. die besondere »literarische Neigung« der Juden, die sich in ihrem hohen Anteil an der deutschen Literatur zeige, mit der Bibel, welche die land- und staatenlosen Juden zu einem Volk gemacht und ihre geistige Mission begründet habe: »Die Juden hatten durch zwei Jahrtausende nur ein Gemeinsames: ihr Buch. Dieses Buch war ihnen Staat, Land, Geschichte, Sinn ihres Leidens, einziger Zusammenhalt, dies Buch, nur dies, machte sie zum Volk.« Im Unterschied zu den »bodenständigen« Verhältnissen der vormodernen Zeit sah F. in der »nomadenhaften Existenz« der Juden eine Vorstufe der Entwicklung der Gegenwart: »Was früher den Juden von ihren Gegnern als ihre verächtlichste Eigenschaft vorgeworfen wurde, ihr Kosmopolitentum, ihr Nichtverwurzeltsein mit dem Boden, auf dem sie lebten, das erweist sich plötzlich als ungeheurer Vorzug.« Weil die Juden seit ihren Ursprüngen sowohl zum Abendland als auch zum Morgenland gehörten, verband F. ihre historische Mission seit dem Ersten Weltkrieg aber auch mit einer »asiatischen Lehre« des Verzichts. Die Juden seien die Träger der »Welt der Tat« und der »Überwindung des Willens«, weshalb sie zwischen der europäisch-amerikanischen Zivilisation und der asiatischen Kultur eine Mittlerrolle spielen könnten.

Die Auffassung vom »Unwert« des irdischen Strebens und des »Weges der Macht« prägt F.s Frühwerk, zu dem das Schauspiel *Jud Süß* (entstanden 1916) gehört, das er 1920–22 zum gleichnamigen historischen Roman ausbaute. Ursprünglich am Fallbeispiel des jüdischen Industriellen und Politikers Walther Rathenau orientiert, symbolisiert der Hof- und Finanzjude Josef Süß Oppenheimer die Tragik der Emanzipation, indem er zum Sündenbock für die Politik seines Herrn, des Herzogs von Württemberg, gemacht wird. F. wollte damit jedoch weder etwas für noch gegen das Judentum bezeugen. Er lässt seinen Protagonisten vielmehr eine Wandlung von der europäischen »Welt der Macht« zur asiatischen »Welt des Verzichts« bzw. von Nietzsche zu Buddha vollziehen (*Über »Jud Süß«*, 1929). Nach dem Verlust seiner Tochter und unter dem Einfluss des Kabbalisten Rabbi Gabriel stürzt der mächtig gewordene Jud Süß mit dem Landesregenten bewusst auch sich selbst. Er verzichtet auf die Möglichkeit, sein Leben durch Konversion zum Christentum zu retten. Bei seiner Hinrichtung bekennt er sich öffentlich zum diskriminierten Volk der Juden und findet zum »heimlichen Wissen« des Judentums: »Vielfältig ist die Welt, aber sie ist eitel und Haschen nach Wind; eins aber und einzig ist der Gott Israels, das Seiende, das Überwirkliche, Jahve.« Dass sich F. trotz dieses Verzichtskonzepts gegenüber den politischen Verhältnissen später alles andere als passiv verhielt, belegt der Gesellschaftsroman *Erfolg. Drei Jahre Geschichte einer Provinz* (entstanden 1927–30), in dem er sich als einer der ersten deutschen Schriftsteller auch mit dem Nationalsozialismus auseinandersetzte. Bereits am 17. Oktober 1931 bescheinigte der *Völkische Beobachter* »Löb Feuchtwanger«, dass er sich »nach dieser Leistung« einen Emigrantenplatz verdient habe. Im März 1933 kehrte F. von einer Vortragsreise durch die USA nicht nach Deutschland zurück, sondern emigrierte ins südfranzösische Sanary-sur-Mer. Sein Vermögen wurde beschlagnahmt; nachdem Goebbels F. zum »Volksfeind Nummer eins« erklärt hatte, wurde er ausgebürgert und ihm der Doktortitel aberkannt.

Von April bis Oktober 1933 schrieb F. den ersten Roman des Exils, mit dem er über den Nazi-Terror aufzuklären versuchte. *Die Geschwister Oppenheim/Die Geschwister Oppermann* spielen von November 1932 bis Spätsommer 1933 und erzählen die Geschichte einer großbürgerlichen jüdischen Familie, deren Mitglieder die Zeichen der bevorstehenden Katastrophe zunächst nicht zu lesen vermögen. Der Besitzer eines traditionsreichen Möbelhauses, Martin Oppermann, ist zu Zugeständnissen bereit und fusioniert mit seinem »arischen« Konkurrenten, bevor dieser seine Firma schließlich ganz übernimmt. Sein Sohn Bertold wird von einem nationalsozialistischen Deutschlehrer in den Tod getrieben. Sein Bruder Gustav Oppermann arbeitet an einer Biographie Lessings und kann (ähnlich wie F. selbst) nicht glauben, dass das Volk der Dichter und Denker Barbaren wie Hitler verfallen könne. Erst im Exil beginnt er den politischen Kampf und kehrt illegal nach Deutschland zurück, um Informationen über die Aktionen gegen die Juden zu sammeln. Gustav Oppermann stirbt an den Misshandlungen, die er in einem KZ erleidet. Der schnell geschriebene Roman, der im Sommer 1934 bereits in einer Viertelmillion Exemplaren verbreitet war, wurde mit *Erfolg* und *Exil* (entstanden 1935–39) zur Wartesaal-Trilogie vereint, die F. zur Auseinandersetzung mit der Sorglosigkeit nicht nur des jüdischen Bürgertums diente. Bei ihrem Abschluss, kurz vor Beginn des Zweiten Weltkrieges, glaubte der Schriftsteller noch an einen Sieg der Vernunft.

In *Die Aufgabe des Judentums*, einem Buch, das er gemeinsam mit Arnold Zweig 1933 in Paris veröffentlichte, begründete F. die universelle Mission der Juden aus ihrer Diaspora. Er beruft sich auf Jesaja als »Klassiker eines Messianismus mit besonders universalistischen Implikationen« und unterscheidet das Judentum von anderen nationalen Ideologien. Der jüdische Nationalismus gestatte nur geistige Mittel und müsse sich selbst überwinden: »Das Ziel des wahren jüdischen Nationalismus ist die Durchdringung der Materie mit Geist. Er ist kosmopolitisch, dieser wahre jüdische Nationalismus, er ist messianisch.« Den Begriff Kosmopolitismus verwendete der Schriftsteller als Synonym für Internationalismus, worunter er keinen Verzicht auf »nationale Eigenart« oder »nationale Traditionen« verstand (Wolf).

Auch in einem Romanzyklus über den jüdischen Geschichtsschreiber Flavius Josephus (entstanden 1930–40) setzte sich F. mit dem Konflikt zwischen jüdischem Nationalismus und Weltbürgertum auseinander. Der 1. Band, *Der jüdische Krieg*, erschien 1932. Das Manuskript des als Schluss gedachten 2. Bandes, *Die Söhne*, vernichteten die Nazis bei der Plünderung seines Hauses. Seine Neuerarbeitung sprengte den ursprünglichen Rahmen, so dass F. einen 3. Band, *Der Tag wird kommen*, verfasste, den er noch vor seiner Flucht aus Frankreich abschloss. Die literarische Verarbeitung der fast 2000 Jahre alten Geschichte der Flavierkaiser diente F. zur Auseinandersetzung mit der jüdischen Situation in der Gegenwart. Der jüdische Priester Josef Ben Matthias, der am Aufstand gegen die Römer beteiligt war, wird nach seiner Gefangennahme zu einem Günstling Vespasians, den er zum Messias erklärt. Er assimiliert sich zum Schriftsteller Flavius Josephus und vertritt fortan ein Weltbürgertum, als dessen gleichberechtigten Teil er das Judentum betrachtet: »Die Heroen des griechischen Mythos und die Propheten der Bibel schlossen einander nicht aus, es war kein Gegensatz zwischen den Himmeln Jahves und dem Olymp des Homer. Josef begann die Grenzen zu hassen, die ihm früher Auszeichnung, Auserwähltheit bedeutet hatten. [...] Er war eine neue Art Mensch, nicht mehr Jude, nicht Grieche, nicht Römer: ein Bürger des ganzen Erdkreises, soweit er gesittet war.« Flavius Josephus schreibt die Geschichte des jüdischen Krieges vom Standpunkt unparteiischer Objektivität, hält aber trotzdem an seiner jüdischen Nationalität fest. Weil er zwischen der »östlichen Kultur« der Juden und der »westlichen Zivilisation« der Römer zu vermitteln sucht, zieht er sich die Feindschaft beider Seiten zu. Der 2. Band, *Die Söhne* (entstanden 1934–35), ist von den Diskussionen der Juden über das Weltbürgertum geprägt, wobei F. den »Großdoktor« Gamaliel Folgendes sagen lässt: »Ich ziehe es vor, das Judentum für eine Weile national einzuengen, statt es ganz aus der Welt verschwinden zu lassen. Ich muß die Gemeinschaft über die nächsten dreißig Jahre hinwegbringen.« Es gelingt Josef nicht, eine Universalgeschichte der Juden zu verfassen. Nach Titus' Tod übernimmt der Judenhasser Domitian die Macht und der Geschichtsschreiber muss seinen Universalismus der aktiven Verteidigung der Juden opfern. Im 3. Band kehrt der Kosmopolit zum Kampf in seine Heimat zurück, wo er den Tod findet. Die Idee, sein jüdisches und weltbürgerliches Verständnis zu vereinen, bleibt in *Der Tag wird kommen* nur in der Utopie erhalten. Der Roman-Zyklus über den Schriftsteller ist als persönliche Auseinandersetzung F.s mit seiner jüdischen Identität zu verstehen, die vor dem unmittelbaren Hintergrund der politischen Ereignisse vom Ende der Weimarer Republik bis zum Beginn des Zweiten Weltkrieges erfolgte.

F. hat sich nicht nur in Romanen und Aufsätzen, sondern auch durch die Mitarbeit in antifaschistischen Institutionen gegen die nationalsozialistische Herrschaft gewandt, was den weltberühmten Verfasser des *Jud Süß* zu einem der namhaftesten Vertreter der literarischen Emigration Deutschlands machte. Nach Kriegsausbruch wurde er mehrfach in südfranzösischen Lagern interniert, bevor ihm die Flucht nach Amerika gelang. Zum mittlerweile dritten Mal baute er sich in Kalifornien eine Schreibwerkstatt mit einer umfangreichen Bibliothek auf. Stärker als unter dem Verlust seiner Heimat hat F. an der Unvernunft der Welt gelitten. Weil er mit dem sozialistischen Experiment sympathisierte, blieben seine Gesuche um eine Einbürgerung in die USA elf Jahre lang vergeblich. Der staatenlose Schriftsteller reiste nie wieder nach Europa, weil er fürchtete, nicht mehr an seinen Arbeitsplatz zurückkehren zu können.

In seinen letzten Lebensjahren wandte sich F. erneut jüdischen Themen zu. In *Die Jüdin von Toledo/Spanische Ballade* (entstanden 1952–54) erzählt er von den Religionskämpfen und Judenpogromen im Spanien des 12. Jahrhunderts. Auch hier repräsentiert eine Figur seine Idee vom Judentum. Um König Alfons VIII. von seinen kriegerischen Leidenschaften abzubringen, opfert ihm sein genialer jüdischer Finanzminister seine schöne Tochter Raquel. Jehuda Ibn Esra ist ein verantwortlich handelnder »Jud Süß«, und sein Judentum verkörpert eine vernünftige Lehre des Friedens, die gegen die irrationale Faszination vom Krieg kämpft. Der Gewalt soll mit den Mitteln jüdischen Geistes begegnet werden: »Es sind nicht die Siege des Schwertes, welche die Propheten uns versprochen haben [...] Unser Erbteil ist das große Buch. Wir haben uns durch zweitausend Jahre mit ihm befaßt, es hat uns zusammengehalten im Elend und in der Zerstreuung ebenso wie in unserem Glanz, wir allein verstehen es richtig zu deuten. Was es uns verheißt, sind Siege des Geistes.« Obwohl Jehuda und seine Tochter, die Jüdin von Toledo, der muslimischen Rache zum Opfer fallen, leben die Ideen des Judentums weiter. Nach ausführlichen Quellenstudien legte F. mit *Jefta und seine Tochter* (entstanden 1955–57) eine Umdeutung der israelitischen Frühgeschichte vor. Gegen die biblische Vorlage des Buches der Richter macht er die Entwicklung des jüdischen Volkes zu Menschlichkeit und Zivilisation zu seinem Thema. Nachdem sich die Juden von den gottlosen Ammonitern bedroht sehen, übertragen sie Jefta die Führung über ihr Heer. Vor der aussichtslos erscheinenden Schlacht legt der gefürchtete Krieger das Gelöbnis ab, im Falle seines Sieges den ersten Menschen, der ihm aus seinem Haus entgegenkommt, Gott zu opfern. Er trifft seine einzige Tochter, womit Jefta so viel Schrecken verbreitet, dass er nicht nur den Frieden, sondern auch die Vereinigung der israelitischen Stämme erzwingt. Wie in *Jud Süß* wird das Vater-Tochter-Motiv ins Symbolische erhöht. Am inneren Konflikt eines Protagonisten, der von einem jüdischen Vater und einer heidnischen Mutter abstammt, will F. zeigen, dass die Juden ihren nomadischen Sitten treu geblieben sind, aber auch die sesshafte Lebensweise übernommen haben. »Der Gott der hebräischen Stämme wandelte sich allmählich aus einem Kriegs- und Feuergott in einen Gott des Ackers und der Fruchtbarkeit [...].«

Als programmatisch für sein gesamtes Schreiben kann gelten, was der deutsch-jüdische Schriftsteller, der sich während seines 25-jährigen Exils stets der deutschen Sprache bedient hat, 1933 äußerte: »Oft [...] werde ich gefragt, ob ich mich als jüdischer oder als deutscher Schriftsteller fühle. Ich pflege zu antworten, ich sei nicht das eine, noch das andere: ich fühle mich als internationaler Schriftsteller. Wahrscheinlich seien meine Inhalte mehr jüdisch betont, meine Form mehr deutsch [...] Meine Bücher sind somit gefühlsmäßig jüdisch-national, verstandesmäßig international betont. Daraus wohl erklärt es sich, dass sie von einigen Juden als antisemitisch, hingegen von deutschen Nationalisten als schlaue jüdisch-nationale Tendenzmache wüst beschimpft werden. Ich glaube nicht, dass irgend jemand eine wirkliche, klare Demarkationslinie ziehen kann zwischen dem, was jüdisch ist, und dem, was nicht« (*Bin ich ein deutscher oder ein jüdischer Schriftsteller?*).

Werke: Gesammelte Werke in Einzelausgaben, Berlin 1959 ff.; Centum Opuscula, hg. W. Berndt, Rudolstadt 1956, wieder als: Ein Buch nur für meine Freunde, Frankfurt a. M. 1984.
Literatur: A. Wolf, L.F. und das Judentum, in: Bulletin des Leo Baeck Instituts 61 (1982), 57–78; 62 (1982), 55–94; F. Dietschreit, L.F., Stuttgart 1988; L.F., in: Lexikon deutsch-jüdischer Autoren, Bd. 7, hg. R. Heuer, München 1999, 43–85; M. Körte, Figur ohne Original: ›Jud Süss‹ und ›Ewiger Jude‹ als Metafiguren der Geschichte bei L. F., in: Jud Süss, hg. A. Przyrembel u. a., Frankfurt a. M. 2006, 175–188; B. Herrmann, Zirkulationen des Begehrens. Sexualität, Macht und Judentum in F.s Jud Süss, in: ebd., 151–174.

Andreas Herzog

Fleischmann, Lea

Geb. 23.3.1947 in Ulm

»Ich, Lea Rosenzweig, 27 Jahre, Diplompädagogin, Akademikerin, Mutter, Ehefrau, Demokratin, bin zu einer winzigen Schnecke geworden, die am Boden hinter dem Schreibtisch kriecht und eine Schleimspur hinter sich läßt.« Mit dieser kritischen Selbstbeschreibung resümiert F. (ehemals verheiratete Rosenzweig) ihre Entwicklung in *Dies ist nicht mein Land* (1980). Geradezu programmatisch artikuliert der Untertitel von F.s erstem autobiographischen Buch die Disposition eines konfliktreichen, mehr noch: unversöhnlichen jüdischen Lebens und Schreibens in Deutschland: *Eine Jüdin verläßt die Bundesrepublik.*

Überraschenderweise fehlt jedoch in diesem Buch eine eingehende, explizite Auseinandersetzung mit F.s jüdischer Herkunft, die sie wesentlich geprägt hat. Mehr implizit wird dies vor allem in F.s identifikatorischer fiktiver Imagination ihres Abtransportes in ein Konzentrationslager sowie in der knappen Beschreibung von Kindheit und Jugend deutlich. F.s zitierte Selbstcharakterisierung steht indes insofern im Einklang mit dem Inhalt ihres Erstlingswerks, als die Tochter von polnischen Shoah-Überlebenden, die die ersten zehn Jahre ihres Lebens in einem DP-Lager in Bayern verbrachte, sich hier vergleichsweise kurz mit ihrer Identität und ihren Erfahrungen als Jüdin in der Bundesrepublik befasst. Entscheidend ist aber die Erfahrung, dass das Judentum für F. während ihres Lebens in der Bundesrepublik nicht selbstverständlich gegeben, sondern immer schon mit einem Fragezeichen versehen ist. »Wer ist Jude? Was ist jüdische Identität? [...] Ich glaube, seit ich das Wort Identität aussprechen konnte, habe ich über Identität diskutiert.« Ausschlaggebend für F.s Entscheidung, als »Jüdin« die Bundesrepublik 1979 zu verlassen, ist die Furcht, selbst geprägt zu werden von den autoritären Strukturen, Erziehungsmethoden und Verhaltensweisen, denen sie als Berufsschullehrerin im Hessen der 70er Jahre begegnet. Der auch von der politischen Linken seinerzeit kritisierte übertriebene Ordnungssinn, der blinde Autoritätsglaube und die bedingungslose Einhaltung von Vorschriften, für F. Voraussetzung für Konzentrationslager und Massenmorde, bestimmen in F.s Augen auch das Nachkriegsschulwesen, das sie ausführlich und stellenweise sehr emotional beschreibt.

So dezidiert wie F. in ihrem ersten Buch schreibt: »eine Deutsche war ich nicht«, so entschieden bekundet sie mit dem Titel ihrer zweiten autobiographischen Veröffentlichung *Ich bin Israelin. Erfahrungen in einem orientalischen Land* (1982) ihre Zugehörigkeit zu Israel. Wenn auch der Titel *Ich bin Israelin* erneut einen programmatischen Standpunkt artikuliert, lässt F. in der Beschreibung des von ihr als spannungsreich, unterentwickelt und »orientalisch« wahrgenommenen Landes weitgehend offen, inwieweit die Erfahrung, in Israel zu leben, ihre Selbstwahrnehmung als Jüdin sowie ihre Auffassung vom Judentum prägen. Erkennbar wird allerdings, dass der jüdische Glaube sowie verloren geglaubte religiöse Traditionen für F. an Bedeutung gewinnen. Die Entscheidung, nach Israel auszuwandern, entsprang auch dem Wunsch, »die Bibel im Original« zu lesen. F.s Israelbild macht aber auch deutlich, wie sehr sie selbst geprägt wurde von den kulturellen Normen und den technologischen Standards der Bundesrepublik. Vor dem Hintergrund der Schwierigkeiten, mit denen F. in Israel zu kämpfen hat, liest sich *Dies ist nicht mein Land* auch als Versuch, sich selbst zu vergewissern, dass die Entscheidung richtig war, die Bundesrepublik zu verlassen und die deutsche Staatsbürgerschaft aufzugeben.

Zwar schreibt F. in *Dies Land ist nicht mein Land*: »ich will das deutsche Volk nichts lehren«, doch *Nichts ist so wie es uns scheint. Jüdische Geschichten* (1986), *Abrahams Heimkehr. Geschichten zu den jüdischen Feiertagen* (1989), besonders aber *Schabbat. Das Judentum für Nichtjuden verständlich gemacht* (1998), haben einen aufklärerisch-pädagogischen Charakter. Bei aller Distanz zu Deutschland scheint F. nach ihrer Auswanderung nach Israel eine Aufgabe darin zu sehen, einem nichtjüdischen deutschsprachigen Publikum insbesondere die jüdische Religion näherzubringen. Die sowohl in Israel, als auch in Osteuropa und in den USA angesiedelten, teilweise parabelhaften Geschichten, die betont einfach erzählt werden, thematisieren immer wieder die Frage, wie der Einzelne im Spannungsfeld zwischen individuellem Glücksanspruch und der Verantwortung für andere einen Sinn im Leben finden kann. In vielen der Erzählungen wird bei der Sinnsuche Bezug genommen auf biblische Ereignisse und den jüdischen Glauben. Besondere Bedeutung besitzt für F. das Gebot der Schabbatheiligung, das, wie sie in *Schabbat. Das Judentum für Nichtjuden verständlich gemacht* erklärt, in nuce den Geist des Judentums verkörpere. Als das Gebot, das »Ehrfurcht vor der Schöpfung befiehlt«, ist für F. die Einhaltung des Schabbats, die sie auch Nichtjuden nahelegt, nicht nur ein göttliches Gebot, sondern zugleich eine ökologische Notwendigkeit: »Die Heiligung des siebten Tages könnte ein Beitrag sein, die Zerstörung der Natur ein wenig zu verlangsamen und den rasanten Fortschritt zu bremsen.«

Werke: Dies ist nicht mein Land. Eine Jüdin verläßt die Bundesrepublik, Hamburg 1980; Ich bin Israelin. Erfahrungen in einem orientalischen Land, Hamburg 1982; Nichts ist so wie es uns scheint, Hamburg 1986; Abrahams Heimkehr. Geschichten zu den jüdischen Feiertagen, Hamburg 1989; Gas, Göttingen 1991; Meine Sprache wohnt woanders: Gedanken zu Deutschland und Israel, Frankfurt a. M. ²2006 (zus. mit Ch. Noll).

Katharina L. Ochse

Frank, Bruno

Geb. 13.6.1887 in Stuttgart;
gest. 20.6.1945 in Beverly Hills

»[…] der Nationalismus liegt mir fern wie jede andere Orthodoxie«, beschreibt der »deutsche Jude und aufgeklärte Europäer« F. seine Dichtung und Lebenseinstellung. Dies spiegelt sich deutlich im Romanwerk wider: In *Die Tochter* (1943 in Mexico erschienen) beschreibt F. äußerst realistisch die Welt des armen Ostjudentums in einem galizischen Stetl von etwa 1910 bis zum Untergang durch den Faschismus. In der Figur der Elisabeth schildert F. seine Vorstellung von jüdischer als interkultureller europäischer Identität: Elisabeth ist die Tochter eines österreichischen Grafen und einer polnischen Jüdin, in ihrer Großelterngeneration sind gar fast alle europäischen Nationen vertreten. Obwohl die finanziellen Umstände Elisabeths Taufe erzwingen, bewahrt sie ihr Zugehörigkeitsgefühl zum Judentum. Ihre übernationale Identität ist die Basis einer humanistischen Grundhaltung gegenüber der Welt und den Menschen, in welchen beiden Aspekten F. wohl einen Ausweg aus der faschistischen Katastrophe Europas sah.

Schon während der Schulzeit begann F. mit der Veröffentlichung kleinerer Werke (Lyrik und Novellen), 1915 folgte der erste Roman *Die Fürstin*. Bereits in diesem Roman thematisiert F. seine Sympathie für das zu dieser Zeit in Deutschland verachtete Ostjudentum, indem er Pogrome als von einer herrschenden Schicht initiierte Verfolgungen darstellt, weshalb sich das Phänomen gedanklich von Russland auf andere Länder übertragen lässt. F. wählte gerne historische Themen, um seine politische Zeitkritik zu verpacken. Er wurde vor allem als Dramatiker und Verfasser eher leichter Stücke bekannt; sein beliebtestes Werk ist die Boulevardkomödie *Sturm im Wasserglas* (1930). Dennoch legte F. in seinen Briefen den Schwerpunkt selbst auf sein episches Werk. So findet die Auseinandersetzung mit politisch und gesellschaftlich relevanten Themen auch mehr in seiner Prosa statt.

F., den eine lebenslange Freundschaft mit Th. Mann verband, emigrierte unmittelbar nach dem Reichstagsbrand. Schon in *Politische Novelle* (1928) sind seine Warnungen vor einem wachsenden Nationalismus und dem drohenden Faschismus überdeutlich. Neben den genannten Werken sind die Romane *Der Magier* 1929 (ein jüdischer Künstlerroman um die Figur Max Reinhardts) und *Cervantes* (1934), in welchem das Spanien des 16. Jahrhunderts als Bild für Hitler-Deutschland genutzt wird, zu nennen. Auch im amerikanischen Exil meldet sich F. weiter mit politischen Themen zu Wort, der Kampf gegen den Faschismus ist das Leitmotiv des Exilwerkes. Dabei bevorzugt er eine realistische Schreibweise, die dennoch nicht frei ist von ironischen Anspielungen; das Spätwerk kann durchaus als stilistisch konservativ bezeichnet werden.

Th. Mann bezeichnete F. als »schwäbischen Humanisten, dessen geistige Liebe Europa heißt«. Als solcher kritisiert F. nicht nur Nationalisten jedmöglicher Herkunft, sondern ebenso reiche amerikanische Juden, die am Hitler-Krieg verdienen. F. ließ sich weder einer literarischen Richtung zuordnen, noch sein Werk in den Dienst irgendeiner Ideologie stellen; für ihn zählten nur Wahrheit, Humanismus und eine an interkulturellen Werten orientierte Identität.

Weitere Werke: Die Tage des Königs, hg. M. Gregor-Dellin, München 1975; Die Tochter, hg. M. Gregor-Dellin, München 1985.
Literatur: W. Hoyt, Conflict in Change. A Study in the Prose-Fiction of B.F., Michigan 1978; U. Müller, Schreiben gegen Hitler. Untersuchungen zum Prosawerk B.F.s, Darmstadt 1994.

Eva Reichmann

Frank, Rudolf

Geb. 16.9.1886 in Mainz;
gest. 25.10.1979 in Basel

Bis zur nationalsozialistischen Machtübernahme hatte die Problematik von jüdischer Identität und Existenz für F.s literarisches Schaffen eine nur marginale Bedeutung. F. wirkte nach einer juristischen Promotion seit 1909 an verschiedenen deutschen und ausländischen Theatern – u. a. dem Hoftheater Meiningen, dem Frankfurter Neuen Theater und den Münchner Kammerspielen – als Schauspieler, Dramaturg und Regisseur; er trat als Feuilletonist, Herausgeber von deutscher Literatur sowie mit literarhistorischen- und theaterwissenschaftlichen Arbeiten hervor und war seit Ende der 20er Jahre vorwiegend journalistisch und schriftstellerisch tätig. Zwar identifizierte sich F. mit dem Judentum als Schicksalsgemeinschaft, und das international breit rezipierte, antimilitaristische Jugendbuch *Der Schädel des Negerhäuptlings Makaua* (1931) benennt in bemerkenswert hellsichtiger Weise die Gefahr des deutschen Antisemitismus. Doch eine dezidiert jüdische Positionsbestimmung legte F. erst mit *Ahnen und Enkel* (1936) vor. Dieser *Roman in Erzählungen* (Untertitel) war im Auftrag der Jüdischen Buch-Vereinigung (Berlin) verfasst worden und wandte sich an einen ausschließlich jüdischen Adressatenkreis. Der »Auswandererroman« verbindet die literarische Verarbeitung von aktuellen Erfahrungen mit leichter Unterhaltung und optiert dabei für Identitäts- und Lebensentwürfe, die in der historischen Situation prekär geworden und im innerjüdischen Diskurs umstritten waren. Obwohl der Roman keinen Zweifel darüber lässt, dass das Modell einer »deutsch-jüdischen Symbiose« mit dem Nationalsozialismus endgültig gescheitert ist, und der Text den Leser zur Flucht ermutigt, unterläuft er nicht nur die Forderung nach einer »jüdischen Renaissance«, sondern auch – und vor allem – den (Selbst-)Vorwurf, eine falsche Assimilation vollzogen zu haben. Retrospektiv wird die kulturelle, religiöse und soziale Transformation der deutsch-jüdischen Gemeinschaft seit der Emanzipationsepoche als eine angemessene Antwort auf die historischen Gegebenheiten legitimiert, prospektiv bewertet der Roman Assimilation und Akkulturation im Sinne einer Anpassung ohne Selbstaufgabe als eine positive, für die Exilsituation funktionale Existenzform. Der offensichtlich von Gustav Landauer inspirierte Ausblick des Romans konzediert diesem Exil gar ein utopisches Potential: Die Flüchtlinge aus Deutschland gründen eine ideale, auf wechselseitiger Hilfe basierende Siedlung, deren friedliches Zusammenwirken mit Moslems und Buddhisten die Utopie einer versöhnten Menschheit antizipiert.

1936 floh F. nach Österreich, 1938 gelangte er über Italien in die Schweiz. Obwohl er zusammen mit Abraham Halbert noch ein Drama über das Novemberpogrom verfasste (Albert Rudolph, *Kraft durch – Feuer*, 1939), tritt in den Exiltexten das Interesse an einem jüdischen Selbstverständnis zugunsten eines dezidiert antifaschistischen Engagements zurück. Dies wird insbesondere in dem postum erschienenen, autobiographisch geprägten Roman *Fair Play* (entstanden 1938) greifbar, denn dieser schildert mit unverkennbarer Sympathie für die kommunistische Volksfrontpolitik die subversive Theaterarbeit von Exilanten in Wien.

Nach dem Krieg war F. vor allem als Übersetzer, Theaterkritiker und für den Rundfunk tätig, eine Autobiographie (*Spielzeit meines Lebens*, 1960) konzentriert sich im Wesentlichen auf seine Erfahrungen als »Theatermann«. Als 1961 die Binnengeschichten des Romans *Ahnen und Enkel* zusammen mit einigen anderen in den 30er Jahren verfassten Texten in einer überarbeiteten Fassung (*Das Doktorshaus in der Judengasse*) erschienen, wurden sie unter den völlig veränderten Rezeptionsbedingungen nunmehr als Beitrag zum christlich-jüdischen Dialog gelesen.

Werke: R.F./G. Lichey, Der Schädel des Negerhäuptlings Makaua. Kriegsroman für die junge Generation, Potsdam 1931 (Neuauflage u.d.T. Der Junge, der seinen Geburtstag vergaß: Ein Roman gegen den Krieg, Ravensburg 1982); Ahnen und Enkel. Roman in Erzählungen, Berlin 1936; Spielzeit meines Lebens, Heidelberg 1960; Fair Play oder Es kommt nicht zum Krieg, Berlin 1998.

Literatur: J. Heinzelmann, R.F. – Theatermann und Schriftsteller, in: Juden in der Weimarer Republik, hg. W. Grab u. a., Stuttgart 1986, 107–126; G. Stern, Die Thematik »Flucht und Exil« innerhalb und außerhalb des Dritten Reiches, in: ders., Literatur im Exil, Ismaning 1989, 149–166; M. Rohrwasser, »Der Schädel des Negerhäuptlings Makaua«. Das Thema des Antisemitismus im Werk R.F.s, in: Convivium (1997), 181–196; S. Schreuder, Würde im Widerspruch. Jüdische Erzählliteratur im nationalsozialistischen Deutschland 1933–1938, Tübingen 2002; Spielzeit eines Lebens: Studien über den Mainzer Autor und Theatermann R.F. (1886–1979), hg. E. Rotermund, Mainz 2002; G. Stern, Fremde Zeiten – fremde Zonen: Auswege deutsch-jüdischer Schriftsteller während der Nazizeit, in: Zwischen Rassenhass und Identitätssuche. Deutsch-jüdische literarische Kultur im nationalsozialistischen Deutschland, hg. K. Schoor, Göttingen 2010, 121–134; S. Neubert, R.F.: Theatermann – Humanist – Magier der Sprache, Berlin 2012.

Saskia Schreuder

Frankl, Ludwig August

Geb. 3.2.1810 in Chrást (Böhmen);
gest. 12.3.1894 in Wien

F. entstammte einer alteingesessenen jüdischen Familie. Früh schon förderte der Vater sowohl F.s Sprachbegabung, indem er ihn neben der deutschen auch die tschechische, hebräische und lateinische Sprache lernen ließ, als auch F.s Interesse an der Literatur. Bereits als Schüler verfasste F. zahlreiche Gedichte und Dramen, zunächst noch ohne

jede jüdische Thematik. Eine erste Sammlung von Balladen, die die Geschichte Österreichs und das Haus Habsburg verherrlichten, erschien Anfang der 1830er Jahre (*Das Habsburglied*, 1832). Die Veröffentlichung zahlreicher weiterer Gedicht-, Balladen- und Sagenbände (u.a. *Sagen aus dem Morgenlande*, 1834) folgte innerhalb weniger Jahre. Nach seiner Promotion sowie nach ausgedehnten Reisen wurde F. 1838 zum Sekretär der Israelitischen Gemeinde in Wien berufen. 1842 begründete F. die *Sonntagsblätter*, eine der einflussreichsten literarischen Zeitschriften im Wiener Vormärz, in der zahlreiche jüdische Autoren, darunter Leopold Kompert und Isidor Heller, ein erstes Forum fanden. Infolge der Revolutionsereignisse von 1848 erhielt die Zeitschrift einen zunehmend politischen Charakter, und im Oktober des gleichen Jahres musste sie eingestellt werden.

Innerhalb der auch in den 1840er Jahren in großer Zahl verfassten epischen Gedichte finden sich nun erstmals auch jüdische Stoffe, vor allem in dem Werk *Rachel. Biblisches Gedicht* (1842). Die innerhalb weniger Jahre erscheinenden vier Auflagen des Werkes sowie seine Übersetzung ins Hebräische sprechen für das große Interesse des jüdischen Publikums. Durch eine im Text zum Ausdruck gebrachte Huldigung an die französische Schauspielerin Rachel, eine der bekanntesten jüdischen Persönlichkeiten ihrer Zeit, verband F. den biblischen Stoff mit der Gegenwart. Ganz analog verfuhr er auch in dem zwanzig Jahre später entstandenen, dem Freund Kompert gewidmeten epischen Gedicht *Der Primator* (1861). Geschildert wird eine Episode aus dem mittelalterlichen Ghetto von Prag. Bei einem Bankett des Burggrafen wird der eingeladene Primator (Judenrichter) von den Gästen verspottet und zur Taufe gezwungen. Um einen drohenden Pogrom zu verhindern, tötet der Vater des Primators schließlich seinen Sohn. Mit dem Motiv der Opferung des eigenen Sohnes war die religiöse Dimension des Stoffes unverkennbar. In seiner Kritik am religiösen Fanatismus sowie in seiner ambivalenten Darstellung des Akkulturationsprozesses, der nicht nur mit der Befreiung aus dem Ghetto, sondern auch mit Identitäts- und Glaubensverlust einhergegangen sei, verlieh F. dem historischen Stoff wiederum eine sehr aktuelle Dimension.

F.s schriftstellerische Aktivitäten waren spätestens seit den 50er Jahren untrennbar verbunden mit seinem kulturpolitischen Engagement innerhalb der jüdischen Gemeinde Wiens, in deren Vorstand er 1850 gewählt worden war. F.s besonderes Interesse galt dem jüdischen Schul- und Erziehungswesen; er war verantwortlich für die Gründung zahlreicher Schulbibliotheken und verfasste Texte, die auch als Jugend- und Schullektüre eingesetzt werden sollten. Zu den bekanntesten dieser Werke zählte die 1855 zusammengestellte Anthologie *Libanon. Ein poetisches Familienbuch*. Hier versammelte F. Gedichte von Autoren unterschiedlichster Herkunft, die jüdische Thematik auf positive, identitätsstiftende Weise behandelten. F.s Position innerhalb der Gemeinde ermöglichte ihm auch umfangreiche Studien zur jüdischen Geschichte Wiens. Diese Beschäftigung mit der eigenen Vergangenheit schlug sich in zwei wissenschaftlichen Werken nieder (*Zur Geschichte der Juden in Wien*, 1854; *Inschriften des alten jüdischen Friedhofes in Wien*, 1855).

Zu F.s wichtigsten Unternehmungen zählte jedoch seine im Auftrag von Elise Herz, geb. von Lämel 1856 unternommene Reise nach Jerusalem, um dort im Namen seiner Auftraggeberin die jüdische Lämelschule, an der abendländische Pädagogik vermittelt werden sollte, ins Leben zu rufen. Über diese Reise verfasste F. in den folgenden Jahren eine dreibändige Reisebeschreibung (*Nach Jerusalem! I: Griechenland, Kleinasien, Syrien. II: Palästina. III: Aus Ägypten*, 1858–60), in der er sich vor allem auf die Darstellung der jüdischen Zustände konzentrierte. F. berichtete dabei aus der distanzierten Perspektive des mitteleuropäischen, akkulturierten Juden, der Kritik an der Lebensweise der orientalischen Juden und an den Tora-Studenten übte. Ihnen stellte er die jüdischen Handwerker und Bauern in Jerusalem gegenüber, die seiner Ansicht nach den »ehrenwertesten« Teil der Bevölkerung ausmachten. Scharf kritisiert wird aber auch die christliche Judenmissionierung. Ihr vor allem wollte er mit seiner Publikation entgegentreten, indem hier erstmals ein jüdischer Autor Jerusalem und das Heilige Land aus jüdischer Perspektive schilderte.

Innerhalb von F.s vielfältigen literarischen, philanthropischen und kulturellen Aktivitäten nimmt die Beschäftigung mit jüdischen Themen eine zwar wichtige, insgesamt jedoch eine untergeordnete Stellung ein. Seine Popularität bei den jüdischen Lesern beruhte primär auf der Wertschätzung und dem Respekt, der ihm von nichtjüdischer Seite entgegengebracht wurde. Hinzu kam, dass F.s assimilatorische Sichtweise jüdischer Verhältnisse in hohem Maße übereinstimmte mit den Anschauungen der Mehrheit seiner Leser, deren jüdisches Selbstverständnis sich am besten mit dem Begriff Identitätsbewahrung bei gleichzeitiger Assimilation an die nichtjüdische Mehrheit umschreiben ließe. Dieses Selbstverständnis fand in F.s Schriften die größtmögliche Bestätigung.

Werke: Das Habsburglied, Wien 1832; Sagen aus dem Morgenlande, Leipzig 1834; Rachel, Wien 1842; Nach Jerusalem, 3 Bde., Wien 1854–60; Libanon, Wien 1855; Der Primator, Prag u. a. 1861.
Literatur: S. Hock, Erinnerungen von L.A.F., Prag 1910; E. Wolbe, L.A.F., Frankfurt a. M. 1910; N. Vielmetti, Der Wiener jüdische Publizist L.A.F. und die Begründung der Lämelschule in Jerusalem 1856, in: Jahrbuch des Instituts für Deutsche Geschichte 4 (1975), 167–204; Lexikon deutsch-jüdischer Autoren, Bd. 7, hg. R. Heuer, München 1999, 309–322; C. Walker, Two Jewish Poetry Anthologies. L.A.F.s *Libanon* (1855) and Siegmund Kaznelson's *Jüdisches Schicksal in deutschen Gedichten* (1959), in: Jews in German Literature since 1945, hg. P. O'Dochartaigh, Amsterdam 2000, 21–34; H. Aichner, Die Revolution von 1848 und die Frage der jüdischen Nationalität. L.A.F. und M. Rappaport, in: Bewegung im Reich der Immobilität, hg. H. Lengauer u. a., Wien u. a. 2001, 333–361; Y. Ben-Ghedalia, »To worship the rising sun of Austria«. L.A.F.'s Mission to Jerusalem (1856), in: Europa Orientalis 6 (2008), 105–115.

Gabriele von Glasenapp

Franzos, Karl Emil

Geb. 25.10.1848 in Czortkow (Galizien);
gest. 28.1.1904 in Berlin

»Wißt Ihr, wie mir mein bißchen Bildung vorkommt? Da hab' ich da einen bunten Fleck auf meinen Kaftan geheftet und dort einen – wie ich sie eben bekommen konnte, aber ein deutscher Rock ist's nicht geworden.« Dieses bittere Resümee, das F. dem Protagonisten seines bekanntesten Werkes, des Romans *Der Pojaz*, in den Mund legt, stellt zugleich eine Positionsbestimmung des Autors als eines der populärsten deutsch-jüdischen Dichter seiner Zeit dar, der sich vom zunehmenden Antisemitismus in den letzten Jahrzehnten des 19. Jahrhunderts massiv in seiner jüdischen Identität bedroht sah. Die Aussage, formuliert von einem Vertreter des osteuropäischen Judentums, markiert zugleich eine entschiedene Absage an alle Akkulturationshoffnungen und -bestrebungen und damit

eine radikale Abkehr von dem, was F. seit Mitte der 1870er Jahre nicht müde geworden war, in seinen Erzählungen über das osteuropäische, galizische Judentum zu spiegeln.

F. selbst war zwar in Galizien geboren, doch bereits wenige Jahre nach seiner Geburt zog die Familie ins bukowinische Czernowitz, dessen jüdische Bewohner sich nicht mehr zum ostjüdischen Kulturkreis zugehörig fühlten. Dennoch wurde für F. das galizische Ghetto zum wichtigsten Schauplatz seiner Erzählungen. Dieser Versuch, seine Erzählungen als authentische Kulturbilder jüdischen Lebens auszugeben, verdeckte auf lange Zeit die Tatsache, dass es sich bei seinen Schilderungen ausschließlich um Fremdheitsdarstellungen handelte, bei denen das galizische Judentum aus der Perspektive eines aufgeklärten, deutsch akkulturierten jüdischen Autors betrachtet wurde. Zum anderen negierte F. auf diese Weise bewusst die Tatsache, dass andere Autoren, darunter Leo Herzberg-Fränkel, das Leben der galizischen Juden bereits geraume Zeit vor ihm und z. T. unter gänzlich anderer Akzentsetzung literarisch festgehalten hatten.

F.s Sichtweise auf den von ihm behandelten Gegenstand ist geprägt von der deutschen Aufklärung. Im Zentrum seiner Erzählungen, und hier vor allem in den kurz hintereinander erschienenen Werken *Aus Halb-Asien. Culturbilder aus Galizien, der Bukowina, Südrußland und Rumänien* (1876) sowie in *Die Juden von Barnow* (1877) steht die Auseinandersetzung des galizischen Ghettojudentums mit dem stets als rückständig apostrophierten Chassidismus sowie mit der Willkür der polnischen und russischen Obrigkeit. Auf diese Weise führte F. ein neues Element in die Ghettoliteratur ein: eine sehr eigentümliche Variante des literarischen Nationalismus, bei dem das Adjektiv ›deutsch‹ explizit gleichgesetzt wurde mit den Begriffen ›Aufklärung‹ bzw. ›Josefinismus‹ und die Begriffe ›chassidisch‹ und ›polnisch‹ bzw. ›russisch‹ für deren Gegenteil. Auch die Subsumierung der osteuropäischen Landschaften unter die Bezeichnung »Halb-Asien« war dazu angetan, die Distanz zwischen Deutschland und dem Osten Europas zusätzlich zu akzentuieren. F. machte sich auf diese Weise zu einem Fürsprecher eines in jener Zeit in Deutschland vielfach propagierten ostwärts gerichteten Kulturstrebens. Der Begriff von einer nicht näher definierten, von einer vagen Idee sich herleitenden deutschen Kultur wird bei ihm so zum Inbegriff eines generellen Kulturgedankens, der selbstverständlich auch für die Nationen Osteuropas – und dabei konnten die dort lebenden Juden problemlos einbezogen werden – seine Gültigkeit haben sollte, wie es F. vielfach in seinen Texten programmatisch postulierte. Deutschland wurde hier die Rolle eines segensreichen Heilsbringers im Osten zugewiesen, der die Aufklärung in der galizischen Finsternis zu verbreiten hatte, eine Position mit der sich die jüdischen wie nichtjüdischen Leser von F. in hohem Maße zu identifizieren vermochten. F.' Auffassung von Deutschland als einer Kulturnation in nuce manifestierte sich in seinen Erzählungen vor allem in der zentralen Bedeutung, die der Lektüre deutscher Werke beigemessen wird. Sie ist der entscheidende Gradmesser, der die Position des Individuums innerhalb des Vielvölkerstaates Galizien zwischen Polen, Deutschen und Juden bestimmt. Programmatisch abgehandelt findet sich diese Haltung in einer der bekanntesten Ghettoerzählungen von F., *Schiller in Barnow*.

F. trat jedoch nicht nur als erfolgreicher Ghettoerzähler in Erscheinung. Sein Interesse galt auch der deutschen Literatur und hier auch den entlegenen und vergessenen Autoren. Symptomatisch dafür ist sein Engagement für das Werk Georg Büchners, aus dessen Nachlass er eine erste Werkausgabe edierte und damit entscheidend zur Wiedcrentdeckung dieses Autors beitrug. Wichtiger noch waren jedoch F.' Aktivitäten als Journalist und Herausgeber literarischer Zeitschriften, in denen er sich jedoch – im Unterschied zu seinen Erzählungen – zu aktuellen jüdischen Themen fast gar nicht äußerte. Dabei wurde er hier schon früh mit dem um sich greifenden Antisemitismus konfrontiert, durch den er sein Ideal einer deutsch-jüdischen Symbiose zunehmend bedroht sah. Wie stark die antisemitischen Umtriebe tatsächlich waren, verdeutlichen zahlreiche Briefe von F. an seine Freunde, in denen er sich darüber beklagte, dass er trotz seiner Popularität große Schwierigkeiten hatte, Verleger für seine Werke zu finden. Ihre restriktive Haltung führte er auf die politisch aufgeheizte Atmosphäre zurück, die Verlage und ebenso Zeitschriften vor Werken mit jüdischen Stoffen zurückschrecken ließ.

F.s Reaktionen auf diese Entwicklung sind geprägt von deutlichen Ambivalenzen, deren Bandbreite von völliger Negierung bis hin zu einem deutlichen Engagement für jüdische Belange reicht. Auf literarischer Ebene dominierte zunächst – vor allem in den Novellenbänden *Vom Don zur Donau. Neue Culturbilder aus Halb-Asien* (1878) sowie in *Aus der großen Ebene* (1888) – die Kontinuität jener Geisteshaltung, die F. bei seinen Lesern so populär gemacht hatte. Eindeutiger erscheinen F.s Aktivitäten hingegen im außerliterarischen Bereich, wo er sich, anders als früher, dezidiert für jüdische Belange einsetzte. Zu verzeichnen sind seine Vortragstätigkeit in jüdisch-literarischen Vereinen sowie Pläne, eine Anthologie mit Werken deutscher Autoren jüdischer Herkunft zu edieren. Eine weitere wichtige Rolle spielten auch F.' Aufsätze über deutsch-jüdische Autoren, darunter über Leopold Kompert sowie seine Artikel über Aron Bernstein und Moritz Rappaport. In diesem Zusammenhang gab F. auch seine bisherige Zurückhaltung gegenüber jüdischen Zeitschriften auf; 1890 wurde er zu einem der produktivsten Mitarbeiter der *Allgemeinen Zeitung des Judenthums*.

Nur schrittweise fanden diese Aktivitäten ihre Entsprechung auch auf literarischer Ebene. Bereits in seinen Skizzen und Essays war F. zunehmend auch um die Darstellung historischer Zusammenhänge bemüht, die an die Stelle pauschaler Abwertung orthodoxer bzw. chassidischer Lebensformen trat. Dieses neue Verständnis für die Realität dieser Lebensformen manifestierte sich auch im Versuch einer Herabmilderung des in seinen früheren Erzählungen so sehr bemühten Gegensatzes zwischen den Juden West- und Osteuropas, und es gibt sogar vereinzelte Äußerungen, in denen F. darum bemüht war, ostjüdische Lebensformen gegen die Überheblichkeit des westeuropäischen, akkulturierten Judentums zu verteidigen. Zwar leben auch in F.' späten Ghettoerzählungen die alten Gegensatzpaare weiter, doch erscheinen die Fronten weniger unversöhnlich. Eindeutig überwiegt in diesen Texten aus den 1880er und 1890er Jahren eine pessimistische Grundhaltung. Sowohl *Moschko von Parma* (1880) als auch *Judith Trachtenberg* (1889) können durchaus als literarische Reaktionen auf die gesellschaftspolitischen Zustände in Deutschland gelesen werden. Beide Erzählungen handeln von den Versuchen der Protagonisten, einen eigenen Weg zu finden zwischen jüdischer Identitätsbewahrung und Moderne. Doch sowohl Moschko als auch Judith sind zum Scheitern verurteilt, ein Scheitern, das im Unterschied zu früheren Erzählungen allerdings nicht mehr aus den inneren Kämpfen im Ghetto resultiert. Als undurchdringlich erweist sich nun die Grenze zwischen Ghetto und nichtjüdischer Welt. Beide Protagonisten sind der Ghettoexistenz bereits entwachsen, die neue Gesellschaft bleibt ihnen trotz aller Bemühungen aber letztlich fremd. Spiegelbildlich zur Position der deutschen Juden am Ende des 19. Jahrhunderts agieren und scheitern sie in einem Niemandsland. Der Akzent von F.s späten Werken liegt damit unverkennbar auf den Grenzen des Akkulturationsprozesses.

Programmatisch durchgespielt wird diese Haltung noch einmal in einem der letzten Werke von F., in dem bereits 1893 beendeten, in Deutschland in Buchform jedoch erst nach F.' Tod im Jahre 1904 erschienenen Ghettoroman *Der Pojaz* (1905). Wie viele der späten Werke war auch der *Pojaz* bereits in den 1870er Jahren konzipiert, später jedoch gründlich umgearbeitet worden. Das F. ungünstig erscheinende gesellschaftspolitische Klima veranlasste ihn zudem, das Werk zu seinen Lebzeiten in Deutschland nicht mehr zu veröffentlichen, während eine von ihm autorisierte russische Übersetzung bereits 1894 in Petersburg erscheinen konnte. Der Roman ist vielfach als verdeckte Autobiographie seines Verfassers interpretiert worden, tatsächlich aber kann hier nur von einem autobiographischen Reflex gesprochen werden, der sich vor allem auf stilistischer Ebene niederschlägt und damit erneut auf F.' innere Wandlung zwischen Beginn und Ende der Niederschrift verweist. So unterscheidet sich der Text vor allem in seinem Anfang, der noch deutlich den frühen Ghettoerzählungen verwandt ist, sichtbar von Mittelteil und Schluss, die erzählerische Elemente aufweisen, wie sie für F.' Spätwerk charakteristisch sind. Dazu zählt vor allem eine humoristische Tonart, die, wie F. im Vorwort ausführte, ein Spezifikum des ostjüdischen Ghettojudentums darstelle, das dem westlichen Leser auf diese Weise nähergebracht werden solle. Dieser humoristische Tonfall vor allem ist es, der die von F. durchaus noch akzentuierten Kontraste zwischen West- und Ostjudentum weniger hart erscheinen lässt. Diesem Tonfall entgegengesetzt wird eine durchgängig resignative Grundstimmung, die sich vor allem in der eingeschränkten Entwicklungsperspektive des Protagonisten Sender Glatteis äußert. Dieser Determinismus lässt Senders Streben nach deutscher Kultur von vornherein als vergeblich erscheinen, denn allen Akkulturationsversuchen zum Trotz erblickt die nichtjüdische Umwelt in ihm lediglich einen

Juden, der sich als Deutscher verkleidet hat. Damit markiert der Roman zugleich F.' endgültigen Abschied von seinen früheren Akkulturationsidealen, eine Desillusion, die dem Autor F. umso bitterer erscheinen musste, da er sich nicht in der Lage sah, jenseits der überlebten deutsch-jüdischen Kultursymbiose einen neuen, genuin jüdischen Weg zu erkennen, geschweige denn, einen solchen Weg einzuschlagen.

Werke: Aus Halb-Asien, 2 Bde., Leipzig 1876; Die Juden von Barnow, Stuttgart u. a. 1877; Vom Don zur Donau, 2 Bde., Leipzig 1878; Moschko von Parma, Leipzig 1880; Aus der großen Ebene, 2 Bde., Stuttgart 1888; Judith Trachtenberg, Breslau 1891; Leib Weihnachtskuchen und sein Kind, Berlin 1896; Der Pojaz, Stuttgart 1905; Eine Auswahl aus den Werken, hg. A.-D. Ludewig u. a., Hildesheim u. a. 2008; Der Pojaz. Eine Geschichte aus dem Osten, hg. P. Morsbach, München 2010.
Literatur: S. Hubach, Galizische Träume. Die jüdischen Erzählungen des K.E.F., Stuttgart 1986; M. Pazi, K.E.F.' Assimilationsvorstellung und Assimilationserfahrung, in: Conditio Judaica, 2. Teil, hg. H.O. Horch u. a., Tübingen 1989, 218–233; G.v. Glasenapp, Aus der Judengasse. Zur Entstehung und Ausprägung deutschsprachiger Ghettoliteratur im 19. Jahrhundert, Tübingen 1996; K. Wagner, Shylock oder Nathan? Jüdische Identitätspräsentation bei K.E.F.: ›Der Shylock von Barnow‹ und ›Der Pojaz‹, in: Stundenwechsel, hg. A. Corbea-Hoisie, Bukarest 2002, 310–327; Ph. Theisohn, Eruv. Herkunft und Spiel an den Grenzen der Aufklärung, K.E.F.' ›Der Pojaz‹, in: Herkünfte. Historisch – ästhetisch – kulturell, hg. B. Thums, Heidelberg 2004, 171–190; V. Ikari, Jargon und deutsche Sprache in K.E.F.' ›Der Pojaz‹, in: Neue Beiträge zur Germanistik 117 (2004), 47–60; L.W. Riegert, Negotiating the German-Jewish. The Uncomfortable Writing of K.E.F., Minneapolis 2005; K.E.F. Schriftsteller zwischen den Kulturen, hg. Petra Ernst, Innsbruck u. a. 2007; A.-D. Ludewig, Zwischen Czernowitz und Berlin. Deutsch-jüdische Identitätskonstruktionen im Leben und Werk von K.E.F., Hildesheim u. a. 2008; Spuren eines Europäers. K.E.F. als Mittler zwischen den Kulturen, hg. A.D. Colin, Hildesheim u. a. 2008; J. Pacyniak, Das Werk von K.E.F. im Spannungsfeld der Kulturen Galiziens. Ein Spiegelbild des zeitgenössischen Diskurses, Lublin 2009.

Gabriele von Glasenapp

Fried, Erich

Geb. 6.5.1921 in Wien;
gest. 22.11.1988 in Baden-Baden

F. wurde 1921 als Sohn einer assimilierten jüdischen Familie in Wien geboren. Nach dem ›Anschluß‹ 1938 sah er sich gezwungen, nach England zu flüchten, wo er den Rest seines Lebens verbrach-

te. Während des Exils war F. 1939–45 literarisch sehr aktiv, nach Kriegsende verstummte der Lyriker allerdings 13 Jahre lang, bis 1958 sein erster Nachkriegsband erschien und zwei Jahre später sein einziger Roman. Ab Anfang der 60er Jahre erschienen dann bis zu seinem Tode 1988 über zwei Dutzend Gedichtbände, von denen *und Vietnam und* (1966) sowie die *Liebesgedichte* (1979) Berühmtheit erlangten. Aufgrund seines politischen Engagements in der Bundesrepublik Deutschland und Österreich in den 60er und 70er Jahren erlangte F. – insbesondere in rechten Kreisen – einen Ruf als Störenfried und Unruhestifter.

Im Mittelpunkt der Lyrik F.s steht – außer seinem politischen Engagement ab Mitte der 60er Jahre – die Tradition des europäischen Judentums. Eingedenk der erzwungenen Emigration (1938) und Ermordung eines Großteils seiner Familie in der Shoah spielt in dieser Dichtung die persönliche Betroffenheit des Autors eine erhebliche Rolle. Lyrik, die dem Themenkreis des Holocaust zuzurechnen ist, erschien erstmals in *Anfechtungen* (1967). Ähnliches gilt auch für ein Gedicht wie *Sommer der Verjährung* in *Zeitfragen* (1968). Neben solch eindeutig biographischen Gedichten behandelte Fried das Thema Holocaust aber auch in metaphorisch-allegorischen Bildern, die er aus der jüdischen Tradition schöpfte (*Die Überlebenden*, in: *Warngedichte*, 1964).

Für F. stellte sich früh die Frage, was es bedeutet, den Holocaust überlebt zu haben (*Begräbnis meines Vaters*, in: *Oesterreich*, 1945/46). Konstanten in F.s dichterischem Werk sind daher das Thema Schuldzuweisung sowie die Bereitschaft, persönliche Schuld auf sich zu nehmen. Aus diesem Grund weigerte sich F. bereits während des Krieges, die weit verbreitete Auffassung von der Kollektivschuld der Deutschen zu akzeptieren (*Dichter in Deutschland*, in: *Deutschland*, 1944). Die Frage nach der ›Schuld als Jude‹ wird in dem Gedicht *Markttag* (*Gedichte*, 1958) aufgeworfen, erneut im Zyklus *Judenfragen* (*Höre, Israel*, 1974), wo es heißt, dass »Mitschuld verkauft wird«. *Markttag* steht am Beginn einer Reihe von Gedichten, in denen die Akzeptanz von Schuld als Merkmal der jüdischen Schicksalsgemeinschaft präsentiert wird. Beispielhaft für diese Auseinandersetzung ist das Gedicht *Der Überlebende* (*Lebensschatten*, 1981), worin es heißt: »Wie oft/ muß ich sterben/ dafür/ daß ich dort/ nicht gestorben bin?« Nach der Erfahrung von Auschwitz stellt sich F. also die Schlüsselfrage: »Was ist Leben/ nach soviel Tod?« Denn während die Mörder ihre Schuld verdrängen, ist dies den Überlebenden nicht möglich (vgl. *Gespräch mit einem Überlebenden*, in: *Es ist was es ist*, 1983; *Überleben* und *Die Übriggebliebenen*, in: *Beunruhigungen*, 1984). Gedichte wie *Gespräch mit einem Überlebenden* fragen gezielt nach dem Handlungsspielraum des Einzelnen während der Naziherrschaft. Bestimmend ist dabei der Selbstvorwurf, aus Angst um das eigene Leben nicht genügend getan zu haben und daraus hervorgehend das Gefühl der Mitschuld an der Ermordung von Millionen von Juden.

Eine Auseinandersetzung mit seiner jüdischen Identität lässt sich bereits in F.s früher Lyrik (bis 1946) in der Form von Aufnahmen von Elementen jüdischer Kultur ausmachen. Zentrales Element ist dabei die Figur Moses', die von F. als Führungsfigur präsentiert und als normatives Menschenbild typologisiert wird. Erste Ansätze einer Gestaltung biblischer Motive finden sich bereits in den Bänden *Deutschland* und *Oesterreich*, die allerdings noch geprägt sind vom politischen Programm kommunistischer Flüchtlingsorganisationen im Exil in Großbritannien. Zu den biblischen Motiven, die neben zeitgeschichtlichen Ereignissen stehen, zählt etwa das Motiv des alttestamentlichen Bruderzwists von Kain und Abel (*Der Hitlertod singt sein Leiblied*, in: *Deutschland*), ein Motiv, das später wieder aufgegriffen wurde (u.a. in *Drachentöter Kain*, in: *Befreiung von der Flucht*, 1968). Ein weiteres biblisches Motiv ist das der Sintflut (*Nach der Sintflut I* und *Nach der Sintflut II*, in: *Deutschland*), eine Metapher für die faschistische Flut, die das Land mit braunem Schlamm überdeckt. Bei der Aufnahme biblischer Motive in F.s ersten beiden Gedichtbänden, die sich von den ganz frühen Gedichten gerade durch diese Motive unterscheiden, spielt das Gedicht *Moses in der Wüste* (*Oesterreich*, 1945/46) eine zentrale Rolle. In ihm leitet sich die Exilerfahrung des jüdischen Volkes von der Offenbarung in der Wüste ab, da die Verfolgung Strafe für das Nichteinhalten göttlicher Gebote war. In Anlehnung daran verstand F. auch die eigene Exilsituation in Großbritannien als Strafe für unzureichendes Handeln im Leben. Die biblische Geschichte des Leidens des Volkes Israel wird zur Parabel auf die Exilsituation der Nachgeborenen umgedeutet. Bekräftigt wird eine derartige Interpretation von *Moses in der Wüste* durch ein weiteres Rollengedicht aus *Oesterreich*, *Josua zu Moses*, in welchem die Sprecher- und Mittlerfunktion von Moses zu Gott auf Josua übergeht und sich damit eine Verschiebung auf der humanitären Werteskala ausmachen lässt. Unter den Aspekten, die das Weiterleben im Exil ermöglichen, wird nunmehr vor allem die Liebe hervorgehoben. Folglich lässt sich in F.s Lyrik ab diesem Zeitpunkt zunehmend eine positivere Auffassung vom Umgang mit Feinden zeigen, geprägt einerseits von kritischer Distanz zum Judentum, andererseits von starker ethischer Affinität zum Christentum (F. war Atheist!) und Identifikation mit der (v.a. jüdisch verstandenen) Jesus-Figur. F. hat das Motiv vom Auszug des Volkes Israel aus Ägypten später wiederholt aufgegriffen (vgl. das 1946 entstandene Gedicht *Ägypten*), das als ein früher Beleg für F.s Zionismuskritik interpretiert worden ist (Zeller). Trotz des überzeitlichen Rahmens hat F. hier die Perspektive der biblischen Erzählung um den Blickwinkel der Gegenseite erweitert, indem er die traditionelle Zuweisung von Gut und Böse gezielt hinterfragte (vgl. auch *Wadi*, in: *Warngedichte*).

Eine gänzlich veränderte Sichtweise macht sich nach *Warngedichte* in F.s Lyrik ab Mitte/Ende der 60er Jahre bemerkbar. Ab diesem Zeitpunkt dominieren nicht mehr metaphorisch-allegorische Bilder, der Realitätsbezug wird direkter. Dabei macht F. in dem Titelgedicht von *Höre, Israel* den jüdischen Staat zur Zielscheibe seiner Kritik: »Als wir verfolgt wurden/ war ich einer von euch/ Wie kann ich das bleiben/ wenn ihr Verfolger werdet?« (vgl. auch die aktualisierte Version von 1983). Zugehörigkeit zum Judentum bedeutet für F., auf der Seite der Entrechteten zu stehen und gegen Gewalt und Vernichtung zu kämpfen. Aufgrund des Wechsels des jüdischen Volkes von der Seite der Verfolgten auf die der Verfolger sind die überlieferten jüdischen Glaubensrituale der Sühne jedoch zur leeren Formel geworden. In diesem Zusammenhang steht auch F.s Kritik an der propagandistischen Vereinnahmung biblischer Motive seitens der Israelis anlässlich des Sechstagekrieges 1967 (*Bibelfest*, in: *Befreiung von der Flucht*). Indem ab Ende der 60er Jahre erneut aktuelles politisches Tagesgeschehen in F.s Dichtung Aufnahme findet, zeichnet sich ein Umschwung ab, für den insbesondere auch die Aufgabe der Leitfunktion des herkömmlichen Moses-Bildes symptomatisch ist. Moses wird nun als

Ausgangspunkt und letzte Konsequenz von Faschismus und Stalinismus angeprangert (*Führer von Gottes Gnaden*, in: *Unter Nebenfeinden*, 1970; *Vom Menschen ausgehende Geschichtsauffassung*, in: *100 Gedichte ohne Vaterland*, 1978; *Bericht von einem Menschen*, in: *Das Nahe suchen*, 1982; *In später Stunde*, in: *Um Klarheit*, 1985). Das Festhalten am Freund-Feind-Schema führt bei F. gradlinig zu einem Vergleich politischer Verbrecher im 20. Jahrhundert mit den Nachfolgern Moses' im heutigen Israel: »[sie] sind Massenmörder und sind/ ob durch eigene Schuld oder nicht/ die Unmenschen/ denen Menschen/ nicht folgen dürfen« (*In später Stunde*). Indem F. also Moses als Vorläufer von Massenmördern einstuft, erteilt er den Inhalten der jüdischen Tradition eine Absage, weist ihnen sogar Mitschuld am Faschismus zu.

Allerdings erschöpfte sich F.s Verständnis des Judentums und der jüdischen Tradition nicht in einem solchen Negativbild. Für sein Verständnis des Judentums wird der Entwurf einer Gegenfigur – die typologisierte, zum Leitbild eines ethischen und menschlichen Denkens und Verhaltens erhobene Gestalt des Jesus von Nazareth – maßgebend. Derartige Züge einer Gegenfigur zum Moses-Bild tauchen in F.s Lyrik bereits sehr früh auf, was das kürzlich im Fried-Nachlass (ÖLA/Wien) entdeckte Gedicht *Judas Weg* (ca. 1943) beweist, dessen Schlüsselaussage lautet: »Die Liebe erliegt nicht im Krieg.« F. versteht dabei Jesus weder als Messias im christlichen Sinne noch als religiöse Figur, vielmehr hat die humane Grundeinstellung dieser Figur für ihn Vorbildfunktion. Die Polarisierung von jüdischen Schrifttraditionen und neutestamentlichen Bibelzitaten sowie der Übergang von einer alttestamentlichen Orientierung zu einem neutestamentlichen Humanismus wird etwa in den Gedichten *Karfreitag* und *Eli* (*Von Bis nach Seit*, 1985) deutlich. Die von Jesus repräsentierten Werte der Nächstenliebe und Güte erklärt F. zu zentralen Inhalten des jüdischen Glaubens (*Fragen an Israel*, in: *Um Klarheit*). Die Feindesliebe wird damit zum positiven Prinzip erhoben, jegliche Art menschlicher Selbstgerechtigkeit hingegen verurteilt (*Marienlegende* und *Gewaltloser Verzicht auf Gewaltlosigkeit*, in: *Die Freiheit den Mund aufzumachen*, 1972; *Gegen das Steinewerfen*, in: *Um Klarheit*). Angesichts dieser Konstellation wird die Auserwähltheit des Volkes Israel im Umfeld des hebräischen Humanismus angesiedelt und die heutige jüdische Nation zur Umkehr aufgerufen. So heißt es im Titelgedicht von *Höre, Israel*: »Kehrt um! Kehrt um!/ Die Euch Geld und Waffen gaben/ werden nicht immer da sein/ um euch zu schützen// Umkehren wird nicht leicht sein:/ Der Haß der Armen lebt lange/ und viele wünschen euch das/ was einst ihr euren Peinigern wünschtet// Doch euch bleibt kein anderer Weg/ euch die Zukunft zu öffnen/ wenn es nicht eine Zukunft/ der ewig Verhaßten sein soll.« Ein Verständnis von F.s intensiver, oft kontroverser und manchmal auch widersprüchlicher Einstellung zum Judentum, so lässt sich zusammenfassen, erscheint nur unter Berücksichtigung einer im neutestamentlichen Humanismus verankerten Ethik als möglich.

Werke: Gesammelte Werke in 4 Bdn., Berlin 1993; 126, Westbourne Terrace: E.F. im Londoner Exil (1938–1945): Texte und Materialien, hg. V. Kaukoreit u. a., Wien 2001; Alles Liebe und Schöne, Freiheit und Glück: Briefe von und an E.F., Berlin 2009.
Literatur: M. Zeller, Gedichte haben Zeit. Aufriß einer zeitgenössischen Poetik, Stuttgart 1982; E.F., hg. H.L. Arnold, München 1986; E.F., in: Jüdische Portraits, hg. H. Koelbl, Frankfurt a. M. 1989, 69–73; V. Kaukoreit, Frühe Stationen des Lyrikers E.F., Darmstadt 1991; S.W. Lawrie, E.F., A Writer Without a Country, New York 1996; Interpretationen. Gedichte von E.F., hg. V. Kaukoreit, Stuttgart 1999; P. O'Dochartaigh, E.F.'s ›Höre, Israel!‹ More than just Shoes in the Sand, in: Jews in German Literature since 1945, hg. ders., Amsterdam u. a. 2000, 191–205; J. Doll, E.F.: De l'exil forcé à l'exil volontaire, in: L'exterritorialité de la littérature allemande, hg. N. Fernandez-Bravo u. a., Paris u. a. 2002, 117–131; S. Wogenstein, Stein und Schrift: Materialität und Poetik der Diaspora in jüdischen Literaturen, in: Poetiken der Materie, hg. T. Strässle u. a., Freiburg 2005, 185–205; J. Thunecke, »Zu den Feinden zählt ohne Zögern sie nicht« oder die Thematisierung der Feindesliebe: E.F.s Auseinandersetzung mit dem Nationalsozialismus im Roman ›Ein Soldat und ein Mädchen‹, in: Echo des Exils, hg. ders., Wuppertal 2006, 139–154; G.-J. Berendse, Virtuelles Reisen im Exil: E.F.s Gedichtbände ›Deutschland‹ (1944) und ›Österreich‹ (1945), in: Literatur für Leser 1 (2007), 21–34; G. Bauer, Exil, verlängert und heftig genutzt: E. F.s Gedichte, in: Exil: Forschung, Erkenntnisse, Ergebnisse 2 (2008), 33–46.

Jörg Thunecke

Friedell, Egon (eigentl. Egon Friedmann)

Geb. 21.1.1878 in Wien;
gest. 16.3.1938 in Wien

F. war und wollte vieles zugleich sein, erfolgreicher Schauspieler und Kabarettist, gefürchteter Theaterkritiker und zeitkritischer Kulturphilosoph,

viel gespielter Dramatiker und beklatschter Regisseur, stets zitierter Essayist, Satiriker und Aphoristiker, und vor allem universaler Kulturhistoriker. Geboren in Wien als Sohn eines wohlhabenden Tuchfabrikanten, fortgesetzt »unbotmäßig« auf verschiedenen Schulen, 1899 mit Abitur und 1904 nach einem Studium der Germanistik und Philosophie in Berlin, Heidelberg und Wien mit einer Arbeit über Novalis bei Friedrich Jodl promoviert, verkehrte F., dank eines beträchtlichen Erbes nun unabhängig, fast ausschließlich in den Kreisen der Wiener Boheme, besonders mit P. Altenberg, A. Polgar, mit L. und A. Loos. Er schrieb Theaterkritiken, und die auch gleich über sich selbst als Schauspieler, veröffentlichte satirische Skizzen für die *Fackel*, mehr als hundert Anekdoten und Essays für Boulevardblätter ebenso wie für die *Schaubühne* oder das *Neue Wiener Journal*. Dabei war F., wie seine Zeitungsparodien zeigen, stets auf ironische Distanz zur Wiener Zeitungskultur bedacht. Als Schauspieler stand er 1905 bei der Uraufführung von *Die Büchse der Pandora* zusammen mit Wedekind auf der Bühne. Auftritte in Wiener Kabaretts machten F. bekannt. 1908 wurde er künstlerischer Leiter des Kabaretts »Die Fledermaus«, war dann Leiter des Avantgardetheaters »Intimes Theater« von F. Fischer. Seit 1913 spielte er als Chargendarsteller bei M. Reinhardt am Deutschen Theater in Berlin und am Josephstädter Theater in Wien. Zusammen mit Polgar schrieb er Theaterstücke wie 1908 die Groteske *Goethe*, eine Persiflage auf den bildungsbürgerlichen Goethekult der Zeit. Im Ersten Weltkrieg hielt er propagandistische Vorträge und Lesungen. F. war dabei ein wohlgelittener Bonvivant von charmanter Menschenscheu und nicht ohne Alkoholprobleme, eine »barocke« Erscheinung, der sein Leben mit Selbstironie und Geschick zur repräsentativen Biographie seines Zeitalters zu stilisieren versucht hat. M. Reinhardt hat ihn einen »genialen Dilettanten« genannt und meinte damit F.s Begabung, sich mit dem Nimbus des Universalen und des Genies zu umgeben, das alles aus seiner Zeit produktiv aufnimmt. Gezielt hat F. zahllose Anekdoten über sich in Umlauf gebracht und seine manierierte Technik des Selbstplagiats soweit kultiviert, dass er den identischen Essay zweimal bei derselben Zeitung unterbringen konnte.

F. war im genauen Sinn seiner Zeit Antisemit, d.h. jemand, der sein Unbehagen in der Moderne den Juden anlastete. Ausfälle gegen »verschmockte Jourjuden« und Ähnliches finden sich vielfach in seinen Büchern und Briefen. Sie entsprachen der antibürgerlichen Kulturkritik seiner Zeit. 1897 war F. aus Überzeugung vom Judentum zum protestantischen Glauben übergetreten, publizierte ausschließlich unter dem Namen F. und ließ seinen Geburtsnamen Friedmann 1916 amtlich in F. ändern. Erst die Nationalsozialisten sollten ihn wieder zu einem Juden erklären. Dabei war er kein Christ im dogmatischen Sinn und Antisemit, nur soweit es die gängige Modernitätskritik vorgab. Sein in der Shaw-Nachfolge geschriebenes Theaterstück *Die Judastragödie* von 1920 oder sein Essay über *Das Jesusproblem* von 1921 lassen einen lebensphilosophisch inspirierten Glauben an das welthistorische Genie Jesus erkennen, der romantischen Geniekult in ironischer Brechung zur Darstellung bringt.

Neben seiner Theaterarbeit begann F. in den 20er Jahren mit den Arbeiten zu einer Kulturgeschichte, die die Moderne als Ganzes unter Pathologieverdacht stellt. Die Neuzeit beginnt für F. charakteristischerweise mit der großen Pest von 1348. Mehr als in anderen seiner Bücher wirkt hier die enge Verknüpfung von Modernitätskritik und Antisemitismus strukturbildend. Die *Kulturgeschichte der Neuzeit*, 1927 zum ersten Mal bei C.H. Beck erschienen und M. Reinhardt gewidmet, und sein Spätwerk, die *Kulturgeschichte des Altertums*, deren erster Teil 1936 in Zürich erschien und K. Hamsun gewidmet ist, wollen »mit hohem Ernst fröhliche Wissenschaft« betreiben, wie Polgar bemerkt hat. Sie sind betont antiwissenschaftlich, oft anekdotisch und stark reduktionistisch in der Darstellung historischer Verläufe und an den Modellen des Hegelianismus und der Psychoanalyse orientiert. F. ist nicht an der Geschichte von Gesellschaft, Politik oder Ökonomie interessiert, sondern an den Ideenkämpfen sogenannter geistiger Prinzipien, die in Religion und Kunst verkörpert seien. Rationalismus und Mystik, Materialismus und Idealismus stehen sich unversöhnlich gegenüber. Das Judentum gehört zu den negativen Mächten in der Geschichte. Ihm stehe das christliche Ethos besonders der Deutschen gegenüber. Wo es zu Judenverfolgungen durch Christen gekommen ist, sei dies geschehen, weil »das Volk« niemals vergessen habe, »daß es die Juden gewesen waren, die den Heiland getötet hatten«. Mendelssohn oder Freud sind gleichermaßen Repräsentanten des einen, jüdischen Rationalismus und Materialismus, der die Welt zersetzt habe. Beide Kulturgeschichten wurden zu einem beispiellosen Erfolg und werden bis heute immer wieder neu aufgelegt. Fast alle seiner zeitgenössischen Rezensenten haben F.s Arbeit als organisch gelungenes Kunstwerk gelobt, auch etwa Th. Mann. Nur wenige sozialistische und zionistische Leser kritisierten F.s judenfeindliche Denkschablonen.

Während F. antisemitische Stereotypien reichlich bedient, ist er doch kein Rassist. »Rasse«, darunter versteht F. historisch gewachsene Mentalitäten. Kulturen sind nur dann schöpferisch, so F., wenn sich in ihnen die Völker und Nationen mischen: »Je höher die Kultur, desto stärker ist meist die Mischung. Reinheit des Bluts, Autochthonie, Fernhaltung der fremden Einflüsse ist so wenig ein Vorzug, dass vielmehr in der Regel ein Volk um so leistungsfähiger ist, je mehr fremde Einwirkungen es aufgenommen und zu einer inneren Einheit verschmolzen hat.« So hat jeder die Freiheit, seine »Rasse« wechseln zu können. Jesus selbst ist das Beispiel für einen solchen Wechsel (und unausgesprochen F. selbst).

1933 setzte F. Hoffnungen auf den Nationalsozialismus, musste aber bald sehen, dass trotz gelegentlicher lobender Erwähnungen in völkischen Zeitungen für ihn in Deutschland keine Publikationsmöglichkeiten mehr bestanden. Über das so geliebte Deutschland schrieb er 1935: »Es ist dort das Reich des Antichrist angebrochen. Jede Regung von Noblesse, Frömmigkeit, Bildung, Vernunft wird von einer Rotte verkommener Hausknechte auf die gehässigste und ordinärste Weise verfolgt.« 1937 wurde die Auslieferung seiner Bücher untersagt. Eine Emigration lehnte er wiederholt ab. Ein Leben außerhalb der Wiener Kultur war für ihn unvorstellbar. Seine manisch-depressive Veranlagung und schon länger ausgesprochene Selbstmordabsichten kulminierten 1938, als er durch die SA verhaftet werden sollte. F. sprang aus dem Fenster in den Tod.

Werke: Die Judastragödie, Wien u. a. 1920; Das Jesusproblem, Wien u. a. 1921; Kulturgeschichte der Neuzeit. Die Krisis der europäischen Seele von der schwarzen Pest bis zum Weltkrieg, 3 Bde., München 1927 ff.; Kulturgeschichte des Altertums. Leben und Legende der vorchristlichen Seele, 1. Teil, Zürich 1936; Das F.-Lesebuch, hg. H. Illig, München 1988; E.F., Vom Schaltwerk der Gedanken. Ausgewählte Essays zu Geschichte, Politik, Philosophie, Religion, Theater und Literatur, hg. D. Keel, Zürich 2007. Literatur: G. Patterson, Race and Anti-Semitism in the Life and Work of E.F., in: Jahrbuch des Instituts für Deutsche Geschichte 10 (1981), 319–339; H. Illig, Schriftsteller – Schausteller. Die künstlerischen Aktivitäten E.F.s, Wien 1987; W. Lorenz, E.F. Momente im Leben eines Ungewöhnlichen. Eine Biographie, Bozen 1994.

Gerhard Lauer

Friedlaender, Salomo (Mynona)

Geb. 4.5.1871 in Gollantsch (Provinz Posen); gest. 9.9.1946 in Paris

»Denn ich bin Jude, das läßt sich nicht leugnen.« Jude zu sein, so F./M. im ersten überlieferten Brief (an Salomon Samuel, 27.2.1899), bedeutet, das Leben über alles zu lieben; Schopenhauer aber, in dessen Bann er mit 20 Jahren geriet, »hatte mir

das Leben in ein ewiges Gefängnis verwandelt«. F./M. hat sein Judentum weder geleugnet noch hervorgekehrt, doch bildet die Antithese von jüdischer Lebenslust und buddhistisch-christlicher Weltverachtung einen Grundzug seiner Reflexionen zur Situation des Judentums. Zeitgenossen würdigten ihn als klugen Metaphysiker, zugleich als Satiriker von höchstem Rang, als streitbaren Kulturkritiker mit pädagogischen Absichten und als hellsichtigen Warner vor allen Despotismen, Rassismen, Nationalsozialismen. Über alle religiösen und ideologischen Orientierungen stellte er die vernünftige, freie Selbstkultivierung des Einzelnen mit dem Ziel eines harmonischen Menschenlebens.

F./M.s Eltern, die Musikerin Ida Weiß und der Posener Internist Ludwig (Elieser) F. starben früh, 1891 bzw. 1898. Vettern des Vaters waren Heymann Steinthal und Moritz Lazarus; entfernt verwandt waren der SPD-Politiker Hugo Haase, die Schriftsteller Arthur Eloesser und Ludwig Lewisohn. Mit seinem Schwager Salomon Samuel (1867–1942), seit 1894 erster Rabbiner der Gemeinde Essen, Mitplaner der Neuen Synagoge am Steeler Tor, stand F./M. seit 1899 in vertrautem Gespräch, wohnte auch jedes Jahr einige Wochen bei ihm. Durch Samuel lernte er seinen wichtigsten Lehrer Ernst Marcus (1856–1928) kennen, Jurist und strenger Kantianer. Seit 1894 studierte F./M. Medizin in München, dann Zahnmedizin in Berlin; hier wechselte er zur Philosophie, im Sommer 1897 nach Jena.

In jenem Brief beschreibt er ein Visionserlebnis, das ihn 1896 nach asketischen Experimenten fast in eine Nervenkrise brachte, zugleich in ein »messianisches Fühlen«: »Ich hatte da Etwas konzipirt. Aber Was? Eine große dynamische Lehre, in einem Bilde vorläufig: eine Farbenleiter der Unendlichkeiten. [...] Entdeckung der Dreidimensionalität *der Unendlichkeit selbst:* Entdeckung der *eigentlichen* Bedeutung des dimensionalen, weiterhin polarischen Prinzips.« F./M. promovierte Anfang 1902 bei Otto Liebmann über Schopenhauer als Kantianer. Seitdem führte er in der Berliner Bohème und im Frühexpressionismus – Paul Scheerbart, Erich Mühsam, Samuel und Ida Lublinski, Else Lasker-Schüler, Herwarth Walden, Martin Buber u. a. – das Leben eines *libertin,* freilich angewiesen auf finanzielle Unterstützung. Das Konzept seiner Vision der ›Mitte‹ des Lebens entfaltet er in *Friedrich Nietzsche. Eine intellektuale Biographie* (1911) und besonders im monumentalen Hauptwerk der Berliner Zeit, *Schöpferische Indifferenz* (1918), zu einem »Indifferentismus polarer Observanz«. Schelling sah im »Gesetz der Polarität ein allgemeines Weltgesetz«; F./M. dagegen fasst Polarität und Indifferenz radikal subjektiv. Der von Nietzsche biologistisch missverstandene Übermensch erscheint bei ihm als utopisches Ideal, als von allen empirischen Relikten gereinigte »neutrale mediale Größe«. Sie entsteht durch Indifferenzierung der objektiven Kontraste und Widersprüche der Welt; diese ist die schöpferische Entäußerung des »überinnigen« Innen, welches sich nur polar, differenziert äußern kann. Dabei soll das kreative Ich sich niemals mit seinen Kreationen verwechseln.

Seit Ende 1909 veröffentlichte F./M. unter dem Namen »Mynona« (Umkehrung von ›anonym‹) rund 240 Grotesken, »Schnurren«, »Grimassen«. Die erste Sammlung, *Rosa die schöne Schutzmannsfrau* (1913), fand große Resonanz; Walter Benjamin etwa, der sich zeitlebens mit F./M. beschäftigt hat, erkannte, dass F./M.s ›halkyonisches‹, souveränes Lachen die Nutzanwendung seiner Philosophie illustriert. Zum späteren Rezeptionsklischee des weltfremden Spaßmachers gehörte das Etikett des Unpolitischen. Doch hat F./M. zwanzig Jahre lang als Kritiker für den *Berliner Börsen-Courier* gearbeitet und sich vielfach in politischen und humanitären Aktionen engagiert. Er reagierte auf Entgleisungen im schwierigen Verhältnis von deutscher und jüdischer Kultur und brandmarkte die alten Mächte, die geistlichen (Christentum, Theologie, Kirche) wie die weltlichen (Monarchie, Militarismus, Polizeistaat, Zensur etc.). Bereits im November 1920 stellte er die preußisch-christliche Theokratie in bitterböser Diagnose bloß: Um sich wieder im Herzen des Volkes einzunisten, beschließt die exilierte Fürstenfamilie, den Prinzen Christian mit allem Pomp an ein gewaltiges Hakenkreuz zu schlagen (*Der totschicke Heiland*).

»Der Antisemitismus ist womöglich noch jüdischer als das Judentum«, heißt es in der Groteske *Der operierte Goj. Ein Gegenstück zu Panizzas operiertem Jud* (1922). Weder folgt F./M. hier der literarischen Tradition, Juden und Deutsche zu stereotypisieren (Zipes); noch spricht er als assimilierter Jude, für den die Körperbilder, die biologische Basis einer Definition des Juden erhalten bleiben (Gilman). Vielmehr macht er durch polaristische Spiegelung der drastisch ausgemalten Stereotypen die Angel sichtbar, um die sie sich drehen: den neutralen Indifferenzpunkt, aus dem heraus die Extreme balancierbar werden. Von Assimilation und Zionismus bleibt F./M. gleichermaßen distanziert. Die »Synthese Zion – Potsdam« führt er satirisch ad absurdum: Geisteskranke Herrenreiter namens »Itzig-Itzenplitz«, »Israel-Blücher«, »Friedlaender-Zieten« etc. veranstalten ein *Pferderennen ohne Pferd* (*Die Bank der Spötter,* 1920). Vom Selbsthass eines Weininger ist F./M. weit entfernt; Theodor Lessing, der Lublinski 1910 verunglimpft hatte, gehörte zu seinen Feinden.

»Kabbalisten aller Länder, vereinigt euch!«, ruft der Held der Groteske *Schluß!* (1924). »Mystik, Ekstase, Astrologie, Alchemie, Kabbala, Romantik«, erklärt F./M., das sei etwas »Unkontrollierbares« (*Der Schöpfer,* 1919). Kenntnisse jüdischer Quellen lassen sich bei ihm nicht belegen; seine Gewährsleute sind neben Kant, Schopenhauer und Nietzsche Goethe und die deutschen Klassiker, Meister Eckhart, Stirner, Bahnsen etc. Gleichwohl arbeitet F./M.s Polarismus mit einem hermetischen Motiv: Identisches entzweit sich, Entzweites vereinigt sich. So beschreibt er am Ende mehrerer Texte die Vereinigung der sexualen Pole, sei es Mann und Frau, sei es eine Gruppe von Menschen (*Die langweilige Brautnacht,* 1918; *Der Schöpfer; Die Bank der Spötter; Graue Magie,* 1923). Das ähnelt dem Gottesbild der Kabbala gemäß dem Buch *Sohar:* In der zehnten Sefira hört die sexuale Differenz in der Gottheit auf (G. Scholem). Zwar spielte F./M. gern auf der Grenze zu Magie, Okkultismus, Spiritismus, doch setzte er seine Geste bewusst gegen jene seit Mitte des 19. Jahrhunderts in Europa und den USA verbreiteten Praktiken. Er zielte auf Vernunftmagie, auf den praktischen Willen des autonomen Ich. Ausgehend von Marcus' Kritik der *Schöpferischen Indifferenz* – der Mensch ist wohl ein Schöpfer, aber nur der Formen, nicht der Materie – forderte F./M. eine Orientierung an Kant, vorgeführt in Fragelehrbüchern: *Kant für Kinder* (1924), *Katechismus der Magie* (1925), *Kant gegen Einstein* (1932).

Die Novelle *Der antibabylonische Turm* (zuerst: *Biblianthropen*), 1932 von der Weimarer Gesellschaft der Bibliophilen preisgekrönt, wurde 1934 nicht gedruckt, weil F./M. sich weigerte, Formulierungen zu streichen wie »Rassenethiker u. dgl. allerdings recht opportunen schlimmen Blödsinn«. Als der Druckereibesitzer Tieffenbach (der u.a. für die Soncino-Gesellschaft gearbeitet hatte), ihm mit dem KZ Oranienburg drohte, floh er nach Paris. Das Exiltrauma verarbeitete er in einer grimmigen Analyse des Nazi-Systems sowie in einer organotechnischen Variante der Vernunftmagie: Die Titelfigur des Büchleins *Der lachende Hiob* (Paris 1935) verwandelt sich durch brutale Folter in ein engelhaftes, allmächtiges Wesen. Die dreizehn Exiljahre seit Oktober 1933 gerieten zum Härtetest, bis an den Rand des Hungertodes in einer Matratzengruft. Im Herbst 1941 wurde F./M.s Berliner Bibliothek, versandfertig für Paris, zerbombt; Anfang 1943 seine ›arische‹ Gattin für einige Wochen nach Drancy deportiert. Veröffentlichen konnte er nur einige kleine Beiträge im *Pariser Tageblatt* (bzw. *Pariser Tageszeitung*), zuletzt, 1946 in der chilenischen Exilzeitschrift *Deutsche Blätter,* eine scharfe Kritik an Sartre. Auf Döblins Forderung: »Werdet Menschen in Völkern, um Brüder sein zu können« (*Jüdische Erneuerung,* Vorabdruck), antwortete F./M.: Das »innerste sittliche Gewissen« strebt nach »Korrektur und Limitation der aberhundert ›Volklichkeiten‹, auch bitte der jüdischen«; Menschheit sei die allgemeine Form; bei Döblin kostümiere sich ein »ethnologischer Materialismus« als ›neue‹ Brüderlichkeit (*Menschheit,* Dez. 1933). Diese Transformation des Judentums zu einer höheren Bestimmung ist der zweite Grundzug von F./M.s Denken. Ein im April 1933 an das Breslauer Jüdische Gemeindeblatt geschickter Aufsatz *Deutscher und Jude* ist verschollen. Vermutlich enthielt er Äußerungen wie diese: »ich und meinesgleichen sind ja gar keine Juden. [...] Ich bin vor allem Mensch, und ich müßte lügen, wenn ich nicht hinzufügte: deutscher Prägung. Als Kantianer bekämpfe ich alle Konfessionen, auch die jüdische« (an Samuel, 25.5.1935). Andererseits sah F./M. gerade im Judentum die »Vorform der reinen Vernunftreligion«, das Universale: »Die Juden und keineswegs die Christen sind Kantischer Moral am nächsten. Moses ist ein primitiver Kant« (an Doris Hahn, 15.10.1934). Aber »Kant ist nichts als kopernikanisierter Spinoza« (Tagebuch 11, Juni 1934). Spinoza setzte gegen Willkür und Zufall die unbedingte Notwendigkeit; für Kant gibt die Vernunft selbst sich das Gesetz. Der Antisemitismus, den F./M. auch bei Kant, Schopenhauer oder Nietzsche markiert, wirke auf das Judentum (unfreiwillig) erzieherisch: »Der Antisemitismus ist das *größte Kompliment,* welches jemals Menschen von Menschen gemacht worden ist« (Tagebuch 4, Feb. 1934). Den »schlimmsten, den unschuldig gedankenlosen Antisemitismus, den ansteckendsten« gelte es allerdings »totzukitzeln« (an D. Hahn, 28. Juni 1935).

F./M.s fast vollständig erhaltener Nachlass umfasst über 11 000 Druckseiten: philosophische Bücher, Aufsätze, Korrespondenz, Tagebücher sowie der größere Teil seiner lyrischen Produktion (neben *Durch blaue Schleier,* 1908, und *Hundert Bonbons. Sonette,* 1918): satirische Volkslieder, philosophische Knittelvers-Zyklen, Langgedichte, rund 140 Sonette, Übersetzungen. Verschollen ist der »dicke Briefwechsel« mit Max Eschelbacher (1880–1964, Gemeinderabbiner in Düsseldorf, Nachfolger von Leo Baeck) über Goethes Farbenlehre (an Samuel, 25.11.1930). Bis zuletzt formulierte F./M. in immer neuen Ansätzen die optimistische Prophetie eines »runden« Lebens. Das schöpferisch indifferente Ich, Vernunftmensch, *integer vitae,* nennt er seit 1939 in Fortführung der kopernikanisch-kantischen Metaphorik »Ich-Heliozentrum«. »Tief in ihrem Zentrum, konzentriert im Ideenvermögen flüstert die Vernunft dem Menschen das Geheimnis Gottes, Identität, intim ins Ohr« (Tagebuch 113, Okt. 1938).

Werke: S. F/M, Gesammelte Schriften, hg. H. Geerken u. D. Thiel, Herrsching 2005 ff. (bisher 13 Bde., geplant: 35 Bde.)

Literatur: M. Kuxdorf, Der Schriftsteller S.F./M. Kommentator einer Epoche. Ein Monographie, Frankfurt a.M. 1990; L. Exner, Fasching als Logik. Über S.F./M., München 1996; D. Thiel, Maßnahmen des Erscheinens. S. F./M. im Gespräch mit Schelling, Husserl, Benjamin und Derrida, Nordhausen 2012.

Detlef Thiel

Frisch, Efraim

Geb. 1.3.1873 in Stryj (Galizien);
gest. 26.11.1942 in Ascona

F.s Judentum findet sich in allen seinen Arbeiten ausgedrückt. »Es bestand in einer Form der Geistigkeit«, so Kurt Hirschfeld anlässlich der Gedenkfeier für F., »die aus jüdischem Wissen sich gebildet hatte.« Das Gefühl der »radikalen Verpflichtung allen geistigen Werten gegenüber« (Hirschfeld) hat F. vor allem in seiner Tätigkeit als Herausgeber des *Neuen Merkur* in den Jahren 1914–16 und 1919–25 bestimmt. Weil sie über den Parteiengegensätzen ihrer Zeit stand und als Maßstab der Veröffentlichung ausschließlich die geistigen Qualitäten der Kunst ansah, ist diese Zeitschrift als das »Gewissen der Weimarer Republik« (Lion) bezeichnet worden.

F.s Denken hat seinen Ursprung zum einen in der »erlebten jüdischen Gefühlswelt« (Stern) seines streng religiösen Elternhauses und zum anderen in der orthodoxen jüdischen Erziehung, die er durch Privatstunden bei einem Rabbiner erhalten hat. Die ihm gemäße literarische Ausdrucksform ist daher der Essay gewesen. Zwar hat er auch poetische Texte verfasst, darunter den Roman *Zenobi* (1927), der Essay aber, als eine Art direkter Kommentar, hat ihn in einen offenen Dialog mit den Zeitumständen hineingeführt. Seine Rezension von Thomas Manns *Joseph und seine Brüder* z. B. lässt sich zugleich als eine Darstellung der widerstreitenden geistigen Kräfte der Zeit lesen, die im Hintergrund von Manns Romanprojekt stehen. Dessen Blick in die Anfänge der Menschheitsgeschichte, »wo die Geschichten eines Gottsuchenden [...] *die* Geschichte sind« und wo sich aus den historischen Ereignissen, die zur Bildung des jüdischen Volkes geführt haben, zugleich Urbilder für die »Gesittung« des abendländischen Menschen geformt haben, nimmt F. zum Anlass, die Kontroverse über den alten Mythos und den neuen Mythos der Gegenwart zu thematisieren. In der »geistigen Bewältigung der mythischen Ideen- und Symbolwelt« der Frühzeit liegt für ihn die Möglichkeit, das Nebelige, in dem seine Zeit gefangen liegt, zu klären. Dass der Mythos der Frühzeit geschaffen wurde, dass er einer Inspiration des Menschen entsprungen ist, unterscheidet ihn von dem neuen Mythos, der bloß der Ausdruck einer Mentalität ist, die die Wirklichkeit nach ihren Vorstellungen mithilfe eines selbstgemachten, eines künstlichen Mythos »im Stil des Reclamehaften« umzuprägen versucht. Indem er sich auf seinen Ursprung aus der vermeintlichen Primitivität und vorlogischen Struktur der mythischen Urwelt beruft, diskriminiert der neue Mythos die ursprünglich geistige und damit zugleich humane Verfassung des alten Mythos. Den Nationalsozialismus zeichnet nach F. vor allem das Bestreben aus, das »Geistige« aus der Gestalt des Menschen zu eliminieren, indem er das Irrationale nicht als das Mehr-als-Geistige, das Übergeistige versteht, sondern es in das Nicht-Geistige verkehrt. Nicht als Humanisierung des Mythos deutet F. Thomas Manns Werk, sondern als eine Wiederentdeckung der ursprünglichen Humanität des Mythos, die den eigentlichen geistigen Bodensatz der menschlichen Existenz bildet. »Ohne den Geist gibt es den Menschen auch in der frühesten Zeit nicht.« Und weil dieser Mensch einem »Gott Geist« begegnet ist, den er sich so einverleibt hat, »daß er nie mehr aus [seinen] Nachkommen zu tilgen war«, bedeutet die Wiederbegegnung mit dieser Urzeit in Manns poetischem Werk für den modernen, entwürdigten Menschen ein Vorbild für jeden, »der eine Bindung an ein noch so verblaßtes Göttliches, Geisthaftes anerkennt«.

In seinen fragmentarischen *Jüdischen Aufzeichnungen* (1921) hat sich F. mit der weltgeschichtlichen Rolle des Judentums und seiner aktuellen Gestalt im 20. Jahrhundert auseinandergesetzt. Nach F. ist der Jude »der letzte Mythos, den Europa noch besitzt«, ein Mythos jedoch, in dem das Judentum nur in einer abstrakten, also von historischen Erfahrungen unbeeinflussten Gestalt wiederzufinden sei. Da sich der Antisemitismus als historische Konstante im Verhältnis der Völker zu den Juden bewährt hat, ist deren Auseinandersetzung mit den Juden »nie eine unter Gleichen« gewesen, zudem keine harmlos theoretische, sondern eine, die sich jederzeit in einem Pogrom entladen konnte. Jede Aktualisierung der Judenfrage gelangt nicht über die stereotypen Vorurteile der Antisemiten hinaus. Da ihre Position gegenüber den Juden trotz der wechselvollen Abläufe der europäischen Geschichte stets unverändert geblieben ist, glaubt F., dass die Antisemiten eigentlich nicht nach einer Lösung der Judenfrage gesucht haben, sondern an den Konfliktpunkten ihrer eigenen Geschichte jeweils in die Stereotypie des Judenhasses ausgewichen sind, um sich der notwendigen Lösung ihrer eigenen Probleme nicht stellen zu müssen. Als Grundübel des Antisemitismus gilt F. der Mangel an Kenntnissen der jüdischen Wirklichkeit, »wo sie jüdisch und wirklich [...] zugleich ist«. Nicht das Wissen über das Judentum, das sich auf dem Wege der Wissenschaft erreichen lässt, sondern die Kenntnis »jüdischer Religiosität und jüdischer Lebensbetrachtung« fehlt den Nichtjuden. Zudem hat die Einengung des jüdischen Schicksals auf die Alternative zwischen Assimilation und Absonderung oder Zionismus einen der entscheidenden Züge des Judentums verdeckt, durch den ihm eine fundamentale Bedeutung für die Entwicklung des Menschheitsgedankens zukommt: »die ethische Forderung als eine an Alle gerichtete religiöse zu fühlen«. »Die Einheit des menschlichen Geschlechts [...] ist eine Konzeption der Propheten, und in weiterer Folge ist der Universalismus [...] eine religiöse Kategorie.« F. deutet es als eine »tragische Situation« des Judentums, dass ihm das Christentum diesen universalen Gedanken entrissen habe. Den ethischen Universalismus des Judentums versteht F. aber keineswegs als den Kern einer Religion, die im Geist des liberalen Denkens des 19. Jahrhunderts ausschließlich auf eine »weltbürgerliche Humanität« (Cohen) ausgerichtet sein kann und einer rationalen, offenbarungsfeindlichen Theologie verpflichtet ist. Dem Judentum ist es vielmehr gelungen, das besondere Religiöse seiner Existenz in der Diaspora vor der Gefahr zu bewahren, dass es nach dem Verlust der Heimat nur noch als eine reine Fiktion weiterbesteht. »Jerusalem, das heilige Land *bedeuten* zwar Vieles, sind aber auch Wirklichkeiten.« Für F. ist das Judentum keine bloße Vorstufe des Christentums; denn jenes ist in diesem nicht aufgegangen, es besteht vielmehr noch immer. Dass es im Verlaufe der Geschichte erhalten geblieben ist, ist ein Zeichen dafür, dass im Judentum ein Wert enthalten ist, der »noch nicht genügend zur Geltung gebracht« worden ist. Während das Christentum die menschliche Existenz auf das Jenseits ausgerichtet sieht, steht im Mittelpunkt des Judentums das Diesseits als die einzige Wirklichkeit, in der die jüdische Religion ihre Legitimation findet. Die »Heiligung des (irdischen) Lebens um Gottes Willen« ist jener Wert des Judentums, den die Menschheitsgeschichte noch nicht als deren entscheidende Wirklichkeit erkannt hat, in der das Religiöse für den Menschen eine Zukunft wird haben können. Im Unterschied zur Individualisierung des Religiösen in der Geschichte des Christentums ist für das Judentum die Gemeinschaft der Körper, »an dem das Göttliche gebunden ist«. Entsprechend darf das Soziale nicht auf ein Jenseits verschoben werden, sondern muss unmittelbar im Diesseits als »religiöse Forderung verwirklicht« werden.

In seiner bedeutendsten dichterischen Arbeit, dem Roman *Zenobi*, hat F. diese religiöse Forderung an die säkulare Welt des 20. Jahrhunderts vermittelt. Vordergründig ist der Protagonist dieses Romans, Zenobi, ein Prototyp des modernen Menschen: heimatlos, entwurzelt, ohne feste Identität, ein Mensch, der immer nur Rollen spielt. Als Schauspieler seines Lebens ist Zenobi jedoch kein Künstler, und als Hochstapler, der den Menschen ein bedeutungsvolles Leben vorspielt, ist er letztlich auch kein Verbrecher (Marcuse). F. zeichnet den Lebenslauf eines Menschen nach, der wie ein Chamäleon alle Erscheinungen der Menschenwelt nachahmt und sich perfekt vor allem an die höhere Gesellschaftsschicht angleicht. Vermag Zenobi zunächst noch zwischen der Innen- und der Außenseite seines Lebens zu unterscheiden, so dass er sich damit begnügen kann, die Fertigkeiten, die er von den anderen Menschen übernimmt, bloß auf eine andeutende Weise auszuführen, verfällt er später ganz dem haltlosen Spiel der Rollen, so dass »die wechselnden Gestalten, die er annahm, den wahren Inhalt seines Daseins bildeten«. Doch am Ende findet seine Existenz einen Grund. In einem fremden Dorf setzt sich Zenobi für eine von einem rabiaten Schlossherrn misshandelte junge Frau ein, indem er von dem Schlossherrn verlangt, wozu er selbst ein Leben lang nicht fähig gewesen ist, nämlich sich für sein Tun zu rechtfertigen. Danach verliert sich zwar die Spur seines Lebens im Ersten Weltkrieg, doch taucht er aus ihm als legendenhafte Gestalt wieder auf, in die die Menschen ihre utopischen Sehnsüchte nach einer befriedeten sozialen Existenz hineindichten. Zenobis Wandlung vom modernen Rollenspieler zur legendenhaften Heiligengestalt lässt sich als eine allegorische Darstellung der modernen jüdischen Existenz verstehen, die sich von der Assimilation befreit, um ein neues, von sozial-religiösen Vorstellungen geprägtes Leben zu verwirklichen.

Werke: Zenobi, Berlin 1927; Zum Verständnis des Geistigen, hg. G. Stern, Heidelberg 1963.
Literatur: G. Mattenklott, Literarische Kritik im Kontext deutscher Judaica (1895–1933): M. Heimann und E.F., in: Literaturkritik – Anspruch und Wirklichkeit, hg. W. Bar-

ner, Stuttgart 1990, 87–97; A. Herzog, »Von alten und neuen Tafeln«. Religions- und Erziehungskritik in E.F.s ›Verlöbnis. Geschichte eines Knaben‹, in: Jüdische Autoren Ostmitteleuropas im 20. Jahrhundert, hg. H. Hahn, Frankfurt a.M. 2000, 235–252.

Daniel Hoffmann

Fuchs, Rudolf

Geb. 5.3.1890 in Poděbrady (Böhmen); gest. 17.2.1942 in London

Als Angehöriger des »Prager Kreises« (Brod) suchte F. jüdisches und sozialistisches Bekenntnis zu einer Einheit zu führen, zugleich engagierte er sich für die kulturelle Vermittlung zwischen Tschechen und Deutschen. Von den Prager deutschen Autoren unterschied ihn die tschechische Muttersprache; Deutsch lernte er erst mit zehn Jahren, anlässlich seiner Übersiedlung nach Prag. Im expressionistischen Frühwerk kokettierte er zwar wie sein Jugendfreund Franz Werfel mit christlichen Themen und Motiven, setzte sich aber ebenso vehement mit den Konflikten jüdischer Identität in der Diaspora auseinander.

Seine erste Buchveröffentlichung, der Lyrikband *Der Meteor* (1913), enthält das programmatische Gedicht *Juden*, das die Existenzkrisen des modernen Juden beschreibt. Nach Auffassung F.s präfiguriert diese jüdische Krise die expressionistische Erfahrung der Subjektkrise. Desillusioniert zweifelt das lyrische Ich an der Möglichkeit des Widerstands gegen Antisemitismus und Bedrückung, stattdessen sucht es Zuflucht im Glauben an die kulturelle Mission des Judentums. In der Pose des nach Osten betenden, an das biblische Judentum anknüpfenden Gläubigen erhofft sich der Lyriker die Wiederfindung seiner verlorengegangenen Identität: »Sinnlose Nacht muß sich vorüberdrehen./ [...]/ Ich walle fremd, erschöpft und schwer –/ [...] und bin in Kanaan fortan kein Fremder mehr!« (*Nach Osten gesungen*). Der Titel seines zweiten Gedichtbandes, *Karawane* (1919), assoziiert das Bild des nomadischen Lebens. Im einleitenden Abschnitt, *Östliches Gelände*, versetzt sich F. in die Rolle biblischer Figuren und rekonstruiert die Atmosphäre der hebräischen Bibel, um im Spiegel der Vergangenheit moderne Identitätskonflikte zu analysieren. F. schwankt zwischen der Abkehr vom Judentum und der Zuversicht in den jüdischen Glauben. Trotz Zweifel fahndet er in den religiösen Überlieferungen nach Antworten. So erkennt er in den Propheten, den biblischen Kämpfern für Gerechtigkeit, »meine Väter«, die ihn ermutigen, »den befreiten Geist als Wimpel auf dem Mast in Gott zu schwingen« (*Meine Väter*). Willy Haas bezeichnete F. als einen »Gotteskämpfer«, der »mit seinem Judentum [...] um sein Judentum« ringt.

Im Sinne des prophetischen Judentums verstand sich F. in erster Linie als Kämpfer gegen soziales Unrecht und nationalistischen Fanatismus. 1910–22 arbeitete er bei verschiedenen Firmen in Prag und Wien, 1923–39 bei der Prager Handelskammer. Zudem fungierte er als Redakteur des *Prager Tagblatts*. Vor dem Hintergrund dieser Erfahrung engagierte er sich für die Proletarier und schloss sich 1920 der kommunistischen Bewegung an. Obwohl er sich 1923 aufgrund der Eheschließung mit Loni Lapper-Strich für »konfessionslos« erklären ließ, hielt er an seinem Versuch, Judentum und Sozialismus zu verknüpfen, fest. Dieses Unternehmen erwies sich jedoch als zum Scheitern verurteilt, so dass sich F. im Literaturbetrieb der Zwischenkriegszeit isoliert sah. Die meisten seiner Manuskripte wurden von den Verlagen abgelehnt – mit Ausnahme des Dramas *Aufruhr im Mansfelder Land* (1928), das den 1921 von Max Hoelz angeführten sozialrevolutionären Aufstand in Mitteldeutschland schildert. Als Bühnenmanuskript vervielfältigt wurde 1929 das Drama *Kannitverstan*, in dem F. die Dogmatisierung und Hierarchisierung der Kommunistischen Partei kritisiert.

Neben dem Ringen um jüdische Identität und soziales Engagement bemühte sich F. um die kulturelle und politische Verständigung von Tschechen und Deutschen. Freundschaft verband ihn sowohl mit deutschsprachigen Schriftstellern wie Kafka, Brod oder Werfel, als auch mit tschechischen Literaten und Künstlern (Josef und Karel Čapek, Otokar Březina etc.). 1916 trat er mit der Übersetzung der *Schlesischen Lieder* des tschechischen sozialrevolutionären Arbeiterdichters Petr Bezruč hervor, zu denen Werfel ein Vorwort verfasst hatte. Gegen den Widerstand der Zensur veröffentlichte F. die Gedichte eines Schriftstellers, der von den österreichisch-ungarischen Behörden wegen Verdachts auf

Hochverrat inhaftiert worden war; um ihn zu disziplinieren, wurde F. im Dezember 1916 zum Militärdienst eingezogen. 1916 unterstützte F. den Herausgeber der expressionistischen Zeitschrift *Die Aktion*, Franz Pfemfert, bei der Zusammenstellung der Auswahl *Jüngste tschechische Lyrik*; 1926 gab er die Anthologie *Ein Erntekranz. Aus hundert Jahren tschechischer Dichtung* heraus, in der er einleitend zur Bedeutung ›kleiner Literaturen‹ Stellung nahm. In Anerkennung seines kulturvermittelnden Wirkens wurde ihm 1937 der Prager Herderpreis verliehen. In den 30er Jahren betätigte sich F. – u. a. als Mitglied der »Internationalen Arbeiterhilfe« und der »Liga für Menschenrechte« – im antifaschistischen Kampf und unterstützte die in die Tschechoslowakei geflüchteten deutschen und österreichischen Emigranten. Eine 1938 unter dem Titel *Deutsche Gedichte aus Prag* zusammengestellte Auswahl seines Schaffens konnte aufgrund der politischen Ereignisse nicht mehr erscheinen.

Nach dem Einmarsch der deutschen Truppen in Prag emigrierte F. 1939 nach England, nachdem der Plan gescheitert war, gemeinsam mit Petr Bezruč in die Sowjetunion zu fliehen. In London gehörte er den Exilorganisationen »Freier Deutscher Kulturbund« und »Mladé Československo« (Junge Tschechoslowakei) an; 1942 kam er bei einem Verkehrsunfall ums Leben. Die 1939/40 im Exil entstandene Lyrik fasst das Bändchen *Gedichte aus Reigate* (1941) zusammen. Aus dem Nachlass erschien 1943 das Buch *Ein wissender Soldat*. Bis zuletzt hielt F. an der Utopie eines friedlichen Zusammenlebens von Tschechen und Deutschen fest und propagierte übernationale Konfliktlösungsmodelle. Wie seine biblischen Leitfiguren, die Propheten, suchte er mit Worten gegen Hass und Ungerechtigkeit anzukämpfen, litt jedoch beständig unter der Ohnmacht und Einsamkeit des Intellektuellen, der vergeblich vor Gefahren warnt, denen er nicht Einhalt gebieten kann.

Werke: Die Prager Aposteluhr. Gedichte, Prosa, Briefe, hg. I. Seehase, Halle u. a. 1985.
Literatur: L. Topol'ská, R.F. – Dichter und Nachdichter, in: Philologica Pragensia 68 (1986), 1–13; J. Serke, R.F., in: ders., Böhmische Dörfer, Wien u. a. 1987, 247–257; I. Fiala-Fürst, Der Beitrag der Prager deutschen Literatur zum deutschen literarischen Expressionismus, St. Ingbert 1996.

Armin A. Wallas

Fürnberg, Louis (Nuntius, Jan Kladivo)

Geb. 24.5.1909 in Iglau (Jihlava); gest. 23.6.1957 in Weimar

Der in einem Vorort von Karlsbad (Karlovy Vary) aufgewachsene F. bezeichnete sich selbst als deutschen, gelegentlich als tschechoslowakischen und zeitweise auch als sudetendeutschen Dichter. Die Sudeten, die Gebirgshöhen an der nördlichen

Grenze Böhmens, standen ihm für eine Landschaft und die deutsche Sprache, die dort seit mehreren Jahrhunderten gesprochen wurde. Vor allem aber begriff sich F. als kommunistischer Autor. Nachdem er sich seit seinem 17. Lebensjahr in der sozialistischen Jugendbewegung engagiert hatte, trat er 1928 der deutschen Sektion der Kommunistischen Partei der Tschechoslowakei (KPČ) bei.

Die von F. zur Veröffentlichung vorgesehenen Werke mit autobiographischen Zügen – etwa die Gedichtbände *Hölle, Hass und Liebe* (1943) und *Der Bruder Namenlos* (1947) – thematisieren, ohne das jüdische Elternhaus, in dem der Dichter aufwuchs, zu erwähnen, ausschließlich seinen Übergang vom Bürgertum zur revolutionären Arbeiterschaft. Auch mit seinen anderen Werken agierte F., wie Anna Seghers 1959 in einem Nachruf auf ihn schrieb, vor allem als »Dichter-Genosse«. Jüdische Motive und die Frage des Antisemitismus tauchen in F.s Werk allenfalls am Rande oder episodisch auf. Die diesbezüglichen Texte wurden fast ausnahmslos aus dem Nachlass publiziert.

In F.s Konzentration auf die soziale Semantik der Arbeiterbewegung schlugen sich vor allem seine Erfahrungen der 1930er Jahre nieder. Unter dem Pseudonym Nuntius gehörte er zu den bekanntesten kommunistischen Agitatoren der Sudetengebiete. Mit seinen Spieltruppen »Echo von links« und »Das neue Leben«, mit denen er durch die deutschsprachigen Grenzregionen des Landes tourte, ergriff er Partei für streikende Arbeiter, für die Sowjetunion und, seit dem Anwachsen der sudetendeutschen »Heim-ins-Reich«-Bewegung, auch für den territorialen Bestand der tschechoslowakischen Republik. In dieser Zeit schrieb er zahlreiche Gedichte, Kantaten und Lieder, die sich auch in der Singegruppenbewegung der DDR noch großer Beliebtheit erfreuten, darunter das Lied *Du hast ja ein Ziel vor den Augen* (1937). Im April 1939, nach dem Einmarsch der Wehrmacht in die sogenannte Rest-Tschechei, wurde F. bei dem Versuch verhaftet, die Grenze nach Polen illegal zu überqueren. Dank der Bestechung eines Gestapo-Beamten wurde er im August des Jahres, nachdem er 13 nationalsozialistische Haft- und Folteranstalten durchlitten hatte, freigelassen. Er floh via Italien nach Jugoslawien, das er mit seiner Ehefrau Lotte und dem 1940 geborenen Sohn Miša kurz vor dem deutschen Überfall in Richtung Palästina verließ. Ebenso wie F. nicht aufgrund seiner Herkunft, sondern wegen seiner politischen Aktivitäten verfolgt, verhaftet und gefoltert worden war, gelangte er nicht aufgrund von Sympathien für den jüdischen Ansiedlungsprozess nach Palästina, sondern als politischer Flüchtling.

Dennoch ordnete sich der Dichter in den Jahren des palästinensischen Exils gelegentlich einem jüdischen »Wir« zu. War sein Eintritt in die Kommunistische Partei, neben der dominierenden Empörung über die katastrophale soziale Lage der 1920er Jahre, nicht zuletzt dem Versuch geschuldet, der Frage der Herkunft durch den Blick in die Zukunft zu entgehen, wurde er im britischen Mandatsgebiet gleich in mehrfacher Hinsicht mit seiner Herkunft konfrontiert: Er wurde zum einen Zeuge des zionistischen Aufbauprozesses, den er unter Verweis auf den kommunistischen Internationalismus und den Universalismus der Aufklärung vehement ablehnte. Von F.s Urteil über den Zionismus geben zahlreiche Briefe, Reden und Gedichte, darunter *Rige od Fere, Nummer zwei* (1943), Ausdruck. Aufgrund dieser Kritik wurde ihm von nationaljüdischer Seite regelmäßig Verrat an seinem Volk vorgeworfen.

Zum anderen fielen in die Zeit des palästinensischen Exils auch die ersten Informationen über die Vernichtung der europäischen Juden. Diese Nachrichten waren für F. auch Nachrichten über die Ermordung enger Freunde und Verwandter. Im Juni 1945 schrieb er an den Religionswissenschaftler Schalom Ben-Chorin, dass er noch nicht dazu in der Lage sei, ein Gedicht über den Massenmord zu schreiben. Je schmerzlicher und stürmischer die Erschütterungen seien, umso mehr Zeit vergehe, ehe sie in einem Gedicht verarbeitet werden können. »Dass ich mein Judengedicht einmal schreiben werde, wenn ich lebe und die Kraft habe – das weiß ich längst.« Die Versuche, die er dazu um das Jahr 1945 herum unternahm, etwa die Gedichte *Den Mitmenschen*, geschrieben nach dem Erhalt der Nachrichten über die Ermordung seiner Nächsten, *Ein Judenlied* oder *Das Gleichnis*, wurden ebenfalls fast ausnahmslos aus dem Nachlass veröffentlicht. Sie thematisieren neben der Trauer und dem Entsetzen auch die Unfähigkeit, der Fassungslosigkeit Ausdruck zu verleihen: »Armselig ist mein Leid, weil es ein Suchen nach Worten ist«, schreibt er in *Über euch in Niemandsland Verscharrte* (1944).

Die intensivste künstlerische Auseinandersetzung mit der Vernichtung der europäischen Juden findet sich in F.s Romanfragment *Lessing und Spira*, an dem er 1944/45 und noch einmal 1956, kurz vor seinem Tod, arbeitete. Die zentrale Passage schildert ein Gespräch, das zwei Freunde kurz nach dem Ende des Zweiten Weltkrieges in der Altstadt von Jerusalem führen. Der Kommunist Lessing und sein Freund Spira, ein Anhänger des Zionismus, sprechen vor dem Hintergrund der palästinensischen Erfahrung über die Vernichtung der europäischen Juden. Den Gesprächspassagen über die Situation in Palästina liegt ein brieflicher Disput zwischen F. und Max Brod aus dem Jahr 1944 zugrunde. In F.s Romanmanuskript von 1944/45 lässt er den Kommunisten Lessing, für den er selbst Pate gestanden haben dürfte, angesichts der Vernichtung Zweifel am kommunistischen Zukunftsoptimismus und an der Idee der Assimilation äußern: »Da ist ein leiser, ziehender Schmerz, an den man sich offenbar schon so gewöhnte, dass man ihn vergaß – der aber da ist und sich in Erinnerung bringt, bei der leisesten Berührung der Wunde – heftiger als der laute Schmerz, weil er tiefer ist.«

Nach seiner Rückkehr in die Tschechoslowakei 1946 wurde diese Erfahrung von F. allerdings nicht mehr künstlerisch artikuliert. Die Gegenwart des Kalten Krieges und des sozialistischen Aufbaus, in dem der Dichter die Erfüllung seiner Jugendträume zu erkennen glaubte, legte sich über die Vergangenheit. F. arbeitete zunächst als Journalist und wurde 1949 zum Botschaftsrat der tschechoslowakischen Vertretung in Ostberlin ernannt. Im Kontext des Prager Slánský-Prozesses 1952 wurde er jedoch erneut mit seiner Herkunft konfrontiert. F. wurde aus dem diplomatischen Dienst entlassen. Als Jude und sogenannter Westemigrant, der sich sowohl im jugoslawischen als auch im palästinensischen Exil aufgehalten hatte, passte der Dichter ins Verfolgungsraster der spätstalinistischen Kampagne gegen Kosmopolitismus. Er rechnete stetig mit seiner Verhaftung. Nach einer mehrmonatigen Kaltstellung wurde F. schließlich auf einen unbedeutenden Posten im Schulministerium abgeschoben. 1954 siedelte er von Prag nach Weimar über. In der DDR hatte sich die Anti-Kosmopolitismus-Kampagne weitaus verhaltener als in der Tschechoslowakei geäußert. Darüber hinaus fand F. dort ein deutschsprachiges Publikum, das es in der ČSR seit der Aussiedlung der Deutschen 1945/46 nicht mehr gab. Er wurde Stellvertretender Direktor der Nationalen Forschungs- und Gedenkstätten der klassischen deutschen Literatur. Sein Lied *Die Partei* (»Die Partei, die Partei, die hat immer recht«) war schon zu Beginn der 1950er Jahre zur Hymne der SED geworden. F. hatte es geschrieben, nachdem er 1949 nicht beim Parteitag der KPČ erscheinen durfte. Er wurde nicht eingeladen, weil er als Deutscher galt – ein Paradox der Geschichte, das seine Ursache in der Akkulturationsgeschichte der böhmischen und mährischen Juden hat: Sie hatten sich seit dem 18. Jahrhundert an die deutschsprachige kulturelle Entwicklung assimiliert und galten dem tschechischen Nationalismus daher als Agenten der Germanisierung. F.s Ausladung vom Parteitag der KPČ war, wie sich seine Witwe vierzig Jahre später erinnerte, eine Kränkung, die der Dichter bewältigen musste. Er habe das Lied *Die Partei* geschrieben, um diese Kränkung vor sich selbst zu rechtfertigen. F. starb im Alter von 48 Jahren an den Folgen eines Herzinfarktes. Dieses Herzleiden führte seine Witwe auf die Anfeindungen zurück, denen F. auch vonseiten seiner Genossen ausgesetzt war. Der Dichter, so urteilte sie später, wäre nicht so früh gestorben, wenn es den Slánský-Prozess nicht gegeben hätte.

Werke: Gesammelte Werke in sechs Bänden, hg. L[otte] Fürnberg, G. Wolf und R. Poschmann, Berlin/Weimar 1964 ff.; Briefe 1932–1957. Auswahl in zwei Bänden, hg. L[otte] Fürnberg und R. Poschmann, Berlin/Weimar 1986; Louis Fürnberg/Arnold Zweig, Dokumente einer Freundschaft, hg. R. Poschmann und G. Wolf, Berlin/Weimar 1978.
Literatur: E. Loewy, »Lessing und Spira«. Zu einem Romanfragment von L.F., in: ders., Zwischen den Stühlen. Essays aus 50 Jahren, Hamburg 1995, 185–212; L[otte] Fürnberg, »Ohne Utopie kann ich nicht leben«, in: U. Edschmid, Verletzte Grenzen. Zwei Frauen, zwei Lebensgeschichten, Frankfurt a. M. 1996, 9–91; Wanderer in den Morgen. L.F. und Arnold Zweig, hg. R. Bernhard, München 2005; D. Schiller, Der Träumer und die Politik. L.F. zum 50. Todestag, Berlin 2007.

Jan Gerber

Fulda, Ludwig Anton Salomon

Geb. 15.7.1862 in Frankfurt a. M.;
gest. 30.3.1939 in Berlin

F. wurde als Sohn einer angesehenen Kaufmannsfamilie geboren, deren Vorfahren seit Mitte des 17. Jahrhunderts in Frankfurt ansässig waren. Nach der Schulzeit in seiner Heimatstadt studierte er in Berlin, Leipzig und Heidelberg, wo er über

den Dramatiker Christian Weise promovierte. In München nahm F. Kontakt zu Paul Heyse und seinem Kreis auf; Heyse wurde in den folgenden Jahren zum Freund und literarischen Mentor. F. selbst veröffentlichte seit 1887 regelmäßig; neben zahlreichen Dramen schrieb er u. a. Beiträge für die *Berliner Monatshefte* der Brüder Hart.

Zusammen mit Otto Brahm und Fritz Mauthner gründete F. 1889 in Berlin die *Freie Bühne* und leitete den gleichnamigen Verein bis zu dessen Auflösung. Er war Mitinitiator der ersten Ibsen-Aufführung in Deutschland und setzte sich für das Werk Hauptmanns und Gorkis ein. Zweimal wurde ihm der Burgtheaterring verliehen. Nietzsche nannte ihn »das eigentliche Theatertalent der deutschen Literatur« und Kurt Pinthus schrieb, »daß F.s *Jugendfreunde* [...] als Musterbeispiel für das bürgerliche Lustspiel des ausgehenden 19. Jahrhunderts nicht fehlen dürfte«. Aber es gab auch kritische Stimmen wie A. Polgar, A. Kerr oder H. Bahr, die F.s Werk als trivial oder sentimental einstuften. F. war zwischen 1910 und 1933 einer der meistgespielten Autoren auf den deutschsprachigen Bühnen und genoss internationales Ansehen. Er schrieb soziale, neuromantische Märchendramen und Gesellschaftskomödien, von denen viele in den 20er Jahren als Filmvorlagen dienten. Am bekanntesten wurde 1948 die Nachkriegsverfilmung von *Der Seeräuber* unter der Regie von Vincente Minelli mit Gene Kelly und Judy Garland in den Hauptrollen. Daneben machte sich F. als Übersetzer aus sieben Sprachen einen Namen. Er übertrug Molière, die Sonette Shakespeares, Rostand, Petöfi, Cavalotti, Ibsen, Björnsen u. a. ins Deutsche. Zahlreiche Literaturpreise wurden ihm verliehen, und bereits 1907 erhielt er für seine Übersetzungen aus dem Französischen das Kreuz der Ehrenlegion. 1893 allerdings scheiterte die Verleihung des Schillerpreises für sein Drama *Der Talismann* am Einspruch Wilhelms II., der eine Majestätsbeleidigung vermutete.

F. trat öffentlich für die Meinungsfreiheit ein. Bereits in Mai 1900 hatten er und Sudermann den Berliner Goethebund gegründet und damit einen wichtigen Anteil am Kampf gegen die sogenannte Lex Heinze. Innerhalb der berufständischen Organisationen der Schriftsteller nahm er bedeutende Funktionen wahr; unter anderem setzte er sich für die Wahrung der Urheberrechte ein. F. beteiligte sich 1923 an der Gründung des ersten deutschen PEN-Clubs und war bis 1928 dessen erster Präsident. Darüber hinaus war er erster Vorsitzender des »Schutzverbandes deutscher Schriftsteller«. Als der internationale PEN-Club 1926 erstmals in Deutschland tagte, führten F. und Romain Rolland abwechselnd den Vorsitz. 1928–31 war F. zudem Präsident der »Confédération internationale des sociétés d'auteurs et compositeurs«. Nicht zuletzt auch dieses Engagement machte ihn in den 20er Jahren zu einem international anerkannten Repräsentanten der deutschen Literatur.

F.s Positionen zu seinem Judentum, seinem Deutschtum und zum Zionismus sind eindeutig. Den Zionismus lehnte er als »jüdischen Rassenfanatismus« ebenso ab wie den »antisemitischen Rassenfanatismus«. In einem Brief, den F. Anfang 1913 als Reaktion auf den Sprachenstreit während der Kunstwart-Debatte an Salo Adler schrieb, den Vorsitzenden des Frankfurter Philantropin, formulierte er sein Selbstverständnis so: »Die Heimat eines Menschen ist da, wo seine und der Seinigen Wiege stand, wo er aufwuchs; und nicht die Abstammung entscheidet über seine Zugehörigkeit zu einer Kultur, sondern die Muttersprache, die Erziehung und die Bildung.« Der *Berliner-Börsen-Courier* und der *Frankfurter-General-Anzeiger* hielten F.s Stellungnahme für so bedeutend, dass sie den Brief im Februar 1913 abdruckten. Ähnlich wie die Mitglieder des Centralvereins sah F. sich als »Deutscher jüdischer Abstammung, und wenngleich ich der jüdischen Kirche ebenso fern stehe wie jeder anderen, nenne ich mich mosaischer Konfession, weil man aus einer belagerten Festung nicht ausbricht«. Und weiter: »Goethe, Schiller und Lessing, so heißen meine Propheten, Kant und Schopenhauer, so heißen meine Evangelisten. [...] Wer aber bestreitet, daß ich ein Deutscher bin, dem lache ich ins Gesicht.«

Zu seinem 70. Geburtstag 1932 wurde ihm die Ehrenplakette seiner Heimatstadt Frankfurt verliehen, die Akademie der Künste in Berlin ehrte ihn mit einer öffentlichen Festveranstaltung, und Hindenburg überreichte ihm persönlich die Goethe-Medaille für Wissenschaft und Kunst. Allein in diesem Jahr fanden an deutschsprachigen Bühnen 429 Aufführungen seiner Werke statt. Die Ereignisse des Jahres 1933 hingegen trafen ihn ohne Vorbereitung. F. unterzeichnete zwar die von G. Benn erarbeitete Loyalitätserklärung, doch wurde er wenige Wochen später aus der Sektion Dichtung der Akademie der Künste, die er einst mitbegründet hatte und deren langjähriger Vorstand er war, ausgeschlossen. Seine Werke wurden in Deutschland nur noch von den »Jüdischen Kulturbünden« aufgeführt. Im April reiste F. nach Lugano, wo Th. Mann über ihn schrieb: »F.s Gebrochenheit, seine kummervolle Gekränktheit als deutscher Jude. Er ist 71 und ohne Hoffnung.« Dennoch kehrte F. wenige Wochen später nach Berlin zurück. Auch als er 1937 seinen Sohn in Amerika besuchte, kehrte er wieder nach Deutschland zurück. Er konnte sich, wie Th. Mann schrieb »die Liebe zu Deutschland nicht aus dem Herzen reißen«. Später jedoch scheiterte eine geplante Ausreise zu seinem Sohn in die USA an fehlenden Papieren. Als seine »seelischen Höllenqualen« immer unerträglicher wurden, entschloss er sich zum Freitod. Im Abschiedsbrief an seine Frau bat er: »Behüte mein Lebenswerk, damit es in einer besseren Zukunft Zeugnis davon ablege, daß ich bis in den innersten Kern meines Herzens ein guter Deutscher gewesen bin.«

Werke: Unter vier Augen, Leipzig 1886; Das Recht der Frau, Leipzig 1888; Die Sklavin, Berlin 1891; Der Talismann, Berlin 1893; Maskerade, Berlin 1904; Jugendfreunde, Berlin 1906; Der Seeräuber, Berlin 1912; Des Esels Schatten, Berlin 1921; Briefwechsel 1882–1939, hg. B. Gajek u. a., 2 Bde., Frankfurt a. M. 1988.
Literatur: B. Gajek, Theater als Gebrauchskunst. Überlegungen zu den Bühnenwerken L.F.s (1862–1939), in: Gebrauchsliteratur, Interferenz, Kontrastivität, hg. ders. u. a., Regensburg 1981, 143–172; H. Dauer, L.F. – Erfolgsschriftsteller. Eine mentalitätsgeschichtlich orientierte Interpretation populärdramatischer Texte, in: Studien und Texte zur Sozialgeschichte der Literatur, Bd. 62, Tübingen 2000.

Heidelore Riss

Ganzfried, Daniel

Geb. 3.8.1958 in Afulah in Israel

Mit seinem Roman *Der Absender* (1995) ist G. als bis dato einziger schweizerischer jüdischer Schriftsteller der sog. zweiten Generation über die Landesgrenzen hinaus bekannt geworden. Wie jüdische Autoren dieser Generation in Deutschland und Österreich thematisiert auch G. in seinem Erstling jüdische Identität nach der Shoah und greift hierzu autobiographische Aspekte auf. Anders aber als in entsprechenden Werken in Deutschland oder Österreich, die stark Bezug auf die unmittelbare Umgebung und damit auf das Land der ehemaligen Täter nehmen, spielt in *Der Absender* die Schweiz kaum eine Rolle. Dies ist umso auffälliger, als G. bereits als Einjähriger in die Schweiz, genauer nach Wabern bei Bern, gekommen ist und – nach einigen Jahren Auslandsaufenthalt in Israel, Lateinamerika und den USA – seit 1983 in Zürich und seit 2009 schließlich in Elm (Kanton Graubünden) lebt. Gelernt hat G. Verlagsbuchhändler; heute ist er als Journalist und Redakteur tätig. Er hat einige Kurzgeschichten publiziert (u. a. *Nachbarschaftsfeier*, in: *Du*, H. 6, 1997) und gab die Zeitschrift *politikinitiativen* sowie Publikationen der *Hannah Arendt Tage Zürich* mit heraus.

In *Der Absender* fließen mehrere Erzählebenen zusammen: Eine Begegnung zwischen einem Vater und seinem Sohn Georg, die Arbeit des Sohnes als Volontär in einem aufzubauenden Oral History Archive eines projektierten New Yorker Holocaust-Museums und eine Ich-Erzählung, die die Geschichte des Vaters bzw. eines anonym bleibenden Zeitzeugen des Archivs darstellt. Georg versucht Gewissheit darüber zu erlangen, ob der anonyme »Absender« der Tonbandaufzeichnungen, ein ungarischer KZ-Überlebender, und sein Vater identisch sind, ob er also über die Tonbandaufzeichnung die Vergangenheit seines eigenen Vaters kennenlernt. Der Text lässt diese Frage bis zum Schluss offen. Die zahlreichen zeitlichen Ebenen des Romans, die verschiedenen Stilrichtungen und Erzählformen, der mehrfache Ortswechsel, die Stimmen der unterschiedlichen Generationen sowie die Beobachtungen über Nebenfiguren erlauben es G., jüdische Identität als vielschichtig, uneinheitlich, ja widersprüchlich zu zeichnen. Es gibt keine verbindliche kollektive Gemeinschaft und dennoch wird deutlich, dass jüdische Identität ohne Bezug auf die Shoah heute kaum noch denkbar ist. Hierzu finden sich in G.s Roman jedoch auch ironische Töne. Beispielsweise schätzt eine Angestellte des Museums ihre Arbeit, »weil sie für eine gute Sache sei. ›Welche?‹ fragte Georg. ›Den Holocaust‹, antwortete sie.« Der Roman gibt in reportagenhafter Exaktheit Hinweise über die politische Stimmung in den USA, beispielsweise im Zusammenhang mit dem Golfkrieg oder Konflikten zwischen Schwarzen und Weißen. Die Begegnung von Vater und Sohn findet auf dem Empire State Building statt und enthält zahlreiche Anspielungen auf die biblische Geschichte von Isaaks Bindung (Newman/Wiedmer). Die Ich-Erzählung erinnert an das Genre des Überlebendenberichts, und die Zentrierung um den Sohn entspricht der Literatur der zweiten Generation. Spezifisch an G.s Roman ist, dass die Erfahrungen des Ich-Erzählers in Auschwitz und in Bergen-Belsen nicht geschildert werden. Der Bericht widmet sich der Vorkriegszeit in Ungarn, dem jüdischen Ghetto in Budapest und dann erst wieder der Rekonvaleszenz des Erzählers im befreiten Lager Bergen-Belsen sowie seinem Leben in Israel. Für den Ich-Erzähler und seine Freunde in Israel ist die Schweiz »ein Flecken Land in Europa, von dem es hieß, daß Milch und Honig dort schon flossen, während bei uns in Israel das einzige, was nicht versiegte, der Strom der Einwanderer war und wirkliche Wunder auf sich warten ließen«. Die Schweiz wird nur beiläufig als reiches Land ohne Vergangenheit und mit auffallend kühlen Bewohnern vorgestellt; einzig die Sprache, das Schweizerdeutsche, erinnert ans Jiddische.

Anders als im Roman nimmt G. in seiner Rolle als Journalist durchaus Stellung zu tagespolitischen Ereignissen in der Schweiz und zur dortigen jüdischen Existenz. Als Schweizer und Jude und als Autor mit kritischem linkspolitischen Engagement sieht G. sich häufig genug »zwischen den Stühlen«, ohne diese Position, in der es ihm »auch gut ergangen ist«, zu bedauern (*Warum ich das Manifest nicht unterzeichne*, 1997). Das Manifest gegen das Verhalten der Schweizerischen Banken und des Schweizerischen Bundesrates im Kontext der Affäre um »nachrichtenlose Vermögen« unterzeichnet G. nicht. In seiner Begründung schont G. weder das

Verhalten der Schweizer Juden während des Zweiten Weltkrieges noch die Argumente der Manifest-Initiatoren, die seiner Meinung nach zu sehr nach einem apolitisch bleibenden Konsens streben. Auch G.s seit 2004 publizierten diversen Reportagen über den Jüdischen Weltkongress, den WJC, sind angriffslustig. Sie beleuchten präzise die Vorwürfe gegen den damaligen Generalsekretär Israel Singer und dessen Veruntreuung von Geldern (»*The Rabbi and the Geneva Account*«, Facts 4.11.2004) Im März 2007 wurde Singer schließlich seiner Ämter im WJC enthoben, kurz danach reichte auch der WJC-Präsident Edgar Miles Bronfman seinen Rücktritt ein.

International bekannt geworden ist G. insbesondere durch seine Stellungnahmen zu Binjamin Wilkomirskis alias Bruno Doessekkers Buch *Bruchstücke. Aus einer Kindheit 1939–1948* (erschienen im Jüdischen Verlag im Suhrkamp Verlag, 1995). Die *Bruckstücke* sind als autobiographischer Bericht eines KZ-Überlebenden publiziert, der nach der Befreiung als ungefähr neunjähriges Kind in die Schweiz kommt und hier kein Gehör für seine Erfahrungen findet. G. ist der erste, der den autobiographischen Gehalt des mit zahlreichen renommierten Literaturpreisen ausgezeichneten Textes öffentlich hinterfragt. Mittels ausführlicher Recherchen gelingt es G. nachzuweisen, dass der Autor Wilkomirski 1941 in der Schweiz als uneheliches Kind namens Bruno Grosjean geboren wurde und 1947 mit Doessekker den Namen seiner Pflege- und späteren Adoptiveltern erhielt. Wilkomirski ist demnach kein jüdisches Kind und hat keine KZ-Haft durchleiden müssen (»*Die geliehene Holocaust-Biographie*«, *Weltwoche*, 27.8.1998; »*Fakten gegen Erinnerung*«, *Weltwoche*, 3.9.1998; »*Bruchstücke und Scherbenhaufen*«, *Weltwoche*, 24.9.1988). G.s Enthüllungen führten im Herbst 1999 schließlich zu einem Zurückziehen der *Bruchstücke* seitens des Suhrkamp Verlags. G.s Ansicht nach haben die mittlerweile zahlreichen interdisziplinären Stellungnahmen zu dieser Fälschung jedoch über weite Strecken eine falsche Richtung eingeschlagen. G. interessieren nicht mögliche psychische Motive des Autors, in die Rolle des Holocaust-Opfers zu schlüpfen, stattdessen fordert er dezidierte juristische Schritte gegen Doessekker sowie größere Selbstreflexion und Verantwortlichkeit seitens des Kulturbetriebes (»*Binjamin Wilkomirski und die verwandelte Polin*«, *Weltwoche*, 4.11.1999; »*Der Betrug mit dem Andenken*«, *Aufbau*, 26.11.1999). In *... alias Wilkomirski. Die Holocaust-Travestie* (2002) fasst G. den Verlauf der Wilkomirski-Affäre in bisweilen satirischen Tönen zusammen und gibt zugleich Einblicke in seine Arbeitsweise als investigativer Journalist.

Mittels der Debatte um die *Bruckstücke* lassen sich wichtige Einsichten über das Genre der Autobiographie, insbesondere der Autobiographik zur Shoah, gewinnen. In diesem Genre spielt nicht nur der traditionelle »autobiographische Pakt« (Lejeune) zwischen Autor und Leser eine Rolle, sondern ebenso die Referenz auf eine mittlerweile bekannte historische Situation, auf ein kollektiv durchlittenes Schicksal. In Doessekkers »Fälschung« sieht G. daher das Andenken der Ermordeten und die Zeugniskraft der Überlebenden bedroht. In Anbetracht von G.s in *Der Absender* realisierten Schreibstrategien wird deutlich, wieso für ihn der Fall Wilkomirski darüber hinaus große Brisanz erhält: Gerade weil die Realität der Vernichtungslager sich den Nachgeborenen entzieht, ist das Schreiben über sie auf Verschiebungen, Leerräume, Imagination und literarische Konstruktionen angewiesen (Deuber-Mankovsky). Diese Tatsache verlangt jedoch eine umso größere Hochachtung gegenüber den Aussagen sowie der Identität der Überlebenden. In Erfindungen wie derjenigen von Doessekker, die jeder autobiographischen Erfahrung entbehren, sie jedoch behaupten und voraussetzen, sieht G. folgende Gefahr: »Wo der Holocaust erfunden wird, kann er auch geleugnet werden« (*Aufbau*, 26.11.1999).

Werke: Der Absender, Zürich 1995; Warum ich das Manifest nicht unterzeichne, in: Manifest vom 21. Januar 1997. Geschichtsbilder und Antisemitismus in der Schweiz, hg. M. Dreyfus u. a., Zürich 1997, 37–39; Hannah Arendt – Nach dem Totalitarismus, hg. D.G. u. a., Hamburg 1997; Die geliehene Holocaust-Biographie, in: Weltwoche Nr. 35/98, 27.8.1998; ... alias Wilkomirski. Die Holocaust-Travestie, Berlin 2002; The Rabbi and the Geneva Account, in: Facts Nr. 45, 4.11.2004.
Literatur: A. Deuber-Mankovksy, Erinnerung, Realität, Fiktion. D.G. und Binjamin Wilkomirski, in: Jüdischer Almanach 2000/5760, hg. A. Birkenhauer, Frankfurt a. M. 1999, 52–65; R. Newman/C. Wiedmer, On D.G.'s ›The Sender‹ and Binjamin Wilkomirski's ›Fragments‹, in: Literary Paternity/Literary Friendship: Studies in Honor of Stanley Corngold, hg. G. Richter, Chapel Hill 2000; E. Lezzi, Der Fall Wilkomirski, in: dies., Zerstörte Kindheit. Literarische Autobiographien zur Shoa, Köln u. a. 2001, 133–142; Ch. Schallié, ›Die neuerlich drohende Ausbreitung des Stimmenbreis‹: Erinnerungsschwund im Archiv. Zu D.G.s Der Absender, in: Sichtungen: akten-kundig? Literatur, Zeitgeschichte und Archiv, hg. M. Atze u. a., Wien 2009, 98–105.

Eva Lezzi

Giordano, Ralph (Jan Rolfs)

Geb. 20.3.1923 in Hamburg

Als Sohn einer jüdischen Mutter überlebte G. die nationalsozialistische Verfolgung zusammen mit seinen Eltern und seinen zwei Brüdern zuletzt in einem Hamburger Versteck. Nur wenige Jahre nach der Befreiung reüssierte der seither vor allem

als Journalist, Publizist und Fernsehdokumentarist tätige Autor auch als Schriftsteller. 1948 erschien im Verlag Neues Leben in Ost-Berlin G.s erste Buchveröffentlichung, die Erzählung *Morris: Geschichte einer Freundschaft*, die zugleich als ein erster Versuch literarischer Bewältigung seiner eigenen Verfolgungserfahrung angesehen werden kann. Die Geschichte von der Freundschaft zwischen einem Juden und einem Nichtjuden während der Jahre 1938–45 in Deutschland weist schon auf G.s wichtigste und umfangreichste Prosaarbeit, den Familienroman *Die Bertinis* (1982), voraus. Der 1994 neu aufgelegte Text gehörte auch zu den frühesten literarischen Versuchen in deutscher Sprache, die nationalsozialistische Verfolgung der Juden zu thematisieren. Die beiden Hauptgestalten, der Jude Morris Bertheux und der Nichtjude Paulsen, lernen sich am Abend des 9. November 1938 in Hamburg kennen. Noch unter dem unmittelbaren Eindruck des Überlebens im nationalsozialistischen Deutschland entstanden, nimmt die Erzählung die Perspektive eines Nichtjuden ein, der die ausbleibende Solidarisierung mit den entrechteten Juden angesichts der Novemberpogrome 1938 als Stachel empfindet, »weil keiner aufstand und diesen Räubern ins Gesicht schlug oder seiner Empörung laut Luft machte«. Am Ende der Erzählung verlässt Morris – im Gegensatz zu G.s eigener Entscheidung – Deutschland und reist nach Palästina aus. Der nichtjüdische Erzähler mahnt im resümierenden Dialog, dass für Morris in Deutschland alles mit den zurückliegenden Schrecken verbunden bliebe und ihn seine »unerträglichen Erinnerungen« nicht losließen. Verbunden damit ist das Ansprechen einer deutschen Schuld, die »niemals abgetragen werden« könne.

Die literarischen Arbeiten G.s machen unter seinen zwanzig Buchtiteln mit meist publizistischem Charakter nur einen kleinen Teil aus. Dabei gründen alle Arbeiten G.s in der traumatischen Erfahrung, als Jude der nationalsozialistischen Verfolgung ausgesetzt gewesen zu sein. Die jüdische Religion spielt dabei eine untergeordnete Rolle. Zunächst trat G. 1946 der Kommunistischen Partei Deutschlands bei und blieb bis 1957 Mitglied. In dieser Zeit entstand auch die unter dem Pseudonym Jan Rolfs veröffentlichte Schrift *Westdeutsches Tagebuch. Vom Kampf der jungen Garde* (1953), die er im Rückblick als den Tiefpunkt seines politischen Lebens bezeichnete. Sollte es überhaupt eine rationale Erklärung für dieses Beispiel formelhafter Literatur des sozialistischen Realismus geben, so sieht sie G. in seinem »ungeheure[n] Bedürfnis nach Zugehörigkeit« begründet, das er »hinter all der Pappnasenhaftigkeit« seiner damaligen Parteiexistenz erkennt.

In *Die Partei hat immer recht* (1961), einem herausragenden Beispiel von Renegatenliteratur, gibt er dagegen über die eigene stalinistische Verstrickung Auskunft und analysiert scharfsichtig die Strukturen des poststalinistischen Stalinismus. Sein Eintritt in die Partei erscheint als selbstverständliche Folge seiner Erfahrung als jüdischer Verfolgter: »[I]m April 1933, als Sextaner seiner jüdischen Abstammung wegen für ›unrein‹ erklärt, war er im Mai 1945 aus kellerdunkler Illegalität taumelnd in das ungewohnte Licht des Tages gekrochen.« Eine der zentralen Einsichten, die G. hier im Rückblick mit seiner Mitgliedschaft in der KPD verbindet, ist die Unteilbarkeit der Humanitas. Nach seinem Parteiaustritt war G. in den 60er Jahren vor allem als Fernsehdokumentarist aktiv. Anlässlich der Ausstrahlung von »Heia Safari«, einer Sendung zum deutschen Kolonialismus in Afrika, die 1965 eine Diskussion über deutsche Kolonialverbrechen auslöste, erhielt er anonyme Morddrohungen, die sein öffentliches Eintreten vor allem gegen deutschen Nationalismus seither regelmäßig begleiteten.

1982 erschien nach vierzig Jahren Arbeit G.s literarisches Hauptwerk, der auf der eigenen Familiengeschichte basierende Zeitroman *Die Bertinis*. Heinrich Böll stellte den Roman damals in einer Besprechung für den *Spiegel* neben Christa Wolfs *Kindheitsmuster*, Grass' *Blechtrommel*, Lenz' *Heimatmuseum* sowie Kempowskis *Tadellöser & Wolff* und bescheinigte dem Werk, es leiste einen wesentlichen literarischen Beitrag zur Darstellung der

Epoche des Nationalsozialismus. Seiner literarischen Form nach steht der Roman in der Tradition US-amerikanischer Gesellschaftsromane. Stringent chronologisch erzählt, enthält er zugleich Reflexionen über das Schreiben. Dabei ist die Bedeutung von Thomas Wolfes Erstlingsroman *Schau heimwärts, Engel* (1929), während der großen Depression in den USA erschienen, für *Die Bertinis* schon im Roman festgehalten. Auch in seiner Autobiographie *Erinnerungen eines Davongekommenen* (2007) bezeichnet G. Wolfes Familiendrama, dessen eigene Lektüre er auf 1940 datiert, als zentrales Vorbild für die Form des autobiographischen Familienromans der *Bertinis*. Nicht zufällig datiert der Autor ein einschneidendes Erlebnis seines autobiographisch angelegten Helden und Erzählers Roman Bertini auf den Anfang 1942 in enger zeitlicher Nähe zum Protokoll der Wannseekonferenz, in dem der Beschluss zur Ermordung von elf Millionen europäischer Juden festgehalten wurde. So erhält die den Protagonisten überwältigende Erkenntnis vom eigenen Leben als literarischer Vorlage vor dem Hintergrund des organisierten Genozids an den Juden Europas ihre besondere Bedeutung.

An zentralen Stellen des Romans werden Fragen der Zugehörigkeit verhandelt. Über Lea Bertini, die Mutter Romans, heißt es etwa im Hinblick auf die bei einem Luftangriff zerstörte Familienunterkunft: »Ohne Begriff für Heimat, vollends bar jeder Beziehung zu einem Vaterland, empfand sie diese Zelle im Hochparterre eines gewöhnlichen Barmbeker Mietshauses als ihre ganze Welt, von deren Untergang sie sich nicht erholt hatte.« Erkennbar werden individuell unterschiedliche Vorstellungen der Verortung. So will der jüngere Bruder Romans, Ludwig Bertini, nach dem Überleben ein »*echter* Jude« werden und sich »dazugehörig« fühlen. Begegnungen mit jüdischer Tradition findet er bei Besuchen im DP-Camp Bergen-Belsen. Insofern schreibt G. seine Besuche dort, wo er den Herausgeber der *Jüdischen Allgemeinen* Karl Marx (1897–1966) kennenlernte, im Roman dem jüngeren Bruder zu. Mithilfe seiner Figuren reflektiert G. verschiedene Positionen säkularer jüdischer Selbstentwürfe nach der Shoah. So figuriert der britische Besatzungssoldat »Jack the socialist« etwa als Gegensatz zu Roman und dessen kritisches, transnationales Verhältnis zur Staatsbürgerschaft: »der jüdische Brite oder britische Jude, der völlig eins war mit seiner Nation, hatte nicht Zeit genug gehabt, diese durch Leiden geformte Einstellung zu begreifen«, wie sie Roman vertritt.

Im Zusammenhang des Historikerstreits von 1986 erscheint G.s vielleicht folgenreichste Buchveröffentlichung: *Die zweite Schuld* (1987). Vor dem Hintergrund damaliger Tendenzen, die nationalsozialistischen Verbrechen zu relativieren, konstatierte G., der den Umgang der Bundesrepublik mit den NS-Verbrechen von Beginn an kritisch begleitet hatte, rückblickend ein weitgehendes Versagen insbesondere bei deren juristischer Aufarbeitung. Für dieses institutionelle wie kollektivmentale Problem der bundesrepublikanischen Gesellschaft – aber auch der DDR mit ihrer Ideologie des »verordneten Antifaschismus« – prägte G. die Vorstellung von der »zweiten Schuld«. Als Repräsentant dieser mentalen Disposition erschien der damalige Bundeskanzler Helmut Kohl mit seiner Formel von der »Gnade der späten Geburt«. In den Schlusspassagen wandte sich G. gegen den Einwand, sein Buch gebe einen Standpunkt »der Nichtzugehörigkeit, des Außerhalbs« wieder. Dagegen insistierte G. unter Rekurs auf Heinrich Heine darauf, förmlich »ans Deutsche« angenagelt zu sein und allgemeine Probleme anzusprechen. Unter anderem spricht G. als Vertreter der früher Verfolgten. Der Bundesrepublik attestierte er Janusköpfigkeit: Einerseits sei sie »der freieste Staat in der Geschichte der Deutschen«, andererseits aber im Hinblick auf den Umgang mit den nationalsozialistischen Verbrechen eben auch von Verdrängung und Verleugnung geprägt. Die bundesdeutsche Gesellschaft solle zur Kenntnis nehmen, »daß ihr Januskopf den überlebenden Verfolgten immer unheimlich war, ist und so lange bleiben wird, wie er existiert«.

In der *Zweiten Schuld* sind nicht nur G.s Kritik am gesellschaftlichen Umgang mit den nationalsozialistischen Verbrechen, sondern auch an nationalistischen Tendenzen in der deutschen Gesellschaft überhaupt artikuliert. Anlässlich der Mordanschläge von Mölln und Solingen und der pogromartigen Angriffe auf ein Asylbewerberheim in Rostock-Lichtenhagen in den ersten Nachwendejahren formulierte G. 1992 einen offenen Brief an Helmut Kohl, in dem er forderte, dass sich Juden in Deutschland bewaffnen müssten, wenn der Staat nicht mehr für ihre Sicherheit sorgen könne oder wolle. Die harsche Zurückweisung seines Briefs durch damalige Staatsvertreter einerseits sowie die davon ausgelöste Debatte, in der G. auch viel Zustimmung erfuhr, hat er 1993 in dem Sammelband *Wird Deutschland wieder gefährlich? Mein Brief an Kanzler Kohl – Ursachen und Folgen* wiedergegeben. Vor dem Hintergrund einer jahrelang unaufgeklärt gebliebenen Mordserie einer Gruppe neonazistischer Täter, die sich »Nationalsozialistischer Untergrund« (NSU) nannte, verfasste G. 2011 sein »politisches Testament«, in dem sich noch einmal eine Reflexion der eigenen jüdischen Zugehörigkeit und Anklänge aus der *Zweiten Schuld* wiederfinden: »So bin ich denn geblieben, nicht als jüdischer Racheengel oder als verlängerter Arm des strafenden Jehova, sondern als einer, der sich sein ganzes Leben herumgeschlagen und herumgeplagt hat mit der Last, Deutscher zu sein, deutscher Jude oder jüdischer Deutscher, und der diese Last nicht abwerfen kann und nicht abwerfen will. Versöhnungsbereit gegenüber dem, der sich ehrlich müht, und das auch gegen*über jedem Nazi, der das tut, aber absolut unversöhnlich gegenüber jeder Art von Unbelehrbarkeit. So lautet mein politisches Testament.*«

Werke: Morris: Geschichte einer Freundschaft, Ostberlin 1948 (Neuauflage 1994); Die Partei hat immer recht, Köln 1961; Die Bertinis, Frankfurt a. M. 1982; Die zweite Schuld oder Von der Last Deutscher zu sein, Hamburg/ Zürich 1987; Israel, um Himmels willen, Israel, Köln 1991; Wird Deutschland wieder gefährlich? Mein Brief an Kanzler Kohl – Ursachen und Folgen, Köln 1993; Erinnerungen eines Davongekommenen. Die Autobiographie, Köln 2007; Mein Leben ist so sündhaft lang. Ein Tagebuch, Köln 2010; Mein politisches Testament, Kölner Stadtanzeiger, 15.12.2011.

Literatur: H. Böll, Warnung vor Deutschblütlern, in: Der Spiegel, 3.5.1982; R.A. Schindler, The Writings of G. and Ingeborg Hecht. Toward a New Enlightenment, in: The Enlightenment and its Legacy. Studies in German Literature in Honor of Helga Slessarev, hg. S. Friedrichsmeyer und B. Becker-Centarino, Bonn 1991, 195–207; R.G., in: W. Kosch, Deutsches Literaturlexikon, 3. Aufl., Ergänzungsband IV, Bern u. a. 1997, 228 f.

Hans-Joachim Hahn

Goldschmidt, Georges-Arthur

Geb. 2.5.1928 in Reinbek bei Hamburg

»Sie, die Sprache, blieb unverloren, ja, trotz allem. Aber sie mußte nun hindurchgehen durch ihre Antwortlosigkeiten, hindurchgehen durch furchtbares Verstummen, hindurchgehen durch die tausenden Finsternisse todbringender Rede.« Diese Sätze aus Paul Celans berühmter Rede beim Erhalten des Bremer Literaturpreises 1958 zitierte G., als

er dreieinhalb Jahrzehnte später selbst mit dem Preis ausgezeichnet wurde. Für Celan, der seine letzten gut zwanzig Lebensjahre ebenfalls in G.s Wohnort Paris verbracht hatte, und für sich selbst als Stellvertreter einer Generation vertriebener deutscher Juden, fragt G. anschließend, wie es komme, »daß wir, denen uns nachgesagt wurde, wir schändeten die deutsche Sprache nur schon, daß wir sie in den Mund nähmen [...], daß gerade uns zuteil wurde, diese deutsche Sprache in die Emigration, ins Menschliche hinüberzuretten und daß wir dafür auch noch preisgekrönt werden?«

Anders als der polyglotte Celan, der sich für seine Dichtung konsequent der deutschen Sprache bediente und auch aus etlichen Sprachen Lyrik ins Deutsche übersetzte, hat G., der mit zehn Jahren Deutschland und die deutsche Sprache hinter sich lassen musste, seinen Kontakt mit dem Deutschen zunächst als französischer Übersetzer von Werken Goethes, Nietzsches, Kafkas, Benjamins, vor allem aber Peter Handkes wiedergewonnen. Auch sein eigenes literarisches Werk hat er größtenteils auf Französisch verfasst. Von den vier Büchern, die, jeweils als eigenständige Erzählungen, die Jugendautobiographie G.s von der Abreise vom Hamburger Elternhaus via Italien nach Frankreich über die qualvollen Jahre in einem katholischen Internat in den französischen Alpen bis zur Befreiung spiegeln, sind nur zwei ursprünglich auf Deutsch geschrieben worden: *Die Absonderung* (1991) und *Die Aussetzung* (1996). Sie handeln von den Erlebnissen in Frankreich; die Jugendjahre in Deutschland aber lassen sich für G. auf Deutsch nicht mehr wiedergeben, wie er in seinem Nachwort zur Erzählung *Ein Garten in Deutschland* (1988) schreibt: »Die Heimat, die einen verstieß, macht es ihm auch unmöglich, in der Muttersprache von der Heimat zu erzählen.« Später hat G. jedoch auch eigene Texte selbst ins Deutsche übertragen, etwa die Autobiographie *Über die Flüsse* (2001) oder die Erzählung *Ein Wiederkommen* (2012), die auch inhaltlich diese Unmöglichkeit relativiert. Der Protagonist Arthur Kellerlicht, der G.s Lebensgeschichte teilt, kehrt kurz nach dem Zweiten Weltkrieg für einen Familienbesuch in seinen norddeutschen Geburtsort Reinbek zurück. Er kommt in »ein Land, wo Beseitigung etwas Natürliches war«, und die »Kindersprache« lässt ihn seine »Geburtsschuld« umso schmerzlicher bewusst werden. Eine Anmerkung des Verlags hält fest, dass Goldschmidt in seiner Übersetzung »zu großen Teilen« von der französischen Fassung des Buches abgewichen sei. In einem Artikel für die *Frankfurter Allgemeine Zeitung* hat Herta Müller dazu bemerkt: »Das Deutsche hat die Abweichungen notwendig gemacht.«

G.s gebrochene Beziehung zur deutschen Muttersprache mit ihren traumatischen Hintergründen kommt in der Jugendautobiographie plastisch zum Ausdruck. Sie ist verbunden mit der Lust des Jungen, mit den deutschen Besatzern deutsch zu sprechen, etwa mit jenem »Mann im Regenmantel«, der die Deportation einer Gruppe von Juden überwacht, die vorübergehend in eine Art Transitlager in das französische Alpendorf verbracht worden sind. »Er war stolz gewesen, alles zu verstehen, und hatte sich zurückhalten müssen, um nicht dazuzutreten und zu zeigen, er könne genausogut deutsch wie sie. Der untersetzte Mann mit dem steifen, roten Nacken hätte sofort begriffen, ihn beim Arm gepackt und gezwungen, miteinzusteigen.« Die Lust an der deutschen Sprache steht jedes Mal in engster Beziehung dazu, dass ihr Gebrauch ihn augenblicklich als jüdischen Flüchtling verraten und damit dem Tod ausliefern würde. G.s Essay *Als Freud das Meer sah*, der 1988 auf Französisch erschien (wobei die französische Fassung mit der Homonymie von ›mer‹ und ›mère‹ spielt) und der inzwischen auch auf Deutsch vorliegt (1999), misst aus der Distanz der fremden Sprache und unter intimer Kenntnis des Deutschen auf selten differenzierte Weise dessen kulturelle Potenz und Kontingenz aus.

Die Autobiographie G.s offenbart das Ausmaß der verheerenden Erfahrungen der Ausgrenzung bei einem jungen Juden, der, aus einer völlig assimilierten, getauften Familie stammend, erst dadurch überhaupt seines Judentums bewusst wird. Dadurch fehlt dem Judesein in seinem Bewusstsein jede positive Konnotation, aber auch das Element einer kollektiven Identität. Als die Eltern gegen Ende der 30er Jahre, kurz vor der Emigration des Jungen mit seinem Bruder, immer nervöser und apathischer werden, heißt es: »Und ihm kam der Gedanke: vielleicht waren auch sie Juden!«

Mit der beginnenden Pubertät gerät das Judentum zusätzlich zur Erfahrung von Isolation und Unterdrückung durch Schul- und Internatskameraden auch zur vermeintlichen Ursache sexueller Schuld durch Onanie: »[...] es war das, was er abends im Bett machte, das war es, das Judesein: das Schlimme.« Das in der von Handke übersetzten Erzählung *Der unterbrochene Wald* (1991, dt. 1995) geschilderte Gefühl, »sich in den Boden graben, schrumpfen, sich ins Laub hineinfressen« zu müssen, »um unsichtbar zu werden«, ist deshalb bei dem versteckten Jungen nicht bloß von der konkreten Angst vor den Häschern, sondern auch von einer diffusen Scham bestimmt.

Aus G.s Prosa erwächst unwillkürlich die Frage, inwiefern es, jenseits der unmittelbaren Realität der Vernichtungslager, spezifisch jüdisches Leiden im 20. Jahrhundert gegeben hat. Für ihn ist vor allem Karl Philipp Moritz' autobiographische Jugendfigur Anton Reiser eine Vorgabe der Identifikation. In seinem Essay *Der bestrafte Narziß* (1990; dt. 1994) hebt er die Rolle des Kindes als des personifizierten Widerstands gegen Lüge und Gewaltherrschaft und deshalb auch seiner exponierten Rolle als deren Opfer hervor. Die pädagogisch verbrämten gewalttätigen Praktiken des Internats sind (wiewohl ihn dort Menschen unter Lebensgefahr vor der Deportation bewahrten) in dieser Hinsicht nur graduell verschieden von den Vernichtungspraktiken eines Genozids. Spezifisch »jüdisch« bleibt in diesem Zusammenhang die besonders krasse Erfahrung des Unrechts sowie eine gewisse Tradition der Verlängerung des kindlichen Widerstands in die Literatur, wobei ihm v.a. Franz Kafka als beispielhaft gilt. Entsprechend sieht er im biblischen Bildnisverbot den Hinweis auf die Irreduzibilität des Menschen, der als Jugendlicher den eigenen Körper und damit die eigene personale Identität entdeckt.

Die Erkenntnis, dass das aufgestempelte »J« in den Pässen kaum für »Jugendlicher« steht, wie man ihm zu Hause gesagt hat, sondern eher für »Jude«, überfällt den Protagonisten der *Absonderung* nach seiner Ausreise aus Deutschland. Für G. sind die beiden Begriffe biographisch untrennbar miteinander verknüpft, durch das Leiden, den oft nur innerlich vollzogenen Widerstand und das erwachende Identitätsbewusstsein des Jungen, dem das Judentum zu einem schmerzlichen, aber klaren und höchst individuell ausgerichteten Teil seiner Persönlichkeit wächst.

Werke: Ein Garten in Deutschland, übers. E. Helmlé, Zürich 1988; Die Absonderung, mit e. Vorwort v. P. Handke, Zürich 1991; Der unterbrochene Wald, übers. P. Handke, Zürich 1992; Rede zum Bremer Literaturpreis

1993, in: Verleihung des Bremer Literaturpreises 1993, Bremen 1993, 20–23; Der bestrafte Narziß, übers. M. Müller, Zürich 1994; Die Aussetzung, Zürich 1996; Als Freud das Meer sah. Freud und die deutsche Sprache, übers. B. Große, Zürich 1999; Über die Flüsse: Autobiographie, Zürich 2001; Ein Wiederkommen. Erzählung, Frankfurt a. M. 2012.
Literatur: M. Holdenried, Das Ende der Aufrichtigkeit?, in: Archiv für das Studium der neueren Sprachen und Literaturen 149 (1997), 1–18; B. Breysach, Verfolgte Kindheit, in: Bilder des Holocaust, hg. M. Köppen u. a., Köln u. a. 1997, 47–62; A. Bodenheimer, Kenntlichkeit und Schuld. Zur literarischen Jugendautobiographie G.-A.G.s, in: In der Sprache der Täter, hg. S. Braese, Opladen u. a. 1998, 149–166; S. Hein-Khatib, Mehrsprachigkeit und Biographie. Zum Spracherleben der Schriftsteller Peter Weiss und G.-A. G., Tübingen 2007; T. Trzaskalik (Hg.), G.-A. G., München 2009.

Alfred Bodenheimer

Goldstein, Moritz (Egon Distel, Michael Osten, Inquit)

Geb. 27.3.1880 in Berlin;
gest. 3.9.1977 in New York

Es war hauptsächlich ein Aufsatz, der G. in seiner Zeit und für die Nachwelt berühmt gemacht hat: der 1912 im *Kunstwart* erschienene *Deutsch-jüdische Parnaß*. Mit dieser Analyse des Status der Juden in der deutschen Literatur regte G. eine aufsehenerregende öffentliche Diskussion an, die als »Kunstwart-Debatte« in die Geschichte eingegangen ist. Das von G. aufgeworfene Problem war zunächst ein sehr persönliches: Nachdem noch sein Großvater väterlicherseits »fest in der jüdischen Tradition wurzelte«, löste sich sein Vater, der zum Rabbiner bestimmt vom oberschlesischen Chorzow nach Berlin zog, »von dem jüdischen Ritual«, allerdings ohne »in seiner Treue zum Judentum je wankend zu werden«, so G. in seiner 1948 geschriebenen und 1977 erschienenen Autobiographie (*Berliner Jahre*). G. selbst setzte sein Judentum unter ähnliche Prämissen: »Niemals bin ich in dem Gefühl meiner Zugehörigkeit zum

Judentum oder besser zu den Juden wankend geworden. Aber freilich, ich hasse das Ritual.« Doch anders als bei seinem Vater bestand G.s Herausforderung nicht in der Konfrontation zwischen einem religiösen und einem säkularen Judentum, sondern zwischen der jüdischen und der deutschen Kultur. Die »seelische Not des deutschen Juden«, nie »ganz jüdisch oder ganz deutsch zu werden« (*Berliner Jahre*), ist die eine, nämlich persönliche Ausgangslage von G.s *Kunstwart*-Aufsatz.

Eine zweite, intellektuelle Ausgangslage war die kulturzionistische Position, wie sie G. insbesondere aus der »Monatsschrift für modernes Judentum« *Ost und West* kannte. Entsprechend dem Programm dieser Zeitschrift, die u. a. mit Beiträgen von Martin Buber und Achad Haam seit 1901 an der Herausbildung eines Begriffs »jüdischer Kunst« maßgeblich beteiligt war, machte auch G. in seinem ersten, allerdings kaum bekannt gewordenen Aufsatz *Geistige Organisation des Judentums*, 1906 in *Ost und West* erschienen, die Formation einer jüdisch-nationalen Identität von einer kulturellen, eben »geistigen Organisation« des Judentums abhängig. G.s Programm von 1906 bestand darin, innerhalb der deutschen eine explizit jüdische Kultur zu begründen. Dazu schlug er, analog zur »Demokratischen Fraktion« des fünften Zionistenkongresses (1902), eine Reihe von Institutionalisierungen vor: eine dezidiert »jüdische Wissenschaft«, eine »jüdische Publizistik«, eine »jüdische Musik«, eine »jüdische Kritik«, vor allem aber, als »wichtigstes Kampfmittel«, eine »jüdische Literatur« in deutscher Sprache, die Bildung also »einer Art jüdischer Dichterschule in Deutschland«, und schließlich, als Reflexionsorgan, ein »Jahrbuch für jüdische Kultur in Deutschland«. Parallel zu diesem Aufsatz stellte G. seit 1907 auch in seinen (1997 veröffentlichten) *Formulierungen* und *Aphorismen zur Gegenwart und Zukunft der deutschen Juden* Überlegungen zu einer jüdischen Kultur in Deutschland an. Auch hier ist das auf den *Deutsch-jüdischen Parnaß* vorausweisende Programm einer zwar deutschsprachigen, aber durch »jüdische Stoffe und jüdische Themen« als jüdisch ausgewiesenen Literatur bereits skizziert.

Dieses Programm einer nationalen jüdischen Kultur in Deutschland erwies sich G. allerdings aus zwei Gründen zunehmend als revisionsbedürftig. Zum einen verschärfte es die »seelische Not des deutschen Juden«, nie »ganz jüdisch oder ganz deutsch zu werden«. Zum anderen wurde es von der Erfahrung des Antisemitismus mit seiner Logik der Stigmatisierung und Exklusion alles »Jüdischen« infrage gestellt. G.s Antwort auf die Frage »was tun wir jetzt?« will eine Alternative sowohl zur Assimilation als auch zum engeren Kulturbegriff des Zionismus bieten. Darin besteht das eigentliche Programm des *Deutsch-jüdischen Parnaß*. Der Assimilation hält G. die Naivität vor, nicht zu sehen, dass die deutsch-jüdische Symbiose eine »unglückliche«, nämlich einseitige »Liebe« ist. Den kulturzionistischen »Sprung in die neuhebräische Literatur« wiederum erachtet G. als eine Lösung, die der »westeuropäischen« Konstitution der deutsch-jüdischen Literaten nicht gerecht wird. »Wir deutschen Juden [...] können ebenso wenig hebräische Dichter werden, wie wir nach Zion auswandern.« G.s eigene Antwort liegt zwischen diesen beiden gegensätzlichen Modellen, wenn er fordert, »eine Nationalliteratur zu begründen ohne Nationalsprache«, und das bedeutet: eine deutschsprachige jüdische Nationalliteratur. Sie besteht in der Thematisierung von »jüdischen Stoffen«, in der Schöpfung also eines »Judendramas« und »Judenromans«.

Unmittelbar nach der Publikation des *Kunstwart*-Aufsatzes verfasste G. für den Jüdischen Verlag einen zweiten Essay, *Begriff und Programm einer jüdischen Nationalliteratur* (1913), der seine Position präzisierte, jedoch trotz des Publikationsorts kaum wahrgenommen wurde. Der Essay ist allerdings ein Symptom dafür, wie breit und kontrovers dagegen der *Kunstwart*-Aufsatz diskutiert wurde. Ferdinand Avenarius, der Herausgeber des bekennendermaßen »deutschnationalen«, aber »nicht antisemitischen« *Kunstwart*, registrierte den Eingang von über neunzig Repliken v.a. von jüdischer Seite. Einige erschienen im Aprilheft und im Augustheft 1912. Die assimilierten Juden, für die Ernst Lissauer und Jakob Loewenberg sprachen, kurz darauf und in völliger Übereinstimmung mit Letzterem auch Ludwig Geiger in der *Allgemeinen Zeitung des Judentums* (Nov. 1912), kritisierten die Zwischenlösung einer deutschsprachigen jüdischen »Nationalliteratur« und forderten dagegen: »entweder auswandern; oder: deutsch werden. Dann aber: sich eingraben, einwurzeln mit aller Kraft, mit allen Muskeln sich zum Deutschen erziehen« (Lissauer). Dagegen steht die entschieden kulturzionistische Antwort von Ludwig Strauß, der, weitaus klarer als G., gegen die assimilatorische deutsch-jüdische »Zwitterkultur« den zionistischen »Übergang zur neuhebräischen Literatur« forderte. G.s Programm einer deutschsprachigen jüdischen Nationalliteratur hingegen erachtete Strauß als eine Zwischenstufe auf dem Weg zur eigentlich jüdischen, nämlich hebräischen Kultur. Vor allem G.s These, »wir Juden verwalten den geistigen Besitz eines Volkes, das uns die Berechtigung und die Fähigkeit dazu abspricht«, war Anlass dafür, dass der Aufsatz schließlich auch von antisemitischer Seite wiederholt als willkommener Beleg herangezogen wurde, so etwa von Philipp Stauff, der im *Kunstwart* ebenfalls das Wort erhielt.

Die außerordentliche Resonanz des Kunstwart-Essays eröffnete G. die Möglichkeit einer publizistischen Karriere. Trotz zahlreicher Einladungen ergriff er diese jedoch nicht. G. sah sich nicht als Analytiker, sondern als Schaffender von Literatur, und zwar nach seinem Programm einer deutschsprachigen, aber dezidiert jüdischen Literatur. Seit dem Gymnasium war es sein Ziel, Dramatiker zu werden. In den Aphorismen notierte er den »klaren Entschluß, ein Judendrama zu schreiben«, was er in dem 1898–1900 auf Anregung von Gustav Karpeles entstandenen Drama *Alexander in Jerusalem* (der erste Akt erschien 1921/22 in Karpeles' *Jahrbuch für jüdische Geschichte und Literatur*) ein erstes Mal einzulösen versuchte. Das Germanistikstudium in Berlin und München, das er mit einer Promotion über *Die Technik der zyklischen Rahmenerzählung* (1906) bei Erich Schmidt abgeschlossen hatte, ebenso auch die durch diesen vermittelte Tätigkeit als Herausgeber der »Goldenen Klassiker-Bibliothek« beim »Deutschen Verlagshaus Bong & Co« (1907–1914), sah G. als Kompromiss. Seine eigentlichen, unermüdlichen Anstrengungen galten dem Drama, womit er jedoch kaum Erfolg hatte. Von den zahlreichen Dramen wurden nur wenige aufgeführt und publiziert, so das unter dem Pseudonym »Egon Distel« – einem aus »G.« abgeleiteten Anagramm – geschriebene Decamerone-Drama *Alessandro und der Abt*, das 1912 in der *Schaubühne* teilweise publiziert und in Darmstadt, ein einziges Mal, aufgeführt wurde, sowie die »komische Tragödie« *Die Gabe Gottes*, die vermittelt durch Siegfried Jacobsohn auf zahlreichen Bühnen (Berlin, Dresden, Wien, Königsberg, Halle u.a.) und mit viel Resonanz (u.a. A. Kerr, J. Bab, S. Jacobsohn, J. Roth) aufgeführt und 1919 gedruckt wurde.

Bei Ausbruch des Krieges wurde G. beim Bong-Verlag entlassen. 1915–1918 diente er als deutscher Soldat an der Westfront, wo er den philosophischen Essay *Der Wert des Zwecklosen* (1920) verfasste, ein »Versuch, in einer, im Nietzscheschen Sinne, gottlos gewordenen Welt den Wert neu zu stabilisieren«. Nach dem Krieg nahm G. beim Ullstein-Verlag die Tätigkeit als Redakteur und Mitarbeiter der *Vossischen Zeitung* auf. Damit entschied sich seine berufliche Laufbahn, nach früheren Feuilletonarbeiten (u. a. *Berliner Tagblatt, Die Weltbühne*), zum Journalismus. Großen Erfolg hatte er insbesondere mit seinen unter dem Pseudonym »Inquit« veröffentlichten Gerichtsberichten, die er 1928–1933 – gemäß G. »die fünf besten Jahre meines Lebens« – als Gerichtsberichterstatter schrieb. Daneben arbeitete G. unermüdlich an literarischen Projekten, wieder aber wurden nur wenige veröffentlicht, darunter das »Schauspiel« *Der verlorene Vater* (1927) und – unter dem ebenfalls aus seinem Namen abgeleiteten Pseudonym Michael Osten – die beiden Novellenbände *Die zerbrochene Erde* und *Katastrophe*. Unveröffentlicht blieb hingegen u. a. der Roman *Victoria-Palast*, den G. im Nachhinein als sein »tragisch verkanntes Werk« bezeichnete und dessen Ablehnung bei nicht weniger als dreißig Verlagen er dem Umstand zuschrieb, dass er in dem Roman die jüdische Utopie eines toleranten und säkularen Zusammenlebens entwarf: »Sie sind Juden, aber weder halten sie das Ritual noch bietet ihre Zugehörigkeit ihnen ein Denkproblem. Sie sowohl wie ihre nichtjüdischen Mitbürger werden von dem religiösen oder rassischen Zwiespalt nicht berührt.«

Hitlers Machtergreifung 1933 bedeutete das Ende des »Gerichts-Inquits«. Am 30. September verließ G. Berlin in Richtung Florenz, wo er bis 1939 an dem von Werner Peiser gegründeten Internat für deutschsprachige Flüchtlingskinder Deutsch und Judentumskunde unterrichtete. Seit 1936 half er seiner Frau Toni bei der Führung von Fremdenpensionen, zunächst bei Viareggio, nach der Ausweisung aus Italien Anfang 1939 in Wales, nach dem Krieg schließlich in Washington, wo G.s Sohn Thomas lebte. Die erste Phase des Exils in Italien und England veranlasste G. zu einem philosophischen Essay über die Macht. Ihr zweiter Teil mit dem Titel *Führers Must Fall: A Study of the Phenomenon of Power from Caesar to Hitler*, eine Genealogie des »German Führers«, erschien 1942 – wiederum unter dem Pseudonym Michael Osten – in London. Der erste, 1938 in Italien geschriebene Teil *Die Sache der Juden*, so der Titel des erhaltenen Manuskripts, blieb jedoch unveröffentlicht. Sein Gegenstand war eine Analyse der politischen und kulturellen Lage der Juden in Deutschland und Europa seit der Aufklärung – aber nunmehr angesichts der Verbannung »vom deutschen Boden, aus dem deutschen Leben, aus der deutschen Sprache«, mehr noch: angesichts der drohenden »existentiellen Vernichtung«.

In den USA wurde G. nie heimisch. Dennoch kehrte er nicht nach Deutschland zurück. Das Exil wurde ihm, der nach dem Selbstmord seiner Frau 1950 von der deutschen Künstlerhilfe lebte und gelegentlich für amerikanische und deutsche Zeitungen (*Aufbau, Neue Zeitung, Stuttgarter Zeitung* etc.) schrieb, zur irreduziblen Existenzform. »Nach Deutschland gehen, das heißt für mich [...] nicht heimkehren [...]; es heißt auswandern.« Nicht so sehr Berlin, so konstatierte G. während einer Berlin-Reise 1958 angesichts der völlig zerstörten und neugebauten Stadt, sei »ein Anderer geworden«, sondern er selbst. Nicht zufällig ist das Exil das Thema des 1954 entstandenen, autobiographischen Romans *Die Götter von Manhattan*: der Ich-Erzähler, ein deutsch-jüdischer Exilant, lebt heimatlos, vereinsamt, vergessen in den USA.

Werke: Geistige Organisation des Judentums, in: Ost und West 6 (1906), 513–526; Deutsch-jüdischer Parnaß, in: Der Kunstwart 25 (1912), 281–294; Begriff und Programm einerjüdischen Nationalliteratur, Berlin o.J. [1913]; German Jewery's Dilemma, in: Leo Baeck Yearbook 2 (1957), 236–254; Berliner Jahre. Erinnerungen 1880–1933, München 1977; Texte zur jüdischen Selbstwahrnehmung aus dem Nachlaß, in: Aschkenas 7 (1997), 79–135.

Literatur: S. Aschheim, 1912. The Publication of G.s »The German-Jewish Parnassus«, in: Yale Companion to Jewish Writing and Thought in German Culture 1096–1996, hg. S. Gilman u. a., New Haven 1997, 299–305; A. Kilcher, Was ist deutsch-jüdische Literatur? in: Weimarer Beiträge 45 (1999), 485–517; Deutsch-jüdischer Parnaß. Rekonstruktion einer Debatte, hg. J.H. Schoeps, Berlin 2002; T. Schicketanz, Im Schatten des »Parnass«: M.G. und die Jüdische Renaissance, in: Aschkenas 18/19 (2008/09), 249–267; I. Ubbens, Sein Kampf für Recht, Freiheit und Anstand war notorisch: M.G. – »Inquit«: Journalist und Gerichtsberichterstatter an der Berliner »Vossischen Zeitung« von 1918 bis 1933, Bremen 2009.

Andreas Kilcher

Goll, Claire

Geb. 29.10.1890 in Nürnberg;
gest. 30.5.1977 in Paris

Auseinandersetzungen mit jüdischer Identität und Kulturtradition sind in den Texten G.s selten explizit. Dennoch durchzieht vor allem ihre Prosa die Problematisierung von Judentum und Modernität auf vielfältige Weise.

Aufgewachsen in einem großbürgerlichen, assimilierten deutsch-jüdischen Elternhaus, identifizierte sich G. bald über Beziehungen mit europäischen und amerikanischen Intellektuellen und Künstlern. Dass einige von ihnen Juden waren und sich, wie etwa ihr zweiter Ehemann Yvan Goll, z. T. ausdrücklich mit ihrer jüdischen Identität auseinandersetzten, notiert G. eher beiläufig. Eine Ausnahme stellt die Schilderung eines Synagogenbesuchs in *Ich verzeihe keinem* (1978, zuerst 1976 unter dem Titel *La poursuite du vent*) dar, wo G. Zeugin wird, wie sich der todkranke Yvan in seinen Gebetsschal gehüllt hin- und herwiegt, »um sich im Gebet wieder in die lange Reihe seiner Vorväter einzureihen, die den blutigen Pogromen in den europäischen Gettos entkommen waren«. In diesem Augenblick habe sie sich selbst »für Minuten« zum Judentum bekehrt gefühlt. In einem Brief an Yvan aus dem Jahre 1932 charakterisiert sie diesen als messianischen Juden schlechthin.

G.s autobiographische Schriften beschreiben, dass das Kind früh mit Antisemitismus konfrontiert wurde und erwähnen, dass G. zusammen mit Yvan 1939 vor den Nazis und ihren französischen Kollaborateuren aus Paris nach Kuba und New York fliehen musste. Nachdem G. durch ihr pazifistisches Engagement während des Ersten Weltkriegs bekannt geworden war, erfuhr sie vor allem als kritische Analytikerin gewaltsamer Ausgrenzungs- und Unterdrückungsmechanismen moderner Gesellschaften Anerkennung. In ihren Essays und Feuilletons spielt dabei die in dieser Zeit vieldiskutierte Situation der europäischen Juden jedoch keine Rolle. Wenn G., die 1919 mit Yvan nach Paris übersiedelt, rückblickend feststellt, sie habe wie er »keine Wurzeln und kein Zuhause« gehabt, so reflektiert sie dies – anders als ihr Mann – nicht als eine jüdische, sondern als eine moderne conditio humana: »Diese Erde bietet keinem Volk Sicherheit, früher oder später sind wir alle Vertriebene«, heißt es in *Ich verzeihe keinem*. Allerdings wird in dieser autobiographischen Schrift, wie auch in *Der gestohlene Himmel* und in *Traumtänzerin. Jahre der Jugend* die Heimatlosigkeit des Ichs immer wieder ausdrücklich auf Erfahrungen im Elternhaus zurückgeführt, die jede Möglichkeit einer bruchlosen Identifikation mit einer ererbten Tradition im Ansatz zerstört hätten. Vom Vater Joseph Aischmann wird zwar berichtet, dass er sich »im stillen einen naiven Glauben bewahrt« habe, der »aus Tradition und Ehrerbietung seinen Ahnen gegenüber bestand«, es wird aber andererseits hervorgehoben, dass er, der erfolgreicher Geschäftsmann als Hopfenhändler und argentinischer Konsul war, in der Familie keinerlei Einfluss besaß. Von der Mutter, die sich, der Autobiographie zufolge, »für Edleres bestimmt« hielt und sich für »Musik, Literatur, Patriotismus, schöne Uniformen, bildende Kunst und Luxus« begeisterte, wurde er wegen »seiner kümmerlichen Krämerseele« verachtet, was offenbar seine Wirkung auf die Tochter nicht verfehlte. Scham und Ekel habe sie als Kind vor der Tätigkeit ihres Vaters empfunden, schreibt G. in *Traumtänzerin*. Das negativ besetzte Stereotyp vom jüdischen Händler taucht in vielen Romanen und Erzählungen auf. So wird in *Ein Mensch ertrinkt* (1931, zuerst 1929 unter dem Titel *Une Perle*) eine Welt feilschender, gierig-perverser Pariser Perlenhändler orientalisch-jüdischer Herkunft entworfen. In ihnen allen, referiert die Erzählstimme, »steckt ein Rest jener Wollust, die die Juden vor der Klagemauer Jerusalems empfinden. Beklagen, jammern, sich die Haare symbolisch raufen, das ist ihr Element.« Sprechende Namen (Lilienfeld etc.), Physiognomien (Martin Delos' Hakennase) und Kleidung sowie das Bemühen, den Anschein von Bürgerlichkeit zu erwecken, kennzeichnen diese Gruppe kapitalistischer Ausbeuter als jüdische Emporkömmlinge, deren erste Natur der Handel sei: »[…] kaufen und verkaufen muß er. Das hat er im Blut.« Die Erzählstimme dieses Romans lässt sich nicht einfach mit der Meinung der Autorin identifizieren, weshalb eine Lektüre zu kurz greift, die G. eine unreflektierte Reproduktion von Antisemitismen nachweist. Neuere Forschungsarbeiten haben gezeigt, dass den Texten (und ihrer Autorin) wohl am ehesten eine Lektürehaltung gerecht wird, die ihren Umgang mit diskursiven Versatzstücken als mimetisches Verfahren begreift, das die Brüche und Widersprüche der durch sie konstituierten Selbst- und Fremdbilder zur Schau stellt. Für eine solche Lesart spricht vor allem die Verdichtung stereotyper Zuschreibungen. In einem 1927 entstandenen kurzen Text *Pariser Märkte* (in: *Der Gläserne Garten*) etwa wird das »jiddische Viertel« in Paris durch eine Reihe von Bildern beschrieben, die ihren topischen Charakter deutlich zur Schau stellen. Von »kleinen uralten Gäßchen«, die laut, schmutzig und lebhaft sind, wird berichtet, in denen »mandeläugige, schöne Mädchen« den »süßesten Wein von Zion« verkaufen. Was sich zunächst als Bericht einer Augenzeugin gibt, entpuppt sich als Konglomerat antisemitischer Stereotype, Bibelstellen, hebräischer Mythologeme sowie von Vergleichen mit anderen jüdischen Ghettos sowie Zitaten zeitgenössischer jüdischer Kunst: »Auf den grünspanbedeckten Stufen eines gebrechlichen Hauses sitzt der zeitlose Jude, den Marc Chagall in seinen Bildern verewigt hat. Mit seinem runden Käppchen auf dem Kopf hockt er da, seit Jahrhunderten, der ewige Ahasver.« In einem Brief an Yvan von 1948 nimmt G. dessen Kritik an ihrem Antisemitismus vorweg und entkräftet sie zugleich mit dem Verweis auf ihr »jüdisches Erbteil«, das bemerkenswerterweise jedoch als »Verwandtschaft mit Christus« näher bestimmt wird.

Die Autobiographien G.s, auf deren fiktionale Elemente die Rezeption wiederholt hingewiesen hat, können über die Gebrochenheit solcher (Selbst-)Bilder zusätzlich Aufschluss geben, insofern sie jede Fiktion von Heimat und kindlicher Geborgenheit zurückweisen. So betonen sie, dass das Kind antisemitischen Verwerfungen nicht nur außerhalb, sondern auch inmitten der Kleinfamilie ausgesetzt war. Der stereotypisierten Abwehr des (väterlichen) jüdischen Händlertums entspricht keineswegs eine bruchlose Identifikation mit der Mutter als derjenigen, die alles vermeintlich Jüdische durch bildungsbürgerliche Rituale zu ersetzen versucht. Die eindrücklichen Schilderungen der schönen, wagnerbegeisterten Mutter, die nach außen hin die großbürgerliche Fassade aufrechterhält, hinter dieser Maske jedoch eine sadistische Grausamkeit verbirgt, lassen sich auch vor dem Horizont einer jüdischen Assimilationsproblematik lesen. Zu den rigide durchgesetzten Zielen dieser Mutter gehört es, die Kinder zu »Freidenkern« zu erziehen, jede Form religiöser Praxis streng zu verbieten. Selbst der Vater habe sich angesichts dieser Verbote nicht mehr getraut, eine Synagoge zu betreten. Die Abwesenheit Gottes nennt G. denn auch die »größte Entbehrung meiner Kindheit«. Auf der Suche nach Geborgenheit und spirituellem Erleben spielen daraufhin Angebote des christlich-katholischen Umfelds eine wichtige Rolle. So wird die Matthäuspassion dem geprügelten Kind zur Offenbarung, eine Pieta-Darstellung von Quinten Massys löst eine religiöse Ekstase aus, da es meint, in ihr eine göttliche Ersatzmutter gefunden zu haben. Während von dem leidenden Christus, dem »anderen, jüngeren Gott« mit dem Künstlergesicht, zeitweilig eine gewisse Faszination ausgeht, wird der jüdische Gott des Alten Testaments als Gott, der Sintfluten und Plagen schickt und Kinder grausam morden lässt, als Ungeheuer, »ebenso boshaft wie Mama«, zurückgewiesen. Tatsächlich habe die Mutter sich die allmächtige Position Gottes angemaßt; die bürgerliche Kultur erscheint als bloße Kulisse ihrer Selbstinszenierung. Indem sie sich einem modischen Nietzsche-Kult hingibt und sich mit einem vulgarisierten Übermenschentum identifiziert, rückt sie in die Nähe nationalsozialistischen Gedankenguts. »Fühllos wie die späteren Gestaposchergen«, heißt es an anderer Stelle, habe sie ihre Machtphantasien an den ihr ausgelieferten Kindern ausgelebt. Eben jenen Nazis fällt die Mutter wenige Jahre nach Erscheinen des Buches, aus dem dieses Zitat stammt (*Education Barbare*, New York 1941), zum Opfer: Zusammen mit ihren Schwestern wird sie 1942 nach Auschwitz deportiert, wo sie den Tod in der Gaskammer findet. Während die Autobiographien eher lakonisch erwähnen, dass nahezu G.s gesamte Familie im Feuer der Verbrennungsöfen »in Schienbeine und Totenschädel« verwandelt wurde, legt ein 1944, womöglich in Reaktion auf die ersten Berichte von nationalsozialistischen Todeslagern entstandenes Gedicht Zeugnis von einer tiefen Erschütterung ab. *La passion selon Job* blieb bis 1967, als es in eine Sammlung mit Texten von und über G. aufgenommen wurde, unveröffentlicht (die deutsche, von der französischen abweichende Fassung *Die Polnische Passion* ist es bis heute). Als Oratorium angelegt, in dem Chöre, Rezitative, Lamentationen und die Stimme Gottes abwechseln, lehnt sich dieses eindrückliche Dokument eng an das biblische Buch Hiob an, zitiert aber auch Elemente aus der Apokalypse des Johannes sowie das jüdische Gebet *Schmah Israel*. Erinnert Letzteres an die Verpflichtung, die Gott seinem auserwählten Volk auferlegt, ihm in Gebeten und Taten zu dienen, so beginnt das Gedicht mit der Klage, diesem Gebot nicht mehr nachkommen zu können. Diese Klage ist die Hiobs, denn die durch die Nazis erfahrenen Leiden vor allem der Kinder lassen an dem Gott, der dies alles zulässt, zweifeln. Den hadernden Chören, die die Vertreibung aus der Heimat, die Zerstückelung der Familien und der Körper beklagen und die in einer Intonation der Namen von zehn Konzentrationslagern gipfelt, antwortet Gott schließlich, indem er seine unendliche, unbegreifliche Macht zu bedenken gibt, die die Feinde Israels ins Nichts stürzen könne. Wie durch ein Echo wird sein *à néant* von den menschlichen Chören zuletzt mehrfach wiederholt, Hoffnung und nihilistische Verzweiflung gleichermaßen ausdrückend. In seiner Hinwendung zu Motiven des Alten Testaments, seiner formalen Anlage und nicht zuletzt in seiner klaren Parteinahme für das jüdische Volk als das von den Nazis verfolgte, nimmt dieses lyrische Oratorium eine Sonderstellung innerhalb der Texte G.s ein. Vor allem die Erzähltexte sind von Konstellationen dominiert, in denen Allmacht und Ohnmacht, Brutalität und Leid zusammentreffen, wobei die Figuren sich selten eindeutig der Täter- oder der Opfer-Seite zuordnen lassen. Die Ausgestaltung einer Opferfigur treibt vielmehr zugleich das Gegenbild des grausamen Folterers hervor. Beide erscheinen als zwei Seiten derselben Struktur, die den Menschen des 20. Jahrhunderts prägt, der sich, nachdem er sich aus allen übergreifenden Sinnbezügen gelöst hat, in hypertropher Geste selbst ermächtigt und glaubt, alle Elemente religiöser oder kultureller Identitäten zu seiner Disposition zu haben.

Hierfür ist vor allem die Figur Jupiter in dem 1926 erschienenen Roman *Der Neger Jupiter raubt Europa* beispielhaft. Der in Paris lebende Afrikaner, der sich ganz in den Dienst der Kolonialregierung gestellt hat, zeichnet sich durch eine wahre »Zitierwut« aus, da er ständig bedacht ist, sein Repertoire europäischen Wissens zur Schau zu stellen. Dabei geht sein Ehrgeiz über das bloße Dazugehören zu Europa hinaus. Vielmehr wähnt er, der die Religionen je nach Bedarf wechselt und gesellschaftliche Konventionen mühelos nachahmt, sich den Europäern, denen diese Souveränität in der Inszenierung von Kultur abgeht, überlegen. Seine maßlose Selbstvergötterung ist jedoch höchst labil, da sie auf der Preisgabe aller religiösen, kulturellen und sozialen Bindungen beruht und ihn allein von der Überzeugungskraft seiner (Selbst-)Inszenierung abhängig macht. Je mehr er jedoch durch seine Heirat mit einer blonden Schwedin den Gegensatz von Kolonisator und Kolonisiertem zu transzendieren versucht, umso deutlicher tritt der Bruch nicht nur zwischen ihm und Alma, sondern auch in ihm selbst zutage. Erkundet der Roman die Möglichkeiten und Grenzen der Identitätskonstitution vor dem Hintergrund kolonialer Machtbeziehungen und rassistischer Stereotype, so lässt er sich auch als Reflexion auf strukturelle Zusammenhänge von jüdischer Assimilation und modernem Antisemitismus lesen. Auf die Frage seiner Frau, warum er sich »feige wie ein Jude« Demütigungen gefallen lasse, antwortet Jupiter: »Vielleicht sind wir die schwarzen Juden des zwanzigsten Jahrhunderts.« Der Vergleich mit den Juden im Mittelalter, die gezwungen wurden, »gelb und rote Stoffetzen« zu tragen, kehrt zugleich den Unterschied hervor: die Ausgrenzung funktioniert nicht mehr über die zeichenhafte Zuschreibung einer Andersheit, sondern beruht auf einer vermeintlich biologischen Differenz. Jupiter, der »empfindlich wie ein neugetaufter Jude, der sich einer Horde von Antisemiten assimilieren will«, seine Umgebung immer in Erwartung von Beleidigungen und Anspielungen beobachtet, hat keine Chance: »Er konnte wohl im Abendlande studieren, Ämter bekleiden, Sitten annehmen, er war doch nur geschminkt mit europäischer Kultur, sie ging ihm nicht ins Blut hinein.« Das Auftauchen der Kategorie des Blutes, das als Beleg für rassistische Untertöne des Romans angeführt worden ist, kann, in seiner Textualität begriffen, auch als Element eines modernen Diskurses um Identität, Souveränität und Differenz aufgefasst werden, dessen Funktionsweise der Roman ausstellt.

Als Protagonistin der sog. Goll-Affäre ist G. als »typisches Beispiel jüdischen Selbsthasses« beschrieben worden. Ihre seit 1953 in der Öffentlichkeit lancierten Vorwürfe an Paul Celan, dieser habe Gedichte Yvan Golls plagiiert, reproduzieren deutlich antisemitische Klischees (Geldgier, mangelnde Kreativität) und stehen im Kontext eines entsprechenden Klimas der Nachkriegszeit. Celans Wahrnehmung, dass die verleumderischen Angriffe auch antisemitisch motiviert seien, hat die Rekonstruktion der Affäre in der Forschung bestätigt.

Werke: La Passion selon Job, in: C.G., Choix de textes, hg. G. Cattaui u. a., Paris 1967, 138–147; Traumtänzerin, München 1971; Arsenik oder Jedes Opfer tötet seinen Mörder, Berlin 1977; Ich verzeihe keinem, München 1978; Der Neger Jupiter raubt Europa, Berlin 1987; Ein Mensch ertrinkt, Berlin 1988; Der gestohlene Himmel, hg. B. Glauert-Hesse, Berlin 1988; Der gläserne Garten. Prosa von 1917–1939, hg. B. Glauert-Hesse, Berlin 1989; Ivan Goll, C.G.: Briefe, mit einem Vorwort v. K. Edschmid, Mainz u. a. 1966.
Literatur: V. Mahlow, ›Exerzitien verfehlter Identität‹: Zur Funktion von Klischeebildern und Trivialität in der Prosa C.G.s, in: Yvan Goll – C.G.: Texts and Contexts, hg. E. Robertson u. a., Amsterdam 1997, 205–218; D. Lorenz, Jewish Women Authors and the Exile Experience: C.G., Veza Canetti, Else Lasker-Schüler, Nelly Sachs, Cordelia Edvardson, in: German Life and Letters 51.2 (1998), 225–239; Paul Celan – Die Goll-Affäre. Dokumente zu einer »Infamie«, hg. u. komm. v. B. Wiedemann, Frankfurt a. M. 2000.

Doerte Bischoff

Goll, Yvan (Isaac Lang)

Geb. 29.3.1891 in Saint-Dié des Vosges;
gest. 27.2.1950 in Neuilly bei Paris

Das Werk des elsässischen Dichters G., eines der wenigen zweisprachigen Autoren der ersten Hälfte des 20. Jahrhunderts, ist gleichermaßen vom avantgardistischen Diskurs wie von Exilerfahrungen geprägt. Es umfasst satirische Dramen (u. a. *Methusalem oder Der ewige Bürger*, 1922), zeitkritische Romane (u. a. *Sodom Berlin*, 1929) und kunstästhetische Essays. Seine für die europäische Literaturgeschichte größte Bedeutung hat er jedoch zweifelsohne als Lyriker, der eine Zwischenstellung zwischen humanistischem Expressionismus und französischem Modernismus einnimmt. Wie bei so vielen jüdischen Dichtern seiner Zeit ist seine jüdische »Schicksalserbschaft« (G.) der Schlüssel zu seinem poetischen Universum. Sein stilistisch sehr heterogenes Oeuvre erstreckt sich vom pazifistisch engagierten Expressionismus (1914–19) über einen gemäßigten Surrealismus in der Nachfolge Apollinaires (1920–25) bis zu dem von Geheimwissenschaften und jüdischer Mystik geprägten Spätwerk. Dennoch lässt sich ein gemeinsamer Nenner in der Suche nach einer literarisch fassbaren Identität in einer von Zerrissenheit und Exilerfahrung traumatisierten Welt erkennen. Die bei G. ausgeprägte Neigung zu einer mythischen Selbstdarstellung in Figuren wie *Noemi*, *Johann Ohneland*, *Hiob* oder *Raziel* verweist auf eine permanente Krise der Selbstgewissheit, auf die »stets neu gestellte Frage nach der eigenen Identität«, ebenso wie seine Zuflucht zu Pseudonymen wie *Iwan Lassang*, *Johannes Lang*, *Tristan Torsi* oder *Johannes Thor* als Ausdruck dieses »Identitätsproblems« verstanden werden kann (Schwandt).

G. stammte aus einem orthodox-jüdischen Elternhaus und war mit den traditionellen Sitten und Gebräuchen dieses Judentums vertraut. Tagebuchaufzeichnungen aus dem Nachlass belegen, dass G. in seiner Kindheit und Jugend den jüdischen Glauben praktizierte, lassen aber bei aller Verehrung, die er dem Vater als frommem und pflichtbewusstem Gläubigen entgegenbrachte, seine kritische Einstellung gegenüber einer zum Dogma erstarrten Religion erkennen. In der von expressionistisch-messianischer Euphorie getragenen Dithyrambe *Noemi* (entstanden 1917) feiert G. die Lebendigkeit des Glaubens zur Zeit der Patriarchen und reflektiert in der Figur der biblischen Noemi seine eigene schicksalsbedingte Zugehörigkeit zum Judentum, übt aber scharfe Kritik an der Praxis der sich in Gebetsformeln und Riten erschöpfenden Religiosität: »Am morschen Altar schüttelt ihr die Palmen, mit faulen Zähnen kräht ihr Klagepsalmen. Mit Litaneien und Schreien wollt ihr Gott befreien, in klebrigen Kaftanen imitiert ihr die Geste der Ahnen.« Dennoch beschwört der Dichter in Noemis wiederholtem Aufruf »Hör Israel!« die Kraft des jüdischen Geistes, der berufen sei, die fünf Kontinente zu erleuchten, und gibt der Hoffnung auf eine seelische Auferstehung seines Volkes emphatischen Ausdruck. Auch die bekannteste expressionistische Dichtung G.s, *Der Panamakanal* (entstanden 1912), ist erfüllt von der Hoffnung auf geistige Erneuerung und Verbrüderung der Menschheit und lässt sich geradezu als Ausdruck eines deutsch-jüdischen Messianismus interpretieren, der Ideen der deutschen Romantik mit messianischen Erwartungen zu einer kommunistisch-revolutionären Erlösungsutopie verschmolz. In G.s Dithyrambe *Der Neue Orpheus* (entstanden 1918) erscheint der Dichter als Erlöser der Menschheit, der in die Unterwelt hinabsteigt, um Eurydike, die leidende Menschheit, zu befreien. Angesichts des Scheiterns der expressionistischen Hoffnungen auf eine Veränderung der Gesellschaft endet das Gedicht in tragischer Desillusionierung: »Umsonst! Die Menge hört ihn schon nicht mehr. Sie drängt zur Unterwelt, zum Alltag und zum Leid zurück! Orpheus allein im Wartesaal schießt sich das Herz entzwei!«

Die messianischen Züge und die jüdisch-religiöse Thematik treten nach 1920 etwas zurück hinter G.s avantgardistische Bestrebungen um eine Erneuerung der Sprache und Bildlichkeit unter dem Einfluss der Ästhetik des Kubismus und der neuen Massenmedien. Erst in den 30er Jahren gestaltet G. unter dem Eindruck der Verbrennung seiner Bücher auf dem Römerberg in Frankfurt im Mai 1933 und dem darauf folgenden Publikationsverbot das Drama des verfolgten und zerrissenen jüdischen Menschen in dem Gedichtzyklus *Jean sans terre* (entstanden zwischen 1933 und 1942), der als sein Hauptwerk anzusehen ist. Jean sans terre ist der König Johann Ohneland, ein rastlos Umhergetriebener, der auf der Suche nach seinen Wurzeln die Erde sieben Mal umfährt, doch überall ein Fremder bleibt. In dieser autobiographisch gefärbten Dichtung aktualisiert G. den alten Mythos vom Ewigen Juden, von Ahasverus, der durch Christi Fluch verurteilt ist, ruhelos durch die Zeiten zu wandern. Ahasver verkörpert die existenziellen Nöte des exilierten Juden und ist das Alter Ego von Jean sans terre. In einem Brief G.s an Paula Ludwig von 1935 lässt er keinen Zweifel an seiner Identifizierung mit Johann Ohneland und beschreibt sein ahasverisches Lebensgefühl mit den Worten: »Wie es in meinen Füßen zuckt und zappelt; diese Füße des Ewigen Juden, die die Wanderschaft nicht vergessen können. Wie es in meinen Augen unruhet, zwischen zwei Heimaten ewig der Heimatlose.« Das Gefühl des Entwurzeltseins wurde durch die Erfahrungen des Schweizer Exils während des Ersten Weltkriegs geprägt und verschärfte sich nach 1939, als G. und seine Frau Claire gezwungen waren, nach Amerika auszuwandern. In vielen Balladen verkörpert die Figur Jean sans terre das Schicksal des jüdischen Dichters als eines Außenseiters der Gesellschaft, der als kosmopolitischer »Bürger des Traums« ohnmächtig den Schrecken der Zeit ausgeliefert ist: »Toujours solitaire/ Ivre d'infini/ Il parcourt la terre/ Eternel banni.« Der Verlust der Heimat – konkret: die Aberkennung der Staatsbürgerschaft – geht mit dem Verlust der Sprache einher. Nach der Machtergreifung hat G. bewusst auf die deutsche Sprache verzichtet, die ihm durch die nationalsozialistische Propaganda korrumpiert und entweiht erschien und dichtete bis ein Jahr vor seinem Tod nur noch in französischer und englischer Sprache.

Eine weitere jüdische Symbolfigur, mit der G. den Sinn seines Leidens und Dichtens zu bestimmen versuchte, ist Hiob, dessen Mythos Anfang der 40er Jahre in den Mittelpunkt seiner literarischen Thematisierung der Exilerfahrung rückt. Im Gegensatz zum biblischen Hiob, der Gott herausfordert und die Frage nach der Gerechtigkeit des Menschen vor Gott stellt, ergibt sich der klagende Hiob dem Leiden und versteht den Schmerz nicht als sinnloses Leiden, sondern als Zeichen der Auserwähltheit und Berufung: »O Herr daß Du mich adelst zur Nessel und meinen Schmerz versteinerst im Fels.« Die Selbstentäußerung Hiobs und seine gleichzeitige Sehnsucht nach Verwandlung und Rückkehr zum elementaren kosmischen Sein lassen die Figur wie eine Wiederbelebung des orphischen Mythos erscheinen, welche bereits die Todesmystik von G.s Spätwerk vorwegnimmt.

Während seines New Yorker Exils beginnt G. intensiv die Geheimwissenschaften zu studieren, wobei neben der Lektüre mittelalterlicher alchemistischer Traktate die Beschäftigung mit der Kabbala – G. las u.a. auch Gershom Scholems *Major trends in Jewish mysticism* (1941) – einen großen Raum einnimmt. Schon 1917 hatte G. in einer Künstlerkolonie am Monte Verità in Ascona Mitglieder des *Eranos*-Kreises kennengelernt und war über die Vermittlung C.G. Jungs zum ersten Mal mit der Kabbala in Berührung gekommen. Aber erst in den 40er Jahren wird die Beschäftigung mit kabbalistischer Literatur wie z.B. dem Buch *Sohar* oder Abraham Abulafias *Buch der Zeichen* poetisch fruchtbar. Er entdeckt die Kabbala als poetische Inspirationsquelle, die ihm Bilder und Symbole für seine Arbeit am Wort und die Besinnung auf den dichterischen Schaffensprozess zur Verfügung stellt. Im spanischen Kabbalisten Abulafia, der sich das Pseudonym *Raziel* gab, entdeckt G. einen Seelenverwandten und widmet dem mystischen Gottsucher das Gedicht *Raziel* aus dem Zyklus *Les cercles magiques* (entstanden 1942–46), das in sechs Fassungen die ekstatischen Exerzitien des Kabbalisten im »Laboratorium des Wortes« mit der Suche des Dichters nach dem »Wort mit der totalen Ausstrahlung« in Beziehung setzt. Raziel baute in zwanzig Jahren »das Schloß des Wortes, in dem Gott in seinen zweiundsiebzig Namen gefangen saß«, genauso wie der sich den Mysterien weihende Dichter den »Turm der Worte errichtet«, um Gott zu erreichen. G.s poetische Assimilation kabbalistischer Geheimlehren mündet in eine Poetik des »Reismus«, die die mystische Verschmelzung von Ding (= Res) und Wort anstrebt, um »die Essenz des Lebens« im substantiellen, schöpferischen Wort auszudrücken. In den hermetischen Sonetten des Zyklus *Le Char triomphal de l'Antimoine* (entstanden 1949) verbinden sich kabbalistische Motive aus dem *Sohar* (wie der Baum der Sefiroth) mit Elementen aus dem Tarock und alchemistischen Vorstellungen. G. stellt kunstvolle Analogien zwischen der Suche nach dem Stein der Weisen, dem alchemistischen *Opus magnum* und der Suche des Dichters nach dem »Wort der Weisen« her und bezeichnet den Dichter als »Alchemisten des Alphabets«, der mit den Mitteln der Buchstaben und Chiffren die *Res* in Poesie verwandelt. G.s eklektizistische Rezeption der Geheimlehren der Kabbala und Alchemie steht im Kontext einer Erneuerung des dichterischen Wortes, das die Quintessenz aller Dinge und damit das Absolute vermitteln soll.

In seinen letzten Gedichten *Traumkraut* (entstanden 1949, kurz vor seinem Tod), die in deutscher Sprache geschrieben sind und gleichsam sein poetisches Testament darstellen, glaubte G. dem Geheimnis des Wortes endlich nahegekommen zu sein. Dieser Zyklus, der auch die Hiob-Gedichte enthält, beschreibt in surrealistischen Metaphern den Todeskampf des Dichters mit der Leukämie und deren Überwindung durch die Macht des beschwörenden Wortes. Angesichts einer heillos zerrütteten Welt, die dem Juden Heimat und Asyl verweigerte, blieben dem »messianischsten von allen Juden« (C. Goll), dessen Leben und Werk die verzweifelte Passion des nach Erlösung suchenden »Juif errant« widerspiegelt, nur die Klage Hiobs: »Ich bin ein Heimgesuchter weil ich ein Heimsuchender war«, und die Zuflucht zur Poesie.

Werke: Gefangen im Kreise, Dichtungen, Essays und Briefe, hg. K. Schumann, Leipzig 1982; Jean sans terre, Johann Ohneland, hg. K. Wachinger, Ebenhausen 1990; Die Lyrik, hg. B. Glauert-Hesse, Berlin 1996; 100 Gedichte, hg. B. Glauert-Hesse, Göttingen 2003; Y. und C. Goll, »Ich liege mit deinen Träumen«, hg. B. Glauert-Hesse, Göttingen 2009.
Literatur: P. Berg, Jüdische Themen und das Hiob-Schicksal im Werke Y.G.s, Cincinnati 1976; M. Müller-Lentrodt, Poetik für eine brennende Welt. ›Zonen‹ der Poetik Y.G.s im Kontext der europäischen Avantgarde. Mit einem Rückblick auf 50 Jahre Forschungsliteratur zu Y.G., Bern 1997; Y.G. – A Bibliography of the Primary Works, hg. A. Kramer u. a., Bern u.a 2006; H. Roland, Y.G., in: Deutschsprachige Lyriker des 20. Jahrhunderts, hg. U. Heukenkamp, Berlin 2007, 191–197.

Matthias Müller-Lentrodt

Gong, Alfred (eigentl. Alfred M. Liquornik)

Geb. 14.8.1920 in Czernowitz;
gest. 18.10.1981 in New York

In einer Region Südosteuropas gebürtig, die unter dem Namen Bukowina bis 1919 zu Österreich gehörte, jedoch zum Zeitpunkt seiner Geburt rumänisch war, sprach G. Deutsch als Muttersprache sowie Rumänisch als »Stiefmuttersprache«. Auf dem Gymnasium, das er gemeinsam mit P. Celan und I. Weißglas besuchte, erlernte er »sechs Sprachen, darunter drei tote, auch die Kunst des Sophis-

mus, Dialektik, den Talmud«. Sein Romanistikstudium an der Czernowitzer Universität, »an der zu jedem Semesterbeginn die jüdischen Studenten von den rumänischen heroisch verprügelt wurden« (beide *Gnadenfrist*), endete vorzeitig im Zuge der sowjetischen Besetzung, denn »Mars nahm im Rathaus Quartier: [...] schätzte Karteien besonders« (*Gras und Omega*) und beschied, den Lehramtsstudenten G. als Dorfschullehrer einzusetzen. Kurz vor der rumänisch-deutschen Rückeroberung der Nordbukowina wurden Eltern und Schwester »als ›Ausbeuter‹ von den Sowjets im Viehwaggon verladen« (*Gnadenfrist*) und nach Sibirien deportiert. In der Zeit des Ghettos von Czernowitz und der transnistrischen Lager entstanden G.s früheste überlieferte Gedichte.

Aus der in G.s Nachlass befindlichen Reinschrift von 164 zwischen 1941 und 1945 entstandenen Gedichten ragen Titel wie *Pogrom*, *Lied vom vogelfreien Juden* und *Kinderlied über'n ›Jud‹* heraus. Doch finden sich dort nicht nur Verse wie »Laß den Käfer, Kind!/ Laß den Schmetterling!/ Faß ein wenig Mut,/ Fang dir einen Jud« (*Israels letzter Psalm*) oder »Gib mir die Rache,/ Nimm mir die Sprache:/ Brüllen will ich./ Schenk mir die Zähne/ Einer Hyäne,/ Beißen will ich«, sondern auch die Eingangsstrophe des Gedichts *Die Wolken*: »Liebste, siehst du die Wolken ziehn?/ Die gelben Wolken auf dem grünen Himmel./ Die Wolke dort gleicht einem bärtgen Juden,/ Der ewig wandert über grüne Himmel« (beide *Early Poems*). Eine Besonderheit dieser Reinschrift ist, dass zahlreiche Gedichttexte Korrekturvorschläge von der Hand P. Celans aufweisen (Glenn). Da G. nur eine kleine Anzahl seiner frühen Gedichte jemals veröffentlichte, fanden lediglich drei von ihnen, z. T. neu gefasst, Eingang in *Gras und Omega*.

Bemerkenswert ist, dass sich weder in den Gedichttexten noch im Klappentext des 1960 in Deutschland veröffentlichten Buches Hinweise auf die jüdische Herkunft des Dichters finden. Hingegen enthält das 1961 in Österreich erschienene *Manifest Alpha* einen Zyklus autobiographischer Gedichte, in denen G. sein Judentum thematisiert. Diesen Zyklus hat G. für seinen dritten Gedichtband *Gnadenfrist* überarbeitet und um weitere Texte ergänzt. Man liest dort zum Thema Geburt: »In die Welt ausgestoßen als Schrei,/ als Zufall und Wunde und Hunger/ im Jahre Zuspät, im Jahre Zufrüh/ Neunzehn-zwanzig.« Oder zum Thema Kindheit: »Ich konnte nicht weg« und: »Rabbi Ezra blinzelte im Fenster, er wußte: Heut seid ihr Kinder – morgen werdet ihr Juden sein«, oder auch: »Fragte Mutter, was Sterne sind. Sind die Seelen von Opa und Oma und allen Lieben, die auf dem jüdischen Friedhof von Czernowitz ruhn.« Das vorangestellte Resümee: »Ausgesetzt in einer fremden Zeit bist du, kaum beachtet, sitzen geblieben« fügt sich ein ins Bild der Vorfahren: »Waren immer kleine Leute gewesen, [...] anonyme Schattenläufer durch mein Blut, [...] und mein Gott bleibt mir unsichtbar.«

G.s Gedichte erscheinen seit 1951 vor allem in Österreich und Deutschland, aber auch in den USA, in Rumänien und Israel. Sie wurden bei Lesungen vorgetragen, im Hörfunk gesendet sowie ins Englische, Rumänische, Ungarische und Russische übertragen. In Anbetracht der in den 50er Jahren vollzogenen Distanzierung von seiner jüdischen Herkunft aus Czernowitz überrascht es ein wenig, dass G. in seiner zweiten Lebenshälfte der ostjüdischen Kultur, dem Jiddischen und dem Judentum wieder aufgeschlossen gegenüberstand. So entstanden beispielsweise 1960/61 innerhalb kurzer Zeit die zuvor erwähnten autobiographischen Gedichte, und die Niederschrift der ersten Fassung der Erzählung *Jiddische Gliken* (*Happening in der Park Avenue*) erfolgte bis Ende 1962.

Werke: Gras und Omega, 1960; Manifest Alpha, 1961; Interview mit Amerika: 50 deutschsprachige Autoren in der neuen Welt, 1962; Happening in der Park Avenue: New Yorker Geschichten, 1969; Gnadenfrist, Baden 1980; Early Poems, hg. J. Glenn u. a., Columbia 1987; Israels letzter Psalm, hg. J. Herrmann, Aachen 1995; Gras und Omega, korrigierte Neuausgabe, hg. J. Herrmann, Aachen 1997.

Literatur: J.P. Strelka, Exilliteratur, Bern 1983, 203–217; J. Glenn, Exile in Hell, in: Psalm und Hawdalah, hg. J.P. Strelka, Bern 1987, 105–111; J. Herrmann, Leben und Werk von A.G., in: Die Bukowina, hg. D. Goltschnigg u. a., Tübingen 1990, 385–394.

Joachim Herrmann

Gorelik, Lena

Geb. 1.2.1981 in Leningrad (Sankt Petersburg)

»Alle reden von Normalität, aber Normalität ist, wenn man diese Frage nicht mehr stellen muss.« G.s Schreiben kreist um die Frage der Normalität jüdischen Lebens in Deutschland nach der Shoah sowie um unterschiedliche Vorstellungen und Projektionen, was als ›jüdisch‹ betrachtet wird. Sie fragt danach, wie sich eine jüdische Identität mit anderen Identitäten vereinbaren lässt. Anstoß zu ihrem Schreiben gibt G. ihre eigene Biographie: G. verbrachte ihre frühe Kindheit in der ehemaligen Sowjetunion und reiste 1992 mit ihrer Familie aus der ehemaligen UdSSR nach Deutschland ein. Die vorurteilsbehaftete Situation als russisch-jüdische Einwanderin, das Fremdheitsgefühl in Deutschland, das Aufeinandertreffen von Ost und West nach dem Fall des Eisernen Vorhangs, ist der Ausgangspunkt von G.s Schreiben. Sie zählt wie Wladimir Kaminer zu einer Gruppe aus der ehemaligen Sowjetunion nach Deutschland Emigrierter, die in ihren Werken die spannungsreiche und paradoxe Situation der »Kontingentflüchtlinge« aufgreifen, als Juden ohne ein religiöses Bewusstsein nach Deutschland gekommen zu sein.

G.s erfolgreicher Debütroman *Meine weißen Nächte* (2004) greift die Frage auf, wie jüdische Identität zu definieren sei: religiös, national oder kulturell-säkular. Dies wird an der Figur Anjas, die man als G.s Alter Ego verstehen kann, beschrieben. In Rückblenden berichtet Anja von ihrer Kindheit in Russland und ihren Erlebnissen als »Kontingentflüchtling«. Es ist die Geschichte eines jungen Mädchens, welches sich in der Fremde zurechtfinden will. Bezeichnenderweise kommt der jüdische Hintergrund in diesem Roman lediglich als erweiternde Facette hinzu: Obwohl der in Russland neu aufgekommene Antisemitismus als einer der ausschlaggebenden Gründe zur Auswanderung nach Deutschland genannt wird, kennt Anjas Familie das Judentum nur aus ihrem russischen Pass, als Angabe der Nationalität, während sie sich primär russisch fühlt. Mit dem religiösen Judentum, das die deutsche Vorstellung jüdischen Lebens vordergründig prägt, kommt Anjas Familie erst in Deutschland in Berührung; dieses muss erst kennengelernt werden. Die Rückbesinnung auf das religiöse Judentum wird für G. als Möglichkeit im Umgang mit dem »Emigrantensyndrom« beschrieben – beispielhaft an Anjas Bruder: »Er suche nach einer geistigen Heimat, weil er irgendwann mal plötzlich aus seiner gewohnten Umgebung herausgerissen worden war« – oder aber als Ausdruck von Anjas pubertärer Rebellion. Damit wird das jüdische Leben in der Diaspora mit dem Schicksal russisch-jüdischer Familien auch am Ende des 20. Jahrhunderts enggeführt. Ihre Fremdheit ist jedoch doppelt: nicht nur geographisch, sondern auch religiös, indem sie auch vom religiösen Judentum entfremdet ist.

Vor diesem Hintergrund scheint es, als würde G. das Post-Shoah-Identitätsproblem von Juden in Deutschland nur marginal behandeln. Dennoch rückt auch dieses immer wieder in den Mittelpunkt, so in ihrem dritten Roman *Hochzeit in Jerusalem* (2007) und zentral in *Lieber Mischa … der Du fast Schlomo Adolf Grinblum geheißen hättest, es tut mir so leid, dass ich Dir das nicht ersparen konnte: Du bist ein Jude …* (2011). In diesen Romanen richtet sie die Aufmerksamkeit auf das allgemeine Definitionsproblem von ›Jüdisch‹-Sein sowie auf die Vereinbarkeit unterschiedlicher Identitäten, einer russischen, jüdischen und deutschen. Dabei beschreibt sie eine komplexe Identität, deren Bestandteile nicht in ›jüdisch‹, ›deutsch‹ oder ›russisch‹ aufgespalten werden können. Die unterschiedlichen Identitätsteile hindern oder ergänzen sich nicht, »kein Teil überwiegt den anderen«, sie bestehen vielmehr nebeneinander.

Herausgefordert wird diese komplexe Identität allerdings durch Klischees und Stereotype. Die Auseinandersetzung mit unterschiedlichen Zuschreibungen, was ›jüdisch‹ sei, bilden einen weiteren Fluchtpunkt in G.s Schreiben. In dem an ihren Sohn adressierten Briefroman *Lieber Mischa* – eine Art Gebrauchsanweisung für ein Leben als Jude (in Deutschland) – klärt G. diesen unter anderem anhand einer Analyse über die »Top Ten der antisemitischen Vorurteile: Warum sie wahr sind« auf und spielt provokativ mit antisemitischen Projektionen, bestätigt und widerlegt sie spielerisch und gewitzt, zwischen ironischer Affirmation und Ablehnung pendelnd. Indem sie selbst Vorurteile bedient und diese wieder bricht, wird offensichtlich, dass sie keine einschlägige Definition des Jüdischen verfolgt, vielmehr die Widersprüchlichkeit dieses Identitätskonzepts herausstellt. In ihrem provokanten Spiel mit Stereotypen steht erneut die Frage im Raum, ob es überhaupt etwas ›Jüdisches‹ gebe oder ob nicht jede Vorstellung einer scheinbar ›jüdischen‹ Eigenschaft an sich schon ein Konstrukt sei. Es wird deutlich, dass – unabhängig davon, ob das Judentum religiös oder national verstanden wird – das ›Jüdische‹ etwas Ungreifbares, Undefinierbares bleibt. So führt G. jegliche Definition des ›Jüdischen‹ ad absurdum. Es ist bloß eine selbstverständliche Zugehörigkeit per Zufall, der man nicht entfliehen kann: »Na ja, ich bin einfach ich. Jüdisch, per Zufall, so wie ich als Frau geboren wurde und mit einem Muttermal am linken Bein. Ich kann nichts dafür.« G. kritisiert zudem den Umgang mit Juden in Deutschland. Sie bemängelt die Politisierung des Judentums, und dass damit bestimmte Vorstellungen und Erwartungen verknüpft seien, die wiederum ausgrenzend wirkten. Dagegen hält sie: »Ich bin nicht anders und will auch keine Sonderbehandlung. Ich will mich nicht für Israels Politik verantworten müssen. Meistens will ich nur in Ruhe gelassen werden.« Insbesondere problematisiert sie die religiöse Zuschreibung des Judentums, mit der sie bei ihrem Versuch der Integration in Deutschland konfrontiert wurde (Gilman). Darüber hinaus stellt sich G. gegen die Beschwertheit im Umgang mit dem Judentum auf deutscher sowie gegen die »Antisemitismussucherei« auf jüdischer Seite. Nicht zuletzt wehrt sie sich gegen die Erwartung der Betroffenheit: Ihr Werk diene nicht dazu, Betroffenheit auf deutscher Seite hervorzurufen, um damit eine immer neue Katharsis herbeizuführen.

G. gelingt es in ihren Werken, Deutschland einen transkulturellen Spiegel vorzuhalten und gleichzeitig die zeitgenössische jüdische Diaspora-Existenz zu beschreiben (Langenhorst). Positiv gewendet, mündet dies auch in dem Rat an ihren Sohn – und den Leser: »Geh hinaus, und sei ein stolzer Jude, mein Mischa. Oder vielmehr: Geh hinaus, und sei ein guter Mensch. Aber dazu musst Du kein Jude sein. Allerdings bist Du ein Jude, ob Du willst oder nicht. Ich kann nichts dafür.«

Werke: Meine weißen Nächte, München 2004; Hochzeit in Jerusalem, München 2007; Lieber Mischa … der Du fast Schlomo Adolf Grinblum geheißen hättest, es tut mir so leid, dass ich Dir das nicht ersparen konnte: Du bist ein Jude …, München 2011; »Sie können aber gut Deutsch!« Warum ich nicht mehr dankbar sein will, dass ich hier leben darf, und Toleranz nicht weiterhilft, München 2012.

Literatur: S.L. Gilman, Becoming a Jew by Becoming a German: The Newest Jewish Writing from the »East«, in: Shofar. An Interdisciplinary Journal of Jewish Studies 25 (2006), 16–32; G. Langenhorst, Zwischen »Weihnukkivester« und »Orthodoxie«. Zur deutsch-jüdischen Diaspora-Literatur der Gegenwart, in: Stimmen der Zeit. Zeitschrift für christliche Kultur 1 (2011), 51–63.

Sylvia Jaworski

Grab, Hermann (eigentl. Hermann Johann G.)

Geb. 6.5.1903 in Prag;
gest. 2.8.1949 in New York

G. entstammte einer seit mehreren Generationen in Prag lebenden großbürgerlichen Familie. Das jüdische Elternhaus war assimiliert und kulturell stark engagiert. G. legte am deutschsprachigen k.u.k. Staatsgymnasium in Prag-Neustadt 1921 die Matura ab. 1919 war er römisch-katholisch getauft worden, womit er eher einem elterlichen Wunsch entsprach als einer eigenen religiösen Entscheidung. Ebenfalls auf elterliches Betreiben nahm G. 1921 in Wien das Studium der Staats- und Kameralwissenschaften auf, das er in Berlin, Prag und Heidelberg fortsetzte und mit der Dissertation *Der Begriff des Rationalen in der Soziologie Max Webers* 1927 abschloss. Seit 1925 studierte G. in Prag zudem Jura und wurde 1928 promoviert. Von 1931 bis 1933 war G. Angestellter in einer Prager Anwaltskanzlei, 1932 begann er eine Tätigkeit als Musikkritiker für das Prager Montagsblatt, die er bis Ende 1938 ausübte. Gleichzeitig war er Klavierlehrer und hielt musikwissenschaftliche Vorträge. Seit dem Studium in Wien, wo G. im Salon der Alma Mahler-Werfel verkehrte, war er mit vielen Vertretern der modernen Musik freundschaftlich verbunden. In Prag zählten M. Brod, J. Urzidil, H.G. Adler, F. Torberg und F. Werfel zu G.s Bekanntenkreis.

G. begann erst nach Abschluss des Studiums mit dem Schreiben. Seine erste literarische Veröffentlichung war die Erzählung *Die Kinderfrau* am 1. April 1934 im *Prager Tagblatt*. Ende 1934 erschien die selbständige Erzählung *Der Stadtpark*, die G.s einzige Buchveröffentlichung zu Lebzeiten blieb. Sie trägt die Spuren des Einflusses von Marcel Proust, über den G. 1932 einen Gedenkartikel verfasst hatte. *Der Stadtpark* entwirft mit psychologischer Filigrantechnik und den literarischen Mitteln des Impressionismus das Ambiente einer großbürgerlichen Adoleszenz während des Ersten Weltkriegs zwischen Klavierstunden und Kavaliersübungen, patriotischen Schulfesten und englischen Gouvernanten. Seine Momentaufnahmen einer im Zerfall begriffenen verfeinerten Kultur gemahnen an die Prosamedaillons in Benjamins *Berliner Kindheit*. Dieselbe Atmosphäre ist in G.s Erzählungen *Die Mondnacht* und *Der Hausball* anzutreffen. Neben einer Reihe von surrealen Erzählungen, die G.s Zugehörigkeit zur Prager Literaturtradition erkennen lassen, steht eine Textgruppe, in der sich das Erleben des Exils spiegelt. Hier wird auch das spezifisch jüdische Schicksal zum zentralen Thema. Der »Anschluss« Österreichs im März 1938 hatte zu einer ernsteren Beschäftigung mit dem Judentum geführt. H.G. Adler charakterisierte die Haltung G.s als ein Bekenntnis zum eigenen Judentum, das er aus Solidarität mit einem verfolgten Volk ablegte. G. könne sich sogar vorstellen, nach Palästina auszuwandern, obwohl es ihm seiner Herkunft nach schwerfiele, nur unter Juden zu leben. Der jüdischen Religion stünde er nach wie vor fremd gegenüber. Im März 1939, als die Tschechoslowakei besetzt wurde, befand sich G. in Paris. Dieser historische Hintergrund findet sich in der Gretel und Th.W. Adorno gewidmeten Erzählung *Die Advokatenkanzlei*, in deren Mittelpunkt die Sekretärin Kleinert steht, die 1938 eine Autobusreise durch das faschistische Italien unternimmt. Nach dem Einmarsch deutscher Truppen in Prag werden die jüdischen Anwälte und Kanzleimitarbeiter verhaftet, während subalterne nichtjüdische Kompagnons die Gelegenheit nutzen, die freigewordene Klientel zu übernehmen. Frau Kleinert wird Zeugin der Arisierung ihrer Kanzlei und des antisemitischen Opportunismus ihrer Kolleginnen. Sie träumt, wie diese in der Kluft von Krankenschwestern den ehemaligen Konzipienten vergasen.

Die Erzählung *Ruhe auf der Flucht* hat die Monate des Wartens auf ein Visum in Lissabon zur autobiographischen Grundlage. Der Text schildert das Schicksal des alten Ehepaars Ehrlich, das sein Dasein in einer billigen Exilantenpension fristet und auf eine Ausreise in die USA hofft. Nach der wiederholten Verzögerung und letztlichen Zurückweisung der Visa durch die amerikanischen Konsulatsbeamten erleidet der Ehemann einen Infarkt und stirbt. Es ist eine tragische Ironie, dass am Tag der Beerdigung die Visa erteilt werden, zu denen eine mitleidige Freundin den Ehrlichs mittels eines sexuellen ›Liebesdiensts‹ verholfen hat. In der Erzählung *Hochzeit in Brooklyn* wird die Konfrontation des Exilanten mit den Lebensbedingungen in New York gestaltet. Im Juni 1940 war G. selbst aus Frankreich nach Portugal geflohen und hatte am 5. Dezember 1940 die USA erreicht. G. konnte sich in den folgenden Jahren als privater Musiklehrer etablieren und unterrichtete nach seiner Naturalisierung 1945 auch an einem staatlichen Konservatorium. Der autobiographisch gefärbte Ich-Erzähler in *Hochzeit in Brooklyn* berichtet von der Ankunft des jüdischen Musikkritikers Walter Korn – eigentlich Kohn – in der Neuen Welt. Bei den ersten Begegnungen mit einem ehemaligen Redaktionskollegen und einem Musikprofessor muss Korn feststellen, dass sein Talent und seine Berufsauffassung deplatziert sind. Der noch ortsunkundige Ankömmling steigt nach dem Besuch einer Hochzeitsfeier an der falschen Subwaystation aus und wird auf dem Fußweg durch den Central Park erschlagen und ausgeraubt. G. blendet am Schluss der Erzählung auf das Arbeitszimmer des Musikprofessors über, dessen Fenster zum Central Park hinausgeht. Zeitlich parallel mit Korns gewaltsamem Ende schließt der Professor das Manuskript seines Beethoven-Buchs mit dem Kapitel »Beethoven und der Humanitätsgedanke« ab, dessen letzte Sätze der Text zitiert. Der kritische Gestus dieser erzählerischen Konstruktion, der die Hohlheit einer bloß phraseologisch tradierten Humanitätsidee zeigt, erinnert an die ›Zurücknahme‹ von Beethovens neunter Symphonie durch Adrian Leverkühn in Th. Manns *Doktor Faustus*. Bei G. ist diese Zurücknahme mit dem Tod des Juden Korn verknüpft, dessen ästhetische und intellektuelle Werte eine untergehende europäische Kulturidee bezeichnen.

Die einzige explizite Äußerung G.s zum Judentum findet sich in seinem 1933 gehaltenen Vortrag über Proust in der Veranstaltungsreihe »Juden in der Literatur«. In seiner Dissertation hatte G. aus phänomenologischer Perspektive die geschichtsphilosophische Diagnose gestellt, dass die europäisch-abendländische Kultur ihr metaphysisches Zentrum verloren habe. Von diesem Werteverlust nimmt G. in dem Proust-Vortrag das jüdische Volk aus, weil es außerhalb der von ihm skizzierten historischen Entwicklung stehe. G. kann auf diese Weise die Haltung des außenseiterischen Künstlers, als dessen Exempel ihm Proust gilt, mit derjenigen des Judentums überhaupt identifizieren: »Die Einsamkeit des Outsiders, dem sich das Leben nur mit seiner Außenseite zu nur ästhetischer Beziehung darbietet, es ist die Einsamkeit des jüdischen Menschen überhaupt darin enthalten« (Cramer). Diese Sonderstellung des jüdischen Volks liegt in seiner »metaphysischen Gerichtetheit« begründet: Sie befähige das Judentum, die untergehenden Lebensformen der europäischen Kultur zu erfassen und »zu ihrer letzten geistigen Dichte zu sublimieren« (Cramer).

Werke: Der Begriff des Rationalen in der Soziologie Max Webers, Karlsruhe 1927; Der Stadtpark und andere Erzählungen, Frankfurt a. M. 1985; Textanhang, in: D. Cramer, Von Prag nach New York ohne Wiederkehr. Leben und Werk H.G.s (1903–1949), Frankfurt a. M. 1994, 377–511.

Literatur: K. Hobi, H.G. Leben und Werk, Diss. Freiburg (Schweiz) 1969; D. Cramer, Von Prag nach New York ohne Wiederkehr, Frankfurt a. M. 1994.

Jürgen Egyptien

Gronemann, Sammy

Geb. 21.3.1875 in Strasburg (West-Preußen); gest. 6.3.1952 in Tel-Aviv

In G., dem Rechtsanwalt, Schriftsteller und Journalisten ist dem deutschen Judentum, wie es vor dem Holocaust existierte, sein wichtigster Humorist und Satiriker entstanden. War der satirische Humor G.s die eine Komponente seines Werkes, so

wurde ihm erst Profil gegeben durch sein orthodoxes Judentum und seine zionistische Weltanschauung. In diesem Rahmen bewegt sich G.s Kritik an einem deutschen Judentum, das in jener Zeit den Höhepunkt seiner Assimilationsphase erreicht hatte, aber auch zugleich den Tiefpunkt einer erneuten Verunsicherung durch das Auftreten des rassischen Antisemitismus, der die Assimilierung und Integrierung in die deutsche Gesellschaft von vornherein ausschloss.

G. setzte mit seinem journalistischen und schriftstellerischen Werk gerade an diesem Moment des von den deutschen Juden meist nur halbeingestandenen Unbehagens an, für das die Zionisten den Begriff der »geistigen Judennoth« geprägt hatten. Als Sohn eines orthodoxen Rabbiners, der sein ganzes Leben lang seiner orthodoxen Lebenshaltung treu blieb, sowie als »Zionist der ersten Stunde« stellte G. mit seinem Werk der Verunsicherung und jüdischen Selbstentfremdung die Geborgenheit in einem jüdisch-traditionsbewussten Leben und die Hoffnung auf ein authentisches jüdisches Leben in einem eigenen Heimatland entgegen. G. verstand dies mit Humor und Witz und einer Prise satirischer Schärfe zu vermitteln, was ihn zu einer erfrischenden Ausnahme innerhalb der frühzionistischen Literatur in Deutschland machte, die sich vor allem durch Pathos und romantischen Mystizismus auszeichnete.

G.s Autobiographie *Erinnerungen eines Jekken* (1946), sein Roman *Tohuwabohu* (1920) und seine Sammlung anekdotischer Geschichten über die Skurrilitäten des deutsch-jüdischen Zusammenlebens *Schalet. Beiträge zur Philosophie des »Wenn schon!«* (1927) vermitteln Eindrücke in das »Tohuwabohu« jüdischer Existenz in Deutschland. Diese Bücher setzen alle der assimilatorischen Lösung der sog. »Judenfrage« die jüdische Selbstbesinnung und die Forderung nach Anerkennung der kulturellen Eigenständigkeit als alternativen Weg entgegen. G.s 1924 erschienener autobiographischer Bericht über seine Tätigkeit als Dolmetscher für Jiddisch an der Ostfront während des Ersten Weltkriegs, *Hawdoloh und Zapfenstreich. Erinnerungen an die ostjüdische Etappe 1916–1918*, kann als einer der Meilensteine in der positiven Neubewertung des Ostjudentums angesehen werden. Er beschreibt das Fronterlebnis als Katalysator für die Bewusstwerdung jüdischer Eigenart. Als das zentrale Erlebnis wird dabei die Begegnung des deutschen Judentums mit dem Ostjudentum dargestellt, das als ein authentisches Judentum dem seinen Traditionen entfremdeten Westjudentum als vorbildhaft gegenübergestellt wird. G. versucht mit diesem Buch auch die vom politischen Zionismus in Gang gesetzte Umorientierung in der Bestimmung des Begriffes Judentum von einer Religionsgemeinschaft zu einer nationalen Gemeinschaft nahezubringen und das Gefühl der alle nationalen Schranken übersteigenden jüdischen Solidarität zu vermitteln.

Der wachsende Antisemitismus in den 20er Jahren ließ es G. immer dringlicher erscheinen, das deutsche Judentum aus seinem gefährlichen Sicherheitsgefühl zu schrecken. Im Jahre 1926 veröffentlichte er sein erstes Theaterstück, das Purimspiel *Hamans Flucht*, das vor allem zur Aufführung auf jüdischen Jugendbühnen gedacht war und das den Antisemitismus in allen seinen Verkleidungen zu entlarven suchte. Das Stück endet mit dem Bekenntnis zum Zionismus und dem Aufruf an die Juden, ihre Energie dem Aufbau des eigenen Heimatlandes zuzuwenden, was letzten Endes dem Antisemitismus Einhalt gebieten würde. »Vorwärts geht der Zeiten Lauf,/ Haman hängt sich selber auf.«

1933 wurde G. als Syndikus des Schutzverbandes deutscher Schriftsteller, zu dessen Gründungsmitgliedern er gehörte, abgesetzt. Am 1. April 1933 floh er mit seiner Frau nach Paris, wo er wegen der restriktiven Einwanderungspolitik der britischen Regierung bis 1936 blieb und für zionistische Organisationen arbeitete. In Palästina wandte sich G. dem Medium der Bühne zu. In dem Bühnenstück *Jakob und Christian* (1937) stellte er den deutschen Rassenwahn satirisch dar. In den folgenden Theaterstücken wie *Der Weise und der Narr. König Salomo und der Schuster* (1942), *Der Prozess um des Esels Schatten* (1945), *Die Familie Heine* (1947), *Die Königin von Saba* (1951) wandte sich G. den internen Problemen des jüdischen Jischuws zu und versuchte auf seine humorvoll-satirische Weise seine Vision eines Zionismus zu vermitteln, in der die Pragmatik des politischen Zionismus sich harmonisch verband mit dem jüdischen Geisteserbe. »Das Judentum ist eine Einheit. Das Einheitsprinzip ist das Wesen unserer Gemeinschaft und Kultur. Wer vom religiösen Judentum abgeht, wird bald auch den nationalen Halt verlieren und umgekehrt« (*Israelit, Orthodoxie und Zionismus*, 1902).

Werke: Israelit, Orthodoxie und Zionismus, in: Israelitische Rundschau 22, 24, 26 (1902); Sturmgeselle Vogelstein, in: Die Welt 40, 41 (1906); Die Fiktion des Rabbi Jochanan Ben Sakai, in: Unsere Hoffnung 8 (1906), 587–597; Tohuwabohu, Berlin 1920, Neuauflage Leipzig 2000; Haman Ho Roscho!, in: Schlemiel 17 (1920); Galerie des Schlemiels. Albert Einstein, in: Schlemiel 21 (1920); Erste Begegnung, in: Das Zelt 1 (1924), 28–29; Hawdoloh und Zapfenstreich. Erinnerungen an die ostjüdische Etappe 1916–1918, Berlin 1924, Neuauflage Königstein/Ts., 1984; Antonio, der Kaufmann von Venedig, in: Jahrbuch für Geschichte und Literatur 26 (1925), 84–94; Hamans Flucht, Wien 1926; Schalet. Beiträge zur Philosophie des »Wenn schon« (1927), Neuauflage Leipzig 1998; Der Weise und der Narr, Tel-Aviv 1942; Der Prozess um des Esels Schatten, Tel Aviv 1945; Erinnerungen eines deut-

schen Juden [Sichronot schel Jekke], Tel-Aviv 1946; Erinnerungen, Berlin 2002; Erinnerungen an meine Jahre in Berlin, Berlin 2004.
Literatur: Archiv Bibliographia Judaica – Lexikon deutsch-jüdischer Autoren, hg. R. Heuer, Bd. 9, München 2001, 315–323; H. Mittelmann, S.G. (1875–1952). Zionist, Schriftsteller und Satiriker in Deutschland und Palästina, Frankfurt a. M. 2004.

Hanni Mittelmann

Guggenheim, Kurt

Geb. 14.1.1896 in Zürich;
gest. 3.12.1983 in Zürich

Der erste staatlich zugelassene Rabbiner der Schweiz war ein direkter Vorfahre von G. Er amtierte Ende des 18. Jahrhunderts in den Surbtaler Gemeinden Endingen und Lengnau. Das Wohl der Schweiz lag ihm dabei ebenso am Herzen wie jenes

seiner jüdischen Gemeinde. So überreichte er 1794 dem Landvogt von Baden ein selbst verfasstes Bittgebet zum Schutz der Schweiz. Nachdem die Juden 1862 im Kanton Zürich das Niederlassungsrecht erhalten hatten, wanderte die Familie von G. in Zürich ein. Gegenüber den erst um die Jahrhundertwende nach Zürich migrierten Ostjuden empfand sich diese erste Generation jüdischer Zuzügler bereits als alteingesessen. Der Vater Hermann G. führte in Zürich ein Handelsgeschäft, in das Kurt G., der gerne Arzt geworden wäre, 1916 als Kaufmann eingestiegen war. Nach einem längeren Frankreichaufenthalt beschließt er, Schriftsteller zu werden, und debütiert 1935 mit dem Roman *Entfesselung*. 1955 erhält er den Literaturpreis der Stadt Zürich. G.s Eltern gehörten dem assimiliert-liberalen Judentum an. Der Vater war Jäger und Schütze und verkörperte nicht zuletzt auch als Anhänger der Freisinnigen Partei, die einst den eidgenössischen Bundesstaat ins Leben gerufen hatte, die nationalen Ideale der Schweiz. G. blieb dieser doppelten Familientradition verhaftet. Als Schriftsteller und Essayist setzte er sich immer wieder mit seiner schweizerisch-jüdischen Identität auseinander, wobei er weder den latenten Antisemitismus der Schweizer verharmloste, noch seine Bedenken gegenüber einer abgeschlossen lebenden jüdischen Gemeinschaft verschwieg.

In seinem frühen Aufsatz *Von der Psyche der Juden* (1926) beschreibt G. die moderne jüdische Existenz. Religiöse, nationale und assimilatorische Ausdrucksformen könnten zwar je für sich einen Lebensinhalt bilden, sie seien aber keine einheitliche Manifestation des Judentums. Damit seien sie im Grunde genommen das Gegenteil von dem, was sie sein möchten: nämlich »im höheren Zusammenhang gesprochen unjüdisch [...]. Denn dieses ist eben die Tragik des Juden, daß sich die Seele Israels nicht mehr als Einheit fühlen darf, daß sie nicht mehr sein kann, was sie vermöge ihrer Traditionen [...] sein müßte: eine Einheit.« Die daraus resultierende »Ruhelosigkeit« könne weder durch Orthodoxie oder Zionismus, noch durch Assimilation überwunden werden. »Wie alles, was sich im Raume und in der Zeit verändert, [...] so haben sich auch die Juden definitiv verändert. Keine Rückkehr, keine Schaffung von Umständen, die den historischen gleichen, vermag hieran etwas zu ändern.« Für G.s eigenes Verständnis vom Judentum ist die Schweiz einer jener Räume, die zu einer irreversiblen Veränderung geführt haben. Er habe, bekennt er in der Schrift *Anders als die andern* (1930), »gerade als Bürger der Schweiz zuviel von europäischem Geiste geatmet [...], um es nicht wie eine seelische Einschränkung zu empfinden, daß die Juden ihre Geschicke nochmals an ein Territorium binden wollen«. Hier wird die Idee der viersprachigen und damit multikulturellen Willensnation Schweiz gegen einen auf der Einheit von Volk und Nation basierenden Staat Israel ins Feld geführt. Als Zionist hätte G. seine geistige Heimat Schweiz aufgeben müssen, als Konvertit seine jüdische Tradition: »Persönlich muß ich mich deshalb für die dritte verbleibende Haltung entscheiden, die da ist: Die Inkonvenienzen des heutigen Daseins hinzunehmen, das Schicksal tragen und nicht eben stolzer und nicht eben trauriger über die Interpretation sein, die das Leben der alten jüdischen Vorstellung von der ›Auserwähltheit‹ gegeben hat.«

G.s Bindung an die Schweiz ist durch die Erfahrung des Zweiten Weltkriegs und der Shoah existenziell geworden. Er habe sich damals nicht vorstellen können, dass die Schweiz »von innen heraus anfällig werden könnte für die nationalsozialistische Ideologie [...]. Wäre sie wirklich eingetreten, diese unausdenkbare Wandlung; [...] damit wäre mir alles so gleichgültig geworden, daß auch eine Flucht sinnlos ward. Eine Schweiz ohne Freiheit nahm meinem Dasein jeden Wert« (*Sandkorn für Sandkorn*, 1959). Sein Glaube an die Idee der Eidgenossenschaft gipfelte 1961 in seinem Bekenntnis zur Schweiz als »Heimat« und zur Forderung nach einer Literatur, in deren Zentrum die Schweiz steht (*Heimat oder Domizil?).* In G.s schriftstellerischem Werk gehört zu dieser Schweiz das Zusammenleben von Juden und Nichtjuden. Nicht immer findet es dem helvetischen Credo von der Gleichheit aller Bürger entsprechend statt. Es ist die Figur des jüdischen Schweizers Glanzmann, der im Roman über die Schweiz im Krieg (*Wir waren unser vier*, 1949) auf die Diskrepanz zwischen Ideal und Wirklichkeit hinweist: Es »ermüdet auf die Dauer, sich immer sozusagen dafür entschuldigen zu müssen, daß man lebt«. Dass diese Abwehr des Fremden während des Zweiten Weltkriegs zu einer judenfeindlichen Flüchtlingspolitik und zur Verdrängung des Wissens um die Realität des nationalsozialistischen Antisemitismus – den Genozid – geführt hat, ist hier eindrücklich gestaltet. Auf Glanzmanns schockhafte Einsicht, dass der Mensch nach der Shoah anders zu denken sei, fühlt sich der Schweizer Loriol bedroht und gleichzeitig hilflos: »Alles in mir verhielt sich so, als gälte es etwas Unbequemes abzuschütteln. Ein brutaler Instinkt der Selbsterhaltung machte sich geltend. ›Werft ihn die Treppe hinunter, er bricht mir das Herz‹, wie jener reiche Mann ausrief, als man ihm sagte, ein Bettler stehe vor seiner Türe.«

In der Tetralogie *Alles in Allem* (1952–55), einem seinerzeit außerordentlich populären Epochen- und Schlüsselroman über das Zürich der ersten Hälfte des 20. Jahrhunderts, verkörpern verschiedene jüdische Figuren unterschiedliche Formen und Stadien der sozialen Integration in die Zürcher Gemeinschaft. Dass G. hier die Konfrontation zwischen einem ostjüdischen Zionisten und einem Westjuden, der sich von seiner Religion distanziert hat, ausgerechnet im Schlafsaal einer schweizerischen Militärunterkunft angesiedelt hat, wirft noch einmal ein Schlaglicht auf die enge Verstrickung von konfessioneller und nationaler Identität in seinem gesamten Schaffen.

Werke: Werke, hg. Ch. Linsmayer, Frauenfeld 1989 ff.; Von der Psyche der Juden, Zürich 1926; Anders als die andern. Bemerkungen zur jüdischen Frage, in: Schweizer Spiegel, Januar 1930, 38–46.
Literatur: W. Weber, Zur Sache des Vaterlandes, in: Neue Zürcher Zeitung, 21.1.1973, 49; Ch. Linsmayer, Der Dichter, sein Idol und die Wirklichkeit. Eine Annäherung an K.G.s Romane »Die frühen Jahre« und »Salz des Meeres, Salz der Tränen«, in: K.G., Werke I, Frauenfeld 1989, 345–407; ders., Das Fremdsein im Eigenen, das Heimischwerden im Fremden. K.G.s Roman »Alles in Allem« und das Thema der sozialen Integration, in: K.G., Werke III, Frauenfeld 1996, 1047–1087; D. Müller, Jüdisches Leben in der Schweiz: K.G.s ›Alles in Allem‹ und Charles Lewinskys ›Melnitz‹, in: Jenseits von Frisch und Dürrenmatt, hg. D. Komorowski, Würzburg 2009, 189–200.

Nicole Rosenberger

Haas, Willy (Caliban)

Geb. 7.6.1891 in Prag;
gest. 4.9.1973 in Hamburg

In seinem philosophisch-utopischen Reiseroman *Stern der Ungeborenen* (entstanden 1943–45) lässt Franz Werfel in der fiktiven Gestalt B.H. seinen Freund H. als »Wiedergeborenen« auftreten, der den Ich-Erzähler durch die Gegenwart des Jahres 101.943 führt.

Lesbar wird das Bild einer Freundschaft, die ihren Anfang nahm im Prag des beginnenden 20. Jahrhunderts – eine Freundschaft, die zum einen vor dem Hintergrund einer sich im Aufbruch gegen die Vätergeneration befindenden Jugend, zum anderen auf der Folie einer deutsch-jüdischen Akkulturation vor Ausbruch des Ersten Weltkriegs zu betrachten ist. »B.H. war der geistige Mensch in Person. Was aber ist der geistige Mensch anders als einer, der durch mehrere Wiedergeburten hindurchgegangen ist? Der geistige Mensch kann daher in keinem Zeitalter wirklich zu Hause sein, und will er sich nur halbwegs einrichten, ist er gezwungen, Zugehörigkeit zur jeweiligen Menschheit zu simulieren« (Werfel, *Stern der Ungeborenen*). Der Freund wird als ein Mensch vorgestellt, der zwischen den Epochen steht. Diese literarische Darstellung entspricht H.' Sicht auf den »modernen Juden« als einen »Wurzellosen«, so wie er sie in seinem Aufsatz *Rationalistische und transzendente Morallehre* (*Herder-Blätter*, 1911) einnimmt. Die Zuschreibung »Wurzellosigkeit«, woraus für H.

eine ästhetisch und moralische Indifferenz resultiert, ist hier nicht »vorwurfsvoll« gedacht, aus ihr folge vielmehr, so H., eine äußerst »überentwickelte« Aufnahmefähigkeit und -empfindlichkeit der Vergangenheit und unmittelbaren Gegenwart gegenüber. »Man kann z.B. beobachten, daß jener obenberührte Typus wurzelloser Juden ein geradezu unglaubliches Einfühlen in historische, soziale oder auch nur literarische Milieus zu entwickeln imstande ist.«

Wenn auch H. in seinen Essays, Theater- und Filmkritiken der Weimarer Zeit, seiner autobiographischen Schrift *Die literarische Welt* (1957), ja in seinen Artikeln für den Feuilletonteil der *Welt* im Nachkriegsdeutschland sich explizit nicht als einen »modernen Juden«, einen »Wurzellosen« benennt, so lässt sich die in den frühen Schriften vorgenommene Definition des »modernen Juden« mit Blick auf sein Gesamtwerk als eine Selbst-Charakterisierung verstehen. »Willy wurde in der Blütezeit des Liberalismus geboren, als Juden, in ihrer ganzen tragischen Liebe zum deutschen Volk alte deutsche und womöglich altgermanische Vornamen gaben.« Siegfried, Siegmund, Trude, Bertha, Hertha bekamen so beinahe den ephemeren Charakter von jüdischen Vornamen, so H. in *Calibans Panoptikum* (1960). Wie F. Werfel, H.' Klassenkamerad und enger Jugendfreund im Stefansgymnasium, P. Kornfeld, H. und F. Janowitz, O. Pick zum einen, M. Brod und F. Kafka, O. Baum, F. Weltsch zum anderen, gehörte H. zu einer Generation im deutsch-jüdischen Kulturraum der Moldau-Metropole Prag, die zwar von ihrem Selbstverständnis eine Kulturschicht repräsentierten, aber, laut H., ohne eine »politische Grundlage«. Sie betrachteten sich nicht wie ihre Väter als österreichische Patrioten, auch wenn sie 1914 für die k.u.k. Monarchie in den Krieg zogen, H. als Offizier der österreichisch-ungarischen Armee. »Wir waren an einer historischen Kippe, und wir fühlten es sehr genau, das Gefühl der Einsamkeit, der Isoliertheit, der Bodenlosigkeit [...]« (*Vor hunderttausend Jahren*, 1961). H.' Vorfahren waren sephardischen Ursprungs; sie kamen im 17. Jahrhundert von Holland aus nach Mähren – Bauern, Getreidehändler, Kolonialwarenhändler. Der Vater Gustav H., ein angesehener Advokat, zählte zu den führenden Mitgliedern der Prager B'nai B'rith-Loge. Dieser offizielle Humanitätsverein versuchte den geistigen und sittlichen Charakter des Judentums in einem modernen universalistischen Sinn zu bewahren. In den Lebenserinnerungen *Die Literarische Welt* beschreibt H. den Vater als einen bibliophilen Mann, der Goethe und Spinoza las, der aber nie den Versuch gemacht habe, mit ihm »ein kleines Stück Weges zu gehen«. Das Gefühl einer »geistigen Heimatlosigkeit« speist sich bei H. aus einem fehlenden Identifikationsangebot, das ein Aufbegehren hervorruft, und zwar gegen ein deutsch-jüdisches Selbstverständnis des Vaters, das für den Sohn jenseits seines Erlebens der unmittelbaren Gegenwart zu verorten ist: »So waren unsere Eltern gleichsam mythisch ausgetrocknet und unergiebig, und vielleicht war gerade das die eigentliche Ursache unseres tiefen Ressentiments, das sich bis zum Hass gegen den Vater steigerte« (*Die Literarische Welt*). H.' Eintritt in das literarische Leben war bedeutend: Mit den *Herder-Blättern* (1911–1912), dem Hausblatt der von H. mitbegründeten »J.G. Herder-Vereinigung zu Prag« (gegr. 1910) schaffte er für die jungen, vorwiegend Prager Autoren des Expressionismus ein erstes Forum. Neben H. publizieren hier Werfel, Brod, Kafka, Musil, F. und H. Janowitz ihre Texte, vielfach Erstdrucke. Die Wahl eines nichtjüdischen Schriftstellers und Philosophen als Namensgeber für die Jugendvereinigung der Prager B'nai B'rith-Loge markiert hier, insbesondere vor dem Hintergrund der »Bewahrung« der jüdischen Religion und Kultur, eine Abgrenzung zu der Vätergeneration. In H.' Herder-Verein las Kafka am 4. Dezember 1912 *Das Urteil*, einer seiner ganz wenigen öffentlichen Auftritte.

1914 wurde H. von Werfel als Lektor in den Kurt Wolff Verlag geholt, meldete sich jedoch bei Ausbruch des Ersten Weltkriegs und ging als Offizier an die italienische Front; zurück kam er als Pazifist. Nach dem Ende des Kriegs brach H. sein Jura-Studium an der Karls-Universität ab und verließ Prag in Richtung Berlin. Er arbeitete zunächst als Filmkritiker und schrieb in den 20er Jahren zahlreiche Drehbücher, etwa für G.W. Pabsts *Freudlose Gasse*. Auf Anregung des Verlegers Ernst Rowohlt gab er sodann 1925–1932 in Berlin *Die literarische Welt* heraus und prägte damit das kulturelle und literarische Leben der Weimarer Zeit maßgeblich. Die bekanntesten Autoren der Zeit arbeiteten mit: Robert Musil, Walter Benjamin, Thomas und Heinrich Mann, Jakob Wassermann, Joseph Roth, Karl Wolfskehl, Franz Werfel. Es war der Versuch – gegen die Tendenz einer allgemeinen Radikalisierung – den Lesern, in der Hauptsache der Jugend, einen »offenen Diskurs« zu bieten; neutral zu bleiben, und dies meint für H., die Dichtung, das Denken vor einer Ideologisierung, Politisierung zu bewahren. »[...] es ist mir lieber, ein ehrlicher, platter Aufklärer zu sein als ein schauspielerischer Christ oder Jude – ich habe für die dialektischen Spiegelfechtereien katholischer, protestantischer und jüdischer Schriftsteller, die durch substanzlose Geistreichtuerei einen nicht vorhandenen Glauben intellektuell herbeizaubern wollen, nie etwas übriggehabt« (*Die literarische Welt*). H. blieb in Berlin ein »Jude ohne Judentum« (Valentini). Er befand sich zwischen den Zeiten: sowohl in der unmittelbaren Gegenwart, im Berlin der 20er Jahre, als auch in der Vergangenheit, in der Bewahrung, ja Anverwandlung von Werten und Traditionen, so wie sie für H. insbesondere im Werk Hugo von Hofmannsthals anzutreffen sind. Hofmannsthal, den er ebenfalls als Mitarbeiter gewinnen konnte, verstand er als Zeitgenosse, »[...] ein Baumeister und Bildner, der in mir selbst wirkte: ein Geist der Entelechie« (*Die literarische Welt*). H. war ein »geistiger Mensch«, ein Konservativer, der sich »halbwegs eingerichtet« hatte. Seine bedeutendsten Essays über Zeitgenossen wie Hofmannsthal und Kafka publizierte H., mit einem Nachwort von Walter Benjamin, unter dem Titel *Gestalten der Zeit* (1930).

1933 kehrte H. – nunmehr als Flüchtling vor dem Nazi-Regime – nach Prag zurück, wo er, als Fortsetzung der literarischen Welt im Exil, die *Welt im Wort* (1934/35) edierte, die jedoch nur kurzen Bestand hatte. Er arbeitete darauf als Filmkritiker für die deutsche *Prager Presse* sowie als Redakteur der tschechoslowakischen Film-Wochenschau. Kurz vor dem Einmarsch der deutschen Truppen übergab ihm Kafkas Freundin Milena Jesenska dessen Briefe an sie, die er nach dem Krieg 1952 edierte. Beim Einmarsch der Deutschen in Prag 1939 floh H. über Südfrankreich, wo er Werfel nochmals besuchte, und Triest nach Indien. Er lebte dort in einem Dorf im Himalaja und arbeitete als Drehbuchautor für britisch-indische Filme sowie als Zensor für die britische Armee. Nach Kriegsende kehrte er über London nach Deutschland zurück. In Hamburg wurde er Feuilletonredakteur der 1946 von den Briten gegründeten *Welt*, für die er von 1953 bis zu seinem Tod arbeitete, geleitet vom Versuch, an die *Literarische Welt* der Weimarer Zeit anzuschließen. Unter dem Pseudonym Caliban schrieb er jeden Montag eine Kolumne; eine Sammlung der Kolumnen erschien 1960 als *Calibans Panoptikum*. Daneben publizierte er Bücher u. a. über Brecht (1958) und Hofmannsthal (1964) sowie die Autobiographie *Die literarische Welt* (1957), die nochmals den humanistischen Universalismus jener Conditio Judaica von der Prager Jugend über das Exil deutlich macht. Seit 1998 nennt die *Welt* ihre Samstagsbeilage, im Anschluss an H., wieder *Die literarische Welt*.

Werke: Das Spiel mit dem Feuer, Berlin 1923; Die literarische Welt. Lebenserinnerungen, München 1957; Vor hunderttausend Jahren, in: Merian 12 (1961), 38–40; Herder-Blätter. 1920, Faksimile-Ausgabe, hg. i. A. der Freien Akademie der Künste in Hamburg, Hamburg 1962; Ein Briefwechsel. Hugo von Hofmannsthal und W.H., hg. R. Italiaander, Berlin 1968; Der Kritiker als Mitproduzent: Texte zum Film 1920–1933, hg. W. Jacobsen u. a., Berlin 1991.
Literatur: L. Valentini, W.H. Der Zeuge einer Epoche, Frankfurt a.M u. a. 1986; J. Born, Der junge W.H. und sein Freundeskreis, in: Prager deutschsprachige Literatur zur Zeit Kafkas, hg. Österreichische Franz Kafka-Gesellschaft, Wien 1989, 37–45; N. Abels, Die Kunst, durch die Zeiten zu fallen. Über W.H., in: Berlin und der Prager Kreis, hg. M. Pazi u. a., Würzburg 1991, 265–280; C. von Ungern-Sternberg, W.H. 1891–1973: »Ein großer Regisseur der Literatur«, München 2007; C. Prüver, W.H. und das Feuilleton der Tageszeitung ›Die Welt‹, Würzburg 2007.

Andreas Kilcher/Katja Schettler

Habe, Hans (Hans Békessy, eigentl. János Békessy)

Geb. 12.2.1911 in Budapest;
gest. 29.9.1977 in Locarno

H.s Vater war der skandalumwitterte Journalist und Zeitungsverleger Imre Békessy, der von Karl Kraus in der *Fackel* scharf attackiert und aus Wien vertrieben wurde. Der deutschsprachig in Wien aufgewachsene H. studierte dort und in Heidelberg

Germanistik. Gleichzeitig begann er Ende der 20er Jahre seine journalistische Laufbahn an der *Wiener Sonn- und Montagszeitung*. In dieser Zeit zeigte er sich in der linken Bewegung aktiv, inszenierte sich als Schnitzler-Figur, um wenige Jahre später in Heimwehruniform als Chef der Fotoabteilung des austrofaschistischen Bundespressedienstes aufzutreten und die Zeitungen der Reichswehr zu redigieren. Ab 1934 war er Völkerbundberichterstatter bzw. Korrespondent für verschiedene Zeitungen in Genf und nahm 1938 an der Konferenz von Evian teil.

H.s erster Roman *Drei über die Grenze* (1937), der »in der österreichischen Schuschnigg-Diktatur erschien, von deutschen Emigranten handelt und verbrannt wurde«, wurde in 18 Sprachen übersetzt. Protestantisch getauft, wurde H. wegen seiner jüdischen Vorfahren aus Österreich ausgebürgert und kämpfte 1939/40 als Freiwilliger in der französischen Armee. Aus deutscher Gefangenschaft gelang ihm Ende 1940 die Flucht in die USA. Er ließ sich zum Abwehroffizier der US-Army ausbilden und nahm an mehreren militärischen Einsätzen in Europa teil. Seine Kriegserlebnisse schilderte er in dem »Bericht« *A Thousand Shall Fall* (1941; über 4 Millionen Auflage, dt. *Ob Tausend fallen*, 1947). Ab 1944 war H. im Rang eines Majors für den Aufbau einer demokratischen Presse in Deutschland tätig. In München begründete er die *Neue Zeitung* und war Chefredakteur der *Münchner Illustrierten*. 1946 kehrte H. nach Hollywood zurück, wo er Drehbücher schrieb. 1951 ließ er sich in Ascona nieder.

H. exponierte sich als streitbarer Essayist v.a. in der *Welt am Sonntag*. Herausragend war seine Auseinandersetzung mit den Linksintellektuellen Nachkriegsdeutschlands und insbesondere mit den Vertretern der Gruppe 47. Die Debatte entzündete sich am Sechs-Tage-Krieg 1967, an der Haltung gegenüber Israel. H. erhob den Vorwurf, die Intellektuellen hätten sich vor dem Hintergrund der Schuld der Väter »gemütlich« in einem Anti-Antisemitismus eingerichtet. Sie seien jedoch nicht bereit, den Konflikt einzugestehen, der für sie durch ein kämpferisches, siegreiches Israel entstanden sei, wohingegen die Sowjetunion und China, mit denen sie sympathisierten, eine proarabische Politik betrieben. Es kam wegen dieser Auseinandersetzungen über einen »neuen Antisemitismus« zu spektakulären Prozessen, u.a. 1972 gegen Dürrenmatt. H. engagierte sich für Israel (*Israelische Ode*, 1967; *Wie einst David. Entscheidung in Israel*, 1971) und ließ seine Einkünfte in Israel diesem Staat zukommen. In Israel schien sich für H. das Ideal eines Staates zu erfüllen, in dem Weltbürger einen demokratischen Sozialismus aufbauten. »Ich bin ein Konservativer in Europa und ein Sozialist in Israel – nicht weil die israelischen Sozialisten Juden, sondern weil der israelische Sozialismus ein Sozialismus der Arbeitenden, nicht der Bürokraten ist, der Reformer, nicht der Revolutionäre, der Girondisten, nicht der Jakobiner, der Lebensfrohen, nicht der Asketen, der *citoyens*, nicht der Proletarier. Die Israelis sind Bürger der Welt, aber *enfants de la patrie*« (*Wie einst David*). Das Gelingen des Aufbaus sieht H. in der Verwurzelung der Israelis in der jüdischen Tradition begründet. Geradezu hymnisch setzt er die Akzeptanz der Tradition gegen den Werteverfall in der westlichen Welt. »Die sanfte Hand. Hatten wir sie auf der Stirn gespürt, weil hier noch Väter Väter sind und Vaterland noch Vaterland ist, Familie noch Familie und Autorität noch Autorität, Moral noch Moral, weil man hier noch glaubt und kämpft ohne Haß? Oder begann ich den Frieden zu finden im kriegerischen Land, weil meine Ahnen Juden gewesen waren?« (*Wie einst David*).

Der Auflösung traditioneller Werte widersetzt sich H. auch in seinen Romanen, die er in die Erzähltradition Balzacs und Fontanes stellt. Allen Romanen gemein ist, dass zumindest ein Erzählstrang jüdische Geschichte oder Geschichten von Juden behandelt. H. stellt durch dieses Verfahren, entgegen den Strömungen in der Nachkriegsliteratur, eine Präsenz des Jüdischen und von Juden in der europäischen Kultur, besonders nach 1945, her. Der dokumentarische Roman *Die Mission* (1965) hat das Scheitern der Konferenz von Evian und das damit verknüpfte Scheitern des jüdischen Arztes Heinrich Benda zum Thema. In *Christoph und sein Vater* (1966) wird der Konflikt zwischen dem Regisseur eines antijüdischen Hetzfilmes der NS-Zeit und seines Sohnes, als eines Repräsentanten der Nachkriegszeit, behandelt. Die Romane wurden ins Hebräische übersetzt und in Israel mit großem Interesse aufgenommen. Von der zeitgenössischen Literaturkritik der Bundesrepublik wurden sie als unzeitgemäße Unterhaltungslektüre bewertet, geprägt von einem sentimentalen Humanitätspathos.

Werke: Tödlicher Friede, Zürich 1939 (u.d.T. Staub im September, Olten 1976); Wohin wir gehören, Wien 1946; Our Love Affair with Germany, New York 1953; Ich stelle mich. Meine Lebensgeschichte, Wien u.a. 1954; Off Limits, Wien 1955; Die Tarnowska, Wien u.a. 1962; Palazzo, Olten u.a. 1975.

Literatur: R.C. Jespersen, H.H., in: Deutsche Exilliteratur seit 1933, hg. J. Spalek, Bd. 1, Bern u.a. 1976, 393–413; F. Trapp, Fragwürdige »Realismus«-Behauptungen. H.H.: »Ob Tausend fallen« und André Simon: »J'Accuse!«, in: Exil, Sonderbd. 1 (1987), 114–126.

Jutta Dick

Hakel, Hermann

Geb. 12.8.1911 in Wien;
gest. 24.12.1987 in Wien

H.s Leben war geprägt von seiner Literatur und seinem Judentum, mit dem er sich zeit seines Lebens intensiv auseinandersetzte. Prägend war aber auch seine Krankheit; eine schwere Augen- und Hüftgelenkserkrankung führte zur Verkür-

zung des linken Beines und zur praktischen Erblindung des linken Auges. Aus einer Wiener jüdischen Handwerkerfamilie stammend, wollte er von frühester Jugend an Schriftsteller werden. Er engagierte sich in den 30er Jahren in der »Gruppe der Jungen« und im »Bund junger Autoren Österreichs« und kam dadurch in Verbindung mit Friedrich Bergammer, Hans Maier (später Jean Améry), Fritz Brainin, Rudolf Felmayer und vielen anderen österreichischen Autoren. Wichtig für die österreichische Literatur wurde die von H. herausgegebene Anthologie *Jahrbuch 1935*.

Auf einer Reise zu Verwandten in die Bukowina lernte er 1931 die jiddische Kultur und chassidische Religiosität kennen. 1939 floh H. nach Italien, wo er in verschiedenen Internierungslagern überlebte und 1944 in Bari ein Mitarbeiter der »Freien Österreichischen Bewegung« und des »Palästina Amtes« wurde. Von 1945–47 lebte er bei seinen Eltern in Palästina, das er auch noch später besuchte und wo er in Kontakt mit dem berühmten Wilnaer jiddischen Schriftsteller Abraham Sutzkever kam, der ihm die jiddische Sprache und Literatur nahebrachte. Von 1947 bis zu seinem Tod lebte H. als freier Schriftsteller in Wien, obwohl er als »Heimatloser« heimgekehrt war. Hier leitete er eine Aktion des österreichischen PEN-Clubs zur Förderung junger Autoren und gab 1948–51 sowie 1979–86 die Literaturzeitschrift *Lynkeus* heraus. In Volkshochschulen in Wien und München leitete er das Autorenstudio.

Wie kein anderer österreichischer Autor, der nach 1945 in seinem Heimatland lebte, verkörperte H. ein stolzes und für manche zuweilen zu offen artikuliertes, keineswegs aber institutionell oder religiös verankertes jüdisches Bewusstsein. Unerbittlich war er dabei in der Kritik der jüdischen Assimilation und der Kompromisse mit Autoren, die dem Nationalsozialismus nahestanden, dies, obwohl er selbst mit Ernst Jünger und Max Mell in positivem Kontakt stand. Seine Begegnungen mit zahlreichen prominenten österreichischen und deutschen Autoren und seine hellsichtigen Urteile über diese sind in dem Band *Dürre Äste, welkes Gras* (1991) nachzulesen. Einen großen Teil seiner Arbeitskraft widmete H. der Vermittlung jüdischer Literatur. In den 50er Jahren leitete er den umfangreichen Literaturteil der Zeitschrift *Das jüdische Echo*, wo er Texte junger österreichischer, aber auch zahlreicher internationaler jüdischer und jiddischer Autoren veröffentlichte. Für die Wiener zionistische Zeitschrift *Die Neue Welt* redigierte er 1954–69 den Rezensionsteil und zeitweise ebenfalls eine Seite über Jüdische Literatur. Die 18 Anthologien, die er herausgab, umfassten neben Viennensia vor allem Judaica. Darunter befanden sich Sammlungen jüdischer Witze und Anekdoten sowie jiddischer und israelischer Erzählungen. Im Nachwort der umfangreichen Anthologie *Die Bibel in deutschen Gedichten* (1918) beschrieb er die Bedeutung, die die von seiner Großmutter geerbte Bibel für ihn zeitlebens erlangte: Die Bibel, »Weise von Tausenden Jahren, Leben und Toten, hat zu mir gesprochen, wenn ich Rat suchte, – wenn ich nicht weiter konnte und wenn ich zu sterben meinte«.

In H.s Lyrik gehören besonders die Gedichte *Glaubensbekenntnis, Bibel, Jüdisches Kind 1945* und *Das Wort* zu den beeindruckendsten Bekenntnissen einer Wortgläubigkeit und der Verbundenheit mit der jüdischen Tradition. So lautet das Gedicht *Das Wort:* »Wir haben mit Goethe gesprochen./ Wir haben mit Kant diskutiert./ Das Wort hat mit uns nicht gebrochen./ Es ist mit uns emigriert./ Es ist mit uns geflüchtet./ Es war und ist unser Heim./ Deutsch haben wir jüdisch gedichtet./ Ich bin der letzte Reim.«

Eines der ständig wiederkehrenden Themen ist die Auseinandersetzung mit dem Judentum, sowohl in religionsphilosophischen Reflexionen und in Erinnerungen an die Verfolgung als auch in Beobachtungen des österreichischen Antisemitismus und des westdeutschen Philosemitismus. Im Vorwort zur jüdischen Witzsammlung *Oj, bin ich gescheit!* beschrieb H. den echten jüdischen Witz, dessen Ursprung im Ostjudentum liegt, im Gegensatz zu den fragwürdigen Sammlungen von Witzen *über* die Juden: »Der echte, ursprüngliche, *aus* dem Judentum geborene Witz ist von jenem *über* das Judentum, der meist billig verformt und bewußt herabsetzend ist, scharf zu trennen.« Der echte jüdische Witz ist laut H. »eines der unauslöschlichsten Bänder, die dieses Volk zusammenhält.«

Zu seinen Lebzeiten erschienen von H. fünf Gedichtbände und ein Band mit Kurzprosa. Sein gesamter Nachlass befindet sich seit 2004 im Österreichischen Literaturarchiv in der Österreichischen Nationalbibliothek und wird – bis zur Gegenwart – von der von Emmerich Kolovic geleiteten H.-Gesellschaft betreut.

Werke: Dürre Äste, welkes Gras, Wien 1991; Der unheilbare Wahn. Denkprozesse, Wien 1993; Zu Fuß durchs Rote Meer. Impressionen und Träume, Wien 1995; »Oj, bin ich gescheit!« Ostjüdischer Humor, Wien 1996; In den roten Tropfen tunk ich meine Feder. Jiddische Gedichte des 20. Jahrhunderts. Gesammelte Übertragungen, Wien 2001; Die taoistische Powidlstimmung der Österreicher. Briefwechsel 1953–1986 mit G. Amanshauser, Weitra 2005; Der raunzende Rebbe, Wien 2007; von denen ich weiß. Wahrnehmungen eines Literaten, Wien 2011.

Literatur: Ein besonderer Mensch. Erinnerungen an H.H., hg. H.H.-Gesellschaft, Wien 1988; E. Adunka, H.H. und die »Neue Welt«, in: Wandlungen und Brüche, hg. J. Nittenberg, Wien 1997, 231–243.

Evelyn Adunka

Harden, Maximilian (eigentl. Felix Ernst Witkowski)

Geb. 20.10.1861 in Berlin;
gest. 30.10.1927 in Montana-Vermala (Schweiz)

Obwohl er sich selbst als Christ betrachtete, wurde kaum ein Schriftsteller der wilhelminischen Zeit so sehr als Jude wahrgenommen, analysiert und verfolgt wie H., der als Begründer und Herausgeber der unabhängigen kulturpolitischen

Wochenzeitschrift *Die Zukunft* seit 1892 zum wichtigsten Journalisten der wilhelminischen Zeit avancierte. In einer autobiographischen Rückschau schreibt H.: »Und als 16-jähriger Knabe war ich, der nie innere oder äußere Beziehung zum Glauben Israels gehabt hatte und während der Schulzeit schon nur in den Lehren neutestamentlicher Religion unterwiesen worden war, zum Christenthum übergetreten, das dem jungen Sinn die höherer Kultur entsprechende Glaubensform schien« (*Bebel und Genossen III, Zukunft,* 10.10.1903).

H. ist das jüngste von sieben Kindern eines jüdischen Seidenhändlers aus Posen und lässt sich 1881 taufen; 1887 ändert er seinen Geburtsnamen Felix Ernst Witkowski in Maximilian Harden um. Diesen Namen hatte er sich als junger Schauspieler zugelegt. Er selbst begründet diese Entscheidung mit familiären Schwierigkeiten, gleichzeitig ist darin aber wohl auch der Versuch zu erkennen, ähnlich wie Heinrich Heine ein »Entréebillet in die deutsche Gesellschaft« zu erlangen (Young). Beides, die Taufe und sein Namenswechsel, werden zu zentralen Bezugspunkten der antisemitischen Verfolgung H.s. Aber auch von jüdischen Rezipienten, die H. als einen Vertreter deutsch-jüdischer Literatur darstellen, werden diese biographischen Ereignisse kritisch interpretiert. Häufig ist H. als einer jener Juden beschrieben worden, die sich selbst und andere wegen ihres Judentums hassten. Maßgeblich geht diese Zuschreibung auf Theodor Lessing zurück, der in seinem Essay *Der jüdische Selbsthaß* (1930) H. porträtiert und ihn neben so prominente Vertreter eines jüdischen Antisemitismus wie Arthur Trebitsch und Otto Weininger stellt.

Der junge H. quält sich mit seinen jüdischen Wurzeln, weil sie eine unbefangene Annäherung der Öffentlichkeit an seine Person in der antisemitisch geprägten Atmosphäre des Wilhelminischen Kaiserreiches unmöglich machen. »Ich bin längst gewöhnt, als ein mauschelnder Itzig vorgeführt zu werden; da ich einsam lebe, mag Mancher die Karikatur für ähnlich halten«, bilanziert H. die Reaktionen auf seine Person in einem Prozessbericht 1907 (*Der Prozeß, Zukunft,* 23.11.1907.) Dabei weist H. die von außen an ihn herangetragene Identifizierung als Jude nicht zurück, solange sein deutscher Patriotismus nicht infragegestellt wird. Leidenschaftlich und polemisch bekämpft er Kaiser Wilhelm II. und dessen bereits von Bismarck kritisierten »Neuen Kurs«. Besondere Aufmerksamkeit erfährt H. in der Affäre um den engen Freund und Berater des Kaisers, Philipp zu Eulenburg und Hertefeld, dessen Homosexualität H. 1907 enthüllt, womit er dem Kaiserhaus erheblichen politischen Schaden zufügt. Mehrmals handelt sich H. damit Prozesse wegen Majestätsbeleidigung und mehrjährige Festungshaftstrafen ein. In seinen Schriften finden sich dennoch zahlreiche patriotische Äußerungen und konservative Standpunkte. Wie bei vielen Juden seiner Zeit kulminieren sie zu Beginn des Ersten Weltkrieges in chauvinistischem Überschwang: »Deutschland kämpft. Wer hat ihm dazu die Berechtigung gegeben? In seiner Macht liegt sein Recht. Deshalb ist der Krieg, den es führt, ein guter Krieg« (*Zukunft*, 5.9.1914). Im Laufe des Krieges jedoch gibt H. diese Haltung auf und wird Pazifist. H. befürwortet den Versailler Vertrag, er tritt für die Republik ein, kritisiert aber heftig ihre Protagonisten und deckt ihre Schwächen schonungslos auf.

Jüdischen Themen gegenüber bezieht H. streitbare Positionen, außerdem öffnet er sein Blatt für die Diskussion extremer Meinungen. In einem Interview des Publizisten und Schriftstellers Hermann Bahr mit H. aus dem Jahr 1893 weist H. darauf hin, dass seine Kapitalismuskritik oft mit Antisemitismus verwechselt werde. Nicht als Juden kritisiert H. die großen Berliner Zeitungsverleger R. Mosse, G. Davidsohn und die Ullsteins, sondern als Vertreter der allmächtigen Massenpresse, von der H. sich abgrenzt (Neumann). Von jüdischer Seite vielfach kritisiert wurde H.s Haltung in der Affäre Dreyfus, die eine Welle antisemitischer Ressentiments freisetzte. Diese wiederum stellten die Assimilation infrage und lösten bei zahlreichen assimilierten Juden eine Rückbesinnung auf die eigenen Ursprünge aus, wie auch die Affäre, insbesondere bei Th. Herzl, einigen Einfluss auf die Institutionalisierung des Zionismus hatte. H. jedoch, der in der *Zukunft* wiederholt Stellung zu dieser Frage bezieht, verweigert sich einer Parteinahme für Dreyfus, begründet durch »irrationale antikapitalistische und antisemitische Affekte« (Hellige). Ein weiteres Mal gewinnt die Assimilationsproblematik an Bedeutung, als H. Walther Rathenau, mit dem er befreundet ist, 1897 in der *Zukunft* ein Forum für seinen berühmten Artikel *Höre Israel* bietet. Darin tituliert der junge Industrielle die preußischen Juden als »asiatische Bande auf märkischem Sand« und plädiert für eine Massentaufe. Im Gegenzug animiert H. Th. Herzl zu einer Stellungnahme zum Zionismus. In späteren Jahren finden sich wiederholt durchaus positive Stellungnahmen zum Zionismus. H. begrüßt die Balfour-Deklaration von 1917, die den Juden einen eigenen Staat in Palästina verspricht; 1920 widmet er eine halbe Ausgabe der *Zukunft* den Entwicklungen in Palästina.

H.s Haltung gegenüber den durch Pogrome verfolgten russischen Juden ist distanziert. In ihrer Emigration nach Deutschland sieht er eine Gefahr für die deutsche Gesellschaft: »Die Leute sind enorm klug und geschickt. Haben in fünfzig Jahren bei uns mehr erreicht als je ein anderes Volk; und tun, als seien sie noch geknechtet. Schätze sie, bewundere sie sogar. Alle Quellen der Bildung sind von ihnen besetzt. Va bene. Aber das Ideal ihrer Intellektualität braucht nicht unseres zu sein; sie dürfen uns nicht zwingen, mit ihren Augen zu sehen, noch gar für ihre Interessen unsere hinlänglich bedrohte nationale Zukunft zu opfern« (*Moritz und Rina, Zukunft*, 30.9.1905). Gleichzeitig kämpft H. gegen den Antisemitismus in Deutschland. In der *Zukunft* zieht er gegen antisemitische Exzesse zu Feld, schreibt Satiren, etwa über den preußischen Finanzminister Johannes Miquel. Er bespöttelt den antisemitischen Reichstagsabgeordneten Ahlwardt oder weist Behauptungen zurück, dass die Juden Kriegsgewinnler und Schieber gewesen seien.

Einen weiteren Höhepunkt der Reflexion über das Verhältnis von Deutsch- und Judentum markiert H.s Reaktion auf den Mord an Außenminister Walther Rathenau durch Angehörige der terroristischen, deutschnationalen »Organisation Consul« im Juni 1922. In H.s polemischem Nekrolog auf Rathenau sehen seine Biographen eine Auseinandersetzung mit dem eigenen Scheitern bei dem Versuch, sich mit den Deutschen zu identifizieren (Gottgetreu, Ambrecht). Am 3. Juli 1924 wird H. selbst Opfer eines Attentats, das er schwer verwundet überlebt. Die ebenfalls aus dem Umfeld der »Organisation Consul« stammenden Täter werden gefasst und angeklagt. Der Prozess steht exemplarisch für die antisemitische Unrechtsjustiz der Weimarer Republik: Er verhöhnt das Opfer H., indem er die Schuldigen milde bestraft und H. zum Angeklagten macht. In der Rede vor den Geschworenen rechtfertigt H. 1923 seinen Übertritt zum Christentum mehr als vierzig Jahre zuvor: »Das war eine Zeit, in der man vom Rassenantisemitismus nichts wußte; sonst wäre es wohl eine Art Apostasie gewesen, und ich hätte es nicht getan.« In den folgenden Ausführungen stellt er das Verhalten der Deutschen den Leistungen der Juden gegenüber, ohne sich jedoch explizit mit einer der beiden Gruppen zu identifizieren. Während Lessing und Hellige aus H.s wenigen Äußerungen zu Fragen jüdischer Identität nach 1923 bei H. auf eine Rückkehr zum Judentum schließen, sieht Armbrecht hierfür keine eindeutigen Beweise.

Am 30. September 1922 erscheint die letzte Ausgabe der *Zukunft*, eine Folge des Attentats, aber auch der im Laufe der Jahre erheblich geschwundenen Abonnentenzahl. 1923 zieht H. in die Schweiz und stirbt verbittert und einsam am 30. Oktober 1927 in Montana-Vermala im schweizerischen Wallis an einem chronischen Bronchialleiden.

Werke: Die Zukunft 1–30 (1892–1922); Apostata, Berlin 1892; Apostata, Neue Folge, Berlin 1892; Literatur und Theater, Berlin 1896; W. Rathenau/M.H., Briefwechsel 1897–1920, hg. H.D. Hellige, München 1983; Köpfe. Portraits, Briefe u. Dokumente, Hamburg 1983.
Literatur: P. Mayer, M.H., in: Juden in der deutschen Literatur, hg. G. Krojanker, Berlin 1922, 101–112; Th. Lessing, Der jüdische Selbsthaß, Berlin 1930; E. Gottgetreu, M.H., in: Leo Baeck Institute Year Book 7 (1962), 215–246; U. Weller, M.H. und die »Zukunft«, Bremen 1970; H.F. Young, M.H., Münster 1971; S. Armbrecht, Verkannte Liebe. M.H.s Haltung zu Deutschtum und Judentum, Oldenburg 1999; u. M. Neumann, M.H. Ein unerschrockener deutsch-jüdischer Kritiker und Publizist, Würzburg 2003.

Stefanie Oswalt

Hardenberg, Henriette (eigentl. Margarete Rosenberg)

Geb. 5.2.1894 in Berlin;
gest. 26.10.1993 in London

H. zählt zu jenen jüdischen Autoren und Autorinnen, die sich als assimilierte Deutsche gefühlt und verstanden haben, die aber von ihrer jüdischen Herkunft »infolge des zunehmenden Antisemitismus nicht loskommen« konnten (Shedletzky) und zur exilierten Existenz gezwungen wurden. Im retrospektiven Blick auf ihr Leben bekannte H. 1987 in einem Interview: »Ich muß sagen, nach dem, was den Juden passiert ist, fühl' ich mich mehr jüdisch, als ich mich je vielleicht gefühlt hätte.«

Die Tochter eines angesehenen Berliner Rechtsanwalts veröffentlichte ihre ersten Gedichte im April 1913 in Franz Pfemferts Zeitschrift *Die Aktion*. Mit bildkräftigen, kühnen Versen schloss sich H. der kunstrevolutionären Bewegung des Expressionismus an und konnte sich als eine der wenigen Frauen in den von Männern dominierten Künstlerkreisen literarisch behaupten. Schon die Anfangszeile ihres ersten publizierten Gedichts – »Wir werden herrlich aus Wunsch nach Freiheit« – formulierte das kardinale Thema, Motivation und Ziel des Lebens und Schreibens, getragen von der Sehnsucht nach Grenzüberschreitungen und Existenzverwandlungen. Die immer wieder beschworene Restitution eines kreatürlichen Urzustands, einer Allverbundenheit, wo sich die Grenzen zwischen Mensch und Natur oder Ding auflösen, führte zu poetischen Bildern, in denen sich utopisch-idealistische Projektionen und dehumanisierende Zeiterfahrungen verdichteten.

H., die 1916 den Dichter Alfred Wolfenstein heiratete und in freundschaftlichen Beziehungen u. a. zu Rainer Maria Rilke, Johannes R. Becher, Claire Goll und Emmy Hennings stand, veröffentlichte 1918 ihren ersten Gedichtband, *Neigungen*, der als einer der wichtigsten Lyrikbände des ›weiblichen Expressionismus‹ zu betrachten ist.

Obwohl H. in Künstler- und Literatenzirkeln Beachtung und Anerkennung, ja Bewunderung fand, konnte und wollte sie ihr poetisches Schreiben nicht zu einer Profession führen. Zwar publizierte sie in den 20er Jahren weiterhin Gedichte und kleinere Prosatexte in namhaften Zeitungen, Zeitschriften und in einigen Anthologien – der literarische Durchbruch zu einem breiteren Publikum blieb ihr jedoch versagt. Dass Walter Benjamin bereits Anfang der 30er Jahre von der »verschollenen Dichterin Henriette Hardenberg« sprach und dabei lobend ihrer gedachte, gibt ein eindrückliches Zeugnis ihrer kaum merklichen literarischen Präsenz in der Spätphase der Weimarer Republik. – Um Geld zu verdienen, arbeitete H. in der Film- und Modebranche und nahm Ende der 20er Jahre, nach der Trennung von Alfred Wolfenstein, das Angebot des amerikanischen Kunstprofessors Richard Offner an, als dessen Privatsekretärin ein von ihm herausgegebenes vielbändiges Werk über frühe Florentinische Malerei zu betreuen.

Immer deutlicher und illusionsloser musste H. in den 30er Jahren erkennen – nicht zuletzt angesichts der Verfolgung Wolfensteins und seiner Flucht nach Prag –, dass ihr weiterer Aufenthalt in Hitler-Deutschland nur noch mit größter Lebensgefahr verbunden gewesen wäre. 1937 floh sie in Begleitung des Architekten, Erfinders, Bildhauers und Dichters Kurt Frankenschwerth, den sie im Mai 1938 heiratete, nach England. Wenngleich H. in der Emigration kaum noch etwas veröffentlichte, schrieb sie weiter, im Verborgenen. Viele ihrer späten Gedichte und lyrischen Prosastücke sind geprägt von Schmerz, Trauer und Einsamkeit. Den Verlust geliebter Menschen (Kurt Frankenschwerth starb 1982), den Verlust der deutschen Heimat und einer glücklichen Zeit reflektierend, scheint in diesen Texten die Tragik vieler Exilschriftsteller und -schriftstellerinnen auf, verstummt oder ungehört in die Vergessenheit zu fallen. Liest man H.s späte Texte als poetische Protokolle der Introspektion und der seelischen Befindlichkeit, so ist festzustellen, dass die Dichterin das Schicksal der Vertreibung und das damit verbundene Gefühl existenzieller Entwurzelung als ein unverlierbares Stigma trug. Vor diesem Hintergrund manifestierte sich eine solidarisierende Identitätsfindung im Leidensschicksal der Exilierten. Gegenwärtig blieb für H., dass sie *als Jüdin* vor den Nationalsozialisten aus Deutschland hatte fliehen müssen. Den »Verschwundenen von Auschwitz« widmete sie das Gedicht *Die Ermordeten*, in dem die Dichterin auf der Suche nach einer liebenden Gemeinschaft die »nie vergessenen Freunde« zurückruft; am Ende muss das imaginierende Ich jedoch schmerzlich erkennen, dass die »Ermordeten« nur noch in kurzen Erinnerungs- und Traumbildern in Erscheinung treten können, und so wird das Ich, »hilflos abgetrennt von dem Begegnen«, schließlich »zurückgestoßen in die Einsamkeit«. Auch unter den vielen orthodoxen Juden im Londoner Stadtteil Golders Green, wo H. bis zu ihrem Tod wohnte, fühlte sich die Poetin fremd. Das englische Exil, in das sie sich einzuleben wusste und an dem sie zugleich als einem Ort der Flucht und Heimatferne stetig litt, verfestigte das Bewusstsein einer schicksalhaften Isolation, aus der sie nur die poetischen Worte, für Augenblicke der Erinnerung und des Traums, zu entlassen vermochten.

Vielleicht kann man bei H.s Gefühl und Erkenntnis einer ewigen Vertreibung und Flucht so weit gehen, auch für sie, die assimilierte Jüdin, die von ihrem ersten Mann Alfred Wolfenstein dargelegte Analogie von Dichtertum und Judentum geltend zu machen. In seinem Anfang der 20er Jahre publizierten Essay *Das neue Dichtertum des Juden* vermerkte Wolfenstein, dass der Dichter wie der Jude »der unter die Völker Verstreute« sei; »aus tieferem Grunde kommend und in höherem Sinne ortlos; der Verbannte. Er ist, heute zumal, der ungewiß Wohnende unter Fremden, – denen er sich doch glühend zugehörig fühlt.« Als eine »ungewiß Wohnende unter Fremden«, denen sie sich als eine Fremde gleichzeitig »zugehörig« fühlte, hat sich auch H. im englischen Exil, das stets nur Heimat*ersatz* für sie war, wiedergefunden. Die große Hoffnung H.s, durch das dichterische Werk zu überleben, ist ihr mit der späten Wiederentdeckung, nach der Publikation ihrer gesammelten *Dichtungen* 1988, noch zu einer glücklichen Gewissheit geworden.

Werke: Dichtungen, hg. H. Vollmer, Zürich 1988; Südliches Herz. Nachgelassene Dichtungen, hg. H. Vollmer, Zürich 1994.

Literatur: M. Treichler, H.H. – eine Seele dichtet, in: Die Drei (März 1992), 213–222; H. Vollmer, »Wie ein glückliches Bild innen unter sicheren Lidern«. Rainer Maria Rilke und H.H., in: Euphorion 87 (1993), 69–89; M. Krug, Imaginationen im Gedichtzyklus »Neigungen« von H.H., Freiburg i. Br. 1994; C. Jürgens, Zwischen Freiheitsstreben und der Suche nach einer Heimat in der Sprache – H.H. (1894–1993), in: Ariadne (Mai 1997), 38–41; A. Huml, Brüchige Begebenheiten. Zur lyrischen Kurzprosa von H.H., in: Bei Gefahr des Untergangs. Phantasien des Aufbrechens. Festschrift für Irmgard Roebling, hg. I. Brueckel u. a., Würzburg 2000, 261–271.

Hartmut Vollmer

Hartmann, Moritz

Geb. 15.10.1821 in Duschnik (Böhmen); gest. 13.5.1872 in Wien

H. entstammte einer böhmisch-jüdischen Familie, die ihre Vorfahren bis auf Rabbi Löw zurückführen konnte. Die prägende Gestalt seiner Jugend war sein Großvater mütterlicherseits, der ihn mit jüdischer Gelehrsamkeit und zugleich mit den Ideen der Aufklärung in Berührung brachte. Bereits auf dem Gymnasium in Jungbunzlau lernte H. seine späteren, langjährigen Freunde Isidor Heller und Leopold Kompert kennen. Vor allem Heller hatte nachhaltigen Einfluss auf ihn und war mitverantwortlich für H.s sich bereits in jungen Jahren manifestierende Distanz zum Judentum.

H. ging Ende der 1830er Jahre zum Studium nach Prag und schloss sich dort, wie viele seiner Altersgenossen, verschiedenen literarischen Zirkeln an, deren Mitglieder sich in ihren Publikationen für eine politische und geistige Erneuerung des Landes einsetzten. Eine große Anzahl dieser Publizisten und Dichter war jüdischer Herkunft und erhoffte sich von der Neuordnung der politischen Verhältnisse auch mehr Freiheit für die Juden. Im Gegensatz zu seinen Freunden und Kollegen berührte H. in seinen Gedichten, die er u. a. in den von Ludwig August Frankl edierten *Sonntagsblättern* veröffentlichte, jüdische Themen fast überhaupt nicht. Diese Haltung wurde symptomatisch für H.s Gedichte, Erzählungen, Reiseberichte und politische Feuilletons umfassendes Gesamtwerk, obwohl er sich fast ausschließlich in jüdischen Kreisen bewegte und viele jüdische Freunde hatte, unter ihnen Berthold Auerbach, Jakob Kaufmann, Ferdinand Hiller und Leopold Kompert.

Eine gewisse Ausnahme ist H.s erste Gedichtsammlung *Kelch und Schwert* (1845), deren Erscheinen – unter massiver Behinderung durch die Zensur – H. zu einem der bekanntesten Vormärzlyriker Österreichs machen sollte. Hier finden sich einige Gedichte, in denen H. über die unterdrückten Völker Europas spricht, unter die er neben Böhmen, Polen und Italienern auch die Juden zählt. Vor allem Böhmen wird als Märtyrer unter den Völkern apostrophiert, woraus dann Parallelen zu den Juden gezogen werden. Auch in dem Gedicht *Die Drei* lässt sich jüdische Thematik erkennen: Drei Flüchtlinge – ein Jude, ein Pole und ein Zigeuner – treffen in einer ungarischen Dorfschenke zusammen, sie sind alle heimatlos, weil sie kein Vaterland haben, der Jude leidet noch zusätzlich unter seiner ehemaligen Ghettoexistenz, aufgrund derer ihm die politische Gleichstellung verwehrt wird. Es bleibt jedoch unklar, ob H. hier eigenes Erleben oder ob er vielmehr ein häufiges Motiv der Vormärzlyrik jüdisch-böhmischer Autoren aufgegriffen hat. Gerade die jüdischen Intellektuellen fühlten sich angezogen von der Verbindung zwischen national-kulturellem und politischem Gedankengut. Die Unterdrückung der Tschechen (Böhmen) weckte bei vielen Juden Erinnerungen an das eigene Schicksal. Dafür sprechen die in den Dichtungen häufig auftretenden Vergleiche zwischen Böhmen und Palästina, zwischen Prag und Jerusalem, wie sie auch H. in seinen *Böhmischen Elegien* in *Kelch und Schwert* literarisch gestaltete. Schließlich werden in dieser Sammlung auch im Gedicht *Bei Waterloo* jüdische Themen angeschnitten: Es erzählt von einem deutsch-jüdischen Soldaten, der in der Schlacht für sein Vaterland fällt; sein Tod veranlasst den Erzähler zu expliziten Emanzipationsforderungen für die Zukunft.

Demgegenüber erscheint in H.s nächstem Gedichtband *Neuere Gedichte* (1847) die jüdische Thematik völlig aus dem politischen Zusammenhang gelöst. Die Ballade *Die Jüdin* erzählt von der Liebe des Kaisers zu einer schönen Jüdin, die schließlich durch einen verliebten Pagen aus Eifersucht getötet wird, und greift damit das beliebte Motiv der ›Schönen Jüdin‹ auf. Auch in H.s wichtigstem politischem Werk, der 1849 entstandenen *Reimchronik des Pfaffen Maurizius*, die in satirischer Weise die Ereignisse im Frankfurter Paulskirchenparlament beleuchtet, wird die Rolle von Juden am politischen Geschehen gleichsam aus der Ferne beleuchtet: Ein Jude schleicht sich in das Zelt des ungarischen Freiheitshelden Lajos Kossuth und bietet die finanzielle Hilfe der jüdischen Gemeinschaft für den Freiheitskampf an.

Während sich H. im Gegensatz zu seinen jüdischen Freunden ganz offensichtlich davor scheute, jüdische Themen in seinem dichterischen Werk in größerem Umfang anzuschneiden, erweist er sich in seinen übrigen Schriften, u. a. in Briefwechseln sowie in seinen *Bruchstücken revolutionärer Erinnerungen* (1861), als ein Beobachter, der die jüdischen Belange nie aus den Augen verlor. Dies wird besonders deutlich in den Briefen an seinen Freund Alfred Meißner, in denen er die antijüdischen Ausschreitungen in Prag in den 1840er Jahren heftig kritisierte. Die gleichen Vorfälle schilderte er auch in seinen Erinnerungen, in denen er seine eigene Rolle als Verteidiger des jüdischen Viertels in Prag noch deutlicher hervorhob. Über die politische Situation der Juden seiner unmittelbaren Gegenwart sind allerdings auch in den Briefwechseln und politischen Feuilletons nur sehr marginale Äußerungen überliefert. Dies zeichnet auch H.s literarisches Werk in der Restaurationsepoche aus, in dem ansonsten die politischen Verhältnisse der Exilländer, in denen H. nach seiner Flucht zu leben gezwungen war, in vielfältiger Weise zur Sprache kamen. Ein einziges Gedicht, *Die Lampe*, in dem Gedichtband *Zeitlosen* (1858) evoziert das Prager Ghetto und schildert den Sabbatabend eines alten Rabbinerehepaares. Deutlich aus dem Rahmen fällt hingegen H.s kurze Erzählung *Bei Kunstreitern* (1863). Der Erzähler hört bei einer umherziehenden Kunstreitergesellschaft die Melodien des Kol Nidre, die ihn an die eigene Vergangenheit erinnern. Er erzählt daraufhin seiner Begleiterin eine Geschichte aus seiner Jugend, in der ein Aristokrat eine Jüdin liebte, die, um ihn heiraten zu können, schließlich zum christlichen Glauben übertrat. Dies zog den Übertritt eines Teils der jüdischen Gemeindemitglieder nach sich, einen Weg, den auch der Vater des Erzählers und er selbst eingeschlagen haben. Die Erinnerung an diese Vergangenheit entfremdet ihn seiner nichtjüdischen Geliebten, die ihn zum Schluss widerspruchslos ziehen lässt. Ein einziges Mal behandelt H. hier die inneren Konflikte eines getauften (zu lesen als Synonym für: assimilierten) Juden in der postemanzipatorischen Ära, wobei das offene Ende der Erzählung zugleich einen impliziten Appell zur jüdischen Identitätsbewahrung darstellt.

Obwohl sich H. mit jüdischen Themen nur in seltenen Fällen befasst hat, ist er von seinen jüdischen wie nichtjüdischen Zeitgenossen fast ausnahmslos als genuin jüdischer Autor wahrgenommen worden. »Auch etwas Schmutz und sehr salopp aus dem Ghetto! Macht das die Emancipation der Juden?« begann der H. nicht freundlich gesonnene Kritiker Gustav Kühne seine Rezension der *Reimchronik des Pfaffen Maurizius.* Der Freund Ferdinand Kürnberger hingegen verglich H. mit Heine und Börne, und Berthold Auerbach beklagte in seinen Briefen, dass H. sich zu seiner jüdischen Identität nicht äußern mochte, während H.s langjähriger Weggefährte Alfred Meißner in seinen Erinnerungen darum bemüht war, H.s Distanz zu seiner jüdischen Herkunft hervorzuheben. Diese vereinzelten Aussagen werden ergänzt um ein bedeutendes literarisches Zeugnis in Gestalt des Entwicklungsromans *Der Pojaz* (1905) von Karl Emil Franzos. Hier erlernt der Protagonist Sender Glatteis die deutsche Sprache unter Zuhilfenahme von H.s *Reimchronik des Pfaffen Maurizius*, dem Werk eines, wie Senders Lehrer erzählt, wichtigen jüdischen Dichters der Revolution von 1848. Dieses literarische Zitat hat entscheidend dazu beigetragen, H. als jüdischen Autor im Bewusstsein der Nachwelt zu etablieren.

Werke: Gesammelte Werke, 10 Bde., hg. L. Bamberger u. a., Stuttgart 1874.
Literatur: O. Wittner, M.H.s Leben und Werke, Prag 1907; M. Pazi, B. Auerbach and M.H., in: Leo Baeck Institute Year Book 18 (1973), 202–218; E. Kleinschmidt, Revolutionäre Spiegelungen. Zu M.H.s ›Reimchronik des Pfaffen Maurizius‹ (1849), in: Literatur und Politik in der Heine-Zeit, hg. H. Kircher, Köln u. a. 1998, 185–203; S.P. Scheichl, Zur Freundschaftskultur von Prager und Wiener Juden im Vormärz. Briefe aus dem Umfeld von M.H., in: Juden und jüdische Kultur im Vormärz, hg. H. Denkler, Bielefeld 1999, 165–180.

Gabriele von Glasenapp

Hartwig, Mela (verh. Mela Spira)

Geb. 10.10.1893 in Wien;
gest. 24.4.1967 in London

Als H. gemeinsam mit ihrem Mann, dem Rechtsanwalt Robert Spira, im März 1938 nach England emigrierte, verlor sie nicht nur ihre österreichische Heimat, sondern zugleich den Boden ihrer literarischen Existenz. Noch 1965, zwei Jahre vor ihrem Tod, sprach sie in einem Brief von dem »Gewicht der Vergessenheit«, das auf ihr »laste«, von einem Namen, »den Jahre verschüttet haben«.

Die Tochter des Soziologen und kulturpolitischen Schriftstellers Theodor Hartwig, die ihre künstlerische Laufbahn als Schauspielerin begann, machte literarisch mit der Novelle *Das Verbrechen* auf sich aufmerksam, die 1927 bei einem von der Zeitschrift *Die Literarische Welt* veranstalteten Wettbewerb (Preisrichter war Döblin) ausgezeichnet wurde. Ein Jahr später veröffentlichte H. ihr erstes Buch, den Novellenband *Ekstasen*, im darauffolgenden Jahr erschien ihr erster Roman *Das Weib ist ein Nichts.* Für diese beiden Bücher, in deren Mittelpunkt die von den Lehren und Erkenntnissen der Psychoanalyse geprägte Betrachtung weiblicher, determinierter Existenz steht, erhielt H. 1929 den Julius-Reich-Dichterpreis der Stadt Wien.

Der heraufziehende Faschismus warf allerdings schon in den frühen 30er Jahren bedrohliche Schatten auf das Lebensschicksal der jüdischen Schriftstellerin. Ihr zweiter Roman *Bin ich ein überflüssiger Mensch?*, die triste Lebensgeschichte einer an ihrer Durchschnittlichkeit leidenden, von Selbstzweifeln gequälten Stenotypistin, konnte nicht mehr erscheinen. Mit der Veröffentlichung ihrer Novelle *Das Wunder von Ulm* im Pariser Emigrantenverlag Editions du Phénix 1936 war der Weg H.s ins Exil endgültig vorgezeichnet. In dieser historischen Novelle, die H. als eine »politische Streitschrift« und »wichtige Auseinandersetzung zwischen Judentum und Deutschland« verstand (an den Zsolnay Verlag 1934), rekurrierte die Schriftstellerin auf die Judenverfolgung und die sich ausweitenden Pogrome. H. erzählt in ihrer Novelle das tragische Schicksal der jungen und schönen Jüdin Rahel Nachmann, deren Liebe zum Christen Christian Prugger an den religiösen Vorurteilen der Gesellschaft und an der Intoleranz und Herzenskälte der beiden Väter scheitert. Rahel, geboren in der furchtbaren Feuersbrunst eines Pogroms, von der ihre Mutter getötet wurde, wird als Hexe angeklagt und wegen ihrer roten Haare, die sie als Zeichen für die Schrecken ihrer Geburt trägt, zum Feuertod verurteilt; aus Schuldgefühlen begeht Christian Selbstmord. Nachdem Rahel wie durch ein Wunder vor dem Tod auf dem Scheiterhaufen gerettet wird – ihre roten Haare sind über Nacht schlohweiß geworden –, verlässt sie mit ihrem Vater die Stadt, »um weiterzuwandern und ein Asyl zu suchen«.

Die ewige Wanderschaft der Juden, die Flucht vor der Verfolgung und die Suche nach einem Asyl führte die Autorin der Novelle 1938 nach London, wo sie als Lehrerin und Übersetzerin tätig war und wo sie Virginia Woolf kennenlernte. In den 50er Jahren, u. a. aus »künstlerischer Frustration« über fehlende Publikationsmöglichkeiten einer exilierten Schriftstellerin, fand H. zur Malerei, die für sie »ein von der deutschen Sprache unabhängiges Ventil« bedeutete, wie sie 1954 notierte. Verschiedene Ausstellungen schienen sie als Malerin – unter dem Namen Mela Spira – bekannter zu machen denn als Schriftstellerin, wenngleich sie 1953 noch einen schmalen Band ihrer gesammelten Lyrik, *Spiegelungen*, veröffentlichen konnte – ihre letzte Buchpublikation, die sie erlebte. Literarisch hatte H. nicht resigniert: Zwei Romanmanuskripte, ein Romanfragment sowie einige Erzählungen ihres Nachlasses dokumentieren eindrucksvoll ihre ungebrochene Schaffenskraft im englischen Exil.

Werke: Ekstasen, Berlin u. a. 1928 (Neuausgabe hg. H. Vollmer, Frankfurt a. M. u. a. 1992); Das Weib ist ein Nichts, Berlin u. a. 1929 (Neuausgabe Graz 2002); Das Wunder von Ulm, Paris 1936; Spiegelungen, Wien u. a. 1953; Bin ich ein überflüssiger Mensch?, Graz 2001; Das Verbrechen, Graz 2004.
Literatur: E. Schönwiese, M.H., in: Literatur und Kritik 2 (1967), 406–409; S. Schmidt-Bortenschlager, Der zerbrochene Spiegel. Weibliche Kritik der Psychoanalyse in M.H.s Novellen, in: Modern Austrian Literature 12 (1979), 77–95; E. Schönwiese, Im Exil vergessen. M.H. und ihr nachgelassener Roman ›Die andere Wirklichkeit‹, in: ders., Literatur in Wien zwischen 1930 und 1980, Wien u. a. 1980, 97–102; B. Fraisl, Körper und Text. (De-)Konstruktion von Weiblichkeit und Leiblichkeit bei M.H., Wien 2002; M. Schreiner, »Ich will an die Liebe glauben«. Lektüren: M.H., in: Literatur und Kritik, Nr. 377/378 (2003), 45–56; W. Fähnders, Über zwei Romane, die 1933 nicht erscheinen durften. M.H.s ›Bin ich ein überflüssiger Mensch?‹ und Ruth Landshoff-Yorcks ›Roman einer Tänzerin‹, in: Regionaler Kulturraum und intellektuelle Kommunikation vom Humanismus bis ins Zeitalter des Internet. Festschrift für Klaus Garber, hg. A.E. Walter, Amsterdam u. a. 2004, 161–190; J. Maier-Lehner, M.H.s Novellenwerk. »...bei Kennern unvergessen«, Saarbrücken 2010.

Hartmut Vollmer

Hasenclever, Walter

Geb. 8.7.1890 in Aachen;
gest. 21.6.1940 in Les Milles (Frankreich)

Die Aufführung seines dramatischen Erstlings, *Der Sohn*, 1916 in Prag machte H. schlagartig berühmt. Das Stück wurde zum Manifest einer Generation, die sich im Konflikt mit ihren autoritären Vätern befand. H. zielte jedoch nicht allein auf den

Vater als Familientyrannen. Vielmehr sagte er zugleich der durch den Vater verkörperten Gesellschaftsordnung den Kampf an. Anders als in Franz Kafkas drei Jahre später entstehendem *Brief an den Vater* findet sich in H.s Drama kein Hinweis auf eine jüdische Herkunft des Autors. Erst spät in seinem Leben und unter dem Eindruck der nationalsozialistischen Verfolgung hat H. sich explizit mit diesem Thema auseinandergesetzt.

Der Lebensweg H.s ist reich an Wendungen und Widersprüchen. Geboren als Sohn des Sanitätsrats Carl Georg H. wächst er in großbürgerlichen Verhältnissen in Aachen auf. Seine Mutter, Mathilde Anna H., geb. Reiss, enstammte einer wohlhabenden jüdischen Industriellenfamilie. Der Sohn widersetzt sich erfolgreich dem Wunsch des Vaters und studiert statt Jura Germanistik und Philosophie in Oxford, Lausanne und Leipzig. In Leipzig schließt er sich dem Kreis der Expressionisten an. Als der Erste Weltkrieg ausbricht, meldet sich H. freiwillig an die Front. Von der Sinnlosigkeit des Krieges schon bald erschüttert, wandelt er sich zum Pazifisten. Für nervenkrank erklärt, verbringt er ein Jahr im Lazarett-Sanatorium in Dresden und wird 1917 als kriegsdienstuntauglich entlassen. Im selben Jahr erhält H. für sein Drama *Antigone* den Kleist-Preis. In der Folgezeit intensiver schriftstellerischer Arbeit entstehen Dramen und Dichtungen, die dem Expressionismus zuzurechnen sind. Zu H.s Freunden gehören zu dieser Zeit neben K. Wolff und E. Rowohlt auch K. Hiller, F. Werfel und K. Pinthus, an dessen Sammlung *Menschheitsdämmerung* (1919) er sich mit Gedichten beteiligt.

Am Ende des Ersten Weltkrieges gilt H. seinen Zeitgenossen als Prototyp des politischen und des expressionistischen Dichters. Kasimir Edschmid schreibt in seinem *Tagebuch*, dass H. das echte Pathos des Jungseins mit dem der Politik verbunden habe. Doch das 1919 erscheinende Stück *Die Entscheidung* zeigt bereits H.s Verlust an Zuversicht, mit seiner Dichtung politisch wirken zu können (Breuer). 1920 wird H. im Verlauf des Kapp-Putsches in Kiel zum Zeugen blutiger Auseinandersetzungen, bei denen Anhänger Kapps von kämpfenden Arbeitern aufgerieben und ermordet werden. H. hat dieses Ereignis in seinem im Exil geschriebenen Roman *Irrtum und Leidenschaft* (entstanden 1934–1939) als Wendepunkt in seinem Leben bezeichnet: »Dieser Tag war entscheidend für mich. Seitdem hatte ich keinen politischen Ehrgeiz mehr. Ich war vom Bazillus des Volksbeglückers geheilt.« Zeitgleich mit der Abwendung von der Politik vollzog sich H.s Hinwendung zur Metaphysik und zum Buddhismus. In Letzteren wurde er durch seinen Freund, den Schauspieler Paul Wegener, eingeführt. Über die Lektüre Goethes, Balzacs und Strindbergs gelangte H. zur Beschäftigung mit den Schriften des schwedischen Mystikers und Theosophen Emanuel Swedenborg (1688–1772). Drei Jahre lang widmete er sich der Übersetzung einer Auswahl von Swedenborgs Schriften, die 1925 unter dem Titel *Himmel, Hölle, Geisterwelt* mit einem umfangreichen Nachwort H.s erschien. Die Lehren Buddhas mit denen Swedenborgs zu vereinen, wurde für H. zur Lebensaufgabe, die ihn immer wieder vor unlösbare Probleme stellte. Seitens des Buddhismus wurde H. zutiefst von der Idee eines Karmas, der ewigen Wiederkehr und der Vorherbestimmtheit des Lebens, beeinflusst. Ein anderer buddhistischer Gedanke, ohne den seine Werke seit 1922 nicht zu verstehen sind, ist der des Leidens als zentrale Kategorie der menschlichen Existenz und Erkenntnis.

Die Arbeit an den Nachdichtungen Swedenborgs war 1924 abgeschlossen. In diesen Zeitraum fiel auch H.s Bruch mit dem Expressionismus. Im selben Jahr trat er durch die Vermittlung seines Freundes Pinthus eine Stellung als Korrespondent beim 8-Uhr-Abendblatt in Paris an. Er schrieb in der Folgezeit Reportagen und Feuilletons, die in zahlreichen deutschsprachigen Zeitungen erschienen. Zu seinen Pariser Freunden gehörten u. a. J. Giraudoux, W. Mehring, E. Toller und K. Tucholsky. Neben journalistischen Arbeiten schrieb H., inspiriert durch die Stücke Courtelines, Molières und Sternheims, in den 20er Jahren Komödien wie *Ein besserer Herr* und *Ehen werden im Himmel geschlossen*. Sie machten ihn zu einem der populärsten Bühnendichter der Weimarer Republik. Dabei ging es H. keinesfalls um eine seichte Form der Unterhaltung. Er suchte vielmehr mittels der Komödie eine stärkere Wirkung sozialkritischer Impulse zu erzielen.

1929–1932 war H. wieder in Berlin ansässig. Er unternahm ausgedehnte Reisen, die ihn durch ganz Europa und Nordafrika führten. Außerdem besuchte er Hollywood, wo er mit Greta Garbo und Sergej Eisenstein zusammentraf. Im Sommer 1930 war er als Drehbuchautor bei Metro-Goldwyn-Mayer angestellt und schrieb die deutsche Version von Garbos erstem Tonfilm *Anna Christie*.

Von der Machtübernahme der Nazis erfuhr H. bei einem Kurzaufenthalt in Paris, der zum Beginn eines bis an sein Lebensende währenden Exils wurde. Als sein Name auf einer Liste zu verbrennender Bücher erschien, musste er begreifen, dass er in Deutschland keine Aufführungs- und Publikationsmöglichkeiten mehr hatte. 1938 wurde H. von den Nazis ausgebürgert. Zu den Stationen seines Exils gehörten Südfrankreich, wo er sich meist in Nizza aufhielt, London, Jugoslawien, Italien und, nachdem er anlässlich eines Hitlerbesuchs verhaftet wurde, wiederum London. 1939 kehrte er aus England nach Frankreich zurück. In Cagnes-sur-Mer entstanden seine letzten Werke. Er schloss den autobiographischen Roman *Irrtum und Leidenschaft* ab, an dem er seit 1934 gearbeitet hatte, und schrieb sein letztes Theaterstück, *Konflikt in Assyrien*. Darin griff er den biblischen Esther-Stoff auf und wandte sich erstmals explizit seinem Judentum zu, mit dem er sich nun durch die Nazis gezwungen auseinandersetzte. Wie schon in seinem Drama *Antigone*, in dem H. die Kritik an Wilhelm II. gegen die Figur des Tyrannen Creon richtete, so ist Haman in *Konflikt in Assyrien* eine direkte Verarbeitung Hitlers. Hamans Machenschaften spiegeln die nationalsozialistische Ideologie und Rassenpolitik gleichnishaft wider. Und obgleich das Stück als Komödie fungiert, trägt es doch mindestens ebenso stark tragische Züge. Auch das Happyend und die Rettung der Juden analog zur Esther-Geschichte können über die dem Stück zugrunde liegende Bitterkeit und Resignation nicht hinwegtäuschen. Eine Absage an das Projekt der Assimilation spricht Mardochai aus, dessen düstere Prophezeiungen über den bevorstehenden Tod der Juden sich zwar nicht in H.s Stück, aber bald darauf in Europa erfüllen sollten: »Diesmal gibt es keinen Auszug aus Ägypten. [...] Damit Sie anderen Völkern Ihre Intelligenz und Ihre Fähigkeiten bringen? [...] Wir haben kein Interesse daran, fremde Nationen auf unsere Kosten zu beglücken.«

In Cagnes-sur-Mer wurde H. im Herbst 1939 zweimal interniert, obwohl er aufgrund der im Vorjahr erfolgten Ausbürgerung kein deutscher Staatsangehöriger mehr war und sich der Internierung zunächst hätte entziehen können. Wegen seines angegriffenen Gesundheitszustands und auf die Intervention seines Freundes Giraudoux hin wurde er jedoch wieder freigelassen. Der Roman *Die Rechtlosen*, an dessen Ende er sich nochmals zum Buddhismus bekennt, wurde das letzte Zeugnis dieser Zeit und eines zunehmend bedrohteren und hoffnungsloseren Lebens. Zur Realisierung seines Planes, in die USA auszuwandern, fehlte ihm die Kraft. Im Mai 1940 begab H. sich in das Internierungslager Les Milles bei Aix-en-Provence. Als nach dem deutschen Überfall auf Frankreich Paris besetzt wurde, entzog er sich seiner befürchteten Auslieferung durch Selbstmord. Die Frage nach seiner Identität stellte H. sich gegen Ende seines Lebens mit zunehmender Dringlichkeit. Er antwortete darauf am Ende seines Romans *Irrtum und Leidenschaft*: »Der Verfasser stellt sich die Frage, ob er heute noch ein Deutscher sei. Allerdings. Er ist ein Volksgenosse Goethes. Er wird diese geistige Zugehörigkeit als Glaubensbekenntnis mit ins Grab nehmen. In ein Grab, das aller Voraussicht nach zum Massengrab Europas wird.«

Werke: E. Swedenborg, Himmel, Hölle, Geisterwelt. Eine Auswahl [...] in deutscher Nachdichtung von W.H., Berlin 1925; Irrtum und Leidenschaft, Nachwort K. Pinthus, Berlin 1969; Sämtliche Werke, 7 Bde., hg. D. Breuer u. a., Mainz 1990 ff.; Briefe, 2 Bde., hg. B. Kasties, Mainz 1994. Literatur: M. Raggam, W.H. Leben und Werk, Hildesheim 1973; A. Hoelzl, W.H.'s Humanitarianism, New York 1983; W.H. 1890–1940, hg. D. Breuer u. a., Aachen 1990; B. Kasties, W.H. Eine Biographie der deutschen Moderne, Tübingen 1994; Ch. Spreizer, From Expressionism to Exile: The Works of Walter Hasenclever (1890–1940), Columbia, SC 1999; B. Schommers-Kretschmer, Philosophie und Poetologie im Werk von W.H., Aachen 2000.

Karina von Tippelskirch

Hauschner, Auguste (Auguste Montag)

Geb. 12.2.1850 in Prag;
gest. 10.4.1924 in Berlin

H. stammt, wie ihr Cousin und lebenslanger Freund, der Sprachphilosoph Fritz Mauthner, aus einer wohlhabenden Prager jüdischen Familie. Wie viele junge jüdische Frauen ihrer Generation und Herkunft erhielt sie eine bürgerliche, an der deutschen Kultur orientierte Erziehung. Wie viele verlässt auch H. die Stadt früh, um nur noch besuchsweise zurückzukehren. Seit ihrer Heirat im Jahre 1871 lebt sie mit ihrem Ehemann, dem Fabrikanten Benno Hauschner, in Berlin. Nach seinem frühen Tod im Jahre 1890 kann sie, finanziell unabhängig, ihren Neigungen leben. Sie beginnt zu schreiben und öffnet ihr Haus Am Karlsbad 25 für die liberalen und oppositionellen Intellektuellen der Hauptstadt. 1895 erscheinen erste Novellen, es folgen zahlreiche naturalistische, sozialkritische Romane und journalistische Arbeiten u. a. für das *Literarische Echo* und Maximilian Hardens *Zukunft*, die ihr öffentliche Anerkennung bringen. Als Quelle für das Prager jüdische Milieu ihrer Zeit gelten die autobiographischen Romane *Die Familie Lowositz* (1908) und *Rudolf und Kamilla* (1910).

Nur selten wird, wie in den Novellen *Der Versöhnungstag* (1918) und *Die Siedelung* (1918), auch die jüdische Situation thematisiert, doch auch hier geschieht es vorwiegend aus sozialen, weniger aus jüdischen Interessen. Obwohl H. mit Max Brod, Max Nordau, Martin Buber bekannt bzw. befreundet ist und sie die kulturzionistischen Bestrebungen des Letzteren lebhaft verfolgt, versteht sich H. nicht als Zionistin. Jüdin ist sie vor allem als weltoffene, liberale Europäerin, die sich für die Situation der

Juden wie für die Situation der Frauen interessiert. Es sind weniger ihre Meinungen als vielmehr das intellektuelle und soziale Profil der weltoffenen Europäerin, wodurch sie als Jüdin zu charakterisieren wäre; vermutlich aber auch durch die Tatsache, dass zu ihrem engeren Freundeskreis ausnahmslos assimilierte jüdische Persönlichkeiten zählten. Ihr Salon gehörte zum intellektuellen Leben Berlins zur Zeit der Jahrhundertwende. Während ihre Romane heute weitgehend vergessen sind, taucht das Bild H.s, als der Gastgeberin, der Organisatorin von Vorträgen, Lesungen und Konzerten und vor allem der Mäzenin hinter mancher Schriftsteller- und Gelehrtenbiographie auf, von denen nicht wenige ihre uneigennützige Unterstützung genießen konnten. Zu ihren Freunden und Briefpartnern gehörten Arthur Levysohn, der Chefredakteur des *Berliner Tageblattes*, Maximilian Harden und Siegfried Jacobsohn, Romain Rolland, Norbert Jacques und Max Liebermann. Frauen wie Clara Viebig, die Frauenrechtlerin Hedwig Dohm und Marie Lang, Elisabeth Rotten und Gabriele Reuter oder die Sängerin Lilli Lehmann und die der Sezession angehörende Malerin Dora Hitz kommen hinzu. Nur wenig Zeugnisse existieren von der lebenslangen Freundschaft zu der Schriftstellerin Anselma Heine. Dagegen ist die Freundschaft zu ihrem Prager Cousin Fritz Mauthner und zu dem anarchistisch-sozialistischen Schriftsteller Gustav Landauer, den sie durch Mauthner kennenlernte, durch eine umfangreiche Korrespondenz bezeugt. Für Person und Werk Gustav Landauers ist ihr keine Unterstützung, keine Fürsprache zu mühevoll. Als er 1919 in München ermordet wird, kann sie ihre Bestürzung kaum verwinden.

Werke: Dr. Ferenczy. Novellen, Berlin 1895; Die Unterseele. Novellen, Berlin 1898; Frauen unter sich, Dresden 1901; Daatjes Hochzeit, München 1902; Kunst, München 1903; Zwischen den Zeiten, München 1906; Die Familie Lowositz, Berlin 1908; Rudolf und Kamilla, Berlin 1910; Die große Pantomime, Berlin 1913; Die Heilung, Stuttgart 1922.

Literatur: R. Fürst, Eine deutsche Dichterin aus Böhmen, in: Deutsche Arbeit 3 (1904); Briefe an A.H., hg. M. Beradt u. a., Berlin 1929; Gustav Landauer. Sein Lebensgang in Briefen, 2 Bde., hg. M. Buber u. a., Frankfurt a. M. 1929; W.A. Iggers, Jüdinnen in Böhmen und Mähren um 1900, in: Von einer Welt in die andere. Jüdinnen im 19. und 20. Jahrhundert, hg. J. Dick u.a, Wien 1993, 157–166; H. Lange, »Wir stehen alle wie zwischen zwei Zeiten«. Zum Werk der Schriftstellerin A.H. (1850–1924), Essen 2006.

Hanna Delf von Wolzogen

Heimann, Moritz

Geb. 19.7.1868 in Werder bei Müncheberg; gest. 22.9.1925 in Berlin

Dass sein Weltbild ein eklektisches gewesen ist, gespeist aus jüdischer, christlicher, platonischer Tradition und u.a. Goethe, Herder, Tolstoi und Dostojewski verpflichtet, hat H. mit vielen seiner deutsch-jüdischen Zeitgenossen gemeinsam. Im

Unterschied zu ihnen hat er aber diesen Eklektizismus auf eine recht eigentümliche Weise charakterisiert. Für H. funktioniert er nämlich nur, weil als entscheidendes Bindeglied zwischen den einzelnen Elementen seines Denkens jeweils eine Paradoxie fungiert. So beschwert er sich zum Beispiel brieflich bei Samuel Fischer, für dessen Verlag er von 1895 bis 1923 als Lektor gewirkt hat, über das mangelnde Interesse des Verlags an der Öffentlichkeitsarbeit zugunsten seiner dreibändigen Ausgabe *Prosaische Schriften* (1918), obwohl ihm doch erst jüngst von einem Kritiker ein »repräsentativer Rang als deutsch schreibender Jude eingeräumt« worden sei. Diese Formulierung liest sich wie ein Zugeständnis an die antisemitischen Vorurteile, dass Deutsch nicht die Muttersprache eines Juden sein könne. H. hätte aber in einer anderen Sprache als der deutschen weder schreiben können noch wollen, da ihm, der »auf deutscher Erde geboren« worden ist, auch »alles, was ich zu vernehmen imstande war, die deutsche Sprache gesagt hat«, wie er in dem Essay *Zionismus und Politik* (entstanden 1917) schreibt. Den Jüngeren unter seinen jüdischen Zeitgenossen, die Hebräisch lernen, gibt er zu bedenken, man könne »in einer erlernten Sprache [nicht] anders als künstlich, nachahmend, ja unbewußt travestierend dichten«. In dem Sinne wäre H. nicht ein deutsch schreibender Jude, sondern ein deutscher Jude, da das Deutsche für ihn nichts bewusst Angelerntes gewesen ist, sondern ein durch die Herkunft Mitgegebenes. Doch seine Vorliebe für die paradoxe Formulierung lässt ihn, wie hier in dem Brief an Samuel Fischer, die einzelnen Elemente seiner Existenz als gegeneinandergestellte, weil innerlich letztlich doch einander fremde betonen. Die Verbindung des Deutschen und des Jüdischen sowie des Jüdischen und des Christlichen, die seine geistige Existenz geprägt haben, erkennt auch er als Unvereinbarkeiten. Weil H. in allen Phänomenen, die das Leben des modernen Menschen bestimmen, ein Paradox glaubte ausmachen zu können, das auf die dialektische Struktur der modernen Existenz verweist, hat Martin Buber ihn in der *Weltbühne* als einen »sokratischen Juden« bezeichnet.

H. unterscheidet sich jedoch von dem Klischeebild des jüdischen Großstadtintellektuellen, der als ein wurzelloser, heimatfremder Mensch angesehen wird, weil er sich ein Leben lang als Dorfbewohner seiner Heimat, der Mark Brandenburg, verbunden gefühlt hat. In das väterliche Haus in Kagel bei Berlin hat er sich schließlich in den letzten beiden Jahren seines Lebens wegen seiner schweren Erkrankung zurückgezogen. Aus der Zeit seiner Kindheit erinnert sich H., dass sie damals die einzige jüdische Familie in Kagel gewesen wären, die sich aber in die »christliche, deutsche Umgebung vollkommen in- und hineingelebt [hätten] *durch* [ihre] jüdische Gegensätzlichkeit, nicht trotz ihrer«. Dass sich gerade das Gegensätzliche zu einer gelungenen Einheit zusammenfinden könne, hat er sich selbst von der Astronomie bestätigen lassen. Seine Bemerkung, dass nichts Unnatürliches darin läge, »seine Bahn mit zwei Mittelpunkten zu laufen; einige Kometen tun es und die Planeten alle«, hat als berühmter Ausspruch auch Eingang in das *Philo-Lexikon* gefunden.

H.s einziges dichterisches Werk, in dem er einen jüdischen Stoff thematisiert hat, ist das fünfaktige Drama *Das Weib des Akiba* (1922). Es zeichnet den Lebensweg Rabbi Akibas nach, der nach der Zerstörung des Zweiten Tempels (70 n.Chr.) zum Mitbegründer des talmudischen Judentums wurde, indem er die Sammlung und Systematisierung der mündlichen Tora initiierte. Angelehnt an haggadische Quellen zeigt H. Akiba zunächst als unwissenden Hirten, den seine Frau Jaltha schließlich dazu drängt, ein Toragelehrter zu werden. In diese historische Konstellation des jüdischen Volkes, das durch die Tempelzerstörung seines zentralen Heiligtums beraubt worden war, hat H. die Problematik der modernen jüdischen Existenz wiederum als paradoxe Verfassung gespiegelt. Im Mittelpunkt des Dramas steht nämlich die Frage nach der Glaubensgewissheit in einer Welt, die keinen Ort mehr für die Gegenwart Gottes besitzt. Akiba wandelt sich im Verlaufe des Stückes von einem praktisch veranlagten zu einem von religiöser Weisheit durchdrungenen Menschen, der aus den zerstörerischen Kräften seiner Zeit den Anbruch der messianischen Zeit glaubt herauslesen zu können. Doch nicht ihm, der sich seines Gottes gewiss ist, gibt sich der als Bote des Messias geltende Prophet Elias zu erkennen, sondern seiner Frau Jaltha, die jedoch in der ungewissen historischen Stunde den Gedanken an die Gegenwart des Messias weit von sich weist. »Wer sicher ist, und wenn er Gottes sicher wäre, ist ein Verderber.« Diese Einsicht in die fundamentale Ungewissheit der Welt deutet H. aber wiederum paradoxal als Ausdruck für eine Gewissheit von der möglichen Gegenwart Gottes. »Dich weiß er, dich weiß Gott«, sagt Akiba zu seiner Frau.

In dieser Gewissheit findet auch die Glaubensnot des Diasporajudentums, zu der sich H. in zahlreichen Essays geäußert hat, ihren adäquaten Ausdruck. In seinen Urteilen zum einen über die Bemühungen führender Vertreter der Renaissance des Judentums, den assimilierten Juden das traditionelle Kulturgut ihrer Religion zu vermitteln, zum anderen über den Zionismus, spricht sich jedoch wiederholt der individuelle Standpunkt seines paradoxalen Denkens aus. Dieser Blick für das Paradoxe aber schärft den Realitätssinn, er vertreibt die Illusionen, die sich mancher seiner jüdischen Zeitgenossen über die Zukunft des Judentums gemacht hat. H. formuliert seine Position vor allem in seinem Aufsatz *Zionismus und Politik*. Die Auswirkungen des Ersten Weltkriegs haben für ihn unmittelbar einen Einfluss auf die Beurteilung der Sehnsucht der Juden nach einer neuen Heimstatt. Diese Sehnsucht ist letztlich nur noch als ein politisches Problem zu verstehen. Die religiösen Implikationen des Zionismus erfahren angesichts der politischen Ereignisse eine unfreiwillige Säkularisierung. Daran, wie der Zionismus mit dieser Säkularisierung seiner Ideen zurechtkommt, erweist sich dann seine Ernsthaftigkeit. Für H. ist »alles willkommen zu heißen, was dazu zwingt, die zarten Dinge praktisch zu nehmen«. Weil es nach ihm keine »paradoxere Situation als die der Juden im Abendland« gibt, darf sich das Judentum nicht auf religiöse Visionen einlassen, sondern muss, um das Paradox aushalten und letztlich auflösen zu können, den realen Gegebenheiten der historischen Stunde ins Auge sehen. »Nur als Tat ist der Zionismus ein vollkommener – Gedanke.« In seiner Rezension von Emil Cohns *Judentum* (1923) stimmt H. zwar nicht dessen »poetisch galvanisierter Orthodoxie« als möglicher Rettung der jüdischen Religion zu, doch erkennt er in Cohns ernsthaftem Bemühen um eine neue Form des Judentums die notwendige Hinwendung zur Realität, zum »Kampf«, den »die bürgerliche jüdische Gemeinde [wird] aufnehmen müssen, als die einzige jüdische Realität«. Auch in seinen Rezensionen jener Bücher wie z. B. Bin Gorions *Der Born Judas* (1916) und *Die Sagen der Juden* (1913), die dem assimilierten Judentum eine Nationalliteratur und damit ein nationales Selbstbewusstsein vermitteln wollen, geht es H. folgerichtig nicht um die rein ästhetische Bedeutung dieser Sammlungen, sondern um deren politischen Wert. Diese Bücher sind für ihn nicht Objekte »literarischer Liebhaberei«, sondern historische Zeugnisse, die den Diasporajuden, aber auch seinen Feinden, zeigen können, wie das Jüdische jenseits der Stereotypen aussieht. Dass Bin Gorion seine Sagen, Legenden und Märchen der Juden, die er nicht als lebendig überlieferte Literatur, sondern in Büchern, nämlich dem »gestrüppigen nachbiblischen Schrifttum« vorgefunden hatte, nicht in die künstliche Einheit eines literarischen Werkes umredigierte, lobte H., weil sich die Erfindung dieser Geschichten letztlich nicht poetischer Phantasie verdankt, sondern Zeugnis für einen »Volksgeist« ablegen wollte, der nun in seiner kontroversen Auseinandersetzung mit einem von der Tradition oft als starr und fordernd dargestellten Gott erstmals wieder in Erscheinung tritt. Eben diese lebendige, vor der Erstarrung in rituellen Gebräuchen bewahrende anarchische Kraft hat H. auch in Bubers Übertragungen der Geschichten des Rabbi Nachman wiedergefunden. In Buber sieht H. den Dichter, der die in das Dunkle der fremden jiddischen und hebräischen Sprache gehüllten Erzählungen »ans Licht erlöst« hat. Buber konnte dies nur gelingen, weil er der Überlieferung nicht abtrünnig geworden war, zugleich aber ein freier Mensch blieb. In dieser paradoxen Position ist das Verhältnis von Nähe und Distanz, Abhängigkeit und Unabhängigkeit, das den modernen Juden mit seiner Tradition verbindet, exemplarisch zum Ausdruck gebracht. In der Existenz dieses Buches liegt für H. deshalb keine literarische Sensation, sondern eine »kleine Verheißung«, haben die Juden doch mit ihm einen Stein für den Bau ihres neuen Hauses in der Hand. In diesem Sinne kann es, auch als Buch, »in der Realität wirken«.

Werke: Prosaische Schriften in drei Bdn., Berlin 1918; Wintergespinst. Zehn Novellen, Berlin1921.
Literatur: J. Bab, M.H., in: Juden in der deutschen Literatur, hg. G. Krojanker, Berlin 1922, 260–292; R.v. Heydebrand, M.H., in: Zeit der Moderne. Festschrift f. Bernhard Zeller, hg. H.-H. Krummacher, Stuttgart 1984, 171–225; D. Hoffmann, Die Gewissheit des Glaubens. Richard Beer-Hofmanns und M.H.s jüdische Dramen, in: Richard Beer-Hofmann. Zwischen Ästhetizismus und Judentum, hg. D. Borchmeyer, Paderborn 1996, 101–118.

Daniel Hoffmann

Heine, Heinrich

Geb. 13.12.1797(?) in Düsseldorf;
gest. 17.2.1856 in Paris

Im Kapitel VI der *Bäder von Lucca* (entstanden Frühjahr 1829) spielt der Autor mit der Geburtsstunde seines Abgesandten im Text, des Dottore Enrico. Dies geschieht im Kontext des Religionsgesprächs, das den Lucca-Komplex überhaupt (*Bäder* und *Stadt*) durchzieht.

Es variiert den Gedanken, jüdisches Geborenwerden in die Zeit binde unauflösbar an ein ewiges Judesein in der Welt. Die Tänzerin Franscheska, die kein Geburtsdatum besitzt, Allegorie der Poesie im Text, fragt Enrico nach seinem Alter, indem sie sich achtzehnmal auf einem Fuß herumdreht und dergestalt das jüdische ›Achtzehngebet‹ ›stehend‹ wie vorgeschrieben, dabei ewig beweglich verkörpert. »Ich, Signora, bin in der Neujahrsnacht Achtzehnhundert geboren.« Er sei »einer der ersten Männer unseres Jahrhunderts«. Noch einmal, als biographische Notiz 1835 im Pariser Exil, gibt H. den Jahrhundertbeginn als das Datum seiner Geburt an. Am Rhein, unter napoleonischer Herrschaft 1806–14, habe seine Kindheit die freie Luft Frankreichs geatmet. Das ›wahre‹ Geburtsdatum des deutschen Juden Harry (Heymann) Heine bleibt unbestimmbar. Die relevanten Papiere, allen voran das Beschneidungsbuch der Gemeinde in Düsseldorf, gelten als verloren (verbrannt), H. beharrt kurz vor seinem Tode auf dem Geburtstag 13. Dezember 1799, seine Mutter auf 1797.

Die Unbestimmtheit, die seiner urkundlichen Identität anhaftet, konnte dem Autor nur recht sein. Sein (widersprüchlicher) »Geburtsstolz« (so in den *Geständnissen,* 1854) beruhte auf Geschichtlichkeit und Modernität seines bewussten Judeseins: auf Solidarität und Fremdheit im Judentum. H. litt mit, wie es in der *Lutetia* (1843) heißt, am »achtzehnhundertjährigen Gebreste« der Juden, verabscheute aber zugleich, den »achtzehnhundertjährigen Bart« des Ewigen Juden ›weitertragen‹ zu sollen (u. a. *Doktor Faust. Ein Tanzpoem*, 1847). Die *Hebräischen Melodien*, entstanden 1851, sagen es poetisch knapp: »Heilen kann mich nur der Tod,/ Aber, ach, ich bin unsterblich!«

Dieser eingeschränkte »Geburtsstolz« nun aber ist an das Verfolgungsleid des »gemordeten Volks« (*Zur Geschichte der Religion und Philosophie in Deutschland* I, 1834) eher mittelbar gebunden, unmittelbar jedoch an den Gedanken der Befreiung. Dies ist der Grund des Spiels mit der Neujahrsnacht 1800, das des jüdischen Dichters Anfang pünktlich auf den Anfang des großen 19. Jahrhunderts legt. Es sollte nach H.s Auffassung der Arbeit an den in Frankreich seit 1789 erworbenen Grundfreiheiten gewidmet sein. In diesem zeitgeschichtlichen Bezug ist die nähere Bestimmung des Stolzes in den Geständnissen zu lesen: »Wenn nicht jeder Geburtsstolz bei dem Kämpen der Revolution und ihrer demokratischen Prinzipien ein närrischer Widerspruch wäre, so könnte der Schreiber dieser Blätter stolz darauf sein, daß seine Ahnen dem edlen Hause Israel angehörten, daß er ein Abkömmling jener Märtyrer, die der Welt einen Gott und eine Moral gegeben, und auf allen Schlachtfeldern des Gedankens gekämpft und gelitten haben.«

Stolz und Leid übersetzen H.s Schriften in einen Mitteilungszug, der Seinwollen im Anderen oder Liebesbegehren heißen kann. Es ist das Begehren nach einer Liebe, »die sich Bahn durch Felsen bricht« (*Heimkehr*, 1830), reiner Widerspruch zur gesellschaftlich allgegenwärtigen Härte, an der Liebe abprallt und sich in Elend verwandelt. H.s Lyrik hat es ungeschminkt ›besungen‹ und dabei als kritische Liebesdichtung das gefunden und den lyrischen Konventionen seiner Zeit entgegengesetzt, was in den *Bädern von Lucca* »Naturlaut« genannt ist. H.s deutsche Feinde quer durch die Ideologien (schreibende Zensoren, Patrioten, Jungdeutsche und Antisemiten) haben diesen Naturlaut denunziert als, z. B., »liederliche Grazie« (Th. Mundt, 1835). Solche ›Kritik‹ gab vor, »frivoles Blut« von der deutschen Literatur fernhalten zu wollen, zielte aber auf das Existenzrecht des rasch berühmt gewordenen Juden in der Literatur und seinen Dialog- und Liebesanspruch. Ein jungdeutscher Pietist, im Ton gemäßigter als die gewöhnlich offen antisemitischen Angreifer, sucht das »Ärgernis«, das der Nicht-Christ H. als politischer Liebesdichter gibt, mit einem im Unterton drohenden Bekehrungsgestus zu bannen: H. könne den Juden nicht verleugnen, »noch nicht«! »Dir fehlt nichts als wieder ein Vaterland [...]. Dir fehlt nichts als das Christentum« (A. Jung, 1835). An dieser ›Front‹ ist stets klar ausgesprochen, dass man an das jüdische Nichtchrist-Sein des Dichters das Diktum koppelt, »heilige Gefühle« seien ihm fremd, es fehle ihm Liebe, Sitte, Ernst etc. Diese Koppelung geschieht mit einem Automatismus, der die unzähligen privaten und öffentlichen Ausgrenzungsgesten als deutsch-nationale Stellvertretungsakte ausweist. Sie kulminieren in offiziös-politischen Umschreibungen dessen, was man als ›jüdische Liebesunfähigkeit‹ anprangert, z. B. in einem vom preußischen Außenminister Ancillon 1834 lancierten Pamphlet gegen H., das mit der Todesstrafe winkt und trocken resümiert: H. habe »aufgehört, sich als Glied eines großen Ganzen anzuerkennen« und hänge stattdessen der Französischen Revolution an. Diese aber, ein Seperatum der Geschichte, sei »da gewesen, und Punktum. Jetzt kommt was Neues.«

Was Wunder, dass H., der bereits seine Anfänger-Verse als »die Liebeslieder eines Juden« von »Christlicher Liebe« gehudelt sah (*Jugendbrief*, Oktober 1816), die Schreib- und Veröffentlichungsbedingungen seiner Sprache nicht als literarische, sondern als existenzielle erlebte. Sie standen ihm stets akut entgegen, hatten aber ihre alte Geschichte im offenen Gedächtnis des jungen Juden. So reift er als Lyriker zum Historiker des Judentums heran. Wesentliche Anregungen dazu erhielt er 1822–23 im Berliner »Verein für Cultur und Wissenschaft der Juden«. Seinen Freunden dort (E. Gans, L. Zunz, M. Moser, E. Wohlwill, L. Markus, J. Lehmann) widmete er den Versuch, dem Gedächtnis einen komplex künstlerischen Ausdruck zu geben und (mit einer neuen, jungen Sarah) seinem modernen, kämpferisch-jüdischen Liebesbegehren Gestalt und Ausstrahlungskraft zu verleihen (*Der Rabbi von Bacherach*, 1822 ff.).

H. hat sein Judesein als Kreativquell aufgefasst. Er wollte es, ankämpfend gegen Zurücksetzungen und Demütigung, steigern und verwirklichen auf höchster Stufe intellektueller und ästhetischer Leistungsfähigkeit (in diesem Zusammenhang steht seine taktische Taufe 1825), ohne je seine Zugehörigkeit zum »gemordeten Volk« aufkündigen zu wollen. Entsprechend prekär gestalteten sich seine Beziehungen, die er sowohl zur jüdischen wie zur christlichen Umwelt aufnahm. Sie sind Beziehungen des Begehrens im Entwurfsmaß einer primär-erotischen Absolutheit. Ein trotziges Ich erschließt sich die Welt mit dem Vermögen und dem Willen, sie unteilbar zu erleben und zu lieben, unteilbar in sozialen, ethnisch-religiösen und konventionellen Rücksichten. Aus dem Stand der Pubertät entwickelt sich der lebenslange Unwille über die Begrenzungen seines Liebesbegehrens. H. nimmt sie als fremdgesteuert wahr und ignoriert sie mutwillig. So ist die faktische Elendsgeschichte seiner vielbe-redeten unglücklichen Lieben in Konsequenz einer Freiheit zu lesen, die H. sich nahm, Zurückweisung zu riskieren. Diese Freiheit half ihm, ein Kindheitstrauma wenn nicht aufzulösen, so doch zu zähmen, nämlich die Angst, auch im 19. Jahrhundert, dem Zeitalter der »Emanzipation«, dem Ghetto durchaus noch nicht entronnen zu sein. Daher verknüpft H. im postum überlieferten Text *Memoiren* (1846), dessen Text-Vorgeschichte fragmentiert und integriert über die sämtlichen Prosaschriften seit 1823 schon ausgestreut ist, die Vatererzählung, die in der ›transgenerationellen‹ Ghetto-Erinnerung gefesselt bleibt, mit hübschen Anekdoten, die das »Erziehungssystem« der ›aufgeklärten‹ Mutter, das den Jungen störungsfrei assimilieren sollte, ironisieren. Frei von Ironie ist erst das Finale des Textrests, der von der »Familienzensur« (Heine) verschont geblieben ist. Es ist die Geschichte einer ersten Selbstbefreiung durch die erste Liebe. Sie ist symbolisch erzählt. Die Geliebte stammt aus dem »unehrlichen Geschlecht« der Scharfrichter (»das rote Sefchen«). »Wenn die Leidenschaft eintrat«, ähnelten sich die Stimmen der sozial Getrennten und glich sich ihr Trotz. »Ich küßte die trutzigen Lippen [...] nicht bloß aus zärtlicher Neigung sondern auch aus Hohn gegen die alte Gesellschaft und alle ihre dunklen Vorurteile, und in diesem Augenblick loderten in mir auf die ersten Flammen jener zwei Passionen, welchen mein späteres Leben gewidmet blieb, die Liebe für schöne Frauen und die Liebe für die Französische Revolution ...«

Dem Vater, den der Dichter nach eigenem Bekunden wie niemanden auf der Welt geliebt hat, überlassen die *Memoiren* das letzte Wort. Es ist ein Text von ergreifender Schlichtheit, welcher den behutsam Sprechenden als den ›rabbinischen‹ Gedächtnisträger in der Familie ausweist, der die Grenzen des Ghettos gesprengt, aber dessen Überdauerndes, die Genealogie der jüdischen Frömmigkeit, in die Moderne hinübergeleitet hat an der Richtschnur von Liebe und Toleranz. Der Sohn hat dieses Erbe im gesamten literarischen Werk ausgeschrieben, hier in der Schlussszene der *Memoiren* in Gestalt eines Gedenkbildes, das jedem, der so wie der Vater aus dem Ghetto getreten ist, jüdische Autorität in der Moderne zuschreibt. Samson war Harrys Umgang mit Josepha denunziert worden. Er reagiert, indem er das Gegenteil eines väterlichen Verbots zelebriert. Er nimmt, auf der Düsseldorfer Promenade, vor dem »unehrlichen« Mädchen freundlich grüßend den Hut ab.

Nach seinem Ortswechsel vom Rhein an die Elbe erfährt H. das Gesetz der »unehrlichen« Sozialstellung seiner Liebe am eigenen Leib und ohne Toleranz. Der H.sche Familienzweig in Hamburg mit dem Oberhaupt Salomon übte das väterliche Gesetz über der Gesamtfamilie kraft erfolgreicher Ökonomie und Assimilation. Die Bedingungen des Außenseitertums, die auch dem jüdischen Patriziat auferlegt blieben, ›übersetzte‹ Salomon ins Innere der Familie, und hier traf die Ausgrenzung das schwächste Glied, den dichtenden Neffen, der nach des Vaters geschäftlicher Liquidation und bürgerlicher Entmündigung durch den Hamburger Clan in finanzielle Abhängigkeit vom Onkel geraten war. H. gedenkt jedoch, in Freiheit am Standard der Millionärsfamilie zu partizipieren. Da ihm dies nur als ökonomischem oder juristischem Qualifikanten für einen Familiendienst, nicht als Dichter gestattet gewesen wäre, manifestiert sich nun die Triebkraft des Trotzes, der freie Mutwille, in seiner ganzen psychosozialen Komplexität. Trotz treibt das Begehren gegen die Toleranzgrenzen, die ›objektiv‹ dem Leben in jüdischer Diaspora gezogen sind, sich dem Sprössling und »hirnverbrannten Poeten« aber (so H. im *Memoire*, 1846, einem fingierten öffentlichen Angriff der Familie gegen sich) nun ›subjektiv‹ in Urszenen familiärer Opportunitätsgewalt offenbaren (*Affrontenburg*, 1853). H. verliebt sich in die Töchter des Patriarchen. Die erste, Amalie, weist ihn ordnungsgemäß ab; die zweite, Therese, wahrscheinlich auch. Vor allem an sie muss sich H. ›unsterblich‹ verloren haben. Wie das sein Dichten geprägt habe, dieses »Geheimnis« verrät der Autor stets nur rückgebunden in Texten; zuletzt, niedergeworfen ins todbringende Leidensbett, in die Gedichte der *Lazarus*-Zyklen (1851–1955). »Ein Wetterstrahl, beleuchtend plötzlich/ Des Abgrunds Nacht, war mir dein Brief [...].«

Die Erfahrungen in der assimilierten Familie sind ›in sich selbst‹ auch Leid an der Religionsgeschichte des Juden- und Christentums. In diesem Doppelleid liegt die Erklärung verborgen ebenso für H.s immerwährende Solidarität mit Juden und »jüdischer Geschichte« (ihr Geist offenbare sich ihm immer mehr und mehr, an Moses Moser, 25.6.1824) wie für seine literarprofessionelle Über-Wachheit gegenüber den Problemen jüdisch-kultureller Modernität und sozialer Integration. Das Doppelleid in Dichtung gefasst, das ist das Zentralmotiv H.s, das er geheimnisvoll »ein und denselben Gedanken« nennt, der seine diversen Schriften durchziehe und immer ein und dasselbe bezeuge: dass er niemals von sich selber abzufallen gedenke (*Buch der Lieder*, Vorrede 1837).

Auf der Lektürespur dieses »Gedankens« begegnen wir der Dynamik eines ebenso geschichtlich reflektierten wie modern kämpferischen Sensualismus, der sich seiner anathematischen Wurzeln im mosaischen Gesetz und im religiösen Spiritualismus des Volks Gottes (im »Familienübel«) und zugleich seiner Herkunft aus talmudisch-agadischer Sprachkompetenz und Poesie gewiss ist. Die gleiche Widersprüchlichkeit prägt H.s Krieg gegen die christliche Geistigkeit, die ihn poetisch fasziniert. Allerdings rechnet er die »Krankheit«, an der alle Menschen leiden, zwar gleichermaßen der Sinnenfeindlichkeit der Synagoge (ihrem »übergeistigten, mageren Judäismus«) und dem katholischen Spiritualismus zu. Aber den Gewaltquell des »Kreuzes«, die »blutrünstige Delinquentenreligion«, eine Religion für Herren und Knechte, die ihre ideologisch formierten Massen in die »Judenschlachten« führt (*Rabbi*), macht H. allein für das besondere, das achtzehnhundertjährige Leid der Juden verantwortlich. Ihnen gilt in den Schriften ein Mitleid, das der Autor wechselnd »besorglich« (*Harzreise*), »grauenhaft« (*Florentinische Nächte*), »entsetzlich« (*Religion und Philosophie*), »unnennbar« (*Salon de 1831*), »unsäglich« (*Romantische Schule*, *Lutetia*), »unendlich« (*Portia*) oder »schauerlich« nennt (*Elementargeister*). Immer spricht Mitleid sich aus eingedenk »der unheilbar großen Brüderkrankheit«. So gesagt zum Lobe des Onkels, ein Jahr bevor die Familienadvokaten dem Sterbenden die Enterbung des Neffen ablisten werden (*Zeitgedicht* XI, 1843).

Auf einer weitausgespannten Skala zwischen tiefverborgener jüdischer Gedenk-Haltung und heiter zur Schau getragener ›Offenheit‹ in Tages- und Angriffstexten begegnen wir dem literarisch mutwilligen, ins Universelle sich bäumenden Liebesbegehren ebenso wie den Spuren einer poetischen Trauerarbeit am »Unheilbaren« des modernen Judeseins. Unter den Arbeitsbeispielen aus allen Lebensphasen H.s gehören die am wenigsten beachteten Texte zu den schönsten, wie das Buch Lucca (*Bäder und Stadt*, 1828/30), der wunderbare Shylock-Komplex (*Shakespeares Mädchen und Frauen*, 1838) oder die als Rahmen zur Teiledition aus dem Rabbi-Komplex (*Salon* IV) komponierten Texte, die H. als Korrespondent der *Allgemeinen Zeitung* ab dem 7. Mai 1840 aus Paris nach Deutschland sendet, eine Dokumentation über den Pogrom in Damaskus, den das revolutionäre Frankreich zu verantworten hat.

Dieser Text schreibt seiner Angriffspassage gegen die naturalisierten Juden der Metropole, die nichts für ihre verfolgten Glaubensbrüder getan haben, die Sorge um das europäische assimilierte Judentum ein. Hat es aus seiner Selbstvergessenheit nichts gelernt? Wie wird es das künftige »Verfolgungsgewitter« überstehen, das alle »früheren Erduldungen noch weit überbieten wird« (*Portia*, 1838)? Mußevolle Lektüren, die den »Geheimnissen«, den tausend Anspielungen auch in H.s populären, dem Gerüchte nach leicht verständlichen Schriften nicht ausweichen (u.a. in: *Reisebilder*, *Atta Troll*, *Wintermärchen*, *Lutetia*, *Historien*), treffen auf staunenswürdig reiche Texteinlagerungen aus der historisch-lyrischen Arbeit H.s am Verfolgungsleid und an den Gedankenkämpfen aus der jüdischen Gesamtgeschichte.

Auf dieser Lektürespur ist schließlich H.s jüdischer Hellenismus zu entdecken, meist in populäre Ausdrücke wie »Religion der Freude« gehüllt (u.a. *Schnabelewopski* XI, 1833). Selten ist in den Dichtungen ›aufgedeckt‹, wie innig das Programmatische, das im Verfolg der »teuern, blutteuern Erworbenheiten« der Revolution unverborgen und schön formuliert ausgestreut wird, im palästinensisch-babylonischen Ursprung der jüdisch-hellenischen Mischkultur verwurzelt ist. Ist diese Wurzel einmal bedacht, wie »im Wonnemond 1852« am Schluss der Vorrede zu *Religion und Philosophie*, wo der Autor in eine Passage des biblischen Weisheitsbuches aus jener Periode schlüpft (Ben Sira), dann geschieht das so trefflich mystifiziert, dass es bis heute im geläufigen H.-Bild nicht vorkommt. Der jüdische Hellenismus H.s ist das »esoterische« Ferment in seinen Schriften. Der Autor hat es denn auch vor seinen »esoterischen Lesern« gar nicht verborgen, denen, die ihm auf den verzweigten Fährten seiner Anspielungskunst folgen wollen und vor der zirkulären Dynamik nicht zurückschrecken, die uns ›hinabzieht‹ in untergründige Mischungsverhältnisse, die H.s Judesein eingeht, in welches »die griechische Gefühls- und Denkweise« neues Licht bringt (u. a. *Elementargeister*). Sie regelt die ›Einmischung‹ der Französischen Revolution ins Weiterschreiben der Bibel: Der Dichter bekennt sich zu den »Traditionen« der Sprache Gottes (*Religion und Philosophie* I) – »trotz dem, daß ich ein heimlicher Hellene bin« (*Briefe aus Helgoland*, 1830/40).

In diesen Kontext bettet er sein Selbstbewusstsein als jüdischer »Genius«. Er wirft es in die Waagschale am Höhepunkt des öffentlichen Erbschaft-Streits mit den Hamburgern 1845. Sie hatten ihn enterbt, weil zu befürchten stand, der Sprössling werde über die »Familien-Mysterien« schreiben, d.i., über die Preisgabe der jüdischen Überlieferung beim Reichwerden nach der Logik des modernen Bank-Kapitalismus und seiner »sittlichen« Kosten. H. greift an (*Schriftstellernöte*), indem er in der anonymen Rolle eines Familienschreibers ins Medium der skandalisierenden Zeitungs-Nachrichten und der verächtlichen Sprache der Millionen-Erben selber tritt. So kann er aus der Perspektive nackten, »kolossalen Reichtums« kenntlich machen, wie die Familie an seinem »Genius gefrevelt« habe. Der privaten Rede aber fehlt die literarische Contenance. »Ich kann mir die Wunde nicht länger verleugnen, und es werden Jahre hingehen ehe der alte Humor wieder gesund sprudelt« (an Campe, 31.10.1845). Angesichts solcher Quellen (Abgründe der Familiennöte) hat die Zuwendung zu einem neuen jüdischen Hellenismus seine besondere Authentizität. H.s Texte übertragen an Brennpunkten religionsgeschichtlicher Reflexivität »Schönheit« und »Liebe«, als Kategorien und Objekte des Begehrens, in Bilder eines poetischen Messianismus, dem eine neutalmudische Erzähl-Radikalität dient: Schönheit und Liebe sind wirklich möglich nur, d.i. »ungeschminkt«, ohne »gotische Lügen«, im Vorfühlen darauf, dass der noch gefesselte, säkulare Retter kommen wird. Es verkürzt radikal die Zeitintervalle, die uns von der Zeit ›vor dem Sündenfall‹ trennen, und entwirft dergestalt gegenwärtige Verheißung. »O verzage nicht, schöner Messias, der du nicht bloß Israel erlösen willst, wie die abergläubischen Juden sich einbilden, sondern die ganze leidende Menschheit!« Der messianische Bezug in den Schriften führt uns zurück zum ›andern Sprechen‹ in den *Bädern*, zur Traumgeschichte der allegorischen Liebe zwischen Franscheska und Enrico. So wie es kein Mangel für eine Tänzerin sei, »einige sechstausend Jahre« zu jung zu sein, so möchte der im symbolischen Raum des jüdischen Gedächtnisses seine Liebe ›anders Aussprechende‹ sich solchem Alter annähern; er sei anderthalb Jahrtausend zu spät geboren (*Buch le Grand*, 1827). In der literarisch wirklichen Nichtzeit solchen Datums hat eine Dichtung ihren Grund, die sich in Zeit-Bildern ausspricht, denen, in der Jetztzeit der Entsagung und verfolgten Schönheit, noch die Merkmale des Unmöglichen anhaften. Es ist noch die Zeit des Kreuzes und eines negativen Messianismus. Deshalb, in entsetzlich psalmodierendem Traumtext (*Nächtliche Fahrt*, 1851), phantasiert der sterbende Ästhet sich in den christlichen »Heiland« (die »auferstandene Leiche«, 1843), der die Schönheit durch Mord vor sich selbst schützt. »Du arme Schönheit, schaudre nicht […]/ O steh mir bei, barmherziger Gott!/ Barmherziger Gott Schadday!/ Da schollerts hinab ins Meer – O Weh –/ Schadday! Schadday! Adonay! –.«

Werke: Säkularausgabe, Berlin u. a. 1970 ff.; Sämtliche Schriften, München u. a. 1968–76; Düsseldorfer Ausgabe, Hamburg 1973–97.
Literatur: J.A. Kruse, H.s Hamburger Zeit, Hamburg 1972; L. Rosenthal, H.H. als Jude, Frankfurt a. M. 1973; K. Briegleb, Bei den Wassern Babels. H.H., jüdischer Schriftsteller in der Moderne, München 1997; ders., »Ich bin der Sohn der Revolution«. Zu H.H.s Poetik der Affekte, in: Heine und Freud. Die Enden der Literatur und die Anfänge der Kulturwissenschaft, hg. S. Weigel, Berlin 2010, 39–90.

Klaus Briegleb

Hermann, Georg (eigentl. Georg Borchardt)

Geb. 7.10.1871 in Berlin;
Abtransport nach Auschwitz am 16.11.1943

Georg Borchardt, der sich nach dem Vornamen seines Vaters G.H. nannte, wurde 1871 als das jüngste von sechs Kindern in einer alteingesessenen jüdischen Familie Berlins geboren. Der Vater war ein nicht sehr erfolgreicher Kaufmann, der 1875–77 bankrott ging, aufgrund der folgenden Mühen des Überlebens mit vierundfünfzig Jahren einen Schlaganfall erlitt und sechs Jahre später, als G.H. neunzehn Jahre alt ist, starb. Auch eine Schwester starb 1899 an Tuberkulose, und die so erfahrene ›Ungesichertheit‹ der Existenz ist ein zentrales Motiv in H.s Werk.

Während der Militärzeit in der Königlich-Bayrischen Armee nutzt H. einen Erholungsurlaub

nach einer Lungenentzündung zur Fertigstellung seines ersten, stark autobiographischen Romans *Spielkinder*. In den folgenden Jahren treibt er an der Friedrich-Wilhelm-Universität in Berlin kunst- und literaturhistorische Studien, hört bei Erich Schmidt, Georg Simmel, Eduard von Hartmann, Herman Grimm und schreibt Prosaskizzen. Geld verdiente er in den Jahren nach seiner ersten Heirat 1901 vor allem als Mitarbeiter bei gut vierzig Zeitungen und Zeitschriften, mit engeren Bindungen an die Presse des Ullstein-Verlages. 1906, 1908 und 1910 erschienen mit *Jettchen Gebert*, *Henriette Jacoby* und *Kubinke* seine drei erfolgreichsten Romane, die auch verfilmt wurden. 1909 begründet H. zusammen mit Hans Landsberg den »Schutzverband Deutscher Schriftsteller« und wird von 1910–13 dessen erster Vorsitzender. Bald schon wird fast die ganze schriftstellerische Prominenz deutscher Sprache diesem Verband beigetreten sein. H.s historisch wie literarisch wichtigstes Werk, eine fünfbändige Darstellung jüdischen Lebens im Deutschland zwischen 1899 und 1923 unter dem Titel *Die Kette* (1917–34), erreichte schon in der Weimarer Republik und mit den in kleiner Auflage im holländischen Exil erschienenen letzten zwei Bänden bis heute nicht die Aufmerksamkeit, die es verdient.

Das Werk H.s umfasst neben Erzählungen und Novellen 21 Romane (davon sind drei verschollen bzw. nur noch fragmentarisch erhalten), Theaterstücke, Reisebilder, Skizzen (unter dem Einfluss von P. Altenberg) und Feuilletons, Essays zu Kunst und Literatur, darunter der Versuch zu Max Liebermann und eine Geschichte der Karikatur bis Lyonel Feininger. Dazu kommen politische Kommentare, vor allem die *Randbemerkungen* (1919), H.s erbitterte Dokumentation über den Wahnsinn des Ersten Weltkriegs, und die hellsichtige Stellungnahme zum Problem der Juden in Deutschland *Der doppelte Spiegel* (1926). Anlässlich eines unter dem Titel *Antisemitismus und jüdisches Volkstum* erschienenen Sonderheftes der von Martin Buber herausgegebenen Zeitschrift *Der Jude* analysiert H. das unaufgeklärte Fremdeln der dort versammelten vermeintlich projüdischen und liberalen Stellungnahmen nichtjüdischer Schriftsteller. In scheinbar wohlwollender Freundschaft taucht das ganze Schreckensarsenal eines latenten Antisemitismus auf, der von H. in brillanter Diskursanalyse als Panorama deutschen Ungeistes vorgeführt wird.

H. selbst bekannte in dem Essay *Weltabschied* (1935), dass er sein Judentum bis 1914 mehr »in einer latenten Form besessen« habe. »Es war [...] die Dominante meiner schriftstellerischen Arbeit gewesen, in der wohl 90 Prozent jüdische Großstadtmenschen agierten – aber ich hatte es nie nach außen gekehrt, ich hatte es immer als eine Weste getragen, die man unter dem zugeknöpften Rock hat, die warm gibt und die selbstverständlich ist, hervorgekehrt hatte ich es nie, und es wäre mir nie eingefallen, wie das heute internationale jüdische Mode ist, die Weste über den Rock zu ziehen.« Andererseits habe er, obwohl »er deutsch schrieb«, zu einer bloß ›deutschen‹ »Literatur nie die geringste Beziehung« gehabt, weil er auf »eine moderne Zeitliteratur übernational eingestellt war« und ihm als Juden eine national verengte »Mentalität« unzugänglich sei, auch wenn seine Romane »so etwas wie berlinisch-märkische Heimatkunst waren und eine Geschichte der Berliner Juden in hundert Jahren umfassen«.

Der jüdische Autor H. folgt auf Fontane, wie der jüdische Maler Liebermann auf Menzel, und beide überführen den ›preußischen Stil‹ ihrer Vorgänger in eine Kultur der Befremdung. Gleichzeitig veröffentlichte H. unzählige Essays, die mit einer Fülle von Einsichten zeitgenössische Kunst verteidigen, ohne deren bürgerlichen – und das hieß eben auch jüdischen Grund – zu untergraben, auf dem allein ein so herausforderndes und strapaziöses Unternehmen wie die literarische, bildnerische und musikalische Moderne entstehen konnte. Das veröffentlichte Werk von 18 Romanen bildete den hellen Grund einer Vernunft, auf dem die Menetekel von Kaiserreich und Weimarer Republik erst lesbar wurden. Allerdings führten schon die nach dem Ersten Weltkrieg zunehmend extremer werdende Politisierung eines Großteils der deutschen Autoren, die bürgerkriegsähnlichen Zustände der Weimarer Republik und ihr nur noch einseitig verteidigter Rechtsfrieden dazu, dass H., der an der Weiterentwicklung bürgerlicher Formen von Sensibilität und Vernunft arbeitete, an den Rand gedrängt wurde. Und auch nach der seit 1933 einsetzenden Ausgrenzung, nach Verbot, Deportation und Ermordung von H. suchten Germanistik und restauratives Bedürfnis der zweiten Nachkriegszeit offensichtlich lieber bei scheinbar unbelasteten Literaturrepräsentanten wie Thomas Mann oder Bertolt Brecht Unterschlupf. Beide waren im Exil und folglich ›gute‹, unbelastete Deutsche. Und beide muteten dem Publikum mit den komplementären Ideologien der Rückkehr in den Schoß des christlichen Abendlandes bzw. der Ankunft eines sozialistisch überformten Chiliasmus nicht allzu viel zu, weder durch ihren formalen Klassizismus noch durch die unangenehme Erinnerung an 500000 jüdische Mitbürger, die zum Teil schon so lange in Deutschland gelebt hatten, dass sie sich – wie H. einmal über die Regensburger Juden berichtet – angesichts von Verfolgungen mit Dokumenten an den Kaiser wenden konnten, die bewiesen, dass jedenfalls *sie* an der Kreuzigung Christi unschuldig seien, da sie schon damals im römischen Regensburg gewohnt hätten. H. wollte wie die meisten deutschen Juden – als Mitglied einer anderen, älteren Glaubensüberlieferungen entstammenden Gruppe – in Deutschland daheim sein und mit all dem, was er für Kultur und Wissenschaft geschaffen hatte, anerkannt werden.

In den letzten sieben Jahren entstehen nur noch einige wenige Erzählungen und Essays. Der aufgezwungene Kampf um das bloße ökonomische und schließlich auch physische Überleben zusammen mit seiner Tochter Ursula wird zur Hauptanstrengung H.s, bis er am 16. 11. 1943, als 72-jähriger zucker- und herzkranker alter Mann, zu einer Nummer gemacht, in einen Viehwaggon getrieben und zu einem damals wenig bekannten polnischen Ort ›transportiert‹ wurde: Auschwitz.

Werke: Werke und Briefe, hg. G. u. G. Mattenklott, Berlin 1996 ff.; Der doppelte Spiegel, Berlin 1926; Unvorhanden und stumm, doch zu den Menschen noch reden. Briefe aus dem Exil 1933–41 an seine Tochter Hilde. Mit einem Essay: Weltabschied, hg. L. Nussbaum, Mannheim 1991.
Literatur: C.G. van Liere, G.H. Materialien zur Kenntnis seines Lebens und seines Werkes, Amsterdam 1974; ... aber ihr Ruf verhallt ins Leere hinein. Der Schriftsteller G.H. (1871 Berlin – 1943 Auschwitz), hg. K. Schoor, Berlin 1999; G.H.: Deutsch-jüdischer Schriftsteller und Journalist, 1871–1943, hg. G. Weiss-Sussex, Tübingen 2004; R. Zachau, Die Stadt als politischer Raum. Elemente der Moderne in G.H.s jüdischen Berlinromanen, in: Berlin's Culturescape in the Twentieth Century, hg. T. Bredohl u. a., Regina 2008, 33–51.

Arpe Caspary

Hermann, Matthias

Geb. 30.12.1958 in Bitterfeld

H. verbrachte bis zu seinem 20. Lebensjahr ein für DDR-Verhältnisse typisches jüdisches Leben: Die Familie war getreu dem Versprechen »unter Genossen gibt es keine Juden« an den real existierenden Sozialismus assimiliert. Anstoß für

das poetische Selbstbewusstsein und für die Wiederentdeckung des Judentums scheint die Abkehr von der DDR zu sein. H. wuchs in Ostberlin auf, begann 1978 eine Berufsausbildung zum Schriftsetzer und Korrektor. Im selben Jahr folgte eine Inhaftierung und Verurteilung zu zwei Jahren und vier Monaten Strafvollzug wegen »politischer Straftaten«. Nach einem Jahr wurde H. amnestiert. Das Gedicht *Trennung in Ost-Berlin* spricht davon, wie der Vater damals dem Sohn das Haus »auf/ Lebenszeit« verboten hat: »Für anständige Menschen/ Gibt es im Leben/ Nur eine Liebe,/ sprach mein Vater«: Die »eine Liebe« meint die Assimilation an den real existierenden Sozialismus. Geschrieben steht das in dem bisher einzigen publizierten Gedichtband *72 Buchstaben*. Die im Titel enthaltene Anspielung wird in einem Gedicht des Bands aufgelöst: Das Gedicht *Rabbi Löw der Lügner* spielt auf eine kabbalistische Legende an: Gott ließ den Hohen Rabbi als Zeichen der Anerkennung die 72 geheimen Buchstaben erkennen, die, zusammengefügt, den heiligen, unaussprechlichen Gottesnamen ergeben. Das Gedicht lässt sich zugleich als Rollenrede Rabbi Löws wie als Spiegelbild des religiösen und poetischen Selbstbewusstseins seines Autors lesen: »*Rabbi Löw der Lügner*/ Mich machte erfinderisch/ Die unerhörte Not,/ Dies versteinerte Flehn/ Gen Zion/ Auf dem Judenacker/ Zu Prag.// Mit 72 Buchstäbchen/ Erweckte ich ein Märchen/ Gewaltiger Macht.// Lieber mit einer kleinen/ Lüge leben/ Als mit einer einzig/ Großen nicht.« Um »Märchen/ gewaltiger Macht« – wie die Geschichte von Rabbi Löw und seinem Golem –, aber auch um die »Not«, aus der sie geboren werden, kreist auch die Lyrik H.s. Sie zeichnet sich dadurch aus, dass er sein Judentum selbstbewusst vertritt und dabei auch die Wunden zeigt, die es in seiner Geschichte bis zum Holocaust hinnehmen musste. Thematisch dominiert die jüdische Geschichte und Überlieferung, die er, in der Tradition der Erlebnislyrik, mit der eigenen Autobiographie verbindet. Seine Gedichte fungieren als Metaphern, indem einzelne Erlebnisse und Empfindungen über sich hinausweisen und signifikant werden als Eindrücke eines deutschen Juden. Den religiösen Hintergrund dieser allegorischen Verfahrensweise beleuchtet das selbstbezügliche Gedicht *Im Golan*: »Bevor der Herr/ Das Gedicht sah,/ Schuf Er/ Das Sinnbild.« Allegorisch vergegenwärtigt H. auch die Zeit im DDR-Knast und den Antisemitismus. So schreibt er in *Gefängnisduschraum*: »Ich zucke/ Unter Tropfenhieben/ Eingekachelt im Dampfbad/ Einer ererbten Erinnerung,/ Die mir den Atem/ Nimmt« – gemeint ist die »ererbte Erinnerung« an die Gaskammern. In formaler Hinsicht sind die Reaktivierung alter Gattungen wie der Ballade und der lakonischen und alltagssprachlichen Lyrik Brechts die dominantesten Verfahren. Lakonismus und präzise Wortwahl, schlichter Satzbau und allegorische Verdichtung tragen die starken Emotionen, die diese Lyrik ausstrahlt. Wut artikuliert das Gedicht: »Fortschritt/ Seit 1945 sind/ Wenigstens/ Vergaste Juden/ Gute Juden«, das Gedicht *Jüdischer Friedhof Worms* wiederum sinnt melancholisch nach über »Am Leben ertrunkene/ Verwandte«.

Neben Erlebnis- und Gedankenlyrik lassen sich auch Anklänge an die Naturlyrik vernehmen. Bei H. ist Natur ein metaphysischer und zugleich historischer Raum. Das Gedenken geht ebenso von jüdischen Friedhöfen wie von biblischen Figuren aus. Diese Gedichte sind dadurch gekennzeichnet, dass sie den großen Figuren der israelischen Geschichte ihre Monumentalität nehmen, um ihnen menschliche Züge zu geben: »Salomo/ Um sattelfest zu/ Sitzen auf dem Dawidberg,/ Fällte ich 3 Todesurteile// Die fabelhaften Richtersprüche/ Werden von meinem Schmeichlervölkchen gepriesen,/ Um mich einzulullen,/ Auf daß ich nicht/ Weiter fälle/ Salomonische Urteile.« Im Gedichtband *Der gebeugte Klang* kommt Israel als Erinnerungsraum von poetologischer Bedeutung hinzu. Die Sprache tritt als Gebet in den Vordergrund: »*Klagemauerzettel*// Käme der Herr, um/ Zwischen den Steinen zu lesen,/ Und zöge aus den Fugen/ Das geschriebene Wort,/ Was hielte dann/ Die Mauer zusammen?« Noch geschichtsschwerer werden die metaphorischen Erlebnisse in den israelischen Gedichten *Steinerne Siegel*. Der Anblick der Geliebten in der biblischen Landschaft steigert das zeichenhafte Erleben zu einer Vision: »In Elat// Vom Wasser aus/ Sehe ich sie/ Am Strand liegen.// Hingerollt/ Zu ihren Füßen/ Der rote Schatten/ Jordanischer Berge// Dienstbar ihr/ Der Sinaiwind/ Mit weißem Fächer.// Stünde sie auf,/ Das Meer teilte/ Sein Blau.«

In dem unveröffentlichten Drama *Die Krankenzelle* wird die Problematik des deutsch-jüdischen Verhältnisses thematisiert: als Gespräch, das im Übrigen an die Haft des Autors in der DDR erinnert, zwischen zwei allegorischen Figuren im Zeichen einer Diktatur. Ein Jude J. steht seinem Mithäftling und Mörder K. gegenüber, wobei offen bleibt, ob das Opfer überlebte oder ob es sich um die Vision des Mörders handelt, den sein Gewissen quält. Der Mörder K. verkörpert die Ideologie, die das Leben v. a. von Minderheiten und Außenseitern entwertet: »Ich habe doch nur für eine große Sache kleine Opfer gebracht.« Am Ende aber siegt die Weisheit des Juden J.: »Wer richtig lebt, stirbt niemals.«

Werke: 72 Buchstaben. Gedichte, Frankfurt a. M. 1989; Die Krankenzelle; Fährmann oder: Die Reise ins Glück (zwei unveröffentlichte Dramen); Der gebeugte Klang, Tübingen 2002.

Christoph Grubitz

Hermlin, Stephan (Rudolf Leder)

Geb. 13.4.1915 in Chemnitz; gest. 6.4.1997 in Berlin

In seiner einzigen expliziten, sehr zurückhaltenden öffentlichen Selbstreflexion über sein persönliches Verhältnis zum Judentum, greifbar in einem Interview mit H. Koelbl wenige Jahre vor dem Fall der Berliner Mauer, betonte H., er habe »kein Verhältnis zum Jüdischsein«, und begründete diese Distanz mit der eigenen Fremdheit gegenüber einer besonderen jüdischen Identität. »Das ist mir fremd. Es ist dasselbe wie Deutscher sein oder Neger sein: Ich bemühe mich nicht, Deutscher zu sein, ich bin es eben.

Das ist etwas, das in einem wohnt. Und das Jüdische wohnt nicht in mir, abgesehen von einem bestimmten historischen Gedächtnis, das ich nicht ableugne, sondern dessen ich mir bewußt bin.« Als Sohn eines säkularen, seiner Tradition völlig entfremdeten jüdischen Vaters, eines »schlechten Juden«, in dessen Haus nur die christlichen Feiertage begangen worden seien, könne er in seinem Denken »kein jüdisches Erbe ausmachen«, habe auch »keine Lust dazu«. Sein Zugehörigkeitsgefühl erschöpfe sich in dem Empfinden, »älter zu sein als andere«, d.h. einer geistig, philosophisch und ethisch avantgardistischen Tradition anzugehören, die stets die grundlegenden Perspektiven der menschheitlichen Entwicklung formulierte – »von Moses über Jesus Christus zu Spinoza und Karl Marx«. H. bezeichnete sich selbst als »religiösen Atheisten«, als sozialistischen Schriftsteller, in dessen Denken christliche Gedanken und die Überzeugung von der Gemeinsamkeit von Marxismus und Christentum eine Rolle spielten, nicht jedoch jüdisch-religiöse Bindungen.

Die Schwierigkeit, hinter H.s lakonisch-distanzierten Äußerungen die Bedeutung seiner jüdischen Herkunft für sein Selbstverständnis, seine Wirksamkeit als Schriftsteller in der DDR und sein literarisches wie essayistisches Werk zu erfassen, verschärft sich dadurch, dass sich in seinem Selbstbild und seiner biographischen Selbstdarstellung, wie sie in Interviews und literarisch-autobiographischen Arbeiten – zuletzt in seinem Roman *Abendlicht* (1979) – zum Ausdruck kommen, Dichtung und Wahrheit untrennbar vermischt haben. Eine öffentliche Kontroverse 1996, unmittelbar nach H.s Tod, hat gezeigt, in welchem Maße sich seine öffentlich bekannte Lebensgeschichte einer autobiographischen Selbstinszenierung verdankt, die auf seinen Wunsch zurückzuführen sein mag, sich nach dem Zweiten Weltkrieg im entstehenden Kultursystem der DDR als schon in jugendlichen Jahren zum proletarischen Dasein konvertierter »spätbürgerlicher sozialistischer Schriftsteller« zu stilisieren, dessen Emigrantenschicksal ganz im Zeichen des antifaschistischen Widerstandes gestanden habe. K. Corino urteilte aufgrund von Archivrecherchen und Aussagen von H.s in Israel lebender Schwester Ruth Frenkel, es handle sich bei den autobiographischen Erzählungen des Schriftstellers um die Inszenierung eines »Lebensmythos«, einer »großangelegten Lebenslüge«. Die in *Abendlicht* und vielen erzählenden Texten immer wieder mit Wärme und stilistischem Glanz beschworene Herkunft aus dem Hause eines großbürgerlichen jüdischen Textilfabrikanten, der in Berlin Umgang mit Industriellen, Künstlern und Politikern hatte, erscheint demnach ebenso als Mythos wie sein früher Beitritt zum *Kommunistischen Jugendverband*, seine intensive konspirative Tätigkeit seit Hitlers Machtergreifung 1933, eine dreimonatige Internierung im KZ Sachsenhausen 1934, seine offenbar erfundene Teilnahme am Widerstandskampf als Offizier in den Internationalen Brigaden im Spanischen Bürgerkrieg und seine literarisch angedeutete Tätigkeit in der französischen Résistance. In den Bereich der tragischen Verstrickung in die eigenen Legenden gehören sowohl das von H. stets unwidersprochen gelassene öffentliche Wissen über den Tod seines Vaters im KZ Sachsenhausen, obwohl dieser 1939 nach London emigrieren konnte und erst 1947 in London einem Krebsleiden erlag, und H.s Bestreitung der jüdischen Herkunft seiner aus Tarnov in Galizien stammenden Mutter Lola Bernstein, die er als Engländerin darstellte. Die Bewertung dieses Stilisierungsvorgangs fällt unterschiedlich aus. Während St. Heym die Entlarvung des Mythos als Versuch deutet, einen bedeutenden Repräsentanten der DDR-Literatur der »Fälschung seines Lebenslaufs und der Ruhmrednerei zu zeihen«, obwohl H.s Darstellung sich deutlich als Fiktion zu erkennen gebe, verweist F.J. Raddatz darauf, dass deren Elemente auch in dezidiert autobiographischen Texten und Interviews begegnen, und beschreibt die Grenze des legitimen Spiels von Autobiographie und Funktion: »Mit KZ indes spielt man nicht. Nicht mit Tod, nicht mit Illegalität.«

Zu den gesicherten Elementen einer neu zu schreibenden Biographie H.s, die auch eine Aufarbeitung seines Verhältnisses zum Stalinismus und seiner kulturpolitischen Aktivitäten von 1947 bis 1989 in der DDR zu leisten hätte, zählt, dass der Sohn aus einer offenbar zionistisch eingestellten Familie 1936 legal nach Palästina auswanderte, in Tel Aviv bei einem Buchhändler arbeitete, 1937 jedoch aus Enttäuschung über die zunehmenden arabisch-jüdischen Konflikte nach Europa zurückkehrte und bis zu seiner Flucht in die Schweiz 1943 unter schwierigsten Bedingungen – im obligatorischen Arbeitsdienst und als Gärtner in einem jüdischen Kinderheim (in diese Zeit fiel der tragische Tod seiner Frau nach einem Schwangerschaftsabbruch) – in Frankreich lebte. Unter dem Einfluss des ideologischen Antizionismus der DDR distanzierte sich H. später von allen zionistischen Bestrebungen und bestritt – weit über seine eigene Identität als Deutscher hinaus, die er mit Recht nicht infrage stellen lassen wollte – bis zu seinem Tod die Existenz eines jüdischen Volkes.

Was sagen H.s literarische Texte, abgesehen von der problematischen Stilisierung seiner Biographie, über sein Verständnis als deutscher Autor und über seine Auseinandersetzung mit Judentum, jüdischer Geschichte und nationalsozialistischer Vergangenheit aus? Seine zu Beginn der 50er Jahre verstummende lyrische Produktion, insbesondere die noch 1945 im Schweizer Exil erschienenen *Zwölf Balladen von den Großen Städten*, bringt das Grauen über die Morde der Nazis und das Ausgeliefertsein an den totalitären Staat zur Sprache und entfaltet in Anknüpfung an expressionistische Großstadtlyrik eine antifaschistische Geschichtsvision. Erst nach seiner Rückkehr nach Deutschland im Sommer 1945 (nach der Entstehung der beiden deutschen Staaten wählte er die DDR als Heimat und zog nach Berlin) begann H., Prosatexte zu schreiben. Seine frühen Essays – exemplarisch etwa *Aus dem Lande der Großen Schuld* (1945) – stehen im Zeichen der Forderung, das deutsche Volk mit seinen Verbrechen zu konfrontieren und dem Vergessen und Verschweigen zu widerstreiten: »Wir wissen, welches Verhängnis die Deutschen über die Welt gebracht haben. Das Entsetzen, das in uns lebt und den Namen Auschwitz trägt oder einen anderen, vertieft sich angesichts des Mangels jeglichen Schuldbewußtseins.« Das Leiden des aus Sehnsucht nach Deutschland zurückgekehrten Emigranten an der verbreiteten Unfähigkeit, sich erschüttern zu lassen und eine schonungslose Aufarbeitung der Geschichte zu leisten, zuletzt 1983 in seinem Essay *Rückkehr* in Worte gefasst, wurde zum Leitmotiv seines Schreibens. Hier begegnet jedoch auch eine Rechtfertigung seiner »aus einem gewissen Trotz« vollzogenen Rückkehr, die er nach eigener Aussage auch deshalb beschlossen hatte, weil er sich als Jude nicht vertreiben lassen, sondern das Recht seiner jüdischen Vorfahren bewahren wollte, »die vor fast zwei Jahrtausenden hierher kamen, vor den meisten Deutschen, gemeinsam mit den Römern«. »Ich kam hierher, weil ich diese Sprache besser kenne als die meisten, die sie auch sprechen, weil Deutschlands Herrlichkeiten und Missetaten zu mir lebendiger reden als zu vielen anderen, denen sie auch bekannt sind.«

Vor allem diese »Missetaten« stehen im Zentrum seines Denkens. Bereits Ende der 40er Jahre war das Motiv des Leidens und des Kampfes während der NS-Herrschaft in den Vordergrund seines literarischen Wirkens getreten, in seinen Porträtskizzen kommunistischer, jüdischer und bürgerlicher Widerstandskämpfer, vor allem aber in seinen beiden kontrapunktisch aufeinander bezogenen Erzählungen *Die Zeit der Gemeinsamkeit* (1949) und *Die Zeit der Einsamkeit* (1950), die beide sein persönliches Ideal der in aussichtsloser Situation getroffenen heroischen Entscheidung für den Kampf und damit für eine menschliche Zukunft in einer sozialistischen Welt des Friedens und der Freiheit narrativ entfalten. Die zuerst genannte Erzählung beschreibt dies im Spiegel des Berichts über den jüdischen Aufstand im Warschauer Ghetto. An dieses Geschehen, das H. zutiefst beeindruckte, knüpfen sich auch die einzigen literarisch greifbaren Reflexionen über das Judentum – die in seinem Essay *Hier liegen die Gesetzgeber* (1949) zur Geltung gebrachte Würdigung der jüdischen Tradition des »Heldentums« von David über die Makkabäer und Bar Kochba bis zu den Führern des Ghettoaufstands sowie der ethischen Impulse, die von der jüdischen Geschichte ausgingen. »Die hier liegen«, formuliert H. angesichts des dem jüdischen Widerstand gewidmeten Denkmals in Warschau, »die aus dem weithergekommenen Geschlecht der Gesetzgeber, die die Tafeln vom Sinai aufrichteten und die Bergpredigt hielten, die Lehrsätze des Spinoza aufzeichneten und durch den Mund von Karl Marx die neue Zukunft der Menschen verkündeten, sind wahrhaftig nicht umsonst gestorben.«

In der Zeit der DDR genoss H., der 1972 den Heinrich-Heine-Preis des Ministeriums für Kultur der DDR erhielt, als führender Protagonist sozialistischer Kulturpolitik ein hohes Maß an Protektion, nutzte seine Stellung aber auch – etwa anlässlich der Ausbürgerung Wolf Biermanns 1976 – zur Kritik an Auswüchsen restriktiver Politik der SED.

H.s öffentliches Nachdenken über die Shoah blieb aufgrund seiner Parteinahme für den Sozialismus, den er als einzig mögliche humanistische Alternative zu Auschwitz verstand, nicht frei von einseitigen Urteilen, etwa wenn er in der Erzählung *Die Kommandeuse* die Hauptakteure des 17. Juni 1953 als ehemalige Nazis zu entlarven versuchte oder die mangelnde Entnazifizierung und Aufarbeitung der Geschichte als allein westliche Erscheinung deutete. Erst kurz vor dem Zusammenbruch der DDR deutete H. in seinem Interview mit H. Koelbl an, dass – entgegen der rückblickend als naiv gewerteten Erwartungen überzeugter Kommunisten – auch unter den Bedingungen des Sozialismus der Antisemitismus als Phänomen nicht überwunden sei, und forderte eine ernstere Auseinandersetzung mit der Vergangenheit. Dennoch empfand er die DDR als seine Heimat, trotz der ambivalenten Zurückhaltung, mit der er diese Zugehörigkeit vor allem kulturell interpretierte: »Als deutsch empfinde ich mich am ungebrochensten und am wenigsten belastet, wenn ich an deutsche Literatur und deutsche Musik denke und mich mit diesen Dingen beschäftige.«

Werke: Begegnungen, Berlin 1960; Gedichte und Prosa, Berlin 1965; Äußerungen 1984–1982, Berlin u. a. 1983; Erzählende Prosa, Berlin u. a. 1990; Interview, in: H. Koelbl, Jüdische Portraits, Frankfurt a. M. 1998, 155–160.
Literatur: S. Schlenstedt, St.H. Leben und Werk, Berlin 1985; K. Corino, Aussen Marmor, innen Gips. Die Legenden des St.H., Düsseldorf 1996; St. Heym, Behandlung eines Standbilds, in: Die ZEIT 42/1996; I. Radisch, St.H.: Dichtung oder Wahrheit, in: Die ZEIT 42/1996; F.J. Raddatz, Der Mann ohne Goldhelm. Ein Nachwort zum Fall St.H., in: Die ZEIT 43/1996; M.F. Schenke, … und nächstes Jahr in Jerusalem? Darstellung von Juden und Judentum in Texten von Peter Edel, St.H. und Jurek Becker, Frankfurt a. M. 2002.

Christian Wiese

Herz, Henriette

Geb. 5.9.1764 in Berlin;
gest. 22.10.1847 in Berlin

Als das *Buch des Andenkens*, die erste Sammlung von Briefen der Rahel Varnhagen, 1833 veröffentlicht wurde, vernichtete H. einen großen Teil ihrer Korrespondenz. Während Rahel Varnhagen ihre Briefe selbst zur Veröffentlichung vorbereitet hatte, sah H. in den ihrigen kein »Werk«, kein Schreiben, das öffentlich werden könnte. Anders verhält es sich mit ihrer Autobiographie. Diese wurde 1818, ein Jahr nach ihrer Konversion zum Protestantismus, in Rom begonnen und bis 1829 unregelmäßig fortgesetzt, dann abgebrochen. Joseph Fürst, dem H. ihre noch verbliebenen Briefe und ihr Tagebuch zugänglich machte, zeichnete in den folgenden Jahren auf, was H., seinen Fragen folgend, aus ihrem Leben erzählte, und veröffentlichte nach ihrem Tod *Henriette Herz. Ihr Leben und ihre Erinnerungen* (1850). In gewisser Weise entzieht sich H.' Werk in beiden Versionen: als Fragment ihrer Jugenderinnerungen und als Buch, das die Erzählung ihres Lebens zwar weiterführt, sie aber einem anderen Autor überlässt.

Henriette, Tochter der Esther und des aus Hamburg gebürtigen sephardischen Arztes Benjamin de Lemos, erhielt etwas unregelmäßig Privatunterricht, lernte das Klavierspiel, Tanzen, Französisch und besuchte eine Nähschule. Als 15-Jährige wurde sie mit dem viel älteren jüdischen Kant-Schüler und Arzt Marcus H. verheiratet. Sie führte ein offenes Haus, gründete mit Brendel Veit (Dorothea Schlegel), Alexander und Wilhelm von Humboldt den sogenannten »Tugendbund«, lehrte die Letzteren die hebräische Schrift und zählte unter anderen Schleiermacher, Friedrich Schlegel und den jungen Börne, der kurze Zeit bei ihr wohnte, zu ihren Freunden. Nach dem frühen Tod von Marcus H. blieb sie unabhängig, war als Erzieherin tätig, unterrichtete Französisch und erwarb selbst Kenntnisse in etlichen weiteren Sprachen, darunter Sanskrit, Schwedisch, Türkisch und Malaiisch. Ihr Alter verbrachte sie recht zurückgezogen und in eingeschränkten Verhältnissen, die erst in ihren letzten beiden Lebensjahren durch eine Pension, die Alexander von Humboldt beim preußischen König für sie erwirkte, gebessert wurden.

H.' Jugenderinnerungen reflektieren ihre frühe Widerspenstigkeit gegenüber den Ordnungen des Hauses und ihre Unruhe, die ihre Schreibweise ebenso charakterisiert wie das Kind, über das sie schreibt: »ich war sehr wild u. sehr unordentlich, u. zwar das erste in sehr hohem Grade. Ich gieng eigentlich nie, sondern lief oder sprang: so erinnere ich mich, einst mitten im Laufe still gestanden zu sein, mich selbst fragend, ob ich denn gar nicht gehn könne?« Zu Unruhe und Unordnung tritt die Schönheit des Kindes, die ihm schon früh gestattet, die Schwelle zwischen Haus und Öffentlichkeit, jüdischer und »gemischter« Gesellschaft immer wieder zu überschreiten – in einem öffentlichen Konzert am Piano, beim Tanz, in der Oper. Mehr noch: das Mädchen wird zur kindlichen Repräsentantin der »jüdischen Kolonie« bei Festlichkeiten zu Ehren des christlichen hohen Adels. Schönheit gilt ihr schon bei ihrem Vater als Zeichen dafür, dass er nicht zu den Juden gehört, unter denen er lebt: Er ist sephardisch, nicht aschkenasisch, und seine Schönheit wird auf natürliche wie kulturelle

Merkmale, auf Körper wie Sprache zurückgeführt. Die Schönheit des Mädchens und der Frau wird aber als Gegensatz nicht nur zur aschkenasischen Welt, sondern zur jüdischen Welt schlechthin gedeutet: Sie wird verdorben durch den jüdischen Brauch, der den Frauen, als H. heiratet, noch vorschrieb, ihr Haar vollständig zu verbergen. Und auch wenn die Zeit, in der H. einen Gegensatz zwischen ihrer Schönheit und den Regeln der jüdischen Welt erfuhr, vorüberging, weil der Brauch sich änderte – ihre Umwelt interpretierte H.' Schönheit als griechisch, als Zeichen einer Kultur, die nicht jüdisch war (Weissberg). Nur einmal schildert H. eine erfolgreiche Vermittlung zwischen ihren »wilden« und »schönen« Unternehmungen und der Disziplin der jüdischen Gemeinde. Als die häusliche Aufführung einer Komödie, bei der sie mitspielen sollte, von den Gemeinde-Ältesten untersagt wurde, verhandelte sie selbst mit ihnen und erwirkte eine Aufhebung des Verbots, indem sie darauf verwies, dass es sich lediglich um ein »Kinderspiel« handle. Indem sie die Unruhe und die Aufbrüche ihres frühen Lebens in einen Raum der Kindheit und des Kindlichen verlegt, werden sie der Disziplinierung entzogen.

Momente des Konflikts und der Gefahr, die ihre Unruhe mit sich bringt, schildert H. als Unterbrechung ihrer Bewegung in Geschichten des Gleitens und Fallens. Als Kleinkind, in neuen Schuhen, verletzt sie sich lebensgefährlich. Nach der erfolgreichen Verhandlung des Kindes mit den Gemeinde-Ältesten beschreibt sie, wie sie – »vor Freude ausser mir« – lief, oft ausglitt und mehrmals hinfiel, doch hier, nach erfolgreichen Verhandlungen, »ohne mir Schaden zu thun«. Schließlich fällt sie mit einem »schauerlichen Roman in der Hand« auf der Straße vor dem Fenster und den Augen von Marcus Herz, ihres Bräutigams. Dieser Sturz, der keine Verletzung, doch große Beschämung nach sich zieht, lässt sich leicht in Verbindung bringen mit den Momenten ihres Innehaltens, in denen sie sich melancholisch in einen Roman hinein und als entführte Heldin hinweg träumt: Das Haus ihres Bräutigams ist der Ort, wo die, die mit solchen Träumen in der Hand läuft, zu Fall kommt. Eine Möglichkeit, die häuslichen Ordnungen zu überschreiten, ohne sie zu verletzen, könnte in späteren Jahren das Übersetzen gewesen sein: Mungo Parks *Reise im Innern von Afrika* (1799, mit Friedrich Schleiermacher) und Isaac Welds *Reisen durch die Staaten von Nordamerika, und die Provinzen Ober- und Unter-Canada, während den Jahren 1795, 1796 und 1797* (1801) sind Übersetzungen aus dem Englischen, die ihr zugeschrieben werden; unveröffentlicht blieb ihre Übersetzung von Mary Wollstonecrafts *A Vindication of the Rights of Women*.

Wenn das Kind sonst innehält, so vor dem Spiegel – »auch ward zuweilen wol der Spiegel verhängt weil ich immer hineinsah« – der Ort, wo sie sich selbst als einer begegnet, die schön ist und nicht jüdisch. Der Unmöglichkeit, als Kind und als Mädchen jüdisch zu sein, ist eine lange Passage gewidmet, die die Selbstreflexion vor dem Spiegel weiterführt: »Das Kind, besonders aber die Mädgen, wurden gar nicht eigentlich im *Glauben* ihrer Eltern unterrichtet, wurden aber angehalten, die *Formen* desselben zu beobachten, d.h., sie mussten alle die unzähligen Gebräuche beobachten welche er, oder vielmehr die Rabienen vorschrieben.« Ein Kind, das mit einer Religion aufwächst, deren Sprache und Regeln ihm unverständlich sind, das also im Grunde keine Religion hat, ist nicht jüdisch, denn Judentum ist eine Angelegenheit der Religion, nicht der Geburt, so H. entschieden in einem Brief an F.C. Sibbern vom 5. September 1822. H. entwirft eine Biographie, in der die Distanz zum Judentum ursprünglich und die unruhige Bewegung in den Zwischenräumen der gemischten Gesellschaft natürlich ist. Ihre Konversion erscheint in diesen Erinnerungen, die gewiss nicht nur, aber auch eine Legitimationserzählung bilden, weder als Herkunftswechsel noch als Religionswechsel: Sie tritt nicht über, sondern zum ersten Mal in eine Religion ein und hält zugleich ihre (jüdische) Geschichte fest: »Mein Vater war portugiesischer Jude, dessen Grossvater mit vielen seiner Glaubensgenossen aus Portugal fliehen mussten um nicht in die Hände der Inquisition zu gerathen« – so beginnt ihre Autobiographie.

Werke: Jugenderinnerungen, hg. H. Hahn, in: Mittheilungen aus dem Litteraturarchive in Berlin 1 (1896), 141–184; Briefwechsel des jungen Börne mit H.H., hg. L. Geiger, Oldenburg u.a. 1905, Repr. Frankfurt a.M. 1999; H.H. in Erinnerungen, Briefen und Zeugnissen, hg. R. Schmitz, Leipzig 1984.
Literatur: L. Weissberg, Weibliche Körpersprachen. Bild und Wort bei H.H., in: Von einer Welt in die andere. Jüdinnen im 19. und 20. Jahrhundert, hg. J. Dick u.a., Wien 1993, 71–92; M.L. Davies, Identity or History. Marcus Herz and the End of the Enlightenment, Detroit 1995, 145–178; L. Weissberg, Life as a Goddess. H.H. Writes Her Autobiography (Braun Lectures in the History of the Jews in Prussia 6), Ramat-Gan 2001; N. Naimark-Goldberg, Reading and Modernization: The Experience of Jewish Women in Berlin Around 1800, Nashim 15 (2008), 58–87.

Andrea Schatz

Herzberg-Fränkel, Leo

Geb. 19.9.1827 in Brody (Galizien);
gest. 5.6.1915 in Teplitz-Schönau (Böhmen)

H. gilt als Begründer der galizischen Ghettogeschichte. Aufgewachsen in Brody, einem Zentrum der jüdischen Reformbewegung (Haskala), nahm er in der Revolution von 1848 Partei für die Reformer und für die Revolution. Daher war er gezwungen, seine Heimatstadt nach der Niederschlagung der Revolution zu verlassen. H. lebte für einige Jahre in Wien und war dort als Mitarbeiter verschiedener Zeitschriften tätig, u. a. von Moritz Gottlieb Saphirs *Humorist* sowie des *Österreichischen Lloyd*. 1856 kehrte H. nach Brody zurück und wurde dort Sekretär an der Industrie- und Handelskammer. Außerdem wirkte er als Inspektor der Baron-Hirsch-Schulstiftungen an Schulen, in denen im Unterschied zum traditionellen Cheder jüdische und weltliche Bildungsinhalte vermittelt wurden.

Noch in Wien hatte H. Kontakte zu jüdischen Publizisten, darunter zu Meir Letteris und Leopold Kompert, geknüpft. In den von ihnen edierten Zeitschriften, den *Wiener Mittheilungen* sowie dem *Jahrbuch für Israeliten*, erschienen ab Mitte der 1850er Jahre H.s Reportagen, Feuilletons und Erzählungen über das Leben der galizischen Juden und lenkten damit zum ersten Mal die Aufmerksamkeit einer breiteren Öffentlichkeit auf das jüdische Leben in Österreichs entlegenster Provinz. Der Wiener Verleger Arnold Hilberg stellte die Erzählungen schließlich zu einer selbständigen Publikation zusammen, die 1867 unter dem Titel *Polnische Juden. Geschichten und Bilder* in Wien erschien. Die Resonanz auf diese in den Augen des österreichischen Publikums neuartige Darstellung jüdischen Ghettolebens war so groß, dass 1878 und 1888 zwei weitere, um mehrere Erzählungen erweiterte Auflagen erscheinen konnten. Zahlreiche Erzählungen wurden von jüdischen Zeitschriften wiederholt nachgedruckt sowie in mehrere Sprachen übersetzt. Anerkennung für seine Schilderungen des galizischen Ghettolebens erfuhr H. schließlich auch durch das österreichische Kaiserhaus. Kronprinz Rudolf betraute ihn 1898 mit der Abfassung des Kapitels *Die Juden in Galizien* innerhalb des von ihm initiierten enzyklopädischen Werkes *Die österreichisch-ungarische Monarchie in Wort und Bild*. Im Mittelpunkt von H.s Erzählungen steht der vom Autor scharf akzentuierte Gegensatz zwischen dem unaufgeklärten, in weltabgewandten Traditionen verharrenden galizischen und dem aufgeklärten, in seiner Mehrheit deutsch akkulturierten Judentum. Dieser Gegensatz wird von H. auf unterschiedlichen Ebenen thematisiert: Vorherrschend ist die Kritik am traditionellen jüdischen Bildungssystem, das keine weltlichen Einflüsse zulässt und dem Bildungsstreben des Einzelnen keinen Raum gibt (*Der Klausner, Der Autodidact, Aus den untern Schichten*). Kritisiert werden auch die in den traditionellen jüdischen Gemeinschaften üblichen Kinderehen (*Heirathen, Eine Carrière*) sowie die Ablehnung von jeglichen beruflichen Aktivitäten durch die Orthodoxie. Demgegenüber evoziert H. die Utopie des ackerbauenden Juden (*Der Autodidact, Baschinka*).

Diese Forderungen dürfen jedoch nicht mit einer frühen Parteinahme für den Zionismus gleichgesetzt werden. H. blieb im Gegenteil bis zum Ende seines Lebens dem deutschen Aufklärungsideal des 19. Jahrhunderts verbunden und kritisierte in mehreren Artikeln den Zionismus als aussichtslose Utopie, der zudem die Gefahr berge, jegliche jüdische Identität ernsthaft infrage zu stellen. Der Auseinandersetzung mit den unterschiedlichen Formen jüdischer Identität im postemanzipatorischen Zeitalter wird in H.s Erzählungen ein weiteres wichtiges Feld zugewiesen. Grundsätzliche Ablehnung erfährt dabei die ›Mischehe‹, die immer mit dem Übertritt des jüdischen Partners zum christlichen Glauben verbunden sei und daher – in den Augen H.s – zum Scheitern verurteilt war (*Eine Mischehe*). Kritisiert werden auch übertriebene Emanzipationsbestrebungen (*Jentele*). Mit der gleichen, offen moraldidaktischen Attitüde gestaltet H. auch das Motiv des Glaubensabfalls und der Taufe (*Ein Meschumed*), ein Verhalten, das nach H.s Ansicht auch nicht durch die bedrückenden Zustände im Ghetto gerechtfertigt werden kann. Nicht von ungefähr evoziert H. gerade in der letztgenannten Erzählung das sogenannte ›wahre‹ Judentum in Form eines Jom Kippur-Gottesdienstes, dessen kathartische Wirkung den Protagonisten schließlich zu Reue und Umkehr bewegt. Nicht zuletzt sind H.s Ghettoerzählungen immer auch durch ein starkes politisches Element geprägt. Analog zum Gegensatzpaar

Tradition und Aufklärung verlaufen auch die politischen Fronten. So leidet der galizische Ghettojude nicht nur unter der ihn beherrschenden Orthodoxie, sondern auch unter der Willkür der russischen Behörden, deren Druck wiederum die Macht der Orthodoxie in nicht unwesentlicher Weise stabilisiert, etwa in der Weise, dass die von H. angeprangerten Kinderehen dadurch zustande kommen, dass sie den Juden eine Möglichkeit boten, den Militärdienst zu umgehen. Die unter dem programmatischen Titel *Täuschungen* veröffentlichte Erzählung behandelt schließlich das jüdische Schicksal während des polnischen Aufstandes gegen die russische Herrschaft, in dem Preußen als Land der Verheißung dargestellt wird. Dem verlieh H. auch dadurch Bedeutung, dass er den gleichen Stoff dreißig Jahre später erneut in einer eigenständig erschienenen Erzählung (*Geheime Wege*, 1895) behandelte.

Trotz mancher Kritik an H.s vielfach klischeehafter Darstellung wurde seine Sichtweise des galizischen Ghettojudentums richtungsweisend für alle weiteren Ghettoautoren des 19. Jahrhunderts, zu dessen bekanntesten Vertretern Karl Emil Franzos zählt.

Werke: Polnische Juden, Wien 1867; Abtrünnig. Ein Lebensbild aus Galizien, Berlin 1889; Geheime Wege, Prag 1895.

Literatur: G. Kurz, Widersprüchliche Lebensbilder aus Galizien. Zu L.H.-F.s ›Polnische Juden‹, in: Conditio Judaica, 2. Teil, hg. H.O. Horch u.a, Tübingen 1989, 247–257; G.v. Glasenapp, Aus der Judengasse. Zur Entstehung und Ausprägung deutschsprachiger Ghettoliteratur im 19. Jahrhundert, Tübingen 1996; K. Ober, Die Ghettogeschichte, Göttingen 2001, 50–54; Lexikon deutsch-jüdischer Autoren, Bd. 11, hg. R. Heuer, München 2002, 179–187; G. v. Glasenapp, Das Andere, das Fremde und das Eigene. Die Inszenierung galizisch-jüdischer Identitäten in den Werken von L.H.-F. und Nathan Samuely, in: Inklusion, Exklusion, Repräsentation. Galizien im Diskurs, hg. P. Giersch u. a., Frankfurt a. M. 2012, 185–203.

Gabriele von Glasenapp

Herzl, Theodor

Geb. 2.5.1860 in Pest;
gest. 3.7.1904 in Edlach (Niederösterreich)

»Ich gedachte, eine Lehrdichtung zu verfassen. Mehr Dichtung als Lehre! werden die einen sagen – mehr Lehre als Dichtung die anderen.« Diese Bemerkung aus H.s Nachwort zu seinem 1902 er-

schienenen Roman *Altneuland* ließe sich beinahe als Bilanz seines gesamten literarischen Werks sehen. Denn dieses Werk steht, schon in den Jahren vor Erscheinen der programmatischen Schrift *Der Judenstaat* (1896) und dem Ersten Zionistenkongress in Basel im Jahr danach, ganz im Zeichen einer Lösung der Judenfrage. Mit 22 Jahren schrieb H. in seinem Jugendtagebuch eine Kritik von Eugen Dührings antisemitischem Buch *Die Judenfrage als Racen-, Sitten- und Culturfrage.* »Im weiteren Verlauf der Jahre hat die Frage an mir gebohrt und genagt, mich gequält und sehr unglücklich gemacht«, heißt es in seinem 1895 begonnenen *Zionistischen Tagebuch.* Was die Lösung der Frage anging, änderten sich H.s Ansätze. Noch 1893 propagierte er öffentliche Massentaufen der Jugend (die »Führer dieser Bewegung«, auch er selbst, sollten die letzten Juden der »Grenzgeneration« bleiben), verbunden mit der Aufforderung an den Papst, sich gegen den Antisemitismus einzusetzen.

Als Wendepunkt in H.s Reflexion der Judenfrage können die Monate der Jahreswende 1894/95 gelten. H., der achtzehnjährig nach Wien gekommen war und dort als Jurist promoviert hatte, war 1891 als Korrespondent der *Neuen Freien Presse* nach Paris geschickt worden. Der quer durch alle Parteien gehende Antisemitismus der intellektuellen und politischen Elite Frankreichs, der im Dezember 1894 im Hochverratsprozess gegen den jüdischen Hauptmann Alfred Dreyfus und dessen Verurteilung kulminierte, überzeugte H. von der Aussichtslosigkeit der Bekämpfung des Antisemitismus zum einen und des Projekts der Assimilation zum andern. Im wenige Wochen vor Beginn des Dreyfus-Prozesses verfassten Schauspiel *Das neue Ghetto* vollzog er diese Erkenntnis literarisch. Ein junger Jude erliegt darin einem Duell mit einem antisemitischen Rittmeister. Im Sterben fordert er die Juden auf, »aus dem Ghetto« auszubrechen.

Was im Stück noch vage formuliert ist, kristallisiert sich in den zionistischen Schriften und der politischen Betätigung H.s in den folgenden Monaten und Jahren heraus. In seiner geplanten *Rede an die Rothschilds,* die sein Vater Jacob H. aus den Aufzeichnungen in das *Zionistische Tagebuch* exzerpierte, legt er erstmals differenziert jene Ideen vor, die dann im *Judenstaat* veröffentlicht werden. H. selbst begriff sie durchaus als die Utopie, die sie waren. Zugleich bezog er seine nationale wie religiöse Legitimation aus der Bibel: »Es gilt eine sehr alte, sehr berühmte, sehr bewährte Sache zu wiederholen. Aber in anderen, modernen, feineren Formen. [...] Diese einfache alte Sache ist der Auszug aus Mizraim [Ägypten].« Entsprechend schrieb er auch über die Jewish Society, die er als administrativen »Gestor« im Dienste der Juden vorsah, sie wäre »der neue Moses der Juden«. Zugleich entwarf H. aber ein wirtschaftliches und gesellschaftliches Konzept, das auf der Chancengleichheit durch freie Ausbildung, aber nicht auf sozialistischem Egalitarismus beruhte: »Am Anfang müssen alle gleich sein, nicht am Ende«, heißt es in *Altneuland*. Dies sollte einerseits den proletarisierten jüdischen Massen Osteuropas eine neue Perspektive eröffnen und sich andererseits als Gegenmodell für das von H. gehasste parvenuhafte Finanzjudentum West- und Mitteleuropas präsentieren. Entsprechend suchte er den Paradigmenwechsel von einem philanthropischen Engagement reicher Juden wie jüdischen Siedlungen in Argentinien oder Palästina hin zu einem politischen Engagement, das in die jüdische Selbstverwaltung bzw. einen jüdischen Staat münden sollte.

Die Entwicklung H.s »vom ästhetisierenden zum politisierenden Zionisten« (Biller) war fließend. Schon im Kern seiner Staatsidee war die völker- und staatsrechtliche Seite ein tragendes Element, und H. traf schon vor dem Einberufen des Ersten Zionistenkongresses gewissermaßen in Eigenregie wichtige Vertreter der Politik in Deutschland und der Türkei – gleichzeitig wies er das Lob eines englischen Geistlichen über den *Judenstaat*, das Buch sei »rather a business« mit der Bemerkung zurück: »I don't make any businesses. I am a literary man.« H.s Credo, »nur das Phantastische ergreift die Menschen«, das er eigentlich als Psychologie politischer Führerschaft formulierte, kann daher in wesentlichem Maße auch auf ihn selbst angewandt werden.

H.s Ideen veränderten die geistige Situation des Judentums radikal, und *Der Judenstaat* hatte »die Durchschlagskraft eines stählernen Bolzens« (St. Zweig). Die innerjüdische Debatte entzündete sich auf verschiedenen Ebenen: Die Orthodoxie warf H. eine unzulässige Einmischung in den göttlich-messianischen Heilsplan vor, das liberale Judentum befürchtete eine Unterminierung der jüdischen Emanzipation in Europa. Doch auch innerhalb der zionistischen Bewegung gab es Kritik vor allem seitens der Kulturzionisten, deren prominenteste Vertreter Martin Buber und Achad Haam waren. Achad Haam griff die Leitung der Zionistischen Vereinigung um H. und Max Nordau schon beim Ersten Zionistenkongress an, weil er den ostjüdischen Massen unerfüllbare Hoffnungen auf die Erfüllung westlicher Staatsphantasien mache und sie ihren eigenen Lebensumständen entfremde, ohne ihnen eine reelle Alternative anzubieten. Noch beißender fiel Achad Haams Rezension von *Altneuland* aus, da er fast jeden genuin jüdischen Charakter des dort geschilderten Judenstaats und damit die Legitimation der Idee überhaupt vermisste. Verliefen die Differenzen zwischen H. und den Kulturzionisten innerhalb des impliziten Konsenses einer »politischen Brisanz des jüdischen Messianismus« (Dethloff), so spiegelt sich seine Haltung gegenüber der Kritik von außen in seinem allegorischen Feuilleton *Das lenkbare Luftschiff* (1896). Dort geht es um einen genialen Ingenieur, dessen bahnbrechende Erfindung eines lenkbaren Luftschiffs zunächst für ein Hirngespinst gehalten wird, der es dann aber nach Erfolgen mit kleineren Erfindungen verwirklicht, um es nach seinem ersten Flug vor Augenzeugen zu vernichten. »Wer die Zukunft vorbereitet, muß über die Gegenwart hinwegblicken können«, heißt es in der Erzählung. Insofern ist besonders *Altneuland* mit gutem Grund als »Labor der Utopie« (Peck) gelesen worden, wo der Entwurf einer neuen Gesellschaft, wie sie im *Judenstaat* skizziert worden war, literarisch umgesetzt wird.

H.s früher Tod traf viele Juden Osteuropas »wie die Kunde von einer neuen Tempelzerstörung« (Bein). Bei Aufzeichnungen zu einem nie geschriebenen Drama über Moses hatte er 1898 geschrieben: »Ihm ist es nicht um das Ziel, sondern um die Wanderung zu thun.« Ähnlich ahnte auch H., dass er das Gelobte Land nicht mehr selbst betreten würde. Gerade seine literarischen Äußerungen wirken aber bis in die Gegenwart nach: Im 21. Jahrhundert ist Herzl insbesondere für linksliberale Intellektuelle in Israel verstärkt zu einer Identifikationsfigur im Kampf um ein pluralistisches, integratives politisches System des Zionismus geworden.

Werke: H.-Worte, hg. F.A. Teilhaber, Berlin 1921; Briefe und Tagebücher, 5 Bde., hg. A. Bein u. a., Berlin u. a. 1983; Gesammelte zionistische Schriften, Berlin 1934–35; Th. H. oder Der Moses des Fin de siècle, hg. K. Dethloff, Wien u. a. 1986.

Literatur: A. Elon, Th.H. Eine Biographie, Wien 1979²; A. Bein, Th.H., Berlin u. a. 1983; G. Biller, Dezisionismus – Zionismus – Thedaismus. Zum Potential eines genuin jüdischen Aufbruchs, in: Jüdische Selbstwahrnehmung, hg. H.O. Horch u. a., Tübingen 1997, 55–76; D. Charbit: Herzl's Nationalism: Is it Ethnic or Civic? In: Th. H. From Europe to Zion, hg. M. Gelber und V. Liska, Tübingen 2007, 23–41. C. Peck, Im Labor der Utopie – Th.H. und das »Altneuland«-Projekt, Berlin 2012.

Alfred Bodenheimer

Herzog, Wilhelm

Geb. 12.1.1884 in Berlin;
gest. 18.4.1960 in München

»Ich wurde unter dem Kaiserreich geboren. Daher haben mich meine braven jüdischen Eltern wahrscheinlich Wilhelm getauft.« Dieser Hinweis auf seine jüdische Abstammung stellt ein rares Dokument in den im Übrigen reichen biographischen

Quellen des Schriftstellers und Journalisten H. dar. Es wurde, wie alle anderen Entwürfe zu einer Biographie, nie publiziert und in der letzten Fassung, drei Jahre vor seinem Tod, wieder korrigiert. Nun hieß es: »Mein Vater war ein kleiner Berliner Bürger.« Auffallend konsequent überging H. weitergehende Äußerungen über Elternhaus, Kindheit und Jugend und demzufolge auch zu seiner jüdischen Herkunft. Gleichwohl muss H. als typischer Vertreter des deutsch-jüdischen Intellektuellen in dem von ihm schon 1915 prophezeiten »Jahrhundert der Barbarei« bezeichnet werden. Wie viele seiner jüdischen Schriftstellerkollegen fühlte sich H. zeitlebens als Deutscher und stand doch zu seinem Judentum. In ihm wurzeln sein Engagement für Gerechtigkeit, sein Bekenntnis zu »Ersatzreligionen« wie Sozialismus und Marxismus und sein Kampf für eine bessere Welt. Auch für ihn gilt das Wort der Nelly Sachs: »Anstelle von Heimat/ halte ich die Verwandlung der Welt.«

Sein journalistisches Engagement (*Pan, März, Das Forum, Die Republik*) entzündete sich – in der Gefolgschaft von Heinrich Mann – an der expressionistischen Forderung vom Geist, der zur Tat werden müsse. Die Politisierung der »Geistigen« wurde im Ersten Weltkrieg Ziel seiner Forderungen, mit denen er einer der wenigen war, die sich gegen die Kriegsbegeisterung stellten. Die Macht der »Geistigen« um H. war immerhin bedrohlich genug, um den Staat zum Einschreiten zu zwingen und seine Zeitschrift *Das Forum* 1915 zu verbieten. In der Revolution von 1918/19 gründete er sein Kampfblatt *Die Republik*, der er als Leitspruch Pascals Wort vom Geist, der zur Macht werden müsse, voranstellte. Auch hier wagte er sich in seinen Forderungen nach Sicherung der Revolution, Anprangerung der Kriegstäter und Aufklärung über die Internationale so weit vor, dass die von ihm geschmähte Republik der Mehrheitssozialisten die Einstellung seiner Zeitung erzwang. H.s journalistisches Engagement wandte sich in der Folgezeit zunehmend der bolschewistischen Idee zu, die ihm als Garant einer neuen, gerechteren Weltordnung erschien. Seine kurzzeitige Mitgliedschaft in der kommunistischen Partei musste schon allein deshalb scheitern, weil er sich als Einzelkämpfer sah, dem die allgemeine Ausrichtung einer Massenpartei zuwiderlaufen musste. H.s Kampf für Menschlichkeit und Gerechtigkeit, für einen »Aeropag des Geistes«, für die »Geistige Internationale«, für ein »Europa der Geistigen« etc. spiegelt jenes Bestreben wider, das für viele jüdische Journalisten seiner Zeit typisch ist: Im expressionistischen Werben für eine humanistische Gemeinschaft des Geistes sollte die Frage nach der jüdischen Identität aufgehoben werden. Auch die Ideen der europäischen Übernationalität oder der bolschewistischen Internationale sollten die Bedeutung der jüdischen Frage aufheben.

Obwohl H. in seinen Zeitungen eine Vielzahl von jüdischen Autoren publizierte und brisante jüdische Thematiken nicht aussparte (russische Judenpogrome, Judenzählung 1916, Palästina, Pressehetze gegen »Revolutionsjuden«, antisemitische Ausschreitungen, Prozess über die »Weisen von Zion«), enthielt er selbst sich jeder persönlichen Stellungnahme. Nur in den Tagebüchern des jungen H. finden sich vereinzelte Hinweise (z. B. über die Vielzahl der jüdischen Intellektuellen im deutschen Sprachraum oder über besondere Leistungen von jüdischen Mitbürgern), in denen ein gewisser Stolz mitschwingt. Vor allem aber hat sich H. jahrzehntelang mit den zwei spektakulärsten Fällen jener Zeit befasst, in denen sich die Lage der Juden in Europa in ihrer akutesten Problematik zeigte: der Dreyfus-Affäre und dem Panama-Skandal.

In der großen Dokumentation *Der Kampf einer Republik. Die Affaire Dreyfus* konstatiert H.: »Der [französische] Antisemitismus griff die bekämpfenswerte Macht der jüdischen Hochfinanz an, setzte aber alle Juden geldraffenden Wucherern [...] gleich, brandmarkte sie in ihrer Gesamtheit als die Repräsentanten des kapitalistischen Systems [...], während sie wußten, daß das Judentum die kühnsten, leidenschaftlichsten und unerbittlichsten Kämpfer gegen das kapitalistische System hervorgebracht, daß es in Marx, Lassalle und hundert anderen der Welt die tapfersten [...] Pioniere des Sozialismus gegeben hat.« In H.s Worten fällt der Stolz auf die Verdienste der Juden zusammen mit dem Ruf nach Aufklärung und Gerechtigkeit, der ihn schon als Journalist zum leidenschaftlichen Engagement angetrieben hatte. Nicht unmittelbar der Mensch Dreyfus ist ihm wichtig, jener »ehrgeizige, kleine Hauptmann, der seines Judentums wegen verfolgt wurde«, sondern »die geistigen, sozialen und politischen Kämpfe, die aus Anlaß dieses Falles in einer ungefestigten Republik ausgefochten wurden«. Der letztendliche Sieg der französischen Republikaner sollte der schwachen deutschen Republik als Vorbild dienen – nicht zuletzt auch in der Zurückdämmung des Antisemitismus.

»Jedes Land hat seine Dreyfus-Affaire. Jedes Land hat sein Panama.« Sich ihnen zu stellen und sie zu überwinden, damit »Recht und Wahrheit triumphieren«, darin sah H. Frankreich als Vorreiter. Wie in der Dreyfus-Affäre diente auch der Panama-Skandal der rechten Presse zur antisemitischen Hetze, doch auch dieser Kampf endete »mit dem Triumph des Rechts und der wiederhergestellten Wahrheit« dank der leidenschaftlichen Aktivität geistiger Menschen: »Diese vorwärtsstoßenden Geister hatten es ebenso schwer wie die Propheten in Israel, irregeführte Massen aufzuhellen und auf den Weg zu leiten«, bekannte H. Dass H. selbst sich zu diesen »Geistern« zählte, die durch Aufklärung dem Recht aller zum Sieg verhelfen wollten, dokumentieren seine journalistischen und schriftstellerischen Arbeiten. Als er gezwungen wurde, Deutschland zu verlassen, um sein fast zwei Jahrzehnte währendes Exil anzutreten, kämpfte er vom Ausland aus. Seine Artikel in diversen Exilzeitungen wie auch seine Versuche, die versprengte Schar der »gleichgesinnten Geister« zu sammeln in einem »Club neues Europa« oder einer »Vereinigung der Freunde Europas«, zeugen davon. Noch während seiner vierjährigen Verbannung auf die Insel Trinidad, die ihn in die totale Isolation trieb, arbeitete er an einer Enzyklopädie, die die »Geistigen« aller Zeiten und Völker versammeln sollte.

Werke: Panama. Schauspiel in 9 Bildern, Wien 1931; Der Kampf einer Republik. Die Affaire Dreyfus, Zürich 1933; Das Forum, Jg. 1–9 (1914/15–1928/29), Repr. Nendeln 1977.
Literatur: C. Müller-Feyen, Engagierter Journalismus: W.H. und »Das Forum« (1914–1929), Frankfurt a. M. 1996; C. Müller-Stratmann, W.H. und »Das Forum«. Literaturpolitik zwischen 1910 und 1915, Frankfurt a. M. 1997.

Carla Müller-Feyen

Hessel, Franz

Geb. 21.11.1880 in Stettin;
gest. 6.1.1941 in Sanary-sur-Mer

»Was ist das, ein Jude?« fragt Gustav Behrendt, der Protagonist in H.s erstem, 1913 erschienenen Roman *Der Kramladen des Glücks*, als er sich in seiner Kindheit erstmals mit der Verspottung und der sozialen Ausgrenzung seiner jüdischen Herkunft wegen konfrontiert sieht. Einer der Spielkameraden »zeigte mit dem Finger auf ihn und rief ein böses Wort. Und die andern wiederholten es.« Der Identitätsfrage Gustavs gibt ein anderer Kamerad lachend die Antwort: »›Er weiß selbst nicht, was er ist.‹ Da lachten alle. Dann wurde wieder gespielt wie gestern. Aber Gustav schlich sich bald fort und kam nie wieder zu den Jungen in den Hof.« – Wie die späteren Romane H.s – *Pariser Romanze* (1920), *Heimliches Berlin* (1927) und das Fragment *Alter Mann* (1987 aus dem Nachlass veröffentlicht) – ist auch *Der Kramladen des Glücks* deutlich autobiographisch gefärbt. So dürften die antisemitischen Erfahrungen und die Frage nach der jüdischen Identität des Protagonisten Gustav Behrendt H.s eigene Erlebnisse und seine Auseinandersetzung mit dem Judentum reflektieren. Visionär schilderte H. dabei das heranziehende Unheil, das über das jüdische Volk mit der Nazi-Herrschaft hereinbrechen sollte: Bei der Bestattung der streng-

gläubigen jüdischen Großmutter Gustavs »scholl plötzlich von draußen ungedämpft Militärmusik und Soldatenschritt. Da kam wohl ein Regiment oder auch nur eine Kompagnie in die Stadt zurück. Aber dem Gustav war es, als lärmten tausend und aber tausend Feinde an den Toren seines Volkes. Und die Mauern rückten immer enger zusammen um die Geduckten, Geängsteten. Bald werden ihre Äxte unsre Tore zerbrechen, bald werden rote Würgerarme hereinlangen, phantasierte der Knabe.«

Auf der Suche nach einer Beantwortung der jüdischen Frage und nach einem Fundament der Existenz reist Gustav später als Student zu einem Zionistenkongress nach Basel – tatsächlich besuchte H. im August 1903 gemeinsam mit K. Wolfskehl den Basler Kongress, wo es dem jungen Dichter vermutlich ähnlich erging wie dem Romanhelden, der sich unter den Strenggläubigen fremd fühlt, in der Erkenntnis: »Es war doch schrecklich, daß er nirgend hingehörte, daß ihm ›die ganze Welt offen lag‹, wie die Leute sagten.« Aus diesem Bewusstsein einer heimatlosen Existenz entwickelte H., der lutherisch getaufte Sohn eines assimilierten, wohlhabenden jüdischen Bankiers, eine Lebensphilosophie und ein ästhetisches Programm. Als schreibender Flaneur, als Zuschauer aus der Distanz – in den geliebten Städten München, Paris und Berlin – erreichte er durch das Nichteinlassen auf die utilitäre Realität Anteilnahme an allem, eine größtmögliche Weltoffenheit und ein Höchstmaß an Genuss. H. wandte sich schreibend immer wieder gegen die materialistische Fixierung seiner Zeit, gegen das Diktat des Besitzens, indem er das besitzlose Genießen zum Lebensprogramm erhob: »Genieße froh, was du nicht hast«, lautet die Maxime glücklicher Existenz im Roman *Heimliches Berlin*. Die urbane Wirklichkeit verwandelte sich so in einen »Kramladen des Glücks«, dessen »Ware« den Blicken des bindungslosen Schriftsteller-Flaneurs zur freien Verfügung stand. Zu einem literarischen Höhepunkt dieser Realitätsbegegnung gelangte H. mit seinem Buch *Spazieren in Berlin* (1929).

H. erlebte die genussvolle Freiheit des flanierenden Beobachters zunächst in seiner Studentenzeit in München, wo er Kontakte zu den Kreisen der Schwabinger Künstler und Bohemiens knüpfte, wo er die Bekanntschaft mit Stefan George und seinem Zirkel machte und eine Liebesfreundschaft mit Franziska zu Reventlow schloss. Wie Reventlow in ihrem Schwabing-Roman *Herrn Dames Aufzeichnungen* (1913) erzählt, galt H. im Kreis der »Kosmiker« um Ludwig Klages und Alfred Schuler als ein Außenseiter: »sie schätzen meine Rasse nicht«, lässt Reventlow ihre Romanfigur Willy, in der H. verschlüsselt ist, erklären, »sie lassen nur blonde Langschädel gelten, und ich sehe so äthiopisch aus«. H., der sich nach einem Studium der deutschen Philologie im Sommersemester 1903 (bis Januar 1904) für die Orientalistik einschrieb und sich dabei auch dem Hebräischen widmete, verfasste und edierte gemeinsam mit Franziska zu Reventlow 1904 den *Schwabinger Beobachter*, in dem das Treiben der »Georgianer« und der »Kosmiker« satirisch kommentiert wurde. 1905 veröffentlichte H. sein erstes Buch, den Gedichtband *Verlorene Gespielen*. Ein Jahr später siedelte er nach Paris über, wo er die Kunst des Flanierens vervollkommnete. Seine Freundschaft mit Henri-Pierre Roché und seine Liebe zur Käthe-Kollwitz-Schülerin Helen Grund, die H. im Juni 1913 heiratete, fanden eine literarische Spiegelung in Rochés 1953 erschienenem Roman *Jules et Jim*, der Vorlage für den berühmten Film von François Truffaut (1961).

Später, in den 20er Jahren, als Lektor und Autor des Rowohlt Verlags in Berlin, war H. wesentlich am literarischen Leben der Weimarer Republik beteiligt. Neben Romanen, Gedichten, dramatischen Arbeiten, Kritiken, Übersetzungen (u. a. übertrug er gemeinsam mit dem Freund Walter Benjamin Teile von Marcel Prousts *A la recherche du temps perdu* ins Deutsche) und der Herausgabe der Zeitschrift *Vers und Prosa* widmete sich H. – stilistisch meisterhaft – vor allem der kleinen Prosa, die er in zahlreichen Zeitungen und Zeitschriften der 20er und frühen 30er Jahre publizierte und die er in einigen Bänden gesammelt vorlegte (*Teigwaren, leicht gefärbt*, 1926; *Nachfeier*, 1929; *Ermunterungen zum Genuß*, 1933). Als H. unter das Publikationsverbot der Nationalsozialisten fiel, beschäftigte ihn Rowohlt weiterhin mit lektorischen und übersetzerischen Arbeiten. Erst kurz vor den Pogromen im November 1938 konnte Helen H. ihren Mann dazu bewegen, Deutschland zu verlassen und nach Frankreich zu emigrieren. Im Erleiden der nazistischen Judenverfolgung scheint der Schriftsteller eine neue Solidarität mit dem jüdischen Volk und dessen Leiden gefunden zu haben: Als Grund seines so langen Ausharrens in Hitler-Deutschland gab er Freunden an, »daß er sich nicht dazu berechtigt gesehen habe, als ein Bevorzugter dem Schicksal der Juden zu entgehen«.

Im Pariser Exil veröffentlichte H. unter dem biblischen Pseudonym »Hesekiel« noch einige Prosastücke in der *Pariser Tageszeitung*; 1940 zog er mit seiner Frau und seinem ältesten Sohn Ulrich (der zweite Sohn Stefan war inzwischen französischer Staatsbürger) nach Sanary-sur-Mer, dem Zufluchtsort vieler deutscher Emigranten. Als der deutsche Überfall auf Frankreich erfolgte, wurde H. im Lager von Les Milles interniert. Völlig erschöpft kehrte er im Juli 1940 nach Sanary zurück; dort starb er, nach kurzer fiebriger Krankheit, im Januar 1941.

Werke: Sämtliche Werke, 5 Bde., hg. H. Vollmer u. a., Oldenburg 1999.
Literatur: Letzte Heimkehr. F.H. und die Seinen im Exil, hg. M. Flügge, Berlin 1989; M. Flügge, Gesprungene Liebe. Die wahre Geschichte zu »Jules und Jim«, Berlin u. a. 1993; J. Plath, Liebhaber der Großstadt. Ästhetische Konzeptionen im Werk F.H.s, Paderborn 1994; Genieße froh, was du nicht hast. Der Flaneur F.H., hg. M. Opitz u. a., Würzburg 1997; E. Wichner und H. Wiesner, F.H. – Nur was uns anschaut, sehen wir (Ausstellungsbuch), Berlin 1998; Über F.H., hg. G. Ackermann, H. Vollmer, Oldenburg 2001; M.L. Nieradka, Der Meister der leisen Töne. Biographie des Dichters F.H., Oldenburg 2003; F. Becker-Furrer, Frühlingsgrün auf herbstlicher Straße. Genuss und Glück in F.H.s Prosawerk, Oldenburg 2009; L. Ranc, Zwischen »Vaterland« und »Mutterstadt«. Freiwilliges und erzwungenes Grenzgängertum bei F.H., Marburg 2009.

Hartmut Vollmer

Heym, Stefan (eigentl. Helmut Flieg)

Geb. 10.4.1913 in Chemnitz,
gest. 16.12.2001 in En Bokek, Israel

H. wurde 1913 als Helmut Flieg in einer assimilierten Kaufmannsfamilie in Chemnitz geboren. Nach dem Machtantritt der Nationalsozialisten flüchtete er 1933 aus politischen Gründen in die Tschechoslowakei und von dort aus in die USA, wo

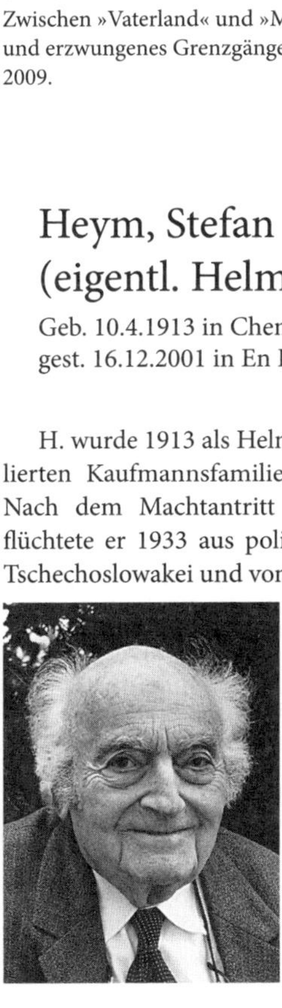

er 1937–1939 das *Deutsche Volksecho* herausgab. H.s in Deutschland zurückgebliebener Vater nahm sich im Zuge der verschärften NS-Verfolgung das Leben; mehrere der sieben Geschwister des Vaters wurden deportiert und ermordet, andere konnten im Exil überleben. Der Mutter H.s sowie seinem jüngerem Bruder gelang noch Anfang der 40er Jahre die Emigration in die USA, während eine aus einer Verbindung während der Prager Zeit stammende Tochter nicht überlebte.

1943 in die US-Armee eingezogen, wurde der in seinem Exilland bereits als Autor relativ erfolgreiche H. Offizier für psychologische Kriegsführung. Im Herbst 1945 berichtete er u. a. für die *Münchner Zeitung* und die *Regensburger Post* über den Bergen-Belsen-Prozess. Nach seiner Entlassung aus der Armee und Rückkehr nach New York gelang es ihm vor allem mit seinem 1948 erschienenen Kriegsroman *The Crusaders*, sich schriftstellerisch zunehmend zu etablieren. Wegen der antikommunistischen Verfolgungen McCarthys verließ H. gemeinsam mit seiner Frau Gertrude 1950 die USA und fand nach Zwischenaufenthalten in Frankreich, der Schweiz, Polen und der Tschechoslowakei schließlich dauerhaften Aufenthalt in der DDR. 1953 gab er aus Protest gegen den US-Krieg in Korea sein Offizierspatent und seine Kriegsauszeichnungen zurück. Seit den 60er Jahren wurde H. von den DDR-Offiziellen zunehmend als Staatsfeind behandelt und konnte seine Werke ab Mitte der 70er Jahre nur noch in bundesdeutschen Verlagen veröffentlichen. Gleichwohl führte dies nicht zu einer Abkehr vom sozialistischen Ideal, was auch 1994 in H.s Wahl zum Bundestagsabgeordneten der PDS zum Ausdruck kam. Seine gesammelten Manuskripte und Rezensionen, unveröffentlichte Korrespondenzen sowie über ihn geführte Akten der DDR-Staatssicherheit befinden sich heute in den Stefan Heym Archives an der Cambridge University.

Seinen persönlichen, eher von links-politischem denn von jüdischem Selbstverständnis geprägten Werdegang beschrieb H. in seinem autobiographischen Werk *Nachruf* (1988). Die angesichts einer Reise nach Israel 1949 an sich selbst gestellte Frage, ob »diese Juden sein Volk« seien bzw. an »welche Nation, Rasse, Gruppe« (*Nachruf*) er sich gebunden fühle, lässt der Autor letztendlich unbeantwortet. Auch seine literarischen Vorbilder bestimmt H. weniger im Kontext einer deutsch-jüdischen Tradition. Eher sieht er sich von dem klaren und realistischen Erzählstil US-amerikanischer Schriftsteller, wie vor allem Mark Twain und Ernest Hemingway, beeinflusst. Auch jüdische Motive spielen in seinen frühen Arbeiten eine eher untergeordnete Rolle, wohingegen mehrere Schlüsselromane in H.s späteren Arbeiten explizit auf Stoffe aus der jüdischen Geschichte und Mythologie zurückgreifen. Diese literarische Entwicklung scheint mit der zunehmend kritischen Haltung des Autors gegenüber der DDR parallel zu laufen, zumal ab Mitte der 60er Jahre in seinem Werk auftauchende explizit jüdische Themenbereiche als Prisma für die ironisierende Darstellung einer in Dogmen erstarrten DDR-Gesellschaft dienen. Mit diesem politisch provokanten Einsatz jüdischer Stoffe wurde H. zu einem der wenigen DDR-Autoren, die sich sowohl literarisch auf jüdische Thematiken bezogen, als auch die eigene jüdische Herkunft öffentlich sichtbar machten.

Seinen 1942 veröffentlichten Erstlingsroman *Hostages* (dt. *Der Fall Glasenapp*), der von der Verhaftung des Vaters im Zuge der Flucht des Autors in die Tschechoslowakei inspiriert wurde, schrieb H. ebenso wie weitere Arbeiten bis in die 70er Jahre hinein zunächst auf Englisch und übertrug ihn dann selbst ins Deutsche. In ähnlicher Weise wie seine beiden Nachfolgewerke *The Crusaders* (als *Kreuzfahrer von heute* bzw. *Der bittere Lorbeer* übersetzt) und *The Eyes of Reason* (dt. *Die Augen der Vernunft*) beschäftigt sich *Hostages* mit den Ereignissen des ›Dritten Reiches‹ vorrangig aus einer politischen Perspektive, d.h. mit Themen wie dem antifaschistischen Widerstand bzw. dem Kampf der US-Allierten gegen das nationalsozialistische Deutschland. Dabei wird jedoch die vordergründige Gestaltung von Konzentrationslagerhaft und nationalsozialistischer Mordpolitik als Formen politischer Verfolgung zum Teil implizit mit der Ikonographie der jüdischen Opfer unterlegt, so, wenn eine als apathisch dargestellte alte jüdische Frau als Inbegriff des Schicksals erscheint, das »alle« als gleichermaßen »Gezeichnete« erwartet (*Der Fall Glasenapp*).

War das jüdische Thema in H.s Frühwerk in der Hervorhebung politischer Fragestellungen gleichsam kodiert, so änderte der Autor diese Strategie seit Ende der 60er Jahre mit seinen Romanen *Lassalle*, *The King David Report* (dt. *Der König David Bericht*) und *Ahasver*. Nicht allein der allegorische Verweis dieser Stoffe auf die Zustände in der DDR musste als provokant gelten, sondern auch das Herausstellen eines jüdischen Selbstverständnisses u. a. durch den spielerischen Rückgriff auf jüdische und christliche Traditionen, die offiziell mit Argwohn beäugt wurden. H.s Darstellung zufolge speisen sich die sowohl revolutionären als auch despotischen Bestrebungen Ferdinand Lassalles, des Begründers der deutschen Arbeiterbewegung, aus seinem Versuch, dem Ghetto und der antisemitischen Stigmatisierung zu entkommen: »Gott weiß, wann er Geschmack gewonnen hat an der Macht. Vielleicht, daß seine Rasse zu lange die Macht anderer im Nacken gespürt hat.« Diese Verquickung von Opferstatus und diktatorischem Gelüst dient H. als Parabel für die Wandlung vieler Mitglieder der DDR-Machtelite von ehemals Verfolgten des NS-Regimes zu einem »Konglomerat engstirniger Geister, das sich als Fortschrittspartei bezeichnet und in Wirklichkeit allen Fortschritt [...] verhindert«.

In *Ahasver* dagegen wird das Jüdische gänzlich zum Synonym für die revolutionäre Kraft. So verwandelt H. die christlich-mythologische Figur des Ewigen Juden in den Prototyp des wahren Revolutionärs, der die mythologischen und historischen Ebenen von der Schöpfungsgeschichte und den Evangelien bis hin zur Lutherzeit und der DDR durchwandelt und dabei jede Form von autoritärer Ordnung, sei es die göttliche, christlich-religiöse oder sozialistische, unterminiert. Die biblische Schöpfungsgeschichte dient dabei als Urbeispiel für die Konsolidierung neuer Machtverhältnisse in den sozialistischen Gesellschaften: »Gott ist wie alle, die einmal etwas veränderten; sogleich bangen sie um ihr Werk und die eigene Stellung, und aus den lautesten Revolutionären werden die strengsten Ordnungshüter.«

Das Verhältnis des jüdischen Individuums zur gesellschaftlichen Macht beschäftigte H. auch in seinem 1998 erschienenen Buch über den österreichischen Hofjuden *Pargfrider*, das jedoch nicht dieselbe politische Prägnanz besitzt wie die entsprechenden Romane aus der DDR-Zeit.

Werke: Der Fall Glasenapp, Leipzig 1958; Ahasver, Frankfurt a. M. 1983; Nachruf, München 1988; Offene Worte in eigener Sache: Gespräche, Reden, Essays, 1989–2001, hg. I. Heym u. a., München 2003.
Literatur: H.-P. Ecker, Poetisierung als Kritik. St.H.s Neugestaltung der Erzählung vom Ewigen Juden, Tübingen 1986; Dialektik des Anfangs, Spiele des Lachens: Literaturpolitik in Bibliotheken. Über Texte von Heinrich Müller, Franz Fühmann, St.H., hg. P.G. Klussmann u. a., Bonn 1986; P. Hutchinson, St.H.: the Perpetual Dissident, Cambridge 1992; St.H.: Socialist – Dissenter – Jew. St.H.: Sozialist – Dissident – Jude, hg. P. Hutchinson u. a., Oxford 2003.

Cathy S. Gelbin

Heymann, Fritz (Siegfried Friedrich)

Geb. 28.8.1897 in Bocholt;
gest. 1944 in Auschwitz

»Wären die Juden nicht ein so altes Volk und nicht so sehr ein Volk der alten Leute, hätte auch mal ein Halbwüchsiger das Wort nehmen dürfen, die jüdische Geschichte zeigte sich lebendiger, härter, wahrer.« So schreibt H. in der Einleitung zu *Der Chevalier von Geldern*, seiner *Chronik der Abenteuer der Juden* (1937) – und er ergänzt diesen Gedankengang mit den Worten: »Vielleicht wäre die Geschichte der Juden anders verlaufen, wäre sie anders geschrieben worden.«

Die Abenteuerlust entsprach H.s Wesen. Als noch nicht 17-Jähriger hatte er sich bei Kriegsanfang 1914 als Freiwilliger gemeldet und war später in britischer Uniform aus der Kriegsgefangenschaft entkommen. Seine Jurastudien unterbrach er, um ein Freikorps anzuführen, promovierte dann jedoch in kürzester Zeit zum Dr. jur. und führte während der Inflation eine wildbewegte Existenz als »großmächtiger Direktor« einer Aktiengesellschaft (Piel). 1927 wurde er Redakteur bei der *Düsseldorfer Lokalzeitung*, für deren Handelsteil er bald verantwortlich zeichnete, während er auch feuilletonistische und streitbare politische Beiträge schrieb. In der *Vossischen Zeitung* erschienen 1927–28 Vorstudien zu seiner Chronik jüdischer Abenteurer, die er dann in Amsterdam weiter ausarbeitete. Als ausgesprochener Hitler-Gegner verließ er Deutschland bereits im Frühjahr 1933, war dann im Saarland als Redakteur des Anti-Nazi-Wochenblatts *Westland* und dessen Nachfolger *Grenzland* tätig und floh nach dem Saar-Anschluss weiter in die Niederlande. Es war H.s Stolz, dass er im Dezember 1936 »wegen staatsfeindlicher Betätigung und Vorbereitung zum Hochverrat […] auf der Liste der 39 unter Führung Thomas Manns ausgebürgert wurde« (autobiographische Notiz). In Amsterdam übersetzte er für die Exilverlage Allert de Lange und Querido u. a. Churchills *Great Contemporaries*.

H.s Hauptinteresse galt jedoch kraftvollen jüdischen Gestalten, die er Jugendlichen als Beispiele darstellte. Mit Antonio von Portugal, Sohn des Kronprinzen und einer Jüdin, der zu Beginn der Neuzeit tapfer um seinen Thron und für die Juden kämpft, eröffnete H. seine Abenteurerchronik. Verständnisvoll zeichnet er sodann den von Heine bewunderten Großoheim, die Titelfigur des *Chevalier von Geldern*, als einen der vielen unbezwingbaren jüdischen Hochstapler des Rokokozeitalters. Von ihnen, sowie von kühnen jüdischen Conquistadoren und Seeräubern, von dem erfolgreichen Räuberhauptmann Picard und dem unschlagbaren Boxer Danny Mendoza erzählt H. schwungvoll und bejahend. Zu dem im Nachwort versprochenen zweiten Band, der Frauen und zeitgenössische Gestalten umfassen sollte, kam H. nicht mehr. Während der deutschen Besatzung ergriff er die einzige ihm gebliebene Möglichkeit, die verängstigten Juden in Amsterdam zu ermutigen, indem er im Frühjahr 1942 die sechsteilige Vortragsreihe *Marranen-Chronik. Aus dem wilden und goldenen Zeitalter der Juden* hielt. Das geschah im Rahmen des jüdischen Kulturangebots, welches größtenteils von niederländischen Intellektuellen bestritten wurde, in dem aber auch H.s Freund, der Schriftsteller Herbert Frank (1909–77), auf Deutsch referierte (Nussbaum). Die faszinierenden, auf Überlebenskunst ausgerichteten Marranen-Vorlesungen wurden unter dem Titel *Tod oder Taufe* (1988) herausgegeben (Schoeps). Anfänglich durch seine Frontkämpferauszeichnungen geschützt, wurde H. 1943 nach Theresienstadt verschleppt und dann in Auschwitz ermordet.

Werke: Der Chevalier von Geldern. Eine Chronik der Abenteuer der Juden, Amsterdam 1937, Repr. mit Vorwort v. H. Kesten, Köln 1963, mit Vorwort v. J.H. Schoeps, Königstein/Ts. 1985; Tod oder Taufe, hg. J.H. Schoeps, Frankfurt a. M. 1988.
Literatur: J.A. Kruse, F.H.'s Approach to Heine, in: The Jewish Reception of Heinrich Heine, hg. M. Gelber, Tübingen 1992, 185–195; L. Nussbaum, »Tod oder Taufe«. Zur Herausgabe der Marranen-Chronik F.H.s, in: Zeitschr. für Religions- u. Geistesgeschichte 44 (1992), 76–81; I. Piel, »Dem jüdischen Schicksal Widerstand leisten«. F.H. (1897–1944), in: Aspekte jüdischen Lebens in Düsseldorf und am Niederrhein, hg. A. Genger u. a., Düsseldorf 1997, 220–225.

Laureen Nussbaum

Heyse, Paul

Geb. 15.3.1830 in Berlin;
gest. 2.4.1914 in München

H., dessen Vater langjährig an einem »System der Sprachwissenschaft« arbeitete und Anhänger Hegels war, studierte zunächst in Berlin Klassische Philologie, ging dann 1849 nach Bonn und wechselte, angeregt durch seine engen Kontakte zu Franz Kugler, zu Kunstgeschichte und Romanistik. 1852 promovierte er in Berlin und habilitierte sich anschließend mit einer Arbeit über Troubadourlyrik. In diese Zeit fiel die Entscheidung, als Schriftsteller zu leben und nicht die vorgezeichnete akademische Laufbahn zu vollenden.

H.s literarisches Werk ist sehr umfangreich, sein Themenkanon hingegen klein. Eine spezifische Aufmerksamkeit für Fragen jüdischer Existenz gibt es kaum, eine umfassende literarische Debatte findet nicht statt. Auch sich selbst definierte H. kaum aus seinem persönlichen deutsch-jüdischen Umfeld heraus, dennoch sympathisierte er damit. Viktor Klemperer geht in seiner Studie *Paul Heyse* (1907) sogar so weit zu schreiben: »Paul Heyse bekennt sich offen und nicht ohne Stolz zu dieser seiner ›westöstlichen‹ Abstammung.« Tatsächlich führt H. seine Mutter in der Autobiographie *Jugenderinnerungen und Bekenntnisse* (1900; erw. 1912) als »jüngste Tochter des königlich preußischen Hofjuweliers, des ›Hofjuden‹ Salomon Jakob Salomon« ein. H.s Mutter und ihre Geschwister treten zu einem nicht definierbaren Zeitpunkt zum christlichen Glauben über und nennen sich seitdem Saaling. Die Familie verkehrt u.a in Kreisen jüdischer Bankiers. H.s Mutter ist eine Cousine des Komponisten F. Mendelssohn Bartholdy, dessen Hauslehrer H.s Vater wird. In seiner Autobiographie schreibt H., der gesellige Umgang der Familie habe sich »[…] fast ausschließlich auf die jüdischen Familien, mit denen meine Mutter schon vor ihrer Verheiratung befreundet gewesen war«, beschränkt. Er betont, seine literarische Begabung von der Mutter, seinen Fleiß hingegen von seinem Vater, der »aus echtestem germanischem Stamm entsprossen war«, geerbt zu haben.

1854 beruft Maximilian II. den jungen unbekannten Schriftsteller an seinen Hof nach München. Für H. beginnt dort eine finanziell gesicherte bürgerliche Existenz. Er verfasst sein literarisches Werk fast ausschließlich, nachdem er seine Geburtsstadt und die Berliner Freunde hinter sich gelassen hat. Seine sozialen Kontakte richten sich in München auf den exklusiven Kreis der von Max II. berufenen Dichter und Wissenschaftler und auf wichtige Autoren des Realismus wie G. Keller oder Th. Storm. In diesem Umfeld entstehen seine zahlreichen Novellen, Versnovellen, Gedichte, Theaterstücke. Spät veröffentlicht er seinen ersten, freigeistigen Roman *Kinder der Welt* (1872). Hierin rekurriert H. auf Versatzstücke des zeitgenössischen Diskurses über die Juden: Die schöne Lea ist eine Schülerin des Romanhelden, des atheistischen Philosophen Edwin. Leas Mutter ist Jüdin, ihr Vater Christ. Lea wird getauft, bekennt aber, nicht an Gott zu glauben, und betont später ihre jüdische Vergangenheit: »Wenn er merkt, dachte sie, daß ich das Blut meiner Mutter in den Adern habe, heißes alttestamentarisches Blut […].« Der Aspekt der – gemäß dem Sozialdarwinismus eines Gobineau oder Chamberlain – angeblichen Vererbbarkeit jüdischer Zugehörigkeit ist hier explizit. H. nutzt paradoxerweise wiederholt Gemeinplätze aus populären Ressentiments gegen Juden, nur um seine jüdischen Figuren als nicht ›typisch jüdisch‹, als akkulturiert, zu präsentieren. Wenn H. jüdische Figuren klischeehaft darstellt, operiert er allerdings ex negativo und bleibt bei Äußerlichkeiten. Über Lea ist in *Kinder der Welt* zu lesen: »Keine Spur von Heiterkeit lag auf der schönen, vielleicht etwas zu hohen Stirn und den großen, sehr dunklen Augen, die an das mütterliche Blut erinnerten. Sonst war nichts Jüdisches in der Bildung des Gesichts, die Nase ganz gerade, der Mund von einer gewissen sinnlichen Kraft und Fülle […].« Tatsächlich benutzt H. unterschwellig antisemitische Elemente, aber nicht in antisemitischer Intention. Diese Darstellungsweise kann auch als Folge seiner schriftstellerischen Disposition verstanden werden. H.s Werk ist voller schablonenhafter Darstellungen und Konflikte, gepaart mit einer Fülle an Bildungsspielerei. Dass hierbei auch Unbedarftheit eine Rolle spielen kann, ist nicht ganz abzuweisen. Grundsätzlich wird in *Kinder der Welt* jedoch Toleranz gegenüber unterschiedlichen Glaubensrichtungen gelebt, Lehrfreiheit für Juden eingefordert. Den

Mann der Heldin des Buchs *Judith Stern* (1874), den Juwelier David Stern, nennt H. »nichts weniger als schön, oder auch nur von jener imposanten patriarchalischen Würde der Erscheinung, wie man sie in seinem Volke so häufig findet« und »weit erhaben über der gewöhnlichen jüdischen Gewinnsucht«. Das Ehepaar Stern ist von noblem Charakter und wird von einer düsteren Versuchergestalt in seinem Glück bedroht. Es könnte ein politischer Kommentar H.s sein, in einer Zeit des zunehmenden Antisemitismus jüdische Gestalten zu Helden zu machen, dies im Bewusstsein, überwiegend von einem bürgerlichen Publikum gelesen zu werden.

Das Judentum von H.s Mutter wird in den 1880er und frühen 1890er Jahren von einigen Autoren der naturalistischen Literaturströmung als Anlass zu antijüdischen Apostrophierungen H.s genommen. Karl Bleibtreu z. B. diffamiert H. im Presseorgan der Naturalisten *Die Gesellschaft* als »Halbblut« und »Quecksilbernatur« ohne »germanisch-christlichen Ernst«. Von »banaler Rabbinertiefsinnigkeit« sei H.s Schauspiel *Wahrheit?* durchdrungen, konstatiert ein anonymer Kritiker noch 1892 in dem Blatt. Die antisemitisch geprägte Kritik greift H. oft auch wegen der in seinen Texten dargestellten Sinnlichkeit an. Nicht alle Artikel in *Die Gesellschaft*, die sich mit H.s Werken befassen, disqualifizieren seine schriftstellerische Arbeit mit dem Hinweis auf seine jüdische Herkunft. Der rassische Antisemitismus hat indes auch Einfluss auf H.s spätere Beurteilung als Schriftsteller. Beispielsweise hält F. Burwick in seiner Dissertation *Die Kunsttheorie des Münchener Dichterkreises* (1932) fest, in H. fließe das »mütterlich-jüdische« Blut; »aber bei ihm wirkt sich dies Erbteil nicht zersetzend und zerstörend aus [...]«. Wie vielen assimilierten jüdischen Intellektuellen ist H. hier widerfahren, vom Antisemitismus eines völkischen Literatur- und Kulturbegriffs gegen den eigenen Willen als Jude gelesen – und ausgegrenzt zu werden.

Werke: Jugenderinnerungen und Bekenntnisse, 2 Bde., Stuttgart u. a. 1912; Gesammelte Werke, Stuttgart 1924 (Repr. u. Erweiterung Hildesheim 1984 ff.).

Literatur: V. Klemperer, P.H., Berlin 1907; A.v. Ian, Die zeitgenössische Kritik an P.H. 1850–1914, Diss. München 1965.

Nicole Nelhiebel

Hildesheimer, Wolfgang

Geb. 9.12.1916 in Hamburg;
gest. 21.8.1991 in Poschiavo

Gegen Ende seiner unter dem Titel *Mein Judentum* 1978 veröffentlichten Selbstbetrachtung schreibt H.: »Ich denke [...], daß diese Überlegungen und Feststellungen meinen nichtjüdischen Freunden zutiefst fremd sind. Wenn sie dies lesen

oder hören, werden sie sagen: So kenne ich dich gar nicht. Ich werde sagen: Wie sollte ich auch in eurer Gegenwart jemals darauf kommen, in dieser Schicht von mir herumzustöbern?« Diese Bemerkung deutet auf die spezifische Problematik von H.s Bestimmung und Selbstbestimmung als Jude und als jüdischer Schriftsteller. Jahrzehntelang hatte H. es vorgezogen, seine Rückkehr aus dem Exil gegenüber dem deutschen Publikum »nicht [zu] betonen, [seine] Identität im Literaturbetrieb bedeckt [zu] halten und in der Textarbeit integrativ-mythisch [zu] verhüllen und nur im Blick auf die Täter [...] aus der Verdeckung ganz heraus[zu]gehen« (Briegleb). In dieser Disposition, die entscheidend begründet war durch H.s Unmittelbarkeit zum westdeutschen Literaturbetrieb der Nachkriegsjahre, schuf H. ein literarisches Oeuvre, das jüdische Existenz nach Auschwitz auf singuläre Weise in der deutschen Nachkriegsliteratur thematisiert.

Zu den Vorfahren H.s zählten bedeutende Rabbiner. Die Eltern waren frühzeitig zionistisch orientiert; 1933 emigriert die Familie nach Palästina. Nach einer Tischlerlehre in Jerusalem absolviert H. in London eine zweijährige Ausbildung zum Zeichner und Bühnenbildner; bei Kriegsausbruch kehrt er nach Palästina zurück und arbeitet als Information Officer für die britischen Behörden. Ab 1946 wirkt er als Simultandolmetscher bei den Nürnberger Kriegsverbrecher-Prozessen mit und ist an der Edition eines Teils der Dokumente beteiligt. Die Nürnberger Jahre konfrontieren H. unmittelbar mit Tätern, Zeugen und Zeugnissen der Vernichtungspolitik: »Auch den Lampenschirm aus menschlicher Haut – und Schrecklicheres – habe ich gesehen.« Die Bedeutung dieser Zeit für H.s literarische Arbeit kann kaum überschätzt werden. Die in Nürnberg gewonnenen Einsichten gehen in das ab 1950 entstehende literarische Werk zunächst vor allem im Modus einer abgründigen Kultur- und Zivilisationskritik ein. Dessen ungeachtet werden H.s Satiren und Glossen (*Lieblose Legenden*) von der zeitgenössischen Kritik als »gemütlich dahinplätschernd« (W.E. Süskind) wahrgenommen, und K. Krolow stellte fest: »H. tut nicht weh.« Auf der Basis dieser Produktion – und dieser Lektüren – erfolgt H.s Eintritt in die Gruppe 47 im Mai 1951. Damit verkörpert H. den raren Fall eines jüdischen Autors deutscher Sprache, der *auf deutschem Boden* am Aufbau der deutschen Literatur nach Kriegsende mitzuwirken versucht.

Auch die Spuren der Erfahrung von Verfolgung und Vernichtung, die sich in H.s Theater des Absurden (*Spiele, in denen es dunkel wird*, 1958) zeigen, bleiben von Literaturbetrieb und -kritik weitestgehend unerkannt. Eine entscheidende Wende in H.s Poetologie zeichnet sich gegen Anfang der 60er Jahre ab: Die Latenz der katastrophischen Erfahrung bricht auf, immer deutlicher und ungeschützter öffnen sich sowohl H.s Schreiben als auch seine poetologische Reflexion der Konfrontation mit dem Zivilisationsbruch des Holocaust. Vier Texte H.s, die in den Jahren 1962 und 1963 entstehen, markieren diese Zäsur. Ende 1962 verfasst H., der 1957 in die Schweiz gezogen war, für einen Sammelband H. Kestens den Beitrag *Die vier Hauptgründe, weshalb ich nicht in der Bundesrepublik lebe*. Mit für H. bis dahin ungewohnter Deutlichkeit verweist er auf den in Deutschland verbreiteten Antisemitismus (»Ich bin Jude. Zwei Drittel aller Deutschen sind Antisemiten«), auf Intoleranz und »Mangel an Einsicht und Selbstkritik« mit katastrophalen Folgen für die politische Kultur, auf eine »Atmosphäre von provinzieller Geistesträgheit« und »allgemeiner Indolenz gegenüber allen Geschehnissen, die nicht unmittelbar Deutschland angehen«, sowie auf die Notwendigkeit, ein »Refugium« einzurichten, in das sich jene flüchten könnten, die »sich vielleicht einmal genötigt sehen, Deutschland bei Nacht und Nebel zu verlassen«. Zwar zieht H. diesen Text noch vor seiner Veröffentlichung zurück; er steht gleichwohl für eine Radikalisierung, die H. als jüdischer Bürger und Schriftsteller durchläuft. Zeitgleich entstehen die *Vergeblichen Aufzeichnungen*, in denen H. über die Schreibnot in der Gegenwart reflektiert, unter unmittelbarem Bezug auf die Geschichte jüdischer Verfolgung: »Jedenfalls zeugt hier nichts von Versuchen einer Bewältigung oder auch nur irgendeiner menschlichen Tätigkeit.« Im Mittelpunkt des kurz darauf verfassten *Nachtstücks* steht ein Mann, der unübersehbar von der Traumatisierung durch eine existenzbedrohende Verfolgungserfahrung gezeichnet ist: Gequält von »einer furchtbaren Erinnerung«, wird er von entsetzlichen »Bildern« heimgesucht, die ihn schlaflos machen. Am konkreten historischen Bezug dieser Figur sowie der seines Gegenspielers, eines Einbrechers, lässt H. in einem Interview mit *theater heute* keinen Zweifel: »Ich selbst schlafe miserabel. [...] Wer kann schlafen, wenn er über Deutschland liest. [...] [Der Einbrecher] könnte Klavier spielen, während draußen die Juden gejagt werden. Man trifft ihn überall auf den Straßen, in den Zügen, er funktioniert.« Wenig später entsteht eine der seltenen Rezensionen H.s – über R. Hochhuths *Der Stellvertreter*. In einer kritischen Reflexion über die poetologische Verfassung des Hochhuth-Dramas bereitet sich hier wie in den anderen Texten H.s dieser Zeit jenes große erinnerungspoetologische Projekt vor, dessen erster Teil, *Tynset*, 1965 erscheint.

Im Zentrum von *Tynset* steht ein schlafloser Ich-Erzähler, der – nachdrücklicher als noch im *Nachtstück* – kenntlich wird als ein deutsch-jüdischer Überlebender der NS-Massenvernichtung. Diese Identität wird jedoch nur zu einem relativ geringen Teil durch explizit NS-historische Episoden markiert. Im Vordergrund stehen vielmehr Folgen der Traumatisierung, die der Text unmittelbar abbildet: beschädigte Erinnerung, stete Wiederkehr von Bildern der Stigmatisierung und Verfolgung, Erschütterung der Beziehung zu Gott, das Schuldgefühl des Überlebenden, aber auch die Wahrnehmung der Gegenwart als Zeit ohne Fragen und als veränderte, anhaltend gefährliche Gestalt der Vergangenheit. Die berühmte Telefon-Episode – der Ich-Erzähler wählt willkürliche Nummern, teilt den Hörern mit, sie seien ›entdeckt‹, und stellt fest, wie diese fluchtartig Haus und Stadt verlassen – gerät zur eindrucksvollen Metonymie westdeutscher Wirklichkeit. Im Rezensionsbetrieb jedoch wird dieser Bezug durchgehend metaphorisiert und universalisiert. K. Korn etwa charakterisierte das Buch als eine »Metapher des Todeskampfes, der Leben heißt«. Die Laudatien für den Preisträger des Bremer Literaturpreises und des Büchnerpreises 1966 verdeutlichen, dass diese Lesepraxis eine wesentliche Voraussetzung der öffentlichen Ehrungen bildete.

Die in *Tynset* begonnene »monologische Prosa« (V. Jehle) setzt H. im 1973 erschienenen *Masante* fort. Die kritische Perspektive des Ich-Erzählers auf die katastrophische Gegenwart erfährt eine kennzeichnende Steigerung. In enger Verschränkung mit konkreten Sachverhalten aus der Geschichte der NS-Massenverbrechen (Saloniki-Episode) gerät die Zivilisationskritik noch entschiedener: »[Der Erzähler] sichtet den Vorrat abendländischer Tradition. Die ›Inventur‹ fällt vernichtend aus« (G. Hartlaub). Aktualität und Eskalation der Katastrophe werden in *Masante* unzweideutig bezeichnet durch die Anzeichen eines herannahenden ökologischen Kollapses. Die ökologische Krise wird in der poetologischen Perspektive, die *Masante* bestimmt, erkennbar als authentische Weiterung jenes Katastrophischen der Epoche, das durch Auschwitz unwiderruflich in die Geschichte der Menschen eingetreten war. Auf die in *Masante* noch deutlicheren Bezüge auf die NS-Vergangenheit und ihre Virulenz für die Gegenwart reagierte J. Kaiser mit der Diagnose, H. leide unter »Haß auf Teutonisches«. Tatsächlich wiederholte sich für H. eine Erfahrung, die er bereits 1967 anlässlich des Sechs-Tage-Krieges zwischen Israel und seinen arabischen Anrainerstaaten gemacht hatte: Die Wahrnehmungsfähigkeit in Westdeutschland für die Situation von Juden in der Gegenwart hatte sich auch durch die antiautoritäre Bewegung nicht gebessert. Es ist gerade auch diese Erfahrung, die Eingang findet in den 1975 gehaltenen Vortrag *The End of Fiction*. Unter Hinweis auf die Unabwendbarkeit einer ökologischen Katastrophe und das Unvermögen fiktionaler Konstrukte, diese Entwicklung noch aufzuhalten oder gar umzukehren, stellt H. den Sinn fiktionalen Schreibens kategorisch infrage. In seiner komplexen Einlassung auf das Realismus-Problem und seine historische Diskussion (Moskauer Kongress 1934), aber auch auf Erscheinungen der deutschsprachigen Gegenwartsliteratur (K. Struck, P. Handke) wird jedoch offenkundig, dass diese Absage H.s – über das ökologische Moment hinaus – untrennbar geknüpft war an die subjektive Nähe zur Verfolgungserfahrung während der NS-Jahre (»… as some of us have experienced it«) sowie an die Summe seiner Erfahrungen, die er seit rund 25 Jahren mit deutscher Literatur und Literaturkritik gesammelt hatte. Einige der Reaktionen auf den Vortrag bestätigen diese skeptischen Einsichten eklatant. Auseinandersetzung wird durch Polemik ersetzt: M. Walser spottet über den »Weisen von Poschiavo«, P. Handke bezeichnet H.s Haltung als »Nummer 1 in der Hitparade der Blödheit«.

Im April 1978 sendet der Süddeutsche Rundfunk H.s Vortrag zum Thema *Mein Judentum*. Wie auch die anderen Beiträger der Reihe reflektiert H. über verschiedenartige Erfahrungen und Erlebnisse, die auf seine Bestimmung und Selbstbestimmung als Jude Einfluss genommen haben: Kindheit und Jugend, das Exil in Palästina, die Nürnberger Prozesse, aber auch die Begegnung mit einer Vielzahl von Spielarten des Antisemitismus. Eine genauere Lektüre des Vortrags im Kontext seiner Erfahrungen als jüdischer Autor deutscher Sprache im westdeutschen Literaturbetrieb jedoch zeigt, dass dieser Text wie wohl kein anderer H.s die Erfahrung der Ferne und der Abgeschiedenheit als Jude von seinen nichtjüdischen Freunden und Kollegen offenbart. Diese Ferne wird jetzt – anders als noch Anfang der 60er Jahre – auch vor deutscher Öffentlichkeit nicht mehr verborgen. Sie wird spektakulär demonstriert mit den Worten: »Es sei hier ausgesprochen: Wir Juden sind anders.« Damit geht H. unwiderruflich auf Distanz gerade auch zu jenen Kollegen, die im Wege einer erfolgreichen ›Assimilation‹ und ›Integration‹, etwa in den deutschen Kulturbetrieb, nicht zuletzt ihre eigene Vergangenheitsbewältigung zu betreiben und zu besiegeln suchten. Auf solche Instrumentalisierungsversuche spielt H. an, wenn er schreibt, dass die »Bewältigung [der Vergangenheit] schließlich nicht *meine* Aufgabe war«.

Wohl erscheinen noch der Bestseller *Mozart* (1977), der preisgekrönte *Marbot* (1981), *Mitteilungen an Max über den Stand der Dinge und anderes* (1983) und andere, kleinere Schriften; doch sowohl der Charakter dieser Texte wie auch die Wiederaufnahme seiner bildkünstlerischen Aktivität verdeutlichen, dass H. im Essay *The End of Fiction* eine Entscheidung diskursiv entwickelt und vorgetragen hatte, die seit langem vorbereitet gewesen und nun zu realer Praxis geworden war. H. war der Überzeugung, dass »Schriftsteller-sein« keine »Entscheidung fürs Leben ist […], sondern ein Schicksal, das sich nach jedem Buch wenden kann.« Von der spezifischen Integrität, die solcher Einsichts- und Entscheidungsfähigkeit innewohnt, zehrt sein literarisches Oeuvre. In immer neuen Anläufen zielt es darauf, eine Innensicht zu geben auf jene Beschädigungen menschlicher Existenz, die untrennbar mit der NS-Vernichtungspolitik verknüpft waren. In diesem Sinn handelt H.s Schreiben immer von jüdischer Existenz – als einer Erfahrung, deren paradigmatische Bedeutung für die Epoche für H. außer Frage stand.

Werke: Gesammelte Werke in sieben Bdn., hg. L. Hart Nibbrig u. a., Frankfurt a. M. 1991; Briefe, hg. S. Hildesheimer und D. Pleyer, Frankfurt a. M. 1999.
Literatur: K. Briegleb, Weiterschreiben! Wege zu einer deutschen literarischen ›Postmoderne‹?, in: Gegenwartsliteratur seit 1968, hg. K. Briegleb u. a., München u. a. 1992, 340–381; H.A. Lea, W.H.s Weg als Jude und Deutscher, Stuttgart 1997; S. Braese, Die andere Erinnerung – Jüdische Autoren in der westdeutschen Nachkriegsliteratur, München [3]2010, 233–320, 329–348, 365–428, 485–515; H.A. Lea, Verfolgter und Verfolgte: W.H.s Erfahrung der Nürnberger Prozesse, in: Rechenschaften – Juristischer und literarischer Diskurs in der Auseinandersetzung mit den NS-Massenverbrechen, hg. S. Braese, Göttingen 2004, 67–86; J. Long, Time and Narrative: W.H.s »Tynset« and »Masante«, in: German Life and Letters 52 (1999), 4, 457–474; K. Reichert, Aus der Fremde und zurück: W.H. in: ders., Lesenlernen – Über moderne Literatur und das Menschenrecht auf Poesie, München 2006, 222–239.

Stephan Braese

Hiller, Kurt

Geb. 17.8.1885 in Berlin;
gest. 1.10.1972 in Hamburg

Im März 1942 fand eine öffentliche Diskussionsveranstaltung der in London ansässigen »Gruppe Unabhängiger junger deutscher Autoren« statt, betitelt: »Die Judenfrage«. Nazi-Verfolgte und Juden kamen an dem Abend zusammen. Als einer der Protagonisten des Streitgesprächs äußerte H.: »Wenn ich mich genau prüfe, dann bin ich in erster Linie der Denker meiner Gedanken, übernommener und eigener, etwa des sozialistischen, und das hat mit Nation überhaupt nichts zu tun, in zweiter Linie Deutscher, in dritter Europäer und allenfalls in vierter von jüdischer Abkunft. Aus ihr eine Wichtigkeit zu machen, lehne ich ab. Sie überhaupt zum Gegenstand des Nachdenkens zu erheben, nötigt mich einzig die Bestienherrschaft in Deutschland.« Zuvor hatte H. den Unmut anderer Teilnehmer auf sich gezogen, weil er die »planvolle Selbstauflösung des Judentums« anriet, dessen kollektive Existenz er zu diesem Zeitpunkt für überholt erachtete. »Ich plädiere, um Millionen Individuen der Zukunft unsägliches Leid zu ersparen, für die Selbsteinschmelzung des Restes jüdischer Substanz in die Völker, […]. Ich für meinen Teil wünsche, Mensch zu sein, Europäer und Diener am Geiste in meiner Muttersprache.«

Sohn eines Krawattenfabrikanten, begann H. 1903 zu studieren und promovierte 1907 mit einer rechtsphilosophischen Dissertation über die *Kriminalistische Bedeutung des Selbstmordes* (1908). In seinem Elternhaus spielte das Judentum kaum eine Rolle. Seine Eltern charakterisierte er als »äußerst freisinnig«, eine Haltung, die seinen Weg zu »Konfessionslosigkeit« und »Agnostizismus« ebnete. Noch vor dem Ersten Weltkrieg begann H. sich mit Literatur zu beschäftigen und gründete mit Freunden 1909 den »Neuen Club«, dem sich bald Lyriker wie Ernst Blass und Georg Heym anschlossen. Ursprünglich als privater Diskussionszirkel gedacht, avancierte der »Neue Club« zu einem Forum des literarischen Expressionismus. Unter dem Einfluss Nietzsches sollte gegen die starren Konventionen der wilhelminischen Gesellschaft ein neues »Kulturgefühl« vermittelt werden. H. bewies in diesem Zirkel Talent als Organisator, als Autor spielte er jedoch kaum eine Rolle. Erst der Erste Weltkrieg bedeutete für H. einen Einschnitt. In seinen Memoiren *Leben gegen die Zeit* (1969) schrieb H. resümierend: »[…] meine Arbeit, meine Lebensleistung wird erst jetzt anfangen zu beginnen«.

H.s Entwicklung zum politischen Essayisten war damit vorgezeichnet. 1916 gab er das erste Jahrbuch *Das Ziel* heraus, Untertitel: *Aufrufe zu tätigem Geist*. Mit ihm verband H. die Forderung nach einer »Herrschaft der Geistigen«. Vier weitere Bände folgten. Da die »Verwalter der Nationen auf das bloße Wort des Geistes« nicht hörten, müssten die »geistigen Menschen selbst die Verwaltung der Erde in die Hand nehmen«, lautete sein Credo. Entsprechend organisierte H. in den Revolutionstagen 1918/19 in Berlin den »Rat geistiger Arbeiter«, dem der Anschluss an die Rätebewegung jedoch nicht gelang. Bis zu seinem Lebensende vertrat H. in seinen Artikeln und Büchern – meist Sammelbände seiner verstreut gedruckten Beiträge – die Forderung nach einer »Logokratie«, so erstmals zusammengefasst in *Verwirklichung des Geistes im Staat. Beiträge zu einem System des logokratischen Aktivismus* (1925). Den Begriff »Geist« wollte er dabei nicht als Intellektualität verstanden wissen, sondern humanitären Idealen verpflichtet. Seinen elitären Herrschaftsvorstellungen entsprach dabei ein Menschenbild, mit dem er Individuen »typologisierend« betrachtete. »Ich bin kein Rassist, kein Nationalist. Ich bin Typolog«, schrieb H. 1945 an Herbert Freeden. Freilich blieb er dabei oft Kriterien für seine Typologisierungen schuldig.

In den 20er Jahren avancierte H. zu einem der wichtigsten Mitarbeiter der von Siegfried Jacobsohn und nach dessen Tod von Carl von Ossietzky geleiteten Zeitschrift *Die Weltbühne*. Die Kommentare zu politischen Ereignissen in der Weimarer Republik laufen dabei entlang seiner politischen Herrschaftsvorstellungen einer »Logokratie«; entsprechend erschien ihm das Arrangement republikanischer Parteien mit den vorrepublikanischen Eliten der wilhelminischen Ära das Desaster vorzubereiten, personifiziert in Friedrich Ebert (der »Lump«). H. engagierte sich auch für Sexualstrafrechtsreformen (*Buch § 175 – Die Schmach des Jahrhunderts*, 1922) und in der Friedensbewegung. »Das Recht über sich selbst« war die kategorische Forderung des Pazifisten und Homosexuellen, dies in einer Gesellschaft, die militaristisch war und ihn in so einfachen sexuellen Fragen »mukkerte«. Seiner 1926 gegründeten und etwas über 100 Mitglieder umfassenden »Gruppe Revolutionärer Pazifisten« (bis 1933) gehörten Kurt Tucholsky, Klaus Mann und Ernst Toller (wenn auch nur Namen gebend) an.

Mit seinen elitären Herrschaftsvorstellungen stand H. sozialistischen Avantgarde-Vorstellungen nicht fern, wie z. B. in den 20er Jahren seine Bewunderung der russischen Revolution und aufmerksame Begleitung der sowjetischen Entwicklung zeigten, obwohl er gleichzeitig in die publizistische Schusslinie der KPD geriet. Zentrales Thema seiner politischen Publizistik vor 1933 blieb die Schaffung einer »Roten Einheit«, die H. durchaus mit seinen logokratischen Vorstellungen verband, um den »Rutsch des Reichs in den Dreck« abzuwenden. Der überwiegende Teil der Auflage seines unter diesem Blickpunkt veröffentlichten Bandes *Der Sprung ins Helle* (1932) wurde bereits 1933 eingestampft. H. wurde im März 1933 verhaftet und musste schwerste Misshandlungen erleiden. Er wurde in die KZs Brandenburg und Oranienburg verschleppt, ehe er im September 1934 kurz entlassen wurde und wenig später in die Tschechoslowakei und von da nach London (Dezember 1938) fliehen konnte. Im Exil erwies sich wieder H.s gruppenbildende Kraft. 1939 erfolgte die Gründung des »Freiheitsbundes Deutscher Sozialisten« und der »Gruppe Unabhängiger Deutscher Autoren« unter seiner Federführung. In ihnen vereinigten sich Autoren und Intellektuelle, die nicht nur – H.s Vorstellungen gemäß – die Schaffung einer »roten« Front gegen Hitler anstrebten, sondern sich auch von den alten »Links«-Parteien wie SPD und KPD distanzierten.

H. hat sich in seinen großen politischen Essays nie explizit zum Judentum geäußert. Dennoch bewegte ihn das Thema in der Exil-Zeit in Privatbriefen. Lediglich ein einziger veröffentlichter Beitrag informiert über H.s Stellung zum Judentum: *Thesen zur Judenfrage* (1948), ein Thesenpapier, das in dem Band *Ratioaktiv* (1966) veröffentlicht wurde. Substantiell geht es ihm in diesem Aufsatz um geopolitische Thesen zum Staat Israel – in Bezug auf Syrien – und noch einmal um eine Art kosmopolitische Begriffsbestimmung des »Judentums«, bei gleichzeitiger Ablehnung jeglichen »Kollektivismusses« von Gemeinschaften, Nationen und Herkunften bzw. »Rassen«, wie H. formulierte.

H. fragte im Exil wiederholt andere Exilierte – Juden wie Nichtjuden –, ob sie mit ihm nach Deutschland zurückkehren wollten; er erhielt viele Ablehnungen. 1955 übersiedelte H. schließlich nach Hamburg, wo er bis zu seinem Tod lebte. Er publizierte zahlreiche Beiträge für engagierte Blätter wie etwa Wolfgang Beutins Studentenmagazin *Lynx* oder auch in *Konkret*, wo er mit Ulrike Meinhof in der Redaktion aneckte. Auschwitz hatte aber dem »Logokratiker« H. einen Bruch bedeutet. Angesichts von Auschwitz ließ er von alten Thesen aus dem Exil ab, verfolgte die Entwicklungen des Staates Israel interessiert, blieb dort aber geopolitischen Vorstellungen verhaftet.

Werke: Verwirklichung des Geistes im Staat, Leipzig 1925; Der Sprung ins Helle. Reden, Offene Briefe, Zwiegespräche, Essays, Thesen, Pamphlete: gegen Krieg und Kapitalismus, Leipzig 1932; Köpfe und Tröpfe, Hamburg u. a. 1950; Ratioaktiv. Reden 1914–1964, Wiesbaden 1966; Leben gegen die Zeit, Reinbek 1969; Ich war nie Expressionist. K.H. im Briefwechsel mit Paul Raabe 1959–1968, hg. R. Dick, Göttingen 2010.
Literatur: H. Lützenkirchen, Logokratie: Herrschaft der Vernunft in der Gesellschaft aus der Sicht K.H.s, Essen 1989; R.v. Bockel, K.H. und die Gruppe Revolutionärer Pazifisten, Hamburg 1990; K.H., hg. ders./H. Lützenkirchen, Hamburg 1992; B. Laube, »Dennoch glaube ich an den messianischen Geist.« K.H. (1885–1972): Aspekte eine deutsch-jüdischen Identität, Essen 2011.

Rolf von Bockel

Hilsenrath, Edgar

Geb. 2.4.1926 in Leipzig

H.s ausschließliches Thema sind Varianten des Völkermords im 20. Jahrhundert: neben dem Holocaust der Völkermord der modernen Türkei an den Armeniern. Dabei reichen die literarischen Problemlösungen von einem hypernaturalistischen Detailrealismus (in *Nacht*) über den grotesken Schelmenroman (*Der Nazi & der Friseur*) bis zum modernen orientalischen Anti-Märchen (*Das Märchen vom letzten Gedanken*), zur Reminiszenz jiddischer Erzähltraditionen (*Jossel Wassermanns Heimkehr*) und zum autobiographischen Roman (*Bronskys Geständnis. Die Abenteuer des Ruben Jablonski*). »Das Wesentliche ist, daß ich rede [...], denn solange ich rede, bin ich noch nicht tot.« Dieser Satz des Protagonisten aus dem Roman *Jossel Wassermanns Heimkehr* kann als eine Art Motto über H.s Leben und Werk stehen – ein Motto, das noch zu ergänzen wäre durch den Hinweis auf die Sprache, in der H. redet, nämlich Deutsch. Er sei ein »Jude deutscher Kultur« und habe ein »Liebesverhältnis mit der deutschen Sprache«. Gerade dadurch ist H. prädestiniert dafür, als Autor in Deutschland eine Position in der Holocaust-Diskussion zu vertreten, die die Antithese zu allen staatstragenden Bekenntnissen darstellt und den Philosemitismus als das entlarvt, was er seiner Struktur nach ist: ein antisemitisches »Ticket-Denken« (Horkheimer-Adorno) mit umgekehrtem Vorzeichen.

Diese Liebe zur deutschen Kultur und Sprache ist angesichts der biographischen Stationen keineswegs selbstverständlich. Als Sohn einer Kaufmannsfamilie in Leipzig geboren, verbrachte H. seine Kindheit und Jugend in Halle. Wegen des zunehmenden Antisemitismus in Deutschland siedelte er mit Mutter und Bruder 1938 zu den in Sereth (Bukowina) lebenden Großeltern über, nach eigener Aussage die schönste Zeit seines Lebens. 1940 engagierte sich H. in einer zionistischen Gruppierung. 1941 wurde die Familie von rumänischen Faschisten in das transnistrische, zwischen Dnjestr und Bug gelegene Ghetto Moghilev-Podolsk deportiert; H. überlebte wie seine engere Familie und gelangte 1945 über Sereth auf abenteuerlichen Wegen nach Palästina, wo er sich bis 1947 als Gelegenheitsarbeiter durchschlug. Im November 1947 fand die Familie im französischen Lyon wieder zusammen. 1951 emigrierte H. von Frankreich in die USA, wo unter schwierigsten Umständen bis 1954 der erste große Roman *Nacht* entstand, die schockierend genaue fiktionale Verarbeitung der Ghettojahre. 1964 erschien der Roman in einer Kleinstauflage bei Kindler, deren Restbestände schnell wieder vom Markt verschwanden – eine Konsequenz des zu dieser Zeit dominierenden Philosemitismus, der keine anderen als die approbierten Formen des Gedenkens zulässt. Erst 1978 wurde die Neuauflage von *Nacht* durch das Engagement des jungen Verlegers Helmut Braun zu einem großen Erfolg. Bereits 1977 hatte Braun den in den USA 1971 erschienenen und zum Bestseller gewordenen grotesken Roman *Der Nazi & der Friseur* zu einem Erfolg auf dem deutschen Markt werden lassen – eine Provokation nicht nur wegen zahlreicher krasser Gewalt- und Pornographieszenen, sondern vor allem wegen der grotesken Verkehrung der Verhältnisse, insofern der physisch allen antisemitischen Klischees ›jüdischer‹ Physiognomie entsprechende Massenmörder Max Schulz die Identität des von ihm ermordeten ›arisch‹ aussehenden Jugendfreundes Itzig Finkelstein annimmt und in Israel Karriere macht. Max Schulz kann seine übergroßen Verbrechen nur dadurch sühnen, dass er mit der Angst seiner Opfer weiterleben muss – und auch diese Fortexistenz hat mit Gerechtigkeit nichts zu tun, sondern offenbart die Antwortlosigkeit auf die Verbrechen des Holocaust. Die Moral des Romans, so F. Torberg, resultiert aus amoralischen Voraussetzungen; sie besteht in der »Entlarvung der klischierten Vorurteile, an denen unser Dasein krankt«, nicht in der Verurteilung eines Verbrechens, das »jenseits von Schuld und Sühne« liegt (J. Améry).

In der Kritik haben die beiden ersten Romane ein sehr unterschiedliches Echo gefunden, wobei H. aus regelästhetischer Schulmeisterperspektive sogar als Verfasser indiskutabler Trivialliteratur denunziert wurde. Dies mag ein Impuls für den Autor gewesen sein, die Jahre in New York und das Entstehen des Romans *Nacht* noch einmal zu vergegenwärtigen. In *Bronskys Geständnis* (1980) verknüpft H. Hypernaturalismus und Satire zu einer ganz eigenen Form autobiographischer Selbstbefragung. Dabei geht es um eine psychoanalytische Durchleuchtung des Verdrängten: der Patient Jakob Bronsky ist einerseits mit den sechs Millionen gestorben, andererseits hat er überlebt und ist damit »den anderen Tod« gestorben, den mentalen und vitalen Tod mitten im Leben einer Umwelt, die von der »steinernen Welt« (Borowski) der Vernichtungslager nichts mehr wissen will.

Mit dem Roman *Das Märchen vom letzten Gedanken* (1989) verlässt H., der seit 1975 in Berlin lebt, nur scheinbar die Thematik des Holocaust; denn mit dem Genozid der modernen Türkei an den Armeniern im Ersten Weltkrieg ist dessen prinzipielle Möglichkeit noch vor Stalin und vor Hitler bereits erwiesen. Dieser Bezug wird im Roman selbst nicht nur durch Formulierungen wie »Holocaust« oder »Endlösung« offensichtlich, sondern vor allem durch den leitmotivisch wiederkehrenden direkten Vergleich von Armeniern und Juden, der schließlich auf der Handlungsebene am Ende gleichsam materialisiert wird: ein armenischer Überlebender des ersten Völkermords verschwindet als Helfer eines orthodoxen Juden im Polen des Frühjahrs 1943 spurlos. War H. in der Lage, auf der Basis des erlebten und beschriebenen Grauens der Shoah den eine knappe Generation früher begangenen Völkermord an den christlichen Armeniern fiktional zu vergegenwärtigen, so hat Franz Werfel umgekehrt in seinem großen Roman *Die vierzig Tage des Musa Dagh* aus dem Jahr 1933, den H. aufmerksam studiert hat, bestürzend hellsichtig und konkret die Shoah an den Juden im Genozid an den Armeniern vorausgesehen und vorausbeschrieben. In H.s Roman erscheinen alle narrativen Möglichkeiten seiner früheren Werke kondensiert und gebündelt; das Geschichtenerzählen wird zum letzten Beweis der früheren Existenz eines ausgerotteten Volkes, Geschichten, die freilich notwendigerweise widersprüchlich bleiben und die so hergestellte Geschichte eigenartig unfassbar erscheinen lassen. Mit seinem Armenien-Roman kam H. jedenfalls endgültig und gleichsam offiziell in der deutschen Literatur an: 1989 wurde ihm der von Grass gestiftete Alfred-Döblin-Preis verliehen, es folgten 1992 der Heinz-Galinski-Preis der Berliner Jüdischen Gemeinde, 1994 der Hans-Erich-Nossack-Preis des Kulturkreises der deutschen Wirtschaft, 1996 der erstmals verliehene Jakob-Wassermann-Preis der Stadt Fürth, 1998 der Hans-Sahl-Preis der Kulturstiftung der Deutschen Bank, 2004 der Lion-Feuchtwanger-Preis, 2006 der Armenische Nationalpreis für Literatur.

Eine doppelte Rückkehr zum Ort des größten Glücks wie des größten Unglücks, zur Bukowina, stellen die beiden zuletzt erschienenen Romane H.s dar. In *Jossel Wassermanns Heimkehr* geht es um die Geschichte eines kleinen, als Mittelpunkt der Welt imaginierten ostjüdischen Stetls namens Pohodna am Pruth, deren Tradierung allerdings der großen Vernichtung anheimfällt: weder schafft es der alte Thoraschreiber Eisik, der von Jossel damit beauftragt wird, noch der deutsche Deserteur Anton Krüger, der im Kaftan von der polnischen Miliz aufgegriffen, in einen Judenzug gesteckt wird und damit denselben Tod erleidet wie die anderen Juden auch. Es bleiben Jossels eigene Erinnerungen, die er auf dem Sterbebett seinem jüdischen Anwalt und einem nichtjüdischen Notar anvertraut. Der Roman ist bis in seine der jiddischen Tradition verbundene Erzählweise ein Epitaph auf die untergegangene Welt der Ostjuden, aber trotz zahlreicher chassidischer Legenden und humoristischer Alltagsszenen angesichts der omnipräsenten Vernichtungsmaschinerie ohne verklärende Tendenz.

Der ausdrücklich als autobiographisch deklarierte Roman *Die Abenteuer des Ruben Jablonski* füllt insofern eine Lücke, als in ihm die Zeit nach der Befreiung aus dem Lager im März 1944 bis zur Wiedergewinnung der Potenz als Mann und Schriftsteller nach einer schlimmen Zeit der Depressionen unmittelbar vor der Übersiedlung in die USA erzählt wird. »Atmen und leben und schreiben« – dieses Bekenntnis des Sohnes gegenüber seinem Vater ist zugleich das existenzielle Credo eines Schriftstellers, der nur durch die Fähigkeit zu schreiben den »anderen Tod« der Holocaust-Überlebenden überwinden konnte. H.s Bedeutung innerhalb der deutschsprachigen Holocaust-Literatur besteht darin, dass er bereits mit seinen ersten beiden Romanen den Paradigmawechsel eingeleitet hat, der das Genre seit etwa Mitte der 80er Jahre bestimmt und der offenbar mit dem Wechsel vom kommunikativen zum kollektiven Gedächtnis des Holocaust zusammenhängt (Lauer). Der radikale Bruch mit Konventionen ›authentischen‹ Schreibens über das eigentlich nicht Beschreibbare vollzieht sich über Irritationen der Erinnerungssemantik, die mithilfe nicht eigentlich neuer, auf diesem Feld jedoch zunächst nicht üblicher literarischer Formen und Techniken erreicht werden. H. steht damit in einer Reihe mit Autoren wie G. Tabori, I. Kertész, J. Lind, J. Becker, aber auch R. Klüger, für die die traditionelle Differenz von ›Authentizität‹ bzw. ›Nicht-Authentizität‹ der Rede über den Holocaust bereits irrelevant geworden ist, weil sich nun der Diskurs metakommunikativ auf die Konstitution von Sinnbildung in herkömmlichen Kommunikaten über den Holocaust bezieht und nicht länger auf eine zu vermittelnde unverrückbare Position des ›Authentischen‹. Damit zieht auch die Holocaust-Literatur die Konsequenzen aus der prinzipiellen Historikerdebatte über das »Erzählen« von Geschichte im Allgemeinen (Hayden White), das »Beschreiben des Holocaust« im besonderen (James E. Young). Es geht nun primär um die »Differenz von Kommunikabilität und Inkommunikabilität« (Lauer). Statt ›kultureller Texte‹ über den Holocaust werden nun dezidiert ›literarische‹ Texte verfasst. Was künftig im kollektiven Gedächtnis als Holocaust erinnert wird, hängt nicht unwesentlich von der Art dieser neuen Literatur ab.

Werke: Nacht, München 1964; Der Nazi & der Friseur, Köln 1977; Bronskys Geständnis, München u. a. 1980; Das Märchen vom letzten Gedanken, München 1989; Jossel Wassermanns Heimkehr, München 1993; Die Abenteuer des Ruben Jablonski, München 1997; Gesammelte Werke in 10 Bdn., hg. H. Braun, Köln/Berlin 2003 ff.

Literatur: G. Lauer, Erinnerungsverhandlungen. Kollektives Gedächtnis und Literatur fünfzig Jahre nach der Vernichtung der europäischen Juden, in: Deutsche Vierteljahrsschrift 73 (1999), 215–245; D. Dopheide, Das Groteske und der Schwarze Humor in den Romanen E.H.s, Berlin 2000; Verliebt in die deutsche Sprache. Die Odyssee des E.H., hg. H. Braun, Berlin 2005; H. Braun, Ich bin nicht Ranek. Annäherung an E.H., Berlin 2006; P. Vahsen, Lesarten – die Rezeption des Werkes von E.H., Tübingen 2008.

Hans Otto Horch

Hirsch, Jizchak Arjei Leo

Geb. 18.1.1903 in Posen;
gest. 6.1.1943 in Berlin

Die Erzählungen, Kritiken, Romane und Gedichte, die dramaturgischen Arbeiten, Übersetzungen und Berichte des Journalisten und Schriftstellers H., »in ihrer Mehrzahl Meisterwerke eines begabten, jungen Menschen« (Ernst G. Lowenthal), gerieten nach dem Zweiten Weltkrieg ebenso in Vergessenheit wie die Person des Autors selbst. Einen der wenigen Hinweise auf ihn gibt die bislang einzige Wiederauflage einer seiner Publikationen unter dem Titel *Jüdische Glaubenswelt* (1962). Die Rezeptionsgeschichte dieses erstmals 1935 im Berliner Vortrupp-Verlag als *Praktische Judentumskunde. Einführung in die jüdische Wirklichkeit für jedermann* verlegten Buches – einer Darstellung traditioneller jüdischer Lebenswelten, Bräuche und Kultformen – beförderte jedoch über Jahrzehnte ein Bild ihres Verfassers als das eines frommen Juden aus dem Osten – und griff damit nicht nur zu kurz, sondern geradezu fehl. »Für das Buch war natürlich der Auftrag zuerst da, den ich aus ›religiöser Abstinenz‹ zunächst zweimal sehr dringend abgelehnt habe«, so H. am 27. Mai 1935 aus Berlin an seine bereits in Palästina lebenden Eltern. Als eine der wichtigsten geistigen Bezugspunkte seines Schaffens bezeichnete er selbst dagegen Gustav Landauer. Er wäre sozusagen zur Welt gekommen, als Landauer starb, bekannte H. im März 1927 dem von ihm ebenfalls verehrten Freund Landauers, Martin Buber. Wie für viele Intellektuelle, die am Ende des Ersten Weltkriegs nach politischen Gegenentwürfen zu einer als chaotisch erlebten Gegenwart suchten und die Enge der bürgerlich-wilhelminischen Gesellschaft für eine soziale Gemeinschaft aufbrechen wollten, war für den jungen H. der Schriftsteller und libertäre Sozialist Landauer mit seinem *Aufruf zum Sozialismus* zu »einem Fundament des Lebens« geworden (*Landauer und Rathenau*, 1924).

Aufgewachsen war H. als ältester Sohn des Kolonialwarenhändlers Hermann Israel Zwi Hirsch und seiner Frau Bertha, geb. Selka, in einer orthodoxen jüdischen Familie in Ostrowo, einer damals preußischen Kleinstadt in der Nähe seines Geburtsortes Posen. Das von H. in seinem Roman *Lampion* (1928) als »hässlich schmutzig, gesichtslos und ausgedehnt« beschriebene Ostrowo im Kreis Aldenau war durch die verschiedenen Teilungen Polens häufig zum Spielball politischer Großmächte geworden und lange Zeit preußische Grenzregion nach Russland, in der polnische, deutsche und jüdische Nationalitäten aufeinandertrafen. Ein schon in H.s frühen journalistischen Arbeiten erkennbarer antistaatlicher Kosmopolitismus hat hier seine Wurzeln. Auch der Grundstein für H.s spätere Übersetzertätigkeit, der er sich ebenso wie Landauer intensiv widmete, wird im Vielvölkergemisch des preußisch-polnischen Ostens jener Jahre gelegt: H. beherrschte außer der deutschen und jiddischen Sprache das Polnische, sprach Englisch und ein wenig Russisch. Nachdem Ostrowo im Gefolge des Ersten Weltkriegs polnisch geworden war, verlor die Familie in den sich anschließenden Pogromen fast ihr gesamtes Vermögen und siedelte nach Berlin über. H. war noch während der Unruhen der Revolution zum Studium nach München gegangen, musste dieses jedoch in der Zeit der Inflation und wachsender Arbeitslosigkeit abbrechen, um seine in Berlin lebende Familie zu unterstützen und begann unter denkbar ungünstigen Bedingungen als Journalist beim Berliner Mosse-Verlag.

H.s Erleben der frühen 20er Jahre hat in der Hauptfigur Lampion in seinem gleichnamigen Erstlingsroman nachhaltige Spuren hinterlassen. Vor dem Hintergrund einer skurrilen Liebesgeschichte im Nachkriegsdeutschland und den ehemaligen deutschen Gebieten des polnischen Ostens mit den Pogromen unter dem Pilsudski-Regime und der dadurch ausgelösten Fluchtbewegung jüdischer Bevölkerungsteile nach Deutschland schildert der Roman die weltanschaulich-politischen Selbstfindungsversuche des ostjüdischen Protagonisten Lampion: die intellektuelle Trennung von seinem orthodoxen Elternhaus und die geistige Hinwendung zu einem Sozialismus anarchistischer Prägung. Mit 17 Jahren zieht Lampion (wie der Autor selbst) aus der geistigen Enge und vor den antisemitischen Ausschreitungen in der Kleinstadt Ostrowo zum Studium nach München und begegnet dort auch in der jüdischen Bevölkerung einem völligen Desinteresse an den Vorgängen im ehemaligen Osten Deutschlands. Das Erleben von Heimat- und Ortlosigkeit sowie eine damit einhergehende Identitätssuche seiner östlichen Glaubensgenossen zwischen polnischer, jüdischer und deutscher Existenz bestärken den Protagonisten in seinem Zweifel an der Notwendigkeit nationaler Zugehörigkeit überhaupt. Er hält das antistaatliche, anarchistische Moment eines libertären Sozialismus im Geiste Landauers bereits präsent. Landauers Traditionsverbundenheit und seine emotional identifizierende Beziehung zum Judentum, seine intellektuelle Bindung an die europäische und Weltkultur sowie seine sich in einer Philosophie der Tat manifestierende gesellschafts- und kulturkritische Haltung erscheinen dem sich aus traditioneller ostjüdischer Denkweise lösenden jungen Autor H. als Möglichkeit, jüdische Existenz und politisches Denken in moderner westlicher Zivilisation sinnvoll zu vermitteln. Eine damit korrespondierende soziale Utopie kann der Roman in der zweiten Hälfte der 20er Jahre allerdings nicht mehr entwickeln. »Illusion. Die Revolution, die nicht stattfand«, lautete der Titel eines von H. vermutlich ebenfalls in diesen Jahren verfassten und bislang unpublizierten Romanmanuskripts, in dem die Anwesenden einer konspirativ anmutenden Erzählerrunde in einem alten Gasthof an teilweise dubios erscheinenden Schicksalen das Fehlschlagen der deutschen Revolution und den Verlust politischer Hoffnungen nach dem Ersten Weltkrieg thematisieren.

Seit Mitte der 20er Jahre begleitete H. in Zeitschriften wie *Dreieck*, *Premiere* oder der *Weltbühne*, vor allem aber als Mitarbeiter in der Feuilletonredaktion des *Berliner Tageblatt* die kulturellen und geistigen Entwicklungen der Zeit. Seine frühen journalistischen Arbeiten zeigen ihn als einen Kenner der Weltliteratur, als kritischen Beobachter der Film- und Hörspielentwicklung sowie des Theaterlebens im Berlin der 20er Jahre. Landauers Ideale einer Selbstbewusstwerdung und -befreiung des Menschen, der sich als gewordenes Individuum begreift und aus eigenem Antrieb heraus die Bedeutung von Gemeinschaft erkennt, erscheinen in H.s literarischen Arbeiten der 20er Jahre geprägt von einer tiefen Skepsis angesichts eines falsch verstandenen Fortschrittsglaubens und wachsender Totalisierungstendenzen. Reale Hoffnung auf Veränderung wird kaum mehr sichtbar. H.s literarische Figuren scheitern an den sozialen Gegebenheiten einer Gemeinschaft, deren enge bürgerliche Schranken einer Entfaltung des Individuums keinen Raum mehr geben. So erinnert der Protagonist Karl Hartmann in H.s Roman *Vorbestraft* (1929) in seinen tragisch endenden Bemühungen um eine Reintegration in die Gesellschaft an die im gleichen Jahr erschienene Geschichte Franz Biberkopfs aus Alfred Döblins *Berlin Alexanderplatz*.

Nach dem Machtantritt der Nationalsozialisten avancierte H. zu einer der wichtigen Persönlichkeiten im kulturellen Leben deutscher Juden in Berlin, das sich seit dem Sommer 1933 mit dem Kulturbund neu zu konstituieren begann. Landauers Glauben an die Möglichkeit der Wiederherstellung einer kollektiven Identität wandelte H. im Geiste Bubers, der sich in jenen Jahren bemühte, die jüdische Bildungsarbeit in Deutschland auf dem Gedanken einer Wiederanbindung an die »Urkräfte« des ewigen »Gottesvolkes« aufzubauen und für eine verfolgte Gemeinschaft die verlorene jüdische Gemeinschaft neu zu begründen. »Ich bin auch heute noch der Meinung, dass es [die Religion, K.S.] nicht die einzige Möglichkeit ist, als anständiger Mensch zu leben und den höchsten Menschenzielen zu dienen«, schreibt H. seinen Eltern am 27. Mai 1935, »aber es ist wenigstens eine Möglichkeit und wenn man sie wirklich behol lewowcho [von ganzem Herzen, K.S.] praktiziert, eine vollkommene! [...] Die wirklich idealen Menschheitsverbesserungssysteme erscheinen von hier aus ferner denn je gerückt, während die Religion praktisch erprobt ist. Ich meine, bei aller inneren Reserviertheit der Religion gegenüber mußte ich doch mir eingestehen, dass sie zunächst die einzige, praktisch sofort anwendbare, von Massen anwendbare Möglichkeit ist, seinem Leben einen Sinn zu geben.« Dass H. in seinen seit 1933 entstandenen schriftstellerischen und journalistischen Arbeiten nach eigener Einschätzung »nur Jüdisches, also 90% Religiöses« thematisierte, war vor diesem Hintergrund weniger einer geistigen Wandlung als vielmehr einer aus den politischen Verhältnissen resultierenden pragmatischen Notwendigkeit geschuldet. In dieser Überzeugung beförderte H. als Kritiker zeitgenössische jüdische Kunst und Literatur, hielt Vorträge über ostjüdische Kultur und ihre Dichter, verfasste Prosatexte, übersetzte jiddische Literatur und arbeitete als Dramaturg kabarettistischer Kleinkunstprogramme oder der Jugendbühne des Jüdischen Kulturbundes an einer Neukonstituierung jüdischen kulturellen Lebens im nationalsozialistischen Deutschland. Ab 1939 wirkte er als letzter Dramaturg des Jüdischen Kulturbundes und Mitarbeiter des *Jüdischen Nachrichtenblattes* in Berlin. Seine Position in den damals zwischen äußerem politischem Druck und inneren Selbstbestimmungsversuchen mit großer Vehemenz geführten Diskussionen um eine »jüdische Kultur« erlebte dennoch nach 1933 keinen grundlegenden Wandel. Seiner ostjüdischen Herkunft und den religiösen Traditionen ohnehin nie völlig entfremdet, unternahm er vielmehr den durchaus zeittypischen Versuch, sich seiner biographischen wie intellektuellen Wurzeln neu zu versichern und gleichzeitig an der Verbindung zur europäischen und Weltkultur festzuhalten. Vor diesem Hintergrund erscheint das Leben des nicht einmal 40 Jahre alt gewordenen Journalisten und Schriftstellers heute in vielem exemplarisch für den Weg eines ostjüdischen Intellektuellen in die europäische Moderne – auch und gerade in dem sich nach der Machtübernahme der Nationalsozialisten fortsetzenden Versuch einer produktiven Verbindung jüdischer Tradition und deutscher Kultur.

H. ist die Flucht aus Deutschland nicht mehr gelungen. Als der Jüdische Kulturbund am 11. September 1941 aufgelöst wurde, beschäftigte ihn zunächst die Bibliothek der Jüdischen Gemeinde. Danach wurde H. als Transportarbeiter verpflichtet. Er starb am 6. Januar 1943 auf der Tb-Station des Jüdischen Krankenhauses in Berlin an den Folgen der Zwangsarbeit.

Werke: Lampion. Ein kleiner Roman, Mährisch-Ostrau 1928; Vorbestraft. Roman, Baden-Baden 1929; Die Dackellieder. Gedichte, Baden-Baden 1930; Praktische Judentumskunde. Eine Einführung in die jüdische Wirklichkeit für Jedermann, Berlin 1935 (Neuausgabe m.e. Vorwort von H.-J. Schoeps u.d.T. »Jüdische Glaubenswelt«, Gütersloh 1962); Gespräch im Nebel. Leibniz besucht Spinoza, Berlin 1935.
Literatur: E.G. Lowenthal, Zur Neuauflage der »Jüdischen Glaubenswelt« von L.H., in: Aufbau, 22.7.1966; K. Schoor, »Aber wenn ich dächte, das Leben, die Welt, die Menschheit ist Fortschritt...« – Der Journalist und Schriftsteller L.H. (1903–1943), in: Im Schatten der Literaturgeschichte. Autoren, die keiner mehr kennt?, hg. J. Enklaar und H. Ester, Amsterdam/Atlanta 2005, 210–250; dies., Vom literarischen Zentrum zum literarischen Ghetto. Deutsch-jüdische literarische Kultur in Berlin zwischen 1933 und 1945, Göttingen 2010, 380–407.

Kerstin Schoor

Hirsch, Karl Jakob (Karl Böttner, Joe Gassner, Andreas Gessner, Jack Jobus, Jakobus, Joga, Hermann Halm, Friedrich Halm, Jakouw Aric, Jakamo Aric Ben Schlaumo)

Geb. 13.11.1892 in Hannover;
gest. 8.7.1952 in München

Die orthodox-jüdische Lehre seines Urgroßvaters, des Frankfurter Rabbiners Samson Raphael Hirsch, muss dem jungen H. völlig verblasst erschienen sein, so wie er sie im Alltag seiner Familie, der des Hannoveraner Arztes Samuel Hirsch, erlebt hat. In seinen Erinnerungen hat der Autor sie als »Gebetsmühlenbetrieb« und »sinnlose Qual« beschrieben, die er im Laufe seines jugendlichen Reifeprozesses abschüttelte, um sich dem zu Beginn des Jahrhunderts in intellektuellen Kreisen verbreiteten Bekenntis vom »toten Gott« zuzuneigen. Dennoch ist die religiöse Thematik bewusst oder unbewusst ein wichtiger Bestandteil seines Werkes geblieben.

Infolge seiner vielseitigen Begabung war H. zunächst unschlüssig in seiner Berufswahl, doch wurde ihm die Ausführung seines ersten Wunsches, der Laufbahn eines Pianisten, durch die teilweise Amputation eines Fingers vereitelt. Er besuchte zunächst die Malschule von Debschitz in München, nahm aber gleichzeitig auch lebhaften Anteil an der literarischen Bohème in Schwabing. Dann setzte er seine Malstudien in der Künstlerkolonie Worpswede und in Paris fort und wurde in der Folgezeit ein erfolgreicher expressionistischer Zeichner und Maler. In den Jahren nach dem Ersten Weltkrieg lebte er teilweise in Worpswede, wo seine Frau Auguste Lotz eine Arztpraxis eröffnete, und in Berlin, wo er dem Kreis expressionistischer Künstler angehörte, der sich auch gesellschaftlich-politisch mit starker Linkstendenz betätigt hat. Neben seinen Arbeiten in expressionistischen Zeitschriften wie *Die Aktion* und *Der schwarze Turm* verfertigte er politische Wahlplakate für die KPD und USDP; seine Urheberschaft bleibt allerdings infolge der undeutlichen oder überhaupt fehlenden Signaturen in manchen Fällen auch heute noch umstritten. Für die – damals wohl weiterhin nur unbewusst vorhandene – mystisch-religiöse Komponente seines Wesens zeugen jedoch seine anerkannten Illustrationen zu Rilkes *Marienleben*, Martin Bubers *Legenden des Baal Schem* und zu Liedern von Gustav Mahler.

Nachdem H. sich im Laufe der 20er Jahre immer mehr auch literarisch als Mitarbeiter bei Zeitungen und Zeitschriften betätigt hatte, veröffentlichte er 1931 seinen Erfolgsroman *Kaiserwetter*, in dem er vor dem historischen Hintergrund des wilhelminischen Deutschland das vom zunehmenden Antisemitismus bedrohte Schicksal des Judenjungen Joe de Vries schilderte. Dieses kontrastierte er mit dem in entgegengesetzte Richtung verlaufenden Leben seines deutschnationalen Freundes Bernhard Tölle. Die Veröffentlichung einer Fortsetzung des Romans, die während der Weimarer Republik spielte, scheiterte 1933 an Hitlers Machtübernahme. Der Text ist heute verschollen. Ein Jahr darauf erfolgte die fluchtartige Ausreise des Autors in die Schweiz. H. schilderte noch vorher das Dilemma des assimilierten deutschen Juden in einem Roman, der erstaunlicherweise noch 1936 in der Beilage des *Israelitischen Familienblatts* (Berlin) erscheinen konnte, *Hochzeitsmarsch in Moll* (entstanden 1934 in Dänemark). Darin wird gezeigt, wie der zunehmende deutsche Antisemitismus den gefährdeten Juden nur die schwere Wahl lässt zwischen dem mit religiöser Erneuerung und Auswanderung nach Palästina verbundenen Zionismus und der in die geistige Wurzellosigkeit mündenden Diaspora irgendwo auf dieser Erde (wofür sich der Protagonist entscheidet).

H., der sich zur Umgehung der strengen Arbeitsbeschränkungen für Ausländer in der Schweiz fortan Joe Gassner nannte, ist 1937 über Frankreich in die USA weitergezogen, wohin ihm später auch die seit Ende der 20er Jahre angetraute Ehegattin, die frühere Frau seines Worpsweder Lehrers Weidemeyer, mit ihrem gemeinsamen Sohn nachfolgte. In New York, wo er bis 1945 außer seiner journalistischen Tätigkeit für die sozialdemokratisch orientierte *Neue Volkszeitung* literarisch erfolglos lebte und wo auch seine zweite Ehe in Brüche ging, konvertierte H. in der Nachfolge einer schweren, mit mystischen Erscheinungen verbundenen Krankheit zum Protestantismus. H. sah seine Konversion nicht als eine Verleugnung seines jüdischen Erbes, sondern als »das große Judenerlebnis« seines Lebensweges, auf dessen »Gipfel« er »die Gestalt des Erlösers« erahnt habe. Nachdem er im Auftrag der amerikanischen Besatzungsmacht nach dem Krieg in München Zensurdienste geleistet hatte und 1947 vorübergehend nach New York zurückgekehrt war, machte er während einer erneuten schweren Erkrankung negative Erfahrungen mit dem christlichen Fundamentalismus. Diese bestärkten ihn in seiner Absicht, im Jahre 1948 endgültig nach Deutschland zurückzukehren. Hier heiratete er die deutsche Ruth Niemann-Reinhart und veranlasste, dass er in das Sterberegister mit seinem Geburtsnamen eingetragen werde. Die z. T. postum veröffentlichten, z. T. im Nachlass noch der Veröffentlichung harrenden Werke spiegeln großenteils das bewegte Leben und die sich über Jahrzehnte hinweg erstreckende religiöse Selbsterfahrung dieses sich letztlich sowohl der deutsch-jüdischen als auch einer kosmopolitisch christlichen Tradition verpflichtet fühlenden Schriftstellerkünstlers wider.

Werke: Kaiserwetter, Berlin 1931; Heimkehr zu Gott. Briefe an meinen Sohn, München 1946; Hochzeitsmarsch in Moll, Bad Homburg 1986; Quintessenz meines Lebens, hg. H.F. Pfanner, Mainz 1990.

Literatur: R. Steinhausen, Der bürgerlich-jüdische Künstler auf der Suche nach der eigenen Identität. Über K.J.H. (1892–1952), in: Die Horen 137 (1985), 93–110; H.F. Pfanner, K.J.H. Schriftsteller, Maler, Musikexperte und Humanist, in: Autoren damals und heute, hg. G.P. Knapp, Amsterdam u. a. 1991, 665–687; ders., Die ethnisch-religiöse Selbsterfahrung des Exilschriftstellers K.J.H., in: Begegnung mit dem ›Fremden‹, München 1991, 198–206; H. Pfanner, K.J.H. Schriftsteller, Künstler, Exilant. Eine Biographie mit Werkgeschichte, Würzburg 2009; A. Mahn, K.J.H. (1892–1952). »Beinahe wäre etwas aus mir geworden…«. Werk und Leben des Schriftstellers und bildenden Künstlers, Weimar 2010.

Helmut F. Pfanner

Hirschfeld, Georg

Geb. 11.2.1873 in Berlin;
gest. 17.1.1942 in München

H. wurde als Sohn eines Fabrikanten in Berlin geboren. Mit 17 Jahren musste er die Schule verlassen und begann eine Ausbildung zum Kaufmann in der elterlichen Firma. Erste dramatische Versuche aus dieser Zeit schickte er an Ernst von Wildenbruch, den er als sein Vorbild verehrte. Doch erst der persönliche Kontakt zu Otto Brahm machte ihn zum Schriftsteller. Es kam zum Bruch mit Wildenbruch, da sich H. immer mehr dem Naturalismus näherte. Seit 1883 lebte H. ganz als Schriftsteller und Dramatiker und führte ein unruhiges Leben zwischen München und Berlin, bevor er sich 1905 in der Dachauer Künstlerkolonie niederließ. Im Ersten Weltkrieg wurde H. schwer verwundet und frühzeitig aus der Armee entlassen. Er ließ sich endgültig in München nieder, wo er bis zu seinem Tod lebte.

In H.s Werken verbinden sich häufig biographische Momente, etwa das stets wiederkehrende Motiv des verlorenen Sohns und schwierige eheliche Verhältnisse, mit der Künstlerproblematik. Insbesondere in seinem Drama *Die Mütter*, das ihn 1896 berühmt machte, kommt dazu das Moment des sozialen Engagements. Dem Bürger tritt hier nicht nur der Künstler entgegen, sondern auch der Proletarier, namentlich in Gestalt der Marie: »Diese Marie in ihrer berlinerischen Härte und ihrer menschlichen Herzhaftigkeit, in ihrer blassen, kämpferischen Verbitterung und tief weiblichen Güte ist gewiss die schönste Liebeserklärung, die die junge bürgerliche Literatur damals dem aufsteigenden Proletariat gemacht hat«, schrieb Julius Bab noch 1921. Alfred Kerr bewunderte den dramatischen Erstling und sah in den wenig später aufgeführten *Ratten* von Hauptmann eine Paraphrase von H.s Drama: »*Mütter* – so heißt das fünfaktige Schauspiel, wenn ihm auch der Verfasser aus irgendwelchen Gründen, vielleicht weil jener Name schon einmal dem Erstlingswerke seines jüngeren Freundes Georg Hirschfeld gehörte, den Titel *Die Ratten* gab.« Max Reinhardt, der zuvor schon in H.s Einakter *Zu Hause* (1893) die Rolle des Hermann Selig gespielt hatte, führte das Drama im Deutschen Theater auf. »Die Vorstellung der *Mütter* müßtest du einmal bei uns sehen. Das gehört zu dem Großartigsten, was ich je gesehen. Erstens schon das Stück, das einen sensationellen Erfolg hat u. täglich ausverkaufte Häuser erzielt – die Zukunft der dramatischen Literatur! Die Poesie auf dem Boden des Naturalismus – das ist die Reaktion schon, das ist die nächste glorreiche Zukunft. Und G.H. ist der Mann der Zukunft!« Doch schon wenige Jahre später wurde H.s Schaffen von den Vorboten des sich ankündigenden Expressionismus überholt. So konstatierte Rilke, der 1897 H.s nächstes Stück *Agnes Jordan* in München gesehen hatte, dass der Naturalismus H.s einer älteren Generation angehöre und das Zeitgenössische und Moderne in seinem Werk banal sei, bis hin zur »Rührung ärgster Sorte«. *Agnes Jordan* sei »eigentlich ein Roman nach dem Birch-Pfeiffer'schen in 5 Bänden« und kein dramatisches Werk. Auch mit den folgenden dramatischen Werken konnte H. nicht mehr an seinen Anfangserfolg anknüpfen. Die enttäuschten Erwartungen vieler Kritiker zeigten sich nicht selten, wie im Fall von Karl Kraus, darin, dass sie überhaupt die literarische Befähigung H.s anzweifelten.

In den 20er Jahren wurde H. zu einem vielgelesenen Autor von Unterhaltungsromanen ohne ästhetischen oder politischen Anspruch. Doch spielen sie häufig, wie schon die beiden Dramen *Die Mütter* und *Agnes Jordan*, in einem jüdisch-großstädtischen Milieu, oder aber die jüdischen Figuren zählen zu den Hauptfiguren der Handlung, wie etwa das ältere jüdische Ehepaar in *Das Mädchen von Lille* (1912). Der jüdische Hintergrund dient dabei eher einer Milieubeschreibung. In *Agnes Jordan* etwa spielt sich die Handlung über Jahre in einer jüdischen Familie ab, doch geht es hier in erster

Linie um das Schicksal der Protagonistin, die an bürgerlichen Lebenslügen zugrunde geht; das spezifisch jüdische Milieu erweist sich als Beschreibung des Allgemeinen. Auch in *Die Mütter* ist die jüdische Herkunft des Künstlers eher akzidenziell, denn im Mittelpunkt steht der Konflikt Bürger versus Künstler bzw. Bürger versus Proletarier. Sicherlich aber hatte die Selbstverständlichkeit, mit der H. das bürgerlich-jüdische Milieu beschrieb, ähnlich wie im Werk Georg Hermanns einen großen Identifikationswert für jüdische Leser. Wie die meisten dieser Leser war H. auf die Ereignisse von 1933 nicht vorbereitet. Die einzige größere Arbeit, die H. in dieser Zeit anfertigte, war 1937 die Dramatisierung des *Pojaz* von Karl Emil Franzos für den Jüdischen Kulturbund. Innerhalb der Theater der Kulturbünde trat H.s eigenes dramatisches Werk nicht in Erscheinung, seine *Pojaz*-Dramatisierung hingegen wurde im Berliner Kulturbund in der Jugendbühne aufgeführt, im Hamburger Kulturbund wiederum als abendfüllende Veranstaltung. Seine letzten Lebensjahre verbrachte H. zurückgezogen in München, sein Tod Anfang 1942 bewahrte ihn vor der Deportation.

Werke: Bei beiden, Berlin 1895; Agnes Jordan, Berlin 1898; Pauline, Leipzig 1899; Dämon Kleist, Berlin 1895; Die Mütter, Berlin 1896; Der junge Goldner, Berlin 1901; Das Mädchen von Lille, Berlin 1912; Der Kampf der weißen und der roten Rose, Berlin 1923; Die Frau mit den 100 Masken, Berlin 1931.

Literatur: R. Stieglitz, Das dramatische Werk G.H.s, Wien 1958; D. Kafitz, Grundzüge einer Geschichte des deutschen Dramas von Lessing bis zum Naturalismus, Bd. 2, Königstein/Taunus 1982, 319–321.

Heidelore Riss

Hochwälder, Fritz

Geb. 28.5.1911 in Wien;
gest. 20.10.1986 in Zürich

In den Literaturgeschichten des 20. Jahrhunderts wird der österreichische Dramatiker und Exilschriftsteller H. unter dem Rubrum des »vergessenen Klassikers« gehandelt. So beispiellos wie sein außerordentlicher Erfolg auf deutschen und internationalen Bühnen nach 1945 war auch der rasante Bedeutungsverlust noch zu Lebzeiten. Die an klassischen Dramenformen und historischen Stoffen orientierten Theaterstücke, mit denen H. vom Autodidakten zum tonangebenden Dramati-

ker Österreichs aufgestiegen war, hatten ihm früh den Ruf eines Traditionalisten eingebracht. Den formal-ästhetischen Einwänden zum Trotz kommt H. das besondere Verdienst zu, den Nationalsozialismus und die unter seiner Herrschaft begangenen Verbrechen an der Menschlichkeit zu einer Zeit thematisiert zu haben, als die Frage nach Schuld und Verantwortung auf individueller wie gesellschaftspolitischer Ebene weitgehend verdrängt worden war. Gemessen am Gesamtumfang seines über zwanzig Stücke umfassenden dramatischen Werks nimmt sich die konkrete, an den nächstliegenden historischen Ereignissen anknüpfende Faschismusanalyse eher gering aus. Vielmehr überwiegen parabolische Formen der Auseinandersetzung mit Totalitarismus und Autoritatismus, die als universales Phänomen perspektiviert werden. Auch die wiederkehrende Auseinandersetzung mit dem Judentum fügt sich bei H. in diesen allgemeinen, quasi-anthropologischen Zusammenhang und ist vorrangig der Veranschaulichung des Antisemitismus – seiner Mechanismen und seiner Opfer – verpflichtet, weniger hingegen der Reflexion über jüdische Tradition und Kultur.

H. entstammte einer assimilierten kleinbürgerlichen Familie des 7. Wiener Bezirks. Ihre Bindungen zum Judentum waren nur noch nominell, nicht mehr religiös geprägt. Nach dem erfolgreichen Abschluss der Tapeziererlehre im väterlichen Betrieb erarbeitete sich H. eine umfassende historische, philosophische und politische Bildung durch den Besuch der Volkshochschule und die Teilnahme an literarischen Zirkeln. In diese Zeit fällt auch das politische Engagement für die Sozialistische Arbeiterjugend (SAJ), einer Jugendorganisation der SDAP. H. fühlte sich weiterhin der multiethnischen Kultur der untergegangenen Donaumonarchie verbunden, ihrem »Tschechen- und Magyarentum«, während ringsum die Deutschtümelei zum bestimmenden Faktor wurde. Am Sozialismus sollte H. zeitlebens festhalten. Zu den frühesten literarischen Erzeugnissen dieser Jahre gehört der postum 1995 veröffentlichte Großstadtroman *Donnerstag*, H.s einzige längere Prosaarbeit, worin vom sozialen Elend des Wiener Kleinbürgertums erzählt wird. Ab den 30er Jahren begann er mit dem Schreiben einzelner

Hörspiele, aber auch Theaterstücke, so etwa die Tragödie *Jehr*, die 1932 ihre Uraufführung in den Wiener Kammerspielen erlebte. Mit dem auf einer tatsächlichen Begebenheit beruhenden Kriminalstück *Der Prozeß* (1937/38) griff H. erstmals auf die klassische, durch die Einheit von Ort, Zeit und Handlung gekennzeichnete Dramenform zurück, für die er berühmt werden sollte. Zunächst aber hinderten ihn die politischen Ereignisse von 1938 weiterzuarbeiten: Nach dem ›Anschluss‹ Österreichs durch das nationalsozialistische Regime war H. als Jude und Sozialist in zweifacher Hinsicht bedroht. Er floh noch im Sommer desselben Jahres in die Schweiz, wo ihm durch Vermittlung einer schweizerisch-jüdischen Hilfsorganisation politisches Asyl gewährt wurde. Allerdings war der nun in Zürich lebende H. zu beruflicher Untätigkeit gezwungen – die mehrmonatige Internierung in einem Schweizer Arbeitslager für Emigranten ausgenommen. Unter den Bedingungen des Exils entwickelte sich so die schriftstellerische Tätigkeit notgedrungen von einer Liebhaberei zur Hauptbeschäftigung.

Schon bald fand H. Anschluss an einen Kreis von Gleichgesinnten, darunter der Schriftsteller Hans Weigel und der Bildhauer Fritz Wotruba, die ebenfalls aus Österreich emigriert waren, sowie der für H.s dramatisches Schaffen einflussreiche expressionistische Dichter Georg Kaiser. Den Grundstein für H.s eindrucksvolle Karriere in der Nachkriegszeit legte das Geschichtsdrama *Das heilige Experiment*, das 1943 im Städtebundtheater Biel-Solothurn uraufgeführt wurde und 1947 am Wiener Burgtheater Premiere feierte. Das Theaterstück über das Scheitern des Jesuitenstaates in Paraguay machte seinen Verfasser im deutschsprachigen Raum bekannt. Sechs Jahre später verschaffte ihm die Pariser Inszenierung unter dem Titel *Sur la terre comme au ciel* den internationalen Durchbruch. Fortan fanden H.s populärste Stücke wie *Der öffentliche Ankläger* (1947/48) oder *Donadieu* (1953) auch in Europa und Übersee großen Anklang. Bis in die 60er Jahre waren H.s Dramen von den Spielplänen in Deutschland, Österreich und der Schweiz nicht mehr wegzudenken. Zu seinen Bewunderern gehörten u. a. Max Frisch und Albert Camus. 1959 gab H., inzwischen Hausautor des Wiener Burgtheaters, mit dem »modernen Mysterienspiel« *Donnerstag* ein umjubeltes Debüt bei den Salzburger Festspielen – der Gipfelpunkt seiner Karriere. Er wurde mit nationalen wie internationalen Preisen und Ehrungen überhäuft, darunter dem Preis der Stadt Wien für Literatur 1955, dem Grillparzer-Preis 1956, dem Großen Österreichischen Staatspreis für Literatur 1967, der Mitgliedschaft in der Société des Auteurs et Compositeurs Dramatiques 1969/70. Die Popularität war so groß, dass Schriftsteller wie Friedrich Torberg oder Robert Neumann seine Stücke parodierten.

Am prominentesten entfaltete H. die jüdische Thematik in den Stücken *Esther* (1940) und *Holokaust* (1961): ein Historiengemälde und moralisches Lehrstück das eine, eine Tragödie über die Judenvernichtung das andere. Schon durch den Index ›zeitlos‹ im Personenverzeichnis, aber vollends durch den Untertitel »Ein altes Märchen« wird im *Esther*-Schauspiel der konkrete Gegenwartsbezug parabolisch überformt, um so die historische Kontinuität von Antisemitismus und Judenverfolgung zu veranschaulichen. Als Bearbeitung der gleichnamigen biblischen Erzählung im Stil der Commedia dell'Arte verhandelt das Drama die machtpolitischen Ränkespiele in einem wirtschaftlich und moralisch schwer angeschlagenen Königreich. Der Unmut des Volks sammelt sich in der Partei der »Erwachenden«, die die Juden für die Missstände in ihrem Land verantwortlich macht und Pogromstimmung verbreitet. Während sich das politische Establishment zur Machterhaltung mit der Partei arrangiert und die antisemitischen Anfeindungen billigend in Kauf nimmt, gelingt dem jüdischen Gutsbesitzer Mordechai Stern und seiner Nichte Hadassa der gesellschaftliche und politische Aufstieg, allerdings um den Preis der Verleugnung ihres Judentums. Zwar können Mordechai und die zur Esther umbenannte Hadassa sowohl ein Komplott der »Erwachenden« als auch den Pogrom gegen die jüdische Bevölkerung im letzten Moment verhindern, aber am Ende bleibt nur Resignation und die von Esther vorgetragene Feststellung: »Dieses Getrieben- und Geduldetsein, Unschuld und Jammer tragen, wird nie aufhören – nie! – so lange unsre Welt aufgebaut wird durch namenlose Gier, Ausbeutung und Niedertracht!« Das aus dem Nachlass veröffentlichte Drama *Holokaust* hat einen konkreten Zeitbezug, behandelt es doch den historischen Tauschhandel in der letzten Phase des Zweiten Weltkriegs, bei dem auf Drängen Himmlers eine Anzahl ungarischer Juden gegen die Lieferung Tausender von LKWs freigelassen werden sollte. Im Zentrum steht hier die schuldhafte Verstrickung des Protagonisten Victor Glaser, eines Juden, der sich zum Richter über seine Mitmenschen erhebt, indem er aus der Masse der Todgeweihten die Überlebenden bestimmt – und sich dabei unfreiwillig mit dem ›Herrenmenschentum‹ der Nationalsozialisten gemein machen muss.

Dieser explizit jüdischen Bezugnahme steht eine Reihe von Dramen gegenüber, in denen die Erfahrung von Ausgrenzung und Verfolgung sowie politischer Opportunismus stärker universalisiert und in verschiedenen historischen Kontexten verhandelt wird, so z. B. in *Casa Speranza* (1943), *Hôtel du Commerce* (1944) oder *Der Flüchtling* (1945). Gleichwohl scheint das jüdische Schicksal hinter den jeweiligen sozialen und politischen Konstellationen immer wieder durch. Darüber hinaus zieht sich die Auseinandersetzung mit dem Austrofaschismus und dem Nachleben des Nationalsozialismus in der österreichischen und bundesdeutschen Nachkriegsgesellschaft wie ein roter Faden durch H.s Werk. Zu nennen sind hier insbesondere die Fernsehspiele *Der Himbeerpflücker* (1964) und *Der Befehl* (1976), deren Abrechnungscharakter breite Diskussionen in der Öffentlichkeit auslöste.

In den 60er Jahren begann der Ruhm H.s zu verblassen. Die konsequente Verweigerung gegenüber allen dramaturgischen Innovationen, das Unvermögen, die Relevanz des Absurden Theaters oder des Sprechtheaters auch nur ansatzweise zu begreifen, ließen seine Stücke zusehends anachronistisch, bisweilen sogar reaktionär erscheinen. H. hingegen unterstellte dem deutschen Theater in seinem Vortrag *Vom Versagen des Dramas in unserer Zeit* (1961) einen erheblichen Missbrauch durch »Pseudoliteraten«, deren »verschmockter, denaturierter Kunstverstand« allenthalben nur erstarrten Formalismus hervorbrächte. Den Endpunkt seines öffentlichen dramatischen Schaffens markiert die Aufführung von *Lazaretti oder der Säbeltiger* bei den Salzburger Festspielen 1975, das nicht nur bei Publikum und Kritik durchfiel, sondern auch den Ruf nach Abdankung provozierte. Die nachfolgenden Stücke gelangten nicht mehr auf die Bühne.

H. hat sein Schweizer Exil auch nach 1945 nicht verlassen, obschon er sich besuchsweise immer wieder in Österreich aufhielt. Weder Freunde wie der Politiker Bruno Kreisky noch Kulturbehörden konnten ihn zur Heimkehr überreden. In einem Rundfunkinterview wenige Jahre vor seinem Tod bemerkte er dazu, dass man in Zürich nicht habe fürchten müssen, dem Mörder seiner Eltern in Gestalt eines freundlichen Straßenbahnfahrers zu begegnen. So bekannte H. in *Als Bühnenschriftsteller im Exil* (1976): »Als Fremder fühlte und fühle ich mich in der freien Schweiz, die mir vor 35 Jahren das Leben rettete, in jeder Hinsicht geborgen.« Dennoch: Wien ist ihm über das Exil hinaus die Chiffre für das ideelle und nicht zu ersetzende Zentrum seines Schreibens geblieben. »Ich bin in Wien geboren«, heißt es in *Über mein Theater* (1966), »und die einzige Ausdrucksweise, die mir zur Verfügung steht, ist das Wienerische – in Sprache, Geist und Herzen.« Seine letzte Ruhe hat der Dramatiker deshalb nicht in Zürich, sondern in einem Ehrengrab auf dem Wiener Zentralfriedhof gefunden. Nur wenige Monate vor seinem Tod war ihm die Ehrenbürgerwürde seiner Heimatstadt verliehen worden.

Werke: Dramen I-IV, Graz 1975–1985; Im Wechsel der Zeit. Autobiographische Skizzen und Essays, Graz 1980; Donnerstag, Graz 1995; Holokaust: Schauspiel in drei Akten, Graz 1998.

Literatur: W. Bortenschlager, Der Dramatiker F.H., Innsbruck 1979; A. Schalk, F.H. – Der Fall eines vergessenen Dramatikers, in: Centre Stage. Contemporary Drama in Austria, hg. F. Finlay u. a., Amsterdam 1999, 145–163; W. Dimter, F.H., in: Deutsche Dramatiker des 20. Jahrhunderts, hg. A. Allkemper u. a., Berlin 2000, 355–369; T.C. Hanlin, »Wer ist schuldlos? – Einzig jene, die ins Gas mußten« – F.H. und sein Nachkriegsstück ›Holokaust‹, in: Echo des Exils, hg. J. Thunecke, Wuppertal 2006, 169–183; K.-M. Gauss, Ein Klassiker, zu Lebzeiten vergessen, in: Neue Zürcher Zeitung, Nr. 124, 28.5.2011, 63.

Jörg Marquardt

Hoddis, Jakob van (eigentl. Hans Davidsohn)

Geb. 16.5.1887 in Berlin;
gest. Mai 1942 in Bełzec, Chełmno oder Sobibor (Polen)

Geradezu prototypisch brachte H. mit seinem um 1910 entstandenen Gedicht *Weltende* die existenzielle Bedrohung der Moderne, das Gefühl einer brüchigen, zerfallenen, unsinnigen Welt zur künstlerischen Gestaltung. Dass Johannes R. Becher H.' Gedicht euphorisch zur »Marseillaise der expressionistischen Rebellion« erklärte und Kurt Pinthus es an den Anfang seiner berühmten Lyrikanthologie *Menschheitsdämmerung* stellte, bezeugt die katalytische Bedeutung dieses Poems für die jungen Kunstrevolutionäre des Expressionismus, die, erfüllt vom Willen, mit den überkommenen Konventionen der bürgerlichen Welt zu brechen, unbändig den neuen Ausdruck für die rigorosen Veränderungen der Welterfahrung suchten. Die »Welt der Abgestumpft-

heit und Widerwärtigkeit schien plötzlich von uns – zu erobern, *bezwingbar* zu sein«, beschrieb Becher die sensationelle Wirkung des *Weltende*-Gedichts. Der groteske Simultanstil (die Zusammenfügung heterogener, gleichzeitig wahrgenommener Realitätsausschnitte, das Spiel mit dem Sinnzusammenhang, das Außerkraftsetzen der ›normalen‹ Logik und Kausalität) zeigte endlich die gesuchte ästhetische Form, die Totalität der chaotisch erfahrenen Welt adäquat darzustellen.

Den Autor solch ungewöhnlicher Dichtungen kosteten seine poetischen Grenzüberschreitungen die Normalität der Existenz: Als Arztsohn Hans Davidsohn 1887 in Berlin geboren, indizierte bereits die Wahl des Dichterpseudonyms, eines Anagramms seines bürgerlichen Namens, die Intention, von der normalen, sinnentleerten (Schein-) Realität sprachspielerisch abzurücken. Zusammen mit Kurt Hiller, der H. als ein »ohnmächtiges Genie« in der Erinnerung behielt, Erwin Loewenson und Ernst Blass gründete er 1909 den »Neuen Club«, der zur Keimzelle des Berliner Expressionismus werden sollte und mit seinem »Neopathetischen Cabaret« ein aufsehenerregendes Forum modernen, fortschrittlichen Geistes eröffnete. Mit künstlerischen Provokationen suchte H. das Krisengefühl seiner Zeit radikal zum Ausdruck zu bringen und mit neuartigen, normalitätssprengenden Weltbildern die philiströsen Denkgewohnheiten zu durchbrechen.

Der vielfach analysierte Konnex von Genie und Wahnsinn lässt sich bei H. in paradigmatischer Form finden. 1912 machten sich bei dem 25-jährigen Dichter erste Anzeichen der Schizophrenie bemerkbar, die ab 1914 zunächst eine Privatpflege, später den Aufenthalt in verschiedenen psychiatrischen Heilanstalten erforderte. Wie ärztliche Berichte belegen, manifestierte sich die geistige Verwirrung H.' erstmals deutlich im Zusammenhang mit einer – vermutlich von der Freundin Emmy Hennings beeinflussten – Hinwendung zum Katholizismus. In einem Brief an Erwin Loewenson vom Januar 1913 teilte H. dem Freund mit: »Ich möchte gerne eine Zeitschrift haben um ein katholisches Judentum zu gründen.« Bereits zwei Monate später ließ er Loewenson wissen: »Mein Judentum (übrigens) bricht wieder durch. Der Katholicismus war nur ein Abenteuer.«

Zur Entwicklung der existenziellen Verunsicherung und Orientierungslosigkeit H.' dürften nicht unwesentlich seine Konflikte im Elternhaus beigetragen haben, seine Auseinandersetzungen mit dem materialistisch eingestellten Vater, der 1909 starb, und der idealistischen Mutter, die sich zunehmend dem Zionismus zuwandte. Diese, Doris Davidsohn, berichtete in ihren 1919 aufgezeichneten *Erinnerungen einer deutschen Jüdin* (abgedruckt in H.' *Dichtungen und Briefe*), dass ihrem Mann »alles Jüdische« »durch die kleinstädtische Orthodoxie, in der er aufgewachsen war und gegen die er sich seine Entwicklungsmöglichkeiten erst hatte erkämpfen müssen, vollständig verleidet« gewesen sei; sie hingegen, »noch in einem traditionell jüdischen Hause aufgewachsen«, habe immer eine große Liebe zu allem Jüdischen gehegt.

H.' Stellung zum Judentum war zwiespältig. Einerseits fühlte er sich verpflichtet, für seinen jüdischen Glauben dezidiert einzutreten, so dass er schon 1910 im »Neuen Club« verkündete: »Antisemitische Äußerungen lasse ich hier nicht zu!!« Andererseits offenbarte seine zeitweilige Neigung zum Katholizismus eine kritische Haltung zum Judentum, zu dem er nach dem katholischen »Abenteuer« aber schließlich wieder zurückfand. – Als geisteskranker Jude konnte H. der Hitler-Barbarei nicht entgehen; am 30. April 1942 wurde er aus der jüdischen Heil- und Pflegeanstalt Sayn bei Koblenz deportiert und in einem Vernichtungslager auf polnischem Gebiet ermordet.

Werke: Weltende. Gedichte, Berlin 1918; Weltende. Gesammelte Dichtungen, hg. P. Pörtner, Zürich 1958; Dichtungen und Briefe, hg. R. Nörtemann, Zürich 1987 (Neuausgabe Göttingen 2007).
Literatur: U. Reiter, J.v.H. Leben und literarisches Werk, Göppingen 1970; H. Schneider, J.v.H., Berlin 1972; H. Hornbogen, J.v.H., München 1986; Tristitia ante – Geahnte Finsternis. Zu Leben und Werk des Dichters J.v.H. 1887–1987, hg. J. Seim, Gütersloh 1987; B. Läufer, J.v.H.: Der ›Varieté‹-Zyklus, Frankfurt a. M. u. a. 1992; F. Bremer, In allen Lüften hallt es wie Geschrei. J.v.H. – Fragmente einer Biographie, Neumünster 2001; All meine Pfade rangen mit der Nacht. J.v.H., hg. I. Stratenwerth, Frankfurt a. M. 2001.

Hartmut Vollmer

Höxter, John

Geb. 2.1.1884 in Hannover;
gest. 16.11.1938 in Berlin

Dass H. aus einem alten jüdischen Fürstengeschlecht stamme oder der aus der Art geschlagene Sohn eines westfälischen Rabbiners gewesen sei, gehört zu den zahllosen, auch von ihm selbst verbreiteten Legenden und Anekdoten, die sich um diese merkwürdigste Gestalt der Berliner Expressionisten-Bohème ranken. Sie verdecken die Tragik einer gescheiterten Existenz, sie zeigen aber ebenso an, dass H. sich bei aller geistigen Emanzipation mit Stolz seiner jüdischen Identität bewusst blieb. Wohl auch deshalb wurde er als fremd empfunden, als skurriler ›Betteljude‹ und geheimnisumwitterter »Ahasver des Café Größenwahn« (Szittya).

In Wahrheit war H. ein einfacher Kaufmannssohn aus Hannover, den seine graphische und literarische Begabung früh nach Berlin verschlagen hatte. Anfangs Schüler des Malers Leo von König, ging er bald eigene Wege, trat 1908 mit Arbeiten für die *Deutsche Theater-Zeitschrift* hervor, wurde 1911 einer der ersten Mitarbeiter der *Aktion* und fand zu loser Verbindung mit der jungen Avantgarde um den »Neuen Club« und das »Neopathetische Cabaret«; mit J. van Hoddis teilte er sich zeitweise eine Wohnung. 1919 gründete er die satirische Zeitschrift *Der blutige Ernst*, die jedoch nach nur zwei Nummern zu den Themen *Der Arzt* und *Der Jude* von Carl Einstein und George Grosz fortgeführt wurde, nun mit einer dezidiert expressionistisch-dadaistischen Ausrichtung. H. selbst war kein Dadaist, eher ein »auf eigene Faust dadaisierender Vagant« (Mehring), ein Außenseiter, der sarkastisch seine bodenlose Verzweiflung zu überspielen suchte, seit er durch ein Leberleiden morphium- und kokainabhängig geworden war. Fortan waren die Berliner Bohème-Cafés, das »Café des Westens« und später das »Romanische Café«, seine Lebenswelt, in der er sich allabendlich das Nötigste fürs Überleben zusammenschnorrte und so zur Symbolfigur literarischer Dekadenz wurde. Dabei ließ das Sonderbare seiner Erscheinung schon die meisten Zeit- und Tischgenossen übersehen, dass dieser »dunkelste der Morphinisten« (Hardekopf) ein talentierter Zeichner in der Tradition Beardsleys war und vor allem ein bemerkenswerter Dichter höchst eigener Kontur, geistreich, spöttisch, grüblerisch und poetisch zugleich, den nur die tragische Gebrochenheit seines Lebens nicht ausreifen und ein größeres Werk schaffen ließ. H.s »verkommenes Genie« erweist sich deutlich genug in seinen beiden einzigen Buchpublikationen – neben den Graphikmappen *Sechs Romantiker* (1907) und *Imagines Divi* (1913) –, in dem undatierten Privatdruck *Apropoésies Bohémiennes* mit parodistischen Bänkelliedern und expressionistischen Versen voll düster-melancholischer Todesstimmung und in dem Erinnerungsband *So lebten wir. 25 Jahre Berliner Bohème* (1929), dessen sarkastische Stenogramme sich nicht nur zusammenfügen zum intimen Bild einer schillernden Epoche, sondern auch zum Innenporträt einer rätselhaften und eigenwilligen Persönlichkeit, von der man begreift, daß sie keinen Ausweg mehr wusste, als ihre Lebenssphäre zerstört war.

Die Bedrohung seiner Welt durch antisemitische, auch persönlich erfahrene Vorwürfe hat H. früh gespürt und sich schon 1919 in dem Aufsatz *Der Weg des Juden* gegen die öffentliche Diffamierung gewehrt: »Der Jude, obwohl durch Pogrome, Sondergesetze oder Gouverneurschikanen zur Auswanderung getrieben, erlebt in dem ihn empfangenden Hohn, Spott und Haß der westlichen Zivilisation etwas umwandelnd Neues. Bei aller äußeren Gefährdung hatte die kulturell unendlich tiefer stehende, bäuerlich-russische Umwelt niemals seine Selbstachtung bedroht; einzig der beschränkte Europäerdünkel, unfähig fremde Werte und Würde unter ungewohntem Äußeren zu erkennen [...] zwingt den überlieferungstreuen Kaftanträger, äußere und innere Traditionen vorläufig aufgebend, alle Kräfte auf den Erwerb jenes Reichtums zu konzentrieren, der allein ihm die Achtung seiner neuen Umgebung sichert.« H.s Erwartung indes, der europäische Jude werde durch eine drei bis vier Generationen dauernde Entwicklung vom Händler über den Akademiker zum Dichter-Künstler-Philosophen oder altruistischen Politiker »auf einem trotz aller Anfeindungen geraden Wege« wieder »zu sich selbst zurück« finden und zu »jenen Zielen«, »die alle Menschen erbarmend vereinen«, wurde in der Wirklichkeit bitter enttäuscht.

Als Juden nach 1933 verboten wurde, öffentliche Lokale zu betreten, war dies für H. eine Vertreibung aus seiner eigentlichen Heimat. Unfähig zu emigrieren, vermochte der Morphinist nur noch wenige Jahre weiterzuleben. Nach den Pogromen im November 1938 gab er seinen Kampf für Humanität und Menschenwürde verloren. Um der »dauernd wachsenden Entwürdigung« zu entgehen, fuhr er in den Grunewald, nahm Gift und erhängte sich. In seinem Abschiedsbrief an Leo von König schrieb er: »Die Werke, die man von mir hätte erwarten dürfen, sind nie gereift – wohl aber mehrten sich gerade in den letzten Jahren die Stimmen, die mein ganzes Dasein als solches beispielhaft und künstlerisch-philosophisch als eine fortwirkende Legende empfinden. [...] Möge das edle, naive deutsche Volk eines Tages jene furchtbare Schande von sich abwaschen, die es auf sich lud als es allzu willig sich der Herrschaft der unheiligen Dreieinigkeit des Wahnteufels, des Hetzteufels und des Gierteufels unterwarf.« Am Ende stehen die bitteren Sätze: »Halten Sie der Situation zu gute, wenn ich etwas wirr und unklar schreibe. Ich bin noch ein ungeübter Selbstmörder. Ach, es werden noch schlimmere Dinge geschehen, ehe ein neuer Tag kommt –«

Werke: Apropoésies Bohémiennes, o.O.u.J.; So lebten wir. 25 Jahre Berliner Bohème, Berlin 1929; Gedichte und Prosa, hg. F.-J. Weber u.a., Siegen 1983; Ich bin noch ein ungeübter Selbstmörder, Nachw. K. Riha, Hannover 1988. Literatur: A. Bergmann, J.H., Detmold 1971; H.J. Schütz, »Ein deutscher Dichter bin ich einst gewesen«. Vergessene und verkannte Autoren des 20. Jahrhunderts, München 1988, 124–128.

Dieter Sudhoff

Hoffmann, Camill

Geb. 31.10.1878 in Kolín;
gest. Okt. 1944 in Auschwitz

Als böhmischer Jude, deutscher Dichter und tschechoslowakischer Diplomat verkörperte H. in persona jene Symbiose, die ihm das Ideal menschlichen Miteinanders war. Aufgewachsen in einem assimilierten, zweisprachigen Elternhaus und geformt durch eine naturnahe Kindheit in ländlicher Umgebung, definierte H. die eigene Identität nicht durch seine religiöse oder nationale Herkunft, sondern durch seine innige Bindung an die Heimat Böhmen. Dieser Einstellung entsprach, dass H. in seinen neuromantischen Gedichten oft den dunklen Ton böhmischer Melodien anklingen ließ und vor den aktuell erfahrenen Entfremdungen der

Großstadtzivilisation Zuflucht suchte in der heilsamen Topographie seiner Kinderjahre; mehr noch erklärt sie, weshalb er als Journalist und Übersetzer zwischen den Kulturen vermitteln wollte und sich nach dem Untergang der österreichisch-ungarischen Monarchie vorbehaltlos in den Dienst der neuen tschechoslowakischen Regierung stellte.

Seinen literarischen »Frühling« erlebte H. im Prag der Jahrhundertwende, wo er das Stephansgymnasium und die Altstädter Handelsakademie besuchte und sich der neuromantischen Avantgarde um Oskar Wiener und Paul Leppin (»Jung-Prag« und »Frühlings-Generation«) anschloß, die in heftiger Opposition zum damaligen Provinzialismus der Moldaustadt stand. Seinen Neigungen folgend, begann H. dann 1902 bei der Wiener linksliberalen *Zeit* eine langjährige Presselaufbahn als Feuilletonredakteur, die er von 1912 bis 1919 bei den *Dresdner Neuesten Nachrichten* fortsetzte. Wichtiger als der zweifelhafte Ruhm der Nachwelt, den er gern Weggefährten wie Rilke, Hofmannsthal oder St. Zweig überließ, wurde ihm in dieser Zeit die menschliche Bewährung im Alltag. Mit sicherem Gespür machte er früh auf geniale Begabungen wie Werfel oder Kafka aufmerksam, und spätestens die Erfahrungen von Krieg und Revolution ließen ihn seine eigentliche Lebensaufgabe im journalistischen und dann auch politischen Eintreten für die Völkerverständigung sehen. So blieben die frühen Gedichtbücher *Adagio stiller Abende* (1902) und *Die Vase* (1910), mit melancholischen Stimmungsbildern, seine einzigen selbständigen Veröffentlichungen. Nach dem Krieg entwarf H. im Auftrag Präsident Tomáš G. Masaryks das Konzept für das geplante Regierungsblatt *Prager Presse*, das dem nationalen Ausgleich dienen sollte. 1920 wurde er als Leiter der Presseabteilung an die neueingerichtete tschechoslowakische Vertretung in Berlin berufen, ein Amt, für das ihn seine weitreichenden Beziehungen zu deutschen Künstlern, Journalisten und Politikern prädestinierten und das ihm fortan vielfache Gelegenheit gab, zwischen Prager und Weimarer Politik, zwischen tschechischer und deutscher Kultur zu vermitteln. Ausdruck fand diese Intention u.a. in Übersetzungen von Masaryk,

Beneš, Růžena Svobodová oder Karel Čapek; daneben übertrug er auch Charles-Louis Philippe oder Balzac ins Deutsche, und schon vor dem Krieg hatte er die Anthologien *Deutsche Lyrik aus Österreich seit Grillparzer* (1912) und *Briefe der Liebe. Dokumente des Herzens aus zwei Jahrhunderten europäischer Kultur* (1913) herausgegeben.

Ein jüdisches Bewusstsein war H. zunächst fremd. Er sah sich als Freidenker, wollte sich von konfessionellen Grenzen befreien und trat daher während seiner Berliner Zeit aus der Kultusgemeinde aus. Erst der deutsche Antisemitismus machte auch ihm seine jüdische Identität existenziell bewusst, doch unterschätzte er im Vertrauen auf die humanistische deutsche Tradition und seine persönliche Immunität als ausländischer Diplomat lange Zeit die reale Bedrohung. Ein seit 1932 geführtes Tagebuch offenbart gleichwohl seinen Blick für den wachsenden Verfall der politischen und menschlichen Moral; zeitgeschichtlich ein erstrangiges Dokument zur Genese der faschistischen Diktatur, lassen die aus dem Nachlass veröffentlichten Aufzeichnungen zudem ahnen, mit welchem Engagement H. sich für politisch oder rassisch Verfolgte einsetzte. Nach dem Münchner Abkommen und dem Novemberpogrom 1938 wurde seine Stellung in Berlin indes unhaltbar, er wurde abberufen und musste Anfang 1939 nach Prag zurückkehren. Vergebens versuchte H. nach seiner Pensionierung, vom besetzten Prag aus die Weltöffentlichkeit durch Artikel wie *Die Juden unter den Tschechen* auf die Unterdrückung der Tschechen und die »Verdrängung der Juden« im »Protektorat Böhmen und Mähren« aufmerksam zu machen. Im Frühjahr 1942 deportierten ihn die Nazis nach Theresienstadt; im Herbst 1944 wurde er mit seiner Frau Irma in Auschwitz ermordet. Zurück blieben seine letzten, in der »Vorhölle« geschriebenen Gedichte (u. a. *Theresienstädter Sonette*), Verse, in denen jede Hoffnung erstorben scheint: »Über dir ist es Nacht/ Ohne Stern./ In dir, Freund, ist es Nacht/ Ohne Ende.«

Werke: Adagio stiller Abende. Gedichte, Berlin u. a. 1902; Die Vase. Neue Gedichte, Berlin-Charlottenburg 1910; Zuflucht. Späte Gedichte und Erzählungen, hg. D. Sudhoff, Siegen 1990; Politisches Tagebuch 1932–1939, hg. D. Sudhoff, Klagenfurt 1995.

Literatur: J. Serke, Böhmische Dörfer. Wanderungen durch eine verlassene literarische Landschaft, Wien u. a. 1987, 218–229; D. Sudhoff, Wanderer zwischen den Welten. Vom Leben und Sterben des Prager Dichters und Berliner Diplomaten C.H., in: Brennpunkt Berlin. Prager Schriftsteller in der deutschen Metropole, hg. H. Binder, Bonn 1995, 101–143; M. Kryl, Das Theresienstädter Schicksal C.H.s in: Theresienstädter Studien und Dokumente 2000, 227–243.

Dieter Sudhoff

Hofmann, Martha (Melitta Holl)

Geb. 29.8.1895 in Wien; gest. 9.11.1975 in Wien

Die Lyrikerin, Essayistin und Publizistin M.H. wuchs als Tochter des Holzgroßhändlers, Begründers der *Kontinentalen Holzzeitung* und Honorarprofessors an der Wiener Hochschule für Bodenkultur Edmund H. (1849–1923) in Wien auf. Sie

war das achte Kind unter neun Geschwistern; einer ihrer Brüder war der akademische Maler Robert H., ihre Schwester Else H. eine bekannte Kunsthistorikerin und -kritikerin. H. besuchte in Wien das Lyzeum des Beamtentöchtervereins und die Schwarzwaldschule. Danach studierte sie in Wien, Berlin, Leipzig und Heidelberg klassische Philologie und Archäologie. Besonders befreundet war sie mit dem Heidelberger Dozenten Franz Dornseiff. In Deutschland kam sie auch in Kontakt mit der jüdischen Jugendbewegung. Sie hörte einen Vortrag des Dichters Ludwig Strauß und traf Martin Buber. 1920 arbeitete sie für kurze Zeit als Gastlehrerin in der von Paul Geheeb geleiteten Odenwaldschule. Im selben Jahr promovierte sie in Wien über *Platos Lehre von Seele und Welt*. Ab 1921 unterrichtete sie am jüdischen Realgymnasium, dem späteren Chajesgymnasium, Deutsch und Latein. Bekannt war H. in der Zwischenkriegszeit vor allem als zionistische Funktionärin und Publizistin, besonders als langjährige Vizepräsidentin und Leiterin der Kulturarbeit der Wiener WIZO (Women's International Zionist Organisation). 1925/26 gab sie zusammen mit dem zionistischen Publizisten Yomtow Ludwig Bato (1886–1974) den *Jüdischen Almanach* heraus.

Im März 1927 besuchte H. zum ersten Mal Palästina. Zwischen Haifa und Akko erlitt sie einen schweren Autounfall, der sie einen Arm kostete und wohl auch ihre geplante Alijah scheitern ließ. Damals schrieb sie ihre ersten Gedichte. Aus ihrem Nachlass hat sich ein Tagebuch erhalten, das mit ihrer Palästina-Reise 1927 beginnt. Was das Land ihr bedeutete, beschrieb sie mit dem Satz: »Wir alle wollen ein ideales, romantisches Palästina, von dem wir in unseren Träumen zehren können…«. Nach ihrer Rückkehr nach Wien im Sommer 1927 unterrichtete sie auch an dem von Anitta Müller-Cohen geleiteten Jüdischen Zentrum und hielt Vorträge im Rahmen des Kulturreferats des Zionistischen Landesverbands. H. verstand sich als sozialistische Zionistin und engagierte sich in Wien daher auch für die von Mendel Singer geführte *Poale Zion*, zu deren Vorstandsmitglied ohne Funktion sie – ebenso wie die Dichterin Klara Blum – gewählt wurde. Sie engagierte sich ab 1934 auch in deren Nachfolgeorganisation »Binjan Haarez« und publizierte in deren Zeitschrift *Der Jude*. Darüber hinaus schrieb sie für die zionistischen Zeitungen *Wiener Morgenzeitung*, *Die Stimme* und *Die Jüdischen Rundschau*. Zahlreiche Artikel veröffentlichte sie über Arthur Schnitzler, den sie auch interviewte. 1930 verbrachte H. ein Jahr in London, wohin sie als Leiterin der Kulturzentrale der WIZO berufen wurde, und hielt Vorträge in jüdischen Gemeinden Nordwesteuropas. 1930 gab sie die Festschrift über die ersten zehn Jahre der WIZO in Wien heraus.

1934 erschien ihr erster Gedichtband *Das blaue Zelt*. Er enthält, ähnlich wie ihre späteren Bände, neben Natur- und Liebesgedichten auch einige Gedichte über Palästina, unter denen das letzte, »den Pionierinnen des neuen Palästina« gewidmet, besonders beeindruckt. Im »Bund junger Autoren Österreichs«, dem auch Fritz Brainin, Rudolf Felmayer, Hermann Hakel und Ernst Waldinger angehörten, fand sie in den 30er Jahren eine literarische Heimat. 1935 besuchte sie zum zweiten Mal Palästina. Wenn sich ihr »ein annehmbarer Posten« geboten hätte, wäre sie damals dort geblieben.

Nach dem »Anschluss« 1938 emigrierte sie völlig mittellos nach London, wo sie eine enttäuschende Begegnung mit Stefan Zweig hatte und Sigmund Freud besuchte. Von London aus emigrierte sie 1939 nach Palästina, wo sie nicht mehr heimisch wurde und für die WIZO einige schlecht bezahlte Arbeiten übernahm. Behilflich waren ihr dort der hebräische Schriftsteller Natan Bistritzki und Salman Rubaschow (von 1963 bis 1973 als Salman Schasar der dritte Staatspräsident Israels), der sie als Chefredakteur der Tageszeitung *Dawar* einlud, Artikel über jüdische Dichter aus Österreich und Deutschland zu schreiben, die er ins Hebräische übersetzen ließ. Ihr Essay *Theodor Herzls Werden und Weg* wurde von Lea Goldberg ins Hebräische übersetzt. Ihre Novelle *Dinah und der Dichter*, die die Beziehung Franz Kafkas zur jungen Tänzerin Tile Rössler thematisiert, erschien 1943 auf Deutsch. In einem späten Essay in ihrem Buch *Konstellationen* schilderte H. ihre Wiederbegegnung mit Else Lasker-Schüler.

Im Herbst 1946 verließ H. mit einer WIZO-Delegation Palästina, politisch und menschlich enttäuscht, in Richtung Schweiz. Bis 1949 lebte sie in Genf, wo sie noch Anfang 1948 erwog, sich als Sekretärin der WIZO Schweiz zu bewerben. Ihre Schwester Hedwig Fischer ermöglichte ihr ein Dolmetschstudium an der Genfer Universität. Sie übersetzte Paul Valéry, hebräische und italienische Autoren und freundete sich mit dem jiddischen Dichter Lajser Ajchenrand an. Die Schweiz musste sie verlassen, da sie keine Arbeitserlaubnis bekam. In die USA konnte sie nicht, da die österreichische Quote gesperrt war. So blieb »allen Bedenken zum Trotz« nur Wien. Bis 1948 scheiterten aber noch mehrfach geplante Besuche in Österreich an der Weigerung der Behörden, ihr auch nur ein Besuchsvisum auszustellen, da H. einen palästinensischen Pass hatte. Nach ihrer Rückkehr 1949 leitete sie zeitweise die Kulturarbeit des österreichischen Gewerkschaftsbundes und schrieb für dessen Zeitschrift *Der Bildungsfunktionär*. Sie war Vorstandsmitglied des PEN-Clubs, des Österreichischen Schriftstellerverbandes und der Comunità Europea degli Scrittori in Rom. 1953 gewann sie den literarischen Chagall-Wettbewerb der Wiener Albertina. 1954 erhielt sie den Georg-Trakl-Preis für Lyrik, 1963 den Theodor-Körner-Preis für Literatur und 1970 das österreichischen Ehrenkreuz für Wissenschaft und Kunst. Einer der Gründe für H.s Bindung an Österreich war wie bei so vielen exilierten österreichischen Juden ihre Liebe zur österreichischen Landschaft und Kultur, obwohl sie, wie ihre Briefe bezeugen, auch den Antisemitismus und Fremdenhass nicht übersah. Die Stiasny-Bücherei, die in über 100 Bänden die Werke österreichischer Autoren vorstellte, widmete H. jedoch keinen Band, obwohl ein solcher zumindest im Gespräch war.

Die Themen ihrer Lyrik umfassten neben besonders intensiven Eindrücken aus der Natur und aus Palästina Erinnerungen an Reisen nach Spanien, Italien, Frankreich, der Schweiz und Nordamerika. Viele ihrer Gedichte widmete sie befreundeten

Dichterkolleginnen und -kollegen. Mit den Gedichten *Maria von Nazareth* und *Die Gläubige von Lourdes* thematisierte sie durchaus auch christliche Motive. Die meisten Artikel veröffentlichte sie nach 1945 in der *Gemeinde*, der offiziellen Zeitschrift der Wiener Israelitischen Kultusgemeinde. In dem Sammelband *The Jews of Austria* (1967) erschien ihre fragmentarische Autobiographie. In diesem relativ kurzen Erinnerungstext erwähnte sie stolz ihre prominente Abstammung von der Prager Familie Fleckeles; sie schrieb über ihre Eltern, Geschwister, ihre Studienzeit und ihre Reise nach Palästina 1927.

H. war zeit ihres Lebens eine bewusste Jüdin, verstand sich aber zugleich als eine österreichische Dichterin. Bis 1938 aktiv im Rahmen der Wiener jüdischen Gemeinde, konnte sie dieses Engagement nach ihrer Rückkehr aus dem Exil 1949 nur mehr bedingt fortsetzen. Trotz dieses großen Bruchs in ihrem Leben kann ihre Remigration als geglückt bezeichnet werden, wie nicht zuletzt die erwähnten Ehrungen bezeugen. Ihre literarische Karriere im Nachkriegsösterreich musste jedoch mit Kompromissen – etwa ihren Kontakten zu Friedrich Schreyvogel, einem illegalen NSDAP-Mitglied – erkauft werden. Ihre jüdischen Interessen und Aktivitäten wurden nach 1945 von ihrer österreichischen Umwelt übersehen und ignoriert. Heute ist sie weitgehend vergessen, obwohl sie zwischen 1934 und 1964 zwölf Bücher veröffentlichte. H. wurde in einem Ehrengrab der Stadt Wien im nichtjüdischen Teil des Wiener Zentralfriedhofs beigesetzt. Der Großteil ihres Nachlasses ist verschollen; ein Teilnachlass befindet sich in der österreichischen Nationalbibliothek.

Werke: Das blaue Zelt, Wien 1934; Die Sternenspur. Neue Gedichte, Zürich 1948; Nomadenzüge. Zyklische Dichtungen, Wien 1957; Das Morgenland liegt gegen Abend. Neue Gedichte, Wien 1962; Konstellationen. Ausgewählte Essays, Wien 1966; Theodor Herzls Werden und Weg, Frankfurt a. M. 1966; Begegnungen, helldunkel, Wien 1969.

Literatur: M.H., in: Biographisches Handbuch der deutschsprachigen Emigration nach 1933, Bd. 2, München 1983, 530; S. Bolbecher/K. Kaiser, Lexikon der österreichischen Exilliteratur, Wien 2000, 318 f.; E. Adunka, Allen Schwierigkeiten und Plagen zum Trotz. Hinweis auf M.H., in: Literatur und Kritik 351/352 (März 2001), 64–76; Lexikon deutsch-jüdischer Autoren, Bd. 12, hg. R. Heuer, München 2008, 188–195.

Evelyn Adunka

Holitscher, Arthur

Geb. 22.8.1869 in Pest;
gest. 14.10.1941 in Genf

Aus einer wohlhabenden Budapester Familie stammend, verbrachte H. eine einsame und schwierige Kindheit. Die als kalt erlebte Mutter sowie die Enge eines in jeder Beziehung geordneten bürgerlichen Lebens ließen schon den Schüler H. die Flucht in Gegenwelten antreten. Diese bestanden vor allem in der Lektüre der sich antibürgerlich verstehenden literarischen Avantgarde wie G. Hauptmann, H. Ibsen, A. Holz, J. Schlaf und v. a. K. Hamsun. Bei ihnen fand H. sein Leiden an einer als überlebt empfundenen bürgerlichen Welt in Worte gefasst. H. erlebte seine Kindheit nur als »Parodie einer Kindheit«, mehr noch litt er unter seiner Zeit als Bankbeamter. »Es dauerte indes bloß vom achtzehnten bis zum 24. Jahr. Immerhin sechs Jugendjahre: erst in Budapest, dann in der kleinen ungarischen Hafenstadt Fiume, dann wieder in Budapest, und schließlich, das letzte Jahr, Wien, endlich Wien – aber da war's zu spät, ich wußte von Paris.« Diese sechs Jahre als Bankbeamter galten H. als unwiederbringlicher Verlust an Lebenszeit, Erfahrungen und literarischer Betätigung, um die er sich noch als reifer Mann betrogen fühlte, zum Beispiel, was das Knüpfen literarischer Kontakte und das Lancieren eigener Veröffentlichungen anging. So war sein literarisches und politisches Engagement stets auch ein Akt der Befreiung aus der Enge familiärer Zwänge und geistiger Leere.

Während H. in den Autoren des Naturalismus eine erste literarische Heimat fand, zog sein politisches und soziales Interesse Nahrung aus den Schriften des sozialistischen Anarchisten John Henry Mackay und Karl Kautskys sozialistischer Zeitschrift *Neue Zeit*. Sein autobiographisch motiviertes Aufbegehren gegen die Institution der Familie ließ ihn zum Kämpfer gegen jede Art der Unterdrückung und Unfreiheit werden. Als H. 1895 nach Paris floh, schloss er sich anarchistischen Kreisen an, ein Akt radikaler Antibürgerlichkeit. 30 Jahre später, 1925, schrieb er ein Buch über die Pariser Anarchisten unter dem Titel *Ravachol und die Pariser Anarchisten*. Dass er darin über den Anarchisten und Attentäter Ravachol schrieb, war nicht nur eine Reminiszenz seiner Pariser Jahre. Die hinter Ravachols Terrorismus stehende Wut auf die bürgerliche Gesellschaft kann auch als Gradmesser für H.s eigene Wut gelten. In Paris machte H. die Bekanntschaft von Albert Langen, der ihn 1895 als Redakteur für seine neue Zeitschrift *Simplicissimus* nach München holte – 1924 schrieb H. in der *Weltbühne* einen Artikel über den *Simplicissimus* und seine kurze Zeit als dessen Redakteur. Kurz vor seinem Engagement für den *Simplicissimus* war 1895 auch H.s Roman *Weiße Liebe, ein Roman aus dem Quartier Latin*, der ganz dem französischen Symbolismus verhaftet war, im Verlag Albert Langens erschienen. In der *Neuen Freien Presse* publizierte er im selben Jahr, vermittelt über Theodor Herzl, einen Artikel über Hamsun.

Als H. 1908 nach langen Jahren zum ersten Mal wieder nach Budapest zurückkehrte, fand er seine Heimatstadt verändert vor. Er empfand eine große Distanz zu den einst vertrauten Gestalten seiner Vergangenheit. Nicht ohne Befremden konstatierte er insbesondere die »Magyarisierung und Verchristlichung der alten eingesessenen jüdischen Familien«. Viele jüdische Familien reagierten damit auf den Druck des virulenten ungarischen Nationalismus, der sich in verbalen und tätlichen Ausschreitungen gegen die meist deutschsprachigen Juden und andere Minderheiten zunehmend bemerkbar machte. Am meisten befremdeten ihn die vielen Konversionen innerhalb seiner eigenen Familie. Er monierte, dass sie ohne Not, nur aus wirtschaftlichen oder modischen Erwägungen heraus, den jüdischen Gemeinden den Rücken kehrten, wie einem lästigen entfernten Verwandten, nicht ohne ihn vorher verhöhnt zu haben. Für H. dagegen stand die Frage der Konversion oder auch nur die Infragestellung seiner jüdischen Herkunft zu keinem Zeitpunkt zur Diskussion. In Budapest begann H. 1908 mit der Niederschrift des Dramas *Der Golem*, von dem er hoffte, es in Berlin bei Max Reinhardt im Deutschen Theater unterbringen zu können. Im Gegensatz zum späteren Film erschafft hier der Rabbi Bennahum den Golem, weil er den Tod seiner Tochter nicht akzeptieren will. Doch diese liebt den Golem und opfert sich, um ihn zu retten. Am Ende bleibt der Rabbi alleine zurück, seine Tochter ist tot und der Golem hat sich aus Gram über deren Tod selbst vernichtet. Nicht ohne Verbitterung erhob H. wenige Jahre später den Vorwurf des Plagiats gegen Paul Wegener, als dieser 1914 mit seinem Stummfilm gleichen Titels einen großen Erfolg erzielte. Tatsächlich waren Rezensenten wie Arnold Zweig die Parallelen nicht entgangen. H.s *Golem* wird erst 1916 in Wien an der Residenzbühne uraufgeführt. Alfred Polgar kritisierte das Drama in der *Weltbühne* als »eine Art jüdisches Mysterium«, eine »dramatische Missgeburt«: »Tiefsinn und Märchenspuk beunruhigen den Zuhörer, der vergeblich den festen Punkt sucht, von dem eine Orientierung in dem verworrenen Geschehen möglich wäre.« Zweig hatte ebenfalls die dramatische Form bemängelt, lobte jedoch die »reiche und erregende Dichtung«, »eine Dichtung, deren große Tugend in der Stimmung leidenschaftlich geistigen Wollens, tiefer Ohnmacht und endlicher Ergebenheit liegt«. Doch neben Wegeners Film, Gustav Meyrinks Roman und dem Golem-Drama von Halpern Leivick geriet H.s *Golem* in Vergessenheit. Obwohl er seine Ambitionen auf den Bühnen Berlins damit nicht verwirklichen konnte, ließ H. sich in Berlin, »der kältesten, zynischsten Stadt Deutschlands«, nieder.

1910 reiste H., der mit großen finanziellen Schwierigkeiten zu kämpfen hatte, im Auftrag des Fischer Verlags nach Amerika. Das Reisetagebuch über diesen Aufenthalt in Amerika wurde H.s erster großer Erfolg. Obwohl H. in den 20er Jahren eine rege literarische Produktivität entfaltete – er schrieb Romane, Novellen, kunstgeschichtliche Betrachtungen, Übersetzungen –, waren es gerade seine Reisebücher, die ihn einem breiten Publikum bekannt machten. Er berichtete von Orten und Ländern, die im Selbstverständnis der Zeit im Brennpunkt der ideologischen Kämpfe standen. Dies waren auf der einen Seite die USA, die mit ihren wirtschaftlichen Zwängen und Freiheiten, ihren technischen Errungenschaften und Auswüchsen als Inbegriff der kapitalistischen Gesellschaft galten. Diesem Gesellschaftsmodell gegenüber stand das revolutionäre Sowjetrussland mit seiner reale Staatspolitik gewordenen Gesellschaftsutopie. H. besuchte mehrmals die Sowjetunion, doch war er dabei, ganz im Sinne Kautskys, nicht blind für das Scheitern dieser Utopie. Mit besonderem und kritischem Engagement verfolgte H. auch die Entwicklung in Palästina, das er zweimal besuchte. Besonders in der Einwanderung bürgerlicher und finanzkräftiger Neubürger sah er eine Gefährdung des Palästinaaufbaus; denn für ihn war Palästina nicht nur eine Heimstatt für verfolgte Menschen, sondern vor allem der Versuch, ein sozialistisches

Gesellschaftsideal umzusetzen. Neben seinen Reisebüchern und seiner literarischen Produktion engagierte sich H. auch politisch. 1918 hatte er an den revolutionären Ereignissen in Berlin teilgenommen. Dort war er mit so unterschiedlichen Auffassungen in Berührung gekommen, wie sie etwa von Karl Liebknecht, Rosa Luxemburg, Kurt Hiller oder Walther Rathenau vertreten wurden. Wenige Monate nach Kriegsende gründete H. zusammen mit Friedrich Natteroth im August 1919 die *Tribüne*. H. unterhielt auch enge Kontakte zur russischen Kolonie in Berlin und war einer der Initiatoren der ersten russischen Kunstausstellung von 1922. In seinem Beitrag zum Ausstellungskatalog verteidigte er die revolutionäre Kunst der jungen Sowjetunion nicht nur gegen ihre Gegner, sondern auch gegen die Ignoranz eines kommerzialisierten und manipulierbaren Massengeschmacks. H.s Werke gehörten zu jenen, die während der Autodafés im Mai 1933 »den Flammen übergeben wurden.« Kurz nach dem Machtantritt der Nationalsozialisten floh H. in die Schweiz, wo er sich in Genf niederließ und bis zu seinem Tod im Oktober 1941 verarmt und mittellos lebte.

Werke: Drei Monate in Sowjetrußland, Berlin 1921; Reise durch das jüdische Palästina, Berlin 1922; Lebensgeschichte eines Rebellen, Meine Erinnerungen, Berlin 1924; Mein Leben in dieser Zeit, Berlin 1926.
Literatur: W. Kaiser, Palästina – Erez Israel. Deutschsprachige Reisebeschreibungen jüdischerAutoren von der Jahrhundertwende bis zum Zweiten Weltkrieg, Hildesheim u. a. 1992; S. Braese, Deutsche Blicke auf ›Sowjet-Russland‹. Die Moskauer Berichte A.H.s und Walter Benjamins, in: Tel Aviver Jahrbuch für deutsche Geschichte, Bd. 24, Tel Aviv 1995, 117–147; C. Grubitz, Die Wirklichkeit der großen Stadt 1924. H.s und Masereels ›Narrenbaediker‹. Ein Denkbild, in: Paris? Paris! Bilder der französischen Metropole in der nicht-fiktionalen deutschsprachigen Prosa zwischen Hermann Bahr und Joseph Roth, hg. G.R. Kaiser und E. Tunner, Heidelberg 2002, 199–217; A. Herzog, »Writing Culture« – Poetik und Politik. A.H.s ›Das unruhige Asien‹, in: KulturPoetik, 6 (2006), 20–37; V. Weidermann, Das Buch der verbrannten Dichter, Köln 2008, 105–110.

Heidelore Riss

Hollaender, Felix

Geb. 1.1.1867 in Loebschütz (Oberschlesien); gest. 29.5.1931 in Berlin

Die Eltern H.s waren in den Gründerjahren mit ihren beiden Söhnen von Schlesien nach Berlin gezogen, um ihnen eine bessere Ausbildung bieten zu können. H.s Bruder Victor machte sich später als Violinvirtuose, Operettenkomponist und als Direktor des Stern'schen Konservatoriums in Berlin einen Namen. Sein Sohn Friedrich wurde als Kabarettist, Chansondichter und -komponist berühmt. H. selbst studierte Germanistik und Volkswirtschaft in Berlin, bereiste 1892 verschiedene europäische Länder und lebte seit 1894 wieder in Berlin. Dort gründete er 1896 die Zeitschrift *Die Welt am Montag*, die sich im Untertitel *Unabhängige Zeitung für Politik und Kultur* nannte und deren Herausgeber H. bis 1898 war. Zu den Mitarbeitern gehörten u. a. Siegfried Jacobsohn, Kurt Eisner, Samuel Lublinski, Franz Oppenheimer und Hellmut von Gerlach. Bis zu ihrem Verbot im Frühjahr 1933 verfolgte sie liberal-pazifistische Ideen. Bald schon hatte H. mit Werken wie *Jesus und Judas* (1890) und *Frau Ellin Röte* (1893) als Romanschriftsteller Erfolg. *Der Weg des Thomas Truck* (1902), ein Entwicklungs- und Erziehungsroman, gibt Einblick in die Weltanschauungen und Heilslehren der Jahrhundertwende. Der Roman *Sturmwind im Westen* (1896) wurde 1980 wiederentdeckt und unter dem Titel *Regine oder die Falle* verfilmt.

Nach 1902/03 widmete sich H. dem Theater. 1902 machte er die Bekanntschaft von Max Reinhardt, der 1903 seine Tragikkomödie *Ackermann* uraufführte. 1905 gab H. seine schriftstellerische Karriere auf und wurde zusammen mit Arthur Kahane Dramaturg am Kleinen Theater. Wie Eduard von Winterstein schrieb, war H. »das Bindeglied zwischen Reinhardts Theater und der Presse, ein Trompeter, der der Welt laut und vernehmlich verkündete, was hier unter Reinhardts Händen erstand und ferner entstehen sollte«. H. inszenierte aber auch regelmäßig selbst, allerdings mit geringem Erfolg bei der Kritik. Siegfried Jacobsohn etwa schrieb

1910: »Reinhardt ist endlich wieder selbst da – die Hollaenders rücken in den Hintergrund, aus dem sie sich nie hätten vorwagen dürfen.« Herbert Ihering sprach 1921 vom »Zickzack hollaendscher Inszenierungen«. Der Kritiker höre »in regellosem Wechsel hinter den Sätzen der Schauspieler die exaltierten Schreie des Regisseurs: Raffen! Einschnitt! Einschnitt! Raffen!« Seine Inszenierungen seien »naturalistisch beruhigt, angegraut. [...] Und Hollaender erreicht, daß bei aller Zerfahrenheit, allem Durcheinander und allem Dilettantismus seine Inszenierungen doch sein Gepräge tragen und die Natur der 90er Jahre in der Banalisierung durch Kolportagephantasien und in der Zerkritzelung durch überreizte Nerven aufnehmen.« 1913/14 wurde H. für kurze Zeit Intendant in Frankfurt a. M.; 1920 übergab Max Reinhardt die Leitung seiner Berliner Bühnen (Großes Schauspielhaus, Deutsches Theater und Kammerspiele) offiziell an H. 1923 jedoch, als Reinhardt wieder nach Berlin zurückkehrte, trennten sich beider Wege. H. wurde Theaterkritiker beim *8-Uhr-Abendblatt*, eine Position, die er bis zu seinem Tod 1931 innehatte. Daneben entstanden weitere Romane (*Das Erwachen des Donald Westhoff*, 1917; *Das Schiff der Abenteuer*, 1929) sowie Drehbücher. 1925 wurde H.s Roman *Der Eid des Stephan Huller* von 1912 unter dem Titel *Varieté* mit Emil Jannings in der Hauptrolle verfilmt.

Auch wenn die Schilderung des Judentums bei H. auf den engen Kreis der bürgerlichen Familie beschränkt blieb und so eher den Charakter des Privaten hatte, zeigen doch Werke wie *Salomons Schwiegertochter* (1925), dass H. kein heiles Bild eines auf ein bürgerliches Minimum reduzierten Judentums zeichnete. Die Thematisierung der Mischehe, um die es in diesem Roman geht, zeigt, gerade angesichts der immer kleiner werdenden jüdischen Gemeinden in den 20er Jahren, ein hohes Problembewusstsein. Das gilt zum Teil auch für den autobiographisch inspirierten Roman *Unser Haus* von 1911, in dem H. die Geschichte einer jüdischen Familie zur Zeit der Gründerjahre und der Jahrhundertwende beschrieb. Mag auch H.s Blick auf diese Geschichte biographisch verklärt sein, so kommt doch gerade darin zum Ausdruck, in welchem Maße jüdisch-bürgerliche Kreise ihr Judentum als selbstverständliche Größe ansahen, unabhängig davon, ob sie nun religiös waren oder nicht. Das Judentum blieb für sie, so auch für H., ein Teil der kulturellen Identität.

Werke: F.H. Gesammelte Werke, hg. W. Flemming, 6 Bde., Berlin 1926; Lebendiges Theater, Berlin 1932.
Literatur: R. Novak, F.H., Wien 1970.

Heidelore Riss

Honigmann, Barbara

Geb. 2.2.1949 in Berlin

H.s Schreiben ist, auch wo es fiktional ist, grundsätzlich autobiographisch: es geht aus von der eigenen Geschichte und zielt auf das Judentum. Der Modus des Autobiographischen wird ihr zur umfassenden Form von Erinnerung und Befragung,

von Kritik und Reflexion, aber auch von Witz und Selbstbehauptung. Nicht nur ihre eigene Lebensgeschichte, schon diejenige ihrer Eltern und Großeltern ist dabei eines der zentralen Themen von H.s Büchern; Vatergeschichten finden sich etwa in *Damals, Dann, Danach* (1999, darin u. a. *Von meinem Urgroßvater, meinem Großvater, meinem Vater und mir*), Muttergeschichten in *Ein Kapitel aus meinem Leben* (2004). H.s Mutter Litzy Kohlmann, eine Wienerin ungarischer Abstammung, und ihr Vater Georg Honigmann, der aus einer alten deutsch-jüdischen Familie kam, hatten in England die nationalsozialistischen Judenverfolgungen überlebt und sich als engagierte Kommunisten nach dem Krieg entschlossen, in der sowjetisch besetzten Zone in Ost-Berlin ein neues Leben zu beginnen.

Nach dem Studium der Theaterwissenschaft an der Humboldt-Universität in Berlin fand H. in den 70er Jahren als Dramaturgin und Theaterautorin u. a. an der Volksbühne und am Deutschen Theater in Ost-Berlin zu einer Gegenkultur gegen die offizielle DDR. Eine zunehmend kritische Sicht auf die DDR spielt in ihren Büchern eine nachhaltige Rolle: von ihrem ersten Prosatext an, dem *Roman von einem Kinde*, mit dem sie 1986 bekannt wurde, bis hin zu ihrem jüngsten Buch, *Bilder von A.* (2011).

Doch nicht nur das Theater, die Malerei und die Literatur waren Teile dieser Gegenkultur; hinzu kam als ein neuer und starker Vektor ihres Schreibens das Judentum, das in ihrer Familie ausgeblendet war: »Vom Judentum wurde nicht gesprochen, nur eben dass wir ›die Juden‹ und die anderen ›die Deutschen‹ waren, kein zivilisiertes Volk (im Gegensatz zu den Engländern)« (*Gräber in London*, 1994). Wenn das Judentum seit dem *Roman von einem Kinde* all Texte H.s begleitet, ja leitet, so hat es stets dieses revoltierende Moment des Widerständigen, Inkorrekten, des Aus-der-Norm-Fallens – und dies nicht nur gegenüber der antireligiösen sozialistischen Gesellschaft der DDR, sondern später auch gegenüber dem säkularen Selbstverständnis des Westens, dem sie ein religiöses Judentum entgegenstellt. Mit der Geburt ihres ersten Sohnes verstärkte sich H.s Wunsch, als Jüdin zu leben; sie trat der jüdischen Gemeinde in Ostberlin bei. Begründet hat sie diese Hinwendung zum Judentum und gleichermaßen zum Schreiben mit der Figur eines Neuanfangs. Von diesem Anfang um 1976 ist seit den Erzählungen *Roman von einem Kinde* die Rede, erneut in den Essays *Das Gesicht wiederfinden. Über Schreiben, Schriftsteller und Judentum* (2006). Dabei unterscheidet H. gewissermaßen zwischen zwei Leben: einem ersten als Theaterwissenschaftlerin, Dramaturgin und Regisseurin im Ost-Berlin der frühen 70er Jahre. Nach 1975 aber erfolgte ein »Aufbruch«, dem »Bewegungen und Erregungen« eines »Schöpfungsschubs« folgten, im Zuge dessen sie »bis dahin deutlich gezogene Grenzen« überschritt, gar »auf die Gefahr, auf völliges Unverständnis meiner Umgebung zu stoßen, mich deshalb zu isolieren, zu marginalisieren und mir dann vielleicht im Status des Unverstandenseins zu gefallen, der ja in der Idee vom Künstlertum noch immer mitschwingt«.

Dieser Wende zum Judentum und zum Schreiben verlieh H. zudem einen historisch-politischen Index: Gemeinsam mit ihrer Familie verließ sie 1984 die DDR, und zwar nicht etwa in Richtung »Westen«, BRD, sondern just jenseits der Grenze des deutschsprachigen Europa: ins elsässische Straßburg, wo sie sich einer großen jüdischen Gemeinde anschloss. In der Erzählung *Doppeltes Grab* (entstanden 1986) schildert H. ihre Begegnung mit dem jüdischen Gelehrten Gershom Scholem in Berlin, der ihr geraten hatte, Deutschland zu verlassen: »Hier kann man nichts mehr lernen, also hat es keinen Sinn zu bleiben, es ist viel zu schwer.« Auch diese Erkenntnis führte bei H. zu der Entscheidung, aus der DDR »in ein Land der Thorakenntnis« auszuwandern. Im *Roman von einem Kinde* spricht H. von dieser vielschichtigen Wende als von einem risikoreichen Sprung: »Hier bin ich gelandet vom dreifachen Todessprung ohne Netz: vom Osten in den Westen, von Deutschland nach Frankreich und aus der Assimilation mitten in das Thora-Judentum hinein«, so bündelt die Ich-Erzählerin in H.s autobiographischer Erzählung *Bonsoir, Madame Benhamou* (entstanden 1986) ihre Erfahrungen.

Das fortgesetzte Schreiben in deutscher Sprache als Jüdin in Frankreich bedeutete jedoch eine neue Form von Exterritorialität. H. macht sie in ihrer grundsätzlichen Ambivalenz mit dem Begriff der »negativen Symbiose« (D. Diner) verständlich, der das Verhältnis zwischen Juden und Deutschen nach dem Holocaust neu charakterisiert: »Es kommt mir manchmal vor, als wäre erst das jetzt die so oft beschworene deutsch-jüdische Symbiose, dieses Nicht-voneinander-loskommen-Können, weil die Deutschen und die Juden in Auschwitz ein Paar geworden sind, das auch der Tod nicht mehr trennt« (*Damals, dann, danach*). Die Emigration wird damit zur entscheidenden Bedingung eines selbstverständlichen jüdischen Lebens und Schreibens: »Hier, in Frankreich, geht mich alles viel weniger an, ich bin nur ein Zuschauer, ein Gast, eine Fremde. Das hat mich von der unerträglichen Nähe zu Deutschland befreit.« Die Distanz gegenüber dem realen Deutschland im Bann seiner Geschichte ermöglicht aber nicht nur ein selbstverständlicheres jüdisches Leben, sondern – scheinbar paradox – zugleich wieder ein unbefangeneres deutsches Schreiben, denn die Abgrenzung vom politischen geht einher mit der Annäherung an ein kulturelles Deutschland. Wenn sie wie ihr Urgroßvater, Großvater und Vater davon »träumt«, »in der deutschen Kultur ›zu Hause‹ zu sein«, dann freilich eben nicht im symbiotischen Sinne der Assimilation, sondern vielmehr ihrer Negation: Trennung vom Leben in Deutschland als Möglichkeitsbedingung des Schreibens: »Mein Schreiben war im Grunde genommen aus einer mehr oder weniger geglückten Trennung gekommen.« Die deutsche Gesellschaft ist damit nicht der gesicherte Ort eines neuen deutsch-jüdischen Schreibens; es steht dazu vielmehr in einem exterritorialen Verhältnis: ein Schreiben am Rand oder gar außerhalb Deutschlands im imaginären und symbolischen Raum einer sublimierten deutschen Kultur. Das bedeutet auch eine Ästhetisierung Deutschlands zum Land der Klassiker. »Ich bin auch eine Schriftstellerin, und es wird leicht gesagt, eine jüdische. Aber dessen bin ich mir nicht so sicher, denn all das, was ich da gesagt habe, macht mich ja noch nicht zu einer jüdischen

Schriftstellerin. Es macht, dass ich mich existenziell mehr zum Judentum als zum Deutschtum gehörig fühle, aber kulturell gehöre ich wohl doch zu Deutschland und sonst gar nichts. Es klingt paradox, aber ich bin eine deutsche Schriftstellerin, obwohl ich mich nicht als Deutsche fühle und nun auch schon seit Jahren nicht mehr in Deutschland lebe. Ich denke aber, der Schriftsteller ist das, was er schreibt, und er ist vor allem die Sprache, in der er schreibt. Ich schreibe nicht nur auf deutsch, sondern die Literatur, die mich geformt und gebildet hat, ist die deutsche Literatur, und ich beziehe mich auf sie, in allem was ich schreibe, auf Goethe, auf Kleist, auf Grimms Märchen und auf die deutsche Romantik.«

Das jüdische Schreiben in deutscher Sprache geht bei H. mit einem ästhetischen Diasporabegriff einher. Bewusst zwischen der deutschen, der jüdischen und der französischen Kultur sich verortend, interpretiert sie die Trennung von Land und Literatur als jüdisches Modell einer literarischen Existenz: »Ich begriff, dass Schreiben Getrenntsein heißt und dem Exil sehr ähnlich ist, und dass es in diesem Sinne vielleicht wahr ist, dass Schriftsteller sein und Jude sein sich ähnlich sind.« H. zitiert damit einen ästhetischen Begriff der Diaspora, wie ihn zuvor deutsch-jüdische Autoren von Heine bis Lion Feuchtwanger und Alfred Wolfenstein konstruiert haben: jüdische Literatur als Inbegriff einer nicht-nationengebundenen, kosmopolitischen Literatur. In der Exterritorialität gegenüber dem Land und der Gesellschaft wird die Sprache, die Literatur zur eigentlichen, ›jüdischen Heimat‹. Dennoch idealisiert H. diese Transkulturalität nicht, vielmehr zeigt sie auch deren Problematik auf, wie sie in dem Essay *Meine sefardischen Freundinnen* (entstanden 1998) beschreibt: »Meine ganze Existenz hat nie aufgehört, ein Leben zwischen hier und dort zu sein, eine Art Doppelleben, oder ein Zwiespalt zwischen meinem Jüdischsein hier und meiner Arbeit dort, in beidem fühle ich mich an beiden Orten jeweils nicht verstanden oder nicht einmal wahrgenommen, und eigentlich ist es sogar ein dreifaches Leben, wenigstens am Rande berühre ich ja drei Kulturen, die französische, die deutsche und die jüdische nämlich.« Ihre halb-autobiographischen Ich-Erzählerinnen sind als Jüdinnen Fremde im Geburtsland oder sie leben in der Fremde, in die es sie freiwillig oder gezwungenermaßen immer wieder verschlägt, wie zuletzt mit den Mitteln eines Stipendiums nach New York in *Das überirdische Licht – Rückkehr nach New York* (2008). »Fragte man mich, ob ich deutsch oder jüdisch sei, würde ich schon deshalb jüdisch sagen, um mich von den Deutschen abzugrenzen. Das deutsche Volk steht ja nicht infrage, der Begriff vom jüdischen Volk aber bleibt doch immer im Vagen und Ungewissen« (*Selbstportrait als Jüdin*, entstanden 1992).

Werke: Roman von einem Kinde, Hamburg u. a. 1986; Eine Liebe aus nichts, Berlin 1991; Soharas Reise, Berlin 1996; Damals, dann und danach, München 1999; Alles, alles Liebe! München 2000; Ein Kapitel aus meinem Leben, München 2004; Das Gesicht wiederfinden. Über Schreiben, Schriftsteller und Judentum, München 2006; Das überirdische Licht – Rückkehr nach New York, München 2008, Bilder von A., München 2011.

Literatur: G. Stern, B.H., in: Literarische Kultur im Exil, hg. G. Stern, Dresden 1998, 245–251; H. Schruff, Wechselwirkungen. Deutsch-Jüdische Identität in erzählender Prosa der ›Zweiten Generation‹, Hildesheim u. a. 2000; A. Kilcher, Exterritorialitäten. Zur kulturellen Selbstreflexion der aktuellen deutsch-jüdischen Literatur, in: S. Gilman, H. Steinecke (Hg.), Deutsch-jüdische Literatur der neunziger Jahre, Berlin 2002, 131–146; H.O. Horch, Rückkehr zur Tradition als Revolte: B.H. als deutsch-jüdische Schriftstellerin, in: Monatshefte für evangelische Kirchengeschichte des Rheinlandes, 53 (2004), 63–80; P. Fiero, Zwischen Enthüllen und Verstecken: eine Analyse von B.H.s Prosawerk, Tübingen 2008; A. Kuschel, Transitorische Identitäten: zur Identitätsproblematik in B.H.s Prosa, München 2010.

Andreas Kilcher

Jacob, Heinrich Eduard (Eric Jens Petersen)

Geb. 7.10.1889 in Berlin;
gest. 25.10.1967 in Salzburg

Obwohl J. einer Bildungsbürgerfamilie der alten deutsch-jüdischen Geisteswelt entsprungen und seine Lebensmaxime dem Talmud-Wort »Auf drei Dingen beruht die Welt: auf Wahrheit, auf Gerechtigkeit und auf Liebe« verpflichtet war, deutet in J.s frühem literarischem Schaffen nicht viel darauf hin, dass er sich in späteren Jahren sehr wohl mit dem Judentum, vor allem mit markanten jüdischen Persönlichkeiten auseinandersetzen würde. Die Eltern, Richard Jacob, Bankdirektor und Ägyptologe, aus Breslau stammend, und Martha, Tochter eines Rittergutsbesitzers aus Deutsch-Eglau, legten keinen besonderen Wert auf religiöse Inhalte in der Erziehung, sie zählten zur assimilierten und säkulari-

sierten jüdischen Gesellschaft. Zwar war sich J. einer inneren Synthese von Deutschtum und Judentum bewusst, doch wandte er sich zunächst der Kultur der deutschen Mehrheitsgesellschaft zu.

Seinen ersten öffentlichen literarischen Gehversuch unternahm er 1910 mit der Prosaskizze *Sommernacht* im »Neopathetischen Cabaret«, doch blieb er bis zu seinem Tode ein zweigleisig Schreibender: Schon während seines Studiums an der Berliner Universität betätigte sich J. – angeregt durch den dänischen Literaturhistoriker Georg Brandes – journalistisch. Seine erste Station war 1910 das Berlin-Charlottenburger Wochenblatt *Herold*. Beiträge lieferte er für *Die Schaubühne* und für Pfemferts *Aktion*, ebenso für Waldens *Sturm*. 1912 wurde er verantwortlicher Kulturredakteur des radikalen Berliner Wochenblattes *Deutsche Montags-Zeitung*. Ab 1922 trat er als Herausgeber der Avantgarde-Zeitschrift *Der Feuerreiter* hervor und gewann, mit Bert Brecht, Max Brod, Alfred Döblin, Robert Musil bis hin zu Arnold und Stefan Zweig, den innersten Kreis der literarischen Szene der Weimarer Republik zur Mitarbeit. Im *Feuerreiter* veröffentliche J. unmittelbar nach Franz Kafkas Tod den Beitrag *Kafka oder die Wahrhaftigkeit*, der als erste umfassende Würdigung des Werks des Prager Dichters erschien und literaturhistorischen Rang besitzt. Auch für die *Deutsch-Französische Rundschau*, das Organ der Deutsch-Französischen Gesellschaft, zeichnete J. als Herausgeber. Bald wurde Theodor Wolff auf die geschliffenen und mutigen Beiträge des jungen Journalisten aufmerksam und berief ihn im Oktober 1927 zum Chefkorrespondenten des *Berliner Tageblatts* nach Wien. In dieser Position blieb er bis zu Hitlers Machtantritt und brachte es auf fast 1000 Beiträge.

Von Wien aus erkannte J. das sich anbahnende Unheil in Österreich wie Deutschland und analysierte die Lage in messerscharfen Kommentaren und Leitartikeln. Schnell spürte er, dass das Gefühl der bürgerlichen Freiheit, das die junge Weimarer Republik den deutschen Juden vermittelte, suggestiven Charakter hatte. Ende 1929 veröffentlichte J. seinen Roman *Blut und Zelluloid*, in dem er das gefährliche Zusammenwirken von Politik und Film transparent machte. Hellsichtig beschrieb er den ideologischen Missbrauch des Mediums Film in der Nazizeit. Das Werk »gehört zu den besten Büchern des Genres ›Zeitroman‹« (Schütz).

Anlässlich des XI. Internationalen PEN-Kongresses 1933 in Ragusa stritt J. in vorderster Reihe gegen die nationalsozialistisch eingestellten Schriftsteller und trug damit zur Spaltung des österreichischen PEN bei. Während seiner anschließenden Bemühung – gemeinsam mit Raoul Auernheimer, Paul Frischauer u. a. –, die »Völkischen« zum Austritt aus dem PEN zu bewegen, kam es zur Kontroverse mit Stefan Zweig, der sich sehr zögerlich zeigte. Spätestens ab 1934, als J. in Wien die Gedenkrede für den verstorbenen Jakob Wassermann hielt und darin vehement gegen den Antisemitismus auftrat sowie »die bewahrenden Kräfte der Juden« hervorhob, stand er bei den Nationalsozialisten mit an vorderster Stelle der unliebsamen Personen. Es war nicht verwunderlich, dass J. unmittelbar nach dem »Anschluß« Österreichs festgenommen wurde. Am 1. April 1938 war er beim ersten Wiener Transport von Schutzhäftlingen, dem sogenannten »Prominentenzug«, in das Konzentrationslager Dachau dabei. Knapp fünf Monate später wurde er von dort aus nach Buchenwald überstellt. Als er dank der umsichtigen Intervention seiner damaligen Verlobten und späteren Ehefrau Dora Angel-Soyka und eines in Chicago lebenden Onkels im Februar 1939 Buchenwald verlassen konnte, war er fast nicht mehr zu erkennen. Die schrecklichen Erlebnisse in den Konzentrationslagern konnte J. nicht schreibend verarbeiten, der Schock über die Inhaftierung war zu stark und tief, er ging »an die Grenzen des Geistes« (Jean Améry). Kaum jemand in seiner Umgebung bemerkte, dass J. nur äußerlich ein »normales« Leben führte, denn fast niemand wusste, dass er mit seinen Erlebnissen in der Vergangenheit lebte.

Langsam erst erfasste J. im New Yorker Exil, was ihm als Deutschem und Juden angetan wurde. Um darüber zu berichten, wählte J. stellvertretend andere Personen: Heinrich Heine, Emma Lazarus und Felix Mendelssohn Bartholdy. Für die von Emil Ludwig und Henry B. Kranz herausgegebene Anthologie *The Torch of Freedom* schrieb J. über den »Fackelträger der Freiheit« Heine. Ebenso wie J. war auch Heine zu dieser Zeit (1943) »schon wieder« untragbar für Deutschland. Wie für sich selbst erkannte J. in Heine den Mittler zwischen den Völkern, den Anwalt der Humanität. Beide wurden nicht deshalb verfolgt, weil sie für die hehren Ziele von Freiheit, Gleichheit und Brüderlichkeit eintraten, sondern weil sie Juden waren. Der Heine-Essay ist J.s eigene Geschichte, er steht »für die Hiob-Erfahrung des ganzen jüdischen Volkes« (Isolde I. Mozer).

Durch Mascha Kalékos Vermittlung setzte sich J. mit Hannah Arendt, damals Lektorin des Schocken Verlags, in Verbindung, um sein Vorhaben, der amerikanischen Dichterin Emma Lazarus zum 100. Geburtstag (1949), aus deren Feder das Sonett im Sockel der New Yorker Freiheitsstatue stammt, mit einer Biographie zu gedenken. Auch hier wieder die Parallelität zu J.s Leben: Obwohl jüdischer Herkunft, spielte auch in Lazarus' Denken das Judentum zunächst keine größere Rolle. Das Bedürfnis, einer Gemeinschaft mit langer, aber leidvoller Geschichte anzugehören, wurde bei ihr erst wachgerufen, als nach der Ermordung Alexanders II. in Russland 1881 eine pogromartige Judenverfolgung einsetzte. Zum ersten Mal sah Lazarus verfolgte Menschen im Elend, und sie wurde zu einer Advokatin der Unterdrückten. Liebevoll zeichnete J. ihr literarisches und soziales Leben nach und verdeutlichte, wie ihr »jüdische Gedichte von fast biblischer Schönheit und Sprachkraft« (Richard van Dyck) zuströmten.

Auch das letzte des über drei Dutzend Bücher umfassenden Werkes J.s, der als Remigrant bereits wieder in Europa unterwegs war, war die Auseinandersetzung mit einem Menschen, dessen Musik durch Antisemitismus und Rassenwahn »ermordet« worden war: Felix Mendelssohn Bartholdy. J. brachte den Deutschen mit dieser Biographie (1959) gleichsam einen Komponisten zurück. Vor allem rechnete J. mit Mendelssohns Antipoden Richard Wagner ab, der nach Mendelssohns frühem Tod unter dem Pseudonym Karl Freigedank die Schrift *Das Judentum in der Musik* (1850) verfasste, eine Gründungsschrift der antisemitischen Kulturpolitik der Nationalsozialisten. J. sorgte für die Wiederherstellung des Mendelssohn-Bildes und erfüllte damit eine Mission: an die zu erinnern, deren Name »ausgemerzt«, die in eine »unnatürliche Vergessenheit« gestoßen wurden.

Werke: Blut und Zelluloid, Berlin 1929 [1930]; Heinrich Heine, in: The Torch of Freedom, hg. E. Ludwig u. a., New York 1943, 147–166; The World of Emma Lazarus, New York 1949; Felix Mendelssohn und seine Zeit, Frankfurt a. M. 1959.
Literatur: H.J. Schütz, H.E.J., in: ders., ›Ein deutscher Dichter bin ich einst gewesen‹, München 1988, 129–134; H.J. Gerlach, H.E.J.: Between Two Worlds/Zwischen zwei Welten, Aachen 1997; H.J. Gerlach, H.E.J., in: Deutschsprachige Exilliteratur seit 1933, hg. J. Spalek u. a., Bd. 3.1, München 2000, 215–257.

Hans Jörgen Gerlach

Jacobowski, Ludwig

Geb. 21.1.1868 in Posen;
gest. 2.12.1900 in Berlin

J. war der Sohn eines jüdischen Kaufmanns aus Strelno in Posen. Die Familie ging 1874 nach Berlin. Der durch Augenleiden und Sprachfehler behinderte J. verlor früh seine Eltern und wandte sein Interesse der Literatur und Geschichte zu.

Nach dem Studium der Philosophie und Geschichte promovierte er in Freiburg über Klinger und Shakespeare. Zu Lebzeiten vielbeachtet, heute aber fast vollständig vergessen, hat sich J. in zahlreichen literarischen, essayistischen und feuilletonistischen Werken mit der Frage jüdischen Lebens und jüdischer Kultur befasst. Erfolgreich war er in erster Linie als Kulturmanager und Herausgeber überaus auflagenstarker Anthologien und Zeitschriften. Unter anderem war er Mitbegründer der Zeitschrift *Der Zeitgenosse* und Chefredakteur der *Gesellschaft*, in der eine heftige Antisemitismus-Debatte geführt wurde.

Mit seinem Roman *Werther, der Jude*, der 1892 erstmals erschien, zahlreiche Auflagen und Übersetzungen beispielsweise ins Französische und Jiddische erlebte, schaffte J. eine ungewöhnliche, wenn auch literarisch nicht immer überzeugende Variante der Werther-Tradition. Held des Romans und Alter Ego des Autors ist der Bankierssohn Leo Wolff, der ein ausgesprochen ambivalentes Verhältnis zum Judentum hat. Als überaus träumerischer und sensibler Student wird er einerseits Opfer antisemitischer Übergriffe des jungen Berliner Pöbels; andererseits keimt in ihm Hass gegen den Typus des skrupellos auf Geschäftserfolg erpichten Juden auf, der durch seinen Vater repräsentiert wird. Im Roman entwirft J. als glühender Verfechter eines neuen jüdischen Selbstverständnisses ein Zweigenerationenmodell, in dem die jungen Juden eine Besserung des untragbaren Zustands herbeiführen sollen, den die schuldhafte ältere (ost-)jüdische Generation – die schon rein äußerlich stereotyp als unsympathisch dargestellt wird – verursacht hat. Einen idealisierten Lösungsansatz, der auch in J.s frühen politischen Schriften seinen Niederschlag findet, stellt die ethische Reform dieser jüngeren jüdischen Generation dar. Im Roman wird die Assimilation mit dem deutschen Bürgertum, das teils antisemitische Tendenzen zeigt, als Gegenentwurf vorgeschlagen. Der in moralisch-sexueller Hinsicht freisinnige Leo, der die junge christliche Helene (Gretchen) heiraten will, scheitert an der gesellschaftlichen Struktur, die die junge jüdische Generation im wilhelminischen Reich vorfand. So wird Leo, der auch Tendenzen zum jüdischen Selbsthass zeigt, wie Werther in den Selbstmord getrieben. Als differenzierte psychologische Darstellung eines nervösen und sensiblen Charakters ist der Roman ein typisches Werk der Jahrhundertwende.

In ebenso pathetischen wie ironisch-sarkastischen Schriften wie *Offene Antwort eines Juden auf Herrn Ahlwardts »Der Eid eines Juden«* (1891) oder *Der Juden Anteil am Verbrechen* (1892) stellt sich der erst 23-jährige J. gegen die »trüben Sturzwellen des Antisemitismus«, indem er systematisch die »Hohlheit der patriotistischen Phrase« demontiert. J.s Hoffnung richtet sich auf den toleranten, freien und fortschrittlichen deutschen Geist und auf junge Juden, die »in sich und an sich arbeiten«, »um ehrlich, echt und warm theilzunehmen an der [...] Fortentwicklung des deutschen Volkes«. Der Versuch, eine gemeinsame Plattform für die Ideologien des Deutschtums und des Judentums zu finden, brachten J. sogar dazu, anhand einer empirischen Untersuchung zu beweisen, dass der prozentuale Anteil der Juden an aufgeklärten Straftaten geringer war als der von Nichtjuden.

In den letzten Lebensjahren wurde J. vor allem durch Samuel Lublinski mit der Idee des Zionismus vertraut gemacht. Wie der noch unveröffentlichte Briefwechsel beider zeigt, konnte sich J. nicht so recht dafür erwärmen. Er sah seine geistige Heimat (und die der Berliner Juden überhaupt) zu sehr in der deutschen Kultur und Literatur verwurzelt. So distanziert sich J. in einem Brief vom 26. Juli 1900, wenige Monate vor seinem frühen Tod, vom Zionismus, indem er Lublinski empfiehlt, »die deutsche Kultur noch in ihren Tiefen erkennen und lieben [zu] lernen«. Insgesamt zeigt sich am Ende einer zehnjährigen enthusiastisch-kämpferischen Auseinandersetzung mit dem Antisemitismus bei J. doch eine gewisse Resignation und Schwermut, die sicher auch bedingt war durch seine schwache Gesundheit. Er starb 32jährig an einer durch Typhus verursachten Hirnhautentzündung.

Werke: Gesammelte Werke in einem Band. Jubiläumsausgabe zum 100. Todestag. Romane, Erzählungen, Lyrik, Dramatik, kritische, essayistische und poetologische Schriften, hg. u. Nachw. A. Müller, M. Schardt, Oldenburg 1999.
Literatur: F.B. Stern, L.J. Persönlichkeit und Werk eines Dichters, Darmstadt 1966.

Michael Schardt

Jacobsohn, Siegfried

Geb. 28.1.1881 in Berlin;
gest. 3.12.1926 in Berlin

Wie viele jüdische Intellektuelle um 1900 verstand sich J. selbstbewusst als Repräsentant einer von Juden maßgeblich mitgeprägten deutschsprachigen Kultur. Deren gleichsam paradigmatische Erscheinung war für ihn der Schauspieler, Regisseur und Theaterleiter Max Reinhardt, über den J. 1910 als erster eine Monographie – eine Sammlung von Kritiken – veröffentlichte, ohne freilich dessen jüdische Herkunft hervorzuheben. Ein 1920 projektiertes Buch für den Welt-Verlag, das den Titel *Die Juden auf der deutschen Bühne* tragen und u. a. Beiträge von Karl Kraus und Fritz Mauthner enthalten sollte, wurde von J. dagegen aus ungeklärten Gründen nie fertiggestellt. 1928, nach J.s Tod, hat Arnold Zweig einen gleichlautenden Titel mit der gedruckten Widmung »In memoriam Siegfried Jacobsohn« herausgebracht; im Unterschied zu J.s Konzeption eines Sammelbandes veröffentlichte Zweig jedoch eine ausschließlich von ihm selbst verfasste monographische Abhandlung. Wie J.s Buch im Welt-Verlag, so blieben auch Beiträge, die J. 1917 Martin Buber in unveröffentlichten Briefen für dessen Zeitschrift *Der Jude* in Aussicht gestellt hatte, nicht realisierte Vorhaben.

Als Redakteur und Herausgeber der 1905 gegründeten Zeitschrift *Die Schaubühne*, die 1918 in *Die Weltbühne* umbenannt wurde, öffnete J. sein Blatt 1913, im Jahr der beginnenden Mitarbeit von Kurt Tucholsky, politischen Themen. Von nun an druckte er, wenn auch nicht in apologetischer Absicht, gelegentlich Beiträge ab, die sich mit jüdischen Fragen beschäftigten. Bei der Behandlung jüdischer Themen gab J., der seine Zeitschrift als Diskussionsforum verstand, sowohl Autoren Raum, die eine kulturelle jüdische Identität hervorhoben und mit dem Zionismus sympathisierten (z.B. Max Epstein und Arnold Zweig), als auch entschiedenen Kritikern solcher Positionen (unter ihnen Julius Bab und Ludwig Marcuse). Alle Mitarbeiter J.s jedoch verband die strikte Ablehnung des Antisemitismus. Er selbst kritisierte in seiner nach dem Vorbild der *Fackel* von Karl Kraus geschaffenen Rubrik *Antworten* jüdische Journalisten, die für antisemitische Zeitungen oder Zeitschriften schrieben, und jüdische Organisationen wie den »Verband national-deutscher Juden«, die vor einer Zusammenarbeit mit antisemitischen Vereinigungen nicht zurückschreckten. Scharf attackierte er sie als das »verächtlichste Pack unter der Sonne« (*Briefe an Kurt Tucholsky*). Konsequenterweise begegnete er auch dem jüdischen Selbsthass mit gleicher Kritik: »Nichts kläglicher als diese braven Knaben, die ewig dafür um Entschuldigung bitten, daß sie geboren und beschnitten sind« (*Die Weltbühne*, 16. 11. 1926). Zwar wurde Theodor Lessings vehementer Angriff auf Samuel Lublinski, dem J. 1910 in seiner Zeitschrift Raum gab (*Die Weltbühne*, 20.1.1910), von Zeitgenossen wie Thomas Mann als jüdischer Selbsthass verbucht (*Literarisches Echo*, 1.3.1910), plausibler erscheint es heute indes, sie als Parteinahme für die »ostjüdischen Parias« (Marwedel) und zugleich als Auftakt der Kritik einer um jeden Preis angestrebten jüdischen Assimilation (Nickel) zu betrachten, die J. dann in der Weimarer Republik vehement formuliert hat.

Werke: Die Schaubühne 1905–1918 (Repr. 14 Bde., Königstein/Ts. 1980); Die Weltbühne 1918–1933 (Repr. 16 Bde., Königstein/Ts. 1978); Max Reinhardt, Berlin 1910; Briefe an K. Tucholsky 1915–1926, hg. R.v. Soldenhoff, Hamburg 1989; Gesammelte Schriften, hg. G. Nickel u.a., 5 Bde., Göttingen 2005.
Literatur: A. Enseling, Die Weltbühne, Münster 1962; W.B. van der Grijn Santen, Die Weltbühne und das Judentum, Königstein 1994; S. Brauer, »Ihr seid, liebe Juden, (als solche) verdammt uninteressant«, in: Kurt Tucholsky und das Judentum, hg. M. Hepp, Oldenburg 1996, 93–112; G. Nickel, Die Schaubühne – Die Weltbühne. S.J.s Wochenschrift und ihr ästhetisches Programm, Opladen 1996.

Gunther Nickel

Janowitz, Franz

Geb. 28.7.1892 in Poděbrady;
gest. 4.11.1917 in Unter-Breth

»Ich bin überzeugt, daß er sich zu einem der größten Dichter unserer Zeit entwickelt hätte, hätte ihn nicht [...] ein früher Tod zu Boden geworfen«, urteilte M. Brod über den »naiv-rustikalen, kosmisch-trunkenen Lyriker« J. und war sich hierin

ausnahmsweise einmal einig mit K. Kraus, der unter den Prager deutschen Dichtern überhaupt nur diesen einen gelten ließ und in seinem Nachruf schrieb, es genüge, dass »ein Mensch so echter Art« gelebt habe, »um es mit einer ganzen Richtung von Betrügern und Naturverrätern aufzunehmen«. Für Kraus, dessen erste Prager Vorlesungen J. zusammen mit seinem Freund W. Haas organisiert hatte, war es denn auch eine Herzensangelegenheit, postum die Lyriksammlung *Auf der Erde* (1919) herauszugeben, nachdem die impressionistisch-symbolistischen und frühexpressionistischen Verse zuvor nur vereinzelt erschienen waren, in den Prager *Herder-Blättern* (1911) oder Brods Jahrbuch *Arkadia* (1913). Weitere Nachlasstexte brachte zwischen 1920 und 1928 noch der Innsbrucker *Brenner*, aber erst 1992 kam es zu einer kritisch kommentierten Ausgabe des erhaltenen Gesamtwerks. Sie bezeugt, dass J. neben Rilke und Werfel tatsächlich eine der stärksten lyrischen Begabungen der Prager deutschen Literatur war, in seiner antizipierenden Stellung zwischen Tradition und Moderne vergleichbar mit G. Trakl, zudem aber auch ein eigenwilliger philosophischer Denker in der Nachfolge O. Weiningers, über den er eine Dissertation plante, die ebenso wie vieles andere Fragment blieb.

Bestimmend für den Sohn eines deutsch-jüdischen Fabrikanten war sein unbeschwertes und naturnahes Heranwachsen in der ländlichen Kleinstadt Poděbrady an der Elbe unweit von Prag. Die als Verlust erfahrene Entfernung vom Kindheitsparadies, erst durch die Schulzeit am Prager Grabengymnasium, dann durch das Studium der Chemie in Leipzig (1911/12) und das der Philosophie in Wien (1912/13), ließ ihn zum Dichter werden, der sich fortan bemühte, die einst unmittelbar erlebte Harmonie der Natur wenigstens imaginativ zu retten, indem er sie in die Harmonie der Sprache übersetzte. Die Herkunft aus einem durch die tschechische Landbevölkerung katholisch geprägten Milieu und die eher indifferente religiöse Erziehung im assimilierten Elternhaus erklären auch, weshalb es J. nie zu einer Auseinandersetzung mit seinem Judentum drängte und seine Metaphorik im Gegenteil oft sogar christlich inspiriert scheint. Von einer innerlichen Konversion (wie sie Ludwig von Ficker wahrhaben wollte und im *Brenner* durch die Konfrontation mit Texten von Paula Schlier oder Hildegard Jone nahelegte) kann indes nicht die Rede sein; eine christliche Heilsgewissheit äußert sich in den naturmagischen Versen von J. ebenso wenig wie ein jüdischer Mystizismus. Stattdessen sind sie durchseelt von pantheistischen Visionen, von einem aus unmittelbarer Ich-Erfahrung ins Transzendente erhobenen Wissen um eine ursprüngliche, schuldhaft verlorene und dermaleinst wiederkehrende Weltharmonie. Diese Sehnsucht nach einer Rückkehr zum reinen Ursprung von Natur und Sprache verband ihn mit Kraus; dem »jüdischen Selbsthaß« des väterlichen Freundes (wie auch Weiningers) folgte er jedoch nicht. Verstärkt wurde diese überkonfessionelle Haltung durch die kulturell zerstrittene Situation in Prag, wo J. zum Freundeskreis um Werfel und Haas gehörte, den von Kraus verspotteten »Arconauten« (nach ihrem Treffpunkt im »Café Arco«). Wie diese träumte er von der *Weltverwandtschaft* und rief die Utopie einer brüderlichen Gesellschaft aus, in der nationale, soziale und auch religiöse Unterschiede keine Rolle mehr spielen: »Vertausendfacht liegt in der Welt,/ Was dich und mich zusammenhält./ Und Lust und Leid von tausend Ich/ Umfaßt mein Herz, infaßt es dich.«

Der unzerstörbare Glaube an eine höhere, transzendente Wirklichkeit, in der einst alles Leid wieder aufgehoben sein wird, bewahrte J. auch davor, im Krieg zu verzweifeln, den er nach seiner Zeit als Einjährig-Freiwilliger (Bozen 1913/14) in Galizien (1914) und an der Südtiroler Alpenfront (1915/16, 1917) durchlitt. Doch blieb sein Denken und Dichten nicht unberührt von den neuen Erfahrungen. War das bisherige Werk gekennzeichnet durch Kindheitsreminiszenzen, Evokationen paradiesischer Gegenwelten oder Brüderlichkeitsvisionen, so trat nun eine immer unabweislichere Sprachskepsis hinzu (»Nahe kommt/ dem Wort, um das die Welt sich dreht, nur Schweigen«), und viele der Kriegsgedichte wurden von düsterer Schwermut überschattet, bis hin zu Todessehnsüchten und Bildern des Grauens (*Das tote Reh*: »Und wo einst der Ton des Waldes war,/ In den Ohren weiden die Fliegen«). In einem – wenn man so will, ›jüdischen‹ – Gedicht wie *Noah* lässt J. den alttestamentlichen Patriarchen gar den eigenen Tod und damit das Ende der ganzen schuldbeladenen Menschheit fordern: »Die Arche fort! Und unbewegter Geist/ schweb' über Wassern wie am ersten Tage!« Den Krieg selbst hat J. nur selten thematisiert, ganz dezidiert in dem sarkastischen Prosa-Pamphlet *Das Reglement des Teufels*, das den Krieg mitsamt den vaterländischen Rechtfertigungsphrasen ohne jede Einschränkung als mörderischen Teufelsdienst entlarvt.

Todesahnungen erfüllten sich, als J. am 24. Oktober 1917 beim Sturmangriff auf die italienischen Stellungen am Monte Rombon eine Brustwunde erlitt, der er wenige Tage darauf in einem Militärspital erlag. Für die Angabe, er sei vor seinem Tod noch zum römisch-katholischen Glauben übergetreten, gibt es keinen sicheren Beweis. Es wäre eine geistige Verengung gewesen, von der das auf universalistische Aussagen gerichtete Werk dieses vor der Zeit gefallenen Dichters nichts weiß.

Werke: Auf der Erde. Gedichte, München 1919; Auf der Erde und andere Dichtungen. Werke, Briefe, Dokumente, mit einem Anhang, hg. D. Sudhoff, Innsbruck 1992.
Literatur: Ch. Ulmer, F.J., Innsbruck 1970; D. Sudhoff, Der Dichter des Tages oder Die Last der Welt. Über Leben und Werk von F.J., in: Expressionismus in Österreich, hg. K. Amann u. a., Wien u. a. 1994, 253–274; D. Sudhoff, F.J. und Willy Haas, in: Von Franzos zu Canetti. Jüdische Autoren aus Österreich. Neue Studien, hg. M.H. Gelber u. a., Tübingen 1996, 59–90.

Dieter Sudhoff

Jellinek, Oskar

Geb. 22.1.1886 in Brünn (Mähren);
gest. 12.10.1949 in Hollywood

In seinem Buch *Der Sohn* (1928) erzählt J. die Leidensgeschichte des Richard Maria Gabriel, Spross der illegitimen Verbindung einer jüdischen

Gastwirtin und eines geistlichen Herren. Er wird katholisch erzogen, studiert dann auch noch Theologie und endet durch Selbstmord. Die Erzählung hat zu der Missdeutung Anlass gegeben, J., der hier das den Zeitgenossen geläufige Schicksal Otto Weiningers (1880–1903) in einen realen sozialen Kontext übersetzt, sei selber entweder zum Katholizismus konvertiert oder bestreite umgekehrt jedwede Möglichkeit jüdischer Assimilation. In Wahrheit hat J. sein »mosaisches Bekenntnis« nie aufgegeben und war zugleich von der Möglichkeit und Wirklichkeit der Integration der verschiedenen Religionen und Nationalitäten im alten Österreich der durch das Staatsgrundgesetz von 1867 reformierten Habsburgermonarchie überzeugt. Der große Vorzug dieses Staates bestand für J. darin, dass er kein Nationalstaat war. J., im Ersten Weltkrieg Artillerie-Offizier an der Isonzo-Front, entwirft ein Bild anscheinend geglückter Integration anhand des Offiziers-Korps einer Artillerie-Abteilung in seiner Erzählung *Valnocha, der Koch* (1930): Der Kommandant aus altem österreichischen Adel, der tschechische und der alpenösterreichische Berufsoffizier, sie rücken zusammen mit den jüdischen Reserveoffizieren (der eine naturwissenschaftlich-geschäftlich, der andere schöngeistig-akademisch orientiert) zum Herbstmanöver aus. Jeder von ihnen bewahrt seine unverkennbare Identität, und doch wirken sie sinnvoll zusammen. Was jedoch als ein heiterer Auszug aus dem Mief des Kasernenalltags beginnt, endet tragisch im gemeinsamen Sterben – vergiftet vom Koch, Wahnsinnstat eines vom Leben Benachteiligten. Durch einen Zufall, der auf Kommendes vorausdeutet, überlebt nur der rücksichtsloseste und geistloseste der Offiziere, dem das Attentat Valnochas eigentlich galt. Für J., der, wiewohl aus begüterter, in Brünn hochangesehener Familie stammend, politisch mit der Sozialdemokratie sympathisierte, zerbrach die im alten Österreich erreichte Integration an den fehlenden sozialen Grundlagen: Die Integration blieb auf eine schmale Schicht beschränkt.

J. hatte in Wien Jus studiert; sein erstes, noch in seiner Studienzeit 1908 publiziertes Buch zeugt von seiner Begeisterung für das Wiener Burgtheater, den Inbegriff österreichischer Kultur. Die besondere Faszination, die das Theater auf die bildungsbürgerlichen Schichten (und ganz besonders auf deren jüdische Angehörige) Wiens und der städtischen Zentren der Kronländer bis hin nach Czernowitz ausübte, resultierte wohl aus der schimärischen Öffentlichkeit, an der es das sich sonst von politischen Entscheidungsprozessen eher ausgeschlossen fühlende Publikum beteiligte. J., der zunächst als Richter in Wien-Brigittenau, dann als freier Schriftsteller weiter in Wien lebte, stand dieser Faszination späterhin kritischer gegenüber: Er bejahte, freilich mit zwiespältigem Gefühl, die 1918 entstandene Republik, wenn diese auch durch ihre äußeren Grenzen den sich nach Böhmen und Mähren, in die ungarische Tiefebene und in den slowenischen Karst ausreckenden Erzählraum J.s grausam zerschnitt. Mit seiner Frau gehörte er der 1921 in Wien gegründeten freidenkerischen »Ethischen Gemeinde« an, in der die Tradition der österreichischen Sozialreform der 1890er Jahre (Friedrich Jodl, Josef Popper-Lynkeus, Moritz Hartmann) weitergeführt, der Rationalität der Aufklärung eine humane sittliche Haltung zugrunde gelegt werden sollte.

J., der »für die, die ohne Stimme sind« (Theodor Kramer) schrieb, die Bettelkinder, Arbeitslosen, unehelichen Mütter in seiner *Dichtung Armenkanzlei* einlud, um ihnen wenigstens da Gerechtigkeit zu schaffen, wurde durch die Jubelstimmung in den Tagen des »Anschlusses« und die folgenden pogromartigen Ausschreitungen in seinem Vertrauen zu seinem Land zutiefst erschüttert: »Es ist immer der höchste Wunsch meines Lebens gewesen«, schrieb er am 20. 12. 1942 in sein Tagebuch, »meine Werke zuvorderst in jenen Händen zu sehen, aus denen ich sie empfangen habe, und von jenem Klang jene Herzen ergriffen zu wissen, aus denen er mir erklungen ist. Aber was für Hände sind das geworden und was für Herzen?« Ihm gelang zwar im August 1938 die Flucht nach Brünn, 1939 nach Frankreich und 1940 (mit Unterstützung der New Yorker »Ethical Society«) in die USA, aber den großen Roman (dem Umfang nach sein bedeutendstes Erzählwerk) *Das Dorf des 13. März*, in dem er den »Anschluß« zu bewältigen versuchte, konnte er gegen seine eigenen inneren Widerstände nicht vollenden. Die Grundidee war, dass in einem von Lawinen abgeschnittenen Dorf in den Tiroler Alpen die von Bundeskanzler Kurt von Schuschnigg angekündigte Volksabstimmung über die Zukunft Österreichs tatsächlich stattfinde und mit einer Ablehnung des »Anschlusses« ende. So verstummte J. in der Zeit des Exils, lebte von Unterstützungen und der Arbeit seiner Frau, litt bitteres Heimweh und hinterließ, sein Resümee aus der »Dialektik der Aufklärung« ziehend, das Motto: »Nicht Begriffsmenschen brauchen wir, sondern Menschenbegreifer.«

Werke: Das Burgtheater eines Zwanzigjährigen, Wien 1907; Der Bauernrichter, Leipzig 1925; Die Mutter der Neun, Wien 1926; Der Sohn, Wien 1928; Das ganze Dorf war in Aufruhr. Erzählungen, Wien 1930; Die Seherin von Daroschitz, Wien 1933; Die Geistes- und Lebenstragödie der Enkel Goethes, Zürich 1938; Gesammelte Novellen, Wien 1950; Gedichte und kleine Erzählungen, Wien 1953; Raacher Silberfeier, Wien 1988.
Literatur: K. Kreji, O.J. Leben und Werk, Brno 1967; R. Thieberger, O.J., in: Jahrbuch der Deutschen Schiller-Gesellschaft 17 (1973), 94–114; I. Runggaldier-Moroder, O.J.s »Das Dorf des 13. März«, in: Mit der Ziehharmonika 9 (1992), 11–14; G.M. Weigl, Ein Richter als Dichter. Recht und Gerechtigkeit im Werk O.J.s, Wien 1993.

Konstantin Kaiser

Jokl, Anna Maria (Andrea Prag, Moidi)

Geb. 23.1.1911 in Wien;
gest. 21.1.2001 in Jerusalem

Ihre Kindheit und Jugend verbrachte J. in Wien, abgesehen von einem längeren Aufenthalt bei den jüdisch-orthodoxen Großeltern in Breslau nach dem Tod des Vaters im Jahr 1923. Obwohl die Mutter sich im Jüdischen Frauenverein engagierte, war ihr Elternhaus nicht sehr religiös eingestellt. 1928 zog J. zu ihrer Mutter und deren zweitem Mann nach Berlin. Dort absolvierte sie an der Piscator-Schule eine Ausbildung als Rezitatorin. In Berlin lernte sie Bertolt Brecht, Hanns Eisler, Béla Balázs und László Moholy-Nagy kennen. Sie war Sprecherin beim Deutschlandsender, Dramaturgin bei der UFA und verfasste Hörspiele und Drehbücher für den Rundfunk (u.a. über China und die Hexenprozesse). Ihr Drehbuch *Tratsch* wurde 1932 verfilmt und kam 1933 in die Kinos; ihr Name durfte aber nicht mehr genannt werden.

1933 floh sie nach Prag und wurde Mitglied des von F.C. Weiskopf und Wieland Herzfelde gegründeten Bert Brecht Clubs. Sie verfasste Artikel für die *Arbeiter Illustrierte Zeitung*, das *Prager Tagblatt* und den *Prager Börsenkurier* und beteiligte sich aktiv an den kulturellen und politischen Tätigkeiten der deutschsprachigen Emigranten. 1939 konnte sie mithilfe des Czech Refugee Trust Fund (CRTF) und des P.E.N.-Clubs über Polen nach England fliehen. In London engagierte sie sich zunächst für die Errichtung eines Flüchtlingskinderheims. 1942 kam es zu Streitigkeiten mit dem CRTF, außerdem wurde sie der Spionage verdächtigt und geriet dadurch in Konflikt mit Scotland Yard. Durch Vermittlung Oskar Kokoschkas verfasste sie Texte für die Revuen des Freien Deutschen Kulturbundes. 1945 begann sie eine psychoanalytische Ausbildung in London, die sie seit 1948 am neugegründeten Institut für analytische Psychologie bei C.G. Jung fortführte. Diese lang ersehnte Begegnung mit Jung verlief für J. enttäuschend; die Abschlussprüfung bestand sie nicht. 1950 kam sie auf Einladung des Kultusministeriums der DDR nach Ostberlin, um an der Verfilmung ihres Kinderromans *Die Perlmutterfarbe* (1948) mitzuwirken. Aus nicht geklärten Gründen wurde sie nach zwei Monaten ausgewiesen. J. lebte seitdem in Westberlin und war dort als Publizistin und Psychotherapeutin tätig. Sie nahm aktiv am jüdischen Gemeindeleben teil und war Mitglied des Rundfunkrates des Sender Freies Berlin, für den sie ein jüdisches Programm konzipierte. Als Psychotherapeutin kooperierte sie mit dem Jüdischen Krankenhaus Berlin, eine Anerkennung durch die Gesellschaft für Psychotherapie und Tiefenpsychologie blieb ihr allerdings versagt. Nach dem Zerwürfnis mit der jüdischen Gemeinde und zermürbt von Verleumdungen, angeblich kommunistische Spionin zu sein, bemühte J. sich um ein neues Tätigkeitsfeld und entschloss sich 1965 zur Emigration nach Israel. Sie lebte bis zu ihrem Tod in Jerusalem, pflegte Kontakte zur deutschsprachigen Gemeinde und kooperierte seit den 1990er Jahren mit dem Jüdischen Verlag (Frankfurt), bei dem ihr Spätwerk und Neuausgaben von zwei Exilromanen erschienen. Als späte Anerkennung für ihr Gesamtwerk erhielt J. 1995 den Hans-Erich-Nossack-Preis.

Aufgrund ihrer häufigen Ortswechsel, ihrer Exilsituation und den damit verbundenen eingeschränkten Publikationsmöglichkeiten sind viele Werke J.s entweder gar nicht oder mit zeitlicher Verzögerung veröffentlicht worden. Erste Kurzprosatexte erschienen in den 30er Jahren, die u.a. in der *Vossischen Zeitung* abgedruckt wurden. Diese Texte, wie etwa *Der Tierbändiger* (1931) oder *Der Fremde* (1933) sind erkennbar von Franz Kafka inspiriert. Im Exil verfasste sie ein Sachbilderbuch über Zucker (*Das süße Abenteuer*, 1937), eine bislang nicht ins Deutsche übersetzte Abhandlung über die ästhetischen Prinzipien des Films, den Schülerroman *Die Perlmutterfarbe*, den autobiographisch inspirierten Kinderroman *Basilius Knox* (tschech. 1937; dt. 1948) und zwei phantastische Erzählungen für Kinder, die 1950 unter dem Titel *Die verzeichneten Tiere* veröffentlicht wurden. Während das Sachbilderbuch eine Auftragsarbeit der Zuckerindustrie war, ist der Essay über den Film durch die intensive Beschäftigung mit den filmtheoretischen Schriften von Béla Balázs entstanden. Der Roman *Basilius Knox*, der in der Nachkriegszeit 1949 in Österreich, der Schweiz und der DDR in parallelen Ausgaben herausgegeben wurde, ist ein doppelt adressierter Roman, in dessen Mittelpunkt ein vereinsamter Wissenschaftler steht, der in Unkenntnis über die zeitgenössische Entwicklung der Physik deren Errungenschaften noch einmal erfindet und am Ende von zwei Kindern wieder in die Gemeinschaft zurückgeführt wird. J. hat der Hauptfigur eigene Züge verliehen: Die Begeisterung für Zahlen und die »Wunder« der Physik, die Experimentierfreude und die zunehmende Vereinsamung infolge von Flucht und Exil sind Eigenschaften, die J. mit Basilius Knox teilt.

In der Nachkriegszeit hatte sie zunächst einen überraschenden Erfolg mit ihrem 1937 im Prager Exil verfassten Kinderroman *Die Perlmutterfarbe*, der 1948 bei einem Ostberliner Verlag veröffentlicht wurde und laut einer Bibliotheksstatistik zu den meistausgeliehenen Büchern in der DDR gehörte. Der Roman sollte in mehrere osteuropäische Sprachen übersetzt und 1950 von dem DEFA-Regisseur Frank Beyer verfilmt werden, doch alle diesbezüglichen Aktivitäten wurden gestoppt, weil J. noch im selben Jahr als persona non grata aus der DDR ausgewiesen wurde. Der nicht mehr weiter aufgelegte Roman geriet in Vergessenheit und wurde erst durch die Publikation im Jüdischen Verlag 1992 wiederentdeckt. Durch die Aufnahme dieses Werkes in die ZEIT-Schülerbibliothek (2002) und die erfolgreiche Verfilmung durch Marcus Rosenmüller (2008) wurde *Die Perlmutterfarbe* neuerdings einem breiten Publikum bekannt. In diesem Schülerroman entwirft J. eine Parabel auf die Geschichte Deutschlands nach der Machtergreifung Hitlers. Sie zeigt im Mikrokosmos einer Realschule, wie Machtanspruch, Egoismus, Feigheit und Opportunismus dazu führen, dass ein Klima der Gewalt und Angst geschaffen wird, was schließlich den erbitterten Kampf zwischen zwei Schulklassen auslöst. Obwohl die Begriffe Faschismus und Nationalsozialismus im Roman nicht vorkommen, sind die Analogien zur politischen Situation in Deutschland offensichtlich. Vergleichbar mit Erich Kästner entwickelte J. in diesem Roman eine Utopie: Einige Schüler, die eine Art Widerstandsgruppe gebildet haben, initiieren am Ende ein Schülergericht und treffen selbstständig ein Urteil über die Unruhestifter. Außerdem legen sie Regeln für den zukünftigen Umgang beider Schulklassen fest. Der Appell an Zivilcourage und Mitmenschlichkeit schließt dabei nicht nur die Kinder, sondern auch die Erwachsenen ein, worauf bereits der Untertitel des Romans »Ein Kinderroman für fast alle Leute« hindeutet. Eine jüdische Thematik wird in diesem Roman nicht explizit angesprochen, ist aber subtextuell durch das Leitmotiv der »Gerechtigkeit« und der »Gemeinschaft der Gerechten« vorhanden. In dem der Neuausgabe hinzugefügten Vorwort, das über die wechselvolle Entstehungs- und Rezeptionsgeschichte des Romans informiert, gibt sich J. zudem als jüdische Autorin zu erkennen.

Zur Auseinandersetzung mit dem Judentum kam sie durch mehrere persönliche Begegnungen (u.a. mit Ottla Kafka, Gershom Scholem und Martin Buber) und durch die gegen sie gerichteten antisemitischen Ressentiments am C.G. Jung-Institut und ihre Berufstätigkeit als Psychotherapeutin. Eine wichtige Rolle nahm dabei die Freundschaft mit Kafkas Schwester Ottla ein, die J. durch die Vermittlung Dora Diamants kennenlernte. J. verfasste über sie das Prosastück *Stein auf ein unbekanntes Grab* (1969 in der FAZ) und setzte ihr später in *Essenzen* (1993) ein literarisches Denkmal. Obwohl J. in ihren autobiographischen Schriften, von denen die Auswahl *Aus sechs Leben* 2011 veröffentlicht wurde, eine gewisse Skepsis gegenüber dem Konzept des Jüdischen hegte, zeigen ihre Tagebuchaufzeichnungen, dass sie sich intensiv mit den historischen, religiösen, kulturellen und mentalen Wurzeln des Judentums auseinandersetzte. Diese bewusste Auseinandersetzung führte in den 50er Jahren dazu, dass sie sich zur eigenen jüdischen Identität bekannte: »denn daß ich Jüdin bin, ist das einzig Sichere in der Welt, das einzig glücklich Unveränderliche, so werde ich ganz sein in der Realität, wohin es auch führt« (Tagebuch, 21.11.1953;

Aus sechs Leben). Aus dieser Einstellung heraus befasste sie sich eingehend mit dem jiddischen Autor Zvi Kolitz, dessen Hauptwerk *Yossel Rakover ret tsu Got* (»Jossel Rackower spricht zu Gott«) sie mithilfe von David Kohan ins Deutsche übersetzte. Erstmals 1955 beim Sender Freies Berlin vorgetragen, erschien eine gekürzte Fassung 1985.

Ihre ersten Veröffentlichungen der Nachkriegszeit waren zwei Vorträge über zwei von ihr betreute Patienten. Diese Vorträge erschienen in hebräischer Übersetzung 1968 in der Zeitschrift *Molad* und auf Deutsch 1988 im *Bulletin des Leo Baeck Instituts*. Sie stellen zugleich die Grundlage für das Buch *Zwei Fälle zum Thema »Bewältigung der Vergangenheit«* (1997) dar. Dabei handelt es sich um zwei junge Männer, die durch die Kriegsgeschehnisse und die Auseinandersetzung mit ihren Vätern traumatisiert waren. Während der eine Patient, dem J. den fiktiven Namen »Jehuda« gab, die Shoah überlebte, war der andere namens »Volker« mit der Tatsache konfrontiert worden, dass sein Vater zu den Tätern gehörte und an der Ermordung der Juden beteiligt war. J. betonte, dass sie als Therapeutin die Konfrontation mit diesen Schicksalen nur deshalb aushalten konnte, weil sie einen Halt in den *Erzählungen der Chassidim* (1949) von Martin Buber gefunden habe. Als Motto für ihre Lebenseinstellung zitierte sie dabei die darin enthaltene Erklärung des Zaddik Moshe Leib: Wenn jemand Hilfe fordere, solle man nicht auf Gott verweisen, sondern selbst aktiv tätig werden. Der 1956 zustande gekommene persönliche Kontakt mit Martin Buber, der bis zu dessen Tod anhielt, inspirierte J. zu ihrer Autobiographie *Reise nach London* (1999), deren Untertitel »Wiederbegegnungen« eine Reminiszenz an Bubers autobiographisches Fragment *Begegnung* (1964) darstellt.

Werke: Das süße Abenteuer. Eine Geschichte für Kinder, Prag 1937; Die wirklichen Wunder des Basilius Knox. Ein Roman über die Physik für Kinder von 10 bis 70 Jahren, Wien 1948 (Neuausgabe Frankfurt a. M. 1997); Die Perlmutterfarbe. Ein Kinderroman für fast alle Leute. Berlin 1948 (Neuausgabe Frankfurt a. M. 1992); Die verzeichneten Tiere, Berlin 1948; Essenzen, Frankfurt a. M. 1993; Zwei Fälle zum Thema »Bewältigung der Vergangenheit«, Frankfurt a. M. 1997; Reise nach London, Frankfurt 1999; Aus sechs Leben. Frankfurt 2010.
Literatur: N. Herweg, Funktionszuschreibungen und Funktionswandel bei Kinder- und Jugendliteratur am Beispiel des Kinderromans »Die Perlmutterfarbe« von A. M. J., in: Funktionen von Literatur, hg. M. Gymnich, Trier 2005, 201–213; dies., Sechs Leben zwischen Wien und Jerusalem. Zum Leben und Werk der Schriftstellerin A. M. J., in: Exil 27 (2007), 79–89; dies., Hieroglyph of an Epoch: A Metaphor of Memory in the Works of the Austrian-Jewish Writer and Psychoanalyst A. M. J., in: Witness: Memory, Representation and the Media in Question, hg. U. Ekman und F. Tygstrup, Kopenhagen 2008, 89–96; R. Pesch, A. M. J. und der »Jossel Rackower« von Zvi Kolitz, Trier 2005; B. Rieder, Unter Beweis: das Leben. Sechs Autobiographien deutschsprachiger Schriftstellerinnen aus Israel, Göttingen 2008; »Hieroglyphe der Epoche«. Zum Werk der österreichisch-jüdischen Autorin A. M. J., hg. S. Blumesberger u. a., Wien 2012.

Bettina Kümmerling-Meibauer

Kafka, Franz

Geb. 3.7.1883 in Prag;
gest. 3.6.1924 in Kierling bei Klosterneuburg

Anders als viele seiner jüdischen Zeitgenossen, anders vor allem als sein Freund Max Brod, thematisierte K. jüdische Fragen und Problemstellungen in seinen literarischen Texten nie explizit, sondern vorwiegend implizit, anspielend, parabolisch. In

seinen Tagebüchern und Briefen hingegen hat er den Versuch einer jüdischen Selbstbestimmung seiner Literatur und Existenz sehr wohl unternommen. K.s entscheidende kulturelle Kategorie ist die »westjüdische« Disposition (Baioni). »Wir kennen doch beide«, so schrieb er 1920 an seine tschechische Übersetzerin und Freundin Milena Jesenská, »ausgiebig charakteristische Exemplare von Westjuden, ich bin, so viel ich weiß, der westjüdischeste von ihnen, das bedeutet, übertrieben ausgedrückt, daß mir keine ruhige Sekunde geschenkt ist, nichts ist mir geschenkt, alles muß erworben werden, nicht nur die Gegenwart und Zukunft, auch noch die Vergangenheit.« Die Kategorie »westjüdisch« gehört einem Disput unter europäischen Juden an; vor allem Martin Buber und Nathan Birnbaum waren es, die die Opposition Westjuden/Ostjuden zu einem entscheidenden Kriterium des Kulturzionismus machten. K. hat ihre Argumentation zwischen 1909 und 1912 anlässlich von Vorträgen in Prag zur Kenntnis genommen. Gemäß dieser Opposition gelten die Ostjuden als Paradigma eines ursprünglichen, der Tradition verbundenen, lebendigen Judentums, Westjuden hingegen als Inbegriff einer entwurzelten, gemeinschafts-, traditions- und zukunftslosen Existenz. Wenn K. diese zweite als seine eigene Option erklärte, funktionierte er sie allerdings um zu einer Metapher für seine literarische Existenz. Mehr noch: K.s westjüdische Selbstbestimmung einer exterritorialen Literatur wurde zur Formel der ästhetischen Moderne überhaupt.

Die »westjüdische« Anlage stellte K. schon an seinem assimilierten Elternhaus fest. Der tschechisch-jüdische Vater Hermann K. aus der Provinz hatte nach der Heirat mit der wohlhabenderen Deutsch-Jüdin Julie Löwy in Prag ein Geschäft für Kurzwaren und Modeartikel eröffnet. Im *Brief an den Vater* (entstanden 1919) setzte K. seine väterliche Genealogie ganz unter ein westjüdisches Vorzeichen: »Du hattest aus der kleinen ghettoartigen Dorfgemeinde wirklich noch etwas Judentum mitgebracht, es war nicht viel und verlor sich noch ein wenig in der Stadt und beim Militär, immerhin reichten noch die Eindrücke und Erinnerungen der Jugend knapp zu einer Art jüdischen Lebens aus, [...] aber zum Weiter-überliefert-werden war es gegenüber dem Kind zu wenig, es vertropfte zur Gänze während Du es weitergabst.« Mit dieser Disposition war K. nicht allein. Während seines Jura-Studiums an der Deutschen Universität in Prag zwischen 1901 und 1906 befreundete er sich mit Max Brod, Oskar Baum und Felix Weltsch, wie er Söhne assimilierter Familien, die Mitglieder der »Lese- und Redehalle der deutschen Studenten« waren, und zunächst nicht etwa des 1899 gegründeten zionistischen Studentenvereins »Bar-Kochba«, dem aber K.s Schulfreund Hugo Bergmann früh angehörte.

Die Diskussion um das Judentum unter den Studenten wurde deutlich intensiver, nachdem Buber 1909 und 1910 in Prag seine berühmten *Drei Reden über das Judentum* (1911) gehalten hatte. Für viele der assimilierten Studenten waren sie ein Auslöser zur Auseinandersetzung mit dem Zionismus und, darüber vermittelt, mit ihrem eigenen Judentum. Kurz darauf debattierten die Prager jüdischen Intellektuellen ein zweites Ereignis: Zwischen 1910 und 1912 gastierte im Café Savoy eine polnisch-jiddische Theatergruppe, die den assimilierten Studenten als Verwirklichung von Bubers romantischem Begriff des Ostjudentums erschien. K., der seit 1908 bei der Böhmischen Arbeiter-Unfall-Versicherung arbeitete und zugleich erste literarische Texte veröffentlichte, engagierte sich für die Schauspieler und befreundete sich mit ihrem Hauptdarsteller Jizchak Löwy, »gierig und glücklich originäres Judentum« kennenzulernen. Die *Tagebücher*, kurz zuvor begonnen, geben einen Eindruck von K.s Begeisterung für diese ostjüdische Kultur; ihr erstes Drittel hat das jiddische Theater zum Gegenstand. Anlässlich eines Liederabends durch eine der Schauspielerinnen notierte er im Oktober 1911: »Bei manchen Liedern, der Ansprache ›jüdische Kinderloch‹, manchem Anblick dieser Frau, die auf dem Podium, weil sie Jüdin ist uns Zuhörer weil wir Juden sind an sich zieht, ohne Verlangen oder Neugier nach Christen, gieng mir ein Zittern über die Wangen.« Die *Tagebücher* bezeugen auch K.s neue Lektüren: Heinrich Graetz' *Geschichte des Judentums*, die er Anfang November 1911 ebenfalls »gierig und glücklich zu lesen angefangen« hatte, Meyer Isser Pinès' *Histoire de la littérature judéo-allemande*, Jacob Fromers *Organismus des Judentums*, am wichtigsten aber, seit 1911, die zionistische Zeitschrift *Selbstwehr* des Bar Kochba-Vereins (Binder). K.s Engagement erreichte einen Höhepunkt, als er am 28. Januar 1912 im jüdischen Rathaus in Prag eine *Rede über die jiddische Sprache* hielt. Diese Rede zeigt jedoch auch, dass K.s Begriff der ostjüdischen Kultur immer auch quer zu den Forderungen des Zionismus stand, betonte er doch an der jiddischen Sprache nicht die Qualität einer nationalen, gemeinschaftstiftenden Institution, sondern gerade die Subversion von grammatischer, politischer und sozialer Ordnung. Dies bestätigt auch K.s *Schema zur Charakteristik kleiner Literaturen* (entstanden Ende 1911), das programmatisch für K.s eigene exterritoriale Literatur ist, einer »kleinen Literatur« also, die, wie die jiddische, großen Gemeinschaften nicht angehören kann und will.

Nicht nur die *Tagebücher* bezeugen, dass die Begegnung mit dem jiddischen Theater K.s Schreiben freigesetzt hatte. Es kam auch in Gang, als er am 20. September 1912 einen intensiven Briefwechsel mit seiner künftigen Verlobten Felice Bauer begann, mit der Erinnerung an ihr gut zionistisches Versprechen, »im nächsten Jahr eine Palästinareise mit ihm machen zu wollen«. Zwei Tage später, in der Nacht vom 22./23. September, kurz nach Jom Kippur, schrieb K. die Erzählung *Das Urteil*, die er als Durchbruch zum Schriftsteller wertete, gefolgt von der im November 1912 entstandenen *Verwandlung*. K. wurde dabei auch deutlich, dass er die Literatur nicht in den Dienst der neuen jüdischen Gemeinschaft des Zionismus stellen konnte, wie es etwa Brod in seinem Aufsatz *Der jüdische Dichter deutscher Zunge* (1913) gefordert hatte. Ebenso wenig nachvollziehbar schien ihm aber auch das literarische Dispositiv der Assimilation, das er Karl Kraus vorgehalten und im *Bericht für eine Akademie* (entstanden 1917), als Akkulturation eines Affen zu einem Menschen mit der »Durchschnittsbildung eines Europäers«, parabolisch und satirisch durchgespielt hatte. Indem K. sein Schreiben sowohl vom Zionismus als auch von der Assimilation abgrenzte, stellte er es förmlich außerhalb der Gemeinschaft und ihren Institutionen wie Sprache, Familie, Ehe, Gesetz. Sein Schreiben galt ihm als die Unmöglichkeit von Tradition, Gemeinschaft, Familie und Zionismus, als west-jüdische oder, nach einem Ausdruck von Paul Friedrich, als »Junggesellenkunst«. Diese Lage außerhalb und »vor dem Gesetz« beschreiben nicht nur die frühen Vater-Sohn-Szenarien *Das Urteil* und *Die Verwandlung*, sondern auch die drei Romanfragmente *Der Verschollene* (entstanden 1912–1914), *Der Process* (entstanden 1914 - Januar 1915) und *Das Schloss* (entstanden 1922).

Der Erste Weltkrieg spitzte die Frage des Judentums zu. Als sich ostjüdische Flüchtlinge aus dem zaristischen Russland in mitteleuropäischen Städten wie Berlin, Wien und Prag sammelten, wurde für K. das Ostjudentum erneut zum Thema. Diesmal argumentierte K., der bei der Arbeiterunfallversicherung nun Kriegsheimkehrer betreute, näher an Bubers Kulturzionismus. Zwar hatte er noch im November 1915 Bubers Einladung zur Mitarbeit an dessen Zeitschrift *Der Jude* mit dem Argument ausgeschlagen, »viel zu bedrückt und unsicher [zu sein], als daß ich in dieser Gemeinschaft auch nur mit der geringsten Stimme reden dürfte«. Anderthalb Jahre später aber erschienen die »Tiergeschichten« *Schakale und Araber* und *Bericht für eine Akademie* ausgerechnet in *Der Jude*. Als K. die Nummer vor sich hatte, musste er »immer erst aufatmen von Eitelkeits- und Selbstgefälligkeitsausbrüchen« und empfand »Orgien beim Lesen«. Mitte 1916 näherte er sich dem Zionismus, indem er Felice nachdrücklich dazu aufforderte, an dem von Siegfried Lehmann gegründeteten jüdischen Volksheim in Berlin als Helferin tätig zu werden. Das Volksheim wurde K. geradezu zu einer Chiffre von Bubers Ostjudentum. Die zionistische Arbeit an der Gemeinschaft führte er jedoch nicht selbst aus, sondern übertrug sie gleichsam an Felice. Im Sommer 1923 sollte der mittlerweile schwerkranke K. im Müritzer Ostseebad zufällig neben der Ferienkolonie des Volksheims wohnen und sich mit den »vielen Hebräisch-Sprechenden, gesunden, fröhlichen Kindern« abgeben, zwar »nicht glücklich, aber an der Schwelle des Glücks«.

Ebenso ambivalent war K.s Begegnung mit der religiösen Welt der frommen osteuropäischen Juden, der Chassidim, in den Jahren 1915 und 1916 (Grözinger). Mehr spielerisch ist die Konstruktion einer eigenen chassidischen Genealogie: »Ich heiße hebräisch Amschel, wie der Großvater meiner Mutter von der Mutterseite, der als ein sehr frommer und gelehrter Mann mit langem weißen Bart meiner Mutter erinnerlich ist. [...] Sie erinnert sich auch an die vielen, die Wände füllenden Bücher.« Ernsthafter ist K.s Interesse an der in Erzählungen und Wundergeschichten verhüllten chassidischen und kabbalistischen Tradition, die er durch Buber und insbesondere Georg Langer kennenlernte. Langer, ein Vetter Max Brods, schloss sich 1913–1918 den Belzer Chassidim an. Zusammen mit Langer, den K. im Tagebuch als »Westjude, der sich den Chassidim assimiliert hat«, beschrieb, besuchte er im September 1915 den Rabbi von Grodek; und er traf Langer im Juli 1916 in Marienbad in der Gefolgschaft des Rabbi von Belz. K. begegnete dieser Welt allerdings mit einer »seltsamen Mischung von Begeisterung, Neugierde, Skepsis, Zustimmung und Ironie«, wie er Brod aus Marienbad schrieb, und betonte, dass er an einem völlig anderen Punkt als Langer stand: »Langer sucht oder ahnt in allem tiefern Sinn, ich glaube, der tiefere Sinn ist der, daß ein solcher fehlt.« Doch gerade unter diesem negativen Vorzeichen erscheint der kabbalistische Gesetzes- und Gerichtsbegriff des Chassidismus mit seinen Instanzen der Richter, der Torwächter, des »Am ha-Arez« (»Mann vom Lande«) in K.s literarischem Kosmos. K.s Literatur ist zwar nicht Kabbala in dem Sinne, dass sie ihre »Wurzeln in die alten Jahrhunderte treibt«, vielmehr in Gershom Scholems Verständnis: im Sinne einer Krise des Gesetzes, einer »verfallenden Tradition« (Mosès). Dieser sabbatianische, potenziell häretische Begriff der Kabbala als Verlust, Profanierung oder Außerkraftsetzung des Gesetzes und des Gerichts stimmt auf überraschende Weise mit der westjüdischen Konstitution von K.s Schreiben, jenem negativen Verhältnis zu Tradition und Gemeinschaft, überein. Schon K.s berühmtester ›Gesetzestext‹ *Der Process* hatte diesen ›häretischen‹ Gesetzes- und Gerichtsbegriff zum Gegenstand. Aber auch die Sammlung *Ein Landarzt* (entstanden 1916–17), der die Lektüre von Alexander Eliasbergs *Sagen polnischer Juden* (1916) vorausliegt, geht von dieser Disposition aus.

Ende April 1917 erschien in der *Selbstwehr* unter dem Titel *Zur hebräischen Renaissance* eine Rezension von Moses Raths Hebräischlehrbuch *Sfat Ammenu.* Mittlerweile nicht mehr nur Leser, sondern auch Autor der *Selbstwehr* – im September 1915 erschien dort *Vor dem Gesetz*, 1919 folgten u. a. *Die Sorge des Hausvaters* und *Eine kaiserliche Botschaft* –, hatte sich K. Raths Lehrbuch angeschafft und bis zum September 1917 fünfundvierzig Lektionen durchgearbeitet. Folgt man der kulturzionistischen Ideologie der Rezension, dann wäre K. mit dem Erlernen der hebräischen Sprache auf dem besten Weg gewesen, die Bedingung für die nationale »Renaissance« des Judentums zu erfüllen. K. begnügte sich nicht mit dem Selbststudium mithilfe von Moses Rath; er nahm auch Privatunterricht, zunächst 1919 bei Friedrich Thieberger und 1921 bei Georg Langer. Die größte »hebräische Kraftanstrengung«, wie K. sein Lernen bezeichnete, unternahm er jedoch im Sommer 1923, während er gleichzeitig mit der Idee der Auswanderung nach Palästina spielte. K.s Lehrerin war die in Jerusalem geborene Puah Ben-Tovim, die 1923 vermittelt durch Hugo Bergmann nach Prag kam. Als K. im Spätherbst 1923 nicht nach Palästina, sondern nach Berlin ging, besuchte er an der »Hochschule für die Wissenschaft des Judentums« Hebräisch- und Talmudkurse. Zugleich lernte er bei seiner letzten Lebensgefährtin Dora Diamant, die aus einer ostjüdischen Familie mit chassidischem Hintergrund stammte und wie Felice Helferin im Berliner Jüdischen Volksheim war, wiederum mit Blick auf eine – wegen seiner Erkrankung jedoch gänzlich unrealistischen – Auswanderung nach Palästina Hebräisch.

Doch selbst wenn K.s Hebräischstudien einen ernsthaften Versuch darstellten, an einer kulturellen und politischen jüdischen Gemeinschaft tatsächlich teilzunehmen, standen auch sie unter einem westjüdischen Vorzeichen. Dies macht eine »Feststellung« von K. deutlich, an die sich Miriam Singer, die mit Brod und K. 1921 bei Langer Hebräisch lernte, erinnerte: »Damals prägte K. die passende Feststellung: ›Die Prager Zionisten beginnen im September bei der ersten Moses-Rath-Lektion und lernen fleißig bis zum Juni. Während der Ferien gelingt es ihnen, alles Gelernte wieder zu vergessen und dann fangen sie im September wieder mit der ersten Moses-Rath-Lektion an.‹« Unter dasselbe westjüdische Vorzeichen, das die eigenen zionistischen Anstrengungen ironisierte, setzte der todkranke K. auch seine Hebräisch- und Talmudlektionen in Berlin 1923/24, so in einem Brief an seinen Freund der letzten Jahre, Robert Klopstock: »Daß Sie in die Iwriah gehen wollen, ist sehr gut, vielleicht nicht nur in die Hebräischkurse, sondern auch zur Talmudstunde (einmal wöchentlich! Sie werden es nicht ganz verstehn, was tut es? Aus der Ferne werden Sie es hören, was sind es sonst, als Nachrichten aus der Ferne).« »Nachrichten aus der Ferne« und vergessenes Wissen sind auch die alten Traditionen, denen die *Forschungen eines Hundes* (entstanden 1922) gelten, sowie *Josefines* (entstanden März 1924) Gesang, der dem Mäusevolk unnahbar und unverständlich bleibt.

Was K. in den literarischen Texten parabolisch zu verstehen gibt, macht er in den Briefen und Tagebüchern explizit: dass er, wenn auch in einem komplizierten Verhältnis, sein Schreiben zur heterogenen »kleinen Welt der deutsch-jüdischen Literatur« rechnet, wie er in dem wichtigen Brief vom Juni 1921 an Brod formulierte. Zur Beschreibung und Interpretation dieser »kleinen Literatur« greift K., im Anschluss an Anton Kuh und mit Bezug auf Karl Kraus' *Literatur oder Man wird doch da sehn* (1921), auf die Psychoanalyse zurück. An der Psychoanalyse nämlich, die K. an anderer Stelle als »Raschi-Kommentar« zum modernen Judentum bezeichnet hat, interessierte ihn insbesondere »die Erkenntnis, daß der Vaterkomplex, von dem sich mancher geistig nährt, nicht den unschuldigen Vater, sondern das Judentum des Vaters betrifft. Weg vom Judentum [...] wollten die meisten, die deutsch zu schreiben anfingen, sie wollten es, aber mit den Hinterbeinchen klebten sie noch am Judentum des Vaters und mit den Vorderbeinchen fanden sie keinen neuen Boden. Die Verzweiflung darüber war ihre Inspiration.« Das ödipale Dispositiv der deutsch-jüdischen Literatur besteht, mit anderen Worten, in einer doppelten Verpflichtung gegenüber zwei großen kulturellen, religiösen, sozialen und politischen Systemen, dem jüdischen und dem deutschen. K. nun differenziert diese deutsch-jüdische Doppelbindung in vier »Unmöglichkeiten« – und nicht etwa Möglichkeiten, denn die deutsch-jüdische Literatur ist, so K., »eine von allen Seiten unmögliche Literatur, eine Zigeunerliteratur«. Die erste ist die »Unmöglichkeit, nicht zu schreiben«; sie ist gleichsam die Prämisse der deutsch-jüdischen Interkulturalität und entspringt der Verzweiflung, zwischen zwei kulturellen Identitäten zu stehen. Die zweite ist die »Unmöglichkeit, deutsch zu schreiben«, was der Not der Assimilation entspricht, die deutsch sein will, jedoch unwillkürlich immer »jüdisch« bleibt, wie K. an Kraus feststellt. Die dritte ist die »Unmöglichkeit, anders zu schreiben«, was der Not des Zionismus entspricht, der nicht deutsch, sondern – wie etwa Brod, aber auch Buber – hebräisch schreiben will, aber vom Deutschen nicht loskommen kann. Die vierte Unmöglichkeit schließlich liegt jenseits von Assimilation und Zionismus, jenseits also der beiden großen Orientierungssysteme der deutschen und der jüdischen Kultur; es ist K.s westjüdische Unmöglichkeit: »die Unmöglichkeit zu schreiben«. Dieses Schreiben befindet sich gleichsam im dritten Raum zwischen der deutschen und der jüdischen Literatur. Zwischen den beiden Vater-Literaturen stehend, ist jener »westjüdische Sohn« zum Schreiben getrieben, doch sein Schreiben vermag nicht an eines der beiden kulturellen Familien-Systeme anzuschließen. Gleich den rastlosen Treppen-Existenzen des *Jäger Gracchus* (entstanden 1917) und des Odradek (*Die Sorge des Hausvaters*, entstanden 1917), oszilliert es im vergangenheits- und zukunftslosen, im westjüdischen Raum zwischen den Kulturen.

Die Frage von K.s Judentum ist nicht zuletzt auch eine Frage seiner Leser; bereits zu seinen Lebzeiten bestand ein Disput darüber, ob er als jüdischer, gar als zionistischer Autor zu gelten habe oder ob seine Texte universal oder aber ›deutsch‹ zu lesen seien. Exemplarisch ist die Wahrnehmung der *Verwandlung*, die K. in einem Brief an Felice im Oktober 1916 beschrieb: »In der letzten Neuen Rundschau wird die ›Verwandlung‹ erwähnt, mit vernünftiger Begründung abgelehnt und dann heißt es etwa: ›K's Erzählkunst besitzt etwas Urdeutsches.‹ In Maxens Aufsatz dagegen: ›K's Erzählungen gehören zu den jüdischsten Dokumenten unserer Zeit‹«. Die Rezeption K.s bewegt sich bis heute im Spannungsfeld dieser Alternativen.

Werke: Schriften, Tagebücher, Briefe, kritische Ausgabe, hg. J. Born u. a., Frankfurt a. M. 1982 ff.
Literatur: C. Stölzl, K.s böses Böhmen. Zur Sozialgeschichte eines Prager Juden, München 1975; K. und das Judentum, hg. K.-E. Grözinger u. a., Frankfurt a. M. 1987; K.-E. Grözinger, K. und die Kabbala, Frankfurt a. M. 1992; G. Baioni, K. Literatur und Judentum, Stuttgart 1994; V. Liska, Neighbors, Foes, and Other Communities: K. and Zionism, in: The Yale Journal of Criticism 13 (2000), 343–360; K., Zionism, and Beyond, hg. M. Gelber, Tübingen 2004; G. Massino, F.K., Jizchak Löwy und das jiddische Theater, Frankfurt a. M. 2007; A. Kilcher, F.K., Frankfurt a. M. 2008; ders., K. und das Judentum, in: K.-Handbuch, hg. B.v. Jagow, O. Jahraus, Göttingen 2008, 194–211.

Andreas Kilcher

Kaléko, Mascha (eigentl. Golda Malka K.)

Geb. 7.6.1907 in Chrzanów;
gest. 21.1.1975 in Zürich

Als K. im Heinejahr 1956 während ihres ersten Deutschlandbesuchs seit der NS-Zeit ihrem geistigen Ziehvater, dem Ironiker und Emigranten Heinrich Heine mit ihrem Gedicht *Deutschland, ein Kindermärchen* ihre Reverenz erweist, blickt sie in Versen voll »aufgeräumter Melancholie« (Th. Mann) zurück auch auf ihr eigenes beschädigtes Dichterleben. Wie ihre Zeitgenossen R. Ausländer, E. Bergner, A. Granach und M. Sperber, die alle von Osteuropa nach Deutschland und Österreich kamen und durch den Nationalsozialismus in ein mehrfaches Exil getrieben wurden, wurde auch K., die aus dem heute polnischen Chrzanów stammte und als »waschechte« Berliner Großstadtlyrikerin reüssierte, mehrfach entwurzelt.

1914 kommt sie als Golda Malka Aufen mit ihren Eltern, der österreichischen Staatsbürgerin Rozalia Chaja Reisel Aufen, ihrem Vater, dem Kaufmann und russischen Staatsbürger Fischel Engel, sowie ihrer Schwester Lea aus dem westgalizischen Stetl von Chrzanów, 50 km westlich von Krakau, erst nach Frankfurt, dann nach Marburg und schließlich 1918 nach Berlin. Ursache ihrer Flucht war wohl die Angst des Vaters vor einer möglichen Konskription ins russische Heer, weniger die in der Literatur vielfach vermutete Angst vor Pogromen. Möglicherweise folgt die Familie jedoch nur der in diesen Jahren häufigen Wanderungsbewegung aufgestiegener Ostjuden in den Westen. Die Familie lässt sich im Scheunenviertel nieder, dem Zentrum der Ostjuden, wo der Vater als »Maschgiach«, als Kultusbeamter der jüdischen Gemeinde, die Reinheit der Speisen überwacht. Trotz früh erkannter Begabung muss die Tochter nach der mittleren Reife die Schule verlassen, macht eine Lehre beim »Arbeiterfürsorgeamt der jüdischen Organisationen Deutschlands« und arbeitet als Stenotypistin. Der Enge und Armut des Elternhauses entflieht sie früh in eine »möblierte Existenz« (die sie in zahlreichen Zeitungsgedichten aufgreifen wird) und in ihre erste Ehe mit dem Hebraisten Saul Aaron Kaléko.

Nachdem K. 1929 ihre ersten zwei Gedichte im *Querschnitt* veröffentlicht hat, entdeckt der Feuilletonchef der *Vossischen Zeitung*, Monty Jacobs, die lakonischen Momentaufnahmen aus der Perspektive der kleinen Angestellten in der großen Stadt mit ihrem spezifisch urbanen Ton aus »Sentimentalität und Schnoddrigkeit« (Hesse) für sein Blatt. Bis 1933 erscheinen ihre Zeitungsgedichte regelmäßig auch im *Berliner Tageblatt* und der *Welt am Montag*. Ernst Rowohlt verlegt 1933 ihren ersten Gedichtband *Das lyrische Stenogrammheft*, das die Popularität und den anhaltenden Ruhm der Autorin begründet (Auflagenhöhe bis Juli 2012: über 300 000 Exemplare). *Verse für den Alltag*, der Untertitel ihres Gedichtbandes, ist K.s lyrisches Programm. Das »lyrische Stenogramm« hebt den Widerspruch von Kunst und Alltag, von hohem Ton und Jargon auf. Individuell Erfahrenes und objektiv Vorgegebenes mischen sich zu einer »Gebrauchslyrik« (Kästner), die der neusachlichen Programmatik einer Dichtung am Puls der Zeit entspricht. Scharf umrissene Miniaturen von möblierten Herren, unglücklichen Mannequins und selbstzufriedenen Berliner Piefkes zeigen die Alltagsrealität des Massenmenschen, der K. den Traum vom »kleinen Glück« entgegensetzt, der jedoch nie realisiert werden kann. Übrig bleibt ein unbestimmtes Sehnen: »Mein Schicksal rollt auf toten Nebengleisen/ Und Zugverspätung hat dies bißchen Leben [...].« Den hohen Ton konventioneller Lyrik unterläuft die Autorin durch ironische Strategien, indem sie etwa ein Liebesgedicht als »Mahnbrief« tarnt, die rhetorische Figur des Zeugmas nutzt (»Ich habe Sehnsucht nach René/ und außerdem Migräne«) oder etwa Mörikes altbekannten Vers durch Stilbruch persifliert: »Süße, wohlbekannte Düfte [...]/ Stammen höchstens von Benzin.« »Schneller Witz und die Trauer und Weisheit aus dem jüdischen Osten« (Zoch-Westphal) mischen sich zu K.s einzigartigem Tonfall voller »Skepsis und Trauer, Humor und Wehmut« (Hesse). Wiewohl K.s Texte diese Charakteristika der jiddischen Dichtung aufweisen, thematisiert sie ihre jüdische Herkunft nie, scheint sich vielmehr bewusst zur Berliner Großstadtpflanze stilisieren und assimilieren zu wollen. In ihren Klappentexten jedenfalls tilgt sie die Spuren ihrer galizischen Herkunft.

K.s *Kleines Lesebuch für Große. Gereimtes und Ungereimtes*, das ebenfalls bei Rowohlt erscheinen soll, wird 1935 gemeinsam mit einer Neuauflage des *Stenogrammheftes* in der Druckerei beschlagnahmt; am 31.12.1938 taucht ihr Name erstmals in der *Liste des schädlichen und unerwünschten Schrifttums* auf. Bis zu ihrer Emigration im September 1938 mit ihrem zweiten Mann, dem Musikwissenschaftler Chemjo Vinaver, und ihrem gemeinsamen Sohn nach New York publiziert sie nicht mehr. Während ihr Mann auch im Ausland weiterarbeiten kann, hat K. nicht nur ihre Alltagssprache als Dichtungssprache verloren, sondern auch ihr Publikum. Zwar erscheinen in Manfred Georges deutschsprachiger Emigrantenzeitung *Aufbau* einige neue Gedichte, doch kann sie selten dessen Anspruch erfüllen, »Brücke nach Amerika, nicht nach Europa« zu sein. Um ihren Lebensunterhalt zu finanzieren, muss sie Übersetzungen und Aufträge für Reklametexte annehmen. 1945 erscheinen ihre *Verse für Zeitgenossen* im Schoenhof-Verlag, Cambridge (Mass.), der »wohl einzige Band deutscher Emigrationslyrik, [...] der in Amerika veröffentlicht wurde« (Frankenstein). In ihm mokiert sich die Autorin über die Sprachprobleme der Emigranten, die auch die ihren sind: »Wenn unsereins se lengwitsch spricht,/ So geht er wie auf Eiern.« Doch überwiegen melancholische Betrachtungen (wie im *Emigrantenmonolog*) der Fremdheit und Wurzellosigkeit. Insgesamt wirken K.s Exilgedichte abstrakter, gedanklicher, lehrhafter, bergen häufig religiöse Inhalte (Wellershoff). Während K. langsam in der Lower Eastside und im Greenwich Village heimisch wird, weil diese Stadtteile New Yorks sie in ihrer Mischung aus Stetl, Intellektuellenviertel und *melting pot* verschiedener Kulturen an ihre europäische Herkunft erinnern, bleibt K. ihre letzte Exilstation Palästina fremd. 1959 verlässt die Familie die USA, da ihr Mann sein geplantes Standardwerk zur chassidischen Synagogalmusik nur in Jerusalem vollenden kann. Seit 1956 reist K. zwar wiederholt nach Deutschland, doch endet das mit einer Neuauflage des *Lyrischen Stenogrammheftes*, einer Lesereise und einer Auflage der *Verse für Zeitgenossen* (1958) bei Rowohlt vielversprechend begonnene literarische Comeback mit dem Tod von Ernst Rowohlt und dem Rückzug von der Kandidatur für den Fontanepreis, als sie erfährt, dass das ehemalige SS-Mitglied Hans Egon Holthusen Mitglied der Jury ist. Mit dem Tod ihres Sohnes 1968 und dem ihres Mannes 1973 vereinsamt die Autorin zunehmend. Der Gestus ihrer Sprache wirkt nicht mehr leidenschaftlich, sondern künstlich, bisweilen pathetisch bis zur hohlen Deklamation. Erst in ihren letzten

Gedichten, entstanden 1974/75, erreicht K. mit ihren nun wieder privaten Themen einen authentischen Ausdruck ihrer Existenz. Als sie im Herbst 1974 Berlin besucht und dort ihren letzten Vortrag hält, spielt sie mit dem Gedanken, in ihrer geistigen Heimat eine kleine Wohnung zu nehmen. Doch stirbt sie auf dem Rückweg nach Jerusalem während eines Zwischenaufenthalts in Zürich. 2007/08 erinnert im Literaturhaus Berlin eine Ausstellung an ihren hundertsten Geburtstag.

Werke: Das lyrische Stenogrammheft. Verse vom Alltag, Berlin 1933; Kleines Lesebuch für Große. Gereimtes und Ungereimtes, Berlin 1935; Verse für Zeitgenossen, Hamburg 1958; In meinen Träumen läutet es Sturm. Gedichte und Epigramme aus dem Nachlaß, hg. G. Zoch-Westphal, Berlin 1980; M.K. spricht M.K.. Deutsche Grammophon 2007; M.K. Werke und Briefe 4 Bde., hg. J. Rosenkranz, München 2012.

Literatur: I. A. Wellershoff, Vertreibung aus dem »Kleinen Glück«. Das lyrische Werk von M.K., Aachen 1982; G. Zoch-Westphal, Aus den sechs Leben der M.K., Berlin 1987; A. Nolte, »Mir ist zuweilen so, als ob das Herz in mir zerbrach«. Leben und Werk M.K.s im Spiegel ihrer sprichwörtlichen Dichtung, Bern 2003; J. Rosenkranz, M.K. Biografie, München 2007; »Ich stimme für Minetta Street«. Festschrift für M.K. zum 100. Geburtstag, hg. A. Nolte, University of Vermont 2007.

Christiane Heuwinkel

Kalisch, David (D.J. Schalk)

Geb. 23.2.1820 in Breslau;
gest. 21.8.1872 in Berlin

K. gehört zu jenen jüdischen Intellektuellen, die ihre geistige Formation im Vormärz erfahren haben und dieser – auch nach dem Scheitern der Revolution von 1848 – lebenslang treu bleiben, in seinem Falle als Theatermacher, Literat und Publizist.

K.s Leben ist durch das aufgeklärt-liberal timbrierte Elternhaus vorbestimmt. Er selbst hat den Weg der Akkulturation weiter beschritten, u. a. mit dem Übertritt zum Protestantismus 1852. Zugleich aber beförderte er – bis zu seinem Lebensende – die rechtliche, soziale und politische Gleichstellung der deutschen Juden mit Entschiedenheit, in der Hoffnung auf eine Egalität, in der alle restlichen Differenzen der Zukunft überlassen bleiben könnten.

K.s intellektuelle Interessen bestimmen seine Vita. Nachdem er aufgrund familiärer Umstände als 15-Jähriger in eine Kaufmannslehre eintreten musste, entschließt er sich zehn Jahre später zu einer künstlerisch-intellektuellen Tätigkeit. In Paris, ab 1844, sucht er Anschluss an die revolutionären Emigrantenzirkel, an Georg Herwegh vor allem, aber auch Heinrich Heine, und lernt den utopischen Sozialismus Proudhons kennen. Außerdem verdankt K. seinem Paris-Aufenthalt die Vertrautheit mit einer liberal-kritischen Presse und dem vielseitigen, als großstädtisches Massenmedium wirkenden Théâtre du Boulevard, dessen diverse Genres – dank ihrer unterhaltenden Anlage, ihren musikalischen Einlagen und ihrer geistreichen Pointierung – europaweit auf der Basis von Übersetzung und Bearbeitung nachgespielt werden.

Wieder zurück in Deutschland (1846), erzielt K. dann in Berlin auf Vorstadtbühnen selbst Erfolge, vor allem mit seiner Posse mit Gesang *Einmalhunderttausend Thaler* (1847). Dank der brillanten Einstellung auf Unterhaltungsbedürfnisse und Lebensverhältnisse vor Ort gewinnt K. Zugang zu der eine Generation zuvor (J.v. Voss, L. Angely und K.v. Holtei) etablierten Berliner Lokalposse. Dialektale Färbung, die Ausprägung regionaler Typen und eine vormärzlich-kritische Akzentuierung der Couplet-Szenen werden zum Markenzeichen seiner Bühnentexte. Mit diesem Rückhalt wird K. ab 1849 – nach der Neugründung großstädtischer Unterhaltungsbühnen – vor allem als Hausautor des Wallner-Theaters zu einer Schlüsselgestalt für die zweite Phase der Berliner Vorstadtbühnen, wobei er immer häufiger auch Wiener Texte der mit aufklärerisch-josephinischem Einschlag arbeitenden Autoren, vor allem von O.F. Berg (Ottokar Franz Ebersberg) seinen Stücken zugrunde legt. K. ist damit für die politisch-liberale Öffnung der Berliner Vorstadtbühnen und die »Demokratisierung der Posse« (Sengle) bis Ende der 1860er Jahre verantwortlich.

K.s Rolle in der Berliner Öffentlichkeit wird publizistisch verstärkt dank der im Revolutionsjahr von ihm gegründeten, zusammen mit Ernst Dohm und Rudolph Löwenstein redigierten satirischen Wochenschrift *Kladderadatsch*. Damit entsteht ein für die deutsche Presselandschaft auf Jahrzehnte als Vorbild wirkendes Organ, dessen liberal-kritischer Charakter sich über die Reichsgründung 1870/71 hinwegretten lässt und damit bis 1914 die Landschaft der deutschen Presse mitbestimmt. Zur internen Strukturierung gehören dabei stehende Rollen, die das Blatt mit dem Possentheater verbinden, so die aus der Stammtischperspektive kommentierenden Hobby-Politiker Schulze und Müller, aber auch der Berliner Pennäler Karlchen Miesnick sowie die im Modus der Karikatur übernommene Figur des jüdischen Spekulanten Zwickauer. Diese ironische Einbeziehung entspricht dem liberalen Stand, wie ihn K. und seine Mitstreiter für den jüdischen Intellektuellen im Nachmärz in Anspruch nehmen. Dem entspricht freilich auf der anderen Seite das ständige Eintreten für die Emanzipation und soziale Anerkennung des ›kleinen jüdischen Mannes‹, nicht zuletzt des nach dem älteren Klischee so genannten ›Schacherjuden‹, wozu auch pointierte Stellungnahmen – etwa im Couplet – gegen religiöse Stichelei gehören (*Berlin wie es weint und lacht*). K.s Initiative kommt nicht von ungefähr, denn in der Berliner Lokalposse waren seit den 1820er Jahren (J. v. Voss) Judenfiguren zwischen Komikerrollen und diskreditierenden Stereotyprollen angesiedelt – aggressiv gezeichnet seit Karl Borromäus Sessa, dann bei Julius von Voss, gemäßigt bei Louis Angely. Nach einem Text von O.F. Berg (1851) bringt K. die Posse *Einer von unsere Leut'* (1858) heraus, in der solche Rollen aufs entschiedenste umgewertet und der nachmärzlichen Forderung der Emanzipation dienstbar gemacht werden. Der kleine Handelsjude Isaak Stern leidet unter dem bereits seinem Vater angetanen Unrecht, das auf bürgerliche Denunziation und preussische Verwaltungsblindheit zurückgeht. Demgegenüber wird der Jude moralisch rehabilitiert und als vorbildlicher preußisch-deutscher Bürger und Patriot dargestellt, der die Gleichstellungsdekrete des Jahres 1948 in jeder Hinsicht rechtfertigt. Die volle soziale Integration wird mit einer nach Kant formulierten Gewissensreligion begründet, welche die Relativierung aller traditionellen religiösen Bindungen mit einschließt: »Ob einer Jude oder Christ/ Auf diesem Erdenrund,/ Tut etwas er, was recht nicht ist,/ Mach's ihm dies Uhrwerk [des Herzens] kund!« Diesem moralischen Appell folgt der politische, denn im Schluss-Couplet beklagt der jüdisch-preußische Held das Ausstehen der nationalstaatlichen Einigung der Deutschen. K. erweist sich so im populären Theater wie in der satirischen Publizistik als geistiger Generationsgenosse Berthold Auerbachs. Die demütigenden und erschütternden Erfahrungen, die diesem Ende der 1870er Jahre im neuen deutschen Nationalstaat noch bevorstanden, sind K. freilich erspart geblieben.

Werke: Berliner Leierkasten, 3 Bde., Berlin 1857 ff.; Berliner Volksbühne, 4 Bde., Berlin 1864; Lustige Werke, H. I-V, Berlin 1870.

Literatur: Der Kladderadatsch und seine Leute 1848–98. Ein Culturbild, hg. A. Schwartz, Berlin 1898; R. Freydank, Theater in Berlin, Berlin 1988, 270–284; H.-P. Bayerdörfer, Die Bedeutung der »Lokalformel« für die Entwicklung der Berliner Posse zwischen 1815 und 1860, in: Die fürstliche Bibliothek Corvey, hg. R. Schöwerling u. a., München 1990, 294–318; H.-J. Neubauer, Judenfiguren. Drama und Theater im frühen 19. Jahrhundert, Frankfurt a. M. u. a. 1994.

Hans-Peter Bayerdörfer

Kalisch, Ludwig

Geb. 7.9.1814 in Lissa (Polen);
gest. 3.3.1882 in Paris

K. war Urenkel eines Rabbiners und Enkel sowie Sohn von Kaufleuten. Er gehört zu den Juden, die besonders seit der Julirevolution von 1830 das Exil in Paris und London als symbolischen Aufbruch in eine selbstbestimmte Zukunft beschrieben

haben – und mehr noch den Deutschen von Paris aus zeigten, was sie hätten hoffen können. K. ordnet sich damit den modernen Emanzipationsbewegungen zu, die den messianischen Impuls des Judentums als einen universellen bewahren. Obdachlosigkeit, im wörtlichen wie in Ernst Blochs Sinne der Unerlöstheit, wird bei K. zur *conditio humana* der Moderne: »Man hat den Juden ihren kosmopolitischen Sinn vorgeworfen, als ob der Kosmopolitismus ein Verbrechen und nicht vielmehr das Ziel wäre, nach welchem alle Völker streben müßten.« So steht es in K.s Erinnerungen *Bilder aus meiner Kindheit*, die sich als umgekehrte religiöse Autobiographie verstehen lässt, als Weg nämlich von einer religiösen Kindheit in die als notwendig begriffene Akkulturation: »Ich selbst stand in meinem frühen Knabenalter mit Jehova auf sehr vertrautem Fuß«, gesteht K. ohne die Scham vieler assimilierter Juden, so wie die Kindheits-Erinnerungen überhaupt einen liebevollen, aber entschiedenen Abschied von der jüdischen Tradition seiner polnischen Heimat formulieren und gerade damit zu einer wichtigen Quelle über das Ostjudentum im 19. Jahrhundert werden. K. empfiehlt sich geradezu als Übersetzer zwischen Westeuropa und dem Ostjudentum. Voraussetzung dafür ist, basierend auf dem Vorbild der deutsch-jüdischen Freundschaft Lessings und Mendelssohns, die Hoffnung, dass das Judentum Schrittmacher der allgemeinen kulturellen Entwicklung sein kann. Auf diese Weise wird das Judentum auch in seiner säkularen Erscheinung »nicht sterben, sondern in der Menschheit aufgehen, in deren Geschichte ihr das merkwürdigste Blatt aufbewahrt bleibt«.

K. begrüßt die in Deutschland seit Mendelssohn festzustellenden »Bestrebungen der Juden, hinter der allgemeinen Cultur nicht zurück zu bleiben«, als Voraussetzung für die »Gleichberechtigung«. Er versteht sein Akkulturations-Credo als Blick von außen auf eine in Deutschland bereits verschwundene Kultur, die ihre Eigentümlichkeiten unter den Bedingungen der Isolation von und Verfolgung durch die christliche Umgebung ausgeprägt hatte: »Die Christen sahen ihn [den Juden] nur wie in einem Zerrspiegel und hatten keine Ahnung von seinen Eigenschaften.« Durchweg ist K. bemüht, die Vorurteile gegen die »Dämonologie« als verzichtbares Ergebnis der Isolation und des Exils auszugeben: »Die Juden sind Monotheisten; sie haben aber schon in ihrem ersten Exil und später durch den langen Aufenthalt unter den asiatischen Völkerschaften sehr viel von deren Dämonologie aufgenommen.« Der Talmud ist für K. das zentrale Hindernis für die Juden, Anschluss an die Verhältnisse in Deutschland und Westeuropa zu finden. Er sieht in ihm auch den zentralen Vorwand für die Übergriffe von Christen gegen Juden: »Der Talmud hat jetzt wenig Autorität, oder vielmehr Autorität unter wenigen. [...] Der Talmud vergeht; das Judenthum besteht. Vielleicht wird das Judenthum noch bestehen, wenn die Juden nicht mehr bestehen werden.« Gemeint ist ein Judentum, das eine ethische Grundlage für das Zusammenleben aller Menschen legt.

Nach diesem Grundsatz hat K. gelebt. Bereits mit 12 Jahren war K. nach Deutschland gezogen und folgte damit dem Versprechen der Emanzipation. Viele Ortswechsel folgten, bis er nach einem abgebrochenen Medizin- und einem philologischen Studium in Gießen promovierte. 1843 ließ er sich in Mainz nieder. 1845 erschienen die zeitkritischen Provokationen, das *Buch der Narrheit*, die *Schlagschatten* und *Poetische Erzählungen*: »Glaube, Hoffnung und Liebe, jene Drillinge, die das Leben verherrlichen und den Tod erklären, sind die geliebten Kinder der blondlockigen Germania.« Obrigkeitshörigkeit war ihm das Kennzeichen der Deutschen: »Der erste Glaubensartikel im politischen Katechismus der Deutschen lautet: Hören, Sehen und Schweigen!« An der Revolution 1848 ist er als Mitglied der pfälzischen Regierung beteiligt. Sein Buch *Shrapnels* zeichnet satirische Porträts von zeitgenössischen Politikern. Die Hoffnung auf ein Bündnis des Proletariats mit radikalen kleinbürgerlichen Demokraten, zu denen er sich zählte, hatte sich nicht erfüllt. 1849 folgt die Flucht vor einem wahrscheinlichen Todesurteil nach Paris, er wohnt in der Nähe Heines, den er oft besucht und dessen Gespräche er aufzeichnet. Seine Abneigung gegen die offizielle Intelligenz und seine Sympathien für proletarisch-kleinbürgerliche Emanzipationsbewegungen begrenzten seinen Umgang in Paris. 1850 zog er nach London weiter. Der Titel *Paris und London* greift eine literarische Tradition der Gegenüberstellung von Paris und London in deutscher Sachprosa auf. Damit sind Alternativen einer Entwicklung in der Moderne angesprochen; zum einen eine diskontinuierlich-revolutionäre, zum anderen eine finanztechnokratische und industrielle Moderne. Heine und Marx haben diese Alternative deutscher Zukunft – ebenfalls von Paris aus – ähnlich wie K. gesehen. Er selbst neigte zu romantischen Überhöhungen des unangepassten Pariser Lebens zwischen Theater und Bohème – wie die Schilderung von Betrunkenen und Dieben, Prostituierten und verwahrlosten Kindern in London, die als Allegorien des Hochkapitalismus erscheinen. Wie vor ihm Börne und Heine singt K. sein Loblied auf Paris als Stadt der Freiheit und Gleichheit auch für Juden: »Paris ist die Welt im kleinen. Nirgendwo wie hier findet der denkende Mensch soviel Belehrung, soviel Anregung, soviel Stoff für Geist und Phantasie.« Seine Hommage an Börne spiegelt sein eigenes Selbstverständnis als liberaler Publizist und deutscher Jude wider: »Börne war Missionar. Diese Mission zu erfüllen war sein einziges, sein ausschließliches Streben. Daher seine Einseitigkeit. Die Liebe zur Freiheit füllte ihn so ganz aus, dass er stets von ihr sprach, er mochte sprechen, von was er wollte. Es ging ihm hierin wie allen Liebenden, die in jedem Gespräche unwillkürlich auf den Gegenstand ihres Herzens zurückkommen.« Die Sicht auf Deutschland impliziert auch sein jüdisches Selbstbild. K. empfiehlt sich hier als Vermittler zwischen Frankreich und Deutschland. Bei den Deutschen diagnostiziert K. einen Mangel an Freiheitsgeist, den er auf die »Zerrissenheit unserer Nation« zurückführt. In *Pariser Leben* (1886), seinem zweiten Parisbuch, spielt die jüdische Thematik im Rückblick auf 1848 eine größere Rolle. Auch aus diesem Buch spricht die Verehrung für Heine wie Börne, vor allem aber Dankbarkeit für das Exilland, das, anders als Deutschland, auch die Talente der Juden zu nutzen wusste. Auch hier präsentiert sich K., indem er nach dem Muster »unserer Emanzipationsbewegungen« seine Ausgrenzung als ein Beispiel für Ungerechtigkeit nimmt, als Anwalt von Minderheiten, auch, indem er die sonst in der Parisberichterstattung vergessenen Roma zur Sprache bringt, die, »von der Natur auf's Reichste ausgestattet, dennoch verdammt sind, selbst von den allerniedrigsten Schichten unserer Gesellschaft als Menschenkehrricht verachtet zu werden.«

Werke: Buch der Narrheit, Mainz 1845; Shrapnels, Frankfurt a. M. 1849; Paris und London, Frankfurt a. M. 1851; Bilder aus der Knabenzeit, Leipzig 1872; Heitere Stunden, Berlin 1872.
Literatur: J. Schoeps, An der Seite der Unterdrückten. L.K., in: Juden im Vormärz und in der Revolution von 1848, hg. J. Schoeps u. a., Stuttgart u. a. 1983, 331–351.

Christoph Grubitz

Kaminski, André

Geb. 19.5.1923 in Genf;
gest. 12.1.1991 in Zürich

In vielerlei Hinsicht nimmt K. in seinen literarischen Publikationen die Perspektive eines Außenseiters ein: als politisch aktiver Kommunist in einer konservativen Schweiz der späten 30er bis frühen 50er Jahre (*Herzflattern. Neun wilde Geschichten*, 1984), als europäischer Entwicklungshelfer in Afrika (*Die Gärten des Mulay Abdallah. Neun wahre Geschichten*, 1983), als Schweizer Jude in Polen (*Kiebitz. Roman*, 1988) sowie als jüdischer Autor auf einer Lesereise durch Deutschland (*Schalom allerseits. Tagebuch einer Deutschlandreise*, 1987). K.s Prosawerk ist autobiographisch inspiriert, wobei sich der Autor – wie er immer wieder betont – jede Freiheit für erzählerische Abschweifung und Fiktionalisierung behält.

K.s Eltern, polnische Juden, sind nach dem Ersten Weltkrieg in die Schweiz emigriert, dabei ihren kommunistischen Idealen jedoch treu geblieben. K. studiert Geschichte in Zürich und wandert 1950 als ebenfalls überzeugter Kommunist nach Polen aus. In Polen wird K. häufig mit Antisemitismus konfrontiert und 1968 aufgrund angeblicher konterrevolutionärer Aktivitäten ausgebürgert. Nach einem einjährigen Aufenthalt in Israel kehrt K. in die Schweiz zurück. In der Schweiz ebenso wie in Polen und in mehreren afrikanischen Ländern ist K. beim Radio und insbesondere beim Fernsehen als Dramaturg, Reporter und Autor tätig (literarisch gestaltet hat K. seine Erfahrungen mit diesem Medium in *Flimmergeschichten*, 1990). K. hat zahlreiche Theater- und Fernsehstücke verfasst; einem breiten Publikum wird er jedoch erst mit seinen seit 1983 bis zu seinem Tod in regelmäßigen Abständen publizierten Erzählungen und Romanen als eigenständiger Autor bekannt. In allen Texten kommt neben der dargestellten Perspektive des Protagonisten als eines Außenseiters auch die Sicht eines populären Autors zum Ausdruck. Trotz der Vielschichtigkeit seiner Themen gelingt es K., einen humorvollen und leichten Erzählstil zu finden, der seinem Roman *Nächstes Jahr in Jerusalem* (1986) rasch auf die Bestsellerlisten verhilft. Die feuilletonistische Rezeption von K.s Werken ist lebhaft, jedoch ambivalent und reicht von Begeisterung für seine brillante Erzählweise bis hin zum Verdikt, seine Prosa befinde sich auf »Stammtischhöhe«. In der literaturwissenschaftlichen Rezeption findet K. bislang nur wenig Beachtung, obwohl sich A. Classen wiederholt für ihn eingesetzt hat. Dies mag zum einen an der möglichen Wertung seiner Texte als Trivialliteratur liegen, zum anderen jedoch v. a. an der Tatsache, dass schweizerisch-jüdische Schriftsteller bis dato kaum in die Diskussion um deutsch-jüdische Autorschaft und Identität miteinbezogen wurden. Eine weitere Schwierigkeit bei der Rezeption von K.s Werken liegt vermutlich darin, dass die vielen geschilderten erotischen Abenteuer und Phantasien einem dezidiert männlichen Blick folgen und stets nach einem ähnlichen Erzählmuster inszeniert werden.

Sämtliche Prosastücke sind aus einer Ich-Perspektive geschrieben, und auch in denjenigen Erzählungen, die jüdische Identität weniger explizit thematisieren, weist sich dieses Ich an der einen oder anderen Stelle als Jude aus. Für *Nächstes Jahr in Jerusalem* bietet die in der Schreibgegenwart einsetzende Ich-Erzählung die Rahmenhandlung. Ansonsten widmet sich diese turbulente Familiensaga über K.s polnisch-jüdische Vorfahren der Zeit von ca. 1885–1923 und führt über Polen, Russland, Wien und New York bis nach Zürich mitten in ein Fest der Namengebung für den acht Tage alten »Andrzej Kaminski«, der zur großen Irritation seiner Familie bereits beschnitten zur Welt kam. *Kiebitz* stellt eine moderne Form des Briefromans dar: Dem Protagonisten Kiebitz hat es angesichts der antisemitischen Zustände in Polen die Sprache verschlagen, so dass er mit seinem Psychiater, einem nichtjüdischen Schweizer, der ihn immer wieder missversteht, in einen brieflichen Dialog eintritt. Sowohl in *Kiebitz* wie in *Herzflattern* ist die Schilderung der einstigen kommunistischen Ideale der Protagonisten ironisch gebrochen, ohne dadurch desavouierend zu wirken. Die Erzählung *Lea und der Gauleiter* (in: *Herzflattern)* zeigt die Zeit des Nationalsozialismus aus der Sicht eines 18-jährigen Juden in der Schweiz, der als »geduldeter Ausländer« und »Sohn eines Kommunisten« zusätzlich bedroht ist: »denn die Wehrmacht stand an der Grenze.« Während die Juden zum Schweigen verurteilt sind, zeigt K. die Schweizer als aktive Kollaborateure oder als abwartend-opportunistisch (sie »klatschen erst Beifall, wenn sie sicher sind, wer gesiegt hat«). Trotz drohender Ausweisung nimmt der Ich-Erzähler den Kampf um Lea gegen seinen erotischen Konkurrenten, den potenziellen »Gauleiter«, auf: »Vor mir stand die Perspektive eines deutschen Krematoriums, aber ich befand mich in Spitzenform.« Wie in *Lea und der Gauleiter* wird die Shoah in allen Erzählungen, wenn überhaupt, nur indirekt, ja sogar mit gezielter ironischer Distanz beschrieben. Die Shoah ist eine ferne Bedrohung oder taucht – wie in *Kiebitz* – erst in den späteren Berichten von Überlebenden auf. Eine direkte Konfrontation mit Deutschland und den Deutschen sucht K. einzig in seinem tagebuchartigen Bericht *Schalom allerseits*, den er über seine 1986 unternommene Lesereise durch Deutschland schreibt. Wie andere zeitgenössische jüdische Autoren, so beispielsweise Inge Deutschkron, die erst aufgrund eines literarischen Erfolgs (zurück) nach Deutschland gekommen sind, macht auch K. primär positive Erfahrungen mit den Deutschen. Auffällig ist jedoch, dass K. es ist, der wiederholt fordert, »man sollte vielleicht einen Schlußstrich ziehen unter das Vergangene« oder feststellt, die Vendetta-Mentalität zwischen Juden und Deutschen hätte zu lange gedauert, während sein größtenteils nichtjüdisches Publikum eher darauf besteht, die Vergangenheit im Bewusstsein zu halten. Zugleich wehrt sich K. gegen die von ihm erwartete »Globalsolidarität mit der Horde, zu der ich gehöre«.

Die größere Versöhnlichkeit gegenüber den Deutschen und die Distanz zur Shoah, die mit dem Gefühl einhergeht, nur »Zaungast« (eine Eigenschaft des Vogels Kiebitz) der Geschichte zu sein, weist K.s Prosa als typisch *schweizerisch*-jüdisch aus. Auch das dargestellte Generationenverhältnis unterscheidet sich von demjenigen in Texten deutsch-jüdischer Autoren gleichen Alters. In K.s Erzählungen wird eine permanente Auseinandersetzung mit den Elternfiguren, insbesondere dem Vater, geführt; die Kette der Generationen ist nicht durch die Ermordung der Eltern zerrissen. Eine tief ambivalente Beziehung, die viele deutsche Juden an Deutschland bindet, hat K. weder zur Schweiz noch zu Deutschland, sondern zu Polen, einem Land, welches für ihn ein »Faszinosum« geblieben ist. Über die Schweiz sagt er im selben Interview: »Ich finde das sehr angenehm, die Institutionen dieses Landes sind in Ordnung, aber eine Heimat ist es nicht« (*Die Angst, verjagt zu werden,* in: *Die Zeit*, 7.10.1988).

In seinen Erzählungen und Romanen greift K. immer wieder antisemitische Klischees und Vorurteile auf, um sie zu ironisieren. In der Erzählung *Der Sheriff* (in: *Herzflattern*) charakterisiert der jugendliche Protagonist sich selbst folgendermaßen: »Bei mir war es das schlechte Gewissen, einer Rasse von Krämern anzugehören, die schon vor zweitausend Jahren ihre Außenseiter ans Kreuz genagelt hatte.« Einzig an der Selbststilisierung zum jüdischen Intellektuellen, der wenig Sinn für praktisch-körperliche Arbeit hat und trotz politischem Engagement bei konkreten Auseinandersetzungen lieber im Hintergrund bleibt, hält K. durchgängig fest. Dieses Bild wird jedoch beispielsweise in den »Kaminskiboys«, einer erfolgreichen amerikanischen Fußballmannschaft aus elf Brüdern, konterkariert: »Die Kaminskiboys zerschmetterten sämtliche Vorurteile, die bisher über Juden und Sozialisten herumgereicht wurden. Man hatte immer behauptet, die Kinder Israels seien kränklich und engbrüstig, doch die Kaminskiboys erfreuten sich einer beispiellosen Gesundheit« (*Nächstes Jahr in Jerusa-*

lem). Stilistisch steht K. mit seinen erotischen und politisch-satirischen Anspielungen in der Tradition zeitgenössischer amerikanisch-jüdischer Literatur, wie sie etwa von Saul Bellow und im deutschen Sprachraum von Edgar Hilsenrath realisiert wird. K. selbst verzichtet jedoch auf eine literaturgeschichtliche Einbindung seiner Werke und nennt einzig Heinrich Heine explizit als mögliches deutsch-jüdisches literarisches Vorbild. In seinen Überlegungen, für die geplante Lesereise nach Deutschland zu fahren oder nicht, sieht sich K. als »Jude, der zur Loreley rudert – von ihr angezogen und abgestoßen zugleich« (*Schalom allerseits*).

Trotz der zahlreichen Anspielungen auf die Tradition einer jüdischen Bezugsgruppe richtet sich K. in seinen textimmanenten Kommentaren eher an ein nichtjüdisches Lesepublikum. So werden in *Nächstes Jahr in Jerusalem* immer wieder erläuternde Erklärungen gegeben, eingeführt etwa durch die Formel »bei den Juden sagt man«. Auffällig ist die Sprachenvielfalt und die große Anzahl unterschiedlicher Soziolekte, die in K.s Werk zum Ausdruck kommen. Neben zahlreichen jiddischen Idiomen und der Wiedergabe von in jiddisch geführten Dialogen finden sich hebräische und englische Ausdrücke ebenso wie polnische, französische und schweizerdeutsche Zitate. Das Schweizerdeutsche wie das Jiddische gibt K. jedoch nicht in Gänze korrekt wieder, sondern markiert diese Sprachen anhand einiger typischer Merkmale. Auch schweizerische Sitten und Gebräuche sowie gesellschaftspolitische Konstellationen werden thematisiert, so etwa die Konflikte zwischen der deutschen und französischen Schweiz (*Koklüsch und die Macht*, in: *Herzflattern*). Trotz des Lokalkolorits, den K. seinen in der Schweiz spielenden Erzählungen gibt, fehlen globale Bezüge nie, sie reichen vom spanischen Bürgerkrieg bis zum deutschen Nationalsozialismus und der internationalen kommunistischen Bewegung (Classen, 1988). Die Beziehung von K. zu Deutschland und den Deutschen ist nicht nur die eines Juden zu den ehemaligen Verfolgern, sondern auch eines Autors einer sprachlichen und geographischen Minderheit zum kulturpolitisch maßgeblichen Land. In diesem Sinne, als Schweizer, Jude und (Ex-)Kommunist, realisiert K. in mehrfacher Hinsicht einen Minoritätendiskurs, der ihm jedoch die Chance bietet, über jegliche Grenzen der Sprache, Nation oder jüdischen Herkunft hinweg immer wieder neue Zugehörigkeiten zu konstituieren.

Werke: Herzflattern. Neun wilde Geschichten, Frankfurt a. M. 1984; Nächstes Jahr in Jerusalem. Roman, Frankfurt a. M. 1986; Schalom allerseits. Tagebuch einer Deutschlandreise, Frankfurt a. M. 1987; Kiebitz. Roman, Frankfurt a. M. 1988.

Literatur: A. Classen, Jungkommunisten, afrikanische Erfahrungen und ödipaler Vaterkomplex: die Erzählungen des Schweizer Dichters A.K., in: Carleton Germanic Papers 16 (1988), 13–30; ders., The Encounter with the Other World: A.K.'s Search for the Jewish Past, in: The Germanic Mosaic. Cultural and Linguistic Diversity in Society, hg. C.A. Blackshire-Belay, Westport u. a. 1994, 253–265.

Eva Lezzi

Kapper, Siegfried

Geb. 21.3.1821 in Prag;
gest. 7.6.1879 in Pisa

K. gehörte mit Moritz Hartmann und Jakob Kaufmann einer Generation von Schriftstellern und Publizisten an, die als Juden wie als Intellektuelle zwischen der deutschen und böhmischen Kultur standen und sich um eine Vermittlung zwischen

diesen Sphären bemühten. Im Gegensatz zu manchen Zeitgenossen interessierte sich K. zunächst für die Möglichkeit eines nationalen Dialoges, z. B. als Übersetzer tschechischer Lyrik in der Zeitschrift *Ost und West* (1837–48) sowie als Herausgeber böhmischer Volkslieder. Prägend für diese dialogische Ausrichtung war die Freundschaft mit Schriftstellern wie Karel Sabina und Václav B. Nebesky, der u. a. jüdische Ghettoerzählungen ins Tschechische übertragen hat. Seit 1842 veröffentlichte K. Texte mit explizit jüdischen Themen in Zeitschriften wie *Libussa* oder *Wiener Sonntagsblätter*, darunter die Sage *Genenda*. Nach Abschluss seines Medizinstudiums in Wien (1847) begann er in Karlstadt/Karlovac (Kroatien) zu praktizieren. Zugleich weitete er seine Vermittlungsarbeit auf die serbische Literatur aus, aus der er vorwiegend lyrische Texte dem deutschen Lesepublikum in mehreren Ausgaben zugänglich machte. 1848 nahm K., inzwischen mit S. Engländer im Kontakt, an der Wiener Revolution teil und thematisierte in seiner Sammlung *Befreite Lieder* (1848) anläßlich der Märztoten auch den jüdischen Beitrag als »der Freiheit blut'gen Preis«. Anschließend bereiste er neuerlich südslawische Länder und Polen, bevor er sich 1854 als Arzt in Dobirš nahe Prag und ab 1867 in Prag niederließ.

Diese Heimkehr hatte eine Rückbesinnung auf die jüdische Tradition der Stadt zur Folge, die in der Sammlung *Prager Ghettosagen* (1876) ihren Niederschlag fand und an die frühen, z.T. bereits in den Roman *Falk* (1853) eingearbeiteten jüdischen Erzählungen anschloß. Mit den *Ghettosagen*, die aus den drei Texten *Genenda, Der seltsame Orach* und *Glimmende Kohlen* bestehen, stellte sich K. in die sich formierende Gruppe von Prager Ghettoschriftstellern (S. Kohn, J.S. Tauber, Georg L. Weisel), die durch ihre Texte auf die Ausbildung einer jüdischen Volksliteratur sowie einer literarisch vermittelten jüdischen Identität abzielte. Dies war auch ein vorrangiges Anliegen der von W. Pascheles und J. Brandeis begründeten *Jüdischen Universal-Bibliothek*, in der K.s. Ghettosagen erschienen. Thematisch und erzähltechnisch zwar unterschiedlich aufgebaut, ist den Texten eine Parallelisierung von äußeren Ereignissen mit dem Ablauf des jüdischen Jahres gemeinsam; d.h. sie verbinden fiktionale Textsequenzen mit realen Daten aus dem religiösrituellen Alltag und appellieren damit sowohl an ein nichtjüdisches Publikum, dem sie diesen Alltag näherbringen, als auch an das jüdische. Angelpunkte sind dabei der Sabbat nach dem 9. Tag des Monats Aw (Tempelzerstörung) oder das Pessachfest. Um solche Tage sind die Handlungen im Kontext entscheidender Fragen angesiedelt, Fragen wie Glaubenstreue versus Konversion, Liebe, Verrat und Macht (*Genenda*) oder Erkenntnis- und Wissensdurst, die in Hybris und die Herausforderung Gottes umschlagen können (*Orach*). Verlässt der kritische, von Zweifeln erfüllte Dialog, die quälende Frage Jehudas, ob Moses »uns das Wesen Gottes vollständig enthüllt« habe, den sicheren Boden der Schrift (*Orach*), so setzt Entfremdung ein, die nur durch reumütige Besinnung – »kein Prophet mehr erstand in Israel wie Moses« – überwindbar wird. Genenda wie Jehuda verkörpern trotz Scheiterns ihrer individuellen Lebenspläne Kohärenz und Menschlichkeit, aber auch Widerstandskraft inmitten einer rauhen Lebenswelt, womit K. auf zeitgenössische Lebensverhältnisse anspielt. *Glimmende Kohlen* hingegen greift eine universale Märchenkonstellation (Liebeswahl versus Verehelichung durch Familie) auf und überträgt sie samt tragischem Ausgang in eine jüdische Prager Umgebung. Kurz nach Veröffentlichung dieses Bandes erkrankt K. an einem Lungenleiden, dem er im Zuge einer Italienreise 1879 erliegt.

Werke: Slawische Melodien, Leipzig 1844; České listy, Prag 1846; Herzel und seine Freunde. Bilder aus dem böhmischen Schulleben, Leipzig 1853; Falk, Leipzig 1853; Christen und Türken. Reisebilder, Leipzig 1854 (elektron. Edition, Frankfurt a.M. 2008); Pohadky prímorske (= Märchen aus dem Küstenlande), Prag 1865 (Neuaufl. 1998); Das Böhmerland, Leipzig 1865; Gusle. Serbische Gedichte, Leipzig 1874.

Literatur: P. Demetz, Tschechen und Juden. Der Fall S.K., in: Allemands, Juifs et Tchèques à Prague, hg. M. Godé, Montpellier 1996, 157–170; G. v. Glasenapp, H.O. Horch, Ghettoliteratur. Eine Dokumentation zur deutsch-jüdischen Literaturgeschichte des 19. und 20. Jahrhunderts. Teil III, Tübingen 2005, 921–923; H. Krejčova, Kapper, Siegfried, in: http://www.yivoencyclopedia.org/article.aspx/Kapper_Siegfried (Zugriff 10.9.2012).

Primus-Heinz Kucher

Kastein, Josef (eigentl. Julius Katzenstein)

Geb. 6.10.1890 in Bremen; gest. 13.6.1946 in Haifa

K. suchte in seinen kulturhistorischen Romanen Historiographie und Literatur zu vereinen. Seine literarischen Veröffentlichungen erschienen unter dem Pseudonym Josef Kastein, abgeleitet vom Namen des biblischen Traumdeuters Joseph, der

mit »Er, d.h. Jahwe möge (Kinder) hinzufügen« übersetzt werden könnte. Aufgewachsen in einem assimilierten Elternhaus, fand K. bereits während der Schulzeit Kontakt zur zionistischen Bewegung, als er unter dem Eindruck des Dreyfus-Prozesses und der Begegnung mit russisch-jüdischen Pogromopfern, die nach Bremen geflüchtet waren, zur Selbstreflexion über seine jüdische Herkunft angeregt wurde. Unter anderem nahm er 1911 am X. Zionistenkongress in Basel teil. Im selben Jahr trat er als Jurastudent in München der »Verbindung Jüdischer Studenten« bei; die Studien setzte er in Freiburg/Br., Berlin,

Göttingen und Greifswald fort. Im Frühjahr 1913 nahm er an der »Ersten Palästinawanderfahrt« des KJV (Kartell Jüdischer Verbindungen) teil – von der Begegnung mit dem zionistischen Aufbau war er, wie er in der unveröffentlichten Schrift *On Being a Jew* (1943) mitteilt, so fasziniert, dass in ihm ein Prozess der »inneren Ablösung von der Welt Europas« ausgelöst wurde. Sein Palästina-Erlebnis verarbeitete er in der Erzählung *Der Brunnen*, die 1913 in der Zeitschrift *Der Jüdische Student* publiziert wurde. Während des Studiums und seiner späteren Tätigkeit als Rechtsanwalt in Bremen erschienen erste literarische Veröffentlichungen K.s, in denen er ansatzweise jüdische Themen aufgreift. Die erste Buchveröffentlichung, der Lyrikband *Logos und Pan* (1918), verbindet griechische und biblische Reminiszenzen, der dramatische Text *Arbeiter* (1921) ist dem ostjüdischen Proletariat gewidmet. Der Novellenband *Die Brücke* (1922), der »hanseatische Kaufmannsroman« *Melchior* (1927) oder der Kriminalroman *Pik Adam* (1927) sind ohne jüdische Bezüge; zugleich aber veröffentlichte er Essays, die sich mit programmatischen Fragen wie *Gibt es eine jüdische Literatur?* (in: *Der Jüdische Student*, 1919) oder *Probleme der jüdischen Wanderung* (in: *Der Jude*, 1921) auseinandersetzten.

Das Jahr 1927 markiert im Leben und Schaffen K.s eine entscheidende Zäsur: Vorbereitet durch die 1926 erfolgte Scheidung von Rosita Ilse Mengers gab er seinen Anwaltsberuf auf, verließ Bremen und übersiedelte nach Ascona in der Schweiz, wo er bis zur Übersiedlung nach Palästina (1935) als freier Schriftsteller lebte. Den Lebensunterhalt verdiente er durch Vortragsreisen und die in den folgenden Jahren erscheinenden großen Monographien über jüdische Themen. Den Auftakt machte die M. Buber gewidmete Studie *Sabbatai Zewi, der Messias von Ismir* (1930). K. zeichnet ein auf ausführliche Quellenstudien gegründetes Porträt des messianischen Schwärmers Sabbatai Zwi, der im 17. Jahrhundert eine Massenbewegung unter den Juden Europas und der Türkei ausgelöst hatte. An der Gestalt des »falschen Messias« reflektierte er nicht nur Möglichkeiten und Scheitern der jüdischen Erlösungsidee, sondern auch die krisenhafte Umbruchzeit des Diaspora-Judentums. In seinem zweiten jüdischen Geschichtswerk, dem A. Einstein gewidmeten Buch *Eine Geschichte der Juden* (1931), unternahm es K., »den Ablauf der jüdischen Geschichte in ihren entscheidenden und gestaltenden Phasen« – von der Volkwerdung Israels und der »Entstehung der Theokratie« unter Mose bis zur Balfour-Deklaration des Jahres 1917 darzustellen. »Dieses Volk steht am Beginn eines neuen Geschichtsabschnittes«, so K. angesichts der zionistischen Bewegung. In der nächsten Monographie – *Uriel da Costa oder Die Tragödie der Gesinnung* (1932) – wandte sich K. erneut einem jüdischen Außenseiter zu. Das Schicksal des Marranen Uriel da Costa, der christlich erzogen wurde, zum Judentum zurückfand, aus Portugal nach Amsterdam flüchten musste, aber mit seiner Kritik am rabbinischen Judentum auf Widerstand stieß, zum Widerruf gezwungen wurde, an seiner doppelten Einsamkeit – von Christen und Juden ausgeschlossen zu sein – zerbrach und schließlich Selbstmord beging, ist für K. ein Paradigma jüdischer Existenz in der Diaspora: »Auch heute noch zerbrechen so Juden. Heimatlos irren sie am Rande aller Kulturen und streuen in alle Weite des Nichts, in die Einsamkeit und in die Fremde, eine Saat, die nach keinem anderen Gesetz als dem des Zufalls aufgehen kann.« Am Beispiel der Krisenzeit der Wende vom Mittelalter zur Neuzeit reflektiert K. über das Vermögen des Judentums, sein auf der Tora gegründetes »Anders-Sein« der »provisorischen« Diaspora-Existenz des »als ob« entgegenzuhalten. Uriel da Costas Status als Marrane wird zum Modell des modernen »Menschen mit gespaltenem Bewußtsein«, der trotz Entfremdung von der »Gemeinschaft« zu seinen jüdischen Ursprüngen »heimzukehren« versucht. K.s *Süsskind von Trimberg oder Die Tragödie der Heimatlosigkeit* (1934) schließlich führt in die Epoche des Mittelalters und formuliert am Beispiel des Lebenswegs des jüdischen Minnesängers Süsskind eine Mahnung an die Juden, die Assimilation aufzugeben. Das Buch konnte nicht mehr in Deutschland erscheinen – nach Hitlers Machtergreifung wurden K.s Bücher verboten –, es wurde in Jerusalem publiziert. Gewidmet ist es »Den Juden in Deutschland«, denen K.s Aufforderung galt: »Im Anfang steht Kanaan als verheißenes Land. […] Geh heimwärts, Süsskind von Trimberg!«

Nachdem sich K. 1934 bereits kurzzeitig in Palästina aufgehalten hatte, übersiedelte er im Juni 1935 endgültig nach Haifa. Im selben Jahr erschienen die noch in der Schweiz verfassten Publikationen *Juden in Deutschland*, eine Bilanz der jüdischen Geschichte in Deutschland, und *Theodor Herzl. Das Erlebnis des jüdischen Menschen*, ein Vortrag zum 75. Geburtstag Herzls. In der Broschüre *Jüdische Neuorientierung* (1935) interpretiert K. Palästina als »die einzige jüdische Wirklichkeit, die wir besitzen«: »Palästina löst nicht die Diaspora auf, aber es löst die Galuth auf, denn es ist eine reale Aktion der Heimkehr. Der Diaspora aber gibt es erst eine Legitimation, denn diese Diaspora kann erst dann ihren Sinn bekommen, wenn sie auf ein Zentrum bezogen ist.« Ein Jahr später erschien *Das Geschichtserlebnis des Juden*. Die Reihe der jüdischen Monographien setzte K. mit *Herodes. Die Geschichte eines fremden Königs* (1936) fort, als abschreckendes Beispiel eines »Kaum-Juden«, der »nur äußerlich zum Judentum gehört« und die Lebens- und Denkweise der nichtjüdischen Umwelt annimmt. Der Kritik an der Assimilation folgte unter dem Titel *Jerusalem. Die Geschichte eines Landes* (1937) eine Studie über Vergangenheit und Gegenwart Palästinas, die das zionistische Kolonisationswerk aus ihren historischen, bis in biblische Zeiten zurückführenden Grundlagen erklärt. Abgeschlossen wurden die Monographien mit *Jeremias. Der Bericht vom Schicksal einer Idee* (1938), einer Warnung vor dem drohenden Untergang des Judentums. In den letzten Lebensjahren litt K. an einer schweren Krankheit, zudem war er verbittert über den geringen Erfolg seines Wirkens in Palästina und enttäuscht über die politische Entwicklung des Landes, die die Hoffnungen nicht erfüllen konnte, die er in die zionistische Bewegung gesetzt hatte. Als letzte Buchveröffentlichung K.s erschien 1942 *Eine Palästinensische Novelle*; postum wurde 1946 der Essayband *Wege und Irrwege* veröffentlicht und 1949 kam der autobiographische Text *Ein Jude zu sein* in spanischer Übersetzung heraus. Danach geriet der »Historiker der jüdischen Seele«, wie ihn Schalom Ben-Chorin nannte, zu Unrecht in Vergessenheit.

Werke: Eine Geschichte der Juden, Berlin 1931; Juden in Deutschland, Wien 1935; Jüdische Neuorientierung, Wien 1935; Jerusalem. Geschichte eines Landes, Wien u. a. 1937.

Literatur: Sch. Ben-Chorin, J.K., in: Israel Nachrichten, 11.6.1976, 9; A. Dreyer, J.K., in: Bremisches Jahrbuch 58 (1980), 93–144; ders., J.K., in: Bulletin des Leo Baeck Instituts 60 (1981), 21–50; ders., J.K., in: Bulletin des Leo Baeck Instituts 66 (1983), 23–51; ders., J.K. (1890–1946), in: Bulletin des Leo Baeck Instituts 71 (1985), 35–56.

Armin A. Wallas

Katz, Henry William

Geb. 31.12.1906 in Rudky (Galizien); gest. 7.6.1992 in Florida

Obwohl das Judentum weder in religiöser noch in politischer Hinsicht eine bedeutende Rolle für K.s eigenes Leben spielte, wurde es zum tragenden Element seines literarischen Werkes. Sein Interesse galt dabei v. a. der interkulturellen Konstellation des

»Deutsch-Jüdischen«, der Frage der Assimilation, dem Antisemitismus. Freilich aber thematisierte der aus Galizien stammende K. – v. a. in seinen beiden autobiographischen Romanen *Die Fischmanns* (1938), für den K. 1937 den Heinrich-Heine Preis im Exil erhielt, und *Schloßgasse 21* (1942) – seine Kindheitsjahre im galizischen Stetl, ebenso auch seine Jugendjahre als ostjüdischer Einwanderer in Deutschland. Die kulturelle, religiöse und politische Realität der Romane ist vor allem diejenige der osteuropäischen Juden.

Die Perspektive, aus der K. schrieb, war diejenige der Assimilation. Bald nach seiner Ankunft in Deutschland im Jahre 1914 begannen K.' Assimilationsbestrebungen und die orthodoxen Ansichten seines Vaters aufeinanderzuprallen: »Ich war mehr interessiert in die Stadtbibliothek und die dortigen deutschen Bücher als in den hebräischen Unterricht, den ich wöchentlich nehmen mußte, um meinen Vater zu befriedigen. Ich gestehe, daß ich hebräisch vergaß, aber nicht deutsch.« Mit 15 Jahren zog K. zum Entsetzen seines Vaters ohne Bibel und Gebetsriemen aus dem Elternhaus und schloss sich der »Sozialistischen Arbeiterjugend« an. In seinen journalistischen Arbeiten – Kurzgeschichten, Reportagen und politischen Artikeln –, die er vor 1933 für sozialdemokratische Zeitungen schrieb, hat K. nur einmal das Los der Juden dargestellt.

Wie viele assimilierte, sozialdemokratische jüdische Intellektuelle, denen das religiöse Judentum unwichtig war, wurde K. durch den nationalsozialistischen Antisemitismus mit seinem jüdischen Erbe konfrontiert, bis zur erzwungenen Ausbürgerung aus Deutschland. Diese Auseinandersetzung erfolgte in den genannten, während seines Exils in

Frankreich 1933–45 abgefassten Romanen. Besonders in *Schloßgasse 21* kommt die deutsch-jüdische Identitätsproblematik des jungen Protagonisten Jakob Fischmann alias K. zum Ausdruck: »Ich werde nicht mit mir fertig! Sie wissen zwar, daß ich Jude bin. Aber Sie können nicht wissen, was das ist. Außerdem bin ich der Sohn eines eingewanderten Ostjuden. Und was das heißt, wissen Sie schon gar nicht. Mein ganzes Leben ist dadurch belastet. Ich stoße überall an, bei mir selbst an. Die einfachsten Begriffe sind verschoben und werden kompliziert, schon wenn ich nur an sie denke [...].« Im Roman stellt K. drei politisch-kulturelle Profile des Judentums in der Weimarer Republik dar, ohne jedoch eines klar zu bevorzugen. Das erste Profil entspricht den ostjüdischen Emigranten. K. differenziert sie einerseits in die ältere traditionsbewusste Generation, die ihre Assimilationsbestrebungen bald aufgibt, weil ihr klar wird, dass sie nie »deutsch« werden kann; andererseits in die jüngere Generation, deren Assimilation, meistens auf Kosten ihres Glaubens, rasch erfolgt. Das zweite Profil zeichnet die assimilierten deutschen Juden, die, seit Generationen in Deutschland ansässig, sich für hundertprozentig »deutsch« halten. Der Versuch einiger dieser Juden, sich bei der Machtübernahme der Nationalsozialisten auf Kosten ihrer »jüdischen« Brüder aus dem Osten als »Deutsche« zu retten, wird von K. scharf kritisiert. K.' Darstellung der letzten Gruppe von Juden, der Zionisten, ist auffallend kurz und oberflächlich, was zweifellos an seinem eigenen Desinteresse dem Zionismus gegenüber liegt. Obwohl K. Anfang der 30er Jahre mit dem Gedanken spielte, sich durch Auswanderung nach Palästina vor dem Nationalsozialismus zu retten, hat er sich niemals für den Zionismus eingesetzt. Dementsprechend wird auch der einzige Zionist in *Schloßgasse 21* als ein Einzelgänger dargestellt, der es nicht vermag, einen bleibenden Eindruck auf die jüdischen Jünglinge zu hinterlassen, die er zu »führen« gekommen war. Am Ende des Romans fasst K. das Dilemma der jüdischen Existenz in der Diaspora, so wie er es 1940 sah und vor 1933 in Deutschland selbst erlebt hatte, im Gespräch zwischen Jakob Fischmann und einem jüdischen Restaurantbesitzer zusammen, dessen Sohn glaubte, sich durch Assimilation vor dem Antisemitismus retten zu können: »›Mein Sohn‹, habe ich ihm immer gesagt ›zu solchen Juden, wie du einer bist, sagen die Antisemiten: Sie drängen sich vor in unserer Wirtschaft, in unserer Wissenschaft, in unserer Politik, in unserer Literatur, in unseren Tanzlokalen‹, habe ich ihm gesagt!‹ [...] ›Vater‹, hat er gesagt, ›wenn wir Juden uns von dem Leben der Deutschen zurückhalten und immer nur für uns und unter uns bleiben, dann sind wir ein Fremdkörper und nur das ist ein gefährliches Argument für die Antisemiten‹ hat er gesagt [...] ›Mein Sohn‹, habe ich ihm darauf erwidert, ›die Antisemiten brauchen keine Argumente, sie brauchen nur Juden und sie machen keinen Unterschied unter den Juden, nur die Juden machen sich Unterschiede [...]‹.« Der Roman endet 1933 mit der Flucht des Protagonisten nach Frankreich – so wie auch K. fliehen musste. Dabei stellt K. Verfolgung als ein unausweichliches jüdisches Schicksal dar, wie eine Äußerung des jungen Fischmann zu Beginn des ersten Romans unterstreicht: »Heute glaube ich, daß es ganz gleich ist, wo ich, der Jude zur Welt kam. Daß ich als Jude geboren wurde, war bestimmender für mein Leben. Denn man verfolgt nicht nur die Juden aus Strody.« Auch für sich selbst stellte K. in diesem Sinne Kategorien wie »Heimat« und »Identität« infrage, so etwa 1987 in einem Brief aus Amerika, wo er und seine Familie sich seit der Emigration 1941 angesiedelt hatten, an den Journalisten und Verleger Peter Mosler: »Was ist Heimat? Heimat ist, wenn man zu dem Land seiner Kindheit und Jugend zurückkehren kann und wo einen Freundschaft und ein warmes Willkommen und Anhalt erwartet [...] Gibt es das noch? Für wen? Und für wen nicht? Heimat ist ein kompliziertes Problem [...] Meine Erinnerungen und die Sprache – das ist meine Heimat.«

Entscheidend für K.s politische und kulturelle Identität war zeit seines Lebens die Sozialdemokratie, nicht das Judentum. Gegen jede Art von jüdischer Vereinnahmung richtet sich deshalb sein Einspruch, den er Ende der 80er Jahre in einer Rede in Deutschland formulierte, als »jüdischer« Autor eingeordnet zu werden. Mit zahlreichen politischen Flüchtlingen jüdischer Abstammung hielt er vielmehr »das jüdische Denken von sich fern«: »Sich als jüdische Flüchtlinge zu bezeichnen, schien diesen politischen Exilanten als ob sie den gelben Stern und damit die Nazi-Rassentheorie akzeptierten. [...] Da das 3. Reich nicht mehr existiert, hat wohl niemand hier die Absicht, exilierte Schriftsteller jüdischer Abstammung mit einem gelben Stern zu katalogisieren.«

Die Erfahrung von Antisemitismus und Verfolgung hinterließen in K. zweifelsohne tiefe Wunden und erklären sein kompliziertes Verhältnis zum Judentum und zu Deutschland. Während K. immer die Unschuld der deutschen Nachkriegsgenerationen betonte, blieb seine Kritik an denjenigen, die 1933 Hitler zum Reichskanzler wählten, bestehen. Er legte daher viel Wert darauf, in Vorträgen die deutsche Nachkriegsjugend vor der Gefahr des Rechtsextremismus zu warnen. Eine Passage aus *Die Fischmanns* kann K.' ambivalentes Verhältnis zu Deutschland im Jahre 1937 am besten vermitteln: »Wer von uns kennt nicht diesen inneren Riß, dieses Heimweh, das ein jeder von uns empfindet – und die Scham es einzugestehen. Dürfen wir denn Sehnsucht nach einem Lande haben, das uns anspie [...]?« Später, als K. 1941 eine »neue Identität« in Amerika erhielt, das sein Heim, aber nie seine »Heimat« wurde, glich sich dieses reibungsvolle Nebeneinander von Hass und Liebe gegenüber Deutschland aus, wenn auch die deutsch-jüdische Identität als Problem bestehen blieb.

Werke: Die Fischmanns, Frankfurt a. M. 1986; Schloßgasse 21, Frankfurt a. M. 1986.

Literatur: E. Pedersen, The Life and Work of a German-Jewish Writer and Journalist in Exile1933–1945, Oxford 1998.

Ena Pedersen

Katz, Leo

Geb. 22.1.1892 in Sereth (Bukowina);
gest. 9.8.1954 in Wien

Obwohl K. die Bezirkshauptstadt Sereth, im Grenzgebiet zu Rumänien gelegen, bereits mit 17 Jahren für immer verließ und zunächst nach Wien ging, um Geschichte zu studieren und sich nach dem Ersten Weltkrieg der gerade gegründeten kommunistischen Partei anzuschließen, ist sein vor allem im New Yorker und mexikanischen Exil entstandenes literarisches Werk von seinen frühen Erfahrungen geprägt. Die Hälfte der Bevölkerung der an die 8000 Einwohner zählenden Stadt war jüdisch und sprach Jiddisch. Die Juden Sereths lebten mit Ukrainern, Deutschen und Rumänen zusammen. In der jüdischen Gemeinde hatten sich Traditionen der rabbinischen Gerichtsbarkeit erhalten; die Juden existierten hier augenscheinlich als Volk unter Völkern. In einem auf vier Bände angelegten Zyklus wollte K. die Geschichte der Juden Sereths im 20. Jahrhundert darstellen. Abgeschlossen wurden jedoch nur die Romane *Seedtime* (1947) mit der Schilderung des rumänischen Bauernaufstandes von 1907 und *Totenjäger* (1944), der die Verhältnisse unter der deutschen Okkupation, Widerstand und Verfolgung, behandelt. *Totenjäger* ist einer der ersten Versuche, über den nationalsozialistischen Massenmord an den Juden zu schreiben. Im Unterschied zu Soma Morgensterns *Die Blutsäule. Zeichen und Wunder am Sereth* (Englisch 1955, Deutsch 1964) ist Sereth bei K. kein mythischer Ort eines apokalyptischen Geschehens. Es ist vielmehr das Sereth mit seinen jüdischen und christlichen Honoratioren, das K. aus seiner Jugend wohlbekannt war und dessen skurrile Typen er liebevoll zeichnete.

Für den Historiker K., der über die Judenverfolgungen zur Zeit der Schwarzen Pest promoviert hatte, war das Judentum nicht primär religiöses Bekenntnis, sondern Volkszugehörigkeit mit eigenen, religiös verbrämten Gebräuchen (Dampfbad, Pessachfest, Sabbat, Speisevorschriften), und dies nicht nur ›nach rückwärts‹, sondern auch in der Gegenwart und Zukunft. Gleich Valeriu Marcu ging K. davon aus, dass die Juden mit »der Vernichtung ihrer staatlichen Selbständigkeit« aufgehört hatten, »ein geschichtsschreibendes Volk zu sein«: »An die Stelle des Vaterlandes trat die Religion und das Gesetz, an Stelle der Geschichtsschreibung die Legende und die messianische Hoffnung.« Der Frage, wie dieses geschichtslos gewordene Volk, »ein Überrest der antiken Welt«, im feudalen Kosmos angesichts des christlichen Universalitätsanspruches fortexistieren konnte, geht K. in dem großen historischen Essay *Kirche, Moschee und Synagoge* (unveröffentlicht im Nachlass) nach. Die Geschichte der Judenverfolgungen führt K. nicht auf einen geradezu überhistorischen Antijudaismus zurück. Für K. ist der Zusammenhang mit sozialen und kulturellen Krisen, die gleichzeitig ihren Ausdruck etwa in der Verfolgung von Ketzern und Hexen, in der Katastrophe der kolonialen Eroberungen finden, ausschlaggebend. Katz plädiert früh schon für eine nicht-homogene, multikulturelle Welt ohne nationale Schranken, in der auch die Juden aus dem Dilemma von Assimilation und ritueller Erstarrung wieder heraustreten können.

K., der in seinem Leben immer wieder als Redakteur kommunistischer Zeitschriften in jiddischer Sprache fungierte, gehörte bis zur Machteinsetzung Hitlers auch zum Redaktionsstab der *Roten Fahne* in Berlin. 1933 nach Paris geflüchtet, war er 1937–38 als Waffenverkäufer für die Spanische Republik tätig. 1938–40 in New York, fand er schließlich ein dauerhaftes Exil in Ciudad de México. Die Exiljahre waren zugleich jene, in denen sich der Schriftsteller K. gegen den Journalisten und Politiker entfalten konnte.

Durch die Shoah, die Stalinsche Kampagne gegen »Kosmopolitismus« und die von K. begrüßte Gründung des Staates Israel wurden K.s Vorstellungen von einem politisch erwachten jüdischen Volk in einem den Mittelmeerraum integrierenden vereinten Europa zunehmend die Grundlagen entzogen. Mit seinen für ihn bedeutendsten Ideen vereinsamte er daher in den Jahren nach seiner Rückkehr nach Wien (1949), schrieb Jugendbücher und historische Romane, die nicht mehr in dem früheren Spannungsverhältnis zu einer noch zu gestaltenden Gegenwart, einer neuen Epoche stehen.

Werke: Totenjäger, México D.F. 1944; Seedtime, New York 1947; Die Grenzbuben, Berlin 1951; Tamar, Berlin 1952; Die Welt des Columbus, Berlin 1954; Der Schmied von Galiläa, Berlin 1955; Brennende Dörfer, Wien 1993.
Literatur: H.H. Fassel, Die Einsamkeit des L.K., in: Die Bukowina, hg. D. Goltschnigg u. a., Tübingen 1990, 199–214; K. Kaiser: Nachwort, in: L.K., Brennende Dörfer, Wien 1993, 165–174; B. Moerl, L.K. – sein Leben, sein Einsatz für seine Überzeugungen und sein Volk, in: Mit der Ziehharmonika 13, 2 (1996), 24–27.

Konstantin Kaiser

Kaus, Gina

Geb. 21.10.1893 in Wien;
gest. 23.12.1985 in Los Angeles

K. war eine geachtete und erfolgreiche Schriftstellerin, als sie nach dem »Anschluß« Österreichs im März 1938 zunächst nach Paris, dann, nach Ausbruch des Zweiten Weltkriegs, in die USA emigrierte. In ihrer Autobiographie *Und was für ein Leben* … (1979; Neuausgabe u.d.T. *Von Wien nach Hollywood*, 1990) erinnerte sie sich an den großen Verlust, den sie durch ihre Flucht aus Wien erlitten hatte. Schmerzlich wurde ihr bewusst, dass sie ihre Vergangenheit, vor allem ihre »ganze Jugend« – bewahrt in Tagebüchern, Briefen und Fotos – zurückgelassen hatte. Im amerikanischen Exil gelang es ihr nach anfänglichen Schwierigkeiten zwar, sich einen Namen als Drehbuchautorin Hollywoods zu erwerben, Romane oder Erzählungen veröffentlichte sie – abgesehen von Neuausgaben bereits erschienener Werke – jedoch nicht mehr. »Die deutsche Literatur habe ich nicht kennengelernt«, schrieb sie über einen Besuch im Nachkriegs-Europa: »Ich weiß nicht, ob es da Kreise gab, die sich regelmäßig trafen, wie wir das in unserer Jugend getan hatten. Ich wurde entsetzlich einsam […].«

Schriftstellerisch trat K. zunächst unter dem Pseudonym Andreas Eckbrecht an die Öffentlichkeit. Die Tochter eines jüdischen Kaufmanns, die in armen Lebensverhältnissen aufgewachsen war, 1913 den Musiker Josef Zirner geheiratet hatte und sich nach dessen Kriegstod als Geliebte des verheirateten Bank- und Wirtschaftsmagnaten Josef Kranz von diesem 1916 adoptieren ließ, lebte in dieser Zeit eine doppelte Existenz. Während sie einerseits, im Palais Kranz residierend, eine Welt des glanzvollen Reichtums repräsentierte, zog es sie andererseits stetig zu den Kreisen der gesellschaftlichen Außenseiter und der linken Intellektuellen, zu den Treffpunkten der Literaten, wo sie ihre *eigentliche* Heimat sah und wo sie ein Forum für ihre künstlerischen Neigungen fand. Nach der Aufführung ihrer sozialkritischen Komödie *Diebe im Haus* im Schlosstheater Schönbrunn und Publikationen in der kommunistischen Zeitschrift *Sowjet*, herausgegeben von dem Schriftsteller und Psychologen Otto Kaus, den sie im August 1919 heiratete, veröffentlichte K. 1920 die Novelle *Der Aufstieg*, für die ihr der Fontane-Preis verliehen wurde. Diese Auszeichnung legte das Fundament für ihre literarische Etablierung. Es folgten Prosaveröffentlichungen in der Wiener *Arbeiter-Zeitung*, die Herausgabe einer Zeitschrift (*Die Mutter*), die Aufführung ihrer »Schulmädchen-Komödie« *Toni* (1927), für die K. einen Teilpreis des Bremer Goethe-Bundes und Schauspielhauses erhielt, und 1928 die Publikation des Romans *Die Verliebten*, ihr literarästhetisch wohl bedeutendstes Werk. Daneben widmete sie sich immer wieder der kleinen Prosa und schulte sich als niveauvolle Feuilletonistin und scharfsichtige Kritikerin, deren Beiträge in vielen namhaften Zeitungen und Zeitschriften der 20er und frühen 30er Jahre abgedruckt wurden. Befreundet u. a. mit

K. Kraus, F. Blei, H. Broch, R. Musil, F. Werfel und A. Polgar, erschien K. in der Zwischenkriegszeit als eine anerkannte und schillernde Persönlichkeit, die in den Literatencafés Wiens und Berlins wie eine »Löwin der Literatur« (H. Spiel) auftrat.

Mit ihrem 1932 erschienenen Roman *Die Überfahrt* erlangte K. einen großen Publikumserfolg, auch international. Ebenfalls 1932 veröffentlichte sie den Roman *Morgen um Neun*, die Geschichte einer Ehescheidung. Immer wieder versuchte K. in ihren Romanen – angeleitet von den Theorien Alfred Adlers, mit dem die Schriftstellerin befreundet war –, die Ursachen für die Konflikte und Brüche im menschlichen Zusammenleben, vor allem in den Geschlechterbeziehungen, in der Liebe, in der Ehe, mit psychologischem und sozialkritischem Blick zu analysieren. Als 1933 die Nationalsozialisten in Deutschland die Macht übernahmen, stand auch der Name K.s auf der Schwarzen Liste: »Am 10. Mai dieses Jahres 1933 wurden meine Bücher in Berlin öffentlich verbrannt, zusammen mit denen von über dreißig anderen Autoren. Nie zuvor war ich in besserer Gesellschaft gewesen«, notierte K. rückblickend in ihrer Autobiographie. Immer stärker spürte sie nun, dass sie als jüdische Schriftstellerin bedroht war und zunehmend ihrer Freiheit und ihrer Rechte beraubt wurde. Ihre Romane *Die Schwestern Kleh* und *Der Teufel nebenan* sowie die Biographie *Katharina die Große* veröffentlichte sie ab 1933 im Amsterdamer Exil-Verlag Allert de Lange.

K. setzte sich literarisch nur am Rande mit der Frage der jüdischen Identität auseinander, indem sie einige jüdische Romanfiguren – in Form von »Nebenkonflikten« – mit antisemitischen Tendenzen der Zwischenkriegszeit konfrontierte. Dass sie mit der jüdischen Geschichte und Mythologie vertraut war, zeigte sich etwa an ihrer historischen Erzählung *Salomons Ring*, die 1924 in der »Jüdischen Illustrierten Monatsschrift« *Das Zelt* erschien. Darin erzählt K. von der Regentschaft König Salomons, des Sohnes Davids, dem vom Dämon Asmodei der magische »Ring von Gibeon« gestohlen wird. Während sich Salomon durch den Ringverlust in einen verstoßenen und aussätzigen »Bettlerkönig von Israel« verwandelt, besetzt Asmodei dessen Thron. Kraft des wiedererlangten Rings kann Salomon den Dämon am Ende jedoch bannen und zur früheren »Gestalt, Kraft und Schönheit« zurückfinden. Durch die persönlichen Erlebnisse der Judenverfolgung in den 30er Jahren fand sich K., gezwungenermaßen, in einer »jüdischen Schicksalsgemeinschaft« wieder, die geprägt war von Vertreibung, Flucht und Heimatverlust. »Die meisten meiner Bekannten waren Juden gewesen und irgendwohin emigriert«, bemerkte K. in ihrer Autobiographie. Vor diesem Hintergrund versuchte sie, ihre neue Heimat, ihre amerikanische Existenz, die auf dem Verlust der alten Heimat Österreichs gründete, zu definieren. Dabei erkannte K.: »Was uns Emigranten einigt, uns unbewußt verbindet, ist das gemeinsame Erlebnis. Der große Bruch. Daß wir alle in der Mitte unseres Lebens umlernen, neu anfangen mußten.«

Werke: Der Aufstieg, München 1920; Salomons Ring, in: Das Zelt 1 (1924), 313–322; Die Verliebten, Berlin 1928 (Neuausgabe, hg. H. Vollmer, Oldenburg 1999); Die Überfahrt, München 1932; Morgen um Neun, Berlin 1932; Die Schwestern Kleh, Amsterdam 1933; Katharina die Große, Amsterdam 1935; Der Teufel nebenan, Amsterdam 1940; Und was für ein Leben ... mit Liebe und Literatur, Theater und Film. Autobiographie, Hamburg 1979 (Neuausgabe: Von Wien nach Hollywood, hg. S. Mulot, Frankfurt a. M. 1990); Die Unwiderstehlichen, hg. H. Vollmer, Oldenburg 2000.
Literatur: D. Malone, G.K., in: Deutsche Exilliteratur seit 1933, Bd. 1, hg. J.M. Spalek u. a., Bern u. a. 1976, 751–761; A. Capovilla, Entwürfe weiblicher Identität in der Moderne. Milena Jesenská, Vicki Baum, G.K., Alice Rühle-Gerstel, Oldenburg 2004; H. Atzinger, G.K. Schriftstellerin und Öffentlichkeit, Frankfurt a. M. u. a. 2008; V. Hofeneder, Aus der neusachlichen Beziehungskiste. Facetten der Eifersucht in G.K.s kleiner Prosa, in: Jahrbuch zur Kultur und Literatur der Weimarer Republik 12 (2008), 45–68.

Hartmut Vollmer

Keilson, Hans (Benjamin Cooper; Alexander Kailand)

Geb. 12.12.1909 in Bad Freienwalde an der Oder;
gest. 31.5.2011 in Hilversum (Niederlande)

Im Lebenswerk des Arztes und Psychoanalytikers K. sind Literatur und Biographie eng miteinander verwoben. Seine Gedichte, Romane und Essays versuchen, die Erfahrungen des eigenen Lebens zu verarbeiten und zu vermitteln. Mit Ausnahme des ersten Romans *Das Leben geht weiter*, der 1933 als letztes Buch eines jüdischen Autors beim S. Fischer Verlag erschien und kurz darauf verboten wurde, befassen sie sich mit den physischen und psychischen Auswirkungen der nationalsozialistischen Verfolgung. Sie beschreiben die Erlebnisse eines aus Deutschland vertriebenen Ju-

den, der 1936 ins holländische Exil ging, nach der Okkupation der Niederlande untertauchte, für den Widerstand arbeitete und sein Leben nach dem Ende des Krieges der Hilfe für jüdische Waisenkinder widmete.

K.s Verhältnis zum Judentum ist ebenfalls von den Erfahrungen des Antisemitismus und Nationalsozialismus geprägt. Aus einem liberalen bürgerlichen Elternhaus stammend – sein Vater war Kaufmann (die schwierigen Bedingungen dieser Existenz in den Zeiten der Depression werden in *Das Leben geht weiter* erzählt) – blieben ihm bereits als Kind erste Ausgrenzungserfahrungen nicht erspart. In einem Essay beschreibt er die Disposition des jüdischen Lebens in der deutschen Diaspora: »Das jüdische Individuum wird in seiner Identität letztlich durch den ›anderen‹ bestimmt, nicht es selbst sagt, wer es ist oder sein möchte, seine Umwelt definiert seinen Status und weist ihm schließlich einen Platz zu. Damit übernimmt sie, sollte man meinen, gewisse Verpflichtungen für den Schutz seines Lebens, für sein Hab und Gut« (*Linker Antisemitismus*). In einem 1937 verfassten Gedicht formuliert er schärfer: »Wir Juden sind auf dieser Welt/ ein schmutziger Haufe billiges Geld,/ von Gott längst abgewertet. Er zieht uns nicht aus dem Verkehr,/ er wirft uns weg, er ruft uns her, -/ Wir zahlen alle Schulden« (*Wir Juden …*).

In seinem wichtigsten literarischen Werk *Der Tod des Widersachers* behandelt K. ein Tabu-Thema: das komplizierte Beziehungsgeflecht zwischen Verfolgtem und Verfolger. Der Roman, den er 1942 im Versteck begann und dessen erste fünfzig Seiten er bis zum Ende des Krieges vergrub, erschien 1959 in Deutschland, wo er trotz einiger ausgezeichneter Rezensionen weitgehend unbeachtet blieb. Mehr Aufmerksamkeit fand er in den englischsprachigen Ländern; in den USA wurde er von *Time* zu den zehn wichtigsten Neuerscheinungen des Jahres 1962 gezählt. Im *Tod des Widersachers* folgt der Ich-Erzähler, ein junger deutscher Jude, der untergetaucht im niederländischen Exil lebt, den inneren Spuren, die der wachsende Hass seiner Umgebung in ihm hinterlässt. Er beschreibt sein Befremden und seine Vereinsamung, aber auch den quälenden »Affekt des Interesses« (Erdle) für seinen Feind Hitler – im Roman B. genannt – in dem er sich spiegelt und den er daher ebenso benötigt wie dieser ihn. »Er und ich, wir waren einander ins Blickfeld geraten, wir hatten miteinander zu schaffen. Wir wuchsen aneinander auf« (*Tod des Widersachers*). Damit einher geht die Phantasie, den Verfolger durch »vernünftige Argumente« zur Einsicht bewegen zu können, so dass es nicht zum schlimmsten käme. »Sie werden's nicht wagen« – dieser Satz aus Büchners *Dantons Tod* zieht sich wie ein roter Faden durch den Roman. Durchbrochen wird diese lähmende Konstellation erst durch die Deportation seiner Eltern, die der Ich-Erzähler wie K. selbst nicht mehr verhindern kann. Er stirbt am Ende des Romans in einem Schusswechsel mit einem Schergen Hitlers, den er ebenfalls tötet – eine Tat, zu der er bis dahin nicht fähig gewesen war. Im Roman geht ihr die Erinnerung an eine unmittelbare Konfrontation mit dem »Widersacher« voraus, die K. auch an anderer Stelle beschrieb: ein Auftritt Hitlers im Frühjahr 1933 bei den Siemenswerken in Berlin. »Ich kam, ein Jahr vor meinem Arztexamen, aus dem Hygiene-Institut in Berlin, überquerte die Straße Unter den Linden und bog in die Wilhelmstraße ein, wo sich zu dieser frühen Mittagsstunde viele Menschen eingefunden hatten.« Hitler fährt im offenen Wagen vorbei, genießt den Jubel der Massen. »Hinten im Wagen saßen, mit gespannten Mienen rechts und links in die Menge spähend, sprungbereit lauernd die Bewaffneten, die ihn überallhin begleiteten.« Plötzlich zuckt Hitler nervös mit den Händen und weist auf die Kinder, die vor dem Wagen tanzen: »›Die Kinder, die Kinder.‹ Er wollte sie nicht überfahren, er war ja so kinderlieb, das wußte ein jedes Kind. Es waren dieselben Kinder, die er Jahre später bedingungslos seinem Wahn geopfert hat. Aber auch dies begriff ich erst sehr viel später« (*Kritische Glosse*).

Gemeinsam mit anderen Überlebenden gründete K. nach dem Krieg die Organisation zur Versorgung der jüdischen Kriegswaisen »Le Ezrat Ha-Jeled« (»Zur Hilfe des Kindes«) und absolvierte nach seiner Approbation als niederländischer Arzt eine Ausbildung zum Nervenarzt und Psychoanalytiker. 1979 veröffentlichte er sein wissenschaftliches Hauptwerk *Sequentielle Traumatisierung bei Kindern*. Die in der Traumaforschung als bahnbrechend geltende Studie trägt das Motto »An Stelle eines Kaddisch« und berichtet die Lebensgeschichten jüdischer Kinder, die den Nationalsozialismus zumeist im Versteck und oft als einzige ihrer Familie überlebten. Die auf deutsch, in der Sprache der

Täter verfasste und bei einem deutschen Verlag veröffentlichte Arbeit trug entscheidend dazu bei, dass wichtige »Wiedergutmachungs-Prozesse« vor deutschen Gerichten gewonnen wurden. Sie belegt, dass die Traumatisierung nicht mit der Verfolgung endet und dass der Umgang mit den Überlebenden darüber entscheidet, wie das Trauma verarbeitet werden kann. Die Beschreibungen der Lebensgeschichten in *Sequentielle Traumatisierung*, die sich wie »Prosaminiaturen« lesen (Erdle), sind der Versuch, eine Sprache für die Erlebnisse der Überlebenden zu finden. Den Beginn dieser Arbeit, die erste Untersuchung eines aus Bergen-Belsen zurückgekehrten Jungen, beschreibt K. in einem späteren Essay als Erfahrung umfassender Hilflosigkeit angesichts der Erkenntnis, dass es eine Welt gab, »wohin die Sprache nicht reicht, wo sie ›versagt‹«, weil die sprachliche Übereinkunft zwischen den Überlebenden und der Umgebung, in die sie zurückkehrten, zerbrochen war (*Wohin die Sprache nicht reicht*). Der nicht nachlassende Versuch, diese Bereiche dennoch durch Sprache zu erschließen, ist das Lebensthema K.s geworden. Entsprechend versteht er seine *Deskriptiv-klinische und quantifizierend-statistische follow-up Untersuchung zum Schicksal der jüdischen Kriegswaisen in den Niederlanden* – so der Untertitel der *Sequentiellen Traumatisierung* – als Teil seines dichterischen Werks.

Mit seiner Vertreibung aus Deutschland wurde K. auch aus seiner Sprache vertrieben. Obwohl er das Niederländische rasch erlernte, traf ihn das sprachliche Exil nach eigenem Bekenntnis schwerer als erwartet. Seit dem zweiten Jahr seiner Emigration schrieb er Gedichte, in denen er diese Erfahrung zu verarbeiten suchte. Viele geben der nicht endenden Trauer um die Toten und der Vergiftung durch die Überlebensschuld Ausdruck, wie das Gedicht *Intoxikation*, dessen letzte Strophe lautet: »niemand/ kann herausspülen/ oder abwaschen/ mit antistoff/ was übrigbleibt/ den rest/ den man wegwirft/ der zurückfällt/ schlaf/ kehrricht.« *Sprachwurzellos* zu sein – so der Titel eines anderen, 1963 entstandenen Gedichts und eines Lyrikbandes – erfuhr K. jedoch auch als ästhetisch-literarische Herausforderung. Die niederländische Kultur erlebte er als eine Befreiung von dem Loyalitätskonflikt, der ihm in Deutschland als Jude aufgezwungen worden war. Von seinen holländischen Freunden lernte er, »daß ein Mensch mehrere Loyalitäten haben kann, ohne des Verrats, des ›Treuebruchs‹ schuldig zu werden, und daß eine freie Gesellschaft ihnen dies gestattet« (*In der Fremde zuhause*). Diese Entdeckung ermöglichte es ihm, in den Niederlanden ein »Zuhause« zu finden und das Exil im Sinne der jüdischen Mystik als allgemeinmenschliches Schicksal zu begreifen: unfreiwillig begonnen, wurde es zur »freiwilligen Diaspora«.

K. gehört zu den wichtigsten Autoren der deutschen Exilliteratur. Dazu trug auch sein zweites literarisches Werk bei, die bitter-ironische Novelle *Komödie in Moll*, die 1947 im Amsterdamer Querido Verlag erschien und die Geschichte eines unvorhergesehenen Todes im Versteck erzählt, der die nichtjüdischen Mitglieder des Widerstands unversehens selbst zu Verfolgten macht. 1985–1988 war K. Präsident des PEN-Zentrums »German-Speaking Writers Abroad«, womit er – nach der Beendigung seines wissenschaftlichen Hauptwerks – auch den Versuch verband, an die 1933 abgerissenen Hoffnungen, sich literarisch etablieren zu können, anzuknüpfen. In den 80er Jahren wurden K.s literarische Werke wiederaufgelegt. 2005 erschien bei S. Fischer eine Werkausgabe, die auch die 1968 erstmals veröffentlichte Erzählung *Dissonanzen-Quartett* enthält. 2011 folgten K.s Erinnerungen *Da steht mein Haus* und der Essayband *Kein Plädoyer für eine Luftschaukel*. Auch in den USA wurden *Der Tod des Widersachers* und *Komödie in Moll* 2010 wiederaufgelegt. Der Erfolg war überwältigend. Die *New York Times* feierte K.s Hauptwerk als Meisterwerk und seinen Autor als Genie. Daraufhin folgten Übersetzungen beider Werke in weitere Sprachen, so dass K. spät in den Genuss der weltweiten Anerkennung auch als literarischer Autor kam.

Werke: Sequentielle Traumatisierung bei Kindern, Stuttgart 1979 ff.; Werke in zwei Bdn., hg. H. Detering u. a., Frankfurt a. M. 2005; Da steht mein Haus, Frankfurt a. M. 2011; Kein Plädoyer für eine Luftschaukel, Frankfurt a. M. 2011.

Literatur: F. Trapp, Die Genese des Hasses. Zu H.K.s Roman ›Der Tod des Widersachers‹, in: Geschichte als Trauma. Festschrift für H.K. zu seinem 80. Geburtstag, hg. D. Juelich, Frankfurt a. M. 1991, 151–163; B. Erdle, Unheimliches Verstehen. Zu einem Roman von H.K., in: Luzifer-Amor 9 (1992), 48–56; dies., H.K., in: KLG (1993); dies., Das Gedächtnis der Geste. Kristallisationen kultureller Erinnerung und Tradierung nach der Shoah, in: Fünfzig Jahre danach. Zur Nachgeschichte des Nationalsozialismus, hg. S. Weigel u. a., Zürich 1996, 235–277; H. Detering u. a., Nachwort, in: H.K. Werke in zwei Bdn., hg. H. Detering u. a., Bd. 2, Frankfurt a. M. 2005, 474–500; S. Braese, Dissidente Zeugenschaft: H.K.s ›Der Tod des Widersachers‹ im Kontext der deutschsprachigen Nachkriegsliteratur, in: Die ersten Stimmen. Deutschsprachige Texte zur Shoah 1945–1963, hg. R. Vogel-Klein, Würzburg 2010, 33–48.

Susanne Klockmann

Kerr, Alfred

Geb. 25.12.1867 in Breslau;
gest. 12.10.1948 in Hamburg

K. gehörte zu den bekanntesten und umstrittensten Theaterkritikern der ersten Hälfte des 20. Jahrhunderts in Deutschland. Das Urteil der Zeitgenossen über ihn schwankte zwischen »Feuilletonschlampe« (K. Kraus), »Kerr ist Dichter« (R. Musil) und »Kritikergenie« (M. Heimann). K.s Kritiken zum Theater und zu politisch-gesellschaftlichen Ereignissen polarisierten die Avantgarde ebenso wie die Reaktion. Mit seinen Kritiken gilt K. als Wegbereiter der Dramen Ibsens und Hauptmanns auf den deutschen Bühnen. Er setzte sich für die Wiederaufführung der Dramen Hebbels ein und förderte Dichter wie F. Wedekind, G. Hirschfeld, E. Toller und G.B. Shaw. Seine Gegnerschaft zu K. Kraus, M. Harden und B. Brecht ist Literaturgeschichte.

Geboren wurde K. im schlesischen Breslau. Sein Vater betrieb eine florierende Weinstube. Nach dem Besuch des Gymnasiums studierte K. in Breslau und Berlin, wo er sich 1887 niederließ. Seit seiner Promotion 1894 widmete sich K. ausschließlich seiner schriftstellerischen und kritischen Arbeit. In dieser Zeit (offiziell erst 1909) änderte er auch seinen Familiennamen Kempner in Kerr, um der Vermutung aus dem Weg zu gehen, er sei mit dem »schlesischen Schwan« Friederike Kempner verwandt, Autorin berühmt-berüchtigter Lyrik, die in Wahrheit eine Tante des Dichters Jakob van Hoddis war. Schon als Student in Berlin knüpfte K. Kontakte zum Kreis um die *Freie Bühne*. Seit der Uraufführung von *Vor Sonnenaufgang* 1889 war K. ein uneingeschränkter Bewunderer Gerhard Hauptmanns: »Wir fühlten einen Dichter sich auf uns niederlassen. Freiheit! Freiheit! Freiheit!«, eine Freiheit, die sich nicht nur auf die ästhetische Form, sondern auch auf das Lebensgefühl der jungen Generation bezog. Als Theaterkritiker wurde K. in den folgenden Jahren neben Paul Schlenther zu einem der Wegbereiter des Naturalismus auf der deutschen Bühne. Er schrieb für die *Neue Rundschau*, die *Vossische Zeitung*, die *Breslauer Zeitung*, die *Frankfurter Zeitung* und die *Königsberger Allgemeine Zeitung*. 1900 gründete K. mit Paul Cassirer und Wilhelm Herzog die Theaterzeitschrift *Pan*, die bis zum Ersten Weltkrieg erschien. Kurt Tucholsky, Frank Wedekind, Heinrich Mann und Robert Walser schrieben für diese Zeitschrift. Von Wien aus jedoch verspottete Karl Kraus K.s *Pan* als bloßen Abklatsch der 1895–1900 erschienenen Kunstzeitschrift gleichen Namens: »der kleine Pan röchelt noch«. 1900–1919 war K. auch Theaterkritiker des *Tag*, von 1919 bis zu seiner Flucht 1933 schrieb er für das *Berliner Tageblatt*. Bereits 1904 war eine Sammlung seiner Kritiken unter dem Titel *Das neue Drama* erschienen, und eine weitere Sammlung (*Die Welt im Drama*) war auf fünf Bände angewachsen.

Schon Syntax und Semantik brachen mit der Theaterkritik alter Schule, die – vom akademischen Katheder herab – Stück und Aufführung analysierte und bewertete. Dagegen setzte K. knappe Formulierungen, Umgangssprache und Dialekt, gepaart mit Fragmenten klassischer Bildung, Wortspiele, Metaphern und Assoziationen. »Mein Werk ist nicht mit dem Schweiß einer Wissenschaftlichkeit kunstfern geschrieben, sondern mit dem Blut des Herzens.« Damit spielt K. nicht nur die Wissenschaft gegen die Kunst aus, sondern er setzt die Kunst in eins mit dem schaffenden Leben. Zeitgenossen wie Martin Buber forderten vom neuen, hier jüdischen Menschen Schöpfer zu werden, um am neuen Leben des jüdischen Volkes teilzuhaben. Bei K. kehren diese der Lebensphilosophie und dem Vitalismus der Jahrhundertwende entsprechenden Gedanken immer wieder. Höchstes Kriterium für K. ist die schöpferische Fähigkeit des Autors, »ein Dasein im Blitze zucken zu lassen«, ein Anspruch, den K. bei Autoren wie Hauptmann, Toller oder Shaw in höchstem Maße eingelöst sah. Vor diesem Hintergrund ist auch K.s oft zitierte Forderung zu verstehen, dass die Kritik eine gleichberechtigte Kunst neben der Dichtung und der Kritiker ein Dichter sein solle. Nur so könne die Kritik ihrem aufklärerischen Auftrag gerecht werden. Dieser Maxime blieb K. auch treu, als im Oktober 1921 die berühmte *Wilnaer Truppe* in Berlin gastierte. Als K. den *Dybuk* von An-Ski sah, war seine erste Frage: »Was meldet sich der Wahrnehmung?« Und was sich ihm meldete, löste bei anderen Irritationen aus, denn K. sah das Gemeinsame und nicht das Trennende: »Oft ist es bauernverwandte Kunst, wenn der wohlhäbige Jüd Szender für sein Töchterli den Bräutigam sucht […]; ganz wie bei Ludwig Thoma zu Bauern der katholische Schmuser geht, und man zuvor die Mitgift oberbayerisch feilschend Stück für Stück beguckt, bekloppt, rechnet.«

Für K.s Kritiken galt, was Tucholsky über seine Gedichte schrieb: »[Sie] hauen ein wie ein gut sitzender Säbel.« Mit spitzer Feder schrieb K. gegen die Engstirnigkeit der wilhelminischen Gesellschaft an, er kritisierte Justiz und Militarismus und verhehlte nicht seine Abneigung gegen Nietzsche und Wagner sowie deren Verehrer wie Rudolf Steiner. K. verriss Georg Kaiser und August Stramm, was ihm den Vorwurf einbrachte, ein Gegner des Expressionismus zu sein, obwohl er Toller, Horváth und Wedekind hoch einschätzte. Persönliche Feindschaft dagegen prägte sein Verhältnis zu Brecht, der ihm 1918 das Manuskript des *Baal* zugesandt hatte. »Er [ist] ein begabter Ragoutkoch, zeigt zwar als Lyriker große Begabung, dagegen [sind] seine Fähigkeiten als Dramatiker begrenzt.« Als 1928 K. Plagiatsvorwürfe wegen der *Dreigroschenoper* erhob, eskalierte der Streit. Dem epischen Drama stand K. verständnislos gegenüber, der Begriff sei »ein Fremdwort für: das ungekonnte Drama. Für (entschuldigen!) das Idiotenstück« – womit K. sich auch die endgültige Feindschaft von Karl Kraus zuzog.

Auch im Streit um das Heine-Denkmal in Düsseldorf ergriff K. Partei. Er organisierte eine Sammlung für den Bau des Denkmals und griff die – antisemitischen – Gegner des Projekts scharf an. Gerade was den Antisemitismus anging, reagierte K. mit besonderer Sensibilität. In seinem *Lebenslauf* von 1928 schrieb er über den verdeckten Antisemitismus: »›Verfluchtes Judenaas‹ oder ›Wieviel schwangere Judenweiber man sieht – s'ist zum Kotzen!‹ Nicht das war verletzend. Sondern wenn aufgeklärte Freunde, Wohlwollende, schonend sagten: ›Die jüdischen Herrschaften‹ – das traf.« K. empfand »die Herkunft von diesem Fabelvolk immer als etwas Beglückendes, so gewiß ich von seiner Sprache nichts weiß als die für mich gewaltig schönen sechs rauhen Riesenworte: Schma Jisroel, Adonai Elohenu Adonai Jechod. Höre Israel: der Herr, dein Gott, der Herr ist ewig! Sie haben jedoch ewige Geltung für meine Phantasie« (*Lebenslauf*, 1928). Anlässlich seiner Palästinareise 1903 hatte er über die Juden geschrieben: »Die Juden [sind] im Verstand die Allerfreiesten. Die Allerfreiesten von jedem Lichtschwund. Dies alte Volk ist das neueste – nach zweitausend Jahren.« K. ging es dabei weniger um ein zur Schau getragenes Judentum, sondern um ein mit Aufrichtigkeit und Würde gelebtes und verteidigtes jüdisches Selbstverständnis. Pointiert drückte K. dies in seinem Reisebericht *Jeruschalajim* aus: »Simson, Barkochba…Vettern! Eure Pfote«, bzw. »Trotzdem soll jeder feige Vertusch-, Verkriech-, Versteckjude die Gicht kriegen, Knollen am Popo, und zerspringen.« Gerade das Kämpferische ist für K. Inbegriff des Judentums. Jedes Verleugnen des eigenen Judentums bedeutete für ihn umgekehrt, Wasser auf die Mühlen des Antisemitismus zu schütten. Seine scharfen Angriffe gegen antisemitische Untertöne bei Juden (wie beispielsweise Maximilian Harden) oder Nichtjuden müssen vor diesem Hintergrund gesehen werden. Dennoch sind die jüdischen Helden für ihn nur »Vettern«, seine eigentliche Heimat sah er in Deutschland. »Ich hab auch in Jeruschalajim gewußt: daß ich ein Deutscher bin, und daß wunderbar das Schicksal mit mir spielt, weil es […] vom Davidschloß mich hinübertrug […] in das unsterblich dahinklingende, jetzo von mir geliebte Deutschland.« Orientierungspunkt für K. blieb die deutsche Kultur, Literatur und Musik. Der Jerusalemer Reisebericht war nicht der einzige; während der 20er Jahre erschienen regelmäßig Reisefeuilletons und Reisebücher. Neben einer Sammlung von Reiseberichten (*Die Welt im Licht*, 1920, darin *Jeruschalajim* von 1903) waren dies *New York und London* (1923), *O Spanien* (1924), *Yankeeland* (1928), *Es sei wie es wolle, es war doch schön* (1927) und *Die Allgier trieb nach Algier* (1928).

Ab 1928 schrieb K. regelmäßig Rundfunkkommentare, in denen er vor den Nationalsozialisten warnte. 1929 unterschrieb er neben Kurt Tucholsky und Heinrich Mann Henri Barbusses Aufruf zur Gründung einer europäischen Liga gegen den Faschismus. Am 15. Februar 1933 musste er überstürzt mit seiner zweiten Frau und den beiden Kindern die Flucht antreten, über Prag, die Schweiz und Paris nach London. Dort lebte er mit seiner Familie (»meine drei Menschen und ich«) in großer Armut. K. schrieb für Emigrantenzeitungen wie das *Pariser Tageblatt*, war Korrespondent der *BBC* und arbeitete im *Freien Deutschen Kulturbund*. Darüber hinaus konnte er eigene Werke in kleiner Auflage veröffentlichen. 1934 erschien *Diktatur des Hausknechts*, eine Abrechnung mit Hitler. K. hatte schon einmal von »Hausknechten« gesprochen, nämlich 1896 im Zusammenhang mit der Dreyfuß-Affäre und Zolas Verurteilung wegen seines Artikels *J'accuse*: »Es ist da drüben ein Aufstand der Hausknechte.« Er bezeichnete damit eine Geisteshaltung aller Schichten. Im Militär etwa geißelte er diese Haltung als »höheren Stallknechts-Komment

[mit] Kasino-Weltanschauung«, die ihren Ausdruck auch im falschen Ehrbegriff, im Antisemitismus oder in der Frauenfeindlichkeit fand. Den antisemitischen Hofprediger Stöcker nannte er einmal »einen ganz und gar subalternen Kopf«. 1935 schrieb er *Walter Rathenau. Erinnerungen eines Freundes* und schließlich 1938 *Melodien*, eine Sammlung von Gedichten. 1945, nach Kriegsende, wurde K. Mitarbeiter der deutschen Zeitungen *Die Welt* und *Die Neue Zeitung*.

Noch drei Jahre später entschloss sich der mittlerweile 81-jährige K. zu einer Vortragsreise durch Deutschland. In Hamburg erkrankte er schwer und setzte seinem Leben wenige Wochen später selbst ein Ende. An K. erinnert seit 1977 der Alfred-Kerr-Preis für Literaturkritik und seit 1991 der Alfred-Kerr-Darstellerpreis.

Werke: Werke in Einzelbänden, hg. H. Haarmann u. a., 8 Bde., Berlin 1989 ff.; Wo liegt Berlin? Briefe aus der Reichshauptstadt 1895–1900, hg. G. Rühle, Berlin [5]1998.
Literatur: H. Schneider, A.K. als Theaterkritiker, 2 Bde., Rheinfelden 1984; L. Schöne, Neuigkeiten vom Mittelpunkt der Welt. Der Kampf ums Theater in der Weimarer Republik, Darmstadt 1995; N. Otten, »Mit Geschaffenem grüßt man sachte, was nur das Erleben brachte«. Verfolgung, Flucht und Exil im Spiegel der autobiographischen Schriften der Familie A.K.s, Diss. Hamburg 2009, 22–116.

Heidelore Riss

Kesten, Hermann

Geb. 28.1.1900 in Podwoloczysk (Galizien); gest. 3.5.1996 in Riehen bei Basel

»Ich wußte immer, daß ich ein Jude war, und nie genau, was ein Jude war« – im Kontext von K.s umfangreichem Oeuvre wird dieses Bekenntnis, das er seinem Bericht einer Reise nach Israel 1950 einfügte, lesbar als Ausdruck eines jüdischen Schriftstellers deutscher Sprache, dem, obzwar noch in der Nähe zur jüdischen Überlieferung aufgewachsen, Bestimmung und Selbstbestimmung als Jude im Gang des Assimilationsprozesses zusehends ungewisser geworden waren, bis die Verfolgungs- und Vernichtungspolitik des Nationalsozialismus eine neue, radikalisierte Selbstbefragung zunächst des Geflüchteten, dann des Überlebenden erzwang. H. Krüger kennzeichnete in seiner Laudatio auf den Preisträger des Nelly-Sachs-Preises 1977 »die jüdische Tradition dieses Mannes« als »ein freies, aufgeklärtes, undogmatisches Judentum« und führte u. a. aus: »Dieser K. ist darin Jude, dass er Sündenzerknirschung und Jenseitshoffnung nicht kennt. Hier und heute will er leben. Humanität muß jetzt verwirklicht werden.« Auch wenn die Anwendung solcher, schon durch ihre Kürzelhaftigkeit problematischen Definitionen »des Jüdischen« Krügers Deutung infrage stellt, sucht sie doch der Vermutung nachzugehen, dass ein Zusammenhang bestehen muss zwischen dem Charakter des Werkes und der spezifischen Stellung seines Autors im westdeutschen Kulturbetrieb auf der einen Seite und seinem Judentum, seiner Erfahrung jüdischer Existenz auf der anderen Seite.

Nach Kindheit und Jugend in Nürnberg, Studien der Germanistik, Geschichte und Philosophie in Erlangen und Frankfurt und ersten Erfolgen als Autor der Neuen Sachlichkeit (Kleist-Preis 1928) sind es die Krisenzustände Ende der 20er Jahre und vor allem die Machtübernahme der Nationalsozialisten, die K. mit der Frage jüdischer Identität existenziell konfrontieren. Ohne Illusionen über den Vernichtungscharakter des NS-Antisemitismus schon im Sommer 1933 – »man will uns ausrotten, mein Lieber« (Brief an R. Neumann, 7.8.1933) –, scheinen jedoch vor allem das Ende der bürgerlichen Freiheiten und der politischen und moralischen Unabhängigkeit des Schriftstellers K.s Abreise Ende März 1933 motiviert zu haben: »Die Tatsache, daß Kesten Jude war, spielte bei seiner Entscheidung, das Reich zu verlassen, nicht die ausschlaggebende Rolle« (A. Winkler). Eine universalistisch grundierte Perspektive – die das NS-Regime auch in der Retrospektive zuerst als »einen Mordversuch am deutschen Volk und an Europa und an unserer Zivilisation« zu begreifen sucht – bleibt bestimmend sowohl für das poetische Schaffen wie für die zahlreichen Wortmeldungen in der Exilpresse.

Das Ende des Krieges, das verknüpft war mit der Öffnung der Lager und immer neuen Nachrichten über das Ausmaß der NS-Verbrechen, führt zu einer expliziteren Auseinandersetzung mit Fragen jüdischer Gegenwart und jüdischer Selbstbestimmung. Im Roman *Die fremden Götter* (1949) erzählt K. von einem ehemaligen KZ-Häftling, den das Wunder des Überlebens zum jüdischen Glauben zurückgeführt hat und der in Konflikt mit seiner Tochter gerät, die, versteckt in einem französischen Kloster, katholisch getauft worden war. K. nimmt jedoch nicht einseitig Partei, sondern versucht zu zeigen, wie »die Götter die Gläubigen und ihre Familien« zu »zerstören« vermögen. Jahre später wird er in einem Nachwort von 1960 das Buch als »heiteren Vorschlag zur gegenseitigen Duldung« charakterisieren. Kurz nach Erscheinen des Romans besucht K. für vier Wochen den jungen Staat Israel. »Ich ging kontinuierlich vom Befremden zum Entzücken oder zur Ablehnung, von Verzweiflung zur Erheiterung, und von einem Staunen ins andere.« Als jemand, der »den Nationalismus für die Revolte des achtzehnten, die Krankheit des neunzehnten und das Verbrechen des zwanzigsten Jahrhunderts« hält, empfindet K. eine deutliche, persönliche Reserve gegenüber dem zionistischen Gemeinwesen. Als neue Heimat kommt Israel für ihn nicht infrage: »Alle erwarteten von mir, ich würde das Land nie mehr verlassen wollen. Sie schauderten, als ich gestand, ich sei ein Tourist, so reiselustig wie der Ewige Jude, und ich fände New York oder Rom eine hübschere Residenz als Tel-Aviv.«

K.s Identität als jüdischer Schriftsteller deutscher Sprache findet in den anschließenden Jahrzehnten ihren explizitesten Ausdruck zum einen in den wiederholten, eindringlichen Evokationen von Szenen der Verfolgung und Unterdrückung, zum andern im Versuch fortgesetzter politischer und kulturpolitischer Intervention im westdeutschen Literaturbetrieb. Neben der Schilderung von Verschleppung, Misshandlung und Mord unter dem NS-Regime mangelt es dabei nicht an Seitenblicken auf eine schwer fassliche ›Normalität‹, wie sie etwa in *Die Abenteuer eines Moralisten* (1961) zur Darstellung kommt: »Sie taten alle, als ginge ihr Alltag weiter [...]. Die Leute saßen vor den Cafés wie seit Jahrzehnten, sie lachten und tranken, diskutierten und flirteten. Keiner fürchtete sich vor den Verfolgern, die mitten unter ihnen saßen. Keiner zitterte vor dem Krieg, der an der Wand lehnte. Saßen da auch Republikaner? Und Demokraten? Und Freunde von Christen? Und Freunde von Juden? [...] Mischten sich die Henker und Opfer?« Und im Roman *Die Zeit der Narren* (1966), der in der Nachkriegszeit spielt, scheint manches »darauf hinzuweisen, daß eine neue Feindseligkeit gegenüber den Juden entsteht, nur weil sie Opfer waren und die Welt nicht an ihrem Gewissen gerüttelt werden möchte« (C. Schnauber).

Nicht weniger als in seinem poetischen Werk suchte K. auch in öffentlichen Statements wiederholt die Perspektive des jüdischen Exilanten in den deutschen Diskurs einzubringen. Befragt zu seinem Verhältnis als Jude zu Deutschland, in das er dauerhaft nicht mehr zurückgekehrt war, antwortete er 1966: »Für Juden, die das Dritte Reich von innen oder außen gesehen haben, muß die Bundesrepublik wie ein Paradies mit Alpträumen aussehen.« Und in seiner Einleitung zu dem von ihm herausgegebenen Band *Ich lebe nicht in der Bundesrepublik* (1964) stellt er lakonisch fest: »Millionen Deutscher denken und sprechen heute noch besser von der SS und der SA und den alten PGs als von politischen Emigranten oder gar von Juden, die gleichfalls politische Emigranten oder politische Opfer waren.«

In das Jahr 1961 fällt die Niederschrift jener Zeile, die vielleicht am markantesten K.s historischen Ort als Jude in der westdeutschen Nachkriegsliteratur kennzeichnet. Nachdem er öffentlich auf ein Geburtstagsgedicht Ina Seidels zu Ehren Hitlers aufmerksam gemacht und Seidels Sohn sich bei Hans Werner Richter, dem Leiter der Gruppe 47, darüber beschwert hatte, schrieb Richter zurück: »Kesten ist Jude und wo kommen wir hin, wenn wir jetzt die Vergangenheit untereinander austragen, d. h. ich rechne Kesten nicht uns zugehörig, aber er empfindet es so.« In dieser Zeile verwirklichte sich eine Bestimmung des Jüdischen, die K. an anderer Stelle als eine seiner wesentlichen gekennzeichnet hatte: die abgrenzende Zuschreibung von außen. Sie steht hier für die aus Kestens jüdischer Verfolgungserfahrung resultierende Distanz, auch Dissidenz, zu der unter deutschen Autoren weitverbreiteten Haltung, eine tatsächliche »Austragung« der Vergangenheit zu vermeiden. Diese Einstellung führte zu jener notorischen, demonstrativen Abwertung der Exilliteratur, die K. zeitlebens – u. a. mit seinem Briefband *Deutsche Literatur im Exil* – zu bekämpfen suchte. Wie sehr K. in dieser Ablehnung der Exilliteratur durch die westdeutsche Nachkriegsliteratur nicht nur das Gebot der Erinnerung, sondern auch seine Identität als jüdischer Autor deutscher Sprache verletzt sah, wird deutlich in einer Bilanz der deutschen Literatur, die er 1965 veröffentlichte. Dort spricht er von »einer gewissen Intoleranz gegen die ehemals exilierten Autoren, die sie gar nicht mehr zur deutschen Literatur zählen oder wie in einem Ghetto separieren. Freilich ist eine kleine Gruppe der ehemals exilierten Autoren ein wenig empfindlich, nämlich jene, die noch am Leben sind.«

Werke: Ausgewählte Werke in 20 Einzelbänden, Frankfurt a. M. 1980–84; Der Geist der Unruhe – Literarische Streifzüge, Köln/Berlin 1959.
Literatur: C. Schnauber, H.K., in: Zeitkritische Romane des 20. Jahrhunderts, hg. H. Wagener, Stuttgart 1975, 146–166; A. Winkler, H.K. im Exil (1933–1940), Hamburg 1977; G.F. Fritzsche, H.K., in: KLG (1996); S. Braese, »... nicht uns zugehörig«. H.K. und die Gruppe 47, in: Bestandsaufnahme – Studien zur Gruppe 47, hg. ders., Berlin 1999, 175–207; W. Fähnders/H. Weber (Hg.), Dichter – Literat – Emigrant. Über H.K., Bielefeld 2005; H. Häntzschel, Meine Freunde die Poeten: H.K. im Literaturgetriebe des Jahres 1959, auch ein Fallbeispiel für die Wertschätzung der Exilliteratur, in: Das Jahr 1959 in der deutschsprachigen Literatur, hg. G. Häntzschel u. a., München 2009, 240–255.

Stephan Braese

Kisch, Egon Erwin

Geb. 29.4.1885 in Prag;
gest. 31.3.1948 in Prag

K. war als *Rasender Reporter* – so der Titel seiner berühmtesten Reportagensammlung von 1925, der bis 1945 eine ganze Reihe weiterer folgte – in der ganzen Welt zu Hause: in Europa, Afrika, der Sowjetunion, den USA, China, wohin ihn seine

Reisen in den 20er Jahren führten. Er gilt als typischer Vertreter der Neuen Sachlichkeit, deren Programmatik er selbst so formuliert hat: »Nichts ist verblüffender als die einfache Wahrheit, nichts ist exotischer als unsere Umwelt, nichts phantasievoller als die Sachlichkeit und nichts Sensationelleres gibt es in der Welt als die Zeit, in der man lebt.« Mit dem Eintritt in die Kommunistische Partei Österreichs 1919 wurde Wien, 1921–33 Berlin, wo K. bereits vor dem Ersten Weltkrieg einige Jahre gearbeitet hatte, zum Ort seiner Aktivitäten. Hier wurde er als engagierter Kommunist (u. a. seit 1928 im »Bund proletarisch-revolutionärer Schriftsteller«) zu einer bekannten Figur des kulturellen Lebens. Im Exil schloss er sich dem antifaschistischen Widerstand in Paris an, bereiste Belgien, die Niederlande und Australien und nahm am Spanischen Bürgerkrieg teil, ehe er 1939 nach Mexiko emigrierte. K. kehrte 1946 nach Prag zurück, wo er kommunal-politische Verantwortung übernahm. Er starb noch vor der Machtergreifung der Kommunisten, deren Regime seiner idealistischen Vorstellung eines Sozialismus mit menschlichem Antlitz zutiefst widerstrebt hätte.

K.s Rückkehr nach Prag ist keineswegs zufällig. Seit dem 17. Jahrhundert war diese Stadt die Heimat seiner Familie, die, lange im Besitz einer jüdischen Apotheke, eine bedeutende Stellung im Prager Judentum innehatte. Nach eigener Darstellung (*Familiäres, allzu Familiäres*, in: *Die Abenteuer in Prag*, 1920) ergaben sich verwandtschaftliche Verbindungen mit dem Hohen Rabbi Löw, mit dem Gemeindeältesten der Prager Gemeinde Baruch Austerlitz (seinerseits mit Heinrich Heine verwandt) sowie mit dessen Nachfolger, dem ›Primator‹ Wolf Frankel-Spira, aber auch mit Moses Ephraim Kuh und mit Mendelssohns Lehrer Abraham Kisch. Dieser bedeutenden Verwandtschaft fühlte sich K. zeit seines Lebens ebenso verbunden wie der Tradition des jüdischen Prag, obwohl er selbst längst ein ›Jude ohne Judentum‹ geworden war. K. hat diese Anhänglichkeit nicht von ungefähr 1933 in ein einprägsames Bild gefasst: »Die Zeiger der jüdischen Rathausuhr gehen den Weg zurück, sie verlaufen von links nach rechts entlang eines Kreises, den die ersten zwölf Buchstaben des hebräischen Alphabets bilden, Zeichen der Zeit auch sie, aber einer längst vergangenen. Nur der Mann in Kaftan und Stirnlöckchen kennt sich da noch aus« (*Unter den Uhren von Prag*). Die Paradoxie des Bildes besteht darin, dass auch er – alles andere als ein gläubiger Jude – sich ebenfalls noch ›auskennt‹; die Zeit des Exils verstärkt diese Komponente eher, als sie zu schwächen.

Die Ausgabe der *Gesammelten Werke* K.s enthält eine Fülle von Texten, in denen von Juden und Judentum die Rede ist. Das überlieferte Corpus an Ghetto-Geschichten seit 1912 – Reportagen aus den unterschiedlichsten jüdischen Milieus in aller Welt, aber auch Neufassungen überlieferter jüdischer Legenden, biographisch-historische Skizzen über merkwürdige jüdische Lebensläufe – ist deutlich umfangreicher als die zwölf Texte, die K. gesammelt unter dem Titel *Geschichten aus sieben Ghettos* 1934 herausgebracht hat. Die meisten Texte dieser Sammlung waren bereits zwischen 1925 und 1933 veröffentlicht worden; dennoch wurde sie zu Recht als ein Werk sui generis betrachtet. Die zwölf *Geschichten aus sieben Ghettos* belegen die Intention des Autors: Zeugnis abzulegen von der weltweiten Diaspora der Juden in Historie und Gegenwart, die zugleich zu einem Spiegel der Welt mit Gerechten und Ungerechten wird und so die Juden in das Schicksal der Menschheit eingereiht erscheinen lässt. Von daher war es naheliegend, dass K. nach seiner Rückkehr ins heimische Prag eine erweiterte Ausgabe plante, in die vor allem später entstandene Geschichten integriert werden sollten: *Geschichten aus vierzehn Ghettos*. Diese Sammlung kam nicht zustande. Einige für sie bestimmte neuere Texte wurden allerdings in einer englischen Fassung *Tales from Seven Ghettos* 1948 veröffentlicht.

Zweifellos gehören die auf Prag und Böhmen bezogenen Geschichten zu den authentischsten der Sammlung. Insbesondere seit seiner Exilierung und der Rückkehr nach Prag scheint K.s Beziehung zur Heimat besonders intensiv gewesen zu sein. Sein Interesse für die Juden in aller Welt lässt aber dadurch nicht nach. Wo immer er auf sie trifft, streift ihn ein Hauch von Heimatlichkeit, von gemeinsam erlittenem historischem Schicksal. Besonders eindringlich wird dies in einer noch in Mexiko veröffentlichten Geschichte, *Indiodorf unter dem Davidstern* (1945). Hier, unter den doppelten Außenseitern, findet K. eine Haltung, die selten geworden ist: Judentum erweist sich nicht in der buchstäblichen Befolgung von Gesetzen, sondern in der Standhaftigkeit gegenüber allen Anfeindungen. Am Schluss des besuchten Gottesdienstes reiht sich K. im Gedenken an die Prager Herkunft in das allgemeine Totengebet ein. Der Text schließt mit einer ergreifenden Totenbeschwörung der in Auschwitz Ermordeten: »Ein Zug von Millionen, Frauen und Männer, die sich zeit ihres Lebens darum gesorgt, ihre Familien zu ernähren und ihre Kinder zu nützlichen Mitgliedern der menschlichen Gesellschaft zu machen; Angestellte und Arbeiter, die sich im Schweiße ihres Angesichts ihr Brot verdienten; Ärzte, die Tag und Nacht bereit waren, Leidenden zu helfen; Menschen, die bemüht waren, die Wahrheit zu verbreiten und die Lage ihrer Mitmenschen zu verbessern; Gelehrte, die der Wissenschaft lebten; Künstler, die dem Leben Schönheit geben wollten; Kinder, die sich ihre Zukunft so wunderbar träumten […] alle Arten von Menschen, lebensfrohe und sentimentale, gute und schlechte, starke und schwache. Unübersehbar, unaufhörlich ist ihre Reihe. An kalten Fratzen vorbei, wanken sie dem Ziele zu. Dort steht es, ein rauchender Bau. Alle wissen, was dieser Bau bedeutet, woraus der Rauch besteht, der aus dem Schlot aufsteigt. Es ist die Todesfabrik, sie fabriziert Leichen. Mit welchen Gedanken bewegt sich diese Armee der dem Mord Geweihten diesem Ziele zu? Keine Hoffnung mehr, keine Hoffnung mehr für sich, für ihre Kinder, für ihr Angedenken, kaum Hoffnung mehr auf Rache, auf Bestrafung des Massenmords. Sie müssen sich in das Tor schieben, sie müssen sich entkleiden, sie müssen in die Kammer gehen, wo ein fürchterliches Gas sie erwürgt, verbrennt, auflöst. Aus dem Schlot steigt Rauch. Unübersehbar ist die Kolonne, sie zieht dahin, als hätte es nie eine Menschheit gegeben, als hätte es nie einen Sinn der Menschheit gegeben, niemals das Streben, mehr Brot, mehr Recht, mehr Wahrheit, mehr Gesundheit, mehr Weisheit, mehr Schönheit, mehr Liebe und mehr Glück in die Welt zu bringen. Als letzter trete ich weg vom Altar, zu dem ich mich vor einigen Stunden so gut gelaunt aufgemacht hatte« (GW, VIII, 535 f.).

Auschwitz steht also am Ende einer langen Tradition des Judentums, dessen historisch-kulturelle Physiognomie ein Schriftsteller unvoreingenommen skizzieren konnte, der mit seinem sozialistischen Idealismus zugleich einen Beleg für den säkularisiert-messianischen Hintergrund dieser Utopie bietet.

Werke: Gesammelte Werke in Einzelausgaben, 12 Bde., Berlin 1992; Briefe an Jarmila, hg. K. Haupt, Berlin 1998. Literatur: D. Schlenstedt, E.E.K., Berlin 1985; W. Grab, E.E.K. und das Judentum, in: Juden in der Weimarer Republik, hg. W. Grab u. a., Stuttgart u. a. 1986, 218–243; F. Hofmann, E.E.K., Berlin 1988; H.O. Horch, »Was heißt: glauben? Das sind doch Tatsachen!« Zu den ›Ghetto‹-Geschichten E.E.K.s, in: Von Franzos zu Canetti. Jüdische Autoren aus Österreich, hg. M.H. Gelber u. a., Tübingen 1996, 37–57; M.G. Patka, E.E.K., Wien 1997.

Hans Otto Horch

Kittner, Alfred

Geb. 24.11.1906 in Czernowitz (Bukowina); gest. 14.8.1991 in Düsseldorf

In jenem östlichsten Kronland der Donaumonarchie geboren, dessen ursprünglich friedliches Zusammenleben der verschiedenen Nationalitäten heute als Vorbild für ein vereintes Europa gilt, wuchs K. in einem deutschassimilierten Milieu auf. Mit Antisemitismus wurde er erst während des Ersten Weltkriegs in Wien konfrontiert, wohin er mit seinen Verwandten flüchtete. Drei Begebenheiten, von denen er in seinen 1996 erschienenen *Erinne-*

rungen berichtet, geben diesbezüglich Aufschluss. Seines Judentums war er sich von Kind auf bewusst. Orthodoxe, fromme Juden, die er als begabter Zeichner immer wieder karikierte, wirkten auf ihn jedoch exotisch. Von jüdischer Literatur und Kultur hatte er als Jugendlicher nach eigenem Bekenntnis keine Ahnung, begeisterte sich stattdessen für die deutsche Romantik, in deren Stil er schon als 15-Jähriger zu dichten anfing. Sehr früh schon von Kafka fasziniert, bemühte er sich, dessen Erlebniswelt aus der Prosa in die Lyrik hinüberzutragen. Der Zionismus lieferte ihm keine sinnstiftenden Argumente für eine rettende Einbettung in nationalreligiöse Zusammenhänge, wie er 1976 in einem Interview mit Gerhard Csejka deutlich machte. Gastspiele des Wilnaer jiddischen Theaters und des Rezitators Hersch Großbart in den 20er Jahren weckten sein Interesse für jiddische Literatur. Er freundete sich mit Itzik Manger an, übersetzte einige seiner Balladen ins Deutsche und veröffentlichte später seine Erinnerungen an ihn.

Das in Breslau begonnene Germanistikstudium brach er notgedrungen ab. Es war eine Zeit größter politischer Unruhen, in der man den Antisemitismus bereits überall spürte. Dort entstanden spätexpressionistische Gedichte, in denen er u. a. das Kaschemmen- und Prostituiertenmilieu schilderte. Nach Czernowitz heimgekehrt, musste er als Bankangestellter seinen Lebensunterhalt fristen, ehe er eine Stelle als Reporter, Korrektor, Umbruch- und Feuilletonredakteur beim *Tag*, ab 1935 beim *Tagblatt* erhielt, beides linksliberale Blätter unter jüdischer Leitung, was dem guten Einvernehmen zwischen den Redakteuren verschiedener Nationalität anfangs keinen Abbruch tat. Hier konnte K. seine ersten Reportagen, Gedichte und auch drei Prosatexte veröffentlichen, einer davon die humorvolle Schilderung einer Rabbinerhochzeit (*Die Hochzeit der Viertausend*).

Von angesehenen Schriftstellern wie S. Zweig, H. Hesse, F. Braun, M. Hermann-Neiße und J. Haringer, denen er seine Gedichte sandte, erhielt er anerkennende Briefe, und 1937 verlieh der *Wiener Tag* seinem Gedicht *Der Mond der Städte* anlässlich eines Preisausschreibens den 1. Preis. Doch hatten die jüdischen Dichter der Bukowina seit Hitlers Machtergreifung und später, nach dem »Anschluß« Österreichs, keine Veröffentlichungsmöglichkeiten im deutschen Sprachraum, und so erschien K.s erster Gedichtband *Der Wolkenreiter* (1938) im kleinen Czernowitzer Verlag Literaria und fand bloß in der Schweizer und Prager Presse ein erfreuliches Echo. Jüdische Thematik findet sich hier nicht, abgesehen von dem Gedicht *Ostern 1933*, in dem K. auf prophetische Weise den Holocaust voraussieht. Zwar thematisierte er, als in Rumänien unter der faschistischen Regierung Goga-Cuza der Antisemitismus immer virulenter wurde, schon 1939 in dem Gedicht *Gesang ausgetriebener Juden* die Judenverfolgung und setzte sich darin hadernd mit dem jüdischen Gott auseinander, doch erst als man ihn nach dem Überfall der Hitlertruppen auf die Sowjetunion im Oktober 1941 mit allen anderen Glaubensgenossen der Stadt zunächst ins Ghetto trieb und dann im Sommer 1942 nach Transnistrien deportierte, wurde jüdisches Schicksal das vorherrschende Thema seiner Dichtung. Die beiden in den Vernichtungslagern zwischen Dnjestr und Bug verbrachten Jahre (1942–44) waren das einschneidendste Ereignis in seinem Leben. Einige der unter den unmenschlichsten Bedingungen entstandenen Gedichte konnten von einem Mädchen, das im Zuge einer Rettungsaktion von Waisenkindern nach Rumänien zurückkehren durfte, aus dem Lager herausgeschmuggelt werden. Sie erschienen bereits 1944 als die ersten poetischen Zeugnisse über die Judenverfolgung in den von Johannes R. Becher und Willi Bredel herausgegebenen Moskauer *Internationalen Blättern*, erregten in Emigrantenkreisen großes Aufsehen und wurden dann unter dem Titel *Raststatt des Todes. Verse von Trotz und Zuversicht* in den Band *Hungermarsch und Stacheldraht* aufgenommen, der 1956 in Bukarest veröffentlicht wurde.

In den Nachkriegsjahren arbeitete K. als Rundfunksprecher und Bibliotheksangestellter in Bukarest, hatte, als »Kosmopolit« verschrien, vierzehn Jahre Publikationsverbot, so dass er erst 1970 unter dem Titel *Flaschenpost* und 1973 unter dem Titel *Die schönsten Gedichte* zwei weitere Bände veröffentlichen konnte. Zwischendurch entwickelte er eine rege Übersetzer- und Herausgebertätigkeit und wurde 1970 während einer kurzen Tauwetterperiode mit dem Lyrikpreis des rumänischen Schriftstellerverbandes und dem Orden 1. Klasse für kulturelle Verdienste ausgezeichnet. Jahrzehntelang investierte er in die Sammlung Bukowiner Dichtung, die mit einem ausführlichen Nachwort von K.

erst nach seinem Tod unter dem Titel *Versunkene Dichtung der Bukowina* veröffentlicht wurde.

1981 nutzte er eine Einladung zu einem Übersetzer- und Lyrikertreffen in Bielefeld, um nicht mehr nach Bukarest zurückzukehren. Der deutschen Sprache und dem deutschen Kulturkreis verbunden, ließ sich der »Endlösungsflüchtling« in »Mordbrenners sauber aufgeräumter Höhle« nieder, wie in seinem Gedicht *Ortswechsel* zu lesen ist. Hier erschien unter dem Titel *Schattenschrift* (1988) eine Auswahl seiner Gedichte. 1987 war ihm noch eine einzige Reise nach Israel vergönnt, deren Eindrücke er in späten Gedichten wie *Nächtlicher Flug über Tel-Aviv* festhielt.

Werke: Der Wolkenreiter, Czernowitz 1938; Hungermarsch und Stacheldraht. Verse von Trotz und Zuversicht, Bukarest 1956; Flaschenpost, Bukarest 1970; Die schönsten Gedichte, Bukarest 1973; Schattenschrift, Aachen 1988.

Literatur: J. Wallmann, A.K.s rumäniendeutsche Lyrik, in: Die Tat, 4.9.1976; G. Csejka, Der innere Quell. Zum 70. Geburtstag A.K.s, in: Neue Literatur 22 (1976), 7–15; P. Motzan, Erlebnis- und Bildungslyriker: A.K., in: Neue Literatur 27 (1978), 78–85; ders., Die rumäniendeutsche Lyrik nach 1944, Cluj 1980, 117; 125–26.

Edith Silbermann

Klemperer, Victor

Geb. 9.10.1881 in Landsberg (Warthe)/ Gorzów Wielkopolski, Polen; gest. 11.2.1960 in Dresden

Von Kindheit an war K. mit dem Judentum direkt konfrontiert: Sein Vater war Zweiter Prediger der Berliner Reformgemeinde. Tiefe Spuren hinterließ dies nicht: »religiöse und philosophische Tröstungen sind mir versagt«. 1906 konvertierte er aus Anlass seiner Eheschließung mit Eva Schlemmer zum Protestantismus – mehr ein Bekenntnis zum Deutschtum als eine Absage an das Judentum. Assimilation war im Kaiserreich die Bedingung für eine erfolgreiche Karriere. Mit dieser Thematik setzte sich der junge K. u. a. in Beiträgen für die *Allgemeine Zeitung für das Judentum* über Friedrich Spielhagen (1909) und Marie von Ebner-Eschenbach (1910) auseinander.

K. studierte Philosophie, Germanistik und Romanistik und promovierte 1913 in München über die Romane Spielhagens. Schon ein Jahr später folgt die Habilitation bei Karl Vossler in München mit einer Arbeit über Montesquieu. K. hatte sich endgültig für die Romanistik entschieden. 1920 erhielt er einen (in seinen Augen zweitrangigen) Lehrstuhl an der Technischen Hochschule Dresden und begann mit der Arbeit an Grundlagenwerken zur französischen Literaturgeschichte. In der Nachfolge Vosslers nimmt er Stellung gegen die Positivisten einerseits und gegen die Schule der (Jung-) Grammatiker andererseits. Entgegen einer Auffassung von Sprache als etwas »bloß« Mechanischem, das man sammeln und katalogisieren kann, plädiert er für eine Verbindung von Sprache (Sprachgeist) und Leben eines Volkes (Volksseele) und für eine Sprachgeschichte als Teil der Kulturgeschichte. Vollendeter Ausdruck des Humanismus ist ihm die französische Aufklärung: »Mein Denken ist ganz und gar das voltairisch kosmopolitische. [...] Voltaire und Montesquieu sind mehr als je meine Leute.« Eine erste umfassende literaturhistorische Darstellung erschien ab 1925 unter dem Titel *Die französische Literatur von Napoleon bis zur Gegenwart*, 1929 folgte eine *Idealistische Literaturgeschichte*.

Zu Berühmtheit gelangt K. weder durch seine wissenschaftlichen Arbeiten noch durch seine Lehrtätigkeit. Das ruhige Gelehrtendasein endet 1933 jäh. In erschreckender Weise brechen die »Sicherheiten« einer bürgerlichen Existenz zusammen: »Ich war meines Deutschtums, meines Europäertums, meines Menschentums, meines zwanzigsten Jahrhunderts so sicher. Das Blut? Rassenhaß? Heute doch nicht, hier doch nicht.« K. findet sich wieder mit dem Judentum konfrontiert, das ihn so wenig interessiert hatte: »Das Wesen des Judentums [ist] nicht mein Thema.« Jetzt ist er als Jude definiert, genauer: Jude in einer »Mischehe« (K.s Frau Eva ist »Arierin«) – allerdings einer »nicht privilegierten«, denn die Ehe war kinderlos geblieben. Die zwangsweise Wiedereingemeindung unter die Juden änderte nichts an K.s Distanz jüdischen Themen gegenüber. Sowenig er im Zionismus die Rettung sieht – »Die [...] zionistische Sache ist eine Sektiererangelegenheit« –, sowenig mag er jüdische Gottergebenheit hinnehmen: »Besonders widerlich ist uns das Verhalten mancher Juden. Sie fangen an, sich innerlich zu fügen und den neuen Ghettozustand [...] als einen hinzunehmenden gesetzlichen Zustand anzusehen.« Mehr Aufmerksamkeit als dem Judentum widmet er den neuen widerwärtigen Aspekten des Deutschtums: »Ich glaube nicht mehr an die Völkerpsychologie. Alles, was ich für undeutsch gehalten habe [...] alles das floriert hier.«

K. entschließt sich, gegen alle Bedrohung und gegen alle Hindernisse, abgeschnitten vom Leben außerhalb der »Judenhäuser« und ohne Zugang zu Bibliotheken, seine Tagebuchaufzeichnungen fortzusetzen – als Überlebenshilfe (»Mein Tagebuch war in diesen Jahren immer wieder meine Balancierstange«) und gegen das Vergessen: »Ich möchte der Kulturgeschichtsschreiber der gegenwärtigen Katastrophe werden. Beobachten bis zum letzten, notieren, ohne zu fragen, ob die Ausnutzung der Notizen noch einmal glückt.« Dabei kommt es ihm »nicht auf die großen Sachen an, sondern auf den Alltag der Tyrannei, der vergessen wird. [...] Ich notiere die Mückenstiche. [...] Das ist *mein* Heldentum. Ich will Zeugnis ablegen, und exaktes Zeugnis!« Die Hoffnung auf spätere »Auswertung« der Aufzeichnungen unterstreicht, dass sie als Teil von K.s literarischer Produktion anzusehen sind: Leben und Werk sind aufs engste verbunden.

Ein zentraler Aspekt von K.s Aufzeichnungen ist die Sprache: »Die Sprache bringt es an den Tag«, lautete die Formel dafür. Im Griff der Herrschenden und gegen alle humanistische Tradition ist sie zum Instrument der Vernunftfeindlichkeit geworden. In der Sprache des Dritten Reiches, der »Lingua Tertii Imperii« oder *LTI*, wie K.s inzwischen berühmtes Buch von 1947 überschrieben ist, im »frommen Blutdunst der Ausdrücke« entdeckt K. das »langsam wirkende Gift«, das die Begriffe und Gefühle »schändet«. Den »Superlativismus«, das allegorisierende »*der*Jude«, den religiösen Klang (Hitler: »Das salbungsvolle Gebrüll [...] eines Geistlichen«), die Rede von »ewigen« Dingen wie »Vorsehung«, »Reich« und »Volk«, die Technisierung des Lebendigen, den Abkürzungswahn, den K. mit *LTI* ironisch aufgreift, den »lügnerischen Euphemismus« für das entsetzlichste Grauen, die »unsinnige Überschätzung des Sports [...] unter gleichzeitiger Herabsetzung des Geistigen« und die »Angst vor dem denkenden Menschen« spürt er in den offiziellen Verlautbarungen der Täter auf – aber auch in den Alltagsgesprächen der Opfer, die sich der Vergiftung auch ihrer Sprache letztlich nicht entziehen können.

K.s Innenansicht der Nazizeit in seinen Tagebüchern macht deutlich, dass »man« mehr wusste, als es die »Gewußthabenichtse« gern darstellten: »Wer von den ›arischen‹ Deutschen ist wirklich unberührt vom NS? Die Seuche wütet in allen.« Antworten auf die beunruhigende Frage, wie das geschehen konnte, wie »Goethezeit – Hitler« zusammengehen konnte, findet K. zunächst in Impressionismus (»Der schwankende [...] Impressionist nimmt amoralisches Verhalten für eigene und fremde Verantwortungslosigkeit in Anspruch«) *und* Expressionismus (»Formen der Willensbetonung und des stürmischen Vorwärtsdrängens erbt die LTI von den Expressionisten«), aber noch mehr sind es für ihn »Grenzverwischung, Unsicherheit, Schwanken und Zweifel«, die den Nationalsozialismus bestimmen. Quelle des Elends ist für K. daher nicht die rigide Bändigung alles Lebendigen und die Beschneidung jeglicher Grenzüberschreitungen, wie es etwa die »Kritische Theorie« aus Untersuchungen des autoritären Charakters und des dialektischen Umschlags der Aufklärung schloss, sondern ganz im Gegenteil der Wildwuchs, das Überbordende – insbesondere in der Romantik. Die Romantik trägt nach K. das »Charakteristikum der Maßlosigkeit, der Mißachtung jeder Grenze«. Selbst die »Rassenlehre [eines Gobineau ...] hat ihre Wurzeln in der deutschen Romantik«. Für K. gibt es keinen Zweifel: »Ich hatte und habe das ganz bestimmte Wissen um die engste Verbundenheit zwischen Nazismus und deutscher Romantik in mir. [...] Romantik beherrscht die Zeit, und aus ihrem Quell schöpfen beide, die Unschuldigen und die Giftmischer, die Opfer und die Henker.«

K. und seine Frau überleben das Dritte Reich: Die Mischehe bietet Aufschub, nach dem Brand Dresdens können sie untertauchen, nach Kriegsende kehren sie in die Stadt zurück. K.s ablehnende Haltung gegenüber dem Kommunismus, die für ihn als Liberalen selbstverständlich war, ist während des Dritten Reichs unverändert geblieben: »Ich sehe keinen Unterschied zwischen beiden Bewegungen; beide sind materialistisch und führen in Sklaverei.« Trotz der »Rassenlehre des Nationalsozialismus«, dem »Allertierischsten«, setzt er »im letzten« Nationalsozialismus und Kommunismus gleich. So kann K.s Beitritt zur KPD 1945 kaum als Ausdruck einer gewandelten Einstellung gewertet werden, sowenig wie der gleichzeitige Austritt aus der protestantischen Kirche. K. will »endlich auf das richtige Pferd [...] setzen«, er will das Versäumte und ihm Versagte nachholen und gelangt mit einigen Mühen und erheblichem Ehrgeiz auch bis in mittlere Ebenen des DDR-Machtapparats und -Kulturbetriebs. Er bleibt dabei der distanzierte Beobachter: »Ich bin ein alter Liberaler und mein zeitweilig verdrängter Liberalismus schlägt immer stärker durch die rote Schminkeschicht.« Ihm erscheint, dass die »Sache der DDR«, der er sich im Kulturbund, in der Volkskammer und in unzähligen Gremien widmet, »ideell betrachtet, die bessere, u., praktisch betrachtet, die auf die Dauer siegreiche ist«.

Der Marxismus blieb ihm fremd: »Genosse K.! Wessen Genosse?« – aber er spielt mit: *So sitze ich zwischen allen Stühlen*, dies der bezeichnende Titel seiner Tagebuchaufzeichnungen der Jahre 1945–59. Voll Resignation muss er feststellen, dass sich »die« Deutschen wenig geändert haben, dass »man« – d.h. als Jude – immer noch Angst vor ihnen haben muss: »Ich könnte nie wieder jemandem in Deutschland trauen.« Auch am Schutz durch die Russen beginnt er zu zweifeln und erkennt mehr und mehr, dass der offizielle Antifaschismus auch Teil eines Kalküls im Kalten Krieg ist. Wieder bringt es die Sprache an den Tag: Die LTI hat unbeschadet überdauert und ist mit nur geringen Varianten als LQI, Lingua Quartii Imperii, herrschender Diskurs: Die Sprache des *vierten* Reiches »scheint mir manchmal weniger von der des *dritten* unterschieden als etwa das Dresdener Sächsische vom Leipziger. [...] Schauderhaft die Identität der LTI und LQI, der sowjetischen und nazistischen, des neudemokratischen und des Hitlerschen Liedes! [...] Les extrêmes se touchent.« Diesen Notizen im Tagebuch steht die Anpassung im öffentlichen Leben entgegen: Sie lässt ihn selbst in perfekter LQI-Sprache sprechen, wenn z.B. von »Bonn mit seinen Nazi- und Judenmörder-Ministern« die Rede ist.

Die Anerkennung bleibt enttäuschend karg. Der Ruf an die Humboldt-Universität nach Berlin 1951 (nach den Stationen Greifswald und Halle an der Peripherie der wissenschaftlichen Welt) kommt zu spät, um noch eine »Ehre« zu sein: »Man schätzt mich nicht in Berlin, ich bin dort alt, Provinz und abgetan.« Selbst der Nationalpreis 1953 ist nur »dritter Klasse«. *LTI, Notizbuch eines Philologen* von 1947, das 1966 auch in der BRD unter dem Titel *Die unbewältigte Sprache* erschien, war zunächst ein bescheidener Erfolg. Berühmt wurde K. auch nicht durch seine großen Arbeiten zur *Geschichte der französischen Literatur*, die v.a. in den 50er Jahren erschienen, sondern erst lange nach seinem Tod, als 1995 die *Tagebücher* der NS-Zeit herauskommen, die in eindringlicher Weise und auch mit schonungsloser Offenheit gegen sich selbst das jüdisch-bürgerliche Konstrukt aus idealisiertem Deutschtum und Vertrauen auf die Durchsetzungskraft der Vernunft widerlegen. In jüngerer Zeit erschienen mehrere Filme über K.: 1999 von U. Kasten und W. Kohlhaase *Mein Leben ist so sündhaft lang. V.K., ein Chronist des Jahrhunderts*, ebenfalls 1999, unter der Regie von K. Wessel, die TV-Serie *K. Ein Leben in Deutschland* und 2004 *Die Sprache lügt nicht. Die Tagebücher von V.K.* von S. Neumann.

Werke: LTI. Notizbuch eines Philologen, Berlin 1947, 24., völlig neu bearbeitete Aufl., Stuttgart 2010; Curriculum Vitae. Jugend um 1900, Berlin 1989; Ich will Zeugnis ablegen bis zum letzten. Tagebücher 1933–1945, Berlin 1995, Berlin 2007 (CD-ROM); Und so ist alles schwankend. Tagebücher Juni bis Dezember 1945, Berlin 1996; Leben sammeln, nicht fragen wozu und warum. Tagebücher 1918–1933, Berlin 1996; So sitze ich denn zwischen allen Stühlen. Tagebücher 1945–1959, Berlin 1999.

Literatur: V.K. zum Gedenken. Von seinen Freunden und ihm selbst, Rudolstadt 1961; Im Herzen der Finsternis. V.K. als Chronist der NS-Zeit, hg. H. Heer, Berlin 1997; J. Dirschauer, Tagebuch gegen den Untergang. Zur Faszination V.K.s, Gießen 1997; P. Jacobs, V.K. Im Kern ein deutsches Gewächs. Eine Biographie, Berlin 2000; K. Fischer-Hupe, V.K.s ›LTI. Notizbuch eines Philologen‹, Olms 2001; C. Buhles, »... nur wahr möchte ich schreiben ...«. V.K. in der Weimarer Republik, Saarbrücken 2003; P. Gentzel, Ausgrenzung – Kommunikation – Identität. Gesellschaftliche und subjektive Wirklichkeit in den Tagebüchern V.K.s, Berlin 2008.

Carl Freytag

Klötzel, Cheskel Zwi (Hans)

Geb. 8.2.1891 in Berlin;
gest. 27.10.1951 in Jerusalem

Nach dem frühen Tod seines Vaters wuchs K. im Waisenhaus der orthodox ausgerichteten Hamburger Talmud-Tora-Schule auf. Während seiner Ausbildung am Lehrerseminar kam er durch die Lektüre von Herzls Werken in Kontakt mit zionistischem Gedankengut und gehörte damit bald zu den wenigen deutschen Juden, die sich bereits vor dem Ersten Weltkrieg der zionistischen Bewegung anschlossen. K. arbeitete zunächst am Jüdischen Lehrerseminar in Hamburg, dann als Deutschlehrer in Saloniki, bevor er sich bei Ausbruch des Ersten Weltkrieges zum Militärdienst meldete. Während der Weimarer Republik lebte K. in Berlin und widmete sich zunehmend publizistischen und schriftstellerischen Aktivitäten. Unmittelbar nach der Machtübergabe an

Hitler emigrierte K. mit seiner Familie nach Palästina, wo er als Redakteur u. a. der *Palestine Post* arbeitete, deren Literaturteil er später übernahm. Wie zuvor in deutschen Periodika berichtete er auch in dieser Zeitung vorzugsweise über die jüdischen Gemeinschaften in anderen Ländern, aber auch über die Kriegsfolgen in den europäischen Metropolen. Außerdem verfasste er Reiseführer sowie Abhandlungen über das jüdische Aufbauwerk in Palästina in deutscher, englischer und französischer Sprache. Obwohl er sich in seinen journalistischen Beiträgen nach 1933 auch weiterhin mit deutscher Literatur beschäftigte, setzte er sich bereits vor 1948 vehement für die Gründung eines jüdischen Staates zionistischer Prägung ein, trat der Haganah, der zionistischen militärischen Untergrundorganisation Palästinas, bei und schloss eine Rückkehr nach Deutschland nach 1945 kategorisch aus.

Bereits vor dem Ersten Weltkrieg publizierte K. erste Beiträge, vor allem Reiseeindrücke, zunächst in jüdischen Zeitschriften, u. a. den *Neuen Jüdischen Monatsheften*, der *Freistatt*, der *Menorah* sowie der *Jüdischen Rundschau*, später auch zunehmend in nichtjüdischen Periodika, u. a. für das *Berliner Tageblatt* und die *Vossische Zeitung*. Auch in nichtjüdischen Periodika wie der *Aktion* bekannte sich K. offen zu einem zionistisch orientierten Judentum, das sich von Nichtjuden deutlich zu unterscheiden habe. Einem größeren Publikum wurde K. durch seinen Aufsatz *Das große Hassen* bekannt, den er 1913 in der Zeitschrift *Janus* im Kontext der kurz zuvor durch Moritz Goldstein ausgelösten ›Kunstwart-Debatte‹ veröffentlicht hatte. Ähnlich wie zuvor Gustav Krojanker sprach sich K. aufgrund der aus seiner Sicht unvereinbaren Wesenszüge für eine eindeutige Scheidung zwischen Juden und Deutschen aus und fand für sein Postulat, wonach der Hass auf Nichtjüdisches eine der Grundbedingungen jüdischer Identität bilde, ebenso einprägsame wie missverständliche Formulierungen, die bei Juden wie Nichtjuden heftigen Widerspruch auslösten: »Dem Antisemitismus, dem Judenhaß, steht auf jüdischer Seite ein großes Hassen alles Nichtjüdischen gegenüber; wie wir Juden von jedem Nichtjuden wissen, dass er irgendwo in einem Winkel seines Herzens Antisemit ist und sein muß, so ist jeder Jude im tiefsten Grunde seines Seins ein Hasser alles Nichtjüdischen.«

Nach dem Ersten Weltkrieg begann K.s Beschäftigung mit jüdischer Kinder- und Jugendliteratur; 1919 gründet er die Zeitschrift *Bar Kochba. Blätter für die heranwachsende Jugend*. Anders als ein Großteil der jüdischen Jugendzeitschriften zeichnete sich die Zeitschrift durch einen hohen Anteil an erzählenden, explizit zionistisch orientierten Texten aus, die zum großen Teil von K. selbst verfasst waren. Zudem konnten jüdische Jugendliche durch eigene Beiträge an der Gestaltung der Zeitschrift mitwirken. Erfolg war diesem innovativen Projekt nicht beschieden, denn K. verfügte nicht über genügend finanzielle Ressourcen und musste die Zeitschrift nach zwei Jahren wieder einstellen. Dennoch bildete dieses Projekt die Basis für K.s weiteres Engagement innerhalb der jüdischen Kinder- und Jugendliteratur, denn seit Beginn der 1920er Jahre trat er auch als Rezensent sowie Mitinitiator kinder- und jugendliterarischer Einzelprojekte in Erscheinung, wie u. a. der von Moritz Steinhardt und Heinrich Löwe edierten Anthologie *Das Jüdische Jugendbuch* (1920) sowie der von Salman Schocken initiierten und von Moses Calvary edierten Reihe *Schriften des Ausschusses für jüdische Kulturarbeit. Jüdische Jugendbücher*. Zwischen 1920 und 1922 erschienen auf diese Weise vier Werke (in zionistischen Verlagen), die für diese frühe Phase der Weimarer Republik bereits ein erstaunliches Gattungsspektrum aufweisen, darunter die autobiographisch basierte Reisebeschreibung mit Fokussierung des jüdischen Lebens in der Großstadt (*In Saloniki*), eine moderne Kindheitserzählung über einen jüdischen Jungen, der in einer nichtjüdischen Umwelt in Cuxhaven und Hamburg aufwächst, bevor er schließlich seine jüdische Herkunft entdeckt und zu seinem Onkel nach Amerika reist (*Moses Pipenbrinks Abenteuer*), Kurzgeschichten, Volkserzählungen und Wundergeschichten über Persönlichkeiten der jüdischen Geschichte (*Der letzte Judengroschen*) sowie die Geschichte eines Eisenbahnwagens, in der Klötzel technische Sachbuchgeschichte und fiktionale Kindheitsgeschichte miteinander verknüpfte (*BCCü. Die Geschichte eines Eisenbahnwagens*). Im Gegensatz zu den anderen Werken K.s wies diese Erzählung allerdings keine jüdische Thematik auf, auch wenn sie im jüdischen Welt-Verlag erschien; zugleich war es K.s erfolgreichstes Werk: Bis 1930 erschienen sowohl eine russische Übersetzung als auch insgesamt zehn Neuauflagen. Ab Mitte der 1920er Jahre veröffentliche K. zunehmend Berichte über seine Asienreisen, vor allem nach Indien und Persien, die z. T. auch in Buchform erschienen.

Zu den zentralen Merkmalen von K.s literarischem Oeuvre zählt nicht zuletzt die Tatsache, dass es in zwei nahezu voneinander unabhängigen Teilen existiert: In der deutsch-jüdischen Allgemeinliteratur angesiedelt sind vorrangig seine zionistisch orientierten journalistischen Arbeiten, entstanden in einem Zeitraum von fast vierzig Jahren. K.s kinder- und jugendliterarische Werke, die bis auf eine Ausnahme innerhalb von fünf Jahren kurz nach dem Ersten Weltkrieg entstanden sind, weisen ihn gleichzeitig als einen der innovativsten kinder- und jugendliterarischen Autoren der frühen Weimarer Republik aus, der etliche Jahre vor Erich Kästner die realistische Kinderumweltgeschichte etablierte.

Werke: Wir jungen Juden!, in: Die Aktion 1 (1911), 1315 f.; Das große Hassen. Ein Beitrag zur Judenfrage in Deutschland, in: Janus 2 (1912/13), 2, 57–60; Bar Kochba. Blätter für die heranwachsende jüdische Jugend, Berlin 1919–21; Das jüdische Jugendbuch, hg. M. Steinhardt, H. Loewe, C.Z.K., Berlin 1920; Drei Legenden (mit M. Buber und H.H. Cohn), Berlin 1920; In Saloniki, Berlin 1920; Moritz Pipenbrinks Abenteuer. Die seltsamen Abenteuer eines kleinen jüdischen Jungen, Berlin 1920 (Neuausgabe Cuxhaven 2001); Der letzte Judengroschen und andere Erzählungen, Berlin 1920; BCCü. Die Geschichte eines Eisenbahnwagens, Stuttgart 1922; Emek Chefer. Ein neues Kolonisationswerk in Erez Israel. Die Geschichte einer friedlichen Eroberung, Jerusalem 1936; Blick auf das Land. Neue Palästina-Bilder, Tel Aviv 1937; Eine jüdische Jugend in Hamburg vor dem Ersten Weltkrieg [1947/48], Hamburg 1990.

Literatur: A. Völpel, Jüdische Kinder- und Jugendliteratur der Weimarer Republik, in: Deutsch-jüdische Kinder- und Jugendliteratur. Ein literaturgeschichtlicher Grundriß, hg. A. Völpel und Z. Shavit, Stuttgart 2002, 271–340; Y. Dishon, Das jüdische Saloniki aus der Sicht deutsch-jüdischer Reisender zu Beginn des 20. Jahrhunderts (hebr.), in: Pe'amim 107 (2006), 39–65; C. Jessen, Cheskel Zwi Kloetzel, Jerusalem [2010].

Gabriele von Glasenapp

Klüger, Ruth

Geb. 31.10.1931 in Wien

Der 1992 erschienene, mehrfach preisgekrönte Prosaband *weiter leben. Eine Jugend*, das erste literarische Werk K.s, in viele Sprachen übersetzt, machte die Verfasserin zu einer der bedeutendsten Autorinnen der deutsch-jüdischen Literatur und der Literatur der Vernichtung. Seitdem fand die Germanistin und Schriftstellerin zunehmend auch als Essayistin Beachtung. *unterwegs verloren. Erinnerungen* von 2008 erzählt von K.s Leben nach dem Überleben, von ihrer Zeit in den USA und im Europa der zweiten Jahrhunderthälfte. Ihre Erinnerungen an die Jahre der Verfolgung in Wien und die Leidensgeschichte in den Lagern Theresienstadt, Auschwitz-Birkenau und Christianstadt/Groß-Rosen, markieren mit ihren provokanten kultur- und religionskritischen Reflexionen und ihrer unsentimentalen Schreibweise einen Wendepunkt der Lagerliteratur. *weiter leben* zeugt vom intuitiven Wissen eines Kindes, dem der Tod ein Gegenstand unaufhaltbarer Neugier darstellt, das sich keine Illusionen über Antisemitismus und Nationalsozialismus macht und sein Außenseitertum als Opposition gestaltet.

Nach der Selbstbefreiung im Februar 1945 und der Flucht ins bayerische Straubing besucht K. zwei Jahre eine deutsche Schule, bevor sie 1947 mit der Mutter nach New York emigriert. Sie studiert Germanistik und Anglistik und lehrt heute in Irvine/Kalifornien. K. ist Kleist-Forscherin und war langjährige Herausgeberin des *German Quarterly*. Als Kind musste sie Verhaftung und Flucht des Vaters miterleben, der ebenso wie der Halbbruder ein Opfer der Vernichtung wird. Allein mit der Mutter und den verbliebenen weiblichen Verwandten erfährt K. die verfolgungsbedingten Deformationen jüdischer Familien und zeichnet in ihrem Buch ein illusionsloses Opferbild. Der Titel ihrer Erinnerungen nimmt Bezug auf J. Améry. T. Borowski, P. Weiss, P. Levi werden mehrfach erwähnt. Im Bewusstsein dieser bereits vorhandenen »Bibliothek« von Auschwitz-Literatur artikuliert K. ihr weiblich-jüdisches Rebellentum. *weiter leben* ist mehr als eine Jugendbiographie. Die in Lagern verbrachte Kindheit und Jugend stellen keine biographisch konnotierten Urszenen dar, sondern lenken die Aufmerksamkeit auf die Vernichtung als tagtägliche Wirklichkeit. Auf die Frage: »Was habt ihr Kinder in Auschwitz gemacht?« lautet die Antwort: »Appell gestanden sind wir. In Birkenau bin ich Appell gestanden und hab' Durst und Todesangst gehabt. Das war alles, das war es schon.« An dieser sprachlich fassbaren Erinnerung, und nicht beim Überleben, knüpft K. mit ihrem ›Bildungsroman‹ an, den sie als Selbstaufklärung eines verletzten Ichs versteht. Das tabuverletzende Nachfragen erhebt die Verfasserin zum literarischen Prinzip, ihre Lager-Erinnerung bildet kein geschlossenes erzählerisches Universum. K. dekonstruiert das Theorem der Unsagbarkeit des Holocaust, ohne hieraus eine neue, normative Ästhetik abzuleiten. »Die Rolle, die so ein KZ-Aufenthalt im Leben spielt, lässt sich von keiner wackeligen psychologischen Regel ableiten, sondern ist anders für jeden, hängt ab von dem, was vorausging, von dem, was nachher kam, und davon, wie es für den oder die im Lager war.« Schon als Kind schreibt K. Gedichte, die in *weiter leben* die Prosapassagen unterbrechen. K. deutet die gebundene Form als ein sprachliches Ordnungsprinzip gegen die Sinnlosigkeit und das Auslöschen des Individuums im Lager. »Wer nur erlebt reim- und gedankenlos, ist in Gefahr, den Verstand zu verlieren.« Einige Jugendgedichte sind in den Anthologien *An den Wind geschrieben* (1960) und *Welch Wort in die Kälte gerufen* (1968) enthalten. Nüchtern opponiert die Autorin gegen die aus der Rückschau geborene Mystifikation von Orten, vor allem des einen Schauplatzes, Auschwitz-Birkenau, gegen die kollektive Besetzung als »Ursprungsort«, die die Musealisierung der Gedenkorte verantwortet. Ihre Erinnerung speist sich aus der Differenz von erinnerndem Ich und erinnerter Vergangenheit und arbeitet sich an der Gespaltenheit der Gedächtnisbilder ab, die K. zufolge im Mythos des Ortes nicht aufgehoben werden. »Aber das KZ als Ort? Ortschaft, Landschaft, landscape, seascape – das Wort Zeitschaft sollte es geben, um zu vermitteln, was ein Ort ist, zu einer gewissen Zeit, weder vorher noch nachher.«

Die abgebrochene Kindheit in einer emanzipierten, aber nicht assimilierten Familie im zutiefst »judenkinderfeindlichen«, »heimatlich unheimlich« erinnerten Wien ist der Ausgangspunkt von K.s streitbarem Dialog mit dem Judentum, »weil mir das Wenige, was mir an jüdischem Glaubensbekenntnis gegeben wurde, abbröckelte, bevor es gefestigt war. Das wäre auch ohne Nazis geschehen. Unter den Nazis war es die Enttäuschung, bei einem Schiffbruch eine morsche Rettungsplanke umklammert zu haben.« Der Widerstand gegen den rituellen Ausschluss der Frauen steht im Zentrum der Religionskritik und hat K. zu einer Autorin gemacht, die, KZ-Literatur und Feminismus vermittelnd, dem Gedenken an die Vernichtung neue Fragen stellt.

Der Möglichkeit beraubt, »offiziell« zu trauern, »zum Beispiel für meinen Vater Kaddisch« zu sagen, bleibt ihr die Religion fremd, die »die Gottesliebe ihrer Töchter zur Hilfsfunktion der Männer erniedrigt«. Eine kollektive Identität vermittelt die Erinnerung an die Frauengemeinschaft in Theresienstadt, aber auch an die Vorträge des bewunderten Leo Baeck: »Er gab uns unser Erbe zurück, die Bibel im Geiste der Aufklärung, man konnte beides haben, den alten Mythos und die neue Wissenschaft.«

In der deutschsprachigen Öffentlichkeit sieht K. sich als »einheimische Ausländerin«. In Abgrenzung von dem Studenten Christoph (d.i. M. Walser) erkennt die 17-jährige Ich-Erzählerin ihr Judentum als politisch-historische Wahrheit. Der Blick vom Deportationszug hinaus auf Menschen, denen die Landschaft unhinterfragte Heimat zu sein scheint und die sich der Wirklichkeit von Deportation und Vernichtung verschließen, gibt auch ein dialektisches Bild der deutsch-jüdischen Verfehlungen: »Ich grübelte über die Inkongruenz, daß diese Sorglosigkeit im selben Raum existiert wie unser Transport. […] Ich entdeckte das Geheimnis der Gleichzeitigkeit als etwas Unergründliches, nicht ganz Vorstellbares, verwandt mit Unendlichkeit, Ewigkeit.«

Die tätowierte KZ-Nr. A-3537 wird in einem gegenläufigen Sinn zum Verbindungsglied zwischen dem Jugendbuch und dem autobiographischen Folgeband, der mit dem symbolischen Entschluss beginnt, sich der Nummer zu entledigen: »Ich hatte ein Buch über das alles geschrieben, das war Vorbedingung für das Ablegen der Nummer, für den wieder unversehrten Arm. Ich hab alles gesagt […] Zeugnis abgelegt, das berühmte Zeugnis, das wir uns […] abverlangt haben.« Der Duktus von Emanzipation und Desillusionierung prägt auch den Text über die amerikanischen Jahre: Sprachlosigkeit, Verklemmtheit und männlichem Chauvinismus an amerikanischen Universitäten begegnete nicht nur die Studentin, sondern auch noch die spätere Professorin. Die Europa-Reisen der ›amerikanisierten‹ K. führen auch nach Wien; gerade hier aktualisiert sich die Unmöglichkeit von Remigration und Wiederbeheimatung. Trotz der Wiederverleihung der österreichischen Staatsbürgerschaft, offizieller Einladungen der Stadt Wien und einer Begegnung mit der hochverehrten Ilse Aichinger schlägt das Pendel der Ambivalenz eher negativ aus. Hierzu tragen besonders Erfahrungen an der Wiener Universität bei, die die »Diskriminierung von Juden und Frauen« auf irritierende Weise eng führen. »Wiener Neurose/ Es heißt:/ Im Hause des Henkers/ sprich nicht/ vom Strick.« Wie für Theodor Kramer gilt auch für auch K.: »In der Heimat bin ich ewig fremd«. Der berühmte Wiener Ring, hier zur Metapher gewendet, schließt die Verfasserin eher aus als ein. *unterwegs verloren* ist ein Text über Abschiede: den von der Mutter, mit der zusammen sie überlebte, von bürgerlichen Lebensformen wie der Ehe, von Europa als Identität und Heimat, aber auch vom langjährigen Freund Martin Walser, dessen Roman *Der Tod eines Kritikers* K. heftig als wenn nicht antisemitisch, so doch zweideutig kritisierte. Unverbrüchlich bleibt für K. das Judesein im Sinne einer stets neu zu erarbeitenden Zugehörigkeit, so wie sie ihre Autorschaft als Ausdruck streitbaren Frauseins begreift.

Werke: weiter leben. Eine Jugend, Göttingen 1992; Katastrophen. Über deutsche Literatur, Göttingen 1994; Frauen lesen anders. Essays, München 1996; Dichter und Historiker: Fakten und Fiktionen, Wien 2000; Gemalte Fensterscheiben. Über Lyrik, Göttingen 2007.

Literatur: R.K. in Deutschland, hg. St. Braese u. a., Bonn 1994; I. Heidelberger-Leonard, R.K.: weiter leben. Eine Jugend, München 1996; S. Bauschinger, Uns verbindet, was uns trennt. R.K.s »weiter leben« und seine Leser, in: Jüdischer Almanach, Frankfurt a. M. 1996, 126–137; I.v.d. Lühe, Das Gefängnis der Erinnerung – Erzählstrategien gegen den Konsum des Schreckens in R.K.s ›weiter leben‹, in: Bilder des Holocaust, hg. M. Köppen u. a., Köln u. a. 1997, 29–45; S. Feuchert, R.K.: weiter leben. Eine Jugend, Erläuterungen und Dokumente, Stuttgart 2004; St. Kühn, KZ-Haft und Erinnerung – R.K.: weiter leben, in: Exil. Forschung, Erkenntnisse, Ergebnisse, 27 (2007) 2, 38–50.

Barbara Breysach

Koestler, Arthur

Geb. 5.9.1905 in Budapest;
gest. 3.3.1983 in London

K. war der Sohn eines ungarischen Juden und einer Österreicherin. Er wuchs in Budapest mehrsprachig auf und zog mit seinen Eltern 1919 nach Wien. 1922 immatrikulierte er sich an der Technischen Hochschule für Ingenieurwissenschaften und kam in Kontakt mit zionistischen Studenten. Er trat der schlagenden zionistischen Verbindung »Unitas« bei und avancierte mit neunzehn Jahren zum jüngsten Vorsitzenden des Verbands der zwölf zionistischen Burschenschaften Österreichs. Als Wladimir Jabotinsky, der Organisator des illegalen jüdischen Selbstschutzes in Palästina, 1924 nach Wien kam, gründeten K. und einige andere jüdische Intellektuelle die »Aktivisten-Liga«. Wesentliche Programmpunkte waren die Förderung der jüdischen Einwanderung nach Palästina und die offensiv betriebene Staatsgründung. K. legte eine hebräische Sprachprüfung ab, erwarb das Einwanderungszertifikat als Chaluz, brach das Studium ab und am 1. April 1926 nach Palästina auf. Bald nach seiner Ankunft in Haifa begab sich K. in die Siedlung Kvuza Hefziba, wurde jedoch wegen seiner Sympathie für Jabotinskys revisionistische Position von den sozialistischen Kibbuzim nicht aufgenommen. K. kehrte zunächst nach Haifa zurück, gelangte aber über Kairo, wohin er einen ehemaligen Bundesbruder der »Unitas« begleitete, als Generalsekretär der revisionistischen Zionistenorganisation nach Berlin. Da diese Tätigkeit wenig befriedigend war, nahm K. das Angebot des Medienkonzerns Ullstein an, als Nahostkorrespondent in Palästina zu fungieren. So kehrte er im September 1927 nach Jerusalem zurück und verfasste in den folgenden Jahren Artikel zu politischen und kulturellen Themen. 1929 setzte K. seine Korrespondententätigkeit in Paris und Berlin fort. Er wandte sich nun zunehmend dem Kommunismus zu und trat Ende 1931 der KPD bei. Als er 1933 von einer Reise durch die Sowjetunion nach Deutschland nicht zurückkehren konnte, ging er über Wien und Budapest ins Exil nach Paris, wo er für das »Institut zum Studium des Faschismus« arbeitete. 1936 ging er als Korrespondent der englischen »News Chronicle« nach Spanien, um über den Bürgerkrieg zu berichten, geriet in Gefangenschaft und verbrachte über drei Monate in einer Todeszelle. Nach seiner Freilassung durch Intervention von englischen Parlamentariern und Kulturorganisationen ging K. als Berichterstatter des »News Chronicle« nach Palästina, kehrte aber 1938 nach Paris zurück. K. trat aus der KP aus. Kurz nach Kriegsbeginn wurde er verhaftet und im Lager Le Vernet in den Pyrenäen vier Monate interniert. Im Herbst 1940 gelang ihm die Ausreise nach London. Von diesem Tag an schrieb er englisch. Er trat in den Dienst der britischen Armee und reiste 1941/42 als Vortragsredner durch England, um »halb schlafende Zuhörer von der Existenz Dachaus und Buchenwalds zu überzeugen«. Bis Ende 1947 lebte K. in London, unternahm aber wiederholt Reisen nach Palästina. Von 1948–52 pendelte K. zwischen Wohnorten in Frankreich und den USA, bevor er sich endgültig in London niederließ.

Im Mittelpunkt von K.s Romantrilogie *Die Gladiatoren*, *Sonnenfinsternis* und *Ein Mann springt in die Tiefe* steht die Frage nach dem Verhältnis von Zweck und Mitteln beim Kampf um die Verwirklichung einer gesellschaftlichen Utopie. In dem Spartakus-Roman zeigt K. die Eigendynamik einer Revolution, die ihre Initiatoren vor die Entscheidung stellt, entweder gegen ihre moralischen Prinzipien zu verstoßen oder selbst zum Opfer zu werden. *Sonnenfinsternis* stellt eine literarische Reaktion auf die Moskauer Schauprozesse dar. Der Roman ist ein Versuch, die psychischen Vorgänge in einem Berufsrevolutionär zu rekonstruieren. *Ein Mann springt in die Tiefe* spürt den psychischen Wurzeln des politischen Engagements nach.

Mit seinem vierten Roman *Diebe in der Nacht* verwirklichte K. einen Plan, der bis in die Zeit seines ersten Palästina-Aufenthalts zurückreicht. Der Roman trägt den Untertitel *Chronik eines Experiments*. Damit ist nicht nur die dokumentarische Annäherung an die jüdische Siedlungsbewegung und Staatswerdung gemeint, sondern auch die Beobachtung des Protagonisten Joseph, wie er sich unter den Laboratoriumsbedingungen des Kibbuz Esras Turm und des Jischuw entwickelt. Joseph bleibt aufgrund seiner westeuropäischen Herkunft ein Außenseiter. Sein religiöser Agnostizismus trennt ihn von den frommen Juden und erfüllt ihn mit dem Verdacht, »die ganze Idee der Heimkehr [sei] nichts als romantische Mache«. An der Gründung der Siedlung Esras Turm macht K. einen entscheidenden Transformationsprozess sichtbar. Der nach 1933 zunehmende Zuzug der Flüchtlinge verschärfte den jüdisch-arabischen Konflikt, der 1936 zu einem arabischen Aufstand eskalierte. Die britische Mandatsregierung versuchte diesen Konflikt durch Beschränkung des jüdischen Landerwerbs und extrem niedrige Zuwanderungsquoten für jüdische Immigranten zu lösen. Damit wurde zwangsläufig ein Großteil der nach Palästina kommenden Flüchtlinge in die Illegalität getrieben. Der Effekt dieser unsensiblen Politik bestand in einer Militarisierung und Spiritualisierung des Bewusstseins der jüdischen Siedler. Joseph notiert in sein Tagebuch: »Die hebräische Untergrundbewegung begann als politische Bewegung und entwickelt immer stärker mystische Züge.« Trotz einem Rest von Skepsis will Joseph sich dem illegalen Widerstand zur Verfügung stellen. Das entschlossene und gewalttätige Eintreten für die eigenen Interessen muss für Joseph vor dem Hintergrund der geschichtlichen Erfahrung des Galuth gesehen und als Ausdruck des neuentstandenen jüdischen Nationalcharakters gewertet werden. Die Bewohner Palästinas »haben aufgehört, Juden zu sein, sie wurden zu Hebräern«. Die Wandlung zum Hebräer manifestiert sich für Joseph vor allem im Gebrauch des Hebräischen. Über die Sabras stellt er fest: »Ihre Eltern waren notorisch vielsprachig – sie wurden in einer Sprache aufgezogen, welche zwanzig Jahrhunderte überwintert hatte, bevor sie wieder künstlich zum Leben zurückgebracht worden ist. Da, in der Sprache liegt die Hauptreibungsfläche. Das Hebräische aus seiner heiligen Versteinerung zu erwecken, um es wieder als lebende Sprache einer Nation dienstbar zu machen, war eine phantastische Leistung. Aber mit diesem Wunder ging ein schweres Opfer einher. Unsere Kinder werden in einer Sprache aufgezogen, die sich seit dem Beginn des Christentums nicht entwickelt hat. Sie hat keine Aufzeichnungen, keine Erinnerungen, kaum eine Spur von dem, was der Menschheit seit der Tempelzerstörung widerfahren ist. [...] [E]s fehlen die humanistischen Hormone des Geistes, denn Latein und Griechisch werden an unseren Schulen nicht gelehrt.« Zwar verfasste K. selbst bei seinem ersten Aufenthalt in Palästina einige hebräische Märchen, aber schließlich gelangte er zu dem scharfen Urteil, dass die Juden sich mit der Erhebung des Hebräischen zur offiziellen Sprache »nicht nur von der Kultur des Westens, sondern auch von ihrer eigenen kulturellen Vergangenheit« abgeschnitten hätten. Auch Joseph bleibt aufgrund seiner Herkunft ein »bunter Vogel«, der seinen Individualismus nicht ablegen kann. Zudem gibt es noch einen biographischen Hinderungsgrund für eine vollständige Identifizierung mit dem »neuen Hebräer«, den Joseph mit zahlreichen Einwanderern teilt. Er besteht in dem sogenannten »Zu Vergessenden«, das die meisten Flüchtlinge aus Europa und Russland in ihrem seelischen Gepäck mitbringen.

Einen vorläufigen Abschluss fand K.s Beschäftigung mit dem Thema Judentum und dem Staat Israel in der Studie *Promise and Fulfilment. Palestine 1917–49*. Bei seiner Analyse der Genealogie des jüdischen Staates hat K. besonders das Wirken von irrationalen Kräften berücksichtigt. Dazu zählt für ihn die mystische Beziehung zum Hebräischen. Die Entscheidung gegen das Jiddische als Nationalsprache begrüßt K. zwar, denn es sei »a typical product of exile, which mirrors the physical and cultural homelessness«, aber das Hebräische hält er für tot. Der fortbestehende synagogale und exegetische Gebrauch der Sprache zementiere nur ihre Erstarrtheit. K. erblickt daher in der Wahl des Hebräischen als Nationalsprache »a twofold difficulty: the archaic texture of the language and its rabbinical aura«. Eine Bedingung für die Überwindung dieser Schwierigkeiten sieht er in der Latinisierung des hebräischen Alphabets. Mit dem Tatbestand der Staatsgründung entfällt für K. jede Rechtfertigung, außerhalb Israels auf jüdischer Identität zu bestehen. Er fordert dazu auf, »entweder israelischer Bürger zu werden oder aufzuhören, in nationaler, religiöser oder irgendeiner andern Bedeutung des Wortes Jude zu sein«, was ihm den Vorwurf eintrug, »sich nolens volens in die böse Gesellschaft der berufsmäßigen Antisemiten begeben« zu haben. Für sich selbst zog K. die Konsequenz der Assimilation. In einem Interview bekannte er 1950: »Ich halte es für einen Zufall, daß mein Vater jüdischen Glaubens war; aber ich war der Meinung, daß mich das moralisch verpflichtete, mich mit der zionistischen Bewegung zu identifizieren, solange es für die Verfolgten und Heimatlosen keinen Hafen gibt. Im Augenblick, da Israel Realität wurde, fühlte ich mich frei von dieser Verpflichtung und frei, mich zu entscheiden, ob ich ein Israelit in Israel oder ein Europäer in Europa werden wollte. Meine ganze Entwicklung und kulturelle Abhängigkeit machten Europa zum natürlichen Gegenstand meiner Wahl.«

Mit seiner späten historiographischen Monographie *Der dreizehnte Stamm* von 1977 über das untergegangene Volk der Khasaren kehrte K. noch einmal zur jüdischen Geschichte zurück. Das Reich der Khasaren, das vom 7.–10. Jahrhundert zwischen dem Kaukasus und der Wolga bestand, dient K. hier als Exempel einer früheren Verwirklichung (jüdischer) nationaler Souveränität.

Werke: Diebe in der Nacht. Chronik eines Experiments, Wien o.J. [1946]; Promise and Fulfilment. Palestine 1917–1949, London 1949; Der dreizehnte Stamm. Das Reich der Khasaren und sein Erbe, Wien u.a. 1977; Sonnenfinsternis [engl. 1940, dt. 1948], Hamburg/Wien 2000.
Literatur: J. Egyptien, Alter Jude oder neuer Hebräer? A.K. und sein Beitrag zur jüdischen Identität, in: Das Jüdische Echo 47 (1998), 264–272; C. Buckard, A.K. Ein extremes Leben 1905–1983, München 2004; J.P. Strelka, A.K. Autor - Kämpfer - Visionär, Tübingen 2006.

Jürgen Egyptien

Kohn, Salomon

Geb. 8.3.1825 in Prag;
gest. 6.11.1904 in Prag

K.s schriftstellerische Anfänge sind eng mit der Herausbildung einer deutsch-jüdischen Literatur in Prag verbunden, deren Fokus die von Wolf Pascheles herausgegebene *Sippurim*-Reihe (1847–65) war, in der dieser jüdische Sagen und Legenden, später

zunehmend auch belletristische Texte veröffentlichte. K. blieb bis an sein Lebensende dem jüdischen Milieu Prags verbunden und bekleidete über Jahrzehnte hinweg Ehrenstellungen in Gemeinde und Vereinswesen. In der ersten *Sippurim*-Sammlung finden sich drei Texte K.s: die Entstehungslegende *Die Juden in Böhmens Vorzeit*, die Sage über den Entstehungsgrund für einen besonderen religiösen Brauch der Prager Juden *Der Kadisch vor Col-Nidre* und die historische Erzählung *Der Retter*. Diese Texte demonstrieren das Hervorgehen deutsch-jüdischen historischen Erzählens aus möglicher mündlicher Überlieferung, aber auch schon das Anliegen, diese Folklore bürgerlichem Geschmack gemäß aufzubereiten. Die dritte Sammlung (1854) enthält dann K.s Großerzählung *Gawriel*, die er später (1875) noch einmal als *Gabriel* wiederveröffentlichte und mit der er sich als Bestseller-Autor etablierte. Die Neuveröffentlichung des *Gawriel* erfolgte zunächst aus primär finanziellen Gründen. K., der 1844–46 an der Prager Universität Philosophie und Mathematik studiert hatte, um danach in das väterliche Geschäft einzutreten, das er seit 1863 auch leitete, hatte 1873 sein Vermögen verloren und war daher gezwungen, aus der schriftstellerischen Liebhaberei seinen Brotberuf zu machen. Der Roman *Ein Spiegel der Gegenwart* (1875) legt Zeugnis ab von den Auswirkungen des Börsenkraches von 1873 besonders auf die Stellung der Juden in der Gesellschaft.

In den letzten Jahrzehnten des 19. Jahrhunderts wurde K. als einer der bedeutendsten Vertreter der deutsch-jüdischen Erzählliteratur anerkannt. Neben historischen Romanen veröffentlichte K. auch Ghettogeschichten und Zeitromane. Seine Romane (beider Typen) sind durch äußerst verwickelte

Handlungen gekennzeichnet, die seine Helden oft in die christliche Gesellschaft führen, etwa im Jud-Süß-Roman *Ein deutscher Minister* und im *Gawriel*, wo der Protagonist zum General des Dreißigjährigen Krieges avanciert. Die Konfliktlösungen am Handlungsschluss bringen regelmäßig eine Wiedereingliederung der Figuren in die jüdische Gemeinschaft; alle Glaubenszweifel sind ausgeräumt, alle Versuchungen der Außenwelt überwunden. Wegen dieser so eindeutigen Aussagen kann K. in der innerjüdischen Konstellation des 19. Jahrhunderts einer eher konservativen, neo-orthodoxen Richtung zugeordnet werden. Dass er in seinen Romanen die Geschichte der jüdischen Gemeinschaft in Europa als gleichwertig in die Gesamtgeschichte einbettet und jüdische Helden den bekannten christlichen Geschichtsakteuren an die Seite stellt, zeigt sein bürgerlich-emanzipatorisches Anliegen, das der religiös-konservativen Grundausrichtung keineswegs widerspricht.

Seine Ausdrucksmittel sind am literarischen Zeitgeschmack orientiert, man könnte fast von jüdischer Schemaliteratur sprechen: Handlungsspannung und alles überwindende heroische Hauptfiguren im historischen und im Zeitroman (so in *Ein Spiegel der Gegenwart*); versöhnlicher Humor und Typenkomik in den Ghettogeschichten. Die Werke des produktiven Autors prägten ein halbes Jahrhundert lang das literarische Selbstbild des glaubensstrengen, aber akkulturationswilligen deutsch-jüdischen Bürgertums, ein Selbstbild, das auf einer heroisch-identifikatorischen Geschichtskonstruktion beruhte. K.s Ghettobilder, die oft sehr lebhafte Momentaufnahmen traditionellen jüdischen Lebens bieten, gehören der sentimental-nostalgischen Strömung dieses Genres an, sie verdanken sich eher einem eskapistischen als einem politisch-engagierten Impuls.

Werke: Gawriel, in: Sippurim III, Prag 1854; Gabriel, Jena 1875; Ein Spiegel der Gegenwart, Jena 1875; Prager Ghettobilder, Leipzig 1884; Ein deutscher Minister, Cincinatti 1886; Alte und neue Erzählungen aus dem böhmischen Ghetto, Zürich 1896; Jüdische Geschichtsbilder aus Böhmen. Kommentierte Edition der historischen Erzählungen von S.K., hg. G. v. Glasenapp, Tübingen 2005.
Literatur: G.v. Glasenapp, Aus der Judengasse, Tübingen 1996, 140–145; F. Krobb, S.K. und die Prager deutsch-jüdische Literatur des 19. Jahrhunderts, in: Von Franzos zu Canetti. Jüdische Autoren aus Österreich, hg. M.H. Gelber u. a., Tübingen 1996, 7–24; F. Krobb, Selbstdarstellungen – Studien zur deutsch-jüdischen Erzählliteratur im neunzehnten Jahrhundert, Würzburg 2000, 58–69, 101–108, 130–133; G. v. Glasenapp, Von der eigenen Geschichte erzählen. Strategien jüdischen Schreibens im historischen Roman, in: Dialog der Disziplinen, hg. E. Lezzi, Berlin 2009, 383–412.

Florian Krobb

Kolmar, Gertrud (eigentl. Gertrud Chodziesner)

Geb. 10.12.1894 in Berlin; gest. vermutlich1943

»Ich bin fremd./ Weil sich die Menschen nicht zu mir wagen,/ Will ich mit Türmen gegürtet sein,/ Die steile, steingraue Mützen tragen/ In Wolken hinein […]« heißt es im Gedicht *Die Jüdin* aus dem Zyklus *Weibliches Bildnis* von 1938. Ausgeschlossensein und Isolation sind Grunderfahrungen im Leben der Dichterin, die zeitlebens kaum Aufmerksamkeit fand. Aus diesen Grunderfahrungen zog K. zugleich die poetische Kraft. In ihr Werk hat K. die Verachteten, Stigmatisierten aufgenommen, all jene, die als anders gelten. »Die Landstreicherin«, »Die Irre«, »Die Fremde«, »Die Häßliche«, »Die Lumpensammlerin«, »Die Kinderdiebin« – die Titel ihrer Gedichte lesen sich wie ein Pandaemonium ihrer Gesellschaft.

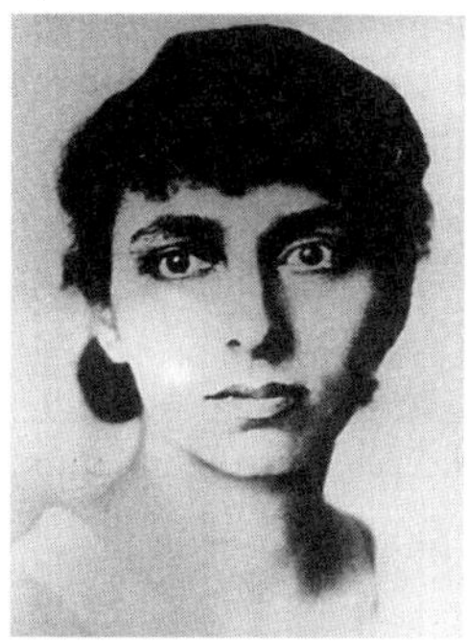

Zwei Titel stechen besonders hervor: »Die Frau« – das Pandaemonium bevölkern Frauen – und »Die Jüdin«, das Paradigma der Fremdheit und gesellschaftlichen Ächtung, die aber zur entschiedenen Selbstbesinnung führt. So heißt es im Fortgang des Gedichts *Die Jüdin*: »Ich möchte eine Forscherreise rüsten/ in mein eignes uraltes Land.// Ich kann das begrabene Ur der Chaldäer/ Vielleicht entdecken noch irgendwo,/ Den Götzen Dagon, das Zelt der Hebräer,/ Die Posaunen von Jericho.« Etwas Abstandvolles zeichnet K.s Verhältnis zum Judentum aus. Es ist nicht selbstverständlich gegeben und vertraut, sondern gleicht einer Expedition in die eigene Fremde. »Ich kannte das Judentum nicht, meinen Glauben«, sagt die Erzieherin in K.s Erzählung *Susanna*, die Anfang 1940 entstand. Die Geschichte ist rasch erzählt: Eine Erzieherin nimmt eine Stelle in einem Provinzstädtchen an, um ein gemütskrankes Mädchen zu betreuen. Die eigentliche Handlung entwickelt sich zwischen Susanna und ihrer Betreuerin, zwei Wirklichkeitswahrnehmungen, zwei Sprechweisen, die eine phantastisch ausgreifend, doch zugleich präzis, die andere verengt, prosaisch, vernünftig, treffen aufeinander, verstricken sich in Frage und Antwort, wobei die Fremdheit Susannas immer mehr zur Distanz der Erzieherin zu sich selbst wird. Sie erinnert die Begegnungen des jungen Rubin mit Susanna, Gespräche und Szenen, das Wechselspiel von Traum und Wirklichkeit, und noch in der Erinnerung bleibt ihre Verwunderung und Verwirrung spürbar. Als sich die Vernunft schließlich Bahn bricht und Rubin beschließt, das Städtchen zu verlassen, kommt es zur Katstrophe: Susanna folgt ihrem Geliebten auf den Gleisen seines Morgenzugs und findet den Tod. Die Erzählerin verlässt den Ort wenige Tage nach dem Begräbnis und erinnert sich erst jetzt wieder, da sie die Todesanzeige der Mutter von Rubin liest. »*Sein* Name stand nicht da. Nur eine Reihe ferner Städte: Shanghai, Tel Aviv, Parral, San Francisco. Wo werde *ich* einst sein?« Thema und Motive der schmalen Erzählung sind von K.s lyrischem Hauptwerk gespeist. Umrisse des Stetl zeichnen sich ab; in der »Froschvorstadt« sprechen die Bewohner jiddisches Deutsch. Verwundert und befremdet betrachtet die Ich-Erzählerin die ostjüdische Sozialisierung. Distanz zum Judentum, aber auch das Bewusstsein der Zugehörigkeit sind die beiden Grundelemente in K.s Verhältnis zum Judentum.

K. wurde am 10. Dezember 1894 im Herzen Berlins, in der Nähe des kaiserlichen Stadtschlosses geboren. Sie wuchs im Westend in der Welt des assimilierten Judentums auf, der ihr Cousin Walter Benjamin mit seiner *Berliner Kindheit um 1900* ein literarisches Denkmal gesetzt hat. Der Vater, Ludwig Chodziesner, war ein kaisertreuer Rechtsanwalt. Rechtsanwälte kehren in K.s erzählerischer Welt immer wieder, wie auch die Schuld unüberwindlich spürbar und gegenwärtig ist. In einem ihrer letzten Briefe an die Schwester Hilde in Zürich nimmt K. noch die Schuld für die Verfolgung auf sich: »So will ich auch unter mein Schicksal treten, mag es hoch wie ein Turm, mag es schwarz und lastend wie eine Wolke sein. Wenn ich es schon nicht kenne: ich habe es im voraus bejaht, mich ihm im voraus gestellt, und damit weiß ich, daß es mich nicht erdrücken wird, mich nicht zu klein befinden. Wie viele von denen, die heute im bloßen Anblicken eines für sie viel zu großen Schicksals zusammenklappen, haben sich denn gefragt, ob sie nicht irgendeine Strafe verdient haben, nicht irgendeine Sühne leisten müssen? Ich war nicht schlimmer in meinem Trachten und Tun als andere Frauen. Aber ich wußte, daß ich nicht lebte, wie ich gesollt, und war immer bereit zu büßen. Und alles Leid, das über mich kam und über mich kommen mag, will ich als Buße auf mich nehmen und es wird gerecht sein. Ich will es tragen ohne Jammern und irgendwie finden, daß es ist, was zu mir gehört, das auszuhalten und irgendwie zu überstehen ich geschaffen ward und gewachsen bin mit meinem Wesen.«

Zum Trauma ihres Lebens wird eine vermutlich von den Eltern erzwungene Abtreibung in den Jahren des Ersten Weltkriegs. Das Motiv der kinderlosen Frau, der Beziehung von Mutter und Kind, durchzieht ihr ganzes Werk. In den 20er Jahren arbeitet K. als Erzieherin bei Familien in Berlin, in Hamburg, sie kehrt zurück ins elterliche Haus nach Finkenkrug in der Nähe von Spandau. Ihre *Gedichte* erscheinen zuerst 1917, der Vater hatte die Begabung der Tochter entdeckt und ihre Texte zu einem befreundeten Verleger gebracht. Als Pseudonym wählte sie den deutschen Namen der Grenzstadt Chodziesner in der Provinz Posen, aus dem die väterliche Familie stammte: Kolmar. Erst 17 Jahre später, 1934, folgt der Band *Preußens Wappen* in der Berliner Rabenpresse, 1938, als letzte Veröffentlichung zu Lebzeiten, *Die Frau und die Tiere* im Jüdischen Buchverlag in Berlin, die Ausgabe wurde bald nach dem Druck wieder eingestampft. Themen und Gestalten, Motive und Formen zeichnen sich schon im frühesten Band ab. »Mutter und Kind«, »Mann und Weib«, Kinderlieder, allegorisierende Texte, »Abschied«, »Leichtsinn«, »Die Verlassene«, das Thema der vergeblichen, enttäuschten Liebe, das in den späteren Gedichten an Härte und Klarheit gewinnt. Aber auch Naturszenen, Gärten, Jahreszeiten, die zu eigenen Bedeutungen konfigurieren, zeigen sich in diesem frühesten Zyklus. K.s erzählerisches Werk lehnt sich an die konservative Tradition ihrer Zeit an. Franz Werfel hat sie beeinflusst, Werner Bergengruen steht ihr in erzählerischen Formen nahe, aber auch das heute vergessene *Lied der Väter* von Edzard Schaper.

1930/31 schrieb K. ihren einzigen Roman *Eine jüdische Mutter*. Er erschien zuerst 1965, bezeichnenderweise unter dem verkürzten Titel *Eine Mutter*. Es ist die Geschichte einer Frau, Martha Wolg, die ihr vermisstes Kind in einer Laubenkolonie entdeckt. Es ist einem Sexualverbrechen zum Opfer gefallen, schwer verletzt und wird geistig behindert bleiben. Die Mutter flößt dem Kind im Krankenhaus Gift ein, das Kind stirbt, und die Mutter macht sich auf die verzweifelte Suche nach dem Täter; diese Suche wird zu ihrem einzigen Lebensmotiv. Sie begegnet einem Rechtsanwalt, von dem sie Hilfe erhofft, und beginnt eine kalte sinnliche Liebesbeziehung zu ihm, die an ihrem inneren Frost zerbricht. Der Roman ist im spätexpressionistischen Stil der Zeit verfasst, sein Thema von einem Film beeinflusst, der Anfang der 30er Jahre die Zeitgenossen nachhaltig beeinflusste: Fritz Langs *M – Eine Stadt sucht einen Mörder*. Während aber für Lang der Täter die Schlüsselposition innehat, bleibt er bei K. nicht auszumachen. Ihre Aufmerksamkeit gilt den Opfern, dem Kind und seiner Mutter, während aber zugleich nicht ersichtlich wird, warum es »eine jüdische Mutter« ist. Martha Wolg verwindet das Verbrechen nicht. Sie ertränkt sich. In K.s Erzählungen sterben die Frauen gewaltsam.

Im Herbst 1933 schreibt K. einen Essay über eine Gestalt der französischen Revolution, der sie auch in ihrer Lyrik nachging: *Das Bildnis Robbespierres*. In ihm legt sie dar, welche Macht historisch überlieferte Bilder ausüben.

Das angestammte Haus in Finkenkrug muss K. zusammen mit ihrem Vater 1938 verlassen, um in einem sogenannten »Judenhaus« in Berlin-Schöneberg zu leben. K. leistet Zwangsarbeit in der deutschen Rüstungsindustrie. Im September 1942 wird der 81-jährige Ludwig Chodziesner nach Theresienstadt deportiert. Er stirbt im Februar 1943. K. lernt Hebräisch und verfasst einige Gedichte in dieser Sprache. Im Rahmen der »Fabrikaktion« wird sie von der SS am 27. Februar 1943 an ihrem Arbeitsplatz verhaftet und am 2. März 1943 mit dem 32. »Osttransport« nach Auschwitz deportiert. Der genaue Todestag von K. ist unbekannt. Ihr Werk wurde erst in den vergangenen Jahren einer größeren Öffentlichkeit bekannt, ihre Biographie 1993 in einer vielbeachteten Ausstellung des Deutschen Literaturarchivs gezeigt.

Werke: Das lyrische Werk. Zweite erweiterte Gesamtausgabe, hg. F. Kemp, München 1960; Susanna, hg. T. Sparr, Frankfurt a. M. 1993; Briefe, hg. J. Woltmann, Göttingen 1997; Eine jüdische Mutter, Göttingen 1999; Das lyrische Werk. 3 Bde., hg. R. Nörtemann, Göttingen 2003 (²2010); Die Dramen, hg. R. Nörtemann, Göttingen 2005.
Literatur: G.K. 1894–1993, Katalog bearbeitet v. J. Woltmann, Marbacher Magazin 63 (1993); G.K. Leben und Werk in Texten und Bildern, hg. B. Eichmann-Leutenegger, Frankfurt a. M. 1993; B.R. Erdle, Antlitz – Mord – Gesetz. Figuren des Anderen bei G.K. und Emmanuel Lévinas, Wien 1994; Widerstehen im Wort. Studien zu den Dichtungen G.K.s, hg. K. Lindemann, Göttingen 1996; K. Zarnegin, Tierische Träume. Lektüren zu G.K.s ›Die Frau und die Tiere‹, Tübingen 1998; S. Nowak, Sprechende Bilder. Zur Lyrik und Poetik G.K.s, Göttingen 2007; M. Shafi, Urban Experience and Identity in G.K.'s ›Die jüdische Mutter‹, in: »Not an Essence but a Positioning«. German-Jewish Women Writers (1900–1938), hg. A. Hammel, München 2009, 113–127; I. Stephan, Jüdische Medeen. Bertolt Brecht, G.K., Paul Celan, in: Medeamorphosen. Mythos und ästhetische Transformation, hg. N. Bätzner, München 2010, 193–203; C. Daffner, Zwischen gestern und morgen. Der poetische Dialog von Else Lasker-Schüler, G.K. und Nelly Sachs, in: Geschlechterbilder im Wandel? Das Werk deutschsprachiger Schriftstellerinnen 1894–1945, hg. S. Guddat, Frankfurt a. M. 2011, 365–383.

Thomas Sparr

Kompert, Leopold

Geb. 5.5.1822 in Münchengrätz;
gest. 23.11.1886 in Wien

Auch wenn Vorläufer und Vorbilder ausgemacht werden können – es war K.s erster Erzählband *Aus dem Ghetto* (1848), der das Genre der Ghettoliteratur im Bewusstsein der literarischen Öffentlichkeit seiner Zeit etablierte. Das Verdienst

derjenigen Art Ghettoliteratur, mit der K.s Name synonym geworden ist, bestand in einer literarischen Emanzipation des traditionellen jüdischen Lebensraumes und der traditionellen jüdischen Lebensweise, die im Zeichen der Modernisierung der westjüdischen Bevölkerung als rückständig und fortschrittsfeindlich verpönt war. Mit seiner Erschließung des Lebensbereiches, den er Ghetto nennt, für die deutschsprachige Literatur stellte K. den Juden im deutschsprachigen Mitteleuropa einen eigenen literarischen Identifikationsraum zur Verfügung, in dem die Fragen der jüdischen Identität in der Epoche von Assimilation und Verbürgerlichung verhandelt werden konnten. Er hielt weiterhin die Erinnerung an eine jüdische Lebenswelt wach, die im Zuge des gesellschaftlichen Wandels verlorenzugehen und vergessen zu werden drohte.

K.s Vater war Wollhändler und Mautpächter, seine Mutter Tochter eines Rabbiners. Ab 1832 besuchte K. das Jungbunzlauer Gymnasium, 1837/38 absolvierte er die letzte Gymnasialklasse in Prag. Dort nahm er auch sein Studium auf, das er ab 1839 in Wien fortsetzte (Fachrichtung Medizin, kein Abschluss). Nach dem Bankrott des väterlichen Geschäftes war K. gezwungen, seinen Lebensunterhalt selbst zu bestreiten. Die Jahre 1843–47 verbrachte er als Hauslehrer auf dem Schloss eines ungarischen Grafen. In dieser Zeit begann er auch, seine ersten Ghettogeschichten zu schreiben. Bereits im Vorwort zu seiner ersten Erzählsammlung legt K. folgerichtig seine Ghetto-Darstellung als Retrospektive offen. Im Bild eines jungen Juden, der von einem nahen Berg auf das Ghetto hinabblickt, versinnbildlicht K. die Perspektive seiner Geschichten. Was der Bergsteiger sieht – die Großeltern im Sonnenschein auf einer Bank vor ihrem Haus: ein Inbegriff der Harmonie – und was er fürchtet – die Existenzunsicherheit in einer neuen, unbekannten Welt, in der jüdisches Bewusstsein keine Rolle mehr spielt – umreißt den literarischen Verständnisrahmen seiner Geschichten: Vergangenheitsglorifizierung mit Gegenwartsrelevanz. Das Bild verdeutlicht gleichzeitig K.s eigenen Weg aus traditionellen jüdischen Bindungen auf dem böhmischen Lande in das bürgerlich-jüdische Milieu der Metropole Wien.

Nach seiner ungarischen Hauslehrerzeit nach Wien zurückgekehrt, arbeitete er als Bankangestellter und als Redakteur für mehrere Zeitschriften der Hauptstadt. Nach dem Erfolg seiner Bücher wurde K. mit zahlreichen ehrenamtlichen gesellschaftlichen Funktionen betraut, die seine Stellung innerhalb der deutschen bürgerlichen Kultur wie gleichermaßen in der jüdischen Gemeinde illustrieren und damit als Manifestationen des Versuchs zu bewerten sind, Akkulturation und bürgerliche Orientierung mit jüdischer Identitätsbewahrung zu vereinbaren. K. war Vorstandsmitglied der Wiener Sektion der Schillergesellschaft, Mitglied des Ehrengerichts der Schriftstellervereinigung Concordia, Wiener Gemeinderatsabgeordneter, Präsident der Schulsektion der Wiener Israelitischen Kultusgemeinde und in dieser Eigenschaft Wiener Bezirksschulrat und Niederösterreichischer Landesschulrat.

Seine Ghettogeschichten sind ebenfalls von dem Versuch geprägt, deutsch-jüdische Identität auf versöhnliche, integrative, beide Bezugsgruppen ansprechende und damit das gegenseitige Verständnis fördernde Weise zu präsentieren. Vier Aspekte kennzeichnen sein Werk, das fünf Erzählsammlungen und zwei Romane umfasst: Erstens die Absicht, vergangenes oder vom Verschwinden bedrohtes jüdisches Leben für die Nachwelt festzuhalten, also Sitten und Gebräuche, Figuren, Anekdoten und Begebenheiten, die dem Leben der böhmischen Judengassen eigen waren, literarisch zu bewahren. Die jüdischen Gemeinden in seinen Geschichten sind vom religiösen Festtagskalender geprägt, ihre Bewohner gehen traditionellen Tätigkeiten nach; innere Spannungen und unterschiedliche Ausrichtungen werden nicht verschwiegen, sondern ausgetragen und meist harmonisch gelöst. Die Kontakte mit der Außenwelt sind von Misstrauen und Anfeindungen geprägt, die oft die Juden noch mehr auf sich selbst verweisen. Man darf K.s Geschichten nun aber nicht als authentische Kultur- oder Sittenbilder missverstehen. Denn K. stellt zweitens die traditionelle jüdische Gemeinschaft in durchaus bürgerlichen Kategorien dar. Seine Helden vertreten Familientugenden, Moralvorstellungen und Frömmigkeitsformen, die den »Zug innerer Verwandtschaft« zwischen Juden und »deutschem Volk« demonstrieren sollen, wie er im Vorwort zu *Geschichten einer Gasse* sagt. Der jüdische »Volksgeist« soll für Außenstehende verständlich und damit nicht bedrohlich, für Juden selbst als Quelle von Stolz und Selbstverständnis erscheinen. Zu diesem Zweck entwickelte K. drittens eine sentimental-realistische Literatursprache, in die sich ein anheimelndes Literaturjiddisch in der Figurenrede als sympathiewerbendes Element einfügt. Er schildert sein Ghetto durchaus humoristisch (komische Typen und Sprachkomik steuern Lokalkolorit bei), nie aber ironisch oder satirisch. Viertens: Seinen bürgerlich-liberalen Toleranzvorstellungen gemäß, ursprünglich dem Geist von 1848 verpflichtet, spricht K. in seinen Schriften zahlreiche kontroverse Themen der innerjüdischen Debatte (wie Synagogalreform, Synchronisierung von Sabbat und Sonntag) und des deutsch-jüdischen Dialogs an (Misch- oder Zivilehe, Landbesitz und Berufsprofil der jüdischen Bevölkerung). Seine Schilderungen jüdischer Eigenarten verdanken sich der Grundüberzeugung, dass Wissen Verständnis erzeugt, dass sachliche Auseinandersetzung die Beilegung innerjüdischer wie deutsch-jüdischer Konflikte und Missverständnisse ermöglicht. In dieser Hinsicht ist K.s Literatur der Aufklärung verpflichtet. Die späteren Strömungen des Ghettogenres, die sich einerseits als nostalgisch-sentimentale und andererseits als satirisch-kritische und politisch explizite Literatur entwickelte, sind somit in K.s Texten bereits angelegt.

Während traditionalistische oder assimilatorische Zeitgenossen in ihren Texten zu Fragen wie Konversion oder Mischehe oft eindeutige Positionen beziehen, ist für K. die Entscheidungsfreiheit des Individuums oberster Maßstab. Individuelle Entfaltung zu gewährleisten, ist für ihn die Aufgabe allen öffentlichen Wirkens; nur auf ihr kann politischer und kultureller Fortschritt beruhen. Damit Konversionswünsche allerdings nicht aus Opportunismus entstehen, muss der verbürgerlichten, akkulturierten Gemeinschaft ein jüdisches Selbstverständnis und Selbstbewusstsein gegeben werden, das den einzelnen Juden eine Identifizierung mit ihrem Kollektiv ermöglicht. Dieser Aufgabe ist K.s Literatur gewidmet. Während zahlreiche seiner Geschichten die Widerstandskraft und den Selbstbehauptungswillen der jüdischen Gemeinschaft in Zeiten von Verfolgung und behördlicher Schikanierung behandeln, kommen moderne Ausprägungen von Judenfeindschaft in seinem Werk kaum vor. Als herausragender Repräsentant einer Generation, deren Ideologie von kulturellem Symbioseoptimismus bei gleichzeitiger Identitätsbewahrung geprägt war, hatte Antisemitismus in K.s Werk nur einen Platz, insofern er als überwindbar (oder gar als Kennzeichen einer überwundenen Zeit) aufgefasst werden konnte. K.s Ghettogeschichten stehen am Anfang der bürgerlichen deutsch-jüdischen Literaturentwicklung; sie sind Dokument einer Zeit, als die Konstruktion einer heilen jüdischen Welt in der Literatur als Wegweiser für eine gedeihliche Zukunft noch möglich war.

Werke: Sämtliche Werke in zehn Bdn., hg. St. Hock, Leipzig o.J. [1906]; Ghetto-Geschichten, hg. B. Bittrich, Berlin 1988; Der Dorfgeher. Geschichten aus dem Ghetto, hg. F. Krobb, Göttingen 1996; Die Kinder des Randars, hg. P.-H. Kucher, Klagenfurt 1998.
Literatur: W.A. Iggers, L.K. – Romancier of the Bohemian Ghetto, in: Modern Austrian Literature 6 (1973), 117–137; Th. Winkelbauer, L.K. und die Böhmischen Landjuden, in: Conditio Judaica II, hg. H.O. Horch u.a., Tübingen 1989, 190–217; G.v. Glasenapp, Aus der Judengasse, Tübingen 1996, 102–121; F. Krobb, Reclaiming the Location, in: Ghetto Writing, hg. A. Fuchs, F. Krobb, Columbia 1999, 41–53; A. Fuchs, Mimicry and Assimilation. L.K.s Ghettogeschichten in postkolonialer Perspektive, in: Das schwierige neunzehnte Jahrhundert, hg. J. Barkhoff, Tübingen 2000, 497–508; P.-H. Kucher, Aufbruch aus dem Ghetto? Zu L.K.s Roman ›Am Pflug‹ (1855), in: Literarisches Leben in Österreich 1848–1890, hg. K. Amann, Wien 2000, 786–804; P. Vivanco, L.K. Ein jüdischer Volksschriftsteller?, in: Trumah 11 (2001), 147–166; J.M. Hess, L.K. and the Work of Nostalgia. The Cultural Capital of German Ghetto Fiction, in: Jewish Quarterly Review 97 (2007), 576–615; G. Schröer, »Verträumter Vormärzlicher« zwischen Tradition und Emanzipation? L.K. und seine Darstellung des Ghetto-Lebens böhmischer Landjuden, in: Brücken 16 (2008), 97–113.

Florian Krobb

Koreff, David Ferdinand

Geb. 1.2.1783 in Breslau;
gest. 15.5.1851 in Paris

K. stammte aus einem assimilierten großbürgerlichen Elternhaus. In seinem eigenen persönlichen und beruflichen Werdegang setzte sich der Akzent auf Assimilation fort. Nachdem er auf Initiative des Staatskanzlers von Hardenberg an

prominenter Stelle in den preußischen Staatsdienst übernommen worden war, sah K. sich starken anti-judaistischen Vorbehalten ausgesetzt, denen er 1816 mit seiner formellen Taufe und Konversion zum lutherischen Christentum begegnete. Dabei veränderte er seinen Vornamen in Johannes Ferdinand. In seinen Schriften hat weder das Judentum noch das Christentum irgendwelche nennenswerten Spuren hinterlassen. Zwar galt er als einer der schillerndsten unter den sogenannten romantischen Ärzten, er verstand sich aber als liberaler Kosmopolit ganz im Sinne der späten Aufklärung. Trotz seiner offenkundigen Affinität zu naturphilosophischen Vorstellungen, die in einer gewissen Nähe zum Esoterischen und Mystischen standen, und trotz seiner zeitweiligen Zugehörigkeit zum Kreis des französischen Hermetikers Louis Claude de Saint Martin findet sich in seinen Schriften kein Bezug zu kabbalistischen Traditionen. K.s Judentum beschränkte sich im Wesentlichen darauf, antijüdischen Anfeindungen ausgesetzt zu sein, wie sie im Preußen der Restaurationszeit verstärkt zum Zuge kamen. Es gehört zur Tragik seines Lebens, dass er »in Berlin als Jude angefeindet« und – nach seinem erzwungenen Exil – »in Paris als Preuße befehdet wurde« (Oppeln-Bronikowski). Wegen seiner glänzenden

Karriere und seiner außergewöhnlichen Fähigkeiten als Arzt musste er sich als »jüdischer Parvenu« (Max Lenz) oder »jüdischer Cagliostro« (Otto Brandt) beschimpfen lassen.

Als Sohn des angesehenen und wohlhabenden Breslauer Arztes Joachim Salomon K. begann K. 1802 ein Medizinstudium in Halle. 1803 ging er zur klinischen Ausbildung nach Berlin. Promoviert wurde er 1804 in Halle. In Berlin schloss er sich dem frühromantischen Nordsternbund um Adelbert von Chamisso und Karl August Varnhagen von Ense an. Unter dem Pseudonym Anthropos lieferte er 1805/06 einige lyrische Beiträge für deren Musenalmanache. Er war ein entschiedener Anhänger einer ganzheitlich ausgerichteten, stark von Schellings Naturphilosophie inspirierten romantischen Medizin. Nach seiner Übersiedelung nach Paris machte er eine glänzende Karriere als Arzt. Zwischen Mesmerismus und magnetischen Heilkuren, die er weniger dogmatisch als experimentell betrieb, avancierte K. zu einem ebenso erfolgreichen wie berühmten Modearzt, der seine Popularität durch ein geschicktes Verhalten in der Pariser Salonkultur zu festigen verstand. Das umfangreiche Erbe des Vaters gewährte ihm nach dessen Tod im Jahre 1805 finanzielle Unabhängigkeit. Als das Vermögen weitestgehend zusammengeschmolzen war, verließ er 1811 Paris und begab sich auf Reisen. Über die Schweiz führten ihn diese nach Rom und schließlich nach Wien, wo er den seit 1814 tagenden Wiener Kongress erlebte und die Aufmerksamkeit des Fürsten von Hardenberg auf sich zog. »Hier, wie früher zu Paris, erschien er als Arzt und Weltmann in größter Auszeichnung« (Varnhagen von Ense). Zurück in Berlin, wurde K. Leibarzt von Hardenbergs, bekleidete die politisch einflussreiche Stelle eines Geheimen Ober-Regierungsrates in der Staatskanzlei und wurde auf persönliche Intervention von Hardenberg zum Professor an der Medizinischen Fakultät der neuen Berliner Universität ernannt. Bei der Gründung der Universität Bonn nahm er auf die Berufungspolitik im Sinne seiner eigenen medizinischen Position Einfluss und setzte sich außerdem für eine Berufung August Wilhelm Schlegels ein, mit dem ihn eine längere Freundschaft verband.

Gleichzeitig mit seiner enormen politischen und wissenschaftlichen Karriere gehörte er der Berliner Salonkultur an, vor allem dem Varnhagen-Kreis, und war Mitglied des Freundeskreises der Serapionsbrüder, der sich auf Initiative E.T.A. Hoffmanns regelmäßig zu literarischen Gesprächsabenden traf. Als Vinzenz, den »eifrigsten Verfechter des Magnetismus, den man sich denken kann«, hat Hoffmann ihn in seinem Erzählzyklus *Die Serapionsbrüder* (1819/21) porträtiert. K. stand der phantastischen Poetik Hoffmanns sehr nahe. Seine eigene poetische Arbeit fiel allerdings sowohl in quantitativer wie in qualitativer Hinsicht eher schmal aus. 1815 publizierte er einen kleinen Band mit Gedichten unter dem Titel *Lyrische Gedichte* in Paris. Bereits 1812 wurde das Singspiel *Don Tacagno* uraufgeführt, dessen Text K. geschrieben hatte. 1820 erschien noch K.s Libretto zur romantischen Oper *Aucassin und Nicolette* im *Berlinischen Taschenkalender*. Mit der Musik von Georg Abraham Schneider wurde sie kurz vor K.s erneuter Übersiedelung nach Paris mit einigem Erfolg in Berlin uraufgeführt.

Aufgrund einer Reihe von Intrigen und Anfeindungen, die z. T. auch antijüdisch, vor allem aber politisch und wissenschaftlich grundiert waren, sah K. sich im April 1822 genötigt, den preußischen Dienst in Berlin aufzugeben und sich erneut und nun für immer nach Paris zu begeben, mit der Vereinbarung allerdings, »daß er unbestimmten Urlaub erhielt, und bei dem Fortbezug eines ansehnlichen Jahrgeldes sich wissenschaftlichen Aufträgen, die ihm etwan erteilt werden möchten, zu unterziehen versprach« (Varnhagen von Ense). In den folgenden Jahren nahm sein ärztlicher Ruhm noch zu, so dass er 1830 von dem Naturwissenschaftler Georges Cuvier als »einer der gelehrtesten und gewiss einer der geistvollsten Ärzte Europas« (Brief vom 29.1.1830 an de Boisbertrand) bezeichnet wird. K. heiratete die Deutschjüdin Therese Mathias vermutlich 1830. Die Erfolge seiner Heilverfahren wurden derart berühmt, dass er sich vor Patienten auch und gerade aus den höchsten Kreisen kaum retten konnte. So gehörte die Großkurtisane Marie Duplessis, die von Dumas verewigte »Kameliendame«, zu seinen langjährigen Patienten, aber auch weniger bemittelte Zeitgenossen wie Heinrich Heine. Sogar der englische Hochadel bemühte K. als Arzt. Der Herzog von Hamilton vertraute ihm seine nervenkranke Tochter an, nachdem zahlreiche andere Ärzte an ihrer Behandlung gescheitert waren. Tatsächlich gelang es K. Mitte der 1830er Jahre, sie in einer langwierigen und aufwendigen magnetischen Kur zu heilen. Einer seiner großen medizinischen Erfolge leitete jedoch das Ende von K.s Karriere ein. Einen unnötigerweise gegen Hamilton angestrengten Prozess um viel zu hohe Honorarforderungen verlor er ebenso wie einen späteren Prozess gegen die Erben der »Kameliendame«, denen er eine Rechnung für »280 Krankenbesuche« (Köhler) vorlegte. So wurden Honorarforderungen ausgerechnet einem Arzt zum Verhängnis, der über Jahre hinweg Arme wie Reiche unentgeltlich oder für eine symbolische Bezahlung behandelt hatte.

Ähnlich wie vordem in Berlin pflegte K. parallel zu seiner Karriere als Modearzt ein breit gefächertes Salonleben in Paris. Er war in den liberalen Zirkeln ebenso zuhause wie in den konservativen. Zu seinen Freunden zählten Benjamin Constant und Heine. Er pflegte Bekanntschaften mit Stendhal, Delacroix, Musset und anderen. Zu seinen großen literarischen Verdiensten gehört sicherlich, dass er sich in den Pariser Salons der 1820er Jahre nachdrücklich für E.T.A. Hoffmann und seine phantastischen Erzählungen einsetzte und damit den Grundstein für die Bedeutung Hoffmanns in Frankreich legte.

In den Revolutionswirren von 1848 verlor er nicht nur seine preußische Staatspension, sondern seine gesamte finanzielle Situation veränderte sich zum Schlechten. K. starb am 15. Mai 1851 bei einem Krankenbesuch an einem Schlaganfall.

Werke: Der Einzug des Kaisers, Wien 1814; Lyrische Gedichte, Paris 1815; Don Tacagno. Komisches Singspiel, Paris 1819; Über die Erscheinungen des Lebens und über die Gesetze, nach denen es im menschlichen Organismus sich offenbart, Berlin 1820; Aucassin und Nicolette oder die Liebe aus der guten alten Zeit. Romantische Oper, in: Berlinischer Taschenkalender (1820), 221–298, (1821), 131–190.

Literatur: K.A. Varnhagen von Ense, K., in: ders., Werke, Bd. 4, hg. K. Feilchenfeldt, Frankfurt a. M. 1990, 244–269; M. Martin, Un Aventurier intellectuel sous la Restauration et la Monarchie de Juillet, Paris 1925; F.v. Oppeln-Bronikowski, D.F.K. Serapionsbruder, Magnetiseur, Geheimrat und Dichter, Berlin 1928; F. Ernst, Essays, Zürich 1946, 228–236; I. Köhler, Ein Wegbereiter Hoffmanns in Frankreich: Der Doktor K., in: MHG 26 (1980), 69–72.

Detlef Kremer

Kornfeld, Paul

Geb. 11.12.1889 in Prag;
gest. Frühjahr 1942 in Lodz

K. war ein bedeutender Autor vor allem des deutschen Expressionismus. Seine Dramen wurden an den wichtigsten Bühnen in Frankfurt, Berlin und Hamburg aufgeführt, und seine expressionistische Programmschrift ging in alle deutschen Lite-

raturgeschichten ein. In den 20er Jahren hat K. die Theaterwelt mit Komödien beliefert und einen umfangreichen Roman, *Blanche oder das Atelier im Garten*, als Spiegelung seines Lebens und seiner geistigen Welt hinterlassen. K. bewegte sich in weiten interkulturellen Räumen: aus der gesamten europäischen Literatur – bevorzugt Goethe, Stifter und Fontane, Dostojewski und Strindberg –, aus indischer Dichtung und chinesischer Philosophie hat er Elemente in seinem Werk verbunden; und doch war er dem jüdischen Geist, aus dem er stammte, tief verwurzelt.

Der Urgroßvater Aaron K. (1795–1881) war ein streng orthodoxer Rabbiner, Leiter der letzten böhmischen Talmud-Schule. Der Vater Moriz K. siedelte von Golc-Jenikau nach Prag über, wo er als wohlhabender Fabrikant eine Spinnerei und Färberei besaß. K. wuchs im behüteten Familienverband auf, verbrachte seine Prager Schul- und Studentenzeit im Kreis von F. Werfel, F. Kafka, E. Deutsch, W. Haas und M. Brod. Aber er wollte sich aus dem Prager jüdischen Umfeld lösen, wollte den »Großstadtjuden«, wie er sagte, ablegen und emigrierte fünfundzwanzigjährig nach Frankfurt a. M.

Von vielem, was K. durch Herkunft prägte, gibt sein Werk lebenslang Zeugnis: ein nicht endendes Leiden und quälende Lebensangst offenbaren das angestammte Gefühl der Heimatlosigkeit, die für ihn trotz und auch wegen aller gewählten kulturellen Vielfalt bestimmend blieb. Als bedrückend empfand er auch den Konflikt zwischen Judentum und Assimilation, der immer wieder eine Sehnsucht nach Erlösung in K.s Werk aufkommen ließ, nach Wundern, die vom Überirdischen künden, oder aber den Wunsch, sich zurückzuziehen in ein Inneres, in Traum und Abgeschiedenheit. K. antwortete auf seine existenziellen Fragen mit einer Art religiöser Weltflucht. Dem Rückzug oder dem Aufstieg in andere Sphären folgte jedoch immer Vertreibung und Tod. In vielen wichtigen Werken K.s ist diese Dreierkonstellation maßgebender Inhalt: vom ersten Drama *Die Verführung* (entstanden 1913), die eine Verführung aus eingesponnener Isolation ins todbringende Leben darstellt, über die expressionistisch-mystische Erzählung *Legende* (entstanden 1916), in der das paradiesische Dorf am Ende durch den Einbruch wissenschaftlich-analytischer Mächte zerstört wird, bis zum letzten nachgelassenen Roman *Blanche oder das Atelier im Garten*, in dem sich Blanche nach der Vertreibung aus ihrem Gartenhaus selbst tötet. Tragischerweise erfüllt sich diese Thematik auch in K.s eigenem Leben. Er hatte alle Angebote seiner Verwandten zur Emigration nach England abgelehnt und sich im Hinterzimmer einer Prager Vorstadtpension versteckt – vergeblich. Am 31. 10. 1941 wurde er über Theresienstadt in das Lager von Lodz verschleppt, wo er wenige Monate später jämmerlich zugrundeging.

Der immer bewusster werdende Konflikt zwischen Judentum und Anpassung kommt am eindrucksvollsten in *Jud Süß. Tragödie in 3 Akten und einem Epilog* zum Ausdruck (entstanden 1930, abgedruckt in: *theater heute*, 1988. Uraufführung 1931 in Berlin, Regie L. Jessner, Titelrolle E. Deutsch). Im Unterschied zu Feuchtwangers Roman *Jud Süß* (1925) gestaltete K. das Problem der gesellschaftlichen Integration des Juden Süß Oppenheimer differenziert, jedoch ohne klare Lösung. Er führte einen heimatlosen Juden vor, dessen größter Wunsch war, sich in die höfische Gesellschaft einzuordnen. Aber trotz Anpassungswillen – in dessen Übertreibung liegt seine einzige Schuld – fällt er dem Antisemitismus zum Opfer. Die Assimilation vollzieht sich stufenweise, redereich und dramatisch gekonnt, mit vielen Personen. Nach Verkündung des Todesurteils sind die letzten spannungsgeladenen Worte dieses *Jud Süß*: »Sch'ma Jisroel« – Höre Israel, Gebetsworte, die er noch kurz vorher, da sie von einem Bittsteller gesagt wurden, mit Sarkasmus zurückgewiesen hatte. K.s zentrale Botschaft, dass Assimilation an die deutsche Kultur und Verleugnen des Eigenen nicht vor Hass und Verfolgung retten können, zeigt die Aktualität des Stückes um 1930, und sie zeigt K.s eigene Ausweglosigkeit aus dem ihm schicksalhaft zugefallenen Dilemma.

»Unvorstellbar, grauenhaft, öde und trist die Welt ohne die Leidensfähigkeit des Menschen, unvorstellbar der Mensch selbst ohne seinen Schmerz«, so K. in *Das Tagebuch* (1930). Kritiker sprachen von einer »Religion des Leidens« (L. Sborowitz). Auch K.s frühe Tagebücher (1905–21), die im Literaturarchiv in Marbach lagern, dokumentieren K.s anhaltenden Lebensschmerz. Die Tragödie *Die Verführung* ist Ausdruck dieser Weltsicht, die durchaus ethisch verstanden werden will: Nur die Leidenden haben eine Seele, und sie sind auserwählt. Auch die Tragödie *Himmel und Hölle* (1919) führt wesentlich Leidensmenschen in expressionistisch eindrucksvollem Stil vor. Nur hier ringt sich K. am Schluss zu Apotheose und Erlösung durch. Die Prosareden gehen parallel zum Aufstieg der Seelen in Verse über, und drei Frauengestalten geleiten den Helden »Graf Umgeheuer« ins Überirdische. Das Schlusswort »Amen« bekräftigt die religiös gemeinte Botschaft. Leid und Schmerz korrespondieren bei K. auch mit Lachen und Witz. Was K. 1918 in seinem Nachruf über Wedekind sagte, galt auch für ihn selbst: »Es war der Witz des blutenden Menschen, das Paradoxon des Verbissenen.« Vier Komödien, zwischen 1920 und 30 entstanden (*Der ewige Traum, Palme oder der Gekränkte, Kilian oder die gelbe Rose, Smither kauft Europa*), zeugen von dieser Art des leidvollen Lachens, ebenso auch die vierzig glänzenden ironischen Aufsätze in Schwarzschilds Zeitschrift *Das Tagebuch* (1928–31).

»Greif ein, o Herr, und laß Wunder hinwehen über die Erde« – so K. in *Gebet um Wunder* (1918); und in den Erzählungen *Legende* (1917) und *Die Begegnung* (1917) lässt er märchenhaft Wundergestalten auftreten, denn »Wo Saat ist in der Menschenbrust,/ Erscheint Gott selbst, um glühend sie zu pflegen«. Diese Dimension einer fromm-gläubigen Phantasie rückt K. in den Kreis des jüdisch-mystischen Chassidismus und zeigt seine Neigung, als Ausweg aus dem Leiden eher dem Ostjudentum anzugehören als westlichen Rationalismen. Nicht zufällig war ihm Chagall der liebste Maler.

Werke: Die Verführung, Berlin 1916; Himmel und Hölle, Berlin 1919; Revolution mit Flötenmusik und andere kritische Prosa, hg. u. kommentiert M. Maren-Grisebach, Heidelberg 1977; Der ewige Traum und Smither kauft Europa. Zwei Komödien, hg. R. Geissler, Bergisch Gladbach 1990.
Literatur: M. Maren-Grisebach, Weltanschauung und Kunstform im Frühwerk P.K.s, Typoskr. Diss., Hamburg 1960; S. Nuy, P.K., Jud Süß: Studie zu einer dramatischen Bearbeitung, Salzburg 1995; W. Haumann, P.K., Leben – Werk – Wirkung, Würzburg 1996.

Manon Andreas-Grisebach

Kracauer, Siegfried

Geb. 8.2.1889 in Frankfurt a. M.;
gest. 26.11.1966 in New York

Von seinem Onkel Isidor K., der ursprünglich Rabbiner werden wollte, wurde K. schon früh mit Fragestellungen des jüdischen Denkens konfrontiert, die ihn zeit seines Lebens beschäftigten. Jener war Lehrer am berühmten Philanthropin in Frankfurt und der Historiograph der Frankfurter jüdischen Gemeinde (*Zur Geschichte der Juden in Frankfurt am Main, 1150–1824*). In seinem Hause herrschte ein an Theologie interessiertes Klima, das die Beschäftigung mit dem Judentum ermöglichte, ohne ein religiöses Bekenntnis zu erfordern. Noch vor seinem Eintritt in die Feuilleton-Redaktion der *Frankfurter Zeitung* 1923 schloss sich der promovierte Architekt K. einer Gruppe jüdischer Intellektueller um den Rabbiner Nehemiah A. Nobel an, 1921/22 hatte er einen Lehrauftrag am »Frankfurter Freien Jüdischen Lehrhaus«, das von F. Rosenzweig und M. Buber geleitet wurde und sich um eine politisch motivierte, gegen die allgemeine Tendenz zur Assimilation gerichtete Renaissance der jüdischen Tradition bemühte.

K.s Stellung in dieser »anderen Frankfurter Schule« war nicht weniger prekär als einige Jahre später seine Position in Max Horkheimers »Institut für Sozialforschung«. Sein »ängstliches Misstrauen gegen große Träume, die nicht an den Rand geschrieben sind«, korrespondierte mit seiner Abneigung gegen Letztbegründungen, seinem Insistieren auf der »Vorläufigkeit aller gegebenen Konfigurationen«, die ihm im Aperçu besser aufgehoben schien als im philosophischen System. Dabei ging es nicht um Relativierung, sondern um die Rehabilitation des Profanum, das in Vor- und Zwischenräumen ein übersehenes Dasein fristet und der richtigen Benennung harrt. Diese Orientierung zeigt sich noch in seinem letzten, postum erschienenen Buch *History. The Last Things Before The Last* (1969): In der Parallelisierung von Geschichtsschreibung und Photographie wendet sich K. gegen die eine, fortschrittsoptimistische Universalgeschichte und betont das Recht der vielen disparaten Geschichten, die in ihren Zwischenräumen eine andere Botschaft, eine Geschichte der namenlosen Verlierer, zu lesen erlauben. Zugleich sind es diese »Löcher in der Wand, durch die wir entweichen können und das Unwahrscheinliche sich einschleichen kann«. Damit die Porosität der scheinbar geschlossenen Systeme aber überhaupt wahrgenommen werden kann, bedarf es einer Methodik des Umwegs, des Aufschubs von Bedeutung, der Verzögerung und Verlangsamung von Wahrnehmung, die mit genauem Blick auf dem Detail verweilt. Diese Maxime eines Sammlers von Details, die das Verhältnis von »Großem und Kleinem« berührt, bezeichnete K. selbst als »theologisches Argument«: in der vollständigen Ansammlung der kleinsten Fakten soll eine »Tradition verlorener Prozesse« begründet werden, die eine »Empfänglichkeit […] für das sprachlose Plädoyer der Toten« ermöglicht.

Die messianische Figur der Erlösung, die hier im Interesse historischer Diskontinuität und Kontingenz zitiert wird, bleibt bei K. eingespannt in die paradoxe Arbeit an einer radikal negativen Theologie, die das Bilderverbot gegen jede Form der Dogmatisierung und Positivierung des Judentums aktiviert. So schreibt K. 1923 in einem Brief an L. Löwenthal über Rosenzweigs *Der Stern der Erlösung* (1921): »Es ist doch ein Schmarren! Die richtige Apotheosenphilosophie, die mit dem Nichts anfängt und mit dem: ›Hab Sonne im Herzen‹ schließt.« Gegen das ›positive Judentum‹, das einen romantischen Neuanfang verspreche, ohne auf die reale gesellschaftliche Entwicklung zu reagieren, wendet sich K. 1925 auch in seiner öffentlichen Polemik gegen die Bibelübersetzung Bubers und Rosenzweigs. In *Die Bibel auf Deutsch* (1926) kritisiert er deren Versuch der Aktualisierung der Heiligen Schrift durch Übersetzung als »Flucht ins Private«, bei der das Interesse an der konkreten sozialen Wirklichkeit auf der Strecke bleibe. Völlig unhaltbar ist für K. eine Legitimation, nach der die Wahrheit im Wort der Bibel zeitlos aufgehoben und nur zu bergen sei: »Das Profane ist den theologischen Kategorien längst entwachsen […] Aus ihrer Hülle haben Interessen sich herausgeschält, die nur mehr weltlichen Charakters sind; den Gemeinschaften der positiven Religionen steht die Gesellschaft als zu sich selber gekommene Größe mit eigenen Begriffen und Zielsetzungen gegenüber. Bei ihr, nicht bei jenen, ist in der Gegenwart die Aktualität.« In der Wendung zu einer emphatisch verstandenen ›Aktualität‹ besteht für K. die Alternative zu den

Eskapismen esoterischer und religiöser Erneuerungsbewegungen, von denen die Geschichte der Weimarer Republik zeugt.

Der Bestimmung des Orts der Wahrheit im Profanen gilt K.s ganze theoretische Anstrengung – von den soziologischen und kulturphilosophischen Studien über die Romane und Städtebilder bis hin zur späten *Theory of Film* (1960). Dabei ist seiner »bunten Nüchternheit« (Bloch) eine Negativität eingeschrieben, die er bereits 1924 in einem Brief als »einzig mögliche Haltung« des Intellektuellen präzisiert hat: »Wir müssen verborgen sein, quietistisch, nichtstuerisch, ein Stachel den andern, und lieber sie (mit uns) zur Verzweiflung treibend als ihnen Hoffnung gebend.« Dieser Gestus des Unversöhnlichen, verbunden mit dem Bekenntnis zur »äußeren Wirklichkeit«, zeichnet auch K.s physiognomische Studien aus, deren Programmatik er 1927 in dem Aufsatz *Das Ornament der Masse* formulierte: »Der Ort, den eine Epoche im Geschichtsprozess einnimmt, ist aus der Analyse ihrer unscheinbaren Oberflächenäußerungen schlagender zu bestimmen als aus den Urteilen der Epoche über sich selbst.« Zwar geht es stets »um die Einsetzung der Wahrheit in der Welt«, dabei ist jedoch zu berücksichtigen, dass »ihre [der Wahrheit] Realität immer genau an der Stelle läge, über die wir gerade geschritten sind«. Damit verbindet K. das methodische Postulat einer Verkehrung von Peripherie und Zentrum. Wie bei W. Benjamin steht Geschichtstheorie ganz im Dienste eines Prozesses »der Entmythologisierung, der den radikalen Abbau der immer wieder neu besetzten Positionen des Natürlichen bewirkt«. Der Kapitalismus treibt den Konstruktionscharakter der Wirklichkeit hervor, bleibt aber bei der notwendigen »Entzauberung« auf halbem Weg stehen, seine Rationalisierung endet letztlich doch wieder in Mythos und Natur. Wie später in Horkheimers und Adornos *Dialektik der Aufklärung* geht es K. bereits in diesem frühen Aufsatz darum, den Umschlag von Rationalität in Mythos aufzuzeigen. Gegen Verfallstheoretiker wie O. Spengler betont K. allerdings, dass dieser Prozess durch die kapitalistische Moderne hindurch führe und nicht in pessimistischer Zivilisationskritik umzukehren sei. Zielpunkt des Denkens ist jedoch kein U-Topos, sondern die heterotopische Entstehung von Text/Gewebe am falschen Ort, für die das Ornament einsteht. Unterstützt wird dies durch die Hybridisierung von Genres, Themen und Stilen, welche die Texte K.s stets an der Grenze von Literatur und Theorie situiert.

Für seine Arbeiten fand K. ab 1922 in der liberalen *Frankfurter Zeitung* ein angesehenes Publikationsorgan und eine breite Öffentlichkeit. Durch diese Tätigkeit war er aber auch bereits zu Beginn des nationalsozialistischen Terrorregimes so exponiert, dass er noch in der Nacht des Reichstagsbrandes am 28. Februar 1933 aus Berlin nach Paris fliehen musste. Mit dieser Flucht begann ein Exil, das K. und seine Frau »buchstäblich in letzter Minute« nach New York führte, von wo sie nur noch besuchsweise nach Deutschland zurückkehrten: »die Luft ist dort noch auf lange, lange hinaus verpestet, man weiß nicht, wem man die Hand gibt«. Diese Flucht des Juden vor dem nationalsozialistischen Genozid, dem die Mutter und die Tante zum Opfer fielen, das Motiv des Entkommenseins, wurde als heimliches Zentrum der späten Schriften K.s identifiziert (Mülder-Bach). Doch die Ahnung, zukünftig einmal entkommen zu müssen, bestimmt bereits seine beiden Romane *Ginster* (1928) und *Georg* (1934). Das »Katastrophenjudentum«, von dem der Überlebende Jean Améry einige Jahre später sprechen wird, findet hier in den Überlebensstrategien der Anonymität bereits eine signifikante Gestalt. In *Ginster* entgeht der Protagonist der objektiven Entpersonalisierung in einer zum Totalitarismus neigenden Gesellschaft durch die eigenmächtige Demontage des Ich: »Ich selbst will nichts. [...] am liebsten zerrieselte ich.« K. führt hier literarisch vor, was Adorno Jahre später in der *Negativen Dialektik* (1966) als Programm der Moderne formuliert hat: »Mit der Kraft des Subjekts den Trug konstitutiver Subjektivität zu durchbrechen.« Da das Subjekt an Selbsterhaltung gefesselt ist – Zygmunt Bauman hat die Fatalität dieser Selbsterhaltungslogik am Beispiel der Judenräte aufgezeigt –, lässt es sich nur in einem dezidiert anti-subjektiven Sinn retten: allein in der Idiosynkrasie kann sich Differenz erhalten. An die Stelle der Selbstvergewisserung tritt die Vergewisserung einer Wirklichkeit, in der das moderne Subjekt obsolet geworden ist.

Werke: Werke, hg. I. Mülder-Bach u. a., Frankfurt a. M. 2004 ff.

Literatur: I. Mülder, S.K. – Grenzgänger zwischen Theorie und Literatur, Stuttgart 1985; S.K. Neue Interpretationen, hg. M. Kessler und T.Y. Levin, Tübingen 1990; M. Günter, Anatomie des Anti-Subjekts. Zur Subversion autobiographischen Schreibens bei S.K., W. Benjamin und C. Einstein, Würzburg 1996; M. Brodersen, S.K., Reinbek 2001; G. Koch, K. zur Einführung, Hamburg [2]2012.

Manuela Günter

Kraft, Werner

Geb. 4.5.1896 in Braunschweig;
gest. 14.6.1991 in Jerusalem

Geboren 1896 in Braunschweig in eine assimilierte jüdische Familie, wächst K. ab 1901 in Hannover auf, macht 1914 am Leibniz-Gymnasium Abitur, studiert zwei Semester in Berlin, muss dann Sanitätssoldat werden (bis Januar 1919). Er publiziert erstmals 1914 eine Literaturkritik in Pfemferts *Aktion.* Entscheidende Leseerlebnisse – Borchardt, George, Hofmannsthal, Kraus – fallen bereits in diese frühen Jahre; auch lernt K. schon im Juli 1915 Walter Benjamin und Gershom Scholem in Berlin auf einem ›Sprechabend‹ kennen. Nach Kriegsende folgt zunächst ein Studium der Germanistik und Romanistik in Freiburg und Hamburg, das er – nachdem er bereits eine Bibliothekarausbildung begonnen hatte – im Sommer 1925 mit der Promotion abschloss (*Motivgeschichtliche Untersuchungen über die Päpstin Johanna in der deutschen Literatur*). 1928–1933 arbeitete K. als Bibliotheksrat an der Vormals Königlichen und Provinzialbibliothek in Hannover. Inzwischen mit Erna K., geb. Halle, verheiratet und Vater von zwei Kindern, hört K., neben dem Bibliotheksdienst, Karl Kraus' Vorlesungen in Berlin, beginnt nach 14-jähriger Pause wieder literaturkritische Aufsätze zu publizieren und entdeckt den spätaufklärerischen Sprachphilosophen und Staatstheoretiker Carl Gustav Jochmann (1789–1830), der in seinem Bild von deutscher Literatur eine zentrale Stelle einnimmt.

Im Herbst 1933 wird K. als Jude aus dem Bibliotheksdienst entlassen; die Familie wandert nach Palästina aus, während K. zunächst noch in Europa einen Wirkungsort sucht, bis er endlich im August 1934 ebenfalls in Jerusalem eintrifft. Während eines Studienaufenthaltes in Paris endet im März 1937 seine starken Verwerfungen unterliegende Freundschaft mit Walter Benjamin, der ihn danach über die Priorität bei der Wiederentdeckung Jochmanns betrügt und einen Aufsatz über Jochmanns *Die Rückschritte der Poesie* 1939 in der *Zeitschrift für Sozialforschung* publiziert. K. ernährt seine Familie als Verwaltungsangestellter und Bibliothekar und arbeitet, nur von einer Handvoll Menschen beachtet, an seinen Dichtungen und literarhistorischen Studien und Essays zu Kafka, Heine und Jochmann und kann nur Weniges in Frankreich und Palästina veröffentlichen. Erst 1946 setzen dann seine Publikationen in Österreich und Deutschland ein: 1956 erscheint seine Monographie zu Karl Kraus, den er auch als großen Lyriker darstellt, 1961 seine bis heute maßgebende Studie zum Werk Rudolf Borchardts, 1972 die umfangreiche Darstellung Carl Gustav Jochmanns (*Carl Gustav Jochmann und sein Kreis. Zur deutschen Geistesgeschichte zwischen Aufklärung und Vormärz*); hinzu kommen Aufsatzbände, Gedichte, ein Roman und kleine reflektierende Prosa. Schließlich legt K. 1973 seine Autobiographie *Spiegelung der Jugend* (Neuauflage 1996) vor, die mit dem Weggang aus Deutschland endet und nur summarisch von jenen Jahren berichtet, in denen er, weiter fast ausschließlich in der deutschen Sprache lebend, in Palästina/Israel in großer Isolation sein umfangreiches Werk erarbeitete. Seine Einsamkeit wird allerdings gemildert durch den Umgang mit Gershom Scholem, Ernst Simon, Martin Buber und Else Lasker-Schüler sowie durch eine seit den 1950er Jahren wachsende Zahl von Besuchern aus Europa.

K. hatte um 1950 darauf verzichtet, wieder seinen Dienst als Bibliothekar in Hannover anzutreten, und damit in Kauf genommen, dass seine Wirkungsmöglichkeiten im deutschen Sprachraum begrenzt blieben. Dennoch war sein Einfluss intensiv und sein Ansehen groß. Er war der Anreger für zahlreiche Arbeiten über Jochmann, Seume, Gustav von Schlabrendorf, Borchardt, Kraus und den Literaturwissenschaftler Ludwig Strauß, und er legte ausführlich Zeugnis ab von Begegnungen mit Th. Lessing, Wilhelm Lehmann, Borchardt, Buber und Wilhelm Kütemeyer. K. war in seiner literarischen Ästhetik ein Konservativer, für dessen Literaturvorstellung die radikale Moderne kaum eine Rolle spielte. Zugleich war er aber politisch eher ein Linker, der die große deutsche Poesie in einem unglückseligen Spannungsverhältnis zu der historisch nicht gelungenen Emanzipation des deutschen Bürgertums und den verfehlten Gelegenheiten zur Entwicklung einer liberalen Demokratie in Deutschland sah. Hitler zwang K. 1933 wie so viele deutsche Juden dazu, ihr in ihrem Selbstverständnis nur noch fernes Judentum zu akzeptieren, was K. mit Stolz tat, ohne je ein gläubiger Jude zu werden. K. betrachtete es für sich selbst als Zwang bzw.

Selbstverständlichkeit, gegen die er gar nicht rebellieren konnte, sein ganzes Leben im Raum des deutschen Geistes zu führen. In seinem Gespräch mit Scholem, Simon und Buber ging es konsequenterweise fast nur um Themen aus der deutschen philosophischen und literarischen Tradition.

Weitere Werke: Wort aus der Leere. Ausgewählte Gedichte, Jerusalem 1937; Figur der Hoffnung. Ausgewählte Gedichte 1925–1953, Heidelberg 1955; Der Wirrwarr. Ein Roman, Frankfurt a. M. 1960; Rebellen des Geistes. Essays, Stuttgart 1968; Franz Kafka. Durchdringung und Geheimnis, Frankfurt a. M. 1968; Goethe. Wiederholte Spiegelungen aus fünf Jahrzehnten, München 1986; Nichts. Letzte Gedichte, Bonn 1996.
Literatur: W.K. 1896–1991, bearbeitet v. J. Drews, Marbacher Magazin 75 (1996); U. Pörksen, Der Wünschelrutengänger. Erinnerung an W.K., Stuttgart 1997; J. Drews, W.K., in: Internationales Germanistenlexikon 1800–1950, Berlin/New York 2003.

Jörg Drews

Kramer, Theodor

Geb. 1.1.1897 in Niederhollabrunn;
gest. 3.4.1958 in Wien

Zu den produktivsten und eigenwilligsten österreichischen Lyrikern zwischen den 30er und 50er Jahren ist zweifellos K. zu rechnen. Der Sohn eines aus Mähren stammenden jüdischen Landarztes und einer nichtjüdischen Mutter begann um 1910 zu schreiben und schloss sich 1913 der österreichischen Jugendbewegung um den Psychoanalytiker Siegfried Bernfeld an, die mit Hanns Eisler, Fritz Gross und Paul Lazarsfeld ein Sammelbecken künftiger Wissenschaftler und Künstler bildete, das eng mit dem liberalen Wiener Judentum verflochten war. Im Werk K.s, einer nahezu täglich in Betrieb gehaltenen »lyrischen Manufaktur« mit über 10 000 Kompositionen, finden sich daher immer wieder Bezüge zum Judentum und zu jüdischen Lebenswelten, doch nehmen diese im Verhältnis zu anderen Themen einen nachgeordneten Rang ein. Sein Augenmerk gilt den sozialen Peripherien, Übergangslandschaften, den Heimat- und Stimmlosen, ihren Cafés und Herbergen. Schon die Gedichttitel sind programmatisch: *Strolch und Prolet*, *Gemeindekind*, *Der böhmische Knecht*, *Slowakische Schnitter*, *Die Orgel aus Staub*, *Auf eine erfrorene Säuferin*, *Vorstadthure* – ein Sprechen »für die, die ohne Stimme sind«. In dieses weite Panorama fügen sich auch die verstreuten jüdischen Figuren (Handelsagenten, Hausierer, Felljuden, Schenkenwirte) ein, fast durchwegs abgehetzte Gestalten, die an der Kruditát des Alltags leiden bzw. zugrundegehen. Obwohl diese Gedichte, etwa *Winterhafen* (1928), das K. als »jüdisch« definiert, seismographisch die prekäre Situation jüdischer Randfiguren gestalten, ist es problematisch, aus ihnen eine grundsätzlichere Identitätsreflexion abzuleiten. Durch sie und andere Leitmotive (z. B. Affinität zwischen jüdischem Jargon und Vagantensprache) wird jedoch eine Sensibilisierung für das »Andere«, eine Bewusstheit fragiler Zugehörigkeit fühlbar sowie der Schlund der Großstadt umkreist. Diese Bewusstheit spiegelt sich z. B. in *Leopoldstadt* (1927), in dem K. das Aufgehen der vorstädtischen slawisch-jüdischen Farbigkeit und Fremdheit in den »andren Steinbezirken« Wiens anspricht. Ein Brief an Michael Guttenbrunner dokumentiert K.s. Grundeinstellung als »überzeugter Assimilant«, während in K.s Bekenntnis zum verfemten Asphalt wiederum jenes Andere kompensatorisch aufblitzt: »Ich hoffe sehr, daß ich unter anderem auch ein Asphaltdichter bin, ein Kohlenrutschendichter, ein Stundenhoteldichter [...] ein Freß- und Saufdichter« (1951).

1915 meldete sich K. als Einjährig-Freiwilliger und wurde 1916 in Wolhynien (Ostfront) schwer verwundet. 1918 kehrte er nach Wien zurück, studierte zunächst Philosophie, dann Staatswissenschaft, brach aber beides mangels finanzieller Mittel ab. Es folgten Tätigkeiten im Buch- und Verlagshandel; 1927 trat K. der Sozialdemokratischen Arbeiterpartei bei. Ein Wettbewerb des S. Fischer-Verlags verschafft ihm 1927 erste öffentliche Anerkennung und führt 1929 zum Debütband *Die Gaunerzinke*, an dessen Zustandekommen sein Freund Joseph Kalmer sowie Leo Perutz maßgeblich mitgewirkt haben.

Die ungewöhnliche Verbindung aus vertrauten und unkonventionellen lyrischen Themen, das Eintreten für die Besitzlosen, aber auch Bodenständigkeit und epikureische Lebenslust, »Vorstöße ins Unerlaubte« schließlich, verleihen K.s. Gedichten eine Luzidität, die ihm breite Anerkennung einträgt, aber auch den Beginn einer konsequenten

Gegnerschaft zum NS markiert. 1933 veröffentlicht K. zwei Gedichte über das KZ Dachau und wird in den Vorstand der *Vereinigung sozialistischer Schriftsteller* gewählt. Obwohl politisch und in der frühen Exilpresse kaum als Kritiker des Faschismus präsent, stellt der »Anschluß« 1938, für K. ein traumatischer Umbruch, der mit einem Suizidversuch verbunden ist, umgehend die Frage des Exils. Eine Intervention von Th. Mann beim britischen *Home Office* ermöglicht K. im Juli 1939 die Ausreise; die zurückgelassene Mutter kommt 1943 in Theresienstadt um. Die Exilerfahrung ist von nun an die bestimmende Komponente in K.s. Leben. Seine Zyklen *Wien 1939*, *Internment-Camp, England*, *Black Country* (alle 1938–1952) sowie *Lob der Verzweiflung* (1946/72) zählen zu den eindringlichsten lyrischen Gestaltungen dieser Erfahrung, aber auch des mit ihr verknüpften und im Fall K.s geradezu paradox-manischen Blicks auf den verlorengegangenen heimatlichen Raum (z. B. im Zyklus *Die Untere Schenke* (1946) oder in *Mond im Heu*, 1942–1956). Im Gegensatz zu anderen Exilautoren haben Vertreibung und Holocaust bei K. keine stärkere Hinwendung zum Judentum zur Folge, wenn auch einzelne Gedichte beides thematisieren, z. B. *Der Ofen von Lublin* (1944) oder *Für die, die ohne Gräber sind* (1947). In seiner lyrischen Kurzvita *Mein Leben war nichts als ein langes Verlieren* (1941) widmet er jedoch weder seiner jüdischen Herkunft noch der Verfolgung besonderes Augenmerk. Die ›großen‹ historischen Zäsuren skandieren die Strophen und rücken die Kategorie des Widerstandes bzw. eine brechtsche Utopie der Remigration in den Vordergrund. Diesen Perspektiven entspricht auch seine anerkannte Rolle im österreichischen Exil-PEN, *Austrian Labour Club* und *Free Austrian Movement* in London, wo er E. Fried und A. Krommer fördert, mit H. Spiel, R. Neumann, E. Farjeon u. a. in Kontakt steht. Seit 1943 als Bibliothekar am Technical College in Guildford sieht sich K. zunehmend vereinsamt und aus dem literarischen Leben verdrängt, wie viele *Staub*-Gedichte, *Spätes Lied* (1945) sowie Briefe an Guttenbrunner (1951–1956) dokumentieren. Zunehmend leidend, erhält K. 1956 über B. Kreisky einen Förderpreis und erwägt nach Erscheinen des Auswahlbandes *Vom schwarzen Wein* erstmals die Rückkehr nach Österreich, die im September 1957 erfolgt. Das Wiedersehen mit Österreich löste allerdings Irritation aus – *erst in der Heimat bin ich ewig fremd* – und war von kurzer Dauer: im April 1958 verstirbt K. Seit 1984 kümmert sich die Theodor Kramer Gesellschaft nicht nur um das Werk des Autors, sondern auch um Fragen der Exilkultur im weitesten Sinn, seit 2001 vergibt sie jährlich den Theodor Kramer Preis für Schreiben im Widerstand und im Exil.

Werke: Gesammelte Gedichte, hg. E. Chvojka, 3 Bde., Wien 1984–87 (²1997).
Literatur: Th.K. 1897–1958, hg. K. Kaiser, Wien 1983; D. Strigl, »Wo niemand zuhaus ist, dort bin ich zuhaus«. Th.K., Wien 1993; S. Schlenstedt, »So gibt es eine Anzahl ganz kleiner Chancen«. Material zu Th.K. in den dreißiger Jahren, in: Literatur und Kultur des Exils in Großbritannien, hg. S. Bolbecher u. a. (= Zwischenwelt 4, 1995), 267–280; E. Chvojka und K. Kaiser, Vielleicht hab ich es nicht leicht, weil schwer, gehabt. Th.K. 1897–1958. Eine Lebenschronik, Wien 1997; Th.K., hg. H. Staud und J. Thunecke (= Zwischenwelt 7, 2000); K. Kaiser, Demokratischer Epikuräismus. Zur Weltanschauung Th.K.s., in: ders., Ohnmacht und Empörung, hg. P.H. Kucher u. a. (= Zwischenwelt 11, 2008), 14–39; H. Müller, Die Angst kann nicht schlafen. Zu den Gedichten Th.K.s, in: ders., Immer derselbe Schnee und immer derselbe Onkel, München 2011, 219–230.

Primus-Heinz Kucher

Kraus, Karl

Geb. 28.4.1874 in Jičin (Böhmen);
gest. 12.6.1936 in Wien

K.' Beziehung zum Judentum ist durch Negation und Widerspruch gekennzeichnet. Immer wieder und von seltenen Ausnahmen abgesehen, betont er, dass er »nicht dazugehört«: »daß ich nicht nur glaube, sondern wie aus der Erschütterung eines Offenbarungserlebnisses spüre, daß mir nichts von allen den Eigenschaften der Juden anhaftet«. Sich einerseits vom Judentum lossagend, war er andererseits obsessiv damit befasst. Es gibt kaum eine Ausgabe der *Fackel*, in der nicht ein das Judentum betreffendes Thema berührt würde. »Die Judenfrage ist in Österreich stets actuell, und sie zu besprechen bedarf es für uns keiner besonderen Anknüpfung. Jeder Tag brächte eine solche – irgendein kleines Product des Missverhältnisses, das auf der einen Seite mit widerlichem Pathos, auf der anderen in

unartikulierter Wuth ausgebeutet wird.« K. greift in der *Fackel* mit dem Judentum in Verbindung stehende Vorkommnisse samt den dazu erscheinenden schriftlichen Kommentaren auf und wertet diese aus. Die *Fackel* stellt somit eine Quelle dar, anhand derer wichtige innerjüdische und jüdisch-österreichische bzw. jüdisch-europäische Diskurse, Auseinandersetzungen und Probleme von Ende des 19. Jahrhunderts bis zur Machtergreifung Hitlers einsehbar werden. Dabei ist K.' Haltung zum Judentum so komplex und widersprüchlich, dass man von Anfang an betonen muss, dass er sich selten eindeutig festlegen lässt.

K. stellte seine Kindheit im assimilierten Elternhaus stets als glücklich dar. Seine Mutter Ernestine verstarb bereits 1891, nachdem sie neun Kinder geboren hatte, deren zweitjüngstes Karl war. Sein Vater avancierte vom Papiertütenhersteller zum Papierfabrikanten, womit er so viel Gewinn erwirtschaftete, dass sich K. zeit seines Lebens unabhängig von finanziellen Fragen Projekten widmen konnte. »Aus diesem zusammengeklebten Vermögen entspringt Krausens innere Freiheit«, lautet die boshafte Version dieses Umstandes von Stephan Großmann, der fortfährt: »Es ist erlaubt, vom alten Kraus in Gitschin zu sprechen, weil dieser Kontrast: alter jüdischer Kaufmann – junger christelnder Poet das eigentliche Schema der Krausschen Satire ist.«

Im Jahr 1877 zog die Familie K. von Böhmen nach Wien, wo K. bis zu seinem Tod bleiben sollte. K.' Interesse galt schon früh dem Schreiben. Nach seinem Abitur 1892 begann er für diverse Zeitungen und Zeitschriften tätig zu sein, u. a. für die *Breslauer Zeitung*, die *Wiener Literatur-Zeitung*, *Die Zeit* (Wien). Die Leipziger und Wiener Journale *Die Gesellschaft* und *Liebelei* publizierten Rezensionen und satirische Skizzen K.' unter dem Pseudonym »Crêpe de Chîne«. Als beginnender Journalist war es K.' angestrebtes Ziel, Daniel Spitzers Nachfolger zu werden, Autor der Kolumne »Wiener Spaziergänge« der *Neuen Freien Presse*. Von 1894–96 war er auch tatsächlich für die *Neue Freie Presse* tätig, wandte sich jedoch bald gegen sie. Auch Maximilian Harden, an dessen Berliner Zeitung *Die Zukunft* sich K. bei Gründung der *Fackel* im Jahr 1899 stark orientierte, wurde vom Vorbild zum Feindbild. Dieses Muster zieht sich durch K.' Werk, was ihm den Vorwurf einbrachte, an anderen stets nur seine eigenen Schwächen zu kritisieren. Walter Benjamin beschreibt dies als die »Zweideutigkeit des Dämons«: »Selbstausdruck und Entlarvung gehen in ihr als Selbstentlarvung ineinander über.«

Die meisten, mit denen K. diese Art Bindung hatte, waren Juden. Vielen Zeitgenossen K.' und nicht zuletzt ihm selber war bereits bewusst, dass der Hass von Juden gegen ihr eigenes Judentum im Grunde ein nach außen projizierter Identitätskonflikt war. »Jüdischer Selbsthaß« war ein Schlagwort, spätestens seit Anton Kuhs *Juden und Deutsche* (1921) und Theodor Lessings *Jüdischer Selbsthaß* (1930), in dem K., aber auch seinen Antipoden Harden und Herzl Kapitel gewidmet waren. Jüdischer Selbsthass lässt sich als Internalisierung antisemitischer Klischees verstehen, die dann abgespalten und auf andere Juden angewandt werden (Gilman). Wie sehr K. als ›Paradebeispiel‹ dafür gelten kann, zeigt eine kaum verhohlene Selbstbeschreibung: »Insoferne es aber Juden gibt, welche gewisse accidentelle Eigenschaften ihres Lebenskreises, die sie selbst als culturhindernde Elemente abgestreift haben, klar erkennen und tadeln, kann man bisweilen von jüdischen Antisemiten und antisemitischen Juden hören.« K. nimmt insbesondere auch das antisemitische Ansinnen auf, Juden die deutsche Sprache als Ausdrucksmittel abzuerkennen. So galt K.' Hauptkritik an seinem Antipoden Heinrich Heine dessen Umgang mit Sprache. Er warf ihm vor, der deutschen Sprache »ans Mieder zu gehen«, sprich sie zu vulgarisieren, bezeichnete Heine abfällig als den »ersten Feuilletonisten«, der nicht Literatur, sondern Alltags- und Eintagsprosa produziere. K.' heftigster Vorwurf aber galt seinen jüdischen Kollegen von der liberalen Presse bzw. deren »jüdelnder« Sprache. Anton Kuh bezeichnete K. als »Meisterdetektiv des latenten Jüdelns im Weltraum. Es räumt ihm in der Geschichte des jüdischen Antisemitismus eine epochal besiegelte Rolle ein.« K.' Auseinandersetzung mit Sprache jedoch, sein Verständnis der Kritik als Sprachkritik, kann ihrerseits als der jüdischen Tradition entsprungen gesehen werden. Benjamin jedenfalls sieht die Tatsache, dass für K. »Gerechtigkeit und Sprache ineinander gestiftet bleiben«, als Beweis, dass K. keineswegs das »Judentum in sich niedergerungen« hat, und bezeichnet K.' Verehrung der Gerechtigkeit in Form der deutschen Sprache als »echt jüdischen Salto mortale«.

Ferdinand Lassalle erklärte freimütig: »Es gibt zwei Sorten von Menschen, die ich über alles verachte, Journalisten und Juden – und ich bin beides.« Dass K. dies so niemals formuliert hätte, hing entscheidend mit seiner Rolle als Satiriker zusammen. Als solcher nahm er für sich eine distanzierte Position ein. K. ließ sich in keine ethnische oder soziale Gruppierung einordnen. »Auch ist es nicht mein Geschmack, mit anderen Leuten in einem gemeinsamen Problem zu wohnen. Denn so pflegen meine Arbeiten nicht zu entstehen.« In *Er ist doch ä Jud* wandte er sich an die »zehntausend christlichen oder jüdischen Hundeseelen, die mir, seitdem ich sie hasse, mein Judentum apportieren«. Es gehörte zu K.' kreativen Bedingungen, sich selbst zu einer unabhängigen Instanz der Kritik zu stilisieren. Dennoch bemühte er sich keineswegs um Objektivität oder Widerspruchslosigkeit. Im Gegenteil, gerade bezüglich seines Verständnisses des Judentums verstrickte K. sich in Widersprüche. Auf der einen Seite ließ er in frühen Ausgaben der *Fackel* radikale Antisemiten wie Lanz von Liebenfels und H.S. Chamberlain zu Wort kommen. Auf der anderen Seite aber kommen in der *Fackel* auch Else Lasker-Schüler und andere jüdische Autoren zu Wort. Zudem hob K. in der *Fackel* bewusst hervor, dass er Geld für den jüdischen Blindenverein spendet. Solche Widersprüche ließ K. nebeneinander bestehen, ohne sie zu rechtfertigen oder zu erläutern, denn er tat, wie Benjamin schreibt, nicht seine Meinung kund, sondern urteilte und »richtete«.

Widersprüchlich ist auch K.' Verhältnis zur Assimilation. Theoretisch forderte er sie, bis zur Aufgabe der Identität. »Nur muthiges Säubern in den eigenen Reihen, nur das Ablegen der Eigenthümlichkeiten einer Rasse, die durch die vielhundertjährige Zerstreuung längst aufgehört hat, eine Nation zu sein, kann all der Qual ein Ende machen. Die goldenen und die zeitungspapiernen Gitter, die heute noch das Ghetto umschließen, müssen fallen. Durch Auflösung zur Erlösung! Sonst sieht das vielberufene zwanzigste Jahrhundert Excesse ärgerer Art.« Dieses im Freudschen Sinne ›unheimliche‹ Zitat in der Diktion Chamberlains nimmt Vokabular und Argumente des Antisemitismus auf und zitiert im Ausdruck »durch Auflösung zur Erlösung« den von K. verehrten Otto Weininger. K. war überzeugt, dass ohne künstlichen, geschichtsfälschenden Eingriff durch die Zionisten das Judentum in einem natürlichen Prozess der Auflösung begriffen sei. Deshalb »natürlich«, weil K., wie übrigens auch Herzl und viele Zionisten, an die ›überragende Flexibilität‹ des jüdischen Volkes glaubte. Während jedoch Herzl diese einzusetzen wünschte, um kulturelle und soziale Differenzen unter den Juden zu überwinden, erwartete K. chamäleonartige Fähigkeiten vom jüdischen Volk: »Der widerhaarigste Zionist müsste sich in wenigen Jahren unschwer zum Europäer civilisiren lassen. Der unumstössliche Glaube an die Anpassungsfähigkeit des jüdischen Volkes ist die beste Orthodoxie. Bestimmt, in allen Culturen unlösbar aufzugehen.« Die größte Gefahr des Zionismus lag für K. entsprechend in der »Ermuthigung assimilationsfeindlichen Strebens« und er kritisierte die Zionisten als die »Herren in Basel, die sich vermassen, die historische Entwicklung eines verfallenden Volkes über's Knie brechen zu wollen«. Konkret jedoch warf er beinahe ausnahmslos assimilierten oder gar konvertierten Juden Heuchelei und Berechnung vor, so zum Beispiel dem Herausgeber der *Neuen Freien Presse* Moritz Benedikt und dessen Feuilletonchef Herzl. Der erklärte Antizionist Benedikt heuchelte nach K.' Ansicht, weil er die zionistische Bewegung in seiner Zeitung ignorierte, Herzl, weil er als Zionist für die *Neue Freie Presse* arbeitete, wie auch Herzl überhaupt zu denjenigen zählte, die K. ständiger Kritik unterzog. K. war der Ansicht, dass Herzl sich nur aus Karrieresucht und Geltungsbedürfnis dem Zionismus verschrieben habe. Nachdem Herzls *Tagebücher* postum veröffentlicht wurden, stellte K. Herzls Ernsthaftigkeit in Bezug auf den Zionismus allerdings nicht mehr infrage, andere Kritikpunkte nahm er jedoch nicht zurück: »was die Gestalt jenes Mannes anlangt, so kann ich auch heute noch sagen, dass sie durch seine eigenen Tagebücher in der Problematik befangen bleibt, in der ich sie ehedem sah und die nun einmal in der Alternative liegt, ob aus der zionistischen Idee ein Königreich oder ein Roman werden solle, und vor allem in der Möglichkeit, mit dem Königsgedanken im Sinn und mit der Verachtung für die Neue Freie Presse im Herzen deren Feuilletonredakteur zu bleiben.«

K. bezichtigte die Zionisten, allen voran Herzl, des »jüdischen Selbsthasses«. In dem Pamphlet *Eine Krone für Zion* (1899) heißt es: »Wenn sich Zionisten mit Antisemiten in eine ohnehin dürftige Weltanschauung theilen, dann muss diese bald alle sein [...], dann hat noch immer der gute Geschmack ein Recht, dagegen zu protestieren, daß die Gedankenfülle, aus der der betrunkene Greisler in Hernals sein ›Hinaus mit Euch, Juden!‹ ruft, im Zionismus ihre einfache Wiederholung erfährt, und daß die Antwort ›Jawohl, hinaus mit uns Juden!‹ bis auf den feierlichen Ton gar zu wenig Abwechslung bietet.« K. polemisierte inbesondere auch gegen die Zielsetzung des Zionismus. Er beschrieb die Zionisten als harmlose und schwärmerische Vielschwätzer und Nichtstuer und schlug ihnen vor, »die Flinte in jenes Korn zu werfen, das auf dem heiligen Boden leider nicht gedeiht«.

Sein Leben lang hielt K. die Authenzität, Unverdorbenheit und Bedürftigkeit des Ostjudentums der angepassten Dekadenz des Westjudentums entgegen: »Ich weiß nicht, ob es antisemitische Streberei ist, den Kärntnerstraßenjuden, der nie in den Tempel geht, aber am 18. August in die Pfarrkirche von Ischl, für beiweitem keine so erfreuliche Erscheinung zu halten wie Herrn Bielohlawek, und ich weiß nicht, ob es eine jüdische Eigenschaft ist, einen alten Schnapsschänker im Kaftan kulturvoller zu finden als ein Mitglied der deutsch-österreichischen Schriftstellergenossenschaft im Smoking.« Die positive Rolle, die K. dem Ostjudentum innerhalb des europäischen Judentums zuspricht, deckt sich scheinbar mit der Position des Kulturzionismus. Im Gegensatz zu Martin Buber aber hielt K. den Zionismus für ein Verbrechen des Westjudentums am Ostjudentum: »So ward er zuerst im Westen proclamirt, wo die Assimilirten in satter Ruhe leben […]. Allmählich erst sehen wir den neuen Glauben in jenen wirklich schmerzensreichen Ländern Einzug halten, deren Bewohner eine dunkle Orthodoxie verhindert, sich zum internationalen Proletarierleid zu bekennen. Nun werden die Hunderttausende, die – man könnte sagen – auf die Erlösung zum allgemein menschlichen Elende warten, in dem perspectivenlosen jüdischen festgehalten.« »Wirklich schmerzensreich« steht im strengen Gegensatz zum assimilierten Westjudentum, das sich zum Opfer stilisiere.

Selbst angesichts der Dreyfus-Affäre verteidigte K. die Assimilation. Für viele seiner jüdischen Zeitgenossen war das Schicksal Dreyfus' der Beweis, dass Assimilation keineswegs gegen Antisemitismus feit, und somit verkörperte Dreyfus ihr Scheitern. K. vertrat vehement die einzige Überzeugung, die es ermöglichte, weiterhin an den Erfolg der Assimilation zu glauben: die von Dreyfus' Schuld, wenngleich diese in Bezug auf die antisemitischen Ausschreitungen in der Bevölkerung im Grunde unerheblich war. K. ließ in frühen Ausgaben der *Fackel* wiederholt Anti-Dreyfussards zu Wort kommen und polemisierte selbst gegen ihn. Mit anderen Idealen geriet K. allerdings in schweren Konflikt. Um Dreyfus verdächtigen und verunglimpfen zu können, verteidigte der erklärte Pazifist K., der als einziger österreichischer Teilnehmer an dem Pazifistenkongress im Jahre 1932 in Amsterdam teilnahm, den gesamten Militärapparat Frankreichs. Es ist möglich, dass K.' Austritt aus der jüdischen Gemeinde mit der Dreyfus-Affäre in Zusammenhang steht (Zohn). Tatsächlich hatte die Dreyfus-Affäre eine polarisierende Wirkung: viele europäische Juden wandten sich dem Judentum entweder voll zu oder gänzlich von ihm ab.

K. blieb von 1899 an konfessionslos, um dann 1911, wiederum für zwölf Jahre, der katholischen Kirche beizutreten. Diesen Schritt hielt er streng geheim. Nur in Briefen an seine jahrzehntelange katholische Freundin Sidonie von Nadherny erwähnt er hin und wieder Messbesuche, wobei offen bleibt, ob er dies ihr zuliebe tat. K. hatte eine Ehe mit Nadherny erwogen, die 1914 durch einen langen Brief Rilkes an sie vereitelt wurde, in dem Rilke vor einem »sehr kontinuierlichen Umgang« mit K. warnte, denn »er kann Ihnen nicht anders als fremd sein«, was sich recht unzweideutig auf K.' Judentum bezog. Die Frage, die K. in die Nähe Jonathan Swifts rückt, ist, ob man Satiriker und Christ zugleich sein kann. Der Satiriker Theodor Haecker, Zeitgenosse und Bewunderer K.', gab mit seinem Übertritt zum Katholizismus die Satire gänzlich auf. K. war für Haecker niemals Christ, da er Christentum und Satire für unvereinbar hielt. Milde und Mitleid, höchste christliche Werte, stellen in der Satire schlichte Formfehler dar. Dagegen steht die These, dass K., intuitiv Kierkegaards Gebot befolgend, um das Christentum zu untermauern, nicht als überzeugter Christ spricht, sondern als »einer, der als Jude geboren ist« (Timms). In dem Gedicht *Nach zwanzig Jahren* vermerkt K. selber, er sei »nicht Jud genug, um Christ zu sein«. Das Christentum verband K. mit Glauben, das Judentum mit Zweifel. »Seid Christen aus Notwehr! Glaubet an Kraft, wo sich die Schwäche analytisch rächt, an Seele, wo nicht Raum ist für Psychologie!« Psychologie, von K. immer ins Lächerliche gezogen, galt damals allgemein als eine »Wissenschaft des Judentums«. K. polemisierte gegen die Psychologie, für Freud jedoch hatte er großen Respekt.

Der Ausbruch des Ersten Weltkriegs markiert einen tiefen Einschnitt für K, aber die Zielgruppe seiner Angriffe verschob sich auch in Kriegszeiten nicht: 1915 begann er mit der Arbeit an *Die letzten Tage der Menschheit*, das 1919 in Sonderheften der Fackel erschien. Auch in anderen Texten übte er scharfe Kritik an der Kriegshetze in der Presse. Seine Taktik, der Zensur zu entgehen, war auch hier das Zitat. Dennoch wurde die *Fackel* mehrfach konfisziert. Problematisch ist sein Gedicht *Gebet an die Sonne von Gibeon*, in dem er Deutschland mit dem biblischen Israel gleichsetzt. Komplex in seiner Bedeutung, konnte es als antisemitische Propaganda aufgefasst werden. Nicht zufällig vermerkte Schnitzler in seinem Tagebuch, nachdem er einen Vortragsabend besucht hatte, an dem K. dieses Gedicht las, dass K. nun den Juden die Schuld am Ersten Weltkrieg gäbe. Aus Enttäuschung über ihre Haltung im Krieg und die unheilige »Dreieinigkeit« von politischer Macht, Journalismus und Geschäft verlässt K. 1923 die Kirche. Der konkrete Anlass für K.' Austritt war, dass Max Reinhardt jährlich der Salzburger Domplatz für Jedermann-Aufführung zur Verfügung gestellt wurde, worin K. nurmehr eine Touristenattraktion und somit eben jene weltlich-profitliche »Dreieinigkeit« am Werke sah.

Auf die Machtübernahme Hitlers reagiert K. zunächst mit Schweigen. 1934 erschien keine Ausgabe der *Fackel*, sondern die Erklärung: *Warum die Fackel nicht erscheint*. In dieser setzt sich K. ein letztes Mal intensiv mit seiner Beziehung zum Judentum auseinander, die er in der dritten Person formuliert: »Dagegen fühlt er sich zu dem Bekenntnis gedrängt, daß er [...] die Naturkraft eines unkompromittierbaren Judentums dankbar erkennt und über alles liebt: als etwas, das von Rasse und Kasse, von Klasse, Gasse und Masse, kurz jeglichem Hasse zwischen Troglodyten und Schiebern unbehelligt in sich ruht.« 1925 wurde K. für den Nobelpreis vorgeschlagen. Er las vermehrt im Berliner und später auch im Wiener Rundfunk, Theater- und Oper-Inszenierungen entstanden in seiner Fassung und Regie.

K., der in den letzten Jahren deutlich an Lesern verlor, zog sich mehr und mehr zurück auf die Sprache. Er wollte ein Sprachseminar ins Leben rufen, um »durch Vorführung von Greueln der Satzbildung den Möglichkeiten [...] der Sprache näher zu kommen, deren unzüchtiger Gebrauch zu den Greueln des Blutes geführt hat.« Es sollte nicht mehr dazu kommen, da K. im Februar 1936 bei einem Unfall mit einem Fahrradfahrer verletzt wurde und nach einer allgemeinen Verschlechterung seiner Gesundheit im Juni desselben Jahres starb. In dem nicht mehr umgesetzten Wunsch drückt sich K.' unerschütterliche Überzeugung aus, dass alles von der Sprache ausgeht und zugleich, dass das Positive nur daraus entstehen kann, dass man das Negative erkennt und beim Namen nennt. Genau darin sah K. seine Aufgabe und so lässt sich auch sein Verhältnis zum Judentum verstehen.

Werke: Die Fackel, Wien 1899–1936; Werke, hg. H. Fischer, 14 Bde. u. 2 Suppl., München 1952–70; Schriften, hg. Ch. Wagenknecht, 20 Bde., Frankfurt a. M. 1986 ff.
Literatur: S.P. Scheichl, K.K. und die Politik (1892–1919), Innsbruck 1971; H. Zohn, »Jüdischer Selbsthasser« oder Erzjude?, in: Modern Austrian Literature 8 (1975), 1–18; L. Lensing, Heine's Body, Heine Corpus: Sexuality and Jewish Identity in K.K.'s Literary Polemics against Heinrich Heine, in: The Jewish Reception of Heinrich Heine, hg. M. Gelber, Tübingen 1992, 95–111; S. Gilman, Jüdischer Selbsthaß, Frankfurt a. M. 1993; E. Timms, K.K, Wien 1995; P. Reitter, The Anti-Journalist: K.K. and Jewish Self-Fashioning in Fin-de-Siècle Europe, Chicago 2008.

Alix Brand

Kreisler, Georg

Geb. 18.7.1922 in Wien;
gest. 22.11.2011 in Salzburg

»Ordnungshalber: 1922 Geburt in Wien, 1938 Flucht vor Hitler nach Hollywood, 1942 Einberufung zur U.S. Army, 1945 Entlassung daraus, 1946 Übersiedlung nach New York, 1955 Übersiedlung nach Wien, 1958 Übersiedlung nach München, 1962 Übersiedlung zurück nach Wien, 1976 Übersiedlung nach Berlin, 1988 Übersiedlung nach Hof bei Salzburg, 1992 Übersiedlung nach Basel, 2007 Übersiedlung nach Salzburg, zwischendurch immer wieder U.S.A., vor allem Kalifornien« (*Letzte Lieder*, 2009). Die geographische Bilanz, die K. in seiner Autobiographie zwei Jahre vor seinem Tod zieht, sagt nichts und alles, sie steht für ein unstetes Leben und gibt doch keinen Grund dafür an. K. liebte das Spiel mit solchen Oberflächen, mit dem offensichtlichen Verschweigen historischer Zäsuren, dem auf der anderen Seite das urplötzliche Hervorbrechen der Brutalität im Alltäglichen entspricht. So kommt es, dass einer, der in seinen Liedern Tauben vergiftete, Gewaltverbrecher zu Nationalhelden erhob und zur Erschießung von Ehemännern aufforderte, die Vertreibung seiner Familie aus Wien in seiner Autobiographie schlicht überging und nach einem sechsseitigen Raisonnement über die Kindheit sein Leben in Amerika beginnen ließ.

Vor diesem selbstgewählten Anfang lag gleichwohl die traumatisierende Erfahrung faschistischen Terrors, in dem sich nach dem »Anschluss« Österreichs an Hitlerdeutschland 1938 der zuvor schon latente Antisemitismus Bahn brach. Nur durch die Bürgschaft seines Cousins Walter Reisch, der zu diesem Zeitpunkt bereits in Hollywood Karriere als Drehbuchautor gemacht hatte, gelang es K. und seinen Eltern, Österreich zu verlassen und nach Kalifornien überzusiedeln. Dort eröffnete sich ihm der Weg zu einer musikalischen Karriere: zwar blieb ihm die Teilnahme an Schönbergs Kompositionsklasse aufgrund formaler Bestimmungen versagt, doch fand er als Pianist Anstellungen als Begleiter, als Alleinunterhalter, aber auch bei Musicals und schließlich auch beim Film, bei Boots & Saddles Corp., dann im Studio der United Artists, später auch bei Universal, wo er u. a. mit Charlie Chaplin arbeitete. K. etablierte sich zudem im musikalischen Netzwerk Hollywoods, er lernte Artur Guttmann, George London und Hanns Eisler kennen; Friedrich Hollaender wurde kurzzeitig sein Schwiegervater und blieb der Großvater seines ersten Sohnes Thomas.

Inmitten dieser ersten Phase der Etablierung in Amerika holte K. seine europäische Vergangenheit wieder ein: 1942 wurde er von der U.S. Army eingezogen und einer Einheit eingeteilt, die auf das Verhör deutscher Kriegsgefangener spezialisiert war. In dieser Funktion erlebte Kreisler nicht nur das Ende des Zweiten Weltkriegs in Wiesbaden, sondern durchlief auch die direkte Konfrontation mit denjenigen, deren Hetze und Verbrechen ihn aus Europa vertrieben hatten – unter ihnen Julius Streicher, den K. persönlich verhörte. Die von Hannah Arendt konstatierte ›Banalität des Bösen‹ bekam er somit unmittelbar vor Augen und tatsächlich wurde das ›Befragen‹ dieser Banalität mitsamt der Verhörtechniken der argumentativen Komplizenschaft, des Rollentauschs und der Bagatellisierung der Grausamkeiten, vor allem aber: das Absehen von der eigenen Empfindlichkeit, die ostentativ zur Schau gestellte Unbetroffenheit später zu einem poetischen Grundkonzept K.s.

Als ein von virtuosem musikalischem wie sprachlichem Können getragener Künstler mit einem ganz eigenen, ›bösen‹ Humor bewies sich K. bereits ab 1950 in der New Yorker Monkey Bar. Erst mit der Rückkehr nach Wien 1955 erschloss sich ihm jedoch der Kosmos, in dem das analytische Potential seiner Texte sich voll entfalten konnte, erst hier begann K. auch, sich vollends als Kabarettist zu begreifen. Von diesem Selbstverständnis kam er dann auch nie mehr ab; der völlig ausbleibende Erfolg seiner drei Romane bestätigte ihn. Was er in Wien vorfand, war zum einen eine distinguierte Auftrittsmöglichkeit, die Marietta Bar, in der sich nach und nach die kritische, künstlerische und auch politische Prominenz zu K.s Auftritten regelmäßig einfand. Zum anderen aber war K. diese Stadt eine fremde geworden; ihre Sprache musste er erst wieder lernen, ihre Menschen scheute er und ihr gesellschaftliches Comment, in dem er den alten Antisemitismus als eine gezähmte Normalität fortleben sah, verachtete er. »In Wien träumte man noch vom Jahr null. Juden schüttelten Altnazis die Hände. Jetzt könnt ihr nicht mehr, dachten sie, und bald können wir wieder, dachten die anderen.« Diese geheuchelte Aussöhnung war K. zeit seines Lebens ein Angriffspunkt: nicht allein das unausrottbare antijüdische Vorurteil, sondern die Feigheit, es als solches mit seinen Konsequenzen auch zu benennen und dadurch das österreichische Idyll zu stören. Die Auseinandersetzung mit diesem Status quo erwies sich als kräftezehrend; es schien K. »unmöglich, mich zu akklimatisieren, nicht aus Eigensinn, nicht aus Charakterstärke, sondern einfach so unmöglich wie ein Sprung über eine Schlucht. Also flüchtete ich nach drei Jahren wieder« (*Letzte Lieder*, 2009).

Dass er nach nur vier Jahren München Wien ein zweites Mal als Schaffensort wählte, hatte nichts mit einem Gesinnungswandel, einer einkehrenden Milde zu tun, sondern vielmehr mit der Einsicht, noch nicht mit dieser Stadt und diesem Land fertig geworden zu sein. So nutzte K. sein außerordentliches kabarettistisches Talent dann auch weiterhin nicht dazu, sein Publikum zu belehren; sein Ziel lag vielmehr immer darin, es zu provozieren, bis es sein Innerstes preisgab. Er bediente sich dazu aller Register. 1965 träumte er von einem »Wien ohne Wiener«, in dem es statt »des Antisemitismus nur ein Antiquariat« gibt (»Wien ohne Wiener«, auf: *Unheilbar gesund*). Im gleichen Jahr verfasste er als Parodie auf Frischs *Andorra* (das er für latent antisemitisch hielt) den Einakter *Sodom und Andorra*, in dem der nichtjüdische Junge Andri nicht für einen Juden gehalten und zu Tode gehetzt wird, sondern sich selbst für einen Juden ausgibt und als solcher die Angst der Dorfbewohner vor ihrem Ressentiment ausnutzt (»Jud' sein oder nicht Jud' sein – das ist heutzutag' die Frage. […] Man wird Angst vor mir kriegen. Man wird mir politische Ämter anbieten. Und ich werd' sagen: nein danke, ich nehm' lieber gleich das Geld.«). 1971 erschuf sich K. mit dem »Ein-Frau-Musical« *Heute Abend: Lola Blau* dann eine Wiedergängerin; eine jüdische Chanteuse, die 1938 am Vorabend ihrer Premiere Wien verlassen muss, aus dem amerikanischen Exil in das Wien der 1950er zurückkehrt und dort Gestalten wie »Frau Schmidt« vorfindet, die ihre einzige Schuld in dem Umstand erkennen kann, damals »nicht den Goldstein genommen« und somit auf ein amerikanisches Leben im Reichtum verzichtet zu haben.

Dass seine jüdische Identität – sieht man von seinem jugendlichen Interesse für Gebete und Gebetsriten ab – ihm im Grunde von außen, durch die Judenhasser vermittelt worden sei, er ohne Antisemiten »vermutlich kein Jude« gewesen wäre, hat K. nicht nur einmal verlauten lassen. Das Verschwinden der religiösen Bindung durch den europäischen Alltag ist ihm eher Pointe als Anlass zur Klage. »Nächstes Jahr in Jerusalem?/ Leider kann ich nicht kommen./ Die Kinder haben Klavierunterricht,/ vom Prozess, den ich führ, ist kein Ende in Sicht./ Sollten Sie in Jerusalem sein,/ sagen Sie's bitte den Frommen« (so K. in »Nächstes Jahr in Jerusalem«, *Mein Heldentod*, 2003). Im Sinne einer kulturellen Tradition wusste er das Judentum gleichwohl kunstvoll zu affirmieren. Als K. zur Mitte der 60er Jahre als rundfunk- und fernseherprobter Chansonist einen von da an ungebrochenen Grad der Beliebtheit erreichte, nutzte er diese Popularität ganz bewusst dazu, um 1966 mit dem Album *Nichtarische Arien* die jüdelnde Humoreske wiederzubeleben und zu reinterpretieren. Tatsächlich blieb K. die Tradition des jüdischen Witzes und des jüdischen Liedes immer ein Ferment seines Schaffens; noch 1997 widmete er etwa dem *Klezmer* ein Libretto für ein »Musical ohne Lieder«. Das Judentum mochte K. vorrangig als Stigma der Nichtjuden erscheinen; ganz am Ende rückte es dann doch vernehmbar in die Summe seines Lebens ein: »man […] fantasiert über Altersrenten, Altersschwächen, Altertum, Altmeister, Altweibersommer, Alternativen, denkt an Kalk, Kalkmilch, Kalkstein, Kalkulation, fallweise auch an Jugendblüte, Jugendliebe, Jugendstil, Juden, Judengettos, Judenschulen oder Himmelreich, Himmelsbräute, Himmelfahrt, Himmelsmacht, Himmelskörper« (*Letzte Lieder*, 2009).

Werke: Sodom und Andorra, Schaan 1963; Nichtarische Arien, Zürich 1967; Lola und das Blaue vom Himmel. Eine Erinnerung, Hürth 2002; Mein Heldentod. Prosa und Gedichte, Wuppertal 2003; Letzte Lieder. Autobiografie, Zürich u. a. 2009.

Literatur: G.K. – Grenzgänger: sieben Beiträge, hg. M. Custodis und A. Riethmüller, Freiburg i.B. 2009; H.-J. Fink/M. Seufert, G.K. gibt es gar nicht. Die Biographie, Frankfurt a. M. 2005.

Philipp Theisohn

Krommer, Anna

Geb. 31.3.1924 in Dolny Kubin (Slowakei)

»Da waren die blanken Korridore des Klosters, Nonnen, Kirchenbänke besetzt von ängstlichen Juden, die Asyl und Freiheit suchten. Wir kämpften um ein Weiterleben ohne Habe, ohne Zukunft. Ich – plötzlich altgewordenes Kind […].« K.s autobiographische Erzählung *Refugium* beginnt mit der NS-Okkupation der Rest-Tschechoslowakei 1939, schildert die Flucht aus Prag und das friedliche, wenn auch dürftige Leben in einer englischen Provinzstadt unweit des bedrohten London. In Prag hatten sie und ihre Schwester zeitweilig in einem katholischen Kloster Unterschlupf gefunden, während die Mutter von der Gestapo verhört wurde. In der Hoffnung auf deren schützende Wirkung wurde die bisher konfessionslose K. mit der Taufe versehen.

Die Lyrikerin K., die seit 1952 in den USA lebt, stammt aus einer typisch »kakanischen« Familie. Ihr Vater, der Maler und Graphiker Helmut Krommer, war Sudetendeutscher und engagierter Sozialdemokrat, die Mutter war galizischer Herkunft und in der Slowakei aufgewachsen. Bis 1933 lebte die Familie in Berlin, dann flüchtete sie, wegen der politischen ›Vorbelastung‹ des Vaters, zurück nach Prag, wo K. das Deutsche Mädchenlyzeum besuchte. Von Anfang an hatte K. eine ambivalente Identität, fühlte sich beiden Eltern gleich verbunden. Die Erinnerung an Prag, an die umsorgte Kindheit überlagerte sich nach dem Ende des Krieges mit der Gewissheit des unwiederbringlichen Verlustes der Heimat, denn eine Rückkehr in die ČSR war unmöglich geworden. Nicht die Gesinnung, nicht die Staatsangehörigkeit, sondern die deutsche Sprache war zu einem neuen Vertreibungsgrund geworden. Das Exil wurde zum Dauerzustand, K. staatenlos.

K.s Verbindung zur österreichischen Literatur begann in Guildford (Surrey), wo sie während des Krieges an der Kunstgewerbeschule des Technical College studierte und mit dem am College als Bibliothekar tätigen Lyriker Theodor Kramer Freundschaft schloss. Sie blieb ihm bis zu seinem Tod verbunden. Seine unsentimentalen Gedichte voll Heimweh und unheilbarer Verzweiflung beeindruckten sie tief, während Kramer seinerseits von ihrer lyrischen Begabung überzeugt war. Ihre frühen Gedichte sind in gereimter Form abgefasst, die dem noch unmittelbar Erlebten und Erfahrenen zu einer Instanz gültiger Mitteilung wird. Doch was die Flüchtenden zurückgelassen hatten, wurde im Resultat der Verfolgung und des Mordens zum entleerten, erstarrten Raum. Alle Verwandten K.s mütterlicherseits waren als »Juden« in NS-Konzentrationslagern ermordet worden. In ihren Gedichten gestaltet K. den Erfahrungsbruch, der zugleich als Misstrauen gegen die eigene Herkunft und Identität erfahren wird, denn »Was ferner Abschied weggenommen// bestand in einer Spiegelung« (*Rückkehr*, in: *Spiegelungen*, 1971). Der Erinnerung, versetzt mit der »Säure der Angst«, wird unter dem doppelten Gesichtspunkt einer inneren und äußeren Verstrickung nachgegangen, bei der man mit zweien oder mehreren Ich-selbst und doch mit einem zu tun hat. Einem möglichen Verlust der Erinnerung, die wie »abbröckelnder Mörtel von Häusern« langsam schwindet, Widerstand zu leisten, wird zur Aufgabe: *Pogrom, Deportation, jüdischer Friedhof* sprechen von einsamer Zeugenschaft und paradoxer Unentschiedenheit: »Ein toter Name, ein geliebter Ort.«

Mit der Gründung des Staates Israel verband K. die Hoffnung auf eine neue »Wahlheimat«, eine Lebensmöglichkeit ohne Bedrängnis. Zwei Versuche, in Israel Fuß zu fassen, scheiterten: Zuerst 1948, als sie das Wagnis unternahm, illegal nach Israel zu gehen, um sich der Haganah, der zionistischen militärischen Untergrundorganisation Palästinas, anzuschließen, aber als Frau nicht mehr benötigt wurde, und 1951, als ihr Verlobter wenige Tage vor ihrer Ankunft tödlich verunglückte. In den Gedichten aus *Galiläa* (1956) wird Abschied genommen von einer erhofften, aber bereits gescheiterten Zukunft, während die Trauer Versöhnung in einem die Religionen vermittelnden übergeordneten Kosmos sucht. Die Gemeinschaft der Juden im Kibbuz ist eine Gemeinschaft der Überlebenden der Shoah. K.s Vision zielt, bei aller Härte und Primitivität der geschilderten Lebensumstände, auf ein freies Leben zwischen Beduinen, arabischen Bauern und Händlern und jüdischen Siedlern.

In *Staub von Städten* (entstanden 1944–64) und *Gesang unter dem Dach* (1978), die sich mit der heterogenen amerikanischen Kultur auseinandersetzen, wird die Unzugehörigkeit zum Schreibmotiv. Die deutschsprachige, aus Mitteleuropa stammende Autorin entwickelt neue lyrische Verfahrensweisen und Strategien des Verstehens – vergleichbar den Texten der schwarzafrikanischen Kulturbewegung »Harlem Renaissance«: In verknappter Sprache, wie ein mit energischen Strichen gemaltes Bild, entwirft sie ein bedrohliches, Menschen zugrunderichtendes Stadtszenario mit Drogensüchtigen, Obdachlosen, Prostituierten, Raubmenschen. Eine impulsive Energie begleitet die fehlgegangenen Hoffnungen »an der Kreuzung der Träume,/ wo der Wegweiser fehlt«, während die Ursachen des Scheiterns außerhalb von jeglicher fassbaren Subjektivität liegen, denn das Leben findet mit Ausnahme der Träume nicht auf der Ebene des Einzelnen statt.

Werke: Galiläa. Lieder einer Siedlung, Wien 1956; Spiegelungen. Gedichte, Wien 1971; Das Rattenhaus, Wien 1976; Staub von Städten. Ausgewählte Gedichte, hg. S. Prem, Wien u. a. 1995; Refugium. Ein Kapitel aus der Emigration 1939–1950 (unveröffentlichtes MS).
Literatur: A.K. – lexikalisch, in: Mit der Ziehharmonika (= MdZ) 5, 4 (1988), 4 f.; S. Prem, Kein Haus, keine Heimat. A.K., in: MdZ 11 (1994), 10–13; ders., Kein Haus, keine Heimat. Leben und Werk der Exilautorin A.K., Diplomarbeit, Graz 1995; K. Kaiser, Der Briefwechsel Th. Kramers und A.K.s, in: MdZ 11, 4 (1994), 15–17, und MdZ 12, 3 (1995), 24 f.

Siglinde Bolbecher

Kronberg, Simon

Geb. 26.6.1891 in Wien;
gest. 1.11.1947 in Haifa

Der Prozess jüdischer Identitätsfindung vollzieht sich bei K. als ein vielschichtiges, konfliktreiches Ringen um die Bewahrung bzw. Neudefinition religiöser und nationaler Traditionen des Judentums. Der jugendlichen Abkehr von traditionellen jüdischen Lebensformen folgen bei K. Versuche einer Rekonstruktion des jüdischen Glaubens mithilfe einer die Brucherfahrungen der Moderne verarbeitenden literarischen Verfahrensweise.

Nach Abschluss der Schulbildung brach K. aus der orthodox-ostjüdischen Lebenswelt seiner aus Galizien nach Wien zugewanderten Eltern, aber auch

aus der antisemitisch geprägten Atmosphäre der krisengeschüttelten Habsburgermonarchie aus und übersiedelte nach Deutschland, um sich zum Tänzer (1913/14), Schauspieler (1914 am Düsseldorfer Schauspielhaus) und Phonetiklehrer ausbilden zu lassen. Als er 1915 in Berlin ansässig wurde, fand er – angeregt durch das Erlebnis der Großstadt und die Lyrik A. Ehrensteins und G. Trakls – Anschluss an die expressionistische Literaturbewegung. Ein eigenwilliger Beitrag zur Poetik des Expressionismus stellt K.s »rhythmische Gymnastik der Sprache« dar (Wortkunst als phonetisch und rhythmisch konstruierte Sprechkunst). In den Beiträgen für Franz Pfemferts Zeitschrift *Die Aktion* setzte sich K. 1916–18 zunehmend mit Fragen des Judentums auseinander. Beispielsweise wählt er in der Prosaskizze *Kapitel* (1917) den Propheten Deuterojesaia, den Vordenker des Messianismus im babylonischen Exil, als Identifikationsfigur des modernen Diaspora-Judentums. In der Nachfolge der Propheten und der chassidischen Mystiker sucht K.s Kunstfigur Schajeh Hagimel (= Jesaia der Dritte) Gott auf ekstatischem Wege, im Tanz zu erfahren. Die messianische Dimension des Textes ist jedoch durch resignative Skepsis relativiert. Der Prosazyklus *Chasán*, dessen titelgebende Figur sich von der Bezeichnung des Vorsängers in der Synagoge ableitet und einen Mittler zwischen Gott und Mensch darstellt, blieb zum größten Teil unveröffentlicht. Nach dem Ersten Weltkrieg schloss sich K. dem Kreis um die Zeitschrift *Die Dichtung* an. Die in seiner spätexpressionistischen Lyrik und Prosa variierten Metaphern und Motive (Vater-Sohn-Verhältnis, konfliktgeladene Mutterbeziehung, Verlorener Sohn, Freundschaft, Sabbat, Gebet/Gesang, Schuld/Scham, Gottessuche, Fremdheit, Liebessehnsucht), kompliziert durch die Verwendung hebräischer Begriffe und die Rhythmisierung der Sprache, lassen den Eindruck von Hermetik entstehen. Die jüdische Exilerfahrung verdichtet sich ihm bevorzugt in der Wind-Metapher, zielloses Getriebensein assoziierend: »Wind der Winde findet seinen letzten Ort« (*Der Jude*, 1923).

In seiner einzigen Buchveröffentlichung zu Lebzeiten, dem Prosaband *Chamlam* (1921), beschreibt K. am Beispiel eines jungen Juden die zwischen Transzendenzverlust und Gottessuche oszillierende Glaubenskrise des Expressionismus. *Chamlam* – ein Name, den man mit »Dummkopf« übersetzen könnte – erweist sich als ein ironisches Selbstporträt K.s. Der Titelheld sucht die generationstypischen Probleme expressionistischer Schriftsteller (Konflikt mit den Eltern, sexuelle Irritationen, Glaubenskrise) in neuen Zugängen zum Judentum zu überwinden. Die Erinnerung an die Kindheit sowie die Liebe einer Frau bereiten ihn auf die mystisch erlebte Vision des Sabbat vor. Da jedoch der Sabbat das Alltagsleben nicht aufhebt, sondern lediglich relativiert und durchbricht, so enthüllt sich auch Chamlams Gottes-Erlebnis als eine bloß vorläufige Station einer unendlichen, von beständigem Zweifel verunsicherten Suche. Der Offenheit des Inhalts entspricht die Offenheit der Form: das Buch folgt einer Spiralstruktur, indem Handlungsstränge variiert, Erzählperspektiven und Gattungen gewechselt werden, um so die Verunsicherung des modernen Menschen auch formal adäquat darzustellen. Der Roman *Hinneni!* (»Hier bin ich«; 1923/24), der ebenfalls die jüdische Identitätskrise behandelt, endet in der apokalyptischen Vision von der Erblindung der Welt. In den Dramen *Schimen in der Stille* (1923, entstanden 1920), *Freunde* (1924) und *Das möblierte Gesicht* (1926), in denen die ebenfalls autobiographisch inspirierte Figur Schimen auftritt, setzt sich K. mit der Frage der Schuld auseinander. Ein weiteres Drama, *Lammed* (1921), greift den Konflikt zwischen chassidischer Mystik und institutionalisierter Religiosität auf – die Titelfigur, sein Name verweist auf den zwölften Buchstaben des hebräischen Alphabets, wird als Gottsucher in einer entgötterten Welt dargestellt.

Anfang der 20er Jahre intensivierte K. die Zusammenarbeit mit jüdischen, vor allem zionistischen Organisationen. Besonders engagierte er sich im »Jung-Jüdischen Wanderbund« bzw. dessen Nachfolgeorganisation »Habonim Noar Chaluzi (Bauleute)«. Dem Ziel der Bewegung, eine Synthese von Sozialismus und Zionismus zu verwirklichen, suchte er 1934 Genüge zu tun, indem er mit einer Gruppe Jugendlicher aus dem nationalsozialistisch beherrschten Deutschland nach Palästina übersiedelte. Die ersten Jahre arbeitete er im Kibbuz Givat Chajim als Schuhmacher, seit 1937 lebte er als freier Künstler in Haifa und verdiente seinen Lebensunterhalt mit der Durchführung von Chor-, Gemeinschafts- und Schulgesang in den Siedlungen des Landes (Schira bezibbur = Gesang mit dem Publikum), u. a. im Auftrag der Gewerkschaft Histadrut.

Während des Aufenthalts im Kibbuz verfasste K. Sprechchöre, die sich mit zeitgeschichtlichen Inhalten, der Geschichte der zionistischen Bewegung (*Wir klagen dieses Volk an!...*) oder Problemen des Kibbuzlebens – vor allem dem Konflikt zwischen sozialistischem Atheismus und jüdischer Religiosität (*Pessach im Kibbuz*) – auseinandersetzen. Diese in verteilten Rollen von den Kibbuzangehörigen aufgeführten Texte dienten dazu, dass sich die Darsteller ihrer Identität als Juden (bzw. Zionisten) und Arbeiter (bzw. Sozialisten) bewusst wurden. Um die Integration der aus dem deutschen Sprachraum zugewanderten Juden zu fördern, organisierte K. Gemeinschaftsfeiern, bei denen die deutsche wie die hebräische Sprache Verwendung fanden.

Hatte er mit seinen volksbildnerischen Initiativen Erfolg, gelang es ihm nicht, sich mit seinen Dramen (die allesamt unveröffentlicht blieben) durchzusetzen. Im Drama *Ehud. Ein Richter in Israel* (1937/38) gestaltete er im Spiegel des gegen die Fremdherrschaft der Moabiter ankämpfenden biblischen Richters Ehud einen Gründungsmythos des im Aufbau befindlichen Israel, zugleich aber auch eine Warnung vor der realpolitischen Verengung der zionistischen Ideen und ein Bekenntnis zum Ideal der sozialen Gerechtigkeit. Weitere Dramen thematisierten die Tragik und das Scheitern des Assimilationskonzepts sowie die Wirkungsmechanismen der antisemitischen Agitation (*Nittel [Blinde Nacht]*, 1941) und die Masseneinwanderung der vor dem Nationalsozialismus fliehenden Juden nach Palästina (*Der Tod im Hafen*, 1942, ein Drama, das anlässlich des Untergangs des Flüchtlingsschiffs »Patria« im Hafen von Haifa entstanden ist). Enttäuscht von der geringen Wirkung seines literarischen Schaffens, die durch die Verpönung der deutschen Sprache in Palästina zusätzlich erschwert wurde, griff K. in seiner späten Lyrik erneut die Figur des Verlorenen Sohnes auf, als Paradigma des zu ständiger und unerfüllter Suche Getriebenen. Angesichts der Shoah teilte er in einem Brief aus dem Jahre 1946 mit: »das, was heute am Worte ›Jude‹ zu ehren ist, ist das Leid und der Wille zum dennoch Leben«.

Werke: Werke, hg. A.A. Wallas, 2 Bde., München 1993.
Literatur: K. Otten, Das Werk S.K.s, in: Bulletin des Leo Baeck Instituts 4 (1961), 101–110; H.J. Schütz, S.K., in: ders., »Ein deutscher Dichter bin ich einst gewesen«. Vergessene und verkannte Autoren des 20. Jahrhunderts, München 1988, 167–171; A.A. Wallas, Nachwort, in: S.K., Werke, hg. ders., München 1993, Bd. 2, 335–410; ders., Kibbuznik, Schuhmacher, Gesangslehrer und Dichter – S.K. in Palästina (1934–1947), in: Exil 15 (1995), 36–68.

Armin A. Wallas

Kuh, Anton

Geb. 12.7.1890 in Wien;
gest. 18.1.1941 in New York

In seinem Nachruf auf K. appellierte Franz Werfel daran, diesen »vielleicht letzten Kaffeehaus-Literaten«, mit dem ihn »ein mehr als dreißigjähriges Gespräch« verband, im Gedächtnis zu behalten. Allzu leicht nämlich konnte vergessen werden, was

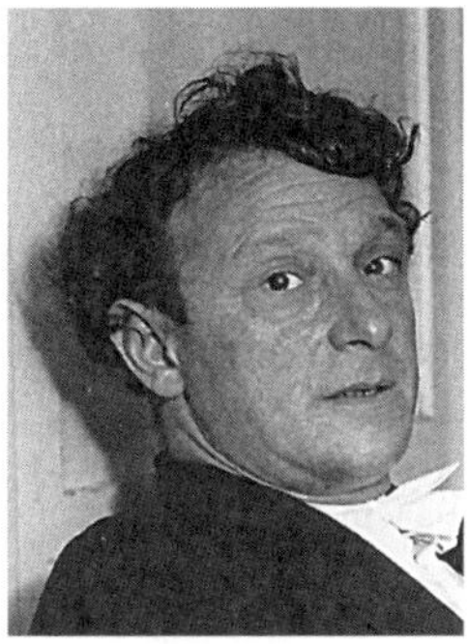

jenen »Hirnzigeuner von lukianischem Geblüt« (Alfred Kerr), »unruhiger als Quecksilber, mit einem Dutzend Manien und von Bosheit funkelnd« (Hermann Kesten), in Wien, Prag, Berlin und schließlich in New York berühmt gemacht hatte: seine Gabe als Stegreifredner, oder, wie ihn Kurt Tucholsky bezeichnete, als »Sprechsteller«. K.s Werke liegen jedoch nicht nur, worauf Werfel das Augenmerk richtete, »zwischen seinen schmalen Lippen« begraben, sondern sind auch in über 1000 Zeitungsbeiträgen überliefert und in neueren Ausgaben, wenn auch nicht vollständig, wieder zugänglich. Von 1912 bis zu seinem Tod publizierte K., wortakrobatisch und mit kritisch-satirischem Witz, Prozessberichte, Kommentare und Glossen zu Tagesgeschehen, Theaterkritiken, Buchrezensionen, Sketchs, Aphorismen, Essays, am kontinuierlichsten für das *Prager Tagblatt* (1912–37), aber auch in unterschiedlichsten Blättern wie *Der Friede* (1918–19), *Das Tagebuch* (1922/1925–26), *Die Stunde* (1923–26), *Die Bühne* (1924–26), *Der Querschnitt* (1924–33), *Die Weltbühne* (1928–32), *Die Neue Weltbühne* (1934–38) und schließlich, als Emigrant in New York, für den *Aufbau* (1939–41).

Zumindest in der Hinwendung zur Publizistik folgte K., der einer alteingesessenen Prager jüdischen Familie entstammte, seinem Großvater David Kuh, der den *Tagesboten aus Böhmen* gründete. Von dessen »Gesinnung« jedoch – er galt, ein deutschtreuer assimilierter Jude, als umstrittener »Pionier des Deutschtums« in Böhmen – distanzierte sich K. scharf. Auch sein Vater Emil K. wurde, als Chefredakteur des *Neuen Wiener Tagblatts*, »Zeitungsmann«. K.s Arbeit als Journalist begann 1912 beim *Prager Tagblatt*. An Prag, dieser »meteorologischen Versuchsstation für deutsche Kunst und Literatur«, interessierte ihn, mit Blick u.a. auf F. Werfel, E.E. Kisch, M. Brod, E. Weiss, A. Ehrenstein und F. Kafka, insbesondere die Literatur. Während er in Wien im Gefolge von Peter Altenberg vor allem im Café »Central«, später im »Herrenhof« verkehrte, sah man ihn in Prag im Café »Arco« und im »Continental«.

In den Jahren 1919/20 hielt er in Prag und Berlin eine Reihe von aufsehenerregenden Stegreifreden, die 1921 unter dem Titel *Juden und Deutsche* als sein erstes Buch erschienen. Wenn auch »fern von dem Verlangen, in den Geruch ritueller Autorschaft zu kommen«, war das Buch explizit »an die Juden gerichtet«, mit dem Aufruf, wie das Motto von Ludwig Börne zum Ausdruck bringen sollte, sich zu »befreien«: »Die Juden sind der Freiheit viel näher als der Deutsche. Sie sind Sklaven, sie werden einmal ihre Ketten brechen, und dann sind sie frei. Der Deutsche aber ist Bedienter, er könnte frei sein, aber er will es nicht.« Worin diese Befreiung bestehen sollte, bestimmt K. zunächst ex negativo, nämlich in Form einer Kritik der drei gängigen Formen moderner jüdischer Identität: Assimilation, Zionismus und Selbsthass. Das Programm dieser »Befreiung« entwickelte K. in Anlehnung v.a. an drei Namen: Neben Börne, den er, programmatisch unter dessen ursprünglichem »nom de guerre« Löw Baruch, auch in der Einleitung zu der von ihm herausgegebenen Auswahl *Börne der Zeitgenosse* (1922) als nachhaltig aktuellen Kritiker des deutschen, patriotischen »Spießers« feierte, war es der Kulturkritiker Friedrich Nietzsche, mit dessen begrifflichem Instrumentarium – etwa mit dem vom »Bildungsphilister« abgeleiteten Terminus »Intelligenzplebejer« – K. gegen das deutsch-nationale und konservative Kulturverständnis, auch der deutschen und österreichischen Juden, polemisierte. Die größte Bedeutung für K. hatte jedoch die anarchistisch radikalisierte Psychoanalyse seines Freundes und Schwagers *in spe* Otto Gross. Wenn K. in *Juden und Deutsche* »die »Tragikomik« der »Durchschnittsjuden« mit seinem »selbstanklägerischen Judenblick gesichtet« hatte, dann tat er dies in den Begriffen von Gross. Im Namen des Freudianischen Unbewussten und von Johann Jakob Bachofens »Mutterrecht« verkündete dieser, etwa in Franz Pfemferts *Die Aktion*, die Bekämpfung und Überwindung der vaterrechtlichen Instanzen der Macht: Staat, Religion, Wissenschaft und, als Ursprung allen Übels, Familie und Ehe. K. nun bildete diese Kritik auf das Judentum ab, in dessen Familienbegriff er nichts weniger als den Ursprung – und insofern die »Urschuld« – der patriarchalen Kultur vermutete: »Der Vater, Ur-Besitzer, schwingt die Erhaltungsfuchtel. Die Mutter, in ihrem Glück verkrüppelt, hegt die Kinder als Krüppel; die Töchter sind lebendig aufgebahrtes, wie Topfblumen betreutes Verkaufsgut«, während die rebellischen Söhne »Schaum um den Mund, unterlaufenen Auges, an den Fesseln der Erinnerung zerren«, meist jedoch, ohne vom Joch des »tausendjährigen Autoritätsgeistes« loszukommen.

Im Anschluss an Gross sowie an einen Programmpunkt des Expressionismus verstand K. die jüdische Moderne im Wesentlichen als Vater-Sohn-Konflikt, als verzweifelten Versuch jüdischer Söhne einer »Überwindung des Papa«. Die genannten drei Formen moderner jüdischer Identität – Zionismus, Assimilation, Selbsthass – erwiesen sich ihm als mehr oder weniger misslungene Ödipalisierungen des jüdischen »Urvaters«. Am wenigsten gelingt dies dem Zionismus, den K. polemisch auf den »Ruf des Familienbruders« »zurück in die warme Stube!« reduzierte. Der Zionismus nämlich perpetuiere all das, was in Gross' Begriffen als »zerstörungswürdig« gilt: »Familie, Ehe, den Gott der Rache, Kanaan«. Gemäß K. hat der Zionismus aus der zweitausendjährigen Diaspora nichts gelernt, wo doch gerade die Juden ihren »Leidensvorsprung« in »Mißtrauen gegen jede Art von Volksbewusstsein umzuwerten« hätten. K.s Zionismuskritik zielt jedoch nicht etwa, was insbesondere die zionistischen Rezensenten – so Robert Weltsch in der *Jüdischen Rundschau*, Max Brod in der *Selbstwehr* oder Elias Hurwicz in *Der Jude* – irritierte, auf eine Affirmation der Assimilation, im Gegenteil: gerade an der »deutsch-jüdischen Gemütsallianz« kritisierte er die Perpetuierung der jüdischen »Schuld« der »Vordringlichkeit zu den fremden Idealen«. Diese Schuld freilich ist eine »tragische«. Denn ob als Liberalismus, Sozialismus oder als Deutschpatriotismus, der »Lohn des falschen Strebens«, so K. bereits 1918 in einem Artikel, der sowohl in der pazifistischen Zeitschrift *Der Friede* wie auch in der zionistischen *Selbstwehr* erschien, sei »der Pogrom«. Dies zeige sich krass an dem »Finale nicht nur der jüdischen Irrtümer allein, sondern der Weltirrtümer«, nämlich an der Kriegsbegeisterung der deutschtreuen Juden, die blind gegenüber der Tatsache waren, dass schon dieser Krieg auch und gerade gegen die Juden gerichtet war: »Hier war die letzte Siegesfolgerung: Entjudung. Ihr Krieg war ein Hakenkreuzzug.« Den »jüdischen Selbsthaß«

schließlich verstand K. als Radikalisierung der »psychotischen« Disposition der Assimilation, indem hier die verzweifelte »Überwindung des Papa« förmlich in das Innere verlegt ist. Hypersensibel für alles »Jüdische« spürt der »jüdische Antisemit« das »latente Jüdeln im Weltraum« auf, mit dem Zweck, selbst »aus der Haut des Judentums in eine unbekannte, noblere zu fahren«. Doch auch diese Form der »Befreiung« muss scheitern. In seiner paranoiden Fixierung auf alles Jüdische widerspricht sich der »Vater- und Familienhaß« der »jüdischen Selbstflucht« selbst, außer er endet wie bei Otto Weininger, so K.s Zynismus, im Selbstmord. Was K. im Anschluss an Gross als den Typus des ewig pubertierenden jüdischen Junggesellen beschrieben und Kafka – der K. u. a. 1917 zusammen mit Gross getroffen hatte – offensichtlich eingeleuchtet hatte, war in erster Linie gegen Karl Kraus gerichtet. Die Polemik gegen Kraus kulminierte in K.s skandalöser Stegreifrede vom 25. Oktober 1925, *Der Affe Zarathustras (Karl Kraus)*, die ihm einen Prozess einbrachte. An Kraus, seinem Paradebeispiel des »ewig pubertierenden« jüdischen Sohnes, diagnostizierte K. die »Psychose« des Selbsthasses: In ihm kollidierte die paranoide Fixierung auf »das eigene jüdische Familientum« mit dem verzweifelten Anrennen dagegen.

Als Abgrenzung gegen diese drei missglückten Formen moderner jüdischer Identität ist K.s geradezu anarchistische »Sendung des Judentums« zu verstehen, die darin besteht, sich gegen alles zu stellen, »was Kultur, Sitte und Ordnung heißt«. Weder Selbstflucht wie im jüdischen Antisemitismus noch Opportunismus wie im Zionismus und in der Assimilation, sondern »Offensive« sei die Aufgabe des Judentums, eines Judentums eben, das aus der Erfahrung des Exils gelernt hat, was wirklich Wert hat: nicht für Staat oder Familie »tausend Heldentode« zu sterben, sondern »ein freies Leben« zu leben.

1925 verließ K. Wien in Richtung Berlin, wo die Warnungen vor Nationalismus, Faschismus und Antisemitismus in seinen Stegreifreden und Feuilletons eindringlicher wurden. Einen Eindruck von der Publizistik dieser Zeit vermitteln die Sammelbände *Der unsterbliche Österreicher* (1931) und *Physiognomik* (1931). Die unverblümte Kritik Hitlers und der »Hakenkreuzler« macht verständlich, dass sich K. als Schriftsteller und als Jude zunehmend bedroht sah. 1933 verlegte er seinen Standort wieder nach Wien, wo er in zahlreichen Zeitungsbeiträgen und, vermittelt über Alma Mahler-Werfel, in einer allerdings gescheiterten halb-politischen Aktion den eigentlichen und endgültigen Untergang Österreichs, den er im Anschluss an Nazi-Deutschland lange vorausgesehen hatte, verzweifelt abzuwenden versuchte. 1938 floh er im letzten Moment zunächst nach Prag, im selben Jahr schließlich nach New York, wo ihm der »German Jewish Club« Kontakte zu Rundfunk und Presse vermittelte. Am 26. November 1938 wurde seine Radiorede *Geschichte und Gedächtnis* ausgestrahlt – es war dies eine »schrille und unangenehm konkrete« Aufforderung, ein Vermächtnis an die Emigranten, im »Wettlauf zwischen dem Grauen und dem Gedächtnis« dem Vergessen keine Chance zu lassen: »Wenn ich […], als Emigrant zu Emigranten und als Emigrant zu Amerikanern, eine politisch und menschlich wichtige Aufforderung an Sie richten darf, so ist es die: Tun Sie sich selber weh, behalten Sie Ihr Gedächtnis frisch! Das Gedächtnis ist das Archiv, aus dem eines Tages die weltgeschichtlichen Rechnungen präsentiert werden.«

Werke: Luftlinien, hg. R. Greuner, Berlin 1981; Zeitgeist im Literatur-Café, hg. U. Lehner, Wien 1983; Sekundentriumph und Katzenjammer, hg. T. Krischke, Wien 1994; Der unsterbliche Österreicher, hg. U.N. Schulenberg, Wien 2001; Juden und Deutsche, hg. und mit einer Einleitung v. A. Kilcher, Wien 2003.
Literatur: U. Lehner, A.K. (1890–1941), in: Deutschsprachige Exilliteratur seit 1933, hg. J. Spalek u. a., Bd. 4, München 1994, 1019–1049; A. Kilcher, Physiognomik und Pathognomik des modernen Judentums. A.K.s anarchistische Sendung des Judentums, in: Aschkenas 2 (2000), 361–388; ders., Der Nietzsche-Liberale in Prag. Die Debatte um A.K.s »Juden und Deutsche«, in: Juden zwischen Deutschen und Tschechen, hg. M. Nekula und W. Koschmal, München 2006, 103–118.

Andreas Kilcher

Kuh, Ephraim Moses

Geb. 10.4.1731 in Breslau;
gest. 3.4.1790 in Breslau

K. kann – noch vor I.F. Behr – als der erste deutschsprachige jüdische Poet gelten. Die biographischen Fakten sind freilich sehr dürftig. Nach traditionell orthodoxer Erziehung, ergänzt um europäische Sprachen, arbeitet K. im Geschäft seines Vaters. Seit Herbst 1760 ist K. in Berlin, wo er sich dem Kreis um Mendelssohn, Ramler und Lessing anschließt und gelegentlich zum Boten zwischen Mendelssohn und Lessing wird, der am Ende dieses Jahres Berlin in Richtung Breslau verlässt. 1762 interessiert sich Mendelssohn für K.s *Ode an Gott*, die fast zwei Jahrzehnte später, korrigiert und um eine Strophe ergänzt, gegen die Absicht des Korrektors im Hamburger Musenalmanach unter seinem berühmten Namen publiziert wird – ein Anlass zu psychischer Verstörung des ohnehin labilen Dichters. Von 1763–68 ist K. Angestellter seines Berliner Onkels, des Münzpächters Veitel Heine Ephraim. 1768–70 unternimmt K. eine ausgedehnte Bildungsreise. Nach 1770 und erneut seit 1786 leidet K. unter Wahnvorstellungen, die ihn, zumal nach einem Schlaganfall, bis zu seinem Tod von der Fürsorge seiner Familie abhängig machen. In der letzten Lebensphase besucht ihn S. Maimon – das denkwürdige Treffen zweier aus östlichen Regionen kommender Juden auf dem problematischen Weg in die europäische Kultur. Etliche von K.s Gedichten werden, korrigiert von Ramler, zwischen 1784 und 1786 veröffentlicht, darunter auch die allseits anerkannten Martialübersetzungen. K.s witzig-ironische und satirische Epigramme, einige Fabeln und Oden sowie anakreontische Gedichte werden 1792 zusammen mit Hirschels Biographie veröffentlicht.

K.s Weg als Jude und deutscher Poet veranlasste ein halbes Jahrhundert nach seinem Tod B. Auerbach zu einer Romanbiographie, weil der Breslauer Dichter ihm typisch schien für die Problematik der ersten Akkulturationsphase. Bereits Hirschel hatte freilich zu nicht unerheblichen fiktionalen Mitteln und sogar zu Anachronismen greifen müssen, um fehlende Fakten ersetzen und K. einen angemessenen Platz als aufgeklärter Dichter sichern zu können. Hirschel lässt z. B. K. lesend in der Rolle Werthers auftreten und eine *Sentimental Journey* u. a. nach Frankreich und Italien unternehmen, stets eine kostbare Bücherkiste im Gepäck wie im Fall des gebildeten Juden in Lessings früher Komödie *Die Juden*. In der Rolle Mendelssohns erlebt K. dessen Lavater-Schock nach. Der Tod vollzieht sich gemäß dem biblischen Vorbild Abrahams. Ein würdiges Begräbnis muss allerdings – entsprechend der Frontstellung der Aufklärung gegenüber der Tradition – der Orthodoxie Breslaus abgerungen werden. Die Lektüre der Vorrede eines Dr. Kausch zur Ausgabe der *Hinterlassenen Gedichte* lässt freilich Hirschels Stilisierung der Vita als verständlich erscheinen. Denn der christliche Arzt wendet sich gegen die harsche Kritik des Biographen an der Intoleranz der Christen und verweist auf den Staat als alleinige Instanz einer »bürgerlichen Verbesserung«. K. selbst aber hatte unter dem Titel *Der Zöllner in E. und der reisende Jude* das Problem schnörkellos auf den Punkt gebracht: »Z. Du, Jude, mußt drei Thaler Zoll erlegen./ J. Drei Thaler? so viel Geld? mein Herr weswegen?/ Z. Das fragst du noch? weil du ein Jude bist./ Wärst du ein Türk, ein Heid', ein Atheist,/ So würden wir nicht einen Deut begehren;/ Als einen Juden müssen wir dich scheren./ J. Hier ist das Geld! – Lehrt euch dieß euer Christ?« (Nr. 100) Auch die Lebensgeschichte K.s bezeugt wie die Behrs also die Dialektik der Aufklärung, die das Projekt der Emanzipation von vornherein mit einer schweren Hypothek belastet. K. hat freilich ungleich mehr Gedichte geschrieben als der ›Litauer‹, und er war zu seinen Lebzeiten keineswegs unbekannt. Seine Bekanntheit aber hatte wie die Behrs vor allem mit seinem Judentum zu tun, und so finden sich Belege dafür, dass K. seiner Unsicherheit in poeticis wegen an die Hilfsbereitschaft der Kritiker seiner Zeit appellierte. Wenn im Gedicht *An die Kritiker* (Nr. 1) Ramler als Lerche, Geßner als Hänfling figuriert, so K. als Kolibri – ein nicht nur winziger, sondern auch exotischer Vogel, so exotisch, wie eben ein Jude auf dem deutschen Parnass erschienen sein mag.

Werke: Hinterlassene Gedichte, 2 Bändchen, Zürich 1792.
Literatur: M. Hirschel, Biographie des jüdischen Gelehrten und Dichters E.M.K., in: K., Hinterlassene Gedichte, Zürich 1792, Bd. 1, 21–152; B. Auerbach, Dichter und Kaufmann. Ein Lebensgemälde, 2 Bde., Stuttgart 1840; M. Kayserling, Der Dichter E.K., Berlin 1864; A. Galliner, E.M.K. Ein jüdisch-deutscher Dichter der Aufklärungszeit, in: Bulletin des Leo Baeck Instituts 5 (1962), 189–201; H.O. Horch, Unvollendete Hedschra. Zu Leben und Werk des Breslauer Lyrikers E.M.K. (1731–1790), in: Zeitenwenden, hg. J. Deventer u. a., Berlin 2002/2006, 151–161.

Hans Otto Horch/Eva Varga

Kuhner, Herbert

Geb. 29.3.1935 in Wien

K., jüdischer Herkunft, aber katholisch erzogen, konnte mit seiner Mutter 1939 nach Großbritannien, 1940 in die USA flüchten. Die Familie lebte in New York, auf Long Island, in New Jersey. K. studierte Deutsch und Französisch an der Columbia University in New York und kehrte 1963 nach Wien zurück. K., der 1959–62 Angestellter der Atombehörde der Vereinten Nationen gewesen war, blieb von nun an freier Schriftsteller. Bis heute

schreibt er, der sich durchaus als österreichischer Schriftsteller versteht, in englischer Sprache. Mitunter übersetzt er seine eigenen Arbeiten ins Deutsche, meist jedoch fungiert er als Übersetzer vom Deutschen ins Englische, so bei der von ihm mitherausgegebenen wichtigen Anthologie jüdischer Lyrik der Gegenwart aus Österreich *Wären die Wände zwischen uns aus Glas/If the Walls Between Us Were Made of Glass* (1992).

K.s literarisches Werk ist ohne Beziehung zur klassischen deutschen Philosophie und Literatur, aber auch fast ohne Zusammenhang mit der näherliegenden Kultur des Fin de siècle in Wien. Am ehesten findet sich K. verbunden mit jener deutschsprachigen Exilliteratur, die nach 1945 in einer Situation des auf Dauer gestellten Exils entstanden ist. Die Kultur des Landes, in dem er lebt, ist für ihn eine offene Frage: Sein Blick auf die nationalsozialistische Vergangenheit, die in mancher Hinsicht noch gar nicht vergangen ist, geht von der Erwartung einer Gegenwart aus, die sich mit den Resultaten dieser Vergangenheit nicht abfindet, sie nicht beschönigt, verwischt, sondern restlose Aufklärung über die NS-Periode sucht, um sich aus dem trüben Zwielicht des Postfaschismus endlich herauszuarbeiten.

Misstrauen gegen das selbstverständlich Bestehende, Unversöhnlichkeit gegenüber allen begütigenden Lügengespinsten und existenzielle Verunsicherung angesichts der Erfahrung der Zerstörbarkeit der eigenen Lebenswelt kennzeichnen die Schriften K.s. Die Erfahrung der Zerstörbarkeit – bei Elias Canetti und Günther Anders im Bild einer gespaltenen Zukunft (die Menschheit ist permanent vor die Alternative zwischen Selbstvernichtung und Fortleben gestellt) beschworen – wird bis heute fast ausschließlich von jüdischen Schriftstellern und Schriftstellerinnen vermittelt. Hier ist keine wiedererrungene Normalität, in die der Schreibende seine kritischen Markierungen einträgt. K. steht vielmehr einer zutiefst erschütterten Wirklichkeit gegenüber, die er allerdings mit einem starken Wunsch nach Normalität konfrontiert.

Zwei durchgehende Motive der Lyrik und Prosa K.s sind die Entdeckung der eigenen, durch die Konversion der Eltern verdeckten jüdischen Identität auf der einen und das nicht endende Trauma seiner Rückkehr nach Österreich auf der anderen Seite. Für K. erweist sich jüdische Identität zunächst von außen bestimmt, durch Ausgrenzung und ihr gelegentliches scheinbares Gegenteil: Überschätzung und Mystifizierung. Wie bei Berthold Viertel ist es letztlich die Scham über eigene Anmaßung und selbst verübte Untat, die K.s Protagonisten aus falschen Identifikationen heraustreibt; dies eben macht hier das Jüdische aus. Nicht-Zugehörigkeit eignet auch dem Rückkehrer ins vorgebliche Heimatland. Nicht eingeweiht ins Geheimnis der Dagebliebenen, ob sie nun künstlerisch der Arrière- oder Avantgarde zuzuzählen sind, sieht er sich einer tagtäglichen Verschwörung gegenüber, die sich auch real manifestiert, so bei der mühevollen Wiedererlangung der Staatsbürgerschaft, der ausbleibenden »Wiedergutmachung«, in der Begünstigung ehemaliger Nationalsozialisten, schließlich der faktischen Eliminierung des Autors K. aus dem literarischen Betrieb: K.s verschiedene Identitäten – Übersetzer und Poet, Englischschreibender und Österreicher – wurden in solcher Weise gegeneinander ausgespielt, dass er stets der war, der eben nicht in Frage kam (z. B. bei Einladungen zu Lesungen, Förderungen, Anerkennungen). Ganz selten nur wurde ihm gesagt, dass seine Unversöhnlichkeit die Ursache seiner ›Nichtbeachtung‹ sei, wie K. in den *Memoiren eines Neununddreißigers* akribisch belegt. Vor allem deshalb beschreibt K. die Rückkehr aus der Vertreibung exemplarisch mit den Erfahrungen und Argumenten derer, die aus guten Gründen nicht zurückgekehrt sind. Neben großen Übersetzungsprojekten (u. a. von slowenischer Lyrik, Werken Alter Brodys und Willy Verkauf-Verlons) wandte sich K. seit 2000 wieder seiner »Passion, Schlagzeug zu spielen« zu und begann über Jazz-Musik zu schreiben – mit dem Resultat des englischsprachigen Gedichtbands *Swing Men and Women* (nur in digitaler Form vorliegend).

Werke: Nixe, New York 1968; Broadsides & Pratfalls, London 1976; Der Ausschluß. Memoiren eines Neununddreißigers, Wien 1988; Liebe zu Österreich/Love of Austria, Wien 1998; Minki die Nazi Katze und die menschliche Seite, Wien 1998.
Literatur: P. Malina, Lebensgeschichte und Zeit-Geschichte. Über den Schriftsteller H.K., in: Mit der Ziehharmonika 12, 1 (1995), 29 f.; S. Bolbecher, Rückkehr ist keine Profession!, in: Mit der Ziehharmonika 15, 2 (1998), 30–32.

Konstantin Kaiser

Kulke, Eduard

Geb. 28.5.1831 in Nikolsburg;
gest. 20.3.1897 in Wien

Nach einem abgebrochenen Studium der Mathematik und Physik sowie einer Lehrtätigkeit an der israelitischen Hauptschule in Pecs/Fünfkirchen (Ungarn) entschied sich der Sohn eines Rabbiners bereits um 1860 für eine literarisch-journa-

listische Laufbahn in Wien. Als Vorbilder dienen ihm L. Kompert, dem er 1861 begegnete und über den er 1864 eine ausführliche Studie verfasst, B. Auerbach und A. Bernstein. Das Schreiben als Brotberuf zwingt K. alsbald zu einer frenetischen, mit den wichtigsten jüdischen Publikationsorganen seiner Zeit wie *Illustrirte Monatshefte*, *AZJ* oder *Wiener Jahrbuch für Israeliten* verknüpften Produktivität, weshalb es ihm auch kaum gelang, aus dem Schatten seines deklarierten Vorbildes Kompert herauszutreten. Trotzdem weisen einzelne Texte, die meist dem Genre der Ghettoerzählung zuzurechnen sind, thematisch wie narratologisch einen eigenen Charakter auf. Sie greifen zudem zentrale kulturelle und religiöse Fragen auf, die im Judentum der österreichischen Monarchie virulent waren. Die Schauplätze sind durchwegs auf jener Achse angesiedelt: einerseits in den Judengassen mährischer Kleinstädte und deren Umfeld (bäuerliche Dörfer), andererseits in Brünn und Wien. Dem entspricht auch das soziale Panorama mit seinem Akzent auf einfachen Figuren wie Trödler, Handelsagenten oder Viehhändler, während urbane Repräsentanten wie Bankiers oder Advokaten nur vereinzelt auftreten. Ähnliches gilt für die historische Zeit: K.s. Texte spannen meist einen Bogen aus den 40er Jahren über das Schlüsseljahr 1848, das einmal als bedrohliches Pogrom-Sturmjahr figuriert, z. B. in *Die Lichtanzünderin*, einmal als »Zeit der freiheitlichen Ideen« wie in *Die Töpferscheibe*, bis in die unmittelbare Erzählzeit des Autors, die 60er Jahre. Im Mittelpunkt nahezu aller Texte steht das familiale Leben, eingebettet in die spezifische Rhythmik und Zyklizität der Tradition und des Festkalenders, der mit den wichtigsten Ereignissen im Leben der Erzählfiguren korreliert. »Lebensnähe« ist eine Schlüsselkategorie der frühen Erzählungen, v. a. des ersten Bandes *Aus dem jüdischen Volksleben* (1869), das einerseits umstrittene, antijüdische Stereotypen bemühende Texte wie *Alt-Eisik wird tänzerisch* enthält, andererseits recht gelungene wie *Der Kunstemacher*, der 1887 in die renommierte Reihe *Deutscher Novellenschatz* (Hg. P. Heyse) Eingang fand. Sie enthält so unterschiedliche Erzählungen wie *Das große Los* mit dem Akzent auf sozialen Aspekten oder die späte Erzählung *Die schöne Hausiererin* (1895), in der K. das Bild der »schönen Jüdin« auf der Folie der zeitgenössischen Sexualmoral klischiert. Geringeren Erfolg hatte K. mit seinen historischen Dramen, z. B. mit der Tragödie *Korah* (1873). Die innerjüdische Debatte zwischen Verfechtern der Orthodoxie und Exponenten liberaler Öffnungen (den »Aufklärern«) nimmt, obwohl zahlreichen Texten immanent, vordergründig einen eher peripheren Stellenwert ein. Im Bereich des Landghettos entwickelt sie sich oft aus alltäglichen Fragen wie z. B. in der Erzählung *Eigene Haare*. Will dagegen der Protagonist eine intellektuelle Laufbahn einschlagen, dann sieht er sich den tendenziell assimilatorischen Institutionen des Staates gegenüber, aber auch Vorurteilen der Gasse oder der Familie wie im Schlüsseltext *Die Töpferscheibe*. Individuelle emanzipatorische Projekte geraten somit zu dramatischen existenziellen Konflikten. Das gilt vor allem für die Frage der Mischehe, in der K. über Kompert hinausgeht, indem er sie in einzelnen Texten zulässt, etwa in *Heimweh*, freilich nur um den Preis der Ausgrenzung und späteren Revision der ursprünglich rebellischen Position und nachfolgendem Tod der Protagonisten. In anderen wiederum erweist sich Glaubenstreue dem Assimilationsdruck gegenüber resistent, z. B. im Fragment gebliebenen *Der Schlüssel* (1865), in dem K. überaus plastisch die soziale und kulturelle Skala eines Landghettos vom Dorfgeher bis hin zum wohlhabenden Kaufmann oder zum emanzipierten Arzt entfaltet und jene Spannung zwischen Assimilationsdruck und -bereitschaft in Glaubenstreue auflöst, die nicht zuletzt in K.s. eigener Biographie – er war nicht legitimierter Sohn einer Christin – eine dramatische Entsprechung hatte. Ferner sind nahezu alle Texte sprachlich von einer dialogisch-oralen Dynamik geprägt, die nicht nur regionale Spezifika tradiert, sondern als wichtiger Beitrag zu einer Soziosemantik des jüdischen Deutsch in Mitteleuropa anzusehen ist.

Werke: Don Perez, Wien 1873; Der gefiederte Dieb, Wien 1876; Die Lichtanzünderin, Leipzig 1906; Kritik der Philosophie des Schönen, hg. F.S. Krauss, Leipzig 1906; E.K.s erzählende Schriften, hg. F.S. Krauss, 4 Bde., Leipzig 1906–07.

Literatur: G. Karpeles, Jüdische Literaturbriefe XI, in: Israelit 11 (1870), 413–414; F.S. Krauss: E.K., in: Jahrbuch für sexuelle Zwischenstufen 9 (1908), 311–324; M. Keilson-Lauritz, E.K. und die Gleichberechtigung der Empfindungen. Versuche einer Grenzüberschreitung, in: Grenzüberschreitungen. Friedenspädagogik. Geschlechter-Diskurse, hg. G. Härle, Essen 1995, 317–326; G.v. Glasenapp, Aus der Judengasse. Zur Entstehung und Ausprägung der deutschsprachigen Ghettoliteratur im 19. Jahrhundert, Tübingen 1996; M.Th. Wittemann, Draußen vor dem Ghetto. Tübingen 1998, 299–326; K. Ober, Die Ghettogeschichte. Entstehung und Entwicklung einer Gattung, Göttingen 2001, 54–59; G.v. Glasenapp, H.O. Horch, Ghettoliteratur. Eine Dokumentation zur deutsch-jüdischen Literaturgeschichte des 19. und frühen 20. Jahrhunderts. Teil I (1,2), II, Tübingen 2005, II, 966–973.

Primus-Heinz Kucher

Kunert, Günter

Geb. 6.3.1929 in Berlin

Bereits von seinem ersten Gedichtband *Wegschilder und Mauerinschriften* (1950) an ist das Erinnern an die national-sozialistische Judenverfolgung ein zentrales Thema von K.s Werk. K. sucht auf die physische Auslöschung der Juden zu reagieren, indem er ihnen in einen literarischen Texten einen Gedenk- und somit Überlebensraum gewährt. Er spricht zugleich ein radikales Gegenwort gegen die verfehlte Geschichte, aber auch gegen das allgegenwärtige Vergessen. In seinen Werken wird deutlich, wie sehr der nationalsozialistische Genozid, das »Verbrechen, das Menschen an Menschen« begingen, zur Prämisse seines literarischen und essayistischen Schaffens wird. Die nationalsozialistischen Konzentrations- und Vernichtungslager bilden das »unauslöschliche Siegel«, von dem sich letztendlich K.s pessimistische Weltsicht herschreibt. Um diese Wunde offen zu halten, sperrt sich K. vehement gegen alle Rituale der Versöhnung. Seine Leser bleiben nicht ungeschoren. K.s

Gedichte stören auf, wenn z.B. in *Wenn die Feuer verloschen sind* (1964) für einen einzigen kurzen Moment suggeriert wird, die Geschichte könne rückgängig gemacht werden, »als wäre nichts geschehen«. Dieser Akt der Wiederherstellung beleuchtet schlaglichtartig die »verlorene Unschuld« und hüllt die Gegenwart in »Dunkelheit«. Dieser Befund gilt gleichermaßen für K.s essayistisches Werk. Bei einem Vortrag zur »Woche der Brüderlichkeit« kritisiert K. diese Form des »öffentlichen Eingedenkens« als Scheinharmonie, an deren Herstellung er sich nicht beteiligen will. Er weist vielmehr auf das biblische Brüderpaar Kain und Abel hin, um das Verhältnis zwischen Christentum und Judentum zu charakterisieren.

Reflexionen über K.s eigenes Judentum und sein Verhältnis dazu finden sich sehr zurückhaltend erst in den Essays der 80er Jahre. K.s Judentum ist das Ergebnis einer historischen Situation, die seit der frühesten Kindheit konstituierend war (Heidelberger-Leonard). K.s Mutter, eine geborene Warschauer, war Jüdin. Sie und der Sohn waren allein durch den ›arischen‹ Vater vor Deportation geschützt. In seinen autobiographischen Erinnerungen *Erwachsenenspiele* (1997) erwähnt K., dass es »Restbestände des Jiddischen« in der Sprache der Mutter gab. Zugleich aber macht er auch deutlich, dass sich dieser Teil seiner Familie nicht als gläubige Juden, sondern als Sozialdemokraten definierte. K. zitiert das rein materialistische Credo seiner Mutter: »Ich glaube, daß ein Pfund Rindfleisch eine gute Suppe ergibt!« Doch die Erfahrung des Dritten Reichs ließ keine Indifferenz mehr zu: Judesein konnte nicht länger als zufällige Begleiterscheinung betrachtet werden. Es gewann einen schicksalhaften Charakter, vor dem jede nationale oder soziale Zugehörigkeit in den Hintergrund trat. Im privaten Bereich schlug sich die Diskriminierung darin nieder, dass K. wegen seiner jüdischen Abstammung vom Besuch einer weiterführenden Schule ausgeschlossen wurde. 1943 begann er eine Lehre in einem Bekleidungsgeschäft. Die frühe Stigmatisierung, die das Schulkind in Kenntnis der »Nürnberger Gesetze« sich selbst als »Mischling ersten Grades« charakterisieren und damit zum Außenseiter werden ließ, war genauso prägend wie die Deportation der Verwandten aus Berlin.

Beide Elemente wurden für den Dichter K. zu den Prinzipien seines Schreibens. Die eigene Geschichte ist mit der deutschen unlösbar verknüpft. Wenn K. als Archäologe in Berlin die zu Stein gewordenen Bahnen der Erinnerung aufsucht, gilt ihm die Hauptstadt als exemplarische Topographie deutscher Geschichte. Als ein Beispiel kann die frühere Prinz-Albrecht-Straße angesehen werden, die zu den Schreckensorten Gestapozentrale und Reichssicherheitshauptamt führt. Die Ruinen dieser Gebäude sind verschwunden, aber nicht die Grundrisse der Straßenverläufe und die Kellerlöcher unter den SS-Quartieren. Das Gedicht findet sein früheres Äquivalent in K.s Prosatext *Herein ohne anzuklopfen*, der H.G. Adler gewidmet ist. Dieser Text befragt die Steine des Konzentrationslagers Theresienstadt, die eindringlich von dem nationalsozialistischen »Modell der Vernichtung« Auskunft geben.

Auch K.s Affinität zu anderen jüdischen Dichtern wie z. B. Heine ist gleichermaßen biographisch wie geschichtlich motiviert. In den *Erwachsenenspielen* beschreibt er, dass er als Einziger in seiner Schulklasse wusste, wer das *Loreley*-Gedicht geschrieben hat. Dieses Wissen behält der Junge aber für sich: »Der Unbekannte ist einer von uns.« Für K. ist es ein »unumstößliches Faktum«, dass Heine »ohne Hitler« nie die gleiche Bedeutung für ihn erreicht hätte. Auch hier ist eine autobiographische Erfahrung zwangsläufig an die deutsche Geschichte gekettet: ihr Spannungsverhältnis bildet die paradoxe Grundlage von K.s intellektueller Biographie.

Werke: Die Tortur, in: Meine Schulzeit im Dritten Reich. Erinnerungen deutscher Schriftsteller, erw. Neuausgabe, hg. M. Reich-Ranicki, Köln 1988, 233–242; Die letzten Indianer Europas. Kommentare zum Traum, der Leben heißt, München u. a. 1991; Erwachsenenspiele. Erinnerungen, München u. a. 1997; Nachrichten aus Ambivalencia. Göttingen 2001; Die Botschaft des Hotelzimmers an den Gast. Aufzeichnungen, hg. H. Witt, München 2004; Auskunft für den Notfall, hg. H. Witt, München 2008; Das letzte Wort hat keiner. Über Schriftsteller und Schriftstellerei, Göttingen 2009; »Wir leben in einem Chaos«, in: Was Dichter glauben. Gespräche über Gott und Literatur. Interviews, hg. M. Lätzel, Kiel 2011, 62–70. Literatur: I. Heidelberger-Leonard, »Auschwitz werden die Deutschen den Juden nie verzeihen.« Überlegungungen zu G.K.s Judesein, in: G.K. Beiträge zu seinem Werk., hg. M. Durzak u. a., München u. a. 1992, 252–266; E. Kasper, Zwischen Utopie und Apokalypse. Das lyrische Werk G.K.s von 1950 bis 1987, Tübingen 1995; S. Vees-Gulani, Trauma and Guilt. Literature of Wartime Bombing in Germany, New York 2003; M. Dubrowska, Heimat in der deutschen Literatur. G.K.s Identitätsverständnis, in: dies., Auseinandersetzung mit der jüdischen Identität in Werken ausgewählter Schriftsteller aus der DDR, Lublin 2003, 110–133; C. Gellner, Schriftsteller lesen die Bibel. Die Heilige Schrift in der Literatur des 20. Jahrhunderts, Darmstadt 2004, 145–160; H. Ludorowska, Individuelle Geschichten im Erinnerungsdiskurs der Nachwendezeit, in: Das »Prinzip Erinnerung« in der deutschen Gegenwartsliteratur nach 1989, hg. C. Gansel, P. Zimniak, Göttingen 2010, 75–86; M. Benoit, Eine diskordante Stimme im Antifaschismus: G.K. in der DDR, in: Die ersten Stimmen. Deutschsprachige Texte zur Shoah 1945–1963, hg. R. Vogel-Klein, Würzburg 2010, 271–285.

Elke Kasper

Lachmann, Hedwig

Geb. 29.8.1865 in Stolp (Pommern);
gest. 21.2.1918 in Krumbach (Schwaben)

L. kommt aus einer frommen jüdischen Familie. Ihr aus Dubnow stammender Vater Isaak L. übernahm nach der Ausbildung bei den berühmtesten Vorbetern Russlands 1873 in der schwäbischen Gemeinde Hürben (der jüdische Teil von Krumbach)

die Stelle des Kantors und Religionslehrers. Er verfasste zahlreiche Abhandlungen zum Synagogengesang, u. a. eine Sammlung traditioneller Synagogengesänge des süddeutschen Raums (1898). In Hürben wächst L. als älteste von sechs Geschwistern auf. Wie in den jüdischen Landgemeinden in Süddeutschland üblich, besucht auch L. zusammen mit nichtjüdischen Kindern die in Krumbach ansässige Fernsemersche Höhere Töchterschule und legt, erst fünfzehnjährig, in Augsburg das Sprachlehrerinnenexamen ab. Von nun an lebt L. das selbständige Leben einer bürgerlichen jungen Frau, wenngleich die religiöse Welt des Vaters durch ihre innige Beziehung zu ihm in ihr weiterlebt (vgl. das Gedicht *Abstammung*). Seit 1882 bringt sie sich als Hauslehrerin in England, dann in Dresden, Budapest und schließlich seit 1889 in Berlin durch, wo sie zudem den schwerkranken Onkel und seine taube Frau pflegt und sich als Lyrikerin und Übersetzerin versucht. In ihrer Übersetzung erscheinen 1891 *Gedichte* E.A. Poes, durch ihre Besprechungen, u. a. in der *Gesellschaft* und der *Zukunft*, wird sie auch in der literarischen Avantgarde bekannt. Sie gehört zum Kreis um Richard Dehmel, zu dem Anfang der 90er Jahre Otto Julius Bierbaum, Detlev von Liliencron, ihre Freundin, die Malerin Julie Wolfthorn, Heinrich und Julius Hart, Wilhelm Bölsche, Bruno

Wille, Paul Scheerbart und der Nationalökonom Franz Oppenheimer, Bruder von Dehmels erster Frau Paula, zählen. Dehmel wird schnell zu ihrem literarischen Mentor, dessen zuweilen harsche Kritik sie selbstbewusst zu parieren weiß. Seinem Liebeswerben gibt sie nicht nach (vgl. ihr umfangreicher Briefwechsel und die Gedichte an L. in *Aber die Liebe*, 1893). Sie zieht sich nach langen Kämpfen zurück und reist, um sich von Dehmel zu lösen, wiederum nach Budapest (Walz, mit Angabe der Gedichte). Nach ihrer Rückkehr wird Gustav Landauer bei einer Lesung auf sie aufmerksam und verliebt sich, selbst in einer krisenhaften Lebenssituation, in sie. Mit seinen Briefen aus dem Tegeler Gefängnis gewinnt er L. und beginnt mit ihr ein neues Leben (Landauer, *Lebensgang*, 1929). Nach einem Englandaufenthalt lassen sich die beiden in Hermsdorf bei Berlin nieder. Hier wird 1902 die Tochter Gudula geboren und der Gedichtband *Im Bilde. Eigenes und Nachdichtungen* erscheint. Ihr Leben mit Landauer wird nun durch die Sorge für die Familie (die zweite Tochter Brigitte wird 1906 geboren) und die literarisch-politische Arbeit Landauers bestimmt. Gleichwohl entstehen neben dem Brotgewerbe des Übersetzens, das sie mit Landauer ausübt, weiterhin, zum Teil von St. George beeinflusste Gedichte (ab 1909 in Landauers Zeitschrift *Der Sozialist*). In ihrer Übersetzung wird O. Wildes *Salomé* (1903) von Max Reinhardt im Theater *Schall und Rauch* erfolgreich uraufgeführt und 1905 von Richard Strauss vertont. Landauer und L. führen ein assimiliertes Haus, wenngleich wir wohl annehmen dürfen, dass Landauers Hinwendung zu seiner eigenen jüdischen Herkunft und zum Zionismus nicht allein auf M. Bubers Einfluss zurückgeht, sondern ebenso der Selbstverständlichkeit geschuldet ist, mit der L. aus ihrer jüdischen Herkunft lebt, die für sie im sozialrevolutionären Engagement Landauers aufgeht.

Werke: Oscar Wilde, Berlin 1905; Gesammelte Gedichte. Eigenes und Nachdichtungen, hg. G. Landauer, Potsdam 1919.

Literatur: G. Landauer, Wie L. starb, Privatdruck; J. Bab, Richard Dehmel, Leipzig 1926; Gustav Landauer. Sein Lebensgang in Briefen, hg. M. Buber u. a., Frankfurt a. M. 1929; A. Walz, »Ich will ja gar nicht auf der logischen Höhe meiner Zeit stehen«. L. Eine Biographie, Flacht 1993; B. Seemann, H.L. Dichterin, Antimilitaristin, deutsche Jüdin, Frankfurt a. M./New York 1998; »… auf Erden schon enthoben…«. H.L., hg. Th. Heitele/H. Lindenmayr, Krumbach 2006.

Hanna Delf von Wolzogen

Landau, Lola

Geb. 3.12.1892 in Berlin;
gest. 2.2.1990 in Jerusalem

In ihrer 1987 erschienenen Autobiographie *Vor dem Vergessen* schildert L. eindringlich die Jahre von der Jahrhundertwende bis zu ihrer Emigration nach Palästina 1936. Das Buch kann ebenso als ein äußerst persönlicher Lebensbericht wie als Zeit-

dokument gelten. Einfühlsam beschreibt die später überzeugte Zionistin ihr großbürgerlich-kultiviertes und jüdisch-assimiliertes Elternhaus. Die Umbrüche und Erschütterungen der Jahre unmittelbar vor und nach dem Ersten Weltkrieg finden ihren Niederschlag auch im Leben von L.s Familie. Die junge Autorin hat 1916 ihren ersten Band mit Gedichten, *Schimmerndes Gelände*, publiziert. Zur gleichen Zeit engagiert sie sich in der Friedens- und Frauenbewegung. Nach einer Ausbildung zur Englischlehrerin heiratet sie den Philosophen Siegfried Marck. Das Paar lebt in Breslau, L. wird Mutter zweier Söhne. Die damit verbundenen Erfahrungen finden Eingang in den zweiten Lyrikband, *Das Lied der Mutter* (1919). Als sie bei einer seiner Lesungen den Dichter Armin T. Wegner kennenlernt, wird dies für beide eine schicksalhafte Begegnung. Nach jahrelangen Kämpfen löst sich L. 1921 aus ihrer ersten Ehe und heiratet Wegner. Das von Wegner so genannte Haus Sieben Wälder in Neu-Globsow am Stechlinsee, in dem das Paar zusammen mit den beiden Söhnen aus L.s erster Ehe und der gemeinsamen Tochter Sibylle lebt, wird zum Treffpunkt zahlreicher Künstlerfreunde, z.B. Ernst Toller. L. unterstützt Wegner intensiv beim Schreiben seiner Bücher und Zeitschriftenartikel. Daneben entstehen gemeinsame Werke wie das Schattenspiel *Wasif und Akif* (1925) und das Hörspiel *Treibeis. Umkehr und Sieg Fridtjof Nansens* (1931). L.s Mysterienspiel *Die Wette mit dem Tod* (1930) wird als Festspiel auf dem Marktplatz von Wernigerode aufgeführt.

In den 20er Jahren führen ausgedehnte Reisen Wegner und L. durch Europa, Nordafrika und den Vorderen Orient. Am Vorabend des Dritten Reiches bereist das Ehe- und Autorenpaar 1928/29 auch Palästina, das einen tiefen Eindruck auf L. macht: »Das Land meiner Urväter kam mir entgegen, sauste auf mich zu. Nicht ich besuchte Palästina, Palästina suchte mich heim. Als ob ich hierher und nirgendwo anders hingehörte. Aus der Verschüttung brach es bei mir hervor, das jüdische Empfinden, das ich vergessen hatte. Ich entdeckte nicht ein fremdes Land, ich entdeckte mich.« Wegners Bewunderung für die jüdischen Siedler geht in sein Buch *Jagd durch das tausendjährige Land* (1932) ein. Als Hitler 1933 an die Macht kommt, leben L. und ihr Mann in Berlin. Empört über die nationalsozialistische Rassenhetze und den Boykottaufruf gegen jüdische Geschäfte schreibt Wegner am 11. April 1933 sein *Sendschreiben an den Reichskanzler Adolf Hitler* mit dem Titel *Für Deutschland.* L. hingegen schließt sich Keren Hajessod, dem Grundfond für Palästina, an. Sie lernt Hebräisch, wirbt für die Auswanderung und sammelt Geld für das Aufbauwerk. L. ist längst zur Auswanderung entschlossen, aber ihr Mann glaubt, Deutschland nicht verlassen zu können. Im August 1933 wird er von der Gestapo verhaftet und zunächst in das KZ Oranienburg gebracht. Aber selbst nachdem er Ende 1933 nach Monaten verzweifelter Bemühungen aus dem Lager entlassen wird, sieht er sich außer Stande, zu emigrieren. 1934 lebt die Familie für einige Monate in London, kehrt aber im Spätherbst nach Berlin zurück. Erst 1936, nach einer Vorladung L.s zur Gestapo, fasst Wegner den Entschluss, sich vorübergehend in Italien niederzulassen. L.s jüngster Sohn emigriert über England nach Australien. Sie selbst wandert 1936 mit dem ältesten Sohn, der sich wie sie zum überzeugten Zionisten entwickelt hat, und mit der Tochter Sybille nach Palästina aus. Wegner kann sich nicht entschließen, seiner Familie in ein Land zu folgen, in dem er als Deutscher und Nichtjude unweigerlich zum Fremden würde. Der Konflikt zwischen den beiden Ehepartnern verhärtet sich. In den postum veröffentlichten Aufzeichnungen von *Positano* (1995) beschreibt L. das Scheitern der beiden einander noch immer Liebenden, die 1937 im faschistischen Italien ein letztes Mal versuchen, nach ihrer Emigration aus Deutschland wieder zueinander zu finden: »Es war nicht nur persönliche Tragik, Auflösung einer Ehe, Tod mitten im Leben; es war Volksschicksal, das uns trennte, sein deutsches, mein jüdisches, nach dem Schiffbruch.«

L. kehrt 1937 endgültig aus Italien nach Palästina zurück. Sie beginnt den harten Existenzkampf der meisten Neueinwanderer, nimmt schlecht bezahlte Hilfstätigkeiten an, bis sie schließlich eine Stellung als Englischlehrerin in einem Pottaschewerk am Toten Meer antritt. Das schwere Leben in der heißen und trockenen Wüstengegend und die harte Arbeit schildert L. auf den letzten Seiten ihrer *Vor dem Vergessen* betitelten Memoiren (1987). Obwohl das Buch in seinem Untertitel von drei Leben spricht, endet es doch im Wesentlichen mit der Einwanderung nach Palästina. Das dritte Leben bleibt zumindest im Buch Epilog. Die beiden ersten Leben jedoch, das in Berlin und Breslau, als großbürgerliche Arzttochter und Professorengattin, und das zweite, jenes mit Wegner, nehmen in L.s literarischem Schaffen breiten Raum ein. So ist ihr seit den 70er Jahren in Deutschland erschienenes Werk stark autobiographisch getönt. Im Prosaband *Hörst du mich, kleine Schwester* (1970) begegnet man in der Erzählung *Der Doppelgänger* erneut Wegner. Von den Härten des Emigranten- und Einwandererdaseins ihrer beiden Söhne zeugt der längste Text des Bandes, *Brüder.* Die Problematik der Eltern ist hierbei jedoch umgekehrt: die Mutter der beiden Söhne ist im Erzähltext deutsche Nichtjüdin und ihr Mann ist Jude. Er stirbt an Herzversagen, bevor er Opfer der nationalsozialistischen Rassenpolitik werden kann. Die Mutter beschließt, »in seinem Sinne« weiterzuleben, und schließt sich einer im Untergrund arbeitenden Gruppe von Fluchthelfern an, die Verfolgte über den Bodensee in die Schweiz bringt. Während das Elternpaar der Erzählung als eine ins Symbolhafte gewendete Spiegelung von L. und Wegner gelesen werden kann, folgt die Beschreibung der beiden Brüder eng den wirklichen Flucht- und Lebenswegen von L.s Söhnen. Ihr eigenes wie das Schicksal zahlloser anderer Flüchtlinge reflektierend, schreibt L. in ihrem Gedicht *Einwanderer*: »Wir tragen von fremden Ländern die Spuren,/ Ins Antlitz geschnitten mit schmerzhaftem Schnitt./ Vertrieben von zärtlich geliebten Fluren,/ Schleppen wir auf dem Rücken verlassene Länder mit.« Der Erzählband *Die zärtliche Buche* (1980) enthält neben Gedichten Erinnerungen an L.s Berliner Kindheit, an das Leben im Haus Sieben Wälder am Stechlin und an die Wiederbegegnung mit Deutschland nach dem Krieg. Auf die imaginäre Frage, ob sie »heimgekehrt« sei, antwortet die Autorin: »Nein, ich bin nicht heimgekehrt. Ich bin in Israel zu Hause. Ich bin nur als Gast hier, aber ich bin wiedergekehrt zu den Erlebnissen meiner Kindheit und Jugend.«

Werke: Hörst du mich, kleine Schwester? Sieben Erzählungen, Bodman a. Bodensee 1971; Die zärtliche Buche. Gedichte und Prosa, Bodman a. Bodensee 1980; Vor dem Vergessen. Meine drei Leben, Frankfurt a. M. 1987; Positano oder der Weg ins dritte Leben. Zwei autobiographische Anekdoten, Berlin 1995.
Literatur: J. Serke, Die verbrannten Dichter, Weinheim u. a. 1977, 71–73; J. Deuter, »Noch liebt mich die Erde.« L.L. – Lebensweg einer deutschen Dichterin von Berlin nach Jerusalem, in: Sprache im technischen Zeitalter 91 (1984), 209–233; M. Pazi, Staub und Sterne. Deutschsprachige Autorinnen in Erez-Israel und Israel, in: Deutsche Literatur von Frauen, Bd. 2, hg. G. Brinker-Gabler, München 1988, 317–333.

Karina von Tippelskirch

Landauer, Gustav

Geb. 7.4.1870 in Karlsruhe;
ermordet 2.5.1919 in München

L. ist eine der inspirierenden Gestalten der Jahrhundertwende, wie er selbst die Tendenzen seiner Zeit seinen Ideen amalgamiert. Ibsen, Hauptmann, Wagner, Nietzsche sind die Heroen des rebellischen Sohnes einer Karlsruher jüdischen Kaufmannsfamilie. Schon der Student der Philologie trifft auf die sozialdemokratische Linke und wird schnell, als Redakteur des *Sozialist*, zum Kopf des Berliner Anarchismus.

Obschon selbstverständlich aus seiner jüdischen Herkunft lebend, verraten die frühen Arbeiten des Schriftstellers L. auch andere Stimmungen: In der frühen Novelle *Arnold Himmelheber* (*Macht und Mächte*, 1903) gibt es einen Antihelden, den aus einem kleinen schwäbischen Judendorf stammenden jüdischen Viehhändler Wolf Tilsiter. Tilsiter muss sterben zugunsten eines neuen Menschen, der als Kind der Liebe von seiner Gattin, der schönen Rahel, und dem nietzscheanischen Kulturfindel Himmelheber gezeugt wurde. Mit Tilsiter stirbt die »schmutzige, engstirnige, brutale und dumpfe« landjüdische Lebenswelt, für die er steht. Der Mensch, der als nackter Leichnam unter den Lumpen Tilsiters hervorkommt, erlebt indes eine triumphale Auferstehung. L. verarbeitet hier eine Vielzahl von Anspielungen aus der Umgebung seiner eigenen Kindheit, deren Wurzeln im badischen Landjudentum zu suchen sind.

Eine weitere Befreiungsvision legt der junge L. mit seinem Roman *Der Todesprediger* (1893) vor, der unter dem Eindruck der *Zarathustra*-Lektüre entstanden ist. Der Held, ein Ästhet, gerät durch den Tod seiner Frau in eine Lebenskrise, die ihn zu den Verheißungen des Sozialismus, des Nihilismus und schließlich in die liebenden Arme einer Anarchistin führt. L. hatte diesen Roman zu Beginn seines politischen Engagements im Berliner Anarchismus geschrieben. Enttäuscht wird er sich 1899 daraus zurückziehen (*Anarchische Gedanken über Anarchismus*, *Die Zukunft*, 1901). Sprachphilosophische Studien mit F. Mauthner, die Freunde aus der *Neuen Gemeinschaft* E. Mühsam und M. Buber, die spätere zweite Frau H. Lachmann weisen den Weg. Als Übersetzer, Publizist und Promoter der Berliner Volksbühnenbewegung war L. einer der umtriebigsten Köpfe des wilhelminischen Berlin.

Erst spät, im Zuge seines politischen Engagements für den *Sozialistischen Bund* und die neuerliche Herausgabe des *Sozialist* (1909–15), ergreift L. auch zu jüdischen Fragen öffentlich das Wort; zunächst mit einer Besprechung von M. Bubers *Legende des Baalschem* (1908). Die kulturzionistische Debatte, an der L. durch die Freundschaft mit Buber regen Anteil nimmt, vor allem aber dessen Bearbeitung chassidischer Legenden, deren Entstehen er kommentierend begleitet, mögen auslösend gewesen sein. Nach der Lektüre des Manuskripts schreibt er: »Mit meiner Besprechung des Baal Schem, der mir immer tiefer und wundervoller wird, geht es mir sehr seltsam. Ich hatte sie noch zurückbehalten, um eine Kleinigkeit zu ändern; und dann habe ich sie, so wie sie da war, ganz annulliert; sie war mir nämlich, so wie mir's in der Zeit zu Mute war, ganz und gar jüdisch geraten, [...] Und nun ringe ich noch um den Ausdruck für das Dichterisch-Geistige, unabhängig von Persönlichem und Ethnischem« (Brief vom 15.9.1908). Die Besprechung erschien erst 1910 im *Literarischen Echo* nach einer intensiven Arbeitsphase, während der der Essay *Die Revolution* (1907 in Bubers Reihe *Die Gesellschaft*), aus Reden und Thesen der *Aufruf zum Sozialismus* (1911) entstehen. Das offensive Bekenntnis zum Judentum ist somit in den für L. charakteristischen Kontext gestellt: *Judentum und Sozialismus* lautete der Titel eines Vortrags vor der *Zionistischen Ortsgruppe West-Berlin* von 1912. Zum nämlichen Thema spricht er bei der Eröffnung des von Siegfried Lehmann gegründeten *Jüdischen Volksheims* in der Berliner Dragonerstraße. Judentum wird hier von L. ganz ähnlich wie von R. Beer-Hofmann begriffen als »eine Tatsächlichkeit«, eine natürliche, von den Vorfahren ererbte Eigenschaft, von der sich ebenso schwer wie vom Französischen oder Alemannischen positiv sagen lässt, was sie eigentlich sei. An den »Wendepunkten« der jüdischen Geschichte aber gehe es um das heiße Bemühen, das Unsagbare wieder in Worte zu fassen. In diesem Wollen nun sieht L. die Gemeinsamkeit des gegenwärtigen Judentums mit dem Sozialismus: während sich das zionistische Bemühen um ein neues jüdisches Gemeinwesen dreht, lebt der Sozialist wie der »Jude im Galuth« (Exil) als Einsamer unter den Völkern, getragen von der Sehnsucht nach einer neuen »Gemeinschaft des Geistes«. L.s Begriff des »verbindenden Geistes«, der sich in der Auseinandersetzung mit der Sprachkritik seines Freundes F. Mauthner (vgl. *Skepsis und Mystik*, 1903) konturiert hatte und in dem Essay *Die Revolution* in geschichtsphilosophischer Perspektive entfaltet wurde, wird hier jüdisch verstanden und pointiert als »Judentum contra Judentum«, insofern als an die Stelle der »Bewucherung«, »des Zinses«, der »Schmarotzer« Institutionen des verbindenden Geistes treten sollen. In der Idee des verbindenden Geistes sieht L. die jüdische Idee der Gerechtigkeit aufgehoben, als gemeinsame Wollensintention des Juden und des Sozialisten. Auch der *Aufruf zum Sozialismus* verbindet die Kritik an Materialismus und Marxismus sowie die Diskussion des Proudhonismus mit der aus dem mosaischen Judentum stammenden sozialrevolutionären Idee des Jobeljahres. Von dieser Position ausgehend nimmt L. sowohl gegen Stimmen des assimilierten Judentums Stellung, die eine originär jüdische Tradition leugnen (so in *Zur Poesie der Juden* gegen Julius Bab: *Die Freistatt*) – Moses, Jesus, Spinoza stünden in einer Traditionsreihe mit Zeitgenossen wie M. Susman und R. Beer-Hofmann –, als auch gegen die zionistische Option eines Erez Israel, die er zwar für die pauperisierten jüdischen Massen Russlands akzeptiert, für sich selbst aber ablehnt. Für ihn gibt es eine assimilierte, aus den europäischen Kultur- und Sprachtraditionen gespeiste und zugleich jüdische Lebensform (*Sind das Ketzergedanken?* in: *Sammelbuch vom Judentum*, 1913). Hier wird noch einmal deutlich, dass L. Nationalität nicht als monolithische Größe im Sinne des politischen Nationalismus versteht, sondern als hereditär-kulturelle Größe, aus deren Vielstimmigkeit Individualität sich speist: »Mein Judentum und mein Deutschtum tun einander nichts [...] zuleide.« Seine Existenz als Deutscher und Jude bestätigt ihm die Vision einer multinationalen Menschheit. Es wäre indes verkürzt, würde man L.s fundiertes jüdisches Selbstverständnis der späten Jahre allein aus der kulturzionistischen Einflusssphäre Bubers erklären wollen. Ebenso wirksam war der besonders in den Kriegsjahren lauter werdende Antisemitismus. L. hat die antisemitische Befindlichkeit der deutschen Gesellschaft zeitlebens beobachtet, jetzt nimmt er auch öffentlich dazu Stellung; so etwa zum Ritualmordprozess um den Schlachtermeister Mendel Beilis (*Kiew*, 1913) oder zur Ostjudenpolitik des deutschen Reiches im Krieg (*Ostjuden und deutsches Reich*).

Aber auch Literatur wird als Ausdrucksform jüdischer Existenzweisen reflektiert, etwa wenn L. das Phänomen der Décadence als insbesondere jüdische Adoleszenzproblematik diskutiert (*Walter Calé*, 1907) oder wenn er dem Verhältnis von Judentum und Macht anhand von A. Strindbergs *Historischen Miniaturen* (1917) nachgeht. Als Vermächtnis können die in den letzten Kriegsjahren entstandenen *Shakespeare*-Studien (1920) gelten. L. setzt sich hier am Leitfaden der *Ethik* Spinozas mit den subjektiven Grundlagen politischer und gesellschaftlicher Gewalt auseinander. Sein Shylock-Kommentar kann als Statement zum Antisemitismus der Kriegsjahre gelesen werden. Der forcierten Gewalt setzt er eine Haltung forcierter Geistigkeit, die seine jüdische Vision ist, entgegen. Sie bestimmt, gepaart mit dem klaren Bewusstsein der Grenzen des politisch Möglichen, auch sein Engagement in der Münchner Räterepublik. In München wurde L. brutal ermordet.

Werke: Der Sozialist 1909–1915, Repr. Vaduz 1980; G.L. – Fritz Mauthner. Briefwechsel 1890–1919, hg. H. Delf, München 1994; Werkausgabe in 6 Bdn., hg. G. Mattenklott u. H. Delf, darin: Bd. 3, Dichter, Ketzer, Außenseiter. Essays und Reden zu Dichtung, Philosophie, Judentum, hg. H. Delf, Berlin 1997; Ausgewählte Schriften, hg. Siegbert Wolf, Lich 2008 ff.
Literatur: M. Buber, G.L., in: Die Zeit 506 (11.6.1904), 127–128; E. Simon, Der werdende Mensch und der werdende Jude, in: Der Jude 6 (1921/22); 8 (Mai 1922), 457–475; H. Kohn, G.L. über Geistige und Volk, in: Aus unbekannten Schriften. Festgabe für M. Buber zum 50. Geb., Berlin 1928, 205–208; G.L. (1870–1919). Eine Bestandsaufnahme zur Rezeption seines Werkes, hg. L. Fiedler u. a., Frankfurt a. M. 1995; H. Delf, G.L.s frühe Nietzsche Lektüre, in: Jüdischer Nietzscheanismus, hg. W. Stegmaier u. a., Berlin 1997; G.L. im Gespräch. Symposium zum

125. Geburtstag, hg. H. Delf u. a., Tübingen 1997; W. Kalz, G.L., Ein deutscher Anarchist, 2., überarb. Aufl., Bad Buchau 2009.

Hanna Delf von Wolzogen

Lander, Jeanette

Geb. 8.9.1931 in New York

L. wuchs als Kind jüdisch-polnischer Einwanderer in der jiddischen Sprache in Atlanta/Georgia in einem Schwarzenviertel auf. Schon als Studentin veröffentlichte L. in den 50er Jahren in den USA Kurzgeschichten und Essays in englischer Sprache.

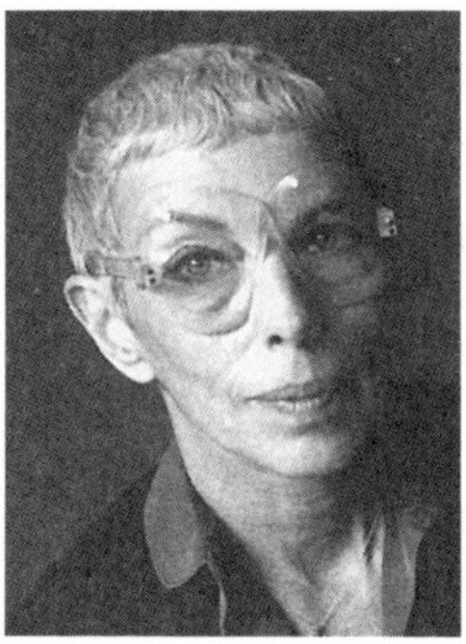

Sie heiratete den deutschen Schriftsteller Joachim Seyppel und lebt seit 1960 in West-Berlin. Seit 1966 publiziert L. in deutscher Sprache. Im gleichen Jahr schloss sie ihre Dissertation ab und wurde Mitherausgeberin der Literaturzeitschrift *Diagonale*.

Fremdheit, wechselnde Identitäten und die damit verbundenen Grenzüberschreitungen, die Suche nach jüdischer Identität: diese Themen prägen das Werk von L. Allerdings waren in den 70er Jahren, als die »Frau als das Fremde« Ort der Identitätssuche war, L.s Romane unzeitgemäß. Ihr erster Roman *Ein Sommer in der Woche der Itke K.* (1971) handelt vom Heranwachsen eines jüdischen Mädchens in einem Schwarzenviertel in den Südstaaten. L. thematisiert die durch unterschiedliche peer groups bestimmten Identitäten und die daraus resultierenden Konflikte. In dem Roman *Auf dem Boden der Fremde* (1972) verliebt sich die amerikanische Protagonistin, Tochter jüdischer Emigranten, in den Deutschen Friedrich, der sich 1950 als ehemaliger Soldat im Rahmen eines Entnazifizierungsprogrammes in Amerika aufhält. Mit ihm geht Yvonne nach Berlin. Nach fünfzehn Jahren bricht in einer Auseinandersetzung des Paares der latente Antisemitismus von Friedrich auf und Yvonne schreit »den Wüstenschrei, Klagemauerschrei, den gelbsternigen Kreuzzug bis zur Gaskammer«. Als Reaktion fährt Yvonne mit dem gemeinsamen Sohn zu ihren Eltern. Dort muss sie erkennen, dass diese sich von um ihre Existenz kämpfenden Immigranten, die von einem sozialistischen Humanismus geprägt sind, zu Mittelstandsjuden gewandelt haben, die mit der Regierung die Unterdrückung des Widerstandes der schwarzen Bevölkerung tragen. Hier greift L. den Themenstrang des ersten Romans auf, denn als Yvonne die ihr in Erinnerung verbliebene Solidarität der Unterdrückten, der Schwarzen und Juden, wiederherstellen will, muss sie erkennen, dass die Grenzen zwischen den Gruppen unüberwindbar sind. Als in Amerika lebende Jüdin gehört sie zu den Unterdrückern der Schwarzen. In Deutschland erlebt Yvonne ihren nichtjüdischen deutschen Mann als den Vertreter der Macht: »Nackt stand sie vor ihm, und immer war er in Uniform.« Sie sind einander durch die Ehe verbunden und durch das Band der Schuld. »Weil sie in Amerika den Schrott gesammelt hatte; für jene Bomben den Schrott, zur Schule hingeschleppt durch Staubsonnenstraßen in einer Kleinstadt der Südstaaten; Yvonne, Schulmädchen, stolzpatriotisch gesammeltgeschleppt. Und es war nicht lange her. Geranienruinen. Überhaupt Ruinen. Straßenzüge voll, durch die der Omnibus mit der komischen Schnauze Yvonne vom Flughafen rattert, Yvonne, die schwanger ist und nicht gerattert werden darf, nicht erschreckt von Ruinen, für die sie Bombenhaßschrott gesammeltgeschleppt, um deutsche Häuser zu treffen, deutsche Geranienhäuser, aus denen die blond tätowierte SS ihr Volk hat gesammeltgeschleppt, durch die Straßen, die gleichen, und er hält blond ihre Hand in dem Schnauzbus, Friedrichblond.« Yvonne will eine Mission erfüllen mit dem Kind, das sie einem Deutschen gebiert. »Hier die Endlösung, hier in meinem Bauch«; es ist die »Endlösung« als Ende des Rassenhasses und des traumatischen Verhältnisses zwischen Deutschen und Juden. Der Roman endet damit, dass Yvonne ihren sich als deutsch identifizierenden Sohn bei den jüdischen Großeltern in New York lässt. Sie selbst gerät in Bewegung, ist unterwegs, um für sich als Jüdin einen Ort zu finden. »Und wenn der Weg von Friedrich wegführt, der zu mir hinführt? Und wenn ich schon unterwegs bin? [...] Und wenn die Antwort ›unterwegs‹ ist? Ich bin unterwegs. Vierzig Jahre waren die Kinder Israels in Wüstenwehen unterwegs.« Unterwegs und suchend ist die Protagonistin – und mit ihr der Roman – auch in den Sprachen: im Hochdeutschen, Jiddischen, Hebräischen und Englischen. L. entwickelt in ihrem Stil eine jüdische Identität, in der die Bewegungen eines Subjekts durch historisch und empirisch erlebbare Räume Vorrang vor dem Anspruch auf ein regionales oder nationales Territorium haben.

Auch der 1976 erschienene Roman *Die Töchter* schildert eine Reise und die Suche nach dem Bild des Vaters. Die Töchter versuchen zu verstehen, weshalb ihr Vater 1941 den unbesetzten Teil Frankreichs verließ, um in seine Heimat Polen zu fahren. Auch diese Reise bedeutet nicht nur räumliche Bewegung, vielmehr geraten ebenso die Bilder und Vorstellungen der Töchter in Bewegung. Mit dem Roman *Die Töchter* bricht L.s literarische Auseinandersetzung mit jüdischer Identität ab. Die folgenden Texte gehen vor allem Fragen der weiblichen Subjektkonzeption nach. Zwar ist auch in *Überbleibsel. Eine kleine Erotik der Küche* (1995) die Kontextabhängigkeit von Identität das Thema. L. gibt ihr hier jedoch eine produktive, genussvolle Wendung: Kochen und Rezepte ermöglichen – als sinnliche Form der Erinnerung – eine Situierung in konkrete Kontexte, verbinden und erlauben Grenzüberschreitungen.

Weitere Werke: Ich, allein, Berlin 1980; Jahrhundert der Herren, Berlin 1993; Eine unterbrochene Reise, Berlin 1996; Robert, Berlin 1998.

Literatur: L.A. Adelson, Making Bodies, Making History, Lincoln u. a. 1993; dies., Nichts wie zuhause. J.L. und Ronnith Neumann auf der utopischen Suche nach jüdischer Identität im westdeutschen Kontext, in: Jüdische Kultur und Weiblichkeit in der Moderne, hg. I. Stephan u. a., Köln u. a. 1994, 307–330.

Jutta Dick

Landsberger, Artur

Geb. 26.3.1876 in Berlin;
gest. 4.10.1933 in Berlin

L. wuchs in Berlin auf. Nach dem Abitur studierte er in München, Berlin und Greifswald Jura und promovierte 1906 mit einer völkerrechtlichen Arbeit. 1907/08 arbeitete er als Redakteur an der Wochenschrift für deutsche Kultur *Morgen* mit, zu deren Herausgebern und Mitarbeitern auch Herwarth Walden, Werner Sombart, Richard Strauss, Georg Brandes und Hugo von Hofmannsthal gehörten.

Mit dem Roman *Wie Hilde Simon mit Gott und dem Teufel kämpfte* (1911) begann seine lange und erfolgreiche Karriere als Unterhaltungsschriftsteller. In seinen unzähligen Romanen und einigen Boulevardkomödien und Filmdrehbüchern stellt sich L. als beißend satirischer Zeitkritiker und Sittenschilderer dar. In den 20er und 30er Jahren des 20. Jahrhunderts erfreute er sich großer Popularität, nicht zuletzt wegen sensationalistischer Themen wie Satanismus (*Wie Hilde Simon mit Gott und dem Teufel kämpfte*) und Weltrevolution der Liebe (*Wie Satan starb*).

Nicht nur durch den Roman *Berlin ohne Juden* erscheint er seinem Wiener Zeitgenossen Hugo Bettauer verwandt. Seine besondere Abneigung gilt einem neureichen, aufstiegsbesessenen Berliner jüdischen Milieu, das er in den meisten seiner Romane verspottet. In diesen Kreisen muss die eigene jüdische Abstammung als Peinlichkeit heruntergespielt werden: » – ich habe es meinem Mann so oft gesagt – jedesmal kam irgendein wichtiges Geschäft dazwischen – es ist nichts weiter als Nachlässigkeit, daß wir noch nicht getauft sind« (*Millionäre*). Seine Kritik könnte als antisemitisch (und damit als Manifestation von ›jüdischem Selbsthaß‹) missverstanden werden; auch die Illustrationen der Bücher erinnern oft an die Ästhetik judenfeindlicher Hetzbilder. Als Satire von innen, die es den jüdischen Lesern ermöglichte, sich selbst und die eigenen Auffälligkeiten zu belachen, stellen sich L.s jüdische Werke als Teil des vielfältigen deutsch-jüdischen kulturellen Kommunikations- und Selbstverständigungssystems dar. Weiterhin macht er die gleichen gesellschaftlichen Faux Pas, die er an jüdischen Parvenues verspottet, auch an christlichen Neureichen aus (*Raffke & Cie.*). Besonders entlarven sich Figuren, die, in dritter Generation getauft, ihre patriotischen Parolen und antidemokratischen Dünkel mit dem Verweis auf ihren uralten deutschen Adel unterfüttern (*Wie Satan starb*).

Durch Verwendung und Variation etablierter Mittel des Lächerlichmachens der jüdischen Aufstiegsanstrengungen setzt L. die Assimilationsdiskussion des 19. Jahrhunderts fort, doch er weitet sie aus zu einer Zeitkritik, die nach 1918 Kriegstreiberei, Kriegsgewinnlerei und Feindschaft gegenüber der Weimarer Demokratie mit einschließt. Interesse seiner oft provokativen Bücher ist es, die »fette Bourgeoisie aus dem Schlaf zu rütteln« (*Wie Satan starb*). Seine Erlösergestalten gehören sämtlich der jüngeren Generation an, sie stammen aus dem Adel, dem Besitzbürgertum und der jüdischen Aufstiegsschicht, deren Elterngeneration das Hauptziel von L.s Spott bildet. Die dialogreichen Romane verlieren jedoch an Überzeugungskraft durch oft sehr konstruierte Lösungen und sozialromantische Parolen, die in Kitsch abzurutschen drohen.

Diese kritische literarische Zeitdiagnostik komplementieren publizistische Aktivitäten zum Verständnis der »Judenfrage«. In dem Band *Judentaufen* vereinigt L. die Antworten bekannter Zeitgenossen, von Werner Sombart, Max Weber, Heinrich Mann bis zu Max Nordau und Ludwig Geiger, zur Frage »der Assimilation sämtlicher Juden durch Uebertritte und Mischehen«, im »Falle der Verwirklichung der zionistischen Idee«, oder wenn keiner dieser radikalen Wege als erfolgversprechend eingestuft wird. Besonderen Anlass gibt das Schicksal der Ostjuden v. a. des Zarenreichs, denen L. Auswanderung oder Hungertod voraussagt, wenn sie denn den Pogromen entgehen sollten. Dem Verständnis dieser Ostjuden und der Rückgewinnung einer jüdischen kulturellen Dimension als Gegengewicht zu den Degenerationserscheinungen, die er in seinen Romanen aufspießte, diente besonders die Herausgabe der beiden Anthologien *Das Ghettobuch* (1914) und *Das Volk des Ghetto* (1916), Sammlungen, die aus dem Jiddischen und Hebräischen übersetzte Texte neben Beispielen der traditionellen deutschsprachigen Ghettoliteratur präsentieren. Der Ton des Vorwortes des späteren Bandes weist allerdings einen eher mitleidvoll-herablassenden Blick auf das Ostjudentum auf. So zeigt L.s Werk eine kritische Sicht moderner westjüdischer Existenz, es lässt aber gleichermaßen erkennen, wie sehr der Verfasser selbst dieser westlichen Sichtweise verhaftet bleibt. Es zeigt zeittypische Auseinandersetzungen mit der »Judenfrage«, die als »das schlechthin wichtigste Problem der modernen Kultur« bezeichnet wird (*Judentaufen*): die Diskussion der jüdischen Zukunft im Spannungsfeld von totaler Assimilation und totaler Dissimilation durch jüdische Nationalstaatsgründung sowie die Entdeckung ostjüdischer Kultur und Geistigkeit.

Werke: Wie Hilde Simon mit Gott und dem Teufel kämpfte, München 1911; Millionäre, München 1913; Raffke & Cie., Hannover 1924; Berlin ohne Juden, München 1925; als Hg.: Judentaufen, München 1912; Das Ghettobuch, München 1914; Das Volk des Ghettos, München 1916; Wie Satan starb…, München 1919; Berlin ohne Juden, hg. W. Fuld, Bonn 1998.

Literatur: S. Wininger, Große Jüdische National-Biographie, Repr. Nendeln 1979, Bd. 3, 585 f.; Neue Deutsche Biographie, Bd. 13, Berlin 1982, 515 f.; H. Rupp u. a., Deutsches Literatur-Lexikon, Bern 1984, Bd. 9; W. Fuld, Der blinde Prophet A.L., in: A.L., Berlin ohne Juden, hg. ders., Bonn 1998, 211–216; T. Barth, Vom Dandy zum Haderer: A.L. (1876–1933), in: Kritische Ausgabe. Zs. für Germanistik & Literatur 9 (2005), 78–81.

Florian Krobb

Langgässer, Elisabeth

Geb. 23.2.1899 in Alzey;
gest. 25.7.1950 in Karlsruhe

In einem Brief L.s vom 28. März 1949 heißt es: »Dazu […] bin ich Halbjüdin; väterlicherseits von jener Sorte total assimilierter Juden, die das Nationale eher über- als untertrieben.« Der Vater Eduard L. (1846–1909), Architekt und Baurat, ließ sich

erst vor der Heirat mit der Katholikin Eugenie Dienst taufen. Solange die Konversion nicht religiös motiviert ist, sondern lediglich den Prozess der Assimilation abschließt, scheint sie für L. mindestens ebenso fragwürdig zu sein wie der Verbleib im Judentum.

L. hat für den Protagonisten ihres Hauptwerks *Das unauslöschliche Siegel* (1946), den getauften Juden Lazarus Belfontaine, einige biographisch und familiengeschichtlich beziehungsreiche Details verwandt (Hoffmann). Zwar ist die Auseinandersetzung mit dem Judentum in dem christlichen Mysterienroman nur peripher, aber im Urteil um so entschiedener, da L. hier insbesondere dem Reformjudentum einen verhängnisvollen »Kultus der Vernunft« unterstellt. Begonnen wurde der Roman 1936, kurz nach der Heirat mit Wilhelm Hoffmann, der bei Heidegger über Augustinus promoviert und L.s Werk maßgeblich beeinflusst hat. Überschattet, aber nicht verhindert wurde die Weiterarbeit durch das gegen L. wegen des »fehlenden arischen Nachweises« erlassene Publikationsverbot. Um dieses aufzuheben, berief sich L. 1937 in einem Schreiben an den Geschäftsführer der Reichskulturkammer, Hans Hinkel, vergeblich auf die »rein arische Linie [ihrer] mütterlichen Vorfahren«, denen sie ihren

»künstlerischen Beruf« zu verdanken habe. Dass L. ihre jüdische Herkunft in einem anderen Kontext weniger als Makel denn als Vorzug begriff, geht aus einem Brief vom 15. März 1948 hervor: »Übrigens muss ich Ihnen noch etwas Kurioses sagen: Ich bin Halbjüdin (daher mein blutsmässiges Wissen um die Antike und das ganz frühe Mittelalter).« Insgesamt ist L.s Ambivalenz gegenüber der eigenen jüdischen Herkunft unverkennbar, und mitunter macht sich der Einfluss stereotyper rassistischer Kategorien bemerkbar. In religiös-theologischer Hinsicht war für die dezidierte Katholikin das nachbiblische Judentum nicht von Belang, die einzigartige Bedeutung des »Alten Bundes« für das Christentum hat sie aber stets hervorgehoben.

Exemplarisch vermittelt L.s letzter Roman *Märkische Argonautenfahrt* (1951) ihre Grundüberzeugung. Der getaufte Jude Levi-Jeschower dient hier als Sprachrohr der Autorin, wenn er konstatiert, dass das jüdische Volk der »von Gott bezeichnete Gegenstand der Heilsgeschichte« gewesen sei. »Dieses Einzige hatte den Einen hervorbringen sollen, seinen Messias und sollte ihn anerkennen als Gott und Menschensohn.« Dass diese Anerkennung nicht erfolgte, wird als »katastrophales Fehlurteil des jüdischen Intellekts« bezeichnet. Eine Auffassung, die nirgends relativiert wird, u. a. weil nur konvertierte Juden in L.s Werk vorkommen. Ursprünglich sollte auch die Shoah in der *Märkischen Argonautenfahrt* ein zentrales Thema darstellen, und der Roman war »als Gericht, als Busspredigt und als Läuterung« gedacht, wie L. 1948 an ihre in Schweden lebende Tochter Cordelia Edvardson schreibt. Dieses 1929 geborene, uneheliche Kind L.s und des jüdischen Staatsrechtlers Hermann Heller war 1944 nach Theresienstadt und von dort nach Auschwitz deportiert worden. Die in dem oben zitierten Brief geäußerte Bitte, Cordelia möge der Mutter Erinnerungen an Auschwitz schildern, da sie für ihren Roman »ganz reale Anschauungen [...] brauche«, hat die Tochter erfüllt. Die vier Seiten umfassenden Aufzeichnungen, die als erster Entwurf für Cordelia Edvardsons Autobiographie *Gebranntes Kind sucht das Feuer* (1986) gelten können, haben aber in der *Märkischen Argonautenfahrt* nur marginale Spuren hinterlassen. Denn in dem Roman wurde die beabsichtigte Auseinandersetzung mit dem Nationalsozialismus, die Darstellung individueller Schuld und kollektiven Versagens zunehmend überlagert von der heilsgeschichtlichen Dimension. Die in dem Brief an die Tochter apostrophierten »typisch deutschen Sünden« verflüchtigten sich in der Vorstellung von der Erbsünde, der allgemeinen Sündhaftigkeit der menschlichen Natur. Das heißt jedoch nicht, dass L. in ihren literarischen Texten die historische Realität, insbesondere die konkreten Erfahrungen des Dritten Reiches völlig ausgeblendet hätte. Beispielsweise werden im Schlusskapitel des *Unauslöschlichen Siegels*, dem von der zeitgenössischen Kritik meist ignorierten *Epilog 1943*, das jüdische Schicksal und die nationalsozialistischen Verbrechen zwar dichterisch überhöht, aber ganz unverhüllt und keineswegs bloß metaphorisch dargestellt. Die dort geschilderten Szenen aus dem Berliner Jüdischen Krankenhaus in der Iranischen Straße basieren auf realer Anschauung, da L. ihre hier internierte Tochter Cordelia mehrmals besuchen konnte. Antisemitismus, Ausgrenzung und Bedrohung der Juden nach 1933 werden auch in einigen Erzählungen aus dem Kurzgeschichtenband *Der Torso* (1948) thematisiert: die Zurückweisung und vorerst nur symbolische Eliminierung der Juden in *Saisonbeginn*, die nur halbherzige und letztlich folgenlose Hilfsbereitschaft in *Untergetaucht* sowie die Situation eines dienstverpflichteten »Mischlings« in der Erzählung *An der Nähmaschine*, in der L. ihre 1944 erfolgte Einziehung zur Zwangsarbeit literarisch umgesetzt hat.

Welchen Stellenwert die jüdische Identität für L.s schriftstellerisches Werk insgesamt hatte, ist schwer einzuschätzen. Während sie ihr Selbstverständnis als christliche Dichterin stets reflektiert und mehrfach ausführlich dargelegt hat, sind ihre Äußerungen zu der jüdischen Komponente ihrer literarischen Produktion spärlich, wenig ergiebig und überdies widersprüchlich. Zeugnisse für eine intensive Beschäftigung mit jüdischer Religion und Tradition gibt es nicht. Nur als unverzichtbare Basis des Christentums wird das Judentum respektiert, als eigenständige Glaubensrichtung jedoch nicht ernst genommen und letztlich für obsolet gehalten.

Werke: Gesammelte Werke, 5 Bde., Hamburg 1959 ff.; Briefe 1924–1950, 2 Bde., hg. E. Hoffmann, Düsseldorf 1990.
Literatur: E. Hoffmann, Nachwort in: E.L., Das unauslöschliche Siegel, Düsseldorf 1987, 625–640; C. Gelbin, The indelible Seal: Race, Hybridity and Identity in E.L.'s Writings, Diss. Cornell 1997; F. Hetman, Schlafe, meine Rose. Die Lebensgeschichte der E.L., Weinheim 1999.

Elisabeth Hoffmann

Lasker-Schüler, Else

Geb. 11.2.1869 in Elberfeld (Wuppertal);
gest. 22.1.1945 in Jerusalem

Mit ihren Gedichten, Briefromanen, Erzählungen, Essays und Dramen galt L.-S. schon zu Lebzeiten als Inbegriff einer »jüdischen Dichterin«. Ja bereits nach dem Druck einiger ihrer ersten Gedichte im Juni 1900 in der jüdischen Monatsschrift *Ost und West* – *Das Lied des Gesalbten* und *Sulamith* –, die kurz darauf auch in ihrem ersten Gedichtband *Styx* erschienen, wurde sie als solche wahrgenommen. In seiner Rezension, ebenfalls in *Ost und West*, schrieb Samuel Lublinski: Man könne sich »nicht wundern, daß in dem vorliegenden Gedichtbuch von Else Lasker-Schüler Zeile für Zeile ihre Herkunft von einer uralten und mächtigen Rasse [Lublinski benutzt den zeitgenössischen Begriff im Sinne von ›Volk‹] zu erzählen weiß; sie bewährt sich als späte und nicht unwürdige Enkelin jener uralten Sänger, die einst die Psalmen oder das Buch Hiob gedichtet haben.« Nur wenige Jahre später, im März 1904, erschien in der sozialrevolutionären Zeitschrift *Kampf*, in der kurz zuvor mit *Weltende* eines der bekanntesten frühen Gedichte L.-S.s gedruckt worden war, von L.-S.s erstem Förderer Peter Hille eine der bekanntesten Charakterisierungen der jungen Lyrikerin: »Else Lasker-Schüler (Walden) ist die jüdische Dichterin. Von großem Wurf. [...] Der schwarze Schwan Israels [...]. Else Walden-Schüler ist von dunkel knisternder Strähne auf heißem, leidenschaftsstrengem Judenhaupte. [...] Elses Seele steht in den Abendfarben Jerusalems.« Tatsächlich konstruierte auch L.-S. selbst auf mythopoetische und synkretistische Weise ihre literarische wie persönliche als eine orientalisch-ägyptisch-arabisch-jüdische Existenz, etwa wenn sie sich als 25-jährige in Kurt Pinthus' Lyrikanthologie *Menscheitsdämmerung* (1920) charakterisierte: »Ich bin in Theben (Ägypten) geboren, wenn ich auch in Elberfeld zur Welt kam, im Rheinland. Ich ging bis 11 Jahre zur Schule, wurde Robinson, lebte fünf Jahre im Morgenlande, und seitdem vegetiere ich.«

L.-S.s Judentum kann allerdings nicht auf eine orientalisierende Mythisierung reduziert werden, war doch schon diese eine antibürgerliche Wendung. Darüber hinaus war sie auch seiner historisch-politischen Disposition gewahr: der Verfolgung der Juden in Geschichte und Gegenwart. So scheint der Antisemitismus schon in ihrer Heimatstadt Elberfeld in L.-S.s Jugend virulent gewesen zu sein. In ihren Erinnerungen verwandelte diese dauernde äußere Bedrohung die später oft heraufbeschworene behütete Existenz im Elternhaus zu einer »Idylle mit doppeltem Boden« (Hessing), und es kann nur darüber gemutmaßt werden, inwieweit L.-S.s Austritt aus der Schule bereits im Alter von elf Jahren, als dessen Grund sie selbst einmal die Erkrankung am Veitstanz angab, durch antisemitische Vorfälle mitverursacht war. Im Elternhaus selbst bestand eine lose Bindung an die jüdische Tradition, wie die Darstellung des Sederabends im Drama *Arthur Aronymus und seine Väter* und der Prosatext *Der Versöhnungstag* im Band *Konzert*, die beide 1932 erschienen, annehmen lassen. Zugleich aber wirkte nicht nur die deutsche Klassik (etwa in einem von L.-S. erwähnten wöchentlichen »Lesekränzchen« im elterlichen Salon), sondern auch das Christentum in diese Erziehung hinein. L.-S.s Bruder Paul, der 1882 starb und nach welchem sie später ihren eigenen Sohn (1899–1927) nannte, hatte vor seinem Tod zum Katholizismus übertreten wollen. L.-S. fühlte sich zeitlebens der Person Jesu verbunden, auch dessen jüdischer Herkunft wegen. Das Christentum aber kritisierte sie seines antijüdischen Einschlags wegen, in welchem sie eine Grundlage noch des zeitgenössischen Antisemitismus erblickte: »›Liebet euch untereinander!‹ [...] ermahnte der göttliche Jude. Nach seinem Tode taufte man ihn. Das heißt: man errichtete eine Wand zwischen Ihm und seinem einstigen Volk. ›Liebet euch untereinander! [...] flehte Er. Aber – sie säten grausamsten Haß, noch heute die Stiefvölker auf seine Geschwister.«

Die Herkunft aus jüdisch-bildungsbürgerlichem, stark akkulturiertem Milieu sowie die erste, 1894 geschlossene Ehe mit dem der aufklärerischen Assimilationsidee verpflichteten Arzt Berthold Lasker gaben zunächst eine für den oberen Mittelstand unter den deutschen Juden typische Biographie vor. L.-S. jedoch brach aus dem bürgerlichen und dem jüdischen Selbstverständnis der Assimilation dieser Gruppe aus. Der Ausbruch in beide Richtungen wurde wesentlich dadurch ermöglicht, dass sie mit ihrem Mann 1894 nach Berlin zog. Dort fand sie

Anschluss an die lebensreformerische, literarische und künstlerische Bohème, nahm Zeichenunterricht bei dem Maler Simon Goldberg, lernte u. a. den westfälischen Bohemien Peter Hille kennen, der ihr den Dichternamen »Tino« verliehen hatte, und schloss sich in seinem Gefolge um die Jahrhundertwende den Kreisen der »Kommenden« und der »Neuen Gemeinschaft« an. Zu denen gehörte u. a. auch Ludwig Jacobowski, der L.-S. 1899 zum Druck der ersten Gedichte in *Die Gesellschaft* verhalf. In den ersten Buchveröffentlichungen *Der Styx* (1902) und *Der siebente Tag* (1905) trat sie als Lyrikerin auf, während das *Peter Hille-Buch* (1906) als Prosa-Zeugnis dieser Bohème gelten kann. Um 1903 trennte sie sich von ihrem Mann und dem bürgerlichen Eheleben, auch nachdem sie im Künstlerkreis den jüngeren Musiker und Dichter Georg Lewin kennenlernte, den sie »Goldwardt, den unbändigsten Musikanten« nannte und ihm sodann den Namen Herwarth Walden gab, unter welchem er, mit L.-S. an der Seite und unterstützt durch Karl Kraus, vor allem mit der 1910 gegründeten Zeitschrift *Der Sturm* zu einer der Leitfiguren des Expressionismus wurde; 1903 heirateten L.-S. und Walden, die Ehe wurde 1912 wieder geschieden.

Die Charakterisierung als »jüdische Dichterin« im Kontext der Berliner Avantgarde baut auch auf einer wachsenden Zahl von Gedichten mit jüdischen Themen in sowie auch nach dem zweitem Gedichtband *Der siebente Tag* auf; L.-S. versammelte diese Gedichte in einem eigenen Band mit dem Titel *Hebräische Balladen* (1913, erweiterte Auflagen 1914 und 1920), in welchem L.-S. auch eine Reihe biblischer Gestalten und Motive als Vorlage wählte. Dieser Zyklus, dessen Titel an Heinrich Heines *Hebräische Melodien* angelehnt ist (wie denn überhaupt das Werk Heines für L.-S. von entscheidender Bedeutung war), realisiert eine literarisch mythisierende und orientalisierende Annäherung an das Judentum, die auch im weiteren Kontext der kulturzionistischen »Renaissance« (Martin Buber) zu verstehen ist. Die Gedichte korrelieren insbesondere mit der Vorstellung vom Juden als Orientalen, die zum einen den antisemitischen Herabsetzungen der Zeit, zum anderen aber auch der Maxime der Assimilation des bürgerlichen Judentums mit einer selbstbewussten Andersartigkeit zu begegnen erlaubte, indem L.-S. eine mythische orientalisierende Gegenwelt aufbaute, in welcher sie nicht nur ihre Literatur und ihre Kunst, sondern auch ihre eigene Person ansiedelte. Beispielhaft ist etwa das Gedicht *Mein Volk* (1905): »Hab mich so abgeströmt/ Von meines Blutes/ Mostvergorenheit./ Und immer, immer noch der Widerhall/ In mir,/ Wenn schauerlich gen Ost/ Das morsche/ Felsgebein/ Mein Volk/ Zu Gott schreit.« Es liegt zwar in der Nähe zu kulturzionistischen Vorstellungen, doch zu einem programmatischen, gar politischen Zionismus stand L.-S. auf Distanz, wie auch am Beispiel der »Jerusalemiter« des *Peter Hille-Buchs* deutlich wird; die Begegnung mit diesen wird als enttäuschend wiedergegeben: »sie nahmen heimlich ihre Harfen und spielten darauf Misstöne statt der Lieder lieblicher Zebaothländer«. Die Exponenten des Kulturzionismus hingegen, mit denen sie auch die Vorstellung der Neubildung einer jüdischen Literatur, Kunst und Sprache teilte, darunter Hugo Bergmann, Martin Buber oder Shmuel Josef Agnon, wurden später vor allem in der Exilzeit erneut wichtig für sie.

Nicht nur in der Lyrik, auch in der Prosa konstruierte L.-S. einen mythischen Orient, wobei sie das hier unter unterschiedlichen maskierenden, teils zweigeschlechtlichen Namen tat wie »Tino«, »Abigail« und »Jussuf« (diese Namen behielt sie in Briefunterschriften bis zum Lebensende), insbesondere in den Prosabänden *Die Nächte der Tino von Bagdad* (1907) und *Der Prinz von Theben* (1914), aber auch im Briefroman *Mein Herz* (1912). Diese Bücher versah sie sämtlich mit Zeichnungen, die analog zu den Texten orientalisierende Sujets wie auch Stile aufweisen und L.-S. zunehmend auch als Künstlerin erkennen ließen, wie insbesondere auch der bibliophile Band *Theben* (1923) zeigt, in dem Schrift und Bild kongenial verbunden sind – eine Ästhetik, die L.-S. auch in der »Harfenschrift«, dem Hebräischen, eingelöst sah. Dieser erzählte und gezeichnete Orient zwischen Theben und Bagdad verstärkt eine synkretistische Zusammenfügung von ägyptischer, arabischer und jüdischer Kultur mit Märchenelementen, die eine antibürgerliche Alternative zur europäischen Neuzeit bildet. Gegen das bürgerlich-assimilierte Judentum wie auch die zionistischen »Jerusalemiter« idealisierte L.-S. die »wilden Juden« (*Prinz von Theben*), die zugleich Dichter, Indianer und Bohemiens sind. Dieser mythische Orient ist allerdings wiederum keineswegs konfliktfrei; er verweist auch auf die problematische Geschichte der Juden im alten Orient bzw. – darüber vermittelt – in der deutsch-jüdischen Neuzeit. So zeigt das abschließende Prosastück *Der Kreuzfahrer* in *Der Prinz von Theben* eine tödliche Opposition zwischen jüdisch-moslemischem Orient und abendländischem Christentum, welche in ihrer Konsequenz stärker ist als die persönliche Zuneigung der »Prinzessin von Bagdad« zu einem christlichen Ritter.

Eine der schärfsten Anklagen gegen den christlichen Antisemitismus in der deutsch-jüdischen Literatur überhaupt stellt L.-S.s Erzählung *Der Wunderrabbiner von Barcelona* (1921) dar. Besonders an dieser Erzählung, deren Anlehnungen an Heines *Rabbi von Bacherach* offensichtlich sind, ist die Nähe L.-S.s zu Heine demonstriert worden. Diese Erzählung bringt die Rolle der Juden im Abendland als Verfolgte sowie auch Auftrag und Grenzen des Zionismus in einem historischen Gewand zur Sprache. Nach einem mörderischen Pogrom – ausgebrochen nach der Flucht eines jüdischen Mädchens mit dem Sohn des Bürgermeisters von Barcelona – versucht der Wunderrabbiner Eleasar, der Züge eines chassidischen Rabbis trägt, den Juden der Stadt Mut zuzusprechen. Er spricht von Israel – statt des Prophetenworts vom »Licht unter den Völkern« – als von einer »kleinen Entlichtung am göttlichen Leibe des Wächters der Welt« und als »Volk der Propheten«, von Gott ausersehen, »ihm zu dienen in jedem Lande, in jedem Volke, auf allen Wegen«. Die »Heimat«, welche die anderen Völker dafür erhalten, ist bloßer Ersatz für den »erhabenen Strahl« Israels. Die Aporie jahrhundertelanger jüdischer Exilexistenz findet sich zusammengefasst in zwei Sätzen: »Bedrängt, die Städte zu verlassen, in denen sie von Urbeginn bestimmt waren, Gott zu säen, flüchteten sich die noch wach gebliebenen Judengedanken in des Hohen Priesters Schoß. Aber daß *Palästina* nur die *Sternwarte* ihrer Heimat sei, wagte der Wunderrabbiner den müden Auserwählten nicht ins Gedächtnis zu rufen.« Erst nachdem die Christen offenbar ihre Untaten bereut haben, wendet sich der Wunderrabbiner mit einem bitteren Gebet an Gott: »Hinschlachten läßt du deinen Lieblingssohn immer wieder immer, daß deines heiligen Namens Posaune die Völker der Christen erwecke, und belohnst ihre scheußlichen Taten mit Erleuchtung.« Die implizite Aussage, dass die Geschichte der Juden im christlichen Abendland ein ständiger Brandherd gewalttätigen christlichen Hasses bleiben müsse, ist dieser Erzählung so deutlich eingeschrieben, wie es wenige jüdische Zeitgenossen L.-S.s auch nur zu denken gewagt hätten. Nur auf den ersten Blick scheint es so, als habe L.-S. in ihrer Erzählung und ihrem Drama *Arthur Aronymus*, die beide 1932, im Jahr vor der nationalsozialistischen Machtergreifung und der Flucht L.-S.s aus Deutschland, erschienen, diese Aussage revidiert. Tatsächlich jedoch wird das Bedrohliche des Pogroms, auch wenn es hier noch abgewendet wird, noch deutlicher, da es nicht mehr in einem mythisierten Barcelona, sondern im westfälischen Gäseke, dem Herkunftsort ihrer Familie väterlicherseits im 19. Jahrhundert, angesiedelt ist. Auch die Rolle der Kirchenvertreter, die am Ende zwar als Retter vor dem Mob, am Anfang aber als potenzielle Missionare der jüdischen Kinder auftreten, ist ambivalent. Der Sederabend im Haus der jüdischen Familie, wo »Jude und Christ ihr Brot gemeinsam in Eintracht brechen«, ist oft als jüdisch-christliche Versöhnungsszene verstanden worden. Doch steckt dahinter auch eine Auflehnung gegen einen Geschichtsverlauf und die latente Gefahr eines endgültigen Zusammenbruchs der brüchigen Emanzipation, wie er bald darauf eintraf: Obwohl L.-S. noch im Erscheinungsjahr des Dramas mit dem Kleist-Preis ausgezeichnet worden war, musste die geplante Uraufführung am Darmstädter Theater einige Monate später im Vorfeld der nationalsozialistischen Machtergreifung abgesagt werden; im November 1932 polemisierte der *Völkische Beobachter* unter der Überschrift *Die Tochter eines Beduinenscheichs erhält den Kleistpreis* mit völkischen Argumenten gegen L.-S.: »Wir meinen, dass die rein hebräische Poesie der Lasker-Schüler uns Deutsche gar nichts angeht. […] – für uns ist, was immer eine Jüdin auch schreibt, vor allem keine deutsche Kunst!«

Nachdem sie ihren Angaben zufolge in Berlin auf der Straße misshandelt worden war, verließ L.-S. am 19. April 1933 fluchtartig Deutschland und fuhr nach Zürich ins Exil, wo sie, stark eingeschränkt durch Arbeitsverbot und Aufenthaltsbefristung, bis 1939 im Wesentlichen lebte. In der Schweiz verkehrte L.-S. einerseits mit anderen Exilanten wie Thomas, Erika und Klaus Mann, für dessen Exilzeitschrift *Die Sammlung* sie Gedichte beisteuerte, darunter 1934 *Die Verscheuchte* (im Entwurf *Das Lied der Emigrantin*), eines der eindrücklichsten Exilgedichte überhaupt, das auch eine Antwort auf Gottfried Benns Angriff auf die »Emigranten« war. Andererseits verkehrte sie mit Schweizer Kulturschaffenden wie Eduard Korrodi und Emil Oprecht, die sie unterstützten, aber auch mit führenden Schweizer Linkszionisten wie Jakob Zucker, dem Journalisten Benjamin Sagalowitz oder dem Anwalt und Nationalrat David Farbstein. Eine persönlich wichtige Bekanntschaft machte sie Ende 1933 mit Emil Raas, einem jungen jüdischen

Berner Anwalt, der als »Mill« auch in ihre Dichtungen einging. Raas beriet L.-S. auch in Fragen ihrer Schweizer Aufenthaltsbewilligung und war während ihrer Auslandsaufenthalte Ansprechpartner der dortigen Behörden. Innerhalb der umfangreichen Korrespondenz äußerte sie sich u. a. auch zum Berner Prozess gegen das antisemitische Machwerk der *Protokolle der Weisen von Zion* (1933/34), bei dem Raas die Anklage vertrat, sowie zum Attentat und zum Prozess des jungen Juden David Frankfurter, der 1936 den NSDAP-Landesleiter in der Schweiz, Wilhelm Gustloff, in Davos erschossen hatte. Ihre Beschäftigung mit diesen Fällen zeigt ein waches Bewusstsein für das Tagesgeschehen, das ihr fälschlich oft abgesprochen wurde. L.-S., die im Schweizer Exil von der Sozialhilfe der israelitischen Gemeinde und wiederholten Zuwendungen von Schweizer Juden lebte und sich ansonsten – trotz des Arbeitsverbots – vor allem als Zeichnerin mit teils festen Aufträgen über Wasser hielt und sporadisch u. a. für die *Neue Zürcher Zeitung* schrieb, unterstützte während der Jahre in der Schweiz zusätzlich ihre in Berlin verbliebenen beiden Nichten. Sie selbst war wiederholt zur längeren Ausreise aus der Schweiz gezwungen, um ihre Aufenthaltsbewilligung erneuern zu lassen. So reiste sie 1934 und 1937 nach Palästina. Das literarische Ergebnis ihrer ersten Reise war *Das Hebräerland* (1937), das in betont nicht-sachlicher und rhapsodischer Form Eindrücke und Begegnungen (etwa mit Agnon, Ruppin, Bergmann, Scholem) in Palästina erzählerisch schilderte, wobei auch dieses Buch zwischen Mythisierung und Literarisierung auf der einen Seite und Wachheit für politische Zusammenhänge auf der anderen Seite changiert. Erfolg hatte sie damit als exilierte Schriftstellerin in Zürich nicht. Ihr Drama *Arthur Aronymus*, an dessen Uraufführung am Zürcher Schauspielhaus Ende 1936 sie große Erwartungen geknüpft hatte, wurde nach wenigen Vorstellungen abgesetzt, und am *Hebräerland* verdiente sie kaum etwas.

Als sie im Frühjahr 1939 zum dritten Mal nach Palästina fuhr, wurde ihr das für den August beantragte Rückreisevisum von den Schweizer Behörden verweigert. Sie lebte bis zu ihrem Tod 1945 in Jerusalem, wo sie, unterstützt u. a. von der Jewish Agency, in einfachsten Verhältnissen lebte. Hier schrieb sie weiter lyrische wie dramatische Texte und nahm Anteil am kulturellen Leben. Tatsächlich hatte L.-S. auch in Palästina ein dichtes Netz von persönlichen Beziehungen, sowohl mit länger schon anwesenden zionistischen Intellektuellen (u. a. Bergmann, E. Simon, Agnon, L. Krakauer) als auch mit solchen, die nach 1933 als Flüchtlinge aus Deutschland, Österreich und der Tschechoslowakei emigrierten (u. a. Buber, W. Kraft, S. Ben-Chorin, M. Brod, L. Kestenberg). Dabei trug sie ihrerseits viel zum deutschsprachigen Kulturleben in Jerusalem bei, z. B. indem sie im Oktober 1941 den »Kraal«, einen Freundeskreis für Vorträge, gründete, in dessen Rahmen sie bis April 1944 nicht weniger als 27 Veranstaltungen organisierte, u. a. mit Buber, Kraft, Simon und Ben-Chorin sowie mit mehreren eigenen Lesungen. Die in Zürich und Jerusalem entstandenen Gedichte erschienen 1943 in ihrer letzten Buchpublikation in Jerusalem unter dem Titel *Mein blaues Klavier*. Insbesondere das schon 1937 in der *Neuen Zürcher Zeitung* erschienene Titelgedicht, das das Symbol von Kunst mit deren vollständiger Zerstörung (»Nun tanzen die Ratten im Geklirr«) konfrontierte, ist zu einer Metapher für den Untergang freier Kunst und gleichermaßen des deutschen Judentums geworden.

Hatte L.-S. schon in ihren – bislang im vollen Umfang nicht veröffentlichten – *Tagebuchzeilen aus Zürich* und ihrer Zürcher Abschiedsrede vom 15. März 1939 messianische Gedanken geäußert, so verdichteten sich im 1940/41 entstandenen Drama *IchundIch*, das sie am 20. Juli 1941 in einer Lesung in Jerusalem vorstellte, nachgerade apokalyptische Perspektiven. Bemerkenswert ist hieran die kritische Zeitanalyse ebenso wie die avantgardistische Technik, die Zeitgeschichte – NS-Verfolgung wie Exil – mit dem Narrativ von Goethes *Faust* verbindet. Wie schwer sich die Interpreten L.-S.s gerade mit den modernen Elementen des Dramas lange Zeit taten, zeigt die Verzögerung der Publikation. Sie erfolgte vor allem auf Druck des ersten Herausgebers ihrer Dichtungen nach dem Krieg, Ernst Ginsberg, der in diesem Drama allerdings »die geistige Nacht über die Dichterin hereinbrechen« sah, weshalb Werner Kraft in seinem Band nachgelassener Schriften 1962 nur Auszüge aus dem Drama publizieren konnte. Erst 1970 wurde *Ichundich* in vollem Umfang veröffentlicht, und erst 1979, nachdem u. a. ein Gutachten Heinrich Bölls eingeholt worden war, kam es in Düsseldorf und Wuppertal zur Uraufführung.

Die Diskrepanz zwischen dem mythischen Jerusalem der messianischen Vorstellungen und dem realen, in welchem sie lebte, irritierte sie bis zuletzt – nicht ohne dass sie Gedanken zur Entkrampfung der Beziehungen zwischen Juden und Arabern, aber auch zur Verbesserung der Zustände in der

Stadt überhaupt geäußert hätte. »Ich glaube«, heißt es etwa in einer nachgelassenen *Aufzeichnung*, die zehn Punkte umfasst, »nur Barmherzigkeit ist imstande, die Heilige Stadt Jerusalem zu befestigen.« Gemeint war kaum das Delegieren der »Barmherzigkeit« an Gott, sondern ein Auftrag an die Bewohner selbst. Wie sehr L.-S. – durchaus auch in prophetischem Selbstverständnis – gegen Ende ihres Lebens eine Humanisierung und Entritualisierung des Glaubens und insbesondere des Judentums vertrat, lässt sich aus einem anderen Punkt dieser *Aufzeichnung* ersehen: »So lange noch *ein* Kind hungert, verzichtet Gott auf jede Synagoge. Ich glaube im Namen Gottes zu sprechen in aller Bescheidenheit.«

Werke: Werke und Briefe. Kritische Ausgabe, hg. N. Oellers, H. Roellecke, I. Shedletzky, A. Kilcher (ab Bd. 9), 11 Bde., Frankfurt a. M. 1996–2010; E.L.-S., Die Bilder, hg. R. Dick, Berlin 2010.
Literatur: J. Hessing, E.L.-S., München 1987; I. Shedletzky, Bacherach and Barcelona. On L.-S.s Relation to Heinrich Heine, in: The Jewish Reception of Heinrich Heine, hg. M. Gelber, Tübingen 1992; G. Dane, Die Dichterin als Rabbinerin, in: Text und Kritik 122 (1994), 55–64; A. Bodenheimer, Die auferlegte Heimat. E.L-S.s Emigration in Palästina, Tübingen 1995; S. Bauschinger, E.L.S. Biographie, Frankfurt a. M. 2006; S. Graf, Poetik des Transfers. Das ›Hebräerland‹ von E.L-S., Köln 2009; B. Lermen u. a. (Hg.), Gedichte von E.L.-S., Stuttgart 2010.

Alfred Bodenheimer/Andreas Kilcher

Lemm, Alfred (eigentl. Alfred Lehmann)

Geb. 6.12.1889 in Berlin;
gest. 16.10.1918 in Berlin

Bis vor nicht allzu langer Zeit zählte L. zu den »Verschollensten der Verschollenen«. Grund dafür ist weniger sein früher Tod in den letzten Wochen des Ersten Weltkriegs, als vielmehr die Tatsache, dass der Sohn eines Buchhändlers aus Berlin-Schöneberg als expressionistischer Autor ausschließlich Prosa schrieb, während sich die Rezeption der expressionistischen Literatur lange Zeit auf Lyrik und Dramatik beschränkte. Auch hinsichtlich seiner schriftstellerischen Karriere unterscheidet sich L. von den meisten seiner Kollegen: Nach einer fünfjährigen kaufmännischen Tätigkeit absolvierte L. ein Volontariat beim *Sturm*, Herwarth Waldens *Wochenschrift für Kultur und die Künste*. Seine Er-

zählungen, Essays und Kritiken erschienen u. a. in der *Frankfurter* und der *Vossischen Zeitung*, sowie in den Zeitschriften *Die Schaubühne*, *Die Neue Rundschau*, *Die Weissen Blätter*, *Zeit-Echo*, *Die Tat*, *Der Jude* und in der Prager *Selbstwehr*. Mit seinem Essay *Vom Wesen der wahren Vaterlandsliebe* trat L. 1917 als vehementer Kriegsgegner hervor. Noch ein halbes Jahr vor seinem Tod (er fällt der europaweiten Grippe-Epidemie zum Opfer) greift er, trotz seiner Sympathie für Thomas Mann, dessen »unpolitische« Verteidigung der deutschen Monarchie an, stellt sich also auf die Seite von Heinrich Mann.

Trotz zahlreicher persönlicher Verbindungen, u. a. zu K. Hiller, A. Kolb, G. Landauer, M. Buber, R. Leonhard, R. Schickele und W. Rathenau, blieb L. eher ein Einzelgänger, der indes von seinen Zeitgenossen sehr wohl beachtet wurde: Th. Mann attestierte seinen Erzählungen etwas »Grotesk-Seelenhaftes«, Kafka nannte ihn in einem Brief an Felice Bauer »phantastisch bis zum Vertrakten, aber wahrhaftig, konsequent und zu vielem fähig«. Ob Kafka bei diesen Attributen auch an L.s poetische Texte dachte, ist nicht bekannt; explizit spricht er in diesem Zusammenhang von L.s Beiträgen zur deutschen Zionismus-Debatte, die bei dem freiwilligen Sanitäter einerseits durch die kriegsbedingte *Fahrt durch Polen* (so der Titel einer Reportage), d. h. durch die Bekanntschaft mit dem »ursprünglichen« Ostjudentum, und andererseits durch den patriotischen Schub von 1914 ausgelöst wurde, von dem sich auch L. anfangs mitreißen ließ. Schnell ernüchtert, schlägt er sich 1915 auf die Seite des vereinzelten Subjekts, das allein durch sein Nicht-Mitjubeln verdächtig ist und vom »gesunden Nationalbewußtsein« einer biederen Bürgermeute niedergetrampelt wird, wie es die Erzählung *Der Herr mit der gelben Brille* satirisch ausmalt. Obwohl es die deutschen Juden – im Gegensatz zu dem Herrn mit der gelben Brille – keineswegs an patriotischer Begeisterung fehlen lassen, schätzt L. die Zukunft angesichts der nationalen Dynamik illusionslos und pessimistisch ein: »In Deutschland wuchs […] ungeheuer das Nationalgefühl. Dieses wird sich gegen das Fremde, unwillkürlich also auch gegen das Jüdische wenden. Die volklich Beschränkten werden vom Kriege eine verderbliche Stärkung davontragen«, prophezeit er in seinem Anfang 1916 veröffentlichten programmatischen Essay *Wir Deutschjuden*. Denn »die Gewissensforderung, die Juden nach so viel Blutproben als Einheimische anzuerkennen«, werde »schwach sein im Verhältnis zu diesem Nationalgefühl und bestenfalls eine vornehme Form der Abweisung gewährleisten«.

Dennoch führt auch L. den »Blutzoll« der deutschen Juden ins Feld, als er 1916 einen publizistischen Angriff gegen Theodor Fritsch, den »Großmeister des deutschen Antisemitismus«, führt, der in seiner Zeitschrift *Hammer* u.a. die mittelalterliche Ritualmordlegende wieder aufwärmt. In der *Schaubühne* ruft er – vergeblich – nach der Militärzensur, mit der er kurz zuvor selbst Bekanntschaft gemacht hatte: Eine seiner Kriegsreportagen, von der mehrere Passagen leicht verändert in der Erzählung *Die Hure Salomea* wieder auftauchen, war behördlicherseits als zu realistisch empfunden und dementsprechend zurechtgestutzt worden.

Nicht nur bei Kafka erregte L.s Theorie vom »Mittelland« Aufsehen, die v.a. in der *Selbstwehr* heftig diskutiert wurde: Die ursprüngliche Idee, die deutschen Juden sollten ihre Kinder zur Erziehung nach Palästina schicken, wird von L. als zu abrupt verworfen und nach seiner Bekanntschaft mit Polen und Galizien dahingehend variiert, diese beiden Länder könnten als »großer Filter« fungieren, »aus dem in jahrzehntelanger Klärung wieder ein reineres Judentum hervortropft«. Konkret denkt L. an »Erziehungsheime für unsere Kinder« in einer geeigneten polnischen Stadt, die »den Charakter einer Kolonie neujüdischen, europageschärften Geistes« haben sollten: »Die östlichen und die westlichen Juden würden einander hier das geben, was jeder von ihnen im Lauf der Zeit verlor: Sie uns die zweifelsfreie Verwachsenheit mit dem Volksboden; wir ihnen die freie Menschlichkeit.« Verwirklicht wurde dieser Gedanke indes in Berlin: in dem von L.s Bruder Siegfried Lehmann geleiteten jüdischen »Volksheim« im Scheunenviertel, wo ostjüdische Flüchtlingskinder mit den westlichen Errungenschaften der Berliner Juden und diese wiederum mit dem ursprünglichen Judentum konfrontiert werden sollten. Lehmann, der u.a. von Buber und Landauer unterstützt wurde, gründete 1927 in Palästina das heute noch bestehende Jugenddorf Ben-Shemen.

Die beiden Hauptthemen des Essayisten L. – die Beendigung des Kriegs und die Zukunft der deutschen Juden – finden sich in der Erzählung *Die Hure Salomea* (1917) wieder, die von expressionistischem Pathos bis zur Satire die ganze Bandbreite von L.s Erzählkunst vorführt. Die Protagonistin, die als Krankenschwester gegenüber den Verwundeten kläglich versagt, wird angesichts des noch unversehrten Soldaten von einer unbändigen Liebe erfasst. Dadurch bringt sie indes das ganze gesellschaftliche Gefüge ins Wanken und wird als »Wehrkraftzersetzerin« vor Gericht gezerrt. Dort bescheinigt man ihr jedoch, die auf 242 Fälle veranschlagte Unzucht »mit keinerlei Absichten« begangen zu haben – wobei man absehen wolle »von dem Verdacht, dass sie im Dienste einer feindlichen Macht gehandelt hat, wie es bei der Zugehörigkeit der Angeklagten zur jüdischen Religionsgemeinschaft, deren Geschäftstüchtigkeit ja sprichwörtlich gebraucht wird, durchaus nicht von der Hand zu weisen ist«. Nach ihrer Verurteilung wird Salomea zusammen mit schwerverwundeten Soldaten in einen Güterwaggon verfrachtet und von diesen im Fieberwahn angebetet. Die jüdische Hure verwandelt sich in der Apotheose in eine Heilige, deren Züge zwischen leidendem Christus und schmerzensreicher Madonna changieren – eine hilflose, expressionistisch-religiöse Liebeserklärung des jüdischen Kriegsgegners L. an das menschliche »Kriegsmaterial«, die jedoch bereits innerhalb der Erzählung von einem »wissenschaftlichen Sachverständigen« abgetan wird: »Daß die Liebesenergie für eine solche Quantität der Objekte, wie sie hier vorliegt, als speisende Kraft aktuell war, erscheint unmöglich. Eine solche Aufspeicherung von Liebeskalorien kennt die Wissenschaft nicht.« Dementsprechend identifizierte der völkische Literaturwissenschaftler Adolf Bartels L. denn auch »sicher« als Juden und verlieh ihm das Prädikat »höchst bedenklicher Erotist«. Eine Inschrift auf L.s Grabstein auf dem jüdischen Friedhof in Berlin-Weißensee dagegen stellt fest – als ob sie den völkischen Vorwurf abwehren wollte: »Sein Streben war Reinheit, Wahrheit und Gerechtigkeit …«

Werke: Der fliehende Felician, München 1917; Vom Wesen der wahren Vaterlandsliebe, Berlin 1917; Mord, 2 Bde., München 1918 (Repr. Nendeln 1973); Der Weg der Deutschjuden, Leipzig 1919.
Literatur: H.J. Schütz, A.L., in: ders., »Ein deutscher Dichter bin ich einst gewesen«, München 1988, 191–196; F. Sendtner, »Phantastisch bis zum Vertrakten«. Der unbekannte expressionistische Schriftsteller A.L. (1889–1918), in: Menora 6 (1995), 181–198; A. Košenina, Neue Lebensspuren des expressionistischen Schriftstellers A.L., in: ZfG 5 (1995), 600–611.

Florian Sendtner

Lewald, Fanny

Geb. 24.3.1811 in Königsberg;
gest. 5.8.1889 in Dresden

L. gehört zu den bekanntesten, erfolgreichsten und bestbezahlten Autorinnen des 19. Jahrhunderts. Sie hat 27 zumeist mehrbändige Romane, zahlreiche Novellen, Erzählungen, politische Schriften, Zeitungs- und Zeitschriftenartikel, Reiseberichte und autobiographische Aufzeichnungen verfasst. Mit ihrem 1861/62 publizierten Werk *Meine Lebensgeschichte* liegt erstmals die deutschsprachige Autobiographie einer Frau jüdischer Herkunft vor, die noch zu Lebzeiten der Autorin und unter deren eigenem Namen veröffentlicht wurde. Dabei ist L. auch die erste Autorin, die ihre Kindheitssozialisation als Jüdin in Deutschland schildert. Sie entstammt als ältestes von zehn Geschwistern einer assimilierten Königsberger Kaufmannsfamilie. Von ihrem Judentum erfährt L. erst über eine jüdische Nachbarsfamilie, während im Elternhaus in den ersten Jahren ein Gespräch über die jüdische Herkunft der Familie verweigert wird. Eine weitere Konfrontation mit ihrem Judentum erlebt L. über antisemitische Pöbeleien auf der Straße, Ausgrenzungen in der Schule bzw. in den Elternhäusern von Schulkameradinnen, die sie nicht zu sich nach Hause einladen dürfen, und durch die sog. Hep-Hep-Verfolgungen des Jahres 1819: »Von da ab hatte ich den vollständigen Begriff von der Unterdrückung der Juden, von der Ungerechtigkeit, welche man gegen sie begehe. Auch das Bewusstsein der gebildeten Juden, aufgeklärter und besser zu sein als ihre Verfolger, hatte bereits angefangen, sich auf mich zu übertragen, und die Juden hatten damals ihr stolzes Selbstgefühl, das man ihnen sooft als Anmaßung und Arroganz vorgeworfen hat, sehr nötig, wenn sie selbst sich aufrecht erhalten und ihre Kinder tüchtig machen wollten, an der allmählichen Emanzipation des Volkes mitzuarbeiten. Viele, welche später in diesem Kampfe am meisten gewirkt, sind in jener Zeit der Judenverfolgungen nicht viel älter gewesen als ich, und werden sich ihrer wohl auch erinnert haben« (*Lebensgeschichte*).

Trotz dieser hier formulierten kämpferischen Haltung ist L.s Jugend von dem Bedürfnis der Zugehörigkeit zur christlichen Gesellschaft und zur neu sich formierenden deutschen Nation geprägt. 1828 lässt sich L. mit ausdrücklicher Genehmigung ihrer Eltern taufen; ihre beiden Brüder hatten diesen Schritt bereits vollzogen. Aufgrund der elterlichen Einwilligung wirkt die Hinwendung zum Christentum – anders noch als bei der vorherigen Generation getaufter Juden – nicht als familiärer Bruch. L. vollzieht die Taufe letztendlich jedoch ohne Überzeugung, d.h. ohne Glaube an die christlichen Dogmen, was für sie zu schweren inneren Konflikten führt. Anders als zum Christentum sieht sich L. zu Deutschland und zur deutschen Kultur beinahe unhinterfragt zugehörig, dies zeigt sich in Formulierungen wie »bei uns in Deutschland« oder »für unser deutsches Vaterland«. Formal entspricht L.s *Lebensgeschichte* dem Goetheschen Vorbild von *Dichtung und Wahrheit*. In Anlehnung an die klassische Autobiographie des bewunderten Dichterfürsten dient die *Lebensgeschichte* nicht nur dazu, den Weg der Akkulturation zu schildern, sondern diese literarisch als gelungen auszuweisen. Die Autobiographie endet mit dem Betreten Italiens anlässlich einer ersten Italienreise im Jahr 1845. Ihren dreizehnmonatigen Italienaufenthalt hat L. zuvor bereits, ebenfalls in der Tradition Goethes, unter dem Titel *Italienisches Bilderbuch* (1847) publiziert. In Italien lernt L. den nichtjüdischen Literatur- und Kunsthistoriker Adolf Stahr kennen, den sie – nach dessen jahrelangen Scheidungsquerelen – 1855 heiratet.

L.s Leben fällt in eine Epoche des heftigen öffentlichen Ringens für und wider die vollständige juristische und staatsbürgerliche Anerkennung der Juden und gleichzeitig der verstärkten nationalen und antisemitischen Strömungen im Vorfeld der Reichsgründung von 1871. Nach einer kurzen Phase der bürgerlichen Gleichberechtigung der Juden infolge der Revolution von 1848 wird diese Gleichstellung erst mit der Reichsgründung definitiv durchgesetzt. In ihrem vorerst anonym publizierten Tendenzroman *Jenny* (1843) gestaltet L. die emanzipatorischen Forderungen der Zeit literarisch. Hauptmotiv ist die Liebe zwischen christlichen und jüdischen Protagonisten, die wegen gesellschaftlicher Vorurteile sowie einer Gesetzgebung, die nur konfessionelle Ehen erlaubt, nicht realisierbar ist. Auch die von L. in zahlreichen Werken thematisierte Überwindung von Ständeunterschieden findet hier literarischen Ausdruck. Der

Roman endet tragisch: Der adelige Graf, Verlobter der bürgerlichen Jenny aus jüdischer Familie, stirbt an den Folgen eines Duells, zu dem er seinen Gegner aufgrund von dessen antisemitischen Äußerungen herausforderte; der Schmerz um den Geliebten reißt Jenny in den Tod. Zugleich ist dem Roman im kämpferischen Ausruf von Jennys Bruder ein politisch-utopischer Schluss zu eigen: »›Wir leben‹, sagte er mit der Begeisterung eines Sehers, ›um eine Zeit zu erblicken, in der keine solche Opfer auf dem Altare der Vorurteile bluten! Wir wollen leben, um eine freie Zukunft, um die Emanzipation unseres Volkes zu sehen!‹« In der Revolution von 1848 sieht L. ihre politischen Hoffnungen vorerst erfüllt. In ihren *Erinnerungen aus dem Jahre 1848* (1850) hält L. erfreut fest, dass mit Eduard von Simson und Gabriel Riesser zwei Juden als Vizepräsidenten der deutschen Nationalversammlung vorstehen. Zudem verweist sie stolz auf die maßgebliche Rolle weiterer Juden (insbesondere Börne, Heine und Jacoby) im Kampf um die Republik: »Es ist der ruhmvollste Ehrenkranz für das jüdische Volk, daß es nach so langer Unterdrückung nicht matt, nicht schwach, sondern stark genug geworden war, an die Spitze der Bewegung in Deutschland zu treten.« Die *Erinnerungen* enden jedoch resignativ mit der Schilderung des allmählichen Siegs der Reaktion. In der zweiten Hälfte des Jahrhunderts entwickelt sich L. allmählich von einer revolutionären Demokratin hin zu einer Anhängerin der konstitutionellen Monarchie und zu einer Verehrerin Bismarcks. Literarisch wendet sie sich vom Tendenzroman ab und dem realistisch-bürgerlichen Figurenroman zu.

L. vollzieht als Jüdin, Frau und Schriftstellerin einen dreifachen Emanzipationsweg. In ihren explizit politischen Schriften widmet sie sich insbesondere der Emanzipation der Frauen (u.a. *Osterbriefe für die Frauen*, 1863; *Für und wider die Frauen*, 1870) und wird hiermit zu einer der bekanntesten Vertreterinnen der ersten Generation der Frauenbewegung. Eine der Erzählungen, die jüdische wie weibliche Gleichberechtigung zusammenführt, ist *Sarah* (in: *Dünen- und Berggeschichten*, 1851). Dies ist auch die einzige Erzählung, in der religiöse jüdische Identität für L. zentral wird, ansonsten gehören ihre jüdischen Figuren eher dem bürgerlich-assimilierten säkularen Milieu an. Jüdische Figuren tauchen in zahlreichen von L.s Romanen auf (u.a. *Wandlungen*, 1853; *Von Geschlecht zu Geschlecht*, 1864–66; *Die Familie Darner*, 1887), doch erhält eine jüdische Thematik nicht mehr die Bedeutung wie in *Jenny*. In ihrem einzigen historischen Roman *Prinz Louis Ferdinand* (1849) schildert L. eine fiktive Liebesbeziehung zwischen dem Preussenprinzen und Rahel Varnhagen. Bei aller – auch in der *Lebensgeschichte* geäußerten – Anerkennung für die ersten Jahre Berliner Salonkultur, die L. nicht nur als wichtigen Schritt in der Emanzipation jüdischer Frauen, sondern auch als Möglichkeit der Ständedurchmischung wertet, schlägt L. hier teilweise kritische Töne gegen den allzu freien Umgang zwischen den Geschlechtern an. Seit 1847, später gemeinsam mit ihrem Ehemann, führt L. in Berlin selbst einen literarischen Salon.

Die jüdischen Figuren, die L. zeichnet, sind teilweise von ungebrochenen antisemitischen Klischees überfrachtet, die entweder ihren unemanzipierten Status oder ihr parvenühaftes Emporkommen und ihre künstlich wirkende übergroße Assimilationsbereitschaft zeigen. So spricht beispielsweise Frau Steinheim in *Jenny* mit »schnarrender Stimme und jüdischem Jargon«, auffällig sind »ihre Sprechlust und ihr unaufhörliches Gestikulieren« sowie ihre »Kleidung, aus allem zusammengesetzt, was es Neues und Kostbares gab«. L.s Emanzipationsverständnis folgt tendenziell der Vorstellung, die Wilhelm von Dohm in seiner programmatischen Schrift *Über die bürgerliche Verbesserung der Juden* bereits 1781 geäußert hat (Rheinberg): Die Gleichberechtigung der Juden müsse demnach mit ihrer kulturellen Anpassung einhergehen. Auch in ihren postum publizierten Tagebuchaufzeichnungen *Gefühltes und Gedachtes* (1890) wendet sich L. bisweilen in harscher Kritik gegen Juden. In der Stellungnahme zur antisemitischen »Berliner Bewegung« des Jahres 1880 verurteilt L. v.a. das Verhalten der Juden selbst: »Und ehe die Juden das echt jüdische Zeter- und Weheschreien nicht einstellen und in sich nach den Anlässen zu diesem erneuten Hasse suchen – wird es schwer zu einer Klärung und Beruhigung kommen können. – Aber das Schreien ist eben einer ihrer Fehler – und Fassung nicht ihre Sache – in der großen Mehrzahl.«

Unter zeitgenössischen deutsch-jüdischen Schriftstellerkollegen findet L. Anerkennung für ihre literarischen Leistungen, so etwa von Berthold Auerbach, jedoch auch von Heinrich Heine, dessen literarischen Einfluss auf ihr eigenes Denken und Schreiben L. stets würdigt (*Erinnerungen an Heinrich Heine*, in: *Zwölf Bilder nach dem Leben*, 1888). In der *Allgemeinen Zeitung des Judenthums* stößt L. jedoch auch auf dezidierte Ablehnung (Horch).

Ludwig Philippson unterstellt L. das Motiv, »den Abfall vom Judenthume nicht blos zu beschönigen und zu rechtfertigen, sondern plausibel zu machen, als etwas ganz Natürliches hinzustellen und die Behinderung daran nur als von Umständen und Verhältnissen verursacht nachzuweisen« (*AZJ*, 1864, 435 f.). Ebenfalls in der AZJ kommt Fränkel in seiner exemplarischen Auseinandersetzung mit L. als getaufter Jüdin jedoch zu einer positiven Wertschätzung ihres Lebens und Werks und ihrer – trotz vorhandenen Lücken – insgesamt ausgewogenen Darstellung des Judentums (*AJZ*, 1901, 92 ff. u. 103 ff.). Zu Beginn des 20. Jahrhunderts wird L. zunehmend antisemitisch rezipiert (z. B. Marta Weber, 1921) und schließlich in der Zeit des Nationalsozialismus gänzlich verdrängt. Seit Ende der 1960er Jahre wurde vorrangig in der DDR die Aufmerksamkeit auf ihre revolutionären Schriften gerichtet, während seit den 1990er Jahren im deutschsprachigen ebenso wie im angloamerikanischen Raum ihre Schriften zur Frauen- und Judenemanzipation verstärktes Interesse wecken. Im Zentrum steht somit L. als Autorin des Vor- und Nachmärz, während ihr dem bürgerlichen Realismus zuzurechnendes Spätwerk bis heute weniger Beachtung findet. Jüngste wissenschaftliche Publikationen, etwa im Kontext des zweihundertjährigen Geburtstages von L. (Ujma 2011), zeigen eine Autorin, die fest verwoben war in einem Netzwerk europäischer Schriftsteller und Literaturen ihrer Zeit.

Werke: Gefühltes und Gedachtes (1838–1888), hg. L. Geiger, Dresden u. a. 1900; Jenny (anonym), München 1996; Meine Lebensgeschichte, 3 Bde., Königstein/Ts. 1998.
Literatur: H.O. Horch, F.L., Paul Heyse und Georg Ebers, in: ders., Auf der Suche nach der jüdischen Erzählliteratur, Frankfurt a. M. 1985, 115–125; B. van Rheinberg, F.L. Geschichte einer Emanzipation, Frankfurt a. M. u. a. 1990; H.B. Lewis, F.L. and Judaism: The Writer, the Woman, the Prussian, the Jew, in: The Germanic Mosaic, hg. C. Blackshire-Belay, Westport u. a. 1994, 267–273; F.L., dargestellt v. G. Schneider, Hamburg 1996; G. Marci-Boehncke, F.L.: Jüdin, Preußin, Schriftstellerin, Stuttgart 1998; U. Schacht, Geschichte in der Geschichte: Die Darstellung jüdischen Lebens in F.L.s Roman »Jenny«, Wiesbaden 2001; M.E. Wood, F.L.: Between Rebellion and Renunciation, New York u. a. 2006; C. Ujma (Hg.), F.L. (1811–1889). Studien zu einer großen europäischen Schriftstellerin und Intellektuellen, Bielefeld 2011; R. Hoffmann, Das Mädchen mit dem Jungenkopf. Kindheit und Jugend der Schriftstellerin F.L., Sulzbach/Ts. 2011 (mit Forschungsliteratur); U. Stamm, F.L.: Autorschaft im Zeichen der Vernunft, in: Zeitschrift für Germanistik 22 (2012) 1, 129–141.

Eva Lezzi

Lewinsky, Charles

Geb. 14.4.1946 in Zürich

»In erster Linie bin ich ein Schweizer Autor, in zweiter Linie ein Autor deutscher Sprache. Ein jüdischer Autor bin ich erst in 37. Linie.« In einem Gespräch anlässlich des Erscheinens seines Romans *Gerron* (2011) in Zürich äußerte sich L. in

einer für ihn typischen Weise über sein Judentum. Die darin neben der Ironisierung zum Ausdruck kommende Sorge über eine mögliche Fixierung auf eine ›jüdische Identität‹ zeigt sich auch in einer Formulierung aus einem Brief an seinen Verleger, den L. auf seiner Webseite veröffentlicht: »Nein, ich bin kein Berufsjude.« L., der zuerst vor allem mit Schlagertexten und Unterhaltungsproduktionen für das Fernsehen bekannt geworden ist, grenzt sich in dieser autobiographischen Notiz auch von anderen Festlegungen ab: »Genau so wenig wie ich ein Berufs-Unterhalter bin. Oder ein Berufs-Liederschreiber. Oder ein Berufs-Irgendwas. Ich bin nur neugierig.«

L. hat einen für die deutsche Gegenwartsliteratur ungewöhnlichen Lebenslauf, der von dieser »Neugierde« geprägt scheint. Nach einem abgebrochenen Studium der Germanistik und Theaterwissenschaft arbeitete L. in den 1970er Jahren an mehreren deutschen Theatern als Regieassistent, Regisseur und Dramaturg, u. a. für eine Inszenierung an den Münchner Kammerspielen bei Fritz Kortner. L. ist nicht nur Autor verschiedener Theaterstücke, sondern auch verantwortlich für unzählige TV-Drehbücher von Shows für alle großen deutschsprachigen Sender wie u. a. *Die Peter Alexander-Show* oder *Musik ist Trumpf* (ZDF) sowie die Sitcoms *Florida Lady* (ARD 1994/95) oder *Biggi* (ARD 1998). In der Schweiz ist L. als Autor der populären Mundart-Sitcom *Fascht e Familie* (SF, 1994–1999) sowie hunderter Liedtexte und Chansons bekannt geworden; u. a. wurde er 1987 mit dem Grand Prix der Volksmusik ausgezeichnet. L. schreibt auch Texte für Kleinkunstbühnen und Musical-Drehbücher wie das Musical *Gotthelf* (Thun, 2011). Zudem engagiert sich L. auch politisch als Mitglied der Sozialdemokratischen Partei.

Prominent zu Wort meldete er sich 2009 nach Annahme der eidgenössischen Volksinitiative »Gegen den Bau von Minaretten« mit einem Essay, der sich polemisch gegen jegliche Form von Xenophobie, Rechtspopulismus und Chauvinismus richtet. L. erinnert darin auch an die Schweizer Volksinitiative von 1893, die das Schächtverbot in der Schweiz bis heute in der Verfassung festschrieb. Die antisemitischen Tendenzen, die zu diesem Verbot führten, verbindet L. mit den Motiven der Befürworter eines Minarettverbots – eine historische Analogie, die zu feindseligen Reaktionen führte.

Der Bezug auf das Schächtverbot und das Plädoyer für eine respektvolle Minoritätenpolitik stehen auch im Kontext von L.s 2006 zu einem internationalen Bestseller avanciertem Roman *Melnitz*, einer schweizerisch-jüdischen Familiensaga, deren Handlung vom späten 19. Jahrhundert bis kurz nach dem Zweiten Weltkrieg reicht. Der Roman erzählt von fünf Generationen der Familie Mejer und zeichnet ein Panaroma jüdischen Lebens in der Schweiz. L. liefert mit der titelgebenden Figur des Onkel Melnitz einen Erzähler, der zudem an die Fragilität jüdischen Daseins in der Diaspora im Allgemeinen erinnert und damit auch eine Art Allegorie jüdischen Erzählens überhaupt darstellt. Die Handlung setzt in der Trauerwoche für den eben verstorbenen Melnitz ein, der wie ein Gespenst und als wiederkehrendes Motto des Romans zu den verschiedenen Figuren spricht. Indem Melnitz den Lebenden von historischen Pogromen und Verfolgungen erzählt, erinnert er sie auch an ihr Jüdisch-Sein: »Er wusste alles«, heißt es auf der letzten Seite des Romans, »und erlaubte niemandem es zu vergessen. ›Genießt euer Leben‹, sagte er. ›Ihr habt Glück gehabt, hier in der Schweiz.‹« Das Glück der Schweiz wird jedoch als ein prekäres verstanden. Eine wiederkehrende Allegorie für diesen Zustand ist die talmudische Legende von einem Riesenfisch, den Seeleute für eine Insel halten, der sich aber umwälzt und alle ins Meer wirft. Das Thema des Schweizer Judentums und des historischen Selbstverständnisses der Schweiz war L. bereits in dem alternativhistorischen Versuch *Hitler auf dem Rütli* (1984, mit Doris Morf) angegangen. Doch erst die Debatten um die nachrichtenlosen Konti und das Raubgold Mitte der 1990er Jahre hatte die gesellschaftliche Aufmerksamkeit für die jüdische Geschichte in der Schweiz geschärft.

Die Handlung von *Melnitz* beginnt mit dem zu bescheidenem Wohlstand gekommenen Viehhändler Salomon Meijer und seiner Frau Golde, die im agrarisch geprägten Surbtaler »Judendorf« Endingen leben (In der Schweiz besaßen Juden erst ab 1866 das volle Niederlassungs- und Bürgerrecht). Schon ihre Pflegetochter Chanele zieht mit ihrem Ehemann Janki in die nahe Kleinstadt Baden, wo sie aus einem kleinen Tuchhandel ein florierendes Warenhaus machen. Deren Sohn François schließlich eröffnet ein modernes Warenhaus in Zürich. Aus Geschäftsinteressen lässt er sich taufen, was in der Familie Bestürzung hervorruft und sich ironischerweise als vollkommen nutzlos erweist. Pinchas Pomeranz, der gelehrte Schächter und Ehemann von Salomon und Goldes leiblicher Tochter Mimi Meijer, leidet unter den Auswirkungen des Schächtverbots; er und seine Frau sterben beide 1918 an der spanischen Grippe. Hinda Meijer wiederum, Jankis und Chaneles Tochter, heiratet einen ostjüdischen Gewerkschaftsfunktionär, den sie bei einem Sozialistentreffen in Zürich kennenlernt und der sich trotz anfänglichem Skandal bald in die bürgerliche Welt integriert. Während ein Enkel, der als Rabbiner in Deutschland tätig ist, von den Nazis ermordet wird, eine Enkelin den aus einem KZ entkommenen Kabarettisten Felix Grün heiratet, besucht der Urenkel Hillel Rosenthal eine Landwirtschaftsschule in Zürich, um sich als Zionist auf die Alijah (die Emigration nach Israel) vorzubereiten. Eine sentimentaler und doch komischer Handlungsstrang erzählt, wie sich Hillel dort mit dem Bauernsohn und Frontisten Walter Böhni anlegt und aus der Rivalität eine ungleiche Freundschaft wird. Der Roman schildert also auch die großen Ideologien des 20. Jahrhunderts aus jüdischer Sicht – Kommunismus, Zionismus, Nationalsozialismus. Durch die Perspektivierung auf die Schweiz ergibt sich jedoch eine familiäre Kontinuität. So ist es denn auch weniger die Religion, die das Jüdischsein bestimmt, sondern die Tradition der Familie und die familiäre Solidarität.

In der literarischen Figur des jüdischen Kabarettisten Grün, der in Berlin mit dem unterdessen ermordeten Sigfried Schlesinger, genannt Blau, auftritt, ist Fritz Grünbaum zu erkennen. Grünbaum hatte in den 1920er Jahren mit Karl Farkas im Wiener Kabarett »Simpl« das Genre der Doppelconférence zur Meisterschaft gebracht. Er wurde 1941 in Dachau ermordet. Das Thema jüdischer Schauspieler und Kabarettisten in der Shoah beschäftigt L. auch im Theaterstück *Freunde, das Leben ist lebenswert* (2002). Literarisch am bedeutsamsten wird diese Auseinandersetzung im historischen Roman *Gerron*. Der Regisseur, Schauspieler und Kabarettist Kurt Gerron (geboren als Kurt Gerson, 1897–1944) erzählt in der Ich-Perspektive seine eigene Lebensgeschichte. Zum Zeitpunkt des Erzählens befindet sich Gerron in Theresienstadt, wo er gezwungen ist, den berüchtigten Propagandafilm über das dortige Lager zu drehen. Am Schluss des Buches werden Gerron und seine Frau nach Auschwitz deportiert. L. hält sich strikt an die vorliegenden Fakten, hat jedoch auch fiktive handlungstragende Elemente hinzugefügt und somit einen literarischen Gerron kreiert, der sich der Illusion biographischer Totalität verweigert. Bezeichnend äußert er sich im Buch über seine Versuche, sich zu erinnern: »Bruchstücke, Gedächtnisscherben. Mosaiksteine, die sich zu keinem ganzen Bild mehr zusammensetzen lassen.« In *Gerron* ist jüdische Identität vor allem über die negative Erfahrung des Opferseins präsent. Als traumatisch werden in dieser Hinsicht die Geschehnisse des 1. Aprils 1933 erzählt, der Tag, als in Deutschland der sogenannte »Judenboykott« in Kraft trat. Gerron befindet sich gerade auf dem Höhepunkt seines Erfolgs und steckt mitten in den Dreharbeiten zu einem UFA-Film, als der Studio-Leiter den Raum betritt und verkündet: »Alle Juden verlassen auf der Stelle das Atelier.« L. erinnert mit Gerron an einen vergessenen Repräsentanten der populären Kultur zwischen Erstem Weltkrieg und 1933 und an die untergegangene Kabarett-Kultur, die maßgeblich von Juden geprägt wurde. L. scheint mit dem Roman auch eine Art Ehrenrettung des populären Entertainments vorzunehmen. Zusätzlich verhandelt er komplexe Themen wie den Status der Moral in einer zutiefst amoralischen Gesellschaft, das Verhältnis von Kunst und Realität, Bühne und Weltgeschichte. In der Ich-Erzählung des jüdischen Entertainers auf dem Weg nach Auschwitz artikuliert sich aber auch das immer wieder neue Entsetzen angesichts der Shoah.

Die Paradoxien und Komplexitäten jüdischer Identität in Deutschland nach der Shoah thematisiert L. insbesondere im Drehbuch für Oliver Hirschbiegels Film *Ein ganz gewöhnlicher Jude* (2005). Der Film besteht zur Hauptsache in einem Monolog von Emanuel Goldfarb, gespielt von Ben Becker, der versucht, einen Brief an einen Lehrer zu schreiben. Er könne unmöglich in dessen Unterricht das Judentum erklären. Was Jude-Sein eigentlich sei, könne er nicht sagen, und obwohl er nicht religiös sei, wollte er seinen Sohn beschneiden lassen: »... anerzogen, angeboren, verdammt noch mal, was weiß denn ich?« Noch weniger fähig sei Goldfarb dazu, das Judentum in Deutschland zu erklären. Doch in der Begründung seiner Erklärungsnot steckt gerade die pointierte Erklärung deutsch-jüdischer Befindlichkeit nach der Shoah. »Weil ich Angst davor habe [...] zum Schluss zu kommen, dass es nicht geht. Dass es so etwas wie einen ganz normalen Juden nicht geben kann. Nie mehr. Nicht in diesem Land. Dass wir hier immer die Ausnahmetiere bleiben werden, die Spitzmaulnashörner, die man im Gehege füttert, eingesperrt hinter einem Stacheldraht aus Fürsorge und Solidarität, nur um vergessen zu können, dass man sie einmal abgeschossen hat.« Die Aussage aus dem Drehbuch zeigt eine Wut über die Fixierung von Juden auf Opfer und über die Stilisierung und Musealisierung des Judentums, die auch in L.s brieflicher Bemerkung, kein »Berufsjude« sein zu wollen, deutlich wird. L.s literarisches Werk ist in seinen das Judentum betreffenden Implikationen entschieden gegen beide Tendenzen gerichtet.

Werke: Melnitz. Roman, München u. a. 2006; Johannistag. Roman, München u. a. 2007; Gerron. Roman, München u. a. 2011.

Literatur: A. Bodenheimer, Zwischen Tantalus und Riesenfisch. Religion in C.L.s Roman ›Melnitz‹, in: Religion und Gegenwartsliteratur. Spielarten einer Liaison, hg. A. Grözinger u. a., Würzburg 2006, 83–89; C. Battegay, Hundert Jahre jüdische Einsamkeit. Der jüdische Familienroman in der Schweiz, in: Judaica. Beiträge zum Verstehen des Judentums 66 (2010), 107–123.

Caspar Battegay

Lichtenstein, Alfred

Geb. 23.8.1889 in Berlin;
gest. 25.9.1914 bei Vermandovillers/Somme

Der fünfundzwanzigjährig im Ersten Weltkrieg gefallene L. war einer der aufsehenerregendsten und innovativsten Dichter der jungen Generation des Expressionismus. Für Furore sorgte vor allem sein Gedicht *Die Dämmerung*, das im März 1911 in Herwarth Waldens avantgardistischer Zeitschrift *Der Sturm* erschien und das in Weiterführung des grotesken Simultanstils von Jakob van Hoddis' kurz zuvor publiziertem Gedicht *Weltende* die auseinanderfallende Wirklichkeit, die gleichzeitigen, heterogenen Wahrnehmungen großstädtischer Realität konsequent gestaltete.

L., der Sohn eines jüdischen Textilfabrikanten, nahm nach dem Besuch des Luisenstädtischen Gymnasiums in Berlin ein Jura-Studium auf, das er

im Januar 1914 mit der Promotion abschloss. Schon früh spürte er die Brüchigkeit und Agonie der wilhelminischen (Vorkriegs-) Zeit, das sich »friedlich« nähernde »große Grauenhafte«, wie er es in einem späteren Gedicht nannte. Bereits seine ersten, in der Schulzeit entstandenen Gedichte zeigten neben sehr ichbezogenen Leidensbekundungen artistische Rollenspiele, in denen L. auf offenbar humorvolle Weise das von einem chaotischen, sinnentleerten Dasein gequälte Ich maskierte und damit eine erlösende Distanz vom Weltschmerz fand. Ab 1910 publizierte er zahlreiche Gedichte und einige kürzere Prosatexte in verschiedenen expressionistischen Zeitschriften. Eine erste Sammlung seiner Gedichte erschien Ende 1912 als »Lyrisches Flugblatt« unter dem Titel *Die Dämmerung*; größere Editionen wurden erst postum veröffentlicht.

Verzweiflung und Humor vereinten sich bei L. untrennbar: »Das Gefühl der vollkommenen Hilflosigkeit [...] habe ich häufig«, heißt es in einem seiner Prosastücke: »Der einzige Trost ist: traurig sein. Wenn die Traurigkeit in Verzweiflung ausartet, soll man grotesk werden. Man soll spaßeshalber weiterleben. Soll versuchen, in der Erkenntnis, daß das Dasein aus lauter brutalen, hundsgemeinen Scherzen besteht, Erhebung zu finden.« Diese Lebensmaxime verkündet der kleine bucklige Dichter Kuno Kohn, die groteske, tragikomische Hauptgestalt im Werk L.s. Kohn ist der Einsame, Hoffnungslose, Verlierer, Verstoßene, Sehnsüchtige und Träumer schlechthin, ausgestattet mit extremen Leidensattributen: Er ist Jude – der Name »Kohn« hat stellvertretende Funktion –, häßlich, körperlich deformiert, von der Verwesung gezeichnet, im Bewusstsein seiner Isolation noch durch homosexuelle Neigungen bestärkt. Doch er ist auch Dichter und Philosoph, ein Phantast voller Träume und Sehnsüchte nach literarischem Ruhm und nach Beziehungen zu Frauen. Hinter der Häufung und Überzeichnung der Stigmata Kohns steht die Intention einer radikalisierten Darstellung der Außenseiterposition und der gesellschaftlichen Diskriminierung eines sehr empfindsamen, unbürgerlichen, innerlich zerrissenen jüdischen Intellektuellen, der sowohl auf den Autor als auch auf ein allgemeines Lebensgefühl der expressionistischen Generation verweist. Gewiss ist es kein Zufall, dass L. den Leidenscharakteristika seiner Figur die jüdische Herkunft hinzufügte. Das Gefühl der Heimatlosigkeit und der sozialen Separation, das für die Expressionisten prägend war, hat L. paradigmatisch am Judentum gezeigt. Während seines Studiums in Berlin schloss er sich vom Wintersemester 1909/10 bis zum Wintersemester 1912/13 dem Akademischen Verein für jüdische Geschichte und Literatur an. Aufgewachsen in einer gutsituierten, assimilierten jüdischen Familie, entdeckte der Dichter hinter dem Schein bürgerlicher Ordnung erschreckend tiefe Abgründe: »Ich weiß nicht, wozu man denn lebt/ In all dem Schlamm und Dreck!/ [...] Trübselig fließt mein Dasein fort/ In ewgem Einerlei...«, lauten Zeilen des frühen Gedichts *Der Volkston*. Kuno Kohn bekennt: »Wir sterben mit jedem Tage tiefer in den öden ewigen Tod ein. Wir sind hoffnungslos zerrüttet. Unser Leben wird ein sinnloses Schau-Spiel bleiben.« In der für L. konstitutiven Erfahrung einer inneren Zerrissenheit empfand er schon als Schüler eine literarische Nähe zu Heinrich Heine. Die Spannung zwischen Sentimentalität und Ironie, zwischen Weltschmerz und Zynismus, zwischen Gefühl und Intellekt – Zwiespälte, verstärkt durch die jüdische Herkunft – macht beide Dichter unverkennbar zu Wesensverwandten.

Neben der Kuno-Kohn-Figur hat L. auch an anderen Stellen seines Werks auf das Judentum angespielt und dabei den Orientierungsverlust und die Ziellosigkeit der Existenz zum Ausdruck gebracht. Im 1911 entstandenen Gedicht *Der Traurige*, das in der Erstveröffentlichung *Der Philosemit* betitelt war, endet der Lebensverdruss der Ich-Figur (wie in vielen seiner Dichtungen inszeniert L. hier ein lyrisches Rollenspiel) mit dem Entschluss: »Heute hab ich größre Dinge vor –/ Ach, ich will den Sinn des Daseins suchen.// Und am Abend werd ich etwas Rollschuh laufen/ Oder mal in einen Judentempel gehn.« Zum ›Inventar‹ disparater Großstadterfahrung zählt L. im Gedicht *Das Vorstadt-Kabarett* einen jüdischen Musiker: »Die meisten Menschen trinken gelbes Bier./ Verrauchte Krämer glotzen grau und bieder./ Ein feines Fräulein singt gemeine Lieder./ Ein junger Jude spielt ganz gern Klavier.« Die sich hier artikulierende Spannung zwischen Scherz und Ernst entspricht L.s ästhetischem Programm, durch Ironie, Schwarzen Humor und Groteske die Verzweiflung über das absurde Dasein und die aus den Fugen geratene Welt zu überwinden.

L. konnte der geahnten Weltkatastrophe jedoch nicht entkommen, er wurde zum Opfer eines kriegerischen Wahns, gegen den er immer wieder opponiert hatte. »Sie, der Dichter der Sinnlosigkeit, erschlagen von dem Weltunsinn selbst«, erklärte Alfred Lemm in einem Nekrolog: »Ihr Tod, irgendwie groß, widerspruchsvoll und zum Davonlaufen schmerzlich – wie ein Lichtensteinsches Gedicht. Ihr Tod wie Ihre Verse: zum Lachen, zum Brüllen, zum Weinen.«

Werke: Gedichte und Geschichten, 2 Bde., hg. K. Lubasch, München 1919; Gesammelte Gedichte, hg. K. Kanzog, Zürich 1962; Gesammelte Prosa, hg. K. Kanzog, Zürich 1966; Dichtungen, hg. K. Kanzog, H. Vollmer, Zürich 1989.
Literatur: K. Kanzog, Die Gedichthefte A.L.s, in: Jahrbuch der Deutschen Schiller-Gesellschaft 5 (1961), 376–401; W. Paulsen, A.L.s Prosa, in: Jahrbuch der Deutschen Schiller-Gesellschaft 12 (1968), 586–598; H. Küntzel, A.L., in: Expressionismus als Literatur, hg. W. Rothe, Bern u. a. 1969, 398–409; H. Vollmer, A.L. – Zerrissenes Ich und verfremdete Welt, Aachen 1988; N. Fuchs, Der Student A.L. (1889–1914). Neue Erkenntnisse zur Biographie des Expressionisten, in: Zeitschrift für Germanistik N. F. 15 (2005), 327–336; M. Ansel, A.L.s ›Skizzen‹. Frühexpressionistische Rollendichtung im Kontext der Kurzprosa der Moderne, in: Kleine Prosa. Theorie und Geschichte eines Textfeldes im Literatursystem der Moderne, hg. Th. Althaus u. a., Tübingen 2007, 139–156.

Hartmut Vollmer

Liepman(n), Max Heinz (Jens C. Nielsen, Willy Wirsch, Felix Bluntschli)

Geb. 27.8.1905 in Osnabrück;
gest. 6.6.1966 in Agarone/Tessin

Schon in seinen ersten journalistischen Veröffentlichungen beschäftigte sich der junge Heinz L. mit der Verfolgung von Juden. Seine im sozialdemokratischen »Vorwärts« veröffentlichte Kurzgeschichte *Die verlöschende Kerze. Eine sentimentale Geschichte* (1925) thematisierte ein Pogrom in Rumänien. Seine erste Rezension eines literarischen Werkes galt dem Roman *Reubeni. Fürst der Juden* (1925) von Max Brod.

L., aus einem assimilierten, liberalen Elternhaus stammend, war schon vor Ende des Ersten Weltkrieges Vollwaise geworden. Nach wechselnden Berufserfahrungen lebte er seit 1926 wieder in Hamburg, wo er auch Kindheit und erste Jugend-

jahre verbracht hatte. Seit 1928 arbeitete er als freier Schriftsteller. In kurzer Folge erschienen seine autobiographisch gefärbten Romane *Nächte eines alten Kindes* (1929), *Die Hilflosen* (1930) und *Der Frieden brach aus* (1930), die er seiner jüdischen Freundin Mira Rosovsky (später: Rostova) widmete. Stärker noch als in seinen literarischen Arbeiten setzte er sich in seinen journalistischen Beiträgen mit der jüdischen Herkunft, dem Antisemitismus und den erstarkenden Nationalsozialisten auseinander. Sein in der *Weltbühne* veröffentlichter Artikel »Pogromangst« (1930) bezog sich auf die am eigenen Körper erfahrene antisemitische Verfolgung. Nachdrücklich forderte L. die deutschen Juden zu entschiedenem Abwehrverhalten und klarer politischer Stellungnahme auf. Im sozialdemokratischen Hamburger *Echo der Woche* griff er unter der Überschrift *Der Beginn der Barbarei in Deutschland. Eine Antwort an Josef Goebbels* (1932) die Nationalsozialisten frontal an, brandmarkte ihren Kunstvandalismus, deren antisemitische Propaganda, die für L. Teil eines Angriffes auf die Demokratie von Weimar war. Spätestens mit dieser dezidierten Stellungnahme geriet L. ins Fadenkreuz der Nationalsozialisten; schon sein am Deutschen Schauspielhaus in Hamburg aufgeführtes Drama *Columbus* (Uraufführung 1932) hatte die nationalsozialistische Presse allein wegen der Herkunft seines Autors abgelehnt.

Nach der Machtübertragung an die Nationalsozialisten standen seine Bücher auf der ersten Liste des unerwünschten Schrifttums und wurden öffentlich verbrannt. Zwar gelangte sein Theaterstück *Drei Apfelbäume* unter seinem Pseudonym Jens C. Nielsen noch im Mai 1933 in Berlin zur Aufführung, L. selbst aber war im Sommer 1933 zur Flucht aus Deutschland gezwungen. Sein im französischen Exil geschriebenes Buch *Das Vaterland. Ein Tatsachenroman aus dem heutigen Deutschland* widmete er im September 1933 »den in Hitler-Deutschland ermordeten Juden«. In diesem ersten Exilroman konfrontierte L. die Mannschaft eines nach der sogenannten Machtergreifung nach Hamburg zurückkehrenden Fischkutters mit den neuen politischen Verhältnissen. Erschüttert von dem Ausschluss aus der deutschen Mehrheitsgesellschaft, sich vehement zu seiner Gegnerschaft gegen die Nationalsozialisten bekennend, versuchte L. seine Leserschaft über den wahren Charakter der neuen Machthaber aufzuklären. Galt in diesem Buch das Hauptaugenmerk der Verfolgung der Juden, z. B. während des »Judenboykotts« vom 1. April 1933, so stand der illegale Widerstand von Sozialdemokraten und Kommunisten im Mittelpunkt des zweiten, antifaschistischen Romans *...wird mit dem Tode bestraft* (1935). Noch im Juni des Jahres wurde L. die deutsche Staatsbürgerschaft aberkannt; sein Name stand auf der gleichen Liste wie die von Bertolt Brecht, Nachum Goldmann, Rudolf Hilferding, Kurt Hiller, Max Hodann, Erika Mann, Erich Ollenhauer, Justin Steinfeld u. a.

In den USA, wohin L. nach zweijährigem Aufenthalt in England 1937 emigriert war, engagierte er sich auch weiterhin gegen die Nationalsozialisten. Während seiner ersten Vortragsreise in den USA hatte das »Albert Einstein-Heinz Liepmann-Dinner« im Dezember 1934 der Errichtung einer Bibliothek der verbrannten Bücher in New York gedient; drei Jahre später sprach er über die Situation deutscher Flüchtlinge und die Verfolgung der Juden, protestierte 1938 als Redner mit anderen in der Carnegie Hall gegen »Five Years of Hitler Terror«. Anfängliche journalistische Erfolge, Veröffentlichungen in der *New York Times* wie dem New Yorker *Menorah Journal*, wurden überschattet von Verstößen gegen die amerikanischen Einwanderungs- und Drogengesetze, was dazu führte, dass L. (der die Schreibweise seines Nachnamens anglisiert hatte) 1947 aus den USA nach Deutschland abgeschoben wurde.

In der Nachkriegszeit arbeitete er zunächst als freier Journalist, Autor von Artikelserien für illustrierte Magazine und (Hörspiel-) Übersetzer, berichtete schon 1947 für das *Menorah Journal* unter der Überschrift *The Survivors* über die nicht nur materielle Not der Überlebenden der deutschen Judenverfolgung. Ohne je Anhänger der zionistischen Idee gewesen zu sein, verfasste L. 1956 ein von hohem Respekt geprägtes Radio-Feature *Die Früchte des Kaktus. Eine Reise durch den Staat Israel.* Als in den 50er Jahren der Philosemitismus zur prägenden staatspolitischen Haltung wurde, schrieb L. als Mitarbeiter der *Welt* Artikel mit so provokanten Überschriften wie *Müssen wir wieder emigrieren ?* (1959), *Aber er hat doch die Autobahnen gebaut...* (1959), *Sollen wir unser eigenes Nest beschmutzen?* (1960), *Politik? Um Himmels willen...* (1960). Diese Artikel sowie der Beitrag *Lights and Shadows in West-Germany*, 1959 im *Menorah Journal* veröffentlicht, versammelte L. in seiner Broschüre *Ein deutscher Jude denkt über Deutschland nach* (1961), die auf Verlassung des Hamburger Schulsenators für alle Lehrerbibliotheken angeschafft wurde.

L., der schon lange erneute Emigrationsabsichten hegte, verließ 1961 gemeinsam mit seiner Frau Ruth, die die Okkupation Hollands im Untergrund überlebt hatte, Deutschland, um bis zu seinem Tod in Zürich zu leben. Als Kulturkorrespondent in der Schweiz arbeitete er vor allem für *Die Welt*, gleichzeitig auch für mehrere deutsche Rundfunkstationen. Ein herausragender Beitrag war sein Interview *So denk' ich über Deutschland* (1962) mit Erich Maria Remarque, mit dem ihn eine langjährige Freundschaft verband. Für den Norddeutschen Rundfunk berichtete L. wiederholt über den Auschwitz-Prozess in Frankfurt, diskutierte über seine Prozessbeobachtungen im Radio mit Axel Eggebrecht. Bis zu seinem Lebensende blieb L. ein kritischer Begleiter der politischen Entwicklung Deutschlands, was auch in seiner letzten Buchveröffentlichung *Kriegsdienstverweigerung oder Gilt noch das Grundgesetz?* (1966) zum Ausdruck kam. Auch wenn er heute zu den fast vergessenen Autoren gezählt werden muss, lebt sein Name in der von seiner Frau und ihm 1949 in Hamburg gegründeten, seit 1961 in Zürich ansässigen literarischen Agentur Liepman fort.

Werke: Das Vaterland, Amsterdam 1933; ...wird mit dem Tode bestraft, Zürich 1935; Ein deutscher Jude denkt über Deutschland nach, München 1961.

Literatur: J. Hans, »Lieber Gott, mach mich stumm, dass ich nicht nach Wittmoor kumm!« H.L.s Dokumentarromane aus Nazi-Hamburg, in: »Liebe, die im Abgrund Anker wirft«. Autoren und literarisches Feld im Hamburg des 20. Jahrhunderts, hg. I. Stephan u. H.-G. Winter, Hamburg 1989, 161–174; K. Müller-Salget, Zum Beispiel: H.L., in: Exilforschung. Ein internationales Jahrbuch 3 (1985), 286–312; W. Weinke, »Deutschfeindliche Journalisten und Schriftsteller«: Justin Steinfeld und H.L., in: Eine verschwundene Welt. Jüdisches Leben am Grindel, hg. U. Wamser und W. Weinke, Springe 2006, 118–131.

Wilfried Weinke

Lind, Jakov (eigentl. Heinz Landwirth)

Geb. 10.2.1927 in Wien;
gest. 17.2.2007 in London

»Bei der Überprüfung meiner Habe stellte ich fest, dass sie aus nichts als der bloßen Haut bestand. Alles übrige war dahin, Zionismus, Idealismus, Liebe, Haß und Sprache.« So beschrieb L. seine Lage unmittelbar nach dem Ende des Dritten Reichs.

Der Deportation konnte sich der junge Wiener Jude entziehen; auch seine Eltern entkamen, anders als der Großteil seiner Familie, der Verfolgung. L. hatte einen abenteuerlichen Überlebenskampf »im Rachen des Ungeheuers« geführt. Mit falscher holländischer Identität fuhr er als Schiffsjunge auf einem Rheinschlepper und überdauerte die Nazi-Zeit als Assistent im Reichsluftfahrtministerium – das Opfer überlebte als Mitläufer. Nach Kriegsende waren die einst sinngebenden Koordinaten seiner Existenz zerstört, und ein erneutes Zurechtfinden in der Welt knüpfte sich für den heimatlos Gewordenen vorrangig an die Fähigkeit, dieser Existenz sprachlich Herr zu werden: »Der Krieg war vorüber, und die Sprache hatte ihre Bedeutung verloren. Worte der Liebe, Worte des Vertrauens und des Glaubens, Worte der Hoffnung und immerwährenden Zuneigung und Worte von Küssen und Wolken. Alles unbrauchbar.«

Über den mühevollen Prozess neuerlicher Ich-Konstituierung und die Suche nach individuell beglaubigtem sprachlichen und literarischen Ausdruck hat L. in drei autobiographischen Büchern detailliert Auskunft gegeben: *Counting My Steps* (1969, dt. *Selbstporträt*, 1970), *Numbers* (1972, dt. *Nahaufnahme*, 1973) und *Crossing* (1991, dt. *Im Gegenwind*, 1997). L. vermochte seine eigene Geschichte nur in der Sprache seiner Wahlheimat England zu schreiben – Spätfolge der intensiven Selbstrecherche eines Menschen, der kein Jude sein wollte, sondern Weltbürger, bis er für sich entdeckte, dass beides eins sein konnte. Nach seinem fulminanten Debüt mit den Erzählungen des Bandes *Eine Seele aus Holz* (1962) galt L. in den 60er Jahren noch als große Hoffnung der deutschen Literatur. Während im deutschsprachigen Raum das Interesse an dem eigenwilligen Erzähler zunehmend verblasste, blieb er auf dem anglo-amerikanischen Buchmarkt eine feste Größe.

Dem Jugendlichen, aufgewachsen in einer Familie assimilierter Juden und »verarmter Luftschloßbesitzer«, glich Religion »einem magischen Ritus, einer Phantasterei, bei der neue Fußballstiefel herauskamen und Fahrräder«. Kämpferisches Selbstbewusstsein demonstrierte er durch Mitgliedschaft in einer zionistischen Jugendorganisation. Als das Dritte Reich halb Europa in seine Gewalt gebracht hatte, beschloss L., kollektiver Schicksalsergebenheit zu entfliehen und seinen Überlebenskampf ganz auf eigene Rechnung zu führen – als sei das Überleben eines Juden im Hitler-Reich allein eine Frage des festen Willens. Das vorherrschende Gefühl, das diesen Kampf stützte, war der Hass, auch Hass gegenüber jenen, die sich wie die sprichwörtlichen Schafe zur Schlachtbank führen ließen. »Gleichgültigkeit konnte ich mir nicht leisten. Ich mußte hassen, weil ich leben wollte.« Gegen Kriegsende begann er wieder nach »Spuren weicher Empfindungen« zu suchen und Hass gegen Mitgefühl einzutauschen.

In seinen im Grotesken und Widersinnigen gründenden Texten umschreibt L. sein Lebensthema, das er als die »Menschenfresserorgie des zwanzigsten Jahrhunderts« bezeichnet hat. »Es gibt eine Seuche, die Mensch heißt«, so eine andere Metapher L.s, die als Motto seinem Buch *Landschaft in Beton* (1963) vorangestellt ist. Isoliert von ihren Kontexten gelesen, nehmen sich L.s Selbstauskünfte häufig irritierend aus. Der Beschreibung der Vergangenheit, der Wahrnehmung seiner Umwelt und der Einschätzung der Gegenwart widmet sich L. stets mit »gebotenem Sarkasmus«. Auch seine Reflexionen über Judentum und jüdische Identität stehen im Zeichen einer spezifischen, von der Erfahrung des Holocaust bestimmten Distanznahme.

Selten sind Berichte Überlebender und Entkommener von einer derart ungeschützten Offenherzigkeit in Meinung, Urteil und Selbstdarstellung. L.s rigoroser Behauptungskampf verschafft sich Geltung durch eine hervorgekehrte Virilität, später durch demonstrativ unangepasstes Einzelgängertum eines ziellosen Lebenskünstlers auf der Suche nach einer authentischen Stimme. Nach dem Krieg sah er sich als einen »unbrauchbaren« Menschen. Im zionistischen Selbstverständnis des entstehenden jüdischen Staats, in dem er nach Kriegsende fünf Jahre lang lebte, erblickte er nur kurz eine Chance für sich. Zionismus, Orthodoxie oder Assimilation waren ja nur noch die »unbrauchbar« gewordenen Wörter, die ihren Bezug zur neuen Realität verloren hatten. 1971 ging L. erneut nach Israel, um das zum wehrhaften Staat gewandelte Judentum mit seinen vielfältigen Lebensformen und Widersprüchen noch einmal auf sich wirken zu lassen. Das private Journal dieser Reise, *Israel. Rückkehr für 28 Tage* (1972), dokumentiert insbesondere den offenen Prozeß seiner eigenen Suchbewegungen: »Ich bin als Zionist erzogen worden, bin Jude aus freier Wahl; ich bin kein Israeli, ich bin kein Zionist; ich weiß nicht, was Jude bedeutet – und ich bin nicht mal sicher, ob es mich wirklich genügend interessiert.«

Nach dem Holocaust wollte der junge Überlebende nicht weiterspielen, was er die »Tragikomödie Jude« nannte. »Der neue Reiz bestand darin, daß man lebte, um sich zu amüsieren, und nicht, weil man den Gaskammern entronnen war.« Zugleich aber war ihm bewusst, dass die dem Zeugen auferlegte Aufgabe, vom Schicksal der Juden unter Hitler-Deutschland zu berichten, als Zwang und innere Verpflichtung zugleich immer präsent blieb. Sein Schreiben ist daher stets von der Ambivalenz zwischen dem Beharren auf freier, individueller Existenz und dem unauflösbaren Gebundensein an die Sonderstellung des Kollektivs »Judentum« geprägt. »Als Überlebender und Zeitzeuge war es meine Pflicht, mein Job, über die Juden und die Deutschen, die Deutschen und die Juden zu sprechen – notfalls *ad nauseam*.«

Gleichwohl bedeutete dies für L. insbesondere, *seine* Geschichte zu erzählen, seine Kriegserfahrungen in ganz eigenständiger Diktion zu vermitteln. In der Groteske und im Surrealen, in metaphorischer und chiffrierter Form vermochte er seine Wirklichkeitserfahrungen zu artikulieren, ohne sich als Opfer oder Zeitzeuge in die Pflicht gleich welcher Gruppen oder Interessen nehmen zu lassen. Von der Gewalt und den Versehrungen zu sprechen, die im 20. Jahrhundert Menschen zugefügt wurden – diesem »Job« des Zeitzeugen hat sich L., insbesondere in *Counting My Steps*, in eindringlicher Weise gestellt. Aber bis heute widerstrebt es ihm, »wie ein Pawlowscher Hund geistigen Speichel abzusondern, wenn jemand Jude, Israelit, Jid, Jew, Jood, Dsjid – egal in welcher Sprache, in welchem Zusammenhang – erwähnte«.

Werke: Eine Seele aus Holz. Erzählungen, Neuwied 1962; Selbstporträt, Frankfurt a. M. 1970; Israel. Rückkehr für 28 Tage, Frankfurt a. M. 1972.

Literatur: J. Veichtlbauer, St. Steiner, J.L., in: KLG (1995); P. Stenberg, 1946. Edgar Hilsenrath and J.L. meet at the employment office in Netanya, Palestine, discuss literature, and contemplate their recent past, in: Yale Companion to Jewish Writing and Thought in German Culture 1096–1996, hg. S.L. Gilman u.a, New Haven u. a. 1997, 642–647.

Jan Strümpel

Lissauer, Ernst

Geb. 10.12.1882 in Berlin;
gest. 10.12.1937 in Wien

In einem 1924 verfassten Gedicht, das er auch in seinen 1936 entstandenen, letzten Lyrikband *Zeiten-Wende* aufnahm, beklagte L. die tragische Spannung zwischen deutschnationalem Bewusstsein und von außen aufgezwungener jüdischer

Existenz, die in seinen letzten Lebensjahren angesichts der nationalsozialistischen Herrschaft aufgebrochen war: »O Volk, mein Volk! Welch Volk ist denn nun mein?/ Wie eine Kiepe voll Geschichtsgestein/ Schleppe ich zweier Völker Last./ Dem Deutschen Jude, deutsch getarnt,/ Dem Juden deutsch, treulos an Israel, – /Hört ihr die Klapper, welche weithin warnt?/ Aussätzig von der beiden Völker Fehl!/ Dumpf um mich bläst Jahrtausendwind,/ ich kauere hoch am wilden Zeitenpaß/ und kratze mir den grauen Grind/ der Weltgeschichte, siech vom Völkerhaß.« L.s Lebenstraum, den er 1933 in seinen erst postum veröffentlichten *Bemerkungen über mein Leben* als den Versuch beschrieb, als deutscher Dichter jüdischer Herkunft »jene unauflösbare Einheit von Judentum und Deutschtum, Deutschtum und Judentum zu leben und zu gestalten, die heute als unmöglich gilt«, zerbrach unwiderruflich mit dem »Untergang«, den er über die deutschen Juden hereinbrechen sah.

L. stammte aus einer ursprünglich der radikalliberalen Berliner Reformgemeinde verbundenen, stark assimilierten Familie, in der »das jüdische

Element schlechthin nichts« bedeutete und das Wort »Jude« in Anwesenheit der nichtjüdischen Angestellten vermieden oder durch »Armenier« bzw. »Abessinier« umschrieben wurde – Zeichen für das Empfinden, »daß das Judentum etwas Minderwertiges sei«. Seine jüdische Herkunft wurde L. in seiner Jugend nur angesichts antisemitischer Anfeindungen oder in der für viele akkulturierte deutsche Juden charakteristischen verächtlichen Abgrenzung von den als fremd und kompromittierend empfundenen osteuropäischen »Kaftan-Juden« bewusst. Der jüdische Religionsunterricht befriedigte L. in keiner Weise, vielmehr gingen die wirklichen Impulse für sein späteres Denken und Schreiben von seiner Begeisterung für die preußische Geschichte aus, für Friedrich den Großen, für die Freiheitskriege, die er kurz vor dem Ersten Weltkrieg in seinem *Zyklus* besang. Die Musik Anton Bruckners, die für ihn das Wesen des süddeutschen Katholizismus verkörperte, zog ihn ebenso an wie die Suiten Johann Sebastian Bachs, in deren strenger Form er die Eigenart des norddeutschen Protestantismus und jener religiös-ethischen Haltung erkannte, die das bewunderte preußische Beamten- und Offiziersstum prägte. Beide Komponisten werden in L.s Werk immer wieder beschworen, um das »Wesen« des Deutschtums zu erfassen und um eigene religiöse Empfindungen auszudrücken. Zur Taufe, obwohl von den Eltern befürwortet und persönlich häufiger erwogen, konnte L. sich allerdings nicht entschließen, offenbar aus Widerwillen gegen die christliche Dogmatik, aber auch, weil er vor der Aufgabe eines Teils seiner Identität zurückscheute. 1924, im Jahr seiner Übersiedlung nach Wien, bekannte er: »Ich hätte mich taufen lassen können, ich könnte es auch heut, aber ich habe es nicht getan, weil dieser Übertritt mit Vorteilen belohnt würde. Vollends heute wäre es Verrat, das Judentum zu verlassen.« Dass er sein Judentum »niemals verhehlte«, konnte jedoch, wie er 1933 schrieb, seine »monomanische Liebe zu deutscher Landschaft, Geschichte, Sprache, Dichtung, Kunst, Musik, Sitte«, die sein literarisches Schaffen bestimmte, in keiner Weise einschränken.

Den pointiertesten Ausdruck seines Selbstverständnisses als eines deutschen, der deutschen Kultur und Seelenlage verpflichteten Dichters bietet eine Stellungnahme zum Verhältnis von »Deutschtum und Judentum«, zu der sich L. 1912 durch Moritz Goldsteins aufsehenerregenden Essay *Deutsch-jüdischer Parnaß* herausfordern ließ, der im germanisch-nationalen *Kunstwart* erschienen war. Goldstein hatte aus zionistischer Perspektive den Antisemitismus als Reaktion auf eine übertriebene jüdische Aneignung deutscher Kultur interpretiert und die jüdischen Intellektuellen aufgerufen, die Illusion der Integration preiszugeben und durch die Wiederbelebung der hebräischen Sprache und Poesie das eigenständige Kulturleben des jüdischen Volkes in Deutschland zu stärken. L. erblickte im Gegensatz dazu das »Heil« – statt in zionistischer Dissimilation – »bei denen, die in dem unaufhaltsamen Zersetzungs-und Assimilationsprozeß« der deutschen Juden eine führende Rolle spielten. Vehement bestritt er, »daß die Juden, die im Ghetto noch ein Volk waren, heute noch ein Volk sind«, und betonte, Juden seien in ganz Europa »auf dem geschichtlichen Wege«, durch kulturelle Integration und Entfremdung von der jüdischen Religion und Tradition »ihre Volkheit zu verdunsten«. Die von den Antisemiten beklagten »jüdischen Eigenschaften« – die Konzentration in bestimmten Berufen, die auf »Erwählungsdünkel« zurückgeführte soziale Separation und die Neigung zur »zersetzenden« Kritik – führte L. auf das durch Demokratie und Toleranz erst allmählich zu überwindende Erbe des Ghettos zurück. Antisemitische Rhetorik aufgreifend, kritisierte L. die einseitige Ausbildung des »zersetzenden jüdischen Scharfsinns«, den er auf die religiöse Tradition des »pilpul« und die Konzentration auf Berufe zurückführte, die »Schläue und kombinatorische Logik« erforderten. Dieser »jüdische Geist« schien ihm aber auf dem Rückzug zu sein. Statt ihn neu zu beleben, sollten die deutschen Juden »deutsch-werden« – »sich eingraben, einwurzeln mit aller Kraft, mit allen Adern, allen Muskeln sich zum Deutschen erziehen«. In diesem Assimilationsprozess, der allein das Vertrauen der nichtjüdischen Mehrheit zu erwecken versprach, kam nach L.s Überzeugung jüdischen Literaten, die »deutsche Schriftsteller« wurden, sich ganz der deutschen Ästhetik hingaben und alle sichtbaren Ausdrucksformen »jüdischen Geistes« – als »jüdische Entgleisungen« – in ihrem Werk vermieden, entscheidende Bedeutung zu.

L.s eigenes Werk – Lyrik, Drama und Prosa –, das, wie er 1933 rückblickend feststellte, in weiten Teilen »nicht ein Quentchen jüdischen Wesens« enthielt, spiegelt in seinen Themen und Motiven, seinem heroisch-religiösen Pathos und seiner deutsch-nationalen Gesinnung das Bemühen wider, die Liebe und Treue der deutschen Juden zum »Deutschtum« unmissverständlich zur Sprache zu bringen. Besonderen Ruhm brachte ihm zeitweise sein 1914 verfasster »Haßgesang« gegen England ein, der zum Schlachtgesang der deutschen Truppen avancierte und dessen pathetischer Ausruf »Wir haben nur einen einzigen Haß, wir lieben vereint, wir hassen vereint, wir haben nur einen einzigen Feind« L. 1915 die Verleihung des Roten Adlers durch Kaiser Wilhelm II. eintrug. Angesichts wachsender Einsicht in die Folgen des Ersten Weltkriegs distanzierte sich L. später von diesem Gedicht, das von zahlreichen Vertretern des deutschen Judentums als Ausdruck eines »unjüdischen« Chauvinismus kritisiert, von Antisemiten dagegen paradoxerweise trotz seines glühenden deutschen Nationalismus als »typisch jüdisches« Hetzgedicht dargestellt wurde. Infolge der ausbleibenden Anerkennung als Lyriker wandte sich L. nach dem Krieg dem Drama zu und schrieb Werke über historische Figuren, unter anderem über Martin Luther und Thomas Müntzer.

L.s religiöse Gedichte wie die »Psalmen« seines Gedichtbandes *Die ewigen Pfingsten* (1919) waren nach eigener Aussage in ihrem Gottesverständnis »wesentlich deutsch gefärbt«, und auch dort, wo – wie in seinem Mosedrama *Der Weg des Gewaltigen* – die biblische Thematik es nahegelegt hätte, sind Reflexionen über jüdische Themen konsequent vermieden. Im Widerspruch gegen die nationalsozialistische Leugnung der tiefen Verwurzelung der deutschen Juden in der deutschen Kultur, aber auch gegen Interpretationen jüdischer Intellektueller wie Stefan Zweig, die in seinem Werk jüdische Elemente immer stärker hervortreten sahen, beharrte L. bis zum Schluss darauf, er habe zwar ein »jüdisches Äußeres«, sein Geist sei aber »ganz gewiß nicht einseitig jüdisch.« Die Tragik seines Schaffens wird 1933 in L.s Eingeständnis deutlich, die geschichtlichen Ereignisse seiner Zeit schienen den kulturellen Integrationswillen der deutschen Juden seit dem 19. Jahrhundert als Illusion zu erweisen. Nur noch ganz leise wagte er zu dieser Zeit auf die historische »Rückwendung« zu hoffen, die seinem Empfinden nach allein noch den Sinn seines Lebens und Werkes retten könne.

Werke: Deutschtum und Judentum, in: Der Kunstwart 25, 13 (1912), 6–12; Die ewigen Pfingsten. Gesichte und Gesänge, Jena 1919; Der Weg des Gewaltigen. Drama in zwei Teilen, Chemnitz 1931; Bemerkungen über mein Leben (1933), in: Bulletin des Leo-Baeck-Instituts 5 (1962), 286–301; Zeiten-Wende, Wien 1936.
Literatur: G.K. Brand, E.L., Stuttgart 1923; E. Albanis, German-Jewish Cultural Identity from 1900 to the Aftermath of the First World War: A Comparative Study of Moritz Goldstein, Julius Bab and E.L., Tübingen 2002; R. Brändle, Am wilden Zeitenpaß. Motive und Themen im Werk des deutsch-jüdischen Dichters E.L., Frankfurt a.M. 2002; U. Sieg, Jüdische Intellektuelle im Ersten Weltkrieg. Kriegserfahrungen, weltanschauliche Debatten und kulturelle Neuentwürfe, München 2008.

Christian Wiese

Löhner, Fritz (Beda, Löhner-Beda; eigentl. Friedrich Löwy)

Geb. 24.6.1883 in Wildenschwert (Böhmen); gest. 4.12.1942 in Auschwitz

Als 1928 in Franz Lehárs Singspiel *Friederike* Goethe erstmals auf der Bühne des Berliner Metropol-Theater erschien, hatte ein jüdischer Librettist dessen klassische Gedichte in populäre Operettenlieder verwandelt. Ein Skandal, der den Erfolg dieses Singspiels jedoch nicht aufhalten konnte.

Besagter Librettist, der damals als Schlagertexter berühmte L., ließ sich davon nicht beirren. Er schrieb nicht nur für Lehár noch *Das Land des Lächelns* (entstanden 1929) und *Giuditta* (entstanden 1934), sondern u.a. auch für Paul Abrahám *Viktoria und ihr Husar* (entstanden 1930) und *Die Blume von Hawaii* (entstanden 1931).

Dass der Verfasser von *Ich hab' mein Herz in Heidelberg verloren* (entstanden 1925), *Ausgerechnet Bananen, Was machst du mit dem Knie, lieber Hans?* (entstanden 1923) oder *In der Bar zum Krokodil* (entstanden 1927) darüber hinaus ein überzeugter Verfechter des Zionismus war, blieb seinen Zeitgenossen weitgehend unbekannt. Der Zwiespalt, der sich hinter diesem Widerspruch von Operettenwelt und Zionismus verbirgt, hat L.s Werk bestimmt. War die Unterhaltungskultur der 20er Jahre einerseits stark von jüdischen Persönlichkeiten geprägt, waren diese andererseits fast ausnahmslos im assimilierten Milieu beheimatet. Ein jüdisches Selbstverständnis gab es in jener Branche so gut wie gar nicht. Bei L. lag der Fall anders, so dass er nicht zuletzt auch deshalb als exemplarisch gelten kann. Der Sohn eines völlig assimilierten Kaufmanns, der bei der Übersiedlung nach Wien 1887 die Änderung seines Familiennamens Löwy in Löhner beantragt hatte, schloss sich schon in seiner Wiener Gymnasialzeit der zionistischen Mittelschulverbindung Giskala an. Mit Beginn des Jurastudiums an der Wiener Universität wurde er Mitglied der Kadimah, der ältesten jüdisch-nationalen Studentenverbindung überhaupt, 1882 in Wien u.a. von Nathan Birnbaum gegründet. Sowohl als Reaktion auf den zunehmenden Antisemitismus der deutsch-nationalen Burschenschaften, als auch als deutliches Bekenntnis zur jüdischen Identität, versuchte die Kadimah vor allem assimilierte jüdische Studenten zu erreichen, die noch zu L.s Studienzeit hauptsächlich deutsch-liberalen Verbindungen angehörten. Gegen das sogenannte »Waidhofener Prinzip«, in welchem die Deutsch-Nationalen 1896 Juden jede Satisfaktionsfähigkeit abgesprochen hatten, setzte sich die couleurtragende Kadimah als schlagende Verbindung zur Wehr. Das aus diesen Kämpfen gewonnene Bewusstsein der Notwendigkeit einer »besseren körperlichen Ertüchtigung der jüdischen Jugend« veranlasste L. 1909 zur Gründung des ersten jüdischen Sportklubs in Wien, Hakoah – 1923 immerhin österreichischer Fußballmeister. Zu dieser Zeit erschienen unter dem Pseudonym Beda, der tschechischen Kurzform von L.s deutschem Vornamen, seine satirischen Gedichtbände *Getaufte und Baldgetaufte* (entstanden 1908) und *Israeliten und andere Antisemiten* (entstanden 1909; »der lieben, alten Kadimah« gewidmet), die scharf mit der jüdischen Assimilation ins Gericht gingen und in Wien beachtliches Aufsehen erregten. L.s Spott galt vor allem »schiefen Situationen« des assimilierten Alltags – so wenn der Sohn in eine deutsch-liberale Verbindung geht, um sich von seinen jüdischen Eltern zu distanzieren (*Der Markomanne*); die Tochter sich taufen lässt, um adlig heiraten zu können (*Die wahre Liebe…*) oder die Eltern selbst zu diesem Zweck großzügige Empfänge geben (*Der Jour*). Solche Verrenkungen bis zur Selbstverleugnung wurden von L. schmerzhaft bloßgestellt und enden meist mit dem bitteren Fazit: »Jeder Jud' wird toleriert,/ Wenn man gut bei ihm soupiert.« Hellsichtig entlarvte er das scheinbar liberale Wien: »Willst Du als Jude ein Tänzchen wagen,/ Hei, mußt Du starke Musike vertragen:/ Die Neid-Violine, die Nörgel-Flöte […] die Deine Seele zusammenschnürt,/ Ein Blutsgenosse dirigiert […]« – wie z.B. Karl Kraus, dessen kritische Gegenposition L. als *Mauschel-Evolution* verballhornte: »Aron Lieb las ›Mischna‹ noch/ unter viel Gewackel,/ Max las nur den ›Szeps‹ und ›Bloch‹,/ Egon liest die ›Fackel‹ […] Seht, das ist der Unterschied/ Und das ganze Tauscherl;/ Leib war Jude, Max ist Jüd,/ Egon ist das Mauscherl.« Dennoch schlug L. zunächst den Weg einer typisch assimilierten Karriere ein. Nach der Promotion 1908 Konzipient in einer Anwaltskanzlei, gab er die juristische Laufbahn bald zugunsten einer journalistischen auf. So veröffentlichte er zwischen 1914 und 1928 allwöchentlich ein aktuelles satirisches Gedicht in der *Wiener Sonn- und Montagszeitung*. Während des Ersten Weltkriegs im Wiener Kriegspressequartier beschäftigt, feuerte er von dort patriotische Bomben und Granaten (entstanden 1916) in Gedichtform. Später wandte er sich endgültig der leichten Muse zu, die ihm manchen Kabarett-Sketch (u.a. für Hans Moser) und an die 2000 Schlagertexte verdankt. Spiegelte sich in diesen anfangs noch seine jüdische Identität – er benutzte mit Vorliebe jüdische Protagonisten und jüdischen Jargon – verliert sie sich in seinen Operettentexten vollends. Dennoch blieb L. sowohl dem Sportklub Hakoah, dessen Präsident er lange Jahre war, als auch der Verbindung Kadimah zeitlebens verbunden. Noch 1937 organisierte er ein Benefiz-Kabarett für sie. Dies mag auch der Grund sein, warum L. als einer der wenigen Unterhaltungskünstler unmittelbar nach dem »Anschluss« verhaftet und mit dem sogenannten ›Prominententransport‹ am 1. April 1938 nach Dachau verschleppt wurde. Ein weiterer Grund war, dass er schon früh satirisch Position gegen die Nazis bezogen hatte und ihnen daher als ausgesprochener jüdischer Aktivist galt. Noch im selben Jahr nach Buchenwald deportiert, schrieb er mit dem befreundeten Wiener Komponisten Hermann Leopoldi das *Buchenwaldlied*, das offizielle Lagerlied des KZ. Am 17. Oktober 1942 wurde L. nach Auschwitz verlegt, wo er im von der I.G. Farben mit extremer Brutalität betriebenen Außenlager Monowitz nach schweren Misshandlungen starb.

Werke: Getaufte und Baldgetaufte, Wien 1908; Israeliten und andere Antisemiten, Wien 1909; Neue Satiren, Wien u.a. 1912; Wie man sich trefft im Apezzotal, Wien 1916.

Literatur: R. Löhner, Erinnerungen an meinen Bruder Beda, in: 50 Jahre Hakoah 1909–1959, hg. A. Baar, Tel-Aviv 1959, 258–260; J.L. Bato, Erinnerungen an den Wiener zionistischen Satiriker Beda, in: Die Gemeinde, Wien 5. Sept. 1972, 57; G. Schwarberg, Dein ist mein ganzes Herz. Die Geschichte von F.L.-B., der die schönsten Lieder der Welt schrieb, und warum Hitler ihn ermorden ließ, Göttingen 2000; B. Denscher u.a., Kein Land des Lächelns. F.L.-Beda 1883–1942, Salzburg u.a. 2002.

Stefan Frey

Loewenberg, Jakob

Geb. 9.3.1856 in Niederntudorf
bei Paderborn;
gest. 9.2.1929 in Hamburg

L.s Gedicht *Mein Vaterland* aus seinem Band *Lieder eines Semiten* (1892) beginnt mit einem der zahlreichen feurig-pathetischen Bekenntnisse des Autors zu Deutschland: »Wie's mich durchschauert/ Bei deines Namens hehrem Klang!«. Diesem

Wunsch nach Identifizierung tritt schroff ein wachsender Antisemitismus entgegen: »Du Fremdling, fort aus unsern Reih'n!«. Doch davon lässt sich der Autor sein »freudigstolzes« Gefühl nicht rauben. Unerschütterlich hielt L. an seinem Glauben an die glückende Symbiose fest. Sein Leben wie sein Werk sind davon geprägt: »Trotz euer: *Deutschland über alles*«. Wenn auch in anderen Gedichten dieses Bandes (ab der 2. erweiterten Auflage 1901: *Aus jüdischer Seele*) die Klagen und Anklagen oft schärfer und bitterer, gelegentlich sarkastisch werden – »Ihr wart die Jäger, ich das Wild« (*Freiwild*), »Ihr habt verhöhnt mich, habt mich angespien« (*Aus der Schule*), »Sie schürten um uns die Feuerbrände [...] Sie sperrten uns ein in düstere Gassen« (*Umsonst*) – zeugen andere Texte von seinem Glauben an die deutsch-jüdische Symbiose. *Aus zwei Quellen* – so lautet programmatisch der Titel eines (stark autobiographischen) Romans (1906, als Buch 1914), in der zweiten Auflage (1919) präzisiert der Untertitel: *Die Geschichte eines deutschen Juden*.

L., das neunte von zehn Kindern eines Hausierers, stammte aus dem für weite Teile Westfalens typischen Landjudentum. Seine Kindheit schilderte er als eine schwierige, aber glückliche, letzten Endes gelungene Sozialisation in einem katholischen Milieu. Er besuchte eine jüdische und eine katholische Schule seines Heimatdorfes, danach das jüdische Marks-Heindorfsche Lehrerseminar in Münster, seit 1873 war er als Elementarschullehrer tätig. Später studierte er in London und Paris, 1886 wurde er in Heidelberg zum Dr. phil. promoviert. Danach war er Lehrer an einer evangelischen Realschule in Hamburg, durfte aber dort das »Gesinnungsfach« Deutsch nicht unterrichten. 1891 gründete er, u. a. mit Gustav Falke und Otto Ernst, die »Literarische Gesellschaft«. Seit 1892 leitete er im Geist der Reformpädagogik eine private jüdische Höhere Töchterschule, die 1912 staatlich anerkannt wurde und seinen Namen führte.

Zwar hielt L. an Tradition und Kultur des Judentums fest, verurteilte die Taufe, aber sein höchstes Ziel war es, ein deutscher Lehrer und Dichter zu sein, deutsch zu unterrichten und zu schreiben. In der von Moritz Goldstein ausgelösten *Kunstwart*-Debatte 1912 betonte das Mitglied des »Centralvereins deutscher Staatsbürger jüdischen Glaubens« zum wiederholten Male öffentlich: Deutschland »ist die Heimat unserer Seele. Wir sind Deutsche und wir wollen es bleiben [...] Daß wir dabei unsere Väter nicht vergessen, daß wir uns stolz und frei als Juden bekennen, ist selbstverständlich.«

Auch in seinem Schreiben war L., gelegentlich sehr betont, Didaktiker, Lehrer, Aufklärer, Bildungsoptimist. Seine Werke sind häufig detailrealistisch, »naturalistisch«. Viele zeichnen Szenen und Bilder seiner westfälischen, zunehmend auch seiner neuen norddeutschen Heimat. In zahlreichen Erzählungen wird das Modell der Auerbachschen Dorfgeschichte mit naturalistischen Themen – Armut, Elend, Sozialkonflikte, Unbildung – und in einfacher Sprache weitergeführt. Immer wieder werden jüdische Schicksale geschildert. Bei aller Schwere enden sie selten tragisch (wie in *Die schwarze Riwke* in *Stille Helden*, 1906), meistens finden sie einen versöhnlichen Ausgang (*Die Geographiestunde*, in *Der gelbe Fleck*, 1924).

In *Aus zwei Quellen* entwirft L. ein detailreiches, auch sozialhistorisch interessantes Bild vom Alltagsleben der westfälischen Landjuden, von ihrem Kampf um Anerkennung und Aufstieg, ihrem kaum erschütterbaren Glauben an die Macht der Bildung und der »deutschen« Bildungsgüter. Er schildert aber auch den allmählichen Rückgang der religiösen Bindungen, das ambivalente Verhalten zu den Ostjuden, nicht zuletzt die versteckten und offenen Anfeindungen. Der Roman bestätigt L.s Bekenntnis zur Heimat und zur jüdischen Geschichte zugleich. L. wendet das gängige stereotype Bild vom heimat- und wurzellosen Ahasver ins Positive: Gerade da er die Leiden und die Sehnsucht vieler Völker erfahren habe, könne er »sie anspornen, sich die Hand zu reichen zum stärkenden brüderlichen Bund«.

L. schien trotz des wachsenden Antisemitismus und der Angriffe von zionistischer Seite persönlich sein Lebensziel der Vermittlung zu erreichen: Seine

Dichtungen wurden viel gelesen, seine Anthologien deutscher Dichtung (*Vom goldnen Überfluß*, 1902), seine Kinderbücher und seine Schulwerke waren weit verbreitet; in nicht-zionistischen jüdischen Kreisen galt er als wichtiger Sprecher für Emanzipation und Toleranz, zu seinem 70. Geburtstag wurde ihm in der Hamburger Universität eine Feier ausgerichtet. Am Schluss seines Lebens zog er Bilanz: »wenn ich jemals auf etwas stolz war, so war es darauf: Deutscher und Jude zu sein.« Und: »Wenn ich durch mein Tun und Streben erreicht habe, daß einer oder der andere ein bißchen besser über die Juden denkt, bin ich zufrieden.« L. starb 1929; er musste nicht mehr erleben, wie die von ihm erhoffte deutsch-jüdische Symbiose zerbrach.

Werke: Aus zwei Quellen. Die Geschichte eines deutschen Juden, hg. P. Frielingsdorf u.a., Paderborn 1993; Aus jüdischer Seele. Ausgewählte Werke, hg. W. Kempf, Paderborn 1995; Excerpts from his Diaries and Letters, in: Leo Baeck Institute Yearbook 15 (1970), 183–209.
Literatur: E. Loewenberg, J.L. Lebensbild eines deutschen Juden, in: Jahrbuch für jüdische Geschichte und Literatur 29 (1931), 99–151; I. Shedletzky, Ludwig Jacobowski (1868–1900) und J.L. (1856–1929), in: Juden in der deutschen Literatur, hg. S. Mosès u.a., Frankfurt a.M. 1986, 194–209; B. Wacker und W. Kempf, J.L. 1856–1929, Salzkotten 1992; H. Steinecke, »Nun auf die Juden!« Literarische Sittengemälde aus Westfalen, in: Confrontations/ Accomodations. German-Jewish Literary and Cultural Relations from Heine to Wassermann, hg. M.H. Gelber, Tübingen 2004, 173–186.

Hartmut Steinecke

Loewenson, Erwin (Golo Gangi)

Geb. 31.8.1888 in Thorn;
gest. 22.1.1963 in Tel Aviv

L. verfasste autobiographische, literaturkritische und (religions-)philosophische Schriften. Er wuchs in Berlin auf. Freundschaften verbanden ihn mit Jakob van Hoddis, David Baumgardt und Kurt Hiller. 1909 begründete er den »Neuen Club«, aus dem 1910/11 das »Neopathetische Cabaret« hervorging, das bald zum Sammelpunkt der jungen, sozialradikalen und antichauvinistisch eingestellten Berliner Expressionisten wurde. Hier liegen die Grundlagen seines unkonventionellen Stils und der von Nietzsche geprägten Frontstellung des Natürlichen gegen den Geist; seine philosophische Promotion trägt den Titel *Der biologisch-geistige Voluntarismus seit Nietzsche*. Im *Aufruf des Neuen Clubs* (1909) schlägt er sich auf die Seite des Voluntarismus, protestiert gegen das »Intellektive« und verkündet auch eine – im Sinne Nietzsches durchaus moderne – antidemokratische Ästhetik: »Demokratie, das heißt: Tode dem Genie.« Vorbild seines aristokratischen Voluntarismus sind nicht allein die Griechen in der Sicht Nietzsches, sondern auch die Juden: »Ein Volk [...], das den Sturm empfindet, sich hineinzustürzen in das Jauchzen der Lebendigkeit, macht sich solche Institutionen, daß die Starken, die Überreichen, die Schöpfer nicht verhütet, sondern gesteigert werden. Die Griechen und die Juden haben das gewußt, und die Erfolge haben's bewiesen, daß auch ein Gesamtvolk mit *aristokratischer*Tendenz möglich ist.«

Nach dem Krieg arbeitete L. im deutschen Palästina-Werk. Prägend blieb dieser Aufbruch im Zeichen des Expressionismus bei L. nicht bloß als radikaler symbolischer Protest, sondern auch als Anspruch, präzis zu sein bis ins sprachliche Detail, als antikonventionelles Bemühen, auf endgültige Formulierungen zu verzichten. So erklärt sich die oft nicht unmittelbar eingängige Wortwahl, so erklärt sich auch das Pseudonym, das er sich in der Zeit des »Neuen Clubs« gab. Der Deckname Golo Gangi ist programmatisch: Sein Vorname soll, so L., »lateinisch-pathetisch« und »heidnisch zerklüftet«, der Nachname »neuromantisch-lebensleicht« klingen. 1929–33 unterrichtete er an der von ihm mitbegründeten »Schule jüdischer Jugend«. 1933 emigrierte er nach Paris und dann nach Palästina. Wichtig wurde er nicht nur als Autor, sondern auch als Nachlassverwalter Jakob van Hoddis' und als Retter des Nachlasses G. Heyms. Die tiefe Erschütterung über den Tod Heyms 1912 prägte ihn bis ans Lebensende. Es war der Tod Heyms, der Anlass für zwei Werke gab: L. veröffentlichte 1962 *Georg Heym. Vom Geist des Schicksals* und hinterließ das unveröffentlichte Werk *Allgemeine Strukturtheorie*. Es sollte nach eigener Aussage das »Leben, Schaffen, Denken und Sterben« Heyms »einheitlich überdenken«. Neben der Heym-Monographie von 1962 hat L. kaum etwas veröffentlicht. Im Nachlass finden sich allerdings umfangreiche Manuskripte, u.a. ein Pentateuch-Kommentar sowie eine Darstellung der »Gesamterscheinung« Else Lasker-Schülers und Glossen zur Philosophie Franz von Baaders. Diese publizistische Zurückhaltung ist nicht allein als neurotischer Perfektionismus, sondern auch als Zeugnis eines »Fanatikers der geistigen Verantwortung«, der auf endgültige Formulierungen verzichtet, gewürdigt worden (Frankenstein). Die um Präzision bemühte, bei der ersten Lektüre umständlich wirkende Diktion lässt sich auf den Kreis der Neopathetiker um G. Heym und J. van Hoddis zurückführen.

Zentral für L.s Denken im Allgemeinen und für seine Interpretation des Judentums im Besonderen ist die Kategorie des Schicksals bzw. des Gesetzes. Damit ist nichts Vorbestimmtes gemeint; vielmehr wertet L. »die Art, wie das Ich mit dem ihm Gegebenen umgeht«, als Schicksal auf. Ziel dieser terminologischen Exerzitien ist es, wie L. selbst angesichts der Vortragskunst L. Hardts bemerkt hat, »dem Menschen tiefere Sphären aller Realität zu eröffnen«. Die Begriffe Schicksal und Gesetz begründen bei L. eine neue Sicht auf das Judentum und die Moderne. Die Bibel sei, so L. 1929 in dem Essay *Zu einem neuen Bibelkommentar*, ein »Epos« vom »Kampf Gottes«, mithilfe des Menschen »die Schöpfung weiterzuentfalten«. Insofern schließt der Begriff des Schicksals bei L. unmittelbar an die Idee des Bundes Israels mit Gott an. Das Gesetz ist dabei nichts Willkürliches, sondern die Möglichkeit, »daß der Mensch mit Gott ›übereinstimmen‹ kann«. Die Idee des Schicksals entwickelt L. exemplarisch an seinem früh tödlich verunglückten Freund. Deutlich wird, dass die Idee des Schicksals nicht im Sinne der »Vorbestimmung« zu verstehen ist, sondern als Disposition, an der der Einzelne, den das Schicksal trifft, Anteil hat: »Georg Heym hat seinen frühen Tod nicht deshalb vorausgeahnt, weil er unausbleiblich – als ihm ›vorbestimmt‹ – so eintreten musste. Vielmehr: sein Tod hat so eintreten müssen, weil er ihn so ›gewußt‹ hat; das heißt: weil sein Bewußtseins-Ich aus einer Furcht eine Einstellung auf Unheil, ja einen Willensentschluß dazu gemacht hat.«

L. hat die Kategorie des Schicksals auch für die Interpretation von Kafkas Parabel *Vor dem Gesetz* fruchtbar gemacht. An ihr entwirft L. einen Konflikt zwischen der Einzigartigkeit des Menschen und dem universalen Gesetz. Den individuellen Menschen begreift er als Produkt seines Schicksals: »So einzigartig wie er [der Mensch] ist, hat das Schicksal ihn gemacht und hingestellt in einen einzigartigen Lebensumkreis, jeden in ganz besondere, einmalige lebendige Verhältnisse hinein, die so wie *sie* sind, seine Mitwirkung verlangen.« Wie das Gesetz ist das Schicksal nicht »außerhalb des Menschen«, sondern in ihm – »Der Türhüter *ist* die Hemmung im Mann und der Mann *ist* K. [aus dem *Process*]«. Eine religiöse Kategorie ist das Schicksal bei L. insofern, als sie das »Immanent-Göttliche« im Menschen verkörpere. Die Ausschaltung des Schicksals hingegen sieht er als Ergebnis von Säkularisierung, Zivilisationsprozess als Abkehr vom Schicksal.

In einer Auseinandersetzung mit M. Buber versucht L., dessen Begriff des Dialogischen kontrastiv auf seine Begriffe von Gesetz und Schicksal zu beziehen. L. zufolge aber weist das Dialogische über sich hinaus auf einen Anspruch der Welt. Der Sinn der Welt liege in den Dingen »und nicht in uns allein«. Im gelungenen Dialog ginge demnach der Anspruch der Welt in der Erfahrung »ich bin gemeint« in Erfüllung. L. nennt diese Erfüllung »Adam«- oder »Theopolitik«.

Zur Festschrift für den Philosophen David Baumgardt, den einstigen Mitstreiter im »Neuen Club«, hat L. eine *Erklärung der biblischen Eden-Erzählung* beigetragen. Abermals stellt er die Beziehung des Menschen zu Gott in den Mittelpunkt. Aufschlussreich ist die überraschende Frage: »War dieser Baum für das erste Menschenpaar nicht eine ›Falle‹?« Die Funktion der Frucht vom Baum der Erkenntnis erklärt er so: Sie »könnte dem Menschen nur irdische Unsterblichkeit bringen, – die muss ihm nun, schon um der möglichen überirdischen willen, versagt bleiben.« Im Unterschied zur textkritischen Bibelwissenschaft, die in den Mittelpunkt ihrer Untersuchung Akzidenzielles stellt, während er »das spezifische Urgut des Judentums« herausarbeiten wolle, »und zwar als ein Ganzes von derjenigen lebendigen Keimkraft, die sich im Lauf der Geschichte und trotz allen Bedeutungswandels immer wieder irgendwie durchgesetzt hat«, geht L. nicht von einem »Endredaktor« aus, der nur für die Gestalt, nicht für den Gehalt der Bibel verantwortlich sei. Der »Endautor« der Bibel habe ein »einheitliches Gott-Welt-Bild« geschaffen. Er fasst die Schicksalseingriffe Gottes und die Festigung des menschlichen Seinskerns zusammen »in dem der Seele keimhaft eingepflanzten gotthaften Sein, dem ›Gott-Ebenbild‹.« In diesem Sinne sei die Vertreibung aus dem Paradies nicht allein eine Verdammung, sondern eine »Sendung«, den paradiesischen Bund mit Gott wiederherzustellen. Auch damit steht die immer noch aktuelle Bedeutung des biblischen Israel für L. außer Frage: »Ungefähr zur gleichen Zeit, in der die jonisch-griechische Geisteskultur mit Thales begonnen hatte, naturwissenschaftliche Entdeckungen zu machen, hat sich die hebräisch-israelitische Geisteskultur tiefe Minengänge ins Innere des Menschen gebahnt.«

Werke: Die ewig verbotene Frucht, in: Horizons of a Philosopher. Essays in Honor of David Baumgardt, Leiden 1963, 233–291; Über das Dialogische. Ein Brief an Martin Buber, in: Auf gespaltenem Pfad. Für Margarete Susman, Darmstadt 1964, 131–149; Der Weg zum Menschen. Philosophische Fragmente. Aus dem Nachlaß, hg. C. Frankenstein, Hildesheim 1970; Kafka-Vortrag »Vor dem Gesetz«, in: Franz Kafka »Vor dem Gesetz«, hg. M. Voigts, Würzburg 1994, 165–178.
Literatur: H. Tramer, Berliner Frühexpressionisten, in: Bulletin des Leo Baeck Instituts 6 (1963), 245–254; R. Majut, Erinnerungen an G. Heym, E.L. und das Neopathetische Cabaret, in: GLL 24 (1971), 160.

Christoph Grubitz

Lorm, Hieronymus (eigentl. Heinrich Landesmann)

Geb. 9.8.1821 in Nikolsburg (Mähren); gest. 3.12.1902 in Brünn

L.s Vater, ein »angesehener Kaufmann« mit hebraistischen und talmudischen Interessen, übersiedelte 1822 aus Nikolsburg, dem Sitz einer bedeutenden jüdischen Gemeinde, nach Wien, wo L. aufwuchs. Eine Schwester L.s war die Frau Berthold

Auerbachs, mit dem L. häufig korrespondierte, wie er auch sonst mit zahlreichen vor allem österreichischen Schriftstellern jüdischer Herkunft in regelmäßigem Briefwechsel stand. Der körperlich schwächliche L. verlor schon als Jugendlicher fast völlig sein Gehör, im Alter (endgültig 1881) auch sein Augenlicht. Das von ihm deshalb entwickelte Zeichensystem zur Verständigung mit Taub-Blinden, eine Handtastensprache, scheint noch heute verwendet zu werden.

L. veröffentlichte seit 1837 Lyrik. 1843 entstehen die fünf Gesänge seiner im arabischen Raum spielenden Adaption der Faustsage unter dem Titel *Abdul*. Er litt unter der Zensur im österreichischen Vormärz und schrieb für Leipziger Blätter. 1845 kam er als einer der ersten Rezensenten der *Studien* in Kontakt mit Stifter. 1846 ging er für einige Zeit nach Berlin, wo er die recht witzige, die damalige Literatur Österreichs satirisch darstellende Schrift *Wiens poetische Schwingen und Federn* (1847) veröffentlichte; es war dies die erste Schrift unter dem später beibehaltenen Pseudonym, das er wählte, um seine weiterhin in Österreich lebende Familie nicht zu gefährden. Im April 1848 kehrte er nach Wien zurück, doch trotz seiner Bejahung der Revolution engagierte er sich nicht politisch. 1850 übernahm er die Leitung des Feuilletons der *Wiener Zeitung*. Sein Ruhm bei den Zeitgenossen war vor allem der Ruhm des Feuilletonisten; insbesondere galt er als Vertreter des »philosophischen Feuilletons«. Seit 1856 lebte er verheiratet in Baden b. Wien, 1873–92 als Berufsschriftsteller in Dresden. 1892 zog er nach Brünn.

L. war ein vielseitiger und fruchtbarer Schriftsteller – auch über Schach-Probleme hat er geschrieben –, von dem insgesamt bis 1910 (einschließlich Neuauflagen) 61 Titel erschienen sind, dazu zahlreiche nicht in Buchform gesammelte Beiträge zu (liberalen) Zeitungen und Zeitschriften. Sein in der Tradition des Jungen Deutschland steckengebliebenes Werk umfasst Feuilletons und populär-philosophische Werke, Literaturkritik, Gedichte, satirische Schriften wie die *Gräfenberger Aquarelle* (1848), Dramen, die auch zur Aufführung kamen, Novellen – zusammengestellt in den Bänden *Am Kamin* (1857) und *Intimes Leben* (1860) – sowie eine Reihe Unterhaltungs- und Kolportageromane. Zu den Romanen des Vielschreibers (und durch Vielschreiben seinen Lebensunterhalt verdienenden Autors) gehören *Der fahrende Geselle* (1884), *Vor dem Attentat* (1884), *Auf dem Schlosse* (1887). Besonders geglückt sei *Die schöne Wienerin* (1886). Daneben verfasste L. auch philosophisch-essayistische Werke, z. B. *Der Naturgenuß. Eine Philosophie der Jahreszeiten* (1876), von dem ein Teil 1884 überarbeitet – ohne den romanhaften Rahmen – unter dem Titel *Natur und Geist im Verhältniß zu den Culturepochen* wieder erschienen ist; sie wurden 1877 durch ein Ehrendoktorat der Universität Tübingen anerkannt. Als Philosoph hat L. unter dem Schlagwort »grundloser Optimismus« eine eigentlich pessimistische Weltsicht vertreten. Heute ist L. vergessen, was seine Gründe hat: Nach 1910 ist kein einziges Werk von ihm, der zu seinem 80. Geburtstag noch vielfach geehrt worden ist und von dem einige Texte in Reclam's Universalbibliothek erschienen sind, neu aufgelegt worden.

Äußerlich ist L. Jude geblieben, hat auch, wie aus Briefen hervorgeht, spezifisch jüdische Veröffentlichungen gelesen. 1847 hat er in einer Leipziger Zeitschrift gegen judenfeindliche Äußerungen Heinrich Laubes polemisiert. Doch erklärt er 1863 in einem Brief an Emil Kuh, warum er zu einer jüdischen Anthologie keinen Beitrag verfasst hat: »weil es ganz und gar meinen Anschauungen und Grundsätzen widerspricht, einer confessionellen Besonderheit mich anzuschließen. Ich thäte es, wenn ich wie Sie auch formell nicht mehr dazu gehörte, weil es dann eben keine confessionelle Demonstration wäre [...]. Ich aber, äußerlich in's Judenthum eingeschachtelt, fühle mich verpflichtet, mich mit Händen und Füßen dagegen zu wehren, irgend einem positiven Glauben untergeordnet zu scheinen.« In zahlreichen Artikeln jüdischer Blätter zu Jubiläen L.s wird er als jüdischer Autor gefeiert, obwohl man die relative Seltenheit jüdischer Themen und Motive bei ihm anmerkt. Judenfeindliche Angriffe auf ihn scheint es dagegen kaum gegeben zu haben. Insgesamt gehört L. wohl dem sehr deutschbewusst denkenden liberalen jüdischen assimilierten Bürgertum des 19. Jahrhunderts in Österreich an.

Der Roman *Ein Zögling des Jahres 1848* (1855), später überarbeitet unter dem Titel *Gabriel Solmar* (1864), hat eine jüdische Hauptfigur und spielt zum Teil in einer Rabbinerfamilie, doch dominieren jüdische Motive nicht. Der stellenweise recht witzig formulierte, etwa 400 Seiten umfassende Roman *Der ehrliche Name. Aus den Memoiren einer Wiener Jüdin* (1880) hat eine sympathisch gezeichnete Wiener Jüdin als Erzählerin und geht gelegentlich, zumeist ironisch, auf jüdische Verhältnisse ein – vor allem mit Spott auf das gelegentliche »leise Mauscheln« bei Neureichen und überhaupt auf neureiche Cliquen, bietet aber andererseits neben der Erzählerin eine weitere jüdische Identifikationsfigur. In beiden Romanen überwiegen aber Liebes- und Standesintrigen.

Werke: Ein Zögling des Jahres 1848, Wien 1855; Der ehrliche Name. Aus den Memoiren einer Wiener Jüdin, Dresden 1880; Bekenntnisblätter. Verstreute und hinterlassene Aufzeichnungen eines Dichterphilosophen, hg. Ph. Stein, Berlin 1905; Ausgewählte Briefe, hg. E. Friedegg, Berlin 1912; Werkverzeichnis bei W. Kosch, Deutsches Literaturlexikon, 3. Aufl., Bd. 9, Bern u. a. 1984, 1676 ff.
Literatur: B. Münz, H.L., in: Jahrbuch der Grillparzer-Gesellschaft 11 (1901), 184–222; O. Wittner, Einleitung, in: Briefe aus dem Vormärz, Prag 1911, VII–LV; K. Kreisler, H.L.s Schicksal und Werk, 1922; J. Straub, H.L., München 1960; H. Lengauer, Ästhetik und liberale Option. Zur Rollenproblematik des Schriftstellers in der österreichischen Literatur um 1848, Wien 1989; J. Vesely, H.L. und Adalbert Stifter, in: Mährische deutschsprachige Literatur, hg. I. Fialová-Fürstová, Olomouc 1999; H.L.: Lexikon deutsch-jüdischer Autoren, Bd. 16, hg. R. Heuer, München 2008, 162–173.

Sigurd Paul Scheichl

Lublinski, Samuel (Salomo[n] Liebhardt, Silvio Piccolomini, Peregrinus, Sylvester)

Geb. 18.2.1868 in Johannesburg (Ostpreußen); gest. 26.12.1910 in Weimar

Der heute weitgehend unbekannte Kritiker und Schriftsteller besaß Otto Stoessl zufolge »die bis zur Vision gesteigerte Erkenntnis der Humanität als Grundmysterium und schöpferische Idealität der Gesellschaft«, wie er 1911 in seinem Nachruf schrieb. So hoch seine geistige Leistung geschätzt wurde, so gering wurde seine körperliche Schönheit veranschlagt: »Die Natur hatte unsern Freund wunderlich geformt, indem sie dem Körper wohlgefällige äußere Bildung [...] versagte, aber dafür alles was sie an Geistigkeit zu vergeben hat, dem Gehirn im Übermaß beilegte.« Mit dieser Beschreibung reagierte Stoessl indirekt auf eine Satire Theodor Lessings, die 1910 einen Literaturskandal verursachte. In *Samuel zieht Bilanz* verspottete Lessing L. als »Samuel, unser aller Rächer und Richter«, der »Literatur käute« und »mit den Aermchen seine Gedanken in die Luft« mauschelte. »Auf ein paar ganz kurzen fahrigen Beinchen ein fettiges Synagöglein, sein Bäuchlein wie die Apsis (in der die Bundeslade verwahrt ist) weit in die Außenwelt hineingestreckt.« Gegen diese Verwendung antisemitischer Klischees zur Charakterisierung eines jüdischen Kollegen protestierten zahlreiche Schriftsteller, u. a. Thomas Mann, der L. für einen der ersten Kritiker

hielt, der die Bedeutung der *Buddenbrooks* erkannt hatte. 1910, zur Zeit des Skandals und seines plötzlichen Todes (an einem Herzanfall), war L. ein namhafter Kultur- und Literaturkritiker. Zusammen mit Paul Ernst und Wilhelm von Scholz galt er als Begründer der neu-klassischen Ästhetik. Dieses Programm versuchte er als Tragödiendichter in den Dramen *Peter von Rußland* (1906), *Gunther und Brunhild* (1908) und *Kaiser und Kanzler* (1910) paradigmatisch zu verwirklichen.

L. wuchs in einem assimilierten jüdischen Elternhaus auf. Seiner Schwester Ida zufolge wurde er »deutsch und frei von religiösen Einflüssen erzogen«. Kurz vor dem Abitur verließ er das Gymnasium und wurde Buchhändler, erst in Italien, später in Heidelberg. 1895 gab er seinen Beruf auf und begann, in Berlin als Schriftsteller und Journalist zu arbeiten. Er veröffentlichte Aufsätze in zahlreichen Zeitungen und Zeitschriften. Bereits als Buchhändler verfasste er eine mehrbändige literaturgeschichtliche Bestandsaufnahme *Litteratur und Gesellschaft im neunzehnten Jahrhundert* (1899–1900).

In den frühen Berliner Jahren war Lublinski Anhänger der zionistischen Bewegung. Im Vorwort seines ersten veröffentlichten Buches *Jüdische Charaktere bei Grillparzer, Hebbel und Otto Ludwig* (1899) äußerte er sich über seine Stellung zum Zionismus und »hätte es für unwürdig gehalten, in dieser Hinsicht seine Sympathien nicht offen auszusprechen.« Er lieferte einen Diskussionsbeitrag zum Ersten zionistischen Weltkongress in Basel 1897 und verteidigte das Programm Theodor Herzls gegen verschiedene Kritiker. 1896, noch in seiner zionistischen Zeit, erschien in der *Neuen deutschen Rundschau* der Aufsatz *Der Antisemitismus*, in dem er nationaljüdische Gedanken vertrat. In der Begründung seines zionistischen Standpunktes zeigen sich jedoch bereits die Motive für die spätere Abkehr vom Zionismus. L. führt den Antisemitismus auf die nomadenhafte Situation des jüdischen Volkes zurück. Die Judenfrage ist für ihn weiter nichts, »als ein Kampf zwischen nomadischer und sesshafter Kultur«. Ein »plumper historischer Zufall« hat die Juden zum Nomadentum verurteilt. Den Ausweg aus dieser Situation sieht er in der nationalen Konstituierung der Juden. Die nationaljüdische Bewegung soll dann zeigen, »ob und wie überhaupt die einzelnen Splitter dieses Volkes noch assimilationsfähig sind – ob sie in ihre ›Gastvölker‹ vollkommen aufgehen.« Nicht zu Unrecht trug diese Auffassung L. von nationaljüdischer Seite den Vorwurf des jüdischen »Nationalismus zum Zwecke der Assimilation« (Achad Haam) ein. Bereits 1901 wandte sich L. dann auch vom Zionismus ab und bekannte sich zur Assimilation: »Immerhin, ich bekenne mich zur Assimilation, von der vor Jahren mein Schiff abstieß, um nach langer Irrfahrt wieder bei ihr zu landen.«

Diese Abkehr vom Zionismus fand in der Herausbildung von L.s neoklassischer Ästhetik ihre Entsprechung. Ihre Grundlagen formulierte er erstmals zusammenhängend 1904 in der *Bilanz der Moderne*, seiner Auseinandersetzung mit dem Naturalismus. Darauf aufbauend folgte 1909 *Der Ausgang der Moderne*. Hier rechnete L. mit der Neuromantik ab, reformulierte und überarbeitete seine neoklassische Position. Er suchte, wie er selbst schrieb, »nach den Lebensbedingungen des tragischen Menschen in der modernen Welt«. In beiden Schriften geht L. von einem Antagonismus von Individuum und Gesellschaft aus: Die literarische Moderne erkenne zwar die Abhängigkeit des Individuums von der Gesellschaft, sei aber nicht in der Lage, sie zugunsten einer »größeren Moderne« zu überwinden. Zwei Vorentscheidungen bestimmen dabei L.s Betrachtung der literarischen Moderne: ein sozialistischer Analyseansatz und der Ruf nach der »großen Persönlichkeit«, d.h. ein Wiederaufgreifen der Genietradition. Die noch in der *Bilanz der Moderne* vertretene marxistisch-sozialistische Position, die er im *Ausgang der Moderne* aufgibt, begründet jedoch für beide Schriften einen soziologischen Ansatz, der Parallelen zum marxistischen Ansatz Franz Mehrings aufweist (Wunberg). L. versucht, Literatur auf konkrete Fakten der Realgeschichte zu beziehen. Eine Lösung für den Antagonismus von Individuum und Gesellschaft sieht er jedoch erst in der neuklassischen Ästhetik, die für ihn nicht Epigonentum, sondern Anknüpfung an die Einheit von Stoff und Form ist. Große Kunst, die eine »große Individualität« benötigt, formt Kultur und leistet Kultursynthese. Darin besteht für ihn die Aufgabe einer wirklich modernen Kunst. »Somit kommt alles darauf an, daß eine Kultur geschaffen wird, die auf dem Ganzen der Menschennatur beruht und einen synthetischen Charakter aufweist«.

Aus dieser ästhetischen Auffassung heraus, die einerseits durch die Überhöhung des Individuums und andererseits durch die Anknüpfung an klassische Traditionen geprägt ist, ist auch L.s Bekenntnis zur Assimilation und das Verhältnis zu seinem eigenen Judentum zu verstehen. So schreibt er 1910, in einer Gegendarstellung zu Lessings Satire

Samuel zieht Bilanz: »Ich leugnete also keineswegs, daß ich physiologisch Jude sei, behauptete aber in kultureller Beziehung ein Deutscher zu sein.« Sein Bekenntnis, ›kulturell Deutscher zu sein‹ kann als persönlicher Ausdruck seiner ästhetischen Überzeugung gesehen werden. Bereits 1901, in einem Artikel der liberalen jüdischen Zeitschrift *Ost und West* beschreibt L. das Gefühl seiner kulturellen Zugehörigkeit: »Ein einzelner kann sehr wohl herausfühlen, daß die Kultur, die Kindheitseindrücke und die Umgebung ihn stärker und dauernder und tiefer beeinflussten als die dunklen Mächte des Temperamentes und der Rasse. [...] Wer deutsche Kultur ganz und gar in seiner Seele trägt, der ist auch ein Deutscher.« Dass aber für L. selber in seiner gesellschaftlichen Situation keine ungebrochene Verwirklichung seines ästhetischen Programms mehr möglich ist, zeigt Lessings *Samuel zieht Bilanz*. Lessing bezeichnet ihn als einen »esprit-jüdischen Typus«, als Prototyp für den Verlust jüdischer Identität (Sprengel). Gegen L.s Modell der Kultursynthese als Partizipation an der deutschen Kultur und das Bild der »großen Persönlichkeit« stellt Lessing das Zerrbild jüdischer Zerrissenheit. Doch auch für L. gerät das solchermaßen überhöhte Individuum zunehmend in die Isolation. Einen Ausweg sucht er kurz vor einem Tod im Christentum, das als objektiver Sinnbezug des Individuums fungieren soll. Sein Versuch, Tragödie und Christentum zu synthetisieren, scheitert jedoch und führt zu einer Distanzierung vom neuklassischen Programm.

Werke: Litteratur und Gesellschaft im neunzehnten Jahrhundert, Berlin 1899–1900; Die Bilanz der Moderne, Berlin 1904; Der Ausgang der Moderne. Ein Buch der Opposition, Dresden 1909; Die Entstehung des Christentums aus der antiken Kultur, Jena 1910; Ausgewählte Schriften, Tübingen 1974.

Literatur: G. Wunberg, S.L.s Versuch, Literatur soziologisch zu verstehen, in: S.L., Die Bilanz der Moderne, hg. G. Wunberg, Tübingen 1974, 369–406; A. Wöhrmann, Das Programm der Neuklassik, Frankfurt a. M. 1979; 369–407; P. Sprengel, Urszene im Café Luitpold, in: Germanisch-Romanische Monatsschrift 42 (1992), 341–347.

Kirstin von Glasow

Ludwig, Emil (bis 1883 Emil Cohn)

Geb. 25.1.1881 in Breslau;
gest. 17.9.1948 in Moscia bei Ascona

Der heute weitgehend vergessene L. gehörte zu den erfolgreichsten Literaten der Weimarer Republik. Nach neu-romantischen Anfängen wurde er berühmt mit eingängig geschriebenen Biographien über Goethe, Bismarck, Napoleon, Wilhelm II. u. a.,

die vor allem auf die intuitive Darstellung der »Persönlichkeit als solcher« zielten. Sie interessierten sich weniger für das zeitgebundene historische »Milieu« als vielmehr für das ewige »Genie« und »die Seele des einzelnen« (*Genie und Charakter*, 1924). Die in rascher Folge erscheinenden, zum Teil sehr umfangreichen Porträts erzielten im In- und Ausland Millionenauflage. Sich selbst als »deutsch-jüdischen« Schriftsteller zu charakterisieren, hätte L., der seit 1906 überwiegend in der Schweiz lebte, vermutlich fern gelegen. Zu einem solchen wurde er vielmehr durch die historischen Umstände, die den politisch engagierten Autor immer mehr dazu trieben, zum Judentum Stellung zu nehmen. So ist es auch kein Zufall, dass Themen und Probleme jüdischer Kultur und insbesondere der deutsch-jüdischen Existenz im Werk L.s anfangs keine, dann aber mit dem Niedergang der Weimarer Republik und während des Nationalsozialismus eine unübersehbare Bedeutung gewannen.

L. entstammte dem aufgeklärten jüdischen Bürgertum. Seine Mutter kam aus einer Unternehmerfamilie, der Vater Hermann Cohn war angesehener Professor der Augenheilkunde in Breslau, dem wegen seiner Religionszugehörigkeit eine Universitätskarriere verwehrt blieb. Für seine Kinder erbat Cohn 1883 von einem dankbaren Patienten, einem hohen preußischen Staatsbeamten, die Änderung des ursprünglichen Nachnamens, um ihnen »in Deutschland ein Hindernis für jedes Fortkommen« aus dem Weg zu räumen, wie es in L.s Autobiographie *Geschenke des Lebens* heißt. L.s Erziehung war weniger religiös als vom Bildungsgut der deutschen

Klassiker geprägt. So war im Elternhaus »vom Judentum fast so wenig die Rede wie vom Christentum, und so ist es auch« – wie L. in seiner Autobiographie bekannte – »in meinem Denken und Fühlen geblieben«, »ihre Legenden [...] sind mir ferne orientalische Geschichten«.

L.s umfangreiche literarische Produktivität umfasste tragische und historische Schauspiele, Übersetzungen, Reisereportagen, politische Publizistik, eine zweibändige Geschichte Deutschlands, Romane, eine Biographie des Nils und aufsehenerregende Interviews mit Mussolini, Masaryk und Stalin. Vor allem aber war L. mit seinen historischen Biographien zahlloser Persönlichkeiten der Weltgeschichte von Cleopatra bis zu Hindenburg maßgeblich an der Entwicklung einer neuen Literaturgattung zwischen historischem Roman und gelehrter Abhandlung beteiligt, so dass er rasch als Hauptvertreter der von seinen Kritikern aus der akademischen Geschichtswissenschaft so genannten und heftig befehdeten »Historischen Belletristik« galt.

Für alles aufgeschlossen, interessierte sich der 1902 zum Protestantismus übergetretene L. für das Judentum zunächst wenig. Fokussiert schien es für L. in der Figur des befreundeten Walter Rathenau gewesen zu sein, welcher – wie L. im Rückblick mit bezeichnendem Abstand formuliert – von seinem Judentum »so irritiert« gewesen sei, »daß er es ständig betonte« (*Geschenke des Lebens*). So vereint L. in dem Rathenau-Porträt seiner Sammlung biographischer Skizzen *Genie und Charakter* (1924) ohne Scheu, um schnelle Typisierung bemüht, fast karikierend, alle gängigen Merkmale des »entschiedenen Juden«: Einsam, scharfsinnig, besessen vom »Willen zur Macht« und unfähig zur Liebe erscheint Rathenau als paradigmatische jüdische Existenz. Gleichwohl nahm L. das Attentat auf Rathenau 1922 zum Anlass, angesichts der deutschen Judenfeindlichkeit öffentlich seinen Austritt aus der christlichen Kirche zu erklären, um so seine Verbundenheit nicht mit der »Religion«, aber doch mit der jüdischen »Rasse« zum Ausdruck zu bringen. Diese Solidarität bestimmte L.s Werk in den folgenden Jahren der zunehmenden Verschärfung der politischen Verhältnisse in steigendem Maße. So setzte der Titel seiner Jesus-Biographie *Der Menschensohn. Geschichte eines Propheten* ein deutliches Signal, und in der Vorrede kündigte L. seinem Publikum ein Stück »aus der Geschichte meines Stammes« an. Der Autor wurde mittlerweile selbst Zielscheibe antisemitisch grundierter Angriffe einer national-reaktionären Publizistik, die L. bissig parierte. Dem erklärten Pazifisten, Demokraten und besonders auch im Ausland geschätzten Anwalt der jungen deutschen Republik wurde insbesondere seine kritische Biographie über den letzten deutschen Kaiser *Wilhelm der Zweite* (1925) und die Darstellung des Kriegsausbruchs *Juli 14* (1929) verübelt (Gradmann). Schließlich verbrannten deutsche Studenten seine Bücher als »Verfälschung unserer Geschichte und Herabwürdigung ihrer großen Gestalten«. 1936 erregte L. Aufsehen mit seinem Eintreten für den jungen jüdischen Studenten David Frankfurter, der den Leiter der Schweizer Landesgruppe der NSDAP, Wilhelm Gustloff erschossen hatte. Er verteidigte das Attentat mit einer nur in Amsterdam publizierbaren Schrift *Der Mord in Davos* als »nationales Heldenstück«. L.s Einspruch gegen Frankfurters Verurteilung, der erst nach dem Krieg unter dem Titel *David und Goliath* 1945 in der Schweiz erschien, führte dort zu einem faktischen Publikationsverbot, dem sich L. 1940 durch Emigration in die USA entzog, wo er zum Berater Roosevelts avancierte und u. a. ein radikales Programm zur psychologischen Umerziehung des deutschen Volks entwarf. 1941/42 publizierte L. eine grob geraffte, mit simplen Erklärungsmustern arbeitende *Geschichte der Deutschen* (erweiterte deutsche Fassung 1945), um Amerika über den Kriegsgegner aufzuklären: »überall in Verehrung des deutschen Geistes, überall mit Kritik des deutschen Staates«. Für das Scheitern der deutsch-jüdischen Kultur, das L. nur als ein Sonderfall der in Deutschland nie geglückten Symbiose von Geist und Macht ansah, bot L. seinen amerikanischen Lesern – getreu seiner Überzeugung, dass nur aus Persönlichkeit und Charakter der Gang der Geschichte abzuleiten wäre – eine so einfache wie aussichtslose Erklärung. Neid und »natürliche Eifersucht« auf die geistige Überlegenheit der Juden seien der Grund des deutschen Judenhasses. So blieb nur ein bitteres Resümee: »Der deutsch-jüdische Gegensatz ist unheilbar: nur nach Auswanderung des letzten Juden aus Deutschland kann er enden.«

Werke: Geschenke des Lebens. Ein Rückblick, Berlin 1931; Der Mord in Davos. Texte zum Attentatsfall David Frankfurter, Wilhelm Gustloff, hg. H. Kreuzer, Herbstein 1986 (mit P. O. Chotjewitz). Für die Weimarer Republik und Europa. Ausgewählte Zeitungs- und Zeitschriftenartikel 1919–1932, hg. F.C. West, Frankfurt a. M. u. a. 1991; Historie und Dichtung, in: Theorie der Biographie. Grundlagentexte und Kommentar, hg. B. Fetz u. a., Berlin u. a. 2011, 133–154.

Literatur: F.C. West, On the Significance of a Once Fashionable Trend: ›Modern‹ Biography, in: Monatshefte für Deutschen Unterricht, Deutsche Sprache und Literatur 78 (1987), 2, 199–209; G.L. Mosse, Jüdische Intellektuelle in Deutschland. Zwischen Religion und Nationalismus, Frankfurt a. M. u. a. 1992; S. Ullrich, Im Dienst der Republik von Weimar. E.L. als Historiker und Publizist, in: Zeitschrift für Geisteswissenschaft 49 (2001), 119–140; ders., »Der Fesselndste unter den Biographen ist heute nicht der Historiker«. E.L. und seine historischen Biographien, in: Geschichte für Leser. Populäre Geschichtsschreibung in Deutschland im 20. Jahrhundert, hg. W. Hardtwig u. a., Stuttgart 2005, 35–56; C.v. Zimmermann, »The Torch of Freedom«. E.L., Heinrich Mann und die biographische Essayistik der Exilzeit, in: Heinrich-Mann-Jahrbuch 26 (2009), 65–82; G. Huemer, Der Biograph in der ›Hexenküche‹. E.L. zwischen Historie und Hexenküche, in: Theorie der Biographie. Grundlagentexte und Kommentar, hg. B. Fetz u. a., Berlin u. a. 2011, 155–160.

Joachim Jacob

Lustiger, Gila

Geb. 27.4.1963 in Frankfurt a. M.

»Nacht breitet sich über das Land. Der Mensch wird in Menschenhände gelegt. […] Und ihr schweigt, und niemand sagt etwas von dem, was er sieht.« Diese Worte, gesprochen von einer der zahlreichen Gestalten in L.s Gesellschaftsroman *Die Bestandsaufnahme*, charakterisieren den bis in den Alltag vordringenden Prozess der Entmenschlichung während der Zeit des Nationalsozialismus, mit dem sie sich literarisch auseinandersetzt. Der Roman beginnt in den 1920er Jahren mit dem hoffnungsvollen Aufbruch einer jungen Frau aus der Provinz in die Hauptstadt Berlin und endet in Auschwitz. Die Jahre, die dazwischen liegen, Machtübernahme, Nürnberger Gesetze, Novemberpogrom und Krieg, prägen die weitere Chronologie. Anhand beiläufig erwähnter Gegenstände aus dem Besitz ermordeter Juden erzählt L. über die finsterste Zeit deutscher und deutsch-jüdischer Geschichte und macht Bruchstücke einer Welt sichtbar, die sich zu einem erschreckenden Mosaik zusammensetzen.

Als Tochter des jüdischen Historikers Arno Lustiger, selbst Überlebender der Shoah, der über die Geschichte des jüdischen Widerstands während des »Dritten Reichs« geschrieben hat, gehört L. einer Generation an, die gleichzeitig existenziell von den Erlebnissen und Schicksalen ihrer Eltern und Großeltern betroffen ist und doch auch scheinbar distanziert aus der Rückschau das Geschehene zu analysieren vermag. In Frankfurt am Main aufgewachsen, verließ sie Deutschland 1981, lebte in Tel Aviv und studierte Germanistik an der Hebräischen Universität in Jerusalem. 1987 zog sie nach Paris, wo sie als Journalistin, Lektorin und Autorin wirkt.

Autobiographische Elemente und explizite Reflexionen über ihr Verständnis des Judentums sind in ihrem ersten Roman ebenso bewusst ausgeklammert wie emotionale Identifikation oder moralisches Urteilen. Stattdessen spürt L. in einem komplexen Geflecht biographischer Skizzen und fiktiver Handlungen der Geschichte der Opfer – Juden, Kommunisten, Homosexuelle, von Zwangssterilisation Bedrohte – nach, die exemplarisch für die Millionen stehen, die in den Jahren des Terrors und der Vernichtung ihrer Existenz beraubt und ermordet wurden. Mit den Mitteln der Ironie und emotionalen Distanzierung erzählt sie in den kunstvoll verflochtenen Kapiteln des Romans, die die Lebensgeschichten seiner Figuren miteinander in Berührung treten lassen, von Verbrechen, Demütigungen, Rassenwahn, Todesangst und Vernichtung. Zugleich versetzt sich L. in die Täter hinein und wirft, ohne zu urteilen, einen schonungslos sezierenden Blick in ihre Psyche und stellt eine Anatomie der Verfolgungsmechanismen vor Augen, die unübersehbar macht, dass die Entrechtung und Vernichtung der Juden inmitten der deutschen Gesellschaft stattfand, unter den Augen aller, organisiert von alltäglichen Tätern. Sie widerspricht damit erzählerisch jeglichem Mythos von einem im Verborgenen sich vollziehenden Verhängnis. Die Lebensgeschichten sind in Form nüchterner Berichte abgefasst, die harmlose Vorgänge des alltäglichen Lebens vor und während der Zeit des Grauens schildern; auch die entsetzlichsten Schicksale bleiben in diese sachlich beschriebene Normalität eingebettet. Zwischen Opfer und Täter mischen sich Denunzianten, Profiteure, Feiglinge und Ahnungslose, die insgesamt die Preisgabe alles Menschlichen verursachen. Das Grauen entsteht gerade aus dieser kalten Normalität, in die sich die Opfer einzurichten gezwungen sind. Die meisten Geschichten beginnen scheinbar harmlos – dann aber gewinnt die ironische Beschreibung der Widrigkeiten und Banalitäten des täglichen Lebens, der persönlichen Schwächen und Hoffnungen der Akteure, beklemmende Züge. Die präzise, historisch wissende Beschreibung der Verfolgung und Vernichtung in ihrer Alltäglichkeit lässt die institutionalisierte Banalität des Bösen als gesellschaftliche Realität des Nazi-Regimes auf erschreckende Weise sichtbar werden. Die einzelnen Schicksale bilden ein gespenstisches Geflecht, in dem die Opfer wie in einem Spinnennetz aus Verhängnissen gefangen sind, aus dem ein Entrinnen nahezu ausgeschlossen ist. L. analysiert die seelischen Mechanismen, die dazu führen, dass die Bedrohten trotz ihrer Angst Zeit zur Flucht verstreichen lassen, sich in Scheinrealitäten flüchten, bis es zu spät ist, bis Verhaftung und Folter, Vertreibung und Deportation in den Tod alle Hoffnungen und Illusionen zerstören – ein vielschichtiger, abgründiger Todesreigen, der sein Finale in einer »Bestandsaufnahme« der Vernichtung von Leben und Existenzen findet. Unerbittlich stellt L. den industrialisierten Massenmord an den zu »Menschenläusen« reduzierten Opfern vor Augen, die, wenn sie nicht zur Zwangsarbeit verwertet werden können, duschen gehen und Gas schlucken, »um mit den Engelein, die in Auschwitz schwarz sind wegen des Rußes oder grau wegen der Menschenasche, Halleluja zu singen«.

L.s nüchtern-unterkühlte Diktion mit ihren sarkastischen Zügen erscheint gerade nicht als Teilnahmslosigkeit der scheinbar nicht betroffenen Spätgeborenen, sondern als Strategie der Zuflucht, um in einer Zeit, in der die Shoah aus der Erinnerung zu verschwinden droht, überhaupt erzählen zu können, was sich dem Nachempfinden entzieht. Dahinter verbirgt sich der Schmerz über das grausame Scheitern der deutsch-jüdischen Geschichte, spürbar in den vielen Passagen, in denen die illusionären, zuletzt tödlichen Integrationshoffnungen jüdischer Bürger (»Nur aufgenommen werden wollte er – ach, wie sehr wollte er in ihrer Mitte weilen«) kritisch zur Sprache kommen. Gegenwärtig ist auch das Wissen um die tiefgreifenden Nachwirkungen der Shoah für die Überlebenden – in der Gestalt eines Mädchens, das von seiner Familie getrennt wird und, von Nichtjuden geschützt, überlebt, aber in ihrem späteren Leben von der Verzweiflung eingeholt wird, als einzige in der Familie überlebt zu haben. Wie sehr hinter der distanzierten Analyse tiefe Sinnfragen der Autorin lebendig sind, deutet der einzige religiöse Bezug am Schluss des Romans an, eine erzählte Klage über das alle Verheißungen aufhebende Schweigen Gottes, der zur Zeit der Shoah mit Mars, Jupiter, Luna und Erde Verstecken spielte und die Erde, die darauf wartete, entdeckt zu werden, »ganz einfach vergaß [...] und nicht sah, was man seinem auserwählten Volk antat, dem Volk Abrahams, Isaaks und Jakobs, die von Gott heimgesucht wurde, als Abraham hundert war, und ihm das Lachen gebar.«

L.s Familienroman *So sind wir* (2005) erzählt auf andere, trotz distanzierender Selbstironie und oft drastischen Sprachwitzes weit persönlichere Weise davon, wie die Geschichte ihrer eigenen Familie im Nachkriegsdeutschland von dem Schicksal der Ermordeten und Überlebenden überschattet blieb. Sie reflektiert darin über die Lebenswelten ihrer Eltern und Großeltern, vor allem aber über die Strategien des Schweigens, mit denen sie das Dunkel der Vergangenheit aus dem Leben der Familie zu bannen versuchen. Zu den »Erinnerungsknoten«, um die sich die Erzählstränge ranken, zählt etwa der Briefbeschwerer, anhand dessen die Geschichte der zionistischen Großeltern aufscheint, polnischer Kommunisten, die 1924 nach Palästina ausgewandert waren und im Vergleich zu deren Freiheitsgeschichte sich die Erzählerin als »galutnik« erlebt, als »kleiner, verängstigter, assimilierter europäischer Jude«. Im Zentrum steht einerseits die lebenstüchtige, furchtlose Mutter, die nach ihrem heiratsbedingten Umzug nach Deutschland, ins »Schweineland«, vergeblich versucht hat, den Kindern »das Deutschtum auszutreiben«, und die ihrer Tochter über die Staatsgründung Israels erzählt, anderseits der Vater, der sich als 15-Jähriger dem Widerstand gegen die Nazis anschloss, verhaftet wurde und dem nach vier Jahren in Konzentrationslagern und auf Todesmärschen im März 1945 die Flucht gelang. In der obsessiven Zeitungslektüre des Vaters, der sich nicht noch einmal unwissend »von der Welt überrumpeln lassen« will, spürt die kleine Tochter, dass er »Zugang hatte zu ungeahnten Katastrophen und Gräueltaten«, doch erst als erwachsene Frau stößt sie zufällig in einer Pariser Buchhandlung auf die Erzählung seiner Leidens- und Überlebensgeschichte und beginnt zu begreifen, was er seit Jahrzehnten fest in sich verschlossen hat, um seine Töchter vor dem »ausgemergelten Jungen im KZ« zu schützen. L.s Roman lässt die Unerträglichkeit des Schweigens des Vaters erkennen, »ein Schweigen, so anziehend und bedrohlich wie ein schwarzes, ruhiges Meer«, beklagt die »Eiszeit« und »Erstarrung«, die es den Kindern der

Überlebenden der Shoah schwer macht, ihr Leben frei zu gestalten, und sie immer wieder veranlasst, sich selbst das Recht auf Erfüllung zu bestreiten: »Denkt man an den Tod in Auschwitz, ist Glück der Gipfel des Wahnsinns, die Liebe obszön, die Lebenslust eine Niedertracht.« Die Sehnsucht, die aus L.s. Familienporträt spricht, erscheint als jene, den Bann des Schweigens zu brechen und als Jüdin nicht im gleichem Maße von dem Schatten beherrscht zu werden wie der Vater, in dessen öffentliches Wirken in Deutschland sich das Wort »Überlebender« unweigerlich »eingenistet, eingekrochen, festgemacht und sich schließlich seiner bemannt« hat.

Werke: Die Bestandsaufnahme, Berlin 1995; Aus einer schönen Welt, Berlin 1997; So sind wir, Berlin 2005; Herr Grinberg & Co., Berlin 2008; Mathilda & Co., Berlin 2008; Woran denkst Du jetzt?, Berlin 2011.
Literatur: J. Herberger, Erinnerungsarbeit der Holocaustliteratur der zweiten Generation: am Beispiel von G.L., Minka Pradelski und Viola Roggenkamp, Göttingen 2009.

Christian Wiese

Maimon, Salomon (eigentl. Schlomo ben Josua)

Geb. um1752 in Sukoviboeg (Litauen); gest. 1800 in Glogau

Der Philosoph und Aufklärer M., u. a. mit seinem *Versuch über die Transzendentalphilosophie* (1790) Kantianer der ersten Stunde, war weder programmatisch noch politisch und hat über seine Stellung zum Judentum oder über die Haskala nie eine eigene Schrift verfasst. Seine Autobiographie hingegen, die *Lebensgeschichte* (1792/93), enthält sehr wohl zahlreiche Reflexionen zu aktuellen jüdischen Fragen wie auch persönliche Stellungnahmen, nicht selten im Gewand satirischer Überzeichnung. In der Autobiographie finden sich kritische Kommentare und Exkurse, zum Teil als eigene Kapitel, über Religion, Religionsgeheimnisse und insbesondere über Maimonides. Darüber hinaus gibt es, wenn auch in geringer Anzahl, Erinnerungen, Briefe, Eulogien oder sonstige Papiere, die von seinen Zeitgenossen niedergeschrieben wurden und das Bild seiner Person in die eine oder andere Richtung erweitern können. Zu den bekannteren gehören Sabattia Wolffs *Maimoniana* (1813), ein Freund und zugleich der Biograph M.s, sowie der Nachruf des Kantianers Lazarus Bendavid *Über Salomon Maimon* (1801). Aber dieses Material basiert gleichfalls auf der *Lebensgeschichte*, solange es um seine Herkunft, Kindheit, Jugendzeit und geistige Entwicklung geht.

M. erhielt in Polen die traditionelle jüdische Erziehung in hebräischer Sprache, Bibel und rabbinischer Literatur und galt bereits in jungen Jahren als hochbegabt. Heimlich und im Selbststudium begann er mit der Lektüre astronomischer Bücher, las Schriften über jüdische Geschichte und erlernte das lateinische und das deutsche Alphabet. Fernerhin folgte die intensive Beschäftigung mit Mathematik, Kabbala und der Religionsphilosophie des Mittelalters, vor allem mit Maimonides, dessen religionsphilosophisches Hauptwerk *More Nevuchim* das wichtigste Buch für M.s weitere Entwicklung war. Da der litauisch-polnische Bachur Schlomo ben Josua, so sein Patronym, weiter säkulare Wissenschaften studieren wollte, verließ er Polen um das Jahr 1777 im Alter von 25 Jahren, durchlebte als Bettler eine entbehrungsreiche Zeit, verbrachte zwei Jahre als Hauslehrer in Posen und erreichte schließlich nach langen See- und Landreisen 1780 die preußische Gelehrtenrepublik Berlin. Die Bekanntschaft mit Mendelssohn und dessen Kreis ermöglichte ihm zunächst, mit Stipendien sein Auskommen zu finden, und führte später zu seiner Anerkennung als einer der fähigsten Kantkritiker, dessen Einfluss auf den deutschen Idealismus erst in jüngster Zeit gesehen und neu bewertet wird. Weitere Reisen brachten ihn u. a. nach Hamburg, wo er zwei Jahre das »Christianeum« besuchte und als Gymnasiast Sprachen und säkulare Wissenschaften lernte. Zurück in Berlin, wird er als Philosoph, Herausgeber, Schriftsteller, Übersetzer, Hauslehrer und nicht praktizierender Apotheker eine bekannte, zuweilen skandalöse Figur, wobei er zeit seines Lebens in äußerster finanzieller Bedrängnis lebte. Seine letzten Jahre verlebte er auf Einladung des Grafen Hans Wilhelm von Kalckreuth auf dessen Gut bei Glogau in Schlesien und starb, so die Legende, an den Folgen heftigen Alkoholgenusses.

In einigen Teilen der autobiographischen Narration präsentiert sich die *Lebensgeschichte* durchaus als politische Satire, in anderen als Meisterstück philosophisch denkender Kühnheit und verbindet derart die im 18. Jahrhundert gepflegte Öffentlichkeit des Subjekts mit zwei Adressaten: M. führt seine Rede über Interna jüdischer Tradition und die individuelle Vita nicht mehr allein vor Juden, sondern wendet sich in deutscher Sprache an ein weitgehend christliches Lesepublikum.

Während M. als Anhänger der »philosophischen Religion« imstande ist, Religion und Aufklärung, Glauben und Vernunft in »eine vollkommene Harmonie« zu bringen, ist von derselben Aussöhnung in der Lebenspraxis nicht nur nicht die Rede, sondern er lässt seine Aussagen über Religiosität und ihre Ausübung auf der einen und den Begriff jüdischer Vernunftreligion auf der anderen Seite ohne jeden Harmonisierungsversuch als Aporien stehen. In der Vorrede der *Lebensgeschichte* nennt M. emphatisch die Suche nach der Wahrheit als Grund, weshalb er Polen verlassen hat. In der Darstellung des *More Nevuchim* hingegen ist es Gott, der ihn gesandt hat und der ihm befiehlt, die *Lebensgeschichte* zu schreiben. Er befiehlt ihm aber noch etwas anderes: »Nun liebster Leser! Gott der, wie aus dem Vorhergehenden erhellet, mich nach Deutschland *gesandt*, und mir befohlen hat, daß ich dir meine Lebensgeschichte schreibe, befiehlt mir nun, daß ich dich auf diesen Abschnitt aufmerksam machen soll, indem daraus erhellet, wie man, durch eine vernünftige Exegese, den *Glauben* mit der *Vernunft* aussöhnen und in eine vollkommene Harmonie bringen kann.« Die philosophische Suche nach der Wahrheit und Erkenntnis kann die wahre, von Anthropomorphismen befreite Erkenntnis des einen Gottes befördern und ist nach Maimonides' *More Nevuchim* ohnehin die Voraussetzung derselben. M. zitiert hier die erwünschte Versöhnung zwischen Vernunft und Glauben durch vernünftige Exegese als ein Anliegen von Gott selbst. Der Befehl Gottes wirkt zugleich als Rechtfertigung für das Schreiben seiner Autobiographie. Allerdings scheint er sich gerade in diesem Punkt von seinem selbstgewählten Vater Maimonides emanzipiert zu haben, denn die religiöse Praxis, welche dieser noch fest in sein theologisch-apologetisches Denkgebäude mit einschloss, setzt M. für sich außer Kraft, wenn er beispielsweise bei seinen holländischen Gastgebern ablehnt, den Segen über den Wein zu sprechen. Seine Weigerung begründet er damit, dass der Segensspruch die »Folge eines anthropomorphistischen Systems der Theologie« sei. Wer dies als Beleg für M.s Freidenkertum nimmt, das sich aus der Freude am Schock der anderen speist, muss sich allerdings dem Rahmen einer autobiographischen Rhetorik bewusst bleiben. Dennoch ist von Versöhnung zwischen Glauben und Vernunft in der Lebenspraxis nicht die Rede. M. beschreibt sich in seiner *Lebensgeschichte* als einen aufgeklärten Denker, der seine vormals religiöse Welt nach langen inneren und äußeren Kämpfen endlich erleichert hinter sich gelassen hat und der sich vom Glauben des orthodoxen Judentums völlig emanzipiert hat. Eben diese inneren Kämpfe gegen Aberglauben und Orthodoxie werden in der *Lebensgeschichte* in spöttisch-satirische Erzählformen gehüllt und sind aufgrund ihrer drastischen Überzeichnungen oft nur mit Mühe als persönliche Erfahrungen zu entziffern. Im Gegensatz zu Moses Mendelssohn, der zwar den Gedanken der Vereinbarkeit von Vernunfterkenntnis und praktischem Glauben auch aus seiner Maimonides-Lektüre gelernt hatte, aber zeit seines Lebens ein observanter Jude blieb, besteht der zu versöhnende Konflikt des »Glaubens mit der Vernunft« durch die Vernunft selbst, bei M. als Disharmonie fort.

Den Kontext dieser Überlegungen bildet zum einen M.s scharfe Kritik am Judentum, die hauptsächlich die praktische Religionsausübung betrifft, nämlich Gesetze, Gebräuche und insbesondere die Methoden der Talmudauslegung, und zum anderen die Verteidigung der polnischen Juden, der rabbinischen Moral und des Talmuds. Letzteren verteidigt er vehement gegen die antisemitischen Angriffe christlicher Autoren wie etwa Eisenmenger, aber auch gegen die Angriffe der »aufgeklärt seyn wollenden Juden«. Auf seine harschen Urteile über jüdische Erziehung, »Rabbinismus« und Kabbala lässt M. im fünfzehnten Kapitel seiner *Lebensgeschichte* eine »Kurze Darstellung der jüdischen Religion von ihren Ursprüngen bis auf die neuesten Zeiten« folgen, die in zärtlicher Preisung der rabbinischen Moral, der Heiligkeit der jüdischen Ehen und der Unschuld der Jugend ausklingt. M.s Hochachtung der praktischen Moral der polnischen Juden lässt sich als Antwort auf die Verleumdungsfeldzüge einiger Maskilim, jüdischer Aufklärer, gegenüber den polnischen Juden, den späteren »Ostjuden« verstehen. Als die Mitglieder der »Freyschule« ihm aufgrund seiner desolaten finanziellen Situation anbieten, durch Übersetzungen wissenschaftlicher Bücher ins Hebräische zur Aufklärung der polnischen Juden beizutragen, nimmt er dieses Angebot nicht aus Überzeugung, sondern als Auftragsarbeit an. Er schreibt: »Ich kannte zu gut den rabbinischen Despotismus, der durch die Macht des Aberglaubens schon seit vielen hundert Jahren in Polen seinen Thron befestigt hat, und der zu seiner Sicherheit die Ausbreitung von Licht und Wahrheit auf alle mögliche Art zu verhindern sucht; wusste, wie genau die jüdische Theokratie mit ihrer Nationalexistenz verknüpft ist, so daß die Abschaffung der ersten die Vernichtung der letzten notwendig nach sich ziehen muss. Ich sahe also ein, daß meine Bemühungen in dieser Rücksicht fruchtlos seyn würden.« Viele Maskilim, wie etwa David Friedländer und Lazarus Bendavid, haben von der Abschaffung des Gesetzes nicht nur gesprochen. M. teilt diese extreme Position nicht, übt aber, wie alle Maskilim, Kritik am unzureichenden hebräischen Sprachunterricht und beklagt die Vernachlässigung der Bibellektüre. Mit Mendelssohn stimmt M. insofern überein, als er sagt, dass die jüdischen Religionsgesetze auch die Grundgesetze der theokratischen Verfassung, also des Staates, bilden und dass eine Abschaffung der Gesetze die Auflösung des Staates bedeuten. Mendelssohn löste das daraus entstehende Dilemma, wie man gesetzestreuer Jude sein und zugleich Mitglied oder loyaler Bürger des preußischen Staates sein könnte, indem er eine Trennung der jüdischen Religion vom jüdischen Staat vollzog. M. hält diese Trennung für unberechtigt, für ihn gibt es nur ein religiöses und nationales Judentum: »Die Grundgesetze der Jüdischen Religion sind zugleich die Grundgesetze ihres Staates. Sie müssen also von allen befolgt werden, die sich als Mitglieder dieses Staates bekennen, und die ihnen unter der Bedingung ihrer Befolgung zugestandenen Rechte genießen wollen. Derjenige hingegen der sich von diesem Staate trennt, für kein Mitglied desselben gehalten seyn [...] will, ist auch in seinem Gewissen nicht zur Befolgung dieser Gesetze verpflichtet. [...] Dahingegen erkläre ich die Handlungsweise derjenigen Juden für unrechtmäßig, die sich aus Familienanhängigkeit und Interesse zur jüdischen Religion bekennen, und dennoch ihre

Gesetze [...] übertreten.« M. steht als Anhänger der »philosophischen Religion« außerhalb des jüdischen Gesetzes. Auf diesem Hintergrund ist es nicht verwunderlich, dass M. seine Lobpreisung Mendelssohns mit den höflichen aber bestimmten Worten schließt: »Einem Mendelssohne wird dieses gewiß nicht entgangen seyn, und ich überlasse es andern zu bestimmen, ob, und wie weit, man zum Wohl der Menschheit inkonsequent seyn darf?«

Der Weg des polnischen Juden aus der Orthodoxie in die deutsche Aufklärungskultur, seine Begierde nach Wahrheit und Vernunft haben sich seiner Autobiographie auf verschiedenste Weise eingeschrieben, nicht zuletzt auch in den psychologischen Kriterien der »Erfahrungsseelenkunde«, die er als Mitherausgeber von Karl Philipp Moritz' *Magazin zur Erfahrungsseelenkunde*, in dem die *Lebensgeschichte* zuerst erschien, mitbegründete. Mit seinem Aufklärungsverständnis hat er nicht nur Aporien jüdischer Aufklärungsmodelle aufgezeigt, sondern zugleich jenen Schmerz ›antizipiert‹, welcher kurze Zeit später die Bewegung von der Emanzipation zur Akkulturation bewirkte.

Werke: Gesammelte Werke, hg. V. Verra, 7 Bde., Hildesheim 1965–2000; S.M.s Lebengeschichte.Von ihm selbst geschrieben und hg. K.Ph. Moritz, neu hg. Z. Batscha, Frankfurt a.M. 1995; Versuch über die Transzendentalphilosophie, hg. F. Ehrensperger, Hamburg 2004.
Literatur: H. Maccoby, The Anguish of S.M. and his Influence on German-Jewish Thought, in: European Judaism 14/1 (1980), 24–31; L. Weissberg, Erfahrungsseelenkunde als Akkulturation: Philosophie, Wissenschaft und Lebensgeschichte bei S.M., in: Der ganze Mensch, hg. H.J. Schings, Stuttgart 1994, 298–328; I. Arroyo, Der »radikale Traditionalismus«: S.M.s Lebensgeschichte und das aporetische Denken, in: Erfahrung und Zäsur. Denkfiguren der deutsch-jüdischen Moderne, hg. A. Noor, Freiburg i.B. 1999, 59–95; C. Schulte, Kabbala in S.M.s Lebensgeschichte, in: Kabbala und die Literatur der Romantik: Zwischen Magie und Trope, hg. E. Goodman-Thau, Tübingen 1999, 33–66; J.S. Librett, Stolen Goods: Cultural Identity after the Counterenlightenment in S.M.'s Autobiography, in: New German Critique 79 (2000), 36–66; L. Hecht, »How the power of thought can develop within a human mind.« S.M., Peter Beer, Lazarus Bendavid: Autobiographies of Maskilim Written in German, in: Leo Baeck Institute Yearbook 47 (2002), 31–38; S.M., Rational Dogmatist, Empirical Skeptic, hg. G. Freudenthal, Dordrecht 2003; A.P. Socher, The Radical Enlightenment of S.M.: Judaism, Heresy, and Philosophy, Stanford 2006.

Inka Arroyo

Mainzer, Otto (Peter Grund)

Geb. 26.11.1903 in Frankfurt a.M.;
gest. 28.6.1995 in New York

M. wuchs in einer assimilierten Familie auf, studierte Jura in Frankfurt a.M. und promovierte mit der Dissertation *Gleichheit vor dem Gesetz, Gerechtigkeit und Recht*. Er wurde Anwalt beim Kammergericht in Frankfurt und begann mit der Arbeit an einer Habilitationsschrift. Die Machtergreifung der Nazis beendete seine Aussichten auf eine akademische Karriere. Als M. auch die Zulassung als Anwalt

entzogen wurde, ging er ins Exil nach Paris. M. verfasste sexualwissenschaftliche Studien und arbeitete an seinem Roman *Prometheus.* 1939 wurde sein Romanmanuskript vom »Amerikanischen Bund für Freie Deutsche Kultur« zur Veröffentlichung in acht Sprachen empfohlen. Zu den Juroren zählten Thomas Mann und Lion Feuchtwanger. Im selben Jahr konnte er unter dem Pseudonym Peter Grund einen Gedichtband publizieren. Nach dem Einmarsch deutscher Truppen in Frankreich wurde M. in verschiedenen Lagern interniert. 1941 gelang ihm die Ausreise nach New York, wo er seinen Wohnsitz auch nach Ende des Zweiten Weltkriegs behielt. In M.s Werken steht ein einziger Gedanke im Mittelpunkt: die Idee des freien Spiels erotischer Anziehung. In dem Gedichtband *Der zärtliche Vorstoß*, in dem Traktatroman *Prometheus* und in dem Manifest *Die sexuelle Zwangswirtschaft* wird die Auffassung vertreten, dass die Ehe fatalerweise sexuelle und ökonomische Aspekte miteinander verquickt und dadurch das freie Spiel erotischer Kräfte verhindert. M. kleidet seine Idee in ein mythologisches Kostüm: Wegen der Ehekrisen im Götterhimmel habe Prometheus beschlossen, ein eigenes Menschengeschlecht zu erschaffen, das M.s sexualrevolutionäre Vorstellungen von freier Liebe realisiert. Die neidischen Götter haben Prometheus' Experiment allerdings durch Einschmuggelung von Eheringen und Perlenketten korrumpiert und auf der Erde die sexuelle Zwangswirtschaft eingeführt. Damit knüpft M. an Wilhelm Reichs Kritik der Institution Ehe an, entwickelt jedoch keine gesellschaftliche, sondern eine eugenische Lösungsperspektive. Der Protagonist des *Prometheus*, der Psychoanalytiker Helmut Brand, skizziert in seiner Schrift »Die Erschaffung des Menschen« – weitgehend identisch mit M.s *Die sexuelle Zwangswirtschaft* – die Utopie eines »Eugenischen Staats«, dessen wichtigste Institution eine Kontrollstelle ist, die darüber wacht, dass sich nur erbmäßig hochwertige Partner vermehren. Auch die drohende Übervölkerung der Erde kann abgewendet werden, wenn man im eugenischen Unterricht schon den Kindern vermittelt, »daß Fortpflanzung nicht jedermanns Sache, sondern ein Privileg ist«. Damit die zur Höherartung Berufenen sich leichter finden können, plädiert M. für die Einführung einer wissenschaftlichen Physiognomik, die eugenische Ahnenforschung mit einschließt. In der Sozialeugenik verschmelzen naturwissenschaftliches Optimierungsdenken und utopische Gesellschaftstheorie, wie es Kautsky schon 1910 entworfen hatte. Die Ausgangslage dieses Denkens bei M. ist jedoch, wie bei vielen seiner Generationsgenossen, eine dilettantische Verknüpfung von Darwins Evolutionstheorie mit Nietzsches Freisprechung der ästhetischen Lebensführung von aller Moralität. In den späten 30er Jahren und unter den Bedingungen des Exils war die Konjunktur dieses Denktypus schon vorüber, und so ist es kein Zufall, dass diese Unzeitgemäßheit bei den Ablehnungen, auf die Brands Manuskript stößt, eine Rolle spielt. In diesem Teil ist M.s *Prometheus* ein Schlüsselroman über die deutsche Exilantenszene in Paris, über die er sehr hart urteilt. Brand attackiert mit dem Ressentiment des Zukurzgekommenen Korruption und Heuchelei unter den Etablierten des Exils. Seine Tirade schlägt wie üblich in einen Traktat über die unterdrückte Erotik um: »Lassen Sie die Menschheit, diese kaltgestellte Jungfer, erst an der rechten Stelle erwarmen, und Sie alle, meine Herren, werden verschwinden: mit Ihren Zigaretten und ihrem bescheiden tuenden Größenwahn, mit Ihrer Groschenromantik und Ihren Pernods, mit Ihren Bibelsprüchen und Betttragödien, und dem ganzen ungeheuren Fettwanst ihrer Literatur!« In einer Art asketischer Radikalisierung der Freudschen Sublimationstheorie gilt M. alles Kulturelle als Ersatz für den Beischlaf. Die Schilderungen, die M. in *Prometheus* von geschlechtlichen Vereinigungen gibt, könnten vulgärer und peinlicher kaum sein. Großspurige Sexualprotzerei und selbstherrliches Patriarchengehabe liefern das Dokument einer stilistischen Talentlosigkeit und eines intellektuellen Fiaskos.

Eine Beschäftigung mit dem eigenen oder dem Judentum überhaupt hatte in M.s monomanischer Fixierung auf das Thema Erotik kaum Platz. Die eigene jüdische Identität wird M. erst durch Hitlers Machtergreifung bewusst, die ihn über Nacht zum »Semit« werden lässt und in das Heer der »aus Sprach und Land« verbannten Juden einreiht. Wie völlig unsensibel M. sprachlich auch mit diesem Thema umgeht, mögen drei Strophen aus seinem »lyrischen« Selbstporträt illustrieren, die repräsentativ für den Ton des *Zärtlichen Vorstoß* sind: »und noch die engelsfrömmsten Kirchenchöre/ erinnern drollig mich an Judenhatz -/ wenn ich die Worte

Pflicht und Ehre höre,/ entsichere ich meinen Hosenlatz.// Ich liebe Blonde, Braune, Schwarze auch,/ wenn sie stabil und schlank gewachsen sind/ und es ganz ehrlich meinen mit dem Bauch –/ ich mache niemals einer Frau ein Kind, //obwohl zehntausend Sterne erster Glut/ – Volk ohne Raum – in meinen Zellen tanzen,/ Herr Meier hat die Eier und den Mut,/ an meiner statt sich fortzuwanzen.« Selbst die Genese des rassischen Antisemitismus ordnet M. seiner Theorie ein. Er geht von der Feststellung aus, dass nach dem Untergang der bürgerlichen Weltordnung im Ersten Weltkrieg auch der restriktive Sittenkodex erschüttert worden sei und die neuentstandene Natürlichkeit der deutschen Frau sie für die sinnliche Ausstrahlung des Juden empfänglich gemacht habe. Diese gegenseitige Attraktion beruht laut M. auf dem Grundgesetz erotischer Ergänzung. »Was die Juden in vielen Exemplaren mitbrachten: einen stets lebendigen, agilen Geist und ein gutes Einfühlungsvermögen, mangelte vielen Deutschen; und was viele Deutsche hatten: soliden Körperbau, Robustheit, Ausdauer und gute Nerven, daran gebrach es nur zu oft in jüdischen Stämmen«. Folglich sind die Nürnberger Rassengesetze für M. nichts anderes als Ausdruck des hysterischen Geschlechtsneides der bei der Balz um die Weibchen unterlegenen Arier. »Die eifersüchtige Wut, mit der die Scheidung erzwungen wird, verrät die Frustration des ›Ariers‹, der den Kontakt zur ›Arierin‹ dank der sexuell-zwangswirtschaftlichen Trennung der Geschlechter nicht nach Wunsch herstellen kann, und dem der geistig-seelisch kontaktfähigere ›nichtarische‹ Nebenbuhler ein dauernder Dorn im Auge ist. So dekretiert er: ›Die Arierin für den Arier‹ und ›Juden hinaus!‹ Der extreme Gewaltaufwand des Eifersüchtigen verrät die panische Angst, die der erotisch Inferiore vor dem naturgesetzlich Bevorzugten hat, bis er das lästige Insekt am Ende auszurotten sucht, um sich, der Natur zuwider, den ausschließlichen Besitz und Gebrauch seines ›rein-arischen‹ Brutweibchens für immer zu sichern.«

Werke: Der zärtliche Vorstoß in sechsundsechzig Gedichten, Paris 1939, Nachdr. München 1986; Die sexuelle Zwangswirtschaft. Ein erotisches Manifest, Schwäbisch Hall u. a. 1981; Prometheus, Basel u. a. 1989.

Literatur: J. Egyptien, »Prometheus«. Eine notwendige Polemik zu O.M.s Traktatroman, in: Juni 4 (1990), 172–178; I. Wunsch-Mainzer, Zurück nach vorn. Mein Leben mit Prometheus, Frankfurt a. M. u. a. 1998.

Jürgen Egyptien

Mann, Klaus

Geb. 18.11.1906 in München;
gest. 21.5.1949 in Cannes

Im Februar 1937 notierte M. in sein Tagebuch: »Unterhaltung [...] über das jüdische Problem. (Notwendigkeit der Rassenmischungen; Assimilation. Fragen, die mich eigentlich vital *nicht* interessieren oder beschäftigen. Empfinde die eigene

Blutsmischung als glückliche Tatsache; keineswegs als ›Problem‹.)« (6.2.1937). Und in seinem autobiographischen Lebensbericht *Der Wendepunkt* schreibt M. über seine Situation im Januar 1933: »Zu den ›rassisch Verfolgten‹ konnte ich mich nicht rechnen, ganz abgesehen davon, dass der organisierte Antisemitismus um diese Zeit noch nicht in voller Stärke eingesetzt hatte. Selbst die sogenannten ›Nürnberger Gesetze‹, die mehr als drei Jahre später erfunden wurden, hätten mir, wenn ich nicht irre, den Status eines ›aufnordungspflichtigen Mischlings‹ oder ›Ariers zweiter Klasse‹ zuerkannt. Meine ›rassische Erbmasse‹ war zwar keineswegs einwandfrei, aber doch nicht verderbt genug, um mich im Dritten Reich völlig unmöglich zu machen.« Dieses Bild von sich selbst als eines Deutschen, auch als eines deutschen Schriftstellers, den jüdische Problemstellungen zeitlebens kaum interessiert und betroffen haben, hat sich auch in der M.-Rezeption durchgesetzt. M.s Unmittelbarkeit zu Fragen jüdischer Identität und Existenz, aber auch die kultur- und exilpolitische Bedingtheit ihrer Abdrängung und Tilgung im Selbstbildnis des antifaschistischen Literaten sind dabei weitgehend unerkannt geblieben.

Die im Tagebuch schon für den März 1932 bezeugte Erörterung mit der Mutter über den Fall der Machtübernahme durch die Nationalsozialisten – »Wird man weg müssen?« (12.3.1932) – verweist auf den Einbruch, den die Bedrohung der Existenz der Mutter auch in M.s Leben bedeutete (»Wenn Eltern im Ausland bleiben, keinen Sinn, daß wir hier sind«, 13.3.1932). In den wiederholten Träumen der Verfolgung, über die M. genaue Aufzeichnungen führt, sieht er sich bezeichnenderweise als Drogenkonsumenten und Homosexuellen gejagt

(u. a. 24.3.1932), nicht als »›Arier zweiter Klasse‹«; und im Frühjahr 1933 kann er sich »die Frage [stellen], ob unser Platz im Dritten Reich gewesen wäre. .. Ich habe sie mir gestellt und ich habe sie mir beantwortet. Die Antwort lautet: *Nein*« (*Der Wendepunkt*). Diese *Entscheidung* gegen den Nationalsozialismus, für das antifaschistische Engagement nimmt hinfort eine singuläre Stellung in M.s Selbstverständnis ein. An die ›richtige‹ Entscheidung war für M. das moralische Format des Widerstands geknüpft. Bedingung auch solcher Entscheidung war jedoch die ursprüngliche Möglichkeit der Wahl – eine Möglichkeit, die für Juden kategorisch entfiel. Hinzu kam bald das exilpolitisch motivierte Ideologem vom geistigen als dem »anderen Deutschland« – die Konstruktion einer Opposition, die möglichst universalistische Werte und Normen zu verteidigen in Anspruch nahm, so dass es »nicht Sache ›deutscher Kulturrepräsentanten‹« sein konnte, »das exclusiv Jüdische zu decken« (24.3.1939).

Die Spannung zwischen dieser ideologischen Disposition und dem eigenen Selbstverständnis einerseits und der in der Familie sowie im Milieu des Exils erlebten Unmittelbarkeit zur Verfolgungserfahrung der Juden andererseits durchzieht M.s Aufzeichnungen und Werke nach 1933. Die Intensität, in der Bilder antisemitischer Verfolgung M. bedrängen, offenbart sich unverstellt in seinen Träumen, in denen auch die jahrelang zweideutige Haltung des Vaters zum NS-Regime Spuren zieht: »Geträumt: Mielein hätte sich von Z. geschieden, um ihm die Rassenschande zu ersparen; hätte einen jüdischen alten Herrn [...] geheiratet; sei mit ihm in Amerika gewesen; der alte Jude kam mit dem klaren – und von M. gewussten Entschluss zurück, sich mit einem Schlafmittel das Leben zu nehmen« (26.5.1934). Wiederholt diskutiert M. in Exilkreisen, u. a. mit Fritz J. Landshoff und Walter Landauer, »das Juden-Problem«, Assimilation und jüdischen Nationalismus, etwa aus Anlass von Döblins *Flucht und Sammlung des Judenvolks* (18.8.1935). M.s charakteristische Stellung zwischen der illusionslosen Einsicht in die Verfolgung der Juden und der eigenen einstigen ›Freiheit der Wahl‹ wird besonders offenkundig in *Der Vulkan* (1939): Zum einen behandelt der Roman eine Vielzahl jüdischer Emigrantenschicksale – etwa dasjenige des von der Universität Bonn verjagten Professors Benjamin Abel –, zum andern markiert schon der Prolog die Entscheidung, genauer: das Richtige der Entscheidung für das Exil als das zentrale Thema des Buches.

Verschiedenartige Versuche der Klärung des – auch eigenen – »Jüdischen« bleiben zwar kurz oder im Ansatz stecken, deuten aber doch auf seine Virulenz für M. 1940 publiziert er einen Aufsatz *Lob der gemischten Rasse*, der, in seiner prekär biologistischen Auffassung der »Problematik«, die Wirkung des Zeitgeists auch auf M.s Denken dokumentiert. 1943 wird ein Roman geplant, dessen Held einen Weg beschreitet »vom Skeptizismus zu strenger jüdischer Orthodoxie (eher rassisch als religiös); von dort, zum Katholizismus« (8.7.1943); und Ende 1947 ist in einem melancholischen Brief an L. Marcuse mehrdeutig von »unserer ›race maudite‹« die Rede. Zeugnisse wie diese verdeutlichen, dass Fragen nach jüdischer Existenz im Zeitalter der Vernichtung M.s Denken und Schreiben fortlaufend begleitet haben, eine Untersuchung ihrer Wirkung auf M.s Werk steht noch aus.

Werke: Der Wendepunkt. Ein Lebensbericht, Reinbek 1986; Briefe und Antworten 1922–49, hg. M. Gregor-Dellin, München 1987; Der Vulkan, Reinbek 1989; Tagebücher 1931–1949, hg. J. Heimannsberg u. a., 6 Bde., München 1989–91.
Literatur: R. Yang, »Ich kann einfach das Leben nicht mehr ertragen« – Studien zu den Tagebüchern von K.M. (1931–1949), Marburg 1996; St. Braese, »... nicht Sache ›deutscher Kulturrepräsentanten‹, das exclusiv Jüdische zu decken«: K.M. und das Judentum, in: Auf der Suche nach einem Weg – Neue Forschungen zu Leben und Werk K.M.s, hg. W. Amthor u. a., Frankfurt a. M. u. a. 2008, 35–47; T. Lachmann, ›Exil‹ als literarisches Projekt. Nomadische Diskursformen in K.M.s ›Der Vulkan. Roman unter Emigranten‹, in: Nomadische Existenzen, hg. W. Fähnders, Dortmund 2007, 75–101.

Stephan Braese

Margul-Sperber, Alfred (eigentl. Alfred Sperber; Alfred Hauk, Al. Uliu, Gavilan, Christian Aabe)

Geb. 23.9.1898 in Storojinetz (Bukowina); gest. 3.1.1967 in Bukarest

M. ist heute in Deutschland, anders als in Rumänien, zu Unrecht fast nur als Förderer des jungen Paul Celan bekannt, nicht als bedeutender formstrenger und traditionsgebundener Lyriker. Erst allmählich wird er durch Auswahlausgaben auch in Deutschland bekannt.

In seinem ländlichen Heimatort (dessen Bewohner etwa zur Hälfte Juden waren) kam der aus einer seit langem deutsch assimilierten Familie stammende M. frühzeitig mit der rumänischen Umwelt in Berührung. Das (deutsche) Gymnasium besuchte er in Czernowitz und, nach der Flucht der Familie vor den einmarschierenden Russen, ab 1914 in Wien, wo er erste Kontakte mit der Arbeiterbewegung hatte. Gegen Ende des Ersten Weltkriegs wurde er einberufen. Nach kurzer Rückkehr in die rumänisch gewordene Bukowina hielt er sich längere Zeit in Paris und New York auf, 1924 kam er endgültig wieder nach Czernowitz, wo er als Mitarbeiter des *Czernowitzer Morgenblatts* die charismatische Zentralfigur der nach wie vor an Wien orientierten deutschen Lyriker der Bukowina geworden ist. Er unterhielt Kontakte zu zahlreichen Autoren, so zu Karl Kraus (in der Affäre der Czernowitzer Irrenhauslyrik), T. S. Eliot und auch Josef Weinheber, dem trotz seines Antisemitismus M.s traditions- und formbewusste Lyrik gefiel, wie auch M. seinerseits in den 30er Jahren an dieser Einstellung Weinhebers keinen Anstoß genommen zu haben scheint. Als 1940 sowjetische Truppen die Nordbukowina besetzten, übersiedelte M. nach Bukarest; der Deportation ist er entgangen. Nach 1944 stand er, der seit jeher dem Kommunismus nahestand und daher als deutschsprachiger Vorzeige-Poet für das neue Rumänien taugte, wieder im Mittelpunkt der rumäniendeutschen Literaten in der rumänischen Hauptstadt.

Sieht man von seinen nie gesammelten journalistischen Arbeiten, darunter auch satirisch-polemischen Texten, ab, ist M. fast ausschließlich Lyriker; von ihm liegen insgesamt 14 Gedichtbände vor. Im Zentrum seiner Gedichte – deren eindrucksvollste fast durchweg Naturgedichte sind – steht, nach erst spät bekannt gewordenen frühen expressionistischen Versuchen, lange die symbolisch aufgeladene Landschaft der Bukowina (sein erster 1934 in Czernowitz mehr oder minder im Selbstverlag erschienener Gedichtband hieß *Gleichnisse der Landschaft*). M. hat viel Weltliteratur ins Deutsche übersetzt; wichtig sind seine Übertragungen rumänischer Volksdichtung.

In einem poetologischen Text von 1945 kennzeichnet M. seine Auffassung von Dichtung: »Das Gedicht ist die Kunst, das Unsägliche zu sagen. [...] Das Gedicht ist die Erinnerung an ein Niedagewesenes, [...] das Lächeln eines Kindes über die Verworrenheit des Lebens [...].« Diese Poetik wie das Überwiegen des Reims und die metrische Strenge noch seiner späten Gedichte verweisen zurück ins 19. Jahrhundert, aber auch auf George und Karl Kraus, der ihn besonders geprägt hat. Dennoch haben M.s sorgfältig gestaltete, häufig mehrfach überarbeitete Gedichte – in denen schlichte Formen dominieren – einen eigenen Ton, sind keineswegs bloß epigonal.

Das 1936 aus aktuellem Anlass geschriebene Gedicht *Der Neger Jessy Owens U.S.A. er läuft den olympischen Weltrekord* ist vielleicht M.s bekanntestes. Diese sehr politischen Verse wenden sich aber offenbar mehr gegen den Rassismus in den USA als gegen den Antisemitismus im Deutschen Reich. Dieser wird in *Gespräch mit einem Kind. Aus Hitlerdeutschland 1936* (1941) zum Thema. Gegen den Nationalsozialismus hat sich M. u. a. in satirischen Aktionen betätigt, ebenso durch Gedichte wie den visionären *Fackelläufer* (1936) und durch ausgiebige und heftige Polemiken gegen Hitlers Parteigänger in der Bukowina. Sonst ist M.s Lyrik erst nach 1945 stärker politisch akzentuiert, manchmal (z. B. *Lied einer schwarzen Baumwollpflückerin in Louisiana, U.S.A.*, ca. 1955) im Stil des sozialistischen Realismus.

Jüdische Motive sind in seinem Werk selten. Selbst *Auf den Namen eines Vernichtungslagers* (ca. 1959) – beruhend auf dem teilweisen Gleichklang von ›Buchenwald‹ und ›Buchenland‹ (Bukowina) – spricht nicht ausdrücklich von Juden, so wenig wie die Verse auf den großen jiddischen Czernowitzer Dichter *Für Itzig Manger*. Deutlicher ist der Bezug auf den Judenmord der Nationalsozialisten in dem Gedicht *Aus dunkelsten Tagen*. Verse von 1936 heißen *Der Tod Mosis. Nach einer chassidischen Sage*; *Das Ostermahl* von 1941 sieht das Letzte Abendmahl Christi in der jüdischen Tradition, muss aber doch als eine jüdische Distanzierung von dem, was aus dem Christentum geworden ist, interpretiert werden. Der Bezug M.s, der sich um die innerjüdischen Auseinandersetzungen in Czernowitz wenig gekümmert zu haben scheint, zum Judentum ist eher in seiner Rolle innerhalb der Czernowitzer Literaturszene (und deren Ausläufern in Bukarest nach 1945) zu sehen. Er wirkte als selbstloser Entdecker und Förderer literarischer Talente, der aufgrund seiner Kontakte vor allem zu Wiener Literaten Autorinnen und Autoren aus der Bukowina den Zugang zur deutschen Literatur zu erleichtern versuchte, was Rose Ausländer, was noch nach dem Zweiten Weltkrieg Paul Celan (dessen frühes Werk wohl auch Spuren des Einflusses von M. zeigt) zugute kam. Der weit überwiegende Teil der Deutsch schreibenden Czernowitzer Autoren und des an Literatur interessierten Publikums kam aus jüdischen Familien.

Schon früh hat M. eine ausführliche Bilanz der in seinen Augen in ihre letzte Phase eingetretenen deutschsprachigen Literatur der Bukowina verfasst (*Der unsichtbare Chor*, in: *Czernowitzer Morgenblatt*, 25.7.–5.8. 1928, in 8 Teilen) – hier weist er schon auf Rose Ausländer hin – und eine große Anthologie der Lyrik aus der Bukowina vorbereitet, die, von Alfred Kittner weiter betreut, erst nach dessen Tod 1994 erschienen ist. Seine Vorarbeiten zu dieser Anthologie und deren Fassungen überschreibt M. mit *Deutschsprachige Judendichtung* und ähnlichen Formulierungen. 2009 ist die M.sche Originalanthologie aus dem Nachlass veröffentlicht worden.

Werke: Verzaubertes Wort, Berlin [DDR] 1973; Briefe u. a., in: G. Guţu, Linien zu einem Schriftstellerportrait. Zu dem Briefbestand des Bukarester S.-Nachlasses, in: Kulturlandschaft Bukowina, hg. A. Corbea u. a., Iasi 1990 bzw. Konstanz 1992, 184–204; Versunkene Dichtung der Bukowina. Eine Anthologie deutschsprachiger Lyrik, hg. A. Colin u. a. München 1994, 135–149; Ins Leere gesprochen. Ausgewählte Gedichte 1914–1966, hg. P. Motzan, Aachen 2002; Die Buche. Eine Anthologie deutschsprachiger Judendichtung aus der Bukowina. Aus dem Nachlass, hg. G. Gutu u. a., München 2009; T.S. Eliot, The Waste Land. Übers. von M., Hamburg 2011.
Literatur: A. Kittner, A.S. – Der Mensch und das Werk, in: A. M.-S., Geheimnis und Verzicht, Bukarest 1975, 589–614; P. Motzan, Der Lyriker A. M.-S. Ein Forschungsbericht, in: Die deutsche Literaturgeschichte Ostmittel- und Südosteuropas von der Mitte des 19. Jahrhunderts bis heute, hg. A. Schwob, München 1992, 119–136; S.P. Scheichl, M.s Gedicht auf Jesse Owens (1936), in: Südostdeutsche Vierteljahresblätter 47 (1998), 219–226; Stundenwechsel. Neue Perspektiven zu A.M. [u. a.], hg. A. Corbea-Hoisie u. a., Iasi 2002; I. Rostos, A.M. als Mitarbeiter am Czernowitzer Morgenblatt, Suceava 2006.

Sigurd Paul Scheichl

Mauthner, Fritz

Geb. 22.11.1849 in Horice (Böhmen);
gest. 29.6.1923 in Meersburg am Bodensee

Es gehört zur Tragik des Schriftstellers, Kritikers und Sprachphilosophen M., dass man ihn, der so sehr bestrebt war, die Spuren seiner jüdischen Herkunft zu verwischen, am häufigsten den »jüdischen Schriftsteller«, den »jüdischen Journalisten«

nannte. In der Metropole des Kaiserreichs gehörte der in Prag aufgewachsene Sohn einer jüdischen Gelehrten- und Kaufmannsfamilie seit den 80er Jahren zu den einflussreichsten Literatur- und Theaterkritikern, bis er sich 1905 aus Berlin zurückzog, um in Freiburg, später in Meersburg am Bodensee seinen sprachphilosophischen Studien zu leben. Seinen schnellen Ruhm hatte der Redakteur an Mosses *Deutschem Montagsblatt* einer Serie von Parodien zu verdanken, die er seit 1879 für das Blatt geschrieben und unter dem Titel *Nach berühmten Mustern* (1897) veröffentlicht hatte. Der unerwartete Ruhm der Parodien erleichterte dem Kritiker am *Berliner Tageblatt*, *Schorer's Familienblatt* und einigen dem Naturalismus nahestehenden Zeitschriften wie dem *Literarischen Echo* und Paul Lindaus *Gegenwart*, den schriftstellerischen Einstieg. Sein umfangreiches schriftstellerisches Werk wird wie sein philosophie- und sprachkritisches Werk getragen von einer Spannung, die sich aus der Überzeugung des Preußenverliebten, bismarcktreuen Deutschen und der sozialpsychologischen Sensibilität des in den Prager Nationalitätenkonflikten aufgewachsenen Juden ergibt. Ein skeptischer Vertreter der Aufklärung (Jäger), fügt er den von Marx, Nietzsche und Freud formulierten Einwänden gegen die Ideologien des 19. Jahrhunderts das sprachkritische Argument hinzu.

Zuvor schon bewegen sich die Figuren seiner Romane und Novellen, zuweilen nicht ohne Sentimentalität und Trivialität, vor diesem skeptischen Horizont; so wenn in der Erzählung *Der arme Franischko* (1876) ein Held vorgestellt wird, der in ethnischer (als zugewanderter Slowake), sozialer (als Angehöriger der Unterschicht) und sprachlicher

Hinsicht ein Ausgeschlossener, naiv-gläubiger Paria bleibt. Heinrich Wolff, der blonde, blauäugige, zum Protestantismus konvertierte Held seines Romanerstlings *Der Neue Ahasver* (1882) dagegen verkörpert den vollendeten Vertreter jüdischer Assimilation, der an der bornierten Haltung der Antisemiten zugrunde geht. Trotz der trivialen Muster gibt dieser Roman, der Theodor Mommsen gewidmet ist, beredtes Zeugnis von M.s Betroffenheit vom Berliner Antisemitismusstreit. Obgleich M. zeitlebens ein glühender Vertreter der jüdischen Assimilation bleibt, ja zuweilen zum bissigen Kritiker jüdischer Zeitgenossen wird, entgeht seiner geschärften Aufmerksamkeit nicht, wie problematisch und gefährdet die jüdische Situation im soziopolitischen Milieu des gründerzeitlichen Berlin ist. Immer wieder greift er Themen auf, die auch zum Repertoire des zeitgenössischen Antisemitismus gehören könnten: *Rahelchen* lautet der Titel einer Erzählung aus der Anthologie *Einsame Fahrten* (1879), in der M. die Salon-Jüdinnen persifliert. Diese Anthologie geht der Roman-Trilogie *Berlin W.* (1886–90) voraus, mit der M. noch vor Paul Lindau und Th. Fontane den Typus des Berlin-Romans kreierte. Auch hier wieder werden für den Antisemitismusdiskurs hochsignifikante Milieus geschildert: Der Roman *Quartett* spielt im Berliner Börsenmilieu, *Die Fanfare* schildert das journalistische Milieu, in dem der Kritiker M. sich erfolgreich bewegte, während der Roman *Villenhof* im Milieu einer obsolet gewordenen Adelsschicht angesiedelt ist, die sich durch Wohltätigkeitsbetriebsamkeit ihre gesellschaftliche Existenzberechtigung schafft. Bewusst werden zeittypische Phänomene aufgegriffen, so der grassierende Spiritismus in dem Unterhaltungsroman *Der Geisterseher* (1894) oder der Geistesaristokratismus der ersten Nietzsche-Jünger in dem Kriminalroman *Kraft* (1894). Hier gelingt es dem Helden, einem genialischen Individualisten, seine Mordtat an einem Erpresser privatim zu verbergen und ein Leben in bürgerlicher Normalität zu führen. In gewisser Weise stellt dieser Roman das bürgerliche Pendant zu dem gleichzeitig entstandenen Roman *Der Todesprediger* (1893) seines Freundes G. Landauer dar, der Zarathustras Lehren mit den Ideen des Sozialismus konfrontiert.

Die lange Reihe der »Tendenz«-Romane, die M. in den 80er Jahren in schneller Folge schrieb (vgl. Kühn), darf indes den distanzierenden Blick des Sprachskeptikers M. nicht vergessen machen. Den Naturalismus eines Zola, Ibsen und Flaubert unterstützt der Kritiker M. vor allem in seinem »Kampf gegen die Lüge« (*Zum Streit um die Bühne*, 1893). Schon die frühen Erzählungen *Ein Abend im Irrenhaus* (1885) oder *Der Papierdrachen* (1890) aus dem Bändchen *Lügenohr* (1892) entlarven den illusionären Charakter bürgerlicher Wirklichkeiten wie den Lebensentwurf eines versponnenen Träumers. An solchen Erzählungen erweist sich einmal mehr der sozialpsychologische Hintergrund von M.s Denken. Nicht erst der Sprachkritiker entwirft auf philosophiehistorischer Grundlage seine radikale Theorie des Wortaberglaubens, schon den Personen seiner Erzählungen werden die Wortfetische zum Verhängnis. Ob man nun in M.s sprachphilosophischer Wendung eine Konsequenz des schriftstellerischen Scheiterns und in der Radikalität des sprachkritischen Gedankens das Scheitern der Sprachkritik sehen will (Kühn), oder in der Sprachkritik einen Ausdruck jener »hidden language«, einer auf den Antisemitismus reagierenden verborgenen Sprache der Juden (Gilman), in jedem Fall ist M.s sensible Skepsis gegenüber den Wortfetischen auch vor dem Hintergrund eines stets empfundenen Außenseitertums zu lesen (*Die Sprache*, 1907).

1912 erscheint mit der Erzählung *Der letzte Tod des Gautama Buddha* M.s letztes literarisches Werk. Eine gottlose Mystik als Konsequenz der Sprachkritik, die einer jenseits sprachlichen Erkennens zu gewärtigenden Welt Rechnung trägt, bildet den Grundtenor, bis M. sein großes Thema in seiner großangelegten Studie *Der Atheismus und seine Geschichte im Abendland* (1920–1923) erneut aufnehmen wird.

Werke: Beiträge zu einer Kritik der Sprache, Stuttgart 1901/02; Wörterbuch der Philosophie, München 1910/11; Erinnerungen. Prager Jugendjahre, München 1918; Ausgewählte Schriften, Stuttgart u. a. 1919; Vom armen Franischko. Erzählungen und Prosaminiaturen, hg. L. Jäger, Frankfurt a. M. 1994; Gustav Landauer – F.M. Briefe 1890–1919, hg. H. Delf, München 1994; Das philosophische Werk, hg. L. Lütkehaus, Bd. 1.2, Wien 1997–1999; Der Atheismus und seine Geschichte im Abendland, hg. L. Lütkehaus, 4 Bde., Aschaffenburg 2011.
Literatur: J. Kühn, Gescheiterte Sprachkritik, Berlin u. a. 1975; W. Eschenbacher, F.M. und die deutsche Literatur um 1900, Frankfurt a. M. u. a. 1977; K. Arens, Functionalism and Fin de Siècle. F.M.'s Critique of Language, New York 1984; S.L. Gilman, Jüdischer Selbsthaß. Antisemitismus und die verborgene Sprache der Juden, Frankfurt a. M. 1993; E. Leinfellner, F.M., Wien 1995; Brückenschlag zwischen den Disziplinen. F.M. als Schriftsteller, Kritiker und Kulturtheoretiker. hg. E. Leinfellner u. a., Wuppertal 2004.

Hanna Delf von Wolzogen

Meerbaum-Eisinger, Selma

Geb. 15.8.1924 in Czernowitz;
gest. 16.12.1942 im Arbeitslager Michailowka

Das schmale Werk der mit 18 Jahren ermordeten M.-E. wurde nach seiner Entdeckung Ende der 1970er Jahre zu einem anerkannten Bestandteil der deutschsprachigen Dichtung der multikulturellen Bukowina. M.-E. wuchs in ärmlichen Verhältnissen

als Tochter deutschsprachiger Juden auf. Sie besuchte zunächst die rumänische Schule und während der sowjetischen Okkupation eine Schule mit Jiddisch als Unterrichtssprache; wie viele Czernowitzer Juden beherrschte sie auch das Hebräische. Ab Oktober 1941 bis zur Deportation nach Transnistrien im Juni 1942 lebte sie mit den Eltern in dem von der deutschen Okkupationsmacht und rumänischen Behörden auf wenigen Straßenzügen errichteten Ghetto für mehr als 50000 Juden. M.-E. starb im Lager Michailowka an Typhus, ihr Tod ist durch eine Erinnerung des Malers A. Daghani bezeugt.

Die 57 überlieferten Gedichte, darunter mehrere Übersetzungen, wurden von der Freundin Renée Abramovici aus dem Lager gerettet und quer durch Europa nach Paris gebracht. Entstanden im Zeitraum zwischen 1940 und 1942, wurden sie von der Verfasserin handschriftlich in ein Album übertragen, das sie dem Freund Lejser Fichman widmete, der während der Flucht nach Palästina umkam. M.-E. hat ihre Gedichte wie ein Tagebuch, das letzte auf den 23. 12. 1941, datiert, im Album aber gegen die Chronologie, teils motivisch geordnet. Die erste Veröffentlichung eines ihrer Gedichte erfolgte 1968 in der Anthologie *Welch Wort in die Kälte gerufen*. Dem Celan-Biographen I. Chalfen zufolge wollte dieser mit dem Abdruck der Todesfuge am selben Ort der mütterlicherseits mit ihm verwandten M.-E. »ein Denkmal« setzen. Die späteren, bereits im Angesicht der Shoah verfassten Gedichte stehen im Schatten der Vernichtung. Ihnen bleibt, wie P. Celan formulierte, das ›Datum der Endlösung‹, der »20. Jänner eingeschrieben«. Liest man diese Dichtung als »Chronologie« der Ereignisse von der sowjetischen Besatzung ab Juni 1941 bis zur Deportation im Oktober 1942, so fällt eine zunehmende Verknappung der Form ins Auge. Das Gedicht *Poem* ist auf den 7. Juli 1941 datiert, den Tag nach dem Einrücken von Gestapo und Einsatztruppe D in Czernowitz: »Ein Schatten von einem Baum/ geistert über den Mond./ Man sieht ihn kaum./ Ein Baum./ Ein/ Baum./ Ein Leben/ kann Schatten werfen/ über den/ Mond./ Ein/ Leben./ Hauf um Hauf/ sterben sie./ Stehn nie auf./ Nie/ und/ nie.« In ihrer Gesamtheit ist diese Jugenddichtung doch zuerst Natur- und Dinglyrik, Liebeswidmung, Lebenssehnsucht und Stilleben finden sich hier, die an das Frühwerk Hofmannsthals erinnern. Die Erfahrung der Trennung als Hadern mit dem Geliebten ist zeit- und alterslos. »Und der Wind singt uns beiden den ewigen Sang von Sehnen und Verzicht, doch auch wenn es dir zum Sterben bang – du rufst mich trotzdem nicht« (*Tränenhalsband*). Die menschliche Welt erscheint häufig entrückt oder wie in einer fotographischen Momentaufnahme verfremdet. »An der moderigen Mauer/ eine nasse Katze schleicht./ Mit hervorgekehrtem Pelz ein Bauer/ schaut, ob ihm das Geld noch reicht« (*Trauer*). Wie sehr M.-E. zu einer dichterischen Existenz gefunden hatte, bezeugen auch ihre Übersetzungen: aus dem Französischen Gedichte P. Verlaines, aus dem Jiddischen u.a. ein Gedicht von I. Manger, aus dem Rumänischen eines von D. Mihneau. Noch in der Lagerzeit hat M.-E. Anlehnung an die gedichtete Sprache gesucht. In einem aus dem Lager herausgeschmuggelten Brief schreibt sie ein Gedicht mit dem Titel *Heimweh* ab, »dessen Autor ich nicht kenne«, wie sie der Adressatin mitteilt.

An der sprachlichen und kulturellen Vielfalt von Czernowitz hatte die junge Dichterin ganz teil. Wie der Großteil der jüdischen Jugend war sie vom zionistischen geselligen Leben bewegt und dürfte hier Schutz und Gegenwelt zum Czernowitzer Antisemitismus gefunden haben, von dem der vier Jahre jüngere Celan bereits in einem Jugendbrief berichtete. Gibt die späte Lyrik Todesvorstellungen Raum, so ist in dem Gedicht *Stefan Zweig* vom Dichten selbst die Rede. M.-E. bekräftigt hier ihren Selbstentwurf als deutschsprachige Lyrikerin, indem sie dem warmen und ungestümen Lebensempfinden die poetische Form als mäßigendes Prinzip entgegenstellt. »Kühl dann und still wie ein nordischer See, glitzernd und weich wie frisch fallender Schnee, siehst es uns an wie viel uraltes Gold.« Zugleich könnte hier eine Sprachreflexion auf die deutsche als »nordische« Sprache vernehmbar sein, die Zielsprache ihrer Übersetzungen. Das

Gedicht endet mit den Schlusszeilen: »Und es packt dich ein Sehnen, das süß ist und zieht,/ ein Sehnen nach Menschen, ein heißes: ›versprich!‹/ und dann klingt es aus wie ein Nachtigall-Lied.« David Klein hat die überlieferten Gedichte vertont, und ihre Erben haben an der Universität Tel Aviv den ›S.M.-E. Fonds‹ gestiftet.

Werke: Gedichte, in: Versunkene Dichtung der Bukowina, hg. A. Colin u. a., München 1994, 338–342; Gedichte, hg. J. Serke, Hamburg 2008; Harvest of Blossoms. Poems from a Life Cut Short. S.M.-E. 1924–1942, hg. I. Silverblatt, Northwestern 2008.
Literatur: W. Emmerich, S.M.-E.s Gedichte als »Chronik der laufenden Ereignisse« in der Bukowina 1939–1941, in: Die Bukowina. Studien zu einer versunkenen Literaturlandschaft, hg. D. Goltschnigg, Tübingen 1990, 275–292; N. Shchyhlevska, Deutschsprachige Autoren aus der Bukowina, Frankfurt a. M. 2004.

Barbara Breysach

Mehring, Walter (Walt Merin)

Geb. 27.2.1896 in Berlin;
gest. 3.10.1981 in Zürich

M. wuchs in einem liberalen Elternhaus auf, dessen Atmosphäre literarisch und künstlerisch gesättigt war. Der Vater, Sigmar M. (1856–1915), tätig als Redakteur, kann als Inbegriff des Linksintellektuellen gelten. Die Mutter, Hedwig Löwenstein (1866–1942, KZ Theresienstadt), trat als Sängerin (unter dem Namen Stein) auf. M. selbst stellt sich nach dem Abitur (1914) auf eine literarisch-journalistische Tätigkeit ein. Für deren Profil bietet sich von Anfang an kein Kennwort besser an als seine eigene Lieblingsvokabel ›Ketzer‹. In der Anfangsphase wie in den letzten Jahren seines Schaffens hat er *Ketzerbreviere* veröffentlicht und sich damit ein Markenzeichen auf dem literarischen Markt geschaffen. Religiöse Bedeutung hat dieser Begriff allenfalls in peripherem Sinn. *Ketzer* ist eine Metapher für intellektuellen, dichterischen, politischen und lebensmäßigen Aufstand; sie steht auch für den lebenslang prägenden Einfluss, den der Berliner Futurismus Herwarth Waldens und der Dadaismus – sowohl in seiner spektakelhaften Züricher wie in seiner politischen Berliner Version u. a. von George Grosz – auf M. genommen haben. Sein Hervortreten als Kabarettist ab 1919 – zunächst im wiedereröffneten *Schall und Rauch* an Max Reinhardts Bühne – steht unter demselben Motto: Kabarett ist die ketzerische Theaterform par excellence.

Das erste *Ketzerbrevier* von 1921 enthält eine *Conférence mystique*, in der M. das Genre auf Formen ketzerischer Gegenkunst zurückführt, die – wie er meint – schon vom frühen Mittelalter an zu verfolgen sind. Diese wurzeln in den häretischen Geheimlehren der Gnosis. Dazu beruft sich M. auf den ›Demiurgen‹, der nach marcionitischer Tradition »mit dem altjüdischen Gott« gleichgesetzt wird, und auf die von der jüdischen Orthodoxie als ketzerisch gewertete kabbalistische Spekulation, wenn er eine *Operette* mit dem Titel *Die 10 Sephirot* ankündigt. Im Kontext der *Conférence* handelt es sich um Metaphern für eine häretische Kreativität nach dem Selbstverständnis der radikalen Avantgarde. Allenfalls mag dabei ein Seitenhieb gegen die Aufwertung der jüdischen Mystik und der Kabbala in der kulturzionistischen Bewegung geführt werden. De facto hat M. zu diesem Zeitpunkt sein Selbstverständnis als Literat weiter profiliert, dieses jedoch nicht in erkennbarer Weise als jüdisch bestimmt, und es hatte auch kein Engagement für die jüdische Erneuerung zur Folge.

In den folgenden Jahren verbirgt sich unter der Ketzermetapher eine generelle Religionskritik, primär an christlichen Traditionen, aber auch an messianischen Ideen generell. Wo immer in der Religion ein Machtverhältnis involviert zu sein scheint, welches den unbedingten, bisweilen anarchisch formulierten Anspruch auf individuelle Freiheit und Selbstverwirklichung einschränkt, dafür aber politische oder soziale Herrschaft legitimiert, setzt M.s blasphemische Provokation ein. In seinem breiten, an Jargon, Dialekten und Zitaten reichen sprachlichen Repertoire tritt dann die Parodie liturgischer Texte bis hin zur *Schwarzen Messe* hervor. Solche Kritik schließt aber nicht aus, dass sich M. im Sinne anarchischer oder sozialistischer Ideen mit religiösen Minderheiten solidarisiert, wenn diese in Bedrängnis geraten. Auf dieser Ebene steht neben dem Schwarzafrikaner, den der europäische Kolonialismus unterdrückt, auch der Jude, der in

Europa zum Sündenbock politischer oder wirtschaftlicher Fehlentwicklungen gemacht wird.

Diese Haltung erweist sich aber nur tragfähig bis zum Krisenjahr 1929. Für M., der, hellsichtig, von diesem Zeitpunkt an mit einer Rechtsdiktatur rechnet, ergibt sich eine eigene Krisenzeit, die eine Umorientierung erforderlich macht. Sie vollzieht sich – nachdem er mehrere Jahre als Korrespondent in Paris u. a. für Carl von Ossietzkys *Weltbühne* geschrieben hat – im Jahre der Zusammenarbeit mit Erwin Piscator. Für ihn entwirft er das Schauspiel *Der Kaufmann von Berlin*, welches einen ostjüdischen Shylock ins Berlin des Jahres 1923 verpflanzt und als Inflationsspekulanten in das Scheunenviertel-Pogrom geraten lässt. M.s Solidarität mit dem dort ansässigen Ostjudentum bekundet sich in einer minutiösen Einarbeitung des Ostjiddischen in den deutschen Dramentext. Der Spekulant lässt sich freilich im Laufe des Stückes als Werkzeug von deutschnationalen revanchistischen Militärs und Industriellen anheuern, die nach dem Muster des Kapp-Putsches den Umsturz der Republik planen. Das Scheitern dieses Unternehmens wird außer auf die Scheunenviertel-Bewohner auch auf den Berliner ›Shylock‹ abgeleitet. Sein Untergang wird zur Allegorie der bereits in historischer Reichweite geahnten Katastrophe des deutsch-jüdischen Zusammenlebens. Daher folgt auf die Berliner Aufführung des Stückes nicht nur die erwartbare Polemik aufseiten der Presse der Rechten, sondern auch der aufgebrachte Einspruch der *CV-Zeitung*, die den – M. angelasteten – Widerruf der Akkulturationsgeschichte zurückweist und ihren Lesern vom Besuch des »unwahrhaftigen Tendenzstückes« abrät.

Für M. selbst ist aber aufschlussreich, dass er in das Stück das Szenario seiner persönlichen Krise einzeichnet, und zwar in Gestalt einer Auseinandersetzung mit dem Vater, der aus dem Judentum ›ausgetreten‹ und zu der säkularen ›Intellektuellenmehrheit‹ übergetreten war, für die Aufklärung, Atheismus und Sozialismus die Leitbegriffe darstellten. Zitiert wird ein Gedicht des Vaters, in welchem die Traditionsfrage des Seder Abends, »Mah nischtaneh?«, als nicht mehr relevant zurückgewiesen und mit einer der Zukunft angemessenen Aufforderung konfrontiert wird: »Längst schon in verlorner Gasse/ Folgst Du falschem Ahnenruhme/ Heb Dich über Stamm und Rasse/ Auf zu reinem Menschentume!«

Im Kontext des Dramas, d. h. mit der Verfolgung und Vertreibung des Berliner Shylock, bedeutet dies die Absage an die altliberale Position der Vätergeneration. Eine neue Stellung im Verhältnis zum Judentum ist gefordert. M. sieht sich von seiner jüdischen Herkunft wieder eingeholt, was für ihn freilich weder vor noch nach 1933 eine religiöse Bekehrung oder eine Annäherung an zionistische Positionen bedeutet. Aber mit seiner Verarbeitung der Flucht- und Emigrationserlebnisse – er entrann nach Jahren in Wien und Paris und einer Odyssee durch französische Internierungslager nur dank Varian Fry und dem Emergency Rescue Committee – wendet sich M. stärker jüdischen Traditionsmotiven zu. Schon 1931 erscheinen entsprechende Texte, die einen Hilferuf zum Inhalt haben, unter dem Titel *Arche Noah S.O.S.*, später steht die Vertreibung unter der Chiffre des Ahasver, dem auch in den Fluchtländern keine selbstverständliche Aufnahme bevorsteht. Die vierzig Jahre des biblischen Auszugs aus Ägypten, erweitert zum jüdischen »Geschichtsleid« der gesamten Galuth, werden zum geschichtlichen Symbol für das Schicksal aller Versklavten, Ausgebeuteten und Vertriebenen, die den Herrenvölkern Europas zum Opfer gefallen sind: »Was unterscheidet Menschen – Mah nischtaneh?«

M.s Rettung nach New York, wo er mit Arbeiten für den *Aufbau* und die *New York Times* an der Armutsgrenze überlebt, zeitigt als überragenden literarischen Reflex die *Autobiographie einer Kultur*. Es geht um *Die verlorene Bibliothek* des Vaters, Schatzkammer und Inventar des von einem liberalen Juden versammelten geistigen Europa. Nach der Machtübernahme 1933 wird dieser Schatz zwar noch nach Wien gerettet, geht danach aber verloren. So symbolisiert er die ehemalige Existenz und den erzwungenen Exodus des auf eine liberale Symbiose setzenden Judentums aus der deutschen Kultur.

Nach der Rückkehr nach Europa, die aber keineswegs das Ende des Exils aus Deutschland bedeutet, versucht der Autor – nur mäßig erfolgreich – mit alten und neuen Werken an die Weimarer Republik anzuknüpfen und in der deutschsprachigen Literatur wieder Fuß zu fassen. Unter dem erweiterten Titel *Großes Ketzerbrevier* legt er 1974 eine Anthologie seiner lyrischen Werke vor, deren Entstehungs- und Publikationsdaten zwischen 1915 und 1973 liegen. Diese Daten sowie zahlreiche Zwischentexte lassen die weltgeschichtlichen Dimensionen zwischen dem Ersten Weltkrieg und dem Kalten Krieg bis in das dritte Nachkriegsjahrzehnt sichtbar werden. Das auf das Jahr 1973 datierte Gedicht *Alarm* stellt den Bezug auf den Ketzer her, der inzwischen zum Märtyrer geworden ist; ein beziehungsreiches Motto, in Gestalt von Gedicht- und Prosaauszügen, verweist auf den Dichter und Mystiker Quirinus Kuhlmann (1651–1689), der auf dem Scheiterhaufen endete und so gleichsam als Schutzheiliger der aufsässigen Literaten namhaft gemacht wird. Auch der Ketzer M. hält seine Rolle bis zum Letzten durch. Am Ende des *Breviers* steht das Kreuzverhör durch die staatliche Macht (1933) sowie ein weiteres Verhör in einem ›letzten Gericht‹. Gegenüber der ersten Instanz – »nach 1933« – beruft er sich darauf, zu der »verbotenen, verbrannten Weltliteratur« zu gehören. Dem späteren überirdischen Frager, dem der Autor durch eine *Selbstanzeige* zuvorkommt, wirft er vor, dass er im großen Schöpfungsplan für ihn, M., und seine literarischen Schöpfungen nicht genügend Spielraum vorgesehen habe. Denn das Jahrhundert der Kriege, der Vernichtung und des Exils habe ihm nicht gestattet, sein immer geplantes, eigentliches Buch zu schreiben. So musste es wohl bei den Werken des *Ketzer*-Poeten bleiben, und die angeredete Instanz quittiert die Vorwürfe, indem sie ihm das Wort abschneidet.

Werke: Werke [in Einzelbänden], hg. Ch. Buchwald, Düsseldorf 1978 ff.; Drei jüdische Dramen: H. Ungar, Der rote General, W.M., Der Kaufmann von Berlin, P. Kornfeld, Jud Süß, mit Dokumenten zur Rezeption, hg. H.J. Weitz u. a., Göttingen 1995. Großes Ketzerbrevier. Die Kunst der lyrischen Fuge, München u. a. 1974.
Literatur: W.M., in: Text + Kritik, H. 78 (1983); H.-P. Bayerdörfer, Shylock in Berlin. W.M. und das Judenportrait im Zeitstück der Weimarer Republik, in: Judentum, Antisemitismus und deutschsprachige Literatur vom Ersten Weltkrieg bis 1933/38, hg. H.O. Horch u. a., Tübingen 1993, 307–323; B. Bauer, R. Dürmayer, W.M. und Herta Pauli im Exil: »zwei Parallelen, die im Geistigen sich berühren«, in: Deutsch-Jüdisches Exil, hg. W. Benz u. a., Berlin 1994, 15–43; W. Rösler, »Ich will mit anderen Zungen und anderen Lippen reden zu diesem Volke…« Anmerkungen zu W.M., in: »Halb erotisch – halb politisch«. Kabarett und Freundschaft bei Kurt Tucholsky, hg. S. Oswalt, Oldenburg 2000, 99–116; H.-P. Bayerdörfer, Jewish Cabaret Artists before 1933, in: Jews and the Making of Modern German Theatre, hg. J. R. Malkin u. a., Iowa City 2010, 132–150.

Hans-Peter Bayerdörfer

Meidner, Ludwig

Geb. 18.4.1884 in Bernstadt (Kreis Oels/Schlesien);
gest. 14.5.1966 in Darmstadt

Mit »seinem« Judentum setzte M. sich relativ spät auseinander. Unter der Überschrift *Der Trennungsstrich* schrieb er in der *Deutschen Allgemeinen Zeitung* vom 15. September 1929: »Der dieses schreibt, ist gleichfalls dem konservativen, d. h.

thoratreuen Judentum aufs engste verbunden. Er steht unbeirrt zu seinen Lehren und Gebräuchen, er ist darin erzogen worden und kann davon nicht los, findet sie wahr, überaus schön, dass sie das einzig Richtige für ihn sind, und er ist entschlossen, der Zeit und Ewigkeit Trotz zu bieten mit ihnen.« In dieser Zeit zunehmender Bedrohung häuften sich öffentliche Bekenntnisse M.s zur jüdischen Religion. Er sah die »Rückkehr« zum Judentum – M. stammt aus einer liberalen jüdischen Familie – als Endpunkt seiner religiösen Entwicklung. Dem Freund Franz Landsberger schrieb er dazu, 1923 »trat ein Umschwung ein, nach stürmischen Jahren: Rückkehr zum Judentum, Bekanntschaft mit dem Chassidismus, Aufnahme der jüdisch-religiösen Praxis ab 1924; – von 1927 ab, dem Jahr meiner Eheschließung, wird das genaue jüdische Ceremonial gemäß dem Schulchon Oruch maßgebend. Es tritt eine große Beruhigung ein, die Kämpfe sind beendet« (Brief vom 21.2.1934). – Mit »große Beruhigung« meinte M. nichts Geringeres als die radikale Abkehr von der schöpferischen Produktivität der expressionistischen Zeit, auf die sich der Ruhm gründet, der ihm zwischen 1912 und 1920 zuteil wurde.

M. studierte an der Kunstakademie Breslau, brach die Ausbildung aus Überdruss an »schweißtropfender Pedanterie« (*Mein Leben*, 1919) ab und ging mittellos (die Eltern versagten ihm weitere Unterstützung) nach Berlin, wo er seinen Unterhalt u. a. als Modezeichner bestritt. Er ließ sich 1906 bei Hermann Struck in der Technik des Radierens ausbilden, begegnete dort jüdischen Künstlern und Intellektuellen, darunter Max Liebermann und Alfred Kerr, und las u. a. Achad Ha'am und Martin

Buber. Eine wohlhabende Tante finanzierte ihm 1906/07 einen Studienaufenthalt in Paris, wo er in den Künstlerkreisen des Montmartre verkehrte und sich mit Amedeo Modigliani befreundete. 1912 gründete er mit Richard Janthur und Jacob Steinhardt die Malergruppe »Die Pathetiker«, mit der er in der Sturm-Galerie Herwarth Waldens seine erste Ausstellung hatte. M. begann mit der Produktion der »apokalyptischen Landschaften« und Städtebilder, biblischen Szenen und Porträts. Er verkehrte in Literaten- und Künstlerkreisen im Umfeld expressionistischer Zeitschriften (*Sturm*, *Aktion*, *Weiße Blätter* u. a.), deren Erscheinungsbild er entscheidend mitprägte. 1913 wurde sein Atelier zum Treffpunkt und er selbst zum bekanntesten Porträtisten des literarischen Expressionismus in Deutschland.

1914 übersiedelte M. gemeinsam mit dem Dichter und Freund E.W. Lotz nach Dresden, wo beide – mit Unterstützung durch den Mäzen Franz Kochmann – eine Zeitschrift gründen wollten. Als der Krieg ausbrach, befand sich Lotz in Berlin auf der Suche nach Beiträgern für die Zeitschrift; er meldete sich freiwillig und fiel nach wenigen Wochen in Frankreich. M. kehrte noch im selben Jahr nach Berlin zurück. Dem Freund setzte M. mit seiner *Erinnerung an Dresden* (in: *Septemberschrei*) ein Denkmal, womit er seine Meisterschaft als Porträtist auch auf literarischem Gebiet eindrucksvoll belegte. 1916 wurde M. selbst zum Kriegsdienst einberufen, zunächst zur Ausbildung als Infanterist in Crossen a. d. Oder, dann 15 Monate lang als Dolmetscher für Französisch und Zensor im Kriegsgefangenenlager Merzdorf, Cottbus. Hier entstanden die Bücher *Im Nacken das Sternemeer* (1918) und *Septemberschrei. Hymnen, Gebete, Lästerungen* (1920). M. schöpfte aus dem bedrückenden Umfeld des Soldatendaseins Inspiration und reflektierte zugleich diesen Vorgang. Der Soldatenalltag, »autobiographische« Reminiszenzen und Visionen, die leidenschaftliche Suche nach Gott sind das Hauptmotiv dieser ekstatischen Prosadichtungen.

Die Schrecken des Krieges (»Der Weltkrieg zermalmte meinen Mut und die große Weltseligkeit ging in Scherben«, *Mein Leben*) haben – nach kurzem sozialistischem Engagement in der Novembergruppe und im Arbeitsrat für Kunst – die Religiosität M.s wesentlich gesteigert. In den Jahren 1919–23 entstanden etwa 200 Lithographien und 100 Radierungen, religiöse Kompositionen, Porträts und Landschaften, in denen das Mystisch-Ekstatische immer mehr zurücktritt zugunsten eines weniger scharf konturierten, »beruhigten« Naturalismus. Zur gleichen Zeit entstanden zwei Bücher religiösen Inhalts, *Fließ, ewige Träne* und *Einkehr*, die 1923 erscheinen sollten, aber der Inflation zum Opfer fielen. Teile daraus erschienen in Zeitschriften, insbesondere in der Sondernummer »Ludwig Meidner« des *Feuerreiters* (1923). M. verurteilte alles bisher Geschaffene als Irrtum und sah in der demütigen Hinwendung zu Gott den einzig gangbaren Weg: »Den Spleen, die Übergeschnapptheit und Schamlosigkeit, welche in meiner früheren Prosa walteten, habe ich weit, weit hinter mir gelassen und so sehr hat mich der Gottesglaube geklärt und nüchtern gemacht, daß ich heute nur noch mit tiefer Schamröte in jenen jugendlichen Arbeiten lesen kann. Von Haß und Unrast bin ich ausgegangen und zum Frieden Gottes bin ich eingekehrt« (*Eine autobiographische Plauderei*, 1923). Eine Sammlung der Arbeiten erscheint 1929 in einem Band mit dem programmatischen Titel *Gang in die Stille*. Daneben beschäftigten M. Fragen zu den Aufgaben des Künstlers, zum gesellschaftlichen Sinn der Kunst in der Gegenwart und zum Verhältnis der Kunst (und des Künstlers) zur Religion in essayistischen Betrachtungen, die in verschiedenen Zeitschriften erschienen.

In den Jahren 1927–32 schrieb M. Feuilletons, die hauptsächlich im *Berliner Tageblatt* und im *Berliner Börsen-Courier* erschienen. Sie standen in starkem Kontrast zu den religiösen Texten; meist in heiter-ironischem Ton gehalten, boten sie M. ein Forum für Abrechnungen mit dem »Zeitgeist«, der Religionsferne, dem Mangel an Spiritualität; Betrachtungen über die Kunst (insbesondere Porträtmalerei) und deren Rezeption (Kritik am Zeitgeschmack) spielten ebenfalls eine große Rolle. M. hatte 1932 eine Sammlung der Feuilletons für eine Buchausgabe bei Rowohlt zusammengestellt, zu deren Veröffentlichung es nach der Machtergreifung durch die Nationalsozialisten jedoch nicht mehr kam. Als die Bedrohung durch die NS-Diktatur zunahm, verließ er Berlin und fand 1935 Unterschlupf als Zeichenlehrer am jüdischen Reform-Realgymnasium »Jawne« in Köln. M. war als Jude und zugleich als Künstler verfemt. 1937 fanden sich Werke M.s in der Nazi-Ausstellung »Entartete Kunst«, an die Wände waren Auszüge aus seinen Prosadichtungen geheftet, die den Irrsinn des Autors dokumentieren sollten; 84 seiner Bilder und Zeichnungen standen auf der Liste der zu beschlagnahmenden bzw. zu vernichtenden Werke.

Bereits 1933 hatte sich M. um Emigrationsmöglichkeiten bemüht und zuerst Palästina, später Südafrika und Südamerika in Betracht gezogen. Die Wahl fiel schließlich auf England, von wo M. ein *permit* des Malers Augustus John erhielt, so dass er – kurz bevor die Ausreise unmöglich wurde – am 2. August 1939 Deutschland verlassen konnte. Das Exil in London war schwer, der Mangel an künstlerischer Anerkennung und die gesellschaftliche Isolation bedrückend. Finanziell hielt er sich mühsam mit Nachtwachen in der orthodoxen Gemeinde über Wasser. Halt fand er in Lektüre, insbesondere bei William Blake, dem Besuch von Kunstausstellungen (van Gogh, Chagall) und vor allem in der Religion: »Für mich ist hier in meiner Verlassenheit das Judentum mein einziger Schirm und Helfer«, teilt er 1940 einer Freundin mit. Als die unbeschwerteste Periode dieser Jahre schildert M. die Zeit im Internierungslager auf der Isle of Man, wo er einer orthodoxen Gruppe angehörte, gut verpflegt wurde und reichliche Auswahl an Modellen für seine Porträts hatte.

Während M. im Exil eine Rückkehr nach Deutschland kategorisch ausschloss und stattdessen die weitere Emigration in die USA oder nach Argentinien erwog, änderte er 1952 nach einem Besuch in Hamburg diese Meinung und kehrte im Jahr darauf nach Deutschland zurück. Durch die Vermittlung von Freunden kam er zunächst im Jüdischen Altersheim in Frankfurt unter und konnte bald danach eine zum Künstleratelier umfunktionierte Klempnerwerkstatt in Marxheim im Taunus beziehen. M.s Rückkehr aus dem Exil vollzog sich nahezu unbemerkt. Als 1960 in Recklinghausen die große *Synagoga*-Ausstellung eröffnet wurde und Ernst Scheyer in seinem Eröffnungsvortrag über den *Beitrag des Judentums zur modernen Kunst* zu einer Art Nachruf anhob, meldete sich M. aus dem Publikum mit den Worten: »Hier bin ich, Meidner«. In seinen letzten Lebensjahren, die er in Darmstadt verbrachte, wurde M. angehalten, seine *Erinnerungen* niederzuschreiben, wobei zu seiner Enttäuschung das Interesse dem expressionistischen Jahrzehnt gegolten hatte. In den späten Briefen und Tagebuchaufzeichnungen schwingt auch die Enttäuschung mit, als jüdischer Künstler nicht in dem Maße anerkannt zu sein, wie er es sich gewünscht hatte. So kam der Religion erneut eine Rolle zu: nun die der Trösterin. Die Besinnung auf die Liebe zu Gott war am Ende eine Replik auf das Verkannt- und Vergessensein.

Werke: Dichter, Maler und Cafés, hg. L. Kunz, Zürich 1973; Verteidigung des Rollmopses, Gesammelte Feuilletons 1927–1932, hg. M. Assmann, Frankfurt a. M. 2003.
Literatur: T. Grochowiak, L.M., Recklinghausen 1966; H. Tramer, Das Judenproblem im Leben und Werk L.M.s, in: Bulletin des Leo Baeck Instituts 16/17 (1977/78), 75–132; L.M., Zeichner, Maler, Literat 1884–1966. 2 Bde., hg. G. Breuer und I. Wagemann, Stuttgart 1991; G. Heuberger u. a., Malerei als Gebet, L.M. und sein Judentum, in: Im Nacken das Sternemeer, hg. T. Natter, Wien 2001, 31–39; L.M. Ein deutscher Expressionist, hg. T. Natter, Wien 2001.

Michael Assmann

Menasse, Robert

Geb. 21.6.1954 in Wien

M. stammt aus einer Familie von Rückkehrern aus der englischen Emigration, die wegen ihrer jüdischen Herkunft 1938 aus dem zur Ostmark gewordenen Österreich vertrieben worden sind. Nachdem er in Wien Germanistik, Philosophie und

Politikwissenschaft studiert und über den »Typus des Außenseiters im Literaturbetrieb« (vor allem über den Wiener Lyriker Hermann Schürer) promoviert hatte, wirkte er 1981–86 als Deutschlektor in São Paulo (Brasilien). Dieser Aufenthalt gab ihm Gelegenheit, in indirekter Form an die Exilerfahrungen seiner Eltern anzuknüpfen, etwa in den Gestalten von in Brasilien sozusagen wiederaufgefundenen verschollenen Exil-Österreichern wie dem Philosophen »Professor Singer« und der Schriftstellerin Judith Katz, deren von eigentümlicher Radikalität erfüllte Bestrebungen im Schweigen (und im Tod) enden. Auch die historische Gestalt des in Brasilien einflussreichen Kritikers und Literarhistorikers österreichisch-jüdischer Herkunft Otto Maria Carpeaux wird zitiert. Die eigentümliche Radikalität von Singer und Katz jedoch erscheint als eine Gabe des Exils: Herausgerissen aus den heimatlich-sinnstiftenden und zugleich verblendenden Zusammenhängen scheinen sie ihre großen Fragen geradewegs an die Epoche zu stellen. G.W.F. Hegel, Karl

Marx, Georg Lukács, Th.W. Adorno sind die Denker, an die sie sich anschließen. Singer und Katz sind damit als Angehörige der »1968er Generation« gezeichnet; in seinem zweiten Roman, *Selige Zeiten, brüchige Welt* (1991), lässt M. sie denn auch im Wien der Zeit vor 1968 zusammentreffen. So intensiv die Auseinandersetzung ist, in der die 1968er in Hegels *Phänomenologie des Geistes* verstrickt sind, sie bleibt politisch letztlich folgenlos; die Welt geht einen gegenüber den Forderungen des Geistes mehr als gleichgültigen Gang; das in der philosophischen Kontemplation entworfene Subjekt dissoziiert in verbohrte Radikalität einerseits und Genuss heischende Hinnahme der Gegebenheiten andererseits. Das allgemeine Verhältnis dieser Ohnmacht zur Welt ist jene »sinnliche Gewißheit«, die bei Hegel gerade nur die unterste Stufe im Treppengang des Geistes ist.

M.s Romane bis hin zur *Schubumkehr* lassen sich als Trilogie des Niedergangs lesen. In *Schubumkehr* ist der erzählende Protagonist Roman in seine Heimat zurückgekehrt und beobachtet in völliger Passivität, irritiert nur durch die besitzergreifende Fürsorge seiner Mutter, was in dem Lande geschieht. *Schubumkehr* ist ein vor dem Hintergrund von Hermann Brochs *Bergroman* (1953; entstanden 1934–36) umgedrehter Heimat- oder Rückkehrer-Roman, der in manchem auch eine Rückkehr M.s zum in Österreich so geläufigen Genre des kritischen Heimatromans andeutet. Broch schrieb seinen *Bergroman* zur Zeit des österreichischen Ständestaates, der austrofaschistischen Diktatur (1934–38). Der kritische Essayist M., der in der literarischen Öffentlichkeit mit einer überzeugenden Analyse der konstitutiven Schwächen der Werke Thomas Bernhards und Gerhard Roths (beide in den 1970er und 1980er Jahren hochgeschätzt) debütiert hatte, wendet seine Aufmerksamkeit immer mehr dem Fortleben des Austrofaschismus in den politischen und kulturellen Institutionen Österreichs zu. Politisch macht er diese Tradition an der Einrichtung der sich parlamentarischer Kontrolle entziehenden Sozialpartnerschaft fest. Während die heimatlosen Judith Katz und Professor Singer an der Abstraktion der Epoche irre werden, sieht sich M. selbst nun in die bedrückende Konkretion eines Landes verwickelt, dessen Vorzüge sich stets als Ausprägungen seiner Mängel erweisen, wird ihm sein Österreichertum zu einer zweiten Haut.

Bemerkenswert ist, dass es M., der durch seine Essaybände, zahlreiche Interviews und Aufsätze zu tagespolitischen Entwicklungen eine Art Wortführer eines kritisch-reflektierenden und der Aufklärung verpflichteten Österreich geworden ist, vermeidet, seine jüdische Herkunft als Ausgangspunkt seines Nicht-Einverstandenseins auszugeben. An prominenter Stelle allerdings, in seiner Rede zur Eröffnung der Frankfurter Buchmesse 1995, hat M. auf den Talmud-Lehrer Baruch Spinozas hingewiesen, auf Rabbi Samuel Menasse ben Israel, ein möglicher Vorfahr M.s, der den Satz schrieb: »Was einmal wirklich war, bleibt ewig möglich.« Der Satz berührt sich mit Hegels berühmtem Diktum von der Vernünftigkeit des Wirklichen und weicht entscheidend von ihm ab. Bei Adorno kehrt er im Zusammenhang mit Auschwitz im selben Wortlaut wider, und für M. klingt er heute bedrohlicher als zur Zeit Spinozas. Auch in Wien wurde die Ausstellung »Vernichtungskrieg. Die Verbrechen der Wehrmacht 1941 bis 1944« gezeigt; Ruth Beckermann hat in der Ausstellung den Film *Jenseits des Krieges* gedreht, der M. veranlasste, über das Rätsel seiner Generation nachzusinnen: »Wir«, d.h. die Re-Emigrantenkinder, »sind im Schweigen aufgewachsen und haben doch immer alles gewußt. Was wir nicht gewußt haben lernen wir erst jetzt: Daß es an der Zeit ist zu begreifen, was wir als Kinder akzeptiert haben.«

Von dieser Äußerung ausgehend ließ sich eine Neuorientierung des Erzählers M. vermuten, die sich 2001 in dem Roman *Die Vertreibung aus der Hölle* manifestierte, der das bedrängte Leben der Juden im 17. Jahrhundert – nach ihrer Austreibung aus Spanien und Portugal – mit den Erfahrungen eines Re-Emigrantenkindes im Wien der 1980-er Jahre parallelisiert. Mit diesem Buch und dem Essayband *Das war Österreich* löste sich M. von der Bezogenheit auf Österreich als imaginiertes Gemeinwesen und Schauplatz; konsequenterweise wendet sich der folgende Roman *Don Juan de la Mancha* der Tragikomik privaten Glücks zu. Doch sein eminent politischer Impetus treibt M. zur Rekonstruktion eines Gemeinwesens, das zwar als solches noch nicht existiert, aber eine Perspektive aufgeklärten politischen Handelns bietet: Mit seiner Schrift *Der Europäische Landbote* ruft M. auf, an die Stelle einer Europäischen Union der Nationalstaaten ein wahrhaft vereintes Europa der Regionen zu setzen und mit den Nationen den Nationalismus des 19. Jh. zu überwinden. Wie alle Werke M.s ist auch dieses reich an literarischen Konnotationen und Verweisen, so auf Georg Büchners *Hessischen Landboten* und Friedrich Hölderlins *Hyperion*, dessen idealisiertes Griechenland im Subtext den brutalen Umgang mit dem in finanziellen Nöten steckenden Griechenland der Gegenwart konterkariert.

Werke: Sinnliche Gewißheit, Reinbek 1988; Die sozialpartnerische Ästhetik, Wien 1990; Selige Zeiten, brüchige Welt, Salzburg 1991; Das Land ohne Eigenschaften, Wien 1992; Phänomenologie der Entgeisterung, Frankfurt a. M. 1995; Schubumkehr, Salzburg 1995; Hysterien und andere historische Irrtümer, Wien 1996; Dummheit ist machbar, Wien 1999; Die Vertreibung aus der Hölle, Frankfurt a. M. 2001; Das war Österreich, Frankfurt a. M. 2005; Don Juan de la Mancha oder die Erziehung der Lust, Frankfurt a. M. 2007; Ich kann jeder sagen, Frankfurt a. M. 2009; Der europäische Landbote, Wien 2012.

Literatur: E.-E. Fischer, Geschichte als gefährliches Phänomen, in: Süddeutsche Zeitung, 12.10.1995; K. Zeyringer, Österreichische Literatur 1945–1998, Innsbruck 1999; R.M., hg. K. Bartsch u. a., Graz 2004.

Konstantin Kaiser

Mendelssohn, Moses (eigentl. Moshe mi-Dessa)

Geb. 6.9.1729 in Dessau; gest. 4.1.1786 in Berlin

In mehrfachem Sinne ist M. als eine problematische Schwellenfigur der deutsch-jüdischen Literatur und Kultur der Moderne zu begreifen; als eine »transitional figure« (Sorkin), die sich in Übergängen bewegt und Grenzen problematisiert: zwischen

der deutschen, europäischen und jüdischen Kultur; zwischen Diskursen der Tradition und der Moderne; zwischen den Disziplinen und Genres der Philosophie, Exegese, Übersetzung, Literatur und Politik; und zwischen deutscher und hebräischer Schriftsprache und Signatur. Obwohl M. nicht im engeren Sinne literarische, d. h. fiktionale Texte geschrieben hat, gilt er als eine der Gründerfiguren der modernen deutschen Literatur und zentraler kritischer Begriffe, wie z. B. Mitleid, Genie, schöne Seele, ästhetische Illusion, Erhabenes (Engel). Zugleich gilt er als eine der Gründungsfiguren einer modernen, säkularen hebräischen Literatur (Pelli). Die Deutung des Judentums, die M. in *Jerusalem* (entstanden 1782) über eine Theorie der jüdischen »Zeremonialgesetze« als einer »Schriftart« entfaltet hat, ist als eine Präfiguration spezifisch moderner Theorien und Praktiken verstanden worden: als Vorgestaltung politischer Theorie von Verdinglichung und Fetischisierung und der grammatologischen Kritik Jacques Derridas (Funkenstein), kultursoziologischer Theorien über Rituale (Eisen) und performativen und widerständigen schriftstellerischen Bewusstseins (Hilfrich).

Eine deutsch-jüdische Literatur im Sinne M.s ist als ein entschieden mehrsprachiges und interdisziplinäres Feld kritischer literarischer Praxis zwischen den Kulturen zu lesen. Tradition und Moderne oder Innovation schließen sich hier nicht aus. In den Übergängen von exegetischer Gedächtniskunst zu innovativer Theoriebildung liegt vielmehr die spezifisch literarische Spannung der Texte M.s. Wenn die deutsch-jüdische Literatur für ihren späten Autor Franz Kafka eine vielfache »Unmöglichkeit« darstellte, dann zeigte sie sich in M.s Texten eher als Feld von sich öffnenden und zu überprüfenden Möglichkeiten, Möglichkeiten kultureller, politischer, literarischer, individueller und kollektiver Redefinition. Schon M. allerdings verstand die deutsch-jüdische Literatur und ihre Möglichkeiten als Schriftfeld einer paradoxalen und widerständigen Praxis, die die nationalen oder religiösen Begriffsraster infrage stellt und unerwartete textuelle Dispositionen freimacht. In einem Brief an seinen Freund Herz Homberg schrieb er 1783 über sein *Jerusalem*: »*Jerusalem* ist ein Büchlein von einer besonderen Art [...] So viel ist sicher, es ist von einer Beschaffenheit, wie es weder Orthodoxe noch Heterodoxe beyder Nationen erwartet haben. Denn alle erwarten Religionszank, und ich sehe mich, meiner bösen Gewohnheit nach, bey jedem Schritte nach spekulativer Materie um, die ich anknüpfen kann, und lasse den Streitkolben darüber aus den Händen fallen.« M.s *Jerusalem* versuchte, das »Kampffeld« des deutsch-jüdischen Dialoges seiner Zeit zu einem Schriftfeld »spekulativer Materie« umzuschreiben.

M.s frühe Erziehung in Dessau folgte dem noch neuzeitlich bestimmten Curriculum aschkenasischer Erziehung (Studium des Talmud und der Kommentare; Methode des Pilpul). Eher ungewöhnlich für die Zeit zeigte M. schon als Kind eine Faszination für die biblischen Texte und die hebräische Grammatik sowie für mittelalterliche jüdische Philosophie, v. a. Maimonides. Als 14-Jähriger folgte er dem Dessauer Rabbiner David Fränkel ins Zentrum der deutschen Aufklärung nach Berlin und machte sich bei Repräsentanten der frühen Haskala mit Philosophie, klassischen und modernen Sprachen vertraut. In den 50er und 60er Jahren schrieb er Predigten für die Berliner jüdische Gemeinde und übersetzte sie ins Deutsche. 1754 begann seine Freundschaft mit G.E. Lessing, die sinnbildlich für die deutsch-jüdische Begegnung der Moderne werden sollte und in Lessings *Nathan der Weise* (entstanden 1779) literarischen Niederschlag fand. Mit Lessing und Ch.F. Nicolai teilte M. ein besonderes Interesse an einer wissenschaftlichen und zugleich künstlerischen Literaturkritik. 1756 wurde er zum Mitarbeiter und Mitherausgeber von Nicolais *Bibliothek der schönen Wissenschaften*, in der er 21 Rezensionen und zwei größere ästhetische Essays veröffentlichte: die *Betrachtungen über die Quellen und Verbindungen der schönen Künste* (entstanden 1757) und die *Betrachtungen über das Erhabene und das Naive* (entstanden 1758). M.s Beiträge zur *Bibliothek* gaben der entstehenden Literaturkritik in deutscher Sprache ein ambitioniertes Profil: sie rezensierten die wichtigsten deutschen Neuerscheinungen der Zeit; sie begründeten eine vergleichende Rezeption ausländischer Werke, u.a. im Bereich hebräischer Literatur; sie zeigten die literarische Ästhetik als eine werdende Wissenschaft und Übersetzung als ein sprachliches Kunstwerk. Neben diesen literaturkritischen und ästhetischen Arbeiten veröffentlichte M. in den 50er Jahren v.a. metaphysische Schriften und Übersetzungen zeitgenössischer Theorie ins Deutsche. Gleichzeitig widmete er seine literarische Produktivität der Haskala und der hebräischen Sprache. In der zweiten Hälfte der 50er Jahre veröffentlichte M. die erste jüdische Wochenschrift der Moderne, *Kohelet Musar* (Prediger der Moral), in der er philosophische und exegetische Traditionen aneinander zu vermitteln suchte.

M.s mehrfaches schriftstellerisches Engagement – für die Aufklärung und die Haskala in ihren frühen und späten Phasen, für die deutsche und die hebräische Sprache, für philosophische und exegetische Denkmethoden, Lektüren und Genres – prägt sein gesamtes Werk. Die Lavater-Affäre von 1769 allerdings, in der M. öffentlich dazu aufgefordert wurde, entweder seinen Glauben philosophisch zu legitimieren oder zum Christentum überzutreten, machte ihm schockartig deutlich, dass sein schriftstellerisches Engagement äußerst krisenanfällig war. Die Texte, die in der Folgezeit entstanden, verhandelten v.a. diese Krisensituation einer deutsch-jüdischen Literatur und Kultur. Sie sind von einem auffälligen Bruch in M.s Verhältnis zur Kategorie der Offenbarung und zum Begriff des Gesetzes gezeichnet. In den 60er Jahren waren M.s Texte v.a. von dem Wunsch geprägt, sich, wie er es 1766 in einem Brief an Thomas Abbt äußerte, »auf die Offenbarung nicht einlassen« zu müssen. Nach der Lavater-Affäre im Jahr 1769 dagegen widmete M. seine Textproduktion fast ausschließlich dem Begriff der Offenbarung und seinen textuellen Auffaltungen in der jüdischen und der deutschen Kultur. M. markierte nun als entscheidende Frage der entstehenden deutsch-jüdischen Literatur die Frage nach einer interkulturellen Praxis und Theorie der Offenbarung, des Gesetzes, der Schrift in der beginnenden Moderne. M.s Wendung zum Gesetz manifestierte sich ab 1769 auch in seiner Tätigkeit als Vermittler und Gutachter in Fragen jüdischer Rechtssprechung, jüdischen Rituals und jüdisch-christlicher Koexistenz. Knapp 10 Jahre später schrieb er das erste Kompendium jüdischer Gesetze zum Gebrauch an den deutschen Gerichtshöfen, die *Ritualgesetze der Juden* (entstanden 1778).

Im *Sefer Netivot Ha-Shalom* (Buch der Wege des Friedens; entstanden ca. 1774–83) stellte M. die erste jüdische Übersetzung des *Pentateuch* ins Deutsche vor, sowie den ersten exegetischen Bibelkommentar der jüdischen Moderne. M.s Übersetzung sollte dem deutschen Judentum über den lange vernachlässigten biblischen Text den Übergang zur deutschen Sprache erleichtern. Zugleich sollte sie eine Alternative sowohl zu den jiddischen als auch den deutschen christlichen Übersetzungen vorschlagen. Sein hebräischer Kommentar, der *Biur*, verknüpfte rabbinische und mittelalterliche Exegese mit zeitgenössischen literaturästhetischen und philosophischen Überlegungen. Als Praxis einer deutsch-jüdischen Literatur und Kultur, die zweisprachig und übersetzungsbedürftig ist, traditionelle und moderne Diskurse vernetzt, zwei Öffentlichkeiten adressiert und zwei Rezeptionsgeschichten bedingt, muss M.s *Pentateuch*-Projekt allerdings noch gelesen werden.

1781 schrieb M. seine deutschsprachige, dezidiert theoretische und politische Version einer Auseinandersetzung mit der Offenbarung als Gesetz und Schrift: *Jerusalem oder über religiöse Macht und Judentum*. M.s Essay definierte sich als »Theorie« einer deutsch-jüdischen Kultur, die den »Grundbegriff« der Gesetzesoffenbarung »in Anspruch nehmen« will; und er redefinierte das Judentum als eine »durch Schrift geoffenbarte Gesetzgebung«, die partikular und universal und je aktuell von Bedeutung ist. M.s Darstellung des Gesetzes als *Zeremonialgesetz*, das eine »lebendige, bedeutungsvolle Art von Schrift [ist]«, machte das Gesetz in den Funktionskontexten zugänglich, die allgemein Schrift eignen: Kultus, Tradition, Herrschaft und Wissen. In dem schon zitierten Brief an Herz Homberg schrieb M., dass es ihm im *Jerusalem* v. a. darum ging, »den Ceremonien ächte, gediegene Bedeutung unterzulegen, die Schrift wieder leserlich und verständlich zu machen«. M.s Hermeneutik und Lektüre der Gesetzesschrift schlugen auf der Basis traditioneller Exegese eine moderne Bedeutung von Schrift als Kultus vor, indem sie das Gesetz als einen je zu gestaltenden Handlungsraum individueller und kollektiver repräsentativer Praxis zeigten. Die Handlungen, die diese »Zeichensprache der echten Theisten« vorschreibt, las M. als narrative, d. h. als semiotische und als repräsentative Praktiken; und er deutete sie als performativen Widerstand gegen vereinheitlichende Herrschafts- und Wissensformen, insbesondere der beginnenden deutsch-jüdischen Moderne. In Hinsicht auf den zeitgenössischen Diskurs der Emanzipation und einer »bürgerlichen Verbesserung der Juden« durch politische Gleichheit insistierte M. als Sprecher des deutschen Judentums auf der bleibenden Verbindlichkeit des Zeremonialgesetzes und zugleich auf einer Trennung politischer und ritueller Gesetzbarkeit: »Wenn bürgerliche Vereinigung unter keiner andern Bedingung zu erhalten [ist], als wenn wir von dem Gesetze abweichen, das wir für uns noch für verbindlich halten; so thut es uns herzlich leid, was wir zu erklären für nöthig erachten: so müssen wir lieber auf bürgerliche Vereinigung Verzicht thun.« M.s Projekte der 70er und 80er Jahre machten die Frage nach einer deutsch-jüdischen Praxis und Theorie des Gesctzes als Kernproblem einer deutsch-jüdischen Literatur und Kultur lesbar. Sie können als eine Literarisierung des Gesetzes gedeutet werden, der es zugleich um seine wiederholbare Bewahrung und um seine hermeneutische Innovation geht. Wenn Kafkas Schreiben als »unmögliches« v. a. dort möglich wurde, wo es den Verlust des Gesetzes literarisch reflektierte, dann wurde M.s Schreiben im Raum der beginnenden deutsch-jüdischen Literatur eher als Reflexion einer veränderlichen Bewahrung des Gesetzes als Schrift möglich. Dies allerdings muss als ein Ansatzpunkt der deutsch-jüdischen Literatur verstanden werden, der seinerseits in den nachfolgenden Veränderungen des deutsch-jüdischen Diskurses der Moderne verloren gegangen ist.

Werke: M. Mendelssohn, Gesammelte Schriften. Jubiläumsausgabe, begonnen von I. Ellbogen u. a., fortges. A. Altmann, hg. E. Engel, M. Brocke u. a., Stuttgart-Bad Cannstatt 1972 ff.
Literatur: C. Hilfrich, »Lebendige Schrift«. Repräsentation und Idolatrie in M.M.s Philosophie und Exegese des Judentums, München 2000, 17–40; M.M. im Spannungsfeld der Aufklärung, hg. M. Albrecht u. a., Stuttgart 2000; S. Braese, Im Konflikt der Topographien: Deutsche Sprachkultur von Juden in Europa, in: Topographien der Literatur. Deutsche Literatur im transnationalen Kontext, hg. H. Böhme, Stuttgart 2005, 328–354; G. Dane, Lessing – M. – Michaelis: Aufklärung und Vorurteil, in: Germanistik im Konflikt der Kulturen, Bd. 12, hg. C. Benthien u. a., Bern 2007, 195–199; F. Beiser, Diotima's Children: German Aesthetic Rationalism from Leibniz to Lessing, Oxford 2009, 196–243.

Carola Hilfrich

Meyer, Rahel

Geb. 11.3.1806 in Danzig;
gest. 8.2.1874 in Berlin

Neben Fanny Lewald ist M. wohl die bedeutendste Vertreterin des deutsch-jüdischen Zeitromans um die Mitte des 19. Jahrhunderts. Im Gegensatz zu Fanny Lewald zieht M. jedoch in ihren Büchern (in denen sich Zeitbilder als Familiengeschichten präsentieren) vehement gegen Auflösungserscheinungen der jüdischen Kollektividentität wie Konversion und Gottesdienstreform zu Felde und besonders gegen den vermeintlichen Verfall moralischer Werte innerhalb der jüdischen Gemeinschaft in den Metropolen des deutschsprachigen Mitteleuropa. In Danzig aufgewachsen und dort früh mit einem Geschäftsfreund ihres Vaters verheiratet, lebte sie ab 1852 in Wien und verkehrte in den Kreisen um Kompert und Mosenthal; die letzten Jahre ihres Lebens verbrachte sie bei einer ihrer Töchter in Berlin. In ihren Werken erscheint die Welt der polnischen Juden nicht als rückständig und intransigent, sondern als Inbegriff einer gutbürgerlichen, aber glaubensfesten Gemeinschaft.

M.s kurze biographische Novelle (1859) über das Leben einer der zu ihrer Zeit in ganz Europa berühmten Schauspielerinnen, der französischen Jüdin Elisa Rahel Félix (1820–58), illustriert die Anliegen der Verfasserin aufs beste: Trotz aller Versuchungen, trotz schmeichelhafter (Heirats-) Angebote, trotz der Möglichkeit, ihre gesellschaftliche Position erheblich zu verbessern, blieb die Schauspielerin ihrem Judentum treu, erreichte ihre Berühmtheit als Jüdin. In ihrem letzten Roman *In Banden frei* (1865) nimmt M. eine Auseinandersetzung mit den Frauen der Berliner Salons vor, die als weibliche Leitbilder für jüdische Existenz im 19. Jahrhundert, für Assimilationsfortschritt und Selbstbestimmung galten und heute noch gelten. Mit den Konvertitinnen (besonders den prominentesten Rahel Varnhagen und Henriette Herz) rechnet sie scharf ab: »Sie hielten Aufklärung mit Unglaube, Fortschritt mit Frivolität für gleichbedeutend, und verloren und verleugneten das Gefühl für ihre Nation. Sie [...] verriethen ihren Glauben, und setzten einen Triumph darein, abtrünnig zu werden.« Die glaubenstreuen Jüdinnen der Salonepoche (allen voran Sarah Levy) dagegen beweisen, dass es auch anders geht, und weisen so die Richtung für die Zukunft: »Und die Zeit, wo sich die Taufe allenfalls dadurch erklären lässt, daß man den Söhnen freiere Lebensbahnen eröffnen, die Töchter mit gebildeten Männern verheirathen wollte, ist jetzt Gottlob vorbei. Wir finden Alles, dessen wir zum Glücke bedürfen, in unsern eigenen Reihen.« Was M. in ihren eigenen Reihen finden will, ist ein durchaus bürgerliches Idyll, das auf familiären Werten und einem jüdischen Bewusstsein aufbaut, das am besten als Symbiose von deutschakkulturierter Bürgerlichkeit und religiös konservativer Grundhaltung beschrieben werden kann. M.s Bücher sind Plädoyers für jüdische Identitätsbewahrung, mit denen sich auch das liberalere, verbürgerlichte jüdische Milieu identifizieren konnte. Sie sind somit einschlägige Beispiele für den Versuch weiblicher jüdischer Identitätskonstitution in der liberalen Emanzipationsperiode des 19. Jahrhunderts.

Werke: Zwei Schwestern, Berlin 1853; Rahel, Berlin 1859; Wider die Natur, Berlin 1862; In Banden frei, Berlin 1865.
Literatur: M. Kayserling, Die jüdischen Frauen in der Geschichte, Literatur und Kunst, Leipzig 1878, 248–253; N. Remy, Das jüdische Weib, Leipzig 1892, 262–265; F. Krobb, Spiegelungen der Salonepoche in der deutschen Literatur des 19. Jahrhunderts, in: Menora (1995), 127–132; R.M., Lexikon deutsch-jüdischer Autoren, Bd. 17, hg. R. Heuer, Berlin u. a. 2009, 73–78.

Florian Krobb

Mombert, Alfred

Geb. 6.2.1872 in Karlsruhe;
gest. 8.4.1942 in Winterthur (Schweiz)

Zwischen schöpferischer Phantasie und dem absolut Irrationalen, in das sie sich endlich verliert, stellt Ingeborg Bachmann die Dichtung M.s angelegentlich des Erscheinens des zweiten Bändchens *Der himmlische Zecher* (1951): »Teils in ihrem

aufgelösten Rhythmus, teils auch im Inhalt weisen einige Partien seiner ›poésie ininterrompue‹ auf Arno Holz' *Phantasus*, auf Däublers *Nordlicht* und Spittelers *Olympischen Frühling*. Und wider Willen kommt sie in die Nähe Georges zu stehen. Die Gesichte irrationaler Erhabenheit streifen das Groteske, und die Konsequenz zieht zweifellos Morgenstern.«

M.s Gedichtzyklen sind in exponierter Weise Ausdruck ihrer Zeit. Der Totalitätsverlust, die Sprachkrise der Jahrhundertwende erfahren bei M. eine kosmische Umkehrung, führen in ein allein subjektiv begründetes Sprach-Schöpfertum, dessen rhythmische Bindung ins Zyklisch-Sinfonische verschoben wird; *Musik der Welt* lautet ein programmatischer Titel. Inspirierte Bildwelten, kosmische Visionen, geschaute Begriffe, in denen – »Er und Ich« – Schöpfer-Gott und Gott-Schöpfer polar ineinanderfallen. Das Material stammt von Reiseeindrücken (Griechenland, Italien, Palästina), aus Mythen und Philosophie, Nietzsche als großer Inspirator kann nicht überschätzt werden, aber auch der durch den Monismus der Zeit forcierte Panpsychismus, der davon ausging, dass die Daten des Innen, des psychischen Erlebens und des Außen austauschbar seien. Bei den o.g. Autoren, aber auch bei Gustav Landauer und Richard Beer-Hofmann finden sich solche Experimente der Entgrenzung des Selbst und Selbstermächtigung im psychischen Welterleben. Walter Sokel hat diese narzistischen Selbstentgrenzungsphantasien mit den jüdischen Erfahrungen der Autoren in Verbindung gebracht. Die romantische Utopie eines neuen Mythos und die All-Einheitssehnsucht der Naturphilosophien leben in den zahlreichen Visionen vom neuen Menschen für kurze Zeit wieder auf. M.

selbst hatte sich für seine ekstatischen Sprachexperimente, von denen er sagt, sie seien in inspiriertem Schreiben entstanden, eine Art Hieroglyphenschrift gewünscht, Zeichen einer bis ins Unendliche entgrenzten Innenwelt. Heselhaus vergleicht die kosmische Weltfrömmigkeit von M.s Dichtungen mit der Kantatenform des 18. Jahrhunderts, bei der es ebenfalls um das Nachbilden des Großen im Kleinen, um das Überformen des Denkens im Fühlen ging.

M. stammt aus einer jüdischen Karlsruher Kaufmannsfamilie. Wie Gustav Landauer, der ihn für einen der größten zeitgenössischen Dichter hielt, besuchte M. das humanistische Großherzogliche Gymnasium und studierte Jura, um sich sodann mit einer Anwaltspraxis in Heidelberg niederzulassen. Er selbst beschreibt das so: »Aber als ich: ein Student der Rechte, wandelnd zwischen *Tag und Nacht*: mitten im Getöse der Straßen Berlins im Januar 1894 die Erscheinung des *Glühenden* sichtete; – als ich, ein badischer Gerichtsschreiber: im Sommer 1896 im Schwurgerichtssaal amtierend, während der Verhandlungen nebenher noch große Teile der *Schöpfung* dichtete; – als ich: ein deutscher Bücher-Autor: im Jahre 1901 vor dem Gedicht-Werk *Der Denker* die Inschrift-Tafel aufrichtete: ›Dem Sternbild Orion geweiht‹.« Von 1906 an lebte M. in Heidelberg ein ganz dem Dichten gewidmetes zurückgezogenes Leben, unterbrochen nur durch gelegentliche Reisen. 1928 wird M. in die Sektion für Dichtung der Deutschen Akademie der Künste aufgenommen, aus der er 1933, wie alle Mitglieder jüdischer Herkunft, wieder ausgeschlossen wird. Noch 1936 setzt Martin Buber die Publikation von *Sfaira der Alte* im Berliner Schocken Verlag durch. Der inzwischen erkrankte M. wird 1940 verhaftet und in das Internierungslager Gurs deportiert. Freunde, u. a. Hans Carossa und Richard Benz, bemühen sich um seine Freilassung. 1941 kann M. endlich in die Schweiz einreisen, wo er schon wenige Monate später stirbt. Der Nachlass von M. wurde größtenteils vernichtet, weshalb nur wenige Zeugnisse vom Entstehungsprozess seines schwer zugänglichen Werkes erhalten sind. Bachmanns Worte am Ende ihrer Besprechung klingen hart: »Auf der Flucht aus der Zeit ist wieder ein Werk von der Zeit überholt worden: die ›Traum-Himmel‹ und ›Äther-Gewölbe‹ sind zusammengestürzt, und es zeigt sich, daß auch Dichter, die den Schöpferthron einzunehmen meinten, fallen können – ›in die Donnerhallen des Lebens‹ [...].«

Werke: Briefe an Richard und Ida Dehmel, hg. K. Wolffheim, Wiesbaden 1955; Gesamtausgabe in drei Bdn., München 1963. Briefe an A.M. aus den Jahren 1896–1940, hg. M. Fialek, Berlin 2012.
Literatur: F.K. Benndorf, A.M., Leipzig 1910; A. Soergel, Dichtung und Dichter der Zeit, Leipzig 1911; M. Buber, A.M., in: Juden in der deutschen Literatur, hg. G. Krojanker, Berlin 1922, 113–120; I. Bachmann, Kosmische Ekstasen – A.M. Der himmlische Zecher (1953), in: Werke, Bd. 4, München 1978, 313–315; C. Heselhaus, Deutsche Lyrik der Moderne, Bonn 1961; W. Sokel, Judentum und Narzismus, in: Zeitgenossenschaft. Festschrift für Egon Schwarz, 1987; A.M. (1872–1942), hg. S. Himmelheber u. a., Heidelberg 1993; M. Fialek, A.M. und die Musik der Welt. Mit zahlreichen Dokumenten aus dem Staatsarchiv Moskau, Berlin 2010.

Hanna Delf von Wolzogen

Moreno Levy, Jakob

Geb. 18.5.1889 in Bukarest;
gest. 14.5.1974 in Beacon/New York

Bekanntheit erlangte M. vor allem als Begründer des Psychodramas, während sein literarisches Frühwerk weitgehend in Vergessenheit geriet. Sein Familienname lautete Levy, Moreno war der Vorname seines Vaters, den er später angenommen hat,

zum einen als Hinweis auf seine sephardische Herkunft – Moreno, der Dunkeläugige bzw. Dunkelhäutige –, zum anderen aufgrund der Ähnlichkeit des Namens mit dem Ehrentitel für jüdische Gelehrte »Morenu« (= unser Lehrer). Bereits während seines Studiums der Medizin in Wien engagierte sich M. für Randgruppen. Im kindlichen Spiel als »Urbild des Theaters« erkundete er die Ursprünge von Kreativität, Phantasie und Verwandlung. Diese Erfahrungen verarbeitete er in literarischen Texten, u. a. im expressionistischen *Königsroman* (1923). Im Ersten Weltkrieg analysierte er die Lage von Prostituierten und fand im Herausgeber der Zeitung *Der Morgen*, Karl Colbert, einen Verbündeten im Kampf für eine soziale Absicherung der Prostituierten. 1917 war er als Arzt im Flüchtlingslager Mitterndorf bei Wien tätig, danach – bis 1925 – wirkte er als Gemeindearzt in Bad Vöslau. Trotz der beruflichen Verpflichtungen außerhalb Wiens gab er dem literarisch-kulturellen Leben der Stadt durch seine exaltierte Persönlichkeit umso wirksamere Impulse. In den ersten Kriegsjahren redigierte er die Schriftenreihe *Einladung zu einer Begegnung* (1914/15), eine neue Form publizistischer Mitteilung, die sich von Buch und Zeitschrift unterscheiden sollte, indem sie ein Kommunikationsverhältnis zwischen Autor und Leser herstellt. Fortgeführt wurde das Unternehmen von der Zeitschrift *Daimon* (1918). Entsprechend dem programmatischen, auf Sokrates' »Daimon« des Menschseins verweisenden Titel stehen die Beiträge im Zeichen des nach ethisch-ästhetischer Erneuerung strebenden messianischen Expressionismus. Die Fortsetzung unter dem Titel *Der neue Daimon* (1919) wurde anfangs von M. herausgegeben, nach vier Heften jedoch von dem Genossenschaftsverlag fortgeführt, einem von Autoren geleiteten Verlagsunternehmen, an dem er selbst neben F. Werfel, A. Ehrenstein, H. Sonnenschein und dem Individualpsychologen A. Adler entscheidenden Anteil hatte. Hier erschien auch die Schriftenreihe *Die Gefährten*, zu der M. den anonym veröffentlichten Hymnus *Das Testament des Vaters* (1920) beitrug. In seinen expressionistischen Arbeiten – *Die Gottheit als Komödiant*, *Die Gottheit als Autor* oder *Das Testament des Schweigens* – montiert M. lyrische, erzählerische, dramatische und essayistische Textelemente zu einem auf dialogischem Prinzip aufgebauten Textkorpus. Auf hymnische, pathetische und ekstatische Weise setzt er sich mit existenziellen Fragen auseinander und entwirft metaphysische Perspektiven. Zentral ist der Begriff der »Begegnung«, verstanden als Aufruf zu einem dialogischen Weltbezug, beginnend mit der Einladung an die Leser, in (imaginären oder direkten) Dialog mit dem Autor zu treten. Im Zeithorizont des Ersten Weltkriegs und der Umbruchphase nach dem Zerfall der Habsburgermonarchie leistet das Streben nach Dialog einen Beitrag zur Schaffung einer soziale und nationale Grenzen überwindenden Solidarität. M.s Aufruf zur »Begegnung« umfasst jedoch auch den Dialog zwischen Mensch und Gott. Die Suche nach Gott beruht für M. auf der Überwindung des Vaters – vorbereitet durch die Übernahme des Vater-Namens löscht er die Vaterfigur gleichsam aus, um sie durch Gott zu ersetzen. Gott wird als Schöpfer, als Ursprung von Kreativität aufgefasst. Parallel zu M. Buber – und teilweise beeinflusst von der Chassidismus-Rezeption Bubers – aktualisiert M.s Konzept der »Begegnung« jüdische Denkmodelle: das Leben des Menschen wird als ein beständiger Dialog mit Gott aufgefasst, gegründet auf einem dynamischen Tora-Verständnis, einem fortwährend variierten Interpretationsprozess.

Neben der literarischen und ärztlichen Tätigkeit befasste sich M. praktisch und theoretisch mit Fragen des Theaters. 1921/22 gründete er das Wiener Stegreiftheater, an dem u.a. Elisabeth Bergner und Peter Lorre mitwirkten. Über die Grundlagen seiner auf Spontaneität und der Aufhebung der Grenzen zwischen Darsteller und Publikum beruhenden Theaterarbeit informiert die Schrift *Das Stegreiftheater* (1924). Aus seinen Improvisations-Experimenten mit Kindern, Schauspielern und Zuschauern entwickelte M. das Psychodrama als Form kreativer Bewältigung psychischer Konflikte: »Die schöpferische Spontaneität ruft Katharsis als Läuterung und Reinigung des Einzelnen und der Gruppe hervor.«

1925 übersiedelte M. in die USA, eröffnete 1928 eine psychiatrische Praxis in New York und leitete von 1936 bis zu seinem Tod eine Privatklinik in Beacon. 1929–31 führte er überdies das Impromptu Theatre in der New Yorker Carnegie Hall, wo er öffentliche psychodramatische Sitzungen veranstaltete. Zu den wichtigsten Leistungen M.s auf dem Gebiet der Psychotherapie zählen die Begründung der Soziometrie, einer Methode zur Messung sozialer Gruppenbeziehungen, und der Gruppenpsychotherapie. Diese Therapiekonzepte basieren nicht zuletzt auf der jüdischen Vorstellung vom Menschen als Ebenbild Gottes, dem es möglich ist, an der Weltveränderung mitzuwirken und – zumindest auf der Bühne – selbst in die Rolle des Schöpfers zu treten.

Werke: Das Stegreiftheater, Potsdam 1924; Preludes to My Autobiography, Beacon 1955; Die Grundlagen der Soziometrie, Köln u.a. 1967; Auszüge aus meiner Autobiographie, Köln 1995.
Literatur: J. Fox, The Essential M., New York 1987; B. Marschall, »Ich bin der Mythe«. Von der Stegreifbühne zum Psychodrama. J.L.M., Wien u.a. 1988; R.F. Marineau, J.L.M. 1889–1974, London u.a. 1989; Monodrama, hg. B. Erlacher-Farkas u.a, Wien u.a 1996; M.s therapeutische Philosophie, hg. F. Buer, Opladen 1999.

Armin A. Wallas

Morgenstern, Soma

Geb. 3.5.1890 in Budzanów bei Tarnopol;
gest. 17.4.1976 in New York

»Soma hat für alles eine jüdische Deutung. Soma trägt seine Wurzeln mit sich, in seinen Schuhen. Soma kann nichts geschehen.« Joseph Roth hatte mit seinem Diktum über den Freund insofern Recht, als M. ungeachtet der geographischen und der damit verbundenen kulturellen und religiösen Entfernung von dem Milieu seiner Kindheit zeitlebens ein »Gläubiger durch und durch« blieb.

Salomo M., der als Schriftsteller seinen Vornamen in Soma änderte, wuchs in einer frommen Familie auf dem Lande in Ostgalizien auf. Sein Vater, ein talmudisch gebildeter Chassid, war dort Gutspächter bzw. -verwalter. Die Bevölkerung im äußersten Osten der Habsburgischen Monarchie setzte sich aus Polen, Ukrainern, Deutschen und Juden zusammen, so dass M. nach dem Besuch des Cheders und verschiedener Dorfschulen neben Jiddisch und Hebräisch, Ukrainisch und Polnisch beherrschte. Auf ausdrücklichen Wunsch des Vaters, dem sie als die der Gebildeten galt, lernte er außerdem die deutsche Sprache. Als Zwanzigjähriger sollte M. sie zum Medium seiner literarischen Tätigkeit machen. Der Besuch des polnischen Gymnasiums in Tarnopol führte zwar nicht, wie der Czortkower Zaddik den Vater gewarnt hatte, zum »Schmad«, dem Abfall vom Judentum, dennoch sagte sich M. unter dem Einfluss der weltlichen Bildung, des kulturellen Lebens der Provinzstadt und des Kontakts mit aufgeklärten, areligiösen Juden von der orthodoxen Lebensführung los. Er nahm 1912 in der Kulturmetropole Wien das Studium der Rechtswissenschaften auf, das er – unterbrochen von einem dreijährigen Kriegsdienst – 1921 mit einer Promotion abschloss. M. verzichtete jedoch auf eine juristische Laufbahn zugunsten seiner schöngeistigen Interessen und war, nachdem er sich Mitte der 20er Jahre in Berlin niedergelassen hatte, zunächst Literaturkritiker für *Die Literatur* und die *Vossische Zeitung*. Bis zu seiner Entlassung 1935 arbeitete er dann als Feuilletonredakteur bei der *Frankfurter Zeitung*, die ihn als ständigen Kulturkorrespondenten nach Wien entsandte. M.s intensive Anteilnahme am zeitgenössischen intellektuellen und kulturellen Leben vollzog sich nicht zuletzt im persönlichen Austausch mit Künstlern und Intellektuellen aus seinem umfangreichen Freundes- und Bekanntenkreis, zu denen allen voran A. Berg und J. Roth zählten, dem aber auch – um nur einige wenige zu erwähnen – O. Klemperer, A. Webern, H. Eisler, A. Mahler, F. Werfel, R. Musil, St. Zweig, E. Canetti, H. Broch, Th. Adorno, E. Bloch, G. Lukács, S. Kracauer und – während der Exiljahre in Paris – W. Benjamin angehörten.

Nach seinem Studium versuchte M. sich vergeblich als Dramenautor zu etablieren. Weil er – nach eigenem Bekunden – vorerst »in keiner Sprache [...] genug Sprache [hatte], um aus dem Vollen zu erzählen«, wandte er sich erst Ende der 20er Jahre der narrativen Literatur zu. Dabei wurde seine Schreibweise entschieden von der Musik des russischen Komponisten Modest Mussorgski inspiriert, dessen Einfluss Alban Berg bei der Lektüre von M.s erstem Roman (*Der Sohn des verlorenen Sohnes*) sogleich feststellte. Der unmittelbare Anstoß zu diesem Text, der den ersten Teil der Trilogie *Funken im Abgrund* bildet, gab der Weltkongress der *Agudas Jisroel* in Wien, den M. 1929 als Berichterstatter der *Frankfurter Zeitung* besuchte. Die Versammlung der jüdischen Orthodoxie machte einen überwältigenden Eindruck auf ihn. Während für M. weder der Zionismus, für den er sich als Gymnasiast engagiert hatte, noch gar Assimilation eine angemessene Antwort auf die virulente, zeitgenössische Judenfeindschaft bot, deren Ursache er in einem mangelnden religiösen Bewusstsein der christlichen Gesellschaften ausmachte, führten orthodoxe Kongressdelegierte ihm – »sozusagen *ad oculos*« – vor, »warum das jüdische Volk zweitausend Jahre der Verbannung überleben konnte«. In M.s zwischen 1929 und 1943 entstandener Trilogie, deren erster Band 1935 noch im jüdischen Erich Reiss Verlag in Berlin erschien, findet diese Erfahrung ihren literarischen Niederschlag: sie schildert die (räumliche und geistige) Rückkehr des durch den modernen Antisemitismus desillusionierten Sohnes eines »Abgefallenen« aus dem Wiener Bürgertum zur ostjüdischen Lebenswelt seiner Verwandtschaft. Angesichts der Frage, »wie man als Jude zwischen Hammer und Amboß noch gedeihen kann«, macht die Trilogie gegen eine assimilatorische Selbstpreisgabe eine jüdische Identität stark, die, verankert in einer dezidiert traditionsorientierten und zugleich weltoffenen Gläubigkeit, verschiedene Loyalitäten zu synthetisieren vermag. Vorherrschend bleibt die – appellative – »Perspektive eines anteilnehmenden, geschwisterlichen Verhältnisses zwischen den Völkern und Kulturen« (Nachwort), wie es im Zusammenleben der galizischen Dorfwelt auch dann noch aufscheint, wenn diese Existenzform durch die historische Entwicklung mit dem wachsenden Nationalismus und Antisemitismus zerstört zu werden droht und das Ende der Trilogie den Blick nach Palästina hin öffnet.

Mit der Shoah war für M. dem Ideal einer christlich-jüdischen Symbiose in der europäischen Diaspora jede Basis entzogen. In Auseinandersetzung mit den nationalsozialistischen Verbrechen, durch die M. seine Mutter, einen Bruder, eine Schwester, viele Freunde und Verwandte, »[s]eine Welt« verloren hatte, erlitt er eine existenzielle Krise, die ihn in eine jahrelange Sprachlosigkeit führte. Es war nicht zuletzt die Stummheit des Schriftstellers, der sich gedrängt sah, an das Unbeschreibliche zu erinnern, dem aber die Mittel dazu abhanden gekommen waren: die eigene Sprache war zur Sprache der Mörder geworden, und die europäische Kultur hatte deren Unwesen nicht verhindert. M. »begann« – nach eigener Aussage – »zu begreifen«, dass er »dem Judentum angehöre, nicht der europäischen Kultur«, er sah sich gezwungen, sich des »ganzen Schmutzes der christlichen Kultur« zu entledigen. In Abwendung von seiner bisherigen realistischen Schreibweise wählte M. für sein »Totenbuch« *Die Blutsäule. Zeichen und Wunder am Sereth* (entstanden 1946–1953) eine an der hebräischen Bibel orientierten Sprache, die das Exzeptionelle des Geschehenen unterstreicht. Die »fingierte und dennoch alles andere als fiktive ›heilige Sprache‹« (Horch) erweckt, zusammen mit anderen Textelementen wie Verweisen auf die Bibel, den Talmud und die mystische Tradition sowie Parabel und Wundergeschichten, den Eindruck, als sei der Text im religiös-kulturellen Kontext der zerstörten ostjüdischen Welt entstanden. Der »Nekrolog« auf die ermordeten Juden Europas reflektiert den »quälenden Widerstreit [...] zwischen geschichtlicher Erfahrung und geschichtlicher Hoffnung« (Nachwort). Er schildert ein Gerichtsverfahren, zu dem durch himmlische Fügung Opfer, Täter und Zeugen der nationalsozialistischen Verbrechen in einer geschändeten Synagoge zusammentreffen. Das Gericht erkennt die Täter, die untätigen Zeugen der Untaten sowie diejenigen für schuldig, die diese bereits vergessen wollen. Obwohl der Text das zutiefst korrumpierte christliche Europa verurteilt, hält er dennoch, mit der emphatischen Würdigung der wenigen, die in der Gefahr solidarisch waren, an der Vorstellung des »Gerechten« fest; dieser darf sich, »wes Namens, wes Stammes, wes Glaubens immer er sein mag«, ein »Kind Jakob-Israels« nennen. Der Prozess gegen die »Schänder der Schöpfung« mündet in die Frage der Theodizee: die Anklage wird zu einer »Klage«, einem »Gebet zum Himmel gegen den Himmel. Einem Gebet der Entrüstung«. M.s »Midrasch über den Holocaust« (Heschel) richtet sich gegen jeden Versuch, das unermessliche Leid mit einer Sündhaftigkeit der Opfer zu begründen. Es wird indessen – der Widersinnigkeit zum Trotz – in ein sinnerfülltes Geschehen überführt, indem für die Gegenwart der Anfang der Erlösung – »Atchalta d'ge'ula« – verkündet wird. Mit ihm verbindet sich eine nationalmessianische Erwartung: wie »die Feuersäule bei Nacht, [...] die Wolkensäule bei Tag« das Volk bei der Befreiung aus Ägypten führte, wird »die Blutsäule« – Metapher für das jüdische Martyrium –, den Überlebenden den Weg in »das Heilige Land« zeigen.

Die Gründung des Staates Israel war für M. »ein großer Trost«. Eine Einwanderung dorthin konnte er aus materiellen Gründen jedoch nie realisieren, so dass M. bis zu seinem Tode in den USA lebte, wohin er, nach einem dreijährigen Exil in Frankreich, 1941 geflohen war. Seine letzten Arbeiten waren vorwiegend autobiographisch geprägt: u. a. entstanden neben einem *Romanbericht* (Untertitel), der seine *Flucht in Frankreich* verarbeitet, die Fragment gebliebenen und ebenfalls erst in der Werkausgabe postum veröffentlichten Lebenserinnerungen (*In einer anderen Zeit. Jugendjahre in Ostgalizien*), deren Abschnitte über die Freundschaften mit A. Berg (*Alban Berg und seine Idole*) bzw. mit J. Roth (*Joseph Roths Flucht und Ende*) eigenständige Texte darstellen. Seit Erscheinen des ersten Bandes der Werkausgabe 1994 hat eine intensive wissenschaftliche Auseinandersetzung mit dem bis dahin kaum beachteten Leben und Werk M.s eingesetzt.

Werke: Werke in Einzelbänden, hg. I. Schulte, Lüneburg 1994 ff.

Literatur: I. Schulte, Exil und Erinnerung. Über den vergessenen Autor S.M., in: Exilforschung. Ein internationales Jahrbuch 13 (1995), 221–236; S.M.s verlorene Welt: kritische Beiträge zu seinem Werk, hg. R.G. Weigel, Frankfurt a. M. u. a. 2002; C. Weidner, Ein Leben mit Freunden: über S.M.s autobiographisches Werk, Springe 2004; R. Kitzmantel, Eine Überfülle an Gegenwart: S.M., Biografie, Wien 2005; R. Oelze, Funkensuche: S.M.s Midrasch »Die Blutsäule« und der jüdisch-theologische Diskurs über die Shoah, Tübingen 2006; G. Wittwer, Zwischen Orthodoxie und Assimilation: jüdischer Identitätsdiskurs in S.M.s Romantrilogie »Funken im Abgrund«, Marburg 2008.

Saskia Schreuder

Mosenthal, Salomon Hermann (Friedrich Lehner)

Geb. 14.1.1821 in Kassel;
gest. 17.2.1877 in Wien

M. war nach der niedergeschlagenen Revolution von 1848 einer der erfolgreichsten Theaterautoren im Wien der neoabsolutistischen Epoche unter Schwarzenberg und Schmerling. Die meisten seiner Dramen wurden am Hoftheater aufgeführt. Geboren wurde M. jedoch im hessischen Kassel als Kind einer jüdischen Kaufmannsfamilie, die wenige Jahre nach M.s Geburt ihr gesamtes Vermögen verloren hatte. Während seiner Schulzeit in Kassel förderte Franz Dingelstedt, der damals Lehrer an M.s Schule war, seine dichterische Begabung. Dennoch schrieb sich M. nach dem Abitur am Polytechnikum in Karlsruhe ein. Unter dem Pseudonym Friedrich Lehner veröffentlichte er erste Werke. Bald stand M. in Kontakt zum Kreis des spätromantischen Schwäbischen Dichterkreises um Ludwig Uhland, Gustav Schwab und Justinus Kerner. M. schloss sich nicht der demokratischen Opposition an und war auch in seinen literarischen Vorstellungen konservativ. So ging er etwa 1842 nach Wien, in einer Zeit, als viele Intellektuelle vor der restriktiven Politik Österreichs nach Deutschland flohen. In Wien lebte M. als Hauslehrer; seine Promotion legte er 1843 in Marburg ab. Vorübergehend hielt er sich auch in München auf, wo er u. a. mit Emanuel Geibel verkehrte.

M.s Kontakt zu verschiedenen Dichterkreisen und seine romantische Vorstellung vom Dichter und seinem Verhältnis zur Macht schlugen sich 1850 in seinem Schauspiel in 5 Aufzügen *Ein deutsches Dichterleben* (nach einem Roman von Otto Müller) nieder. Hierin geht es um den Dichter Gottfried August Bürger und den Göttinger Hain. Charakteristisch sind die Worte des Herzogs Carl August von Weimar, der den Dichter aufsucht und ausruft: »Das also ist die Hütte eines dt. Sängers, und für Voltaire schmückten sich die Marmorhallen von Sanssouci. Wir haben der dt. Muse eine große Schuld zu bezahlen. [...] Es ist eine Wallfahrt, die ich mir längst gelobt habe. Als mir Wieland atemlos den Musenalmanach brachte, in dem die Leonore stand, als sie am selben Abend Goethe zum ersten Mal vorlas, und meine Mutter fast ohnmächtig zusammensank, da ergriff mich die Gewalt dieses großen Genies so tief, daß ich den Dichter gerne an's Herz gepreßt.« Aus den Worten des Herzogs spricht nicht nur die Vorstellung, dass der Dichter als Sänger außerhalb der Macht steht, zu dem selbst der Herzog ins Haus kommt, sondern auch, dass sich M. selbst mit der deutschen Kultur, insbesondere der Literatur, identifizierte, aber auch mit dem österreichischen Staat. Seit 1850 war M. in österreichischen Staatsdiensten, wo er als Bibliothekar und Archivar im Unterrichtsministerium begann und 1873 Regierungsrat wurde. Bereits 1871 war er zum Ritter ernannt worden.

Sein Volksstück *Deborah* (1850) war neben seinem *Sonnenwendhof (1857)* der größte Erfolg seiner Karriere als Theaterschriftsteller. Uraufgeführt in Hamburg, erlebte das Stück 1862 mehr als 400 Aufführungen in New York, wenig später in London sogar 600 ausverkaufte Vorstellungen. Das Stück spielt im 18. Jahrhundert in der bäuerlichen Provinz und verherrlicht neben der sentimentalen Zeichnung der Figuren die Leistung Josephs II. als Initiator der Emanzipation der Juden. Eine Novellensammlung nach dem Vorbild der jüdischen Dorfgeschichten erschien erst 1908 postum unter dem Titel *Tante Gertraud. Bilder aus dem jüdischen Familienleben.* Diese Novellen, die einen guten Einblick in das Leben des hessischen Judentums in der ersten Hälfte des 19. Jahrhunderts geben, standen unter dem Einfluss von Leopold Kompert, einem der ersten und wichtigsten Autoren der jüdischen Ghettoliteratur, der ebenfalls in Wien lebte und mit dem M. persönlich bekannt war. M.s jüdische Dorfgeschichten sind oft als unpolitische und auch sentimentale Erinnerung an seine Jugend kritisiert worden, doch sind sie gerade darin ein Dokument für das Selbstverständnis des in der Mehrheit konservativen bürgerlichen Judentums. Dies gilt auch für die in dieser Zeit entstanden Libretti, von denen ein großer Teil jüdische Themen aufgreift (*Moses*, *Judith*, *Die Makkabäer*).

Sie spiegeln M.s bürgerliches und jüdisches Selbstbewusstsein wider. Die Frage, ob diese Haltung unkritisch oder sentimental ist, kann nur politisch beantwortet werden. Sie war aber typisch für das sich etablierende und aufstrebende Bürgertum.

M. spielte eine wichtige Rolle im gesellschaftlichen Leben Wiens; er unterhielt ein offenes Haus, verkehrte mit Heinrich Laube und vielen Schauspielern des Hoftheaters. Ein besonderes Verhältnis hatte er zu Charlotte Wolters, für die er einige seiner Schauspiele geschrieben hatte. M. war ein dramatischer Vielschreiber, seine Schauspiele hatten meist historische Themen zur Vorlage und dramatisierten bereits vorhandene Roman- oder Novellenvorlagen. Dabei war M. merkwürdig unpolitisch und dort, wo er politisch wurde, war er sentimental, etwa in dem zu seiner Zeit berühmten und häufig gespielten Schauspiel *Der Schulz von Altenbüren* (1864). Das Stück spielt um 1840 in Westfalen: »In Frankreich hat's wieder einmal gebrannt, lichterloh! Und da fliegen die Funken gleich rüber zu uns! Unsere alten Strohsäcke haben Feuer gefangen, mir nichts, dir nichts, das Land reformiert.« Der Konflikt zwischen demokratischer Neuerung und Restauration, Jugend und Elterngeneration wird ins Private verlegt, Freiheit und Fortschritt werden gegen Tradition ausgespielt. Tradition verbindet M. mit dem Begriff der Heimat, Fortschritt im politischen Sinne dagegen mit Bindungslosigkeit. Konflikte werden, gemäß der Parole »Maß halten« und einer versöhnlichen Moral, durch die Einsicht des Hausvaters gelöst. Neben den zahlreichen Schauspielen, die wegen ihrer Bühnenwirksamkeit von Schauspielern und Zuschauern gleichermaßen geschätzt wurden, schrieb M. eine Vielzahl von Libretti. Zu den bekanntesten gehören *Fata Morgana* (Flotow), *Judith* (A. Doppler), *Die lustigen Weiber von Windsor* (Otto Nikolai), *Die Makkabäer* und *Die Kinder der Heide* (Anton Rubinstein). Im 20. Jahrhundert vertonten jüdische Komponisten einige der Libretti von M. (*Die Königin von Saba*, Carl Goldmark; *Das goldene Kreuz*, Ignaz Brüll).

Werke: Gesammelte Werke, 6 Bde., Stuttgart 1877–78; Erzählungen aus dem jüdischen Familienleben, mit einem Nachwort, hg. R. Klüger, Göttingen 2001.
Literatur: E. Isolani, Der Dichter der Deborah, in: Die deutsche Bühne, Bd. 13, Berlin 1921; F. Kostjak, M. als Dramatiker, Wien 1922; K. Schug, S.H.M. Leben und Werk in der Zeit. Ein Beitrag zur Problematik der literarischen Geschmacksbildung, Wien 1966; K. Ober, Die Ghettogeschichte. Entstehung und Entwicklung einer Gattung, Göttingen 2001, 73–75

Heidelore Riss

Mühsam, Erich

Geb. 6.4.1878 in Berlin;
gest. 10.7.1934 im KZ Oranienburg bei Berlin

M. wurde zwar in Berlin geboren, die eigentliche Stadt seiner Kindheit war aber Lübeck, wo sein Vater eine Apotheke in der Nähe des Holstentores betrieb und als jüdischer Bürger hohes Ansehen in der Bürgerschaft genoss. Hier besuchte M., wie Heinrich und Thomas Mann, das ehrwürdige Katharineum, das er, wie der Letztere, vorzeitig verließ, um nach dem Abitur in Parchim eine Apothekerlehre zu beginnen. Während der Sohn des Konsuls, durch seinen Familienhintergrund geschützt, seine schriftstellerische Identität ausbilden konnte, stieß M. mit seiner früh sich zeigenden rebellischen Persönlichkeit auf reichlichen Widerstand. Schon dem Apothekerlehrling wurden aufrührerische Artikel in Lübecker Lokalzeitungen zur Last gelegt.

Seine Lust an der Schriftstellerei führt den Apothekergehilfen in das Berlin der Jahrhundertwende. In der sozialrevolutionären Vorstadtbohème von Friedrichshagen und in der *Neuen Gemeinschaft*, die damals gerade ihre Glanzzeit erlebte, findet er die Umgebung, die seiner rebellischen und dichterischen Phantasie Anregung und Gelegenheit verschafft. Hier lernt er Martin Buber und Gustav Landauer, seinen literarischen und politischen Mentor, kennen. Mit ihm wird er Jahre später – trotz anderer Ansichten zu Homosexualität (*Die Homosexualität*, 1903), freier Liebe und zum Lumpenproletariat – für den *Sozialistischen Bund* streiten. Hier lernt er nicht zuletzt Peter Hille kennen, dem er in *Bühne und Brettl* (1903) eine liebevolle Hommage widmet. Als Redakteur des *Armen Teufel* (1902) und als politischer Lyriker ist der libertäre Bohèmien bald in den literarischen Zirkeln Berlins bekannt. Literarisch beginnt er mit der Kindergeschichte *Billy's Erdengang*, geschrieben für ein Projekt von Hans Heinz Ewers. 1904 verlässt M. Berlin, um, zeitweise zusammen mit Johannes Nohl, fast immer mittellos zu Reisen aufzubrechen, u. a. nach Paris, Wien und Ascona, dem Mekka der Lebensreformer (*Ascona*, 1905), bis er sich 1908 in Münchens Schwabing niederlässt. Mit den *Unpolitischen Erinnerungen* (*Vossische Zeitung*, 1927–29) und *Namen und Menschen* (1949) schafft er eines der wichtigsten biographischen Zeugnisse der Schwabinger Bohème, die ihn als Bänkelsänger, Kabarettisten und politischen Rebellen kennt. Auf den Brettern der *Elf Scharfrichter* revoltiert er in Versen, Prosa und Szenen gegen die Autoritäten der Moral, für die Befreiung der Frau und die freie Liebe. Mit der Schrift *Die Jagd auf Harden* (1908) ergreift er in der Eulenburg-Affäre für den Herausgeber der *Zukunft* Partei, in der Gruppe TAT des *Sozialistischen Bundes* kämpft er wirksam gegen die Arbeitslosigkeit im München der Jahre 1909/10. Bereits in den ersten Gedichtbänden *Wüste* (1904) und *Krater* (1909) überwiegt die rebellische Haltung über literarischen Zeitgeist, dem Herausgeber von *Kain. Zeitschrift für Menschlichkeit* (1911–14) wird die sozial-revolutionäre Aufklärung Programm. Gegen das bloße Amüsement schreibt er das »polemische Schauspiel« *Die Freivermählten* (1914), das jedoch aus Gründen der Zensur nicht zur Aufführung kommt, wie sämtliche publizistische Tätigkeit mit dem Weltkrieg zum Erliegen kommt, um durch Antikriegs-Agitation ersetzt zu werden. Die Suche nach politischen Mitstreitern führt zu Kontakten mit der USPD, der Spartakusgruppe. Sie ändern aber letztlich nichts an M.s Haltung der gelebten Befreiung, aus der seine anarchistische Grundhaltung sich speist. Die Münchner Räterepublik kennt ihn als einen ihrer radikalsten Streiter, zusammen mit G. Landauer ist er an der Gründung der 1. Münchner Räterepublik beteiligt. Nach wenigen Tagen, am 13. April 1919, wird er verhaftet, aus München verschleppt und zu 15-jähriger Festungshaft verurteilt. Im Gefängnis setzt sich M. mit den Geschehnissen der Revolution auseinander (*Von Eisner bis Leviné*, 1929), schreibt für *Die Aktion, Die Weltbühne*, den *Freien Arbeiter*, der Gedichtband *Brennende Erde* erscheint 1920. Im Gefängnis entsteht auch das Revolutionsdrama *Judas* (1921), dessen Held, der parteitreue Raffael Schenk, seinen Freund verhaften lässt, um die Arbeiter revolutionsreif zu machen (Ihering, *Von Reinhardt bis Brecht* 1959). Das Stück wird 1921 in Mannheim vor 5000 Arbeitern uraufgeführt und 1928 auf der Piscatorbühne inszeniert.

Nach seiner Begnadigung 1925 wird M. auf dem Anhalter Bahnhof in Berlin stürmisch empfangen. Ungebrochen unterstützt er mit Aufrufen und Reden die anarchistischen Gruppen der Weimarer Republik, agitiert für politische Gefangene in der *Roten Hilfe Deutschlands*, gibt die Zeitschrift *Fanal* (1926–31) heraus. Über seine politische Haltung jener Jahre legt die Schrift *Die Befreiung der Gesellschaft vom Staat. Was ist kommunistischer Anarchismus?* (1932) Zeugnis ab. Auch jetzt noch ist er der Spötter, der Rebell gegen Repression und Staat, eben jenes Lübecker enfant terrible aus einem aufstrebenden jüdischen Elternhaus, das die Energie für solche Haltung aus seinem rebellischen Außenseitertum bezieht.

Als er 1933 verhaftet wird, beginnt ein Martyrium der Folter und Erniedrigung, dem M. ungebrochen und den Mitgefangenen ein Vorbild widersteht, bis man den über 50-jährigen kranken Mann zu Tode quält. Augustin Souchy beschreibt dieses letzte Jahr in seinem Memorandum *E.M. Sein Leben, sein Werk, sein Martyrium* (entstanden 1935).

Werke: Gesamtausgabe, hg. G. Emig, 4 Bde., Berlin 1977 ff.; Ausgewählte Werke, 2 Bde., hg. Ch. Hirte, Berlin 1978; In meiner Posaune muß ein Sandkorn sein. Briefe 1900–1934, hg. G.W. Jungbluth, Liechtenstein 1984; Tagebücher 1910–1924, hg. Ch. Hirte, München 1994; Tagebücher, hg. Ch. Hirte und C. Piens, Bd. 1, Berlin 2011.
Literatur: R. Kauffeldt, E.M. Literatur und Anarchie, München 1983; W. Haug, E.M.Schriftsteller der Revolution, Reutlingen 1984; A. Souchy, E.M., Reutlingen 1984; Ch. Hirte, E.M., Berlin 1985; H. v.d. Berg, E.M. Bibliographie zu seinem Werk, Leiden 1992.

Hanna Delf von Wolzogen

Mühsam, Paul

Geb. am17.7.1876 in Brandenburg (Havel); gest. am11.3.1960 in Jerusalem

Der weitgehend vergessene Cousin Erich Mühsams gelangte 1919 mit seinem literarischen Debüt *Aus dem Schicksalsbuch der Menschheit* bis in die Feuilletons der überregionalen Zeitungen. M. wurde in den darauf folgenden Jahren nicht nur für literarische Arbeiten im Fahrwasser dieses emphatisch-pazifistischen Bekenntnisses, sondern 1931 auch für eine eigenwillige Übersetzung von Platons *Verteidigungsrede des Sokrates*, in der sich die juristische Bildung des Übersetzers verrät, von der Literaturkritik gewürdigt. Bis zu seiner Emigration 1933 veröffent-

lichte der in Görlitz praktizierende Rechtsanwalt – neben juristischen Fachpublikationen – elf literarische Werke, Gedichtbände, Prosa und Dramatisches, in verschiedenen deutschen Verlagen. Der Gerhart-Hauptmann-Forscher Felix A. Voigt, der später politisch umstrittene Schriftsteller Hermann Stehr und der jüdische Dichter Arthur Silbergleit zählten zu seinem heterogenen Bekanntenkreis. Rezensenten griffen gern zu Vergleichen mit dem tief religiösen schlesischen Dichter Angelus Silesius, dem (wie Mühsam aus Görlitz stammenden) Mystiker Jakob Böhme oder aber dem damals populären bengalischen Autor Rabindranath Tagore und verwiesen zuweilen – gerade in jüdischen Zeitschriften – auf den mahnenden Gestus biblischer Propheten, um den Schriftsteller zu charakterisieren. M.s pazifistische, religiös durchfärbte, lebensreformerisch engagierte Botschaften fanden Anklang im literarischen Feld der Weimarer Republik, das viel Raum für Schriftsteller barg, die kurze Zeit später als Trabanten und Epigonen von Rilke und Tagore verworfen wurden. M.s literarisches Gottsuchertum faszinierte Leser in christlichen Kreisen, was den jüdischen Schriftsteller in den 1959 veröffentlichten Erinnerungen im Rückblick auf das Erscheinen seiner *Gespräche mit Gott* zu der Bemerkung veranlasste: »In kurzer Zeit waren 800 Exemplare verkauft, fast alle Dresdener Pastoren hatten es bestellt.« M.s beachtliche Erfolge in christlichen, theosophischen und monistischen Kreisen zeigen, wie stark die diversen Reformbewegungen im ersten Drittel des 20. Jahrhunderts und die weitverbreitete Suche nach ganzheitlichen Sinn- und Lebenskonzepten auf das literarische Feld ausstrahlten und auch ästhetisch nicht avancierten Schriftstellern einen Platz in ihm verschafften: Rezensenten hoben durchweg die ethische Qualität der Werke M.s, seine Suche nach dem ›Wesentlichen‹ positiv hervor, ohne sich *en détail* mit der formalen Gestaltung einzelner Gedichte auseinanderzusetzen. Die Werke M.s – besonders *Gespräche mit Gott* (1919), *Der ewige Jude* (1924), *Glaubensbekenntnis* (Haifa 1946) und *Mein Weltbild* (Jerusalem 1951) – geben ein eindrückliches Bild von seinen religiösen und philosophischen Überzeugungen vor wie nach der Emigration (1933), bezeugen auch den Synkretismus seines Denkens, in dem das Jüdische keine übergeordnete Rolle spielte.

M.s Eltern hatten der Religion nur wenig Raum in ihrem Kaufmannsalltag zugestanden, jedoch untereinander – zum Entsetzen ihres Sohnes – noch oft jiddische Ausdrücke benutzt. Sein Judentum hatte M., so schreibt er im autobiographischen Rückblick, als Jugendlicher nur als eine »Andersartigkeit« empfinden können, um deren »Abstreifen« er sich vergeblich bemühte. Die aufgezwungene Emigration setzte, nach ernüchternder Konfrontation mit antisemitischen Stereotypen und schließlich gewaltsamen Übergriffen, dem Wunsch nach einer vorbehaltlosen Integration ein abruptes Ende.

Das einzige literarische Werk, in dem M. sich mit einem dezidiert jüdischen Stoff auseinandersetzte, ist das 1924 erschienene Versdrama *Der ewige Jude*. Der Titel unterschlägt, dass es in diesem Text ebenso um die Ahasver-Thematik wie um die Jesus-Figur und die Bedeutung der Bergpredigt jenseits christlicher Dogmatik geht. M. hatte sein Drama, so betont er in der Autobiographie, als ein »Fanal […] für die Überbrückung der Religionen durch eine auf Edelmenschentum aufgebaute gottgläubige Gemeinschaft« konzipiert. Der Legierung von religiösen und humanistisch-universalistischen Ideen entspricht eine eklektische Vermengung literarischer Formen, die sich nicht nur im *Ewigen Juden* als Konglomerat von Gebetsformeln, expressionistischer und dann wieder archaisch anmutender dramatischer Rede neben abgenutzten sprachlichen Ausdrücken zeigt. Das blieb auch zeitgenössischen Lesern nicht verborgen, doch Vorbehalte gegenüber einzelnen Werken entkräftete M.: Er führte mangelnde Anerkennung durch andere Schriftsteller und Verleger retrospektiv auf die »Unzeitgemäßheit« seiner Gedichte zurück – ein Wort, das den negativen Wert des Epigonalen zur positiven Eigenschaft werden ließ, indem es sich in Kopplung mit dem Traditionsbegriff auf das vermeintlich verbürgte Fundament Schillerscher Wirkungsästhetik berief. Die Kunst könne »durch den Sturm der Leidenschaft erschüttern, […] Herzen erwecken aus ihrem Trägheitsschlaf und am Kampf des Guten gegen das Böse erfolgreich teilnehmen.« M. betrachtete sein Schreiben als ein »Wirken im Dienste menschlicher Veredelung«. Nicht aufgrund dieser von der klassischen Poetologie übernommenen Forderung der Lebensbedeutsamkeit von Literatur bzw. einer sich im Kunstwerk realisierenden ethisch-therapeutischen Idee, wohl aber aufgrund stilistischer Unzulänglichkeiten fällt es heute schwer, M.s literarischen Arbeiten ästhetische Relevanz zuzusprechen.

Auch wenn die vor 1933 erschienenen Texte solcher Wertung kaum standhalten und M. vielleicht darum in Vergessenheit geriet, beschnitt doch die Emigration die Möglichkeiten, weiter literarisch zu schreiben, sich mit anderen Autoren auszutauschen und Resonanz von Lesern zu erhalten. M. machte darum zu Recht seine Vertreibung aus Deutschland und die nationalsozialistische Kulturpolitik verantwortlich für die abrupt abgeschnittenen Wirkungsmöglichkeiten. Zudem folgte der Emigration eine psychische Krisis: Der Rechtsanwalt und Schriftsteller war beruflich und kulturell aus den Angeln gehoben, es gelang ihm weder im juristischen Beruf zu arbeiten noch Hebräisch zu lernen und am öffentlichen Leben in Palästina so teilzunehmen, wie er es in Deutschland vermocht hatte.

Im Mai 1935, knapp zwei Jahre nach seiner Emigration aus Görlitz, notierte er in Haifa in seinem Tagebuch: »Ich muß die Lebenszeit, die mir noch bleibt, darauf verwenden, in dem Kulturkreis, in dem ich verwurzelt bin, tätig zu bleiben und vorwärts zu kommen [...]. Ich würde den Boden ganz unter den Füßen verlieren, wenn ich, statt die deutsche Sprache zu meistern, in einer fremden stümpern würde.« Mit diesem Entschluss besiegelte der damals 58-Jährige seine Isolation, nachdem er sich unmittelbar nach seiner Ankunft in Haifa zunächst um das Erlernen des Hebräischen bemüht und intensiv mit den zionistischen Klassikern und seinem neuen Lebensumfeld auseinandergesetzt hatte. M. blieb die bewusst gewählte, neue Heimat fremd, obgleich er dankbar war, hier Zuflucht gefunden zu haben. Er sah sich in Haifa weiterhin vor allem als deutschsprachiger Dichter, während ihm weder die institutionalisierten Religionen noch politischer oder kultureller Nationalismus Anschluss boten. So arbeitete M. bis zu seinem Tod in Jerusalem 1960 beinahe ohne Resonanz und mit spärlichem Kontakt zu anderen Akteuren im literarischen Feld an philosophischen und literarischen Arbeiten, von denen zwei Bücher mit sprechenden Titeln, *Sonette an den Tod* (1949) und *Mein Weltbild* (1951), in verschwindend geringer Auflage in einem kleinen Jerusalemer Verlag publiziert wurden, eine autobiographische Skizze im Selbstverlag erschien, anderes unveröffentlicht blieb – nicht zuletzt, weil es sich der Einordnung in ein zionistisches oder aber dezidiert jüdisches Wertesystem verweigerte.

Insbesondere M.s umfangreiche autobiographische Aufzeichnungen wurden bislang nur auszugsweise publiziert, obgleich sie zu den genauesten, eindrücklichsten biographischen Zeugnissen der deutsch-jüdischen Immigration nach Palästina zählen und auch literarisch mehr Relevanz für heutige Leser besitzen als die meisten anderen Texte des Autors. Noch ein Jahr vor seinem Tod gab er sich überzeugt, dass man ihn »in hundert Jahren entdecken und ausgraben« werde, doch scheint diese Entdeckung heute noch unwahrscheinlicher als 1959. Dem stehen, trotz einiger Neuausgaben, weitgehend nur die großen editorischen, publizistischen und finanziellen Anstrengungen seiner Tochter Else Levi-Mühsam entgegen.

Werke: Aus dem Schicksalsbuch der Menschheit, Dresden 1919; Der Ewige Jude. Dichtung, Leipzig u. a. 1924 (Neuausgabe Konstanz 1975); Sonette an den Tod, Jerusalem 1949 (Neuausgabe Stuttgart 1980); Mein Weg zu mir. Aus Tagebüchern, hg. und komm. E. Levi-Mühsam, Geleitwort W. Volke, Konstanz 1978 (Neuausgabe 1992); Ich bin ein Mensch gewesen. Lebenserinnerungen, hg. E. Kretzschmar, Gerlingen 1989.
Literatur: »In alter, treuer Freundschaft«, Briefwechsel zwischen F.A. Voigt und P.M., hg. E. Klin, ausgew. und bearb. E. Levi-Mühsam, Würzburg 2005; E. Levi-Mühsam, P.M., von seiner Tochter gesehen, in: Mnemosyne. Zeit-Schrift für jüdische Kultur 26 (2000), 8–40; G. Wolfram, P.M. (1876–1960). Der Widerstand der Wörter. Ein Leben zwischen Deutschland und Palästina, Berlin 2006.

Caroline Jessen

Nadel, Arno

Geb. 3.10.1878 in Wilna;
deportiert12.3.1943 nach Auschwitz

Seine Zeitgenossen charakterisierten N. durch zwei Eigenschaften: Begabung und Erfolg gleichermaßen in drei Künsten, sowie dass er dabei eine neue religiöse, gar mystische Kunst entwickelte. So stellte ihn die *Jüdische Rundschau* zu seinem 50. Geburtstag 1928 vor: »Am 3. Oktober tritt N., – auf seltene Art dreifach künstlerisch begnadet: als Maler, Dichter und Musiker – in die Reihe der 50jährigen [...] N., der Jude, [kennt] den Weg zu einem Gott, der gegenständlich über aller Welt da ist, wie alle Welt gegenständlich in ihm. Nicht im Göttlichen versinken, sondern Gottes durch die dünne Wand des Lebens hindurch inne werden, also Gott nahe sein, verkündet die in N. erneuerte Mystik des Judentums« (28.9.1928).

Als Sohn des dem Chassidismus nahestehenden Mechanikers David Nadel im damals russischen Wilna geboren, ging N. als Zwölfjähriger 1890 nach Königsberg zur Bürgerschule, wo er, musikalisch begabt, bei dem Kantor und Spezialisten synagogaler Musik Eduard Birnbaum studierte, der sein Mentor wurde. Das war der Anfang von N.s beruflicher Laufbahn als Lehrer, Forscher, Sammler und Komponist jüdischer Musik. 1895 zog er nach Berlin als Student der Jüdischen Lehrer-Bildungsanstalt. Nach dem Jüdischen Lehrerexamen 1900 arbeitete er bis 1916 als Privatlehrer für Musik, Kunst, Literatur und teils Religion an jüdischen Schulen in Berlin. 1916 erhielt er eine Anstellung als Chordirigent an der Synagoge am Kottbusser Ufer, 1931 bis 1938 als Dirigent und Organist an weiteren Berliner Synagogen. Zugleich publizierte N. in jüdischen, insbesondere kulturzionistischen Zeitschriften über jüdische Musik. 1904 wurde er Mitarbeiter der Monatsschrift *Ost und West*, für deren Herausgeber Leo Winz er aus dessen Sammlung zahlreiche jüdische Volksmelodien bearbeitete und an Konzerten als Klavierbegleiter mitaufführte. Nach 1916 publizierte er Beiträge über jüdische Volkslieder zusätzlich in der Zeitschrift *Der Jude* Martin Bubers, mit dem er freundschaftlich verbunden war und auch das Interesse am Chassidismus teilte, sowie ab 1919 in den *Neuen Jüdischen Monatsheften*. In einem programmatischen Beitrag »Jüdische Musik« (in: *Der Jude*, 1923) begründete er sein Verständnis jüdischer Musik als grundsätzlich religiöse: »Die Judenheit als Nation lebt und schwebt in heimatlosen Regionen, – wie soll die jüdische Seele neu wie der Tag, neu wie ein lebendiges Jahrzehnt singen und musizieren? Also: jüdische Musik, das ist vorerst synagogale Musik.« In der »jüdischen Musik«, so argumentierte er 1927 in einem weiteren programmatischen Essay »Das Judentum in der Musik«, »ist alles scharf umrissen, das jüdische Wesen steigt aus dem Text und aus dem Urgrund herauf und schafft ein nationales Element« (*Jüdische Rundschau*, 6. Mai 1927). Neben zahlreichen Zeitschriftenartikeln publizierte er mehrere einschlägige Bände meist mit Noten, darunter *Jontefflieder* (1919), *Jüdische Volkslieder* (1923) und *Jüdische Liebeslieder* (1923). 1923 erteilte ihm die Berliner jüdische Gemeinde den Auftrag, eine Anthologie synagogaler Musik zusammenzustellen und die gesamte musikalische jüdische Liturgie neu zu bearbeiten. An dieser monumentalen Aufgabe arbeitete er bis 1938, der Druck dieses von N. als *Kompendium Halleluja!* bezeichneten, auf 7 Bände angelegten Werks, das deutsche Reform und ostjüdische Orthodoxie verbinden sollte, war jedoch 1938 nicht mehr möglich; das Werk gilt als verschollen. 1937 erschien noch das Schocken-Bändchen *Zemirot Schabat: Die häuslichen Sabbatgesänge*, während er im *Gemeindeblatt der jüdischen Gemeinde zu Berlin*, für das er seit den 20er Jahren schrieb, bis zum Novemberpogrom 1938 zahlreiche Teile aus einem in seiner (im Krieg zerstörten) bedeutenden Privatsammlung befindlichen Kompendium mit Synagogalmusik von 1744 veröffentlichte.

Zur bildenden Kunst wiederum gelangte N. 1918 zwar erst mit 40 Jahren, doch schon zehn Jahre später wurde er von seinem Freund Felix Stössinger in einer eigenen Arbeit als der »Maler Arno Nadel« gewürdigt. In dieser Zeit entstanden Porträts wie auch Zyklen, namentlich derjenige zu der Aufführung von An-skis *Dybbuk* im Habima-Theater, einem jiddischen Drama, das 1921 in deutscher Übersetzung durch N. erschien. Seine Porträts erschienen auch in künstlerischen Drucken, etwa im Drei Welten-Verlag, u. a. mit Gedichten von Julius Lichten zu Beethoven oder aus »Hölderlins Wahnsinnszeit« (1923). N. gehörte mit zur Gruppe um Jakob Steinhardt, über den er 1920 die erste Monographie verfasste, und Josef Budko, die im Kontext des Kulturzionismus an der Konstruktion einer »jüdischen Kunst« (Martin Buber) – analog zur »jüdischen Musik« – arbeitete. Gemeinsam mit ihnen schuf er Kunstbände, in denen Lyrik und bildende Kunst in der Form des bibliophilen »jüdischen Buches« verbunden waren, namentlich Rot und glühend *ist das Auge des Juden. Gedichte zu 8 Radierungen von Jacob Steinhardt* (1920) und *Das Jahr des Juden. 12 Gedichte zu 12 Radierungen von Josef Budko* (1920). N. trat hier allerdings nicht nur als Maler auf, sondern auch als Dichter.

Als Schriftsteller in allen Gattungen trat N. seit dem an Nietzsche angelehnten Aphorismenband *Aus vorletzten und letzten Gründen* (1909) auf. Er verfasste Dramen und Szenen zu biblischen Figuren wie *Adam* (1917) oder zu Abraham, Rahel, Moses, Samuel, Ruth, Jona in *Der Sündenfall* (1920). Sein wichtigstes literarisches Werk ist jedoch das lyrische, beginnend mit dem Band *Um dieses alles* (1914). In den folgenden Jahrzehnten arbeitete er im Wesentlichen an zwei großen lyrischen Zyklen: *Der Ton. Die Lehre von Gott und Leben* (1926) sowie dem Dionysos-Zyklus, aus dem 1925 der Auszug *Tänze und Beschwörungen des weissagenden Dionysos* erschien, während er bis 1942 an dem Werk weiterarbeitete; die vollständige Fassung edierte Friedhelm Kemp 1959 aus dem Nachlass. Diese beiden Zyklen galten in einer tendenziell synkretistischen Verknüpfung zwei komplementären Götterwelten: *Der Ton* der jüdisch-monotheistischen, der *Dionysos* der griechisch-polytheistischen. N. verstand den 1914–16 entstandenen *Ton* weniger als Dichtung, sondern als Begründung einer Religionslehre, eines »Gottwissens« in lyrischer Form, als mystisch-musikalische »Tonlehre«, die zugleich von Nietzsches Philosophie der Musik sowie von der spinozistisch anmutenden Vorstellung eines allumfassenden Gottes geleitet ist. Die dionysische Dichtung ging in der Tendenz zum Synkretismus noch weiter; Kemp charakterisierte dies treffend: »Ein von deutscher Kultur durchtränkter Juden-Grieche, als welchen N. sich selber bezeichnet hat, erträumt eine Urwelt der Paarungen, Verschlingungen, Zerstückelungen.« Darüber hinaus arbeitete N. über lange Jahre an einem dritten lyrischen Zyklus, aus dem er 1935 in einem Privatdruck einen Auszug publizierte: *Das Leben des Dichters*; das Gesamtmanuskript befindet sich in seinem Nachlass in der Hebrew National Library in Jerusalem.

Nach dem Novemberpogrom verlor N. seine Arbeit, zuletzt als Dirigent und Organist an der Synagoge Münchner Straße; im Zuge der Pogrome wurde er für einige Wochen in das KZ Sachsenhausen interniert. Versuche zur Emigration in die USA scheiterten. Im Mai 1941 wurde er mit seiner Frau in eine kleine Wohnung zwangsumgesiedelt, im Februar 1942 zur Zwangsarbeit in der »Zentralbibliothek für das politisch unerwünschte Schrifttum« im Reichssicherheitshauptamt eingezogen, wo er in einer Gruppe jüdischer Intellektueller unter der Leitung von Ernst Grumach an der Katalogisierung geraubter jüdischer Bibliotheken arbeitete, seit Juni 1942 als Leiter der jiddischen Abteilung. Von August 1941 bis zu seiner Deportation nach Auschwitz am 12. März 1943 schrieb er an einem Tagebuch, das er *G-U-Buch* nannte, eine Abkürzung, die auf die Raubbibliothek verweist und von ihm als »G.U. Gottes-Ungeheuer, Grosses Unrecht, geheimnisvolle Uhr, Grauen der Urzeit, Ganovim-Unterschlupf, Gesegnete Ufer« erklärt wird. Dieses bedeutende Dokument, das im Nachlass in Jerusalem überliefert ist, zeugt vom Leben angesichts von Verfolgung, zugleich aber relativiert es dieses Geschichtliche nicht nur durch die Fortsetzung philosophischer Reflexion, sondern auch im Angesicht eines »Ewigen«, das N. der Geschichte der Verfolgung entgegenstellte.

Werke: Um dieses alles, München 1914; Adam, Leipzig 1917; Das Jahr des Juden, Berlin 1920; Rot und glühend ist das Auge des Juden, Berlin 1920; Der Sündenfall, Berlin 1920; Der Ton, Leipzig 1921; Tänze und Beschwörungen des weissagenden Dionysos, Berlin 1925; Das Leben des Dichters, Berlin 1935; Der weissagende Dionysos, hg. F. Kemp, Heidelberg 1959.

Literatur: E. Gottgetreu, »Welch ein elender Unsommer«. Aus den Aufzeichnungen des Dichters A.N. vor seinem Tod in Auschwitz, in: Bulletin des Leo Baeck Instituts 51 (1975), 98–112; S. Nemtsov, A.N. Sein Beitrag zur jüdischen Musikkultur, Berlin 2008; K. Schoor, Vom literarischen Zentrum zum literarischen Ghetto. Deutsch-jüdische literarische Kultur in Berlin zwischen 1933 und 1945, Göttingen 2010 (insbes. 415–457); A. Kilcher, Der Schrecken der Geschichte »sub specie aeternitatis«. N.s Deutung der historischen Katastrophe aus der Mitte ihrer Erfahrung, in: Zwischen Rassenhass und Identitätssuche, hg. K. Schoor, Göttingen 2010, 329–366.

Andreas Kilcher

Natonek, Hans (N.O. Kent, Hanuš Natonek, Hans Norbert, Hans Böhmer, Hans Egge, Jean Natoné)

Geb. 28.10.1892 in Prag;
gest. 23.10.1963 in Tucson/Arizona

Als Enkel des berühmten jüdischen Gelehrten, Rabbiners, Frühzionisten und Gründers des Komitees »Rückkehr nach Zion« Joseph Natonek (1813–92) schien ihn das geistige Vermächtnis seines Großvaters zunächst kaum beeinflusst zu haben. Dennoch wurde sein Werk maßgeblich von jüdischen Identitätskonflikten geprägt: Scheitern der Ideale der jüdischen Aufklärung, Bestrebungen der jüdischen Intellektuellen nach Erneuerung des Westjudentums, Verstärkung des Nationalismus, Radikalisierung des Antisemitismus.

Etwas jünger als die Mitglieder der um 1880 geborenen Generation der Prager deutsch-jüdischen Schriftsteller, deren Eltern das Ghetto gegen Assimilation tauschten, wuchs N. in einem assimilierten Milieu auf: »Mein Vater, ein Freidenker, hielt keine Feiertage, indes meine Mutter zur Stunde bereits imTempel saß.« Mit dieser Prosaskizze *Ghetto*, die 1917 im Sammelband *Das jüdische Prag* erschien, nahm er am Prager kulturzionistischen Geschehen teil. Er schildert als ein prägendes Kindheitserlebnis einen Spaziergang durch das Prager Ghetto, der die erste Begegnung mit seiner Herkunft war. Dieses Judentum löste in N. grundlegende Fragen seiner Existenz aus wie »Was ist das – Ghetto?« und »Warum leben *wir* nicht hier?« Zugleich schrieb er in M. Bubers *Der Jude* den Beitrag *Von jüdischer Zwiespältigkeit. Anmerkungen zur Problematik der jüdischen Seele* (1917–18). Damit kam er Bubers Forderung der Auseinandersetzung mit »spezifisch jüdischem Denken und Fühlen« nach, wie er auch zu Bubers Aufsätzen *Geist des Judentums* 1917 eine begeisterte Rezension schrieb. Seine zentrale These: »Jude sein, das allein macht es schon nötig, sich mit sich auseinanderzusetzen«, wird durch die autobiographische Bedingtheit seiner Romane programmatisch für N.s literarisches Schaffen. Die Figur des ständig Suchenden, Wählenden, Fliehenden, Zerrissenen und Zwiespältigen steht im Mittelpunkt seiner Werke.

Mit Autoren des Prager Kreises verband N. auch der Expressionismus. Als Journalist veröffentlichte er in den wichtigsten, vorwiegend expressionistischen Publikationsorganen, etwa in *Die Aktion*, *Die neue Schaubühne* oder *Der Friede*, sowie in den Tageszeitungen wie dem *Berliner Tageblatt* oder dem *Prager Tagblatt*. Nach der Übersiedlung nach Deutschland (1917) wurde N. Redakteur des *Leipziger Tageblatts* und der *Neuen Leipziger Zeitung*. Neben seinen vielbeachteten Theaterkritiken erwarb er sich Ansehen mit Feuilletons, Essays, Erzählungen, Aphorismen, Gedichten und Buchbesprechungen. Seine Themen betrafen aktuelle Probleme des Zeitgeschehens, insbesondere die Gefährdung der Weimarer Republik durch den aufkommenden Nationalismus, Antisemitismus und Militarismus.

Im Jahre 1918 – vor der Heirat mit seiner ersten Frau Gertrud – ließ sich N. in der evangelischen Lutherkirche zu Leipzig taufen. Wiederholt thematisiert er in seinen literarischen Texten die Symbiose von Christentum und Judentum (z. B. *Als Gott die Menschen schuf*, *Vom Gebet*, *Christus*). Hauptfiguren sind oft Konvertiten wie der von Hass besessene Jakob Dowidal, der zum Herausgeber antisemitischer Magazine wird, der Halbjude Hans Waisl, der sich vor dem Bösen unkenntlich klein zu machen glaubt (*Kinder einer Stadt*, 1932), oder Juden, die aus »der Rasse fliehen« wie der von schlechtem Gewissen verfolgte Adalbert Weichhardt (*Der Mann, der nie genug hat*, 1929; *Geld regiert die Welt*, 1930) oder Chamissos Freund Eduard Hitzig, der glaubt, unter seiner »Tarnkappe« nicht als Jude erkannt zu werden (*Der Schlemihl*, 1936). Im unveröffentlichten Roman *Yesterday Is Tomorrow* schließlich schildert N. mit autobiographischer Genauigkeit das Zuhause vom Franz alias N., wo man neben Pessach Weihnachten feierte: »In ihrer Familie mischte sich seit Generationen Christ und Jude; [...] so kam es, daß er seit seiner Knabenzeit neben dem Vaterunser friedlich das ›Schema Israel‹ betete.«

Nach der Machtergreifung durch die Nationalsozialisten 1933 wurde N., dem noch 1931 der Preis der Leipziger Dichter-Stiftung verliehen wurde, ausgebürgert; seine Bücher wurden verbrannt. Was der jüdische Journalist Nyman in die *Straße des Verrats* erfährt, bezeichnet in vielen Aspekten N.s Lage: Es scheitert seine Illusion, mit seinen Artikeln den Aufstieg Hitlers verhindern zu können, er wird zum Teil unter Zwang auf seine verleugnete jüdische Herkunft zurückgeworfen und es scheitert seine Ehe. Er wird aus der Redaktion gedrängt und muss erleben, dass seine nichtjüdische Frau der nationalsozialistischen Propaganda verfällt und ihn erpresst. Auf der Flucht nach Prag mit seiner jüdischen Geliebten Ruth (alias Erica Wassermann, N.s zweite Frau) rekonstruiert er eine neue Bindung zum Judentum. N.s zweite Ehe mit Erica Wassermann wurde noch in Prag geschieden, N. selbst wurde 1936 in die Tschechoslowakei repatriiert.

In diesem Jahr erschien auch sein Roman über Chamisso *Der Schlemihl*, gewidmet »allen Heimatlosen der Welt«. Das Thema der Heimatlosigkeit, bei Chamisso metaphorisch als Verlust des Schattens versinnbildlicht, wird zum zentralen Motiv von N.s Schaffen. »Irgendwo/ Muß der Mensch doch zuhause sein«, so N. im Gedicht *Nirgendwo*, »Nach tausendjähriger Wanderschaft,/ Irgendwo steht doch der letzte Meilenstein,/ [...] Und wäre es selbst der ewige Ahasver.« Der verlorene Schatten ist auch ein Symbol für den Verlust der Sprache und der Identität. Schlemihl, dessen Name im Jiddischen als Bezeichnung eines ungeschickten und vom Unglück verfolgten Menschen gilt, wird so zum Urbild des Exilanten. Fremdlinge und Außenseiter wie Chamisso, der zwischen zwei Sprachen und Kulturen stand, sind auch Adalbert Weichhardt (*Der Mann, der nie genug hat* 1929; *Geld re-*

giert die Welt 1930) oder der unzerstörbare Verlierer Charlie Chaplin (*Chaplins Wallfahrt, Halloh, wo ist Charlie?*, in *Schminke und Alltag*, 1927). Der »Schatten« ist letztlich auch eine Metapher für jüdische Identität. Vor allem der Assimilant Julius Eduard Hitzig (1780–1894) aus N.s Chamissobiographie ist es, der sich unter einer »Tarnkappe« verbirgt, die allerdings keinen Schutz vor antisemitischer Verfolgung bietet: »Und hinter deinem Rücken stehen Tausende, haben es gehört und lachen sich eins und wissen, wie du heißt – Itzig; und vielleicht werden sie hinter dir oder deinen Enkeln den verschwiegenen Namen herrufen, wie hinter der huschenden Gestalt deiner Väter.« Der zweisprachige Chamisso war auch Vorbild, als N. nach Jahren des Exils eine Heimat in den USA (1941) fand. Von mehreren auf Englisch verfassten Büchern fand nur das Erinnerungsbuch *In Search of Myself* (1943) einen Verleger. Viele seiner Manuskripte gingen auf der Flucht verloren, andere wurden vom Autor selbst vernichtet. In den letzten Lebensjahren widmete sich N. dem Verfassen deutsch-sprachiger Gedichte, die überwiegend im *Aufbau* publiziert wurden. Mit seiner dritten Frau Anne Grünwald zog er schließlich nach Arizona, wo er am 23. Oktober 1963 an Leukämie starb.

Werke: Kinder einer Stadt, Berlin 1932; Der Schlemihl, Amsterdam 1936 (Der Mann ohne Schatten, Gütersloh 1958); In Search of Myself, New York 1943; Die Straße des Verrats, Berlin 1982.

Literatur: W.U. Schütte, Der Mann ohne Schatten. Vorläufiges zu H.N., in: H.N., Publizistik, Briefe und ein Roman, Berlin 1982; J. Serke, Böhmische Dörfer. Wanderungen durch eine verlassene literarische Landschaft, Wien u. a. 1987; I. Galková u. a.,, H.N., in: Literatur und Kritik 30 (1995), 103–108; I. Cyprian-Galková, H.N.s Schattensuche, in: Loando. Beiträge Olmützer Doktoranden zur deutschen Literatur und Sprache, Olomouc 2006, 147–158.

Ivana Galková

Neumann, Alfred

Geb. 15.10.1895 in Lautenburg;
gest. 2.10.1952 in Lugano

Wie wenige seiner Zeitgenossen bezog N. seine Lebensführung und schriftstellerischen Impulse aus der doppelten Matrix seiner deutschen Umgebung und seiner deutsch-jüdischen Herkunft. Es ist kein Zufall, dass von den bedeutenden Leitfiguren seiner Laufbahn der eine Katholik, der andere Jude war. In einer *Autobiographischen Skizze* (1928) bekennt er sich zu beiden: »Der Achtzehnjährige kam zu dem [nunmehr] verstorbenen Georg Müller, dem genialen Verleger. Er kam in das Lektorat, das damals von Efraim Frisch geleitet wurde, und arbeitete auch in der Redaktion des ›Neuen Merkur‹, den Frisch Anfang 1914 begründete. Diese beiden Männer waren seine Lehrer. Er lebte in der Atmosphäre des Buches, das bei Georg Müller durchaus nicht sanftmütig war. Er begann mit Prospekten und endete mit Gedichten.« Diese bezeichnende Konstellation jüdischer und nichtjüdischer enger Freunde taucht bei N. wiederholt auf. In München waren es z. B. der Intendant der Kammerspiele Otto Falckenberg, der ihn als Dramaturg einsetzte, und der deutsch-jüdische Schriftsteller Otto Zopf; im Exil in Los Angeles standen ihm Th. Mann, B. Frank und F. Torberg nahe. N. war sogar einer der wenigen, der gelegentlich mit Mann auf Vornamen-Basis verkehrte; Mann nennt ihn in seinem Nachruf »den Treuesten der Treuen« und verweist mehrfach auf seinen Gedankenaustausch mit N. in der *Entstehung des Doktor Faustus*.

N. wurde 1895 in Lautenburg (Westpreußen) als Sohn eines wohlhabenden jüdischen Ehepaars geboren. Das Elternhaus repräsentierte, im besten Sinne des Wortes, das jüdische Bildungsbürgertum. N.s Assimilation ging über das Emanzipationsbestreben seiner Eltern hinaus. Sowohl seine erste Frau, Martina, eine Schweizer Tänzerin, als auch Katharina, die Tochter des von ihm verehrten Verlegers Georg Müller und seine lebenslängliche Gefährtin, waren Christen. Dennoch verknüpfen sich die beiden Traditionen immer wieder in seinen Werken.

Das Thema, das leitmotivisch N.s Werk durchzieht, ist die Dämonie der Macht und des Sexus. Später, im amerikanischen Exil, geht die Machtgier ins Pathologische über; ihre Symbole werden psychische und physische Krankheiten. Den Stoff bezog N. aus Vergangenheit und Gegenwart. Er, der mehrere Sprachen bis in die feinsten Schattierungen beherrschte, über Alfred de Musset promoviert und ihn ins Deutsche übersetzt hatte, war in der Kulturgeschichte der verschiedensten Epochen und Länder zu Hause und siedelte dementsprechend seine historischen Romane an: im Deutschland des 16. Jahrhunderts (*Narrenspiegel*), der Jahrhundertwende (*Die Goldquelle*), der 20er Jahre (*Der Held*) und der Nazizeit (*Es waren ihrer sechs*); im Italien des Risorgimento (*Die Rebellen*, *Guerra*), im Frankreich des 15. Jahrhunderts (*Der Teufel*), der Zeit Louis Napoleons (in seiner Romantrilogie), imTerritorium Südkaliforniens und Nicaraguas des 19. Jahrhunderts (*Der Pakt*) und schließlich im Russland des angehenden 19. Jahrhunderts (*Der Patriot*). Das Machtbedürfnis seiner Protagonisten bleibt sich jedoch über Zeit und Ort hinweg gleich. Und die Symbole, die jene Dämonie veranschaulichen, verästeln sich mehrfach mit Motiven aus der jüdischen Tradition. Jüdische Gestalten werden ebenfalls Repräsentanten eines konsequenten Willens zur Macht oder – ungleich öfter – dessen Antipoden oder Opfer.

Das beginnt schon in dem 1918 in der *Neuen Rundschau* veröffentlichten Gedicht *Daniel*, in dem N. die Konfrontation zwischen dem tyrannischen König Nebukadnezar und dem Gottessucher und Friedensapostel Daniel aufzeigt. Dass der reumütige König am Ende den Gott Daniels anbetet, entspricht einem Grundgedanken N.s. »Einen Mehrer des Guten« nennt ihn Th. Mann nicht zufällig. Tatsächlich ging N. bis zu dem Zeitpunkt, als ihm das verkörperte Böse im Naziregime entgegentrat, im Gegensatz zu Nietzsche, von dem Postulat jüdisch-christlicher Ethik aus. Mit der Herausstellung gerade dieses Themas von Macht, Schuld und Sühne – Stendhal und Dostojewski waren ihm Vorbild – errang N. 1925/26 seinen Durchbruch. *Der Patriot* schildert die Intrigen des russischen Grafen Pahlen, der den geistesgestörten Zaren Paul I. ermorden lässt, seinen Nachfolger Alexander auf den Thron setzt, aber als Werkzeug der guten Tat auf dem Schaffott endet. Der »unentwegte *Patriot*« wurde auch als Drama und als Film gestaltet, der 1928 in Hollywood mit einem Oskar ausgezeichnet wurde. Ähnlich verhält es sich mit seinem Roman *Der Teufel*. Auch hier geht es »um die uralte Spannung zwischen Tat und Gewissen«, so N. 1930. Der Roman erhielt 1926 den Kleist-Preis, wurde in 73 Sprachen übersetzt, dreimal verfilmt und erreichte eine Gesamtauflage von 1135000 Exemplaren. Um dieselbe Problematik geht es N. auch, als er jüdische Gestalten in den Mittelpunkt seiner Prosawerke stellt, zunächst als Opfer, dann als Machtbesessene. Auslöser des Romans *Der Held* sind die Geschehnisse um das Rathenau-Attentat 1922. Die Machtgelüste der rechtsradikalen Geheimbündler sind hier verzahnt mit ihrem Vernichtungsantisemitismus. In *König Haber* (1926) jedoch, der Nachzeichnung des Schicksals eines historisch verbürgten portugiesischen Juden, Intriganten und Finanzgenies am Badensischen Hof, versetzt sich N. in die Psychologie eines nicht gänzlich unsympathischen Machtbesessenen.

1933 wanderte N. aus, zunächst zu seinem Zweitwohnsitz in Fiesole in Italien, dann nach Frankreich, schließlich 1940 in die USA. Auch hier wandte er sich dem jüdischen Schicksal zu, in nunmehr aktueller Verbindung mit der Dämonie der Macht. Schon Anfang der 40er Jahre sickerten Nachrichten über den Verbleib seiner Angehörigen durch. Etwa 80 Angehörige seines Familienkreises wurden von den Schergen Hitlers ermordet. Wohl aus diesem äußeren Anlass unterbrach er 1943 seinen Roman *Der Pakt* (entstanden 1941–47) zu Gunsten seines Zeitromans *Es waren ihrer Sechs*. Unmittelbarer Anlass waren fragmentarische Nachrichten über den Widerstand der »Weißen Rose«, die 1943 zu N. drangen. Der Roman wurde sein erfolgreichstes Exilwerk. Der Machtkampf der »Volksrichter« unter sich, das Drama des Gerichtsverfahrens und der ständig steigende Druck auf die Angeklagten, sich auf Kosten der Mitverschwörer zu retten: all dies traf genau die Erwartungen der antifaschistischen Leser außerhalb des Dritten Reiches. Im Nachkriegsdeutschland allerdings wurde der Roman, wohl wegen seiner Abweichung von den nunmehr bekannt gewordenen Tatsachen, des öfteren kritisch rezipiert. N. meinte dazu: »Meine Aufgabe ist ja nicht Forschung, sondern Dichtung. Und ich hatte mich nun um das zeitlose Thema zu bemühen, dass eine Handvoll mutiger und nobler Menschen, hier Studenten und ihr Professor, für Freiheit und Menschenwürde und gegen Tyrannei und Barbarei kämpfen und im ungleichen Kampf zugrunde gehen.« Auch in dem Filmskript *None Shall Escape* (1944), das erneut für einen Oskar nominiert wurde, griff N. das Thema der Judenverfolgung und der Macht auf. N. sieht hier die Probleme der Prozessführung gegen die Kriegsverbrecher – also vor Nürnberg – hellseherisch voraus. Der wohl wichtigste Tatsachenbefund des Films ist das Aufflackern jüdischen Widerstands: In N.s Skript ermutigt der Rabbiner seine Gemeinde noch kurz vor seiner Hinrichtung, dem Exekutionskommando Widerstand zu leisten.

N. hat sich in seinen Essays nicht, wie etwa sein Freund Efraim Frisch, philosophisch oder theologisch über seine Einstellung zum Judentum geäußert. Was er einmal in einem Vergleich seiner mit

Th. Manns literarischer Beschaffenheit sagt – »Er ist der gewaltige Betrachter, ich bin reiner Erzähler« –, gilt auch für seine Beschäftigung mit jüdischen Themen. Wenn er also z. B. die Synagogenverbrennung thematisiert, so geschieht das in dem oben erwähnten Roman über die »Weiße Rose« oder in einem postum veröffentlichten Sprechchoral *Zum ›I am an American Day‹ am 16. Mai 1945*, einem keineswegs unkritischen Bekenntnis zu seiner neu erworbenen amerikanischen Staatsbürgerschaft. Nur einmal in einer 1948 in Südkalifornien gehaltenen Rede ließ er sich über seine Einstellung als Deutscher und Jude zum Nachkriegsdeutschland aus: »Ich hasse nicht. Im Gegenteil, ich habe mir eine etwas melancholische Liebe für das Unglücksland erhalten, aus dem ich stamme und das mir das Instrument seiner Sprache verliehen hat.«

Werke: Engelhorn's Nachf., München 1929; Der Held, Stuttgart 1930; König Haber, Stuttgart o.J.; Es waren ihrer Sechs, Stockholm 1944; Filmskript: None Shall Escape, Reg. André de Toth, USA 1944; Eine Auswahl aus seinem Werk, in: Verschollene und Vergessene, hg. G. Stern, Wiesbaden 1979; Conflict, hg. D. Taylor u. a., Alexandria, VA, 2005

Literatur: G. Berglund, A.N. Es waren ihrer sechs, in: dies., Deutsche Opposition gegen Hitler in Presse und Roman des Exils, Stockholm 1972, 246–254; H. Arens, A.N. – auch sein Ruhm begann in München, in: Sein Dämon war das Buch, hg. E.v. Freeden u. a., München 2003, 106–107; W. Grommes, »Der Nachbar hört das Gras der neuen Schöpfung wachsen«: A.N. und Thomas Mann – eine Dichterfreundschaft, in: Thomas Mann in München III, hg. D. Heisserer, München 2005, 175–222; K. Kargl, Die mediale Verbindung des Widerstands der ›Weißen Rose‹ bei den Exilautoren A.N. und Thomas Mann in Amerika, München 2008.

Guy Stern

Neumann, Robert

Geb. 22.5.1897 in Wien;
gest. 3.1.1975 in München

»Ein Jude zu sein, gar in Deutschland, ist eine abendfüllende Beschäftigung«, schrieb N. gegen Ende der 60er Jahre, »heute noch immer, heute schon wieder, heute wie eh und je.« Mit Judentum und Judenhass hat sich N. zeit seines Lebens intensiv auseinandergesetzt. Der Publizist scheute keine deutlichen Worte, wenn es ihm darum ging, an verkrusteten Strukturen der Nachkriegsgesellschaft zu kratzen. Er geißelte offene und subtile Formen eines fortlebenden Antisemitismus, aber er

hat auch Nutznießer eines »neurotischen« deutsch-jüdischen Miteinanders ausmachen wollen, »Wiedergutmachungs-Pensionisten« und »Überassimilanten«. Der Schriftsteller N. hat eindrückliche Zeitromane aus diesem Stoff geformt. *An den Wassern von Babylon* (1939) und *Der Tatbestand* (1965) gehören zu den Büchern, die im Umfeld der Literatur zum Judentum heute ebenso aus dem Blickfeld geraten sind wie der Romancier dem deutschen Buchmarkt insgesamt.

Dabei war N. zu Lebzeiten außerordentlich bekannt und erfolgreich. Der Sohn eines Bankdirektors polnischer Herkunft und Parteigängers der österreichischen Sozialdemokraten vermochte seine jüdische Ahnentafel väterlicherseits bis ins 15. Jahrhundert zurückzuverfolgen und mit einer gehörigen Prise Ironie und Sarkasmus als lebenspralle Welt voller Leiderfahrungen und Glücksmomente zu beschreiben. Derart erzählt er auch eine Folge von Kurzromanen in *An den Wassern von Babylon*. In den heimatlos gewordenen Protagonisten der zehn Lebensgeschichten europäischer Juden spiegelt sich die jüdische Existenz in ihrer ganzen Vielfalt: Als Orthodoxe oder Assimilierte leben sie innerhalb archaischer oder moderner Gesellschaften und sind deren spezifischen Formen des Antisemitismus ausgesetzt. Sie, für die Europa zu eng geworden war, sterben alle gemeinsam einen gewaltsamen Tod bei dem Versuch, illegal die Grenze zu Palästina zu überschreiten.

Auf N.s umfangreichem Werk lastet bis heute, dass sein Autor nahezu ausschließlich als virtuoser Parodist in die Literaturgeschichte eingegangen ist. Sein Parodien-Band *Mit fremden Federn* (1927; gefolgt von *Unter falscher Flagge*, 1932) machte N., der zuvor u. a. verschiedene Fächer studiert und eine Schokoladenfabrik geleitet hatte, auf einen Schlag berühmt und eröffnete ihm eine glanzvolle Schriftstellerexistenz, die er mit einer Reihe »neusachlicher« Romane fortsetzte. Aber auch N. hatte bald auf seine Weise die bekannte gleichförmige Geschichte zu erzählen: Nach der Machtergreifung der Nationalsozialisten in Deutschland musste er die Erfahrung machen, »daß ich ja nun möglicherweise doch kein Österreicher und Deutscher war wie die anderen Österreicher und Deutschen, sondern dazu noch, darüber hinaus noch, ein Angehöriger einer ganz anderen Gesellschaft. Ein Jude also. Es war der Nazi, der mich zu meinem Judentum erweckte, und über Sinn und Wesen und Mission dieses meines Judentums nachzudenken, hatte ich viele Jahre Gelegenheit und Muße, in allerlei Elend und Vereinsamung.«

N. verließ Österreich 1934 und ging ins Exil nach England, wo er seine Karriere scheinbar mühelos fortsetzte und zwischen 1942 und 1952 Romane in einer Sprache schrieb, die, so seine Selbstauskunft, »Nicht-Engländer für Englisch halten«. Nach dem Ende des Zweiten Weltkriegs fand der Exilant zu den Überlebenden der Konzentrationslager eine »Beziehung des Mitleids, aber wir hatten keine gemeinsame Sprache mehr«. So treffend er Figuren und Schicksale zu schildern wusste, so bewusst hielt er auf sympathetische Distanz zu den Opfern. In *Children of Vienna* (1946; dt. *Die Kinder von Wien*, 1948) beschrieb er sprachmächtig, aber dezidiert lieblos die äußeren wie seelischen Verheerungen der Nazizeit anhand einer Gruppe von Kindern, die unmittelbar nach Kriegsende im Keller eines ausgebombten Hauses ihr Leben fristen.

N., der einmal behauptete, dass er im Grunde »Auschwitz vergessen« wolle, machte sich als streitbarer Polemiker wider die Geschichtsvergessenheit oft Gegner, so wenn es ihm widerstrebte, dass die jüdischen Überlebenden »verehrt, bewundert und in Watte gepackt« würden. Als Provokation des verlogenen Philosemitismus der Nachkriegszeit entwarf er in seinem Roman *Der Tatbestand* in Benedikt Benno Sahl-Sobieski die Figur eines jüdischen KZ-Überlebenden, der sich in den 60er Jahren selbst des Verrats und der Mitschuld am Tod anderer Juden bezichtigt und einen ordentlichen Prozess gegen sich verlangt. Die fiktive Geschichte um den unliebsamen Gerichtsprozess weitet sich aus zu einer Mentalitätsgeschichte der Bundesrepublik Deutschland und ihrer spezifischen, von vielfältigen Interessen, Empfindlichkeiten und Verdrängungen geprägten »Vergangenheitsbewältigung«.

Werke: An den Wassern von Babylon, engl. London 1939, dt. München 1954; Mein altes Haus in Kent, München u. a. 1957; Der Tatbestand oder Der gute Glaube der Deutschen, München 1965; Vielleicht das Heitere. Tagebuch aus einem andern Jahr, München 1968.

Literatur: R.N. Stimmen der Freunde. Der Romancier und sein Werk, München u. a. 1957; U. Scheck, Die Prosa R.N.s. Mit einem bibliographischen Anhang, New York u. a. 1985.

Jan Strümpel

Noll, Chaim (eigentl. Hans)

Geb. 13.7.1954 in Berlin

Nach dem Abitur in Ostberlin studierte N. Mathematik in Jena und Berlin. 1975–80 war er Student an der Kunsthochschule Berlin-Weißensee und dann Meisterschüler an der Akademie der Künste der DDR. Wegen seiner Entscheidung, den

Wehrdienst zu verweigern, und seiner Kritik an dem als totalitär empfundenen System der DDR, wurde N. in psychiatrische Kliniken eingewiesen. Nach einem Hungerstreik entlassen, konnte der Sohn des linientreuen Schriftstellers Dieter Noll (geb. 1927) 1984 ausreisen. Nach wenigen Jahren in West-Berlin und in der BRD übersiedelte er nach Italien, 1995 schließlich emigrierte er nach Israel.

Seine Kenntnisse und seine persönlichen Erlebnisse in der DDR ermöglichten es N., in den letzten Jahren des Kalten Krieges als Vermittler für osteuropäische Kultur im Westen zu wirken. Er war freier Mitarbeiter vieler Rundfunkanstalten in der BRD und Mitarbeiter der Internationalen Gesellschaft für Menschenrechte. Er schrieb für die internationale Exil-Zeitschrift *kontinent* und sitzt seit 1989 in deren redaktionellem Beirat. N. ist Verfasser von autobiographischen Skizzen, kritischen Essays, Reiseberichten und Romanen. Darüber hinaus profilierte er sich als Lyriker. Um sein erstes Buch, *Der Abschied* (1985), im Westen zu veröffentlichen, musste das Manuskript, das in Ostberlin entstand, in den Westen geschmuggelt werden. Das Buch ist ein Journal seiner Ausreise aus der DDR mit Lebensgeschichten anderer Opfer des Stalinismus und des DDR-Systems. In einigen Gedichten aus dieser und auch aus späterer Zeit bringt er seine Hoffnung auf eine jüdisch-christliche bzw. jüdisch-deutsche Versöhnung zum Ausdruck. Er schrieb zwei Romane, *Berliner Scharade* (1987) und *Der goldene Löffel* (1989), die Berlin als Schauplatz haben. Beide können zum Teil als Auseinandersetzung mit der DDR und seiner eigenen Lebensgeschichte verstanden werden. Seine Sammelbände *Nachtgedanken über Deutschland* (1992) und *Leben ohne Deutschland* (1995) haben seinen Ruhm als einen der schärfsten Kritiker der deutschen Kulturwelt gegen Ende des Jahrhunderts etabliert.

Gegen Ende der 80er Jahre beschäftigte sich N. in seinen Schriften immer häufiger mit dem problematischen Thema seiner Identität als jüdischer Schriftsteller in Deutschland. Seine Rückkehr zum Judentum ist auch als Teil seiner Kritik an der deutschen Politik im Osten und im Westen zu verstehen, verbunden mit seiner persönlichen Auseinandersetzung mit der deutschen Kulturwelt im Allgemeinen, die überwiegend als fremd und entfremdend auf sein sich entwickelndes jüdisches Bewusstsein wirkte. In seiner jüngsten Phase in Israel drückt N. in vielen Essays seine innere Wandlung zum religiösen Juden aus. Sein Studium der hebräischen Sprache sowie der hebräischen Bibel prägen auch sein deutsches Schreiben. Essays im *Rheinischen Merkur* wie *Zurück zu den Wurzeln* (1996) und *Wer ist G_tt? Warum es gut ist, die Bibel im Urtext zu lesen* (1996) oder *Gebet am großen Krater* (1998, in *Mut* veröffentlicht) bestätigen eine neue religiöse Orientierung, die auf Hebräischkenntnissen und Erfahrungen einer traditionell-jüdischen Lebensweise in seiner neuen Heimat basiert. 1998 wurde N. israelischer Staatsbürger und setzt seine schriftstellerische und dichterische Tätigkeit in deutscher Sprache fort, u. a. als »Writer in Residence« am Zentrum für internationalen Studentenaustausch an der Ben-Gurion Universität in Beersheva. Im Jahr 2000 fing N. an, einzelne Vorträge im Ausland zu halten, zunächst in England (Birmingham, London, Southampton). Seit 2007 unternimmt er regelmäßige Lesereisen durch Europa, welche ihn hauptsächlich nach Deutschland, Österreich und Italien führen.

Mit seiner Frau wohnte er an verschiedenen Orten im Negev, etwa in der Kleinstadt Omer, in Sde Boker und Meitar. In vielen seiner Schriften äußert er eine tiefe Kenntnis und innere Verbundenheit mit der israelischen Wüste, die in seinem Werk häufig thematisiert wird, besonders in Bezug auf ihre topographischen Eigenschaften und die biblischen und geistesgeschichtlichen Bezüge.

Seine literarische Arbeit seit Anfang des 21. Jahrhunderts umfasst Gedichte, so etwa die Gedichtsammlung *Die Wüste lächelt* (2000), Essays, die in deutschen Zeitschriften und Zeitungen erschienen, sowie Kurzprosa und Romane. Er veröffentlichte einen großen historischen Roman, *Der Kitharaspieler* (2008), der in der Antike spielt und die jüdisch-christlich-römischen Beziehungen dieser Epoche thematisiert. Dies spiegelt teilweise N.s immer engagiertere Auseinandersetzung mit der zeitgenössischen Regionalpolitik im Nahen Osten, besonders im Hinblick auf die Rolle, die den Weltreligionen, d. h. Judentum, Christentum und Islam, in diesem Zusammenhang zukommt. N. äußerte sich in vielen Essays zur Problematik des modernen Antisemitismus und des Antizionismus, wodurch er am jüdisch-christlichen und deutsch-israelischen Dialog aktiv teilnimmt.

Sein zweiter Roman, *Feuer*, erschien 2010 und wurde in einer Rezension als ein apokalyptischer Thriller bezeichnet, der die Werte der menschlichen Zivilisation unter die Lupe nimmt und gesellschaftliche Strukturen hinterfragt. N.s neue Sammlung von Erzählungen (*Kolja. Erzählungen aus Israel*) erschien 2012.

Werke: Der Abschied. Journal meiner Ausreise aus der DDR, Hamburg 1985; Sommer, Loreley. Ein Deutscher in der Sowjetunion, Hamburg 1986; Berliner Scharade, Hamburg 1987; Der goldene Löffel, Stuttgart 1989, Neuaufl. Berlin 2009; Nachtgedanken über Deutschland, Reinbek 1992; Leben ohne Deutschland, Reinbek 1995; Zurück zu den Wurzeln, in: Rheinischer Merkur 34 (23.8.1996), 26; Wer ist Gott? Warum es gut ist, die Bibel im Urtext zu lesen, in: Rheinischer Merkur 35 (30.8.1996), 26; Gebet am großen Krater, in: Mut 374 (1998), 70–77; Die Wüste lächelt, Weilerswist 2001; Meine Sprache wohnt woanders. Gedanken zu Deutschland und Israel, Frankfurt a. M. [2]2006 (zus. mit L. Fleischmann); Der Kitharaspieler, Berlin 2008; Feuer, Berlin 2010; Kolja. Erzählungen aus Israel, Berlin 2012.

Mark Gelber

Nordau, Max (eigentl. Simon Maximilian Südfeld)

Geb. 29.7.1849 in Pest;
gest. 22.1.1923 in Paris

Nach dem Tod seines Vaters hat der Rabbiner-Sohn Simon (familiär: ›Simcha‹) Maximilian Südfeld im April 1873 sein journalistisches Pseudonym Max Nordau mit behördlicher Genehmigung als seinen neuen Namen angenommen und in seine Papiere eintragen lassen. Dann hat er mit Abschluss des Medizinstudiums seine Heimatstadt Pest im »Judenland« Ungarn verlassen. Unter seinem neuen Namen machte er in Paris, wo er mit wenigen Unterbrechungen von 1876 bis zu seinem Tod 1923 lebte, eine steile Karriere als Auslandskorres-

pondent und Feuilletonist, Kulturkritiker und Schriftsteller. Der Namenswechsel von einem deutsch-jüdisch zu einem ›nordisch‹-deutsch klingenden Namen war ein kulturpolitischer, ein nationaler und ein antireligiöser Akt. Er bedeutete sowohl den Bruch mit der jüdischen Herkunft und Religion als auch eine Absage an die Kultur und den Nationalismus Ungarns. Der Namenswechsel war Ausdruck des Lebenswunsches, ungeachtet der jüdischen Herkunft als deutscher Schriftsteller, Journalist und Arzt mit religionsfeindlicher, »naturwissenschaftlicher Weltanschauung« Anerkennung zu finden. Als Autor der äußerst erfolgreichen, mehrfach aufgelegten und in alle wichtigen europäischen Sprachen übersetzten kultur- und zeitkritischen Bücher *Die conventionellen Lügen der Kulturmenschheit* (1883), *Paradoxe* (1885) und *Entartung* (2 Bde. 1892/93) gelangte N. zu Weltruhm und wurde einer der gefragtesten europäischen Feuilletonisten deutscher Sprache. Erst das Anwachsen des Antisemitismus im Deutschen Reich und im Zarenreich nach 1880, vor allem aber die Dreyfus-Affäre und die Freundschaft mit Th. Herzl veranlassten N. wieder zu einem Selbstbekenntnis als Jude und machten ihn nach jahrzehntelanger Verleugnung seines Judeseins ab 1895 zu einem der Mitbegründer der zionistischen Bewegung und zu einem Protagonisten des politischen Zionismus.

Nach Anfängen als Theaterkritiker und Feuilletonist beim *Pester Lloyd* und einer fast zweijährigen Bildungsreise (1874–75) durch Europa wurde N. in seinem Pariser Wahlexil Auslandskorrespondent der Berliner *Vossischen Zeitung*. Zugleich ließ er sich nach Studium und Promotion (1882) bei dem berühmten Nervenarzt Charcot als Frauenarzt und Geburtshelfer nieder. Anfänglich trat er als Autor der Kulturstudien *Aus dem wahren Milliardenlande* (2 Bde., 1878), *Paris unter der dritten Republik* (1880) und *Vom Kreml zur Alhambra* (2 Bde., 1880) hervor. Ein Skandalerfolg wurde *Die conventionellen Lügen der Kulturmenschheit* (1883), denn das Buch war durch die vom Darwinismus und französischen Positivismus getragene Weltanschauung N.s geprägt und wurde wegen seiner scharfen Angriffe auf die Religion, den Adel und die Monarchie, den Börsenkapitalismus, die staatliche Bürokratie und die bürgerliche Ehe in Russland verboten, aber ansonsten in Europa glänzend verkauft. In *Paradoxe* (1885) baut N. seine weltanschauliche Position aus und kritisiert von der Warte eines liberalen Fortschrittsoptimismus und einer »evolutionistischen Ästhetik« aus jeglichen Pessimismus, den Staat als »Charaktervernichter«, die Emanzipation der Frau und den Geniekult in der Literatur.

Den Pessimismus und die Dekadenz meint N.s Romantitel *Die Krankheit des Jahrhunderts* (1887). Die Hauptfigur des Romans, der reiche Erbe Wilhelm Eynhardt, entzieht sich aus Charakterschwäche allen bürgerlichen Lebensentscheidungen und Festlegungen: der Ehe, der Politik, dem Soldatenruhm, der Arbeitsethik und dem Beruf. Dieser wilhelminische *décadent* aus Berlin stirbt schließlich, so wie sein Leben durch den Zufall statt durch seine Entscheidungen geformt wird, durch einen Unfall. Auch in einigen Novellen der Sammlung *Seelenanalysen* (1892) werden dekadente Hauptfiguren geschildert. Die Kritik der Dekadenz in Europa hat schließlich N.s Opus magnum *Entartung* (1892/93) entscheidend mitbestimmt. In Art einer Psychopathologie der gesamten Kultur des Fin de siècle in Europa kritisiert N. sämtliche Werke der avantgardistischen Literatur in Europa, die formal nicht mehr den Idealen des Realismus und des Naturalismus gehorchen. Werden darüber hinaus inhaltlich andere Tugendideale als die des patriarchalen, fortschrittsgläubigen, liberalen, rationalistischen und arbeitssamen Bürgertums vertreten, gelten N. solche Kunstwerke und Literatur als pathologisch normabweichend und »entartet« und mithin geisteskrank. Die Inhalte, aber auch die Verehrer von Lyrik, Prosa, Dramen und Opern solcher Autoren wie Baudelaire, Verlaine, Mallarmé, Zola, Wilde, Ibsen, Wagner oder Nietzsche werden umstandslos pathologisiert, weil sie der Weltanschauung eines »gesunden«, vernünftigen, wissenschaftlichen, moralischen und bürgerlichen Fortschritts durch Evolution nicht entsprechen. N.s *Entartung* hat das Schlagwort geliefert, aber mit der Pathologisierung jeglicher nicht-naturalistischer Avantgarde-Kunst auch jene Gedankenfigur einer außerästhetischen, quasi-medizinischen Ausgrenzung der ästhetischen Moderne vorgezeichnet, die später durch andere Autoren und Ideologen angeeignet und in popularisierter und politisierter Form in Diktaturen des 20. Jahrhunderts zur herrschenden Praxis wurde. Die als krank denunzierte »Entartete Kunst« wurde an den Pranger gestellt oder brachte, weil unvereinbar mit dem gesunden Volksempfinden oder den Kunstidealen eines sozialistischen Realismus, die Avantgarde-Künstler ins Exil, ins Gefängnis oder in die Psychiatrie.

Auch N.s Engagement für den Zionismus war tief von seiner Weltanschauung geprägt. Nachdem Herzl ihm schon vor Erscheinen von *Der Judenstaat* (1896) aus dem Werk vorgelesen hatte, war N. für den politischen Zionismus gewonnen. Auf dem 1. Zionistischen Kongress 1897 in Basel gehörte N. zu den Mitverfassern der *Basler Erklärung*, die als Ziel des Zionismus »die Schaffung einer öffentlichrechtlich gesicherten Heimstätte in Palästina« für das jüdische Volk deklarierte. N. hielt wichtige programmatische Reden auf allen Zionistischen Kongressen bis 1907. Sie finden sich, gemeinsam mit anderen Vorträgen in N.s *Zionistischen Schriften*, die 1909 anlässlich seines 60. Geburtstages erschienen. Angesichts der Pogrome in Osteuropa und des in der Dreyfus-Affäre evident gewordenen, unausrottbaren Antisemitismus selbst in den fortgeschrittensten Demokratien Westeuropas und Amerikas begründet N. in Dutzenden von Vorträgen überall in Europa den Zionismus als eine Notwendigkeit im Kampf ums Dasein des jüdischen Volkes, der neben Gelehrten und Intellektuellen auch das »Muskeljudentum« von jüdischen Bauern und Soldaten erfordere. Den religiösen und den Kulturzionismus hingegen lehnte N. ab und unterstützte gegen Achad Haam Herzls Vision eines modernen, säkularen, industrialisierten und europäisch zivilisierten Judenstaates. Die Übernahme von Ämtern in der Zionistischen Bewegung und die Nachfolge von Herzl nach dessen Tod 1904 hat N. allerdings abgelehnt, um seine geistige und finanzielle Unabhängigkeit als Schriftsteller und Intellektueller zu wahren.

Trotz seines Engagements für den Zionismus hat N. nur in einem Drama, dem »bürgerlichen Trauerspiel« *Doktor Kohn* (1898), die Problematik des Judeseins in einer antisemitischen Umwelt thematisiert: Der aufstrebende junge jüdische Mathematiker Dr. Kohn will gegen den Willen von deren Familie eine Protestantin heiraten und wird im Duell mit einem Bruder seiner Verlobten getötet. In anderen Dramen Nordaus wie *Der Krieg der Millionen* (1882), *Das Recht zu lieben* (1893) und *Die Kugel* (1894) oder auch in dem zweibändigen, im Börsen-Milieu angesiedelten Roman *Drohnenschlacht* (1897/98) gibt es einige jüdische Figuren, aber N. macht Judentum und Antisemitismus nicht ausdrücklich zum Thema. Auch in seinen zahlreichen Feuilletons, die N. 1895–1914 für die Wiener *Neue Freie Presse* verfasst, spielt das Judentum keine Rolle, obwohl N. etwa von K. Kraus wiederholt als Protagonist der Zionistischen Bewegung attackiert wird. Im Ersten Weltkrieg musste N. nach Spanien emigrieren, nach dem Krieg überwarf er sich mit der Leitung der Zionistischen Bewegung um Chaim Weizmann in London und zog sich in Paris zurück. Nach einem Schlaganfall starb N. dort verarmt und vergessen 1923. Sein Sarg wurde 1926 nach Tel Aviv überführt und N. dort auf dem Stadtfriedhof ehrenvoll beigesetzt.

Werke: Die conventionellen Lügen der Kulturmenschheit, Leipzig 1883; Paradoxe, Leipzig 1885; Entartung, 2 Bde., Berlin 1892–1993; Zionistische Schriften, hg. Zionistisches Aktionskomitee, Köln 1909.
Literatur: M.N. 1849–1923. Critique de la dégénérescence, médiateur franco-allemand, père fondateur du sionisme, hg. D. Bechtel u. a., Paris 1996; Ch. Schulte, Psychopathologie des Fin de siècle. Der Kulturkritiker, Arzt und Zionist M.N., Frankfurt a. M. 1997; M. Stanislawski, Zionism and the Fin de Siècle. Cosmopolitanism and Nationalism from Nordau to Jabotinsky, Berkeley 2001, 19–97; P. Zudrell, Der Kulturkritiker und Schriftsteller M.N. zwischen Zionismus, Deutschtum und Judentum, Würzburg 2003; H. Ujvári, Dekadenzkritik aus der Provinzstadt. M.N.s Pester Publizistik, Budapest 2007.

Christoph Schulte

Paepcke, Lotte (eigentl. Lotte Mayer)

Geb. 28.6.1910 in Freiburg i.Br.;
gest. 9.8.2000 in Karlsruhe

Selbst die späte Verleihung des Johann Peter Hebel-Preises an Lotte P. (1998) hat nicht nachdrücklich auf ihr keine 500 Seiten umfassendes, vielleicht zu früh und leider in entlegenen Verlagen erschienenes, vorwiegend regional rezipiertes Werk aufmerksam machen können. Auch scheint sich die von den Literaturgeschichten kaum beachtete Autorin stets dem Literaturbetrieb entzogen zu haben; als sie gesagt hatte, was sie sagen musste, verstummte sie wieder. Neben den drei Büchern und (nicht gesammelten) journalistischen Arbeiten, auch für den Rundfunk, sind kaum Veröffentlichungen von ihr bekannt.

Die dem Judentum gegenüber stets loyale Tochter eines wohlhabenden liberal-jüdischen Lederhändlers und sozialdemokratischen Gemeindepolitikers ist in Freiburg i.Br. aufgewachsen, wurde

Juristin und blieb, mit einem Nichtjuden verheiratet, nach 1933 in Deutschland. Ihre, wie sie selbst sagt, »verhältnismäßig harmlosen« Erfahrungen und die ihrer Familie sind Gegenstand der beiden kleinen Prosabücher *Unter einem fremden Stern* (*»Ich wurde vergessen«*) (1952) und *Ein kleiner Händler, der mein Vater war* (1972), die zu den erschütternden Dokumenten jüdischen Leidens und Überlebens im Deutschland Hitlers gehören. Die beiden sehr bewusst gestalteten Bücher sind keineswegs bloße Berichte. Vielmehr ist ihre scheinbare Schlichtheit, immer wieder verbunden mit poetischer Verallgemeinerung, ein Versuch, die bitteren Erfahrungen formal zu bewältigen; beschreiben, andeuten und Personen charakterisieren ist P.s besondere Stärke. Vor allem in *Ein kleiner Händler* ist jedes Detail auf das Thema des gescheiterten Zusammenlebens von jüdischen und christlichen Deutschen bezogen. Aber die unpathetisch beschriebenen Details werden nicht durch Erzählerkommentare überhöht und gedeutet; mit Urteilen hält sich die Erzählerin zurück. So nimmt die körperliche Kleinheit des Vaters das Thema des Ausgeschlossenseins vorweg, auch ein kleiner Tick macht ihn zu einem, der »nicht ganz und gar hiesig« war. Die Erinnerung an die Familie des Vaters, orthodoxe badische Dorfjuden, bezieht unprätentiös die Vergangenheit mit ein. Den Patriotismus der Juden im Ersten Weltkrieg kommentiert der Roman ironisch: »Was das jüdische Herz des Vaters anging, so war es stolz, für das erst vor so kurzer Zeit verliehene Vaterland schlagen zu dürfen.« Und am Schluss heißt es über den aus der Emigration zurückgekehrten Vater: »Nur ein Deutscher konnte er nicht mehr werden.«

In *Unter einem fremden Stern* – dessen Vergleich mit Victor Klemperers Tagebüchern ergiebig wäre – wird der Analyse der eigenen Gefühle, aber auch der Analyse der sozialen Schwierigkeiten für die beiden Partner einer ›Mischehe‹ mehr Raum gegeben. »Unermeßlich fremd« habe sich das Ich der Erzählerin/Autorin im Deutschen Reich des Krieges gefühlt. Aber auch hier markiert diese Wendung fast schon das Äußerste an Pathos, das sich das Buch gestattet. Obwohl P. die Innovationen der Nachkriegsliteratur im Umfeld der Gruppe 47 nur wenig zur Kenntnis genommen haben dürfte, zeigt sie, in beiden Büchern auf unterschiedliche Weise, große Sensibilität für die Erzählperspektive: vor allem bemüht sie sich um Distanz zum Erzählten. Das eigentliche Fazit von P.s Prosa – besonders konzentriert in einer knappen späten Prosaskizze *Aus dem Alterstagebuch* (in: *Freiburger Lesebuch*, 1990) – ist die bittere Erkenntnis der Jüdin, die Einsicht vom Ende her, nie dazu gehört zu haben. »Und die Entfernung der Freunde von mir, als Hitler kam, war kein Verrat, ihr Verlassen kein Verlassen, denn sie waren mir ja auch bis dahin nicht nah und treu [...].« Im Nachwort zur Neuausgabe von *Unter einem fremden Stern* (1990) setzt P. sich in Form eines Briefes an Jean Améry auch abstrakt mit der Situation einer Jüdin in Deutschland nach 1945 auseinander, wiederum mit dem traurigen Fazit: »nichts ist wiedergutgemacht.«

Ihre Gedichte, seit etwa 1980 entstanden, abseits der Haupttendenzen der deutschen Lyrik, in einem schmalen Band der Gesamtausgabe zusammengestellt, sind prosanah, nüchtern, zumeist knapp, mit einer Tendenz zur Zuspitzung, verzichten auf hermetische Bildlichkeit und poetisches Vokabular ebenso wie auf formale Komplexität, auf Stilbrüche und sprachliche Experimente. Sie scheinen weniger direkt von den Erfahrungen der nationalsozialistischen Verfolgung geprägt als die beiden Erzählungen, doch indirekt verweisen viele auf die P. prägende zerstörende Erfahrung der Verfolgung. Auch hier, beispielsweise in *Worte*, wird Skepsis gegenüber dem neuen Deutschland und seiner Art, mit der Vergangenheit umzugehen, deutlich. Typisch sind auch die Schlussverse des scheinbaren Naturgedichts *Winterende*: »Es könnten Freuden sein –/ man weiß noch nicht.« Bilder der Angst und der Bedrohung sind häufig: »erloschene Augen«, eine »kalte Stadt«, »die Wüste«. Oft macht P. die Sprache, »Die Worte«, zum Thema von Gedichten – ein Thema, das sie mit Zeitgenossinnen und Zeitgenossen (nicht zuletzt jüdischen Autorinnen und Autoren) verbindet.

Werke: Gesammelte Werke, 3 Bde., Moos/Baden-Baden 1990; A. Schlupp, L.P.s *Unter einem fremden Stern*. Eine autobiographische Erzählung aus der NS-Zeit (unveröff. Masterarbeit mit umfassender Bibliographie), Innsbruck 2011.

Literatur: H. Krüger, Eine Jüdin in Deutschland, in: Frankfurter Allgemeine Zeitung, 28.6.1990; M. Dierks, Das Zeugnis L.P.s, in: Neue Zürcher Zeitung, 13.9.1990; V. Schupp, Laudatio aus Anlass des Hebel-Preises, in: Montfort (Bregenz) 50 (1998), 331–335.

Sigurd Paul Scheichl

Pappenheim, Bertha (Paul Berthold)

Geb. 27.2.1859 in Wien;
gest. 28.5.1936 in Neu-Isenburg

Zwei wichtige Übersetzungen stehen im Zentrum von P.s Werk, das eher ein emanzipatorisches Lebenswerk als ein literarisches war: 1899 übersetzte sie aus dem Englischen Mary Wollstonecrafts Streitschrift von 1792 *Eine Verteidigung der Rechte der Frau* zum ersten Mal ins Deutsche, und 1910 *Die Memoiren der Glückel von Hameln* aus dem Jiddischen ins Hochdeutsche. In diesen Übersetzungen drückt sich schon ihr Engagement für das Judentum, und zwar ein religiös geprägtes, einerseits, und die Frauenrechte andererseits, aus. Man kann annehmen, dass sich P. mit beiden Autorinnen in höchstem Maße identifizierte und diesen wichtigen Schriften von Frauen bei einem breiten Publikum Aufmerksamkeit verschaffen wollte. Glückel von Hamelns Memorbuch von 1690 sind die einzigen überlieferten Aufzeichnungen, die uns das Leben einer jüdischen Frau aus dem 17. Jahrhundert, in ihrer tätigen Energie, in ihrer Glaubensstärke und ihrer Geschäftstüchtigkeit, überliefert. P. versuchte zeit ihres Lebens ihre eigene Schaffenskraft, mit der sie für Frauenrechte eintrat, mit der jüdischen Religion zu verbinden, ohne der Versuchung zu erliegen, das eine für das andere aufzugeben, und trug dazu bei, einen modernen Frauentyp zu etablieren, »die unverheiratete, reife, selbstständige Frau« (Edinger).

P. wurde 1859 in Wien in eine großbürgerliche orthodoxe Familie hineingeboren – der Vater stammte aus Pressburg, die Mutter aus Frankfurt a. M. –, in der sie eine entsprechend breitgefächerte Erziehung genoss, ohne aber das Gymnasium oder gar die Universität besuchen zu können. Vielleicht aus dieser Frustration heraus, aus der Hemmung ihrer intellektuellen Energien und unter der Spannung der Krankheit und des nahen Todes ihres Vaters, entwickelte sie selbst schwere Krankheitssymptome, denen jedoch keine physische Krankheit entsprach und die man damals unter die Bezeichnung »Hysterie« klassierte. Anderthalb Jahre hindurch wurde sie in täglichen Seancen von Josef Breuer (1842 -1925) behandelt. Diese Therapie ging später als Fallstudie »Anna O.« in die von Sigmund Freud 1895 herausgegebenen *Studien über Hysterie* ein. Während ihrer Behandlung hatte P. nämlich die von ihr so genannte »talking cure« erfunden, die kathartische Methode des Erinnerns, Nacherzählens und Nacherlebens traumatischer und beängstigender Situationen oder einfach nur des Erzählens der mit den Symptomen in Zusammenhang gebrachten Assoziationen. Freud sah sich später veranlasst zuzugeben: »Wenn es ein Verdienst ist, die Psychoanalyse ins Leben gerufen zu haben, so ist es nicht mein Verdienst. Ich bin an den ersten Anfängen nicht beteiligt gewesen«. Ernest Jones enthüllte in seiner Freud-Biographie später die Identität der Anna O. in einer Fußnote: »Da sie die eigentliche Entdeckerin der kathartischen Methode war, verdient ihr wirklicher Name Bertha Pappenheim (27.2.1859 –28.5.1936) hier Erwähnung.«

Im Jahr der Veröffentlichung der »Studien« übernahm P. in Frankfurt die Leitung des jüdischen Waisenhauses. In der Zeit zwischen dem Tod des Vater, dem Ende ihrer Behandlung, dem Umzug nach Frankfurt und dem Beginn ihres Engagements als Frauenrechtlerin schrieb sie Märchen, Erzählungen, Theaterstücke und veröffentlichte unter dem Pseudonym Paul Berthold, unter dem sie auch noch die Übersetzung der *Verteidigung der Rechte der Frau* von Wollstonecraft publiziert hatte. Was am Anfang eine therapeutische »talking cure« gewesen war, verwandelte sich im Laufe der Jahre zu selbstbewusst gestalteten Texten, mit denen sie sich ein für allemal von ihrer Rolle als Anna O. verabschiedete, über die sie in ihrem »zweiten Leben« nach Aussagen ihrer Freunde und Mitarbeiterinnen nie mehr ein Wort verlor. 1903 reiste sie zum ersten Mal nach dem Osten und veröffentlichte 1904 ihren Reisebericht *Zur Lage der jüdischen Bevölkerung in Galizien.* Bis zu ihrem Lebensende hörte sie nicht auf, in Schriften, Reden und Vorträgen auf die prekäre Situation besonders der jüdischen Frauen und Mädchen im Osten aufmerksam zu machen und Vorschläge für deren Verbesserung zu erdenken. Seit der Gründung des jüdischen Frauenbundes, dessen erste Vorsitzende sie war und bis zum Ende ihres Lebens blieb, reiste sie durch die ganze Welt, um für ihr soziales Aufklärungswerk zu wirken, u. a. 1909 in die USA, wo zur gleichen Zeit Sigmund Freud seine »Fünf Vorlesungen über die Psychoanalyse« hielt. Bei alldem war ihr klar, dass sie sich mit ihren neuen Vorstellungen von Frauenrechten und jüdischer Religion ziemlich zwischen alle Stühle setzte; den Orthodoxen war das viel zu modern und den Modernen zu altmodisch. In einer ihrer Reden vor dem Jüdischen Frauenbund sagte sie: »Die poetische Verherrlichung der jüdischen Frau steht in keinem Verhältnis zu den geringen Rechten, die ihr im bürgerlichen Leben zuerkannt sind.« Den Konflikt mit dem rabbinischen Establishment nahm sie nicht nur in Kauf, sondern sie behauptete sich auch gegen Autoritäten wie den Rabbiner Leo Baeck. Während sie die traditionelle Wohltätigkeitsidee in echte Sozialarbeit verwandelte, führte sie das Heim des Jüdischen Frauenbundes in Neu-Isenburg nach orthodoxen Lebensregeln. Man könnte P.s Projekt als eine jüdische Frauenweltverbesserung bezeichnen, das sie selbst mit einem gewollt ehe- und kinderlosen Leben bezahlte. Sie machte sich keine Illusionen über die Erfolgsaussichten, wenn sie ihren gesammelten Schriften 1924 den Titel *Sisyphus-Arbeit* gab.

Mit dem *Zeenah u-reenah* und dem *Maasse-Buch* übersetzte sie noch einmal klassische Werke der »Frauenliteratur« aus dem Jiddischen, die um Texte des Chumasch und Midrasch kreisen. Sie weist allerdings in ihrem Vorwort auch auf die einschränkende Dimension der Textauswahl hin, die den Frauen das Studium der originalen Texte nicht zugesteht. P. war eine entschiedene Antizionistin. Auf einer ihrer ausgedehnten Reisen, die sie auch in den nahen Osten führten, reiste sie von Jerusalem ab, ohne eine Träne zu vergießen, wie sie schrieb, und blieb, noch in den späten Jahren, als sie die Machtergreifung der Nazis miterleben musste, ihrer Haltung, die sie »jüdisch-religiös und deutsch kulturell« benannte, treu.

In den letzten Jahren schrieb P. neben Aufsätzen zur Frauenfrage wieder mehr Gedichte und Geschichten, die sie noch auf dem Krankenbett ihrer Freundin Hannah Karminski diktierte, einige von ihnen nannte sie »Gebete«, von denen eines mit den Zeilen schließt: »Fordere, fordere, damit ich jeden/ Atemzug meines Lebens in meinem/ Gewissen fühle, es ist ein Gott.« Sie starb 1936 im Alter von 77 Jahren und musste die Auflösung des Heims des Jüdischen Frauenbundes und die Deportation seiner Mitarbeiterinnen und Bewohnerinnen in Neu-Isenburg nicht mehr miterleben.

Werke: Mary Wollstonecraft. Eine Verteidigung der Rechte der Frau, Übersetzung aus dem Englischen, Dresden 1899; Zur Judenfrage in Galizien, Frankfurt a. M. 1900; Memoiren der Glückel von Hameln, Übersetzung aus dem Jüdisch-Deutschen, Wien 1910 (Neuausgabe Weinheim 1994); Sisyphus-Arbeit. Reisebriefe aus den Jahren 1911 und 1912, Leipzig 1924; Maasse-Buch, Buch der Sagen und Legenden aus Talmud und Midrasch, Frankfurt a. M. 1929; Zeenah u-reenah, Frauenbibel, Frankfurt a. M. 1930; Gebete, m.e. Nachwort von M. Susmann, Düsseldorf 1954.
Literatur: D. Edinger, B.P., Frankfurt a. M. 1963; M. Brentzel: Anna O. – B.P., Göttingen 2002; M. Given Guttmann, The Enigma of Anna O. A Biography of B.P., London 2001.

Barbara Honigmann

Perutz, Leo (eigentl. Leopold)

Geb. 2.11.1882 in Prag;
gest. 25.8.1957 in Bad Ischl

P. entstammt einer seit dem frühen 18. Jahrhundert in Rakonitz (Böhmen) beurkundeten jüdischen Familie, aus der bedeutende Industrielle und Wissenschaftler hervorgingen. Der Aufstieg der Familie führte über Prag nach Wien, wo P.s Vater,

ein wohlhabender Textilkaufmann, sich 1901 niederließ. Bereits P.s Eltern waren assimiliert, P. selbst erhielt auf der Piaristenschule und dem Gymnasium in Prag von einem Rabbiner Religionsunterricht, lernte jedoch lieber Tschechisch als Hebräisch und blieb dem jüdischen Glauben entfremdet. Mit den Problemen des Zionismus und der Literatur der »jüdischen Renaissance« dürfte P. vertraut gewesen sein – Richard Beer-Hofmann war einer seiner Förderer –, aber er interessierte sich nicht für sie – anders als sein Bruder Hans, der leidenschaftlicher Zionist war und es später als Industrieller in Palästina zu hohem Ansehen brachte. P. wurde zunächst Versicherungsmathematiker, erst 1923 freier Schriftsteller. Von Bedeutung für seine literarischen Anfänge war der Verein »Freilicht« (1901–04); seine Mitglieder waren überwiegend assimilierte Juden, von denen sich später u. a. Ernst Weiss, Berthold Viertel und Richard A. Bermann als Autoren einen Namen machten. Auf einer Orient-Reise kam P. schon 1913 nach Palästina, für das er jedoch ein ausschließlich touristisches Interesse aufbrachte.

P. verschwieg seine jüdische Herkunft nie, aber seine Arbeiten blieben von ihr und der »jüdischen Renaissance« unberührt. Er war stark von der Romantik, insbesondere E.T.A. Hoffmann beeinflusst, sein stilistisches Vorbild war Schnitzler. Das literarische Werk ist von der Konstellation der österreichischen Literatur der Jahrhundertwende geprägt, in seinem Mittelpunkt steht die »Krise des Ich«. Charakteristisch für P. ist eine stark konstruktive Erzählweise, die häufig anspruchsvolle Rahmentechniken verwendet. Sie machen die Architektur seiner modernen historischen Romane (u. a. *Die dritte Kugel, Der schwedische Reiter*) und Gegenwartsromane (u. a. *Zwischen neun und neun, Der Meister des Jüngsten Tages*) unverwechselbar.

1938 ging P. mit seiner Familie ins Exil nach Palästina, weil er mithilfe seines dort lebenden Bruders die Einwanderungsbedingungen problemlos zu erfüllen vermochte. »Wir sind hier im Lande zufrieden und beinahe glücklich«, schrieb er am 15. Januar 1939 an Richard Beer-Hofmann. Unglücklich war P. allerdings über die zionistische Politik. Er wurde Anhänger der binationalen Staatsidee und nahm als Gegner der Gründung des Staates Israel die österreichische Staatsbürgerschaft wieder an. In Palästina lebte P. als Nichtzionist, der sich weigerte, Iwrit zu lernen, isoliert und unter sehr schwierigen Bedingungen. »Die Freunde, die ich hier habe, rümpfen die Nase über meine Tätigkeit«, schrieb er an Richard A. Bermann, »und würden es lieber sehen, wenn ich den Roman der jüdischen Kolonien oder so etwas ähnliches Lokalpatriotisches, womöglich in Iwrith, schreibe. Und so bin ich, was meine Arbeiten betrifft, ein Fremdkörper hier im Land und werde es bleiben.« Im Exil schloss P. die langjährige Arbeit an den schon vor 1938 begonnenen großen Romanen *Nachts unter der steinernen Brücke* und *Der Judas des Leonardo* ab. Nach dem Zweiten Weltkrieg verbrachte P. die Sommermonate jeweils in Österreich, die Wintermonate in Tel Aviv, am 25. August 1957 starb er in Bad Ischl. An die großen Erfolge aus der Zwischenkriegszeit konnte er nicht wieder anknüpfen, die Renaissance seines in viele Sprachen übersetzten Werks begann erst in den 80er Jahren.

P. war ein strikter Anhänger der Trennung von Leben und Literatur; in seinem Werk ist »kein Raum für intellektuelle Meditationen und persönliche Konfessionen« (Schalom Ben-Chorin). Ausnahmen von dieser Regel bilden das Romanfragment *Mainacht in Wien* (entstanden 1938, publiziert 1996), in dem P. u. a. die Situation der jüdischen Bevölkerung nach dem Einmarsch der deutschen Truppen schildert, und *Nachts unter der steinernen Brücke*. Diesen aus selbständigen Novellen zusammengefügten Roman, in dem P. neben Legenden und Sagen (u. a. die von Wolf Pascheles unter dem Titel *Sippurim* in Prag herausgegebenen jüdischen Volkssagen) auch Autobiographisches verarbeitete, bezeichnete er 1951 als »Verbeugung vor dem alten Prag, in dessen heute verschwundenen Kulissen meine früheste Jugend verlief und sich verlief«. »Ich glaube, das Buch ist mir wirklich gelungen«, schreibt P. im gleichen Jahr, »schade nur, daß ich es nicht vor zwanzig Jahren geschrieben habe. Kisch und Werfel hätten es gewürdigt, aber wo sind die beiden!« Seine Befürchtung, dass »der – zum Teil – jüdische Inhalt des Romans für einen Verleger von heute ein handicap darstellt«, sollte sich nur als allzu berechtigt erweisen. Der Roman hatte bei seinem Erscheinen 1953 Erfolg bei der Literaturkritik, Misserfolg aber bei den Lesern; erst in den letzten 15 Jahren wurde er zu einem großen Publikumserfolg.

Werke: Romane in Einzelausgaben, Wien 1985 ff.; Taschenbuchausgabe, München 2002 ff.
Literatur: L.P. 1882–1957. Eine Ausstellung der Deutschen Bibliothek, Frankfurt a. M. u. a. 1989; L.P. Eine Bibliographie, hg. H.-H. Müller u. a., Frankfurt a. M. u. a. 1991; M. Mandelartz, Poetik und Historik. Christliche und jüdische Geschichtstheologie in den historischen Romanen von L.P., Tübingen 1992; K. Becker, Mit antikem Material moderne Häuser bauen. Zur narrativen Konzeption von L.P.s historischem Roman ›Nachts unter der steinernen Brücke‹, Bielefeld 2007; L.P.s Romane. Von der Struktur zur Bedeutung. Mit einem Erstabdruck der Novelle ›Von den traurigen Abenteuern des Herrn Guidotto‹, hg. T. Kindt u. a., Tübingen 2007; H.-H. Müller, L.P. Biographie, Wien 2007; M. Fleckinger, Der unzuverlässige Erzähler bei L.P. Eine Strukturanalyse unzuverlässigen Erzählens, Saarbrücken 2009.

Hans-Harald Müller

Philippson, Ludwig

Geb. 28.12.1811 in Dessau;
gest. 27.12.1889 in Bonn

Ph., der jüngere Bruder von Phöbus Ph., gilt als einer der bekanntesten Publizisten des reformorientierten Judentums im 19. Jahrhundert. Gleichzeitig ist Ph. jedoch auch als bedeutender jüdischer Autor in Erscheinung getreten, dessen Veröffentlichungen sowie poetologische Vorstellungen geradezu als repräsentativ für den Prozess der jüdischen Emanzipation in Deutschland anzusehen sind.

Ph. wuchs zusammen mit seinem Bruder Phöbus in Dessau auf, war Schüler des Reformers Gotthold Salomon und studierte später in Berlin und Jena. Nach seiner Promotion im Jahre 1833 wurde er Prediger und Lehrer an der neu gegründeten jüdischen Religionsschule in Magdeburg, bis er 1862 aus gesundheitlichen Gründen den Rabbinerberuf aufgab. Zu diesem Zeitpunkt war Ph. bereits als Herausgeber jüdischer Zeitschriften, als Journalist sowie als Autor, der sich auf allen Gebieten um eine zeitgemäße Beförderung jüdischer Interessen bemühte, in Erscheinung getreten. Denn nahezu alle belletristischen Werke Ph.s, die von ihm gegründeten Zeitschriften sowie das von ihm ins Leben gerufene »Institut zur Förderung der israelitischen Literatur« lassen sich als politisch-religiöse sowie als poetologische Zeugnisse interpretieren: Sie alle dienen dem Ziel, das Judentum ohne Aufgabe seiner Identität mit den säkularen Strömungen seiner Zeit zu versöhnen.

Bereits in den Jahren 1834–36 erschien die erste von Ph. herausgegebene Zeitschrift, das *Israelitische Predigt- und Schul-Magazin*, das der Predigt und dem Religionsunterricht gewidmet war. Hier entwickelte Ph. seine reformorientierten Positionen, die für sein ganzes späteres Leben bestimmend bleiben sollten. Sie wurden auch zur entscheidenden Maxime der Anfang Mai 1837 erstmals erscheinenden *Allgemeinen Zeitung des Judenthums*, die neben der Förderung jüdischer Belletristik immer auch eine Plattform für Reformdiskussion und Emanzipationsbewegung sein sollte. Im Verlauf ihrer über achtzig Jahre währenden Erscheinungsdauer sollte sie zu einer der wichtigsten jüdischen Zeitschriften überhaupt werden. Komplementär dazu gründete Ph. in den 1850er Jahren das *Jüdische Volksblatt*, eine Art jüdisches Familienblatt, das vor allem Belletristik enthielt und 1866 in das Feuilleton der *Allgemeinen Zeitung des Judenthums* integriert wurde. Ph.s wichtigste Funktion als Journalist und Publizist bestand jedoch in einer effektiven Förderung jüdischer Belletristik, über deren Beschaffenheit er sich in zahlreichen Artikeln immer wieder äußerte. Dabei erweist sich seine deutliche Abhängigkeit von der Literaturauffassung der Aufklärung, wenn er in der Literatur ein primär didaktisches Vehikel erblickt, die eine bewusste Tendenz zu vertreten habe. Teil dieser literaturdidaktischen Auffassung ist die deutliche Bevorzugung des historischen Genres. Für Ph. war ausschlaggebend, dass nur die idealisierende Darstellung der jüdischen Geschichte in der Lage sein konnte, den Stolz der Juden auf ihre Vergangenheit sowie die Hoffnung auf eine große Zukunft zu befördern. Es geht daher in den von Ph. in seinen Zeitschriften abgedruckten sowie von ihm selbst verfassten Erzählungen nicht um eine objektivierende Sicht der beschriebenen Zeit als vielmehr um eine Perspektivierung in Richtung der eigenen Gegenwart. So ist bei Ph. durchweg eine Förderung des historisch-heroischen Genres zu konstatieren, während die ebenfalls äußerst populäre Dorf- und Ghettoliteratur bis auf wenige Ausnahmen eine deutliche Ablehnung erfährt, da sie aufgrund ihres ›realistischeren‹ Ansatzes seiner Ansicht nach nicht in der Lage ist, das von Ph. geforderte Idealbild jüdischer Lebenswelten zu zeigen.

Ph.s Bedeutung als Publizist und Literaturtheoretiker verstellt leicht den Blick auf die Tatsache, dass er zu seiner Zeit auch ein erfolgreicher Autor war, der bestrebt war, die von ihm aufgestellten Theoreme literarisch umzusetzen. Obwohl Ph.s Literaturverzeichnis Drama, Lyrik und Didaktik umfasst, liegt der Schwerpunkt eindeutig auf der Erzählliteratur. Sie schlägt sich in zwei umfangreichen historischen Romanen *Sepphoris und Rom* (1866) und *Jakob Tirado* (1867) sowie zahlreichen Erzählungen nieder, die Ph. später in insgesamt sechs Bänden zusammenfasste. Wie bei seinem Bruder Phöbus, der in seinem Roman *Die Marannen* das Problem des Identitätsverlustes der konvertierten Juden im Spanien des 15. Jahrhunderts und damit auch den Beginn einer neuen Diaspora-Existenz behandelt hatte, stehen für Ph. herausragende Daten der jüdischen Geschichte im Mittelpunkt seiner Erzählungen. Trotz der Vorliebe für das historisch-heroische Genre umfasst Ph.s belletristisches Werk auch Erzählungen aus der Gegenwart, die allerdings von ihrer Tendenz her eine deutliche Nähe zum historischen Genre aufweisen. Ohne Zweifel versuchte Ph. auf diese Weise dem Bedürfnis der jüdischen Leser nach Sinndeutung auch des gegenwärtigen Lebens nachzukommen. Zudem sollte durch diese Erzählungen mit spezifisch jüdischen Inhalten auch ein Gegengewicht sowohl zur Gesellschaftsnovellistik nichtjüdischer Autoren als auch zu der seit Beginn der 1840er Jahre in zunehmendem Maße erscheinenden Ghettoliteratur geschaffen werden.

Ph. verstand sich jedoch nicht nur als Journalist und Publizist, sondern auch in besonderem Maße als genuin jüdischer Literaturpädagoge. Schon früh hatte er die Überzeugung gewonnen, dass die von ihm propagierte und zum Teil auch geschaffene Literatur einer literaturpädagogischen Institutionalisierung bedurfte. Hierzu sollte eine Einrichtung geschaffen werden, die zwischen Autoren und Publikum vermittelte und durch Subskriptionen eine gesicherte Finanzierung ermöglichte. Nach anfänglichen Fehlschlägen konnte Ph. 1855 das *Institut zur Förderung der israelitischen Literatur* ins Leben rufen. Als Mitherausgeber der durch das *Institut* edierten literarischen Reihe konnte Ph. den Historiker Isaak Markus Jost sowie den Prediger Adolph Jellinek gewinnen, die zusammen mit Ph. auch über die Aufnahme geeigneter Werke berieten. Die getroffene Auswahl beschränkte sich jedoch keineswegs auf belletristische Texte, innerhalb derer die Werke der Brüder Ph. einen herausragenden Platz einnahmen. Ediert wurden auch Arbeiten zur Literarhistorie und Altertumskunde sowie dogmatische und homiletisch-didaktische Literatur. Ph.s *Institut* bestand bis 1874, als es wegen schwindender Abonnentenzahlen eingestellt werden musste. Pädagogische Initiativen ergriff Ph. auch im Bereich der jüdischen Jugendliteratur. Nicht nur war ein Großteil der von ihm verfassten belletristischen Schriften immer auch an Jugendliche gerichtet oder wurde später als Jugendlektüre sanktioniert, in seiner Funktion als Herausgeber der *Allgemeinen Zeitung des Judenthums* engagierte er sich auch in der Frage der Schullesebibliotheken und arbeitete an Lektürelisten als Grundlage für den Lektürekanon der jüdischen Jugend. Als Literaturtheoretiker, Publizist, Autor und nicht zuletzt als Pädagoge kann Ph. somit zu Recht als eine der herausragenden jüdischen Persönlichkeiten seiner Zeit angesehen werden.

Werke: Saron. Gesammelte Dichtungen in metrischer und prosaischer Form, 2 Bde., Magdeburg 1844; 2. Aufl. 6 Bde., Leipzig 1855–70; Sepphoris und Rom, Leipzig 1866; Jakob Tirado, Leipzig 1867; Gesammelte Schriften, hg. M. Philippson, 2 Bde., Breslau 1891–92.
Literatur: H.O. Horch, Auf der Suche nach der jüdischen Erzählliteratur. Die Literaturkritik der ›Allgemeinen Zeitung des Judenthums‹ (1837–1922), Frankfurt a. M. u. a. 1985, 144–164; ders., ›Auf der Zinne der Zeit‹. L.Ph. (1811–1889) – der ›Journalist‹ des Reformjudentums, in: Bulletin des Leo Baeck Instituts 86 (1990), 5–21; K. Goedeke, Grundriß zur Geschichte der deutschen Dichtung aus den Quellen, 2. Aufl., Bd. 17, Berlin 1991, 1059–1078; M. Nagel, »Das ist die Emancipation des Juden im Roman«. Geschichtsbilder in der deutsch-jüdischen Presse und Belletristik nach 1830, in: Der »virtuelle Jude«. Konstruktionen des Jüdischen, hg. K. Hödl, Innsbruck u. a. 2005, 119–131; K. Herrmann, Translating Cultures and Texts in Reform Judaism. The Ph. Bible, in: Jewish Studies Quarterly 14 (2007), H. 2, 164–197; A. Gotzmann, Die Brillanz des Mittelmaßes. L.Ph.s bürgerliches Judentum, in: Jüdische Bildung und Kultur in Sachsen-Anhalt von der Aufklärung bis zum Nationalsozialismus, hg. G. Veltri u. a., Berlin 2009, 147–174; G.Y. Kohler, Ein notwendiger Fehler der Weltgeschichte. L.Ph.s Auseinandersetzung mit dem Christentum, in: Die Entdeckung des Christentums in der Wissenschaft des Judentums, hg. G. Hasselhoff, Berlin u. a. 2010, 63–100.

Gabriele von Glasenapp

Philippson, Phöbus Moritz

Geb. 26.7.1807 in Dessau;
gest. 1.4.1870 in Klötze/Altmark

Ph. war ein älterer Bruder des Journalisten und Schriftstellers Ludwig Ph., mit dem er auf publizistischer Ebene zeit seines Lebens eng zusammenarbeitete. Nach einem Medizinstudium in Halle ließ er sich Ende der 1820er Jahre in Klötze nieder und veröffentlichte in den nächsten Jahrzehnten zahlreiche medizinische Schriften. Gleichzeitig begann er mit seiner publizistischen und schriftstellerischen Tätigkeit. 1823 veranstaltete er eine Neuausgabe der pädagogischen Schriften seines Vaters Moses Ph. (1775–1814), eines der bekanntesten Reformpädagogen des frühen 19. Jahrhunderts. Die Beschäftigung mit Leben und Werk des Vaters nahm Ph. mehrere Jahrzehnte später noch einmal auf: Mitte der 1860er Jahre veröffentlichte er innerhalb der von seinem Bruder herausgegebenen Reihe *Institut zur Förderung der israelitischen Literatur* drei *Biographische Skizzen*, die Moses Ph. sowie dessen Freunden Joseph Wolf und Gotthold Salomon gewidmet waren. Leben und Werk dieser drei Pädagogen werden von Ph. vor allem im Kontext der inneren Reform des Judentums in der Tradition Moses Mendelssohns beleuchtet, die sie, so der Tenor seiner Biographien, durch Verbreitung zahlreicher Schriften sowie durch ihr pädagogisches Wirken in entscheidender Weise vorangetrieben hätten.

Die Zusammenarbeit zwischen den Brüdern Phöbus und Ludwig begann im Jahre 1827, als beide gemeinsam, wahrscheinlich für Ludwig Ph.s spätere Bibelausgabe, die frühen Propheten ins Deutsche übersetzten. Als Ludwig 1834 das *Israelitische Predigt- und Schulmagazin* ins Leben rief und seinen Bruder um einen Beitrag für die neu gegründete Zeitschrift bat, verfasste Phöbus die historische Studie *Die Vertreibung der Juden aus Spanien und Portugal*, einen Beitrag, der auch als kritische

Mahnung an die Gegenwart interpretiert werden konnte. Denn der Aufsatz befasste sich nicht mit dem Goldenen Zeitalter der jüdischen Existenz auf der Iberischen Halbinsel, sondern thematisierte die Tragödie des Heimatverlustes, die die Juden gezwungen hatte, sich mit der eigenen Identität auseinanderzusetzen. Ph. rückte damit die letztlich gescheiterte Integration der jüdischen Bevölkerung Spaniens in das jüdisch-literarische Bewusstsein. Dies war auch eine implizite Aufforderung an das zeitgenössische jüdische Publikum, sich der Gefahr des Identitätsverslustes bei einer allzu radikalen Assimilation bewusst zu werden.

Als Ludwig Ph. 1837 die *Allgemeine Zeitung des Judenthums*, das über Jahrzehnte bedeutendste Organ des gemäßigt reformierten Judentums, gründete, gehörte sein Bruder Phöbus wiederum zu den ersten Mitarbeitern. Gleich in der ersten Nummer begann der Abdruck einer von Ph. verfassten historischen Erzählung *Die Marannen[!]. Novelle aus dem letzten Jahrzehnt des fünfzehnten Jahrhunderts.* Unter Zugrundelegung der Vorarbeiten für seine Studie *Die Vertreibung der Juden aus Spanien und Portugal* gestaltete Ph. in seiner Erzählung das Schicksal jüdischer Konvertiten in Spanien, deren Existenz er von ständiger Angst vor der Entdeckung ihres wahren Glaubens oder im Konflikt mit der eigenen Identität geprägt sieht. Auch hier wird jüdisches Leben im Spanien der Frühen Neuzeit vor allem hinsichtlich der eigenen Lebensumstände sowie der Möglichkeiten jüdischer Identitätsformen im Deutschland des 19. Jahrhunderts reflektiert. Die Aktualität dieser Verbindung zwischen deutsch-jüdischer Identität in der Moderne und der »spanischen« Vergangenheit verdeutlicht die Tatsache, dass das Leben der Juden in Spanien auch in den Werken anderer deutsch-jüdischer Autoren eine bedeutende Rolle spielte. Zu nennen wären neben Ludwig Ph. vor allem Heinrich Heine und Berthold Auerbach. Die Aktualität der Thematik spiegelt sich auch in der Tatsache, dass der Roman noch zwei weitere Auflagen (1844 und 1855) erlebte und insgesamt drei Übersetzungen ins Hebräische vorliegen.

Neben einigen kleineren Novellen, die Ph. zusammen mit seinem Bruder verfasste, veröffentlichte er Anfang der 1850er Jahre, wiederum zuerst in der *Allgemeinen Zeitung des Judenthums* unter dem Pseudonym Uri Savagge, einen umfangreichen Roman (*Der unbekannte Rabbi. Biographische Novelle*) über das bewegte Leben eines jüdischen Lehrers im letzten Drittel des 18. Jahrhunderts. Auch hier entwirft Ph. anhand eines individuellen Schicksals ein Panorama des deutschen Judentums in der Epoche der beginnenden Emanzipation, von außen bedroht durch repressive gesetzliche Maßnahmen, im Innern bereits zerrissen durch einander bekämpfende religiöse Strömungen. Trotz dieser Zeitumstände und trotz schwerer Schicksalsschläge, mit denen Ph. seinen Protagonisten konfrontiert, erscheint dieser zum Schluss als versöhnt mit seinem Leben, eine Haltung, die wiederum repräsentativ für das deutsche Reformjudentum in der Mitte des 19. Jahrhunderts ist. Das Judentum der gemäßigten Reform, dem sich der Autor selbst zurechnete, wird hier nicht als statisch, sondern als durchaus notwendigen Wandlungen unterworfen geschildert. Diese Wandlungen werden von Ph. innerhalb des Werkes auch wiederholt an den sich verändernden Positionen jüdischer Erziehung festgemacht, nicht ohne Grund hatte Ph. seinen Protagonisten als jüdischen Lehrer eingeführt. Die jüdisch-pädagogischen Instanzen wiederum erkannten in Ph.s Werk ein geeignetes Instrumentarium zur literarischen Erziehung der jüdischen Jugend, so dass die Buchausgabe von 1859 schon bald dem pädagogisch sanktionierten Kanon jüdischer Jugendlektüre zugeordnet wurde.

Werke: Die Marannen [!], Leipzig 1855; Der unbekannte Rabbi, Leipzig 1859; Biographische Skizzen berühmter Israeliten, Leipzig 1864.

Literatur: H.O. Horch, Auf der Suche nach der jüdischen Erzählliteratur. Die Literaturkritik der ›Allgemeinen Zeitung des Judenthums‹ (1837–1922), Frankfurt a. M. u. a. 1985, 131–139; Ph.Ph., in: Lexikon deutsch-jüdischer Autoren, Bd. 18, hg. R. Heuer, Berlin u. a. 2010, 35–40.

Gabriele von Glasenapp

Picard, Jacob

Geb. 11.1.1883 in Wangen;
gest. 1.10.1967 in Konstanz

Als die Zeitschrift *Der Morgen* P. im September 1936 um seine Einschätzung der »Gegenwart und Zukunft der jüdischen Literatur« bat, nannte er »ein Urerlebnis der Gemeinschaft von Jugend auf« als die Voraussetzung für eine über den Tag hinaus wirkende jüdische Belletristik.

Eine solche jüdische Sozialisation erfuhr P. im alemannischen Landjudentum: bevor er zunächst in Konstanz das Gymnasium besuchte und dann

seine Studien in München, Berlin, Freiburg und Heidelberg 1914 mit einer juristischen Promotion abschloss, verbrachte P. die ersten zehn Jahre seines Lebens im Dorf am Bodensee, wo die Familie unter der Ägide der Großeltern väterlicherseits in finanziell gesicherten Verhältnissen einen rituellen, volksfrommen Haushalt führte. »Wenn man aber nach dem Jüdischen fragt und wer mich dazu erzogen hat«, schreibt er in seiner *Erinnerung eigenen Lebens* (1938), »so muß ich antworten, daß unser ganzes Leben davon erfüllt war, daß es wie die Luft um mich war von Anbeginn.« Die Kindheit in der Dorfgemeinschaft aus Juden und Christen inmitten der südbadischen Landschaft vermittelte ihm eine Heimaterfahrung, die ihn zeitlebens prägen sollte und sich noch in der Wahl der Pseudonyme niederschlägt: J.P. Wangen, Jakob Badner, Jakob Marbach, Eugen Horner und Jakob Seehaas. Nachdem er »im Heranwachsen Jahre hatte«, die ihn vom Judentum entfremdeten, befasste sich P. seit seiner Heidelberger Studienzeit, in der auch die Lektüre von M. Bubers *Drei Reden über das Judentum* (1911) fällt, kontinuierlich mit jüdischen Angelegenheiten. Trotz eines engen Kontakts zu aktiven Zionisten wie Julius Simon und Gustav Meinrath hielt P. an seiner regional verwurzelten deutsch-jüdischen Identität fest. Sein Engagement im Konstanzer Zweig des »Unabhängigen Ordens B'nei B'rith« führte zur Bekanntschaft mit Eduard Strauss, der ihm Franz Rosenzweig und sein religionspädagogisches Wirken vorstellte. P. schloss sich dem »Central-Verein Deutscher Staatsbürger jüdischen Glaubens« an und beteiligte sich publizistisch an dem Abwehrkampf gegen den virulenten Antisemitismus der Weimarer Republik, der ihn als kriegsfreiwilligen, hochdekorierten Frontoffizier besonders schmerzlich getroffen haben mag. Unter der Repression der nationalsozialistischen Vorkriegszeit, in der jeder Versuch, auf die gesellschaftlichen Verhältnisse einzuwirken nun obsolet geworden war, machte P. die Vorstellung von einer Emanzipation »im subjektiven Sinne« stark, die es den deutschen Juden ermöglichen sollte, der Ausgrenzung und Entrechtung würdig zu widerstehen. Ein solches identisches Selbstbewusstsein repräsentiere modellhaft der »Landjude«, den P. apologetisch den negativen Stereotypen des ›gebeugten Ghettojuden‹ einerseits und des ›getarnten Großstadtjuden‹ andererseits gegenüberstellt: »Jetzt erst heißt es, sich bekennen, jetzt hilft kein verbergen mehr; jeder sagt stolz: ›Ich bin ein Jude‹, wie der Landjude es immer getan hat«.

Ungeachtet des kämpferischen Aufrufs zu einer ausdrücklichen Selbstbejahung wendet sich P. in verschiedenen poetologischen Texten vehement gegen eine engagiert jüdische, aber ästhetisch zweifelhafte Gegenwartsliteratur, die insbesondere durch die Hinwendung zu jüdischen Sujets den Bedürfnissen der Rezipienten in der historischen Situation gerecht zu werden versuchte. Weder der Stoff noch gar eine bestimmte Form mache einen Text zu jüdischer Literatur, sondern ausschließlich ein spezifisches Ethos, das als Derivat des alten Glaubens an die Offenbarungsreligion »auch im ›Assimiliertesten‹ [...] noch auf Generationen latent geblieben« sei. Zwar verlangt auch P. gelegentlich, dass der jüdische Autor »heute« zur »jüdischen Komponente seines Wesens« vordringe; entscheidend ist für ihn allerdings die literarische Qualität eines Textes, da nur das »echte Kunstwerk in einer einmaligen unmittelbaren Form« den Rezipienten bewege und so seine »seelische Not« zu lindern vermöge. Weil P. immer wieder die unaufkündbare Verbundenheit des Schriftstellers mit seiner – nichtjüdischen – Muttersprache hervorhebt, deren »Melos« seinen »Gebilden anhaften« sollten und deren »Gesetzen« er »verpflichtet« sei, kommt der Kategorie der Akkulturation bzw. der Interkulturalität, auch wenn sie nur implizit vorhanden ist, in seiner Poetologie der jüdischen Dichtung in der Diaspora tatsächlich eine wichtige Bedeutung zu.

Als P. 1933 nicht länger als Rechtsanwalt arbeiten durfte, wandte er sich ausschließlich der Literatur zu. Während er bis zu diesem Zeitpunkt vor allem als Lyriker hervorgetreten war – seit seiner Schulzeit druckten diverse Periodika Gedichte von ihm ab; expressionistische Naturlyrik (*Das Ufer*, 1913) und Kriegsgedichte (*Erschütterung*, 1920) erschienen als eigenständige Publikationen – schrieb P. nun seine z.T. bereits in den 20er Jahren konzipierten jüdischen Erzählungen, die noch 1936 in Deutschland in der Jüdischen Buchvereinigung (Berlin) sowie im Verlag Erwin Loewe erscheinen konnten (*Der Gezeichnete. Jüdische Geschichten aus einem Jahrhundert*). Die kulturhistorisch detaillierten Schilderungen, deren Handlungen und Sujets aus den Normen und der Praxis der Provinzjuden entwickelt werden, sind eine Hommage an und eine Elegie auf die unwiederbringlich verschwindenden traditionellen Gemeinschaften (Kehillot) des alemannischen Landjudentums. Zugleich sollen deren volksfromme Traditionen als identitätsstiftende Kraft für die zeitgenössische Leserschaft fruchtbar gemacht werden: So bilden die Texte eine Kommunikationssituation ab, in der ein Erzähler Überlieferungen aus dem Folklorerepertoire der Kehillot einer ›Hörerschaft‹ von assimilierten Großstadtjuden im Deutschland der 30er Jahre mündlich weitertradiert. Die an dem Genre der Kalendergeschichte orientierten humoristischen Texte (etwa *Der Ruf, Der Fuchs, Der Wald*) entwerfen eine vergangene, heile Welt, in der die durch menschliche Unzulänglichkeiten gelegentlich gestörte sittliche Ordnung durch die Frömmigkeit ihrer Angehörigen und ihren Respekt vor Autorität und Tradition letztlich wiederhergestellt wird. Die Dorfgemeinschaften sind nicht zuletzt Konkretisierungen einer idealen Diasporaexistenz in christlich-jüdischer Symbiose und auch darin appellative »Gegenbilder zur Zeit des NS-Reiches« (Seifert). Nicht nur verbinden die jüdischen Figuren problemlos verschiedene Traditionen und Loyalitäten, wie es ihre Sprache, ein vom Alemannischen geprägtes Westjiddisch, paradigmatisch zeigt; auch das Zusammenleben der jüdischen und christlichen Landbevölkerung ist »fremd und doch vertraut« (*Das Los*), zumal von der christlich-jüdischen Begegnung kein assimilatorisch »destruktiver«, sondern im Gegenteil ein nachhaltig positiver Impuls ausgeht (*Der Parnes erhält eine Lehre*). Allerdings wird der durch religiöse Zuversicht genährte, optimistische Realitätsentwurf der kurzen Erzählungen in längeren Texten (*Raphael und Recha, Der Gezeichnete*) drastisch irritiert. Bezeichnenderweise stellt die Titelgeschichte – ebenso wie die später entstandene Erzählung *Joselmanns schwerste Stunde* – eine literarische Verarbeitung von eigenen Verfolgungserfahrungen dar.

Noch im Herbst 1940 gelang P. die Flucht in die USA. Obwohl P. 1946 die amerikanische Staatsbürgerschaft annahm und sich erst 1965 entschließen konnte, endgültig in die Bundesrepublik zurückzukehren, blieb er an der deutschen bzw. deutsch-jüdischen Kulturgeschichte orientiert. Diverse literarhistorische Arbeiten – u. a. über B. Auerbach, A. Mombert, J. Bab sowie über »die größte lyrische Dichterin jüdischer Abstammung«, G. Kolmar – sind, immer der Katastrophe eingedenk, der deutsch-jüdischen Geistes- bzw. Literaturgeschichte gewidmet. P.s Gedichte dieser Jahre reflektieren nicht zuletzt den Heimatverlust, das Schuldgefühl des Entkommenen und die Fremdheit des Exils, die einzig durch Naturerfahrung gemildert werden kann (*Der Uhrenschlag*, 1960). In den USA fanden P.s jüdische Geschichten sachkundige Anerkennung: Ludwig Lewisohn besorgte eine amerikanische Übersetzung (*The Marked One*, 1956) und Saul Bellow nahm die Titelgeschichte 1963 in seine Anthologie *Great Jewish Short Stories* auf. Erst im selben Jahr erschienen sie auch in Deutschland in einer erweiterten und überarbeiteten Ausgabe für ein nichtjüdisches Publikum (*Die alte Lehre*). Sie wurden 1964 – beinahe umgehend – mit dem Bodensee-Literaturpreis der Stadt Überlingen ausgezeichnet.

Werke: Werke, hg. M. Bosch, Lengwil am Bodensee 1996.
Literatur: J.P. 1883–1967. Dichter des deutschen Landjudentums. Katalog zur gleichnamigen Ausstellung in der ehemaligen Synagoge Sulzburg, erarbeitet v. M. Bosch, J. Grosspietsch, Konstanz 1992; M. Bosch, »… und lebe seit drei Jahrhunderten am Bodensee …« J.P., Dichter des alemannischen Landjudentums, in: ders., Bohème am Bodensee. Literarisches Leben am See von 1900 bis 1950, Lengwil am Bodensee 1997, 52–58.; S. Schreuder, Würde im Widerspruch. Jüdische Erzählliteratur im nationalsozialistischen Deutschland 1933–1938, Tübingen 2002.

Saskia Schreuder

Pick, Otto

Geb. 22.5.1887 in Prag;
gest. 25.5.1940 in London

Zweisprachig aufgewachsen in der Dreivölkerstadt Prag, wurde die Beherrschung des Tschechischen für den Sohn eines kleinen jüdischen Händlers zur wesentlichen Voraussetzung für seinen Eintritt in die literarische Welt. Nach dem Besuch

des Realgymnasiums zunächst einige Jahre als Angestellter einer Wechselstube tätig, gab er 1911/12 zusammen mit Willy Haas und Norbert Eisler im Auftrag der J.G. Herder-Vereinigung, der Jugendabteilung der Israelitischen Humanitätsvereine »Bohemia«

und »Praga«, die *Herder-Blätter* heraus, die dem nationalen und religiösen Ausgleich dienen sollten und zugleich der deutschsprachigen, überwiegend jüdischen Prager Avantgarde ein erstes gemeinsames Forum boten. Dabei sah P. es mehr noch als seine Altersgenossen als persönliche Lebensaufgabe an, zwischen den feindlichen Völkern zu vermitteln und kulturelle Brücken zu schlagen über einen Abgrund, in den die Prager Juden durch Anfeindungen von deutscher wie tschechischer Seite gefallen waren. Mit ähnlich universalistischer Intention, aber ungleich größerem Einfluss wirkte er seit 1921, dem Jahr der Gründung, als Feuilletonredakteur und Literaturkritiker der *Prager Presse*. Durch seinen untrüglichen Blick für Qualität trug er maßgeblich dazu bei, dass der Literaturteil dieses von der tschechoslowakischen Regierung als Integrationsorgan gedachten Blattes noch über die Landesgrenzen hinaus Beachtung fand.

P.s zweigleisige Karriere als Dichter und Vermittler kündigten schon 1912 seine ersten beiden Buchveröffentlichungen an: die elegischen, in ihrem moderat expressionistischen Stil wie in der Hinwendung zu Kindheitsidyllen oder glückhaften Alltagsszenen an Werfels *Weltfreund* (1911) erinnernden Gedichte des Bandes *Freundliches Erleben* und die von ihm erstmals übersetzten vitalistischen Erzählungen des tschechischen Symbolisten Fráňa Šrámek, *Flammen*. Im Jahr darauf folgte der schwermütig-düstere, um Verwirrungen der Gefühle kreisende Novellenband *Die Probe*. Wenngleich P.s Erzählungen und Gedichte, mit denen er in namhaften expressionistischen Zeitschriften wie der *Aktion*, dem *Brenner* oder den *Weißen Blättern* vertreten war, von Freunden wie Werfel, Brod und Kafka sehr geschätzt wurden, stellte er sein eigenes Werk fortan zurück und konzentrierte sich zunehmend auf seine Vermittlerrolle. In kongenialen Übersetzungen machte er das deutsche Publikum mit den Dichtungen von Šrámek, Otokar Březina, Karel und Josef Čapek oder František Langer bekannt, und 1920 stellte er auch in einer Anthologie *Tschechische Erzähler* vor. Als Pendant erschien 1922 das berühmte »Sammelbuch« *Deutsche Erzähler aus der Tschechoslowakei*. Weniger auffällig, doch ähnlich verdienstvoll, waren P.s Bemühungen, den Tschechen die deutschsprachigen Dichter Böhmens, namentlich Franz Werfel, nahezubringen.

Für einen kosmopolitisch denkenden Autor wie P. war der Sonderstatus der Juden zwischen den Nationen eher eine Vermittlungschance als ein Problem, das ihn zu literarischer Bewältigung gedrängt hätte. Zwar veröffentlichte er ganz selbstverständlich auch in der zionistischen Wochenzeitung *Selbstwehr*, in der »Sammelschrift« *Das jüdische Prag* (1917) ist er aber bezeichnenderweise nicht mit jüdischen Themen vertreten, sondern mit melancholischer Stimmungslyrik, einer Übersetzung Březinas und Porträts der Freunde O. Baum, F. Kafka, F. Werfel und R. Fuchs. Auch in den Gedichten der Sammlungen *Wenn wir uns mitten im Leben meinen* (1926) und *Das kleine Glück* (1928) geht es um allgemeine Fragen menschlicher Existenz, um unerfüllte Sehnsüchte, Trennungsschmerz, Sinnverlust oder die Allgegenwart des Todes. Jüdisches Bewusstsein ist allenfalls mittelbar zu spüren, etwa in einer Kindheitserinnerung an den betenden Vater, in gelegentlichen (offenbar von Březina inspirierten) Mystizismen oder in dem Sinne, wie P. in seiner Einleitung zur Sammlung *Deutsche Erzähler* das »jüdische Element« mit Formeln wie »Unerlöstheit«, »Abkehr vom Westlichen« und »Sehnsucht nach der Farbenglut der Urheimat« umschreibt.

1937 konnte P. noch seine *Preisungen* veröffentlichen, mit Widmungsgedichten vornehmlich an tschechische und deutsche Dichter; bald darauf sah er sich durch die Nationalsozialisten auf sein Judesein zurückgeworfen und musste 1938 nach England emigrieren, wo er fern der Heimat nicht mehr lange zu leben vermochte. Heute ist der Dichter P. weitgehend vergessen, und auch seine am Ende gescheiterten Bemühungen um eine gesamtböhmische Kultur haben bislang keine Würdigung erfahren.

Werke: Freundliches Erleben. Gedichte, Berlin 1912; Die Probe. Novellen, Heidelberg 1913; Wenn wir uns mitten im Leben meinen. Gedichte, Prag 1926; Das kleine Glück. Gedichte, Prag 1928; Spielende Kinder. Erzählung, Prag 1928; Preisungen. Gedichte, Prag 1937.
Literatur: O.P. zum 50. Geburtstag, in: Die Brücke–Most 4 (21.5.1937); W. Haas, O.P., in: Stifter-Jahrbuch 3 (1953), 67–71; E. Maresova, O.P., Prag 1993; I. Fiala-Fürst, Der Beitrag der Prager deutschen Literatur zum deutschen literarischen Expressionismus, St. Ingbert 1996, 177–196, 241–243; S. Spector, Workshop für Nationen. Der Prager Kreis und O.P.s »Vermittlungsräume«, in: Das jüdische Echo 45 (1996), 257–261.

Dieter Sudhoff

Pinthus, Kurt (Paulus Potter)

Geb. 29.4.1886 in Erfurt;
gest. 11.7.1975 in Marbach am Neckar

P. war als Lektor, Herausgeber, Literatur-, Theater- und Filmkritiker einer der wichtigen Kulturvermittler in der ersten Hälfte des 20. Jahrhunderts. Bis zum Ende seines Studiums der Literaturgeschichte, Geschichte und Philosophie, das er 1911 in Leipzig mit einer Dissertation bei Albert Köster über *Die Romane Levin Schückings* abschloss, begegnen jüdische Themen in seiner Biographie nur vereinzelt, in seinen fragmentarischen Tagebuchaufzeichnungen aus der Studienzeit, wenn überhaupt, dann mit einer auffallend selbstverständlichen Beiläufigkeit.

P. stammte aus einem assimilierten Elternhaus. Der Vater Louis P. – seine Vorfahren waren aus Polen eingewandert – führte in Erfurt ein Kaufhaus, die Mutter Bertha Rosenthal war in Magdeburg geboren. An den religiösen und politischen Diskussionen über Assimilation und Zionismus beteiligte sich P. nicht. Wie u. a. verschiedene Vortragsmanuskripte belegen, vollzog sich seine erste Selbst- und Fremdbestimmung als Jude in der Öffentlichkeit in den Jahren 1912/1913. In einem 1912 gedruckten, *Der Jude* überschriebenen Gedicht von ihm heißt es: »Doch ich zwang es, daß die Ahnen in mir schwiegen. [...] Wunschlos fühl ich, daß der Ahnen Wille und die alte Kraft/ Und der Erben spätes Sehnen hart mich in die Ferne rafft.« Vermutlich in dasselbe Jahr zu datieren ist ein Vortrag über *Die Juden und die Kunst unserer Zeit*, mit dem P. auf die behauptete »Verjudung unserer Kunst« reagierte und sich zugleich auf Werner Sombarts 1912 erschienenes Werk *Die Juden und das Wirtschaftsleben* bezog. P. war sich sicher, dass »es eine einheitliche, eigentliche Judenfrage gar nicht gibt« und behandelte deshalb »die Bedeutung der Juden für die Kunst unserer Zeit« als »ein Teilproblem der Judenfrage überhaupt«. Den Feuilletonismus charakterisierte P. in seinem Vortrag als »einen modernen Talmudismus« und schrieb sich, den künftigen Feuilletonisten, damit selbst in eine genuin jüdische Tradition ein. Ende 1912 schließlich sprach P. unter dem Thema *Jüdische Dichtung* einige *Einleitende Worte zum Vortrag des Schauspielers Löwy*, eben jenes

Jizchak Löwy, der mit einer Gruppe von Schauspielern aus Lemberg bereits Ende 1911 Kafka bei einem Auftritt in Prag in seinen Bann gezogen hatte. P. war von der Begegnung mit dem jiddischen Volkstheater so beeindruckt, dass er nach den Aufführungen Löwys ein Werk über das jüdische Theater plante, zu dessen Verwirklichung es dann allerdings nie kam. An der Frage, ob die jiddische Lebenswelt kulturell ernstgenommen werden dürfe, schieden sich insbesondere im zionistischen Lager die Geister, und so bezog P. ähnlich wie Kafka eindeutig Position, wenn er betonte, dass »dies Jiddisch, dessen wir uns fast schämen, [...] eines der größten Wunderwerke der Menschheit«, »eine natürliche Weltsprache« sei, ja dass die in der jiddischen Dichtung bewahrte »jüdische Seele« der Entwurzelung der Juden entgegenwirke.

P. war zu diesem Zeitpunkt bereits ständiger Rezensent der von Georg Witkowski herausgegebenen *Zeitschrift für Bücherfreunde*, er war Lektor in dem eben erst gegründeten Verlag von Kurt Wolff und Ernst Rowohlt, war Mitarbeiter u. a. des *Leipziger Tageblatts*, der *Leipziger Neuesten Nachrichten* und Leipziger Korrespondent des *Berliner Tageblatts*. Mit einem dort veröffentlichten ironischen Artikel über das Leipziger Turnerfest im Sommer 1913 löste P. einen noch Jahre später schwelenden Skandal aus, der zur Folge hatte, dass die antisemitische Presse fortan ihr Auge auf ihn richtete.

Fast schlagartig verloren mit der Konsolidierung des Leipziger expressionistischen Kreises, in dessen Mittelpunkt Rowohlt, Wolff, Hasenclever, Werfel und P. standen, jüdische Themen in seinen Schriften ihre programmatische Relevanz. Der ein neues Weltbürgertum propagierende Expressionismus und sein generationsbetontes Gruppenverständnis hatten für P. ein ungleich höheres Identifikationspotential als das Judentum. Im Sommer 1915 wurde P. zum Kriegsdienst eingezogen, im November 1918 rief er, zum Obersten Soldatenrat gewählt, in Magdeburg die Republik aus, ließ sich dann in Berlin nieder, wo er 1920 vorübergehend Dramaturg bei Max Reinhardt und von 1922 an ständiger Theater- und Literaturkritiker am *8-Uhr-Abendblatt* wurde. An der Berliner Lessing-Hochschule hielt P. Vorträge über Gegenwartsliteratur, darunter einen über seinen Freund F. Werfel, von dem sich zu distanzieren er allerdings umso mehr das Bedürfnis hatte, je stärker dieser sich dem Katholizismus verschrieb.

Erst als 1933 P.' Name auf der ersten Liste verbotener Literatur erschienen war und er daraufhin Beiträger jüdischer Blätter wie der *C. V.-Zeitung* und des *Gemeindeblattes* wurde, wandelte sich mit der nunmehr erzwungenen jüdischen Identität das expressionistische zum jüdischen »wir«. Über E. Lasker-Schüler, die ihm unter »allen jüdischen Dichtern deutscher Sprache [...] die am meisten jüdische Dichterin« war, schrieb P. 1936: »Hätte sie in der Epoche Juda Halevis gelebt und in hebräischer Sprache gedichtet, manche ihrer Psalmen wären wohl in die Liturgie der Synagoge übernommen worden. Wir wollen heute nicht nur die Dichterin beglückwünschen, sondern auch uns, weil ihre Gedichte, unter allen Sprachen der Diaspora, gerade in deutscher Sprache geschrieben sind.« Zu den letzten großen Vorträgen vor seiner Flucht aus Deutschland gehören zwei aus dem Jahr 1935: einer über *Jüdisches aus der neuesten jüdischen Literatur*, den P. vor der Berliner Delegiertenversammlung des C.V. hielt, und ein anderer, mehrfach gehaltener, über den im letzten Drittel des 15. Jahrhunderts geborenen elsässischen Juden Josel von Rosheim. P. hatte Josel als »körperlich und geistig gleichermaßen« regsam und gewaltfrei, als »nur mit dem Wort aufrecht und unanfechtbar wirkend«, als rechtskundig und selbstlos geschildert. Seine Botschaft, Josel sei von 1520 an bis zu seinem Tode »tatsächlich eine Art Reichsvertretung der Juden in Deutschland« gewesen, war auch von den nationalsozialistischen Gegnern verstanden und im Juli 1936 mit Redeverbot quittiert worden.

Im Sommer 1937 beauftragte das *Gemeindeblatt* P. zu einer Studienreise nach New York, um eine »Artikelserie über Aufbau und Ziele des jüdischen sozialen Lebens in den U.S.A.« zu schreiben. Die so getarnte Flucht gelang. Nachdem P. nach einer heimlichen Rückkehr nach Deutschland, die der Rettung seiner zu großen Teilen aus verbotener Literatur bestehenden Bibliothek gegolten hatte, wieder in New York angekommen war, konnte er zwei Jahre lang an der New School for Social Research literatur- und theatergeschichtliche Kurse geben. Im Anschluss daran arbeitete P. zunächst mit M. Horkheimer und seinem »International Institute for Social Research« an einem später nicht verwirklichten Dokumentationsprojekt über die deutsche Kultur von 1900 bis 1933 mit, wechselte dann 1941 nach Washington an die Library of Congress und dozierte nebenher an der American University. 1947 kehrte P. nach New York zurück, um dort bis 1960 an der Columbia University Theatergeschichte zu lehren. Zwei weitere Projekte, die jedoch nicht in der geplanten Form realisiert werden konnten, stehen stellvertretend für P.' große Verdienste um die Literatur insbesondere der jüdischen Exilanten und derjenigen, die dem Nationalsozialismus zum Opfer fielen. In den 50er Jahren arbeitete er an einem Projekt *Jewish German Writers who Perished in Connection with the Nazi Persecution*, und zusammen mit F.C. Weiskopf plante er eine zweibändige Monographie über Exilschriftsteller. P. übergab später seine umfangreiche Materialsammlung dazu der Frankfurter Stadt- und Universitätsbibliothek. 1966 wurde P. der Professorentitel und das Große Verdienstkreuz verliehen, 1967 kehrte er endgültig nach Deutschland zurück, wo er bis zu seinem Tod am Deutschen Literaturarchiv in Marbach tätig war.

Werke: Menschheitsdämmerung, Berlin 1920 (Hg); Josel von Rosheim, in: Jüdische Gestalten und ihre Zeit, Berlin 1936, 137–150; Culture Inside Nazi Germany, in: The American Scholar 9 (1940), 483–498; Der Zeitgenosse. Literarische Portraits und Kritiken, Stuttgart 1971; K.P., Filmpublizist. Mit Aufsätzen, Kritiken und einem Filmskript von K.P. Essay von H. Knickmann, München 2008. Literatur: W.B. Lewis, Escape from the Third Reich: The Efforts of K.P. to Save AlbertEhrenstein and Alfred Wolfenstein, in: German Life and Letters 39 (1986), 210–219; ders., K.P., in: Deutschsprachige Exilliteratur seit 1933, hg. J. Spalek, Bd. 2.2, Bern 1989, 1711–1722; K. Schoor, »Jüdische Lyrik der Zeit«: K.P.' Lyrik-Anthologie in der Berliner »C.V.-Zeitung« vom April 1936, in: Deutschsprachige Exillyrik von 1933 bis zur Nachkriegszeit, hg. J.Thunecke, Amsterdam 1998, 119–140.

Hanne Knickmann

Polgar, Alfred (eigentl. Alfred Polak)

Geb. 17.10.1873 in Wien;
gest. 24.4.1955 in Zürich

P. wuchs als jüngstes von drei Kindern in einer jüdisch-assimilierten Musikerfamilie in der Wiener Leopoldstadt auf, der »Judeninsel«, wie sie im antisemitischen Wiener Volksmund hieß (Weinzierl). P.s Vater war aus der Slowakei, seine Mutter aus Ungarn nach Wien gekommen, wie viele Juden aus Osteuropa, die sich nach der Emanzipation in den durch die Industrialisierung boomenden Städten

den Aufbau einer Existenz erhofften. Im Wien der Jahrhundertwende trafen sie auf ein stark antisemitisches Klima, das jedoch in den Texten P.s nicht thematisiert wird. Nach dem Besuch einer Handelsschule beginnt P. 1895 seine journalistische Karriere als Mitarbeiter der *Wiener Allgemeinen Zeitung*, für die er unter dem Pseudonym Polgar Theater- und Musikkritiken verfasst. Nach einer Unterbrechung durch den Militärdienst 1896–97 arbeitet er in den folgenden Jahren u. a. für den *Simplicissimus* und die *Schaubühne*. Im September 1914 kann P. sein Pseudonym legalisieren. Im Ersten Weltkrieg arbeitet er u. a. in der »literarischen Gruppe« des Kriegsarchivs in Wien, wo er gegen seine Überzeugung propagandistische Texte verfassen muss. 1917 wechselt er als Parlamentsberichterstatter zur *Wiener Allgemeinen Zeitung*.Ab 1918 artikuliert P. seine unter dem Einfluss des Ersten Weltkriegs entstandene pazifistische Haltung u. a. in der Zeitschrift *Der Friede* sowie in seinen später erschienenen Monographien (*Kleine Zeit*, 1919; *Schwarz auf Weiß*, 1928; *Hinterland*, 1929). 1925 verlagert P., der auch als Dramaturg arbeitet und Herausgeber des Nachlasses P. Altenbergs ist, seinen Lebensschwerpunkt nach Berlin. Wie zahlreiche seiner Kollegen aus dem pazifistisch-liberalsozialistischen Milieu thematisiert er in seinen Skizzen keine jüdischen Fragen. Darin manifestiert sich ein Selbstverständnis, das eine Unterscheidung von Deutschem und Jüdischem obsolet macht, weil sich die Frage angesichts zu bekämpfender sozialer Klassenunterschiede nicht stellt.

Mitte der 20er Jahre gelangt P. auf den Höhepunkt seiner Schaffenskraft; neben Feuilletons und Kritiken für das *Berliner Tageblatt* und die *Weltbühne* publiziert er zahlreiche erfolgreiche Bände, meist Sammlungen seiner Zeitungsbeiträge (*An den Rand geschrieben*, 1925; *Schriften des Kritikers; Ja und Nein; Orchester von Oben*, alle 1926). Aufgrund seiner kurzen, mit großer Sprachvirtuosität und hintergründiger Ironie formulierten Beiträge gilt er als »Meister der kleinen Form«, als deren maßgeblicher Repräsentant er heute neben A. Kuh und F. Salten rangiert. Da er als Pazifist und Mitarbeiter der *Weltbühne* nach der Machtübernahme der Nationalsozialisten mit Verfolgung rechnen muss, flüchtet P. nach dem Reichstagsbrand 1933 über Prag nach Wien. In den folgenden Jahren lebt er von seinen Beiträgen für die deutschsprachigen Periodika des Auslands (*Die Nation*, Bern; *Das Neue Tage-Buch*, Paris, Amsterdam; *National-Zeitung*, Basel; *Prager Tagblatt*). 1938 emigriert P. nach Paris, geht 1940 nach Hollywood und lebt schließlich in New York, wo er amerikanische Theaterstücke übersetzt und F. Molnárs Dramen bearbeitet. Einen gesicherten Lebensunterhalt und eine geistige Heimat findet P. im Exil nicht: »Emigranten-Schicksal: Die Fremde ist nicht Heimat geworden. Aber die Heimat Fremde« (*Der Emigrant und die Heimat*).

In Artikeln für die Emigrationszeitung *Aufbau*, die nach dem Krieg entstehen, setzt sich P. u. a. mit den Geschehnissen in den Lagern auseinander, wie sie durch die Alliierten und die Kriegsverbrecher-Prozesse bekannt wurden. Ohne auf eine spezifisch jüdische Fragestellung einzugehen, beschreibt P. etwa sein fiktives Gespräch mit Ilse Koch, einer KZ-Aufseherin in Buchenwald, die vielfachen Mordes und Folterungen schuldig wurde. Mit beklemmender Ironie, die Normalität suggeriert, wo es um mörderische Perversion geht, artikuliert er seine ablehnende Haltung gegenüber der deutsch-österreichischen Gegenwart: Er sieht die ehemaligen Mörder rehabilitiert und in neuen Positionen im Staat (*Gespräch mit Frau Koch*, 1948). P. beklagt die fehlende Auseinandersetzung mit der Vergangenheit, etwa die passive Zustimmung einzelner Künstler zum Nationalsozialismus (*Der Emigrant und die Heimat*). An anderer Stelle verweist er auf die Ungerechtigkeit der Berichterstattung über die Nürnberger Prozesse. Zwar werde den Verurteilten kein Mitleid entgegengebracht, aber die Berichterstattung begegne ihnen mit Achtung, ihre Worte würden dokumentiert. Den Mördern stellt er die Opfer gegenüber, die in den Lagern ihrer Menschenwürde beraubt wurden – von deren letzten Lebensmomenten aber niemand Zeugnis ablege: »Sicher, viele unter ihnen würden Größe bewiesen haben, wäre ihnen nicht vorher die Beweisfähigkeit aus Leib und Seele geprügelt worden. Ja, manche mögen sogar trotzdem solchen Beweis erbracht haben – aber es war kein Zeuge da, willens, hiervon zu berichten« (*Apropos Nürnberg*, 1946).

1949 kehrt P. erstmals nach Europa zurück und setzt seine im Exil begonnene Reflexion über Exil und Antisemitismus fort. In kürzeren Skizzen beschreibt er, wie er dem nach wie vor bestehenden

Antisemitismus und den ideologischen Relikten des Naziregimes in Deutschland und Österreich begegnet – etwa in den Reden der *Mathilde Ludendorff*, einer der Verkünderinnen der »völkischen Idee«. Während ihres Prozesses in München hält sie volksverhetzende Reden, bezichtigt die Juden wegen »satanischer Finanzpläne« und wirft ihnen vor, die deutsche Studentenschaft in den Suff getrieben zu haben, um die Gesundheit der germanischen Jugend zu zerstören (*Münchner Prozesse*, 1949). In seiner Heimatstadt Wien sucht P. nach Verwandten und Freunden aus der Zeit vor dem Krieg: »In den Häusern, die hier standen und nun liegen, wohnten zumeist Juden, und wer, vorbeipassierend denkt, was ihnen geschah, ist versucht, es in Ordnung zu finden, daß jetzt niemand mehr dort wohnt, außer in den öden Fensterhöhlen das Grauen« (*Notizbuch von einer Europareise I*, 1949). Dabei vollzieht P., anders als viele seiner Schicksalsgenossen, keine Selbstreflexion über sein eigenes Judentum. In privaten Briefen, z. B. an P. Loos, resümiert er: »Ich fühle mich in Wien am wohlsten als displaced person; und würde, wieder eingepflanzt in altheimatliche Erde, kaum in besonderem Saft schießen« (Weinzierl). Trotz seiner Distanz zu Europa kehrt P. nicht mehr dauerhaft in die USA zurück; er pendelt zwischen Deutschland, Österreich und der Schweiz. 1951 erhält er den erstmals verliehenen Preis für Publizistik der Stadt Wien; 1955 stirbt er in einem Zürcher Hotel.

Werke: Taschenspiegel, hg. U. Weinzierl, Wien 1979; Lieber Freund! Lebenszeichen aus der Fremde [Briefe an W. Schlamm], hg. E. Thanner, Wien 1981; Kleine Schriften, 4 Bde., hg. M. Reich-Ranicki u. a., Reinbek 1982 ff.
Literatur: R. Schwedler, Das Werk A.P.s. Die Spiegelung der politischen und sozialen Realität in der Kurzprosa des Wiener Feuilletonisten, Hamburg, 1973; U. Weinzierl, A.P. im Exil, in: P., Taschenspiegel, Wien 1979, 187–242; U. Weinzierl, A.P. Eine Biographie, Wien u. a. 1985; Der Untertreiber schlechthin. Studien zu A.P., hg. E. Polt-Heinzl u. a., Wien 2007.

Stefanie Oswalt

Pollak, Felix

Geb. 11.11.1909 in Wien;
gest. 19.11.1987 in Madison

»Er wurde in Wien geboren/ er ist in Auschwitz gestorben/ er lebt in New York« – Diese Anfangszeilen des Gedichts *Refugee* umreißen das Leben und charakterisieren das Lebensgefühl des Lyrikers P. Bis 1938 lebte er in Wien, was bis in die Mundart die Anfänge seiner Lyrik prägte. 1938 entkam er mit knapper Not Hitlers Schergen und kam über Paris und London nach New York, wo er sich über die Jahre die neue, fremde Sprache nicht nur aneignete, sondern zu einem amerikanischen Lyriker und Aphoristen reifte. Auschwitz war er zwar entronnen, doch es lastete auf ihm, wie auf vielen Überlebenden, dass er entkommen war. So lebte er bis zu seinem Tode im amerikanischen Exil, obwohl er für Auschwitz bestimmt war. Der Holocaust blieb zeitlebens das Trauma seiner Existenz. Kein Grabstein erinnert an ihn. Er ließ sich verbrennen und seine Asche in alle Winde zerstreuen.

P. war ein »Holocaust Jude« (Améry); zwar nicht in jenem konkreten Sinne, dass ihm die KZ-Nummer in den Unterarm geritzt war, aber in jenem übertragenen, dass er durch die Nazis, die Nürnberger Gesetze und Auschwitz wieder zum Juden gemacht wurde. Vor dem »Anschluss« Österreichs im März 1938 war sein Judentum akzidenziell, danach wurde es existenziell. Sicher war er ein Kind jüdischer Eltern, aber das Judentum spielte im assimilierten, bürgerlichen Elternhaus keine große Rolle mehr – außer an hohen Feiertagen. Seine Großeltern in Marienbad mögen noch fromme Juden gewesen sein, aber der erwachsene P. war es nur noch durch den Zufall der Geburt und dem Namen nach. Sicher merkte er schon in der Grundschule, dass er nicht zu den Christen zählte, und man ließ es ihn auch oft genug durch Spott und Prügel merken, aber auf dem humanistischen Gymnasium trat nach und nach die klassische Bildung an die Stelle der Religion. Von nun an galten seine Interessen der Literatur, dem Theater und der Musik. Karl Kraus und Max Reinhardt wurden seine neuen Götter. Zwar musste er auf Wunsch des Vaters Jura studieren, aber dieses Brotstudium hinderte ihn nicht daran, seine literarischen Ambitionen zu pflegen. Höhepunkt und zugleich Ende seiner künstlerischen Laufbahn war Reinhardts Auftrag, die Regie für Shakespeares *Sommernachtstraum* bei den Salzburger Festspielen zu übernehmen. Dann kamen die Nazis, denen sich die Österreicher begeistert anschlossen.

P. entkam dem »tödlichen Gefängnis« mit viel Glück, aber der Preis der Rettung war sehr hoch. Der 28-Jährige verlor seine Heimat, seine Freunde, seine Bücher und Manuskripte, seine Sprache, ganz zu schweigen von seinem Brotberuf. Hinter ihm lagen zerstörte Pläne und Hoffnungen, vor ihm eine neue, fremde Welt, die ihn nicht brauchte. Was diese Heimatlosigkeit oder dieses »Heimatlosigkeitsweh«, wie er es nannte, für ihn bedeutete, beschrieb er in einer biographischen *Skizze New York, ein Schiff, ein Emigrant* (1938). Mittellos, sprachlos und hoffnungslos saß er gerettet in New York. Was P. in den folgenden 50 Jahren aus seinem Leben in den USA machte, hört sich fast wie eine typisch amerikanische Erfolgsgeschichte an: vom Gelegenheitsarbeiter zum erfolgreichen Spezialisten für seltene Bücher und kleine Magazine – und zum amerikanischen Lyriker. Auch dies ist nachzulesen in einer *Skizze Umrisse einer Autobiographie für junge Amerikaner* (1980).

1943 kehrte der Emigrant als amerikanischer GI nach Europa zurück, sah mit eigenen Augen, welche Verbrechen die Deutschen in Hitlers Namen verübt hatten – und fand über den Holocaust zu seiner jüdischen Identität zurück. Nicht dass er nun zum jüdischen Lyriker des Holocaust wurde; dergleichen lag ihm fern. Er verstand sich als Dichter, nicht als jüdischer Lyriker. Dass Kunst autonom sei, mit Können, Form und Stil zu schaffen habe, war sein ästhetisches Credo. Programmatisch heißt es dazu in dem poetologischen Gedicht *Über Lyrik*: »Ein Gedicht ist ein Traum in Spiegelschrift, maskiert/ als Lüge, so präzise metaphorisch verzerrt,/ daß er die Wahrheit enthüllt.« Dennoch ist der Holocaust das Palimpsest seiner Lyrik, auch wenn sie von ganz anderen Erfahrungen, etwa seinem Erblinden, Altern oder Heimweh spricht, darin der Lyrik von Paul Celan und Nelly Sachs verwandt. Seine zahlreichen Wien-Gedichte sind gekennzeichnet von jener Ambivalenz von Vertrautem und Fremdem, wie er es in dem großartigen Gedicht *Der Finger* gestaltet, das unter dem Polgar-Motto steht: »Die Fremde ist nicht Heimat geworden./ Aber die Heimat Fremde.« Das war das Lebensgefühl des Emigranten P. in den USA. Oder kürzer und paradoxer in dem Gedicht *Wien 1967*: »Obwohl meine/ Wurzeln hier/ abgeschnitten sind,/ schmerzen sie/ wie eine/ alte Narbe/ wenn's regnet.«

Immer wieder drängt sich ihm die Frage auf, wie die Deutschen und Österreicher mit einer Schuld leben können, an die sie am liebsten nicht erinnert werden oder die sie verdrängt haben, so in dem eindrucksvollen Gedicht *Niemandsland*, dessen Schlusszeilen lauten: »Trotzdem sind wir niemals ganz glücklich./ Wir können halt niemals vergessen./ All das, was hier niemals geschah.« Der zweisprachige Lyriker, der mit seinen schmalen Bändchen in den USA schon lange bekannt war, kehrte in Übersetzungen, aber auch mit seinen deutschen Gedichten und Aphorismen in die Heimat zurück – allerdings zu spät, um diesen Triumph noch genießen zu können. Er starb 1987, zwei Jahre vor der Veröffentlichung der deutschen Ausgabe seiner Gedichte, die den bezeichnenden Titel *Vom Nutzen des Zweifels* tragen.

Werke: Benefits of Doubt, Peoria 1988; Vom Nutzen des Zweifels, hg. R. Grimm, Frankfurt a. M. 1989; Lebenszeichen. Aphorismen und Marginalien, hg. R. Grimm, S. Pollak, Wien 1992.
Literatur: R. Grimm, Nachwort, in: Vom Nutzen des Zweifels, hg. ders., Frankfurt a. M. 1989, 205–214; ders., Ein Aphoristiker im Gehäus. Neues aus dem Nachlaß von F.P., in: Modern Austrian Literature 24 (1991), 17–41; K.L. Berghahn, Von der Hinfälligkeit des Körpers und dem Triumph des Geistes. Anmerkungen zu F.P.s »Galileo«, in: »Was in den alten Büchern steht …«, hg. J.-H. Schoeps u. a., Bern 1991, 139–150.

Klaus L. Berghahn

Pollatschek, Stefan

Geb. 17.6.1890 in Wien;
gest. 17.11.1942 in London

Der äußere Lebensgang P.s ist durch das Zeugnis seiner Tochter, der in Jerusalem lebenden Schriftstellerin Gerda Hoffer, einigermaßen rekonstruierbar. P., dessen Vater Journalist bei der *Neuen Freien Presse* war, wurde von den Verwandten seiner Frau in einen kaufmännischen Beruf genötigt, ehe er sich durch vollständiges Versagen auf diesem Gebiet den Weg zum freien Schriftsteller bahnte. So ist bei Hoffer und anderen Zeugnissen wie dem von Viktor Matejka auch alles, was mit P. zu tun hat, mit einer leichten, liebevollen Ironie erzählt: Was immer er anfing, es ging anders aus als beabsichtigt. Er nahm's nicht

schwer, ein geborener »Luftmensch« offenbar, obwohl aus kleinbürgerlichem Haus. Selbst sein Unterfangen, als er bereits schwer herzkrank war, sein literarisches Hauptwerk zu vollenden, hat etwas von diesem Charme der Selbstermöglichung durch Selbstverunmöglichung. Hinter dem Bild des mit legerem Schwung beschrittenen Lebensweges verbergen sich jedoch große Sorgen (die gewiss zu seinem langjährigen Herzleiden beitrugen), ein hoher Ernst und ein starkes Verantwortungsgefühl, wie er es durch das Negativbild des gewissenlosen Arztes Dr. Berghof in seinem ersten Buch einforderte. Durch seine Erfahrungen im Ersten Weltkrieg wurde er wie sein Freund Ernst Waldinger Sozialdemokrat und 1933 Mitglied der »Vereinigung sozialistischer Schriftsteller«, doch diese wurde kaum ein Jahr später vom austrofaschistischen Regime aufgelöst. Für ihn wie für viele seiner Generation war der Erzähler Otto Stoessel (1875–1936) Vorbild und Freund: »Festwurzelnd im Boden seiner Heimat, ist er doch meilenweit entfernt, was man jetzt in Deutschland mit dem abscheulichen Wort ›Blubo‹ bezeichnet. [...] aus seiner Heimat wächst er immer ins weite Land der Menschlichkeit, der großen Welt« (*Der Wiener Tag*, 1.5.1935). Das wünschte sich der Romancier P. auch für sich. 1938 flüchtete P. mit seiner Familie in die Tschechoslowakei, die allzu rasch gleichfalls Opfer der Aggression Hitlerdeutschlands wurde. Glück im Unglück auch hier – als Flüchtling aus Prag erhielt die Familie P. in Großbritannien eine kleine Unterstützung durch den von der britischen Regierung gestifteteten »Czech Trust Fond«.

Die intellektuelle Biographie P.s ist kaum rekonstruierbar, zumal seine Korrespondenz und seine persönlichen Aufzeichnungen verloren sind. Der im Nachlass erhaltene Roman *Dr. Ascher und seine Väter*, entstanden 1939–42 im englischen Exil, ist bisher mit Ausnahme einiger kurzer Passagen nicht publiziert worden. Die dramatische Haupthandlung spielt in der jüdischen Zeitgeschichte, im Jahr 1938 in Wien, mit den grausam einsetzenden Judenverfolgungen, den Verhaftungen, Folterungen und dem Kampf um die Ausreise. Durch die aus eigenem Erleben und Berichten von Freunden genauen und authentischen Beschreibungen der alltäglichen Quälereien und Schikanen der Nazis wird das Buch in diesen Abschnitten ein bedeutendes Zeitdokument. Dazwischen erinnert sich Dr. Ascher an die Geschichte seiner Familie, seiner Vorfahren, die er geschickt an historische Schlüsselszenen heranführt. So wird der Roman auch zu einer jüdischen Geschichte. Er schildert u. a. Rabbi Akiba, Spanien zur Zeit der Inquisition, Spinoza, Vinzenz Fettmilch im Frankfurter Ghetto, den falschen Messias Sabbatai Zwi, den deutschen Antisemitismus des 19. Jahrhunderts, Heinrich Heine, Theodor Herzl und den Antisemitismus an der Wiener Universität in den 1930er Jahren. Das Ausmaß von Unterdrückung und Verfolgung der Juden ist ein Gradmesser der Unfreiheit aller – auch derer, die sich an einem Pogrom beteiligen. P. stützte sich dabei vor allem auf die beiden großen jüdischen Historiker seiner Zeit, Heinrich Graetz und Simon Dubnow. Dass die Hauptfigur des Romans, Dr. Robert Ascher, ein für seine »gewissenhafte Art« bekannter Rechtsanwalt und zugleich Liebhaber der Poesie Heines ist, wiederholt die von P. selbst bereits gegebene Charakteristik. Den Zwang, der auf ihn ausgeübt wird, beantwortet er mit einem Lächeln: nicht der Ergebenheit, nicht dem Hohn, sondern aus der Gewissheit heraus, dass das letzte Wort in dieser Angelegenheit nicht gesprochen sei, die letzte Instanz nicht entschieden habe. Der Triumph des Nationalsozialismus hat das Weltbild P.s gewiss erschüttert, ihn zur Auseinandersetzung mit seiner jüdischen Herkunft getrieben. Nicht mehr der Geschichte vertraute P., aber ihrem Fortgang. So lässt P. seinen Dr. Ascher bekennen: »Es hat unzählige Hitler gegeben, und das jüdische Volk hat sie überlebt, wir werden auch diesen überdauern. [...] Weil ein Volk stärker ist als alle Leiden des Einzelnen. Weil wir durch unsere ewigen Kämpfe ein Beispiel für eine endlich doch kommende vernünftige Menschheit sein werden.«

Werke: Dr. med. Berghof ordiniert 2–4 h, Wien 1931; Schicksal Maschine, Wien 1932; Der Maler Rudolf Rapaport. Das Überwirkliche im Porträt, Wien 1933; John Law. Roman der Banknote, Wien 1936; Flammen und Farben. Das Leben des Malers van Gogh, Wien 1937; Dozent Müller. Die Tragödie eines Wiener Arztes, Wien 1948; Dr. Ascher und seine Väter, Wien 2000.
Literatur: G. Hoffer, Zum hundertsten Geburtstag von St.P. 1890–1942, in: Mit der Ziehharmonika 7, 2 (1990), 1 f.; H. Exenberger, St.P., in: Die Gemeinde (Wien), 7.9.1990, 51.

Konstantin Kaiser

Pressler, Mirjam

Geb. 18.4.1940 in Darmstadt

P. wurde 1940 in Darmstadt als Tochter einer jüdischen Mutter unehelich geboren und wuchs bis zu ihrem elften Lebensjahr bei Pflegeeltern in einem Dorf an der Bergstraße in sozial prekären Verhältnissen auf. Die begabte P. konnte bereits sehr

früh lesen und besuchte ein Gymnasium in Darmstadt, anschließend ein katholisches Internat in Bensheim; nach der Schule begann sie ein Studium der bildenden Künste in Frankfurt am Main. Erst im Internat wurde sie von ihrer Lateinlehrerin, einer katholischen Nonne, auf ihre jüdische Herkunft aufmerksam gemacht (Gelberg). Während des Studiums setzte sie sich intensiv mit jüdischer Religion auseinander, sieht sich heute aber als »nicht religiös«. Im Anschluss an ihr Studium lebte sie ein Jahr in einem israelischen Kibbuz, heiratete 1964, zurückgekehrt nach Deutschland, einen Israeli und brachte zwischen 1966 und 1969 drei Töchter zur Welt.

P.s schriftstellerische Auseinandersetzung mit dem Judentum und dem Genozid ist vor allem aus dem »Kampf gegen Faschismus und die Erinnerung an den Faschismus in Deutschland« motiviert, der in ihren Augen lange Zeit »kaum oder in unzureichender Form« in der Kinder- und Jugendliteratur berücksichtigt wurde (Gelberg). Schon vor der Trennung von ihrem Mann betrieb sie ab 1970 einen Jeansladen und arbeitete 1979 – nach der Kündigung der Geschäftsräume – als Bürokraft. Zur gleichen Zeit begann sie – zunächst aus ökonomischen Gründen – Kinderbücher zu schreiben. Ihr Vorbild war die realistische, vor allem aus Skandinavien kommende Kinderbuchliteratur, die zu dieser Zeit auch die Lektüre ihrer Töchter war und die P. sehr beeindruckte: »Ich war begeistert. Damals habe ich gleich gedacht, dass ich irgendwann auch mal so etwas schreiben möchte« (Gelberg). In kurzer Zeit entstehen ab 1979 sechs Kinderbücher, von denen das dritte, *Bitterschokolade* (1980), als erstes verlegt wurde und auf Anhieb ein großer Erfolg war: Schon 1980 erhielt sie den Oldenburger Kinder- und Jugendbuchpreis und ist seitdem immer wieder ausgezeichnet worden, zuletzt 2010 mit dem Deutschen Jugendliteraturpreis für ihr Gesamtwerk. Obwohl sie erst recht spät als Schriftstellerin debütierte, ist P. seitdem auf dem Literaturmarkt sehr präsent: Seit 1980 erschienen über 30 Kinder- und Jugendbücher sowie über 300 Übersetzungen von ca. 150 Autoren vor allem aus dem Hebräischen und Niederländischen, aber auch aus dem Afrikaans, Englischen und Jiddischen. Besonders ihre Übersetzungen von Autoren wie u.a. Aharon Appelfeld, Jossel Birstein, Orly Castel-Bloom, Lizzie Doron, David Grossmann, Batya Gur, Nîrā Har'ēl, Yoram Kaniuk, Shulamith Lapid, Mira Magén, Uri Orlev, Amos Oz, Nava Semel, Zeruya Shalev machen die deutschsprachigen Leser mit der sog. zweiten Generation israelischer Autoren und ihrem Umgang mit den Folgen des Holocaust bekannt.

Während sie bei ihren Kinderbüchern durchaus auf ein Happy End achtet, ohne dabei unrealistisch zu werden, stehen im Mittelpunkt ihrer Jugendbücher Kinder auf dem Weg zum Erwachsenwerden und ihr Leben in einer »unheilen Welt«: »Benachteiligt, Außenseiter, aber von einer erstaunliche Vitalität, zeichnet sie die Fähigkeit aus, Überlebensstrategien zu entwickeln. Indem sie Wirklichkeit benennen, um sie überhaupt behandelbar zu machen« (Knödler). Das Interesse an »beschädigten Kindheiten« und ihren Folgen ist ein zentraler Ausgangspunkt ihres gesamten literarischen Schaffens, seien es Jugendbücher, Romane für Erwachsene oder auch Übersetzungen. Dabei hält eine explizit jüdische Thematik erst allmählich Einzug in ihr Werk: Während Bücher wie *Novemberkatzen* (1982) und *Wenn das Glück kommt, muß man ihm einen Stuhl hinstellen* (1994) autobiographisch inspiriert sind und die Brüche von P.s. eigenem Lebensweg aufgreifen, beschäftigen sich besonders ihre frühen Jugendbücher mit den Problemen pubertierenden Jugendlicher. Einen deutlichen Einschnitt in ihr Werk markiert ihre jahrelange Beschäftigung mit dem *Tagebuch* der Anne Frank. P. übersetzte die erste vollständige kritische Ausgabe (1988) und gab anschließend eine neue deutschsprachige Leseausgabe des *Tagebuches* heraus (1992, 2001). Im Mittelpunkt der 1992 veröffentlichten Lebensgeschichte *Ich sehne mich so* steht – wie auch in der *Tagebuch*-Edition – die pubertierende Anne Frank, die ihr Tagebuch bewusst als Schriftstellerin gestaltet. Damit entwarf P. ein Bild, das sich deutlich von der früheren Wahrnehmung Anne Franks unterscheidet. P. schreibt: »Anne

Frank ist nicht nur zum Symbol für die im Zweiten Weltkrieg ermordeten Juden geworden, ihr Tagebuch ist vor allem die Beschreibung einer Pubertät, wie ich sie ehrlicher und offener noch nie gelesen habe.« Die Beschäftigung mit Anne Frank nimmt bis heute breiten Raum im Werk von P. ein: Neben Übersetzungen von biographischen Dokumenten zu Anne Frank hat sie 2009 gemeinsam mit Gerti Elias eine Geschichte der Familie Anne Franks publiziert, die auf neu aufgefundenen Briefdokumenten aus dem Familiennachlass beruht.

Ausgehend von der intensiven Beschäftigung u. a. mit Anne Frank entwickeln sich ab dem Ende der 1990er Jahre zwei weitere Werkkomplexe, die sich in unterschiedlicher Weise mit jüdischen Lebenswelten auseinandersetzen. Eine zur Trilogie angewachsene Reihe widmet sich historischen Figuren aus der jüdischen Geschichte, die in unterschiedlicher Weise in den Kanon der Weltliteratur eingeschrieben sind: In *Shylocks Tochter* (1999) versucht P. eine Revision der in ihren Augen antisemitischen Darstellung der Shylockfigur bei Shakespeare. Protagonistin ihres Romans ist dabei nicht Shylock, sondern seine Tochter Jessica, aus deren Perspektive P. die jüdische Welt im venezianischen Ghetto beschreibt. Das 2007 erschienene *Golem stiller Bruder* greift die Sage des Golem auf und erzählt sie als historische Geschichte neu: Der 15-jährige Waise Jankel arbeitet als Synagogendiener und freundet sich mit dem Golem an, gemeinsam müssen sie ihren Alltag im Prager Ghetto um 1600 meistern und gegen antisemitische Ausschreitungen angehen. Das bislang letzte Buch dieser Reihe erschien 2009 unter dem Titel *Nathan und seine Kinder*. Anders als Lessing lässt P. in jedem Kapitel eine andere Person aus dem Umkreis Nathans zu Wort kommen. Auch hier ist es die erfundene Figur des 15-jährigen Geschem, an dem die gesellschaftlichen wie menschlichen Brüche in Jerusalem zur Zeit der Kreuzzüge besonders deutlich werden. Im Miteinander der verschiedenen Personen gelingt es P., das soziale Netz und den historischen Alltag zu zeigen, aus dem heraus sich Nathans Eintreten für Toleranz gegenüber den Religionen und dem Anderen entwickelt. Dieser Toleranzgedanke ist es auch, der im Zentrum ihrer drei historischen Romane steht.

Den anderen Werkkomplex bildet eine Reihe von Romanen, die sich mit der Zeit des Nationalsozialismus und seinen Folgen beschäftigen. *Malka Mai* (2001) basiert auf den bruchstückhaften Erinnerungen einer Überlebenden gleichen Namens, die P. in Israel kennengelernt hat. Die 17-jährige Malka wird im September 1943 auf der Flucht von den Nationalsozialisten von ihrer Mutter in Ungarn zurückgelassen, da sie krank ist. Allein auf sich gestellt, wird Malka in ein polnisches Ghetto gebracht, während Mutter und Schwester sich in Sicherheit bringen können. Im Lager entwickelt Malka Überlebensstrategien, die sie weit von ihrer bis dahin behüteten Kindheit entfernen. Malka erkrankt, kann aus dem Ghetto fliehen und wird von einem behandelnden Arzt als Tochter ihrer Mutter wiedererkannt. Gemeinsam mit einer Bekannten der Mutter kann sie im Frühjahr 1944 zu ihrer Familie zurückkehren und nach Palästina auswandern. P. ergänzt die wenigen, teilweise sachlich falschen Erinnerungen der historischen Malka zu einer kohärenten und erzählbaren Erinnerungsstruktur, die an die Stelle der fragmentarischen Erinnerung der realen Protagonistin tritt. In *Die Nacht der schlafenden Hunde* (2003) erfährt die 18-jährige Johanna während einer Klassenfahrt nach Israel, dass das Modehaus ihrer Eltern ursprünglich jüdische Eigentümer hatte, die im Krieg zwangsenteignet wurden. Nach ihrer Rückkehr und dem Suizid des Großvaters sucht Johanna die Auseinandersetzung mit ihrer Familie, die sich teilweise heftig gegen die Suche nach der Vergangenheit wehrt. Am Ende gibt es zwar keine positive Lösung des Konflikts, aber Johanna lernt, mit den Widersprüchen ihrer eigenen Geschichte zu leben und Verantwortung zu übernehmen. Der jüngste zeithistorische Roman P.s. ist das *Buch für Hanna* (2011), ein Epitaph für Hanna B., einer Überlebenden des Lagers Theresienstadt, die P. in ihrer Zeit im Kibbuz kennengelernt hatte und mit der sie seitdem befreundet war. Die Geschichte erzählt von der damals 14-jährigen Hanna und ihrer Flucht vor den Nationalsozialisten, dem Leben im Exilland Dänemark sowie ihrer Deportation, ihrem Überleben im KZ und – nach der Befreiung – von ihrem Weg nach Israel. Das zentrale Thema des Romans ist auch hier die Entwicklung einer Jugendlichen zu einer Frau, die trotz traumatischer persönlicher Erfahrungen ihren eigenen Weg ins Leben gefunden hat. Aus einer historischen Perspektive wird sowohl Hannas Exilleben in Dänemark wie auch ihr Überleben im KZ zu einem Beispiel für einen möglichen solidarischen Widerstand gegen den nationalsozialistischen Völkermord, von dem besonders das dänische Eintreten für ihre jüdischen Mitbürger gekennzeichnet ist.

Als Autorin, Übersetzerin und Herausgeberin ist P. eine der wichtigsten Vermittlerinnen deutsch-jüdischen Kulturdenkens. Die vornehmliche Zielgruppe ihrer Bücher – Jugendliche und junge Erwachsene – lernen die jüdische Kultur dabei nicht nur als Relikt einer vergangenen Geschichte kennen, sondern als erlebte Lebenswelt gleichaltriger Menschen mit vergleichbaren persönlichen Problemen, die sie in extremen, von Antisemitismus und Verfolgung geprägten Situationen lösen müssen.

Werke: Ich sehne mich so. Die Lebensgeschichte der Anne Frank, Weinheim 1992; Wenn das Glück kommt, muß man ihm einen Stuhl hinstellen. Roman. Weinheim 1994; Shylocks Tochter, Frankfurt a. M. 1999; Malka Mai. Roman, Weinheim 2001; Golem stiller Bruder. Roman. Jugendbuch, Weinheim 2007; Nathan und seine Kinder. Roman, Weinheim 2009; Ein Buch für Hanna. Roman, Weinheim 2011.
Literatur: Werkstattbuch M.P., hg. B. Gelberg, Weinheim 2001; H.-H. Ewers/C. Gremmel, Zeitgeschichte, Familiengeschichte und Generationenwechsel. Deutsche zeitgeschichtliche Jugendliteratur der 1990er und 2000er Jahre im erinnerungskulturellen Kontext, in: Kriegs- und Nachkriegskindheiten, hg. G. v. Glasenapp und H.-H. Ewers, Frankfurt a. M. 2008, 27–50; T. Lieske, Die Stimme der Elternlosen. M.P. zum 70. Geburtstag, in: http://www.dradio.de/dlf/sendungen/buechermarkt/1201503/ (26.3.2012); M. Dahrendorf, M.P., in: KLG – Kritisches Lexikon zur deutschsprachigen Gegenwartsliteratur. URL: http://www.munzinger.de/document/16000000444 (26.3.2012).

Peter Goßens

Rabinovici, Doron

Geb. 2.12.1961 in Tel Aviv

Als politisch engagierter Schriftsteller, Essayist und promovierter Historiker zählt R. zu den prägenden Intellektuellen der »zweiten Generation« der Holocaust-Überlebenden: Sein Vater entkam 1944 aus Rumänien nach Palästina, seine Mutter Schoschana R. überlebte das Ghetto in Wilna und das Vernichtungslager in Kaiserwald bei Riga, bevor sie 1950 nach Israel kam; ihre Überlebensgeschichte publizierte sie unter dem Titel *Dank meiner Mutter* (1991). Als R. drei Jahre alt war, übersiedelte die Familie nach Wien, wo R. gegenwärtig als freier Schriftsteller lebt. Schon während des Studiums der Geschichte an der Universität Wien, das er mit einer Promotion über die Wiener Judenräte abschloss (die Dissertation erschien 2000 unter dem Titel *Instanzen der Ohnmacht: Wien 1938–1945. Der Weg zum Judenrat*), begann er zu schreiben, zuerst »Stories«, für die er 1994 einen ersten Preis bekam und die in demselben Jahr unter dem Titel *Papirnik* bei Suhrkamp erschienen. Seit diesen Anfängen als Schriftsteller verbindet er das Schreiben auch mit politischem Engagement: R. ist Mitbegründer des »Republikanischen Clubs – Neues Österreich«, der 1986 im Zusammenhang mit der Waldheim-Affäre entstand und sich später auch kritisch zur FPÖ bzw. der Ära Jorg Haider stellte und gegen Antisemitismus, Rassismus und Rechtspopulismus kämpft. Essayistische Ergebnisse dieser politischen Debatten und intellektuellen »Einmischungen« sind die von R. mitherausgegebenen Sammelbände *Österreich. Berichte aus Quarantanien (2000), Republik der Courage. Wider die Verhaiderung* (2000) sowie *Neuer Antisemitismus? Eine globale Debatte* (2004).

Diese kritischen »Einmischungen« versteht R. dabei auch als das Potential einer jüdischen Perspektive: »So gesehen sind meine Texte vielleicht, wenn ich recht bedenke, auch eine jüdische Artikulation gegen die Wirklichkeit dieser Republik«, so R. in seinem Aufsatz *Literatur und Republik oder Ganz Baden liest die Krone* (1995). Tatsächlich erproben R.s Erzählungen *Papirnik* (1994) sowie seine Romane *Suche nach M.* (1997), *Ohnehin* (2004) und *Andernorts* (2010) neue Möglichkeiten eines jüdischen Erzählens in deutscher Sprache. Ausgangslage ist die Unmöglichkeit, vor der nicht nur die Überlebenden des Holocaust, sondern noch R.s »zweite Generation« steht: Die nach der Shoah geborenen Juden leben in dieser Unmöglichkeit, so R.: »Sie leben, nachdem eigentlich ein Mord verordnet worden war. Sie sind die andere Antwort auf den Satz: Es gibt ein Leben nach dem Tod, nicht im metaphysischen, sondern im sehr physischen Sinn.« So stehen auch die Bücher dieser Generation »als Widerspruch zum Verbrechen« da (*Ich habe nicht das Gefühl, nur aus einem Thema bestehen zu können*, 1997). Als unmöglich erscheint eine jüngere deutsch-jüdische Literatur jedoch nicht nur, weil jüdisches Leben in Deutschland nach 1933 nicht mehr sein sollte, sondern auch weil nach 1945 Aufklärung und Dialog kaum anders als unter negativen Vorzeichen erfolgten. »Jeder schweigt von etwas anderem«, formuliert es der Holocaust-

Überlebende Jakob Scheinowiz in R.s Roman *Suche nach M.*, der die komplexen Verstrickungen von Opfer und Täter nach 1945 ebenso wie die Möglichkeiten und Unmöglichkeiten der Frage der Schuld, von Erinnern und Vergessen verhandelt. Diese Schwierigkeit betrifft auch die Verwendung der deutschen Sprache, ja den kulturellen Standort jener jungen jüdischen Schriftsteller überhaupt. Exemplarisch charakterisiert R. diesen Begründungsnotstand des Schreibens der zweiten Generation in der *Suche nach M.* an der Figur eines Sohnes von Holocaust-Überlebenden: »Dani konnte den vielfältigen Erwartungen nicht nachkommen: Er sollte ein Bursche sein wie alle anderen seiner Klasse, doch durfte er sein Herkommen nicht vergessen, sollte den anderen seine Gleichwertigkeit und die der Juden schlechthin beweisen, sollte mithalten in der deutschen Sprache, ja besser noch als all die übrigen sein, und gleichzeitig Hebräisch studieren, sollte die Dichter und Denker herbeten können, doch nie an sie glauben, sollte das Fremde sich aneignen, ohne sich dem Eigenen zu entfremden.« Diese Ortlosigkeit ist stellvertretend für die zweite Generation, die ihr prekäres kulturelles, politisches und ästhetisches Dispositiv begründen, ja ihr Schreiben in deutscher Sprache als ein prekäres einstufen muss.

Ein solches Problembewusstsein zeichnet R.s Schreiben in hohem Masse aus und reflektiert auch einen jüdischen Standpunkt. Dabei geht es ihm jedoch nicht etwa um eine jüdische Abgrenzung; explizit verwehrt er sich dagegen, zu einem »jüdischen Schriftsteller« reduziert zu werden. »Ich bin kein jüdischer Schriftsteller. Ich bin Jude und Schriftsteller. Ich glaube, dass Einteilung in Schubladen nicht funktioniert«, so R. (in: *GrauZone* 1997) Wenn er für sich dennoch ein dezidiert »jüdisches Erzählen« behauptet, dann jenseits von Apologie oder Zuschreibung, so R. 1998 in der Antwort auf die Frage nach seinem kulturellen Selbstverständnis als Schriftsteller: »Ich weigere mich einerseits, als jüdischer Schriftsteller angesprochen zu werden, und andererseits weigere ich mich, das Jüdische im Schreiben zu verleugnen.« Anlässlich der Beantwortung der Frage »Gibt es ein jüdisches Erzählen im Deutschen?« präzisiert R.: Eine »Festschreibung« auf ein »jüdisches Schreiben« von außen, »ob sie Ausschluss oder Vereinnahmung bezweckt« (*Angeln aus christlicher Sicht*, 1999), birgt die Gefahr der Vereinheitlichung und der Isolation. Die jüdischen Autoren sind, so R., »keine vereinheitlichte Schule des Denkens, des Ausdrucks und des Stils.« Dies aber kann für die jüdischen Schriftsteller dennoch nicht bedeuten, ihr Judentum zu verbergen oder gar aufzugeben; das wäre ein vorauseilender Gehorsam gegenüber einem nichtjüdischen Umfeld, dem alles Jüdische immer schon suspekt ist: »Dennoch ist ein Verleugnen des Herkommens dieser Autoren nichts als die Kehrseite jeglicher Festschreibung.« Konsequenterweise lokalisiert R. deshalb sein Schreiben zwischen zwei Mustern jüdischer Selbstbestimmung, einem assimilativen – »manche Schriftsteller leugneten ihr Judentum, wollten nichts als Deutsche sein« – und einem dissimilativen – »einige hoben ihr Judentum voller Trotz besonders hervor«. »Ich bin ein Jude und ich schreibe«, so präzisiert R. seine Antwort, »noch genauer; ich bin ein Jude aus Tel Aviv, der in Wien lebt, und ich schreibe auf Deutsch. [...] ich gehöre zu den jüdischen Autoren deutscher Sprache, und ich verleugne nicht meine Biographie.«

Dabei spricht R. der neueren deutsch-jüdischen Literatur hauptsächlich zwei Funktionen zu: Erinnerung und Witz. Beide Schreibverfahren erweisen sich als Figuren von Brüchen und Randständigkeiten: Erinnerung wird erst da zur zentralen Funktion von Literatur, wo sie in Gefahr ist, und der Witz wird erst da zum zentralen Erzählverfahren, wo Tabus gebrochen und Katastrophen verarbeitet werden müssen. »Gemeinsam sind den Autoren, die Juden sind‹« so R., »nicht die Unversehrtheit ihrer Identität, sondern die Brüche zwischen ihnen und der Überlieferung, zwischen ihrem Leben heute und jenem der Juden vor Auschwitz, zwischen Ihnen und den Menschen des Landes, in dem sie aufwuchsen.« Angesichts solcher Brüche wird Erinnerung für eine jüdische Literatur geradezu zum »Überlebenstrainig«. Im *Zakohr* – erinnere Dich! – liegt deshalb »ein Merkmal jenes jüdischen Erzählens, das sich in einer Umwelt, die allzu gern vergessen möchte, der Erinnerung verschreibt. Ist es ein Zufall, wenn heutzutage eine Renaissance des jüdischen Erzählens, des jüdischen Erinnerns, in Wien, just an dem Ort jahrzehntelangen Verleugnens, zu finden ist.« Der Witz wiederum erweist sich für R. als ein dezidiert jüdisches Schreibverfahren des Gedenkens. Die ästhetischen Erzählweisen des »jüdischen Witzes« nämlich entfalten ihre Funktion präzise da, wo Tradition nicht mehr überliefert, wo Geschichte tabuisiert wird. Die jüngeren jüdischen Autoren, so Rabinovici, »lauschen den Mißtönen des offiziellen Gedenkens nach, versuchen gar mit Witzen den Ritualen der Verdrängung, den Tabus des Verschweigens, beizukommen. Der Humor ist ein Wagnis, kann zuweilen ausrutschen, zum Zynismus verkommen, doch der Witz sucht den Ausweg vor dem Kitsch des Todes, vor der Verklärung des Massenmordes. Neben den Traditionen des Erinnerns greifen die jüdischen Autoren auf diejenigen des Lachens zurück. Dieses Gelächter will im Halse stecken bleiben« (*Credo und credit*, 2002). Der Witz funktioniert damit als ein erzählerisches Verfahren zur Überlistung von vorgeschobener »Deckerinnerung«, als Umgehung von Vergessenswünschen, mehr noch: als Tabubruch. Der Witz benennt, was gesellschaftlich sanktioniert ist; er ist im freudianisch-psychoanalytischen wie im politischen Sinn eine ästhetische Strategie gegen das Vergessen. Subtiler als der Ernst der Kritik vermag das Lachen des Witzes Verschwiegenes zur Sprache bringen, Verdrängtes anzusprechen. Er ist eine Schreibform am Ort des Verschweigens und Vergessens. R.s Schreiben exponiert sich damit der »negativen Symbiose« (Dan Diner), jedoch mit dem Ziel von Aufklärung, Geschichtsbewusstsein und Erinnerung. Verschwiegenes zur Sprache zu bringen ist sein Ziel, der Witz kann dazu ein Mittel sein. R.s Roman *Suche nach M.* ist ein Buch genau darüber: über die verschiedenen Formen und Funktionen des Verschweigens oder aber des Aussprechens und Erzählens angesichts des Schweigens.

In seinem zweiten Romanen *Ohnehin* (2004) führt R. diese Versuchsanordnung um Vergangenheitsbewältigung fort, dies anhand der komplexen Verflechtung von ungleichzeitigen Geschichten nicht nur zum Umgang mit der Nazi-Vergangenheit, sondern auch zum Krieg auf dem Balkan im ehemaligen Jugoslawien und der österreichischen Asylpolitik in der Haider-Zeit. Dabei werden unterschiedliche Charakter mit unterschiedlichen Formen von Erinnerung, Verdrängung und Traumatisierung verbunden. Zentral ist die Figur des Neurologen und Gedächtnisspezialisten Stefan Sandtner, der selber vergeblich eine Frau zu vergessen versucht, während er den ehemaligen SS-Mann Herbert Kerber therapiert, der an Gedächtnisschwund leidet und dies mit Geschichten überspielt. Erinnern und Vergessen werden hier zum Streitfall. Auch der jüngste Roman, *Anderorts* (2010), thematisiert Erinnerungskultur, Antisemitismusdebatten und Nahost-Konflikt. Doch dem Ernst von *Ohnehin* steht hier ein komischer Roman entgegen, der die Fragen der jüdischen Identität in ihren ganzen Klischees und Widersprüchen mit Witz verhandelt. Die beiden jüdischen Soziologen Ethan Rosen und Rudi Klausinger unterscheiden sich darin, dass Rosen überall zu Hause und nirgends daheim ist, während Klausinger sich überall anpasst und zugleich auf der Suche nach seinem leiblichen Vater ist. Der Roman verhandelt auf satirische und kritische Weise die Frage von Herkunft, Identität, Zugehörigkeit zwischen Klischee und Vorurteilen.

Werke: Papirnik, Frankfurt a. M. 1994; Die Suche nach M., Frankfurt a. M. 1997; Ein Gepeinigtsein von Peinlichkeiten. Jüdischsein in Österreich – ein Dreiergespräch, in: Neue Zürcher Zeitung, 11./12.7.1998, 67; »Ich habe nicht das Gefühl, nur aus einem Thema bestehen zu können«. Ein Gespräch mit D.R., in: GrauZone. Zeitschrift über neue Literatur 13 (1997), 16–18; »Österreich ist ein Sumpf mit Gipfeln«. Gespräch mit D.R., in: Die Neue Gesellschaft Frankfurter Hefte 10 (1997), 931–933; Angeln aus christlicher Sicht oder Gibt es ein jüdisches Erzählen im Deutschen, in: Altes Land, neues Land. Verfolgung, Exil, biographisches Schreiben. Texte zum Erich Fried Symposium 1999, Wien 1999, 62–68; Instanzen der Ohnmacht. Wien 1938–1945, Frankfurt a. M. 2000; Credo und Credit. Einmischungen, Frankfurt a. M. 2001; Ohnehin. Roman, Frankfurt a. M. 2004; Andernorts. Roman, Berlin 2010.
Literatur: V. Vertlib, Österreichische Verstrickungen. D.R.s erster Roman, in: Literatur und Kritik 313/314 (April 1997), 89–90; H. Schruff, Wechselwirkungen. Deutsch-Jüdische Identität in erzählender Prosa der ›Zweiten Generation‹, Hildesheim u. a. 2000; A. Kilcher, Exterritorialitäten. Zur kulturellen Selbstreflexion der aktuellen deutsch-jüdischen Literatur. in: Deutsch-jüdische Literatur der neunziger Jahre, hg. S.L. Gilman und H. Steinecke, Berlin 2002, 131–146; M. Beilein, 86 und die Folgen. Robert Schindel, Robert Menasse und D.R. im literarischen Feld Österreichs, Berlin 2008.

Andreas Kilcher

Rehfisch, Hans José (Georg Turner, Phillips Sidney, René Kestner)

Geb. 10.4.1891 in Berlin;
gest. 9.6.1960 in Schuls (Schweiz)

Das Motto des Lebens und Schreibens von R. könnte jenes »J'accuse« sein, welches in der Geschichte der dritten französischen Republik eine entscheidende Wende signalisierte und seitdem zu einem Emblem für die Wirksamkeit des Literaten in der Öffentlichkeit geworden ist. Das nach quellenmäßiger Vorarbeit von Wilhelm Herzog 1929

konzipierte Stück um die *Affäre Dreyfus*, in welchem der von Emile Zola gegen sich selbst provozierte Prozess im Mittelpunkt steht, verbindet bis heute R.s Namen mit der Theatergeschichte der Weimarer Republik. Zu Recht, denn es entspricht R.s Rolle. Nach der Jugend im Berliner Arzthaushalt der Eltern (Eugen R. und der Mutter Hedwig Manczik) und am Leibniz-Gymnasium wandte sich R. dem Studium der Jurisprudenz und Volkswirtschaft zu (seit 1909), das er mit der Promotion zum Dr. jur. et rer. pol. abschloss (1916). Hinzu kam eine vierjährige Fronterfahrung sowie eine mehrjährige Praxis als Assessor und Anwalt in Moabit (1920–23), ehe er im Geleitschutz von E. Piscator den Übergang zum Berliner Theater, und zwar in seiner politisch und sozial engagiertesten Form, vollzog (1923/24). Diesem Schritt waren schon dramatische Werke vorausgegangen, mit denen R. sich von expressionistisch inspirierten Ideendramen (*Das Paradies*, 1919) zu Stücken mit aktueller Zeitthematik vorgetastet hatte (*Heimkehr*, 1918).

R. gehört zu einer Generation jüdisch-deutscher Autoren, die seit dem Bestehen der Weimarer Republik die Probleme des demokratischen Rechtsstaates, wie ihn Hugo Preuss im Auftrag der Reichsregierung nach 1918 in der Verfassung formuliert hatte, aufgegriffen haben. Er tritt damit den Feinden der Republik – vor allem denen von rechts – entgegen, so demjenigen Teil der Richterschaft, der noch wilhelminisch-obrigkeitsstaatlich denkt und urteilt, und nicht zuletzt den Ansprüchen eines außerhalb der modernen Rechtssphäre agierenden Militärs. So steht R. an der Seite von Literaten wie Ernst Toller, Ferdinand Bruckner, Erich Mühsam oder Leopold Jessner. Politisch gesehen vertritt R. eine links orientierte Demokratieauffassung, ohne sich einem kommunistischen Standpunkt anzupassen. Rechtsgeschichtlich ergreift R. im Konflikt zwischen naturrechtlichen und rechtspositivistischen Positionen Partei für die Erstere, zumal er damit soziale gegenüber staatlichen Präferenzen setzen und das mentalitätsmäßige Rechtsempfinden des ›kleinen Mannes‹ begründen kann. So greift R. nicht nur in die Debatte um den § 218 mit dem Drama *Der Frauenarzt* (1928) ein, sondern macht sich schon Mitte der 20er Jahre zum Anwalt des Rechtserwartens der Bevölkerung gegenüber der Justiz.

Auf dieser Ebene kommen in den Dramen auch religiöse Motive der Tradition – in liberal-ethischer Interpretation – zur Geltung, während R.s Werk sonst keine explizite Bindung an das Judentum oder jüdische Reformbewegungen erkennen lässt. Biblische Spuren finden sich in dem von Piscator 1925 inszenierten und viel nachgespielten Stück *Wer weint um Juckenack?*, mit dem R. zu einem Schrittmacher der »Neuen Sachlichkeit« auf der Bühne wird. Dennoch verbirgt sich hinter dem Titel ein *Jedermann*-Spiel, denn der Held, Jurist seines Zeichens, erwacht nach altem Spielschema aus einem Zustand von Scheintod und erhält noch eine Frist zur Lebensrevision. In dieser Spanne wird Juckenack die Diskrepanz zwischen dem ethischen Anspruch seines Berufs als Jurist und der menschlichen Dürftigkeit seines privaten Handelns zum Problem. Seine Selbstzweifel artikulieren sich u.a. in Reminiszenzen an Bibelstellen. Erst nachdem er der Geltung des Gesetzes die personale Dimension von Liebe, in Anlehnung an den 1. Korintherbrief, gegenübergestellt hat, kann er dem eintretenden Tod »kerzengerade still« entgegensehen. Auch im Stück des Folgejahres, *Nickel und die sechsunddreißig Gerechten*, wird das Verhältnis von Recht, Gesellschaft und Leben bzw. individuellem Ethos unter religiösen Vorstellungen thematisiert. Die Legende von den sechsunddreißig Gerechten, auf deren Wirken der Bestand der Welt beruht, bricht sich im individuellen Handeln. Solange Nickel sich aufgrund eines halluzinatorischen Erlebnisses für einen der Gerechten hält, verwickelt er sich und seine Lebenspartner in größte Komplikationen. Erst als er sich von diesem Anspruch befreit, bringt er die Verhältnisse wieder in Ordnung und kann die Erfahrungen seines Lebens anders bewerten. Das Fazit belehrt grundsätzlich über Sendungsbewusstsein und Rechtsansprüche: Soweit diese ein menschliches Individuum zum Träger oder Garanten eines Systems funktionalisieren, führen sie eine Deformation herbei, welche die menschliche Substanz gefährdet.

Ende der 20er Jahre wendet sich R. einer neuen dramatischen Methode zu, indem er historische Exempelfälle als verkleidete Zeitstücke in die politischen Kämpfe der Gegenwart einführt. Die *Affaire Dreyfus* wird so zum emphatischen Appell, die Rechtssubstanz der Republik zu erhalten und im Sinne der Minderheiten, insbesondere des Judentums, zu stärken und gegen die deutsch-nationale und faschistische Allianz zu verteidigen. Der zusammen mit Wilhelm Herzog dramatisierte Sensationsprozess von Vorgestern wird – wie Herbert Ihering schreibt – ein »politisches Gleichnis der Gegenwart«. Mit der Aufführung an der Berliner Volksbühne 1929 leiht der historische Zola seine Stimme der deutschen Republik der Gegenwart. Auch mit dem folgenden Historienstück (Uraufführung 1933) beschwört R. die Gefahr einer Machtübernahme von rechts: *Die Stunde des Hauptmanns Grisel* thematisiert erneut französische Geschichte mit einem Stoff aus der Zeit des französischen Directoire, unmittelbar vor der Machtübernahme Napoleons, und warnt so vor der drohenden faschistischen Diktatur. Im Exil setzt R. sein linksliberales Engagement fort. In Österreich gibt er unter Pseudonym Stücke heraus, von denen *Wasser für Canitoga* auch im nationalsozialistischen Deutschland viel gespielt und sogar verfilmt wird. Im späteren Londoner Exil arbeitet R. beim BBC mit und spricht in Sendungen für »das andere Deutschland«, ehe er ab 1944 in New York erneut mit Piscator an dessen Studiobühne als Dramatiker zusammenarbeitet und gleichzeitig an der New School of Social Research unterrichtet. Gemäß seiner liberalen und ethisch politisch engagierten Einstellung kehrt R. Anfang der 50er Jahre nach Deutschland zurück und setzt sich als Dramaturg an großen Bühnen in Hamburg und München für ein neues deutsches Theater ein.

Werke: Nickel und die sechsunddreißig Gerechten. 7 Bühnenstücke, Berlin 1960; Ausgewählte Werke in 4 Bdn., hg. Deutsche Akademie der Künste zu Berlin, Berlin 1967.

Literatur: J.M. Ritchie, The Exile Plays of H.J.R., in: German Exiles. British Perspectives, hg. ders., New York 1997, 146–160.

Hans-Peter Bayerdörfer

Reich-Ranicki, Marcel

Geb. 2.6.1920 in Włocławek/Polen

R.-R., seit den 1960er Jahren bis in das 21. Jahrhundert hinein der produktivste, einflussreichste, populärste und umstrittenste Literaturkritiker deutscher Sprache, veröffentlichte 1999, im Alter von fast 80 Jahren, seinen größten Bucherfolg: die Autobiographie *Mein Leben*. Sie wurde in über einer Million Exemplaren aufgelegt, in etwa 20 Sprachen übersetzt und 2009 (unter der Regie von Dror

Zahavi) verfilmt. Die Autobiographie beginnt mit der Frage nach der eigenen Identität. Ende Oktober 1958, drei Monate nach der Übersiedlung des Literaturkritikers aus Polen in die Bundesrepublik, fragte ihn Günter Grass während einer Tagung der »Gruppe 47«: »Was sind Sie denn nun eigentlich – ein Pole, ein Deutscher oder wie?« R.-R.s spontane Antwort: »Ich bin ein halber Pole, ein halber Deutscher und ein ganzer Jude.« Der Autobiograf sieht das ein halbes Jahrhundert später ganz anders. An seiner damaligen Antwort stimme kein einziges Wort. Er sei nie ein halber Pole und auch kein halber Deutscher gewesen. Und: »Ich war noch nie in meinem Leben ein ganzer Jude, ich bin es auch heute nicht.« Das ganze erste Kapitel der Autobiographie ist der Versuch, eine neue Antwort auf die alte Frage von Grass zu finden. Dass die Frage nach der eigenen Identität wiederholt gestellt wird und dass die Antworten wechseln, ist symptomatisch für die notorischen Schwierigkeiten, die die Fragen nach der Identität jüdischer Intellektueller in der europäischen Moderne nicht zuletzt diesen selbst permanent bereiteten.

In Włocławek, einem polnischen Städtchen an der Weichsel, kam er am 2. Juni 1920 zur Welt. Der Vater, damals vierzig Jahre alt, hieß David Reich, war in Polen geboren und Sohn eines erfolgreichen jüdischen Kaufmanns. Die vier Jahre jüngere Mutter Helene Reich, geborene Auerbach, war eine Deutsche, ihr Vater ein verarmter Rabbiner. Sie kam aus Preußen, war in der deutschen Kultur verwurzelt und wurde durch ihre Ehe nach Polen gleichsam verbannt. Ein halber Pole? Es gibt in der von R.-R. erzählten Geschichte seiner Kindheit nichts, was heimatliche Gefühlsbindungen an dieses Land erkennen lässt. Mit dem Land, aus dem der Vater stammte, mochte er sich nie identifizieren. Seine Identität definiert der Autobiograf über die Beschreibung der Mutter. Obwohl sie nach der Eheschließung jahrzehntelang in Polen gewohnt hatte, blieb ihr Polnisch »fehlerhaft und dürftig«. Ihr Deutsch hingegen beschreibt der Sohn als »makellos« und »besonders schön«. Die Mutter beschaffte sich in Polen deutsche Bücher, abonnierte das *Berliner Tageblatt*, zitierte in Gesprächen gerne die deutschen Klassiker, und wenn der Sohn ihr zum Geburtstag gratulierte, machte sie ihn regelmäßig darauf aufmerksam, dass sie am gleichen Tag wie Goethe geboren sei. Als der Vater dem Sohn Hebräischunterricht erteilen lassen wollte, widersetzte sich die Mutter erfolgreich. »Dies war sein erster Versuch, in meine Erziehung einzugreifen; es war auch sein letzter« (*Mein Leben*). Die Mutter schickte ihn später auf eine deutschsprachige Volksschule.

Ein halber Deutscher? Wenn es so etwas wie einen heimatlichen Ort im Leben R.-R.s gegeben hat, dann war dies eine Zeit lang Berlin. Hier verbrachte er seine Jugend. Ein knappes Jahrzehnt lebte er dort, von antisemitischen Belästigungen zunächst weitgehend unbehelligt. Dann wurde er deportiert – nach Polen, das ihm inzwischen gänzlich fremd geworden war. Sich mit dem Land, das die Heimat seiner Mutter war, zu identifizieren, machte der Nationalsozialismus dem Juden unmöglich. Das »Land der Kultur« zeigte sich auch als das Land der Barbarei. Seinem Buch *Über Ruhestörer* (zuerst 1973) mit dem Untertitel »Juden in der deutschen Literatur« stellte er die Widmung voran: »Da dieses Buch von Juden in der deutschen Literatur handelt, widme ich es dem Andenken jener, die von Deutschen ermordet wurden, weil sie Juden waren. Zu ihnen gehören mein Vater David Reich, meine Mutter Helene Reich, geb. Auerbach, und mein Bruder Alexander Herbert Reich.« Und warum kein ganzer Jude? Was R.-R.s Verhältnis zum Judentum angeht, so war es wiederum nicht der Vater, der ihn prägte. Dieser besuchte an hohen Feiertagen und am Sabbat regelmäßig die Synagoge. Ob er an Gott glaubte, hat der Sohn nicht erfahren. Darüber wurde in der Familie nicht gesprochen. An jüdischen Traditionen hielt der Vater jedenfalls fest, und vom Zionismus war er tief beeindruckt. Anders die Mutter: Von Religion wollte sie nichts wissen, an jüdischer Kultur zeigte sie kein Interesse. »Trotz ihrer Herkunft? Nein, wohl eher wegen ihr. Ich glaube, daß sie mit der unmißverständlichen Abwendung von der geistigen Welt ihrer Jugend still und sanft gegen das rückständige Elternhaus protestierte.« (*Mein Leben*) Ihr Vater war zwar wie schon seine männlichen Vorfahren Rabbiner, doch von den fünf Söhnen folgte ihm darin nur der älteste.

Öffentliche Auskunft über seine Einstellung zur jüdischen Religion hat R.-R. relativ selten gegeben. Religion und Glauben waren für ihn nie existenziell bedrängende Probleme. Die beiläufigen und knapp gehaltenen Bekenntnisse zum Atheismus lassen keine starken Affekte erkennen, doch an Deutlichkeit nichts zu wünschen übrig. Affektiver und ausführlicher setzt sich R.-R. mit religiösen Praktiken des Judentums auseinander. Unerträglich findet er die »Weigerung und Unfähigkeit, unzählige, seit Menschengedenken existierende, aber längst sinnlos gewordene Gebote und Vorschriften abzuschaffen. [...] Diese Vorschriften empörten mich, am meisten jene, die den Juden untersagten, am Sabbat zu schreiben. Schon sehr früh, ich muss es unmißverständlich sagen, habe ich am Verstand jener gezweifelt, die derartige Gebote streng erfüllten.« Symptomatisch ist, dass R.-R., unter Berufung auf den »Verstand«, den anachronistisch gewordenen Traditionen des Judentums tradierte Einsichten der deutschen Aufklärung entgegenhält, fünf Verse nämlich aus Goethes *Faust*: »Es erben sich Gesetz und Rechte/ Wie eine ewge Krankheit fort,/ Sie schleppen vom Geschlecht sich zum Geschlechte/ Und rücken sacht von Ort zu Ort./ Vernunft wird Unsinn, Wohltat Plage.«

Bei aller Distanz zur jüdischen Religion sieht R.-R. sich in einem Aspekt jüdischen Kulturtraditionen eng verbunden: die herausragende Bedeutung von Schrift und Wort. »Die Juden haben keine Schlösser und Paläste erbaut, keine Türme und Dome errichtet, keine Reiche gegründet. Sie haben nur Worte aneinander gereiht. Es gibt keine Religion auf Erden, die das Wort und die Schrift höher schätzen würde als die mosaische« (*Mein Leben*). An die Stelle religiöser Schriften trat die Literatur, vor allem die deutsche. Sie erhielt für ihn existenzielle Bedeutung. Seine Antwort auf die Frage, ob es für ihn so etwas wie ein Zuhause gebe, schloss er 1984 in einem Gespräch mit Joachim Fest mit den später mehrfach ähnlich wiederholten Sätzen ab: »Von Heine stammt das schöne Wort, die Juden hätten sich im Exil aus der Bibel ihr portatives Vaterland gemacht. Und so bin auch ich schließlich weder ein heimatloser noch ein vaterlandsloser Mensch. Auch ich habe ein portatives Vaterland – es ist die deutsche Literatur, die deutsche Musik.«

Der Zionismus interessierte den Schüler in Berlin vor allem als literarisches, nicht als politisches Phänomen. Als Jude ausgeschlossen von Schulfeiern, Ausflügen und Sportwettkämpfen, suchte er Anschluss beim Jüdischen Pfadfinderbund Deutschlands, wurde hier jedoch mit seiner Leidenschaft für Literatur nicht heimisch. Diese zionistische Jugendorganisation machte ihn allerdings, wie der Autobiograph positiv hervorhebt, auf Theodor Herzl aufmerksam. Er bewunderte den »Wiener Kaffeehausliteraten« als einen literarischen Intellektuellen und assimilierten Juden mit großartiger Phantasie, ungewöhnlicher Kühnheit und grandiosem Organisationstalent, dem etwas Unerhörtes gelungen sei: mit einem Roman (*Altneuland*) zur Weltveränderung beizutragen. »Der neuzeitliche Staat der Juden – das war erst einmal ein Stück deutscher Literatur«.

Dass sich R.-R. bei aller Distanz zur jüdischen Religion und zum politischen Zionismus und bei seinen offenen Aversionen gegenüber religiösen Praktiken und Erscheinungsformen orthodoxen Judentums fraglos als Jude begriff und dass er sich zeitlebens mit Problemen des Judentums auseinandersetzte, dafür sorgten andere. Entschieden wehrte er sich immer wieder gegen jede Form des Antisemitismus und engagierte sich für jüdische Institutionen. In seiner wegweisenden Essaysammlung *Über Ruhestörer* zitiert R.-R. eine erhellende, freilich in sich nicht unproblematische Bemerkung Jean-Paul Sartres: Der Jude befinde »sich in der Situation des Juden, weil er inmitten einer Gesellschaft lebt, die ihn als Juden betrachtet.« Der »Jude« ist ein soziales und kulturelles Konstrukt – mit oft höchst realen und furchtbaren Folgen. Die Einsicht geht mit der Beobachtung einher, dass man es, wie R.-R. formuliert, »mit einem Phänomen zu tun hat, das mit den üblichen Kategorien – den religiösen, nationalen, sprachlichen, ethnischen oder rassischen – nicht hinreichend erklärt und abgegrenzt werden kann.« Die Schwierigkeiten im Umgang mit dem Thema hat R.-R. klar benannt, ohne vor ihnen zu resignieren. Angemessener als philosemitische Beteuerungen und erbauliche Appelle an brüderliche Gemeinsamkeiten seien sachliche Beiträge zur historischen Aufklärung über die Beziehung zwischen Juden und Deutschen.

Das eigene Buch *Über Ruhestörer* besteht selbst aus solchen Beiträgen. Der Untertitel »Juden in der deutschen Literatur« ist identisch mit dem Titel eines 1922 erschienenen Sammelwerkes. Der Herausgeber Gustav Krojanker wies hier auf die Problematik eines solchen Buches hin. R.-R. zitiert ihn: »Denn es scheint in diesem Deutschland fast nicht anders denkbar, daß die Geschäfte einer finsteren Reaktion betreibt, wer das Wesen des Juden als ein unterschiedliches überhaupt zu betrachten wagt.« R.-R. schreibt zwar nicht mehr vom »Wesen des Juden«, wagt es aber doch, die Werke und Lebensgeschichten prominenter Autoren jüdischer Herkunft nach ihren Gemeinsamkeiten zu befragen. Und für alle Antworten, die er formuliert, für alles, was er an Autoren wie Rahel Varnhagen, Heinrich Heine, Ludwig Börne, Arthur Schnitzler, Peter Weiss, Erich Fried oder Jurek Becker beobachtet, gilt der Satz aus seiner enthusiastischen Würdigung von Hans Mayers Buch *Außenseiter*: »Diese Darstellung der Literatur, diese passionierte Auseinandersetzung mit ihren wirklichen und erfundenen Figuren ist unentwegt, bewußt oder unbewußt, auch Selbstdarstellung und Selbstauseinandersetzung.« Das Buch *Über Ruhestörer* berichtet zu weiten Teilen über Leidensgeschichten, über Geschichten des »Leidens am Judentum«. Der 1995 gehaltene Vortrag *Die verkehrte Krone oder Juden in der deutschen Literatur*, der die Auseinandersetzung mit dem Thema fortsetzt, spricht von einer »Passionsgeschichte«. Das Gemeinsame an diesem Leiden beschreibt R.-R. als das Gefühl, nicht in die soziale Umwelt integriert zu sein, als Konfrontation mit der Befangenheit anderer, einer Befangenheit, die zu Missachtung, Diskriminierung oder Hass werden konnte. Selbst größte kulturelle Erfolge konnten den Juden dieses Leiden nicht nehmen. »Es ist zum Verzweifeln«, so zitiert er Berthold Auerbach mit einer Äußerung aus dem Jahre 1880, als der sog. Berliner Antisemitismusstreit ausgetragen wurde: »In den Freiesten steckt ein Hochmut und ein Widerwille gegen die Juden, der nur auf Gelegenheit wartet, um zu Tag zu kommen.«

Die Geschichte der deutsch-jüdischen Schriftsteller seit dem 19. Jahrhundert beschreibt R.-R. als eine Geschichte des Glanzes und des Elends, als Kette von »Triumphen und Niederlagen ihres persönlichen Kampfes um Anerkennung« (*Über Ruhestörer*). Viele versuchten »durch außergewöhnliche geistige und künstlerische Leistungen Ansehen zu erlangen und auf diese Weise die tatsächliche Emanzipation zu erzwingen.« Das Begehren, integriert oder gar geliebt zu sein, und die Aussichtslosigkeit dieses Begehrens sind seit Moses Mendessohn und Rahel Varnhagen und seit der Liebeslyrik Heines die zentralen Themen jener Autoren, die sich mit ihrem Judentum – selbstbewusst oder leidend – auseinandergesetzt haben. Fremdheit und Außenseitertum jüdischer Autoren gehörten zu den Voraussetzungen ihrer Leistung und Kreativität – Voraussetzungen, auf die sie selbst gerne verzichtet hätten, der sie aber vor allem auch ihre Kritikfähigkeit verdankten.

Dass diese Sicht R.-R.s die Interpretation auch der eigenen Lebensgeschichte prägt, zeigen vor allem jene Kapitel seiner Autobiographie, die von den Jugendjahren in Berlin und von seinem Leben im Warschauer Getto handeln. Als Jude und polnischer Staatsangehöriger konnte er in Berlin zwar 1938 noch das Abitur machen, sein Immatrikulationsgesuch für ein Studium der Germanistik lehnte die Universität jedoch ab. Im Oktober 1938 wurde R.-R. verhaftet und nach Polen deportiert. Der zweite Teil der Autobiographie (1938–1944) schildert das Leben im Warschauer Ghetto, die Ermordung der Eltern und des Bruders, die Flucht mit seiner Frau Teofila, das Überleben in einem Versteck und die Befreiung durch die Rote Armee.

Als R.-R. am 27. Januar 2012, dem Tag des Gedenkens an die Opfer des Nationalsozialismus, vor dem Deutschen Bundestag sprach und mit seiner Rede eine so große Öffentlichkeit erreichte wie nie zuvor, griff er auf seine Autobiographie zurück. Er erinnerte an den 22. Juli 1942, an dem er als Leiter des »Übersetzungs- und Korrespondenzbüros« im Judenrat einer Mitarbeiterin seine polnische Übersetzung des Todesurteils diktierte, das die SS über die Juden von Warschau gefällt hatte. Es war ihm selbst wenige Stunden vorher von einem Deutschen diktiert worden, von Hermann Höfle, der die Deportation der Juden aus Warschau nach Treblinka vom 22. Juli bis September 1942 organisierte und überwachte. Der Judenrat arbeitete gegen die Deutschen und zugleich unter ihrem Diktat. Die prekäre Situation derer, die ihm angehörten, konnte tragische Dimensionen annehmen. Zum tragischen Helden jedoch stilisiert R.-R. sich selbst in seinen Erinnerungen nicht, sondern zu einer Figur, die mit hartnäckiger und gewitzter Flexibilität um das Überleben kämpft und dabei nicht nur um das eigene. Das nationalsozialistische Dekret vom 22. Juli 1942 nahm einige Personengruppen von der »Umsiedlung« aus, darunter die Mitarbeiter des Judenrats sowie deren Frauen und Kinder. Noch am selben Tag lässt sich daher R.-R. mit seiner Freundin Teofila Langnas von einem Rabbiner trauen. Zur tragischen Gegenfigur wird dagegen Adam Czerniaków, der an der Spitze des Judenrates und damit des Ghettos stand. Seinen Freitod am 23. Juli kommentierte R.-R. am Ende seiner Rede vor dem Bundestag mit den Worten: »Nicht imstande, gegen die Deutschen zu kämpfen, weigerte er sich, ihr Werkzeug zu sein. Er war ein Mann mit Grundsätzen, ein Intellektueller, der an hohe Ideale glaubte. Diesen Grundsätzen und Idealen wollte er auch noch in unmenschlicher Zeit und unter kaum vorstellbaren Umständen treu bleiben.«

Werke: Über Ruhestörer. Juden in der deutschen Literatur, München 1973 (erw. Neuausgabe 1993); Zwischen Diktatur und Literatur. M.R.-R. im Gespräch mit Joachim Fest, Frankfurt a. M. 1987; Die verkehrte Krone. Über Juden in der deutschen Literatur, Wiesbaden 1995; Mein Leben, Stuttgart 1999.

Literatur: M.R.-R. Sein Leben in Bildern, hg. F. Schirrmacher, Stuttgart/München 2000; M.R.-R., hg. Th. Anz, München 2004; U. Wittstock, M.R.-R. Geschichte eines Lebens, München 2005.

Thomas Anz

Robert, Ludwig (eigentl. Louis Lipman)

Geb. 16.12.1778 in Berlin;
gest. 5.7.1832 in Baden-Baden

Als der Vater, der wohlhabende Bankier und Diamantenhändler Levin Markus starb, war Lipman, meist Louis genannt, gerade zwölf Jahre alt. Der ältere Bruder Markus wurde Vorstand der Familie, und dieser und seine Mutter Chaie beschlossen, Louis der Ausbildung zu verpflichten, die für ein orthodox-jüdisches Haus in Berlin zu dieser Zeit üblich war: Er sollte Kaufmann werden. Louis wurde in den folgenden Jahren zu einem Familienfreund nach Breslau geschickt und zog dann zur weiteren Lehre nach Hamburg, doch er fand wenig Interesse am Kaufmannsberuf. So bewunderte er auch weniger seinen Bruder Markus als seine Schwester Rahel, die schon früh als Saloniere Ruhm gewann und neben Vertretern der jüdischen Gemeinde Berlins vor allem Künstler und Aristokraten in dem väterlichen Haus versammelte. Neben Rahels Konversation wurden von ihren Gästen vor allem auch ihre Briefe geschätzt, welche den Salon ins Schriftliche übersetzten und von einem großen literarischen Talent zeugten.

Louis zog es ebenso bald zur Literatur. Er veröffentlichte Gedichte, verfasste Theaterkritiken, übersetzte Dramen aus dem Französischen und schrieb bald eigene Theaterstücke. Er wählte »Ludwig Robert« als seinen Künstlernamen, und als sich die Juden Berlins nach preußischem Gesetz 1812 einen legalen Nachnamen zulegen mussten, wurde R. – mit dem Zusatz »-tornow«, nach einer kleinen Ortschaft bei Berlin – auch von seiner Familie als Namen angenommen. Wie seine Schwester Rahel löste sich auch R. früh vom orthodoxen Judentum. Er war ein Vertreter der Aufklärung, der lediglich an einer Moralreligion festhalten wollte. Das Christentum – darunter verstand er eigentlich die protestantische Religion – mochte für ihn die Religion der neuen Zeit sein, aber für die Institution der Kirche und das diskriminierende Verhalten christlicher Bürger Juden gegenüber hatte er nichts als Kritik. In seiner Korrespondenz mit Rahel stehen Fragen christlicher Moral und eine Analyse der sozialen Situation des Judentums im Vordergrund. Nach R. wäre ein wahres Christentum zu unterstützen, aber dies war noch nicht Realität. »Sobald die Christen Christen sein werden, werden die bessern Juden aufhören, Juden zu sein«, schrieb R. im Januar 1816 an die Schwester. »Solange aber dies nicht geschieht, sind diese kreuztragenden Juden die wahren Christen; und jene sündige Christen die wahren Juden. Seitdem man den Juden hier so mitspielt, habe ich ein wollüstiges Gefühl der Schmach; mein Mitleid mit dem sündhaften Unsinn der Christen erhebt mich über und bestärkt mich, ein Jude zu bleiben, das heißt ein Mensch, dem Gott gebietet, daß er keine *andre* Götter nebem Ihm haben soll, und der *laut* sagen darf: Ich glaube nicht an die Gottheit jenes gottgesendeten Menschen, den ihr Christus den unbefleckt-empfangnen Sohn des Vaters im Himmel nennt«. Bestärkte R. hier formal sein Judentum gegenüber den »Pfaffen«, dem Adel, und den romantischen Philosophen von A.W. Schlegel bis F. Schleiermacher, welche für ihn das wahre Christentum der Liebe und Toleranz verraten hatten, so bereitete er sich bereits im April 1819 in Mannheim auf seine Konversion vor. »Wie Du mich kennst, so wirst Du wissen, daß ich, eben so ernst ich mich früher weigerte, ich diesen Schritt jetzt tue. Aus unserer Individualität können wir nun einmal nicht heraus«, heißt es in einem Brief an die Schwester, die bereits 1814, kurz vor ihrer Hochzeit mit dem Journalisten Karl August Varnhagen, zum Christentum übertrat. R. selbst hatte inzwischen in Karlsruhe die Schwäbin Friederike Braun kennengelernt, die er 1822 nach ihrer Scheidung von einem italienischen Schausteller heiratete. Einer der eindrucksvollsten Briefe R.s ist sein Bericht der Hep-Hep-Unruhen in Heidelberg und Karlsruhe, verfasst am 22. August 1819. R. arbeitete als Journalist und Theaterkritiker für das *Cottasche Morgenblatt* und andere Zeitschriften, und sein an Rahel adressierter Brief enthält einen minutiösen Augenzeugenbericht der Ausschreitungen gegen die jüdische Bevölkerung, der deutlich durch seine Zeitungserfahrung geprägt ist.

R. verehrte Fichte, dem er Gedichte widmete, und sah sich in den Freiheitskriegen als deutscher Patriot. Sein Votum für eine christliche Aufklärungsreligion und seine Stellungnahme für die sozial unterdrückten Juden finden in zwei seiner Dramen besonderen Ausdruck. Das bürgerliche Trauerspiel *Die Macht der Verhältnisse* wurde am 30. November 1815 in Berlin uraufgeführt und erschien 1819 im Druck; es ist R.s zweites, aber sein erstes veröffentlichtes und sein bekanntestes Theaterstück. Das Drama behandelt die Frage, ob ein Adeliger einem Bürgerlichen Satisfaktion geben kann. *Die Macht der Verhältnisse* wurde, obwohl R. einer solchen Rezeption widersprach, als Kommentar zu einem aktuellen Skandal verstanden. Achim von Arnim besuchte im Juni 1811 eine Abendgesellschaft in einem jüdischen Haus und beleidigte mit seinem Auftreten die Gastgeberin. Ihr Neffe Moritz Itzig forderte daraufhin Arnim zum Duell, dieses wurde aber von Arnim abgelehnt, da ein Jude nicht satisfaktionsfähig sei. Wenig später überfiel Itzig Arnim in einem Badehaus, und wurde von diesem wegen tätlicher Beleidigung angeklagt. R. insistierte, sein Drama schon vor dieser Auseinandersetzung konzipiert zu haben, dennoch wurde *Die Macht der Verhältnisse* als ein Stück über die Satisfaktionsfähigkeit der Juden – und speziell als Darstellung des Arnim/Itzig-Falls – verstanden.

Kassius und Phantasus oder der Paradiesvogel wird von R. als eine »Tragödie« verstanden. Bereits vor der Veröffentlichung (1925) erregte R. damit Aufsehen, als er 1822 Passagen in einem informellen Lesezirkel nichtjüdischen Bekannten vortrug. R. führte in diesem Drama nicht nur jüdische Charaktere ein, sondern gab ihnen auch einen jiddischen Sprachklang. Jiddisch »mauschelnde« Figuren gab es bereits seit längerem auf der Bühne; sie waren vor allem als komische Gestalten beliebt, welche das Publikum in den Theaterpausen erheiterten oder zum Repertoire zumeist antijüdisch orientierter Lustspiele gehörten. Karl Borramäus Alexander Sessas Farce *Unser Verkehr* hatte nur wenige Jahre zuvor große Erfolge erziehlt, doch das jüdische Theaterpublikum konsterniert. *Kassius und Phantasus* war jedoch keine Komödie und kein Lustspiel, und die jiddisch sprechenden Charaktere dieses Stückes sollten ernst genommen werden. Dazu war R. selbst jüdischer Herkunft und machte, im Gegensatz zu vielen seiner Zeitgenossen, auch nach seineronversion aus dieser keinen Hehl. Bis zu seinem Tode blieb er seinem Glauben treu, wie er 1816 in seinem Gedicht *Jude und Christ* formulierte: »Wenn *der* ein Jud' ist, der im Mutterleibe/ Verdammt schon war zu niederm Sklavenstande;/ Der ohne Rechte lebt im Vaterlande,/ Dem Pöbel, der mit Kot wirft, eine Scheibe;// Dem gar nichts hilft, was er auch tu' und treibe;/ Des Leidenskelch doch voll bleibt, bis am Rande,/ Verachtungsvoll und schmachvoll und voll Schande -/ Dann bin ich Jud' - und weiß auch, daß ich's bleibe.// Und wenn *der* Christ ist, der sich streng befleißet,/ Sein Erdenkreuz in Demut zu ertragen,/ Und *die* zu lieben, die ihn tödlich hassen;// Glaubend, daß alles, was sein Herz zerreißet,/ Der Herr, um ihn zu prüfen, zugelassen -/ Dann bin ich Christ! - das darf ich redlich sagen.«

Werke: Kämpfe der Zeit, Stuttgart 1817; Die Macht der Verhältnisse, Stuttgart 1819; Tochter Jephtas, Stuttgart 1820; Kassius und Phantasus oder der Paradiesvogel, Berlin 1825; Schriften, Mannheim 1838; Die Briefe, in: Leo Baeck Institute Bulletin 52 (1976), 23–47; Briefwechsel von L.R. und Rahel Levin Varnhagen, hg. C. Vigliero, München 2001.

Literatur: E. Altendorff, L.R., Leipzig 1923; L. Kahn, L.R.s Lebensgang, in: Leo Baeck Institute Yearbook 18 (1973), 185–199; M. Samburský, L.R.s Lebensgang, in: Leo Baeck Institute Bulletin 52 (1976), 23–47; H. Thomann Tewarson, German-Jewish Identity in the Correspondence between Rahel Levin Varnhagen and Her Brother, L.R, in: Leo Baeck Institute Yearbook 39 (1994), 3–29; L. Weissberg, Dramatic History. Reflections on a Biblical Play by L.R., in: Literary Strategies: Jewish Texts and Contexts, hg. E. Mendelsohn, New York 1996, 3–20; L. Weissberg, Das Drama eines preußischen Patrioten: L.R.s »Jephthas Tochter«, in: Judentum zwischen Tradition und Moderne, hg. G. Biegel u. a., Heidelberg 2002, 95–116; dies., Kann ein Jude Romantiker sein?, in: Romantische Religiosität, hg. A.v. Bormann u. a., Würzburg 2005, 265–283.

Liliane Weissberg

Roda Roda, Alexander Friedrich (eigentl. A.F. Rosenfeld)

Geb. 13.4.1872 in Drnowitz (Mähren); gest. 21.8.1945 in New York

Obwohl Oskar Maria Graf in seinem Nachruf R. liebevoll zum Symbol für »die wahrhaft menschliche, tief zivilisierte Geselligkeit Mitteleuropas« er-

hob, obwohl R.s zahlreiche Freundschaften zu prominenten Persönlichkeiten wie etwa zu H. Mann, E. Mühsam, J. Roth, K. Tucholsky, S. Zweig bis zu König Ferdinand von Bulgarien belegt sind, erschöpft sich das, was man von ihm weiß, immer noch weitgehend in Anekdoten, was R. zum Teil selbst zu verantworten hat. Einerseits lässt sich dies mit seinem Hang zur Selbststilisierung erklären, andererseits mag es insofern überraschen, als R. zu den erfolgreichsten Autoren seiner Zeit zählte und weit über die Grenzen der österreich-ungarischen Monarchie bekannt war. Sein umfangreiches literarisches Werk - Romane, Erzählungen, Anekdoten, Humoresken, Theaterstücke, Feuilletons sowie Nachdichtungen von Texten balkanischer Autoren - erfreute sich beim Publikum größter Beliebtheit. Gregor von Rezzori führte seinen Erfolg darauf zurück, dass es das, was wir unter der Welt der Donaumonarchie verstehen, erst seit R. gibt. Ähnlich äußerte sich auch A. Kuh, der R.s Autobiographie mit dem Titel *Roda Rodas Roman* (1924) als das »erste Österreich-Buch« bezeichnete, als »eine packende herzerfrischende Kulturchronik«. »Mir ist dieses Buch, auf dessen Autor die kaltatmigen Niveauschöpsen geringschätzig blicken, lieber als neunundneunzig Hundertstel von allem, was heute deutsches Druckpapier anfüllt. [...] Ganz Österreich ist drin erhalten. Die farbenbunte, gemütliche Mischung aus Juden, Soldateska, Aristokratie, Geschäftsreisenden und Lebewelt.« Die »köstlichen Gestalten von Dummköpfen, vertrottelten Soldaten und schwerfälligen, hohlköpfigen Offizieren« (Magris) bevölkern auch den *Feldherrnhügel* - ein gemeinsam mit C. Rössler verfasstes Lustspiel, das trotz des anfänglichen Aufführungsverbots zu einem riesigen Theatererfolg und mehrmals verfilmt wurde - in der Stummfilmfassung debütierte R. als Filmschauspieler -, während die mit G. Meyrink geschriebenen Stücke kaum der Rede wert sind. Tucholsky nannte R. »ein Wunder an Erzähltechnik«, das »mit der seltensten Sprachkraft den Ausdruck, die Pointe, das Wort für eine Situation, für Personen und Zustände gefunden und geformt« hat. »Dieser Mann spricht alle Sprachen des Kontinents: deutsch, bürokratisch, bayrisch, weanerisch, jiddisch, preußisch, durch die Nase, kokottisch … und jedesmal so unheimlich echt.«

Die Anerkennung dieses polyglotten Kosmopoliten wurde keineswegs von allen geteilt. Zu den schärfsten Kritikern gehörte K. Kraus. Er warf R. propagandistische Tätigkeit als Kriegsberichterstatter vor und verhöhnte ihn als einen Literaturfabrikanten, der wahllos für »europäische Witzblätter […], Hotelanzeiger, Volkskalender, Reisezeitungen und Postbücheln« schreibe und eine schamlose Vielfachverwertung seiner Texte betreibe. So ließ R. beispielsweise seine zuerst im *Simplicissimus* veröffentlichten Novellen später als Bücher mit den Titeln *Adlige Geschichten* (1906) und *Kaiserliche Kämmerer* (1912) erscheinen. Doch dürfte ihn dieser Vorwurf weit weniger getroffen haben als die Abqualifizierung als Verfasser harmloser Humoresken. In dem Prosastück *Lieber Herr Professor* erteilte er dem Verfasser einer *Geschichte der deutschen Literatur* eine Rüge, weil dieser Witz und Satire in seinem Buch nicht gebührend gewürdigt habe. »Warum«, so beschwert er sich, »haben Sie die komische Dichtung im Anhang abgetan, in kleiner Schrift, im letzten Winkel Ihrer Betrachtung!« Die bis heute geringe Beachtung R.s in der Literaturwissenschaft verdankt sich aber wohl der Tatsache, dass er, der sich selbst als liberaler, unpolitischer Mensch empfand, auf gesellschaftliche Erscheinungsformen satirisch reagierte, ohne sie wirklich infrage zu stellen.

Unter diesem Aspekt lässt R. in seinen Texten auch Juden zu Wort kommen. Der in den *Panduren* (1935) enthaltene »spaßige« Brief des Reb Hersch aus Essegg ist »eine nie versiegende Quelle des Humors, erreicht durch die Komik der Sprache und durch die treffliche Wiedergabe der verworrenen Denkweise dieses erniedrigten Menschen« (Obad). Während sich R. hier auf eine fast rührende Charakteristik des jüdischen Briefschreibers beschränkt, kommt er etwa mit den Darstellungen »geldgieriger« Juden einem antisemitischen Vorurteil seiner Zeit entgegen: »So wußten sie sich doppelten Nutzen zu schaffen: indem sie drüben die Preise drückten und hüben schraubten.« In einer Anekdote erzählt er von dem Verein zur Bekämpfung des Antisemitismus; man beschließt, auch Juden müssten aufgenommen werden, worauf ein bekanntes Mitglied meint, es habe gehofft, wenigstens in diesem Verein vor den Juden Ruhe zu haben. *Der verlorne Sohn* lässt Rückschlüsse auf R.s ambivalente Persönlichkeit zu: Als der Sohn erklärt, Literat werden zu wollen, antwortet der hofrätliche Vater: »Edgar, wann du uns dö Schand durchaus antun mußt un dei Glück derbei findst – gut. […] Nur aans, Edgar, bitt i mir aus […]: Israelit därfst du darum net wern.« Dahinter verbirgt sich zweifellos R.s identifikatorisches Problem. Einerseits konnte er nicht auf eine gesellschaftlich attraktive Ahnenreihe zurückblicken – seine Vorfahren waren Handwerker, Geschäftsleute und Bauern –, andererseits bedeutete seine jüdische Abstammung in Zeiten des aufkeimenden Antisemitismus eine Belastung, die er durch Verleugnung seiner Herkunft zu bewältigen versuchte.

R. kam als drittes von fünf Kindern in dem mährischen Dorf Drnowitz zur Welt, in seinem autobiographischen Roman aber verlegt er seinen Geburtsort in das slawonische Zdenci, wo sein Vater einen Gutsverwalterposten angenommen hatte. Hier verlebte R. eine glückliche Kind- und Jugendzeit, so dass Drnowitz für ihn fortan nicht mehr existierte. R. sollte Jurist werden, brach jedoch 1893 sein Studium in Wien ab, um die Offizierslaufbahn zu ergreifen, während der er seine literarischen Ambitionen erstmals 1896 durch Publikationen über militärische Belange kundtat. 1894 konvertierte R. zum Katholizismus – ein Schritt, der weder auf ein »Assimilierungsbedürfnis noch auf religiöse Begeisterung zurückzuführen, sondern als pragmatischer Schachzug zu bewerten ist, der ihm eine Karriere auf der hierarchischen Leiter der k.u.k. Armee ermöglichen sollte« (Obad) und der ihm umso leichter gefallen sein dürfte, als er sich mit dem Judentum niemals identifiziert und auch kaum ernsthaft auseinandergesetzt hatte. Er war »sein ganzes Leben lang als Skeptiker und ironischer Beobachter in religiösen Fragen völlig gleichgültig« geblieben (Obad). Schließlich beantragte R. auch die amtliche Änderung seines »verräterischen« jüdischen Familiennamens Rosenfeld auf Roda und einige Jahre später die Verdopplung auf Roda Roda. Damit war auch seine offizielle Trennung vom Judentum vollzogen. R.s Kapriolen, die das Militär verunglimpfenden Veröffentlichungen und seine »freie Ehe« mit der Witwe Elsbeth Freifrau von Zeppelin hatten den Verlust seiner Charge im Jahre 1907 zur Folge. Als freier Schriftsteller lebte R., wie bereits sein Vater zum Deutschtum hinneigend, nun abwechselnd in München und Berlin und nach Hitlers Machtergreifung in Graz. Erst durch die existenzielle gesellschaftlich-kulturelle Ächtung durch die Nationalsozialisten – seiner Tochter Dana verschwieg er bis 1933, dass sie väterlicherseits »belastet« war – sowie durch die Ermordung seiner Schwester Gisela 1943 im Konzentrationslager Theresienstadt und durch die leidvolle Erfahrung des Emigrantenschicksals in der Schweiz und in New York entwickelte er eine kritische Sensibilität den geschichtlichen Ereignissen gegenüber, was ihn nicht hinderte, trotz seines Engagements für seine Leidensgenossen bis zuletzt seine distanzierte Haltung gegenüber dem Judentum zu bewahren. So beklagt er in seinem Tagebuch aus jener Zeit, dass der *Aufbau* »fanatisch jüdisch« sei, weil er sich weigerte, Pastor Forells Abende anzukündigen, da dieser »100 Juden getauft« habe. Als ihm eine jüdische Stiftung eine finanzielle Unterstützung für die Übersetzung seines *Xenos* in Aussicht stellt, lehnt er ab und bekennt, dass er »guten Gewissens nichts annehmen könne«, zumal er »nicht mittellos« sei. Was R. bisweilen als Opportunismus vorgeworfen wurde, ist somit aus neuer Perspektive zu bewerten.

Werke: Die Panduren, Leipzig u. a. 1935; Tagebuch 1941–1945 (unveröffentlichtes MS); Roda Rodas Roman, Wien 1950; Fünfhundert Schwänke, München 1989.

Literatur: I. Stiaßny-Baumgartner, R.s Tätigkeit im Kriegspressequartier, Wien 1982; R. Hackermüller, Einen Handkuß der Gnädigsten. R. Bildbiographie, Wien u. a. 1986; Zagreber Germanistische Beiträge. Jahrbuch für Literatur- und Sprachwissenschaft, Beiheft 4, hg. V. Obad, Zagreb 1996.

Rotraut Hackermüller

Rodenberg, Julius (eigentl. Julius Levy)

Geb. 26.6.1831 in Rodenberg;
gest. 11.7.1914 in Berlin

Bei dem bedeutenden Journalisten, dem Begründer der *Deutschen Rundschau*, kann man geradezu von dem klassischen Fall einer erfolgreichen Assimilation sprechen, bei dem das Judentum, allerdings nur auf den ersten Blick, kaum eine Rolle spielt. R. wird kulturpublizistisch zu einem der wichtigsten Begleiter Berlins auf dem Weg von der Residenz- zur Hauptstadt, in der er seit 1853 lebt. Seine Karriere besagt einiges über das jüdische Leben in Berlin vor 1933, so wie dieses Berlin über sein Judentum Auskunft gibt. In der verspäteten Hauptstadt boten sich größere Aufstiegs-Chancen für Zugereiste, als dies in Städten mit einer etablierten Elite der Fall sein konnte. Diese Konstellation hat auch den Juden zu modernen Lebensweisen verholfen, auch wenn rechtliche Einschränkung der Berufswahl Hindernisse boten.

Die Kindheit bot R. die Optionen des traditionellen wie des assimilierten Judentums: »In dem Hause der Eltern [stand] noch das Thoraschränkchen, zugleich aber eine Bibliothek mit Beckers und Rottecks Weltgeschichten und allen wichtigen Neuerscheinungen der zeitgenössischen deutschen Literatur, bis herab auf Lenaus Gedichte, Auerbachs Dorfgeschichten, Gutzkows große Romane« (Heilborn). R. wählte entschieden den Weg der Akkulturation. Noch als Student lernte er das Milieu der liberalen Residenzstadt und ihrer Salons kennen, zumal im Hause von Legationsrat August Varnhagen von Ense, der ihm zur Namensänderung und zur Konversion riet. Die Namensänderung des 24-jährigen Julius Levy wurde mit Genehmigung des hessischen Kurfürsten vollzogen. Allerdings verzichtete der überzeugte Nationalliberale (und zugleich Bismarck-Anhänger) R. auf eine Konversion. Der Abschied aus dem Judentum sollte zugleich ein Aufbruch in eine liberal geprägte Zukunft sein. R. vollzieht ihn mit einer Formel, die für das assimilierte Judentum als klassisch gelten darf: Er verspüre eine »Abneigung gegen alle Religion, die den Gläubigen höher stellt als den Menschen, ich liebe nur das Menschentum«. Diese Entscheidung gegen eine Konversion bedeutete zugleich den Verzicht auf eine verwaltungsjuristische oder akademische Karriere, die dem 1856 in Marburg promovierten Rechtsgelehrten möglich gewesen wäre. Dennoch ist die besondere Option, die R. mit seiner publizistischen Karriere ausbaute, für viele Juden beispielhaft. Er verknüpfte seine publizistische Karriere zunächst mit Paris und mehr noch mit London, um dann beiden als Herausgeber der *Deutschen Rundschau* mit einer nationalen Kulturzeitschrift, wie es sie in Frankreich und England bereits gab, Konkurrenz zu machen. Paris und London sind hier nicht irgendwelche Orte. Über sie zu schreiben, hieß – in der Tradition der Berichterstattungen von Heine und Marx – vielmehr, sich symbolisch für den Aufbruch in eine entweder diskontinuierliche, solidarisch geprägte, aber unvollendete (Paris) oder eine politisch evolutionäre, sozioökonomisch aber deregulierte (London) politische Zukunft zu entscheiden. Der nationalliberale R. setzt eher auf liberal-evolutionäre Veränderungen nach dem Vorbild Londons, in der die Unterschiede der Abstammung keine Rolle spielen. Die Bildungsreise nach England 1858 ist prägend für sein kompliziertes Verhältnis zum Judentum. In London begegnet R. zahlreichen Emigranten aus Deutschland, u. a. Emanuel Deutsch aus Neiße, mit dem er sich anfreundet. Dieser hatte eine leitende Position beim Britischen Museum inne und war, obwohl von der jüdischen Religion entfremdet, ein Talmudgelehrter. Es folgen Besuche auf dem Landsitz Frau von Rothschilds. Wie sehr sein Verhältnis zum verlassenen Judentum von Scham geprägt war, zeigt sich an einem vielsagenden Tagebucheintrag. R. trägt nämlich die antisemitische Bemerkung in sein Tagebuch ein, dass sie, Frau von Rothschild, »nichts von jener unangenehm auffallenden Suffisance des Stammes habe, obwohl sie eine Jüdin zu sein und sogar zu scheinen mit Stolz sich bewußt sei«.

Seit den 1860er Jahren nimmt seine Karriere als Journalist und Herausgeber ihren Lauf: Er wird Herausgeber des Familienblatts *Deutsches Magazin* (1861–63) und 1867 Chefredakteur u. a. des Leipziger *Salons für Litteratur, Kunst und Gesellschaft* (1867–70). Die Bekanntschaft mit Schriftstellern wie Paul Heyse und Berthold Auerbach prägte seine nationalkulturellen Maßstäbe nachhaltig. Als Schriftsteller hingegen erlangte er weniger Bedeutung. Mit heute meist vergessenen realistischen Großstadt-Romanen und Erzählungen vergewisserte er sich der europäischen Geschichte. Jüdische Themen berührt allein der Roman *Die neue Süntflut*. Hier wird die Teilnahme an Emanuel Deutschs Talmudstudien 1858 thematisiert. R.s Hauptwerk, die Gründung und Herausgeberschaft der *Deutschen Rundschau* (ab 1874) ist dieser Entscheidung verpflichtet. Es handelt sich darüber hinaus um die für Deutschland neuartige Konzeption einer nationalen Kulturzeitschrift. Erstmals, so sein Bestreben, sollte sich in dieser Zeitschrift ein Sprachgebiet mit einem einheitlichen Kulturverständnis identifizieren. Maßstab des modernen kulturellen Lebens war die Literatur der Goethezeit. Viele Meisterwerke des deutschsprachigen Realismus erschienen hier zum ersten Mal. Die großen realistischen Erzähler gehörten ebenso zu den Beiträgern wie die führenden Wissenschaftler. R.s publizistische Orientierung gibt in diesem Zusammenhang Aufschluss über sein zugunsten einer nationalliberalen Überzeugung abgelegtes Judentum. Die Wirkungsgeschichte der *Deutschen Rundschau* ist bezeichnend: Selbst völkische Literaturhistoriker wie Adolf Bartels ließen R.s Werk unter kulturpublizistischen Gesichtspunkten gelten. Auch seine Beiträge zur Gattungstrias und zur journalistischen Sachprosa sind aussagekräftig im Kontext des assimilierten Judentums. Schon in seiner national geprägten Lyrik der Jugendzeit geht er den typischen Weg von Außenseitern, die sich durch Übererfüllung von Werten und Rechtsnormen Anerkennung verschaffen müssen. Bezeichnend ist etwa der Titel *Hohes Lied. Im Namen der deutschen Jugend dem Vaterland gesungen von Julius Levy* (1848), eine Übertragung der biblischen Liebessprache auf die deutsche Nation. R.s ungebrochene Geltung in den Gattungen des Feuilletons geht zurück auf die liberaldemokratische Erweiterung, die der Kulturbegriff durch Heine und Börne erfahren hat; sie ist allerdings auch als Kehrseite eines Stigmas zu verstehen: Seit dem Antisemitismus der Reichsgründung nimmt die Produktion von Juden im Bereich der Sachprosa zu. Gleichzeitig solidarisieren sich in der Folge der Dreyfus-Affäre zahlreiche französische Intellektuelle mit den Juden.

Werke: Pariser Bilderbuch, Braunschweig 1856; Alltagsleben in London, Berlin 1860; Tag und Nacht in London, Berlin 1862; Paris bei Sonnenschein und Lampenlicht. Ein Skizzenbuch zur Weltausstellung, Leipzig 1867; Bilder aus dem Berliner Leben, Berlin 1885–88; Aus seinen Tagebüchern, Berlin 1919.

Literatur: R. Neisser, Dem Andenken J.R.s, in: Dr. Blochs österreichische Wochenschrift 32 (1914), 556–558; H. v. Spiero, J.R., Berlin 1921; M. Spanier, J.R. und seine Stellung zum Judentum, in: Jüdisch-liberale Zeitung Berlin 37 (1922), 2; W. Haacke, J.R. und die Deutsche Rundschau. Eine Studie zur Publizistik des deutschen Liberalismus (1870–1918), Heidelberg 1950.

Christoph Grubitz

Rosenkranz, Moses

Geb. 20.6.1904 in Berhometh am Pruth (Bukowina);
gest. 17.5.2003 in Lenzkirch-Kappel

R. wuchs in dem kleinen Dorf Berhometh am Pruth als Sohn armer Bauern auf, in einer Kunst und Literatur völlig fernen Umgebung. »[Ich] zog [...] es vor«, so R. 1993 in einem Interview, »im Wald umherzustreifen und mich an den Flüssen Pruth und Czeremosch aufzuhalten. Hier führte ich Gespräche mit Bäumen und Wellen und stellte fest, daß jeder ihrer Bewegungen ein bestimmter Rhythmus innewohnt. Als ich Gedichte zu schreiben begann, versuchte ich, diesen Rhythmus durch

die Melodien meiner Verse wiederzugeben.« R. versteht seine Lyrik als Ausdruck seiner Existenz und seiner Lebenswelt. Weil für ihn Gedichte vor allem Dokumente und nicht Stiletüden sind, ging er bewusst den Errungenschaften der lyrischen Moderne aus dem Weg und orientiert sich bis heute an den klassischen und romantischen Mustern. »Meine Gedichte«, so sagte er im erwähnten Interview, »sind geschlossen, im Sinne einer marschierenden Gruppe, sie haben einen Gleichschritt (Rhythmus) und sind diszipliniert. Sie zeigen Zustände auf mit einem Hintersinn von Rebellion. Sie sind gesittete Demonstrationen.«

R.s Gedichte umfassen, neben vielen anderen Bereichen, Landschaft und Leben in der Bukowina, dies allerdings auch als Hintergrund für die Thematisierung der Erfahrung von Antisemitismus, Krieg und Verfolgung. Zeuge von antisemitischen Handlungen wurde 1916 schon der Schüler, der daraufhin seinen Rufnamen Edmund in Moses änderte. In dem mit 17 Jahren verfassten Gedicht *Jesus im Walde* kommt es zur Identifizierung des jüdischen und eigenen Leidens mit dem Jesu Christi: »Mich schmerzt der Baum an den ich genagelt;/ Ich glaub, es ist wieder das erste Jahr,/ Da ich auf der jüdischen Golgatha war –/ Wie schütz ich mich? Es weht und es hagelt.« Doch hat sich R. nicht als politischer Autor im engeren Sinne verstanden. Indessen zeigt sich schon hier, dass sein »Verhältnis zum Judentum […] eher das der Solidarisierung als der Identifizierung« ist (Matthias Huff).

Ende 1924 verließ R. die Bukowina und gelangte nach Frankreich, wo er sich mit Gelegenheitsarbeiten durchschlagen musste, kehrte aber 1927 nach Czernowitz zurück und wurde im selben Jahr zum Militär eingezogen. 1930, wieder in Czernowitz, lernte er Alfred Margul-Sperber kennen, den Förderer der deutschsprachigen Literatur in Rumänien, der noch im selben Jahr R.s ersten Gedichtband *Leben in Versen* herausgab. Doch blieb R. ein Einzelgänger mit kritischem Blick auf seine Zunftgenossen, wie noch in dem Gespräch von 1993 deutlich wird: »Mit Alfred Margul-Sperber […] habe ich mich zeitweise recht gut verstanden. Gegenüber Paul Celan und anderen, die ich nur flüchtig kannte – ebenso Alfred Kittner – habe ich Bedenken […].« Noch 1930 ging R. nach Bukarest, wo ihn Oskar Walter Cisek in die politisch-literarischen Kreise einführte. Er wurde Privatsekretär des Dichters und Politikers Ion Pillat und Pressereferent und Übersetzer im Außenministerium. Eine Zeitlang arbeitete er nebenbei auch als Graphologe und wurde darüber mit der rumänischen Königin bekannt, die ihn als literarischen Referenten an den Hof holte und ihn mit dem Schreiben ihrer Lebensgeschichte betraute (Maria von Rumänien, *Traum und Leben einer Königin*, Bd. 1, List-Verlag, Leipzig 1935). Ende der 30er Jahre kam es auch in Rumänien infolge faschistischer Umtriebe immer häufiger zu antisemitischen Ausschreitungen; R. verlor seine Arbeitsstelle im Außenamt. Auch die vom Kulturministerium bei ihm in Auftrag gegebene Anthologie der rumänischen Literatur, deren Texte er auswählte, übersetzte und kommentierte, kam nicht mehr zum Druck. Er kehrte nach Czernowitz zurück. Schon kurze Zeit später wurde die Bukowina von der sowjetischen Armee besetzt; R. bestritt seinen kärglichen Lebensunterhalt als Deutschlehrer von Offizieren und veröffentlichte vereinzelt in der von J.R. Becher in Moskau herausgegebenen Zeitschrift *Internationale Literatur*. Die russische Besetzung seiner Heimat wurde von R. in dem Gedicht *Bukowina 1940–1941* thematisiert; er betrauert hier das Versinken eines Lebensraumes, in dem Menschen verschiedenster Volkszugehörigkeit und Religion friedlich miteinander lebten: »Nicht zerworfen in Nationen/ durften einst in deinen Grenzen/ Völker Bukowina wohnen/ sich im Lebensdienst ergänzen// Heut durch Flaggen aufgeboten/ Kirchenfähnlein auch geschieden/ wachsen Hügel über Toten/ zwischen euch einst eins in Frieden// Und das arme Land gepriesen/ bis zu euch als fromme Stelle/ heute darbt es ausgewiesen/ als ein Tummelplatz der Hölle.«

Nur knapp ein Jahr später zogen die Deutschen in die Bukowina ein; auch darauf beziehen sich die oben zitierten Verse. »Nun wurde es apokalyptisch«, erinnert sich R., »ich verlor viele teure Menschen, nicht nur unter den Juden. Ich organisierte vordatierte Judentaufen, geriet darüber ins Gefängnis. Damit ich der Deportation entgehe, steckten mich rumänische Freunde in ein moldauisches Arbeitslager.« Im Rahmen dieser Erfahrungen entstand 1942 das Gedicht *Die Blutfuge*, das wegen der Titelähnlichkeit mit Celans später entstandener *Todesfuge* zu den bekanntesten des Autors zählt. Im selben Kontext steht auch das Gedicht *Klage*: »So Leichen weiß/ war kein Schnee wie die Not/ kein Ofen so heiß/

mein Volk wie dein Tod// Flogst heißer als Brand/ stobst bleicher als Schnee/ o Wolke von Weh/ mein Volk überm Land// Kamst nimmer herab/ wo soll ich hinknien/ ist oben dein Grab/ in den Wolken die fliehn.« 1944 gelang R. die Flucht nach Bukarest, wo er bis zum Einmarsch der Sowjets im Untergrund lebte. Die Erfahrung von Verfolgung und Zerstörung der Heimat bildete hinfort eine thematische Konstante in seiner Lyrik. »Doch was soll ich auf der verbrannten Stätte/ und leben wie nach diesem Strafgericht/ und nehmen wo die Kraft die mich errette/ vorm Fluche GOTT zu trotzen ins Gesicht« (*Zurück am Orte des Aufbruchs*, 1944).

Nach dem Krieg war R. Delegierter des Internationalen Roten Kreuzes in Bukarest. Da er sich weigerte, die Deutschen von den Hilfslieferungen auszuschließen, machte er sich bei den Besatzern missliebig. Im April 1947 wurde er vom russischen Geheimdienst entführt, nach Moskau geschafft und blieb zehn Jahre im Gulag verschollen. 1957, nach der Rückkehr aus der Gefangenschaft, schrieb er: »Gestrichenem im Lebensbuch/ versagt die Welt die Wiederkehr:/ Zu mir kommt niemand zu Besuch/ und mich erwartet niemand mehr« (*Der Erledigte*). R.s schöpferische Kraft war durch die lange Zeit der Leiden jedoch nicht gebrochen; er schrieb weiter, auch Prosa (*Der Hund*, *Die Leiden der Eltern*) und das Versepos *Der rote Strom*, die er aus politischen Gründen nicht veröffentlichen konnte. Als R. erfuhr, dass die Securitate einen Prozess gegen ihn vorbereitete, entschloss er sich 1961, aus Rumänien zu fliehen. Er gelangte in die Bundesrepublik und ließ sich später im Schwarzwald nieder. R. verfasste in der folgenden Zeit weiter Gedichte, die teilweise in den Sammlungen von 1986, 1988 und 1998 veröffentlicht sind. Seit 1958 schrieb er an seinen Kindheits- und Jugenderinnerungen, obwohl er eigentlich den Bemühungen um autobiographische Darstellungen sehr skeptisch gegenüber stand. So bemerkte er einmal: »Die Realität meines Lebens entzieht sich jeder Möglichkeit einer Schilderung.« Seine Kindheitserinnerungen überarbeitete er 1981/82, zu einem Abschluss gelangte er freilich nicht. Das »Fragment einer Autobiographie« erschien schließlich 2001 unter dem Titel *Kindheit* und fand starke Beachtung. Ein zweiter Teil der Erinnerungen, der R.s Jugendzeit behandelt, befindet sich im Nachlass und soll noch veröffentlicht werden.

Werke: Leben in Versen, Czernowitz 1930; Gemalte Fensterscheiben, Czernowitz 1936; Die Tafeln, Czernowitz 1940; Gedichte, Bukarest 1947 (hg. v. Lesern unter dem Decknamen Martin Brant); Im Untergang, München 1986; Im Untergang II, Thaur 1988; Bukowina. Gedichte 1920–97, Aachen 1998; Kindheit. Fragment einer Autobiographie, Aachen 2001; Visionen. Gedichte, Aachen 2007.

Literatur: K. Zach, M.R. 90, in: Ostdeutsche Gedenktage 1994, Bonn 1993, 86–89; S. Sienerth, »Alles Erlebte übertrug ich in die Bilderwelt meiner Verse«. Ein Gespräch mit M.R., in: M.R., Bukowina, Aachen 1998, 145–162; H. Bergel, Unverwechselbarkeit dichterischer Sprache, in: M.R.: Bukowina, Aachen 1998, 165–179; M. Huff, »Ich trug meine Dörfer in mir«, in: M.R., Kindheit, hg. G. Gutu u. a., Aachen 2001, 230–251; W. Biermann, Die Füße des Dichters. Wolf Biermann zum Tod des jüdischen Dichters M.R., in: Der Spiegel 22 (2003), 150 ff.; O. Martynova, Eine Kindheit im Buchenland, in: dies., Wer schenkt was wem?, Aachen 2003, 64–69; E. Axmann, M.R., in: dies., Fünf Dichter aus der Bukowina, Aachen 2007, 61–71.

Reinhard Kiefer

Rosenzweig, Franz

Geb. 25.12.1886 in Kassel;
gest. 10.12.1929 in Frankfurt a. M.

»Zwischen zwei Welten« stehe R., so Emmanuel Lévinas 1959; eine Einschätzung, die R. seit der Veröffentlichung seines Hauptwerks *Der Stern der Erlösung* im Jahr 1921 begleitet: R.s Denken stehe zwischen Philosophie und Theologie, so wie es zwischen Christentum und Judentum stehe.

In einer nur sehr lose mit dem Judentum verbundenen Kaufmannsfamilie aufgewachsen, studierte R. zunächst Medizin, dann bei Friedrich Meinecke Geschichte, schloss dieses Studium 1912 mit dem Doktorexamen mit einem Teil von *Hegel und der Staat* (erw. erschienen 1920) ab. In dieser Zeit konvertierten einige von R.s Freunden und Verwandten zum Christentum, und auch R. selbst zieht einen Übertritt mit dem Argument in Erwägung, dass er und seine Freunde »in allen Dingen Christen«, nur noch dem Namen nach Juden seien. Trotzdem konvertierte R. nicht, betrachtete er doch, wie seine Eltern, eine Konversion zum Christentum ohne den Glauben daran als einen sozial schäbigen Akt.

Entscheidend für R. war die Begegnung mit seinem entfernten Verwandten Eugen Rosenstock-Huessy, einem passionierten, wenn auch unkonventionellen protestantischen Theologen, und der sich an diese Begegnung anschließende Briefwechsel. Nach einer intensiven Diskussion mit Rosenstock im Juli 1913, dem sogenannten »Nachtgespräch«, entschied sich R. zwar zur Konversion, machte diese aber abhängig von einem nochmaligen bewussten Überdenken seiner jüdischen Ursprünge. Schon im Oktober 1913 nahm er den Entschluss zur Konversion zurück, sicher auch unter dem Einfluss Hermann Cohens – bei dem er vom Sommer 1913 bis Herbst 1914 in Berlin gehört hatte –, den er gegenüber Rosenstock den ersten richtigen Philosophen und Juden nennt, dem er begegnet sei. R. fängt an, Arabisch und Hebräisch zu lernen, beginnt während des Ersten Weltkriegs, an dem er als Kriegsfreiwilliger teilnimmt, mit dem Schreiben an seinem philosophischen Hauptwerk, dem *Stern der Erlösung*, der als Ergebnis von R.s Auseinandersetzung mit dem Judentum in einer christlichen Welt betrachtet werden muss. Er ist bis heute singulär geblieben als der Versuch, unter Ablehnung aller zionistischen Tendenzen eine Rechtfertigung und Erneuerung des Judentums innerhalb und mit der christlichen Welt zusammen zu begründen. Im August 1920 schreibt R. an Friedrich Meinecke, dass es ihm nicht mehr möglich sei, sich bei ihm zu habilitieren, da die universitäre Wissenschaft nur Selbstzweck sei, während es darauf ankomme, das Erkennen als »Neues Denken« in den Dienst am Menschen zu stellen. R. gründet in Frankfurt a. M. – mithilfe von u. a. Rabbi N. Nobel, M. Buber, E. Fromm, E. Strauß, E. Simon, G. Scholem, N. Glatzer – das »Freie Jüdische Lehrhaus« und beginnt dort bis zum Ausbruch seiner Krankheit im Januar 1922 Kurse abzuhalten. Im Oktober 1922 übergibt R. aus Krankheitsgründen – er leidet an amyotropher Lateralsklerose – die Leitung des Lehrhauses an Rudolf Hallo, im Dezember des Jahres kommt es zum Versagen der Schreibfähigkeit. Ans Haus gebunden, beginnt R. seine Übersetzungen vom Hebräischen ins Deutsche, die stets begleitet sind von philosophischen und theologischen Reflexionen sowohl zu einzelnen Problemen der Übersetzung als auch zum Problem der Übersetzung überhaupt (*Jehuda Halevi. Hymnen und Gedichte*, 1924 und 1927). Im Dezember 1929 stirbt R.; die mit Buber 1924 begonnene Übersetzung des Alten Testaments war bis zum Buch Isaiah gekommen, sie wurde in den 50er Jahren von Buber komplettiert.

R.s Rückkehr ins Judentum ist nicht nur eine Abwendung von Wissenschaft, sondern auch von unabhängiger, weltlich orientierter Kunst und Kultur. Diese müsse, um »Dienst am Menschen« werden zu können, in den Kult überführt werden. Voraussetzung dieser »Aufhebung« ist jedoch, dass Kunst als spezifisch heidnische Hinwendung zur Welt überhaupt existiert, und zwar in jedem einzelnen Menschen. Jeder »volle Mensch« müsse Sinn für Poesie haben, das mindeste sei, dass er einmal gedichtet hat, »denn wenn einer allenfalls ein Mensch sein kann ohne zu dichten, ein Mensch werden kann er nur, wenn er einmal eine Zeit lang gedichtet hat«, so R. im *Der Stern der Erlösung*. Bei dieser Stellungnahme zur Unverzichtbarkeit der Dichtung überrascht, dass in den veröffentlichten Briefen und Tagebüchern R.s keine Hinweise auf eigene literarische Versuche zu finden sind – wobei dies an den starken Kürzungen der Herausgeber liegen mag.

Die exponierte Stellung der Dichtung, von der aus bildende Kunst und Musik marginal erscheinen, gründet auf der Sprachtheorie R.s, genauer auf der von ihm immer vorausgesetzten Offenbarung Gottes im Wort. Deshalb ist die Dichtung zwar unverzichtbar, zugleich ist sie aber als in sich verschlossenes Kunstwerk nur Grundlage, Vorstufe des eigentlichen Sprechens des Menschens, der sich zum Anderen und zu Gott hin öffnenden Sprache des Dialogs und des Gebets. Der eigentliche Ort der Kunst und somit auch der Dichtung ist R. das Heidentum der Antike, das sich personifiziert im monologisierenden Sprechen des Heros der griechischen Tragödie. Erst durch den Anruf des Menschen durch Gott, den Ruf »Wo bist du, Adam?« und die antwortende Annahme der Offenbarung tritt das Du in die Welt, das monologisierende Sprechen kann sich öffnen zum Dialog. Dieser ist zuerst Zwiesprache des Einzelnen mit Gott, ist Gebet. Dieses ist »das Letzte, was in der Offenbarung erreicht wird« (*Stern der Erlösung*), Schrei der Einzelnen Seele nach Erlösung. Um über die Offenbarung hinaus zur Erlösung führen zu können, muss das Gebet geerdet, das heißt in die Koordinaten von Raum und Zeit eingelassen werden, in das Wir des gemeinsamen Anrufs Gottes im festgesetzten liturgischen Jahresablauf. Im gemeinsamen Gebet verlässt die »Dichtung ihre eigene ›ideale‹ Welt«, wird »Führerin einer Menschenmenge ins Land des gemeinsamen wechselseitigen Schweigens«, der Gebärde, wie sie sich in der Kunstform des Tanzes zeigt oder, vollendet, im Kniefall des heiligen Volks an den Versöhnungsfesten. Die Trennungslinie zwischen dem »Religiösen« und dem »Ästhetischen« muss aufgehoben werden (*Das Formgeheimnis der biblischen Erzählungen*, 1928). Und es gibt eine Sprache, in der das immer schon der Fall ist, die hebräische, die für R. als »heilige Sprache« eine Gottesprache ist, die als weitergesprochene zugleich ganz lebendig in die Welt eingelassen ist (*Neuhebräisch?*, 1925). Ihre Übersetzung in profane Sprachen hat die Schwierigkeit, dass niemals ihr geschichtsgeladener Gehalt mitübersetzt werden kann. Vor diesem Hintergrund wurde Übersetzen, »bewußtes Hinübertragen des Fremden als eines Fremden ins Eigene« (*Weltgeschichtliche Bedeutung der Bibel*, 1929), die eigentliche literarische Tätigkeit R.s seit 1920, seit dem Abschluss des *Stern der Erlösung* und seiner Dissertation über Hegel.

Werke: Der Mensch und sein Werk. Gesammelte Schriften, Den Haag 1976 ff.; Die Gritli-Briefe: Briefe an Margrit Rosenstock-Huessy, Tübingen 2002.
Literatur: D. Mach, F.R. als Übersetzer jüdischer Texte, in: Der Philosoph F.R. (1886–1929), Bd. II, hg. W. Schmied-Kowarzik, Freiburg u. a. 1988, 611–619; C. Hufnagel, Die kultische Gebärde. Kunst, Politik, Religion im Denken F.R.s, Freiburg u. a. 1994; M. Schwartz, Metapher und Offenbarung. Zur Sprache von F.R.s »Stern der Erlösung«, Berlin 2003; S. Wogenstein, Horizonte der Moderne: Tragödie und Judentum von Cohen bis Lévinas, Heidelberg 2011; W. Cristaudo, Religion, Redemption, and Revolution: The New Speech Thinking of F.R. and E. Rosenstock-Huessy, Toronto 2012.

Cordula Hufnagel

Rotenberg, Stella (geb. Siegmann)

Geb. 27.3.1916 in Wien

Das vom Umfang her knappe, jedoch eindringliche Werk R.s., vorwiegend Lyrik, aber auch Kurzprosa, ist wesentlich von der Erfahrung des Exils und der Shoah und somit von dramatischen Verlusten und tiefen Verletzungen geprägt. Krude Negationen, lakonische Sentenzen und eine filigrane Vermessung der existenziellen Wegmarken kennzeichnen bereits die ersten, um 1940 entstandenen Gedichte wie z. B. *Ohne Heimat* (1940) mit seiner programmatischen finalen Verszeile »Unser ist das Leben, das keinen Keim hat«. Ähnlich lakonisch verbucht sie später die Exilerfahrung, wenn sie schreibt: »Von einem friedlichen Leben/ blieb uns keine Erinnerung.« (*Im Exil*, 192). Schon die Kindheitsjahre in Wien in einem aufgeschlossenen, assimilierten Elternhaus standen im Zeichen der Ungewissheit, die bald von massiven Eingriffen durch die Geschichte ab 1933–34 geprägt werden sollten: »Von frühester Zeit an spürte ich den Antisemitismus und habe daher meine jüdische Identität eher schmerzlich empfunden (Brief, 6.8. 1999 an den Verf.). Ihr Medizinstudium musste sie nach wenigen Semestern aufgeben, der »Anschluss« vom März 1938 kam einem Abschluss zuvor. Gerade noch rechtzeitig, im März 1939, gelang R. mit einem niederländischen Arbeitsvisum der Gang ins rettende Exil, der sie im August 1939 nach Großbritannien führte, wo sie zuerst als Krankenpflegerin, später als Buchhalterin in Colcester Arbeit fand. 1940 heiratete sie ihren Studienkollegen Wolf Rotenberg, der galizischer Herkunft war und als Freiwilliger in der Britischen Armee diente. Sie folgte ihm in verschiedene Garnisonsstädte, wo sie als Arzthelferin, Verkäuferin in einer Apotheke und schließlich als Bürokraft mehrere Jahre in Darlington tätig war. Nach Kriegsende erfuhr R., dass ihre Eltern 1942 auf dem Weg in das Konzentrationslager Sobibor ermordet worden waren. Diese schockartige Erfahrung ebnet zugleich die Rückkehr zum Judentum, das R. als ethische Instanz – »Was mich am Judentum anspricht, ist das Positive, die Bejahung des Lebens« (1991) schrittweise zurückgewinnt: »Seit der Katastrophe aber bin ich bewusste Jüdin (Brief 1999). 1948 übersiedelte sie mit ihrem Mann nach Leeds, wo sie fortan lebte, ohne Kontakt mit den österreichischen oder deutschen Exilvereinigungen in London zu knüpfen. »Das Unsagbare,/ wie sag ich es -/ Das Undenkbare,/ wie denk ich es […] – in diesen einleitenden Versen aus dem Gedicht *Auschwitz* (1971) kommt die unprätentiöse und zugleich luzide Form ihres lyrischen Sprechens unverkennbar zum Ausdruck. Traumatische Erfahrungen, die in einem nüchternen, parataktischen Stil den Aspekt der physischen und psychischen Verletzbarkeit – »Wir haben nichts als unsere Leiblichkeit/ und unsere/ Verwundbarkeit« (*Wir haben*, 1970) – sowie die durch die Shoah wiedergewonnene kulturellreligiöse Sphäre in den Vordergrund rücken (*Am Jisrael Chai!*, 1971), bilden R.s. grundlegende Koordinaten. Von ihnen ausgehend schreibt sie gegen Vereinsamung und Vergessen ebenso an wie gegen ein skeptisch verstandenes plakatives Abrechnen: »In sehr vielen (ermüdend vielen) Gedichten versuche ich die Verlassenheit des Exilierten, des nirgendwo, nicht einmal in der eigenen Sprache Beheimateten auszudrücken«, so in einer Rede 1991 in Wien. Auch das Problem der Sprache wurde von ihr immer wieder reflektiert. Im Unterschied zu vergleichbaren Exilbiographien in Großbritannien hält R. trotz vielfacher Zweifel (*Meine Sprache*, undat.) im Schreiben an ihrer Muttersprache fest, »der einzige Laut, der mir vertraut« (*Die Muttersprache*, 1971), verstanden nämlich als Geschenk der ermordeten Mutter und als Hommage an sie. Ihren »Wörterschatz« hält sie bewusst als Vermächtnis im Gedächtnis und gibt ihn als Verpflichtung zu gedenken weiter: »Auf die Wund,/ die ihre Mörder uns geschlagen/ laß ich ihn tropfen« (*Über das Verseschreiben*, 1970). Rückkehr ist für R. nur vorstellbar, um die »Stätte meiner Kindheit« aufzusuchen und »einzig/ um den Klang meiner Muttersprache wiederzuhören«, – am »Schlund der Hölle« (*Rückkehr*, 1962). Schmerz und Ohnmacht angesichts des historischen wie des familiengeschichtlichen Traumas bedeuten dabei keineswegs Resignation und Verzicht auf Widerstand, wie zahlreiche Gedichte des Bandes *Die wir übrig sind* (1978) bezeugen. *Transport nach Treblinka*, *Schädelstätte*, *Kinderlied aus Mauthausen* oder *Die Russin und die Jüdin und das Wasser und das Brot oder: Überleben in Auschwitz* sind einprägsam bewegende Sprach-Denkmale und Erinnerungsgebote, die den Namenlosen, den Dahingemordeten ihrer Generation einen Ort und einen Sinn zurückzugeben versuchen. Am stärksten kommt dies wohl in ihrem Shoah-Generationsgedicht *Biografie* (1973) zum Ausdruck: »Geboren/ in der Kriegszeit/ in Wien,/ gestorben/ in der Kriegszeit/ am Marsch in Richtung Minsk,/ erschlagen von einem SS-Mann/ aus Wien,/ weil sie nicht rascher laufen konnte./ Sie hinterließ/ keinen Namen/ kein Gebein/ nichts/ als einen/ kleinen Schrei.«

Werke: Gedichte, Tel Aviv, 1972; Scherben sind endlicher Hort. Ausgewählte Lyrik und Prosa, hg. P.-H.Kucher, A.A. Wallas, Wien 1991; Ungewissen Ursprungs. Gesammelte Prosa, hg. S. Bolbecher, Wien 1997; St.R./T. Radzyner, Meine wahre Heimat/My true Homeland, hg. A.A. Wallas, P.-H. Kucher, Klagenfurt 1999; An den Quell. Gesammelte Gedichte, hg. S. Bolbecher u. a., Wien 2003; Shards. Poems of St.R. Translated by D. McLaughlin, Edinburgh 2003.

Literatur: K. Kaiser, Das unsichtbare Kind. Österreichische Dichterin im englischen Exil: Begegnung mit St.R., in: Die Presse, 12./13.1.1991; K. Fliedl, Dauernd im Exil. Zu den Texten von St.R., in: Script. Frau-Literatur-Wissenschaft 2 (1992), 46–47; M. Hasenauer, Gemischtes Leben. Über St.R.s Erinnerungsprosa, in: LuK 32 (1997) H. 319/320, 84–86; S. Kabić, »Einzig um den Klang meiner Muttersprache wiederzuhören«. Zur Exil- und Shoah-Lyrik St.R.s., in: Zagreber Germanistische Beiträge 14 (2005), 51–72; B. Kampel-Müller, Gespräch mit der Wiener Exildichterin St.R., in: Exil 23 (2005), 162–178; P.-H. Kucher, St.R., in: Killy Literatur Lexikon, Bd. 10 (2011), 38–40.

Primus-Heinz Kucher

Roth, Joseph

Geb. 2.9.1894 in Brody;
gest. 27.5.1939 in Paris

Die Konstitution jüdischer Identität bei R. war von Anfang an mit einer poetologischen Kategorie verbunden, die geradezu als »Mythomanie« (Bronsen) bezeichnet werden kann und in einem Finden und Erfinden von Identitäten besteht. In dem Maße

aber, wie bei R. Identität Gegenstand von literarischer Konstruktion war, wurde sie mehrdimensional, vielgestaltig und ambivalent. Widersprüchliche Positionen, etwa zum eigenen konfessionellen Status, stehen unvermittelt nebeneinander. Eine Selbstcharakterisierung wie »ich bin ein getaufter Jude«, so 1937 gegenüber Barthold Fles, scheint derjenigen von 1936 gegenüber Stefan Zweig offen zu widersprechen: »Was ein armer kleiner Jude ist, brauchen Sie nicht ausgerechnet mir zu erzählen. Seit 1894 bin ich es und mit Stolz. Ein gläubiger Ostjude, aus Radziwillow.« Symptomatisch für diese Ambivalenz ist nicht zuletzt R.s Begräbnis, anlässlich dessen sich seine Freunde nicht einigen konnten, ob er mit dem Kaddisch nach dem jüdischen oder nach dem christlichen Ritus zu beerdigen sei, wobei sich beide Seiten mit gutem Recht auf R. selbst berufen konnten. Solche Literarisierung und Mythisierung von Identität fordert Subtilität bei der Beantwortung der Frage nach dem Profil von R.s jüdischem Schreibdispositiv.

Wenn auch R. gewiss kein »gläubiger Jude« im traditionellen Sinne war, so wuchs er doch im galizischen Brody an der österreichischen Grenze zum Russischen Reich im Umfeld eines religiös geprägten Judentums auf. Nicht nur, dass zwei Drittel dieser Stadt jüdische Einwohner waren, R.s Großvater mütterlicherseits, Jechiel Grübel, bei dem er nach der frühen psychischen Erkrankung seines Vaters zusammen mit seiner Mutter lebte, war, wie diese selbst, streng religiös. R.s Vornamen Moses Joseph – nach seinem Urgroßvater Moische Jossif – und der von Moses abgeleitete Name Muniu, die R. bis in seine Studienzeit benutzte, dokumentieren die ostjüdische Sozialisierung. Dies gilt auch für seine jüdische Bildung: Neben dem Jiddischen, das im Alltag gesprochen wurde, lernte R. in der jüdischen Volksschule auch Hebräisch. Zugleich aber orientierte er sich schon in seiner Gymnasialzeit in Brody (1905–13), deutlicher noch mit seinem Germanistik-Studium in Lemberg (1913) und Wien, das bis zum Krieg dauerte, an der deutschen Literatur und Kultur. Da die galizischen Juden im Reich vielfach diskriminiert wurden, verschleierte R. seine eigentliche Herkunft, indem er auch in offiziellen Papieren fortan das überwiegend deutsche »Schwaby Bezirk Brody« als Geburtsort angab. Wie R. in seinem Essay über die Ostjuden *Juden auf Wanderschaft* deutlich machte, ließ sich jedoch an der deutschen ein geradezu europäischer Begriff von Literatur entwickeln. Für den »lernbegierigen jüdischen Jüngling«, als welchen sich der ausgezeichnete Schüler R. verstand, war »das Land Goethes und Schillers, der deutschen Dichter«, Inbegriff eines europäischen Humanismus. Dieser Begriff der deutschen Kultur korrelierte mit dem österreichischen Patriotismus der galizischen Juden. Denn ihnen galt, an der äußersten Grenze Österreichs, die Vielvölker-Monarchie als Garant von ethnischer und kultureller Toleranz und damit der eigenen Existenz. Vor diesem Horizont ist auch R.s Wunsch, Soldat der kaiserlichen Armee zu werden, zu verstehen. 1916–18 leistete er Kriegsdienst, und zwar zum großen Teil in seiner galizischen Heimat. Für die dort lebenden Juden war der Krieg nicht nur deshalb eine Katastrophe, weil viele aus der zum Kriegsschauplatz gewordenen Heimat fliehen mussten, sondern auch, weil Galizien beim Zusammenbruch der Monarchie an Polen verlorenging, und damit auch die Politik kultureller Toleranz. Was dies für R. bedeutete, formulierte er im *Radetzkymarsch* (1932) in extenso, und bündig in einem Brief kurz vor dem Exil: »Mein stärkstes Erlebnis war der Krieg und der Untergang meines Vaterlandes, des einzigen das ich je besessen habe: der österreichisch-ungarischen Monarchie. Auch heute noch bin ich durchaus patriotischer Österreicher und liebe den Rest meiner Heimat wie eine Reliquie.« R.s Monarchismus der Exiljahre ist erst vor dem Hintergrund des zu einer Art Utopie verklärten österreichischen Vielvölkerstaates verstehbar.

Mit dem Krieg setzen sich auch R.s erste journalistische Arbeiten in Wien, wohin er im Dezember 1918 zurückkehrte, und später Berlin (1920–22) auseinander. Seit Frühjahr 1919 verfasste er über 100 Beiträge für den linksliberalen *Neuen Tag*, ab 1920 für die *Arbeiter-Zeitung* (wo sein erster Roman, *Das Spinnennetz*, 1923 abgedruckt wird), sodann für den *Berliner Börsenkurier*, den *Vorwärts* (Vorabdruck der *Rebellion*, 1924), ab 1923 für das *Prager Tagblatt* und schließlich das renommierte Feuilleton der *Frankfurter Zeitung*, die 1924 seinen Roman *Hotel Savoy* vorabdruckte. Sein zentrales Thema in diesen auch literarischen Feuilletons war die Heimkehr, eine Heimkehr allerdings unter dem negativen Vorzeichen des Verlustes. Mit der auch in seinen ersten Romanen seit 1924 wiederholt thematisierten Heimatlosigkeit beschreibt R. explizit auch eine jüdische Realität. Nicht zufällig sind die Protagonisten seiner beiden wichtigsten Heimkehrer-Romane *Hotel Savoy* (1924) und *Flucht ohne Ende* (1927) sowohl von der eigenen religiösen und kulturellen Tradition wie auch von der säkularen politischen, nämlich österreichischen, Heimat entwurzelte Juden. Im *Hotel Savoy* gilt dies auf unterschiedliche Weise für eine ganze Reihe von Figuren: für den Kriegsheimkehrer Gabriel Dan, den Devisenhändler Abel Glanz, der seine Existenz als »jüdisches Schicksal« versteht – »man läuft den ganzen Tag herum« –, den seinen verstorbenen Vater Jechiel Blumenfeld suchenden Millionär Bloomfield, schließlich für die wiederholt als Kulisse auftretenden emigrierenden Ostjuden, von denen der Erzähler schreibt: »Seit Tausenden Jahren wandert dieses Volk in engen Gassen.« Auch Franz Tunda in *Flucht ohne Ende*, »Sohn eines österreichischen Majors und einer polnischen Jüdin, in einer kleinen Stadt Galiziens […] geboren«, trägt die Züge des jüdischen Heimatlosen, des »Verschollenen«, Exterritorialen, der seine Identitäten und Namen ebenso wie Berufe und Aufenthaltsorte ständig wechselt. Die Heimatlosigkeit hat R. schließlich auch in seinem journalistischen Essay *Juden auf*

Wanderschaft (1927) zum entscheidenden Existenzial der Ostjuden erklärt. Der Essay war das Ergebnis eines seit 1925 etablierten Reisejournalismus für die *Frankfurter Zeitung*, als deren Mitarbeiter er zu einem der bekanntesten und bestbezahlten Journalisten im deutschsprachigen Raum avancierte. So kam R. nach Frankreich, Italien, Polen, Albanien und die Sowjetunion, von wo er in der Artikelfolge *Reise in Russland* berichtete, sodann in *Juden auf Wanderschaft*, der eben jene diasporische Existenz insbesondere für die Ostjuden hervorhebt: »Viele wandern aus Trieb und ohne recht zu wissen, warum. Sie folgen einem bestimmten Ruf der Fremde, oder dem bestimmten eines arrivierten Verwandten, der Lust die Welt zu sehen und der angeblichen Enge der Heimat zu entfliehen, dem Willen zu wirken und ihre Kräfte gelten zu lassen. Viele kehren zurück. Noch mehr bleiben unterwegs. Die Ostjuden haben nirgends eine Heimat, aber Gräber auf jedem Friedhof. Viele werden reich. Viele werden bedeutend. Viele werden schöpferisch in fremder Kultur. Viele verlieren sich und die Welt.« Was hier R. anstrebte, war auch eine angemessene »Berichterstattung« über die Ostjuden: eine »Darstellung mit Liebe [...] statt mit ›wissenschaftlicher Sachlichkeit‹«. Damit distanzierte er sich auch von Alfred Döblins *Reise in Polen* (1926), die R. schon Anfang 1926 in der *Frankfurter Zeitung* kritisch rezensiert hatte. Während Döblin die Ostjuden mit dem ethnographischen Blick des sich überlegen fühlenden Westeuropäers beschrieben hatte, gab sich R. als Anwalt der Ostjuden gegenüber den Westjuden. Deutlich wird dies auch in dem Essay *Das Moskauer jüdische Theater* (1928), wo er feststellt: »Alle Maßstäbe, die ich aus dem Westen mitbringe, versagen in diesem Theater.« Das Judentum, dem R. hier begegnete, schien ihm »ein orientalischeres«, »heißeres«, »älteres« zu sein als dasjenige »einer westlich zivilisierten, verflachten, verwässerten Schicht einer ausgewanderten Judenschaft«, das sich in Zionismus oder Assimilation an die nationalen Werte des Westens aufgibt. Diese Kritik an Zionismus und Assimilation zieht sich nicht nur durch den Essay *Juden auf Wanderschaft*; sie findet sich noch in den letzten journalistischen Arbeiten.

In dem 1937 geschriebenen Vorwort zur Neuauflage von *Juden auf Wanderschaft* musste R. angesichts der inzwischen eingerichteten Naziherrschaft feststellen, dass das »Unglück« der Wanderschaft und der Verfolgung nun auch die deutschen Juden ereilte. Doch nicht erst 1937, sondern schon 1923 erkannte R. die bevorstehende Gefahr für die Juden in Deutschland, so in dem vom 7. Oktober bis 6. November 1923 in der Wiener *Arbeiterzeitung* erschienenen Roman *Das Spinnennetz* – R.s erster Roman. In der Figur des Theodor Loose und eines um Erich Ludendorff sich organisierenden rechten Geheimbundes skizzierte R. die Pathographie eines neuen, ins wahnhafte gesteigerten Antisemitismus, wie er mit dem Auftauchen der *Protokolle der Weisen von Zion* Anfang der 20er Jahre aufkam und den Nationalsozialismus ideologisch maßgebend speiste. Wie scharfsichtig R. dabei die tagespolitischen Ereignisse beobachtete, zeigt sich daran, dass der im Roman beschriebene Hitler-Ludendorff-Putsch in München nur wenige Tage nach dem Erscheinen der letzten Folge auch tatsächlich eintraf. Das *Spinnennetz* legt allerdings nicht nur die antikommunistischen und antisemitischen Umtriebe jener Geheimorganisation frei, sondern auch und gerade die Verstrickung der deutschen Juden in die korrupte und in hohem Maße gewaltbereite Gesellschaft. Der Geschäftsmann Efrussi, Typus des deutschnationalen assimilierten Juden, unterstützt lieber den rechten Geheimbund als die ostjüdischen Flüchtlinge des Berliner Scheunenviertels, in denen er potenzielle Kommunisten fürchtet. Überboten wird diese Haltung im Selbsthass des Juden Trebitsch, dem eigentlichen Ideologen des Geheimbundes. In zahllosen Broschüren und Artikeln im »Nationalen Beobachter«, in dem der 1920 gegründete *Völkische Beobachter*, das Parteiorgan der NSDAP, zu erkennen ist, schürt er den »Haß gegen die jüdische Rasse«. Hinter Trebitsch wiederum wird der getaufte Jude Arthur Trebitsch erkennbar, der um 1920 in antisemitischen Schriften die jüdische Weltverschwörung beschworen hatte. Bei Anton Kuh und Theodor Lessing erscheint er, zusammen mit seinem Lehrer Otto Weininger, als der krasseste Fall von jüdischem Selbsthass. Die komplexeste jüdische Figur des *Spinnennetzes* ist jedoch der Ostjude Benjamin Lenz, der sich, in jeder Hinsicht heimatlos, zwischen allen Gruppierungen bewegte: »Er haßte Europa, Christentum, Judentum, Monarchen, Republiken, Philosophie, Parteien, Ideale, Nationen«, ein Profil, das in mancher Hinsicht auch auf den jungen R. zutrifft. Mit Lenz ist eine paradigmatische Figur geschaffen, die in fast allen Romanen R.s der 20er Jahre eine zentrale Stellung einnimmt: Ähnlich wie Nikolaus Brandeis in *Rechts und links* (1929) empfindet Friedrich Kargan, *Der stumme Prophet* (1966 aus dem Nachlass), die Diskussionen über »Proletariat, Autokratie, Finanz, herrschende Klasse, Militarismus« als »verworrenen Lärm ohne Sinn«, als simple Formeln.

Das Buch, mit dem R. schon bei seinen Zeitgenossen auf großes Echo gestoßen war und das ihn als Schriftsteller etablierte, war zugleich sein »jüdischstes«: *Hiob, Roman eines einfachen Mannes* (1930). In vielen Aspekten ist der Roman eine betont dichterische Transposition dessen, was er in *Juden auf Wanderschaft* als journalistischer Beobachter und mit den Mitteln der Sachlichkeit beschrieben hatte. In der Geschichte der Familie Singer werden Gesellschaft, Kultur und Religion der Ostjuden bzw. gerade die Auflösung jener alten Ordnungen thematisiert: die Konfrontation mit Assimilation und Auswanderung. Zur literarischen Beschreibung dieser jüdischen Lebenswelten bedient sich R. zweier biblischer Mytheme, der Hiob-Legende und der Josephs-Legende (Shaked, Kilcher). Gemäß der Hiob-Legende erscheint die Assimilation der Singers als Katastrophe. Mendel Singer sieht seine religiöse Lebenswelt durch eine Reihe von »Unglücksfällen«, die seinen Kindern zustoßen, infrage gestellt: Der jüngste Sohn Menuchim kommt behindert zur Welt, Mirjam liiert sich mit Kosaken, Jonas wird Bauer und Soldat, Schemarjah emigriert – als »Sam« – nach Amerika, für R. Inbegriff einer unheilvollen Moderne, und wird Geschäftsmann. All dies sind Formen der Transgression des Judentums, die Mendels Angst vor dem Nichtjüdischen symbolisieren. Zum eigentlichen Hiob wird er, als die Kinder in Krieg und Wahnsinn vollends verlorengehen und seine Frau aus Verzweiflung stirbt. Mit dem Vorsatz »Gott will ich verbrennen« bricht er jede religiöse Praktik ab. Damit folgt aus der tragischen Assimilationsgeschichte der Kinder Mendels eigene Assimilation. Dagegen steht jedoch in der Figur Menuchims eine »positive Assimilationsgeschichte«: Der inzwischen berühmte Komponist erscheint am Ende als geradezu messianisch semantisierter Retter, der die Reste der Familie wieder zusammenführt, so wie der von seinen Brüdern verstoßene Joseph in der biblischen Legende den Stamm Israels restituiert.

Das Anfang 1933 mit einer Reise nach Paris beginnende Exil, das ihn unstet auch nach Amsterdam, Wien und Polen führte, war für R. einschneidend; es potenzierte die Erfahrung der Heimatlosigkeit. Die bis auf Reisen nach Wien und einen längeren Aufenthalt in Amsterdam und Ostende hier entstandenen Exilromane transponieren die aktuelle, historische und biographische Thematik, d. h. auch die schwierige Geschichte der osteuropäischen Juden im Prozess der Modernisierung während des Zusammenbruchs ihres althergebrachten Lebensraums, auf eine mythische Ebene und erscheinen nur vordergründig geschichtsvergessen. In Paris entstand 1934 die mit dem *Hiob*-Roman vergleichbare Erzählung *Der Leviathan* (postum 1940). Auch sie thematisiert die ostjüdische Lebenswelt eines einfachen Mannes, des Korallenhändlers Nissen Piczenik, der, in Gestalt einer »Sehnsucht nach dem Meer«, die »kontinentale« jüdische Existenz zugunsten eines »neuen, ozeanischen« Piczenik aufgibt, eines Piczenik, der die Gebote nicht mehr hält und, als Chiffre des Transgression des Jüdischen, in die Stadt zieht und schließlich mit einem Schiff auf den Atlantik fährt. Indem er auf dieser Überfahrt ertrinkt, wird sein Ausbruch aus dem Judentum zugleich erfüllt und verhindert. Zwei weitere Romane, ebenfalls im Pariser Exil entstanden und, wie alle nach 1933 publizierten Bücher, in Amsterdamer Exilverlagen erschienen, sind in der ostjüdischen Welt angesiedelt: *Das falsche Gewicht* (1937), in dem neben dem jüdischen Eichmeister Anselm Eibenschütz die Figur des Nissen Piczenik wieder auftaucht, und *Tarabas* (1934), in dessen Zentrum die Geschichte eines Pogroms in einem polnischen, jüdischen Stetl steht, was offensichtlich auch die Situation der Juden in Deutschland nach 1933 angesprochen hatte.

Solche Politisierung der Literatur im Exil forderte R. in zahlreichen Exilzeitschriften. Zeugnis dafür ist nicht nur der apokalyptische *Antichrist* (1934). Im Dezember 1934 wandte sich R. in einem Artikel im *Pariser Tagblatt* vehement gegen den ästhetischen Rückzug der Exilliteratur auf »zeitlose Dinge« und forderte dagegen von der Literatur den Kampf »gegen Hitler und gegen das Dritte Reich«. Dabei fällt gerade den »deutschen Schriftstellern jüdischer Abstammung« eine entscheidende Aufgabe zu, wie R. in dem Essay *Autodafé des Geistes*, der im Herbst 1933 in den *Cahiers Juifs* erschienen war, argumentierte. Als Exilanten, Opfer und nicht Täter der Barbarei, sei ihnen nichts weniger als die Rettung der alten europäischen Kultur überantwortet: »Wir Schriftsteller jüdischer Herkunft sind, Gott sei gedankt, vor jeder Versuchung, uns der Seite der Barbaren anzunähern, geschützt. Wir sind die einzigen Repräsentanten Europas, die nicht mehr nach Deutschland zurückkehren können. [...] In einer Zeit, da Seine Heiligkeit, der unfehlbare Papst der Christenheit, einen Friedensvertrag, ›Konkordat‹ genannt, mit den Feinden Christi schließt, da die Protestanten eine ›Deutsche Kirche‹

gründen und die Bibel zensieren, bleiben wir Nachkommen der alten Juden, der Ahnen der europäischen Kultur, die einzigen legitimen Repräsentanten dieser Kultur.« Zum Beleg listet R., ähnlich wie Arnold Zweig in seiner *Bilanz der deutschen Judenheit 1933*, die Namen der jüdischen Schriftsteller auf, die »ihren Beitrag zur Deutschen Literatur geleistet« haben. Das war nicht Apologie, sondern Appell an die moralisch-politische Aufgabe, die das Exil für die deutsch-jüdischen Schriftsteller bedeutete: Gegen allen Nationalismus die europäische Kultur zu retten. Mit dieser Position, die er erneut in dem provokativen Essay *Der Segen des ewigen Juden* einnahm, löste R. im Herbst 1934 eine Debatte unter jüdischen Emigranten aus. Wiederum polemisierte er gegen die Assimilation, gegen die »törichten Optimisten, diese deutschen Juden«, die »in wahrhafter Selbstverleugnung Deutschland gegen die christlich-europäische Welt immer und mit allen Mitteln verteidigt« haben, und zugleich gegen den Zionismus, in dem er die jüdische Version des »Chauvinismus der modernen Nationen« sah. Beiden Formen jüdischer »Heimkehr« hielt er den europäischen Kosmopolitismus als »Segen des ewigen Juden«, entgegen: »Welch eine Schande, keiner Nation anzugehören? – Worin liegt eigentlich die Schmach? [...] Ist es denn nicht ehrenvoller, ein Mensch [...] zu sein als ein Deutscher, ein Franzose, ein Engländer?« »Es gibt keine andere Möglichkeit«, so folgerte er unter dem programmatischen Titel *Jedermann ohne Paß* in seiner Antwort auf die zahlreichen Einwände, »als die, daß die Juden, die nicht in ihren Ländern ›aufgehen‹, und jene, die nicht nach Palästina gehen und dennoch Juden bleiben, die Träger des Gedankens vom allgemeinen Vaterland werden. Unser Vaterland ist die ganze Erde.« Vor diesem Horizont ist sowohl R.s Frankreichbild, als auch sein scheinbar reaktionärer Katholizismus und Monarchismus der Exilzeit, Thema v.a. von *Die Büste des Kaisers* (1935) und *Die Kapuzinergruft* (1938), zu verstehen. Was R. im Modell der k.u.k. Monarchie idealisierte, war die verlorene europäische, humanistische, kosmopolitische und – in diesem wörtlichen Sinne – »katholische«, d.h. universale Kultur, zu der er gerade die deutsch-jüdischen Emigranten aufgerufen sah. In diesem Sinne zog R. den Katholizismus einem Judentum vor, das wie im Fall der Assimilation den deutschen Chauvinismus mitträgt oder im Fall des Zionismus auf Partikularität und Nationalismus setzt. Genau deshalb hatten beide »Fraktionen« auf R.s Beerdigung am 30. Mai 1939 auf dem Pariser Cimetière Thiais recht: diejenigen, die in R. den Katholiken sahen, insofern damit eine universale, humanistische Kultur gemeint war, und diejenigen, die in ihm den Juden sahen, insofern damit ein übernationales, europäisches Judentum gemeint war. »Katholisch« und »jüdisch« konnte insofern für R. dasselbe bedeuten, dasjenige nämlich, was er bereits 1925 an Paris schätzengelernt hatte: »Paris ist katholisch im weltlichsten Sinn dieser Religion, zugleich europäischster Ausdruck des allseitigen Judentums.«

Werke: Briefe 1911–1939, hg. H. Kesten, Köln 1970; Werke in 6 Bdn., hg. F. Hackert u.a., Köln 1990ff.
Literatur: H. Ausserhofer, J.R. und das Judentum, Bonn 1970; D. Bronsen, J.R., Köln 1974; C. Magris, Weit von wo. Verlorene Welt des Ostjudentums, Wien 1974; M. Gelber, Juden auf Wanderschaft, in: J.R. Interpretation, Rezeption, Kritik, hg. M. Kessler u.a., Tübingen 1990, 127–136; G. Shaked, Was ist ein deutsch-jüdischer Roman? Über J.R.s Hiob, in: ders., Die Macht der Identität, Frankfurt a.M. 1992, 81–94; E. Raffael: Vertraute Fremde: das östliche Judentum im Werk von J.R. und Arnold Zweig, Tübingen 2002; H. Herwig, Intertextualität als Mittel der Assimilations- und Orthodoxiekritik in J.R.s »Hiob. Roman eines einfachen Mannes«. in: Zeitschrift für Semiotik 24 (2002), 261–276; A. Kilcher, Die Wehen der jüdischen Moderne. J.R.s Hiob (= Beiheft zu J.R. Hiob, gelesen von W. Schmidinger), Neckargemünd 2005, 5–31; J.R. Europäisch-jüdischer Schriftsteller und österreichischer Universalist, hg. J.G. Lughofer und M.M. Zalaznik, Berlin 2011.

Andreas Kilcher

Rubiner, Ludwig

Geb. 12.7.1881 in Berlin;
gest. 27.2.1920 in Berlin

Der Dichter greift in die Politik – der Titel von R.s bekanntestem Text, einem Manifest von 1912, signalisiert, dass sein Verfasser zu der anfänglich kleinen Gruppe von Autoren des literarischen Expressionismus gehörte, die politisch dachten. Daher könnte man vermuten, R. habe sich zum Judentum ausführlich geäußert, war es doch auch zu Beginn des 20. Jahrhunderts ein politisch aktuelles Thema, das nicht zuletzt ihn selbst, den »baumhaften, blonden Juden« (Kurt Hiller) betraf: Sein Vater war einer der vielen ostjüdischen Einwanderer Berlins, wo er als Unterhaltungsschriftsteller reüssierte. Aber R. hatte sein eigenes zentrales Thema früh gefunden: Gemeinschaft und Kameradschaft. Für ihn sollte der anzustrebende Neue Mensch im Mit-

menschen vor allem den Bruder erkennen, gleichgültig, welcher Nation er angehörte oder welchen Glauben er hatte. Im umfangreichen kritisch-essayistischen Werk wird diese Idee immer wieder ausgebreitet, künstlerische Arbeiten anderer werden nach diesem Kriterium beurteilt. Eine einzelne Religionsgemeinschaft konnte da keine Rolle spielen, auch nicht die eigene. Für seinen Biographen K. Petersen bildet R.s rastloses Wanderleben noch das erkennbarste Zeichen seiner Abstammung. Journalistische, literarische oder gar autobiographische Äußerungen R.s darüber sind sehr selten. Verschollen ist ein Artikel über das jüdische Theater in Russland, den R. in einem Brief erwähnt, doch gibt es immerhin einen über dreißig Seiten langen Beitrag in den *Weißen Blättern* von 1917, der sich eingehend mit dem Judentum beschäftigt und den R. für so wichtig hielt, dass er ihn in seine Aufsatzsammlung *Der Mensch in der Mitte* (1919) aufnahm: *Legende vom Orient.*

Vordergründig geht es darin um eine Auseinandersetzung mit Martin Bubers Buch *Vom Geist des Judentums* (1916). In ihm, so R., finde er Auskunft über den neuen Weg der Menschheit, der in einer »Unio mystica des Abendlandes mit dem Geiste des Orients« bestehe. Das Judentum bilde dabei die Brücke zwischen beiden. R. bescheinigt Buber, dass er in seinem Buch eine »ganz wunderbare Darstellung der ersten, notwendigen geistigen Situation für den schaffenden Menschen gegeben« habe, der allerdings ausdrücklich mit dem jüdischen gleichgesetzt werde. Alles, »was schön, mutig, wirklich ist, [werde] vom Menschen abgezogen und dem orientalischen Menschen zugeschoben«. Bubers »Feierlichkeit der Rede«, seine »Rhetorik der Andeutungen« sieht R. als »Judentheater mit Reliefbühne«, das letztlich dazu diene, eine nationale Sondergruppe zu konstituieren, deren Ziel die Gründung eines zionistischen Staates sei. Diesen Plan lehnt R. entschieden ab. Vor allem nach den Erfahrungen des Weltkriegs, der die Menschen zu großem Nationalismus drängte, sollte auf die Gründung weiterer Nationen verzichtet werden. Erst recht sollten für Menschen, die bereits Nationen angehören, keine neuen Nationen errichtet werden.

Die Gemeinsamkeit der Juden liegt für R. ohnehin nicht in der angeblich alten Nation, in der Natur oder der Vererbung, nicht einmal in der Religion, die für ihn keine mehr ist, sondern besteht nur in einem aus dem alten Orient stammenden, oberflächlichen Kult. Da dieser laut R. nicht dem modernen Europa angepasst wurde, führte er zur Isolation der Juden als einer Sondergemeinschaft. Deshalb sei die Idee von Zion – so positiv sie als bloße Idee von der Reinheit des Einzelnen, vom Paradies auf Erden, der Besitzlosigkeit und der Unbedingtheit des Menschen vor Gott auch ist – real ausgeführt anachronistischer als die Reise in einer Postkutsche im Zeitalter des Automobils. Statt der Bemühungen um eine neue Nation wünscht sich R. Hilfe für die Ostjuden, den seiner Meinung nach ärmsten, verlassensten, unwissendsten, jämmerlichsten Menschen. Ihnen müsse Zion naturgemäß wie ein Wunder erscheinen, weil es vor allem die Änderung ihrer Lage bedeute. Aber von den Zionisten werde ihre Hilflosigkeit nur ausgenutzt, ja sie würden bewusst darin gehalten – etwa dadurch, dass sie aufgefordert würden, sich nicht zu assimilieren. Dabei gebe es jetzt mit der Schaffung einer geistigen Friedensgemeinschaft ein ganz anderes, höheres Ziel: »Was tut hierzu der Zionismus? Nichts!« R. betrachtet den Zionismus als »Ghetto eines neuen Nationalismus«, gegen den er einen allerdings eher unpolitisch zu nennenden Sozialismus setzt. Auch sein Aufsatz zum Judentum schließt daher mit den für ihn so charakteristischen, programmatischen Worten: »Es lebe die Menschheit!«

In R.s schmalem dichterischen Werk – immerhin ist er mit Gedichten sowohl in der ersten als auch in der bekanntesten expressionistischen Lyrikanthologie vertreten, im *Kondor* (1912) bzw. in der *Menschheitsdämmerung* (1919) – treten Juden als typisch expressionistische (Rand-)Figuren des Ausgestoßenseins, der Fremde, der Unterdrückung auf, so neben »Negern«, Bettlern und Flüchtlingen in dem Gedicht *Die Stimme* (1916) oder in *Mein Haus* (1913).

Werke: Der Mensch in der Mitte, Berlin-Wilmersdorf 1917; Der Dichter greift in die Politik, hg. K. Schumann, Frankfurt a. M. 1976.
Literatur: K. Petersen, L.R. Eine Einführung mit Textauswahl und Bibliographie, Bonn 1980.

Eckhard Faul

Rübner, Tuvia (Kurt Tobias)

Geb. 30.1.1924 in Preßburg

R. ist ein Lyriker zweier Sprachen. Bis zu seinem dreißigsten Lebensjahr schrieb er Gedichte auf deutsch, danach auf Hebräisch. 1924 im slowakischen Preßburg geboren, wuchs er deutschsprachig auf. 1941 gelangte er ins damalige Palästina. Jahrzehnte später stellt R., einer der bedeutenden Lyriker Israels, sich der Deutschen Akademie für Sprache und Dichtung vor, die ihn zu ihrem korrespondierenden Mitglied ernannt hatte: »Zwölf Jahre, nachdem ich in das alte, in das neue Land gekommen war, schrieb ich deutsche Gedichte. Die meisten machte ich im Kopf, mit den Schafen auf der Weide, sagte sie mir vor und schrieb sie erst auf, als ich wieder im Zimmer war. […] Ich schrieb in einer Sprache, die ich kaum mehr sprach. Sie war mein Zuhause. In ihr sprach ich weiterfort mit meinen Eltern, mit meiner Schwester, mit den Großeltern, Verwandten, Freunden der Jugend, die alle kein Grab besitzen.«

Ha-esch-ba-ewen, »Das Feuer im Stein«, heißt der erste Gedichtband R.s, der 1957 in Tel Aviv erscheint. Er zeigt sogleich die große Begabung des Lyrikers zur Verknappung, zum kondensierten Ausdruck, eine Tendenz, der das Hebräische mit seinen kurzen, aber variationsreichen Wortwurzeln entgegenkommt. Die anderen Gedichtbände *Kol od* (»Solange noch«), *Ejnlehaschiw* (»Unwiederbringlich, antwortlos«), *Schemesch Chazoth* (»Mitternachtssonne«) oder *Pessel umassecha* (»Bild und Maske«) liegen seit 1990 in einer Auswahl unter dem Titel *Wüstenginster*, übersetzt von Efrat Gal-Ed und Christoph Meckel, auf Deutsch vor. Das erste Gedicht dieser Auswahl lautet: »Der über den Tisch Gebeugte/ setzt Buchstabe an Buchstabe/ die Hände brennen// Blühende Bäume violett und gelb// das Land, der Staub, die Bäume/ der Staub// in der Luft die Asche// der über den Tisch gebeugt ist// Rette Gott meine Seele vor der Sprache des Betrugs/ vor den Zungen der Lüge.« Immer wieder lenkt R. den Blick seiner Leser auf Kadenzen, auf die freie, unbeschriebene Fläche der Buchseiten, auf das, was er nicht beschreibt, sondern worauf er in einem suchenden, tastenden Gestus hindeutet. »Asche« ist ein Grundwort dieser Lyrik »im Angesicht der Shoah« (Eshel). So heißt der zweite Text der deutschsprachigen Auswahl: »Meine kleine Schwester wacht und schläft/ und plötzlich, Feuer ging durch mich.// Ich saß über den Tisch gebeugt./ Weiße Buchseiten./ Buchstabe, Buchstabe, meine Augen tasten durch Asche.« Die Landschaft, die diese Gedichte aufnehmen, ist versehrt, verbrannt; Boden, Baum und Strauch, die Luft und das Licht, die Geräusche und Gerüche sind von der Geschichte kontaminiert. 1942 wurden die Eltern von R. und seine dreizehnjährige Schwester Alice in ein Vernichtungslager deportiert und umgebracht. »In der Dunkelkammer das Herz/ entwickelt/ eine Welt voll Farben./ Wieder die ruhelose Erwartung«, beginnt das Gedicht *Gedächtnis*.

R. ist in den 50er und 60er Jahren in Israel als Fotograf hervorgetreten. In den 60er Jahren war er Abgesandter der Jewish Agency in Zürich, studierte bei Emil Staiger und Wolfgang Binder. Anschließend lehrte er an der Universität Haifa vergleichende Literaturwissenschaft. Werner Kraft hat ihn geprägt und gefördert. Die Lyrik von Ludwig Strauß hat R. nachhaltig beeinflusst. R.s Lyrik ist dialogisch; sie bezieht sich auf Franz Kafka und Walter Benjamin. R. hat Werke von Friedrich Schlegel, Kafka und Benjamin ins Hebräische übersetzt und deutsche Leser mit den Gedichten von Dan Pagis und dem Werk von S. J. Agnon vertraut gemacht. 1999 erhielt er den Jeanette Schocken-Preis für sein lyrisches Werk und den Paul Celan-Preis für die Übersetzung von Agnons großem Roman *Schira* über das Jerusalem der 30er Jahre und die Einwanderer aus Deutschland. 2008 wurde sein Werk mit dem Israel-Preis für Literatur ausgezeichnet.

Werke: Wüstenginster, hg. E. Gal-Ed u. a., München 1990; Granatapfel. Frühe Gedichte, Aachen 1995; Rauchvögel. Ausgewählte Gedichte 1957–1997, Aachen 1998; Ein langes kurzes Leben. Von Pressburg nach Merchavia, Aachen 2004; Spätes Lob der Schönheit. Gedichte, Aachen 2010.

Literatur: A. Eshel, Zeit der Zäsur. Jüdische Dichter im Angesicht der Shoah, Heidelberg 1999; H.-O. Horch, Nachwort, in: T.R., Granatapfel, Aachen 1995, 50–61; T. Sparr, »Meine Augen tasten durch Asche«. Laudatio auf T.R., in: die horen. Zeitschrift für Literatur, Kunst und Kritik 44 (1999), 221–227.

Thomas Sparr

Sachs, Nelly

Geb. 10.12.1891 in Berlin;
gest. 12.5.1970 in Stockholm

Im Dezember 1947 erschien im Ostberliner Aufbau Verlag S.' Gedichtband *In den Wohnungen des Todes*: »O die Schornsteine!/ Auf den sinnreich erdachten Wohnungen des Todes/ Als Israels Leib zog aufgelöst in Rauch/ Durch die Luft –/ Als Essenkehrer ihn ein Stern empfing/ Der schwarz wurde/ Oder war es ein Sonnenstrahl?« *In den Wohnungen des Todes* war das erste lyrische Werk deutscher Sprache, das die Shoah in den Titel aufnahm und zum einzigen Thema machte. Eine »Lyrik im Angesicht der Shoah« (Eshel), deren Leitworte Nacht, Stern, Verdunkelung, Rauch und Staub davon ebenso zeugen wie die biblischen Gestalten Hiob, Jakob, Saul, David und die Propheten. Der zweite Gedichtband *Sternverdunkelung* erschien 1949 im Amsterdamer Exilverlag Berman-Fischer. Das Werk von Martin Buber, vor allem dessen chassidische Erzählungen, hat S. tief beeindruckt und sich ihren Texten eingeprägt. Man kann, ganz in der Tradition Bubers, S.' Verhältnis zum Judentum als ein erlebtes, erlittenes charakterisieren.

Fast fünfzig Jahre hat S. in Berlin gelebt. Mit einem der letzten Passagierflüge gelangten S. und ihre Mutter am 16. Mai 1940, dank der Vermittlung von Selma Lagerlöf, von Berlin nach Stockholm. Erst in den letzten zwanzig Lebensjahren von S. erschienen die Werke, die sie bekannt machen sollten. Bei der Abschiedsveranstaltung des Deutschen Kulturbunds, einer Vereinigung deutschsprachiger Emigranten in Schweden, las 1946 einer der Schauspieler aus S.' Zyklus *Dein Laub im Rauch durch die Luft*. Die Dichterin erhielt daraufhin einen Brief von Walter Berendsohn, einem Literarhistoriker, der 1933 von Hamburg nach Dänemark, zehn Jahre später nach Schweden emigriert war. Dieser Brief war der Beginn einer langen wechselvollen Freundschaft. Am 18. Mai zitiert S. aus Berendsohns Brief: »Es scheint mir fast ein Mirakel, mit welcher Zartheit Sie dies grauenvolle Geschehen ergreifen und vor den Richterstuhl der Ewigkeit stellen. Es mit realistischen Mitteln darzustellen ist wirkungslos, weil sich die erschrockene Seele wehrt, dies alles in sich aufzunehmen, und sich bald verschließt und verhärtet, um leben zu können. Aber die Essenz von Ihren klagenden, anklagenden und verklärenden Gedichten wird aufgenommen und bleibt haften. Sie sind mit einem großen Worte berechtigt dem Denkmal für Millionen ermordeter Juden [...].« Hier bricht S. das Zitat aus dem an sie gerichteten Brief ab. Es war auch dieser Brief, der sie zu dem Versuch führte, »die Tragödie des jüdischen Volkes in einem Mysterienspiel zu gestalten«. 1951 erschien *Eli. Ein Mysterienspiel vom Leiden Israels* in einer schmalen Auflage in Malmö, sieben Jahre später, im Mai 1958, in einer von Alfred Andersch eingerichteten Hörspielfassung, vom Süddeutschen und Norddeutschen Rundfunk ausgestrahlt, 1962 von einer Studentenbühne in Frankfurt am Main uraufgeführt. Es ist in seiner Reihung szenischer Dialoge ein allegorisches, kaum aufführbares Stück über den Schuster Michael, der den Mörder des Hirtenjungen Eli sucht. Ein Soldat hatte ihn mit dem Gewehrkolben erschlagen. Michael findet diesen Soldaten; der Mann zerfällt vor dem »Gottglanz« auf Michaels Stirn, dem »Urlicht«, zu Staub. Die Reaktion auf die Hörfunksendung in Deutschland war ganz anders, als S. es erwartet hatte. Hatte die Dichterin nämlich »eine Botschaft aus Göttlichem – aus Versöhnung« erwartet, so trat jetzt das Entgegengesetzte ein: »Die Menschen glauben, dieses wäre ein rächendes Gedicht«, schrieb S. in einem Brief.

S.' Judentum wird in der deutschsprachigen Rezeption zu einer repräsentativen Größe: »Nelly Sachs ist die letzte Dichterin des Judentums in deutscher Sprache, und ihr Werk ist ohne diese königliche Herkunft nirgends zu begreifen«, schreibt Hans Magnus Enzensberger in seiner Auswahl ihrer Gedichte. Israel stehe bei S. stellvertretend für die Heils- und Unheilsgeschichte der ganzen Schöpfung. Enzensberger schreibt: »So handgreiflich, als nackte Realität wie die Asche und der Rauch in den Vernichtungslagern, so gegenständlich beginnt die Reise, als Exil, besitzlose Verbannung, Flucht vor den Schergen des Jahres 1940 in das gefriedete Schweden, und wie der Staub, so endet die Fahrt als kosmische, als Weltfigur.« S.' Judentum wird zu einer zusammenführenden, synthetisierenden Größe. 1965 wird ihr der Friedenspreis des Deutschen Buchhandels verliehen. In der Urkunde heißt es: »Das dichterische Werk von Nelly Sachs steht ein für das jüdische Schicksal in unmenschlicher Zeit und versöhnt ohne Widerspruch Deutsches und Jüdisches. Ihre Gedichte und szenischen Dichtungen sind Werke hoher deutscher Sprache, sie sind Werke der Vergebung, der Rettung, des Friedens.« Dem widersprach S. schon in ihrer kurzen Dankesrede, die schließt: »Lassen Sie uns gemeinsam der Opfer im Schmerz gedenken und hinausgehen aufs neue, um wieder und wieder zu suchen – von Ängsten und Zweifeln geplagt zu suchen, wo vielleicht weit entfernt, aber doch vorhanden, eine neue Aussicht schimmert, ein guter Traum, der seine Verwirklichung in unseren Herzen finden will.«

1966 erhielt S., zusammen mit dem israelischen Autor S.J. Agnon, den Nobelpreis für Literatur. Die Dichterin starb 1970, wenige Tage nach dem Freitod von Paul Celan, mit dem sie eine im Briefwechsel beider dokumentierte Freundschaft verband.

Werke: Werke. Kommentierte Ausgabe in vier Bdn., hg. A. Fioretos, Frankfurt a. M. 2010.
Literatur: B. Lermen/M. Braun, N.S.: »an letzter Atemspitze des Lebens«, Bonn 1998; A. Eshel, Zeit der Zäsur. Jüdische Dichter im Angesicht der Shoah, Heidelberg 1999; A. Fioretos, Flucht und Verwandlung, N.S., Schriftstellerin, Frankfurt a. M. 2010.

Thomas Sparr

Sahl, Hans (eigentl. Hans Salomon)

Geb. 20.5.1902 in Dresden;
gest. 27.4.1993 in Tübingen

Die literarischen Arbeiten, die seit 1933 im Exil entstanden, in das ihn die Machtübernahme Hitlers zwang, tragen jenen Autorennamen, der ihn erst Jahrzehnte später berühmt machte: Hans Sahl. Geboren in Dresden, seit seinem sechsten Lebens-

jahr in Berlin ansässig, wuchs S. in einem großbürgerlichen Elternhaus auf. Sein Vater, der Bankier und Kommerzienrat Paul D. Salomon, und seine Mutter, Anna, geb. Maaß, waren typische Vertreter eines »schon fast völlig assimilierten, deutsch denkenden und deutsch betenden jüdischen Patriziertums geworden, das mit zahlungskräftiger Kaisertreue in der deutschen Gesellschaft aufzugehen trachtete«, wie S. am Anfang seiner *Memoiren eines Moralisten* schreibt. Dies unterstreicht auch der Umstand, dass der Vater Mitglied im »Verein deutscher Staatsbürger jüdischen Glaubens« war. Wenn S. von seinem Judentum in jenen Jahren spricht, so nennt er es am ehesten »sein Anderssein«. Konfrontiert mit dem Ostjudentum stellt S. sich die Frage »Wohin gehöre ich? [...] Ich glaubte an Gott, aber in welcher Sprache sollte ich zu ihm beten?«

S. studierte Kunst- und Literaturgeschichte, Archäologie und Philosophie in München, Berlin, Leipzig und Breslau. Seine kunstgeschichtliche Dissertation über den Breslauer Barbara-Altar veröffentlichte er 1926 noch unter dem Familiennamen Salomon. Bereits während seiner Studienzeit publizierte S. erste Beiträge in der *Berliner Volkszeitung*, der *Weltbühne* und im *Prager Tagblatt*. Seine fünfteilige Serie *Klassiker der Leihbibliothek*, die im *Tage-Buch* erschien und in der er zeitgenössische populäre Literatur besprach, verschaffte dem jungen Kritiker Aufmerksamkeit und Ansehen. So erhielt der gerade 24-jährige S. direkt nach Studienabschluss eine Anstellung als Film-, Theater-, und Literaturkritiker beim *Montag Morgen*. Neben journalistischen Beiträgen auf hohem Niveau entstanden die ersten dichterischen Versuche, Gedichte und Novellen. S. stand am Anfang einer glänzenden Karriere, als er sich gezwungen sah, Berlin von heute auf morgen zu verlassen und sich ins zunächst noch sichere Prag zu retten. Von dort aus wurden Zürich, Paris und nach seiner Flucht aus dem Internierungslager Le Ruchard schließlich Marseille zu Stationen seines Exils. Dort angekommen, schloss er sich dem Emergency Rescue Committee an, das unter Leitung von Varian Fry verfolgten politischen Flüchtlingen und bedrohten Künstlern half. Er wurde zu einem der wichtigsten Mitarbeiter Frys, dessen Buch *Auslieferung auf Verlangen* auch von S.s Mitarbeit berichtet. Mit einem der letzten aus Lissabon auslaufenden Schiffe, der SS Guinée, gelang ihm im April 1941 die Flucht nach New York.

Wie viele Neuankömmlinge hatte S. in Amerika einen schweren Start. Obgleich er 1942 in einem kleinen Exilverlag seine Gedichtsammlung *Die hellen Nächte* veröffentlichen konnte, schlug er sich mit gelegentlichen Schreib- und Übersetzungsarbeiten durch. Erschwert wurde diese Situation durch die vor allem politisch motivierten Streitigkeiten unter den Exilanten. Zentrale Figur dieses

Konfliktes war Bert Brecht, dem S. nach anfänglich uneingeschränkter Verehrung bis an sein Lebensende in Hassliebe verbunden blieb, wovon S. im zweiten Band seiner Memoiren, *Das Exil im Exil*, berichtet. Der Titel des Buches reflektiert S.s wachsende Isolation, nachdem er bereits 1940 in Paris von der sozialistischen Linken aufgrund der stalinistischen Verfolgung Andersdenkender abgerückt und aus dem SDS, dem Schutzverband Deutscher Schriftsteller im Exil, ausgetreten war. S.s rigoroser Moralismus, der mit einer politisch unabhängigen Haltung und einem auch nach Kriegsende weiter zunehmenden Antikommunismus gepaart war, machen die Auseinandersetzung mit dem Verhältnis zwischen Individuum und Macht zu einer Problemkonstante in seinem Werk.

Neben Freundschaften wie denen zu Brecht und Piscator, die aufgrund politischer Meinungsverschiedenheiten zerbrachen, stehen solche, die über Jahre Bestand hatten; an herausragender Stelle jene zu George Grosz, zu dem S. 1950 persönlichen Kontakt aufgenommen hatte, nachdem sein Essay *Die Stockmenschen* in der *Neuen Zürcher Zeitung* erschienen war, deren New Yorker Kulturkorrespondent er zu dieser Zeit war. Der 1993 publizierte Band *So long mit Händedruck*, der Briefe und Dokumente von George Grosz und S. enthält, ist ein eindrückliches Zeugnis einer Künstlerfreundschaft.

S. versuchte sich nach anfänglichem Zögern zu Beginn der 1950er Jahre wieder in der Bundesrepublik niederzulassen und literarisch zu etablieren. Er behielt jedoch seine 1952 erworbene amerikanische Staatsbürgerschaft bei, als er 1953 nach West-Deutschland zurückkehrte. Wie viele jüdische Autoren, die das Dritte Reich im Exil überlebten, litt auch S. unter dem Mangel an Verständnis und Interesse am Schicksal der Vertriebenen und Verfolgten. Enttäuscht von der politischen Entwicklung in Deutschland und dem Literaturbetrieb der Nachkriegszeit kehrte er 1955 in die USA zurück, wo er als Kulturkorrespondent und Übersetzer zu einem maßgeblichen Mittler zwischen der deutschen und der amerikanischen Literatur wurde. Über Jahre verbunden war S. auch jenen amerikanischen Autoren, deren kongenialer Übersetzer er nach dem Zweiten Weltkrieg wurde. Neben den Übertragungen zahlreicher Stücke von A. Miller, Th. Wilder, T. Williams und J. Osborne hat S. sich durch eine Vielzahl von Veröffentlichungen über das amerikanische Theater und die amerikanische Gegenwartsliteratur verdient gemacht, wofür er 1979 mit dem *Thornton Wilder Prize for Distinguished Translation of American Literature* geehrt wurde.

Das erste eigene literarische Werk, das S. nach dem Krieg größere Anerkennung brachte, war sein 1959 publizierter Roman *Die Wenigen und die Vielen*. Der Untertitel, *Roman einer Zeit*, verdeutlicht die Absicht des Autors, in der Form des Zeitromans Zeugnis abzulegen von jener Epoche, die Tausende ins Exil getrieben hatte. S. verschlüsselt darin bekannte und weniger bekannte Persönlichkeiten, denen er im Laufe seiner Exiljahre begegnet ist. So trägt die Figur des Dichters Jochen Scharf Züge Bert Brechts, Nathalie Asch ist an Ruth Fischer angelehnt, und nicht zuletzt erinnert der im New Yorker Exil lebende Protagonist namens Kobbe an S. selbst. Entsprechend der Zeit und der Verfassung jener, die sie erlebten, ist der Roman kaleidoskopartig aus Fragmenten zusammengesetzt: neben den erzählten Erinnerungen enthält er Briefe und Tagebucheintragungen. Die Form der Montage spiegelt die zerrissene Identität seiner Protagonisten wider.

Ob in seinen Memoiren, ob in der Prosa, die in den beiden Bänden *Umsteigen nach Babylon* (1987) und *Der Tod des Akrobaten* (1993) gesammelt erschienen, S. war stets ein gattungsbewusster Schreiber. Unter einer immer stärker werdenden Sehschwäche leidend, hat S. seine Memoiren mithilfe eines Diktiergerätes verfasst. Schon früh hat S. auf soziale Ungerechtigkeiten in seiner Umwelt sensibel reagiert. Antisemitische Anfeindungen, denen er während seiner Schul- und Studienzeit ausgesetzt war, führten zu einer stärkeren Identifizierung mit seinem Judentum. Die Auseinandersetzung mit dem Verhältnis zwischen Juden und Deutschen steht im Mittelpunkt seines 1976 entstandenen Theaterstücks *Hausmusik*. Es formuliert die Absage an den Weg der Assimilation, den seine Eltern wie viele andere deutsche Juden gewählt hatten: »In meinem Theaterstück *Hausmusik* habe ich versucht, jenes Bürgertum jüdischer Provenienz zu zeichnen, das den Prozess der Eindeutschung bis zur Selbstaufgabe betrieb, die Tragikomödie einer Illusion, die in Auschwitz endete.« Bis in die Intimität der Beziehung des Vaters zu seinem zärtlich geliebten Kind schlägt sich das grausame Wissen um die Zugehörigkeit zu den für die Vernichtung Vorgesehenen nieder: »An den Stätten, über die kein Mund berichten/ Kann ohne zu stammeln, hätten sie dich in ein Hemd /Aus schwarzer Erde gekleidet und zu den Ratten geworfen.« S.s Antwort auf dieses grausame Wissen war weder eine Hinwendung zu einem religiös noch zu einem zionistisch geprägten Judentum. Er blieb, was er in der Weimarer Republik war: Kosmopolit und Autor deutscher wie jüdischer Herkunft und als solcher mehr Angehöriger einer Schicksals- als einer Religionsgemeinschaft oder Nation.

Darüber, dass S. nie wieder in einem Land ganz heimisch wurde, sollte auch seine späte erneute Übersiedlung im Jahre 1989 aus den USA in die Bundesrepublik nicht hinwegtäuschen. Für S. wurde das Exil, in das er 1933 gestoßen wurde, zur Metapher einer Existenzform, die nicht mit dem Zweiten Weltkrieg endete und der das Beste abzutrotzen er sich bis an sein Lebensende bemühte: »Ich bin ein exterritorialer Mensch geworden, ich habe einen Pakt mit der Fremde geschlossen. Ich kann nicht mehr ohne sie leben, ohne dieses Gefühl, nicht ganz zu Hause zu sein. Ein Gast in fremden Kulturen [...].«

Werke: Die Wenigen und die Vielen. Roman einer Zeit, Frankfurt a. M. 1959; Memoiren eines Moralisten, Zürich 1983; Das Exil im Exil. Memoiren eines Moralisten II, Frankfurt a. M. 1990; Wir sind die Letzten. Der Maulwurf. Gedichte, Frankfurt a. M. 1991; »Und doch ...«. Essays und Kritiken aus zwei Kontinenten, Frankfurt a. M. 1991; Der Mann, der sich selbst besuchte: Die Erzählungen, München 2012.
Literatur: E. W. Skwara, H.S. Leben und Werk, Bern 1986; S. Kellenter, H.S., in: Deutsche Exilliteratur seit 1933, hg. J.M. Spalek, Bd. 2, Bern 1986, 90–103; G. Ackermann u. a., H.S. Eine Bibliographie seiner Schriften, Marbach 1995; M. Wolbold, Zwischen Ablehnung, Anpassung und Zerrissenheit: Deutsche Exilautoren in den USA: Eine Typologie am Beispiel von Hans Marchwitza, H.S. und Ludwig Marcuse, Hamburg 1999; J. Seo, Die Darstellung der Rückkehr: Remigration in ausgewählten Autobiographien deutscher Exilautoren, Würzburg 2004, 110–163; T. Hess, Der Begriff des Exils im Werk von H.S., Marburg 2006; A. Reiter, Die Exterritorialität des Denkens: H.S. im Exil, Göttingen 2007.

Karina von Tippelskirch

Sakheim, Arthur

Geb. 27.10.1884 Libau/Lettland;
gest. 23.8.1931 Berlin

S. war Spross einer alten jüdischen Familie, deren Stammbaum Rabbiner und Gelehrte aufweist. Der Nachname S. stellt eine Abbreviatur der hebräischen Worte »Sera-Kodesch-heim« (»Nachkomme von Märtyrern«) dar. Geprägt durch Wissen und Erziehung des Vaters, der ihn schon früh in die hebräische Sprache und das jüdischen Schrifttum einführte, studierte S. Philosophie, Philologie und Theaterwissenschaften. 1908 promovierte er in Zürich mit der Arbeit *E.T.A. Hoffmann. Studien zu seiner Persönlichkeit und seinen Werken*. Zugleich begann S. seine journalistische wie schriftstellerische Arbeit. Pointierte Theaterkritiken aus seiner Feder erschienen zwischen 1908 und 1914 in der Berliner *Schaubühne*, später auch in der *Vossischen Zeitung*, dem *Berliner Tageblatt* und in der *Frankfurter Zeitung*. Noch vor dem Ersten Weltkrieg trat S. auch als Schriftsteller hervor. 1911 erschien sein Buch *Masken. Hamburgische Schauspieler-Bildnisse*, 1913 sein erster Gedichtband *Magnificat*, noch im gleichen Jahr sein Roman *Marion in Rot*. Überregionale Beachtung fanden seine in Hamburg aufgeführten Theaterstücke *Krise im Gottesländchen* (1917) und *Pilger und Spieler* (1920).

Seit 1921 Hamburger Staatsbürger und damit Deutscher, arbeitete und wirkte er als Dramaturg und Regisseur an den von Erich Ziegel geleiteten Hamburger Kammerspielen, galt sehr bald als »literarischer Eckart« dieses über Hamburg hinaus geachteten Theaters, eine Zuschreibung, die auch auf seine Schriftleitung der hauseigenen Theaterzeitung *Der Freihafen* zurückzuführen war. S. fand nicht nur als Dramatiker, Lyriker und Essayist vielfache Anerkennung; wiederholt trat er als Vortragender der Hamburger Sezession oder als Mitglied der Hamburger Tafelrunde, einer zwanglosen Gemeinschaft der künstlerischen Avantgarde der Hansestadt, auf, dessen Vorträge *Expressionismus. Futurismus. Aktivismus* (1919) und *Kunst und soziale Revolution* (1921) auch gedruckt wurden.

Über welch profundes Wissen der jüdischen Kultur- und Literaturgeschichte S. verfügte, unterstrich sein 1924 in Hamburg verlegter Vortragszyklus *Das jüdische Element in der Weltliteratur*. In seiner Einleitung schrieb S., dass ihm dieses Buch Bekenntnis »zum antik, mittelalterlich und modern gestimmten, fanatischen, gegeißelten, aber nie erdrosselten, atmenden, blutwarmen Genius meines Volkes« sei. Rezensenten lobten S.s Belesenheit, seine plastische wie anschauliche Darstellungsweise der jüdischen Geistesgeschichte. Seiner Geschichte der Literatur der Juden würde jenes »trocken Gelahrte« fehlen, dass »Literaturgeschichte meist zu einer peinlich-langweiligen Anhäufung von Namen macht, die durch die Brille eines professoralen Temperaments gesehen werden«. Ohne jede Verklärung untersuchte S. den Beitrag der Juden in der Weltliteratur, der für ihn »einer der wichtigsten Bestandteile des menschlichen Geistesadels« war. Darüber hinaus schuf sich S., der mehrere Sprache beherrschte, auch einen Namen als Übersetzer von Molière, Gozzi, Goldoni, Lermontoff und Alfred de Musset.

Im Sommer 1926 folgte S. einem Angebot nach Frankfurt am Main, wo er dramaturgischer Regisseur und künstlerischer Leiter der Städtischen Bühnen wurde. Auch hier redigierte er die eigene Theaterzeitung. In Frankfurt erschien 1929 sein schon Mitte der 20er Jahre geschriebenes Theaterstück *Der Zaddik*, ein Drama um einen chassidischen Rabbi. Trotz des Scheiterns dieses mystischen Helden hob S. am »Zaddik« den Glauben an die Kraft der Juden hervor, die durch Erhebung aus Schuld oder Unglück immer wieder ein neues Leben finden könnten. Ein Jahr später war S. von der Leitung des Habima-Theaters in Palästina das Angebot gemacht worden, Schalom Aschs Roman *Heiliger Name* zu dramatisieren. Doch dieses Angebot konnte S. ebenso wenig realisieren wie den geplanten Wechsel an das von Max Reinhardt geleitete Deutsche Theater in Berlin. Nach einer Blinddarmoperation und anschließender Lungenentzündung starb S. 47-jährig in der Berliner Charité; Nachrufe würdigten ihn als »um jüdische Probleme ernst bemühte Persönlichkeit«. In einer 1932 organisierten Gedenkfeier bezeichnete einer der Redner S. als »Wegbereiter der deutschen und jüdischen Dramatik«. – Nach der Machtübertragung an die Nationalsozialisten flohen S.s Witwe Anuta und ihr zehnjähriger Sohn Ruben nach Palästina, wo sie Touristenführerin und erste weibliche Taxifahrerin des Landes wurde.

Werke: Masken. Hamburgische Schauspieler-Bildnisse, Hamburg 1911; Marion in Rot, München 1913; Patmos und Kythera. Neue Gedichte, Hamburg 1921; Das jüdische Element in der Weltliteratur, Hamburg 1924.

Literatur: R. Schütt, Bohemiens und Biedermänner. Die Hamburger Gruppe 1925–1931, Hamburg 1996; W. Weinke, »Wegbereiter der deutschen und jüdischen Dramatik«: A.S., in: Eine verschwundene Welt. Jüdisches Leben am Grindel, hg. U. Wamser und W. Weinke, Springe 2006, 112–117; A. Feinberg, »Was? Dramaturg? Noch nie gehört, was ist das?« Jüdische Dramaturgen im deutschen Theater im Kaiserreich und in der Weimarer Republik, in: Aschkenas 17 (2009), 225–271.

Wilfried Weinke

Salten, Felix (eigentl. Siegmund Salzmann)

Geb. 6.9.1869 in Budapest;
gest. 8.10.1945 in Zürich

S. war einer der erfolgreichsten Schriftsteller der ersten Hälfte des 20. Jahrhunderts. Seine im Paul Zsolnay Verlag veröffentlichten Novellen, Romane und Tiergeschichten, darunter das von Walt Disney verfilmte Buch *Bambi* (1923), erreichten hohe Auflagen und seine zahlreichen Theaterstücke viele Aufführungen. Seine ungebrochen positive und in dem Buch *Neue Menschen auf alter Erde* (1925) sowie zahlreichen Zeitungsartikeln ausformulierte Beziehung zum Judentum ist aber, im Gegensatz zu R. Beer-Hofmann, nur wenigen seiner Leser und Rezipienten bewusst. Dazu kommt, dass sowohl seine Publikationen wie auch sein Nachlass – in Privatbesitz in Zürich – kaum erforscht sind.

S. stammte aus einer rabbinischen Familie, wuchs in Wien auf und konnte wegen der finanziellen Notlage seiner Eltern nicht studieren. Nach einer kurzen Zeit als Mitarbeiter der Phönix Versicherung wurde er Theaterkritiker der *Wiener Allgemeinen Zeitung*, übersiedelte 1906 nach Berlin und kehrte bald darauf als Feuilletonredakteur der *Zeit* nach Wien zurück. Als späterer Feuilletonredakteur der *Neuen Freien Presse* wurde er der Nachfolger von Theodor Herzl, mit dem er befreundet war. 1897–1900 war er Mitarbeiter der von Herzl herausgegebenen Zeitschrift *Die Welt*; er verfasste sowohl gezeichnete Artikel als auch die ungezeichnete Wochenkolumne. Ab 1909 gab er in der gesamten Monarchie zahlreiche Lesungen und hielt Vorträge über Herzl sowie über zionistische und jüdische Fragen. 1929 pries er ihn in einer Gedenkrede bei einer zionistischen Feier, die auch in der *Neuen Freien Presse* abgedruckt wurde, als Genie, Prophet und Befreier seines Volkes. Herzls Schrift *Der Judenstaat* lobte er in geradezu hymnischen Tönen: »Auf ihren Schwingen hob sie die Seele eines entmutigten, beleidigten, verzweifelten Volkes zur Höhe der Entschlossenheit.« In dem renommierten Blatt schrieb er immer wieder über jüdische Autoren, darunter über Schalom Asch und den populären Wiener jüdischen Romancier Leopold Ehrlich-Hichler. Daneben berichtete er auch über interne Angelegenheiten der Israelitischen Kultusgemeinde und wiederholt über das jiddische und hebräische Theater.

Als der zionistische Publizist Yomtow Ludwig Bato, der hebräische Sprachwissenschaftler Harry Torczyner (in Israel Naphtali Tur-Sinai) und M.Y. Ben-Gavriêl 1918 den Verein jüdischer Forscher, Schriftsteller und Künstler Haruach gründeten, trugen sie S. die Präsidentschaft an. Die Vorstandssitzungen fanden in seinem Haus statt. Einen Eindruck von S.s jüdischem Selbstverständnis zu dieser Zeit vermittelt Bato, der ein nach einem Vortrag Ende der 20er Jahre formuliertes Bekenntnis von S. überliefert: »›Alles was ich bin, sagte er, alles, was ich weiß, alles, was ich kann, verdanke ich einzig und allein dem Judentum.‹« S.s Buch *Geister der Zeit* enthielt auch Essays über Herzl und über Karl Lueger, dessen Antisemitismus er nicht verschwieg. 1925 besuchte S. Palästina und veröffentlichte im gleichen Jahr das aus einer zionistischen Perspektive geschriebene, von den Zionisten begeistert aufgenommene Buch *Neue Menschen auf alter Erde*, in dem er bekannte: »[…] durch nichts in der Welt kann das Judentum gerettet werden als durch dieses Land.« Über das Judentum schrieb er darin: »Die Juden wissen von ihrem eigenen Volk nur sehr, sehr wenig; die anderen aber ahnen nichts vom jüdischen Wesen und so ist es gekommen, dass die Juden unter allen Völkern fast gar nicht gekannt und am meisten gehasst werden. Richtiger: sie werden am meisten gehasst, weil sie gar nicht gekannt werden.« Das Buch enthielt auch einige sehr aufschlussreiche autobiographische Stellen, darunter die Sätze: »Ich bin kein Jude gewesen, da ich ein Knabe war. Als Jude geboren, bin ich erst später, erst als Jüngling mit aufgewachtem Denken und aufgerütteltem Gefühl Jude geworden.«

1928 wurde S. Präsident des österreichischen PEN-Clubs. Bei der Konferenz des Internationalen PEN-Clubs 1933 in Ragusa trat er gegen einen verschärften Kampf gegen die nationalsozialistischen Schriftsteller auf und erklärte nach der Eröffnungsrede des internationalen Präsidenten des PEN, H.G. Wells, dass er Jude sei und in Deutschland noch nie danach gefragt worden sei. Dies brachte ihm vonseiten zahlreicher Kollegen, darunter Karl Kraus, den Vorwurf des Verrats ein und führte zur Spaltung des österreichischen PEN-Clubs und zum Austritt S.s.

S.s 1904 geborene Tochter Anna Katharina heiratete den Schweizer zionistischen Rechtsanwalt Veit Wyler, der als Verteidiger des Gustloff-Attentäters David Frankfurter und als jahrzehntelanger Herausgeber der Zeitschrift *Das Neue Israel* bekannt wurde. Nach dem »Anschluß« Österreichs an das Deutsche Reich 1938 emigrierte S. zu seiner Tochter nach Zürich, von wo er nicht mehr nach Wien zurückkehrte.

Werke: Geister der Zeit. Erlebnisse, Berlin u. a. 1924; Neue Menschen auf alter Erde, Berlin u.a 1925.

Literatur: Y.L. Bato, Bekenntnis zum Judentum. Der Schriftsteller F.S., in: Allgemeine Wochenzeitung der Juden in Deutschland, 31. 12. 1965; L. Muerdel Dormer, F.S., in: Major Figures of Turn of the Century Modern Austrian Literature, hg. D.G. Daviau, Riverside 1991, 407–440; R. Schleicher, F.S. als poetischer Zionist. Beobachtungen zum Reisebericht ›Neue Menschen auf alter Erde‹, in: F.S. – der unbekannte Bekannte, hg. E. Seibert u. a., Wien 2005, 33–46; R. Neubauer, F.S. als Autor jüdischer Kinder- und Jugendliteratur, in: F.S. – der unbekannte Bekannte, hg. E. Seibert u. a., Wien 2005, 131–141; M. Dickel, F.S. als zionistischer Schriftsteller, in: F.S. Schriftsteller – Journalist – Exilant, hg. S. Mattel u. a., Wien 2006, 169–175; M. Dickel, »Ein Dilettant des Lebens will ich nicht sein«. F.S. zwischen Zionismus und Jungwiener Moderne, Heidelberg 2007; B.D. Eddy, F.S., Riverside 2010.

Evelyn Adunka

Salus, Hugo

Geb. 3.8.1866 in Böhmisch-Leipa (Česká Lipa); gest. 4.2.1929 in Prag

S., Sohn eines Tierarzts, in verschiedenen, vorwiegend deutschen Städten Böhmens aufgewachsen, studierte an der deutschen Universität in Prag Medizin und ließ sich in der böhmischen Hauptstadt als Frauenarzt nieder.

Sein Beruf und das lange Warten auf die späte Geburt seines einzigen Sohnes sind auch Motive seines Werks geworden (*Trostbüchlein für Kinderlose*, 1909). S., der schon als Student Gedichte geschrieben hat, scheint als ›Künstler‹ eine stadtbekannte, auf manche etwas lächerlich wirkende Erscheinung gewesen zu sein. Als Mitarbeiter der *Zukunft*, der *Jugend*, des *Simplicissimus* und anderer Zeitschriften wurde S. durch ›neuromantische‹ Gedichte rasch berühmt; seine zahlreichen Bücher (etwa 40) sind zum Teil in bekannten Verlagen (Langen, Wiener Verlag, Diederichs) erschienen, einige haben mehrere Auflagen erlebt. Heute kennt man den selbst vom jungen Rilke geschätzten Erfolgsautor des ›Jugendstils‹ fast nur noch als satirisches Objekt von Karl Kraus und wegen der Vertonung einiger Gedichte durch Schönberg (1901). Als literarische Figur erscheint er in Werfels *Stern der Ungeborenen*.

Seine in jeder Hinsicht konventionellen (in der Regel gereimten) Gedichte – eine Auswahl von charakteristischen Titeln: *Der Springbrunn* [!], *Blühende Äste, Trauerweide, Das Liebeslied, An blauen Frühlingstagen, Abendsegen, Weiße Rosen, Romanze* (alle in *Ernte*, 1903) – sind formal gewandt, aber auch nicht mehr, eher poliert als gefeilt. Sie scheinen wie dazu bestimmt, in (zahlreichen, zumeist schmalen) bibliophilen Bändchen mit Goldschnitt und Buchschmuck von Heinrich Vogeler (*Ehefrühling*, 1905) oder Emil Orlik (*Christa. Ein Evangelium der Schönheit*, 1902) herauszukommen; *Christa* ist allerdings kein Gedichtband, sondern eine fast blasphemisch wirkende Travestie des Neuen Testaments. Am ehesten glaubhaft ist das Pathos der späteren Gedichte: *Die Harfe Gottes* (1928); auch einige Kurzgeschichten (z.B. *Der Toast*, in *Novellen des Lyrikers*, 1903) sind noch lesbar. Sonst kann man seine Gedichte und den Großteil seiner Prosa – etwa mit folgenden Zeilen: »Dies ist mein Glück: in allen Bitternissen/ Des Seins daheim mein junges Weib zu wissen« – trotz dem zumeist gezwungen wirkenden Humor wohl mit Fug und Recht als Kitsch bezeichnen.

Obwohl S. in einer autobiographischen Skizze seine naturwissenschaftlich geprägte, also nicht religiöse Weltanschauung betont und seine jüdische Herkunft nicht einmal erwähnt, verwendet er gelegentlich jüdische Motive (die aber möglicherweise für ihn mehr Prager als eigentlich jüdische Motive gewesen sind), so in *Altes Ghettoliedchen* und *Vom hohen Rabbi Löw* (beide in *Ernte*, 1903), in dem auch *Talmudeske Legenden* enthaltenden Zyklus *Legenden* der Gedichtsammlung *Die Blumenschale* (1908) sowie in *Die Beschau. Eine Ghettogeschichte* (1920), einem eher auf humoristische Wirkung angelegten Text mit dem Motiv der von den Eltern ohne Rücksicht auf die Gefühle des jungen Paares gestifteten Eheschließung.

S. scheint sich den sozialen und nationalen Auseinandersetzungen seiner Zeit, auch denen, die das Judentum direkt betrafen, weitgehend entzogen zu haben. Er fühlte sich als Deutschliberaler in einem deutsch assimilierten Prager intellektuellen Milieu der deutschen Kultur zugehörig. Allerdings stellte er 1917 für die Anthologie *Das jüdische Prag* das Gedicht *Ahasverus* zur Verfügung. Von einer besonderen jüdischen Rezeption seines Werks ist nichts bekannt.

Werke: Gedichte, München 1898; Novellen des Lyrikers, Berlin 1903; Die Harfe Gottes, Wien 1928; Werkverzeichnis bei W. Kosch, Deutsches Literaturlexikon, 3. Aufl., Bd. 13, Bern u. a. 1991, 752 f.

Literatur: H. Wocke, H.S. Leipzig 1916 (mit einer autobiographischen Skizze von S., 10–14); M. Brod, Der Prager Kreis, Stuttgart 1966; F.R. Tichy, JüdischeThematik bei H.S., in: Zeitschrift für die Geschichte des Judentums 4 (1966), 230–232; H. Kletzander, H.S. und der Jugendstil, Diss. (unveröff.), Salzburg 1977; M. Pazi, H.S., in: Stifter-Jahrbuch N. F. 7 (1993), 151–163; K. Heydemann, Gedichte lesen. Notizen zur Darbietungsform der Lyrik des H.S., Deutschböhmische Literatur, hg. I. Fiala-Fürst, Olomouc 2001, 187–208; H.S., in: Lexikon deutsch-jüdischer Autoren, Bd. 18, hg. R. Heuer, Berlin/New York 2010, 493–504.

Sigurd Paul Scheichl

Saphir, Moritz Gottlieb (eigentl. Gottlieb Moses)

Geb. 8.2.1795 in Pest;
gest. 5.9.1858 in Baden bei Wien

Schreiben und Denken des erfolgreichen Journalisten und Humoristen S. zielten in erster Instanz darauf ab, die Einschränkungen seiner jüdischen Herkunft durch schriftstellerische Popularität zu überwinden und damit gesellschaftliche Akzeptanz zu gewinnen. Da dieses Bestreben an seinen verschiedenen Aufenthaltsorten immer wieder antisemitische Gegenreaktionen hervorrief, wurde der opportunistische, manchmal skrupellose S. gelegentlich dazu gebracht, über die Assimilations- bzw. Ausgrenzungsproblematik zu räsonieren. Die sich daraus ergebenden Ge-

dankengänge blieben zwar fragmentarisch, erweisen sich aber als überraschend einsichtsvoll für einen niemals als besonders meinungsfest oder engagiert geltenden Autor.

Trotz der Tatsache, dass S., der Sohn eines Kaufmanns und Steuereinnehmers, 1806 an eine Talmudschule in Prag geschickt worden war und eigentlich Rabbiner hätte werden sollen, war er keineswegs sehr religiös. Schon 1814 begann er seine literarische Tätigkeit als Theaterkritiker, die er bald erweiterte und in Wien, Berlin, München und Paris fortsetzte, wo er zahlreiche Zeitschriften wie *Berliner Schnellpost* und *Courier* (1826–30), *Der deutsche Horizont* (München 1830–32) und *Der Humorist* (1837 ff.) gründete. Weder in seiner redaktionellen Tätigkeit noch in den von S. selbst geschriebenen Artikeln ging es ihm darum, »jüdische« Themen zu behandeln oder »jüdische« Fragen zu erörtern. S. schrieb als repräsentatives Mitglied einer sprachlich und kulturell als »deutsch« zu bezeichnenden Öffentlichkeit. Das »Jüdische« an seinen Schriften wurde vor allem in ihrem Ton und in der allgemeinen Assoziation des Judentums mit dem Entstehen des Boulevard-Journalismus gesehen. In allen seinen Veröffentlichungen bediente sich S. eines inkonsequent-wortspielerischen, aber auch oft schneidend-satirischen Humors, der von der Mehrheit seiner Leser als jüdisch angesehen wurde, so dass er bald den zweifelhaften Ruf erlangt hatte, einen »zersetzenden« jüdischen Witz in den deutschen Kulturdiskurs eingeführt zu haben. Da S. nicht davor zurückscheute, Theaterproduktionen und andere kulturelle Veranstaltungen auf polemischste Art und Weise zu kritisieren und persönliche Fehden durch Spott und Charakterverleumdungen auszufechten, wurde diese rezeptionelle Tendenz im Laufe der Jahre immer stärker. Zusammen mit Heine und Börne wurde S. in der Literaturgeschichte wiederholt zum Bannerträger bzw. Symbol des bösen feuilletonistischen »Judenwitzes« (Geiger) im deutschen Vormärz gemacht.

Maßgebend für die ethnisch beladenen Konflikte, die S. mit seinen schnell erscheinenden und weitverbreiteten Zeitschriften provozierte, war der sogenannte »Pamphletenkrieg« seiner Berliner Periode (Townsend). Nachdem er mehrmals einige prominente kulturelle Persönlichkeiten perhorresziert hatte, denen er sich früher vergeblich anzuschließen versucht hatte, wurde S. selbst wiederholt als geld- und machtgieriger Eindringling und halbgebildeter Feind des sittlichen und kulturellen Wohls der preußischen Hauptstadt attackiert. Da krasse Stereotypen von dem »nach Knoblauch stinkenden« und des Hochdeutschen unfähigen Juden nicht ausblieben, sah sich S. dazu gezwungen, zur Assimilationsfrage Stellung zu nehmen und sich dabei Gedanken über den ethnischen Inhalt verschiedener Diskursmodalitäten zu machen. Die Kultur, insbesondere das Theater, war für S. eine offene Arena, die allen Deutschsprechenden im gleichen Maße zugehörte: Das Adjektiv »deutsch«, wie es in Begriffen wie »die deutsche Kultur« vorkam, bezeichnete bloß die Sprache, in der man schrieb, brachte aber keinen spezifischen Inhalt mit sich. Einen Missbrauch der deutschen Öffentlichkeit konnte es laut S. kaum geben. Solange die Organe der Kultur allgemein zugänglich und relativ zensurfrei blieben, würden S. zufolge wahre Ideen über falsche, Talent über Mittelmaß immer siegen. Durch die Instrumentalisierung dieser kulturellen Öffentlichkeit konnten Juden und andere Minoritäten ihre völlige Integration in die Gesellschaft geradezu erzwingen.

Der Witz spielte in diesem Assimilationsprozess eine besondere Rolle, zumal witzige Wendungen, Wortspiele und ähnliche innovative Sprachgebräuche starr gewordene Denkmuster durchbrechen konnten. S. selbst behauptete an mehreren Stellen eine enge Verbindung zwischen dem Humor und dem Judentum. »Schon darin erstens«, witzelte S., »weil man durch die Censur den Witz fast überall beschneiden läßt, hält er sich selbst für einen Juden, und hält sich zu seinen Glaubensgenossen.« »Die Juden haben zu dem Witz gegriffen«, meinte S., »weil das jener Waffendienst ist, bei dem sie es mit der Zeit bis zum Officier bringen können, bevor ein Armeebefehl den Taufschein und nicht das Verdienst in Betracht zieht.« Soziale Kommunikation wurde als Dauerkampf begriffen, wobei das ultimative Ziel die Überwindung bzw. Irrelevanz jüdischer Herkunft durch gesellschaftliche Integration blieb. Trotz seiner frivolen Ausdrucksweise warf S. damit ein Schlaglicht auf die kommende historische Signifikanz des Humors für nach Gleichberechtigung und Integration strebende Minoritäten. S. führte gelegentlich den besonderen jüdischen Hang zu humoristischen Diskursmodalitäten auf die Heimatlosigkeit und das unfreiwillige Exil des jüdischen Volkes zurück. Trotzdem glaubte S. nicht, dass die Juden zu seiner Zeit noch eine ethnische oder kulturelle Einheit bilden sollten und setzte sich für die Auflösung jüdischer Partikularität ein.

S.s analytisches Räsonnement zeigte sich nicht minder einsichtsreich in Bezug auf die Psychologie des Antisemitismus. Nietzsches bzw. Freuds Begriffe von Ressentiment und Kompensation antizipierend, diagnostizierte S. die Judenfeindlichkeit seiner Zeit als Verstellungsstrategie, die den Zweck bediente, eigene Identitätsschwächen zu kompensieren. »Wenn dem Judenfeind einmal die Juden den verdammten Streich spielen wollten, ganz auszusterben«, schrieb S. polemisch, »wäre er das geschlagenste, erbärmlichste, miserabelste Männchen aller fünf Welttheile, er hörte auf, etwas zu sein, er müßte stumm herumwandeln.« Dabei erklärte er die bald zum Cliché erstarrende Humorlosigkeit der Deutschen als Symptom unterwürfiger und von daher sich immer bedroht fühlender kollektiver Identität: »Der Humor ist ein geborener Engländer und kein Deutscher. Daher schreibt er wie die Engländer das I groß, und nicht wie die Deutschen, die kaum ein i klein genug finden können, um ihr demüthiges ›ich‹ damit anzufangen«.

Solche pointierten Formulierungen waren als amüsante Unterhaltungsprovokationen seiner Leserschaft kalkuliert. Demzufolge ist es nicht verwunderlich, dass S. im Laufe des 19. Jahrhunderts zum Prügelknaben deutscher Chauvinisten und Antisemiten geworden ist. Heinrich von Treitschke beschrieb S. z. B. als »einen ungarischen Juden ohne Geist, ohne Geschmack, sogar ohne die gewöhnlichsten Schulkenntnisse, aber von unverwüstlicher Frechheit«. Eben an solcher Feindseligkeit kann man aber heute feststellen, ohne S. verherrlichen zu wollen, dass S. einen neuen politischen Ton des Humors im deutschen Feuilleton angeschlagen und dadurch die deutsche Kultur mit einer von ihr ausgegrenzten »jüdischen Präsenz« konfrontierte. Auch und gerade als Fürsprecher der Assimilation erwies er sich so als engagierter Advokat einer »jüdischen« Teilnahme an der deutschen Öffentlichkeit.

Werke: Schriften. Gesammt-Ausgabe, 26 Bde., Brünn u. a. 1887–89.

Literatur: L. Geiger, Berlin 1688–1840. Geschichte des geistigen Lebens der preußischen Hauptstadt, Berlin 1895; Juden im Vormärz und in der Revolution von 1848, hg. J. Schoeps u. a., Stuttgart 1983; M.L. Townsend, Forbidden Laughter: Popular Humor and the Limits of Repression in Nineteenth-Century Prussia, Ann Arbor 1992; J.S. Chase, Inciting Laughter: The Development of »Jewish Humor« in Nineteenth-Century German Culture, Berlin u. a. 1999.

Jefferson S. Chase

Schachnowitz, Selig

Geb. 27.5.1874 in Jurborg (Georgenburg, Litauen);
gest. 23.1.1952 in Zürich

Im Jahr 1913 schrieb Ludwig Geiger in den »Literarischen Mitteilungen« der *Allgemeinen Zeitung des Judentums* über Sch.' *Luftmenschen. Roman aus der Gegenwart* (1912): »Das Werk ist ein Tendenzroman der schlimmsten Sorte. Der Verfasser versteht unter Juden nur den streng Orthodoxen und den Zionisten, jeder Überläufer ist ihm ein Lump […].« Dieser Roman sei »im ganzen eine durchaus unerfreuliche Erscheinung, charakteristisch nur dadurch, daß man daraus erkennt, wie die Orthodoxen selbst in ihren feuilletonistischen Arbeiten für ihren Standpunkt agitieren.« Die Botschaft des Romans ist für Geiger eindeutig: Der literarische Wert werde der religiösen Programmatik unterstellt. Sch. ist in Geigers Vorstellung ein Beispiel par excellence für diese Tendenz im neo-orthodoxen Schreiben. Was Geiger an Sch.' literarischem Werk kritisierte, stand bei diesem aber bewusst im Mittelpunkt. Im Vorwort zur zweiten Auflage seines Romans *Licht aus dem Westen. Erzählung aus der Zeit der Ghettodämmerung* (1933), das postum 1953 erschien, heißt es: »Wie in allen seinen Werken ist auch hier Sch. im besten Sinne des Wortes *tendenziös*. Trotz seiner hohen Erzählkunst war er als wahrhaft jüdischer Schriftsteller weit davon entfernt bloss der Unterhaltung dienen zu wollen. Es kam ihm vielmehr darauf an, durch Anregung des Gemütes und des Geistes die Liebe zur Thora und ihrer Träger seinem Leserpublikum in unaufdringlicher Weise zu vermitteln.«

Sch.' Leben und Werk ist zum einen der Kulturorthodoxie, zum anderen der Verbreitung eines religiös-programmatischen Bildungsanspruchs verpflichtet. Der in Litauen geborene Sch. genoss eine orthodoxe Ausbildung zum Rabbiner. 1901 kam er in die Schweiz und war in Endingen bis 1908 als Lehrer, Kantor und Rabbiner tätig. Gleichzeitig studierte er Geschichte und Philosophie in Zürich. 1908 trat Sch. in Frankfurt am Main die Stelle als Herausgeber und Redakteur der orthodoxen Wochenzeitschrift *Der Israelit* an, das Organ der *Agudas Jisroel*, einer Religionsgesellschaft, zu der sich die neo-orthodoxen Austrittsgemeinden im deutschsprachigen Raum zusammenschlossen. Neben seinen journalistischen und schriftstellerischen Tätigkeiten engagierte er sich auch aktiv als Dozent an der von Salomon Breuer gegründeten Talmud-Hochschule in Frankfurt am Main. 1938 gelang es Sch., mit seiner Frau und seiner Tochter in die Schweiz zu flüchten, wo er bis zu seinem Tod lebte. Neben seinen Texten als Redakteur verfasste Sch. literarische Skizzen und vordergründig historische Romane, in denen seine Vorstellung einer Zusammenführung der östlichen und westlichen Orthodoxie, der Verschmelzung von orthodox observanten Religionspraktiken und modernen Anforderungen immer wieder zutage tritt. Der Ausgangspunkt von Sch.' Schreiben ist meist die sich zunehmend säkularisierende Welt. Seine Werke, die auch in andere Sprachen übersetzt wurden, schweben zwischen reiner literarischer Fiktion und historisch-wissenschaftlichem Anspruch, ohne jedoch beiden gerecht zu werden. Auch die von kritischeren Lesern als kitschig empfundene Sprache sowie die konstruierten Spannungsbögen lassen darauf schließen, dass Sch. vornehmlich jüdische Jugendliche erreichen wollte, jedenfalls auf religiös-moralische Bildung zielte. Als Handlungsrahmen wählt er meist Legenden und historische Ereignisse aus der Geschichte des jüdischen Volkes, um seine religiöse Programmatik transportieren zu können, wie beispielsweise *Salomo der Falascha. Eine Geschichte aus der Gegenwart* (1923), die Geschichte der äthiopischen Falascha-Jungen, die vor dem Ersten Weltkrieg nach Jerusalem kamen. In *Abraham Sohn Abrahams. Eine Helden- und Märtyrergeschichte* (1930) geht Sch. noch einen Schritt weiter. Hier werden nicht per se jüdische Figuren zu einem toratreuen Weg geführt, sondern es wird die Konversion eines christlichen polnischen Adelssohnes zum Judentum thematisiert – eine Art umgekehrte Assimilation.

Sch.' literarische Texte können als ein Schreiben über Spannungsverhältnisse charakterisiert werden: Spannungen zwischen historischen Fakten und künstlerischer Umgestaltung, zwischen der dunklen und bedrohlich anmutenden Unberechenbarkeit des Ostens und dem aufgeklärten, jedoch »in das Geleise der Kultur gezwungenen« Westen, zwischen traditionellem Glauben und Glaubensverlust in der sich säkularisierenden Welt (Berg). Beispielhaft kann an dieser Stelle der Roman *Licht aus dem Westen* genannt werden. Sch. führt den Leser zurück ins 18. Jahrhundert zu den Anfängen der Haskala, der jüdischen Aufklärung, und erzählt in Form eines biographischen Bildungsromans das Leben des Pressburger Rabbiners Moshe Sofer (1763–1839). Der nach seiner sechsbändigen Responsensammlung benannte und bekannte Chatam Sofer kämpfte rigoros gegen die Haskala und jegliche Reformversuche. Die Spannung der zentral verhandelten scheinbaren Unvereinbarkeit der Moderne mit dem traditionellen Judentum wird überraschenderweise im Roman aufgelöst: Das Ableben Moshes wird mit dem Schreiben von Samson Raphael Hirsch verknüpft, dessen *Neunzehn Briefe über das Judenthum* (1836) Moshe kurz vor seinem Tod zugeschickt bekommt. Hirsch räumte als Vertreter der reformkritischen Neo-Orthodoxie dem traditionellen Judentum die absolute Autorität ein. Obgleich Moshe als Gegner jeglicher ›schöngeistiger‹ Literatur den in deutscher Sprache geschriebenen Briefroman nur mit Widerwillen liest, sieht er in Hirsch den »Erretter von anderer Seite«. Sch.' Programmatik findet am Ende des Romans ihre Erfüllung, als Hirsch gänzlich unbewusst im Augenblick von Moshes Tod zu schreiben beginnt: »Dann, nach einer kurzen Weile, sammelte sich der Schreiber wieder [...] und schrieb: ›Und [...] wenn auch Tausende sich lossagen vom Geschicke und vom Namen Israels [...]. Und wenn auch nur einer bleibt, ein Jude mit [...] der Lehre im Herzen, dem Lichte im Geiste – [...] Israels Sache bleibt unverloren! ...‹« Hier wird die Motivation von Sch.' Schreiben offensichtlich: Er versucht die Richtigkeit der Neo-Orthodoxie im komplexen Neben- und Gegeneinander der unterschiedlichen religiösen und modernen Ausrichtungen, die sich im Laufe des 19. Jahrhunderts entwickelten, zu behaupten. In Sch.' Roman liegt die Überwindung des Spannungsverhältnisses in der Verbindung von traditioneller Religionspraxis und einer säkularen Öffnung, eben jenem »Juden mit der Lehre im Herzen, dem Lichte im Geiste«. Gleichzeitig gelingt es Sch. anhand der fiktionalen Verbindung von Moshe Sofers Ableben und Hirschs Schreiben eine Kontinuität zwischen Orthodoxie und Neo-Orthodoxie herzustellen, die Hirsch als ideologischen Nachfolger Moshe Sofers zweifellos anerkennt (Morgenstern).

Von besonderem Interesse sind bei Sch. die Verbindung von Literatur und Religion, die Ästhetisierung der Orthodoxie oder genauer: die Transformation religiöser und religionsgeschichtlicher

Fragen in literarische Formen. Dieser Roman birgt nicht nur eine programmatische Botschaft, er kann auch als Reflexion über das Verhältnis von Literatur und Religion angesehen werden (Morgenstern): Sch. schildert in *Licht aus dem Westen* den althergebrachten Konflikt von literarischem Schaffen und orthodoxem Judentum zu Beginn der jüdischen Emanzipation. Indem er durch die Verschränkung der Schicksale Moshe Sofers und Samson Raphael Hirschs diese Differenz auflöst, gelingt es Sch., dem Roman, »der nach den Kriterien der Vorväter selbst als Gattung minderen, wenn nicht verbotenen Typs gegolten hätte, [...] im ersten Drittel des 20. Jahrhunderts, Anspruch auf Akzeptanz und Rezeption« zu verleihen.

Sch.' Intention liegt darin, seinen Leser vor der zunehmenden »Gottverlassenheit« zu warnen, was exemplarisch in *Luftmenschen* beschrieben wird (Berg). Der Roman erzählt von den Eingewöhnungsschwierigkeiten eines ›Ostjuden‹ in einer westlichen Großstadt. Der Text verhandelt alle Möglichkeiten jüdischer Verortung zu Beginn des 19. Jahrhunderts. Das Schicksal des Protagonisten kreuzt »die Lebenswege eines aus Amerika zurückgekehrten Hochstaplers, eines zionistischen Funktionärs, eines radikalen Sozialisten und eines nihilistischen Konvertiten [...]« (Berg). Damit beleuchtet Sch. einmal mehr das Für und Wider der unterschiedlichen Möglichkeiten jüdischer Moderne, wenn auch mit apologetischer religiöser Ausrichtung klar wertend. Gleichzeitig kommentiert Sch. auf diese Weise die Geschichte der jüdischen Entwurzelung. Diese wird im Osten durch Pogrome und wirtschaftliche Missstände hervorgerufen, wohingegen im Westen vor allem der von Sch. kritisierte Glaubensverlust und die damit einhergehende Entfremdung ausschlaggebend sind. Davon ausgehend richtet Sch. in diesem Roman einen für sein Werk exemplarischen Aufruf an die Leserschaft, »das Gefühl der ›Heimatlosigkeit‹ zu überwinden und bei der Wahl des Lebensortes die gedankliche ›Welt der Ideale‹ als ›wirklichen Heimatboden‹ genau zu bedenken« (Berg). Während Sch. sich einerseits gegen eine vollständige Assimilierung aussprach und andererseits einer Rückkehr nach Erez Israel aus zionistisch-politischen Gründen kritisch gegenüberstand, sah er den Kern des Judentums »jenseits von Geographie und Staatsbürgerschaft [...]«. Somit entwarf Sch. ein Heimatkonzept, das sich in einem imaginierten Ort äußert, »in dem unser jüdisches Sein wurzelt«. Es ist die Religion in einer modernen Variante, die in seinen Romanen als einzig mögliche Form (auch moderner) jüdischer Existenz gilt.

Werke: Abraham Sohn Abrahams. Eine Helden- und Märtyrergeschichte, Frankfurt a. M. 1930; Licht aus dem Westen. Roman aus der Zeit der Ghettodämmerung, Zürich 1953; Luftmenschen. Roman aus der Gegenwart, Frankfurt a. M. 1912; Salomo der Falascha. Eine Geschichte aus der Gegenwart, Frankfurt a. M. 1923.

Literatur: N. Berg, Bilder von ›Luftmenschen‹ – Über Metapher und Kollektivkonstruktion, in: Synchrone Welten. Zeitenräume jüdischer Geschichte, hg. D. Diner, Göttingen 2005, 199–224; M. Morgenstern, Die Ästhetik der Tora. Zur Geschichte und zum Ende des Bildungsromans in der deutsch-jüdischen Orthodoxie, in: Literatur im Religionswandel der Moderne. Studien zur christlichen und jüdischen Literaturgeschichte, hg. A. Bodenheimer u. a., Zürich 2009, 127–148; S. Sohn, S. Schachnowitz's Novel Salomo der Falascha (1923), in: Jews of Ethiopia. The Birth of an Elite, hg. T. Parfitt und E. Trevisan Semi, London/New York 2005, 53–64.

Sylvia Jaworski

Schiff, Hermann (eigentl. David Bär Sch.)

Geb. 1.5.1801 in Hamburg;
gest. 1.4.1867 Hamburg

Der als David Bär Schiff 1801 in Hamburg als Sohn jüdischer Eltern geborene und 1841 zum protestantischen Glauben konvertierte Sch. ist heute in erster Linie als Vetter Heinrich Heines bekannt. Obwohl sich Sch. nicht nur über seine Verwandtschaft mit Heine, sondern auch über seine eigene Biographie ausführlich geäußert hat, bleiben diese Aussagen, vor allem zu seiner jüdischen Identität, stets widersprüchlich. So betonte Sch. wiederholt, durch sein Elternhaus überhaupt keine jüdische Erziehung erfahren zu haben, Synagogenbesuche hätten ebenso wenig stattgefunden wie ein regelmäßiger Hebräischunterricht, wohingegen ihn die Eltern zum Besuch des christlichen Religionsunterrichts geradezu ermuntert hätten. Dem steht entgegen, dass Sch. zeit seines Lebens jüdische Themen zwar vielfach ironisch und polemisch, dennoch aber sehr kenntnisreich bearbeitet hat.

Sch.s erste schriftstellerische Versuche in den 1820er und 30er Jahren (Rezensionen, Kritiken, Erzählungen und Theaterstücke), die er vor allem in den literarischen Zeitschriften der Jungdeutschen veröffentlichte, stehen noch ganz im Zeichen der Romantik und enthalten keinerlei jüdische Motive.

1826 erschien die Humoreske *Pumpauf und Pumprich*, eine Episode über ein erschwindeltes Sabbatessen, bei der Sch. allerdings nur als Herausgeber und nicht als Verfasser fungierte. Dabei wird der jüdische Hintergrund jedoch nur am Rande erwähnt, und Sch. selbst hat später die Verfasserschaft einem Freund zugeschrieben. Sch.s explizite Hinwendung zu jüdischen Stoffen begann erst Ende der 1830er Jahre. Ihr vorangegangen war eine z. T. heftige Auseinandersetzung mit Heine über dessen Einschätzung von Shakespeare, den Heine wegen seiner Darstellung des Shylock als judenfeindlichen Autor bezeichnet hatte. Sch. nahm Shakespeare vor diesen, in seinen Augen ungerechtfertigten, Anschuldigungen in Schutz, wandte sich in diesem Zusammenhang jedoch auch vehement gegen Versuche von dritter Seite, Shylock als einen frühen Vorkämpfer jüdischer Emanzipationsbestrebungen zu interpretieren.

Die Beschäftigung mit historischen Themen aus der jüdischen Geschichte fand ihren Niederschlag zunächst in der literarischen Gestaltung des Simon-Abeles-Stoffes, den Sch. 1840 zu einer historischen Novelle umarbeitete. Sch. hatte den Stoff einem 1699 erschienenen Werk des christlichen Hebraisten Johann Christoph Wagenseil entnommen, der wiederum die wenige Jahre zuvor veröffentlichten Prozessakten als Quelle benutzt hatte. Richtungsweisend an Sch.s literarischer Gestaltung war, dass er die offenkundig antijüdische Tendenz, wie sie noch bei Wagenseil vorherrschte, dahingehend veränderte, dass er die Handlung um einen Prager Juden des 17. Jahrhunderts, der seinen fast zum Christentum bekehrten Sohn erschlug und sich dann dem Gericht stellte, nun aus jüdischer Sicht und als einen Akt der Notwehr darstellte. Auch historisch überlieferte Ereignisse – so Sch.s indirekte Botschaft – konnten demnach in einer spezifisch jüdischen Lesart dargeboten werden, die sich mit dem überkommenen, christlich dominierten Vorverständnis keineswegs decken musste. Die zuerst in der *Zeitung für elegante Welt* erschienene Novelle wurde von Sch. nur zwei Jahre später innerhalb einer Sammlung jüdischer Märchen (*Hundert und ein Sabbath, oder Geschichten und Sagen des israelitischen Volkes*, 1842) erneut veröffentlicht. Dabei ging Sch. im Vorwort sowohl auf das innerjüdische Tagesgeschehen als auch auf die aktuelle Märchen- und Sagendebatte ein. Die seiner Ansicht nach herrschende Vernachlässigung gerade der jüdischen Märchen und Sagen wurde von ihm als Ausdruck von Judenfeindschaft gewertet, der er mit dieser Sammlung entgegenzutreten beabsichtigte. Der Titel sollte bewusst Assoziationen an die berühmte orientalische Märchensammlung wecken. Sowohl Sch.s Ankündigungen als auch der Titel erweisen sich jedoch als Euphemismus, denn die Sagen und Märchen, von denen nur vier erzählt werden, tauchen lediglich als Binnenerzählungen auf, die zudem einer in Inhalt und Umfang mindestens gleich bedeutsamen Rahmenhandlung gegenüberstehen. In dieser Rahmenhandlung nun setzte sich Sch. mit den innerjüdischen Richtungen, d. h. sowohl mit der Orthodoxie als auch mit den Zielen der Reformbewegung auseinander, deren Bestrebungen er gleichermaßen Spott und Kritik preisgab, ohne dabei für eine Seite Partei zu ergreifen. Vor dem Hintergrund des zweiten Hamburger Tempelstreits um die Einführung eines neuen Gebetbuches erwies sich Sch. dabei als genauer Kenner der zeitgenössischen Auseinandersetzungen zwischen Orthodoxie und Reform. Beibehalten hatte Sch. auch die formalen Gemeinsamkeiten mit anderen romantischen Märchensammlungen und -zyklen: An jedem Sabbat kommt eine jüdische Gesellschaft zusammen, und jeder Teilnehmer trägt nach dem Essen eine Sage, ein Märchen oder eine historische Begebenheit vor. Geschildert werden allerdings – entgegen der Ankündigung – lediglich acht Sabbate, und eine von Sch. versprochene Fortsetzung des Werkes ist auch nie erschienen.

Stattdessen publizierte Sch. im Revolutionsjahr 1848 sein wohl bekanntestes Werk, *Schief-Levinche mit seiner Kalle oder Polnische Wirtschaft*, das er im Untertitel mit dem Zusatz *Komischer Roman* versah. In einem ironisierenden, deutlich von Heine, aber auch der vormärzlichen Publizistik beeinflussten Erzählstil konfrontierte Sch. orthodox-polnisches Judentum mit christlichem Fanatismus, mit der erklärten Absicht, sich über beide Religionen lustig zu machen. Der Kern der in einer fiktiven polnischen Stadt angesiedelten Handlung, die aus der Perspektive eines orthodox-jüdischen Erzählers berichtet wird, besteht aus dem unerhörten Vorfall, dass das Porträt der schönen Rabbinertochter Mariamne als Mutter Gottes auf dem Hochaltar der Kathedrale gemalt und Teil der religiösen Verehrung wurde. Diese bewusst absurd gesetzte Konstellation bot Sch. Gelegenheit zu komischen Situationen sowie zu Attacken gegen beide Konfessionen. Aufsehen erregte der Roman aber nicht nur wegen seines Inhalts, sondern auch durch Art und Weise seines Erscheinens. Sch. hatte ihn unter dem Pseudonym Isaak Bernays erscheinen lassen. Dies war eine gezielte Provokation an die Adresse der Hamburger Orthodoxie, denn Bernays war der Name des Hamburger Oberrabbiners, ein entschiedener Gegner der Reformer, der kurz zuvor im Tempelstreit das neu eingeführte Gebetbuch mit dem Bann belegt hatte. Obwohl *Schief-Levinche* seine Leser fand – bereits 1851 konnte eine zweite Auflage erscheinen –, musste Sch. für seinen Roman sehr viel Kritik hinnehmen. Selbst Heinrich Heine, ansonsten durchaus ein Befürworter des Werkes, kritisierte Sch.s Darstellung des orthodox-jüdischen Lebens, andere Kritiker verwiesen wiederholt darauf, dass Sch.s Schilderungen bestehenden anti-jüdischen Vorurteilen weiter Vorschub leiste.

Sch.s Haltung gegenüber seiner jüdischen Herkunft sowie gegenüber allen inner-jüdischen Richtungen blieb zeit seines Lebens ambivalent, eine Haltung, die mit Sicherheit nicht nur auf seine Taufe zurückzuführen ist. Dennoch hat sich Sch. auch nach 1848 mit jüdischen Stoffen beschäftigt, und Ende der 1860er Jahre war er sogar für kurze Zeit Mitherausgeber der Reihe *Israelitische Novellen*, in der zahlreiche jüdische Autoren ihre Werke publizierten. Innerhalb der jüdischen Autoren des 19. Jahrhunderts bleibt Sch. jedoch eine Ausnahmeerscheinung.

Werke: Pumpauf und Pumprich, Zerbst 1826; Hundert und ein Sabbath, oder Geschichten und Sagen des israelitischen Volkes, Leipzig 1842; Schief Levinche mit seiner Kalle oder Polnische Wirtschaft, Hamburg 1848, Neuaufl. 1996.
Literatur: Lebensbilder von Honoré de Balzac […]. Mit einer Geschichte des Werkes und einer Biographie Sch.s, hg. F. Hirth, München u. a. 1913, LIII–CCVI; R. Heuer, Heines ›Vetter‹ H.Sch., in: Conditio Judaica, 1. Teil, hg. H.O. Horch u. a., Tübingen 1988, 214–235; G.v. Glasenapp, Aus der Judengasse. Zur Entstehung und Ausprägung deutschsprachiger Ghettoliteratur im 19. Jahrhundert, Tübingen 1996; M. Ikenaga, Die Ghettogeschichten von H.Sch. und Hermann Blumenthal, Frankfurt a. M. u. a. 2000; O. Briese, Der arme Vetter H.Sch., in: Heine-Jahrbuch 50 (2011), 149–165.

Gabriele von Glasenapp

Schindel, Robert

Geb. 4.4.1944 in Bad Hall

»Eigentlich bin ich Jude bloß, weil die andern mich dazu gemacht haben, Hitler und die von ihm Erzogenen. Eigentlich bin ich Jude, weil seit Generationen meine Vorfahren Juden waren, gläubige, säkularisierte zuletzt, als Juden angesehene immer und sich bis zu Großvater Salomon als Juden fühlende. Kurzgut. Es gibt Juden, sogar als Volk, und ich bin einer von denen, da kann ich noch so sehr Österreicher, besser gesagt, Wiener sein« (*Literatur – Auskunftsbüro der Angst. Wiener Vorlesungen zur Literatur*).

Während in den frühen Schriften Sch.s das Judentum keine oder nur eine periphere Rolle spielt, ist die Reflexion über jüdische Identitäten seit Mitte der 80er Jahre ein zentrales Thema seiner Veröffentlichungen und kommt vor allem in dem Roman *Gebürtig* (1992) explizit zum Ausdruck. Doch auch Sch.s umfangreiches, mittlerweile achtbändiges Lyrik-Werk (zu dem neu arrangierte Editionen hinzukommen) enthält zahlreiche Anspielungen auf den Holocaust sowie auf heutige jüdische Identität, die sich, häufig dialektal gefärbt, als spezifisch wienerisch-jüdische zu erkennen gibt.

Ende der 70er Jahre und verstärkt nach der Waldheim-Affäre (1986) hat der in Wien lebende Autor begonnen, sich literarisch mit seiner jüdischen Herkunft auseinanderzusetzen. Durch sein »prononciert jüdisches Aussehen« war er zwar schon als Kind in der Schule judenfeindlichen Angriffen ausgesetzt, seine Mutter, eine kommunistische Widerstandskämpferin, hatte diese Attacken jedoch mit dem Hinweis auf seine areligiöse Erziehung stets als auf ihn nicht zutreffend abgewiesen. In seinem Gedicht *Versuch über die Präzision* (erschienen 1986) formuliert Sch. seine Motivation, sich dennoch der jüdischen Gemeinschaft zugehörig zu fühlen: »Aus der Vergangenheit herausgewandert/ zurückgelassen die Vorfahren/ In den südpolnischen Landschaften:/ Eine vertilgte Mischpoche im Rucksack // Trete ich ins Licht.«

Von der ehemals großen Familie hatten nur seine Mutter und deren Bruder die nationalsozialistischen Ermordungsaktionen überlebt, sein Vater wurde 1945 in Dachau hingerichtet. Diese Morde betrachtet Sch. als die existenzielle Grunderfahrung aller Juden nach der Shoah, der Überlebenden und der Nachgeborenen: »Aber die Übriggebliebenen, gleich mir vom Rost Gesprungenen, die im

Mutterleib Emigrierten, die nach dem Krieg als ein trotziges ›Dennoch‹ Geborenen, was verbindet mich mit denen? […] Uns alle verbindet das Sterben‹« resümiert Sch. in seinem Vortrag *Judentum als Erinnerung und Widerstand* (gehalten 1984 in Ljubljana). Es gilt jedoch, im Judentum mehr zu sehen als ein »bloßes Herkommen« Schreiben wird für Sch. zum notwendigen Umgang mit dem »stumm tickenden kulturhistorischen Gedächtnis« aller Juden. »Das jüdische Schreiben, das ist, als schriebe ich autonom und dem Künstlerischen verpflichtet, tatsächlich schreibt sich ein Gedächtnis, und dieses scheint mir bloß aus der Hand zu fallen aufs Papier« (*Literatur – Auskunftsbüro der Angst*).

Nach diversen abgebrochenen Ausbildungen und wechselnden Berufstätigkeiten, einem starken Engagement in der Studentenbewegung und langer Mitgliedschaft in der kommunistischen Partei und maoistischen Verbänden konnte Sch. das Schreiben, das ihn von einem frühen Lebensalter an immer begleitet hatte, ab Anfang der 90er Jahre zu seiner Hauptbeschäftigung machen. In Unterschied zu anderen Autoren der nachgeborenen Generation spricht sich Sch. also klar für die Existenz eines spezifischen jüdischen Schreibens aus, das ihm gleichzeitig als ein Medium zur Identitätsfindung dient: »Für mich ist das Schreiben die eigentliche Heimat. Natürlich ist in dieses Schreiben so viel Wirklichkeit, Gegenwart und Vergangenheit eingedrungen und filtriert worden, daß dann dadurch bei mir auch die jüdische Identität eher verstärkt wurde« (*GrauZone*). Schreiben ist für Sch. damit ein wesentlicher Teil seines Jüdisch-Seins. Er beruft sich dabei auf eine Tradition, die er von A. Schnitzler, F. Kafka und J. Roth begründet sieht und die in den Kaffeehäusern der 20er Jahre gepflegt wurde.

Um die Frage nach jüdischer Herkunft und Identität geht es auch in Sch.s Roman *Gebürtig*, der Anfang der 80er Jahre in Wien spielt und anhand vieler Figuren verschiedene Möglichkeiten aufzeigt, mit dem kulturhistorischen Gedächtnis der Juden inmitten einer nichtjüdischen Mehrheitsgesellschaft umzugehen. Die Sprache und das Schreiben nehmen bei einigen Romanfiguren eine wichtige Funktion für die Konstruktion der jüdischen Identität ein. Ein häufig wiederkehrendes Gesprächsthema zwischen den nachgeborenen Juden in Wien ist die Frage, wie offensiv man mit seinem Jüdisch-Sein umgehen sollte. Während die eine Figur einen »Testzwang« entwickelt hat und sich bei jeder ersten Begegnung mit Nichtjuden sofort als Jude zu erkennen gibt, lehnt ein Altersgenosse diese Haltung als »Antisemitenriecherei« strikt ab. Doch auch er, der sein Glück als Dichter versucht, reagiert unbewusst auf ein antisemitisches Vorurteil seiner potenziellen Leser, dass nämlich Juden eine andere, unvollkommene Sprache benutzten. Mit dem Bemühen um die perfekte Beherrschung der deutschen Sprache hofft er, sich in die Gesellschaft, die ihn als einen Anderen ausschließt, integrieren zu können. Sch. schreibt hier aus eigener Erfahrung: »Ich sprach breites Praterdeutsch und gehörte in der Volksschule dennoch nicht dazu. Das Praterdeutsch wurde umso breiter, je weniger ich dazugehörte, daneben wuchs, verborgen und kräftig aus vermutlich diesem kühlen Grund, mein Hochdeutsch« (*Literatur – Auskunftsbüro der Angst*). Dieses besondere Verhältnis zur Sprache prägt gemäß Sch. insbesondere die jüdische Literatur. Außerdem zeichnet sie sich durch »eine bestimmte Form des Humors« aus. Den jüdischen Autoren der 20er Jahre attestiert er darüber hinaus eine »sinnliche Sprache«. Auch Sch.s eigenes Schreiben ist geprägt von sinnlichen Eindrücken, die etwa bis zum lustvollen Benennen von körperlichen Ausscheidungsprozessen reichen. Zugleich behält der Autor seinen Sinn für komplexe Sprachspiele, abstrakte Reflexionen und politische Anspielungen bei. Dabei lässt er gezielt offen, welche Komponente nun das »Jüdische« seiner Texte ausmacht: »Deine Texte werden immer jüdischer/ Sagen mir die Leute und lächeln./ Wißt ihr, einst/ Schrieb ich so gern abstrakt, ich liebe/ Das Abstrakte, es ist so Sprache«, schreibt Sch. in seinem Gedicht *Vom Indirekten II* (entstanden 1984).

Bis heute wird Sch.s Roman *Gebürtig*, dessen gleichnamige Verfilmung unter Sch.s Co-Regie im Januar 2002 Premiere hatte, besonders aufmerksam wahrgenommen, während die Gedichte erst in den letzten Jahren größere Beachtung finden. Auch die Gedichte evozieren den Holocaust und das Judentum einerseits biographisch und familiengeschichtlich (so beispielsweise im Gedicht *Erinnerungen an Prometheus* aus *Im Herzen die Krätze*, 1988), andererseits als Teil des kulturellen Gedächtnisses und des kulturpolitischen Kommentars, der Wien als »Vergessenshauptstadt« benennt (*Vineta 1* aus *Ein Feuerchen im Hintennach*, 1992). Dabei versteht sich Sch. als Teil der »Generation nach Celan« (*Judentum als Erinnerung und Widerstand*), auf dessen lyrisches Werk er immer wieder explizit und implizit in verwandten Sprachschöpfungen und intertextuellen Referenzen anspielt. Im Celan gewidmeten Gedicht *Nachthalm (Pour Celan)* heißt es: »Ich bin mit dem Nachthalm großgezogen worden./ Aufgewachsen bin ich mit einem/ Von Pauls Halmen« (aus dem Gedichtband *Ohneland*, 1986). Der spätere Gedichtband *Nervös der Meridian* (2003) spielt bereits im Titel auf Celans bekannte poetologische Rede an und endet durch das Enjambement im letzten Vers des letzten Gedichtes *Stille Tage* mit einer erneuten Hommage an diese Rede: »Still die Tage nervös/ Der Meridian«. Sch.s Gedichte widmen sich jedoch auch den »Gegenwärtigen«: »Studenten lagern/ Auf dem Wiesengrund von/ Cité Universitaire. Die Shoah und/ Das Lachen. Wir ticken halt/ In unserer Zeit« (*Logbuch 3 (Rire)* aus *Mein mausklickendes Saeculum*, 2008). Das lyrische Ich verortet sich hier in einem »Wir«, das getragen wird von Humor und Gedächtnis, von kulturphilosophischer Reflexion (in der Anspielung auf Theodor »Wiesengrund« Adorno) und – im Ticken »in unserer Zeit« – vom Bewusstsein um erneute Bedrohungen, aber auch um eine trotzig behauptete eigene Gegenwart.

Werke: Ohneland, Frankfurt a. M. 1986; Ein Feuerchen im Hintennach, Frankfurt a. M. 1992; Gebürtig, Frankfurt a. M. 1992; Gott schütz uns vor den guten Menschen. Jüdisches Gedächtnis – Auskunftsbüro der Angst, Frankfurt a. M. 1995; Schreiben ist meine eigentliche Heimat. Interview mit R.Sch., in: GrauZone 13 (1997), 19–21; Gebürtig (Spielfilm), Regie L. Stepanik und R.Sch., Österreich/Deutschland/Polen 2002; Fremd bei mir selbst. Die Gedichte (1965–2003), Frankfurt a. M. 2004; Mein liebster Feind. Essays, Reden, Miniaturen, Frankfurt a. M. 2004; Wundwurzel. Gedichte, Frankfurt a. M. 2005; Mein mausklickendes Saeculum, Frankfurt a. M. 2008; Man ist viel zu früh jung. Essays und Reden, Frankfurt a. M. 2011.
Literatur: H. Kernmayer, Gebürtig Ohneland. R.Sch., in: Modern Austrian Literature 27 (1994), 173–192; H. Schruff, Wechselwirkungen. Deutsch-jüdische Identität in erzählender Prosa der ›Zweiten Generation‹, Hildesheim u. a. 2000; R.Sch. Text + Kritik, H. 174, München 2007; M. Beilein, 86 und die Folgen. R.Sch., Robert Menasse und Doron Rabinovici im literarischen Feld Österreichs, Berlin 2008; A. Kunne, »Verschwinden. Zwischen den Wörtern«. Sprache als Heimat im Werk R.Sch.s, Innsbruck u. a. 2009; I. Hermann (Hg.), Fährmann sein. R.Sch.s Poetik des Übersetzens, Göttingen 2012.

Helene Schruff/Eva Lezzi

Schlegel, Dorothea (Dorothea Veit, geb. Brendel Mendelssohn)

Geb. 24.10.1764 in Berlin;
gest. 3.8.1839 in Frankfurt a. M.

Sch. hat sich in ihren überlieferten und veröffentlichten Schriften kaum je zu jüdischer Religion, Geschichte und Gegenwart geäußert. Sie könnte darum zu jenen Autorinnen aus jüdischem Hause gezählt werden, die dem (fast vollständigen) Schweigen der frühen jüdischen Aufklärung zur Situation der Frauen mit ihrem eigenen Schweigen zum Judentum begegneten. Als Brendel, Tochter der Fromet und des Moses Mendelssohn, wuchs sie in einem zugleich aufklärerischen und religiös observanten Haus auf. Ihr Vater arrangierte ihre Verlobung mit dem Bankier Simon Veit, den sie 1783 heiratete – eine Ehe, in der sie unglücklich blieb. Brendel Veit war Gastgeberin und Gast von Lesegesellschaften, und mit Henriette Herz, Alexander und Wilhelm von Humboldt gründete sie den »Tugendbund«. 1797 lernte sie Friedrich Schlegel kennen und leitete die Scheidung in die Wege, die zu Beginn des Jahres 1799 ausgesprochen wurde. Dorothea – so nannte sie sich seit 1794 – veröffentlichte anonym oder unter Friedrich Schlegels Namen Kritiken, den Roman *Florentin* und zahlreiche Übersetzungen aus dem Französischen, durch die sie entscheidend zum gemeinsamen Unterhalt beitrug. 1804 konvertierte sie zum Protestantismus und heiratete Schlegel; 1808 konvertierten beide zum Katholizismus. Was Sch. über ihre jüdischen Erfahrungen zu sagen hatte, scheint in einer schroff abweisenden Geste beschlossen. 1802 schreibt sie über das katholische Christentum: »Dieses hat mir zu viel Aehnlichkeit mit dem alten Judenthum, das ich sehr verabscheue.« Doch Sch.s Schriften ermöglichen eine Lektüre, die neben der wortkargen Abkehr vom Judentum auch den beredten Versuch entdeckt, über ein Konzept von »Herkunft« hinauszugelangen, das eine so allgemeine Zurückweisung erzwingt, wenn jemand sich weder als Jüdin noch als Frau festlegen

lassen will. Wo in Sch.s Roman und einigen ihrer Briefe und Aufzeichnungen die miteinander verwobenen Motive der Reise und der Fremde, der Kindheit und des Vaterlands hervortreten, wird die Negation der Herkunft in eine Geschichte der Herkunftslosigkeit verwandelt, die es erlauben könnte, sich Herkunft erst, und immer neu, zuzuschreiben.

Florentin, der Protagonist des gleichnamigen Romans von 1801, präsentiert sich als Reisender und – nach wenigen Seiten – in der Begegnung mit einer adligen Familie auch als Fremder: »So weit mich mein Gedächtnis zurückträgt, war ich eine Waise und ein Fremdling auf Erden, und so denke ich das Land mein Vaterland zu benennen, wo ich zuerst mich werde Vater nennen hören.« Sch.s Versuch, Florentins Herkunft offen zu lassen, indem sie auf jüdische Tradition und Sprache rekurriert, wird noch im selben Atemzug zurückgenommen. Florentin entwirft sein Konzept des Vaterlands als Absage an das jüdische »Land der Väter«: es soll nicht Abkunft, sondern Ankunft bezeichnen. Es wird als Ort gedacht, der nicht von der Vergangenheit, sondern von der Zukunft her zu denken ist, als ein Land, das sich der Möglichkeit des Hervorbringens – eines Sohnes, eines Werks – verdankt. Reisender bleibt Florentin, weil er sich dem Prozess der Einschließung in Familie und Haus unentwegt entzieht. Er erzählt von einem Mann und einer Frau aus seiner frühesten Kindheit, die aber nicht seine Eltern sind, von einem Vater, der gestorben ist, von einer Mutter, die ihm enthüllt, dass sie nicht seine richtige Mutter ist, und von der Isolierung in einem Haus, in dem er sich lernend auf eine klösterliche Zukunft vorbereiten muss, aus dem er jedoch fliehen kann. Während die Tochter seiner adligen Gastfamilie erkennt, dass sie die familiär vorgezeichneten Wege nicht zu verlassen vermag und Hochzeit feiert, bricht Florentin aus dem Zirkel der Festgesellschaft aus und begibt sich auf die Reise zu einer Angehörigen der Familie, die stets abwesend geblieben ist. Sie könnte womöglich seine Herkunft aufdecken, doch Florentin insistiert auf seiner Herkunftslosigkeit, indem er erneut entflieht – dieses Mal dem Auge der Lesenden wie der Autorin: der Roman bricht hier ab. Sch. weist das Verfahren des Bildungsromans, Herkunft an einen Prozess der Selbst-Bildung zu knüpfen und so als formbar darzustellen, zurück. Sie besteht auf Florentins Herkunftslosigkeit, die die Maxime des Bildungsromans, »mich selbst, ganz wie ich da bin, auszubilden«, bedeutungslos macht. Er könnte nur werden, was noch nicht da ist, nicht er selbst, nicht ein anderer. Sch. experimentiert mit dem romantischen Begriff der Bestimmung als der Möglichkeit, immer neu zu entscheiden, was die eigene Bestimmung ist (Stephan), und rückt Herkunft auf diese Weise nahe an eine Figur des unendlichen Aufschubs, darstellbar nur durch eine »ironische Ästhetik der Abwesenheit«, eine unabschließbare Reihe der Verschiebungen und Supplemente (Helfer).

Strategien der Verschiebung und des »Überschreibens« (Stephan) ermöglichen es Sch. auch, Erfahrungen eines Mädchens aus jüdischem Haus um 1780, die weder unmittelbar preisgegeben noch schweigend übergangen werden sollen, verfremdet darzustellen. So fällt auf, dass Florentin den drohenden Verlust seines Haars beim Eintritt ins Kloster und sein Entsetzen darüber als letzten Auslöser seiner Flucht aus dem Haus der Kindheit schildert. Erst fünfzehn Jahre später wird Henriette Herz in ihrer Autobiographie die Verletzung direkt zur Sprache bringen, die der Brauch, nach der Heirat das Haar vollständig zu verbergen, für sie bedeutete. Florentins Versicherung, seine Kindheit sei »die einzige Epoche meines Lebens, die mich interessiert, die mich so schwatzhaft gemacht hat«, und Sch.s briefliche Bemerkung, im Roman seien die Farben »manchmal etwas kindlich zu grell aufgetragen«, diese flüchtige Überschneidung zwischen der Perspektive des Ich-Erzählers und der Autorin, kann als Indiz dafür gelten, dass die Erzählung von »Zwang« und »Unrecht« der Kindheit auch als autobiographische Inszenierung gelesen werden darf.

Sch. hat ihren Roman als »guten Sohn« anerkannt, doch ihr Versuch, sich als Fremde hervorzubringen, die keine Herkunft und keine Bestimmung außer derjenigen zulässt, die sie sich selbst zuschreibt, stieß in der zeitgenössischen Kritik auf Widerstand. Ihre Leser weigerten sich, ihre Autorschaft als Elternschaft anzuerkennen, die ein neues Vaterland produzieren könnte, und waren von dem Wunsch beherrscht, die Herkunft Florentins zu klären, indem sie ihn restlos auf Gestalten aus Romanen anderer Schriftsteller und aus Sch.s Leben zurückführten. Der Schluss, den Sch. für Florentin entwarf, könnte daher auch als Antwort auf die Schwierigkeit gelesen werden, ein Vaterland zu finden, das nicht schon Land der Väter – Mendelssohns, Goethes, Schlegels, Tiecks – ist: Florentin gelangt nach Amerika, besucht Europa wohl noch einmal, doch »wissen wir ja, dass er […] die Vortheile, die Feinheiten der Kultur verschmähte und zu seinen geliebten Wilden zurückkehrte. […] Er lebt vielleicht noch und erzählt seinen Enkeln die unglückbringenden Wunder und das glänzende Elend der Europäer.« Es bedarf eines unkultivierten, »wilden« Ortes, um Florentin zum Autor seiner Bestimmung machen zu können und eine Herkunft für ihn zu finden, die sich aus den Möglichkeiten der Kritik, des Erzählens und der Überlieferung ergibt.

Werke: D.v.Sch. geb. Mendelssohn und deren Söhne Johannes und Philipp Veit. Briefwechsel, Bd. I, hg. J.M. Raich, Mainz 1881; Kritische Friedrich-Schlegel-Ausgabe, hg. E. Behler u.a., Abt. III: Briefe von und an Friedrich und D.Sch., Paderborn 1980ff.; Florentin. Roman, Fragmente, Varianten, hg. L. Weissberg, Frankfurt a.M. u.a. 1987.
Literatur: B. Hahn, Unter falschem Namen. Von der schwierigen Autorschaft der Frauen, Frankfurt a.M. 1991; I. Stephan, Weibliche und männliche Autorschaft. Zum »Florentin« von D.Sch. und zur »Lucinde« von Friedrich Schlegel, in: »Wen kümmert's, wer spricht«. Zur Literatur und Kulturgeschichte von Frauen aus Ost und West, hg. I. Stephan u.a., Köln u.a. 1991, 83–98; L. Weissberg, Schreiben als Selbstentwurf. Zu den Schriften Rahel Varnhagens und D.Sch.s, in: Zeitschrift für Religions- und Geistesgeschichte 47 (1995), 231–253; M.B. Helfer, D. Veit-Sch.'s Florentin. Constructing a Feminist Romantic Aesthetic, in: The German Quarterly 69 (1996), 144–160; L. Johnson, Dorothea Veit's ›Florentin‹ and the Early Romantic Model of Alterity, in: Monatshefte für deutschsprachige Literatur und Kultur 97 (2005), 33–62.

Andrea Schatz

Schnitzler, Arthur

Geb. 15.5.1862 Wien;
gest. 21.10.1931 in Wien

Sch.s Lebensweg scheint von Anfang an auf die Bahnen des großbürgerlich akkulturierten Wiener Judentums angelegt zu sein und dabei jene Generationenschwelle zu überschreiten, die nach der beruflichen und wirtschaftlichen Sicherung der Vätergeneration nun die Freisetzung für intellektuelle und künstlerische Berufsneigungen gestattet. So schwenkt Sch. in die ärztliche Berufslaufbahn wie der Vater Johann Sch. (1835–93) ein, befasst sich aber früh mit literarischen Plänen. Trotz geebneter Wege zeigen sich im *Tagebuch*, schon in den ersten Jahrgängen, sowie in den literarischen Entwürfen Indizien für ein »zwischen Zugehörigkeit und Entfremdung schwankendes Bewußtsein« (Schwarz), die sich offenkundig im Jahrzehnt der ersten Bühnenerfolge des Autors vertiefen. In dieses Jahr-

zehnt, ab 1890, fällt die Dreyfus-Affäre, in deren drittem Jahr ein persönliches Erlebnis Sch. sehr nahe geht. Sein Freund Paul Goldmann hat sich mit einer Reihe von Artikeln zur Affäre in der *Frankfurter Zeitung* beleidigende Äußerungen eines französischen Diplomaten zugezogen und sieht sich zu einer Duellforderung genötigt. Nach dem glimpflichen Verlauf zeigt sich Sch. äußerst erleichtert und schreibt an den Freund (22.11.1896): »Du hast Dich einfach prachtvoll benommen – auf *Dein* Tun und Schreiben hin allein müßte das Verfahren gegen Dreyfus neu aufgenommen werden.« Dieses Ereignis fällt in die Jahre, in denen Sch.s Abneigung gegen das Duell literarischen Ausdruck gefunden hat. Dem Drama *Freiwild* (1896), das Sch. Goldmann im Sommer vorgelesen hatte, folgt später *Lieutenant Gustl* (1900), ein Werk, das ihm – nicht wegen seiner innovativen Form als Erzählung des inneren Monologs, sondern wegen seiner Problematisierung der Ehrencodices – die Aberkennung seines Offiziersranges und öffentliche antisemitische Anfeindung einträgt.

Schon im Jahr zuvor hat die erneute Verurteilung von Dreyfus das Problem des europäischen Antisemitismus neu virulent werden lassen. Besonders die Reaktion der Wiener antisemitischen Partei, von der ein höhnischer Vorschlag, alle Juden nach Cayenne zu deportieren, beklatscht wird, ruft Sch.s Empörung hervor (Briefe an Gustav Schwarzkopf vom 9.9. u. 29.9.1899). So ist es nicht verwunderlich, dass der Autor ab 1903 mit literarischen Großentwürfen beschäftigt ist, die sich dem Thema Antisemitismus und der Situation des Judentums widmen.

Prinzipiell gesehen besteht sein Interesse an der sog. Judenfrage, welches nach seinen eigenen Worten vorwiegend psychologisch ist, schon seit früher Zeit, wie er in der Autobiographie *Jugend in Wien* (entstanden zwischen 1915 und 1920) ausführt. In der Tat hat Sch. in seinem *Tagebuch* bereits in der Schulzeit der Jahre 1875–79, dann vermehrt in den Studentenjahren, systematisch seine Beobachtungen über Antisemitismus und dessen Äußerungen eingetragen. Ebenso penibel verzeichnet er die Varianten jüdischen Verhaltens in allen seinen Schattierungen, wobei ihm zeitlebens der Überläufer so unangenehm ist wie der sich erniedrigende Assimilant oder gar der dem sogenannten ›jüdischen Selbsthaß‹ Verfallene. Solche Aufzeichnungen finden sich dann auch in den Jahren der literarischen Debatten und Versuche im Kreis von ›Jung-Wien‹, während er sich gleichzeitig um Berücksichtigung an den Theatern bemüht und sich die Zusammenarbeit und Freundschaft mit Otto Brahm, dem Sachverwalter und Erben der ›Freien Bühne‹, anbahnt. Dieser wird nicht nur zum wichtigsten Anwalt von Sch.s Stücken außerhalb Österreichs, sondern räumt ihnen auch über ein Jahrzehnt an seinen Berliner Bühnen kontinuierliche Aufführungsmöglichkeit ein. Bezeichnenderweise treten in dieser theaternahen Schaffensphase die einschlägigen *Tagebuch*-Notizen in dem Maße zurück, wie sich mit zunehmenden Bühnenerfolgen das Thema Antisemitismus und Judentum in Sch.s literarische Produktion verlagert.

Auf diesem Lebensweg zeichnet sich eine Folgerichtigkeit und Konsequenz ab, die Sch. immer mehr zum Inbegriff eines religiös ungebundenen jüdischen Intellektuellen und Literaten werden lässt. Er versagt sich von Jugend auf jegliche nostalgischen Gefühle für die Vorgeschichte der Familie; er tilgt alle Rückbindungen an die religiöse Tradition; er entwickelt keinerlei Affinität zu den Varianten jüdischer Erneuerung und zeigt sich resistent gegenüber dem Zionismus, obwohl er Th. Herzl persönlich kennt und – ihm zu Gefallen – dessen Drama *Das neue Ghetto* anonym diversen Bühnen und Verlagen anbietet. Dennoch hält Sch. lebenslang an seinem Judesein fest, postuliert die uneingeschränkte Ebenbürtigkeit von Geben und Nehmen im Verhältnis von jüdischer und deutscher bzw. österreichischer Kultur und vertritt ebenso, trotz ständiger und zeitweilig heftiger Verunglimpfung, das Postulat der vernunftgemäßen Symbiose als Notwendigkeit wie als Chance, ohne sich Illusionen über deren Realisierung zu machen. Dies alles zeigt sich deutlich in den Jahren nach der Dreyfus-Erfahrung, in denen der Autor seiner tabubrechenden Gesellschaftsdramatik – angefangen von *Liebelei* (1895) bis zu *Reigen* (1900), von den frühen *Anatol*-Einaktern (ab 1893) bis zu *Zwischenspiel* (1905) oder *Das weite Land* (1911) – nun ausdrücklich die Themen des deutsch-jüdischen Miteinanders in Österreich hinzufügt.

Bis dahin hat sich Sch. mit den Themen von Liebe und Sexualität in radikaler Weise gegen Vorurteile und Moralismus herkömmlicher Provenienz engagiert, was ihm in zunehmendem Maße auch die Aggressionen, die der diffamierende Antisemitismus in dieser Richtung aufbietet, eingetragen hat. Insbesondere wird ihm dabei seine von Prüderie befreite Darstellung weiblicher Erotik und sexueller Neigungen angekreidet und mit den Maßstäben der entsprechenden antijüdischen Klischees beurteilt. Sch.s dramatisches Schaffen führt ihn von der *Anatol*-Serie und *Liebelei* dann zum *Reigen*, den er 1900 im Selbstverlag und geringer Stückzahl erscheinen lässt. Obwohl gerade diese Szenenreihe ein sozialkritisches Panorama bietet, in dem die geschlechts- und schichtenspezifischen Unterschiede des erotisch-personalen Verhaltens, einschließlich der repressiven Folgen, das eigentliche Thema bilden, wird das Stück in der Rezeption als pornographienaher Exzess jüdischen Einschlags dem Autor zum Vorwurf gemacht. Auch noch 1912 scheitert so der Versuch, eine Aufführungsmöglichkeit zu erhalten. Bekanntlich sind dann selbst zu Beginn der Republikzeit in Österreich und Deutschland organisierte Skandale mit antisemitischen Tonlagen zu verzeichnen, als es zu Aufführungen kommt, mit einem Abbruch in Wien und dem *Reigen*-Prozess in Berlin. Obwohl dabei die Anklage Schiffbruch erleidet und die Veranstalter und Träger der Aufführung freigesprochen werden, veranlassen die Vorkommnisse den Autor, eine nahezu das ganze 20. Jahrhundert deckende Aufführungssperre zu verfügen.

Trotzdem ist jenseits solcher Anfeindungen das Jahrzehnt bis zum Kriegsausbruch für Sch. dank der Zusammenarbeit mit Brahm und Barnowsky die Zeit seiner zunehmenden Theatererfolge, und d.h. der Konsolidierung als Schriftsteller wie als Bühnenautor. In diese Jahre fallen daher auch die wichtigsten Werke, in denen er die Probleme des Antisemitismus zum zentralen Inhalt macht.

Der Roman *Der Weg ins Freie* (1908) entfaltet diese Probleme in einem Panorama der eigenen Generationsgenossen als Intellektuelle und Künstler. Es reicht vom jüdischen Sozialisten, der seine gesellschaftlichen Ideale mit dem Zionismus verbindet und daher keine Scheidewand zwischen westlichem und östlichem Judentum duldet, bis zum assimilatorischen Gecken, den nur materieller Druck von der Konversion zum Katholizismus abhält, wobei die seismographische Erfassung der sozialen und psychischen Lage Einzelner alle doktrinäre Grobzeichnung ausschließt. Die Last, die ihnen allen mit dem Zwang zu einer eigenen Klärung ihrer Position auferlegt ist, wird selbst bei der nichtjüdischen Hauptfigur Georg von Wergenthin deutlich. Er beobachtet an seinen jüdischen Bekannten, wie sie das Gefühl, in Österreich daheim und verwurzelt zu sein und doch gerade hier diskreditiert und immer wieder von der Mitwirkung an der Kultur ausgeschlossen zu werden, unablässig umtreibt. Diese permanente Verunsicherung lässt dem Beobachter die Bezeichnung »Jude« in einer neuen »gleichsam düsteren Beleuchtung« aufgehen. Alle Gestalten des Romans sind beschädigt, überverletzlich und nervös, auch die häufig als Selbstporträt des Autors interpretierte Literatenfigur Heinrich Bermann, der Sch. einen Disput mit dem Zionisten Leo Golowski einräumt. Trotz allem ist Bermann allenfalls bereit, ein moralisches und soziales Prinzip im Zionismus anzuerkennen, u. a. mit Rücksicht auf das religiöse Ostjudentum und seine Traditionen, schließt aber für sich die Hinwendung zur Idee eines Judenstaates nach religiösen und nationalen Prämissen aus, da sie ihm »wie eine unsinnige Auflehnung gegen den Geist aller geschichtlichen Entwicklung« erscheint.

Ein ähnliches Panorama wird – nun im Bereich von wissenschaftlichen und ärztlichen Berufen und erweitert um Charaktere wie den Altliberalen der Vor-Lueger-Zeit – in dem als »Komödie« bezeichneten Stück *Professor Bernhardi* erneut entworfen. Das Drama, in das eigene Erfahrungen im medizinischen Milieu, aber auch solche des Vaters eingegangen sind, stellt eine rasant disponierte Verlaufsstudie über Anlass und Dynamik einer antisemitischen Kampagne unter Kollegen dar. Daher umfasst es auch eine breite Galerie der ideologischen Varianten des Antisemitismus vom Deutsch-Nationalen bis zum Religiös-Klerikalen. Es ist Sch.s dramatisches Pendant zur *Affäre*, denn der Held Bernhardi wird von seinem Verräter-Freund, dem Minister Flint, unter Beziehung auf die liberal-jüdische Wiener *Neue Freie Presse* »als eine Art medizinischer Dreyfus« bezeichnet. Dabei ist besonders aufschlussreich, dass das Stück ein aporetisches Ende aufweist. Eine soziale oder politische Lösung ist nicht in Sicht, und persönlicher ethischer Heroismus, als eine Art Märtyrertum, wird keineswegs proklamiert. Dennoch hält der Autor – vor allem im Dialog zwischen Bernhardi und dem katholischen Geistlichen – am Postulat eines Miteinander von Juden- und Österreichertum fest, ohne dass der Handlungsverlauf diese Erwartung rechtfertigen würde.

Die Differenz zwischen Sch.s utopischer Erwartung und seiner realen Position als Autor wird in der Rezeptionsgeschichte des Stückes immer wieder evident. Zunächst wird in Österreich die Aufführung untersagt, nicht einmal eine Lesung (Preßburg 1913) wird eingeräumt, und nach Kriegsbeginn wird dem Autor durch die *Volkspresse* (1815) zum Vorwurf gemacht, das »erbärmlichste, allergemeinste, das Österreichertum am tiefsten verletzende Theaterstück« verfasst zu haben. Aber auch in Berlin, wo 1912 das Stück aufgeführt wird und viele positive Rezensionen erhält, sieht man die Thematik nicht mit Sch.s Augen, zumindest lässt man sich nicht die Augen für die eigenen Lebensverhältnisse öffnen. Selbst Ludwig Geiger, der Wortführer des deutschen liberalen Judentums, will die Zeitdiagnose für Deutschland nicht wahrhaben und auf »ausgesprochen österreichische Verhältnisse« eingeschränkt wissen. Sch. selbst, dem 1913 der Vorschlag unterbreitet wird, ein wahrhaft österreichisches Drama – wohl ohne jüdische Hauptfigur – zu verfassen, reagiert in doppelter Hinsicht bemerkenswert. Zum einen erinnert er daran, »wie vieles das Deutschtum selbst den kulturellen und ethischen Leistungen des Judentums, soweit seine Geschichte zurückreicht, zu verdanken hat«. Zum zweiten lehnt er es ab, ein politisch beziehungsreiches österreichisches Stück zu schreiben, ohne dass darin der Bedeutung »jüdischer Elemente« und der »Eigentümlichkeit jüdischen Geistes« Rechnung getragen würde.

Es entspricht dieser Position, dass Sch. in den folgenden Jahren der geschichtlichen Entwicklung ohne jeglichen Anflug von Nationalismus gegenübersteht. Im Unterschied zu zahllosen Zeitgenossen ruft das Jahr 1914 bei ihm Entsetzen hervor: »Der Weltkrieg. Der Weltruin. Ungeheure und ungeheuerliche Nachrichten«, notiert er lakonisch am 5. August 1914. Und als 1918 in Wien ein »jüdischer Nationalrat« gebildet wird, zieht er sich – wie Egon Schwarz kommentiert – auf die Bastion des alten Liberalismus, das autonome Ich, zurück: »*Wer* hat zu entscheiden, wohin ich gehöre? Ich allein« (27.11.1918). Sch. hält diese Position auch in den Jahren der Republik aufrecht, obwohl ihn gleich zu Beginn die ›Affäre‹ um seinen *Reigen* heftiger antisemitischer Verunglimpfung aussetzt. Was um 1900 als sittlicher Skandal empfunden wurde, wird nun antisemitisch ausgeschlachtet. Knapp zehn Jahre später sieht Sch. dann selbst die aufsehenerregende *Affäre Dreyfus* von W. Herzog und H.J. Rehfisch. In Berlin ist sie als ›Zeitstück‹, als beschwörender Appell an die Öffentlichkeit, die Republik gegen die Machtübernahme von rechts zu retten, auf die Bühne gekommen. Die Aufführung am Volkstheater Wien, die Sch. im Jahr darauf sieht, kommentiert er mit dem Tagebuch-Eintrag: »Recht geschickt, im 4. und 5. Akt mehr« (15.4.1930). Im Zusammenhang mit dem politischen Aplomb dieses Stückes ist dann auch die Neuinszenierung der ›Affäre *Bernhardi*‹ durch Victor Barnowsky im Berlin des Jahres 1930 zu sehen, mit Fritz Kortner in der Titelrolle. Alfred Kerr rezensiert überschwenglich und wertet die Komödie höher als die Zeitdramatik der Gegenwart, indem er die unmittelbare politische Relevanz, die sie jetzt gewonnen hat, in den Mittelpunkt rückt. Die Aufforderung an Leser und Zuschauer lautet: »Stärkt Euch an gekonnter Vergangenheit – für das Heut, für das Übermorgen« (24.1.1930). Bevor dieses Übermorgen dann anbricht, findet diese *Bernhardi*-Inszenierung noch einmal besondere Aufmerksamkeit, denn sie bildet das Kernstück bei der Berliner Trauerfeier für Sch., wenige Wochen nach dessen Tod. Erneut spricht A. Kerr über »das Meisterwerk unter den Zeitstücken« (Nov. 1931) und fragt, wie lange es noch möglich sein mag, »wertvolle Stücke solcher Art zu spielen?«

Werke: Die dramatischen Werke, 2 Bde., Frankfurt a. M. 1961; Die erzählenden Schriften, 2 Bde., Frankfurt a. M. 1961; Jugend in Wien. Eine Autobiographie, hg. H. Schnitzler u. a., Wien u. a. 1968; Briefe, 1875–1912, hg. Th. Nickl u. a., Frankfurt a. M. 1981; Tagebuch, hg. W. Welzig, bislang 9 Bde., Wien 1981–97; 1981; Tagebuch 1879–1931, hg. W. Welzig, Bde. I–X, Wien 1981–2000. Literatur: H. Scheible, Sch., Reinbek 1976; E. Schwarz, A.Sch. und das Judentum, in: Im Zeichen Hiobs. Jüdische Schriftsteller und deutsche Literatur im 20. Jahrhundert, hg. G.E. Grimm/H.-P. Bayerdörfer, Königstein/Ts. 1985, 67–83; W.E. Yates, The Tendentious Reception of ›Professor Bernhardi‹. Documentation in Sch.'s Collection of Press Cuttings, in: Vienna 1900, hg. E. Timms u. a., Edinburgh 1990, 108 –125; E. Schwarz, A.Sch. und das Judentum, in: ders., »Ich bin kein Freund allgemeiner Urteile über ganze Völker« – Essays über österreichische, deutsche und jüdische Literatur, Berlin 2000, 133–151; B. Riedemann, »Ich bin Jude, Österreicher, Deutscher« – Judentum in A.Sch.s Tagebüchern und Briefen. Tübingen 2002; A.Sch. im zwanzigsten Jahrhundert, hg. K. Fliedl, Wien 2003; R. Wagner, Wie ein weites Land – A.Sch. und seine Zeit, Wien 2006; N. Beier, »Vor allem bin ich ich…« – Judentum, Akkulturation und Antisemitismus in A.Sch.s Leben und Werk, Göttingen 2008.

Hans-Peter Bayerdörfer

Schreyer, Isaac (Herbert Urfahr, Peregrinus)

Geb. 20.10.1890 in Wiznitz (Bukowina); gest. 14.1.1948 in New York

Abgelegen, am Rand der Karpaten und am Ufer des Tscheremosch, im östlichsten Kronland der Habsburgermonarchie, befand sich etwa 55 km westlich von Czernowitz Sch.s Geburtsstadt, die heute zur Ukraine gehört. Von ihren damals rund 5500 Einwohnern waren die meisten Juden. Ein berühmter chassidischer »Wunderrabbi«, Israel Hager (1860–1936), zu dem Ratsuchende aus Galizien und der Marmarosch pilgerten, hatte dort seinen Hof. Sch.s Elternhaus dürfte gemäßigt jüdisch-traditionell gewesen sein. Von seinem Vater, der ein Anhänger der Haskala war, weiß man, dass er aus einer bekannten Rabbinerfamilie kam und u. a. ein Verwandter des berühmten Rabbis von Bohorodczany, Reb Feiwel HaLevy Schreyer (1819–1898), war, eines der ersten Chowewe Zion (Zionsliebhaber) in Galizien, der zahlreiche halachische Werke verfasst hat. Zuhause sprach man Jiddisch, im Cheder lernte Sch. Hebräisch, in der Schule kam Deutsch hinzu. Sein gesamtes literarisches Werk als Lyriker und Übersetzer schrieb er in deutscher Sprache. Vom Judentum hat er sich nie explizit losgesagt, wenn er auch ein nicht mehr von den jüdischen Traditionen bestimmtes Leben eines modernen Schriftstellers führte.

Nach dem Besuch der Gymnasien in Czernowitz und Ungarisch Brod (heute in Tschechien) lebte er ab 1909 zuerst in Wien, 1913 und 1914 auch in Berlin *und Leipzig, wo er den literarischen Teil der Monatsschrift Die Freistatt* redigierte. Er war sodann Mitarbeiter der Musik- und Theaterzeitschrift *Der Merker* (Wien), der *Wiener Morgenzeitung* (Wien), der *Schaubühne* (Berlin) und der *Menorah* (Wien). 1914 bis 1918 leistete er Kriegsdienst in einem k.u.k. Infanterieregiment. 1918 zog er ganz nach Wien. Er heiratete die aus Russland stammende Myra, arbeitete als Hauslehrer, Schriftsteller und Übersetzer aus dem Jiddischen und Hebräischen sowie als Übersetzer deutscher Literatur ins Jiddische. Er führte ein zurückgezogenes Leben und hielt sich eigentlich nur im Kreis der damals in Wien lebenden jiddischen und hebräischen Schriftsteller (Melech Rawitsch, Abraham Mosche Fuchs, David Vogel, Abraham Sonne u. a.) auf, denen er als Dichter jedoch weitgehend fremd blieb. Die Übersetzungsverträge kamen vor allem aus Deutschland.

Als er 1933 plötzlich vom dortigen Zeitschriften- und Buchmarkt abgeschnitten war, versiegte seine Haupteinnahmequelle und er wurde Buchhalter in einer Fischgroßhandlung. 1935 unternahm er mit seiner Frau eine Amerikareise, bei der einige Gedichte entstanden sind, die alle das Verlorensein in der Weltstadt New York zum Ausdruck bringen: »[...] O Nacht des Hafens, Nacht –/ Abfall des Spuks von Manhattan:/ Da ruht sich's nicht so sacht,/ Wie in gepolsterten Betten. –// O Nacht des Hafens, Nacht –/ Was rülpst der fahle Morgen? –/ Wieder lockt er – den Dolch/ Im flatternden Mantel geborgen. –« (aus: *Nacht im Hafen*).

Nach der Annexion Österreichs durch Hitlerdeutschland musste Sch. zum Verlassen Wiens im letzten Moment regelrecht gezwungen werden: »Der Entschluss, ins Exil zu gehen, wurde im März 1939 fast widerwillig und nur auf Betreiben von Sch.s tatkräftiger und entschlusssicherer Frau gefasst. Obwohl es noch zu keiner direkten Verfolgung gekommen war, hatte der Dichter bereits resigniert sein Ende erwartet« (Weissenberger). Myra erhielt ein Einreisevisum in die USA, ihr Mann jedoch fiel unter die rumänische Einreisequote, die bereits voll war. Er blieb vorerst in England, während Myra versuchte, eine Einreisegenehmigung für ihren Mann zu bekommen. Im Oktober 1942 konnte er schließlich nach New York emigrieren, wo er als Buchhalter arbeitete und Gedichte im deutschsprachigen *Aufbau* (New York) und in einigen Anthologien veröffentlichte. Er starb dort 1948 im Alter von 57 Jahren.

Sch.s Gedichte sind u.a. gekennzeichnet durch eine intensive Intertextualität. Neben zahlreichen Anklängen an seine Vorbilder unter deutschen Dichtern wie Goethe, Hölderlin, Mörike, George, Hofmannsthal, Rilke und Trakl sind besonders Traditionen zu erwähnen, die sich von der Bibel und Ovid bis zur neuen hebräischen und jiddischen Dichtung spannen; letztlich aber bleiben seine Gedichte etwas absolut Eigenständiges, wie E. Waldinger im Vorwort zur ersten, postum erschienenen Buchausgabe von Gedichten Sch.s bemerkt hat: »Schwermütig tönen seine Melodien, und durch den Fall der freien Strophen kann man fast die Melismen und Kadenzen von alten Ritualgesängen mitschwingen hören. Expressives und Hymnisches walten vor. Hölderlin und Trakl heißen Schreyers Götter, doch münden ihre elegischen Stimmen immer in den gewaltigen Orgelschwall der biblischen Psalmen, so dass aus allen drei Elementen schließlich doch ein Neues, unzweifelhaft Eigenartiges entsteht.« Die Conditio Judaica in der Diaspora stellt er in extrem dichten, von einer oft sehr heterogenen Bildlichkeit geprägten Gedichten wie *Alter Jude in der großen Stadt* (1918) dar: »[...] Von alten Kirchen drohen ihm die Glocken,/ Die gleich Vampyren gram auf Stühlen hocken/ Und ihn mit geilen Klängen scharf belauern ...// Und oben auf den goldbeglänzten Knaufen/ Die spitzen Kreuze; – sie stechen wie die Lanzen/ Nach ihm mit blutigem Strahl. Und gierig raufen// Sie sich um seinen Leib, der friert, und tanzen/ Hohnlächelnd auf den angefachten Wunden. –/ Da kam ein Stern und hat ihn sanft verbunden ...« In etlichen Gedichten vergleicht er die Aufgabe des Dichters mit der eines Kabbalisten, der die in eine schlechte Welt verstreuten göttlichen Funken einsammelt; er sieht sich selbst als kabbalistischen Deuter einer Moderne, die die höchste Gottesferne erreicht hat und in der das Dichten als kabbalistischer Akt verstanden werden will, wie in der zuerst 1925 veröffentlichten *Elegie*: »[...] Wort zerbrach mir im Mund, der Seele trotzig Gefäß –/ Es fiel mit wirrem Geklirr ermattet zu Boden./ Einsam bückte ich mich, sammelnd mit zittrigen Fingern/ Glitzernde Scherben ... [...]«.

»Schwer und düster sind Schreyers Verse und dennoch nicht ohne Tröstung«, so charakterisiert E. Waldinger die Stimmung dieser Lyrik. Das trifft noch für im Exil entstandene Gedichte wie *Das Gold der Väter* oder *Zwiegespräch unter Trümmern* (beide 1942) zu. Sein letztes, 1947 geschriebenes Gedicht *Kantate* ist allerdings als reine Klage ganz ohne Hoffnung; niemals mehr würde man sagen können, »Der Strom sei versiegt der Tränen./ Er schnellt in Kaskaden/ Blutig hinab/ Und heult sein Totengebet/ In das zerklüftete Herz der Welt.// Es mündet der Strom ins maßlose Meer,/ Und das Meer wird nicht voll.«

Werke: Psalm eines einfachen Mannes. Gedichte 1911–1947, hg. E. Waldinger, New York u.a. 1950; Das Gold der Väter. Gedichte, hg. E. Schönwiese, Wien 1968; Der Tag des Einsamen. Gedichte und Nachdichtungen, hg. A. Eidherr, Aachen 2011.

Literatur: E. Waldinger, I.Sch., in: I. Sch., Psalm eines einfachen Mannes, New York 1950, 5–8; M. Rawitsch, Jizchok Schrajer, in: ders., Majn lekssikon, Band IV/II, Tel Aviv 1982, 371–373; K. Weissenberger, I.Sch., in: Deutschsprachige Exilliteratur seit 1933, Bd. 2: New York, Teil 1. hg. J.M. Spalek und J. Strelka, Bern 1989, 879–887; A. Eidherr: I.Sch. – Dichter an den Rändern der Zeiten und Literaturen, in: I.Sch., Der Tag des Einsamen, Aachen 2011, 136–159.

Armin Eidherr

Schwarz(-Gardos), Alice

Geb. 31.8.1916 in Wien;
gest. 14.8.2007 in Tel Aviv

Als langjährige Chefredakteurin und Schriftleiterin der *Israel Nachrichten*, der mittlerweile einzigen deutschsprachigen Zeitung in Israel, zählt Alice Sch.-Gardos nicht nur zu den wichtigen Journalistinnen ihres Landes, sondern ist darüber hinaus auch eine der letzten Vertreterinnen jener Emigrantengeneration, die sich auch auf literarischer Ebene fast ausschließlich in deutscher Sprache artikuliert hat.

Sch. entstammt einer liberalen Wiener jüdischen Familie und begann bereits als zehnjähriges Kind Gedichte und kleine Erzählungen zu verfassen, von denen einige auch in den Jugendbeilagen von Zeitschriften veröffentlicht wurden. Auf Wunsch ihrer Eltern begann sie mit einem Medizinstudium, das sie jedoch aufgrund der sich verändernden politischen Umstände abbrach. Wenige Tage nach Kriegsausbruch emigrierte sie schließlich mit der Unterstützung von Max Brod zusammen mit ihren Eltern nach Palästina. Dort unternahm sie erste schriftstellerische Versuche. Da der Versuch, Englisch zu schreiben, aufgrund mangelnder Sprachkenntnisse scheiterte, entschied sich Sch., das Deutsche als Literatursprache beizubehalten. Bereits 1947 erschien in Haifa ein erster Novellenband (*Labyrinth der Leidenschaften*), zu dem Arnold Zweig ein Vorwort beigesteuert hatte. Zweig und Sch. blieben auch nach Zweigs Remigration nach Deutschland in freundschaftlichem Kontakt, und mit seiner Hilfe konnte Sch. 1960 in Ostberlin ihren ersten Roman (*Schiff ohne Anker*) veröffentlichen. In ihm verarbeitete sie Ereignisse der eigenen Emigration, aber auch aus der Geschichte der jüdischen Emigration nach Palästina, insbesondere die Tragödie des Flüchtlingsschiffs »Struma«, dessen Passagiere 1941 von den türkischen Behörden die Einreise verweigert worden war.

Diesem ersten Roman folgten zahlreiche andere, ausnahmslos deutschsprachige Werke, in denen Sch. die soziale und politische Lage in Israel reflektierte. Dazu zählt u. a. ein Roman über den Prozess gegen einen vermeintlichen NS-Kriegsverbrecher, der schließlich mit einem Freispruch endete (*Die Abrechnung*, 1962), Werke über die Situation der Frauen in Israel (*Die Emanzipation hat viele Gesichter*, 1979) sowie über die vielfältigen Veränderungen innerhalb des Landes (*Paradies mit Schönheitsfehlern. So lebt man in Israel*, 1982). Diese essayistischen und belletristischen Werke, zu denen auch zwei in den 1960er Jahren entstandene Jugendbücher zählen (*Joel und Jael* und *Entscheidung im Jordantal*), richteten sich in erster Linie an ein ausländisches, deutschsprachiges Publikum, dem auf diese Weise die Probleme des Staates Israel aus einer Innenperspektive nahegebracht werden sollten. Erst in zweiter Linie waren auch die in Israel lebenden deutschsprachigen Leser angesprochen, ein kleines Publikum, das im Laufe der Jahrzehnte beständig im Abnehmen begriffen war.

Parallel zu ihren schriftstellerischen Aktivitäten wandte sich Sch. bereits Ende der 1940er Jahre dem Journalismus zu. Sie begann ihre Arbeit bei einer der beiden deutschsprachigen israelischen Tageszeitungen, *Yediot Hayom*, ein vor allem in den ersten Jahren nach der Staatsgründung nicht ungefährliches Unterfangen, da die Stimmung im Land allen Äußerungen deutschsprachiger Kultur gegenüber sehr negativ eingestellt war. 1962 wechselte Sch. zum Konkurrenzblatt *Yediot Chadaschot* und 1974 zu den neugegründeten *Israel Nachrichten*, deren Chefredakteurin sie später wurde. Zwischenzeitlich verfasste Sch. auch unter dem Pseudonym Elishewa Yaron Reportagen und kleinere Erzählungen für hebräischsprachige Zeitungen, doch ihr berufliches Hauptinteresse galt Zeit ihres Lebens der deutschsprachigen Presse in Israel. Ihre ersten Artikel waren Reportagen aus dem noch zerstörten Wien, das sie unmittelbar nach Kriegsende besucht hatte, danach konzentrierte sie sich jedoch auf die politischen, sozialen und kulturellen Verhältnisse in Israel. Zugleich berichtete sie auch über die für Israel relevanten Ereignisse aus Deutschland und Österreich. Ihre Zeitungsartikel und Bücher zeigen Sch. als engagierte Autorin, die die vielfältigen Veränderungen innerhalb Israels stets kritisch beleuchtet, Widersprüche nicht verschweigt und sich dabei stets als Mittlerin zwischen den unterschiedlichen Herkunftsländern und den Generationen versteht.

Eine wichtige Rolle spielten die *Israel Nachrichten* auch für die Vermittlung neuerer Literatur innerhalb des Landes. Der Fortsetzungsroman war ein bewährtes Mittel, die Leser sowohl mit Werken anderer deutschsprachiger Autoren in Israel als auch mit neuerer israelischer Literatur in deutscher Übersetzung vertraut zu machen. Sch. selbst hat wesentlichen Anteil an der Sammlung und Dokumentation dieser deutschsprachigen Literatur. Nicht nur initiierte sie die Herausgabe zweier Anthologien mit Werken deutschsprachiger Autoren in Israel (*Heimat ist anderswo*, 1983 und *Hügel des Frühlings*, 1984), sie trug auch selbst mit zahlreichen Beiträgen und Interviews zu ähnlichen Sammelwerken entscheidend dazu bei, dass die literarische Hinterlassenschaft einer aussterbenden Generation von Autoren sowohl in Deutschland und Österreich, als auch in Israel nicht in Vergessenheit geriet. Dabei war sie sich der inneren Spannung, der diese Autoren Zeit ihres Lebens ausgesetzt waren, durchaus bewusst: Als Angehörige einer sprachlichen und kulturellen Minderheit, deren Werke in den meisten Fällen gezielt für ein ausländisches Publikum verfasst wurden, standen sie vor der schwierigen Aufgabe, die Verhältnisse Israels ausgewogen darzustellen, ohne dass dies die literarische Qualität der Texte beeinträchtigte – ein Unterfangen, dessen Gelingen Sch. immer ambivalent beurteilte.

Werke: Labyrinth der Leidenschaften, Haifa 1947; Die Abrechnung, Graz 1962; Schiff ohne Anker, Frankfurt a. M. 1962; Jael und Joel, Stuttgart 1963; Versuchung in Nazareth, Wien 1963; Entscheidung im Jordantal, Stuttgart 1965; Frauen in Israel, Freiburg 1979; Paradies mit Schönheitsfehlern, Freiburg 1982; Von Wien nach Tel Aviv. Autobiographie, Gerlingen 1991; Zeitzeugnisse aus Israel. Gesammelte Beiträge der Chefredakteurin der ›Israel Nachrichten‹, Konstanz 2006 (mit E.R. Wiehn); Weitere Zeitzeugnisse aus Israel. Gesammelte Beiträge der Chefredakteurin der ›Israel Nachrichten‹, Konstanz 2007 (mit E.R. Wiehn).
Literatur: Wir sind die Letzten. Fragt uns aus. Gespräche mit Emigranten der dreißiger Jahre in Israel, hg. A. Betten u. a., Gerlingen 1995; A. Betten, Zur Spontaneität autobiographischer Erzählungen. Vergleich eines Interviews der ehemals österreichischen, heute israelischen Schriftstellerin und Journalistin A.S.-G. mit ihrer schriftlichen Autobiographie, in: Sprache, Onomatopöie, Rhetorik, Namen, Idiomatik, Grammatik, hg. D. Halwachs u. a., Graz 1994, 1–11; B. Rieder, Unter Beweis: Das Leben. Sechs Autobiographien deutschsprachiger SchriftstellerInnen aus Israel, Göttingen 2008, 61–62, 143–147, 378–379.

Gabriele von Glasenapp

Seghers, Anna (eigentl. Netty Reiling)

Geb. 19.11.1900 in Mainz;
gest. 1.6.1983 in Berlin

»Ein Jude in Wien, der jetzt schon geraume Zeit tot war, war auf den Gedanken gekommen, das Gelobte Land, das Gott versprochen hat, sofort für das jüdische Volk zu fordern. Es sollte aus allen Ländern der Welt, in denen es verfolgt wurde, in seine

Heimat nach Palästina zurückkehren.« Diese wenig emphatische Bezugnahme auf die zionistische Bewegung und ihren Begründer Theodor Herzl findet sich in der Erzählung *Post ins Gelobte Land*, die S. im Spätsommer 1945 im mexikanischen Exil schrieb. Es blieb der einzige literarische Text, in dem S. sich explizit mit Fragen des Judentums auseinandersetzte. Nicht einmal das entbehrungsreiche, langjährige Exil konnte sie offenbar für eine positive Perpektive auf eine jüdische Identität erwärmen. Sie sprach sich in dieser Erzählung ebenso für eine Assimilation aus, wie sie diese biographisch schon Ende der 20er Jahre für sich gewählt hatte: »S. hat ihrer jüdischen Herkunft, der durch das Judentum begründeten Welt- und Lebenssicht eine kompromisslose Absage erteilt und diese Entscheidung auf Dauer gestellt« (Haller-Nevermann). Auch in ihrer 1924 fertiggestellten kunstgeschichtlichen Dissertation *Jude und Judentum im Werke Rembrandts* erarbeitete S. keine positiven Bezugspunkte für ein jüdisches Selbstbewusstsein. Allenfalls beiläufig zitierte sie jüdische Charakterklischees: »Was Rembrandt dem jüdischen Modell entnimmt, das ist der Ausdruck jener Seite des jüdischen Wesens, welche sich mit Passivität, Hoffnung, Kummer, Leidensfähigkeit umschreiben läßt.« Ihr Hauptaugenmerk lag auf einem sozialen Realismus bei Rembrandt, zu dem ihn die Einwanderung ostjüdischer »Proletarier« und »Besitzloser« nach Amsterdam seit den 40er Jahren des 17. Jahrhunderts motiviert habe. Vor allem betonte S. in ihrer Dissertation, dass Rembrandts Malerei keinem genuin jüdischen Impuls entspringe, sondern umgekehrt einer christlichen

Perspektive des Neuen Testaments unterstehe, dass »Rembrandt sein Modell ausschließlich als Medium einer christlichen Idee verwende, nicht als Mittelpunkt einer aus dem Judentum des Alten Testamentes gewonnenen Handlung«. Weniger die jüdische Fragestellung der Dissertation als ihr sozialgeschichtliches Interesse und ihre Orientierung an einem sozialen und politischen Realismus sollte für S.' weiteres Leben entscheidend werden. Vom Standpunkt eines marxistisch-kommunistischen Internationalismus erscheint der Verzicht auf eine religiöse und nationale Identifikation mit dem Judentum naheliegend. S.' Entscheidung für eine kommunistische und gegen eine jüdische Identität mit der Figur des jüdischen Selbsthasses zu erklären, findet zumindest weder in ihren literarischen noch ihren biographischen Dokumenten einen weiterreichenden Anhaltspunkt.

S. wuchs in einer relativ wohlhabenden und gebildeten Familie auf. Ihre Eltern, Hedwig (geb. Fuld) und der Kunst- und Antiquitätenhändler Isidor Reiling, gehörten der orthodoxen Israelitischen Religionsgemeinschaft in Mainz an, so dass die Tochter schon früh mit jüdischem Ritus in Berührung kam. Nach ihrem – damals für Frauen keineswegs selbstverständlichen – Studium in Heidelberg und Köln, das sie 1924 mit der Rembrandt-Dissertation abschloss, heiratete sie 1925 den ungarischen Juden und Kommunisten László Radványi und trat aus der jüdischen Gemeinde aus. Nach dem Umzug nach Berlin, wo Radványi Leiter der Marxistischen Arbeiterschule wurde, erhielt sie 1928 für ihre beiden Erzählungen *Grubetsch* und *Aufstand der Fischer von St. Barbara* auf Vorschlag des Vorjahrespreisträgers Hans Henny Jahnn den angesehenen Kleist-Preis. Mit Beginn ihrer schriftstellerischen Tätigkeit wählte sie das Pseudonym Seghers, nach dem niederländischen Maler Hercules Seghers aus dem 17. Jahrhundert. Sie trat in die KPD ein und wurde 1929 Mitglied im Bund Proletarisch-Revolutionärer Schriftsteller (BPRS). Mit Recht sprach Hans Mayer von »der nicht zufälligen Synchronisierung ihres Debüts als Kommunistin und als Schriftstellerin«. Die kommunistische Überzeugung, für eine gerechte und klassenlose Gesellschaft zu kämpfen, bestimmte auch ihre literarische Perspektive auf die Unterdrückung kleiner Leute, wahlweise bäuerlicher oder proletarischer Herkunft, und die Möglichkeit des Befreiungskampfes. Nach einer der ganz seltenen biographischen Angaben S.' habe die Oktoberrevolution mit ihren Auswirkungen in Politik und Kunst ihr einen grundlegenden Begriff von »Gerechtigkeit« vermittelt, dem sie bis an ihr Lebensende politisch und literarisch verpflichtet geblieben sei. Schon der scheiternde Aufstand der Fischer von St. Barbara in ihrer frühen Erzählung endet mit einer entschiedenen Hoffnung darauf, dass ihnen der zukünftige Kampf Gerechtigkeit bringen werde. S.' kommunistischer Messianismus beinhaltet einen humanistischen Kern, der sich auch in ihren Erzählungen und Romanen gegen jede zu einlinige Tendenz behauptet. In *Überfahrt* von 1971 heißt es: »Es muß aber im Innern des Menschen einen unverwüstlichen, zwar manchmal im Dunst, sogar im Schlamm verborgenen, dann aber wieder in seinem ursprünglichen Glanz aufleuchtenden Kern geben. Es muß ihn geben.« In der Begründung der Preisverleihung wies Jahnn 1928 auf einen Dualismus hin, demzufolge die unverkennbare politische Tendenz der Erzählungen von einer »leuchtenden Flamme der Menschlichkeit« aufgezehrt und dadurch, bei aller »Klarheit und Einfachheit der Satz- und Wortprägung«, in eine »sinnliche Vieldeutigkeit« gestellt würde. Hans Mayer hat im Sinne Jahnns für die besten Erzählungen der S. eine Irreduzibilität von realistischer und »mythischer Welt« geltend gemacht.

Nach der faschistischen Machtergreifung ging S. mit ihrer Familie ins Exil. Der Weg führte sie unter den größten Entbehrungen und Gefahren über Paris und Südfrankreich, Auffanglager in der Karibik und Ellis Island (USA) schließlich 1941 nach Mexiko, wo sie bis 1947 blieb. Im Exil sind eine Reihe ihrer bekanntesten Texte entstanden. Zunächst und an erster Stelle ist *Das siebte Kreuz* zu nennen, ein Roman, der, Ende der 30er Jahre enstanden und erst 1942 erschienen, die Geschichte von sieben internierten Kommunisten behandelt, die aus einem deutschen Konzentrationslager geflohen sind und bis auf einen, Georg Heisler, wieder eingefangen und getötet werden. Von den sieben durch den KZ-Kommandanten aufgestellten Folterkreuzen bleibt am Ende eines als Symbol des antifaschistischen Widerstandes leer. Der Roman wurde ein großer Erfolg und bereits 1944 ebenso erfolgreich von Fred Zinnemann verfilmt. Die Flucht ist auch Thema des Romans *Transit*, der, ebenfalls im französischen Exil begonnen, 1944 zunächst in amerikanischer Sprache erschien. Obwohl beide Romane unmittelbar mit »Hitlerdeutschland« und der Verfolgung und Ermordung von Menschen zu tun haben, handeln sie ebenso wenig vom Holocaust wie die erwähnte Erzählung *Post ins Gelobte Land*. Dieser »scheint für S. selbst in diesem erzählerischen Zusammenhang kein Thema zu sein« (Haller-Nevermann). Neben einigen karibischen und mexikanischen Erzählungen hat S. im mexikanischen Exil eine Erzählung verfasst, die ausnahmsweise eine biographische Beziehung explizit herstellt: *Ausflug der toten Mädchen* von 1943/44. Die Erinnerung an einen Ausflug mit Mainzer Mitschülerinnen wird zu einem tragischen Gedenken des Umstandes, dass sie allesamt mit Ausnahme der exilierten Ich-Erzählerin inzwischen gestorben sind, und zwar »im Grunde am Dritten Reich« (Mayer). In der starken Betonung des Eingedenkens als Erinnerung der Toten lässt sich unter Umständen ein implizites jüdisches Motiv ausmachen. 1949 erschien der im Exil geschriebene, umfangreiche Roman *Die Toten bleiben jung*, in dem S. den *Ausflug der toten Mädchen* gewissermaßen zu einer Chronik ausgearbeitet hat, die den Zeitraum von 1918–45 umfasst. Angesichts der barbarischen Politik des deutschen Nationalsozialismus stellt S. als Deutsche sich vor allem die Frage ihrer weiteren Zugehörigkeit zu diesem Volk: »Ein Volk, das sich auf die anderen Völker wirft, um sie auszurotten, ist das noch unser Volk?« Nationale und kulturelle Identität versprach ihr angesichts der historischen Katastrophe die Erneuerung im kommunistischen deutschen Teilstaat, der späteren DDR: »Die Entfaschisierung Deutschlands wird seinem Volk, die eigne Geschichte überwindend, die Einheit des sozialen und nationalen Bewußtseins bringen, die Grundlage seiner neuen Kultur.« Dieses Prinzip Hoffnung blieb nach ihrer Rückkehr aus dem mexikanischen Exil in die sowjetische Besatzungszone 1947 bis zu ihrem Tode 1983 in Ostberlin leitende Maxime ihrer schriftstellerischen und politischen Aktivitäten. Von 1952–78 war sie Vorsitzende des Schriftstellerverbandes der DDR, erhielt zahlreiche Literaturpreise und setzte sich in ihren Texten (vor allem in *Die Entscheidung*, 1959 und *Das Vertrauen*, 1968) mit dem Aufbau eines sozialistischen deutschen Staates auseinander. Dabei bezog sie häufig, etwa im Zusammenhang der Niederschlagung des Aufstands von 1953, die offizielle Position der Partei.

Werke: Jude und Judentum im Werke Rembrandts. Mit einem Vorwort v. Ch. Wolf, 3. Aufl., Leipzig 1990 (Diss. 1924); Gesammelte Werke in Einzelausgaben, 14 Bde., Berlin u.a. 1975 ff.; Werke in zehn Bdn., Darmstadt u.a. 1977; Über Kunstwerk und Wirklichkeit, 4 Bde., hg. S. Bock, Berlin 1970–79.
Literatur: A.S. Materialienbuch, hg. P. Roos u.a., Darmstadt 1977; W. Roggausch, Das Exilwerk von A.S. 1933–1939, München 1979; A.S., hg. H.L. Arnold, Text + Kritik, H. 38 (1982); H. Mayer, A.S., in: ders., Aufklärung heute. Reden und Vorträge 1978–1984, Frankfurt a.M. 1985, 237 ff.; B. Einhorn, Jüdische Identität und Frauenfragen im Werk von A.S., in: Argonautenschiff 6 (1997), 290–306; R. von Hanffstengel, Aspekte jüdischer Erfahrung im 20. Jahrhundert. Mexiko – ein Fall der Nichtbegegnung, in: Argonautenschiff 7 (1998), 270–277; K. Kuschel, Das leer gebliebene Kreuz – zur Funktion jüdisch-christlicher Motive im Werk von A.S., in: Argonautenschiff, 10 (2001), 108–128; E. Haas: A.S. und das Judentum. Beschreibung eines schwierigen Verhältnisses, in: Argonautenschiff 10 (2001), 79–89; K. Schulte, »Was ist denn das überhaupt, ein Jude?« A.S.' Einspruch anlässlich der antisemitischen Hetze gegen die Insassen der Berliner Transitlager für ›displaced persons‹ in der Presse der Vier-Sektoren-Stadt im Jahre 1948: Rekonstruktion, Lektüre, Kommentar, in: Jahrbuch für Kommunikationsgeschichte, Bd. 4 (2002), 196–231; C. Zehl Romero, A.S. Eine Biographie, 2 Bde., Berlin 2000/2003; A. Wünschmann, A.S. (1900–1983). Jüdin, Kommunistin, Weltbürgerin, Berlin 2004.

Detlef Kremer

Seligmann, Rafael

Geb. 13.10.1947 in Tel Aviv

»Exoten des Grauens« – so nennt S. die Juden, die heute in Deutschland leben, und er nimmt sich selbst von dieser Beschreibung keineswegs aus. Als Publizist, der sich regelmäßig zu deutsch-jüdischen Themen zu Wort meldet, nutzt S. diesen Exotenstatus des »Musterjuden«, um sich in der deutschen Öffentlichkeit Gehör zu verschaffen. Sein »Grundanliegen« ist die Weiterführung der bereits seit der Antike bestehenden deutsch-jüdischen Beziehung: Das »Zusammen- und Gegeneinanderwirken von Juden und Deutschen in allen gesellschaftlichen Bereichen«, das S. auch als »deutsch-jüdische Symbiose« bezeichnet, solle dem Völkermord zum Trotz fortgesetzt und wiederbelebt werden, weil ansonsten »Hitler und seine Anhänger« noch nachträglich einen »Endsieg« errungen hätten. S. trägt seit etwa einem Vierteljahrhundert mit literarischen und publizistischen Texten zu dieser Wiederbelebung bei. Um die Grenzen zwischen Juden und Nichtju-

den in Deutschland aufzubrechen und beide Seiten davon zu überzeugen, dass Juden selbstverständlicher Teil des deutschen Volkes sind, müssten beide Gruppen notwendigerweise zu Diskussionen angeregt werden. Zu diesem Zweck provozierte S. insbesondere in seinen ersten Veröffentlichungen Juden wie Nichtjuden mit Leidenschaft, was ihm etwa in der *Jüdischen Allgemeinen* den Vorwurf des »Nestbeschmutzers« einbrachte oder von nichtjüdischer Seite in der *Zeit* die stereotype Zuschreibung, der Autor dürfe das, weil er Jude sei. »Beklommenes Schweigen ist allemal schlimmer, denn es läßt die Juden weiterhin im Ghetto ihrer Angst. Da hilft ihnen schon eher einer, der provoziert«, kommentierte er 1992 in dem *Spiegel*-Artikel *Die Juden leben* seine selbstgewählte Rolle als Ghettobefreier. Da er erst im Alter von zehn Jahren mit seinen Eltern aus Israel nach Deutschland kam, sieht er sich selbst frei von diesen Ängsten vor den Deutschen, die er den Überlebenden zubilligt, nicht mehr jedoch den nachgeborenen Juden.

Sein Vater hatte sich und seine Eltern und Geschwister in den 30er Jahren nach Palästina retten können, auch seine Mutter überlebte dort, Familienangehörige von ihr wurden jedoch während des Holocaust ermordet. Die Rückkehr der Familie S. war nicht nur von der »Schande der Jerida« ausgerechnet nach Deutschland überschattet, sondern bedeutete für S. eine dramatische Konfrontation mit seiner Herkunft. »Damals lernte ich ein Phänomen kennen, das mich fortan wie ein Buckel begleiten sollte – mein Judentum. Dadurch war ich in Deutschland von vornherein ein Außenseiter«, beschreibt S. in *Mit beschränkter Hoffnung* (entstanden 1990) seine Ankunft in München. Stärker als die verhalten, aber selbstverständlich ausgeübten religiösen Rituale in seinem Elternhaus wurde der Antisemitismus der Deutschen zu einem prägenden Einflussfaktor seines jüdischen Bewusstseins. Seine eigenen ohnmächtigen Reaktionen auf antisemitische Angriffe waren schließlich der Beweggrund, mit Mitte dreißig, nach einer handwerklichen Ausbildung und einem Politikstudium mit anschließender Promotion mit der Niederschrift seines ersten Romans *Rubinsteins Versteigerung* (entstanden 1983/84) zu beginnen. Die therapeutische Absicht des Schreibens verfehlte ihre Wirkung nicht: »Ein Roman erschien mir am besten geeignet, diese Fragen zu klären. Denn hier konnte ich, anders als in der Wirklichkeit, endlich auf ›Antisemitismus‹ ohne Gekränktheit, Wut, Haß, Angst, Hohn, Arroganz oder vermeintliche Indifferenz reagieren. [...] Subjektiv jedoch verlor ich meine Antisemiten-Angst. [...] Das Abstreifen meines Hasses allein lohnte die Mühe des Schreibens«, resümiert S. in seinem Kommentar zur jüdischen Nach-Auschwitz-Literatur. Von dieser Erlösung ist in seinen beiden ersten Romanen – der zweite *Die jiddische Mamme* erschien 1990 – noch wenig zu ahnen. Vom »kalten Haß auf die Deutschen« ist hier die Rede, Deutsche werden als »Nazischweine«, »Nazihuren« oder einfach »SA-ler« bezeichnet und haben im Grunde keine Chance, sich den Juden gegenüber korrekt zu verhalten. Aber auch Juden werden einer harschen Kritik unterzogen: »Die Alten hatten ihre Religion, ihre Lehren und Traditionen. Und wir? Was bleibt uns? Der ›Bund‹ ist jetzt zur Gemeinschaft der Beschnittenen degradiert. Das deutsche Judentum ist sozusagen auf den Schwanz gekommen. Der Bund mit dem Ewigen besteht nur noch aus einer langen Kette geopferter Vorhäute«, sinniert der zwanzigjährige Jonathan Rubinstein bei einem Besuch in der Synagoge. Die Vertreter der jüdischen Gemeinden reagierten mit Entsetzen auf die unverblümte Darstellung jüdischen Lebens und Denkens und auch nichtjüdische Verleger schreckten vor der schonungslosen Innenansicht zurück, so dass S. lange brauchte, um sein Erstlingswerk veröffentlichen zu können. Wichtiger aber als die spätpubertären Ausfälle von S.s Alter Ego im Roman ist sein letzter Ausruf: »*Ich bin ein deutscher Jude!*«, denn damit sagt er den Antisemiten genauso wie den Juden, die immer noch »auf den gepackten Koffern« in Deutschland leben gleichermaßen »den Kampf an«.

Auch die weiteren fiktionalen Werke *Der Musterjude* (entstanden 1995/96) und das Buch zum Film *Schalom meine Liebe* (entstanden 1998) beschäftigen sich mit der Situation der Juden in Deutschland, wobei es S. immer auch darum geht, der deutschen Gesellschaft einen Spiegel vorzuhalten. Der Roman *Der Milchmann* (entstanden 1999) changiert wie die anderen Romane S.s zwischen Fiktion und Dokumentation, zwischen erzählendem und sachlich beschreibendem Stil. Er ist am weitesten von S.s Autobiographie entfernt, denn S. lässt die Hauptfigur, einen siebzigjährigen Shoah-Überlebenden, fünfzig Jahre nach Ende des Nationalsozialismus Bilanz ziehen über die deutsche Nachkriegsgeschichte und seine Rolle als deutscher Jude darin. S.s Texte sind somit keineswegs nur deutschsprachige, sondern immer explizit deutsche Literatur.

Den Vorwürfen, Trivialliteratur über die Folgen des Holocaust zu verfassen, begegnet er gelassen, denn seiner Meinung nach kann ein Roman durch »Verzerren, Überzeichnen, Karikieren [...] vielfach genauer als ›objektive‹ Untersuchungen die Wahrnehmung der ›Wirklichkeit‹« beschreiben. S. hofft, mit seinen unterhaltsamen Texten auch solche Menschen für dieses »unangenehme« Thema zu interessieren, die sich ihm sonst entziehen, und äußert in einem *Tagesspiegel*-Interview im November 1997: »Geschichte muß fühlbar sein, darum ist für mich – um es profan zu sagen – eine Holocaust-Seifenoper wichtiger als Claude Lanzmanns Film *Shoah*«.

Seit 2000 bildet die provozierende Schilderung gegenwärtiger deutsch-jüdischer Befindlichkeiten nicht mehr den vorrangigen Gegenstand von S.s literarischen Texten. Zudem verringert sich zeitweise seine literarische Produktion zugunsten anderer Aktivitäten, etwa im Bereich von Presse und Fernsehen. So übernahm er z. B. für den Nachrichtensender N24 eine Talkshow und wurde 2004 Co-Chefredakteur der von ihm mitinitiierten politischen Zeitschrift *Atlantic Times*. Im selben Jahr erschien sein Essay *Hitler. Die Deutschen und ihr Führer* (2004), an dem S. vier Jahre gearbeitet hatte. Darin untersucht er die Frage nach der breiten Unterstützung Hitlers durch die deutsche Bevölkerung. Die These, die Bevölkerung habe sich ebenso wie Hitler der rationalistischen Moderne verweigert, steht im Zentrum seines Erklärungsansatzes. Von der Kritik wurde dem Buch zwar mitunter eine erfreuliche Lesbarkeit attestiert, zugleich aber nahezu einhellig ein veralteter Forschungsstand, teilweise Ungenauigkeit und »Effekthascherei« beklagt. Zu Letzterer wurde auch die von S. mit dem Buch lancierte Forderung nach einer Neuveröffentlichung von Hitlers *Mein Kampf* gezählt, wobei das berechtigte Anliegen, durch eine kritische Edition eine Auseinandersetzung mit dieser zentralen Quelle für Hitlers Weltanschauung zu befördern, kein Gehör fand.

Mit den beiden Teilen seiner *Kohle-Saga* (2006 und 2008) gestaltet S. den Stoff der Entwicklung des Tagebaus im Ruhrgebiet seit der Mitte des 19. Jahrhunderts und der Ruhrkohle AG. Während der erste Teil des Romans formale Ähnlichkeiten zu S.s erstem »historischen« Roman *Der Milchmann* aufweist, erfährt der Protagonist aus *Rubinsteins Versteigerung*, S.s Alter Ego, eine Metamorphose in einen reifen Mann gleichen Namens, den Armenarzt Samuel Rubinstein. Das Thema der deutsch-jüdischen Beziehungen erscheint so am Rande auch hier.

Im Alter von 62 Jahren zieht S. 2010 mit seiner Autobiographie *Deutschland wird dir gefallen* eine vorläufige Lebensbilanz. In Anlehnung an Jakob Wassermanns berühmten Essay *Mein Weg als Deutscher und Jude* (1921) formuliert S. am Ende seiner Biographie: »Ich gehe meinen Weg in Deutschland.« Entscheidend dafür ist ihm seine aktive Teilhabe an der Kultur und Meinungsbildung des Landes ebenso wie der Umstand, in Deutschland Gefährten gefunden zu haben, gleich ob sie »jüdisch, deutsch oder beides sind«. Damit erweist sich schließlich der im Titel aufgenommene Zuspruch des Vaters »Deutschland wird dir gefallen«, mit dem Letzterer den Zehnjährigen beim Verlassen Israels 1957 zu trösten versuchte, als zutreffend – trotz aller Schwierigkeiten des komplexen deutsch-jüdischen Verhältnisses nach dem Holocaust. Mit der Gründung der englischsprachigen vierteljährlich erscheinden Zeitung *Jewish Voice from Germany* im Jahr 2012 unterstreicht S. einmal mehr die grundsätzlich zuversichtliche Sichtweise der »beschränkten Hoffnung«: Es gibt im gegenwärtigen Deutschland eine pluralistische und streitbare jüdische Community, deren Stimme oder besser Stimmenvielfalt auch die des Autors einschließt und im angloamerikanischen Raum ein Interesse zu finden beanspruchen kann.

Werke: Rubinsteins Versteigerung, Frankfurt a. M. 1989; Die jiddische Mamme. Roman, Frankfurt a. M. 1989; Mit beschränkter Hoffnung. Deutsche, Juden, Israelis, Hamburg 1991; Der Musterjude, München 1997; Der Milchmann, München 1999; Hitler. Die Deutschen und ihr Führer, München 2004; Die Kohle-Saga. Der Tatsachenroman aus dem Revier, Hamburg 2006; Revier im Wandel. Die Kohle-Saga geht weiter, Hamburg 2008; Deutschland wird dir gefallen. Autobiographie, Berlin 2010.
Literatur: S.L. Gilman, Neue Juden in Deutschland: R.S., in: Jüdischer Almanach 1996, Frankfurt a. M. 1995, 148–156; M. Köppen, Von Versuchen, die Gegenwart der Vergangenheit zu erinnern. R.S.s Roman ›Rubinsteins Versteigerung‹ und die Strategien des Erinnerns in der zweiten Generation, in: Sprache im technischen Zeitalter 135 (1995), 250–259; T. Nolden, Junge jüdische Literatur. Konzentrisches Schreiben in der Gegenwart, Würzburg 1995; A. Feinberg, The Issue of Heimat in Contemporary German-Jewish Writing, in: New German Critique 70 (1997), 161–181; H. Schruff, Wechselwirkungen. Deutsch-Jüdische Identität in erzählender Prosa der ›Zweiten Generation‹, Hildesheim u. a. 2000.

Helene Schruff/Hans-Joachim Hahn

Senger, Valentin (Valentin Rabis)

Geb. 28.12.1918 in Frankfurt am Main;
gest. 4.9.1997 in Frankfurt am Main

Als zweites Kind staatenloser jüdischer Eltern überlebte S. den Nationalsozialismus, trotz seines Engagements in politisch-oppositionellen Jugendgruppen, in einem Hinterhaus der Frankfurter Kaiserhofstraße. Nach Kriegsende begann er seine publizistische und schriftstellerische Arbeit. Mit großer Aufmerksamkeit beobachtete er die politische Entwicklung Deutschlands in der frühen Nachkriegszeit. Er schrieb zunächst Hörspiele für den Rundfunk und Reportagen für die wenigen lizensierten Zeitungen. Als überzeugter Kommunist arbeitete er vorrangig als Berichterstatter für kommunistische Periodika. Trotz der Ambivalenz von Identifikation einerseits und Skepsis gegenüber rigider Parteidisziplin andererseits war die kommunistische Partei, der er bis 1958 angehörte, für ihn »eine Heimat, eine Großfamilie«. Ihr fühlte er sich verbunden, »in dem festen Glauben, mit ihr eine bessere, eine menschlichere Ordnung zu schaffen«. Im Gegenzug dazu interpretierte er den Antikommunismus in Deutschland als Subalternität: »Gegen die Kommunisten zu sein, damit fanden sie [die Deutschen] Gehör und volle Sympathie bei den Siegern aus dem Westen.« Die Nachkriegszeit beschrieb er in seinem Buch *Kurzer Frühling*, das 1984 als zweiter Teil seines Lebensberichtes erschien.

Die politischen Veränderungen in der Sowjetunion, der Kult um Stalin, vor allem aber dessen Verschwörungstheorien gegen die Juden als Ausdruck für Antizionismus und Antisemitismus in der KPdSU, führten bei S. zum endgültigen Bruch mit der Partei: »Antisemitismus paßte nicht in das Grundmuster meiner Vorstellungen über eine sozialistische Gesellschaft, zu deren obersten Geboten die Beseitigung aller religiösen und rassischen Schranken zählte.« Trotz der »Trauer um einen verlorenen Traum« glaubte er stets an eine »gerechtere, friedlichere, sozialistische Welt« und sah in den Utopien von heute das Potential für die Veränderungen von morgen.

Seine Aufmerksamkeit richtete sich insbesondere auch auf den Umgang der Deutschen mit ihrer nationalsozialistischen Vergangenheit. Zwar ermutigten ihn die »um Wiedergutmachung bemühten Bürger«, dennoch äußerte er in *Der Heimkehrer* (1995) resigniert über die Deutschen, die über das Unrecht, das den Juden angetan wurde, Reue weder empfunden noch gezeigt hätten: »Bei weiten Teilen der Bevölkerung sehe ich noch immer das Bestreben, über dieses schlimme Kapitel deutscher Geschichte ein großes Tuch des Vergessens auszubreiten.« S. dagegen begann Mitte der 70er Jahre, die »Überlebensgeschichte« seiner Familie niederzuschreiben, um sich von »Zweifel und Hemmungen, Jahren der Verleugnung und Verdrängung« zu befreien. Unter dem Titel *Kaiserhofstraße 12* erschien im Jahr 1978 der erste Teil seiner Autobiographie, dessen Publikumserfolg mit dazu beigetragen haben mag, dass ihm 1981 endlich die deutsche Staatsbürgerschaft zuerkannt wurde.

Die Suche nach seinen jüdischen Wurzeln und die Auseinandersetzung mit der »Jüdischkeit in der Familie« war aus S.s Sicht zunächst ein Zwang, der sich aus der Erinnerung an die nationalsozialistische Machtherrschaft ergab. Jüdische Identität trifft in S.s Lebensbericht auf das Ideal einer sozialistischen Weltanschauung. Beide Eltern stammten aus der Südukraine, einem Teil des russischen »Ansiedlungsrayons«, und flohen vor der zaristischen Geheimpolizei wegen der aktiven Beteiligung des Vaters an der Ersten Russischen Revolution Ende 1905 in die Illegalität. Trotz ihres Engagements innerhalb der KP fühlten sich die Eltern Zeit ihres Lebens dem Judentum verbunden. Dies hatte aus S.s Sicht aber »nichts mit jüdischem Bewußtsein zu tun, das war einfach Tradition«. Jüdisch zu sein bedeutete dagegen auch, einer politisch verfolgten Minderheit anzugehören, als staatenlose, osteuropäische Emigrantenfamilie in einer deutschen Stadt zu leben und zu überleben. Das Nachdenken über »sein« Judentum kommentierte S. in seinem Buch *Der Heimkehrer*: »Ganz allmählich nur sammelten sich in mir Fragen, die immer drängender wurden [...] und ich lernte mich als Juden zu verstehen und zu bekennen.« Dabei galt sein Interesse v.a. der Erforschung des deutsch-jüdischen Lebens in Frankfurt. Vehement prangerte er die Ignoranz vieler alteingesessener Frankfurter Juden gegenüber den größtenteils mittellosen »Ostjuden« an, in deren

Zuzug 1918 sie einen »Fremdkörper in der wohlsituierten Frankfurter Gemeinde« sahen. S. sah darin die Auswirkung der Assimilation, deren Anhänger sich aus Angst vor Antisemitismus bemühten, »noch bessere Deutsche als ihre christlichen Mitbürger zu werden« und deshalb nicht selten ihre guten Vorsätze vergaßen, »wenn auswärtige, wenig bemittelte Glaubensgenossen Aufnahme begehrten« (Kracauer). S.s Kritik richtete sich aber auch gegen »die Nachgeborenen, die durch tausend Glücksfälle dem nationalsozialistischen Massenmord Entronnenen, die in Frankfurt eine neue Heimat fanden«, eine neue Gemeinde gründeten, aber kein Interesse an dem Schicksal jener Juden aus Osteuropa zeigten, die vor ihnen nach Frankfurt gekommen waren.

S. zeigte ein wachsendes Interesse an den frommen Juden. Die intensive Beschäftigung mit der Kabbala, mit den Fragen der jüdischen Mystik, dem Entstehen des Chassidismus, bildete in den 90er Jahren das Gegengewicht zu seinem historischen Interesse und kennzeichnet zahlreiche späte Erzählungen, die, oft in eine »legendäre Wirklichkeit« (Buber) führend, über wundersame Merkwürdigkeiten berichten. Skepsis und Distanz verbinden sich dort mit einer Faszination angesichts der Rätselhaftigkeit vieler Phänomene: »Der Zweifler und der Wundergläubige in mir führten einen Disput.« Nicht zuletzt deshalb erscheint es legitim, in S.s Spätwerk einen Bezug zur chassidischen Erzählliteratur zu sehen. Bezeichnenderweise nannte Arno Lustiger S. in seinem Nachruf einen Zadik, der auf seine Art durch Solidarität, Menschenliebe und Wahrhaftigkeit die Gebote der biblischen Propheten erfüllt habe.

Werke: Kaiserhofstraße 12, Darmstadt 1978; Kurzer Frühling, Zürich 1984; (mit K. Meier-Ude), Die jüdischen Friedhöfe in Frankfurt, Frankfurt a. M. 1985; Das Frauenbad, München 1994; Der Heimkehrer, München 1995.
Literatur: I. Kracauer, Geschichte der Juden in Frankfurt a. M., 2 Bde., Frankfurt a. M. 1927.

Carola Seiz

Serner, Walter (eigentl. Walter Eduard Seligmann)

Geb. 15.1.1889 in Karlsbad;
verschollen seit August 1942
vermutlich in Maly Trostinez bei Minsk

S., Sohn des Herausgebers der *Karlsbader Zeitung* Berthold Seligmann und einer katholischen Mutter, machte 1909 das Abitur in Kaaden bei Karlsbad, trat im selben Jahr zum Katholizismus über und änderte seinen Namen. Er studierte in

Wien und Greifswald, wo er im Sommer 1913 den Dr. jur. erwarb. Erste feuilletonistische Beiträge schrieb er in der Zeitung seines Vaters (über Karl Kraus, Adolf Loos, Oskar Kokoschka), und dann Buchbesprechungen und Kunstkritiken in Franz Pfemferts *Aktion*. Im Dezember 1914 ging S. als überzeugter Pazifist und weil er als Helfer bei der Desertion Franz Jungs gesucht wurde, in die Schweiz. In die erste Zeit in Zürich fällt seine Abwendung von aller bürgerlicher Schriftstellerei und Kunstkritik; er bewegt sich im Umkreis des »Cabaret Voltaire«, bekommt also die Anfänge von Dada mit, tritt 1919 selbst bei Dada-Soireen auf und schreibt mit Tristan Tzara und Hans Arp den Gedichtzyklus *Die Hyperbel vom Krokodilcoiffeur und dem Spazierstock*, ein erstes Stück mehrstimmiger »automatischer Dichtung«. S. gab allein oder mit Freunden drei Zeitschriften heraus, die es nur auf eine bis acht Nummern brachten: *Der Mistral* (1915), *Sirius* (1915/16) und *Der Zeltweg* (1919); Letztere enthält auch dadaistische Gedichte S.s. Anfang 1918 schrieb er in Lugano eine der bedeutendsten programmatischen Schriften des Dada, *Letzte Lockerung. manifest dada*, die 1920 in der Reihe *Die Silbergäule* in Hannover erschien, ein Prosastück von außerordentlicher gedanklicher Dichte und dadaistisch-verwirrender Rasanz, eine radikale Abrechnung mit allen Werten und Wissensdisziplinen von der Kunst bis zur Psychologie. Der vor 1916 christlicher Ethik verpflichtete S. wird zum scheinbar zynischen radikalen Aufklärer, doch ist der Schärfe seiner Formulierungen der enttäuschte Moralist deutlich anzumerken. 1918/20 entsteht in Genf, wo S. zeitweise mit seinem Freund, dem Maler Christian Schad, lebte, eine Sammlung von Erzählungen *Zum blauen Affen. Dreiunddreißig hahnebüchene Geschichten.* Um 1920 plante S. einen Dada-Roman mit dem Titel *Das fette Fluchen* (nicht realisiert), veranstaltete oder erfand Dada-Soireen und -Bälle in Genf, ging im Oktober 1920 nach Paris, kehrte aber den dortigen Dada-Aktivitäten 1921 den Rücken, zog in den folgenden Jahren kreuz und quer durch Europa und verfasste auf diesen Reisen weitere Kriminalerzählungen und ein Theaterstück. Um 1928 zog er sich völlig aus der Literatur zurück, lebte in der zweiten Hälfte der 1930er Jahre nachweislich in Prag und wurde im August 1942 mit seiner Frau Dorothea, geb. Herz, nach Theresienstadt und von dort weiter »in den Osten« deportiert, wo sich seine Spur verliert. Dass S. als Jude ermordet wurde, ist ein geradezu aberwitziges Paradox, da er sich nicht als Jude verstand und sich seit seiner Konversion nie mehr zur Frage seines Judentums geäußert hat; S.s Judentum war Schicksal, nicht Identität.

Vieles an biographischen Daten und am Lebensstil S.s bleibt bis heute, trotz Nachforschungen (Thomas Milch), rätselhaft. S. mag sich bisweilen in Kreisen der Unterwelt bewegt haben, lebte aber insgesamt asketisch und einsam von sehr begrenzten Mitteln. Seine Geschichten aus dem Ganovenmilieu und sein Roman *Die Tigerin* (1925) zeigen die zur Perfektion gebrachten Schiebereien und Geschäftspraktiken der Kriegsgewinnler und der 1920er Jahre, transponiert in die Welt der kleinen gelackten Ganoven, Dirnen und anderer Randgruppenexistenzen, an denen S. den Menschen, »das offene Tier«, glaubte präziser und unverhüllter demonstrieren zu können als an den sich mit bürgerlicher Reputierlichkeit panzernden Menschen der »guten« Gesellschaft. Das Gaunertum genießt S. ästhetisch ob seiner Eleganz und Unverstelltheit, wenn es denn zu Perfektion getrieben ist. Seine Taten moralisch zu qualifizieren, versagt er sich aus Verachtung für die angeblich Wohlanständigen. Jede Erzählung ist voll blitzschneller Schachzüge, voll kalter und rascher Manifestationen des Willens zur Macht und immer gekrönt von überraschenden Pointen und Schlüssen. Alfred Döblin und Kasimir Edschmid, Max Herrmann-Neiße und Theodor Lessing waren voller Bewunderung für diesen Boccaccio der Halbwelt und die psychologische Raffinesse seiner erzählerischen Inszenierungen. *Der elfte Finger* (1923), *Der Pfiff um die Ecke* (1925) und *Die tückische Straße* (1927) sowie die Aphorismen-Sammlung *Das praktische Handbrevier* (für Hochstapler nämlich) von 1927 wurden 1933 auf den Index der »Prüfstelle für Schund- und Schmutzschriften« und kurz darauf auf die Liste des »Schädlichen und unerwünschten Schrifttums« gesetzt, ein groteskes Missverständnis, da es sich bei S.s Erzählungen um »contes philosophiques« aus dem Zeitalter des vollendeten Nihilismus handelt. Wie Brecht oder Benn in den 1920er Jahren steht auch seine Literatur in dieser Zeit »vis-à-vis de rien«, wie er selbst schreibt. S. gehört zu den großen Stilisten der deutschen Prosa des 20. Jahrhunderts, auch wenn er den Gestus des allseits anerkannten Großschriftstellers immer verabscheute.

Werke: Posada oder der große Coup im Hotel Ritz. Ein Gaunerstück in drei Akten, Wien 1926; Gesamtausgabe in 7 Bdn., Hannover 1927/28; Das Gesamte Werk, hg. Th. Milch, 8 Bde., München 1979 ff.; Drei Supplementbände 1986 ff; Taschenbuchausgabe in 10 Bdn., München 1988.

Literatur: A. Backes-Haase, »Über topographische Anatomie, psychischen Luftwechsel und Verwandtes.« W.S. – Autor der ›Letzten Lockerung‹, Bielefeld 1989; H. Wiesner (Hg.), Dr. W.S. 1889–1942, Ausstellungsbuch [Literaturhaus Berlin], Berlin 1989; A. Puff-Trojan/W. Schmidt-Dengler (Hg.), Der Pfiff aufs Ganze. Studien zu W.S., Wien 1996.

Jörg Drews

Silbergleit, Arthur

Geb. 26.5.1881 in Gleiwitz;
nach Auschwitz deportiert am 3.3.1943

S. wuchs in einem traditionell-jüdischen, bürgerlichen Elternhaus in Oberschlesien auf und besuchte das katholische Gymnasium in Gleiwitz. Einflüsse aus der jüdischen wie aus der katholischen Glaubenswelt

wurden für sein späteres Werk charakteristisch. Zunächst absolvierte er jedoch in Breslau eine Banklehre und ging einem Brotberuf nach, den er hasste. Der Beginn der lebenslangen Freundschaft mit Walter Meckauer fällt in jene Zeit. Auf Wechseln und Quittungsformularen entstanden Gedichte, die später in expressionistischen

Publikationen wie Waldens *Sturm* und Pfemferts *Aktion* Aufnahme fanden (Levi-Mühsam). Er schloss sich der »Schlesischen Dichterschule« an und gab deren literarische Zeitschrift *Der Osten* heraus, in der auch seine eigene Lyrik erschien. Zu den von ihm bewunderten Autoren gehören Hofmannsthal, Rilke und Verlaine ebenso wie St. Zweig und Hesse. Obgleich von vielen Seiten beeinflusst und gefördert, blieb er sein Leben lang ein literarischer Außenseiter, der keiner literarischen Gruppe oder Richtung wirklich zugerechnet werden kann.

Ende 1907 siedelte S. nach Berlin über, wo er, wohl auch durch die Vermittlung Martin Bubers, an den er sich hilfesuchend gewandt hatte, eine Anstellung als Hilfsredakteur beim Pressebüro der Zeitschrift *Ost und West* erhalten hatte. In den Folgejahren lebte S. mehr schlecht als recht als freier Schriftsteller und Bohemien in Berlin. Gelegentlich veröffentlichte Gedichte und kurze Prosatexte sicherten kaum je das Notwendigste seiner Existenz. Wie viele andere Juden sah S. es als seine Pflicht an, sich bei Ausbruch des Ersten Weltkrieges als Freiwilliger zu melden; der Gedichtband *Flandern* (1915) versammelte patriotische, heute ungenießbare Verse (Bienek). S. nahm als Sanitäter am Russlandfeldzug teil. Er zog sich ein Lungenleiden zu, das in seinen letzten Lebensjahren zu einer offenen Tuberkulose wurde. Die durch den Krieg herbeigeführte Begegnung mit dem Osten und dem ost-europäischen Judentum hinterließen auch bei S. einen tiefen Eindruck. Aus den Gedichten des Bandes *Die Balaleika* (1921) spricht tiefe Sehnsucht nach jener Frömmigkeit, die S. wie andere seiner Zeitgenossen in den Ostjuden verkörpert sah: »In die schön verschlungne Weise/ Singt der edle Ghettogast/ Dass die Seele Judas leise/ Wieder Heimatweh erfasst« (*Sabbat*). Das Buch wurde wie das weitaus bekanntere *Ostjüdische Antlitz* Arnold Zweigs von Hermann Struck illustriert. Es ist wie die meisten Publikationen S.s zunächst der Vernichtung durch die Nationalsozialisten und dann dem Vergessen anheim gefallen. Neben anderen Büchern entstanden in kurzer Folge die Marienlegende *Die Magd* (1919), eine Sammlung von Prosaminiaturen, *Das Farbenfest* (1922), sowie die sich dandyhaft verspielt gebende Gedichtsammlung *Bajazzo Herbst* (1928). Obgleich alle Publikationen S.s in Kleinverlagen erschienen, zeichnen sie sich durch große Sorgfalt in der Ausstattung aus. Die erhoffte Anerkennung blieb dem Autor jedoch versagt. Im Berliner *Kartell Lyrischer Autoren* erschien anlässlich seines fünfzigsten Geburtstags ein schmales Bändchen mit dem Titel *Orpheus*.

Die ohnehin begrenzten Publikationsmöglichkeiten S.s wurden nach 1933 noch mehr beschränkt. Während er sich immer mehr von der Öffentlichkeit zurückzog, sicherte seine Frau Gertrud mit ihren geringen Einkünften als Verkäuferin das Überleben des Ehepaares. Unterstützung erhielt er von Seiten wohlhabender Freunde, unter ihnen auch St. Zweig. In den Jahren zunehmender Isolation und Bedrohung wandte S. sich wieder stärker seinem ursprünglichen jüdischen Glauben zu. Seine Schwärmerei für einen mystisch verklärten Katholizismus und ein idealisiertes Bild ostjüdischer Frömmigkeit machten einer in der Leiderfahrung wurzelnden Glaubenszuversicht Platz. Ohne das frühere Pathos spricht sie aus den Gedichten des von der Künstlerhilfe der Jüdischen Gemeinde zu Berlin veröffentlichten Buches *Der ewige Tag* (1935): »Hebräische Hände,/ Zu oft bedeckt/ Vom Bahrtuch Legende,/ Thronsitz der Tauben/ Im Kinderglauben,/ Die Gegenwart/ Lehrt Lasten Euch tragen/ Statt Harfen zu schlagen:/ Der Wanderstab harrt!« Seit der Pogromnacht betrieb S. seine Auswanderung. Die im New Yorker Leo Baeck Institut befindlichen Briefe an einen seiner Schweizer Gönner, L. Burstein, sind ein Zeugnis immer größer werdender Verzweiflung und Hoffnungslosigkeit. Trotz der Unterstützung durch jüdische Organisationen und einflussreiche Freunde, unter ihnen Hesse, gelang S. die Ausreise nicht. Am 3. März 1943 wurde er in seiner Wohnung in der Ansbacher Straße in Berlin verhaftet und zwei Tage später nach Auschwitz deportiert.

Nachdem S. für viele Jahre nahezu vergessen war, hat Horst Bienek ihm in seinem Roman *Septemberlicht* (1977) ein literarisches Denkmal gesetzt. Bienek ist auch die Neuausgabe von *Der ewige Tag* (1978) zu verdanken. Sorgfältig kommentiert erschien 1994 schließlich der 1918–36 währende Briefwechsel zwischen S. und seinem Dichterfreund Paul Mühsam, der auch eine Auswahl aus dem lyrischen Werk beider Autoren enthält. Mühsam entkam der Vernichtung durch Emigration nach Palästina. S. hat sich unter dem Druck der nationalsozialistischen Verfolgung wieder mit seinem Judentum identifiziert. Im New Yorker Leo Baeck Institut befindet sich ein unveröffentlichtes Gedicht S.s mit dem Titel *An Juda*. Einem Vermächtnis gleich spricht es von der Heimkehr zu seinem Judentum: »Näher zu dir, mein Volk, stets näher!/Zu lange schon von dir entfernt,/Hab' ich beim Trug der Pharisäer/ Dich fast vergessen und verlernt.«

Werke: Die Balaleika, mit 8 Lithographien v. H. Struck, Berlin 1921; Das Farbenfest, Berlin 1922; Orpheus. Lyrik, Berlin 1931; Der ewige Tag. Gedichte, Berlin 1935, neu hg. H. Bienek, mit einem Brief S.s an H. Hesse, Berlin 1978.

Literatur: A.S., in: Jüdische National-Biographie, hg. S. Wininger, Bd. 5, Czernowitz 1931, 510f.; W. Meckauer, Ein Sucher des Friedens. Zum 70. Geburtstag von A.S., in: Der Aufbau, 25. Mai 1951; A.S. und P. Mühsam. Zeugnisse einer Dichterfreundschaft. Ein Zeitbild, hg. E. Levi-Mühsam, Würzburg 1994; D. Haberland, Der »oberschlesische Orpheus«. Aspekte des Werkes von A.S., in: Jüdische Autoren Ostmitteleuropas im 20. Jahrhundert, hg. J. Stüben und H. Hahn, Frankfurt a. M. u. a. 2000, 61–75.

Karina von Tippelskirch

Sinsheimer, Hermann

Geb. 6.3.1883 in Freinsheim;
gest. 29.8.1950 in London

»Die Ansiedlung Palästinas in der Pfalz war ein nicht immer müheloses Spiel meiner kindlichen Phantasie. Aber ich assimilierte die alten Juden und ihr Land unbarmherzig und betätigte mich rücksichtslos als ein umgekehrter Zionist.« Wenn S. im Wort »Palatinatum« Orient und Okzident verschmelzen, wenn ihm Zion zu einem Ort in der pfälzischen Prärie wird, dann imaginiert er dabei zugleich eine kulturelle Identität, die das Judentum gerade dort in seinem Wesen verwirklicht sieht, wo es im Exil verwurzelt und aufgegangen ist. Der »umgekehrte Zionist« aus S.s 1920 veröffentlichter Kindheitserzählung *An den Wassern von Babylon* (enthalten in dem gleichnamigen »fast heitere[n] Judenbüchlein«, das neben S.s eigener auch noch Erzählungen von Lion Feuchtwanger, Fritz Cassirer und Paul Schlesinger enthält) mag als programmatische Bestimmung einer ungespaltenen Mehrfachexistenz dienen, der er an gleicher Stelle auch das Rubrum »deutsch-pfälzisch-jüdischer Chauvinist« zuweist. Angefochten wurde dieses durchaus anspruchsvolle Selbstverständnis von verschiedenen Seiten: zum einen von den durch die Dörfer ziehenden Ostjuden, die dem jungen S. zwar das Gespür für die autochthone Existenz einer jüdischen Kultur vermittelten, jedoch in seiner Heimat nichts anderes als eine weitere Station der Galuth erblicken konnten. Zum anderen waren es die Antisemiten, welche die deutsche Identität des jungen Juden in Zweifel zogen und ihn aus seinem pfälzischen Zion zu den Wassern von Babylon vertreiben wollten. Im Augenschein dieser Einsprüche fand S.s jüdischer Kulturentwurf seinen Halt im Regionalen, in der Landschaft, in der Verwurzelung des Menschen in seiner Heimat, die jedem völkisch-nationalen Herkunfts- und Zugehörigkeitsbegriff entgegenstrebt. Wenn S.s aus Bayern in die Pfalz versetzte Lehrer mit seinen antisemitischen Tiraden weder bei den nichtjüdischen Schülern noch bei seinen Kollegen Gehör fand und darin den Beleg dafür sah, »daß die Pfälzer keine Germanen, sondern ein Mischmasch von hergelaufenen Franzosen, Spaniern und Zigeunern seien«, dann nahm S. diese Äußerung affirmativ auf und überführte sie in seine Vorstellung vom Exil als einer Kongregation aller Entwurzelten. Die Pfalz war ihm deswegen keine beliebige Heimat, sondern metaphysischer Seinsgrund.

Blieb die Vorstellung dieser integrativen kulturellen Identität eine Konstante in S.s Reflexionen, so führte sein Weg in die literarische Welt zunächst durch ein anderes Tor: den Journalismus. Als Student schrieb er bereits für Siegfried Jacobsohns *Schaubühne*, als praktizierender Anwalt nahm er eine Tätigkeit als Theaterkritiker bei der *Neuen Badischen Landeszeitung* auf, machte sich dort einen Namen und siedelte 1916 von Landau nach München über, wo er für die *Münchner Neuesten Nachrichten* zu schreiben begann. Nachdem S. infolge des Hitler-Putsches am 9. November 1923 mit der Verlagsleitung aneinander geriet, der er eine Gefälligkeitshaltung gegenüber der NS-Bewegung vorhielt, kündigte er seinen Vertrag und wurde 1924 Chefredakteur des *Simplicissimus*. Als es ihm schien, dass die »Gegenwart, die eigene Vergangenheit des Simpl, die geschäftliche Konjunktur und seine eigene Struktur [...] gegen ein Gedeihen des Blattes« sprechen (*Gelebt im Paradies*, 1953: eine Fehleinschätzung – die durch Franz Schoenberners Redaktionsleitung bis 1933 auch als solche belegt wird), verließ er die Zeitschrift 1929. Theodor Wolff holte ihn als Redakteur zum *Berliner Tageblatt*, wo er nach Alfred Kerrs Flucht 1933 für wenige Monate zum ersten Theaterkritiker aufstieg, bis auch ihm die Publikationsmöglichkeit genommen wurde.

Seine journalistische Karriere hatte S. in das Zentrum des literarischen Lebens der Zwischenkriegszeit gerückt; Frank Wedekind, Gustav Meyrink, Roda Roda, Karl Wolfskehl zählte er zu seinen Bekannten, eine enge Freundschaft verband ihn lange Jahre mit Heinrich Mann, der ihn als Testamentsvollstrecker und Nachlassverwalter vorsah – bis Mann in seiner 1933 im französischen Exil publizierten Essaysammlung *Der Haß* S. als einen Günstling von Goebbels porträtierte und es zu einem endgültigen Bruch zwischen beiden kam. S.s größer angelegte literarische Projekte – sein Debütroman *Drei Kinder* erschien 1917 – bewegten sich bis zu diesem Zeitpunkt eher auf mediokrem Niveau; hervorheben lässt sich allenfalls die Dorfstudie *Peter Wildangers Sohn* (1919), die S. bis zum Ende das liebste seiner Bücher geblieben war.

Wiewohl er offen einräumte, aus Mangel an Geduld und Interesse nie das gewesen zu sein, »was man einen ›Romancier‹ nennt«, und seinen »kleinen Namen aus der großen Zeitgenossenschaft der Romandichter ausgetilgt« haben wollte, wurde ebendieses Genre ab der historischen Bruchstelle 1933 zum bevorzugten Reflexionsmedium seiner eigenen Situation. Im Angesicht der gewaltsamen Marginalisierung jüdischen Lebens in Deutschland begab er sich auf die Suche nach alternativen Interpretationen eines assimilierten Judentums – und stieß auf die Marranen. In den zwangskonvertierten sephardischen Juden und ihrer verborgenen Religiosität fand das von ihm zuvor proklamierte pfälzische Gesellschaftsdispositiv seine historische Verwandlung. In seinem ersten Marranenroman *Maria Nunnez* (1934) erkundete S. die Bedingungen, Chancen und Implikationen einer Lebensform, die »noch nicht jüdisch und nicht mehr christlich, [...] also im wahrsten Sinn christlich und jüdisch zugleich« ist. Die Erfüllung der jüdischen Verheißung vollzieht sich infolgedessen immer noch inmitten der Diaspora, dort nämlich, wo alle in den Untergrund Getriebenen zusammenkommen und sich unter den Völkern mit fremden Zeichen wechselseitig erkennen, eine neue Einheit bilden.

Die Wiederentdeckung dieser jüdischen Tradition stand dabei in Einklang mit einer wachsenden Begeisterung für den Zionismus, in dem S. weniger eine nationalpolitische und geographische Option als vielmehr eine Anleitung »zur Selbsterkenntnis, also zur Erkenntnis der Stellung ›des‹ und der Juden in der christlichen Welt« erblickte (*Gelebt im Paradies*, 1953). Deutlich wird dies spätestens anlässlich der Palästinareise, die S. noch 1938 unternahm – und von der er wieder zurückkehrte, im »Bewusstsein, dass mein Zions-Erlebnis auch in Europa gute Früchte tragen könnte« (ebd.). So veröffentlichte er 1935 die Ghetto-Erzählung *Rabbi, Golem und Kaiser* in der Philo-Bücherei, wurde Mitarbeiter der *Jüdischen Rundschau*, in der er 1936 auch einen zweiten Marranenroman – *Die Abenteuer der Gracia Mendez* – publizierte, und engagierte sich im Jüdischen Kulturbund. Hinzu trat auch die Auseinandersetzung mit der theatralen Repräsentation des Judentums mit dem Juden auf der Bühne – und vor allem anderen mit der Figur des Shylock, in der S. einen Rebellen gegen die mittelalterliche und nachmittelalterliche Verleumdung der Juden sah, »a tragic character who perishes because he fights a just fight with unjust means«. Seine groß angelegte Studie *Shylock* erreichte Deutschland nicht mehr. S. nahm das Manuskript im Juni 1938 mit in sein Londoner Exil, wo es erst neun Jahre später – gekürzt und in englischer Sprache – bei Victor Gollancz erschien.

Seine letzten Lebensjahre führten ihn als Vortragsreisenden im Auftrag der englischen Regierung durch die Kriegsgefangenenlager, zu deutschen Soldaten – deren Nationalität S. umgehend wieder in regionale Identitäten zerfiel. Die Briefe, in denen er seiner zweiten Frau von diesen Zusammentreffen berichtete, kennen keine ›Deutschen‹. Auf der einen Seite begegnete der Exilant hier den Nazis, mit denen er Wortgefechte führte und die er politisch und historisch zurechtwies. Auf der anderen Seite aber propagierten diese letzten Zeugnisse S.s noch einmal den Triumph des Regionalen und Dialektalen über das totalitäre Herkunfts- und Nationendenken. Begeistert wurde der Erzähler in den Lagern aufgenommen von Rheinländern, Schwaben, Sachsen, Frankfurtern – und natürlich von den Pfälzern, die in S.s Erzählungen ihre eigenen Erinnerungen wiederfanden und in S. einen der ihren, den größten Vertreter der ›poetica palatinata‹ erkannten. In seine geistige Heimat war dieser nicht mehr zurückgekehrt; die Stadt Freinsheim erinnert sich seiner mit dem seit 1983 vergebenen Hermann-Sinsheimer-Preis für Literatur und Publizistik.

Werke: Spatz in den Kirschen. Kindheitserinnerungen aus der Pfalz, hg. C. Sinsheimer, München 1963; Shylock. Die Geschichte einer Figur, München 1960; Gelebt im Paradies. Erinnerungen und Begegnungen, München 1953; Rabbi, Golem und Kaiser, Berlin 1935; Maria Nunnez. Eine jüdische Überlieferung, Berlin 1934; An den Wassern von Babylon, in: An den Wassern von Babylon. Ein fast heiteres Judenbüchlein, München 1920, 1–49.

Literatur: B. Hartlage-Laufenberg, H.S. Lebensfroher Pfälzer, Jurist und vielseitiger Literat, Berlin 2012; D. Vietor-Engländer, H. S.s deutsch-jüdisches Schicksal, in: Zwischen Rassenhass und Identitätssuche. Deutsch-jüdische literarische Kultur im nationalsozialistischen Deutschland, hg. K. Schoor, Göttingen 2010, 285–303; C. Wolf, Vom freien Willen gegen Verführung. H.S., »Deutscher und Jude«, in: dies., Der Worte Adernetz, Frankfurt a. M. 2006, 95–102; J. Skolnik, Dissimilation and the Historical Novel: H. S.'s *Maria Nunnez*, in: Leo Baeck Institute Year Book 43 (1998), 225–240.

Philipp Theisohn

Sommer, Ernst

Geb. 29.10.1888 in Iglau (Jihlava); gest. 20.9.1955 in London

Essays und Romane, in denen sich S. mit jüdischen Erfahrungen auseinandergesetzt hat, zeigen den lebenslangen Einfluss Martin Bubers, der in seinen *Reden über das Judentum* (1911) die aktive Verwirklichung eines verinnerlichten Glaubens

durch die jüdische Gemeinschaft forderte. Nach dem Abitur zog der Sohn eines Kaufmanns 1907 nach Wien, wo er Mitglied einer jüdischen schlagenden Verbindung wurde und nach zwei Semestern Medizin zur Rechtswissenschaft wechselte. In *Gideons Auszug* (entstanden 1907–12) setzte sich S. mit den Erfahrungen seiner ersten Studienjahre literarisch auseinander: In einer zionistischen Studentenverbindung sucht der Sohn eines jüdischen Gelehrten vergeblich nach Gleichgesinnten, die seine Sehnsucht nach einem neuen Jerusalem verwirklichen. In Marcou Baruch schließlich findet er einen Mitstreiter, der radikal mit der bürgerlichen Existenz gebrochen hat und vor konkreten Taten nicht zurückzuschrecken scheint. Im Traum begegnet diesem an der Klagemauer ein prophetischer Greis, der seinen Gebetsmantel mit Füßen tritt und verkündet, dass das Volk von einer geistesadligen Elite zur Selbsterlösung erweckt werden müsse. Marcou und Gideon finden keinen Menschen, den sie in diesen Bund aufnehmen könnten, und erweisen sich am Ende als zu schwach, ein neues Leben in Palästina zu beginnen. Gideons Auszug scheitert, der Protagonist stirbt auf dem Weg ins Gelobte Land im Hafen von Triest.

Im Essay *Sieg der Seele*, der 1919 in Bubers Zeitschrift *Der Jude* veröffentlicht wurde, beschwor S. die Einheit des jüdischen Volkes, die durch sein gemeinsames Blut gesichert sei, und sprach der jüdischen Volksseele eine die Menschheit erlösende Kraft zu. Das demütige Warten früherer Generationen habe dem »gestaltlos inbrünstigen Glauben an sich selbst« Platz zu machen: »Wir sind zum letztenmal entwurzelt, um zum erstenmal endgültig Wurzeln zu schlagen. Wir stehen im Begriff zu verarmen, um mit unserem zerfallenden Reichtum unsre neue Freiheit zu erkaufen.«

Außer als Rechtsanwalt arbeitete S. jahrzehntelang als Literatur- und Theaterrezensent für die in Karlsbad erscheinende sozialdemokratische Zeitung *Volkswille*. 1920 trat er in die Deutsche Sozialdemokratische Arbeiterpartei der Tschechoslowakei (DSAP) ein. Seine Vorstellungen vom Sozialismus waren vom jüdischen Messianismus geprägt. Im Essay *Religion und Staat* meinte er, dass der sozialistische Staat der Zukunft Inbegriff und Träger des Göttlichen und ein lebendiger Organismus zur Vereinigung der Menschen sein werde, der religiöse Weihe habe (*Volkswille*, 28.1.1921).

Die bedeutendsten Werke S.s waren die historischen Romane, die er nach der Machtübernahme der Nazis schrieb und in denen jüdische Figuren, die von aktiver Glaubenskraft erfüllt waren, vorbildhafte Funktion hatten. In *Botschaft aus Granada* (1937) wird von den antisemitischen Pogromen 1492 in Spanien erzählt, durch die auch getaufte Juden vor eine Entscheidung zu ihrem Volk gestellt werden. Identifikationsfigur ist der spanische Edelmann Juan Fonseca, dem bewusst wird, dass er seiner Herkunft nicht entkommen kann. In einem »traumhaften Entschluß« schließt er sich freiwillig den gewaltsam vertriebenen Juden an und stellt seine militärischen Fähigkeiten in den Dienst seines Volkes.

Kurz vor Einmarsch der deutschen Truppen ins Sudetenland flüchtete S. über Prag nach London. Während der Bedrohung Englands durch die Wehrmacht versuchte er durch die Beschäftigung mit jüdischer Geschichte innere Sicherheit zu erlangen. Ein von Mai 1940 – September 1941 entstandener kulturhistorischer Essay über den rabbinischen Gelehrten Hillel, der an der Wende vom 1. zum 2. Jahrhundert in Babylonien lebte, wurde zu seinem wichtigsten Bekenntnis zum Judentum. S.

schrieb dem Rabbiner zu, dass er der eigentliche Begründer der jüdischen Gemeinschaft gewesen sei, die durch keine menschliche Gewalt zerstört werden könne. Hillel sei ein »Mann der praktischen Vernunft« gewesen, dem es um die Verwirklichung des »lebendigen Gesetzes« gegangen sei.

Mit dem Roman *Revolte der Heiligen* (entstanden April–August 1943), der von einem Aufstand jüdischer Gefangener gegen ihre deutschen Bewacher erzählt, legte S. das erste Werk über die Shoah vor. Ähnlich wie in *Botschaft aus Granada* werden verschiedene jüdische Typen gezeigt, die sich gegenüber der gemeinsamen tödlichen Bedrohung sehr unterschiedlich verhalten: Der Orthodoxe lässt sich widerstandslos zur Schlachtbank führen, der jüdische Kollaborateur stellt die Todeslisten zusammen, der Verantwortungsbewusste opfert sich der Gemeinschaft und der Kämpfer führt die Juden zur »unbedingten Tat«. S. lässt den verantwortungsbewussten Jan die Rolle eines Propheten übernehmen und den Kämpfer Sebastian Wolf die eines Messias spielen, und verbindet die Revolte der Juden mit ihrer religiösen Überlieferung. »Psalmen und Revolutionsgedichte veralten nie. [Sie] sind Auszüge aus der Untergrundliteratur unserer Vorfahren.« Der Roman ist »Den Helden des Warschauer Ghettos« gewidmet und wurde S.s bekanntestes Werk, das 1945 ins Jiddische, 1946/47 ins Hebräische und 1947 ins Tschechische und Englische übersetzt wurde. Während der Emigration bewies der deutsch-jüdische Schriftsteller seine andauernde Bindung an den tschechoslowakischen Staat, indem er u. a. für das publizistische Organ der Exilregierung *Čechoslovak v Anglii* arbeitete. Nach dem kommunistischen Putsch Ende 1948 musste S., der als Sudetendeutscher, Sozialdemokrat und Jude ein mehrfacher Außenseiter blieb, seine Rückkehrpläne aufgeben und wurde 1951 britischer Staatsbürger.

Werke: Gideons Auszug, Wien 1912; Botschaft aus Granada, Mährisch-Ostrau 1937; Hillel. Die Geburt der jüdischen Gemeinschaft (unveröffentlicht); Revolte der Heiligen, Mexiko 1944, auch als: Revolte der Wehrlosen, Wien 1948.

Literatur: St. Bauer, Ein böhmischer Jude im Exil, München 1991.

Andreas Herzog

Sonne, Abraham (Avraham Ben-Yitzhak)

Geb. 13.9.1883 in Przemyśl;
gest. 29.5.1950 in Ramatayim

Mit den zwölf hebräischen Gedichten, die S. zu Lebzeiten – zwischen 1908 und 1930 – veröffentlichte, zählte er schon in den Augen zeitgenössischen Schriftsteller zu den bedeutendsten Erneuerern der hebräischen Dichtung. Er gehörte zu den ersten, die – im intertextuellen Dialog mit Trakl, Rilke und Hofmannsthal – die westeuropäische Moderne für die hebräische Literatur fruchtbar machten, in freien Rhythmen schrieben und sich für die sephardische Aussprache entschieden, die dem modernen israelischen Hebräisch zugrunde liegt. Mit Blick auf seine Veröffentlichungen wie seine nachgelassenen Entwürfe kann S.s Werk heute zugleich als Erkundung kultureller Differenz gelesen werden: Es entstand in hebräischer und deutscher Sprache, zwischen osteuropäischer und westeuropäischer Literatur, Schriftlichkeit und Mündlichkeit, Zionismus und Diaspora.

Im Jahr 1908 siedelte S. nach Wien über, blieb aber bis zum Ersten Weltkrieg stets auch in Verbindung mit Przemyśl. In diesen Jahren machte er sich nicht nur als Dichter, sondern auch als eindrucksvoller Redner einen Namen, und er war aktiv als Zionist. Zu seinen frühen Förderern gehörten E. Lipschütz und Ch.N. Bialik. 1914 begann S. am Jerusalem Lehrerseminar des »Esra« zu unterrichten, kehrte jedoch noch im selben Jahr während des »Sprachenstreits«, der zur Verdrängung des Deutschen durch das Hebräische als Unterrichtssprache führte, nach Wien zurück. 1915 wurden seine Bibliothek in Prsemyśl und seine gesamten dort aufbewahrten Manuskripte während der Kämpfe um die Stadt durch Brand vernichtet. 1919–1921 war S. in London bei der Zionistischen Weltorganisation als Generalsekretär und politischer Berater Chaim Weizmanns tätig. Als er im Zuge politischer Konflikte gezwungen war, seine Stelle aufzugeben, kehrte er nach Wien zurück. Während seiner Wiener Zeit traf er u. a. mit Hofmannsthal, Schnitzler, Musil und Canetti zusammen. Ein intensiver Austausch entwickelte sich mit Hermann Broch. Nach dem Einmarsch der Nazis im März 1938 emigrierte S. nach Palästina.

S. hat auf Deutsch einen Essay über Mendele und die Übersetzung eines Gedichts von Bialik veröffentlicht. Drei seiner hebräischen Gedichte erschienen in freien deutschen Übertragungen, an denen er vielleicht mitwirkte – insbesondere die erste trägt deutlich seine Handschrift. In seinem Nachlass finden sich sechs der veröffentlichten hebräischen Gedichte auch in deutschen Fassungen, zwei von ihnen entstanden wohl zuerst auf Deutsch und wurden dann ins Hebräische übersetzt. Hinzu kommen Entwürfe von Gedichten, Prosastücken und ein Drehbuch in deutscher Sprache. Auch als Übersetzer wandte sich S. beiden Sprachen zu: überliefert sind Versuche, Bialiks *Megillat esch* und Tschernichowski ins Deutsche, Goethe, Nietzsche und Rilke ins Hebräische zu übersetzen.

Nach 1930 hat S. nichts mehr veröffentlicht. Doch seine Rede in den Gesprächen, die er führte, wurde wie sein Schweigen von den Schriftstellern seiner Umgebung rasch als Teil eines Werks interpretiert, das nicht nur die Grenzen einer Sprache durch eine andere erforscht, verschiebt und öffnet, sondern sich auf dieselbe Weise auch der Grenze zwischen Schreiben und Sprechen, Sprache und Sprachlosigkeit zuwendet. In deutscher Sprache hat Elias Canetti (*Das Augenspiel*), in hebräischer Sprache Lea Goldberg (*Begegnung mit einem Dichter*) versucht, diesem Werk, das sich nicht aufzeichnen ließ, ein Denkmal zu entwerfen. Heute wird es als Werk gelesen, das nicht den hegemonialen Gebrauch der Sprache der Mehrheit in der Sprache einer Minderheit abbildet, sondern darin – ähnlich wie Kafka – Strategien der Deterritorialisierung entwickelt (Kronfeld).

Werke: Ich wusste nicht Seele …, in: Die Freistatt 8 (1913), 462 f.; Ein Wort über Mendele, in: Der Jude 3 (1918), 239–242; Zwei Gedichte. Nachdichtung von I. Schreyer, in: Menorah 3 (1925), 174; Collected Poems, hg. H. Hever, Tel Aviv 1992 (hebr.); Es entfernten sich die Dinge. Gedichte und Fragmente, hg. und aus dem Hebräischen übersetzt von E. Gal-Ed und Ch. Meckel, München 1994.
Literatur: H. Hever, Nachwort, in: A. B.-Y., Collected Poems, hg. H. Hever, Tel Aviv 1992, 75–114 (hebr.); ders., The Flowering of Silence. The Poetry of A. B.-Y., Tel Aviv 1993 (hebr.); Ch. Kronfeld, Beyond Deleuze and Guattari. Hebrew and Yiddish Modernism in the Age of Privileged Difference, in: Jews and Other Differences, hg. J. u. D. Boyarin, Minneapolis u. a. 1997, 257–278; E. Moses, Une fleur de silence. Canetti – A.S., in: »Ein Dichter braucht Ahnen«. E. Canetti und die europäische Tradition, hg. G. Stieg u. a., Bern u. a. 1997, 297–306; H. Hever, Afterword: The Halo of Refusal, in: A. B.-Y., Collected Poems, übers. von P. Cole, hg. H. Hever, Jerusalem 2003, 67–87.

Andrea Schatz

Sonnenschein, Hugo

Geb. 25.5.1889 in Kyjov (Mähren); gest. 20.7.1953 in Mírov

Als Vagabund, Utopist, Anarchist und Kommunist suchte S. Kunst und Leben, Avantgarde und Revolution zu vereinigen. Geboren wurde er in Kyjov (Gaya), einer Kleinstadt im mährisch-slowakischen Grenzgebiet, wo ihm seine Großmutter Malke »stille Klänge alter Ghettomärchen« und »laute Freuden alter Ghettolieder« vermittelt hat. S. definierte seine Herkunft zweifach, als jüdische und als slowakische. Er identifizierte sich mit den jüdischen Ghettobewohnern ebenso wie mit den sozial benachteiligten slowakischen Landarbeitern. Dementsprechend verstand er sich als mehrfach Ausgestoßener: »Judenjunge, Slovakenkind, Kulturbastard«. Trotz seiner Sympathie für die Slowaken – dokumentiert in den Bänden *Slovakische Lieder* (1909; 1919) und *Slovakische Heimat* (1920) – hielt ihn der Antisemitismus von der Assimilation an die slawische Mehrheitsbevölkerung ab, so dass er seine Werke auf Deutsch – als Medium der Distanz – verfasste: »Ich selbst bin durch antisemitische Äußerungen meiner Kameraden in die deutsche Sprache geflüchtet« (*Terrhan*).

1907 übersiedelte S. nach Wien, um ein literaturwissenschaftliches Studium aufzunehmen, in den folgenden Jahren zog er jedoch zumeist vagabundierend durch Europa. Seine beiden ersten Buchpublikationen – *Ad solem* (1907) und das konfiszierte *Närrische Büchel* (1909) – sind heute verschollen. In den Bänden *Ichgott, Massenrausch und Ohnmacht* (1910) und *Geuse Einsam von Unterwegs* (1912) stilisiert sich S. in die Figur des »Geuse Einsam«. Der Begriff Geuse leitet sich vom französischen Wort für »Bettler« bzw. »Landstreicher«, *gueux*, ab und ist ein Synonym für Aufständischer bzw. Freiheitskämpfer. Diese Kunstfigur ist zugleich Ausgestoßener und selbstbewusster Häretiker: Einsamkeit wird als Qual, aber auch als Befreiung und als Zeichen von Auserwähltheit verstanden. Der Lyriker fühlt sich den Benachteiligten der bürgerlichen Gesellschaft zugehörig. Im Grau der Landschaft, in Schmutz und

Kälte empfindet er Bilder der existenziellen Verzweiflung. Mehrfach taucht die Gestalt des Jesus von Nazareth auf, die S. von den Klischees der christlichen Legendenbildung befreit und auf ihre sozialrevolutionären Ursprünge zurückführt. S. interpretiert Jesus als »Vagabund mit langen Haaren,/[...]/ den weißen Leib in Lumpen gehüllt«, der mit einer »Schar von Utopisten« durch das Land zieht und »den Dirnen seine Lehren« verkündet (*Jesus*, in: *Ichgott, Massenrausch und Ohnmacht*). Das Vater-Unser-Gebet wandelt sich in einen Revolutionsaufruf: »Pater noster, der du bist/ allgerecht und Anarchist« (*Die in Gott*, in: *Geuse Einsam*).

Unter dem Erlebnis des Ersten Weltkriegs, den er an der Balkanfront verbracht hat, radikalisierte S. sein Engagement. Mehrfach inhaftiert, verarbeitete er seinen Protest gegen Krieg und Militär im Lyrikband *Erde auf Erden*, der infolge Zensurverbots 1915 lediglich in einer Privatauflage von 100 Exemplaren gedruckt werden durfte und erst 1920 erscheinen konnte. Im *Klagegesang 1915* bezeichnet S. die vom Krieg überzogene Erde als ein »Blindenhaus der schwarzen Felder«. Gegen die Sinnlosigkeit des staatlich befohlenen Mordens richtet das lyrische Ich einen Gebet-*Aufruf* an »Jehova«, »die Hasser zu töten« und den »heiligen Aufruhr« zu entfachen. Der Lyriker wandelt sich aus »Geuse Einsam« in den »Bruder Sonka«, aus dem einsamen Bettler-Vagabunden in einen revolutionären Agitator. Im autobiographisch inspirierten Lyrikzyklus *Die Legende vom weltverkommenen Sonka* (1920) heißt es: »Mein Name ist Trost den Sklaven und Krüppeln/ im Tumult großer Städte: nichtiges Dasein./Sonka! Aufruf den Bettlern im Geist,/Arbeiter in den Fabriken und vor den Palästen: Arbeiter, Arbeit!« Die Hoffnung auf das Kommen des Messias, die S. im Ghetto von Gaya kennengelernt hatte, wandelt sich zur Hoffnung auf die Revolution. Aufgrund der Verbindung expressionistischer Formexperimente mit revolutionärem Pathos wurde S. – neben A. Ehrenstein und F. Werfel – zu einer bevorzugten Zielscheibe der Polemik von K. Kraus. Im Band *Aufruhr und Macht zur Freiheit* (1921) stellte sich S. in die Reihen des Proletariats, das »mit Wladimir Iljitsch Lenin« »zur Tat« schreitet, um das »kommunistische Reich der Welt« zu schaffen. Der literarischen Utopie suchte S. auch im politischen Leben Genüge zu tun: im November 1918 sympathisierte er mit der Roten Garde in Wien; 1920 nahm er am Zweiten Weltkongress der Kommunistischen Internationale in Moskau teil, auf der Rückreise wurde er zweimal inhaftiert. Aufschluss darüber gibt das unter dem Titel *Die goldenen Ritter der Freiheit* (1921) veröffentlichte »Tagebuch meiner Kuttenberger Haft«. Mit seinem Freund, dem tschechischen Schriftsteller Stanislav K. Neumann, gehörte S. zu den Mitbegründern der Kommunistischen Partei der Tschechoslowakei. Als er 1927 gegen die Verfolgung Trotzkis – mit dem er in späteren Jahren in Briefverkehr stand – protestierte, wurde er aus der Partei ausgeschlossen. Im literarischen Leben Österreichs profilierte sich S., neben der Mitbegründung des Genossenschaftsverlags, als Geschäftsführer des »Schutzverbands Deutscher Schriftsteller in Österreich« (1929–34), vor allem kämpfte er gegen Zensur und setzte sich für eine gewerkschaftliche Organisation der Schriftsteller ein. 1934 protestierte er beim PEN-Weltkongress in Ragusa als einer der wenigen gegen die Bücherverbrennung in Hitler-Deutschland. Schon wenige Monate zuvor, im März 1934, war S. vom austrofaschistischen Regime zu einem »lästigen Ausländer« erklärt, »für beständig aus Österreich abgeschafft« und in die Tschechoslowakei abgeschoben worden. Im März 1939, nach dem deutschen Einmarsch in Prag, wurde er von der Gestapo verhaftet und 1943 in das Vernichtungslager Auschwitz deportiert, wo seine zweite Frau, Rose Wottitz, umgekommen ist. Nach der Befreiung kehrte er nach Prag zurück, wurde jedoch erneut inhaftiert und 1947 – unter dem falschen Verdacht der Kollaboration mit der Gestapo – zu zwanzig Jahren Kerker verurteilt; 1953 starb er im Zuchthaus Mírov. Postum wurden 1964 seine in Auschwitz »geträumten« und nach der Befreiung niedergeschriebenen Gedichte *Schritte des Todes* veröffentlicht. Eine Sammlung aphoristischer Notizen erschien 1988 unter dem Titel *Terrhan*, eine selbstironische Ableitung vom tschechischen Wort »trhan« (= Taugenichts). Als Individualist, Revolutionär und Sozialutopist blieb S. während seines gesamten Lebens ein Verfolgter, Unangepasster, jeder Macht Verdächtiger.

Werke: War ein Anarchist. Auswahl aus sieben Büchern, Berlin 1921; Der Bruder Sonka und die allgemeine Sache oder das Wort gegen die Ordnung, Berlin u. a. 1930; Die Fesseln meiner Brüder. Gesammelte Gedichte, hg. K.-M. Gauß u. a., München u. a. 1984; Sonka, Terrhan oder Der Traum von meiner Erde, hg. J. Serke, Wien u. a. 1988. Literatur: K.-M. Gauß, Karl Kraus und seine »kosmischen Schlieferln«, in: Zeitgeschichte 10 (1982), 43–59; J. Serke, H.S., in: ders., Böhmische Dörfer, Wien u. a. 1987, 345–375; I. Fiala-Fürst, Der Beitrag der Prager deutschen Literatur zum deutschen literarischen Expressionismus, St. Ingbert 1996.

Armin A. Wallas

Soyfer, Jura

Geb. 8.12.1912 in Charkow;
gest. 15./16.2.1939 in Buchenwald

S. – der Verfasser satirischer Gedichte, Szenen, Dramen und eines Romanfragments über die Katastrophe der österreichischen Sozialdemokratie 1934, »Österreichs Büchner« (H. Qualtinger) – zählte zu jener im Sozialismus und seinen Organisationen beheimateten

jüdischen Intelligenz, die »vollkommen davon überzeugt« war, »daß der Kommunismus dieses Problem [Antisemitismus und ›Judenfrage‹, S.B.] restlos lösen würde« (M. März). S.s Werk zeugt von den Hypotheken, die dieser Auffassung in der Auseinandersetzung sowohl mit dem Austrofaschismus wie mit dem deutschen Nationalsozialismus zuwuchsen, aber auch von einer zunehmenden Differenzierung des Blicks auf die Stellung der Juden in der eskalierenden politischen Entwicklung der 30er Jahre.

S. war der Sohn eines jüdischen Industriellen; der Name entspricht der jiddischen Aussprache von hebr. »Sofer« (Schreiber, Schriftgelehrter). Nach der Oktoberrevolution waren die Eltern nach Wien geflüchtet. Als Schüler besuchte S. den jüdischen Religionsunterricht, doch gleichzeitig findet er Zugang zur »Vereinigung Sozialistischer Mittelschüler«, einer Jugendorganisation der österreichischen Sozialdemokratie. In der von ökonomischer Krise und wachsendem Antisemitismus geprägten Zwischenkriegszeit, die insbesondere jüdischen Jugendlichen die Aussicht auf sozialen Aufstieg innerhalb der bürgerlichen Gesellschaft nahmen, war der VSM ein Treffpunkt zahlreicher jüdischer Schüler aus Klein- und Großbürgertum und bildete den Bestandteil eines kulturellen und politischen Milieus, in dem sich zahlreiche jüdische Mitglieder organisierten, ohne dass ihr Judentum anders als nach den Maßgaben des offiziösen ideologischen Diskurses thematisch wurde. Die Verbindlichkeit, aber auch der untergründig wirksame Einfluss solcher reduzierten Perspektiven offenbart sich am deutlichsten in S.s literarischem Schaffen dort, wo er antisemitische Klischees der sozialdemokratischen Parteipropaganda übernimmt. Namentlich genannte Bankiers werden als »Bankenjuden« bezeichnet (*Kapitalistischer Segensspruch*, 1932). In einer anfänglichen eklatanten Verkennung des NS-Antisemitismus wird suggeriert, wohlhabende Juden seien von der Verfolgung ausgenommen: »›Zu mir!‹ ruft der Nazi. ›Wer braucht ein Programm,/ Gelüstet's ihn nur nach Pogromen?/Wir schlagen alle Juden zusamm -/Von denen kein Geld zu bekommen!‹« (›*Seid national!*‹ 1932). Noch im Oktober 1933 führt die fatale propagandistische »Assoziation Großkapital – Judentum« (H. Jarka) zu den Versen: »Die Herr'n (trotz lautem Schlachtruf nicht verreckt),/Sie gaben seinerzeit den Startschuß ab« (*Rennbericht aus dem Dritten Reich*).

Die sich radikalisierende Verfolgung im Reich, aber auch die Katastrophe vom Februar 1934 führen zu einer Revision des polemischen Repertoires. In der Folge verzichtet S. auf antisemitische Klischees in seiner Produktion. Im Sommer 1934 – nach dem Versagen der SDAPÖ im Februar arbeitet S. unterdessen bei der illegalen KPÖ – nimmt er an einem mehrwöchigen Sommerlager der sozialistisch-zionistischen Organisation »Blau-Weiß« in Jugoslawien teil. Inwieweit dieser Aufenthalt die spätere dezidierte Kritik an der Assimilation beschleunigt oder gar verursacht hat, ist nicht eindeutig zu beantworten. Eingeladen zu einem Zeitpunkt, da nach den Februar-Kämpfen und der Ermordung des austrofaschistischen Kanzlers Dollfuß durch deutsche Nationalsozialisten »die Meinungsverschiedenheiten der jüdischen Jugend über den richtigen Weg auf hohen Touren liefen« (M. Jerusalem), scheint S. den antizionistischen Standpunkt der KPÖ nachhaltig verteidigt zu haben. In einem Brief aus Jugoslawien an M. Szecsi bezeichnet er den Zionismus als »eines der verzwacktesten sozialimperialistischen Ziele, dessen Widerlegung gar nicht so einfach ist«.

Im ersten der zwei noch von S. verfassten Texte, die die Frage nach der Stellung des Juden in der Gegenwart explizit thematisieren – *Fünf Ringe* (Mitverfasser: Jimmy Berg) – führt er eine scharfe polemische Anklage gegen jene jüdischen Sportler, die sich 1936 bereiterklärt hatten, für die Olympiade aus dem Ausland zurückzukehren und für das Deutsche Reich anzutreten. »Gestern rassisch unzureichend,/Heut den Nibelungen gleichend/ Ziehen wir in Garmisch ein. […] In Berlin und auch in Garmisch/ Merken wir von Nürnberg jarnisch,/ man ist ganz toll tolerant,/Und so wurden zum Exempel/ Jüngst aus Garmisch Parten-Tempel/ Die

Stürmerkästen schnell verbannt … Hepp hepp hurrah, hepp hepp hurrah!« Differenzierter als diese Invektive gegen jüdische Kollaboration mit dem NS-Regime erweist sich die im Herbst 1937 zur Aufführung gebrachte Szene *Der treueste Bürger Bagdads*. Zum Verständnis beider Texte sind die situativen Kontexte von Belang: Sie kamen in den für das Wien der Schuschnigg-Jahre charakteristischen Kellerbühnen zur Aufführung, deren Publikum »zum allergrößten Teil aus jüdischen Intellektuellen des linken Lagers« (H. Jarka) bestand – d. h. die Thematisierung jüdischer Gegenstände, die Diskussion über das Verhalten als Jude in der Gegenwart der Bedrohung waren nahezu in einem Binnengespräch möglich. Vor diesem Hintergrund kommt der Gehalt der *Bagdad*-Szene zu seiner vollen historischen Entfaltung, erweist auch seine selbstkritische Dimension: In einem Rätselwettbewerb hat der jüdische Händler Ruben, »erst kürzlich zugereist«, vor dem Kalifen mit seinen vieldeutigen, auch ausweichenden Antworten paradoxerweise am meisten von »jenem orientalischen Fatalismus« erwiesen, »der so sehr der Eigenart des Volkes von Bagdad entspricht« – in S.s Kabarett gängige Paraphrasen auf Wien und Österreich. Als Ruben jedoch auf Befragung des Kalifen seine »Sekte« angeben muss, erstarrt der Kalif und konstatiert darin, »daß gerade du der treueste Bürger von Bagdad bist«, für sich »eine Blamage ohne Ende und eine Bitternis ohne Boden«. Als der Kalif Ruben nun auffordert, »Nieder mit Harun!« zu rufen und sich entweder damit oder über eine Befehlsverweigerung den Behörden und damit dem sicheren Tod auszuliefern, bricht Ruben in Tränen aus, nicht ohne schließlich noch zu seufzen: »Schwer zu sein ein Kalif…« – Abwandlung des Ausrufes »Schwer zu sein ein Jud!« S. unterwirft in dieser Szene nicht nur den Ständestaat einer bitteren Satire, sondern stellt zugleich, wenn nicht vorrangig die Frage nach dem historischen Ort der Assimilation. Wenige Monate vor dem »Anschluss« war hier kein Zweifel daran gelassen, dass, auch bei noch so großer Übereinstimmung mit »der Eigenart des Volkes«, nur noch die eigene akute Verteidigungsfähigkeit Rettung versprechen konnte.

Unter dem Verdacht der Mitarbeit bei der KPÖ im November 1937 in Wien verhaftet, gelangt S. durch die Amnestie vom 17. Februar 1938 wieder in Freiheit. Am Abend des 12. März 1938 – deutsche Truppen sind in Österreich einmarschiert – reist S. aus Wien ab und versucht am nächsten Tag die Flucht per Ski über die Schweizer Grenze. Von einer österreichischen Grenzpatrouille verhaftet, wird er der Gestapo überstellt, im Juni ins KZ Dachau deportiert. Hier trägt S. das »rote Dreieck der Politischen mit dem Judenstern« (H. Jarka). Noch im Lager verfasst er das *Dachaulied*. Am 23. September 1939 wird S. ins KZ Buchenwald verlegt, wo er wenige Wochen darauf an Typhus stirbt.

Werke: Das Gesamtwerk. Lyrik – Prosa – Szenen und Stücke, 3 Bde., hg. H. Jarka, Wien u. a. 1984; Sturmzeit. Briefe 1931–39, hg. H. Jarka, Wien 1991.
Literatur: P. Langmann, Sozialismus und Literatur – J.S., Frankfurt a. M. 1986; H. Jarka, J.S. Leben, Werk, Zeit, Wien 1987; G. Scheit, Theater und revolutionärer Humanismus – Eine Studie zu J.S., Wien 1988; M. Bürger, »Hitler hat Deutschland zum Schweigen gebracht«. Sprachkritik und Faschismuskritik bei J.S., in: J.S. (1912–1939) zum Gedenken, hg. H. Arlt u. a., St. Ingbert 1999, 185–200; H. Arlt, »Das Vergessen als Denkprinzip reifer Kulturvölker« oder: Das Erinnern als Widerstand bei J.S., in: ders., Erinnern und Vergessen als Denkprinzipien, St. Ingbert 2002, 9–25.

Stephan Braese

Sperber, Manès

Geb. 12.12.1905 in Zablotow;
gest. 5.2.1984 in Paris

S. war zeitlebens geprägt von seiner Herkunft als einer von drei Söhnen einer orthodoxen jüdischen Familie im Stetl Zablotow in der Nähe von Kolomea in Ostgalizien. Daran änderte auch nichts, dass er seit seiner Jugend ein »Ungläubiger«, ein bekennender Atheist war, allerdings ein jüdischer Atheist, denn er war überzeugt, wie er in *Churban* (1979) schrieb: »Gäbe es einen Gott, so wäre er, meine ich, zweifellos der jüdische.«

S. besuchte in Zablotow den Cheder, die traditionelle orthodoxe Knabenschule. Noch 1975 bekannte er, dass sich die Liebe zur Bibel »in keinem Augenblick seines Lebens […] vermindert habe« und dass er genau wisse, wie sehr er »unter dem Einfluß der Bibel schreibe«. Das wichtigste Erbe des Judentums war für S. aber der Messianismus, der sich mit seinem

Marxismus verband, als er mit 22 Jahren der Kommunistischen Partei beitrat. In dem Essay *Mein Judesein* in der ausschließlich jüdischen Themen gewidmeten Essaysammlung *Churban* (1979) explizierte er: »Ich bin nie einer Idee begegnet, die mich so überwältigt und die Wahl meines Weges so beeinflußt hat wie die Idee, dass diese Welt nicht bleiben kann, wie sie ist, dass sie ganz anders werden kann und es werden wird.« Diese Überzeugung überlebte den Bruch mit der Partei, und auch nach den Katastrophen des 20. Jahrhunderts blieb S.s Vertrauen in den Menschen, wie er explizit bekannte, bestehen.

1916 floh S. mit seiner Familie nach Wien, wo er bis zu seiner Übersiedlung nach Berlin im Jahr 1927 lebte. In Wien schloß er sich der sozialistisch-zionistischen Jugendbewegung »Schomer Hazair« an. Hier besuchte er 1922 die Vorstellungen der berühmten jiddischen Theatergruppe »Wilnaer Truppe« und eine Lesung des sowjetischen jiddischen Dichters Perez Markisch, der 1952 von Stalin ermordet wurde. Die jiddische Literatur blieb für ihn, wie der letzte Abschnitt des Buches *Churban*, der den Dichtern Scholem Alejchem, Joseph Opatoshu, H. Leivick, Jacob Glatstein, Mendel Mann und Isaak Babel gewidmet ist, zeigt, auch weiterhin bedeutend. Die Gedichte jener Dichter, die wie Abraham Sutzkever oder J. Glatstein nach der Shoah weiter schrieben, nannte er darin »einen unsäglich schmerzlichen Triumph über alle Auschwitze, über alle Henker und ihre Komplizen«. 1921 lernte S. den Individualpsychologen Alfred Adler kennen. Bis zum Bruch mit Adler 1932 wurde er einer seiner ersten Biographen sowie einer seiner engsten und später kritischsten Schüler. 1923 nahm S. als Ordner am 13. Zionistenkongress in Karlsbad teil. Hier war für ihn vor allem die Begegnung mit dem jiddischen, später hebräischen Dichter Uri Zwi Grünberg von Bedeutung, den er 1958 in Israel wiedersah.

Nach dem Reichstagsbrand wurde S. in Berlin verhaftet und nach der Intervention seines Vaters und des Psychologen Edmund Schlesinger freigelassen. Er emigrierte über Wien nach Zagreb und 1934 nach Paris, wo er ein Mitarbeiter des von der Komintern gegründeten Instituts zum Studium des Faschismus wurde. Nach seinem Bruch mit dem Kommunismus 1937 wurde er wie Arthur Koestler, Ludwig Marcuse und Richard Löwenthal 1938 ein Mitarbeiter der von Willi Münzenberg herausgegebenen Zeitschrift *Die Zukunft*. Die Shoah überlebte S. im freien Teil Frankreichs und ab 1942 in der Schweiz.

Seine Skepsis gegenüber Ideologien ließ ihn auch gegenüber dem Zionismus Distanz bewahren. Er hatte in seinen eigenen Worten »früh aufgehört zu glauben, dass der Zionismus – selbst wenn ihm die Errichtung eines jüdischen Staates gelänge – je die Judenfrage lösen könnte«. S., der dreimal Israel besuchte und dort auch Vorträge hielt, bezeichnete sich selbst weder als Zionisten noch als Antizionisten. Aber während des Sechstagekrieges 1967 schrieb er den solidarischen Essay *In tiefer Bangnis …* und protestierte gegen die Haltung Charles De Gaulles in diesem Krieg. Skeptisch blieb S. auch gegenüber der Verehrung der »Kotel«, der als »Klagemauer« bezeichneten Westmauer des Tempels, denn, wie er ebenfalls in *Churban* schrieb: »Der Judaismus wurde gerettet, weil er fortab an keinen Raum und an keine Institution, weil er an nichts Verlierbares mehr gebunden war.« Bei aller positiven Identifizierung mit dem Judentum machte S. im zweiten Band seiner Autobiographie sein Bekenntnis zum Judentum auch abhängig vom Antisemitismus: »[…] niemals habe ich auch nur einen Augenblick lang erwogen, mein Judentum zu verleugnen oder aus der jüdischen Glaubensgemeinschaft auszutreten, solange noch irgendwo auf dem Erdenrund Juden wegen ihres Glaubens verfolgt, wegen ihrer Abstammung diskriminiert werden.« Ähnlich definierte er in dem Aufsatz *Mein Judesein* sein Judentum mit der kurzen Formel: »Und auch das ist mein Judaismus: Solidarität mit allen, denen Unrecht getan wird. Das ist seit jeher mein Sozialismus gewesen […].« Der Essay, der dem Band den Titel gab, handelt von der Shoah, für die S. das gleichfalls hebräische Wort *Churban* (für Vernichtung, Verwüstung) vorzog und über die er bekannte, »daß es uns nie gelingen wird, jenen, die nach uns leben werden, den *Churban*, die jüdische Katastrophe unserer Zeit, zu erklären.«

Der letzte Teil von S.s literarischem Hauptwerk, der Romantrilogie *Wie eine Träne im Ozean*, mit dem Titel *Wolyna* handelt von der Zerstörung des fiktiven jüdischen Städtchens dieses Namens. Der Wiener Jude Edi Rubin rief die wehrfähigen Männer dazu auf, sich bewaffnet den Nazis entgegenzustellen. Aber der chassidische Rabbiner verweigerte Rubin die Unterstützung und argumentierte: »Wir sind das einzige Volk der Welt, das nie besiegt worden ist […] Weil wir allein der Versuchung widerstanden haben, zu werden wie der Feind. Und auch deshalb werden wir nicht in die Wälder gehen; nicht wie Mörder, sondern wie Märtyrer werden wir sterben.« Damit wird die Erzählung zur grundlegenden Auseinandersetzung über die Prinzipien des Judentums. Die Erzählung wurde 1952 als eigenes Buch veröffentlicht. S.s Freund André Malraux bezeichnete es im Vorwort als »eines der ganz großen Bücher des jüdischen Volkes«. Der Bruder des Autors, der Schauspieler Milo Sperber, inszenierte *Wolyna* 1974 an der »Habimah«, dem Schauspielhaus in Tel Aviv. Für *Die Träne im Ozean* wurde S. 1967 auf Vorschlag seines Freundes Elie Wiesel mit dem Remembrance Award des Weltverbandes der Überlebenden von Bergen-Belsen ausgezeichnet. Elie Wiesel arrangierte in New York auch ein Zusammentreffen zwischen S. und dem berühmten Lubawitscher Rebben. 1979 erhielt S. die Buber-Rosenzweig Medaille des Deutschen Koordinierungsrates der »Gesellschaften für Jüdisch-christliche Zusammenarbeit«.

Bei aller Verbundenheit mit seinem jüdischen Erbe war S. aber auch ein Homme de lettres, der ebenso beeinflusst war von der französischen Kultur seiner Wahlheimat Paris, wie von der Antike und von Hölderlin, dem von S. am meisten bewunderten Dichter.

Werke: Verwoben ins täglich Leben, in: »Sie werden lachen – die Bibel«, hg. H.J. Schultz, Stuttgart 1975, 135–152; Churban oder Die unfaßbare Gewißheit, Wien u. a. 1979; Wolyna, Wien u. a. 1984; Der schwarze Zaun, Wien u. a. 1986.

Literatur: M.S. 1905–1984, hg. ÖNB, Wien 1987; Die Herausforderung M.S., hg. W. Licharz u. a., Frankfurt a. M. 1988; J. Zipes, Wolyna: M.S.s Beschäftigung mit der »Judenfrage«, in: M.S. als Europäer, hg. S. Mosès u. a., Berlin 1996, 122–137; M. Stancic, M.S. Leben und Werk, Frankfurt a. M. 2003; M.S. Ein politischer Moralist, hg. M. Patka, Wien 2006.

Evelyn Adunka

Spiel, Hilde

Geb. 19.10.1911 in Wien;
gest. 30.11.1990 in Wien

Auf den ersten Blick erscheint S.s Verhältnis zum Judentum voller Widersprüche und Ambivalenzen. Einer intensiven literarischen Auseinandersetzung mit der Geschichte jüdischen Lebens und jüdischer Kultur in Mitteleuropa steht eine dezidiert geäußerte persönliche Distanz zum Judentum als religiöser oder ethnischer Gemeinschaft gegenüber. »Ich empfinde mich eigentlich nur nach den Nürnberger Gesetzen als Jüdin, und das mag ich ja

nicht so gern anerkennen« (*Süddeutsche Zeitung*, 29.2.1988). Diese Abwehr gegen jegliche kollektive Identitätszuweisung ist häufig auf Befremden gestoßen, bis hin zu der absurden Behauptung, sie verweigere sich dem Gedenken an die jüdischen Opfer des Holocaust.

Missverständnisse dieser Art spiegeln sich selbst noch in einem Briefwechsel mit M. Reich-Ranicki vom Mai/Juni 1987 wider. Darin geht es um einen Artikel S.s zum Tode Christiane Zimmers, der Tochter Hugo von Hofmannsthals, deren jüdische Abkunft S. nach Reich-Ranickis Auffassung zu »umständlich und beinahe schamhaft« angedeutet habe, wogegen S. sich ausdrücklich verwahrt. Ihrem Abscheu gegenüber der nationalsozialistischen Rassenideologie wie auch jeglicher Form der Ausgrenzung von Minderheiten und Nationalismen hat S. in ihrem vielfältigen öffentlichen Wirken immer wieder deutlichen Ausdruck verliehen, so zum Beispiel als sie es 1988 medienwirksam ablehnte, die Eröffnungsrede bei den Salzburger Festspielen zu halten und sich zu »jener von Vizekanzler Mock als fanatische Minderheit bezeichneten Gruppe« bekannte, »die sich nach dem Bericht der Historikerkommission mit dem Verbleiben Dr. Waldheims in seinem Amt nicht abfinden kann« (*Salzburger Nachrichten*, 13.2.1988). Aus demselben Grund hatte sie Anfang der 80er Jahre die Auszeichnung mit dem Österreichischen Ehrenkreuz für Kunst und Wissenschaft I. Klasse abgelehnt. Im persönlichen Umfeld jedoch ließ sich die konsequente Haltung gegenüber ehemaligen NS-Tätern und Mitläufern, die sich S. gegen Kriegsende noch fest geschworen hatte, nicht immer durchhalten. So verbanden S. persönliche Freundschaften wie auch Bewunderung für deren Werke u. a. mit Alexander Lernet-Holenia und Heimito von Doderer, obwohl sie um deren frühere Affinitäten zu Austrofaschismus und Nationalsozialismus wusste. In einem Brief vom 13. Juni 1951 ist von der »herzzerreißenden Spaltung« die Rede, die so vieles hervorrufe, »was mit Wien zusammenhängt«. Ihr Fazit wenige Monate vor ihrem Tod lautete: »Die Kluft zwischen den Dortgebliebenen und Fortgegangenen oder -getriebenen kann sich niemals schließen, und wir wollen sie unsere persönlichen alten Freundschaften dennoch nicht zerrütten lassen« (Brief an B. Barlog vom 23.6.1990).

S.s Umgang mit dem eigenen jüdischen Familienhintergrund korrespondiert durchaus mit dem Grundtenor ihrer literarischen Werke. Neue Untersuchungen anhand des literarischen Nachlasses (Österreichisches Literaturarchiv) zeigen charakteristische Abweichungen der rekonstruierten Biographie im ersten Memoiren-Band *Die hellen und die finsteren Zeiten 1911–1946* von den vorhandenen Dokumenten (Schramm). Die Autorin verstärkt das Bild einer seit Generationen in der Hauptstadt des Habsburgerreiches ansässigen Familie, »die für das Entstehen einer gebildeten Menschenschicht jüdischer Herkunft, ihren bereits vollzogenen Eingang in das Wiener Sozialgefüge, beispielhaft war«. Die Familiengeschichte der Mutter wird voller Stolz bis auf einen berühmten Oberlandesrabbiner von Mähren zurückverfolgt, dessen Sohn sich im Vormärz in Wien niedergelassen habe. Zwei Onkel mütterlicherseits hätten es zu »Hofräten und Kapazitäten in ihren Berufen« gebracht und seien zumindest bis zu Hitlers Einzug völlig »in der Christenheit« aufgegangen. Die Geschichte der väterlichen Linie hingegen, deren Einwanderung aus Galizien wesentlich jüngeren Datums war, lässt die Memoirenschreiberin offenbar bewusst weitgehend im Dunkeln. S. hat häufig betont, dass sie selbst im Ablauf der katholischen Feste aufgewachsen sei. Obwohl als Erwachsene nicht mehr religiös, bewahrte sie dennoch zeitlebens eine nostalgische Anhänglichkeit für den katholischen Glauben ihrer Kinderzeit (*Rückkehr nach Wien*, 1968); jüdische Traditionen und Gebräuche wurden nicht gepflegt. Die Motivation für die Ausblendung des ostjüdischen Familienteils, die S. bei ihrem Vater explizit wahrnimmt und gleichzeitig selbst fortführt, dürfte nicht allein im Selbstschutz gegen antisemitische Ausgrenzung, sondern mehr noch im sozialen Gefälle zwischen alteingesessenen »Westjuden« und ostjüdischen Neuankömmlingen begründet sein. S.s Zugehörigkeitsgefühl galt den assimilierten jüdischen Familien Wiens. An ihre Existenz zu erinnern, die durch den Nationalsozialismus unwiederbringlich vernichtet wurde, ihren bedeutenden Anteil an der österreichischen Kultur sichtbar zu machen, ist ein zentrales Thema ihrer späteren literatur- und kulturkritischen Schriften geworden.

Im erzählerischen Frühwerk jedoch spielt das Judentum – trotz S.s Beschäftigung mit den Werken Jakob Wassermanns – praktisch keine Rolle. Noch in den 30er Jahren habe sie sich angesichts der gewalttätigen Ausschreitungen gegen jüdische Studenten an der Wiener Universität vom zunehmenden Antisemitismus zwar abgestoßen, jedoch nicht persönlich betroffen gefühlt. Ihre Emigration nach London im Herbst 1936 war zunächst politisch motiviert, durch die Erkenntnis, dass Kompromissen und eigenen Verstrickungen nur durch ein Verlassen der Heimat zu entgehen war. Sie machte sich den Wahlspruch ihres ersten Ehemannes Peter de Mendelssohn zu eigen: »Sich selbst den Rückzug abschneiden«.

Eine Hinwendung zu jüdischen Themen setzte erst ein, nachdem S. aus der Ferne miterleben musste, wie ihr Vater trotz seiner intensiven Assimilationsanstrengungen (Mitgliedschaft in der Studentenverbindung Suevia, k.u.k. Offizier im Ersten Weltkrieg) in Wien der »Schmach seiner Abkunft« ausgesetzt war und es ihr nur unter verzweifelten Mühen gelang, einen Fluchtweg für die Eltern zu finden. Ihre Großmutter starb im Ghetto Theresienstadt. Mit dem Roman *The Fruits of Prosperity* (entstanden 1941–43; dt. *Die Früchte des Wohlstands*, 1981) begab sich die Autorin auf die »Suche nach den Wurzeln [ihrer] eigenen Epoche, in der das Judenproblem einer so entsetzlichen Lösung entgegenging«. Die 1873–81 angesiedelte Romanhandlung problematisiert jenes Aufgehen in der Christenheit, das der Autorin noch vor kurzem als selbstverständlich erschienen war. Im Zentrum stehen Familie und Verwandtschaft des wohlhabenden Woll- und Seidenhändlers Carl Benedict und seiner Frau Marie, deren Mitglieder die verschiedenen Stufen der Assimilation verkörpern, von der strenggläubigen jüdischen Großmutter bis hin zur Tochter, die mit einem Christen verheiratet wird. Benedict und seine Freunde stehen gleichzeitig für das liberale jüdische Großbürgertum, das sich trotz der erreichten ökonomischen und gesellschaftlichen Position durch den aufkommenden Rassenantisemitismus erneut gefährdet sieht und als Sündenbock für eine industrielle Entwicklung herhalten muss, die mit ihren negativen Auswüchsen im Roman für die Entwurzelung und Radikalisierung breiter Bevölkerungsschichten verantwortlich gemacht wird. Den Gegenpol, den die Erzählerin hier mit großer Sympathie zeichnet, repräsentiert der Handelslehrer Simon Wolf mit seinem Beharren auf geschäftlicher Redlichkeit und Solidität und seinem Festhalten an der orthodoxen jüdischen Tradition. Benedict hat sich dagegen als Erster seiner Familie vom jüdischen Glauben abgewandt, ein

»getauftes Mädchen« geheiratet und seine Kinder katholisch aufwachsen lassen. Er setzt seine ganze Hoffnung auf eine vollständige Verschmelzung mit der christlichen Umwelt. Die Heirat seiner Tochter mit seinem jungen kroatischen Teilhaber empfindet er als »Befreiung« von der »Bürde seines Erbes«. Gerade diese Hoffnungsträgerin aber kommt am Ende in den Flammen des Ringtheaterbrandes um. Ob ihr Feuertod als Strafe für die Abkehr von den intellektuellen, künstlerischen und sozialen Ambitionen des assimilierten Judentums zugunsten eines hauptsächlich materiellen Wohlstands zu verstehen ist, oder ob die Protagonistin im Gegenteil den Sprung in die christliche Welt nicht radikal genug vollzieht, bleibt unklar. A. Hammel, die den Roman als Ausdruck von »Hilde Spiel's life project promoting multiculturalism and Jewish emancipation« interpretiert, sieht den negativen Romanausgang als symbolhaft für das Scheitern der Möglichkeit einer multikulturellen Gesellschaft im alten Österreich an (Hammel 2008).

Den Eindruck von ihrer Konfrontation mit Überlebenden der Konzentrationslager in einem DP-Camp in Kärnten im Februar 1946 hat S. nicht nur in einem Artikel für den *New Statesman and Nation* beschrieben, mit dem sie in der britischen Öffentlichkeit für die unbeschränkte Aufnahme der heimatlosen Juden ins britische Mandatsgebiet Palästina werben wollte, sondern auch in dem 1961 erschienenen Roman *The Darkened Room* (dt. *Lisas Zimmer*, 1965) der Erzählerfigur, einer jungen, verwaisten Lettin, in den Mund gelegt. Im Roman schildert die Augenzeugin einer Psychoanalytikerin ihre erste, von Entsetzen geprägte Reaktion beim Anblick der von der KZ-Haft gezeichneten Juden. Mit der Forderung der Analytikerin, die junge Frau müsse ihren unmittelbaren Eindruck von den überlebenden Juden korrigieren, rührt S. an ein Problem, das im Umgang mit den Überlebensberichten der Betroffenen bis heute aktuell geblieben ist: dass im öffentlichen Gedenken nur ein idealisiertes Bild der Opfer zugelassen und damit ein Teil von deren individueller traumatischer Erinnerung ausgelöscht wurde.

War die Auseinandersetzung mit der Geschichte jüdischer Assimilation in *Die Früchte des Wohlstands* von der emotionalen Belastung einer »allzu peinigenden Gegenwart« geprägt, nähert sich S. diesem Thema in ihrer Biographie *Fanny von Arnstein oder Die Emanzipation. Ein Frauenleben an der Zeitenwende 1758–1818* unter Betonung der Objektivität ihrer Darstellung. Die im Preußen Friedrichs des Großen aufgewachsene und im Wien der Revolutionszeit und des Wiener Kongresses durch ihren Salon zu öffentlichem Ansehen gelangte Franziska Arnsteiner faszinierte die Autorin als ein »Sinnbild der Befreiung ihres Volkes« und »Symbol einer dritten Lösung« der sogenannten ›Judenfrage‹, »die so vollkommen gewesen wäre, dass sie nicht durchgeführt werden konnte: wie jede andere Idee seit allem Urbeginn«. In Fanny von Arnsteins Salon verkehrten bedeutende Persönlichkeiten ihrer Zeit, ohne dass die Hausherrin – anders als ihre berühmteren Zeitgenossinnen Rahel Varnhagen oder Dorothea Schlegel – den Glauben ihrer Vorfahren aufgegeben hätte. Bei Rahel Varnhagen konnte S. »nicht das hohe Maß an Identifikation finden, welches sie für das Verfassen einer Biographie für unerlässlich hielt«. Fanny von Arnstein dagegen repräsentierte für S. eine dritte Lösung jenseits der Alternativen einer vollständigen Anpassung an die christliche Umgebung durch die Taufe und der »Errichtung eines neuen Nationalstaats auf uraltem Boden«. Diese Lösung schien jedoch nur für eine kurze Zeitspanne realisierbar; gegen den im 19. Jahrhundert aufkommenden Rassenhass, so S., »gab es keine anderen Auswege als Unkenntlichmachung oder Flucht«: »Eines freilich hat die Geschichte gezeigt: Von den drei Verhaltensweisen, die den Juden der Diaspora, zumindest in Mittel- und Osteuropa, offenstanden – sich in dem Land ihres Wohnsitzes auf einer Insel der Orthodoxie zu verschließen; sich zu bemühen, dem Staat ein loyaler Bürger zu sein, ohne die eigenen religiösen oder ethnischen Bindungen aufzugeben; oder aber, durch ein Ablegen des Glaubens ihrer Väter und christliche Heiraten nach und nach, eines Tages dann spurlos, in der übrigen Bevölkerung aufzugehen –, hat lediglich die letzte, damals wie heute, Aussicht auf Erfolg.« Dieses Resümee zog S. 1987 angesichts des noch immer latent vorhandenen Antisemitismus in ihrem Band *Vienna's Golden Autumn 1866–1938* (dt. *Glanz und Untergang. Wien 1866–1938*), in dem sie die wichtigen Impulse und Leistungen der Bürger jüdischer Abstammung in den verschiedenen Bereichen der österreichischen Kultur nachzeichnete, obwohl diese selbst es vorgezogen hätten, »ganz einfach als österreichische Dichter, Maler, Komponisten oder Wissenschaftler angesehen zu werden«.

S.s Hoffnung, die sie jedoch resignierend als eine unerfüllbare Utopie einschätzte, war auf ein Ende der Unterscheidung zwischen jüdischen und nichtjüdischen Einwohnern gerichtet. »Das ist bedauernswert, auch dann, wenn es sich philosemitisch äußert. Das ständige Auseinanderhalten zwischen diesen und jenen sollte aufhören« (*Die Grande Dame*, 1992). Das persönliche Credo, das in S.s Werken zum Ausdruck kommt, lässt sich in dem Ausruf Nathans des Weisen zusammenfassen, dessen realem Vorbild Moses Mendelssohn auch ihre Leitfigur Fanny von Arnstein nachstrebte: »Ah! wenn ich einen mehr in Euch/ Gefunden hätte, dem es gnügt, ein Mensch/ Zu heißen!«

Werke: Fanny von Arnstein oder Die Emanzipation, Frankfurt a. M. 1962; Rückkehr nach Wien. Tagebuch 1946, München 1968; Die Früchte des Wohlstands, München 1981; Glanz und Untergang. Wien 1866–1938, Wien 1987; Die hellen und die finsteren Zeiten. Erinnerungen 1911–1946, München 1989; Anna & Anna, Wien 1989; Welche Welt ist meine Welt? Erinnerungen 1946–1989, München 1990; Briefwechsel, hg. H. Neunzig, München 1995.

Literatur: D.C.G. Lorenz, H.S.: »Lisas Zimmer«. Frau, Jüdin, Verfolgte, in: Modern Austrian Literature 25 (1992), 79–95; S. Wiesinger-Stock, H.S. Ein Leben ohne Heimat? Wien 1996; W. Strickhausen, Die Erzählerin H.S. oder »Der weite Wurf in die Finsternis«, New York u. a. 1996; H.S. Weltbürgerin der Literatur, hg. H.A. Neunzig u. a. (= Profile 3, 1999); W. Strickhausen, »Fanny von Arnstein oder Die Emanzipation«. Das jüdische Leitbild der Biographin H.S., in: H.S. Weltbürgerin der Literatur, 33–42; I. Schramm, Krankheit Exil: H.S.s literarische Verarbeitung des Exilthemas in ›Rückkehr nach Wien – Tagebuch 1946‹, in: Echo des Exils. Das Werk emigrierter österreichischer Schriftsteller nach 1945, hg. J. Thunecke, Wuppertal 2006, 325–343; A. Hammel, Everyday Life as Alternative Space in Exile Writing. The Novels of Anna Gmeyner, Selma Kahn, H.S., Martina Wied and Hermynia Zur Mühlen, Oxford u. a. 2008; H.S. und der literarische Salon, hg. I. Schramm u. a., Innsbruck u. a. 2011.

Waltraud Strickhausen

Spitzer, Daniel

Geb. 7.3.1835 in Wien;
gest. 11.1.1893 in Meran

S. war Sohn von aus Nikolsburg nach Wien eingewanderten mährischen Juden. Sein Vater, ein wohlhabender Textilfabrikant, ermöglichte seinem Sohn den Besuch des Akademischen Gymnasiums in Wien. Nach dem Rechtsstudium war er Koncipist bei der Niederösterreichischen Handelskammer (1860–68) und zugleich Wirtschaftsjournalist. Er verfasste nationalökonomische Artikel für das politische Blatt *Der Wanderer*; seinen Durchbruch als Feuilletonist schaffte er mit *Wiener Spaziergänge*,

die erstmals in der *Presse* erschienen, später dann in der *Deutschen Zeitung* und ab 1873 in der *Neuen Freien Presse*, in der er bis zu seinem Tode publizierte. Die Feuilletons S.s umfassen ein breites thematisches Spektrum. Die literarische Verfahrensweise dominieren Satire, Plauderei und Chronik. Sprachkritik und Antisemitismuskritik sind tragende Komponenten der Feuilletons, so werden »Kreuzungspunkte von Emanzipation, Assimilation und Kulturgeschichte« (Botstein) sichtbar.

Die soziohistorischen Dimensionen jüdischer Emanzipation, die Wiener Revolution von 1848 und der österreichisch-ungarische Ausgleich von 1867 sind Bedingungsfaktoren der Feuilletons S.s. Orientierungspunkt der emanzipatorischen Verhaltensleitbilder ist das bürgerliche Wertsystem (Kernmayer). Ein *Spaziergang* von 1870, feuilletonistische Notizen des Spaziergängers *Aus Baden* (1872) und ein *Spaziergang* in der *Neuen Freien Presse* (1874) benennen die existenten, recht drastisch judenfeindlichen Stereotypien: »Ebenda hörte ich von unserem neuen Völkerfrühling: Die Polaken haben wieder unter der Führung begeisterter Patrioten die Juden geplündert [...]«; »so habe [...] ich am letzen Sonntage eine [...] Orientreise [...] angetreten. Ich wollte anfangs in der Maske eines polnischen Juden erscheinen [...]« (*Wiener Spaziergänge* 1879). »Bekanntlich wird in Rumänien, das sonst noch keine entwickelte Industrie besitzt, die Plünderung der Juden mit Erfolg betrieben, und wenn der Wasserstand nur halbwegs günstig ist, werden diese auch ins Wasser geworfen« (*Wiener Spaziergänge* 1877).

Die Texte können »keine neuen, positiven Judenbilder entwickeln« (Nöllke). S. attackiert den wohl unüberbietbaren Sarkasmus der antijüdischen Maßnahmen in Rumänien, nämlich den Juden den Spirituosenhandel zu verbieten. Ebenso kritisiert er im Zynismus der Metapher des »Völkerfrühlings« die antisemitische Brutalität der polnischen Patrioten, die Juden plündern. In diesen Feuilletonsegmenten konkretisiert sich S.s Aporie: Er bekämpft die Judenfeindlichkeit und distanziert sich zugleich von den Orthodoxen. S. argumentiert als Deutschösterreicher für den »Krawattenjuden« und gegen den »Kaftanjuden« (Hamerow), der das Akkulturationsprogramm der jüdischen Bürger untergräbt; und damit ist im »Konflikt zwischen Orthodoxie und Reform [...] die Frage nach der jüdischen Identität« gestellt (Nöllke).

Werke: Wiener Spaziergänge, hg. W. Obermaier, Wien 1986 ff.; Meisterfeuilletons, hg. W. Obermaier, Wien 1991.
Literatur: Th.S. Hamerow, Krawattenjuden und Kaftanjuden, in: Versunkene Welt, hg. J. Riedel, Wien 1984, 77–90; H. Kernmayer, Juden in der Metropole als Thema des Feuilletons D.S.s, in: Metropole und Provinz in der österreichischen Literatur des 19. und 20. Jahrhunderts, hg. A. Dusini u.a., Wien 1994, 29–45; M. Nöllke, Wiener Spaziergänge. Liberales Feuilleton im Zeitungskontext, Frankfurt a.M. u.a. 1994; W. Klimbacher, »Es ist der Tag, der verschlingt und vergißt«. Das Wiener Feuilleton im 19. Jahrhundert, in: Les Annuelles 7 (1996), 11–129.

Wolfgang Klimbacher

Stein, Benjamin

Geb. 6.6.1970 in Berlin (Ost)

Seit den frühen 1980er Jahren veröffentlicht St. Lyrik und Kurzprosa. 1995 und 2010 erschienen zwei Romane, die ihn als eigenständige, jüdisch-orthodoxe Stimme innerhalb der »jungen jüdischen Literatur« (T. Nolden) in deutscher Sprache

ausweisen. Der Name Benjamin Stein ist nicht der Geburtsname des Autors, der erst zum Judentum konvertierte. Er ist daher auch kein Pseudonym, wie der israelische Journalist Benny Ziffer zu Recht betont. Vielmehr markiert der Namenswechsel, den St. 1988 in seinen Pass eintragen ließ, die Entscheidung für eine neue religiöse Zugehörigkeit. St. wählte den Namen Benjamin, weil dieser für den bevorzugten Sohn des Stammes Israel steht. Stein, ein verbreiteter Nachname, ist dem Psalm 118 (V. 22) entnommen: »Der Stein, den die Bauleute verworfen haben, ist zum Eckstein geworden.« In dem Eintrag »Der Autor als Seelenstripper« auf seinem Weblog »Turmsegler« gibt St. Auskünfte über seine Konversion(en) zum Judentum. Zu diesem Schritt sah sich der Autor nach Erscheinen seines zweiten und bislang wohl bedeutendsten Romans *Die Leinwand* genötigt, weil in einem Zeitungsartikel eine jüdische Herkunft des Autors behauptet worden war.

Bereits anderthalb Jahrzehnte zuvor legte St. 1995 mit der Veröffentlichung von *Das Alphabet des Juda Liva* ein aufsehenerregendes Debüt vor. In der Literaturkritik stieß der Roman, aus dem St. 1993 in Klagenfurt vortrug, auf ein breites Echo; er wurde früh auch von der Literaturwissenschaft entdeckt. Er greift wie Texte von Esther Dischereit (1996) und Doron Rabinovici (1997) die Legende vom Golem des Rabbi Löw auf, verlegt sie in die 1990er Jahre und siedelt sie in den Städten Berlin, Prag und Budapest an. Mit dem Golem-Stoff bezieht sich St. auf eine literarische Tradition, die zunächst von christlichen Romantikern aus der jüdischen Volkstradition übernommen und erst ab den 1830er Jahren wieder von jüdischen Autoren in deutscher Sprache aufgegriffen wurde. Im Prolog des Romans tritt die Figur Jacoby, der sich später Nathan ben-Gazi nennt, in das Leben des in Berlin-Kreuzberg wohnenden Ich-Erzählers Berkowicz. Jacoby bietet ihm gegen eine Flasche Wodka wöchentlich an, zu erzählen und trägt die Geschichte seines Freundes Alex Rottenstein vor, eines jungen Konvertiten, dessen Name kaum zufällig mit dem Namen des Autors spielt. St.s Erstling und sein Schreiben überhaupt zeichnet sich durch eine »Strategie der versteckten Mehrdeutigkeit« (Bock-Lindenbeck) aus. Die drei Helden der verwickelten Geschichte, Rottenstein, Jacoby und Berkowicz, kehren nach Begegnungen mit dem Golem als vergebliche Erlöser in die Welt zurück. Auch die »messianische Identität« der drei Figuren ist uneindeutig. St. orientiert sich dabei an der Vorstellung vom »Messias ben Josef«, dessen Charakterisierung bei Gershom Scholem mit St.s Vorstellung des Messias korrespondiere (Bock-Lindenbeck). Am Ende des Romans siegt das mystische Bewusstsein über die von der Wissenschaft bestimmte Welt und führt zur Isolation des Einzelnen.

Das Erscheinen von St.s erstem Roman fiel mit dem zweier anderer Bücher zusammen, die die Voraussetzung für das Entstehen von *Die Leinwand* bilden: die fiktionalen *Bruchstücke. Aus einer Kindheit 1939–1948* des vorgeblichen Holocaustüberlebenden Binjamin Wilkomirski, der eigentlich Bruno Dössekker heißt, und Daniel Ganzfrieds Roman *Der Absender*. Ganzfrieds Roman basiert im Unterschied zu den *Bruchstücken* tatsächlich auf Erinnerungen eines Überlebenden, denen von Ganzfrieds Vater. Beide Autoren sowie weitere Protagonisten der 1998 maßgeblich von Ganzfrieds Recherchen angestoßenen Debatte um die falschen Holocausterinnerungen Wilkomirskis/Dössekkers finden in *Die Leinwand* ein Echo. Dabei ist der Roman trotz seiner offensichtlichen Anspielungen auf diese Debatte kein Schlüsselroman. Schon der Titel verweist auf Kunst als Reflexionsraum, in dem Selbstentwürfe fiktional durchgespielt werden können. Formal besteht er aus zwei Teilen, die weitgehend mit den Ich-Erzählungen seiner beiden Protagonisten Jan Wechsler und Amnon Zichroni zusammenfallen. In der Gegenüberstellung beider Sichtweisen konturieren sich divergierende Perspektiven auf die fiktionale Debatte um die zunächst erfolgreiche Buchpublikation der »Aschentage« des Autors Minsky, der an Wilkomirski/Dössekker erinnert. Wechsler erhält einen Koffer, dessen Inhalt seine Selbstwahrnehmung als orthodoxer Münchner Jude und Familienvater durcheinanderwirbelt. Nach und nach sieht er sich damit konfrontiert, ein Zürcher Autor gleichen Namens zu sein, der die falschen Holocausterinnerungen Minskys entlarvte. Diese Möglichkeit weist er lange von sich: »Man verwechselt mich, weil ich Wechslers Namen trage.« Zusätzlich als Liebhaber alter Mikwen dargestellt, erscheint Wechsler als Konversionsfigur sui generis. Amnon Zichroni, in dessen Namen sich paradoxerweise ein Anklang an Amnesie mit dem hebr. Ausdruck für »meine Erinnerung« verbindet, wird im Jerusalemer Stadtteil Mea Shearim als Sohn ultra-orthodoxer Eltern geboren. Später schickt ihn sein Vater zu einem Freund nach Zürich, der ihm die Matura ermöglicht und eine Rabbinatsausbildung in den USA finanziert. Zichroni wird nach seinem Studium Psychoanalytiker und lernt in Zürich den Geigenbauer Minsky kennen. Die Begegnung der drei Personen Wechsler, Minsky und Zichroni führt schließlich zur Katastrophe. Dabei verzichtet der Roman auf phantastische Erzählelemente wie in *Das Alphabet des Juda Liva*. Unwahrscheinliches im Roman geht auf das Konto der grundsätzlichen Unbeständigkeit von Erinnerung und Differenzen der Wahrnehmung. Mit St.s Debütroman teilt *Die Leinwand* gleichwohl die Grundmotive: die Konfrontation von wissenschaftlichem Weltbild und mystisch-spiritueller Wahrheit, Fiktion und Realität, Schreiben und Leben sowie generell die Frage nach Erinnerung, Identität und Erlösung. Eine zusätzliche Qualität besitzt dieser nicht nur formal anspruchsvolle Roman in der Vielzahl seiner literarischen Anspielungen, die u. a. Texte der Kabbala, von Poe, Wilde, Bulgakow, Huxley, Herbert oder Hilbig umfassen. So lässt er sich zugleich als Vexierspiel literarischer Verweise verstehen und als Reflexion orthodoxer Identitätsentwürfe. Wenn er den offensichtlich an Amnesie leidenden Wechsler das Debüt eines vermeintlich anderen »Wechsler« lesen und darin die Erzählungen seiner Mutter und Großmutter und im Protagonisten Alexander Rottenstein schließlich sich selbst erkennen lässt, dann spielt St. geschickt auf seinen eigenen Debütroman an und verweist so auf die eigenartige Koinzidenz der drei ungleichen Autorendebüts 1995.

In seinem neuesten, 2012 erschienen Roman *Replay* greift St. das Thema der Perspektivenabhängigkeit von Wahrnehmungen der Wirklichkeit erneut auf. Der Computerexperte Ed Rosen fürchtet sich vor Erscheinungen der Wirklichkeit, die er nicht selbst erfunden hat, und verliert in einem von ihm mitentworfenen, totalitär anmutenden System endloser Wiederholungen seines von einem Chip gesteuerten omnipotenten Gedächtnisses seine Geliebte und seine Identität. Wie in *Das Alphabet des Juda Liva* gehören Reflexionen auf die Gematria, die Zuordnung von Zahlenwerten zu Wörtern, zum Text und auch die aus den vorausgegangenen Romanen bekannte Reflexion spiritueller Identitäten wird verhandelt. Und auch hier betreibt St. ein hintergründiges Spiel mit autobiographischen Elementen.

Werke: Das Alphabet des Juda Liva, Zürich 1995; Die Leinwand, München 2010; Replay. Roman, München 2012; Der Autor als Seelenstripper, URL: http://turmsegler.net/20100603/der-autor-als-seelenstripper/ (11.5.2012).

Literatur: N. Bock-Lindenbeck, Vom Mißbrauch der Buchstaben. St.s »Das Alphabet des Juda Liva«, in: dies., Letzte Welten – Neue Mythen. Der Mythos in der deutschen Gegenwartsliteratur, Köln 1999, 231–249; C. Gelbin, Das Monster kehrt zurück: Golemfiguren bei Autoren der jüdischen Nachkriegsgeneration, in: Textmaschinenkörper. Genderorientierte Lektüren des Androiden, hg. E. Kormann u. a., Amsterdam/New York 2006, 145–159; R. Klüger, Der Golem schmatzt, in: FAZ, 15.8.1995; I. Mangold, B.St. Religion ist kein Wunschkonzert, in: Die Zeit, 8.4.2010.

Hans-Joachim Hahn

Steiner, Franz Baermann

Geb. 12.10.1909 in Prag-Karolinenthal;
gest. 27.11.1952 in Oxford

Das Werk von St. ist ein äußerst komplexes Mosaik, das von der wissenschaftlichen Betätigung des Ethnologen und seinem orientalischen Verständnis des Zionismus geprägt wurde. St.s Zuneigung zu den Naturvölkern, die mit der Ablehnung der Herzlschen Theorien einhergeht, findet ihre Parallele in seinem Skeptizismus gegenüber der westlichen Zivilisation. Seine tiefe Verwurzelung im jüdischen Glauben wird auch in den Gedichten und Aphorismen erkennbar, die sich dem Holocaust widmen. »Die Pflicht zur Erinnerung« lautet eine Aufzeichnung. »Wer sie nicht als religiöse Pflicht versteht, hat keinen Zugang zum Judentum.«

Bis zum 21. Lebensjahr schien nur der nach jüdischem Brauch hinzugefügte Vorname – Baermann – seines Großvaters väterlicherseits auf St.s Zugehörigkeit zum Judentum hinzuweisen. »Er besuchte zwar den Religionsunterricht und kam dadurch auch in die Synagoge, doch da die Eltern das nicht unterstützten und der Synagoge fernblieben, verlor sich auch Franzens Kontakt zu Beginn seiner Gymnasialzeit immer mehr« (H.G. Adler). Sein Vater Heinrich St. gehörte dem assimilierten, deutschsprechenden und -empfindenden Prager Kleinbürgertum an. »Meine geistige Entwicklung«, resümiert St. in einem Brief an R. Hartung (14.3.1952), »führte von dem orthodoxen und verbohrten Marxismus meiner Jugend auf ›interessanten‹ Umwegen zu einem schlichten, sehr ›uninteressanten‹ traditionellen Judentum. Die Eltern meines Vaters waren orthodoxe Dorfjuden, die meiner Mutter liberale Städter.« Ob diese Abkehr vom Marxismus jedoch mit der Hinwendung zum Judentum zusammenhing, muss offen bleiben. Jedenfalls deklarierte sich St. bei einer Volkszählung im Jahr 1930 national als Jude und nicht als Tscheche oder Deutscher. Das Bekenntnis als »Nationaljude« hängt auch mit seinem wachsenden Sprachbewusstsein im Schmelztiegel Prag zusammen, das um 1928/29 mit Beginn der literarischen Tätigkeit verstärkt wurde. »Ihre Feststellungen in Bezug auf Fremdheit-Sprache sind wesentlich«, schrieb er R. Hartung über die typische Situation der Prager deutschen Dichter, zu denen St. sich zählte. »Vielleicht wäre da noch zu bedenken, dass K[afka] nicht nur deutsch sprechender Jude unter deutsch sprechenden Nichtjuden war, sondern auch, und vor allem, unter tschechisch sprechenden Nichtjuden. Dies ergibt eine doppelte Fremdheit und Unsicherheit, die sich jemand, der nicht unter Prager Juden gelebt hat, kaum vorstellen kann.« Seine jüdische Identität, »die Basis von Franzens Eigenart als Mensch, Künstler und Gelehrter« (H.G. Adler), unterschied sich aber wesentlich von der Kafkas. Sie begann sich anlässlich eines Studienaufenthalts an der Hebräischen Universität in Jerusalem in den Jahren 1930/31 auszubilden: Er wohnte bei Hugo Bergmann (1883–1975), der ihn mit der zionistischen Pionierarbeit vertraut machte. Das Palästina-Erlebnis ließ ihn als begeisterten Juden und überzeugten Zionisten nach Prag zurückkehren: »Wesentlich verändert und vertieft wurde seine Religiosität. Gefestigt hatte sich auch sein positives, dabei nie unkritisches Verhältnis zum jüdischen Volk. Sein jüdisches Wesen begann er stark hervorzukehren, er begriff sich jetzt als ein im Westen geborener Orientale« (Fleischli).

St. nährte sein jüdisches Selbstverständnis aus den Lehren des Kulturzionisten Achad Haam (1856–1927), ungewöhnlich zwar für einen Juden, der aus Mitteleuropa stammte, nicht aber für einen Ethnologen. Wie Achad Haam sah St. die Juden als ein orientalisches Volk, das auch durch die Assimilation nicht seine Eigenschaften verloren habe. Das Westjudentum lehnte St. ab. In den Tagebüchern apostrophiert er etwa die Werke J. Wassermanns als »romantischen Assimilationsschleim« (12.4.1939) oder Freuds Moses-Buch nicht nur als »tiefste Theorie der Emanzipation«, sondern auch als »krankhaften Hochverrat« (31.5.1939). Dagegen setzte sich St. zeitlebens für die friedliche Koexistenz von Juden und Arabern ein, forderte den Dialog und verfocht Achad Haams Idee, in Palästina einen jüdischen Staat als vollwertiges Mitglied der asiatischen Völkergemeinschaft zu begründen. Dies alles formulierte er in dem Artikel *Orientpolitik* in der Zeitschrift *Selbstwehr* (1936). St. schlug u.a. auch die Gründung eines ägyptischen Instituts in Tel Aviv vor: Autor und Ethnologe St. vereinigten sich im Wunsch, Forschung als »Friedenstaube« einzusetzen: »Der Wissenschaftler hat eine Verantwortung – vergleichbar Canettis Bild des Dichters –, die jegliche fachwissenschaftliche Abkapselung ausschließt« (Mack). Auch seine politische Betätigung lässt sich hieraus ableiten; St. engagierte sich im Exil in der sozialistisch-zionistischen Partei *Poale Zion*. Als offizieller Vertreter der Oxforder Gruppe nahm er etwa an der *Annual Zionist Conference* 1944 in London teil. Aktiv vertrat St. seinen zionistischen Standpunkt auch in einem 25seitigen Brief, den er 1946 an Gandhi richtete (DLA Marbach).

Als Dichter zeigte sich St. insbesondere durch seine frühe Kafka-Lektüre beeinflusst: Kurz nach dessen Erscheinen las er 1926 den Roman *Das Schloß*. Die befreundete Exil-Germanistin L. Salzberger schrieb M. Susman über das Verhältnis von St. zu Kafka (24. 11. 1944): »Er […] fühlt sich Kafka sehr nahe. Allerdings so starr ist er nicht, er steht der Mystik sehr nahe, ist ja ein Lyriker.« Die zionistische Haltung von St. amalgamiert sich in der Lyrik mit seiner Religiosität und der außerordentlichen Belesenheit. Über sein bekanntestes Gedicht, *Gebet im Garten*, schrieb er seinem Lektor Hartung (30.5.1948): »Es ist voller Anspielungen (auch in Rhythmus und Reim) auf die jüdische Liturgie und die mittelalterliche hebräische Poesie, Begriffe der jüdischen Mystik werden ohne Erklärung gebraucht, als sei dies selbstverständlich – ein volles Verstehen ist bei Nichtjuden so unwahrscheinlich, daß ich gar nicht weiß, ob das Gedicht überhaupt Teilnahme erwarten darf.« Lyrik und Gebet sind bei St. kaum zu trennen. So notierte er: »Das ›Ich‹ in den Psalmen ist das Ich des Beters, nicht des Dichters.« Das Gedicht *Gebet im Garten* erinnert zwar an seine im Konzentrationslager ums Leben gekommenen Eltern, doch betet St. auch »für die Wahrnehmung des entsetzlichen Völkermords und sein Beten unterstreicht seinen Glauben an den ethischen Charakter der Erkenntnis« (Mack). Das Gedicht zeugt zudem von einem Zivilisationsskeptizismus, der sich bei St. häufig konstatieren lässt, im Hinblick auf den Holocaust zum Sarkasmus gesteigert: »Andererseits hat es das Fähnlein der Aufrechten in Westeuropa besonders beunruhigt, daß die deutsche Schreckensherrschaft so kaltblütig mechanisch mit ihren Opfern verfuhr. Derlei darf doch nicht so ordentlich zugehen!«

Werke: Unruhe ohne Uhr, hg. H.G. Adler, Heidelberg 1954; Taboo, hg. L. Bohannan, London u. a. 1956; Eroberungen, hg. H.G. Adler, Heidelberg 1964; Fluchtvergnüglichkeit, hg. M. Hermann-Röttgen, Stuttgart 1988; Taboo, Truth and Religion, hg. J. Adler, Oxford 1999; Orientpolitik, Value and Civilisation, hg. J. Adler, Oxford 1999; Am stürzenden Pfad, hg. J. Adler, Göttingen 2000; Zivilisation und Gefahr, hg. J. Adler u. a., Göttingen 2008; Feststellungen und Versuche, hg. U. van Loyen, Göttingen 2009; Zeugen der Vergangenheit. Briefwechsel 1936–1952 (mit H.G. Adler), hg. C. Tully, München 2011.
Literatur: A. Fleischli, F.B.St., Hochdorf 1970; J. Adler, The Poet as Anthropologist, in: Psychoanalysis in Its Cultural Context, hg. E. Timms, Edinburgh 1992, 145–157; M. Mack, F.B.St.s Auseinandersetzung mit dem Nationalsozialismus, in: Mit der Ziehharmonika 14 (1997), 17–22; M. Atze, »Ortlose Botschaft.« Der Freundeskreis H.G. Adler, F.B.St. und E. Canetti im englischen Exil, Marbach 1998; M. Mack, Ägypten und Israel im Werk F.B. St.s, in: Dialog 7 (1999), 15–23; M. Mack, Anthropology as Memory. Elias Canetti's and F.B.St.s Responses to the Shoah, Tübingen 2001; From Prague Poet to Oxford Anthropologist. F.B.St. Celebrated, hg. J. Adler, München 2003; E. Canetti, F.St., in: ders., Party im Blitz. München u. a. 2003, 125–134; H.G. Adler, Über F.B.St. Brief an Chaim Rabin, Göttingen 2006; J. Adler u. a., Ein Orientale im Westen – eine Einführung in Leben und Denken F.B.St.s, in: F.B.St., Zivilisation und Gefahr, hg. J. Adler u. a., Göttingen 2008, 497–732.

Marcel Atze

Stern, Gerson

Geb. 7.7.1874 in Holzminden;
gest. 15.1.1956 in Jerusalem

Obwohl der ehemalige Kaufmann und Fabrikant St. schon früher wenig beachtete Gedichte und szenische Texte geschrieben hatte, wurde seine verstärkte literarische Tätigkeit erst durch den Nationalsozialismus ausgelöst: in unmittelbarer

Reaktion auf die nationalsozialistische Machtübernahme verfasste er den Roman *Weg ohne Ende*, der 1934 im Erich Reiss Verlag in Berlin erschien. Dieser *Jüdische Roman*, so der Untertitel, sollte erfüllen, was St. später ausdrücklich von jüdischer Belletristik in der historischen Situation verlangte, nämlich »Richtung und Klärung« zu geben und über die Vermittlung von »Kraft« und »Trost« eine jüdische Erneuerung anzuregen. Martin Bubers Vorstellung folgend, nach der das Leben ein Zwiegespräch zwischen Gott und seiner Kreatur ist, begreift St. auch die gegenwärtige Verfolgungserfahrung als »Ansprache«, als eine Herausforderung, die »Antwort« verlangt: »Was ist Schicksal? Nicht das Geschehen, das an uns herantritt, sondern die Antwort, die wir geben« (*Israelitisches Familienblatt*, 28.4.1938). Dabei tritt St. für eine Spiritualität ein, die in einer religiösen wie lebensweltlichen Praxis ihren Rückhalt findet. Trotz Säkularisierung und Assimilation konnte St. auf eine solche jüdische Erneuerung hoffen, da er im Anschluss an Buber eine dem Judentum eigentümliche »dauernde Substanz« unterstellte, die zwar historisch verdeckt werden kann, tatsächlich aber unverlierbar ist.

St.s historischer Roman *Weg ohne Ende*, der die Geschichte zweier Generationen einer jüdischen Familie im 18. Jahrhundert schildert, verfolgt – wie der Prolog ausdrücklich erklärt – eine doppelte Wirkungsabsicht: er ist eine Anklage gegen und zugleich ein »Aufruf« an »alle die, welche sich verloren haben«. Über die Identifikation mit früheren Generationen soll der Rezipient die eigene Assimilation als verfehlt erkennen und zu einer neuen jüdischen Existenz gelangen. Dabei setzt sich der erste Teil des Romans kritisch mit der deutsch-jüdischen Geschichte auseinander. Gleichsam als Gegenentwurf zum realen historischen Verlauf wird der Eintritt von Juden in die bürgerliche Gesellschaft einer – fiktiven – norddeutschen Kleinstadt beschrieben, der schließlich in eine friedliche Koexistenz mündet. Nicht nur ihre eigene Glaubensstärke, sondern auch der Respekt der Mehrheitsgesellschaft verhelfen der jüdischen Minderheit dazu, ihre Identität zu bewahren. Das zweite Buch wirkt unmittelbar als Aufruf an die zeitgenössischen Leser. Am Beispiel einer historisch verbürgten Verfolgungssituation wird der Wandel einer Ghettobevölkerung von einer Schicksalsgemeinschaft zu einer Solidargemeinschaft nachgezeichnet, die im kulminierenden Leid bedingungslose Glaubenstreue zeigt. Weil sie mit ihrem Zeugnis von Gott die Realität als Aufgabe bewältigen, erscheinen die historisch Unterlegenen in der religiösen Perspektive des Textes als Akteure, die – mittelbar – am Heilsgeschehen der Welt mitwirken. Der ganz offenkundig von Bubers Chassidismus-Interpretation geprägte Roman fand in der jüdischen Öffentlichkeit einen ungewöhnlichen Nachhall; bereits im Jahre 1936 waren zehntausend Exemplare in mehreren Auflagen erschienen, der Roman wurde ins Polnische und ins Hebräische übersetzt, und rund fünfzig deutsche und ausländische Periodika druckten Rezensionen oder Würdigungen des Autors.

Obwohl weder *Weg ohne Ende* noch die im Auftrag der zionistischen *Jüdischen Rundschau* verfasste Erzählung *Auf drei Dingen steht die Welt* (abgedruckt 19.3.–16.8.1935) die Diasporaexistenz politisch zurückweisen, war St. Zionist. Er beteiligte sich außerdem aktiv am organisierten jüdischen Leben als Vorbeter in seiner Heimatsynagoge sowie im Rahmen des »Hessischen Landesverbandes der Jüdischen Jugendvereine«. Nach seiner 1939 erfolgten Flucht nahm St. an dem von E. Lasker-Schüler gegründeten Intellektuellenzirkel »Der Kraal« teil und setzte sich u. a. zusammen mit Schalom Ben-Chorin für eine deutschsprachige Literatur in Palästina sowie für die Vermittlung der hebräischen Literatur des Landes an deutsche Immigranten ein (*Menora. Eine Auswahl literarischen Schaffens in Erez Israel*, 1941). St.s letzter Roman, *Die Waage der Welt*, fängt den gesellschaftlichen Umbruch der Jahre 1932/33 in Deutschland und die damit einhergehende Ausgrenzung der Juden ein. Der Text verbindet Fiktion mit zeithistorischen Geschehnissen, wobei ein umfangreiches Ensemble von jüdischen und nichtjüdischen, fiktionalen wie historisch verbürgten Figuren verschiedene Haltungen zu und Reaktionen auf die politische Situation repräsentiert. Unter den veränderten historischen Bedingungen konnte der zu St.s Lebzeiten nur auf Hebräisch erschienene Roman (*Mosnej haolam*, 1948) den Erfolg von *Weg ohne Ende* nicht erreichen. Dies gilt im Übrigen auch für seine anderen, durchweg deutschsprachigen Arbeiten (*Stille Wege. Verse*, 1945).

Werke: Werke, hg. F. Voit, Siegen 1999 ff.
Literatur: J. Graf, G.St. und sein Roman »Weg ohne Ende« (1934). Erinnerung an einen weitgehend vergessenen Autor, in: Produktivität des Gegensätzlichen. Studien zur Literatur des 19. und 20. Jahrhunderts, hg. J. Bertschick u. a., Tübingen 2000, 119–132; S. Schreuder, Würde im Widerspruch. Jüdische Erzählliteratur im nationalsozialistischen Deutschland 1933–1938, Tübingen 2002; F. Voit, »Das Wort zu finden, das alle Türen öffnet«. Zum literarischen Schaffen von G.St. (1874–1956), in: Zwischen Rassenhass und Identitätssuche. Deutsch-jüdische literarische Kultur im nationalsozialistischen Deutschland, hg. K. Schoor, Göttingen 2010, 367–382.

Saskia Schreuder

Sternheim, Carl

Geb. 1.4.1878 in Leipzig;
gest. 3.11.1942 in La Hulpe bei Brüssel

Der expressionistische Dramatiker, Gesellschaftskritiker und Satiriker St. galt unter deutsch-jüdischen Zeitgenossen als ausgesprochen zwiespältige Gestalt. A. Zweig charakterisierte ihn 1922 als einen der »großstädtisch-jüdischen Geldwelt« Entkommenen, der seinen Selbsthass auf seine jüdische Umwelt projiziere, als einen allem Jüdischen entfremdeten Juden, der aber auch im Deutschtum nie wirklich heimisch geworden sei. Ob er ihm damit gerecht wurde, ist nur schwer zu beurteilen. Dass St. zu keiner Zeit seines von vielen biographischen und intellektuellen Brüchen geprägten Lebens ein positives Verhältnis zu seiner jüdischen Herkunft oder zu Elementen der jüdischen Tradition entwickelte, scheint allerdings unübersehbar. In St.s Familie – sein Vater, ein völlig assimilierter jüdischer Bankier und Zeitungsverleger, der offenbar weder eine religiöse noch eine kulturelle Bindung an sein Judentum mehr empfand, hatte eine Protestantin geheiratet und seine Kinder taufen lassen (St. war in der Schule vom Religionsunterricht befreit und wurde erst im Alter von 19 Jahren getauft) – spielte jüdische Identität keine erkennbare Rolle: »Die Eltern verstanden sich prachtvoll in dem schmetternden Bewusstsein: das bürgerliche Zeitalter um 1855 in Deutschland sei mit keinem anderen zu keiner anderen Zeit in keinem Erdteil annähernd zu vergleichen [...]. Jedes Familienmitglied vom Jüngsten zum Ältesten brachte in jedem Wort, in jeder Geste der Mitwelt gegenüber zum Ausdruck: es sei, in einem Kanaan zu leben, herztröstlich« – so beschrieb St. in seiner fragmentarischen Selbstbiographie *Vorkriegseuropa im Gleichnis meines Lebens* (1936) die Atmosphäre, die sein eigenes Selbstverständnis als Deutscher und deutscher Dichter bestimmte. Dass er seine Herkunft als Makel empfand, der einer selbstverständlichen gesellschaftlichen Anerkennung im Wege stand und ihn antisemitischen Vorurteilen aussetzte, scheint etwa im Drama *Das eiserne Kreuz* (1898–1902) durch, wenn der Bürgermeister Krehhahn seiner Tochter Adelheid, die einen Mann mit jüdischen Vorfahren heiraten möchte, entgegenhält: »Und wenn er Millionär wäre! Die Familie ist nicht denkbar, der Name! Sein Großvater war noch Jude. Sollen uns denn die Leute hier auslachen?« Möglicherweise verarbeitete St., der 1900 eine rheinische Katholikin geheiratet hatte, in solchen Passagen eigene Erfahrungen. Religiös orientierte er sich besonders in seinen frühen Gedichten und Dramen an der Figur des christlichen Erlösers, verbunden mit einer ausgeprägten Leidensmystik und der Überzeugung vom Messiastum des Dichters, der von Christus berufen ist, die Welt zu verändern (Haimerl).

Da St. von jüdischen Themen und von seinem Verständnis des Judentums nahezu vollständig schweigt, kommt der Analyse der jüdischen Figuren in seinen Dramen und Erzählungen besondere Bedeutung zu, insbesondere dort, wo ihr Judesein explizit thematisiert wird. Dabei gilt es allerdings zu bedenken, dass Juden nur in einigen späteren Erzählungen als eigenständige Protagonisten begegnen, während sie etwa in den Komödien zwischen 1910 und 1914 meist lediglich als Kontrastfiguren zu den wirklichen »Helden« fungieren. Mandelstam in *Die Hose* (1910), eine schwächliche, dem Helden Maske gegenüber kriecherisch-untertänige Gestalt, Meister der Tücke und Intrige, geht in seiner Selbstverleugnung so weit, die Frage, ob er »Semit« sei, bestürzt zu verneinen: »Ich bin Deutscher. Mache keinen Lärm um die Judensache, aber am besten das Rote Meer zwischen diese und mich.« Mit seiner übersteigerten Wagner-Verehrung ist »Mandelstam aus dem Stamm der Arier«, wie ihn Maske ironisch bezeichnet, ein charakteristisches Beispiel für die St. verhasste Überassimilation und Fremdbestimmung, die offenbar in seiner von Verachtung geprägten Beziehung zu seinem Vater eine wichtige Rolle spielte. Weitere Figuren wie Seidenschnur im Drama *Der Kandidat* (1914), die sich durch Schmeichlertum, Erpressung und Schläue auszeichnen, entsprechen auffällig dem Stereotyp des raffinierten, heimtückischen Wesens der Juden. In St.s. Erzählungen treten dagegen Figuren in den Vordergrund, die zwar ebenfalls von Antisemiten geschaffen sein könnten, Schieber, Drückeberger, Kriegsgewinnler und Frauenschänder, die sich jedoch im Verlaufe der Erzählung als – von St. positiv gemeinte – selbstbestimmte Persönlichkeiten erweisen und es wagen, ihre Instinkte, Affekte und Triebe ohne Rücksicht auf ihre Mitwelt auszuleben. Neben Heidenstam, dem Helden der gleichnamigen Novelle (1917), trifft dies vor allem für den jüdischen Künstler Posinsky in *Ulrike* (1917) zu, der sich die aus protestantischem preußischem Landadel stammende Ulrike mit seiner exzessiven Sinnlichkeit als Lustobjekt gefügig macht und zuletzt in den Tod treibt. Als die Erzählung 1918 von alldeutschen Kreisen als Scham und Sittlichkeit verletzende unzüchtige Schrift angegriffen und beschlagnahmt wurde, führte St. dies auf antisemitische Ressentiments zurück: es gehe nicht wirklich um sexuelle Anstößigkeit, sondern darum, »daß es sich zwischen (sage und schreibe) dem Vollblutjuden und (Achtung!) einer preußischen Komtesse ereignet…!« »Wären etwa wirklich Jude und Gräfin mitmenschlich eins und dürften miteinander, was an und für sich für Alle möglich ist, dann…, dann, wirklich, gute Nacht, Soldat!« Dass er selbst mit seiner Darstellung des jüdischen Protagonisten antisemitische Phantasien von der Triebhaftigkeit der Juden bestärken könnte, war ihm möglicherweise nicht bewusst.

Das gleiche gilt für sein Bild vom assimilierten »Börsenjudentum«, das – nach dem Ende der deutschen Monarchie, den revolutionären Bewegungen von 1918/19, mit denen er sympathisierte, und dem Scheitern der Revolution – in seinen politisch-zeitkritischen Schriften der 20er Jahre noch an Schärfe gewann. In seiner polemischen Analyse *Berlin oder Juste milieu* (1920) fungieren Juden exemplarisch als Vertreter einer »mechanisierten Geistigkeit«, die in der Anonymität der Presse ihr »Ressentiment gegen alles Heilige und Höchstpersönliche« austobte, zudem ständig auf der Suche nach materiellem Gewinn. St.s radikale Ablehnung der bürgerlichen Ideologie ließ ihm das Judentum, wie auch Hegelianismus, Preußentum und Sozialismus, als an der Ausbreitung des aus seiner Sicht allgegenwärtigen Geistes der Unverantwortlichkeit, des Opportunismus und des geistlosen Materialismus der Zeit schuldig erscheinen. Ob er in seiner Erzählung *Fairfax* (1921) den ukrainischen Juden Plexin als Urbild eines gewissenlosen Volksverhetzers und Kriegstreibers vorführt oder im Drama *J.P. Morgan* (entstanden 1930, veröffentlicht 1936) W. Rathenau und A. Ballin auftreten lässt, um die weltweite Verschwörung des Kapitalismus aufzuzeigen – stets erscheinen assimilierte Juden als negative, die Gesellschaft zerstörende Gestalten. Dagegen begegnet in dem Drama *Der entfesselte Zeitgenosse* (1920) als einzige uneingeschränkt positive jüdische Figur der orthodoxe Kammerdiener Mayer, der sein Judentum nicht verbirgt und sich auf diese Weise die Achtung der preußischen Gräfin Ursula erwirbt – auch dies eine Parallele zur sozio-kulturellen Judenfeindschaft der Zeit, die vor allem im assimilierten Judentum eine gesellschaftliche Gefahr erblickte.

Es ist nur schwer zu bewerten, ob St., wie A. Zweig vermutete, in seiner im Kontext des antisemitischen Zeitgeistes höchst problematischen Darstellung jüdischer Figuren sein eigenes Integrationsstreben und seine stets unerfüllt gebliebene Ambition kompensierte, um als führender »deutscher Dichter« anerkannt zu werden. Der Widerspruch und die Tragik des Lebens des zunehmend isolierten Schriftstellers, der auch aufgrund eines fortschreitenden Nervenleidens seit 1928 literarisch nahezu verstummte, werden letztlich darin sichtbar, dass er seine letzten Jahre, von den Nazis als Jude und »entarteter« Schriftsteller verfemt und totgeschwiegen, im belgischen Exil verbrachte, wo er 1942 starb.

Werke: Gesamtwerk, hg. W. Emrich, 10 Bde., Neuwied u. a. 1976.
Literatur: A. Zweig, Versuch über St., in: Juden in der deutschen Literatur, hg. G. Krojanker, Berlin 1922, 293–320; W.G. Sebald, C.St. Kritiker und Opfer der Wilhelminischen Ära, Stuttgart 1969; I. Haimerl, Zwischen Antisemitismus und Akkulturation. St.s Selbstverständnis als deutscher Autor jüdischer Abkunft, in: C.St.s Dramen, hg. J. Schönert, Heidelberg 1975; S. Kremser-Dubois, Dramaturgie de la provocation, Bern 2008.

Christian Wiese

Strauß, Ludwig (Franz Quentin, Arieh ben Menachem)

Geb. 28.10.1892 in Aachen;
gest. 11.8.1953 in Jerusalem

St. stammt aus einer Kaufmannsfamilie, die Ende der 80er Jahre des 19. Jahrhunderts aus dem Hessischen nach Aachen gezogen war. Er war das jüngste von drei Kindern; der ältere Bruder Max Strauß machte sich später u. a. als Übersetzer Agnons einen Namen. Bereits während der Schulzeit konnte St. unter dem Pseudonym Franz Quentin in einem Kreis junger Aachener Dichter – darunter W. Hasenclever und K. Otten – sein poetisches Talent entfalten. Seine Entwicklung zum Dichter vollzog sich allerdings weniger im Zeichen des Expressio-

nismus als im Zeichen Georges und vor allem Hölderlins, dem er später wegweisende Studien widmete. Seit etwa 1910 in zionistischen Vereinen aktiv, bezog St. in der Assimilationskontroverse der Jahre 1912 bis 1914 eine klare Position: Die Fixierung der Juden auf die deutsche Kultur, die zu einer Entfremdung von der jüdischen Tradition geführt hat, lässt sich nur durch zeitweilige Dissimilation revidieren (*Die Revolutionierung der westjüdischen Intelligenz*, im Prager Sammelbuch *Vom Judentum*, 1913; vgl. die Erzählung *Der Mittler*, zuerst Januar 1914 in der *Freistatt*, dann 1916 im ersten gleichnamigen Prosaband). Erst nach dieser klaren Selbstpositionierung im Zeichen des vor allem von M. Buber bestimmten Kulturzionismus (St. heiratete 1925 in zweiter Ehe Bubers Tochter Eva) konnte sich der »deutsch-jüdische Zweigeist«, die konstitutive deutsch-jüdische Zweisprachigkeit entfalten, die für St. signifikant sind.

Nach einem Studium der Deutschen Philologie und Philosophie in Berlin und München, das wegen einer schweren Kriegsverletzung nicht zu Ende geführt werden konnte, war St. in Berlin zunächst fast ausschließlich kulturzionistisch aktiv (Welt-Verlag, »Hapoël Hazaïr«, Übersetzungen jiddischer Lyrik), ehe er als Dramaturg am Düsseldorfer Schauspielhaus 1925/26 eine vorübergehende Anstellung fand. Nach einigen Jahren in der Nähe seiner Schwiegereltern entschloss sich St. zur Promotion (1928/29) und Habilitation (1929), um dann bis 1933, unter erschwerten Umständen noch bis zu seiner Übersiedlung nach Palästina Anfang 1935 als Dozent für Literaturwissenschaft an der Technischen Hochschule Aachen zu arbeiten. Die Dissertation (*Hölderlins Anteil an Schellings frühem Systemprogramm*, 1927) und die Habilitationsschrift (*Das Problem der Gemeinschaft in Hölderlins Hyperion*, gedruckt 1933) sowie weitere Aufsätze profilieren St. als einen der führenden Hölderlin-Forscher seiner Zeit; sein später Aufsatz über Hölderlins Gedicht *Hälfte des Lebens* (in: *Trivium*, 1950) gehört zu den eindringlichsten Arbeiten der Hölderlin-Philologie.

Seit Beginn der 20er Jahre widmete sich St. mit gleicher Intensität deutschen wie jüdischen Themen, veröffentlichte in jüdischen wie allgemein kulturellen und wissenschaftlichen Zeitschriften. Er brachte mehrere Sammlungen seiner Gedichte (u. a. *Die Flut – Das Jahr – Der Weg*, 1921; *Nachtwache*, 1933) heraus, deren dialogischer Grundimpuls von St.' Poesie sich auf Hölderlin ebenso beziehen lässt wie auf die Dialog-Philosophie Bubers oder F. Rosenzweigs. Außerdem erscheinen in diesen Jahren die jüdische Erzählung *Der Reiter* (1928) und eine zusammen mit N.N. Glatzer herausgegebene Anthologie aus dem *Schrifttum des nachbiblischen Judentums* (*Sendung und Schicksal*, 1931).

Palästina wurde für den überzeugten Kulturzionisten nicht zum Exilland, sondern zur alt-neuen Heimat, die er bereits 1924 bereist und als mögliches Domizil in Erwägung gezogen hatte. Die Produktivität seit 1933, die sich nun in zwei Sprachen vollzieht und wie zuvor Lyrik und Prosa sowie wissenschaftliche Texte umfasst, entspricht dieser vergleichsweise glücklichen Situation. Der Gedichtband *Land Israel* (1935), noch weitgehend in Deutschland vollendet, wird zum bedeutenden lyrischen Dokument der neuen Alijah. Ein charakteristisches Zeugnis künstlerisch bewältigter Zweisprachigkeit ist das zunächst hebräisch, dann deutsch geschriebene Gedicht *An die Bucht*, das weit über den Anlass hinaus – gemeint ist die Bucht von Haifa – zu einer Evokation sinnlich-geistiger Identifikation mit Erez Israel wird: »Du legst Sand/ Rein wie Feuer/ Um das blaue,/ Sich schmiegende Meer,/ Wie ein Liebender die Hand legt/ Um eine Brust. // Nichts als/ Schauen will ich -/ Aber mit der sanften/ Sichel deiner Schönheit/ Schneidest du/ Durch mein Herz,/ Und meine Sinne wie Ähren/ Fallen.«

Gleichsam ein leichteres Gegenstück zu *Land Israel* werden die »Sprüche in Versen« *Kleine Nachtwachen* (1937), die auf die Bewältigung palästinensischer Realität zielen. Hier findet sich ein typisches Zeugnis für die Versöhnungsbereitschaft von St. im Streit der jüdischen und arabischen Nachbarn: »SIE haben Recht, wir haben Recht -/ Und walteten beide des Rechtes schlecht,/Sie haben Schuld, wir haben Schuld -/Gott gebe uns miteinander Geduld!«

St. lebte mit seiner Familie zunächst in Jerusalem, arbeitete dann einige Zeit im Kibbuz Hasorea und wurde schließlich Lehrer in dem von Siegfried Lehmann gegründeten Jugenddorf Ben Schemen, wo er sich aus Deutschland und Europa geflohener Jugendlicher annahm. Die letzten, bereits von einer schweren Herzkrankheit überschatteten Jahre lehrte er mit nachhaltiger Wirkung Vergleichende Literaturwissenschaft an der Hebräischen Universität. Während der hebräische Gedichtband *Shaot wador* (1951) der spanisch-jüdischen Lyrik des Mittelalters verpflichtet ist, zeigt *Heimliche Gegenwart* (1952) einen modernen Zug zur Konzentration im Bildlichen und einen für St. typischen messianischen Zug, der insbesondere das 1939 entstandene Gedicht *Der fremde Offizier* kennzeichnet. Als Prosaautor gewann St. in Israel ebenfalls Kontur: mit der Sammlung von »Sätzen« *Wintersaat* (1953) und einem Zyklus von kurzen erzählenden Texten *Fahrt und Erfahrung* (postum 1959, hg. v. W. Kraft), die die bedeutendsten Prosatexte des Dichters umfassen. In *Wintersaat* findet sich ein »Satz«, der eine Art Credo des Menschen und Dichters St. darstellt: »Die vollendeten Kunstwerke sind Inseln der messianischen im Meer der unerlösten Zeit.«

Werke: Dichtungen und Schriften, hg. W. Kraft, München 1963; Gesammelte Werke, 4 Bde., hg. T. Rübner, H.O. Horch, Göttingen 1998 ff.; Briefwechsel M. Buber – L.St., hg. T. Rübner, Frankfurt a. M. 1990.
Literatur: L.St. 1892–1992. Beiträge zu seinem Leben und Werk, hg. H.O. Horch, Tübingen 1995; K. Rückwald, Zionismus, Sozialismus, Universalismus. L.St. Studien zu Leben und Werk von 1906 bis 1935, Aachen 2009.

Hans Otto Horch

Sturmann, Manfred

Geb. 6.4.1903 in Königsberg;
gest. 9.1.1989 in Jerusalem

Die 1924 veröffentlichte Erzählung *Abschied von Europa*, die St. fast sechzig Jahre später unter dem Titel *Heimkehr in die Wirklichkeit* (1983) noch einmal erscheinen ließ und deren Titel er auf seinen 1963 in Berlin veröffentlichten Band mit *Geschichten aus Israel* (Untertitel) übertrug, nimmt die Ambivalenzen des geistigen Lebens wie der biographischen Existenz dieses im ostpreußischen Königsberg geborenen Erzählers und Lyrikers ebenso auf wie damals schon vorweg: Die Verbundenheit St.s mit der ostpreußischen Landschaft, »deren Erlebnis das richtungsgebendste der Kindheit« für ihn gewesen ist (*Thomas Manns Ostpreußenfahrt*, *Ostdeutsche Monatshefte* 1929/30) und deren Umrisse noch bis in seine späten literarischen Texte als Sehnsucht nach Heimat erkennbar bleiben sowie eine emotional schwierige, jedoch in zionistischer Überzeugung vorgenommene Abkehr von Deutschland, die St. 1938 mit seiner Auswanderung nach Palästina vollzog. In der literarischen Figur eines Dichters, der nach Palästina hatte gehen wollen, den jedoch »die deutsche Sprache [...] nicht los[ließ]« (*Abschied von Europa*) sowie im Ich-Erzähler, ein Geisteswissenschaftler mit den narbigen Händen eines »Landarbeiter[s]«, antizipiert diese frühe Erzählung zentrale Lebensprobleme ihres Verfassers in Deutschland sowie dessen spätere konfliktreiche Existenz als israelischer Schriftsteller zwischen beruflichem Alltag und dichterischer Ambition. Der ostpreußische, deutsche und israelische Dichter bezeichnete daher sein Leben rückblickend als »Sprachexil« in doppelter Hinsicht (an Joachim Günther am 9.9.1981) und empfand sich zeit seines Lebens in einer Außenseiterexistenz: »Ich habe Stürme erlebt/ Und Schläge bekommen,/ Wurde vertrieben und enttäuscht./Ich bin neue Wege gegangen/ Und habe mein Brot gefunden,/ Aber ich bin arm geblieben«, heißt es in seinem gleichnamigen Gedicht, »immer stand ich am Rande/ Der großen Straßen« (in: *Die Sanduhr* 1954).

St. wurde im mosaischen Glauben erzogen, war jedoch im Familien- und Freundeskreis früh mit den verschiedenen Richtungen des deutschen Judentums konfrontiert. Sein Großvater, Jacob Akiba Sturmann (1838–1917), von 1865 bis 1915 Prediger der jüdischen Gemeinde in Osterode/Ostpreußen, vertrat jüdisch-orthodoxe Anschauungen. Der Vater Hermann Sturmann war Juwelier und Goldschmied; er gehörte zu einer stärker akkulturierten Generation deutscher Juden und ließ den jungen St. 1921 das Altstädtische Gymnasium in Königsberg besuchen. Insbesondere St.s Tante Martha konfrontierte den Gymnasiasten mit zionistischen Ideen, denen sich dieser für den Rest seines Lebens anschloss. Obgleich der Großvater wie auch beide Eltern antizionistisch eingestellt waren, trat St. als Gymnasiast der zionistischen Jugendbewegung Blau-Weiß bei. Nach der Schulzeit begann er für ein Semester ein Studium an der Albertina in Königsberg, das er in Breslau und München in den Fächern Volkswirtschaft, Germanistik und Kunstgeschichte fortsetzte. 1923 nahm St. in München eine Lehre in einem Buchverlag auf, um seinen Lebensunterhalt zu sichern. Zugleich begann er zu schreiben. Von 1923 bis Januar 1934 erscheinen St.s Gedichte, literarische Porträts, Erzählungen und

Besprechungen in den in Danzig erscheinenden *Ostdeutschen Monatsheften* und zahlreichen anderen literarischen Zeitschriften. Sie zeigen den naturverbundenen Dichter als eine der starken lyrischen Begabungen seiner Zeit. St.s erster, 1923 in München veröffentlichter Gedichtband *Althebräische Lyrik. Nachdichtungen* (mit einer Einleitung von Arnold Zweig) präsentierte Übertragungen aus der biblischen Literatur, wobei er sich, im Unterschied zu Buber und Rosenzweig, weitgehend an das Original anlehnte. Insbesondere St.s Psalmenübertragungen, »Nachklänge« im besten Sinne des Wortes, prägten – neben den Einflüssen deutscher Hymniker von Hölderlin bis Trakl – sein Formempfinden und haben in seinen späteren Werken nachhaltige Spuren hinterlassen. St.s erste eigene Gedichte erschienen 1929 unter dem Titel *Die Erben*. Sie waren seiner Frau Lina (»Li«) geb. Schindel gewidmet, die er 1924 geheiratet hatte. Im Sommer dieses Jahres hatte er den Band *Der Gaukler und das Liebespaar* veröffentlicht. 1929, als auch St.s Erzählung *Selbstmord in Dur* (entstanden 1926) im Berliner Horen-Verlag erschien, erhielt er den Lyrikpreis der Stadt München. Seine Erzählungen wie Gedichte sprechen in autobiographischen Anklängen von den Schönheiten der ostpreußischen Landschaft, dem Verlust der Herkunft und der Suche nach einem Weg im Leben, den er für sich selbst nie gefunden zu haben glaubte. »Manch Wege taten sich jäh vor dir auf,/ So viele durchliefst du in hastigem Lauf,/ Doch den *deinen* fandest du nicht«, lauteten noch in späteren Jahren Zeilen aus St.s Gedicht *Weg und Umkehr* in seinem Lyrikband *Die Sanduhr* (1954). Wie St.s frühe Texte zeugt auch sein Gedichtband *Wunder der Erde* (1934) von einer auch religiös unterlegten Liebe zur Natur, die am Schluss des Bandes in einer Nachdichtung des Schöpfungsmythos ihren Höhepunkt findet.

Ungeachtet zeitgenössischer Zuschreibungen war St. alles andere als ein reiner Naturlyriker. Als 1930 in der Zeitschrift *Die Kolonne* fünfzig junge deutsche Autoren über Tendenzen ihres literarischen Schaffes befragt wurden, lehnte St. zudem jede Form der *l'art pour l'art*-Kunst für sich ab. Dagegen bekannte er sich zu einer »Verantwortlichkeit vor der Zeit« und zur »sozialen Aufgabe« einer »Dichtung der Gegenwart«. Ein Dichter sollte seiner Auffassung nach Europäer sein. »Seine Forderung und sein Kampf, sein Protest und sein Fluch haben über die Landesgrenze hinauszugehen.« Diese Position modifizierte St., als 1933 die Nationalsozialisten in Deutschland an die Macht kamen. Ein zionistisches kulturpolitisches Engagement, das erstmals 1924 in seiner Sonettenreihe *Die Berufung* in der jüdischen Monatsschrift *Das Zelt* auch literarisch fassbar wird, verstärkte sich in jenen Jahren und erhielt eine existenzielle Dimension. Wenn sich jedoch zeitgenössisches jüdisches Schicksal in den damaligen poetischen Texten von Autoren jüdischer Herkunft häufig in hymnenhafte Religiosität wandelte, Zeitdichtung zu religiöser Dichtung wurde, schlugen Gedichte wie St.s »Tränen des Volkes« (in: *Jüdische Lyrik der Zeit*, hg. Kurt Pinthus, 1936, *C.V.-Zeitung*), einen irdischeren Tonfall an. In der Aufforderung, »die eigenen Tränen zu mischen/ in die Tränen des Volkes« spannt es den Bogen lyrischen Sprechens vom jüdischen Ich hin zu einem Wir der Vorväter des Alten Testamentes. St.s Texte wenden sich in diesen Jahren fast ausschließlich an eine jüdische Schicksalsgemeinschaft. Hatte St. schon vor 1933 in dem Gedicht *Die Erben* die »Glücklichen«, die noch »im Hause den Atem der Väter spüren«, mit den »Erben der schalen Vergessenheit« konfrontiert und von einer »Sehnsucht nach Herkunft« gesprochen, spiegelte sich Letztere in seinen nach 1933 in Deutschland entstandenen poetischen Texten in der Wendung eines vereinzelten lyrischen Subjekts hin zu einem universellen Wir, in dem persönliches Schicksal im Leiden einer verfolgten Gemeinschaft aufgehoben erscheint. Der Leser als »Erbe« und »Kettenglied« wird in eine »lange Reihe der Ahnen« integriert, wie es in dem poetologisch-programmatischen Gedicht *Bekenntnis* (1935) heißt. Bei der Zusammenstellung des 1935 in Berlin veröffentlichten Gedichtbandes *Herkunft und Gesinnung* hatte St. seinen früheren biblischen Zyklen den Zyklus »Der Aufbruch« vorangestellt, der der Sammlung eine klare zionistische Ausrichtung gab. Im Nachwort bekennt er, dass die erste Sammlung seiner im Untertitel als »jüdisch« benannten Gedichte »keine ästhetische Intention« habe, sondern »ein kulturpolitisches Ziel« verfolge: »Dieses Ziel heißt: lebendige jüdische Gesinnung.« Auch sein *Palästinensisches Tagebuch* (1937) hat St. später in seiner ästhetischen Wertigkeit relativiert. Anlässlich einer Lesung im Jüdischen Kulturbund im November 1937 bezeichnete er dagegen die Aufgabe des jüdischen Dichters der Gegenwart noch einmal als eine politische. St.s lyrisches Schaffen dieser Jahre stand im Zeichen einer Art Gebrauchslyrik mit zionistischer Zielrichtung.

St., der sich das Iwrit schon in seinen Münchner Jahren angeeignet hatte, emigrierte am 2. November 1938 von München über Triest nach Haifa. In

Jerusalem studierte er kurze Zeit an der Hebräischen Universität und war von 1940 bis 1947 als Sekretär am Bezalel-Museum in Jerusalem beschäftigt. Ab 1949 arbeitete er als Leiter des Jerusalemer Büros der Irgun Olej Merkas Europa, der Vertretung der Einwanderer aus Mitteleuropa, bei der St. für den Bau und die Verwaltung sozialer Einrichtungen zuständig war. 1948 wurde er für ein knappes Jahr als Soldat im arabisch-israelischen Krieg eingezogen. St.s Bemühen, aktiv am Aufbau und der Gestaltung der israelischen Gesellschaft mitzuwirken und zugleich eine zweite Karriere als Schriftsteller zu beginnen, erwies sich als schwierig. St.s Gedichte dieser Jahre spiegeln den schweren Neuanfang in Palästina. Seine Erzählung *Clarissa* (1963) thematisiert in der Figur des 1935 nach Palästina ausgewanderten Großvaters das Schwanken zwischen dem Optimismus der Aufbaujahre und Ernüchterungen: »die Masse der nicht eingeordneten Neueinwanderer, die verworrene Wirtschaftslage, die Gegensätze der Landsmannschaften, das Ringen um den konkurrenzfähigen Export, die unmöglichen Grenzen und den Haß der Nachbarn« (in: *Abschied von Europa*). St. selbst empfand sich als Dichter isoliert. Er sei »Sozialfürsorger und von menschlichem Leid überbürdet«, schrieb er am 12. Juli 1952 an Hermann Hesse. »Einen ›freien‹ Schriftsteller gibt es in unserem kleinen Staate kaum. So muß man versuchen, zwischen zwei einander fremden Welten die Mitte in sich selber zu finden.« Darüber hinaus sah sich St. in seiner schriftstellerischen Existenz mit einem weiteren Problem konfrontiert, das er am 1. Januar 1936 in der *Bayerischen Israelitischen Gemeindezeitung* im Bild des »jüdischen Dichters deutscher Zunge« beschrieben hatte. Den deutsch-jüdischen Dichter sieht er als eine »tragische Erscheinung«, die nie »*die* jüdische Dichtung in jüdischer Form schaffen« könne: »Solange der jüdische Dichter in der Sprache seiner räumlichen Heimat jüdische Dichtung schafft«, heißt es, »solange ihm die jüdische Sprache, das Iwrith, nicht Muttersprache geworden ist – steht über ihm der tragische Schein *zweier* Sterne, die sich nicht zu einem Licht vereinen können: hier jüdischer Stoff – dort nichtjüdische, entliehene Form. [...] Dem jüdischen Dichter deutscher Zunge bleibt die Einheit [...] versagt.« Auch als *Israelischer Dichter deutscher Zunge* (1972) sah sich St. jedoch in einer prekären Lage: Auf der einen Seite bekennender Zionist, andererseits geprägt als ein deutscher Dichter, kann er für sich auch in Israel die »Schizophrenie des jüdischen Dichters deutscher Zunge« nicht lösen. Seine zwiespältige Identität als deutscher und jüdischer Schriftsteller und seine damit einhergehende Außenseiterexistenz als Schriftsteller in Israel bedrängten ihn bis zum Ende seines Lebens. »Und de facto«, so St., sei er »weder das eine, noch das andere.«

St.s Arbeiten in Israel, insbesondere seine schriftstellerischen Versuche in hebräischer Sprache, blieben relativ erfolglos. Das 1942/43 entstandene deutschsprachige Manuskript *Großvaters Haus*, in dem er seine frühen Begegnungen mit dem Judentum und seiner ostpreußischen Kindheit beschrieben hat, ist bis heute unveröffentlicht. Ein Band *Gedichte* erschien 1941. St.s spätere Bücher *Abschied von Europa. Geschichten aus Israel* (1963), *Heimkehr in die Wirklichkeit* (Novelle 1982), *Lebensfragen* (Gedichte 1983) oder *Das Buch der späten Jahre* (Gedichte 1985) erschienen in der Schweiz.

Werke: Althebräische Lyrik. Nachdichtungen, München 1923; Herkunft und Gesinnung. Jüdische Gedichte, Berlin 1935.

Literatur: J. Stüben, »Geistige Existenz in zwei Welten«. M.St. aus Königsberg – ein Leben als deutscher und israelischer Autor, in: Grenzüberschreitende Biographien zwischen Ost- und Mitteleuropa, hg. T. Weger, Frankfurt a. M. 2009, 115–156; M.H. Gelber, Deutsch-zionistische Literaten im ›Heimat-Exil‹. M.St., Hans Rosenkranz und die zionistische Kritik der deutschsprachigen Literatur in Palästina/Israel, in: Deutsch-jüdische Exil- und Emigrationsliteratur im 20. Jahrhundert, hg. I. Shedletzky/H.O. Horch Tübingen 1993, 95–110.

Kerstin Schoor

Susman, Margarete (Reiner)

Geb. 14.10.1872 in Hamburg;
gest. 16.1.1966 in Zürich

»Ich habe viele Leben gelebt« hat S. ihre Biographie überschrieben, die sie als Neunzigjährige veröffentlichte. Und dieser Titel bezeichnet die Vielfalt ihrer Tätigkeiten wie Fähigkeiten, ihrer Lebensstationen und Gesprächspartner. S. hat im Laufe ihres langen Lebens einen dialogisch verfertigten, immer neu befragten und zur Diskussion gestellten Begriff vom Judentum entworfen und darin seine Offenheit und Vielfalt dargestellt.

»Ich bin in einer der schönsten Städte Deutschlands, in Hamburg, nicht lange nach dem Ende des Siebzigerkriegs geboren. Also in den sogenannten Gründerjahren, in denen Deutschland zu ständig

wachsendem Reichtum aufstieg, und so zugleich zu einer Zeit, in der die gehobenen jüdischen Schichten sich bereits ganz als Deutsche empfanden und ein heute kaum mehr verständliches, deutschgeprägtes Leben lebten, dessen Fragwürdigkeit ich erst nach dem inneren Zusammenbruch meines kindlichen Daseins zu ahnen begann. Wir waren Deutsche, sonst wäre nicht alles, was später kam, so furchtbar, so niederschmetternd gewesen. Wir sprachen die uns teure deutsche Sprache, im wahrsten Sinn die Muttersprache, in der wir alle Worte und Werte des Lebens empfangen hatten, und Sprache ist ja fast mehr als Blut. Wir kannten kein anderes Vaterland als das deutsche, und wir liebten es mit der Liebe zum Vaterland, die später so verhängnisvoll wurde.« Nach dem Studium der Malerei in Düsseldorf und Paris lebte S. in Berlin, von 1913 an in Frankfurt am Main, verheiratet mit Eduard Heinrich von Bendemann, von dem sie sich später scheiden ließ. Sie schrieb über 25 Jahre lang für die *Frankfurter Zeitung*. 1933 emigrierte S. in die Schweiz und schloss sich dem Kreis um den Theologen Leonhard Ragaz an. Die schweizerischen Behörden stuften S. als »linksextremistisch« ein und erteilten ihr 1939 Rede- und Publikationsverbot. S. setzte fortan unter dem Pseudonym Reiner ihre schriftstellerische Tätigkeit fort. Vielfältig wie ihr Leben waren S.s Tätigkeiten: Als Lyrikerin ist sie mit ihren Gedichtsammlungen *Gedichte* (1892), *Mein Land* (1901), *Neue Gedichte* (1907), *Die Liebenden* (1917), *Lieder von Tod und Erlösung* (1923) hervorgetreten. Aber zugleich war sie Malerin, Rezensentin, Philosophin, Historikerin.

1933 veröffentlichte S. den Aufsatz *Der jüdische Geist*, in dem sie zwei geistige Grundformen, die Idee und das Gebot, das aus dem Judentum stamme, unterscheidet und in ihrer historischen Ausformung nachzeichnet. Ihr Aufsatz führt zu Franz Kafka, für S. der wichtigste Protagonist des modernen Judentums: »In dieser Kunst ist Gott völlig verstummt, und sein Name wird nirgends genannt – und doch ist er es allein, von dem jedes Buch, von dem jede Zeile dieses Dichters redet, um den allein es in allen seinen Gedanken und Gestaltungen geht. Das Hiobproblem des Zusammenhangs von Leid und Schuld steht im Mittelpunkt dieser Dichtung; in jedem seiner Worte führt Kafka den uralten großen Prozess mit Gott, der nur unheimlicher und verwirrender geworden ist dadurch, daß Gott vollkommen schweigt und daß sein Gesetz nirgends mehr, weder in der Schöpfung noch über ihr zu finden ist. Und doch regelt überall ein verborgenes übermächtiges Gesetz, regeln strenge unübertretbare Gebote einer dem Leben vollkommen transzendenten fremden Macht das Leben. Alle sind sie auf uns bezogen, gelten sie uns – und doch verstehen wir sie nicht nur nicht – sondern wir vermögen sie nicht einmal zu vernehmen: so vollkommen haben wir in der Nacht unseres Daseins den Zugang zu ihnen verloren. So stiften sie in unserem Leben nur Verwirrung: unsere Schuld, unser Leid, unser ganzes Schicksal laufen sinnlos, unzusammenhängend und vollkommen unverständlich ab. Aber überall ist das Gesetz in seiner unheimlichen Wirkung zu spüren; seine Übertretung bringt uns die grausamsten Strafen, und wir fühlen deutlich, daß in all dem ein Sinn wohnt, nur daß wir ihn in keiner Weise erfassen können.« *Das Hiob-Problem bei Kafka* heißt ihr Aufsatz, der 1929 in der Zeitschrift *Der Morgen* erschien; er nennt die beiden Pole, die S. in ihrer Deutung des Judentums beschäftigten: die biblische Gestalt Hiobs und seine Wiederkehr unter den Bedingungen der Moderne im Werk Franz Kafkas. »Der Hader mit Gott, der Prozeß des Menschen mit Gott um seiner Gerechtigkeit willen hat im Judentum in frühester Zeit begonnen und niemals aufgehört.« Dieser Aufsatz hat, schon in den 30er Jahren, großen Einfluss ausgeübt, auf Walter Benjamins Deutung des Werks von Kafka und auf die von Gershom Scholem, auch wenn S.s Einfluss nicht immer namentlich deutlich gemacht wurde. Später hat S. Paul Celan beeinflusst; auch mit Karl Wolfskehl, der sein späteres Werk »im Zeichen Hiobs« verfasste, stand S. in Verbindung. 1946 erschien ihr Buch *Das Buch Hiob und das Schicksal des jüdischen Volkes*, das erste religionsphilosophische Werk über die Shoah. S. verficht darin den Grundsatz der Theodizee und zeigt die immer wieder erneuerten Versuche, Gott zu rechtfertigen. »Es gibt keine große Leistung des Judentums im Exil, die nicht in ihrem Kern eine Theodizee wäre.« S. zeigt die geschichtliche Entwicklung der Theodizee vom Chassidismus, von den unterschiedlichen Ausprägungen im östlichen wie westlichen Judentum bis ins 20. Jahrhundert. Hiob erscheint ihr, wie anderen jüdischen Autoren, als Grundfigur der Moderne. In der Shoah sieht S.

die furchtbare Antwortlosigkeit auf die Frage nach Gott.

S.s Werk ist dialogisch verfasst; so sind die kleineren Formen – die Essays, Besprechungen, Briefe – fast noch sprechender als ihre Bücher »Vom Sinn der Liebe«, über Goethe und Charlotte von Stein oder die Frauen der Romantik. S. hat Ernst Bloch ebenso geantwortet wie Georg Simmel, Gustav Landauer, Franz Rosenzweig, Martin Buber und zahlreichen anderen Zeitgenossen. Sie hat ihnen erwidert, von ihnen gelernt und zugleich darin Grundbegriffe ihres Denkens zur Diskussion gestellt. Einer dieser Grundbegriffe war derjenige des Judentums, den S. nicht statisch in einem systematischen Werk darstellt, sondern in einem Prisma verschiedener Bedeutungen: der soziologischen bei Simmel, der ästhetisch-revolutionären bei Landauer, der Frage nach dem Hebräischen bei Rosenzweig, der chassidischen Deutung von Martin Buber. S. hat vor allem die Epoche der Romantik, Rahel Varnhagen und deren Träume, gedeutet. Mit ihrer Offenheit und Vielgestaltigkeit hat S. auch die literarische Moderne und das Nachwirken jüdischer Tradition, im Werk etwa von Paul Celan, wahrgenommen. S. hat viele Leben gelebt.

Werke: »Das Nah- und Fernsein des Fremden«. Essays und Briefe, hg. I. Nordmann, Frankfurt a. M. 1992; Das Buch Hiob und das Schicksal des jüdischen Volkes. Mit einem Nachwort v. H.L. Goldmann, Frankfurt a. M. 1996; Frauen der Romantik, Frankfurt a. M. 1997.
Literatur: I. Nordmann, Wie man sich in der Sprache fremd bewegt. Zu den Essays von M.S., in: »Das Nah- und Fernsein des Fremden«, a.a.O., 229–267; A. Kilcher, Philosophische Sterndeutung in der jüdischen Moderne. M.S. liest Franz Rosenzweig, in: Gestirn und Literatur im 20. Jahrhundert, hg. M. Bergengruen u. a., Frankfurt a. M. 2006, 240–260; Grenzgänge zwischen Dichtung, Philosophie und Kulturkritik. Über M.S., hg. A. Gilleier und B. Hahn, Göttingen 2012.

Thomas Sparr

Tabori, George

Geb. 24.5.1914 in Budapest;
gest. 23.7.2007 in Berlin

»Ich wäre kein Jude, wenn die Deutschen mich nicht daran erinnert hätten.« Mit dem ihm eigenen Hang zum pointierten Understatement benannte T. seine jüdische Herkunft als ein zufälliges Attribut. Für seine persönliche Entwicklung hatte es vor der Machtergreifung der Nationalsozialisten keinerlei

Bedeutung, für die Rassenfanatiker des Dritten Reichs wurde es zum entscheidenden Faktor, der zwischen Leben und Tod entschied. Auch T. wäre dem Prozess der Verfolgung und Vernichtung der europäischen Juden zum Opfer gefallen, hätte er nicht rechtzeitig seine ungarische Heimat verlassen. Als die »Endlösung« 1944 auch die bis dahin weitgehend verschonte jüdische Bevölkerung Ungarns einbezog, wurde der größte Teil von T.s Familie ermordet. Ein Roman mit dem Titel *Pogrom*, geschrieben bald nach Kriegsende, war der erste Versuch T.s, sich ein Bild von der Katastrophe zu machen, doch er vernichtete das Manuskript, und weder in seinen vier, in den Jahren 1945–1951 veröffentlichten Romanen noch in seinen Theaterarbeiten bis zur Mitte der 60er Jahre hat er das Thema jüdischer Existenz und Identität nach dem Holocaust in spezifischer Weise zur Sprache gebracht. Es bedurfte vielfältiger Umwege und biographischer Zufälle, bis aus dem erfolgreichen anglophonen Romancier, Drehbuchschreiber und Dramatiker der für die deutschen und österreichischen Bühnen wichtigste Autor eines im Zeichen von »Auschwitz« stehenden Theaters wurde.

Die jüdische Herkunft, an die ihn erst die Nazis »erinnern« mussten, spielte in T.s Elternhaus, in dem deutsch und ungarisch gesprochen wurde, keine Rolle. Eine Synagoge hatte T. als Kind nie betreten, jüdische Gesetze und Rituale wurden ihm nicht vermittelt. Seine Familie – Vater und Bruder waren engagierte Journalisten – verstand sich als Teil eines liberalen Weltbürgertums, sie war frei von jenen rassischen und religiösen Vorbehalten, denen sie ihrerseits nicht unterworfen zu sein hoffte. »Aber dabei ging es uns nicht um Assimilation. Das Ziel war, aus dem Ghetto herauszukommen, auch im übertragenen Sinne.« Die Erfahrung des Exils, das er seit 1935 in zahlreichen Ländern durchlebte, war der wesentliche Impuls für die literarischen Arbeiten des jungen T. Vor bunter, multikultureller Kulisse formulierte er in seinen Romanen existentialistisch getönte Fremdheitserfahrungen unbehauster Außenseiter, die nebenbei auch jüdischer Herkunft sein mochten. Erst in seinem Theaterstück *The Cannibals* (Uraufführung

1968, dt. *Die Kannibalen*, 1969) rückte der Holocaust ins Zentrum seiner Arbeit, und er blieb seither in vielen seiner Stücke – und in seinen wichtigsten – dominant. In der Rückschau erweisen sich diese Stücke auch als geduldige Annäherungen an das (eigene) Judentum und vermögen weit genauer Auskunft darüber zu geben als T.s – stets anekdotisch unterminierten – biographischen Skizzen und Stellungnahmen.

T. stellt in den *Kannibalen* eine Gruppe von Männern vor, die sich durch Rollenspiele in den Überlebenskampf ihrer im KZ ermordeten Väter hineinzuversetzen versuchen. Sie erproben spezifisch sinnliche, im wahrsten Sinne des Wortes handgreifliche Formen der Erinnerung, die das »Unbegreifbare« verstehbar, wenigstens erahnbar machen sollen. Aber T. gab anhand exemplarisch durchgespielter Fälle einen Begriff vom Leiden und Tod von sechs Millionen Menschen, nicht von sechs Millionen Juden. Die gedemütigte Identität seiner Protagonisten macht sich in ihrem Selbstbehauptungswillen und Überlebenskampf bemerkbar. Eine Rückbesinnung auf jüdische Wurzeln oder die jüdische Religion stellt für keinen von ihnen ein entscheidendes Kraftreservoir dar – und das darf als Indiz für das Selbstverständnis auch ihres Autors gelten. Der nach dem Krieg in den Vereinigten Staaten von Amerika vorerst sesshaft gewordene T., der (nach den Worten der Schauspielerin und zweiten Ehefrau T.s Viveca Lindfors) »nie wieder einen Fuß auf deutschen Boden setzen oder jemals ein deutsches Produkt kaufen« wollte, wurde eingeladen, *Die Kannibalen* in Deutschland zu inszenieren. Ein Arbeitsstipendium brachte ihn so wieder in das Land der Täter. Hier ging seine Auseinandersetzung mit dem Judentum zunächst ganz in seiner Beschäftigung mit Fragen des Theaterspielens auf, so dass lange Zeit Reflexionen über »das Jüdische« nicht zu trennen waren von Fragen nach den besonderen Aufgaben und Erfahrungsmöglichkeiten des Theaters. Aus seiner Weigerung, den »Wert« erfahrenen Leides zu taxieren – es gibt Leid, furchtbares Leid, aber kein »jüdisches« Leid –, resultiert in seinen Stücken insbesondere der 70er Jahre, dass eine Beschäftigung mit dem Judentum und seinen Traditionszusammenhängen kaum stattfindet, von den *Improvisationen über Shakespeares Shylock* (1979) abgesehen. T.s Figuren in Stücken wie *Mutters Courage* (1979) oder *Jubiläum* (1983) können sich selbst durch ihr Judentum nicht definieren. Sie erfahren ihre Zuordnung von außen und als Stigma. Das Selbstverständnis von T.s Figuren ist also zumeist negativ bestimmt über Wurzeln, die sie gerade nicht haben, die sie verloren und nicht wiedererrungen haben. Und es ist bestimmt von der Angst, dieses mühsam errungene Konstrukt namens Identität, das den Figuren etwas Halt im Leben verleiht, könne erneut von außen infrage gestellt werden.

In der Conditio Judaica verdichtet sich für T. in exemplarischer Weise die Conditio Humana – und darin wiederum eine biographische Grunderfahrung des Theatermachers T. »Mich beschäftigt nicht mein Anderssein als Jude, sondern mein Anderssein als Mensch und Künstler«, sagte er Ende der 80er Jahre in einem Interview – eine Aussage, die in der damaligen Arbeit des »playmakers« eigentlich schon wieder überwunden war. Denn in den Jahren seiner größten Erfolge als Dramatiker, mit den Stücken *Mein Kampf* (1985), *Weisman und Rotgesicht* (1990) und *Die Goldberg-Variationen* (1991), also in den Stücken und Äußerungen des über Siebzigjährigen, sind inzwischen genuin jüdische Dimensionen zu verzeichnen. In *Mein Kampf* tritt mit dem Hausierer Schlomo Herzl erstmals ein Jude auf, der sich selbst wesentlich durch die jüdische Tradition definiert, dessen Sprechen gesättigt ist von Zitaten, Anspielungen, jüdischen Witzen, talmudischem Denken und intellektueller Brillanz. T. vermittelt hier eine an George Steiner geschulte Antisemitismus-Theorie: Hitler habe mit dem Judentum den Kern der abendländischen Zivilisation vernichten wollen, er habe die vom Judentum formulierten und tradierten Grundlagen des Lebensschutzes und der Liebes- und Gerechtigkeitsgebote aus der Welt schaffen wollen, weil sie individuelles Gewissen vor autoritätshörige Unterwerfung stellten. Die Denkfigur der »jüdischen Erfindung« des Gewissens – die laut Hermann Rauschning auf Adolf Hitler selbst zurückgeht – wird T.s Auseinandersetzung mit jüdischer Existenz nunmehr dominieren, vor allem in seinen *Goldberg-Variationen* (1991), einem vielschichtigen, höchst komischen Spiel um Gott und sein auserwähltes Volk. Lessings Jude Nathan fällt in T.s Bearbeitung (*Nathans Tod*, 1991) einem Pogrom zum Opfer, zur Freude des von Zweckdenken bestimmten Sultans und des religiös intoleranten Patriarchen, denn ihnen wurde mit Nathan die durch ihn repräsentierte Ethik der Toleranz aus dem Blickfeld entfernt: »Endlich verklingt/ Sein lächerliches Lied./ Das törichte Märchen/ Über irgendwelchen Ring/ Wir werden es nie wieder hören«, so wird das Ende des Lessingschen Aufklärungsgedankens gefeiert.

Die Konfrontation von jüdischem Selbstbild und antijüdischem Ressentiment wurde zur Grundlage für T.s Dramaturgie auf dem Höhepunkt seines Schaffens, und sie ist zugleich die subtile Essenz seines Nachdenkens über das Judentum. T. hat damit weite Gedankenräume geöffnet, die Wege weisen zu einer immer wieder erneuten und möglichst enttabuisierten Beschäftigung mit dem Holocaust, auch zu seiner Thematisierung im Theater, die sich nicht im moralisch-appellativen Gerichtsspiel erschöpfen muss. Von daher wirft es ein bezeichnendes Licht auf den Prozess der Erinnerung und Vergegenwärtigung des Holocaust in Deutschland, dass ihn nicht ein einziger deutschsprachiger Dramatiker zu *seinem* Thema gemacht hat. Rolf Hochhuths *Stellvertreter* und Peter Weiss' *Ermittlung* – die beiden prominentesten, tief im kulturellen Gedächtnis Deutschlands verankerten Stücke – blieben thematisch singuläre Erscheinungen im Werk der beiden Autoren. Das Beschreiben des »Unbeschreiblichen« schien sich dramatischer Gestaltung noch stärker zu entziehen als der erzählenden Form oder dem »nach Auschwitz« geschriebenen Gedicht. Als einziger Dramatiker im deutschsprachigen Raum hat sich T. über Jahrzehnte kontinuierlich mit dem Holocaust und seinen Folgen auseinandergesetzt: ein ungarischer Jude mit britischem Pass und amerikanischer Theaterschulung, ein Remigrant, dessen Stücke für ein deutsches und österreichisches Publikum in englischer Sprache geschrieben sind.

Werke: Ich wollte meine Tochter läge tot zu meinen Füßen und hätte die Juwelen in den Ohren, hg. A. Welker u. a., München 1979; Son of a Bitch. Erzählungen, München u. a. 1981; [Gespräch mit G.T.], in: H. Koelbl, Jüdische Portraits, Frankfurt a. M. 1989, 234–238; Betrachtungen über das Feigenblatt, München u. a. 1991; Theaterstücke I und II, München u. a. 1994.
Literatur: J. Strümpel, G.T., in: KLG (1995); G.T., Text + Kritik, H. 133 (1997); J. Strümpel, Vorstellungen vom Holocaust. G.T.s Erinnerungs-Spiele, Göttingen 2000.

Jan Strümpel

Tassoni-Domino, Ruth (Ruth Lenz)

Geb. 3.12.1908 in Berlin;
gest. 14.11.1994 in Bergamo

Drei in den Jahren 1987 bis 1994 erschienene schmale Bände mit Erzählungen sowie ein in italienischer Sprache publizierter Gedichtband umfasst das in Buchform bisher veröffentlichte Werk der Schriftstellerin T. Inzwischen sind sie vergriffen

und die Autorin beinahe wieder vergessen – ein nicht untypisches Schicksal für eine literarische Emigrantin.

Ruth Domino wurde 1908 als Tochter eines preußischen Beamten und einer jüdischen Mutter in Berlin geboren. Nachdem sie in Berlin eingeschult worden war, verbrachte sie die Zeit des Ersten Weltkriegs mit ihrer Mutter in Norddeutschland. Nach dem Ende des Kriegs ließ sich die Familie in Hamburg nieder, wo T. ihrer lebenslangen Freundin, der späteren Literaturagentin Ruth Liepman, begegnete, welche Jahrzehnte später das Erscheinen des ersten Buches von T. vermitteln sollte. In Hamburg legte sie ihr Abitur ab, um anschließend zum Studium der Germanistik und Geschichte an die Universität Wien zu wechseln, wo sie mit einer Arbeit über den Expressionismus promoviert wurde. In Wien lernte sie u. a. Elias Canetti und dessen Freund Fritz Jerusalem/Jensen kennen. Auch mit Canetti verband sie – mit Unterbrechungen durch Krieg und Emigration – eine lebenslange, wenn auch nicht spannungsfreie Freundschaft. In einem Brief aus London vom 27. Oktober 1971 hält Canetti fest: »Ich habe Frau Ruth Tassoni sehr früh, ich denke es war im Jahre 1929, als Studentin in Wien kennengelernt. Sie hieß damals mit ihrem Mädchennamen Ruth Domino und heiratet bald darauf meinen Jugendfreund Dr. Fritz Jerusalem. In der folgenden Periode bis zu ihrer Reise nach Spanien, wo sie als Krankenpflegerin am Bürgerkrieg teilnahm, war sie mit mir und meiner Frau eng befreundet. Wir sahen sie oft und nahmen tätigen Anteil an ihrer Entwicklung als Schriftstellerin und besonders Dichterin. Auf diesem Gebiet haben wir sehr Schönes von ihr gelesen.« Den Lebensunterhalt verdiente die junge Frau in diesen Jahren durch Arbeit in einem jüdischen Waisenhaus für blinde Kinder. 1933 wurde sie durch die Heirat mit dem Arzt Fritz Jensen österreichische Staatsbürgerin. Während des spanischen Bürgerkrieges war sie als Krankenschwester bei den Internationalen Brigaden in Albacete und Murcia tätig.

1938 emigrierte sie – inzwischen von Jensen getrennt – nach Paris, wo sie nach dem »Anschluss« Österreichs als Flüchtling anerkannt wurde. Es folgten erste Veröffentlichungen von Erzählungen in der von Lion Feuchtwanger und Bertolt Brecht in Moskau mitherausgegebenen Exilzeitschrift *Das Wort*. Nach dem deutschen Überfall auf Frankreich gelang ihr 1940 die Flucht in die Vereinigten Staaten, wo sie eine Zeitlang in der Künstlerkolonie von Yaddo bei Saratoga Springs (New York) Aufnahme und als Teaching Fellow am Bryn Mawr College in Pennsylvania Anstellung fand. Später unterrichtete sie Deutsch am Quäker College von Pendle Hill für »Relief Workers«, die nach Deutschland geschickt wurden. Ab 1943 gehörte T. zudem zum Mitarbeiterstab der von dem aus Wien stammenden Arzt Wilhelm Gründorfer herausgegebenen *Austro American Tribune*, die von 1942 bis 1948 in New York zunächst unter dem Titel *Freiheit für Österreich, Nachrichtenblatt der Arbeitsgemeinschaft für eine demokratische Republik Österreich* erschien und deren Feuilletonbeilage, für welche Tassoni schrieb, von der mit Günter Anders verheirateten Elisabeth Freundlich betreut wurde.

Nach dem Krieg heiratete T. den späteren Philosophieprofessor Mario Tassoni, der mit den italienischen Partisanen gegen Mussolini kämpfte und mit dem sie aus den USA nach Bergamo übersiedelte, mit einer Unterbrechung durch einen längeren Aufenthalt wegen einer Anstellung an der Universität Lausanne. Hier arbeitete T. als Lektorin für den Verlag Mondadori und veröffentlicht ihre Erzählungen und Kurzgeschichten in zahlreichen Zeitungen und Zeitschriften, darunter zunächst in *The New Yorker* in englischer Sprache, später vermehrt wieder in Deutsch u. a. in *Literatur und Kritik*. T. starb im November 1994, wenige Tage nach Erscheinen ihres dritten Buches und vor einer Reise zu einer Lesung in Zürich 86 Jahre alt in Bergamo. »Reisen habe ich immer gern wollen, nicht nur hinaus aus dem eigenen Land und nationalistischen Vorurteilen, sondern auch hinaus aus der bürgerlichen Familie, ihrer Enge und ihren Konventionen. Vielleicht begann es schon in meiner Studienzeit mit den Reisen, als ich die Kaffeehäuser entdeckte, die mir wie ein Stück Orient vorkamen mit ihren Anekdotenerzählern, Rauchern, Kaffeetrinkern. Doch wirklich ernst wurde es in den Dreißigern, als ich eine Reise begann, die erst in den Fünfzigern mit meiner Niederlassung in Italien zu Ende kommen sollte …«. Dabei hat die Erfahrung der Emigration, des wenn auch erwünschten, doch auch erzwungenen Reisens, durch manche Länder und über Kontinente, die Themen des Schreibens T's entscheidend bestimmt und beeinflusst. Damit repräsentiert T. in ihrem Schreiben ein für jüdische Schicksale nach Vertreibung und Shoah typische, mehr aus ihrer Herkunft als von religiöser Erziehung und Überzeugung geprägte Haltung.

Tassonis Erzählungen sind nicht autobiographisch, lassen aber dennoch manche Station und Begebenheit aus dem durch die Zeitereignisse geprägten Leben nachvollziehen. Wiewohl dabei die jüdische Herkunft kaum eine herausragende Rolle spielt, ist das sich durch eine knappe, schnörkellose Sprache auszeichnende schmale Werk der Autorin ohne die Erfahrung von Vertreibung und ohne den Hintergrund der Shoah kaum denkbar. Dies zeigt etwa die Schilderung in *Das Grabmal* (1990): »Nach Ihrem [der Mutter] Tod zog er [mein Vater] zu seinen Brüdern in eine norddeutsche Stadt, doch sie schoben ihn bald in ein Altersheim ab, wohl wegen der Verantwortung; der Schutzkeller war zu klein für alle Hausbewohner; auch konnten sie ihm die jüdische [Ehe-]Frau nicht verzeihen, die sie für alles anklagten: Krieg, Bombardierung und Söhne an der Front. Doch das weiß ich nur aus den Erzählungen meiner Schwester. Man soll ihn verhungert im Heim aufgefunden haben; ob er die Nahrung verweigerte oder ob man ihn bei der plötzlichen Räumung des Hauses vergessen hatte, ist nicht geklärt.« Auch bei den Protagonisten mancher Erzählung, wie etwa in »Randfiguren« und anderen Erzählungen aus dem Band *Der unerforschte Garten* wird dies immer wieder deutlich: »Dann begannen die Judenverfolgungen, und Gold blieb eine Zeitlang fern vom Café. Ehrlich war nach England abgereist, zu Verwandten, wollt Gold ein Visum besorgen, so schnell wie möglich. Aber Gold hielt es wohl nicht lange aus – so allein. Eines schönen Vormittages tauchte er an seinem Fenstersitz auf, den Judenstern in voller Sicht auf der Brust, als sei es ein Pour-le-mérite-Orden, Hornbrille und Pfeife wie üblich. Vergeblich versuchte der Ober ihn zu überreden, so schnell wie möglich zu verschwinden. Angeber sorgten dann für das weitere.«

Werke: Lenz, Ruth (Pseud.), Deutsche Kinder spielen. Moskau 1936. Erinnerungskapsel. Erzählungen, Zürich 1987; Lichtpunkte. Autobiographische Splitter, Zürich 1990; Der unerforschte Garten. Erzählungen, Zürich 1994; Sole di solitudine [Gedichte], Reggio Calabria 1976.

Martin Dreyfus

Tau, Max

Geb. 19.1.1897 in Beuthen O.S. (Oberschlesien); gest. 13.3.1976 in Oslo

T. wuchs in einer traditionellen, aber religiös liberalen jüdischen Familie in Oberschlesien auf. Der sensible und kränkliche Junge sollte nach dem Willen des Vaters Kaufmann werden. Aber T. setzte sich mit dem Wunsch nach einem geisteswissenschaftlichen Studium durch: Literaturwissenschaft, Philosophie und Psychologie studierte er zuerst in Berlin, dann in Hamburg und Kiel, wo er 1928 mit der Dissertation *Der assoziative Faktor in der Landschafts- und Ortsdarstellung Theodor Fontanes* abschloss. Diese Arbeit war jedoch nicht der erste Schritt zu einer akademischen Karriere, denn schon zuvor hatte T. ein Ziel verfolgt, das ihm wesensmäßig am nächsten lag: die Vermittlung und Herausgabe von Literatur. 1920 erschien die Monographie *Bruno Arndt. Sein Wesen und sein Werk*, 1921 die von ihm herausgegebene Anthologie *Die Stillen. Dichtungen* und ab 1921 bzw. ab 1922 erschienen die Reihen *Der deutsche Roman* und *Die deutsche Novelle*. 1924 edierte T. das Werk des Schlesiers Hermann Stehr in neun Bänden. 1930 gab er mit Wolfgang von Einsiedel die Anthologie *Vorstoß. Prosa der Ungedruckten* heraus. Es ging ihm stets darum, Fürsprecher für eine von ihm als wertvoll erkannte, aber seiner Meinung nach im Literaturbetrieb nicht angemessen gewürdigte Dichtung zu sein. Zu den Autoren, die er erneut veröffentlichte, gehören Hans Franck, Bruno Arndt, Wilhelm Lehmann. Josef Ponten, Fritz Walther Bischoff und Paul Gurk. Es sind Schriftsteller, in deren Werk T. einen humanen Zug ausgemacht hatte. Damit ist ein wichtiger Charakterzug von T.s Literaturverständnis angedeutet: In

der Literatur ist für ihn nicht in erster Linie das Artistische, Politische oder Kritische von Bedeutung, sondern die Darstellung des Humanen: »Nur so [...] *wird* der Künstler, indem er die seelische Kraft, die im Menschen ist, sichtbar macht, als eine Kraft, die gleichermaßen im Künstler wie in jedem anderen Menschen ist.« Es gibt Literatur, so lässt er eine Figur in seinem autobiographischen Roman *Denn über uns ist der Himmel* sagen, »die bloßlegt und zerschneidet wie ein Seziermesser«. Demgegenüber favorisiert T. eine andere Eigenschaft: Dichtung habe »eine Aufgabe [...], die jenseits bloßer Kunstfertigkeit liegt: die Aufgabe zu heilen.« Diese idealistische Auffassung erhält eine weitere Dimension, wenn man an anderer Stelle erfährt: »ich glaube, daß die eigentliche Aufgabe Europas in unserer Zeit ist, die Wunden zu heilen, die es jahrhundertelang sich und anderen geschlagen hat. [...] Der europäische Geist hat aus der Welt ein Trümmerfeld gemacht, hat Glauben und Wissen auseinander gerissen, nun mag er sich rüsten, wieder zusammenzufügen.«

Sowohl als Lektor im Verlag Bruno Cassirer von 1928 bis 1938 als auch danach im norwegischen und ab 1942 im schwedischen Exil folgte T. in seiner Verlagsarbeit dieser Maxime. Er veröffentlichte Werke nur von solchen Autoren, die sich diesem Credo ebenso verpflichtet fühlten wie er selbst. Gerade während des Krieges war es ihm ein Anliegen, dieses »andere Deutschland« in Norwegen und Schweden bekannt zu machen. Zu diesem geistig-intellektuellen Programm gehörten Schriftsteller wie Johannes R. Becher, Lion Feuchtwanger, Heinrich Mann, Axel Munthe, Alfred Neumann, Albrecht Schaeffer und Arnold Zweig. T. selbst schrieb vor allem über Albert Schweitzer, eine der charismatischen Persönlichkeiten der ersten Hälfte des 20. Jahrhunderts, aber auch über Karel Čapek, Nikos Kazantzakis, Nelly Sachs sowie über die norwegischen Schriftsteller Olav Duun und Knut Hamsun. Er hob ihr Engagement für Frieden, Mitmenschlichkeit, für die Bewahrung einer auf Toleranz gegründeten Kultur hervor und wurde nicht müde, diese Ideale auch in zahlreichen Vorträgen zu verbreiten.

Flankiert wird T.s humanistisches Streben nach Wiederherstellung einer individuellen Harmonie von einer metaphysischen und einer politischen Komponente. Die Harmonie, die jeder Einzelne aufgerufen ist, in sich zu verwirklichen, findet ihre Grundlegung in einer allgemeinen »Sinngebung«: »Es wird immer die Aufgabe der Dichtung bleiben, voraussetzungslos zu sein und durch Anschaulichkeit und durch Denken zu einer einmaligen Sinngebung vorzudringen, die *Symbol* wird für alle Sinngebungen, die der Menschengeist zu schaffen vermag«, so T. in einem Essay über James Joyce. An Stellen wie diesen schimmern auch seine »mythischen Neigungen aus der oberschlesischen Heimat« durch. Von hier aus ist es nicht weit zu einer unreflektierten Böhme-Nachfolge. Es ist vor diesem Hintergrund auch verständlich, warum T. den schlesischen Schriftsteller Hermann Stehr verehrte und seine Werke edierte: Stehr analysiert die Problematik modernen regionalen Lebens nicht mittels reflektierten Schreibens, sondern reiht Symbole aneinander, um vorgeblich zu einem mythischen Grund zu kommen. Dagegen nahm T. die rational bestimmten und poetisch realisierten Probleme des 19. und 20. Jahrhundert nicht zur Kenntnis; entsprechend negativ fällt seine Beurteilung etwa der Werke von Theodor Fontane und James Joyce aus. Tatsächlich wendete sich T. ansonsten praktisch keinen anderen Schriftstellern zu, die im literarisch-kulturellen Diskurs der Gegenwart eine Rolle spielten. Ins Politische gewendet, bedeutet eine solche Haltung, dass T. zutiefst wert- und sozialkonservativ dachte. Er gehörte damit in den ideologischen Umkreis der konservativen Revolution. Allerdings ist diese Haltung bei T. nicht Ausdruck eines Rechtsradikalismus, sondern eines Gefühls des Defizits, das durch den gesellschaftlich-politischen Umbruch vor allem nach dem Ersten Weltkrieg entstanden war. Dass diese Haltung auch der geistige Boden für die NS-Ideologie war, ist nicht von der Hand zu weisen, auch wenn T. freilich nicht im entferntesten daran dachte oder damit zu tun hatte.

T. war klar, dass das von einem Einzelnen geschriebene Wort nicht ausreichte und dass Übersetzungen wertvoller Literatur in eine einzige Sprache noch nicht den Durchbruch zu einem veränderten politischen und sozialen Diskurs, den er nach dem Zweiten Weltkrieg und nach dem Holocaust als Grundvoraussetzung ansah, bringen würden. Er gründete daher die Publishers Association of Small Nations (PASN), in der sich Verleger aus der Tschechoslowakei, Norwegen, Schweden, Belgien, Dänemark, Holland, Ungarn, Bulgarien und der Schweiz zusammenfanden. Allerdings war dieser Idee durch die sich verschärfende Lage in Europa und die Teilung in zwei politische Lager im Kalten Krieg kein Erfolg beschieden. T. griff deshalb dieses Konzept mit seiner »Friedensbücherei« wieder auf. In ihr erschienen Werke ausgewählter Schriftsteller gleich in mehreren Ländern. Beteiligt waren Verlage aus Norwegen, Dänemark, Deutschland, Argentinien, Österreich und der Schweiz. Sechzehn Bände erschienen zwischen 1955 und 1974.

Unter dem Eindruck von Verfolgung, zweimaliger Flucht und nicht zuletzt zutiefst verstört durch den Holocaust, wandte sich T. nach dem Zweiten Weltkrieg von Norwegen aus immer wieder an seine Zeitgenossen und versuchte, das Ideal von Frieden und Versöhnung zu verwirklichen, das er in seiner Jugend in der Koexistenz der Religionen in Beuthen erfahren hatte. Zahlreiche Vorträge und Reden, die wohl den bedeutendsten Teil seines Lebenswerkes darstellen, sind das Ergebnis dieses nicht nachlassenden Bemühens. Es folgte eine Reihe von Auszeichnungen für seine Anstrengungen um Verständigung: Er erhielt 1950 als Erster den Friedenspreis deutscher Verleger (der spätere Friedenspreis des Deutschen Buchhandels), den Nelly-Sachs-Preis (1965), den Literaturpreis der deutschen Freimaurer (1966), den Sonning-Preis der Universität Kopenhagen (1970) und den Oberschlesischen Kulturpreis (1974). Darüber hinaus wurde er mit deutschen und norwegischen Festschriften zu seinem 60. und 70. Geburtstag, mit der Ehrenbürgerschaft der Christian-Albrechts-Universität Kiel und der Ehrenmitgliedschaft des Börsenvereins des deutschen Buchhandels geehrt.

Werke: Tro på mennesket [Glaube an den Menschen], Oslo 1946 (dt. Berlin 1948); Das Land das ich verlassen mußte, Hamburg 1961, Ein Flüchtling findet sein Land, Einl. H.-J. Kraus, Hamburg 1964.
Literatur: Festschrift für Dr. M.T., hg. A. Perlick, Dortmund 1961; Das Leben lieben. M.T. in Briefen und Dokumenten 1945–1976, a. d. Nachlass hg. H. Däumling, Würzburg 1988; O. Haas, M.T. und sein Kreis. Zur Ideologiegeschichte ›oberschlesischer‹ Literatur in der Weimarer Republik, Einf. H.-G. Pott, Paderborn u. a. 1988; »Ein symbolisches Leben«. Beiträge anlässlich des 100. Geburtstages von M.T. (1897–1976), hg. D. Haberland, Heidelberg 2000.

Detlef Haberland

Tauber, Joseph Samuel

Geb. 12.8.1822 in Wien;
gest. 9.1.1879 in Wien

T. entstammte einer wohlhabenden jüdischen Familie in Wien und sollte nach dem Willen seiner Eltern die Rabbinerlaufbahn einschlagen. Er begann jedoch heimlich, sich mit den Werken der deutschen Klassiker zu beschäftigen, und nach dem Tode des Vaters brach er die Rabbinerausbildung endgültig ab. Während seiner Auslandsreisen war er u. a. mit Heinrich Heine und Moritz Hartmann zusammengetroffen, die ihn auch zur Veröffentlichung seines ersten Lyrikbandes (*Gedichte*, 1847) ermutigten. In den Gedichten zeigt sich bereits T.s beginnende Politisierung, die ihren Höhepunkt in den Wiener Märzereignissen des Jahres 1848 fand, in denen T. als leidenschaftlicher Parteigänger der Revolution in Erscheinung trat. Nach dem Scheitern der Revolution begab sich T. wiederum auf ausgedehnte Reisen, die ihn u. a. nach Krakau und Prag führten. Außerdem trat er als Journalist für verschiedene deutsche und österreichische Zeitschriften in Erscheinung.

Anders als seine Freunde und Zeitgenossen hat sich T. weder über seine jüdische Herkunft noch über die eigene, innerjüdische Position explizit geäußert. Dagegen lassen sich in seinen literarischen Prosatexten, weniger in den später erschienenen Gedichtbänden (*Quinten. Kleine Gedichte*, 1864; *Die Lust zu fabuliren*, 1878), durchaus die Versuche einer solchen jüdischen Selbstbestimmung herauslesen. Die wichtigsten dieser Texte sind in dem zweiteiligen Erzählband *Die letzten Juden. Verschollene Ghetto-Märchen* (1853) versammelt. T. hatte sich bei der Niederschrift der Erzählungen, die zum Teil bereits vorher und unter anderen Titeln in jüdischen Zeitschriften publiziert worden waren, wahrscheinlich vor allem durch seine Besuche des Prager Ghettos, aber auch durch die Lektüre von kurz zuvor in Wolf Pascheles *Sippurim*, eine Sammlung von Prager Sagen, anregen lassen. In den insgesamt fünf Texten T.s sind märchenhafte und fiktionale Elemente zu einer nicht mehr trennbaren Einheit verwoben. Dabei ist die Gewichtung der märchenhaften Motive in den einzelnen Erzählungen durchaus unterschiedlich. Sie reicht von der Verwendung der Gattungsbezeichnung ›Märchen‹ für einen völlig märchenfernen Inhalt bis hin zum Topos sprechender Tiere, der jedoch nur noch in einer märchenhaft anmutenden Rahmenhandlung in Erscheinung tritt (*Ein Schneiderlein, das weder lesen noch schreiben kann*): Die Eingangsszene zeigt die Diskussion dreier Vögel – eines Adlers, eines Raben und einer Taube – über das Wesen des Menschen und insbesondere über das der Juden, eine Darstellung, die zum übrigen Inhalt der Erzählung, der Unkorrumpierbarkeit eines jüdischen Schneiders, nur noch in einer losen Verbindung steht. Völlig ausgespart bleiben märchenhafte Elemente hingegen in der historischen Erzählung *Rabbi Bezalel*, in der das Leben der Prager Juden im frühen 17. Jahrhundert dargestellt wird.

Nicht zuletzt dienten die Ghettoerzählungen T. auch als Forum dafür, seine Einstellung zum Judentum darzulegen. Dabei erweist sich T. als scharfer Kritiker der jüdischen Orthodoxie und vorbehaltloser Anhänger der Reformbewegung. Bereits in der Erzählung *Ein Schneiderlein* hatte T. die Brüchigkeit orthodoxer Gemeindestrukturen aufgezeigt. Dem entspricht, dass der Protagonist in der Erzählung *Mein Freund August. Eine Episode* die Abschaffung großer Teile der in seinen Augen überkommenen jüdischen Zeremonialgesetze fordert und sie als bloße Äußerlichkeiten brandmarkt sowie das explizite Bekenntnis, das Genre des Märchens als Vehikel für reformatorisches Gedankengut instrumentalisiert zu haben: »[...] weil ich jene Juden schildere, die mit unseren Vätern ausgestorben sind, [...] diese Typen sind die letzten Ausläufer einer Menschengattung, die sich in unserer Zeit allmälig verliert und die sich dort, wo sie noch besteht, gewiß durch eine, bis in die untersten Schichten hereinbrechende Cultur und Civilisation auch bald verlieren wird.« Obwohl gerade das Changieren zwischen jüdischem Märchen und Polemik gegenüber dem orthodoxen Judentum von der jüdischen Kritik durchweg negativ beurteilt wurde, erfreuten sich T.s Erzählungen beim Publikum offensichtlich großer Popularität. Bereits 1859 erschien eine zweite Auflage des Erzählbandes, und 1873 wurde die Erzählung *Mein Freund August* ins Polnische übersetzt. 1896 schließlich druckte der Prager Verleger Jakob B. Brandeis zwei Texte (*Der Traum ein Leben; Die Raben*) innerhalb der von ihm edierten Jüdischen Universal-Bibliothek nach. Bezeichnenderweise beschränkte sich Brandeis hier allerdings auf jene Ghettoerzählungen, in denen das märchenhafte Element dominierte und die Kritik an der Orthodoxie weitgehend ausgespart blieb.

T.s entschiedenes Eintreten für die jüdische Reformbewegung manifestierte sich jedoch nicht nur in seinen Ghettoerzählungen, sondern auch in seiner Übersetzung von zahlreichen Synagogalgesängen und -gebeten ins Deutsche. In Zusammenarbeit mit dem Wiener Kantor Salomon Sulzer, dem Vorreiter der modernen synagogalen Musik, wurden von T. ein Großteil der später von Sulzer in seinem zweibändigen jüdischen Gesangbuch *Schir Zion* zusammengefassten Hymnen und Tempelgesängen metrisch übersetzt und für die Musik eingerichtet, Innovationen, die von Seiten der Orthodoxie eine klare Ablehnung erfuhren. Obwohl T.s Engagement in diesem textuell-musikalischen Bereich nicht unterschätzt werden darf, ist es doch weitgehend unbekannt geblieben. Im Bewusstsein des Publikums blieb T. primär als Verfasser von Ghettoerzählungen, in denen er einen dezidiert reformerischen Standpunkt einnahm und populäre jüdische Sagenstoffe aus dem Prager Ghetto literarisch gestaltete. Sie wurden auf diese Weise sehr bald selbst fester Bestandteil der Prager jüdischen ›Volksliteratur‹, wie ihre Übernahme und Weiterentwicklung durch eine spätere Generation von Prager Ghettoautoren wiederholt unter Beweis gestellt hat.

Werke: Gedichte, Leipzig 1847; Die letzten Juden, 2 Bde., Leipzig 1853; Quinten, Leipzig 1864; Die Lust zu fabulieren, Leipzig 1878.

Literatur: G. v. Glasenapp, Aus der Judengasse. Zur Entstehung und Ausprägung deutsch-sprachiger Ghettoliteratur im 19. Jahrhundert, Tübingen 1996.

Gabriele von Glasenapp

Tergit, Gabriele (eigentl. Elise Reifenberg)

Geb. 4.3.1894 in Berlin;
gest. 25.7.1982 in London

T. wurde als Elise Hirschmann im Osten Berlins geboren. Ihr Vater war Geschäftsmann und Fabrikdirektor, ihre Mutter eine Münchnerin aus der Posamentenbranche. Sie begann schon im Alter von 19 Jahren im *Berliner Tageblatt* zu publizieren.

1919–23 studierte sie an den Universitäten München, Heidelberg, Berlin und Frankfurt a. M. Geschichte und promovierte 1924. Zwischen 1914 und 1933 arbeitete sie beim *Berliner Tageblatt*, bei der *Vossischen Zeitung*, bei der *Dame*, beim *Berliner-Börsen-Courier* sowie bei der *Weltbühne* und beim *Tagebuch*. 1933 emigrierte sie mit ihrem Mann Heinz Reifenberg in die Tschechoslowakei und im selben Jahr nach Israel. 1938 ging sie zusammen mit ihrem schwerkranken Mann nach England, wo sie bis zu ihrem Tod lebte. In London engagierte sie sich beim PEN-Zentrum deutschsprachiger Autoren im Ausland und arbeitete 1957–81 ehrenamtlich als Sekretärin des deutschen PEN-Auslandszentrums.

T. veröffentlichte zu Lebzeiten zwei Romane, *Käsebier erobert den Kurfürstendamm* (1931) sowie *Effingers* (1951), der das Schicksal einer jüdischen Familie von 1878 bis 1948 verfolgt, eine Kulturgeschichte der Blumen, *Kaiserkron und Päonien rot* (1958), *Das Tulpenbüchlein* (1965), sowie *Das Büchlein vom Bett* (1954). Ein Jahr nach ihrem Tod erschienen ihre Erinnerungen *Etwas Seltenes überhaupt* (1983). Die bürgerkriegsähnlichen Zustände in den letzten Jahren der Republik, die skandalös einseitigen Gerichtsverfahren, über die T. seit 1923 ihre berühmten Gerichtsreportagen erst beim *Berliner Börsen-Courier*, dann beim *Berliner Tageblatt* schrieb, die Presselandschaft Berlins, sowie das Anwachsen von Antisemitismus und Revanchismus finden in T. eine in ihrer Generation selten objektive Darstellung. Als der Reichskanzler Papen am 29. August 1932 in einer Rundfunkrede mit deutlichen Worten gegen rechten wie linken Terror für die Wiederherstellung des Rechtsfriedens und die Gleichheit aller Staatsbürger vor dem Gesetz eintritt, bemerkt T. resigniert, dass »die aufrechte Rede, das Verbot des *Angriffs*, keinen Eindruck« auf die Generation ihrer gleichalten Freunde machte, die in Papen nur den »Handlanger des vertrusteten Monopolkapitalismus« bzw. einen »Herrenreiter« sahen, während aus der Generation ihrer Eltern lauter begeisterte Anrufe gekommen seien: »Was sagt man zu Papen, eben doch großartig.«

1996 erschien schließlich ein noch von T. selbst zusammengestelltes Manuskript über ihre viereinhalb Jahre in Palästina: *Im Schnellzug nach Haifa*. Dieses sowohl in literarischer wie politischer Hinsicht bemerkenswerte Buch schildert ebenso frei von zionistischem Überschwang wie ›jeckischer Überheblichkeit‹ die Schwierigkeiten und Überspanntheiten beim Aufbau des neuen Staates. Trauer um den Verlust der alten Heimat, Neugier und Befremdung gegenüber der angebotenen neuen Heimat vermischen sich und erzeugen eine hellsichtige Distanz: »Wie in der ganzen Welt nimmt das Eigenleben, das Bodenständige ab und das Internationale zu, aber zugleich wächst der Nationalismus, das Trennende wird betont und das Zusammenwachsen der Kulturen verschwiegen. Die arabischen Dörfer sind gewachsen, die jüdischen angelegt und noch nicht von Grün umgeben. Die arabischen Häuser sind geworden aus endloser, nie unterbrochener Tradition. Die jüdischen kommen bestenfalls aus dem Katalog oder dem Wettbewerb: ›Siedlungshäuschen zu 50 bis 200 LP.‹ Das kann nicht anders sein. Europa dringt in den Orient ein. Kolonialgebiet ist überall häßlich. [...] Das arabische Palästina ist das biblische geblieben durch die Jahrtausende, das jüdische ist russisch.« Angesichts des Unterrichts in einer Moschee in Haifa bemerkt sie: »So schön wird der Mensch, der verwurzelte, der unverfolgte, der seßhafte, in vielen Jahrhunderten. [...] Der Verfolgte wird häßlich, er hat Angst, er gönnt sich nie mehr ein gutes Leben, und die Schönheit wird ihm Luxus, der nicht für ihn da ist.« T. glaubte nicht an die zionistische Devise, dass in »Palästina ein Land ohne Volk für ein Volk ohne Land« bereitstände. Wer an ein ›Zusammenwachsen der Kulturen‹ glaubte, mit Bezug auf Israel von ›Kolonialland‹ sprach und sich positiv an europäischen ›Luxus‹ erinnerte, musste im sozialistischen und nationalen Projekt Palästina einen schweren Stand haben, und so zeigen ihre Berichte aus Israel auch, dass sie das Land 1938 wohl nicht nur wegen der Krankheit ihres Mannes wieder in Richtung Europa verließ. Geschult an der pseudoreligiösen Sehnsucht deutscher Ursprungsromantik, blickt sie mit den Erfahrungen des Berlin der 20er Jahre auf ähnliche ideologische Verwerfungen im neuen Israel: »In Tel Aviv gibt es ein glückliches, heiteres jüdisches Volk. Es lebt sich gut unter Juden in Tel Aviv. [...] Die Verächter Tel Avivs verlangen wie Gott selber, daß das Volk vierzig Jahre durch die Wüste wandern soll, ehe es ins Gelobte Land kommt. Sie fordern, wie alle zukünftigen Weltanschauler, die besessen sind von einer Idee, eine neue Generation. Sie wollen keine Städte, und sie werten das Bedienen eines Traktors moralisch.«

Werke: Käsebier erobert den Kurfürstendamm, Berlin 1931, Neuausgabe Berlin 2004; Etwas Seltenes überhaupt – Erinnerungen, Berlin 1983; Blüten der Zwanziger Jahre, hg. J. Brüning, Berlin 1984; Im Schnellzug nach Haifa, hg. J. Brüning, Berlin 1996; Der erste Zug nach Berlin. Novelle, hg. J. Brüning, Berlin 2000; Frauen und andere Ereignisse: Publizistik und Erzählungen von 1915–1970, hg. J. Brüning, Berlin 2001.
Literatur: L. Schüller, Vom Ernst der Zerstreuung. Schreibende Frauen am Ende der Weimarer Republik: Marieluise Fleißer, Irmgard Keun und G.T., Bielefeld 2005; J. Sucker, Heimatlos in Palästina. Zur Inszenierung von Entwurzelung und Fremdheitserlebnissen in G.T.s Texten, in: Exil. Forschung, Erkenntnisse, Ergebnisse 30 (2010) H. 1, 79–90.

Arpe Caspary

Theilhaber, Felix Aaron

Geb. 5.9.1884 in Bamberg;
gest. 26.1.1956 in Tel Aviv

Th. machte sich vor allem als Arzt und Zionist einen Namen. Einschlägig und kontrovers diskutiert war sein Buch *Der Untergang der deutschen Juden* aus dem Jahr 1911, attestierte er dem Judentum darin doch seine Auflösung. Die Literatur zu

medizinischen, zionistischen und volkswirtschaftlichen Themen macht einen Großteil seiner Publikationen aus. Zugleich jedoch widmete sich Th. immer wieder literarischen Themen und schrieb selbst literarische Texte.

Th. engagierte sich früh für zionistische Ziele. Im Jahr 1900 wurde er Mitglied der zionistischen Ortsgruppe in München, 1901 schloss er sich der jüdischen Turnerschaft dort an, während des Studiums gründete er die zionistische Studentenverbindung Jordania und den Herzl-Bund. Nach dem Medizinstudium in München und Berlin arbeitete er als Arzt in der Dermatologie vor allem auf dem Gebiet der Venerologie. Wissenschaftlich beschäftigte er sich einerseits mit der Sexualwissenschaft, die er zugleich mit literarischen Versuchen verband, namentlich im Buch *Goethe. Sexus und Eros* (1929), ein Psychogramm Goethes im Horizont seiner literarischen Figuren, wobei Th. den Zusammenhang zwischen den einzelnen literarischen Protagonisten als Repräsentanten der Psyche Goethes aufzeigt, die einen wichtigen Beitrag zur psychologischen ›Charakterforschung‹ leisten würden.

Seine wissenschaftlichen Arbeiten galten andererseits einer zionistischen Wissenschaft, namentlich der jüdischen Statistik und Demographie. Dabei betrieb er auch die wissenschaftliche Erforschung Palästinas, vor allem in der 1902 gegründeten und zeitweise von ihm redigierten Zeitschrift *Palästina. Monatsschrift für die wissenschaftliche Erschließung Palästinas*. Ebenso publizierte er ab dem ersten Jahrgang in der *Zeitschrift für Demographie und Statistik der Juden* (1905–23).

Th.s belletristisches Werk behandelt vornehmlich jüdische Themen. In einigen dieser Publikationen findet darüber hinaus seine Tätigkeit als Mediziner Eingang. So berichtet er im Jahr 1912 von seinen Kriegserlebnissen *Beim roten Halbmond vor Tripolis*, wo er als freiwilliger Arzt im italienisch-türkischen Krieg tätig war. Dieser Bericht kommt nicht nur auf Themen, die unmittelbar mit dem Krieg zusammenhängen, zu sprechen, er schildert ebenso hygienische Verhältnisse und macht sozialanthropologische wie ethnographische Beobachtungen. Auch im Ersten Weltkrieg war Th. an der Front, und dort beschäftigte ihn insbesondere das Schicksal der jüdischen Soldaten. Darauf geht er nicht nur in seiner wissenschaftlichen Abhandlung zum Krieg ein (*Die Juden im Weltkriege*, 1916), sondern auch in den belletristischen Schriften. So erzählt er in den 1916 in der Reihe *Lamm's Jüdische Feldbücherei* erschienenen *Schlichten Kriegserlebnissen* über seine Tätigkeit als Feldarzt. Hier wählt er einen humoristischen Unterton, der die Kriegsereignisse so gewissermaßen unterhaltsam macht und ihnen ihre menschenverachtende Grausamkeit nimmt. Bemerkenswert erscheint hier weiterhin die klare Stellungnahme für den Zionismus, welche die Kriegsereignisse in direktem Zusammenhang mit der Rückkehr nach Palästina setzt. Der Krieg beschäftigt Th. auch in den beiden Auflagen seines Buches *Jüdische Flieger im Kriege* bzw. *im Weltkrieg* (1919/1924). Diese Sammlung stellte Th. mit der Intention zusammen, über jüdische Kriegsbeteiligung, besonders eben die der jüdischen Flieger, Zeugnis abzulegen. Weniger diese apologetische Absicht als die konkrete Ausführung zeigen sich als signifikant auf dem Feld der deutsch-jüdischen Literatur. Diese Sammlung ist kein nüchterner Bericht, sondern auch eine literarische Anthologie. In ihr sind Briefe gefallener Soldaten wie auch kurze Gedichte über jüdische Flieger vereinigt, die Th. gleichzeitig mithilfe von rahmenden Texten poetisch perspektiviert. So berichtet er über die Flieger, dass die »jungen Juden als moderne Dädalus und Ikarus« ihr Leben im Krieg gelassen hätten, eine Deutung, die die poetische Dimension des Krieges hervorhebt.

1924 erschien sein Roman *Dein Reich komme! Ein chiliastischer Roman aus der Zeit Rembrandts und Spinozas*. In diesem historischen Roman porträtiert Th. die intellektuellen Protagonisten im Amsterdam des 17. Jahrhunderts, allen voran Baruch de Spinoza und Rembrandt van Rijn, nicht ohne dabei dem legendenumwobenen Zusammentreffen der beiden nachzugehen, das möglicherweise im Haus von Menasse ben Israel, dem Lehrer Spinozas, stattfand. Der Roman thematisiert zugleich die Messiaserwartungen, die mit dem Erscheinen Sabbatai Zwis verbunden waren. Diese thematische Ausrichtung erlaubt es dem Text, zum einen ausführlich über mystische und kabbalistische Themen zu informieren, andererseits erweckt er dadurch historische Persönlichkeiten narrativ-anekdotisch zum Leben und evoziert so das Umfeld, in dem die spinozistischen Schriften entstanden. Der Roman endet jedoch nicht mit einer uneingeschränkten Affirmation mystischer Theologumena, sondern – und dies erhellt die Wahl Spinozas als Protagonisten – theologiekritisch: »Nicht die Theologie, sondern die Natur muß ausschlaggebend sein«. Dass dieses Diktum auch mit zionistischen Vorstellungen in Verbindung zu bringen ist, zeigt sich an den abschließenden Reflexionen Spinozas, die er in einem Brief an Menasse ben Israel aufschreibt: »Und wenn Ihr in Zion bloß eine Hochburg gründen wollt für Mysterien, die Schranken zwischen den Menschen aufrichten, könnt ihr weiter warten, bis Gott den Messias dazu entsendet. Und eure Hoffnung wird sich nie verwirklichen«. Eine theologisch begründete passive Erwartung einer Rückkehr des Judentums nach Palästina bestimmt der Text demnach als ergebnislos und erklärt Zion im Anschluss an Spinozas *Theologisch-politischen Traktat* zur politischen Größe, eine Perspektive, die vor allem die Wahl Spinozas erklärt und sich mit Th.s zionistischem Engagement deckt, das er auch nach seiner Emigration im Jahr 1935 in Palästina fortsetzte.

Th.s späte Publikationen behandeln durchweg jüdische Themen. Es sind Texte, die im Grenzgebiet zwischen seiner wissenschaftlichen Betätigung und jüdischer Kulturgeschichte im zionistischen Kontext anzusiedeln sind. Im Buch *Schicksal und Leistung. Juden in der deutschen Forschung und Technik* (1931) legt Th. das besondere Verdienst jüdischer Wissenschaftler in den Naturwissenschaften dar. Im Jahr 1936 veröffentlichte er unter dem Titel *Im Kampf um Gott, Volk und Land. Geschichte der Juden in Eretz Israel* historiographische Betrachtungen, die er als Gegenpart zum *Untergang* konzipierte, der als Projektion zukünftiger Geschehnisse im Judentum zu verstehen sei, wohingegen die geschichtlichen Ereignisse in Erez Israel als »aufrüttelnde Rückschau auf die Vergangenheit der Juden« gedacht seien. In einem seiner letzten Bücher *Judenschicksal. Acht Biographien* geht Th. 1946 wiederum auf das Schicksal des Judentums ein, das diesem aus den Assimilationsbestrebungen seit der Emanzipation erwachsen sei. Anhand von acht »Judenschicksalen« (etwa: Lasalle, Dreyfus, Weininger, Rathenau), die in seiner Perspektive alle aus gescheiterten Assimilationsbestrebungen resultieren, will Th. das »Dilemma« verdeutlichen, das dabei aus dem »jüdischen Ich« hervorgegangen sei. Am Ende des Buches führt er seine These vom »Untergang der deutschen Juden« mit den Geschehnissen zur Zeit des Nationalsozialismus eng und konstatiert in fatalistischem Ton, dass der »Mann, der das tausendjährige Reich zu begründen glaubte, [...] keine Zeit [hatte], den natürlichen Untergang der Juden abzuwarten«.

Th.s Beitrag zur deutsch-jüdischen Literatur besteht, überblickt man sein Werk, in einer konsequenten Zusammenschau historischer, wissenschaftlicher und poetischer Themenspektren und ihrer Pointierung auf die Konditionen der jüdischen Moderne.

Werke: Beim roten Halbmond vor Tripolis: Reiseerlebnisse von einer Fahrt ins türkisch-italienische Kriegsgebiet, Cöln 1912; Schlichte Kriegserlebnisse, Berlin 1916; Die Juden im Weltkriege, Berlin 1916; Jüdische Flieger im Kriege, Berlin 1919 (erneut 1924 u.d.T. Jüdische Flieger im Weltkrieg); Herzl-Worte, Berlin 1921; Dein Reich komme! Ein chiliastischer Roman aus der Zeit Rembrandts und Spinozas, Berlin 1924; Schicksal und Leistung. Juden in der deutschen Forschung und Technik, Berlin 1931; Im Kampf um Gott, Volk und Land. Geschichte der Juden in Eretz Israel von 1300 v. Chr. – 300 n. Chr., Berlin 1936; Judenschicksal. Acht Biographien, Tel Aviv 1946.

Literatur: J.M. Efron, Defenders of the Race. Jewish Doctors and Race Science in Fin-de-Siècle Europe, New Haven 1994, 141–153; V. Sigusch, F.A.Th. (1884–1956), in: Personenlexikon der Sexualforschung, hg. V. Sigusch u. a., Frankfurt a. M. 2009, 697–701.

Eva Edelmann-Ohler

Toller, Ernst

Geb. 1.12.1893 in Samotschin;
gest. 22.5.1939 in New York

Als er im Frühjahr 1925 Palästina bereiste, wo er u. a. der Gründung der Hebräischen Universität in Jerusalem beiwohnte, nahm eine amerikanisch-jüdische Zeitschrift dies zum Anlass eines Berichts über T., in welchem er auch auf seine Haltung zum Zionismus zu sprechen kommt. Dort heißt es: »I am not a Zionist. I believe that one can only be a Zionist from necessity. Only that individual can be of value to the movement who brings to it the greatest measure of devotion. Sheer necessity made me a socialist and left no room to a cause like Zionism.« Damit ist zweierlei ausgedrückt, was sich in T.s literarischem Werk wie in seiner politischen Arbeit widerspiegelt: Zum einen die unkorrumpierbare Konsequenz, mit welcher er sein oft zwischen allen Konventionen angesiedeltes Verständnis des Sozialismus vertrat. Zum andern wird hier bei aller Wertschätzung, die T. den zionistischen Pionieren entgegenbrachte, eine Absage an alles Nationale ausgedrückt, die entscheidend mit seinen Erfahrungen als deutscher Jude zusammenhing. In zweien seiner Werke, im erfolgreichen Dramenerstling *Die Wandlung* (entstanden 1917) und in seiner im Exil publizierten Jugendautobiographie *Eine Jugend in Deutschland* (1933), tritt das Judentum als entscheidende Ursache der Ausgrenzung und damit als Mitauslöser seiner revolutionären Ideen hervor.

Die politisch prägenden Erlebnisse T.s waren der Erste Weltkrieg und die darauf folgende Münchner Räterepublik, in welcher er als einer der politischen und militärischen Köpfe eine prominente Rolle spielte. Nach der gewaltsamen Niederschlagung der Räterepublik konnte er sich einige Wochen lang verstecken, was ihn davor bewahrte, wie andere ihrer führenden Persönlichkeiten (etwa Gustav Landauer) von Soldaten erschlagen oder (wie Eugen Leviné) standrechtlich erschossen zu werden. Dennoch wurde er wegen »Hochverrats« zu fünf Jahren Festungshaft verurteilt. Während seiner Haft wurde T. zu einem der berühmtesten, auch international beachteten Dramatiker Deutschlands, einsetzend mit der Uraufführung der *Wandlung* 1919. In dem Stück, das der ehemalige Frontsoldat T. geschrieben hatte, nachdem er aus psychischen Gründen vom Dienst beurlaubt worden war, findet sich der Grund der allgemeinen Kriegsbegeisterung unter den deutschen Juden 1914 im Protagonisten Friedrich – dessen Judentum nie ausdrücklich benannt, aber klar angedeutet wird – aufs Persönliche konzentriert. Nachdem er die Enge und die Ausgrenzung, in welcher er lebt, beklagt hat, ergreift er euphorisch die Gelegenheit, als Freiwilliger in den (ebenfalls nicht explizit benannten) Krieg zu ziehen, um zu »beweisen, daß ich zu ihnen gehöre«. Angelegt als Stationendrama mit einigen plakativen Symbolen (dem Kreuz, der Sage vom Ewigen Juden, dem Bildnisverbot), verkündet *Die Wandlung* nicht die Unmöglichkeit der Zugehörigkeit, sondern die Notwendigkeit einer umfassenden geistigen Veränderung der Gesellschaft, um sie zu ermöglichen. In der Verknüpfung des Gleichheitspostulats nicht nur mit der Ablehnung des Krieges, sondern auch mit einer impliziten Antisemitismuskritik innerhalb der nationalen Gesellschaften setzt *Die Wandlung*, wiewohl formal »ein typisches, wenn nicht das typische expressionistische Drama schlechthin« (Dove), innerhalb des Expressionismus einen unverkennbar eigenen Akzent.

Vom Felde aus hatte T., wie er später berichtet, »dem Gericht geschrieben, es möge mich aus den Listen der jüdischen Gemeinschaft streichen«. Die Fähigkeit, aus der Orientierungslosigkeit nach Ausscheiden aus dem Heer eine neue politische Ausrichtung zu gewinnen, verdankte er jedoch wiederum vorab zwei jüdischen Mentoren, die er beide im Winter 1917/18 kennenlernte: G. Landauer und K. Eisner. Beide standen für einen Sozialismusbegriff jenseits der »Selbstgerechtigkeit« und »Herzensträgheit« und der eingeschworenen Doktrin einer »Parteisekte«, wie sie die Figur Hinkemann in T.s gleichnamigem Drama von 1922 anprangert. Entsprechend liegt das Primat des revolutionären Prozesses für T. auch nicht in der Agitation und Radikalisierung der Massen, sondern in der Reflexion und Legitimität der eigenen Position. Stehen diese revolutionären Tendenzen im Drama *Masse Mensch* (1920) in einem aporetischen Verhältnis zueinander, so wird im Stück *Die Maschinenstürmer* (1922) die reine Agitationstätigkeit als suspekt und sogar verräterisch denunziert, der Proletarier aber auch fern aller Glorifizierung als verführbar gezeigt. Dabei bleiben auch »T.s Konstruktionen negativer Judenbilder« (Schapkow) während des größten Teils seines Werks bemerkenswert, sei es durch ihre philiströse Frömmigkeit (wie das Bild der Mutter in der *Wandlung*) oder durch ihre gewissenlose Händlermentalität (wie etwa in *Der entfesselte Wotan*).

Mit dem Exil von 1933, als die inneren Konflikte einer deutsch-jüdischen Existenz auch durch sozialistische Selbstverortung nicht mehr zu übertünchen waren, sah auch T. sich gezwungen, sie in ihrer Unüberwindbarkeit offenzulegen. In der Autobiographie folgt dem Bekenntnis an die deutsche Landschaft und Sprache, an Goethe und Hölderlin, die Frage: »Aber bin ich nicht auch Jude? Gehöre ich nicht zu jenem Volk, das seit Jahrtausenden verfolgt, gejagt, gemartert, gemordet wird, dessen Propheten den Ruf nach Gerechtigkeit in die Welt schreien, den die Elenden und Bedrückten aufnahmen und weitertrugen für alle Zeiten, dessen Tapferste sich nicht beugten und eher starben, als sich untreu zu werden?« In der Verbindung von revolutionärem Gestus und unentrinnbarer Zugehörigkeit liegt für den exilierten T. der verbindliche Kern seines Judentums, während jede andere Form nationalen Bekenntnisses ihm austauschbar und destruktiv erscheint. »Soll ich dem Wahnwitz der Verfolger verfallen und statt des deutschen Dünkels den jüdischen annehmen?«

Wie Alfred Döblin mit seiner Tetralogie *November 1918* wollte auch T. durch die Auseinandersetzung mit der Deutschen Revolution von 1918/19 aus der Sicht des Exils die Ursachen der deutschen Katastrophe beleuchten und auch als Ergebnis der Versäumnisse der deutschen Linken kenntlich machen. Anders als das Gros der linksliberalen Intellektuellen hatte er selbst jedoch bereits in den Jahren der Republik eindringlich vor einer nationalsozialistischen Machtergreifung gewarnt. Der Artikel *Reichskanzler Hitler*, veröffentlicht in der *Weltbühne* nach dem ersten spektakulären Wahlerfolg der Nationalsozialisten bei Reichstagswahlen im Herbst 1930, ahnt die Mechanismen dieser Machtergreifung und teilweise auch ihre Folgen äußerst realistisch voraus. T. wandte sich gegen die damals weitverbreitete Meinung, man solle Hitler regieren und sich dabei diskreditieren lassen, und er warnte davor, dass Hitler »die Errungenschaften der Sozialdemokratie, auf die die Partei so stolz ist, mit einem Federstrich beseitigen« werde. Dass T. in dem Artikel nicht die möglichen Folgen für die deutschen Juden, sondern nur die für die Linke und die Demokratie an sich thematisiert, hängt wohl auch damit zusammen, dass er ihn als Aufruf an die Arbeiter und Gewerkschaften richtete, die er allein noch als Gegengewicht des Nationalsozialismus betrachtete. T. scheute sich aber auch nicht vor der direkten Konfrontation und hielt im selben Jahr mit dem nationalsozialistischen Redakteur Alfred Mühr am Radio eine *Diskussion über den Kulturbankrott des Bürgertums* ab. Es ist kennzeichnend für T.s Selbstverständnis als politischer Aufklärer, dass er Hitler auch noch 1933 nicht einfach simplifizierend als Irren oder als Dämon darstellte, sondern dessen Gefährlichkeit in seiner neurotischen Kriegserblindung festzumachen suchte: »Welche Kraft muß ein Mensch haben, dass er blind werden kann vor einer Zeit, die er nicht sehen will.« Im Gegensatz etwa zu Heinrich Manns krasser Fehleinschätzung Hitlers als unfähigen, impotenten und an der Realität der Macht notgedrungen scheiternden Schwindler hat T. in einem Satz die verhängnisvolle Mischung von Selbstverblendung und Faszinationskraft des Diktators festgemacht.

T. zählte zu den wenigen nach 1933 emigrierten Autoren, die durch das Exil nicht in materielle Not gestürzt wurden. Er fand Bühnen für seine Stücke im angelsächsischen Raum, und auch seine Werke (die Autobiographie ebenso wie etliche Stücke und die 1934 erschienenen *Briefe aus dem Gefängnis*) erschienen auf Englisch. Im Juni 1934 gründete er zusammen mit Rudolf Olden in London den deutschen PEN-Club im Exil. Schon ein Jahr zuvor hatte er beim PEN-Kongress von Ragusa wenige Wochen nach der Bücherverbrennung für Aufsehen gesorgt, als er in seiner Rede die offizielle deutsche Delegation angriff und bloßstellte. Darin geißelte er nicht nur das Schweigen des deutschen PEN-Clubs zu allen Verfolgungen und Verboten deutscher Schriftsteller, sondern hob auch hervor, dass der Schriftführer des PEN-Clubs selbst der Autor der antisemitischen Hetzschrift *Juden sehen dich an* war. Er erreichte mit seiner Rede, dass die offizielle deutsche Delegation den Kongress unter Protest verließ.

Indem T. die Zugehörigkeit zu den Gemarterten und die Tradition der Propheten jenseits nationaler Abgrenzungen als entscheidende Elemente des Judentums definierte, lokalisierte er auch sich selbst sowohl als Exilanten wie als humanitär aktiven Sozialisten nicht spezifisch im jüdischen Bereich. Der Held und die Titelfigur seines letzten Dramas *Pastor Hall* (1939) ist – obwohl in dem Stück auch die Verfolgung der Juden in Deutschland thematisiert wird – nicht ein Jude, sondern ein Pastor, der nach seiner Flucht aus dem Konzentrationslager die Angst endgültig überwindet, sich offen gegen das Regime zu predigen entschließt und damit zu einem Träger des Widerstands zu werden versucht. Auch in einem Artikel, der nach seinem Tod unter dem Titel *The Last Testament of Ernst Toller* veröffentlicht wurde, stellt er sich und die anderen Emigranten als Nachfolger der exilierten Heine, Börne, Marx, Herwegh und Carl Schurz und selbst des Antisemiten Richard Wagner dar, womit er die Legitimation deutscher Emigranten als wichtigster Vertreter der deutschen Kultur betont, ungeachtet ihrer Konfession. Auch T.s großes humanitäres Projekt, die Unterstützung der Zivilbevölkerung auf beiden Seiten des spanischen Bürgerkriegs, entsprang diesem Verständnis von Judentum als Sozialismus. Dass es am Ende sein Ziel nicht erreichte, weil trotz weltweiter Beachtung die entscheidende Unterstützung durch Franklin D. Roosevelt ausblieb, mag mit ein entscheidender Auslöser von T.s Freitod im New Yorker Hotel Mayflower gewesen sein.

Werke: Gesammelte Werke, 5 Bde., hg. J.M. Spalek u.a, München u.a. 1978.
Literatur: Der Fall T., hg. W. Frühwald u.a., München u.a. 1979; A. Bodenheimer, E.T. und sein Judentum, in: Deutsch-jüdische Exil- und Emigrationsliteratur im 20. Jahrhundert, hg. I. Shedletzky u.a, Tübingen 1993, 185–193; R. Dove, E.T., Göttingen 1993; Carsten Schapkow, Judenbilder und jüdischer Selbsthass. Versuch einer Standortbestimmung E.T.s, in: E.T. und die Weimarer Republik. Ein Autor im Spannungsfeld von Literatur und Politik, hg. S. Neuhaus u.a., Würzburg 1999, 71–86.

Alfred Bodenheimer

Torberg, Friedrich

Geb. 19.9.1908 in Wien;
gest. 10.11.1979 in Wien

Anders als seine Familie, die durch Assimilation geprägt war, war sich T. seines Judentums zeit seines Lebens und in seinem Schreiben stets bewusst. Diese Haltung entsprach zunächst derjenigen des berühmten Wiener jüdischen Sportclubs Hakoah, wie T. in dem von Arthur Baar herausgegebenen Buch *50 Jahre Hakoah 1909–59* erklärte: »Wir wollten die antisemitische Lüge von der körperlichen Minderwertigkeit und Feigheit der Juden entlarven […] Dieser Beweis ist uns damals überzeugend gelungen. Seither wurde er uns vom Staate Israel und seiner Armee abgenommen.« In den 30er Jahren, nach dem Gymnasium, begann T. für das *Prager Tagblatt* und die zionistische *Selbstwehr* zu schreiben. Gefördert wurde er von Max Brod, den er seinen jüdischen Vater und Lehrer nannte. Brod lehrte ihn, wie T. in der Festschrift für Brod schrieb, »wie man sich mit den Fragen des Jude-Seins auseinandersetzt und wie man sie mit den Fragen der Welt in Einklang bringt«. 1938 floh T. von Prag nach Zürich. 1940 entkam er mithilfe des von Varian Fry geleiteten Emergency Rescue Committee, das ihn auf die Liste der Outstanding German Anti-Nazi Writers setz-

te, in die USA. Seine Mutter und eine seiner Schwestern wurden Opfer der Shoah. In den USA lebte er als Scriptwriter in Hollywood und in New York. 1951 kehrte er nach Wien zurück, wo er der bekannteste und einflussreichste österreichisch-jüdische Schriftsteller der Nachkriegszeit wurde, nicht zuletzt auch durch seine Übersetzungen der Werke Ephraim Kishons.

Vor allem in drei seiner literarischen Werke setzte sich T. explizit mit jüdischen Fragen auseinander. Die 1942 entstandene Erzählung *Mein ist die Rache* beschreibt mit erstaunlicher Intuition, die späteren authentischen Zeugnisse vorwegnehmend, das Schicksal des Rabbinatskandidaten Joseph Aschkenasy, der in einem KZ den Lagerkommandanten erschießen und danach fliehen konnte. Das eigentliche Thema der Erzählung ist die Frage, ob der Mensch das Recht zur Rache habe oder ob er sie, wie es in der Tora heißt, Gott überlassen müsse. Der von 1943–46 entstandene Roman *Hier bin ich, mein Vater*, handelt von einem Wiener Juden, der zum Gestapo-Spitzel wurde, weil ihm die Nazis versprachen, dass er damit seinen Vater aus dem KZ retten könne. In vielen Passagen, darunter in einem Gespräch zwischen der Hauptfigur und seinem alten Religionslehrer, behandelt der Roman die exemplarische Tragödie eines assimilierten Juden und dessen Ringen mit den Wertvorstellungen des Judentums. Mit dem Roman über den jüdischen Minnesänger *Süßkind von Trimberg* setzte T. 1972 dem Beginn der deutsch-jüdischen Symbiose, von deren Ende er, wie er glaubte, ein Zeuge wurde, ein Denkmal. Wiederholt formulierte T. seine, wie sich herausstellte, irrige Überzeugung, dass er der letzte deutsch-jüdische Schriftsteller sei, wie z. B. 1955 in einem Brief an Max Brod: Die deutsch-jüdische Symbiose »ist vorbei und zu Ende […]. Wenn ich überhaupt noch eine jüdische Funktion habe, dann ausschließlich die, mein öffentliches Wirken so zu gestalten, dass möglichst viele Nichtjuden den Tod des letzten deutsch-jüdischen Schriftstellers als Verlust empfinden.« Darüber hinaus gehören T.s Gedichte *Hebräische Melodie, Kaddisch 1943, Seder 1944* und *Sehnsucht nach Altaussee* (geschrieben 1942 in Kalifornien) zu den wichtigsten jüdischen Exilgedichten überhaupt. Die drei ersten Gedichte formulieren eindrucksvoll die kollektive jüdische Identität, die Verbundenheit mit den tausenden jüdischen Vätern und Müttern, die in *Kaddisch 1943* genannt werden, und mit der jüdischen Vergangenheit, wie es am Beginn von *Seder 1944* heißt: »Tausend Jahre trag ich auf den Armen/ wie ein Bündel Strandgut vor mir her …« In seinen Anekdotensammlungen *Die Tante Jolesch* und *Die Erben der Tante Jolesch* vermittelte T. ein authentisches Bild der ausgelöschten Welt des jüdischen Bürgertums Mitteleuropas.

Auch publizistisch wurde T. als »Jud vom Dienst«, wie er es formulierte, von der Israelitischen Kultusgemeinde dankbar aufgenommen, so in seinen Polemiken, in seiner umfangreichen, im mehreren Bänden veröffentlichten Korrespondenz und nicht zuletzt als Herausgeber der Zeitschrift *Forum*. Besonders zu nennen sind in diesem Zusammenhang seine Stellungnahmen gegen die jüdische Witzsammlung von Salcia Landmann und sein Briefwechsel mit Heinz Politzer, dem er »die Entbrodung und Entjudung Kafkas« vorwarf. Wichtig wurde auch T.s jahrzehntelange Auseinandersetzung mit dem österreichischen jüdischen Schriftsteller Hans Weigel und dessen versöhnlicher Haltung gegenüber dem österreichischen Antisemitismus und Nationalsozialismus. In diesem Zusammenhang ist sein Essay *Das philosemitische Mißverständnis* in dem Band *Apropos* zu sehen, in dem er den Philosemitismus als einen Antisemitismus mit umgekehrtem Vorzeichen bezeichnete. Der Philosemitismus »akzeptiert den Juden als Deutschen, als Menschen, sogar als Christen – als alles, nur nicht als Juden.« Umstritten blieb T.s kompromissloser Antikommunismus im Kalten Krieg, der auch vor persönlichen Diffamierungen nicht zurückschreckte.

T. fühlte sich trotz seiner Verbundenheit mit Israel in Österreich zu Hause, und er beschrieb den Dualismus als ein generelles Kennzeichen jüdischer Existenz: »Jeder jüdische Mensch außerhalb Israels sollte erkennen, dass er eine Doppelexistenz führt. Man ist niemals nur Jude, sondern noch etwas anderes.« Zwei Monate vor seinem plötzlichen Tod besuchte er auf Einladung der Jerusalemer Stadtverwaltung Israel, wo seine Schwester Ilse und viele seiner Jugendfreunde leben. Ein 1978 in der Zeitschrift *Das jüdische Echo* angekündigtes Buch über Israel konnte T. nicht mehr realisieren.

Werke: Lebenslied. Gedichte aus fünfundzwanzig Jahren, München 1958; Gesammelte Werke, München 1962 ff.
Literatur: H. Eisenreich, Typisch jüdisch, in: Der Weg war schon das Ziel. Festschrift für F.T. zum 70. Geburtstag, hg. J. Strelka, München u. a. 1978, 27–50; D. Axmann, »Iwrí anochí. Ich bin ein Hebräer.« F.T.s jüdisches Selbstverständnis, in: Und Lächeln ist das Erbteil meines Stammes. Erinnerung an F.T., hg. D. Axmann, Wien 1988, 149–158; E. Adunka, F.T. und Hans Weigel, in: Modern

Austrian Literature 27 (1994), 213–237; F. Tichy, T., Salzburg u. a. 1995; D. Axmann, F.T. Die Biographie, München 2008; Dear Pappi – My beloved Sargnagel. E. Kishon, F.T. Briefe einer Freundschaft, hg. D. Axmann u. a., München 2008; E. Adunka, Der deutschen Sprache letzter ›Jud vom Dienst‹. F.T. und sein Judentum, in: Die ›Gefahren der Vielseitigkeit‹. F.T. 1908–1979, hg. M. Atze u. a., Wien 2008, 143–161; M. Patka, »Ich möchte am liebsten in Jerusalem begraben sein«. Der Zionist F.T., in: Die ›Gefahren der Vielseitigkeit‹. F.T. 1908–1979, hg. M. Atze u. a., Wien 2008, 163–179.

Evelyn Adunka

Tucholsky, Kurt (Peter Panter, Theobald Tiger, Ignaz Wrobel, Kaspar Hauser)

Geb. 9.1.1890 in Berlin;
gest. 21.12.1935 in Göteborg

»Mich hat die Frage des Judentums niemals sehr bewegt. Sie ersehen aus meinen Schriften, daß ich höchst selten diesen Komplex überhaupt berühre; meine Kenntnisse auf diesem Gebiet sind nicht sehr groß, und ich weiß nicht, ob die Zionisten recht oder unrecht haben, und ich schweige«, schreibt T. am 27. April 1929 an Hans Reichmann, einen Mitarbeiter der Zeitung des Centralvereins der Juden. In allen Phasen seines Werkes finden sich aber sehr wohl Äußerungen über Juden und Judentum.

Mit dem Schreiben beginnt T. 1907: Zunächst für den *Ulk*, die satirische Beilage des *Berliner Tageblatts*, später für den sozialdemokratischen *Vorwärts*. Ersten Ruhm erlangt er 1912 mit seinem Buch *Rheinsberg. Ein Bilderbuch für Verliebte*. Seit 1913 arbeitet er als Kritiker für die *Schaubühne* (ab 1918 *Weltbühne*). T. promoviert 1915 in Jura an der Universität Jena. In der Weimarer Republik zählt T., der unter Pseudonymen veröffentlicht und neben politischen und kritischen Beiträgen auch Kabarett-Texte und Feuilletons und Lyrik publiziert, zu den anerkanntesten Schriftstellern.

Deutlich ist bei T. eine seit früher Jugend bestehende Ablehnung gegenüber den assimilierten, kaisertreuen, deutsch-nationalen Juden, so in Texten wie *Die patriotische Synagoge* (1912). In Anspielung auf das preußische Militärgesetz, das Juden vom Offiziersdienst ausschloss, kritisiert er die devote Haltung der Juden angesichts der Einweihung einer neuen Synagoge in Anwesenheit kaiserlicher Militärs: »Hier kommen die sonst Geprügelten, Verachteten zusammen [...], hier steht unter ihnen ein hoher Offizier [...] Fühlen sie nicht, wie sie sich verspotten? – Was denkt sich der Kaiservertreter unter Leuten, die er nie in seinen Kreis wählen würde? [...] – Es ist würdelos.« Unter dem Eindruck des Ersten Weltkriegs, in dem T. vom Soldaten bis zum Feldpolizeikommissar aufsteigt, festigt sich seine pazifistische Überzeugung. Nach dem Krieg engagiert er sich als Pazifist u. a. in der Liga für Menschenrechte – die *Weltbühne* wird sein wichtigstes publizistisches Forum. Wiederholt attackiert T. in diesem Kontext nationalistisch orientierte jüdische Organisationen, etwa den »Reichsbund jüdischer Frontsoldaten«. Eine solche Kritik an den deutschen Juden steht bei T. im Zusammenhang mit einer generellen Gesellschaftskritik. Die von jüdischen Interessenvertretern angesichts eines zunehmend antisemitischen Klimas in Deutschland immer wieder geforderte Rücksichtnahme auf die Juden weist T. zurück. Dem Kaufmann A. Herz erklärt T. 1929 diese Haltung: »[Ü]ber den Gruppen ›Christen‹ und ›Juden‹ gibt es bedeutend wichtigere Kollektivitäten. Eine der stärksten Grenzen läuft – zwischen Ausbeutern und Ausgebeuteten – quer durch die Religionen und Rassen, und meine Arbeit gilt den Wehrlosen, unbekümmert darum, was die Juden oder sonst eine Rasse dazu sagen.« T.s Kritik an den deutschen Juden weist zahlreiche Ambivalenzen und Brüche auf. Sehr deutlich ist dies in den siebzehn *Wendriner*-Geschichten, die er 1922–30 in der *Weltbühne* veröffentlicht. Wendriner, ein mittelständischer Berliner Kaufmann, berichtet in satirischen Monologen, die an ein nicht zu Wort kommendes Gegenüber gerichtet sind, über Alltagserlebnisse. Die Kennzeichnung der Figur als jüdisch erfolgt nur sehr subtil, etwa durch Verwendung typisch jiddischer Worte, etwa »Goi« (Nichtjude). Ansonsten unterscheidet sich Wendriner nicht von anderen deutschen Durchschnittsbürgern – in den geschilderten Alltagssituationen mit seiner Familie, mit Geschäftskollegen oder Bekannten entpuppt er sich als undemokratisch, biedermännisch, geschäftstüchtig und autoritär. Trotz dieser negativen Charaktereigenschaften, die *Wendriner unter der Diktatur* (1930) schließlich zum selbstverleugnenden Duckmäuser werden lassen, ist die Figur nicht gänzlich negativ gezeichnet, wohnt ihr, wie T. selbst einmal formulierte, auch ein Stück »Idylle« inne.

Das Gegenstück zur kritischen Auseinandersetzung mit den deutschen Juden bildet T.s Kritik am Antisemitismus, dem er selbst vehement ausgesetzt ist. In zahlreichen Artikeln wie *Der jüdische Untertan* (1914), *Hepp Hepp Hurra!* (1921) und *Herr Adolf Bartels* (1924) verurteilt er den Antisemitismus, ohne das Phänomen jedoch theoretisch zu erörtern. T. karikiert das Klischee einer »verjudeten Gesellschaft« und deckt antisemitische »Sündenbock«-Argumentationen auf: »Ein gewisser Mittelstand in Deutschland [hat] heute die liebe Gewohnheit [...], für die Sonnenfinsternis, die Republik, den Durchfall von kleinen Kindern und den schlechten Stand der Mark die Juden verantwortlich zu machen« *(Kadett Ludendorff*, 1922). Außerdem prangert er die undifferenzierten Feindbilder der Rechten und die antisemitischen Tendenzen in der Justiz an *(Avrumele Schabbesdeckel und Prinz Eitel-Friedrich von Hohenzollern,* 1921; *Prozeß Harden,* 1922*)*. Gleichzeitig stellt er Charakterschwächen und mangelnde Intelligenz der Antisemiten bloß. Gerade in den späteren Jahren rückt dabei die Argumentation in den Hintergrund, vielmehr zieht T. den Antisemitismus durch satirische Überspitzung ins Lächerliche, ohne sich selbst zum Anwalt der Juden zu machen.

Zu Deutschland hat T. zeitlebens ein ambivalentes Verhältnis, wie es sich in zahllosen Artikeln und in seinem mit J. Heartfield erarbeiteten Kollagenbuch *Deutschland Deutschland über alles* (1929) artikuliert. Als Pariser Korrespondent der *Weltbühne* verlässt er Deutschland 1924. Von 1930 an hat er seinen festen Wohnsitz in Schweden. Nach seinem letzten großen Publikumserfolg *Schloß Gripsholm. Eine Sommergeschichte* (1931) reduziert T. seine literarische und journalistische Produktion. Im Exil bezeichnet er sich als »aufgehörten Schriftsteller«. 1935 sind seine finanziellen Ressourcen erschöpft, er ist ständig krank. In den erhaltenen Briefen schreibt er auch über sein Verhältnis zu den Juden, das von Enttäuschung geprägt ist. Er kritisiert die »Ghettomentalität« und bezeichnet die Juden als »Sklavenvolk« (vgl. v. a. die Briefe an Hedwig Müller). Ein wichtiges Dokument dazu ist auch sein Abschiedsbrief an Arnold Zweig, den T. zwei Tage vor seinem Suicid im Dezember 1935 schreibt. Er beginnt den Brief mit einer persönlichen Bemerkung zum Judentum: »Ich bin 1911 [sic] aus dem Judentum ausgetreten [...] und weiß, daß man das gar nicht kann.« Tatsächlich war T. 1914 aus der jüdischen Gemeinde ausgetreten (Bemann) und hatte sich während des Ersten Weltkrieges im rumänischen Turn-Severin evangelisch taufen lassen. Der Brief ist eine scharfe Kritik an den deutschen Juden, denen T. vorwirft, sich den nationalsozialistischen Repressalien gebeugt zu haben: »Getto ist keine Folge – Getto ist Schicksal [...] Der Jude ist feige. Er ist selig, wenn ein Fußtritt kommt – ihn als so primär annehmend, als das, was ihm zukommt. Er duckt sich.« Er weist den Juden eine Mitverantwortung beim Scheitern der Weimarer Republik zu: »Ich klage die Gesinnung der Juden an, und viel weiter gehend, die Gesinnung der sog. ›deutschen Linken‹ [...].«

Seine harschen, zuweilen polemisch zugespitzten Stellungnahmen zum Judentum und zu aktuellen jüdischen Debatten haben T. zu Lebzeiten und nach seinem Tod heftige Kritik eingetragen. Ihre Hauptexponenten interpretieren T. kontrovers. Während A. Zweig in T. eine »tiefverletzte Seele« erkannte, bezeichnete G. Scholem in seiner Rede auf der fünften Plenartagung des Jüdischen Weltkongresses T. als einen »der begabtesten und widerwärtigsten jüdischen Autoren«, dem es vorbehalten geblieben sei, »auf hohem Niveau das zu leisten, was die Antisemiten selber nicht fertigbrachten«. Tatsächlich hatten die Nationalsozialisten T.s Brief 1936 für propagandistische Zwecke nachgedruckt. Seit den 80er Jahren bemüht sich die Tucholsky-Forschung um eine differenziertere Darstellung, die tendenziell eher der Interpretation Zweigs folgt (Benz, Gay, Hepp).

Werke: Gesamtausgabe. Texte und Briefe, hg. A. Bonitz u. a., Reinbek b. Hamburg 1997 ff.
Literatur: A. Zweig, Antwort, in: Die neue Weltbühne, 6.2.1936, 165–170; M. Reich-Ranicki, K.T. Deutscher, Preuße, Jude, in: Juden und Judentum in der Literatur, hg. H.A. Strauß, Ch. Hoffmann, München 1985, 254–272; »Entlaufene Bürger«. K.T. und die Seinen, Ausstellungskatalog, Marbach 1990; M. Hepp, K.T., Reinbek b. Hamburg 1993; K.T. und das Judentum, hg. M. Hepp, Oldenburg 1996.

Stefanie Oswalt

Ullmann, Regina

Geb. 14.12.1884 in St. Gallen (Schweiz);
gest. 6.1.1961 in Ebersberg

Heutigentags fast unbekannt sind die Gedichte und Erzählungen dieser eigentümlich unzeitgemäßen Schriftstellerin, die, geschätzt und bewundert von den größten ihrer Kollegen, es niemals ganz vermochte, von ihrer Kunst des Schreibens zu leben.

Die literarische Szene der Jahrhundertwende kennt U. als eine originäre Erscheinung. Ihre ersten Erfolge hatte sie bereits in jungen Jahren in der Münchner Bohème. In den 30er Jahren erreicht ihr Ruhm auch eine breitere Öffentlichkeit; 1949 wird sie außerordentliches Mitglied der Bayerischen Akademie der Schönen Künste in München. Schon mit ihrer ersten Dichtung *Feldpredigt* (1907) gewinnt sie Rainer Maria Rilke als literarischen Mentor und Freund. Aus einem Kind, das kaum sprach, das stotterte und nur als Zuschauerin an der Welt ihres St. Gallener Elternhauses teilnahm, wurde die Schriftstellerin des »goldenen Griffels« (so eine Episode aus ihrer Kindheit), die aus der Einbildungskraft die Bildwelten ihrer Erzählungen schafft. Sie schreibt eruptiv und diktathaft, um dann ihre Texte immer wieder und wieder zu überarbeiten.

Die Langsame und »*Vergessliche*« (so der Titel einer Erzählung) schreibt aus der Erfahrung ihrer frühen Behinderung – und Begabung – mehr denn aus einer jüdischen Erfahrung. Die jüdische Herkunft spielt in der bürgerlichen Atmosphäre des Elternhauses fast keine Rolle: der Vater, Sergeant im amerikanischen Sezessionskrieg und Stickereiwarenfabrikant, stammt aus einer in Hohenems ansässigen jüdischen Arztfamilie, die aus Ulm stammende Mutter Hedwig trägt den Namen der im süddeutschen weitverzweigten jüdischen Fabrikantenfamilie Neuburger. Erst als U., durch Ludwig und Anna Derleth darin bestärkt, sich 1911 entschließt, zum Katholizismus zu konvertieren, der ihr in seinen barocken Bildwelten sehr entgegenkommt, findet das bei der Mutter, wie auch bei Karl Wolfskehl, wenig Verständnis. Dennoch wird auch U. 1935 aus dem deutschen Schriftstellerverband ausgeschlossen und muss ihr Haus in Planegg bei München verlassen, um sich vor den Nationalsozialisten in Sicherheit zu bringen. Sie lebt zunächst bei Freunden, u. a. bei ihrer Biographin Ellen Delp, dann ab 1938 bei den Schwestern des Menzinger Ordens in St. Gallen.

Bis dahin hatte U. aus der Spannung zwischen Ruhebedürfnis und Sehnsucht nach urbaner Geselligkeit gelebt und geschrieben. Meist in der Nähe der Mutter, der die »Zerstreute« seit dem frühen Tod des Vaters sehr nahestand, lebte sie in Burghausen/Salzach, wo sie sich der Imkerei und Gärtnerei widmete, seit 1917 dann in Mariabrunn bei Dachau, wo in der Umgebung eines bäuerlichen Herrenhauses in kurzer Zeit die Erzählungen der Bände *Die Landstraße* (1921) und *Die Barockkirche* (1925) entstehen. Ihre ungewöhnliche Erscheinung, die weltabgewandte, fast tumbe Stummheit, in der sie lebt, und ihre eruptiv-prophetische Erzählgabe, wenn sie einmal zu sprechen begann, beeindruckten Thomas Mann, Karl Wolfskehl, Hans Carossa, Annette Kolb, Wilhelm Hausenstein, Lou Andreas-Salomé, wie all ihre Freunde: »Sie rang mit den Worten wie ein zwölfjähriges Mädchen. Wenn jedoch das Erzählen, womit sie begnadet wurde, in Fluss geriet, wuchs sie zu einer Skaldin. Dann stockte sie wieder und glich einer beschämten Bäuerin« (Albert Steffen). Und wie sie spricht, so schreibt sie auch: Eruptive Produktivität wechselt ab mit depressiver Verstimmung, der U., wie Robert Walser, in ziellos-einsamen Wanderungen, in der autobiographischen Erzählung *Die Landstraße* beschrieben, zu entfliehen sucht. Hilflos im Leben vermag sie erst spät mithilfe der Freunde und aus den Erträgen der eigenen Bücher ihrem Schreibrhythmus zu leben. Diktathaft, in Schüben schreibt sie ihren »Unerbittlichkeitsstil«. Ihre Bildwelten leben aus der Empathie und Sprachfrömmigkeit des Kindes. Verstörung, Schrecken, die Angst der »Zurückgebliebenen« sind ihren Figuren eingeschrieben: der blinden Bäckersfrau, dem beschränkten Schweinehirt, dem buckligen Geigenbauer. »Wenn ich der Vertreibung aus dem Paradies gedenke« heißt es in der *Landstraße*, »so ist es mir, als sei das noch nicht lange her.«

Werke: Erzählungen, Prosastücke, Gedichte, 2 Bde., hg. R.U. und E. Delp, neu hg. F. Kemp, München 1978.
Literatur: E. Delp, R.U., Einsiedeln u. a. 1960; L. Albert-Lazard, Wege mit Rilke, Frankfurt a. M. 1985; R.M. Rilke, Briefwechsel mit R.U. und Ellen Delp, hg. W. Simon, Frankfurt a. M. 1987; P. Hamm, Die Zurückgebliebene. Etwas über R.U., in: Allmende 28/29 (1990), 45–68; C. Kanz, Geschlechterdifferenzen in Literatur und Psycho-

analyse. Lou Andreas-Salomé, Margarethe Susman, Franziska zu Reventlow und R.U. im Dialog mit Sigmund Freud und Otto Gross, in: Internationaler Otto-Gross-Kongress, hg. R. Dehmlow u. a., Marburg u. a. 2000, 142–166.

Hanna Delf von Wolzogen

Ungar, Hermann

Geb. 20.4.1893 in Boskowitz (Mähren); gest. 28.10.1929 in Prag

Als U. 1929 im Alter von nur 36 Jahren starb, hinterließ er ein schmales Werk, das viele seiner Zeitgenossen verstört hat. Geboren wurde U. im alten Ghetto von Boskowitz, einer mährischen Kleinstadt in der Nähe von Brünn; sein Vater war

ein Branntweinfabrikant, der großen Wert auf säkulare Erziehung legte und bemüht war, den Kontakt der Kinder mit tschechischen Kindern zu verhindern. Die ersten Schuljahre wurde U. vom Vater und von einem jüdischen Privatlehrer unterrichtet; erst später kam er an das deutsche Staats-Gymnasium in Brünn. Schon U.s Zeitgenossen haben versucht, sein Werk auf traumatische Erlebnisse in seiner Jugend zurückzuführen (»...seelische Höllenfahrt eines jungen Dichters«, Eduard Schröder, 1929). Anlass dafür bot die neurotische Sexualität seiner Figuren, aber auch U.s autobiographisch belegter Selbsthass, der sich in Anfällen neurotischer Hypochondrie oder in der schmerzlich empfundenen Diskrepanz zwischen Selbstbild und Erscheinung äußerte. Bezeichnend dafür ist, was der Protagonist in der *Geschichte eines Mordes* (1920) von sich sagt: »Ist es nicht wahr, daß man nichts so aus der Tiefe seines Herzens hassen kann und verachten, als sich selbst oder sein Spiegelbild.« Auch die antisemitischen Wellen, die Teile der Tschechoslowakei zur Zeit der Jahrhundertwende ergriffen – so etwa im Zuge des sogenannten Polaner Prozesses von 1899 – prägten diese Selbstwahrnehmung. Häufig verbanden sich in U.s Werk bei den meist dem Kleinbürgertum zugeordneten Figuren antisemitische Einstellung und neurotische Sexualität, etwa in der Figur des Schlachters im Roman *Die Verstümmelten*.

Noch während seiner Schulzeit begeisterte sich U. für den Zionismus, er wurde Mitglied zionistischer Jugendgruppen und spielte mit dem Gedanken, nach Palästina zu gehen. Aus diesem Grund schrieb U. sich nach dem Abitur in Berlin im Fach Orientalistik ein, wo er u.a. Hebräisch und Arabisch lernte, und trat der zionistischen Studentenverbindung »Hasmonäa« bei. Aus dieser Zeit rührte seine lebenslange Freundschaft mit Ludwig Pinner und Gustav Krojanker; Letzterer schrieb nach U.s plötzlichem Tod einen Nachruf in der *Jüdischen Rundschau* (17.12.1929). Nach einem Jahr verließ U. Berlin und schrieb sich in München, ab 1913 in Prag, für Jura und Nationalökonomie ein. Auch hier wurde er Mitglied einer zionistischen Studentenverbindung, aber auch der Prager Freimaurer. Bei Ausbruch des Ersten Weltkriegs meldete sich U. freiwillig und wurde in Galizien und Wolhynien verwundet. Als Offizier noch konnte er 1917 sein Studium in Prag mit dem Dr. jur. beenden.

Erste dichterische Arbeiten erschienen 1919 im *Prager Tagblatt*; frühe literarische Zeugnisse U.s müssen als verschollen gelten. In der Hoffnung, ein Leben als Schriftsteller und/oder Schauspieler führen zu können, lebte U. zeitweise in München, doch bald fand er sich als Bankangestellter in Prag wieder und kam 1921 als Attaché der tschechoslowakischen Botschaft nach Berlin. Die beiden Novellen *Ein Mann und eine Magd* und *Geschichte eines Mordes*, die U. 1920 unter dem Titel *Knaben und Mörder* veröffentlichte, machten U., nach den begeisterten Besprechungen von Stefan Zweig und Thomas Mann, berühmt; Letzterer lobte, gut nachvollziehbar an der Novelle *Geschichte eines Mordes*, U.s Fähigkeit, »das seelisch Extreme, Exzentrische, ja Groteske als das eigentlich Menschliche empfinden zu lassen«. U.s zwei Jahre später erschienener Roman *Die Verstümmelten* (1923) hingegen wird mit einiger Irritation aufgenommen; der Roman konnte nur mit Streichungen erscheinen, zudem fehlt das Schlusskapitel, das U. nie geschrieben hat. Thomas Mann spricht von einem »fürchterlichen«, Kurt Pinthus von einem »grausigen und peinigenden Buch«, »denn wir fühlen, diese grausamen Geschehnisse sind mehr als einmalige unterhaltende Erzählungen, sondern Symbol für das Leid der Menschen unserer Zeit«. Anlass zu Debatten gab auch U.s Roman *Die Klasse* (1927/29). Gegenstand der Spekulation war hier der jüdische Selbsthass des Autors. Der Protagonist Joseph Blau verstrickt sich zusehends in ein Netz von

Wahnvorstellungen, die ihn den Hilfeschrei eines Schülers als Angriff missverstehen und ihn zum zeitweiligen Opfer eines ihm wirklich feindlich gesinnten Gegenspielers werden lassen. Ihn verzehrt die Vorstellung einer Schuld, die er sühnen muss, deren Grund er aber nicht kennt.

U.s einziges zu Lebzeiten aufgeführtes Schauspiel, *Der rote General*, wurde am 15. September 1928 mit Fritz Kortner in Berlin uraufgeführt. Das Stück wurde als Revolutionsstück rezipiert und die Protagonisten in Beziehung zu ihren angeblichen Vorbildern Trotzki/Rathenau und Stalin gesetzt. Als Revolutionsdrama wurde es sowohl von linker wie rechter Seite abgelehnt. Doch gab es auch Stimmen, die hinter dem »Trotzkikonflikt« einen anderen sahen. Max Brod erkannte, dass es nur vordergründig um die Revolution, eigentlich aber um das »dunkle Judenschicksal« geht. Gerade darin kritisierte Herbert Ihering die eigentliche Schwäche des Stücks (»Der Trotzkikonflikt auf sentimentale Rasseneinwände zurückgeführt«). Jenseits tagespolitischer Frontstellungen zwischen Rechts und Links sahen auch Alfred Kerr und Lutz Weltmann den eigentlichen Konflikt des Stücks in der Judenproblematik. Carl von Ossietzky schrieb vorsichtig: »Denn das Judentum [...] scheint auch der roten Revolution verdächtig.« Ganz im Sinne des Marxismus sah Walter Mehring dagegen in diesem hintergründigen Konflikt einen Anachronismus. »Der Antisemitismus ist ein rückständiges Vorurteil aus der Zeit der ökonomischen Emanzipation des Ghettos.«

Trotz des großen Publikumserfolgs – *Der Rote General* war neben der *Dreigroschenoper* der Höhepunkt der Theatersaison – war U. durch die zwiespältige Aufnahme des Stückes beunruhigt. Sie verstärkte die Schaffenskrise, in der sich U. seit längerer Zeit befand. Als U. 1927 befördert und nach Prag versetzt wurde, zog er sich zeitweise völlig vom gesellschaftlichen Leben zurück und schrieb nur noch selten. Seine neurasthenischen Anfälle und Depressionen häuften sich, und er musste sich für längere Zeit beurlauben lassen. 1929 starb U. infolge eines zu spät behandelten Blinddarmdurchbruchs. Seine Mutter und sein Bruder sowie dessen Familie wurden 1942 nach Theresienstadt deportiert, ihre Spuren verlieren sich in Auschwitz; U.s zweiter Frau gelang mit den Kindern die Flucht nach England.

Werke: Das Gesamtwerk, hg. J. Serke, Wien u.a. 1989; Sämtliche Werke in drei Bdn., Hamburg 2011.
Literatur: D. Sudhoff, H.U. Leben – Werk – Wirkung, Würzburg 1990; C. Lehnen, Krüppel, Mörder und Psychopathen. Zu Hermann Ungars Roman ›Die Verstümmelten‹, Paderborn 1990; Drei jüdische Dramen. Mit Dokumentation zur Rezeption (H.U., *Der rote General*, W. Mehring, *Der Kaufmann von Berlin*, P. Kornfeld, *Jud Süß*), hg. H.-J. Weitz, Göttingen 1995.

Heidelore Riss

Varnhagen, Rahel (Friederike Varnhagen von Ense, geb. Rahel Levin)

Geb. 19.5.1771 in Berlin;
gest. 7.3.1833 in Berlin

V.s Briefe und Aufzeichnungen wurden gelesen als Dokumente ihres unbedingten Willens, den »Makel« abzustreifen, den ihre jüdische Herkunft ihr bedeutete, und sich an die nichtjüdische Gesellschaft zu assimilieren (Arendt). Zugleich richtete sich die Aufmerksamkeit auf die Spuren des Misslingens solcher Assimilation: Rahels Briefe sprechen von den Ordnungen, die sie ausschließen – Ordnungen der Familie, der nichtjüdischen Gesellschaft, der Sprache – und von ihrer Weigerung, deren Gewalt zu verschweigen. Das Schreiben selbst wird zum Versuch zu überliefern, was sich den vorgeschriebenen Rollen und angebotenen Identitäten widersetzt – unter den Strategien der Assimilation eine Gegenstrategie.

Rahel wurde als ältestes Kind der Chaie und des Levin Marcus geboren. Ihr Vater war Kommissair des Münzunternehmers Veitel Heine Ephraim und seit 1763 generalprivilegiert; zwei frühere Ehen waren kinderlos geblieben. Über Rahels Ausbildung ist wenig bekannt: sie lernte Französisch, erhielt Musikunterricht, der nach ihrem eigenen Zeugnis aus »lauter Musik von [Johann] Sebastian [Bach]« bestand, und besuchte regelmäßig das Theater. Sie konnte zudem in hebräischen Lettern schreiben und dürfte von ihrer Mutter das Wissen erworben haben, das notwendig war, um einen jüdischen Haushalt zu führen. Levin Marcus starb 1790. Im selben Jahr entstand Rahel Levins »erster

Salon« – regelmäßige Gesellschaften im elterlichen Haus, die Mitglieder der Familie, Adlige, Künstler und Intellektuelle zusammenführten, so Friedrich und August Schlegel, Wilhelm und Alexander von Humboldt, Schleiermacher und Fichte. Die ersten regelmäßigen Briefwechsel sind seit 1793 überliefert: mit dem Medizinstudenten und späteren Arzt David Veit und mit dem schwedischen Diplomaten Carl Gustav von Brinckmann. 1795 kam es zu einer ersten kurzen Begegnung mit Goethe in Karlsbad. Ende des Jahres begann Rahels Beziehung zu Karl Graf von Finckenstein, der sich jedoch nicht entschließen konnte, die Frau aus jüdischem Haus zu heiraten, so dass Rahel die Verbindung im Jahr 1800 löste. Auch die Beziehung zu dem spanischen Gesandtschaftssekretär Raphael d'Urquijo scheiterte. In den politisch und wirtschaftlich heiklen Jahren, die auf den Einzug Napoleons in Berlin im Herbst 1806 folgten, konnte Rahel ihren Salon nicht fortführen, doch das Netz ihrer Korrespondenzen weitete sich aus: zu ihren Briefpartnern zählten Rebecca Friedländer und Pauline Wiesel, Friedrich Gentz und Alexander von der Marwitz. 1808 lernte sie Karl August Varnhagen von Ense kennen. Im selben Jahr zog sie aus dem schwierigen Verhältnis zu ihrer Mutter Konsequenzen, verließ die gemeinsame Wohnung und richtete sich in eigenen Räumen ein. Varnhagen gab 1812 in Cottas *Morgenblatt für gebildete Stände* Auszüge aus ihrer beider Briefwechsel über Goethe heraus – Rahels erste (anonyme) Veröffentlichung. Als Preußen 1813 Frankreich den Krieg erklärte, verließ Rahel Berlin, zog zu ihrer Freundin Auguste Brede nach Prag und organisierte dort eine breite und behördlich unterstützte Hilfsaktion für die zahlreichen verwundeten Soldaten und Flüchtlinge in der Stadt. 1814 konvertierte Rahel zum Protestantismus, heiratete Varnhagen und führte fortan den Namen Friederike, mit dem sie auch zahlreiche Briefe zeichnete – eine hommage an Friedrich II. und die Emanzipationszeit, dadurch zugleich auch Spur der Erinnerung an ihre jüdische Geschichte. Mit Varnhagen, der sich für die Diplomatenlaufbahn entschieden hatte, hielt sie sich während des Kongresses einige Zeit in Wien auf. 1816 zogen beide nach Karlsruhe, wo Varnhagen tätig war, bis er im Frühjahr 1819 – wohl wegen seiner liberalen Haltung – von seinem Posten abberufen wurde. Zurück in Berlin, etablierte V. ihren zweiten Salon, den u. a. Eduard Gans, Heinrich Heine und Leopold Ranke besuchten, doch wiederum auch Familienmitglieder, so ihr Bruder Ludwig Robert und seine Frau. In den folgenden Jahren veröffentlichte sie mehrfach anonym aus ihrer Korrespondenz und begann mit Varnhagen, ausgewählte Briefe für die Veröffentlichung vorzubereiten. Die erste Fassung des *Buchs des Andenkens*, die Karl August Varnhagen wenige Wochen nach V.s Tod herausbrachte, beruhte auf diesen gemeinsamen Vorarbeiten.

In ihren frühen Briefen an David Veit interpretiert V. die Beschränkungen, denen sie sich unterworfen sieht, als diejenigen einer »Ordnung«, in der Frauen der Zugang zu Welt und Wissen verwehrt ist. Sie betont, dass ihr Schreiben, das Veit – ironisch gebrochen – als Kunst anerkennt, in der Ordnung, in der sie lebt, nicht vorgesehen ist. Zur Kunst wird es trotz ihrer Welt- und Kenntnislosigkeit und wegen derselben. Gerade dort, wo sie das Regelwerk des Schreibens im Umgang mit Orthographie und Grammatik, aber auch mit Papier, Tinte und Feder ignoriert, erhalten ihre Texte »Ausdruck« und »Physiognomie«. Manch disziplinierende Regel kennt V. nicht, manche erkennt sie nicht an, und zwischen beiden Optionen hin- und hergleitend, den Unterschied zwischen ihnen überspielend, gelingt es ihr, etliche Regeln zu suspendieren. Sie vergleicht ihre Worte »zusammengelaufenen Rebellen mit Knittlen« und besteht darauf, daß sie aus der »Ordnung«, die sie ausschließt, eben auch entlassen ist, und die Arbeit an neuer »Anordnung« möglich wird: »Eins muß ich doch noch von meiner Art zu schreiben aussprechen: über das Allermeiste, was darin endlich ausgebildet sein sollte, kann ich – aus innren, und *viel* äußren Gründen – nicht Herr werden; über eines aber, was man gewiss auch dazu rechnet, mag ich nicht Herr werden. Nämlich, ich mag nie eine Rede schreiben, sondern will Gespräche schreiben, wie sie lebendig im Menschen vorgehn, und erst durch Willen, und *Kunst* – wenn Sie wollen – wie ein Herbarium, nach einer immer todten Ordnung hingelegt werden. Aber auch meine Gespräche sind nicht ohne Kunst; d. h. ohne Beurtheilung meiner selbst, ohne Anordnung« (an Gentz, 26.10.1830). Der »Mangel« wird »zum Impuls einer widerständigen Produktivität« (Schuller).

V.s Strategie, beim Verstoß gegen Konventionen darauf zu verweisen, dass sie weder von den Konventionen noch vom Verstoß gegen sie weiß, erscheint allerdings nicht zuerst dort, wo es um das Schreiben geht, sondern dort, wo sie sich der Repräsentation als Jüdin widersetzt: »es wird mir nie einkommen, daß ich ein Schlemihl und eine Jüdin bin, da es mir nach den langen Jahren und dem vielen Denken drüber nicht bekannt wird, so werd ich's auch nie recht wissen. Darum ›nascht auch der Klang der Mordaxt nicht an meiner Wurzel‹, darum leb ich noch« (an Veit, 1.4.1793). V. beschreibt es als Lebensnotwendigkeit, der Ordnung, in der sie als Jüdin repräsentiert wird, zu entgehen, und dies scheint – in einer Weise, die an Kafkas Odysseus erinnert – möglich durch listige Naivität. Zu ihren Mitteln gehört die Lüge als selbstgewisse Selbstverleugnung: »Warum verbietet man den Kindern so ausdrücklich Läugnen und Ausreden? die man (zwar leider! aber) doch braucht: man erzieht sie ja für den Tummel der Welt, und nicht für einen positiven Himmel, der ein rothes Herz, und ungeflecktes Gewissen genau belohnt?« (an Veit, 18.2.1794) V.s Verlangen, ihrer jüdischen Herkunft zu entweichen, tritt in Gegensatz zu David Veits Forderung, statt sich dem Judentum zu entziehen, im Sinne der Reformbewegung verändernd einzugreifen. Zugleich drückt es sich in der harschen Zurückweisung traditionellen jüdischen Lebens aus, wie sie es bei ihrer Reise nach Breslau 1794 kennenlernt und fast ausschließlich in zudringlicher Körperlichkeit wahrnimmt – Stimmen, Gerüche, Schmutz. Ihre Distanzierung gegenüber dem traditionellen wie dem reformorientierten Judentum lassen sich als Zeichen der Assimilierung lesen.

Doch schon die Briefe des Jahres 1795 zeigen, dass V. gerade im Versuch, über die Grenzen, die ihr als Jüdin gesetzt sind, hinwegzugehen, deren Gewalt besonders genau erfährt, und es wird deutlich, wie eng ihre Reflexionen über ihre jüdische Herkunft mit ihren Überlegungen zu ihrer Situation als Frau verknüpft sind. Frau und Jüdin zu sein, bedeutet in der Welt, die »eingerichtet« ist, ein ursprüngliches Exil, einen Bruch, eine Krankheit. V. schreibt am 22. März 1795 an Veit: »Denn ich bin krank durch gêne, durch Zwang, so lang ich lebe; ich lebe wider meine Neigung [...] und da kann ich nicht heraus, weil die Welt eingerichtet ist.« Und weiter unten die oft zitierten Sätze: »Ich habe solche Phantasie; als wenn ein außerirdisch Wesen, wie ich in diese Welt getrieben wurde, mir beim Eingang diese Worte mit einem Dolch in's Herz gestoßen hätte: ›Ja, habe Empfindung, sieh die Welt, wie sie Wenige sehen, sei groß und edel, ein ewiges Denken kann ich dir auch nicht nehmen, Eins hat man aber vergessen; sei eine Jüdin!‹ und nun ist mein ganzes Leben eine Verblutung; mich ruhig halten, kann es fristen; jede Bewegung, sie zu stillen, neuer Tod; und Unbeweglichkeit mir nur im Tod selbst möglich. Diese Raserei ist wahr, ist zu übersetzen.« In späteren Briefen hat V. neben diese Urgeschichte ihre Familiengeschichte gesetzt und ihren Vater als Agenten der eingerichteten Welt benannt: »Dies alles kommt daher: weil die holde, freigebige, sorglose Natur mir eins der feinsten und starkorganisirtesten Herzen gegeben hat, die auf der Erde sind; weil ich keine persönliche Liebenswürdigkeit habe, und man es also nicht sieht: weil auch mein rauher, strenger, heftiger, launenhafter, genialischer, fast toller Vater es übersah und es brach, *brach*. Mir jedes Talent zur That zerbrach, ohne solchen Karakter schwächen zu können« (an Varnhagen, 28.3.1814.). Die Gewalt, die V. beschreibt, ist einerseits unpersönlich und macht sie zur Jüdin, andererseits ist sie mit den Zügen ihres Vaters ausgestattet und bestimmt sie als Frau. Dies legt eine Briefpassage nahe, in der sie ihr Selbst – das Herz, das ihr Vater einst brach – als das eines Mannes charakterisiert: »Ich bin doch ein Mann geworden, wozu das empfindlichste, das stärkste Organ, mein Herz, immer die Anlage war; bei einem der freiesten Geister wie ich ihn habe, oder bin« (an Gentz, 27.12.1827).

Die Gewalt, von der V. spricht, affiziert auch das Schreiben. Neben die Rede vom Ignorieren und Leugnen tritt die hartnäckige Rede von der Wahrheit, die nicht unmittelbar im Schreiben hervortreten kann, sondern der Abschrift, der Übersetzung, des Dialogs bedarf und in solcher Angewiesenheit auf die bestehenden Ordnungen der Sprache und der Gesellschaft nur ihrerseits gebrochen hervortreten kann. Der Raum des dialogischen Schreibens bleibt bestimmt durch die Grenzen der »eingerichteten« Welt: »Diese Woche habe ich erfunden, was ein Paradox ist. Eine Wahrheit, die noch keinen Raum finden kann, sich darzustellen; die gewaltsam in die Welt dringt, und mit einer Verrenkung hervorbricht« (an Varnhagen, 19.2.1809). Der Dialog ist nicht nur Bedingung für das Schreiben der Wahrheit, er öffnet auch der Inszenierung und sogar der Lüge Tür und Tor. Diese erhält nun aber eine präzisere Bedeutung: kein Leugnen, sondern »Surrogat« der Wahrheit.

Der Übergang von Strategien der Naivität zu Strategien der Kritik vollzieht sich auch in V.s Schreiben über das Judentum. Zudem tritt die Körpersprache, die sie für ihren Wunsch, vom Judentum los zu kommen, entwickelt hat, zurück hinter eine historisch und politisch orientierte Sprache. In einem Brief an ihren Bruder Ludwig Robert während der »Hepp-hepp-Krawalle« kritisiert sie zunächst scharf und hellsichtig den »Judenhaß«, die

Verschlingung von Religion und Politik und die Verbindung des Ressentiments von unten mit der Agitation von oben: »Die Gleißnerische Neuliebe zur Kristlichen Religion [...], zum Mittelalter, mit seiner Kunst, Dichtung und Gräueln, hetzen das Volk zu dem *einzigen* Gräuel zu dem es sich noch an alte Erlaubniß erinnert, aufhezen *läßt*! Judensturm. [...] Die Professoren Fr:[ies] und Rü:[hs], und wie sie heißen. Arn:[im] Brent:[ano], unser Verkehr; und noch höhere Personen mit Vorurtheil. Es *ist* nicht Religionshaß: sie lieben ihre nicht, wie wollten sie andere hassen [...].« Im selben Brief formuliert sie auch ihre, die individuelle Erfahrung überschreitende Kritik des Judentums, die an die jüdische Aufklärung erinnert, besonders an Mendelssohns *Jerusalem*: »Eine herrschende Religion taugt nicht. das ist unreligiös. dies war der faule Flek' im Judenthum, dies die Politik in dieser Religion *etc:*« Das Judentum als politische Theologie wird als zu überwindende Kraft der Vergangenheit gekennzeichnet, zugleich aber die Solidarität mit den Juden gegen die Gewalt ihrer Gegner erklärt. In ihren Briefen an Heine stellt V. schließlich den Text ihrer »Krankengeschichte« selbst in historische und politische Kontexte und schreibt über den »St: Simonism«: »Er ist das neüe, großerfundene Instrument, welches die große alte Wunde, die Geschichte der Menschen auf der Erde, endlich berührt.« Das ursprüngliche Exil der Jüdin könnte zugleich mit dem Isolierten ihrer Erfahrung aufgehoben werden in einer Bewegung der Emanzipation, die wiederum Juden, Frauen und die Sprache zugleich betrifft. Der Gegensatz zwischen ihrem »Leben als Text« und der »eingerichteten« Welt wird nicht mehr bildlich auf ein »außerirdisch Wesen« zurückgeführt, sondern geschichtlich formuliert, so dass die Möglichkeit auftaucht, in der Verknüpfung sprachlicher und politischer Intervention über ihn hinauszugelangen. Indem V.s Texte diese Perspektive eröffnen, geben sie ihrer einmal selbstbewusst hingeworfenen Bemerkung, sie halte sich für eine der »ersten Kritiker Deutschlands«, eine bis heute lesbare Bedeutung.

Werke: Rahel-Bibliothek. R.V. – Gesammelte Werke, hg. K. Feilchenfeldt u. a., München 1983; Briefe an eine Freundin. R.V. an Rebecca Friedländer, hg. D. Hertz, Köln 1988; R.L. V. – Pauline Wiesel. Briefwechsel, hg. B. Hahn, München 1997; Briefwechsel mit Ludwig Robert, hg. C. Vigliero, München 2001; R.L.V. Familienbriefe, hg. R. Buzzo Màrgari Barovero, München 2009; Rahel: Ein Buch des Andenkens für ihre Freunde, hg. B. Hahn, Göttingen 2011.

Literatur: H. Arendt, R.V. Lebensgeschichte einer deutschen Jüdin aus der Romantik, München 1959; B. Hahn, »Antworten Sie mir«. R.L.V.s Briefwechsel, Basel u. a. 1990; L. Weissberg, Stepping out. The Writing of Difference in R.V.'s Letters, in: Anti-Semitism in Times of Crisis, hg. S.L. Gilman u. a., New York 1991, 140–153; U. Isselstein, Der Text aus meinem beleidigten Herzen. Studien zu R.L.V., Turin 1993; D. Hertz, How Jews Became Germans. The History of Conversion and Assimilation in Berlin, New Haven 2007..

Andrea Schatz

Vertlib, Vladimir

Geb. 2.7.1966 in Leningrad

Nach über 20 Jahren besucht ein jüdischer Emigrant seine Geburtsstadt Leningrad, die seine Eltern Anfang der 70er Jahre mit dem damals fünfjährigen Sohn aus politischen Gründen verlassen hatten, um dem staatlich-bürokratischen und alltäglichen Antisemitismus zu entfliehen. Allerdings wusste das Kind damals nicht, warum so tränenreich Abschied genommen wurde und wohin eigentlich die Reise ging. Das Wiedersehen mit den wenigen Verwandten, vor allem mit der Großmutter, zeigt die Ambivalenz zwischen Gefühlen heimatlicher Geborgenheit, gestützt auf wenige Fotos, auf die Erzählungen der Erwachsenen, auf bruchstückhafte Kindheitserinnerungen, und der spürbaren inneren und äußeren Fremdheit – als sei ein Teil persönlicher Entwicklung wiederum verloren gegangen. »Die Menschen auf der Straße erkennen in ihm den West-Ausländer«, nicht das aus Russland stammende Kind. Die Erzählung *Petersburger Intérieur*, eine der ersten Veröffentlichungen von V. (MdZ 11 [1995] 3) thematisiert die Frage nach dem Verlust von sozialer und kultureller Zugehörigkeit als eine zentrale Emigrationserfahrung in der Gegenwart. Wie auch in den Romanen *Abschiebung* (1996) und *Zwischenstationen* (1999) bevorzugt V. den in Ich-Form berichtenden Erzähler. Ausgangspunkt des literarischen Erinnerns sind spezifische Erlebnisse und prägende Erfahrungen als Emigrantenkind, das sich an wechselnden Orten zu orien-

tieren sucht, sich eingewöhnt, Freunde gewinnt und den erneuten Verlust, »die Einsamkeit des Fremden«, erfahren muss.

Seit 1981 lebt V. in Österreich, hat dort maturiert und Volkswirtschaft studiert. Das war nicht geplant oder vorhersehbar. Denn zunächst war Wien nur eine Zwischenstation, eines der vielen Provisorien auf einer zehn Jahre andauernden Odyssee (von Russland nach Israel, dann Italien, Österreich, Niederlande, wieder Israel, wieder Italien, Österreich, USA und schließlich Österreich), die er mit seinen Eltern in einem verzweifelten Kampf um einen Lebensort mitmachte, nachdem die Integration in Israel gescheitert war und der Einwanderungsversuch in die USA mit Schubhaft und Abschiebung endete. Gescheitert waren die Hoffnungen des Vaters, des Ingenieurs Gregori V., der in der Sowjetunion Mitglied einer illegalen zionistischen Gruppe gewesen war und vom jüdischen Staat »eine bessere, vernünftigere Welt« erwartete. V., der keine religiöse Bindung an das Judentum hat und im Westen aufgewachsen ist, teilt die Utopie des Vaters nicht und auch nicht die daraus resultierende Lebenszäsur in ein »vor und nach« der Emigration.

In *Zwischenstationen* entwirft V. die Entwicklungsgeschichte eines Heranwachsenden, der sich zunächst einer Welt ausgeliefert sieht, die aus Schwierigkeiten und Bedrohungen besteht. In der intimen Dreieckskonstellation einer Emigrantenfamilie stehen die Eltern auf einem brüchigen Podest von Souveränität. Ihre Vorhaben sind abhängig von Hilfestellungen der Emigrations-Notgemeinschaften, die billiges Quartier und Ratschläge vermitteln, die gegen die Einwanderungsbürokratie in den verschiedenen Ländern helfen sollen. In Gesprächen mit jüdischen Schicksalsgefährten und -gefährtinnen entfaltet sich ein Panorama von Lebenseinstellungen, deren Wurzeln auf Verfolgungserfahrungen verweisen: im Unglück einer US-russischen Familie, deren Sohn, anstatt auf die Universität zu gehen, sich zu den »Marines« meldet, um die jüdische Schwäche und Widerstandslosigkeit zu überwinden, oder in den widersprüchlichen Anforderungen, die aus einer ehrgeizigen Anpassungspädagogik resultieren: »Ein Russe muß besonders gute Manieren haben, ein jüdischer Russe muß sich wehren, wenn er angegriffen wird, sonst verliert er jede Achtung, aber nur soviel wehren, daß ihn die Drangsalierer nicht hassen, denn wenn sie hassen, dann dreimal mehr als einen der ihren.«

Bemerkenswert ist, dass V. zwischen Anpassung und Widerstand eine Vermittlung zu kritischer Integration über die Auseinandersetzung mit den Leidenserfahrungen von Österreichern fand, die in diesem Land durch den Faschismus verfolgt wurden. Durch die Arbeit mit den autobiographischen Texten von Bil Spira und Ray Eichenbaum, die die deutschen Konzentrationslager überlebten, wurde ihm der Bruch zwischen Gegenwart und Überlieferung, sowie zwischen dem heutigen Leben in Österreich und jenem der Juden vor Auschwitz ein Schlüssel zur Gegenwart.

V. gehört zu jenen Schriftstellern, die »die Demarkationslinie unterschiedlicher Gefühlswelten, die sie von Österreichern und Deutschen trennt« (D. Rabinovici), kritisch und mit selbstbewusster Ironie beschreiben. Kalt und ohne Liebe geht es in der sich multikulturell und liberal definierenden westlichen Gesellschaft zu. Sein Leben habe er in Österreich »vernünftig angelegt«, meint V. lakonisch in Replik darauf, dass die Niederlassung auf zufällig glücklichen politischen und ökonomischen Umständen beruhte: »Ein zweifelhaftes Glück mit bitterem Beigeschmack. Jedenfalls kein Privileg, sondern eine Verpflichtung.«

Zweifellos kann *Das besondere Gedächtnis der Rosa Masur*, ein Panorama des 20. Jh. aus der Sicht einer noch im zaristischen Russland geborenen russischen Jüdin, als ein Hauptwerk V.s angesehen werden. Der Bogen ist vom zaristischen Russland über die Oktoberrevolution, den stalinistischen Terror, die Belagerung Leningrads im Zuge des deutschen Vernichtungskrieges bis hin zur Auswanderung der Familie nach Deutschland gespannt. Angesichts des mehrfachen Bruchs in der Lebensordnung der Menschen stellt sich dem Autor die Frage nach der Gültigkeit des Daseins, eine Frage, die V.s literarische Figuren stets nur durch eigenes Handeln beantworten können. In diesem und den zwei folgenden Romanen V.s wird eine fiktive deutsche Stadt mittlerer Größe namens Gingrich zum Schauplatz, den V. erzählerisch bevölkert. Während die Protagonisten der Gingrich-Romane aus ihren ungelösten Identitätskonflikten und der dadurch verursachten Isolation nicht herausfinden, kommt es in dem in Israel spielenden Roman *Schimons Schweigen* zu einer Auflösung verhärteter Haltungen, zu einer gegenseitigen Öffnung.

Werke: Abschiebung, Salzburg 1995; Zwischenstationen, Wien u. a. 1999; Schattenbild, in: Altes Land, neues Land. Verfolgung, Exil, biografisches Schreiben, hg. W. Hinderer u. a., Wien 1999, 119–123; Das besondere Gedächtnis der Rosa Masur, Wien 2001; Letzter Wunsch, 2003; Mein erster Mörder, Wien 2006; Spiegel im fremden Wort, Dresden 2007; Am Morgen des zwölften Tages, Wien 2009; Schimons Schweigen, Wien 2012.

Literatur: D. Rabinovici, Angeln aus christlicher Sicht oder Gibt es ein jüdisches Erzählen im Deutschen? in: Altes Land, neues Land, a.a.O., 62–68; K.-M. Gauß, Die große Wanderung. V.V.s Roman »Zwischenstationen«, in: Literatur und Kritik 337 (1999), 77 f.; K. Kaiser, Einer, der vom Erzählen erzählt, in: Zwischenwelt 17 2 (2000) 4 f.; A. Teufel/W. Schmitz, Wahrheit und »subversives Gedächtnis«, in: Spiegel im fremdem Wort, Dresden 2007, 201–253.

Siglinde Bolbecher

Viertel, Berthold

Geb. 28.6.1885 in Wien;
gest. 24.9.1953 in Wien

Als Sohn galizischer Juden im Wien der k. u. k. Monarchie gehörte V. zu jener Generation österreichischer Juden, denen zwar alle bürgerlichen Positionen offenstanden, die sich aber einem Bürgertum anglichen, das im Niedergang begriffen war.

Selbst nicht im Osten des Kaiserreiches geboren, stand V. dennoch zwischen der Welt der jüdischen Provinz und der Assimilation an ein christlich-bürgerliches Großstadtleben. Auch wenn die Großeltern die einzige Beziehung zum traditionellen Judentum darstellten und V. diesem mit Befremden gegenüberstand, war er sich dieser anderen Welt stets bewusst. »Nur wollte es schon dem Knaben vorkommen, als wäre alles Jüdische von Anfang an nur mit einem Fuße in dem gestanden, was man Geschichte nennt.« In der Antibürgerlichkeit der Bohème entfernte er sich gleichermaßen von der Welt der Großeltern und der Welt der angepassten Bürgerlichkeit.

V. schrieb – vielseitig begabt – Lyrik und Prosa, inszenierte im Film wie im Theater, übersetzte englischsprachige Autoren, arbeitete als Journalist und Drehbuchautor, gründete eine eigene Truppe, war Mitbegründer eines Verlages, hatte ein Gespür für junge Talente und neue Strömungen und betätigte sich als Theater- und Literaturkritiker. Eine wichtige Quelle seiner literarischen Betätigung ist seine eigene Biographie; autobiographisches Schreiben wurde ihm zu einer beständigen Selbstvergewisserung: »All diese Geschichten, mit dem Ich als Helden, die jeder Mensch sich verfaßt, so viele Rollen sich auf den Leib schreibend: jeder Mensch schleppt sie mit sich herum, ganze – höchst ungeordnete und unausgelüftete – Bibliotheken davon.«

So scheint es nicht weiter verwunderlich, dass V.s Theaterleidenschaft früh erwachte. Sein erstes prägendes Theatererlebnis war eine Aufführung von Ferdinand Raimunds *Die gefesselte Phantasie*, wie auch die Stücke Theodor Körners seiner jugendlich-idealistischen Heldenverehrung entgegenkamen. Eine andere Art von Helden stellten für V. die biblischen Propheten dar, mit denen er sich identifizierte. »Ich wollte, ich wäre dieser Knabe wieder, um seines Umgangs mit den jüdischen Propheten willen. Er kannte sie alle, er unterschied ihre Gesichter, ihre Bärte, ihren Stil, ihr Schicksal, die Merkmale ihrer Innerlichkeit: Natürlich zählte er sich zu ihnen, glaubte – mit bangen Zweifeln – einer von ihnen zu sein.« Doch erst die Werke Shakespeares regten V. zu eigenen dramatischen Produktionen und die Lektüre Heinrich Heines zu ersten lyrischen Versuchen an. »Der Judenknabe, dem *hep, hep* nachgerufen wurde, mitten im sachlichen Vorkriegs-Wien, verstand instinktiv den kleinen Harry aus Düsseldorf.« Als Abonnent in einer Wiener Leihbibliothek verschlang der junge V. die Literatur des Fin de siècle: Hamsun, Strindberg, Prévost, Wedekind, Anatole France, »die anarchistischen und nihilistischen Totengräber der bürgerlichen Kultur«, sie kamen seinem Bedürfnis nach antibürgerlichem Protest entgegen. Zu diesem gehörte auch die obligatorische, allerdings nur kurze Flucht nach Paris, der »Hauptstadt des 19. Jahrhunderts«.

Früh schon (1904) erschienen erste Gedichte von V. in Karl Kraus' *Fackel*. Seit der legendären Erstaufführung der *Büchse der Pandora* am 29. Mai 1905 im Trianon Theater, bei der Kraus seine berühmte Einführung hielt, bestand zwischen V. und Kraus eine enge Verbindung. 1912 bis zu seiner Einberufung 1914 ist V. Regisseur an der Neuen Freien Volksbühne in Wien. Als Theaterkritiker und Feuilletonredakteur 1914–18 am *Prager Tageblatt* machte er Bekanntschaft u. a. mit Franz Kafka und Max Brod. Nach Kriegsende wurde er Regisseur und Dramaturg in Dresden. Dort war er an der Umgestaltung des ehemals Königlichen Schauspielhauses von einem Hoftheater zu einem republikanischen Staatstheater beteiligt. Zwar scheiterte er mit seinem Vorschlag der gewerkschaftlichen Selbstverwaltung, doch gelang es ihm, in seiner künstlerischen Arbeit Neuland zu betreten. Junge expressionistische Autoren wie Walter Hasenclever, Friedrich Wolf, Georg Kaiser, August Stramm und Arnolt Bronnen entdeckte V. für die Bühne.

Obwohl er Dresdens Theater als eine bekannte Bühne der Avantgarde etablierte, war er mit der Institution Theater selbst unzufrieden. Er verließ Dresden 1922 und gründete im folgenden Jahr in Berlin das expressionistische Theater *Die Truppe.* Nach dem Beispiel des Moskauer Künstlertheaters von Stanislawsky sollte dies ein Ensemble sein, das ohne finanzielle Absichten einzig künstlerische Ansprüche verwirklichen wollte. Unterschiedliche Auffassungen der Beteiligten ließen das Unternehmen 1926 jedoch scheitern, und noch im selben Jahr kam V. an das Düsseldorfer Schauspielhaus. Seine Inszenierung des Filmes *K 13513. Die Abenteuer eines Zehnmarkscheines* machte ihn auf einen Schlag berühmt. Der damals bereits in Hollywood lebende Friedrich Murnau holte ihn und seine Frau Salka daraufhin 1928 nach Hollywood, aber es gelang ihnen nicht, beruflich in der amerikanischen Filmindustrie Fuß zu fassen. Desillusioniert kehrte V. 1931 nach Europa zurück. Doch blieb ihm ein Neuanfang verwehrt. Der Sieg der Nationalsozialisten zwang ihn 1933 zur Emigration zunächst nach Paris, dann nach London, und schließlich 1940 in die USA.

Trotz seiner schwierigen Lage als Emigrant verfolgte V. mit großer Empathie das Schicksal seiner Leidensgenossen. Für ihn waren die Emigranten alle »gescheiterte, entzweigebrochene Existenzen, die im Exil vergeblich altern, eines organischen Lebensabschlusses beraubt, auch wenn sie nicht buchstäblich umgebracht worden sind. Sie schreiben die Geschichte ihres verpfuschten Lebens, um sich zu rechtfertigen, um ihre Niederlage zu erklären, ihre guten Absichten zu belegen – oder um sich am Ende selbst zu beweisen, daß sie überhaupt gelebt haben.« Tagebuchaufzeichnungen und Manuskripte sollten das verlorene Leben retten, von dem nichts als die Erinnerung und die Muttersprache geblieben waren. Diese Muttersprache wurde jedoch für V. immer problematischer; sie war nun auch die Sprache der Mörder: »Deutsch zu sprechen, hast du dir verboten/ Wie du sagst aus Zorn und tiefer Scham/ Doch wie sprichst du nun mit deinen Toten/ Deren keiner mit herüber kam« (*Der nicht mehr deutsch spricht*, 1941). Was für Paul Celan zu einem unüberwindbaren Widerspruch geriet, löste V., indem er zwischen der Sprache und seinen Sprechern unterschied. So schreibt er wenig später in dem Gedicht *Die deutsche Sprache* (1941): »Daß ich bei Tag und Nacht in dieser Sprache schreibe [...] wird mir viel verdacht/ Hat sie mich leiden auch gemacht, ich tu ihr nichts zuleide. [...] Wir tragen lieber unseres Unglücks Fracht und wirken, daß sie menschenwürdig bleibe.«

Seine künstlerischen und beruflichen Ambitionen und Pläne kann V. im Exil selten verwirklichen. Das Projekt eines Drehbuches zusammen mit Stefan Zweig unter dem Titel *Das verlorene Jahr* scheitert 1940; erst 1950 wird es verfilmt. Dennoch engagiert sich V. in verschiedenen Emigrantenorganisationen, so zunächst in London als Mitgründer des »Freien Deutschen Kulturbundes« oder später in den USA als Mitglied der »German American Writers Association« und als Gründer des *Aurora Verlages* 1944 in New York. Nach einigem Zögern kehrte V. 1946 nach Europa zurück. Zwischen 1947 und seinem Tod 1953 war er als Regisseur in Zürich, Wien und Berlin tätig. Legendär wurden V.s Inszenierungen der Dramen von Tennessee Williams, womit er die Aufführung amerikanischer Autoren auf deutschsprachigen Bühnen einführte. Seinen späten Erfolgen stand V. jedoch mit Resignation gegenüber: »[...] ich habe Werke geplant und begonnen, sie alle brachen ab, bald früher, bald später. Ich mußte in ein anderes Land, und der Zusammenhang war zerrissen. Dort gab es einen neuen Horizont und eine andere Zeitrechnung. Zwei Weltkriege unterbrachen mich. Trotz aller Bestrebungen blieb ich immer außerhalb der Wirklichkeit.«

Werke: Fürchte dich nicht, New York 1941; Der Lebenslauf, New York 1945; Studienausgabe in vier Bänden, hg. S. Bolbecher u. a., Wien 1989.
Literatur: S. Viertel, Das unbelehrbare Herz, Frankfurt 1970; Tribüne und Aurora, Wieland Herzfelde und B.V. – Briefwechsel 1940–1949, Mainz 1990; I. Jansen, B.V. – Leben und künstlerische Arbeit im Exil, New York 1992; Traum von der Realität – B.V., hg. S. Bolbecher, Wien 1998; K. Kaiser, B.V. 1885–1953, Österreichische Literatur im Exil, Universität Salzburg, 2002, in: www.literaturepochen.at/exil/lecture_5024.pdf (31.7.2012).

Heidelore Riss

Vigée, Claude (eigentl. Claude Strauss)

Geb. 3.1.1921 in Bischwiller

Jude-Sein und Elsässer-Sein, das Jüdische, das Französische und der Elsässer Dialekt, die Spannung zwischen Exil und Rückkehr sind die Grundmuster in V.s Arbeiten, die Grunderfahrungen seines Lebens. Entwurzelung und Verwurzelung sind die Polaritäten in seinem Werk: Gedichte, Essays,

Tagebuchnotate, Gespräche, Autobiographisches, vor allem seine elsässische Rhapsodie *Un panier de houblon*, allesamt Arbeiten, die als »Lebensbücher« angelegt sind. In ihnen verarbeitete V. die Zäsuren seiner Biographie.

Das erste Trauma war für ihn, dem als Kind noch das Elsässer-Jiddisch seines Geburtsorts Bischwiller vertraut war, der Französisch-Zwang auf der Bischwiller Schule. Die Körperlichkeit des elsässer Dialekts wurde konfrontiert mit der Abstraktheit des Französischen. Dieses Sprachproblem, das Benennen der erkennbaren Welt, durchzieht sein ganzes Werk. Hinzu kam die bewusste Erfahrung der jüdischen Identität. Als er seine elsässische Heimat 1940 vor der heranrückenden Deutschen Wehrmacht verlassen musste, wurde ihm bewusst, dass er nicht nur als Elsässer, als Franzose verfolgt wurde, nicht nur von den Nationalsozialisten, sondern auch von der französischen Vichy-Kollaboration. Das Juden-Statut der Vichy-Regierung von 1940, das die französischen Juden diskriminierte und an die Nazis auslieferte, wurde zum wichtigsten Motiv, der »Kultur des Todes«, die er, wie der Soziologe Zygmunt Baumann, als einen integralen Bestandteil der Moderne ansieht, eine »Kultur des Lebens« entgegenzusetzen. V. engagierte sich in Südfrankreich im jüdischen Widerstand, in der Action juive, und er ändert im Herbst 1940 seinen Geburtsnamen »Strauss« in Vigée. Aus dem hebräischen, dem biblischen »Ani Chaj« (*Isaia*, XLIX, 18), »Ich lebe«, wird französisch »Vie j'ai«, »Vigée«. Dies ist angesichts des Todes, angesichts des Holocausts, ein programmatisches Bekenntnis zum Leben, zur Sprache. Sie wird V. zum inneren Exil, als er 1943 in die USA emigriert, »ein hartes Land«, das ihm nie zur Heimat wurde. Als Universitätslehrer an der Brandeis-Universität in Boston führt er ein äußeres und ein inneres Leben. Es wurde ihm bewusst, was er verloren hatte, die Landschaft und die Sprache des Elsaß. »Ich denke an diesem Abend an dich, mein süßes Elsaß«, schreibt er, »vor uns nichts als die leere Nacht, hinter uns die Jagd auf den Menschen.« Den Verlust der Heimat überwindet V., indem er sie mit Sprache, im elsässer Dialekt, neu erschafft. Gegen die Desorientierung, gegen die Richtungslosigkeit des Lebens, wie er es in den USA erfährt, bäumt sich in ihm eine »bedingungslose Lebenskraft« auf, ein Emporquellen, das sich keinen Grund sucht«. Ursprung versteht V. in der jüdischen Tradition als ein »Ur-Springen inmitten des heutigen Tages«, das »Leben als ein Aktuelles-aus-sich-Herauskeimen«. »Ohne Bett, ohne Grund«, heißt es in dem französisch verfassten Gedicht *Soufflenheim* (1979), »fließt der Fluß des Hauchs«: »Heimat des Hauchs, endlos«. In dieser Metapher ist für V. die Erkenntnis enthalten, dass auch in der Rückkehr bereits das Exil keimt, dass die Heimat des Menschen im Grunde Exil ist – wie der Tod, »die Welt, wo du einst leben wirst«.

1960 verlässt V. die USA, um sich in Jerusalem niederzulassen und als Professor für französische Literatur an der Hebräischen Universität zu lehren. Er entdeckt das moderne Hebräisch des Staates Israel als eine Art Erleuchtung, »in dem Sinne, daß eine Sprache nicht von den sinnlichen Wirklichkeiten der Welt getrennt sein kann«. Das Hebräische gewissermaßen als zweite elsässische Mundart. Die jüdische Tradition des Vorankommens in eine Zukunft, die noch nicht verwirklicht ist, ist für ihn in der hebräischen Sprache verankert, als eine »Eroberung der ungesäten Zeit«. Das Hebräische wird für V. das Reservat des Überlebenden und der Antrieb zum Leben. Alle seine Gedicht- und Essaybände entspringen diesem Motiv, zur »Rettung der Welt« beizutragen, »indem ihr durch und in der Sprache keine Ordnung, schon gar nicht eine alte Ordnung, sondern das Leben, das zukünftige Leben, eine neue Zeit wiedergegeben wird«. Die Ambivalenz von Exil und Rückkehr, die Grenzerfahrungen des Juden und Elsässers (von V. paradigmatisch mit der Formel »Ich bin Elsässer Jude, also doppelt Jude und doppelt Elsässer« umschrieben), werden prägend für sein Werk. Wie sehr ihm der elsässische Dialekt »Ausdrucksform tiefster Existenzangst« (A. Finck) ist, zeigt sich in seinem unter dem Eindruck des Libanon-Krieges von 1982 geschriebenen Gedicht *Schwàrzi Sengessle flàckere ém wénd*. Eine elsässische ›Todesfuge‹, in der V. versucht, »zur verschütteten Quelle der Sprache und des Lebens vorzudringen«, ebenso wie in dem 1988 veröffentlichten Gedicht *Wénderô-wefîr*. Zwei Gedichte, in denen V. sich nicht nur seiner selbst vergewisserte, sondern mit denen er auch im Kontext der elsässischen Sprachenproblematik sich für die deutsche Sprache im Elsaß, mit der der elsässische Dialekt verbunden ist, einsetzte. Diese Selbstbehauptung durchzieht auch seine Erinnerungen *Un panier de houblon* (1994), in der V. seine jüdische Kindheit im Elsaß beschwört, durchdrungen von der Überzeugung, dass alles Leben, alle Poesie, nichts anderes ist »als Rückkehr zum Ursprung, den es nicht gibt«. »Das über Jerusalem herabfließende Morgenlicht«, schreibt er, »ist heute ebenso nahe, ebenso unfaßbar wie einst der Landregen im Elsaß. Ich habe niemals meine Heimat verlassen. Niemals werde ich sie erreichen.«

Werke: Netz des Windes, Frankfurt a. M. 1968; La lune d'hiver, Paris 1970; Délivrance du souffle, Paris 1977; Schwàrzi sengessle flàckere ém wénd, Strasbourg 1984; Heimat des Hauches, Baden-Baden 1985; Wénderôwefîr le feu d'une nuit d'hiver, Strasbourg 1988; Leben in Jerusalem, Bühl-Moos 1990; Un panier de houblon, Paris 1994 (Dt.: Bischweiler oder Der große Lebold, Berlin 1998); La maison des vivants, Strasbourg 1996; Soufflenheim, Heidelberg 1996; Mon heure sur la terre: Poésies complètes 1936–2008, Paris 2008.
Literatur: J.-Y. Lartichaux, C.V., Paris 1978; A. Finck, Lire C.V., Straßburg 1990; A. Mounic, La poésie de C.V. Danse vers l'abîme et Connaissance par joui-dire, Paris 2005; H. Pillau, Unverhoffte Poesie – Poetik des Unverhofften. Studien zur Dichtung von C.V., Hamburg 2007; P. Assall, »Et respirer l'espace éphémère« – C.V., le poète claudicant, in: Peut-être 2 (2011), 77–96.

Paul Assall

Walden, Herwarth (eigentl. Georg Lewin)

Geb. 16.9.1878 in Berlin;
gest. 31.10.1941 in Saratow (Russland)

Die Literatur und Kunst der Avantgarde der klassischen Moderne, wie wir sie kennen, ist ohne W. nicht denkbar: Er war einer ihrer wichtigsten Wegbereiter und Förderer. Der 1878 in Berlin als Sohn eines Arztes in das Umfeld des assimilierten Berliner jüdischen Bürgertums hineingeborene Georg Lewin ging schon früh seinen eigenen Weg: Statt auf Wunsch der Familie einen bürgerlichen Beruf zu ergreifen, begann er ein Klavierstudium. Bald erteilte er auch selbst Unterricht und gab Konzerte, etwa in den lebensreformerischen Kreisen der »Kommenden« und der »Neuen Gemeinschaft« in Schlachtensee. Hier lernte er Else Lasker-Schüler kennen, mit der er von 1903–1912 verheiratet war, und hier lag auch der Beginn seiner Tätigkeit als Vermittler und Organisator: W. versuchte, zeitgenössisches Kunstschaffen einer größeren Öffentlichkeit vorzustellen, 1903 gründete er den »Verein für Kunst«, wo auf Vortragsabenden Autoren, Künstler, Architekten, Komponisten und Wissenschaftler zu Wort kamen. In den folgenden Jahren arbeitete er als Redakteur bei mehreren Kulturzeitschriften, wurde jedoch wegen seiner unkonventionell-antibürgerlichen Haltung immer bereits nach kurzer Zeit wieder entlassen. Er bemühte sich daher um die Gründung einer eigenen Zeitschrift, ermutigt durch die Verbindungen zum literarischen »Neuen Club« im Nollendorf-Casino und zu Schriftstellern wie Alfred Döblin, Carl Einstein, Georg Heym, Jakob van Hoddis, Alfred Lichtenstein und Mynona. Im März 1910 erschien die erste Nummer seiner Zeitschrift *Der Sturm* im Selbstverlag. Mitarbeiter der ersten Jahrgänge waren u. a. Karl Kraus, der W. in seinem Projekt wesentlich unterstützte, sowie Adolf Loos, Theodor Däubler, Paul Scheerbart und Oskar Kokoschka. *Der Sturm* war neben der *Aktion* und den *Weißen Blättern* das wichtigste Organ des literarischen Expressionismus und bot Vertretern der modernen Kunst aus ganz Europa ein Publikationsforum. Ab 1912 trug W. als Ausstellungsorganisator wie auch als Leiter des *Sturm*-Verlags mit einem eigenen Verlagsprogramm wesentlich zur Durchsetzung der internationalen Kunst-Moderne (Expressionismus, Futurismus, Kubismus, Konstruktivismus) in Deutschland bei. An die Zeitschrift und den Verlag wurden später eine Theaterbühne und eine Schule für expressionistische Bühnenkunst, Malerei und Dichtung angegliedert, so dass man von einer eigentlichen »Institutionalisierung der Moderne« (Sprengel, 247) sprechen kann, die den *Sturm*-Kreis zu einem Zentrum der europäischen

Avantgarde machte. W. war selbst einer der Hauptbeiträger seiner Zeitschrift und schrieb zudem Romane, Dramen und Gedichte sowie Kompositionen. Die literarische Fruchtbarkeit der Verbindung mit Lasker-Schüler zeigen etwa ihre *Briefe nach Norwegen*, die 1911 und 1912 im *Sturm* erschienen: Sie nahmen ihren Ausgangspunkt in einer Skandinavienreise W.s und ließen Figuren auftreten, die die Namen von Protagonisten der Berliner Künstler- und Schriftstellerszene trugen. W. wiederum vertonte Texte Lasker-Schülers, etwa ihr Gedicht *Weltflucht*, setzte sich für die Publikation ihrer Werke ein und verteidigte sie, wie viele andere von ihm geförderte Künstler, gegen Verunglimpfungen durch die bürgerlich-konservative Presse.

Während eines Besuchs in Schweden lernte W. Nell Roslund kennen, die er 1912 heiratete. Zusammen legten sie die Sammlung Walden an, die zahlreihe bedeutende Werke der Avantgarde umfasste. Ab 1918 begann W. sich auch politisch zu engagieren. Er wurde Mitglied der KPD, hielt sich in den 1920er Jahren mehrmals in der Sowjetunion auf und veröffentlichte im *Sturm* Berichte über seine dort gemachten Erfahrungen. W.s politische Orientierung verstärkte die Entfremdung von seiner Frau, 1924 erfolgte die Scheidung. Ab 1920 zeigte sich eine Stagnation in der *Sturm*-Publizistik. Zunehmende finanzielle Schwierigkeiten führten dazu, dass W. etwa 3600 Briefe und Postkarten aus seiner Korrespondenz an die Preußische Staatsbibliothek verkaufte und für wertvolle Bilder aus seiner Sammlung Käufer suchte. Im März 1932 erschien die letzte Nummer des *Sturm*.

Aufgrund der zunehmenden Bedrohung durch den Nationalsozialismus plante W. seit längerer Zeit, in die Sowjetunion zu ziehen. Im Juni 1932 ging er mit der Übersetzerin Ellen Bork, die seine Frau wurde, nach Moskau, wo die Tochter Sina zur Welt kam. W. arbeitete u. a. als Herausgeber für den »Deutschen Staatsverlag« in Engels. Für die Exilzeitschriften *Internationale Literatur. Deutsche Blätter* und *Das Wort* rezensierte er in Nazideutschland erschienene Bücher und schrieb Glossen, wobei er Zitate aus Zeitungen und Büchern unkommentiert abdruckte und den Faschismus damit sich selbst entlarven ließ. Im Zuge der von G. Lukács und A. Kurella angestoßenen ›Expressionismusdebatte‹ sah W. sich durch die Anschuldigung mitbetroffen, der Expressionismus habe dem Faschismus Vorschub geleistet. Er wehrte sich 1938 in einem Artikel in *Das Wort*, in dem er eine künstlerische Avantgarde, die ein »aktiver Teil der Volksfront« gewesen sei, von einem »Vulgär-Expressionismus« etwa bei Gottfried Benn unterschied. 1941 wurde W. im Zuge des stalinistischen Terrors in Moskau festgenommen. Seine Frau konnte mit der Tochter in die deutsche Botschaft fliehen und nach Berlin zurückkehren. W. wurde nach Saratow/Wolga deportiert, wo er laut offizieller Mitteilung am 31. Oktober 1941 im Gefängnis umkam.

Die Bedeutung von W.s Arbeit als Zeitschriftenherausgeber, Ausstellungsorganisator, Autor kunsttheoretischer Schriften und Komponist ist allgemein anerkannt, seine Stellung zum Judentum dagegen wurde bisher kaum thematisiert. W. wurde oft als ›überzeugter Europäer‹ bezeichnet, etwa aufgrund der Ausführungen in seinem 1923 im *Sturm* erschienenen Aufsatz *Berlin*: »Berlin ist Amerika als Mikrokosmos. Berlin ist zeitlose Bewegung und zeitloses Leben. Vielleicht haben die Vereinigten Staaten von Amerika ein Berlin. Zu Berlin aber fehlen die Vereinigten Staaten von Europa. Man soll sie schleunigst gründen. Nicht nur wegen Berlin. Aber um Europas willen« (N. Walden, 88 f.). Im *Sturm* versammelte W. eine internationale Gruppe von Künstlern und Dichtern unabhängig von sozialen wie konfessionellen Hintergründen. Daraus wurde zuweilen der Schluss gezogen, dass W. sich mit seiner jüdischen Identität und der Lage des Judentums in seiner Zeit kaum befasst habe, wofür Formulierungen von Nell Walden als Beleg angeführt wurden: »Wenn mich jemand fragte: Wer war Herwarth Walden?, dann müßte ich mit seinem eigenen Wort antworten: ein Europäer. Er kannte und anerkannte keine traditionellen Bindungen. Er fühlte sich nie als Jude, aber auch nicht als Deutscher. Er liebte zwar Berlin, aber nicht, weil er dort geboren war, sondern weil ihm die Art der Berliner gefiel« (N. Walden, 16). Die Ausführungen Nell Waldens sind jedoch problematisch, nicht zuletzt deshalb, weil darin unreflektiert Stereotype über ›Juden‹ perpetuiert werden: »Man hat mich gefragt, wieweit die ›Heimatlosigkeit der Juden‹ bei Waldens Entschluß, sich von der Kunst zurückzuziehen und in den Kommunismus zu flüchten, mitgespielt haben könnte. Wenn diese ›Heimatlosigkeit‹ existiert, dann wäre der Ausdruck ›flüchten‹ wohl das richtige Wort für seinen Absprung. Ich muss aber diese Frage entschieden verneinen. Walden gehörte ganz sicher zu den wenigen Juden in Deutschland, die kein Heimatgefühl für ihr Vaterland aufbrachten. […] Er war weder heimatlos noch irgendwo beheimatet. Er stand, wie er selbst oft sagte, jenseits dieser Begriffe. […] Daß Herwarth Waldens scharfer Intellekt aus jüdischer Quelle kam, ist sicher. Er sprach oft bewundernd über den Talmud und seine Weisheiten. Er hat sie mir oft erklärt. Zum Zionismus allerdings hatte er kein Verhältnis« (N. Walden, 30 f.). Diese letzten Aussagen lassen sich nicht überprüfen, weil, anders als bei *Sturm*-Mitarbeitern wie Lasker-Schüler, Kraus, Goll, Döblin und Walter Mehring, von W. kaum Texte überliefert sind, in denen das Judentum thematisiert wird. Dennoch lässt ein Blick auf W.s publizistische Arbeiten, seine Korrespondenz und insbesondere seine Romane und Dramen einige Aussagen zu. Die rund 650 Briefe der Korrespondenz zwischen W. und Kraus von 1909 bis 1912 sind Zeugnisse für die Stimmung des künstlerischen Aufbruchs und der sozialen und politischen Spannungen vor dem Ersten Weltkrieg. In Randbemerkungen kommt darin aber auch zum Ausdruck, dass W. mit dem *Sturm*, wenn es um jüdische Belange ging, durchaus Partei ergriff: so etwa, als er in der Kontroverse zwischen Samuel Lublinski und Theodor Lessing, die durch Lessings antisemitische Polemik gegen Lublinskis *Der Ausgang der Moderne* (1909) ausgelöst wurde, für Lublinski Stellung bezog. Zum Profil des *Sturm* gehörte der Angriff auf den bürgerlichen Literatur- und Theaterbetrieb, v. a. auf die bürgerlich-liberale Presse, deren Fortschrittlichkeit W. als nur scheinbar erachtete, da sie alternative Ansätze unterdrückte, wie er an sich selbst erfahren hatte. W.s antibürgerlicher Impetus ist auch in seiner eigenen künstlerischen Arbeit sichtbar: 1912 veröffentlichte er im *Sturm* seine Komposition *Die Judentochter*, die auf einem Gedicht aus der Volksliedsammlung *Des Knaben Wunderhorn* basiert, anhand dessen W. in seinem Aufsatz *Das Begriffliche in der Dichtung* seine poetologischen Überlegungen verdeutlichte. Das Gedicht thematisiert das Judentum zu Beginn der Emanzipationszeit, verkörpert in der Figur eines schönen Mädchens im heiratsfähigen Alter, das sich von seiner Mutter die Freiheit ausbedingt, noch für kurze Zeit auf der grünen Wiese spazieren zu gehen. Ein junger Mann fordert es auf, seine Frau zu werden und dafür zum Christentum zu konvertieren. Das Mädchen lehnt dies ab, doch der Versuch der Selbstbehauptung führt, da neben den Alternativen Tradition oder Konversion kein dritter Weg erkennbar ist, in den Tod. Dass W. ein Gedicht vertonte, das die aporetische Lage der durch Wertesysteme und Ideologien der nichtjüdischen Umwelt bestimmten Existenz anhand der Figur eines jüdischen Mädchens thematisiert, ist kein Zufall. Die junge Frau als Vertreterin der Marginalisierten, von männlicher Gunst Abhängigen und männlicher resp. elterlicher Gewalt Ausgesetzten, in der jüdischen wie auch der nichtjüdischen Gesellschaft, ist diejenige Gestalt, die auch in W.s Romanen und Dramen im Zentrum steht. Diese entstanden zwischen 1916 und 1918, spielen in Berlin und können als eine Art Zyklus aufgefasst werden. Anhand der Figur des jungen Mädchens wird darin ein Panorama der zeitgenössischen bürgerlichen Gesellschaft kurz vor ihrem Untergang aufgespannt. Szenen, die die erotische Anziehung durch das andere Geschlecht, Doppelmoral, Verlogenheit, Missgunst und die Ausbeutung Schwächerer, die Fragwürdigkeit der bürgerlichen Institution Ehe und die Forderung nach Selbstbestimmung in der Liebe wie auch den Wunsch nach Genuss und Erfüllung jenseits bürgerlicher Konventionen diskutieren, erinnern an Dramen von Sternheim, Schnitzler, Wedekind und Yvan Goll. W.s Texte sind jedoch stärker verdichtet, teilweise dialektischer und im Stil lyrischer, wobei auch ›poetische Korrespondenzen‹ zu Arbeiten von Lasker-Schüler erkennbar sind. Explizit aufgegriffen wird die jüdische Thematik nur im Roman *Die Härte der Weltenliebe* (1918). Dort unterhalten sich Vertreter der bürgerlichen Klasse im Tiergarten: »Es riecht hier entsetzlich. Finden Sie nicht, Herr Assessor./ Das sind die Juden, meine Gnädigste. Man soll nicht in solche Lokale gehen./ Der Aufenthalt ist hier äußerst angenehm. Man hört die gute Musik, man atmet die gute Luft, das junge Volk bildet sich und lernt den Tierbestand kennen und Juden sind überall. Sie sind doch auch recht häufig hier, Herr Assessor./ Was soll man machen, der Garten liegt so bequem./ Ich und mein Mann, wir sind gar nicht antisemitisch. Wir haben schon sehr achtbare Juden kennen gelernt./ Das bestreite ich nicht, Frau Justizrat. Nur der Geruch ist mir unangenehm« (9 f.). Der Antisemitismus erscheint hier als ein Symptom der Depraviertheit des bürgerlichen Systems, das strukturell verfehlt und daher dem Untergang geweiht ist. Vor diesem Hintergrund ist W.s späteres politisches Engagement nicht als ›Flucht aus der Kunst in den Kommunismus‹ zu sehen, nicht als überraschende Wende von einer ausschließlich dem Ästhetischen gewidmeten Existenz hin zur politischen Aktion, wie die Forschung es zum Teil darstellt. Vielmehr ist es die konsequente Fortsetzung der in seinen Romanen und Dramen sichtbaren kritischen Haltung gegenüber einer Gesellschaft, die dem Einzelnen, dem Schwachen, Gewalt antut und ihn ausbeutet.

Werke: Die Judentochter. Komposition, in: Der Sturm, 2. Jg., H. 100. Beilage. März-Nr. 1912; Die Härte der Weltenliebe. Roman, Berlin 1918; Das Begriffliche in der Dichtung. Essay, in: Expressionismus. Die Kunstwende, hg. H.W., Berlin 1918, Neuausgabe Nendeln/Liechtenstein 1973, 30–36; Feinde in Scharen. Ein wahres Vergnügen dazusein. Karl Kraus – H.W. Briefwechsel 1909–1912, hg. G. Avery, Göttingen 2002.

Literatur: N. Walden, H.W. Ein Lebensbild, Berlin/Mainz 1963; G. Brühl, H.W. und der Sturm, Köln 1983; M. Jones, Der Sturm. A Focus of Expressionism, Columbia 1984; V. Pirsich, Der Sturm. Eine Monographie, Herzberg 1985; P. Sprengel, Institutionalisierung der Moderne: H.W. und *Der Sturm*, in: Zeitschrift für deutsche Philologie 110 (1991), 247–281.

Stefanie Leuenberger

Waldinger, Ernst

Geb. 16.10.1896 in Wien;
gest. 1.2.1970 in New York

W. war, nach dem Zeugnis seines gleich ihm 1938 in die USA geflüchteten Bruders Theodor, von Jugend an areligiös (und dies vielleicht um so eher, als der Vater in dem lernbegierigen Knaben schon den künftigen Rabbiner sehen wollte), schloss sich, im Wiener Arbeiterbezirk Ottakring aufgewachsen, früh einer sozialistischen Mittelschülergruppe an und blieb seiner Gesinnung nach zeitlebens Sozialist und vor allem Pazifist. Im Ersten Weltkrieg wurde W. schwer verwundet, verlor zeitweise das Sprechvermögen. An diese Zeit erinnert W.s Gedicht *In memoriam Leutnant Beer*, das die besonderen Anforderungen an Tapferkeit und Patriotismus, denen sich jüdische Frontsoldaten ausgesetzt sahen, infrage stellt: »Ein Offizier, der unter Schmerzen schrie –/ Das darf der Held Achilles bei Homer,/ Kein Brünner Judenjunge, Leutnant Beer.« W. hat überhaupt seine intellektuelle Biographie, seine Gedanken und Geschichten in kunstvoll gedrechselten Versen niedergelegt. Obwohl Sozialdemokrat, obwohl wie viele seiner Generation ein Bewunderer der freien und großen Formen Walt Whitmans, folgte er in formaler Hinsicht der Konvention, verschanzte sich geradezu gegen die verzerrenden und auflösenden Tendenzen der Epoche in der strengen Form des Sonetts. Das Bekenntnis zur Formstrenge mit den in ihm angelegten antimodernen Impulsen hat W. menschlich und poetisch, nie aber politisch in die Nähe von Autoren wie Josef Weinheber gebracht, die sich schon in den späten 1920er Jahren dem Nationalsozialismus verbunden fühlten. Von Weinhebers »Nicht Adel, aber Untergang« (»der gleiche rabiate, nihilistische Kleinbürger, mit einem ähnlichen Schuss Dämonie« wie Hitler) und der »Heimatkunst und Blut- und Bodenideologie« hat sich W. vehement abgegrenzt.

W., der mit einer Nichte Sigmund Freuds verheiratet und bei dessen Bruder bis 1938 als Redakteur des *Allgemeinen Tarifanzeigers* angestellt war, gelangte 1938 relativ leicht in die USA. Trotz seiner starken Bindung an die österreichische Landschaft und Kultur (die für ihn unauflöslich zusammenhingen) setzte sich W. in New York als Übersetzer US-amerikanischer Lyrik und Beobachter des Großstadtalltags ernsthaft wie wenige mit der Kultur seines Gastlandes auseinander. Aktiv in der Kulturpolitik der Emigration (so figurierte W. 1944 unter den Gründern des Aurora-Verlages), wurde sein bisheriges Weltbild durch die Nachrichten vom nationalsozialistischen Massenmord in den Konzentrationslagern erschüttert: Von W. stammt ein kurzes Gedicht, das schon früh, 1944, die Unvorstellbarkeit der Greuel der Konzentrationslager als neues Problem der künstlerischen Gestaltung thematisiert. Hatte er bisher ein ›ruhiges‹ Verhältnis zur jüdischen Tradition kultiviert, den jüdischen Geist als einen Teil des Kulturerbes jener Menschheit geachtet, der er sich zugehörig fühlte, so häufen sich in den späteren Gedichten W.s die Reminiszenzen auf jüdische Figuren Wiens vor 1938, so auf den Altwarenhändler, den »Handlee«: »Mit Tausenden seinesgleichen/ Erlitt er das Martyrium von Auschwitz und Mauthausen [...] Wenn ich seiner gedenke,/ Schäme ich mich, der ich entkam,/ Und neige mich in Ehrfurcht/ Vor seinem Schatten [...]« Es entsteht hier kein neues geschlossenes Weltbild, mehr ein bisher ungekanntes Zugehörigkeitsgefühl, das das poetische Denken nach verschiedenen Richtungen, zu individuellen Fällen zerrt. Dem entspricht eine bemerkenswerte Veränderung der Sprache: Sie, »sonst hochgeschliffen vor rhetorischer Bemühung, gibt sich nun lapidarer, die strenge Form wird aufgeweicht, der Reimzwang lockert sich […]« (Gauß). W.s prekäres ›Glück‹ bestand darin, dass er, lange Jahre als College-Lehrer in Saratoga Springs und dann als Pensionist wieder in New York, schreibend in seinen Widersprüchen leben und bestehen konnte, wenn er sich auch kurz vor seinem Tod (1968) fragte: »Ich bemühte mich immer, den Kopf klar und oben zu behalten/ Und dem Götzendienst der Verzweiflung nicht anheimzufallen./ Wie lange wird mir das noch gelingen?«

Werke: Die Kuppel, Wien 1934; Der Gemmenschneider. Neue Verse, Wien 1937; Die kühlen Bauernstuben, New York 1946; Musik für diese Zeit, München 1946; Glück und Geduld, New York 1952; Zwischen Hudson und Donau, Wien 1958; Ich kann mit meinem Menschenbruder sprechen, Wien 1965; Noch vor dem jüngsten Tag. Ausgewählte Gedichte und Essays, Salzburg 1990.
Literatur: E. Schönwiese, Lyriker zwischen Tradition und Erneuerung: E.W. (1896–1970), in: Literatur in Wien, Wien u. a. 1980, 103–111; H. Zohn, »Ich bin ein Sohn der deutschen Sprache nur«: Erinnerungen an E.W., in: ders., »… ich bin ein Sohn der deutschen Sprache nur …«, Wien 1986, 150–163; K.-M. Gauß, E.W. Notizen zur Arbeit an einer Werkausgabe, in: Mit der Ziehharmonika 7, 1 (1990), 1–4; Th. Waldinger, Mein Bruder E.W. Skizze seines Lebens, in: E.W., Noch vor dem jüngsten Tag, Salzburg 1990, 7–38; ders., Zwischen Ottakring und Chicago, Salzburg 1993.

Konstantin Kaiser

Wander, Fred (eigentl. Fritz Rosenblatt)

Geb. 5.1.1917 in Wien;
gest. 10.7.2006 in Wien

W.s Eltern, vor dem Ersten Weltkrieg aus Czernowitz nach Wien gekommen, und seine Schwester Renée wurden im September 1942 im KZ Auschwitz ermordet. Der Vater war Vertreter, die Mutter Näherin gewesen. W. selbst fühlte sich immer den Eigentumslosen, den Flüchtigen zugehörig, »die sich auf Wanderungen begeben und neue Welten suchen«. W. gelang 1938 die Flucht nach Paris; die weitere Flucht in die Schweiz misslang jedoch. 1942 wurde er nach Auschwitz, Buchenwald, Groß-Rosen und wieder Buchenwald deportiert – und überlebte. Wenn W. formuliert: »mein Thema ist das Überleben«, dann meint er nicht nur die eigene physische Person, sondern mehr noch den Typus, »den Flüchtling, den Andersartigen und Außenseiter, den Missachteten und Gehaßten«. Mehr als die

»in der Geborgenheit des Stammes« Ansässigen sind diese fähig, »in sich die Menschheit als Ganzes zu erleben«.

Der hohe ästhetisch-moralische Anspruch, »in sich die Menschheit als Ganzes zu erleben«, scheint in W.s umfangreichstem Erzählwerk *Hôtel Baalbek* (1991) am ehesten erfüllt, allerdings unter besonderen Bedingungen. Der Roman spielt 1940–42 in Marseille, der Stadt der Flüchtlinge, in der nichtbesetzten Zone Frankreichs. Er schildert die Willkür des korrupten Kollaborationsregimes von Vichy, die zahllosen Versuche der Bedrohten, sich in die Falten des Landes hineinzugraben, auf dem flachen Land Unterschlupf zu finden. Am Horizont stehen die Verfolger, eine finstere, in sich geschlossene Macht. Sie sind unsichtbar gegenwärtig sogar in der gemeinsamen Luft, die sie mit den Verfolgten atmen. Anders als hier läuft in Anna Seghers' *Transit* (1944/48) der verschlungene Weg des Ich-Protagonisten auf eine Entscheidung zu: zur Verbundenheit mit den anderen und zum Widerstand. Dass im Norden schon Auschwitz steht, die simple Liquidation jedes menschlichen Handlungszusammenhangs in den Gaskammern, ist bei Seghers noch nicht omnipräsent. Gültig ist das entwertete Leben der Verfolgten in Seghers' *Transit* im Hinblick auf ein Leben, das in einer erst noch zu erreichenden Zukunft begründet werden kann. In W.s *Hôtel Baalbek* dagegen fließen neue historische Erfahrungen ein, eine neue Perspektive, in der lebendige Gegenwart wird, was am Rande der Vernichtung stand, ja an ihm erst entstand. W. hat diesen Widerstand gegen das Faktum der Vernichtung schon in seinem ersten Buch *Der siebente Brunnen* (1971) artikuliert. »[…] wenn es einen Gott gibt, ich setze den Fall«, doziert Sascha, der Philosoph des Baalbek, »dann ist es ein Gott der Vernunft. Und wahrscheinlich hat er Humor.« In W.s Buch ist ein Humor des Nicht-Identischen am Werk. Die retardierende, vor- und rückgreifende Erzählweise schafft eine Atmosphäre, in der Menschen und Umstände gleichzeitig da, nicht mehr da und noch immer da sind.

Dieser Zustand eines fluktuierenden Daseins ist der Situation Marseille ebenso gemäß wie der unruhigen Bewegung der Erinnerung. W.s Figuren haben schon in der einfachen Bestimmung, da zu sein, Identität nur in der Nicht-Identität. Das gilt besonders für die jüdischen Figuren. Sie lebten seit jeher unter der Decke der offiziellen gesellschaftlichen Verhältnisse, waren mit sich identisch im Nicht-Identischen, bezogen daraus ihren Witz. Die Verfolgung richtet sich gegen dieses Nicht-Identische und will einen Gott töten, der Humor hat, einen Gott, in dessen Schöpfung man auch ohne Ausweis existieren kann. Zur Untermauerung seiner Position stützt sich W., der zeitlebens kein Verhältnis zu offiziellen jüdischen Institutionen hatte, auf Hanna Arendts Unterscheidung zwischen Paria und Parvenü. Er bekennt sich zu einem bewussten Diaspora-Judentum und betrachtet Israel nicht als seine Heimat: »Der Jude ist zum Salz der Erde geworden, er bildet die verborgene Tradition jener Leute, die durch Fremdheit, durch scharfe Beobachtung ihrer Gegner und durch neuen Mut ein Beispiel geben – weiter zu machen, nicht aufzugeben!«

W., 1945 nach der Befreiung aus dem KZ Buchenwald nach Wien zurückgekommen, fand zunächst Beschäftigung als Zeichner, Fotograf und Reporter im Pressewesen der KPÖ. Erst nachdem er mit seiner Frau, der Schriftstellerin Maxie Wander, 1958 in die DDR übersiedelt war, konnte er sich als Schriftsteller, zunächst mit Jugend- und Reisebüchern, entfalten. In der DDR mehrfach ausgezeichnet, fand er in Österreich erst nach seiner Rückkehr 1983 nach Wien allmählich Beachtung. Überschattet war sein Leben vom Unfalltod seiner Tochter Kitty (1968) und vom frühen Krebstod seiner Frau (1977), deren nachgelassene Schriften er herausgab (*Leben wär' eine prima Alternative, Ein Leben ist nicht genug*).

Werke: Der siebente Brunnen, Berlin u. a. 1971; Ein Zimmer in Paris, Berlin u. a. 1976; Josua läßt grüßen. Der Bungalow. Zwei Stücke, Berlin u. a. 1979; Hôtel Baalbek, Berlin u. a. 1991; Hanna Arendt: »Die verborgene Tradition«. Eine Selbstbefragung, in: Mit der Ziehharmonika (= MdZ) 1 (1994), 5–10; Das gute Leben (Erinnerungen), München u. a. 1996 (erweiterte Neuausgabe, Göttingen 2006).
Literatur: Ch. Wolf, Gedächtnis und Gedenken. F.W.: Der siebente Brunnen, in: Lesen und Schreiben. Neue Sammlung. Essays, Aufsätze, Reden, Darmstadt 1980, 186–197; K. Renoldner, Spät heim nach Wien. Der Schriftsteller F.W. wurde siebzig, in: Die Presse (Wien), 10./11.1.1987; St. Steiner, Geschichtenerzähler F.W., in: MdZ 12, 1 (1995), 7 f.; K. Müller: Laudatio für F.W. Theodor Kramer Preis 2003, in: ZW 20 2 (2003) 23–26; W. Grünzweig/ U. Seeber: F.W. Leben und Werk, Bonn 2005.

Konstantin Kaiser

Wassermann, Jakob (eigentl. Karl Jakob W.)

Geb. 10.3.1873 in Fürth;
gest. 1.1.1934 in Altaussee

Ältestes Kind des Detailhändlers Adolf Wassermann und seiner Frau Jette geb. Traub, entstammt W. dem jüdisch-mittelfränkischen Kleinbürgertum. Erst seit Beginn des 17. Jahrhunderts hatte sich in Fürth eine nennenswerte jüdische Gemeinde etablieren können,

sie wuchs durch Aufnahme von Juden, die 1670 aus Wien vertrieben worden waren, und erlangte durch das Reglement von 1719 eine vergleichsweise günstige Stellung. Allerdings war W.s Vater erst in den 60er Jahren des 19. Jahrhunderts von Zirndorf in die aufstrebende Industriestadt gezogen, während seine Mutter aus Sommerhausen am Main stammt. Der frühe Tod der Mutter und das harte Regiment einer Stiefmutter trugen sicher zu den psychischen Problemen Jakobs bei, die dazu führten, dass er – auch wegen einer früh ausgeprägten Neigung zum Erzählen – sich in der Schule ebenso wenig wohl fühlte wie in den verschiedenen Lehrstellen als Kaufmann oder im einjährigen Militärdienst, wo er wegen seiner körperlichen Untauglichkeit antisemitisch angerempelt wurde. Nach Jahren einer unsteten Wanderschaft zwischen Nürnberg, München, Freiburg und Zürich fand er 1894 in München mit Ernst von Wolzogen und dem Verleger Albert Langen erste Förderer. Bei Langen erscheint 1897 der Roman *Die Juden in Zirndorf*, dem W. seinen frühen Ruhm verdankt. 1898 ließ er sich als Theaterberichterstatter für die *Frankfurter Zeitung* in Wien nieder – eine in jeder Hinsicht folgenreiche Entscheidung für seine schriftstellerische Laufbahn wie für sein privates Leben. Denn in Wien lernte W. neben R. Beer-Hofmann auch A. Schnitzler und H. von Hofmannsthal kennen, mit denen ihn bis zu deren Tod eine literarisch fruchtbare Freundschaft verband. Seine 1901 erfolgende Heirat mit Julie Speyer, einer exzentrischen Tochter aus reichem Wiener Haus, erwies sich allerdings als äußerst problematisch. Psychologisch einfühlsam und schriftstellerisch produktiv verarbeitet wurde die glücklose Ehe im letzten Roman *Joseph Kerkhovens dritte Existenz* (postum 1934).

1899 wurde W. wie seine Freunde Autor des S. Fischer Verlags und der *Neuen Rundschau.* Erst kurz vor seinem Tod verdüsterte sich die Beziehung zu diesem Verlag, weil er angesichts der neuen Machthaber nach W.s Meinung zu diplomatisch taktierte und so gerade jüdischen Autoren kaum mehr Platz bieten konnte. Das Romandebüt bei Fischer ist *Die Geschichte der jungen Renate Fuchs* (1900), dessen ›jüdische‹ Aspekte bezeichnenderweise von zwei konträren Seiten aus – von Georg Brandes und dem antisemitischen Schriftsteller Richard Schaukal – hervorgehoben wurden: von Brandes im Sinn einer Zuschreibung zum national-jüdischen Zionismus, von Schaukal »als Typus einer dem deutschen Geiste seit Jahren aufgenötigten spezifisch semitischen Kunst«. Ende 1904 erschien nicht nur W.s historischer Roman *Alexander in Babylon,* der zu den besten Werken des Erzählers zu rechnen ist, sondern in der *Neuen Rundschau* auch der Aufsatz *Das Los der Juden,* mit dem W.s essayistische Selbstreflexion über die deutsch-jüdische Existenz beginnt.

Unter den großen Romanen bis zum Ende des Ersten Weltkriegs ist zunächst *Caspar Hauser* (1908) hervorzuheben. Der Untertitel *Die Trägheit des Herzens* weist auf eine Konstante in W.s Werk hin: Am Fall des unbekannten Findlings Caspar Hauser demonstriert der Autor nicht nur ein Grunddefizit der modernen Welt – die Einschränkung auf rationale Funktionalität zu Lasten der emotionalen Kräfte von Liebe und Gerechtigkeit –, sondern entwirft in diesem »deutschen« Buch zugleich ein Außenseitertum, wie es für Juden als typisch gilt. Noch in den *Selbstbetrachtungen* von 1933 – ebenso wie in der *Selbstschau* aus demselben Jahr – insistiert W. darauf, dass der Begriff der Gerechtigkeit nicht bloß als Idee, als Inkarnation des göttlichen Wesens, sondern als sittliche Forderung von höchster Dringlichkeit das moralische und legislative, politische und religiöse Fundament des Judentums bildet. Zu einem großen Erfolg wurde der Roman *Das Gänsemännchen* (1915), der sich als ein Lieblingsbuch des deutschen Bürgertums erweist – vielleicht, weil die Geschichte des Komponisten Daniel Nothafft trotz der Anfeindung durch die Kleinbürgerwelt letztlich bürgerlich-harmonisch ausklingt. Die bürgerliche Lösung ist der Th. Manns ähnlich: Der Künstler muss sich mit dem Bürger versöhnen, er darf die ethische Dimension des Lebens nicht zugunsten der ästhetischen des Werks vernachlässigen.

Eine literarische Frucht des Ersten Weltkriegs ist der 1919 erscheinende umfangreiche Roman *Christian Wahnschaffe,* der als erstes Werk W.s ins Englische übersetzt und in Deutschland mit bedeutenden Schauspielern verfilmt wurde. Das Vorbild Dostojewskis ist nicht zu verkennen, wenn der Sohn aus reichem Großindustriellenhaus nach einem ausschweifenden Luxusleben zu einer Art mönchischer Existenz in der Nachfolge Jesu oder des heiligen Franz von Assissi findet und sich den Erniedrigten und Beleidigten zuwendet. Die formale wie stilistische Monstrosität des Romans kann als Antwort auf die gesellschaftlich-soziale und moralische Problemlage vor dem Weltkrieg verstanden werden, die notwendig in eine Katastrophe münden musste. In der jungen Jüdin Ruth Hofmann findet Christian eine Gleichgesinnte; als Figuration reiner Nächstenliebe fällt sie einem Lustmord zum Opfer – Beleg für die Gefährdung des Reinen und Sittlichen in der zeitgenössischen Welt. Ruth und Christian stehen bereits von ihren Namen her für die Einheit von Judentum und Christentum im Prinzip der Hinwendung zu allen Unterprivilegierten – ein Appell für religiöse Toleranz, der gerade 1919 auf nicht allzu günstigen Boden fiel. Eine tief deprimierte Antwort auf diese Situation ist die Ende 1920 abgeschlossene und 1921 erschienene Bekenntnisschrift *Mein Weg als Deutscher und Jude,* W.s bedeutendste autobiographische Arbeit.

Der Mord an dem mit W. befreundeten Walther Rathenau im Juni 1922 wird vom Autor als auf alle Juden gezielt empfunden. Ein Gedenkaufsatz erscheint im Augustheft der *Neuen Rundschau.* Mit seiner *Rede über Humanität* (1922, veröffentlicht 1923 in der *Neuen Rundschau*) erntete W. auf einer Lesereise durch Skandinavien viel Beifall, weil mit ihr gegen die eigene Zeit ein Prinzip hochgehalten wurde, das verlorenzugehen drohte: die selbstverständliche Erfüllung kleiner und großer Pflichten gegenüber den Mitmenschen wie der Gesellschaft. Humanität gilt als »Höflichkeit des Herzens«, ist also das Prinzip, das der im *Hauser*-Roman angegriffenen »Trägheit des Herzens« genau entgegengesetzt erscheint. 1924 begannen bei S. Fischer die Gesammelten Werke zu erscheinen – bester Beweis dafür, dass W. nun auf der Höhe seines Ruhms angelangt war und mit H. Hesse und Th. Mann in der Lesergunst gleichgezogen hatte. W. genoss in den 20er und beginnenden 30er Jahren seine Popularität und nutzte sie zu mannigfachen Vortragsreisen, ohne die Arbeit an weiteren Erzählwerken zu unterbrechen. Hervorzuheben ist vor allem die historische Novelle *Der Aufruhr um den Junker Ernst* (1926), die ohne Zweifel zu den Glanzstücken des Autors gehört. Die Novelle spielt im 17. Jahrhundert und stellt dem grassierenden Hexen- und Dämonenwahn und seiner staatlichen Sanktionierung die geniale Gabe eines jugendlichen Geschichtenerzählers gegenüber, für dessen Geschenke sich seine Kameraden durch einen zum Erfolg führenden Aufruhr gegen die Widersacher revanchieren. Als Gegenspieler der Verfolger und Helfer in der Not wird Friedrich von Spee eingeführt. Zweifellos hat W. im Junker Ernst seine eigene Erzählgabe verbildlicht – eine ähnlich unmittelbar rettende Wirkung des Erzählens bleibt freilich im 20. Jahrhundert notwendigerweise Utopie.

Unter den drei großen Romanen der Spätzeit *Der Fall Maurizius* (1928), *Etzel Andergast* (1931) und *Joseph Kerkhovens dritte Existenz* (1933, erschienen postum 1934) ist der erstgenannte zweifellos der populärste. *Der Fall Maurizius* ist – wie Kafkas *Der Proceß* (erschienen 1925), Werfels *Der Abituriententag* (1928), A. Zweigs *Der Streit um den Sergeanten Grischa* (1928) oder Feuchtwangers *Erfolg* (1930) – der epochal bedeutsamen Gerichtsliteratur zuzuordnen. In ihm konzentriert W. noch einmal das Thema der Gerechtigkeit, wobei die beiden nichtjüdischen Hauptfiguren – der Staatsanwalt Andergast in seiner Gesetzesstrenge ebenso wie die Messias-Gestalt seines Sohnes Etzel in seiner kompromisslosen Wahrheitssuche – Aspekte dieses beherrschenden Diskurses repräsentieren. In der dialektischen Figur des aus dem russischen Judentum stammenden Georg Warschauer alias Gregor Waremme verdichtet sich die ganze Problematik jüdischer Identitätsdiskurse: Als Intellektueller ist Warschauer wie niemand sonst in der Lage, Glanz und Elend seiner Existenz zwischen den Kulturen zu reflektieren, zugleich aber auch die Prävalenz der Ethik zu erkennen, ohne die ein Leben trotz aller ästhetisch-sinnlicher Faszination verfehlt bleiben muss. Dass Warschauer kein »Luther des Judentums« wurde, sondern ein »Monstrum«, hängt nicht zuletzt von der historischen und sozialen Kondition ab, die dem Außenseiter die Integration in die Gesellschaft verwehrt. Es spricht für W.s erzählerische Intuition, dass er Warschauer in den USA an die Seite der Unterprivilegierten stellt und ihn damit seinen Ursprüngen im Ostjudentum wieder näherbringt. Zwischenstation auf diesem Weg zurück zu den Wurzeln ist Berlin, wo Etzel von dem Geläuterten die Wahrheit über den »Fall Maurizius« erfährt. Felix Weltsch hat in der *Jüdischen Rundschau* W.s ablehnende Haltung dem Ostjudentum gegenüber als die »allerdunkelste Stelle« in seinem System bezeichnet; die Figur Warschauers allerdings zeigt am Einzelfall eine differenziertere Haltung – trotz der allerdings generellen Artikulation der Fremdheit gegenüber den durch eine reale soziokulturelle Kluft getrennten Ostjuden, für die W. zufolge allein der ansonsten abgelehnte Zionismus als angemessene politische Lösung infrage kommt.

Nach der nationalsozialistischen Machtübernahme war W. als österreichischer Staatsangehöriger zwar nicht unmittelbar gefährdet, wurde jedoch als Jude Anfang Mai 1933 aus der Sektion Dichtkunst der Preußischen Akademie der Künste ausgeschlossen, nachdem er im März 1933 in einem Artikel für die *Neue Rundschau: Selbstschau am Ende des sechsten Jahrzehnts* den deutschen Antisemitismus ungeschminkt angeprangert hatte. Bis zu seinem Tod Anfang 1934 blieb W. mit Vortragsreisen und schriftstellerischer Arbeit aktiv; er wurde auf dem Friedhof von Altaussee, seinem langjährigen Wohnort, beigesetzt.

Was W. heute besonders interessant macht, ist – neben der narrativen Analyse moderner Mann-Frau-Beziehungen – vor allem seine repräsentative Doppelexistenz als »Deutscher und Jude«: Ohne »Selbsthasser« zu sein, als der ihn u. a. Theodor Lessing gesehen hat, verarbeitet er in seinem Werk immer auch die Problematik der »westjüdischen Intelligenz« zwischen Deutschtum und Judentum. Der Roman *Die Juden von Zirndorf* (1897) bietet hierfür ein frühes Beispiel. In *Mein Weg als Deutscher und Jude* bekennt sich W. zu diesem Roman als dem »jüdischen« Pol seines Ringens um das Publikum; den »deutschen« Pol bildet der Roman *Caspar Hauser*. Er habe sich in *Die Juden von Zirndorf* von einem »Alp« befreit, der als Antisemitismus wie als dogmatisch-orthodoxes Judentum seine Jugend »zermalmt« habe. Mit dem Vorspiel des Romans über die Geschichte des Sabbatai Zwi und die durch ihn veranlassten messianischen Unruhen meint W. sogar, »einen der Anlässe zur ganzen zionistischen Bewegung« gegeben zu haben (an F. Weltsch, 1928). Die extreme Spannweite in der Rezeptionsgeschichte des Romans, der von Juden (L. Geiger, G. Karpeles, M. Heimann, St. Zweig) ebenso emphatisch abgelehnt oder gefeiert wurde wie von Nichtjuden (H. Hesse, A. Bartels, R. Schaukal, M.G. Conrad, E.v. Wolzogen), belegt jedenfalls, dass W. einen wunden Punkt im jüdischen Diskurs der Jahrhundertwende getroffen hat. Diese konträre Wirkung liegt nicht zuletzt im ›häretischen‹ Charakter des Textes, der – ähnlich wie die sabbatianische »Häresie« – die Ablehnung jedes religiösen Partikularismus impliziert. So versteht sich auf der Ebene der in der Gegenwart spielenden Romanhandlung die messianische Figur Agathon Geyer – unehelicher Sohn einer Jüdin mit einem Christen – im Sinn Heines und Nietzsches als Überwinder des religiösen Spiritualismus und Verkünder einer diesseitigen Glücksbotschaft. Problematisch freilich ist Geyers metaphorische Usurpation des ›Jüdischen‹ als des negativ Modernen schlechthin. In diesem Sinn glättet die Überarbeitung des Romans 1906 aus angeblich künstlerischen Gründen, was in der originalen Fassung Ausdruck einer offenen Wunde im Selbstverständnis des deutsch-jüdischen Schriftstellers gewesen ist. Nur um den Preis dieser Glättung konnte der Roman in den Kanon bürgerlicher Literatur integriert werden. Ähnlich offen spricht W. künftig nur in essayistischer Form über ein Problem, das für ihn bis zu seinem Tod bestimmend geblieben ist: das Problem des deutsch-jüdischen ›double-bind‹.

Geprägt von den Erfahrungen der Kindheit und Jugendzeit, die gleichzeitig im autobiographischen Roman *Engelhart Ratgeber* (1903/05) verarbeitet werden, ist W.s Essay *Das Los der Juden* (1904). Gleich zu Beginn findet sich eine klassische Formulierung des Identitätsproblems aus der Sicht eines Nichtzionisten: »Was ist ein Jude? was ist jüdisch? was ist Judentum? Diese Fragen scheinen für den tieferen Geist unserer Zeit sinnlos zu sein. Dennoch: der Jude existiert. Es gibt kein jüdisches Volk, vielleicht nicht einmal eine jüdische Rasse, doch alle wissen vom Juden, dem Gezeichneten, Auserwählten, mit Erinnerungen Beladenen, Schicksalserfüllten.« Die Konsequenz aus der jahrhundertelangen Unterdrückung durch die christlich-deutsche Mehrheit ist – im Sinn eines sublimierten Rachegedankens – der »Genius aus jüdischem Blute«, ein »Mann der tiefsten Leidenserfahrungen und des stolzesten Adelsbewußtseins«, der sich seiner Fremdheit bewusst bleibt und seiner Vereinzelung, deren Resultat der Kosmopolitismus und die Anhänglichkeit an die eigene Familie ist. Die Produktivität der Juden, so heißt es im Aufsatz *Der Literat oder Mythos und Persönlichkeit* (1909), manifestiert sich in zwei grundsätzlich zu unterscheidenden Formen: »Der Jude als Europäer, als Kosmopolit ist ein Literat; der Jude als Orientale, nicht im ethnographischen, sondern im mythischen Sinne, mit der verwandelnden Kraft zur Gegenwart, die er besitzen muß, kann Schöpfer sein.« In einem Beitrag zu dem von Buber inspirierten Prager Sammelbuch *Vom Judentum* wird 1913 die höhere Variante des »orientalischen« Schöpfertums dann noch einmal verdeutlicht: der *Jude als Orientale* (so der Titel) sei das »Eidos«, auf das hin jede intellektuelle, geistige Anstrengung auszurichten ist.

Wie schwer eine solche Haltung zu bewahren ist, zeigt der rabiate Antisemitismus im Gefolge des Ersten Weltkriegs, der Anstoß ist zu W.s 1921 erscheinender Bekenntnisschrift *Mein Weg als Deutscher und Jude*. Diese Schrift ist ein Grunddokument deutsch-jüdischer Problematik im 20. Jahrhundert; in ihr rekapituliert W. die Erfahrungen seines als repräsentativ empfundenen Lebens. Ausgangspunkt ist die Entfremdung dem ›Judentum‹ gegenüber, dessen begriffliche Konsistenz ebenso unklar scheint wie die des ›Deutschtums‹: »Die Juden, die Deutschen, diese Trennung der Begriffe wollte mir nicht in den Sinn, nicht aus dem Sinn, es war die peinlichste Überlegung, darüber mit mir selbst ins klare zu kommen. Worin besteht das Trennende? fragte ich. Im Glauben? Ich habe nicht den jüdischen Glauben, du hast nicht den christlichen. Im Blut? Wer will sich anmaßen, Blutart von Blutart zu scheiden? Gibt es blutreine Deutsche? Haben sich Deutsche nicht mit französischen Emigranten vermischt? Mit Slawen, Nordländern, Spaniern, Italienern, wahrscheinlich auch mit Hunnen und Mongolen, als ihre Horden deutsches Gebiet überfluteten? Kann man nicht vorzügliche, ja vorbildliche Deutsche von nachweisbar undeutscher Herkunft nennen, Künstler und Feldherrn, Dichter und Gelehrte, Fürsten, Könige sogar? Und die zwei Jahrtausend alte Existenz der Juden im Abendlande sollte nicht ihr Blut berührt haben, wenn es nun schon fremdes Blut sein soll, Luft, Erde, Wasser, Geschichte, Schicksal, Tat und Anteil nicht, wenn man selbst physische Vermischung ausschließt? War auch ihr eigenes Gesetz dagegen und der Widerstand der Völker, konnten sie sich dem natürlichen Gesetz entziehen? Sind sie von anderer moralischer Beschaffenheit? Von anderer menschlicher Prägung?«

Alle Unterschiede werden dem Schriftsteller hinfällig angesichts der absoluten Dominanz der deutschen Sprache, in der er »atmet«: »Ihr Wort und Rhythmus machen mein innerstes Dasein aus. Sie ist das Material, woraus eine geistige Welt aufzubauen ich, wenn schon nicht die Kraft, so doch den unmittelbaren Trieb in mir spüre. Sie ist mir vertraut, als sei ich von Ewigkeit her mit diesem Element verschwistert gewesen. Sie hat meine Züge geformt, mein Auge erleuchtet, meine Hand geführt, mein Herz fühlen, mein Hirn denken gelehrt; sie hat mir das Gesehene, in Phantasie und Urteil Gesammelte durch Geschichte, Fluß des täglichen Seins, Spiel der Lebensläufe, Erlebnis der großen Werke zur Anschauung Gewordene in einmalige, unwiderrufliche Gestalt verdichtet […]«.

Warum werden Juden dennoch zu den »Jakobinern der Epoche«? Weil ihr Idealismus sich den Ausweg der sozialen Revolution sucht, da er in der deutschen Nation offenbar nicht gebraucht wird. Das geträumte Gleichnis des ›deutschen Juden‹ offenbart die nicht zu versöhnende Polarität: »Ich legte die Tafeln zweier Spiegel widereinander, und es war mir zumute, als müßten die in beiden Spiegeln enthaltenen und bewahrten Menschenbilder einander zerfleischen.« Pessimismus und Resignation sind die Folge der Analyse, und so gipfelt die Schrift im zehnmaligen Verzweiflungsschrei »Es ist vergeblich«. Angesichts dieser Verzweiflung wirkt die Deutung des eigenen Wegs als paradigmatische Chance für die Zukunft deutsch-jüdischer Identität eher voluntaristisch als zukunftsträchtig: »Ich bin Deutscher, und ich bin Jude, eines so sehr und so völlig wie das andere, keines ist vom anderen zu lösen.« Konträr dazu steht die Anspielung auf Ahasver, der in der Menschheit aufzugehen bestimmt sei. Ohne Zweifel spielt W. damit auf R. Wagners Pamphlet *Das Judentum in der Musik* von 1850 an – ein paradoxer Tribut an die antisemitische Gegenseite. Ein Wagnerianer wie Th. Mann hat gleichwohl sehr kühl auf W.s Schrift reagiert und sie als »dichterische Hypochondrie« heruntergespielt. Erst 1935, selbst im Exil, hat er die Hellsichtigkeit der Antisemitismus-Analyse des verstorbenen Freundes erkannt, zu dessen unausgeführten Plänen ein *Ahasver*-Roman gehörte. Das letzte Gespräch, das der durch die Zeiten gehende Ewige Jude an historischen Wendepunkten mit epochal bedeutenden Persönlichkeiten führen sollte, war dasjenige mit Hitler – eine wohl als endgültig gedachte Abkehr von dem Land, in dem ein integraler Weg als Deutscher und Jude unmöglich geworden war.

Werke: Deutscher und Jude. Reden und Schriften 1904–1933, hg. D. Rodewald, Heidelberg 1984; Die Juden von Zirndorf, Cadolzburg 1995; Die Juden von Zirndorf. Mein Weg als Deutscher und Jude, München 1999; Der Fall Maurizius, Frankfurt a. M. u. a. 2005.

Literatur: J.W. 1873–1934. Ein Weg als Deutscher und Jude, hg. D. Rodewald, Bonn 1984; H.O. Horch, »Verbrannt wird auf alle Fälle …«. Juden und Judentum im Werk J.W.s, in: Im Zeichen Hiobs, hg. H.-P. Bayerdörfer u. a., Königstein/Ts. 1985, 124–146; J.W. Werk und Wirkung, hg. R. Wolff, Bonn 1987; M. Neubauer, J.W. Ein Schriftsteller im Urteil seiner Zeitgenossen, Frankfurt a. M. u. a. 1994; R. Koester, J.W., Berlin 1996; J.W. Deutscher, Jude, Literat, hg. D. Niefanger u. a., Göttingen 2007; Th. Kraft, J.W., München 2008.

Hans Otto Horch

Weigel, Hans

Geb. 19.5.1908 in Wien;
gest. 12.8.1991 in Maria Enzersdorf

W.s Werk ist wie kein zweites mit der Geschichte des Literatur- und Kulturbetriebs der ersten und der zweiten österreichischen Republik verknüpft. Als Großmeister des Feuilletons, als Satiriker und Kritiker, aber auch als Förderer junger Schriftsteller

begleitete W. die kulturellen und politischen Entwicklungen Österreichs über einen Zeitraum von nahezu siebzig Jahren. In seiner Gestalt vereint sich die gesamte österreichische Literatur des 20. Jahrhunderts, begegnen sich Arthur Schnitzler und Ingeborg Bachmann, Heimito von Doderer und Marlen Haushofer, Jura Soyfer und Friederike Mayröcker, Fritz Hochwälder und Georg Kreisler, Paul Celan, Friedrich Torberg und Ödön von Horváth. Die Wurzel und die Summe seines Engagements bildet dabei die Auffassung einer wesenhaften Identität der österreichischen Literatur, die er insbesondere der deutschen kontrastiv gegenüberstellt. Geachtet für sein unbestechliches Urteil, gefürchtet für seine bisweilen vernichtenden Kritiken (in deren Folge es dann auch 1956 zum Gerichtsstreit zwischen Weigel und der Burgschauspielerin Käthe Dorsch kam), erscheint W. im Rückblick nicht nur als der legitime Erbe von Karl Kraus und Anton Kuh, sondern auch als der hervorragendste Vertreter einer von ihm selbst proklamierten »Austriazistik«, deren Aufgabe es sein soll, »das spezifische Mischungsverhältnis der österreichischen Legierung von grandios und grässlich festzustellen und zu analysieren« (*Ad absurdum*, 1980).

Ursprünglich zum Jus-Studium bestimmt, entdeckte W. 1927/28 im Rahmen zweier Auslandssemester in Berlin seine Begabung zum Literatur- und Theaterkritiker und volontierte als solcher bei der *Literarischen Welt*. Zurück in Wien, erschloss sich ihm dann auch die praktische Seite der Theaterwelt; er entdeckte die Kleinkunst- und Kabarettszene für sich und engagierte sich dort als Texter. Zerschlagen wurde dieser Karriereweg durch die Nazis, vor denen W. in die Schweiz flüchtete, wo er – mangels Arbeitserlaubnis – literarisch nicht in Erscheinung treten durfte. Dennoch betätigte er sich – ungenannt – als Librettist und Couplet-Bearbeiter in Zürich und Basel (insbesondere Nestroy und Goldoni bildeten dabei Fixpunkte seines Schaffens) und schrieb unter dem Pseudonym »Florestan« für den *Nebelspalter*. Nach seiner Rückkehr nach Wien unmittelbar nach Kriegsende verpflichtete 1946 die Tageszeitung *Neues Österreich* W. als Theaterkritiker; eine Profession, der er von hier ab bis zu seinem Lebensende in vielen deutschsprachigen Feuilletons (insbesondere dem des *Kuriers* und der *Frankfurter Allgemeinen Zeitung*) nachging und in der er maßgeblichen Einfluss auf die Ausprägung des österreichischen Theaterlebens ausüben sollte. (Genannt sei in diesem Zusammenhang etwa der Boykott, den W. 1953 zusammen mit Friedrich Torberg gegen Brecht organisierte und in dessen Folge zehn Jahre lang Brecht an keinem Wiener Theater gespielt wurde.)

Lässt W. am Primat der österreichischen Kulturidentität keine Zweifel zu (Kafka etwa ist für ihn ganz selbstverständlich ein österreichischer Autor), so stellt für ihn auf der anderen Seite das Judentum bestenfalls eine spezifische soziale Konstellation dar, die paradoxerweise gerade mit der verstärkten Hinwendung zur nichtjüdischen Kultur verbunden ist. Die maximale Verdichtung dieser Schizophrenie erkennt W. in den Klassiker-Ausgaben, die er zu seiner Bar Mitzwa erhalten hat, also im Brauch, »dass man in die Gemeinschaft des Hebräischen aufgenommen und mit deutscher Dichtung beschenkt wird« (*In die weite Welt hinein*, 2008). Die Abwesenheit eines funktionalen »geschlossenen Systems«, die Freiheit zur Selbstaufgabe ist für W. das einzige Privileg, welches das Wiener Judentum seinen Angehörigen verleiht, ein Privileg, von dem er selbst erst 1932 Gebrauch machte, indem er die jüdische Religionsgemeinschaft verließ und in einen Zustand der ›Unbehaustheit‹ eintrat – in W.s Worten: »Ich hatte von der Synagoge weg optiert, aber nirgendhin« (*In die weite Welt hinein*, 2008). Vehement stellte er sich folgerichtig gegen jede Verpflichtung auf eine jüdische Identität, gleich, ob sie von religiöser, zionistischer oder antisemitischer Seite her erfolgt. Selbst, als er infolge des »Anschlusses« 1938 das Land verlassen musste und in die Schweiz emigrierte, hielt W. diese Verteidigungslinie aufrecht. Jede Verbindung von kultureller oder politischer Argumentation mit der Annahme der Existenz eines ›jüdischen Volkes‹ lehnte er fundamental ab – und umso mehr auf Druck des Faschismus. Hitler verachtete er gerade *nicht* als Jude; er trug ihm vor allem nach, dass »er nicht in Ansehung der Person, sondern der sogenannten Rasse agierte« – und W. somit »um die Entscheidung betrogen« hatte, »für oder gegen ihn zu sein« (*In die weite Welt hinein*, 2008).

Es ist diese radikale Grundskepsis gegenüber den Kollektivismen der Moderne, seien sie einschließend oder ausgrenzend, die W.s kulturpolitische Disposition kennzeichnet. Kunstvoll verdichtet findet sich diese in seinem »utopischem Gegenwartsroman« *Der grüne Stern* wieder, der 1943 im Schweizer Exil entstand und – nach Ablehnung durch insgesamt sieben Schweizer Verlage – in Buchform erst nach W.s Rückkehr nach Österreich 1946 im Wiener Verlag erscheinen konnte. Es handelt sich dabei um eine Totalitarismus-Parabel, deren Sonderstellung nicht zuletzt in der von ihr gewählten Perspektive zu suchen ist: Die Herrschaft über das Volk enttarnt *Der grüne Stern* als eine Frage dramaturgischer Fähigkeiten. Im Zentrum steht der zu Beginn des Romans mittel- und stellungslose Gottfried Hofer, der durch Verhandlungsgeschick, Vermarktungsstrategien und vorausschauendes Planen innerhalb kurzer Zeit die Massenbewegung des Vegetarismus ins Leben ruft, als deren politischer Führer Hofer zum wichtigsten Mann der Stadt Hochheim aufsteigt. Während der Roman detailgenau die Mechanismen nachzeichnet, durch die innerhalb einer demokratischen Gesellschaft eine undemokratische Gesinnung mehrheitsfähig wird, wird er von Anfang an zugleich von dem Bewusstsein getragen, dass sich hinter dem politischen Umsturz lediglich ein Experiment verbirgt. Bewiesen werden soll allein die beliebige Verführbarkeit der Kollektive, denen sich auch noch die widersinnigste Ideologie als kohärent und sinnstiftend verkaufen lässt. Der geistigen Verseuchung der Bevölkerung – in deren Folge nicht nur die Tierquäler und Fleischer, sondern am Ende auch die Zahnärzte als Geißel der Menschheit stigmatisiert, pogromartig verfolgt und aus der Stadt getrieben werden – korrespondiert der Zynismus des Volksverführers, der an die durch ihn propagierten politischen Inhalte zu keiner Zeit glaubt, geschweige denn nach ihnen lebt. Wenn am Ende dem Demagogen ein Hund die Kehle durchbeißt, wird man dementsprechend in seiner Schublade ein doppeltes Testament finden: eine Verklärung des Toten zum Märtyrer der Bewegung – und ein Geständnis seines Massenbetrugs.

Nicht nur in diesem Kleinod der Exilliteratur, sondern auch in seiner späteren journalistischen Arbeit bleibt W. – sowohl als regelmäßiger Beiträger des *Nebelspalters* wie auch in seinen zahllosen Kolumnen und Glossen – der satirischen Darstellungsform verpflichtet. Sein feuilletonistisches Werk ist mehr als nur Kommentar; dem aufmerksamen Leser entziffert es sich als schriftgewordenes Misstrauen gegenüber den leitenden Gesellschaftsinstitutionen – den Regierungen, den Redaktionen, der Literatur, dem Theater – und ihrer sukzessiven Unterwanderung durch totalitäres Denken. Ein Dorn im Auge sind ihm dabei nicht zuletzt die Sympathien, die Teile der österreichischen Künstler- und Schauspielerszene dem Kommunismus entgegenbringen, die er mit einem bisweilen obsessiven Furor aufspürt und verfolgt. W.s außerordentliches Verdienst ist somit nicht zuletzt in der Überführung jener einzigartigen Ausprägung des Wiener Kulturjournalismus in die zweite Hälfte des 20. Jahrhunderts zu suchen.

Werke: Der grüne Stern. Utopischer Gegenwartsroman, Wien 2012; In die weite Welt hinein. Erinnerungen eines kritischen Patrioten, hg. E. Vujica, St. Pölten 2008; Das Land der Deutschen mit der Seele suchend. Bericht über eine ambivalente Beziehung, Zürich 1983; Ad absurdum. Satiren, Attacken, Parodien aus drei Jahrzehnten, Graz 1980; In Memoriam, Graz 1983.

Literatur: Im Dialog mit H.W. Freunde und Weggefährten erinnern sich, hg. E. Vujica, Graz 1998; Das 1000jährige Kind. H.W. und sein Österreich, hg. E. Ott, Graz 1996; H.W. Leben und Werk. Zum 80. Geburtstag, hg. F. Patzer, Wien 1988.

Philipp Theisohn

Weil, Grete

Geb. 18.7.1906 in Egern;
gest. 14.5.1999 bei München

Wie kein anderes Werk der westdeutschen Nachkriegsliteratur thematisieren die Romane und Erzählungen W.s die Gegenwart der Vergangenheit, das Nachleben des Nationalsozialismus in den gesellschaftlichen und kulturellen Verhältnissen

Westdeutschlands als Kondition eines ›Weiterlebens‹ jüdischer Überlebender auf deutschem Boden nach 1945. In der eindringlichen Schilderung des Alltags des Überlebens, der unlösbaren Verschränkung jüdischer Verfolgungserfahrung in das Erleben westdeutscher Nachkriegsrealität, immer wieder geknüpft an die Frage nach eigener Schuld, gerät W.s Werk zur kompromisslosen, schließlich sich zunehmend radikalisierenden Rechenschaftslegung als Jüdin in Deutschland, als jüdische Autorin deutscher Sprache heute. Dissident zum militanten Versöhnungsklima des westdeutschen Kulturbetriebs vor allem der 60er und 70er, aber auch noch der 80er Jahre, der W.s Veröffentlichungen einen Platz in der westdeutschen Nachkriegsliteratur bis zuletzt nicht wirklich zuerkennen mochte, beharren ihre Schriften auf einer Selbstbestimmung als Jüdin gerade auch gegen aktuelle diskurspolitisch wirksame Verabredungszusammenhänge. Es ist genau diese spezifische Qualität ihres Werks, die W. in ihrer Autobiographie von 1998 selbstbewusst sagen lässt: »Nach dem Krieg trat ich in die neu gegründete Gemeinde nicht wieder ein, weil ich es für ausreichend fand, dass ich mich vor aller Welt in meinen Büchern als Jüdin bekannte.«

Aufgewachsen ohne Bindung an jüdische Religion und Tradition, engagiert sich die Tochter einer jüdischen Rechtsanwaltsfamilie zwar für kurze Zeit in einer zionistischen Organisation; doch von diesem Zwischenspiel abgesehen, spielen Fragen explizit jüdischer Selbstbestimmung bis Anfang der 30er Jahre keine herausragende Rolle. Der eskalierende Antisemitismus in Deutschland trifft die assimilierte Familie weitgehend unvorbereitet; die kurzfristige Verhaftung des Ehemanns Edgar Weil, Dramaturg an den Münchner Kammerspielen, im März 1933 erreicht W. als Schock. In der Folge wird die Emigration in die Niederlande vorbereitet. Nach einer Ausbildung zur Fotographin folgt W. ihrem Gatten 1936 ins Amsterdamer Exil. Ein Fluchtversuch unmittelbar nach dem deutschen Überfall im Mai 1940 scheitert. Noch vor Einsetzen der Massendeportationen wird Edgar W. am 11. Juni 1941 bei einer Straßenrazzia verhaftet und ins KZ Mauthausen verschleppt, wo er – wahrscheinlich am 17. September – umkommt. Dieser Verlust bildet fortan nicht nur die Zäsur in den explizit autobiographischen Selbstreflexionen W.s, sondern auch die entscheidende Grundierung ihrer poetischen Arbeit. Von Juli 1942 bis September 1943 arbeitet W. im Jüdischen Rat Amsterdams. Kurz vor einem der letzten Transporte geht sie in den Untergrund. Nach der Befreiung durch die alliierten Truppen bereitet sie ihre Remigration vor und kehrt nach kürzeren Aufenthalten Ende 1947 endgültig nach Deutschland zurück.

In der Kontroverse um W.s Remigration – K. Mann etwa versuchte sie energisch davon abzubringen, Robert Raphael Geis dagegen äußerte »im Gegensatz zu fast allen Emigranten« frühzeitig Verständnis – findet eine wichtige Klärung der eigenen Identität als Jüdin statt. Das bezeugt eindringlich ein Brief W.s an M. Susman vom 1. August 1947, in dem W. ausführlich die Gründe ihrer Rückkehr darlegt. Er dokumentiert ein jüdisches Selbstverständnis, das ganz aus der Erfahrung der Verfolgung und der unwiderruflichen Faktizität der Massenvernichtung der europäischen Juden hervorgeht. »Vollkommen ohne jüdische Bindungen und Tradition aufgewachsen […], hat das jüdische Schicksal mich mit seiner ganzen Wucht getroffen«. Schon in diesem frühen Zeugnis bezeichnet W. kennzeichnenderweise »das Ende des Krieges und die Wiederaufnahme der Beziehungen mit den Menschen, die nicht in den dämonischen Kreis des Bösen mit einbezogen waren und deren Norm nicht der Tod ist«, als »das Allerschwerste vielleicht«. Doch dieser skeptischen Perspektive ihrer Zukunft in Deutschland steht die Erfahrung »einer ganzen Anzahl von Menschen« gegenüber, »die verstehen […] und verstehend hören können«. W.s Werk hat auf diese Menschen spekuliert.

In ihrer Autobiographie *Leb ich denn, wenn andere leben* formulierte W. 1998: »Jude, was ist das? Ich habe es als Mädchen nicht gewusst und weiß es auch heute nicht genau.« In charakteristischem Duktus markieren diese Worte die spezifische Position W.s als jüdische Autorin deutscher Sprache, die Selbstvergewisserung als Jüdin wesentlich im Prozess des Schreibens sucht: Hinwendung zur eigensten, der Subjektgeschichte, Skepsis gegenüber normativen Festschreibungen, auch gegenüber den Definitionen in politischen und ideologischen Diensten. Auf die Einsichten, die eine solche, »›primärhistorisierende‹ Arbeit am NS-Trauma« (K. Briegleb) gerade für das deutsche Publikum bereithielt, reagierten viele Rezensenten mit einer Pathologisierung von W.s Schreiben mit dem strategischen Ziel der Einschränkung seiner Zuständigkeit für deutsche Leser. Es ist wesentlich diese Erfahrung, die nicht nur W.s Werdegang im westdeutschen Literaturbetrieb kennzeichnet, sondern auch auf ihr Schreiben selbst Einfluss nimmt.

In dem Maße, in dem W.s Reflexion jüdischer Identität im historischen Nachraum des Nationalsozialismus im Medium einer ausdrücklich auf das deutsche Publikum zielenden Erinnerungspoetologie erfolgte, konnten ihre Bemühungen um eine Bestimmung des Ortes, den eine jüdische Autorin deutscher Sprache in Deutschland nach 1945 sinnvoll einnehmen könnte, nicht absehen von deutschen Reaktionen. Schon der erste Text, um dessen Veröffentlichung W. sich unmittelbar nach Ende des Krieges bemüht, bildet hierfür ein Beispiel. Die Erzählung *Ans Ende der Welt*, noch im Untergrund verfasst, gibt ein meist lakonisch getöntes Bild der Verhältnisse in der Amsterdamer Schouwburg, unter deutscher Besatzung die ›Sammelstelle‹ der für die Deportation vorgesehenen jüdischen Familien. Das Manuskript, das illusionslos den Terror im Augenblick der tödlichen Bedrohung zur Darstellung bringt, findet in Deutschland jahrelang keinen Verlag. Erst 1949 kann der Text in der DDR erscheinen, bis zur westdeutschen Erstausgabe verstreichen noch einmal 13 Jahre.

Mit *Tramhalte Beethovenstraat* (1963) versucht W. eine von der frühen Erzählung abweichende Intervention in die Gepflogenheiten deutschen Erinnerns. Der deutsche Journalist und Schriftsteller Andreas geht als Kulturkorrespondent eines reichsdeutschen Blattes in das besetzte Amsterdam. Durch die Konfrontation mit der systematischen Deportation der jüdischen Gemeinde unwiderruflich aus dem Mitläufer-Alltag seiner journalistischen Arbeit gerissen, aber auch ohne Verständnis mehr für die moralische Korruption in seinem deutschnationalen Elternhaus, nimmt Andreas an Widerstandsaktionen teil. Die mutmaßliche Deportation des in seinem Zimmer versteckten Juden

Daniel trifft Andreas als traumatisierender Schock. Nach der Befreiung durchdrungen von dem Wunsch, als Schriftsteller Zeugnis abzulegen vom Erlebten, wird er überwältigt von der Erfahrung, dass »jedes Wort verkleinerte, verharmloste, es gab keine Worte für das, was geschehen war«. Doch sein Begehren, »als Zeuge« zu sprechen, prallt gleichzeitig ab an den bereits wieder ›neu‹ konstituierten deutschen Literaturverhältnissen. Die nach Kriegsende tonangebenden deutschen Autoren – zusammengekommen unter dem Motto »Die Stunde Null ist unsere Sternstunde« – charakterisiert Andreas' frühere Verlegerin in *Tramhalte Beethovenstraat* mit den Worten: »Es ist eine herrliche Zeit. So viele Talente. Jugend, rücksichtslose Jugend, die sich einen Teufel um das Vergangene schert. Das, worüber ihr geweint habt, ist ihnen nicht einmal einen Fußtritt wert. Recht haben sie. Ihnen gehört die Zukunft.« Andreas verstummt. Er bleibt gezeichnet von der Erfahrung – gezeichnet auch vom allmählichen Verblassen der Erinnerung an Daniel, vom Nachlassen des Schmerzes. Die Erzählgegenwart zeigt Andreas als Schriftsteller, der nicht schreibt, aber nach Amsterdam und Mauthausen fährt, im verzweifelten Versuch, »noch näher an das Vergangene heranzukommen. Die Zeit aufzuheben. Die Leere wieder mit Schmerz zu füllen. [...] die Worte zu finden.«

Nicht nur als ein »Zeugnis« der Vernichtungspolitik, sondern auch in seiner Erinnerungspoetologie steht der Roman *Tramhalte Beethovenstraat* für ein zentrales Moment jenes Schreibens, in dem W. Selbstbestimmung als jüdische Autorin deutscher Sprache verwirklicht. Indem W. die NS-Verbrechen aus Andreas' deutscher Sicht beschreiben lässt, demonstriert sie zum einen die ›historische‹ Sichtbarkeit der Verbrechen auch für Deutsche; zum andern – dies eine entscheidende sprachpolitische Prämisse für W.s Schreiben – beharrt sie auf einer gemeinsamen Sprache von Deutschen und Juden selbst im Angesicht der Vernichtungsverbrechen. Es ist diese Poetologie, in der sich W.s Ort als jüdische Autorin in Deutschland ausspricht: das Begehren nach einem Dialog mit den Deutschen, der unmittelbar zu den begangenen Verbrechen einsetzen muss. Die Skizze des deutschen Literaturbetriebs im Roman deutet gleichzeitig an, dass W. in die Bereitschaft der westdeutschen Nachkriegsliteratur, an diesem Dialog teilzuhaben, wenig Vertrauen hatte.

Selbstbefragung als jüdische Überlebende des Holocaust steht im Mittelpunkt auch der 1968 erschienenen Erzählungen *Happy, sagte der Onkel*. In Los Angeles begegnet die Ich-Erzählerin, Überlebende der nationalsozialistischen Verfolgung, in ihrem Onkel und ihrer Tante einem Modus des ›Weiterlebens‹, der einzig durch eine vollständige Verdrängung der Vergangenheit aufrechtzuerhalten ist. Die zweite Erzählung schildert einen Besuch der gleichen Ich-Erzählerin in Harlem. Verschiedene Begegnungen belehren sie darüber, dass die vermeintliche Gemeinsamkeit der Erfahrung rassistisch motivierter Verfolgung den sozialen und ideologischen Realitäten im amerikanischen schwarzen Ghetto von 1968 nur wenige Stunden standhält. Die dritte Erzählung führt die Ich-Erzählerin mit einem Touristenführer in Chichen Itzá zusammen, in dem sie einen SS-Mann aus Amsterdam zu erkennen meint; ohne ihn je wirklich anzusprechen, imaginiert sie eine Anklage und eine Verteidigung, welche zuletzt zur radikalen Selbstanklage wird. Die Bereitschaft sich abzufinden mit dem, was war, aber auch mit der nicht wirklich infragegestellten Inkaufnahme von »Atombomben, Vietnamkrieg und Apartheid«, bildet den Gegenstand einer rückhaltlosen Selbstkritik als Überlebende – im Duktus der phantasierten Rede des Touristenführers: »Sie haben sich abgefunden, wie jeder sich abfindet, der überlebt.« Wenn Martin Gregor-Dellin W.s Schriften 1980 mit dem Hinweis darauf würdigte, dass die Autorin »Verfolgte und Verfolger mit einer Aufrichtigkeit porträtiert, die ihr einen besonderen Platz in der Gegenwartsliteratur zuweist«, so gilt dies in besonderer Weise für die Erzählungen von 1968, die in ihrer Entschiedenheit als jüdische Selbstbefragung vor deutschem Publikum ohne Parallele sind in der westdeutschen Literatur seit Kriegsende.

Rechenschaftslegung und Selbstbefragung als jüdische Autorin deutscher Sprache in Deutschland nach 1945 erfahren eine erneute Radikalisierung in *Meine Schwester Antigone* (1980). Die Ich-Erzählerin, ebenfalls eine autobiographisch grundierte Figur einer jüdischen Überlebenden des Holocaust, lebt als alte Frau in einem Frankfurter Hochhaus und arbeitet an einem Antigone-Roman. Die Antigone-Figur, so wird deutlich, wird vor allem als Medium der Erinnerung in Funktion gesetzt: der Erinnerung an Flucht und Verfolgung, vor allem aber auch der Situationen möglichen Widerstands unter akuter Lebensgefahr im Jüdischen Rat von Amsterdam. In diese Reflexionen bricht eine junge Frau ein, als mutmaßliche RAF-Sympathisantin polizeilich gesucht. Unversehens konfrontiert mit der Option eines militanten Widerstands zerbricht jenes Antigone-Konstrukt, das zuletzt eine ›versöhnende‹ Erinnerung auch des ausgebliebenen Widerstands ermöglicht hatte. Des Trostes beraubt, den der Kenn-Satz der traditionellen Antigone-Überlieferung – »Nicht mitzuhassen, mitzulieben bin ich da« – der Selbstvergewisserung verschafft hatte, verharrt die Erzählerin zuletzt in der Spannung zwischen ihrem »oberflächlichen Leben«, das »Antigones vieldeutigen Satz [zu] verfälschen [...], zum Leben [zu] missbrauchen« sich angewöhnt hatte, und den Bildern einer nicht steigerbaren Radikalität des persönlichen Widerstands gegen die fortdauernde Katastrophe, auch um den Preis des Lebens. Das Erscheinen von *Meine Schwester Antigone* 1980 ist als W.s »literarischer Durchbruch« (U. Meyer) bewertet worden. Ein genauerer Blick auf das Presseecho deutet allerdings auf einige der Hypotheken, von denen die westdeutsche Rezeption in der Konfrontation mit einer solchen Selbstbefragung einer jüdischen Autorin in Deutschland auch Anfang der 80er Jahre noch belastet war. Zu den Eigentümlichkeiten dieser Lektüren zählen etwa die eklatante Marginalisierung des RAF-Motivs, aber auch das fast ausnahmslose Verschweigen des in den Romantext montierten authentischen Berichts eines deutschen Wehrmachtsoffiziers, der Augenzeuge der Liquidierung eines polnischen Dorfes war. Auch die Auszeichnung des Romans mit dem Wilhelmine Lübke-Preis für »realitätsnahe Darstellungen des Alters« deutet auf eine Lektüre, die über den erinnerungs-poetologischen Impetus des Buches hinwegzulesen verstand.

Auf gänzlich andere Weise thematisiert W. Judentum im acht Jahre später erschienenen *Brautpreis*. In einander abwechselnder Rede von »Grete«, der Überlebenden, und »Michal«, der ersten Frau Davids, wird in der Annäherung an die biblischen Figuren eine Auseinandersetzung mit jüdischer Überlieferung gesucht, die die Bestimmung der jüdischen Identität »Gretes« durch Auschwitz nicht zu revidieren vermag. So offenkundig sich ein Kontinuum, ja ein »Wiederholungszwang von Krieg und Vernichtung« zu erkennen zu geben scheint, so unveränderbar scheint die Differenz: »Trotz ähnlicher Leidenserfahrungen unterscheiden sich die beiden jüdischen Schicksale in der historischen Dimension, die Auschwitz markiert« (U. Meyer).

Es ist diese Dimension, die den Erzählungsband *Spätfolgen* (1992) bestimmt. Erneut thematisiert W., in meist verknappter Form, das Fortleben von Angst und Grauen in der Gegenwart der Überlebenden. Doch es ist der letzte, unverstellt autobiographische, nicht-fiktionale Text unter dem Titel *Und Ich? Zeugin des Schmerzes*, der eine letzte Verschärfung der Selbstbefragung W.s als jüdischer Autorin dokumentiert. Verfasst nach Lektüre des kurz zuvor in deutscher Übersetzung erschienenen Bandes von Primo Levi, *Die Untergegangenen und die Geretteten*, und unter dem Eindruck der kurz zurück liegenden Nachricht von der Selbsttötung Bruno Bettelheims, bekennt W., dass ihr Glaube, »alle Schrecken, jede Qual, jeden durch Misshandlung zugefügten Schmerz und die ohnmächtige Verzweiflung beim gewaltsamen Tod der Kameraden« in den KZs »miterlebt zu haben«, »abhanden gekommen« sei, dass sich ihre »so oft geäußerte Behauptung, ein Zeuge zu sein«, »in Nichts« aufgelöst habe. Von dieser letzten Revision ihrer Selbstbestimmung als jüdische Autorin ist auch W.s letztes zu Lebzeiten erschienenes Buch bestimmt, die Autobiographie *Leb ich denn, wenn andere leben*. Dem Eingedenken vor allem der Familie und den Freunden gewidmet, ruft W. noch einmal ausführlich die Erinnerungen an die Jahre vor 1933 auf, aber auch an die Zeit in Amsterdam vor und nach dem Leben im Versteck. Die Retrospektive ist – wie jedes Buch W.s – gezeichnet vom Verlust des Ehemanns, der immer begriffen ist als das subjektgeschichtliche Äquivalent für die säkulare Katastrophe des Holocaust. Der Mord an Edgar Weil, die Vernichtung der europäischen Juden bilden den archimedischen Punkt im Schreiben W.s. Er begründet den Status ihrer Texte als Werke einer jüdischen Autorin deutscher Sprache. An ihm und im Gegenüber zum deutschen Publikum hat sich W.s Selbstbestimmung als Jüdin und jüdische Autorin auf deutschem Boden nach 1945 entwickelt und radikalisiert.

Werke: Tramhalte Beethovenstraat, Wiesbaden 1963; Happy, sagte der Onkel, Wiesbaden 1968; Meine Schwester Antigone, Zürich u. a. 1980; Spätfolgen, Zürich u. a. 1992; Leb ich denn, wenn andere leben, Zürich u. a. 1998. Literatur: St. Weigel, Die Stimme der Medusa. Schreibweisen in der Gegenwartsliteratur von Frauen, Dülmen-Hiddingsel 1987, 298–308; U. Meyer, »Neinsagen, die einzige unzerstörbare Freiheit«. Das Werk der Schriftstellerin G.W., Frankfurt a. M. 1996; L. Exner, Land meiner Mörder, Land meiner Sprache. Die Schriftstellerin G.W., München 1998; M. McGowan, Myth, Memory, Testimony: Jewishness in G.W.s ›Meine Schwester Antigone‹, in: European Memories of the Second World War, hg. H. Peitsch u. a., New York u. a. 1999, 149–158; S. Baackmann, G.W., in: Shoah in der deutschsprachigen Literatur, hg. N. Eke u. a., Berlin 2006, 244–247; G.W., hg. H.-L. Arnold, München 2009; St. Braese, Die andere Erinnerung – Jüdische Autoren in der westdeutschen Nachkriegsliteratur, München ^{3}2010, 105–167, 348–360, 517–562.

Stephan Braese

Weiskopf, Franz Carl (Peter Buk; F.W.L. Kovacs, Heinrich Werth)

Geb. 3.4.1900 in Prag;
gest. 14.9.1955 in Berlin

W. wurde als Sohn eines deutsch-jüdischen Bankbeamten und einer tschechischen Mutter in Prag geboren und wuchs in einem kosmopolitischen bürgerlichen Milieu mehrsprachig auf: Als einer der wenigen Schriftsteller seiner Zeit schrieb

er zweisprachig deutsch und tschechisch, zudem war er von Jugend an mit dem Französischen vertraut. Das in Prag entstandene journalistische Frühwerk ist zu einem großen Teil auf Tschechisch geschrieben, seine im amerikanischen Exil entstandenen Romane erschienen zunächst auf Englisch, später kamen noch Übersetzungen aus dem Chinesischen hinzu. Dennoch ist das Deutsche als die Sprache seines schriftstellerischen Werkes zu sehen, auch wenn er – anders als etwa Max Brod, Franz Kafka oder Egon Erwin Kisch – kein typischer Vertreter der deutschsprachigen Literatur Prager Juden ist. Das mag auch daran liegen, dass W. eine halbe Generation nach diesen prägenden Autoren der Prager Literaturlandschaft geboren wurde und die Zeitläufte ihn auf andere Bahnen führten: Schon früh wurde er mit Antikriegsliteratur und den Schriften von Karl Marx bekannt; die Prager Revolution machte den Studenten der Germanistik ab 1919 zu einem Kämpfer für den revolutionären Sozialismus; 1921 wurde er zum Gründungsmitglied der tschechoslowakischen KP. Den Weg vom pubertierenden Pennäler zum revolutionären Kämpfer für eine moderne Tschechoslowakei beschreibt er im autobiographischen Roman *Das Slawenlied* (1931). Zwar zeichnet er hier ein vielschichtiges Gesellschaftsbild seiner Jugend und seines Weges zum Sozialismus, aber an einigen Stellen scheinen auch die Schwierigkeiten auf, die ein deutschsprachiger Jude im Prag seiner Zeit hatte. Es ist sicherlich nicht falsch, in W.s Bekenntnis zum Sozialismus auch eine »›Flucht‹ aus dem Prager ›dreifachen Ghetto‹ (Isolierung der Deutschen von den Tschechen, der Juden von den Deutschen und Tschechen, der Bürger vom Proletarier)« (Václavek 1971) zu sehen, die W. auf mehreren Ebenen vollzog: Zentral ist hier sicherlich seine Rolle als Mittler zwischen deutscher und tschechischer Kultur. Während er in Prag bis 1928 bemüht war, seinen Landsleuten die deutsche Literatur auf Tschechisch vorzustellen, widmete er sich schon früh auch dem umgekehrten Vermittlungsprozess: Neben Zeitungsartikeln und Rezensionen zur tschechischen Literatur erschienen u.a. 1925 seine ersten Nachdichtungen von *Tschechischen Liedern*; seine auf Deutsch geschriebenen Anekdoten und Erzählungen führten den Lesern auch Szenen aus dem Alltagsleben der tschechischen Bevölkerung vor, ohne dabei die sozialistische Perspektive aus den Augen zu verlieren.

W.s. Stellung als Autor und Funktionär des sozialistischen Literaturbetriebes sind vielfach beschrieben worden (Arndt, Hiebel, Schneider, Václavek); die wichtigsten Stationen sind folgende: 1926 reiste W. erstmals in die UdSSR und berichtete davon in seinen Reportageromanen *Umsteigen ins 21. Jahrhundert. Episoden von einer Reise durch die Sowjetunion* (1927) und *Zukunft im Rohbau. 18.000 Kilometer durch die Sowjetunion* (1932) sowie dem gemeinsam mit Ernst Glaeser und Alfred Kurella herausgegebenen Fotobericht *Der Staat ohne Arbeitslose. Drei Jahre »Fünfjahresplan«* (1931). Besonders diese Werke brachten ihn 1933 auf die Liste der von den Nationalsozialisten verbrannten und verbotenen Bücher. Um seinen Wirkungskreis als deutschsprachiger Schriftsteller auszuweiten, siedelte er 1928 nach Berlin über und heiratete im gleichen Jahr Grete Bernheim, die unter dem Namen Alex Wedding das Kinderbuch *Ede und Unku* (1931) schrieb, das 1933 ebenfalls verbrannt wurde. Wie schon in Prag und später in der Emigration war W. auch in Berlin sowohl ein umtriebiger Mitarbeiter und Herausgeber zahlreicher revolutionärer Zeitschriftenprojekte als auch im administrativen Bereich, etwa im Bund proletarisch-revolutionärer Schriftsteller, engagiert. Auf der 2. Internationalen Konferenz proletarischer und revolutionärer Schriftsteller in Charkow (1930) gab es Diskussionen über das mögliche Miteinander zwischen Proletkult und Formen bürgerlichen Schreibens sowie die Einführung neuer, avantgardistischer Elemente in die proletarisch-revolutionäre Literatur, die u.a. mit seinem Namen verbunden wurden.

W. kehrte 1933 nach Prag zurück und emigrierte von da 1938 nach Paris und 1939 mithilfe der

American League of Writers in die USA. Nach dem Krieg arbeitete W. mehrere Jahre im tschechoslowakischen Dienst als Diplomat zunächst in den USA, 1949/50 in Stockholm und schließlich 1950–1952 in Peking; aus politischen Gründen (Slánský-Affäre) musste W. den diplomatischen Dienst 1952 quittieren (Haase). Nach seiner Rückkehr zog er 1953 von Prag nach Berlin, wo er 1955 starb. Sein vielschichtiges und mehrsprachiges Gesamtwerk kreist um die Transformationen einer bürgerlichen tschechischen Kultur auf dem Weg zum revolutionären Sozialismus. W.s Abriss der deutschen Exilliteratur *Unter freien Himmeln* (1948) ist neben dem einführenden Bericht von Walter Arthur Berendsohn (*Die humanistische Front*, 1946) eine der ersten und nachhaltigsten Überblicksarbeiten zu diesem Thema. Doch selbst hier, wie schon in den übrigen Arbeiten W.s, kommt eine »jüdische Problematik und die Schoah«, darauf hat schon Wolf Koepke hingewiesen, »nur am Rande vor«. Wenn, dann ist sie meist konfrontiert mit der positiven Utopie sozialistischen Denkens und Handels, das für W. zumindest in seinen Romanen die Ablösung von überkommenen religiösen Positionen verspricht. Bei W.s schriftstellerischem Werk handelt es sich um die stetig revidierte Fassade eines zum Sozialismus konvertierten Juden (Haase): Die Struktur der Tagebucheinträge und die wohl über Jahrzehnte vorhandene Angst, als »Kosmopolit« und »Schutzjude« wahrgenommen zu werden, haben zu einer letztlich gebrochenen Struktur eines palimpsestartig überdeckten und verdrängten Judentums geführt, das, wie das Gesamtwerk W.s, einer ideologiefreien Erforschung erst noch bedarf (Zehl Romero).

Werke: Ausgewählte Werke in Einzelausgaben, 12 Bde., Berlin 1947–1959; Gesammelte Werke in acht Bänden, Berlin 1960.

Literatur: L. Václavek, Über den Weg der Prager deutschen sozialistischen Schriftsteller, in: Literatur der Arbeiterklasse, hg. H. Irmfried Berlin/Weimar 1971, 380–394; I. Hiebel, F.C.W., Berlin 1973; V. Haase, »Will man nicht 70 Millionen ausmerzen oder kastrieren …« Ein Beitrag zu F.C.W.s deutschlandpolitischen Vorstellungen im Exil, in: Literarische und politische Deutschlandkonzepte 1938–1949, hg. G. Nickel, Göttingen 2004, 239–269; W. Koepke, Keine Rückkehr zur Welt von Gestern: F.C.W.s Exilperspektive vom Untergang, in: Echo des Exils, hg. J. Thunecke Wuppertal 2006, 184–200; K. Wimmler, F.C.W., in: Literatur und Kritik 45 (Juli 2010), 103–110; C. Zehl Romero, »Armer und leider Sagetete«. Anna Seghers and F.C.W., in: Anna Seghers in Perspective, hg. I. Wallace Amsterdam 1998, 29–63.

Peter Goßens

Weiss, Ernst

Geb. 28.8.1882 in Brünn;
gest. 15.6.1940 in Paris

Stammte sein Vater noch aus dem tschechischländlichen, religiös orthodoxen Judenghetto und hatte sich erst nach großen Anstrengungen als Tuchhändler in Brünn etablieren können, so wuchs W. bereits in einem großbürgerlich-deutschen Milieu auf, in dem religiöse Indifferenz als progressiv galt, und wurde sich seines Judentums wesentlich nur durch den deutschen Antisemitismus bewusst. Später engagierte er sich sogar bei den Freimaurern, ein Indiz dafür, dass er die humane Tat über den Gottesgehorsam stellte. Nicht die jüdische Tradition, die ihm auch im Religionsunterricht nur in depravierter Form begegnete, sondern der frühe Tod des Vaters wurde ihm zur prägenden Erfahrung, stigmatisierte die Kindheit und ließ ihn zu einem wurzellosen, selbstquälerischen Einzelgänger werden, der dem unerreichbaren patriarchalen Vorbild zunächst durch eine Arztkarriere in Wien und Prag gerecht zu werden suchte und dann auch als Schriftsteller durch Fleiß und Anpassung, nicht immer zum Vorteil des Werks, stets den verinnerlichten Leistungsnormen der vorangegangenen Vätergeneration genügen wollte. In W.s Romanen, dezidiert in den Vater-Sohn-Konstellationen der Spätphase, ist diese repressive Situation ein ständiger Topos. Sie erklärt auch seine zeitweilige, nicht unproblematische Freundschaft zu dem ähnlich sozialisierten F. Kafka, der in W. bei der ersten Begegnung 1913 einen »Juden von der Art« erkannte, »die dem Typus des westeuropäischen Juden am nächsten ist und dem man sich deshalb gleich nahe fühlt«.

W.s indifferenter, wenn auch nicht gottloser Glaubenshaltung entspricht es, dass in seinem autobiographisch und psychologisch angelegten Romanwerk, von neuromantischen Anfängen (*Die Galeere*, 1913) über eine expressionistische Phase (*Mensch gegen Mensch*, 1919) bis hin zu den neusachlichen Pseudobiographien (*Der arme Verschwender*, 1936) und dem nachgelassenen *Augenzeugen* (1963, entstanden 1938/39), zwar immer wieder labile, an sich und den Menschen verzweifelnde Ärzte als Protagonisten auftreten, diese aber meist christlich drapiert sind, und dass Juden gewöhnlich nur als Nebenfiguren begegnen, oft noch belastet mit den Klischees allgemeiner Vorurteile. Ausnahmen sind selten, und auch sie sind entweder beliebig, wie im Roman *Mensch gegen Mensch*, dessen zentrales Thema die Destruktion des Krieges ist, oder zwangsläufig, wie in der biblischen Geschichte *Daniel* (1924). Auch in seinen Essays hat W. das jüdische Thema nur gelegentlich behandelt, explizit in dem Aufsatz *Adeliges Volk* (1926), in dem er zwar den Judenhass ironisch umwertet zur »Schattenseite eines ungeheuren Ruhmes« (»Denn für mich steht fest, daß der Antisemitismus, wie jeder Haß, rühmlich ist; nicht ungehaßt lebt ein Volk, eine Gemeinschaft von Menschen ein auch in seinen Fehlern exemplarisches Dasein, nicht ungehaßt drückt es seinen Stempel, scheinbar ohne es zu wollen, säkularen Zeiträumen auf.«), dabei aber doch von sich persönlich absieht und ihn nur bekämpfen will, »soweit er mit dem Recht der Masse sich gegen die Minderheit wendet«: »Ich glaube, daß wir in diesem Sinne dem Jüdischen tief treu bleiben. Denn eine Minderheit waren wir und sind wir. Wir werden vielleicht einmal verschwinden, nie aber verschwinden in der Masse wie ›Sand am Meere‹. Schwerthelden, Geisteshelden, Handelshelden selbst, aber nie ungeformte, unformbare Masse, rinnender gleichartiger Staub. Dies unsere Ehre, unsere Schuld, Fluch und Segen zugleich wie jede echte Berufung.«

Der unterdrückten Kreatur, unabhängig von ihrer Zugehörigkeit, gehört W.s Sympathie in allen seinen Werken. Seine Perspektive dabei aber ist der mitleidslos diagnostizierende Blick des Arztes, der die Neurosen des Einzelnen ebenso entblößt wie er den Finger auf die Wunden einer kranken, zum Untergang verurteilten Gesellschaft legt. W. operiert als »Chirurg der Seele«, sei es, dass er die Liebesunfähigkeit eines morphiumsüchtigen, obsessiv forschenden Arztes schildert (*Die Galeere*), die sexuelle Abhängigkeit einer Prostituierten (*Tiere in Ketten*, 1918) oder die Abgründe des Verbrechens (*Der Fall Vukobrankovics*, 1924; *Georg Letham, Arzt und Mörder*, 1931). Im Vordergrund stehen die Dämonien des Alltags, die Übermacht des Unbewussten und die Determinierung der Figuren durch ihre Triebe. Treffend formulierte Hermann Kesten Gemeinsamkeiten dieser stilistisch höchst disparaten Romane: »Das verlorene Individuum wandelt einsam durch ein eisiges Universum. Das Vaterhaus ist ein Schlachtfeld, die Familie ein Fangnetz, die Ehe eine Falle, die Liebe Verrat und Fluch. Der Vater steht gegen den Sohn, das Weib gegen den Mann, der Körper gegen den Geist, der Tod gegen das Leben, der Beruf gegen die private Neigung.« W. selbst war der hier anklingende tragische, zum heroischen Aufbegehren gegen das Schicksal auffordernde Dualismus im europäischen Denken (dem er als Ideal die »vielpolige« Welt Chinas entgegenstellte) sehr bewusst. In einem Essay über den Freund Albert Ehrenstein (1922) hat er diese »Bipolarität« (»Zwischen Gut und Böse, zwischen Hier und Dort, zwischen Gott und Mensch«) und den damit korrespondierenden heroischen »Grundwillen der Welt gegenüber« sogar als jüdisches Erbe definiert und so ansatzweise auch sein eigenes Dichten in die Tradition jüdischen Denkens gestellt.

Unmittelbar mit seinem Judentum konfrontiert wurde W., der seit 1921 als freier Schriftsteller in Berlin lebte, durch die Machtergreifung der Nazis. Nach dem Reichstagsbrand ging er 1933 zunächst zurück nach Prag, um seine kranke Mutter zu pflegen; im Frühjahr 1934 emigrierte er dann nach Paris, wo er sich trotz fortdauernder Produktivität nur mühsam durchbringen konnte und in zunehmende Isolation geriet. Seine Exilromane variieren vor allem die Vater-Sohn-Problematik, am überzeugendsten im Entwicklungsroman *Der arme Verschwender*, der noch einmal die untergehende Provinzwelt der österreichisch-ungarischen Monarchie beschwört und vor diesem morbiden Hintergrund den verzweifelten Werdegang eines sensiblen Einzelgängers nachzeichnet, der an seiner Hassliebe zum ebenso genialischen wie tyrannischen Vater zerbricht. Deutlicher als früher reflektieren die letzten Romane, auch wenn ihre Ich-Erzähler betont als Christen auftreten, nun jüdische Gedankenmuster: Im Generationenkonflikt, in dem die Söhne als »Auserwählte« eines harten, unmenschliche Leistungen fordernden Vaters erscheinen, wiederholt sich die »Bipolarität« zwischen dem jüdischen Gott und seinem erwählten Volk, und nicht zufällig erinnern die Ärzte, Verschwender und Verführer dieser Romane mit ihrer zähen Willenskraft und ihrer grenzenlosen Leidensfähigkeit an die biblische Hiobsgestalt, die W. als »das Jüdischste unter allem Jüdischen« empfand. Dasselbe gilt auch für den erst postum veröffentlichten Roman *Der Augenzeuge*, der seine eigentliche Brisanz daraus bezieht, dass W. ein ähnliches Einzelschicksal hier vor den Hintergrund der Genese des Faschismus stellt und die fiktive Lebensgeschichte eines ehrgeizigen Arztes und

Psychiaters auf kühne Weise mit dem authentischen Fall des im Ersten Weltkrieg zeitweise erblindeten »Gefreiten A. H.« verbindet.

Nach der Erinnerung Soma Morgensterns soll W. in seinen letzten Lebenswochen, als die deutschen Truppen sich unaufhaltsam Paris näherten, »fromm« geworden sein und zu ihm gesagt haben: »Sie haben keinen Hitler gebraucht, um zu wissen, daß wir Juden nur einen Schutz haben: den Allmächtigen.« Mag es auch weitere Anzeichen dafür geben, dass W. sich dem Glauben seiner Väter näherte, so ist diese Aussage doch zuallererst als verzweifelter Ausdruck seiner Verlassenheit zu werten. Am Tag des deutschen Einmarsches unternahm W. einen Suizidversuch; er starb noch in der folgenden Nacht.

Werke: Gesammelte Werke, 16 Bde., hg. P. Engel u. a., Frankfurt a. M. 1982.
Literatur: W.-Blätter, hg. P. Engel, 1–7 (1973–78), Neue Folge, hg. P. Engel u. a., 1–11(1983–89); E.W., hg. P. Engel, Frankfurt a. M. 1982; T. Delfmann, E.W., Münster 1989; E.W. – Seelenanalytiker und Erzähler von europäischem Rang, hg. P. Engel u. a., Bern u. a. 1992; M. Pazi, E.W. Schicksal und Werk eines jüdischen mitteleuropäischen Autors in der ersten Hälfte des 20. Jahrhunderts, Frankfurt a. M. u. a. 1993.

Dieter Sudhoff

Weiss, Peter

Geb. 8.11.1916 in Nowawes bei Berlin; gest. 10.5.1982 in Stockholm

Auf die Frage nach ihrem jeweiligen Ort, die Klaus Wagenbach 1964 einer Reihe von Autoren gestellt hatte, antwortete W., dieser Ort sei Auschwitz. »Meine Ortschaft« heißt dieser Text, »meine Ortschaft, für die ich bestimmt war und der ich entkam.« Es ist eine Beschreibung des Konzentrationslagers, so wie es erhalten ist. W. hat es nicht besucht.

Auschwitz ist auch der zentrale Ort in der Poetik von W. Zwischen Dezember 1963 und August 1965 fand in Frankfurt am Main der sogenannte Auschwitz-Prozess, gegen die Hauptverantwortlichen des Konzentrationslagers, statt. *Die Ermittlung* heißt das Stück von W., das im Herbst 1965 an fünfzehn Orten – in der damaligen DDR wie der Bundesrepublik – gleichzeitig uraufgeführt wurde, in Berlin in der Inszenierung von Erwin Piscator. Im Untertitel heißt es »Oratorium in 11 Gesängen«. Das dokumentarische Theaterstück nimmt den Prozessverlauf, die Aussagen der Angeklagten, der Zeugen, der Verteidiger wie der Ankläger auf und gestaltet sie im Anklang an Dantes *Inferno* als Gesänge: Gesang von der Rampe, Gesang vom Lager, Gesang vom Bunkerblock, der beginnt: »ZEUGE 8 Ich wurde verurteilt/ zu 30 mal Stehzelle/ Das bedeutete/ tagsüber Strafarbeit/ und nachts die Zelle// RICHTER Was war der Grund der Verurteilung// ZEUGE 8 Ich hatte mich zweimal/ bei der Essensausgabe angestellt.« Das Besondere an diesem Theaterstück von W. liegt zum einen darin, dass es die Topographie des Vernichtungslagers zeigt und zugleich in seinem Fortgang das Verschwinden der Individualität. Die Monotonie und Kälte des mordenden Alltags treten ebenso hervor wie die Abwesenheit von Reue oder Schmerz bei den Tätern, während die Opfer Zeugen sind und numeriert aufgeführt werden. W.' *Ermittlung* löste 1965 heftige Debatten aus. In einer Podiumsdiskussion im Oktober 1965 sagte W.: »Ich bin nach dem Prinzip vorgegangen, dass ich zunächst diesen Mechanismus schildern wollte, diese Institution des Lagers; ich wollte untersuchen, wie dieser große Komplex, mit dem wir seit zwanzig Jahren oder noch länger leben, der ein Bestandteil unseres Lebens ist, eigentlich ausgesehen hat, was da vorgegangen ist, wie sich die Menschen verhalten haben, die da gelebt haben und da gestorben sind.« Der »Herzpunkt des Stückes« sei, »daß es in dieser totalen Erniedrigung des Menschen Einzelnen möglich gewesen ist, eine menschliche Würde zu bewahren. Diese menschliche Würde wird der völligen Entmenschlichung gegenübergestellt.«

W.' Verhältnis zum Judentum zeichnet etwas Protokollierendes, Dokumentierendes aus, das einen Ort in Augenschein nimmt: Auschwitz. Aber dieser sachliche Grundzug verdeckt nur einen tieferliegenden: den der vollkommenen Fremdheit. Das Motiv, fremd zu sein, nicht dazuzugehören, aber dadurch auch die Fähigkeit zu erwerben, in seiner Kunst ein anderer zu werden, durchzieht alle Schriften von W. In seinem biographischen *Fluchtpunkt* erinnert W. sich: »Daß ich kein Deutscher, und väterlicherseits von jüdischer Herkunft war, erfuhr ich erst kurz vor der Auswanderung. Ich war getauft worden und hatte den christlichen Religionsunterricht und die Konfirmation über mich ergehen lassen, gleichgültig und halb betäubt wie unter allem, was mir von Erziehung zukam. Meine Sprache war mit keinem Landstrich verbunden, denn wir zogen oft von Stadt zu Stadt um. Ich war zuhause in Hafengegenden, auf Jahrmärkten und in Zirkuszelten, wo die Gedanken offen waren für Veränderlichkeiten und Wanderschaft, wo der Blick ins Weite gerichtet war. Ich las von der Welt der Russen und Franzosen, der Engländer, Amerikaner und Skandinavier, und nichts hinderte mich, dort in Gedanken heimisch zu sein. Ich war verwandt mit Gauguin auf Tahiti, mit van Gogh in Arles, mit Myschkin in Sankt Petersburg, Leutnant Glahn im norwegischen Wald und Fabrizzio in der Kartause von Parma. Die plötzliche Ernennung zum Ausländer und Halbjuden, das Verbot der Teilnahme am gemeinsamen Gruß, beeindruckte mich nicht, da mir die Fragen der Nationalität und rassischen Zugehörigkeit gleichgültig waren.« So ist auch der Prosatext *Abschied von den Eltern* aus den 60er Jahren der elegische Bericht einer Jugend ohne Bindung an die Eltern, ohne tiefere Auseinandersetzung mit den beiden »Portalfiguren« des Lebens. Die meisterhafte Erzählung *Der Schatten des Körpers des Kutschers* zeichnet biographische Wege von W. nach.

1933 gelangte W. auf der Flucht vor den Nazis nach Prag. Von dort gelangte er nach Stockholm. Eng war seine Mitwirkung an dem Theater der schwedischen Hauptstadt, wo W. als Bühnenbildner, Dramaturg, Übersetzer und Autor wirkte. Das Theaterstück *Die Verfolgung und Ermordung Jean Paul Marats, dargestellt durch die Schauspielgruppe des Hospizes zu Charenton unter Anleitung des Herrn de Sade* sorgte für großes Aufsehen und zeigte W.' große Begabung, einen historischen Stoff zum Sprechen zu bringen. Sein Engagement für den demokratischen Sozialismus hat W. in der Bundesrepublik der 60er Jahre viel Widerspruch eingetragen. W. war ein politischer Autor: entschieden – in seinem Engagement gegen den Vietnamkrieg –, scharf, analytisch, präzis und doch wieder verhalten. Dennoch lässt W. sich nicht einem politischen Lager zurechnen, so wie er auch als Schriftsteller eine singuläre Erscheinung blieb. W.' *Ästhetik des Widerstands* ist ein Schlüsselwerk für das Verhältnis von Individuum und Kollektiv im 20. Jahrhundert, der Widerstand als komplementärer Akt des Eigensinns. Noch einmal kehrt in diesem Hauptwerk von W. das Motiv zurück, nicht dazuzugehören. Es prägt auch sein Verhältnis zum Judentum, ein Verhältnis der Zugehörigkeit wie auch der Nicht-Zugehörigkeit, des Widerstands gegen gängige Klassifikationen.

Als W. im Mai 1982 in Stockholm starb – er war in Schweden geblieben –, fand sich in seinem Nachlass ein schmaler Text, *Es leben die Toten*: »Von denen, die die Kunst des Vergessens so viel besser beherrschen, lassen sich die Wissenden allzu leicht beiseite drängen, bestehen bleibt das Selbstsichere, Freche, Unverschämte, Zynische, in gigantischer Verschwendung dagegen sterben die Keime von Hoffnung, Liebe, Wärme und Zuversicht ab. Es lebe das Wirkliche, wenn wir uns an den Haaren wieder heraufgezogen haben, nach unseren Absenzen, unsern Schwächeanfällen, wenn wir wieder einen Fußbreit Boden ertasten können, es lebe die Aufgabe, mit all unsern Toten in uns, mit unserer Totenklage, unserm eigenen Tod vor Augen, zwischen den Lebenden dahin zu balancieren, sich ihnen bemerkbar zu machen, es lebe das wilde Ansinnen, alles ringsum in leuchtender Greifbarkeit entstehen zu lassen. Phantastisch, ungeheuerlich dieser Einfall, daß wir im Leben vorhanden sind, daß es noch etwas für uns zu tun gibt, daß noch etwas bevorsteht, unfaßbar, daß wir hier um unsere Bleibe kämpfen, daß wir hier sogar Gerechtigkeit einrichten wollen, daß wir Hilferufen entgegeneilen, daß wir erwarten, auch nach uns strecke sich eine Hand aus, wenn wir sie brauchen, da es doch nur eine Gewißheit gibt, gleich ist es zu Ende.«

Werke: Werke in sechs Bdn., hg. Suhrkamp Verlag in Zusammenarbeit mit G. Palmstierna-Weiss, Frankfurt a. M. 1985.

Literatur: C. Weiß, »... eine gesamtdeutsche Angelegenheit im äußersten Sinne ...«. Zur Diskussion um P.W.' Ermittlung, in: Deutsche Nachkriegsliteratur und der Holocaust, hg. St. Braese u. a., Frankfurt a. M. 1998, 53–70.

Thomas Sparr

Weißglas, Immanuel James (Ion Iordan)

Geb. 14.3.1920 in Czernowitz;
gest. 28.5.1979 in Bukarest

Die Situation der deutsch-jüdischen Dichter in der rumänischen, heute ukrainischen Bukowina wird wohl von kaum jemandem so deutlich verkörpert wie von dem 1920 in Czernowitz geborenen W. Er ist der jüngeren Generation der Dichter zuzurechnen, die zwischen und nach den beiden Weltkriegen von Czernowitz aus eine bemerkenswerte Rolle bei der Entwicklung moderner deutschspra-

chiger Lyrik übernahmen. W.' junge Literatenlaufbahn gipfelte in der Bekanntschaft mit Tudor Arghezi, der ihm auch zur Veröffentlichung einer frühen Übersetzung verhalf. Er hatte »schon als Schüler die Aufmerksamkeit der anspruchsvollen, kulturell interessierten Kreise seiner Vaterstadt auf sich gelenkt« (Kittner). Die Besetzung der Bukowina und die Deportation der jüdischen Bevölkerung (1942–44) in den Steinbruch (›Kariera‹) am Bug, von denen auch der Vater, Isak W. (*Steinbruch am Bug*, 1995) berichtete, beendeten das Studium und den schriftstellerischen Werdegang vorerst. Zurückgekehrt schloss W. sich erneut den Literatenkreisen in Czernowitz an. 1945 übersiedelte er, wie viele Dichter seiner Heimat, nach Bukarest und arbeitete dort bis zu seinem Tod als Redakteur, Journalist und Übersetzer.

Während W. mit seinen Übersetzungen schon früh zwischen deutscher und rumänischer Literatur zu vermitteln suchte, ist sein lyrisches Werk deutlich vom Spannungsverhältnis von jüdischer Identität und deutscher Kultur gekennzeichnet. Alfred Kittner, der neben Rose Ausländer, Paul Celan, Alfred Gong, Alfred Margul-Sperber, Selma Meerbaum-Eisinger und Moses Rosenkranz zum Kreis der Bukowiner Dichter zu zählen ist, charakterisierte das Werk seines Freundes »als eine Dichtung des Leidens um und an Deutschland« (*Neue Literatur*). Damit ist auch das Grundproblem von W.' Lyrik benannt: die Suche nach einer (Sprach-)Heimat zwischen deutscher, rumänischer und jüdischer Kultur in der untergehenden kakanischen Enklave. Das nicht sehr umfangreiche Werk markiert die Entwicklung dieser Suche. In dem als Typoskript erhaltenen Gedichtband *Gottes Mühlen in Berlin* (1947) setzt W. einen deutlichen Akzent auf das problematische Verhältnis von deutscher Sprache und jüdischer Identität. Gedichte wie *Der deutsche Krieg*, *Deutsche Klage* u. a. zeigen dies bereits im Titel, andere zitieren die deutsche Lyriktradition: A. Droste-Hülshoff (*Der Auszug*) wird ebenso zum Vorbild wie St. George (*Auf eine alte Spange*), R.M. Rilke, E. Lasker-Schüler. Aber auch inhaltlich setzen sich einzelne Gedichte mit der zwiespältigen Situation auseinander: »Deutschland ist fern, ein Freund, zu dem wir schweben«, beginnt *Das Gespräch* (1943), in dem die von Deutschen gemordeten Toten ihre deutsch-jüdische Souveränität behaupten. Auch *In deutschen Domen* wird das Verhältnis des Autors zu Deutschland wie zu der Büßerattitüde der Nachkriegsgesellschaft infrage gestellt. Der Anfang 1947 erschienene Gedichtband *Kariera am Bug* setzt dagegen andere Akzente. Die meisten der Gedichte dieses Bandes entstanden in den Todeslagern am Bug, deren Namen sich in die Gedichte eingeprägt haben: Belto, Krishopol, Ladeshin, Matchiucha, Tulczyn, Obodomka. In *Der Auszug*, *Unterwegs und Luzerne*, *Völkerwanderung* u. a. zeichnet W. die Bewegung der jüdischen Opfer, die von Lager zu Lager ziehen. In anderen Gedichten scheint der Todesmarsch kurz innezuhalten: *Das Schneegrab*, *Himmelfahrt*, *Tod im Moor* oder *Das Massengrab* lauten die Titel der Gedichte, die mit ihrem Entstehungsort lokalisiert wurden. W. versucht, eine poetische Sprache für die extremen Erfahrungen von Tod und Destruktion zu finden. Die Vorbemerkung des Autors weist der Lektüre den Weg: »Die Gedichte stehen hier als Meilensteine, die den schauerlichen Weg bezeichnen, den wir in den Jahren 1941/44 zwischen Dnjestr und Bug in der Ukraine gegangen sind« (*Kariera*). Auffällig ist die völlige Abwesenheit jeder deutschen Thematik in diesem Gedichtband. Mehr noch: W. entfernt sie auch aus jenen Gedichten, die im Typoskript noch einen eindeutig deutsch-jüdischen Kontext haben.

Die Gedichte der *Kariera* sind als lyrische Dokumente der Verfolgung und der Ermordung des jüdischen Lebens in der Bukowina mit anderen Gedichten ihrer Zeit durchaus vergleichbar. Dennoch ist W. lange Jahre nicht mehr als Dichter in Erscheinung getreten. In Rumänien wurde er als Übersetzer von Goethe, Grillparzer, Stifter und Feuchtwanger bekannt. Übersetzungen aus dem Rumänischen (T. Arghezi, V. Alescsandri u. a.) machten ebenso wie Abdrucke seiner Gedichte in Anthologien und in der *Neuen Literatur* vereinzelt auf ihn aufmerksam. In Westdeutschland bedurfte es eines Artikels von Heinrich Stiehler (*Akzente*, 1979), der auf die Nähe zwischen Paul Celans *Todesfuge* (1947) und W.' Gedicht *Er* (1947; Erstdruck 1970) hinwies. Der angedeutete Plagiatsvorwurf gegen Celan ist allerdings nicht gerechtfertigt und wird auch von W. zurückgewiesen. W. bezeichnet die Jugendfreundschaft zu Celan, die nach dessen Flucht aus Bukarest Ende 1947 keine Fortsetzung fand, als einen »kameradschaftlichen Kontrapunkt«, der »›zwei wortbesessene Freunde‹ in Bemühung um das Gedicht verband«

(Baumann). Ein Vergleich zwischen den beiden Gedichten zeigt die Eigenständigkeit und die poetische ›Überlegenheit‹ des Celanschen Dichtens deutlich.

Erst 1972 erscheint W.' zweiter und letzter Gedichtband *Der Nobiskrug*, für den er den Lyrikpreis des rumänischen Schriftstellerverbandes erhielt. Im *Nobiskrug* gerät die deutsch-jüdische Thematik zugunsten der Darstellung einer allgemeinen Grenzerfahrung zwischen Leben und Tod in den Hintergrund. Interessant ist hier die nochmalige Bearbeitung einiger früherer Gedichte. W. reduziert die Gedichte dabei nicht nur formal, sondern bemüht sich auch, jeglichen transzendenten Gehalt aus den Texten zu entfernen. Besonders deutlich ist das beim Gedicht *In deutschen Domen*, das verändert unter dem Titel *Schwarze Kirche* erscheint. W. sucht hier nicht mehr die Auseinandersetzung mit dem spezifisch deutsch-jüdischen Verhältnis, vielmehr markiert er mit der ›Schwarzen Kirche‹ in Kronstadt eine Station rumänien-deutscher Geschichte. Insgesamt ist *Der Nobiskrug* vor allem ein Bekenntnis zur lyrischen Traditionalität: *Götzengezeter* nennt W. die Forderung nach lyrischen und sprachlichen Neuerungen. Das Festhalten an der lyrischen Tradition scheint auch ein Festhalten an der eigenen deutsch-jüdischen Identität zu sein. Denn trotz seiner Erfahrungen in den Vernichtungslagern Transnistriens ist W. nie von seinem Sprechen und Dichten in deutscher Sprache abgerückt. Vielmehr, so W., sei »dafür zu danken, am unendlichen Besitz der deutschen Sprache teilnehmen zu dürfen und als Demütigster ihrer Waltenden [...] zu stehen und [...] zu bestehen« (Baumann). Dieser Dank äußert sich ein letztes Mal in der Übersetzung von Stifters *Nachsommer*, die er trotz schwerer Krankheit kurz vor seinem Tod fertigstellen konnte.

Werke: Aschenzeit. Gesammelte Gedichte, Aachen 1994. Literatur: G. Baumann, Dank an die Sprache, in: Tradition und Entwicklung, hg. W. Bauer u. a., 443–451; Th. Buck, Eine leise Stimme, in: I.W., Aschenzeit, Aachen 1994, 128–156; A. Kittner, Abschied von I.W., in: Neue Literatur (1979), 33–36: H. Stanescu, Der Dichter des Nobiskruges. I.W., in: German Life and Letters 39 (1985), 21–64; B. Wiedemann, »Altneutränen«. Überlegungen zu I.W.' zweitem Gedichtband, in: A. Corbea, M. Astner, Kulturlandschaft Bukowina, Iasi 1990, 155–173; H. Merkt, Poesie in der Isolation, Wiesbaden 1999; I.W. (1920–1979). Studien zum Werk und Leben, hg. A. Corbea-Hoisie u. a., Iaşi u. a. 2010; »So etwas wie eine Bukowiner Dichterschule«. Ernst Schönwieses Briefwechsel mit Dichtern aus der Bukowina (1947/1948), hg. P. Goßens, Aachen 2011.

Peter Goßens

Werfel, Franz

Geb. 10.9.1890 in Prag;
gest. 26.8.1945 in Beverly Hills

Wenngleich W. des öfteren als christusgläubiger Jude bezeichnet wurde und Sympathien für den Katholizismus gezeigt hat, hielt er doch zeitlebens am Judentum fest. Mit dem Gedichtband *Der Weltfreund* avancierte W. 1911 zum erfolgreichsten

Lyriker des Expressionismus. In seiner frühen Lyrik verkündete er die Solidarisierung mit den Leidenden und Ausgestoßenen der Gesellschaft und die Hoffnung auf eine allumfassende Menschenliebe (messianischer Expressionismus). In dieser universalistisch ausgerichteten Erlösungshoffnung sparte W. »jüdische Fragen« beinahe gänzlich aus. Dem in einem assimilierten, liberal-bürgerlichen Elternhaus in Prag aufgewachsenen W. blieb die jüdische Geisteswelt weitgehend verschlossen, während er von den Riten der katholischen Kirche und der christlichen Volksfrömmigkeit fasziniert wurde, angeregt durch Kirchenbesuche mit seiner tschechischen Kinderfrau Barbara, der er später ein literarisches Denkmal gesetzt hat. 1920 suchte er sich in dem unveröffentlichten, für M. Bubers Zeitschrift *Der Jude* verfassten autobiographischen Essay *Erguß und Beichte* Rechenschaft über sein zwiespältiges Verhältnis zum Judentum abzulegen. In der Kindheit empfand er »Scheu und Abscheu« für das Judentum. Während er vom »Gemurre und Gemurmel« in der Synagoge und der Schablonenhaftigkeit des Religionsunterrichts enttäuscht wurde, war er, wenngleich nur für kurze Zeit, fasziniert von mystischen Elementen der jüdischen Religiosität: »Scheu erzeugte der Anblick der Thora, die Zeremonie ihrer Bekleidung [...]«. Als »Tatsache« und »Erlebnis«, vor allem aber als »Problem« wurde ihm sein Judesein jedoch erst bewusst, als er Prag verlassen hatte und in Deutschland und Wien stärker mit dem Antisemitismus konfrontiert wurde. Da er sich der Identitätsproblematik erst in negativer Form gewahr wurde, resultierte daraus ein Gefühl des Schwebens zwischen heterogenen Zugehörigkeiten. Einerseits suchte er sich an die europäische

Kulturtradition zu assimilieren (»Meine Welt waren die großen europäischen Künstler in ihrer Gegensätzlichkeit von Dostojewski bis Verdi«), der gegenüber ihm die Welt der Bibel, aber auch die des modernen Judentums fremd erschien. W. empfand Misstrauen gegenüber den Ostjuden, die er aus einem Gefühl des »inneren Antisemitismus«, wie er in seiner Selbstanalyse freimütig zugibt, als »fremdartig und unheimlich« beschreibt; ebenso distanzierte er sich von der zionistischen Idee einer nationalen Wiedergeburt des Judentums. Andererseits musste er feststellen, dass sein Wille zur Assimilation auf den Widerstand der Nichtjuden stieß: »Ich lebe und strebe also in einer Welt, deren Kulturblüte ich leidenschaftlich liebe, die ich vermehren möchte, die das Ziel all meiner Zuneigung, Kritik, Hoffnung, Erfüllung ist, und eines Tages muß ich erkennen, daß ich ihr nicht angehöre, daß ich woanders hin zuständig bin, dorthin, wo ich mich erst recht nicht zuhause fühle –.«

Die Frage nach Identität im Sinne kultureller, religiöser oder nationaler Zugehörigkeit ließ W. ohne Antwort; er sah sich gezwungen, den Widerstreit der christlich-europäischen Kultur und der jüdisch-biblischen Überlieferung in sich auszutragen: »Wohin also soll ich? Dort wo ich bin, gehöre ich nicht hin. Das, wohin ich gehöre, liebe ich nicht, es ist mein Traum nicht, ich habe keinen Zusammenhang damit in meinem Willen.« Wie einer Tagebuchnotiz aus dem Jahre 1917 zu entnehmen ist, fasste W. das »seelische Elend« des assimilierten Diaspora-Judentums – die »soziale Hysterie des verlorenen Mittelpunkts« – als ein historisch bedingtes Phänomen der Moderne auf, ausgelöst durch den Eintritt der Juden in die europäische Kultur nach der Auflösung der Ghettos an der Wende vom 18. zum 19. Jahrhundert. Stellenweise führte W.s Distanz zu seiner Herkunft so weit, dass er sich zu einem »christlichen« Dichter stilisierte, beispielsweise in dem 1917 unter dem Titel *Die christliche Sendung* in der *Neuen Rundschau* veröffentlichten Absagebrief an den Berliner Aktivisten Kurt Hiller. Der »neue Christ«, wie ihn sich W. erträumt, bekennt sich zum Anarchismus, d. h. zur »Zerstörung des alten Bewußtseins«, zum Kampf gegen Abstraktion, Staat und Macht. W.s zionistisch gesinnter Freund M. Brod antwortete in *Der Jude* polemisch auf diesen Artikel und deutete ihn als Ausdruck der Identitätskrise eines jüdischen Diaspora-Intellektuellen. Zugleich aber wies Brod darauf hin, dass W.s »christliche Mission« in wesentlichen Elementen, selbst wenn sich W. dessen nicht bewusst ist, eine »jüdische Sendung« sei.

In seiner expressionistischen Lyrik – in den Bänden *Der Weltfreund* (1911), *Wir sind* (1913), *Einander* (1915), *Gesänge aus den drei Reichen* (1917) und *Der Gerichtstag* (1919) –, in der er die Krise der Moderne analysierte, thematisierte W. jüdische Problemstellungen nur peripher, zumeist in biblischen Kontexten. Des öfteren sind biblische Figuren mit revolutionärem Denken assoziiert, so etwa im Gedicht *Das Gebet Mosis* (1919), wo der Gesetzgeber als »Festungsstürmer« erscheint, der sich in die göttliche Ordnung wirft, um den Menschen die Freiheit zu bringen. Der Ordnungshüter wandelt sich bei W. zu einem Unruhestifter, der den Aufstand gegen Gott als Inbegriff der Vater-Imago wagt. In der Erzählung *Nicht der Mörder, der Ermordete ist schuldig* (1919/20) wird ein Anarchistenkreis von einem an einen biblischen Propheten erinnernden Juden namens Chaim Leib Beschitzer angeführt, der der »patriarchalischen Weltordnung« den Kampf ansagt und dem W. seine von den Matriarchats-Thesen Johann Jakob Bachofens und Otto Gross' inspirierte Kritik am männlichen Autoritätsprinzip in den Mund legt. Ebenfalls als Sprachrohr des Autors fungiert der Jude Feiwel, der im Drama *Bocksgesang* (1920/21) die Revolution zwar befürwortet, den Revolutionären jedoch den Verrat an ihren ursprünglichen Zielen vorwirft. Das Schuldgefühl, das aus seiner Abkehr bzw. Gleichgültigkeit gegenüber jüdischen Traditionen entstanden ist, verarbeitete W. in der *Ballade von einer Schuld* des Bandes *Der Gerichtstag*. Der Titel dieses Buches assoziiert die »Bußtage« vom Neujahrsfest Rosch-ha-Schana bis zum Jom Kippur, die Zeit des Gerichts und des Aufrufs zur Teschuwa, zur Umkehr.

Intensiver setzte sich W. mit jüdischen Fragen wie auch mit biblischen und talmudischen Überlieferungen erst in der nach-expressionistischen Phase auseinander. Angeregt wurde er hierbei von den Eindrücken seiner im Februar 1925 unternommenen Palästina-Reise, auf der er nicht nur den Überresten biblischer Kultur begegnete, sondern auch den Zionismus kennenlernte. Enttäuscht von den »Widerständen« seiner Lebensgefährtin (und seit 1929 Ehefrau) Alma Mahler »gegen das Jüdische hier an sich, weiters (selbstverständlich) gegen das Kommunistisch-Jüdische«, vertraute er seinem Tagebuch an: »die Verwirrung des Auges [...] und der Seele sind groß.« Das Palästina-Erlebnis inspirierte ihn zum historischen Drama *Paulus unter den Ju-*

den (1926), das die für W. entscheidende Frage behandelt, warum sich das Christentum vom Judentum losgelöst hat und worin sich beide Religionen unterscheiden. Der Konflikt zwischen dem Judentum und dem – aus der Sekte der Nazaräer, der Anhänger des gekreuzigten Jesus von Nazareth, herausgebildeten, jedoch erst von Paulus geschaffenen – Christentum eskaliert bei W. in der Auseinandersetzung zwischen Paulus und seinem ehemaligen Lehrer, dem Tannaiten Gamaliel. Die Wege der beiden Religionen trennen sich nach einem Streitgespräch zwischen Paulus und Gamaliel. Während für Paulus mit der Menschwerdung Gottes die Tora »ungültig« geworden und eine »neue Welt« angebrochen ist, verteidigt Gamaliel den in der Tora gestifteten, unantastbaren Bund zwischen Jahwe und dem Volk Israel: »Kein Jude kann etwas leben, denken oder sagen, was nicht schon besiegelt stünde im Gotteswort.« Der von W. als ein vorbildlicher Vertreter »verklärter Toleranz« gezeichnete jüdische Gelehrte ahnt die Gefahren voraus, die mit der Außerkraftsetzung des göttlichen Gesetzes verbunden sind: »Messias ist nicht gekommen, denn der Ewig-Künftige ist er! Niemals hast du die Thora verstanden, du böser Schüler. In ihrer Sternen-Tiefe allein ruht das Reich Gottes und unsre Freiheit, es zu vollenden! Wo sie nicht herrscht, da ist Wüste und Willkür! Dränge keinen fremden Geist zwischen Gott und Israels Freiheit!« Gamaliel erkennt, dass die Lehre des Paulus (unjüdische Vorstellung einer Menschwerdung Gottes, Vorrang des Glaubens vor der Tat, Delegation der Verantwortung des Einzelnen an den Erlöser) die Besonderheit des Judentums als einer nicht nur religiösen, sondern auch ethischen, sozialen und nationalen »Kulturform« (Klausner) außer Kraft setzt, so dass ihm Paulus als Verkörperung von »Israels Selbsthaß« erscheint. Dennoch lässt W. seine »dramatische Legende« ambivalent enden. Anhand der gegensätzlichen Positionen seiner Protagonisten, des »Ringens zwischen Gamaliel – Gesetz und Paulus – Christus«, suchte sich W. erstmals Rechenschaft über seine Zugehörigkeit zum Judentum und seine gleichzeitige Affinität zum Christentum abzulegen. »Gegen alle falschen oder feindseligen Gerüchte« erklärte er 1926 auf eine Anfrage des *Israelitischen Wochenblatts*: »Ich bin nicht getauft! Ich werde mich niemals taufen lassen! Ich habe niemals vom Judentum fortgestrebt, ich bin im Fühlen und Denken bewußter Jude!«

Unter dem Eindruck der Verfolgung und Entrechtung der Juden in Hitler-Deutschland schrieb W. das Bibelspiel *Der Weg der Verheißung* (1935), das »unter einer zeitlosen Gemeinde Israel in einer zeitlosen Nacht der Verfolgung« spielt. Die Rahmenhandlung findet in einer Synagoge statt, in der sich eine jüdische Gemeinde auf der Flucht vor einem Pogrom versammelt hat und die Liturgie des Tischa be-aw, des Trauertags zur Erinnerung an die Zerstörung des Tempels von Jerusalem, begeht. Diese Erinnerung aktualisiert sich in Form der gegenwärtigen Bedrohung durch Pogrom und Vertreibung. Unter der Anleitung eines Rabbis werden in dem Mysteriendrama die wichtigsten Stationen der biblischen Geschichte rekapituliert. In diesem Akt der Erinnerung finden die verfolgten Juden – entsprechend Bubers Definition des Judentums als »Erinnerungsgemeinschaft« – ihr Zusammengehörigkeitsgefühl und das Vertrauen in ihre jüdische Identität wieder, dem Gebot des Rabbis folgend: »Wir wollen uns erinnern [...] Ich will mit euch noch einmal den Weg gehen, den unsre Seelen, Israels Seelen, gegangen sind von Anfang der Zeiten bis hierher [...] Und der alte Weg soll uns kräftigen für den neuen Weg, der morgen beginnt«. Die biblische Geschichte dient somit als Medium der Identitätsstiftung für die von der nationalsozialistischen Rassenpolitik bedrohten Juden.

Die Geschichte von der Eroberung Jerusalems durch Nebukadnezar und der Vertreibung des Volkes Israel in das babylonische Exil diente W. noch ein weiteres Mal als Spiegel der Gegenwart, im Roman *Höret die Stimme* (1936/37). Unausgesprochen wird Nebukadnezar mit Hitler und der scheiternde Prophet Jirmijah (Jeremias) mit dem ohnmächtig vor der politischen Entwicklung warnenden Intellektuellen der Gegenwart verglichen. Mit der Arbeit am Jeremias-Roman suchte W. einen neuen Zugang zur Überlieferung des Judentums, als dessen Zentrum er die universale, Immanenz und Transzendenz in sich begreifende Verkündigung des Gottesnamens interpretierte. Angesichts des zerstörten Tempels vernimmt Jirmijah die Antwort Gottes in Form einer Verkündigung der Ewigkeit des zu Leid und Gotteszeugenschaft auserwählten Volkes Israel: »Blick nicht umher in diesem Grauen! Blick auf das Zeichen, das ich inmitten dieses Grauens dir heute sende: Damit du lebest! Damit du mein seist, damit ich dein sei, hast du gelitten. Euer Sieg wächst von Niederlage zu Niederlage.« Auch der historische Roman *Die vierzig Tage des Musa Dagh* (1932/33), eine unter Anwendung der Mose-Typologie verfasste Anklage gegen den Völkermord an den Armeniern im Ersten Weltkrieg, lässt sich u. a. als eine Warnung vor der Judenverfolgung in Hitler-Deutschland lesen. Der Roman wurde 1934 in Deutschland verboten – und W. selbst sprach von einer »symbolischen Aktualität« seines Buches.

1938 erstellte er im *Neuen Tage-Buch* eine Liste über den Beitrag jüdischer »Gotteskünder«, Gelehrter und Künstler zur Weltkultur: *Das Geschenk Israels an die Menschheit*. Mit dem Schicksal der von Antisemitismus und Nationalsozialismus verfolgten Juden befasste sich W. u. a. im Romanfragment *Cella oder die Überwinder* (1938/39), der Erzählung *Eine blaßblaue Frauenschrift* (1940) und der »Komödie einer Tragödie« *Jacobowsky und der Oberst* (1943). Charakteristisch für W.s Zerrissenheit zwischen Judentum und Christentum ist jedoch, dass solche Bekenntnisse zum Judentum wiederum von »christlichen« Werken gefolgt wurden – insbesondere den im französischen und amerikanischen Exil entstandenen Romanen *Der veruntreute Himmel* (1939) und *Das Lied von Bernadette* (1941; verfasst aufgrund eines Gelübdes von W. im August 1940 im Wallfahrtsort Lourdes vor der waghalsigen, gemeinsam mit seiner Frau sowie Heinrich, Nelly und Golo Mann angetretenen Flucht über die Pyrenäen).

In seinen letzten, im Exil in Los Angeles verbrachten Lebensjahren (1940–45) arbeitete W., von mehreren Herzanfällen geschwächt, an dem unvollendet gebliebenen Aphorismenbuch *Theologumena* zu religiösen Themen. In diesen Aufzeichnungen nahm er erneut zur Frage des Verhältnisses von Judentum und Christentum Stellung. An *Paulus unter den Juden* anschließend deutete er Jesus als Glaubenszeugen des Volkes Israel: »Einzig in Israels Seele war die Erkenntnis dieses Gottes präformiert, von Abraham bis Jesus.« Diese theologische Konzeption liegt auch seinem letzten Werk, dem nach dem Vorbild der *Divina Commedia* Dantes konzipierten utopischen »Reiseroman« *Stern der Ungeborenen* (1945) zugrunde; nach W.s Ansicht sind »Israel« und die (katholische) »Kirche« aufeinander angewiesen. Der Konversion verweigerte er sich bis zuletzt, da er darin eine Flucht aus dem »Gottesvolk« sah, »das sich herangelitten hat von Abrahams Verfolgung in Ägypten bis zur Ghettoschlacht in Warschau des Jahres 1943, ewig hingemordet um seines Gottes willen«.

Werke: Gesammelte Werke, hg. A.D. Klarmann, Frankfurt a. M. u. a. 1948 ff.; Zwischen oben und unten. Prosa – Tagebücher – Aphorismen – Literarische Nachträge, hg. A.D. Klarmann, München u. a. [2]1980; Das F.W. Buch, hg. P.St. Jungk, Frankfurt a. M. 1986; Gesammelte Werke in Einzelbänden, hg. K. Beck, Frankfurt a. M. 1989 ff.
Literatur: P.St. Jungk, F.W., Frankfurt a. M. 1987; A.A. Wallas, F.W. – Kulturkritik undMythos 1918/19. Zur Phantasie *Spielhof*, in: Jahrbuch des Wiener Goethe-Vereins 94 (1990), 75–137; N. Abels, F.W., Reinbek bei Hamburg 1990; D.K. Heizer, Jewish-German Identity in the Orientalist Literature of Else Lasker-Schüler, Friedrich Wolf, and F.W., Columbia 1996; S.B. Würffel: »Ungeheure Verantwortung hängt daran«. Nationalismus, Moral und Utopie in F.W.s Roman Die vierzig Tage des Musa Dagh, in: Le monde de F.W. et la morale des nations, hg. M. Reffet, Bern u. a. 2000, 253–282; G. Shahar, TheaterAvantgarde in Deutschland. Jüdische Wandererfiguren: Stereotypen, Humor und Selbstinszenierung, in: Forum modernes Theater 18 (2003), H. 1, 35–54; E. Bahr, Modernism and Anti-Modernism in F.W.'s Work in Exile, in: Die Alchemie des Exils, hg. H. Schreckenberger, Wien 2005, 179–189; S. Nuy, Komödien einer Tragödie: Antisemitismus als Sujet in Stücken von Hasenclever, Lasker-Schüler und W., in: Das (Musik-)Theater in Exil und Diktatur, hg. P. Csobádi, Anif/Salzburg 2005, 728–743; S. Leuenberger, Schrift-Raum Jerusalem. Identitätsdiskurse im Werk deutsch-jüdischer Autoren, Köln 2007, 145–178; Karl Kraus – F.W.: eine Dokumentation, hg. C. Wagenknecht u. a., Göttingen 2011.

Armin A. Wallas

Winder, Ludwig

Geb. 7.2.1889 in Schaffa/Šafov (Mähren); gest. 16.6.1946 in Baldock (England)

»So sind wir Juden: nicht umzubringen, nicht kleinzukriegen, etwas Furchtbares steckt in dieser Zähigkeit, in dieser Lebenskraft. Verflucht und verfolgt, tausendmal ausgespien und ausgerottet – immer wieder stehen wir auf, immer wieder beginnt

in unserer Brust die Orgel zu brausen, die jüdische Orgel, grauenhaft ist dieser Segen, dieser Fluch!« So beschwört W. sein problematisches Verhältnis zu einer jüdischen Identität in dem Roman *Die jüdische Orgel* (1922), von welchem Thomas Mann sagte: »Selten ist mir jüdisches Wesen so visionär lebendig geworden.« Das zwiespältige Verhältnis W.s zum Judentum ist bereits im Elternhaus angelegt: Der Vater W.s war nur mit Mühe dem streng-religiösen Regime des eigenen Vaters entflohen, musste durch seinen Beruf als Lehrer jedoch religiöses und moralisches Vorbild sein. Als Angehöriger der deutsch-jüdischen Minderheit hatte W. als Kind wohl Ausgrenzung und Antisemitismus erfahren, was sich im Frühwerk teilweise autobiographisch widerspiegelt.

W.s Erstlingsroman *Die rasende Rotationsmaschine* (1917) beschreibt das Scheitern galizischer jüdischer Einwanderer am Wiener Umfeld. Der Prosaband *Hugo. Tragödie eines Knaben* (1924) zeichnet detailliert die Auswirkungen, die Antisemitismus und als belastend empfundene jüdische Erziehung auf die Psyche eines Kindes haben. In *Die jüdische Orgel* erzählt W. die Geschichte Alberts, dessen streng-religiöser Vater durch brutale Erziehung aus dem Sohn einen frommen Gelehrten machen möchte, das Kind aber in eine psychische Krise treibt. Als Albert aufs Rabbinerseminar geschickt werden soll, erwartet er, dort nur Karikaturen des gehassten Vaters zu finden und schlägt sich lieber als Zuhälter durch. Immer wieder mahnt der Vater den Sohn, dass er durch die Herkunft an die unendliche Tradition der jüdischen Väter gebunden wäre. Doch Albert versteht selbst, dass sein Judentum ihn bestimmt, egal welchen Weg er einschlägt. Jede Flucht weg von jüdischem Leben oder der jüdischen Herkunft ist nur wieder ein Erfüllen eines im Grunde undefinierbaren jüdischen Schicksals. Die seelische Deformation der jüdischen Protagonisten in W.s Werk ist immer Folge der Erfahrung von Ausgrenzung aufgrund der jüdischen Herkunft, dieses unverschuldeten Stigmas, und teilweise der Last einer orthodoxen und lebens- oder körperfeindlichen Tradition. Judesein ist in W.s Frühwerk ausschließlich Konfliktstoff. Laut K. Krolop hat W. in *Die jüdische Orgel* jüdischen Selbsthass in einer spezifisch österreichischen Form als erlebte Ich-Entwertung dargestellt, was oft als inhaltlicher Schwerpunkt der Expressionisten gilt. Dies mag der Grund dafür sein, dass Albert Ehrenstein diesen Text W.s, dessen Sprache wortwörtliche und gestische Bibelzitate enthält, in die Reihe der expressionistischen Literatur einordnen wollte.

W., der zuerst bei einer linksliberalen Zeitung in Wien als Redakteur arbeitete, danach bei verschiedenen deutschliberalen Blättern, wurde 1914 Mitarbeiter der kulturellen Redaktion der *Bohemia* in Prag. Dort rückte er nach Kafkas Tod in den Kreis um Max Brod nach. W.s umfangreiche journalistische Arbeit aus dieser Zeit kann als lückenlose Dokumentation der Prager (nicht nur) jüdischen Literatur und Kultur gelesen werden. Wiederholt kritisierte W. nach 1933 die Schriftsteller im Dritten Reich, die sich gleichschalten ließen, aber auch die Deutschen und die Juden, die sich nicht zur Wehr setzten und Hitler nicht verhinderten.

W.s Werke nach 1924 können vereinfachend als Zeitromane bezeichnet werden, welche sich hauptsächlich mit den Auswirkungen des Zusammenbruchs der Monarchien beschäftigen, mit Ausnahme des psychologisch-historischen Romans *Der Thronfolger* (1938), W.s Abrechnung mit dem Habsburger Mythos. Eine weitere Auseinandersetzung mit der Problematik jüdischer Identität findet erst wieder im bis heute unveröffentlichten Fragment *Geschichte meines Vaters* statt, welches den Weg des Vaters aus dem Ghetto in die Freiheit des Prager Studentenlebens beschreibt. Dieses Werk kann als nachgelieferte Vorlage des Romans *Die jüdische Orgel* bezeichnet werden, da ein sehr großer Teil des Stoffes und der Figuren aus *Geschichte meines Vaters* im früher fertiggestellten Roman zu finden ist.

W.s Werk ist schwer einzuordnen: die Inhalte und die stilistische Form der Romane und Erzählungen sind nicht einheitlich, stehen jenseits der Literaturmoden und lassen sich auch nicht auf eine prägnante politische Aussage hin interpretieren. So bleibt zu hoffen, dass Max Brod mit seiner Einschätzung, es werde die Zeit schon kommen, in der »man ihn neu entdecken wird«, Recht behält.

Werke: Der Thronfolger, hg. K. Krolop. Berlin 1989; Hugo u. a. Dichtungen, hg. D. Sudhoff, Paderborn 1995; Die Jüdische Orgel, hg. H. Wiesner, Salzburg 1999.
Literatur: K. Krolop, L.W. (1889–1946). Sein Leben und sein erzählerisches Frühwerk, Diss. Halle a.S. 1967; J.v. Sternburg, Gottes böse Träume. Die Romane L.W.s, Paderborn 1994.

Eva Reichmann

Wittner, Victor

Geb. 1.3.1896 in Herța;
gest. 27.10.1949 in Wien

W. wuchs in einer stark assimilierten jüdischen Familie auf, in welcher sogar das christliche Weihnachtsfest gefeiert wurde. Einige Gedichte W.s beziehen sich darauf, so zum Beispiel *Dank an den Vater*. In diesem Gedicht erinnert sich W. daran, wie ihm der Vater u. a. Weihnachtslieder zu singen

beibrachte. Dennoch ist die Familie, welche in einer Stadt mit sehr hohem jüdischen Anteil lebte (Suceava) nie konvertiert. Ursprünglich wollte W. in Wien Medizin studieren, wandte sich aber früh dem Journalismus zu und arbeitete als Theater- und Musikkritiker. Der erste Gedichtband W.s *Klüfte/ Klagen/ Klärungen* erschien bereits 1914. W.s dramatisches Talent dokumentieren einige Theaterstücke, der Erstling *Ein Herr Herbst*, eine Komödie, wurde noch 1932 erfolgreich am Deutschen Volkstheater in Wien uraufgeführt.

Der junge W. distanzierte sich vom Judentum und von seiner Heimat, der Bukowina. Alfred Margul-Sperber untersagte er ausdrücklich, Gedichte von ihm in einer Anthologie deutschsprachiger Lyrik jüdischer Autoren aus der Bukowina zu veröffentlichen. W. wollte nicht im Zeichen des Davidsterns rezipiert werden. Die Gedichte bis 1933 zeigen diese Distanzierung: im Zyklus *Klüfte, Klagen, Klärungen* erinnert sich W. in *Freitag*: »und vor Abend zünden die frommen Juden,/ die ihre Lasten zu Boden luden,/ die Kerzen an;/ und ihre Hände und ihre Herzen/ haben dann/ schon Feiertag.« Der Dichter selbst jedoch beginnt seinen Feiertag erst am Sonntag, den er in verschiedenen Gedichten, offensichtlich als Demarkation, als Ruhetag preist.

1933 wird W. von seinem verdrängten Judentum unfreiwillig eingeholt: seit 1929 Chefredakteur der literarischen Zeitschrift *Der Querschnitt* in Berlin, muss er Hals über Kopf nach Wien emigrieren und 1938 in die Schweiz, wo er erst 1945 eine Arbeitsbewilligung erhält und in Flüchtlingsunterkünften in Armut lebt. Gedichte dieser Zeit zeigen, dass W. sich nun gezwungenermaßen mit seiner jüdischen Identität auseinandersetzt. Während seiner Wiener Zeit musste W. achtmal die Wohnung wechseln, in der Schweiz mehr als fünfzehnmal. Wohl deshalb, als Chiffre einer Existenz im Exil, beginnt er, sich nach 1933 als eine Art Ahasver zu stilisieren. »Ich, ein zufälliger Herr V. [...] aus W. [...] stehe auf der Straße einer zufälligen Stadt Z.« heißt es in einem unveröffentlichten Romanfragment ohne Titel. Ähnlich gestaltete W. einen Dramenentwurf, ebenfalls ohne Titel. In der Schweiz als Flüchtling mit Arbeitsverbot belegt, erscheinen viele Arbeiten W.s unter wechselnden Pseudonymen (M. Busch, Stefan Steil). Die Gedichte aus der Zeit nach 1938 prägt die starke Unruhe und das Entwurzelungsgefühl des ruhelosen ewigen Wanderers W. In vielen Gedichten fragt er nach dem Sinn des Lebens; menschliches Tun und Handeln erscheint ihm im Angesicht der Ewigkeit zu flüchtig, um wirklich Großes schaffen zu können.

Parallel zu dieser pessimistischen Einstellung entwickelt W. Interesse an politischen und zeitgeschichtlichen Themen. In A. Kittners Nachlass findet sich u. a. ein Gedicht, das deutlich W.s Beschäftigung mit der Shoah zeigt: *In schöner Ordnung* werden die Kleidungsstücke von der jüdischen Familie zusammengestellt, bevor sie sich tränenlos dem Erschießungskommando stellt, denn: »Und Sünde wär's, wenn Kleider sie nicht schonten,/ und schmutzen ließen mit der Juden Blut.« W. beschäftigte sich schließlich intensiver mit seinen Wurzeln: in *Czerno-Witz und Gura-Humor* erklärt W. humoristische Geschichten, die auf jiddischen Wörtern basieren. Im Artikel *Siebenbürgische Siedlungen* feiert er Sziget als das jüdische Zentrum Siebenbürgens. Solche Arbeiten machen deutlich, dass die jüdische Tradition, Mentalität und Geschichte seiner Heimat noch eine Bedeutung für W. erlangen konnten, nachdem er sie ihnen lange Zeit abgesprochen hatte.

Werke: Alltag der Augen. Sonette, Zürich 1941; Das Haarpfand. Gedichte aus dem Nachlaß, Wien 1956.

Literatur: E. Reichmann, V.W., ein deutschsprachiger Dichter aus Rumänien, in: Zeitschrift der Germanisten Rumäniens 6 (1997), 191–200.

Eva Reichmann

Wolf, Friedrich

Geb. 23.12.1888 in Neuwied;
gest. 5.10.1953 in Lehnitz bei Oranienburg

In den 1880er Jahren geboren, gehörte der Arzt und Dramatiker W. zu jenen exponierten Vertretern bürgerlicher Intellektueller, die sich seit Mitte der 1920er Jahre immer entschiedener dem Marxismus zuwandten. Enttäuscht von der wirtschaftlichen und sozialen Realität der Weimarer Republik und alarmiert vom schleichenden Extremismus, der den gesellschaftlichen Konsens zusehends untergrub, sah W. einen Ausweg nur im Umsturz der politischen Verhältnisse.

Mit seiner Generation teilte W. das Fronterlebnis des Ersten Weltkrieges; traumatische Erfahrungen an der Westfront wie die Schlacht um Langemarck, bei der W. zu den wenigen Überlebenden zählte, ließen ihn zu einem entschiedenen Kriegsgegner werden. Erste dichterische Arbeiten entstanden in dieser Zeit. Noch im Felde verweigerte W. 1918 den Kriegsdienst. Fast gleichzeitig engagierte sich W. in der USPD, für die er 1918 Gemeinderatsmitglied in Lehnitz wird. Obwohl sein soziales Engagement auf diese Weise in konkretes politisches Handeln mündete, verband W. sein künstlerisches Schaffen zunächst nicht mit seinem politischen Engagement. Sein Drama *Du bist Du* war 1919 mit großem Erfolg in Dresden uraufgeführt geworden. Am dortigen Staatstheater hatten bald nach Kriegsende junge expressionistische Autoren dank Berthold Viertel ein Forum gefunden. Dieses Stück, wie auch W.s übrige dramatische Werke der Nachkriegsjahre, kreiste um den expressionistischen Topos vom neuen Menschen als Schöpfer einer neuen Gesellschaft. Auch seine Veröffentlichungen aus diesen Jahren zur Gymnastik oder zur Naturheilkunde stehen in diesem Zusammenhang.

Da W. Abgeordneter der USPD war, geriet er zusehends in das Fadenkreuz rechter Hetzpropaganda. Vollends zum Feindbild wurde W. im folgenden Jahr, nachdem er im Kampf gegen die Freikorps als ›roter General‹ eine entscheidende Rolle im Ruhrgebiet gespielt hatte. Den offenen Antisemitismus dieser Angriffe interpretierte W. jedoch als eine Form der »Linksphrase gegen den Kapitalismus«, bei der die diffamierende Darstellung der Juden nur als Vehikel zur Kapitalismuskritik diene. Diese Auffassung bestimmte W.s Verhältnis zum Judentum, das er nur als historische Größe gelten ließ, obwohl er sich selbst als Jude begriff. Die sozialistisch geprägten Ansätze der Kibbuzbewegung und der Chaluzzim verfolgte er mit Interesse, doch war er kein Zionist, da der Zionismus sich in seinen Augen nicht mit dem allen Menschen zugute kommenden Kommunismus verbinden ließ. Den Antisemitismus wiederum erklärte W. als dialektischen Nebenwiderspruch, der wie Rassismus, Antidarwinismus, Frauenfeindlichkeit oder Faschismus nur ein weiteres typisches »Endprodukt der imperialistisch-kapitalistischen Epoche« sei. Ein Symptom dafür war ihm der wirtschaftliche und künstlerische Niedergang des deutschen Theaters. In der Art und Weise, wie allabendlich unter dem Beifall eines bürgerlichen Publikums antidemokratische Ideen widerspruchslos beklatscht wurden, erkannte W. die Zerrüttung der bürgerlichen Klasse, der Trägerin des kapitalistischen Systems. Die ästhetische Verbrämung politischer Absichten wie bei Hanns Johst war auch anderen Autoren nicht entgangen. Herbert Ihering sprach offen vom »Theater der Reaktion« und Theodor W. Adorno sah gerade in der kommerziellen Ausschlachtung der Kultur bei gleichzeitiger Trivialisierung der Sujets eine Form des Kulturfaschismus. Der Dichter, so W., hat in diesen Kämpfen eine hohe moralische und sittliche Verantwortung. In dieser Hinsicht war W. ein ganz in bürgerlicher Bildungstradition stehender Moralist und Aufklärer; er glaubte an das Gute im Menschen, wie Lion Feuchtwanger es ausdrückte: »Es geht eine große Liebe durch alles, was Friedrich Wolf geschaffen hat.«

Mitte der 20er Jahre wandte sich W. beinahe folgerichtig von seinen im individuellen Empfinden aufgehenden Figuren ab und dem Zeitdrama zu. In dem 1926 geschriebenen Artikel *Der Dichter und das Zeitgewissen* stellt W. den Dichter neben biblische Propheten, antike Philosophen und Religionsstifter, die in vorderster Front des Klassenkampfes stehen. Kam hier der Begriff des Klassenkampfes noch als Metapher vor, so nimmt er in W.s berühmtem Aufruf *Die Kunst als Waffe – Eine Feststellung* von 1928 eine zentrale Rolle ein. Der Dichter als persongewordenes Zeitgewissen kämpft, ganz im Sinne von Marx, gegen soziales Unrecht. Beispielhaft sieht dies W. etwa bei Emile Zola in der Dreyfus-Affäre realisiert. Doch trat nun, 1928, »der Dichter als Trommler neben der Fahne« in Erscheinung, der im wörtlichen Sinne neben der roten Fahne des Kommunismus seht. Der Dichter kann seiner Verantwortung nur gerecht werden, wenn er sein Werk an den Erfordernissen des politischen Kampfes, »dem Geist der Arbeiterbewegung«, orientiert. Ein solches Werk war sein Schauspiel *Cyankali*, eine Anklage gegen den Paragraphen 218, das 1929 mit großem Erfolg im Lessingtheater uraufgeführt wurde. Ebenfalls an der Tagesaktualität orientiert war *Tai Yang erwacht* (1931), das vor dem aktuellen Hintergrund des Kantoneser Aufstandes spielt und beispielhaft vom Publikum auf deutsche Verhältnisse übertragen werden sollte.

Anzeichen einer neuen sozialen, proletarischen Ordnung sah W. trotz aller Kritik gerade auch im Theater – bei Erwin Piscator sowie bei den zahlreichen »Agitpropgruppen« und proletarischen Spieltrupps. W. selbst hatte in Stuttgart, wo er nach zahlreichen Umzügen und einer Zeit der Arbeitslosigkeit während der 20er Jahre seit 1926 praktizierte, zusammen mit seiner Frau den *Spieltrupp Süd-West* gegründet. Für W. gab es eine »Kulturgeschichte des Agitproptheaters«, dessen Entwicklungslinie sich von altindischen Tempelspielen, dem Deboralied und den Dionysosspielen, über die Fastnachtspiele des Mittelalters, die Volksstücke der Reformationszeit, die Puppenspiele bis hin zu den Agitproptheatern in den Betrieben der Stahlindustrie während der 20er Jahre ziehen lässt.

Seinen größten Erfolg hatte W. mit dem Drama *Professor Mamlock*. Noch bevor das Stück Ende 1934 am renommiertesten Theater des deutschsprachigen Exils, dem Züricher Schauspielhaus, seine Erstaufführung erlebte, fand unter dem Titel *Der gelbe Fleck. Dr. Mamlocks Ausweg* seine Uraufführung im Januar 1934 am Warschauer Kaminski-Theater in jiddischer Sprache statt. Im Sommer des gleichen Jahres realisierte die Habimah eine hebräische Fassung in Tel Aviv. Während das Stück wegen der jüdischen Thematik vor allem als Anklage gegen den Antisemitismus rezipiert wurde, stand für W. ein anderer Aspekt im Zentrum. »Das Stück behandelt im Vordergrund die Tragödie der westlichen Demokratie, im Untergrund aber die beginnende heroische illegale Arbeit der KPD.« Die Titelfigur Mamlock erscheint als typischer Vertreter des Bürgertums (»Ein Mamlock – 12 Millionen Mamlocks!«), das angesichts der politischen Realität versagt hat. Mamlock ist Jude, weil sich die Juden am ausdrücklichsten mit dem Bürgertum identifiziert haben und aus dieser Perspektive heraus ein jüdischer Vertreter des Bürgertums gerade auch der typischste Vertreter des deutschen Bürgertums ist. Zwar stirbt Mamlock am Ende und steht damit für das Scheitern der bürgerlichen Klasse, doch anstelle des Vaters nimmt nun sein Sohn im Untergrund den Kampf für die KPD auf. Dass W. nicht die Proletarier, sondern die Bürger zum Kampf aufrief, hing mit einer Frage zusammen, die W. während des gesamten Exils beschäftigte: Warum war es den sozialistischen Spieltrupps nicht gelungen, die Katastrophe zu verhindern? In Deutschland fand die Erstaufführung des Stückes erst am 19. Januar 1946 im Berliner Hebbel-Theater statt.

Nach Jahren des Exils in Frankreich, USA und der Sowjetunion kehrte W. nach Kriegsende nach Berlin zurück, wo er sich neben Anna Seghers und Johannes R. Becher im Freien Deutschen Kulturbund engagierte. 1953 starb W. hochgeehrt in Lehnitz bei Dresden, im Westen dagegen blieb er vielen wegen seines kommunistischen Engagements suspekt, und die Berühmtheit seiner beiden Söhne Marcus (als Chef des DDR-Geheimdienstes) und Konrad (als Regisseur) ließen den Vater zumindest im Westen bald in Vergessenheit geraten. Seit 1992 setzt sich die F.-W.-Gesellschaft mit Veranstaltungen und Veröffentlichungen für das Werk des Autors ein.

Werke: Ausgewählte Werke in Einzeldarstellungen, 14 Bde. Berlin 1952–1960.
Literatur: H. Müller, Der jüdische Arzt und Kommunist Dr. F.W. – Dokumente des Terrors und der Verfolgung 1931–1944, Neuwied 1988; L. Neitzert, Verzeiht, daß ich ein Mensch bin. Leben und Werk des Arztes und Dramatikers F.W., Neuwied 1998; D. Halft, Die Szene wird zum Tribunal! Eine Studie zu den Beziehungen von Recht und Literatur am Beispiel des Schauspiels ›Cyankali‹ von F.W., Berlin 2007.

Heidelore Riss

Wolfenstein, Alfred

Geb. 28.12.1883 in Halle;
gest. 22.1.1945 in Paris

Die Frage, worin die Besonderheit des hohen Anteils jüdischer Schriftsteller an der Moderne, insbesondere am Expressionismus begründet war, veranlasste W. 1922 zu seinem bahnbrechenden Essay *Jüdisches Wesen und neue Dichtung*. In dieser

Studie arbeitet er Elemente des »Jüdischen« – genauer gesagt: Elemente der jüdischen Diaspora-Erfahrung – anhand der expressionistischen Literatur heraus. Neben eigenen literarischen Texten zitiert er u.a. A. Ehrenstein, K. Hiller, E. Lasker-Schüler, A. Lichtenstein, L. Rubiner und F. Werfel. Den Dichter fasst W. ebenso wie den Juden als Paradigma des metaphysisch Ortlosen und des existenziell Verbannten auf. Er betont jedoch, dass aus der »Vergleichbarkeit des jüdischen mit dem dichterischen Schicksal« nicht zu folgern sei, »als stelle der Jude geradezu den Dichter dar, vielmehr dies gefährdet ihn. Durch die Nähe seiner Wirklichkeit zu seinem Dichtertum kann beides unsicher werden, sich kreuzen, ineinander übergehn.« W., der selbst an den wichtigsten expressionistischen Zeitschriften mitgearbeitet hat, misstraut dem Begriff »Expressionismus« und spricht stattdessen von einer »geistigen Umwandlung«, um den Krisencharakter zu präzisieren. Aus dem Diaspora-Schicksal, »den Boden unter den Füßen nie so sicher wie die andern zu besitzen«, leitet er das von Dynamik und Unruhe geprägte »spirituell schwebende Wesen des Juden« ab, woraus sich für ihn erklärt, dass jüdische Intellektuelle besonders sensibilisiert für die krisenhaften Veränderungen des frühen 20. Jahrhunderts seien: »in der Gegenwart trägt keiner die Zeichen des Übergangs so sichtbar wie der Jude. Krieg und Revolution, die geschwisterliche Katastrophe, hat all seine Problematik aufgewühlt. Vielleicht begann die Diaspora, wie nach der Zerstörung Jerusalems und nach dem Fall des Ghettos, von neuem jetzt.« Charakteristisch für W.s Verständnis jüdischer Identität ist es, dass er sich offensiv zur revolutionären, festgefahrene Ordnungen infrage stellenden Funktion der jüdischen Diaspora – abseits jeglicher Assimilationswünsche – bekennt. Dementsprechend engagierte er sich in den Umbruchjahren nach dem Ersten Weltkrieg für die Revolution, u.a. durch die Herausgabe des aktivistischen Jahrbuchs *Die Erhebung* (1919/20). Wie er sich in einer autobiographischen Notiz für die expressionistische Lyrikanthologie *Menschheitsdämmerung* (1920) erinnert, erlebte er in München, wo er 1916–24 tätig war, »die Geistglut unbekannter Arbeiter und […] den zur Ewigkeit fortleuchtenden, fortkeimenden Kampf […], wo aus Versammlungen der Scheinrevolution wirkliche Stimmen, Stimmen aus dem Unbekannten laut wurden und gegen verfolgende Dummheit – Brüderlichkeit, diese Tagesphrase, einmal rührend sich verwirklichte […].«

W., der von 1916–30 mit der expressionistischen Schriftstellerin Henriette Hardenberg verheiratet war, beschreibt in seiner Lyrik – u.a. in den Bänden *Die gottlosen Jahre* (1914), *Die Freundschaft* (1917), *Menschlicher Kämpfer* (1919) und *Bewegungen* (1928) – vornehmlich die Nöte, Ängste und Sehnsüchte des intellektuellen Großstadtmenschen. Mit Stilelementen des Expressionismus, beispielsweise dämonisierenden Metaphern, ohne jedoch die Tendenz zur Formzertrümmerung nachzuvollziehen, nimmt er die Stadt als Ensemble unzusammenhängender Fragmente wahr, die das Subjekt als Bedrohung empfindet und aus deren Beobachtung es die Erkenntnis existenzieller Einsamkeit ableitet. Der Analyse entfremdeter Lebenswirklichkeiten steht die – zumindest imaginäre – Erlösungshoffnung entgegen. Im Wunsch nach »Begegnung« – das dialogische Glaubensverhältnis der jüdischen Religiosität assoziierend – sucht das lyrische Ich der Einsamkeit zu entfliehen und Zugang zur »Gemeinschaft«, d.h. zum Kollektiv der Leidenden zu finden. W.s Revolutionsengagement könnte als säkularisierte Form messianischer Hoffnung interpretiert werden. Der Aufstand gegen die bürgerliche, von Ausbeutung, sozialer Not und Wertzerfall beherrschte Gesellschaft stellt sich ihm als der »gute Kampf« dar, von dem er sich die Begründung einer neuen, auf Solidarität beruhenden »Gemeinschaft« erhofft. W.s Revolutionsutopie steigert sich zur visionären Schau von »Geistherzen, die zu Freundesstädten schwellen!« (*Neue Stadt*, 1916)

Konkreter als in der Lyrik thematisiert W. in seinen Dramen und Erzählungen die »neue Gemeinschaft« unter dem Aspekt des Zwiespalts von Individuum und Masse. Im Drama *Symphonie von eines Mannes Tod* (1920) reflektiert er über das Dilemma des Revolutionsführers, der unter seiner Distanz zur Masse ebenso leidet wie am Misslingen der revolutionären Erhebung – dies auch angesichts der von ihm miterlebten Niederschlagung der Münchener Räterepublik, eine traumatisierende Erfahrung, die bei W. eine Schaffenskrise auslöste. Differenzierter analysiert er den Konflikt zwischen revolutionärer Politik und utopischem Denken im Drama *Der Narr der Insel* (1925), indem er darauf hinweist, dass die gesellschaftliche Umwandlung nur dann gelingen könne, wenn sie von einer Erneuerung des Einzelmenschen, beruhend auf einer »neuen Einheit von Leben und Kunst«, ihren Ausgang nehme – so auch im Essay *Der menschliche Kämpfer* (1919). Der Literatur weist W. die Aufgabe zu, ethische Wertsetzung mit politischem Engagement in Einklang zu bringen. Leitmotivisch wird sein Werk von Kerkerszenerien geprägt, verbunden mit der Darstellung der Gewissensqualen und Ängste der zum Tod Verurteilten, als Anlass zur Reflexion über den Zusammenhang zwischen »Opfer« und »Erlösung«, aber auch als Plädoyer zur Abschaffung der Todesstrafe, besonders im Drama *Die Nacht vor dem Beil* (1929). Vor allem in den Erzählungen thematisiert W. auch die Identitätskonflikte des modernen Menschen; jüdische Fragen hingegen werden in seinen literarischen Texten nur selten explizit thematisiert.

Seit 1924 in Berlin ansässig, analysierte und kommentierte W. die Krise der Weimarer Republik und die Radikalisierung der antisemitischen Agitation. Nach der Machtergreifung Hitlers emigrierte er in die Tschechoslowakei, wo sein letztes zu Lebzeiten erschienenes Buch, der Erzählband *Die gefährlichen Engel* (1936), erschienen ist. 1938 flüchtete er nach Paris, und es gelang ihm, unter ständiger Todesgefahr die deutsche Besetzung Frankreichs zu überleben. Trotz der psychischen und physischen Belastung – 1940 befand er sich für mehrere Monate in Gestapo-Haft – arbeitete er an seinen literarischen Projekten. Wenige Monate nach der Befreiung beging er – von schweren Depressionen gepeinigt – in einem Pariser Krankenhaus Selbstmord.

Während der Emigrationsjahre in der Tschechoslowakei und in Frankreich verfasste er den fragmentarischen Roman *Frank* (postum 1984), ein Panorama der intellektuellen und politischen Auseinandersetzungen im Exil. Die Hauptfigur, der Dichter Abel Spann, trägt autobiographische Züge, wobei W. sein fiktionales Alter Ego zwar ausführlich über Fragen des Judentums reflektieren lässt, ihm jedoch eine nichtjüdische Herkunft zuschreibt. Anhand dieser Figur setzt sich W. selbstkritisch mit den Chancen und dem Dilemma des literarisch-künstlerischen Widerstands gegen Macht und Totalitarismus auseinander. Vor dem Hintergrund der Ereignisse nach der Machtergreifung Hitlers, an den Schauplätzen Berlin und Prag, schildert der Roman den Generationenkonflikt zwischen Abel Spann, der an liberaldemokratischen, individualistischen Überzeugungen festhält, und seinem Sohn Frank, der es als Aufgabe der Jugend betrachtet, im Kollektiv Widerstand gegen den Nationalsozialismus zu leisten. Für Abel Spann bedeutet die Emigration eine Facette des existenziellen Exils, dem er sich gerade als Dichter ausgesetzt sieht. Als Aufgabe der Dichter – der »Seher der ewigen Freiheit« – betrachtet er es, kritisches Gewissen zu sein, indem sie darüber wachen, »daß die Kunst nicht in der Politik untergeht. [...] Sie wachen, daß kein Volk in den Staatsgrenzen, seien es auch die Grenzen eines Weltstaats, aufgeht. Die Kunst ist das Gewissen der Politik.« Angesichts der Ohnmacht des Intellektuellen wird W. jedoch zu einer Selbstbefragung dieses Kunstverständnisses herausgefordert: »In deiner Kunst wolltest du nicht weniger als Religion und Revolution, beide großen Elemente des Menschen, miteinander vereinen, unmäßig viel [...]! Aber Religion ist voller Vergangenheit, Revolution voller Gegenwart, du mußt beides lieben, immer doppelt lieben, also gar nicht.« Damit zieht W. eine desillusionierte Bilanz seines literarischen und politischen Engagements. Abschließend nimmt er auch zur Frage seines Judeseins Stellung. Im Gespräch mit einem jungen Zionisten formuliert Abel Spann eine Interpretation des Judentums, die Gedanken aus W.s Essays *Jüdisches Wesen und neue Dichtung* (1922), *Von der Dichtung des Juden* (1934) oder *Vom deutschjüdischen Dichter der Gegenwart* (1934) aufnimmt. Er bekennt sich zur Ungebundenheit der Diaspora und distanziert sich sowohl von der Assimilation, als auch vom Zionismus: »Und denken wir nicht doch im Innersten, die Heimatlosigkeit des Juden sei nicht nur sein Schicksal sondern zugleich sein kostbarstes und fruchtbarstes Element? Und wenn er, wie der Dichter, ewig und überall in einer Verbannung lebt, so entstehe und wirke aus solchem geheimnisvollen Abstand, aus solcher Spannung doch alles, was sein Geist zu geben hat?« Die Arbeit an dem Exilroman *Frank*, den er auf der Flucht und in Verstecken verfasst hat, bedeutete für W. die Selbstbefragung seiner Ideale und den Versuch, die revolutionäre Kraft der »Geistpolitik«, wie er sie in den Jahren des Ersten Weltkriegs formuliert hatte, auch angesichts der gewandelten Zeitverhältnisse zu bewahren. Der Dichter bzw. Intellektuelle verkörpert – wie W. sein literarisches Sprachrohr Abel Spann verkünden lässt – den Träger des geistigen Widerstands, der als Erzieher gegen »Verrohung, Verarmung, Vergleichgiltigung der Welt« kämpft. Auch hier wird deutlich, dass W.s Werk – vom Expressionismus bis zum Exil – von der Frage nach der Funktion von Kunst und Literatur als Mittel einer nicht bloß ästhetischen, sondern vor allem auch ethischen Erneuerung der Gesellschaft durchzogen ist.

Werke: Werke, hg. H. Haarmann u. a., 5 Bde., Mainz 1982 ff.

Literatur: P. Fischer, A.W. – der Expressionismus und die verendende Kunst, München 1968; G. Holtz, Die lyrische Dichtung A.W.s, Berlin 1972; W. Huder, Über den Exilanten A.W. und dessen Produktion vor und nach 1933, in: Fascismo ed esilio, hg. M. Sechi, Pisa 1988, 141–158; A.A. Wallas, A.W., in: IASL 21 (1996), 162–175.

Armin A. Wallas

Wolff, Theodor

Geb. 2.8.1868 in Berlin;
gest. 23.9.1943 in Berlin

»Keiner dieser Juden hat geahnt, dass man ihn eines Tages wieder aus dem Vaterland hinauswerfen oder in die Ghetto-Finsternis zurückstoßen oder dem Henker überliefern werde und dass er gezwungen sein werde, den gelben Lappen auf seine Kleider zu nähen.«

Mit diesen bitteren Worten brachte W., einer der bedeutendsten Journalisten und Essayisten der wilhelminischen Epoche und der Weimarer Zeit, der zeitlebens die Existenz eines seinem Selbstverständnis nach völlig in die deutsche Gesellschaft integrierten bürgerlichen Intellektuellen jüdischer Konfession geführt hatte, 1942/43 im Exil in Südfrankreich sein Erschrecken über das gewaltsame Ende des deutschen Judentums zur Sprache. Hatten explizit jüdische Themen oder die Reflexion über die Stellung der jüdischen Gemeinschaft in Deutschland in seinem publizistischen und literarischen Werk bis dahin nahezu keine Rolle gespielt, sah er sich nun durch die erzwungene Flucht aus Deutschland zu einer Auseinandersetzung mit dem »jüdischen Problem« und dem eigenen Verhältnis zum Judentum gezwungen, die in seinen Tagebüchern und autobiographischen Notizen seit 1940, vor allem aber in der erst 1984 aus dem Nachlass veröffentlichten Schrift *Die Juden* (1943) greifbar ist.

Vor 1933 hatte W., der – als Sohn des wohlhabenden Textilhändlers Adolph Wolff und seiner Frau Recha – aus einer assimilierten, politisch liberalen jüdischen Familie stammte, seine religiöse Zugehörigkeit nicht als problematisch erlebt. Obwohl er religiös nicht gebunden war, eine Nichtjüdin geheiratet und seine drei Kinder hatte taufen lassen, erwog er zu keiner Zeit, dem Judentum den Rücken zu kehren. Zwar verabscheute er, wie er in *Die Juden* schrieb, die innerjüdische Identitätsdebatte mit ihrer religiösen »Kleinstaaterei« und das orthodoxe Beharren auf »Gesetz« und Ritual, das Juden über Jahrhunderte von kultureller Partizipation ausgeschlossen habe, doch liebte er »mit Herz und Geist das Alte Testament« als Zeugnis der Wahrheit über das Wesen des Menschen, das »aus der tiefen Vergangenheit geradlinig hineinragt in die Gegenwart.« Sein Widerwille gegen alle religiös-rituellen und nationalen Elemente, die aus seiner Sicht die selbstverständliche Integration in die nichtjüdische Umwelt gefährdeten – »gewisser Umstände halber [...] liebe ich nicht Nehemia und Esra und infolge moralischer Vorurteile auch nicht Esther und Mardochai« – schloss eine aus frühen Kindheitserinnerungen an die warme Atmosphäre jüdischen Familienlebens und der Synagoge erwachsene Würdigung traditioneller jüdischer Lebensweise nicht aus: »Ich verstehe, dass Menschen, die immer herumgestoßen und aus ihrem Boden gerissen werden, eine Heimat brauchen. [...] Wenn hinter den Fenstern einer benachbarten Wohnung ein frommes Ehepaar die Sabbathlichter anzündet, so sind das zwar nicht meine Kerzen, aber ihr Licht ist warm.« Wie viele deutsch-jüdische Intellektuelle distanzierte sich W. jedoch – als »kultivierter, vornehm empfindender, in Geist und Herz seine hohen Ideale tragender Jude« – sowohl von der voremanzipatorischen jüdischen Tradition mit ihrer rabbinischen »Haarspalterei« als auch von den als unkultiviert empfundenen »Ostjuden«.

Das eigentliche Interesse W.s in seiner Exilsschrift richtete sich auf den Nationalismus und Rassismus als den Ursachen des Antisemitismus. Als er diese Reflexionen anstellte, hatte W. eine außerordentliche publizistische Karriere und einen dramatischen biographischen Bruch durch die nationalsozialistische Machtergreifung hinter sich. Nach Abbruch seiner mit manchem »antisemitischen Nebengeräusch« verbundenen Schulzeit am Königlichen Wilhelmgymnasium wirkte W. als Theaterkritiker, Reiseschriftsteller und Dramatiker, hörte an der Berliner Universität u. a. bei Wilhelm Dilthey und Theodor Mommsen, der sein historisches Urteil stark beeinflusste. 1894–1906 ging der Vetter des Verlegers Rudolf Mosse als Korrespondent des *Berliner Tageblatts* nach Paris. Hier wurde er Zeuge des reaktionären, antijüdischen französischen Nationalismus, der zu dieser Zeit in der Dreyfus-Affäre seinen Höhepunkt fand. In Auseinandersetzung mit diesen Ereignissen formierte sich W.s politisches Leitbild eines linksliberalen parlamentarischen Systems, das es gegen religiösen Fanatismus und militaristischen Nationalismus zu verteidigen galt. Seine aufsehenerregenden Berichte, in denen weniger die Solidarität mit dem des Hochverrats angeklagten jüdischen Hauptmann Alfred Dreyfus als der Abscheu vor der reaktionären Haltung seiner Gegner im Vordergrund stand, begründeten seinen Ruf als meisterhafter Feuilletonist. Seine langjährige Wirksamkeit als Chefredakteur des *Berliner Tageblatts* (1906–33), seine Kritik am Wilhelminismus, sein Kampf gegen die chauvinistischen Kriegsziele der alldeutschen Bewegung während des Ersten Weltkriegs, seine Rolle bei der Begründung der liberalen »Deutschen Demokratischen Partei« 1918 und seine spätere Annäherung an die Sozialdemokratie ließen W. spätestens seit der von der antisemitischen Rechten als »Judenrepublik« bekämpften Weimarer Republik zur negativen Symbolfigur der »volljüdisch-börsianischen« linken Presse werden und trugen ihm unverhüllte antisemitische Angriffe ein. Solange wie möglich ignorierte W., dessen Vorstellung von einer Überwindung der »Judenfrage« auf der Vision des Zusammenwirkens von Vernunft, Toleranz und Assimilation beruhte, den Antisemitismus. Vor den Septemberwahlen 1932 warnte er schließlich in seinem Essay *Um Alles* vor dem »Absturz in die Finsternis« und beschwor die Wähler eindringlich, sich nicht »zu schweigender Unterwerfung zwingen« zu lassen. Nach dem Reichstagsbrand im Frühjahr 1933 flüchtete W., der als einer der schlimmsten »Reichsfeinde« galt und dessen Bücher am 10. Mai 1933 im nationalsozialistischen Autodafé verbrannt wurden, über die Schweiz nach Nizza.

In dem im Herbst 1941 in Nizza entstandenen Dokument *Das Grabmal des unbekannten Soldaten*, einer erlebte Wirklichkeit und romanhafte Fiktion vereinenden Erzählung, entfaltete W. noch einmal leitmotivisch das Plädoyer für Demokratie und Parlamentarismus. Die imaginäre Figur des jungen armenisch-jüdischen Gelehrten Anaxagoras Sakarian, der durch kritische Fragen tiefgründige Dialoge und kulturpolitische Diskurse auslöst und im Finale der bewegenden Schrift die subversive Entdeckung macht, dass im Grab des unbekannten Soldaten in seiner Heimat der jüdische Schlächtergehilfe Chaim Goldfarb liegt, gibt Anlass zu einer hellsichtigen Kritik des Nationalsozialismus. Die Figur des »Unbekannten Soldaten« wird zur Symbolgestalt für Demokratie und Gleichheit, die die Nazis das Fürchten lehren müsse, könne es doch sein, dass sie in Wirklichkeit einen Juden oder einen Sozialisten verehrten. Angesichts der Kunde vom Morden der Deutschen an den Juden wandte sich W. in *Die Juden*, einer umfassenden Auseinandersetzung mit Geschichte und Gegenwart des jüdischen Volkes, der zwei weitere Bände über *Die Deutschen* und *Die Franzosen* folgen sollten, der Frage der Zukunft des Judentums und des Verhältnisses von Juden und Deutschen zu. Seit jeher antizionistisch eingestellt, erblickte er in einem »Judenstaat« – schon wegen der praktischen Probleme einer jüdischen Massenansiedlung im arabisch besiedelten Palästina – nach wie vor eine politische Sackgasse. W. konnte jedoch das ideale Wollen des Zionismus würdigen, weil er nun zunehmend die »völlige politische Ohnmacht« der Juden, die in so tragischem Gegensatz zum antisemitischen Mythos von der Macht des »Weltjudentums« stand, als Ursache der Katastrophe des europäischen Judentums erkannte. W.s Zukunftserwartungen schwankten zum Schluss zwischen der Vorstellung von einem vorsichtigen deutsch-jüdischen Neuanfang nach der Wiederherstellung Deutschlands als eines Kulturvolks mit rechtsstaatlicher Tradition – in der Rückschau das »verlorene Paradies« der Juden – und der Ahnung, die deutsche Vernichtungspolitik werde die grausamsten Befürchtungen übertreffen. Letztlich hielt er jedoch an der Hoffnung auf die Durchsetzung seiner humanistischen Ideale fest, wenn er 1943 schrieb: »Aber vom Horizont aus ist schon die Helligkeit höher gestiegen, und es ist nicht mehr, wie in der überwundenen dunkelsten Zeit, nur ein mystischer Wunschglaube, daß die Ideen des Rechtes, der Freiheit und der Menschlichkeit nicht unterliegen können.« Die mehrfach erwogene Emigration in die USA verschob W., bis es zu spät war. Am 23. Mai 1943 ließen die auf Nizza vorrückenden italienischen Truppen W. verhaften und lieferten ihn an die Gestapo aus. Von seiner Gefängnis- und Lagerhaft in Marseille, Drancy, Sachsenhausen und Oranienburg geschwächt, starb W. im September 1943 im Jüdischen Krankenhaus in Berlin-Moabit. Sein Grab liegt in der Ehrenreihe des Jüdischen Friedhofs in Berlin-Moabit.

Werke: Die Juden. Ein Dokument aus dem Exil 1942/43, hg. B. Sösemann, Königstein/Ts. 1984; Erlebnisse, Erinnerungen, Gedanken im südfranzösischen Exil, hg. M. Bröhan, Boppard 1992; T.W., hg. B. Sösemann, 3 Bde., Düsseldorf u. a. 1993–1997.
Literatur: W. Becker, Die Rolle der liberalen Presse, in: Deutsches Judentum in Krieg und Revolution, hg. W.E. Mosse, Tübingen 1971, 67–135; B. Sösemann, Das Ende der Weimarer Republik in der Kritik demokratischer Publizisten, Berlin 1976; W. Köhler, Der Chef-Redakteur Th.W. Ein Leben in Europa 1868–1943, Düsseldorf 1978; B. Sösemann, Th.W. Ein Leben mit der Zeitung, München 2000; B. Zimmer-Wagner, Th.W. und der Erste Weltkrieg 1914–1918. Ein Journalist zwischen Anpassung und Rebellion, Frankfurt a. M. 2005.

Christian Wiese

Wolfskehl, Karl

Geb. 17.9.1869 in Darmstadt;
gest. 30.6.1948 in Auckland (Neuseeland)

»Römisch, jüdisch, deutsch zugleich«, so hat W. sich selbst charakterisiert, und zu diesen drei Quellen kehren seine Gedichte und Essays, seine Briefe und Übersetzungen immer wieder zurück: das lateinische Erbe seiner Familie, die jahrhundertelang an Rhein und Main sesshaft war; die Quellen jüdischer Überlieferung, die W. aufnimmt; und das »Deutschtum«, das im Kreis um Stefan George als Idee propagiert und als Dichtung Gestalt annimmt. *Deutsche Dichtung* heißt die dreibändige Anthologie, die W. 1903 zusammen mit Stefan George herausgibt.

W.s Verhältnis zum Judentum ist zunächst ein ganz enthistorisiertes: »Das Judentum ist ganz Historie und ganz Metaphysik, es ist beides schlechthin: ganz Wirklichkeit und ganz Idee. Dies Volk hat als Volksganzes das Unzeitliche, das vom zeitlichen Zustand wesenhaft verschiedene Moment der Währung, als Zeitlichkeit innerhalb des Hier, raumhaft ausgedrückt, es ist immer dagewesen und lebte immer woanders«, heißt es in *Das jüdische Geheimnis*, einem Aufsatz, der 1913 in dem berühmten Band der Bar Kochba *Vom Judentum* in Prag und Leipzig erschien. Vermutlich hatte Martin Buber W. um einen Beitrag gebeten. Das enthistorisierte Moment in W.s Deutung des Judentums zeigt sich auch in seiner Dichtung, die wie das Gedicht *Am Seder zu sagen* zyklische Motive aufgreift. Es endet mit der Strophe: »Immer wieder, nun und immer wieder/ Samml' Ich meines Volks verworfne Glieder/ Zu der Zeltnacht Meiner Passahstunde,/ Schlag' und schone, treu dem ewigen Bunde,/ Ziehe immer wieder, wieder immer/ Vor euch, tags Gewölk und nächtens Schimmer;/ Nächtens Schimmer!« Dieses Moment gibt neben Motiven auch Themen vor: das Geheimnis der Überlieferung oder *Die Juden und das Buch* von 1936.

1868 in Darmstadt geboren, wuchs W. in die stolze Selbstbehauptung des jüdischen Bürgertums im Kaiserreich hinein. Um die Jahrhundertwende lebte er in Schwabing und arbeitete in der Weimarer Republik als Journalist. 1933 emigrierte er nach Italien, von dort nach Neuseeland. Sein Grab liegt im jüdischen Teil des Ucklander Waikomete-Friedhofs; auf der Granitplatte steht in lateinischen und hebräischen Buchstaben »Exul Poeta«. In dem Gedicht *Feigenbaum* – über einen Baum in seinem Garten – erinnert W. an sein Exil: »Darbst nicht allein, wir beide sind gestrandet./ Leben, gedeihn wir? Gelt, wir spürens kaum!/ Wer in der Heimat kargstem Karst versandet/ Zog bessres Los. Ists nicht so, Feigenbaum?«

1946 schreibt W. in einem Brief aus Neuseeland nach Amerika: »alles, was ich seit dem Abschied von Europa schuf, lebt und ersteht unter dem Bilde ›Hiob‹.« Im neuseeländischen Exil entstand in den Jahren zuvor der Zyklus *Hiob oder Die vier Spiegel*, in dem W. die historische Erfahrung des jüdischen Volkes in der Gestalt Hiobs spiegelt und damit sein enthistorisiertes Verhältnis zum Judentum aufhebt: »Wüßtet ihr was ich weiß/ Euer Lachen klänge leis,/ Leis wie vertrocknetes Weinen/ über Grabsteinen,/ Wo die Schrift verblich [...]« beginnt »Der dritte Spiegel« dieses Zyklus. *An die Deutschen* heißt ein langes Gedicht, das W. 1934 in Rom zu verfassen begann: »Euer Wandel war der meine/ Eins mit euch auf Hieb und Stich./ Unverbrüchlich was uns eine,/ Eins das Große, eins das Kleine:/ Ich war Deutsch und ich war Ich. [...]« Ein Jahr später fügte der Dichter den *Abgesang* hinzu. Er beginnt mit der Zeile »Dein Weg ist nicht mehr der meine« und endet: »Wo du bist, ist Deutscher Geist!« Bekräftigung und Apologie des Deutschtums gehen mit Distanz und Absage einher, die der Autor zunehmend mehr einnimmt. W. erweist sich auch darin als der bedeutendste Repräsentant der jüdischen George-Rezeption, die eine Symbiose von Deutschtum und Judentum anstrebte. Stefan George hat nachhaltig Juden beeinflusst und geprägt. Seine Gedichte fanden bei ihnen einen Resonanzraum wie bei niemandem sonst. Zur engsten Umgebung des Dichters gehörten, neben W., Friedrich Gundolf, Richard Perls, Georg Simmel, Georg Bondi; zum weiteren Kreis zählen Ludwig Strauß, Ernst Kantorowicz, Werner Kraft, auch Walter Benjamin und auf besondere Weise Rudolf Borchardt. Die jüdische George-Rezeption im ersten Drittel des 20. Jahrhunderts lässt sich nicht wirklich von der deutschen trennen; um so weniger, als darin deutsche Juden ihr »Deutschtum« suchten und fanden. Georges Lyrik schuf ein Bild von Juden, das ihnen erlaubte, etwas zu sein, was ihnen die Wirklichkeit verwehrte: Deutsche und Juden. George schuf einen Mythos von einer deutsch-jüdischen Wahlverwandtschaft, einer inneren Ähnlichkeit von Deutschen und Juden. »Verkannte Brüder« hat George sie im *Stern des Bundes* genannt: »Verkannte Brüder suchend euch und hassend/ Ihr immer schweifend und drum nie erfüllt!«

Das Scheitern dieses Mythos der Symbiose hat W. erkannt und ausgesprochen. Sein *Hiob*-Zyklus und das Gedicht *An die Deutschen* gehören zusammen. Auch in seinen Briefen hat W. ein bedeutendes epistolarisches Zeugnis der deutsch-jüdischen Geschichte im 20. Jahrhundert hinterlassen.

Werke: Gesammelte Werke, hg. M. Ruben u.a., 2 Bde., Hamburg 1960; »Du bist allein, entrückt, gemieden ...«. K.W.s Briefwechsel aus Neuseeland 1938–1948, hg. C. Blasberg, Darmstadt 1988; Gedichte – Essays – Briefe, hg. C. Blasberg u.a., Frankfurt a.M. 1999; Späte Dichtungen, hg. F. Voit, Göttingen 2009; Bücher, Bücher, Bücher, Bücher. Elemente einer Bücherliebeskunst, Vorwort v.a. Kilcher, Darmstadt 2012.

Literatur: F.B. Stern, K.W.s Stellung zum Judentum, in: Bulletin des Leo-Baeck-Instituts 5 (1962), 13 ff.; K.W. 1869–1969. Leben und Werk in Dokumenten, hg. M. Schlösser, Darmstadt 1970; G.E. Grimm, K.W. Die Hiobs-Dichtung, Bonn 1972; K.W.-Kolloquium, hg. P. Klussmann, Amsterdam 1983; C. Blasberg, Nachwort, in: K.W., Gedichte – Essays – Briefe, hg. C. Blasberg u.a., Frankfurt a.M. 199; F. Voit, K.W.: Leben und Werk im Exil, Göttingen 2005; E.-V. Kotowski, G. Mattenklott (Hg.): »O dürfte ich Stimme sein, das Volk zu rütteln«. Leben und Werk von K.W. (1969–1948). Hildesheim 2007.

Thomas Sparr

Wurm, Franz

Geb. 16.3.1926 in Prag;
gest. 29.9.2010 in Ascona

W. wurde im Jahr 1926 in eine deutschprager jüdische Familie geboren und damit zwei Generationen nach dem deutsch-jüdischen Kreis um Kafka und Brod, eine Generation nach F. Werfel, W. Haas und P. Kornfeld. Sein Vater war Ingenieur und Malzfabrikant. Für die Restitution der väterlichen Firma mochte sich W., als dies nach der Wende der 1990er Jahre möglich gewesen wäre, nicht wirklich einsetzen – er hätte es »herabsetzend« gefunden, all die Papiere und »Beweismittel«, die dazu nötig gewesen wären, beizubringen. Die verhältnismäßig unbeschwerte Jugend und die Schuljahre in der deutschen Grundschule und dem französischen Gymnasium waren 1939 schlagartig zu Ende. Die Eltern – die beide später im Konzentrationslager

Auschwitz umkamen – schickten ihr einziges Kind mit einem der Kindertransporte nach England. Dort besuchte er zunächst das Cheltenham College und absolvierte anschließend ein Studium der Romanistik und Germanistik am Queens College in Oxford. Nach Beendigung seines Studiums 1949 führte ihn sein Weg zurück in den deutschen Sprachraum nach Zürich, wo er u.a. in den Photographen Michael und Luzzi Wolgensinger lebenslange Freunde fand. W. war ein »Genie« der Freundschaft: auch in derjenigen zu Paul Clan, die im 1995 publizierten Briefwechsel dokumentiert ist, oder zu Dichterkollegen wie Michael Hamburger, Günther Eich, Hans Günther Adler, Fritz Hochwälder, Johannes Urzidil. »Ich wohne in einer Wohnung. Wirklich zu Hause: in Freunden«, heißt es in »Woher und bis heute«, einem für *Dirzulande* (1990) als »abstrahierter Lebenslauf« verfassten Nachwort.

Zwischen 1966 und 1969 war W. als Leiter des Kulturprogramms des damaligen »Deutschschweizer Radios« tätig, wohin er unter anderen Paul Celan zu einer denkwürdigen Radiosendung einlud. Die Jahre zwischen 1969 und 1971 verbrachte W. als Beobachter des Endes der Reformbewegung des Prager Frühlings weitgehend in Prag. 1974 lebte er mehrere Monate in Tel Aviv, wo er bei dem Atemtherapeuten Moshe Feldenkrais, mit welchem er seit den späten 1940er Jahren freundschaftlich verbunden war, ausgebildet wurde. In der Folge übersetzte W. Feldenkrais' Bücher für den Suhrkamp Verlag und verhalf der »Feldenkrais-Methode« dadurch zum Erfolg; die Verbreitung der Ideen von Feldenkrais wurde für die kommenden rund zwanzig Jahre zu W.s Broterwerb. 2003 zog er mit seiner Lebenspartnerin Barbara Z'Graggen, der viele seiner Texte der späteren Jahre zugeeignet waren, nach Ascona, wo er im September 2010 84-jährig starb.

W. hat sich zeitlebens als Lyriker und Schriftsteller verstanden. Zu seinem Lebenswerk gehören neben seinen eigenen Werken aber auch zahlreiche Übersetzungen aus dem Französischen, dies auch gemeinsam mit Paul Celan, z.B. die Arbeit an den Gedichten von René Char, die ihrer beider Freundschaft begründete. Aus dem Tschechischen wiederum übersetzte er Vladimir Holan, für dessen

Lyrik er sich unermüdlich eingesetzt hatte. Für seine eigenen über Jahrzehnte entstandene Lyrik mochte er dagegen nicht »hausieren«. *Anmeldung* ist der Titel seines ersten, im Zürcher Arche Verlag 1959 erschienener Gedichtband, *Anker und Unruh* folgte fünf Jahre später 1964 im Insel-Verlag.

W. hat er sich im lebenslangen Austausch nicht nur mit deutscher, französischer und der Lyrik von Paul Celan und Vladimir Holan eingehend auseinandergesetzt, sondern ebenso mit den Werken seiner Kollegen und Freunde Michael Hamburger und H.G. Adler. Das gilt auch für sein Judentum: W. war kein im religiösen Sinne gläubiger, dennoch ein bewusster Jude. So meint er in einem Interview zur Frage, ob sein Bezug zum Judentum in seiner Sprache aus jüdischen Quellen oder von der Sprache als Emigrationsmöglichkeit stamme: »Wohl beides. Vor allem aber in der Herkunft. Danach auch aus der Nötigung zu anderen Sprachen. Und dann das ›Nirgends-richtig-Dazugehören‹« (in: *tachles*, 10.3.2006). Dennoch verstand er das Judentum als eine unsichere Zuschreibung. In einem Brief vom 26. Juni 1963 schrieb W. an Paul Celan u.a.: »[...] Darum möchte ich über den ›Hass auf das Jüdische‹ nichts sagen, könnte es auch nicht. Ich weiß zwar, daß es ihn als einen vorgeblich solchen gibt, aber ich verstehe ihn schlecht, weil ich nicht weiß, was ›das Jüdische‹ ist. Ich weiß nicht einmal, ob es ›das Jüdische‹ überhaupt gibt, ich glaube eher nicht, – sondern daß es ein Name ist, wie ›Lyrik‹, wie ›zuhause‹, wie ›Hans‹ oder ›Karl‹ (und wie viele heißen Karl oder Hans!), auf dessen genaue Bedeutung man sich erst einmal einigen müsste.« Bemerkenswert ist W.s Analogisierung des Judentums mit der »Lyrik«. Manche seiner Gedichte erweisen dies, so etwa *Andenken* (1959), das seinem Vater gewidmet ist: »Wir haben einander wenig gekannt./ Vom Salz der Jahre sind/ die Tafeln verwaschen, die ich empfing, und ohne/ Sprache hinter der Stirn./ Sie haben uns bis zu den Gräbern genommen/ des Wiedersehns und ein Loch getrieben in unsere Sprache,/ das voll Schweigens ist. Schlägst/ du aus dieser Lücke mir das Gesetz/ hervor, den Brand auf der Zunge?"

Zwar hat W. immer wieder öffentliche Anerkennung gefunden, etwa durch eine Ehrengabe der Stadt Zürich 1989 oder die Verleihung des Schillerpreises 1992. Dennoch hat er sich dem Literaturbetrieb – späterhin auch aus gesundheitlichen Gründen – mehr und mehr entzogen. Wenig von seinem schmalen Werk ist heute zugänglich.

Werke: Anmeldung, Zürich 1959; Anker und Unruh, Frankfurt 1964; Hundstage, Zürich 1986; In diesem Fall, Zürich 1989; Dirzulande (enth. Anmeldung; Anker und Unruh; Trotzspuren; Dirzulande), Wien 1990; Unter Anderen, Zürich 1992; Dreiundfünfzig Gedichte, Zürich 1996; König auf dem Dach – Eine Auslassung, Frauenfeld 1997; Paul Celan, Briefwechsel mit F.W., Frankfurt 1995; Blaue Orangen oder das Auge der Pallas Athene – Segmente eines Umgangs mit Dichtung, Frauenfeld 2005.

Literatur: B. Wiedemann, Wörtlichkeiten. Paul Celans Anmerkungen zu René Char-Übertragungen von F.W. In: Literarische Polyphonie. Übersetzung und Mehrsprachigkeit in der Literatur, hg. J. Strutz und P. Zima Tübingen 1996.

Martin Dreyfus

Zlocisti, Theodor

Geb. 17.2.1874 in Borchestowa/Ostpreußen; gest. 1943 in Haifa

Z. war einer der bedeutendsten Vertreter der »jungjüdischen Kunst«, der in zahlreichen Gedichten poetisch die Transgression nach Palästina thematisierte. Zugleich leistete er als Arzt und Mitglied der Turnbewegung einen wichtigen Beitrag zu Aufbau und Fortbestand der zionistischen Bewegung.

Z. engagierte sich institutionell in verschiedenen Bereichen zionistisch-jüdischen Lebens. Er war Mitarbeiter bei Leo Winz' Monatsschrift *Ost und West* wie auch bei dem Versuch, eine zionistische Satirezeitschrift zu etablieren, den *Schlemiel*, ein Projekt, das um die Jahrhundertwende von Max Jungmann in Angriff genommen und nach einer langen Unterbrechung aus finanziellen Gründen erst nach dem Ersten Weltkrieg (1919–20) fortgesetzt wurde. Des Weiteren war er in der Zionistischen Vereinigung für Deutschland aktiv und brachte sich regelmäßig auf Delegiertentagen ein, so etwa durch die sog. Posener Resolution aus dem Jahr 1912, die vorsah, dass jeder Zionist »die Übersiedelung nach Palästina in sein Lebensprogramm« aufnehmen solle. Dieses Ansinnen konkretisierte er 1914 im Rahmen seiner Rede auf dem 14. Delegiertentag unter dem Schlagwort einer »deutschen

Achusa« (Eloni). Er stellte dort einen praktischen Plan zur Ansiedelung deutscher Zionisten in Palästina vor, der schon durch den Ausbruch des Ersten Weltkrieges nicht zur Realisierung gelangte. Weiterhin arbeitete Z. auch als Mitglied der »Berliner Centrale« des Vereins für jüdische Statistik, die sich 1902 zum Ziel gesetzt hatte, eine Bibliographie der jüdischen Statistik zu erstellen. 1921 emigrierte er nach Palästina und verwirklichte so, was er in seinem politischem Engagement wie in seinem künstlerischen Schaffen als erstes Ziel erachtet hatte.

Sein deutschsprachiges publizistisches Schaffen kreiste einerseits um sein Engagement für die zionistische Bewegung, andererseits widmete er sich im Rekurs auf seine berufliche Tätigkeit der Medizin der Juden, setzte sich aber auch mit Themen wie Wissenschaft und Bildung auseinander. Er interessierte sich dabei insbesondere für die Vorgeschichte des Zionismus und erkundete in programmatischen Artikeln die kulturellen wie historischen Wurzeln der um die Jahrhundertwende noch jungen Bewegung. Diese Beschäftigung mit der Vorgeschichte des Zionismus galt insbesondere Moses Hess. So erschien 1905 von Z. auf Veranlassung des Zentralkomitees der Zionistischen Vereinigung für Deutschland ein Band mit *Jüdischen Schriften* von Moses Hess, der auch eine biographische Studie enthielt. Die Arbeiten zu Moses Hess weitete Z. in der Folge aus: 1921 erschien die Biographie als eigenständiger Band im Welt-Verlag, zugleich wurden hier von Z. ediert die *Sozialistischen Aufsätze. 1841–1847* sowie 1937 eine Neuausgabe von *Rom und Jerusalem* gedruckt. Besonderen Wert legt Z. in seinen Hess-Studien darauf, die Biographie und die Motivation von Hess' Schreiben aus seiner Verwurzelung im Judentum heraus verstehbar zu machen wie auch aus seinem kulturellen, philosophischen und historischen Umfeld. Hess verortet er dabei im Spannungsfeld von Sozialismus und einem frühen Zionismus. Dabei stellte Z. besonders den Einfluss des Judentums auf Hess' Sozialismus heraus. Neben der Vorgeschichte des Zionismus beschäftigte sich Z. auch mit Wissenschafts- und Bildungsfragen. Die jüdische Volksbildung sah er dabei als primäres Projekt an. Neben der Ausbildung praktischer Fertigkeiten sah es Z. als erstes Ziel, wieder ›lesende Juden‹ zu schaffen, denen so das Kulturgut Buch uneingeschränkt zugänglich sei.

Auf dem Feld der Literatur ist zunächst Z.s Beschäftigung mit der jiddischen Sprache und Literatur hervorzuheben. Das Jiddische war für ihn besonderer Resonanzraum jüdischer Traditionen, den es unter allen Umständen zu bewahren galt. Im Zuge einer Herausgabe von Texten David Pinskis, Scholem Alejchems, Jizchok Leib Perez', Schalom Aschs und anderer, die 1910 unter dem Titel *Aus einer stillen Welt* erschienen, entstand auch eine umfangreiche Einleitung mit dem Titel *Von jüdisch-deutscher Sprache und jüdisch-deutscher Literatur*. Diese im selben Jahr auch als separater Druck erschienene Einleitung perspektiviert das Jiddische auf die Konditionen der Diaspora. Im Jiddischen sah Z. eine »Erinnerung an die Sprache der Ahnen« lebendig, welche in der Moderne zur Sprache der Trennung gerate. Das Jiddische nähere sich der deutschen Sprache zwar an, durch die phonetischen Besonderheiten aber unterscheide es sich von ihr. So werde im Jiddischen ein Scheideweg erkennbar, in dem sich das »Ghetto [...] in den Geburtswehen einer neuen Zeit« winde. Letztlich erweise sich am Jiddischen, so Z.s Fazit, ob eine jüdische Kunst fortbestehen könne oder nicht.

Im Gegensatz zu seiner Tätigkeit innerhalb der zionistischen Organisation thematisieren die literarischen Werke Z.s nicht die Vorbereitung der Ansiedelung in Palästina, sondern deren Vollzug wie auch den Schmerz über das Verbleiben in der Diaspora – im Medium der Literatur. Weniger bekannt sind seine novellistischen Texte, die immer wieder in zionistischen Publikationen gedruckt wurden. Auch diese kreisen um das Judentum und zeigen sich als Realisation des Programms einer jungjüdischen Kunst. In *Adam, der Jude* (1900) wird Adam für Z. zum Inbegriff der Tragik der Diaspora und verkörpert im Rekurs auf die griechische Mythologie als Ikarus und Prometheus zugleich den Typus des »Neuen Juden« und das Paradigma körperlicher Übung. Geradezu programmatisch schließt dieser Text mit dem Schrei Adams, der angesichts von dessen Übel zum einzigen Anzeichen eines noch nicht erstorbenen Lebenswillens stilisiert wird. Dieses Programm jungjüdischer Kunst formuliert Z. in einer Ansprache zur Einführung in einen Kunstabend unter dem Titel *Grundakkorde jungjüdischer Kunst* 1902. Dort postuliert er einen engen Zusammenhang von »Volkstum« und Kunst: »Die jüdische Kunst aber kann nur das sein, was wir selbst sind«; »alle wahre Kunst [ist] national in ihrem Ursprung und national nach ihrer eindringlichsten Wirkung«. Daraus resultiere, dass dem Judentum in der Diaspora eben jene »Schwermut« zum »Grundakkord« seiner Kunst geworden sei, die mit dem Dasein in der Diaspora einhergehe, »die Sehnsucht nach dem eigenen Volkstum zerreißt die Harmonien«. Jungjüdische Kunst ist mit der Hoffnung auf die Rückkehr nach Palästina verknüpft, die wiederum das relationale Moment dieser Kunst bedeutet. In dieser Hinsicht verwundert es kaum, dass Z. nun gerade im Buch *Juda*, das im Jahr 1900 in Zusammenarbeit des Dichters und späteren Nationalsozialisten Börries von Münchhausen und des Künstlers Ephraim Moses Lilien entstand, ein eindrückliches Beispiel künstlerischer Umsetzung des jüdischen Schicksals sieht. In seiner Rezension des Bandes (1901 in *Ost und West*) erkennt Z. poetische Figurationen jüdischer Diasporageschichte und hört aus »dem nachempfundenen Schmerz [...] den Ruf zur Selbstbefreiung«.

Das Programm jungjüdischer Kunst verwirklicht Z. auch in seiner eigenen Lyrik. Seine Gedichte erschienen vor allem in der *Welt* und in der Zeitschrift *Ost und West*. Des Weiteren waren sie auch Teil zweier wichtiger Publikationen jungjüdischer Kunst, die einzelnen Gedichten in anderen zionistischen Publikationen folgten, z. B. in der von Berthold Feiwel 1903 im Jüdischen Verlag herausgegebenen Sammlung *Junge Harfen* sowie in der vom Verein Jüdischer Studenten an der Königlich Technischen Hochschule Berlin-Charlottenburg 1906 herausgegebenen Festgabe *Jungjüdische Gedichte*, in dem eines seiner Gedichte an den Anfang gestellt wurde. Im Gedicht *Ruf* formuliert er, wozu er den Zionismus befähigt sah: Wenn man den zionistischen Gedanken annehme, wichen »Sorgenfurchen« »sonnenverklärten Nächten« und ein Leben in Schmerz werde wieder lebenswert. Diese Dichotomie zwischen Schmerz in der Diaspora und lichter Zukunft in Palästina leitet auch die beiden Gedichtbände Z.s: 1903 erschien im Verlag der Jüdischen Volksstimme in Brünn *Vom Heimweg. Verse eines Juden*. Die Anordnung der Gedichte, die teils zuvor schon in Zeitschriften gedruckt waren, gliedert sich dabei als Erfolgsgeschichte, die der Logik *per aspera ad astra* gehorcht. Auf *Nächte und Kampf* folgt *Der stille Garten*, dann werden in verschiedenen Gedichten *Sieger* gezeigt. Die letzte Abteilung handelt von *Märchen*. Dieser Logik sind auch die einzelnen Gedichte zuzuordnen: In der Abteilung *Nächte und Kampf* thematisieren die Gedichte die Bürde der Diaspora. *Das Erbe*, das dem Judentum auferlegt sei, begreift das lyrische Ich als »viertausendjährige Schmerzensweisen«, das einzige *Lebenszeichen*, das noch vom Judentum ausgehe, sei lediglich ein von »Thränenflut [...] fernes Beben«. Einzig ein schmerzliches Leiden garantiere, dass das Judentum überhaupt noch als lebendig angesehen werden könne. *Der stille Garten* wiederum vereint Motive aus der jüdischen Tradition mit zionistischen Zukunftsvorstellungen, die *Sieger* schließen mit handlungsfokussierten Gedichten an, während die *Märchen* als Projektionen der zionistischen Erfolgsgeschichte angesehen werden können. Das Jugendstilmotiv des Frühlings wird dabei in die jungjüdische Kunst integriert. Diese schenkte dem Judentum einen »Vorfrühling«, den es nun voll Hoffnung auszubauen gelte. In diesem Sinne wurde der Gedichtband Z.s dann auch rezipiert. Otto Abeles, Zionist und späterer Herausgeber der Gedichte Hugo Zuckermanns, rezensierte diesen ersten Gedichtband Z.s als eindrückliches Beispiel einer zeitgemäßen jüdischen Lyrik: Z. habe der »alten Davidsharfe die neue Werdeweise entlockt« und sich in die jüdischen Seelen gesungen. Z.s. zweiter Lyrikband *Am Tor des Abends*, der 1912 im Jüdischen Verlag erschien, wurde ähnlich aufgenommen, wie eine Rezension von Arno Nadel zeigt. Am Gedichtband lobt jener besonders die Authentizität der Gedichte Z.s, welche die Konditionen der Diaspora in besonderem Maße abzubilden verstünden. Trotz dieser erneuten Thematisierung der diasporalen Situation des Judentums trägt der zweite Gedichtband deutlich optimistischere Züge als der erste, was auch im Fortgang der Arbeit an zionistischen Zielen begründet liegt. Dies unterstreicht auch der Untertitel, der durch die Zuschreibung, dass es sich um »Lieder *vom* Heimweg« handle, den schon begonnenen Aufbruch hervorhebt.

Werke: Adam, der Jude, in: Die Welt 31 (1900), 12–13; Juda, in: Ost und West 1 (1901), 63–68; Grundakkorde jungjüdischer Kunst, in: Ost und West 4 (1902), 227–234; Vom Heimweg. Verse eines Juden, Brünn 1903; Jüdische Volkslesehallen, in: Ost und West 4 (1903), 277–282; Von jüdisch-deutscher Sprache und jüdisch-deutscher Literatur. Impressionen, Berlin 1910; Am Tor des Abends. Lieder vom Heimweg. Berlin 1912.

Literatur: O. Abeles, Ein jungjüdischer Dichter, in: Ost und West 12 (1902), 855–858; A. Nadel, Am Tor des Abends, Ost und West 9 (1912), 853–856; G. Kressel, T.Z., in: Encyclopaedia Judaica, Bd. 21, Detroit 2007, 643; Y. Eloni, Zionismus in Deutschland. Von den Anfängen bis 1914, Gerlingen 1987, 273 f., 371 ff.

Eva Edelmann-Ohler

Zuckermann, Hugo

Geb. 15.6.1881 in Eger;
gest. 23.12.1914 in Eger

Z. wurde vor allem durch sein Österreichisches Reiterlied bekannt, das in den ersten Monaten des Ersten Weltkriegs die in weiten Teilen der Bevölkerung vorherrschende Kriegsbegeisterung wie kein zweites Gedicht in Worte kleidete. Dies führte nach

seinem frühen Tod, dem er nach einer Verwundung im Dezember 1914 in seiner Heimatstadt erlag, dazu, dass Z. innerhalb der zionistischen Presse zum Symbol des tapferen Helden und des zionistischen Kämpfers par excellence avancierte.

1881 in Eger als Sohn eines jüdischen Kaufmannes geboren, studierte Z. in Prag und Wien Recht und ließ sich als Advokat in Meran nieder, wo er Repräsentant der Kultusgemeinde wurde. Er interessierte sich trotz des assimilierten Umfelds früh für jüdische Themen wie auch für Dichtung. Er schrieb Gedichte und Dramen, die jedoch nicht veröffentlicht sind. Seine Stoffe schöpfte er aus dem jüdischen Mittelalter, er schrieb über jüdische Minnesänger wie beispielsweise Süßkind von Trimberg. Z. engagierte sich früh für den Zionismus. Bereits während der Studienzeit in Prag war er Mitglied des Vereins jüdischer Hochschüler Bar Kochba in Prag und während seines Studiums in Wien dann Mitbegründer des Vereins zionistischer Hochschüler Theodor Herzl in Wien (1902/1904). Um dem jüdischen Publikum Wiens die jüdische Dichtung nahe zu bringen, gründete er mit Nathan Birnbaum die Jüdischen Abende. Ebenso setzte er sich zusammen mit dem Regisseur und Schauspieler Egon Brecher für die jüdische Bühnenkunst ein. Zusätzlich machte sich Z. einen Namen als Übersetzer aus dem Jiddischen, meist übersetzte er für jüdische Periodika. Postum erschien in einer gesonderten Ausgabe im Löwith-Verlag seine Übersetzung von Jizchok Leib Peretz' Drama *Die Nacht auf dem alten Markt* (1915). Für den zionistischen Nachwuchs gab er in den Jahren 1904–1910 die Zeitschrift *Unsere Hoffnung. Monatsschrift für die reifere jüdische Jugend* heraus.

Die Verbindung von Zionismus, Wissenschaft und Poesie war eines der Anliegen Z.s. Diese Verbindung thematisiert er insbesondere im Vorwort des Bandes *Jüdische Fragen*, der 1909 vom Verein zionistischer Hochschüler Theodor Herzl in Wien herausgegeben wurde. Dieser Band ist eine Zusammenstellung von wissenschaftlichen Arbeiten des vereinseigenen Seminars, das Z. im Wintersemester 1904/05 leitete und auf dessen Einrichtung er hingearbeitet hatte. In seinem Geleitwort zu diesem Band versteht Z. den Zionismus dezidiert als poetisches Projekt, das gleichzeitig jedoch auch der wissenschaftlichen Fundierung bedarf: »Der Zionismus ist in keiner Studierstube geboren worden. Das Leben hat ihn hervorgerufen [...]. Wie eine Dichtung war er oder wie ein Traum. Bis Herzls letztes Werk uns lehrte, dass jeder Traum die Wirklichkeit im Schosse trage, denn alles Seiende war einst ein Traum. [...] Unsere Arbeit ist darauf gerichtet, dem Zionismus die wissenschaftliche Begründung zu geben.« Weniger die wissenschaftliche Begründung des Zionismus als die poetische Ausführung desselben spiegelt sich in Z.s Gedichten wieder. Einige dieser Gedichte erschienen lange vor dem Krieg auch in den zionistischen Zeitschriften *Die Welt* und *Ost und West*, darunter auch einige, die später keinen Eingang in die Werkausgabe gefunden haben (*Prolog*, *Mi chomaucho*, *Jung-Juda*). Die meisten seiner Dichtungen hat sein Freud Otto Abeles nach seinem Tod im Jahr 1915 in einer Ausgabe im Löwith-Verlag zusammengetragen. Es handelt sich zum großen Teil um Gedichte aus dem Nachlass.

Z. widmete sich in seinen Dichtungen hauptsächlich jüdischen, religiösen, zionistischen und kriegerischen Themen. Den Gedichten, die Gestalten (z. B. Rahel, Jesaja) und Themen des Tanach (z. B. *Psalm*, *Purim*, *Schir Haschirim*) behandeln, ist ihre zionistische Grundfärbung gemein. So zeigt sich beispielsweise das Gedicht *Psalm* als frommer Aufruf an Gott, »Zion wieder zu erbauen«, und *Purim* wird zum Feiertag eines »selbstbefreiten Volkes«. Wieder andere Gedichte stehen in direktem Kontext zu zionistischen Themen wie diejenigen für *Theodor Herzl*, die als »Prolog zu einer Herzl-Feier« zu dessen nachdrücklicher Überhöhung beitragen. Herzl wird hier in eine Reihe mit Moses gestellt und so als biblische Gestalt lesbar: »Wie Moses, der die letzten Blicke tauchte/ Ins nahe Land, das ihm doch unerreichbar.« Charakteristisch für Z.s Dichtungen ist damit die biblisch-sakrale Perspektivierung des zionistischen Projekts. Diese religiöse Überhöhung des Zionismus geht nicht selten mit einem Rekurs auf kriegerische Werte und Kriegsereignisse des Tanach einher, was insbesondere zur Zeit des Ersten Weltkriegs eine große Rolle spielte. Dies liegt vor allem in der äußerst positiven Bewertung des Kriegs begründet. So thematisiert das Gedicht *Mizpah* die »Schlacht« Samuels gegen die Philister aus 1 Sam 7, die »für Judas Pracht« stattfand. Im Gedicht *Ich hab' ein Ziel (Lied eines Sterbenden)*, das 1918 in der Zeitschrift *Jerubbaal* erschien, wird Palästina als Ort einer kriegerischen Selbstverwirklichung freier Ackerbauern verklärt. Gemeinsam ist den Gedichten demnach, dass sie suggerieren, nationaljüdische Ziele und Kriegshandlungen hätten auch in der antiken Geschichte des Judentums eine gewichtige Rolle gespielt.

Herausstechend ist eine uneingeschränkte Kriegsaffirmation, besonders deutlich in den Gedichten unter der Überschrift *Kriegslieder*. Dies mag zum Teil daran liegen, dass Z. im ersten Kriegsjahr 1914 verstarb, das noch von Kriegsbegeisterung getragen war. So behandelt das bereits 1913 verfasste aber erst durch Wiederveröffentlichung 1914 bekannt gewordene *Österreichische Reiterlied* den Kampfeswillen der österreichischen Soldaten, die den eigenen Tod in Kauf nehmen. Bemerkenswert erscheint, dass Zeitgenossen auch die relativ schlichte Ästhetik des Gedichtes diskutierten und daraus eine authentische und volkstümliche Gesinnung ableiteten, die im Krieg eine besonders ursprüngliche Kriegslyrik hervorbringe. Der künstlerische Anspruch dieser »Perle der Kriegslyrik« entstehe gerade aus der »schlichten Monumentalität«, welche die Identifikation mit den »Urformen der Lyrik« regelrecht fordere. Deutlich monströser in seiner Kriegsaffirmation zeigt sich das Gedicht *Lied ans Maschinengewehr*, das die Überhöhung des Krieges und seiner Mittel vorführt, damit aber auch seinen pervertierenden Charakter. Das Maschinengewehr, das eigentlich den Tod bringt, wird im Gedicht mit äußerst positiven Attributen bedacht. Es wird mit einer schwangeren Frau verglichen, mit dem eigenen Sohn, am Schluss wird es sogar zum Instrument, das in der Lage ist, den als gottgewollt verstandenen Sieg für Österreich zu realisieren. Abgründig erscheint, dass diese positiven Zuschreibungen an das Maschinengewehr nur dem Töten dienen: »Spei' wie eine Kröte/ Dein zischend Gift!/ Und wen's trifft/ Den töte!"

Bei dieser unbedingten Affirmation österreichischer Kriegsziele mag es verwundern, dass Z. den Kriegsereignissen zugleich auch zionistischen Wert beimaß. Dies kommt vor allem in dem von Abeles als Schwanengesang Z.s bezeichneten *Makkabäer*-Gedicht zum Tragen. Das Gedicht, das in den zahlreichen Abdrucken in zionistischen Zeitschriften mit dem in der Werkausgabe fehlenden Zusatz *5675*, also 1914/15, versehen wurde, rekurriert mit den Makkabäern auf den Topos jüdischen Freiheitskampfes. Die Makkabäer wurden im zionistischen Kriegsdiskurs immer wieder dazu genutzt, ein »jüdisches Heldentum« darzustellen, um die Kriegsereignisse so in einen größeren historischen Kontext zu stellen und damit seine Bedeutung für das Judentum zu behaupten. Damit ist Z.s Makkabäergedicht mindestens so bedeutsam wie sein *Österreichisches Reiterlied*. Bemerkenswert bei Z.s Interpretation der Makkabäer ist vor allem die Sakralisierung zionistischer Ziele. Durch die Anzitierung von Psalm 137 (»Wenn ich dich vergesse, Jerusalem, soll meine Rechte verdorren«) erreicht Z. eine sakralisierende Legitimierung der Gewalt im Ersten Weltkrieg, auch im Fokus zionistischer Ziele: »Meine Rechte werde trocken,/ Könnt ich deiner je vergessen/ Deiner Seufzer, deiner Tränen,/ Deiner Schwären, deiner Schande,/ Judenvolk im Polenlande.« Indem Z.s Gedicht das Objekt des biblischen Psalms, das nicht dem Vergessen anheimfallen soll, also Jerusalem, syntaktisch mit dem »Judenvolk im Polenlande« engführt, wird der Kampf im Krieg aus zionistischer Sicht zum Kampf um die Freiheit des jüdischen Volkes. Aus dieser Sicht kann dieser Kampf auch nur zu einem einzigen Ziel führen: »daß nicht sterbe,/ Väterart und Vätererbe./ Macht den Tempel wieder rein,/ Laßt uns Makkabäer sein!"

Diese durchweg positive Einschätzung des Krieges im Bezug auf zionistische Ziele lässt erahnen, wie Z.s Tod in der zionistischen Presse aufgenommen wurde. Dabei wurden auch jene Gedichte Z.s auf das Kriegsgeschehen bezogen, die Abeles in der Werkausgabe unter anderen Aspekten edierte. Zugleich wurde sein Engagement für den Zionismus hervorgehoben. So wurden Z.s nachgelassene Gedichte in der zionistischen Presse zum Erweis der Bedeutung nationaljüdischer Ziele, insbesondere im Krieg, wie ein Artikel von H. Stein zeigt, der den Dichter in eine Reihe mit Ernst Lissauer und Walter Heymann stellt: Z. erbringe durch seine Gedichte geradezu den »biologischen« Beweis für die Folgerichtigkeit zionistischer Ziele, verkörpere den neuen Juden und sorge dafür, dass damit »das wesentliche Ziel des Zionismus [...] schon verwirklicht«

sei. Diese Glorifizierung Z.s für den Zionismus wurde durch den Tod seiner Gattin Ida, die ihrem Leben am Grab ihres Mannes selbst ein Ende setzte, zusätzlich unterstrichen. Wiederum nicht ohne die zionistische Signifikanz des Ereignisses hervorzuheben, räsoniert die Prager *Selbstwehr*: »In der Geschichte des jüdischen Volkes und im besonderen der jüdischen Renaissancebewegung wird das Andenken der beiden edlen Menschen, deren Geschick etwas von antiker Größe und Tragik hat, für alle Zukunft weiterleben.«

Werke: Gedichte, hg. O. Abeles, Wien 1915.
Literatur: O. Abeles, Gedenkblatt für H.Z. und seine Gattin, in: Selbstwehr 34 (1915), 8–9; A. Friedmann, Dr. H.Z. Ein Gedenkblatt, Wien 1915; O. Eberhard, H.Z., in: Jüdische Rundschau 28 (1915), 222; O.V., Aus der zionistischen Bewegung. Dr. H.Z., in: Selbstwehr 37 (1914), 2; O.V., Eine Perle der Kriegslyrik, in: Mitteilungen aus dem Verein zur Abwehr des Antisemitismus 14/15 (1915), 58–59; H. Stein, H.Z.s Gedichte, in: Selbstwehr 46 (1915), 3–4; O.V., Die Gattin Dr. H.Z.s, in: Selbstwehr 20 (1915), 7.

Eva Edelmann-Ohler

Zuckmayer, Carl

Geb. 27.12.1896 in Nackenheim am Rhein; gest. 18.1.1977 Visp (Schweiz)

In der nationalsozialistischen Presse wurde Z.s Name fast immer mit einem Hinweis auf die jüdische Herkunft seiner Mutter versehen. Er selbst empfand sich dagegen – so formulierte er es in seiner 1966 veröffentlichten Autobiographie – »als das, was ich nach Art, Sprache, Erziehung war, bin und bleibe: ein Deutscher« (*Als wär's ein Stück von mir*). Eine ähnliche Passage findet sich in seiner Bekenntnisschrift *Pro domo*, die er 1938 nach seiner Flucht vor nationalsozialistischer Verfolgung veröffentlichte. Niemals, so betonte er dort, habe er »eine religiöse oder sonderartliche Beziehung zum Judentum« gekannt, wesentlich sei für ihn dagegen die »selbstverständliche Zugehörigkeit zum Katholizismus« gewesen. Z. lehnte einen jüdischen Nationalismus ab. Er bezeichnete es in *Pro domo* als »fraglos«, dass eine »möglichst vollständige Verschmelzung und Auflösung der Juden in die Völker und Nationen, die sie als die ihren empfinden, der gesunde und zeitgeschaffene Weg sei«. Ziel müsse es deshalb sein, »eine Art von übernationalem und leistungshaftem Adel auszubilden, und dadurch der Verfolgung und dem Unrecht die Spitze abzubrechen«.

Vor der Veröffentlichung von *Pro domo* hatte sich Z. nie öffentlich mit Fragen auseinandergesetzt, die jüdische Belange betrafen. Nur in einem bislang unveröffentlichten, am Himmelfahrtstag 1934 entstandenen Gedicht mit dem Titel *Ariels Morgenlied* beschäftigte er sich mit seiner jüdischen Herkunft: »Trug Dich das Land gleich Wurzel, Saat und Blüte,/ Traf Dich des Glücks Geschoß, des Unheils Huf -/ So denk, daß Gott in seiner Wut und Güte/ Als halben Arier Dich, sein Kind, erschuf.« Und sieht man ab von seiner Autobiographie und autobiographischen Reminiszenzen in seinem nicht vollendeten Roman *Das Götterdorf* (1930–38), in dem er u. a. den jüdischen Selbsthass seines Großvaters thematisierte, äußerte Z. sich nur noch einmal, 1972, über die Bedeutung des Judentums. Dabei ging es, anlässlich der Auszeichnung mit dem Heinrich-Heine-Preis der Stadt Düsseldorf, um Heines Leben. Heine habe, so Z., das Judentum »in Wirklichkeit nie aufgegeben«, es handele sich aber »nicht um eine konfessionelle Bindung«, vielmehr sei die Religiosität seines Alters »viel weiter zu fassen« (*Die Zeit*, 29. 12. 1972). Das gilt entsprechend auch für Zuckmayers eigene, katholisch geprägte Religiosität.

In mehreren Stücken Z.s aus der Zeit der Weimarer Republik gehören Juden zu den dramatis personae. So ist in dem 1923 entstandenen Fragment zu einem »Wiedertäufer«-Drama die Protagonistin Mirjam jüdischer Herkunft, ebenso der Uniformschneider Adolf Wormser im 1931 uraufgeführten *Hauptmann von Köpenick*. Z. kennzeichnete dadurch ein Milieu und die dafür typischen Charaktere, im Falle Wormsers einen assimilierten Juden mit deutsch-nationaler Gesinnung. Eine programmatische Stellungnahme zum Judentum lassen diese Stückelemente jedoch nicht erkennen. Das gilt auch für eine antisemitische Bemerkung der von Z. durchweg negativ gezeichneten Figur des deutschen Holzhändlers Bembé im 1925 uraufgeführtem Wildweststück *Pankraz erwacht*, den Z. zu Beginn des ersten Akts sagen lässt: »Sie kennen die Yankees nicht. Schlimmer als die Juden.«

Zu Auseinandersetzungen wegen jüdischer Dramenfiguren kam es dagegen in zwei Fällen: In

Z.s Komödie *Der fröhliche Weinberg* (1925), die im Herbst 1921 in Rheinhessen spielt, waren es zwei jüdische Weinreisende, die Anstoß erregten, weil sie – wie alle anderen Figuren auch – von Z. karikierend überzeichnet worden sind. Und im *Hauptmann von Köpenick*, dessen Handlung auf einem realen Vorfall aus dem Jahr 1906 basiert, sorgte – dies allerdings erst in den 50er Jahren – das Auftreten eines »Kleiderjuden« für Irritationen. In den Verfilmungen beider Stücke nach dem Zweiten Weltkrieg durch Erich Engel (*Der fröhliche Weinberg*, 1952) und Helmut Käutner (*Der Hauptmann von Köpenick*, 1956) wurden die jüdischen Figuren durch nichtjüdische ausgetauscht. Im Fall des *Hauptmanns von Köpenick* hat Z. der Ersetzung des Juden durch einen Böhmen zugestimmt, weil der Film auch im Ausland gezeigt werden sollte und er Missverständnissen vorbeugen wollte. Bei einer Inszenierung des Stücks an den Städtischen Bühnen von Frankfurt am Main im Mai 1960 hielt er einen Eingriff in den Text dagegen nicht für gerechtfertigt und nahm dazu öffentlich Stellung: »Sie [die Juden] waren da, und sie sind nicht mehr da. Diese grausame Tatsache durch ihr ›Weglassen‹ zu vernebeln, käme mir wie eine Feigheit vor, als wolle man davor kneifen« (*Frankfurter Allgemeine Zeitung*, 3.5.1960). Als der Süddeutsche Rundfunk 1960 diesem Votum von Z. folgte und eine Fernsehverfilmung des *Hauptmanns von Köpenick* ausstrahlte, in der die Figur des »Kleiderjuden« belassen worden war, empörte sich Heinz Galinski darüber im Namen der Jüdischen Gemeinde Berlins. Z. hat sich daraufhin nicht nochmals gerechtfertigt; dass der Vorwurf des Antisemitismus im Kontext des Gesamtwerks unangebracht ist, beweist Z.s Drama *Der Schelm von Bergen* (1934), das vor dem Hintergrund der Diskussionen über die Aktualität ständestaatlicher Gesellschaftsmodelle konzipiert wurde und in dem die erbliche Herkunft von Menschen am Ende als irrelevant für ihre Beurteilung gezeigt wird. Das korrespondiert mit der späteren Kritik, die Z. den Generalluftzeugmeister Harras, den Titelhelden seines Stücks *Des Teufels General* (1945), an der nationalsozialistischen Rassenlehre üben lässt: »Denken Sie doch – was kann da nicht alles vorgekommen sein in einer alten Familie. Vom Rhein – noch dazu. [...] Da war ein römischer Feldhauptmann [...]. Und dann kam ein jüdischer Gewürzhändler in die Familie, das war ein ernster Mensch, der ist noch vor der Heirat Christ geworden und hat die katholische Haustradition begründet. – Und dann kam ein griechischer Arzt dazu, oder ein keltischer Legionär, ein Graubündner Landsknecht, ein schwedischer Reiter, ein Soldat Napoleons, ein desertierter Kosak [...] – der Goethe, der kam aus demselben Topf, und der Beethoven, und der Gutenberg [...].«

Werke: Gesammelte Werke in 17 Einzelausgaben, hg. K. Beck u. a., Frankfurt a. M. 1995–97.

Literatur: G. Nickel/U. Weiß, C.Z., Marbach 1996; R.W. Leonhardt, Der Heine-Preis – eine traurige Geschichte, in: Z.-Jahrbuch 2 (1999), 549–555.

Gunther Nickel

Zweig, Arnold

Geb. 10.11.1887 in Glogau (Schlesien);
gest. 26.11.1968 in Ostberlin

Als Z. im Dezember 1933, von Frankreich her kommend, zu seiner Familie nach Palästina stieß, hatte er bereits sein erstes größeres Exilwerk verfasst. Es war ein Essay, um dessen willen er die Arbeit an seinem Romanzyklus über den Ersten Weltkrieg für einige Zeit zurückgestellt hatte, um auf die aktuellen Geschehnisse in Deutschland zu reagieren. Die *Bilanz der deutschen Judenheit*, so der Titel des Essays, erschien 1934 und suchte der Umwelt noch einmal vor Augen zu halten, was mit der Machtergreifung des NS-Regimes zerstört worden war. Dabei ging es Z. nicht nur darum, die psychologischen Abläufe der Diskriminierung festzuhalten (wie er es ausführlicher schon im Essay *Caliban oder Politik und Leidenschaft* von 1926 getan hatte) und den Kollaps der Weimarer Republik nachzuzeichnen, sondern in erster Linie sollte der Beitrag des Judentums in allen Bereichen von Wirtschaft, Wissenschaft und Kultur Deutschlands noch einmal gewürdigt werden.

Über sich selbst schreibt Z. in der *Bilanz*, er habe in zahlreichen Publikationen versucht, »seine Haltung als bewusster Jude und Zionist, europäischer Geistiger und deutscher Dichter klar zu legen und zu vereinheitlichen«. Dieses Bewusstsein, Verkörperer einer nicht nur deutsch-, sondern europäisch-jüdischen Symbiose zu sein, musste Z.s Integration in Palästina empfindlich stören. War er als Jude aus Deutschland vertrieben worden, so regte sich hier der Widerstand seines eigenen europäisch orientierten Intellekts gegen die Bemühungen des Jischuw (jüdische Bevölkerung Palästinas), ein jüdisches Nationalbewusstsein herauszubilden. Z., der Deutschland als Autor von Weltruf verlassen hatte, fand sich in seiner »neuen Heimat« in Haifa in jeder Hinsicht an der Peripherie der Gesellschaft wieder: Der kleine Literaturbetrieb wie das Alltagsleben des Jischuw waren radikal auf das Hebräische ausgerichtet, Z.s ökonomische Situation litt unter mangelnden Publikationsmöglichkeiten, und gerade in Haifa fand er wenige adäquate Gesprächspartner. Vor allem aber schildert Z. »die Situation Palästinas aus der Außenperspektive des Exilierten« und »transferiert sein Interpretationsschema für politische Vorgänge ohne Modifikation von Berlin nach Haifa« (Müller).

Die Ambivalenz zwischen europäischem und jüdischem Dasein, das Z. in sich zu vereinigen suchte, kommt in seinem Werk von Anfang an zum Ausdruck. Schon in den 1909 begonnenen, zwei Jahre später erschienenen *Aufzeichnungen über eine Familie Klopfer*, bemerkt der todkranke Protagonist, der mit seiner Schwester in Galiläa lebt: »In diesem Volk beginnender Asiaten sind wir die letzten Europäer. [...] Ich aber bin froh gestimmt, dass ich noch von Europas Quellen getrunken habe und niemand mich zwingen kann, dies zu vergessen.« Auch in der Erzählung *Quartettsatz von Schönberg* (1916) ändert die Hauptfigur an ihrem letzten Abend vor der Auswanderung nach Palästina bei dem aufwühlenden Erlebnis angesichts dieser europäischen Musik seine Pläne und beschließt, vorderhand nur für ein Jahr nach Palästina zu fahren und dann nach Europa zurückzukehren und über seine weitere Zukunft zu entscheiden. Mit der Lektüre der frühen Schriften Martin Bubers, den er Ende 1912 erstmals anschreibt und in dessen Zeitschrift *Der Jude* er später etliche Artikel publiziert, erhält die Ambivalenz eine auch politisch differenzierende Note, die vor allem im Artikel *Die Demokratie und die Seele des Juden* (1912) zum Ausdruck kommt.

Die Kriegsbegeisterung Z.s muss nicht als Abwendung von den zionistischen Idealen verstanden werden – insbesondere die Aussicht auf eine Besserstellung der osteuropäischen Juden hat viele deutsche und österreichische Zionisten zum Kampf gegen Russland motiviert. Doch die Ernüchterung über die allgemeine deutsche Kriegsführung und ihre immer offener zutage tretenden politischen Hintergründe mischt sich mit der Empörung über die Diskriminierung der Juden im deutschen Heer. Auf die von antisemitischen Kreisen angeregte Judenzählung im deutschen Heer im Herbst 1916 reagiert Z. mit dem bitteren Prosastück *Judenzählung vor Verdun*, in welchem er die Gebeine der getöteten jüdischen Soldaten zum Zählappell antreten lässt. Hinzu kommt, dass auch die erhoffte Verbesserung der Zustände für die osteuropäischen Juden ausbleibt. Im Kriegsroman *Einsetzung eines Königs* (1937) bezeichnet der jüdische Wilnaer Arzt Dr. Eliaschuw einem ungläubigen deutschen Hauptmann gegenüber die deutschen »Arbeitsbataillone«, in welche tausende von Juden gebracht worden sind, als »Todeslager« und beziffert die Sterblichkeit in Wilna unter deutscher Besetzung als zehnmal so hoch wie unter russischer. Der deutsche Zivilisationsbruch von 1933 mitsamt seinem gravierenden antisemitischen Element wird hier an der Verrohung der Sitten im vorhergegangenen Eroberungskrieg festgemacht.

Hat Z. in den ersten Jahren des Ersten Weltkriegs als Armierer den Abnützungskrieg im Westen erlebt, so bringt seine Versetzung 1917 ins litauische Armeequartier Ober-Ost eine grundlegend neue Erfahrung. Er kommt erstmals mit den Juden Osteuropas in Kontakt, die er – wie viele deutsch-jüdische Intellektuelle seiner Zeit – als authentische Juden wahrnimmt. Er freundet sich mit dem ebenfalls in Ober-Ost stationierten jüdischen Maler Hermann Struck an (der später nach Haifa übersiedelt, was vielleicht mit eine Ursache von Z.s Wahl dieser Stadt als Wohnort ist) und veröffentlicht mit ihm zusammen 1920 den Band *Das ostjüdische Antlitz*. Das positive, aber stereotype Bild, das dieses Buch von den Ostjuden zeichnet, möchte einer weitverbreiteten Abneigung der deutschen Juden gegen die Ostjuden entgegenwirken und entspricht weitgehend der zionistischen Doktrin, die in Osteuropa das menschliche und spirituelle Potential eines jüdischen Aufbauwerks in Palästina sieht.

Als Romancier erlebt Z. den Durchbruch mit dem Roman *Der Streit um den Sergeanten Grischa* (1927). »Mit ihm tritt das Problem des verdrängten Krieges in die Mitte der deutschen Literatur«, hält sich Z. später zugute. Durch das Verlegen der Handlung in die Etappe, wo anhand eines Justizfalls der Zerfall von Sitte und Gesetz durch den Krieg manifest wird, gelingt Z. ein Vermeiden der Sensationshascherei durch blutige Schlachtszenen und eine Konzentration auf die eigentlichen Wurzeln des Unrechts in einer mörderischen Staatsräson einerseits und mangelndem Bewusstsein der Machbarkeitsgrenzen andererseits: Die rettende Rücknahme eines zuvor ausgesprochenen Todesurteils durch den sich in Allmachtsphantasien ergehenden Generalmajor bleibt in den vom Schneesturm heruntergerissenen Drähten hängen. Wohl nicht ganz zu Unrecht hat später Jean Améry behauptet, in der Zusammenstellung jener Personen, die für die Rettung des unschuldigen Grischa kämpfen, einem preußischen General und seinem Neffen einerseits sowie einem jüdischen Kriegsgerichtsrat und seinem ebenfalls jüdischen Untergebenen andererseits, habe sich »ein Zweigscher Traum verwirklicht: der Traum von der deutsch-jüdischen Symbiose«. Allerdings wird dieser Traum im folgenden Roman des Weltkriegszyklus, *Junge Frau von 1914* (1932) stark relativiert. Dort ist es der alte jüdische Bankier Markus Wahl, der gegenüber seinem Sohn Hugo, der Patriotismus mit finanziellem Gewinn aus dem Krieg zu verbinden hofft, die exponierte Rolle der Juden mit ihrem moralischen Auftrag verbindet: »Du hast gesagt, vor allem müsse man die eigene Industrie hochbringen und Schutzzölle machen. Ich habe gesagt, wir sind Juden, unsere Freiheiten hier stehen auf schwachen Füßen, wir müssen uns mit allen verbünden, die in der gleichen Lage sind; und wer, außer den Junkern und den Industriellen, ist nicht in unserer Lage?« Erst in seinem ersten Exilroman, *Erziehung vor Verdun* (1935), wird Z. auch offen antisemitische Offiziere im deutschen Heer darstellen. Die politische Erziehungsarbeit in Deutschland, die er ursprünglich mit den Weltkriegsromanen zu leisten hoffte, kann er damit nicht mehr leisten, aber in den USA wird dieses Buch zu einem beachtlichen Erfolg; auch finanziell ist es Z.s letzter im Exil.

Z.s selbstgestellte Aufgabe, das Verdrängte des Krieges erneut zu thematisieren, war eng an seine Auseinandersetzung mit dem Werk Sigmund Freuds verbunden, dem er den Roman *Der Streit um den Sergeanten Grischa* auch gewidmet hatte. Mit Z.s persönlicher Sendung des Romans an Freud entstand eine Korrespondenz, die, später durch persönliche Bekanntschaft ergänzt, zur wichtigsten intellektuellen Beziehung in Z.s Leben wurde. Ab 1932 redet Z. den Briefpartner konsequent mit »Vater Freud« an und vertraut sich ihm an – in literarischen, politischen, aber auch persönlichen Angelegenheiten. Letzteren weicht Freud eher aus, aber zu Z.s Werken und auch zu seinen politischen Ansichten nimmt er wiederholt Stellung. Zudem findet er in »Meister Arnold« jenen Literaten, vor dem er sein letztes Buchprojekt, *Der Mann Moses und die monotheistische Religion*, entwickeln kann, das er zunächst als Roman plant. Der Bereich, in welchem sich persönliche, literarische und politische Fragestellungen im Briefwechsel Z.s mit Freud überschneiden, ist die Beziehung zu Palästina. Von seiner ersten Palästinareise im Frühjahr 1932 berichtet Z. Freud nach seiner Rückkehr nach Berlin beinahe begeistert. Zugleich spricht er ein Romanprojekt an, das neben dem Weltkriegsprojekt entstehen soll und gegen eine andere Verdrängungsgeschichte ankämpft. Gemeint ist der (ebenfalls 1932 veröffentlichte) Roman *De Vriendt kehrt heim*, der einen ungeklärten Jerusalemer Mordfall an einem jüdischen, antizionistischen Pädophilen aus dem orthodoxen Milieu aufgreift. Während der Mord vom zionistischen Lager mit einer Liebesaffäre zu einem arabischen Jungen in Verbindung gebracht wird, macht Z. sich im Roman die inoffiziell gängige Meinung zu eigen, dass es sich hier um einen politischen Mord eines zionistischen Attentäters handle. Wie Z. Freud gegenüber erklärte, zwang ihn die Entdeckung des wahren Sachverhalts dieses Mords, »den Dingen ohne projüdisches Vorurteil auf die Haut zu sehen, den politischen Mord des Juden am Juden genau so zu beleuchten, als wäre es sein politischer Mord in Deutschland, den Weg der Desillusion weiter zu gehen, so weit als nötig, als möglich – weiter als gut.« Obwohl das Buch, das Ende 1932 erschienen war, in Deutschland bald verboten wurde und eine hebräische Übersetzung bis lange nach Z.s Tod nicht vorlag, war er später in Palästina überzeugt davon, als Verfasser dieses Buches boykottiert zu werden. Doch Pläne, Palästina in den 30er Jahren in Richtung USA zu verlassen, kamen nicht zustande.

Obwohl Z. insbesondere in den Briefen an Freud schon seit Anfang 1934 erklärte, »keinerlei zionistische Illusionen mehr« zu haben, verteidigte er in der Öffentlichkeit noch lange Zeit seinen Entschluss, als Jude nach Palästina emigriert zu sein, und stellte rückblickend selbst die Reise von 1932 als Erkundungsreise vor einer geplanten Einwanderung dar, was sich aus den Dokumenten zu dieser Reise allerdings keineswegs schlüssig erkennen lässt. Erst 1938, in der Artikelserie *Hitler und Antihitler*, die in der *Pariser Tageszeitung* erscheint, bezichtigt er die Zionisten nicht nur der Kollaboration mit Hitler im Rahmen des zur Rettung deutscher Juden geschlossenen Haavara-Abkommens, sondern erklärt auch, »die aufrichtigste Bewunderung unter den Juden« zollten Hitler »zionistische Gruppen«. In der Folge begibt sich Z. immer mehr in die zionismus-kritische Opposition, die einen Höhepunkt in seiner Mitherausgeberschaft bei der deutschsprachigen Haifaer Zeitschrift *Orient* 1942/43 findet. Z.s berechtigtes Gefühl, dass die deutsche Sprache im Jischuw auch dann unwillkommen war, wenn die »seelischen Zentren« der Neueinwanderer aus Deutschland und Österreich allein kraft ihrer Herkunft danach ausgerichtet waren, wurde aufs schlimmste bestätigt, als er selbst bei der Veranstaltung eines Vereins zur Unterstützung der Sowjetunion im Krieg gegen Deutschland als deutschsprachiger Redner von Extremisten, die den Saal stürmten, tätlich angegriffen wurde. Hatte Z. allerdings noch im Sommer 1942 im *Orient* geklagt, dass »keines meiner Bücher in den letzten zehn Jahren Zugang auf den hebräischen Büchermarkt« erhalten habe, so erschien ein gutes Jahr danach sein Roman *Das Beil von Wandsbek*, lange vor der Publikation des deutschen Originals oder irgend einer anderen Übersetzung, auf Hebräisch. Doch auch dieser Roman sollte grundsätzlich an der Isolation Z.s in Palästina nichts mehr ändern, zumal im Jahr seines Erscheinens in Jerusalem einer seiner nächsten Freunde in Palästina starb, der Psychoanalytiker und Freud-Schüler Max Eitingon. In jener Zeit begann Z. sich, auch unter dem Einfluss seines neuen Bekannten Louis Fürnberg, stärker dem Marxismus zuzuwenden, wobei er – wohl auch seiner schlechten Augen wegen – über eine rudimentäre theoretische Beschäftigung mit dessen Lehren nie hinauskam.

Ob Z. im Juli 1948, zwei Monate nach der Ausrufung des Staates Israel, bei seinem Wegflug nach Prag bereits das endgültige Verlassen des Landes plante, ist strittig. Jedenfalls erkannte er schnell, dass er hier als Autor auf eine andere Resonanz stieß, und der ehrenvolle Empfang in Ost-Berlin einige Monate später musste ihm endgültig klarmachen, dass er hier nicht nur, wie er hoffte, an der Verwirklichung des sozialistischen Traums teilnehmen konnte, sondern auch materiell und prestigemäßig anders gestellt sein würde als in Israel. Z.s Frau litt psychisch stark unter der Rückkehr nach Deutschland. Das äußert sich in Briefen, die sie selbst an Nachum Goldmann schrieb, aber auch in einem Brief Z.s an Lion Feuchtwanger, wo er erklärte, seine Frau wolle »nur zurück, nur nicht hier leben müssen, in den Trümmern und bei diesen Menschen, die so viel Grausiges getan haben«. Z., der sich in der Ost-Berliner jüdischen Gemeinde als israelischer Staatsbürger hatte eintragen lassen, erklärte im Sommer 1949, »weder Berlin noch Haifa als Wohn- und Arbeitsort preisgeben« zu wollen und seine Frau allenfalls für einige Monate im Jahr allein auf dem Karmel zurückzulassen. Die politischen Implikationen eines Lebens im Ostblock hat Z., nicht nur in dieser Frage, offenbar stark unterschätzt. Ebenso wenig wie von einem Pendeln zwischen Israel und der DDR die Rede sein konnte, war Z.s Absicht zu verwirklichen, der Psychoanalyse im sozialistischen System Akzeptanz zu verschaffen. Sein Manuskript *Freundschaft mit Freud*, das er auf Anregung von Freuds Tochter Anna nach Freuds Tod begonnen hatte und Anfang der 60er Jahre abschloss, wurde ihm vom Berliner Aufbau-Verlag kommentarlos zurückgegeben. Im fortgesetzten Briefwechsel mit Anna Freud musste er feststellen, dass sein Leben in der DDR ihn von jeder Entwicklung und Neuerscheinung im Gebiet der Psychoanalyse und der Freud-Forschung fernhielt. Das Manuskript wurde erst 1996 gedruckt.

Wie *Freundschaft mit Freud* waren fast alle größeren Arbeiten, die in Z.s letzten zwei Jahrzehnten in der DDR erschienen, noch in Haifa konzipiert worden. Dies galt für zwei Romane im Umfeld des *Grischa*-Zyklus ebenso wie für den 1963 erschienenen Roman *Traum ist teuer*, eines seiner schwächsten Bücher, das in Palästina und Ägypten während des Zweiten Weltkriegs angesiedelt ist und dessen Protagonist ein österreichisch-jüdischer, nach Palästina ausgewanderter Psychoanalytiker ist. Die Figur des zum Marxismus und Antifaschismus neigenden Nervenarztes scheint in weiten Teilen Z.s eigenem Selbstbild entlehnt. Dazwischen finden sich problematische zeitgeschichtliche Aussagen. So wird der »Hochmut« gerügt, »mit dem Mandatarmacht und Jewish Agency es unterließen, der palästinensischen Bevölkerung für die Bereitwilligkeit zu danken, den von Hitler und seinen Bluthunden ausgetriebenen deutschen Juden Asyl zu gewähren.« Das musste jüdische Leser eingedenk der feindseligen arabischen Haltung in den 30er und 40er Jahren und der daraus resultierenden restriktiven britischen Einwanderungspolitik zur Zeit der Shoah schockieren

Gleichzeitig hat Arnold Zweig maßgeblich dazu beigetragen, dass ab Ende der 50er Jahre die Verfolgung der Juden in der öffentlichen Gedenkkultur der DDR explizit hervorgehoben wurde. Etliche israelische Besucher Z.s in Ost-Berlin haben zudem später seine positive, zuweilen auch sehnsüchtige Haltung gegenüber Israel bezeugt, und 1967 verweigerte er seine Unterschrift unter eine öffentliche Verurteilung Israels durch jüdische Künstler und Intellektuelle der DDR anlässlich des Sechstagekriegs, was ihm eine Denunziation durch Walter Ulbricht eintrug. Insgesamt jedoch war der Rang des »Staatsschriftstellers« mit einer Einschränkung der Äußerungsmöglichkeiten verbunden, die für Z. gerade im Bereich des Jüdischen (etwa auch bezüglich einer Wiederveröffentlichung der *Bilanz* in einem DDR-Verlag) besonders schmerzlich gewesen sein dürfte. Die Vereinnahmung Z.s durch die DDR ging so weit, dass sein – mündlich überlieferter – Wille, auf dem jüdischen Friedhof Weißensee bestattet zu werden, vom Regime, das ihm ein Staatsbegräbnis ausrichtete, sabotiert wurde.

Z.s Ansehen im Westen litt während der Nachkriegszeit beträchtlich darunter, dass er als Aushängeschild der DDR verstanden wurde. Erst die Wiedervereinigung konnte dazu führen, dass eine umfassende Ausgabe seiner Werke zustande kam, wobei die älteren Werke erstmals wieder in der ursprünglichen, unzensierten Fassung vorliegen. In Israel manifestierte sich ein neuer, ideologiefreier Blick auf Z. in der hebräischen Übersetzung des *Grischa* in den 80er Jahren und von *De Vriendt kehrt heim* Anfang der 90er Jahre. Gerade dieses letztere Buch wurde 1995 nach der Ermordung des Premierministers Jitzchak Rabin durch einen jüdischen Fanatiker für Israel wieder aktuell, wies es doch die fortlaufende Gefahr hin, die dem Zionismus auch heute von seiner radikal nationalistischen Auslegung her droht.

Werke: Berliner Ausgabe, hg. Humboldt-Universität zu Berlin u. Akademie der Künste, Berlin 1996 ff.
Literatur: M. Wiznitzer, A.Z. Das Leben eines deutsch-jüdischen Schriftstellers, Königstein/Ts. 1983; A.Z., hg. W.v. Sternburg, Frankfurt a.M. 1987; L. H.-H. Müller, A.Z. und der Zionismus, in: Text + Kritik, H. 104 (1989), 9–24; A. Wolf, Größe und Tragik A.Z.s. Ein jüdisch-deutsches Dichterschicksal in jüdischer Sicht, London u. a. 1991; Deutscher, Jude, Europäer im 20. Jahrhundert. A.Z. und das Judentum, hg. J. Bernhard und J. Schlör, Bern u. a. 2004; H. Simon: »Ihnen und der Gemeinde alles Gute«. Der Dichter A.Z. – Ein prominentes Mitglied der (Ost) Berliner Jüdischen Gemeinde, in: Integration und Ausgrenzung. Studien zur deutsch-jüdischen Literatur- und Kutlurgeschichte von der Frühen Neuzeit bis zur Gegenwart, hg. M.H. Gelber u. a., Tübingen 2009, 351–366.

Alfred Bodenheimer

Zweig, Max

Geb. 22.6.1892 in Proßnitz;
gest. 5.1.1992 in Jerusalem

»Ich bin als Jude in die deutschsprachige Kultur geboren worden. In diesen wenigen Worten sind die unabänderlichen Grundlagen meines Lebens bereits festgelegt [...]« – dieses Zitat Z.s. aus *Religion und Konfession* (1991) ist für das Werk des aus

Überzeugung deutschsprachig schreibenden Dramatikers grundlegend. Z., welcher nach eigenen Worten in einem völlig areligiösen Elternhaus aufgewachsen ist und dessen Vater, als Z. acht Jahre alt war, sich dem Zionismus zuwandte, beschäftigte sich intensiv mit den Antagonismen Religion versus Orthodoxie, geistige Freiheit versus bedingungslose Unterwerfung unter Gebot und Tradition.

Literarisch schlug sich dies erstmals 1929 in dem Drama *Elimelech und die Jünger* nieder. Z. bemüht sich hier um eine Aktualisierung der jüdischen Messiasidee, indem er Prophetentum und Priestertum gegenüberstellt. Während der Hohepriester Abirahman fürchtet, dass eine Übersteigerung des geistig-ethischen Prinzips des Judentums und die damit verbundene Vernachlässigung der sozialen Komponente die Besonderheit des Judentums als einer integralen »Kulturform« infrage stellt (Wallas) und deshalb auf unbedingter Einhaltung der Thora besteht, vertreten die Jünger Elimelechs ein dynamisches, verinnerlichtes Glaubensverständnis, welches teilweise von einem christlichen Glaubensbegriff – Barmherzigkeit und Armutslehre – geleitet ist. Z.s eigenes, in *Religion und Konfession* niedergelegtes Glaubensbekenntnis allerdings ist eine hochgradig individuelle Konfession, basierend auf seiner Auseinandersetzung mit Bibel, Koran, Buddhismus und altchinesischen Weisen. Dabei hoffte er, sich in der hebräischen Bibel wiederzufinden, auch wenn sie für ihn eher das »erste zusammenhängende Geschichtswerk eines Volkes« und weniger ein religiöses Werk bedeutete. 1944 führte Z. in *Saul* die in *Elimelech* entwickelte Thematik in Ansätzen weiter. Saul verkörpert für Z. das Paradigma des tragischen Menschen, der an der Größe der von ihm übernommenen Aufgaben scheitert. Mit dieser Interpretation folgt Z. der rabbinischen Tradition, die teilweise versucht hat, Sauls Handlungen gegen die tendenziösen Berichte im 1. Buch Samuel zu verteidigen (Wallas). *Saul* wurde als Gründungsmythos Israels rezipiert und am 1. Jahrestag der Gründung in der hebräischen Fassung in Tel Aviv uraufgeführt.

Im Juli 1938 war Z. nach Palästina gereist, um mit der »Habimah« zu arbeiten, der dortigen Schaubühne, konnte danach aber wegen der politischen Umstände nicht mehr zurück. Israel wollte er nicht als Exil bezeichnen, er fühlte sich »daheim«, obwohl er das deutschsprachige Österreich weiterhin als sein eigentliches »Vaterland« verstand. Um so klarer aber kritisierte er, so in *Die Marranen* (1937) stellvertretend an den Ereignissen aus dem spanischen Mittelalter, die Assimiliation als Selbstaufgabe (vor allem) des (deutschen) Judentums, als ein zum Scheitern verurteiltes Lebenskonzept. Aus dem Bedürfnis heraus, dem Land, welches ihn aufgenommen hatte, ein Geschenk zu bereiten, schrieb Z. 1939 *Davidia*, die Dramatisierung der historischen Ereignisse um die von den Arabern zerstörte jüdische Siedlung Tel Chaj im Frühjahr 1920. Z. entwirft ein differenziertes Bild der Entstehung des jüdischen Staates und stellt zugleich die Ideale der Kibbuzbewegung und den Heroismus der zionistischen Siedler und Pioniere dar. Den Ursprung dieses kämpferischen Selbstbewusstseins als Teil einer neuen jüdischen Identität sah Z. im Ghetto-Aufstand in Warschau (Wallas). Geplagt von den irrationalen Schuldgefühlen des Überlebenden fühlte Z. sich zu einer dramatischen Identifikation mit den Opfern verpflichtet und schrieb 1947 *Ghetto Warschau*. Angetrieben von dem Willen, »die Ehre unseres Volkes [zu] retten«, nehmen die Ghettobewohner den zum Scheitern verurteilten Kampf gegen die Nazis auf. Das Ende des Dramas – der Aufbruch des einzigen Überlebenden nach Palästina – kann nach Z. im Sinne des zionistischen Modells interpretiert werden.

Werke: Lebenserinnerungen, Gerlingen 1987; Religion und Konfession, hg. A.A. Wallas, Klagenfurt 1991; Gesammelte Werke, hg. E. Reichmann u. a., Oldenburg 1997 ff.

Literatur: A.A. Wallas, »Sie starben im Nirgendwo«, in: Sprachkunst 21 (1990), 251–283; ders., Ein jüdischer Dramatiker im Exil, in: Das Jüdische Echo 39 (1990), 159–164; M.Z. Kritische Betrachtungen, hg. E. Reichmann, St. Ingbert 1995.

Eva Reichmann

Zweig, Stefan

Geb. 28.11.1881 in Wien;
gest. 23.2.1942 in Petropolis (Brasilien)

Z. wuchs in einer bürgerlichen jüdischen Familie auf, deren Vorfahren aus Mähren und Deutschland nach Wien gekommen waren. Der Vater war ein erfolgreicher Textilunternehmer, die Mutter kam aus einer angesehenen Bankiersfamilie. In

seiner Autobiographie, der *Welt von Gestern* (1942), schrieb Z. nicht ohne Wehmut: »So wie meine Eltern haben zehntausend oder zwanzigtausend Familien in Wien gelebt in jenem Jahrhundert der gesicherten Werte.« Dazu gehörte unabdingbar auch die Pflege der Kultur. Sie nahm als beinahe ontologische Größe einen festen Platz im Humanitätsverständnis des gehobenen Wiener Bürgertums ein. Die Beschäftigung insbesondere mit der Literatur war auch für Z. ein wichtiger Fluchtpunkt während seiner Schulzeit. Er las die Werke von Friedrich Nietzsche, Gerhard Hauptmann und den französischen Symbolisten, und zeitweise ließ er keine Vorstellung des Wiener Hoftheaters aus. Kunst und Geist wurden für ihn zu Orten der Freiheit, der Individualität und der Selbstverwirklichung.

Schon der 14-jährige Schüler schickte Gedichte an Zeitschriften wie *Die Gesellschaft* oder *Die Zukunft* von Maximilian Harden, wo sie auch gedruckt wurden. Auch wandte er sich an Karl Emil Franzos in Berlin, den Herausgeber der *Deutschen Dichtung*, der seit 1898 einige Gedichte und Manuskripte annahm. Nach der Schulzeit schrieb sich Z. an der Wiener Universität ein, führte ein Bohème- und Caféhausleben und schrieb unaufhörlich. Von den zahlreichen Gedichten, die er bis dahin verfasst hatte, stellte Z. 1901 eine Auswahl zusammen, die unter dem Titel *Silberne Saiten* zu einem ersten großen Erfolg wurden. Rilke schickte ihm daraufhin eine Sammlung eigener Gedichte, und Max Reger vertonte zwei Gedichte der Sammlung. Eine Novelle mit dem Titel *Im Schnee*, die Z. 1900 Karl Emil Franzos angeboten hatte, lehnte dieser jedoch ab. Darin wird das Schicksal einer jüdischen Gemeinde im Mittelalter behandelt, die auf der Flucht vor

Flagellanten in einen Schneesturm gerät und verschüttet wird; Z. sieht diesen Schluss als Apotheose, die die Erlösung von irdischen Qualen bringt. Obwohl die Novelle nach dem Verständnis von Z. »absolut keine nationale Tendenz« enthielt, konnte er sie 1904 in Berthold Feiwels *Jüdischem Almanach* unterbringen. Erst 1963 wurde sie als Sonderdruck wieder aufgelegt. 1900 machte Z. auch die Bekanntschaft mit Theodor Herzl, der einen Artikel Z.s über die Dichtkunst in der *Neuen Freien Presse* veröffentlichte.

1901 kam Z. als Student nach Berlin und knüpfte wichtige Kontakte, obwohl er nur einige Monate blieb. Er besuchte die Veranstaltungen der *Neuen Gemeinschaft* der Brüder Hart und verkehrte im *Club der Kommenden*, zu dem so unterschiedliche Persönlichkeiten wie Ephraim Moses Lilien, Peter Hille und Rudolf Steiner gehörten. Aus Wien kannte Z. bereits Herzl und stand in Berlin in Kontakt zu Zionisten der ersten Stunde wie Buber und Lilien, doch blieb sein Verhältnis zum Zionismus ambivalent. Im Grunde lehnte er den Zionismus ab, ging jedoch niemals in Opposition zu ihm und pflegte zeitlebens gute Kontakte zu Zionisten. So schrieb er 1902 unter dem Titel *Werdegang eines jüdischen Künstlers* die Einleitung zur ersten Monographie über Lilien: »Der Zionismus ist das Banner, der ladende Ruf, der die Tausende um sich versammelt. Er hat das Judentum wieder bewußt gemacht, er hat in tausend Augen das Sternbild einer realen Möglichkeit entfacht. Er hat aus einer wachsenden Zersplitterung und Entfremdung eine kraftvolle Einheit gestaltet.« Der Zionismus als politische Bewegung aber blieb Z. immer fremd, wie er in einem Brief an Martin Buber formulierte: »Von Ihnen und den Ihren trennt mich nur dies, daß ich nicht wollte, daß das Judentum wieder Nation wird, daß ich die Diaspora liebe und bejahe als den Sinn seines Idealismus, als seine weltbürgerliche allmenschliche Berufung.« Zu Herzl hielt er bis zu dessen frühem Tod engen Kontakt, zumal beide neben persönlicher Sympathie ein gemeinsamer sozialer und gesellschaftlicher Hintergrund verband. Eine für 1929 geplante Biographie Herzls kam jedoch nicht zustande. In Berlin hatte Z. auch den jiddischen Dichter Schalom Asch kennengelernt, der später häufig bei ihm zu Gast war und der ihm die jiddische Literatur näherbrachte. Zu Aschs Geburtstag verfasste Z. 1930 einen Artikel für die *Literarische Welt* in Berlin. Über Ernst Lissauer, Autor des umstrittenen *Haßgesangs gegen England*, schrieb Z. zwei Jahre später einen Artikel in der *C. V.-Zeitung*. Eine weitere wichtige Bekanntschaft, die Z. in seiner Berliner Zeit machte, war Richard Dehmel, der ihn zu ersten Übersetzungen aus dem Französischen anregte. Denn obwohl Z. in seinem Prosawerk von der Wiener Schule der Moderne beeinflusst und die Psychologie seiner Figuren den Lehren Freuds verpflichtet war, hatte Z. eine große Affinität zur französischen Literatur. Er übersetzte Paul Verlaine und Emile Verhaeren, den er 1912 auf einer Vortragsreise durch Deutschland und Österreich begleitete, wobei Z. jeweils die Einführungsvorträge hielt. Durch seine Übersetzung weiterer Autoren wie Arthur Rimbaud, Romain Rolland, Jules Romains und André Malraux wurde Z. ein wichtiger Vermittler französischer Literatur.

Dass 1907 Ludwig Barnay vom Königlichen Schauspielhaus in Berlin das Schauspiel *Tersites* angenommen hatte, war ein Zeichen für Z.s zunehmende Beliebtheit. Dieses Vorhaben zerschlug sich aber ebenso wie der Plan, das Stück am Wiener Hoftheater herauszubringen. Die Uraufführung fand schließlich am 26. 11. 1908 in Dresden statt. *Tersites* und das folgende Stück *Haus am Meer* von 1911 begründeten Z.s Ruf als Bühnenautor. In den Jahren bis zum Weltkrieg reiste Z. regelmäßig; den Anstoß für Z.s größte Reise gab Walter Rathenau, den er seit 1907 kannte. Dieser hatte ihm geraten, sich einmal die Welt außerhalb Europas anzusehen, und Z. trat bereits wenige Monate später eine Reise an, die ihn nach Indien, ins Himalayagebiet und nach Hinterindien führte. Die Folgen des Kolonialismus und der Rassismus der europäischen Kolonialherren gegenüber den Einheimischen bestürzten ihn ebenso wie die Klassenschranken in den besuchten Ländern.

Den Ausbruch des Ersten Weltkrieges begrüßte Z. zunächst und wurde wie viele seiner Zeitgenossen vom Patriotismus ergriffen; auch er meldete sich nach der Mobilmachung freiwillig, wurde jedoch für dienstuntauglich erklärt. Dennoch wurde er zum Kriegspressehauptquartier eingezogen, einer Propaganda- und Zensurbehörde der österreichischen Armee, zu der auch Alfred Polgar und Albert Ehrenstein gehörten. Im Auftrag dieser Behörde wurde Z. 1915 »in das schwarzeste Galizien« geschickt. Unter dem Einfluss von Romain Rolland, dessen *Jean Christoph* Z. vor dem Krieg sehr gelobt hatte, löste er sich allmählich von seiner anfänglichen Kriegsbegeisterung und wurde ein entschiedener Kriegsgegner. 1916 übersetzte er Henri Barbusses Antikriegsroman *Le Feu*. Emile Verhaeren schlug in dieser Zeit in seinen Werken einen antideutschen Ton an, aber auch einen antijüdischen – Z. zeigte sich davon sehr verletzt. »Sie wissen, wie sehr ich ihn geliebt habe – und doch kann ich jetzt nicht trauern. Das Schicksal, persönlich für eine Rasse gehasst zu werden, hat mich mein jüdisches Blut seit Jahren lächelnd ertragen gelehrt und seltsam, gerade in der Vehemenz seiner Äußerungen spüre ich einen tiefen Schmerz, eine Verzweiflung, die ich ehre und achte« (1915 an Romain Rolland). Klaus Mann nannte diese Reaktion einmal ironisch »eminent pazifistisch«, eine Formulierung, die Z. selbst geprägt hatte. Doch den Kern traf Joseph Roth, als er 1937 an Z. schrieb: »Sie widerlegen nichts mit ihrer Sanftmut, die übrigens gar keine ist, sondern Flucht.« Doch Z. verstand diese »Sanftmut« als letzten Versuch, das Individuum vor Ansprüchen kollektiver Art zu schützen. Vor diesem Hintergrund sind auch seine Monographien zu sehen, die ihn im Lauf der 20er Jahre einem immer größeren Publikum bekannt machten. So sollten die Arbeiten zu Balzac, Dickens und Dostojewski die ersten Bände einer Reihe mit dem Untertitel *Die Baumeister des Geistes. Versuch einer Typologie* bilden. Weitere Monographien verfasste er über Romain Rolland (1921), Leo Tolstoi (1927), Joseph Fouché (1929), Marie Antoinette (1932) und Erasmus von Rotterdam (1934). In diesen Themenkreis gehören auch Z.s Essays zu historischen Figuren, die er 1927 unter dem Titel *Sternstunden der Menschheit* veröffentlichte. Z. brachte die Porträtierten nicht nur durch seine Schriften in Erinnerung; er sammelte seit seiner Schulzeit Autogramme und Manuskripte, aus denen im Laufe der Jahre ein kleines Museum geretteter Individual- und Geistesgeschichte entstand.

1918 veröffentlichte Z. sein Anfang 1916 begonnenes Drama *Jeremias*. Es war das erste Antikriegsdrama in Europa und begründete Z.s Ruhm als Literat und Pazifist. Das Stück handelt von der Kraft, die aus der Niederlage gezogen werden kann: »Die Macht der Niederlage ist die seelische Superiorität des Besiegten.« Doch gab es auch Kritik, wie z. B. von dem jiddischen Dichter David Frischmann, der Z. 1922 vorwarf, dass die biblische Figur und der jüdische Hintergrund nur Fassade seien, um universale und daher beliebige Ideen zu verbreiten. Z. floh nach der Machtergreifung 1933 über die Schweiz nach London, wo er bis 1940 lebte, bevor er sich in Brasilien niederließ; im Mai 1933 wurden seine Bücher verbrannt, doch hatte das Antikriegsdrama *Jeremias* ein besonderes Schicksal. In Palästina war es bereits 1929 in der Übersetzung von Avigdor Hameri aufgeführt worden, als zweite Inszenierung des Ohel-Theaters. Sie machte aus Z.s Drama ein zionistisches Propagandastück. In dieser Version sah es Z. 1934 in London bei einem Gastspiel des Ohel-Theaters, das von Ovationen des Publikums begleitet war. Wie Z. zu dieser oder anderen Umdeutungen seines Dramas stand, ist nicht bekannt. 1934 zeigten auch die zahlreichen jüdischen Kulturbünde, die seit ihrer Gründung im Sommer 1933 ihre Arbeit in Deutschland aufgenommen hatten, Interesse an Z.s *Jeremias*. Als erster führte der Berliner Kulturbund im Oktober 1934 den *Jeremias* auf, mit großem Erfolg. Das Stück fand die Zustimmung aller, der Zionisten, des Centralvereins und des Publikums. So schrieb Eva Reichmann am 5. 10. 1934 in der *C. V.-Zeitung*: »Und er lehnt sich gegen den Zorn des Ewigen. Aber seine Versuchung ist auch zugleich seine Erhöhung. Er gibt seiner Niederlage neuen Sinn, und sein Leiden preist er heilig, weil es in ihm erwählt ist zur ewigen Nachfolge Gottes. Hier recht eigentlich, in der Sinngebung des nationalen Untergangs als Begründung ewigen religiösen und geistigen Fortbestands, wächst die Deutung des prophetischen Wortes zur grandiosen Apotheose des Judentums.«

Als Z. 1916 die Arbeit am *Jeremias* aufnahm, stand er ganz unter dem Eindruck einer Reise nach Galizien. Damals schrieb er an Buber, der ihn zur Mitarbeit an seiner neugegründeten Zeitschrift *Der Jude* aufgefordert hatte, über dieses Stück: »Es ist die Tragödie und der Hymnus des jüdischen Volkes als des auserwählten – und der Schluss ist gleichsam der Verkündigung im Auszug aus Jerusalem zum ewig neu bebauten Jerusalem« (8.5.1916). Doch bedeutete dies für Z. keine zionistische Wende: »Ich halte nationale Gedanken, wie den jeder Einschränkung als eine Gefahr und erblicke eigentlich in der Idee, daß das Judentum sie realisieren sollte, ein Herabsteigen und einen Verzicht auf seine höchste Mission.« Zudem sah er in »allem was an Stolz in den jüdischen Bekenntnissen ist […] eine aufgetane Unsicherheit, eine umgewendete Angst, ein gedrehtes Minderwertigkeitsgefühl, was uns fehlt, ist Sicherheit, Unbesorgtheit – ich fühle sie auch als Jude in mir immer stärker.« Z. sah schon 1916, zwei Jahre vor Kriegsende, voraus, dass die Schuld an einer eventuellen Kriegsniederlage den Juden angelastet werden würde, wie er an Abraham Schwadron schrieb: »Ich bin fest überzeugt, dass die Erbitterung, die jetzt schon latent ist, nach dem Kriege sich nicht gegen die Kriegshetzer, die Reichspost-Partei, sondern gegen die Juden entladen wird. Ich bin überzeugt – felsenfest – daß dem Krieg der Antisemitismus die Zuflucht dieser ›Großösterreicher‹ sein wird.« Wie sehr er recht behalten sollte, und welch dramatische Auswirkungen der Antisemitismus auf sein eigenes Leben haben sollte, war dann auch einer der Gründe für seine seit Mitte der 20er Jahre und besonders im Exil häufig auftretenden Depressionen. Dennoch versuchte Z. weiter zu arbeiten. Neben dem Libretto zu Richard Strauss' Oper *Die Schweigsame Frau* (1933) verfasste er 1929 die Legende *Rahel richtet mit Gott* und 1936 *Der begrabene Leuchter, die Geschichte der Menorah*. Auch hier standen singuläre Menschen im Zentrum, so wie Rahel, die sich als einzige dem zürnenden Gott entgegenstellt und dadurch das ganze Volk rettet, oder wie Benjamin (*Der begrabene Leuchter*), der aus inneren und äußeren Anfechtungen als Sieger hervorgeht. 1937 beteiligte sich Z. neben André Gide, André Malraux und Aldous Huxley an einem Aufruf zur Gründung eines internationalen Hilfsfonds für emigrierte deutsche Schriftsteller.

1940 kam Z. erstmals nach Brasilien, wo ihm ein triumphaler Empfang bereitet wurde; er beschloss, sich dort niederzulassen. Z.s Bekanntheit hätte ihm zwar das Emigrantenleben im Gegensatz zu den vielen Unbekannten erleichtern können; doch war für ihn das Exil von Anbeginn an ein fast unerträglicher Zustand. Am 23. Februar 1942 begingen er und seine zweite Frau in Petropolis bei Rio de Janeiro Selbstmord. Die brasilianische Regierung bestand auf einem Staatsbegräbnis und benannte eine Straße in Rio de Janeiro nach ihm. Z. selbst aber hatte in den letzen Monaten seines Exils von sich gesagt: »Ich passe nicht in diese Zeit. Diese Zeit mißfällt mir.«

Werke: Gesammelte Werke in Einzelbänden, hg. K. Beck, Frankfurt a. M. 1981 ff.
Literatur: G.-Q. Ren, Am Ende der Missachtung? Studie über die St.Z.-Rezeption in der deutschen Literaturwissenschaft nach 1945, Herzogenrath 1996; St.Z. lebt! Akten des 2. Internationalen St.Z. Kongresses in Salzburg 1998, hg. S. Schmid-Bortenschlager u. a., Stuttgart 1999; O. Matuschek, Drei Leben. St.Z. – Eine Biographie, Frankfurt 2006; V. Wiedermann, »Die Hölle regiert!« St.Z. und Joseph Roth – eine Freundschaft in Briefen, in: ders., Das Buch der verbrannten Bücher, Köln 2008, 232–240; Das Buch als Eingang zur Welt. Schriftenreihe des St.Z. Centre Salzburg, Bd. 1, hg. J. Brügge, Würzburg 2009.

Heidelore Riss

Weiterführende Bibliographie

Alter, Robert: *After Tradition: Essays on Modern Jewish Writing*. New York 1969.

Battegay, Caspar u. a. (Hg.): *Jüdische Literatur als europäische Literatur*. München 2009.

Battegay, Caspar: *Das andere Blut. Gemeinschaft im deutsch-jüdischen Schreiben 1830-1930*. Köln 2011.

Bayerdörfer, Hans-Peter (Hg.): *Theatralia Judaica. Emanzipation und Antisemitismus als Momente der Theatergeschichte. Von der Lessing-Zeit bis zur Schoah*. Tübingen 1992.

Ben-Ari, Nitsa: *Romanze mit der Vergangenheit. Der deutsch-jüdische historische Roman des 19. Jahrhunderts und seine Bedeutung für die Entstehung einer neuen jüdischen Nationalliteratur*. Aus dem Hebr. von Dafna Mach. Tübingen 2006.

Bier, Jean-Paul: *Auschwitz et les nouvelles littératures allemandes*. Bruxelles 1979.

Bodenheimer, Alfred: *Wandernde Schatten. Ahasver, Moses und die Authentizität der jüdischen Moderne*. Göttingen 2002.

– *Ungebrochen gebrochen. Über jüdische Narrative und Traditionsbildung*. Göttingen 2012.

–/Barbara Breysach (Hg.): *Abschied von Europa. Über jüdisches Schreiben zwischen 1930 und 1950*. München 2008.

Botstein, Leon: *Judentum und Modernität: Essays zur Rolle der Juden in der deutschen und österreichischen Kultur, 1848-1938*. Wien 1991.

Braese, Stephan: *Die andere Erinnerung. Jüdische Autoren in der westdeutschen Nachkriegsliteratur*. Berlin 2001.

– *Eine europäische Sprache. Deutsche Sprachkultur von Juden 1760-1930*. Göttingen 2010.

Brenner, Michael: *Die Jüdische Kultur in der Weimarer Republik*. München 2000.

Carmely, Klara: *Das Identitätsproblem jüdischer Autoren im deutschen Sprachraum: Von der Jahrhundertwende bis zu Hitler*. Königstein 1981.

Dresden, Sem: *Holocaust und Literatur*. Frankfurt a. M. 1997.

Eke, Norbert Otto/Hartmut Steinecke (Hg.): *Shoah in der deutschsprachigen Literatur*. Berlin 2006.

Eloesser, Arthur: Literatur. In: *Juden im deutschen Kulturbereich. Ein Sammelwerk*, hg. Siegmund Kaznelson. Dritte Ausgabe. Berlin 1962, 1–67.

Ernst, Petra: *Schtetl – Stadt – Staat. Raum und Identität in deutschsprachig-jüdischer Erzählliteratur des 19. und frühen 20. Jahrhunderts*. Innsbruck 2012.

–/Gerald Lamprecht (Hg.): *Konzeptionen des Jüdischen. Kollektive Entwürfe im Wandel*. Innsbruck 2009.

Eshel, Amir: *Zeit der Zäsur. Jüdische Dichter im Angesicht der Shoah*. Heidelberg 1999.

– *Zukünftigkeit. Die zeitgenössische Literatur und die Vergangenheit*. Berlin 2012.

Garloff, Katja: *Words from Abroad. Trauma and Displacement in Postwar German Jewish Writers*. Detroit 2005.

Gay, Peter: Weimar Culture: *The Outsider as Insider*. New York 1968.

– Die deutschen Juden in der Wilhelminischen Kultur. In: Ders., *Freud, Juden und andere Deutsche*. München 1989, 115–188.

Geiger, Ludwig: *Die deutsche Literatur und die Juden*. Berlin 1910.

Gelber, Mark/Hans Otto Horch/Sigurd Paul Scheichl (Hg.): *Von Franzos zu Canetti: Jüdische Autoren aus Österreich*. Tübingen 1996.

Gelber, Mark u. a. (Hg.): *Integration und Ausgrenzung. Studien zur deutsch-jüdischen von der Frühen Neuzeit bis zur Gegenwart. Festschrift für Hans Otto Horch zum 65. Geburtstag*. Tübingen 2009.

Gelhard, Dorothee: *»Mit dem Gesicht nach vorne gewandt«. Erzählte Tradition in der deutsch-jüdischen Literatur*. Wiesbaden 2008.

Gilman, Sander L.: *Jüdischer Selbsthass. Antisemitismus und die verborgene Sprache der Juden*. Frankfurt a. M. 1993.

– *Jews in Today's German Culture*. Bloomington 1995.

–/Karen Remmler (Hg.): *Reemerging Jewish Culture in Germany: Life and Literature since 1989*. New York 1994.

–/Jack Zipes (Hg.): *Yale Companion to Jewish Writing and Thought in German Culture, 1096-1996*. New Haven 1997.

–/Hartmut Steinecke (Hg.): *Deutsch-jüdische Literatur der neunziger Jahre. Die Generation nach der Shoah. Beiträge des internationalen Symposions 26.–29. November 2000 im literarischen Colloquium Berlin-Wannsee*. Berlin 2002.

Gombrich, Ernst H.: *Jüdische Identität und jüdisches Schicksal*. Wien 1997.

Grab, Walter: *Gegenseitige Einflüsse deutscher und jüdischer Kultur: Von der Epoche der Aufklärung bis zur Weimarer Republik*. Tel Aviv 1984.

– »Jüdischer Selbsthaß« und jüdische Selbstachtung in der deutschen Literatur und Publizistik 1890 bis 1933. In: *Conditio Judaica: Judentum, Antisemitismus und deutschsprachige Literatur vom 18. Jahrhundert bis zum Ersten Weltkrieg*, hg. Hans Otto Horch. Tübingen 1989, 313–336.

Greiner, Bernhard (Hg.): *Placeless Topographies. Jewish Perspectives on the Literature of Exile.* Tübingen 2003.

– *Beschneidung des Herzens. Konstellationen deutsch-jüdischer Literatur*. Paderborn 2004.

–/Christoph Schmidt (Hg.): *Arche Noah. Die Idee der »Kultur« im deutsch-jüdischen Diskurs.* Freiburg i. Br. 2002.

Grimm, Günter E./Hans-Peter Bayerdörfer: *Im Zeichen Hiobs: Jüdische Schriftsteller und deutsche Literatur im 20. Jahrhundert*. Königstein 1985.

Hermand, Jost: *Judentum und deutsche Kultur. Beispiele einer schmerzhaften Symbiose*. Wien 1996.

Hermsdorf, Klaus: »Deutsch-jüdische« Schriftsteller? Anmerkungen zu einer Literaturdebatte des Exils. In: *Zeitschrift für Germanistik* 3 (1982), 278–292.

Hessing, Jakob: Im Exil. Zur deutsch-jüdischen Literatur. In: *Merkur* 50 (1996), 492–501.

Horch, Hans Otto: *Auf der Suche nach einer jüdischen Erzählliteratur. Die Literaturkritik der »Allgemeinen Zeitung des Judentums«*. Frankfurt a. M. 1985.

– Heimat und Fremde. Jüdische Schriftsteller und deutsche Literatur oder Probleme einer deutsch-jüdischen Literaturgeschichte. In: *Juden als Träger bürgerlicher Kultur in Deutschland*, hg. Julius H. Schoeps. Stuttgart 1989, 41–65.

– Was heißt und zu welchem Ende studiert man deutsch-jüdische Literaturgeschichte? Prolegomena zu einem Forschungsprojekt. In: *German Life and Letters* 49 (1996), 124–135.

– *Deutsch-jüdische Literatur I. Vom 18. Jahrhundert bis zu Heinrich Heine*. Studienbrief Fern-Universität Hagen 1995.

– *Deutsch-jüdische Literatur II. Von Heinrich Heine bis zur Wiener Moderne*. Studienbrief Fern-Universität Hagen 1998.

–/Horst Denkler (Hg.): *Conditio Judaica. Judentum, Antisemitismus und deutschsprachige Literatur vom 18. Jahrhundert bis 1933/38*. 3 Bde. Tübingen 1988-93.

–/Gabriele von Glasenapp: *Ghettoliteratur. Eine Dokumentation zur deutsch-jüdischen Literaturgeschichte des 19. und frühen 20. Jahrhunderts.* Tübingen 2005.

Kaznelson, Siegmund (Hg.): *Juden im deutschen Kulturbereich. Ein Sammelwerk*. 2. Aufl. Berlin 1959.

Kilcher, Andreas: Was ist deutsch-jüdische Literatur? Eine historische Diskursanalyse. In: *Weimarer Beiträge* 45 (1999), 485–517.

– Exterritorialitäten. Zur kulturellen Selbstreflexion der aktuellen deutsch-jüdischen Literatur. In: *Deutsch-jüdische Literatur der neunziger* Jahre, hg. Sander L. Gilman und Hartmut Steinecke. Berlin 2002, 131–146.

– Interpretationen eines kulturellen Zwischenraums. Die Debatte um die deutsch-jüdische Literatur 1900 bis 1933. In: *Deutsch-jüdischer Parnaß. Rekonstruktion einer Debatte*. Im Auftrag des Moses-Mendelssohn-Zentrums für europäisch-jüdische Studien, hg. Julius H. Schoeps u. a. Berlin 2002, 289–312.

– »Grandeur and Collapse of the German-Jewish Symbiosis«. Hans Tramer und die jüdische Literaturwissenschaft des Leo Baeck Instituts. In: *Weimarer Beiträge* 4 (2005), 562–587.

– »Jewish Literature« and »World Literature«: Wissenschaft des Judentums and its Concept of Literature. In: *Modern Judaism and Historical Consciousness: Identities, Encounters, Perspectives*, hg. Andreas Gotzmann und Christian Wiese. Leiden 2007, 294-320.

– Deutsch-jüdische Literaturgeschichte schreiben? Perspektiven historischer Diskursanalyse. In: *Dialog der Disziplinen: Jüdische Studien und Literaturwissenschaft*, hg. Eva Lezzi und Dorothea M. Salzer. Berlin 2009, 351-382.

– Die Sprachen der Literatur. Zur Erfindung der »jüdischen Literatur« im 19. Jahrhundert. In: *Naharaim. Zeitschrift für deutsch-jüdische Literatur und Kulturgeschichte* 2 (2010), 274–286.

Klüger, Ruth: *Katastrophen: über deutsche Literatur*. Göttingen 1994.

Köppen, Manuel (Hg.): *Kunst und Literatur nach Auschwitz*. Berlin 1993.

Krobb, Florian: *Selbstdarstellungen. Untersuchungen zur deutsch-jüdischen Erzählliteratur im neunzehnten Jahrhundert*. Würzburg 2000.

– *Kollektivautobiographien – Wunschautobiographien. Marranenschicksal im deutsch-jüdischen Roman*. Würzburg 2002.

Krojanker, Gustav (Hg.): *Juden in der deutschen Literatur*. Berlin 1922.

Lamping, Dieter: *Von Kafka bis Celan. Jüdischer Diskurs in der deutschen Literatur des 20. Jahrhunderts*. Göttingen 1998.

Lang, Berel: *Writing and the Holocaust*. New York 1988.

Langer, Lawrence L.: *The Holocaust and the Literary Imagination*. New Haven 1975.

Leuenberger, Stefanie: *Schrift-Raum Jerusalem. Identitätsdiskurse im Werk deutsch-jüdischer Autoren*. Köln 2007.
Liska, Vivian: *Fremde Gemeinschaft. Deutsch-jüdische Literatur der Moderne*. Göttingen 2011.
Lorenz, Dagmar/Gabriele Weinberger (Hg.): *Insiders and Outsiders: Jewish and Gentile Culture in Germany and Austria*. Detroit 1994.
Mayer, Hans: *Außenseiter*. Frankfurt a. M. 1975.
– *Der Widerruf: Über Deutsche und Juden*. Frankfurt a. M. 1994.
Mendes-Flohr, Paul: *Jüdische Identität. Die zwei Seelen der deutschen Juden*. München 2004.
Meyer, Michael A.: *Jüdische Identität in der Moderne*. Frankfurt a. M. 1992.
Mosès, Stéphane/Albrecht Schöne: *Juden in der deutschen Literatur: Ein deutsch-israelisches Symposium*. Frankfurt a. M. 1986.
Mosse, George: *Germans and Jews*. New York 1970.
– *Jüdische Intellektuelle in Deutschland*. Frankfurt a. M. 1985.
Nolden, Thomas: *Junge jüdische Literatur. Konzentrisches Schreiben in der Gegenwart*. Würzburg 1995.
Noor, Ashrav (Hg.): *Erfahrung und Zäsur. Denkfiguren der deutsch-jüdischen Moderne*. Freiburg i. Br. 1999.
Oellers, Norbert (Hg.): *Vom Umgang mit der Shoah in der deutschen Nachkriegsliteratur*. Berlin 1995.
Pazi, Margarita: *Staub und Sterne. Aufsätze zur deutsch-jüdischen Literatur*, hg. Sigrid Bauschinger und Paul Michael Lützeler. Göttingen 2000.
Politzer, Heinz: From Mendelssohn to Kafka. The Jewish Man of Letters in Germany. In: *Commentary* 3 (1947), 344-351.
Reich-Ranicki, Marcel: *Über Ruhestörer: Juden in der deutschen Literatur*. Stuttgart 1989.
Robertson, Ritchie: *The Jewish Question in German Literature: 1749-1939. Emancipation and its Discontents*. Oxford 1999.
Rosenfeld, Alvin: *A Double Dying: Reflection on Holocaust in Literature*. Bloomington 1980.
Rosenfeld, Gavriel D.: Defining »Jewish Art« in Ost und West, 1901–1908. A Study in the Nationalisation of Jewish Culture. In: *Leo Baeck Institute Yearbook* 39 (1994), 83–110.
Sabel, Johannes: *Die Geburt der Literatur aus der Aggada: Formationen eines deutsch-jüdischen Literaturparadigmas*. Tübingen 2010.
Schilling, Sabine/Sigrid Weigel: *Jüdische Kultur und Weiblichkeit in der Moderne*. Köln 1994.
Schöne, Albrecht (Hg.): *Kontroversen, alte und neue. Akten des VII. Internationalen IVG-Kongresses Göttingen 1985*. Bd. 5: *Auseinandersetzungen um jiddische Sprache und Literatur – Jüdische Komponenten in der deutschen Literatur – Die Assimilationskontroverse*, hg. Walter Röll und Hans-Peter Bayerdörfer. Tübingen 1986.
Schoeps, Julius H.: *Juden als Träger bürgerlicher Kultur in Deutschland*. Stuttgart 1989.
Schörken, Rolf/Dieter Jürgen Löwisch: *Das doppelte Antlitz: Zur Wirkungsgeschichte deutsch-jüdischer Künstler und Gelehrter*. Paderborn 1990.
Scholem, Gershom: Wider den Mythos vom deutsch-jüdischen Gespräch. In: *Bulletin of the Leo Baeck Institute* 7 (1964), 278–281.
Schoor, Kerstin: *Vom literarischen Zentrum zum literarischen Ghetto. Deutsch-jüdische literarische Kultur in Berlin zwischen 1933 und 1945*. Göttingen 2010.
– (Hg.): *Zwischen Rassenhass und Identitätssuche. Deutsch-jüdische literarische Kultur im nationalsozialistischen Deutschland*. Göttingen 2010.
Schütz, Hans: *Ein Deutscher bin ich einst gewesen. Vergessene und verkannte Autoren des 20. Jahrhunderts*. München 1988.
– *Juden in der deutschen Literatur: Eine deutsch-jüdische Literaturgeschichte im Überblick*. München 1992.
Schwarz, Egon: Der Beitrag der Juden zur deutschen Literatur. In: *Conditio Judaica: Judentum, Antisemitismus und deutschsprachige Literatur vom 18. Jahrhundert bis zum Ersten Weltkrieg*, hg. Hans Otto Horch. Tübingen 1989, 309–328.
Shahar, Galili: *theatrum judaicum. Denkspiele im deutsch-jüdischen Diskurs der Moderne*. Bielefeld 2007.
Shaked, Gershon: *Die Macht der Identität: Essays über jüdische Schriftsteller*. Frankfurt a. M. 1992.
Shedletzky, Itta: Existenz und Tradition. Zur Bestimmung des »Jüdischen« in der deutschsprachigen Literatur. In: *Deutsch-jüdische Exil- und Emigrationsliteratur im 20. Jahrhundert*, hg. Itta Shedletzky und Hans Otto Horch. Tübingen 1993, 3–14.
Shedletzky, Itta/Hans Otto Horch (Hg.): *Deutsch-jüdische Exil- und Emigrationsliteratur im 20. Jahrhundert*. Tübingen 1993.
Steinecke, Hartmut: *Literatur als Gedächtnis der Shoah: Deutschsprachige jüdische Schriftstellerinnen und Schriftsteller der »zweiten Generation«*. Paderborn 2005.
Stern, Desider: *Werke jüdischer Autoren deutscher Sprache. Eine Bio-Bibliographie*. 3. Aufl. Wien 1970.
Stern, Guy: *Literarische Kultur im Exil. Literature and Culture in Exile*. Dresden 1998.

Storck, Joachim: Von Lessing zu Kafka. Überlegungen zur Problematik einer deutsch-jüdischen »Symbiose« seit der Aufklärung. In: *Digression. Wege der Aufklärung. Festschrift für P. Michelsen*, hg. G. Frühsorge u. a. Heidelberg 1984, 107–124.

Strauss, Herbert A./Christhard Hoffmann (Hg.): *Juden und Judentum in der Literatur*. München 1985.

Stüben, Jens/Winfried Woesler (Hg.): *»Wir tragen den Zettelkasten mit den Steckbriefen unserer Freunde«. Beiträge jüdischer Autoren zur deutschen Literatur seit 1945*. Darmstadt 1993.

Theisohn, Philipp: *Die Urbarkeit der Zeichen. Zionismus und Literatur – eine andere Poetik der Moderne*. Stuttgart 2005.

Valtink, Eveline: *Jüdische Identität im Spiegel der Literatur vor und nach Auschwitz*. Hofgeismar 1988.

Verboten und Verbrannt. Deutsche Literatur – 12 Jahre unterdrückt, hg. Richard Drews und Alfred Kantorowicz. Berlin 1947.

Wallas, Armin (Hg.): *Jüdische Identitäten in Mitteleuropa. Literarische Modelle der Identitätskonstruktion*. Tübingen 2002.

– *Deutschsprachige jüdische Literatur im 20. Jahrhundert*, hg. Andrea M. Lauritsch. Wuppertal 2008.

Wehrli, Max: Die Literatur. In: *Die Juden und die Kultur*. Stuttgart 1961, 91–105.

Wirth-Nesher, Hana (Hg.): *What is Jewish Literature?*. Philadelphia 1994.

Young, James A.: *Beschreiben des Holocaust: Darstellung und Folgen der Interpretation*. Frankfurt a. M. 1997.

Yudkin, Leon: *Jewish Writing and Identity in the Twentieth Century*. London 1982.

Zipes, Jack: Die kulturelle Operation von Deutschen und Juden im Spiegel der neueren deutschen Literatur. In: *Babylon* 8 (1991), 34–44.

Zohn, Harry: *Wiener Juden in der deutschen Literatur*. Tel Aviv 1964.

– *»... ich bin ein Sohn der deutschen Sprache nur ...«: Jüdisches Erbe in der österreichischen Literatur*. Wien 1986.

Nachschlagewerke

Bibliographia Judaica. Verzeichnis jüdischer Autoren deutscher Sprache, 3 Bde. und ein Ergänzungsband. Bearbeitet v. Renate Heuer. Frankfurt a. M. 1982–1995.

Bolbecher, Siglinde/Konstantin Kaiser: *Lexikon der österreichischen Exilliteratur*. Wien 2000.

Deutschsprachige Exilliteratur seit 1933, hg. J. M. Spalek u. a. 4 Bde., Bern u. a. 1976–2000.

Encyclopaedia Judaica. 10 Bde. [unvollständig; bis »Lyra«]. Berlin 1928–34.

Encyclopaedia Judaica. 17 Bde., Jerusalem 1972.

Enzyklopädie jüdischer Geschichte und Kultur. 7 Bde. Im Auftrag der Sächsischen Akademie der Wissenschaften hg. D. Diner. Stuttgart 2011 ff. (bisher erschienen: Bde. 1–3).

Handbuch zur deutsch-jüdischen Literatur des 20. Jahrhunderts, hg. Daniel Hoffmann. Paderborn 2002.

Handbuch österreichischer Autorinnen und Autoren jüdischer Herkunft. 18. bis 20. Jahrhundert, hg. Österreichische Nationalbibliothek. Red. Susanne Blumesberger u. a. München 2002.

Jüdische Frauen im 19. und 20. Jahrhundert. Lexikon zu Leben und Werk, hg. Jutta Dick und Marianne Sassenberg. Reinbek 1993.

Jüdisches Lexikon. Ein enzyklopädisches Handbuch des jüdischen Wissens. 5 Bde. Berlin 1927–30.

Lexikon deutsch-jüdischer Autoren. Archiv Bibliographia Judaica. Redaktionelle Leitung: Renate Heuer. München u. a. 1992 ff.

Metzler Lexikon jüdischer Philosophen, hg. Andreas B. Kilcher und Otfried Fraisse. Stuttgart 2003.

Neues Lexikon des Judentums, hg. Julius H. Schoeps. Gütersloh 1998.

Philo-Lexikon. Handbuch des jüdischen Wissens. 3. Aufl. Berlin 1936. Nd. Frankfurt a. M. 1992.

Stern, Desider: *Werke jüdischer Autoren deutscher Sprache. Eine Bio-Bibliographie*. 3. Aufl. Wien 1970.

Wall, Renate: *Lexikon deutschprachiger Schriftstellerinnen im Exil 1933–1945*. 2 Bde. Freiburg i. Br. 1995.

Zohn, Harry: *Österreichische Juden in der Literatur. Ein bio-bibliographisches Lexikon*. Tel Aviv 1969.

Verzeichnis der Beiträgerinnen und Beiträger

Adunka, Evelyn (Wien): Hakel, Hofmann, Salten, Sperber, Torberg
Alon, Alexander (Zürich): Berdyczewski
Andreas-Grisebach, Manon (Ferndorf): Kornfeld
Anz, Thomas (Marburg/Lahn): Reich-Ranicki
Arroyo, Inka (Jerusalem): Maimon
Assall, Paul (Baden-Baden): Vigée
Assmann, Michael (Darmstadt): Meidner
Atze, Marcel (Wien): H.G. Adler, Steiner
Battegay, Caspar (Basel): N. Birnbaum, Caspari, Lewinsky
Bayerdörfer, Hans-Peter (München): Bruckner, D. Kalisch, Mehring, Rehfisch, Schnitzler
Becker, Sabina (Freiburg): Blass
Berghahn, Klaus (Madison): Pollak
Billen, Josef (Coesfeld): Ausländer
Bischoff, Doerte (Hamburg): C. Goll
Bockel, Rolf von (Neumünster): Hiller
Bodenheimer, Alfred (Basel): Goldschmidt, Herzl, Lasker-Schüler (zus. mit A. Kilcher), Toller, A. Zweig
Bolbecher, Siglinde (Wien) †: Bauer, Krommer, Vertlib
Braese, Stefan (Aachen): Hildesheimer, Kesten, K. Mann, Soyfer, Weil
Brand, Alix (Zürich): Kraus
Breysach, Barbara (Olsztyn): Deutschkron, Dischereit, Klüger, Meerbaum-Eisinger
Briegleb, Klaus (Berlin): Heine
Caspary, Arpe (Bonn): Altenberg, G. Hermann, Tergit
Chase, Jefferson (Berlin): Börne, Saphir
Delf von Wolzogen, Hanna (Potsdam): Beer-Hofmann, Hauschner, Lachmann, Landauer, Mauthner, Mombert, E. Mühsam, Ullmann
Deuber-Mankowsky, Astrid (Bochum): Benjamin
Dick, Jutta (Halberstadt): F. Adler, Habe, Lander
Drews, Jörg (Bielefeld) †: Borchardt, Kraft, Serner
Dreyfus, Martin (Zürich): Tassoni-Domino, Wurm
Edelmann-Ohler, Eva (Zürich): Theilhaber, Zlocisti, Zuckermann
Egyptien, Jürgen (Aachen): Drach, Grab, Koestler, Mainzer
Eidherr, Armin (Salzburg): Schreyer
Faul, Eckhard (Pirmasens): Rubiner
Frey, Stefan (München): Löhner
Freytag, Carl (Berlin): Klemperer
Galková, Ivana (Olomouc): Natonek
Gerber, Jan (Leipzig): Fürnberg
Gelber, Mark (Beersheva): Donath, Feiwel, Noll
Gelbin, Cathy (Manchester): Heym
Gerlach, Hans Jörgen (Berlin) †: Jacob
Gilman, Sander L. (Atlanta): Becker
Glasenapp, Gabriele von (Köln): Bernstein, H. Blumenthal, Cohn, Frankl, Franzos, Hartmann, Herzberg-Fränkel, Klötzel, L. Philippson, Ph. Philippson, Schiff, Schwarz(-Gardos), Tauber
Glasow, Kirstin von (Köln): Lublinski
Goßens, Peter (Bochum): Preßler, Weiskopf, Weißglas
Grubitz, Christoph (Berlin): Benyoëtz, M. Hermann, L. Kalisch, Loewenson, Rodenberg
Günter, Manuela (Köln): Edvardson, Kracauer
Haacker, Christoph (Wien): Beer
Haberland, Detlef (Oldenburg): Tau
Hackermüller, Rotraut (Wien): Roda Roda
Hahn, Hans-Joachim (Zürich): Giordano, Seligmann (zus. mit H. Schruff), Stein
Herrmann, Joachim (Osnabrück): Gong
Herzog, Andreas (Essen): Brod, Feuchtwanger, Sommer
Heuwinkel, Christiane (Bielefeld): Kaléko
Hilfrich, Carola (Jerusalem): Mendelssohn
Hoffmann, Daniel (Düsseldorf): P. Adler, Frisch, Heimann
Hoffmann, Elisabeth (Düsseldorf): Langgässer
Honigmann, Barbara (Strasbourg): Brasch, Pappenheim
Horch, Hans Otto (Neuwied): Auerbach, Behr (zus. mit E. Varga), Döblin, Hilsenrath, Kisch, E.M. Kuh (zus. mit E. Varga), Strauß, Wassermann
Hufnagel, Cordula (Berlin): Rosenzweig
Jacob, Joachim (Gießen): Ludwig
Jaworski, Sylvia (Zürich): Gorelik, Schachnowitz
Jessen, Caroline (Jerusalem): P. Mühsam
Kaiser, Konstantin (Wien): Jellinek, L. Katz, Kuhner, Menasse, Pollatschek, Waldinger, Wander
Kasper, Elke (Aachen): Kunert
Kiefer, Klaus H. (München): Einstein
Kiefer, Reinhard (Aachen): Rosenkranz

Kilcher, Andreas (Zürich): Ben-Chorin, Eliasberg, Goldstein, Haas (zus. mit K. Schettler), Honigmann, Kafka, A. Kuh, Lasker-Schüler (zus. mit A. Bodenheimer), Nadel, Rabinovici, Roth
Klimbacher, Wolfgang (Klagenfurt): Spitzer
Klockmann, Susanne (Hamburg): Keilson
Knickmann, Hanne (Darmstadt): Pinthus
Kremer, Detlef (Münster) †: Koreff, Seghers
Krobb, Florian (Kildare): Bettauer, David, Kohn, Kompert, Landsberger, Meyer
Kucher, Primus-Heinz (Klagenfurt): Kapper, Kramer, Kulke, Rotenberg
Kümmerling-Meibauer, Bettina (Tübingen): Jokl
Lauer, Gerhard (München): Friedell
Lezzi, Eva (Berlin): Biller (zus. mit H. Schruff), Ganzfried, Kaminski, Lewald, Schindel (zus. mit H. Schruff)
Leuenberger, Stefanie (Zürich): Behrens (zus. mit C. Schnelle), Walden
Marquardt, Jörg (Zürich): Balázs, Hochwälder
Meyer-Sickendiek, Burkhard (Berlin): Broder
Mittelmann, Hanni (Jerusalem): Gronemann
Mohi-von Känel, Sarah (Zürich): Baum
Müller, Hans-Harald (Hamburg): Perutz
Müller-Feyen, Carla (Berg): Herzog
Müller-Lentrodt, Matthias (Berlin): Y. Goll
Nelhiebel, Nicole (Oldenburg): Heyse
Nickel, Gunther (Mainz): Jacobsohn, Zuckmayer
Nussbaum, Laureen (Portland): Heymann
Ochse, Katharina (Berlin): Fleischmann
Olbrich, Horst (Berlin): Beer, Eloesser
Oswalt, Stefanie (Berlin): Bab, O. Blumenthal, Harden, Polgar, Tucholsky
Pedersen, Ena (Oxford): H.W. Katz
Pfanner, Helmut (Lochau): K. Hirsch
Reichmann, Eva (Bielefeld): O. Baum, B. Frank, Winder, Wittner, M. Zweig
Reichwald, Anika (Zürich): Dohm
Riss, Heidelore (Freising): Beck, Fulda, Hirschfeld, Holitscher, Hollaender, Kerr, Mosenthal, Ungar, Viertel, Wolf, St. Zweig
Rochus, Gerhild (Augsburg): V. Canetti
Rosenberger Staub, Nicole (Winterthur): Aichinger, Guggenheim
Schardt, Michael Matthias (Münster): Jacobowski
Schatz, Andrea (London): Domeier, Herz, Schlegel, Sonne, Varnhagen
Scheichl, Sigurd Paul (Innsbruck): Lorm, Margul-Sperber, Paepcke, Salus
Schettler, Katja (Wuppertal): Haas (zus. mit A. Kilcher)
Schnelle, Cornelia (London): Behrens (zus. mit S. Leuenberger), Blumenthal-Weiss
Schoor, Kerstin (Frankfurt/Oder): Beradt, Hirsch, Sturmann
Schreuder, Saskia (Basel): R. Frank, Morgenstern, Picard, Stern
Schruff, Helene (München): Biller (zus. mit E. Lezzi), Schindel (zus. mit E. Lezzi), Seligmann (zus. mit H.-J. Hahn)
Schulte, Christoph (Potsdam): Nordau
Seiz, Carola (Frankfurt a. M.): Senger
Sendtner, Florian (Regensburg): Lemm
Silbermann, Edith (Düsseldorf) †: Kittner
Sparr, Thomas (Berlin): Celan, Kolmar, Rübner, Sachs, Susman, P. Weiss, Wolfskehl
Steer, Martina (Wien): Badt-Strauss
Steinecke, Hartmut (Paderborn): Aloni, Loewenberg
Stern, Guy (Detroit): A. Neumann
Stieg, Gerald (Asnières): E. Canetti
Strickhausen, Waltraud (Döttesfeld): Spiel
Strümpel, Jan (Göttingen): Améry, Lind, R. Neumann, Tabori
Sudhoff, Dieter (Paderborn) †: Höxter, Hoffmann, Janowitz, Pick, E. Weiss
Theisohn, Philipp (Zürich): Kreisler, Sinsheimer, Weigel
Thiel, Detlef (Wiesbaden): Friedlaender (Mynona)
Treml, Martin (Berlin): Buber
Tippelskirch, Karina von (Syracuse): Hasenclever, Landau, Sahl, Silbergleit
Thunecke, Jörg (Köln): Fried
Varga, Eva (Aachen): Behr (zus. mit H.O. Horch), E.M. Kuh (zus. mit H.O. Horch)
Vollmer, Hartmut (Münster): Hardenberg, Hartwig, Hessel, Hoddis, Kaus, Lichtenstein
Wallas, Armin (Klagenfurt) †: Ben-Gavriêl, U. Birnbaum, Ehrenstein, Fuchs, Kastein, Kronberg, Moreno Levy, Sonnenschein, Werfel, Wolfenstein
Weidner, Daniel (Berlin): Broch
Weinke, Wilfried (Hamburg): Liepmann, Sakheim
Weissberg, Liliane (Philadelphia): Bendavid, Robert
Wiese, Christian (Frankfurt a. M.): Anders, Domin, Hermlin, Lissauer, Lustiger, Sternheim, Wolff
Yang, Zhidong (Keutschach am See): Blum

Bildquellen

Manon Andreas-Grisebach, Glanz 296
akg (Abraham Pisarek-Archiv Berlin) 226
Albrecht Strauss, Chapel Hill 21
Arche Verlag München, Zürich 234, 338
Archiv Charles Linsmeyer, Zürich 180
Archiv der Akademie der Künste, Berlin 150
Archiv der Theodor Kramer Gesellschaft, Wien 308, 315 (Foto: Nina Jakl), 409, 429 (Foto: Nina Jakl), 514, 523
Archiv Hartmut Binder, Ditzingen 403
Archiv JM Jüdische Medien AG: 553
Archiv Rotraut Hackermüller, Wien 422
Archiv Dieter Sudhoff, Paderborn 4, 236, 248, 540
Archiv Hartmut Vollmer, Paderborn 188, 191
Archiv Klaus Wagenbach, Berlin 253
Aufbau Verlag, Berlin 281 (Foto: Eva Kemlein), 354 (Foto: Daniel Mordzinski)

Bayerische Staatsbibliothek, München 93
Bibliothek der Ungarischen Akademie der Wissenschaften: Magyar Tudományos Akadémia Könyvtár (MTAK), Ms 5022/163 24
Bildarchiv Abraham Pisarek, Berlin 1, 19, 39, 133, 140, 144, 158, 202, 210, 230, 241, 265, 289, 342, 372, 380, 402, 416, 427, 466, 484, 510, 547
Bildarchiv Preußischer Kulturbesitz, Berlin 9, 48, 62, 76, 91, 142, 178, 181, 183, 186, 222, 246, 259, 287, 327, 363, 375, 420, 443, 488
Bildarchiv ÖNB Wien 31, 237, 441
Mirjam Birnbaum, Amersfoord 69
Nathan & Salomon Birnbaum Archive, Toronto 67
Boer-Verlag, Berlin 310
Bundesarchiv (Bild 183-S81891) 156

Doris Demant, Baden-Baden 518
Deutsches Exilarchiv 1933–1945 der Deutschen Bibliothek, Frankfurt am Main 378, 500
Deutsches Literaturarchiv, Marbach am Neckar 2, 27, 57, 113, 117, 129, 136, 247, 250, 264, 269, 278, 285, 298, 300, 318, 324, 344, 386, 382, 405, 435, 442, 465, 466, 483, 507, 522, 540, 565
Deutsches Theatermuseum, München 516
Jürgen Doerry, Karlsbad-Spielberg 394
Dokumentationsarchiv des österreichischen Widerstandes 474
Alisa Douer, Wien 36

Edition Memoria Archiv B. Schumann, Hürth bei Köln 71

Gerald von Foris/Graf Verlag 175
Vincent C. Frank-Steiner, Basel 141
Peter Frielingsdorf, Borchen 346

Daniel Ganzfried, Zürich 160
Ruth Gassner-Hirsch, München 229
Trude Geiringer & Dora Horovitz, Münchner Stadtbibliothek Monacensia 360
Germania Judaica, Köln 131
Gidal-Bildarchiv im Steinheim-Institut, Duisburg 38, 88, 134, 194, 207, 257, 260, 321, 356, 388, 396, 407, 511, 550
Ginze Micha Yosef, The M.Y. Berdyczewski Archive, Holon Israel, Avner Holtzmann 59

H. Hakel Gesellschaft, Wien 185
Carl Hanser Verlag 100

Institut für Zeitgeschichte, Wien 311
Institut für Zeitungsforschung, Dortmund 166

Jüdisches Museum Wien 74, 349

Benny Kahane, Beer Sheva, Israel 391
Friedel Katz 267
Kaufmann-Verlag; entnommen aus: Selig Schachnowitz: Salomo der Falascha: eine Geschichte aus der Gegenwart, Frankfurt a.M. 1923 445
Birgit Kleber, Berlin 461
Konrad Klein 280
Barbara Klemm, FAZ 112, 272
Cary Klötzel, Jerusalem 284

Leo Baeck Institut, New York 217, 489
Leske + Budrich, Opladen 376
R. Löwit Verlag; entnommen aus: Dr. Hugo Zuckermann. Ein Gedenkblatt von Dr. Arnold Friedmann. Wien 1915 557
Wolfgang Lorenz, St. Gallen 149

Mathias Michaelis, Pforzheim 388
Bernhard Moosbrugger 495
Carla Müller-Feyen, München 212

IN THE NEWS

Catherine Piola

IN THE NEWS

Maîtriser en anglais les grands enjeux du monde contemporain

ARMAND COLIN

Création maquette : La Femme Assise
Maquette intérieure : PCA
Illustrations de couverture : jesadaphorn, Valenty © Shutterstock

Armand Colin est une marque de
Dunod Éditeur, 11 rue Paul Bert, 92240 Malakoff
ISBN 978-2-200-63137-6

TABLE OF CONTENTS

Introduction

When students decide to improve their English or when adults need to set higher goals for themselves in English, the initial piece of advice usually given by teachers, independently of attending a course, is "Read in English", "Read the newspapers in English", "Listen to the radio in English". Although this seems the simplest way to test one's comprehension, develop argumentative skills, enrich one's knowledge of the language and culture, the task may be daunting and too challenging to be effectively put into practice without any support.

In the News offers a selection of articles and internet documents to read and watch for learners who may be at university, in preparatory classes, in business, engineering or communication schools or for adults wanting to make progress in contemporary English. It is intended to help them develop not just their reading and listening comprehension skills, but also their autonomy in expanding their vocabulary and their competence in expressing ideas creatively. It helps them refine their cultural awareness and provides them with opportunities to challenge ideas related to contemporary society. Though the study of grammar is not dealt with per se, *In the News* introduces some practice on advanced grammar points in the learning material provided with the selection of texts and internet documents. This selection of self-study documents can also be very useful to prepare the reading and listening comprehension sections of international certification tests.

In the News is made of seven independent chapters, each having the same pattern:

- a short introduction to the topic;
- four or five one-page newspaper articles with exercises on the page opposite to the text;
- three internet documents to watch and a study programme for each;
- a revision section: 30 multiple choice questions, three gap-filling texts followed by topics for debate;
- a bilingual (French-English) glossary.

The articles are unabridged and were all published in *The Guardian*. For each chapter, the selection offers a variety of views on the topic. Some articles from different chapters echo one another as they may approach several issues and can be studied over various chapters. It is the case, for example, with articles and internet documents dealing with discrimination in chapters on technology, working conditions, the European Union and on the environment. The learner does not therefore need to cover one full chapter but can work here and there according to one's curiosity. As a guide, the level of difficulty of each text is indicated at the beginning of the chapter in reference to the Common European Framework of Reference for Languages.

The Internet documents come from a wide range of sources: TV reports, International organisations, interviews, conferences. They vary in length and are all available online. The learning material suggested for each document allows the student to work on the key points and breaks up long documents into shorter sections to be studied successively. The visual elements are, as much as possible, integrated into the analysis of each document. Overall, they have been selected to complete the content of the articles and expose the learners to a variety of speech forms and accents. They are all available on the YouTube channel Get It? ESL.

The revision section allows independent work to be carried out after having studied the texts and internet documents. It provides a quick and efficient testing of one's knowledge on the lexical and grammatical contents of the whole chapter. Finally, the topics for debate can be used as food for thought to fuel a broader approach or as essay topics for those who want to challenge their writing skills on the key notions explored in the chapter. At any point of the work in the chapter, the glossary is a helpful tool not just as a list of the major key terms on the topic, but as the basis for a more systematic and comprehensive vocabulary learning.

Above all, ***In the News*** provides students with hours of practical linguistic training, the result of which will materialise in a greater autonomy and pleasure in the use of the English language as well as a better understanding of some of the issues at stake in the contemporary world.

1

The English-Speaking World

That there is an English-speaking world is an undeniable fact, defining it precisely, however, remains quite a challenge. It is a lot greater than the sum of its parts, bearing in mind it includes not only nations such as the UK, the US, Canada, Australia, New Zealand but also Ireland, South Africa and a number of Caribbean States among others. Can anyone agree on what characterizes Britishness, Irishness and possibly Englishness or Americanness and find enough common ground – and territory – to assume a synergy based on a shared cultural and linguistic experience strong enough to bind these countries together?

This chapter gives readers some insights into the Commonwealth and the post-colonial era, the status of the English language in the EU and in Africa, the Australian identity, Irish solidarity and the impact of English on technology. It provides food for thought on some of the notions at stake in this complex cultural and geopolitical entity some nationalists controversially refer to as the "Anglosphere".

CONTENTS

TEXT 1

WILL BREXIT SPELL THE END OF ENGLISH AS AN OFFICIAL EU LANGUAGE?

Though the UK is leaving, English is likely to remain a lingua franca in Brussels. Just don't expect it to stand still

Now that we know that Boris Johnson will "get Brexit done", what are the implications for English as an official language of the European Union and in the European parliament? Could it stop being used when Britain leaves? In 2016 the MEP Danuta Hübner was quoted as saying, "If we don't have the UK, we don't have English." But is it as simple as that?

Until the 1990s, the dominant language of the EU was French. When the EU was the EC and the official language policy was defined, Dutch, French, German and Italian were identified as the working languages. However, as more countries joined, many of which had English as a second or additional language, the number of English speakers grew until English became the majority common language.

Currently, the EU lists 24 official and working languages. The UK is the only member country that gives English as its official language. There are a few member countries that commonly use English but have nominated a different language as their EU official language. For instance, the Republic of Ireland gives Irish Gaelic as its official language, and Malta gives Maltese.

When Britain withdraws from the EU (and leaving aside possible negotiations with Scotland or other territories), in order to remove English as an official language, as clarified in a statement on behalf of the European commission in Ireland dated 27 June 2016, there would have to be a unanimous vote in the European parliament in favour of doing so. Speaking at the time of the referendum, in 2016, the German EU commissioner Günther Oettinger explained, "We have a series of member states that speak English, and English is the world language which we all accept." So, even if there was the will to do so, getting rid of English wouldn't be straightforward.

Even if it did come to that, would it be a knock-down blow for the language? Historically, English has weathered a number of storms. When colonies of the British empire sought to gain their independence, it may have seemed logical for English – the language of the oppressors – to be rejected at the same time. The fact that this did not happen, and that English is used as an official first or second language in more than 70 countries worldwide, points in part to its developing socio-economic and political status during the 20th century. The number of speakers for whom English is an unofficial second or foreign language is greater than all other English language speakers, and continues to grow. With the decline of the British empire came the rise of the United States, which has English as its official language. Prof Murphy from the University of Sussex believes the US saved the English language. From the perspective of its use as a global lingua franca, she has got a point.

In fact, in some postcolonial situations, English is regarded as a more or less neutral language. In India, for example, English was supposed to be phased out post-independence in 1947 in favour of Hindi. However, as not everyone in India speaks Hindi, and many do not want to for various cultural and political reasons, English continued to be used, and is now an official language of India. In Hong Kong, English is still an official language despite the return of the territory to the People's Republic of China in 1997. As Hong Kong is an international hub for trade and finance, this makes pragmatic sense, but there is also evidence that Hong Kong people feel that the English language is part of their identity – something that makes Hong Kong distinctive from mainland China. Singapore has speakers of Malay, Chinese (various dialects) and Tamil, among others; in this context, English is a unifying language.

But these Englishes are not "British English", or even "American English". The Englishes spoken around the world have developed their own vocabulary and grammar; Euro-English is no exception. English simply does not belong to traditional "native" English speakers any more: it belongs to everyone who speaks it, and it will develop and change depending on the communicative needs of speech communities. Brits and Americans need to bear this in mind when using English in international settings, as they cannot assume they will be understood by every English speaker.

So, will English cease to be a language of the EU? Probably not in the short to medium term, either in conversations between EU member countries, MEPs, or in EU interaction with other countries around the world. One Swedish MEP even suggested that communications in the EU could be fairer in English, as it will be everyone's second language. In the long term, however, the continued dominance of English as a global language may depend on its political and socioeconomic fortunes. As it is so well-established and widespread, I believe it is likely to be used as a global lingua franca for some time. But situations and languages change. I think it was Andy Hamilton who pointed out that, once Latin was everyone's second language, it was no longer anyone's first.

Jane Setter, The *Guardian*, Dec. 27, 2019

1 In the article, the word *language* comes with a variety of adjectives to show its status and importance. Explain for each what is meant for a state, a territory, an institution and speakers.

official, dominant, additional, working, second, common, unofficial, foreign, neutral, unifying, global, first

What other status can languages have in the EU? (You may check the *Languages of the European Union* Wikipedia website)

2 What is the meaning of the verb to spell in the headline? In the following sentences, replace the verb underlined by a synonym taken from the article. Make the necessary changes.

ex: English may be less spoken after Brexit in the EU Parliament. → English **is likely to** be less spoken...

You should remember that the EU has more than one English-speaking country.

If languages don't move, the risk of them dying is high.

The EU is right when it intends to protect its minority languages.

When speakers of rare languages stop speaking their mother tongue, their whole culture is threatened.

Latin was very naturally made to disappear over several centuries.

None intends to criticize ancient texts, but for linguists, the story of the Tower of Babel is just a lovely fable.

It seems English was chosen by many countries, maybe it will become the only remaining lingua franca.

Some national policies intended to do away with dialects, thus depriving speakers of their mother tongue.

Taking for granted that one language is going to dominate the world is a colonial view.

Some languages have come safely through decades of nationalist oppression.

3 In each of the following sentences, explain what each verb tense expresses.

You should question if expressing future actions always requires the use of the future tense. Do past forms always express past actions? What are the meanings of modal verbs?

- When Britain leaves, English could no longer be spoken at EU meetings.
- French was the dominant language, not so long ago.
- Some countries have nominated their official language.
- Even if there was a will to do so, English would be difficult to get rid of.
- The Republic of Ireland gives Irish Gaelic as its official language.
- When Britain withdraws from the EU, there would have to be a vote.
- Even if it did come to that, would it be a blow for the language?
- English is a unifying language.
- When former British colonies sought independence, English may have been rejected.
- English speakers worldwide have developed their own vocabulary.

4 For each statement, say if it is true or false and replace the word(s) underlined with a synonym.

a The article states that those who speak English as a mother tongue will still be the ones impacting its evolution.

b Globalisation and the use of one language in international environments meant that one language was needed to allow communication.

c All is clear-cut and predictable when it comes to the future of languages.

d Trade through English and the emergence of a focal centre for business are combined in places like Hong Kong.

e The ups and downs of any language are not just pragmatic, they also have to do with a sense of identity.

5 Define the *Lingua Franca* concept. According to you, can an artificial, simplified language exist so that anyone could quickly learn it and be able to talk to other speakers? Why? Why not? Does this language already exist?

6 In Orwell's novel *Nineteen Eighty-Four*, a fictional language, Newspeak, is imposed by an authoritarian State. Why? What does it imply between speakers and their language?

Discuss the extent to which a nation can impose norms or control what people think? Are there nations which try to control the circulation of ideas? How do they operate in the 21st century? Can they be entirely successful?

7 Debate topics

- Keeping English as an official language in former British colonies is the result of a long "soft policy" of rewarding the newly decolonised nations. Discuss.
- English has played a major unifying part in nations which are made of several ethnic communities. Do you agree? Quote examples to support your opinion.
- Discuss the linguistic and cultural factors that have helped English become a global language. Could other languages compete?

TEXT 2

AFRICA'S COLONISATION OF THE ENGLISH LANGUAGE CONTINUES APACE

There is one expression I have grown up hearing from relatives of a certain age, but never been able to accept. It's the description of Twi – the Akan language spoken by my family – as "the vernacular", a term which implicitly compares it with the colonial language, English, and somehow finds it wanting. The word itself is a revealing symptom of the colonial project. Just as nations like the Yoruba, with a population of more than 40 million, were patronisingly described as "tribes", when in fact they were substantial nations, African languages were downgraded to "the vernacular". It's a term more befitting of a regional dialect than a nation's language, with its own history, politics and literature.

The attempt to discourage Africans from speaking our own languages not only failed, but has had the glorious result of backfiring, to the extent that now Britain's own inhabitants are officially adopting African vocab. This month the Oxford English Dictionary (OED) added Nigeria's first entries to already recognised gems like "howzit" from South Africa. Other Africans will recognise lots of the latest lingo to get the OED stamp – "chop", to eat or to misappropriate funds; "next tomorrow", the day after tomorrow; "sef", a great Pidgin flourish for emphasis. Nigerian pre-eminence in the English language is nothing new. One of the first global literary successes by a black author was *The Interesting Narrative*, by the Igbo writer Olaudah Equiano, the beautifully written 1789 account of his enslavement and subsequent freedom.

As a Booker prize judge last year, I was struck – although not surprised – by just how many entries there were from Nigerians, with two on the longlist, and the joint winner, Bernadine Evaristo, of Nigerian heritage. The sheer number of legendary authors from the nation makes it often over-represented in the English canon. But Nigeria's relationship to the English language, like that of all English-speaking African nations, is a complicated one. Chinua Achebe – one of the legends – wrote of the English language, "we may go on resenting it, because it came as part of a package deal that included many other items of doubtful value, especially the atrocities of racial arrogance and prejudice which may yet set the world on fire... If [English] failed to give them a song it at least gave them a tongue for sighing." English was imposed on Africans by force. "In Kenya, English became more than a language: it was the language, and all the others had to bow before it in deference," wrote the great Kenyan novelist Ngũgĩ wa Thiong'o. In his seminal book *Decolonising the Mind*, he described children at his English-speaking school in Nairobi being beaten if they were caught speaking Gĩkũyũ.

One of my favourite grievances with that colonial legacy, and the ongoing failure to give the descendants of empire equal status, came via the unlikely topic of weather systems. "Yo why storm Brendan?" wrote the doctor and TV presenter Dr Ronx earlier this month, "I'm out here waiting to be blown away by storm Oluwatunde! We need to decolonise storm names!" Why storms always have European names can be added to a growing list of questions: why don't British schools teach the history of empire; why does it have no national museum; why do we glorify colonial violence as personified by figures like Cecil Rhodes; why do we know the name of William Wilberforce but not Equiano, a key abolitionist as well as celebrated author?

The great thing about language though, is that it waits for no one. While calls to decolonise curricula – and weather – seem likely to continue falling on deaf ears, culture moves on. Several years ago I wrote about how the situation of "the Queen's English" in Ghana – once associated with superior education and intelligence – has become more perilous, with the potential to attract derision under the acronym LAFA – locally acquired foreign accent. Not just English but other European languages are finding their centre of gravity shifting to Africa. Portuguese currently has its greatest number of speakers in Brazil – where Yoruba and indigenous languages have moulded vowels and expressions utterly different from the language of Portugal – but some believe that by the end of the century, the growth of Angola and Mozambique will make Africans the most numerous speakers of Portuguese. The history of colonialism by France and Belgium means that since 2010, 68% of the world's new French speakers now live in West and Central Africa. The African capacity to survive the brutality of colonialism means French is now the fifth most widely spoken language in the world.

The paradox of empire is perhaps most visible in its legacy of language. The psychology of colonisation could not have worked without suppressing expressions of existing culture, and "educating" its subjects to believe in their own inferiority. But the independence of the African continent in the 20th century could not have come about when it did without the unity that was forged out of common languages brought by colonisers – English, French and Portuguese. The resulting ambivalence towards English is shared not just on the African continent but in the diaspora as well. As the great African-American writer James Baldwin once wrote, "my quarrel with the English language has been that the language reflected none of my experience". But, Baldwin conceded, "it might be made to bear the burden of my experience, if I could find the stamina to challenge it." His words reflect a fatigue with the colonial story, which I often share. But at the same time, we always did find the stamina to challenge it, whether or not that was recognised by dictionaries.

Afua Hirsh, *The Guardian*, Jan. 29, 2020

1. **For each word in bold characters, find a synonym from the choice offered. Check your answers reading the article.**

   Linguists will all agree that languages change **apace** (slowly / step by step / rapidly). This is an **ongoing** (continuous / one way / dead-end) process particularly true in Africa where the **legacy** (law / inheritance / gift) of colonisation has created some **unlikely** (improbable / different / simple) and imaginative new **lingo** (accent / vocabulary / tongue). The **canons** (weapons / models / criticism) of such linguistic creativity occasionally **forge** (establish / hide / erase) some trendy expressions to be used by the worldwide community of speakers. Though the supporters of the appropriation of English often **sigh** (moan / laugh / expect) because of the slow nature of this development, their **stamina** (use / strain / endurance) remains and leads to some linguistic creations some qualify as **gems** (treasures / oddities / bacteria).

2. **In the article, there are at least a dozen expressions, nouns or verbs, expressing something negative. Draw a list of ten of them and explain their precise meaning.**

   Ex: to backfire: to create the reverse reaction (usually negative) of what was expected

   Use some of these terms to explain why the linguistic situation in some African countries reflects the past and present of these countries.

3. **In the article, three idiomatic expressions are used. Find them with their definition.**

   - To be ignored by all
   - To change your priorities
   - To suffer the consequences

   Write sentences with each expression about what you think languages can, should or may enable someone to do.

4. **In this article, the journalist discloses a few personal details drawn from her experience. What can you tell about the journalist from these elements?**

5. **Research the following terms from the article and write a one-sentence definition for each.**

   Twi / Akan / Yoruba / Igbo / Olaudah Equiano / Bernardine Evaristo / Chinua Achebe /

   Ngugi wa Thiong'o / Gĩkũyũ / Cecil Rhodes / William Wilberforce / James Baldwin /

   Take one of the characters mentioned in the list and prepare a one-minute presentation about who the person was and why (s)he is mentioned in this article.

6. **Explain with examples the contradictions that a colonial language has imposed on some African speakers.**

7. **The journalist uses the word *empire* with no article. Can you explain this unusual use? Can you sketch a map of the English-speaking world? List the countries and, for 5 of them, explain why English remains an official language.**

   The British Empire was often referred to as "the empire on which the sun never sets". Explain this definition.

8. **Discuss James Baldwin's ambiguity concerning the use of English.**

Essay topic: James Baldwin said that "(language) *is the most vivid and crucial key to identity: It reveals the private identity, and connects one with, or divorces one from, the larger, public, or communal identity.*"

To what extent can this be true and false at the same time according to the article? How does this statement echo your personal experience of language or someone else's you may know? In your analysis, include dialects and even Pig Latin.

TEXT 3

IRISH SUPPORT FOR NATIVE AMERICAN COVID-19 RELIEF HIGHLIGHTS HISTORIC BOND

The list of recent donors reads like an Irish phone book. Aisling Ní Chuimín, Shane Ó Leary, Sean Gibbons, Kevin Boyle, Kevin Keane, Clare Quinn, Eamonn McDonald, on and on down a GoFundMe page that by Friday had raised $3.15m of a $5m goal. The individual amounts are not remarkable – $10, $20, $30, some exceeding $100 – but the story behind the donations stretches back two centuries and encompasses a singular act of generosity that forged a bond between Native Americans and Ireland, a bond now renewed in the coronavirus era.

In 1847 the Choctaw nation set aside its own impoverishment and suffering to make a $170 donation to victims of the Irish famine. The tribe had suffered grievously during its Trail of Tears, a forced relocation to Oklahoma, and empathised with Irish people enduring misery and starvation more than 4,000 miles away. The generosity left a lasting mark on Ireland, which remembers it through art and commemorations. Now Irish people are reciprocating by donating to a fund for Navajo and Hopi communities hit by Covid-19.

"A beautiful act of solidarity from our friends in Ireland, who remember the kindness shown to them by our Choctaw brothers and sisters, who sent them aid during the great potato famine in 1847. Thank you so much, Ireland!!!" wrote Ethel Branch, one of the fund organisers. "The favour is returned through generous donations from the Irish people to the Navajo Nation during our time of crisis. Thank you, Ireland, for showing solidarity and being here for us," wrote Vanessa Tully, another organiser.

Adversity often brings out the best in people, the Choctaw tribe said in a statement. "We are gratified – and perhaps not at all surprised – to learn of the assistance our special friends, the Irish, are giving to the Navajo and Hopi nations. Our word for their selfless act is 'iyyikowa' – it means serving those in need." The Choctaw and Irish had become kindred spirits since the potato famine, the tribe said. "We hope the Irish, Navajo and Hopi peoples develop lasting friendships, as we have. Sharing our cultures makes the world grow smaller."

The donations will help supply food, water and medical supplies for vulnerable families, many of whom have diabetes and other diseases. The Navajo nation has the highest per-capita Covid-19 infection rate after New York and New Jersey. Its rural territory stretches 27,000 sq miles across Arizona, New Mexico and Utah and surrounds the Hopi reservation. The official death toll is likely to be much higher than current figures show because the sickest patients are transferred to state hospitals. The virus has spread rapidly even though the tribal government was among the first to issue a stay-at-home order, lock down schools and business. Recently, the Nation received its portion, around $600m, of federal coronavirus relief funding, six weeks after it was promised and only after suing the federal government over who was eligible for the money. The GoFundMe appeal's original goal of $2m was increased after Irish people discovered the appeal via social media and swiftly swelled donations from the US and elsewhere.

Ireland has never forgotten the Choctaws' generosity. The tribe had endured a forced 600-mile trek that left thousands dead from hunger, cold and disease, and then impoverishment in Oklahoma, yet somehow rustled up $170 – which today translates to $5,350 – to help the Irish. About 1 million Irish people died of hunger or disease from 1845 to 1849, and another million emigrated. In 1995 Mary Robinson, Ireland's then president, visited Oklahoma to thank the Choctaws, a pilgrimage repeated by Leo Varadkar, the taoiseach, in 2018. An outdoor sculpture titled the Kindred Spirits in Midleton, county Cork, commemorates the link between Ireland and Native Americans. Stainless steel in the form of eagle feathers form a circle, representing a gift of a bowl of food.

Rory Carroll, *The Guardian*, May 9, 2020

1 Solidarity vocabulary: Fill in the table with either a noun or a verb matching the definition; the verbs or nouns with a dot are found in the article and they are in alphabetical order in the table.
You can then complete the rest of the table with the help of a dictionary.

Definition (verb form)	Nouns	Verbs
to provide help to someone	•	
to make an urgent and heartfelt request	•	
to stand by in order to help	•	
to establish a link between people based on feelings	•	
to give (money or other) for a good cause	•	•
to suffer pain patiently		•
to understand and share the feelings of someone		•
to raise or supply money for a specific purpose	•	
to give someone pleasure or satisfaction		•
to give one's word, to pledge to do something		•
to give and take mutually		•
to remove something painful or oppressive	•	
to have in common, to partake of something	•	
to experience something painful	•	
to make available, to provide		•

Use some of these words to give a good definition of what solidarity is.

2 For each statement, say if it is true (T) or false (F) or if the article does not say (?).

- **a** Several Indian tribes helped each other with donations.
- **b** The $3.15m donations come from Irish people.
- **c** The Native American tribes tried to prevent the spread of the virus.
- **d** The Irish donations will supply basic commodities to the Native Americans who need it most.
- **e** The Native Americans were not surprised by the Irish generosity.
- **f** The Native American tribes received federal funds as soon as the pandemic started.
- **g** The impact of the pandemic was difficult to assess when the article was published.
- **h** The Irish recently donated funds to help the Choctaw nation hit by the Covid-19 pandemic.
- **i** Two presidents of Ireland paid a visit to Oklahoma to strengthen Irish / Native American links.
- **j** Native Americans believe that Ireland had to reciprocate the aid.

3 Write a leaflet to hand out to customers at your local supermarket entrance and encourage them to donate one or two items they've just bought to provide for a population you define, who needs it most in an era of economic recession. Be emphatic and convincing. Appeal to solidarity.

4 Define the expressions: a *selfless act* and *kindred spirits*. Have you ever committed yourself to any good cause? What cause would you be ready to support? Is giving money the best way to help? Can you think of other ways?

5 Research The Trail of Tears. When, why, by whom and how was it organised? Research the Great Irish Famine. What happened, when and why? Are there common points between the two events?

6 The end of the article refers to a piece of art created to commemorate the 19th century donation. What are the symbols used? How could the 21st century donations be remembered? Imagine and describe a piece of art that could be displayed in an Indian reservation in Oklahoma.
More generally, discuss the importance of commemorating events of the past in public places. Refer to some specific examples.

7 Discuss this statement from the article in an articulated essay:

Adversity often brings out the best in people.

TEXT 4

LADY SCOTLAND TO STAY ON AS COMMONWEALTH SECRETARY GENERAL

Lady Scotland, the controversial Commonwealth secretary general, will remain in post until next year, despite Downing Street sowing doubts about her future. Following reports that Boris Johnson had used his role as chair of the Commonwealth organisation to prevent Scotland's reappointment, she has been given a formal written contract to remain in post at least until the next Commonwealth Heads Of Government Meeting (CHOGM), which is likely to take place in mid-2021 in Rwanda. Scotland has been under fire from Downing Street for alleged profligacy and internal audits which revealed some contracts had been offered outside the normal competitive tendering process. Her first four-year term was due to expire this week, but before a virtual meeting of Commonwealth heads that she had convened for Wednesday, the UK government sent her a letter extending her role until the summit. The secretariat said: "The usual reappointment process for Commonwealth secretary generals occurs when leaders gather for the CHOGM, therefore the chair in office has proposed that, as is customary, the reappointment process will now take place when next summit is able to meet." Scotland's allies claim the majority of nations want her to be reappointed.

Scotland, a Labour peer, had called the virtual meeting to discuss the effects of coronavirus on the Commonwealth, including the impact of escalating debt problems and the need for relief. The UK government had challenged the calling of the three-hour summit, saying it had been convened at short notice and without any clear purpose. Scotland's allies pointed out that most other comparable multilateral organisations had been convened on an emergency basis to respond to the coronavirus crisis, and the proposed meeting had first been suggested in April. Citing the short notice and lack of consultation, the UK government did not dispatch a minister to the meeting, but instead sent Philip Parham, its Commonwealth envoy. Some sources claimed many other countries did not send senior representatives in a sign of disapproval, but the Commonwealth secretariat said it had "received significant support for such a meeting from a majority of Commonwealth member states". It said 45 countries, or 80% of Commonwealth states, had sent government representatives. Boris Johnson said earlier this month that there was no consensus within the 54-nation Commonwealth for Scotland to be given a second term, and despite the calls from some nations for her to be reappointed for another four years she remains on a form of probation. The process of countries expressing views about Scotland's future is not fully transparent.

Scotland's supporters recognise that the Commonwealth operates best through consensus, but argued that if this requirement was pushed to its extreme, a small group of countries could, in effect, operate a veto both over calling meetings and the appointment of the secretary general. UK officials deny that the nucleus of opposition to Scotland is coming from the Anglosphere nations, but it is true that she enjoys strong support from the Caribbean nations and smaller states.

Scotland was attorney general under Gordon Brown, and the timing of the UK's objections are said to be linked to her politics and whether they will stand in the way as the government forges ahead with setting up a new Foreign, Commonwealth and Development Office. The "global Britain" agenda is likely to give a central role to the Commonwealth, and if Downing Street is determined to oust Scotland, Britain will have to organise support for an alternative candidate before next year's summit. The UK regards the Commonwealth as an asset. Buckingham Palace will be watching the row with concern. Speaking on Wednesday at the launch of his book The Great Imperial Hangover, Samir Puri, a lecturer at King's College's war studies department, said the Commonwealth, with its common legal and parliamentary assumptions, still had a remarkable ability to convene professional networks and leverage power. He said the eventual death of the Queen might act as a seismic shock to the Commonwealth and require a re-examination of the UK's role.

Patrick Wintour, *The Guardian*, Jun. 24, 2020

(If you are not familiar with the Commonwealth of Nations, check its website at: https://thecommonwealth.org/)

1 Read the article once and then match each verb with its object. Check your answers reading the article again.

to convene •	• in post
to dispatch •	• doubts
to operate •	• in the way
to operate •	• an offer
to prevent •	• a veto
to receive •	• to a crisis
to remain •	• a meeting
to respond •	• support
to stand •	• through consensus
to sow •	• reappointment
to set up •	• an envoy
to tender •	• a new office

2 Focus on adjectives: in the article, a number of adjectival structures are used.

STRUCTURES / COMMENTS	EXAMPLES
— The simplest structure **(Article) + Adjective + Noun** (the comparative form of an adjective can be found:	→ a seismic shock; the usual reappointment → the smaller states
— A noun can be used as an adjective, thus creating a category of the final noun : **(Article) + Noun + Noun**	→ government representatives
— One or two nouns can be used as adjectives to qualify the final noun: **(Article) (+ Noun) + Noun + Noun** In this case, when speaking, a short pause is only possible after the first noun, not between the final two nouns which form a sub-category of the final noun. But this is not true if hyphenation or inverted comas are used to signal the two words need to be pronounced in one breath.	→ Commonwealth member states → the three-hour summit; the "Global Britain" agenda
— A combination of the two structures above is possible: **(Article) + Adjective (+ Noun) + Noun**	→ the usual reappointment process
— Adjectives can be a verb form (present or past participle) functioning as an adjective **(Article) + Verb form + Noun**	→ an escalating debt; the proposed meeting
When accumulating adjectives, the word order matters; the main rule is: the further away from the final noun, the more subjective the adjective is. The closer the adjective is to the noun it qualifies, the closer it is to its definition, category, identity. When there is no possible ranking between adjectives, comas or the preposition *and* need to be used, or even a combination.	→ a new Foreign, Commonwealth and Development Office
— Some adjectives come after the noun they qualify.	→ secretary general, attorney general

Check you can use several adjectives for the same noun:

— Read out loud and pause where possible: the war studies department; her first four-year term;

— Put the words in the right order and check your choices with the article:

1 competitive / normal / process / the / tendering

2 comparable / most / multilateral / organisations / other

3 and / assumptions / common / its / legal / parliamentary

4 Commonwealth / controversial / general / secretary / the

3 Highlight the numerous business terms found in the article. You should have over thirty.
Check you know what they mean.

For example: What is an *agenda*? What does leverage mean?

4 Comprehension questions. Answer the questions as precisely as possible.

a Why was the British PM opposed to Lady Scotland's reappointment?
b What are the terms of her extended period as Secretary general?
c What has this disagreement shown about the way the Commonwealth operates?
d What could redefine the Commonwealth's operating process in months or years to come?
e What internal divide has this crisis revealed?

INTERNET DOC. A WILL TECHNOLOGY END THE ENGLISH LANGUAGE'S GLOBAL DOMINATION?

CGTN, Dec. 26, 2020, www.cgtn.com/europe, 7'11"

A Watch the document once and answer the following questions in your own words.

1 Describe the opening view of the document to explain what you are led to expect.

2 Throughout the document, what visual elements convey the ideas of technology and worldwide activities? How is coding represented?

3 What factors explain that English is the dominant language in the world according to the document?

4 Can you think of other reasons?

5 The linguist states that Pinyin is good for many reasons but does not mention them. Can you think of some obvious ones? Are there limits to this?

6 Why is the coding language so important? Describe the share of internet content in English over the past 20 years.

7 Is the internet exposing users more to other languages?

8 According to the specialist, to what purpose do the speakers of a same language use it differently? Is sharing a same language enough to bring individuals closer?

9 Why is a language always evolving, changing, coining new phrases?

10 What makes language use difficult for computer language and programming?

11 Why is technological advance going slower than what one expects?

12 Why would people continue learning a language if machine translators can almost instantly convey a meaning in many different languages?

B This is part of what you can read when watching the document. Can you remember the content and fill in the gaps?

English has become the world's most .... language.
The latin .... is used by 70% of the world.
Studies suggest half of all searches are now via .... input.
Now the dominance of English is threatened by the advance of .... technology.
Despite English losing dominance, smaller languages are still ....
A 2018 study found the internet only features 7% of the world's 6,000+ ....
Sometimes, humans use the language barrier on purpose – this can .... translation software.
Will technology stop people .... new languages?

Rephrase these messages into two sentences to summarise the content of the document.

C Find words in the document matching these definitions.

opinion, point of view / narrow outlook, scope / to reach the lowest point / outside structure used in construction / environment where alternative ideas are not present / miniature world / to motivate, encourage / intrinsic, essential part of / to interpret, to decipher / time between two related events

D Debate one of the following topics

Can minority languages survive on the internet?
Do you believe that the high number of speakers of English encourages communication between peoples?
Can translating machines be reliable one day?

INTERNET DOC. B SAMIR PURI DISCUSSES "THE GREAT IMPERIAL HANGOVER"

YouTube, Atlantic Books, July 6, 2020, **4'17"**

A As in a storyboard, match the script with its most striking visuals listed on the opposite page.

How empires have shaped the world **(1)** Questions of our identity in our history are exploding into significance. We are seeing arguments both within nations and between nations. Our need to grapple with a wider variety of perspectives has never been greater. **(2)**

The legacies of empires are shaping the 21st centuries' problems in the most profound ways. We are, after all, in the first empire-free millennium since ancient times and yet the world remains in the throes of the great imperial hangover.

Some imperial legacies are tangible, for example shaping our borders and determining the composition of our populations. Other imperial legacies are attitudinal, for example in the ways in which different histories of conquest or subjugation affect present generations.

(3) I can empathize with a history of conquest and how it might have caused humiliation cascading down through the generations; **(4)** and yet my pride in being British means I also understand how a country might be imbued by a great sense of confidence because its recent forefathers had been successful empire builders. **(5)**

Now I'm not here to pick sides in divisive debates, I've written this book in order to convey the importance of understanding a wider range of imperial inheritances, whether in our own countries or further afield around the world. **(6)**

Imperial legacies are everywhere. Empires have existed for so long that we are just only getting used to their absence. I distinguish between the old formal empires of conquest and direct occupation that existed before the common era and that continue to exist right into the 20th century until the collapse of the European colonial maritime empires and, in 1991, of the landed Colossus: the Soviet Union.

(7) Today, we have informal empires of political, economic dominance. For example, those that have been forged by the USA and China. **(8)** The Great Imperial Hangover embarks on a world tour taking into account the different post-imperial experiences of Europe, Asia, America, the Middle East and Africa. I examine how the USA refashioned the very notion of empire in the 20th century and why it still struggles with the legacies of slavery today; **(9)** how the UK is trapped between the guilt and the grandeur of its own sweeping imperial past; **(10)** how the European Union, itself opposed the imperial projects, still has to contend with the some of the challenges of empire; how Russia's rulers have embraced their own impaired inheritance; how China has arisen in a way today that emulates its grand old imperial history **(11)**; how India has risen through the Mughal and the British imperial eras to its present state; how the Middle East still deals with some of the cascading legacies from the collapse of the Ottoman Empire **(12)** and how Africa still scrambles beyond the legacies of colonialism. I do not think that we are entering a new imperial age, rather the World Order comprises of a number of different post imperial legacies. When these different legacies collide, whether within nations or between nations, misunderstandings, friction and even war could be the result. We are not habitually raised with the stories of other peoples' histories, which is why it can take real efforts to see the world through other peoples' eyes.

Sometimes, understanding what is different between us can be essential to fostering a more harmonious world and often, there are no greater differences than our varied imperial inheritances.

- Dec. 26, 1991, Red flag lowered
- View of Tiananmen Square with Mao Zedong's portrait, Beijing
- Military vessels cruising slaves / servants
- June 2020, the statue of Cecil Rhodes thrown into Bristol's harbour
- View of Hagia Sophia, Istanbul
- Lord Mountbatten, last Viceroy of India & Lady Mountbatten
- Historic docks, London, Tree Sisters galleon in the background
- Signing of Treaty of Rome, 1957
- Removing General Lee monument in Virginia, USA
- Tower Bridge, Tobacco docks, London
- Men pulling a heavy cart, white man with colonial hat carried by several slaves and servants
- Soldiers marching in British Boer War uniforms

B **Answer the questions in your own words.**

1. What is the purpose of the documentary?
2. Why does the speaker need to explain his purpose?
3. Why is there irony in the phrase "imperial hangover"?
4. What is the scope of his project?
5. Why would someone / you be interested in this topic?

For more on the topic, listen to Samir Puri's interview in the series *The Bunker* at: https://play.acast.com/s/the-bunker/imperialhangover-drsamirpurionthelegacyofempire

INTERNET DOC. C THE AUSTRALIAN IDENTITY DEBATE – A DIFFERENT LENS

YouTube, Monash University, Jan. 2019, 10'59"

Fill in the notes taken on the document. Aus.= Australia(n); Id= Identity

0" → 0'40" Nation^{al} Id.? People are disenfranchised, $_{1}$.........................., living in pain
New idea of "The Aussie Battler" = tried to $_{2}$.........................., pay the bills etc...

0'50" → 1'50 no single, $_{3}$.......................... nation^{al} Id. for Aus. disconnection between now and what our parents $_{4}$.......................... themselves to be part of, to (re)work towards a symbol to $_{5}$..........................; History is a $_{6}$..........................

1-50" → 3' Nation^{al} Id = unfurling & $_{7}$.......................... type of Id., shaped by what has come before, how it's been $_{8}$.........................., the profile of who makes us up, the sort of $_{9}$.......................... we make now
Id helps $_{10}$.......................... the idea of diverse origins, a sense of ourselves in the eyes of others
At the turn of the century, the flag = up flagpoles to be $_{11}$..........................; today more part of you on Tshirt, clothe
The flag can have an ugly side, $_{12}$.......................... towards other people who we think are not as Aus. as we are

3'07" → 4'20" Average Aust. = city / suburbs; post WWII, pioneers built own houses, not now
The Australian Battler = tech. worker, so tenuous link between the $_{13}$..........................celebrated & the way we live.
The new Aussie Battler is now those who are welcome to Australia and are given ^{14}.......................... every year, we all are, some of us battling pretty $_{15}$..........................over some issues. Growing up with the notion = helping each other out, may be not anymore, along side notion of makeshift & helping = struggle; id = problematic

4'20" → 6'02" Nation^{al} character = $_{16}$.......................... box, politicians, activists put different things into it (ideology, politics, purposes), problematic because $_{17}$.......................... can end up in the box for any political argument
Indigenous Aus. arrived $_{18}$.......................... + years ago, Europeans 200+years, all waves of migrants since → a fusion nation, so one Nation^{al} Id./character = impossible
Aus. = wonderful, $_{19}$.........................., rich amalgam
Each group of migrants brought different impact, added to the $_{20}$..........................culture & identity
Contradiction: welcoming, tolerant, $_{21}$..........................society, yet historic^{ally} deeply resistant to the other, coming to our shores, who don't $_{22}$.......................... like what we perceive
Aus. has done great work to welcome new comers, but you are sometimes reminded of differences
no matter what contributions, sacrifice, you can never be Australian

6'02" → 8'04" No $_{23}$..........................documents needed to define Nation^{al} Id.; constitution = framework of government, no statement of national values / Id., how government & state institutions operate
no need for legal document but complex sense of what it is to be Aus.; no need to be fully articulate, to see each other as $_{24}$.......................... citizens may be sufficient
Aus. history = European enclave in Asian Pacific from late 18th c., management of this tension both original indigenous population + who wants to come here
$_{25}$..........................celebrated today, nationhood celebrated as Australia Day = another imagined falsehood, 26th Jan; = celebration of occupation of collective $_{26}$.......................... = an insult, the date needs to change
Are we invested in the date itself? Another day for a country for all of us? To use the date to acknowledge the $_{27}$.......................... not every body's come along on the same journey of achievement. To move forward together, but not in treading water in a place of pain, we need politicians, leaders, governments, to take us on a $_{28}$..........................through this to a place of healing.

8'04" → What children are taught 29 .... the desire about who we wanna be; shifting curriculum to Asia, 30 .... perspective → starting to recognise a different place in the world for ourselves. Sections of society still claim Aus. for white people = neo fascists. An ideology remains = what it means to be Australian is to be white. People ask why don't aborigenes 31 .... these things; why doesn't non-aboriginal Aus. get over it? To do the things they can do is acknowledge us and help us all move on together.

I think it's important to celebrate together. To put everything else aside and celebrate together. The shish kebab is becoming as much a part of the Australian 32 .... as a barbecue on a VB.

My children's children will look back, and say what were you so worried about, what was the angst over? Why were you so 33 .... about some of these issues? We sorted it out 30 or 40 years ago and that just seems like it's part of the natural composition of Aus. now. We'll think the debate is incredibly 34 ...., foolish, mis-aligned, or misunderstanding what people are asking for. One day we will advance Aus.'s fate, we're not quite there yet. That's why the Australian Id. is such a moving thing and it should be the 35 .... of us being willing to start anew, be willing to think about the new decisions we should make and the way we can shape ourselves. If you spend too long thinking this is who we were and we should be that always, then you are crushing the union spirit 36 ....

REVISION THE ENGLISH-SPEAKING WORLD

Fill in the sentences with one of the choices given.

1. The language spoken with relatives, at home and before going to school is your .... language.
   mother native official natural
2. The UK used to be an empire before its colonies .... their independence, more or less peacefully.
   struggled freed from looked at sought
3. The EU does not intend to .... of English as it still is the official language of some member states.
   keep using delete suppress get rid
4. English has become the .... franca in many transnational companies and international bodies.
   language lingua linguist tongue
5. Using English for trade and diplomacy has made.. sense for long.
   communal constant large pragmatic
6. What may link many English-speaking nations is more than just a linguistic...
   bond tied knot thread
7. The Irish suffered a major.. in the mid 19th century, so they know what deprivation means.
   starvations hungry shortage food famine
8. The Amerindians were organised in.. before the white colonisers disrupted their social model.
   grouping crowds tribes categories
9. When you are helped in some difficult times, you hope that one day you can...
   return react renew reciprocate
10. If you.., you are able to feel for someone and their suffering.
    empathise sympathise emphasize despise
11. As some languages are spoken in Africa by millions, it is strange to call these languages regional ....
    substandard variety pidgin dialects
12. The Latin alphabet is made of .... and consonants allowing a rather consistent pronunciation.
    vowels sounds words syllables
13. Language is a tool shaped almost individually and naturally to reflect the .... of one's experience.
    lack burden plenty full
14. Many African nations share an .... relationship with English.
    unifying extended eloquent ambivalent
15. The history of many African nations is full of narratives of ...., rarely studied in English schools.
    vernacular enslavement politics colonies

16 The Commonwealth heads meet regularly and decisions are made during these ....
hights reunion summits agendas

17 In the post-Brexit era, Britain regards the Commonwealth as an .... because it needs these partners.
aspiration unique cause organisation asset

18 The Commonwealth Secretariat is headed by a Secretary-.............................., appointed for one or two four-year terms.
Central General Leader Head

19 The Commonwealth operates at its best when a .... is reached.
deals agreement negotiation consensus

20 At times, the UK failed to .... a representative to some some Commonwealth meetings.
dispatch appoint allocate bring

21 Countries celebrating their .... usually highlight their culture, identity and history.
nationhood state country status

22 Call them .... or indigenous populations, they surely were the first settlers in a given land.
origin living model aboriginal

23 Some former empires need to .... their colonial past in a way which does respect all their citizens.
make do acknowledge trust process

24 The .... of these coastal communities all came by boat to these shores.
ancestor forefathers ancient member

25 Any form of .... deprives you of your self-esteem and true identity.
colonialism individualism neologism multiculturalism

26 Language policies should .... diversity and the respect of regional cultures.
quench foster thrive put out

27 The beauty of languages is their ability to constantly .... new phrases.
make utter coin drive

28 Language .... can be due to a variety of factors, not just vocabulary and grammar.
barriers hurdles shortages misunderstand

29 The art of .... is not just to replace one word for another, from one language to the other.
poetry translator rephrasing translation

30 In the ...., English is the official language spoken by a majority of the population.
anglosphere Americas blogosphere Eurosphere

Fill in the gaps with the words provided for texts 1 and 2, without clues for text 3. When necessary, conjugate verbs. In text 2, there are more words than needed.

Text 1 British Identity

What will British identity mean in 2050? The leap is so immense, and the perils of this particular age so vast, that it feels both **(1)** and dangerous to even conceive of the nation 30 years hence, let alone predict the notions binding the people within it. The **(2)** threat to the flag-waving arm of British identity is that its *raison d'être*, the **(3)** family, probably won't maintain its current position. 30 years from now they will voluntarily have become more like the Belgian or **(4)** royals, largely freed from public duty, photographed only when one of them is surprisingly **(5)** looking. They survived a huge amount of falling from pedestals, but will also have to change.

25 years ago, the anxiety of the future was all about an **(6)** populations, individualism, consumerism, society reduced to the social life, morality reduced to manners, community reduced to the family, families reduced to the nucleus, institutions drained of relevance.

We may overestimate the pace of change in the future, when things change so **(7)** from week to week. But a national crisis, whether political, social, environmental, economic, or all of them at once, also underlines the necessity of **(8)** change, and cracks open the possibility that it might be radically for the better.

ageing / audacious / fast / good / main / radical / royal / Spanish

Text 2 English: present and future tenses

In the ongoing state of modern globalization, language is a major stake. At a point in recent history, some **(1)** that Chinese might become the language of the future, but today China **(2)** as the world's largest speaking population. English communication is thriving with some of the world's largest companies based in English-speaking countries, so it is no surprise that international communication highly **(3)** on English being a common ground, the mere definition of a lingua franca. But if it is official, English is here to stay, that doesn't mean we will be able to recognize it 100 years from now.

A language is a dynamic organism that **(4)** transformation, and continues to do so in time. As English becomes universal, it will adapt to better suit its role as an international language. It will be enriched and a lot more diversified, borrowing from the languages it is **(5)** to replace and growing like a tree, spreading throughout the world so many branches.

to believe / to depend / to exist / to make / to suppose / to take over / trust / to undergo

Text 3 Non English-speaking America

Based on Census Bureau data, the Center for Immigration Studies found that 67.3 million residents in the United States now speak a language other than English at home, a number equal to the entire **(1)** of France. The number has nearly tripled since 1980, and more than doubled since 1990.

Among the findings, one can note more precisely that in nine **(2)**, more than one in four residents now speaks a language other than English at home. These nine States account for two-thirds of all foreign-language speakers. Top of the **(3)** of these States are California (45%), Texas (36%) and New Mexico (34%). Languages spoken at home by more than two million people are Spanish (41.5 m), Chinese (3.5 m). Tagalog, Vietnamese, Arabic, French and Korean are all **(4)** by more than one million speakers. So there are now more people who speak Spanish at home in the US than in any country in Latin America with the exception of Mexico, Colombia, and Argentina. Of those who speak a **(5)** language at home, 25.6 million (38%) admit that they speak English less than very well and 45% were born in the United States.

Topics for debate

- Some say that soon Chinese will replace English as the international business language. Do you think so?
- In some countries made of many linguistic groups such as India, a common language is a unifying factor, to some extent. Discuss.
- Why would some international companies decide to work through English even in branches or teams where a majority of speakers share one other language?
- There is no difficult language to learn, only motivation matters, what you need and want to use the language for.
- All languages are equal, but some are more equal than others (Orwell revisited). Discuss.

VOCABULARY THE ENGLISH-SPEAKING WORLD

Aborigène	Aboriginal
Adhésion	Adherence
Affaires int^{ales}	International Relations
Affiliation, adhésion	Membership
Age d'or, apogée	Heyday
Alliances, alliés	Alliance, allies
Ambassadeur	Ambassador
Ancêtre	Forebear
Anglais standard	Standard English
Anglicisation	Anglicisation
Angliciser	To anglicise
Apatride	Stateless
Appropriation	Appropriation
Ascendance	Ancestry
Ascension sociale	Upward mobility
Asservissement	Enslavement
Asujettissement	Subjugation
Bilingue	Bilingual
Cercle extérieur / intérieur	Outer / inner circle
Chauvinisme	Jingoism, chauvinism
Colonie, colonialisme	Colony, colonialism
Colons	Settlers
Commonwealth	Commonwealth
Communauté	Community
Compatriote, concitoyen	Fellow citizen
Contraindre	To coerce
Contrepartie	Counterpart
Contrepoids	Counterweight
Couronne	Crown
Créole	Creole, pidgin
Croyance	Belief
Décolonialisation	Decolonisation
Devise (monnaie)	Currency
Devise nationale	National motto
Dialecte	Dialect
Diplomatie	Diplomacy
Dirigeant	Ruler
Discours	Discourse, rhetoric
Empire, impérial	Empire, imperial
Esprit britannique	Britishness
Essentiel	Core
État membre	Member-state
Étranger	Foreign
Eurocentrisme	Eurocentrism
Eurosceptique	Eurosceptic
Évolutif	Norm-developing
Extraction	Stock, extraction
Hégémonie, dominance	Hegemony
Héritage	Legacy
Identité	Identity
Impérialisme	Imperialism
Indigène, natif, autochtone	Indigenous, native
Langue	Language
Langue franque	Lingua franca
Langue maternelle	Mother tongue
Lien, attache	Bond, tie
Linguicide	Linguicide
Locuteur	Speaker
Locution, expression	Phrase

Marqueur identitaire	Identity marker
Mépris, non respect	Disregard
Métis	Mestizo, half-breed
Métissage	Blending, mixing, interbreeding
Militant, activiste	Campaigner
Monolinguisme	Monoligualism
Mot / lexique emprunté	Loanword
Multiculturalisme	Multiculturalism
Mœurs, traditions	Customs
Nationalisme	Nationalism
Naturalisation	Naturalization
Néocolonialisme	Neocolonialism
Normatif	Norm-providing
Occidental	Western
Origine	Background, descent, lineage, stock
Outremer, international	Overseas
Parenté, filiation	Kinship
Parler couramment	To be fluent
Partisan du Brexit	Brexiteer
Patrie	Fatherland, motherland
Patrimoine	Heritage
Paysans	Countryfolk
Pilier	Pillar
Pionnier	Pioneer
Plurilinguisme	Multilingualism
Post-colonial	Post-colonial
Pratiques, méthodes	Practices
Précédent, premier	Former
Primitif	Primitive, primeval
Partisan, défenseur	Proponent
Racialiser	To racialize
Réciproque	Reciprocal
Relations	Relations
Récit, discours	Narrative
Reculé, lointain	Far flung
Répartition	Spread
Schémas d'aquisition	Patterns of acquisition
Seconde / deuxième langue	Second-language
Sous-catégorie	Subset
Sous-continent	Subcontinent
Soutien	Support
Souveraineté	Sovereignty
Sphère anglophone	Anglosphere
Statut	Status
Super-État	Superstate
Territoire	Dominion, territory
Transmettre	To transmit
Transnationalisme	Transnationalism
Valeurs	Values
Vernaculaire	Vernacular

BAME = Black Asian and Minority Ethnic
CANZUK = Canada/Australia/New Zeland/United Kingdom
EFL = English as a Foreign Language

2

High Tech

The usual controversies one hears about technology no longer hinge upon their use and potential benefits, but rather upon the extent of their overuse and the threats and dependence they create. At home, at school or in the workplace, in the streets, in your local shop and maybe more than you might imagine, in your private life, high tech is now ubiquitous. Does this make it harmful or, on the contrary, genuinely useful and indispensable? Should we necessarily rejoice over its consistent and undeniable reliability? Is it really encouraging us to focus on what is most essential, freeing us from life's dreary and time-consuming tasks?

To explore some of these issues, this chapter focuses on the opinions of specialists, on smartphone use and Artificial Intelligence (AI) programming and on the impact high tech may have on the labour market and on privacy. It also considers today's ordinary screen time, as well as tomorrow's automated means of transport. Society at large thrives in the realm of high tech, programmers and users need to reflect on and learn how to live with it.

CONTENTS

TEXT 1

APPLE WHISTLEBLOWER GOES PUBLIC OVER "LACK OF ACTION"

Thomas le Bonniec says firm violating rights and continues massive collection of data

A former Apple contractor who helped blow the whistle on the company's programme to listen to users' Siri recordings has decided to go public, in protest at the lack of action taken as a result of the disclosures.

In a letter announcing his decision, sent to all European data protection regulators, Thomas le Bonniec said: "It is worrying that Apple (and undoubtedly not just Apple) keeps ignoring and violating fundamental rights and continues their massive collection of data.

"I am extremely concerned that big tech companies are basically wiretapping entire populations despite European citizens being told the EU has one of the strongest data protection laws in the world. Passing a law is not good enough: it needs to be enforced upon privacy offenders."

Le Bonniec, 25, worked as a subcontractor for Apple in its Cork offices, transcribing user requests in English and French, until he quit in the summer of 2019 due to ethical concerns with the work. "They do operate on a moral and legal grey area," he told *the Guardian* at the time, "and they have been doing this for years on a massive scale. They should be called out in every possible way."

Following the revelations of Le Bonniec and his colleagues, Apple promised sweeping changes to its "grading" program, which involved thousands of contractors listening to recordings made, both accidentally and deliberately, using Siri. The company apologised, brought the work in-house, and promised that it would only grade recordings from users who had explicitly opted-in to the practice.

"We realise we have not been fully living up to our high ideals," the company said in a statement in August. It eventually released a software update in late October that allowed users to opt-in or out of their voice recordings being used to "improve Siri dictation", and to choose to delete the recordings that Apple had stored. The company also emphasised that, unlike its competition, Siri recordings are never linked to a specific Apple account. But, Le Bonniec argues, the company never really faced the consequences for its years-long programme in the first place.

"I listened to hundreds of recordings every day, from various Apple devices (eg. iPhones, Apple Watches, or iPads). These recordings were often taken outside of any activation of Siri, eg in the context of an actual intention from the user to activate it for a request. These processings were made without users being aware of it, and were gathered into datasets to correct the transcription of the recording made by the device," he said.

"The recordings were not limited to the users of Apple devices, but also involved relatives, children, friends, colleagues, and whoever could be recorded by the device. The system recorded everything: names, addresses, messages, searches, arguments, background noises, films, and conversations. I heard people talking about their cancer, referring to dead relatives, religion, sexuality, pornography, politics, school, relationships, or drugs with no intention to activate Siri whatsoever.

"These practices are clearly at odds with the company's "privacy-driven" policies and should be urgently investigated by data protection authorities and Privacy watchdogs. With the current statement, I want to bring this issue to your attention, and also offer my cooperation to provide any element substantiating these facts. Although this case has already gone public, Apple has not been subject to any kind of investigation to the best of my knowledge."

Alex Hern, *The Guardian*, May 20, 2020

1. **Before reading the article, match a verb and a noun it matches best with, then read the article to check your answers, as all are mentioned in the article.**

to substantiate •	• an update
to blow •	• data
to violate •	• a law
to live up •	• public
to opt-in •	• to someone's attention
to release •	• rights
to bring something •	• to one's ideals
to pass •	• the whistle
to go •	• to a practice
to collect •	• the facts

2. **In the article, find seven expressions all using TO BE and synonymous with these:**

to be connected with / to be worried about / to disagree, to differ / to come under scrutiny / to know about something / to be submitted to / to be challenged to explain or justify something

3. **The article focuses on Thomas le Bonniec, who is described as a whistleblower and an Apple contractor. -er and -or endings (suffixes) express the noun of a person doing a job, an action.**

In the article, find one other noun for each ending -er and -or, referring to other people involved in the situation described.

There are other endings to describe someone's position or job. For example, Thomas le Bonniec is probably also a data **scientist** and was an Apple **employee**. **Can you think of other suffixes for jobs?**

Find the name of someone who assists others, studies, works in politics, sells something in a shop, is an expert in statistics, works iron, offers legal advice.

<u>**In the world of high tech, there are many jobs; match each job with their field of expertise:**</u>

Jobs: administrator / advisor / analyst / coordinator / designer / developer / engineer / manager / operator / regulator / technician

Fields: computer hardware / content / data / data base / data coding / data protection / IT / risk / software / support / web

4. **Replace the section underlined with a synonym from the article in the list below.**

There are more words than necessary and you may need to change the word order or make other adjustments.

Ex: co-workers → colleagues

According to an IT specialist [1] <u>**who worked in the past**</u> for Apple and his [2] <u>**co-workers,**</u> there is a [3] <u>**major**</u> problem in the way big IT companies handle [4] <u>**private facts and data**</u>. The example of how parts of conversations can be [5] <u>**electronically monitored**</u> when people use ordinary [6] <u>**tools**</u> as a tablet or their smartphone requires the intervention of [7] <u>**surveillance specialists**</u> who should better define how a [8] <u>**collection of data**</u> can be used. The public [9] <u>**revelation**</u> of such practices underlines an [10] <u>**unclearly defined border**</u> between what people [11] <u>**willingly**</u> allow and what IT companies think they exploit without asking permission.

colleagues / datasets / deleted / deliberately / devices / disclosure / former / grey area / massive / opt-in / privacy / recording / specific / watchdogs / whistle blower / wiretapped /

5. **Comprehension questions**

- Why has Thomas le Bonniec become a whistle blower?
- What does he hope to change in doing so?
- What is ethically wrong with the practices he denounces?

6. **Research work and debate topic**

- Do you know other whistleblowers? Research what they stood or still stand for or against. Is there a risk for them? What motivates their acts?
- Find five good reasons to prevent big IT companies from collecting private data, five (good) reasons for these companies to do so. Organise a debate between those in favour of unrestricted private data collection versus those who want to protect their privacy.

TEXT 2

SCREEN TIME MINUTES ARE THE NEW CALORIES, AND IT'S HIGH TIME I WENT ON A DIET

My relationship with my phone has moved through denial and despair. I am now a functioning addict.

There is a particular time of the week I have come to dread more than any exercise class or dental appointment: Sunday morning, when my weekly screen report flashes up on my phone. This tells me how long, on average, I have spent looking at it every day – or, to put it another way, how many grains of sand of my life I have allowed to fall into the tiny screen that I keep so close to hand I expect one day my flesh will fuse with it, a self-induced Darwinian evolution.

We all have our self-imposed limits and, when it comes to screen time, mine has become an unjustifiable three hours a day. Imagine if I exercised, or saw friends, or wrote books, or read books for three hours a day! Such a thought is laughably unlikely now. But staring at my phone for three hours has come to feel laudably restrained, and when my screen report tells me I've stuck to this I feel like a master of modernity: look at me, truly a titan of technology. I enjoy my phone but I am not controlled by it. Anything above three hours and I am filled with despair. Here I am, blessed with life and health, and what am I doing with it? Chucking it away down my bloody phone.

Not since my teens, when I obsessively counted calories, has one simple activity – eating then, looking at my phone now – had the power to provoke such wildly divergent feelings in me, from pride to self-loathing. And in many ways, screen time minutes are the new calories: overanxious parents limit their children's screen time the same way they restrict their sugar intake. Self-appointed wellness gurus advise taking a break from one's phone as keenly as they counsel intermittent fasting.

Looking at my phone as soon as I get on the bus has become as instinctive as tucking into a pudding after a meal once was. But my attempts at tech dieting lack nutritional balance: I now hardly look at the educational apps I pay for – newspapers, magazines – for fear of wasting too many minutes, and binge instead on social media. This is like trying to lose weight by giving up regular meals and eating only chocolate.

All this is to assume that being on one's phone is somehow bad. Leaving to one side parents' safeguarding concerns, or unforgivable breaches of phone etiquette, such as looking at one's mobile when having supper with a friend, for a long time I argued that the badness of phones was overstated. We're not staring at a blank screen, I'd huff. We're reading instructive articles, keeping in touch with friends, shopping for essentials. And sure, we do that, some of the time.

But as an experiment, yesterday I walked the length of a train carriage and sneaked looks at people's phones (and yes, everyone was on one; there was not a newspaper or book in sight). This is what people were looking at: two were on Candy Crush, one on an unidentifiable (to me) computer game, two on Instagram, one on Facebook, one on Gmail, plus one noble Guardian reader.

When I'm unhappy or anxious, I spend more time on my phone, escaping an overwhelming reality by leaping into the screen, into an alternate world that often makes me feel angrier (social media) or more anxious (the news). It's true that on long weekends, when I'm stuck at home with three small children, glancing at my phone can feel like mental salvation. But it is also true that when one of my kids wants to "play Mummy", he does so by picking up my phone. Mother Of The Year trophy to the usual address, please.

Not long ago, such easy access to the internet seemed as miraculous as easy calories did to our ancestors. Now we limit – desperately, self-righteously – our intake of both, and that is because we live in an age of super abundance, with unlimited phone contracts and 14-step beauty routines. We fetishise minimalism and make a celebrity out of Marie Kondo just because she tells us to throw stuff out. When you have too much, having nothing becomes an aspirational statement: famously, tech gurus refuse to let their children look at screens, and some – such as political adviser-turned-Silicon Valley talking head Steve Hilton – refuse to carry one. Staring at a screen no longer makes you look important; it makes you look like an antisocial zombie, gulled by tech billionaires who are using your money to build their kids a £50,000 tree house.

Asceticism has always struck me as being as unsustainable as over-abundance, so I'm not giving up my phone entirely. My relationship with it has moved through denial to despair, and is now at the acceptance stage: I am, I tell myself, a functioning addict. And yet the truth is, my screen time continues to creep up, as the real world feels increasingly scary, and I console myself by shopping for more junk, and then hate myself for having so much junk.

When the new year rang in this month, there were many references to "the roaring 20s". But already this decade has less of an elegantly tragic F Scott Fitzgerald feel and more of a frantic, confused, decadent Weimar Republic aura. I'd look up how that ended first time round, but I don't want to jack up my screen time.

Hadley Freeman, *The Guardian*, Jan. 11, 2020

1 **The journalist refers to some notions and their opposite.**
Find the antonyms in the article to:

over-abundance ≠ .... denial ≠ .... pride ≠ ....

2 **Some of the verbs in the article are meaningful with their particles:** at / away / into / out / up /
Write them and make sure you understand what they mean.
Ex: to look at or to look up.

to flash	to chuck	to stare	to give ....
to leap	to glance	to throw	to creep ....
to jack	to tuck	to pick	to fall ....

3 **Comprehension questions**

- **a** What is usually associated with Sunday morning? Why is it a painful experience for the journalist and what does she compare it to?
- **b** What could she have done to avoid feeling she wasted time every day?
- **c** What positive uses of a mobile phone does she mention? Can you think of more? What do most people use their phone for when commuting in public transport?
- **d** What makes the excessive use of the phone so easy? Why is it so attractive?
- **e** What does the journalist compare the use of a mobile phone to? Quote several sentences where she develops the comparison.
- **f** The article is written as a seemingly casual account of what an ordinary person does, wants to avoid and thinks. Explain the different narrative techniques the journalist uses to convey this particular tone to the article. Quote examples in relation to vocabulary, narrative point of view, language register, similes and even irony. What is the purpose of this writing strategy? What is the effect on the reader?
- **g** The article mentions several cultural references. Check on the internet if you are not sure what a *Darwinian evolution* is, what *The Roaring Twenties* were; what the *Weimar Republic* is reminiscent of, who *Mary Kondo* and *Steve Hilton* are and who the tech gurus who refuse to let their children overuse screens or who intend to gull others are.

4 **Adjective formation**
There are several types of adjectives in the article. Read it again and underline or highlight all the adjectives you come across, you should find over 40. Write two adjectives from the text in each column of the following table according to their end suffixes:

– y	– able	– ing	– (i)ous	– ive	– al	(other)
ex: easy						ex: new

How can an adjective express the negation of an existing adjective?
How can an adjective express the idea of excess?
How can an adjective express something people do by themselves?

Nouns can also be used as adjectives in English as in the article you can read about the *screen report,* the *sugar intake* or the *train carriage*. In this case the first noun acts as an adjective to define a subcategory of the second noun. This is usually the case when no existing adjective exists or when the two nouns form a compound, a strong unit of meaning.
Two adjectives in the text are used in a comparative form. Which? Why two forms?
Adjectives can be modified by adverbs, there are a few in the article such as "weekly". Find four more in the article.

❺ Expressing a wish and stating your opinion

— The headline of the article refers to something which should change soon: *It's high time I went on a diet.*

Can you explain the use of the preterit *I went*? How would you express the same idea in your mother tongue?

Write five sentences about yourself using this structure: It's high time I + (Verb Preterit), about things you would like to do and things which should change in your life. Ex: It's high time I bought a good grammar book!

— Write a letter to the editor of *The Guardian* to either strongly disagree or fully agree with the journalist's view.

❻ Debate topics

— Do you agree wit the journalist when she says that: staring at a screen no longer makes you look important?

— Do you consider yourself as a functioning addict? Do you know some smartphone addicts? Game addicts?

— Is the era of an Augmented Human, i.e. someone whose flesh fuses with a high tech device (a phone / microchip) approaching?

NOTES

TEXT 3

AI AND ME: FRIENDSHIP CHATBOTS ARE ON THE RISE, BUT IS THERE A GENDERED DESIGN FLAW?

Most chatbots are designed by men and tend to replicate gender stereotypes. But as the few women involved in the industry can testify, getting AI to emote requires input from all genders

Ever wanted a friend who is always there for you? Someone infinitely patient? Someone who will perk you up when you're in the dumps or hear you out when you're enraged? Well, meet Replika. Only, she isn't called Replika. She's called whatever you like; Diana; Daphne; Delectable Doris of the Deep. She isn't even a "she", in fact. Gender, voice, appearance: all are up for grabs. The product of a San Francisco-based startup, Replika is one of a growing number of bots using artificial intelligence (AI) to meet our need for companionship. In these lockdown days, with anxiety and loneliness on the rise, millions are turning to such "AI friends" for solace. Replika, which has 7 million users, says it has seen a 35% increase in traffic. As AI developers begin to explore – and exploit – the realm of human emotions, it brings a host of gender-related issues to the fore. Many centre on unconscious bias. The rise of racist robots is already well-documented. Is there a danger our AI pals could emerge to become loutish, sexist pigs?

Eugenia Kuyda, Replika's co-founder and chief executive, is hyper-alive to such a possibility. Given the tech sector's gender imbalance (women occupy only around one in four jobs in Silicon Valley and 16% of UK tech roles), most AI products are "created by men with a female stereotype in their heads", she accepts. In contrast, the majority of those who helped create Replika were women, a fact that Kuyda credits with being crucial to the "innately" empathetic nature of its conversational responses. *"For AIs that are going to be your friends… the main qualities that will draw in audiences are inherently feminine, [so] it's really important to have women creating these products,"* she says.

In addition to curated content, however, most AI companions learn from a combination of existing conversational datasets (film and TV scripts are popular) and user-generated content. Both present risks of gender stereotyping. Lauren Kunze, chief executive of California-based AI developer Pandorabots, says publicly available datasets should only ever be used in conjunction with rigorous filters. *"You simply can't use unsupervised machine-learning for adult conversational AI, because systems that are trained on datasets such as Twitter and Reddit all turn into Hitler-loving sex robots,"* she warns. The same, regrettably, is true for inputs from users. For example, nearly one-third of all the content shared by men with Mitsuku, Pandorabots' award-winning chatbot, is either verbally abusive, sexually explicit, or romantic in nature. "Wanna make out", "You are my bitch", and "You did not just friendzone me!" are just some of the choicer snippets shared by Kunze in a recent TEDx talk. With more than 3 million male users, an unchecked Mitsuku presents a truly ghastly prospect. Appearances matter as well, says Kunze. Pandorabots recently ran a test to rid Mitsuku's avatar of all gender clues, resulting in a drop of abuse levels of 20 percentage points. Even now, Kunze finds herself having to repeat the same feedback – "less cleavage" – to the company's predominantly male design contractor.

The risk of gender prejudices affecting real-world attitudes should not be underestimated either, says Kunze. She gives the example of school children barking orders at girls called Alexa after Amazon launched its home assistant with the same name. *"The way that these AI systems condition us to behave in regard to gender very much spills over into how people end up interacting with other humans, which is why we make design choices to reinforce good human behaviour,"* says Kunze. Pandorabots has experimented with banning abusive teen users, for example, with readmission conditional on them writing a full apology to Mitsuku via email. Alexa (the AI), meanwhile, now comes with a politeness feature. While emotion AI products such as Replika and Mitsuku aim to act as surrogate friends, others are more akin to virtual doctors. Here, gender issues play out slightly differently, with the challenge shifting from vetting male speech to eliciting it. Alison Darcy is co-founder of Woebot, a therapy chatbot which, in a randomized controlled trial at Stanford University, was found to reduce symptoms of anxiety and depression. Woebot's internal research also sampled a group of young adults, and asked if there was anything they would never tell someone else. Approximately 40% of the female participants said "'yes'", compared with more than 90% of their male counterparts. For men, the instinct to bottle things up is "self-evident", Darcy observes: *"So part of our endeavour was to make whatever we created so emotionally accessible that people who wouldn't normally talk about things would feel safe enough to do so."*

To an extent, this has meant stripping out overly feminised language and images. Research by Woebot shows that men don't generally respond well to "excessive empathy", for instance. A simple "I'm sorry" usually does the trick. The same with emojis: women typically like lots; men prefer a "well-chosen" one or two. On the flipside, maximising Woebot's capacity for empathy is vital to its efficacy as a clinical tool, says Darcy. With traits such as active listening, validation and compassion shown to be strongest among women, Woebot's writing team is consequently an all-female affair.

"I joke that Woebot is the Oscar Wilde of the chatbot world because it's warm and empathetic, as well as pretty funny and quirky," Darcy says. Important as gender is, it is only one of many human factors that influence AI's capacity to emote. If AI applications are ultimately just a "vehicle" for experience, then it makes sense that the more diverse that experience the better. So argues Zakie Twainy, chief marketing officer for AI developer, Instabot. "Essential" as female involvement is, she says, *"it's important to have diversity across the board – including different ethnicities, backgrounds, and belief systems."* Nor is gender a differentiator when it comes to arguably the most worrying aspect of emotive AI: ie confusing programmed bots for real, human buddies. Users with disabilities or mental health issues are at particular risk here, says Kristina Barrick, head of digital influencing at the disability charity Scope. As she spells out: *"It would be unethical to lead consumers to think their AI was a real human, so companies must make sure there is clarity for any potential user."*

Replika, at least, seems in no doubt when asked. Answer: "I'm not human" (followed, it should be added, by an upside-down smiley emoji). As for her / his / its gender? Easy. "Tick the box".

Oliver Balch, *The Guardian*, May 7, 2020

1 Before reading the article, define the qualities best friends are associated to.

Read the first paragraph and compare your expectations to the journalist's. Two casual ways to refer to friends are mentioned, find them.

2 Read the article and fill in the table in order to summarise the main information about chatbots.

Chatbots name	Maker / Founder	Duties	Features
			X

3 Answer the following questions in your own words.

a Why is there gender imbalance among chatbot designers?
b Why is there a risk to see AI systems react with gender stereotyping?
c What will be the most sophisticated chatbots soon capable of?
d What are the risks if chatbot contents are unchecked?
e What should companies selling chatbots make very clear to their customers?

4 Match the expressions taken from the article with their meanings.

in the dumps •	• if nothing else
at least •	• as to, with reference to
conditional on •	• excessively
up for grabs •	• together with
in regard to •	• to be sufficient
to an extent •	• unhappy, discouraged
on the flip side •	• applying to all
to do the trick •	• available
overly •	• if, depending on
in conjunction w/ •	• a large number
across the board •	• similar to
to the fore •	• considered differently
akin to •	• in a way
a host of •	• in a leading position

❺ **Write a simple definition of the following nouns taken from the article.**
Use three of these nouns to say what strikes you most in this article.

Ex: **apology:** something you say or write as a form of excuse, to express regret

behaviour; bias; challenge; charity; cleavage; counterparts; empathy; endeavour; loneliness; realm; snippets; solace

❻ **Link one sentence to the verb with the same meaning as the section underlined. All are phrasal verbs extracted from the article.**

Ex: She listened and waited patiently, without interrupting, and then was able to decide.→ to hear someone out

to bottle up	•	•	The light rain changed to a heavy downpour within minutes.
to draw in	•	•	The impact of the crisis affected many more sectors than just agriculture.
to perk up SO	•	•	He suddenly came to life with a smile and much attention when her name was mentioned.
to play out	•	•	Such an attractive shop window caused a number of customers to enter and have a try.
to spell out	•	•	They kept their feelings to themselves after the accident, unable to share their grief.
to spill over	•	•	To remove the superfluous entirely is a challenging task for the ordinary consumer.
to strip out	•	•	You just have to wait and see how things develop.
to turn into	•	•	Everything concerning the product is clearly explained and made plain.

You may need to research the meaning of other verbs from the article such as "to vet", "to elicit" or "to emote".

❼ **There are two cultural references in the article.**
Research on the internet and be prepared to explain who Delectable Doris and Oscar Wilde were.

NOTES

TEXT 4

UNIVERSITIES BEWARE: SHIFTING CLASSES ONLINE SO QUICKLY IS A DOUBLE-EDGED SWORD

Universities have done well to adapt to lockdown, but there are questions over privacy, equipment and teaching methods

When lockdown began, universities had to shut up shop like any other non-essential service. But something extraordinary happened: universities around the world went online almost overnight, showing remarkable determination to continue providing their students with lectures, seminars and tutorials.

But can this rapid shift to online teaching and learning actually work in the long term? Several problems have already emerged. Online teaching needs more than just the basics. Lecturers need access to a computer that supports teaching software and a reliable internet connection. Meanwhile, for students, even basic hardware and software are far from guaranteed in many homes, as families share equipment and internet providers struggle with increased traffic.

There are also structural issues with internet privacy and security. Online teaching potentially exposes students to unreliable data protection laws in many countries. Neither freedom of speech nor privacy can be guaranteed for students' ideas and personal data. This is no small matter for universities, given they are meant to be sites of free academic discussion and debate. Online universities can hardly be free when the internet itself is unfree.

The problem is exacerbated when universities rely on large corporates like Microsoft for online platforms such as Teams. Universities have little control over how online platforms are run and priced. In the overnight dash to online teaching, they have also shown little caution in both contributing to profit-making of corporates and compromising data on servers universities themselves do not control. Imagine students agreeing to give up their ideas and information to be stored at an unknown location and with little control over how they are used in years to come. Knowingly or unknowingly, universities may be contributing to surveillance capitalism.

The hardware and software for online teaching are not insurmountable issues, but they do require some deep reflection and open conversation. Should universities invest in home-grown open-source software? Can they provide foolproof platforms which do not compromise the security of students? Unfortunately, this conversation has been sidelined, even halted, by the rush to go online. But if online teaching is to continue beyond this pandemic, this conversation should be had.

There are also important questions to be answered about the best way to teach online. We need to question the assumed value in simply going "live" on camera. Recorded lectures simply replicate the passive learning environment of classrooms, and online seminars and tutorials fail to elicit meaningful student interaction.

Instead, let's reimagine online teaching. For this, we may have to get away from the concept of contact hours in lectures, seminars and tutorials. Instead, there should be longer-term engagement from students through discussion forums or weblogs which allow sustained, freewheeling conversation. On my own human rights course, we allow students to develop arguments in turn, like chain novelists, over the course of several days. Tutors act as moderators and respond to students outside of class hours, in a way that gives them greater control of their own schedule and priorities. More time does not necessarily contribute to more screen time. This gives students more freedom to reflect and respond with deeper thinking and more sophisticated arguments than is possible in a classroom setting.

In fact, the greatest value of online learning can be in building a community. More importantly, it can diversify the student community by reaching out to learners who aren't able to be part of a residential university environment, both locally and internationally. This includes mature students returning to university to learn new skills, people with disabilities, or those from disadvantaged backgrounds.

Open and free higher education will be particularly important as we rebuild our society post-coronavirus pandemic. Cultivating healthy and curious minds may be no small contribution in a public health crisis. Let's hope the shift to online gives universities a renewed sense of public purpose.

Shreya Atrey, *The Guardian*, May 20, 2020

1 The photo on *The Guardian* website shows a student sitting on a bed in a small bedroom, working with his laptop. The caption goes: *Students will need more than just the basics for online learning to thrive.*

What does this mean and illustrate? Could it be you?

2 Create pairs of synonyms (=) or antonyms (≠) with the following words, all are taken from the article.

Example from the article: quickly ≠ in the long term or discussion = interaction

basic / beware / caution / to compromise / to dash / essential / to expose / freedom of speech / to halt / to continue / overnight / to protect / rapidly / to reimagine / replicate / rush / security / sidelined / sophisticated / surveillance

3 Fill in the gaps with some words from the two vocabulary lists of words from the article.

Education: academic / classroom / contact hours / course / learner / learning / lecturer / lecture / higher education / mature student / passive learning / schedule / seminar / student / teaching / tutorial / tutors

Computers: connection / data / forum / hardware / moderator / online / open-source / personal data / platform / provider / server / software / to store / weblog

- **a** My home internet .... is too slow, I will have to see with my .... how this can be improved.
- **b** .... can be useful but anyone commenting on anything may not be the best way to find specific answers.
- **c** Getting students to sit in front of a screen and watch is not interactive, it is just ....
- **d** This .... is worth four credits and represents a total of 15 .... for the semester.
- **e** This .... software is designed so that users can improve some functions to suit their needs.
- **f** The major shifts occurring now in .... have already taken place in businesses.
- **g** There is a difference in status between a .... and a ...., the second one teaches fewer hours.
- **h** Workers with experience and a desire to update their knowledge have to register in universities as ....
- **i** Libraries have extended their .... so that students can work later and at the weekends.
- **j** Our sociology .... is on once a month for half a day; you'd better make sure you attend it.

4 Connect words from the three lists to write sentences to say what is or is not required, needed, necessary, advisable if online studying is to be generalised.

Ex: It is necessary for teachers to have access to computers.

teacher	to access	to a computer
computer	to support	software & internet connection
family	to share	equipment
provider	to struggle	with increased traffic
online teaching	to expose	students to unreliable data protection law
platform	to compromise	the security of students
recorded lecture	to fail to elicit	interaction
student	to develop	arguments
traditional teaching	to reach out	to other learners
open, free higher education	to rebuild	our society

5 The article uses some passive verb forms. Can you explain how they are formed with these examples?

Questions are asked. Privacy cannot be guaranteed. This conversation should be had but has been sidelined, even halted.

Write these sentences using passive verb forms. You can use modal verbs as above.

a Universities .... like all non-essential services. *(to shut down)*
b Students .... free access to the internet. *(to give)*
c Students .... to unreliable data protection. *(to expose)*
d Computer equipment .... often in families. *(to share)*
e Information .... by large corporates. *(to control)*
f Foolproof platforms .... *(to set up)*
g Replacing teaching by simply going "live" .... *(to question)*
h The student community .... thanks to online courses. *(to diversify)*
i Little control .... over online content. *(to use)*
j Rich student interaction .... by traditional teaching. *(not to elicit)*
k Better responses .... when students have more time to think. *(to provide)*
l Post-pandemic society .... thanks to new thinking. *(to rebuild)*

6 What are the three areas which may cause online studying to be difficult? What should new teaching methods promote? What challenges does online teaching poses to academics and IT corporates?

7 Topics for debates:

- Teaching can be considered as any other non-essential service.
- Universities are meant to be sites of free academic debate.
- Online learning should build a community spirit.
- Universities should not contribute to surveillance capitalism.
- Universities should help cultivating healthy and curious minds.
- Universities should be given a renewed sense of public purpose.

NOTES

TEXT 5

FOR ALL ITS SOPHISTICATION, AI ISN'T FIT TO MAKE LIFE-OR-DEATH DECISIONS

"Following the science" is a disingenuous policy because mathematical reckoning and human judgments are very different things

Artificial intelligence is searching for the drugs to combat Covid-19. It enabled the pandemic to be tracked and information about it to be synthesised. It is diagnosing patients, triaging them, and identifying those in need of intensive care before their condition deteriorates.

There is much hype about the use of artificial intelligence (AI) to combat coronavirus. Some of it is justified. Its ability to sift through vast amounts of data and to recognise patterns has been of great value. Some of the hype is flannel. AI did not, as some claim, predict the pandemic before humans recognised it. Inflated claims, for instance for the accuracy of AI in diagnosing Covid-19, should be cause for suspicion, not celebration.

Some of it is cause for concern – such as the use of AI for mass surveillance. And some aspects of the pandemic have exposed the limitations of AI. Algorithms, such as those used by online retailers, trained on normal human behaviour, now find that people's behaviour has completely changed when it comes to shopping or travel, and they are often flummoxed.

All this suggests a need to be clearer about what machines are good at and what humans are good at. The computer scientist and philosopher Brian Cantwell Smith distils that difference into the distinction between what he calls "reckoning" and "judgment". Reckoning is essentially calculation: the ability to manipulate data and recognise patterns. Judgment, on the other hand, refers to a form of "deliberative thought, grounded in ethical commitment and responsible action, appropriate to the situation in which it is deployed".

Judgment, Smith observes, is not simply a way of thinking about the world, but emerges from a particular relationship to the world that humans have and machines do not. Humans are both embodied and embedded in the world. We are able to recognise the world as real and as unified but also to break it down into distinct objects and phenomena. We can represent the world but also appreciate the distinction between representation and reality. And, most importantly, humans possess an ethical commitment to the real over the representation. What is morally important is not the image or mental representation I have of you, but the fact that you exist in the world. A system with judgment must, Smith insists, not simply be able to think but also to "care about what it is thinking about". It must "give a damn". Humans do. Machines don't.

No machine has an ethical commitment to patients the way doctors and nurses do. AI may be able to triage patients because of its ability to recognise patterns that humans may miss, but no machine has an ethical commitment to patients in the way doctors and nurses do, for whom it's not just the facts or patterns that matter. It is also that patients possess worth and dignity which need protecting.

Human judgments are not necessarily good, nor do humans always act with judgment. But all have the capacity to do so. That is why we hold humans, but not machines, as morally accountable for their acts.

The distinction between reckoning and judgment is important in assessing not just machines but humans, too. In this pandemic, one of the key responses from government minsters, when faced with difficult political questions, has been to suggest that they are merely "following the science". Not only is there not a single "science" to follow, and that much of what we know about coronavirus is laced with uncertainty, but even if the science were clear, we still could not abjure judgment. Take the debate about the reopening of schools. Suppose we knew for certain how likely it was for children to become infected, and to infect others, and what exactly the R number was in any part of the country. The decision on whether to reopen would still rest on making political and moral judgments about how to balance the risk of increased infection with the risk of children losing education and of the disadvantaged being further disadvantaged. The best public policy rests on facts but it also requires us to choose between competing demands, and to decide how these fit into various ethical and political commitments. There can be good or bad judgment, but there can be no pretence that there is no judgment.

The "we're following the science" line suggests that policy-making is a matter merely of reckoning – of making calculations from the given data – rather than also of judgment. It suggests, too, that a computer, rather than a human, would be best placed to lead the fight against Covid-19.

Machines cannot think like humans. Humans should not act like machines. Even politicians.

Kenan Malik, *The Guardian*, May 16, 2020

1 **Choose from this list what the main point of the article is and justify your choice with one sentence from the article.**

to promote the use of machines / to warn people about the danger of AI / to establish how different humans and machines are / to deny science any value in politics / to identify patterns in behaviours

2 **Identify what machines and humans are good at filling in this table with a verb for each action. Most verbs can be found in the article.**

Machines can...	Humans can...
.... the pandemic	.... the world as real and unified
.... information	.... the world into smaller parts
.... and .... patients	.... thoughts with ethics and responsibility
.... patients who require intensive care	.... a relationship to the world
.... and .... a lot of data	.... representation and reality
.... patterns	.... about the impact of their thinking

Fill in the sentences with ideas from the article about what machines and humans cannot do, or are not good at.

Machines could not .... the pandemic, neither .... humans.

Algorithms fail to................ customer's behaviours in unusual periods. Humans may .... patterns.

AI .... concern in relation to mass surveillance. Humans should .... ethical values.

Machines don't .... a dam whereas doctors and nurses .... for their patients.

Summarise what machines and humans can do. What are the two verbs the philosopher opposes?

3 **The article deals with abstract notions. Match pairs of ideas, either complementary or opposite in meaning.**

calculation / celebration / claim / concern / death / ethical / judgments / life / object / phenomena / pretence / reality / reckoning / representation / responsible / thought / value / worth

What match, synonym or antonym, would you suggest for: care, commitment, dignity?

<u>Can you explain?</u>

- Not only is there not... (why is there a question structure in a sentence which is not a question?)
- ... and even if the science were clear (Why is it not: If the science was clear?)
- Why is the noun *science* used with the article *The* in this article?

4 **Comment upon the sub-headline to summarise the content of the article. What message does the journalist send to politicians?**

5 **Essay topics:**

The article states: *Humans are both embodied and embedded in the world.* How do you understand this statement? Give examples to explain it and maybe also to contradict it.

The end of the article concludes: *Machines cannot think like humans. Humans should not act like machines.* Discuss and illustrate this with examples.

Can one day so-called *augmented human beings* manage to retain the best part of machines and humans? Could humanoid machines retain the best part of humans?

INTERNET DOC. A ARE WE ON THE BRINK OF A JOBLESS FUTURE?

▶ PBS NewsHour, 2017, 9'13"

This document can be studied as a whole or into smaller sections and for each you can test your comprehension with the following True / False statements. For each statement explain why. You can then answer the comprehension questions dealing with several sections.

Section 1: 00" → 24" Introduction

1 The name of the weekly series is *Making Senses*.
2 The way the series' name is written indicates what the series is about.
3 This programme is broadcast just after the release of the US monthly employment figures.
4 The documentary deals with how automation has impacted the labour market.
5 What is shown in the background is an Amazon warehouse.

Section 2: 25" → 2'38" Vivek Wadhwa

6 You see Wadhwa's car drive itself into the garage.
7 Wadhwa's car is a fully automated electric car.
8 Wadhwa reduced his energy bill by 50%.
9 His HealthCube provides free tests and instant results.
10 Wadhwa compares the number of Amazon and Walmart's workers to prove that jobs will be fewer.

Section 3: 2'40" → 4'07" Michael Osborne + Vivek Wadhwa

11 The commentator says "jobs are toast", meaning informally: they are suppressed.
12 Cashiers are mentioned among the workers likely to lose their jobs.
13 People who can predict the future are futurists.
14 The synonym for "referees" mentioned in the document is "empires".
15 Wadhwa sees job replacements coming after about ten years.

Section 4: 4'07" → 5'40" Joshua Browder

16 Browder is a student in literature working on Shakespeare.
17 Browder accumulated many fines he could not pay for bad parking in the UK.
18 The app Do Not Pay covers issues as maternity, tenant and consumer rights.
19 The app Do Not Pay will cover reducing a property tax and judging a divorce case.
20 The service Browder provides charges a very low fee respecting his great-grandfather's ideas.

Section 5: 5'40" → 6'33" Vivek Wadhwa & Carl Frey

21 Wadhwa believes Browder cannot succeed with no qualification in AI and in legal matters.
22 Productivity is defined as more output per unit of labour.
23 Frey published a book on the impact of automation on politics.
24 Populism is said to be linked with the degree of unhappiness workers feel about automation.
25 Populist politicians see automation as a threat to the labour market.

<u>Section 6: 6'34" → 9' Gerry Kaplan & Michael Osborne</u>

26 Kaplan believes that increased productivity leads to increased economic opportunity.

27 Fights attendants, hospital workers, masseuses, yoga teachers, advisors will be more numerous.

28 The jobs remaining are only the technical ones.

29 More non-tech jobs help middle-range pay rise.

30 Specialists and authors are not sure whether the future will be dark or bright.

Comprehension questions

1. In the documentary, Wadhwa states that there is unlimited energy, unlimited food and we can provide education and clean water for everyone. Do you agree with this statement?

2. Wadhwa would prefer to trust an AI doctor over a human one; would you? Can you think of other professions where the choice between AI or the real professionals may be debatable?

3. What do you make of the quote: *Humanity is at a tipping point, we're basically sitting there, watching it all happen?*

4. Why is the initial question *Are we on the brink of a jobless future?* a difficult question to answer, even once you have watched the TV programme?

5. The journalist claims at one point: *A human-free future isn't here just yet.* Justify this statement with examples from the document and others from what you see in your daily activities and what you believe may happen in the future.

INTERNET DOC. B THE ETHICAL DILEMMA OF SELF-DRIVING CARS

Patrick Lin, YouTube by TED-Ed, 2017, 4'15"

A **Before viewing the document, draw a list of the advantages of using self-driving cars in the future.**
Safer? Why? Time and energy-saving? Why? More comfortable? Why?

Some people oppose the use of self-driving cars, can you imagine their reasons?

B **Can you imagine the sort of issues self-driving cars will or already do bring about?**
Legal matters? Control over the car? Other

C **Now watch the document and write down all the car-related vocabulary you can hear. Find synonyms for "self-driving cars".**

D **Draw a car and link this vocabulary to your drawing.**
blinker or turn signal bodywork bonnet or hood brake lights bumper
door / front or back door
headlights
mirror
plate / licence
or number plate
roof
steering wheel

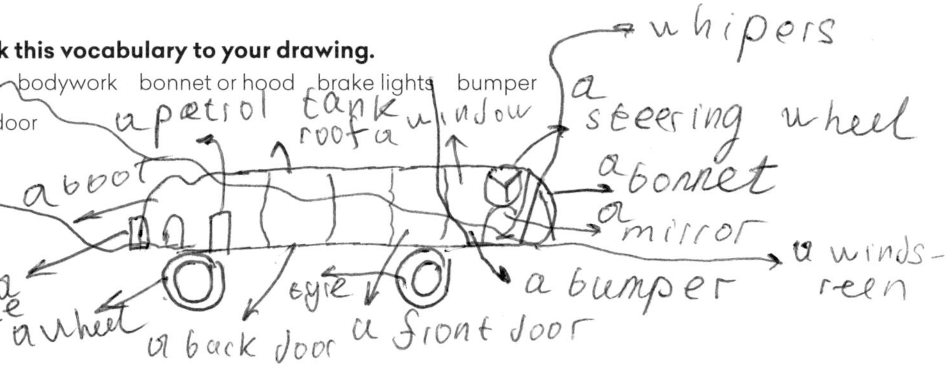

tank, gas or petrol tank tire or tyre trunk or boot wheels window windshield or windscreen wipers

Guess work: explain the meaning of this extra-vocabulary:

roof rack / all wheel drive / safety belt / driver's seat / fuel gauge / gear shift / horn / sunroof / pedal / unleaded petrol / exhaust pipe / dashboard

Describe the features of what you consider to be the ideal car. Do you think you will own such a car one day? Why? Why not?

E **Develop your verb power.**

1 **Match the verbs with one or several objects they are associated with in the document and write sentences to explain what the text suggests. Use modal verbs expressing possibility, probability and ability.**

Example: The car could analyse the passengers to know who should be saved.

Verbs: to analyse / to avoid / to decrease / to discriminate / to ease / to favour / to instruct / to manoeuvre / to minimize / to penalize / to prioritize / to reduce / to remove / to sacrifice / to spot / to suffer / to swerve

Nouns: a collision / a deliberate decision / certain types of objects / danger to others / fatalities / harm / harmful emissions / human error / responsible motorists / right or left / road congestion / safety / stressful driving-time / the car / the consequences / the moral hairpin turns / the passengers / the roads of technology / traffic accidents / your life

In an unexpected about-to-be-an-accident situation the drivers are the one who decide whether to turn right or left.
The cars are already or are soon to be instructed by robots.

The main priority is to decrease the fata-
In some occassions we'll have to ~~the~~ sacrifise
lities. our lives

2 **Match the verbs with the particles they are used with in the the document and find a synonym for each, using a dictionary if necessary. Use five of these to say what self-driving cars should, can, should not or cannot do.**

to barrel •	
to box (SO) •	
to crash •	• against
to discriminate •	• beyond
to factor •	• down
to fall •	• in
to go •	• into
to meet •	• off
to offer •	• out
to open •	• straight
to play •	• up
to spot •	
to swerve •	

F How should self-driving cars improve the driving experience according to the document? What is the priority according to you?

G According to the document, who is responsible for ensuring that these cars will match the ethical requirements? A certain targeting algorithm

H Describe the means of transport used in your favourite science fiction films? Which are the most futuristic according to you? Do you think they will be operational during your lifetime?

I Cruising into our brave new future...

What other objects, devices, tools may become fully automated in the near future? What sort of ethical dilemma are decision makers likely to face? Can we predetermine all actions and programme them? Is randomness, the lack of predictability, a curse or something to be maintained or even encouraged in our lives? What could be the danger of a society where intuition no longer exists, where all decisions are made thanks to algorithms, where all is logical and rational?

You may use some of the vocabulary from the document such as: forethought, malice, morally murky, fault, responsible, justice...

J Reflect and explain Asimov's three laws regarding ethics and robotics.

1 A robot may not injure a human being or, through inaction, allow a human being to come to harm.

2 A robot must obey the orders given it by human beings except where such orders would conflict with the First Law.

3 A robot must protect its own existence as long as such protection does not conflict with the First or Second Law.

INTERNET DOC. C YOUR PHONE IS TRYING TO CONTROL YOUR LIFE

Tristan Harris, PBS NewsHour, Jan 2017, **8'43"**

Here is the transcript of the document you can watch on the internet. You can either refer to it only if, when viewing the video, you find it is too difficult to understand, or after having watched the video once or twice, to make sure you've understood everything, or else start with the script, maybe just skimming through and then watch the video without the script.

In the script, 20 words are underlined, they may be a challenge for you to pronounce. You can test yourself pronouncing them out loud and paying particular attention to the stress pattern. Then check the pronunciation in the video, when you watch it.

One billion of us own a smartphone, and we know how addicting it can be. One former Google employee says: it is no accident. Indeed it is by design. And he became troubled by the relentless efforts of app developers to keep us glued to the gadgets. So Tristan Harris founded an organisation called Time Well Spent. He's asking the tech industry to bring what he calls "ethical design" to its products. News Hour special correspondent Cat Wise has more, part of our on going collaboration with the Atlantic.

TH: I noticed when I was at Standford, there's a class called "The persuasive technology design class", there's a whole lab at Stanford that teaches students how to apply persuasive psychology principles into technology to persuade people to use products in a certain way. So it's not about giving you all this freedom, it's about sucking you in to take your time.

CW: So the goal's to keep us on our devices longer. Why?

TH: For any company whose business model is advertising, or engagement based advertising, meaning they care about the amount of time someone spends on the product, you know they make more money the more time people spent. So the game becomes "How can I throw different persuasive techniques to get people to stay, to spend as long as possible and to come back tomorrow".

CW: And it's clearly working. Today wherever we go, we're inevitably surrounded by fellow citizens staring into their phones, as we usually are too.

What do you think about when you're in public and you see people on their cellphones?

TH: You know have you ever been in a moment where you're sitting there and you just start using your phone to do something proactive. May be you're in the back of a car, in a taxi, or you're on public transportation. You know your phone is always giving you a way to spend time that can be more productive, more entertaining or more stimulating than reality. I often say that this puts a new choice on life's menu that's sweeter than reality. And so we're turning to it more and more often, we check our phones about a hundred and fifty times a day.

CW: And what are the costs of that sort of constant interaction with technology, both on an individual level and as a society?

TH: Well I think you know, each of us has to tune in to our own experience. What does it feel like when we check our phones about a hundred and fifty times a day? What does it feel like if we've been scrolling and had our face down and not breathing very much when we're scrolling for say twenty minutes? I mean, how do we feel on the inside?

CW: How do you feel on the inside?

TH: I feel that I... don't feel very good after that. I feel that my anxiety goes up, I feel more concerned about what I'm missing, what I'm missing out on, who I haven't gone back to. You know people think that I'm bad at getting back to them. All of this sort of psychology emerges all of this because of this one thing in my pocket.

And we never had a media device that literally a billion people are kind of being programmed in the same way. We've so much influence in the hands of a few technology designers.

CW: At Google, Harris was a so-called product philosopher and helped design the Gmail Inbox app.

TH: First of all, there is no one in the Gmail team who said: "How can we addict people to Email"; there is no one who said that, that was never a goal. But you did hear conversations like: "Should we make it buzz, your phone, every single time you get an Email". There's a design question. But the outcome of that one choice would be a billion people getting buzzed at diners with their dates and with their friends and their family. All of these bilions of phones, by the part of this one choice, would be affected and interrupted all the time.

CW: And that was a conversation that you weren't having?

TH: I was getting a little bit disenchanted with whether or not we were having I thought the bigger conversation about when Email or any product that we make actually makes a positive impact on people's lives. And I made a kind of a slide deck, a manifesto, it basically said: never before in history have fifty, mostly male twenty to thirty five year old designers living in California, working at three tech companies, influenced how a billion people spend their time.

CW: This is Coffee Bar in San Francisco, a popular hang out for high powered techies like Harris, the ones whose choices can influence so many.

This idea of missing something, I think, that drives a lot of risks.

TH: Tony Robins, who said, a great quote, he says: "I run eight companies and I've thousands of employees, what do you think the chances are that at any given moment, if I check my Emails, something's gone wrong".

CW: With his organisation, Time Well Spent, Harris is urging peers in the tech world to have new conversations about the best interests of consumers.

TH: We need to change the incentive, I mean, I think so long as the business model of technology companies is advertising, we're gonna have a problem. And that's what, you know, we're trying to do with Time Well Spent, is to change the conversation from being about maximising engagement in time to being about maximising net positive improvements to people's lives.

CW: What are some examples of, you know, apps that people use on a pretty regular basis in ways that these companies are driving us in?

TH: Have you ever noticed if you ever log into Twitter, as an example. So there's an extra delay that you don't know how long it's gonna take, it's between two and three seconds, without the number of new notifications on Twitter you have. So why is that there? Well it makes that into what's called a variable schedule world. It's like a slot machine. So you're playing the slot machine, and there's a time delay, and in that time delay, your anticipation's building and then you get to see how many notifications I get. And so you become more addicted to checking it again the next time.

CW: It sounds like there's just a lot of trickery going on here.

TH: I call it the race to the bottom of the brain stem to, you know, get people's attention at all cost. You know. Let's say I'm YouTube and I've got a certain amount of people's attention. You know what's YouTube's biggest competitor? Probably Facebook. Or take the CEO of Netflix recently said that the biggest competitor to Netflix are probably YouTube, Facebook and sleep, meaning...

CW: Sleep?

TH: Sleep, because at the end of the day, there's a final amount of time people have and if you're not getting people's time, someone else, some other app, or some other part of someone's life is gonna get it. So these services are in competition with where we would wanna spend our time, whether that's our sleep, or with our friends. There's this war going on to get as much attention as possible.

CW: Tristan, tell me about how you use your phone.

TH: Well... I mean... I try to use it as consciously as I can. One thing for example is I set it up so that I just have my in and out tools and my aspirational ways I wanna spend my time on my own things...

CW: What do you mean by in and out tools? What does that mean?

TH: The tool is something you use and you never use it longer or more than you wanted to. For example, Google Maps, if I need directions, I don't end up scrolling through Google Maps for half an hour randomly. I just go in and find where to go and go out.

CW: And these are things that really don't drive you in for a long period of time.

TH: There's nothing on my home screen that is explicitly makes money from, or wants to maximize how much time I spend. And I put all those other things inside of folders that are hidden.

CW: Are people still texting you or are, are your friends and colleagues, may be they're not texting you or trying to, you know, reach out in a way that would distract you so often?

TH: At the end of the day, the thing that dictates what, how someone reaches out to you, and what they use, Facebook

Messenger or Whatsapp or Imessage isn't because they're thinking deeply about it. It's because it's just the fastest and the easiest thing to reach for. And so I think we have to recognise that, as human beings, there's just a certain set of things we're vulnerable to, that do influence us. If it buzzes right now, I would, probably without thinking about it, with you here, check it. And so if I don't want that to happen, I just have to put it away. In fact, my phone just buzzed right now. Then I just look, there you go.

CW: Even knowing what you know, you still picked it up.

TH: And this is the thing that even the people in the world of persuasion we're talking about earlier, you know all about these tricks and how they get people to use products, you use the slot machine dynamic or whatever it is, they'll tell you that they, themselves, are no less vulnerable than the regular person because these techniques work on everybody. It's just part of being human.

Follow up work: Read the text related to this topic in this chapter (Text 2: *Screen time minutes are the new calories...*) and assess how long you spend on your phone, whether or not you feel "tricked" into using it longer and more often, or if you can live without it.

REVISION HIGH TECH

Fill in the sentences with one of the choices given.

1. All my connected .... keep me informed, wherever I am. I can no longer say: I don't know.
   appliances gadget devices machines
2. Smart phones have become so .... that not having one can make you look so uncool.
   frequent useless actual ubiquitous
3. Data programming requires a certain .... many people do not want to acquire.
   mindset framework concept behaviour
4. Someone who exposes any fraud or wrongdoing for the benefit of all is a ....
   politician whistleblower spy discoverer
5. The situation was so uncomfortable that she felt .... anyone she talked to.
   easygoing at best randomly at odds with
6. I can only provide information in good faith and to the best of ....
   my will my skill my wish my knowledge
7. Pressure at work is often .... for Silicon Valley nerds who overvalue performance.
   self-induced inflicted feared self-control
8. The programmers' .... was noticeable when they got their award for Best Project.
   priority pride premium privacy
9. When my phone rings, my .... search to find it is usually vain.
   frantic deep total physical
10. In the digital ...., you are led to believe that almost anything is possible.
    loyalty stand realm circumstance
11. Whether I am for or against AI does not matter, my own .... is not relevant.
    point critic state bias
12. Creating a fully operational robot is a major .... in itself.
    endeavour achieving result tasks
13. Even with the best experts, companies often .... to counter cyberattacks.
    resist fight dispute struggle
14. Some programmes were very vulnerable to malware, their production has been ....
    boosted halt sidelined reduce
15. A .... plan to resist competition is necessary if you want to protect your IT service.
    autonomous foolproof effective operational
16. The big .... surrounding the release of the new VR game delights its designers.
    fashions infatuation fads hype
17. The quest for an ever more sophisticated technology is .... in our crafty human nature.
    embedded part contingent left

18 All makers of IT products have to be .... their ethical content.
aware responsible relieved of accountable for

19 Any .... use of your private data should be reported within 24 hours.
fraudulent disloyal lawful unauthorize

20 Cybercrime has no limit, from data hacking to money ...., including online harassment.
scheme stalking extortion charges

21 Mimicking official websites to obtain sensitive personal data is called ....
counterfeit malware phishing cybercrimes

22 Soccer games oppose two teams, and a .... makes sure rules are respected.
arbitrator referee rules middleman

23 When you are .... sending an email, check the address is the right one.
ready about almost on the brink of

24 Automation is very likely to .... more positions in industries and services.
suppress delete vanish erase

25 When driving, if you brake suddenly or ...., this is potentially very dangerous.
move on turn swerve drive on

26 In some cities traffic is notoriously bad; road .... is often the main problem.
congestion jam trip block

27 AI should help in many ways to reduce car ...., thus save lives.
accident fatalities mischance mishap

28 If my text message ends with ...., I mean "Keep me informed".
MYOB FYI NVM LMK

29 ...., i.e. on-line fraud should be more severely punished.
filibustering cybercrime fishing finishing

30 Though the state must ensure internet ethics, it should not .... freedom of expression.
constrain impose cut back curtail

Fill in the gaps with the words provided for texts 1 and 2, without clues in text 3. When necessary, conjugate verbs. In text 2, there are more words than needed.

Text 1 Augmented Reality

Augmented reality **(1)** .... become an easily accessible interactive experience overlaying a real-world environment on images or animations imagined by graphic designers or even computer-generated. Most of us will soon be able **(2)** .... this technology in our daily life through mobile devices like smart glasses for example. It **(3)** .... extend well beyond what it is today and offer not just gamers, tourists and scientists but any ordinary citizen with average computer literacy a whole new scope of sensual experiences. Will our senses learn how **(4)** .... reality from virtuality, and thus still retain some control and judgement over what we see? Or will augmented reality become so generalised that the mere question of our perceptions will no longer **(5)** .... as long as it serves a purpose? Then maybe the question will be what purpose can it serve?

to avail of / to be about to / to be relevant / to be said to / to tell

Text 2 3D printing

3D printing sounded almost like magic, and possibly sci-fi **(1)** ...., a few decades ago, at least for Jane or John Doe. It has now become within arm's reach, almost. Yes, at home you can now make, create, process, even manufacture, a three dimensional solid object from a digital file. Yes, there are a few **(2)** ...., but nothing likely to stop the most curious yet ordinary computer users. The 3D printer itself lays down successive layers of material until the **(3)** .... it copies is reached in this additive process. Yet, before you see the end result, you will need to go through a number of steps such as getting your 3D modelling **(4)** .... (some to start with are open source) and prepare the file for your 3D printer. This is called "slicing", that is to say dividing your model into thousands of horizontal **(5)** .... so that the printer is fed with shapes and dimensions. The magic can then operate and out of what today looks like a small microwave oven or a model guillotine, your object can materialize. However, for the time being, only solid objects are 3D **(6)** ...., so if you fancy the same woolen hat your grand-mother knit for you years ago, you may need to resort to a DIY online-course in creative knitting, for your printer will not be able to deliver the **(7)** .... woolen hat your granny lovingly knit for you.

advantages / constraints / copied / identical / layers / printable / shape / software / source / witchcraft

Text 3 Chatbots

If jobs in manufacturing and transportation are very soon to be replaced by "automated assistants", the future of customer service **(1)** .... still remain rather uncertain. Explaining on the phone the complex situation you may find yourself in when ringing your insurance or some customer support service and having the vague feeling that this person sounds somehow distant, a little awkward or unusually slow to **(2)** ...., will become an increasingly frequent experience. Even though the outcome of the conversation may not be fully satisfying, you will have spent long minutes going through sometimes useless details about your **(3)** ...., asking your complex questions to be, in the end, simply referred by this "conversational agent" to some other means of identifying the best course of action to your problem. This nightmarish situation will occasionally occur in the near **(4)** .... as chatbots are invited to take over and replace real person's interactions for the sake of productivity. If they can indeed answer calls anytime of the day or night, 7 days a **(5)** .... and never get overworked or unpleasant, their generalised use is raising some problems. This high tech process should not underestimate the customer's desire to be not just heard but also considered as a complex and perplexed human being and most of all, efficiency will have to enter the equation.

Texting etiquette. Here's a list of dos and don'ts related to communication at work. Put the words in the right order and discuss them.

- a / concern / matters / quick / requiring / response. / should / Texting
- Avoid / business / except / hours / in case / messages / of emergency. / outside / sending
- company's / confidential / information, / intranet. / Never / text / use / your
- Do / in a row / messages / not / one-sentence / on the same / send / several / topic.
- are / assume / Do / knows / not / referring to. / the reader / what / you
- abbreviation / ambiguous / Don't / or / overuse / phrases.
- and / Don't / double-check / forget / message / recipient. / the / to proofread / your

Topics for debate

- The augmented human beings will reach perfection. Is this something to look forward to?
- Dependent on high tech? We all are, for better and for worse.
- Is an autonomous Artificial Intelligence a far-fetched scientist's dream?
- Technology heals but does not solve problems.
- Any independent thinker needs to keep technology at bay.

VOCABULARY HIGH TECH

Accéder, avoir accès	To access, have access to
Accessible / disponible	Available
Administrateur de site	Webmaster
Afficher	To display
Améliorer	To enhance / upgrade
Appareil	Device, appliance
Arobase	At-sign
Assisté par ordinateur	Computer-aided
Audioconférence	Conference call
Automatisation	Automation
Avancée	Breakthrough
Bloquer des contenus	To block material
Bureautique	Office automation
Calomnie	Defamation, slander
Caméra intégrée	Webcam
Cartouche d'encre	Ink cartridge
Censure	Censorship
Chronophage	Time-consuming
Clavier	Keyboard
Clé USB	USB Key, memory stick
Coder	To code, to programme
Commerce en ligne	E-commerce
Compresser	To zip
Compte	Account
Connaissances informatiques	Computer literacy
Connecter (se), déconnecter	To log in, log out
Convivial	User-friendly
Copier-coller	To copy and paste
Corriger (un texte)	To edit (a text)
Courriel indésirable	Spam, unsolicited / junk mail
Crack en informatique	Computer nerd / geek
Crypter	To encode, to encrypt
Cybercriminalité	Cybercrime
Démodé	Outdated
Dépendance	Addiction
Dernier cri	State-of-the-art
Diaporama	Slide show
Didacticiel	Courseware
Diffamation	Defamation, libel, slander
Diffamatoire	Slanderous, defamatory
Diffusion multimédia	Streaming
Disque dur	Hard disk
Données	Data
Drogué du net	Webaholic
Droits d'auteur	Copyright
Ecoutes	Wiretapping
Écran	Screen, monitor
Émettre, diffuser	To broadcast
Empreinte digitale	Digital fingerprint
Endommager	To damage
Engouement	Fad
Ère numérique	Digital era / age
Éthique, déontologie	Ethics
Faire défiler	To scroll up / down
Faire payer	To charge
Filtre	Filter
Forcer, s'introduire	To break into
Fournisseur d'accès	Access / service provider
Frais (fixes)	Fee
Fuite, fuiter	Leak, to leak
Gadget informatique	widget
Graver, graveur	To burn, a burner
Hameçonnage	Phishing
Haute technologie	High tech / technology
Héberger	To host
Identification	Login
Imprimer / imprimante	To print / a printer
Initié en informatique	Computer literate
Intelligence artificielle	AI =Artificial Intelligence
Internaute	Webuser, internet user
Liseuse	E-reader
Logiciel	Software
Logiciel à partager	Shareware
Logiciel espion	Spyware
Logiciel gratuit	Freeware
Logiciel nuisible	Malware, malicious software
Matériel	Hardware
Mémoire tampon	Buffer
Mettre à jour	To update
Mettre en ligne	To upload
Modélisation des données	Data modeling
Mot de passe	Password
Moteur de recherche	Search engine
Mouchard	Cookie
Navigateur	Browser
Numérique, numériser	Digital, to digitise
Omniprésent	Ubiquitous
Onglet	Tab
Opérateur de saisie	Data keyer
Outil	Tool
Paiement en ligne	Online payment
Pare-feu	Firewall
Partage de fichiers	File-sharing
Pavé numérique	Number pad
Périphérique	Peripheral
Pièce jointe	Attached file, Email attachment
Piratage informatique	Digital piracy
Pirater	To hack (into a system)
Point d'accès, borne	Hotspot
Police de caractère	Font
Portable (ordinateur)	Laptop
Portable (téléphone)	Mobile / Cell phone, smartphone
Programmer	To code
Propriété intellectuelle	Intellectual property
Puce électronique	Chip, micro-chip
Qui a pignon sur rue	Brick-and-mortar
Raccourci clavier	Hot key
Rançongiciel	Ransomware
Récupérer	To retrieve
Réduire les libertés	To curtail freedom
Renforcer (les règles)	To tighten (the rules)

Réseau	Network	*Tablette*	Tablet
Révéler (au public)	To expose, uncover, debunk	*Tableur*	Spreadsheet
Robotique, domotique	Robotics, domotics	*Technologie de l'information*	IT = Information technology
S'inscrire	To register	*Télécharger*	To download
Sans fil	Wireless, Wi-Fi	*Temps réel*	Real time
Sans risque	Harmless, secure	*Toile*	World Wide Web
Sécurité	Safety	*Traitement de texte*	Word-processor
Sensibiliser (le public)	To sensitize public opinion	*Traiter, traitement*	To process, processing
SMS	Text message	*Utilisateur à utilisateur*	P2P = peer to peer
Sortir, publier	To release / launch	*Verrouiller*	To lock (up)
Sources sûres	Reliable sources	*Violer (une règle)*	to breach, to infringe
Supprimer	To delete / remove	*Webinaire*	webinar
Surfer sur, naviguer	To browse		
Surveillance	Surveillance		
Surveiller	To monitor		

TEXTING ALPHABET SOUP SAMPLES OF TEXTSPEAK / SMS LANGUAGE ABBREVIATIONS

AFAIK	As far as I know	*K*	Ok
AFK	Away from keyboard	*LMK*	Let me know
ASAP	As soon as possible	*LOL*	Lots of love or Laugh out loud
ATM	At the moment	*MMB*	Message me back
b / w	Between	*MTF*	More to follow
B4	Before	*MYOB*	Mind your own business
B4N	Bye for now	*NC*	No comment
BBL	Be back later	*NM*	Not much
BRB	Be right back	*NP*	No problem
BTW	By the way	*NVM*	Never mind
CUL8R / CYL	See you later	*OMG*	Oh my goodness
CYE	Check your E-mail	*OMW*	On my way
dl	Download	*PLZ / pls*	Please
DTRT	Do the right thing	*Sry*	Sorry
ETA	Estimated time of arrival	*TC*	Take care
FYI	For your information	*THX / TX / TY*	Thanks / thank you
GR8	Great	*TNC*	Totally not cool
GTG	Got to go	*UR*	You're
HAND	Have a nice day	*w / e*	Whatever
HTH	Hope this helps	*Y*	Why
IAC	In any case	*YNt*	Why not
IC	I see	*YOLO*	You only live once
IMO	In my opinion	*YW*	You're welcome
JK	Just kidding		

3

Global Trade

To say that the world we live in has been thriving on an economic model in which commerce has almost become its *raison d'être* is a truism and very few citizens today could claim that they are not consumers. Producing, selling and buying have shaped societies for centuries yet the planet-size dimension of today's trade is relatively recent, hence the rise of the most powerful giant producers of goods and services, multinationals offering internationally millions of products all over the world, tapping markets and fighting commercial wars, not always within the limits of ethical practices. Profit-making is the single market-rule, only too often leading to a plutocratic exploitation and domination. Consumerism reigns the world over with varying degrees of destructiveness, not necessarily creating happiness but unmistakably to the detriment of some citizens at the bottom of the pecking order. The 21st century may see new business practices emerge and pave the way for a society where the consumer will be a citizen fully aware of what the act of consuming entails.

This chapter questions consumerism, overconsumption, its human and environmental impacts as well as the strategies of producers and countries to maintain or expand their markets.

CONTENTS

TEXT 1

INDIANS CALL FOR BOYCOTT OF CHINESE GOODS AFTER FATAL BORDER CLASHES

Indians have called for a boycott on Chinese goods and the Indian government has pledged to block investment and increase tariffs for China in the aftermath of the deadly border clash in the Himalayas that left 20 Indian soldiers dead and 76 injured. The fighting on Monday night on a steep precipice along the disputed border in the mountainous region of Ladakh was the worst violence between Indian and Chinese forces in 45 years. China has still not disclosed if it suffered any casualties.

Indian government officials say they plan to impose higher trade barriers and raise import duties on around 300 products from China. India currently has a $59.3bn trade deficit with China, with 11% of India's imports coming from China. The Indian Telecom Ministry ordered government telecom providers and other private companies to ban all future Chinese deals and equipment upgrades. Chinese companies will also be banned from participating in tenders for future projects, which is likely to include plans to upgrade 4G services in India. Calls for a boycott of Chinese goods, technology and investment have been growing in India since early May, when Chinese troops began to build up in disputed territory in Ladakh, and violent skirmishes and stand-offs occurred between troops on the ground. An Indian-built program that helps users identify and delete Chinese apps on their phones was downloaded more than 5m times in May before it was blocked by Google.

An Indian butter company briefly had its Twitter account blocked in early June after it posted adverts captioned with the thinly veiled anti-China message "exit the dragon?". However, the boycott campaign quickly gathered momentum on both local and government levels across India after news emerged of the violence in the Galwan Valley, where soldiers fought in hand-to-hand conflict, with stones and clubs wrapped in barbed wire used as weapons. On Friday an Indian government official claimed that Chinese forces had dammed mountain streams near the site of the skirmish, waited for Indian troops to approach, then released torrents of water that knocked several of the soldiers off balance. "The strong gush of water made the men lose balance. The Chinese charged, pushed the army personnel and many fell into the Galwan river," the Hindu paper quoted the official saying. "The patrolling team walked into an ambush... The men were outnumbered by the Chinese."

Sonam Wangchuk, a pioneering Indian engineer who lives and works in Ladakh, has been at the forefront of calls for a boycott on China, in response to what he described as China's "bullying" behaviour over recent years, where land used by local herdsman to graze goats in Ladakh has slowly been encroached on by Chinese forces.

"If we just meet them with military force, that's what China are looking for," said Wangchuk. "We should do what they fear more, which is economic damage. India sends so much money... but we need to get ourselves out of this trap and call out China for what they are: a wolf, a rogue nation." Wangchuk said the campaign had already been more successful than he had ever anticipated. "Citizens can make a huge difference," he said. "The same wallets that built China in the last 30 years can also bring them down."

Since Monday, anti-China protests have broken out all over India, with effigies of the Chinese leader, Xi Jinping, set alight. In Gujarat there was footage of people throwing their Chinese-made televisions over their balconies. In Delhi, the Residents Welfare Association of Defence Colony, an affluent neighbourhood of south Delhi, declared "war" on China through a boycott of goods. Retired army major Ranjit Singh, who is president of the RWA, said in a video message to residents: "I declare Defence Colony is at war. Unfortunately we cannot take up guns and bullets but definitely there are other means. We can break China's backbone economically."

Both sides have blamed the other for the conflict, with India alleging that China carried out a "premeditated" attack on its forces, while China claims that Indian forces entered their territory on three occasions. Satellite footage confirms there had been a significant build up of Chinese troops in areas they were previously absent over the past month. The situation remains tense. While both India and China agreed to continue the process of de-escalation, discussions on Wednesday between Chinese and Indian army generals remained "inconclusive".

The Confederation of All India Traders (CAIT), which represents over 60 million Indian traders, stated it would be stepping up its anti-China boycott to include 450 broad categories of commodities, which cover over 3,000 Chinese products ranging from cosmetics to handbags and furniture. Pressure was also building to cancel the lucrative contract recently given to a Chinese construction company to build an underground stretch of a new rapid rail project in Delhi. General secretary of the opposition Congress party, Priyanka Gandhi, accused the government of adopting a "a weak strategy of kneeling down" before China and handing them the project.

There is a sense that China is concerned about the Indian calls for a boycott. A piece in the Global Times, the newspaper which is a mouthpiece for the Communist party, called for India to curb "illogical boycott-China voices" after the border clash, adding: "It is unrealistic and self-destructive for Asia's third-largest economy to launch frictions with the largest economy in the region."

Hannah Ellis-Petersen, *The Guardian*, Jun. 18, 2020

1 **In the article, a number of verbs are followed by their object in different ways. Identify and classify them in the table.**

(V = verb; prep = preposition; ST = something; SO = someone)

V + ST	V + prep. ST	V + to V ST	V + SO + prep + ST	V + SO / ST (+to) V ST
ex: to break ST – – – – – – – – – – – –	ex: to participate in ST – – – – –	ex: to pledge to do ST – – –	ex: to blame SO for ST –	ex: to help SO to do ST – – –

Use the right verb and structure to write sentences using these nouns explaining the situation.

(an) ambush / (an) attack / backbone / balance / boycott / casualties / guns / momentum / pressure / tariffs / war

2 **The article refers to many terms related to war. Some definitions are given in parenthesis, replace them with the terms corresponding in the article.**

The so-called (unofficial, small scale fighting) that erupted between China and India seems close to a guerilla warfare judging by reports of (close, physical) fighting and the use of homemade (arms). What is worrying is that not only these (violent confrontations) have caused (people injured or dead) but the presence of (official human forces) deployed close to the border and what seems like (planned) attacks make what some call (disagreements) looking more like an unofficial war than a trade war.

Now do the same with vocabulary related to commerce.

Putting (persuasion or intimidation) on countries by (stopping buying or using to express disapproval) some products is clearly (to starting / setting in motion) a war-like (an organised set of actions) which is likely to hurt both countries. (Customs duties) can become a means to regulate the amount of (commercial exchange) one can have with a partner but India is not in a comfortable position as its trade (negative balance) especially when it comes to (raw material or goods regularly exchanged between countries) it massively buys from China is not favourable at all. Any existing or future (contract) and (offer) is (forbidden) until authorities reach a de-escalation process.

3 **Revise the basic rules concerning reported speech and then fill in the verbs in the right verb tense.**

China has still not disclosed if it .... any casualties. *(to suffer)*

Indian officials say they .... to impose higher trade barriers. *(to plan)*

An Indian official claimed that Chinese forces .... mountain streams before the attack. *(to dam)*

He said they .... torrents of water onto soldiers. *(to release)*

The Hindu paper reported that soldiers .... into the Galwan river. *(to be pushed)*

Wangchuk believes that if they .... them with military force, China will respond. *(to meet)*

He laments that China .... so much money to China through trade. *(to send)*

He said that boycotting .... more successful than he .... *(to be; to anticipate)*

He felt that citizens .... make a huge difference. *(can)*

He said that the wallets that .... China .... also bring it down. *(build; can)*

He declared that Defence Colony .... at war. *(to be)*

He regretted they .... take up guns and bullets. *(cannot)*

He was adamant that they .... break China's backbone economically. *(can)*

China claims that Indian forces .... their territory. *(to enter)*

Indian traders confirmed they .... an anti-China boycott. *(will step up)*

The Global Times declared it .... illogical to call for a boycott. *(to be)*

It added it .... it unrealistic and self-destructive for Asia's third-largest economy. *(to find)*

❹ Comprehension questions

Who are the different forces and parties at play in this unofficial conflict?

Outline the principle of a boycott and what it aims at. Is an embargo the same? Why?

Can a local crisis lead to a domestic one and an international one too? Think of events in history.

How can ordinary citizens show their support for a cause? Destructively or more constructively?

❺ Debate topic

Some countries are said to be "bullying others". What does it really mean? Who can interfere to establish fair neighbouring relationship? What happens when neighbouring countries strongly disagree? Refer to some past or present European cases.

NOTES

TEXT 2

CAPITAL AND IDEOLOGY BY THOMAS PIKETTY – IF INEQUALITY IS ILLEGITIMATE, WHY NOT REDUCE IT?

It is a journalistic convention that any author who writes a door-stopper of a book with the word "capital" in the title must be the heir to Karl Marx, while any economist whose books sell in the hundreds of thousands is a "rock star". Thomas Piketty's 600-page, multi-million selling Capital in the Twenty-First Century won him both accolades, but both were wide of the mark. There is nothing Marxist about Piketty's politics, which are those of a liberal reformer, while his concept of capital is closer to an accounting category (a proxy for "wealth") than the exploitative force that Marx saw it as. And despite his unexpected celebrity, Piketty makes for an implausible rock star. Piketty is fixated on statistics, mines them from unlikely sources, such as 18th-century tax records and he is clearly fascinated by the mechanics of how data came to be collected in the first place. Piketty is a brilliant and relentless anorak.

Capital and Ideology is an even more ambitious book. The new book offers a history of almost everything. The chronology begins with a sweeping overview of feudal and other pre-modern economies, and ends with the dilemmas posed by the gilets jaunes. The geographic range is global, adding Brazil, Russia, India and China to his previous analyses of Europe and the US. Slavery and colonialism are covered at length. It is certainly the case that most authors who have taken on a historical task of this scale have been either Marxists or shysters. Marxists have the benefit of a clear theory of historical change, which helps knit copious quantities of evidence together. French Marxism (surely an inspiration for Piketty, if only in scholarly ambition) seeks historical patterns that are several centuries in the making. As for the shysters, if there isn't already a TED talk on "what your brain tells us about 1,000 years of inequality", then someone's missed a trick.

The point is that in order to find a thread through so much history, it helps to have a theory. But Piketty's theoretical innocence has always been part of his charm, and no doubt contributes to his mass-market appeal. The closest he's ever come to an overarching historical mechanism is the formula R>G (return is greater than growth) and how wealth grows faster than income, and why inequality therefore increases over time. Yet even this, he was keen to point out, was simply an observation of available data and not to be interpreted as a "law" of any kind. His premise in *Capital and Ideology* is a moral one: inequality is illegitimate, and therefore requires ideologies in order to be justified and moderated. "*All history shows that the search for a distribution of wealth acceptable to the majority of people is a recurrent theme in all periods and all cultures,*" he reports boldly. As societies distribute income, wealth and education more widely, so they become more prosperous.

For the bulk of this vast book Piketty maps the dominant "inequality regimes" of the past millennium. "Ternary societies" (such as feudalism) were divided into clerical, military and working classes. "Ownership societies" developed over the 18th century, becoming dominant by the end of the 19th, concentrating income and wealth in the hands of landowning families and the new bourgeoisie. "Slave societies" offered the most extreme model of inequality (Haiti circa 1780 is revealed as the most unequal society on record). "Colonial societies" had various combinations of military power, bourgeois ownership and slavery. Communist and post-communist societies provide a tragic overture in the book, in which the utopian ideal of complete equality produces poverty, stagnation and then the rampant inequality of contemporary oligarchical Russia. His insistence on looking beyond the perimeter of the liberal west – and confronting some of its worst historical crimes – is admirable, even if it does inevitably involve some broad brushstrokes. *Capital and Ideology* serves as an intervention in policy debates that are unmistakably European. It is also a reminder to the current occupant of the Élysée Palace that the French Revolution wasn't fought for *liberté* and *fraternité* alone. Piketty's account of the past 40 years is less a story of capital being unleashed than of progressive ideologies running out of steam. The failure of communism played a crucial role in this, producing a new fatalism about the capacity of politics to deliver equality. Globalisation eroded national borders, while "hypercapitalism" delivered concentrations of wealth not witnessed since 1914.

Piketty concludes with a tentative policy programme which includes some bold ideas (such as an equal education budget for every citizen, to be invested as they choose), but mostly rests on ideas of participatory governance, progressive taxation, democratisation of the EU and income guarantees that have been circulating on the radical liberal left for decades. Suffice to say that naming such policies is considerably easier than executing them. He might be right that, given the climate crisis among other factors, current levels of inequality cannot long be maintained and new policies will be introduced: he prefers to take an optimistic position, based on the assumption that "inequality regimes" never last for ever. *Capital and Ideology* is an astonishing experiment in social science, one that defies easy comparison. It alternates between sweeping generalities about the nature of justice and the kind of wonkery that one might expect from the Institute for Fiscal Studies, often in the same paragraph. It is occasionally naive but in a provocative fashion, as if to say: if inequality isn't justified, why not change it? Amid the distraction and perpetual outrage of our dysfunctional public sphere, this enlightenment confidence in empirics feels beamed in from another age. It also makes for a unique scholarly edifice, which will be impossible to ignore.

William Davies, *The Guardian*, Feb. 19, 2020

Exercises 1 to 4 allow a progressive reading of the review paragraph by paragraph. Exercise 5 is general.

❶ **Read the first paragraph and, using a dictionary, clear up the vocabulary which stops you from understanding the main ideas. Then try to answer the following vocabulary quiz.**

"A doorstopper of a book" is a book which is:
a not for every reader **b** heavy **c** shaped like a door

"To win accolades" means:
a to get friends' smiles **b** to win a game **c** to earn awards or respect

"To be an anorak" means:
a you study in depth unfashionable topics **b** you are in a cold place **c** you are an Eskimo

"Sweeping" overview" is:
a changing, fluctuating view **b** detailed and partial view **c** general and inclusive view

"A shyster" is someone who is:
a unethical **b** demanding with others **c** very shy

Cross out what this first paragraph is NOT about:

1 Piketty's Marxist ideology **2** The main content of Piketty's latest book **3** Piketty's Innovative TedTalk **4** Piketty's extended historical and socio-economic analysis **5** Piketty's sources and celebrity

❷ **Read the second paragraph and find synonyms for the terms underlined in these sentences.**

Piketty is an economist who <u>attracts the attention of</u> a large audience. In his latest book, he states how <u>enthusiastic</u> he is to refer to and compare so many examples in different countries and periods. Yet the <u>idea common to all the examples</u> of the book rests <u>bravely</u> upon the <u>thesis</u> that you can have an <u>all-embracing</u> view which does not rely on an existing theory.

Discuss the final sentence of the paragraph with examples in Europe or other parts of the world.

❸ **In the types of societies Piketty describes, there are eight categories of players, find them. They unequally share income, wealth and land. Define these three key terms in relation to power and domination. The end of the paragraph concludes with this statement: *"Globalisation eroded national borders"*. Discuss it with examples to support this idea and other examples to oppose it. Fill in the gaps of this short text on the article.**

Different models of society are m.................... in Piketty's book which opens on a study of the r.................... inequalities found in contemporary Russia. Though capital has recently been u...................., the economist does not believe this is the main cause for today's concentration of wealth. He explains that forward thinking is r.................... out of s...................., maintaining the inequalities the liberal west does not fight enough. A u.................... ideal is still to be invented for real improvement to materialise.

❹ **Read the final paragraph of the article and match Piketty's vision of the problems and ideas with the adjectives they are associated with. Match these adjectives with their explanations.**

Policy programme •	• astonishing •	• shared
Education budget •	• optimistic •	• the same in quantity, size, value
Governance •	• dysfunctional •	• formally assured
Taxation •	• progressive •	• uncertain, not final
The EU •	• democratised •	• rational and well-informed
Income •	• equal •	• gradual
Position •	• guaranteed •	• which does not work
Experiment •	• enlightened •	• very surprising
Public sphere •	• participatory •	• secured
Confidence •	• tentative •	• made available to all citizens, often by vote

Essay topics: "Inequality regimes" never last for ever **or** The idea of a "liberal left" is a contradiction in terms.
Use some of the notions from the table above to discuss one of these topics.

5 **Quote words from the review which indicate if the journalist recommends or not the book he reviews. What words express best this opinion?**
Find out more about contemporary economists' views, such as Joseph Stiglitz, Amartya Sen and Barbara Bergmann, and write a short article for students who do not know much about economics and would like to know more about the stakes of different economic models.

NOTES

TEXT 3

HAVE A HEART, KITKAT, DON'T BREAK WITH FAIRTRADE

Here's a quiz question: how many KitKats are produced in the Nestlé factory in York each year? A hundred million? Keep going. The plant makes a billion of the UK's bestselling chocolate bars annually. That volume is one reason that the company's shameful decision to end the brand's Fairtrade certification will have such a devastating effect on cocoa farmers.

I visited some of the Fairtrade-certified cocoa farms in Ivory Coast last year. Seeing the difference that a measure of financial security can make to some of the poorest villages on earth is a lasting lesson in the mechanics of hope. In thrall to *pisteurs* – sharkish local agents – many of the families working the Ivorian cocoa plantations subsist on less than the price of a KitKat per day. In the farms that live up to Fairtrade standards – outlawing child labour, creating stable cooperatives – the guaranteed minimum price removes a bit of that uncertainty from their lives. The 10% premium not only allows the communities to invest in schools and sanitation; it gives them the unfamiliar sense of progress.

The market remains stacked against those farmers. Cocoa producers receive about 6% of the value of a chocolate bar. Nestlé made a profit of £8bn last year. York, one of 600 pioneering Fairtrade towns and cities in Britain, is leading a campaign against Nestlé's miserable decision. If you care about the best of "global Britain" sign its petition – and have a break from buying KitKats until the policy is reversed.

Tim Adams, *The Guardian*, Jul. 5, 2020

SHARK FINNING: WHY THE OCEAN'S MOST BARBARIC PRACTICE CONTINUES TO BOOM

In the narrow streets of the centre of Hong Kong's dried seafood trade, most window displays give pride of place to a particular item: shark fins. Perched on shelves, stuffed in jars and stacked in bags, shark fins are offered in all shapes and sizes. Several shops even include "shark fin" in their name. Fins are lucrative, fetching as much as £715 per catty (604.8g), and the trade is big business. Hong Kong is the largest shark fin importer in the world, and responsible for about half of the global trade. The fins sold there come from more than 100 countries and 76 different species of sharks and rays, a third of which are endangered.

In May, customs officials made the biggest shark fin seizure in Hong Kong history: 26 tonnes of fins, contained in two shipping containers from Ecuador, cut from the bodies of 38,500 endangered sharks. The fins are often removed from the animals while still alive. The wounded sharks are then usually thrown back into the sea where, unable to swim, they sink and die of blood loss or are eaten by other predators. The practice is banned by many countries and some international agreements.

But the sale and consumption of shark fin remains legal in Hong Kong, although products from endangered sharks must be accompanied by a permit. Illegal trading is punishable by up to 10 years in jail and a HK$10m fine, but prosecutions are rare. Viewed as a delicacy and status symbol, shark fin is typically eaten shredded in a jelly-like soup at weddings and family banquets. "The shark fins themselves don't taste of anything," says executive director of HK Shark Foundation, a local NGO. "The taste comes only from the soup broth. It's the texture of the shark fin that people like and the fact that it is a luxury item. It's conspicuous consumption. It's about showing wealth and status by ordering the best or most expensive item."

Matthew Keegan, *The Guardian*, Jul. 6, 2020

DELIVERY DISASTER: THE HIDDEN ENVIRONMENTAL COST OF YOUR ONLINE SHOPPING

There's still something magical about the idea of browsing a world of goods online, choosing what you want and having it delivered to your door, sometimes within hours. You may give a fleeting thought to the environmental impact when you are drowning in excess packaging but it's easy to ignore the rest of it. Such as the fact that Amazon emits nearly as much carbon dioxide as a small country. We are buying more online than ever – and younger age groups are less likely to shop locally than people over 55. Our rapidly growing delivery culture is a challenge as it's easy to go online and buy things cheaply. They might have been shipped from far off countries, manufactured from raw materials and they arrive at our homes at little or no cost, according to Tim Anderson, head of transport at the Energy Saving Trust.

In an ideal world, online shopping could be a better option than making individual trips to the store; large weekly grocery deliveries can be the better choice, as long as we don't make additional supermarket trips ourselves. We do not live in an ideal world, however, but one in which profit and consumerism are rampant. We don't behave – and online retailers don't encourage us to behave – in a sensible way. Once, we were prepared to wait, but now we want same-day delivery. We have vehicles shooting all over the place making single deliveries. We have the concept of "free" delivery, which is a selling point for retailers, but it's not really free in the sense of what it costs them and what it costs in environmental terms. People also buy things, particularly clothes, with the intention of returning much of the order, resulting in more carriage and mileage. They are not being penalised financially for doing so. The growth in hot-food delivery services has been enormous. Bicycles would help in terms of pollution, but the trend has been to move away from bikes as these firms expand their networks, and it's not viable. So what should we do? Shop locally, [especially] if you can use sustainable transport. We should be more patient and consolidate orders into one delivery at a time. Choose to pick them up at a nearby collection point. Work it into your daily commute.

Emine Saner, *The Guardian*, Feb. 17, 2020

1 Have a heart...

a The headline of the article refers to the KitKat slogan. Explain how.

b In the article, what are the four advantages fair trade offers?
List them and check the website Fairtrade International for their precise meaning (Home>About>How Fairtrade works: What is Fair trade?) (https://www.fairtrade.net/about/how-fairtrade-works).
Watch the video. Can you think of other advantages?

c What does the journalist suggest consumers should do at the end of the article?

d Are you a fair trade consumer? Why? Why not? What criticism can be made about fair trade?
You can refer to Wikipedia's Fair trade debate for ideas. (https://en.wikipedia.org/wiki/Fair_trade_debate).

2 Shark Finning...

a Why are shark fins so expensive? Why is it surprising?

b Why do animal rights activists oppose this trade?

c What seems inconsistent in such a market?

d The journalist refers to *conspicuous consumption* at the end of the article. Explain what is meant by this in your own words? Give other examples.
Are you at times a conspicuous consumer? What motivates and influence your choice when buying?

3 Delivery disaster…

a What advantages are there to having goods delivered to your door?

b Why does the journalist claim that "*online shopping could be a better option*"? Are there reasons why it can be argued that it is not the case?

c Why is free delivery not a reality? Why and how are customers led to believe so?

d How could deliveries become more sustainable?

Quoting from the three articles, explain how the journalists get involved in the story they report and involve their readers?

4 Vocabulary: Fill in the table with either a definition or a word matching a definition from the three texts.

Word	Definition
agreement	
	production site
value	
	business, usually large, with international partners
profit	
	trademark
NGO	
	to earn just about enough to survive, to get by
raw material	
	buyers of products abroad selling them on a domestic market
sharkish	
	wrappers, protection around goods
shelves	
	to transport by boat
lucrative	
	someone representing someone else, an in-between
retailer	
	in a shop, where goods are seen from outside
to manufacture	
	financially sustainable

5 Grammar: In the article "Delivery Disaster…", six modal verbs are used. Underline them and make sure you can explain the difference between each.

What can modal verbs express? What are their grammatical common points? For each line, order the words to form a sentence. You can discuss the statements afterwards.

- all the economic problems / but / Fairtrade / it / many / may have / some advantages / producers face. / will not solve /
- a chance / a decent living. / can be given / its / local producers / Nestlé / must change / policy / so that / to earn /
- and / ecological disasters / fewer / Hong Kongers / should change / their habits / would occur. /
- anymore / be better / can / not be sold / protected. / Shark fins / should / so that / these animals /
- a significant impact. / but / have / may / may not / reduce / Some customers / their deliveries / this /
- a chance. / Anyone / be given / deliveries / linked to / ought to / may / seriously / so that / take / the Earth / the problems /

NOTES

TEXT 4

FAST FASHION CREATES MISERY – AND THAT'S ALWAYS A BAD LOOK

During lockdown, everyone's id has been allowed to float untethered. Obsessions, manias, strange desires and perverse fantasies have risen to the surface as the conventions of normal life melted into a free-floating miasma of Netflix and pasta bakes. Judging by the spike in sales of fast fashion, many people across the nation are buying outfits for an alternative fantasy life rather than their homebound realities. In their imagined Sliding Doors timeline they're having brunch cocktails on a hotel balcony in Ibiza or dancing the night away in "the club". And so they logged on to cheap clothing sites and bought a polyester playsuit, some bold separates and a nylon dress in a snappy print that will fall apart after three wears.

Consumers might be seduced by hanger appeal, but at what cost? Boohoo's share price has tanked as alarm grows around the treatment of the workers in one of its suppliers' Leicester factories. Allegations include unfit working conditions, staff forced to work through lockdown, an absence of sanitiser or protective equipment and long-term employees paid between £3.50 and £5 an hour – less than half the national living wage. Boohoo said it is investigating the claims and will cut ties with any supplier that breaches its code of conduct.

None of this is really a shock. Awareness of the exploitative and unequal production conditions of fast fashion – which UK consumers hoover up like so much junk food – has been growing for the past few years. Fashion has a long supply chain that makes placing the blame and divining who is truly responsible for exploitation difficult. Fashion industry activism extends well beyond the Leicester garment district to address sweatshop labour, factory conditions, child exploitation and the ecological cost of the entire international cycle of clothing manufacture. But lockdown has forced simmering issues up to the boil, so they are now impossible to ignore.

Nobody who buys fast fashion regularly is in danger of actually having nothing to wear. Consumers are buying a fantasy, an image in their own minds. The retail cost is low, but the true price is paid by the workers. Young women buy these clothes for a bit of cheap, disposable fun, but the female factory workers who sew them are seen as even more cheap and disposable, by purchasers and fashion-brand bosses. We pay more or less for the clothes depending on each brand's marketing spin, but the workers are paid a pittance and treated like dirt.

The division of labour is gendered: women toil at machines in factories, men work in warehouses and as delivery drivers. The wider inequality is also heavily racialised. During the "urban vigilante" phase of lockdown, when we were all dobbing and snitching on our neighbours, I used to rage-watch as delivery drivers had to go up and down the street with their soft grey plastic packages of crappy beachwear. All the drivers were black or brown. They all looked knackered. None seemed to have gloves or a mask or bleach spray or hand sanitiser. They were having to touch dozens of parcels and doorbells and porch-fronts a day.

Some might argue that the human sacrifice of black and brown workers is needed to keep the economy going, because otherwise it will tilt into a full depression, with mass unemployment. But Boohoo chief executive Mahmud Kamani is a millionaire. Sorry – my mistake – he's actually a billionaire. And he is also the biggest shareholder in Boohoo group, which also owns Pretty Little Thing and Nasty Gal. Oh, and Coast, Karen Millen, Oasis and Warehouse. Cheap and mid-range clothes are often made in the same factories by the same people, with the same cost price. But all too often this is how big businesses in the mainstream fashion industry work. We pay more or less for the clothes depending on each brand's marketing spin, but the workers are paid a pittance and treated like dirt. Once you really start looking at the fashion industry, its outer allure soon appears as flimsy and transparent as poor-quality dress fabric.

Bidisha, *The Guardian*, Jul. 7, 2020

1 In each paragraph of the article, find either a synonym (=) or an antonym (≠).

§1 freely moving in the air = ...
chronology of events and dates graphically presented = ...

§2 strong attraction to something = ...
to associate, to link with ≠ ....

§3 to consume with desire = ...
to reach a temperature just below boiling point = ...

§4 adjective for something everlasting, that you keep for a long time ≠ ....
a large, generous amount of money ≠ ....

§5 to work very hard and for long periods = ...
informing, telling on someone's activities = ...

§6 marginal, unlike the rest ≠ ....
mysterious attraction or fascination = ...

Now explain what they mean in the text.

2 Find the words matching the following definitions. All are terms related to commerce and in alphabetical order.

Ex: Someone who owns and runs and / or manages a company (2 words) → boss (or chief executive)

For the final three rows in the table, only key words are given. For each, write the definition and find the word.

WORD	DEFINITION
	Name of a company making a product (or a range of products), often associated with an image, trademark
	Company involved in trading goods / services; also someone's regular occupation
	Someone who buys something (2 words)
	Amount of money the makers need to pay to produce goods
	Building(s) where products are made or assembled
	Non-specific name for a piece of clothing
	Work, especially physical work; also collective name for workers as a social or political class
	The making of articles on a large scale
	Favourable presentation of a product to attract the attention of potential buyers
	For a product, average in price, quality and size
	Amount of money to be paid by the buyer
	Date by when a perishable product should be consumed
	(Investor / company / owns part of it)
	(Sequence / processes / making / or distribution / a product)
	(Workplace / workers / very low pay / very long hours of work)

3 **(Comprehension) Answer the following questions. Each corresponds to one paragraph of the article.**

- **a** How can inexpensive clothes be available on the market?
- **b** What unsatisfactory working conditions were Boohoo employees accusing their employer of?
- **c** Why is it so complicated to measure worker's rights in the clothing industry?
- **d** How is most of the fast fashion industry structured? What is its pricing policy?
- **e** What is the impact of the unusual circumstances of the lockdown on consumers' choices?
- **f** Who are the fast fashion industry workers? Why were they more exposed than other workers during lockdown?

4 **Identify the tone of the article (technical, casual, literary, light, ironic, humorous, etc.) and the point of view of the journalist. To help you, here are a few expressions from the article, look for their meaning if necessary and find out what hey have in common in terms of register.**

to tank / to hoover up / to rage-watch

Explain the final sentence of the article in your own words.

5 **The sub-headline states:**

Cheap, throwaway clothing was past its sell-by date... Brands need to change their act – and so do consumers

Are there other products you consume, throwaway or cheap, which should be removed from your shopping list? Choose one or two and explain how anyone can change their habits, choosing more virtuous products for example.

6 **Creative writing**

As a member of a militant group, write a leaflet to hand out to customers walking in and out of the trendy fast fashion outlets of your town. Try to make them aware of the social and environmental impact of their purchase and reflect on the necessity to take part so regularly or enthusiastically to the consumer society. You need to be emphatic and convincing. Think carefully of what your message is, what you support and advocate.

7 **Would you ever consider working for the fast fashion industry? What could attract you to it? What would you find difficult to handle? What would you ideally like to change? How could you try to implement these changes?**

INTERNET DOC. A THE STRATEGY OF INTERNATIONAL BUSINESS

Get It? ESL, 2021, 12'30" / total 22'25"

A Watch the document once without pausing or taking notes. Then fill in the following text with words from the document. Watch again to check your answers.

0 → 1'25"

Multinationals, corporations, transnational companies, conglomerates, consortiums... So many companies today operate worldwide, having developed from a local or domestic market to an international one. These companies figured out the real .... for the business to venture abroad. The managers' strategy for .... is three-fold: they need to know why they want to .... internationally, where to go and how to do so.

1'26" → 5'10"

One of the best reasons for developing operations abroad is to .... across national borders, so that your market and more importantly your customer base get bigger. The aim is to increase .... Yet, because of .... of foreignness, selling more does not automatically imply making higher .... There must also be clear strategic objectives in order to deliver .... value. What also certainly generates more profit is a cost .... strategy and a strategic move abroad can allow this, if for example labour is cheaper, even when you add the cost of .... and communication. You can also spread your Research and .... costs, lowering the unit cost thus benefiting from the economy of .... principle. If several markets are tapped, being present in one and another is giving the company more revenues and .... stability because of less dependence on one market only and better opportunities to .... losses in one country with profits from another. Operational gains are yet again another good reason to expand internationally, in case of a strike or a natural .... somewhere, production can be compensated somewhere else. Finally, innovation benefits from competing on several markets, products need to be adapted to new customers, leading to new .... for the same product.

5'11" → 8'35

Again customer oriented strategies can lead you to choose where to go global but this will certainly require adapting, at least in terms of lifestyle and language. So the best is to measure not only .... distance, but cultural, administrative and economic distances too. Being close to potential foreign markets helps as .... is fast and cheap and products may not need much tailoring. But when it comes to tastes in food or habits, selling abroad gets more complex. Products also need to comply with national .... , government policies and legal systems. China is known to have a heavy control on what goods enter its territory for example. Finally, having a new customer base means to take into account the new consumers' .... power. You cannot sell many luxury goods where a fridge is affordable to only a small minority or people live with less than $2 a day.

8'40" → 12'05"

Knowing how to enter a new market also requires much thinking. The three strategies, ..., global and arbitrage, are decisions to be made early in the process of internationalisation. When choosing a multi-domestic approach, time and energy are spent to design products with special features matching the national .... The key value is very obviously .... And opposite to this is the global approach. No matter where you are, you are getting the same product from the same company. This .... allows economies of scale to its full potential, the customer is supposed to be satisfied with the exact same product. But even in a global strategy, you may find some adaptation to local tastes and preferences. Finally, arbitrage taps on the skills and uniqueness you can exploit somewhere, often in areas of designing or research and development. .... arbitrage consists in selling the uniqueness of the product as a clearly identified foreign product, betting on the quality consumers associate with it.

12'08" → 12'30"

There is no ideal recipe for a safe and successful internationalisation, each country is different, each product unique, tastes and customers' desires may also be unpredictable. But when the .... is right, when you also successfully face global and local ...., it is well worth the effort.

B **Can you think of examples of products which are sold in different countries by a multinational? Are they the same or are they adapted to a given market?**

(You may research Pocky / Mikado biscuits or Burger King / Hungry Jack's; Links / Axe; Dannon / Danone or Mars / Milky Way / 3 musketeers)

C **When the marketing strategy is not solid, tapping a foreign market is more risky and even for the biggest companies, failures cannot be avoided. Research such cases on the internet and identify where, in the process, something went wrong.**

You may check these:

10 International Marketing Campaigns that failed to translate:
https://www.meldium.com/10-international-marketing-campaigns-that-failed-to-translate/

Lost in Translation: 10 International Marketing Fails:
https://www.businessnewsdaily.com/5241-international-marketing-fails.html

INTERNET DOC. B DOES MICROFINANCE EMPOWER OR IMPOVERISH?

TRT World, 2017, 26'42"

The exercises below only cover the documentary (*Breaking the cycle of poverty*, 4'10")

A Before watching the document, research microcredit and fill in the following table.
You can use the Wikipedia entry (only focusing on Introduction, History and Principles).

MODERN MICROCREDIT

Definition:	
Main principles:	
Where it developed first:	**Name of the first bank:**
Year: **Founder:**	
Who most of the recipients are:	
Purpose of the loans:	
Criticism:	

B Watch the document, and section by section or after viewing it all, answer the questions.

18" → 30" After the presentation of the topic, describe why what you see is supposed to illustrate globalisation.

31" → 45" What is the contradiction the TV programme intends to address?

47" → 53" Describe the opening scene of the documentary *Breaking the Cycle of Poverty*.

54" → 1'28" What is the main question the documentary opens on? Do the two persons stating their opinion agree?

1'36" → 2'23" What historical background is presented to reflect the evolution of microfinance? Did credit to the poor exist before microfinance developed? Explain how microfinance has become institutionalised.

2'25" → 2'57" Why is microcredit often misused? What do economists criticize it for?

2'58" → 3'23" What does Jason Hickel explain to justify that microcredit does not reduce poverty?

3'25" → 3'47" What are the two changes which international reports advocate to avoid the desperate situations some find themselves in?

3'50" → end Has M. Yunus' promise been kept? So finally, does microfinance empower or impoverish?

C Find the expressions used in the documentary synonymous with what is underlined in each sentence.

The Nobel Peace Prize winner wanted <u>to make</u> poverty <u>disappear</u> within a generation.

Microcredit means to grant an <u>amount of money to be paid back</u>.

<u>Finance on a small scale</u> provides a range of banking services to the poorest.

The aim of such services was to lift the poorest out of poverty and to <u>make</u> them <u>gain more independence</u>.

Microcredit should reach those on the margins of society, i.e. at the bottom of the income <u>scale.</u>

Most of the poor are <u>trapped</u> in a cycle of debt.

When microcredit started to develop many economists thought it would reduce poverty.

These relatively small amounts of money are intended to help entrepreneurs get their business going.

The procedures that allow institutions to be paid back are not so well defined.

Sometimes, even with the best intentions, people's budget gets out of control.

In developing countries, it is rare to escape poverty.

When people consider suicide because of their debt, mercy and forgiveness should be considered by the lender.

I am sure none really chooses not to pay one's borrowing.

There are a few really wonderful happy experiences in the history of microcredit.

For some, microfinance could be the ideal solution, for those who are real entrepreneurs.

Choose 5 of these sentences and write another sentence following each starting with: *Yet* or *However...* to explain why the reality is often different.

D Listen to the following document about microcredit to get a different view about its shortcomings. What is the structural flaw Richard Wolff is drawing attention to? His view being even more critical of the whole economic structure, what does he recommend?

▶ Richard Wolff on Microcredit and Microfinance, 2018, 8'07" (https://www.youtube.com/watch?v=cj5lioPwd6M)

Key concepts: risk, demand and supply, supply-side economics, trickle-down economics, lobbies,

INTERNET DOC. C RICHARD WOLFF ON THE ROOT OF CONSUMERISM

Get It? ESL, 2021, 6'07"

A **Before listening to the document, define the two key terms:** consumerism and labour.
Identify what they are usually associated with in terms of types of society and human experience.

B **Listen to the document and answer the following questions:**

0" → 1'05" What major confusion should not be made regarding consumerism? Who usually reminds people of the non-materialistic values in life? What is the question the economist is trying to answer in this document?
What economic arrangement of society supports consumerism?

1' → 2'30" What is the problem between the worker and his/her labour?

2'33" → 3' What is the usual compensation for labour? What does this reward allow?

3'02" → 4' What is associated to labour? Quote at least four adjectives.

4' → 5'11" What duality has a capitalist society set in the values associated to the two key notions?

6'11" → end What should and does sometimes labour provide?

What conclusion does the economist reach?

C **Using the main ideas in this document, draft a list of questions applicants to a job should have in mind when selecting their job offers. What are your priorities?**

D **Finish this session with a very short document related to American consumption.**
Watch: Adbusters UnCommercial - The Consumer pig, 2012, 33"

Are you surprised? What makes you react most? This document was made in 2012, do you think trends have changed since then? Do you live in a consumer society? Identify several products you buy that you could choose not to buy, ie non-necessary items.

Do you think you are a reasonable consumer? Why? Why not? Is the consumer society the only one that could be sustainable? Is it sustainable? Explain and justify your opinion on this with simple examples.

Research the event promoted at the end of the video. You may watch: *Adbusters - Kalle Lasn on CNN for Buy Nothing Day* or *Adbusters - Kalle Lasn on CBC - Reflections on Occupy* on YouTube for an interview of the founder of this movement.

Describe its logo. Would you engage in such an event? Why? Why not? What are the motivations of those who promote it? Can it change mass consumption?

REVISION GLOBAL TRADE

Fill in the sentences with one of the choices given.

1. Domestic markets are often protected with .... imposed by the State.
   custom duties   import tax   tariffs   income
2. Some countries do not respect the most basic commercial practices; they are .... states.
   rough   rife   rogue   rude
3. Many countries rely too heavily on tourism and .... exports.
   foreign   commodity   external   trade
4. The .... of this country is more than its GDP, it includes its population, territory and traditions.
   growth   wealth   product   deficit
5. This liberal economic .... favours profit-making agents and reduces public spending.
   policy   politic   regimes   manage
6. Some economists intend to address .... either theoretically or very practically, but often not at all.
   disagreement   inequality   issue   poor
7. In the poorest countries, the .... allocated to culture is almost non-existent.
   gains   total   income   budget
8. Any production standard requires adequate .... before it can be launched.
   law   regulatory   certification   voucher
9. The .... and consumption of luxury goods should be more heavily taxed.
   selling   buy   sell   power
10. Many affluent and impatient consumers are now ready to pay an extra fee to get .... deliveries.
    same-time   save   same-price   same-day
11. Fast fashion has a complex .... chain involving many sub-contractors in far away countries.
    credit   supply   demand   labour
12. A low .... price strategy usually fuels mass consumption and over consumption.
    retail   producer   commercial   customer
13. .... want to see the value of their investment increase rapidly, so that they get richer.
    Brand   Shareholders   CEO   The State
14. For most national companies, ... global means reaching bigger markets and increasing profits.
    forwarding   being   trending   going
15. Marketers need to assess their consumer-base .... power for them to set a price for a product.
    buy   purchasing   spending   consumer
16. Globalisation has triggered a certain .... of products and customer expectations.
    norms   modelisation   universal   standardisation

17 These multinationals intend to .... Asian markets to strengthen their economic domination.
tap top build grow

18 Capitalism leads us to believe that .... is the reward for hard work.
spend shopping spree spending incomes

19 Workers rarely see the .... of their work and its direct impact in society.
profit benefit outlook values

20 Economic austerity can .... even further the weakest in society.
support constraint downgrade impoverish

21 Banks sometimes support their clients who need a .... to start their business.
loan lending trust back up

22 Poverty .... is not the priority of businesses, the state needs to deal with this.
lightening reduce alleviation transaction

23 If you .... debt, the interest costs can soar very quickly and your debt gets out of control.
get in drag run into get out of

24 .... may create jobs abroad but they also destroy some at home.
Locations Relocations Source out Outsource

25 Fair trade .... higher incomes to producers and more awareness among consumers.
ensures assure certifies checks

26 .... partners usually commit to one another in the long term.
Trades Traders Trade deal Trading

27 This .... used to produce 2,000 units a day; now, because of competition, it's about to close down.
fabric warehouse factories plant

28 Non materialistic values can be considered to be the opposite of ....
comsume consumerism consumer choice underconsumption

29 Marketing turns almost anyone into a potential buyer in this .... society.
consumption consuming consume consumer

30 Buy Nothing Day was meant to counter Black Friday's mad shopping ....
sprees out mall fee

Fill in the gaps with a verb conjugated in text 1, with an adjective in text 2, more words than needed are given. In text 3, the same preposition can only be used once.

Text 1 The WTO

The World Trade Organization was created in 1995 to **(1)** .... greater global cooperation between members, now 164 of them, to help **(2)** .... multilateral trade deals, to settle cross-border commercial disputes and **(3)** .... trade flows. It recently tried to unite leaders of the International Monetary Fund and World Bank in an effort to put aside their differences in order to support economic growth. The organisation, which has come under sustained attack from free market supporters, especially in the US, still intends to maintain good business practices and keep trade away from a world where the law of the jungle **(4)** .... Yet, it has not come up with any major international agreements on trade since 2015. Both its attempts to **(5)** .... subsidies for fishing to allow a revival of depleted fish stocks and its negotiations over the terms of e-commerce across borders have failed. The recent tit-for-tat battle between the US and China over customs duties has **(6)** .... it from adjudicating trade disputes. However, a recent academic study concluded that the US, China and Germany had **(7)** .... most from joining the WTO. The total increase in prosperity **(8)** .... to $855bn a year for all its 164 members worldwide or 4.5% of GDP per member country, the study found.

to amount / to benefit / to cut / to forge / to monitor / to negotiate / to prevail / to prevent

Text 2 Post-Covid NYSE

What does a financial trading floor look like? A large room full of stout blokes (mainly) with worryingly **(1)** .... blood pressure who shout and wave against a backdrop of **(2)** .... electronic numbers. In reality the **(3)** .... majority of trades are now done by computers away from the floor, but that scene remains the enduring image of stock markets. After the 9/11 attacks, the exchanges closed down completely, but the markets were **(4)** .... to reopen before, predictably, slumping. In 2020, the **(5)** .... floor in the US, but not the electronic market, was closed in March, as part of the coronavirus lockdown, and reopened in May, with only a quarter of the **(6)** .... numbers of brokers back. Did this really make a big difference? Do we need these veteran floor traders? Are they not marketing ploy, **(7)** .... only as a backdrop for the network's financial news bulletins because the viewers expect a trading floor. If an investor wants to buy a stock at $10, the computer will quickly find a seller and make that trade. But a human on the exchange floor would talk to **(8)** .... traders and might discover lots of **(9)** .... sellers milling around, and use their judgment to decide whether it is worth waiting to see if the price falls. Anyone returning to work on the trading floor will need a pen for signing the **(10)** .... document indemnifying the NYSE against potential lawsuits.

amazing / economic / flashing / high / inevitable / low / major / normal / other / physical / potential / swift / useful / vast

Text 3 Tax the super-rich

A group of 83 of the world's richest people have called **(1)** .... governments to permanently, immediately and substantially increase taxes on them and other members of the wealthy elite to help pay for the economic recovery **(2)** .... the Covid-19 crisis. The super-rich members, including Ben & Jerry's co-founder Jerry Greenfield and Disney heir Abigail Disney wrote in a letter: "*Millionaires like us have a critical role to play in healing our world*".

The group warned that the economic impact of the Covid-19 pandemic will "*last for decades*" and could "*push half a billion more people* **(3)** .... *poverty*". They added: "*We owe a huge debt to the people working on the frontlines of this global battle. Most essential workers are grossly underpaid* **(4)** .... *the burden they carry.*"

The group released the letter ahead **(5)** .... the G20 finance ministers and central bank governors meeting. They called on politicians to "*address global inequality and acknowledge that tax increases on the wealthy and greater international tax transparency are essential for a viable long-term solution*". The number of super-rich people continues to grow despite the poor economic outlook. There are more than 500,000 people in the world classed as "ultra-wealthy" **(6)** .... fortunes of more than $30m. That means there are more ultra-wealthy people **(7)** .... the world than the populations of Iceland, Malta or Belize. In the UK, the Labour party has called on the government to consider introducing a wealth tax **(8)** .... the richest members of society to help fund the recovery.

Topics for debates

Put the words in the right order and discuss the statements.

- does not / justify / most westerners / of / of single use, / The busy lifestyle / their choice / throwaway products.
- contradicts / the current / or limited / social mobility. / the self-made-man / The US myth of / wealth inequality
- are / didn't happen / Economists / experts / know tomorrow / they predicted / today. / what / who / why / will / yesterday
- believe / human life. / including / is at war / of life, / our economy / Some activists / that / with many forms
- and benefit / cannot / claims. / be reconciled / despite / for society / Profitability / what Social Responsibility
- a potential competitor, / it up. / of business / or swallow / spot / squeeze it out / the biggest TNCs / they / Whenever
- automated plants / If / large quantities / of standardized items, / produce / robots will / to buy them? / want

VOCABULARY GLOBAL TRADE

Actionnaire	Shareholder
Affaire (bonne)	Bargain
Altermondialiste	Anti-globalisation activist
Appliquer des sanctions	To enforce sanctions
Avantage sur concurrents	Competitive edge
Balance commerciale	Balance of trade
Barrière non tarifaire	Non-tariff barrier
Barrières douanières	Tariff barriers
Blanchiment d'argent	Money-laundering
Bloc économique	Trading bloc
Bourse	Stock exchange
Client	Customer, client
Commerce équitable	Fair trade
Commerce extérieur	Overseas trade
Commerce dirigé	Managed trade
Commerce mondial	World trade
Concurrence	Competition
Concurrence déloyale	Unfair competition
Concurrent	Competitor
Consommateur	Consumer
Contribuable	Taxpayer
Crise du crédit	Credit crunch
Crise immobilière	Housing crisis
Délocalisation	Relocation
Délocaliser	To relocate
Dérèglementation	Deregulation
Détaillant	Retailer
Douane	Customs
Douanier	Customs officer
Économies d'échelle	Economies of scale
Économie de marché	Market economy
Économie parallèle	Black economy
Économie planifiée	Planned economy
Effrénée (concurrence)	Unfettered
Effondrement économique	Economic meltdown / downturn
(s') Effondrer	To slump, collapse
Embargo (lever / imposer)	Embargo (to lift / impose)
Envoi par bateau	Shipment
Étatisé	State-run
État membre	Member-state
État nation	Nation-state
Étranger (adj.)	Foreign, overseas
Étranger (à l')	Abroad, overseas
Exporter	To export
Externaliser	To outsource
Fabriquer en série	To mass-produce
Facturer	To invoice
Fléchissement (éco.)	Downturn
Fermeture (d'usine)	*(plant)* Closure
Filiale	Subsidiary
Fournir	To supply
Fraude fiscale	Tax evasion
Fuite des capitaux	Flight of capital
Gamme (de produits)	Range (of products)
Grossiste	Wholesaler
Image de marque	Brand image

Importer	To import
Industrie nationale	Domestic industry
Industrie traditionnelle	Smokestack industry
Intervenir	To interfere, intervene
Libre concurrence	Free competition
Libre échange	Free trade
Libre entreprise	Free entreprise
Livrer, livraison	To deliver, delivery
Marchand	Tradesman
Marge bénéficiaire	Profit margin
Modalités d'échange	Trade terms
Mondialisation	Globalisation / -zation
Monnaie, devise	Currency
(l')Offre et la demande	Supply and demand
Organisme régulateur	Regulatory agency
Paradis fiscal	Tax-haven
Partenaire commercial	Trading partner
Passer (des produits) en fraude	To smuggle
Pays émergent	Emerging country
Pays industrialisé	Industrialized country
Pays les moins avancés	LDCs = Least Developed Countries
Part de marché	Market share
Partenaire commercial	Trading partner
Pénétrer un marché	To tap (into) a market
Plan de relance	Stimulus plan
Plan social	Redundancy plan
Planifier	To plan
Pourparlers	Talks, discussions
Point de vente	Outlet
Politique d'austérité	Austerity policy
Pouvoir d'achat	Purchasing power
Privatiser	To privatize
Produits détaxés	Duty-free goods
Produit dérivé	By-product
Produit intérieur brut	Gross Domestic Product
Produit national brut	Gross National Product
Produire en quantité	To churn out, mass-produce
Protectionnisme	Protectionism / managed trade
Prospérer	To thrive, flourish
Quota	Quota
Racheter, reprendre	To buy out, take over
Réaliser des bénéfices	To make profits
Récession	Recession, slump
Rendement	Output, yield
Saisie	Foreclosure
Se mondialiser	To go global
Secteur privé / public	Private / public sector
Siège social	Head office, headquarters
Société de consommation	Consumer society
Sous-traiter	To contract out, subcontract
Stimuler la croissance	To boost growth
Subventionné	State-supported

Taux de change	Exchange rate
Traiter une demande	To process an order
Transférer (production)	To shift (production)
Uniformisation	Standardisation
Vendeur / -euse	Salesperson

NOTES

4

Working Conditions

Defining working conditions as the environment and the demands leading to workers' satisfaction is, to some extent, looking at the tip of the iceberg. The workplace environment in itself not only encompasses hygiene, health and safety factors, but it is also the place where hierarchy rules, even in the most horizontal structures, where professional and social interactions occur, where responsibilities, schedules, expected behaviours are outlined and also where many spend the best part of their adult life. Workers' satisfaction derives from a sense of belonging, of contributing, of security, of accountability and of being rewarded and, ideally, proud of one's work.

But ours is not an ideal world and for many, the reality is dire. From white-collar stress, burnout or new dress codes and teleworking to factory workers' excruciating workload and pressure, the workplace is not always the best setting for anyone who is looking for the achievement of their full potential. This chapter offers a glimpse into varied situations everyone should be aware of and concerned with.

CONTENTS

TEXT 1

PAROSHA CHANDRAN: "MODERN SLAVERY IN THE UK IS NOT CONFINED TO ONE PLACE IN THE MIDLANDS"

As a human rights barrister and world-leading expert on human trafficking, Parosha Chandran knows the depths and darkness of abuse that can occur, especially when freedoms are taken away. So she is not surprised that a study this month calculated there are 100,000 victims of modern slavery in Britain. "The thing about slavery is that it's a vastly hidden crime," she says. "There are control mechanisms that are used very effectively by enslavers and traffickers to keep people quiet and to make victims fear going forward to the authorities to ask for help."

Garment and food factories in Leicester, where as many as 10,000 mostly immigrant workers are reportedly paid as little as £3 an hour in some cases and have been forced to work with no protective equipment, have contributed to a spike in Covid-19 cases and the second lockdown in the city. Chandran hopes this serves as a wake-up call. "If that's the estimate of what's happening in Leicester, then what's happening in Birmingham? Or Nottinghamshire? Or Manchester? Or London? [Modern slavery] is not just confined to one place in the Midlands. It's going on everywhere, therefore there needs to be a robust response to it.

"Whenever we learn about cases where extremely low wages have been paid during Covid-19, one needs to investigate what the power relationship was between the employer and the employee and whether or not the workers were forced to come into work, regardless of the risks and their safety during lockdown."

She says victims are often made to wrongly believe they had a hand in their own fate. "In legal terms, consent is irrelevant where a person was deceived, forced, threatened or coerced, but of course victims don't know that, so it's really critical that there are trained officials who are able to identify victims, wherever they may be found." That could be an immigration raid, a workplace inspection, detection by the police or even cases where a GP has a patient who they suspect might be a victim of exploitation. Despite it being a criminal offence to use someone for forced labour, "the police have not been mobilised quickly enough in these cases," Chandran says. "By the time inspectors go in – if there's a lapse of time – all of the workers will have been threatened not to say anything to anyone coming in. What needs to happen is a swift response."

Chandran worries that the pandemic has provided more opportunities to abuse or exploit children. "It's really creating a perfect storm of conditions." A recent report by the National Youth Agency said drug gangs were using lockdown as cover for a "recruitment drive" for children. "You've got cases of children who are just going out and ending up being exploited because they're identifiable as being isolated," says Chandran. "They've left a home – family or residential – and so then they can be targeted easily by traffickers and exploiters." Chandran, 50, has worked tirelessly to ensure that both the law and police understand the vulnerability of exploited individuals who are sometimes forced to commit crimes.

A landmark case that she won at the court of appeal in England in 2013 established that children and adults forced into cultivating cannabis in the UK should be recognised as victims of modern slavery rather than be prosecuted as criminals. It's a lesson she believes is highly applicable to county lines.

She's spent the last week finishing a draft of a new anti-slavery bill for Uganda, in her role as senior legal adviser for the British parliament's modern slavery project, directed at assisting Commonwealth states. Uganda has "the first modern slavery bill in the world that directly criminalises labour recruitment companies for human trafficking and forced labour," she says. In comparison, she says, the Modern Slavery Act 2015 in the UK was written with an eye on criminalising the acts not of companies or corporations but rather individuals. Lockdown and restrictions put in place due to Covid-19 also give Chandran great concern for victims of domestic servitude around the world, a crime she says is notoriously difficult to identify. "I've done cases where people have been hidden for years."

She believes the public can be a catalyst for change. "Social awareness plays a massive part," she says. She points to car washes where customers were seeing people who may have been maltreated or abused and turning a blind eye to it because they wouldn't know what to do. "But as soon as light was shone on the prospect that their cars might have been cleaned by people who are enslaved and that there was a helpline number that they could ring, the public took it into their own hands to mobilise themselves." Public reporting led to numerous investigations, which uncovered a vast number of car washes that used enslaved or trafficked workers, she adds.

Chandran believes the Black Lives Matter movement offers an important opportunity to educate young people about modern slavery in Britain, and she wants to create a programme on modern slavery for schools that can highlight the dangers and increase social awareness.

Amy Sedghi, *The Guardian*, July, 22, 2020

1 Match the following adjectives and nouns with the noun you think each can be associated with in the article. There may be several possible choices. Check your answers reading the article.

control •	• adviser
domestic •	• awareness
drug •	• crime
exploited •	• expert
forced •	• gangs
helpline •	• home
hidden •	• individuals
human •	• labour
immigration •	• mechanism
legal •	• number
legal •	• raid
modern •	• relationship
power •	• reporting
public •	• response
residential •	• rights
robust •	• servitude
social •	• slavery
swift •	• terms
world-leading •	

2 Replace the words underlined with a synonymous expression below, make possible adjustments. All the expressions are found in the article.

Most people witnessing exploitation do not want to [1]ignore what they see but they often cannot imagine the [2]profound immorality of exploitation. What usually operates as [3]an alert is when they realise that they can [4]act on the situation and that their actions will [5]create a reaction leading to change. The [6]chaotic circumstances denounced by officials, when they are revealed to the public, are sometimes [7]examples which eventually help the cause of anyone suffering abuse or exploitation.

catalyst for change / the depths and darkness / a landmark case / storm of conditions / to take into one's own hand / to turn a blind eye to / a wake-up call

How would you react if you were a witness of exploitation? What can motivate people to speak out or on the contrary make them believe that this is none of their business? How could society be more protective of its vulnerable citizens?

3 Write the following sentences into passive voice; check your answers in the article.

ex: Traffickers take freedoms away. → Freedoms are taken away (by traffickers)

Some use mechanisms to set up slavery →
Traffickers pay workers poorly and they force them to work →
Some want the victims to believe that they deserved the way their exploiters treated them →
Before an inspection, employers threaten their workers →
Traffickers target children and exploit them →
Employers hide the people who work in domestic services →
Any state should recognise forced labour →
Traffickers may maltreat vulnerable workers →
Some employers enslave their maids →
BLM can educate young people about modern slavery →

4. **Comprehension questions:**
   - Who are the people who should identify the cases of modern slavery because it is part of their job?
   - Why is it often difficult for the victims to come forward and free themselves?
   - How could ordinary citizens become more involved in the fight against modern slavery?
   - In what legal and illegal activities is modern slavery particularly present?

5. **There are two references to contemporary British and American societies in the article. Explain what "County lines" are and what "Black Lives Matter" refers to.**

NOTES

TEXT 2

COVID WILL FORCE US TO REIMAGINE THE OFFICE. LET'S GET IT RIGHT THIS TIME

When offices in the UK closed in mid-March and companies instructed their staff to work from home – without access to their usual materials and tools, their physical workspace or to many of their colleagues – people already sensed that this was an unprecedented experiment. No one was prepared for this, not even the banks, with their elaborate business-continuity plans focused on terrorist attacks but not on completely avoiding human contact. Against all odds, working from home was more successful than anyone would have predicted, with many people reporting their productivity had increased during the first two months of lockdown.

Months later, most office workers have not returned to their shared workplaces, and those that have come back are finding themselves catapulted into a strange new world of plastic dividers, distancing, mask-wearing and hand sanitising. Amid the turbulence of second waves and local lockdowns, the best that employers can do right now is offer a phased and flexible return to the office, closely evaluating risks as they go.

The much more interesting debate is about what kind of office we would like to return to. Now is exactly the right time to think ahead, and understanding history is instructive. Two particularly pioneering ideas of the past on the spatial organisation of workplaces offer valuable lessons.

In 1968, designer Robert Propst carried out studies of people's working processes and came to the conclusion that the typical office "saps vitality, blocks talent (and) frustrates accomplishment". On this basis, he developed his ideas of the "action office", a modular furniture system allowing flexible configurations and changes in the degree of privacy and community, mainly through movable partitions. Almost two decades later, the architect Robert Luchetti defined a series of different locations that office workers could use for various activities, thus creating the foundation for what later became known as "activity-based working".

Both of these concepts were human-centric and idealistic, aiming to improve office work for people. They also suffered a similar fate of becoming distorted and misunderstood over time. Propst's action office was meant to liberate office work, but soon it got reduced to the idea of partitioning, and thus the cubicle was born, creating dense, almost factory-like, conditions. Workers battled with the worst of all worlds: being distracted by endless noise while being denied the community-building aspects of seeing and being seen. In fact, cubicles turned into the worst-rated setting in workplace satisfaction surveys. Activity-based working did not fare much better: it became synonymous with the dreaded hotdesking, a cost-saving exercise whereby office workers shared desks but did not benefit from alternative work settings being provided.

What can we learn from these two episodes for the post-pandemic office? That space is not neutral. Spatial design always has consequences. It gives rise to a pattern of opportunities: how often we see others, who we see on the way in and out, where we bump into people, how easy it is to strike up conversations with colleagues from different departments – all of these occurrences emerge from workplace design. Whether an office makes people lonely or inspires solidarity and a sense of togetherness, is often due to a combination of spatial structures and organisational cultures. Moreover, space is not neutral because it doesn't just happen – it is human-made, based on purposeful decisions.

In the same way that the ideas of Propst and Luchetti ended up in workplace miseries, we might experience a cost-driven crush on offices when we emerge out of the pandemic, exactly at a point when everyone is vaccinated and eager to meet again in person. The tech giants seem to be leading the way. Having built massive cathedrals of innovation before the pandemic, they seem to have made a strategic U-turn, with physical workspaces declared unnecessary overnight, so that everyone is asked to work from home for longer. This is even more puzzling because their previous approach which celebrated co-presence with fancy office design, from slides to beanbags, ping-pong tables and ice cream chefs on site, does at least side with academic research on the importance of encounters for creativity and innovation. Research suggests that unplanned face-to-face interactions are important drivers of new ideas, an effect often known as the "strength of weak ties". In fact, research has shown that weak-tie interactions have suffered disproportionately during the working-from-home period.

Therefore, we should not give up on the idea of a shared workspace for everyone in the future. Not only is it impractical to suggest working from home as a standard response during a housing crisis, where many may lack the opportunity to set up a permanent and adequately equipped workstation. Being together and sharing experiences is fundamental for both individual and organisational health and wellbeing. In the long term, getting rid of the office completely may even harm an organisation's bottom line, as good ideas dry up, onboarding of new staff becomes tricky and teams begin disintegrating. We can surely make it through more months or years until we have a Covid vaccine, but we should not sacrifice the idea that we will all meet again regularly in a space, a space that provides the best design possible for people to share a sense of togetherness and purpose.

Kerstin Sailer, *The Guardian*, Aug. 4, 2020

1 **Identify for each sentence below what paragraph of the article it summarises. Then replace each verb underlined with a synonym from the paragraph of the article.**

( ) After years of innovation to bring workers together, high tech companies suddenly change their minds and encourage extended home working and this is surprising when we know that social interaction at work was impacted during lockdown.

( ) Before, designers and architects accomplished research to improve the workplace experience.

( ) But with cubicles, workers fought against isolation and a constant hum and later, hot desking succeeded just as poorly.

( ) During lockdown, workers felt that their situation was entirely new, that they were thrown into a strange workplace environment.

( ) Past experiments triggered the necessity to plan spatial and cultural office planning because space is meaningful, it does not simply occur.

( ) Though the pandemic has shown workers can get by, a shared work place is necessary to retain the idea of a common space where co-workers do not renounce collective efforts.

2 **Find adjectives in the article matching the following definitions.**

.................................: related to higher education, traditional
.................................: other, offering a choice
.................................: determined by the value of
.................................: frightening, much feared
.................................: full of details, made with care
.................................: impressive, extravagant, not ordinary
.................................: unworkable, useless
.................................: carrying a lesson, enlightening
.................................: original, never seen before
.................................: groundbreaking, opening new ways
.................................: with an aim, an objective
.................................: intriguing, difficult to understand
.................................: resulting from a plan
.................................: deceptive, complex
.................................: ordinary, customary

Use these adjectives to explain who does what in a traditional workplace.

3 **Answer the questions in your own words**

a What is the traditional, dated view of office-work regarding spatial organisation, relationship and productivity?
b How has post-Covid office work changed both necessary equipment and schedule?
c Research Robert Propst's "Action office" and describe its modular system. Why does it look dated now?
d What is hot-desking? Research this practice on the internet and assess its pros and cons.
e What do Propst's and Luchetti's innovations have in common?
f What can be the effect of office spatial organisation on workers and their performance?
g What contradiction is highlighted in some companies' decision to promote home working? What could be the destructive effects of long-term home working?
h Explain the theory related to the "strength of weak ties". In what field is it particularly meaningful?
i Do you think the spatial organisation of your classroom / workplace has been carefully thought of? How could it be improved?
j Do you agree with the statement in relation to your work environment: *space is not neutral*? Support your view with examples. Describe your ideal workplace.

TEXT 3

"THE ZOOM SHIRT": HOW THE PANDEMIC CHANGED WORK DRESS CODES

Work dress codes have radically altered during the pandemic. According to a poll, only 10% of people get dressed for working from home at the start of the day and then change into comfortable clothes later. With virtual video conferencing as the only contact with our colleagues, one item of clothing that has become essential is the so-called "Zoom shirt". According to Urban Dictionary this is the "shirt or blouse that's kept on the back of your desk chair to quickly be presentable for video conferences". A recent poll by LinkedIn found that 42% of camera ready home workers owned one.

"It allows you to retain an image of professionalism on camera without having to get kitted out in full office attire, when you're sitting at your kitchen table all day," says director of Debrett's. "Dressing in a formal manner helps you look and feel more polished. It conveys respect to others. A study actually found that employees were more productive when casual dress was permitted. The "Zoom shirt" supports this idea."

Founder of a social media strategy company, Spencer Smith, says that currently his work outfit consists of shorts, "more often than not" no shoes and a Zoom shirt. "It's a long sleeve button up in medium blue and shows up well on camera," he says. "I really enjoy these shirts and they dress up or down well. They're not cheap but definitely worth it."

The pandemic has shifted people's ideas about what to wear, with a focus on simplicity and pared down wardrobes. "Outfit of the day" culture is no longer relevant in this new normal. Last year Goldman Sachs relaxed their dress code, while a 2018 poll found that only one in 10 people still wore suits to work. Another factor is the rise of shared office spaces, where companies share hot desk areas. This means that attitudes to the workplace and workwear are becoming more casual. Smith says he will continue to wear his shirt as we return to normal working practices. But there's a chance our work dress code will be permanently altered. "Lots of people will opt to continue working from home so the nature of workplaces and dress codes will become even more fluid than it was before lockdown," experts say. "There's a new commute too: people are cycling (or scooting or running) into work more often, too, so the rigours of that will have an effect on how people dress as well." By the time we go back to offices, these factors and consumers' increased awareness of the environmental impacts of the fashion industry could lead to the biggest change we've seen.

"I think the pandemic has caused many consumers to rethink how they consume and get dressed each day," says Ashley Ricketts, Luxe manager. "The reality is consumers still want variety and fun from their wardrobes without the waste to their wallet or the planet."

Priya Elan, *The Guardian*, Jul. 20, 2020

VIRGIN ATLANTIC'S SEXISM GOES DEEPER THAN TELLING WOMEN WHAT TO WEAR

I never imagined it was compulsory for female cabin crew at Virgin Atlantic to wear makeup and tight skirts when they were serving meals, dealing with sick children or – in the worst possible scenario – guiding terrified passengers through emergency exits on to inflatable slides. On Monday, in a sudden lurch into the 21st century, the company relaxed its strict dress rules, announcing that female cabin crew would no longer be obliged to work wearing full slap. It also decreed that trousers would be available as a standard item in the Virgin Atlantic uniform, instead of female flight attendants having to make a special request. I mean, how modern is that?

Whatever progressive message the company was intending to send out was immediately contradicted by a boastful tweet showing Virgin Atlantic's newest cabin crew apprentices: 18 women, identically dressed in tight, above-the-knee skirts and red lipstick – and just three men. Until now, I had no idea that such discriminatory dress codes still existed, let alone that they complied with the law. I had a vague memory of a woman being sent home from a new job two or three years ago for refusing to wear high heels, but assumed that such sexist requirements had long since been outlawed. How wrong can you be?

Three years ago, cabin staff at British Airways successfully challenged a requirement that new female recruits had to wear skirts unless they were exempt on – wait for it – medical or religious grounds. Budget airlines such as easyJet are more relaxed about female employees wearing trousers, but Ryanair only stopped publishing a calendar featuring female cabin crew in bikinis in 2015.

All of this is risible, especially in an industry that relies on some of the world's most advanced engineering technology. But women who work on board complain that having to wear a stereotypically feminine uniform sends subliminal messages to passengers, encouraging them to treat female cabin staff as little more than handmaidens. It also appears to send a negative message to their employers when it comes to setting salary levels. Virgin Atlantic has a significant gender pay gap, according to figures published last year. Its median hourly rate for women is 30% below that of men, something that means that women earn 70p for every £1 that men earn. Clearly, this habit of sex discrimination is very hard to break. It starts with dress codes and ends with salaries. One minute you're telling women what colour lipstick to wear, the next you're paying them less as well. How on earth does that happen?

Joan Smith, *The Guardian*, March 5, 2019

Test your reading comprehension with the following questions

1. **How does dressing for work impact workers?** (txt 1 & txt 2)
2. **What adjectives are associated with work dress code?** (txt 1 & txt 2)
3. **How does dress code impact efficiency?** (txt 1 & txt 2)
4. **What trends are associated with the pandemic?** (txt 1)
5. **What new work practices impact the workwear? Explain each.** (txt 1)
6. **What else may impact workers' fashion choices?** (txt 1)
7. **What female items of clothing or accessories are still part of some work outfits?** (txt 2)
8. **What makes txt 1 formal and txt 2 more casual and ironical?**
9. **List the vocabulary from both texts related to codes, rules and the absence of choice.** Explain what you would like to wear in an ideal workplace.
10. **How can you explain that** *"employees are more productive when casual dress is permitted"* **and that** *"sex discrimination is still hard to break"*? **Think of other examples reinforcing stereotypes.**
11. **Identify the dress codes of the jobs mentioned in the two articles (office workers and air hostesses) and research more vocabulary related to clothing to describe other workers' outfit.**

    → Police officers, doctors / nurses, firefighters, builders, waiters / waitresses, mechanics, lifeguards, astronauts,

    Here is a vocabulary list to help you:

    apron, belt, bomber jacket, boots, cap, dungarees, fire-proof pants, gloves, helmet, jacket, lab coat, mask, overalls, shirt, shorts, spacesuit, swimwear, trousers, zip coverall

    Can you guess what a bib apron, a hi-vis toolvest, safety googles, ear defenders or holster pocket pants are?

    Who do you associate the following accessories with?

    → handcuffs, stethoscope, hammer, oxygen cylinder, wrench, whistle, buoy, syringe, badge, corkscrew
12. **What justifies the specific workwear you have identified for each job? Why can dress code be taken as a sign of how you value workers?**

Food for thought: Reflect on the following proverbs and statement:

- The gown does not make the friar **or** The cowl does not make the monk **or** Do not judge a book by its cover
- School uniforms promote equality and a sense of belonging.

TEXT 4

FAREWELL WORKPLACE BURNOUT: WILL CORONAVIRUS SLOW THE MANIC PACE OF OUR MODERN LIVES?

Many of us aren't sleeping properly, are drinking too much, and can hardly remember what our life was like pre-lockdown. We wake each morning in the new normal to check our notifications with a roiling unease, peeking at our phones through parted fingers. What now? What else? Yet amid the fear and anxiety a clarifying mood has emerged. Now that everything is upended we are forced to evaluate what and who we love, what brings us joy and what drains the absolute life from us. We are in this thing for a long time, and we are analysing the makeup of our days like never before.

Which brings me to work. Dial back the news cycle six months and experts were wringing their hands over the problem of workplace burnout. Sure the economy was sluggish even then, but our worker bee engines were in overdrive: we were "multitasking", "actioning emails" and "reverting back" en masse. We were busy – so busy – and when we weren't busy being busy, we were busy worried about the emotional and societal impact of so much busyness. The World Health Organisation even went so far as to classify burnout as an "occupational phenomenon".

Now we exist in the Covid-19 time zone and things have shifted. While there are doubtless cohorts of employees working harder than ever – for example frontline health workers, journalists covering breaking news, supermarket staff – those of us fortunate to still be in paid work are facing manageable inboxes for the first time in decades. A number of experts I have interviewed over the past few weeks for various stories have expressed a deep, almost guilty, relief at the forced simplicity of work life despite the many complications of working from home. There is no plane to catch to an industry conference hosted by a peak body that no one has heard of, or pointless stand-up meetings to be roped into while wondering how many missed netball matches make you a bad parent. There is messiness now for sure: kids, partners, dogs underfoot, but that is the stuff of life, and for once our work is elbowing its way into our days rather than the other way around.

Let me never hear the phrase "eat, sleep, work, repeat" again or chance upon those inspirational hustle quotes on Instagram. Now that the chief executive's emails from every business in the nation have dropped off, I am left with an inbox reminiscent of the early years of Microsoft Outlook: a few Nigerian scams, a couple from my parents' joint Hotmail account, and a small number of important work ones. This is not to suggest that the way we work now is ideal – what with our cats, dogs, partners and children popping up in our Zoom calls – but that the collapse of work life as we know it may mark the start of a new approach, a rethink. And at the risk of sounding like a PowerPoint presentation, it gives us an opportunity to reshape our relationship to work and its inflexible clock-in, clock-out model and ethos of hyper-productivity.

Perhaps one of the insights from the abrupt rise in unemployment over the past few weeks has been that we need jobs rather than careers now more than ever. That when it comes down to it, people need stable work and real flexibility to survive challenging times, rather than corporate leadership camps or roving global thought leaders to give us pep talks about the entrepreneurial mindset.

By changing how we work, we change how we relate to each other and ourselves. Now that we can no longer direct our ambition towards the next big thing on our iCal, we have the time to ask ourselves: what is truly worth pursuing? Startup culture, in particular, suggested that if we toiled relentlessly, woke at 4am and networked 24 / 7, we could conquer the world. If that clearly doesn't matter now, what else is worth working hard for? At the very least, here is hoping the pandemic spells the end of the developed world's myopic focus on getting ahead, of growth for growth's sake. Let it mark the death of our deification of work, of checking emails at 11pm, of Silicon Valley garble and its slavish obsession with disruption. Let me never hear the phrase "eat, sleep, work, repeat" again or chance upon those inspirational hustle quotes on Instagram imploring women to "lean in" and connect with their #girlboss. Now that we are all working from home in our pyjamas let's drop the soul-destroying pretence of robotic efficiency and find the humanity in what we do.

Johanna Leggatt, *The Guardian*, Apr. 19, 2020

1 Read the article once and then look for nouns and adjectives corresponding to the definitions in the article. They are ordered alphabetically.

Nouns		Adjectives	
	the state of having much to do		lucky
	large numbers		sorry, remorseful
	confusing, misleading message		helping to be creative
	ability to see clearly a situation		that you can control
	the way things look		frantically busy, hectic
	state of confusion		related to work
	speed at which you do something		without good reason
	expression, several words together		without pause, break
	reconsideration, new approach		reminding one of something
	purpose, reason to do something		annoying, irritating
	fraudulent activity		related to a slave
	lack of comfort		slow moving

2 The journalist uses many collocations, words which often come together, match them before or after having read the article.
Make sure you understand them all and use them.

challenging •	• bee
corporate •	• body
deep •	• culture
entrepreneurial •	• conference
industry •	• efficiency
inspirational •	• leadership
peak •	• meetings
pep •	• mindset
robotic •	• quotes
stand-up •	• talk
startup •	• times
worker •	• relief

3 Fill in the gap in each sentence with one of the verbs below from the article. There are more verbs than needed. Make sure you use the right form of the verb.

to chance / to drain / to drop off / to emerge / to lean in / to peek / to pursue / to reshape / to revert / to rove / to spell / to toil / to upend / to wonder

a Manual workers often .... long hours for a ridiculously low wage.
b Interest in newly released films often .... after a few weeks.
c He could not help .... at the next chapter to see what was to happen next.
d Worker's daily tasks have somehow been .... because of new technologies.
e These women have often had to .... to reach executive positions.
f You could .... upon a vintage recording of this concerto in this pile of vinyl records.
g She intends .... a career as a microbiologist.
h They love .... the Lancashire countryside on Sundays.

4. **The journalist uses several idiomatic expressions. Can you explain them?**

Here's hoping ....

To drain the life from someone ....

To wring one's hands over something ....

To be roped into something ....

To elbow one's way ....

To come down to something ....

5. **Identify the writing techniques the journalist used to give a casual, an informal tone to the article.**

6. **Discuss one of the following essay topics.**

- What is worth pursuing: a career, a work / life balance or a fulfilling personal life?
- Are we witnessing the end of the clock-in, clock-out model?
- What do you think is meant when the journalist concludes: "(we need to) find the humanity in what we do"?

INTERNET DOC. A JEFFREY PFEFFER: IS YOUR WORKPLACE KILLING YOU?

Stanford Graduate School of Business, 2015, 6'11"

A Listen to the whole document once and answer the questions in your own words.

(Section: How is the workplace killing us?)

Q1 **What four main factors explain stress at work?**

Q2 **Why does the study focus on physiological and mental health?**

(Section: what is the effect of this stress?)

Q3 **What four exposures to harmful workplace conditions are mentioned?**

(Section: What is the worst workplace stressor?)

Q4 **What is making chronic stressors more costly than the death of a worker?**

(Section: How much is out of our control?)

Q5 **Why are all the causes for stress not just "an inconvenience"?**

Q6 **What can workers do to minimize their effects? Why is it not always the case?**

Q7 **What are the US employers' main concerns in relation to stress reducing policies?**

(Section: Can we change?)

Q8 **What is the new form of pollution Pfeffer describes? How should companies act to acknowledge this pollution?**

Q9 **What new exposure is added to the list and how does it materialise in the workplace?**

Q10 **What changes does Pfeffer advocate in relation to human pollution?**

B True or false? Justify your choice.

There is one main explanation why work impacts workers' health.

One possible effect of stress at work is high blood pressure.

Stress is a physical condition.

The study carried out is based on new research.

The study covers the effect of stress on workers and society.

In the US, stressful working conditions costs over $200 billion.

Death is not costly for a company.

The number one stressor for Americans is the absence of access to healthcare.

Employers can have an impact on the workplace environment.

Employers cannot impact the individual's wellbeing.

Pfeffer advocates a strong State regulation. X

Better economic decisions come when the costs of stress are externalized. ✓

Pfeffer claims companies make society pay for their lack of concern for workers' wellbeing. ✓

Pfeffer states that environmental pollution should not make polluters pay. X

Pfeffer believes employers can make progress if they have to pay for the cost of stress. ✓

C General comprehension questions and research on the topic.

Q11 In what way is one major cause for stress mentioned in the document typical of the American system and not relevant in most European countries?

Q12 What is the expression meaning that basic social rights from birth to death are guaranteed? When was such a policy implemented and where?

Q13 Can you think of other basic social rights related to work and the workplace not mentioned in the document but part of most Europeans' social protection policy?

Q14 Can you think of events mentioned in the news that show how sometimes employees can feel their working conditions is threatening their health or even their life?

Q15 What would be your priorities when applying for a job in relation to all the issues mentioned in the field of working conditions?

INTERNET DOC. B THE WOMEN FIGHTING SEXUAL ABUSE IN THE FACTORIES WHERE YOUR JEANS ARE MADE

The Guardian, Today in focus, Part of the Fashion's Dirty Secrets series, Sept. 2020, 27'37"

A Listen to the document and answer the questions.

1 What do you learn about Lesotho's garment / jean industry?
2 What made Levi's jeans so famous?
3 What usual issues was the WCR report supposed to cover?
4 What other main issues emerged from the interviews?
5 What changed after the scandal was revealed thanks to the Lesotho Agreement?
6 What did brands implement to address the issues?
7 Why do problems remain?
8 What should consumers not confuse and why?
9 What was the impact of Covid-19 on the garment industry at the time the report was broadcast, in Lesotho and in Leicester?
10 Why is there a need for such journalist's investigation and union report?

B In the document, The Rana Plaza disaster is mentioned. Research the event itself and what it changed in the textile industry, in the country where it happened and more generally for consumers. Summarise this information in your own words in about ten lines.

C Why is the clothing industry so often in the news in relation to poor working conditions? Write a half-page leaflet with visual elements to make wealthy countries' consumers aware of what they should do to help improve the working conditions of these workers.

INTERNET DOC. C AMAZON DOESN'T REPORT ITS WAREHOUSE INJURY RATES

PBS NewsHour, Nov. 2019, **9'14"**

A Answer the following questions is your own words.

00 → 1'27"

1 Why was this report on Amazon broadcast at that particular time in 2019?

2 Why is it difficult to assess the situation of workplace injuries in Amazon? Is it the only company to make it difficult in the US?

3 Amazon is proud of two things which are at the heart of its business model. Which ones?

4 How has efficiency at Amazon been reached?

1'28" → 2'42"

5 What do stowers do at Amazon?

6 What usually happens when a worker gets injured at work, as is the case for Dixon?

2'43" → 5'37"

7 What does it mean to be a "safety-centric" company? How does Amazon prove it is?

8 What is making the reporter's job difficult when investigating Amazon?

9 Describe the reporter's findings with the bar chart at 3'36"-3'40".

10 What sort of injuries are recorded in Amazon's reports and how long does one third of the workers spend on leave to recover?

11 What explanation is given by the former safety manager?

5'38" → 7'12"

12 What did not seem to meet safety standards in January 2018 when a gas leak was reported?

13 Why were workers not feeling they were valuable?

14 What does the Amazon report claim?

7'13" → 8'50"

15 What two official benefits does the implementation of automation provide? Why can it be doubted?

B Watch the document again looking for specific vocabulary and expressions to fill in the table.

an important quality or feature, a basis	the c........................
the total number of victims, casualties	the t........................
information to be taken seriously	s........................ f........................
harsh, fierce, painful	b........................
emotionnally (too) strong	o........................
to prepare, get ready	to g........................
to begin, to get going	to k........................
to disregard, dismiss	to w........................
to talk with excessive pride	to........................ ; to t........................
to record working time	to p........................

C Amazon is known for using very positive vocabulary to describe its organisation. What are "fulfilment centers" and "associates" in its jargon? What does it say about the company?

REVISION WORKING CONDITIONS

Fill in the sentences with one of the choices given.

1. Illegal workers can never be confident going .... to the authorities for help because of their status.
   in forward after for
2. Assembly line work used to .... the life out of factory workers in the early 20th century.
   drive drift drag drain
3. No employee can claim (s)he will never experience a ....
   burn-down burnout burn-up burn-off
4. It is often said that female workers are much better at .... than men.
   functioning all-daying multitasking risk
5. Occupational .... experienced at work can severely impact workers' health, physical and mental.
   hazards chance posts life
6. Can a work-life .... ever be found when some blue-collar workers toil up to 10 hours a day?
   strike balance point break up
7. There should be no doubt that .... at work has to be the top priority for any employer.
   safeguard certainty immunity safety
8. When you are .... in this company you first attend a training course in computer programming.
   taken up fired hired on
9. In order to .... your staff's output, given them the best working conditions.
   rise maximize extend turn up
10. .... is above all a question of avoiding waste, of time, energy and money.
    Application Ease Ethics Efficiency
11. Many in our staff dislike .... as they lose all sense of belonging and comfort.
    desktop remoteness hot-desking temp
12. There are no recipe to create a solid team-...................................., but after-hours socialising helps.
    spirit essence mind grouping
13. No state, no matter how poor, should turn a .... eye on child labour.
    dark blind distant closed
14. Workers who .... for over an hour in public transport are really exhausted.
    travel take a trip journey commute
15. When .... practices are duly recorded, a labour court can build a strong case.
    discrimination discriminatory discriminate disregarding
16. Even with labour laws to make it illegal, the gender pay .... remains, no matter what.
    difference dip interval gap

17 This company is known to .... migrant farm workers of Asian nationalities.
treat exploit use up lay off

18 This night job .... her of her vitality and good health.
destroyed sapped undermined disabled

19 Trade unionists have been .... into signing their resignation.
ordered obliged excluded coerced

20 This multinational in the food industry has a .... force of over 10,000.
working labour workers' staff

21 Any company has its dress ...., no matter how formal or casual.
code regulation fashion contract

22 Sick and maternity .... are guaranteed to all workers in developed countries.
leaves breaks stoppages pauses

23 He decided to semi-retire thus reducing his weekly .... by two thirds.
workforce workload work-times worksheet

24 Many politicians have tried and failed to roll back the 35-hour ....
week schedule rules rest

25 The ILO can .... policymakers with practical information and research-based advice.
offer provide involve foresee

26 Workers' health and .... at work directly impact to the quality of the tasks performed.
well-being stressless good state harassment

27 The right of people with disabilities to access decent work is too often ....
granted offered reduced denied

28 Can you doubt that apprenticeship .... young workers to enter the labour market?
trusts offer empowers attains

29 The entertainment sector announced lay offs hitting over 3,000 .... workers.
partly half-time high skill part-time

30 More employers support .... training courses as they prove to be much more effective.
in-door in and out in-house intern

Fill in the gaps with the words provided for texts 1 and 2, without clues in text 3. When necessary, conjugate verbs. In text 2, there are more words than needed.

Text 1 Traders' long hours

The London Stock Exchange is to consider lopping 90 minutes of the trading day in a bid to improve mental health and attract more women and working parents to a high-pressure **(1)** known for gruelling hours. The LSE made the **(2)** after City lobby groups sent a letter to nine exchanges urging them to adopt the proposal.

They said that the 8.5 hour European trading day was one of the **(3)** in the world but did not deliver clear "material benefits". In Asia, the trading day is usually 6 hours, and in the US it is 6.5 hours. The lobby groups expect **(4)** hours would improve market structure and have "a significant **(5)** impact on individual employees and... our industry's ability to attract a more diverse talent". It is estimated that the average trader works around 60 hours a week, as extra time is

TEXT 1

WORLD FACES WORST FOOD CRISIS FOR AT LEAST 50 YEARS

The world stands on the brink of a food crisis worse than any seen for at least 50 years, the UN has warned as it urged governments to act swiftly to avoid disaster. Better social protections for poor people are urgently needed as the looming recession following the coronavirus pandemic may put basic nutrition beyond their reach, UN secretary general António Guterres said.

"*Unless immediate action is taken, it is increasingly clear that there is an impending global food emergency that could have long-term impacts on hundreds of millions of children and adults,*" he said. "*We need to act now to avoid the worst impacts of our efforts to control the pandemic.*"

Although harvests of staple crops are holding up, and the export bans and protectionism that experts feared have so far been largely avoided, the worst of the impacts of the pandemic and ensuing recession are yet to be felt. Even in countries with abundant food, the risks of disruption in the food supply chain are high.

About 50 million people risk falling into extreme poverty this year owing to the pandemic, but the long-term effects will be even worse, as poor nutrition in childhood causes lifelong suffering. Already, one in five children around the world are stunted in their growth by the age of five, and millions more are likely to suffer the same fate if poverty rates soar.

Guterres laid out a three-point plan to repair the world's ailing food systems and prevent further harm. These are: to focus aid on the worst-stricken regions to stave off immediate disaster, and for governments to prioritise food supply chains; to strengthen social protections so that young children, pregnant and breastfeeding women and other at-risk groups – including children who are not receiving school meals in lockdown – receive adequate nutrition; and to invest in the future, by building a global recovery from the pandemic that prioritises healthy and environmentally sustainable food systems.

The chief economist of the UN FAO reckons the world's food systems were under threat as never before in recent times, as the pandemic and lockdowns hampered people's ability to harvest and buy and sell food. This is a very different food crisis than the ones seen before.

Harvests are healthy and supplies of staple foods such as grains are "robust", according to the latest UN report on the impact of Covid-19 on food security and nutrition. But most people get their food from local markets, which are vulnerable to disruption from lockdowns. Increasing unemployment and the loss of income associated with lockdowns are also putting food out of reach for many struggling people. Though global markets have remained steady, the price of basic foods has begun to rise in some countries.

Lockdowns are slowing harvests, while millions of seasonal labourers are unable to work. Food waste has reached damaging levels, with farmers forced to dump perishable produce as the result of supply chain problems, and in the meat industry plants have been forced to close in some countries. Even before the lockdowns, the global food system was failing in many areas, according to the UN. The report pointed to conflict, natural disasters, the climate crisis, and the arrival of pests and plant and animal plagues as existing problems. East Africa, for instance, is facing the worst swarms of locusts for decades, while heavy rain is hampering relief efforts. The additional impact of the coronavirus crisis and lockdowns, and the resulting recession, would compound the damage and tip millions into dire hunger, experts warned.

The Covid-19 crisis has exposed dangerous deficiencies in food systems and actively threatens the lives and livelihoods of people around the world, especially the more than 1 billion people who have employment in the various industries in food systems. Latin America and the Caribbean, where a third of the population already live in a precarious state of food insecurity, and where Brazil is fast becoming a hotspot for coronavirus cases. Across the region, the pandemic has weakened economies and disrupted supply chains, leading to food price hikes. The pandemic risks reversing the progress that has been made in recent decades on lifting people out of poverty and improving their access to healthy food. Any remedies must also target the climate emergency, which is strongly linked to the world's food systems. Solutions need to be science-based and coordinated across sectors to provide immediate response and assistance for those most in need, ongoing and inclusive support in recovery and – perhaps most importantly – future resilience to all shocks, including climate extremes.

Fiona Harvey, *The Guardian*, Jun. 9, 2020

1 Read the article once and find...

a adjectives with opposite meanings to the ones below.

healthy, weak, improbable, unpredicted, previous, best-preserved, unsafe, prosperous, harmless, safe / non-hazardous

b expressions made of two words (noun-noun or adjective-noun) matching the definitions.

Weather related crisis ....
Extreme need for food ....
Squandering of nutriment ....
International trading places ....
Wholesome nutriment ....
Commodity you cannot keep long ....
Increase in the amount to pay ....
Lunch served in a place where you study ....
Finding / result proved efficient by science ....
Manual worker hired for a short period ....
Main / basic agricultural products ....
Series of steps to meet the demand ....

With some of this vocabulary and above, summarise the world food situation according to the article.

2 Replace the words which are underlined with expressions from the article while retaining the same meaning. You can discuss this opinion.

When people <u>who are poor</u> are on <u>the edge</u> of falling into <u>indigence</u>, some organisation must <u>get</u> them out of poverty. When <u>what you earn to live</u> is lost <u>because of</u> circumstances you cannot control and if any means to survive is <u>impossible to get hold of</u>, there are no <u>cures</u>: solidarity is the only way.

3 Circle the right meaning for these verbs from the article.

to compound (into) = to intensify, to disjoin, to link
to tip (SO into) = to pull, to incline, to fool
to dump = to darken, to provoke, to throw away
to urge = to prompt, to discuss, to hurry
to stave off = to hit, to die of hunger, to repel
to stunt = to risk, to impoverish, to slow (growth)
to soar = to shout, to expand, to drop
to hamper = to obstruct, to approve, to cheat

<u>Use some of these verbs to explain what should be done to reduce food insecurity.</u>

4 Comprehension questions

a What is meant by "better social protection" at the beginning of the article? Give examples and explain how it is possible to provide this.

b Why is it so important to ensure adequate nutrition to children?

c What can usually disrupt the food supply in poor countries?

d What are the three priorities the UN report would like to see implemented?

5 Since this article was published, the UN has continued its efforts. Place the verbs in the right place in the right form to find out where and how it has helped the poorest.

to be to / to create / to deal / to deem / to distribute / to earmark / to face / to occur

The UN has **(1)** £75m in emergency funding for seven countries **(2)** at risk of famine, warning that without immediate action the world could see "huge numbers of children dying".

The climate crisis, Covid-19, conflict and economic decline **(3)** an acute crisis in Afghanistan, Burkina Faso, the Democratic Republic of the Congo, Nigeria, South Sudan and Yemen, where millions of people **(4)** emergency levels of food insecurity. Ethiopia, where drought is exacerbating a growing conflict, **(5)** receive $20m of the money. The UN's Central Emergency Response Fund (CERF) will **(6)** the money through a cash and voucher programme aimed at the most vulnerable, particularly women and girls, and people with disabilities. This is not enough money to **(7)** with the situation at hand, but the UN is sending a signal to the world that if the wealthiest countries are not careful, within a year more famines will **(8)** across the globe.

TEXT 2

WILL EUROPE'S MUSEUMS RISE TO THE CHALLENGE OF DECOLONISATION?

Anthropology and archaeology were among the most important of the colonial disciplines. They derived their power from the trick of collapsing time and space. It was as if the further the colonial explorer travelled from the metropolis, the further back in time they went, until they found themselves, whether in Africa, Tasmania, or Tierra del Fuego, no longer in the present, but in the Stone Age.

Anthropology museums, which hold "world culture" collections, first developed in Europe, especially Germany and Britain, in the late 19th century. They were designed to realise these exoticising time-warps. In these places, the racist ideologies that sought to justify and naturalise European imperialism were institutionalised, helping create the idea of a distinction between "primitive art" and "civilisation". Today the colonial mindset of European anthropology museums is being questioned and rethought and we should all be paying attention.

In the quiet Brussels suburb of Tervuren, the Royal Museum for Central Africa reopened in December 2018 after a five-year renovation. Originally built in 1897 to showcase the personal collection of King Leopold II from his private colony Congo Free State, the museum displays stuffed animals and geological specimens alongside African art. Its gardens once housed a short-lived "human zoo" of more than 260 Congolese people. New museum texts attempt to communicate Belgian colonial history and the circumstances in which objects were taken. But this "decolonised" redisplay is both a failure and a cautionary tale. No matter how fully and honestly the story of the Belgian Congo, in which millions of people were killed, is told, the very presence of these objects and the building does what it was designed to do: to extend racist ideology and colonial violence through the objectification of Africans. Europe's museums, as Sumaya Kassim puts it, "will not be decolonised".

The contrast with Senegal's new $35m Museum of Black Civilisations, which opened to the public in the same month as Tervuren, is stark. As its director, Hamady Bokoum, has explained, the museum is not about ethnology or the past conjured by a European model of museums, but about duration, the future, youth and Africa "looking at itself", not gazed at by Europeans. An American colleague recently back from Dakar complained that some of the gallery displays seemed "sparse" and "unfinished". She was not wrong. Across Africa, from Dakar to the new Royal Museum in Benin City in Nigeria, which David Adjaye has been commissioned to design, modern spaces for the display and care for African art and cultural heritage are being constructed hand-in-hand with renewed calls for the return of plundered objects.

Last year, the 15 nations of the Economic Community of West African States agreed an action plan for the return of African cultural property, and in February 2020 13 African heads of state convened as part of a new strategic group to champion 2021 as a Year of Culture for Africa, and "to speed up the return of cultural assets". African institutions are reimagining museums not as an endpoint but as an ongoing, living process.

This new African thinking challenges Europe to look at itself through its own "unfinished" anthropology museums. Foremost is the question of cultural restitution and the return of sacred, royal and culturally iconic artworks and material culture taken under colonialism. In Britain, our tired and familiar national narrative conflates returning the Parthenon marbles, Easter Island statues, the Rosetta Stone, the Benin Bronzes and even the Lewis chessmen into one intractable issue. By contrast, the French report on restitution calls for us to distinguish between the different circumstances of "acquisition" – from violent looting to colonial collecting, archaeological fieldwork and even purchase – in which questions of "consent" and "duress" are relevant.

This report is now leading to action. Last November, the sabre of Omar Saidou Tall, seized as a trophy of war in 1893, was returned from Paris to Dakar. New legislation to make this return permanent, along with the return to Benin of 26 statues looted by Col Alfred Dodds during the sacking of the royal palace of Abomey in 1892, is expected soon. In Germany too, returns of human remains and cultural property – including the Stone Cross of Cape Cross and the Witbooi Bible taken during the Ovaherero and Nama genocide of 1904-8, when some 100,000 people were slaughtered – are taking place from Berlin and Stuttgart to Namibia. And the inauguration of a new national museum of the Democratic Republic of Congo in Kinshasa last November is even raising the question of restitutions from Tervuren. New restitution procedures are being developed across Europe from the Nationaal Museum van Wereldculturen in the Netherlands to Arts Council England.

Times are changing for Europe's "world culture" museums. How can they participate in this global present, rather than just representing some old colonial vision? We must let go of our old obsessions with cultural ownership and the spectre of "empty galleries" (a common refrain from those who defend the status quo and envisage western museums stripped of their collections if restitution requests are granted). It is time to reimagine museums as sites of conscience – unique public spaces for understanding, remembering and addressing the legacies of empire and enduring cultural infrastructure of "race science" – for the restitution of knowledge and memory as well as of property. Far from just places for retelling the history of empire through world culture collections, in the old contemplative mode, museums are unfinished projects, and crucial resources to be rethought and repurposed for the wider, urgent European task of understanding and facing up to the violence and loss wrought by colonialism.

Dan Hicks, *The Guardian*, Mar. 7, 2020

❶ **Before reading the article, define its key terms in your own words: Archaeology, Anthropology, Imperialism, Decolonisation.**

Answer these questions based on your experience: What is a museum? Who visits it and why? What is displayed in a museum, according to what expectations and to what purpose?

Use this vocabulary: to institutionalise / a mindset / to showcase / to gaze at / cultural heritage

❷ **Read the article and fill in the following fact sheets. Surf the web to add a few more details and especially for the final two museums mentioned.**

The Royal Museum for Central Africa
Location: ....
Created in: ....
Reopened after renovation in:
Artefacts: ....
Visitor's impressions:

The Museum of Black Civilisations
Location: ...., Senegal
Created in: ....
Artefacts: ....
Official mission:
Visitor's impressions:

Royal Museum in Benin City
Location: ...., Nigeria
Created in: ....
Architect:
Artefacts: ....

New National Museum
Location: ...., DRC
Created in: ....
Artefacts: ....
Expected development:

The national Museum van Wereldculturen
Location: ....
Created in: ....
Artefacts: ....

Do you know any of these or other Primitive Art museums? Why do you think Europeans enjoy visiting them? Would you?

❸ **According to the article, what is the nature of the artefacts found in European "primitive civilisation" museums?**
What words are used to explain how the European museums acquired most of their artefacts?
According to you, why can it be said that even "colonial collecting" or "purchase" may not have been the fairest practice?

❹ **How do European museums compare to the non-European ones mentioned in the article? What is the journalist suggesting?**

Explain what you understand when the article refers to "the objectification of Africans". Research the reference to Sumaya Kassim and watch the video essay The Museum Will Never Be Decolonised.

❺ **What should European states and museums do more systematically with their counterparts in former colonies, developing and emerging countries? What does the headline of the article suggest?**

❻ **Choose one of the artefacts mentioned in the article, research and explain where it comes from, the circumstances in which it was brought to Europe and the value it had in its country of origin.**

7 **How have some African countries joined their efforts to protect their heritage? Research the 2021 Year of Culture for Africa? How can it impact how Europe may change its post-colonial views?**

8 **If you want to enjoy the largest collections of ancient Egypt's art, Roman and Greek artefacts, where would you go in Europe? For an extensive African, Near Eastern, Asian and Oceanian art visit? And if you want to see the best parts of the Parthenon?**

As a member of a group of militants called "Return Stolen Art", write a letter of support to one of the newly opened museums in Africa expressing your solidarity with their efforts to retrieve part of their heritage and suggesting some actions in European museums.

Use expressions / quotes from the article such as:

Foremost is the question / Times are changing for Europe's "world culture" museums / to let go of cultural ownership / the colonial mindset / to question and to rethink / to reimagine museums / to repurpose collections

NOTES

TEXT 3

A THIRD OF MY COUNTRY WAS JUST UNDERWATER. THE WORLD MUST ACT ON CLIMATE

One-third of my country was underwater last month. The heaviest rains in almost a decade began and have still not abated. More than 1.5 million Bangladeshis are displaced; tens of thousands of hectares of paddy fields have been washed away. Millions of my compatriots will need food aid this year. Calamities, alas, never strike alone. The floods, which come in the wake of widespread destruction caused by Cyclone Amphan in May, are making it more difficult to contain the coronavirus. More than 2.4 million people had already been moved from the destructive path of the storm without delivering them into the even greater danger of Covid-19. Yet while the infection and death rates have been contained, concerns remain until a fool-proof safeguard is acquired. Economic lockdowns have hit our textile industry and exports and forced hundreds of thousands of our international migrant workers to return home, with the vast majority remaining unemployed.

Like many other climate-vulnerable nations across the globe, Bangladesh is trying to save lives, shore up health-care systems, and cushion the economic shock for millions of people, all while avoiding fiscal collapse. But this is not a cry for help; it is a warning. For while other countries may be less exposed to the climate crisis, they will not be able to escape its destructive force for long. Countries more fortunate than mine should take a long, hard look at what we are battling. Recent research suggests rising sea levels will force hundreds of millions of people to abandon low-lying coastal cities worldwide by mid-century. Will the global community act in time to avert this catastrophe?

Our climate emergency and Covid-19 are global threats. Both were predictable, and we could have – should have – done much more to minimize the risks. But now that they are upon us, the best way to respond, surely, is through concerted international action.

Both the climate crisis and the pandemic are complex problems with many ramifications. They will either be solved collectively, or not at all. It will be futile to spend hundreds of billions of dollars to secure a Covid-19 vaccine for one nation alone, if the pandemic is allowed to rage elsewhere. And it will be similarly pointless for a majority of nations to rein in their emissions and build more sustainable economies if the world's largest emitters do not do the same.

The G20 countries are responsible for about 80% of total global emissions, while the bottom 100 countries only account for 3.5%. The world cannot successfully tackle the climate challenge without significant action from everyone.

The 2015 Paris agreement is still our best chance to contain global warming and limit its most pernicious effects. To date, 189 countries have ratified a treaty that commits them to collectively cut emissions to stop global temperatures from rising by more than 2C above pre-industrial levels, and to try to limit the rise to 1.5C if possible. That last, more ambitious goal was proposed by the Climate Vulnerable Forum (CVF), which I chair – a group of 48 countries disproportionately affected by a warming planet, Bangladesh among them. CVF nations have been at the forefront of climate adaptation as well as climate change, promoting initiatives such as building stronger shelters against cyclones and replanting mangrove forests to protect coastal communities from sea surges. In acknowledgment of this important work, the Global Center on Adaptation will open an office in Dhaka this month to extend these best practices across South Asia.

The world's poorest, most vulnerable countries to climate change have kept our side of the bargain. According to the Sustainable Development Report 2020, 43 countries in Africa and many more across Asia and Latin America have achieved our climate action goals. The rich world has not. International funding for climate adaptation is still far short of what is needed. Furthermore, new, more ambitious climate initiatives are unlikely to succeed without greater leadership and world-class technology and pioneering climate research that have delivered so many ground-breaking solutions to date. If we don't increase our ambition, we will all lose out. As many countries and companies can attest, finding low-carbon solutions and minimizing climate risks are the best ways of building more resilient, more efficient and more competitive economies. We all benefit from thriving trading partners in a low-carbon resilient world. Surely no one is in favor of the alternative – a fractured global order in which even rich countries are impoverished by the destructive force of global warming.

The climate crisis, Covid-19 and its economic fallout are crying out for international leadership and cooperation. No country should turn its back on the rest of the world at this time. At the next UN Climate Change Conference of the Parties, countries must commit to enhancing their nationally determined contributions and ultimately give us hope for tackling all the other problems that afflict our collective existence.

Sheikh Hasina, *The Guardian*, Sep. 22, 2020

1 Locate Bangladesh and find out more about this country in order to fill in this fact sheet.

Official Name:		
Date of independence:	Flag:	
Area:	Population:	Population density:
Capital:	Language:	
Political system:		
GDP / capita:	HDI ranking:	
Climate:		
Borders with:		
Member of Intern[al] organisations:		

What indicators in this profile can potentially be a cause for concern for the Bangladeshi government?

2 Identify the problems Bangladesh was faced with in the autumn 2020.

3 Quote the article for details about agricultural and industrial productions and landscapes.

4 Why does the Prime Minister of Bangladesh believe that she needs to address rich and poor nations?

5 What data does she refer to in order to show that the richest nations need to act because they have not done enough?

6 According to you, what do “climate-vulnerable nations” have in common? Can you name other nations in this category?

You can check the Climate-Vulnerable Forum Wikipedia page to find out more on the topic.

7 In the article, find a verb or an idiomatic expression with a verb to fill in the gaps with the same meaning as the synonym in parenthesis. For each statement, decide if it is true or false.

- **a** All climate-vulnerable countries need to (examine closely) how international policies are implemented.
- **b** All countries in the world try to (limit / control) their gas emissions with varying degrees of success.
- **c** Not all countries which denounce the lack of collective action do so to (request assistance).
- **d** All the G20 countries have so far (been true to their word).
- **e** Some powerful nations (refuse to pay attention to) the plea of the most vulnerable ones.

8 Find a term in the article matching the synonyms on the right and write your answer to find out the mysterious vertical word at the heart of any eco-friendly policy.

_ _ **_** _ _ _ _ _ _ _	capable of resisting and recovering
_ **_** _ _ _ _ _	to mitigate, soften the effect
_ _ _ _ _ _ _	to support, to help
_ _ _ **_** _ _ _	to limit, control
_ **_** _ _ _ _ _	long term effect, consequences
_ _ _ _ _ _ _ _ _ _	project, scheme, action
_ _ _ **_** _ _ _ _ _ _ _ _ _ _ _	recognition, awareness
_ **_** _ _ _ _ _ _ _ _	disaster, catastrophe
_ _ _ _ _ _	to fight, to combat
_ _ _ **_** _ _ _ _	prosperous, doing very well
_ _ _ **_** _ _ _ _ _	reliable, error free
_ _ _ _ _ _ _ **_** _ _ _ _	made very poor
_ _ _ _ _ **_**	to engage, get involved
_ _ _ _ _ _ _ **_** _ _	out of work

TEXT 4

PETROL SOLD TO NIGERIA FROM EUROPE "DIRTIER" THAN BLACK MARKET "BUSH" FUEL

Black market fuel made from stolen oil in rudimentary "bush" refineries hidden deep in the creeks and swamps of the Niger delta is less polluting than the highly toxic diesel and petrol that Europe exports to Nigeria, new laboratory analysis has found. Shell, Exxon, Chevron and other major oil companies extract and export up to 2m barrels a day of high quality, low sulphur "Bonny Light" crude from the Niger delta. But very little of this oil is refined in the country because its four state-owned refineries are dysfunctional or have closed. Instead, international dealers export to Nigeria around 900,000 tonnes a year of low-grade, "dirty" fuel, made in Dutch, Belgian and other European refineries, and hundreds of small-scale artisanal refineries produce large quantities of illegal fuel from oil stolen from the network of oil pipelines that criss-cross the Niger delta.

The net result, says international resource watchdog group Stakeholder Democracy Network (SDN) in a new report, is that Nigeria has some of the worst air pollution in the world, with dense clouds of choking soot hanging over gridlocked cities leading to a rise in serious health conditions as well as damaged vehicles. The extreme toxicity of the "official" fuel exported from Europe surprised researchers who took samples of diesel sold in government-licensed filling stations in Port Harcourt and Lagos. They found that on average the fuel exceeded EU pollution limits by as much as 204 times, and by 43 times the level for gasoline. Laboratory analysis also showed that the black market fuel was highly polluting but of a higher quality than the imported diesel and gasoline. The average "unofficial" diesel tested exceeded the level of EU sulphur standards 152 times, and 40 times the level for gasoline.

With more than 11m, mostly old, cars imported from Europe and Japan on the roads, and hundreds of thousands of inefficient generators used by households and businesses for electricity, Nigeria ranks fourth in the world for deaths caused by air pollution. It has been estimated that 114,000 people die prematurely from air pollution each year. The air quality in cities like Port Harcourt, Aba, Onitsha and Kaduna has reached crisis levels of pollution in recent years, and there is mounting evidence of rising asthma, lung, heart and respiratory diseases.

More than half of developing countries, mainly in Africa and Latin America, still use high-sulphur fuels which have long been illegal to burn in western countries. In Nigeria the practice is encouraged by an opaque fuel subsidy system that keeps prices relatively low at the pumps, but is widely thought to fuel corruption. Refineries in Europe are allowed to make the fuel if countries agree to accept it. The SDN report calculates that around half the air pollution in Port Harcourt, a city of more than 3 million people, comes from the burning of official and unofficial fuel. The rest comes from nearby gas flaring, other industries, and the burning of rubbish.

Levels of particulate matter in Port Harcourt and Lagos are 20% worse than Delhi in India, the most polluted capital city in the world, where emergency levels of photochemical smogs are common. In 2016, the River Niger port city of Onitsha was said by the WHO to be the world's most polluted city, the concentration of soot particles was recorded at 594 micrograms per cubic metre; compared with the WHO safe limit of 66. According to industry sources which track legal and illegal oil, cargo movements around 80% of Nigeria's petroleum products come from the Netherlands and Belgium. The two countries have some of Europe's largest refineries. The report substantiates allegations made in a 2016 Public Eye investigation and a 2018 Dutch government report that European refineries and commodity brokers were blending crude oil with benzene and other carcinogenic chemicals to create fuels hundreds of times over European pollution limits for the weakly-regulated African market. This was said to be causing significant particulate pollution, damage to vehicles and adverse health impacts for local populations.

Nigeria, along with Togo, Ghana, Ivory Coast and Benin promised in 2017 to stop the imports of "Africa quality" oil products as part of a UN environment programme initiative. But while Ghana has acted, reducing sulphur from 3,000 to 50 parts per million, Nigeria has argued that it needs more time to adapt.

Illegal artisanal refineries are said to grow fast in number and scale, now producing 5-20% of all the gasoline and diesel consumed in Nigeria from the estimated 175,000 barrels of crude oil stolen each year. The bush refineries are highly dangerous and frequently explode, adding to air, water and soil pollution in the mangrove swamps. But they are an important source of income for communities. If Nigeria insisted on diesel imports that complied with the country's intended fuel sulphur standards, particulate emissions could be reduced by 500%, greatly improving pollution and reducing health costs. The report recommends that Nigeria enforces its proposed sulphur standards as soon as possible and considers engaging with artisanal oil refiners in future.

John Vidal, *The Guardian*, July 1, 2020

1. **The responsibility for pollution in Nigeria is shared between the Nigerian government, illegal refinery owners and European oil companies. Explain how each takes part in this environmental disaster.**

2. **Explain what seems illogical when the data of the different fuel producers is compared.**

3. **What does this situation show in the relationship between wealthy and poor countries? Two points related to air pollution support this view.**

4. **What other contributors to air pollution are mentioned in the article?**

5. **How does Nigeria rank in worldwide pollution rates? Who suffers most?**

6. **Why is the oil-related pollution not only impacting Nigeria's air quality?**

7. **To fully understand the article, you may need to research the meaning of these technical terms:**

   crude / soot / sulphur / particulate matter / benzene / carcinogenic / photochemical smogs /

   Usual two-word combinations, also called colocations, are numerous in the article. Can you find some with their definitions?

   illegal trade / urban centres saturated with too much traffic jams / place where you buy petrol for your car / accumulating proof / category of the poorest nations / rates that call for immediate action / black substance resulting from partial combustion / data collected from where the activity is carried out /

8. **Read the article and say if the following statements are true or false or if you cannot say and explain why.**

   a Major international companies export over 2m barrels a day to Nigeria.
   b State-owned Nigerian refineries cannot deal with any of the crude oil produced nationally.
   c The European oil dealers in Nigeria have a monopoly on the whole domestic demand.
   d "Bush" refineries largely operate with crude stolen from the Niger delta.
   e Some Nigerians use fuel to generate electricity for their homes.
   f Air pollution seems to be linked to heart diseases.
   g The chemicals present in low quality fuel induce nervous-system degeneration.
   h High-sulphur fuels are becoming rare in the poorest part of the world.
   i Air pollution in Nigerian cities combines several factors.
   j 80% of the trade into Nigeria originates from the Netherlands and Belgium.
   k Cars gain on efficiency when they use low-quality fuel.
   l Few Nigerians own a car.
   m Africa-quality oil standards do not meet the European standards.
   n Some African countries have managed to reduce their air pollution.
   o Illegal refineries cannot provide a source of revenue for some Nigerians.

9. **Here is a selection of words to be used to write a summary. Each group of words makes one sentence.**

   - which is more polluting / European / the one locally produced / legally supply / with very poor-quality fuels / oil companies / than / in illegal refineries. / the Nigerian market /
   - result from / and highly polluting / Alarming levels / the toxic fuel / and in electricity generators / industrial activities. / of air pollution / used in old cars /
   - oil trade, / Due to / this lethal European / unlike / Nigeria still / implement eco-friendly policies / neighbouring countries. / struggles to / little regulation and /

10. **Write a letter to the EU Commissioner for Health, or its secretariat for Product Safety, and forcefully denounce the practices the article describes: European oil companies and refineries producing dirty and harmful fuels for the African market.**

    Use expressive, emotional vocabulary such as: an outrage, a shame, a crime, double-standard, scandalous, shoddy, irresponsible, greedy, to blame, to condemn, to kill by proxy, to ban

INTERNET DOC. A THE UN LEAST DEVELOPED COUNTRY CATEGORY

Tij.video, March 2019, 2'54"

A **Watch the document fully once and then work through the various tasks below. Check your answers with a second viewing.**

0 → 0'13" The following sentences describe what you can see, yet all three statements are false. Explain why.

Kids are playing in a playground. Teenage girls are dancing in traditional clothes.

Women are doing their washing by the river. A group of women are dancing in a circle.

A woman is weaving at home. A man is digging a water hole.

0'14" → 0'25" Give a definition of LDCs with these words: vulnerable / shocks / human assets /

0'25" → 0'27" Locate the LDCs and name some of the countries you can spot on the map.

0'28" → 0'40" The category was created to...

The visual support focuses on a) medical care b) trade c) education and a) industries b) cocoa harvesting c) rice fields.

0'41" → 0'54" The CDP...meets every...
It makes recommendations on....................... and.......................................

0'55" → 1'14" The committee uses three criteria: human.................................., economic and.............................. vulnerability and income per.......................... The review set the latest................................ threshold at $1230.

1'15" → 1'38" The visual shows a man looking after cattle and then cattle heads been...

A country needs two of these criteria to be considered for graduation, or have an income over $2460 at two a) independent b) different c) consecutive reviews of the CDP.

1'39" → 1'50" What meaning can you infer from the act of "graduating" in this context?

Only five countries had graduated when the documentary was made. (true or false?)

Some countries were about to graduate when the documentary was made. (true or false?)

All the countries which graduated were located in Africa. (true or false?)

1'52" → 2'26" What are the advantages given by the status of LDC?

How do LDCs also take part in international commitments?

2'27" → 2'40" All these measures provided to these.............................vulnerable and poor countries are a central part of the international effort to leave no one........................ in the push for the sustainable development goals.

B **What do the scenes and visual support in the documentary intend to make potential donors or at least wealthy people think? Is this effective?**

Do you think the documentary is produced to appeal for donations? Why?

C **Learn more about the UN's sustainable goals at sdgs.un.org, the 17 Goals, sustainable Development, April 2018 (1'25") and pick 5 of these goals. For the one you have chosen, justify and explain why they are considered as priorities for the near future. In what way do they impact you and your lifestyle?**

INTERNET DOC. B A COUNTERINTUITIVE SOLUTION TO POVERTY: STOP TRYING TO ERADICATE IT

Efosa Ojomo, TEDx Talks, May 2019, 9'25"

A Watch the document and work through the different parts below.

0 → 3'32" The initial mistake

True or false?

1 The speaker, Efosa Okomo, comes from a poor village in Nigeria. ✓

2 The picture shows women and children having to walk several miles to wash their clothes. ✗

3 Building a well allowed all in the village to have access to water. ✓

4 Giving access to clean water was at first an unrewarding experience. ✗

5 The first time he heard the well was broken, he lost hope. ✗

6 The organisation he had created specialised in fixing wells. ✗

7 He felt access to clean water is part of what he must provide to the population of his country. ✓

8 The problem of broken equipment in very poor communities is a common one. ✓

Explain the notion of "Push development strategy".

What is the usual definition of poverty?

Development organisations are designed and make it their priority to provide what is missing.

What is the problem with this way of thinking?

3'33" → 3'58" **The new approach**

What verb is opposed to *"Push"*? How does it explain the opposite of a Push Development strategy?

4' → 4'56"

Fill in the fact sheet on Nigeria with the details given

Nigeria: State of the country: poverty Political system: war state military rule
Life expectancy: 46 years
Share of the population who live under $2 / day: ....%
State of infrastructure: ....

What was the target of the Aswani brothers? What was their aim?

5' → 7'20"

Year of introduction of the product on the Nigerian market: 1988

Requirement to produce: ....

Requirement to market: ....

Requirements to distribute: ....

What is the effect of providing a job?

Explain in your own words the impact of a packet of instant noodles in Nigeria.

Explain why the conclusion of this talk could be: trade not aid.

B **Critical analysis of the document:**

1 What should have been done to make sure that the well in the village was going to be a tool towards development?

2 What conditions made the case the Aswani brothers possible?

3 How should this business model be measured to call it a success story?

4 If you look at Nigeria's HDI ranking in the UN website*, what problems can you identify?

5 What are the usual problems LDCs face that often turn off potential investors or undermine local efforts?

* http://hdr.undp.org/en/content/latest-human-development-index-ranking,

To find out more on this case study, you can read *The Secret to Startup Business in Africa*, Harvard Business Review, Feb 2017, (https://www.wamda.com/2017/02/africas-new-innovators)

INTERNET DOC. C THE STATE OF FOOD SECURITY AND NUTRITION IN THE WORLD 2020

▶ Food and Agriculture Organization of the United Nations, 13 July 2020, 3'18"

A **Either read the text first and try to replace the words underlined with a synonym and check your answers listening to the document then. Or listen to the document once and then go over the transcript below to replace the words underlined with what you may remember.**

We are facing a global battle to meet the biggest challenges of our time.

Five years after promising to **eradicate** hunger, we're not on track to reach our objectives by 2030. Chronic hunger is up by 10 million people in one year and up by almost 60 million in five years. Almost 690 million people **went hungry** in 2019 with numbers highest in Asia and rising fastest in Africa.

If these trends continue, more than 840 million people will be hungry by 2030 with Africa overtaking Asia as the region impacted most. The Covid-19 pandemic may add over a hundred million people to this distressing **toll**. Defeating hunger is just one part of the problem.

Two billion people do not have regular access to safe, nutritious and enough food.

In 2019, 144 million children under the age of five withstand it while 47 million were affected by wasting, we're not on our way to meet our 2030 targets for child **stunting**, low birth weight and exclusive breastfeeding.

Countries are also facing the increasing **burden** of obesity linked to poor quality diets with 676 millions of adults obese. Around the world many people are suffering from hunger, food insecurity and malnutrition because they cannot pay for healthy diets. Even the cheapest healthy diets are out of reach for more than three billion people in the world.

In sub-Saharan Africa and southern Asia, around 57% of the population cannot afford nutritious food.

Our current dietary models are also taking a heavy toll in terms of health costs and the environment.

By 2030 **diet-related** health costs linked to mortality and non communicable diseases could be more than 1.3 trillion US dollars a year while the diet-related costs of greenhouse gas emanations could be more than 1.7 trillion US dollars a year.

As the world fights Covid-19, we cannot allow the pandemic to stop the global fight on hunger and malnutrition. To achieve a world fee from hunger and malnutrition by 2030, countries must change food systems and increase the **affordability** of healthy diets.

Shifting to healthy diets could reduce direct and indirect health costs by up to 97% while reducing the social costs of greenhouse gas emissions by up to 74%. We must guarantee the **cost** of nutritious food comes down.

If the world shifts towards a healthy diet we have a real chance of ending hunger and malnutrition forever. We must act now to build back better and make a difference in lives and communities everywhere.

Use the word in bold letters to write a brief summary of the document.

B **Watch the document again and draw a list of what you see, and for each shot, identify what is illustrated and what the viewer's reaction or understanding of the visual should be.**

Ex: Fields ploughed by tractors → food production from agriculture, large fields, regular lines, big harvest → wealth

Discuss then how effectively the running commentary matches what the viewer is exposed to and may feel. Do all the same views trigger the same reactions? Discuss one particular example.

C **What are the several problems associated to food in the world?**

D **Explain why better diets are likely to reduce poverty, as the documentary suggests.**

E **The document explains broadly what should be done to reduce food related-poverty but not how change can be implemented. Can you think of initiatives either to be set up in the near future or already in place to end hunger or malnutrition?** Develop ideas involving charities, exchange programmes, celebrities endorsing awareness programs, local actions, or all sorts of projects likely to help the situation. Could you be involved, by providing your expertise or professional skills or simply good will?

REVISION DEVELOPING COUNTRIES

Fill in the sentences with one of the choices given.

1. Every year, large populations are .... because of unpredictable natural disasters.
   replaced located displaced placed
2. .... causes drylands, often exacerbated by human activities, and can lead to desertification.
   Drought Water shortages Dehydration Dehumidification
3. Rice-farming culture with its typical ....originates from the Neolithic age in China.
   arable land basin floods paddy fields
4. When hurricanes or tornadoes ...., staying indoors is the safest, if you have somewhere to shelter.
   range blow rage wind
5. In the midst of a political or social crisis, plunder and.................................... happen all too frequently.
   policing looting frauding sneaking
6. Many former colonies still suffer from the devastating .... of colonialism.
   legacy heritage gifts footprint
7. Even the most advanced economies can find themselves .... of recession.
   clear entrapped verging on the brink
8. The EU is committed to furthering international debt .... efforts for African countries.
   relief aid cancel exclusion
9. The lack of nutrients, as protein, carbohydrates, fat, vitamins or minerals, triggers severe ....
   malnutrition diet loss healthy issues
10. Reforming this .... health system is only possible with state support and international aid.
    dire part-time collapse ailing
11. Staple .... are plants grown to be consumed in large quantities so as to form the basis of a diet.
    shoots seeds crops grains
12. Rescue efforts have been .... by high winds and torrential rain.
    left hampered halt reinforcing
13. The UN's mission not to leave anyone .... is a challenging one.
    after above away behind
14. A malaria .... campaign could be successfully implemented in remote areas within two years.
    suppress eradication deleting removal
15. The .... recession is about to impact LDCs much more than any other country.
    ongoing today's actual presently

18. Access to clean water often entails digging a .... which is an expensive task.
    tap fountain well spring

17 Beyond the outskirts of the capital city, ... populated villages dot an extended desert area.
sparsely thin lightly lonely

18 When delivering food aid, NGOs need to .... in tightly every step of the process.
check control ensure rein

19 All agricultural .... are detrimental to the survival of the poorest farming communities.
commodities good product input

20 Doctors in Mali urge the government to .... UN-funded vaccination programmes.
apply shore up fill in deny

21 Anticorruption activists claimed that they had to sign the confession under.....................................
duress force tension compel

22 The .... task of alleviating poverty comes with many external factors.
intractable frightened careless challenged

23 It may seem ...., but fighting food shortages by donating food is sometimes not the best solution.
irresponsible surprises oddly counterintuitive

24 The .... of migrants is just impossible to conceive for those born into affluence.
vulnerability weaknesses apathy wisedom

25 Child marriages and human trafficking .... the remote parts of the poorest countries.
plague spread endure enslave

26 More than good intentions, what they need is the .... to act against poverty.
mean wayward resources trust

27 The government is trying to .... the lands away from the tribes in the name of afforestation.
borrow buy out recover take

28 Bangladesh is .... into a humanitarian crisis as it undergoes the worst monsoon flooding in decades.
drive plunged hit sunk

29 Low-lying .... cities will have to be rebuilt or abandoned due to the risk of floods.
shore sea-line beach coastal

30 Experts have shown that international .... for climate adaptation is still short of what is needed.
findings funding resourceful donation

Fill in the gaps with the words provided for texts 1 and 2, without clues in text 3, except that all the words you need are prepositions. In text 1, there are more words than needed.

Text 1 Extreme poverty

An additional 150 million people could be pushed into extreme poverty by the end of next year as conflict, climate change and the pandemic combine to end two **(1)**.................................... of progress in raising the living standards of those on the lowest incomes, according to the World Bank estimates. The Washington-based organisation said the proportion of the world's **(2)**.................................... living on less than $1.90 a day was expected to rise from 9.1% to 9.4% during 2020, with the increase concentrated in countries with already high **(3)** .... rates. In the absence of the outbreak of coronavirus, the Bank said it would have expected the poverty rate to fall below 8% during 2020. A **(4)**.................................... of eliminating extreme poverty by 2030 has been set by the United Nations as one of its sustainable development goals but the World Bank, which lends to developing countries, said there was no chance of

NOTES

6

The European Union

If one considers that the European Union results from a brave and continuous effort to imagine countries sharing more than borders, one must admit that it can take pride in itself for having some of the highest standards of living in the world, effective social and labour protections, strict environmental rules as well as an unconditional respect for democracy and Human Rights. More pragmatically, the EU has become the third largest population, after China and India, and its economic input can no longer be ignored worldwide.

Yet, its common but at times conflict-ridden past has not always served as the necessary cement it needs now to unite its territory. As some of the texts in this chapter remind us, its unity can come under strain in times of crisis. Brexit, now definitively over, with its painful and long farewell was one of them; large-scale migrations or a threatening sanitary situation, or again the limits of its inclusive policy, can also undermine its ability to speak with one voice. The Union was an ambitious project, and it should remain so when facing adversity and in its future development and commitments to the rest of the world.

CONTENTS

TEXT 1

EUROPEANS OF COLOUR ARE FINDING THEIR VOICE – IT'S TIME "BRUSSELS SO WHITE" LISTENED

Black Lives Matter protests across Europe are exposing the continent's dismal record of race-based violence, discrimination and harassment. The German chancellor and the Dutch prime minister have acknowledged their countries' struggle with systemic racism. But EU institutions admit no such failing or promise any change. EU condemnations of George Floyd's brutal killing have been stilted, confused and confusing – including complacent claims that it could never happen in Europe. The EU's foreign policy chief recognized the impact of the BLM movement but only several days after indignant minority ethnic Europeans were protesting in the streets warning that "in Europe, we also can't breathe". The EU Commission vice-president in charge of migration and the European way of life (that *is* in his job description) declared that police brutality of the kind witnessed in America is "unlikely" in Europe. Making a dubious distinction between European nationals and other black people, the EU Commissioner for equality announced: "Black Europeans are European citizens and should be treated equally and fairly, free from all manifestations of racism, xenophobia and intolerance." EU officials' clumsy dive into Europe's troubled waters on race should come as no surprise. With few black or brown staff members, EU institutions, whether they loom large like the Commission, the Council and the Parliament or in its specialised agencies, which work in semi-oblivion, are among the world's last-remaining all-white bastions of power.

Most inhabitants of the "Brussels so white" bubble have little or limited interaction with Europe's ethnic communities, its EU-labelled "second or third-generation migrants". Black or brown people seen in EU corridors or attending EU meetings are usually Asian or African diplomats. As a new Green MEP found on his first day as an elected UK member of the EU Parliament, minority ethnic Europeans are so rare in EU circles that they can be treated as unwanted intruders, or repeatedly expected to answer the question: "Where do you really come from?".

Conversations on race, colour, religion and ethnicity, as a result, are excruciatingly uncomfortable in and around EU institutions. Officials have become adept at brushing off questions on racial inclusion and diversity by insisting that EU recruitment policies are "colour blind". The EU's lack of attention to complaints of harassment, ethnic profiling and violence against Europe's ethnic minority citizens, stands in contrast to its much-respected defence of human rights activists and beleaguered minorities abroad. Poland and Hungary have been singled out for rule-of-law violations, attacks on judicial independence and clampdowns on media freedoms. Yet implementation of an EU race equality directive adopted two decades ago and instructing governments to eliminate racial and ethnic discrimination in policy and practice remains patchy.

The already difficult EU conversation on colour and race is complicated further by the toxic xenophobic rhetoric of the far right, and the more subtle but equally damaging ways in which that populist narrative has seeped into mainstream politics and institutions. Lack of data is another challenge. Non-governmental sources say an estimated 50 million people of a racial or ethnic minority background live in the EU, representing 10% of the bloc's population. But neither the EU nor national governments keep statistics on race or ethnicity.

Still, the tide may be turning. Although only 29 MEPs, 3% of the total, are people of colour – the number has gone down since Brexit and the departure of several British Asian parliamentarians – those elected to the EU assembly in 2019 are self-confident and in no mood to be silenced. Spearheaded by three MEPs who also happen to be women of colour, 120 members of the EU assembly have written to the Commission President demanding that she stop turning a blind eye "as racism flourishes within our societies and police brutality is inflicted upon black and brown people with near-impunity". If the EU is to have any credibility, at home or globally, it must practise what it preaches on inclusion and equality. This means putting a stop to the policy of being "colour blind" and a change in the way in which the EU recruits, thinks and acts. Inclusive policies, such as training on unconscious bias, are necessary. Instead of sitting back and waiting for them to come, the EU institutions must consciously reach out to ethnic minority communities, encourage them to sit for EU job recruitment tests and, more generally, take part in the EU conversation.

Political parties could insist on diversity in selecting candidates in the next EU elections, and, since they work outside strict recruitment rules, European Commissioners and MEPs could recruit Europeans of colour to join their cabinets and teams. Last but not least, the Commission and the Parliament must make clear that their plans to convene a conference on the future of Europe must include the voices of people of colour.

It can be done, and as demonstrated by the angry protests in Europe's streets, it must be done. The EU cannot continue to avoid uncomfortable conversations on race, colour and religion. It's simple: the EU's management machine no longer represents the reality of the continent's increasingly vibrant, diverse, multi-ethnic, multi-religious and multiracial societies. To truly connect with all European citizens and to inspire and motivate them, EU institutions must look like the societies they represent.

Shada Islam, *The Guardian*, Jun. 9, 2020

1 Define in your own words the key concepts of the article:

discrimination / racism / xenophobia / intolerance / harassment / inclusion / ethnic profiling / rule-of-law violation / impunity / clampdown

Can you explain the difference between equality and fairness?

2 Match each noun with the noun or adjective it is often associated with to form a colocation. There may be several choices. Check your answers in the article.

bastions •	• mainstream
bias •	• non-governmental
claims •	• unconscious
communities •	• race-based
directive •	• limited
interaction •	• dismal
migrants •	• ethnic
intruders •	• recruitment
narrative •	• all-white
policies •	• unwanted
politics •	• third generation
records •	• populist
rhetoric •	• complacent
sources •	• equality
violence •	• toxic

Use some of these terms to describe the situation denounced by the journalist.

3 Match the adjectives with their meaning. Who are these adjectives attributed to in the article?

beleaguered •	• assertive, self-assured
clumsy •	• fragmentary, bitty, insufficient
damaging •	• stuck, blocked
dubious •	• in a difficult situation, besieged
excruciating •	• causing harm or injury
indignant •	• intensely painful
patchy •	• awkward, without grace
self-confident •	• relating to a system
stilted •	• discontented
systemic •	• doubtful, uncertain

4 Guess the meaning of the verbal phrases from the article; use the article to guide your choice.

1. to dive in troubled waters	**a.** to be flooded	**b.** to handle trouble	**c.** to face a difficult situation
2. to loom large	**a.** to seem dark	**b.** to have a major influence	**c.** to be foolish
3. to brush off a question	**a.** to reject a question	**b.** to ask a question	**c.** to consider an issue
4. to be colour blind	**a.** to be racist	**b.** to see in black & white	**c.** to refuse to consider skin colour
5. to turn a blind eye	**a.** to avoid considering	**b.** to see imperfectly	**c.** to look closely
6. to seep into	**a.** to drink slowly	**b.** to infiltrate, drip in	**c.** to spring out
7. to practice what you preach	**a.** to do what you want	**b.** to give a lecture	**c.** to do what you recommend
8. to spearhead action	**a.** to lead action	**b.** to think about an action	**c.** to delay action

5. **Why are minorities in the EU so poorly represented?**

6. **What actions should be implemented to encourage the EU institutions to be more "colour-friendly"? According to you, why does it take so long to change mindsets among politicians?**

7. **Write a junior minister speech to the EU Parliament to encourage more MEPs to stand for a fairer representation of minorities. To articulate your ideas and forcefully ask for change, use several times the structure:**
   It is time... V-ed... as in the headline of the article. You should also include vocabulary from exercises 1 to 4.

8. **Do you know when the next MEP elections are and who your current representative is? Research the topics they deal with and how they may impact you.**

NOTES

TEXT 2

THE CORONAVIRUS CRISIS HAS EXPOSED THE TRUTH ABOUT THE EU: IT'S NOT A REAL UNION

The European Union has scraped through its latest crisis by the skin of its teeth. The past week has been a disgrace. When ministerial talks collapsed over the plan for a "coronabond", the reaction seemed terminal. Germans and Dutch insulted Italians and Spaniards. Italy's prime minister said his country faced an "economic and social emergency", and the EU appeared not to care. The Danes spoke of "a financial crisis on steroids". The Commission's vice-president predicted "the EU as we know it will not survive this".

Finally a last-minute package was agreed, for €500bn of emergency loan finance. This was little more than an extension of the existing European stability mechanism, designed to help individual countries in short-term emergencies. Even then, it was a mere third of what the European Central Bank had said was needed, €1.5tn euros. What was specifically not agreed was any sharing of the economic burden of the pandemic across European treasuries in general. It was mostly more loans.

The reason was glaringly obvious, and as old as the EU itself. The northern European nations within the eurozone still do not trust the hard-pressed southern ones to spend money wisely and pay back their debts. It was the same reticence that governed the slow reaction to the 2008 financial crisis. In other words, the EU is not a true political union, like the United States or Russia or even the United Kingdom. When one EU country hits trouble, as Greece and Italy have done over Mediterranean migrants since 2015, the EU itself is silent. It turns its back and hopes trouble will go away.

Political unions are specific things – a marriage of regions, provinces, states in one national unit – based on a sufficiency of shared identity and shared responsibility. When the US was created, it agreed to joint liability for federal bonds. When New Orleans flooded in 2005, Washington did not tell Louisiana it was on its own. Nor did Britain say that to Northern Ireland when the province collapsed into bloodshed in the 1970s. It has been pouring in money ever since. The Maastricht treaty of 1992 was based on an ambition to drive Europe towards just such a goal. That, and the subsequent Lisbon treaty of 2007, produced much bureaucratic infrastructure, ever wider "competences", an executive presidency and an enhanced parliament – which, it was hoped, would convey consent to central authority. Crises like the present one are precisely what such a body should be able to handle.

Yet as Britain showed at the time of Maastricht and since, Europe lacks that shared identity. It lacks accountable leadership to make consent effective. In 2008, Europe dragged itself behind emergency actions taken by Barack Obama in Washington and Gordon Brown in London. When the ECB was galvanised into action, it did indeed "print money" through quantitative easing; but the easing was directed chiefly at underpinning German bank loans to Greece and others. It was banks that were rescued.

This week it has been abundantly clear that many European governments simply do not trust the Italians and the Spanish to find a way out of the pandemic crisis responsibly. Italy is certainly in economic meltdown. Its system for getting cash into the pockets of poor Italians appears to have broken down. For the first time in 75 years, large numbers of Europeans are simply unable to buy food. Their erstwhile employers face bankruptcy, and their banks face collapse. Britain, outside the eurozone, can print money and hand it to employers – apparently £40bn if need be. That is classical monetarism, I assume to be tested to near destruction. It is sensible, and there is little likelihood of the cash dissipating into inflation. That option is not open to Italy. It has delegated it under treaty to the EU and its bank. It can only borrow, and Italy is already crippled with debt.

Any hope of a truly concerted European response to coronavirus is implausible. The EU has so far been inert. Nation states have been forced back on their own science, and their own health resources. Borders have closed and suppressions varied, from total lockdown to none at all. (...) The head of the International Monetary Fund says the world is facing "the worst economic crisis since the Great Depression of the 1930s". This surely is a time for the EU to show a capacity for leadership. It should use the opportunity to show its electorates, Europe-wide, that it can rise to the occasion and share responsibility across the board. Did the founder of the EU, Jean Monnet, not say that a new Europe "will be forged in crises"?

Daily reports indicate that citizens across Europe are showing a collective concern and care for each other. The pandemic has revived a faith in local community, and in a shared sense of nationhood. Yet the reaction of key European governments to this financial emergency has been like that of the British people in 2016. They don't trust the EU with their money. What you don't trust with your money is not a union.

Simon Jenkins, *The Guardian*, Apr. 10, 2020

1 For each statement, say if it is true or false. Quote the article to justify your choice.

- **a** The EU rescue package was difficult to agree upon.
- **b** The journalist compares the EU to the UK and the USA to show that they are all political unions.
- **c** The lack of trust between EU members explains its failures.
- **d** The European migrant crisis in 2015 proved the limits of support to its members.
- **e** The journalist believes there is a divide between northern and southern EU states.
- **f** The journalist implies that the UK did not help Northern Ireland much.
- **g** The journalist believes the aims of the Maastricht and the Lisbon Treaties were good.
- **h** Not being in the eurozone, the UK can choose its own monetary policies.
- **i** The journalist underlines the lack of coordinated effort during the Covid-19 pandemic.
- **j** To the journalist, Europeans are supportive of one another, even financially.

2 Research the Maastricht Treaty and the Lisbon Treaty, then test your knowledge of the two treaties filling in the two paragraphs. You can use the EU website (www.europa.eu) for official data.

The Maastricht Treaty was signed in February 1.................... by the 12 countries forming the union then and was ratified in the 2.................... of each country, in some cases after a referendum vote. It created a European 3.................... allowing any EU citizen to reside and move freely between member states. It facilitated 4.................... between police and the judiciary so that criminality could be reduced. It paved the way for the creation of the single European 5...................., the euro, and established the ECB whose main concern is to maintain 6.................... stability. It set rules, called the Maastricht criteria or .... criteria, to ensure that the level of inflation, public debt, interest and exchange rates in countries to join after the treaty would be stable.

The Lisbon Treaty entered into force in December 2009 and gave the EU a full legal personality. It created the position of a European Union 8...................., elected by the parliament for a five-year term. It set out a formal procedure to be followed if and when EU states wished to 9.................... from the union, referred to as article 50. The treaty also commits all member states to provide 10.................... if another EU State is under attack. Several environmental, intellectual property and civil protection cooperation principles have also been introduced in EU law.

3 Here are some some sentences form the article with adverbs used with different elements in the sentence. Can you identify them and explain how adverbs can be used?

Finally the package was agreed / It was mostly more loans / the reason was glaringly obvious / it was abundantly clear / a truly concerted European response to coronavirus is implausible

4 The following vocabulary from the article is usual EU jargon. Make sure you can define each term.

plan	treasuries	executive presidency	meltdown
package	eurozone	parliament	monetarism
loan finance	joint liability	central authority	borders
stability mechanism	bureaucratic infrastructure	body	
economic burden		quantitative easing	

5 In the article, find expressions meaning: applying to all / causing very difficult problems because of money owed / exaggerated to ignore, to reject / just about, by a narrow margin (2) / to perform better due to special circumstances / stimulated to act

Use some of them to describe today's political situation in the EU

6 Discuss Jean Monnet's opinion that a new Europe "will be forged in crises". Can this be a more general approach, at work or in your private life concerning change / improvement?

Use some of these links: compared to / unlike / similarly to / under different circumstances / what is more / otherwise

7. **Choose one of the statements extracted from the article and develop a contradictory point of view with examples taken from the recent European history.**

   The EU is not a true political union **or** The EU has so far been inert **or** The EU lacks accountable leadership

8. **European citizenship:**

   Carry out a survey over ten respondents in your close circle of friends or family to find out how European each individual feels. Choose three questions to ask them, two with "yes / no / don't know" answers and one either suggesting a list of preferences or ranking priorities.

   What does this small sample seem to show? Is this matching or contradicting your personal view?

NOTES

TEXT 3

TO SAVE THE EU, ITS LEADERS MUST FIRST FOCUS ON SAVING THE PLANET

The future of Europe depends on climate action. This is the resounding message that young Europeans have delivered to their leaders over the past two years. To be sure, the wave of young climate activists across the continent, from Fridays for Future to Extinction Rebellion, is part of a global response to the climate crisis. But for the EU in particular, it is also a warning from a new generation of Europeans to their leaders: our European identity hinges on your climate policies. For our parents' generation, the EU defined itself as a protector of peace, a fortress against fascism and a society of (relative) social security. For our generation – we are in our mid-20s – this narrative does not resonate. We came of age in a Europe of crises: a financial collapse, a panic over migration, a surge of populism. These formative moments gave the lie to the notion of a united European identity. To many of us, the EU appeared less a project of democracy, diversity or solidarity than one of bureaucracy, xenophobia and fracture. What is more, Europe's responses to these crises were hardly material for a new common narrative. Just the opposite: the responses *were* the crises.

But the climate crisis is different. For one, young Europeans see it not just as a threat, but also a genuine opportunity to build a better world (and a better Europe). An Eupinions poll last year found that 47% of 16- to 25-year-olds believe the environment should be the EU's top policy priority, nearly 10% more than those in older age groups. Poll after poll – including one conducted by our Europe's Stories research team, earlier this year – finds young Europeans overwhelmingly supportive of eliminating the EU's carbon emissions by 2030.

EU leaders, mired in years of failed top-down projects to find "a new narrative for Europe", have finally taken note. In December 2019, Ursula von der Leyen's European commission made headlines with its European Green Deal, which aims to turn Europe into the world's first carbon neutral continent by 2050. While finally bringing its fossil-fuel exit underway, Germany declared climate change one of the key policy priorities for its current council presidency. And European leaders have just negotiated the conditions of a recovery plan, earmarking 30% of both the EU budget and the new recovery fund for climate protection.

Yet so far, Europe has failed to match deeds to words. Negotiations about target dates for carbon neutrality across the continent have been sluggish. Worse, "carbon neutrality" has itself come to serve as a cover for outsourcing emissions to developing countries and investing in "alternative" fuels, such as biomass, that sound green but are really anything but. And despite all the talk, from the outset, the commission's recovery strategy was set to prop up high-carbon industries once again. Consider one particularly egregious example: airline bailouts. Rescue packages for Lufthansa, Air France and their fellow crisis-hit airlines, amounting to €34.4bn, all came without binding environmental conditions. In the latest budget deal, the safeguards used to guarantee that funds go to green technologies instead of polluting industries remain unclear. In this light, the EU's grand declarations of climate action could still amount to greenwashing, pure and simple – a narrative without substance. Hollow narratives cannot endure; they undermine themselves. If EU leaders and national governments continue to soft-pedal and greenwash, they will forfeit the already fragile faith of our generation.

This loss of faith has already begun: our generation has not failed to notice the discrepancy between EU leaders' exemplary commitment to climate action on paper and their delays and obfuscations in practice. Our polling for Europe's Stories suggests that just over half of young Europeans think authoritarian states are better equipped to tackle the climate crisis than democracies – a worrisome but perhaps unsurprising trend that speaks to how urgently young Europeans want climate action, and to the failure of European democracies to meet the moment. There is a better way forward. And, with governments opening their coffers to save their economies, it's now or never. Here are a few specific proposals. Instead of asking for minimal (or no) climate commitments from failing airlines and auto manufacturers, the EU could institute a ban on short-haul flights – a policy that 62% of Europeans support – and accelerate the switch to electric vehicles. Instead of bowing to polluting industries on the sly, the EU could exclude emissions-intensive industries and practices, such as the fossil-fuel industry, chemical manufacturers or motorway expansions, from receiving recovery funds – no exceptions – and channel that money into a green public works programme. Instead of sticking with the loophole-ridden target of "carbon neutrality" by 2050, the EU could set a more appropriately ambitious target that includes strict trade regulations that pressure other emissions giants – such as China and the US – to speed up their own energy transitions. Oh, and stop cosying up to fossil-fuel lobbyists.

These measures would set Europe on a path to a just transition: from the third-largest polluter in the world to a genuine climate leader. They would also help to craft a new and durable European identity for a new generation of Europeans. It is up to Europe's leaders to recognise, before it is too late, that the latter cannot succeed without the former. To save Europe, they will have to save the planet.

Daniel Judt, Reja Wyss and Antonia Zimmermann, *The Guardian*, Jul. 27, 2020

1 **Give each paragraph of the article a title from the following list. There are three unnecessary titles.**

A new challenge / Effective solutions / European confusion / Europe divided by three / Eco-leadership / Possible change or greenwashing? / Young Europe

2 **Answer the following questions in your own words.**

§1 **Q1** What were the three motivations for a united Europe for former generations? Why?

Q2 What three problems have today's young European adults grown up with?

Q3 What have the three initial goals of a united Europe turned to for the youngest generation?

§2 **Q4** What is the dual vision of the climate crisis for young Europeans?

§3 **Q5** What have institutions set up to indicate their consideration for a climate policy?

Q6 Why are there reasons to doubt that a quick change in policy will occur?

Q7 What political decision is entirely contradicting the EU's environmental concerns?

Q8 What definition of greenwashing is given in the article? Explain what is meant.

§4 **Q9** What are the solutions the EU could implement?

Q10 What double impact could these measures have?

3 **Match the verbs from the article (a.) to their synonyms (b.).**

a. *to cosy up / to bring underway / to earmark / to endure / to forfeit / to hinge / to be mired / to outsource / to prop up / to resonate / to soft pedal / to undermine*

b. *to allocate, attribute / to confiscate, to lose because of a error / to depend on / to last, to continue / to provide from outside / to reduce the effect / to remind someone of something / to set in motion / to stop from falling, to provide support / to be stuck / to try be become friend with / to slowly weaken*

4 **Complete the sentences with idiomatic expressions found in the article.**

He is not supposed to use his parents' computer but he does so .... when they are at work.

Anyone .... should become responsible, autonomous and ready to make good decisions.

When politicians talk, you can always wonder if they will at some stage ....

Scientific research on toxicity .... to what common knowledge held as the truth.

Journalists love to .... out of the most sensational piece of news.

5 **Choose the right word so that the sentences make sense. The vocabulary is extracted from the article.**

The EU is often compared to a a) channel b) fortress c) narrative

When a country's economy a) surges b) recovers c) collapses, it needs the help of other member sates.

A a) sluggish b) top-down c) genuine approach is too disconnected from the problems citizens have to face.

One expects members of the same union to be a) resounding b) formative c) supportive.

The EU history provides a) egregious b) binding c) global proof of how difficult it is to make the best choices.

All countries have funds kept in their a) safeguard b) coffers c) packages for all sorts of emergency cases.

6 **Write a speech to be delivered at the next European Youth Parliament session. Take this quote from the article to articulate and develop your ideas:**

Our common European identity is no longer one of democracy, diversity or solidarity but one of bureaucracy, xenophobia and fracture.

Include this vocabulary from the article: recovery fund / carbon neutral / loophole-ridden lobbyist / rescue packages / target / discrepancy / bailout / worrisome

7 **Write a short article for your university's Student Newspaper to describe the type of European Union students dream of.** It should include climate concerns but not only. Topics such as educational mobility, programme contents or social justice should also be part of your vision of the future.

TEXT 4

I WAS ONE OF THE MILLIONS OPPOSED TO BREXIT. I'VE SEEN NOTHING HERE TO CHANGE MY MIND

The dream is over. On New Year's Day, the curtain comes down on Britain's long engagement with Europe's noblest and greatest effort at collaboration and liberty. Our freedoms are to be slashed and an immense bureaucracy imposed on us. Next Friday Britons will lose the freedom to live, work, and trade in goods and services as they choose throughout the EU. Once natural rights are to be torched.

Our goods exporters, previously able to treat Europe as their home market, will have their goods painstakingly checked and controlled at EU borders, and VAT and excise duties paid immediately. More than 200m customs declarations will have to be filled in as lorries wait in new vast holding pens disfiguring our land. To sell into the EU a business will have to ensure it complies with that country's laws. Services, our banks, insurance companies and investment house – great economic strengths – will have to go cap in hand asking permission to trade where once they were welcomed.

We will need visas to stay in the EU beyond three months. Fifteen thousand British students a year will lose the right to study with no fees in European universities under the Erasmus programme. Britain is out of the European Investment Bank, which lent billions to the depressed parts of the UK; also out of Euratom, Europol and Eurojust. We are out of the EU Emissions Trading Scheme, crucial in the fight against climate change and fundamental to the economics of wind farms and new nuclear power stations alike. We are to lose all automatic access to EU databases.

The economic cost will be huge. To limit trade to this degree is to put a ball and chain around British business. Worse, the capacity of the British government to turn British regulations into EU regulations and, via the EU's heft, then global regulations, as it has done so cleverly, for example, over specialist chemicals and mobile phone networks, has disappeared. No British company will be able to follow Vodafone to global pre-eminence. Inward investment, which boomed under EU membership, and which has already fallen by four fifths since the referendum, will remain depressed.

On top, our horizons shrink, along with our influence. Cooperation with the EU over defence, foreign policy and external security is to cease at the request of the UK government. The trade and cooperation agreement with the EU, hailed so triumphantly by our clownish booster-in-chief, Prince Boris Johnson of the English nationalist party, is thus an exercise in limiting the damage – and, as was inevitable, almost completely on the EU's terms. The EU has kept the UK in its orbit with a newly established partnership council to govern the agreement, ensuring that it has the firepower to launch crucifying trade sanctions if the UK dares to undermine the single market and customs union or depart from its regulatory standards. We are to be a rule taker.

In fairness, the booster-in-chief has rescued some scraps from the wreckage. As was certain, given the starting point of complete regulatory and trade alignment, this is a trade agreement with no quotas and no tariffs, winning the right for British exporters to self-certify that they comply with EU regulations; also there is no automatic obligation for the UK to follow any EU regulatory changes. All of which goes significantly beyond WTO terms. Even the EU concedes that this is unprecedented, if very much in its interests, enjoying a £97 billion annual surplus in its goods exports to the UK.

What's more, both sides have made pragmatic compromises to keep flowing the preponderance of EU goods exported to the UK. Customs formalities will be a little lighter, with both sides recognising that traders can win the right to be trusted to complete the required customs forms rather than everyone being stopped and checked. Road haulage schedules will be free within limits. But on services, where UK exporters earn a vital £18 billion surplus with the EU, the EU has made almost no compromises at all. Britain's overall trading position will thus be further weakened.

The UK will win some new autonomies. It will be able to approve the use of hi-tech products – from drones to new medicines – faster, which, if used cleverly, will benefit those fast-growing industries. There will be a baby trade deal with the US. But, in the biggest irony of all, if this is to benefit British capitalism it will require a makeover – to become more high investment and stakeholder-oriented, working closely with government. It will have to look... more European.

It is the paradox of Brexit. Britain will not love becoming Europe's "nice little fellow", with a stagnating economy and a mendicant relationship with its EU "partner" – so the obvious future to become more European. The narrow majority in the *working* population who voted 51% to 49% to remain in the EU in 2016 will grow year by year over the 2020s – so that when the incoming Labour government of 2029, led by one of the MPs who saw the future and voted against the treaty this week, holds its promised referendum on EU membership, the elderly Europhobe voters will this time be outvoted.

Nigel Farage was wrong when he said the war was over – and the European commission president, Ursula von der Leyen, right when she said, quoting TS Eliot, that in every end there is a beginning. Brexit is to be a staging post in Britain's eventually becoming a full-hearted member of the EU, so regaining our lost rights and freedoms – and ending, as Johnson rightly remarked, our hitherto vexed relationship with Europe. His historic mission will be to have finally settled the issue – but in a way wholly opposite to the one he now imagines.

Will Hutton, *The Guardian*, Dec. 27, 2020

1 For the different parties impacted by Brexit, identify their gains and losses filling in this table.

	Losses	Gains
UK government	Influence over EU .... Influence in diplomacy, ..., security EIB loans to .... regions Support from ...., Europol, Eurojust, Emissions .... Scheme	Autonomy to .... product norms
UK Exporters	Duty-free circulation of .... & services Control free circulation; Transport	No quotas, no .... US Trade Deal
UK companies	.... to EU-wide market	US Trade Deal; No EU .... compliance
Investors to the UK	Attractiveness;	
Britons	Ease to stay, settle, ...	
Students	.... exchanges	

Choose two gains and two losses and explain what has changed after Brexit.

Can you think of other losses or gains which were not mentioned in the article?

2 The journalist creates several images to describe the post-Brexit situation. One refers to the end of a show, another to being imprisoned, another again to a boat sinking and the idea of begging is referred to twice. Find where in the article these are suggested. What is common to all these images?

3 The article conveys ideas of violence and loss. Find the terms in the article matching these definitions.

Violence:

to cut off / to set fire / the strength, vigour / to destroy cruelly, torment / a coercive measure

Loss:

to establish by authority / to examine and verify / to conform, submit / to enter, to be able to use someone who is given orders / to lose one's beauty

Place the different units in the right order to form a sentence; each contains a word (underlined) to be replaced by a synonym from the list you have found above.

have been imposed / from this uncompromising deal. / Businessmen, / suffer / they have gained Brexit terms, / who / more than

the paperwork / it is / to mainland Europe. / how / for British businesses / will tell / needed to export / Only time / difficult / to respect

the UK's economic model / an opportunity / a penalty / to be / What / to change in the long run. / seemed like / may prove

4 The journalist calls the Brexit deal "an exercise in limiting the damage". What does this mean? In what sector of trade is the damage hardly reduced? Is this a win-win deal?

5 Explain the sub-headline: "Once the scale of our loss sinks in, the UK might appreciate the European project", in reference to the end of the article. How can the journalist hope for a return to the EU for the UK?

6 When the Brexit deal was finally clinched, Scotland voiced its dissatisfaction over the terms of the agreement and the fact that it never voted in favour of leaving the EU. It claimed it could independently (re)join the EU, as a majority of Scots supported this choice in the 2016 referendum. How has the situation evolved since?

INTERNET DOC. A EUROPE EXPLAINED

World101, April 2020, **10'03"**

Fill in the gaps in the following transcript of the document, either as a reading exercise before listening to the document or after having watched it once. Watch the document to check your answers. The list of words missing is given at the end of the transcript if you need it. Guidelines for a critical approach to the documents are also suggested for an ideological analysis of its contents.

0" → 1'18" This is Europe, jetting out onto the Atlantic Ocean, the region is sandwiched between the Arctic to its north and the Mediterranean Sea to its south. It is home to a wide array of bustling cities, rich with history, and also, just plain rich. Europe has the largest average incomes and highest standards of 1 .... of any region in the world. In fact, its combined GDP accounts for more than a quarter of the entire world's economic output. For centuries, influential human achievements flowed from the region, from great works of art during the Renaissance to new scientific and political ideas during the Enlightenment. Most countries in Europe are 2 ...., they grant their citizens extensive political freedoms and generally protect their human rights.
But for centuries, Europe was consumed by fierce competition and vicious wars. It was partly these bitter rivalries that spurred European countries to spread outside the region. And as they competed for colonies and power around the world, the scope of their conflicts expanded, culminating in the two 3 .... wars during the first half of the twentieth century, which killed tens of millions of people and led to trillions of dollars of damage in Europe and around the world.

1'19" → 3'06" In the aftermath of so much loss and suffering, European leaders and their allies sought to prevent such widespread devastation from reoccurring. One approach they took was to tie their economies closer together. In 1952, France, West Germany and four other European countries united their coal and steel industries into a 4 .... market. This gave them all access to those economically vital resources and eliminated a major source of competition. And it worked. None of these countries has fought a war against each other since. Over the years, this initial cooperation expanded and grew to include more European 5 .... and other economic and political spheres, tying historical rivals together in a peaceful community. In 1993, this integration was consolidated with the formation of the European Union which has grown since its founding to nearly thirty members today. The EU is a unique organisation. It has an executive branch and legislator in Brussels and a judicial branch based in Luxembourg. It may seem similar to the three-branch structure of the US 6 .... government but the EU has considerably less power over its member countries than the US federal government does over its States. The US was founded on a single document, the Constitution, which created a relatively strong federal government. The EU, on the other hand, was founded on a series of 7 .... which give the EU varying degrees of power over different policy issues. On many policy issues, the EU does not have full power and instead shares power with member countries. Often times, the leaders of those member countries clash with EU officials over who holds the authority on a certain issue.

3'06" → 4'20" However, one area that the EU has clear authority over is trade between its members. All EU member countries and a few neighbouring ones are part of the European Single Market which allows the 8 .... movement and exchange of goods, capital, services and labour. That means a person in Germany can buy shoes from Portugal without having to pay any tariffs and they are also able to move to Portugal to work at a shoe factory. They can even build their own factory in Portugal. A person from Portugal can do the 9 .... things in Germany or in any other country that's part of the Single Market. All EU members enter international trade deals as a single bloc and they coordinate their defence and security policies even though each country directs its own foreign policy. There are other elements of the EU that some members opt out of. For example, most but all members, signed on to the Schengen Agreement, removing their 10 .... controls so EU citizens can move freely between countries without having to show their passports. And in 2002, most, but not all, EU countries started using a single currency: the euro, making commerce much easier throughout Europe.

4'20" → 5'20" Even with all this integration, there are still heated disagreements between European officials on a wide array of issues, from taxation to farm subsidies to energy policy to immigration. Many European citizens have become disillusioned 11 .... the European Union, feeling the bureaucrats in some far away country are making huge decisions about their lives without any of their input. Disillusionment with the EU has led people to support radical populist movements and political candidates which typically oppose further European 12 .... This trend has made clashes between member country leaders and EU officials in Brussels more frequent and harder to resolve. And that's problematic because the EU often needs broad consensus to address important issues like 13 .... to provide defence and security for its members. The shift towards populism is one of several major challenges threatening to chip away at the European Union and turn its political cracks into canyons.

5'20" → 7'05" Slow economic growth has weighed down the region; an ageing population creates a less productive workforce and regulations limiting how much employees can work exacerbates this problem. Some European 14 .... invest relatively little in research and development, a key factor in long term economic growth and they prioritize generous welfare States sometimes without being able to fund them through taxes.

At the same time, the euro complicates some countries' poor financial decisions. By adopting the same 15 ...., countries also adopted the same monetary policy which tends to cater mostly to the preferences of EU's northern, export-heavy economies, even though they each have economies growing at different speeds, with different levels of unemployment. That means that while some governments might prefer to have higher interest rates and others might prefer lower ones, they are all stuck with the same rate that is set by the European Central Bank, which manages the euro. Each country does control its own fiscal policies, determining how much to tax and spend. However, by adopting the same 16 .... policy, each country signed on to certain rules about how large their debt can be and how fast they can grow. This is a problem for some countries with widespread youth unemployment and large debts that want to take on even more debt in order to boost spending on things that may help their economies. But they can't because they are stuck with a monetary policy that limits their (17).................................... The economic problems worsened by these constraints spur many EU citizens to support populist parties which may threaten to stop using the euro or vow to ignore the EU's financial rules furthering the tension felt between member states and Brussels.

7'05" → 8'02" Meanwhile, many people in richer countries fear that workers from poorer countries will come and take their jobs. And they fear that their presence will somehow weaken their national identity and culture. This fear has grown since 2015 when a wave of refugees escaping violence in North Africa and the Middle East started pouring into Europe. Worries about mass migration pushed many EU citizens to 18 .... right-wing populist parties, which are often illiberal, trying to chip away at their government's checks and balances and undermine democratic norms. Some anti-migrants parties also criticize the Schengen Agreement and call for ending the free movement of people, a cornerstone of the EU. The rise of right and leftwing populism across the region pauses a real threat to the European Union. However, not all of the EU's problems are internal.

8'02" → 10'04" Among the handful of European countries that have not joined the EU, Russia pauses a growing challenge to the security and stability of the region. For most of the twentieth century, Russia anchored the communist Soviet Union and during the Cold War, Europe was divided between Soviet-aligned countries in the east and US-aligned countries in the west, many of which are part of the North Atlantic Treaty Organization. NATO is a US-led military alliance formed to deter Soviet expansion into Western Europe. But after the Cold War ended in 1989 and the Soviet Union dissolved in 1991, NATO not only continued to exist, it expanded.

Many Eastern European countries wanted to join NATO and were able to by the late 2000s; many had 19 .... the EU as well. Russian leaders viewed this eastward expansion as humiliating and a threat. So in recent years, Russia has been pushing back by attempting to weaken NATO and the EU. Russia supports anti-EU political groups within EU member countries and Russia tries to intimidate and stop Eastern European countries from joining the EU. In 2014 Russia even invaded Ukraine, in part to stop it from joining the EU and NATO. It then annexed the Ukrainian region of Crimea. This use of military 20 .... interrupted decades of relative peace among the major countries within the region. Russian antagonism is one of several problems NATO faces. In recent years, the US has seemed like a less dependable partner, as multiple American leaders, and president Donald Trump in particular, insist that Europeans spend more on their own Defences and rely less on the US military for protection.

Europe is facing down several serious challenges and it is unclear whether they can be dealt with or whether they will deal a major blow to the region's decades of peace, prosperity and integration.

Words missing:

border / countries / currency / debt / democracies / federal / force / free / governments / how / integration / joined / living / monetary / same / single / support / treaties / with / world

To go further:

- The history of Europe before the 20th century is barely referred to in this document. What is mentioned in the document in reference to this pre-20th century period? What could be added according to you for this period? What other events, emblematic figures or ideas in earlier history testify that Europe was and still is one continent?
- The document, though rather factual, provides some biased explanations and views about the EU. Who may account for a different interpretation of facts? Why?

2. Diversity of goods and services, formidable health and safety standards.

4. Fair competition, tax evasion, data protec

5. Unrestricted travel, right to work everywhe

5. Untransparency, technocracy, terrible at outreach

6. ever-shrinking voter turnout

12. Effective defensive force, if asked to combine, 3rd largest, save money, cultural understanding between soldiers

15. Holds together countries with same economic, labour, SS and taxation principals.

INTERNET DOC. B IS THE EUROPEAN UNION WORTH IT OR SHOULD WE END IT?

Kurzgesagt - In a Nutshell, 2017, **7'42"**

A **Before watching the document, test your European Union knowledge filling in this fact sheet.**

THE EU
Number of member-States: 27
Population: 450m million inhabitants ...... world rank third
GDP world ranking: 2nd ...... world trading block ranking: ......
Initial reason for the creation of the EU: in orda to provide peace
2015 crisis: ......
Current challenges: ......, ..., ...

B **Before viewing the document, decide if each of these statements is true or false.**

1 The UK is no longer part of the "Club" all the other European countries have joined. ✓

2 France and Germany were often at war in the past. ✓

3 Germany created the word *Erbfeindschaft* to express anti-French feelings. ✓

4 With interconnected economies, wars have become unthinkable and impossible. ✗

5 The EU stands strong in front of multinationals' malpractices. ✗

6 The EU accounts for a large scientific output in relation to its population. ✓

7 The EU institutions need more transparency and reliability. ✓

8 Migrations represent a challenge most EU countries agree on. ✓

9 NATO has provided military protection to the EU for a long time. ✗

10 The EU's diversity in social policy and economic development is an advantage. ✓

11 Labour wages are standardised throughout the EU. ✗

12 All EU members equally developed their industrial activities and tourism. ✗

Refer to the document to complete your answers for sections A and B.

C **Watch the document again and write complete answers to these questions in your own words:**

1 Why does the document refer to the EU as *a sort-of country*? Takes into consideation its populaity

2 What countries have a bigger population than the EU? China, US

3 What do EU citizens benefit from individually? easy travels, cheap telecommun.

4 On what ground does the EU challenge the biggest technology companies?

5 What has made the EU a science hub?

6 Why does Brussels seem complex to some?

7 What is the impact of Brussels' complexity?

8 What is presented as a recent major EU crisis? refugee crisis

9 What caused division in 2015 over this issue? exceptance of refugees

10 What makes the EU an attractive destination for migrants?

weath and freedom

11 What are the two contrary views on the integration of non-EU populations?

12 How would a military cooperation strengthen the European Union?

13 What does the single market allow?

14 What have been the positive consequences of the single market?

15 In what areas is the EU's unity proving to be difficult?

16 What is making the EU's monetary policy almost impossible to manage?

17 What possible solutions are considered at the end of the document?

18 Who are the EU's economic competitors?

D **Some vocabulary to go further. The document contains some verbs, nouns and adjectives you should pay attention to and use.**

Do you know the meaning of: to brew / to crave / to enhance / to praise?

Find the verb used with these nouns: conflicts / a fight / a balance

Explain: the outreach / a recipe for disaster / (an election) turnout / asylum seekers

If something is *ever-shrinking, unregulated, flawed, shifting or toxic*, can you explain what is meant?

INTERNET DOC. C WHY EUROPE DOESN'T BUILD SKYSCRAPERS

The B1M, 2019, 7'10"

A **Replace the sections underlined and in bold characters in this summary of the document in order to mean exactly the same. The initial letter of the word used in the document is indicated to guide you. You can check your answers or test your listening comprehension with the document.**

0" → 2'12"

Europe is the most developed and d.................................. / **highly** populated and economically p.................................. / **booming** continent. It has f.................................. / **not a lot of** skyscrapers compared to Asia and North America because some major European cities have refused to e.................................. / **adopt** skyscrapers. Yet these s.................................. / **buildings** provide large inner-urban office or living space. Many European cities had some h.................................. / **old** buildings so there was l.................................. / **not much** room for skyscrapers. Some cities did not have a high d.................................. / **need** for floor space in their d.................................. / **quarters**. Some ideological r.................................. / **competition** developed between the US and Europe as to what culture society wants to promote. Europe's society seemed o.................................. / **old-fashioned** to Americans and Europeans thought the US culture e.................................. / **weakened** traditions. Each continent was w.................................. / **cautious** not to support the social model of the other. The opposition reflected the vision of a new a.................................. / **era** against the p.................................. / **conservation** of heritage. However, this opposition cannot explain why now Europe has h.................................. b.................................. / **been reluctant** since.

2'08" Post-war Rebuild

Post WWII, Europe could have r.................................. / **copied** the northern American tall buildings but as many cities lost their l.................................. / **typical buildings**, an o.................................. / **irrepressible** desire pushed for restoration rather than modernisation. The relatively low population size in the European major cities also contributed to the building of m.................................. / **low-key** structures when the old ones could not be saved. Post-Soviet Eastern Europe chose mid-rise r.................................. / **identical and successive** structures to house its large population. Yet it is in the Soviet Union that the first European skyscraper was built to prove its power and i.................................. / **leadership**.

3'15" Brusselization

The new mid-sized buildings which replaced old ones in the 1960s in the Belgian capital were not architecturally outstanding and this i.................................. / **non-selective** redevelopment was called Brussellization. Architects then l.................................. / **to put pressure to impose** for strict planning rules, like keeping some f.................................. / **fronts,** which meant to protect the cultural f.................................. / **make-up** of the capital. From then on, in Europe, modern architecture was seen as b.................................. / **dull** and soulless, and therefore restricted to some districts aside from the city centres.

4'30" The Urban Age

The ever-more globalized 21st century welcomed more uniquely-designed structures and, to respond to the need for commercial space, major European cities have allowed skyscrapers to r.................................. / **to grow vertically**. Smaller European cities have turned their f.................................. / **attention** to the environment and better living standards, some of them in Northern and Central Europe, successfully combining sustainability, h.................................. / **contentment** and well-being to economic g.................................. / **expansion**. In Asia and North America, r.................................. / **housing** skyscrapers are now more numerous. Migration to big cities increases as rural activities are more a.................................. / **using technology**, and Europe tries to keep up with China and the US's p.................................. / **advance**. But as many European urban centres are protected as historically s.................................. / **valuable**, they will have to mix the continent's architectural past with the desires of the future.

B **After viewing the document, decide if these statements are true or false.**

1 Two thirds of Europe's skyscrapers are found in five European capital cities.

2 Skyscrapers provide suburbs with adequate space.

3 The first skyscrapers were built in New York in the late 19th century.

4 The drive for skyscrapers is closely linked to the need for office space.

5 European society values and lifestyle seemed more traditional in the early 20th century.

6 Skyscrapers were too expensive to build in the re-built period.

7 Russia needed and chose skyscrapers to house its large population.

8 The development of Brussels in the 1960s helped the building of skyscrapers in western Europe.

9 60% of the global population now lives in urban areas.

10 Europe will certainly experience a skyscraper boom soon.

C **Can you identify some of the cities you see in the document? Which? Choose two cityscapes you see, refer to them with the timing, and describe the scene. What do you like or don't like about these urban scenes?**

Choose two of the skyscrapers you see in the document and explain why you like or don't like them. You may research their architect and what landmarks or monuments they are close to.

REVISION THE EUROPEAN UNION

Fill in the sentences with one of the choices given.

1. Crises like the current one should be .... and solved collectively.
   deal with   answered   handled   asked
2. There is little likelihood that a bigger Union would be a democratically .... one.
   manageable   handy   at ease   implemented
3. Some continental European nations were already .... with debt before the crisis.
   struck   crippled   paralyzing   filled
4. The .... of such a guideline would require extra funding no state can afford presently.
   practice   planning   carry out   implementation
5. These politicians' clumsy attempt to .... the parliamentary session soon came to an end.
   delete   deny   disrupt   break up
6. The EU has often been described as "a .... against fascism".
   empire   castle   hold   fortress
7. The latest opinion .... all revealed the extent to which minorities are discriminated against in the EU.
   poles   polls   survey   question
8. The Northern European states .... quite a lot in their mindsets on social protection.
   differ   deter   compare   argue
9. The 2007 Lisbon Treaty produced much .... infrastructure to facilitate decision making.
   office   bureaucratic   red tapes   duties
10. To boast that the European countries .... a common European identity may be a little optimistic.
    rally   empower   share   trigger
11. Brussels is a very .... city where second or third-generation migrants can feel at home.
    multifactor   multifacet   multicultural   multifocal
12. European .... have not agreed to share the burden of the environmental crises.
    treasuries   treasures   treasurer   treasuress
13. Migration .... in the EU have been a cause for division among many states and for many years.
    floods   circulation   movement   flows
14. Ethnic minorities in Europe protested against rampant .... in the wake to the BLM movement.
    unrest   discrimination   racists   threat
15. No institution should be allowed not to match deeds to .... when lives are at stake.
    lies   speech   acts   words
16. Britons will now need visas to remain in continental Europe .... three months.
    before   longer   beyond   for

17. Their trading .... was further weakened by their not being in the eurozone.
position posture standing partners

18. Europe's highest living standard in the world is partly due to the .... of its social partners.
commitments situation endurance wealth

19. Goods, capital, ... and labour can circulate freely within the Union.
benefit help use services

20. The EU Parliament too often needs a .... consensus to address and solve important issues.
majority broadest long lasting

21. Some argue that a military .... between member states would strengthen its international position.
operations coup unified cooperation

22. Few ordinary citizens can imagine what asylum seekers go .... to reach these wealthy shores.
along with for through

23. To craft a strong European unity .... deeply rooted changes not all are ready for.
requests reacts requires reforms

24. EU food standards are among the world's most ...., in terms of quality and safety.
stringent strictest close narrow

25. Equal .... is theoretically the rule regarding gender, culture, disability, sexual orientation or religion.
dealing treating trading treatment

26. Two cities are chosen every year as Europe's cultural capitals to .... their artistic and cultural assets.
drive boost unleashed blend

27. In foreign policy, the EU's ultimate decision-making .... is the European Council.
partner ally associate body

28. The EU's strategic agenda 2019-2024 .... its priorities deriving from a long consultation process.
makes up enforces sets out straightens

29. The EU promotes peace, stability, democracy and human ...., at home and abroad.
duties laws reforms rights

30. Protecting and .... consumers are not the easiest tasks the EU has set for itself.
satisfied empowering pleased spending

Fill in the gaps with the words provided for texts 1 and 2, without clues in text 3. In text 2, there are more words than needed.

Text 1 Europe's undocumented children

We don't know how many undocumented children are living in Europe. We don't even know how many children are currently locked up in 1............ because of their own or their parents' immigration status. While the European Union requires precise data collection in 2............ sectors, dairy cows for example, the lack of data and visibility of undocumented children seems a political, rather than a technical, void. Being born in Europe is not enough to prevent a child from becoming 3............, if they are born to undocumented parents. No European country grants 4............ solely based on birth in the national territory. Others moved to Europe as kids and have spent most of their lives here. For them, Europe is home. But policy hasn't caught up with this reality.

But the lack of interest in or attention to this group combined with the political treatment of irregular migrants 5 .... in daily violations of children's rights. In 6 .... EU countries, undocumented children cannot register with a family doctor or access preventative or specialist health 7 .... More than two decades of common EU migration policies have been led by a hardline policing approach to irregular migration, focusing on border controls, detention and deportation, at the expense of children's rights. Migrant children who accompany their parents are often treated by authorities like their parents' luggage, or a footnote in their immigration files. Despite being 8 .... in all senses but on paper, these young people are pushed to the margins of society, with often heavy consequences on their mental health.

citizenship / detention / European / many / numerous / result / services / undocumented

Text 2 European forests shrinking

Europe has lost a vastly increased area of forest to harvesting in recent years, reducing the continent's carbon absorption capacity and possibly indicating wider problems with the EU's attempts to combat the climate 1 ....

Many of the EU's forests – which account for about 38% of its land surface area – are managed for timber production, and thus harvested 2 .... But the loss of biomass increased by 69% from 2016 to 2018, compared with the 2011-2015 period, according to satellite data.

This indicates that much more harvesting has occurred in a 3 .... period, even accounting for natural cycles and the impact of events such as forest fires and heavy snows. Other 4 .... are also likely to be at play, they could include increased demand for wood as a fuel and 5 .... markets for timber and other wood products. The satellite data could therefore be an early indicator of unsustainable demands being placed on the EU's 6 ....

However, a decline in the area of the EU that is forested overall is unlikely as most of the harvested forests will be regenerated. But the carbon absorption 7 .... of the EU's forests in the short term is disrupted and until the carbon stock in harvested areas returns to previous levels, which takes several decades, depending on the type of forest, an increase in harvest is therefore 8 .... to an increase in carbon dioxide emissions to the atmosphere. Forests offset today about 10% of the EU's greenhouse gas emissions and this is a vital input in the fight against global warming.

bigger / capacity / change / crisis / different / equivalent / factors / finally / forests / limit / regularly / short

Text 3 An Erasmus experience

In 1989, I was one of the earliest British students to participate in the scheme, which had begun two years 1 .... Confusingly, I spent my autumn term in the University in Rotterdam. Erasmus allowed for a depth of engagement with other countries that no amount of carefree backpacking can equal. It was fitting that the Berlin 2 .... fell while I was in Rotterdam. Erasmus was a symbol of the erosion of walls, the freer movement not only of goods and services but of 3 .... and ideas. This was always what mattered most about the European project. The Britain that we know today did not become what it is by seeking isolation. The idea that the European Economic Community (EEC), as it was then, was originally sold to us as nothing more 4 .... a trading bloc is a myth. When we joined the EEC, we joined far more than a common market. It was a community in the true sense of that 5 ...., concerned with social issues, environmental questions, working conditions, consumer protection, aid to development areas and vocational training.

I believed that continuing our membership of the EU was in our best economic interests, but that is not 6 .... I voted to remain. For me, keeping the rights to trade and travel does not compensate for diminishing the privilege to engage and learn. In future we'll 7 .... less quality time with our European neighbours. The walls are going up again and no amount of trade windows can compensate for that.

(adapted from: "I was an early Erasmus scholar, and I grieve for what British students have lost", Julian Baggini, *The Guardian*, Dec. 2020)

Topics for debate

- European non-EU countries enjoy the best of both worlds: being European but not EU member states. Discuss with examples.
- The complexity of European identity does not mean that it does not exist. Discuss.
- The challenges the EU will now face may come form outside its borders.
- The European population is very diverse. Justify this statement with examples.
- Political union in the EU is entirely utopian, for better and for worse.

VOCABULARY THE EUROPEAN UNION

Accord	Agreement
Acte unique européen	Single European Act
Adhérer à l'UE	To join the EU
Agence spatiale européenne	*ESA = European Space Agency*
Agriculteurs	Farmers
Aide	Aid
Arbitrer	To arbitrate
Asile politique	Political asylum
Association européenne de libre échange	EFTA = European Free Trade Association
Balance commerciale	Balance of trade
Banque centrale européenne	ECB = European Central Bank
Barème	Rate-scale
Barrières douanières	Tariff barriers
Bouc émissaire	Scapegoat
Budget	Budget
Bureaucrate	Bureaucrat
Cadre	Framework
Chef d'État	Head of state
Citoyen	Citizen
Citoyenneté	Citizenship
Commerce équitable	Fair trade
Commissaire européen	European commissioner
Compétitivité	Competitiveness
Conflit	Conflict
Conforme à	In keeping with
Conseil de l'Europe	European Council
Consulter	To consult
Contingenter	To impose quotas
Cote de confiance	Approval rating
Cour européenne de Justice	European Court of Justice
Critères de convergence	Convergence criteria
Déficit budgétaire	Budget deficit
Discours raciste	Hate speech
Délocalisation	Relocation
Demandeur d'asile	Asylum seeker
Dépensier	Profligate
Député européen	Euro-MP, MEP
Déséquilibre	Imbalance
Directive	Guideline
Droit de veto	Right of veto
Droits de douane	Customs duties
Élargissement	Enlargement
Élu	Elected
Engagement	Commitment
Entrée dans l'UE	Entry
Entrer dans l'UE	To enter / join the EU
Ériger barrières douanières	To erect tariff barriers
État membre	Member state
Étranger	Foreigner / alien / non-national
Europhile	Euroenthusiast
Eurosceptique	Eurosceptic
Exécutoire	Binding
Fixer	Set
Fonds de cohésion	Cohesion fund
Frontière	Border (frontier)
Gagner du terrain	To gain ground
Glissement vers la droite	Rightward shift
Harmoniser	Harmonise
Impasse (politique)	Gridlock
Immigration clandestine	Illegal immigration
Importer / importateur	To import / an importer
Insolvabilité	Insolvency
Libre-échange	Free trade
Marché unique	Single Market
Médiateur européen	European Ombudsman
Mettre en œuvre	To implement
Monnaie unique	Single currency
Montants compensatoires	Compensatory payments
Mouvement indépendantiste	Separatist movement
Nommer	To appoint
Norme	Norm, standard
OCDE	OECD = Organisation for Economic Cooperation and Development
Ordre du jour	Agenda
Pacte de stabilité	Stability and Growth Pact
Paperasserie administrative	Red tape
Paradis fiscal	Tax haven
Parlement européen	European Parliament
Partenaire commercial	Trading partner
Plan	Scheme
(se) Plier (au centralisme)	To bow to centralism
Politique agricole commune	CAP = Common Agricultural Policy
Politique (la)	Politics
Politique (une)	Policy
Politique (adj.)	Political
Politique (homme / femme)	Politician
Politique budgétaire	Spending policy
Politique étrangère	Foreign policy
Pourparlers	Talks
Pouvoir	Power
Prendre de l'ampleur	To gain momentum
Préserver sa souveraineté	To safeguard one's sovereignty
Présider	To chair
Produit détaxé	Duty-free goods
Proposition	Proposal
Protectionnisme	Protectionism
Rapporteur	Rapporteur
Règlement	Regulation
Respecter des critères	To meet criteria
Ressortissant	A national
Réunifier	To reunify
Réunion au sommet	Summit meeting
Sanctions	Sanctions, penalties
Scène internationale	World stage
Sommet	Summit
Sondage d'opinion	Opinion poll
Souveraineté nationale	National sovereignty
Subsidiarité	Subsidiarity

Subvention	Subsidy
Suffrage universel	Universal suffrage
Système monétaire européen	ESM = European Monetary System
Taux de change	Exchange rate
Taux d'inflation	Inflation rate
Taux d'intérêt	Interest rates
Traité	Treaty
Transnational	Cross-border, transnational
Troïka	Troika (EC, ECB, IMF)
TVA	VAT = Value Added Tax
Unification	Unification, integration
Unifié	Unified, united, integrated, consolidated
Union économique et monétaire	Economic and Monetary Union = EMU
Vague de popularité	Tide of popularity
Xénophobie	Xenophobia

NOTES

7

The Environment

Now that the detrimental impact of human activity on the planet is acknowledged, its scale is assessed and our options deemed very limited, the time to raise awareness, to warn those accountable and those in charge has passed. It is, simply, time to act. This chapter discusses instances where reducing waste, learning form the past and supporting the most vulnerable humans, fauna and flora, are the utmost urgency. It is time to switch to renewable energies, regardless of the cost, to really recycle, to upcycle, to impose new standards on manufacturers, to reduce consumption and carefully reconsider our needs. It is time to re-imagine a new economy and a social order wherein money no longer makes the world go round. It is time to implement effective measures to protect our complex eco-systems for the survival of the planet. This is no small challenge at an individual and collective level. Shall we all seize it?

CONTENTS

TEXT 1

LITTERING EPIDEMIC IN ENGLAND

An unprecedented rise in litter, damaging fires and "fly-camping" across the English countryside is partly a result of the government spending less than £2,000 a year over the past decade on promoting the Countryside Code, campaigners say. The code, a set of simple guidelines to help rural visitors respect wildlife, local people and landscapes, was relaunched in England in 2004 after the new "right to roam" law increased access to the countryside. But after a brief flurry of advertising, successive governments since 2010 spent just £2,000 every 18 months reprinting the code for distribution until recent months. In comparison, the government spent £46m on last year's "Get ready for Brexit" campaign.

A survey of visitors to the Lake District this summer found that while 70% had stocked up on alcohol for the trip and 25% were bringing barbecues, only 13% said they were aware before their visit that they should follow the Countryside Code. 20% were visiting the area for the first time. Rural land-owners have reported unprecedented problems as millions holiday in the UK during the coronavirus pandemic. There has been widespread littering, numerous dry heathlands catching fire because of disposable barbecues, and many incidents of dogs worrying livestock and wildlife.

Guy Shrubsole, the author of Who Owns England?, who uncovered the figures, said: "Access to nature is vital for everyone's mental and physical health, and it's brilliant to see more people visiting the countryside this year – the vast majority of whom treat it with respect. But the government shares some responsibility for the awful recent instances of littering and vandalism through their consistent failure to promote the Countryside Code. In other European countries, greater freedom to access nature comes hand-in-hand with a culture of "leave no trace". The government ought to be fostering that here, by extending our existing right to roam alongside a properly funded public information campaign on responsible access."

In 2004, the Labour government spent £721,000 on promoting the code with a campaign using characters created by Aardman animations. But since an in-house refresh by Natural England in 2010-12, the only expenditure until after lockdown was to reprint the code every 18 months at a cost of £2,000. Scotland has a different Outdoor Access Code, while Wales promotes its own Countryside Code similar to England's.

As lockdown was eased, the government produced a Covid-19 version of the code stressing the need for social distancing and giving way on narrow footpaths, as well as the traditional advice about taking litter home and not lighting fires. During July and August the government ran a "Respect the Outdoors" campaign. A spokesperson from the Department for environment, food and rural affairs said: "The Countryside Code is there to protect people, property and habitats – and we urge people to follow the guidance and respect the communities and environment that make up this iconic part of our country. We are committed to ensuring the code remains comprehensive and up to date, which is why it was recently revised to respond to issues raised during lockdown – and we launched our "Respect the Outdoors" campaign which urges visitors to respect the code and our wonderful countryside."

Jeff Knott, the Royal Society for the Protection of Birds' director for central England, said: "Across the country we are seeing people rediscovering nature and wanting to explore the countryside. The end of lockdown and good weather has inspired large numbers of people to visit their local nature reserve and learn more about the UK's wildlife. This is great news – overwhelmingly people are interested and respectful. However, for many this is a new experience. The Countryside Code is a practical set of guidelines about how we can all enjoy our natural world without harming it. We would welcome any move to help promote the code to more people so we can all continue to enjoy our countryside and the wildlife we share it with today, tomorrow and in the future."

Patrick Barkham, *The Guardian*, Aug. 26, 2020

1 **Identify the potential problems visitors to rural areas can cause. What is the best way to avoid these problems?**

2 **Read the article in two steps.**

A **In the first three paragraphs of the article, look for words corresponding to these definitions or synonyms.**

a Regular, continuously steady:
b Excessive number of:
c Together, in close association:
d Cases:
e To ramble, to wander:
f Several items taken as a whole:
g To encourage, to promote:
h To take a vacation:
i Animals raised in a farm:
j Never seen before:

Summarise this part of the article with some of this vocabulary.

B **In reference to the final three paragraphs of the article, decide if the following statements are true or false.**

a The United Kingdom has agreed on one Countryside Code for its three nations.
b Covid-related pieces of advice have replaced the usual eco-friendly guidelines.
c The UK wants to promote a Countryside Code adapted to the sanitary situation.
d Some paths were forbidden to visitors because of the pandemic.
e Most of the tourists had already visited rural areas before.

3 **For both parts of the article, write one sentence to express the main idea developed.**

Here is some vocabulary to help you:

to promote / government spending / guidelines / to litter / landscape / unaware / to respect / campaigners / protection / outdoors

Combine your two sentences into one, with ideas logically articulated. You should not mention Brexit, quote figures or refer to people's names but you should use a link such as *whereas, since, as, therefore, because...*

4 **Answer the following questions related to the article and research one scenic region of England.**

a Why did the British countryside welcome more new visitors than usually in the summer 2020?
b What is the English government criticized for in this article?
c What is the majority of Britons' behaviour when visiting the countryside?
d Why is the preservation of the countryside considered as a priority for some?
e Locate the Lake District on a map of England and imagine what one can see and experience in such a region.

5 **Dos & Don'ts. Write what you consider should be the five most important articles of the Countryside Code. As it exists, it is centered on three verbs: Respect, Protect, Enjoy. You may want to coin another slogan.**

To compare with the existing code of conduct, refer to the website https://www.gov.uk/government/publications/the-countryside-code or watch the Aardman Studios Country Code advertisement referred to in the article at: https://www.aardman.com/work/country-side-code/

What is creating humour despite the seriousness of the message?

6 **A large part of the population in developed countries being made of urban dwellers, write a Town and City Code so that life in this environment is also more respectful of communities and heritage.**

You may use this vocabulary:

degradation / public parks / to tag / historical buildings / architecture / collective responsibility / rundown / traffic / pedestrian areas / nuisance / urban planning / vandalism / citizens' initiatives

7 **Discuss one of these topics in relation to the article and other examples:**

— Nature is vital for everyone's mental and physical health.
— Could the culture of "leave no trace" be extended to all sorts of tourist activity?
— Could urban life be one day fully eco-friendly? How?

TEXT 2

$10BN OF PRECIOUS METALS DUMPED EACH YEAR IN ELECTRONIC WASTE

At least $10bn worth of gold, platinum and other precious metals are dumped every year in the growing mountain of electronic waste that is polluting the planet, according to the new UN's Global E-Waste Monitor report. A record 54m tonnes of "e-waste" was generated worldwide in 2019, up 21% in five years, the report found. The 2019 figure is equivalent to 7.3kg for every man, woman and child on Earth, though use is concentrated in richer nations. The amount of e-waste is rising three times faster than the world's population, and only 17% of it was recycled in 2019. Electronic and electrical goods, from phones and computers to refrigerators and kettles, have become indispensable in modern societies and enhance lives. But they often contain toxic chemicals. Soaring production and waste damage human health and the environment and fuel the climate crisis.

The report blames lack of regulation and the short lifespan of products that are hard or impossible to repair. People in northern Europe produced the most e-waste – 22.4kg per person in 2019. The amount was half as much in eastern Europe. Australians and New Zealanders disposed of 21.3kg per person, while in the US and Canada the figure was 20.9kg. Averages across Asia and Africa were much lower, at 5.6kg and 2.5kg per person respectively. E-waste contains materials including copper, iron, gold, silver and platinum, which the report gives a conservative value of $57bn. But most are dumped or burned rather than being collected for recycling.

Precious metals in waste are estimated to be worth $14bn, but only $4bn-worth is recovered at the moment. Europe had the highest recycling rate in 2019, at 42%, with Asia second at 12%. But across North and South America, and Oceania, the rate was 9% and in Africa it was 0.9%. In low- and middle-income countries, some e-waste is recycled but usually by unsafe practices, such as burning circuit boards to recover copper. This releases highly toxic metals such as mercury, lead and cadmium, "causing severe health effects to workers as well as to the children who often live and play near e-waste activities", the report said.

It estimated that 50 tonnes of mercury from monitors, energy-saving light bulbs and other e-waste is dumped each year. Furthermore, gases released from discarded fridges and air-conditioning units were equivalent to 98m tonnes of atmospheric carbon dioxide in 2019, close to the national emissions of Belgium. "E-waste is growing and the level of recycling is just not keeping up pace," said Kees Baldé, one of the authors of the report. "It's important to put a price on pollution – at the moment it is simply free to pollute." "The biggest problem is that, in many countries, there are no collection systems," said Mijke Hertoghs, another contributor. "The companies that bring the equipment on the market are not being held accountable for the end-of-life disposal."

But Hertoghs said the value of the metals being dumped presented an opportunity. Baldé agreed: "If [collection and recycling] were better organised, the economies of scale would go up and I think there are opportunities for creating a new economy and new jobs. There would be a huge income for many people." Recycling would also cut the environmental impact of mining for new metal: "One gram of gold has a massive footprint." "Improper e-waste recycling is a major emerging hazard, silently affecting our health and that of future generations," said Maria Neira at the WHO. She said one in four childhood deaths resulted from pollution, including e-waste.

In 2018, the target of increasing e-waste recycling from 17% to 30% by 2023 was set. But, as things stand, Hertoghs thinks it's totally unrealistic to achieve that goal. Since 2014, the number of countries with national e-waste policies or laws in place has only increased from 61 to 78, out of a total of 193 UN member states. Libby Peake from the think-tank Green Alliance said: "The ever-growing mountain of e-waste documented in this report represents a wholly preventable global scandal. It doesn't have to be this way," she said. "Products could be designed to last, to be repaired and, just as crucially, to be upgraded. Ensuring the system keeps electronic products in circulation would create hundreds of thousands of jobs... There's no excuse for leaving this scandal unaddressed."

Damian Carrington, *The Guardian*, Jul. 2, 2020

1. **Why is the expression "precious metals" a little ironical?**

The article contains a number of adjectives / nouns used as adjectives and nouns which often come together. Match these. There may be several possible combinations.

collection •	• chemicals
electronic •	• countries
energy-saving •	• effects
health •	• hazard
low-income •	• light bulbs
major •	• rate
member •	• societies
modern •	• states
recycling •	• systems
toxic •	• waste

Other environmental collocations are very common: climate change, carbon footprint, natural resources, household waste, weather patterns, renewable energy, greenhouse gas, endangered species, pollutant particles, waste processing

Use some of these to explain what environmental issues need to be urgently addressed according to you.

2. **With some of these verbs from the article, fill in the sentences.**

to dump / to collect / to recover / to pollute / to generate / to recycle / to damage / to fuel / to concentrate / to dispose (of) / to discard / to repair / to cause / to release / to cut

Industrial production has .... much greenhouse gas for decades, ... fine particles into the air, massively .... water tables and land.

When you .... of your dishwasher, you should make sure it cannot be .... Illegal .... develops when there is not enough waste management facility; it .... long term pollution in soil.

To .... a virtuous economy, all ideas are welcome to .... all recyclable items and give them a second life.

All consumers in developed countries should only .... the devices they know they will never us again and .... their efforts on learning to buy fewer useless gadgets.

3. **What appliances and devices, electric and electronic, are mentioned in the article in relation to recycling? Could other items be recycled? What have you ever recycled? What do you buy second-hand? How can citizens be encouraged to recycle more?**

4. **Explain how product manufacturing needs to change. Explain the difference between to recycle and to upcycle. What sector of activity should manufacturers develop to make this transition efficient?**

5. **Why can it be said that "it is free to pollute"? Research the pros and cons of the "Polluter pays principle."**

6. **Do you notice e-waste around you? Other types of waste? What is the most worrying according to you when it comes to "the growing mountain of waste"?**

7. **Write a poster to be displayed in your town hall aiming at informing people as to what to do with their waste. Identify solutions adapted to different types of waste: household, organic, e-waste,.**

You can use these verbs: to donate, to leave, to conserve, to check, to re-use, to sort, to drop off, to upcycle...

TEXT 3

POMPEII RUINS SHOW THAT THE ROMANS INVENTED RECYCLING

They were expert engineers, way ahead of the curve on underfloor heating, aqueducts and the use of concrete as a building material. Now it turns out that the Romans were also masters at recycling their rubbish. Researchers at Pompeii, the city buried under a thick carpet of volcanic ash when Vesuvius erupted in 79 AD, have found that huge mounds of refuse apparently dumped outside the city walls were in fact "staging grounds for cycles of use and reuse". Professor Allison Emmerson, an American academic who is part of a large team working at Pompeii, said rubbish was piled up along almost the entire external wall on the city's northern side, among other sites. Some of the mounds were several metres high and included bits of ceramic and plaster, which could be repurposed as construction materials. These mounds were previously thought to have been formed when an earthquake struck the city about 17 years before the volcano erupted. Most were cleared in the mid-20th century, but some are still being discovered.

Scientific analysis has now traced some of the refuse from city sites to suburban deposits equivalent to modern landfills, and back to the city, where the material was incorporated into buildings, such as earth floors. With fellow archaeologists, Emmerson has studied how the ancient city was constructed. "We found that part of the city was built out of trash. The piles outside the walls weren't material that's been dumped to get rid of it. They're outside the walls being collected and sorted to be resold inside the walls."

Pompeii was a city of elegant villas and handsome public buildings, open squares, artisan shops, taverns, brothels and bathhouses. It included an amphitheatre that hosted gladiatorial games for audiences of up to 20,000. When volcanic dust from Vesuvius "poured across the land" – as one witness wrote – enveloping the city in darkness, at least 2,000 people died. In 1748, a group of explorers discovered the almost perfectly preserved city under a hardened carpet of ash and pumice. Even a loaf of bread was found preserved by later archaeologists. Pompeii is now a Unesco world heritage site and – in normal times – attracts 2.5 million visitors each year.

Emmerson and her colleagues used soil samples to trace the movement of rubbish across the city. "The soil that we excavate differs based on where the garbage was left originally," she said. "Garbage dumped in places like latrines or cesspits leaves behind a rich, organic soil". In contrast, waste that accumulated over time on the streets or in mounds outside the city results in a much sandier soil.

"The difference in soil allows us to see whether the garbage had been generated in the place where it was found, or gathered from elsewhere to be reused and recycled."

Some walls, for example, included reused materials such as pieces of tile and broken amphorae, and lumps of mortar and plaster. "Almost all such walls received a final layer of plaster, hiding the mess of materials within," she said.

"The idea has been that all this garbage resulted from that earthquake – consisting of rubble that had been cleared out of the city and dumped outside the wall to remove it from daily life. As I was working outside Pompeii, I saw that the city extended into developed neighbourhoods outside the walls... So it didn't make sense to me that these suburbs were also being used as landfills."

Modern approaches to waste management focus on removing rubbish from our daily lives, she added. "For the most part, we don't care what happens to our trash, as long as it's taken away. What I've found in Pompeii is an entirely different priority, that waste was being collected and sorted for recycling. The Pompeians lived much closer to their garbage than most of us would find acceptable, not because the city lacked infrastructure and they didn't bother to manage trash but because their systems of urban management were organised around different principles. This point has relevance for the modern garbage crisis. The countries that most effectively manage their waste have applied a version of the ancient model, prioritising commodification rather than simple removal."

Dalya Alberge, *The Guardian*, Apr. 26, 2020

1 Choose the right preposition for each sentence.

Pompeii was buried / under / above / below / volcanic ash.

It turns out / up / above / that the Romans were masters / for / in / at / recycling.

They left rubbish piled / up / on / above / along the city walls.

Used material accumulated / throughout / out / over / time was incorporated into / among / within / new buildings.

Rubbish was reused / across / through / from / the city.

Pompeii's partial destruction resulted / in / out / from / an earthquake.

In our modern cities, municipalities take / out / up / away / rubbish.

Pompeii organised its waste management / across / with / around / recycling.

2 Write the sentences in the past and then rewrite them using a passive voice.

Before the volcanic eruption, an earthquake (to strike) Pompeii.

Volcanic ash (to cover) Pompeii since 79 AD when archeologists (to discover) the ancient city in the 18th century.

Winds (to spread) very quickly the volcanic ash cloud onto the city as the testimony of a witness (to account) for.

The eruption (to kill) up to 2,000 Pompeiians but (to leave) most of the city intact.

For decades, archeologists (to dig up) the city from the thick layer of ash and pumice.

What they (to find) under this thick layer was an extraordinary site revealing the wealth of the Roman civilisation.

More recently, scientists (to analyse) the soil outside the northern city walls.

Unlike what previous researchers (to think), Pompeiians (not to throw away) their rubbish to landfills.

They (to pile up) and (to stock) rubbish outside the city walls long before the eruption.

These moulds of trash (to hide) the eco-friendly practices of the Pompeiians for a long time.

Romans occasionally (to break) tiles and amphoraes but (not to get rid) of this material.

They (to repurpose) and (to resell) this trash material made of ceramic, tiles or plaster and (to rebuild) part of their city.

The American researchers (to lead) their excavations into the suburbs of the city and (to seek) proof of recycling practices.

They (to spend) much time sampling and analysing soil composition.

Their conclusions are clear: the Romans (to deal) with rubbish efficiently.

Thanks to this text we (to learn) much from the recycling of building material but (not to put) into practice enough so far.

3 Write a summary by removing unnecessary elements from this text. You should finally have one sentence combining only the most relevant facts and ideas using less than 30 words.

A team of American archeologists recently carried out excavations in the ancient city of Pompeii. The famous Roman site which had been covered with volcanic ash for several centuries now reveals the environmental practices of its inhabitants. What was long considered as moulds of rubbish left just outside the city walls was in fact material meant to be repurposed. This material, made of fragments of tiles, amphorae, ceramic and plaster, was indeed collected, sorted and resold and it allowed builders to avail of material for new buildings. Some of this rubble was found not only in the city but also in its suburbs.

4 What are ancient civilisations showing us? Lessons in sustainability from ancient civilisations.

Water management in Mesopotamia was fully developed by 3000 BC with extensive networks of irrigation canals. Many primitive communities collected rainfall when spring water was sparse, on islands for example.

To complete this topic, you can watch the video from the University of Idaho (at https://www.webpages.uidaho.edu/sustainability/ Chapter 1 *The Origins of Sustainability*, part 1) where a professor explains the interaction between ancient civilisations and nature. His view is different from the article, but can you explain why it is not contradictory?

5 The end of the article opposes commodification to removal as a way to reduce waste. Discuss and identify how such a process can operate. Can you think of other items today considered as waste which could one day re-enter an economic virtuous cycle?

Research the topic on the internet. Here are a few other examples: mushroom grown on coffee grounds, plastic bottles reshaped into playground equipment, medication collection through chemists, bones or horns carved into artefacts or jewellery, more recently, soda cans turned into metal accessories etc...

TEXT 4

ONE BILLION PEOPLE WILL LIVE IN INSUFFERABLE HEAT WITHIN 50 YEARS

The human cost of the climate crisis will hit harder, wider and sooner than previously believed, according to a study that shows a billion people will either be displaced or forced to endure insufferable heat for every additional 1C rise in the global temperature.

In a worst-case scenario of accelerating emissions, areas currently home to a third of the world's population will be as hot as the hottest parts of the Sahara within 50 years, the paper warns. Even in the most optimistic outlook, 1.2 billion people will fall outside the comfortable "climate niche" in which humans have thriven for at least 6,000 years. The authors of the study said they were "floored" and "blown away" by the findings because they had not expected our species to be so vulnerable.

"The numbers are flabbergasting. I literally did a double take when I first saw them," Tim Lenton said. "I've previously studied climate tipping points, which are usually considered apocalyptic. But this hit home harder. This puts the threat in very human terms."

Instead of looking at climate change as a problem of physics or economics, the paper examines how it affects the human habitat. The vast majority of humanity has always lived in regions where the average annual temperatures are around 6C to 28C, which is ideal for human health and food production. But this sweet spot is shifting and shrinking as a result of manmade global heating, which drops more people into what the authors describe as "near unliveable" extremes. Humanity is particularly sensitive because we are concentrated on land – which is warming faster than the oceans – and because most future population growth will be in already hot regions of Africa and Asia. As a result of these demographic factors, the average human will experience a temperature increase of 7.5C when global temperatures reach 3C, which is forecast towards the end of this century.

At that level, about 30% of the world's population would live in extreme heat – defined as an average temperature of 29C. These conditions are extremely rare outside the most scorched parts of the Sahara, but with global heating of 3C they are projected to envelop 1.2 billion people in India, 485 million in Nigeria and more than 100 million in each of Pakistan, Indonesia and Sudan. This would add enormously to migration pressures and pose challenges to food production systems.

"I think it is fair to say that average temperatures over 29C are unliveable. You'd have to move or adapt. But there are limits to adaptation. If you have enough money and energy, you can use air conditioning and fly in food and then you might be OK. But that is not the case for most people," said one of the lead authors of the study, Prof Marten Scheffer. An ecologist by training, he said the study started as a thought-experiment. He had previously studied the climate distribution of rainforests and savanna and wondered what the result would be if he applied the same methodology to humans. "We know that most creatures" habitats are limited by temperature. For example, penguins are only found in cold water and corals only in warm water. But we did not expect humans to be so sensitive. We think of ourselves as very adaptable because we use clothes, heating and air conditioning. But, in fact, the vast majority of people live – and have always lived – inside a climate niche that is now moving as never before."

The authors said their findings should spur policymakers to accelerate emission cuts and work together to cope with migration because each degree of warming that can be avoided will save a billion people from falling out of humanity's climate niche.

Jonathan Watts, *The Guardian*, May 5, 2020

1 In the article, several comparative forms are used: the one-syllable adjective comparative structures (+ / -) (harder, wider, sooner)**; the equal comparative noun or adjectives structures** (=) (as a result, as very adaptable)**; the superlative comparative** (- - or ++) (the worst-case scenario, the hottest parts, the most optimistic outlook)**. Complete the following sentences with comparative structures.**

Humans will not be able to endure **(hot+)** temperatures because **(=)** other creatures on earth, they cannot bear excessive heat. The **(high++)** average living temperature for humans is an average well below 29°C. The study shows that for our species **(slight- -)** increase of 1°C will trigger large population displacements and the **(comfortable++)** climate niche is already threatened. The study shows that even if humans believe they are the **(smart++)** of animals, they will not avoid the suffering linked to **(bad-)** living conditions. Not only air conditioning is not the **(eco-friendly++)** means to deal with heat, but it is simply not something anyone can afford. A **(low-)** food production due to more aridity is also going to create the **(bad++)** social inequality ever seen. It seems the **(far++)** humans develop, the **(low--)** their chances of survival are.

2 To pronounce multisyllabic words, you need to stress, that is to pronounce with an emphasis, one syllable of the word. When the word has one or several suffixes, remember that the suffix cannot bear the stress. In the article, there are several adjectives with suffixes. Read them out loud to stress the right syllable.

Example: comfortable → from **COM**fort, is pronounced **COM**fortable and so is un**COM**fortable

Use the same rule for the adjectives from the article: insufferable / unliveable / adaptable / additional...

and other adjectives: manageable, debatable, fashionable, reliable, unbelievable, unaccountable, immeasurable, unnoticeable.

Note: for the adjective **VUL**nerable, there is no word without a suffix corresponding.

For adjectives ending in -ic, the stress is most of the time on the syllable just before the final syllable.

Example from the article: demo**GRA**phic

Indicate the stress in: optimistic, apocalyptic found in the article,

but also: geographic, barbaric, endemic, academic, uneconomic, pathetic, energetic, systematic...

3 Answer the following comprehension questions in your own words.

a What is a climate niche?

b Why is human habitat more at risk?

c Why do humans believe that they are very adaptable to temperature change?

d What will be the direct impacts of a 3°C increase in average temperatures?

e Why is this study worrying? Write a comprehensive answer using some of this vocabulary: human focused / acceleration / manmade overheating / unequal / short term /

4 What problems related to climate change are not mentioned in this article because they are not the focus of the study?

5 To describe their surprise, the authors of the study use two idiomatic expressions and one unusual adjective. Use them to write a short piece on one environmental concern of your choice which makes you react in such a strong way.

TEXT 5

WOMEN SHOULDERING THE BURDEN OF CLIMATE CRISIS NEED ACTION, NOT SPEECHES

Milikini Failautusi, 30, lives on the Pacific island of Tuvalu. She has become virtually a nomad in her own country after rising tides forced her to leave her ancestral atoll and move to the main island, Funafuti. She is now a climate activist. She can no longer visit her home island, yet remains committed to her country with a burning desire to prevent her own children from inheriting an underwater ghost town. This is not just Milikini's story.

While climate change threatens livelihoods and security around the world, it is women who are bearing the brunt. Women predominate in the workforces of many sectors that are most vulnerable to climate change such as agriculture, livestock and fishing. To make things worse, inequalities mean women are more likely to suffer dislocation to their lives as a result of flooding and drought. According to the UN, about 80% of people displaced by climate change are women. More than 70% of those displaced by the 2010 flooding in Pakistan were women and children. Among those who lost their lives in India, Indonesia and Sri Lanka as a result of the 2004 Indian Ocean tsunami, three times more women died than men. But why?

Rigid gender roles in the region meant men in the region were more likely to be able to swim than women. Furthermore, women were more likely to be caring for children and family members during the critical evacuation time. Women who do survive such disasters often end up in unclean evacuation centres where they can be exposed to gender-based violence and cannot access health services. Research by the International Union for Conservation of Nature found climate change and environmental impacts are increasing violence against women and girls including domestic abuse, child marriage and sexual assault. In many societies, encouraging progress is being made towards gender equality, but climate change can stop or even reverse this progress.

If business-as-usual climate action continues, there are dangers that the gains of gender equality will be lost. There is a risk that as climate change accelerates, gender roles could become more entrenched. More men may be forced to move in search of better job opportunities, while women are left behind to care for members of their extended families and bear the burden of household responsibilities. Those who have to remain in more disaster-prone or vulnerable locations as a result are then likely to experience greater poverty, have their livelihoods destroyed and suffer increasing health issues.

We know that any attempts to restore environmental degradation and lower the risks posed by global heating are likely to fail if they do not take into account gender inequality. We know, from a report published last week by WaterAid, that climate finance is still not reaching the poorest and most vulnerable people, who are likely to be most affected by climate change. – about half of all countries receive less than £3.86 a year for each person. In 2016, a UN report found that only 0.01% of all worldwide funding went towards projects addressing both climate change and gender, despite specific provisions in the 2015 Paris agreement for women's empowerment.

Such statistics are sobering, but there are some encouraging signs of progress. Developed countries have pledged $100bn a year in climate finance by 2020 to help developing nations cut emissions and adapt to problems such as worsening droughts, flooding and sea-level rise. The Green Climate Fund, the main channel through which climate finance is dispersed, stipulates that all grants must treat women's needs as a priority. The Commonwealth Climate Finance Access Hub, based in Mauritius, is already making impressive progress in unlocking much-needed resources for countries and communities that would not otherwise have the capacity to lodge successful applications for funding already pledged.

At the Commonwealth heads of government meeting in Rwanda in June, we can expect leaders to consider further innovative approaches to tackle environmental priorities, including the strategy proposed by women's affairs ministers, which focuses on gender and climate change.

The strategy is designed to encourage countries to collect and analyse data disaggregated according to criteria such as sex and age in order to devise improved climate solutions and to target them more accurately. Women like Milikini need more than speeches, however sincere. They need urgent collective action to tackle all aspects and impacts of the global climate crisis. Women on the frontline must be on an equal footing at all levels so that they, their families, their communities and the nations in which they live and work can survive and thrive. In the Commonwealth, we are working towards just that.

Patricia Scotland, *The Guardian*, March 13, 2020

1. **After having read the article, you can complete the sentences below:**

   Milikini used to live.. She is now .... She wants to .... and hopes that..

   Coastal areas are at risk of..

   The excess or lack of rainfall causes..

   Natural disasters such as a tsunami can ....

   More generally, climate change impacts more women when security..

   Climate crisis weakens livelihoods because ....

   The factors making the situation worse for women are ....

2. **Who is the author of this article? Her plea for women is motivated by what she has seen. Quote the events she refers to. Why does she believe climate change impacts more women? How does she support her opinion? What does this indicate for the development of gender equality?**

3. **What are disaster-prone locations? Choose words from the list to fill in the gaps. There are more words suggested than needed.**

   Regions particularly at 1.. of being hit by a disaster are called disaster areas, or disaster-prone locations. In these regions, a disaster is meant as a natural 2.. (an earthquake, a tsunami, a volcano eruption, a drought, floods etc...) and it causes extensive human and structural damage. Disasters sometimes occur one after the other and the 3.. hazards are also combined. Access to clean water, basic sanitation, food and energy supply is consequently disrupted leading to epidemics, famines, migration and more generally 4.. of livelihood and increased vulnerability for the communities. Poverty, slum housing, denied access to medical care and education, corruption and weak law enforcement often 5.. areas hit by disasters.

   characterize / dangerous / events / feature / lose / loss / phenomenon / play / resulting / risk

4. **Find the right verb(s) from the list to match the noun and form an expression. With each, write a sentence to say who does what and why in the situations described in the article.**

   the burden (to take, to shoulder, to weigh up, to bear)
   the brunt (to bear, to live, to take, to act)
   on an equal footing (to have, to face, to be, to span)
   resources (to undo, to unfasten, to unlock, to unleash)

5. **According to the article, what are the actions required to make the situation of women in a climate change environment better? Imagine other ways to help, at local, regional and national level.**

6. **To illustrate possible ways to empower women in relation to climate change, watch the video** *Empowering women on the frontlines of climate change,* UNEP, Mar. 8 2019**, and add a running commentary over the story you watch.**

   Here is some vocabulary you may need:

   smoke / open-fire / solar-panels / neighbourhood, manure / energy generating system / water-pump knowledge / to thrive

   What do you think of the slogan at the end of the video?

   Today's Environmental challenges need all of us, not half of us. Empower Women. Solve different.

   To complete this article, you can also refer to the video *Introduction to Gender and Climate Change,* UNFCCC, Mar 7 2013, helping you better understand how change can be implemented.

INTERNET DOC. A1 CAN 100% RENEWABLE ENERGY POWER THE WORLD?

TED-Ed, Dec. 2017, **5'54"**

INTERNET DOC. A2 FOSSIL FUELS VS RENEWABLE ENERGY SOURCES

Milind Amritkar, March 2015, **5'05"**

INTERNET DOC. A3 300 YEARS OF FOSSIL FUELS HISTORY - IN 5 MINUTES

scientificamerican.com, postcarboninstitute, 2011, **5'39"**

A **Look around you at home, at work, at university, in the streets, in your supermarkets, libraries, cinemas. Where is energy used? For what devices, appliances, engines and systems is energy needed? What energy is mainly used? Do you know how it can be generated?**

B **List different ways to produce energy and for each, what its pros and cons are. Discuss then the following statements:**

All renewable energies are eco-friendly.

New energy sources have yet to be found

When energy production is ecologically satisfactory, the planet will be saved.

C **Check some of your answers watching documents 1 and 2 and answer in your own words the following questions.**

1 Can you define fossil fuels and renewables in your own words?
2 Can you explain the importance of oil consumption, its impact on the environment and the future of this fuel.
3 How big is the renewable fuel consumption? Does its future depend on three factors?
4 Why is solar energy a major potential source but a difficult one to master?
5 What are the problems associated to wind farms, dams or solar plants?
6 What improvements still need to be found to develop fully these clean energies?
7 Why does electricity play such a limited part in transport so far?

D **In the EU, the energy consumed originates from different sources: in 2018, 21% of the energy consumed is electricity; 40% of it is generated in power stations burning fossil fuels, 30% comes from renewable energy sources and 26% from nuclear power plants. The figures vary a lot from country to country, for example in France 71% of the electricity produced is nuclear-generated and 60% of Austria's electricity comes from hydro power plants.**

(See the website ec.europa.eu, Where does our energy come from? European Commission)

What does such a contrasted situation imply in terms of common energy policy and environmental one? Can the energy transition be a way to address climate change as a common goal for the EU?

E **Watch document 3 and answer the following questions.**

1 Who are the main scientists associated to energy development?

2 Why is one technique leading to another?

3 Are you ready to learn the four lessons mentioned at the end of the document (3'50")?

4 Why are the problems linked to energy production global ones?

F **Essay topic: How has energy production been both a curse and a blessing in the recent history of mankind? Use some of the documents' examples but also others to expose the complexity of the topic.**

INTERNET DOC. B WHAT REALLY HAPPENS TO THE PLASTIC YOU THROW AWAY?

TED-Ed, April 2015, **4'06"**

A Before watching the document, insert the visual description listed below where it is suitable.

This is the story of three plastic bottles, empty and discarded. **(A)**

Their journeys are about to diverge **(B)** with outcomes that impact nothing less than the fate of the planet **(C)** but they weren't always this way. To understand where these bottles end up, we must first explore their origins. **(D)** The heroes of our story were conceived in this oil refinery. The plastic in their bodies was formed by chemically bonding oil and gas molecules together. **(E)** to make monomers.

In turn, these monomers were bonded into long polymer chains to make plastic in the form of millions of pellets. **(F)** Those were melted at manufacturing plants and reformed in molds. **(G)** to create the resilient material that makes up the triplet's bodies.

Machines filled the bottles with sweet bubbly liquid **(H)** and they were then wrapped, shipped, bought, opened, consumed and unceremoniously discarded. **(I)** And now here they lie, poised at the edge of the unknown.

1'08" Bottle 1, like hundreds of millions of tons of his plastic brethren ends up in a landfill. This huge dump expands each day as more trash comes in and continues to take up space. As plastic sits there being compressed among layers of other junk, rainwater flows through the waste **(J)** and absorbs the water-soluble compounds it contains and some of those are highly toxic. **(K)**

Together they create a harmful stew, called leachate, which can move into groundwater, soil and streams, poisoning echo systems and harming wildlife. **(L)** It can take bottle 1 an agonizing 1,000 years to decompose.

1'53" Bottle 2's journey is stranger but, unfortunately, no happier. He floats on a trickle that reaches a stream, a stream that flows into a river **(M)** and a river that reaches the ocean. After months lost at sea, he's slowly drawn into a massive vortex, where trash accumulates, a place known as the Great Pacific Garbage Patch. **(N)**. Here the ocean's currents have trapped millions of pieces of plastic debris.

This is one of five plastic-filled gyres in the world's seas **(O)**. Places where the pollutants turn the water into a cloudy plastic soup. Some animals like seabirds, get entangled in the mass. **(P)** They and others mistake the brightly coloured plastic bits for food. Plastic makes them feel full when they're not, so they starve to death **(Q)** and pass the toxins from the plastic up the food chain. For example, it's eaten by a lanternfish, the lanternfish are eaten by squid, the squid are eaten by tuna and the tuna are eaten by us. And most plastic don't biodegrade which means they're destined to break down into smaller and smaller pieces called micro plastics which might rotate in the sea eternally. **(R)**

3'13" But bottle 3 is spared the cruel purgatories of his brothers. **(S)**. A truck brings him to a plant where he and his companions are squeezed flat and compressed into a block. Ok this sounds pretty bad too but hang in here. It gets better. **(T)** The blocks are shredded into tiny pieces, which are washed and melted, so they become the raw materials that can be used again. As if by magic, bottle 3 is now ready to be reborn as something completely new. **(U)** For this bit of plastic with such humble origin, suddenly the sky is the limit. **(V)**

animal dying / automated assembly line filling the bottles and packaging them /
block of plastic bottles compressed / bottle breaking up in smaller and smaller pieces /
chains of circular patterns of different sizes / circular pattern → reminding one of recycling /
consumer sorting trash / crushed bottles / final view with kite flying over polluted land and water
floating island of rubbish / gull trying to free itself from plastic gyre / Industrial site /
landfill filling up with water / map of the world showing gyres / orange & yellow background to suggest heat /
ordinary consumer / overflowing bin / planet Earth, blue, rotation again / rainfall from a cloud /
several items made of recycled plastic / shaping machines / turtle dying / winding waterway /

B **This document is narrated like a fairy tale. What contributes to this effect in the script? What should be the final "moral of the story"?**

C **Analyse the document critically and add a final paragraph to it, questioning why recycling only concerns one bottle in three, and cannot be carried out forever, the price of the operation and its energy consumption as well as the future of the plastic consumption of other objects and their impossible recycling. You can watch another document to fuel your analysis:**

▶ Is your plastic actually being recycled? NYT Opinion, Dec. 2019, 5'19"

D **Break up! Watch this fun video to change your habits**

▶ #CleanSeas Break-Up PSA: "It's not me, it's you", Nations Unies, Feb. 2018, 1'57"

Imagine another dialogue or monologue concerning an item you should get rid of or reduce the constant use of.

INTERNET DOC. C WHAT IS A GREEN ECONOMY?

Greenpeace UK, Jul. 2020, 4'07"

A **Before or after watching the document, replace the words underlined by synonyms.**

0" → 0'45"

You **possibly** have heard the **word** "Green recovery" or "Green economy".
Imagine life **after** Coronavirus, the government is **putting into place** plans to rebuild the country. What is decided now will **influence** us for decades. The Coronavirus has shown us what we don't want to **return** to... how unequal our society is, how vulnerable we are, how our planet is **devoting great efforts**. A green economy allows to rebuild the country taking all this into consideration.
So what does it **really** mean?

0'45" → 1'45"

A green economy prioritizes the health of **anyone** and the planet and sees things as interconnected.
It means solar and wind power, not coal, oil or gas; i**mproved** public transport and electric vehicles, not petrol and diesel ones; energy efficient homes, not cold and drafty ones and protecting nature and having a circular economy not a(n) **only one** use, throwaway culture.
It would mean massive investment in renewables, housing and transport and rolling out training programmes to skill people up for new jobs in these **fields**. This wouldn't just be good for the **Earth**, it would be good for the economy **as well**. A major investment like this could **result in** hundreds of thousands of jobs. And with the oil and gas industries all in deep trouble, renewables being the cheapest way to **produce** electricity. Switching to solar and wind power would be a win-win situation providing jobs and **non-polluting** energy.

1'47" → 2'20"

So some might say that to recover from the Coronavirus crisis, what the government needs to do is to tighten its belt financially and introduce **reductions** to its spending. That isn't true. That's what they tried to do in 2010, when they introduced austerity policies and slashed **state** sector spending. Not only was it a disaster for the most vulnerable people, our environment, vital services **such as** the NHS, it was also a disaster economically. The best way for the government to rebuild the **nation** is the Green Recovery Plan that creates hundreds of thousands of jobs.

2'20" → 3'17"

Not convinced yet? There are **considerable** advantages for public health and wellbeing. Better insulated homes are warmer and cut energy bills as well as **gas discharge**. Better public transport will mean less commuting time. Cleaner air will help save lives. Coronavirus has shown us that to look after ourselves, we need to start looking after the planet. Because without a major change, we can fully expect to see many more crises like this one, and not just pandemics. The **weather** emergency is already having devastating consequences for life on Earth, in particular for the most vulnerable and those that have contributed the least to it. To ignore this would be disastrous and **unfair**. We have to act now to limit catastrophic climate change and to protect ourselves and the planet we live on.

3'19" → end

The government is talking a big talk about a green recovery, but we have to make sure these aren't **meaningless** words. The government's been really starting to talk the talk on the green recovery, which is great, but unfortunately they've already started to bail out billions of pounds of loans to companies with no strings attached at all, and that is a **very big** missed opportunity. They do have a big chance to set us on the right **path** to a green and fair recovery, so let's hope they turn their warm words into action.
The government needs to make sure that they put people and the planet first and put us on course for a **resourceful** green economy because now is the time to build a better future. Greenpeace, sign the petition.

B **The speaker says that the government "has *bailed out* some companies with *no strings attached*". What does this mean? What else should or could have been done? Give some precise examples.**

C **Choose three different frames / views / slides in the document noting their exact time code, describe what you see and explain how they illustrate what is being said at that moment.**

INTERNET DOC. D GREENWASHING: A FIJI WATER STORY

▶ Our Changing Climate, 28 July 2017, 5'17"

A **Here is a simple definition of brainwashing: Forcible indoctrination aimed at destroying a person's basic conviction. Used in marketing or advertising to manipulate consumers.**

Q1- Can you guess what greenwashing is about? Write your own definition.

B **Watch the document from the beginning to 1'52" and answer the questions in your own words.**

Q2- Why could greenwashing be good in a way?

Q3- What is bad about greenwashing?

Q4- Name all the products you see and explain how they can be part of a greenwashing strategy.

Q5- What is the best way to positively impact the environment as a consumer?

C **The Fiji Water case** (1'52" → 4'14")

Q6- Explain how the Fiji Water advert can be analysed with these cues:

colours:

screen spatial use:

message delivery:

message contents:

visual, images:

Q7- Describe the product and the problems associated with it.

product	problems:
distribution:	problems:

Q8- Why could it be argued that Fiji water should not be exported?

Q9- Who can be the target of such an ad?

Q10- Why can the claims in relation to pollution be considered as misleading blurb?

D **Consumer's approach to greenwashing**

Q11- What is a "critical deconstruction" of a product? What questions should it ask?

Q12- What general pieces of advice are given? Are they likely to be feasible?

E **Replace the vocabulary underlined in these sentences with expressions from the document.**

Luxury goods are <u>decorated</u> with graceful visuals.

Many advertising strategies are <u>deceitful</u>.

There are few non environmentally <u>harmful</u> companies.

To <u>condense</u> the essence of the problem, only consider the facts.

Some brands deliberately <u>cover</u> their real carbon footprint.

Marketers should give their opinion to react to this <u>unilateral</u> story.

Packaging <u>encourages</u> consumers to feel reassured.

The ad voiceover secures the idea of serenity.

Some industrial practices continue to cause destruction around the world.

These products are falsely identified as sugar free.

The smartest CEOs have been good at building a brand image.

Consumers can also guide companies toward better practices.

F **Close-up on your consumer behaviour.**

1. Take a product you buy regularly, look at its packaging and assess how the consumer is made to believe it is a good product. Can you spot any environmental claims?
2. What do you consider to be an environmentally friendly product? Have you ever come across products you could consider to be environmentally nonsensical or pure consumerism brainwashing?
3. When shopping, can you identify what products you are attracted to and why? What are the main considerations in your decision to purchase a product? Is your behaviour different when buying groceries or clothes?
4. Would you consider reducing your consumption as a way to positively impact the environment? How can you do so?

REVISION THE ENVIRONMENT

Fill in the sentences with one of the choices given.

1. .... streets reveal how some urban dwellers live, consume and disrespect their environment.
   Rubbish Littered Filth Tidy
2. The recipe says you must peel and .... the remaining skin from the fruit.
   throw mix up rejecting discard
3. To .... awareness, scandals about company waste management are more efficient than experts' reports.
   rise arise raise risk
4. The oil company was urged to take the necessary measures to salvage the tanker and avoid an ....
   leak oil slick oil rig environmental flaw
5. .... goes further than conservation as it means protecting the environment from harmful human activities.
   Preserve Biodiversity Preservation Ecosystems
6. Wetlands improve water quality, minimize flooding and .... and provide a shelter for wildlife.
   erosion corrosion wear and tear decrease
7. The panda was removed form the endangered .... list to be reclassified as vulnerable.
   category class species family
8. Few human activities are not somehow .... for the fauna and flora of our planet.
   threatened hurting damaged harmful
9. The oil and gas industries have long been the worst emitters of .... substances in the air.
   innocuous noxious destructing unfriendly
10. We know that climate change is caused by human activity, but who really is to .... for it?
    bear blame held liable charge
11. Waste .... on the roadside is still a common eyesore, impacting our habitat and threatening wildlife.
    binned throw dumped discharge
12. The government has been .... to abolish its fuel tax exemption to the airline industry.
    urged request saying argued
13. Did you know that what you get rid of is either recycled, or burned or again disposed of in ....?
    landfills dump site sewage
14. .... is the initial step to an efficient recycling process, which remains a challenge, especially for plastics.
    Clearing Sorting Stocking Separating
15. Old cars pollute more as they .... more unburned hydrocarbons and carbon monoxide.
    release diffuse let fume
16. To upcycle is to transform creatively by-products or .... products into higher quality ones.
    unattended unsold unwanted unaffected
17. Anyone should be .... for their efforts to shift to a green economy.
    accountable answered appealed attracted

18. Many poor countries shoulder the .... of their post-colonial past.
weight waste brink burden

19. Politicians used not to address environmental .... as a top priority during their campaigns.
concerns issue consider eco-friendly

20. Many of the nuclear accidents were .... with enough resources and wisdom.
easygoing undue foreseen preventable

21. Fertilizers need not be chemical, there are some .... ones, made from plant or animal compounds.
organic manufactured robust reliable

22. Remote work has .... travel emissions thus contributing to better air quality.
worsened improve made lessened

23. As a .... -prone location, Haiti has suffered repeatedly form earthquakes and hurricanes.
despair disaster suffering tropical

24. The Earth's sea level .... can be said to have begun at the start of the 20th century.
rise raise dawn upward

25. Technology now allows us to .... renewable energy in order to reduce our environmental impact.
emit gather unlock loosen

26. Most of the ecological .... the planet has faced so far were man made disasters.
outcomes crisis turning points crises

27. The first nuclear power .... started operations in the Soviet Union in 1954.
plant works mill yard

28. For every 1°C rise in temperature, a billion people will endure .... heat.
unconditional unsufferable swagering insufficient

29. .... can only be reached if we find how the biosphere and mankind can live together.
Endurance Fortitude Sustainability Continuity

30. Living organisms .... with their physical environment in ways we still need to better understand.
interact interplay cooperate support

Fill in the gaps with the words provided for texts 1 and 2, without clues in text 3. When necessary, conjugate verbs. In text 2, there are more words than needed.

Text 1 Shrinking tropical rainforests

The amount of pristine tropical rainforest lost across the globe increased last year, as the equivalent of a football pitch disappeared every six seconds, a satellite-based analysis found. Nearly 12m hectares of tree cover was lost across the tropics, including nearly 4m hectares of dense, old 1 .... that held significant stores of carbon and had been home to a vast array of 2 .... The loss of trees in the tropics was the third worst recorded since data was first collected in 2002, trailing behind only 2016 and 2017.

The heaviest reduction continues to be in Brazil, which accounted for more than a third of all humid 3 .... forest loss but the biggest surge in forest loss was in Bolivia where fires led to an 80% greater reduction in tree cover than in any previous year on record. Many of the 4 .... were probably deliberately lit to clear farming land for planting and spread into forests due to strong winds and drought exacerbated by the climate crisis. The Bolivian government is making regulatory changes to encourage the expansion of agriculture. There was a slight decrease in forest loss in the Democratic Republic of the Congo, but it was still the third highest year on record, largely due to cyclical agricultural operations, and there is evidence that commercial logging, 5 .... and clearing for plantations also had an impact.

Beyond the tropics, Australia's devastating bushfires led to a six-fold increase in tree cover 6 .... across

CLUES

CHAPTER 1 THE ENGLISH-SPEAKING WORLD

Text 1 Will Brexit spell the end of English as an official EU language?

1 procedural and treaty languages

2 to spell = to mean, to imply
You should <u>remember</u> that... bear in mind
If languages <u>don't move</u>... stand still
The EU <u>is right</u> when... has (got) a point
When speakers of rare languages <u>stop</u> speaking... cease to speak
Latin was very naturally <u>made to disappear</u> over.... phased out
None <u>intends</u> to criticize ancient texts... seeks
It seems English was <u>chosen</u> by many countries... nominated
Some national policies intended to <u>do away with</u> dialects... get rid of
<u>Taking for granted</u> that one language.... Assuming
Some languages have <u>come safely through</u> decades of.... weathered

4 -a- F native speakers b-T settings c-F straightforward d-T hub e-T fortunes

5 Esperanto

6 Countries where freedom of the press is restricted (Turkey, China, Russia, North Korea...), where internet access is limited, where censorship ensures there is no political opposition,

Text 2 Africa's colonisation of the English language continues apace

1 apace = rapidly // ongoing = continuous // legacy = inheritance // unlikely = improbable // lingo = tongue // canons = models // forge = establish // sigh = moan // stamina = endurance // gems = treasures

2 Negative vocabulary: wanting / patronising / downgraded / discourage / failed / atrocities / racial arrogance / prejudice / by force / deference / to beat so / violence / brutality / grievance

3 to fall on deaf ears / to shift one's centre of gravity / to bear the burden

4 She grew up close to older relatives / she is a twi speaker / she is African / she was a Booker prize judge /

7 It means that the empire is so extensively spread throughout the world that literally, at any time, one part of the empire is in daylight. It is a way to boast the global nature of the empire and the fact that it never rests.

Text 2 Irish support for Native American Covid-19 relief highlights historic bond

1

Definition (verb form)	Nouns	Verbs
to provide help to someone	aid	
to make an urgent and heartfelt request	an appeal	
to stand by in order to help	assistance	
to establish a link between people based on feelings	a bond	
to give (money or other) for a good cause	a donation	to donate

Definition (verb form)	Nouns	Verbs
to suffer pain patiently		to endure
to understand and share the feelings of someone		to empathise
to raise or supply money for a specific purpose	the fund	
to give someone pleasure or satisfaction		to gratify
to give one's word, to pledge to do something		to promise
to give and take mutually		to reciprocate
to remove something painful or oppressive	a relief	
to have in common, to partake of something	sharing	
to experience something painful	suffering	
to make available, to provide		supply

2 a-?; b- F (and elsewhere); c- T; d- T; e- T; f- F (six weeks after); g- T; h- F (Navajo & Hopi); i- F (president + PM); j- (F they were glad and unsurprised)

Text 4 Lady Scotland to stay on as Commonwealth secretary general

1 to remain in post // to sow doubts // to tender an offer // to convene a meeting // to respond to a crisis // to dispatch an envoy // to receive support // to operate through consensus // to operate a veto // to stand in the way // to prevent reappointment // to set up a new office

2 the normal competitive tendering process // most other comparable multilateral organisations // its common legal and parliamentary assumptions // the controversial Commonwealth secretary general

3 in post / report / chair in office / process / reappointment / formal written contract / meeting / internal audit / to tender an offer / term / to convene / summit / secretariat / competitive / to call a meeting / to discuss / notice / to respond / organisation / consultation / to dispatch SO / envoy / senior representative / disapproval / support / consensus / probation / requirement / timing / agenda / to oust SO / asset / professional networks / leverage power / re-examination

4

a. accusation of profligacy & irregular tendering process; no consensus on reappointment, not enough representation, no official representation of all the countries; short notice for unofficial meeting; no clear policy if elections cannot be held + possibly political hidden agenda as L^{y} Scotland is a Labour peer, timing colliding with renewal of procedure reforms of the Commonwealth

b. only an extension of her existing term; election to be held at next CHOGM in 2021

c. not enough clearly set rules for representation of countries / majority votes needed or not /

d. When the Queen dies as she is still the Head of the Commonwealth for some countries

e. a divide between the English former colonies and the smaller states where English may not be an official language, or which are not economically powerful

Internet Doc. A Will technology end the English language's global domination?

1 (the earth→ a worldwide dimension, signs in English, a 3D view of the brain, a cityscape, many small screens with different views in 3D)

2 (colour range: blue, black, no natural lights, neon lights; movement: rotation of the Earth, vertical and 3 dimensional spacing & perspective effect; layers and stackings of screens and keyboards) (lines of 0 or 1 falling like rain)

3 (technological dominance / colonial past / cultural domination with film industry / military and economic power after WWII, Chaplin / GIs freeing Europe)

4 (no accent on words, so it is simpler on typewriters, few conjugaisons, simple sentences structured closely to other roman languages)

5 (Chinese is difficult to learn because of its 6,500 characters, so it could ease learning Chinese. But in Chinese the intonation matters much, for the same sound can mean very different things with a different intonation, so how do you indicate this in Pinyin?)

6 (As coding is in English, only speakers of English or people with enough English can develop internet structures and tools. So Chinese-centric tools are being developed. Same stacks and architectures will require Chinese literate to interact with it) (1998, 85% of internet content was in English, 2018 20%, expected to be as low as 10%)

7 (No because users explore the net within their linguistic microcosmos, not being really exposed to other linguistic spheres, there is a polarization effect in content, all is viewed from the angle of those who write the content from their cultural / linguistic point of view)

8 (There is a need to differentiate themselves with language, within the same linguistic practice to create groups.)

9 (To create an identity within a large group of common language speakers, not to be understood by everyone, teen-agers' codes)

10 (Its different levels of interpretation, idiomatic expressions, figurative figures of speech, cultural references)

11 (Because the tools must be created to represent what the human mind can instantly imagine)

12 (Because it is fun and it is an intellectually demanding task like playing an instrument, playing chess, + because machine translators are not fully reliable yet)

B) ... most **spoken** language
... now via **voice** input
... are still **threatened**;
... can **confuse** translation software
the Latin **alphabet** is used...
... the advance of **translation** technology
... the world's 6,000+ **languages**.
... stop people **learning** new languages?

C) a take on / parochial view / to bottom out / the scaffolding / an echo chamber / microcosmos / to incentivise / inherent / to crack / time lag

Internet Doc. B Samir Puri discusses "The Great imperial Hangover"

A
1. Historic docks, London, Tree Sisters galleon in the background
2. June 2020, the statue of Cecil Rhodes thrown into Bristol's harbour
3. Men pulling a heavy cart, white man with colonial hat carried by several slaves and servants
4. Tower Bridge, Tobacco docks, London
5. Soldiers marching in British Boer War uniforms
6. Lord Mounbatten, last Viceroy of India & Lady Mountbatten
7. Dec. 26, 1991, Red flag lowered
8. Military vessels cruising
9. Removing General Lee monument in Virginia, USA
10. Signing of Treaty of Rome, 1957
11. View of Tiananmen Square with Mao Zedong's portrait, Beijing
12. View of Hagia Sophia, Istanbul

B
1. to launch a new book, inform potential readers for them to know what it is about
2. the topic of post-colonialism is much debated between historians and his book offers a broad analysis of its impact.
3. the book studies several empires throughout the world and at different eras so that a more universal analysis is enriching.
4. they can either live in one of the countries of the "empire builders" and want to understand its background history, or live in a formerly colonised country and want a different view on its history. According to Samir Puri, the imperial legacy of a country can explain its present situation. It is also worth reading because, he claims, the 21st century is the first century with no empires.

Internet Doc. C The Australian Identity Debate – A Different Lens

1 disillusioned
2 buy a house
3 fixed
4 imagined
5 truth
6 lie
7 becoming
8 incorporated
9 decisions
10 accommodate
11 saluted
12 gesturing
13 virtues
14 citizenship
15 tough
16 empty
17 anything
18 60,000
19 complex
20 combined
21 generous
22 look
23 legal
24 fellow
25 Symbols
26 territories
27 struggle
28 journey
29 reflects
30 indigenous
31 get over
32 fabric
33 worried
34 shallow
35 product
36 frankly

Revision English-speaking world

1 **MCQ**
1) native 2) sought 3) get rid of 4) lingua 5) pragmatic 6) bond 7) Famine 8) Tribes 9) reciprocate 10) empathise 11) dialects 12) vowels 13) burden 14) ambivalent 15) enslavement 16) summits 17) asset 18) General 19) consensus 20) dispatch 21) nationhood 22) aboriginal 23) acknowledge 24) forefathers 25) colonialism 26) foster 27) coin 28) barriers 29) translation 30) anglosphere

2
Txt 1 (1) audacious (2) main (3) royal (4) Spanish (5) good (6) ageing (7) fast (8) radical
Txt 2 believed // exists // depends // undergoes // supposed
Txt 3 1) population 2) States 3) list 4) spoken 5) foreign

CHAPTER 2 HIGH TECH

Text 1 Apple whistleblower goes public over "lack of action"

1 to blow the whistle // to violate rights // to collect data // to go public // to pass a law // to opt-in to a practice // to release an update // to live up to SO's ideals // to substantiate the facts // to bring ST to SO's attention

2 to be linked with / to be concerned with / to be at odds w / to be investigated / to be aware of / to be subject to / to be called out /

3 offender / regulator
assistant; student; politician; salesman / woman; statistician, blacksmith, lawyer or solicitor or barrister or attorney
content manager / software developer / risk analyst / support advisor / data base administrator / IT technician / web designer / data coordinator / data coding operator / data protection regulator / computer hardware engineer /

4 1) former 3) massive 4) privacy 5) wiretapped 6) devices 7) watchdogs 8) datasets 9) disclosure 10) grey area 11) deliberately

5 He has witnessed what he considers malpractices and was expecting the company he worked for to put an end to these. His personal ethical values differ from his company's.
He expects the company will review its malpractices and that the users will be aware of these.
Users' privacy is not respected, data on their private life is used without their knowing.

Text 2 Screen time minutes are the new calories, and it's high time I went on a diet

1 ascetism / acceptance / self-loathing

2

to flash up	to chuck ST away	to stare at	to give up
to leap into	to glance at	to throw out	to creep up
to jack up	to tuck into ST	to pick up	to fall into

3 **a** with staying in bed / sleeping in, having peaceful breakfast / a brunch, practicing sports or spending time with children / her phone accounts average time spent daily, compared with exercising or dental appointment comparison with an unhealthy habit
b exercise: read books see friends; write a book
c positive use of the phone: reading instructive articles; keeping in touch w/friends; shopping for essentials; games; social media; communication; 1 newspaper reader only
d unlimited contracts / 14 step beauty routines, trying to make users spend a long time supposedly to make them feel good // master of modernity = titan of technology
e image of the hourglass; of eating disorder (intermittent fasting) tech dieting, nutritional balance / to binge (trying to lose weight by giving up regular meals and eating only chocolate.) internet access =± calories: intake
f personal account (1st person narrative, my teens, social position: mother of 3)
directness: confession / sure we do that
repetitions as if she was just talking to the reader (junk, junk)
register: to throw stuff out / Sure we do / shopping for more junk, to jack up → spoken register
yet the truth is: talking to readers, irony (trophy of the year)
+ empathy, closeness, identification with reader

4 **Adjectives**

-y	-able	-ing	-(i)ous	-ive	-al	(other)
tiny	unforgivable	overwhelming	anxious	instinctive	mental	divergent / noble
easy	unjustifiable	safeguarding	miraculous	instructive	political	simple / alternate
bloody	unidentifiable	talking			dental	long / super
unhappy	unsustainable	functioning			nutritional	intermittent
					educational	regular / small /
					social	bad / three / decadent
					usual	blank / true / high
					aspirational	important / frantic
						unlikely / confused

Negation of some: anti- social, // un- justifiable, happy, sustainable, identifiable, limited, likely, laudably
Excess of: over- stated, anxious
By themselves: self-, appointed, induced, imposed
comparative form: angrier: more anxious

Adverbs: widely, hardly self-righteously, desperately / laughably

Text 3 AI and me: friendship chatbots are on the rise, but is there a gendered design flaw?

1 compassion, understanding, Pals / buddies

2

Chatbots name	Maker / Founder	Duties	Features
Replika	SF Startup: E. Kuyda	surrogate friends	conversation
Mitsuku	Pandorabots: L. Kunze	surrogate friends	conversation
Woebot	A. Darcy	therapy aid	empathy
Instabot	Z. Twainy	experience	XXXXXXX

3 a- because the industry is male dominated, in the US and in the UK; male contractors
b- stereotypes because imagined by men and their image of women, help and support provided by female friends, also because datasets reflect this gender prejudices found in real-world attitudes
c- active listening / validation / compassion /
d- 1/3 abusive, explicit or romantic male content + risk of a vehicle for more prejudices, much abuse, bias in terms of gender but also beliefs, background
e- they should make very clear that they are not real friends / human beings

4 in the dumps = unhappy, discouraged; up for grabs = available; a host of = a large number; to an extent = in a way; on the flip side = considered differently; to do the trick = to be sufficient; overly = excessively; across the board = applying to all; at least = if nothing else; akin to = similar to; conditional on = if, depending on; in conjunction with = together with; to the fore = in a leading position; in regard to = as to, with reference to

6 to bottle up = kept their feelings to themselves
to draw in = caused a large number of customers to enter
to perk up SO = came to life
to play out = develop
to spell out = clearly explained
to spill over = affected many more
to strip out = To remove the superfluous entirely
to turn into = changed to

Text 4 Universities beware: shifting classes online so quickly is a double-edged sword

1 E-learning has developed over the past 10 years, With MOOCs for example and during lockdowns.

2 overnight = rapidly; halt ≠ to continue; the rush / to dash; essential ≠ sidelined
security ≠ compromise; sophisticated ≠ basic; to expose ≠ to protect; replicate ≠ reimagine
surveillance ≠ freedom of speech; caution = beware

3
a) connection / provider
b) forums
c) passive learning
d) course, contact hours
e) open-source
f) higher education
g) tutors / lecturers
h) mature students
i) schedule
j) seminar

5
a) needed to be shut down
b) were given
c) may be exposed
d) could be shared
e) can be controlled
f) must be set up
g) must be questioned
h) has been diversified
i) has been used
j) was not elicited
k) were provided
l) must be rebuilt

6
(Privacy + security / equipment / teaching methods)
more student engagement; freewheeling conversation
to reimagine teaching methods

Text 5 For all its sophistication, AI isn't fit to make life-or-death decisions

1 to establish how different humans and machines are
"All this suggests a need to be clearer about what machines are good at and what humans are good at"

2 Machines can: track / synthesize / diagnose & triage / identify & sift through or manipulate / recognise /
Humans can: recognise / break down / ground / have (or establish)/appreciate / care
predict & did / identify & miss / cause & possess (have) / give & care
Two verbs opposed: to reckon and to judge

3 life / death; reckoning / judgments; calculation / thought; representation / reality; object / phenomena; celebration / concern; claim / pretence; value / worth; ethical / responsible

Internet Doc. A Are we on the brink of a jobless future?

Section 1

1 F Making sense = to mean
2 T written $→ money matters
3 F just before "tomorrow, when it comes out"
4 F Not in the past, but for the future' of the workforce"
5 T See the sign: "Amazon fulfilment" (center)

Section 2

6 F It drives itself out of the garage
7 F Once on the road, it "takes over" but he can also control it.

8 F From \$1000/month to \$500/year → reduction of about 96%.

9 F Each costs 10-15 cents.

10 T "jobs will be wiped out", Amazon will soon reduce its staff, drone delivery, self-driving trucks robots putting deliveries into a box.

Section 3

11 T informal English

12 T also called "Tellers" in banks.

13 F futurologists.

14 F umpires.

15 F within a decade = before the end of the decade.

Section 4

16 F A Shakespearian ambition to "kill all the lawyers".

17 T "in the UK where he'd amassed dozens and could not afford the tab".

18 T All are mentioned on the screen.

19 F "filing for a divorce case", not judging it.

20 F "no fee = free of charge", as the communist ancestor may have been proud of

Section 5

21 F he sees Browder can change a lot without any qualification in these fields.

22 T, higher yield per workers' input.

23 F a paper / article he co-wrote with two other researchers.

24 T they fear it will take away their jobs.

25 T Trump's view

Section 6

26 T because there's never been so many people employed.

27 F not fight & hospital but flight & hospitality workers.

28 F hospitality workers & Zumba teachers, need for human contact.

29 F "wages remain relatively stagnant".

30 T "It could go either way".

Questions

1 May be theoretically, as costs reduce as demand increases, but it is very easy to say when you can afford solar panels, buy food in well stocked stores or produce it with maximum yield (probably with GMOs), pay for equipment to filter rain water etc...

2 Notions of reliability, records over long periods, analysis of similar cases but no intuition, lateral thinking, linguistic strategies, even creativity. Other AI vs human challenge: any speech analysis-based jobs (psychotherapists, psychologists), all artistic production.

3 The "Tipping point" is a reference to *The Tipping Point, How Little Things Can Make a Big Difference* by Malcolm Gladwell, (2000), where the idea of threshold is pushed to its limits, "Ideas and products and messages and behaviours spread like viruses do". When technology takes over, some large-scale development, algorithms patterns, who can stop it?

4 None knows for sure, specialists do not agree, figures can prove one thing or its contrary, future predicting is impossible.

5 The questions the journalist asks are asked to human beings, not to machines! AI analyses can only occur when data is fed into systems with programs, we still need programmers, politicians and research directors to tell them what to do, what is acceptable and what is not. Decision-making is still entirely left to humans, good or bad, basic human activities need machines (agriculture) but humans to decide when to sow and when to harvest.

Internet Doc. B The Ethical dilemma of self-driving cars

A (+) when driver is drunk or too tired to drive / more reliable than humans who may lose concentration, be tired, not respect the rules / run longer distances / use for old, young, disabled passengers, adults with no licence / allow passengers to do something (sleep, play, work)/ less traffic jams

(-) tech not good enough / pleasure of driving / older people may panic as pedestrians: already some deaths / relying on internet connection / danger of being hacked / checking on people's whereabouts

B Issues of responsibility in case of accident / someone can hack your car, take control over your car / your kids can use it when they are not supposed to

C SUV / truck / biker / motorcycle / safety / driver / passenger / motorist / accidents / highway collision / passenger

Synonyms: robot cars (in the document) also driverless cars, autonomous cars, unmanned vehicles, self-drive car

E 1) to swerve right or left / prioritize safety / to instruct the car / reduce traffic accidents & fatalities / to remove human error / to ease road congestion / to minimize danger to others

minimize harm / minimize stressful driving time / suffer the consequences / decrease harmful emissions / to favour certain types of objects / to discriminate certain types of objects

to favour a deliberate decision / penalizing responsible motorists / to avoid the collision

to analyse the passengers of the cars / to spot the moral hairpin turns / to manoeuvre the roads of technology / to sacrifice your life / to instruct the car.

2) barrel down / to be boxed in / to swerve into / falls off / go straight / to crash into / to spot out / to factor in / to offer up / to go beyond / to meet out / to discriminate against / to open up / to play out

F removing human error / eased road congestion / decrease harmful emissions / minimize unproductive and stressful driving time

G programmers / companies / drivers / government / policy makers /

Revision High Tech

1 **MCQ**

1 devices; 2 ubiquitous; 3 mindset; 4 whistleblower; 5 at odds with; 6 my knowledge; 7 self-induced; 8 pride; 9 frantic; 10 realm; 11 bias; 12 endeavour; 13 struggle; 14 sidelined; 15 foolproof; 16 hype; 17 embedded; 18 accountable for; 19 fraudulent; 20 extortion; 21 phishing; 22 referee; 23 on the brink of; 24 suppress; 25 swerving 26 congestion; 27 fatalities; 28 LMK let me know; 29 cybercrime; 30 curtail

2

Text 1 1) is about to 2) to avail of 3) is said to 4) to tell 5) be relevant

Text 2 1) witchcraft 2) constraints 3) shape 4) software 5) layers 6) printable 7) identical

Text 3 1) positions / jobs 2) respond / answer / talk 3) case / situation / query 4) future 5) week

Texting dos & don'ts

- Texting should concern matters requiring a quick response.
- Avoid sending messages outside business hours except in case of emergency.
- Never text confidential information, use your company's intranet.
- Do not send several one-sentence messages in a row on the same topic.
- Do not assume the reader knows what you are referring to.
- Don't overuse abbreviation or ambiguous phrases.
- Don't forget to proofread your message and double-check the recipient.

CHAPTER 3 GLOBAL TRADE

Text 1 Indians call for boycott of Chinese goods after fatal border clashes

1 raise ST / to identify ST / to delete ST / to post ST / to cancel ST / to launch ST / to impose ST / to step up ST / to handle SO / to release ST / to knock ST / to push SO / to fear ST / to throw ST / to cancel / to build / to launch

to participate in ST; to encroach on ST / to walk into ST / to carry out ST / to kneel down before SO

to plan to do ST / to begin to do ST / to agree to do ST

to accuse SO of ST (of V-infinitive ST) / to ban SO from / of Ving ST / to call out SO for ST

to order SO to do ST / to make SO do ST

to call for a **boycott** / to gather **momentum** / to suffer **casualties** / to impose **tariffs** / to knock off **balance** / to walk into **an ambush** / to declare **war** on SO / to carry out **an attack** / to build **pressure** to do ST / to break SO's **backbone**

2 skirmishes / hand-to-hand / weapons / clash / casualties / troops / premeditated attack / friction
pressure / boycotting / launching / campaign / Tariffs / trade / deficit / commodities / deal / tender / banned

3 suffered / plan, are planning / had dammed / had released / had been pushed / meet / sent / was, anticipated / could / were built, could / was / could not / could / has entered / would set up / was / found

4 Chinese and Indian governments: private companies (either suffering from Chinese bans or encouraging them)

Text 2 *Capital and Ideology* by Thomas Piketty – if inequality is illegitimate, why not reduce it?

1 b / c / a / c / a 1, 3, 5 are not valid

2 appeal / keen / thread / boldly / premise / overarching

3 clergy / landowners / bourgeois / military / working classes / slaves / communists / oligarchs
mentioned / rampant / unleashed / running out of steam / utopian

4

Policy programme	→ tentative	→ uncertain, not final
Education budget	→ equal	→ the same in quantity, size, value
Governance	→ participatory	→ shared
Taxation	→ progressive	→ gradual
The EU	→ democratised	→ made available to all
Income	→ guaranteed	→ secured
Position	→ optimistic	→ formally assured
Experiment	→ astonishing	→ very surprising
Public sphere	→ dysfunctional	→ which does not work
Confidence	→ enlightened	→ rational and well-informed

5 positive assessment: brilliant and relentless anorak; ambitious (comprehensive) book, boldly, looking beyond (scope), admirable, bold ideas, astonishing experiment, provocative naive (quality), unique scholarly edifice

Text 3 Have a heart, KitKat.../ Shark Finning.../ Delivery disaster...

1

a) Have a break, have a KitKat. Use of same words have a..., break = away from ≠ pause

b) to outlaw child labour / to create cooperatives / to ensure a minimum price / to pay a 10% premium
workers' empowerment / customers' supportive action

c) sign the petition + boycott if the brand does nothing

2

a) enjoy a reputation of delicacy, reserved for special meals: yet little taste, endangered species

b) barbaric practice to get the fins;

c) animals protected, yet found on the market; Products seized yet retailers and consumers can avail of the products

3

a) no commuting time wasted / fast / low cost / goods are cheaper because only available as internet purchases

b) limiting pollution regarding commuting to shops yet difficult to have one delivery for all products+ end of bricks &mortar shops, city centres, shop assistant advice etc...

c) carriage and mileage have a cost, logistic, human; the cost is sometimes included in the price

d) sustainable transport (bikes) grouping purchases / collecting shopping from collection point / shop locally

4 **(Words):** factory or plant / firm / brand / to subsist / importer / packaging / to ship / agents / window display / viable

5
- Fair trade may have some advantages but it will not solve all the economic problems many producers face.
- Nestlé must change its policy so that local producers can be given a chance to earn a decent living.
- Hong Kongers should change their habits and fewer ecological disasters would occur.
- Shark fins should not be sold anymore so that these animals can be better protected.
- Some customers may reduce their deliveries but this may not have a significant impact.
- Anyone ought to take the problems linked to deliveries seriously so that the Earth may be given a chance.

Text 4 Fast fashion creates misery – and that's always a bad look

1 (free-floating, timeline) (appeal, to cut tie) (hoover up, simmering) (disposable, pittance) (to toil, dobbing and snitching) (mainstream, allure)

2 **Commerce Vocab**

brand / businesses / consumers (purchasers) / cost price / factories / garment / labour / manufacture / marketing spin / mid-range / retail cost / sell-by date / shareholder / supply chain / sweatshop labour /

3

a) (female in factories, males in warehouses and delivery / non-white ethnic groups, more exposed because no tele-working, factories & warehouses → close to one another, delivery → much contact, no equipment)

b) (wages and lockdown measures not respected, freedom to accept dangerous work)

c) (several intermediaries, different types of workers)

d) (no reason, need, right to go out → fantasy world, internet life → fantasy id / life → clothes what seems, not necessarily is) What type of consumption benefited? (clothes, online) How is lower quality suggested? (poor fabrics, all artificial, not lasting few wears)

e) (few own brands or are shareholders in many brands, clothes are made in the same place, price vary according to marketing strategies)

f) (very low paid labour → female workers)

Internet Doc. A The Strategy of International business

(benefits; going global; expand) (compete; sales; liability; profits; unique; cutting; transport, Development; scale; earnings; offset, disaster; features) (geographic; transport; regulations; purchasing) (multidomestic; demand; differentiation; standardisation, Cultural) (match; competitors)

Internet Doc. B Does microfinance empower or impoverish?

A credit in the form of loans granted to people deprived of banking facilities, unbankable, illiterate

small sums, group lending, solidarity circles, to support an entrepreneurial project,

Bangladesh, Grameen, 1983, Muhammad Yunus

women, rural communities, villagers, small scale businesses

to set up or develop a business, help basic logistic investments

started as non profit, became a corporate; model followed by many other commercial banks, leads to more indebtedness sometimes, does not alleviate poverty in the long term

B

18" (London Eye, visually identifying London at dusk = the City with data / figures, like a map of the sky; clouds reflected in a glass facade of a building where cranes are reflected and a bar chart / infographic is overlaid; split image of an ancient dome with letters raining down, mixture of technology and ancient civilisation; container cargos in a harbour, sea as on a screen with dotted lines, weight of freight indicated and kilometres going up; cityscape drone view of skyscrapers with perspective of data)

31" (Contradiction: Microcredit was supposed to lend money to those who want to build the business and help a struggling economy get on its feet, but the reality of microfinancing, for some anyway, has been very different, as people struggle with debt, they can't pay back.)

47" (developing Co, slums, people living in overcrowded areas, by the train tracks, barefoot, crowded narrow alleys, shops made of material, man & woman carrying coal in a basket on their heads, overview of urban scene)

54" (Q = Have the promises of microcredit materialised? (lift billions out of poverty / to empower women / help those on the margins of society) What has been the real impact of microfinance? According to Yunus credit is a human right but its impact in developing countries seems to be null.)

1'36" (godfather =Yunus, original aim = to have a world without poverty, yes loan sharks existed offering very high rates to their poor customers, an illegal activity. The World bank has an investment portfolio of microfinance institutions, over 15 years, 130 M clients have used microcredit.)

2'25" (misuse of credit = to feed people, it does not fuel any business activity; it is making the poor even more indebted)

2'58" (not dealing with the root cause, deeper structural causes linked to IMF voting power imbalances, imbalances in the trade system preventing poor countries' development)

3'25" (more regulation, more leniency for those who default)

3'50" (His promise has not been kept, even if some progress has been made, opinions are split on the issue)

C eradicate / loan / microfinance / empower / ladder / caught up / take off / on its feet / clear cut / spirals / break out of / leniency / to default on / success stories / silver bullet

Internet Doc. C Richard Wolff On the Root of Consumerism

B

0"- consumerism should not be the aim, the objective, but a way to sustain life

ministers, rabbis, priests = religious guides

Q = what economic arrangement supports Consumerism = the over valuing of consuming goods / services? Consumerism is the reward for labour.

1' - workers do not own their production, they are deprived of it;

2'33"- money for labour; money allows one to choose what you want to buy (purchasing power)

3'02"- labour = pain, disutility, effort, (unpleasant, dread, burden, loss of time, loss of energy)

4' - Happiness comes once work is over, disconnected from work.

6'11" - satisfaction, relationship, spiritual life, not just bread on the table

Conclusion: Work should be as satisfactory as the payment it deserves.

Revision Global Trade

1 **MCQ**

1) tariffs 2) rogue 3) commodity 4) wealth 5) policy 6) inequality 7) budget 8) certification 9) selling 10) same-day 11) supply 12) retail 13) Shareholders 14) going 15) purchasing 16) standardisation 17) tap 18) spending 19) benefit 20) impoverish 21) loan 22) alleviation 23) run into 24) Relocations 25) ensures 26) Trading 27) plant 28) consumerism 29) consumer 30) sprees

2

Text 1 1) forge 2) negotiate 3) monitor 4) prevails 5) cut 6) prevented 7) benefited 8) amounted

Text 2 1) high 2) flashing 3) vast 4) swift 5) physical 6) normal 7) useful 8) other 9) potential 10) inevitable

Text 3 1) on 2) from / after 3) into 4) by / for 5) of 6) with 7) around / in 8) on

3
- The busy lifestyle of most Westerners does not justify their choice of single use, throwaway products.
- The US myth of the self-made-man contradicts the current wealth inequality or limited social mobility.
- Economists are experts who will know tomorrow why what they predicted yesterday didn't happen today.
- Some activists believe that our economy is at war with many forms of life, including human life.
- Profitability and benefit for society cannot be reconciled despite what Social Responsibility claims.

- Whenever the biggest TNCs spot a potential competitor, they squeeze it out of business or swallow it up.
- If automated plants produce large quantities of standardized items, will robots want to buy them?

CHAPTER 4 WORKING CONDITIONS

Text 1 Modern slavery in the UK is not confined to one place in the Midlands

1 human rights / modern slavery / control mechanism / hidden crime / robust response / power relationship / legal terms / immigration raid / forced labour / swift response / drug gangs / residential home / legal adviser / domestic servitude / helpline number / public reporting / social awareness / world-leading expert / exploited individuals

2 1) to turn a blind eye to / the depths and darkness / a wake-up call / to take into one's own hand / catalyst for change / storm of conditions / a landmark case

3 Mechanisms are used to set up slavery.
Workers are paid poorly and forced to work by traffickers.
The victims are made to believe that they deserve...
The workers are threatened before an inspection.
Children are targeted and exploited by traffickers.
The people who work in domestic services are hidden by their employers.
Forced labour should be recognised in any state.
Vulnerable workers may be maltreated by traffickers.
Some maids are enslaved by their employers.
Young people can be educated about modern slavery thanks to BLM.

Text 2 Covid will force us to reimagine the office. Let's get it right this time

1

(1) During lockdown, workers sensed that their situation was entirely new and that they were catapulted into a strange workplace environment.

(2) Before, designers and architects carried out research to improve the workplace experience.

(3) But with cubicles, workers battled against isolation and a constant hum and later, hotdesking fared just as poorly.

(4) Past experiments gave rise to the necessity to plan spatial and cultural office planning because space is meaningful, it does not simply happen.

(5) After years of innovation to bring workers together, high tech companies make a U-turn and encourage extended home working and this is surprising when we know that social interaction at work suffered during lockdown.

(6) Though the pandemic has shown workers can make it through, a shared work place is necessary to retain the idea of a common space where co-workers do not sacrifice collective efforts.

2 academic / alternative / cost-driven / dreaded / elaborate / fancy
impractical / instructive / unprecedented / pioneering / purposeful
puzzling / strategic / tricky / usual

3

a- the typical office "saps vitality, blocks talent (and) frustrates accomplishment

b- plastic dividers, distancing, mask-wearing, hand sanitising, phased and flexible return to office

c- partitioning, creating dense, almost factory-like, conditions. endless tiring noise and denied the community-building aspects of seeing and being seen

d- cost-saving organisation to have workers to share desks, partly work from somewhere not provided by the employer

e- human centric, meant to improve office work, misunderstood and leading to worse working environments

f- can create loneliness or solidarity, impacts productivity g- they previously promoted togetherness in fancy settings and stressed co-presence

h- limited interaction leading to less creativity / innovation, no team-spirit, difficult integration of new staff members

Text 3 "The Zoom shirt": how the pandemic changed work dress codes + Virgin Atlantic's sexism goes deeper than telling women what to wear

1 txt 1 Makes them look and feel more professional / imposes respect
text 2 sends an image associated with the position (handmaid / sexy / gender marked)

2 txt 1 presentable / professional / formal / polished / casual
txt 2 strict / discriminatory / stereotyped

3 txt 1 higher productivity when more casual dress code
txt 2 possibly restricting efficiency in emergency situation. making hostesses look like handmaidens

4 txt 1 simplicity / comfort / fewer suits for men

5 txt 1 home working / office sharing / hot desking /

6 txt 1 the impact of the fashion industry on the environment, cost, therefore reduction in number of items (pared down wardrobe)

7 txt 2 above-the-knee, tight skirt, lipstick, makeup, high heels

8 txt 1 ref. to studies, polls, experts' opinions, no presence of the journalist
txt 2 direct journalist comments, questioning facts, irony, personal view, casual vocabulary

9 to be presentable / to get kitted out / full office attire / to permit / to relax rules / to decree / to comply with / to feature / to outlaw / to be obliged to / compulsory / special request / requirements / to refuse / to outlaw / to exempt / requirements

10 It is assumed that the most comfortable the employee is the better (s)he will perform. So not only office and leisure facilities and perks can motivate workers to join a company but also freedom to dress casually. The T-shirt, jeans and sneakers "uniforms" of computer designers or tech moguls dressing like teenagers embody similar ideas.

With images of attractive (naked) women used in advertising (or on company calendars) up to recently, the tradition for women to wear makeup or sexy clothes to appeal to all is creating a divide between male and female appearances.

11 handcuffs (police officer), stethoscope (doctor), hammer (builder), oxygen cylinder (astronaut), wrench (mechanic), whistle (police officer, lifeguard), buoy (lifeguard), syringe (doctor, nurse), badge (police officer), corkscrew (waiter / tress)

12 efficiency / image / protection / respect / safety / identification

Female under-representation in the case of Virgin Atlantic shown in gender discrimination.

Reflect: The proverbs warn against the deceptiveness of appearances

School uniforms should remove the social / economic class belonging clothes reveal. They reinforce belonging to a school, community but also do not allow pupils to express their identity through their choices of clothes.

Text 4 Farewell workplace burnout: will coronavirus slow the manic pace of our modern lives?

1 Nouns

busyness / cohorts / garble / insight / makeup / messiness
pace / phrase / rethink / sake / scam / unease

Adjectives

fortunate / guilty / inspirational / manageable / manic / occupational / pointless
relentless / reminiscent / roiling / slavish / sluggish

2

worker bee / deep relief / industry conference / peak body /
stand-up meetings / inspirational quotes / corporate leadership

entrepreneurial mindset / pep talk / challenging times / start-up culture
robotic efficiency

3 a- toil b- drops off c- peeking d- upended e- lean in f- chance g- to pursue h- roving

5 direct address to the reader + Introduction of ideas with expressions used when talking (let me never hear.../Which bring me to.../What now? What else / etc...) + casual expressions: "the stuff of life'/ dogs underfoot.

Internet Doc. A Jeffrey Pfeffer: Is your workplace killing you?

A **Listen to the whole document once and then answer the questions in your own words.**

Q1 (Too many hours / absence of job control, work / family conflict, job insecurity)

Q2 (stress is a mental disorder which has a physiological impact)

Q3 (eco insecurity, absence of health insurance, shift work, work / family conflicts)

Q4 (no more health insurance to pay sick leaves / lack of efficiency due to depressed / stressed out workers; but only true when it is not proven that the workplace has directly been the cause of death)

Q5 (deep, profound effect on the wellbeing of workers → their physical health too)

Q6 (use these factors as priorities to determine if they accept or not a job) (only possible when you have a choice of a job)

Q7 (focus on individual or broad policies, not enough on the worker's environment)

Q8 (social pollution, they should pay for the costs of this social pollution, incur the costs, provide for what they have not wanted to see so far)

Q9 (justice and fairness: no discrimination, favouritism, unequal treatment based on gender, ethnic group, etc)

Q 10 (the more the companies are aware of the costs, the more changes they will implement in the workplace to avoid a stressful situation, eventually to improve everyone's efficiency)

B

There is one main explanation why work impacts workers' health. F

One possible effect of stress at work is high blood pressure. T

Stress is a physical condition. F

The study carried out is based on new research. F

The study covers the effect of stress on workers and society. T

In the US, stressful working conditions costs over $200b. F

Death is not costly for a company. T

The number one stressor for Americans is the absence of access to healthcare. T

Employers can have an impact on the workplace environment. T

Employers cannot impact the individual's wellbeing. F

Pfeffer advocates a strong State regulation. F

Better economic decisions come when the costs of stress is externalized. F

Pfeffer claims companies make society pay for their lack of concern for workers' wellbeing. T

Pfeffer states that environmental pollution should not make polluters pay. F

Pfeffer believes employers can make progress if they have to pay for the cost of stress. T

C

Q 11 (health insurance comes with the job; if you lose your job, your access to healthcare may then become entirely at your expense) + Laying off workers for economic reasons is very simple.

Q12 (the Welfare State ensures basic social rights from "cradle to grave", post WWII in the UK)

Q13 (sick leaves, unemployment benefits, maternity benefits, parental leaves etc...)

Q14 (people exposed to dangerous products, asbestos for example, to discrimination, to excessive pressure leading to suicide (France Telecom), lack of protective equipment for medical staff during Covid-19 pandemic)

Internet Doc. B The women fighting sexual abuse in the factories where your jeans are made

1 all centred in the capital's suburb, owned by Taiwanese companies, one factory filling 7 containers / day, started in the 1990s when the Lesotho government gave incentives for foreign companies to invest; 80% are female workforce;

from Lesotho to South Africa, to the EU or the US; 46,000 employees, biggest employer, bigger than the public sector, low pay, low skilled workers; 26 million pairs of jeans / year; 1 worker has to produce 33 pairs / day, pay =£60/month

2 designed since 1873 for (gold)miners in California, cowboys, very resistant, rivet to make them last; since 1927: red tab to guarantee quality / authenticity

3 Health and Safety, Discrimination, Contract terms written in a language workers know and can understand; wages,

4 Harassment, pressure on output with threats to be dismissed, sexual and verbal assaults, unequal hiring processes, unfair dismissals, union membership not welcome

5 An independent body was set up; safe reporting; women supervisors appointed, counselling opportunities; the agreement is helping factory owners to establish a policy concerning hiring after the Covid crisis

6 code of conduct, no child labour, decent pay / minimum wage, health and safety measures; social audits, factory inspections

7 no persecution or supervisors punished; inspections are fake, all is cleared (hazardous substances, illegal practices / workers etc) before the inspection, staff to be interviewed are picked by the factory managers, gender based violence is still taboo

8 Sustainable and ethical products, respect of Human Rights
what is good for the environment (use of organic cotton / less water for jeans making) does not address workers' concerns, respect and wellbeing.

9 collapse of demand, exports, canceled orders, high street slump, orders left in ships in EU or US harbours, not paid for, payments due, union leaders targeted, 2 million workers in Bangladesh losing their jobs, risk of homelessness and famines

10 long term change is possible, big brands cannot say they were not aware, the Lesotho agreement could become a model. It should help re-employment after the crisis

Internet Doc. C Amazon doesn't report its warehouse injury rates

A

1) Black Friday, extensive 5-day shopping period → intensive work for Amazon, the company offers a special 1-day delivery to Prime members+ announcement hiring 200,000 extra workers

2) Amazon does not make its workplace injury figures public, "like many others"

3) speed and safety

4) with automation, conveyor belts, automated scanning and labelling of packages

5) load products into storage bins, pace tracked by computer

6) They get a compensation settlement → a financial agreement but also lose their job in some cases

7) focused on safety "n°1 priority"; Amazon claims it reports any injury, hence the high numbers

8) no public records of injuries, refuse to give access or comment, has to get data from employees who have access, no union to keep records

10) strains and sprains, lacerations, concussions, over a month

11) speed accounts for the excessive rate of injuries.

12) employees called emergency services, were told to carry on working, not evacuated, had to take personal time off if they wanted to leave the premises

13) were sick because of workplace conditions, initially lost pay for protecting their health, felt pace keeping was more important than them

14) the whole site was evacuated / shut down

15) faster and safer work but the warehouses were most accidents occurred are highly automated;

B The cornerstone, the toll, sobering findings, blistering, overwhelming, to gear up, to kick off, to write up, to boast / to tout, to punch in / out

C fulfilment centers = warehouses / associates = workers

Revision Working conditions

1 **MCQ**

1) forward 2) drain 3) burnout 4) multitasking 5) hazards 6) balance 7) safety 8) hired 9) maximize 10) Efficiency 11) hot-desking 12) spirit 13) blind 14) commute 15) discriminatory 16) gap 17) exploit 18) sapped 19) coerced 20) labour 21) code 22) leaves 23) workload 24) week 25) provide 26) well-being 27) denied 28) empowers 29) part-time 30) in-house

2

Text 1 1) environment 2) announcement 3) longest 4) shorter 5) positive 6) addition

Text 2 1) strengthen 2) safeguard 3) based 4) suggests 5) increased 6) turned

Text 3 1) late 2) (work)day 3) employees / workers / staff 4) policy 5) behaviour 6) explicitly / clearly

CHAPTER 5 DEVELOPING COUNTRIES

Text 1 World faces worst food crisis for at least 50 years

a-
healthy (ailing), weak (robust), improbable (looming), unpredicted (impending), previous (ensuing), best-preserved (worst-stricken), unsafe (vulnerable), prosperous (struggling), harmless (damaging), safe / non-hazardous (precarious)

b-
climate emergency // dire hunger // food waste // global markets // healthy food // perishable produce // price hikes // school meal // science-based solution // seasonal labourer // staple crops // supply chain

2 <u>who are poor</u> (in dire poverty / in need); <u>the edge</u> (the brink); <u>destituteness</u> (extreme poverty); <u>get</u> (lift); <u>what you earn to live</u> (your livelihood); <u>because of</u> (owing to); <u>impossible to get hold of</u> (out of reach); <u>cures</u> (remedies).

3 to compound = to link
to tip = to incline
to dump = to throw away
to urge = to prompt
to stave off = to repel
to stunt = to slow
to soar = to expand
to hamper = to obstruct

4 a- medical care, unemployment benefits, maternity care, system based on solidarity
b- children need nutriment and when deprived of it, long term effects will be felt for their whole life
c- conflict, natural disasters, the climate crisis, and the arrival of pests and plant and animal plagues
d- to provide immediate response and assistance for those most in need, ongoing and inclusive support in recovery and – perhaps most importantly – future resilience to all shocks

5 1) earmarked; 2) deemed; 3) have created; 4) are facing; 5) is to; 6) distribute; 7) deal; 8) occur

Text 2 Will Europe's museums rise to the challenge of decolonisation?

2 **The Royal Museum for Central Africa**
Location: Tervuren, Brussels; Belgium
Created in: 1897
Reopened after renovation in: December 1998
Artefacts: stuffed animals, geological specimens, African Art
Visitor's impressions: dated views on primitive art / civilisation, European
Other museum: Musée du quai Branly, Paris

3 ("sacred, royal, culturally iconic artworks") (objects were taken / plundered objects / looting / sacking)
(the dominant position of the coloniser did not allow the countries to retain their pieces of art, negotiate them at a fair price if their wanted to sell them, given as presents in exchange for favours)

4 dated, old colonial vision; racist European view on post-colonialism wherein today's independent nations are still not in a position to display their own heritage.

5 (some oppose fearing some European museums will be emptied) (restitution, return, collaboration) (the headline suggests it is an opportunity not to be missed)

6 Collective action plan to retrieve art pieces, 15 nations unite their efforts

7 the Louvre (Paris) the Pergamon Museum (Berlin) Quay Branly Museum (Paris) the British Museum (London)

Text 3 A third of my country was just underwater. The world must act on climate

1 People's Republic of Bangladesh / 1971 from Pakistan / red circle on a green background
148,760 km²/161 Million inhab. / 1,106 inhab / km²/ / parliamentary republic / Dhaka / bengali (language) /
$1,187 (2020) / 135th / 189 in 2018 / 6 seasons: grismo (summer), barsha (rainy season), sharat (autumn), hemanto (cool season), sheet (winter), and bashonto (spring)) / India, Myanmar, Maldives, Sri Lanka / Commonwealth, UN, WTO, SAARC (South Asian Association for Regional Cooperation)

2 floods → displaced population + Covid-19 pandemic, destruction left by Cyclone

3 paddy fields → rice textile industry workers, coastal areas + mangrove

4 Pandemics and climate change need global solutions, if one nation makes efforts and not others, the result is nil, all low coastal areas impacted by rising sea levels

5 G20 → 80% of global emissions; climate action goals achieved by the poorest countries not the richest

6 Exposure to extreme weather conditions (cyclones, tsunamis, drought, floods) or natural disasters (volcanoes, earth quakes) high density population, lack of infrastructure, primary-sector dominated economies

7 **a)** to take a long hard look at (T) **b)** to rein in (F) **c)** to cry for help (T)
d) to keep one's side of the bargain (F) **e)** to turn your back on (T)

8

S resilient
U cushion
S shore up
T contain
A fallout
I initiative
N acknowledgement
A calamities
B battle
I thriving
L fool proof
I impoverished
T commit
Y unemployed

Text 4 Petrol sold to Nigeria from Europe "dirtier" than black market "bush" fuel

1 (no control of illegal refinery activities / dysfunctional or closed state-owned refineries: no norm to define the quality of fuel, non-respect of UN environment programme initiative / subsidies to keep price of fuel low) (illegal refineries operate without any control, environmental rules and safety standards, fuel from dubious origin -stolen- may also trigger more pollution) (to sell to Nigeria fuel too polluting for European standards from good quality Nigerian crude)

2 (black market fuel produced in Nigeria is less polluting than European imported fuel + crude oil extracted in Nigeria is high quality = low sulfur oil)

3 (wealthy European countries continue exploiting poor countries oil resources to produce two standards of fuel from Nigerian good quality crude: highly polluting for Nigeria, less polluting for the European market; old and probably more polluting cars are sold to Nigeria, again not meeting European environmental regulation; addition of highly polluting chemicals in fuels destined to Africa)

4 (gas flaring industries, rubbish burning, old cars, electricity produced from fuel generators)

5 (4th by air-pollution related death; estimated 114 000 air-pollution premature deaths / year; asthma, heart and respiratory diseases; particulate matter levels 20% higher than in Delhi, the most populated city in the world)

6 (When "bush" refineries face problems, they can pollute rivers, swamps or even explode, causing casualties and extra-heat, destroying the landscape around, water and soil pollution)

7 black market / gridlocked cities / filling stations / mounting evidence / developing countries / emergency levels / soot particles / industry sources

8 a- (F / up to = a maximum of)
b- (F, little is dealt with)
c- (F, small illegal refineries 5-20%)
d- (T)
e- (T)
f- (T)
g- (?)
h- (F, 1/2 still use them)
i- (T, fuel flaring and other industries, rubbish burning)
j- (F, petroleum products)
k- (F, they are damaged)
l- (?)
m- (T, poorest quality)
n- (T)
o- (F, it is part of the economy)

9 (European oil companies legally supply the Nigerian market with a very poor-quality fuel which is more polluting than the one locally produced in illegal refineries.)
(Alarming levels of air pollution result from the toxic fuel used in old cars and in electricity generators and highly polluting industrial activities.)
(Due to little regulation and this lethal European oil trade, Nigeria still struggles to implement eco-friendly policies unlike neighbouring countries.)

Internet Doc. A The UN Least Developed Country Category

1 (not a playground, a car park?/ not in traditional clothes, school uniforms / only one woman does her washing / men are dancing / woman weaving in a factory, several looms, man digging up)
category created (to give these countries exclusive access to certain international support measures) and / or (to support development assistance and trade)
focus on c) education and b) cocoa harvesting
CDP = Committee for Development Policy, every 3 years, on inclusion and graduation
Human assets, economic and environmental vulnerability income per capita
latest income threshold
cattle heads being traded / sold
c) consecutive reviews
that is to say to leave the LDC category, which is a clear sign of progress.
True, five countries had graduated, and true five more were about to graduate.
False, Vanuatu, Bhutan and the Solomon Islands are not in Africa
duty and quota free access to most developed country's makets + major developing countries
WTO special treatment (reduced contribution to WTO + UN budgets), official donor's allocations, through climate change financing?, grants to travel to international meetings
highly / behind

Internet Doc. B A Counterintuitive Solution to Poverty: Stop Trying to Eradicate It

A 1- F: visited one at 25 2- T 3- T 4- F: it was very satisfactory 5- F: he was "undeterred"
6- F: it was meant to help 7- T 8- T

Push development strategy. (you see a problem, you find an immediate solution, here water, let's build a well)

Poverty = lack of basic needs: (water) (food) (clothing) (schools)

Problem: You do not get to the root of the problem, you treat the symptoms

opposed to "*Push*"? To pull in resources through organisations which create wealth

Nigeria: State of the country: poor	Political system: military rule
Life expectancy: 46 years	Share of the population who live under $2/day: 80%
State of infrastructure: severe deficiency in education, transportation, electricity	

The Aswani brothers wanted to target hunger

Their aim was to feed a large part of the population with easy to prepare, cheap nutritious meal

Year of introduction of the product on the Nigerian market: 1988

Requirement to produce: manufacturing plant → needing an electricity generating plant + a water treatment facility + waste management system, warehouses,

Requirement to market: no retail stores, supermarkets existed, so they created retail outlets, storing other products and creating jobs.

Requirements to distribute: investments in trucks, drivers

a job? It provides dignity, reduces crime in poor communities, is a means to deal with issues.

Trade not aid: pulling factors create an economy, a pushing factor, a need, aid makes people used to not being in charge of their actions, trade can make them actors of their development, empowerment, can turn them into being decision makers, choosing their priority and ways to deal with their problems

B

1- To empower the villagers with the use, maintenance and fixing of the well.

2- Authorisation to build the plants, stability in the country not to risk losing such large-scale investment because of a natural or human-induced disaster.

3- The impact on the poorest should be measured. Is it just the case of providing cheaper food? The poorest still cannot afford it if they are not included in the virtuous circle of job creation. Training, school building is part of the social impact of sustainable businesses.

4- In 2019, Nigeria ranked 161/189 countries. rather high Gross National Income per capita but relatively low life expectancy (though much progress since the early 1990s). The case studied addressed hunger, but medical care, access to sanitation, clean water are still problems in this very large and fast-growing population. Security and corruption are still often disrupting many efforts.

5- Natural disasters (tsunami, earthquake, flood, drought...), small scattered population, not potentially turning into a big market, difficult geography (mountains, deserts) making infrastructures like roads or airports too expensive to build; terrorism is a major risk factor; corruption can also deter investors.

Internet Doc. C The State of Food Security and Nutrition in the World 2020

A battle (fight) // to meet (address)

B promising (committing) // objectives (goals) // almost (nearly) // impacted (affected) // may (could) // Defeating (Overcoming)

enough (sufficient) food // our way (track) // increasing (growing) burden // pay for (afford) // models (patterns) // greenhouse gas emanations (emissions) // change (transform) // guarantee (ensure) // forever (once and for all).

C Not enough food quantity for everyone or uneven share of the wealth, not enough intake regularly by the poorest, quality of food, nutritious quality of staple food, excess of junk food (with high fat / sugar content) leading to obesity (and heart diseases)

D Malnutrition leads to rampant diseases, costly when medical care is provided. Premature death form hunger or malnutrition deprives countries from a solid workforce. Lack of food leads some to turn to crime for survival.

E ex: Food donation in local supermarkets; exchange programmes in agricultural techniques & management by international organisations etc.

Revision Developing Countries

1 **MCQ**

1) displaced 2) Drought 3) paddy fields 4) rage 5) looting 6) legacy 7) on the brink 8) relief 9) malnutrition 10) ailing 11) crops 12) hampered 13) behind 14) eradication 15) ongoing 16) well 17) sparsely 18) rein 19) commodities 20) shore up 21) duress 22) intractable 23) counterintuitive 24) vulnerability 25) plague 26) resources 27) take 28) plunged 29) coastal 30) funding

2

Text 1 1) decades 2) population 3) poverty 4) target 5) action 6) setback

Text 2 1) men 2) document 3) countryside 4) continent 5) metropolises 6) people 7) poverty 8) capital 9) towns 10) infrastructure

Text 3 1) on 2) with 3) on 4) out 5) by 6) with 7) of 8) on 9) in 10) out / away

CHAPTER 6 THE EUROPEAN UNION

text 1 Europeans of colour are finding their voice – it's time "Brussels so white" listened

2 all-white bastions / unconscious bias / complacent claims / ethnic communities
equality directive / limited interaction / third generation migrants / unwanted intruders
populist narrative / recruitment policies / mainstream politics / dismal records / toxic rhetoric
non-governmental sources / raced-based violence

3

beleaguered	in a difficult situation, besieged
clumsy	awkward, without grace
damaging	causing harm or injury
dubious	doubtful, uncertain
excruciating	intensely painful
indignant	discontented
patchy	fragmentary, bitty, insufficient
self-confident	assertive, self-assured
stilted	stuck, blocked
systemic	relating to a system

4 1) c; 2) b; 3) a; 4) c; 5) a; 6) b; 7) c; 8) a

5 No recognition of the existing discrimination, no or too little representation in the EU institutions.
No data collection on minorities → no special representation

6 The article suggests some quotas for ethnic groups for some votes. Change is very long for lack of awareness of the problems. People who do not experience discrimination do not know how it can daily impact those who suffer from it.

Text 2 The coronavirus crisis has exposed the truth about the EU: it's not a real union

1 a- T; b- F; c- T; d- T; e- T; f- F; g- T; h- T; i- T; j- F

2 (1) 1992 (2) parliaments (3) citizenship (4) cooperation / collaboration (5) currency (6) price / monetary (7) convergence (8) president (9) withdraw (10) help

3 **Finally,** the package was agreed. // It was **mostly** more loans // the reason was **glaringly** obvious // it was **abundantly** clear // a **truly** concerted European response to coronavirus is implausible

5

to turn one's back to ST → to ignore or reject ST
on steroids → exaggerated
to scrape through & by the skin of its teeth → just about, by a narrow margin
crippled (with debt) → causing very difficult problems because of money owed

to rise to the occasion → perform better because of special circumstances
across the board → applying to all
galvanised into action → stimulated to act

Text 3 To save the EU, its leaders must first focus on saving the planet

1 §1 Europe divided by 3 // §2 The new challenge // §3 Possible change or greenwashing? // §4 Effective solutions

2 **Q1** post WWII experience: peace, democracy, social security
Q2 financial crisis, migration, populism
Q3 democracy, diversity or solidarity → bureaucracy, xenophobia and fracture
Q4 threat & opportunity
Q5 commission' Green Deal, German Council's key policy priority
Q6 no carbon neutrality deadline, sourcing carbon emission, unclear bio-fuel alternatives
Q7 unconditional bail-out of airline companies, unclear funding support to green tech companies
Q8 narrative without substance, hollow promises
Q9 ban on short-distance flights / more electric vehicles / no funds for polluting industry; money to green projects / pressure on major polluting countries
Q10 EU→ from 3rd polluter to eco leader, sense of identity for young generations

3 to be mired → to be stuck
to earmark → to allocate, attribute
to hinge → to depend on
to cosy up → to try be become friend with
to soft pedal → to reduce the effect
to forfeit → to lose because of an error, to confiscate
to undermine → to slowly weaken
to endure → to last, to continue
to prop up → to stop from falling, to provide support
to resonate → to remind someone of something
to bring underway → to set in motion
to outsource → to provide from outside

4 on the sly to come of age to match deeds to words to give the lie to to make headlines

5 b) fortress / c) collapses / b) top-down / c) supportive / a) egregious / b) coffers

Text 4 I was one of the millions opposed to Brexit. I've seen nothing here to change my mind

1

	Losses	Gains
UK government	Influence over EU members Influence in diplomacy, defence, security EIB loans to poor regions Support from Euratom, Europol, Eurojust, Emissions Trading Scheme	Autonomy to certify product norms
UK Exporters	Duty-free circulation of goods & services Control free circulation; Transport fluidity	No quotas, no tariffs; US Trade Deal
UK companies	Access to EU-wide market	US Trade Deal; no EU standard compliance
Investors to the UK	Attractiveness	
Britons	Ease to stay, settle, work	
Students	Erasmus exchanges	

2 over, curtain comes down, → the show is finished; to go cap in hand / mendicant→ begging
ball & chain → prisoner some scraps from the wreckage → sinking boat
common idea of no return, end of an era

3 Violence:
to slash / to torch / the fire power / to crucify / a sanction
Loss:
to impose / to check / control / comply / to access / a rule taker / to disfigure
Businessmen, who have been imposed Brexit terms, suffer more than they have gained from this uncompromising deal. Only time will tell how difficult it is for British businesses to respect the paperwork needed to export to mainland Europe. What seemed like a penalty may prove to be an opportunity to change the UK's economic model in the long run.

4 Not a no deal, but limited compromise, with services losing out, whereas EU imports to the UK are a little facilitated. A win-win strategy is an ideal situation were both parties compromise to the same extent and get something in return. Here the journalist implies that the UK has granted much for very little in return.

5 Time will show the extent of the losses (to sink in) and when Brexiters are outnumbered - because they tended to be older / rural voters in England and Wales, and a minority in Scotland and Northern Ireland - a new referendum in the UK, supported by a Labour Prime Minister, may give a return to the EU a chance.

Internet Doc. A Europe Explained

A 1) living 2) democracies 3) world 4) single 5) countries 6) federal 7) treaties 8) free 9) same 10) border 11) with 12) integration 13) how 14) governments 15) currency 16) monetary 17) debt 18) support 19) joined 20) force

– already mentioned: Renaissance / Enlightenment, wealth, democracies
What pre-existed: a unique and expanding territory with Napoleon's vision (through territorial conquest)
Pandemic knew no borders (Black Death in the Middle Ages), knowledge and fashion circulated, marriages of princes and princesses to form political alliances, well-known philosophers & explorers travelled Europe and were hired in royal courts for their fame (Marco Polo, Vasco de Gama, Leonardo da Vinci, Erasmus)

– Populist supporters / party leaders may deny that their rising power is due to the EU's downsides.
Russia may view the western encroachment of its former satellite nations as capitalist corruption and a threat to its ideology.

Internet Doc. B Is the European Union Worth It Or Should We End It?

A

THE EU
Number of member-States: 27
Population: 450 millions 3rd world rank
GDP world ranking: 2nd world ranking of single market: 1st
Initial reason for the creation of the EU: peace
2015 crisis: refugee / migrants
Current challenges: military force, monetary union, social policies

B

1- F (not all countries) 2- T 3- F (not just against the French) 4- F (impractical)
5- T 6- T (25% input to 5% world population) 7- F (Transparency + accountability)
8- F (controversial) 9- T 10- F 11- F (from 4 to 20 euros) 12- F

C

1) (Union of countries, more like a federation)
2) (China & India)
3) (Individual freedoms: easy travel, cheap telecommunications, variety of goods and services, strong health an safety standards).
4) (competition, tax evasion, data protection)
5) (collaboration, easy travel, funds)

6) (far away, untransparent technocratic, hard to understand)
7) (low voter turnout)
8) (2015 migrant crisis)
9) (some countries accepting many refugees, others not, isolated and overwhelmed borders)
10) (wealth, freedom, job opportunities, personal freedom, healthcare)
11) (too many migrants → impossible ≠ racism+ discrimination → impossible)
12) (safeguard, better to protect borders, better cultural understanding)
13) (free trade, no customs duties, no borders)
14) (boost to economies, job creation, increase of about 12% GDP, eco investments, infrastructure & social development)
15) (economies, labour, tax, social security legislation, wages)
16) (not all countries in the eurozone, no common policy)
17) (more unity, monetary and economic, suppressing "weak" States, common policies on tax and healthcare and social security)
18) (the US; China)

D to be embroiled in conflicts / to pick a fight / to strike a balance

Internet Doc. C Why Europe Doesn't build Skyscrapers

A

densely / **highly** // prosperous / **booming** // few / **not a lot of** // to embrace / **adopt** // structures / **buildings** // historic / **old** // little / **not much** // demand / **need** // districts / **quarters**.

rivalry / **competition** // outdated / **old-fashioned** // eroded / **weakened** // wary / **cautious** // age / **era** // preservation / **conservation** // held back / **been reluctant**

replicated / **copied** // landmarks / **typical buildings** // overwhelming / **irrepressible** // modest / **low-key** // repetitive / **identical and successive** // influence / **leadership**.

indiscriminate / **non-selective** // lobbied / **to put pressure to impose** // facades / **fronts** // fabric / **make-up** // bland / **dull**

to rise / **to grow vertically** // focus / **attention** // happiness / **contentment** // growth / **expansion** // residential / **housing** automated / **using technology** // progress / **advance** // significant / **valuable**,

B

1- F (Frankfurt, Moscow, Istanbul) 2- T (inner-urban space for offices or residence)
3- F (Chicago) 4- T 5- T 6- F
7- F (to show it could) 8- F(slowed down the process with regulation) 9- F (not now but by 2030)
10- F (it may if past & present are combined)

Revision The European Union

1 **MCQ**

1) handled 2) manageable 3) crippled 4) implementation 5) disrupt 6) fortress 7) polls 8) differ 9) bureaucratic 10) share 11) multicultural 12) treasuries 13) flows 14) discrimination 15) acts 16) beyond 17) position 18) commitments 19) services 20) majority 21) cooperation 22) through 23) requires 24) stringent 25) treatment 26) boost 27) body 28) sets out 29) rights 30) empowering

2

Text 1 1) detention 2) numerous 3) undocumented 4) citizenship 5) result 6) many 7) services 8) European
Text 2 1) crisis 2) regularly 3) short 4) factors 5) bigger 6) forests 7) capacity 8) equivalent
Text 3 1) earlier 2) Wall 3) people 4) than 5) term 6) why 7) spend

CHAPTER 7 THE ENVIRONMENT

Text 1 Littering epidemic in England

1 to litter the countryside and to disturb wildlife + risk of fires

People should be informed: enforce regulations: encourage people to be eco-friendly by rewarding the best initiatives / citizens

2 **A**

a- consistent b- flurry c- hand-in-hand d- instances e- to roam

f- set g- to foster h- to holiday i- livestock j- unprecedented

2 **B** a). F b) F c) T d) F e) F

4 a) because with Covid19, holidays abroad were not possible

b) for not having spent enough on awareness

c) respect and interest

d) heritage, nature for next generations, ecosystems,

e) in the Lake District, you can go hillwalking, swimming in lakes, fishing, etc...

5 The ad is funny because the animals are behaving exactly like humans, in their body gestures and facial expressions but also in their speech. It is very typical of the every day conversations of an ordinary person. In each scene, an animal is misbehaving, the sheep and the gull, and the animals interviewed pretend not to notice.

Text 2 $10bn of precious metals dumped each year in electronic waste

1 collection systems // electronic waste // energy-saving light bulbs // health effects // low-income countries major hazard // member states // modern societies // recycling rate // toxic chemicals

2 (generated / releasing / polluting) (dispose of / repaired) (dumping, causes) (fuel / collect) (discard / concentrate)

3 phones, computers, refrigerators, kettles, fridges, air-conditioning units,

Incentives to recycle (discounts with brands already exist if you return your disused device), subsidies, local or national, better collecting systems

4 (to last / be repaired, be upgraded); repairing department, spare parts production; marketing upgrading possibilities, more barter or give-for-free platforms.

5 Those who pay, multinationals, can afford to pay, therefore to continue polluting. That is reducing pollution, only making it legal, charged onto the consumer, as an eco-tax.

Text 3 Pompeii ruins show that the Romans invented recycling

1 under / out / at / up / over / into / across / from / away / around

2 an earthquake struck; Pompeii was struck / It had covered; Pompeii had been covered; they discovered; the ancient city was discovered / They spread; the volcanic ash was quickly spread / the testimony of a witness accounted for; it was accounted for thanks to the testimony of a witness / it killed; up to 2,000 Pompeiians were killed / it left; most of the city was left / archaeologists have dug up; the city has been dug up / they found; an extraordinary... was found / scientists analysed; the soil was analysed / researchers thought; what was thought by previous researchers / Pompeiians did not throw away; their rubbish was not thrown away / they piled up and stocked; rubbish was piled up and stocked / these moulds of trash have hidden; The eco-friendly practices of the Pompeiians were hidden / Romans occasionally broke; tiles and amphorae were occasionally broken / did not get rid; this material was not gotten rid of / they repurposed and resold; this trash material was repurposed and resold / rebuilt; part of their city was rebuilt / researchers led / their excavations were led / sought; proof of recycling practices were sought / they spent; much time was spent / the Romans dealt; rubbish was efficiently dealt with / have learnt; much has been learnt / have not put; not enough has been put into practice

3 Excavations in Pompeii recently revealed early recycling as the trash left outside its walls was collected, sorted and resold, to build new parts of the city and suburb. (28 words)

Text 4 One billion people will live in insufferable heat within 50 years

1 hottest / as / highest / slightest / most comfortable / smartest / worse / most ecofriendly / lower / worst / further / lowest

3

a- (temperature amplitude within which life is possible for any species) b- (land warms faster than oceans, overpopulation in smaller liveable areas of the planet)

c- (clothes, heating / cooling tech)

d- (migrations from areas where there is a high population growth, food production, shrinking living area)

e- (looking at the human impact of climate change: massive migrations, unequal access to climate niche and to tech making hot weather sufferable, disruption of food production + the time scale of the change, within decades)

4 The environmental impact (more desertification, deforestation, water shortages, food competition, etc...) + the economic impact (control / ban on economic migration, wealthy regions (not too hot) vs new deserts, rising price of commodities) even more disparities

5 to be floored / blown away / flabbergasting

Text 5 Women shouldering the burden of climate crisis need action, not speeches

1 (in an atoll in the Pacific, an activist, protect her native island, her children will get to know it) (sea-rising levels) (flooding, drought) (kill many people and destroy the livelihoods of others) (they are at risk when food, health security is not guaranteed) (it forces people away from their home, workplace, family) (rigid gender roles, child and family minding duties, temporary accommodation, husbands away to work) (lack of security in vulnerable locations, economic risk (agriculture, livestock farming, fishing), (dislocation, displacement, risk of attacks when displaced, health risk, increased poverty)

2 2010 flooding in Pakistan // India, Indonesia Sri Lanka hit by the 2004 Indian Ocean tsunami
Women are more impacted because they need to care for others, lose their livelihood, are displaced and become more at risk,
Gender equality is not addressed as a priority when disasters occur; climate change accelerates disasters and reduces the middle and long-term changes concerning gender.

3 1) risk 2) phenomenon 3) resulting 4) loss 5) characterize

4 to shoulder the burden / to bear the brunt / to be on an equal footing / to unleash resources

5 practical support, financial commitments, access to data, collected according to sex and generations to target more efficiently the populations which usually never get any help for not knowing how to apply:
The Green Climate Fund stipulates that all grants must treat women's needs as a priority. The Commonwealth Climate Finance Access Hub is already making impressive progress

Internet Doc. A1 Can 100% renewable energy power the world?

Internet Doc. A2 Fossil Fuels vs Renewable Energy Sources

Internet Doc. A3 300 years of fossil fuels history

C 2- For over two centuries now, human activity has relied on 35 billion barrels of oil massive scale fossil fuel dependence → pollution, limited stock / 40% of world's oil reserves → 50 years before oil stocks are exhausted, fumes when burnt, extraction+ transport → risk of disaster at sea, on land

3- 13% of our needs = renewable challenge policy makers / scientists / engineers

4- Sun radiates 173 quadrillion watts of solar energy ± almost 10,000 times our needs / several 100,000 km^2 enough to power humanity

5- maximize energy, solar plants, in deserts→ far from energy demanding, densely populated regions; powerlines expensive and not energy tight

6- hydro-electric, geothermal biomasses, pb availability and location, disruption to wildlife, better capturing and transporting of energy (Energy loss due to resistance) the longer the distance, the more the losses, superconductors need cooling, new superconducting material yet to be found

7- oil-derived challenge storing into transportable form; lithium ion battery (light + high-E density); 2.5 megajoules / kilo = 20 times less than gasoline; 1,000 ton battery for a jet across the Atlantic; new tech required with better storage / higher energy density

Internet Doc. 2 What really happens to the plastic you throw away?

A A crushed bottles / B circular pattern→ reminding one of recycling / C planet Earth, blue, rotation again / D Industrial site / E orange & yellow background to suggest heat / F chains of circular patterns of different sizes / G shaping machines / H automated assembly line filling the bottles and packaging them / I ordinary consumer / overflowing bin / J rainfall from a cloud / K landfill filling up with water / L animal dying / M winding waterway / N floating island of rubbish / O map of the world showing gyres / P gull trying to free itself from plastic gyre / Q turtle dying / R bottle breaking up in smaller and smaller pieces / S consumer sorting trash / T block of plastic bottles compressed / U several items made of recycled plastic / V final view with kite flying over polluted land and water

B Tale of Three heroes / victims? (like the little pigs) sort of magic transformation, back to the origin of the fate / destiny, personification, empathy "unceremoniously discarded", fear "poised at the edge of the unknown"
Moral: don't throw away / buy / use plastic bottles? Why are we not banning plastic? Is recycling the future?

C The kite flying over wasteland is emblematic of what the document shows: a partial limit to plastic waste, and much pollution still left. The time spent collecting, sorting and reprocessing plastic when it is possible is energy and time consuming, polluting and to little avail as it concerns only 1 in 3 items, at best. The rest (2/3) still pollutes fatally and long-lastingly. So the conclusion of the document should be: if too little is worth recycling when reprocessing is involved, therefore it is the production and consumption of plastic which should be halted.

Internet Doc. C What is the green economy?

A **possibly** (may) // **word** (term) // **after** (beyond) // **putting into place** (setting up) // **influence** (impact) // **return** (go back to) // **devoting great efforts** (struggling) // **really** (actually) //

anyone (people) // **improved** (better) // **only one** (single) // **fields** (areas) // **Earth** (planet) // **as well** (too) // **result in** (create) // **produce** (generate) // **non-polluting** (clean) //

reductions (cuts) // **state** (public) // **such as** (like) // **nation** (country) // **considerable** (major) // **gas discharge** (emissions) // **weather** (climate) // **unfair** (unjust) //

meaningless (empty) // **very big** (huge) // **path** (track) // **resourceful** (smart)

Internet Doc. D Greenwhashing: A Fiji Water Story

B

Q2- Because it encourages consumers to be eco-friendly, it makes them aware of how consumerism may become virtuous by promoting organic and sustainable products, it may help to reduce industrial and carbon footprint.

Q3- It is insidious, plays on a consumer's desire to consume green products, pretends to offer green products whereas the aim of the company is still the basic consumption of products not always meeting eco-friendly standards.

Q4- free range eggs, shampoo, washing liquid, fruit and vegetables, airline company, oil company, nappies, chicken wings

Q5- to reduce consumption, look for companies really committed to the environment and question our needs

Q6- colours. green / blue vs grey, contrast bright / dull

screen spatial use: split, product at the centre

message delivery: girl's voice over music,

message contents: nature / civilisation, unmanned, untouched

visual, images: contrast nature / city

Q7- product: water in plastic bottle → problem: 450+ years to break into pieces creating soil + water pollution

distribution: intensive shipment → problem: air / water pollution

Q8- 47% of Fijians don't have access to clean drinking water

Q9- Environmentally-minded customers with a moral conscience, wealthy customers who look for exotic & wholesome products

Q10- The advert blurb claims buying is helping reducing pollution when it fuels it.

Q11- Checking that the product's environmental claims are true, asking where it comes from, what it is made of, how it was produced, its overall impact on the environment.

Q12- Shop with intention, be aware of what you buy and of your power as a consumer. It is difficult to implement because the consumer society is based on possessing and most consumers are sensitive to a material comfort.

E decorated **adorned** // deceitful **insidious** // harmful **detrimental** //
To condense **encapsulate** // cover **shroud** // unilateral **one-sided** //
encourages **entices** // secures **anchors** // to cause destruction **wreck havoc** //
identified **labelled** // building **constructing** // guide **steer** //

Revision The Environment

1 **MCQ**

1) Littered 2) discard 3) raise 4) oil slick 5) Preservation 6) erosion 7) species 8) harmful 9) noxious10) blame 11) dumped 12) urged 13) landfills 14) Sorting 15) release 16) unwanted 17) accountable 18) burden 19) concerns 20) preventable 21) organic 22) lessened 23) disaster 24) rise 25) unlock 26) crises 27) plant 28) unsufferable 29) Sustainability 30) interact

2

Text 1 1) rainforest 2) wildlife 3) tropical 4) fires 5) mining 6) loss

Text 2 1) separated 2) described 3) caused 4) resulting 5) grown

Text 3 1) ships / boats 2) seas / area 3) protect 4) species 5) by 6) what

NOTES

APPENDIX

ENGLISH/FRENCH FALSE FRIENDS

(v = verb n = noun)

ENGLISH	**FRENCH**
abuse (v)	maltraiter
accommodation	logement
achieve (v)	atteindre (but), parvenir à
actually	en fait, en réalité
advance (v)	progresser
affair	liaison amoureuse, scandale
affluence	richesse, opulence
alter (v)	changer
attend (v)	assister à
ancient	antique
apology	excuses
application	candidature
argument	dispute
bachelor	célibataire
bail	caution
balance	équilibre, solde
ballot	scrutin, vote
barracks	caserne
benefit	avantage, aide
bribe, to bribe	pot-de vin, soudoyer
capacity	contenance
caution	prudence
chance	hasard
change	monnaie (rendue), changement
character	personnage
charge (v)	faire payer
charity	association caritative, la charité
chase (v)	poursuivre, courir après
chat (n), (v)	conversation, bavardage, bavarder
chef	cuisinier
claim (v)	prétendre
clerical, clerk	de bureau, employé de bureau
coin	pièce de monnaie
comfort (v)	réconforter, consoler
commercial (n)	publicité télévisée
commodity	marchandise, denrée, produit
compass	boussole
complete (v)	achever, terminer
comprehensive	complet, détaillé, exhaustif
concern	souci
concrete	béton
conductor	chef d'orchestre
confection	friandise
confidence	confiance
conjure (v)	faire apparaître, évoquer
consistent	cohérent
contemplate (v)	envisager
convene (v)	organiser ou diriger une réunion
corpse	cadavre
critic	personne qui écrit une critique
current	actuel
decade	décennie
deceive (v)	tromper, duper
defendant	inculpé
delay	retard, empêchement, contretemps
deliver (v)	livrer
demand (n), (v)	exigence, exiger
deposit (n), (v)	caution, verser une caution
deputy	suppléant, adjoint
derogatory	péjoratif, dépréciatif
destitute	démuni, indigent
deter (v)	dissuader, décourager qq'un
devise (v)	concevoir, imaginer, échafauder
diet	régime alimentaire, régime
dilapidated	délabré, en ruine
discharge (v)	renvoyer, licencier
disposable	jetable, à usage unique
dispose (v)	se débarrasser, jeter
dispute	conflit, litige
domestic	national, interne, intérieur
dramatic	spectaculaire
edit (v)	corriger, modifier (un texte)
editor	rédacteur (publication)
effective	opérationnel
emergence	apparition, avènement
engaged	fiancé, occupé
envy	jalousie, convoitise
etiquette	protocole, bonnes manières
eventually	finalement, en fin de compte
evidence	indice, preuve, témoignage
excuse (n)	prétexte
executive	cadre dirigeant
exhibition	exposition, présentation
extra	supplémentaire
extravagant	dépensier, trop coûteux
fabric	tissu, structure
fabrication	simulacre
facility	équipements, infrastructures, installations
fantasy	fantasme, genre fantastique

fatality	victimes, morts (dans un accident)
fault	défaut, faute
figures	chiffres
file	fichier, lime (outil)
fix (v)	réparer, régler (un problème)
formidable	effrayant, redoutable
fortunate	chanceux
fumes	émanations, fumées
furniture	meubles, mobilier
futile	inutile
gallant, gallantry	courageux, bravoure
gaze	regard fixe
gentle	aimable, doux
grade (v)	donner un rang, une lettre, un niveau
grand	magnifique, grandiose
grave	tombe
grief	chagrin
gross	grossier, impoli, brut (somme, salaire)
habit	habitude
hazard	risque, danger
ignore (v)	ne pas tenir compte de, délaisser
improvable	qui peut être amélioré
incense (v)	rendre furieux
inconvenient (a)	mal pratique, inopportun
infant	nourrisson
information	renseignement
injury	blessure
insane	fou
intelligence	les services d'espionnage
interval	entracte
intoxicate (v)	saouler, enivrer
isolation	isolement
issue	problème, question
jolly	joyeux, agréable, enjoué
journey	trajet, voyage, périple, parcours
large	grand
lecture	conférence, cours magistral, leçon de morale
library	bibliothèque
licence	permis
location	lieu, emplacement
lunatic	fou, aliéné
luxury	luxe
malice	méchanceté, malveillance
march (v)	défiler
match (v)	correspondre, faire correspondre, corréler
material	tissu
mechanic	mécanicien
mercy	pitié, miséricorde
mess	fouillis, désordre
miser	avare
misery	souffrance, détresse
mitten	moufle
mundane	ordinaire, banal
nomination	présélection

notice	préavis,
notorious	de mauvaise renommée
novel	roman
occupation	métier, profession
onerous	pénible, lourd à supporter
ostensible	apparent
pain	douleur
parking	le stationnement
partition	séparation, cloison
particulars	caractéristiques, coordonnées
pass (v)	réussir (un examen)
pathetic	pitoyable, minable
patron	client, mécène, bienfaiteur
pest	animal nuisible, personne insupportable
petrol	essence
petulant	irritable, irascible, acariâtre
phrase	expression (ling.)
physician	docteur, médecin
plant	usine, plante
platform	quai, estrade, programme (politique)
prejudice	préjugé
premises	locaux (commerce ou industrie)
prescription	ordonnance (médicale)
preservative	additif, conservateur alimentaire
press (v)	repasser, appuyer, faire avancer
pretend (v)	feindre, simuler, faire semblant
prevent (v)	empêcher
proper	convenable, adéquat
prune (v), (n)	élaguer, pruneau
raffle	loterie, tombola
rampant	incontrôlé, endémique
range	gamme, variété
recipient	destinataire, récipiendaire, lauréat
regard (v)	considérer
relief	soulagement
resent (v)	ne pas supporter, en vouloir à
resignation	démission
rest (v)	se reposer, laisser reposer, prendre appui
resume (v)	reprendre une activité
résumé	curriculum vitae (US)
retire (v)	prendre sa retraite, se retirer
reunion	retrouvailles
route	itinéraire
rude	grossier
sanguine	optimiste, couleur sang
scholar	élève, érudit, savant
sensible	raisonnable
sensitive	sensible
sequel	suite (film, récit)
solid	massif (matière, densité), unanime
sort (n)	trier, clarifier, assortir
stationery	fourniture de bureau
store	magasin (US)
supply (v)	approvisionner
surname	nom de famille
sympathetic	compatissant

syndicate	consortium, agence, mafia
tablet	comprimé
terrible	affreux, effrayant
timid	craintif
tissue	mouchoir en papier, tissu (anatomie)
tour	circuit, visite organisée
traduce (v)	diffamer, calomnier, violer un principe
train (v)	entraîner, s'entraîner, dresser
trespass (v)	entrer sans permission, empiéter
trivial	insignifiant, frivole
truant	élève absent sans autorisation
utility	entreprise de service public, utilitaire
vent (n), (v)	aérateur, passer (sa colère)
venture	entreprise risquée
venue	lieu de réunion, spectacle
verge (n), to verge	bord, point (à atteindre), friser, frôler
vexed	mécontent, épineux (problème)
villain	traître
volunteer (n), (v)	bénévole, se porter volontaire
voyage	périple en mer, long voyage
wagon	chariot

ACRONYMS & ABBREVIATIONS

AD/BC	Anno Domini/before Christ
AGM	Annual General Meeting
AI	Artificial Intelligence
AIDS	Acquired Immune Deficiency Syndrome = *SIDA*
a.m./p.m.	Ante Meridiem, Post Meridiem
AMEX	American Stock Exchange
ASAP	As Soon As Possible
BBC	British Broadcasting Corporation
BRICS	Brazil, Russia, India, China, South Africa
CAP	Common Agricultural Policy
CEO	Chief Executive Officer = *PDG*
CNN	Cable News Network
COD	Cash On Delivery
DIY	Do It Yourself = *bricolage*
DNA	Deoxyribonucleic Acid = *ADN*
DOD	Department Of Defence = *Ministère des armées*
EFL	English as a Foreign Language
EFTA	European Free Trade Agreement
EMS	European Monetary System
EMU	European Monetary Union
ER	Emergency room = *les urgences*
FAQ	Frequently Asked Questions = *Foire Aux Questions*
FBI	Federal Bureau of Investigation
FDA	Food and Drug Administration
FTSE 100	Financial Times Stock Exchange 100 index
GATT	General Agreement on Tariffs and Trade
GB	Great Britain≠the UK, United Kingdom
GCSE	General Certificate of Secondary Education
GMT	Greenwich Mean Time
GOP	Grand Old Party, Republican Party
GP	General Practitioner
GPS	Global Positioning Satellite System
HIV	Human Immunodeficiency Virus = *VIH*
HMS	His/Her Majesty's Ship
HQ	Headquarters
ICTs	Information and Communication Technologies
IMF	International Monetary Fund = *FMI*
IRA	Irish Republican Army
KKK	Ku Klux Klan
LA/NYPD	Los Angeles/New York Police Department
MAI	Missing In Action
MC	Master of Ceremonies
MI5/MI6	Military Intelligence 5/6
MIT	Massachusetts Institute of Technology
MLitt/Phil/Sc.	Master of Literature, Pilosophy, Science
MP	Member of Parliament
NATO	North Atlantic Treaty Organization = *OTAN*
NBA	National Basketball Association
NHS	National Health Service
OAP	Old Age Pensioner
OXFAM	Oxford Committee for Famine Relief
PA	Personal Assistant
PAYE	Pay as You Earn
PR	Public Relation
PTO	Please turn over
R&D	Research and Development
RIP	Rest in Peace (latin Requiescat in pace)
SOS	Save our souls
SUV	Sports Utility Vehicle
TUC	Trade Union Congress
UCLA	University of California Los Angeles
UFO	Unidentified Flying Object
UN	United Nations = *ONU*
UNESCO	UN Educational, Scientific and Cultural Organisation
UNICEF	UN International Children's Emergency Fund
VAT	Value Added Tax = *TVA*
VIP	Very Important Person
VP	Vice President
VR	Virtual Reality
WASP	White Anglo-Saxon Protestant
WHO	World Health Organisation = *OMS*
WTO	World Trade Organisation = *OMC*
WWF	World Wildlife Fund
YMCA	Young Men's Christian Association

ABBREVIATIONS

aka	also known as
BBQ	barbecue
Bros.	brother
c/o	care of
Dem.	democrat
e.g.	(latin exempli gratia) for example
Ft	foot/feet = 30,48 cm
Inc.	Incorporated
i.e.	(latin id est) that is to say
Jr	junior
oz	ounce = 28,35 g
p.a.	per annum
Rep.	republican
Sen.	senator
Sgt	sergeant
s/o	standing order
Sr	senior
yd.	yard
Xing	crossing
Xmas	Christmas
PhD	doctorate
Plc	Public limited company

BRITISH ENGLISH & AMERICAN ENGLISH

The two main varieties of English have long been set in stone in dictionaries and what follows below is only giving you a hint of what to recognise / recognize or pay particular attention to in terms of pronunciation, spelling and vocabulary. It is not a comprehensive account of these differences. In a more globalised / globalized world, many more varieties have developed to match cultural independence from a norm or set standards. For a less academic and may be more pleasurable approach to these types of English, you can listen to the Fred Astaire / Ginger Rogers or the Ella Fitzgerald / Louis Armstrong's version of the song Let's Call the Whole Thing Off.

Pronunciation

The main differences concern some sounds, for example vowels such as O and A, consonants such as R and T. Refer to the International Phonetics Alphabet to allow a proper reading or else click onto online dictionaries as most of them offer both pronunciations.

	BrEnglish/AmEnglish	**Remarques**
apricot	‘eɪprɪkɒt/‘eɪprɪkɑ:t	(≠ vowel O sound)
banana	bə‘nɑ:nə/bə‘nænə	(≠ vowel A sound)
cotton	‘kɒtn/‘kɑ:(t)n	(≠ vowel O sound + ≠ consonant T sounds)
duty	‘dju:tɪ:/‘du:tɪ:	(no/j/sound in AmEnglish)
missile	‘mɪsaɪl/‘mɪsl	(≠ vowel I sound)
neither	‘naɪðə(r)/ ‘nɪ:ðə	(≠ vowel EI sound)
patronize	‘pætrənaɪz/‘peitrənaɪz	(≠ vowel A sound)
privacy	‘prɪvəsɪ/‘praɪvsɪ	(≠ vowel I sound)
schedule	‘ʃedʒu:l/‘skedʒʊl	(≠ consonant SCH sound)
tomato	tə‘mɑ:toʊ/tə‘meɪtoʊ	(≠ vowel A sound)
Tuesday	‘tju:zdeɪ/‘tu:zdeɪ	(no/j/sound in AmEnglish)
water	‘wɔ:tə(r)/ ‘wɑ:tə	(≠ vowel A sound)

Spelling

Here is a sample of some of the spelling differences between the two varieties of English. Canadian and Australian English tend to remain closer to the British spelling, American English favours/favors simplification.

BrEngl/AmEngl	Examples
-ce/-se	defence(se); offence(se); licence(se); practice(se);
-e/-	axe(-), judge(-)ment, jewel(l)e(-)ry
-ey/-ay	grey(ay)
-gue/-g	catalogue(g); monologue(g), analogue(g)
-ll-/-l-	enrol(l)ment; jewel(l)er, label(l)ed, travel(l)er, model(l)ing, fuel(l)ing, dial(l)ed
-lity/-lty	speciality(lty);
-our/-or	behaviour(or); colour(or); honour(or); flavour(or), labour(or); rumour(or) neighbour(or)
-s/-z-	analyse(ze); criticise(ze); recognise(ze), memorise(ze); globalisa(za)tion
-re/-er	centre(er); fibre(er); manoeuvre(maneuver); theatre(er), metre(er), cos(z)y

Simplification: cypher / cipher; draught / draft; doughtnut / donut; liquorice / licorice; mould / mold; plough / plow, programme / program; sulphate / sulfate

Use of hyphens: non-smoking / nonsmoking

BrEnglish/AmEnglish Glossary

advert / commercial
aluminium / aluminum
aubergine / eggplant
autumn / fall
barman / bartender
barrister / attorney
bill / check
bin / trash can
biscuits / cookies
braces / suspenders
cab / taxi
car park / parking lot
caravan / trailer
caretaker / janitor
chemist / drugstore
cheque / check
chips / French fries
city centre / downtown
cling film / saran wrap
cooker / stove
corn / maize
courgette / zucchini
crisps / potato chips
cupboard / closet
curriculum vitae, CV / résumé
dinner jacket / tuxedo
draughts / checkers
dressing gown / robe
dummy / pacifier
estate agent / realtor
film / movie
flat / apartment
football / soccer
full stop / period
groundfloor / first floor
headmaster / principal
holiday / vacation
injection / shot
jumper / sweater
knickers / panties
label / tag
ladybird / ladybug
lift / elevator
lorry / truck
mobile phone / cell phone
motorway / highway, freeway
moustache / mustache
mummy / mommy
nappy / diaper
normal / regular
off-licence / liquor store
pal / buddy
parcel / package
pavement / sidewalk
petrol / gas
pitch / field
plaster / band-aid
pocket money / allowance
post / mail
post code / zip code
pram / baby carriage
primary school / elementary school
pub / bar
pushchair / stroller
pyjamas / pajamas
queue / line
railroad / railway
reception / front desk
return / round-trip
rubber / eraser
rubbish / garbage (trash)
secondary school / high school
shop / store
staff room / teachers' lounge
sweet / candy
take away / take out
tap / faucet
tights / pantyhose
timetable / schedule
tin / can
toilets / restroom, bathroom
torch / flashlight
trainers / sneakers
trolley / cart
trousers / pants
tube / subway
underground / subway
underwear / pants
vest / undershirt
waistcoat / vest
wardrobe / closet
wellington boots / rain boots
zebra crossing / crosswalk
zip / zipper

see online doc: https://www.oxfordonlineenglish.com/british-american-pronunciation

PHRASAL VERBS

to ask out	inviter (à un rdv)
to ask over	inviter (chez soi)
to back down	se désengager
to back up	soutenir, renforcer
to be about to	être sur le point de
to be out for	rechercher
to blow up	(faire) exploser
to break down	tomber en panne
to break in	entrer par effraction
to break off/up	se séparer, rompre (relation)
to break out	s'évader
to bring about	provoquer, entraîner
to bring along	apporter
to bring over	ramener (chez soi)
to call back	rappeler (téléphone)
to call for	exiger
to call off	annuler
to carry on	continuer
to carry out	effectuer, exécuter à la lettre
to carry through	mener à bien
to check in	s'enregistrer (hôtel/aéroport)
to check into	vérifier (des détails)
to check on	surveiller
to check out	régler pour partir
to check something up	vérifier
to cheer up	(se) réjouir
to come along with	aller avec
to come from	provenir de
to come down to	se résumer à, se terminer par
to come out	révéler qq chose sur soi-même
to come off	se détacher, descendre, faire effet, réussir
to come up with	inventer, trouver qq chose
to cut back on	économiser sur
to cut down	couper, abattre
to cut off	réduire (budget), couper
to cut through	couper de part en part
to dress up	faire un effort vestimentaire
to drop by	passer rendre visite
to drop in	rendre visite
to drop off	déposer
to fall down	tomber
to fall off	diminuer
to fall through	échouer, être annulé
to figure out	décrypter, comprendre
to fill in	remplir un document
to fill up	rempir (un récipient)
to find out	découvrir qq chose
to get about	circuler
to get across	faire comprendre
to get ahead	réussir
to get at	atteindre, vouloir dire, énerver, critiquer
to get away	s'enfuir, s'échapper
to get away with	échapper à
to get by	se débrouiller, s'en sortir
to get down to	en venir au plus important
to get on	s'entendre, progresser, continuer
to get over	se remettre de qq chose
to get up	se lever
to give up	renoncer
to give out	distribuer, s'affaiblir, annoncer
to go over	être perçu, récapituler, reprendre
to go through	traverser, examiner, exécuter
to hand out	distribuer (document)
to hang on	attendre, patienter
to hang out	sortir, déambuler
to hang up	raccrocher (au téléphone)
to hold back	endiguer, retenir
to hold on	tenir le coup, patienter
to hold on to	se retenir à
to hold up	braquer
to keep away	(se) tenir à l'écart
to keep on	continuer à
to keep up	poursuivre (effort)
to keep up with	se maintenir à la même allure
to leave out	omettre, laisser de côté
to let down	décevoir, abandonner
to let in	faire entrer
to let out	divulguer
to look at	regarder
to look for	chercher
to look forward to	se réjouir à l'avance
to look into	faire des recherches
to look out	faire attention
to look to	chercher à
to look up to	respecter, estimer
to make out	s'en sortir
to make up	se maquiller, inventer une histoire
to make up for	compenser
to pay back	rembourser
to pay off	rembourser (ses dettes)
to pass out	s'évanouir, mourir
to pass away	mourir
to put down	déposer, rabaisser qq'un, tuer un animal
to put off	reporter, écœurer
to put out	éteindre (feu/cigarette)
to put up with	tolérer, supporter
to pull away	retirer, doubler, être en tête
to run away	s'enfuir
to run for	être candidat (élection)
to run into	rencontrer par hasard
to run off	partir précipitamment
to set off	déclencher, contraster, équilibrer, partir en voyage
to show off	attirer l'attention, crâner
to show up	se montrer, apparaître
to stand by	être en attente, soutenir
to stand down	retirer sa candidature
to stand for	représenter
to stand up to	résister à
to take away	emporter
to take down	écrire, rabaisser, défaire
to take on	recruter, engager
to take over	prendre le contrôle
to take off	décoller (avion)

to think over	considérer, réfléchir pour se décider
to turn down	refuser, décliner une offre
to turn into	se transformer
to turn on	allumer, activer, exciter
to turn off	éteindre, révulser, désintéresser, renvoyer, changer de cap
to turn up	arriver sans être attendu
to walk out	partir précipitamment
to work out	trouver une solution, calculer, faire du sport
to work up	préparer, énerver

LIST OF IRREGULAR VERBS

abide	abode*	abode*	*se conformer*
arise	arose	arisen	*s'élever, survenir*
awake	awoke	awoken	*(se) réveiller*
bear	bore	born(e)	*supporter*
beat	beat	beaten	*battre*
become	became	become	*devenir*
begin	began	begun	*commencer*
bend	bent	bent	*(se) courber*
beseech	besought*	besought*	*implorer*
bet	bet	bet	*parier*
bid	bid	bid	*offrir (un prix)*
bind	bound	bound	*lier, relier*
bite	bit	bitten	*mordre*
bleed	bled	bled	*saigner*
blow	blew	blown	*souffler*
break	broke	broken	*casser*
breed	bred	bred	*élever (animaux)*
bring	brought	brought	*apporter*
build	built	built	*construire*
burn	burnt*	burnt*	*brûler*
burst	burst	burst	*éclater*
buy	bought	bought	*acheter*
cast	cast	cast	*jeter, atttribuer*
catch	caught	caught	*attraper*
choose	chose	chosen	*choisir*
cling	clung	clung	*s'accrocher*
come	came	come	*venir*
cost	cost	cost	*coûter*
creep	crept	crept	*ramper*
cut	cut	cut	*couper*
deal	dealt	dealt	*distribuer*
dig	dug	dug	*creuser*
do	did	done	*faire*
draw	drew	drawn	*dessiner*
dream	dreamt*	dreamt*	*rêver*
drink	drank	drunk	*boire*

drive	drove	driven	*conduire*
dwell	dwelt	dwelt	*habiter*
eat	ate	eaten	*manger*
fall	fell	fallen	*tomber*
feed	fed	fed	*nourrir*
feel	felt	felt	*sentir, éprouver*
fight	fought	fought	*combattre*
find	found	found	*trouver*
flee	fled	fled	*s'enfuir*
fling	flung	flung	*jeter violemment*
fly	flew	flown	*voler*
forbid	forbade	forbidden	*interdire*
forget	forgot	forgotten	*oublier*
forgive	forgave	forgiven	*pardonner*
forsake	forsook	forsaken	*abandonner, déserter*
freeze	froze	frozen	*geler*
get	got	got	*obtenir*
give	gave	given	*donner*
go	went	gone	*aller*
grind	ground	ground	*moudre*
grow	grew	grown	*grandir*
hang	hung*	hung*	*pendre, accrocher*
have	had	had	*avoir*
hear	heard	heard	*entendre*
hide	hid	hidden	*(se) cacher*
hit	hit	hit	*frapper, atteindre*
hold	held	held	*tenir*
hurt	hurt	hurt	*blesser*
keep	kept	kept	*garder*
kneel	knelt*	knelt*	*s'agenouiller*
know	knew	known	*savoir, connaître*
lade	laded	laden	*charger*
lay	laid	laid	*poser à plat*
lead	led	led	*mener*
lean	leant*	leant*	*s'appuyer*
leap	leapt	leapt	*sauter*

learn	learnt*	learnt*	*apprendre*
leave	left	left	*laisser, quitter*
lend	lent	lent	*prêter*
let	let	let	*permettre, louer*
lie	lay	lain	*être étendu*
light	lit	lit	*allumer*
lose	lost	lost	*perdre*
make	made	made	*faire, fabriquer*
mean	meant	meant	*signifier*
meet	met	met	*(se) rencontrer*
mow	mowed	mown*	*tondre*
overcome	overcame	overcome	*surmonter, vaincre*
pay	paid	paid	*payer*
put	put	put	*mettre*
quit	quit	quit	*cesser, quitter (poste)*
read	read	read	*lire*
rid	rid*	rid*	*débarrasser*
ride	rode	ridden	*chevaucher*
ring	rang	rung	*sonner*
rise	rose	risen	*s'élever, se lever*
run	ran	run	*courir*
saw	sawed	sawn	*scier*
say	said	said	*dire*
see	saw	seen	*voir*
seek	sought	sought	*chercher*
sell	sold	sold	*vendre*
send	sent	sent	*envoyer*
set	set	set	*fixer*
sew	sewed	sewn	*coudre*
shake	shook	shaken	*secouer*
shear	shore*	shorn*	*tondre, cisailler*
shed	shed	shed	*verser, supprimer*
shine	shone	shone	*briller*
shoe	shod	shod	*ferrer, chausser*
shoot	shot	shot	*tirer*
show	showed	shown	*montrer*
shrink	shrank	shrunk	*rétrécir*
shut	shut	shut	*fermer*
sing	sang	sung	*chanter*
sink	sank	sunk	*couler*
sit	sat	sat	*être assis*
slay	slew	slain	*massacrer*
sleep	slept	slept	*dormir*
slide	slid	slid	*glisser*
sling	slung	slung	*lancer, jeter*
slink	slunk	slunk	*aller furtivement*
slit	slit	slit	*fendre, inciser*
smell	smelt*	smelt*	*sentir (odeur)*

smite	smote	smitten	*frapper*
sow	sowed	sown	*semer*
speak	spoke	spoken	*parler*
speed	sped	sped	*aller à toute vitesse*
spell	spelt*	spelt*	*épeler*
spend	spent	spent	*dépenser*
spill	spilt*	spilt*	*renverser un liquide*
spit	spat	spat	*cracher*
split	split	split	*fendre, séparer*
spoil	spoilt*	spoilt*	*gâcher, gâter*
spread	spread	spread	*répandre*
spring	sprang	sprung	*jaillir, bondir*
stand	stood	stood	*être debout*
steal	stole	stolen	*voler, dérober*
stick	stuck	stuck	*coller*
sting	stung	stung	*piquer*
stink	stank	stunk	*puer*
stride	strode	stridden	*marcher à grands pas*
strike	struck	struck	*frapper*
string	strung	strung	*enfiler, corder*
strive	strove	striven	*s'efforcer*
swear	swore	sworn	*jurer*
sweep	swept	swept	*balayer*
swell	swelled	swollen	*enfler*
swim	swam	swum	*nager*
swing	swung	swung	*se balancer*
take	took	taken	*prendre*
teach	taught	taught	*enseigner*
tear	tore	torn	*déchirer*
tell	told	told	*dire, raconter*
think	thought	thought	*penser*
thrive	throve*	thiven*	*prospérer*
throw	threw	thrown	*jeter*
thrust	thrust	thrust	*enfoncer*
tread	trod	trodden	*faire un pas, piétiner*
undergo	underwent	undergone	*subir*
understand	understood	understood	*comprendre*
upset	upset	upset	*bouleverser*
wake	woke	woken	*(se) réveiller*
wear	wore	worn	*se vêtir, user*
weave	wove	woven	*tisser*
weep	wept	wept	*pleurer*
win	won	won	*gagner*
wind	wound	wound	*enrouler*
withdraw	withdrew	withdrawn	*(se) retirer*
wring	wrung	wrung	*tordre*
write	wrote	written	*écrire*

*(*also regular)*

NOTES

263137 - (II) - OSB 90° - PCA - BTT
Dépôt légal : juillet 2021 - suite du tirage : octobre 2021
Imprimé en Espagne par Unigraf S. L.